U0516662

教育部哲学社会科学后期资助重大项目

中国近代人物文集丛书

陶模集辑笺

（一）

杜宏春　辑注

中华书局

图书在版编目(CIP)数据

陶模集辑笺/杜宏春辑注. —北京,中华书局,2025. 3. —(中国近代人物文集丛书). —ISBN 978-7-101-17000-9

Ⅰ. Z425. 2

中国国家版本馆 CIP 数据核字第 2025Y468M3 号

书　　　名	陶模集辑笺(全五册)
辑 注 者	杜宏春
丛 书 名	中国近代人物文集丛书
责任编辑	杜艳茹
文字编辑	张荣国
封面设计	周　玉
责任印制	陈丽娜
出版发行	中华书局
	(北京市丰台区太平桥西里 38 号　100073)
	http://www.zhbc.com.cn
	E-mail:zhbc@zhbc.com.cn
印　　　刷	北京建宏印刷有限公司
版　　　次	2025 年 3 月第 1 版
	2025 年 3 月第 1 次印刷
规　　　格	开本/850×1168 毫米　1/32
	印张 101⅜　插页 10　字数 2260 千字
印　　　数	1-500 册
国际书号	ISBN 978-7-101-17000-9
定　　　价	698.00 元

目　　录

第三册

第四册

第五册

前　言

本书是将陶模任陕西布政使护理陕西巡抚、甘肃新疆巡抚、陕甘总督、两广总督期间的奏议、函牍等文献汇辑成集，并进行整理而成。

陶模（1835—1902），字方之，一字子方，浙江秀水（今嘉兴市）人。同治七年（1868），中式进士，改翰林院庶吉士。十年（1871），授甘肃文县知县。十二年（1873），补皋兰县知县。光绪元年（1875），补秦州直隶州知州。五年（1879），署甘州府知府，调迪化州知州。六年（1880），加盐运使衔。七年（1881），擢宁夏府知府。八年（1882），任甘肃乡试内监试。九年（1883），署兰州府知府，迁兰州道。十年（1884），署甘肃按察使，旋调补直隶按察使。十四年（1888），升补陕西布政使，护理陕西巡抚。十七年（1891），升授甘肃新疆巡抚。二十一年（1895），署陕甘总督。二十二年（1896），实授陕甘总督。二十六年（1900），调补两广总督。二十八年（1902），卒于广州行馆。谥勤肃，赠太子少保。

全书分上篇、下篇、附录三个部分。以中国第一历史档案馆藏朱批奏折、军机录副（录副奏折、录副奏片）、台北故宫博物院藏军机及宫中档及台北中研院近代史研究所所藏外交档案为底本，查照《陶勤肃公奏议遗稿》、上谕档和《清实录》，加以对校、理校、考辨,勘正错漏,对相关人物予以注释。共收折片、函牍、电报等文献两千多件,记录了陶模在稳定边疆、发展生产、改善民生、兴办学堂、改革旧制等方面的作为,展现了清朝对新疆、陕甘、两广地区的治理情况,可供清史和边疆史研究者参考。

资料收集、整理工作开始于 2013 年。期间,山东大学教授杜泽逊先生,北京大学中国历史研究中心教授朱玉麒先生,中国社会科学院边疆史地研究中心研究员厉声先生,石河子大学原党委书记乡贤夏文斌教授、科研处处长李豫新教授、兵团屯垦戍边研究中心主任万朝林先生、研究员张彦虎先生,清华大学教授陶家洵先生,或鼎力赞襄,或勉励有加;石河子大学原历史系刘明月、曾思维、郑峰、耿凯玲、孙艳玲等同学,录文标点,备著辛劳;内子张从华鞍前马后,不辞劳怨,谨此一并致谢。

惟以智虑疏庸,才识浅俗,兼之时间仓促,纰谬之处在所难免,尚祈海内外方家不吝赐正,是为至幸。

杜宏春

2024 年 2 月

凡　　例

一、本书采用新式标点。

二、以校本校底本，逐字校勘，并于页脚出校。原刊不清晰处，以□标识；错字随文更正，更正字置于〔〕内；增补的脱字，置于〈〉内；衍文置于［　］内；疑有讹误者，以［?］标识。

三、各折件按时间先后排序，并附年号纪年及公元纪年。相关材料附录于折件之后，以"【案】"冠之，与【案】相关的材料，则以"【附】"排列于后，以资参考。

四、凡会衔之作，非主稿者亦一并录入，俾期全面而资参观。必要时，对文献所涉人物于脚注中加以简介。

五、为方便查考，各文献于脚注中注明馆藏档案编号。

六、台北故宫博物院所藏宫中档光绪朝奏折、军机处折件、清单、咨文等简称"军机及宫中档"，台北中研院近代史研究所所藏总理各国事务衙门档案、外务部档案简称"外交档案"，以资便捷。

上篇：奏　议

光绪十四年(1888)

○○一　奏为补授陕西藩司谢恩折

光绪十四年四月十二日(1888 年 5 月 22 日)

新授陕西布政使臣陶模跪奏,为恭谢天恩,吁请陛见,仰祈圣鉴事。

窃臣于光绪十四年四月初十日奉直隶督臣行知:接准部咨:三月二十九日奉上谕:陕西布政使着陶模补授。钦此。跪聆之下,感激莫名。当即恭设香案,望阙叩谢天恩。伏念臣浙右庸材,知识浅陋,由庶常散馆知县,历任甘肃府道,洊升直隶臬司,未报涓埃,时深惭悚。兹复仰蒙简命,擢任屏藩,恩宠愈隆,冰渊增惕。

查陕省地连边徼,藩司职任句宣,举凡理财、用人,在在均关紧要。如臣梼昧,深惧弗胜,惟有趋诣阙廷,亲聆圣训,庶有遵循。

所有微臣感激下忱并吁恳陛见缘由,谨缮折具陈,伏乞皇太后、皇上圣鉴训示。谨奏。四月十二日。

光绪十四年四月十五日,奉朱批:着来见。钦此。①

---

① 中国第一历史档案馆藏:录副奏折,档案编号:03-5547-104。

○○二　奏报接护抚篆日期并谢恩折

光绪十四年十月十九日(1888年11月22日)

　　护理陕西巡抚布政使臣陶模跪奏，为恭报微臣暂护抚篆日期，叩谢天恩，仰祈圣鉴事。

　　窃臣于直隶按察使任内蒙恩补授陕西布政使，遵即入觐，仰蒙召见二次，训谕周详，莫名钦感。并蒙赏假一月，回浙江原籍省墓。陛辞后，取道天津，航海回浙。假满由籍西上，于十月初七日行抵陕西省城。十七日，接奉督臣谭钟麟①行知，奏委臣暂护抚篆。十八日，准代办巡抚署布政使文光②委西安府知府文启、抚标中军参

---

　　①　谭钟麟(1822—1905)，字文卿、云觐，原名二监，湖南茶陵人，出身举人。咸丰六年(1856)，中式进士，改庶吉士。九年(1859)，授翰林院编修。十年(1860)，充会试同考官。同治元年(1862)，充湖北乡试副考官。二年(1863)，补江南道监察御史。五年(1866)，放杭州府知府。六年(1867)，加道衔。同年，署杭嘉湖道。七年(1868)，升河南按察使。八年(1869)，丁母忧，回籍终制。十年(1871)，迁陕西布政使。十二年(1873)，护理陕西巡抚。光绪元年(1875)，擢陕西巡抚，晋头品顶戴。五年(1879)，调补浙江巡抚。七年(1881)，补授陕甘总督。十四年(1888)，告病辞职。十七年(1891)，补吏部左侍郎，兼署户部左侍郎，管理三库事务。十八年(1892)，署理工部尚书。同年，补授闽浙总督，兼福建船政大臣。二十年(1894)，加太子少保，兼署福州将军。同年，调补四川总督。二十一年(1895)，补授两广总督，兼署广州将军。二十五年(1899)，兼署广东巡抚，旋以病归。三十一年(1905)，卒于长沙。谥文勤。有《谭文勤公奏稿》等行世。

　　②　文光(1843—?)，字镜堂，满洲镶蓝旗人。咸丰九年(1859)，中式举人。同治元年(1862)，选国子监助教。十年(1871)，中式进士，充工部行走。光绪元年(1875)，补工部主事。同年，授总理各国事务衙门章京。四年(1878)，选工部员外郎。同年，升工部郎中。五年(1879)，加盐运使衔。九年(1883)，放陕西潼商道。十四年(1888)，署陕西按察使、陕西布政使。是年，充陕西武闱乡试监临主考事务。十八年(1892)，迁四川按察使。次年，署四川布政使。二十四年(1898)，护理四川总督。二十五年(1899)，调补湖南按察使。同年，擢甘肃新疆布政使。

将英林，将库存巡抚关防、王命旗牌、文卷等件赍送前来。臣当即恭设香案，望阙叩头，祇领任事。

伏念臣浙西下士，知识庸愚，由牧令洊擢监司，荷恩施之稠叠，正报称之无由。兹复擢领封圻，弥增悚惕。查陕省地处上游，巡抚统辖全省，当此民生凋敝，时事艰难，举凡澄清吏治，整饬边防，慎核度支，培养元气，在在均关紧要。如臣梼昧，深惧弗胜。所幸新任抚臣张煦①不久即可到陕，现将一切事务惟有殚竭愚忱，认真经理，随时咨商督臣，妥筹速办，不敢以暂时护篆稍涉因循，冀仰副高厚鸿慈于万一。

所有微臣到陕接护抚篆日期，谨具折叩谢天恩。再，臣此次由原籍附轮至鄂，道经襄樊及河南淅川厅等处入陕，所过地方秋稼已登，民情安谧，堪以上慰宸廑。合并陈明。谨奏。十月十九日。

光绪十四年十一月十一日，奉朱批：知道了。钦此。②

---

① 张煦(1824—1895)，甘肃灵州人，拔贡生。道光二十九年(1849)，中式举人。咸丰三年(1853)，中式进士，历充刑部直隶司主稿、湖广司主稿。同治元年(1862)，选刑部秋审处坐办。同年，升贵州司主事。二年(1863)，补刑部云南司员外郎、律例馆提调。三年(1864)，迁刑部奉天司郎中。六年(1867)，放贵州镇远府知府。九年(1870)，署思南府知府。十年(1871)，补贵阳府知府。光绪四年(1878)，调署贵西道。五年(1879)，充文武乡试监试。六年(1880)，调署贵州按察使，兼办善后局兼稽查厘金事务。八年(1882)，补授贵州贵东道。九年(1883)，迁陕西按察使。十一年(1885)，升补广东布政使。十二年(1886)，调补山西布政使。十四年(1888)，擢陕西巡抚。十五年(1889)，调湖南巡抚。十八年(1892)，补授山西巡抚。二十一年(1895)，卒于任。修有《山西通志》。

② 中国第一历史档案馆藏：录副奏折，档案编号：03-5241-001。

○○三　榆林广有仓民欠粮草开单恳免折

光绪十四年十月二十八日(1888 年 12 月 1 日)

护理陕西巡抚布政使臣陶模跪奏，为查明榆林府广有仓光绪十二年份民欠本色粮草无力并完，开单恳恩豁免，恭折仰祈圣鉴事。

窃查榆林府广有仓每年应征本色粮草，前因启征较迟，应办征信册籍，奏请缓至次年八月底截数造办，该仓奏销并请改至九月专案造送。本年八月内，前抚臣叶伯英①查明光绪十二年各属民欠钱粮、税课、草束无力并完恳请缓免案内，曾于清册内声明广有仓粮草俟十三年奏销截数，再行请豁。兹查该仓应造十三年并带征十二年本色粮草奏销，业已造齐奏咨。

所有该仓十二年民欠未完粮草，查明榆林、绥德、米脂、清涧、吴堡等五州县共欠本色粮一千七百八十五石八升零，草一百束，除荒地应完粮一千三百三十石五斗四升零，实熟地未完粮四百五十四石五斗三升零、草一百束。现值十四年仓粮开征之际，北山地土瘠薄，兵荒后民间户口凋零，生计艰窘。十三年旧欠既须带催，如将十二年粮草同时并征，民力实有未逮。各属钱粮、税课等项已经

---

① 叶伯英(1825—1888)，字孟侯，号冠卿，安徽怀宁人，附贡生。咸丰六年(1856)，捐户部主事。八年(1858)，捐户部员外郎衔。十年(1860)，赏戴花翎。同治元年(1862)，捐甘肃试用知府。四年(1865)，加按察使衔。十一年(1872)，署直隶清河道。次年，实授斯缺。光绪元年(1875)，晋布政使衔。四年(1878)，署直隶按察使。七年(1881)，补陕西按察使。八年(1882)，署陕西布政使。九年(1883)，迁陕西藩司。同年，护理陕西巡抚。十二年(1886)，擢陕西巡抚。十四年(1888)，卒于任。有《耕经堂年谱》《文庙礼乐录》等行世。

宽免,该仓粮草自应援案并请豁旧征新,以示体恤等情,由署藩司文光、督粮道锡光分晰造册,详请具奏前来。

臣覆查无异。相应仰恳天恩,俯准将单开榆林等五州县光绪十二年份民欠未完广有仓本色粮草一并豁免,俾苏民困而广皇仁。除清册咨部备查外,谨缮清单,恭呈御览,伏乞皇太后、皇上圣鉴训示。谨奏。光绪十四年十月二十八日。

(朱批:)着照所请,户部知道。单并发。[1]

光绪十四年十一月初十日,奉朱批:着照所请,户部知道。单并发。钦此。[2]

○○四　呈广有仓光绪十二年未完粮草清单

光绪十四年十月二十八日(1888 年 12 月 1 日)

谨将陕西榆林府广有仓光绪十二年份荒、熟地亩未完本色粮草数目,缮具清单,恭呈御览。

计开:

光绪十二年份:

榆林府属共未完广有仓荒地粮一千三百三十石五斗四升九合五勺、熟地粮四百五十四石五斗三升九合七勺、熟地草一百束。

榆林县未完广有仓熟地粮八十五石一斗六升六合、熟地草一百束。

绥德州未完广有仓荒地粮三百一十一石八斗二升五合。

① 台北故宫博物院藏:军机及宫中档,文献编号:408002679。
② 中国第一历史档案馆藏:录副奏折,档案编号:03-6563-014。

米脂县未完广有仓荒地粮五百三十四石二斗八升四合。

清涧县未完广有仓荒地粮四百八十四石四斗四升五合。

吴堡县未完广有仓熟地粮三百六十九石三斗七升三合七勺。

（朱批：）览。①

○○五　陕西光绪十四年秋季情重匪党惩办折

光绪十四年十月二十八日(1888 年 12 月 1 日)

护理陕西巡抚布政使臣陶模跪奏，为报明陕省光绪十四年秋季份情重匪党，照章惩办，恭折仰祈圣鉴事。

窃查陕省前因盗风日炽，经各前抚臣会同督臣奏请于部议土匪、会匪、马贼、游勇等项之外，将情罪重大各犯分别就地正法，汇案奏报等情，经刑部议覆奉旨允准，钦遵咨行转饬遵照在案。兹查光绪十四年秋季份，据宁羌州禀报：续获盗犯二雷即雷憻一名，讯据该犯供认，曾经入会结盟，光绪十一年八月二十七日，听从已经正法之吴大汉及逸犯刘么疯子等首伙十余人，拦路强劫过客秦玉发银两，该犯在场伙劫，拒捕分赃。

又据凤县禀获盗犯黎二麻子、李老五二犯，讯据黎二麻子等供认，光绪十三年闰四月初四日晚，听从监毙首盗李怔举纠约逃犯陈老九等首伙九人，分执油捻、器械，撞门入室，强劫钟正明家财物，捆缚妇女、雇工，拒戳事主钟正明毙命。该犯黎二麻子入室行强，李老五执持油捻在场助势。

又据镇安县禀获盗犯周老五、彭漳菁二犯，讯据周老五等供

① 中国第一历史档案馆藏：清单，档案编号：03-6224-056。

认，先于光绪十三年十二月二十一日晚，听从在逃首盗胡有刚、李先厚及畏罪投首之廖金其首伙五人，在宁陕厅境内强劫丁廖氏家钱物。旋于十四年三月初一日，复经随同逃犯胡有刚、杨顺其等，在镇安、安康二县连界地面，强劫陆全顺家财物。该犯周老五、彭漳菁两次行劫，均已搜赃拒捕，廖金其伙劫丁廖氏家案内上盗事后，畏罪投首；廖金详于伙劫陆全顺家案内被诱同行，畏惧先逃，事后经首盗强给赃物，抵作工价各等情，由该县等先后禀报，均经批饬该管汉中、商州等府州提审。

嗣经讯明议拟禀覆，当经督臣谭钟麟暨前抚臣叶伯英以该犯二雷即雷憘、黎二麻子、李老五、周老五、彭漳菁等五犯，或纠伙五人以上，持械强劫；或伙抢得赃，杀毙事主，并连劫两次，均属情凶事恶，法无可贷，业已批饬就地正法，传首犯事地方，悬杆示众，以昭炯戒。廖金其畏罪投首，已饬覆讯，另案办理。廖金详被诱同行，畏惧先逃，事后得受赃物，讯系抵作工价，情节实有可原，已饬照章锁系铁杆、石墩，三年期满，察看情形保释等情，由署臬司唐树楠①具详请奏前来。

臣复加查核，所办各案均属情罪相当。除批分饬各属再行悬赏比捕勒拿逸犯刘么疯子等务获另办外，所有光绪十四年陕省秋

---

① 唐树楠（1831—?），湖南善化人。咸丰七年（1857），中式举人。同治元年（1862），以员外郎签分刑部山西司。五年，奏留。六年（1867），以玉牒告成，奉旨免补员外郎，以郎中即补。同年，丁母忧。十年（1871），补安徽司郎中，俸满截取，以知府用。十三年（1874），考取御史。光绪二年（1876），补授陕西道监察御史。四年（1878），巡视东城。同年，转掌浙江道监察御史。六年（1880），补工科给事中。是年，巡视中城，保道员。八年（1882），迁礼科掌印给事中。九年（1883），巡视北城。同年，补授陕西陕安道。十五年（1889），升陕西按察使，旋补甘肃按察使。二十年（1894），调补四川按察使。

季份情重匪党照章惩办各缘由，谨会同陕甘总督臣谭钟麟，恭折具奏，伏乞皇太后、皇上圣鉴。谨奏，光绪十四年十月二十八日。

（朱批：）刑部知道。[①]

光绪十四年十一月初十日，奉朱批：刑部知道。钦此。[②]

○○六　光绪十三年旧赋比较上三年完欠分数折

光绪十四年十月二十八日(1888 年 12 月 1 日)

护理陕西巡抚布政使臣陶模跪奏，为查明陕省光绪十三年旧赋钱粮，比较上三年完欠分数，开列清单，恭折仰祈圣鉴事。

窃查前准户部咨：陕省旧赋钱粮比较上三年完欠分数自光绪八年起开单奏报，新赋钱粮统归上、下两忙案内考核。嗣复接准部咨：考核旧赋以未完之数为纲，钞录江西省奏报单式，咨行照办各等因。查陕省正赋钱粮，兵旱而后，田地半就荒芜，节年筹款设局，督属招垦，奈户口凋残，人稀地广，迄未一律开辟。现在剔荒征熟，当年新赋输将尚难扫数，旧赋带征一年，犹可勉强兼顾，若三年并征，民力实有未逮。光绪十二年以前民欠银两业经各前抚臣奏奉恩旨豁免在案。

兹值查造光绪十三年旧赋比较之期，查得陕省光绪十三年份应征旧赋，自九年起至十二年止民欠未完钱粮内，九、十两年并无续完银两，毋庸开报。十一、十二两年剔荒征熟，共未完熟地银六万六千二百两零，其中有肤施县、商州二处十一年冰雹、

---

① 台北故宫博物院藏：军机及宫中档，文献编号：408002680。

② 中国第一历史档案馆藏：录副奏折，档案编号：03-7355-037。

水灾案内奉文流抵正赋银四十二两六钱零，又十二年各属冰雹、水灾案内奉文蠲免银六百九十八两零，中部县续垦荒地届限升科未完银二两四钱零，共未完银六万五千四百六十一两零。截至十三年奏销止，共已征完银二千六百六十六两四钱零，内征解十一年地丁银一十四两零、十二年地丁银二千六百五十二两零。以上已完银两，照数于十三年续销册内列款造报，实在民欠未完银六万二千七百九十四两五钱零，业经全数豁免等情，由署藩司文光具详前来。

臣覆核无异。除咨部外，所有光绪十三年旧赋钱粮比较，循例敬缮清单具陈，伏乞皇太后、皇上圣鉴。谨奏。光绪十四年十月二十八日。

（朱批：）户部知道。单并发。[①]

光绪十四年十一月初十日，奉朱批：户部知道。单并发。钦此。[②]

○○七　呈光绪十三年旧赋比较上三年完欠清单

光绪十四年十月二十八日(1888 年 12 月 1 日)

谨将陕西省光绪十三年份征收旧赋钱粮比较上三年完欠分数，缮具清单，恭呈御览。

计开：

旧赋项下：光绪十三年应征光绪九年起至十二年止民欠未

---

①　台北故宫博物院藏：军机及宫中档，文献编号：408002678。

②　中国第一历史档案馆藏：录副奏折，档案编号：03-6228-013。

完钱粮内，九、十两年并无续完银两，毋庸开报。十一、十二两年剔荒征熟，共未完熟地银六万六千二百两一钱九分，其中有肤施县、商州二处十一年冰雹、水灾案内奉文流抵正赋银四十二两六钱零，又十二年各属冰雹、水灾案内奉文蠲免银六百九十八两九钱六分八厘，中部县续垦荒地届限升科未完银二两四钱四分四厘，共未完银六万五千四百六十一两一分二厘。截至十三年奏销止，共已征完银二千六百六十六两四钱四分二厘，内征解十一年地丁银一十四两一钱七分九厘，十二年地丁银二千六百五十二两二钱六分三厘。

以上已完银两，照数在于十三年续销册内列款造报。实在民欠未完银六万二千七百九十四两五钱七分，业已奉文全数蠲免。计已完四厘七丝三忽，未完蠲免九分五厘二丝七忽。

比较光绪十年，应征银一十一万一千七百一十九两一钱九分三厘，已完五毫三丝二忽，银五百九十四两六钱二分二厘，未完蠲免九分九厘四毫六丝八忽，银一十一万一千一百二十四两五钱七分一厘，计多完银三厘五毫四丝一忽。

比较光绪十一年，应征银四万五千四百八十两一钱二分，已完五毫二丝六忽，银二百三十九两二钱六分五厘，未完蠲免九分九厘四毫七丝四忽，银四万五千二百四十两八钱五分五厘。计多完银三厘五毫四丝七忽。

比较光绪十二年，应征银三万一千五百五十两七钱六分五厘，已完五厘五毫二丝三忽，银一千七百三十七两二钱四分二厘，未完蠲免九分四厘四毫七丝七忽，银二万九千八百一十三两五钱二分三厘。计少完银一厘四毫五丝。

以上未完银两业已全数蠲免。合并陈明。

（朱批:）览。①

○○八　交卸抚篆并到藩司本任日期折

光绪十四年十一月初四日（1888年12月6日）

陕西布政使臣陶模跪奏，为恭报微臣交卸抚篆并到藩司本任日期，叩谢天恩，仰祈圣鉴事。

窃臣前奉督臣谭钟麟奏委护理巡抚篆务，当将暂护日期恭折奏报在案。现在新任抚臣张煦已于十一月初一日到省，臣于初二日委西安府知府文启、抚标中军参将英林，将巡抚关防随同王命旗牌、文卷等件赍送抚臣接收，臣即于是日交卸抚篆。本日奉抚臣行知，饬到藩司本任，准署布政使文光将印信、文卷移交前来。

臣当即恭设香案，望阙叩头，祗领任事。伏念陕省为关辅名区，藩司系承宣重任，举凡考察属吏，慎核度支，在在均关紧要。如臣梼昧，深惧弗胜，惟有殚竭心力，随时随事禀承督抚臣妥速办理，以期仰副高厚鸿慈于万一。

所有微臣交卸抚篆并到藩司本任日期，理合恭折叩谢天恩，伏乞皇太后、皇上圣鉴。谨奏。十一月初四日。

光绪十四年十一月十九日，奉朱批:知道了。钦此。②

---

① 中国第一历史档案馆藏:清单,档案编号:03-6228-014。
② 中国第一历史档案馆藏:录副奏折,档案编号:03-5241-085。

光绪十六年(1890)

○○一　恭报接护抚篆日期并谢恩折

光绪十六年正月初十日(1890 年 1 月 30 日)

护理陕西巡抚布政使臣陶模跪奏,为恭报微臣接护抚篆日期,叩谢天恩,仰祈圣鉴事。

窃臣于光绪十六年正月初一日准抚臣张煦咨开:光绪十五年十二月十四日,奉上谕:陕西巡抚着鹿传霖①补授,未到任以前,着陶模暂行护理。钦此。旋准抚臣将陕西巡抚关防并王命旗牌、文案、卷宗等件于正月初八日派员赍送前来。臣当即恭设香案,望阙叩头,祗领任事。伏念臣浙右庸材,素无学识,藩条甫绾,未报涓埃,兹复渥荷温纶,护理抚篆,自天锡命,伏地增惭。

---

① 鹿传霖(1836—1910),字润万,又字滋轩,号迂叟,直隶定兴人。同治元年(1862 年),中式壬戌科进士,选庶吉士,补广西兴安知县。十三年(1874),升桂林知府。历任广东惠潮嘉道道员、福建按察使、四川布政使。光绪九年(1883),擢河南巡抚。十一年(1885 年),调任陕西巡抚。次年,因病开缺。十五年(1889),回陕西巡抚本任,后迁两江总督。光绪二十六年(1900),补授两广总督。二十七年(1901 年),入值军机。三十年(1904),授吏部尚书。宣统元年(1909),加太子少保衔。同年,晋太子太保。二年(1910 年),卒,谥文端。

查陕西地处上游，巡抚统辖全省，当此民生未裕，时事多艰，举凡整饬官方、训练营伍、培养元气、综核度支，在在均关紧要。如臣梼昧，深惧弗胜，惟有力矢慎勤，认真经理，随时随事函商督臣，妥速筹办，断不敢以暂时护理稍涉因循，以冀仰答高厚鸿施于万一。

所有微臣暂护抚篆日期，除恭疏题报外，合将感激下忱，谨缮折叩谢天恩，伏乞皇上圣鉴。谨奏。光绪十六年正月初十日。

（朱批：）知道了。①

光绪十六年正月二十一日，奉朱批：知道了。钦此。②

○○二　奏报续垦营田地亩并征收折租实数折

光绪十六年正月二十五日（1890 年 2 月 14 日）

护理陕西巡抚布政使臣陶模跪奏，为查明陕西省光绪十四年份续垦营田地亩并征收折租各实数造册报销，恭折仰祈圣鉴事。

窃查陕西各属招垦营田，历年征收本色租粮及改收折色租钱，一切动支、实存等款，均经各前抚臣分年造册报销在案。兹据各州县陆续造赍十四年份报销前来。随复逐加查核，陕省各属原额营田共实存荒地四千六十顷三十六亩四分九厘七毫，十三年报销已垦交足额租归民管业地一千八百二十六顷五十一亩六厘五毫四丝，已垦而租未交足应存熟地一千七百二顷七十二亩六分八厘二毫，内华州、高陵二州县被水冲刷熟地十一顷五十

---

① 台北故宫博物院藏：军机及宫中档，文献编号：408002681。
② 中国第一历史档案馆藏：录副奏折，档案编号：03-5260-085。

亩六分五厘八毫，实存尚未交足额租熟地一千六百九十一顷二十二亩二厘四毫二丝，未垦荒地应存五百三十一顷一十二亩七分四厘九毫，内华州冲塌荒地八十三亩六分七厘九毫，实存荒地五百三十顷二十九亩七厘。各属仓存租粮共京斗小麦、粟谷、豌豆、白米二万七千五百六十九石一斗九升三合二勺，临潼县民欠出易京斗小麦四百四石三斗七升二合七勺，兴安、汉中、商州三府州仓存采买京斗稻谷、粟谷一万六千三百四十一石五斗五升七合二勺。

光绪十四年份，各属续垦各则荒地七十二顷五十二亩九分二厘三毫九丝，交足额租归民管业地五十七顷二十六亩四分九厘四毫三丝，省城十四年冬赈动用京斗营田租麦二千四百九十五石。各属共征完折租钱一万五千九百八十六千五百一十四文，照章由各属扣支书差口食并大荔县扣还十三年栖流所已用经费外，实存钱一万四千九百三十一千三百九十五文，按市估易银共解库平银八千七百八十九两六钱四分七厘一毫，大荔县沙租征完市平斤解库平银五百六十七两四钱八分六厘，二共应存平银九千三百五十七两一钱三分三厘一毫；开支营田所委员薪水、书吏、勇丁口食并杂项费用，共发库平银六百三十二两五钱八分四厘，扣存四分减平银二十五两三钱一厘。统共实存库平银八千七百四十九两八钱五分二厘一毫，业经由所先后如数汇解司库收存。临潼县收还十二年出易租麦改收京斗豌豆四百四十四石八斗九合九勺七抄，兴安等府州采买稻、粟各谷仍按上年原数存仓，颗粒未动。

通计至十四年底止，各属尚储京斗租麦、粟谷、豌豆、白米二万五千五百一十九石三合一勺七抄，已垦尚未交足额租熟地共存一千七百六顷四十八亩四分五厘三毫八丝，未垦荒地共存四百五十七顷七十六亩一分四厘六毫零。上项荒地多系瘠薄硗确之区，虽屡经设法招徕，议减租钱，奈工费利微，迄未一律认垦，现已分饬各属赶紧催收租钱，认真劝导，务使野无旷土，粮复旧额。一俟续垦集有成数，即行汇入下届报捐案内办理。从前因预备、广备两仓存有咸宁、长安二县征完营田租粮，每年于折租内支销仓内员役薪水、口食，嗣经查明截至十三年年底止，因省城冬赈已将租麦全数提用，仅存长安县粟谷、白米二项，为数甚微，是以自十四年正月起将员役一并裁撤等情，由善后局司道会详前来。

臣覆核无异。除清册咨部外，所有查明陕西省十四年份续垦营田地亩并征收折租各实数，理合恭折具陈，伏乞皇上圣鉴。谨奏。光绪十六年正月二十五日。

（朱批：）户部知道。[1]

光绪十六年二月初七日，奉朱批：户部知道。钦此。[2]

○○三　恭报陕西光绪十五年二月雨水、粮价折

光绪十六年正月二十五日（1890年2月14日）

护理陕西巡抚布政使臣陶模跪奏，为恭报雪泽、麦苗情形，恭折仰祈圣鉴事。

---

[1]　台北故宫博物院藏：军机及宫中档，文献编号：408002682。

[2]　中国第一历史档案馆藏：录副奏折，档案编号：03-9555-004。

窃查陕西省光绪十五年十一月份雨雪、麦苗情形，业经前抚臣恭折具奏在案。据西安、延安、凤翔、汉中、榆林、同州、兴安、商州、邠州、乾州、鄜州、绥德州等府州属具报：十二月初一、十一及二十二、三、四等日，先后得雪一二三四寸不等。臣查陕省去岁秋雨过多，入冬后雨雪稀少，腊月内普获祥霙，虽各处大小不同，未能一律沾足，幸土脉尚形滋润，二麦已稳固盘根，惟冀春膏广被，共庆丰年，以期仰慰宸廑。刻查西安粮价，大米每仓石价银二两一钱，小米每仓石价银一两二钱二分，较之上月大米每仓石减银七分，小米每仓石增银一分。

所有十五年十二月份雪泽、麦苗并省城粮价情形，理合恭折具陈，伏乞皇上圣鉴。谨奏。光绪十六年正月二十五日。

（朱批：）知道了。①

光绪十六年二月初七日，奉朱批：知道了。钦此。②

○○四　奏请重修名臣祠宇折

光绪十六年正月二十五日(1890 年 2 月 14 日)

护理陕西巡抚布政使臣陶模跪奏，为重修名臣祠宇，请列祀典，以顺舆情而端学术，恭折仰祈圣鉴事。

案据司道会详：据林院检讨张恩荣、翰林院庶吉士薛宝辰、内阁典籍薛凌、举人袁镂柏、景伟、廪生袁赓扬等禀称：窃查长安县前

①　台北故宫博物院藏：军机及宫中档，文献编号：408002682-1。
②　中国第一历史档案馆藏：录副奏折，档案编号：03-6886-009。

明工部尚书冯从吾，①万历乙丑进士，平生讲求理学，正色立朝，不避权贵，里居教授生徒，多所成就，学者称少墟先生，卒赠太子太保，谥恭定。省城西门外旧有专祠，旁有青门学舍，即当日讲学之地，兵燹被焚毁。该职等景仰前贤，公议捐资就原祠基址重加修建，附立少墟书院，为士子肄业之所，另赎墓田为后嗣祭扫之需。查定例：各省建造先贤、先儒祠宇，必须奏明请旨遵办，公恳详奏重修，列入祀典，所需经费，该绅等自行捐备，事竣请免报销等情前来。

臣恭读《钦定明史》，内载：从吾生而纯悫，长志濂、洛之学。罢官归，取先正格言，体察身心，造诣益邃。赞称其与赵南星诸人，持名检，励风节，严气正性，侃侃立朝，天下望之如泰山乔岳等语。伏念关中夙称理学之区，自宋张载讲明正学，名儒辈出，我朝李中孚读从吾著述，愤然兴起，遂成大儒，于时关学最盛。兵燹后弦诵颇稀，迄今休养多年，生儒于词章之学，渐复旧观，惟于本源实学仍难多观。

今该绅等援例呈请将冯从吾祠宇重加建，附设书院，洵于崇礼前贤之中仍寓诱掖后进之意，士习、人心，均有裨益，相应吁恳天恩，可否准将前明工部尚书冯从吾祠宇重加修建，列入祀典，由地方官春秋致祭，以顺舆情而端学术之处，理合会同陕甘总督

---

①　冯从吾（1557—1627），字仲好，号少墟，陕西长安人。万历十七年（1589），中式进士，改庶吉士，授御史，巡视中城。二十年（1592），告归家居。天启二年（1622），擢左金都御史。同年，晋左副都御史。四年（1624），拜工部尚书，旋致仕。七年（1627），卒。赠太子太保，谥恭定。有《冯少墟集》《元儒考略》《冯子节要》等行世。

臣杨昌濬、①陕西学政臣柯逢时，②恭折具陈，伏乞皇上圣鉴训示遵
行。谨奏。光绪十六年正月二十五日。

  （朱批：）礼部议奏。③

  光绪十六年二月初七日，奉朱批：礼部议奏。钦此。④

<hr>

  ① 杨昌濬(1827—1897)，字石泉，湖南湘乡人，附生。咸丰二年(1852)，从罗泽南
练乡勇，会集湘潭，出《讨粤匪檄》，后随湘军进剿太平军。四年(1854)，选训导。九年
(1859)，充教授。十年(1860)，补知县，并赏戴花翎。同治元年(1862)，保同知。同年，
补浙江衢州府知府。二年(1863)，授浙江粮储道。三年(1864)，任浙江盐运使，加按察
使衔。同年，迁浙江按察使，署浙江布政使。五年(1866)，升补浙江布政使。八年
(1869)，署浙江巡抚。次年，实授浙江巡抚。光绪二年(1876)，因杨乃武案革职。四年
(1878)，赴陕甘，赏给四品顶戴。五年(1879)，署甘肃布政使，加二品顶戴。六年
(1880)，晋头品顶戴，护理陕甘总督。七年(1881)，授甘肃布政使。九年(1883)，迁漕
运总督。十年(1884)，帮办福建军务。同年，补授闽浙总督。十一年(1885)，兼署福建
巡抚。十四年(1888)，调补陕甘总督。翌年，监临乡试。后因回民暴动革职。二十年
(1894)，加太子太保衔。二十三年(1897)，卒于籍。有《平浙纪略》、《平定关陇纪略》、
《学海堂课艺》、《五好山房诗稿》等存世。

  ② 柯逢时(1845—1912)，字懋，号逊庵、巽庵，湖北武昌人。同治九年(1870)，中
式举人。光绪九年(1883)，中式进士，改庶吉士。十二年(1886)，授翰林院编修。十四
年(1888)，简陕西学政。十八年(1892)，补补史馆协修官、会典馆协修官。十九年
(1893)，升会典馆绘图处帮总纂官。同年，充山东乡试副考官。二十年(1894)，任教习
庶吉士，旋调两淮盐运使。二十六年(1900)，晋江西按察使。二十七年(1901)，迁湖南
布政使。是年，调补江西布政使。次年，护理江西巡抚。二十九年(1903)，擢广西巡
抚。翌年，调补贵州巡抚。三十一年(1905)，充统税大臣。翌年，授广西巡抚，兼督办
土药统税大臣。三十四年(1908)，调浙江巡抚(未赴任)。有《武昌县志》、《光绪十七年
辛卯科陕西乡试题名碑记》、《陕西乡试题名碑》，刻有《武昌医学馆丛书》等行世。

  ③ 台北故宫博物院藏：军机及宫中档，文献编号：408002683。

  ④ 中国第一历史档案馆藏：录副奏折，档案编号：03-5553-004。

○○五　请以吴云伍升补抚标游击折

光绪十六年正月二十五日（1890年2月14日）

护理陕西巡抚布政使臣陶模跪奏，为拣员升补游击以裨营伍，恭折仰祈圣鉴事。

窃照陕西抚标右营游击罗奇山，经前抚臣奏请开缺，留营差遣，遗缺另行遴员请补，奉朱批：着照所请，兵部知道。钦此。嗣准兵部咨开：该缺系题补第一轮第六缺，轮用拣发人员，前因第三缺预保无人，以拣发班题补，令第六缺即以应升人员题补等因。臣查该游击系省会要缺，有整顿营伍之责，缉捕、巡防，均关紧要，必须熟习情形、精明干练之员方克胜任，自应遵章拣员升补。

陕省抚标各营内现无应升人员，惟查有安西协中军都司现署抚标中军参将吴云伍，系行伍出身，历由额外外委、经制外委、千总、守备各实缺推升安西协中军都司。该员前在西安城守协右营守备中军都司任内多年，情形熟习，现署抚标中军参将，操防认真。该员保有花翎游击，俟补缺后以参将补用，得有捍勇巴图鲁名号，循资推升安西营都司，以之升补抚标右营游击，与例相符。

臣到任未及三月，例不加考，惟该员升补是缺与例相符，堪期胜任，合无仰恳天恩，俯赐饬部核覆，准以实任安西营都司吴云伍升补抚标右营游击，以期得力。如蒙俞允，俟接准部覆后，再行给咨送部引见，以符定例。所遗安西协中军都司员缺，陕甘现有应补人员，容督臣另行拣补。

除将该员履历咨送兵部外，所有拣员升补抚标右营游击缘由，谨会同陕甘总督臣杨昌濬、陕西固原提督臣雷正绾，[①]恭折具陈，伏乞皇上圣鉴训示。谨奏。光绪十六年正月二十五日。

（朱批：）兵部议奏。[②]

光绪十六年二月初七日，奉朱批：兵部议奏。钦此。[③]

○○六　奏请奖叙捐修城工人员片

光绪十六年正月二十五日(1890年2月14日)

再，臣前在藩司任内转据醴泉县知县张凤岐详称，该县城垣年久失修，坍塌甚多，亟须修筑，以资保卫。该前任及该县均经勘估倡捐，邀集绅耆，劝谕捐修，幸各绅富同心协力，积有成数，已于光绪十五年十一月十三日购料开工等情，经臣援照部定章程详请奏明存案，前抚臣张煦未及附奏，移交前来。

臣查各省捐修城工，应于议筑之时先行奏明立案。今醴泉县城垣年久坍塌，该县为通甘肃大道，保障攸关，该官绅等均能深明大义，尽心筹办，踊跃输将，洵属急公可嘉。除应得奖叙容俟工竣另行照章办理外，相应请旨饬部存案，为此附片具陈，伏乞圣鉴。谨奏。

---

①　雷正绾(? —1897)，字伟堂、纬堂，四川华阳人。咸丰初年，从军湖北，由把总拔千总，补守备。咸丰四年(1854)，任梁万营都司，迁游击，升参将。九年(1859)，加副将衔。十年(1860)，晋提督衔。十一年(1861)，调补陕安镇总兵。同治元年(1862)，擢陕西固原提督。三年(1864)，赐黄马褂。十年(1871)，加达春巴图鲁名号。光绪十六年(1890)，赏太子少保衔。二十年(1894)，晋尚书衔，加骑都尉。二十一年(1895)，以循化撒回倡乱，督剿无功，革职留任。二十三年(1897)，罢，卒于籍。

②　台北故宫博物院藏：军机及宫中档，文献编号：408002684。

③　中国第一历史档案馆藏：录副奏折，档案编号：03-5867-067。

（朱批：）该部知道。①

光绪十六年二月初七日，奉朱批：该部知道。钦此。②

○○七　查明对调知州员缺仍请调补折

光绪十六年二月二十三日（1890年3月13日）

护理陕西巡抚布政使臣陶模跪奏，为查明部驳对调知州员缺，人地实在相需，任内处分例得另计，仍请调补，以资治理，仰祈圣鉴事。

窃查前因同州府属之华州系冲、繁中缺，现任知州赵聿灏办事虽无贻误，于此缺不甚相宜，经臣在藩司任内会同臬司唐树楠拣选，与西安府属之耀州知州郑思敬互相对调，详经前抚臣张煦专折陈请调补，奉旨：吏部议奏。钦此。嗣准部咨，以郑思敬任内有承缉事主杨和顺被劫一案，例关展参降调，核与对调之例不符，应毋庸议等因奏驳，奉旨：依议。钦此。钦遵咨行于光绪十五年十二月二十四日到陕，前抚臣转饬核办，移交到臣。

遵复督同现署藩、臬两司复加察核，查本年正月初四日奉吏部新章：嗣后以简调繁人员，任内承缉盗案尚在三参以前者，仍准照旧办理。其三参已满，四参业已起限，虽经声明人地相需，准其调补，仍应核其已起四参例关降调之案，照例查级抵销。如级不敷抵，或展参例关革职，均令于调补时分别呈交捐复降级、革职银两，缴清再行核准等因。光绪十五年十二月十一日奉旨允准在案。细

---

① 台北故宫博物院藏：军机及宫中档，文献编号：408002682-A。
② 中国第一历史档案馆藏：录副奏片，档案编号：03-7158-010。

绎例意,已起四参盗案,例得抵销,捐复仍准调补。

　　该耀州知州郑思敬任内承缉事主杨和顺被劫一案,系在光绪十五年三月十六日恭逢恩诏以前,自应另起三参例限,现在亦未届满,且该员任内得有覃恩加三级,例准抵销援免,今由耀州本任与华州知州赵聿灏互相对调,华州系冲、繁中缺,耀州系无字简缺,似与以简调繁人员定例尚属相符。

　　查华州为东路要道,差务络绎,词讼繁多,兵、旱后,一切抚绥、因革事宜,在在均关紧要。现任知州赵聿灏,年六十三岁,河南新野县举人,由训导在籍办团出力,保升候选知县,选授清涧县知县,调补南郑县知县。因历年在任带团御贼、守城、转运出力,迭次保升五品衔,以知州尽先即补同知直隶州升用。旋在南郑县告养,开缺回籍,丁忧服满,于光绪九年以知州到陕。十一年,准补华州知州,十一月初十日到任。该员心地慈祥,操履谨慎,办事尚无贻误,惟于此缺不甚相宜,自应酌量对调。耀州知州郑思敬,年五十四岁,四川新都县举人,由报捐内阁中书、加捐分缺先补用知州,指分陕西,光绪六年到省。十年,准补耀州知州,闰五月初四日到任。该员年强才裕,稳练精详,以之调补华州知州,必能办理裕如。所遗耀州员缺事务较简,即以赵聿灏对调,亦堪胜任。现据署藩、臬两司查明,郑思敬任内盗案处分尚在三参限内,且例得另计。该二员互相对调,人地实在相需,遵例据实声明,仍加原考,会详前来。

　　合无仰恳天恩,俯念因地择人,饬部准以耀州知州郑思敬与华州知州赵聿灏互相对调,以裨治理。如蒙俞允,该员等系冲、繁中缺与无字简缺对调,衔缺相当,毋庸送部引见。所有查明部驳知州员缺对调,人地实在相需,任内处分例得另计,仍请调补缘由,谨会同陕甘总督臣杨昌濬，恭折覆陈，伏乞皇上圣鉴训示。谨奏。光绪十六年二月二十三日。

（朱批：）吏部议奏。①

光绪十六年闰二月初七日，奉朱批：吏部议奏。钦此。②

○○八　奏报陕西光绪十六年正月雪泽、粮价折

光绪十六年二月二十三日（1890年3月13日）

护理陕西巡抚布政使臣陶模跪奏，为恭报雪泽、麦苗情形，仰祈圣鉴事。

窃查陕西省光绪十五年十二月份雨雪、麦苗情形，业经臣恭折具奏在案。兹据西安、延安、凤翔、汉中、榆林、同州、兴安、商州、邠州、乾州、鄜州、绥德州等府州属陆续具报，于十六年正月初四、五、六、七，暨十三、十九、二十并二十七、八、九等日先后得雪一二三寸至四五六寸不等。臣查陕省去岁秋雨透足，入冬后，天气晴明，频得微雨、微雪，未能优渥，因土脉尚形滋润，二麦已稳固盘根。现值阳和转令，幸获雪泽普沾，洵于农田大有裨益，惟冀春膏续被，共庆丰年，以期仰慰宸廑。

刻查西安粮价，大米每仓石价银二两一钱三分，小米每仓石价银一两一钱九分，较之上月大米每石增银三分，小米每石减银三分。

所有十六年正月份雪泽、麦苗并省城粮价情形，理合恭折具

---

① 台北故宫博物院藏：军机及宫中档，文献编号：408002689。

② 中国第一历史档案馆藏：录副奏片，档案编号：03-5262-046。

陈,伏乞皇上圣鉴。谨奏。光绪十六年二月二十三日。

（朱批：）知道了。①

光绪十六年闰二月初七日,奉朱批:知道了。钦此。②

○○九　查明陕西官兵数目
　　　　及驻扎处所等情折

光绪十六年二月二十三日(1890 年 3 月 13 日)

护理陕西巡抚布政使臣陶模跪奏,为遵旨查明陕省现存练兵、防勇各营旗统带、管带员弁衔名、驻扎处所、兵勇数目,分晰开单,恭折仰祈圣鉴事。

窃查前准户、兵二部咨开:光绪十五年十月二十八日,内阁奉上谕:军务平定以来,各直省设立防营,朝廷岁縻巨帑不知凡几,各营勇额、粮饷必应事事核实,方足以鼓励军心。近闻营中恶习,往往虚冒额数,克扣饷项,统领、营官养尊处优,并不时时操练,一切废弛情形几与从前绿营积弊相等,殊勘痛恨。着各该将军、督抚将各省现有各营随时严查,如有前项情弊,即行严参治罪。至各营驻扎处所及管带衔名、兵勇数目,迭经该部奏准,通饬一一咨报,各该省视为具文,总未能据实开报。着自接奉此旨后,限于两月内一律开单,详晰具奏,以备稽核。如有更换管带员弁,或移扎他处,并着随时奏闻,将此通谕知之。钦此。钦遵咨行到陕。当经前抚臣张煦转饬善后局详细开报,未及覆奏卸事,移交到臣。遵复严密访

---

① 台北故宫博物院藏:军机及宫中档,文献编号:408002690。

② 中国第一历史档案馆藏:录副奏片,档案编号:03-6887-011。

查，催局开单具详前来。

伏查陕省平定以后，绿营兵制未复，前任各抚臣体察情形，将抚标、城守各营、延绥、汉中、陕安三镇分别改募练兵，复就在陕立功马步各防营酌量裁留，改营为旗，分驻防守，以资保卫。嗣于光绪十年至十三年，因海防善后及京旗需款甚巨，各前抚臣力顾时艰，遵照部议，迭次酌改营章，裁撤防勇，共留练兵十二营、亲兵马队一哨、回子官兵一起、防军马队四起、步队十三旗。前抚臣随时整饬营规，严查积弊，尚无虚冒、克扣恶习。现计各旗营岁支饷数，以练兵、防勇与原留绿营制兵合算，比较承平定额尚属有减无增。

关中地处上游，界连五省，签、会各匪到处煽惑勾通，游勇、客民乘隙滋事扰害，加以接壤甘肃，各处安插回民甚众，素称强悍，均须慑以兵威，潜消隐患。陕境东、西九百余里，南、北二千四百余里，幅员辽阔，关隘纷歧，练兵留镇省会、边郡重地，备供策应；防军分段驻扎，仅此马步十余旗，散布于通省扼要之区，实不免有地广兵单、防范难周之虑。惟有督率将弁，加意操练，认真巡防，如查有侵蚀虚冒、怠玩废弛等弊，定行据实参办，总期兵皆核实，饷不虚縻，以仰副圣主整肃戎行之至意。

所有查明陕省现存练兵、防勇各营旗统带、管带将弁衔名、驻扎处所、兵勇数目，理合分晰开单，恭呈御览，伏乞皇上圣鉴。谨奏。光绪十六年二月二十三日。

（朱批：）兵部知道。单并发。①

---

① 台北故宫博物院藏：军机及宫中档，文献编号：408002691。

光绪十六年闰二月初七日,奉朱批:兵部知道。单并发。钦此。①

○一○　呈陕西官兵衔名
及驻扎处所清单

光绪十六年二月二十三日(1890 年 3 月 13 日)

谨将陕西省现存练兵、防军马步各营旗统带、管带员弁衔名、驻扎处所、兵勇数目开具清单,恭呈御览。

谨开:一、陕西抚标各营改兵为练,共练中、左、右、副中、义精五营、亲兵马队一哨,委抚标署中军参将吴云伍统带。每营练兵计五百一十七员名,中营委升用都司尽先守备袁纯管带,左营委尽先游击陈端谊管带,右营委升用都司尽先守备刘琳管带,副中营委游击衔尽先都司刘廷贵管带,义精营委提督衔总兵董新元管带。亲兵马队一哨,计五十三员名,委游击罗荣茂管带。以上练兵五营、马队一哨,分驻省城及附近之蓝田县属七盘坡一带,操防巡缉,仍归左营游击联辉、署右营游击林得胜、中营守备陈青云、署左营守备罗吉秀、右营守备刘成国分营督操。

一、西安城守营练兵五百一十九员名,委该营副将任廷贵管带,驻扎省城,稽查四门。

一、陕西延榆绥镇改兵为练,共练中、左、右、城守四营,归现署该镇总兵傅开德统带,榆林府知府施典章总理营务。每营练兵计五百七员名,中营委镇标中营游击梁鸿盛管带,左营委左营

---

① 中国第一历史档案馆藏:录副奏片,档案编号:03-9421-017。

游击王占胜管带,右营委右营游击刘辅军管带,城守营委城守都司王守基管带。以上四营,分驻榆林府城及榆林县属之东、西两路、甘泉县属金盆湾、宜川县属云严镇、延川县属延水关一带,操防巡缉。

一、陕西汉中镇标营制尚未全复,挑募练兵一营,计马步弁勇四百一十七员名,归现署汉中镇总兵赵福元统带,委署中营游击王金锡管带,驻扎汉中府城,操防巡缉。

一、陕西陕安镇标营制尚未全复,挑募镇威练兵一营,计五百一十八员名,归属陕安镇总兵姚文广统带,委署镇标中军游击王培秀管带,驻扎兴安府城,并分驻安康、白河、平利、紫阳、汉阴等厅县,操防巡缉。

一、陕西抚标拨派回子官兵一百一十八员名,驻扎商州及分驻州属一带,操防巡缉。

统计练兵十二营、马队一哨、回子官兵一起,均就现时统带、管带员弁衔名开报。理合陈明。

一、抚标中营马队一起,计二百三十二员名,委发陕提督胡登花管带,驻扎省北草滩,分驻临潼、渭南、华州、华阴等州县,操防巡缉。

一、抚标前旗步队一旗,计三百五十七员名,委留陕甘补用副将萧友煌管带,由省西陇州移扎同州府,分驻大荔县属羌白镇、蒲城、富平、临潼、渭南等县交界地方,操防巡缉。

一、抚标左旗步队一旗,计三百五十七员名,委补用都司孙耀柱管带,由省西凤翔移驻商南县,分驻商州属之武关、龙驹寨暨山阳、雒南等县,操防巡缉。

以上防军马队一起、步队两旗,均归发陕提督胡登花统带。

一、抚标副中旗步队一旗，计三百五十七员名，委提督龙得胜管带，驻扎三原县，分驻蒲城、同官、富平、泾阳、高陵、咸阳、兴平、洛川等县，操防巡缉。

一、抚标副前旗步队一旗，计三百五十七员名，委补用都司李国益管带，驻扎潼关厅，分驻商南、雒南等县，操防巡缉。

一、抚标副左旗步队一旗，计三百五十七员名，委补用副将喻文林管带，驻扎澄城县，分驻白水、郃阳、韩城、朝邑等县，操防巡缉。

一、抚标副右旗步队一旗，计三百五十七员名，委补用都司黄朝纶管带，驻扎兴安府石泉县，分驻紫阳县，操防巡缉。

以上防军步队四旗，均归营务处西安城守协副将任延贵统带。

一、抚标中旗步队一旗，计三百五十七员名，委参将舒秀松管带，驻扎乾州东门外，分驻永寿县属监军镇暨武功、醴泉等县，操防巡缉。

一、抚标右旗步队一旗，计三百五十七员名，委补用参将侯有明管带，驻扎长武县，分驻邠州、永寿县及甘肃泾州属之窑店，操防巡缉。

一、抚标后旗步队一旗，计三百五十七员名，委补用副将陈明辉管带，驻扎陇州西关，分驻州属关山、赤延镇、回关镇、马鹿坡，操防巡缉。

一、抚标左翼马队一起，计一百一十三员名，委补用都司黄万发管带，驻扎岐山县东关，分驻乾州、扶风等州县，操防巡缉。

一、抚标右翼马队一起，计一百四十员名，委尽先都司钟嘉寿管带，驻扎凤翔府东关外，并分驻宝鸡、岐山等县及凤翔县属陈村，操防巡缉。

以上防军步队三旗、马队二起，均归参将舒秀松统带。

一、抚标律武中旗步队一旗，计三百五十七员名，委留陕补用总兵刘楚华管带，驻扎汉中府，分驻襄城、西乡等县，操防巡缉。

一、抚标律武前旗步队一旗，计三百五十七员名，委留陕补用副将刘徵凤管带，驻扎沔县，分驻略阳、宁羌州及南郑县属新街镇，操防巡缉。

以上防军步队两旗，均归留陕补用总兵刘楚华统带。

一、抚标广胜步队一旗，计三百五十七员名，委补用副将黄耀盛管带，驻扎兴安府城，分驻洵阳、砖坪、安康、汉阴、平利等厅县，操防巡缉。

以上防军步队一旗，归署陕安镇总兵姚文广统带。

一、抚标副后旗步队一旗，计三百五十七员名，委总兵李志刚管带，驻扎延安府靖边县属宁条梁、薛家湾、定边、怀远等县，操防巡缉。

一、抚标西林马队一起，计一百一十七员名，委总兵李志刚兼带，驻扎定边县及所属安边堡、靖边、怀远等县，操防巡缉。

以上防军步队一旗、马队一起，仍归总兵李志刚统带。

统计防军马队四起、步队十三旗，均就现时统带、管带员弁衔名、驻扎处所开报，以后如有更换改扎，随时奏咨立案。合并陈明。

（朱批：）览。①

---

① 中国第一历史档案馆藏:清单,档案编号:03-9421-018。

○一一　奏报初批京饷银数及起程日期片

光绪十六年二月二十三日(1890 年 3 月 13 日)

　　再，查陕省前因海防善后及京旗需饷甚巨，迭经各前抚臣奏明裁勇节饷，每年共计银十万两，议自光绪十二年为始，专款分批解部。其十五年以前应解银两，业经按年报解清楚，分别奏咨在案。兹值十六年筹解之期，臣饬司在于春拨留备款内筹提银三万两，作为初批京饷，又十五年份扣存各官廉、费等项六分减平银二万两，二共银五万两，由司拣委妥员于二月十八日起程，解赴户部交纳。据署藩司唐树楠具详前来。除咨部外，所有筹解初批京饷银数、日期，谨附片具陈，伏乞圣鉴。谨奏。

　　(朱批:)户部知道。①

　　光绪十六年闰二月初七日，奉朱批：户部知道。钦此。②

○一二　新选知县杨调元饬赴新任片

光绪十六年二月二十三日(1890 年 3 月 13 日)

　　再，新选紫阳县知县杨调元于光绪十五年八月到省，当因该员甫经抵陕，于地方情形未能熟悉，经前抚臣张煦奏明暂行留省察看在案。兹查该员明敏安详，自十五年九月饬赴西安府发审局学习，数月以来，审断精细，公事亦颇留心，自应饬赴新任，以专责成。据

---

　　①　台北故宫博物院藏：军机及宫中档，文献编号：408002690-0-A。

　　②　中国第一历史档案馆藏：录副奏片，档案编号：03-6118-034。

署藩、臬两司具详前来。臣覆查无异。除批饬檄委赴任外，谨附片具陈，伏乞圣鉴。谨奏。

（朱批：）吏部知道。[1]

光绪十六年闰二月初七日，奉朱批：吏部知道。钦此。[2]

○一三　查明陕西光绪十五年额征正赋实数折

光绪十六年二月二十五日（1890年3月15日）

护理陕西巡抚布政使臣陶模跪奏，为查明光绪十五年份额征正赋银两已完、未完实数，恭折仰祈圣鉴事。

窃查前准户部咨：各省地丁所入缺额仍多，自同治八年为始，将全省一年征收丁、漕各实数专案奏报。又，同治十一年四月准户部咨：各直省奏报丁漕实数，均展至次年正月办理，二月出奏，以归画一各等因。历经遵办在案。兹值查报光绪十五年份征收正赋之期，查陕西省各属十五年份额征民屯更起运、存留并粮折价，除屯丁兑食外，共银一百六十万七千二百八十八两五钱二分一厘，内除存留银二十七万八千九十七两四钱七分八厘，又荒地应行免征银一十二万九千二百五十三两九钱四分三厘，实熟地应解司库银一百一十九万九千九百三十七两一钱。自正月开征起至年底止，已完银一百一十四万九千九百一十五两四钱九分七厘，未完银五万零二十一两六钱三厘，内除咸宁、富平、扶风等县十四年水、雹、灾、伤案内蠲免，以前已输在官，准其流抵十五年正赋银三百三十一两

---

① 台北故宫博物院藏：军机及宫中档，文献编号：408002689-0-A。
② 中国第一历史档案馆藏：录副奏片，档案编号：03-5262-047。

五钱七分一厘。又，延川、武功、兴平、扶风等四县水灾案内暂行蠲免三年银五百二两五钱五分六厘，只未完银四万九千一百八十七两四钱七分六厘。再，查光绪十四年地丁，前报未完银四万七千九百八十七两一钱八分九厘，应征续垦荒地银一千五百九十四两八钱八分一厘，今截至十五年年底止，带征续完续垦共银二万二百九十二两三钱七厘，仍未完银二万九千二百八十九两七钱六分三厘，内除十三、十四两年咸宁等属水、雹各灾蠲缓银二千六百二十三两六分六厘，实未完银二万六千六百六十六两六钱九分七厘。

以上已完银两，均照数批解司库。截至年底止，已于拨册内分晰开造；未完银两现复严催征解，另行汇报。据署藩司唐树楠具详请奏前来。

臣覆核无异。所有查明光绪十五年份额征正赋已完、未完实数并带征上年银两，理合恭折具陈，伏乞皇上圣鉴。谨奏。光绪十六年二月二十五日。

（朱批：）户部知道。①

光绪十六年闰二月初八日，奉朱批：户部知道。钦此。②

○一四　审明盗犯李树塘等按律定拟折

光绪十六年二月二十五日（1890 年 3 月 15 日）

护理陕西巡抚布政使臣陶模跪奏，为审明窃盗临时行强分别情罪，按律定拟，恭折仰祈圣鉴事。

---

① 台北故宫博物院藏：军机及宫中档，文献编号：408002692。
② 中国第一历史档案馆藏：录副奏折，档案编号：03-9472-004。

窃查陕西省寻常盗案及临时行强各盗犯,经前抚臣张煦奏请改题为奏,以期迅速,奉旨允准,钦遵咨行照办在案。兹查前据署临潼县知县安守和具报,该县民人李百椿家被贼黉夜行窃,临时起意强劫,吓禁事主声张,搜赃逃逸。该县会营勘验,先后拿获伙盗李孰唐即李树塘、张来跟、房直叶到案,搜出当票,取出原赃衣服,差传事主认领估赃,讯供通详,批饬审缉。嗣因限满逸犯无获,该县议拟解经西安府提讯,犯供翻异发回,复经审拟,由府详司,因案情未确,发委审办。旋据审拟,由司招解。前抚臣张煦,仍以案情未妥,发委覆审。据报房直叶在监病故,批饬归案拟结。现据西安府知府文启督同局员审明,详由前臬司唐树楠勘转,前抚臣未及审讯,移交到臣。

随提犯研鞫,缘李孰唐即李树塘、张来跟、房直叶,均籍河南邓州,先年来至临潼县,佣趁游荡度日,均先未为匪。光绪十三年十一月二十六日,李孰唐、张来跟、房直叶先后会遇在逃素识之河南人老孙、徐景汰、徐一刚、宋大汉、老宋、老席,一处闲谈,各道贫难。老孙稔知李百椿在川贸易,家道殷实,起意纠窃得赃分用,众各允从,约定傍晚同至李孰唐窑内会齐,届时分起踵至。老孙、徐景汰、徐一刚各携木棒,宋大汉身佩小刀,李孰唐、张来跟、房直叶、老宋、老席俱系徒手,一共九人。三更后,偕抵李百椿门首,老孙派令张来跟、房直叶在外接赃,自踏宋大汉肩上,越墙进院,潜开大门,李孰唐等一同走进。宋大汉用刀撬开二门入内,见上房灯尚未熄,复用刀撬开东、西厢房门,与李孰唐、老孙、徐景汰、徐一刚、老宋、老席先后进房,窃得衣物,递交张来跟、房直叶接收,嘱令负赃先逃。李孰唐与老孙等转身复至东厢房行窃,误撞柜门声响。

维时,李百椿长媳小李氏闻响,声喊有贼。其妻李李氏、次媳幼李氏接应惊起，开门趋出喊捕。老孙因无邻居、家仅妇女，起意喊同李孰唐等行强，吓禁事主不准声张。李李氏等见贼众势凶，畏惧未敢向捕。老孙复令宋大汉燃火照亮，带领李孰唐等同至东、西厢房，搜劫柜存银两、首饰、衣物逃出，赶上张来跟、房直叶，告知强情，同至李孰唐窑内，查点衣物、首饰俵分，银两商议暂交老孙，约俟事冷换钱再分各散。李孰唐等将分给衣服潜当于富平县胡泰和当内，首饰卖给过路不识姓名人，得钱花用。

李李氏次早通知其母家兄李继密，开单投约，报县会营勘验，先后将该犯李孰唐、张来跟、房直叶拿案，起获当票，移知富平县，由胡泰和当铺内取出衣服十件，差传事主认领。查讯当主，先不知系盗贼。该县按照失单确估，共值库平银一百一十八两九钱五分，讯供通详，批饬勒缉逸犯老孙等，务获并究。

嗣因限满无获，议拟解经西安府提讯，犯供翻异发回，复经审拟，由府解司。前署臬司以案情未确，发委审办。该府行提人证到省审拟，由司招解。前抚臣仍以案情未妥，发委覆审。旋据咸宁县详报，房直叶于十五年九月初三日在监病故，委验并无别情，提讯刑禁、医生人等，均无凌虐、违方等弊，批饬归入正案拟办。兹据西安府审明，详由前臬司勘转，前抚臣未及审讯，移交到臣。亲提研鞫，各供前情不讳，严诘李孰唐，委系听纠伙窃，临时行强，张来跟、房直叶均止听从行窃，在外接赃先逃，不知强情。供赃确凿，案无遁饰。

查律载：共谋为窃，临时行强，以临时主意及共为强盗者不分首从论。又，强盗已行但得财者，不分首从皆斩。又，窃盗赃一百一十两，杖一百，流二千五百里；为从减一等各等语。此案李孰唐听从逸犯老孙行窃，因被事主小李氏等惊起喊捕，辄敢临时听从行强,吓禁事主声张,搜劫赃物,实属同恶相济,自应按律问拟。

李孰唐即李树塘除听从行窃,计赃罪止拟徒,轻罪不议外,合依共谋为窃,临时行强,但得财者不分首从皆斩律,拟斩立决,照例先行刺字。该犯事犯虽在光绪十五年三月十六日恭逢恩诏以前,系临时行强重犯,应不准援免。

张来跟、房直叶听纠行窃,当老孙等商同行强之时,业已携赃先逃,不知强情,应仍以窃盗为从论。查事主原报失赃共估值库平银一百一十余两,应照律计赃科罪,张来跟、房直叶均合依窃盗赃一百一十两,杖一百,流二千五百里,为从减一等律,各拟杖一百,徒三年。事在赦前,核其情罪,因犯窃拟徒不在不准援免之列,应准援免释放,后再有犯,加一等治罪。房直叶业已在监病故,即毋庸议。犯系先后拿获,隔别研讯,供出一辙,无虞避就,请免监候待质。张来跟据供现有祖母鲁氏,年逾七十,家无次丁,讯系游荡忘亲,例不留养,惟已援免,亦毋庸置议。房直叶讯无父兄,李孰唐有父李添精,不能禁约其子为匪,事在赦前,免移传责。

该犯等在外为匪,原籍保甲无从觉察,应与不知盗赃误行收当之当商胡泰和及房直叶在监病故讯无凌虐违方之刑禁、医生人等,均免置议。买赃之不知姓名人,并免查究。获赃给领,未获各赃连当本在于现犯名下照估追赃。逸犯老孙等饬缉获日另结,无干省释。

此案首伙盗犯七名,仅获从犯一名,应议疏防职名,已饬另行开送。其监毙徒犯一名,职名管狱官系咸宁县典史赵森生,相应附送,听候部议。除供招咨部外,所有审明窃盗临时行强,分别情罪,按律定拟缘由,理合恭折具陈,伏乞皇上圣鉴,敕部核覆施行。谨奏。光绪十六年二月二十五日。

（朱批：）刑部速议具奏。①

光绪十六年闰二月初八日，奉朱批：刑部速议具奏。钦此。②

〇一五　审明盗犯王开沅等按例定拟折

光绪十六年二月二十五日（1890 年 3 月 15 日）

护理陕西巡抚布政使臣陶模跪奏，为审明强劫得赃盗犯，按例分别定拟，仰祈圣鉴事。

窃查陕省寻常盗案及临时行强各盗犯，经前抚臣张煦奏请改题为奏，以期迅速，奉旨允准钦遵转饬遵办在案。兹查前据留坝厅同知陈文黻具报，该厅民人王绍春家被贼黄夜撞门入室，殴缚事主致伤，搜劫赃物逃逸，会营勘验差缉，谕饬团、约随同事主追拿，格杀拒捕首盗王开沅毙命，并将伙盗朱材沅、廖大沅、张大芒同原赃一并拿获。该厅验讯通详，批饬审拟招解，旋经议拟由府解司，因案情未确，发委西安府知府文启，督同局员审明，详由前臬司唐树楠解勘前来。

臣亲提覆鞫，缘朱材沅、廖大沅、张大芒分隶四川通江、绵州、巴州等州县，先后来陕，佣趁贸易，均先未为匪，俱与格毙首盗王开沅先不认识。光绪十五年正月十八日，朱材沅路遇张大芒在蒿坝河乞食，晚间偕往空庙住歇，适王开沅、廖大沅亦至庙内同宿，彼此询悉姓名，各道贫难。王开沅稔知王绍春家道宽裕，附近并无邻佑，起意纠约行劫，得赃分用，众各允从。

① 台北故宫博物院藏：军机及宫中档，文献编号：408002694。
② 中国第一历史档案馆藏：录副奏折，档案编号：03-7357-017。

三更时，王开沅用纸卷作油捻，与朱材沅、廖大沅、张大芒各执木棒，首伙四人一同起身。行至中途，张大芒声称，常至事主王绍春家求乞，恐被认识破案，王开沅令其即在坡下等候，随与朱材沅、廖大沅同抵事主门首。王开沅复令廖大沅在外把风接赃，自用石块撞开门扇，点起油捻，与朱材沅进内，复将事主房内灯亮点燃。维时，王绍春外出，其妻王曹氏惊起喊捕，王开沅丢下油捻，用棒拒殴王曹氏右额角等处受伤，喊令朱材沅寻取草绳，同将王曹氏捆缚。王绍春表弟汪升儿在对面房内闻喊，走出帮捕，王开沅又殴伤其左右胳膊、左腿倒地。亦用绳捆缚。王开沅搜取衣物、包谷，装入背笼，朱材沅搜取锄头、鸟枪等物，一同逃出。朱材沅随令廖大沅帮拿物件，同至坡下。王开沅向张大芒告知行劫情形，将背笼交张大芒背负同逃，约抵银门寺分赃，刚至三花石地方，因猛下大雪，路滑难行，王开沅等见路旁遗有看守庄稼空草棚一间，同进躲避，查点汗衫、小衣共五件，腰带、帕子各一条，斧头、菜刀、镰刀各一柄，锄头六柄，鸟枪一杆，钢钎一斤零，包谷一斗余。次日雪仍不止，王开沅等共将包谷煮食数升。

事主王曹氏挣开缚绳，将汪升儿解释，查明失物，寻向王绍春告知，投明团首，报经该厅会营勘验差缉，谕饬团、约随同事主追拿。差役王喜、史顺、团丁李长福与事主王绍春先行追至三花石地方，瞥见王开沅等藏匿路侧草棚内，旁放被劫原赃，知系贼匪。原差王喜上前喊捕，王开沅喝令朱材沅、廖大沅持杖出外拒捕，并令张大芒速取劫得鸟枪施放，张大芒畏惧未出，王开沅持棒上前扑殴。团丁李长福见贼众势强，虑其拒捕伤人，一时情急放枪抵御，轰伤王开沅，倒地殒命。乡约李迎碧同众团丁随后踵至，共将朱材沅、廖大沅、张大芒拿获，并起获原赃，当堂饬令事主认领。该厅验讯估赃通详，批饬覆审拟解，查验王曹氏、汪升儿伤均平复，议拟详由该管汉中府覆讯解司，因案情未确，发委西安府审办，提犯讯明，详由臬司审解前来。

臣亲提覆鞫，各供前情不讳，严诘朱材沅、廖大沅，委系听纠伙劫得赃，拒伤事主一次。张大茫实只共谋为盗，临时恐被事主认识未行，并无拒捕情事，此外亦无窝伙窃劫不法别案。供赃确鉴，案无遁饰。

查律载：强盗已行但得财者，不分首从皆斩。又，例载：盗劫之案把风、接赃等犯虽未分赃，亦系同恶相济，照为首一律问拟。又，共谋为强盗伙犯临时因别故不行，事后分赃者，发新疆给官兵为奴。又，律载：罪人持杖拒捕，捕者格杀勿论各等语。此案盗犯朱材沅、廖大沅听从张开沅，黉夜强劫事主王绍春衣物，该犯朱材沅随同入室，捆缚事主搜赃，廖大沅在外把风助势，均属同恶相济，其事后听从拒捕，罪已至死，无可复加，自应仍按本律问拟。朱材沅、廖大沅合依强盗已行，但得财者不分首从皆斩律，俱拟斩立决。张大茫听纠入伙，行至中途，恐被事主认识指拿，未经同行，事后共食包谷，即属分赃，合依共谋为强盗伙盗时因别故不行，事后分赃发新疆给官兵为奴例，拟发新疆给官兵为奴，照例改发极边烟瘴充军，仍以足四千里为限，到配后锁带铁杆、石墩二年。

该犯等事犯虽在光绪十五年三月十六日恩诏以前，核其情罪均在不准缓减之列，应毋庸议减，俱照例先行分别刺字。王开沅起意纠劫，殴缚事主致伤，事后逞凶抗拒，罪应斩决，业已格杀身死，应毋庸议。团丁李长福奉谕追拿，因贼持杖拒捕、喊令伙贼放枪，一时情急，放枪抵御，轰伤罪犯应死首盗王开沅毙命，应照格杀律勿论。张大茫有父张莛王，廖大沅有父廖大材，朱材沅有兄朱金沅，均不能禁约其子弟为匪，事在赦前，应与该犯等在外为匪无从察觉之原籍牌、甲人等均请免其传责。获赃已给事主认领，未获照例追赔。王绍春家所藏鸟枪编有团练字号，请免查开职名。无干省释。

除将全案供招咨部外，所有审明强劫得赃盗犯，按例分别定拟缘由，理合恭折具奏，伏乞皇上圣鉴，敕部核覆施行。谨奏。光绪十六年二月二十五日。

（朱批：）刑部速议具奏。①

光绪十六年闰二月初八日，奉朱批：刑部速议具奏。钦此。②

○一六　奏报情重匪犯照章惩办片

光绪十六年二月二十五日（1890年3月15日）

再，陕西省前因盗风日炽，经各前任抚臣会同督臣奏请于部议会匪、土匪、马贼、游勇等项之外，将情罪重大各犯就地正法，汇案奏报，奉旨允准，钦遵咨行遵办在案。兹查光绪十五年冬季份，据潼关厅禀获盗犯张五子、耿老幺二犯，讯据张五子等供认，于光绪十四年十一月十一日晚，听从逃盗吴礼易纠约在监病故之周泳发及在逃未获之雷大青等首伙十余人，分执刀械、油捻，撞门入室，强劫军民张东哲家衣物。张五子入室搜赃，耿老幺在外把风助势案内，谢中溃、周能憍据供听纠同往，中途畏惧先逃，事后分受赃物。

又，据城固县禀获盗犯罗九儿、杨万夒、周懊发、刘甚溃四犯

---

① 台北故宫博物院藏：军机及宫中档，文献编号：408002693。

② 中国第一历史档案馆藏：录副奏折，档案编号：03-7357-016。

讯，据罗九儿等供认，于光绪十五年正月初七日晚，听从逃盗刘端午纠约未获之廖老九等首伙八人，分执器械、油蜡、草绳，拥入民人刘文明家，捆缚事主，搜劫衣物、烟土。罗九儿、杨万藓入室，拒捕搜赃，周懊发、刘甚溃在外把风助势案内，杨椿和据供不知强情，事后经罗九儿等分给赃物塞口。

又，据渭南县禀获盗犯王添萌即王添耀、朱景沈二犯，讯据王添萌等供认，于光绪十五年四月初一日晚，听从逃盗魏菖即魏振科，纠约未获之何潮娃等首伙六人，分持刀械、油捻，踏门入室，强劫民人王懊财家衣物、幼孩，拒殴事主受伤，王添萌入室，拒捕搜抢，朱景沈在外把风助势案内，胡有功即胡老二据供被逼勉从，在外瞭望，闻喊畏惧潜逃，事后分给微赃抵债各等情，由该厅县等先后禀报，批饬该管同州府知府贺尔昌、署汉中府知府郑于兆、西安府知府文启提审，供情相符，议拟禀覆，当经前抚臣暨督臣以该犯张五子等八犯听纠强劫，首伙均至五人以上，张五子、罗九儿、杨万藓、王添萌随同上盗，入室行强，耿老幺、周懊发、刘甚溃、朱景沈在外接赃助势，均属凶暴众著，同恶相济，当已批饬一并就地正法。

因张五子、耿老幺、罗九儿、杨万藓、周懊发、刘甚溃六犯事犯在光绪十五年三月十六日恭逢恩诏以前，已令照章免其枭示；王添萌、朱景沈仍令传首犯事地方，悬杆示众，以昭炯戒。余犯谢中溃、周能愷、胡有功三犯，或中途畏惧避匿，或临时闻喊先逃，事后均经分受赃物，照例罪应拟流，已饬查照陕省章程，锁系巨石八年，俟期满察看情形办理。谢中溃、周能愷事犯虽在赦前，系强盗案内余犯，罪已拟流，照章不准援免。杨椿和不知强情，事后分赃塞口，照例罪止拟徒，事在赦前，照章准其援免，后再有犯，加一等治罪。周泳发供认随同张五子等上盗搜赃，该厅讯明后在监病故，应毋庸议各等情，由现署臬司锡光具详请奏前来。

臣复加查核，均属情真罪当。除饬悬赏勒拿逸犯雷大青等务获另办外，所有光绪十五年冬季份情重匪犯照章惩办缘由，谨会同陕甘总督臣杨昌濬，附片具奏，伏乞圣鉴。谨奏。

（朱批：）刑部知道。[①]

光绪十六年闰二月初八日，奉朱批：刑部知道。钦此。[②]

〇一七　恭报陕西光绪十六年二月雨雪、粮价折

光绪十六年闰二月初五日(1890年3月25日)

护理陕西巡抚布政使臣陶模跪奏，为恭报雨雪、麦苗情形，仰祈圣鉴事。

窃查陕西省光绪十六年正月份雪泽、麦苗情形，业经臣恭折具奏在案。兹据西安、延安、凤翔、汉中、榆林、同州、兴安、商州、邠州、乾州、鄜州、绥德州等府州属陆续具报，于二月初四、初七、八、九暨二十并二十三等日各得雨雪一二三四寸不等。

臣查陕西省去岁秋雨透足，冬间雪泽频沾，二麦已稳固盘根。本年新正祥霙广被，一律优渥，现在麦豆长发，一望青葱，幸复获此雨雪滋培，洵于农田大有裨益。惟冀春膏再需，共庆丰年，以期仰慰宸廑。刻查西安粮价，大米每仓石价银二两三钱二分，小米每仓石价银一两二钱七分，较之上月，大米每石增银一钱九分，小米每

---

① 台北故宫博物院藏：军机及宫中档，文献编号：408002692-A。

② 中国第一历史档案馆藏：录副奏片，档案编号：03-7357-018。

石增银八分。

所有十六年二月份雨雪、麦苗并省城粮价情形，理合恭折具陈，伏乞皇上圣鉴。谨奏。光绪十六年闰二月初五日。

（朱批：）知道了。①

光绪十六年闰二月二十五日，奉朱批：知道了。钦此。②

○一八　查明陕西各局已经归并开单呈览折

光绪十六年闰二月初五日(1890 年 3 月 25 日)

护理陕西巡抚布政使臣陶模跪奏，为遵旨查明陕西各局已经归并，谨将现存局费开列清单，恭折仰祈圣鉴事。

窃照前准户部咨：光绪十五年十一月十六日，奉上谕：国家综核度支，必先严除冗滥。从前各省办理军务，创立应支、采办、转运等局，本属一时权宜，不能视为常例，着各直省将军、督抚破除情面，将所有各局通行查核，或删减，或归并，其有必不能裁者，即将按月经费限定数目，不准任意增添。自接奉此旨后，勒限三个月，将议定现留各局开单奏报，并将各局经费每月若干咨报户部存案，不得狃于积习，敷衍塞责。将此通谕知之。钦此。钦遵咨行到陕。

伏思朝廷设官分职，藩、臬各治其事，总不外钱、谷、兵、刑数大端。陕省兵荒之后，百废待举，头绪纷纭，势难兼顾，是以分设各局，由司道会督各委员分别办理，历年来，尚无推诿、授权各情弊。

---

① 台北故宫博物院藏：军机及宫中档，文献编号：408002685。

② 中国第一历史档案馆藏：录副奏折，档案编号：03-6887-030。

嗣因经费支绌，设法归并，已将捐饷、制造、棉桑、差徭等局归并善后局，并将营田、督垦二局亦归该员，改为二所，统由该局提调一人管理。其中营田所公事较繁，另行派有文案、书识，余皆并由善后局文案、书识兼办。共计善后局员役薪水、口食，每月共支银三百二十七两零，营田所每月另支银五十二两六钱零，此外尚有厘税、保甲、课吏、发审四局。厘税为饷源所出，总局分卡共计二十余处，一切经费向由留外办公一成五款内开支，以现存局卡核计，每月共支银一千七百两零一钱。保甲局向系官绅就地筹办，课吏局系两司随时捐廉，发审局系由西安府及通省各属捐解应用，均不另动公款。

兹奉谕旨，遵复督同司道，悉心体察，善后局为庶务之总领，归并综理；厘税局专司稽核、比较等事，极为繁碎，均难遽议裁并。保甲、课吏二局，一则缉弭盗贼，一则整饬官常；发审一局，向归西安府经理，该府地居省会，治理繁剧，加以通省命盗重案随时发委审办，如非委员帮审，实有应接不暇之势。此乃承平时旧有之局，并非创自军务以后，且亦各省皆然也。该三局费用俱各由外筹备，于公款不致虚糜，于事务各有实济，应请均仍其旧，以期得力。

除再随时留心查察，如有可以裁并之处另行议办外，所有查明陕西各局已经归并，谨将现存局费开具清单，恭呈御览，伏乞皇上圣鉴训示。谨奏。光绪十六年闰二月初五日。

（朱批：）户部知道。单并发。①

---

① 台北故宫博物院藏：军机及宫中档，文献编号：408002686。

光绪十六年闰二月二十五日,奉朱批:户部知道。单并发。①
钦此。②

○一九　请将陈熊等照例议处折

光绪十六年闰二月初五日(1890年3月25日)

护理陕西巡抚布政使臣陶模跪奏,为特参疏失重犯越狱之典史、知县,请旨革职拿问,并照例议处,以儆玩泄,恭折仰祈圣鉴事。

窃照监狱重地,理宜严密巡防,不容稍有疏懈。兹据石皋县知县陈熊禀报:该县于光绪十五年十二月二十七日奉该管兴安府札委,前赴汉阴厅会审案件。十六年正月初二日,起程前赴该厅。初四日,接据典史张兆桂申报:初三日三更后,风雪交加,该禁卒等一时困倦睡熟,不料监犯陶承禾即陶老五,乘间扭断镣铐,扳折木笼,越监逃逸等情。当即驰回,亲诣监所勘验,悬赏选差,勒缉无获。提讯刑禁人等,佥供委止失于防范,并无松刑贿纵情事,禀请核办,并据署藩、臬两司及该管陕安道、兴安府揭参前来。

臣查该犯陶承禾即陶老五,系起意纠约现获之胡老六并逃犯王占沄等首伙五人在该县境内涂脸上船、强劫船户胡兴禄布匹钱文、按律应拟斩决之犯。前据该县获犯,讯供禀报,当经前抚臣批饬兴安府提审,照章禀请,就地惩办。该有狱官知县陈熊及管狱官典史张兆桂亟应督率刑禁人等加意巡防,以免疏失,乃竟漫不经

---

① 此清单查无下落,待考。

② 此奉旨日期与内容,据军机处随手登记档(档案编号:03-0264-1-1216-081)
校补。

心，致令在狱脱逃，追捕无获，实非寻常疏忽可比。该县陈熊虽报因公出境，惟未先事预防，究难辞咎，更恐刑禁人等有松刑贿纵情弊，应即一并参处，彻底根究严办，相应请旨将管狱官石泉县典史张兆桂革职拿问，以便提同刑禁人等严行根究，并请将有狱官石泉县知县陈熊先行交部照例议处，饬查具报公出有无捏饰，一并归案，照例分别办理，以儆玩泄。

除仍勒限缉拿逃盗陶承禾务获究办外，谨会同陕甘总督臣杨昌濬，合词恭折具陈，伏乞皇上圣鉴训示。再，所遗石泉县典史员缺，陕省现有应补人员，应请扣留外补。合并陈明。谨奏。光绪十六年闰二月初五日。

（朱批：）另有旨。①

光绪十六年闰二月二十五日，奉朱批：另有旨。② 钦此。③

【案】此案于是年闰二月二十五日得允行。上谕档：

光绪十六年闰二月二十五日奉旨：将所参疏防监犯越狱之管狱官陕西石泉县典史张兆桂，着即革职拿问，交陕西巡抚，提同刑案人等，严讯有无松刑贿纵情弊，按例究办。有狱官石泉县知县陈熊虽据报先期公出，仍着交部照例议处，并勒限严拿逃犯陶承禾即陶老五，务获严究，俟限满有无弋获，再行核办。该部知道。钦此。④

---

① 台北故宫博物院藏：军机及宫中档，文献编号：408002687。
② 台北故宫博物院藏：军机及宫中档，文献编号：408002687。
③ 中国第一历史档案馆藏：录副奏折，档案编号：03-7396-103。
④ 《光绪宣统两朝上谕档》，广西师范大学出版社，1996年，第16册，第72页。

○二○　拣员调补要缺知县以重地方折

光绪十六年闰二月初五日(1890年3月25日)

护理陕西巡抚布政使臣陶模跪奏，为遵驳拣员调补要缺知县，以重地方，仰祈圣鉴事。

窃查安康县知县汤铭新于光绪十五年八月十七日病故，以病故本日作为开缺日期，系繁、疲、难兼三要缺，当经臣在藩司任内会同臬司唐树楠以曾任实缺候补知县孙万春请补，详经前抚臣张煦奏奉朱批：吏部议奏，钦此。嗣准吏部议覆：孙万春虽系进士出身，前任鄂县系属简缺，丁忧起复，仍回原省，定例不得请补繁缺，驳令另行拣员请补等因。覆奏奉旨：依议。钦此。钦遵咨行到陕。

查该县为兴安府附郡首邑，地处南山，政务繁剧，非精明干练之员，难资治理。臣复与署藩司唐树楠、署臬司锡光在于通省应调、应补知县及应升人员内逐加遴选，惟查有延川县知县薛华塾，现年三十七岁，四川兴文县附监生，遵例报捐三班选用知县，加捐同知升衔。光绪元年，在云南克复宁州、邓川州、镇雄州等处案内出力，保归本班即选，并戴花翎。十年，赴郡投供。十一年二月，选授今职，八月到省，十二月十四日到任。十四年十一月，试俸期满，业经请销在案。

臣前在藩司任内查得该员才长识裕，办事勤能，核计历俸已满三年，并无展参及盗劫已起四参之案，以之调补安康县知县，与例相符，洵堪胜任。合无仰恳天恩，饬部核覆，准以延川县知县薛华塾调补安康县知县，以裨治理。如蒙俞允，该员系知县调补知县，衔缺相当，毋庸送部引见。所遗延川县知县系简缺，俟薛华塾准补安康县知县部覆至日，另行请补。合并陈明。

所有遵驳拣员调补要缺知县缘由，谨会同陕甘总督臣杨昌濬，恭折具陈，伏乞皇上圣鉴训示。谨奏。光绪十六年闰二月初五日。

（朱批：）吏部议奏。①

光绪十六年闰二月二十五日，奉朱批：吏部议奏。钦此。②

○二一　奏报叶星文试用期满甄别片

光绪十六年闰二月初五日(1890 年 3 月 25 日)

再，准部咨：道、府、州、县无论何项劳绩保奏归入候补班人员到省，予限一年，查看才具，分别补用等因。兹查有蓝翎同知衔补用知县叶星文，于光绪十四年十一月到省，已试看一年期满，例应照章甄别。臣在藩司任内查得该员年壮才明，办事稳妥，堪以繁缺补用。谨会同陕甘总督臣杨昌濬，附片具奏，伏乞圣鉴。谨奏。

（朱批：）吏部知道。③

光绪十六年闰二月二十五日，奉朱批：吏部知道。钦此。④

○二二　奏报拣员委署知县要缺片

光绪十六年闰二月初五日(1890 年 3 月 25 日)

再，查陕西省自道府至州县，无论奏调、委署、代理，每届三月

---

① 台北故宫博物院藏：军机及宫中档，文献编号：408002688。

② 中国第一历史档案馆藏：录副奏折，档案编号：03-5262-106。

③ 台北故宫博物院藏：军机及宫中档，文献编号：408002688-0-A。

④ 中国第一历史档案馆藏：录副奏片，档案编号：03-5262-108。

汇奏一次等因,遵办在案。兹查光绪十五年自十月起至十二月底止,宝鸡县知县王金鳞撤任遗缺,委截取知县黄肇宏署理;代理沔县知县千祺卸事遗缺,委教习知县侯鸣珂署理;代理神木县知县王嘉言卸事遗缺,委三水县知县伦肇记调署;扶风县知县张熙和回籍修墓遗缺,委沔县知县恩元调署;雒南县知县萧聚星调省查看遗缺,委候补同知衔孙永济署理;绥德州吏目代理吴堡县知县徐光亨卸事遗缺,委截取知县张晋署理;保安县知县夏鼎病故遗缺,委该县典史权恒昌护理等情,由藩、臬两司具详前来。

臣覆查无异。所有十五年冬季委署、调署、护理知县员缺缘由,谨附片具陈,伏乞圣鉴。谨奏。

(朱批:)吏部知道。①

光绪十六年闰二月二十五日,奉朱批:吏部知道。钦此。②

○二三　奏报交卸抚篆回任日期片

光绪十六年闰二月十五日(1890 年 4 月 4 日)

陕西布政使臣陶模跪奏,为恭报微臣交卸抚篆并回藩司本任日期,叩谢天恩,仰祈圣鉴事。

窃臣前奉谕旨暂护抚篆,当将接护日期恭折奏报在案。兹新任抚臣鹿传霖于闰二月十二日到省,臣于十三日委西安府知府文启、署抚标中军参将吴云伍,将巡抚关防并王命旗牌、文卷等件赍送抚臣接收,臣即于是日交卸抚篆。旋奉抚臣行知,饬回藩司本

---

① 台北故宫博物院藏:军机及宫中档,文献编号:408002688-0-B。
② 中国第一历史档案馆藏:录副奏片,档案编号:03-5262-107。

任。闰二月十五日,准署布政使唐树楠将印信、文卷移交前来。臣当即恭设香案,望阙叩头,祗领任事。

伏念臣猥以庸材,藩条重绾,举凡察吏安民,用人筹饷,在在均关紧要。南山各厅县去年霪雨成灾,当此青黄不接,尤须妥为抚绥。臣惟有殚竭愚诚,随时禀商督、抚臣,认真办理,以冀仰答高厚鸿慈于万一。

所有微臣交卸抚篆仍回藩司本任日期,理合恭折陈明,叩谢天恩,伏乞皇上圣鉴。谨奏。闰二月十五日。

光绪十六年闰二月二十七日,奉朱批:知道了。钦此。①

【案】新任抚臣鹿传霖……到省:光绪十六年闰二月十五日,陕西巡抚鹿传霖奏报到任日期,曰:

头品顶戴陕西巡抚臣鹿传霖跪奏,为恭报微臣到陕接篆日期,叩谢天恩,仰祈圣鉴事。

窃臣去秋病痊到京,瞻仰天颜,莫名欣幸。光绪十五年十二月十四日,奉旨补授陕西巡抚。本年正月二十一日,敬谨陛辞,蒙恩召见,训示周详,勉臣以办事认真,谕臣以整饬吏治。跪聆之下,感悚交深。遵即束装起程赴任,闰二月十二日行抵西安省城。次日,准护抚臣陶模饬委西安府知府文启、署抚标中军参将吴云伍,将陕西巡抚关防暨王命旗牌、文卷等件赍送前来。臣当即恭设香案,望阙叩头,祗领任事。

伏念臣才短质迂,备邀知遇,前者疆圻忝领,由豫而秦;兹者复承恩命,再抚关中。查陕西河山四塞,人情纯朴,自兵燹

---

① 中国第一历史档案馆藏:录副奏折,档案编号:03-5262-135。

以后，元气骤难复旧，南山界连蜀、鄂，盗风较甚，北山地寒民瘠，生计维艰，平原荒地尚未能一律开垦复额，安辑、抚绥，在在均关紧要。臣惟有殚竭愚诚，认真设措，讲求吏治，培养民生，遇有重大事件，随时咨商督臣，率同司道，妥为办理，以冀仰答高厚鸿慈于万一。

所有微臣抵陕接篆日期并感激下忱，除恭疏题报外，谨缮折叩谢天恩。再，臣经过直、豫地方，雨雪应时，麦苗葱秀，民情安谧，堪以上慰宸廑。合并陈明。伏乞皇上圣鉴。谨奏。光绪十六年闰二月十五日。①

光绪十六年闰二月二十七日，奉朱批：知道了。钦此。②

【案】奉抚臣行知，饬回藩司本任：光绪十六年闰二月十五日，陕抚鹿传霖附片奏报陶模等交卸篆务情形，曰：

再，藩司陶模交卸抚篆，应与署藩司之臬司唐树楠、署臬司之督粮道锡光各回本任，以重职守。西安府知府文启亦饬交卸兼护粮道篆务。除分檄饬遵外，谨附片具陈，伏乞圣鉴。谨奏。③

光绪十六年闰二月二十七日，奉朱批：知道了。钦此。④

---

①　台北故宫博物院藏：军机及宫中档，文献编号：408010132。

②　此奉旨日期与内容，据军机处随手登记档（档案编号：03-0264-1-1216-083）校补。

③　台北故宫博物院藏：军机及宫中档，文献编号：408010132-0-A。

④　中国第一历史档案馆藏：录副奏片，档案编号：03-5262-134。

光绪十七年(1891)

○○一　奏为赏给头品顶戴谢恩折

光绪十七年正月初六日(1891年2月14日)

头品顶戴陕西布政使臣陶模跪奏，为恭谢天恩，仰祈圣鉴事。

窃臣接奉巡抚臣鹿传霖行知：准户部咨开：光绪十六年十二月十三日，内阁奉上谕：户部奏，遵议杨昌濬奏请将解清甘肃新饷各员分别奖叙、开单呈览一折，陕西布政使陶模，着赏给头品顶戴。钦此。钦遵咨行前来。臣当即恭设香案，望阙叩头谢恩。

伏念臣旬宣乏术，饷馈攸司，仅兹擘画之微劳，乃进头衔于极品。圣恩至渥，赏功协惟重之谟；职事多疏，受宠切临深之惧。臣惟有倍加策励，勉效涓埃，冀克稍济时艰，以仰答高厚生成于万一。

所有微臣感激惭悚下忱，理合恭折叩谢天恩，伏乞皇上圣鉴。谨奏。正月初六日。

光绪十七年正月二十日，奉朱批：知道了。钦此。①

---

① 中国第一历史档案馆藏：录副奏折，档案编号：03-6275-049。

【案】杨昌濬奏请……开单呈览一折：光绪十六年十月二十四日，陕甘总督杨昌濬以各省解清甘肃新饷，具折奏请将藩、运、司、道分别奖叙，曰：

太子少保头品顶戴陕甘总督臣杨昌濬跪奏，为各省筹拨十五年甘肃新饷依限扫数完解，请将藩、运、司、道照案分别奖叙，恭折仰祈圣鉴事。

窃前准户部咨：议定分拨甘肃新饷，奏奉谕旨：甘肃关内外各军饷银，关系紧要，经户部分别饷数，请饬依限报解，着该将军、督抚等严饬各该司道，按照部拨数目，扫数解清，如能依限完解，即由陕甘总督奏请奖叙等因。钦此。历经钦遵办理在案。兹查光绪十五年甘肃新饷，户部照拨四百八十万两，各省俱已扫数完解，应叙各司道职名，经臣分别咨取，现准陆续咨送前来。

臣维各该将军、督抚臣仰体朝廷轸念西陲至意，竭力筹画，畛域不分，实能关顾大局，应如何加恩奖叙，臣未敢擅拟。其各司道等当库储支绌之时，均能移缓就急，依限扫数完解，俾关内外防军足资饱腾，地方事宜得以次第筹布，实属著有微劳。合无仰恳天恩，俯准照案给奖，以示鼓励。谨缮清单，恭呈御览，伏乞皇上圣鉴训示。谨奏。光绪十六年十月二十四日。

光绪十六年十一月十七日，奉朱批：户部议奏。单并发。钦此。①

---

① 中国第一历史档案馆藏：朱批奏折，档案编号：04-01-35-1004-012；录副奏折，档案编号：03-6627-040。

【附】同日，甘督杨昌濬呈报应奖各省督、抚、司、道等员清单，曰：

谨将解清光绪十五年甘肃新饷应叙各省藩、运、司、道职名，分别拟奖，缮具清单，恭呈御览。

调任湖北布政使前江苏布政使黄彭年，广东布政使前湖北布政使蒯德标，安徽布政使阿克达春，前湖北盐法道叶荫昉，陕西潼商道前署陕西布政使文光，前署江苏布政使田国俊，湖北候补道瞿廷韶、锡璋，江苏候补道朱之榛、吴炳祥。以上十员，均拟请旨交部，从优议叙。

陕西布政使陶模，江宁布政使前江西按察使署布政使瑞璋，江西布政使方汝翼。以上三员，均拟请赏给头品顶戴。

四川布政使崧蕃，山西河东道迈拉逊，前湖南岳常澧道署布政使崔穆之，江西督粮道邓蓉镜，湖南粮储道吕世田，四川盐茶道延煜，四川成绵龙茂道承厚，江西候补道张兴留，湖南候补道谢廷荣，四川候补道夏时，湖南沅州府知府在任候补道赵环庆。以上十一员，均拟请赏加随带二级。

安徽按察使前山西按察使署布政使嵩昆，湖南按察使沈晋祥，湖南盐法道绍荣，湖南辰沅永靖道翁曾桂，署四川按察使建昌道黄毓恩，江苏候补道凌荫廷、吴承潞、禹志涟，四川候补道张华奎。以上九员，均拟请赏加二品顶戴。

二品顶戴湖南候补道刘镇、周麟图二员，拟请赏给二品封典。

江西按察使前两淮盐运使福裕，拟请以应升之缺开列在前。

福州将军希元，盛京将军前湖广总督裕禄，四川总督刘秉璋，云贵总督前湖南巡抚王文韶，察哈尔都统前湖北巡抚奎斌，顺天府府尹前安徽巡抚陈彝，江苏巡抚前山西巡抚刚毅，江西巡抚德馨，湖南巡抚前陕西巡抚张煦，升任东河总督前江宁布政使许振祎，升任山西巡抚前河南布政使刘瑞祺，应如何加恩奖叙，伏候圣裁。

（朱批：）览。①

【案】光绪十六年十二月十三日，清廷以陶模等筹饷出力，赏头品顶戴。《清实录》：

戊申，以解清甘肃新饷，赏陕西布政使陶模、江宁布政使瑞璋、江西布政使方汝翼头品顶戴。②

○○二　补授甘肃新疆巡抚谢恩折

光绪十七年三月十七日（1891 年 4 月 25 日）

头品顶戴新授新疆巡抚臣陶模跪奏，为恭谢天恩，吁请陛见，仰祈圣鉴事。

窃臣于光绪十七年三月十六日奉准陕西抚臣移知：接准部咨：二月二十三日，内阁奉上谕：甘肃新疆巡抚着陶模补授。钦此。跪聆之下，感激莫名。当即恭设香案，望阙叩谢天恩。伏念臣关辅忝藩，瞬周三稔，涓埃未效，愧悚时深。兹复渥荷纶音，骤膺疆寄，恩施愈重，报称愈难。

查新疆地处边陲，巡抚任兼文武，吏治之激扬宜亟，更当整军

① 中国第一历史档案馆藏：清单，档案编号：03-6627-041。
② 《德宗景皇帝实录（四）》，卷二百九十二，光绪十六年十二月，第888页。

实而重屯防；民生之安奠宜筹，尤必固邦交以绥远服。况行省甫立，百度维艰，自非熟悉边情、夙娴戎略，欲求胜任，实未易焉。如臣梼昧，更无把握，惟有吁求陛见，亲领圣谟，俾有钦承，免滋贻误。

所有微臣感激下悃并沥恳陛见缘由，谨缮折具陈，伏乞皇上圣鉴训示。谨奏。三月十七日。

光绪十七年四月初二日，奉朱批：着来见。钦此。①

【案】光绪十七年五月，清廷饬令护理甘肃新疆巡抚魏光焘俟陶模到任，即可交卸回籍省亲。上谕档：

光绪十七年五月十二日，内阁奉上谕：魏光焘奏，亲老多病，恳准开缺回籍省亲一折。护理甘肃新疆巡抚布政使魏光焘，着准其开缺，俟陶模到任，交卸抚篆后，再行回籍。钦此。②

次日，清廷又饬令迪化道饶应祺署理新疆布政使。上谕档：

光绪十七年五月十三日，内阁奉上谕：甘肃新疆布政使着饶应祺署理。钦此。③

① 中国第一历史档案馆藏：录副奏折，档案编号：03-5278-014。
② 《光绪宣统两朝上谕档》，第17册，第104页；《德宗景皇帝实录（四）》，卷二百九十七，光绪十七年五月，第937页。
③ 《光绪宣统两朝上谕档》，第17册，第104页；《德宗景皇帝实录（四）》，卷二百九十七，光绪十七年五月，第937页。

○○三　交卸陕藩篆务起程日期折

光绪十七年四月二十一日(1891 年 5 月 28 日)

头品顶戴新授甘肃新疆巡抚臣陶模跪奏，为恭报交卸藩篆起程入觐事。

窃臣前蒙恩命，补授甘肃新疆巡抚，当即恭折陈谢，吁请陛见，钦奉朱批：着来见。钦此。跪聆之下，欣忭莫名。适调任布政使臣张岳年①行经西安，奉抚臣饬知赴任。臣谨将光字三十六号陕西布政使银印一颗暨库款、卷票，于四月二十日移交张岳年接领任事讫。臣即检点行装，拟于四月二十八日起程北上，恭谒阙廷，跪聆圣训。

所有微臣卸篆起程日期，谨缮折具陈，伏乞皇上圣鉴。再，此次拜折系借用陕西布政使印信。合并声明。谨奏。四月二十一日。

光绪十七年五月初八日，奉朱批：知道了。钦此。②

---

① 张岳年(1828—1894)，又名善倬，字竹晨。浙江鄞县人，增生出身。咸丰二年(1852)，中式举人。六年(1856)，报捐主事，分派到刑部直隶司行走。九年(1859)，期满奏留刑部。同治元年(1862)，保章京。八年(1869)，补军机章京，充刑部秋审处总办。十一年(1872)，保主事，升员外郎。同年，补刑部奉天司主事。十二年(1873)，升山西司员外郎。光绪二年(1876)，京察一等，加四品衔。翌年，调补湖广司员外郎。是年，选广东司郎中。四年(1878)，保升知府。次年，保道员。六年(1880)，补授陕西西安府知府。同年，调陕西榆林府知府。八年(1882)，晋陕西延榆绥道。十二年(1886)，署督粮道。同年，补授安徽按察使。十五年(1889)，擢甘肃布政使。十七年(1891)，调补陕西布政使。次年，以筹协甘饷功，赏头品顶戴。二十年(1894)，晋京祝嘏。同年，卒。

② 中国第一历史档案馆藏：录副奏折，档案编号：03-5279-021。

○○四　补授甘肃新疆巡抚接印日期折

光绪十七年十二月初十日(1892年1月9日)

头品顶戴甘肃新疆巡抚臣陶模跪奏，为恭报微臣到任接印日期，叩谢天恩，仰祈圣鉴事。

窃臣钦奉恩命，补授甘肃新疆巡抚，当即具折谢恩。旋遵旨入都展觐，仰蒙召见二次，跪聆圣训，钦感莫名。陛辞后，束装起程，十月初二日至甘肃省城，与督臣杨昌濬筹商新疆应办诸务。十二月初七日，行抵新疆省城。初九日，准护抚臣魏光焘[①]将甘肃新疆巡抚关防并王命旗牌、文案、卷宗等件，委员赍送前来。当即恭设香案，望阙叩头，祗领任事。

伏念臣浙西下士，识浅才庸，仰沐圣主逾格恩施，畀以疆圻重任。抚衷循省，悚惕弥深。查新疆行省初建，百度维艰，布置虽具有端倪，规画宜益求妥善，非练兵无以固圉，在将领之得人；非察吏无以安民，

---

① 魏光焘(1837—1916)，字午庄，湖南邵阳人，魏源族孙。咸丰六年(1856)，投效湘军，办理老湘军营务，后随左宗棠赴陕戡乱。九年(1859)，以功保从九品选用。次年，保以县丞，并赏戴蓝翎。十一年(1861)，保知县，加知州衔。同治二年(1863)，保同知，晋运同衔，赏戴花翎。次年，保知府。四年(1865)，保道员，加晋勇巴图鲁名号。五年(1866)，升盐运使衔。七年(1868)，保道员，改留陕西，加西林巴图鲁名号，并赏二品顶戴。次年，署甘肃平庆泾固道。光绪二年(1876)，晋按察使衔。七年(1881)，擢甘肃按察使。次年，署甘肃藩司。九年(1883)，授甘肃布政使。十年(1884)，调补新疆布政使。十五年(1889)，护理甘肃新疆巡抚。二十年(1894)，随帮办军务大臣湖南巡抚吴大澂赴辽东抗日，与日军战于海城。二十一年(1895)，擢云南巡抚。同年，调陕西巡抚。二十五年(1899)，署陕甘总督。次年，实授陕甘总督。二十七年(1901)，调云贵总督。二十八年(1902)，兼署云南巡抚。是年，调两江总督。三十年(1904)，补闽浙总督。三十一年(1905)，去职。宣统三年(1911)，补授湖广总督，以武昌兵变，未赴任。民国五年(1916)，卒于里。有《勘定新疆记》、《湖山老人自述》等存世。

当劝惩之并用。臣惟有屏除私见，殚竭愚诚，举凡中外交涉及地方紧要事宜，随时咨商将军、督臣，认真办理，以期仰答高厚鸿慈于万一。

所有微臣到任接印日期并感激下忱，理合恭折叩谢天恩，伏乞皇上圣鉴。再，此次经过陕西、甘肃暨新疆哈密等处，雨雪应时，民情安谧，堪以上慰宸廑。合并陈明。谨奏。光绪十七年十二月初十日。

（朱批：）知道了。①

光绪十八年二月初一日，奉朱批：知道了。钦此。②

○○五　奏报新疆光绪十七年九月雨水、粮价折

光绪十七年十二月十九日（1892年1月18日）

头品顶戴甘肃新疆巡抚臣陶模跪奏，为恭报光绪十七年九月份粮价并得雨雪情形，谨缮折具陈，仰祈圣鉴事。

窃照光绪十七年八月份各厅、州、县粮价并得雨情形，业经护抚臣魏光焘奏报在案。兹据署新疆布政使饶应祺③详称：本年九

---

① 台北故宫博物院藏：军机及宫中档，文献编号：408002695。

② 中国第一历史档案馆藏：录副奏折，档案编号：03-5289-004。

③ 饶应祺（1837—1903），字子维，号春山，湖北恩施人。幼颖悟好学，试作浑天仪，旋转合度。入县学，中秀才，选贡生。咸丰九年（1859），由候补训导荐为国子监学正。同治元年（1862），中式举人，充刑部江西司行走，授知县。旋以丁父忧回乡守制，后入湖广总督李鸿章幕僚。同治六年（1867），至甘陕总督左宗棠军中供职，随左攻克金积堡、巴燕戎格等地，以军功擢知府。光绪三年（1877），任同州府知府，兴修水利。四年（1878），加盐运使衔。十年（1884），授甘肃甘州知府，设纺织局、孤嫠所，捐廉俸购纺织机，州民穿用有余。十一年（1885），升兰州道员，署按察使衔。十五年（1889），调补新疆喀什噶尔道员，后改镇迪道，仍兼按察使衔。十七年（1891），署新疆藩司。十九年（1893），实授甘肃新疆布政使。二十一年（1895），署理甘肃新疆巡抚。二十二年（1896），擢新疆巡抚。二十八年（1902），调补安徽巡抚。二十九年（1903），行抵哈密，因病出缺。有《新疆巡抚饶应祺稿本文献集成》存世。

月份，北路镇西得雪，积地一尺；奇台、迪化得雪，积地五寸；昌吉、绥来、阜康得雪，积地三寸；吐鲁番微雨，库尔喀喇乌苏微雪。伊塔道属宁远得雪，积地一尺；塔尔巴哈台、绥定微雨。南路温宿、和阗、喀喇沙尔、库车、乌什、拜城、叶城、于阗微雨。余未得雨雪。至通省粮价，库尔喀喇乌苏、塔尔巴哈台、镇西、英吉沙尔、温宿、昌吉、阜康、绥来、绥定、叶城、于阗等厅、州、县俱与上月相同，余均略有增减，汇详请奏前来。

理合恭折具陈，并缮粮价清单，敬呈御览，伏乞皇上圣鉴。谨奏。十七年十二月十九日。

光绪十八年正月二十二日，奉朱批：知道了。钦此。①

○○六　呈新疆光绪十七年九月粮价清单

光绪十七年十二月十九日（1892年1月18日）

谨将新疆各属光绪十七年九月份米粮时估价值，缮具清单，恭呈御览。

计开九月份：

镇迪道属：

迪化县：大米每京石价银二两六钱四分二厘，较上月增一钱五厘。小麦每京石价银九钱二分，较上月减三分五厘。豌豆每京石价银九钱三分六厘，与上月相同。青稞每京石价银七钱五分九厘，与上月相同。

昌吉县：大米每京石价银一两八钱七分二厘，小麦每京石价银

---

①　中国第一历史档案馆藏：录副奏折，档案编号：03-6912-025。

七钱七分六厘,豌豆每京石价银九钱二分,青稞每京石价银八钱七分五厘,俱与上月相同。

阜康县:粟米每京石价银八钱八分四厘,小麦每京石价银一两一钱三分二厘,豌豆每京石价银一两一钱六分七厘,高粱每京石价银九钱二厘,俱与上月相同。

绥来县:大米每京石价银一两八钱六分,小麦每京石价银七钱七分二厘,豌豆每京石价银八钱四分九厘,高粱每京石价银五钱六分三厘,俱与上月相同。

奇台县:大米每京石价银二两四钱一分六厘,较上月增六分九厘。小麦每京石价银六钱七分二厘,与上月相同。豌豆每京石价银六钱二分一厘,与上月相同。

吐鲁番直隶厅:小麦每京石价银九钱三分二厘,与上月相同。大麦每京石价银四钱八分五厘,与上月相同。高粱每京石价银五钱五分七厘,与上月相同。黄豆每京石价银一两六钱六分六厘,较上月减一钱二分六厘。

镇西直隶厅:小麦每京石价银一两一钱七厘,豌豆每京石价银一两三钱六分,青稞每京石价银八钱八分,俱与上月相同。

哈密直隶厅:粟米每京石价银一两三钱三分九厘,与上月相同。小麦每京石价银九钱六分六厘,较上月增四分二厘。豌豆每京石价银一两二钱九厘,与上月相同。青稞每京石价银八钱三分四厘,与上月相同。

库尔喀喇乌苏直隶厅:小麦每京石价银七钱八分,豌豆每京石价银一两,高粱每京石价银六钱,俱与上月相同。

伊塔道属:

绥定县:大米每京石价银三两七钱七分四厘,小麦每京石价银八钱二分八厘，大麦每京石价银五钱六分五厘，豌豆每京石价银八钱六分四厘，俱与上月相同。

宁远县：大米每京石价银二两三钱六分八厘，较上月减二钱九分六厘。小麦每京石价银五钱三分八厘，较上月减一分四厘。大麦每京石价银五钱八分八厘，较上月增七分五厘。豌豆每京石价银八钱六厘，较上月增五分八厘。

塔尔巴哈台直隶厅：小麦每京石价银一两二分五厘，大麦每京石价银八钱七分五厘，豌豆每京石价银一两八分五厘，俱与上月相同。

精河直隶厅：大米每京石价银三两一钱四分五厘，与上月相同。小麦每京石价银八钱六分五厘，较上月减一分。豌豆每京石价银一两二钱五分，与上月相同。大麦每京石价银七钱三分五厘，与上月相同。

阿克苏道属：

温宿直隶州：大米每京石价银一两五钱二分，小麦每京石价银六钱九分，大麦每京石价银四钱四分四厘，包谷每京石价银五钱三分二厘，俱与上月相同。

拜城县：小麦每京石价银三钱五分，与上月相同。豌豆每京石价银二钱五分，较上月减一分。大麦每京石价银一钱八分，与上月相同。包谷每京石价银二钱五分，与上月相同。

喀喇沙尔直隶厅：大米每京石价银二两三钱六分八厘，与上月相同。小麦每京石价银九钱六分六厘，较上月减六分九厘。豌豆每京石价银一两八厘，与上月相同。包谷每京石价银八钱三分二厘，较上月减六分四厘。

库车直隶厅：大米每京石价银二两二钱九分四厘，与上月相同。小麦每京石价银六钱九分,较上月增一钱三分。豌豆每京石价银三钱五分,与上月相同。包谷每京石价银三钱二分,较上月减一钱六分六厘。

乌什直隶厅:大米每京石价银一两五钱六分四厘,较上月减四分五厘。小麦每京石价银四钱六分二厘,较上月减二分六厘。大麦每京石价银二钱三分五厘,较上月减二分一厘。包谷每京石价银三钱九分三厘,较上月减二分六厘。

喀什噶尔道属:

疏勒直隶州:大米每京石价银二两七钱,较上月增一钱五分。小麦每京石价银一两九分二厘,较上月增二厘。包谷每京石价银九钱七分二厘,较上月增一分二厘。高粱每京石价银八钱六分二厘,较上月增五分七厘。

疏附县:大米每京石价银二两七钱,较上月增一钱五分。小麦每京石价银一两九分二厘,较上月增二厘。包谷每京石价银一两一分八厘,较上月增一分三厘。高粱每京石价银八钱六分二厘,较上月增五分七厘。

莎车直隶州:大米每京石价银一两六钱一分三厘,与上月相同。小麦每京石价银六钱七分六厘,较上月增五分五厘。大麦每京石价银五钱三分七厘,较上月增一分二厘。包谷每京石价银四钱七分五厘,较上月减二分六厘。

叶城县:大米每京石价银二两三钱二分,小麦每京石价银九钱,包谷每京石价银四钱八分,青稞每京石价银三钱五分,俱与上月相同。

和阗直隶州:大米每京石价银一两九钱四厘,较上月减七分六厘。小麦每京石价银八钱九分七厘,与上月相同。包谷每京石价银五钱六分三厘,与上月相同。青稞每京石价银四钱九分七厘,与上月相同。

于阗县:大米每京石价银二两二钱八厘,小麦每京石价银九钱一分一厘。包谷每京石价银六钱四分,俱与上月相同。

英吉沙尔直隶厅:大米每京石价银二两一钱二分八厘,小麦每京石价银六钱九分,大麦每京石价银五钱七分,包谷每京石价银五钱三分六厘,俱与上月相同。

玛喇巴什直隶厅:大米每京石价银二两六钱六分,较上月减三钱。小麦每京石价银九钱三分八厘,较上月增一钱一分。包谷每京石价银七钱九分三厘,较上月增一钱五分三厘。

(朱批:)览。①

---

① 中国第一历史档案馆藏:清单,档案编号:03-6912-026。

光绪十八年(1892)

○○一　奏报新疆光绪十七
年十月雨水、粮价折

光绪十八年正月十九日(1892年2月17日)

　　头品顶戴甘肃新疆巡抚臣陶模跪奏,为恭报光绪十七年十月份粮价并得雪情形,谨缮折具陈,仰祈圣鉴事。

　　窃照光绪十七年九月份各厅、州、县粮价并得雨雪情形,业经臣奏报在案。兹据署新疆布政使饶应祺详称:光绪十七年十月份,北路奇台得雪,积地五寸;绥来、库尔喀喇乌苏得雪,积地四寸;迪化得雪,积地三寸;昌吉得雪,积地二寸;阜康得雪,积地一寸;镇西微雪。伊塔道属宁远得雪,积地一尺;绥定得雪,积地七寸;塔尔巴哈台得雪,积地三寸。南路拜城得雪,积地五寸;温宿得雪,积地三寸;乌什微雪。余未得雪。

　　至通省粮价,吐鲁番、镇西、精河、英吉沙尔、和阗、昌吉、阜康、奇台、绥定、叶城等厅、州、县俱与上月相同,余均略有增减,汇详请奏前来。

　　理合恭折具陈,并缮粮价清单,敬呈御览,伏乞皇上圣鉴。谨奏。正月十九日。

（朱批:）知道了。①

光绪十八年二月二十四日,奉朱批:知道了。钦此。②

○○二　呈新疆光绪十七年十月粮价清单

光绪十八年正月十九日(1892年2月17日)

谨将新疆各属光绪十七年十月份米粮时估价值,缮具清单,恭呈御览。

计开十月份:

镇迪道属:

迪化县:大米每京石价银二两五钱一厘,较上月减一钱四分一厘。小麦每京石价银九钱五分五厘,较上月增三分五厘。豌豆每京石价银九钱三分六厘,与上月相同。青稞每京石价银七钱五分九厘,与上月相同。

昌吉县:大米每京石价银一两八钱七分二厘,小麦每京石价银七钱七分六厘,豌豆每京石价银九钱二分,青稞每京石价银八钱七分五厘,俱与上月相同。

阜康县:粟米每京石价银八钱八分四厘,小麦每京石价银一两一钱三分二厘,豌豆每京石价银一两一钱六分七厘,高粱每京石价银九钱二厘,俱与上月相同。

绥来县:大米每京石价银一两八钱,较上月减六分。小麦每京

---

① 台北故宫博物院藏:军机及宫中档,文献编号:408002698。

② 中国第一历史档案馆藏:录副奏折,档案编号:03-6913-038。

石价银七钱七分二厘，与上月相同。豌豆每京石价银八钱四分九厘，与上月相同。高粱每京石价银五钱六分三厘，与上月相同。

奇台县：大米每京石价银二两四钱一分六厘，小麦每京石价银六钱七分二厘，豌豆每京石价银六钱二分一厘，俱与上月相同。

吐鲁番直隶厅：小麦每京石价银九钱三分二厘，大麦每京石价银四钱八分五厘，高粱每京石价银五钱五分七厘，黄豆每京石价银一两六钱六分六厘，俱与上月相同。

镇西直隶厅：小麦每京石价银一两一钱七厘，豌豆每京石价银一两三钱六分，青稞每京石价银八钱八分，俱与上月相同。

哈密直隶厅：粟米每京石价银一两一钱三分九厘，较上月减二钱。小麦每京石价银九钱六分六厘，与上月相同。豌豆每京石价银一两二钱三分八厘，较上月增二分九厘。青稞每京石价银八钱三分四厘，与上月相同。

库尔喀喇乌苏直隶厅：小麦每京石价银七钱八分，与上月相同。豌豆每京石价银九钱九分，较上月减一分。高粱每京石价银六钱，与上月相同。

伊塔道属：

绥定县：大米每京石价银三两七钱七分四厘，小麦每京石价银八钱二分八厘，大麦每京石价银五钱六分五厘，豌豆每京石价银八钱六分四厘，俱与上月相同。

宁远县：大米每京石价银二两三钱六分八厘，与上月相同。小麦每京石价银五钱五分二厘，较上月增一分四厘。大麦每京石价银六钱二分，较上月增三分二厘。豌豆每京石价银八钱六分四厘，较上月增五分八厘。

塔尔巴哈台直隶厅：小麦每京石价银一两二钱，较上月增一钱七分五厘。大麦每京石价银八钱七分五厘，与上月相同。豌豆每京石价银一两八分五厘，与上月相同。

精河直隶厅：大米每京石价银三两一钱四分五厘，小麦每京石价银八钱六分五厘，大麦每京石价银七钱三分五厘，豌豆每京石银一两二钱五分，俱与上月相同。

阿克苏道属：

温宿直隶州：大米每京石价银一两六钱七分二厘，较上月增一钱五分二厘。小麦每京石价银五钱七分二厘，较上月减一钱一分八厘。大麦每京石价银三钱，较上月减一钱四分四厘。包谷每京石价银四钱八厘，较上月减一钱二分四厘。

拜城县：小麦每京石价银三钱九分，较上月增四分。大麦每京石价银一钱八分，与上月相同。豌豆每京石价银二钱五分，与上月相同。包谷每京石价银三钱，较上月增五分。

喀喇沙尔直隶厅：大米每京石价银二两三钱六分八厘，与上月相同。小麦每京石价银九钱六分六厘，与上月相同。豌豆每京石价银一两八分，较上月增七分二厘。包谷每京石价银八钱三分二厘，与上月相同。

库车直隶厅：大米每京石价银二两一钱，较上月减一钱九分四厘。小麦每京石价银八钱三分八厘，较上月增一钱四分八厘。豌豆每京石价银三钱五分，与上月相同。包谷每京石价银三钱二分，与上月相同。

乌什直隶厅：大米每京石价银一两四钱九分，较上月减七分四厘。小麦每京石价银六钱七厘，较上月增一钱四分五厘。大麦每京石价银二钱七分八厘，较上月增四分三厘。包谷每京石价银三钱九分三厘，与上月相同。

喀什噶尔道属:

疏勒直隶州:大米每京石价银二两七钱,与上月相同。小麦每京石价银一两九分二厘,与上月相同。包谷每京石价银八钱三分二厘,较上月减一钱四分。高粱每京石价银六钱九分,较上月减一钱七分二厘。

疏附县:大米每京石价银二两七钱,与上月相同。小麦每京石价银一两九分二厘,与上月相同。包谷每京石价银八钱七分一厘,较上月减一钱四分七厘。高粱每京石价银六钱九分,较上月减一钱七分二厘。

莎车直隶州:大米每京石价银一两六钱一分三厘,与上月相同。小麦每京石价银六钱九分,较上月增一分四厘。大麦每京石价银五钱五分,较上月增一分三厘。包谷每京石价银四钱七分五厘,与上月相同。

叶城县:大米每京石价银二两三钱二分,小麦每京石价银九钱,包谷每京石价银四钱八分,青稞每京石价银三钱五分,俱与上月相同。

和阗直隶州:大米每京石价银一两九钱四厘,小麦每京石价银八钱九分七厘,包谷每京石价银五钱六分三厘,青稞每京石价银四钱九分七厘,俱与上月相同。

于阗县:大米每京石价银二两二钱八厘,与上月相同。小麦每京石价银九钱三分八厘,较上月增二分七厘。包谷每京石价银六钱四分,与上月相同。

英吉沙尔直隶厅:大米每京石价银二两一钱二分八厘,小麦每京石价银六钱九分,大麦每京石价银五钱七分,包谷每京石价银五钱三分六厘,俱与上月相同。

玛喇巴什直隶厅：大米每京石价银二两五钱二分，较上月减一钱四分。小麦每京石价银八钱九分七厘，较上月减四分一厘。包谷每京石价银七钱六分八厘，较上月减二分五厘。

（朱批：）览。①

○○三　奏报英兵入坎巨提情形折

光绪十八年正月十九日(1892年2月17日)

头品顶戴甘肃新疆巡抚臣陶模跪奏，为英兵由哪格尔入坎巨提，头目率众逃窜，现拟遣送归部各情形，恭折仰祈圣鉴事。

窃查回部坎巨提居色勒库尔、大小帕米尔之南，岁进贡金，归附已久。该处地势险要，实为喀什噶尔西南屏蔽。上年十二月并本年正月，叠据署喀什噶尔道李宗宾②禀报：英兵伐哪格尔，欲修路通帕米尔，坎巨提头目赛必德哎里罕以该部与哪格尔毗连，遣兵

---

① 中国第一历史档案馆藏：清单，档案编号：03-6913-039。

② 李宗宾(1833—1898)，湖北蕲州人。咸丰六年(1856)，以文童投效前荆州将军多隆阿军营。七年(1857)，因攻剿司牌等处地方营垒，经前大学士湖广总督官文等会保六品蓝翎。九年(1859)，回援宿、太及前攻克太湖县城，经官文等会保从九品、府经历县丞。同年，保知县。十一年(1861)，保同知直隶州知州，并赏换花翎。同治元年(1862)，保知府。同年，奉前荆州将军多隆阿札委，总理营务处，随同援陕。三年(1864)，赏加道衔。四年(1865)，保道员，并赏加盐运使衔。六年(1867)，署理甘肃宁夏府知府。七年(1868)，补授云南临安府知府。八年(1869)，经穆图善奏留，代理宁夏府知府。十年(1871)，补授甘肃肃州府遗缺知府，旋授宁夏府知府。十二年(1873)，署理巩昌府知府。十三年(1874)，回宁夏府本任，晋布政使衔。光绪二年(1876)，因亲老呈请开缺终养。同年，以前在宁夏府任内查禁罂粟不力，经左宗棠奏参，暂行革职。五年(1879)，丁母忧，回籍守制。九年(1883)，开复原官。十二年(1886)，总理行营营务，会办文案。十四年(1888)，暂留金顺军营办理甘肃粮台事务。十六年(1890)，经护理甘肃新疆巡抚魏光焘奏准，以道员归于新疆补用。十九年(1893)，补授阿克苏兵备道。二十四年(1898)，在任病故。

往助，旋以兵力不敌，弃城而逃，英兵遂由哪格尔进驻其地，该头目与哪格尔头目乌孜尔罕率众窜至色勒库尔地方。臣当饬该道派员筹运食粮，暂为赈抚，咨由喀什噶尔提督臣董福祥①饬派马队，分扎色勒库尔、帕米尔一带，以资防范，并先后咨明总理各国事务衙门在案。嗣据探报：英人已将大队撤回，另立哪格尔头目，留步兵百余名驻坎巨提城外。该道拟将哪格尔逃众酌给粮斤，先送出卡，再将坎巨提头目人等分起资送，令回原部，并先行照会英官等情。

臣查哪格尔附属于英，应即遣送归部。坎巨提系中国属部，现值迁徙流离，自应曲为排解，仰副朝廷抚绥外部之至意。惟此次英兵进驻，该部并未先行知会，该道亦未接准英官覆文，能否撤兵退地，俾赛必德哎里罕率众归部，仍复旧业，尚未可知。

除咨呈总理各国事务衙门与驻京英使理论斟酌办理外，所有英兵入坎巨提、头目逃窜缘由，谨恭折具陈，伏乞皇上圣鉴。谨奏。光绪十八年正月十九日。

（朱批：）该衙门知道。②

光绪十八年二月二十四日，奉朱批：该衙门知道。钦此。③

【案】此折于是年二月二十四日得允行。《清实录》：

---

①　董福祥（1839—1908），字星五，甘肃固原州人。同治元年（1862），率众抗清，为刘松山击败，投清，所部改编为董字三营，先后从刘松山等剿办西北民变，保提督。光绪元年（1875），进兵新疆，以收复乌鲁木齐等地及平定南疆功，加云骑尉、骑都尉世职，授阿尔杭阿巴图鲁名号。十二年（1886），经刘锦棠奏请，补阿克苏总兵。十六年（1890），擢喀什噶尔提督。二十年（1894），晋尚书衔。二十二年（1896），调补甘肃提督，赏太子少保衔。二十六年（1900），授随扈大臣。三十四年（1908），卒于甘肃。

②　台北故宫博物院藏：军机及宫中档，文献编号：408002696。

③　此奉旨日期与内容，据军机处随手登记档（档案编号：03-0272-1-1218-051）校补。

癸丑，甘肃新疆巡抚陶模奏，英兵由哪格尔入回部坎巨提，坎巨提头目赛必德哎里罕与哪格尔头目乌孜尔罕率众窜至色勒库，已妥为赈抚，并拟照会英官排解，送归原部。下所司知之。①

○○四　防营等光绪十七年上半年数目折

光绪十八年正月十九日（1892年2月17日）

头品顶戴甘肃新疆巡抚臣陶模跪奏，为新疆防营员弁勇丁、各台、局、卡、义学自光绪十七年正月初一日起至六月底止实在数目，分别缮具清单，奏明立案，恭折仰祈圣鉴事。

窃新疆马步营旗、炮队及各台、局、卡、义学，截至光绪十六年十二月底止实在数目，业经前护抚臣魏光焘奏咨在案。兹查接管卷内，据新疆粮台详称：自十七年正月初一日起，接收塔尔巴哈台协标步队二营，又步队一百三十一员名，暂作一哨；马队三旗，并挑募步队三营一旗。其营制均照奏定章程办理。又于十七年五月底止，裁减步队一营四旗。通截至十七年六月底止，实存马步一百营旗一哨，又步队一百三十一员名，开花炮队四哨，共计额设营书、弁勇二万五千二百三十员名、火勇一千七百四十三名、营旗哨官三百八十五员、巡查一百三十一员、额外火夫、私夫、马夫、车夫共六千五百一名。其各台、局、卡、义学于六月底止并无增减。缮具清单，详请奏咨等情。

臣覆查无异。所有新疆防营员弁勇丁并各台、局、卡、义学自光绪十七年正月初一日起至六月底止实在数目，除咨部外，谨缮具清单，恭呈御览，伏乞皇上圣鉴，饬部立案施行。谨奏。光绪十八

---

① 《德宗景皇帝实录（五）》，卷三百八，光绪十八年二月，第18页。

年正月十九日。

（朱批：）该部知道，单二件并发。①

光绪十八年二月二十四日，奉朱批：该部知道，单二件并发。钦此。②

○○五　呈防营光绪十七年上半年官兵清单

光绪十八年正月十九日(1892年2月17日)

谨将新疆驻防马步各营旗员弁、勇丁、夫马、炮车数目，自光绪十七年正月初一日起至六月底止，缮具四柱清单，恭呈御览。

旧管：光绪十六年十二月底止，实存防军标营章程马队一营五十三旗、步队二十五营一十七旗一哨、开花炮队四哨。共计旧存额设营、旗、哨官三百六十七员，旧存额设巡查一百二十二员，旧存额设营书、弁勇二万三千九百四十四员名，旧存额设火勇一千六百五十六名，旧存额外火夫七百六十九名，旧存额外私夫、马夫、车夫五千三百七十七名，旧存额马七千三十六匹，旧存炮车二十四辆、车骡六十四头。

新收：光绪十七年正月初一日起，接收塔尔巴哈台协标中营暨协防共步队二营，遵照标营章程，新添额设营、哨官十员，新添额设巡查员四员，新添额设营书、弁勇八百九十六员名，新添额设火勇八十六名，新添额外私夫五十六名。

光绪十七年正月初一日起，接收塔尔巴哈台步队一百三十一员名，私夫在外，暂作一哨，遵照标营章程，新添额设哨官一员，新添额设巡查一员，新添额设营书、弁勇一百一十八名，新添额设火

---

①　台北故宫博物院藏：军机及宫中档，文献编号：408002697。

②　中国第一历史档案馆藏：录副奏折，档案编号：03-6028-015。

勇一十一名,新添额外私夫一十二名。

光绪十七年正月初一日起,接收塔尔巴哈台协标中旗、东路共马队三旗,遵照标营章程,新添额设旗、哨官九员,新添额设巡查三员,新添额设营书、弁勇三百六十六员名,新添额外火夫四十二名,新添额外马夫、私夫二百三十七名,新添额马三百八十四匹。

光绪十七年正月初一日起,挑募迪化城守协标中旗步队一旗,遵照标营章程,新添额设旗、哨官四员,新添额设巡查一员,新添额设营书、弁勇三百三十员名,新添额设火勇三十二名,新添额外私夫一十六名。

光绪十七年二月初一日起,挑募阿克苏镇标中营、左营共步队二营,遵照标营章程,新添额设营、哨官十员,新添额设巡查四员,新添额设营书、弁勇八百九十六员名,新添额设火勇八十六名,新添额外私夫五十六名。

光绪十七年三月初一日起,挑募喀什噶尔提标前营步队一营,遵照标营章程,新添额设营、哨官五员,新添额设巡查二员,新添额设营书、弁勇四百四十八员名,新添额设火勇四十三名,新添额外私夫二十八名。

开除:光绪十六年十二月底止,裁减迪化城守协标中旗步队一营,计裁减官弁、勇丁四百九十八员名,裁减额外私夫二十八名。

光绪十七年正月底止,裁减阿克苏镇标中营、左营共步队二旗,计裁减官弁、勇丁七百三十四员名,裁减额外私夫三十二名。

光绪十七年二月底止,裁减喀什噶尔提标前营步队一旗,计裁减官弁、勇丁三百六十七员名,裁减额外私夫十六名。

光绪十七年五月底止,裁减老湘二旗步队一旗,计裁减官弁、勇丁三百六十七员名,裁减额外私夫十六名。

实在：光绪十七年六月底止，实存防军标营章程马队一营五十六旗，步队二十九营一十四旗一哨又一百三十一员名，开花炮队四哨。共计实存额设营、旗、哨官八十五员，实存额设巡查一百三十一员，实存额设营书、弁勇二万五千二百三十员名，实存额设火勇一千七百四十三名，实存额外火夫八百一十一名，实存额外私夫、马夫、车夫五千六百九十名，实存额马七千四百二十匹，实存炮车二十四辆、车骡六十四头。

（朱批：）览。①

○○六　呈各台、局、卡并义学光 绪十七年上半年数目清单

光绪十八年正月十九日(1892年2月17日)

谨将新疆各台、局、卡并义学数目，自光绪十七年正月初一日起至六月底止，缮具四柱清单，恭呈御览。

旧管：光绪十六年十二月底止，实存新疆粮台，伊犁宁远城中俄通商局，伊塔道、宁远、绥定三善后局，省城军装总局，省城采运局，柴草局，哈密军装局，哈密新城、吐鲁番新城、喀喇沙尔、库车、阿克苏、乌什、英吉沙尔、喀什噶尔汉城、叶尔羌、和阗、古城、绥来、省城、绥定、宁远、绥定城东关、南关、瞻德城、广仁城等处十九保甲局。

霍尔果斯尼堪卡伦、果子沟、绥定东门、南门、西门等处五稽查卡，哈密、巴里坤、昌吉、吐鲁番、喀喇沙尔、库车、阿克苏、乌什、喀什噶尔、英吉沙尔、玛喇巴什、叶尔羌、和阗等处十三牛痘局。

---

① 中国第一历史档案馆藏：清单，档案编号：03-6028-016。

哈密义学五堂,吐鲁番义学六堂,喀喇沙尔义学四堂,库车义学五堂,拜城义学二堂,温宿义学三堂,乌什义学三堂,疏勒义学三堂,疏附义学二堂,玛喇巴什义学三堂,英吉沙尔义学三堂,莎车义学五堂,叶城义学二堂,和阗义学二堂,于阗义学二堂,巴里坤义学四堂,奇台义学四堂,济木萨义学三堂,阜康义学二堂,迪化义学六堂,昌吉义学二堂,绥来义学四堂,呼图壁义学二堂,宁远义学三堂,绥定义学三堂,广仁城义学一堂,瞻德城义学一堂,霍尔果斯义学一堂,共计义学八十六堂。

新收:无项。

开除:无项。

实在:光绪十六年十二月底止,实存新疆粮台,伊犁宁远城中俄通商局,伊塔道、宁远、绥定三善后局,省城军装总局,省城采运局,柴草局,哈密军装局,哈密新城、吐鲁番新城、喀喇沙尔、库车、阿克苏、乌什、英吉沙尔、喀什噶尔汉城、叶尔羌、和阗、古城、绥来、省城、绥定、宁远、绥定城东关、南关、瞻德城、广仁城等处十九保甲局。

霍尔果斯尼堪卡伦、果子沟、绥定东门、南门、西门等处五稽查卡,哈密、巴里坤、昌吉、吐鲁番、喀喇沙尔、库车、阿克苏、乌什、喀什噶尔、英吉沙尔、玛喇巴什、叶尔羌、和阗等处十三牛痘局。

哈密义学五堂,吐鲁番义学六堂,喀喇沙尔义学四堂,库车义学五堂,拜城义学二堂,温宿义学三堂,乌什义学三堂,疏勒义学三堂,疏附义学二堂,玛喇巴什义学三堂,英吉沙尔义学三堂,莎车义学五堂,叶城义学二堂,和阗义学二堂,于阗义学二堂,巴里坤义学四堂,奇台义学四堂,济木萨义学三堂,阜康义学二堂,迪化义学六堂,昌吉义学二堂,绥来义学四堂,呼图壁义学二堂,宁远义学三堂,绥定义学三堂,广仁城义学一堂,瞻德城义学一堂,霍尔果斯义学一堂,共计义学八十六堂。

（朱批：）览。[1]

○○七　奏报同知病故拣员委署片

光绪十八年正月十九日(1892年2月17日)

再,委署英吉沙尔直隶厅同知刘肇端病故遗缺,查有候补知府潘时策,堪以委署。据署新疆布政使饶应祺、署镇迪道兼按察使衔周崇傅[2]会详前来。

除由臣批饬给委外,谨会同陕甘总督臣杨昌濬,附片具奏,伏乞圣鉴。谨奏。

（朱批：）吏部知道。[3]

光绪十八年二月二十四日,奉朱批:吏部知道。钦此。[4]

○○八　代奏贝勒哈的尔恭谢天恩折

光绪十八年二月初十日(1892年3月8日)

头品顶戴甘肃新疆巡抚臣陶模跪奏,为据情代奏,恭谢天恩事。

---

①　中国第一历史档案馆藏:清单,档案编号:03-6028-017。

②　周崇傅(1830—1893),字少白,号子岩,湖南零陵人。有文武才。同治元年(1862),举京兆乡试,观政兵部。七年(1868),中式进士,入翰林,散馆授编修。光绪元年(1875),改授中书,旋随左宗棠进军关外,参与决策,督办军需,收复新疆,以功绩卓著,赏戴花翎。权摄镇迪道篆、高平等处观察使。八年(1882),又随左宗棠到江苏、浙江,整饬盐纲,处盐场腥膻之地而两袖清风,以廉洁为时人所称。旋乞归永州,主讲苹州书院。后起为喀什噶尔兵备道,署理镇迪道兼按察使衔。十八年(1893),卒于任。

③　台北故宫博物院藏:军机及宫中档,文献编号:408002696-A。

④　中国第一历史档案馆藏:录副奏片,档案编号:03-5289-101。

窃查接管卷内，准理藩院咨：具奏已故阿克苏回子郡王衔贝勒迈玛第敏遗缺，以胞侄哈的尔承袭一折，光绪十七年八月初四日，奉旨：依议。钦此。钦遵转行在案。兹据阿克苏道陈名钰①详：据新袭回子郡王衔贝勒哈的尔禀称：遵奉谕旨，当即恭设香案，望阙叩头谢恩。伏念奴才远居外服，世沐皇恩，兹复钦奉纶音，允准承袭，五中感悚，难以言宣。惟有矢慎矢勤，以期仰答高厚生成于万一。所有感激下忱，恳请代奏前来。

理合据情代奏，叩谢天恩，伏乞皇上圣鉴。谨奏。光绪十八年二月初十日。

（朱批：）知道了。②

光绪十八年四月初四日，奉朱批：知道了。钦此。③

○○九　奏为恩赏福字谢恩折

光绪十八年二月初十日（1892年3月8日）

头品顶戴甘肃新疆巡抚臣陶模跪奏，为恭谢天恩，仰祈圣鉴事。

---

①　陈名钰（1827—?），湖南宁远人。初由廪生投营效力。咸丰五年（1855），因克复湖南东安等处出力，保训导。七年（1857），以功保以本班不论双单月遇缺即选，并赏加五品衔。八年（1858），赏戴蓝翎。十年（1860），以克复安徽建德等处出力，保知县，加知州衔。十一年（1861），保知州，赏戴花翎。同治五年（1866），保以直隶州知州留安徽补用。六年（1867），保知府，晋道衔。七年（1868），因功经陕甘总督左宗棠保升道员，并加三品衔。同年，予三品封典。八年（1869），经吏部带领引见，以道员升用。十年（1871），署安徽池州府篆。光绪元年（1875），闻讣丁父忧。四年（1878），回原省候补。六年（1880），请假回籍措资。七年（1881），经刘锦棠奏留甘肃补用，办理新疆南路善后事宜。十年（1884），借补温宿直隶州知州。十四年（1888），署迪化府知府。同年，署理阿克苏道篆。十六年（1890），迁阿克苏道。

②　台北故宫博物院藏：军机及宫中档，文献编号：408002699。

③　中国第一历史档案馆藏：录副奏折，档案编号：03-5291-019。

窃臣于光绪十八年二月初八日接准兵部火票递到年节恩赏福字一方,当即恭设香案,望阙叩头祗领。伏念臣初膺疆寄,未悉边情,乘冬暖以履新,涉春冰而滋惧。兹届岁华肇转,渥蒙宸翰宠颁,钦惟我皇上覆帱深仁,垂裳出治。丹毫摛藻,奎文昭日月之华;紫殿延釐,景福合乾坤之量。褒荣一字,感切五中。臣惟有勉竭愚诚,勤宣德泽,欣睹天章璀璨,愿播为九塞之恩光;率同瀚海苍黎,敬遥上三多之颂祝。

所有微臣感激荣幸下忱,理合恭折叩谢天恩,伏乞皇上圣鉴。谨奏。光绪十八年二月初十日。

(朱批):知道了。[1]

光绪十八年四月初五日,奉朱批:知道了。钦此。[2]

○一○　恭报新疆光绪十七年十一月雨水、粮价折

光绪十八年二月十六日(1892年3月14日)

头品顶戴甘肃新疆巡抚臣陶模跪奏,为恭报光绪十七年十一月份粮价并得雪情形,谨缮折具陈,仰祈圣鉴事。

窃照光绪十七年十月份各厅、州、县粮价并得雪情形,业经臣奏报在案。兹据署新疆布政使饶应祺详称:光绪十七年十一月份,北路镇西得雪,积地一尺;奇台得雪,积地九寸;迪化得雪,积地六寸;昌吉、阜康得雪,积地五寸;绥来、库尔喀喇乌苏得雪,积地三

---

① 台北故宫博物院藏:军机及宫中档,文献编号:408002700。
② 中国第一历史档案馆藏:录副奏折,档案编号:03-5291-024。

寸；吐鲁番、哈密得雪，积地一寸。伊塔道属宁远、塔尔巴哈台得雪，积地一尺；绥定得雪，积地七寸。南路库车得雪，积地五寸；温宿、拜城、疏勒、疏附、英吉沙尔得雪，积地三寸；叶城得雪，积地二寸；喀喇沙尔、乌什、玛喇巴什微雪。余未得雪。

至通省粮价，镇西、精河、昌吉、阜康、绥来、绥定、宁远、拜城等厅、县俱与上月相同，余均略有增减，汇详请奏前来。

理合恭折具陈，并缮粮价清单，敬呈御览，伏乞皇上圣鉴。谨奏。光绪十八年二月十六日。

（朱批：）知道了。①

光绪十八年三月二十三日，奉朱批：知道了。钦此。②

○一一　呈新疆光绪十七年十一月粮价清单

光绪十八年二月十六日(1892 年 3 月 14 日)

谨将新疆各属光绪十七年十一月份米粮时估价值，缮具清单，敬呈御览。

计开十一月份：

镇迪道属：

迪化县：大米每京石价银二两三钱二分五厘，较上月减一钱七分六厘。小麦每京石价银九钱九分，较上月增三分五厘。豌豆每京石价银九钱，较上月减三分六厘。青稞每京石价银七钱二分四厘，较上月减三分五厘。

---

① 台北故宫博物院藏：军机及宫中档，文献编号：408002702。
② 中国第一历史档案馆藏：录副奏折，档案编号：03-6914-025。

昌吉县：大米每京石价银一两八钱七分二厘，小麦每京石价银七钱七分六厘，豌豆每京石价银九钱二分，青稞每京石价银八钱七分五厘，俱与上月相同。

阜康县：粟米每京石价银八钱八分四厘，小麦每京石价银一两一钱三分二厘，豌豆每京石价银一两一钱六分七厘，高粱每京石价银九钱二厘，俱与上月相同。

绥来县：大米每京石价银一两八钱，小麦每京石价银七钱七分二厘，豌豆每京石价银八钱四分九厘，高粱每京石价银五钱六分三厘，俱与上月相同。

奇台县：大米每京石价银二两七钱六分一厘，较上月增三钱四分五厘。小麦每京石价银六钱三分六厘，较上月减三分六厘。豌豆每京石价银五钱一分八厘，较上月减一钱三厘。

吐鲁番直隶厅：小麦每京石价银九钱三分二厘，与上月相同。大麦每京石价银五钱二分二厘，较上月增三分七厘。高粱每京石价银五钱五分七厘，与上月相同。黄豆每京石价银一两五钱四分一厘，较上月减一钱二分五厘。

镇西直隶厅：小麦每京石价银一两一钱七分，豌豆每京石价银一两三钱六分，青稞每京石价银八钱八分，俱与上月相同。

哈密直隶厅：粟米每京石价银一两三钱三分九厘，较上月增二钱。小麦每京石价银九钱六分六厘，与上月相同。豌豆每京石价银一两二钱九分六厘，较上月增五分八厘。青稞每京石价银八钱三分四厘，与上月相同。

库尔喀喇乌苏直隶厅：小麦每京石价银八钱八分，较上月增一钱。豌豆每京石价银九钱九分，与上月相同。高粱每京石价银六钱，与上月相同。

伊塔道属：

绥定县：大米每京石价银三两七钱七分四厘，小麦每京石价银八钱二分八厘，大麦每京石价银五钱六分五厘，豌豆每京石价银八钱六分四厘，俱与上月相同。

宁远县：大米每京石价银二两三钱六分八厘，小麦每京石价银五钱五分二厘，大麦每京石价银六钱二分，豌豆每京石价银八钱六分四厘，俱与上月相同。

塔尔巴哈台直隶厅：小麦每京石价银一两七分七厘，较上月减一钱二分三厘。大麦每京石价银一两二钱三分二厘，较上月增三钱五分七厘。豌豆每京石价银一两二钱二厘，较上月增一钱一分七厘。

精河直隶厅：大米每京石价银三两一钱四分五厘，小麦每京石价银八钱六分五厘，大麦每京石价银七钱三分五厘，豌豆每京石价银一两二钱五分，俱与上月相同。

阿克苏道属：

温宿直隶州：大米每京石价银一两六钱九分三厘，较上月增二分一厘。小麦每京石价银一两三分五厘，较上月增四钱六分三厘。大麦每京石价银六钱，较上月增三钱。包谷每京石价银六钱八分，较上月增二钱七分二厘。

拜城县：小麦每京石价银三钱九分，大麦每京石价银一钱八分，豌豆每京石价银二钱五分，包谷每京石价银三钱，俱与上月相同。

喀喇沙尔直隶厅：大米每京石价银二两九钱六分，较上月增五钱九分二厘。小麦每京石价银一两一钱四厘，较上月增一钱三分八厘。豌豆每京石价银一两八厘，较上月减七分二厘。包谷每京石价银八钱三分二厘，与上月相同。

库车直隶厅：大米每京石价银二两一钱，与上月相同。小麦每京石价银六钱九分,较上月减一钱四分八厘。豌豆每京石价银三钱五分,与上月相同。包谷每京石价银三钱二分,与上月相同。

乌什直隶厅:大米每京石价银一两五钱六分四厘,较上月增七分四厘。小麦每京石价银六钱七厘,与上月相同。大麦每京石价银二钱八分八厘,较上月增一分。包谷每京石价银三钱九分三厘,与上月相同。

喀什噶尔道属:

疏勒直隶州:大米每京石价银二两五钱五分,较上月减一钱五分。小麦每京石价银一两九分,较上月减二厘。包谷每京石价银八钱三分二厘,与上月相同。高粱每京石价银六钱九分,与上月相同。

疏附县:大米每京石价银二两五钱五分,较上月减一钱五分。小麦每京石价银一两九分,较上月减二厘。包谷每京石价银八钱七分一厘,与上月相同。高粱每京石价银六钱九分,与上月相同。

莎车直隶州:大米每京石价银一两六钱一分三厘,与上月相同。小麦每京石价银七钱五分九厘,较上月增六分九厘。大麦每京石价银五钱五分,与上月相同。包谷每京石价银五钱六分七厘,较上月增九分二厘。

叶城县:大米每京石价银二两三钱二分,与上月相同。小麦每京石价银九钱,与上月相同。包谷每京石价银四钱八分,与上月相同。青稞每京石价银四钱,较上月增五分。

和阗直隶州:大米每京石价银一两九钱四分六厘,较上月增四分二厘。小麦每京石价银八钱九分七厘,与上月相同。包谷每京石价银五钱六分三厘,与上月相同。青稞每京石价银四钱九分七厘,与上月相同。

于阗县:大米每京石价银二两二钱八厘,与上月相同。小麦每京石价银九钱五分一厘,较上月增一分三厘。包谷每京石价银六钱五分二厘,较上月增一分二厘。

英吉沙尔直隶厅:大米每京石价银二两七钱九分六厘,较上月增六钱六分八厘。小麦每京石价银一两三分五厘,较上月增三钱四分五厘。大麦每京石价银五钱七分,与上月相同。包谷每京石价银八钱四厘,较上月增二钱六分八厘。

玛喇巴什直隶厅:大米每京石价银二两六钱六分,较上月增一钱四分。小麦每京石价银九钱六分六厘,较上月增六分九厘。包谷每京石价银八钱三分二厘,较上月增六分四厘。

(朱批:)览。①

○一二　新疆第三次遵办新海防捐输核奖折

光绪十八年二月十六日(1892年3月14日)

头品顶戴甘肃新疆巡抚臣陶模跪奏,为新疆第三次遵办新海防捐输,恳恩饬部核奖,恭折仰祈圣鉴事。

窃照新疆接办新海防捐输,前经护抚臣魏光焘将自光绪十六年八月初一日起至十月底止第二次捐输具奏请奖在案。兹据署布政使饶应祺详称:自十六年十一月初一日起,截至十七年四月底止,先后据各捐生报捐实官、职衔各项共三十五名,计收正项库平银八千八百九十四两四钱,分别填发正实收,给予收执,收捐银两另款存储,听候提拨。其随收饭银、照费、填过副实收及各捐生履历清册一并赍解,详请具奏,并恳咨部填换执照,以凭转给等情前来。

----

① 中国第一历史档案馆藏:清单,档案编号:03-6914-026。

臣覆核无异。合无仰恳天恩，俯准将新疆第三次新海防捐输饬部分别核奖，以资鼓励。除将清册、副实收、饭银、照费咨送吏部、户部、国子监外，谨恭折具陈，伏乞皇上圣鉴训示。谨奏。光绪十八年二月十六日。

（朱批：）户部议奏。①

光绪十八年三月二十三日，奉朱批：户部议奏。钦此。②

○一三　恭报新疆光绪十七年十二月雨水、粮价折

光绪十八年三月初八日（1892年4月4日）

头品顶戴甘肃新疆巡抚臣陶模跪奏，为恭报光绪十七年十二月份粮价并得雨雪情形，谨缮折具陈，仰祈圣鉴事。

窃照光绪十七年十一月份各厅、州、县粮价并得雨情形，业经臣奏报在案。兹据署新疆布政使饶应祺详称：光绪十七年十二月份，镇迪道属镇西得雪，积地一尺；奇台得雪，积地五寸；迪化、阜康、绥来得雪，积地三寸；吐鲁番、哈密、库尔喀喇乌苏得雪，积地一寸；昌吉微雪。伊塔道属绥定得雪，积地七寸；宁远得雪，积地五寸；精河得雪，积地四寸；塔尔巴哈台微雪。南路温宿、喀喇沙尔、乌什、疏勒、疏附、叶城、于阗、英吉沙尔、玛喇巴什微雪。余未得雪。

至通省粮价，镇西、塔尔巴哈台、精河、乌什、玛喇巴什、昌吉、

---

① 台北故宫博物院藏：军机及宫中档，文献编号：408002701。
② 中国第一历史档案馆藏：录副奏折，档案编号：03-6127-088。

阜康、绥来、绥定、拜城等厅县俱与上月相同，余均略有增减，汇详请奏前来。

理合恭折具陈，并缮粮价清单，敬呈御览，伏乞皇上圣鉴。谨奏。光绪十八年三月初八日。

（朱批：）知道了。①

光绪十八年四月十二日，奉朱批：知道了。钦此。②

○一四　呈新疆光绪十七年十二月粮价清单

光绪十八年三月初八日（1892 年 4 月 4 日）

谨将新疆各属光绪十七年十二月份米粮时估价值，缮具清单，恭呈御览。

计开十二月份：

镇迪道属：

迪化县：大米每京石价银二两三钱二分五厘，与上月相同。小麦每京石价银九钱九分，与上月相同。豌豆每京石价银九钱七分二厘，较上月增七分二厘。青稞每京石价银六钱九分，较上月减二分四厘。

昌吉县：大米每京石价银一两八钱七分二厘，小麦每京石价银七钱七分六厘，豌豆每京石价银九钱二分，青稞每京石价银八钱七分五厘，俱与上月相同。

阜康县：粟米每京石价银八钱八分四厘，小麦每京石价银一两

---

① 台北故宫博物院藏：军机及宫中档，文献编号：408002706。
② 中国第一历史档案馆藏：录副奏折，档案编号：03-6915-008。

一钱三分二厘，豌豆每京石价银一两一钱六分七厘，高粱每京石价银九钱二厘，俱与上月相同。

绥来县：大米每京石价银一两八钱，小麦每京石价银七钱七分二厘，豌豆每京石价银八钱四分九厘，高粱每京石价银五钱六分三厘，俱与上月相同。

奇台县：大米每京石价银二两二钱四分四厘，较上月减五钱一分七厘。小麦每京石价银六钱七分二厘，较上月增三分六厘。豌豆每京石价银五钱五分二厘，较上月增三分四厘。

吐鲁番直隶厅：小麦每京石价银九钱三分二厘，与上月相同。大麦每京石价银五钱二分二厘，与上月相同。高粱每京石价银五钱五分七厘，与上月相同。黄豆每京石价银一两五钱四分八厘，较上月增七厘。

镇西直隶厅：小麦每京石价银一两一钱七分，豌豆每京石价银一两三钱六分，青稞每京石价银八钱八分，俱与上月相同。

哈密直隶厅：粟米每京石价银一两二钱九分六厘，较上月减四分三厘。小麦每京石价银九钱三分八厘，较上月减二分八厘。豌豆每京石价银一两二钱九厘，较上月减八分七厘。青稞每京石价银八钱六厘，较上月减二分八厘。

库尔喀喇乌苏直隶厅：小麦每京石价银八钱一分，较上月减七分。豌豆每京石价银价银九钱九分，与上月相同。高粱每京石价银六钱，与上月相同。

伊塔道属：

绥定县：大米每京石价银三两七钱七分四厘，小麦每京石价银八钱二分八厘，大麦每京石价银五钱六分五厘，豌豆每京石价银八钱六分四厘，俱与上月相同。

宁远县：大米每京石价银二两二钱二分，较上月减一钱四分八厘。小麦每京石价银五钱五分二厘，与上月相同。大麦每京石价银六钱二分，与上月相同。豌豆每京石价银八钱六分四厘，与上月相同。

塔尔巴哈台直隶厅：小麦每京石价银一两七分七厘，大麦每京石价银一两二钱三分二厘，豌豆每京石价银价银一两二钱二厘，俱与上月相同。

精河直隶厅：大米每京石价银价银三两一钱四分五厘，小麦每京石价银八钱六分五厘，大麦每京石价银七钱三分五厘，豌豆每京石价银一两二钱五分，俱与上月相同。

阿克苏道属：

温宿直隶州：大米每京石价银一两七钱二厘，较上月增九厘。小麦每京石价银八钱五分五厘，较上月减一钱八分。大麦每京石价银六钱，与上月相同。包谷每京石价银六钱八分，与上月相同。

拜城县：小麦每京石价银三钱九分，大麦每京石价银一钱八分，豌豆每京石价银二钱五分，包谷每京石价银三钱，俱与上月相同。

喀喇沙尔直隶厅：大米每京石价银二两九钱一分，较上月减五分。小麦每京石价银一两一钱四厘，与上月相同。豌豆每京石价银一两八厘，与上月相同。包谷每京石价银八钱三分二厘，与上月相同。

库车直隶厅：大米每京石价银二两一钱，与上月相同。小麦每京石价银一两一钱，较上月增四钱一分。豌豆每京石价银七钱七分，较上月增四钱二分。包谷每京石价银七钱四分，较上月增四钱二分。

乌什直隶厅：大米每京石价银一两五钱六分四厘，小麦每京石价银六钱七厘，大麦每京石价银二钱八分八厘，包谷每京石价银三钱九分三厘，俱与上月相同。

喀什噶尔道属：

疏勒直隶州：大米每京石价银二两七钱，较上月增一钱五分。小麦每京石价银一两九分，与上月相同。包谷每京石价银八钱四分四厘，较上月增一分二厘。高粱每京石价银六钱九分，与上月相同。

疏附县：大米每京石价银二两七钱，较上月增一钱五分。小麦每京石价银一两九分，与上月相同。包谷每京石价银八钱八分四厘，较上月增一分三厘。高粱每京石价银六钱九分，与上月相同。

莎车直隶州：大米每京石价银二两一钱四分六厘，较上月增五钱三分三厘。小麦每京石价银七钱五分九厘，与上月相同。大麦每京石价银六钱二分五厘，较上月增七分五厘。包谷每京石价银六钱六分，较上月增九分三厘。

叶城县：大米每京石价银二两九钱，较上月增五钱八分。小麦每京石价银一两，较上月增一钱。包谷每京石价银五钱七分六厘，较上月增九分六厘。青稞每京石价银四钱，与上月相同。

和阗直隶州：大米每京石价银二两三分，较上月增八分四厘。小麦每京石价银九钱二分五厘，较上月增二分八厘。包谷每京石价银五钱八分九厘，较上月增二分六厘。青稞每京石价银五钱三分八厘，较上月增四分一厘。

于阗县：大米每京石价银二两二钱八厘，与上月相同。小麦每京石价银九钱二分四厘,较上月减二分七厘。包谷每京石价银六钱二分七厘,较上月减二分五厘。

英吉沙尔直隶厅:大米每京石价银三两四分,较上月增二钱四分四厘。小麦每京石价银一两三分五厘,与上月相同。大麦每京石价银五钱七分,与上月相同。包谷每京石价银八钱四厘,与上月相同。

玛喇巴什直隶厅:大米每京石价银二两六钱六分,小麦每京石价银九钱六分六厘,包谷每京石价银八钱三分二厘,俱与上月相同。

（朱批:）览。[1]

〇一五　张永胜杀毙妻命审明定拟折

光绪十八年三月初八日（1892 年 4 月 4 日）

头品顶戴甘肃新疆巡抚臣陶模跪奏,为杀毙妻命审明定拟,恭折具陈,仰祈圣鉴事。

窃迪化县客民张永胜因伊妻万氏索钱,口角起衅,用刀吓戳,适伤万氏右腿穿透,移时身死一案,据署迪化县知县杨其澍验明获犯,未及讯供卸事,移交接任知县黄袁讯明议拟,解署迪化府知府黄丙焜[2]审明,详署镇迪道兼按察使衔周崇傅审转前来。

---

① 中国第一历史档案馆藏:清单,档案编号:03-6915-009。

② 黄丙焜(1838—1919),字云轩,湖南长沙人。附贡生。光绪二年(1876),随前大学士左宗棠出关,保知州。八年(1882),借补吐鲁番同知。十二年(1886),调署疏勒直隶州知州。十五年(1889),调署迪化府知府。十七年(1891),升补伊犁府知府。十九年(1893),署阿克苏道。二十五年(1899),调署伊塔道。二十九年(1903),迁阿克苏道。同年,调署镇迪道兼按察使衔。嗣经伊犁将军长庚、马亮两次奏保,交军机处记名,请咨送引。三十三年(1907),由吏部带领引见。三十四年(1908),交北洋大臣差遣委用,补授四川成绵龙茂道。同年,调补四川建昌道。民国八年(1919),卒于里。

臣亲提审讯，缘张永胜籍隶河南柘城县。光绪元年，随大军出关。八年，由营告假，在阜康县属三台地方贸易。十四年，娶万氏为妻，平日和睦。十七年，搬至迪化县属七道湾李春华院内，与李春华合伙种瓜。八月初七日，张永胜卖瓜回归，因口渴取瓜一枚，正在持刀剖食，张万氏向索钱文买布做袜，张永胜未允。张万氏即走向张永胜身上搜出银天罡二枚，张永胜以卖瓜钱文尚未分账，斥令退出，张万氏不肯，张永胜生气辱骂，张万氏扑拢撞头，张永胜情急，顺用剖瓜小刀吓戳，不期张万氏扑力过猛，致将其右腿穿透倒地。李季氏赶拢扶救，讵调治罔效，移时殒命。经尸父万得投约报验，获犯讯供议拟解府，由镇迪道转详，臣亲审无异。

查律载：夫殴妻致死者绞监候等语。此案张永胜因伊妻万氏向其索钱，口角起衅，用刀吓戳，适伤万氏右腿穿透，移时身死，自应按律问拟。张永胜一犯合依夫殴妻致死者绞律，拟绞监候，秋后处决。李季氏救阻不及，应毋庸议。无干省释，尸棺饬埋，凶刀案结销毁。是否允协，除全案供招咨送刑部外，所有杀毙妻命审明定拟各缘由，谨恭折具陈，伏乞皇上圣鉴，饬部核覆施行。谨奏。光绪十八年三月初八日。

（朱批：）刑部议奏。①

光绪十八年四月十二日，奉朱批：刑部议奏。钦此。②

---

① 台北故宫博物院藏：军机及宫中档，文献编号：408002704。

② 中国第一历史档案馆藏：录副奏折，档案编号：03-7315-017。

○一六 禁止汉人重利放债折

光绪十八年三月初八日（1892年4月4日）

头品顶戴甘肃新疆巡抚臣陶模跪奏，为汉人重利放债，盘剥缠民，请照内地民人与土司交往借债例，一律治罪，以苏民困而除积弊，恭折仰祈圣鉴事。

窃维新疆南路向称繁庶，戡定后，加意抚绥，元气犹未尽复。推原其故，固由缠民拙于谋生，实苦于汉人之重利放债。缠民只图一时之便，不顾后患，议息不论年月，但按缠俗，每七日市集一次，每次取息五六分不等，约计本银一两，每月取息在二钱以外。所放者多系货物，作价本昂，数月之间，利即过本。缠民至愚，为日既久，愈难清算，放债者任意开报，较之短票折扣，其弊尤甚。经年累月，未有穷期，竟有卖妻鬻子、流为盗贼者。虽经前任抚臣深悉其弊，叠次严禁，无如积习相沿，已成难返之势。盖放债者皆系刁蛮无赖之辈，非曾当营，即旧充丁书，欺压愚懦，任意鱼肉。各署丁役、通事复借此渔利，互相蒙蔽。缠民受害，不可胜言。光绪十六年十二月，吐鲁番缠民阿不都热以木等专寻汉人烧杀惨毙三十六命一案，亦由平日放债积怨所致，其明征也。

臣再四思维，与其禁止盘剥流弊，终难挽回，不若不准放债，源清而弊自绝。查例载：内地民人概不许与土司等交往借债，如有违犯，将放债之人照偷越番境例，加等问拟。其借债之土苗，即与同罪等语。南疆缠回与土苗情形相似，自应仿照办理。惟积弊已深，未便遽绳以法，应请宽其既往，拟饬各地方官传谕放债之人，开具借户姓名，并本银若干、息银若干，秉公酌量。如得息不多者，按每月三分本利归还；如陆续取息利过于本者，只归本银。设利上加利，借债者又系赤贫，即免其还本。统限两月内清结，通详立案，嗣后再有汉人放债情事，地方官随时查拿，照例详办。倘失于觉察，从严议处。定例既严，庶共知儆惕，盘剥之害当可永除，南疆地方自必渐有起色。

臣为保卫边民生计起见，是否有当，谨恭折具奏，伏乞皇上圣鉴，饬部核议施行。谨奏。光绪十八年三月初八日。

（朱批：）刑部议奏。①

光绪十八年四月十二日，奉朱批：刑部议奏。②

○一七　委任江景耀等署同知等缺片

光绪十八年三月初八日(1892年4月4日)

再，乌什直隶厅同知袁运鸿调省察看，所遗员缺查有候补同知江景耀，堪以委署。署和阗直隶州知州甘承谟卸署遗缺，查有卸任喀喇沙尔直隶厅同知江遇璞，③堪以委署。据署新疆布政使饶应祺、署镇迪道兼按察使衔周崇傅会详前来。

除由臣批饬分别给委外，谨会同陕甘总督臣杨昌濬，附片具陈，伏乞圣鉴。谨奏。

---

①　台北故宫博物院藏：军机及宫中档，文献编号：408002705。

②　此奉旨日期与内容，据军机处随手登记档（档案编号：03-0272-2-1218-096）校补。

③　江遇璞(1824—1904)，湖北随州人，监生。同治八年(1869)，报捐知县，指分江西，嗣投效卓胜军。十年(1871)，以功保知州。光绪二年(1876)，赏戴蓝翎。三年(1877)，保升知府。十年(1884)，换花翎。十二年(1886)，经刘锦棠奏准留新补用。同年，署喀喇沙尔同知。十四年(1888)，调署温宿直隶州知州。十五年(1889)，借补喀喇沙尔同知，历署和阗直隶州知州，兼护阿克苏道。二十四年(1898)，迁阿克苏道，加二品顶戴。三十年(1904)，因病出缺。

（朱批：）吏部知道。①

光绪十八年四月十二日，奉朱批：吏部知道。钦此。②

○一八　奏报游击丁连科病故等情片

光绪十八年三月初八日（1892年4月4日）

再，记名提督巴里坤镇标中军游击丁连科，前经护抚臣魏光焘奏请借补该标左营游击员缺，奉朱批：兵部议奏。钦此。钦遵在案。兹据署巴里坤镇总兵汤彦和③呈称：丁连科感受风寒，触发旧伤，医药罔效，于光绪十八年二月十二日午时在任病故。取具印、甘各结，呈请核办前来。

臣覆核无异。除饬准补巴里坤镇标中军游击宋贤声前赴本任，左营游击员缺另行拣员请补外，谨会同陕甘总督臣杨昌濬、喀什噶尔提督臣董福祥，附片具陈，伏乞圣鉴训示。谨奏。

（朱批：）兵部知道。④

---

① 台北故宫博物院藏：军机及宫中档，文献编号：4080022705-0-A。此片之具奏日期，军机录副目录以奉旨日期为之，未确。查光绪十八年四月十二日随手档，则署有"报四百里，三月初八日发"等字样。据此，此片之具奏日期应为"光绪十八年三月初八日"无疑。兹据校正。

② 中国第一历史档案馆藏：录副奏片，档案编号：03-5291-042。

③ 汤彦和，生卒年未详，湖南湘潭人。同治初，以武童投效湘军。陕北肃清案内，交军机处记名，以提督遇缺尽先题奏，旋加札福孔阿巴图鲁名号。同治十二年（1873），署甘肃灵武营参将。光绪十五年（1889），署甘肃新疆巴里坤镇总兵。十八年（1892），补授陕西河州镇总兵。二十二年（1896），因病告假。

④ 台北故宫博物院藏：军机及宫中档，文献编号：408002705-0-B。此片之具奏日期，军机录副目录以奉旨日期为之，未确。查光绪十八年四月十二日随手档，则署有"报四百里，三月初八日发"等字样。据此，此片之具奏日期应为"光绪十八年三月初八日"无疑。兹据校正。

光绪十八年四月十二日，奉朱批：兵部知道。钦此。①

○一九　拟设肃州至新疆省城电线折

光绪十八年三月二十三日（1892 年 4 月 19 日）

太子少保头品顶戴陕甘总督臣杨昌濬、头品顶戴甘肃新疆巡抚臣陶模跪奏，为拟设肃州至新疆省城电线，并恳筹拨银两，以资应用，恭折仰祈圣鉴事。

窃查光绪十五年臣昌濬会奏请设西安至嘉峪关电线折内，声明关外应如何筹费展拓，容与新疆抚臣议商办理。现在甘肃电线业已竣工，新疆远处边陲，蒙、汉、回、缠及哈萨克、布鲁特各部落错杂而居，西北紧与俄邻，西南与英所属诸部接境，遇有紧要文报，由省城递至肃州转电，动需旬日，似此声息迟滞，窃恐贻误事机。

臣模上年路过天津，与北洋大臣李鸿章面商，关外电线亟应接办。旋经兰州，与臣昌濬议及，意见亦同。查新疆地面辽阔，伊犁、塔尔巴哈台、喀什噶尔南北分途，距省窎远，一时骤难筹办，拟先由肃州接办至新疆省城，伊犁及南路等处要件均由此线打报进关。其设杆处所由哈密经巴里坤，天山险峻，石路崎岖，冬令雪深，巡守不易，不如由哈密经吐鲁番以达省城较为便益。惟新疆商务甚少，此项电线专为边防而设，应照甘肃作为官线，筹款兴办。

查上年自西安设至肃州，计二千九百余里，估用银二十万两；肃州至新疆省城三千二百余里，程途既远，戈壁又多，经费必须加增。现值库款支绌，就地又无可筹，相应请旨饬下户部暨总理各国

① 中国第一历史档案馆藏：录副奏片，档案编号：03-5886-082。

事务衙门，筹款拨银一十万两，交由李鸿章派员购办电器，迅速西来，查勘线路，以次安设，并于甘肃新疆储存四分平余项下各动拨银五万两，由臣等分饬肃州、安西、哈密、吐鲁番、镇西、迪化各州厅县，预采材料，以备取用。各项经费核实动支，如有不敷，由臣等另行筹给，一并造销。其打报、测量、巡守各人役，均照甘肃章程，酌量拟设。

除养电、岁修各费并伊犁等处应否接续安设再行分别议奏外，所有拟设肃州至新疆省城电线缘由，谨会同北洋大臣李鸿章，合词恭折具奏，伏乞皇上圣鉴训示。再，此折系臣模主稿。合并声明。谨奏。光绪十八年三月二十三日。

（朱批：）该衙门议奏。①

光绪十八年四月二十四日，奉朱批：该衙门议奏。钦此。②

【案】新抚陶模于光绪十八年七月初六日咨呈总理衙门：

七月初六日，新疆巡抚陶模文称：窃照本部院于光绪十八年三月二十三日，在新疆省城会列陕甘总督部堂杨前衔，由驿具奏，拟设肃州至新疆省城电线，并恳筹办银两，以资应用一折，前已移稿咨呈在案。兹于本年五月二十九日，准兵部火票递回原折，奉朱批：该衙门议奏。钦此。除钦遵另行外，相应恭录咨呈，为此咨呈贵衙门，谨请钦遵鉴照施行。③

【附】光绪十八年十一月初五日，钦差大臣李鸿章为拟设新疆电线具折曰：

---

① 台北故宫博物院藏：军机及宫中档，文献编号：408002703。

② 中国第一历史档案馆藏：录副奏折，档案编号：03-9437-071。

③ 台北中研院近代史研究所藏：外交档案，馆藏号：01-09-011-06-004。

钦差大臣直隶总督一等伯臣李鸿章跪奏，为拟设新疆省城至喀什噶尔电线，恭折仰祈圣鉴事。

窃查光绪十五年臣等会奏请设甘肃电线折内，声明新疆自收回伊犁之后，俄人往来络绎，南路喀什噶尔与英属北印度接壤，中隔布鲁特、坎巨提各部落，交涉日繁，应节节预筹设线通报。惟道里绵远，需费过巨，只能分段接办，先将西安电线展至肃州。本年三月，复因新疆远处边陲，遇有紧要文报，由肃州转递，动需时日，声息迟滞，经总理各国事务衙门筹拨款项，由臣饬令电报总局购料鸠工，将肃州电线展至新疆省城。八月间，定购外洋料物到沪，即派熟悉委员勘路，并催分运木料。已值冰雪凝冻，须开春二月后冰融，赶紧加工，约明岁五、六月告竣。迭准总理衙门函商，以俄使喀希尼屡次晤商帕米尔勘界，语极棼䎛，将来作何归宿，尚无把握。天山南路情形重于北路，境外零星回部，此后事变尚多。乌鲁木齐去京八千数百里，喀什噶尔又去乌鲁木齐四千里，文报过迟，即电询事件亦往往逾月。若值边情紧急之时，消息不灵，必致事机多误。除关外电线应饬如期赶办外，其乌鲁木齐西抵喀什噶尔电线不通，仍形隔阂，应再筹款，乘此鸠匠兴工之候，为事半功倍之谋，一气呵成，实于边防大局裨益等因。

臣查系筹边至要之图，不可再缓。俄国都城东至伊犁、喀城等处如此窎远，皆有电报，瞬息可通。我若仍赖驿递，因应之间，必致迟速悬殊。即经督同总办电报事宜津海关道盛宣怀按图查核，关外电线原拟由哈密经吐番以达新省，现议展线可由吐鲁番至库车、阿克苏，以达喀什噶尔城，约计三千八百余里。道途愈远，转运愈难。戈壁崎岖，工程艰巨，所有运费、工费必更加增，且外洋料价均以金镑核作银两，比较前办黑龙江、云贵电线之时，加至十分之三。闻木料尚可沿途砍伐，各营助以兵力，略可节省。仍照向章约估需银二十八万余两。

现值库款支绌，新疆瘠苦，断难筹此巨资。臣与总理衙门筹商，拟于江海关所存出使经费暨海军衙门生息应还出使经费项下，各提银十四万两，以资应用。如蒙俞允，应请旨敕下总理各国事务衙门、海军衙门迅速照拨，由臣转发盛宣怀，购办电料，派员查勘线路，于新疆电线设成之后，即行一气接办；并由新疆抚臣陶模分饬沿途各州、厅、县预为采办木料，按里分屯，以备取用。各项经费核实动支，如有不敷，由臣等另行筹给。

除养电、岁修各费并伊犁北路应否续展再行分别议奏外，所有拟设新疆省城至喀什噶尔电线缘由，谨会同陕甘总督臣杨昌濬、新疆巡抚臣陶模，合词恭折具奏，伏乞皇上圣鉴训示。谨奏。光绪十八年十一月初五日。①

光绪十八年十一月初八日，奉朱批：着照所请，该衙门知道。钦此。②

【附】光绪十九年九月初十日，钦差大臣李鸿章为展设新疆北路电线事具折曰：

钦差大臣直隶总督一等伯臣李鸿章跪奏，为筹办展设新疆北路电线，以速边报而竟全工，恭折仰祈圣鉴事。

---

① 中国第一历史档案馆藏：朱批奏折，档案编号：04-01-01-0987-080。
② 中国第一历史档案馆藏：录副奏折，档案编号：03-9437-082。

　　窃臣于上年十一月间，奏请接办新疆省城及喀什噶尔电线，声明伊犁电线再行续议接展。查新疆巡抚驻扎迪化，为天山南北两路总汇之区，南抵喀什噶尔，为提督所驻，北抵伊犁，为将军所驻，并是极边重镇，与俄罗斯及各回部、英国属境三面接壤，交涉之事日繁，南北两路情形均极重要，亟应分设电线，以期消息灵通。惟以道路绵长，需费较巨，只可分段筹办。前因帕米尔界务未定，南路边报尤急，是以先议接办喀什噶尔一路。现迪化电线已于六月间竣工，喀线克期趱办，如一切应手，冬间计可蒇事。边外设线以运料为最艰，伊犁北路势须展设，即应乘此接续赶办，可省再举之烦。臣与陕甘督臣杨昌濬、新疆抚臣陶模往返电商，意见相同。并接陶模电称：迪化至伊犁官路一千五百里，捷路可一千一百余里，运木之费约二万余两，以后迪、喀、伊三处养线经费，每年约一万五六千两，均应由新疆筹备。至岁修线料，仍须多为购储等语。当即督同总办电报事宜津海关道盛宣怀，详细筹议。

　　此次迪、喀两路电工经费并运购料物，系按照驿路估计，现经逐段量勘，乃知关外道里较内地稍为短缩。该员等极力撙节，料、费两项尚有存余。计由迪至伊捷路一千一百余里，即就存余之料为展接之需。惟运料愈远，脚价愈昂，经费恐有不足，通盘详核，短绌尚属无多。但料物繁赜，设有要件不敷应付，无从购觅，便须停工以待；且设线之后仍须筹备岁修，自应将一切用料从宽估计，运往存储，不致临时支绌。

　　臣查所拟办法甚为核实，料物均出节省，款项无庸多筹。此线接成，则新疆南北两路一气贯注，全局皆灵，更无偏而不举之患,于边防大局深有裨益。趁此封冻之前,饬令克日添购料物,陆续运往,一俟喀线工竣,即接续赶办,委员、匠役俱系熟手,不须另调,事半功倍;并由新疆抚臣照案分饬沿途营、县预为采购木料,按里分屯,以备取用。各项经费核实动支,如有不敷,另行筹给,事竣汇案报销。

其购运木料及常年养线、修理等费应由新疆抚臣专案具奏外,所有筹办接展伊犁电线缘由,谨会同陕甘督臣杨昌濬、新疆抚臣陶模合词恭折具陈,伏乞皇上圣鉴训示。谨奏。光绪十九年九月初十日。[①]

光绪十九年九月十三日,奉朱批:该衙门知道。钦此。[②]

○二○　审拟梁潍谋杀人命一案折

光绪十八年四月初二日（1892 年 4 月 28 日）

头品顶戴甘肃新疆巡抚臣掏摸跪奏,为妒奸谋杀,审明定拟,恭折具陈,仰祈圣鉴事。

窃迪化县客民梁潍因妒奸起衅,谋杀舒玉成身死,并纵奸本夫鲁受帮同抬尸一案,据署迪化县知县杨其澍验明获犯,录供通详。嗣因奸妇保外病故,未及招解,卸事移交。接任知县黄袁议拟,解署迪化府知府黄丙焜审明,详署镇迪道兼按察使衔周崇傅审核前来。

臣亲提审讯,缘梁潍籍隶甘肃敦煌县,光绪十五年来迪化县,

木匠佣工，与已死舒玉成先不认识。梁潍先与鲁张氏通奸，鲁张氏后又与舒玉成通奸。本夫鲁受均贪利纵容，得过银钱，不计次数。梁潍、舒玉成常去鲁张氏家撞遇，并不交言。十七年三月十六日，梁潍搬寓鲁受家内，帮其做工。是晚定更时，舒玉成走至，见梁潍、鲁张氏、鲁受同坐外房闲谈，舒玉成即进内房，鲁张氏继进，舒玉成身卧炕上，鲁受随亦进内。舒玉成斥鲁受不应招引梁潍居住，先前给过钱物均要算还。梁潍在外房听闻，顿生嫉妒，起意将舒玉成致死，顺拿尖刀进内，乘其不意，连戳其右眉、左眼角，并划伤左眼胞。舒玉成用手遮护，梁潍又戳伤右䐐胁。鲁张氏哭喊，鲁受赶拢夺刀，未曾夺下。舒玉成起身下炕，梁潍又用刀戳其右胯、小腹，倒地立时殒命。梁潍吓禁声张，遂令鲁受帮同将尸身血衣脱下，见小腹肠出，梁潍随取鲁张氏针线，将肠纳入，缝住伤口，并取鲁受单布裰裤，为舒玉成穿好，喝同鲁受将尸抬放舒玉成门首渠内，转回焚烧血衣，刨去地上血迹。次早，经郭起山瞥见，投约报验，获犯讯供解府，详由镇迪道审转。臣亲审无异。

查律载：谋杀人者，斩。又例载：凶犯起意埋尸灭迹，听从抬埋者，照里首地邻弃尸律，杖六十，徒一年，不失者减一等。又例载：纵容妻妾犯奸，本夫除照例轻罪外，仍在本家门首枷号一个月各等语。此案凶犯梁潍与舒玉成先后与鲁张氏通奸，该犯闻舒玉成斥鲁受不应招住之言，顿生嫉妒，乘其不意，用刀连戳毙命，实属谋杀，自应按律问拟。梁潍除与鲁张氏通奸并弃尸不失等轻罪不拟外，合依谋杀人者斩律，拟斩监候，秋后处斩，照例先行刺字。

鲁受帮同抬尸，自应照例问拟。鲁受合依凶犯起意埋尸灭迹，听从抬埋者，照里首地邻弃尸律，杖六十，徒一年，不失者减一等例，拟杖一百，仍按纵容本法，于本家门首枷号一个月，满日折责发落。舒玉成、鲁张氏均有应得奸罪，舒玉成业已被杀身死，鲁张氏已于讯供后病故，均毋庸议。奸赃讯无确数，请免着追；尸棺饬埋，凶刀案结销毁。是否允协，除全案供招咨送刑部外，所有妒奸谋杀审明定拟各缘由，谨恭折具陈，伏乞皇上圣鉴，饬部核覆施行。谨奏。光绪十八年四月初二日。

（朱批：）刑部议奏。[1]

光绪十八年五月初五日，奉朱批：刑部议奏。钦此。[2]

○二一　审拟张玉林斗殴毙命一案折

光绪十八年四月初二日（1892 年 4 月 28 日）

头品顶戴甘肃新疆巡抚臣陶模跪奏，为斗殴毙命，审明定拟，恭折具陈，仰祈圣鉴事。

窃奇台县客民张玉林因索银口角，用刀戳伤陈得澍肚腹身死一案，据奇台县知县刘澄清获犯验讯拟详，由署迪化府知府黄丙焜审解，署镇迪道兼按察使衔周崇傅讯明转详。臣亲提研鞫，缘张玉林籍隶四川巴县，在奇台县属小贸生理，与已死陈得澍素好无嫌。先是陈得澍采挖硇砂，因无资本，借张玉林银三十四两。张玉林屡讨，陈得澍每言俟贸售后，即行归还。

光绪十七年五月初五日，张玉林探知陈得澍硇砂已售，赶向索银。陈得澍仍复推诿。张玉林生气，斥其有心骗赖。陈得澍不依，

---

① 台北故宫博物院藏：军机及宫中档，文献编号：408002709。

② 中国第一历史档案馆藏：录副奏折，档案编号：03-7315-020。

当持木棍殴伤张玉林右眼角、左耳轮。张玉林被殴情急,顺拾割草刀抵格,适陈得滩拢前扑殴,致刀戳伤肚腹倒地,被石划伤右臀。随经王光居等喝住,讵陈得滩伤重,越日殒命。报县验讯议拟,由府解道审明具详前来。臣覆鞫无异。

查律载:斗殴杀人者,不问手足、他物、金刃,并绞监候等语。此案张玉林因索债口角被殴,情急用刀抵格,致伤陈得滩肚腹殒命,自应按律问拟。张玉林合依斗殴杀人者,不问手足、金刃,并绞监候律,拟绞监候,秋后处决。至王光居等救阻不及,均免置议。陈得滩所欠银两,身死无征。无干省释,尸棺饬埋,凶刀案结销毁。是否允协,除全案供招咨送刑部外,合将斗殴毙命审明定拟缘由,恭折具陈,伏乞皇上圣鉴,饬部核议施行。谨奏。光绪十八年四月初二日。

(朱批:)刑部议奏。①

光绪十八年五月初五日,奉朱批:刑部议奏。钦此。②

〇二二 审拟石有伏斗殴毙命一案折

光绪十八年四月初二日(1892年4月28日)

头品顶戴甘肃新疆巡抚臣陶模跪奏,为斗殴毙命,审明定拟,恭折具陈,仰祈圣鉴事。

窃阜康县客民石有伏因负债口角,殴伤徐宾身死一案,据署阜康县知县钟逢焕获犯,验讯议拟,由署迪化府知府黄丙焜转解,署

---

① 台北故宫博物院藏:军机及宫中档,文献编号:408002707。
② 中国第一历史档案馆藏:录副奏折,档案编号:03-7315-019。

镇迪道兼按察使衔周崇傅讯明，具详前来。

臣亲提覆鞫，缘石有伏籍隶甘肃河州，向在阜康县属佣工，与已死徐宾素识无嫌。光绪十七年春，石有伏因无籽种，托李吉升向徐宾借小麦一石，原约秋获偿还。是年八月内，徐宾迭次索讨。石有伏存粮无几，央缓归给。至九月十三日，石有伏路遇徐宾，向索小麦。石有伏仍前求缓，徐宾不允。石有伏被逼，推称麦系李吉升所借，须凭李吉升归还。徐宾斥其骗赖，石有伏回詈。徐宾生气，赶将石有伏按倒墙边，手批其颊。石有伏顺口咬住徐宾中指，并抓伤其左耳轮，殴伤其左胳肘。徐宾扭住不放，石有伏用脚连踢两下，致伤徐宾左胁。徐宾愈加气忿，双膝跪按石有伏身上。石有伏情急图脱，用手捏伤徐宾肾囊倒地，垫伤左胁。适王学禄瞥见喝阻，讵徐宾伤重，移时身死。报县验讯议详，由府解道，审明转详。臣覆鞫无异。

查律载：斗殴杀人者，不问手足、他物、金刃，并绞监候等语。此案石有伏因负债口角被按，情急用手捏伤徐宾肾囊殒命，自应照律问拟。石有伏合依斗殴杀人者，不问手足、他物、金刃，并绞监候律，拟绞监候，秋后处决。王学禄救阻不及，免其置议。所欠麦石，照数追还。无干省释，尸饬领埋。是否允协，除全案供招咨送刑部外，合将斗殴毙命审明定拟缘由，恭折具陈，伏乞皇上圣鉴，饬部核议施行。谨奏。光绪十八年四月初二日。

（朱批：）刑部议奏。[1]

光绪十八年五月初五日，奉朱批：刑部议奏。钦此。[2]

---

① 台北故宫博物院藏：军机及宫中档，文献编号：408002708。

② 中国第一历史档案馆藏：录副奏折，档案编号：03-7315-018。

○二三　审拟胡培基故杀人命一案折

光绪十八年四月十三日(1892年5月9日)

　　头品顶戴甘肃新疆巡抚臣陶模跪奏，为故杀人命，审明定拟，恭折具陈，仰祈圣鉴事。

　　窃奇台县客民胡培基因代借银两口角起衅，故杀杨宗越日身死一案，据奇台县知县刘澄清获犯，验讯议拟，由署迪化府知府黄丙焜解署镇迪道兼按察使衔周崇傅审详前来。

　　臣亲提覆鞫，缘胡培基籍隶哈密厅，与已死杨宗在奇台县属合伙小贸，素好无嫌。光绪十七年五月，杨宗托胡培基借马安仁银六两，屡讨未偿。七月二十九日，马安仁又来索讨。胡培基以杨宗外出推缓，马安仁不依，坐向逼索。是晚，杨宗回归，胡培基告知前情，杨宗答以明早措还。八月初一日天明，胡培基喊杨宗去办银两，杨宗贪睡不理，胡培基斥其懒惰，杨宗坐起詈骂，胡培基生气，顺执菜刀向杨宗头上冒砍一下，致伤顶心。杨宗受伤侧倒，愈加辱骂，声言伤痊，定行报复。胡培基一时忿极，触发代借被逼之嫌，顿起杀机，持刀用刀连砍，致伤偏右右额角、左太阳、右眉、右腮颊、右耳等处。当经尸兄杨耀、雇工杨十二等力为救阻，报县验伤医治。杨宗伤重，延至十六日殒命。复报验讯拟详，由府解道审转臣。覆鞫无异。

　　查律载：故杀者，斩监候等语。此案胡培基因代借银两口角起衅，刀伤杨宗顶心，复被辱骂，并触代借账项被逼之嫌，顿起杀机，连砍多伤，重至骨碎，致杨宗越日因伤毙命。核其下手情形，极为凶狠，未便因死者稍延时日，遽宽其有心致死之罪，自应仍照故杀律问拟。胡培基合依故杀者斩律，拟斩监候，秋后处决，照例刺字。杨十二等阻救不及，应免置议。马安仁逼账酿命，获日另结。所欠银两，身死无征。无干省释，尸棺饬埋，凶刀案结销毁。是否允协，除全案供招咨送刑部外，合将故杀人命审明定拟各缘由，恭折具陈，伏乞皇上圣鉴，饬部核覆施行。谨奏。光绪十八年四月十三日。

（朱批：）刑部议奏。①

光绪十八年五月十五日，奉朱批：刑部议奏。钦此。②

〇二四　审拟缠民保沙克斗杀人命一案折

光绪十八年四月十三日（1892年5月9日）

头品顶戴甘肃新疆巡抚臣陶模跪奏，为斗杀人命，审明定拟，恭折具陈，仰祈圣鉴事。

窃疏附县缠民保沙克因负债口角起衅，用刀戳伤张玉莲左肋、移时身死一案，据代理疏附县知县田鼎铭③验明，获犯讯供议拟，由疏勒州知州蒋诰④审解署喀什噶尔道李宗宾覆讯，咨署镇迪道

---

① 台北故宫博物院藏：军机及宫中档，文献编号：408002710。

② 中国第一历史档案馆藏：录副奏折，档案编号：03-7315-023。

③ 田鼎铭（1846—1895），原籍甘肃通渭，寄籍安西，附生。光绪十七年（1891），署疏附县知县，旋补阜康县知县。二十一年（1895），因病出缺。

④ 蒋诰（1836—1893），福建闽县人，附生。初由保举教谕报捐知府衔选用同知、花翎分省补用知府，加捐道衔。光绪九年（1883），署疏勒直隶州知州。新疆留在边防案内，保升道员，并加三品衔。十年（1884），署迪化直隶州知州。同年，借补疏勒直隶州知州。十二年（1886），署迪化府知府，旋代理喀什噶尔、阿克苏道篆。十七年（1891），回疏勒直隶州知州任。十九年（1893），病故。

兼臬司衔周崇傅核转前来。

　　臣复加查核，缘保沙克籍隶疏附县，小贸营生，与已死张玉莲熟识无嫌。光绪十七年三月，保沙克请沙米尔代借张玉莲红钱五百文，约八月归还。八月初一日，保沙克由外贸易回家，张玉莲屡次向讨。保沙克许卖羊归给。十九日，张玉莲又向追讨。保沙克仍复求缓，张玉莲斥其骗赖，保沙克分辩。张玉莲生气，抓住保沙克衣襟，口称脱衣作抵。保沙克力争不脱，遂拔身佩小刀，在自己胸前划一下，冀其松手。张玉莲抓扭愈紧，保沙克情急，顺用小刀冒戳一下，适伤张玉莲左肋倒地。米拉乌拉赶拢喝阻。张玉莲伤重，移时殒命。经任作才投约报验，讯供议拟，由州解道，咨兼臬司核转。臣覆核无异。

　　查律载：斗殴杀人者，不问手足、他物、金刃，并绞等语。此案保沙克因张玉莲索债脱衣，一时情急，戳伤张玉莲，移时殒命，自应按律问拟。保沙克合依斗殴杀人者，不问手足、他物、金刃，并绞律，拟绞监候，秋后处决。所欠张玉莲红钱，如数追领。米拉乌拉救阻不及，应与作保之沙米尔均毋庸议。无干省释，尸棺饬埋，凶刀案结销毁。是否允协，除全案供招咨送刑部外，所有斗杀人命核明定拟各缘由，谨恭折具陈，伏乞皇上圣鉴，饬部核覆施行。谨奏。光绪十八年四月十三日。

　　（朱批：）刑部议奏。[1]

　　光绪十八年五月十五日，奉朱批：刑部议奏。钦此。[2]

---

　　①　台北故宫博物院藏：军机及宫中档，文献编号：408002711。
　　②　中国第一历史档案馆藏：录副奏折，档案编号：03-7315-022。

〇二五　奏报新疆光绪十八
年正月雨水、粮价折

光绪十八年四月十八日（1892 年 5 月 14 日）

　　头品顶戴甘肃新疆巡抚臣陶模跪奏，为恭报光绪十七年正月份粮价并得雨雪情形，谨缮折具陈，仰祈圣鉴事。

　　窃照光绪十七年十二月份各厅、州、县粮价并得雪情形，业经臣奏报在案。兹据署新疆布政使饶应祺详称：光绪十八年正月份，镇迪道属迪化、奇台、阜康、绥来、哈密得雪，积地三寸；镇西得雪，积地二寸；昌吉得雪，积地一寸；吐鲁番微雨，库尔喀喇乌苏微雪。伊塔道属塔尔巴哈台得雪，积地三寸；绥定、宁远微雪，精河暨南路各厅、州、县均未得雪。至通省粮价，镇西、库尔喀喇乌苏、塔尔巴哈台、库车、英吉沙尔、和阗、阜康、绥来、绥定、拜城、叶城等厅、县俱与上月相同，余均略有增减，汇详请奏前来。

　　理合恭折具陈，并缮粮价清单，敬呈御览，伏乞皇上圣鉴。谨奏。光绪十八年四月十八日。

　　（朱批：）知道了。①

　　光绪十八年五月二十一日，奉朱批：知道了。钦此。②

---

①　台北故宫博物院藏：军机及宫中档，文献编号：408002716。
②　中国第一历史档案馆藏：录副奏折，档案编号：03-6916-028。

○二六　呈新疆光绪十八年正月粮价清单

光绪十八年四月十八日(1892年5月14日)

谨将新疆各属光绪十八年正月份米粮时估价值,缮具清单,敬呈御览。

计开正月份：

镇迪道属：

迪化县：大米每京石价银二两三钱二分五厘,与上月相同。小麦每京石价银九钱九分,与上月相同。豌豆每京石价银八钱六分,较上月减一钱一分二厘。青稞每京石价银六钱九分,与上月相同。

昌吉县：大米每京石价银一两八钱七分二厘,与上月相同。小麦每京石价银七钱七分六厘,与上月相同。豌豆每京石价银九钱二分,与上月相同。青稞每京石价银八钱七分,较上月减五厘。

阜康县：粟米每京石价银八钱八分四厘,小麦每京石价银一两一钱三分二厘,豌豆每京石价银一两一钱六分七厘,高粱每京石价银九钱二厘,俱与上月相同。

绥来县：大米每京石价银一两八钱,小麦每京石价银七钱七分二厘,豌豆每京石价银八钱四分九厘,高粱每京石价银五钱六分三厘,俱与上月相同。

奇台县：大米每京石价银二两七分一厘,较上月减一钱七分三厘。小麦每京石价银六钱七分二厘,与上月相同。豌豆每京石价银五钱五分二厘,与上月相同。

吐鲁番直隶厅：小麦每京石价银九钱六分九厘,较上月增三分七厘。大麦每京石价银六钱七分二厘,较上月增一钱五分。高粱每京石价银五钱五分七厘，与上月相同。黄豆每京石价银一两五钱四分八厘，与上月相同。

镇西直隶厅：小麦每京石价银一两一钱七分，豌豆每京石价银一两三钱六分，青稞每京石价银八钱八分，俱与上月相同。

哈密直隶厅：粟米每京石价银一两一钱二分四厘，较上月减一钱七分二厘。小麦每京石价银九钱三分八厘，与上月相同。豌豆每京石价银一两二钱九厘，与上月相同。青稞每京石价银八钱六厘，与上月相同。

库尔喀喇乌苏直隶厅：小麦每京石价银八钱一分，豌豆每京石价银九钱九分，高粱每京石价银六钱，俱与上月相同。

伊塔道属：

绥定县：大米每京石价银三两七钱七分四厘，小麦每京石价银八钱二分八厘，大麦每京石价银五钱六分五厘，豌豆每京石价银八钱六分四厘，俱与上月相同。

宁远县：大米每京石价银二两三钱六分八厘，较上月增一钱四分八厘。小麦每京石价银六钱二分一厘，较上月增六分九厘。大麦每京石价银六钱四分二厘，较上月增二分二厘。豌豆每京石价银九钱三分六厘，较上月增七分二厘。

塔尔巴哈台直隶厅：小麦每京石价银一两七分七厘，大麦每京石一两二钱三分二厘，豌豆每京石价银一两二钱二厘，俱与上月相同。

精河直隶厅：大米每京石价银三两一钱四分五厘，与上月相同。小麦每京石价银八钱六分五厘，与上月相同。大麦每京石价银七钱三分五厘，与上月相同。豌豆每京石价银一两一钱一分，较上月减一钱四分。

阿克苏道属：

温宿直隶州：大米每京石价银一两七钱一分，较上月增八厘。小麦每京石价银八钱六分二厘，较上月增七厘。大麦每京石价银六钱，与上月相同。包谷每京石价银六钱八分，与上月相同。

拜城县：小麦每京石价银三钱九分，大麦每京石价银一钱八分，豌豆每京石价银二钱五分，包谷每京石价银三钱，俱与上月相同。

喀喇沙尔直隶厅：大米每京石价银二两九钱六分，较上月增五分。小麦每京石价银一两一钱四厘，与上月相同。豌豆每京石价银一两八厘，与上月相同。包谷每京石价银八钱三分二厘，与上月相同。

库车直隶厅：大米每京石价银二两一钱，小麦每京石价银一两一钱，豌豆每京石价银七钱七分，包谷每京石价银七钱四分，俱与上月相同。

乌什直隶厅：大米每京石价银一两四钱九分，较上月减七分四厘。小麦每京石价银五钱八分八厘，较上月减一分九厘。大麦每京石价银二钱八分八厘，与上月相同。包谷每京石价银三钱九分三厘，与上月相同。

喀什噶尔道属：

疏勒直隶州：大米每京石价银二两七钱，与上月相同。小麦每京石价银一两一钱四厘，较上月增一分四厘。包谷每京石价银八钱七分四厘，较上月增三分。高粱每京石价银六钱九分，与上月相同。

疏附县：大米每京石价银二两七钱，与上月相同。小麦每京石价银一两一钱四厘，较上月增一分四厘。包谷每京石价银九钱一分一厘，较上月增二分七厘。高粱每京石价银六钱九分，与上月相同。

莎车直隶州：大米每京石价银二两一钱四分六厘，与上月相同。小麦每京石价银七钱三分一厘，较上月减二分八厘。大麦每京石价银六钱二分五厘，与上月相同。包谷每京石价银六钱六分，与上月相同。

叶城县：大米每京石价银二两九钱，小麦每京石价银一两，包谷每京石价银五钱七分六厘，青稞每京石价银四钱，俱与上月相同。

和阗直隶州：大米每京石价银二两三分，小麦每京石价银九钱二分五厘，包谷每京石价银五钱八分九厘，青稞每京石价银五钱三分八厘，俱与上月相同。

于阗县：大米每京石价银二两七分，较上月减一钱三分八厘。小麦每京石价银九钱一分一厘，较上月减一分三厘。包谷每京石价银五钱六分三厘，较上月减六分四厘。

英吉沙尔直隶厅：大米每京石价银三两四分，小麦每京石价银一两三分五厘，大麦每京石价银五钱七分，包谷每京石价银八钱四厘，俱与上月相同。

玛喇巴什直隶厅：大米每京石价银二两五钱二分，较上月减一钱四分。小麦每京石价银九钱六分六厘，与上月相同。包谷每京石价银八钱三分二厘，与上月相同。

（朱批：）览。[1]

○二七　请停收库车草湖羊税折

光绪十八年四月十八日(1892 年 5 月 14 日)

头品顶戴甘肃新疆巡抚臣陶模跪奏，为新疆库车厅属草湖羊

---

[1]　中国第一历史档案馆藏：清单，档案编号：03-6916-029。

税拟请停收，以纾民困，恭折仰祈圣鉴事。

窃臣准户部咨：据护理甘肃新疆巡抚魏光焘咨称：库车厅岁收草湖羊税弊窦丛生，请自光绪十七年起概行停止。查该省历年奏销各册，草湖税每年约收银一千二三百两，羊税是否草湖税中之一？至原咨声称弊窦丛生，自应严行剔除，毋庸遽请停止。如果累民，亦应奏明办理等因。饬据署布政使饶应祺详覆前来。

臣查库车厅属草湖，前抚臣刘锦棠①以足资护民牧放，饬司酌议羊税，汇册报部。原系试办，其册内所称草湖税即系前项羊税，羊税外并无草湖别项税银，当因草湖距城窎远，派员经理，徒资繁费，就近责成各乡约，按羊抽收，尽数报解。日久弊生，勒取浮征，不胜扰累。叠饬地方官严查惩办，该乡约等恃其僻远，查察有所不

---

① 刘锦棠(1844—1894)，字毅斋，湖南湘乡人。其父亲刘厚荣战殁于岳州，以报其父仇，随其叔父刘松山转战于江西、安徽、陕西等地。同治三年(1864)，帮办老湘军营务，遵例报捐县丞。四年(1865)，以军功赏戴蓝翎，擢知县，加同知衔，旋赏换花翎。五年(1866)，以同知直隶州遇缺即选。六年(1867)，奉旨以知府遇缺即选，旋以道员遇缺尽先即选，加按察使、布政使衔，加法福灵阿巴图鲁名号。九年(1870)，刘松山阵亡，经陕甘总督左宗棠举荐，加三品卿衔，总统刘松山旧部。十年(1871)，破金积堡，捕杀马化龙，赏穿黄马褂、云骑尉世职。十三年(1874)，署甘肃西宁兵备道。光绪元年(1875)，升补甘肃甘凉道，调甘肃西宁道。二年(1876)，率部攻克乌鲁木齐，歼灭天山北路的妥明等部，封骑都尉世职。三年(1877)，攻占达坂、托克逊等城，迫使阿古柏惧罪自杀。随后乘胜追歼阿古柏残部，攻克库车、拜城、喀什噶尔等地，赏双眼花翎，以三品京堂候补。四年(1878)，晋二等男爵，擢太常寺卿，授通政使司通政使。六年(1880)，帮办新疆军务，旋以左宗棠奉诏晋京，饬署钦差大臣督办新疆军务，统哈密及镇迪道所属文武地方官。七年(1881)，擢钦差大臣督办新疆军务。八年(1882)，收复伊犁，提出新疆建省方案。九年(1883)，补授兵部右侍郎。十年(1884)，清廷批准新疆建省，授首任新疆巡抚，加尚书衔，仍以钦差大臣督办新疆事宜。担任巡抚期间，执行左宗棠建设新疆的规划，在修水利、奖励农桑、改革军事和田赋制度、修治驿道和城池等方面作出重大贡献。十三年(1887)，署伊犁将军。十五年(1889)，回籍侍养，加太子少保衔。次年，晋太子太保。二十年(1894)，晋一等男爵。未几，卒于里。赠太子太傅，谥襄勤。有《刘襄勤公奏稿》存世。

及,积弊迄难尽除。现计前项税银为数无几,即按年征收,究于公中无甚裨益。又,自十七年起,业经前护抚臣魏光焘饬令停止。若令仍照旧章,不特旋停旋收,办理歧异,实于边民生计不无妨碍。

可否吁恳天恩,准将库车厅属草湖羊税饬部仍照前案停止,以纾民困,出自鸿慈。除咨部外,谨恭折具奏,伏乞皇上圣鉴,训示施行。谨奏。光绪十八年四月十八日。

(朱批:)户部议奏。[1]

光绪十八年五月二十一日,奉朱批:户部议奏。钦此。[2]

○二八　代奏汤彦和补授总兵谢恩折

光绪十八年四月十八日(1892年5月14日)

头品顶戴甘肃新疆巡抚臣陶模跪奏,为据情代奏,恭谢天恩,仰祈圣鉴事。

窃臣据新授陕西河州镇总兵现署新疆巴里坤镇总兵汤彦和呈称:奉文转准陕甘督臣杨昌濬咨:准兵部咨开:光绪十八年正月初九日,内阁奉上谕:陕西河州镇总兵员缺,着汤彦和补授。钦此。谨即恭设香案,望阙叩头谢恩。

伏念总兵楚湘薄植,知识庸愚,久历戎行,频膺懋赏。十五年六月,经前护抚臣魏光焘会同督臣杨昌濬奏委,署理巴里坤镇总兵员缺,涓埃未报,陨越时虞。兹蒙帝简殊恩,擢补河州重镇,鸿施迭被,鳌戴莫名。惟有竭力从公,实心自矢,知整军所以固圉,勉效驰

---

① 台北故宫博物院藏:军机及宫中档,文献编号:408002714。

② 中国第一历史档案馆藏:录副奏折,档案编号:03-6504-033。

驱；非禁暴无以绥民，俾臻安谧，以期仰答高厚鸿慈于万一。所有感激下忱，恳请代奏叩谢天恩前来。理合据情代奏，伏乞皇上圣鉴。谨奏。光绪十八年四月十八日。

（朱批：）知道了。①

光绪十八年六月初五日，奉朱批：知道了。钦此。②

○二九　代前护抚魏光焘呈缴朱批折

光绪十八年四月十八日(1892年5月14日)

头品顶戴甘肃新疆巡抚臣陶模跪奏，为恭缴朱批事。

窃查前护理巡抚臣魏光焘自光绪十七年十月初三日起至十二月初九日交卸止，所有奏事朱批折片，臣历次奉到共计四十三件，理合密封呈缴，伏乞皇上圣鉴。谨奏。光绪十八年四月十八日。

（朱批：）知道了。③

光绪十八年六月初四日，奉朱批：知道了。钦此。④

○三○　新疆新海防第四次捐输请奖折

光绪十八年四月十八日(1892年5月14日)

头品顶戴甘肃新疆巡抚臣陶模跪奏，为新疆第四次遵办新海

---

① 台北故宫博物院藏：军机及宫中档，文献编号：408002713。
② 中国第一历史档案馆藏：录副奏折，档案编号：03-5887-053。
③ 台北故宫博物院藏：军机及宫中档，文献编号：408002712。
④ 中国第一历史档案馆藏：录副奏折，档案编号：03-5293-008。

防捐输,恳恩饬部核奖,恭折仰祈圣鉴事。

窃照新疆新海防捐输,业经臣将光绪十六年十一月初一日起至十七年四月底止第三次捐输奏请核奖在案。兹据署布政使饶应祺详称:自光绪十七年五月初一日起,截至十月底止,先后据各捐生报捐实官、职衔各项共八名,计收正项库平银一千六百七十四两四钱,分别填发正实收,给予收执。收捐银两,另款存储,听候提拨。其随收饭银、照费、填过副实收及各捐生履历清册,一并赍解,详请具奏,并恳饬部填换执照,以凭转给等情前来。

臣覆核无异。合无仰恳天恩,将新疆第四次新海防捐输饬部分别核奖,以资鼓励。除将清册、副实收、饭银、照费咨送吏部、户部、国子监外,谨恭折具陈,伏乞皇上圣鉴训示。谨奏。光绪十八年四月十八日。

(朱批:)户部议奏。①

光绪十八年五月二十一日,奉朱批:户部议奏。钦此。②

○三一 奏报朱冕荣等
署理同知等情片

光绪十八年四月十八日(1892年5月14日)

再,署库车直隶厅同知文端兰撤任遗缺,查有候补知府借补

---

① 台北故宫博物院藏:军机及宫中档,文献编号:408002715。

② 中国第一历史档案馆藏:录副奏折,档案编号:03-6128-023。

吐鲁番直隶厅同知朱冕荣，堪以委署。署昌吉县知县任兆观①卸署遗缺，应饬候补知州准补该县知县李凌汉即赴本任，以专责成。据署新疆布政使饶应祺、署镇迪道兼按察使衔周崇傅会详前来。

除由臣批饬分别给委外，谨会同陕甘总督臣杨昌濬附片具奏，伏乞圣鉴。谨奏。

（朱批：）吏部知道。②

光绪十八年五月二十一日，奉朱批：吏部知道。钦此。③

○三二　估计光绪十九年新疆等处新饷折

光绪十八年五月初一日（1892 年 5 月 26 日）

头品顶戴甘肃新疆巡抚臣陶模跪奏，为援案估计光绪十九年份新疆等处新饷，恳恩饬部指拨，以济要需，恭折仰祈圣鉴事。

窃查新疆、伊犁、塔尔巴哈台光绪十八年饷数，上年经部指拨银二百六十万八千两在案。兹据署布政使饶应祺详称：十九年，新疆抚标、提标，阿克苏、巴里坤两镇标需俸饷银二百五十六万两，军

---

① 任兆观（1848—？），云南昆明人，附生。同治九年（1870），中式本省乡试举人，经吏部以知县注册拣选，以军功奏保，以知县不论双单月尽先选用。光绪七年（1881），随同伊犁参赞大臣升泰出关，于办理接收分界事务案内奏保俟补缺后以知州用，先换顶戴。十二年（1886），留新疆试用。嗣经伊犁将军色楞额保奏，补缺后以同知补用。十六年（1890），署昌吉县知县。十九年（1893），署阜康县知县。二十一年（1895），实授斯缺。二十四年（1898），丁母忧，回籍守制。二十六年（1900），服满起复。二十七年（1901），署绥来县知县。二十九年（1903），补授镇西厅同知。三十一年（1905），丁父忧，回籍守制。

② 台北故宫博物院藏：军机及宫中档，文献编号：408002715-0-A。

③ 中国第一历史档案馆藏：录副奏片，档案编号：03-5292-054。

装、器械银一十万两,司库例支不敷银一十五万两,地方例支、杂差、车脚、口分银五万两,古城旗营经费银六万五千两,善后经费银一十四万两,伊犁镇标需俸饷、军装、器械、善后经费等项银三十九万两,塔尔巴哈台协标需俸饷、军装、器械银一十二万三千两、善后经费银三万两,共二百六十万八千两。恳请具奏,以便筹拨等情前来。

查新疆自经勘定,旋设行省,岁需饷银全恃各省、关协济,虽经核减,为数仍巨。臣到任后,深维时事艰难,与藩司再三商度,冀减支款,借节饷需。无如全疆地面辽阔,戈壁居多,防营既难议减,就地无从筹款。现在南北两路善后未竣,北路城署亦多未修,伊犁、塔尔巴哈台先后分隶,头绪尤繁。似此情形,未便骤行裁减,相应吁恳天恩,将十九年份新疆等处应需饷银二百六十万八千两,饬部照案指拨,汇入关内新饷,统收分支,以资接济。此后如有可以裁省之处,仍当饬司撙节支给,核实造销,仰副朝廷郑重帑项至意。

至提存新疆藩库银一十一万七千两、伊塔道库银五万两、塔尔巴哈台同知库银四万两,可否照旧拨存,并恳饬部核议。

所有援案估计光绪十九年份新疆等处新饷缘由,除咨部查照外,谨会同陕甘总督臣杨昌濬恭折具陈,伏乞皇上圣鉴训示。谨奏。光绪十八年五月初一日。

(朱批:)户部议奏。[1]

光绪十八年六月初二日,奉朱批:户部议奏。钦此。[2]

---

[1] 台北故宫博物院藏:军机及宫中档,文献编号:408002719。

[2] 中国第一历史档案馆藏:录副奏折,档案编号:03-6630-105。

○三三　新疆光绪十五年司库收支各款折

光绪十八年五月初一日(1892年5月26日)

头品顶戴甘肃新疆巡抚臣陶模跪奏,为造报甘肃新疆光绪十五年份司库收支银、粮、草束,谨缮清单,分造总、散清册,恳恩饬部核销,恭折仰祈圣鉴事。

窃照光绪十四年份司库收支各属正杂银粮、草束,业经前护抚臣魏光焘奏请核销在案。兹据署新疆布政使饶应祺详称:光绪十五年份,各属征收本折粮草、地课、杂税等项,支发文武廉费、俸工、鞾鞋、盐菜、驿站夫马工料、孤贫、花布、祭祀并古城旗营官兵俸饷,及添修衙署、兵房各项银两,仍分司库、道库实收实支数目,造册汇总请销。至十五年份各军营旗以及善后各款,支领粮料、草束应扣价银,已由军需、善后项下扣收解司;各属缴收税课银两,其有善后项下动用者,亦由善后项下解还司库,照数列收汇报。

统计光绪十五年份,旧管存银四十一万八千一百一十三两七钱二分七厘,新收各款银五十八万五千六百九十九两六钱九厘,开除银四十一万八千二百七十一两四钱七分九厘。实在截至十五年底止,共存银五十八万五千五百四十一两八钱五分七厘,又未支银三千四百四十四两七钱五分八厘,又仍未支银一万五千八百九十五两九钱八分。旧管存各属仓储各色京斗粮五十一万一千二百三十二石七斗二勺,新收各色京斗粮二十二万三千一百九十二石一斗五升九合,开除各色京斗粮一十四万二百九十二石四斗五升八合一勺。实在截至十五年底止,共存各色京斗粮五十九万四千二百三十一石四斗一合一勺,又各属征收未完及仍未完籽种、额粮一万七千七百二十四石五斗五升八合五勺，又仍未支料一百五十二石九斗三合九勺，又仍长支料三百一十石三升二合五勺。

旧管各属厂储草一千五百二十一万三千二百三十九斤三两一钱四分，新收草一千四百八十四万七千八百六十六斤九两三分二厘，开除草一千四百四十八万二千一十七斤九两四钱一分二厘。实在截至十五年底止，各属共存草一千五百五十七万九千八十八斤二两七钱六分，又未支草四千八百六十四束，仍未支草一十万二千四百六十七束。

其长支、未支银粮、草束，俟找发扣还后，归入下届造报附销。造具银粮、草束四柱清单并总、散报销清册，详请奏咨核销前来。臣覆核无异。理合缮具简明清单，恭呈御览，仰恳天恩，饬部核销。

除将清册分送户部、户科外，谨会同陕甘总督臣杨昌濬恭折具奏，伏乞皇上圣鉴训示。谨奏。光绪十八年五月初一日。

（朱批：）户部议奏。单并发。[1]

光绪十八年六月初二日，奉朱批：户部议奏。单并发。钦此。[2]

○三四　呈新疆光绪十五年司库收支四柱清单

光绪十八年五月初一日(1892年5月26日)

谨将新疆各属光绪十五年份管、收、除、在各款银粮、草束数

---

[1]　台北故宫博物院藏：军机及宫中档，文献编号：408002718。
[2]　中国第一历史档案馆藏：录副奏折，档案编号：03-6569-001。

目，缮具四柱清单，恭呈御览。

计开：

一、银两项下：

旧管：一、存银四十一万八千一百一十三两七钱二分七厘。

新收：一、收新饷项下拨解旗营经费银六万二千四百两。

一、收新饷内提存司库银九万一千二百两。

一、收新饷内提拨司库例支不敷银一十四万四千两。

一、收围地课银三千七百九十二两二分四厘。

一、收折色粮草银五万五千三百九十两八钱三分三厘。

一、收牲税及税余银七千九百五十九两一钱六分六厘。

一、收契税银四千八百九十两三钱七分九厘。

一、收房租银三千三十九两二钱一分六厘。

一、收水磨碓税银一万二千四百三十四两二钱五分一厘。

一、收园租银六十一两四钱四分。

一、收金课银七十四两八钱七厘。

一、收地租银一千一百五十九两四钱九分八厘。

一、收草湖税银一千三百五十六两六钱一分。

一、收金砂变价银二千三百三十八两五钱六分。

一、收军需、善后项下解缴各营旗及善后领用粮缴价银六万九千五百一两七钱一分八厘。

一、收军需、善后项下解缴各军营旗领用草束缴价银四千八百二十一两八钱四分四厘。

一、收善后项下解缴善后领用草束缴价银三百一十四两五分一厘。

一、收平粜变卖粮草价银一万七千五百四十一两五钱五分三厘。

一、收百货土产税银六万九千三百七十四两三钱六分九厘。

一、收减平银一万八千八百八十五两八钱四分六厘。

一、收驿书、马夫面价银六千四百八十七两二钱。

一、收哈密、库车回王应扣一半俸银一千五百七十六两。

一、收阿克苏道库垫发例支不敷银七千一百两二钱四分四厘。

以上二十三款，共新收银五十八万五千六百九十九两六钱九厘。

总共管、收银一百万三千八百一十三两三钱三分六厘。

开除：一、支发文职廉费、俸工并补支等项银一十八万九百六十九两九钱九分一厘。

一、支发驿站经费银一十万六千三百七十五两二钱。

一、支发武职俸薪、疏红、马干、料草等项银二万六千八百九十五两三钱八分五厘。

一、支发祭祀银二千三百二十两三钱四分九厘。

一、支发宁远县由房租项下动用祭祀银三十六两四钱七分二厘。

一、支发哈密、库车、吐鲁番三处回王俸银四千两。

一、支发孤贫花布银一千四十六两九钱七分六厘。

一、支发刊刻《时宪书》工料银四百九十三两四钱四分。

一、支发刊刻征信册工料银六百三十七两六钱六厘。

一、支发渡船水手工食并岁修银八百一十四两一钱四分。

一、支发十四年重收善后领用草价银三十两五分。

一、支发税局局费银一万三千八百七十四两八钱七分四厘。

一、支发坎巨提头目进贡金砂例赏大缎价银七十六两八钱。

一、支发古城旗营经费并添修兵房等项银八万七百两一钱九分六厘。

以上一十四款,共支发银四十一万八千二百七十一两四钱七分九厘。

实在:一、存银五十八万五千五百四十一两八钱五分七厘,内司库存银五十一万九千五百九十两四钱一分八厘,伊塔道库存银八百二两五钱六分七厘,喀什噶尔道库存银六万五千一百四十八两八钱七分二厘,阿克苏道库垫发例支不敷银七千一百两二钱四分四厘。

一、未支银三千四百四十两七钱五分八厘。

一、仍未支银一万五千八百九十五两九钱八分。

一、粮石项下:

旧管:一、存各色京斗粮五十一万一千三百三十二石七斗二勺。

新收:一、收各色京斗粮二十二万三千一百九十二石一斗五升九合。

总共管、收京斗粮七十三万四千五百二十四石八斗五升九合二勺。

开除:一、支发书役口食京斗粮八千八百五十五石二斗七升六合七勺。

一、支发巡抚衙门笔帖式家口粟米、马料京斗粮六十五石一斗二合。

一、支发驿书、马夫食粮京斗粮四千五百五石。

一、支发古城旗、营城守尉俸米及官兵食粮、马料以及脚粮等项,共京斗粮一万五百二十三石九斗七合二勺。

一、支发官犯口食京斗粮二十九石五斗四升一合七勺。

一、支发孤贫、残废口食京斗粮二千七百四十七石二斗二合。

一、支发递解人犯口食京斗粮八石六斗四升八合。

一、支发军需、善后领用扣价粮八万二千五百三十六石七斗九勺。

一、支发监犯口食京斗粮二百一十九石四斗五升三合。

一、支发户民借领籽种京斗粮九千二百五十九石。

一、支发渡船水手及修冰路民夫口食京斗粮三百四十二石九斗一升六合。

一、支发减粜粮一万七千五百四十石。

一、支发阿克苏镇例马料京斗粮一百五十一石八斗八升六合。

一、支发喀喇沙尔厅交代案内奉部驳缴还小麦改支包谷六石三斗二升四合六勺。

一、支发疏勒州提用疏附县京斗粮三千五百二石五斗。

以上十五款，共支发京斗粮一十四万二百九十三石四斗五升八合一勺。

实在：一、存各色京斗粮五十九万四千二百三十一石四斗一合一勺。

一、存民欠未完籽种粮一千九十九石三斗六升。

一、存民欠未完额粮三千九百六十石一斗九升一合四勺。

一、存民欠未完九、十、十一、十二、十三等年籽种粮五千五百三十九石四斗四升一合三勺。

一、存民欠未完九、十、十一、十二、十三等年额粮七千一百二十五石四斗六升五合八勺。

一、乌鲁木齐提标及阿克苏镇标各营仍未支例马料一百五十二石九斗三合七勺。

一、乌鲁木齐提标各营仍长支例马料三百一十石三升二合五勺。

一、草束项下：

旧管：一、存本色草一千五百二十一万三千二百三十九斤三两一钱四分。

新收：一、收本色草一千四百八十四万七千八百六十六斤九两三分二厘。

总共管、收本色草三千六万一千一百五斤一十二两一钱七分二厘。

开除：一、支发本色草一千四百四十八万二千一十七斤九两四钱一分二厘。

实在：一、存本色草一千五百五十七万九千八十八斤二两七钱六分。

一、阿克苏镇未支例马草四千八百六十四束。

一、乌鲁木齐提标并阿克苏镇标各营仍未支十一、十二、十三、十四等年例马草一十万二千四百六十七束。

（朱批：）览。①

○三五　奏报谭正南等借补游击等员缺折

光绪十八年五月初一日(1892年5月26日)

头品顶戴甘肃新疆巡抚臣陶模跪奏，为拣员借补游击、都司、守备各员缺，以重操防，恭折仰祈圣鉴事。

---

①　中国第一历史档案馆藏：清单，档案编号：03-6631-143。

窃巴里坤镇游击、都司、守备各缺，均经奏准作为题缺，亟应拣员请补，以专责成。该标左营游击员缺，前护抚臣魏光焘奏请以记名总兵丁连科借补，该员现已病故，所有该营游击员缺，查有留甘肃新疆尽先补用总兵资勇巴图鲁谭正南，谋勇俱优，办事勤奋，堪以借补。古城营游击员缺，查有留甘肃新疆尽先补用总兵腾奇祠克巴图鲁罗平安，夙娴韬略，勤奋有为，堪以借补。哈密协营中军都司员缺，查有留甘肃新疆尽先补用副将许明耀，朴诚勇敢，堪以借补。木垒营守备员缺，查有副将衔留甘肃新疆尽先补用参将徐春光，朴实耐劳，堪以借补。

以上各员均在新疆带队有年，营务、边情极为熟悉，以之借补各缺，均堪胜任。合无仰恳天恩，俯准以谭正南等四员请补游击、都司、守备各缺，以裨营伍。如蒙俞允，并请饬部发给札付。徐春光应照乌鲁木齐补放守备例，毋庸送部引见。其借补游击谭正南、罗平安、都司许明耀三员，俟防务大定，即行给咨送部引见，以符定制。

除饬取各该员履历清册咨部查照外，谨会同陕甘总督臣杨昌濬、喀什噶尔提督臣董福祥恭折具陈，伏乞皇上圣鉴训示。谨奏。光绪十八年五月初一日。

（朱批：）兵部议奏。[1]

光绪十八年六月初二日，奉朱批：兵部议奏。钦此。[2]

---

① 台北故宫博物院藏：军机及宫中档，文献编号：408002717。

② 中国第一历史档案馆藏：录副奏折，档案编号：03-5887-046。

○三六　委令都成额等署理员缺片

光绪十八年五月初一日(1892年5月26日)

再，臣据古城城守尉克蒙额①呈称：镶红镶蓝旗佐领多贵因患伤寒，医药罔效，于光绪十八年三月十六日未时在任病故等情。臣覆核无异。相应请旨开缺，另行拣员请补。至所遗镶红镶蓝旗佐领员缺，查有即补佐领正黄正红旗防御都成额，堪以署理。递遗防御员缺，查有左翼蒙古四旗骁骑校多印，堪以署理。递遗骁骑校员缺，查有尽先即补骁骑校前锋校喜奎，堪以署理。

除咨部外，谨会同伊犁将军臣长庚、②陕甘总督臣杨昌濬附片

①　克蒙额(1842—1911)，字矩庵、哲臣，满洲镶蓝旗人。咸丰十年(1860)，随僧格林沁出师海口，任鸟枪护军。同治元年(1862)，赴天津学练威远队。二年(1863)，随通商大臣崇厚出师直隶，再随直隶总督刘长佑出兵山东。四年(1865)，随钦差大臣文祥出师奉省，以鸟枪护军校尽先即补。七年(1868)，升鸟枪护军校。光绪五年(1879)，赏戴花翎。九年(1883)，委鸟枪护军参领。十一年(1885)，补副鸟枪护军参领。十二年(1886)，擢正鸟枪护军参领。十五年(1889)，加二品顶戴。十六年(1890)，擢新疆古城城守尉。二十三年(1897)，加副都统衔。二十五年(1899)，开缺以副都统用。二十六年(1900)，补镶白旗蒙古副都统，调西安右翼副都统，赴西巡行在扈从。宣统三年(1911)，西安新军起事，率部抵抗，力竭阵亡。

②　长庚(1844—1914)，字少白，伊尔根觉罗氏，满洲正黄旗人，监生。同治三年(1864)，入乌鲁木齐都统平瑞幕。六年(1867)，捐县丞，指分山西，旋保补缺后以知县用。九年(1870)，管解拨偿俄国银两，加知州衔。十年(1871)，经伊犁将军荣全奏调，充文案翼长，保山西知县，赏戴花翎。十三年(1874)，调金顺军营，总理营务。光绪元年(1875)，经乌鲁木齐都统景廉奏调，赴新疆军营差遣。二年(1876)，保山西直隶州知州，晋知府衔。同年，保山西候补知府，升盐运使衔。四年(1878)，署伊犁巴彦岱领队大臣。六年(1880)，保升陕西题奏道员，加二品顶戴。七年(1881)，补伊犁巴彦岱领队大臣，加副都统衔。八年(1882)，丁母忧，扶柩回旗安葬。十二年(1886)，授伊犁副都统。十四年(1888)，调补驻藏办事大臣。十六年(1890)，擢伊犁将军。二十二年(1896)，任镶蓝旗汉军都统。二十三年(1897)，调成都将军。二十八年(1902)，(转下页)

具陈，伏乞圣鉴。谨奏。

（朱批：）兵部知道。[2]

光绪十八年六月初二日，奉朱批：兵部知道。钦此。[3]

○三七　奏报新疆光绪十八年二月雨水、粮价折

光绪十八年五月十三日(1892年6月7日)

头品顶戴甘肃新疆巡抚臣陶模跪奏，为恭报光绪十八年二月份粮价并得雨雪情形，谨缮折具陈，仰祈圣鉴事。

窃照光绪十八年正月份各厅、州、县粮价并得雨雪情形，业经臣奏报在案。兹据署新疆布政使饶应祺详称：光绪十八年二月份，镇迪道属迪化得雪，积地六寸；阜康得雪，积地三寸；昌吉、绥来、奇台得雪，积地二寸；镇西得雪，积地一寸；库尔喀喇乌苏微雪。伊塔道属绥定得雪，积地四寸；塔尔巴哈台得雪，积地一寸；宁远微雪。南路英吉沙尔得雪，积地一寸；拜城、库车微雪；疏勒、疏附、叶城微雨。余未得雨雪。至通省粮价，吐鲁番、镇西、塔尔巴哈台、精河、喀喇沙尔、库车、阜康、绥定、叶城等厅、县俱与上月相同，余均略有

（接上页）前往阿尔泰山，查勘科、塔两城借地。三十年(1904)，迁兵部尚书。三十一年(1905)，充考验改编三镇新军大臣。宣统元年(1909)，补授陕甘总督，兼会办盐政大臣。民国三年(1914)，卒。谥恭厚。有《温故录》等行世。

　　[2]　台北故宫博物院藏：军机及宫中档，文献编号：408002717-0-A。此片之具奏日期，军机录副目录以奉旨日期为之，未确。查光绪十八年六月初二日军机处随手登记档（档案编号：03-0272-2-1218-142），则署有"报四百里，五月初一日发"等字样。据此，此片之具奏日期应为"光绪十八年五月初一日"。兹据校正。

　　[3]　中国第一历史档案馆藏：录副奏片，档案编号：03-5887-047。

增减。汇详请奏前来。

理合恭折具陈，并缮粮价清单，敬呈御览，伏乞皇上圣鉴。谨奏。光绪十八年五月十三日。

（朱批：）知道了。①

光绪十八年六月十六日，奉朱批：知道了。钦此。②

〇三八　呈新疆光绪十八年二月粮价清单

光绪十八年五月十三日（1892 年 6 月 7 日）

谨将新疆各属光绪十八年二月份米粮时估价值，缮具清单，恭呈御览。

计开二月份：

镇迪道属：

迪化县：大米每京石价银二两三钱二分五厘，与上月相同。小麦每京石价银九钱九分，与上月相同。豌豆每京石价银九钱三分六厘，较上月增七分六厘。青稞每京石价银七钱九分三厘，较上月增一钱三厘。

昌吉县：大米每京石价银一两八钱七分二厘，与上月相同。小麦每京石价银七钱七分六厘，与上月相同。豌豆每京石价银九钱二分，与上月相同。青稞每京石价银八钱七分五厘，较上月增五厘。

阜康县：粟米每京石价银八钱八分四厘，小麦每京石价银一两

---

① 台北故宫博物院藏：军机及宫中档，文献编号：408002719。
② 中国第一历史档案馆藏：录副奏折，档案编号：03-6917-021。

一钱三分二厘,豌豆每京石价银一两一钱六分七厘,高粱每京石价银九钱二厘,俱与上月相同。

绥来县:大米每京石价银一两八钱六分,较上月增六分。小麦每京石价银七钱七分二厘,与上月相同。豌豆每京石价银八钱四分九厘,与上月相同。高粱每京石价银五钱六分三厘,与上月相同。

奇台县:大米每京石价银二两七分一厘,与上月相同。小麦每京石价银六钱七分二厘,与上月相同。豌豆每京石价银五钱八分七厘,较上月增三分五厘。

吐鲁番直隶厅:小麦每京石价银九钱六分九厘,大麦每京石价银六钱七分二厘,高粱每京石价银五钱五分七厘,黄豆每京石价银一两五钱四分八厘,俱与上月相同。

镇西直隶厅:小麦每京石价银一两一钱七分,豌豆每京石价银一两三钱六分,青稞每京石价银八钱八分,俱与上月相同。

哈密直隶厅:粟米每京石价银一两二钱二分四厘,较上月增一钱。小麦每京石价银九钱三分八厘,与上月相同。豌豆每京石价银一两一钱五分二厘,较上月减五分七厘。青稞每京石价银八钱六厘,与上月相同。

库尔喀喇乌苏直隶厅:小麦每京石价银八钱八分,较上月增七分。豌豆每京石价银一两五分,较上月增六分。高粱每京石价银六钱,与上月相同。

伊塔道属:

绥定县:大米每京石价银三两七钱七分四厘,小麦每京石价银八钱二分八厘,大麦每京石价银五钱六分五厘,豌豆每京石价银八钱六分四厘,俱与上月相同。

宁远县：大米每京石价银二两八钱一分二厘，较上月增四钱四分四厘。小麦每京石价银六钱二分一厘，与上月相同。大麦每京石价银六钱八分五厘，较上月增四分三厘。豌豆每京石价银一两八厘，较上月增七分二厘。

塔尔巴哈台直隶厅：小麦每京石价银一两七分七厘，大麦每京石价银一两二钱三分二厘，豌豆每京石价银一两二钱二厘，俱与上月相同。

精河直隶厅：大米每京石价银三两一钱四分五厘，小麦每京石价银八钱六分五厘，大麦每京石价银七钱三分五厘，豌豆每京石价银一两一钱一分，俱与上月相同。

阿克苏道属：

温宿直隶州：大米每京石价银一两九钱，较上月增一钱九分。小麦每京石价银八钱六分二厘，与上月相同。大麦每京石价银六钱，与上月相同。包谷每京石价银六钱九分，较上月增一分。

拜城县：小麦每京石价银四钱九分，较上月增一钱。大麦每京石价银一钱八分，与上月相同。豌豆每京石价银二钱六分，较上月增一分。包谷每京石价银三钱九分，较上月增九分。

喀喇沙尔直隶厅：大米每京石价银二两九钱六分，小麦每京石价银一两一钱四厘，豌豆每京石价银一两八厘，包谷每京石价银八钱三分二厘，俱与上月相同。

库车直隶厅：大米每京石价银二两一钱，小麦每京石价银一两一钱，豌豆每京石价银七钱七分，包谷每京石价银七钱四分，俱与上月相同。

乌什直隶厅：大米每京石价银一两四钱九分，与上月相同。小麦每京石价银五钱八分，较上月减八厘。大麦每京石价银二钱八分八厘，与上月相同。包谷每京石价银三钱九分三厘，与上月相同。

喀什噶尔道属：

疏勒直隶州：大米每京石价银三两三钱，较上月增六钱。小麦每京石价银一两四钱九分四厘，较上月增三钱九分。包谷每京石价银一两八分八厘，较上月增二钱一分四厘。高粱每京石价银八钱八分，较上月增一钱九分。

疏附县：大米每京石价银三两三钱，较上月增六钱。小麦每京石价银一两四钱九分，较上月增三钱八分六厘。包谷每京石价银一两一钱三分九厘，较上月增二钱二分八厘。高粱每京石价银八钱八分，较上月增一钱九分。

莎车直隶州：大米每京石价银二两三钱六分八厘，较上月增二钱二分二厘。小麦每京石价银七钱八分六厘，较上月增五分五厘。大麦每京石价银六钱二分五厘，与上月相同。包谷每京石价银六钱八分六厘，较上月增二分六厘。

叶城县：大米每京石价银二两九钱，小麦每京石价银一两，包谷每京石价银五钱七分六厘，青稞每京石价银四钱，俱与上月相同。

和阗直隶州：大米每京石价银二两七分二厘，较上月增四分二厘。小麦每京石价银九钱六分六厘，较上月增四分一厘。包谷每京石价银五钱八分九厘，与上月相同。青稞每京石价银五钱三分八厘，与上月相同。

于阗县：大米每京石价银二两七分，与上月相同。小麦每京石价银九钱三分一厘，较上月增二分。包谷每京石价银五钱七分三厘，较上月增一分。

英吉沙尔直隶厅：大米每京石价银三两八钱，较上月增七钱六分。小麦每京石价银一两一钱八分六厘，较上月增一钱五分一厘。大麦每京石价银五钱七分，与上月相同。包谷每京石价银九钱三分八厘，较上月增一钱三分四厘。

玛喇巴什直隶厅：大米每京石价银二两九钱六分，较上月增四钱四分。小麦每京石价银九钱六分六厘，与上月相同。包谷每京石价银九钱二分七厘，较上月增九分五厘。

（朱批：）览。[1]

〇三九　废黜坎巨提旧酋片

光绪十八年五月十三日（1892 年 6 月 7 日）

再，英兵入坎巨提，头目赛必德哎里罕率众逃窜各情形，前经臣奏明在案。旋查该头目及帮办买卖塔力，均有不法情事，其弟买卖提艾孜木素得人心，饬署喀什噶尔道李宗宾，即令带领难民归部，代理头目事务，暂资镇抚。嗣准总理各国事务衙门先后来电：英人以赛必得哎里罕悖逆不道，拟更立新酋，由中国派员会立等因。当派补阜康县知县田鼎铭迅赴该部，察看情形，会同英官妥商办理，一面饬将赛必德哎里罕及买卖塔力分解来省。

除俟解到讯取确供，并田鼎铭前往会办详覆至日再行具奏外，谨附片陈明，伏乞圣鉴。谨奏。光绪十八年五月十三日。

（朱批：）该衙门知道。[2]

---

① 中国第一历史档案馆藏：清单，档案编号：03-6917-022。

② 台北故宫博物院藏：军机及宫中档，文献编号：408002719-1-A。

光绪十八年六月十六日，奉朱批：该衙门知道。①

【案】此奏于是年六月十六日得允行。《清实录》：

壬寅，甘肃新疆巡抚陶模奏，派阜康县知县田鼎铭会同英官更立坎巨提头目。下所司知之。②

○四○　请补防御等缺折

光绪十八年六月初四日（1892 年 6 月 27 日）

头品顶戴甘肃新疆巡抚臣陶模跪奏，为拣员请旨简放古城满营防御并骁骑校员缺，恭折仰祈圣鉴事。

窃古城满营右翼蒙古四旗防御员缺，经前护抚臣魏光焘奏请以尽先即补骁骑校伊克精额补授。嗣准兵部咨：该员由候补骁骑校请补防御系属越级，核与例章未符，应另拣合例人员请补等因。转行去后。兹据古城城守尉克蒙额呈称，在于应升人员内逐加考验，拟具正、陪，并造清册，呈请奏补前来。

臣复加拣选，所有该满营右翼蒙古四旗防御员缺，应以蓝翎五品军功镶黄正白旗骁骑校恒麟拟正，镶白正蓝旗骁骑校倭仁布拟陪。其递遗骁骑校员缺，应以镶黄正白旗尽先拔补骁骑校前锋校全定拟正，镶黄正白旗蓝翎五品军功尽先即补骁骑校恩骑尉恩祥拟陪。理合缮具清单，恭呈御览，仰恳天恩，简放防御一员、骁骑校

---

① 此奉旨日期与内容，据军机处随手登记档（档案编号：03-0272-2-1218-155）校补。

② 《德宗景皇帝实录（五）》，卷三百十二，光绪十八年六月，第 60 页。

一员，以实营伍。

除咨部外，谨会同伊犁将军臣长庚、陕甘督臣杨昌濬恭折具陈，伏乞皇上圣鉴训示。谨奏。光绪十八年六月初四日。

（朱批：）兵部议奏。单并发。[①]

光绪十八年闰六月初六日，奉朱批：兵部议奏。单并发。钦此。[②]

【案】此案于是年闰六月初六日下部议，旋经兵部议可。八月十六日，大学士额勒和布等具折奏报，曰：

经筵讲官太子太保大学士管理兵部事务臣额勒和布等谨奏，为遵旨议奏事。

内阁抄出甘肃新疆巡抚陶模奏，请旨简放古城满营防御、骁骑校员缺等因一折。光绪十八年闰六月初六日，奉朱批：兵部议奏。单并发。钦此。钦遵到部。查定例：乌鲁木齐、巴里坤满营防御、骁骑校缺出，该都统等秉公拣选，拟定正陪，缮写各员劳绩、履历，具奏补放，毋庸送京引见等语。今据奏称：古城满营右翼蒙古四旗防御员缺，经前护抚魏光焘奏请以尽先即补骁骑校伊克精额补授。嗣准兵部咨：该员由候补骁骑校请补防御系属越级，核与例章未符，应另拣合例人员请补等因。兹于应升人员内逐加遴选，所有右翼蒙古四旗防御员缺，以蓝翎五品军功骁骑校恒麟拟正，骁骑校倭仁布拟陪。其递遗骁骑校员缺，以尽先拔补骁骑校前锋校全定拟正，蓝翎五品

---

① 台北故宫博物院藏：军机及宫中档，文献编号：408002720。

② 中国第一历史档案馆藏：录副奏折，档案编号：03-5887-086。

军功尽先即补骁骑校恩骑尉恩祥拟陪。仰恳天恩，简放防御一员、骁骑校一员，以实营伍等语。

查古城满营官兵系由乌鲁木齐、巴里坤调拨，自宜仍照旧例办理。该抚所请核与定例相符，应如所请补放防御一缺、骁骑校一缺，可否以拟正之员补授，抑或由拟陪之员补授之处，臣等未敢擅拟，相应请旨补放防御一员、骁骑校一员。

所有臣等遵议缘由，理合恭折具陈，伏乞皇上圣鉴，训示遵行。谨奏请旨。光绪十八年八月十六日。①

○四一　呈拣放古城满营防御等缺清单

光绪十八年六月初四日(1892 年 6 月 27 日)

谨将拣放古城满营防御、骁骑校各缺拟具正、陪人员，缮具清单，恭呈御览。

右翼蒙古四旗防御一缺，拣选得蓝翎五品军功镶黄正白旗骁骑校恒麟拟正，食俸饷当差三十四年，现年五十岁。索绰乐氏，马步箭平等。拣选得镶白正蓝旗骁骑校倭仁布拟陪，食俸饷当差三十年，现年四十九岁。卓特氏，马步箭平等。

递遗骁骑校一缺，拣选得镶黄正白旗尽先拔补骁骑校前锋校全定拟正，食钱粮当差十三年，现年四十二岁。陈佳氏，马步箭平等。拣选得镶黄正白旗蓝翎五品军功尽先即补骁骑校恩骑尉恩祥拟陪，食俸饷当差三十六年，现年五十三岁。孔佳氏，马步箭平等。

---

①　中国第一历史档案馆藏：录副奏折，档案编号：03-5888-098。

（朱批：）览。①

○四二　请将宋有贵等员留新疆补用片

光绪十八年六月初四日（1892年6月27日）

　　再，新疆从前征剿出力各武员，迭经奏留甘肃新疆补用，奉旨允准钦遵在案。兹查有记名提督花尚阿巴图鲁宋有贵、记名提督穆腾额巴图鲁李永昭、记名提督劲勇巴图鲁陈国朋、记名提督确勇巴图鲁易盛临、二品顶戴尽先补用参将慎勇巴图鲁汤廷幹、留江西尽先补用参将果勇巴图鲁王迎琦、尽先补用都司廖玉贵、周祯祥、都司用尽先补用守备廖洪亮、尽先补用守备李春和等十员，在新疆从征多年，边情极为熟悉。合无仰恳天恩，俯准均以原官、原衔留于甘肃新疆尽先补用，实于营伍有裨。

　　除饬取履历清册咨部查照，并俟查有应行留省人员随时奏请外，谨会同陕甘总督臣杨昌濬附片具陈，伏乞圣鉴训示。谨奏。

　　（朱批：）着照所请，兵部知道。②

　　光绪十八年闰六月初六日，奉朱批：着照所请，兵部知道。钦此。③

---

　　①　中国第一历史档案馆藏：清单，档案编号：03-5887-087。
　　②　台北故宫博物院藏：军机及宫中档，文献编号：408002720-0-A。此片之具奏日期，军机录副以奉旨日期为之，未确。查光绪十八年闰六月初六日军机处随手登记档（档案编号：03-0272-2-1218-171），则署有"报四百里，六月初四日发"等字样。据此，此片之具奏日期应为"光绪十八年六月初四日"。兹据校正。
　　③　中国第一历史档案馆藏：录副奏片，档案编号：03-5887-088。

○四三　酌保新疆防戍异常出力员弁折

光绪十八年六月十七日(1892 年 7 月 10 日)

太子少保头品顶戴陕甘总督臣杨昌濬、头品顶戴甘肃新疆巡抚臣陶模跪奏，为遵旨照案酌保新疆防戍异常出力文武员弁，谨缮清单，恭折仰祈圣鉴事。

窃照光绪十七年五月初八日，前护抚臣魏光焘会同臣昌濬，具奏新疆防戍时阅七年，请援照光绪十年督办新疆军务臣刘锦棠奏准六载边防成案，比照战功，从优给奖。七月十五日，奉朱批：准其照案择尤酌保，毋许冒滥。钦此。魏光焘核办未竣，适值交卸，将文武衔名单册移交臣模接办。臣等恭绎谕旨，仰见皇上廑念边陲，允颁懋赏，湛恩汪涉，钦感同深。

查新疆防戍各军，经刘锦棠遵旨酌奖后，正值行省新设，数年来，上赖宸谟广运，凡绥边安民诸事宜，罔不次第举办。惟穷荒绝徼，奸宄最易潜踪；俗异性殊，匪徒时虞勾结。防守稍形松懈，动为全局所关，加以改设标营，勇数日减，环万余里之地，守以二万有奇马步之师，一营动辖十余站，一旗或防数百里，其扼要卡汛又皆层岩戈壁，渺无人烟，风沙翳霾，瘴疠时作。各将士蹐危冒险，分段梭巡，帕首荷戈，罔间昕夕。各项办事人员奔驰砂碛荒寒之地，苦辛坚忍，凑赴事机，用能丕畅皇威，消除伏莽，为时七载，辖境晏然。迹其忠义奋发，良由前次边防渥蒙奖叙，有以感其心而作其气。而此际望恩之切，揆诸艰苦情形，实有未便过严者。

溯查大军出关，朝廷深悯西征之苦，月饷薪资，均从优给。底定后，以常年馈运，筹拨维艰，营勇改支坐粮，员弁只支廉俸，赢绌之数，今昔悬殊。边疆夙号瘠区，百物昂贵，衣食而外，已无余资。所冀者，圣朝经武，不薄边功，得附议叙之列耳。若不优请恩施，窃恐激励术穷，疆臣无以收指臂之助，且全疆据关陇上游，形势所在，不能不借资群力；非从宽甄录，更无以资观感而励将来。

臣模到任后，按照移交单册，确切询查，与臣昌濬往复函商，文武员弁择其在事年久、极为勤奋者，量请优奖；出力较次及后路经理饷装人员，仍分等酌保。再三审度，务在持平，固不敢故从刻核，靳朝廷宽大之恩；亦不敢旁及无功，启名器滥邀之渐。总计此次请保人数，较上届不及五成，相应缮具清单，吁恳天恩，俯念新疆边远，情形不同，防戍已阅七年，实属异常出力，准援光绪十年六载边防成案，比照战功，从优给奖，以资鼓励，并恳圣慈，免其逐一注考。

除将履历清册咨部查照，骁骑校、千总以下照例咨保外，所有遵旨择尤酌保缘由，谨合词恭折具陈，伏乞皇上圣鉴训示。再，此折系臣模主稿。合并声明。谨奏。光绪十八年六月十七日。

（朱批：）该部议奏。单二件、片二件并发。[1]

光绪十八年七月初八日，奉朱批：该部议奏，单二件、片二件并发。钦此。[2]

○四四　呈新疆防戍出力拟保武职清单

光绪十八年六月十七日（1892 年 7 月 10 日）

谨将新疆七载防戍在事出力择尤拟保武职各员衔名，汇缮清

---

① 台北故宫博物院藏：军机及宫中档，文献编号：408002721。

② 中国第一历史档案馆藏：录副奏折，档案编号：03-6028-053。

单,恭呈御览。

计开:

头品顶戴新疆补用提督借补新疆省城城守协副将曾松明,头品顶戴陕甘遇缺题奏提督借补玛纳斯协副将汤秀斋,头品顶戴陕甘补用提督借补塔尔巴哈台屯防副将张怀玉,头品顶戴陕甘遇缺题奏提督借补莎车协副将陶生林,头品顶戴新疆补用提督借补哈密协副将萧元亨,头品顶戴新疆补用提督借补精河营参将李克常,头品顶戴新疆补用提督借补和阗营参将张宗本,头品顶戴新疆补用提督借补喀喇沙尔营参将喻先达,头品顶戴新疆补用提督借补巴里坤镇标中营游击宋贤声,头品顶戴新疆补用提督胡义和、赵宝林、潘凤翔,头品顶戴记名提督段文彬、贾逢寅、张仕林、耿仕才,新疆补用提督张复良、杨先胜、李永昭、易盛临,记名提督张长安、王允功,提督衔新疆补用总兵查春华、朱德和,提督衔记名总兵万长发,均请交部照头等军功,从优议叙。

记名提督汤咏山、余占魁,新疆尽先补用提督罗平安、宋有贵,提督衔留陕甘题奏总兵蔡义兴,提督衔留甘补用总兵邹冠群,均请赏加头品顶戴。

记名提督张云辉、王廷俊、谢荣陞,新疆补用提督陈固明,补用提督记名总兵刘高汉,提督衔新疆补用总兵黄清发,头品顶戴记名总兵龙春华,提督衔记名总兵刘忠亮,补用总兵尽先补用副将王凤臣,均请交部从优议叙。

新疆补用总兵借补喀什噶尔提标中军参将万胜常,补用提督记名总兵杨德俊,补用提督留新疆尽先补用总兵借补喀什噶尔提标前营游击谷振杰,补用提督新疆尽先补用总兵杨鹤皋,提督衔新疆补用总兵黎忠明,补用提督新疆尽先补用总兵借补阿克苏镇标中军游击赵有正，补用提督新疆补用总兵何有道，头品顶戴补用提督新疆补用总兵借补库车营游击田九福，补用提督新疆尽先补用总兵禹中海，均请以提督记名简放。

头品顶戴记名总兵彭礼堂，补用提督记名总兵彭秀文，提督衔留陕遇缺题奏总兵段发义，均请以提督尽先补用。

记名总兵黄蔚森，补用总兵傅长春，均请赏加提督衔。

花翎即补协领古城满营正黄正红旗佐领文裕，请以副都统记名简放。

留甘肃新疆补用提督利勇巴图鲁牛允诚，记名总兵桓勇巴图鲁钟琼林，新疆补用总兵资勇巴图鲁谭正南，记名总兵英勇巴图鲁张淮，均请赏换清字勇号。

留甘肃新疆尽先补用提督刘永泰，记名总兵刘德明，记名遇缺简放总兵王顺清、王长发，均请赏给勇号。

补用总兵陕甘尽先补用副将贾永清，总兵衔陕甘补用副将借补新疆济木萨营参将彭桂馥，补用副将留甘尽先补用副将董大荣，新疆补用副将戴富臣、刘显杨，留新疆补用副将借补省城城守协中军都司徐广学，留甘尽先补用副将黄泗元、王泰福，补用总兵留新疆尽先补用副将谭其祥，总兵衔留甘尽先补用副将陈振恩、郝忠裔，补用总兵留新疆尽先补用副将借补吐鲁番营游击焦大聚，总兵衔留河南抚标即补副将介洪亮，总兵衔留陕补用副将刘万明，总兵衔留甘尽先推补副将刘有成，补用总兵陕甘推补副将赵达元、文福祥，补用总兵留新疆补用副将张天有，留甘推补副将魏其德，均请免补副将，以总兵仍留各原省尽先补用。

总兵衔留新疆补用副将刘清和，补用总兵留甘尽先即补副将李金良，均请免补副将，以总兵仍留各原省补用，并请赏加提督衔。

尽先补用副将沈光友，请免补副将，以总兵尽先补用。

补用总兵尽先补用副将朱明山，总兵衔尽先推补副将游长春，总兵衔推补副将米汉璋，总兵衔补用副将赵兴骥，尽先推补副将徐光斗、李金全，尽先补用副将何光田、方庆瑞、张毓灵，推补副将贺云陶，均请免补副将，以总兵尽先补用。

总兵用留甘补用副将王定德，总兵衔广东即补副将彭澡光，均请免补副将，以总兵仍留各原省尽先补用。

头品顶戴新疆补用提督借补英吉沙尔营参将周添才，记名简放提督汪友德、马心胜，提督衔留陕甘题奏总兵黄祖福，均请赏给正一品封典。

留湖南推补副将徐先发，请俟补缺后以总兵尽先补用。

花翎补用协领伊犁满营正蓝旗五牛录佐领伊勒噶春，三品花翎即补协领古城满营左翼蒙古四旗佐领德克吉本，均请赏加二品顶戴。

尽先补用副将蒋桂芝、陈国富，新疆尽先补用副将李正元，副将衔推补副将尽先补用参将曾春祥，补用副将新疆尽先补用参将徐春先，均请赏加总兵衔，并请赏给二品封典。

提督衔留甘补用总兵程文胜，分发甘肃差委提督衔题奏总兵董阳春，提督衔留甘补用总兵任清鸿，提督衔分发甘肃差委记名总兵蒋富山，记名总兵李扬芬，留甘补用总兵张凤鸣、胡德魁、黄得遇，补用总兵何福泰，总兵衔留甘补用副将张增庆、杨明友，留甘推补副将李锦恒，留甘补用副将邓京怀，留甘即补副将谭荣兴，推补副将黄有元，均请赏给随带军功加一级。

总兵衔两江补用副将赳勇巴图鲁庞怀三，总兵衔留陕推补副将健勇巴图鲁黄泽忠，总兵衔尽先推补副将制勇巴图鲁熊正国，尽先补用副将伟勇巴图鲁杨其祥,均请赏换清字勇号。

留甘补用副将谢阶兰,留陕甘补用副将李昌照,留陕甘尽先推补副将刘祥义,留陕甘尽先推补副将余洪顺,留甘尽先补用副将谭得胜,留甘肃新疆尽先补用副将胡祥麟,均请赏给勇号。

头品顶戴留甘肃新疆尽先补用参将彭祯祥,补用副将留新疆补用参将彦勇巴图鲁陈甲福,副将衔推补副将留甘尽先补用参将谭楚南,推补副将留甘尽先补用参将谢典礼,推补副将留湖南抚标尽先推补参将陈黄喆,留陕甘补用参将张绶卿,均请免补参将,以副将仍留各原省尽先补用。彭祯祥并请赏戴花翎,陈甲福并请赏换清字勇号,谭楚南、谢典礼并请赏加总兵衔,陈黄喆、张绶卿并请赏给二品封典。

二品顶戴补用副将留甘推补参将陈东旸,二品顶戴推补副将留新疆尽先补用参将汤廷幹,副将衔留甘尽先补用参将陈汝翼、王香斋、邹玉祥、李元榜,推补副将留新疆尽先补用参将符克复、裴传明、周元吉、赵明祥,副将衔补用副将甘肃补用参将陶廷相,留陕甘补用参将周瑞林,副将衔留浙江补用参将章寿田,留陕补用参将曹文献,留陕尽先补用参将贺焕湘、蔡玉堂,留安徽抚标尽先补用参将李学文,副将衔留山东抚标尽先补用参将胡三元,副将衔留湖南补用参将余星魁,副将衔推补副将留甘尽先即补参将张合安,副将衔推补副将新疆补用参将李有仓,留新疆尽先补用参将王迎琦,留甘尽先补用参将彭复胜,留甘尽先补用参将王友益,留甘补用参将贺槐溪,副将衔湖广补用参将何官佑,副将衔陕甘推补参将叶福祥,补用副将河南抚标即补参将阎凤龙,副将衔留新疆补用参将陈如美,补用副将新疆补用参将舒昭履,均请免补参将,以副将仍留各原省尽先补用。

尽先补用参将张紫臣,补用参将杜得润,均请免补参将,以副将留新疆尽先补用。

推补副将陕西补用参将任春光,推补副将尽先补用参将罗桂棠,补用副将新疆尽先补用参将张宗文,均请免补参将,以副将尽先推补。

推补副将尽先补用参将赵德福,副将衔尽先推补参将李清海,副将衔尽先补用参将周升朝,均请免补参将,以副将尽先补用,并请赏加总兵衔。

推补副将尽先推补参将陈玉亭,补用参将舒春林,推补副将尽先补用参将易道生、朱鸿飞,副将衔尽先推补参将周洪顺、杨绳武,尽先补用参将田正焘、刘奏凯、贺福林、黄汉清,副将衔尽先补用参将叶才保、王桂林、杨大鹏,补用副将尽先补用参将许束言,尽先推补参将周德亮、冯满盛,均请免补参将,以副将尽先补用。

新疆补用总兵易盛富、李良辉,记名总兵余福章,补用总兵留甘推补副将徐积诚,补用副将章南山,尽先推补副将朱得胜,留陕甘尽先补用副将唐连芳,新疆补用副将许明耀、汤辅廷,副将衔补用参将李臣贵,均请赏给正二品封典。

留陕甘补用参将舒秀松、蒲阳春,补用参将尽先补用游击董南斌,补用游击钟南堂,均请赏加副将衔。董南斌并请赏给勇号。

花翎升用协领古城满营右翼蒙古四旗佐领富尼善,请赏加二品顶戴。

尽先补用参将萧沛霖、李华封,参将衔尽先补用游击焦生有、喻先选,留陕补用游击徐士元,均请赏加二品顶戴。

二品顶戴留新疆补用游击敢勇巴图鲁吕方仁,请赏换清字勇号。

　　副将衔尽先补用参将刘远翔,补用副将尽先即补参将王保清,副将衔补用参将新疆尽先补用游击何长春,花翎四品衔候选卫守备段祝三,均请赏给勇号。

　　副将用留甘补用参将黎锦春,副将衔留陕甘补用参将马殿林,升用副将留甘补用参将黄光谦,副将衔留甘补用参将曹敬亭,副将衔补用参将戴福禄,升用参将云骑尉世职王茂华,补用游击王武春,留甘补用游击喻光炳,留陕甘补用游击周紫高,副将衔留陕甘即补游击郑辉荜,参将衔留甘补用游击刘贵和,参将衔留甘即补游击何春泉,均请赏给随带军功加一级。

　　补用协领佐领即补骁骑校保亮,请免补骁骑校、佐领,以协领遇缺即补。

　　总兵衔补用副将新疆补用游击恒勇巴图鲁陈文英,副将衔补用参将留甘尽先补用游击陈光前,推补游击请补喀什噶尔回城协营左旗中军都司张鸿畴,推补游击阿克苏城守营都司谈隽祺,均请免补游击,以参将仍留原省尽先补用。陈文英并请赏换清字勇号,陈光前并请赏给二品封典,张鸿畴、谈隽祺并请赏加副将衔。

　　副将衔补用参将留陕甘补用游击刘克俊,副将衔补用参将新疆补用游击陈福玉、刘长顺,参将衔留甘补用游击杨金榜,留湖南补用游击张泽忠,陕甘即补游击李英贵,新疆补用游击师凯南,留甘补用游击陈泰福,二品顶戴补用参将新疆补用游击廖克明,补用参将新疆尽先补用游击借补喀喇巴尔噶逊营守备谢复胜,补用参将新疆尽先补用游击周得金、杨德发,留甘补用游击罗立堂,补用参将留甘补用游击汤东陞,陕甘尽先补用游击那广彦,二品顶戴新疆补用游击陈以林,参将衔留陕甘督标尽先即补游击耿炳,参将衔补用参将留新疆补用游击蓝德清,留新疆尽先补用游击刘日华、赵和益,二品顶戴参将衔留甘尽先补用游击龙玉堂,留甘尽先补用游击潘玉林,二品顶戴新疆尽先补用游击丁景熙,参将衔留甘尽先补用游击王连陞、胡秉湘,留甘尽先补用游击汤昭泽,留甘补用游击罗正清、谭光電,留陕甘补用游击潘英南,副将衔留甘补用游击韩廷得,留陕甘补用游击晁克兴,补用参将留陕甘补用游击董祥,留川补用游击莫有坤、李亨坤,参将用留甘补用游击刘邦祯,均请免补游击,以参将仍留各原省尽先补用。

补用参将尽先补用游击张广吉,请免补游击,以参将留新疆尽先补用。

副将衔甘肃宁夏镇标即补游击鲍常胜,补用参将河南抚标即补游击郭玉良,均请免补游击,以参将仍留各原标尽先补用。

分省补用游击韦廷苞,请免补游击,以参将仍分省补用。

参将衔补用游击刘人代,补用参将补用游击赵三魁,均请免补游击,以参将尽先推补。

补用参将尽先补用游击李炳正,蓝翎副将衔补用游击宋德友,均请免补游击,以参将尽先补用。李炳正并请赏加副将衔,宋德友并请赏换花翎。

二品顶戴补用游击马万福、柳作栋,二品衔尽先补用游击马明其,副将衔补用游击成春溪、刘得功,补用参将尽先补用游击朱义胜,参将衔补用游击刘书质、谭有德、刘俊卿、贺升堂,参将衔尽先补用游击蓝楚胜、唐华光、王凯南,补用参将尽先补用游击成海春,补用参将尽先推补游击李喜恩,补用参将留川尽先补用游击徐承元,补用参将尽先推补游击姚炳义、刘宗清,补用参将尽先补用游击张明福,参将衔补用参将尽先补用游击童明才,补用游击黄印、蒋光升、文相发、阎昌恒、杨书笏,尽先补用游击谢品端、邝萼辉、黎树扬、李良荣、隆玉春、刘运兴、刘福云、虎进元、唐若南、李桂清，尽先推补游击高天发，补用游击倪绍生，均请免补游击，以参将尽先补用。

推补游击留新疆尽先补用都司苏永发、萧有勋，均请赏加参将衔。

蓝翎留两江补用游击黄惟荣，蓝翎留新疆补用都司唐为贵，蓝翎尽先补用都司黄正龙，蓝翎补用守备杨镇淮，均请赏换花翎。

副将衔留甘补用参将周桂山，升用副将即补参将蒋安邦，尽先补用参将陈明理、王兴发，参将衔尽先补用游击刘万胜，均请赏给二品封典。

留新疆尽先补用都司杨光初，留甘肃补用游击即补都司赵文斌，留甘尽先即补都司杨柏材，均请免补都司，以游击仍留各原省尽先补用，并请赏加副将衔。

游击用留甘补用都司借补济木萨营中军守备陈天荣，推补游击留新疆补用都司胥文林、辜荣义、袁寿全、谭迪安、廖玉贵，补用游击浙江补用都司何震珊，推补游击留陕甘补用都司何振元、邹凌云，推补游击留甘补用都司宋德昌、谭荣桂，游击衔陕甘补用都司钟海兰、萧玉廷，游击衔留陕补用都司万胜彪，留陕甘补用都司于洪茂，均请免补都司，以游击仍留各原省尽先补用。

游击衔直隶督标即补都司钱洪，补用游击河南抚标补用都司田兰亭，补用游击湖广督标补用都司胡悦兴，补用游击陕甘补用都司周元，河南抚标补用都司刘永才，陕甘督标补用都司刘永礼，均请免补都司，以游击仍留各原标、原省尽先补用。

推补游击补用都司谭尧钦，请免补都司，以游击留新疆尽先补用。

推补游击尽先推补都司石光贤，推补游击补用都司陈明胜，蓝翎推补游击补用都司蒋富仁、刘清和，均请免补都司，以游击尽先补用。石光贤、陈明胜并请赏加参将衔，蒋富仁、刘清和并请赏换花翎。

参将用游击尽先补用都司赵凯亭，推补游击补用都司许忠贵、胡明隆、王振海、彭仕英、周福连、熊正辅、徐忠贵、刘添清、许华高、陈泗海、贾云龙，推补游击尽先推补都司张守祥，补用游击留甘尽先补用都司孙凤福，推补游击即补都司黄清龙、杨万全、刘成仁，归部不论双单月推补游击尽先推补都司刘平贵，游击衔补用都司张九龄、胡得禄、杜春林、林贵和、罗殿魁、包万林、陈希贤、胡洪祥、李定佩、王定陞、张文华、胡佐才、周连清，游击衔即补都司李发祥，补用都司方满库、王都泰、张如意、李洪春、杨瑞奇、唐咏祥、田品堂、陈悦胜、罗镇清、王胜清、李复胜、张必祥、徐松、张汉元、张林胜、王隆钧、赵泽春、陈德元、周斌、徐廷珍、石春桂、杨如春、杨朝臣、杨堃、禹长泰、周世定、张义从，即补都司王贵荣，游击衔补用都司营用守备魏荣斌，补用游击尽先补用都司严恒生、焦福兴，推补游击补用都司蒋述堂、曹喜，均请免补都司，以游击尽先补用。

补用都司江南漕标候补卫守备郭锦堂，请俟补都司缺后，以游击尽先即补。

升用参将留甘补用游击蒋宗福，尽先补用游击李康海，均请赏给三品封典。

五品顶戴古城满营镶黄正白旗佐领雅尔杭阿，四品顶戴古城满营镶白正蓝旗佐领哈隆阿，四品花翎即补佐领古城满营正黄正红旗防御都成额，四品蓝翎即补佐领古城满营左翼蒙古四旗防御苏克敦，均请赏换三品顶戴。

推补游击留甘补用都司冯家禧,补用都司陈荣浦,游击衔补用都司云骑尉世职马扬宗,陕甘补用都司金连陞,留甘补用都司刘堃、刘国瑞,甘肃补用守备武进士李凌云,留陕甘补用都司解万春,都司衔留陕甘即补守备谢得胜,留陕甘补用守备牟镇疆,均请赏给随带军功加一级。

尽先补用防御伊仁布,花翎即补佐领尽先即补防御借补古城满营右翼蒙古四旗骁骑校金文布,蓝翎尽先即补防御札伦布,伊犁锡伯营正黄旗蓝翎先换顶戴补用防御即补骁骑校达普兴阿,均请免补防御,以佐领尽先补用。

古城满营镶黄正白旗防御琦彻图,古城满营镶白正蓝旗防御庆福,均请以佐领尽先补用。

补用游击尽先补用都司刘继堂,补用都司毕克勋,均请赏戴花翎。

蓝翎补用都司留新疆尽先补用守备侯锡明,蓝翎都司衔留湖南抚标即补守备杨梓材,留新疆尽先补用守备丁忠叙,均请免补守备,以都司仍留各原省尽先补用。侯锡明、杨梓材并请赏换花翎,丁忠叙并请赏加游击衔。

蓝翎补用都司留新疆尽先补用守备廖洪亮、李春和,补用都司留陕甘补用守备王殿斌、陈定元,补用都司留新疆补用守备朱楚南,补用都司留甘尽先补用守备刘维顺,留新疆尽先补用守备王大兴,留甘补用守备杨伯玉、苟炳忠、赵先崖,留陕甘补用守备王元汉,补用守备拔补巴里坤镇标左营千总龙浩,都司衔守备用拔补济木萨营千总萧世禧,均请免补守备,以都司仍留各原省尽先补用。

游击衔补用都司河南归德镇标即补守备曾殿明,都司衔留陕西固原提标即补守备秦顺兴,补用都司留陕甘督标尽先补用守备徐彪，均请免补守备，以都司仍留各原标尽先补用。

蓝翎补用都司尽先补用守备曾得一、张继元、袁惠霖、丁忠慰，蓝翎都司衔补用守备左炳堂、向亿胜，蓝翎补用守备孙正修、刘福星，补用都司尽先补用守备马河图、许海潮、路鸿福，都司衔补用守备云骑尉世职唐宝臣，都司衔补用守备何太池，尽先即补守备朱应龙，均请免补守备，以都司尽先补用。曾得一、张继元、袁惠霖、丁忠慰、左炳堂、向亿胜、孙正修、刘福星并请赏换花翎，马河图、许海潮、路鸿福、唐宝臣、何太池、朱应龙并请赏加游击衔。

补用游击补用都司尽先补用守备王春森，补用都司尽先补用守备黄承恩、王席珍、魏忠杰、李建德、徐瑞海、李贵全、周桂斋、李得喜、王明、连广财、张从福、谢长胜、潘开胜、张全佶、孙得荫、张行志、李得芳、杨国栋、武克昌、姚玉林、李玉林、严上桢、何生科、王义春、刘福春、张秉彝、萧得益、甘正洪、李建唐、宋勋臣、孟德兴、廖丙午、禹中明、禹庆祥、李桂馨、刘兴顺，补用都司留甘尽先补用守备罗俊杰，都司衔补用守备林士佳、张彩廷、万天祥、崔正邦、谢汉秋、黄有源、张庚荣、侯成銮、陈耀彩、杨舫斋、陈玉贵、廖德华、谭胜开、成召勋、邵树棠、王瑞和、孙明耀、熊得胜、萧庆聊、成耀斌、赖照吉、姜逢年，四品顶戴尽先即补守备苗恒春，五品衔补用守备刘敬臣，留甘补用守备易荣贵，即补守备徐禄，补用守备吴超俊、李正清、吕永福、高仪凤、林进福、刘汉卿、谢汉翘、谢泽龙、胡冠江、萧承烈、徐笙洛、张福森、万胜卿、蒋得贵、谯登高、苏有才、甄镛、石忠科、江义发、闫庆林、王义丰、牛得明、谢从义、黄树椿、高永阳、胡群贤、张得胜、梁得诚、王爵升、马正元、田苗、李富廷、谭明辉、李陞、周正兴、瞿开国、成希仁、范凤鸣、刘万庆、王瑞卿、孔藩海、谭信裕、吕桂馥、王如林、胡伯成、邱秉奎、王作宾、张锦堂、禹秀恩、戴兴和、刘泰、张大旺、黄玉发、周武，云骑尉世职汤福，均请免补守备，以都司尽先补用。

分发广东即用守备刘泽榕，请俟补缺后，以都司在任候补，先换顶戴。

古城满营镶红镶蓝旗防御怀塔奔，请赏加佐领衔。

尽先补用守备王占雄，尽先即补守备杨金贵，蓝翎守备衔拔补千总汤绍农，均请赏加都司衔。杨金贵并请赏戴蓝翎，汤绍农并请赏换花翎。

选用卫守备李纶焜，补用守备即补营千总陈国瑛，均请赏加四品衔。

蓝翎补用骁骑校福善，蓝翎五品顶戴即补骁骑校依克精额，均请免补骁骑校，以防御尽先补用。

古城满营镶黄正白旗骁骑校恒麟，五品顶戴古城满营镶白正蓝旗骁骑校倭仁布，古城满营正黄正红旗骁骑校景文，古城满营镶红镶蓝旗骁骑校福隆阿，古城满营左翼蒙古四旗骁骑校多印，均请以防御尽先补用。

五品花翎蒙古千总巴里坤镇标蒙古把总三恒，请免补千总，以防御在任即补。

蓝翎五品顶戴尽先拔补骁骑校达秀，五品军功尽先即补骁骑校前锋额勒浑，均请俟补骁骑校后，以防御尽先即补。

蓝翎五品顶戴即补骁骑校奎恒，五品顶戴尽先即补骁骑校领催苏勒布、萨屯布，五品蓝翎尽先即补骁骑校前锋阿勒锦图，均请俟补骁骑校后，以防御尽先补用。

尽先即补骁骑校委笔帖式松绪，请仍以骁骑校尽先即补，并请赏加防御衔。

补用守备拔补千总葛承恩，请赏戴花翎。

都司衔留甘拔补千总董祥达，留甘肃新疆补用守备拔补千总李殿元、樊宝臣、张发棠，补用守备留甘拔补千总吕克举、杨得、汪介芳，守备衔归湖广督标拔补千总周承蝻，守备衔新疆拔补千总陈学九，守备衔留陕甘拔补千总张得胜，均请免补千总，以守备仍留各原省尽先补用。

守备衔尽先拔补千总魏承光，拔补千总李益庭，均请免补千总，以守备留新疆尽先补用。

归漕标遇缺前先补用卫守备陈国基，请以卫守备填格，归漕标遇缺前先补用。

守备衔归标尽先拔补千总吴福全，补用守备归标尽先拔补千总陈永富，归标拔补千总金得标，均请免补千总，以守备仍归标尽先补用。

补用守备尽先拔补千总朱得名，蓝翎拔补千总左光烜、范继汾，均请免补千总，以守备尽先补用。朱得名并请赏加都司衔，左光烜、范继汾并请赏换花翎。

补用守备拔补千总罗腾蛟、伍如海、张禄、向兴发、吴延龄、曾毓球、王荣、周承发、柯春山、沈瑚、朱光来、洪福胜、杨生润、王树亭、汤新甲、廖正科、张宇高、朱瑞峰、王纯腝、段辉胜、景开发、杨彦魁、石庆良、王永胜、罗扬兴、陈赞有、万星平、朱全增、陈嘉全、李进禄、刘万明、徐彩元、曹福成、钟孔怀、何占元、张永祺、喻得义、易有山、金彩畴、刘春云、李桢祥、何满仓、龙尚恢、袁晖全、金玉章、胡文绣、郑春荣、何长发、刘全福、张禄、游胜发、冯汝奇、宋登云、陈风寰、刘济卿、戴高陞、阎发俊、张谷善、陈恒兴、孙得富、张猷、李广兴，五品顶戴即补千总马治国，守备用补用千总章楚善，守备衔补用守备拔补千总彭连捷、王福胜、刘长清、江培元、符名扬,补用守备拔补千总张钟,补用守备尽先补用千总何作舟、郑吉庆,五品花翎尽先拔补千总张吉元,守备衔拔补千总李双庆、李才保、武襄思、傅占元、沈复春、高凤祥、李得贵、黄珍彩、王万贵、寇传孝、范占彪、张寿贵、易瑞昌、谭邦信、唐继盛、蒋超群、张仁丰、罗云桥、李虞辉、陶复生、段贵、李润、孙继荣、朱维新、任德成、丁义胜、郭桂秋、左光福、胡忠信、李福盛、龚述窗、尚忠发、马生金、曹玉全、郭点富、李永福、谈绍谦、曹生魁、王友田、丁忠熙、张振南、凌桂华、李得贵、李兆麟、金国瑞、亢统明、吴承恩、赵连城、黄宗汉、宋有得、禹德成、王永康、张富贵、杨崇基、王学柱、杨日新、刘魁元、任国柱、王宗永,守备衔留安徽拔补千总贺朝斌,守备衔留四川拔补千总姚国顺,归标拔补千总宋光荣、陈清高,留甘拔补千总刘栋才,拔补千总张桂山、陈世德、张成才、张忠升、唐新坎、马云、马昌胜、周福文、龚树棠、张家礼、陈玉和、牛金梁、李玉春、李玉光、杨述林、蔡芝兰、杨相材、陈上珍、沈德亮、唐剑菖、袁全魁、邓乾、余子性、胡学则、余坤祥、陈寅亮、于文昭、钟明贵、朱光明、王如林、蒋澍斌、余先洲、杨广胜、刘忠钦、佘镇湘、王得成、王以成、龚玉堂、高把群、何春海、胡凤林、杜光明、周万钟、黄承锡、彭兰廷、蒋可知、王凤会、孙进才、傅国良、杨世森、吴万习、刘忠和、钱邦忠、毛忠佳、彭荣华、刘云秀、许春廷、梁玉庭、刘建魁、周得贵、张德、李有清、宋有德、哈承宽、王聚魁、梁国枢、李得胜、朱君瑞、魏三有、苗福成、袁念义、王永发、禹金成、郑发第、黄玉才、黄则月、徐廷章、姚万成、李长有、李凤云,即补千总孔长寿,补用千总喻克昌、张云程,千总李桂芳、李生财,均请免补千总,以守备尽先补用。

守备衔补用千总尽先拔补把总谭良玉,拔补守备千总尽先拔补把总陈有举，拔补千总尽先拔补把总邹保山，均请免补把总、千总，以守备尽先补用。

新疆抚标中营前哨千总龙得泉，武举刘世亨、彭天锡、王如林，均请以守备尽先补用。

补缺千总尽先拔补把总饶春发、彭云奏、马从义、丁百寿、孙荣德、杨白福，尽先拔补把总叶承九、曾昭贤，拔补把总胡樘、张瑞梧，均请免补把总，以千总尽先拔补，并请赏加守备衔。

补缺后千总陕甘督标拔补把总练生科，补缺后千总留新疆拔补把总王有贵、苏印堂，均请免补把总，以千总仍留各原标、原省尽先拔补，并请赏加守备衔。

蓝翎拔补千总冯仲筢，请赏加守备衔，并请赏换花翎。

蓝翎卫千总陈价卿，请赏加卫守备衔。

蓝翎尽先拔补骁骑校常兴，尽先拔补骁骑校春亮，尽先即补骁骑校成云，六品军功前锋校色克图肯、双喜，六品军功委前锋吉兴，六品军功催总贵祥，六品军功领催桂斌，六品军功布彦图，均请赏给五品顶戴。

花翎四品顶戴回目苏唐，请以守备补用。

五品顶戴回目克里木，请赏戴花翎。

六品顶戴苏唐、哈生木，均请赏给五品顶戴。

开复各员：

头品顶戴记名提督那斯洪阿巴图鲁降补副将萧拱照，因所带老湘二旗勇丁与安边中营勇丁口角争殴，前抚臣刘锦棠以事前未能约束，光绪十四年五月奏请撤去头品顶戴，以副将降补。查该员勤劳素著，现署精河营参将，操练、巡防尤为得力，应请开复原官，并请赏还头品顶戴。

提督衔记名总兵兴僧额巴图鲁降二级留任谭用宾,于现署库尔喀喇乌苏营游击任内,因未查缴营兵所剩子药封条误伤游击彭文英身死一案,光绪十六年十二月经前护抚臣魏光焘奏请议处,部议降二级留任,系公罪,例准抵销。查该员久历戎行,办事可靠,现在署任操防均能认真,应请开复降级处分。

(朱批:)览。①

○四五　呈新疆防戍出力拟保文职清单

光绪十八年六月十七日(1892年7月10日)

谨将新疆七载防戍在事出力择尤拟保文职各员衔名,汇缮清单,恭呈御览。

计开:

二品衔镇迪道兼按察使衔署理甘肃新疆布政使饶应祺,请俟升缺后赏加头品顶戴。

三品衔阿克苏兵备道陈名钰,盐运使衔喀什噶尔兵备道周崇傅,均请赏加二品顶戴。

二品顶戴伊塔兵备道英林,请交部从优议叙。

补道员后加布政使衔新疆补用道李宗宾,请赏准先换顶戴。

二品顶戴盐运使衔甘肃遇缺题奏道李滋森,请赏给随带军功加一级。

二品顶戴盐运使衔前任喀什噶尔兵备道黄光达,请赏给正二品封典。

---

①　中国第一历史档案馆藏:清单,档案编号:03-6028-054。

迪化府知府潘效苏，请开缺以道员尽先题奏。

伊犁府知府黄丙焜，请以道员在任遇缺题奏，并请赏加盐运使衔。

盐运使衔升用道分省补用知府潘时策，请免补知府，以道员遇缺题奏。

甘肃候补知府谢威凤，请俟补缺后，以道员用，并请赏加盐运使衔。

借补吐鲁番直隶同知候补知府朱冕荣，请赏加盐运使衔，并请俟开缺后，免补知府，以道员补用。

留新疆候补知府桂荣，请俟补缺后，以道员补用，并请赏加盐运使衔。

补用知府莎车直隶州知州刘嘉德，请俟直隶州开缺后，免补知府，以道员仍留原省尽先补用。

盐运使衔升用道候补知府借补英吉沙尔同知李庆棠，请俟开缺后，免补知府，以道员尽先补用。

补用知府联恩，请俟补知府后，以道员在任候补。

二品顶戴三品衔补缺后题奏道甘肃遇缺题奏知府蒋本艾，请俟归道员班后，赏给二品封典。

分省补用知府段兆熊，请赏加盐运使衔。

补用知府留甘候补直隶州知州陈纯治，请免补本班，以知府仍留原省尽先补用，并请赏加盐运使衔。

知府衔和阗直隶州知州潘震，请以知府在任候补，并请俟归知府班后，赏加盐运使衔。

在任候补知府分省补用同知奚麟，请免补本班，以知府仍分省尽先补用。

补用知府先换顶戴浙江补用同知谭嗣同，请免补同知，以知府仍留原省补用。

同知衔在任候补直隶州知州阜康县知县田鼎铭，请俟补直隶州知州后，以知府在任候补，先换顶戴。

补用同知知州用候选知县任兆观，请俟归同知班后，赏加知府衔。

分省补用同知沈仙鈇，请俟补缺后，以知府升用，先换顶戴。

知府衔贵州补用直隶州知州周应芬，请俟补缺后，以知府补用。

运同衔新疆试用直隶州知州易寿崧，知府衔甘肃补用同知彭绪瞻，留陕前先补用直隶州知州贺培荣，均请俟补缺后，以知府在任候补。

在任候补知府候补直隶州知州迪化县知县黄袁，请俟开缺后，免补直隶州知州，以知府尽先补用，并请赏给随带军功加一级。

知府衔指分江西试用同知谭宝箴，知府衔留甘补用直隶州知州蒋顺章，甘肃即补同知刘金藩，均请俟补缺后，以知府补用。

知府用候补直隶州知州借补塔城直隶同知石本清，请俟开缺后，以知府尽先补用。

四品衔在任候补直隶州知州准补哈密通判孙志群，请俟补直隶州知州后，以知府补用。

直隶州知州用候补知州借补库车直隶厅同知刘人佺，请俟开缺后，免补直隶州知州，以知府尽先补用，并请赏加盐运使衔。

在任候补直隶州知州拜城县知县杨其澍，请俟开缺后免补直隶州知州，以知府补用。

补用直隶州知州叶城县知县王俊，请俟补直隶州知州后，以知府在任候补。

补用知府分省补用直隶州知州骆恩绶，知府用新疆候补同知谭传科，知府用补用同知奇台县知县刘澄清，均请俟归知府班后，赏加盐运使衔。

在任候补知府库尔喀喇乌苏直隶厅同知王廷赞，请赏给四品封典。

分省补用同知直隶州知州周沄，请赏加知府衔。

同知衔留甘补用知县王炳塾，请免补本班，以直隶州知州仍留原省，归候补班前先补用，并请赏加运同衔。

同知衔新疆补用知县杨名树，请免补本班，以直隶州知州仍留原省，归候补班前先补用，并请赏加四品衔。

同知衔分省尽先即补知县刘兆松，补用直隶州知州分省补用知县张金兰，均请免补本班，以直隶州知州仍分省补用。

同知衔在任候补直隶州知州甘肃候补知县雷铭三，请免补知县，以直隶州知州仍留原省补用。

直隶州知州用留陕补用知县甘曜湘，留甘尽先补用知县陈彤辅，均请免补本班，以直隶州知州仍留原省补用。

同知衔直隶州知州用分省补用知县蒋光陞，同知衔分省补用知县南凤济、梁国栋，均请免补本班，以直隶州知州仍分省补用。

同知衔甘肃补用知县李时熙，请免补本班，以直隶州知州补用。

盐提举衔补用直隶州知州留甘补用知县罗正湘，同知衔补用直隶州知州留新疆补用知县李征煦，同知衔甘肃尽先即补知州江景耀，知府用补用直隶州知州留甘补用知县刘荣阁，同知衔直隶州知州用留甘补用知县朱熿，甘肃补用知州杨方炽，均请免补本班，以直隶州知州仍留原省补用。

升用直隶州知州绥来县知县李原琳，请以直隶州知州在任候补。

同知衔直隶州知州用候补知县借补新疆布政司经历蒋士修，请俟开缺后，免补知县，以直隶州知州补用。

知州衔甘肃补用知县宋升平，甘肃大挑试用知县刘至顺、钱广恩，均请俟补缺后，以直隶州知州补用。

即选知县童廷选，请俟选缺后，以直隶州知州补用，先换顶戴。

同知衔不论双单月选用知县龙祖统，尽先选用知县谭傅赞，均请俟选缺后，以直隶州知州补用。

分省即补知州张运芙，分缺先补用通判周仪，同知衔四川补用知县龚长奎，同知衔留甘补用知县何炳耀，同知衔甘肃补用知县章耀郇，同知衔留甘补用知县黄廷珍，同知衔分省补用知县夏绣春，同知衔分省即补知县贺汝霖，留甘补用知县陈先觐，均请俟补缺后，以直隶州知州补用。

同知衔留甘补用知县王懋勋、左兆凤，候补知县杨敬熙，均请俟补缺后，以直隶州知州尽先补用。

同知衔在任候补直隶州知州候选知县任步春，同知衔直隶州知州用留甘补用知县李瑞禾，均请俟归直隶州班后，赏加运同衔。

同知衔补用直隶州知州分省即补知县曾广均，请俟归直隶州班后，赏加知府衔。

双月选用同知钰山，请以同知不论双单月选用。

同知衔分省补用知县向贵镛，请免补本班，以同知仍分省前先补用。

补用同知甘肃补用知县左寿昆，请免补知县，以同知尽先补用。

补用同知选用知县杨存蔚，请免选知县，以同知尽先选用。

同知衔分省补用通判周茂春，分省补用知县左昭贻，均请免补本班，以同知仍分省补用。

同知衔留甘即补知县刘承泽，请免补本班，以同知补用。

补用同知选用知县翟盛庆，请免选本班，以同知尽先选用。

六品衔补用同知新疆补用知县胡岑，同知衔留甘补用知县罗霖润，同知衔新疆补用知县易绍昌，均请免补本班，以同知仍留原省补用。

同知衔留甘补用知县谈镇塈，同知衔甘肃候补知县罕札布，同知衔分省补用知县刘余庆、罗经史，同知衔留甘补用知县余猷澄，分省补用知县夏炳忠，均请俟补缺后，以同知补用。夏炳忠并请先换顶戴。

升用知县候补县丞俸满阿克苏旧城巡检萧庆祥，请俟补知县缺后，以同知在任候补，先换顶戴。

同知衔留甘补用知县易建藩，请俟补缺后，以同知仍留原省补用。

五品衔知县用留甘补用州判借补喀喇沙尔照磨陈廷灿，请开缺免补知县，以同知仍留原省补用。

同知用候补知县借补新疆布政司库大使文立山，请俟补同知后，以知府补用。

五品顶戴赞礼郎衔笔帖式荫锡，同知衔笔帖式英惠，请俟俸满后，免补知县，以同知补用。

同知用甘肃候补知县姚世贞，补用同知甘肃候补知县易策谦，补用同知分省补用知县龚先法，均请俟归同知班后，赏加知府衔。

同知衔尽先拣选知县张熙载，请赏给正五品封典。

同知衔候选通判黄勋，请以本班不论双单月尽先选用。

双月选用通判左新藻，请以本班不论双单月选用。

同知用甘肃候补知县罗运甓，直隶州知州用留陕补用知县彭棣云，留甘补用知县谭叶庚、黄益韶，分省补用知县戴赓唐、董克昌、左昭熙、陈元勋，分省补用知县陈际丰、杨正昌，留陕即补知县陈进禄，湖北补用知县龚钧，分省尽先补用知县周振汝，准补甘肃崇信县知县杨培之，甘肃即补知县杨增新，甘肃即用知县汤霖，留甘补用知县陈国琛，留江西补用知县王礼源，尽先补用知县留甘肃补用州判常炳塾，均请赏加同知衔。

签分安徽试用知县陈正源，请仍留原省，归候补班尽先补用。

拣选知县何象塾，请以知县归部不论双单月即选。

留甘补用知州萧彰棣，请赏加运同衔。

运同衔候补知州借补昌吉县知县李凌汉，同知衔直隶州用甘肃候补知县张雯，均请赏给随带军功加一级。

补用知州分省补用知县周本谦，请免补本班，以知州仍分省补用。

补用知州选用布理问周鼎，请免选本班，以知州不论双单月尽先选用，并请赏加运同衔。

补用知州选用布理问刘际昌，请免选本班，以知州不论双单月选用。

升用知州留甘尽先补用知县钟逢焕，请免补本班，以知州仍留原省补用。

选用布理问陈国麟，请免选本班，以知州尽先选用。

五品衔留陕补用州同葛德蒸，请俟补缺后，以知州补用。

双月选用布理问刘逢甲，请俟选缺后，以知州补用。

选用布理问准补疏勒州吏目周绍虞，双月选用布理问王道昌，均请俟选缺后，以知州补用。

补用知州选用布理问杨丙章，请俟归知州班后，赏加运同衔。

同知衔补用知州候补知县徐昭明，请俟归知州班后，赏加四品衔。

补用通判分省尽先补用州同郭固栋，请免补州同，以通判分省遇缺补用。

伊犁粮饷章京工部笔帖式荣安，请以主事无论咨留，遇缺即补。

在任即选知县遇缺即选教谕罗霁，请免选本班，以知县不论双单月尽先即选，并请赏加同知衔。

双月选用州判张斌，选用府经历朱佩蘅、文雅林，选用县丞王道直，均请免选本班，以知县不论双单月尽先即选，并请赏加同知衔。

六品衔知县用留甘补用县丞陈家培，六品衔新疆补用县丞萧然奎，均请免补本班，以知县仍留原省尽先补用，并请赏加五品顶戴。

就职候选直隶州州判黄赓陶，请免选本班，以知县仍归部尽先选用，并请赏加同知衔。

知县用补用县丞即选从九品盛泽湘，请免选各本班，以知县不论双单月选用。

府经历用候选县主簿李源锸，请免选各本班，以知县选用。

知县用候选县丞饶翰霄，候选府经历杨甲英，尽先选用县丞朱运丁，均请免选本班，以知县不论双单月选用。

补用知县不论双单月选用盐大使姚元恺，候选府经历刘鸿钧，知县用即选县丞陈伯信，均请免选本班，以知县不论双单月选用。

选用县丞刘廷柱，请免选本班，以知县不论双单月即选。

双月选用府经历倪卓，请免选本班，以知县尽先选用。

补用知县选用县丞饶凤珪、喻达善，均请免补县丞，以知县尽先选用。

六品衔知县用留陕补用县丞柴士祯，指省分发新疆试用府经历陈源灏，补用知县留甘补用府经历刘芬，请免补本班，以知县仍留原省尽先补用。

补用知县试用县丞借补疏附县典史杨振海，升用知县甘肃候补县丞赵树棠，补用知县留甘补用县丞张英楷，均请免补本班，以知县仍留原省补用。

选用府经历余鼎煌，请免选本班，以知县选用。

六品衔补用知县分省补用县丞童光湖，请免补本班，以知县仍分省补用。

补用知县分省补用县丞王树镕，升用知县分省补用县丞谭师竹，补用知县分省即补府经历何沂，分省补用县丞唐耀楠，知县用分省即补县丞王振文，分省试用县丞李焕墀，分省补用县丞杜陞，知县用分省补用县丞杨崇恩，均请免补本班，以知县仍分省补用。

分省补用县丞借补镇迪道库大使兼按司狱邓寿麟，请以知县在任候补。

分省补用县丞黄光本、李光照，均请免补本班，以知县仍分省补用。

六品蓝翎知县用选用府经历咨补伊犁府经历鸿勋，五品顶戴升缺升用甘肃布政司库大使萧庆增，均请以知县在任候补。

知县用补用盐大使借补济木萨县丞韩瑶光,请俟补知县缺后,以直隶州知州用。

补用知县选用州判殷邦甸,请免选州判,以知县尽先选用。

候选州判和阗直隶州吏目胡官俊,请免选州判,以知县在任候补。

选用州学正欧豫,请俟选缺后,以知县在任不论双单月即选。

俸满即补知县候选县丞借补奇台县巡检邹子鸿,请俟开缺后,以知县尽先补用。

分省补用县丞萧禹传,指分甘肃新疆试用县丞赵鋐,分省即补县丞黄端镐,均请俟补缺后,以知县尽先补用。

尽先选用盐大使朱霁荤,请俟选缺后,以知县补用,并请赏加六品衔。

选用府经历杨绍伯、齐从贤,均请俟选缺后,以知县补用,并请赏加六品衔。

选用县丞杨兴棣,请俟选缺后,以知县前先补用。

选用县丞黄显耀,请俟补缺后,以知县尽先补用。

六品衔补用府经历借补乌什厅照磨徐明达,请俟开缺后,免补本班,以知县尽先补用。

江苏试用府经历魏涛,六品衔分省补用县丞蒋元善、袁彦董,分省补用盐大使吴珍亭,分省补用州判胡桂龄,留甘补用县丞魏漪、李润霖,分省补用县丞陈斯道、刘鸿遇、杨景唐,分省即补县丞马文耀,指分湖北试用县丞丁鬒桐,理问衔分省补用县丞徐曦清,留甘补用县丞王晋昌,均请俟补缺后,以知县补用。

选用府经历潘晋乾、陶甄、刘庆龄,选用州判廖震炎,六品衔尽先选用县丞杨舒甲、陈立贞,双月选用县丞江春富,尽先选用县丞胡清源，尽先即选县丞李庆禄，分缺先选用县丞陶登科，不论双单月选用县丞王廷襄，候选县丞倪文彬，五品翎顶双月选用县丞袁炳奎，均请俟选缺后，以知县补用。

双月选用县丞丁绍勤，请俟选缺后，以知县用。

不论双单月即选州判盛泽斌，选用府经历刘昌涛，均请俟选缺后，以知县尽先补用。

选用县丞准补英吉沙尔厅照磨李裕勋，俸满后即补知县补用县丞借补莎车直隶州回城巡检廖沛霖，均请俟开缺后，以知县补用。

理问衔升用理问准补迪化府经历周芳煦，请俟开缺后，免补理问，以知县补用。

知县用选用县丞李志高，在任即选知县候选教谕魏振宗，升用知县分省补用县丞陈潨，补用知县留甘即补县丞韦鹤斌，补用知县陕西试用县丞周颙焌，补用知县候补县丞哈密厅巡检武永清，六品顶戴知县用选用县丞韩旭阳，六品蓝翎知县用候选县丞廖焜，知县用选用府经历县丞周寿昆，升用知县不论双单月尽先选用县丞姜灏，补用知县即选县丞张鼎勋，均请俟归知县班后，赏加同知衔。

不论双单月尽先选用训导张华焱，请免选本班，以教谕不论双单月尽先选用，并请赏加六品衔。

选用教职欧谦，请以教谕不论双单月尽先即选。

不论双单月尽先选用训导赵重华，请免选本班，以教谕不论双单月尽先选用。

双月选用训导江诗伯，优贡候选复设训导郭世恩，廪生王志仁、陈琼、常永庆、方朝钟、黄璋，增生易梦兰，均请以训导不论双单月尽先选用。

候选训导李明新，请以本班尽先即选。

廪生向文蔚，优附生彭耀堃，均请以训导尽先选用。

尽先前即选教谕李长檀，请以教授不论双单月尽先选用。

六品衔主簿用尽先选用从九品杨炳堃，请以府经历尽先选用。

阿克苏道库大使杨陞承，请以布库大使在任候补。

留甘补用从九品张聘尹，请免补本班，以府经历仍留原省补用。

六品衔选用主簿文炬莲，请免选本班，以府经历不论双单月尽先选用。

不论双单月尽先选用从九品余鼎焜，请以府经历不论双单月尽先选用。

布政司经历职衔陈泽民，请以府经历不论双单月选用。

签分试用府知事刘翰青，请免补本班，以府经历尽先补用。

候选主簿杨承泽，请免选本班，以府经历选用。

主簿用广东遇缺先即补巡检萧贻岊，请俟补缺后，免补主簿，以府经历在任候补。

盐大使职衔黄伟、黄森楷，均请以盐大使不论双单月尽先选用。

同知衔知县用补用府经历县丞方正廉，请赏给五品封典。

六品衔尽先选用县丞赵维垚，请赏加五品顶戴。

补用县丞主簿用甘肃试用从九品雷发声，请免补各本班，以县丞仍留原省补用。

补用县丞升用主簿分省即补典史魏连芳，请免补各本班，以县丞仍分省补用。

六品衔留甘补用从九咨补绥定县典史关宗汉，请以县丞在任候补。

州同职衔孟广裕、周渐达，州判职衔陶鼎元，县丞职衔刘高华、殷敦永，监生李元芮，均请以县丞不论双单月选用。

选用县丞李德源，请以县丞不论双单月选用，并请赏加六品衔。

选用县主簿曾道济、喻兆龙，六品衔即选巡检康德贞，即选巡检潘宗岳、蒋益智、朱鸿绶、杨嗣源，选用巡检饶守谦，升缺升用选用从九品欧阳倜、李树芬，即选从九品周崧峻、周知荣，选用从九品方鋆、魏仲琛、李邦瀚、龙知镛、李丙龙、余宏鑫、彭名甲、毛国钧，均请免选本班，以县丞不论双单月选用。

补用县丞留甘补用从九品高涣泉、颜日新，均请免补从九，以县丞仍留原省补用。

留甘补用巡检吉殿保，甘肃试用巡检龙骧，陕西候补巡检饶应福，留陕补用从九品蒋镇先，均请免补本班，以县丞仍留原省补用。

即选县主簿杨立三，县丞用即选巡检朱铎，即选巡检章时灿，选用巡检王锡銮、杨纪豫，即选从九品石若金，选用从九品康镇翰、张家瑞、刘华源，均请免选本班，以县丞尽先选用。

补用县丞候选从九品江文波，请免选从九，以县丞不论双单月选用。

分省补用从九品李竹峰，请免补本班，以县丞仍分省归候补班补用。

分省补用主簿陶俊，分省即补巡检周宗溪，分省补用从九品刘荣泽，分省试用巡检王鸿猷，分省即补巡检沈锡光，均请免补本班，以县丞仍分省尽先补用。

补用县丞选用县主簿罗教莹,请免选主簿,以县丞不论双单月尽先选用。

即选主簿贺凤梧,补用县丞选用巡检胡学效,即选从九品黄镛,均请免选本班,以县丞不论双单月选用。

分省补用巡检萧秉钧,补用县丞分省补用县主簿萧经士,县丞用分省补用从九品李延瑞,分省补用从九品杨丕甲、黄宗晋,均请免补本班,以县丞仍分省补用。

六品顶戴荫生刘秩祥,请以县丞尽先选用。

六品衔即选巡检陈永清,请免选本班,以县丞不论双单月选用。

县丞用补用主簿即选从九品孔日文,请免选各本班,以县丞选用。

分省补用巡检霍趾麟,请免补本班,以县丞仍分省补用。

选用从九品杨庆蕃,请免选本班,以县丞选用。

六品衔准补拜城县典史许惠元,请以县丞在任候补。

留甘补用巡检阜康县典史谭克安,请以县丞在任尽先补用。

选用巡检魏霖澍,不论双单月尽先选用从九品徐得岑,尽先即选巡检刘镒,不论双单月即选巡检黄熙,尽先选用从九品徐树稠,双月选用从九品余家骧,均请俟选缺后,以县丞尽先补用。

不论双单月尽先选用从九品彭英杰,请俟选缺后,以县丞用。

分省归候补班前补用巡检龙骧,请俟补缺后,以县丞补用。

补用府经历升用主簿绥来县典史杨光咏,直隶补用县丞李宗翔,选用府经历宋德宾,迪化府学教授原簽贞,国子监典簿衔镇西厅学训导陆云锦,尽先选用从九品陈瀛,尽先选用从九品段克忠,即选从九品刘长枬,甘肃试用典史唐鸿勋,不论双单月选用典史朱煐,选用未入流赵从贤,选用从九品刘文训,均请赏加六品衔。

六品翎顶补用主簿选用巡检王润生,补用主簿选用巡检万鹏程,补用主簿尽先即选巡检甘铭鼎,补用主簿遇缺即选从九品曾兴宇,补用主簿即选典史魏昌炽,补用主簿选用从九品张秉赤,六品顶戴主簿用选用从九品李凤林,选用巡检赵培基、易树勋、向炳麟、王道南、危德裕、龙式作、夏金培、许堃、贾鸿勋、王希尧、汤勋、李翰昌、万选青,即选巡检刘笃庆、彭克恭、盛文蔚,即选从九品胡锋学、涂廷尉,尽先选用从九品黄钟、张应选、王道隆、邓宗海、曾泽霖、谢鸿思、谢树人、黄克成、谢沛霖,尽先选用典史冯启元,选用典史王之光,尽先即选未入流杨丙荣,即选未入流李先杰,均请免选本班,以县主簿不论双单月尽先选用。

即选巡检马延寿,选用巡检田子禄,即选从九品谭步霄,选用从九品萧廷杰、曾毓鹤、傅博儒,选用典史曾广铭,均请免选本班,以县主簿尽先选用。

七品顶戴樊效智,附生王道正、饶焕然、胡培元,均请以县主簿不论双单月尽先选用。

昌吉县典史俞日新,请以主簿在任候补。

甘肃试用典史黄仁沃,请俟补缺后,以主簿用。

六品衔候选未入流白名真,六品衔巡检用候选典史米生荣,均请赏给六品封典。

增生庞琯,文童罗春瀚,均请以巡检不论双单月尽先选用,并请赏加六品衔。

选用典史雷象贤,请免选本班,以巡检不论双单月尽先即选,并请赏加六品衔。

选用巡检陈传典，从九职衔蒋丙晖、董建邦、李徽涛、张茂绪、夏炳勋、张有禧、吴宗周、陈国祥、李楷元，六品翎顶李昕，七品顶戴任树森、董毓昌，附生胡肇修、赵琴、吴瀚章、徐扬清、陈文彬、何文钦、吴耀先，监生朱同泽、易昆鼎、李作桢、侯念祖、罗仁，文童叶宗琪、杨范、张翼、陈策、邹家亮、易炳章、李勋显、王乾森、潘觐光、姚瑞麟、易润庠、胡鹏、李炳垫、廖起虞、陈佐清、王有镇、萧赞美、张正奎、张祖麟、高裕麒、彭明垣、吴有庆、吴邦杰、杜德辉、袁兰先、周济、王逢甲、汤培家、龙文瑞、王钊璠、卢峙鼎、叶喆、刘章甫、陈宗藩、潘宗岳、罗正芝、刘濬溢、陈沄、夏植松、朱篁、蒋人杰、谭翰垣、杨启瀚、王诗赏、程宗福、陈旭耀、旷经纶、任邦宪、胡海鲲、苏觐藻、甘征庐、王宝隆、柴永清、王炽昌、李学文、李滋冀、谭钧、黄允中、汪润瀛、甘征汉、黄本初，均请以巡检不论双单月尽先选用。

补用巡检尽先即补典史蔡恭，不论双单月选用典史姚家芮，均请免选本班，以巡检不论双单月尽先选用。

分省补用未入流曾佑启，请免补本班，以巡检仍分省补用。

即选未入流刘谟，请免补本班，以巡检不论双单月选用。

从九职衔朱后棠，附生傅崇义、杨孝，监生成道谦、朱宏试，七品顶戴危向枢，文童龙道南、吴瀛润、李成榕、王吉人、李国光、杨昌炽、任象鼎、刘运灿、李际春、李定荣、张鹤龄、李培基、龙熙霖、朱西铭、龙镇藩、唐正南，均请以巡检尽先选用。

分省补用从九品高照，请以巡检分省尽先补用。

奇台县典史陈运恒，请以巡检在任候补。

州吏目衔左兆麟，文童邹本杰、彭克修，均请以州吏目不论双单月选用。

选用从九品田乐圻，七品翎顶卫应选，文童李宗翰，均请以州吏目选用。

从九职衔韦镛、李文英、胡声远、谭兴藻、王维三、蒋树滋,附生陈宝三、耿熙才、徐浚、于永琪、王贤辅,文童许长潜、朱寿镛、曾尔铿、姚述荣、金昌黻、王绍曾、胡祖锡、戴承光、郝维泰、王宗高、刘致远、魏树勋、张茂典、杨昌年、焦洞、彭运昌、童兆庚、曾冠鼎、李肤、徐季伦、吴聘珍、龙名泽、徐济廷、喻建侯、李映奎、周兴让、刘兆蓉、黄显达、李文炳、夏彭龄、杜宗预、颜永基、万南先、安骏卿、萧锦、胡丙焕、潘汝江、谭世萃、龙树芳、夏芳琳、魏简、彭必达、谭团钧、徐象乾、汤毓良、凌庆沅、罗沅、魏荣黻、夏道基、陈克勋、杨名煜、朱佩芬、易荣鼎、甘毓霖、张道隆、喻先点、袁之道、尹先声、谭熙瑞、周昆、仇发龄、罗曜冈、魏振翮、彭丙昀、张梦兰、张奎文、黄沛霖、萧应卿、贺发章、唐运广、陈星镛、李森毓、金镇西、徐克成、刘福恩,均请以从九品不论双单月尽先选用。

文童何超举、黄承苹、杨继荣、方玉田、张祥、颜勉周、陶性孝、谭传种、杨宗峻、汤孟襄、杨新铭,均请以从九品尽先选用。

文童萧鹤纪、周培基、罗光焻、唐先泽、杨仁果、鲁延侯、蔡正海、张堃、张生荣、冯效异、王光曜,均请以典史不论双单月尽先选用。

文童苗茂、沈国翰、王宗瀚,均请以未入流不论双单月选用。

文童黄宗悫、巨森怡,均请赏给从九职衔。

开复各员：

补用知府候补直隶州知州降三级调用傅寿森,前署吐鲁番厅同知,因盗匪挟仇烧杀失察差役一案,经前护抚臣魏光焘于光绪十七年四月奏请议处,部议降三级调用,系公罪,例准抵销。查该员历经差委,实属出力,被议后尤倍加奋勉,应请开复降调处分,仍以直隶州知州留甘肃新疆补用,补缺后以知府尽先补用。

陕西补用知县归部降选府经历海英，同治十一年经前陕甘督臣左宗棠于甘肃甄别案内以性傲才疏，不堪造就，奏请以府经历归部降选。该员旋投军营，深知悛改，办事亦极勤能，应请开复降选处分，仍以知县留原省补用。

已革花翎布政使衔广西遇缺尽先题奏道赵沃，光绪十二年十一月十六日奉旨发往新疆效力赎罪，旋经前抚臣刘锦棠奏请派管屯田事务。十五年，恭逢恩诏，前护抚臣魏光焘奏请免罪，仍留新疆办理屯垦。十六年闰二月初七日，经部奏奉谕旨：准其留办屯垦。钦此。查该革员愧奋自新，督办屯务，尚属得力，应请开复翎顶。

（朱批：）览。①

○四六　奏请奖叙新疆防戍员弁片

光绪十八年六月十七日（1892 年 7 月 10 日）

再，新疆防戍各军棋布星罗，汛地辽阔，必统辖得人，乃能整饬戎行，借资臂助。查喀什噶尔提督董福祥、阿克苏镇总兵黄万鹏、②

---

① 中国第一历史档案馆藏：清单，档案编号：03-6028-055。

② 黄万鹏（1831—1898），字抟九，湖南宁乡人。初以武童从曾国荃入江西、安徽，剿办太平军。咸丰六年（1856），充哨长，加六品顶戴。翌年，保外委。十一年（1861），保千总，戴蓝翎。同治元年（1862），保升守备，换花翎。同年，再保都司，晋游击衔。二年（1863），保参将。三年（1864），保总兵，封力勇巴图鲁。六年（1867），保以提督记名简放。十年（1871），署汉中镇总兵。十三年（1874），赏伯奇巴图鲁。光绪二年（1876），赏黄马褂。次年，封云骑尉、骑都尉、二等轻车都尉。六年（1880），赴新疆统带扬威等营。十年（1884），升头品顶戴。十二年（1886），统带定边、定远等营。十五年（1889），署喀什回城协副将。十六年（1890），署阿克苏镇总兵。同年，迁阿克苏镇总兵。二十年（1894），署新疆提督。同年，统带西四城马步各军。次年，署巴里坤镇总兵。二十三年（1897），封二等男。二十四年（1898），晋京，卒于途。

伊犁镇总兵张俊、①署巴里坤镇总兵汤彦和,声威凤著,纪律严明,保固边陲,厥功实伟;又陕西布政使张岳年、甘肃按察使裕祥,前在甘肃藩司任内筹解饷项、军装,悉心经画,深裨事局,应如何一并奖叙之处,出自圣裁。谨附片具奏,伏乞圣鉴训示。谨奏。

（朱批:）览。②

光绪十八年七月初八日,奉朱批:览。钦此。③

〇四七　请免开复总兵捐复银两片

光绪十八年六月十七日(1892年7月10日)

再,花翎提督衔记名总兵傅殿魁④因案参革,于新疆六载边防案内奏请开复,经部议覆,准其开复原官,仍令补缴捐复银两。所请开复原衔、翎枝,应毋庸议。花翎知州用补用同知五品衔陕西补用知县柳葆元因案奏参以府经历、县丞降补,于广西官军叠次获胜案内奏准开复原官、原衔、翎枝,部议仍令补缴捐复银两。

---

①　张俊(1840—1900),字杰三,倭欣巴图鲁,甘肃宁夏府灵州人。同治九年(1870),报捐都司。十二年(1873),署理西宁永安营游击。同年,升参将。次年,迁副将,加总兵衔。光绪元年(1875),任西宁北川营都司。次年,晋提督衔。三年(1877),授定远军统领。五年(1879),署阿克苏镇乌什协副将。十五年(1889),补甘肃西宁镇总兵。同年,调伊犁镇总兵。二十一年(1895),擢喀什噶尔提督。二十三年(1897),调署甘肃提督。二十五年(1899),授武卫全军翼长。次年,卒于任,谥壮勤。

②　台北故宫博物院藏:军机及宫中档,文献编号:408002721-0-A。

③　中国第一历史档案馆藏:录副奏片,档案编号:03-5888-019。

④　傅殿魁(?—1911),湖北汉阳人。初以武童投效军营。同治五年(1866),以功选甘肃远堡守备。九年(1870),升库尔喀喇乌苏营游击。十年(1871),加副将衔,赏壮勇巴图鲁名号。光绪四年(1878),晋提督衔。后因案革职。十八年(1892),开复原官。二十七年(1901),补甘肃庄浪协副将。三十一年(1905),迁陕西陕安镇总兵。宣统三年(1911),被杀。

该员等在新疆委办要件，不辞劳瘁，实属异常出力，所有应缴捐复银两，恳恩准其一并免缴，并赏还傅殿魁原衔、翎枝，出自鸿施。谨附片陈明，伏乞圣鉴训示。谨奏。

（朱批：）览。①

光绪十八年七月初八日，奉朱批：览。钦此。②

○四八　恭报新疆光绪十八年三月雨水、粮价折

光绪十八年六月十九日（1892年7月12日）

头品顶戴甘肃新疆巡抚臣陶模跪奏，为恭报光绪十八年三月份粮价并得雨雪情形，谨缮折具陈，仰祈圣鉴事。

窃照光绪十八年二月份各厅、州、县粮价并得雨雪情形，业经臣奏报在案。兹据署新疆布政使饶应祺详称：光绪十八年三月份，北路镇迪道属迪化、奇台得雨，入土六寸；阜康、镇西、库尔喀喇乌苏得雪，积地五寸；昌吉得雪，积地四寸；绥来得雪，积地三寸；得雨，入土二寸；哈密、吐鲁番微雨。伊塔道属宁远得雨，入土三寸；绥定、塔尔巴哈台微雨。南路库车得雪，积地五寸；喀喇沙尔得雪，积地二寸；得雨，入土一寸；拜城得雨，入土一寸；乌什、莎车、叶城、和阗、于阗、英吉沙尔微雨。余未得雨雪。至通省粮价，镇西、塔尔巴哈台、精河、喀喇沙尔、库车、昌吉、阜康、绥来、绥定等厅、县俱与上月相同，余均略有增减。汇详请奏前来。

理合恭折具陈，并缮粮价清单，敬呈御览，伏乞皇上圣鉴。谨

---

① 台北故宫博物院藏：军机及宫中档，文献编号：408002721-0-B。
② 中国第一历史档案馆藏：录副奏片，档案编号：03-5888-020。

奏。光绪十八年六月十九日。

（朱批：）知道了。[1]

光绪十八年闰六月二十六日，奉朱批：知道了。钦此。[2]

○四九　呈新疆光绪十八年三月粮价清单

光绪十八年六月十九日(1892年7月12日)

谨将新疆各属光绪十八年三月份米粮时估价值，缮具清单，恭呈御览。

计开三月份：

镇迪道属：

迪化县：大米每京石价银二两五钱三分七厘，较上月增二钱一分二厘。小麦每京石价银一两一钱三分二厘，较上月增一钱四分二厘。豌豆每京石价银九钱三分六厘，与上月相同。青稞每京石价银八钱六分二厘，较上月增六分九厘。

昌吉县：大米每京石价银一两八钱七分二厘，小麦每京石价银七钱七分六厘，豌豆每京石价银九钱二分，青稞每京石价银八钱七分五厘，俱与上月相同。

阜康县：粟米每京石价银八钱八分四厘，小麦每京石价银一两一钱三分二厘，豌豆每京石价银一两一钱六分七厘，高粱每京石价银九钱二厘，俱与上月相同。

绥来县：大米每京石价银一两八钱六分，小麦每京石价银七钱

七分二厘,豌豆每京石价银八钱四分九厘,高粱每京石价银五钱六分三厘,俱与上月相同。

奇台县:大米每京石价银二两七分一厘,与上月相同。小麦每京石价银六钱三分六厘,较上月减三分六厘。豌豆每京石价银六钱二分一厘,较上月增三分四厘。

吐鲁番直隶厅:小麦每京石价银一两一钱一分八厘,较上月增一钱四分九厘。大麦每京石价银七钱四分六厘,较上月增七分四厘。高粱每京石价银五钱五分七厘,与上月相同。黄豆每京石价银一两八钱六分六厘,较上月增三钱一分八厘。

镇西直隶厅:小麦每京石价银一两一钱七分,豌豆每京石价银一两三钱六分,青稞每京石价银八钱八分,俱与上月相同。

哈密直隶厅:粟米每京石价银一两二钱九分六厘,较上月增七分二厘。小麦每京石价银九钱三分八厘,与上月相同。豌豆每京石价银一两二钱三分四厘,较上月增八分二厘。青稞每京石价银八钱六厘,与上月相同。

库尔喀喇乌苏直隶厅:小麦每京石价银九钱二分,较上月增四分。豌豆每京石价银一两一钱二分,较上月增七分。高粱每京石价银五钱七分,较上月减三分。

伊塔道属:

绥定县:大米每京石价银三两七钱七分四厘,小麦每京石价银八钱二分八厘,大麦每京石价银五钱六分五厘,豌豆每京石价银八钱六分四厘,俱与上月相同。

宁远县:大米每京石价银二两九钱六分,较上月增一钱四分八厘。小麦每京石价银六钱九分,较上月增六分九厘。大麦每京石价银六钱九分五厘,较上月增一分。豌豆每京石价银一两八厘,与上月相同。

塔尔巴哈台直隶厅：小麦每京石价银一两七分七厘，大麦每京石价银一两二钱三分二厘，豌豆每京石价银一两二钱二厘，俱与上月相同。

精河直隶厅：大米每京石价银三两一钱四分五厘，小麦每京石价银八钱六分五厘，大麦每京石价银七钱三分五厘，豌豆每京石价银一两一钱一分，俱与上月相同。

阿克苏道属：

温宿直隶州：大米每京石价银一两五钱二分，较上月减三钱八分。小麦每京石价银八钱六分二厘，与上月相同。大麦每京石价银六钱，与上月相同。包谷每京石价银六钱九分，与上月相同。

拜城县：小麦每京石价银五钱二分，较上月增三分。大麦每京石价银二钱六分，较上月增八分。豌豆每京石价银四钱，较上月增一钱四分。包谷每京石价银四钱八分，较上月增九分。

喀喇沙尔直隶厅：大米每京石价银二两九钱六分，小麦每京石价银一两一钱四厘，豌豆每京石价银一两八厘，包谷每京石价银八钱三分二厘，俱与上月相同。

库车直隶厅：大米每京石价银二两一钱，小麦每京石价银一两一钱，豌豆每京石价银七钱七分，包谷每京石价银七钱四分，俱与上月相同。

乌什直隶厅：大米每京石价银一两六钱六分九厘，较上月增一钱七分九厘。小麦每京石价银六钱六分，较上月增八分。大麦每京石价银三钱二分一厘，较上月增三分三厘。包谷每京石价银四钱三分八厘，较上月增四分五厘。

喀什噶尔道属：

疏勒直隶州：大米每京石价银三两三钱，与上月相同。小麦每京石价银一两二钱六分九厘，较上月减二钱二分五厘。包谷每京石价银一两二分四厘，较上月减六分四厘。高粱每京石价银八钱八分，与上月相同。

疏附县：大米每京石价银三两三钱，与上月相同。小麦每京石价银一两二钱六分九厘，较上月减二钱二分一厘。包谷每京石价银一两七分二厘，较上月减六分七厘。高粱每京石价银八钱八分，与上月相同。

莎车直隶州：大米每京石价银二两五钱一分六厘，较上月增一钱四分八厘。小麦每京石价银八钱一分四厘，较上月增二分八厘。大麦每京石价银六钱二分五厘，与上月相同。包谷每京石价银六钱八分六厘，与上月相同。

叶城县：大米每京石价银三两四钱二分二厘，较上月增五钱二分二厘。小麦每京石价银八钱五分，较上月减一钱五分。包谷每京石价银六钱二分四厘，较上月增四分八厘。青稞每京石价银四钱，与上月相同。

和阗直隶州：大米每京石价银二两七分二厘，与上月相同。小麦每京石价银一两二分一厘，较上月增五分五厘。包谷每京石价银六钱一分四厘，较上月增二分五厘。青稞每京石价银五钱三分八厘，与上月相同。

于阗县：大米每京石价银二两二钱八厘，较上月增一钱三分八厘。小麦每京石价银九钱五分一厘，较上月增二分。包谷每京石价银五钱八分八厘，较上月增一分五厘。

英吉沙尔直隶厅：大米每京石价银三两四钱九分六厘，较上月减三钱四厘。小麦每京石价银一两一钱四厘，较上月减八分二厘。大麦每京石价银五钱七分，与上月相同。包谷每京石价银九钱三分八厘，与上月相同。

玛喇巴什直隶厅：大米每京石价银二两九钱六分，与上月相同。小麦每京石价银一两三钱一分一厘，较上月增三钱四分五厘。包谷每京石价银一两一钱五分二厘，较上月增二钱二分五厘。

（朱批：）览。[1]

〇五〇　请旌表昌吉县节妇折

光绪十八年六月十九日(1892 年 7 月 12 日)

头品顶戴甘肃新疆巡抚臣陶模跪奏，为节妇年例相符，恳恩旌表，以维风化，恭折仰祈圣鉴事。

窃据署新疆布政使饶应祺详：准署镇迪道兼按察使衔周崇傅咨：据署迪化府知府黄丙焜详：据署昌吉县知县任兆观详：转绅民徐学功等禀称：该县节妇马氏，秉性淑慎，适民人徐得学为室，内外无间言。咸丰四年，得学病故。马氏年二十六岁，家贫，二子尚幼，氏矢志抚孤，借针黹自给，不妄称贷。旋为子择配，以重宗祀。现年六十四岁，计守节三十八年。又，节妇徐氏，系民人何芮生之妻，恪尽妇道。同治三年，芮生病故，遗孤子二。徐氏年二十七岁，时值兵燹，家道贫寒，有劝其适人者，徐氏以死自誓，茹苦含辛，抚子成立，乡里贤之。现年五十五岁，计守节二十八年。职等谊属戚

---

[1]　中国第一历史档案馆藏：清单，档案编号：03-6918-038。

族，见闻较确，未便听其湮没，出具甘结，由县查造事实清册，依次加具印结，转详前来。

臣查定例：直省节孝妇女应旌表者，由该督抚、学政会同具题，并取具册结，送部核议题准后，令地方官给银三十两，听本家建坊等因。兹节妇徐马氏、何徐氏年例均属相符，合无仰恳天恩，敕部核议，照例旌表，以彰苦节而维风化。

除将册结咨部查照外，谨会同陕甘总督臣杨昌濬、甘肃学政臣蔡金台①恭折具陈，伏乞皇上圣鉴训示。再，查礼部奏，嗣后各省贞孝节烈妇女应照例具题，不得违例奏请等因。新疆行省初设，应题案件均未能照例办理。合并声明。谨奏。光绪十八年六月十九日。

（朱批：）着照所请，礼部知道。②

光绪十八年闰六月二十六日，奉朱批：着照所请，礼部知道。钦此。③

○五一　新疆第五次新海防捐请奖折

光绪十八年六月十九日（1892年7月12日）

头品顶戴甘肃新疆巡抚臣陶模跪奏，为新疆第五次遵办新海防捐输，恳恩饬部核奖，恭折仰祈圣鉴事。

---

① 蔡金台，生卒年不详，字燕生、燕孙，江西德化人。光绪十二年（1886），中式进士，改庶吉士。十五年（1889），任翰林院编修。十七年（1891），升补甘肃学政、湖广道监察御史。三十年（1904），任会试同考官。

② 台北故宫博物院藏：军机及宫中档，文献编号：408002722。

③ 中国第一历史档案馆藏：录副奏折，档案编号：03-5555-090。

窃照新疆新海防捐输，业经臣将自光绪十七年五月初一日起截至十月底止，作为第四次捐输，奏请核奖在案。兹据署布政使饶应祺详称：自光绪十七年十一月初一日起，截至十八年五月底止，先后据各捐生报捐实官、职衔各项共四名，计收正项库平银七百二两，分别填发正实收，给予收执；收捐银两另款存储，听候提拨。其随收饭银、照费、填过副实收及各捐生履历清册，一并赍解。详请具奏，并恳咨部填换执照，以凭转给等情前来。

臣覆核无异。合无仰恳天恩，准将新疆第五次新海防捐输饬部分别核奖，以示鼓励。除将清册、副实收、饭银、照费咨送吏部、户部、国子监外，谨恭折具陈，伏乞皇上圣鉴训示。谨奏。光绪十八年六月十九日。

（朱批：）户部议奏。①

光绪十八年闰六月二十六日，奉朱批：户部议奏。钦此。②

○五二　奏报英、俄两国派兵越界折

光绪十八年闰六月初一日（1892年7月24日）

头品顶戴甘肃新疆巡抚臣陶模跪奏，为英、俄前为帕米尔地越入各卡，现探俄兵拟向色勒库尔进发，谨将办理情形恭折密奏，仰祈圣鉴事。

窃维新疆沿边一带，毗连外部。光绪十年，巴里坤领队大臣沙

---

① 台北故宫博物院藏：军机及宫中档，文献编号：408002724。
② 中国第一历史档案馆藏：录副奏折，档案编号：03-6537-016。

克都林札布①会同俄官,勘分南疆边界,至乌斯别里山止,其南为大小帕米尔,在喀什噶尔界外,向未勘分。嗣虽设立卡伦,以布鲁特巡守,其地仍归布鲁特游牧。就帕米尔各地形势而论,让库尔迤北与俄相近,苏满西南与阿富汗相近。上年冬间,英兵欲修路通帕米尔,遂入坎巨提,经臣奏明在案。旋据探报:阿富汗部数十人前来苏满,俄亦遣人至让库尔,各胁布、回为之服役。

臣以帕米尔各地僻在穷荒,俄欲得此以窥印度,英欲得此以为屏蔽。英与该处鸳隔,阿富汗人之至苏满,是其主唆;俄人之来让库尔,似亦知其隐谋,而预为布置。英、俄相持,意各有在,入卡人数均属不多,当咨商喀什噶尔提督臣董福祥,派弁理阻,并拨营旗,择要扼扎,以备不虞。旋准总理各国事务衙门电称:英、俄非与我构衅,暂应静镇等因。诚以彼族互相猜忌,兵端不宜自我而开也。

顷据署喀什噶尔道李宗宾禀报:探闻俄马步一千八百余人,拟向色勒库尔进发。查色勒库尔离莎车州八百余里,系我近边布鲁特属部。俄争帕米尔而欲进驻该处,情形实属叵测,臣固不敢轻肇衅端,有累大局,亦不敢稍怀疑沮,致误事机。现查离疏勒州五百余里之布隆库尔,形势扼要,已由董福祥派兵驻守,保固门户,并饬莎车协营拨兵进驻色勒库尔,仍于后路屯兵运粮,以为声援。其各险要处所,均经飞咨提臣妥为调度,务合机宜,仍饬各将弁遇事持

---

① 沙克都林札布(1842—1897),字振亭,库楚特依巴图鲁。咸丰六年(1856),授骑都尉,兼云骑尉。同治三年(1864),补二等侍卫,旋晋头等侍卫。四年(1865),加副都统衔。十一年(1872),调马队全营翼长。光绪二年(1876),帮办军务。十年(1884),升科布多参赞大臣。十五年(1889),调补吉林副都统。十九年(1893),署吉林将军。二十一年(1895),调宁古塔副都统。二十二年(1896),授珲春副都统,帮办吉林边防事宜。二十三年(1897),卒于任。

重，不得轻进，仰副朝廷眷念边陲之至意。

除俟得该处续报再将详晰情形具奏外，所有英、俄越入帕米尔各卡，俄兵拟向色勒库尔进发，办理各缘由，谨恭折密陈，伏乞皇上圣鉴训示。谨奏。光绪十八年闰六月初一日。

（朱批：）该衙门知道。①

光绪十八年七月初二日，奉朱批：该衙门知道。钦此。②

【案】此奏于七月初二日得清廷允行。《清实录》：

丁亥……谕内阁：甘肃新疆巡抚陶模奏，英、俄前为帕米尔地越入各卡，现探俄兵马步一千八百余人拟向色勒库尔进发，情形叵测。查离疏勒州五百余里之布隆库尔，形势扼要，已由喀什噶尔提督董福祥派兵驻守，保固门户，并饬莎车协营拨兵进驻色勒库尔，仍于后路屯兵运粮，以为声援。其各险要均经飞咨提臣妥为调度，仍饬遇事持重，不得轻进。下所司知之。③

○五三　审拟英吉沙尔厅民斗殴毙命一案折

光绪十八年闰六月初五日（1892年7月28日）

头品顶戴甘肃新疆巡抚臣陶模跪奏，为斗殴毙命，核明定拟，恭折具陈，仰祈圣鉴事。

---

① 台北故宫博物院藏：军机及宫中档，文献编号：408002725。
② 此奉旨日期与内容，据军机处随手登记档（档案编号：03-0273-1-1218-195）校补。
③ 《德宗景皇帝实录（五）》，卷三百十四，光绪十八年七月，第73页。

　　窃英吉沙尔厅缠民达五提因索债口角，用刀戳伤苏皮尼月孜手腕等处越日身死一案，据前任英吉沙尔厅同知李庆棠验明禀报，随即卸事。经接署同知王毓芬讯供通详，未及招解撤任。现署同知潘时策接准移交，覆审拟解，署喀什噶尔道李宗宾审明，咨署镇迪道兼按察使衔周崇傅核转前来。

　　臣复加查核，缘达五提籍隶英吉沙尔厅，种地营生，与已死苏皮尼月孜素好无嫌。光绪十七年八月内，苏皮尼月孜借用达五提银一两五钱，达五提屡讨未还。十月二十七日，达五提路遇苏皮尼月孜，又向索欠。苏皮尼月孜斥其不应拦路逼债，达五提回骂。苏皮尼月孜生气，扭住达五提衣襟。达五提力争不脱。正抓扭间，适苏皮尼月孜胞兄托合大送与其弟亦思拉木瞥见，均即拢前解劝。达五提疑其帮护，一时情急，顺抽身带小刀，戳伤其右手腕、右手胂揪。苏皮尼月孜松手，达五提逃跑。苏皮尼月孜医药罔效，越日殒命。投约报验，获犯讯供，议拟解道，咨兼臬司核转。臣覆核无异。

　　查律载：斗殴杀人者，不问手足、他物、金刃，并绞监候等语。此案达五提因索债口角，用刀戳伤苏皮尼月孜手腕等处，越日身死，自应按律问拟。达五提合依斗殴杀人者，不问手足、他物、金刃并绞律，拟绞监候，秋后处决。托合大送、亦思拉木实只拢劝，并无帮殴情事，应毋庸议。苏皮尼月孜所欠银两，身死无征。无干省释，尸棺饬埋，凶刀案结销毁。是否允协，除全案供招咨送刑部外，所有斗殴毙命核明定拟缘由，恭折具陈，伏乞皇上圣鉴，饬部核覆施行。谨奏。光绪十八年闰六月初五日。

　　（朱批：）刑部议奏。①

---

①　台北故宫博物院藏：军机及宫中档，文献编号：408002726。

光绪十八年七月初十日,奉朱批:刑部议奏。钦此。①

○五四　审拟镇西厅民谋杀人命一案折

光绪十八年闰六月初五日(1892年7月28日)

头品顶戴甘肃新疆巡抚臣陶模跪奏,为谋杀人命,审明定拟,恭折仰祈圣鉴事。

窃镇西厅客民孙添强因挟雇东邵天玉辱骂并扣抵工价之嫌,起意谋杀泄忿,乘邵天玉睡熟,用刀戳其咽喉等处,登时毙命一案,报经镇西厅同知甘承谟相验,填格通报,未及获犯卸事,移交接署同知易寿崧,盘获孙添强,并起出凶刀,讯供拟解,由镇迪道兼按察使衔周崇傅转详前来。

臣亲提研审,缘孙添强籍隶甘肃镇番县。光绪十三年三月,经已死邵天玉雇放骆驼,一同出关,平日并无主仆名分,言定每月工价银二两五钱,邵天玉并不按月付清。六年之久,只支工银五十余两,下欠延不算结。十六年七月,邵天玉添雇缠回保苏克,同往镇西草湖牧放,分作三处歇宿,以便看守。十月二十二日挨晚,邵天玉见骆驼疲瘦,斥孙添强喂养不力。孙添强分辩,邵天玉辱骂,孙添强负气辞工,邵天玉逼令就走。孙添强索讨工银,邵天玉以数年来倒毙驼只扣抵。孙添强知邵天玉素日悭吝,托保苏克转求只要进关盘费,邵天玉分文不给。随各就寝。

孙添强愈思愈恨,起意谋杀泄忿,以黑夜无人知觉,随取医治骆驼小刀,乘邵天玉睡熟,孙添强将邵天玉头颅按住,拿刀戳伤咽

喉、右耳窍，登时毙命。孙添强待至黎明，假意声喊骆驼走开，伊去赶回，令保苏克到邵天玉跟前烧火。保苏克前往，见邵天玉被杀，喊孙添强走拢查看。孙添强佯作惊吓，投保报验，随盘出实情，并起获凶刀，讯供拟解。臣亲审无异。

查律载：谋杀人者斩等语。此案孙添强因挟邵天玉辱骂并扣抵工价之嫌，起意谋杀泄忿，用刀狠戳其咽喉等处身死。查孙添强与邵天玉并无主仆名分，自应按律定拟。孙添强一犯合依谋杀人造意者斩律，拟斩监候，秋后处决，照例先行刺字。邵天玉扣减工价，亦有不合，业已被杀身死，应与讯不知情之保苏克均免置议。孙添强应得工价，邵天玉身死无征。无干省释，尸棺饬埋，凶刀案结销毁。是否有当，除全案供招咨送刑部外，合将谋杀人命审明定拟缘由，谨恭折具陈，伏乞皇上圣鉴，饬部核覆施行。谨奏。光绪十八年闰六月初五日。

（朱批：）刑部议奏。[1]

光绪十八年七月初十日，奉朱批：刑部议奏。钦此。[2]

○五五　请以萧元亨署理巴里坤镇总兵折

光绪十八年闰六月初五日（1892 年 7 月 28 日）

头品顶戴甘肃新疆巡抚臣陶模跪奏，为拣员署理总兵要缺，以重边防，恭折仰祈圣鉴事。

窃臣于光绪十八年三月二十五日准陕甘总督臣杨昌濬咨：准

---

① 台北故宫博物院藏：军机及宫中档，文献编号：408002728。

② 中国第一历史档案馆藏：录副奏折，档案编号：03-7315-040。

兵部咨开：正月初九日，内阁奉上谕：陕西河州镇总兵员缺，着汤彦和补授。钦此。等因到臣。当经钦遵檄行现署巴里坤镇总兵汤彦和遵照在案。查巴里坤镇辖境辽阔，东接安西，北控科布多，西达省城，为新疆重镇，亟应遴员接署，以便汤彦和交卸赴任。

查有头品顶戴记名提督恩骑尉世职哈密协副将巴克坦巴图鲁萧元亨，老成干练，晓畅戎机，自咸丰年间投入湘军，转战江西、安徽、陕、甘等省。嗣随大军荡平新疆南北两路，卓著战功。光绪十二年，委署哈密协副将，旋奏补斯缺，操防均能得力，以之署理巴里坤镇总兵篆务，必能认真训练，和辑兵民，于边陲实有裨益。臣与督臣等往复函商，意见相同。

除檄委并饬取履历清册咨部外，所有拣员署理总兵要缺缘由，谨会同陕甘总督臣杨昌濬、喀什噶尔提督臣董福祥恭折具陈，伏乞皇上圣鉴训示。谨奏。闰六月初五日。

（朱批：）兵部知道。[1]

光绪十八年七月初十日，奉朱批：兵部知道。钦此。[2]

〇五六　请将刘乾福即行革职片

光绪十八年闰六月初五日(1892 年 7 月 28 日)

再，花翎副将衔留新疆尽先补用游击刘乾福，办事巧滑，嗜好已深，现当整顿营务之际，此等劣员未便稍事姑容，相应请旨将副将衔留新疆尽先补用游击刘乾福即行革职，并拔去花翎，以肃戎

---

① 台北故宫博物院藏：军机及宫中档，文献编号：408002727。

② 中国第一历史档案馆藏：录副奏折，档案编号：03-5888-021。

政。除咨部查照外，谨附片具奏，伏乞圣鉴训示。谨奏。

（朱批：）着照所请，兵部知道。[1]

光绪十八年七月初十日，奉朱批：着照所请，兵部知道。钦此。[2]

○五七　奏报提镇各员堪胜军职片

光绪十八年闰六月初五日（1892 年 7 月 28 日）

再，整饬军政，在将领得人，非勇略夙优，又从百战之余，著有威望，当偏裨则有余，言统率则不足。臣到任以来，凡向在湘、楚、皖、蜀诸军出力、现服官新疆武职人员，或就近查察，备悉底蕴；或于公牍并采访舆论，觇其调度布置，因以识其谋略之短长。兹查有记名提督萧元亨、曾松明、汤秀斋、张怀玉、陶生林，记名总兵万胜长，以上六员，性情、资格不必相同，要其精明之识、干练之才、勇敢之气，各就所长，均堪胜提镇专阃之任。

臣闻见所及，谨附片胪陈，以备采择，伏乞圣鉴。谨奏。

（朱批：）萧元亨等均着交军机处存记。[3]

光绪十八年七月初十日，奉朱批：萧元亨等均着交军机处存

---

① 台北故宫博物院藏：军机及宫中档，文献编号：408002727-0-A。此片之具奏日期，军机录副署"六月初五日"，查光绪十八年七月初十日军机处随手登记档（档案编号：03-0273-2-1218-203），则署有"报四百里，闰六月初五日发"等字样。据此，此片之具奏日期应为"光绪十八年闰六月初五日"。兹据校正。

② 中国第一历史档案馆藏：录副奏片，档案编号：03-5888-022。

③ 台北故宫博物院藏：军机及宫中档，文献编号：408002727-0-B。此片之具奏日期，军机录副署"六月初五日"，查光绪十八年七月初十日军机处随手登记档（档案编号：03-0273-2-1218-203），则署有"报四百里，闰六月初五日发"等字样。据此，此片之具奏日期应为"光绪十八年闰六月初五日"。兹据校正。

记。钦此。①

○五八　奏报拣员接署哈密协副将片

光绪十八年闰六月初五日(1892 年 7 月 28 日)

再,萧元亨所遗哈密协副将员缺,查有新疆补用提督巴里坤镇标中营游击宋贤声,久历戎行,操防勤奋,堪以委署。镇标中营游击员缺,查有提督衔新疆补用总兵朱德和,勤干耐劳,堪以接署。

除分别给委外,谨会同陕甘总督臣杨昌濬、喀什噶尔提督臣董福祥附片具奏,伏乞圣鉴。谨奏。

(朱批:)兵部知道。②

光绪十八年七月初十日,奉朱批:兵部知道。钦此。③

○五九　奏报新疆光绪十八年四月雨水、粮价折

光绪十八年闰六月二十日(1892 年 8 月 12 日)

头品顶戴甘肃新疆巡抚臣陶模跪奏,为恭报光绪十八年四月份粮价并得雨情形,谨缮折具陈,仰祈圣鉴事。

窃照光绪十八年三月份各厅、州、县粮价并得雨雪情形,业经

---

① 中国第一历史档案馆藏:录副奏片,档案编号:03-5888-024。

② 台北故宫博物院藏:军机及宫中档,文献编号:408002727-0-C。此片之具奏日期,军机录副署"六月初五日",查光绪十八年七月初十日军机处随手登记档(档案编号:03-0273-2-1218-203),则署有"报四百里,闰六月初五日发"等字样。据此,此片之具奏日期应为"光绪十八年闰六月初五日"。兹据校正。

③ 中国第一历史档案馆藏:录副奏片,档案编号:03-5888-023。

臣奏报在案。兹据署新疆布政使饶应祺详称：光绪十八年四月份，镇迪道属迪化、奇台得雨，入土四寸；阜康得雨，入土三寸；绥来、昌吉得雨，入土二寸；镇西得雨，入土一寸；库尔喀喇乌苏微雨，吐鲁番微雨，寒冻。伊塔道属塔尔巴哈台得雨，入土四寸；绥定、宁远微雨。南路疏勒、疏附得雨，入土三寸；温宿、拜城、库车、乌什、莎车、叶城、和阗、英吉沙尔微雨。幸值天气和暖，雪水融化，地亩足资灌溉。至通省粮价，镇西、塔尔巴哈台、喀喇沙尔、昌吉、阜康、绥来、绥定等厅、县俱与上月相同，余均略有增减。汇详请奏前来。

理合恭折具陈，并缮粮价清单，敬呈御览，伏乞皇上圣鉴。谨奏。光绪十八年闰六月二十日。

（朱批：）知道了。①

光绪十八年七月二十一日，奉朱批：知道了。钦此。②

○六○　呈新疆光绪十八年四月粮价清单

光绪十八年闰六月二十日（1892 年 8 月 12 日）

谨将新疆各属光绪十八年四月份米粮时估价值，缮具清单，恭呈御览。

计开四月份：

镇迪道属：

迪化县：大米每京石价银二两三钱九分六厘，较上月减一钱四分一厘。小麦每京石价银一两六分一厘，较上月减七分一厘。豌

---

①　台北故宫博物院藏：军机及宫中档，文献编号：408002731。

②　中国第一历史档案馆藏：录副奏折，档案编号：03-6919-025。

豆每京石价银九钱三分六厘，与上月相同。青稞每京石价银八钱六分二厘，与上月相同。

　　昌吉县：大米每京石价银一两八钱七分二厘，小麦每京石价银七钱七分六厘，豌豆每京石价银九钱二分，青稞每京石价银八钱七分五厘，俱与上月相同。

　　阜康县：粟米每京石价银八钱八分四厘，小麦每京石价银一两一钱三分二厘，豌豆每京石价银一两一钱六分七厘，高粱每京石价银九钱二厘，俱与上月相同。

　　绥来县：大米每京石价银一两八钱六分，小麦每京石价银七钱七分二厘，豌豆每京石价银八钱四分九厘，高粱每京石价银五钱六分三厘，俱与上月相同。

　　奇台县：大米每京石价银二两七分一厘，与上月相同。小麦每京石价银六钱三分六厘，与上月相同。豌豆每京石价银五钱八分七厘，较上月减三分四厘。

　　吐鲁番直隶厅：小麦每京石价银一两一钱一分八厘，与上月相同。大麦每京石价银六钱七分二厘，较上月减七分四厘。高粱每京石价银五钱五分七厘，与上月相同。黄豆每京石价银一两八钱六分六厘，与上月相同。

　　镇西直隶厅：小麦每京石价银一两一钱七分，豌豆每京石价银一两三钱六分，青稞每京石价银八钱八分，俱与上月相同。

　　哈密直隶厅：粟米每京石价银一两二钱二分四厘，较上月减七分二厘。小麦每京石价银一两一钱四厘，较上月增一钱六分六厘。豌豆每京石价银一两一钱八分，较上月减五分四厘。青稞每京石价银八钱六厘，与上月相同。

　　库尔喀喇乌苏直隶厅：小麦每京石价银九钱五分，较上月增三分。豌豆每京石价银一两一钱二分，与上月相同。高粱每京石价银五钱七分，与上月相同。

伊塔道属：

绥定县：大米每京石价银三两七钱七分四厘，小麦每京石价银八钱二分八厘，大麦每京石价银五钱六分五厘，豌豆每京石价银八钱六分四厘，俱与上月相同。

宁远县：大米每京石价银三两四钱四厘，较上月增四钱四分四厘。小麦每京石价银七钱一分八厘，较上月增二分八厘。大麦每京石价银六钱七分四厘，较上月减二分一厘。豌豆每京石价银一两三分六厘，较上月增二分八厘。

塔尔巴哈台直隶厅：小麦每京石价银一两七分七厘，大麦每京石价银一两二钱三分二厘，豌豆每京石价银一两二钱二厘，俱与上月相同。

精河直隶厅：大米每京石价银三两一钱四分五厘，与上月相同。小麦每京石价银九钱一分，较上月增四分五厘。大麦每京石价银七钱三分五厘，与上月相同。豌豆每京石价银一两一钱一分，与上月相同。

阿克苏道属：

温宿直隶州：大米每京石价银二两五分二厘，较上月增五钱三分二厘。小麦每京石价银一两三分五厘，较上月增一钱七分三厘。大麦每京石价银七钱九分二厘，较上月增一钱九分二厘。包谷每京石价银八钱四分三厘，较上月增一钱五分三厘。

拜城县：小麦每京石价银五钱六分，较上月增四分。大麦每京石价银二钱六分，与上月相同。豌豆每京石价银四钱三分，较上月增三分。包谷每京石价银四钱八分，与上月相同。

喀喇沙尔直隶厅：大米每京石价银二两九钱六分，小麦每京石价银一两一钱四厘，豌豆每京石价银一两八厘，包谷每京石价银八钱三分二厘，俱与上月相同。

库车直隶厅：大米每京石价银二两二钱五分，较上月增一钱五分。小麦每京石价银一两二钱，较上月增一钱。豌豆每京石价银七钱七分，与上月相同。包谷每京石价银七钱四分，与上月相同。

乌什直隶厅：大米每京石价银一两六钱三分九厘，较上月减三分。小麦每京石价银六钱六分，与上月相同。大麦每京石价银三钱二分一厘，与上月相同。包谷每京石价银四钱五分八厘，较上月增二分。

喀什噶尔道属：

疏勒直隶州：大米每京石价银三两三钱，与上月相同。小麦每京石价银一两五钱一分八厘，较上月增二钱四分九厘。包谷每京石价银一两一钱五分二厘，较上月增一钱二分八厘。高粱每京石价银九钱三分五厘，较上月增五分五厘。

疏附县：大米每京石价银三两三钱，与上月相同。小麦每京石价银一两五钱一分八厘，较上月增二钱四分九厘。包谷每京石价银一两二钱六厘，较上月增一钱三分四厘。高粱每京石价银九钱三分五厘，较上月增五分五厘。

莎车直隶州：大米每京石价银二两五钱一分六厘，与上月相同。小麦每京石价银八钱五分五厘，较上月增四分一厘。大麦每京石价银七钱，较上月增七分五厘。包谷每京石价银七钱九分二厘，较上月增一钱六厘。

叶城县：大米每京石价银三两四钱八分，较上月增五分八厘。小麦每京石价银九钱二分五厘，较上月增七分五厘。包谷每京石价银七钱四分四厘,较上月增一钱二分。青稞每京石价银四钱,与上月相同。

和阗直隶州:大米每京石价银二两一钱五分六厘,较上月增八分四厘。小麦每京石价银一两二钱二分,较上月增一钱九分九厘。包谷每京石价银八钱一分,较上月增一钱九分六厘。青稞每京石价银六钱三分五厘,较上月增九分七厘。

于阗县:大米每京石价银二两三钱四分六厘,较上月增一钱三分八厘。小麦每京石价银九钱七分八厘,较上月增二分七厘。包谷每京石价银六钱一厘,较上月增一分三厘。

英吉沙尔直隶厅:大米每京石价银三两八钱,较上月增三钱四厘。小麦每京石价银一两三钱八分,较上月增二钱七分六厘。大麦每京石价银五钱七分,与上月相同。包谷每京石价银一两二钱六厘,较上月增二钱六分八厘。

玛喇巴什直隶厅:大米每京石价银二两九钱六分,与上月相同。小麦每京石价银一两三钱二分,较上月增九厘。包谷每京石价银一两一钱六分,较上月增八厘。

(朱批:)览。[1]

○六一　审拟乌什缠民故杀二命一案折

光绪十八年闰六月二十日(1892年8月12日)

头品顶戴甘肃新疆巡抚臣陶模跪奏,为故杀妻兄及妻二命,核明定拟,恭折仰祈圣鉴事。

---

[1]　中国第一历史档案馆藏:清单,档案编号:03-6919-026。

窃乌什厅缠民札以提因口角起衅,故杀妻兄尤苏甫及其妻下里汉身死,尸弟艾买提受贿私和匿报一案,经乌什厅同知袁运鸿访闻获犯,验讯议拟,解阿克苏道陈名钰审明,咨镇迪道兼按察使衔周崇傅核详前来。

臣复加查核,缘札以提籍隶乌什厅,务农度日。光绪九年,将胞妹黑里其汉嫁已死尤苏甫为妻。十年,该犯又娶尤苏甫胞妹已死下里汉为妻。彼此和好。十五年四月,下里汉与同庄之一斯拉木潜逃,当经札以提将下里汉找回责打,盘问奸情,下里汉坚不承认。札以提因一斯拉木在逃,故未深究。从此下里汉不安于室,动辄泼闹。伊兄尤苏甫不为规劝,转行挑唆。十六年七月初二日,下里汉要制衣服,札以提未允,下里汉又复泼闹,奔回娘家。札以提遣人连接未归。十一日上午,札以提亲自往接。尤苏甫斥其待伊妹刻薄,不令回归。札以提随以不应挑唆之言回答,尤苏甫生气,彼此抓扭。下里汉手执小刀,进前护兄。札以提用力将尤苏甫推开,即向伊妻手内夺获小刀,尤苏甫赶拢抢刀,札以提向其右乳冒戳一下倒地。下里汉扭住札以提胸衣,拼命辱骂。札以提忿恨,顿起杀机,用刀连戳其血盆、臂膊、胳肘、左肋、咽喉殒命。尤苏甫卧地哭喊,要将札以提捆住送官。札以提虑到官问罪,触发刁唆之嫌,起意一并致死泄忿,随用刀向尤苏甫右腮颊、颔颏、咽喉等处连戳,登时殒命。

维时,尸妻黑里其汉闻声赶出,见札以提已经跑走,当信知尸弟艾买提,投明乡约,欲行报案,经犯兄沙的克出银十六两、布四匹,央伊布拉引说合私和。艾买提允从,即将银、布备办衣、棺,掩埋各尸寝事。黑里其汉亦听从容隐。札以提逃外,探知事息潜归,旋被该厅访闻,获犯验讯,拟议解道,咨兼臬司核转。臣覆核无异。

查律载：故杀者，斩。又，殴妻至死者，绞；故杀者，亦绞。又，夫被杀，妻私和者，杖一百，徒三年。又，期亲尊长被杀而卑幼私和者，杖八十，徒二年；受财者，计赃准窃盗论，从重科断。又例载：私和人命，说事过钱者，减受财人罪一等；其以财行求者，如系凶犯之缌麻以上有服亲属，均不计赃数，拟杖一百各等语。

此案札以提因妻下里汉泼闹，奔回娘家，妻兄尤苏甫刁唆，致相口角抓扭。下里汉持刀护兄，该犯夺刀气忿，起意致死其妻，因妻兄尤苏甫声称捆送，触发刁唆之嫌，同时故杀，戕害二命。查故杀妻，律止拟绞，应依二罪俱发，从重科断。查该犯与尤苏甫虽系外姻，并无服制，应同凡论。札以提除故杀妻绞轻罪不议外，合依故杀者斩律，拟斩监候，秋后处决，照例刺字。

尸妻黑里其汉合依夫被杀，妻私和者，杖一百，徒三年律，拟杖一百，徒三年，系妇女，照例收赎。尸弟艾买提受贿私和，埋尸匿报，虽将银、布为其兄妹殓葬之资，亦应计赃科断。惟赃罪轻于私和，仍依期亲尊长被杀而卑幼私和者，杖八十，徒二年律，拟杖八十，徒二年。所得银、布系为营葬费用，免追入官。伊布拉引从中说合，贿和人命，应以说事过钱者，减受财人罪一等，于艾买提杖八十，徒二年律上减一等，拟杖七十，徒一年半。均到配折责。

犯兄沙的克因弟杀毙二命，情人贿和，实属以财行求，照例拟杖一百，折责发落。乡约毛拉尼牙斯、保正牙合普虽未受贿，均酌照不应重律，各杖八十，分别折责革役。下里汉避夫潜逃，罪有应得，业经被杀，毋庸置议。一斯拉木获日另结。无干省释，尸棺均饬领埋，凶刀案结销毁。案系乌什厅同知袁运鸿自行访闻究办，所有失察职名邀免开送。是否允协，除全案供招咨部外，所有故杀妻兄及其妻二命核明定拟缘由，谨恭折具陈，伏乞皇上圣鉴，饬部核覆施行。谨奏。光绪十八年闰六月二十日。

（朱批：）刑部议奏。①

光绪十八年七月二十一日，奉朱批：刑部议奏。钦此。②

○六二　代奏哈密回子亲王谢恩折

光绪十八年闰六月二十日（1892年8月12日）

头品顶戴甘肃新疆巡抚臣陶模跪奏，为据情代奏，恭谢天恩事。

窃准理藩院咨：光绪十八年三月初九日，奏请将哈密札萨克回子亲王沙木胡索特③之次子聂滋尔照例给予公衔台吉，以备将来袭爵等因。本日奉旨：依议。钦此。钦遵转行在案。兹据该回子亲王呈称：遵即恭设香案，率领次子，望阙叩头谢恩。伏念奴才一介回仆，屡沐圣恩，兹复命锡自天，赏延于世，感鸿慈之渥被，实鳌戴而难名。惟有倍矢慎勤，仰答高厚生成于万一。所有感激下忱，恳请代奏前来。

理合据情代奏，叩谢天恩，伏乞皇上圣鉴。谨奏。光绪十八年闰六月二十日。

---

① 台北故宫博物院藏：军机及宫中档，文献编号：408002729。

② 中国第一历史档案馆藏：录副奏折，档案编号：03-7315-047。

③ 沙木胡索特（1857—1930），哈密札萨克和硕亲王，哈密札萨克和硕亲王伯锡尔王府塔尔台吉之子。光绪八年（1882），袭札萨克和硕亲王位。十一年（1885），赏戴三眼花翎。二十一年（1895），赏黄缰。三十年（1904），赏穿带膆貂褂。民国四年（1915），授朔卫使、一等嘉禾章，特给双俸，封管理哈密地方镶红旗世袭罔替头等札萨克双亲王。民国十九年（1930），卒于哈密。

（朱批：）知道了。①

光绪十八年七月二十一日，奉朱批：知道了。钦此。②

○六三　新授同知诚培饬赴新任片

光绪十八年闰六月二十日（1892 年 8 月 12 日）

再，新授伊犁理事同知诚培现已到省，应即饬赴新任，以专责成。据署新疆布政使饶应祺、署镇迪道兼按察使衔周崇傅会详前来。除由臣批饬给委外，谨会同伊犁将军臣长庚、陕甘总督臣杨昌濬附片具奏，伏乞圣鉴。谨奏。

（朱批：）吏部知道。③

光绪十八年七月二十一日，奉朱批：吏部知道。钦此。④

○六四　奏报吐鲁番等处被灾情形折

光绪十八年闰六月二十四日（1892 年 8 月 16 日）

头品顶戴甘肃新疆巡抚臣陶模跪奏，为新疆吐鲁番等厅、州、县被冻、被雹、被水、被旱大概情形，恭折汇陈，仰祈圣鉴事。

窃臣据吐鲁番直隶厅同知彭绪瞻禀报：该厅本年四月初五、初六等日，微雨寒冻，旋复下霜，沙河子、洋海等十二庄葡萄果木正值

---

① 台北故宫博物院藏：军机及宫中档，文献编号：408002730。

② 此奉旨日期与内容，据军机处随手登记档（档案编号：03-0273-1-1218-214）校补。

③ 台北故宫博物院藏：军机及宫中档，文献编号：408002731-0-A。

④ 中国第一历史档案馆藏：录副奏折，档案编号：03-5295-059。

扬花，被冻后渐就萎悴，多未结实。其低注处所受伤尤重。又，署莎车直隶州知州潘震详报：该州和什拉普、热瓦奇两庄属五月二十七、八两日，忽降大雨，山水涨发，共淹坏地二千二百余亩，冲倒民房三百一十五间，伤毙民人一口。又，署镇西直隶厅同知易寿崧申报：该厅六月初八日，大有、地利、人和三庄，大雨如注，冰雹并下，打伤麦、豆、青稞地共一千八百余亩。又，署叶城县知县魏景桐禀报：该县牙斯冬及察仕木可等庄六月十六及二十五、六等日，山水暴涨，禾苗被沙泥淤压共地六百余亩，冲塌民房九十间。又，署疏附县知县杨其澍详报：该县亮格尔、麦尔、铁砥三小庄六月二十二日，忽降冰雹，积地五六寸不等，禾、麦、包谷、高粱等项均被打伤，共地一万余亩。又，奇台县知县刘澄清禀报：该县入夏以来仅得微雨，四乡又未均沾，夏禾多就枯槁各等情前来。

臣先后饬司移知各道委员迅赴灾所，会同各厅、州、县逐段履勘，查明灾伤轻重，按照丁口大小，量为赈抚，毋任失所。其伤毙人口及坍塌房屋，并令酌给银两，以示矜恤而备补修。本年应纳园课、粮草，先行出示停征，一面确查被灾分数，分别蠲缓，造具清册，由司并案详办。

除俟详覆至日再行奏明办理外，所有吐鲁番等厅、州、县被冻、被雹、被水、被旱大概情形，谨恭折汇陈，伏乞皇上圣鉴训示。谨奏。光绪十八年闰六月二十四日。

（朱批：）知道了。[1]

光绪十八年七月二十五日，奉朱批：知道了。钦此。[2]

---

[1]　台北故宫博物院：军机及宫中档，文献编号：408002733。

[2]　中国第一历史档案馆藏：录副奏折，档案编号：03-9474-021。

○六五　审拟缠民捆殴奸夫毙命一案折

光绪十八年闰六月二十四日（1892 年 8 月 16 日）

头品顶戴甘肃新疆巡抚臣陶模跪奏，为本夫商同其妻诓诱奸夫至家，捆殴毙命，核明定拟，恭折具陈，仰祈圣鉴事。

窃库车厅缠民那思尔商同其妻夏立比比，诓诱奸夫先木西提至家，捆殴毙命一案，经卸署库车厅同知张开鉴获犯验讯，移交接任同知闻端兰议拟，解阿克苏道陈名钰审明，咨署镇迪道兼按察使衔周崇傅核转前来。

臣复加查核，缘缠民那思尔籍隶库车厅，务农为业，与已死先木西提素识无嫌。先木西提常至那思尔家，那思尔之妻夏立比比习见不避。光绪十五年四月，不记日期，夏立比比在家独坐，先木西提乘间调戏成奸，以后遇便续奸，从未给过钱物。本夫那思尔并不知情。十六年三月内，先木西提与夏立比比在其后园墙下坐地嬉笑，被邻人大五头撞见，告知那思尔，嘱其管教。那思尔将妻痛打，盘出奸情，禁止往来，以事关颜面，隐忍未言，从此严加防范。先木西提恋奸情热，每探夏立比比出外，向其缠扰。夏立比比不能拒绝，劝夫迁避。那思尔气忿，商同伊妻欲将先木西提诓诱至家捆殴，以绝其念。夏立比比允从。

五月二十五日，夏立比比路遇先木西提，又复缠扰。夏立比比捏说伊夫明日赴草湖买羊，约定次晚来家。先木西提信以为实，各散。夏立比比回归，向夫说明。那思尔次日预备绳索、皮鞭，佯作出门，在麦地内藏匿。二更时，先木西提进门，那思尔跟入，紧闭房门，同夏立比比将先木西提用绳捆缚，吊在梁上，那思尔执皮鞭连打数下,先木西提双脚乱踢,那思尔将皮鞭递交夏立比比,喊令狠打,复取毛绳将先木西提两脚捆紧。先木西提负痛喊骂,那思尔接鞭过手,用力乱打。时当黑夜,何人打伤何处,无从记忆。邻人大五头睡醒,闻声起往查问,始将先木西提解下,灌救无效,移时殒命。通知尸父,投约报验,讯供议拟解道,咨兼臬司核明转详。臣覆核无异。

查例载:捉奸已离奸所,非登时杀死不拒捕奸夫者,照罪人不拒捕已就拘执而擅杀律,拟绞监候。又,擅杀奸盗罪人案内余人悉照共殴余人律,杖一百。又,军民相奸者,奸夫、奸妇各枷号一个月各等语。

此案那思尔商同伊妻夏立比比,诓诱奸夫先木西提至家,吊殴致毙,虽非登时奸所,而死者究系犯奸罪人,自应照例问拟。那思尔合依捉奸已离奸所,非登时杀死不拒捕奸夫,照罪人不拒捕已就拘执而擅杀律,拟绞监候,秋后处决。奸妇夏立比比听从夫命,诓诱奸夫至家,帮同捆殴,照擅杀奸盗余人罪,止杖一百。夏立比比应从重仍照军民相奸者,奸夫、奸妇各枷号一个月、杖一百例,拟以枷号一个月,杖一百。犯奸之妇,杖决枷赎。奸夫先木西提罪有应得,既被吊殴身死,应与救阻不及之邻佑大五头,均毋庸议。无干省释,尸棺饬埋,皮鞭、毛绳案结销毁。是否允协,除将全案供招咨送刑部外,所有本夫商同其妻诓诱奸夫至家,捆殴毙命,核明定拟缘由,谨恭折具陈,伏乞皇上圣鉴,饬部核覆施行。谨奏。光绪十八年闰六月二十四日。

(朱批:)刑部议奏。①

---

① 台北故宫博物院藏:军机及宫中档,文献编号:408002732。

光绪十八年七月初八日，奉朱批：览。钦此。①

○六六　请将第二次遵办顺直赈捐核奖折

光绪十八年闰六月二十四日（1892 年 8 月 16 日）

头品顶戴甘肃新疆巡抚臣陶模跪奏，为新疆第二次遵办顺直赈捐，恳恩饬部核奖，恭折仰祈圣鉴事。

窃查前护抚臣魏光焘将新疆遵办顺直赈捐自光绪十六年十一月初一日起截至十七年二月底止，作为第一次捐输，具奏请奖在案。兹据署布政使饶应祺详称：自光绪十七年三月初一日起至十一月底止，先后据各捐生报捐职衔、封典、贡、监各项共四十七名，计收正项库平银三千八百八十二两八钱，俟归还光绪十六年新疆由江苏协解新饷内拨交上海顺直赈捐局款项，分别填发正实收，给予收执。其随收饭银、照费、填过副实收，并各捐生履历清册一并赍解，详请具奏，并恳咨部填换执照，以凭转给等情前来。臣覆核无异。合无仰恳天恩，俯准将新疆第二次顺直赈捐饬部分别核奖，以示鼓励。

除将清册、副实收、饭银、照费咨送户部、吏部、国子监外，谨恭折具奏，伏乞皇上圣鉴。谨奏。光绪十八年闰六月二十四日。

（朱批：）户部议奏。②

光绪十八年七月二十五日，奉朱批：户部议奏。钦此。③

---

①　中国第一历史档案馆藏：录副奏折，档案编号：03-7315-048。

②　台北故宫博物院：军机及宫中档，文献编号：408002734。

③　中国第一历史档案馆藏：录副奏折，档案编号：03-5599-060。

○六七　奏报汤秀斋等饬赴本任片

光绪十八年闰六月二十四日（1892年8月16日）

再，准补抚属玛纳斯协营副将汤秀斋，应即饬赴本任。其现署该协营副将准补精河营参将李克常，饬赴参将本任，各专责成。除分别给委并咨部查照外，谨会同陕甘总督臣杨昌濬附片具奏，伏乞圣鉴。谨奏。

（朱批：）兵部知道。①

光绪十八年七月二十五日，奉朱批：兵部知道。钦此。②

○六八　审拟民人潘长青斗杀人命一案折

光绪十八年七月初三日（1892年8月24日）

头品顶戴甘肃新疆巡抚臣陶模跪奏，为斗杀人命，审明定拟，恭折具陈，仰祈圣鉴事。

窃绥来县客民潘长青因被索欠口角起衅，用刀戳伤汤云享移时身死一案，经绥来县知县李原琳验明获犯，讯供议拟，解署迪化府知府黄丙焜，详署镇迪道兼按察使衔周崇傅审转前来。

臣亲提研审，缘潘长青籍隶湖南湘乡县，光绪六年到绥来县西乡地方贸易，与已死汤云享邻居，素好无嫌。十七年三月，潘长青向汤云享借银三两，屡讨未还。七月初五日早，汤云享又向索欠，

---

① 台北故宫博物院：军机及宫中档，文献编号：408002734-0-A。
② 中国第一历史档案馆藏：录副奏片，档案编号：03-5888-060。

潘长青仍复央缓，汤云享不允，斥其有心拖骗，彼此吵闹。汤云享扑向揪扭，潘长青一时情急，顺拿尖刀吓戳一下，适伤其左乳倒地。经廖青云赶拢喝住，用药敷救罔效，移时身死。投约报验，获犯议拟，解府转道。臣覆审无异。

查律载：斗殴杀人者，不问手足、他物、金刃，并绞监候等语。此案潘长青因被索欠口角揪扭情急，拿刀戳伤汤云享，移时身死，自应按律问拟。潘长青合依斗殴杀人者，不问手足、他物、金刃，并绞律，拟绞监候，秋后处决。所欠汤云享银两，当已追出，与汤云享购办棺木。见证廖青云救阻不及，应毋庸议。无干省释，尸棺饬属领埋，凶刀案结销毁。是否允协，除全案供招咨送刑部外，理合将斗杀人命，审明定拟各缘由，恭折具陈，伏乞皇上圣鉴，饬部核议施行。谨奏。光绪十八年七月初三日。

（朱批：）刑部议奏。[1]

光绪十八年八月初四日，奉朱批：刑部议奏。钦此。[2]

〇六九　拣员借补都司等员缺折

光绪十八年七月初三日(1892 年 8 月 24 日)

头品顶戴甘肃新疆巡抚臣陶模跪奏，为拣员借补都司、守备各员缺，以重操防，恭折仰祈圣鉴事。

窃新疆抚属新设都司、守备各缺，业经奏准作为题缺，亟应拣员请补，以专责成。查有副将用留甘尽先补用参将勋勇巴图鲁陶

---

[1]　台北故宫博物院藏：军机及宫中档，文献编号：408002735。

[2]　中国第一历史档案馆藏：录副奏折，档案编号：03-7315-049。

廷相，干练有为，堪以借补玛纳斯协营左旗都司员缺；留甘肃新疆尽先补用游击杨德发，年强才裕，堪以借补省城城守协营左旗都司员缺；二品顶戴留甘肃新疆尽先补用游击武勇巴图鲁廖克明，办事奋勉，堪以借补省城城守协营开花炮队守备员缺；留甘肃新疆尽先补用游击敢勇巴图鲁吕方仁，勤干耐劳，堪以借补库尔喀喇乌苏营中军守备员缺。

该员等在新疆从征年久，营务、边情极为熟悉，以之请补各缺，均堪胜任。合无仰恳天恩，俯准以陶廷相等借补都司、守备各缺，以裨营伍。如蒙俞允，并恳饬部发给札付，吕方仁应照乌鲁木齐补放守备例，毋庸送部引见。其陶廷相、杨德发二员，俟防务大定，即行给咨送部引见，以副定制。

除饬取该各员履历清册咨部查照外，谨会同陕甘总督臣杨昌濬恭折具陈，伏乞皇上圣鉴训示。谨奏。光绪十八年七月初三日。

（朱批：）兵部议奏。①

光绪十八年八月初四日，奉朱批：兵部议奏。钦此。②

○七○　奏报拣员借补要缺通判折

光绪十八年七月初三日(1892 年 8 月 24 日)

头品顶戴甘肃新疆巡抚臣陶模跪奏，为拣员借补要缺通判，以裨地方，恭折仰祈圣鉴事。

窃据署新疆布政使饶应祺、署镇迪道兼按察使衔周崇傅会详：

---

① 台北故宫博物院藏：军机及宫中档，文献编号：408002736。
② 中国第一历史档案馆藏：录副奏折，档案编号：03-5296-004。

玛喇巴什直隶通判杨敏于光绪十七年二月初六日在籍丁生母忧，应以新疆于十八年闰六月十一日接到部文之日作为开缺日期。所遗玛喇巴什直隶通判系冲、繁、疲、难四项要缺，亟应遴员请补，以重职守。查南路新设各缺，经前抚臣刘锦棠奏准由外拣补一次，以后援照甘肃变通章程请补在案。查章程内开：丞、倅、州、县以及佐杂各要缺，将现任各员按照应升官阶任内无论有无升案，并是否到任实授，以及历俸、试俸未经期满各员，准择其人地相宜者一律升调等语。今玛喇巴什直隶通判要缺，于通省现任人员内逐加拣选，非现居要缺，即人地不相宜。惟查有现署斯缺新疆候补同知谭传科，年四十九岁，湖南长沙人，由文童于同治十三年投效楚军。关陇肃清案内汇保，光绪二年二月初四日奉上谕：着以巡检分省补用。钦此。新疆南北两路一举荡平案内汇保，六年正月三十日奉上谕：着免补本班，以县丞分省归候补班遇缺即补。钦此。新疆五次剿平边寇案内汇保，七年五月二十日奉上谕：着免补本班，以知县分省归候补班前先补用。钦此。十一年，留省候补。十五年，奏准留于新疆补用。旋委署玛喇巴什直隶通判，十六年二月初八日到任。

查该员谭传科慈祥爱民，实心任事，现在署任内措置裕如，舆情极为爱戴，且在新疆年久，边情尤为熟悉，以之请补斯缺，实堪胜任，人地亦极相宜。虽以同知请补通判，与例不符，然例有借补明文，相应详请具奏等情前来。

臣查该员心地慈祥，办事勤慎。合无仰恳天恩，俯念要缺需员，准以候补同知谭传科借补玛喇巴什直隶通判，洵于地方有裨。如蒙俞允，俟准部覆，即行给咨送部引见，以符定制。谨会同陕甘总督臣杨昌濬恭折具奏，伏乞皇上圣鉴训示。再，该员署任内并无参罚案件。合并声明。谨奏。光绪十八年七月初三日。

（朱批：）吏部议奏。①

光绪十八年八月初四日，奉朱批：吏部议奏。钦此。②

○七一　汤秀斋丁忧遗缺拣员请补折

光绪十八年七月十三日（1892 年 9 月 3 日）

头品顶戴甘肃新疆巡抚臣陶模跪奏，为副将丁忧开缺，恭折仰祈圣鉴事。

窃据署玛纳斯协营左旗都司黄清发呈：据玛纳斯协副将汤秀斋之家丁凌国安呈称：窃家主汤秀斋，年四十八岁，湖南宁乡县人，由武童投效军营，打仗出力，历保头品顶戴陕甘遇缺尽先题奏提督，先后委署新疆吐鲁番营游击、抚标中军参将员缺。光绪十六年，奏请借补玛纳斯协副将，奉部覆准，发给署札祗领在案。十八年闰六月二十日，到副将本任。旋于二十八日接到家信，家主亲母黄氏于十八年正月二十八日在籍病故，家主系属亲子，例应丁忧等情，呈报前来。臣查汤秀斋现丁母忧，应即照例开缺回籍守制。

除饬该员出具亲供，并将所遗玛纳斯协副将员缺另行拣员请补外，谨会同陕甘总督臣杨昌濬恭折具陈，伏乞皇上圣鉴，饬部查照施行。谨奏。光绪十八年七月十三日。

（朱批：）兵部知道。③

---

①　台北故宫博物院藏：军机及宫中档，文献编号：408002737。

②　中国第一历史档案馆藏：录副奏折，档案编号：03-5296-003。

③　台北故宫博物院藏：军机及宫中档，文献编号：408002738。

光绪十八年八月十六日,奉朱批:兵部知道。钦此。①

○七二　审拟缠民谋殴期亲身死一案折

光绪十八年七月十三日(1892年9月3日)

头品顶戴甘肃新疆巡抚臣陶模跪奏,为卑幼听从外姻,谋殴期亲尊长身死,并在场共殴致命重伤,及原谋各犯分别核拟,恭折具陈,仰祈圣鉴事。

窃于阗县缠民和什吐米听从妻父可连木苏比主谋,与妻叔麻木提共殴其胞伯苦旺毛拉身死一案,据署于阗县知县吴光熊获犯,验讯通详,未及招解卸事,移交后任孙志烈议拟,解署和阗直隶州知州甘承谟,详署喀什噶尔道李宗宾审明,咨署镇迪道兼按察使衔周崇傅转详前来。

臣复加查核,缘缠民和什吐米、麻木提、可连木苏比均籍隶于阗县,务农度日。已死苦旺毛拉系和什吐米胞伯,素无嫌怨。光绪十七年七月二十四日,苦旺毛拉因与和什吐米之父毛拉西立甫分家不匀,邀请乡邻、亲戚来家重分,并疑毛拉西立甫私将家资隐寄和什吐米妻父可连木苏比家中存放,当众斥说,可连木苏比同弟麻木提等不服,彼此争闹,经乡约劝散。是晚,可连木苏比带弟及婿在隔壁院内歇宿,可连木苏比谈及苦旺毛拉诬伊隐寄家资,心不甘服,起意邀同其弟麻木提、拉四尔、买卖提可万及其婿和什吐米,谋殴苦旺毛拉泄忿。时值二更,各携器械,偕抵苦旺毛拉门首,见门未关,和什吐米先进,麻木提跟入,恰值苦旺毛拉走出,麻木提即用

木籤向苦旺毛拉头上狠打一下，致伤其额颅接连右额角，喊声倒地。和什吐米随用铁锤连殴两下，致伤其鼻梁、鼻准。可连木苏比等未曾进内，均各跑回。尸子沙为闻声赶救。苦旺毛拉伤重，登时身死。报验获犯，讯供议拟，由州解道，咨兼臬司核明转详。臣覆核无异。

查律载：侄殴伯至死者，斩。又，同谋共殴，因而致死，下手致命伤重者，绞。原谋者，杖一百，流三千里。共殴余人，各杖一百各等语。

此案和什吐米系已死苦旺毛拉胞侄，当妻父谋殴之时，该犯并不劝阻，辄敢携带铁锤随往，明见苦旺毛拉受伤倒地，尚复连殴其鼻梁、鼻准，实属有心干犯。服制攸关，自应按律问拟。和什吐米合依侄殴伯至死者斩律，拟斩立决，照例先行刺字。麻木提用籤殴伤苦旺毛拉致命额颅，接连右额角围圆五寸八分，重至骨损低塌，实属致命速死之伤，纵无和什吐米赶殴，苦旺毛拉亦无生理。虽该犯听从兄命，而所犯系侵损于人，应以凡论。麻木提合依同谋共殴，因而致死，下手致命伤重者绞律，拟绞监候，秋后处决。

可连木苏比因苦旺毛拉疑其受寄资财，起意谋殴泄忿，致酿逆案。该犯虽未共殴，究系首祸之人，合依原谋者，杖一百，流三千里律，拟杖一百，流三千里，到配折责安置。拉四尔、买卖提可万听从谋殴，虽未下手伤人，应依共殴余人，杖一百律，均杖一百，折责发落。犯父毛拉西立甫委系不知谋殴情事，应与救阻不及之乡约艾沙，均毋庸议。苦旺毛拉应分家资，仍饬按股均分，交伊子沙为等承受。尸棺饬埋，无干省释，凶器案结销毁。是否允协，除全案供招咨部外，合将卑幼听从外姻，谋殴期亲尊长身死，并在场共殴致命重伤，及原谋各犯分别核拟各缘由，恭折具陈，伏乞皇上圣鉴，饬部核议施行。谨奏。光绪十八年七月十三日。

（朱批：）刑部速议具奏。①

光绪十八年八月十六日，奉朱批：刑部速议具奏。钦此。②

○七三　审拟迪化缠民斗殴毙命一案折

光绪十八年七月十三日（1892年9月3日）

头品顶戴甘肃新疆巡抚臣陶模跪奏，为斗殴毙命，审明定拟，恭折具陈，仰祈圣鉴事。

窃迪化县缠民色依提因解劝被扭，拳殴刘福左胁身死一案，据迪化县知县黄袁验明获犯，讯供拟议，解署迪化府知府黄丙焜，详署镇迪道兼按察使衔周崇傅审转前来。

臣亲提审讯，缘缠民色依提籍隶迪化县，佣工度日，与已死刘福素不认识。光绪十八年三月十七日，色依提至易斯拉木面馆闲坐。易斯拉木向不识姓名挑卖羊肉之人给银一钱，指割羊肉二斤。随后，刘福走至，给银五分，亦指割羊肉一斤。当经卖羊肉之人分割一块，交刘福携走。易斯拉木斥卖羊肉之人不应将伊指割之肉分割旁人。刘福听闻，转身不依，彼此嚷闹。色依提从旁解劝，刘福疑其偏护，扭住色依提胸衣拖走，恰值沟沿，刘福用力一推。色依提虑跌沟内，一时情急，顺用左手搂住刘福咽喉，右手握拳冒殴一下，适伤其左胁倒地，经蔡得胜赶拢喝阻扶救。刘福伤重，移时殒命。报验获犯，讯供拟议，由府解道审转。臣覆审无异。

---

① 台北故宫博物院藏：军机及宫中档，文献编号：408002741-1。

② 中国第一历史档案馆藏：录副奏折，档案编号：03-7315-052。

查律载：斗殴杀人者，不问手足、他物、金刃，并绞监候等语。此案色依提因刘福与易斯拉木争买羊肉，该犯在旁解劝被扭，拳殴刘福左胁，移时身死，自应照律问拟。色依提合依斗殴杀人者，不问手足、他物、金刃并绞律，拟绞监候，秋后处决。易斯拉木肇衅酿命，亦有不合，应照不应重律，拟杖八十，折责发落。蔡得胜救阻不及，应毋庸议。无干省释，尸棺饬埋。是否允协，除全案供招咨送刑部外，合将斗殴毙命，审明定拟各缘由，恭折具陈，伏乞皇上圣鉴，饬部核覆施行。谨奏。光绪十八年七月十三日。

（朱批：）刑部议奏。[1]

光绪十八年八月十六日，奉朱批：刑部议奏。钦此。[2]

○七四　请将已故佐领多贵免追银两片

光绪十八年七月十三日(1892年9月3日)

再，乌鲁木齐、巴里坤各满营迁并古城，经前护抚臣魏光焘奏明，佐领以下等官预支半年俸廉，分年扣还在案。该营已故镶红镶蓝旗佐领多贵迁并古城时，预支俸廉银一百四两二钱四分，除陆续扣还外，尚欠银五十一两七钱四分。兹据古城城守尉克蒙额呈称：该故佐领身后萧条，无从抵扣，恳请附奏免缴前来。

臣覆查无异。相应恳恩准将已故佐领多贵未扣银两免其追缴，以示体恤。谨会同伊犁将军臣长庚、陕甘总督臣杨昌濬附片具

---

① 台北故宫博物院藏：军机及宫中档，文献编号：408002742。
② 中国第一历史档案馆藏：录副奏折，档案编号：03-7315-053。

陈，伏乞圣鉴训示。谨奏。

（朱批：）着照所请，该部知道。①

光绪十八年八月三十日，奉朱批：着照所请，该部知道。钦此。②

○七五　奏报拣员委署副将片

光绪十八年七月十三日（1892年9月3日）

再，玛纳斯协副将汤秀斋丁忧遗缺，亟应拣员署理，以重职守。查有头品顶戴留甘肃新疆尽先补用提督借补喀喇沙尔营参将喻先达，精明稳练，办事实心，堪以委署。除给委并咨部外，谨会同陕甘总督臣杨昌濬附片具奏，伏乞圣鉴。谨奏。

（朱批：）兵部知道。③

光绪十八年八月十六日，奉朱批：兵部知道。钦此。④

○七六　奏报叶城知县王俊饬赴本任片

光绪十八年七月十三日（1892年9月3日）

再，叶城县知县员缺，前以新疆试用知县王俊请补，经部覆准在案。应即驰赴本任，以专责成。据署新疆布政使饶应祺、署镇迪道兼按察使衔周崇傅会详前来。除由臣批饬给委外，谨会同陕甘

---

① 台北故宫博物院藏：军机及宫中档，文献编号：408002738-0-A。
② 中国第一历史档案馆藏：录副奏片，档案编号：03-6569-034。
③ 台北故宫博物院藏：军机及宫中档，文献编号：408002738-0-B。
④ 中国第一历史档案馆藏：录副奏片，档案编号：03-5888-095。

总督臣杨昌濬附片具奏,伏乞圣鉴。谨奏。

(朱批:)吏部知道。①

光绪十八年八月十六日,奉朱批:吏部知道。钦此。②

○七七 恭报新疆光绪十八
年五月雨水、粮价折

光绪十八年七月二十八日(1892年9月18日)

头品顶戴甘肃新疆巡抚臣陶模跪奏,为恭报光绪十八年五月份粮价并得雨情形,谨缮折具陈,仰祈圣鉴事。

窃照光绪十八年四月份各厅、州、县粮价并得雨情形,业经臣奏报在案。兹据署新疆布政使饶应祺详称:光绪十八年五月份,北路镇西得雨,入土四寸;绥来得雨,入土二寸;迪化、昌吉、阜康、奇台、哈密、库尔喀喇乌苏微雨。伊塔道属绥定、宁远、塔尔巴哈台微雨。南路库车得雨,入土六寸;叶城得雨,入土四寸;拜城得雨,入土三寸;英吉沙尔得雨,入土二寸;喀喇沙尔得雨,入土一寸;莎车大雨;温宿、乌什、疏勒、疏附、和阗、于阗、玛喇巴什微雨。余未得雨。正值天气炎热,渠水畅流,地亩足资灌溉,民情安帖。至通省粮价,镇西、库尔喀喇乌苏、乌什、阜康等厅、县俱与上月相同,余均略有增减。汇详请奏前来。

理合恭折具陈,并缮粮价清单,敬呈御览,伏乞皇上圣鉴。谨奏。光绪十八年七月二十八日。

---

① 台北故宫博物院藏:军机及宫中档,文献编号:408002738-0-C。
② 中国第一历史档案馆藏:录副奏片,档案编号:03-5296-045。

（朱批：）知道了。[①]

光绪十八年八月三十日，奉朱批：知道了。钦此。[②]

○七八　呈新疆光绪十八年五月粮价清单

光绪十八年七月二十八日(1892 年 9 月 18 日)

谨将新疆各属光绪十八年五月米粮时估价值，缮具清单，恭呈御览。

计开五月份：

镇迪道属：

迪化县：大米每京石价银二两一钱一分四厘，较上月减二钱八分二厘。小麦每京石价银九钱九分，较上月减七分一厘。豌豆每京石价银七钱九分二厘，较上月减一钱四分四厘。青稞每京石价银八钱六分二厘，与上月相同。

昌吉县：大米每京石价银一两八钱七分二厘，与上月相同。小麦每京石价银七钱一分三厘，较上月减六分三厘。豌豆每京石价银八钱五分，较上月减七分。青稞每京石价银七钱七分，较上月减一钱五厘。

阜康县：粟米每京石价银八钱八分四厘，小麦每京石价银一两一钱三分二厘，豌豆每京石价银一两一钱六分七厘，高粱每京石价银九钱二厘，与上月相同。

绥来县：大米每京石价银一两七钱六分一厘，较上月减九分九

---

①　台北故宫博物院藏：军机及宫中档，文献编号：408002739。

②　中国第一历史档案馆藏：录副奏折，档案编号：03-6920-040。

厘。小麦每京石价银七钱七分二厘，与上月相同。豌豆每京石价银八钱四分九厘，与上月相同。高粱每京石价银五钱六分三厘，与上月相同。

奇台县：大米每京石价银二两七分一厘，与上月相同。小麦每京石价银六钱七分二厘，较上月增三分六厘。豌豆每京石价银五钱八分七厘，与上月相同。

吐鲁番直隶厅：小麦每京石价银一两一钱一分八厘，与上月相同。大麦每京石价银五钱六分，较上月减一钱一分二厘。高粱每京石价银五钱五分七厘，与上月相同。黄豆每京石价银一两九钱四分九厘，较上月增八分三厘。

镇西直隶厅：小麦每京石价银一两一钱七分，豌豆每京石价银一两三钱六分，青稞每京石价银八钱八分，俱与上月相同。

哈密直隶厅：粟米每京石价银一两三钱六分八厘，较上月增一钱四分四厘。小麦每京石价银一两一钱三分一厘，较上月增二分七厘。豌豆每京石价银一两一钱八分，与上月相同。青稞每京石价银八钱六分一厘，较上月增五分九厘。

库尔喀喇乌苏直隶厅：小麦每京石价银九钱五分，豌豆每京石价银一两一钱二分，高粱每京石价银五钱七分，俱与上月相同。

伊塔道属：

绥定县：大米每京石价银三两七钱七分四厘，与上月相同。小麦每京石价银九钱六分六厘，较上月增一钱三分八厘。大麦每京石价银五钱六分五厘，与上月相同。豌豆每京石价银九钱二分一厘，较上月增五分七厘。

宁远县：大米每京石价银三两二钱五分六厘，较上月减一钱四分八厘。小麦每京石价银九钱六分六厘，较上月增二钱四分八厘。

大麦每京石价银六钱九分五厘，较上月增二分一厘。豌豆每京石价银一两三分六厘，与上月相同。

塔尔巴哈台直隶厅：小麦每京石价银一两七分七厘，与上月相同。大麦每京石价银一两二钱三分，较上月减二厘。豌豆每京石价银一两二钱，较上月减二厘。

精河直隶厅：大米每京石价银二两一钱四分五厘，与上月相同。小麦每京石价银九钱一分，与上月相同。大麦每京石价银八钱四厘，较上月增六分九厘。豌豆每京石价银一两一钱一分，与上月相同。

阿克苏道属：

温宿直隶州：大米每京石价银二两二钱八分，较上月增二钱二分八厘。小麦每京石价银一两三分五厘，与上月相同。大麦每京石价银七钱五分六厘，较上月减三分六厘。包谷每京石价银八钱五分六厘，较上月增一分三厘。

拜城县：小麦每京石价银六钱五分，较上月增九分。大麦每京石价银三钱五分，较上月增九分。豌豆每京石价银四钱八分，较上月增五分。包谷每京石价银五钱二分，较上月增四分。

喀喇沙尔直隶厅：大米每京石价银三两七钱，较上月增七钱四分。小麦每京石价银一两三钱八分，较上月增二钱七分六厘。豌豆每京石价银一两一钱五分二厘，较上月增一钱四分四厘。包谷每京石价银九钱六分，较上月增一钱二分八厘。

库车直隶厅：大米每京石价银二两，较上月减二钱五分。小麦每京石价银八钱二分，较上月减三钱八分。包谷每京石价银六钱五分，较上月减九分。豌豆每京石价银七钱七分，与上月相同。

乌什直隶厅：大米每京石价银一两六钱三分九厘，小麦每京石价银六钱六分,大麦每京石价银三钱二分一厘,包谷每京石价银四钱五分八厘,俱与上月相同。

喀什噶尔道属：

疏勒直隶州：大米每京石价银三两四钱五分,较上月增一钱五分。小麦每京石价银一两七钱九分四厘,较上月增二钱七分六厘。包谷每京石价银一两二钱八分,较上月增一钱二分八厘。高粱每京石价银一两三分五厘,较上月增一钱。

疏附县：大米每京石价银三两四钱五分,较上月增一钱五分。小麦每京石价银一两七钱九分四厘,较上月增二钱七分六厘。包谷每京石价银一两三钱四分,较上月增一钱三分四厘。高粱每京石价银一两三分五厘,较上月增一钱。

莎车直隶州：大米每京石价银二两八钱一分二厘,较上月增二钱九分六厘。小麦每京石价银九钱六分六厘,较上月增一钱一分一厘。大麦每京石价银七钱六分二厘,较上月增六分二厘。包谷每京石价银九钱二分四厘,较上月增一钱三分二厘。

叶城县：大米每京石价银三两九钱四分五厘,较上月增四钱六分五厘。小麦每京石价银八钱七分五厘,较上月减五分。包谷每京石价银八钱六分四厘,较上月增一钱二分。青稞每京石价银四钱,与上月相同。

和阗直隶州：大米每京石价银二两二钱四分,较上月增八分四厘。小麦每京石价银一两二钱二分,与上月相同。包谷每京石价银八钱一分,与上月相同。青稞每京石价银五钱五分二厘,较上月减八分三厘。

于阗县：大米每京石价银二两三钱四分六厘,与上月相同。小麦每京石价银九钱九分一厘,较上月增一分三厘。包谷每京石价银六钱二分七厘,较上月增二分六厘。

英吉沙尔直隶厅:大米每京石价银四两一钱四厘,较上月增三钱四厘。小麦每京石价银一两三钱八分,与上月相同。大麦每京石价银五钱七分,与上月相同。包谷每京石价银一两二钱六厘,与上月相同。

玛喇巴什直隶厅:大米每京石价银三两四钱四厘,较上月增四钱四分四厘。小麦每京石价银一两六钱六分,较上月增三钱四分。包谷每京石价银一两五钱四分,较上月增三钱八分。

(朱批:)览。①

○七九　奏报新疆光绪十七年征信册刷印散发折

光绪十八年七月二十八日(1892年9月18日)

头品顶戴甘肃新疆巡抚臣陶模跪奏,为新疆各属光绪十七年征信册籍遵章刷印散发,恭折仰祈圣鉴事。

窃照新疆各属光绪十六年征信册籍,业经前护抚臣魏光焘具奏,并刷发各属绅民查阅在案。兹据署布政使饶应祺详称:各厅、州、县、县丞光绪十七年征信册籍底本,饬据各属陆续申覆,除镇迪道属之吐鲁番厅、哈密厅、呼图壁巡检及阿克苏道属之库车、乌什、喀喇沙尔各厅、拜城县并喀什噶尔道属之各厅、州、县,光绪十七年已垦熟地应征粮石,均于十七年下忙截数之前一律征收全完,应请毋庸造具征信册外,其镇西、迪化、昌吉、阜康、绥来、奇台、库尔喀喇乌苏等七厅县经征十七年额粮并催征、带征均有未完,温宿州、

---

① 中国第一历史档案馆藏:清单,档案编号:03-6920-041。

济木萨县丞均有因灾缓征，济木萨县丞并有催征节年民欠未完银两，陆续据各该属造具征信册底本，由司发交经历司，雇募工匠，添刻活字印版，首列部议清厘民欠章程十条，次列各项民欠总、散数目，一律摆印，并委库大使会同核对。

计刊印镇西厅经征十七年未完并催征节年民欠册各四十本，库尔喀喇乌苏厅经征十七年未完并催征十四、十五、十六等年民欠册各三十本，迪化县经征十七年未完并催征节年民欠册各四十本，阜康县经征十七年未完并催征节年及带征十一年灾缓民欠册各三十本；昌吉县经征十七年未完册三十本，并带征十一年灾缓及催征十三、十四、十五、十六等年民欠册各三十本；奇台县经征十七年未完册四十本，并催征十四、十五、十六等年民欠册各四十本；绥来县经征十七年未完册四十本，济木萨县丞催征节年民欠册三十本，并因灾缓征册三十本；温宿州因灾缓征并蠲免册各四十本。注明页数，钤用司印。内迪化府属各县、县丞遵章移送镇迪道一半，发交迪化府一半。镇迪道属镇西、库尔喀喇乌苏厅，阿克苏道属温宿州，全送该二道，分别转发各属绅民，分给各乡民，公同查阅，俾令周知。附赍各册，详请奏咨前来。

臣覆查无异。除将各册咨部查核外，所有新疆各属光绪十七年征收额粮及催征、带征民欠灾缓未完粮石征信册籍，遵章刷印、散发缘由，谨会同陕甘总督臣杨昌濬恭折具陈，伏乞皇上圣鉴训示。谨奏。光绪十八年七月二十八日。

（朱批：）户部知道。[①]

---

①　台北故宫博物院藏：军机及宫中档，文献编号：408002740。

光绪十八年八月三十日,奉朱批:户部知道。钦此。①

【案】业经前护抚臣魏光焘具奏:光绪十七年七月十五日,护理巡抚魏光焘为新疆十六年征信册籍具报曰:

头品顶戴护理甘肃新疆巡抚开缺新疆布政使臣魏光焘跪奏,为新疆各属光绪十六年征信册籍遵章刷印散发,恭折仰祈圣鉴事。

窃照新疆各属光绪十五年征信册籍,业经奏咨并刷发各属绅民查阅在案。兹据署布政使饶应祺详称:各厅、州、县、县丞光绪十六年征信册籍底本,饬据各属陆续申覆,除镇迪道属之吐鲁番厅、哈密厅、呼图壁巡检及阿克苏、喀什噶尔两道属之各厅、州、县经征十六年已垦熟地应征粮石,均于十六年下忙截数之前一律征收全完,应请毋庸造具征信册外,其镇西、迪化、昌吉、阜康、绥来、奇台、库尔喀喇乌苏等七属经征十六年额粮并催征、带征,均有未完。至济木萨县丞仅只因灾缓征及催缴节年民欠未完,陆续据各该属造具征信册底本,由司发交经历司,雇募工匠,添刻活字印板,首列部议清厘民欠章程十条,次列各项民欠总、散数目,一律摆印,并委库大使会同核对。

计刊印镇西厅经征十六年未完并催征十四、十五两年民欠册各四十本,库尔喀喇乌苏厅经征十六年未完并催征十四、十五两年民欠册各三十本,迪化县经征十六年未完并催征节年民欠册各四十本,阜康县经征十六年未完并催征节年及带征十一年灾缓民欠册各三十本；昌吉县经征十六年未完册三十本，并带征十一年灾缓及催征十三、十四、十五等年民欠册各三十本，又催征节年民欠册三十本；奇台县经征十六年未完册四十本，并催征十四、十五两年民欠册各四十本；绥来县经征十六年未完册并带征十四年灾缓民欠册各四十本，济木萨县丞催征节年民欠册三十本，并带征灾缓征册三十本。注明页数，钤用司印。内迪化府属各县、县丞遵章移送镇迪道一半，发交迪化府一半；镇迪道属镇西、库尔喀喇乌苏厅则全送镇迪道，分别转发各属绅民，分给各乡民，公同查阅，俾令周知。附赍各册，详请奏咨前来。

臣覆查无异。除将各册咨部查核外，所有新疆各属光绪十六年征收额粮及催征、带征民欠灾缓未完粮石征信册籍，遵章刷印、散发缘由，谨会同陕甘总督臣杨昌濬恭折具陈，伏乞皇上圣鉴训示。谨奏。光绪十七年七月十五日。

（朱批：）户部知道。①

光绪十七年八月十九日，奉朱批：户部知道。钦此。②

○八○　审拟阜康县民因斗毙命一案折

光绪十八年七月二十八日(1892年9月18日)

头品顶戴甘肃新疆巡抚臣陶模跪奏，为因斗误伤毙命，审明定拟，恭折具陈，仰祈圣鉴事。

---

① 台北故宫博物院藏：军机及宫中档，文献编号：408006805。
② 中国第一历史档案馆藏：录副奏折，档案编号：03-6241-063。

窃阜康县民周清沅因与罗荣桂口角争斗，误伤解劝之王发得身死一案，据署阜康县知县钟逢焕验讯议拟，解署迪化府知府黄丙焜，详署镇迪道兼按察使衔周崇傅审转前来。

臣亲提研讯，缘周清沅籍隶阜康县，务农度日，与已死王发得素不认识。光绪十八年二月初三日，王发得失马二匹，托罗荣桂找寻。是月初四日，周清沅骑马至杨如贵家，与罗荣桂会遇。罗荣桂见其马与王发得所失马相似，当向盘问。周清沅谓其诬赖，罗荣桂将王发得唤来。王发得细看马匹，知系错误，用言赔服。周清沅亦未计较。适王发得之婿张成走至，遽指周清沅之马即系王发得所失，经王发得喝止。周清沅气忿，斥骂罗荣桂刁唆。罗荣桂回詈扑殴，周清沅顺拾铁斧向砍，讵王发得从罗荣桂身后扯劝，罗荣桂头偏，致斧误砍王发得右太阳穴倒地。杨如贵赶救罔效，当即殒命。投约报验，讯供议拟解府，详兼臬司审明转详。臣覆鞫无异。

查律载：因斗殴而误杀旁人者，以斗杀论。又，斗杀杀人者，不问手足、他物、金刃，并绞监候各等语。此案周清沅被诬气忿，因与罗荣桂口角争斗，致斧误伤解劝之王发得身死，自应照律问拟。周清沅合依因斗殴而误杀旁人者，以斗杀论。斗杀人者，不问手足、他物、金刃并绞律，拟绞监候，秋后处决。张成、罗荣桂并不认明，辄疑周清沅之马即系王发得失物，致酿人命，均属不合，应照不应重律，各拟杖八十，折责发落。杨如贵救阻不及，毋庸置议。王发得失马缉获另结。无干省释，尸棺饬埋，凶器案结销毁。是否允协，除全案供招咨部外，合将因斗误伤毙命，审明定拟各缘由，恭折具陈，伏乞皇上圣鉴，饬部核议施行。谨奏。光绪十八年七月二十八日。

（朱批：）刑部议奏。①

光绪十七年八月三十日,奉朱批:刑部议奏。钦此。②

○八一　修建绥靖新城恳请筹拨经费折

光绪十八年八月初八日(1892年9月28日)

头品顶戴甘肃新疆巡抚臣陶模跪奏,为塔尔巴哈台绥靖新城衙署、兵房等工仍归副都统经理,恳恩饬部筹拨经费,以资修建,恭折仰祈圣鉴事。

窃塔尔巴哈台绥靖新城城垣业由副都统额尔庆额③修筑完竣,并奏明衙署、兵房、仓库、坛庙等工并交巡抚办理。臣到任后,准额尔庆额咨请兴造,以便迁移,经臣函商仍归该副都统一手经理,则告成既易,省费必多,且便与新城城工并案造报。旋经覆准接办,并请拨银两,克期兴工等因。当饬藩司于善后款内拨银三万两,暂备支发。查前项工程,原奏估需银二十万两,迭经部议令于善后项下取给,不得另行请款,银数多少,并未议及。臣核计所估,较南路修建城署大小工程二十九起,共只用银三十二万余两,相去不啻倍蓰。

---

① 台北故宫博物院藏:军机及宫中档,文献编号:408002741。

② 中国第一历史档案馆藏:录副奏折,档案编号:03-7315-057。

③ 额尔庆额(1838—1893),字蔼堂,格何恩氏,隶满洲镶白旗。墨尔根城驻防,出身披甲。咸丰九年(1859),充骁骑校,旋赏戴花翎,补委参领。同治四年(1865),保以协领即补。五年(1866),加法福灵阿图鲁名号。七年(1868),晋副都统衔。九年(1870),补授佐领,兼营总。十年(1871),授黑龙江副总管。同年,调补凉州副都统。光绪三年(1877),补古城领队大臣。六年(1880),兼署科布多参赞大臣、帮办大臣。七年(1881),授科布多帮办大臣。十年(1884),兼署科布多参赞大臣。十二年(1886),补伊犁副都统。十四年(1888),授塔尔巴哈台参赞大臣。十九年(1893),卒于任。

至光绪十六年以前善后银两，均经额尔庆额动作城工用费。十四、十五两年应存同知库银八万两，据称俟城工告竣，再行酌办，毋须提存。十六年应存银四万两，亦未交出。该处自分隶巡抚管辖，仅十七、十八两年共分善后银六万两。绥靖旧城城垣、同知、照磨衙署及地方应办事件，均取给于此，头绪纷繁，实形支绌。此次提解银三万两，俾令兴工，已属极力腾拨，若二十万两之数概令巡抚拨给，即遵照部咨，斟酌缓急，分年兴修，仍属无从措办。相应恳恩饬部核议，咨行塔尔巴哈台副都统，将原估衙署、兵房等项银数逐加删减，力图撙节，并由部先行筹拨经费，以昭核实而资接济之处，出自鸿施。

除咨部外，谨恭折具陈，伏乞皇上圣鉴训示。谨奏。光绪十八年八月初八日。

（朱批:）该部议奏。[1]

光绪十八年九月初十日，奉朱批:该部议奏。钦此。[2]

○八二　防营员勇、各台、局、卡、义学数目折

光绪十八年八月初八日(1892年9月28日)

头品顶戴甘肃新疆巡抚臣陶模跪奏，为新疆防营员弁勇丁、各台、局、卡、义学自光绪十七年七月初一日起至十二月底止实在数目，缮具清单，恭折仰祈圣鉴事。

窃新疆马步营旗、炮队及各台、局、卡、义学截至光绪十七年六

---

① 台北故宫博物院藏:军机及宫中档，文献编号:408002744。
② 中国第一历史档案馆藏:录副奏折，档案编号:03-7160-035。

月底止实在数目,业经分别奏咨在案。兹据新疆粮台详称:自十七年七月初一日起,遵照标营章程,挑募步队五旗、马队一旗。又,裁减步队四营一哨,马队二旗。通截至十七年十二月底止,实存马步一百营旗一哨、开花炮队四哨,共计额设营书、弁勇二万四千八百四十八名,火勇一千七百二十名,营旗哨官三百八十一员,巡查一百二十六员,额外火夫、私夫、马夫、车夫六千三百六十四名。其旧管各台、局、卡、义学并上年前护抚臣魏光焘奏设喀什噶尔城通商局沿边各卡伦,缮具清单,详请奏咨等情。

臣覆查无异。所有新疆防营员弁勇丁并各台、局、卡、义学自光绪十七年七月初一日起至十二月底止实在数目,除咨部外,谨缮清单,恭呈御览,伏乞皇上圣鉴,饬部立案施行。谨奏。光绪十八年八月初八日。

(朱批:)该部知道。单二件并发。①

光绪十八年九月初十日,奉朱批:该部知道。单二件并发。钦此。②

○八三　呈光绪十七年下半年防营官兵数目清单

光绪十八年八月初八日(1892年9月28日)

谨将新疆驻防马步各营旗员弁、勇丁、夫马、炮车数目自光绪十七年七月初一日起至十二月底止,缮具四柱清单,恭呈御览。

---

①　台北故宫博物院藏:军机及宫中档,文献编号:408002745。
②　中国第一历史档案馆藏:录副奏折,档案编号:03-5756-062。

旧管：光绪十七年六月底止，实存防军标营章程马队一营五十六旗、步队二十九营一十四旗一哨，又另步队一百二十六员名、开花炮队四哨。共计：旧存额设营、旗、哨官三百八十五员，旧存额设巡查一百三十一员，旧存额设营书、弁勇二万五千二百二十五名，旧存额设火勇一千七百四十三名，旧存额外火夫八百一十一名，旧存额外私夫、马夫、车夫五千六百八十四名，旧存马七千四百二十匹，旧存炮车二十四辆、车骡六十四头。

查前项旧存数目，较前报十七年春夏两季四柱清单，实存项下少营书、弁勇五名，又少私夫六名，实系接收塔尔巴哈台另步队一哨内误算，已于十七年春夏两季季册内更正。合并声明。

新收：光绪十七年七月初一日，挑募塔尔巴哈台协标中营、左营、右营步队三旗，遵照标营章程，新添额设旗、哨官十二员，新添额设巡查三员，新添额设营书、弁勇九百九十名，新添额设火勇九十六名，新添额外私夫四十八名。

光绪十七年七月初一日，挑募塔尔巴哈台协标前旗马队一旗，遵照标营章程，新添额设旗、哨官三员，新添额设巡查一员，新添额设营书、弁勇一百二十二名，新添额外火夫十四名，新添额外马夫、私夫七十九名，新添额马一百二十八匹。

光绪十七年十二月初一日，挑募伊犁镇标中营、绥定城守营共步队二旗，遵照标营章程，新添额设旗、哨官八员，新添额设巡查二员，新添额设营书、弁勇六百六十名，新添额设火勇六十四名，新添额外私夫三十二名。

开除：光绪十七年六月底，裁减塔尔巴哈台协标中营暨协防共步队二营，计裁减官弁勇丁九百九十六员名，裁减额外私夫五十六名。

光绪十七年六月底,裁减塔尔巴哈台另步队一哨,计裁减官弁勇丁一百二十六员名,裁减额外私夫六名。

光绪十七年十一月底,裁减老湘一旗、伊犁镇标中营共步队二营,计裁减官弁勇丁九百九十六员名,裁减额外私夫五十六名。

光绪十七年十一月底,裁减伊犁镇标前营、副前营共马队二旗,计裁减官弁勇丁二百五十二员名,裁减额外火夫二十八名,裁减额外私夫、马夫一百五十八名,裁减额马二百五十六匹。

实在:光绪十七年十二月底止,实存防军标营章程马队一营五十五旗,步队二十五营一十九旗一哨,开花炮队四哨,共计实存额设营、旗、哨官三百八十一员,实存额设巡查一百二十六员,实存额设营书、弁勇二万四千八百四十八名,实存额设火勇一千七百二十名,实存额外火夫七百九十七名,实存额外马夫、私夫、车夫五千五百六十七名,实存额马七千二百九十二匹,实存炮车二十四辆、车骡六十四头。

(朱批:)览。①

○八四　呈光绪十七年下半年
　　台、局、卡并义学清单

光绪十八年八月初八日(1892年9月28日)

谨将新疆各台、局、卡、义学数目自光绪十七年七月初一日起至十二月底止,缮具四柱清单,恭呈御览。

旧管:光绪十七年六月底止,实存新疆粮台,伊犁宁远城中俄

---

①　中国第一历史档案馆藏:清单,档案编号:03-5756-013。

通商局,伊塔道、宁远、绥定三善后局,省城军装总局,省城采运局、柴草局,哈密军装局,哈密新城、吐鲁番新城、喀喇沙尔、库车、阿克苏、乌什、英吉沙尔、喀什噶尔汉城、叶尔羌、和阗、古城、绥来、省城、绥定、宁远、绥定城东关、南关、瞻德城、广仁城等处十九保甲局。

霍尔果斯尼堪卡伦、果子沟、绥定东门、南门、西门等处五稽查卡,哈密、巴里坤、昌吉、吐鲁番、喀喇沙尔、库车、阿克苏、乌什、喀什噶尔、英吉沙尔、玛喇巴什、叶尔羌、和阗等处十三牛痘局。

哈密义学五堂,吐鲁番义学六堂,喀喇沙尔义学四堂,库车义学五堂,拜城义学二堂,温宿义学三堂,乌什义学三堂,疏勒义学三堂,疏附义学二堂,玛喇巴什义学三堂,英吉沙尔义学三堂,莎车义学五堂,叶城义学二堂,和阗义学二堂,于阗义学二堂,巴里坤义学四堂,奇台义学四堂,济木萨义学三堂,阜康义学二堂,迪化义学六堂,昌吉义学二堂,绥来义学四堂,呼图壁义学二堂,宁远义学三堂,绥定义学三堂,广仁城义学一堂,瞻德城义学一堂,霍尔果斯义学一堂,共计义学八十六堂。

新收:喀什噶尔中俄通商局,霍尔罕稽查卡,明瑶路稽查卡,依兰乌瓦斯稽查卡,依斯里克稽查卡,图舒克塔石稽查卡,温宿州属可力碳稽查卡,乌什厅属依布拉引稽查卡。

以上通商局并稽查各卡伦,均于光绪十六年正月初一日开办,经前护抚臣魏光焘奏咨在案。合并声明。

开除:无项。

实在:光绪十七年十二月底止,实存新疆粮台,省城军装总局,省城采运局、柴草局,伊犁宁远城、喀什噶尔城二中俄通商局,伊塔道、宁远、绥定三善后局,哈密军装局,省城、哈密新城、吐鲁番新城、喀喇沙尔、库车、阿克苏、乌什、英吉沙尔、喀什噶尔汉城、叶尔羌、和阗、古城、绥来、绥定、宁远、绥定城东关、南关、瞻德城、广仁城等处十九保甲局。

霍尔果斯尼堪卡伦、果子沟、绥定东门、南门、西门、霍尔罕、明瑶路、依兰乌瓦斯、依斯里克、图舒克塔石、可力碤、依布拉引等处十二稽查卡。

哈密、巴里坤、昌吉、吐鲁番、喀喇沙尔、库车、阿克苏、乌什、喀什噶尔、英吉沙尔、玛喇巴什、叶尔羌、和阗等处十三牛痘局。

哈密义学五堂,吐鲁番义学六堂,喀喇沙尔义学四堂,库车义学五堂,拜城义学二堂,温宿义学三堂,乌什义学三堂,疏勒义学三堂,疏附义学二堂,玛喇巴什义学三堂,英吉沙尔义学三堂,莎车义学五堂,叶城义学二堂,和阗义学二堂,于阗义学二堂,巴里坤义学四堂,奇台义学四堂,济木萨义学三堂,阜康义学二堂,迪化义学六堂,昌吉义学二堂,绥来义学四堂,呼图壁义学二堂,宁远义学三堂,绥定义学三堂,广仁城义学一堂,瞻德城义学一堂,霍尔果斯义学一堂,共计义学八十六堂。

（朱批：）览。①

○八五　审拟库车缠民斗殴毙命一案折

光绪十八年八月初八日(1892 年 9 月 28 日)

头品顶戴甘肃新疆巡抚臣陶模跪奏,为斗殴毙命,核明定拟,

---

① 中国第一历史档案馆藏:清单,档案编号:03-5756-014。

恭折具陈,仰祈圣鉴事。

窃库车厅缠民阿则因口角起衅,殴伤加那里比比身死一案,据署库车厅同知闻端兰验讯通详,未及招解卸事,移交后任朱宪荣议拟,详解阿克苏道陈名钰审明,咨署镇迪道兼按察使衔周崇傅核转前来。

臣复加查核,缘阿则籍隶库车厅,务农为业,与已死加那里比比同庄,素识无嫌。光绪十七年九月初九日,阿则偕弟克然木与加那里比比之夫托夫大生在场扬麦。下午风息,托夫大生送麦归家,令加那里比比看守器具。俄顷风起,阿则欲将未扬之麦趁风扬净,因向加那里比比借用扬麦木椽。加那里比比未允,阿则不听,即将木椽拾走。加那里比比斥其擅取,赶将木椽扭住,互相争夺。阿则用力往后一退,加那里比比松手跌地,碰伤右额颏。加那里比比挣起扑殴,阿则用拳殴伤加那里比比右血盆骨、右肩甲,并踢伤右胯。加那里比比愈加泼闹,揪衣拼命。阿则被揪情急,又用拳殴伤其心坎。经艾买提、犯弟克然木解散。加那里比比伤重,是夜殒命。投约报验,获犯讯供,议拟解道,咨兼臬司,核明转详。臣覆核无异。

查律载:斗殴杀人者,不问手足、他物、金刃,并绞监候等语。此案阿则因借扬麦木椽,口角起衅,用拳殴伤加那里比比心坎等处毙命,自应按律问拟。阿则合依斗殴毙杀人者,不问手足、他物、金刃并绞律,拟绞监候,秋后处决。犯弟克然木并无帮殴情事,应与救阻不及之艾买提均免置议。无干省释,尸棺饬埋。是否允协,除全案供招咨部外,谨将斗殴毙命,核明定拟各缘由,恭折具陈,伏乞皇上圣鉴,饬部核议施行。谨奏。光绪十八年八月初八日。

（朱批：）刑部议奏。①

光绪十八年九月初十日，奉朱批：刑部议奏。钦此。②

○八六　奏报疏勒等处水旱灾情片

光绪十八年八月初八日(1892年9月28日)

再，新疆吐鲁番等厅、州、县被灾情形，前经臣具奏在案。嗣据疏勒直隶州知州蒋诰申报，该州六月二十七、八等日，山水涨发，罕爱里克等庄被淹地一千余亩，冲刷地四十亩。又，署叶城县知县魏景桐续报，该县阿由浑等庄六月三十日大水，被淤地六百九十余亩，淹倒民房五十三间。又，迪化县知县黄袁禀报，该县黄草梁及南山一带地气既迟，又系高滩，渠水不能到地，入夏以来，仅得雨一次，禾苗日就枯槁，计地三千余亩。又，署阜康县知县钟逢焕详报，该县三工台各户共种地九百亩，地面高旷，并无渠水，禾麦抽穗后未得雨泽，均就黄萎，收获无望各等情前来。

臣先后行司移道，委员前赴各属会勘被灾轻重，本年额征钱粮应否蠲缓；一面出示停征，妥为抚恤。淹倒房屋，并饬酌给银两，一律补修。取具册结，详转核办。

除俟详覆至日再行奏明办理外，所有疏勒、叶城、迪化、阜康被水、被旱大概情形，谨附片具奏，伏乞圣鉴训示。谨奏。

（朱批：）知道了。③

---

① 台北故宫博物院藏：军机及宫中档，文献编号：408002743。
② 中国第一历史档案馆藏：录副奏折，档案编号：03-7315-060。
③ 台北故宫博物院藏：军机及宫中档，文献编号：408002743-0-A。

光绪十八年九月初十日，奉朱批：知道了。钦此。[①]

○八七　奏报新疆光绪十八 年六月雨水、粮价折

光绪十八年八月十八日（1892年10月8日）

头品顶戴甘肃新疆巡抚臣陶模跪奏，为恭报光绪十八年六月份粮价并得雨情形，谨缮折具陈，仰祈圣鉴事。

窃照光绪十八年五月份各厅、州、县粮价并得雨情形，业经臣奏报在案。兹据署新疆布政使饶应祺详称：光绪十八年六月份，北路镇西得雨，入土五寸，大有、地利等庄雹；哈密、昌吉得雨，入土一寸；迪化、奇台、阜康微雨，高滩地亩旱；吐鲁番、库尔喀喇乌苏、绥来微雨。伊塔道属绥定、宁远得雨，入土二寸；塔尔巴哈台、精河微雨。南路喀喇沙尔得雨，入土二寸；拜城得雨，入土一寸；乌什、英吉沙尔大雨；疏勒罕爱里克、叶城牙斯冬等庄大水，疏附亮格尔等庄雹，温宿、库车、莎车、和阗、于阗微雨，玛喇巴什未得雨。正值天气炎热，渠水畅流，地亩足资灌溉，民情安帖。

至通省粮价，库尔喀喇乌苏、精河、昌吉、阜康、绥来、绥定等厅、县俱与上月相同，余均略有增减。汇详请奏前来。

理合恭折具陈，并缮粮价清单，敬呈御览，伏乞皇上圣鉴。谨奏。光绪十八年八月十八日。

（朱批：）知道了。[②]

---

① 中国第一历史档案馆藏：录副奏片，档案编号：03-0608-031。
② 台北故宫博物院藏：军机及宫中档，文献编号：408002748。

光绪十八年九月十八日，奉朱批：知道了。钦此。①

○八八　呈新疆光绪十八年六月粮价清单

光绪十八年八月十八日(1892 年 10 月 8 日)

谨将新疆各属光绪十八年六月份米粮时估价值，缮具清单，恭呈御览。

计开六月份：

镇迪道属：

迪化县：大米每京石价银二两四分三厘，较上月减七分一厘。小麦每京石价银九钱九分，与上月相同。豌豆每京石价银七钱二分，较上月减七分二厘。青稞每京石价银八钱六分二厘，与上月相同。

昌吉县：大米每京石价银一两八钱七分二厘，小麦每京石价银七钱一分三厘，豌豆每京石价银八钱五分，青稞每京石价银七钱七分，俱与上月相同。

阜康县：粟米每京石价银八钱八分四厘，小麦每京石价银一两一钱三分二厘，豌豆每京石价银一两一钱六分七厘，高粱每京石价银九钱二厘，俱与上月相同。

绥来县：大米每京石价银一两七钱六分一厘，小麦每京石价银七钱七分二厘，豌豆每京石价银八钱四分九厘，高粱每京石价银五钱六分三厘，俱与上月相同。

奇台县：大米每京石价银二两二钱四分四厘，较上月增一钱七

---

① 中国第一历史档案馆藏：录副奏折，档案编号：03-6921-026。

分三厘。小麦每京石价银八钱四分九厘,较上月增一钱七分七厘。豌豆每京石价银六钱二分一厘,较上月增三分四厘。

吐鲁番直隶厅:小麦每京石价银一两一钱一分八厘,与上月相同。大麦每京石价银四钱八分五厘,较上月减七分五厘。高粱每京石价银五钱九分四厘,较上月增三分七厘。黄豆每京石价银二两五分三厘,较上月增一钱四厘。

镇西直隶厅:小麦每京石价银一两四分,较上月减一钱三分。豌豆每京石价银一两一钱六分,较上月减二钱。青稞每京石价银七钱六分,较上月减一钱二分。

哈密直隶厅:粟米每京石价银一两四钱四分,较上月增七分二厘。小麦每京石价银一两一钱四厘,较上月减二分七厘。豌豆每京石价银一两八分,较上月减一钱。青稞每京石价银八钱六分一厘,与上月相同。

库尔喀喇乌苏直隶厅:小麦每京石价银九钱五分,豌豆每京石价银一两一钱二分,高粱每京石价银五钱七分,俱与上月相同。

伊塔道属:

绥定县:大米每京石价银三两七钱七分四厘,小麦每京石价银九钱六分六厘,大麦每京石价银五钱六分五厘,豌豆每京石价银九钱二分一厘,俱与上月相同。

宁远县:大米每京石价银三两一钱八厘,较上月减一钱四分八厘。小麦每京石价银八钱二分八厘,较上月减一钱三分八厘。大麦每京石价银六钱九分五厘,与上月相同。豌豆每京石价银一两三分六厘,与上月相同。

塔尔巴哈台直隶厅:小麦每京石价银一两七分七厘,与上月相同。大麦每京石价银一两二钱三分,与上月相同。豌豆每京石价银一两二钱二厘,较上月增二厘。

精河直隶厅:大米每京石价银三两一钱四分五厘,小麦每京石价银九钱一分,大麦每京石价银八钱四厘,豌豆每京石价银一两一钱一分,俱与上月相同。

阿克苏道属:

温宿直隶州:大米每京石价银二两二钱八分,与上月相同。小麦每京石价银一两三分五厘,与上月相同。大麦每京石价银七钱五分,较上月减六厘。包谷每京石价银八钱五分,较上月减六厘。

拜城县:小麦每京石价银七钱,较上月增五分。大麦每京石价银四钱三分,较上月增八分。豌豆每京石价银四钱八分,与上月相同。包谷每京石价银五钱二分,与上月相同。

喀喇沙尔直隶厅:大米每京石价银三两七钱,与上月相同。小麦每京石价银一两一钱五分三厘,较上月减二钱二分七厘。豌豆每京石价银一两一钱五分二厘,与上月相同。包谷每京石价银九钱六分,与上月相同。

库车直隶厅:大米每京石价银二两三钱六分五厘,较上月增三钱六分五厘。小麦每京石价银八钱四分二厘,较上月增二分二厘。豌豆每京石价银七钱七分,与上月相同。包谷每京石价银六钱五分,与上月相同。

乌什直隶厅:大米每京石价银一两七钱八分八厘,较上月增一钱四分九厘。小麦每京石价银六钱八分六厘,较上月增二分六厘。大麦每京石价银三钱四分二厘,较上月增二分一厘。包谷每京石价银四钱八分四厘,较上月增二分六厘。

喀什噶尔道属:

疏勒直隶州:大米每京石价银三两七钱五分,较上月增三钱。

小麦每京石价银一两五钱一分八厘，较上月减二钱七分六厘。包谷每京石价银一两二钱一分六厘，较上月减六分四厘。高粱每京石价银九钱七分七厘，较上月减五分八厘。

疏附县：大米每京石价银三两七钱五分，较上月增三钱。小麦每京石价银一两五钱一分八厘，较上月减二钱七分六厘。包谷每京石价银一两二钱七分三厘，较上月减六分七厘。高粱每京石价银九钱七分七厘，较上月减五分八厘。

莎车直隶州：大米每京石价银二两九钱六分，较上月增一钱四分八厘。小麦每京石价银七钱五分九厘，较上月减二钱七厘。大麦每京石价银七钱五分，较上月减一分二厘。包谷每京石价银八钱三分一厘，较上月减九分三厘。

叶城县：大米每京石价银四两七钱八分五厘，较上月增八钱四分。小麦每京石价银八钱二分五厘，较上月减五分。包谷每京石价银六钱七分五厘，较上月减一钱八分九厘。青稞每京石价银四钱，与上月相同。

和阗直隶州：大米每京石价银二两三钱一分，较上月增七分。小麦每京石价银九钱一分，较上月减三钱一分。包谷每京石价银六钱四分，较上月减一钱七分。青稞每京石价银五钱五分二厘，与上月相同。

于阗县：大米每京石价银二两三钱四分六厘，与上月相同。小麦每京石价银九钱七分八厘，较上月减一分三厘。包谷每京石价银六钱二分七厘，与上月相同。

英吉沙尔直隶厅：大米每京石价银四两一钱六分四厘，较上月增六分。小麦每京石价银八钱七厘，较上月减五钱七分三厘。大麦每京石价银五钱七分，与上月相同。包谷每京石价银七钱八分三厘，较上月减四钱二分三厘。

玛喇巴什直隶厅：大米每京石价银三两七钱，较上月增二钱九分六厘。小麦每京石价银一两一钱四厘，较上月减五钱五分六厘。包谷每京石价银一两二分四厘，较上月减五钱一分六厘。

（朱批：）览。①

○八九　审拟缠民若嘴斗殴毙命一案折

光绪十八年八月十八日(1892年10月8日)

头品顶戴甘肃新疆巡抚臣陶模跪奏，为斗殴毙命，核明定拟，恭折具陈，仰祈圣鉴事。

窃疏勒州缠民若嘴因口角起衅，用锄殴伤毛拉筛拉力顶身死一案，据署疏勒直隶州知州潘时策验讯通详，未及招解卸事，移交后任蒋诰审拟，详经兼臬司以案情未确，移署喀什噶尔道李宗宾提案讯明，按律议拟，咨署镇迪道兼按察使衔周崇傅核转前来。

臣复加查核，缘若嘴籍隶疏勒州，务农为业，与已死毛拉筛拉力顶邻庄居住，地亩毗连，素无嫌怨。光绪十七年八月二十二日，若嘴赴地拔草，撞遇毛拉筛拉力顶手执铁锄，挖毁公地地埂。若嘴谓其不应，毛拉筛拉力顶以自挖自地，与人无干之语斥骂。若嘴分辩向阻。毛拉筛拉力顶生气，举锄殴伤若嘴额角流血。若嘴受伤走避，毛拉筛拉力顶又将锄抛打未中。若嘴恐被复殴，顺拾铁锄。毛拉筛拉力顶赶拢，右手扭住若嘴衣带，左手往地拾石。若嘴被扭情急，乘其弯腰，随用锄背冒殴毛拉筛拉力顶脊背一下。若嘴收

---

① 中国第一历史档案馆藏：清单，档案编号：03-6921-027。

手,毛拉筛拉力顶伸腰,致锄碰伤脑后。经犯母里的比比、尸子布拉丁解散护救。毛拉筛拉力顶伤重,比即殒命。投约报验,讯供通详,议拟招解。当因案情未确,提道覆鞫妥拟,咨兼臬司,核明转详。臣覆核无异。

查律载:斗殴杀人者,不问手足、他物、金刃,并绞监候等语。此案若嘴阻挖公共地埂口角,被殴情急,拾锄殴伤毛拉筛拉力顶身死,自应按律问拟。若嘴合依斗殴杀人者,不问手足、他物、金刃并绞律,拟绞监候,秋后处决。犯母里的比比救阻不及,应毋庸议。无干省释,尸棺饬埋,凶器案结销毁。是否允协,除全案供招咨部外,谨将斗殴毙命,核明定拟各缘由,恭折具陈,伏乞皇上圣鉴,饬部核议施行。谨奏。光绪十八年八月十八日。

(朱批:)刑部议奏。①

光绪十八年九月十八日,奉朱批:刑部议奏。钦此。②

○九○　刊发《劝善要言》并饬属宣讲折

光绪十八年八月十八日(1892年10月8日)

头品顶戴甘肃新疆巡抚臣陶模跪奏,为遵旨照刊世祖章皇帝《劝善要言》告成,饬发各属,敬谨宣讲,恭折具陈,仰祈圣鉴事。

窃臣查接管卷内,光绪十七年九月十七日,准兵部火票递到光绪十七年八月初八日内阁奉上谕:朕恭读世祖章皇帝《御制劝善要言》一书,仰体天心,特垂明训,精详切实,俾斯世迁善改过,一道同

---

① 台北故宫博物院藏:军机及宫中档,文献编号:408002746。
② 中国第一历史档案馆藏:录副奏折,档案编号:03-7315-062。

风,实足变浇俗而臻盛化。惟原编只有清文,特令翻书房加译汉文,发交武英殿刊刻成书。兹据奏刷印完竣,装潢呈览,着每省颁发一部,交各该将军、督抚照式刊发各属学官,每月朔望,同《圣谕广训》一体敬谨宣讲,用示朕钦承祖训、辅教牖民之至意等因。钦此。并奉寄到《御制劝善要言》一部,当经前护抚臣魏光焘饬司敬缮刊刻。兹据详称,现已刊刷成书,呈送前来。

臣恭加校阅,字画无讹,谨遵谕旨,颁发各属,俾于每月朔望同《圣谕广训》一体敬谨宣讲,并饬实力奉行,务使边徼群黎咸沾圣化,以仰副圣主与人为善之至意。

所有遵旨刊发《劝善要言》,并饬属宣讲缘由,理合恭折具陈,伏乞皇上圣鉴。谨奏。光绪十八年八月十八日。

(朱批:)知道了。①

光绪十八年九月十八日,奉朱批:知道了。钦此。②

〇九一　奏报致祭故大学士专祠情形片

光绪十八年八月十八日(1892年10月8日)

再,光绪十一年,前抚臣刘锦棠于新疆省城遵旨建立已故前大学士左宗棠专祠;十四年,前巴里坤镇总兵徐占彪复于该处捐修祠宇,均经奏明在案。兹据署布政使饶应祺详:据署哈密通判柳葆元详称:该员会同哈密协营副将萧元亨,现就汉城内择地捐修左宗棠祠宇,以修祀事等情,转请具奏前来。

---

① 台北故宫博物院藏:军机及宫中档,文献编号:408002747。
② 中国第一历史档案馆藏:录副奏折,档案编号:03-7173-044。

臣查前大学士左宗棠戡定全疆，勋劳懋著。哈密为出关驻扎之地，顾瞻遗垒，咸慕同深。该署通判等捐资建祠，工程告竣，相应恳恩饬部立案，由地方官春秋致祭，以隆报飨而垂久远。捐用经费邀免造报。除咨部外，谨附片具陈，伏乞圣鉴训示。谨奏。

（朱批：）礼部知道。[①]

光绪十八年九月十八日，奉朱批：礼部知道。钦此。[②]

○九二　代奏萧元亨署总兵篆务谢恩折

光绪十八年九月初一日（1892年10月21日）

头品顶戴甘肃新疆巡抚臣陶模跪奏，为据情代奏，叩谢天恩，仰祈圣鉴事。

窃臣据署新疆巴里坤镇总兵哈密协副将萧元亨呈称：接奉行知：署巴里坤镇总兵汤彦和奉旨补授陕西河州镇总兵，所遗篆务奏委副将署理，遵将哈密协事务交卸，驰抵巴里坤。八月初十日，准汤彦和饬委署中军游击朱德和，将光字二十二号银印一颗并文案、卷宗赍交前来。当即恭设香案，望阙叩谢天恩，祗领任事。

伏念副将三湘末质，一介武夫，自借补副将员缺以来，兢惕维深，涓埃未报，复膺重任，署理总兵，渥蒙雨露之施，益切冰渊之凛。惟有殚竭愚悃，矢慎矢勤，凡整饬营伍、镇守地方各事宜，随时禀商抚臣、提臣，认真办理，断不敢以暂时摄篆稍涉因循，以期仰答高厚鸿慈于万一。

---

① 台北故宫博物院藏：军机及宫中档，文献编号：408002747-0-A。

② 中国第一历史档案馆藏：录副奏片，档案编号：03-5556-025。

所有到任接印日期并感激下忱，恳请据情代奏，叩谢天恩前来。理合据情代奏，伏乞皇上圣鉴。谨奏。光绪十八年九月初一日。

（朱批：）知道了。[1]

光绪十八年十月二十五日，奉朱批：知道了。钦此。[2]

○九三　奏报新疆光绪十八年闰六月雨水、粮价折

光绪十八年九月十四日(1892 年 11 月 3 日)

头品顶戴甘肃新疆巡抚臣陶模跪奏，为恭报光绪十八年闰六月份粮价并得雨情形，谨缮折具陈，仰祈圣鉴事。

窃照光绪十八年六月份各厅、州、县粮价并得雨情形，业经臣奏报在案。兹据署新疆布政使饶应祺详称：光绪十八年闰六月份，镇迪道属镇西得雨，入土五寸；迪化得雨，入土三寸；绥来得雨，入土二寸；昌吉、阜康、奇台、库尔喀喇乌苏微雨。伊塔道属绥定、宁远、塔尔巴哈台、精河微雨。南路拜城得雨，入土一寸；莎车大水；温宿、喀喇沙尔、库车、乌什、疏勒、疏附、叶城、和阗、于阗、英吉沙尔微雨。余未得雨。正值天气炎热，渠水畅流，地亩足资灌溉。至通省粮价，和阗、昌吉、阜康、绥来、绥定、拜城等州、县俱与上月相同，余均略有增减。汇详请奏前来。

理合恭折具陈，并缮粮价清单，敬呈御览，伏乞皇上圣鉴。谨

---

① 台北故宫博物院藏：军机及宫中档，文献编号：408002749。

② 中国第一历史档案馆藏：录副奏折，档案编号：03-5890-035。

奏。光绪十八年九月十四日。

（朱批：）知道了。[①]

光绪十八年十月十五日,奉朱批:知道了。钦此[②]。

○九四　呈新疆光绪十八年闰六月粮价清单

光绪十八年九月十四日(1892年11月3日)

谨将新疆各属光绪十八年闰六月份米粮时估价值,缮具清单,恭呈御览。

计开闰六月份:

镇迪道属:

迪化县:大米每京石价银二两四分三厘,与上月相同。小麦每京石价银八钱八分四厘,较上月减一钱六厘。豌豆每京石价银六钱一分二厘,较上月减一钱八厘。青稞每京石价银六钱九分,较上月减一钱七分二厘。

昌吉县:大米每京石价银一两八钱七分二厘,小麦每京石价银七钱一分三厘,豌豆每京石价银八钱五分,青稞每京石价银七钱七分,俱与上月相同。

阜康县:粟米每京石价银八钱八分四厘,小麦每京石价银一两一钱三分二厘,豌豆每京石价银一两一钱六分七厘,高粱每京石价银九钱二厘,俱与上月相同。

绥来县:大米每京石价银一两七钱六分一厘,小麦每京石价银

---

① 台北故宫博物院藏:军机及宫中档,文献编号:408002750。

② 中国第一历史档案馆藏:录副奏折,档案编号:03-6922-014。

七钱七分二厘，豌豆每京石价银八钱四分九厘，高粱每京石价银五钱六分三厘，俱与上月相同。

奇台县：大米每京石价银二两二钱四分四厘，与上月相同。小麦每京石价银八钱四分九厘，与上月相同。豌豆每京石价银五钱八分七厘，较上月减三分四厘。

吐鲁番直隶厅：小麦每京石价银一两一钱一分八厘，与上月相同。大麦每京石价银四钱四分八厘，较上月减三分七厘。高粱每京石价银六钱六分七厘，较上月增七分三厘。黄豆每京石价银二两五分三厘，与上月相同。

镇西直隶厅：小麦每京石价银一两一钱七分，较上月增一钱三分。豌豆每京石价银一两一钱六分，与上月相同。青稞每京石价银七钱六分，与上月相同。

哈密直隶厅：粟米每京石价银一两三钱九分七厘，较上月减四分三厘。小麦每京石价银一两一钱四厘，与上月相同。豌豆每京石价银一两三分七厘，较上月减四分三厘。青稞每京石价银八钱六厘，较上月减五分五厘。

库尔喀喇乌苏直隶厅：小麦每京石价银九钱二分，较上月减三分。豌豆每京石价银一两一钱二分，与上月相同。高粱每京石价银五钱七分，与上月相同。

伊塔道属：

绥定县：大米每京石价银三两七钱七分四厘，小麦每京石价银九钱六分六厘，大麦每京石价银五钱六分五厘，豌豆每京石价银九钱二分一厘，俱与上月相同。

宁远县：大米每京石价银二两九钱六分，较上月减一钱四分八厘。小麦每京石价银八钱五分五厘，较上月增二分七厘。大麦每京石价银七钱六厘，较上月增一分一厘。豌豆每京石价银一两八厘，较上月减二分八厘。

塔尔巴哈台直隶厅：小麦每京石价银一两七分七厘，与上月相同。大麦每京石价银一两二钱三分三厘，较上月增三厘。豌豆每京石价银一两二钱二厘，与上月相同。

精河直隶厅：大米每京石价银三两一钱四分五厘，与上月相同。小麦每京石价银九钱一分，与上月相同。大麦每京石价银八钱四厘，与上月相同。豌豆每京石价银一两一钱九分，较上月增八分。

阿克苏道属：

温宿直隶州：大米每京石价银二两二钱八分，与上月相同。小麦每京石价银八钱六分九厘，较上月减一钱六分六厘。大麦每京石价银六钱，较上月减一钱五分。包谷每京石价银六钱八分，较上月减一钱七分。

拜城县：小麦每京石价银七钱，大麦每京石价银四钱三分，豌豆每京石价银四钱八分，包谷每京石价银五钱二分，俱与上月相同。

喀喇沙尔直隶厅：大米每京石价银三两四钱四厘，较上月减二钱九分六厘。小麦每京石价银一两一钱四厘，较上月减四分九厘。豌豆每京石价银一两八厘，较上月减一钱四分四厘。包谷每京石价银八钱三分二厘，较上月减一钱二分八厘。

库车直隶厅：大米每京石价银二两五钱九分，较上月增二钱二分五厘。小麦每京石价银七钱四分，较上月减一钱二厘。豌豆每京石价银七钱七分，与上月相同。包谷每京石价银六钱五分，与上月相同。

　　乌什直隶厅：大米每京石价银二两八分六厘,较上月增二钱九分八厘。小麦每京石价银六钱八分六厘,与上月相同。大麦每京石价银三钱一分二厘,较上月减三分。包谷每京石价银五钱二分四厘,较上月增四分。

　　喀什噶尔道属：

　　疏勒直隶州：大米每京石价银三两九钱,较上月增一钱五分。小麦每京石价银一两五钱一分八厘,与上月相同。包谷每京石价银一两二钱一分六厘,与上月相同。高粱每京石价银九钱七分七厘,与上月相同。

　　疏附县：大米每京石价银三两九钱,较上月增一钱五分。小麦每京石价银一两五钱一分八厘,与上月相同。包谷每京石价银一两二钱七分二厘,与上月相同。高粱每京石价银九钱七分七厘,与上月相同。

　　莎车直隶州：大米每京石价银二两九钱六分,与上月相同。小麦每京石价银七钱五分九厘,与上月相同。大麦每京石价银七钱三分七厘,较上月减一分三厘。包谷每京石价银八钱四分四厘,较上月增一分三厘。

　　叶城县：大米每京石价银四两六分,较上月减七钱二分五厘。小麦每京石价银七钱五分,较上月减七分五厘。包谷每京石价银六钱七分五厘,与上月相同。青稞每京石价银四钱,与上月相同。

　　和阗直隶州：大米每京石价银二两三钱一分,小麦每京石价银九钱一分,包谷每京石价银六钱四分,青稞每京石价银五钱五分二厘,俱与上月相同。

　　于阗县：大米每京石价银二两三钱四分六厘,与上月相同。小麦每京石价银九钱二分四厘,较上月减五分四厘。包谷每京石价银五钱八分八厘,较上月减三分九厘。

英吉沙尔直隶厅:大米每京石价银四两五钱六分,较上月增三钱九分六厘。小麦每京石价银八钱七厘,与上月相同。大麦每京石价银五钱七分,与上月相同。包谷每京石价银七钱八分三厘,与上月相同。

玛喇巴什直隶厅:大米每京石价银三两二钱六分,较上月减四钱四分。小麦每京石价银八钱二分八厘,较上月减二钱七分六厘。包谷每京石价银七钱六分八厘,较上月减二钱五分六厘。

(朱批:)览。①

○九五　设立俄文学馆恳请立案折

光绪十八年九月十四日(1892年11月3日)

头品顶戴甘肃新疆巡抚臣陶模跪奏,为新疆设立俄文学馆,试办已有成效,酌拟章程,恳请立案,恭折仰祈圣鉴事。

窃新疆西、北紧与俄邻,现在交涉事繁,非有通晓俄文、俄语之人,遇事动行隔阂。光绪十一年,前抚臣刘锦棠函请总理各国事务衙门派同文馆洋学生户部候选郎中桂荣前来新疆办理翻译。十三年,复仿同文馆章程,挑选学徒,于省城设立俄文学馆,即以桂荣兼充教习,并于候补人员内遴委汉文教习一员,分立课程,督令肄业。当因事属试办,未经具奏。臣到任后,按月考试,学业均有可观。现择其优者,派赴伊犁、喀什噶尔,充当翻译差使,并饬据署布政使饶应祺详定学徒额数、课习功程及膏火、薪资、岁需各项经费数目,

---

① 中国第一历史档案馆藏:清单,档案编号:03-6922-015。

教习学徒，三年期满，应予奖叙；仿照广东同文馆成案，略微变通，用资鼓励；仍由臣随时查察，务期文艺明通，翻译娴熟，仰副朝廷郑重交涉、储才备用至意。

所有新疆设立俄文学馆，恳请立案缘由，谨拟章程四条，缮具清单，恭折陈明，伏乞皇上圣鉴，训示施行。谨奏。光绪十八年九月十四日。

（朱批：）该衙门知道。单并发。①

光绪十八年十月十五日，奉朱批：该衙门知道。单并发。钦此。②

○九六 呈俄文学馆酌拟章程四条清单

光绪十八年九月十四日(1892 年 11 月 3 日)

谨将新疆省城设立俄文学馆酌拟章程四条，缮具清单，恭呈御览。

一、新疆设立俄文学馆，应设俄文教习、汉文教习各一员。俄文教习咨由总理各国事务衙门就同文馆选派精通俄文、俄语之人充当，汉文教习就新疆候补人员内拣选由进士、举贡出身、勤于训迪之员充当。学徒以八名为定额。新疆兵燹后，旗丁人少，先尽土著秀髦，次及在省文武官员子弟，暨流寓客籍年在二十以下稍通汉文、资质聪颖者，一并考选入学肄业，一年期满，由巡抚考试甄别，其翻译舛错、毫无长进者汰出，翻译吻合、材堪造

---

① 台北故宫博物院藏：军机及宫中档，文献编号：408002750-1。
② 中国第一历史档案馆藏：录副奏折，档案编号：03-9435-018。

就者,准其留学。

一、学徒须常在馆住宿,或遇事请假,必禀明教习,每月不过三日。每日课程巳、午、未三时由俄文教习训课,早晚各时由汉文教习训课,每月由巡抚考课一次,或以汉文翻俄文,或以俄文翻汉文,分别甲乙,酌给奖银。肄业三年,翻译无讹者,派充各处翻译;其学业稍逊者,仍令在馆学习,遇有派出,或经革汰,随时选补。

一、俄文教习一员,每月薪水银六十两。汉文教习一员,每月薪水银四十两。学徒八名,每名月给膏火、笔墨费用银四两五钱、麦面四十五斤。馆夫二名,每名月给工食银三两六钱。计薪水、膏火、工食,每月共需银一百四十三两二钱、麦面三百六十斤。其添买书籍、修整房屋及月课奖赏,碍难预定,应随时酌量支给,核实造销。以上各项银两由善后项下开报,麦面由迪化县拨给。

一、俄文教习、汉文教习、馆中学徒三年期满,给予奖叙,拟照广东同文馆奖案,稍为变通。如教习三年期满,著有成效,系有官职人员,准保加升阶一层;系无官职人员,比照同文馆作为翻译官章程,再留三年;始终不懈,准以府经历、县丞归部铨选。学徒三年期满,学业有成,派往通商各处,充当翻译、委员,如当差三年,颇称得力,均准以府经历、县丞归部选用。其学业稍逊、实堪造就者,并准随案酌保虚衔一二名,以示策励。

（朱批:）览。[1]

---

[1] 中国第一历史档案馆藏:清单,档案编号:03-9435-019。

○九七　奏报拣员代理伊犁府知府片

光绪十八年九月十四日(1892 年 11 月 3 日)

再，署伊犁府知府潘效苏①撤任遗缺，查有现署库尔喀喇乌苏直隶厅同知骆恩绥，堪以暂行代理。据署新疆布政使饶应祺、署镇迪道兼按察使衔周崇傅会详前来。除由臣批饬给委外，谨会同伊犁将军臣长庚、陕甘总督臣杨昌濬附片具陈，伏乞圣鉴。谨奏。

(朱批：)吏部知道。②

光绪十八年十月十五日，奉朱批：吏部知道。钦此。③

○九八　奏报委署同知、知县各缺片

光绪十八年九月十四日(1892 年 11 月 3 日)

再，署库尔喀喇乌苏直隶厅同知骆恩绥业委代理伊犁府知府，

---

①　潘效苏(1839—1913)，字少泉，号重贤、效苏，湖南湘乡人，西林巴图鲁。同治二年(1863)，加同知衔。八年(1869)，补肤施县知县。九年(1870)，调澄城县知县。十年(1871)，署狄州知州。光绪五年(1879)，署河州知州。八年(1882)，补西宁府循化同知。九年(1883)，调补迪化直隶州知州。十二年(1886)，改和阗直隶州知州。十四年(1888)，迁伊犁府知府。十五年(1889)，补授迪化府知府，旋加盐运使衔。二十一年(1895)，以道员归甘肃新疆补用，入关总理行营劳务，赏戴花翎。二十二年(1896)，署镇迪道兼按察使衔。二十三年(1897)，补镇迪道兼按察使衔。二十四年(1898)，调补巴里坤道。同年，署新疆藩司。二十七年(1901)，补授甘肃臬司。同年，升新疆藩司。二十八年(1902)，擢新疆巡抚，赏加头品顶戴。三十一年(1905)，因案褫职，发军台赎罪。宣统元年(1909)，释回。民国二年(1913)，卒于里。

②　台北故宫博物院藏：军机及宫中档，文献编号：408002750-0-A。

③　此奉旨日期与内容，据军机处随手登记档(档案编号：03-0273-2-1218-293)校补。

所遗员缺,查有候补直隶州知州陈纯治,堪以委署。奇台县知县刘澄清请假遗缺,查有候补知县陈彤辅,堪以委署。据署新疆布政使饶应祺、署镇迪道兼按察使周崇傅会详前来。除由臣批饬分别给委外,谨会同陕甘总督臣杨昌濬附片具陈,伏乞圣鉴。谨奏。

（朱批:）吏部知道。①

光绪十八年十月十五日,奉朱批:吏部知道。钦此。②

○九九　请准记名总兵暂缓引见片

光绪十八年九月十四日(1892年11月3日)

再,新疆边防紧要,委任务在得人。兹有提督衔记名总兵前玛纳斯协副将张清和,光绪十六年丁继母艰,开缺回籍守制。本年五月,服满起复,措资来省。查定例:服满副将,若系提镇借补,应请咨赴部引见,以提镇发往原省候补。未经赴部之先,不准奏留差委等因。

臣查张清和前在故大学士左宗棠军营,转战数省,勋劳卓著。嗣在玛纳斯副将任内,尤能认真整顿,和辑兵民。现值边疆需才,又系该员服官省份,可否恳恩俯准暂缓引见,以总兵归新疆候补,俾资差委,以期得力,出自鸿施。谨附片具陈,伏乞圣鉴训示。谨奏。

（朱批:）着照所请,兵部知道。③

---

①　台北故宫博物院藏:军机及宫中档,文献编号:408002750-0-B。

②　此奉旨日期与内容,据军机处随手登记档(档案编号:03-0273-2-1218-293)校补。

③　台北故宫博物院藏:军机及宫中档,文献编号:408002750-0-C。

光绪十八年十月十五日，奉朱批：着照所请，兵部知道。钦此。①

一〇〇　奏报莎车被水大概情形片

光绪十八年九月十四日(1892年11月3日)

再，新疆南北两路各厅、州、县被灾情形，经臣先后具奏在案。兹据署莎车直隶州知州潘震续报：闰六月十四、二十二并七月初五、十二、十六、七、八等日，天气炎热，该州和什拉普等庄河水陡涨，至八月初三、四等日，始行消退。逐庄勘验，共淹倒民房一百四十三间，冲坏地三千九百余亩，或沙石壅塞，或刷成深沟，本年颗粒无收，将来不能耕种等情前来。臣当饬司移道，委员前往会勘，量为抚恤；淹倒民房，给银修补，并饬取被水地亩额征粮草数目册结，详转核办。

除俟详覆至日再行汇奏外，所有莎车州续报被水大概情形，谨附片具陈，伏乞圣鉴训示。谨奏。

(朱批：)知道了。即着饬属妥为抚恤，毋任失所。②

光绪十八年十月十五日，奉朱批：知道了。即着饬属妥为抚恤，毋任失所。钦此。③

---

① 中国第一历史档案馆藏：录副奏片，档案编号：03-5890-006。

② 台北故宫博物院藏：军机及宫中档，文献编号：408002749-0-B。此片之具奏日期，馆藏目录署为"光绪十八年九月初一日"，而军机录副朱批日期则为"光绪十八年十月十五日"。查军机处随手登记档(档案编号：03-0273-2-1218-293)，则署有"朱批陶模折，报四百里，九月十四日发"等字样，且朱批栏内即有此片。据此，此片之具奏日期当为"光绪十八年九月十四日"。兹据校正。

③ 中国第一历史档案馆藏：录副奏片，档案编号：03-5890-005。

一〇一 奏报守备亏挪勇饷请旨革职片

光绪十八年九月十四日(1892年11月3日)

再，查有署省城城守协属喀喇巴尔噶逊营守备花翎守备衔尽先拔补千总朱荣梧，亏挪勇饷，延不发给，经臣撤委调省查办。现虽追缴完数，究属胆大妄为，未便稍事姑容。相应请旨将守备衔尽先拔补千总朱荣梧即行革职，并拔去花翎，以儆效尤而肃戎政。城守协副将曾松明系该管上司，平日漫无觉察，应请饬部议处，用示惩儆。谨附片具陈，伏乞圣鉴训示。谨奏。

（朱批:）着照所请，该部知道。[1]

光绪十八年十月十五日，奉朱批：着照所请，该部知道。钦此。[2]

一〇二 奏报回子郡王患病恳恩过班折

光绪十八年九月二十六日(1892年11月15日)

头品顶戴甘肃新疆巡抚臣陶模跪奏，为回子郡王患病甚剧，本年应行年班恳恩俯准过班，以资调理，恭折仰祈圣鉴事。

窃臣准理藩院咨：光绪十八年年班轮应吐鲁番札萨克回子郡

---

[1]　台北故宫博物院藏：军机及宫中档，文献编号：408002749-0-C。此片之具奏日期，馆藏目录署为"光绪十八年九月初一日"，而军机录副朱批日期则为"光绪十八年十月十五日"。查军机处随手登记档（档案编号：03-0273-2-1218-293），则署有"朱批陶模折，报四百里，九月十四日发"等字样，且朱批栏内即有此片。据此，此片之具奏日期当为"光绪十八年九月十四日"。兹据校正。

[2]　中国第一历史档案馆藏：录副奏片，档案编号：03-5890-006。

王玛木特①来京等因。饬据藩、臬两司详：据署吐鲁番同知彭绪瞻转据玛木特呈称：世爵昔遭兵乱，积受风湿，每一触发，动至数月不起。本届恭值年班，正在料理北上，忽感风寒，牵动旧疾，行坐需人扶持，医药迄未见效。现在限期已迫，焦灼实深，恳转请奏缓前来。

臣查光绪十四年十月十八日，理藩院奏明，回王中轮应到班，如实有因事故不克来京，务令先期呈明，该抚代奏过班，奉旨允准钦遵在案。兹该回子郡王玛木特轮应到班，因患病不能赴京，委系实情。相应吁恳天恩，俯准过班，俾资调理，出自鸿施。

谨会同陕甘总督臣杨昌濬恭折具陈，伏乞皇上圣鉴训示。谨奏。光绪十八年九月二十六日。

（朱批：）该衙门知道。②

光绪十八年十月二十六日，奉朱批：该衙门知道。钦此。③

一〇三　奏报会立坎部新酋折

光绪十八年九月二十六日(1892年11月15日)

头品顶戴甘肃新疆巡抚臣陶模跪奏，为委员会立坎巨提新酋事竣，并拟安置旧酋各情形，恭折仰祈圣鉴事。

窃坎巨提头目赛必德哎里罕因英兵进踞，率众逃窜。臣查其弟买卖提艾孜木素得人心，暂令代理。委准补阜康县知县田鼎铭

①　玛木特(1881—?)，阿克拉依都之子。光绪七年(1881)，承袭吐鲁番郡王爵。十年(1884)，以修墓署、葬亲请领伊故父恤赏银两，得允行。十五年(1889)，进京朝觐，赏三眼花翎。

②　台北故宫博物院藏：军机及宫中档，文献编号：408002752。

③　中国第一历史档案馆藏：录副奏折，档案编号：03-5298-066。

前赴该部,会同英员议立,并将旧酋及帮办买卖塔力分解来省,奏明在案。嗣准总理各国事务衙门电称:英允以摩韩美德拿星,即买卖提艾孜木充当头目等因。臣以更立新酋,事属创办,加委都司张鸿畴前往,以昭慎重。兹据禀报:光绪十八年七月二十五日,会同英员热布生,立摩韩美德拿星为坎巨提头目。封立仪节,华员居右,英员次之,英属克什米尔委员居右稍下,新酋又次之。张鸿畴等宣布皇上德意,赏给大缎,谕令贡金照旧呈进,镇抚部民,毋任剽掠。该酋俯首敬听,部众环观,罔弗欢舞等情前来。

臣维坎巨提为边徼小部,朝廷以归附有年,未忍听其废灭,怀柔之德,实属有加。新酋摩韩美德拿星自必勉矢恪共,永守世业,用副圣朝绥抚远服至意。至旧酋赛必德哎里罕等先后到省,讯取供词,其不法情事均系帮办买卖塔力所为。买卖塔力旋即病故。该酋现经废立,似未便再行深究,亦未便仍令归部。查莎车州属热瓦奇地方,旧有该部庄田,如一二年后照常安静,拟即迁赴该处居住,以示矜恤,容俟奏明办理。

所有委员会立新酋事竣并拟安置旧酋各缘由,谨恭折具陈,伏乞皇上圣鉴。谨奏。光绪十八年九月二十六日。

(朱批:)该衙门知道。[1]

光绪十八年十月二十六日,奉朱批:该衙门知道。钦此。[2]

【案】是年十一月十四日,新疆巡抚陶模咨呈总理衙门曰:

十一月十四日,新疆巡抚陶模文称:光绪十八年九月二十

---

① 台北故宫博物院藏:军机及宫中档,文献编号:408002751。

② 台北中研院近代史研究所藏:外交档案,馆藏号:01-17-056-20-003。

六日，在新疆省城由驿具奏，委员会立坎巨提新酋事竣，并拟安置旧酋各情形一折。除俟奉到朱批恭录咨呈外，相应抄稿咨呈。为此咨呈贵衙门，谨请鉴照施行。计抄折一纸。[1]

【附】关于会立坎巨提新酋之情形，光绪十八年十一月十六日，总理衙门奏称：

总理各国事务庆亲王奕劻等[2]奏，为新疆派员会立坎巨提头目事竣，谨将办理情形恭折具陈，仰祈圣鉴事。

窃查新疆西南徼外坎巨提回部，旧称喀楚特，每岁钦天监刊发《时宪书》，具载其地太阳出入、节气时刻，亦译作乾竺特，其变文为坎巨提，则始于前陕甘督臣左宗棠光绪四年奏疏。向来该部岁贡金砂一两五钱。嗣因叛回阻隔，无路自通。光绪四年，官军收复南八城，该部复修岁贡，疆臣回赏大缎二匹，历经遵办在案。其地北连帕米尔，东北接莎车州所属之塞呼库勒，南邻为哪格尔，再南为印度之克什米尔，东南有路可通后藏之阿里嘴尔，弹丸而控扼要塞。其头目嗣立，疆臣向不预谋，义取羁縻勿绝。迨光绪十四年，坎部与印度部人构衅，经臣衙门照会英使转达英外部，约束印人。英使华尔身覆文，谓该部英属，故坎巨提亦属于英，不能任其猖獗等语。是后兵衅旋口，争论亦辍。嗣于上年七月，新疆护抚臣魏光焘咨部：印度兵逼坎境。本年正月，新疆抚臣陶模电称：上年十一月，英兵已入坎境，该部头目赛必德哎里罕率众败窜塔墩巴什卡外，酌给粮食、帐棚，严禁入卡。

---

[1]　台北中研院近代史研究所藏：外交档案，馆藏号：01-17-056-20-004。

[2]　此前衔系据《清季外交史料》（书目文献出版社，1987年）卷八十六第1541页校补。

臣衙门上年已电出使大臣薛福成，诘问英廷。本年复令再行诘责，旋据电覆：英兵修路，坎酋合哪格尔部阻拦。英兵攻之，坎酋出奔，扬言将借俄兵恢复。英谓赛必德哎里罕杀父虐民，拟废其位。臣等以为坎为中属，不能任英擅自废立，且疆抚文称，英欲开通帕米尔道路，致起衅端，其曲不专在坎。迷于英使笔舌互争，而废立之谋，彼族持之甚力。

三四月间，续接疆抚文称：查悉赛必德哎里罕，内政不修，部众解弛，又阴通信俄人，遵以由帕入坎。现在莎车州地方看管，屡图逃入俄境，深费防闲。其弟摩韩美德拿星能得人心，已令督率逃众还归本部。薛福成亦电称，英外部以新疆遣摩韩美德拿星，颇能管辖部人，拟如新官吏之言，令继首位。坎为中英两属，请我此次派员前往会立，以后事宜仍循襄例。英使华尔身来署，告语相同。

臣等窃念坎巨提虽在边荒，然既隶属部，修贡有年，继绝存亡，义难漠视。其纳贡于印度，数年前已有所闻，逼处强邻，固难以首鼠两端为责。其沙金之贡，物虽微末，借存藩属之名。英已据地驻兵，而不能谓非我属邦，悍然翦灭。其故酋历为不法，速祸致兵，诚未可再令复位。两属之说、会立之谋，于体制尚觉无伤，于藩部亦为有系。爰如英人所请，电属疆抚赶速派员，勿误七月内会立之期。十月二十六日，据抚臣陶模驰奏，会立事竣，由军机处恭录批旨，抄交前来。

查该抚所奏中英派员位次及会立该头目一切情形，于字小之中兼寓辑邻之意，与臣衙门原议相符。至故酋赛必德哎里罕，固不究其既往，亦须防其将来。应如该抚所陈，妥为安置，勿令再出滋事。所有筹办坎巨提藏事情形，理合缮折缕陈，伏乞皇上圣鉴。谨奏。

光绪十八年十一月十六日，奏奉朱批：知道了。钦此。①

一〇四　金兰益等留省尽先补用片

光绪十八年九月二十六日(1892年11月15日)

再，新疆从前征剿出力各武员前经臣奏留甘肃新疆补用，并声明俟续查有应行留省之员，再行陈奏，奉旨允准钦遵在案。兹查有尽先推补副将金兰益，副将衔留陕尽先补用参将张万会，留安徽尽先补用参将李学文，尽先推补参将陈玉亭，尽先补用参将舒春林，参将衔尽先补用游击刘书质，尽先推补游击高天发，游击衔尽先补用都司陈明胜、喻东成，尽先推补都司石光贤、张守祥，尽先补用都司贾云龙、刘清和，尽先补用守备甘正洪、谭明辉、孙正修、李贵全等十七员，在新疆从征年久，边情极为熟悉。合无仰恳天恩，俯准将尽先推补副将金兰益等十七员，均以原官、原衔留于甘肃新疆尽先补用，于边防、营伍实有裨益。

除饬取履历清册咨部查照，并俟续查有应行留省人员随时奏请外，谨会同陕甘总督臣杨昌濬附片具奏，伏乞圣鉴训示。谨奏。

（朱批：）着照所请，兵部知道。②

光绪十八年十月二十六日，奉朱批：着照所请，兵部知道。

---

① 台北中研院近代史研究所藏：外交档案，馆藏号：01-17-056-20-002。

② 台北故宫博物院藏：军机及宫中档，文献编号：408002751-0-A。

钦此。[1]

一〇五　请将蒋诰以道员留新补用片

光绪十八年九月二十六日(1892年11月15日)

再，新疆事务殷繁，道员一班，候补人少，不敷差遣。臣查有三品衔候补知府遇缺尽先题奏道蒋诰，光绪九年委署疏勒直隶州知州，十年奏请借补斯缺。十一年五月二十五日奉部覆准作为到任日期，十二年七月初四日交卸，调署迪化府知府，旋委代理喀什噶尔道篆务。十五年五月初四日饬回本任，十六年六月初六日交卸州事，代理阿克苏道篆。十七年十二月初二日仍回本任。

查该员以知府借补直隶州知州，前后历俸已满三年，且两次代理道篆，措置一切，均属裕如。可否仰恳天恩，俯念差遣需员，准开去该员疏勒直隶州知州本缺，以道员仍留新疆补用，借资得力。其疏勒直隶州知州系冲、繁、疲、难四项要缺，应请扣留外补。谨会同陕甘督臣杨昌濬附片陈明，伏乞圣鉴，训示施行。谨奏。

（朱批：）吏部议奏。[2]

光绪十八年十月二十六日，奉朱批：吏部议奏。钦此。[3]

---

① 中国第一历史档案馆藏：录副奏片，档案编号：03-5298-068。

② 台北故宫博物院藏：军机及宫中档，文献编号：408002751-0-B。

③ 中国第一历史档案馆藏：录副奏片，档案编号：03-5298-067。

一〇六　奏报金运昌祠修建完工片

光绪十八年九月二十六日(1892 年 11 月 15 日)

再，已故乌鲁木齐提督金运昌，[①]光绪十二年经前署黑龙江将军臣恭镗[②]奏准于乌鲁木齐地方建立专祠在案。兹据塔尔巴哈台协副将张怀玉、署和阗直隶州知州江遇璞等禀称：在于省城北门内选择地基，捐修祠宇一所。恳请具奏前来。

臣查金运昌向在新疆，卓著劳勚，既奉谕旨准立专祠，现经该副将等捐资修建，业已工竣，设位入祀，相应恳恩饬部立案，由地方官春秋致祭，以隆报飨而垂久远。经费邀免造报。除咨部外，谨附片具奏，伏乞圣鉴训示。谨奏。

(朱批：)礼部知道。[③]

---

① 金运昌(? —1886)，字景亭，安徽盱眙人。少孤贫，为总兵郭宝昌之母抚养，从姓郭。从宝昌剿捻，积功涉升游击，迁总兵，擢提督，复姓金。同治八年(1869)，代郭宝昌率卓胜营剿办西北民变。九年(1870)，攻金积堡。光绪三年(1877 年)，抵乌鲁木齐。同年，补授提督。十一年(1885)，病归。十二年(1886)，卒于里。

② 恭镗(1837—1889)，字振魁，满洲正黄旗人，博尔济吉特氏，生员出身。咸丰初年，充刑部笔帖式。四年(1854)，选吏部主事。同治元年(1862)，补员外郎。次年，升御史。三年(1864)，兼管内务府银库员外郎。同年，升郎中，兼内务府六库郎。五年(1866)，充总理各国事务衙门章京、理藩院内外馆监督。六年(1867)，兼理步军统领衙门章京。是年，放湖北荆宜道道，加按察使衔。十年(1871)，迁奉天府府尹。光绪元年(1875)，署盛京将军。三年(1877)，授二等侍卫，任乌鲁木齐领队大臣。同年，署乌鲁木齐都统。五年(1879)，擢乌鲁木齐都统。九年(1883)，调补西安将军。十二年(1886)，署黑龙江将军。十四年(1888)，实授黑龙江将军。十五年(1889)，调授杭州将军。同年，晋京陛见，卒于天津途次。

③ 台北故宫博物院藏：军机及宫中档，文献编号：408002751-0-C。

光绪十八年十月二十六日，奉朱批：礼部知道。钦此。[①]

一〇七　审拟奇台客民斗殴毙命一案折

光绪十八年十月十六日(1892 年 12 月 4 日)

头品顶戴甘肃新疆巡抚臣陶模跪奏，为斗殴毙命，审明定拟，恭折具陈，仰祈圣鉴事。

窃奇台县客民秦万幅因口角起衅，用刀戳伤缠民米斯林身死一案，据奇台县知县刘澄清验讯议拟，解署迪化府知府黄丙焜，详署镇迪道兼按察使衔周崇傅审转前来。

臣亲提研讯，缘秦万幅籍隶哈密厅，与已死缠民米斯林同在奇台县民萧扶贤家受雇牧羊，素无嫌怨。光绪十八年五月初六日早，秦万幅有事外出，令米斯林在家剪羊毛。上午，秦万幅回归，因见羊毛尚未动剪，当饬米斯林懒惰，米斯林回詈。秦万幅随用手执铁瓢向殴，米斯林闪侧，划伤右耳根。米斯林扭住秦万幅发辫，按倒在地。秦万幅力挣不脱。又因米斯林之子色提赶拢，恐其帮护，一时情急，拾地下割皮小刀，戳伤米斯林右胳膊，穿透臂膊。经白复雨等解散，米斯林伤重，是日殒命。投约报验，讯供议拟解府，详兼臬司审明转详。臣覆鞫无异。

查律载：斗殴杀人者，不问手足、他物、金刃，并绞监候等语。此案秦万幅因剪羊毛口角起衅，用刀戳伤米斯林身死，自应按律问拟。秦万幅合依斗殴杀人者，不问手足、他物、金刃并绞律，拟绞监候，秋后处决。白复雨救阻不及，毋庸置议。无干省释，尸棺饬埋，

---

① 中国第一历史档案馆藏：录副奏片，档案编号：03-5556-038。

凶刀案结销毁。是否允协,除全案供招咨部外,合将斗殴毙命,审明定拟各缘由,谨恭折具陈,伏乞皇上圣鉴,饬部核议施行。谨奏。光绪十八年十月十六日。

(朱批:)刑部议奏。①

光绪十八年十一月十七日,奉朱批:刑部议奏。钦此。②

一〇八　审拟民人妥元故杀奸妇一案折

光绪十八年十月十六日(1892年12月4日)

头品顶戴甘肃新疆巡抚臣陶模跪奏,为续奸被拒,故杀奸妇,审明定拟,恭折仰祈圣鉴事。

窃迪化县客民妥元即苏鲁妈因续奸被拒,故杀奸妇杨马氏身死一案,据迪化县知县黄袁验讯议拟,解署迪化府知府黄丙焜,详署镇迪道兼按察使衔周崇傅审转前来。

臣亲提研讯,缘妥元即苏鲁妈,籍隶吐鲁番厅,寄居迪化县。光绪十五年,受雇杨天才家佣工,并无主仆名分,杨天才之妻杨马氏习见不避。是年不记月日,杨天才外出,妥元与杨马氏调戏成奸,后非一次,给过银钱,亦无确数。杨天才先不知情。十六年十一月内,杨天才微闻有奸,即将妥元辞退。妥元因杨天才时常在家,不敢前往。十八年初十日上午,妥元探知杨天才外出未归,潜至其家,意图续旧。杨马氏用言拒绝,妥元谓其薄情。杨马氏生气混骂,妥元回詈。杨马氏随取小刀戳伤妥元右臂膊。

①　台北故宫博物院藏:军机及宫中档,文献编号:408002753。
②　中国第一历史档案馆藏:录副奏折,档案编号:03-7315-077。

妥元夺取小刀，戳伤杨马氏右腋肢。杨马氏抱住妥元两腿，撞头拼命。杨马氏幼女杨车车子在房瞥见，畏惧逸出。妥元图脱，复戳杨马氏脊背、右臂膊，杨马氏仍不松手。妥元情急气氛，又挟拒绝往来之嫌，起意致死，即将杨马氏仰面按倒，用刀连戳其肚腹、右肋、右胁、脐肚等处，登时殒命。是日杨天才回归，问明情由，投约报验。获犯讯供，议拟解府，详兼臬司，审明转详。臣覆鞠无异。

查例载：先经和奸，后因别故拒绝，致将被奸之人杀死者，俱仍照谋故斗殴本律定拟。又律载：故杀者，斩监候各等语。此案妥元即苏鲁妈先与杨马氏和奸，后因续奸被拒，起意致死，用刀连戳杨马氏多伤，登时殒命，实属故杀，自应按照律例问拟。妥元即苏鲁妈除犯奸轻罪不议外，合依先经和奸，后因别故拒绝，致将被奸之人杀死者，仍照故杀者斩监候本律，拟斩监候，秋后处决，照例先行刺字。尸夫杨天才先不知情，后闻有奸，即将妥元辞退，并无不合，应与年幼不知救阻之尸女杨车车子，均免置议。杨马氏用过妥元银钱既无确数，身死免征。无干省释，尸棺饬埋，凶刀案结销毁。是否允协，除全案供招咨部外，谨将续奸被拒，故杀奸妇，审明定拟各缘由，恭折具陈，伏乞皇上圣鉴，饬部核议施行。谨奏。光绪十八年十月十六日。

（朱批：）刑部议奏。[1]

光绪十八年十一月十七日，奉朱批：刑部议奏。钦此。[2]

---

①　台北故宫博物院藏：军机及宫中档，文献编号：408002754。

②　中国第一历史档案馆藏：录副奏折，档案编号：03-7315-078。

一〇九　喀什衙署动用经费请饬核销折

光绪十八年十月十六日(1892年12月4日)

头品顶戴甘肃新疆巡抚臣陶模跪奏，为喀什噶尔提督各衙署动用经费，恳恩饬部核销，恭折仰祈圣鉴事。

窃臣查喀什噶尔提督衙署，经前抚臣刘锦棠于光绪十四年三月奏请兴修，估需银二万二千四百余两、粮九万六百余斤，并拟将原修温宿州署改作阿克苏道署，另修州署及吏目衙署、监狱，估需银五千六百余两、粮六万六千六百余斤；又附奏旧有迪化州署改作县署，另建迪化府署及经历衙署、监狱，估需银九千二百余两，食粮在内，均奉朱批：该部知道。钦此。钦遵在案。

兹据粮台司道详称：各处工程需用树木，采运维艰，物料、匠工价值昂贵，提督衙署、温宿、迪化各衙署、监狱，均派营勇帮同工作，共用工七万一千六百有奇，只按旬犒赏酒肉，或日给食粮，以期节省。现在工程一律告竣，核计前项衙署三起，实共用过工料各款银三万七千三百八十八两九钱四分八厘，与原估银数尚属相符。提督衙署用过粮价银三百五十四两一钱七分九厘，温宿州署食粮较原估减少，实只用过粮价二百四十七两四分九厘，均于善后项下匀挪应用。

查新疆郡县初设，工料价值无例可循，概系遵照光绪十七年十一月十六日工部奏奉谕旨准销南北两路城垣、衙署工料价值发给，实用实销，委无浮冒。取具印委保固各结，并造具做法、丈尺、工料、银粮细数清册、图说，详赍前来。

臣覆查无异。相应缮具清单，恭呈御览，仰恳饬部核销，以清款目。除将册结、图说咨部查照外，谨会同陕甘总督臣杨昌濬恭折具陈，伏乞皇上圣鉴训示。谨奏。光绪十八年十月十六日。

（朱批：）该部议奏。单并发。[①]

光绪十八年十一月十七日，奉朱批：该部议奏。单并发。钦此。[②]

【案】刘锦棠……食粮在内：关于修建喀什噶尔提督、阿克苏镇总兵等各衙署，原任新疆巡抚刘锦棠于光绪十四年三月二十八日具折曰：

尚书衔降一级留任甘肃新疆巡抚二等男臣刘锦棠跪奏，为南路提镇各衙署现拟分别修建，并拟陆续筹修通省副、参、游、都、守等官营署，请旨饬部立案，恭折仰祈圣鉴事。

窃南路新设道、厅、州、县等官，臣前奏请兴修城工十三起、衙署十五起，所有已竣各工曾于上年恭折奏明，并饬赶造销册在案。惟查喀什噶尔提督、阿克苏总兵，均职在守边，责任綦重。而设标既定，衙署未修，恐外无以观示远人，内无以缉绥众志，当经咨行估办去后。兹据会勘估报：喀什噶尔地处极边，一切工料均较他处为贵。木料虽派勇砍伐，用费略省，而深山穷谷之中，车路不通，实难搬运。及舁至平地，雇车转运，尚离城二三百里或四五百里不等，运脚极多。通盘估计，共需银二万二千四百余两，需粮九万六百余斤。阿克苏应修镇署，查该处道署尚为宽敞，现拟将道署改作镇署，州署改作

---

① 台北故宫博物院藏：军机及宫中档，文献编号：408002755。
② 中国第一历史档案馆藏：录副奏折，档案编号：03-7160-046。

道署,另修温宿州署,以资节省。镇署计原用银一万三千二百余两,道署计原用银八千九百余两,食粮在外。新修州署并吏目衙署以及监狱,计需银五千六百余两,需粮六万六千六百余斤。据藩司魏光焘详请具奏前来。

臣查所估各工,均尚核实,分饬赶紧兴修,工竣造册具报。至通省抚、提、镇各标,虽参用勇营章程,仍居营垒,然既各有官守,亦须略具规模。际此时艰,未便率请拨款。现拟各营所需兵房及哨长巡查应需公廨,诸从简朴,均令自行修造,派勇赴工。其副、参、游、都、守等官,或带步队一营,或带马队一旗,概令于营中盖造营署一所,取足办公,不求美备。惟需用匠工、木料等项,需费颇巨,应由臣另行筹款。各营副将及抚标中军,拟各给银二千两,参将、游击拟各给银一千二百两,都司、守备拟各给银八百两,略资津贴,邀免造报。如此变通办理,庶饷力既纾,而办公亦便。

是否有当,谨会同陕甘总督臣谭钟麟恭折具奏,伏乞皇太后、皇上圣鉴训示,饬部立案施行。谨奏。光绪十四年三月二十八日。[1]

光绪十四年四月二十八日,奉朱批:该部知道。钦此。[2]

是日,为估修迪化府及经历衙署、监狱银数事,刘锦棠又附片曰:

再,新疆省城及抚、藩衙署各工次第告竣,上年曾经奏明在案。惟迪化向系州治,自设行省改升为府,并添迪化县为附

---

① 中国第一历史档案馆藏:朱批奏折,档案编号:04-01-20-0019-056。
② 中国第一历史档案馆藏:录副奏折,档案编号:03-7156-048。

府首县。其旧有州署业经改为县署，府署暨经历衙署、监狱，均须另建，当经行司转饬迪化府知府，会同省城工程局委员勘估去后。兹据藩司魏光焘详称：照依例制，切实估计，共需工料银九千二百余两，委属极力核减，恳请兴修等情前来。臣查核属实。除饬一面兴修，工竣造册请销外，谨会同陕甘总督臣谭钟麟附片具陈，伏乞圣鉴，饬部立案。谨奏。①

光绪十四年四月二十八日，奉朱批：该部知道。钦此。②

一一〇　呈建修南路各衙署动用经费清单

光绪十八年十月十六日（1892年12月4日）

谨将建修喀什噶尔提督衙署并温宿州、迪化府各衙署、监狱动用经费银两，缮具简明清单，恭呈御览。

计开：

收款：

一、收善后项下拨发工程经费新饷平银三万七千六百九十五两四钱七分七厘。

一、收扣回采买、物料、犒赏、粮价各款平余银二百九十四两六钱九分九厘。查支发工资、薪公，均不扣平。其物料、犒赏、粮价各款，照章每百两扣平银一两。喀什噶尔提督衙署共用物料、犒赏、粮价银一万八千三百一十六两二钱五分九厘，温宿州衙署共用物料、粮价银四千六百九十两三钱七分二厘，迪化府衙署共用物料、

---

①　中国第一历史档案馆藏：朱批奏片，档案编号：04-01-37-0131-004。
②　中国第一历史档案馆藏：录副奏片，档案编号：03-7156-049。

犒赏、粮价银六千四百六十三两四钱一分五厘,照章扣收平余,合符前数。理合登明。

以上共收新饷平银三万七千九百九十两一钱七分六厘。

支款:

一、建修喀什噶尔提督衙署共支经费银二万二千四百二十六两七千六分二厘,粮价银三百五十四两一钱七分九厘。

一、建修温宿州并吏目各衙署、监狱,共支经费银五千六百八十二两二分三厘,粮价银二百四十七两四分九厘。

一、建修迪化府并经历各衙署、监狱,共支经费、粮价银九千二百八十两一钱六分三厘。

以上总共支发新饷平银三万七千九百九十两一钱七分六厘,合符收数。理合登明

(朱批:)览。①

一一一　拣员委署同知等缺片

光绪十八年十月十六日(1892 年 12 月 4 日)

再,署喀喇沙尔直隶厅同知刘金藩卸署遗缺,查有候补直隶州知州符瑞,堪以委署。绥来县知县李原琳调省遗缺,查有宁远县知县高敬昌,堪以调署。署拜城县知县李征煦病故遗缺,查有候补知县借补新疆藩库大使文立山,堪以委署。据署新疆布政使饶应祺、署镇迪道兼按察使衔周崇傅会详前来。

除由臣批饬分别给委外,谨会同陕甘总督臣杨昌濬附片具陈,

---

① 中国第一历史档案馆藏:清单,档案编号:03-7160-047。

伏乞圣鉴。谨奏。

（朱批：）吏部知道。①

光绪十八年十一月十七日，奉朱批：吏部知道。钦此。②

一一二　请催各省关筹拨欠银片

光绪十八年十月十六日（1892年12月4日）

再，南路城垣、衙署估需经费，经部指拨各省关银三十六万六千七百余两，嗣前抚臣刘锦棠、护抚臣魏光焘以各处报解未完，先后奏奉谕旨，饬部咨催在案。臣现查四川下欠银五万两，江西、湖南各三万两，河南、湖北各二万两，山东一万两，共银一十六万两。在各省腾挪拨济，本属艰难，惟南路已修城署不敷银两经刘锦棠奏明暂由军饷项下挪用，借新补旧，年复一年，易滋牵混。其未修各工尤须接续兴办，以期一律蒇事。新疆异常瘠苦，并无款项可筹，再四思维，实难为计，相应请旨饬下四川等省赶将下欠银两设法筹凑，悉数提解，以清垫款而济要需。

除咨部外，谨会同陕甘总督臣杨昌濬附片具陈，伏乞圣鉴训示。谨奏。

（朱批：）即着户部迅催速解，以济要需。③

光绪十八年十一月十七日，奉朱批：即着户部迅催速解，以济要需。钦此。④

---

① 台北故宫博物院藏：军机及宫中档，文献编号：408002755-0-A。

② 中国第一历史档案馆藏：录副奏片，档案编号：03-5299-034。

③ 台北故宫博物院藏：军机及宫中档，文献编号：408002755-0-B。

④ 中国第一历史档案馆藏：录副奏片，档案编号：03-7160-048。

一一三　请准杨名树委署宁远县知县片

光绪十八年十月十六日(1892年12月4日)

再,宁远县知县高敬昌业经调署绥来县知县,所遗员缺查有奏留新疆补用知县杨名树,堪以委署。据署新疆布政使饶应祺、署镇迪道兼按察使衔周崇傅会详前来。

除由臣批饬给委外,谨会同伊犁将军臣长庚、陕甘总督臣杨昌濬附片具奏,伏乞圣鉴。谨奏。

(朱批:)吏部知道。[1]

光绪十八年十一月十七日,奉朱批:吏部知道。钦此。[2]

一一四　停办光绪十八年满营军政片

光绪十八年十月十六日(1892年12月4日)

再,光绪十八年古城满营军政,前准兵部咨,当经转行遵照在案。兹据城守尉克蒙额呈称:满营自迁并后,陆续请补佐领、防御、骁骑校各缺,历俸未满三年,本年军政碍难举办。呈请奏缓前来。臣覆核无异。所有本年满营军政,合无仰恳天恩,俯准缓至下届再行举办。

除咨部外,谨会同伊犁将军臣长庚、陕甘总督臣杨昌濬附片具陈,伏乞圣鉴训示。谨奏。

---

① 台北故宫博物院藏:军机及宫中档,文献编号:408002755-0-C。
② 中国第一历史档案馆藏:录副奏片,档案编号:03-5288-035。

（朱批：）着照所请，兵部知道。①

光绪十八年十一月十七日，奉朱批：着照所请，兵部知道。
钦此。②

一一五　请将艾远英等原保官阶饬部更正片

光绪十八年十月十六日（1892年12月4日）

再，臣据提督衔留湖南补用总兵艾远英禀称，该员于克复江西
景德镇浮梁县城案内，由把总保以千总尽先拔补，并戴蓝翎；克复
湖北安陆府旧口永隆河、董家湾一带肃清案内，误由都司补用守备
保以游击留湖南补用，并换花翎。嗣于克复贵州觉林寺、偏刀水等
处坚巢各案，累保今职。又，据尽先推补总兵贺福春禀称，该员于
攻克江南太湖等城案内，由武童保以把总尽先拔补；克复乌鲁木
齐、玛纳斯各城案内，误由补用守备保以游击尽先补用。旋于克复
吐鲁番满、汉两城等案内，累保今职。请附奏递减各等情前来。

臣覆核无异。合无仰恳天恩，俯准将艾远英于克复湖北安陆
府旧口永隆河等处案内准保免补都司，以游击留湖南补用，并换花
翎，改为免补千总，以守备留湖南补用，仍换花翎；克复觉林寺等处
案内准保免补游击，以参将留湖南尽先推补，加副将衔，改为免补
守备，以都司留原省尽先补用，加游击衔；荡平金积堡案内准保以
副将留湖南尽先补用，改为以游击留原省尽先补用；克复吐鲁番
满、汉两城案内准保以总兵留湖南，遇缺请旨简放，改为以参将留

---

① 台北故宫博物院藏：军机及宫中档，文献编号：408002755-0-D。
② 中国第一历史档案馆藏：录副奏片，档案编号：03-5890-072。

原省尽先补用；新疆南北两路一举荡平案内准加提督衔，改为副将衔。贺福春于克复乌鲁木齐、玛纳斯各城案内准保免补守备、都司，以游击尽先补用，改为免补把总、千总，以守备尽先补用；克复吐鲁番满、汉两城案内准保免补游击，以参将尽先补用，改为免补守备，以都司尽先补用；新疆南北一举荡平案内准保免补参将，以副将尽先推补，并戴花翎，改为免补都司，以游击尽先推补，并戴花翎；新疆五次剿平边寇案内准保免补副将，以总兵尽先推补，改为免补游击，以参将尽先推补。饬部分别逐层递减，以实官阶。其艾远英于克复河州、洮、岷等处案内，所给正二品封典，并克复乌鲁木齐、玛纳斯等城案内赏给硕勇巴图鲁勇号，仍照原案注册，出自鸿施。

除咨部外，谨附片具陈，伏乞圣鉴训示。谨奏。

（朱批：）着照所请，兵部知道。[1]

光绪十八年十一月十七日，奉朱批：着照所请，兵部知道。钦此。[2]

一一六　奏报新疆光绪十八年七月雨水、粮价折

光绪十八年十月二十七日（1892年12月15日）

头品顶戴甘肃新疆巡抚臣陶模跪奏，为恭报光绪十八年七月份粮价并得雨情形，谨缮折具陈，仰祈圣鉴事。

---

[1]　台北故宫博物院藏：军机及宫中档，文献编号：408002753-0-A。

[2]　中国第一历史档案馆藏：录副奏片，档案编号：03-5890-071。

窃照光绪十八年闰六月份各厅、州、县粮价并得雨情形，业经臣奏报在案。兹据署新疆布政使饶应祺详称：光绪十八年七月份，镇迪道属镇西得雨，入土六寸；阜康、迪化得雨，入土三寸；昌吉、绥来、奇台得雨，入土二寸；哈密、库尔喀喇乌苏微雨。伊塔道属宁远得雨，入土二寸；绥定得雨，入土一寸；塔尔巴哈台、精河微雨。南路疏勒、疏附得雨，入土一寸；莎车大水，温宿、拜城、库车、乌什、和阗、于阗、英吉沙尔微雨。余未得雨。至通省粮价，精河、温宿、和阗、阜康、绥来、绥定等厅、州、县俱与上月相同，余均略有增减。汇详请奏前来。

理合恭折具陈，并缮粮价清单，敬呈御览，伏乞皇上圣鉴。谨奏。光绪十八年十月二十七日。

（朱批：）知道了。[1]

光绪十八年十一月二十九日，奉朱批：知道了。钦此。[2]

一一七　呈新疆光绪十八年七月粮价清单

光绪十八年十月二十七日（1892年12月15日）

谨将新疆各属光绪十八年七月份米粮时估价值，缮具清单，恭呈御览。

计开七月份：

镇迪道属：

迪化县：大米每京石价银二两一钱八分四厘，较上月增一钱四

---

① 台北故宫博物院藏：军机及宫中档，文献编号：408002758。

② 中国第一历史档案馆藏：录副奏折，档案编号：03-6923-027。

分一厘。小麦每京石价银一两二分六厘，较上月增一钱四分二厘。豌豆每京石价银七钱五分六厘，较上月增一钱四分四厘。青稞每京石价银七钱二分四厘，较上月增三分四厘。

昌吉县：大米每京石价银一两八钱七分二厘，与上月相同。小麦每京石价银七钱一分三厘，与上月相同。豌豆每京石价银六钱三分六厘，较上月减二钱一分四厘。青稞每京石价银七钱一分一厘，较上月减五分九厘。

阜康县：粟米每京石价银八钱八分四厘，小麦每京石价银一两一钱三分二厘，豌豆每京石价银一两一钱六分七厘，高粱每京石价银九钱二厘，俱与上月相同。

绥来县：大米每京石价银一两七钱六分一厘，小麦每京石价银七钱七分二厘，豌豆每京石价银八钱四分九厘，高粱每京石价银五钱六分三厘，俱与上月相同。

奇台县：大米每京石价银二两二钱四分四厘，与上月相同。小麦每京石价银八钱四分九厘，与上月相同。豌豆每京石价银六钱二分一厘，较上月增三分四厘。

吐鲁番直隶厅：小麦每京石价银一两一钱九分三厘，较上月增七分五厘。大麦每京石价银四钱八分五厘，较上月增三分七厘。高粱每京石价银七钱四分三厘，较上月增七分六厘。黄豆每京石价银一两七钱九分二厘，较上月减二钱六分一厘。

镇西直隶厅：小麦每京石价银一两一钱六分，较上月减一分。豌豆每京石价银一两一钱六分，与上月相同。青稞每京石价银七钱六分，与上月相同。

哈密直隶厅：粟米每京石价银一两二钱九分六厘，较上月减一钱一厘。小麦每京石价银一两一钱七分三厘，较上月增六分九厘。

豌豆每京石价银一两九分四厘，较上月增五分七厘。青稞每京石价银八钱六厘，与上月相同。

库尔喀喇乌苏直隶厅：小麦每京石价银八钱九分，较上月减三分。豌豆每京石价银一两一钱三分四厘，较上月增一分四厘。高粱每京石价银六钱二分四厘，较上月增五分四厘。

伊塔道属：

绥定县：大米每京石价银三两七钱七分四厘，小麦每京石价银九钱六分六厘，大麦每京石价银五钱六分五厘，豌豆每京石价银九钱二分一厘，俱与上月相同。

宁远县：大米每京石价银三两一钱八厘，较上月增一钱四分八厘。小麦每京石价银八钱四分一厘，较上月减一分四厘。大麦每京石价银六钱七分四厘，较上月减三分二厘。豌豆每京石价银一两八厘，与上月相同。

塔尔巴哈台直隶厅：小麦每京石价银九钱二分八厘，较上月减一钱四分九厘。大麦每京石价银九钱二分四厘，较上月减三钱九厘。豌豆每京石价银一两三分六厘，较上月减一钱六分六厘。

精河直隶厅：大米每京石价银三两一钱四分五厘，小麦每京石价银九钱一分，大麦每京石价银八钱四厘，豌豆每京石价银一两一钱九分，俱与上月相同。

阿克苏道属：

温宿直隶州：大米每京石价银二两二钱八分，小麦每京石价银八钱六分九厘，大麦每京石价银六钱，包谷每京石价银六钱八分，俱与上月相同。

拜城县：小麦每京石价银六钱一分，较上月减九分。大麦每京石价银三钱，较上月减一钱三分。豌豆每京石价银三钱五分，较上月减一钱三分。包谷每京石价银四钱三分，较上月减九分。

喀喇沙尔直隶厅：大米每京石价银三两二钱五分六厘，较上月减一钱四分八厘。小麦每京石价银九钱六分六厘，较上月减一钱三分八厘。豌豆每京石价银八钱六分四厘，较上月减一钱四分四厘。包谷每京石价银七钱六分八厘，较上月减六分四厘。

库车直隶厅：大米每京石价银二两五钱九分，与上月相同。小麦每京石价银七钱二分五厘，较上月减一分五厘。豌豆每京石价银五钱五分五厘，较上月减二钱一分五厘。包谷每京石价银四钱四分，较上月减二钱一分。

乌什直隶厅：大米每京石价银二两八分六厘，与上月相同。小麦每京石价银四钱九分四厘，较上月减一钱九分二厘。大麦每京石价银三钱四分二厘，较上月增三分。包谷每京石价银五钱二分四厘，与上月相同。

喀什噶尔道属：

疏勒直隶州：大米每京石价银三两九钱，与上月相同。小麦每京石价银一两七钱九分四厘，较上月增二钱七分六厘。包谷每京石价银一两一钱五分二厘，较上月减六分四厘。高粱每京石价银九钱七分七厘，与上月相同。

疏附县：大米每京石价银三两九钱，与上月相同。小麦每京石价银一两七钱九分四厘，较上月增二钱七分六厘。包谷每京石价银一两二钱六厘，较上月减六分七厘。高粱每京石价银九钱七分七厘，与上月相同。

莎车直隶州：大米每京石价银二两五钱一分六厘，较上月减四钱四分四厘。小麦每京石价银七钱五分九厘，与上月相同。大麦每京石价银七钱三分七厘，与上月相同。包谷每京石价银七钱五分二厘,较上月减九分二厘。

叶城县:大米每京石价银三两一钱九分,较上月减八钱七分。小麦每京石价银九钱,较上月增一钱五分。包谷每京石价银七钱六分八厘,较上月增九分三厘。青稞每京石价银四钱,与上月相同。

和阗直隶州:大米每京石价银二两三钱一分,小麦每京石价银九钱一分,包谷每京石价银六钱四分,青稞每京石价银五钱五分二厘,俱与上月相同。

于阗县:大米每京石价银二两六钱二分二厘,较上月增二钱七分六厘。小麦每京石价银八钱三分,较上月减九分四厘。包谷每京石价银五钱八分八厘,与上月相同。

英吉沙尔直隶厅:大米每京石价银三两八钱,较上月减七钱六分。小麦每京石价银八钱七厘,与上月相同。大麦每京石价银五钱七分,与上月相同。包谷每京石价银七钱八分三厘,与上月相同。

玛喇巴什直隶厅:大米每京石价银二两九钱六分,较上月减三钱。小麦每京石价银八钱二分八厘,与上月相同。包谷每京石价银七钱四厘,较上月减六分四厘。

(朱批:)览。[1]

一一八　审拟缠民乌受尔故杀毙命一案折

光绪十八年十月二十七日(1892年12月15日)

头品顶戴甘肃新疆巡抚臣陶模跪奏,为本夫奸所获奸,登时杀

---

[1]　中国第一历史档案馆藏:清单,档案编号:03-6923-028。

死奸夫、奸妇，并将纵奸妻母故杀毙命，核明定拟，恭折具陈，仰祈圣鉴事。

窃温宿州缠民乌受尔奸所获奸，登时杀死奸夫艾沙、奸妇古松比比，并将纵奸之妻母杜大乃比比故杀身死一案，据温宿直隶州知州陈希洛验讯通详，未及招解卸事，移交后任李庆棠覆鞫，拟解阿克苏道陈名钰审明，咨署镇迪道兼按察使衔周崇傅转详前来。

臣复加查核，缘乌受尔籍隶温宿州，务农度日，娶杜大乃比比之女古松比比为妻，平日夫妇和好。艾沙与乌受尔邻庄居住，素识往来，古松比比习见不避。艾沙何时与古松比比通奸，乌受尔先不知情。嗣乌受尔见艾沙与古松比比形迹可疑，当经盘问，古松比比坚不认奸，乌受尔因常防范。光绪十七年三月内，古松比比回至娘家，乌受尔屡接未归。是月二十七日初更，乌受尔在外瞥见艾沙往杜大乃比比家，乌受尔疑有奸情，尾后窃探，遥见艾沙与古松比比同坐，又闻杜大乃比比有明晚再来之语。乌受尔知有奸情，隐忍回归，起意捉奸泄忿。至二十八日二更，乌受尔知系艾沙约定奸宿之期，携带铁锄，潜至杜大乃比比屋后，闻艾沙与古松比比在内嬉笑。乌受尔将门喊开，进房拿捕。艾沙欲出，乌受尔举锄砍伤艾沙左、右臂膊，艾沙倒地，乌受尔赶砍其脑后项颈身死。乌受尔并将古松比比按倒，用锄砍伤项颈气绝。杜大乃比比抓扭乌受尔，撞头拼命。乌受尔触动纵奸之嫌，情急气氛，起意致死，用锄砍伤杜大乃比比右颔颈接连咽喉殒命。乌受尔复将艾沙、古松比比头颅砍落携遁。经杜大乃比比幼女买热木罕等通知其父毛拉阿洪，投约报案，讯供议拟解道，咨兼臬司核明转详。臣覆核无异。

查律载：本夫于奸所亲获奸夫、奸妇，登时杀死者勿论。又，故杀者，斩监候。又，光绪十年刑部通行：嗣后致毙义绝妻父母，以常人论,案件应按谋故斗杀各本律定拟,如情节实有可原,于疏内声明,秋审时酌核办理各等语。

此案乌受尔因其妻古松比比与艾沙在杜大乃比比家奸宿,登时捉获,将奸夫、奸妇一并杀死,并将纵奸之妻母杜大乃比比故杀毙命。查杜大乃比比纵女奸淫,自犯义绝,应以凡论。乌受尔除奸所获奸登时杀死奸夫、奸妇,照律勿论外,合依故杀者,斩监候律,拟斩监候,秋后处决,先行刺字。惟查杜大乃比比容止外人与女奸宿,自犯义绝,情近罪人,当乌受尔杀奸时,犹复抓扭拼命,致乌受尔情急气氛,起意杀毙,与寻常故杀不同,情节实有可原,例应声明,听候部议。杜大乃比比纵女犯奸,咎有应得,业经身死,应与不知奸情之毛拉阿洪及年幼不知救阻之买热木罕等,均免置议。无干省释,各尸饬埋,凶器案结销毁。是否允协,除全案供招咨部外,合将本夫奸所获犯,登时杀死奸夫、奸妇,并故杀纵奸之妻母身死,核明定拟各缘由,恭折具陈,伏乞皇上圣鉴,饬部核议施行。谨奏。光绪十八年十月二十七日。

(朱批:)刑部议奏。[1]

光绪十八年十一月二十九日,奉朱批:刑部议奏。钦此。[2]

一一九　审拟缠民艾里殴毙人命一案折

光绪十八年十月二十七日(1892年12月15日)

头品顶戴甘肃新疆巡抚臣陶模跪奏,为护母殴毙人命,核明定

---

[1]　台北故宫博物院藏:军机及宫中档,文献编号:408002756。

[2]　中国第一历史档案馆藏:录副奏折,档案编号:03-7315-082。

拟,恭折仰祈圣鉴事。

　　窃疏附县缠民艾里因护母起衅,殴伤艾吉买卖提身死一案,据署疏附县知县杨其澍验讯,拟解疏勒直隶州知州蒋诰审明,详署喀什噶尔道李宗宾提讯,咨署镇迪道兼按察使衔周崇傅核转前来。

　　臣复加查核,缘艾里籍隶疏附县,务农度日,与已死艾吉买卖提同庄素好。光绪十八年三月十二日,艾里之幼弟买米希所牧羊只咬食艾吉买卖提树枝,艾吉买卖提令将羊只吆开,买米希不听。艾吉买卖提随用树条吓殴,并未成伤。买米希归告伊母他来比比。他来比比赶往嚷骂,致与艾吉买卖提互相抓扭。艾里因母他来比比与人争闹,即时趋救,喝令艾吉买卖提松手。艾吉买卖提斥其帮护。艾里恐母受伤,顺拾树棍,殴伤艾吉买卖提偏左。经尸婿洋大克解散,艾吉买卖提伤重,移时殒命。投约报验,讯供议拟,由州解道,咨兼臬司核明转详。臣覆核无异。

　　查例载:母先与人寻衅,其子踵至助势,共殴毙命,俱仍照各本律科断。又,律载:斗殴杀人者,不问手足、他物、金刃,并绞监候各等语。

　　此案艾里因母他来比比与艾吉买卖提抓扭,该犯趋至,虑母受伤,用棍殴伤艾吉买卖提身死,实属护母殴毙人命,应仍照律问拟。艾里合依斗殴杀人者,不问手足、他物、金刃并绞律,拟绞监候,秋后处决。他来比比因子被殴,并不问明,辄往寻衅酿命,亦有不合,应照不应重律,杖八十,系妇女,照例收赎。买米希肇衅酿命,年幼无知,应与救阻不及之洋大克,均免置议。无干省释,尸饬领埋,凶器案结销毁。是否允协,除全案供招咨部外,谨将护母殴毙人命,核明定拟各缘由,恭折具陈,伏乞皇上圣鉴,饬部核议施行。谨奏。光绪十八年十月二十七日。

（朱批：）刑部议奏。①

光绪十八年十一月二十九日，奉朱批：刑部议奏。钦此。②

一二〇　审拟汉民吕占魁斗殴毙命一案折

光绪十八年十一月初二日(1892 年 12 月 20 日)

头品顶戴甘肃新疆巡抚臣陶模跪奏，为斗殴毙命，核明定拟，恭折具陈，仰祈圣鉴事。

窃疏勒州汉民吕占魁因口角起衅，殴伤马伏成身死一案，据疏勒直隶州知州蒋诰验讯议拟，解署喀什噶尔道李宗宾提审，咨署镇迪道兼按察使衔周崇傅核转前来。

臣复加查核，缘吕占魁籍隶疏勒州，小贸营生，与已死马伏成素识无嫌。光绪十八年六月十二日早，吕占魁往市置买货物，路过马伏成铺首，正值马伏成买桃一驮，尚未给价。吕占魁因系熟识，称欲分买一半，马伏成不允。吕占魁谓其寡情，马伏成用言斥骂，吕占魁回骂。马伏成扭住吕占魁发辫，殴伤吕占魁右眼角、左耳。吕占魁被扭情急，举拳冒殴一下，适伤马伏成右太阳。经王应台、王树东等喝散。马伏成伤重，移时殒命。投约报验，讯供议拟解道，咨兼臬司核明转详。臣覆核无异。

查律载：斗殴杀人者，不问手足、他物、金刃，并绞监候等语。此案吕占魁因买桃口角，用拳殴伤马伏成身死，自应按律问拟。吕占魁合依斗殴杀人者，不问手足、他物、金刃并绞律，拟绞监候，秋

---

① 台北故宫博物院藏：军机及宫中档，文献编号：408002757。
② 中国第一历史档案馆藏：录副奏折，档案编号：03-7315-081。

后处决。王应台、王树东阻救不及，应毋庸议。无干省释，尸棺饬埋。是否允协，除全案供招咨送刑部外，谨将斗殴毙命，核明定拟各缘由，恭折具奏，伏乞皇上圣鉴，饬部核议施行。谨奏。光绪十八年十一月初二日。

（朱批：）刑部议奏。①

光绪十八年十二月初二日，奉朱批：刑部议奏。钦此。②

一二一　　审拟宁远客民赵发湔斗殴毙命一案折

光绪十八年十一月初二日（1892 年 12 月 20 日）

头品顶戴甘肃新疆巡抚臣陶模跪奏，为斗殴毙命，核明定拟，恭折仰祈圣鉴事。

窃宁远县客民赵发湔因索债口角抓扭，用刀戳伤马潘舌子后胁等处，并因倒地，致刀尖戳伤项颈毙命一案，据宁远县知县高敬昌验讯议拟，解署伊犁府知府潘效苏审明，详由伊塔道英林③提讯，咨署镇迪道兼按察使衔周崇傅核转前来。

---

① 台北故宫博物院藏：军机及宫中档，文献编号：408002759。

② 中国第一历史档案馆藏：录副奏折，档案编号：03-7315-085。

③ 英林（1847—1903），镶黄旗满洲二甲喇本世管佐领下人。二品荫生。同治六年（1867），捐纳同知，分发山西，旋投效军营。七年（1868），赏戴花翎。八年（1869），丁父忧。十年（1871），经穆图善奏留差遣。同年，保知府。十一年（1872），服满起复。十二年（1873），告假回旗当差。十三年（1874），左宗棠奏留甘肃差委。光绪三年（1877），保参领。四年（1878），保副都统，经部驳回，改加二品衔。五年（1879），保道员，赏清字勇号。同年，丁祖母忧，经左宗棠奏请留营差委。七年（1881），以功加二品顶戴，并赏二品封典。九年（1883），委署镇迪道篆。十一年（1885），兼理新疆按察使。十四年（1888），委署伊塔道篆。十七年（1891），补授伊塔道员缺。二十一年（1895），调署镇迪道。二十五年（1899），调补甘肃西宁道。二十九年（1903），卒于任。

臣复加查核，缘赵发淮籍隶四川广元县，在新疆佣工，受雇宁远县民张永胜家煤窑挖煤，与已死马潘舌子素好无嫌。光绪十七年七月内，赵发淮借马潘舌子银一两一钱，屡讨未偿。十八年五月十五日，马潘舌子又向索取，赵发淮仍行求缓。马潘舌子斥其骗赖，并言无银清还，定与拼命。赵发淮回辩，马潘舌子顺扭赵发淮发辫，拖向外走，声称拉往煤窑，一齐滚落跌死。赵发淮被扭图脱，右手抽出小刀，戳伤马潘舌子右胳膊、臂膊、左后肋、右后肋。马潘舌子并不松手，且拖且走，将近窑边。赵发淮情急，赶用左手扭住马潘舌子发辫，力往后挣，互相倒地。赵发淮右手持刀，刀尖向上，马潘舌子仰跌势猛，压在赵发淮身上，致刀尖戳伤项颈，穿破食气嗓。经禹月堂解散，马潘舌子伤重，移时殒命。投约报验，讯供议拟，由府解道，咨兼臬司，核明转详。臣覆核无异。

查律载：斗殴杀人者，不问手足、他物、金刃，并绞监候等语。此案赵发淮因索债口角抓扭，用刀戳伤马潘舌子后肋等处，并因倒地，致刀尖戳伤马潘舌子项颈，穿破食气嗓身死，自应按律问拟。赵发淮合依斗殴杀人者，不问手足、他物、金刃并绞律，拟绞监候，秋后处决。禹月堂阻救不及，应毋庸议。赵发淮所欠银两，追缴给领。无干省释，尸棺饬埋，凶刀案结销毁。是否允协，除全案供招咨部外，谨将斗殴毙命，核明定拟各缘由，恭折具陈，伏乞皇上圣鉴，饬部核议施行。谨奏。光绪十八年十一月初二日。

（朱批：）刑部议奏。[1]

光绪十八年十二月初二日，奉朱批：刑部议奏。钦此。[2]

---

[1]　台北故宫博物院藏：军机及宫中档，文献编号：408002761。

[2]　中国第一历史档案馆藏：录副奏折，档案编号：03-7315-084。

一二二 审拟缠民阿思满图财害命一案折

光绪十八年十一月初二日(1892年12月20日)

头品顶戴甘肃新疆巡抚臣陶模跪奏,为图财害命,伤人未死,实已得财,核明定拟,恭折仰祈圣鉴事。

窃拜城县缠民阿思满起意图财,殴伤合甲尼牙子未死,掠得财物一案,据署拜城县知县李征煦获犯,讯供议拟,解署温宿直隶州知州李庆棠审明,详由阿克苏道陈名钰提讯,咨署镇迪道兼按察使衔周崇傅核转前来。

臣复加查核,缘阿思满籍隶温宿州,务农度日,先未为匪,库尔班系其表兄。光绪十八年六月十一日,阿思满、库尔班路过拜城县属河色尔地方,适合甲尼牙子吆驴五头,驼载杏子,与阿思满等路遇,彼此询问姓名,一同行走。是日下午,行至赛里木戈壁,库尔班走前,合甲尼牙子在中,阿思满在后。阿思满因见合甲尼牙子驮载货物,起意谋杀合甲尼牙子,得财使用,乘其不觉,用棍殴伤合甲尼牙子脑后。合甲尼牙子回视,阿思满赶殴其偏左。合甲尼牙子受伤,跌地呼救。阿思满连殴两下,致伤右耳根、右乳下,并用脚踢伤胸膛。库尔班闻声赶至,合甲尼牙子业经晕倒。阿思满恐其不死,欲用刀割合甲尼牙子咽喉,库尔班阻住。阿思满搜得驮只、财物逃遁。合甲尼牙子后渐苏醒,经乡约艾沙闻知往看,问明情由,报县诣验,获犯起赃,讯供议拟,由州解道,咨兼臬司,核明转详。臣覆核无异。

查例载:图财害命,伤人未死而已得财者,首犯拟斩监候。又,律载:知同伴人谋害他人,被害之后不首告者,杖一百各等语。此案阿思满因合甲尼牙子驮载货物，起意图财谋命，将其殴伤倒地，掠得赃物，虽合甲尼牙子伤均平复，仍应按例问拟。阿思满一犯合依图财害命，伤人未死而已得财者，首犯斩监候例，拟斩监候，秋后处决，照例刺字。库尔班同行不知谋情，又未分赃，惟事后不首，亦有不合，应照同伴人谋害他人，被害之后不首告者杖一百律，拟杖一百，折责发落。无干省释。起获原赃，给主具领。是否允协，除全案供招咨部外，谨将图财害命，伤人未死，实已得财，核明定拟各缘由，恭折具陈，伏乞皇上圣鉴，饬部核议施行。谨奏。光绪十八年十一月初二日。

（朱批:）刑部议奏。[1]

光绪十八年十二月初二日，奉朱批：刑部议奏。钦此。[2]

一二三　奏请停收新疆华商货税折

光绪十八年十一月初六日（1892年12月24日）

头品顶戴甘肃新疆巡抚臣陶模跪奏，为新疆华商货税暂请停收，俟俄商税则议定，再行办理，以纾民困而昭平允，恭折仰祈圣鉴事。

窃查咸丰年间，军务殷繁，各省抽收厘税，权济饷需，原属不得已之举。新疆底定后，前陕甘督臣左宗棠以关外军饷全恃各省协拨，因议行田赋、水利诸政，并及税厘，借资挹注，用意亦良深远。嗣经总理各国事务衙门于光绪八年五月二十三日奏奉上谕：新疆

---

① 台北故宫博物院藏：军机及宫中档，文献编号：408002760。

② 中国第一历史档案馆藏：录副奏折，档案编号：03-7315-083。

地方设卡征厘，借资军食，现在俄民运货往来，暂不纳税，而各部落人及内地华商仍令照章完纳，未免苦乐不均。着概行暂免厘税，俟商务兴旺，照约议立税则时再复旧章等因。钦此。钦遵在案。时刘锦棠奉命督办新疆军务，以谕旨准予暂免，自是专指中外往来行商而言，本地土产税银系属正供，奏请仍饬户民交纳。旋于十一、十三等年奏明，南路委员按章抽收，古城、哈密并省城、绥来、吐鲁番设立总、分各局，冀于饷需少有裨益。

惟利之所在，弊因以生。新疆贸易以洋货为大宗，各属土产不多，又乏贵重之物，华商土货并带运洋货，一局数卡，分段稽查，照章缴银，罔敢或后；俄商则车载驴运，百十成群，验票放行，毫无阻滞。同为生计所系，彼此竟至悬殊，诚有如圣谕未免苦乐不均者。在华商明知定章如此，何敢稍有违言，而避重就轻，非法令所能禁止。因俄商并不纳税，贿托包庇，谓较赴局完纳，尚为合算。俄商视为利薮，不论土货、洋货，辄行包揽，甚至属中各回部，亦复冒称俄人，希图蒙混。一经查出，则又捏报领事，文牍往返，轇轕滋多。华商借其庇护，虽得微利，生计仍是日穷，而以应纳之税银，隐入俄商之手，舆情即嫌未顺，事理尤觉未平。

现查历年所收，自二万至五六万两而止，局卡经费又于收数内统以二成开支，近更报解寥寥，日形减色。通盘计算，所筹之款，为数究属不多，即无此银，公家不至大损。臣到任后，与藩司再四筹商，以为救弊补偏，惟有吁恳天恩，将华商货税暂行停止，以纾民困。仍钦遵光绪八年谕旨，俟商务兴旺，照约议立税则时，再复旧章。届时华商、俄商一律征收，用昭平允。如蒙恩准，新疆岁少此项税银，经费愈形支绌，臣当督率司道，遇事节省，极力弥补，断不敢以出款不敷另请指拨，仰副朝廷郑重帑储至意。

除咨部外，谨会同陕甘总督臣杨昌濬恭折具奏，伏乞皇上圣鉴训示。谨奏。光绪十八年十一月初六日。

（朱批：）该衙门议奏。①

光绪十八年十二月初四日，奉朱批：该衙门议奏。钦此。②

【案】总理各国事务衙门……奏：光绪八年五月二十三日，总理各国事务王大臣奕𬤇等以新疆开办商务，奏请暂免各城厘税，曰：

臣奕𬤇等跪奏，为新疆开办商务，吁恳天恩，暂免各城厘款，俾中外一律，以纾民困而固人心事。

窃《中俄改订条约》内第十二条载：俄国民人并准在伊犁、塔尔巴哈台、喀什噶尔、乌鲁木齐及关外之天山南北两路各城贸易，暂不纳税，俟将来商务兴旺，由两国议定税则，将免税之例废弃各等语。伊犁地方现经收复，所有通商贸易事宜，自应按照新约陆续开办，正在暂不纳税之时。惟查新疆各城，自光复以后，节经设有厘卡，征收商贩厘金，借资军食。新疆边外各外部，其浩罕、安集延各种归附于俄者，方借此条约，得沾利益。其余布噶尔、爱乌罕、巴达克山、克什米尔各部落，在中国皆有羁縻勿绝之谊。至如布鲁特、哈萨克，布列沿边，尤为切近，多有商贩载运货物往来各城贸易营生者，今照依新约，凡俄民运货往来暂不纳税之处，即为各部落人及内地华商照章完税之处，未免苦乐不均，深恐弊窦百出。如商民诡托影射俄

---

① 台北故宫博物院藏军机及宫中档，文献编号：408002763。

② 此奉旨日期与内容，据军机处随手登记档（档案编号：03-0273-2-1218-341）校补。

人，包庇营私，势必空有厘税之名，仍无完税之实。且新约内本有伊犁民人归华归俄均听其便之议，若俄商可以免税，华民不准免厘，恐避重就轻，更有闻而生心者。

臣等再三筹度，现在伊犁收复，试办通商之始，商民陆路负贩，本与海口迥别，且兵燹之余，边外各种人及华民谋生不易，自宜量加体恤。所有进出卡伦货物往来新疆各城贸易者，拟令概行暂免厘税，俟一二年后，民气苏复，商务兴旺，俄商遵照条约议立税则之时，仍令华民及各种人一体照旧章完税，庶中外一律，不致偏枯，而边氓感戴弥深，即众志益形团结。如蒙俞允，应请特降谕旨，饬令刘锦棠、金顺、张曜等一体遵照办理。

所有臣等拟请暂免新疆各城征收厘税缘由，理合恭折具陈，伏乞皇太后、皇上圣鉴训示。谨奏。光绪八年五月二十三日。①

【案】刘锦棠……奏请仍饬户民交纳：光绪八年九月二十二日，钦差大臣督办新疆军务刘锦棠以弥补新疆所免厘金并接济军饷具折请拨部款，曰：

钦差大臣督办新疆军务通政使司通政使二等男臣刘锦棠跪奏，为请拨部款，弥补新疆所免厘金，并军饷将罄，拟恳饬部暂借巨款，俾资接济，恭折具陈，仰祈圣鉴事。

窃臣承准军机大臣字寄：光绪八年五月二十三日，奉上谕：总理各国事务衙门奏，新疆开办商务，恳准暂免各城厘税一折。新疆地方设卡征厘，借资军食，现在俄民运货往来，暂

---

① 台北故宫博物院藏：军机及宫中档，文献编号：123368。

不纳税,而各部落人及内地华商仍令照章完纳,未免苦乐不均,且恐弊窦丛生,于厘金亦有名无实。至沿边人众,尤宜广其谋生之路,以示招徕。所有进出卡伦货物往来新疆各城贸易者,着概行暂免厘税,俟商务兴旺,照约议立税则时再复旧章。着刘锦棠、金顺、张曜、升泰遵照办理,并行知各城,一体遵办。钦此。仰见圣恩宽大、惠爱边氓之至意,跪聆之下,钦感莫名。

伏念新疆僻在极边,土地硗瘠。自祖、宗朝平定准、回两部以来,关外用款向赖内地协济。咸丰、同治年间,粤、捻、苗、回各匪相机叛乱,各省自救不暇,朝廷亦不能不急顾腹地,于是新疆变起,饷断援绝。戍边诸臣束手无策,坐以待毙。甚或临难苟免,不复知有忠义廉耻。臣自出关办贼,师行所至,每呼遗民、老兵咨询往事,知从前新疆之乱,固由在事诸臣奉职无状,驯致诸事废弛,人心离异,酿成全疆失陷之祸。然关外军需动辄仰给于人,亦实难以自存也。大学士前任陕甘督臣左宗棠深鉴前车,于各城戡定后,议行田赋、水利、厘税诸政,意以利源一开,即各省或有他故,协饷不以时至,尚可就地罗掘,勉强支持。其用心亦良苦矣。

臣曩在喀什噶尔行营,见崇厚所议条约,内有俄商不纳税之说,即曾虑及厘务弊窦丛生,中外苦乐不均,拟请并免华商及各部落税厘。其时左宗棠方锐意办理厘务,臣窃以为不然。后接帮办军务臣张曜暨统领老湘右军总理臣军营营务道员罗长祜来函,亦以请免华商税厘为言。盖臣帮办军务时,暨罗长祜等,虽闻筹饷之难,究无筹饷之责,知督办大员必不任饿军哗溃,即遇空乏,驰书告急,一举笔之劳而已。大凡天下事,不躬亲阅历，则其中之艰苦忧患，不切于己。

臣自接绎钦符，始不敢仍主免厘之议率行陈请者，诚以厘税一项，虽岁入银不过二十余万两，而在新疆视之，则如渴极思饮，滴水皆珍也。现在既经总理各国事务衙门奏准，暂免征收，自应钦遵办理。臣于奉旨后，谨即行知各城，一体遵办，将原设各局卡概行裁撤，并遍张告示，通谕商民暨沿边诸部落，俾各周知。细绎谕旨所有进出卡伦货物往来新疆各城贸易者，着概行暂免厘税等因，自是专指中外往来行商而言。至本地土产，如金、铜、牲畜等项，额征课银，本国家维正之供，不得概予豁免，仍饬户民赴各厅、州、县衙门及各善后局，照常交纳。惟此项课银所入无几，从前新疆厘税收数较多，且系可靠之的款，军食、局费，借资弥补。今骤少此一款，自不能以未克深恃之协饷，抵偿岁入有着之厘金。再四思维，惟有仰恳天恩，饬令户部从光绪八年五月二十三日奉旨免厘之日起，岁拨银二十余万两，专济关外厘金之缺，俾得稍免拮据。仍俟照约议立俄商税则、兴复商务时，再行停拨。

抑臣更有请者，本年各省关协饷起解寥寥，关内外遵旨裁撤各营旗应发欠饷，无从筹给。防营月需之现饷，亦属异常支绌，转瞬饷项告罄，即使各省关赶紧续解，已有缓不济急之势。现在洋款既未便再借，不得不于户部暂借巨款，以资接济，仍于各省关应解西征协饷项下酌量摊划，定限归还。昨陕甘督臣谭钟麟与臣函商及此，意见相同，拟即由谭钟麟主稿，核算数目，另折详细会奏。臣等明知部款关系国计根本，不应妄请拨借。惟臣等忝膺重寄，诸军饥乏堪虞，若不预为筹画，大局将难设想。事势所迫，计无所出，不得不作此冒昧之请。如蒙圣慈鉴允，实西事之大幸也。

所有请拨部款弥补新疆所免厘金，并军饷将罄，拟请饬部暂借巨款，俾资接济各缘由，谨会同陕甘督臣谭钟麟恭折具陈，伏乞皇太后、皇上圣鉴，训示施行。谨奏。九月二十二日。

光绪八年十月十四日，军机大臣奉旨：户部议奏。钦此。①

【案】于光绪十一、十三等年奏明……少有裨益：光绪十一年十二月十九日，钦差大臣刘锦棠以开源节流，就新疆情形覆陈曰：

钦差大臣督办新疆事宜尚书衔降一级留任甘肃新疆巡抚二等男臣刘锦棠跪奏，为遵照部议开源节流二十四条，就新疆现在情形逐条分晰覆陈，谨缮清单，恭折具奏，仰祈圣鉴事。

窃臣于光绪十一年正月初八日接准部咨：会议开源节流二十四条，令即认真举办等因。准此，窃维时势艰难，饷糈奇绌，部臣统筹全局，规画不厌周详。而微臣忝任封圻，利弊尤须熟虑。查新疆屯军设戍百有余年，供亿繁多，悉皆取之协济。诚以地居边远，瘠苦异常。朝廷抚驭要荒，非有利于其地也。现虽改设行省，以规久远，然诸凡创始，亦与内地各省事有不同。数月以来，就部议各条，督同司道、地方官熟察情形，悉心筹画，其中有亟应照办者，有限于地势难于举行者，有可收效于将来而不能期之旦夕者。兹据藩司魏光焘逐条拟议，具详前来。臣仍当率同僚属，遇事讲求，以期有益民生而渐纾饷力。

---

① 中国第一历史档案馆藏：录副奏折，档案编号：03-6017-082。

所有议覆各情形,除咨部查照外,谨分晰缮具清单,恭呈御览,是否有当,伏乞皇太后、皇上圣鉴训示。谨奏。光绪十一年十二月十九日。

谨将部议筹办开源节流二十四条,就新疆情形逐条议覆,缮具清单,恭呈御览。

计开：

一、领票行盐,酌定捐输。查新疆地处极边,土瘠人稀,从前并无额设引盐、征收盐课及开办盐法之案。现饬据各属查覆,南路缠民多就地取碱,浸以为盐,饮食所需,咄嗟立办。到处有碱,即到处皆盐,色味不佳,而本地习食已惯,不烦购买,应用有余。北路迪化州之土墩、南湖,镇西厅之东西盐池,绥来之海沿子及精河等处,向均产盐。又,蒙地西凹庆,向亦产盐。承平时,尚有商人贩运,乱后商贩绝迹,间有脚户携以易换粮食者。然贫民煮碱为盐,与南路大率相等,故来者取值虽廉,行销亦滞。现在南北两路实无从招商领票,酌定捐输。

一、整顿盐务。查新疆向无额设盐引及各属产盐情形,已于前条陈明。前准部咨：新疆既建行省,所有盐法、茶务、关税、钱法、库储各事宜,均须次第讲求,图经久远等因。当经通饬认真查办,应俟各属产盐之区查明能否行销畅旺,再行试办征收税课。

一、就出茶处所征收茶课。查新疆向来行销官茶,系归甘肃额引分运发售,课银亦归甘肃,照章征收。自兵燹后,甘肃茶务改引行票,除每引完课厘银四两四钱四分外,复由肃州厘局完纳出口厘金一道。现在哈密设立税局,征收东西货税,将来肃州出口茶厘改由哈密带收,每百斤征银二两。其晋商由归绥道衙门呈请部票。贩运千两、百两等茶在北路销售者，前已议定每引照甘肃完纳课厘银四两四钱四分，兹仍加抽落地税银二两，由古城税局征收，仍不准其侵占南路引地。惟晋商原领部票本系定限一年缴销，现已逾限，应令遵章呈缴，以杜回环冒运，有碍甘引。如该商情愿办茶，即令来甘请票采办，以符定章。至种茶一节，前准部咨，饬属查覆，佥称：南北两路从未种过茶树，缘茶性喜暖，关外雪地冰天，寒冷倍于关内，种植本不相宜。然亦有察其地气较暖，请购茶籽试种之处，应俟购买茶籽到日，发属试种，有无成效，随时查明办理。又，部咨内称：伊犁地方出产茶斤，官为设局抽税等语。饬据前署伊犁同知上官振勋查明，伊犁所属大西沟、阿敦盖两处，向有一种野树，土人取以充茶，叶大枝粗，味亦远出南茶之下，乱后无人采用。如果将来利有可兴，再行酌办。

一、推广洋药捐输。查新疆向无洋药入境行销，本地所销只有土药一项。现饬哈密、古城两局，按照甘肃土药章程，征收税课。此物久为民害，自未便招商领运。而来者又皆零星小贩，亦无从议及捐输。惟有饬令各该局认真稽察，严防偷漏，以期于税课稍有裨益。

一、推广沙田、牙帖捐输。查新疆向无沙田名目，无从推广捐输。至牙帖一项，新疆向无埠头，牙行自来并未领帖，盖以地处极边，无多出产。民间日用所需不过粗布、棉花零星各物。北路多系小铺地摊，南路每逢八栅之期，手提肩负，互相交易，无所谓行。臣现饬委员会同地方官，查明各该处出产货物，酌令照章纳税。俟试办数年后，果有成效，再当饬令缴捐领帖，以符定例。

一、烟酒行店入资给帖。查新疆并无烟酒行店，无从取资给帖，已于推广沙田、牙帖捐输条内缕晰陈明。

一、汇兑商号入资给帖。查新疆初设行省，尚无汇兑商号，无从取资给帖。

一、划定各项减平核减。查新疆初设藩司，一切文武例款均查照定例及现时章程，分别核实支发。内文职各官廉俸、公费、役食各款，查照部议，按十成给发。武职养廉一项，亦照甘肃章程，以十成支发。其余俸薪、疏红、马干、粮料、草折各项，则按甘肃定章，分别核减。以上凡应扣六分减平者，仍扣平支发。向不扣平者，照依部章扣除四分支发。应饬司将一切支发章程专案详由臣咨部立案备查。

一、严提交代征存未解银两，并严定交代限期。查北路各厅、州、县，从前交代悉由甘藩司详由陕甘督臣咨部核办。现既改设行省，应自光绪十一年起，由新疆藩司详由臣核咨。遇有交代，应照旧例，定限办理。征存银两饬令随时解清，不准开报存库名目。至南路皆系新设之区，尚未举办交代，且因赋额未定，而收支一切又多与善后军需各款互相牵涉。藩司到任后，正在饬查各款，厘定章程，再行照例起限办理。

一、严催亏空应缴应赔各款。查新疆尚无应追亏赔案件，此后遇有应缴应赔之案，自当照例分别认真查追，以重帑项。

一、入官产业勒限变价解部。查新疆并无入官产业变价解部之案。

一、酌提漕粮、盐务、盐规余款。查新疆并无漕粮、盐务、盐规余款，无从酌提。此外，牲畜、货物一切税务正在筹办，均令尽收尽解，并无格外余款。

一、裁减厘局经费。查新疆本年四月，于哈密、古城两处设立税局，抽收百货入境税银，能否抽收畅旺，此时尚不可必。另设分卡数处，以便稽查偷漏。事经创始，经费未能画一，应俟办有成效，再按收数多寡，将应需经费酌定章程，咨部查核。此外并无厘局。合并陈明。

一、核减各关经费。查新疆并无关税，从未开支经费。

一、核定各省局员额数、银数。查新疆现设粮台、军装、采运、柴草、保甲、稽查、蚕桑、牛痘各局，前已于关外勇饷杂支章程案内逐层奏咨立案。其有随时增减者，并饬粮台按季造册，详由臣咨部在案。现时毋庸另行核定。

一、随营文武分别裁减及酌定额数、银数。查新疆随营文武各员弁，除七、八两年员数、银数已于前次报销单内分别注明有案外，现经随时裁减，仍于销案内分别造报。

一、酌减内地防军长夫。

一、酌减内地防军口粮。

一、核定内地兵勇饷数。以上三款，查部文系指内地而言。其关外防军口粮，均经臣历次奏咨有案，现在尚难遽减。至饷数，自光绪十一年起，连善后经费每年指拨二百二十万两，已奉部议指拨。长夫一项，拟酌量裁减，以资节省。

一、防军有营房者，不准再领帐棚折价。查新疆防军，筑有营房者，均不领发帐棚，亦无折价之事。如系行营，并无营房，自应发给帐棚。日久或有破损，缴旧换新，不准遗失。

一、确估各项军饷，按年指拨一次。查新疆军饷及善后经费，自十一年起，业经部议，按年指拨，至十三年为止。此两年中,应请毋庸另估请拨。

一、停止不急工程。查新疆北路各厅、州、县,兵燹之后,旧制荡然,一切应修应补工程甚多,虽历年择要举办,究以饷绌,诸从缺略。南路新设各厅、州、县应修城垣、衙署各工,势不能缓,前经请定工程经费,而各省报解寥寥,今尚停工以待。现在新设省会,亦系择要兴工,俟饷项稍裕,随时酌量修理。此外不急之工并未举办。

一、各项欠发,勒限清厘,各项预支,分别核办。查新疆自本年藩司到任后,由司核发各项,均经按季给领,尚无欠发款目。其十一年以前欠发之款,应由甘藩司核办。至于欠发勇饷,前经臣奏请专饷,以资补发,业经部议指拨,不在此列。若预支之项,则新疆饷项支绌,从来无此名目。

一、另定各省起运存留。查新疆赋税,各属征收只有粮石,并无丁银。所有各属之款,承平时由估拨经费项下开支,无起运存留名目。现在初设行省,一切赋额系全省入款大宗,自应厘定,报部立案。现在饬司清查,一俟定案,即行咨部查核。

军机大臣奉旨:览。钦此。①

一二四　审拟缠民胡大拜的共殴毙命一案折

光绪十八年十一月初六日(1892 年 12 月 24 日)

头品顶戴甘肃新疆巡抚臣陶模跪奏,为共殴毙命,核明定拟,

---

①　中国第一历史档案馆藏:朱批奏折,档案编号:04-01-35-0987-008。

恭折仰祈圣鉴事。

窃莎车州缠民胡大拜的等共殴而克木身死一案，据署莎车直隶州知州潘震验讯议拟，解署喀什噶尔道李宗宾提审，咨署镇迪道兼按察使衔周崇傅核转前来。

臣复加查核，缘胡大拜的、土的分隶英吉沙尔、莎车州，工艺营生，均与已死而克木素识无嫌。光绪十八年六月十一日，胡大拜的、土的邀同下米须出城游荡，行至仕干旦屋后，因桑椹成熟，援树摘食。仕干旦瞥见呵骂，胡大拜的等先后下树，口角争闹。适恰杆买卖托合大路过，趋往劝解。正辩论间，土的气忿，拾棒殴伤仕干旦右胳膊。仕干旦之弟而克木持棒护兄，殴伤土的脊背。胡大拜的夺获而克木木棒，连殴两下，致伤而克木左耳根、脊背右。土的亦用棒殴伤而克木右后肋。经恰杆买卖托合大喝阻各散。而克木伤重，越日殒命。投约报验，讯供议拟解道，咨兼臬司，核明转详。臣覆核无异。

查律载：共殴人因而致死者，以致命伤为重，下手致命伤重者，绞监候，余人杖一百各等语。此案胡大拜的因摘桑椹，与仕干旦口角争闹。嗣因仕干旦之弟而克木持棒帮护，胡大拜的夺获木棒，殴伤而克木左耳根、脊背右，土的亦用棒殴伤其右后肋，致而克木越日殒命。查尸伤，耳根、脊背皆属致命，且脊背骨至微损，其为此伤致死无疑，应以胡大拜的当其重罪。胡大拜的合依共殴人因而致死者，以致命伤为重，下手致命伤重者绞律，拟绞监候，秋后处决。土的除殴伤仕干旦伤轻轻罪不议外，应照共殴余人杖一百律，拟杖一百，折责发落。下米须虽经在场，并未助殴，应与在旁劝解阻救不及之恰杆买卖托合大均免置议。无干省释，尸棺饬埋。是否允协，除全案供招咨送刑部外，谨将共殴毙命，核明定拟各缘由，恭折具奏，伏乞皇上圣鉴，饬部核议施行。谨奏。光绪十八年十一月初六日。

（朱批：）刑部议奏。①

光绪十八年十二月初四日，奉朱批：刑部议奏。钦此。②

一二五　请将新疆计典展至下届办理折

光绪十八年十一月初六日（1892 年 12 月 24 日）

头品顶戴甘肃新疆巡抚臣陶模跪奏，为新疆本届计典仍难举行，恳恩展至下届再行办理，恭折仰祈圣鉴事。

窃查光绪十五年大计，新疆因无俸满人员，前护抚臣魏光焘奏准展缓在案。兹届十八年大计之期，经部具题，奉旨行令遵照，应即钦遵办理。惟新疆道、府、同、通、州、县等官实缺俸满不过二三员，现均调省，其余或委署他缺，或尚未到任，或历俸未满，核与定例不符。至佐杂不敷准荐额数，照例应毋庸议。据署布政使饶应祺、署镇迪道兼按察使衔周崇傅详请奏缓前来。

臣覆核无异。合无仰恳天恩，俯准展至下届再行举办。倘有干六法人员，臣仍当随时参劾，断不敢稍事姑容，致滋贻误。谨会同陕甘总督臣杨昌濬恭折具奏，伏乞皇上圣鉴训示。谨奏。光绪十八年十一月初六日。

（朱批：）着照所请，吏部知道。③

---

① 台北故宫博物院藏：军机及宫中档，文献编号：408002761-1。
② 中国第一历史档案馆藏：录副奏折，档案编号：03-7315-086。
③ 台北故宫博物院藏：军机及宫中档，文献编号：408002762。

光绪十八年十二月初四日，奉朱批：着照所请，吏部知道。钦此。①

一二六　奏报新疆光绪十八
年八月雨水、粮价折

光绪十八年十一月十二日（1892年12月30日）

头品顶戴甘肃新疆巡抚臣陶模跪奏，为恭报光绪十八年八月份粮价并得雨得雪情形，谨缮折具陈，仰祈圣鉴事。

窃照光绪十八年七月份各厅、州、县粮价并得雨情形，业经臣奏报在案。兹据署新疆布政使饶应祺详称：光绪十八年八月份，镇迪道属哈密大雨；镇西得雪，积地一尺；阜康得雨，入土三寸；库尔喀喇乌苏、迪化、昌吉、奇台得雨，入土一寸；绥来微雨。伊塔道属塔尔巴哈台得雨，入土五寸；宁远得雨，入土二寸；精河、绥定微雨。南路英吉沙尔、喀喇沙尔、温宿、莎车、和阗、拜城、叶城、于阗微雨。余未得雨。至通省粮价，吐鲁番、镇西、精河、喀喇沙尔、塔尔巴哈台、疏勒、昌吉、阜康、绥来、绥定、疏附等厅、州、县俱与上月相同，余均略有增减。汇详请奏前来。

理合恭折具陈，并缮粮价清单，敬呈御览，伏乞皇上圣鉴。谨奏。光绪十八年十一月十二日。

（朱批）：知道了。②

---

①　中国第一历史档案馆藏：录副奏折，档案编号：03-5716-060。
②　台北故宫博物院藏：军机及宫中档，文献编号：408002765-1。

光绪十八年十二月十二日,奉朱批:知道了。钦此。①

一二七　呈新疆光绪十八年八月粮价清单

光绪十八年十一月十二日(1892年12月30日)

谨将新疆各属光绪十八年八月份米粮时估价值,缮具清单,恭呈御览。

计开八月份:

镇迪道属:

迪化县:大米每京石价银二两二钱二分,较上月增三分六厘。小麦每京石价银一两一钱三分二厘,较上月增一钱六厘。豌豆每京石价银八钱二分八厘,较上月增七分二厘。青稞每京石价银七钱九分三厘,较上月增六分九厘。

昌吉县:大米每京石价银一两八钱七分二厘,小麦每京石价银七钱一分三厘,豌豆每京石价银六钱三分六厘,青稞每京石价银七钱一分一厘,俱与上月相同。

阜康县:粟米每京石价银八钱八分四厘,小麦每京石价银一两一钱三分二厘,豌豆每京石价银一两一钱六分七厘,高粱每京石价银九钱二厘,俱与上月相同。

绥来县:大米每京石价银一两七钱六分一厘,小麦每京石价银七钱七分二厘,豌豆每京石价银八钱四分九厘,高粱每京石价银五钱六分三厘,俱与上月相同。

奇台县:大米每京石价银二两四钱一分六厘,较上月增一钱七

---

① 中国第一历史档案馆藏:录副奏折,档案编号:03-6924-016。

分二厘。小麦每京石价银一钱六分一厘，较上月增二钱一分二厘。豌豆每京石价银六钱九分，较上月增六分九厘。

吐鲁番直隶厅：小麦每京石价银一两一钱九分三厘，大麦每京石价银四钱八分五厘，高粱每京石价银七钱四分三厘，黄豆每京石价银一两七钱九分二厘，俱与上月相同。

镇西直隶厅：小麦每京石价银一两一钱六分，豌豆每京石价银一两一钱六分，青稞每京石价银七钱六分，俱与上月相同。

哈密直隶厅：粟米每京石价银一两二钱九分六厘，与上月相同。小麦每京石价银一两一钱三分一厘，较上月减四分二厘。豌豆每京石价银一两一钱八分一厘，较上月增八分七厘。青稞每京石价银八钱六厘，与上月相同。

库尔喀喇乌苏直隶厅：小麦每京石价银八钱九分，与上月相同。豌豆每京石价银一两二钱一分八厘，较上月增八分四厘。高粱每京石价银七钱，较上月增七分六厘。

伊塔道属：

绥定县：大米每京石价银三两七钱七分四厘，小麦每京石价银九钱六分六厘，大麦每京石价银五钱六分五厘，豌豆每京石价银九钱二分一厘，俱与上月相同。

宁远县：大米每京石价银二两九钱六分，较上月减一钱四分八厘。小麦每京石价银八钱二分八厘，较上月减一分三厘。大麦每京石价银六钱六分三厘，较上月减一分一厘。豌豆每京石价银九钱三分六厘，较上月减七分二厘。

塔尔巴哈台直隶厅：小麦每京石价银九钱二分八厘，大麦每京石价银九钱二分四厘，豌豆每京石价银一两三分六厘，俱与上月相同。

精河直隶厅：大米每京石价银三两一钱四分五厘，小麦每京石价银九钱一分，大麦每京石价银八钱四厘，豌豆每京石价银一两一钱九分，俱与上月相同。

阿克苏道属：

温宿直隶州：大米每京石价银一两五钱二分，较上月减七钱六分。小麦每京石价银八钱二分八厘，较上月减四分一厘。大麦每京石价银六钱，与上月相同。包谷每京石价银六钱八分，与上月相同。

拜城县：小麦每京石价银五钱二分，较上月减九分。大麦每京石价银二钱六分，较上月减四分。豌豆每京石价银三钱五分，与上月相同。包谷每京石价银三钱五分，较上月减八分。

喀喇沙尔直隶厅：大米每京石价银三两二钱五分六厘，小麦每京石价银九钱六分六厘，豌豆每京石价银八钱六分四厘，包谷每京石价银七钱六分八厘，俱与上月相同。

库车直隶厅：大米每京石价银二两二钱五分，较上月减三钱四分。小麦每京石价银七钱二分五厘，与上月相同。豌豆每京石价银五钱五分五厘，与上月相同。包谷每京石价银四钱四分，与上月相同。

乌什直隶厅：大米每京石价银二两八分六厘，与上月相同。小麦每京石价银五钱九分四厘，较上月增一钱。大麦每京石价银三钱二分一厘，较上月减二分一厘。包谷每京石价银五钱二分四厘，与上月相同。

喀什噶尔道属：

疏勒直隶州：大米每京石价银三两九钱，小麦每京石价银一两七钱九分四厘，包谷每京石价银一两一钱五分二厘，高粱每京石价银九钱七分七厘,俱与上月相同。

疏附县:大米每京石价银三两九钱,小麦每京石价银一两七钱九分四厘,包谷每京石价银一两二钱六厘,高粱每京石价银九钱七分七厘,俱与上月相同。

莎车直隶州:大米每京石价银二两四钱四分四厘,较上月减七分二厘。小麦每京石价银八钱,较上月增四分一厘。大麦每京石价银六钱二分五厘,较上月减一钱一分二厘。包谷每京石价银五钱九分四厘,较上月减一钱五分八厘。

叶城县:大米每京石价银三两一钱九分,与上月相同。小麦每京石价银八钱,较上月减一钱。包谷每京石价银五钱五分七厘,较上月减二钱一分一厘。青稞每京石价银四钱,与上月相同。

和阗直隶州:大米每京石价银二两一钱,较上月减二钱一分。小麦每京石价银九钱一分,与上月相同。包谷每京石价银六钱一厘,较上月减三分九厘。青稞每京石价银五钱五分二厘,与上月相同。

于阗县:大米每京石价银二两七钱六分,较上月增一钱三分八厘。小麦每京石价银八钱一分七厘,较上月减一分三厘。包谷每京石价银六钱一厘,较上月增一分三厘。

英吉沙尔直隶厅:大米每京石价银二两八钱二分七厘,较上月减九钱七分三厘。小麦每京石价银八钱七分,与上月相同。大麦每京石价银五钱七分,与上月相同。包谷每京石价银六钱七分,较上月减一钱一分三厘。

玛喇巴什直隶厅:大米每京石价银二两二钱二分,较上月减七钱四分。小麦每京石价银八钱四分二厘,较上月增一分四厘。包谷每京石价银六钱四分,较上月减六分四厘。

（朱批：）览。[①]

一二八　蠲缓吐鲁番等处应征银粮折

光绪十八年十一月十二日（1892年12月30日）

头品顶戴甘肃新疆巡抚臣陶模跪奏，为新疆吐鲁番等厅、州、县被灾地亩应征课银、粮草拟请分别蠲缓，以纾民力，恭折仰祈圣鉴事。

窃新疆吐鲁番等厅、州、县被冻、被雹、被水、被旱，业将大概情形先后奏明，并饬司移道委员会勘地亩数目，银粮应否蠲缓，详覆核办在案。兹据署布政使饶应祺详：据各印委结报：吐鲁番厅属沙河子等庄葡萄、果木被冻较重地三千九百八十亩二分五毫，额征园课银九百五两九钱三分七厘一毫二丝五忽，拟请悉数蠲免；被冻稍轻地四千八百三十二亩七分七厘，额征园课银一千一百六两一钱五分六厘六毫二丝五忽，请自光绪十九年起，分作三年带征。镇西厅属大有庄等处被雹成灾地一千一百七十九亩，并无收获，额征粮八十九石六斗七升八合六勺，拟请概予蠲免。迪化县属黄草梁等处被旱地三千九十七亩五分，额征粮一百二十石六斗七升九合；奇台县被旱地一万六千九百八十一亩九分二厘五毫，额征粮六百六十六石一斗五升六合九勺。该二县应征粮石并奇台县被灾户民借领籽种一百五十一石七斗五升，均请缓至十九年秋后带征。阜康县属三工台被旱地八百八十亩，颗粒无收，额征粮二十六石四斗，拟请蠲免。莎车州属两次详报和什拉普等庄被水，共地六千二百

[①]　中国第一历史档案馆藏：清单，档案编号：03-6924-017。

三十五亩一分六厘,淤泥深厚,沙石壅塞,不能耕种,额征本折粮一百五十一石四斗四升三勺,本折草一万七千五百三十四斤三两七钱四分,拟请悉数蠲免,俟复垦成熟,再行升科。叶城县属牙斯冬并续报阿由浑等庄被水,地共一千三百五十九亩四分八厘,禾苗被淹,收成失望,额征本色粮一十石八斗一升、草一千三百六十五斤,折色粮一十八石八斗三升四合四勺、草二千一百七十六斤七两四分,拟请一律蠲免等情,详请具奏前来。

臣覆查无异。除饬查明被灾轻重,加意抚恤,并来春应否接济,汇案办理外,所有吐鲁番等厅、州、县被灾地亩额征课银、粮草,合无仰恳天恩,分别蠲缓,以纾民力。如蒙恩准,俟钦奉谕旨,饬司将各厅、州、县蠲缓课银、粮草数目敬刊誊黄,遍行晓谕,以广皇仁而昭实惠。是否有当,谨会同陕甘总督臣杨昌濬恭折具奏,伏乞皇上圣鉴训示。

再,疏勒州属被水、疏附县属被雹各地,勘不成灾,额征粮草应饬照常完纳。合并声明。谨奏。光绪十八年十一月十二日。

(朱批:)另有旨。[1]

光绪十八年十二月十二日,奉朱批:另有旨。钦此。[2]

【案】此折于同年十二月十二日得旨允行。上谕档:

光绪十八年十二月十二日,内阁奉上谕:陶模奏,查明各属被灾地亩,请将应征课银、粮草分别蠲缓一折。甘肃新疆吐鲁番等厅、州、县本年被冻、被雹、被水、被旱,地亩成灾,若将

---

① 台北故宫博物院藏:军机及宫中档,文献编号:408002765。

② 中国第一历史档案馆藏:录副奏折,档案编号:03-7035-038。

应征课银、粮草照常征收,民力实有未逮。加恩着照所请,所有吐鲁番厅属沙河子等庄被灾较重地三千九百八十亩零,额征园课银九百五两零,着悉数蠲免;被灾较轻地四千八百三十二亩零,额征园课银一千一百六两零,着自光绪十九年起,分作三年带征。镇西厅属大有庄等处地一千一百七十九亩,额征粮八十九石零,着概予蠲免。迪化县属黄草梁等处地三千九十七亩零,额征粮一百二十石零;奇台县地一万六千九百八十一亩零,额征粮六百六十六石零,该二县应征粮石并奇台县被灾户民借领籽种一百五十一石零,均着缓至十九年秋后带征。阜康县属三工台地八百八十亩,额征粮二十六石零,均着蠲免。莎车州属和什拉普等庄地六千二百三十五亩零,额征本折粮一百五十一石零,本折草一万七千五百三十四斤,着悉数蠲免。叶城县属牙斯冬、阿由浑等庄地一千三百五十九亩零,额征本色粮十石零、草一千三百六十五斤,折色粮十八石零、草二千一百七十六斤零,着一律蠲免,以纾民力。余着照所请办理。该抚即刊刻誊黄,遍行晓谕,务使实惠均沾,毋任吏胥舞弊,用副轸念民艰至意。该部知道。钦此。[①]

一二九 审拟缠民艾沙等共殴毙命一案折

光绪十八年十一月十二日(1892年12月30日)

头品顶戴甘肃新疆巡抚臣陶模跪奏,为共殴毙命,核明定拟,恭折仰祈圣鉴事。

---

① 《光绪宣统两朝上谕档》,第18册,第343—344页。

窃温宿州缠民艾沙等共殴阿不多热亦木越日身死一案,据署温宿直隶州知州李庆棠验讯议拟,详解阿克苏道陈名钰提审,咨署镇迪道兼按察使衔周崇傅核转前来。

臣复加查核,缘艾沙、秋六克均籍隶温宿州,务农度日,与已死阿不多热亦木同庄素好。光绪十八年六月二十五日,艾沙、秋六克、阿不多热亦木同在沙海家谈论乡约贤否,彼此争辩。阿不多热亦木斥骂艾沙糊涂,艾沙回詈。阿不多热亦木扭住艾沙衣襟,顺拾铁锄向砍。艾沙夺获铁锄,砍伤阿不多热亦木偏右。秋六克近前劝解,艾沙乘间得脱。阿不多热亦木疑系帮护,辱骂。秋六克生气,亦拾柴块,殴伤其左额角。阿不多热亦木仰跌,磕伤脑后。经沙海喝散。阿不多热亦木伤重,至闰六月初五日殒命。尸子哈生木投约报验,讯供议拟,解道咨兼臬司,核明转详。臣覆核无异。

查律载:共殴人因而致死者,以致命伤为重,下手致命伤重者,绞监候,余人杖一百各等语。此案艾沙因口角起衅,夺获铁锄,砍伤阿不多热亦木偏右,秋六克劝解被骂,亦用柴块殴伤其左额角,致阿不多热亦木越十日殒命。查核尸伤,秋六克所殴之左额角部位虽属致命,仅止破皮,惟先被艾沙砍伤偏右,重至骨损,且系铁器伤,其为此伤致死无疑,应以艾沙当其重罪。艾沙合依共殴人因而致死者,以致命伤为重,下手致命伤重者绞律,拟绞监候,秋后处决。秋六克应依共殴余人,杖一百律,拟杖一百,折责发落。沙海阻救不及,应毋庸议。无干省释,尸棺饬埋,凶器案结销毁。是否允协,除全案供招咨部外,谨将共殴毙命,核明定拟各缘由,恭折具陈,伏乞皇上圣鉴,饬部核议施行。谨奏。光绪十八年十一月十二日。

（朱批：）刑部议奏。①

光绪十八年十二月十二日,奉朱批:刑部议奏。钦此。②

一三〇　奏报张宗本委署副将片

光绪十八年十一月十二日(1892年12月30日)

再,现署乌什协营副将准补阿克苏镇标左营游击郝忠裔,应即饬赴本任,以专责成。所遗副将员缺,查有留甘肃新疆尽先补用提督现任和阗营参将张宗本,③熟悉营务,勇略兼优,堪以委署。

除分别给委并所遗参将员缺另行拣员署理外,谨会同陕甘总督臣杨昌濬附片具陈,伏乞圣鉴。谨奏。

（朱批：）兵部知道。④

光绪十八年十二月十二日,奉朱批:兵部知道。钦此。⑤

---

① 台北故宫博物院藏:军机及宫中档,文献编号:408002764。

② 中国第一历史档案馆藏:录副奏折,档案编号:03-7315-088。

③ 张宗本(1838—1911),字修卿,山东巨野人。同治七年(1868),投效湘军,随军赴陕,以功保守备,赏戴蓝翎。十一年(1872),保都司,换花翎。翌年,保游击,加参将衔。光绪元年(1875),随军出关。次年,保参将,晋副将衔,加竖勇巴图鲁名号。三年(1877),保总兵记名。是年,换奇臣巴图鲁名号。四年(1878),保提督记名。十七年(1891),补和阗营参将。十九年(1893),升补乌什协副将。二十年(1894),护理阿克苏镇总兵。二十三年(1897),补授阿克苏镇总兵。同年,署理喀什噶尔提督。二十九年(1903),交卸回籍。三十年(1904),补授山东兖州镇总兵。宣统三年(1911),卸职归里。同年,卒于籍。

④ 台北故宫博物院藏:军机及宫中档,文献编号:408002765-1-A。

⑤ 中国第一历史档案馆藏:录副奏片,档案编号:03-5891-018。

一三一 古城旗营衙署等工用款核销折

光绪十八年十一月十七日(1893 年 1 月 4 日)

头品顶戴甘肃新疆巡抚臣陶模跪奏，为修建古城旗营衙署、兵房用过银两，恳恩饬部仍照原册核销，恭折仰祈圣鉴事。

窃准工部咨：光绪十七年十一月十一日，议奏前护抚臣魏光焘请销修建古城旗营衙署、兵房动用工料各款，均系按照市价笼统报销，较诸例价大相悬殊，应令逐款分造细册，送部核办一折，奉旨：依议。钦此。并钞原奏到臣。饬据粮台司道详覆：古城旗营修建衙署、兵房等工，共用银八万八千九百余两，前次请销清册业将墙壁、栋宇高下、广狭，物料尺寸、工匠数目逐款造册。惟物料价值未能按照例价，良由新疆行省初设，诸凡创始，北路户口稀少，工匠多由关内招雇，木值产自深山，采运匪易，各项物料价值亦昂，碍难照依例价支给。查南北两路修建城垣、衙署，亦系按照市价开支，业经工部奏奉谕旨，准销在案。古城旗营动用工料各款，比较上案价值，有减无增，委系核实造报，无从删减。相应吁恳天恩，俯准饬部将修建古城旗营衙署、兵房等工用过银两，仍照原册核销，以清积案，出自鸿施。

除咨部查照外，谨会同陕甘总督臣杨昌濬恭折具奏，伏乞皇上圣鉴训示。谨奏。光绪十八年十一月十七日。

（朱批：）着照所请，工部知道。[1]

---

[1] 台北故宫博物院藏：军机及宫中档，文献编号：408002766。

光绪十八年十二月十七日,奉朱批:着照所请,工部知道。
钦此。①

一三二　奏为自请罢斥折

光绪十八年十一月十七日(1893 年 1 月 4 日)

头品顶戴甘肃新疆巡抚臣陶模跪奏,为微臣才力短绌,难胜封
疆之寄,吁恳天恩立予罢斥,别简贤员,以重边圻而维大局,恭折仰
祈圣鉴事。

窃维量能授职,朝廷之大权;驭远筹边,疆臣之重任。新疆与
俄、英两国接壤,现值边事孔棘,非威望素著、晓畅戎机之员,实难
任兹艰巨。臣一介书生,毫无知识,上年春蒙恩擢授甘肃新疆巡
抚,当时即拟疏辞,继思边陲寒苦之区,辞而不往,迹近规避,遂忘
其固陋,冒昧出关。甫经履新,即有英人入坎巨提之事,旋有俄人
占帕米尔之事。经臣先后奏明,并咨商总理各国事务衙门,设法理
论。坎巨提虽更立新酋,俄人迄未就范,明年能否无事,正不可必。
新疆文武员弁佥谓俄兵之来,由臣平日无威望所致,若前抚臣刘锦
棠在任,断不至此。互相议论,众口同声。

臣如果学识优长,人言何恤?而抚衷循省,实属力不任重,武
不知兵,才不足以绥边,德不足以柔远。此时无以服众心,临事安
能役众力? 傥或贻误时机,臣虽委身锋镝,死有余辜,而重朝廷西
顾之忧,即以肇天下全局之患。与其惩于事后,曷若筹于几先?伏
恳皇上俯念新疆重地断非微臣所能胜任,特沛恩施,立予罢斥,迅

---

① 　中国第一历史档案馆藏:录副奏折,档案编号:03-6130-033。

简贤员，以重职守。臣惧以恋栈误公，非敢希图安逸，相应请旨，将臣发交新任抚臣差遣。臣仍当勉效驰驱，借图报称，万不敢饰词趋避，孤负生成。

所有微臣才力不能胜任、恳恩罢斥以免贻误地方缘由，理合恭折沥陈，伏乞皇上圣鉴，训示施行。臣无任惶悚迫切待命之至。谨奏。光绪十八年十一月十七日。①

光绪十八年十二月十七日，堂谕封存。②

一三三　查明被灾地方应否接济折

光绪十八年十一月二十二日（1893 年 1 月 9 日）

头品顶戴甘肃新疆巡抚臣陶模跪奏，为遵旨查明新疆被灾地方来春应否接济，恭折仰祈圣鉴事。

窃臣于光绪十八年十一月初四日承准军机大臣字寄：光绪十八年十月初三日，奉上谕：本年顺天、直隶各属雨水过多，闾阎困苦，谕令李鸿章截留河运漕米十万石，分拨散放，并因江苏丹徒、甘泉等县被旱，两次特谕刘坤一等截留漕米八万石，借资赈济。山东黄河盛涨，惠民等州县被淹，谕令福润③将该省应行运通米石，悉数截留备赈。云南昆明等州县被水，特饬户部拨银十万两，发交王

---

① 中国第一历史档案馆藏：录副奏折，档案编号：03-5299-033。

② 此奉旨日期与内容，据军机处随手登记档（档案编号：03-0273-2-1218-353）校补。

③ 福润，清宗室，生卒年未详。初任济南府知府，升粮道。光绪十年（1884），补山东盐运使。十二年（1886），迁湖北按察使。同年，授山东按察使。十六年（1890），晋山东布政使。十七年（1891），护理山东巡抚。同年，实授斯缺。二十年（1894），调补安徽巡抚。

文韶等赈抚。河南汲县等处被淹，准如该抚所请，截留帮丁月粮四万两，办理工赈。山西汾州等府属被旱，陕西延安等府属被淹，甘肃泾州等州县被旱，叠准该督抚所请，将上忙钱粮分别缓征。湖北东湖县被火，河南卫辉府属被淹，山西归化等厅被旱，甘肃兰州等府属被水、被雹，广阳府属被旱，新疆疏勒等州县被水、被旱，广东恩平等县被水，福建漳州府属被水，均经该督抚等查勘抚恤，小民谅可不至失所。惟念来春青黄不接之时，民力未免拮据，着传谕该督抚等体察情形，如有应行接济之处，即查明据实覆奏，务于封印以前奏到，候朕于新正降旨加恩。再，直隶承德府属被霜，安徽安庆等府属被水、被旱，江西建昌等县被旱，吉水等县被淹，浙江杭州等府属被旱、被风、被雹、被虫，福建顺宁县被水，台湾台南等府属被风、被水，湖南龙阳等县被淹，陕西富平等县被雹，榆林等县被水，甘肃巴燕戎格厅、隆德县被雹，古浪县被水，云南武定等州县被淹，均经该督抚等委员查勘，即着迅速办理，并将来春应否接济之处一并查明，于封印前奏到。此外各省有无被灾地方应行调剂、抚恤之处，着该将军、督抚等一并查奏，候旨施恩。将此各谕令知之。钦此。钦遵谕旨寄信前来。

臣查光绪十八年新疆吐鲁番厅被冻，镇西厅被雹，迪化、阜康、奇台县被旱，莎车州、叶城县被水，均系一隅偏灾，当经妥为抚恤，并将额征课银、粮草分别奏请蠲缓，以纾民力在案。来春青黄不接之时，拟饬属酌量借给食粮、籽种，俾免拮据，用副皇上轸念民依至意，毋庸另筹接济。其余各属收成尚称中稔，毋须调剂抚恤。饬据署布政使饶应祺详覆前来。

臣覆查无异。所有遵旨查明新疆被灾地方应否接济缘由，谨会同陕甘总督臣杨昌濬恭折具陈，伏乞皇上圣鉴。谨奏。光绪十八年十一月二十二日。

（朱批:）知道了。①

光绪十八年十二月二十二日,奉朱批:知道了。钦此。②

一三四　奏报伊犁衙署修建经费片

光绪十八年十一月二十二日（1893年1月9日）

再,伊犁道、府、县缺系属新设,衙署未修。镇迪道属阜康等县旧有衙署,自经兵燹,多被拆毁,现在正、佐各官或赁民屋住居,或就旧房补葺,先后禀请修建,以资办公,当饬将工料切实估计在案。兹据署布政使饶应祺详称:该各处工料昂贵,采运木植,离城动至数站,需费不赀。据伊塔道估修道署、库大使衙署、中俄局房屋银八千两,伊犁府估修府署、经历衙署、监狱银七千两,绥定、阜康两县估修县署、典史衙署、监狱银各五千两,宁远县估修县署、典史衙署、监狱、驿房银五千两,昌吉县估修县署、典史衙署、监狱银四千两,绥来县估修县署、典史衙署银五千两等情,汇详前来。

臣覆核无异。除饬俟工竣造销外,谨会同陕甘督臣杨昌濬附片具陈,伏乞圣鉴,饬部立案施行。谨奏。

（朱批:）该部知道。③

光绪十八年十二月二十二日,奉朱批:该部知道。钦此。④

① 台北故宫博物院藏:军机及宫中档,文献编号:408002767。
② 中国第一历史档案馆藏:录副奏折,档案编号:03-7105-055。
③ 台北故宫博物院藏:军机及宫中档,文献编号:408002767-0-A。
④ 中国第一历史档案馆藏:录副奏片,档案编号:03-7105-056。

一三五　审拟缠民斗殴毙命一案折

光绪十八年十一月二十二日（1893年1月9日）

　　头品顶戴甘肃新疆巡抚臣陶模跪奏，为斗殴毙命，核明定拟，恭折仰祈圣鉴事。

　　窃英吉沙尔厅缠民买买土的因争水口角，殴伤毛拉尼牙孜身死一案，据署英吉沙尔厅同知潘时策验讯议拟，解署喀什噶尔道李宗宾提审，署镇迪道兼按察使衔周崇傅核转前来。

　　臣复加查核，缘买买土的籍隶英吉沙尔厅，在水磨佣工，与已死毛拉尼牙孜素识无嫌。光绪十八年六月十三日下午，买买土的在磨房磨面，忽见水落磨停，顺拾木棍出外查看，适遇毛拉尼牙孜携锄转回。买买土的向问，毛拉尼牙孜答以放水灌地。买买土的因需水磨面，说其不应堵截渠水，毛拉尼牙孜争辩，互相詈骂。毛拉尼牙孜举锄向砍，买买土的情急用棍将锄格开，冒殴一下，致伤毛拉尼牙孜顶心接连偏右。经肉则喝阻。毛拉尼牙孜伤重，越日殒命。尸弟尤六思投约报验，讯供议拟解道，咨兼臬司核明转详。臣覆核无异。

　　查律载：斗殴杀人者，不问手足、他物、金刃，并绞监候等语。此案买买土的因争水口角被砍，情急用棍抵格，殴伤毛拉尼牙孜顶心接连偏右，越日殒命，自应按律问拟。买买土的合依斗殴杀人者，不问手足、他物、金刃并绞律，拟绞监候，秋后处决。肉则阻救不及，应毋庸议。公共渠水饬令按期轮放，以杜争端。无干省释，尸棺饬埋，凶器案结销毁。是否允协，除全案供招咨部外，谨将斗殴毙命，核明定拟各缘由，恭折具陈，伏乞皇上圣鉴，饬部核议施行。谨奏。光绪十八年十一月二十二日。

（朱批：）刑部议奏。①

光绪十八年十二月二十二日，奉朱批：刑部议奏。钦此。②

一三六　奏报拣员调署知州等缺片

光绪十八年十一月二十二日（1893年1月9日）

再，疏勒直隶州蒋诰业经奏请开缺以道员仍留新疆补用在案。所遗员缺，查有现署英吉沙尔直隶厅同知候补知府潘时策，堪以调署。递遗员缺，查有卸任温宿直隶州知州陈希洛，堪以委署。署温宿直隶州知州李庆棠告病遗缺，查有准补库尔喀喇乌苏直隶厅同知王廷赞，堪以委署。署于阗县知县准补哈密通判孙志焄应即驰赴本任，以专责成。所遗员缺，查有现署哈密通判候补知县柳葆元，堪以调署。据署新疆布政使饶应祺、署镇迪道兼按察使衔周崇傅会详前来。

除由臣批饬分别给委外，谨会同陕甘总督臣杨昌濬附片具陈，伏乞圣鉴。谨奏。

（朱批：）吏部知道。③

光绪十八年十二月二十二日，奉朱批：吏部知道。钦此。④

---

① 台北故宫博物院藏：军机及宫中档，文献编号：408002768。
② 中国第一历史档案馆藏：录副奏折，档案编号：03-7315-092。
③ 台北故宫博物院藏：军机及宫中档，文献编号：408002767-0-B。
④ 中国第一历史档案馆藏：录副奏片，档案编号：03-5300-083。

一三七　奏报新疆光绪十八年九月雨水、粮价折

光绪十八年十二月十三日(1893 年 1 月 30 日)

头品顶戴甘肃新疆巡抚臣陶模跪奏，为恭报光绪十八年九月份粮价并得雨雪情形，谨缮折具陈，仰祈圣鉴事。

窃照光绪十八年八月份各厅、州、县粮价并得雨雪情形，业经臣奏报在案。兹据署新疆布政使饶应祺详称：本年九月份，镇迪道属镇西得雪，积地五寸；迪化、绥来得雪，积地二寸；阜康、昌吉、奇台得雨，入土二寸；得雪，积地二寸；库尔喀喇乌苏得雪，积地一寸；哈密微雨。伊塔道属宁远得雨，入土二寸；得雪，积地三寸；绥定得雪，积地二寸；塔尔巴哈台得雪，积地三寸。南路乌什、拜城微雨。余未得雨雪。至通省粮价，精河、和阗、阜康等厅、州、县俱与上月相同，余均略有增减。汇详请奏前来。

理合恭折具陈，并缮粮价清单，敬呈御览，伏乞皇上圣鉴。谨奏。光绪十八年十二月十三日。

(朱批：)知道了。①

光绪十九年正月十三日，奉朱批：知道了。钦此。②

---

① 台北故宫博物院藏：军机及宫中档，文献编号：408002769。
② 中国第一历史档案馆藏：录副奏折，档案编号：03-6926-010。

一三八　呈新疆光绪十八年九月粮价清单

光绪十八年十二月十三日(1893 年 1 月 30 日)

谨将新疆各属光绪十八年九月份米粮时估价值,缮具清单,恭呈御览。

计开九月份:

镇迪道属:

迪化县:大米每京石价银二两三钱六分,较上月增一钱四分。小麦每京石价银一两三钱八分,较上月增二钱四分八厘。豌豆每京石价银一两八厘,较上月增一钱八分。青稞每京石价银九钱三分一厘,较上月增一钱三分八厘。

昌吉县:大米每京石价银一两八钱七分二厘,与上月相同。小麦每京石价银七钱七分六厘,较上月增六分三厘。豌豆每京石价银六钱三分六厘,与上月相同。青稞每京石价银七钱一分一厘,与上月相同。

阜康县:粟米每京石价银八钱八分四厘,小麦每京石价银一两一钱三分二厘,豌豆每京石价银一两一钱六分七厘,高粱每京石价银九钱二厘,俱与上月相同。

绥来县:大米每京石价银一两七钱六分一厘,与上月相同。小麦每京石价银八钱四分一厘,较上月增六分九厘。豌豆每京石价银一两三钱八分二厘,较上月增五钱三分三厘。高粱每京石价银六钱六分五厘,较上月增一钱二厘。

奇台县:大米每京石价银二两三钱四分七厘,较上月减六分九厘。小麦每京石价银一两二钱七分三厘,较上月增二钱一分二厘。

豌豆每京石价银八钱二分八厘,较上月增一钱三分八厘。

　　吐鲁番直隶厅:小麦每京石价银一两四钱一分六厘,较上月增二钱二分三厘。大麦每京石价银四钱八分五厘,与上月相同。高粱每京石价银七钱四分七厘,较上月增四厘。黄豆每京石价银一两四钱一分八厘,较上月减三钱七分四厘。

　　镇西直隶厅:小麦每京石价银一两一钱二分,较上月减四分。豌豆每京石价银一两一钱六分,与上月相同。青稞每京石价银六钱四分,较上月减一钱二分。

　　哈密直隶厅:粟米每京石价银一两四钱八分三厘,较上月增一钱八分七厘。小麦每京石价银一两三钱八分,较上月增二钱四分九厘。豌豆每京石价银一两三钱六分八厘,较上月增一钱八分七厘。青稞每京石价银八钱九分,较上月增八分四厘。

　　库尔喀喇乌苏直隶厅:小麦每京石价银九钱五分二厘,较上月增六分二厘。豌豆每京石价银一两二钱一分四厘,较上月减四厘。高粱每京石价银七钱,与上月相同。

　　伊塔道属:

　　绥定县:大米每京石价银三两八钱四分八厘,较上月增七分四厘。小麦每京石价银一两一钱四厘,较上月增一钱三分八厘。大麦每京石价银七钱三分四厘,较上月增一钱六分九厘。豌豆每京石价银一两八厘,较上月增八分七厘。

　　宁远县:大米每京石价银二两九钱六分,与上月相同。小麦每京石价银一两三分五厘,较上月增二钱七厘。大麦每京石价银六钱六分三厘,与上月相同。豌豆每京石价银九钱三分六厘,与上月相同。

　　塔尔巴哈台直隶厅:小麦每京石价银一两四分,较上月增一钱一分二厘。大麦每京石价银一两二钱三分二厘,较上月增三钱八厘。豌豆每京石价银一两一钱六分七厘,较上月增一钱三分一厘。

精河直隶厅:大米每京石价银三两一钱四分五厘,小麦每京石价银九钱一分,大麦每京石价银八钱四厘,豌豆每京石价银一两一钱九分,俱与上月相同。

阿克苏道属:

温宿直隶州:大米每京石价银一两八钱二分四厘,较上月增三钱四厘。小麦每京石价银一两三分五厘,较上月增二钱七厘。大麦每京石价银六钱,与上月相同。包谷每京石价银六钱八分,与上月相同。

拜城县:小麦每京石价银五钱六分,较上月增四分。大麦每京石价银二钱六分,与上月相同。豌豆每京石价银三钱五分,与上月相同。包谷每京石价银四钱三分,较上月增八分。

喀喇沙尔直隶厅:大米每京石价银三两二钱五分六厘,与上月相同。小麦每京石价银一两二钱四分二厘,较上月增二钱七分六厘。豌豆每京石价银八钱六分四厘,与上月相同。包谷每京石价银七钱六分八厘,与上月相同。

库车直隶厅:大米每京石价银二两二钱五分,与上月相同。小麦每京石价银八钱八分二厘,较上月增一钱五分七厘。豌豆每京石价银五钱五分五厘,与上月相同。包谷每京石价银四钱四分,与上月相同。

乌什直隶厅:大米每京石价银一两七钱八分八厘,较上月减二钱九分八厘。小麦每京石价银五钱九分四厘,与上月相同。大麦每京石价银三钱二分一厘,与上月相同。包谷每京石价银四钱五分八厘,较上月减六分六厘。

喀什噶尔道属：

疏勒直隶州：大米每京石价银三两一钱五分,较上月减七钱五分。小麦每京石价银一两五钱一分八厘,较上月减二钱七分六厘。包谷每京石价银一两八分八厘,较上月减六分四厘。高粱每京石价银九钱七分七厘,与上月相同。

疏附县：大米每京石价银三两一钱五分,较上月减七钱五分。小麦每京石价银一两五钱一分八厘,较上月减二钱七分六厘。包谷每京石价银一两一钱三分九厘,较上月减六分七厘。高粱每京石价银九钱七分七厘,与上月相同。

莎车直隶州：大米每京石价银二两二钱四分九厘,较上月减一钱九分五厘。小麦每京石价银八钱,与上月相同。大麦每京石价银八钱一分二厘,较上月增一钱八分七厘。包谷每京石价银六钱六分,较上月增六分六厘。

叶城县：大米每京石价银三两七分六厘,较上月减一钱一分四厘。小麦每京石价银七钱九分,较上月减一分。包谷每京石价银五钱四分七厘,较上月减一分。青稞每京石价银四钱,与上月相同。

和阗直隶州：大米每京石价银二两一钱,小麦每京石价银九钱一分,包谷每京石价银六钱一厘,青稞每京石价银五钱五分二厘,俱与上月相同。

于阗县：大米每京石价银二两六钱二分二厘,较上月减一钱三分八厘。小麦每京石价银八钱一分七厘,与上月相同。包谷每京石价银五钱八分八厘,较上月减一分三厘。

英吉沙尔直隶厅：大米每京石价银二两八钱二分七厘,与上月相同。小麦每京石价银八钱八分三厘,较上月增七分六厘。大麦每京石价银五钱七分，与上月相同。包谷每京石价银六钱九分六厘，较上月增二分六厘。

玛喇巴什直隶厅：大米每京石价银二两二钱二分，与上月相同。小麦每京石价银九钱六分六厘，较上月增一钱二分四厘。包谷每京石价银七钱四厘，较上月增六分四厘。

（朱批：）览。[①]

一三九　奏报新疆光绪十八年夏秋禾收成分数折

光绪十八年十二月十三日（1893年1月30日）

头品顶戴甘肃新疆巡抚臣陶模跪奏，为查明甘肃新疆光绪十八年夏秋禾收成分数，缮具清单，恭折仰祈圣鉴事。

窃查新疆每年收成分数，历经奏报在案。兹据署布政使饶应祺详称：光绪十八年收成分数，据各属先后申报，除吐鲁番、镇西、迪化、阜康、奇台、莎车、叶城各厅、州、县被灾地亩不计外，通盘牵算，通省夏禾实在七分有余，秋禾实在七分有余。汇详请奏前来。

臣覆核无异。相应缮具清单，恭呈御览。除咨部查照外，谨会同陕甘总督臣杨昌濬恭折具奏，伏乞皇上圣鉴。谨奏。光绪十八年十二月十三日。

（朱批：）知道了。[②]

[①]　中国第一历史档案馆藏：清单，档案编号：03-6926-011。
[②]　台北故宫博物院藏：军机及宫中档，文献编号：408002770。

光绪十九年正月十三日,奉朱批:知道了。钦此。①

一四〇　呈新疆光绪十八年
夏秋禾收成分数清单

光绪十八年十二月十三日(1893 年 1 月 30 日)

谨将甘肃新疆光绪十八年各属夏秋禾收成分数,开具清单,恭呈御览。

计开:

夏禾约收八分者:镇西厅,精河厅,喀喇沙尔厅,库车厅,玛喇巴什厅,英吉沙尔厅,温宿州,疏勒州,莎车州,绥来县,疏附县,叶城县,于阗县。

约收七分者:吐鲁番厅,乌什厅,和阗州,昌吉县,济木萨县丞。

约收六分者:哈密厅,库尔喀喇乌苏厅,奇台县,绥定县,宁远县,拜城县,呼图壁巡检。

约收五分者:迪化县,阜康县。

秋禾约收八分者:吐鲁番厅,精河厅,喀喇沙尔厅,库车厅,英吉沙尔厅,温宿州,疏勒州,莎车州,和阗州,昌吉县,绥来县,疏附县,叶城县,于阗县。

约收七分者:乌什厅,玛喇巴什厅,宁远县。

约收六分者:阜康县,奇台县,绥定县,拜城县,济木萨县丞,呼图壁巡检。

约收五分者:哈密厅,库尔喀喇乌苏厅,迪化县。

① 中国第一历史档案馆藏:录副奏折,档案编号:03-6724-004。

再,镇西厅天气蚤寒,向不种植秋禾,故无分数。塔尔巴哈台甫经招垦,尚未据报。合并声明。

朱批:览。[①]

一四一　请将邓政升等十六员留新补用片

光绪十八年十二月十三日(1893 年 1 月 30 日)

再,新疆从前征剿出力各武员迭经奏留甘肃新疆补用在案。兹查有头品顶戴记名提督邓政升,记名总兵王顺清,副将衔尽先补用参将江耀龙,尽先补用参将朱鸿飞,参将衔尽先补用游击成海春,尽先补用游击邝尊辉,补缺后补用游击尽先补用都司严恒生,尽先即补都司胡悦兴、许东言,都司衔补用守备孟德兴,尽先即补守备朱应龙、胡开贵、周学祥,尽先补用守备廖德华、汤万福、吕桂馥等十六员,在新疆从征年久,边情极为熟悉。合无仰恳天恩,俯准将头品顶戴记名提督邓政升等十六员均以原官、原衔留于甘肃新疆尽先补用,于边防营伍实有裨益。

除饬取履历清册咨部查照,并俟续查应行留省人员随时奏请外,谨会同陕甘总督臣杨昌濬附片具陈,伏乞圣鉴训示。谨奏。

(朱批:)着照所请,兵部知道。[②]

光绪十九年正月十三日,奉朱批:着照所请,兵部知道。钦此。[③]

---

① 中国第一历史档案馆藏:清单,档案编号:03-6724-005。
② 台北故宫博物院藏:军机及宫中档,文献编号:408002770-0-A。
③ 中国第一历史档案馆藏:录副奏片,档案编号:03-5892-014。

一四二　奏报俄情叵测筹备战守折

光绪十八年十二月十三日(1893 年 1 月 30 日)

头品顶戴甘肃新疆巡抚臣陶模跪奏，为俄人增兵，情形叵测，亟应筹备战守，以防决裂，恭折密陈，仰祈圣鉴事。

窃臣于光绪十八年闰六月初一日，业将俄兵入帕米尔、拟向色库勒尔进发各情形奏明在案。嗣叠准总理各国事务衙门来电：俄兵越卡，则以防阿富汗为词，及议分界，辄欲废弃旧约由乌孜别里山一直往南之语，改为顺山脊转东而南。深谋诡计，莫可端倪。臣以数月来俄兵时增时减，游弋让库尔及六尔阿乌之间，未敢显然东逼，因饬将士谨守地段，静与相持。诚恐轻启兵端，转难收拾。顷据署喀什噶尔道李宗宾探报：俄人现于让库尔、六尔阿乌增兵二千有奇，扬言欲夺色勒库尔等处。查帕米尔远处徼外，向归布回游牧，勘分稍有出入，犹无大碍。色勒库尔等处虽亦布回部落，实系南疆门户。俄若得此，南扼坎巨提以窥印度，其不利在英；东与中国为难，委属切肤之患。且喀什噶尔领事官近处肘腋，徒众实繁；北路处处毗连，其狡焉思启，固不仅帕米尔而已。

臣深维今日事势，军械之利，远不如敌，穷边飞挽，劳费倍难；标营不敷战守，招募又乏精壮，较光绪初年大军进规新疆，办理实形棘手。如此而欲与俄从事，论者必谓徒肇衅端，致碍大局。然事势所迫，若只拱手相让，不但色勒库尔等处恐非我有，全疆断难晏然，关内屏藩又岂堪设想？彼时即治臣以失地之罪，补救已属莫及。日夜图维，极为焦灼。而屯边将士蓄忿已深，尤难保其不激成战事。现咨商喀什噶尔提督臣董福祥，加派队伍，择要扼守。如俄人必欲弃好称兵，方可迎击，务须调度合宜，毋涉轻率。提标马步即经陆续分拨腹地，窃虑空虚，另募步队前往填扎，并招募马勇，以备策应。新疆孤悬关外，尤须联甘肃为一气，业咨督臣及甘肃提臣，将甘、凉以西营旗一律整顿，随时奏请调遣，借资援助。

所有俄兵情形叵测及筹备战守各缘由，谨恭折密陈，伏乞皇上圣鉴训示。谨奏。光绪十八年十二月十三日。

（朱批：）另有旨。①

光绪十九年正月十三日，奉朱批：另有旨。钦此。②

【案】光绪十九年正月十三日，清廷谕令确探详细情形，随时具奏，稳慎筹办。《清实录》：

丁酉……又谕：陶模奏，俄人增兵，情形叵测，筹备战守一折。据称探闻俄人现于让库尔、小〔六〕尔阿乌增兵二千余人，欲夺色勒库尔等处。现咨商喀什噶尔提督董福祥，派队择要扼守。如俄人必欲弃好称兵，方可迎击，并咨杨昌濬等，整顿营旗，豫备调遣等语。所筹尚合机宜。此事于上年十二月十二日已有旨，谕令神机营暨北洋大臣筹备新式枪炮，拨往应用，并谕杨昌濬、陶模严密布置，熟筹审处，不可轻开衅端。此旨自系尚未奉到。现据许景澄电，据外部覆称，郎库哩住兵无多，为冬令通信。俄意仍愿和好，俄兵决不到明属喀境之地等语。已由总理各国事务衙门电知杨昌濬，转电陶模知悉。惟据陶模此次奏报俄人增兵二千有奇，是否属实，仍着该抚确探

---

① 台北故宫博物院藏：军机及宫中档，文献编号：408002771。
② 此奉旨日期与内容，据军机处随手登记档（档案编号：03-0276-1-1219-012）校补。

详细情形,随时具奏。杨昌濬、陶模仍当懔遵前旨,稳慎筹办,是为至要。将此由五百里各密谕知之。[1]

一四三 特参刘金藩等贪庸各员折

光绪十八年十二月十九日(1893年2月5日)

头品顶戴甘肃新疆巡抚臣陶模跪奏,为特参贪庸溺职各员,请旨分别降革、改教,以肃官常,恭折仰祈圣鉴事。

窃维吏治之清浊,关地方之安危。新疆平定后,元气未复,必须得人而理。臣莅任以来,于所属正佐各员随时留心考察,其中勤慎趋公、尽心民事者,固不乏人;而劣迹昭著之员,实未便稍事姑容。兹查有留甘即补同知前署喀喇沙尔直隶厅同知刘金藩,任用劣幕,办事颠顸;知府衔乌什直隶厅同知袁运鸿,性情偏执,用人欠慎;五品衔候补知县前署于阗县知县夏毓衡,工于牟利,民有余怨;补用县丞借补喀喇沙尔布告尔巡检武纬,借端科罚,擅责平民。据该管司道揭参前来。

相应请旨将留甘即补同知刘金藩以府经历县丞降补;知府衔乌什直隶厅同知袁运鸿系举人出身,文理尚优,开缺以教职归部铨选;五品衔候补知县夏毓衡、补用县丞借补喀喇沙尔布告尔巡检武纬,均行革职,以肃吏治而儆官邪。此外实缺、候补正佐各员,臣仍当认真考察,如有不堪造就者,再行随时严参,以副朝廷澄叙官方至意。

所有特参贪庸溺职各员,分别惩处缘由,理合会同陕甘总督臣

---

[1] 《德宗景皇帝实录(五)》,卷三百二十,光绪十九年正月,第147—148页。

杨昌濬恭折具陈，伏乞皇上圣鉴训示。再，所遗同知、巡检员缺，新疆现有应补人员，容臣遴员请补。合并声明。谨奏。光绪十八年十二月十九日。

（朱批：）另有旨。①

光绪十九年正月十八日，奉朱批：另有旨。钦此。②

【案】此折于十九年正月十八日得允行，上谕曰：

光绪十九年正月十八日，内阁奉上谕：陶模奏，特参庸劣不职各员一折。甘肃新疆即补同知前署喀喇沙尔直隶厅同知刘金藩，任用劣幕，办事颟顸，着以府经历县丞降补。乌什直隶厅同知袁运鸿，性情偏执，用人欠慎，惟系举人出身，文理尚优，着以教职归部铨选。候补知县前署于阗县知县夏毓衡，工于牟利，民有余怨；补用县丞借补喀喇沙尔布吉尔巡检武纬，借端科罚，擅责平民，均着即行革职，以肃官方。余着照所议办理。该部知道。钦此。③

一四四　奏报林兆亨例应承袭世职折

光绪十八年十二月十九日（1893 年 2 月 5 日）

头品顶戴甘肃新疆巡抚臣陶模跪奏，为世职年已及岁，例应承袭，恭折仰祈圣鉴事。

---

① 台北故宫博物院藏：军机及宫中档，文献编号：408002775。
② 中国第一历史档案馆藏：录副奏折，档案编号：03-5302-063。
③ 《光绪宣统两朝上谕档》，第 19 册，第 16 页；《德宗景皇帝实录（五）》，卷三百二十，光绪十九年正月，第 148 页。

窃臣据署新疆布政使饶应祺详：准署镇迪道兼按察使衔周崇傅咨：据署迪化府知府黄丙焜转：据昌吉县知县李凌汉详称：阵亡云骑尉世职前署乌鲁木齐提标中营守备林义春，于同治三年值新疆变乱，带队往援库车。六月初四日，在乌什塔拉地方遇贼，打仗阵亡，经前抚臣刘锦棠采访死事情形，汇奏请恤。旋准兵部于光绪十三年二月二十五日议奏，请给云骑尉世职，袭次完时，给予恩骑尉，世袭罔替等因。奉旨：依议。钦此。钦遵转行在案。查林义春并无嫡长、嫡次子孙及庶出子孙，系以胞侄林寿承继为嗣。兹据林寿禀称：现患残废，不堪承袭，请以嫡长子林兆亨承袭。查林兆亨年二十二岁，应请承袭云骑尉世职，并无假冒、挨越等弊。又，前次采访册内误将义春缮作忠义，应请更正，并造具三代宗图、履历、册结，加具印结，由道转司，详请验看具奏前来。

臣覆查该请袭世职林兆亨，既据署布政使饶应祺详称实系林寿嫡长子，年已及岁，林寿出继林义春为嗣，现经残废，应即以林兆亨承袭。除由臣先行验看，并将宗图、履历、册结分送部、科外，谨会同陕甘总督臣杨昌濬恭折具奏，伏乞皇上圣鉴，敕部议覆，并将林忠义更为林义春，以免歧异。再，此案系改题为奏。合并声明。谨奏。光绪十八年十二月十九日。

（朱批：）兵部议奏。[1]

光绪十九年正月十八日，奉朱批：兵部议奏。钦此。[2]

---

[1]　台北故宫博物院藏：军机及宫中档，文献编号：408002772。

[2]　中国第一历史档案馆藏：录副奏折，档案编号：03-5302-065。

一四五　现任文武各官循例年终密考折

光绪十八年十二月十九日(1893年2月5日)

头品顶戴甘肃新疆巡抚臣陶模跪奏，为新疆现任提、镇、城守尉、司、道、知府循例年终密考，缮具清单，恭折仰祈圣鉴事。

窃照各省提、镇、司、道、知府等官，定例由督抚于年终密考陈奏。新疆文武各官历经前抚臣刘锦棠、前护抚臣魏光焘密陈在案。十七年年终，臣甫到任，未及办理。兹本年又已届期，各员办事之勤惰，才识之短长，臣留心察看，采访舆论，详悉底蕴，自应循例注考。

除署事、代理例不注考外，谨就现任提、镇、城守尉、司、道、知府出具切实考语，密缮清单，恭呈御览，伏乞皇上圣鉴。谨奏。光绪十八年十二月十九日。

（朱批:）知道了。单留中。①

光绪十九年正月十八日，奉朱批:知道了。单留中。钦此。②

一四六　奏报游击田九福在任病故片

光绪十八年十二月十九日(1893年2月5日)

再，臣据阿克苏镇总兵黄万鹏呈:据喀喇沙尔营中军守备龙玉堂申报:署该营参将实任库车营游击田九福，因感风寒，触发旧疾，

---

① 台北故宫博物院藏:军机及宫中档，文献编号:408002774。
② 中国第一历史档案馆藏:录副奏折，档案编号:03-5302-062。

医药罔效，于光绪十八年八月二十四日申时在营病故等情，呈请核办前来。臣覆核无异，相应请旨开缺。

除所遗库车营游击另行拣员请补，并饬取该故员原领游击札付，委员承查及嫡亲印、甘各结咨部查照外，谨会同陕甘总督臣杨昌濬、喀什噶尔提督臣董福祥附片具奏，伏乞圣鉴训示。谨奏。

（朱批：）兵部知道。①

光绪十九年正月十八日，奉朱批：兵部知道。钦此。②

一四七　审拟和阗缠民共殴毙命一案折

光绪十八年十二月二十八日（1893年2月14日）

头品顶戴甘肃新疆巡抚臣陶模跪奏，为共殴毙命，核明定拟，恭折仰祈圣鉴事。

窃和阗州缠民托合大等共殴哈生身死一案，据署和阗直隶州知州江遇璞验讯议拟，解署喀什噶尔道李宗宾审明，咨署镇迪道兼按察使衔周崇傅核转前来。

臣复加查核，缘托合大、艾拉均籍隶和阗州，吆驮营生，与已死哈生素不认识。光绪十八年七月初七日，托合大、艾拉各吆布驮，行至哈拉哈什河沿，适哈生驴只迎面走来，彼此挤撞，致将艾拉布驮碰跌落水。艾拉斥骂，哈生回詈。艾拉顺拾吆驴柳条，殴伤哈生右太阳穴、左右胳膊、右胠胺。哈生持棒回殴，托合大拢前拦阻，哈生疑其帮护，棒殴托合大右肩胛两下。托合大生气，用拳殴伤哈生

---

① 台北故宫博物院藏：军机及宫中档，文献编号：408002772-0-A。

② 中国第一历史档案馆藏：录副奏片，档案编号：03-5302-064。

左腰眼，并用脚冒踢，适伤哈生肾囊倒地，经以米下喝阻各散。哈生伤重，是夜殒命。投约报验，讯供议拟解道，咨兼臬司核明转详。臣覆核无异。

查律载：共殴人致死，下手致命伤重者绞监候，余人杖一百各等语。此案托合大、艾拉共殴哈生身死，自应分别问拟。查已死哈生先被艾拉殴伤胳膊、䏶脉，均非重伤。即所殴之太阳穴，虽属致命，伤甚轻浅，尚不致死。惟后被托合大拳殴腰眼，脚踢肾囊，均系致命之处，且被踢当即倒地，其为此伤毙命无疑，应以托合大当其重罪。托合大合依共殴人毙命致死，下手致命伤重者绞律，拟绞监候，秋后处决。艾拉合依共殴余人杖一百律，拟杖一百，折责发落。以米下救阻不及，应毋庸议。无干省释，尸棺饬埋。是否允协，除全案供招咨部外，谨将共殴毙命，核明定拟各缘由，恭折具陈，伏乞皇上圣鉴，饬部核议施行。谨奏。光绪十八年十二月二十八日。

（朱批：）刑部议奏。①

光绪十九年正月二十七日，奉朱批：刑部议奏。钦此。②

一四八　奏报周崇傅因病出缺请旨简放折

光绪十八年十二月二十八日（1893年2月14日）

头品顶戴甘肃新疆巡抚臣陶模跪奏，为道员因病出缺，请旨简放，以重职守，恭折仰祈圣鉴事。

窃照光绪十八年十二月十六日，据迪化县知县黄袁转：据署

---

① 台北故宫博物院藏：军机及宫中档，文献编号：408002777。
② 中国第一历史档案馆藏：录副奏折，档案编号：03-7316-001。

镇迪道兼按察使衔本任喀什噶尔道周崇傅之家丁唐升呈称：家主周崇傅，年五十四岁，湖南零陵县人，由翰林院编修改内阁中书，援例以道员选用，奉调来甘，累保花翎盐运使衔甘肃尽先即补道，历署甘肃镇迪及平庆泾固道员缺。十六年八月十三日，奉旨补授甘肃新疆喀什噶尔道员缺，十七年九月二十日到省。旋署镇迪道兼按察使衔篆务，十月初三日到任。近患伤寒病证，医治罔效等情。臣亲往看视，业已不起。查周崇傅两任镇迪道篆，律身严正，办事勤能，此次兼理按察使事务，持法衡情，尤称平允；自奉俭薄，俸入外一无所取，其廉介有足多者。兹忽因病出缺，实堪悼惜。

除饬将身后事宜妥为经理外，所遗本任喀什噶尔道系冲、繁、疲、难四项要缺，相应请旨简放，以重职守。谨会同陕甘总督臣杨昌濬恭折具陈，伏乞皇上圣鉴训示。再，此案改题为奏。合并声明。谨奏。光绪十八年十二月二十八日。

（朱批：）另有旨。①

光绪十九年正月二十七日，奉朱批：另有旨。钦此。②

【案】清廷于光绪十九年正月二十七日颁布谕旨，命黄光达补授喀什噶尔道员缺。上谕档：

光绪十九年正月二十七日，内阁奉上谕：甘肃新疆喀什噶尔道员缺，着黄光达补授。钦此。③

---

① 台北故宫博物院藏：军机及宫中档，文献编号：408002776。
② 中国第一历史档案馆藏：录副奏折，档案编号：03-5302-118。
③ 《光绪宣统两朝上谕档》，第19册，第20页。

一四九　请以黄光达署镇迪道片

光绪十八年十二月二十八日（1893年2月14日）

再，署镇迪道兼按察使衔本任喀什噶尔道周崇傅因病出缺，业经奏请简放在案。所遗镇迪道兼按察使衔员缺，应即委员署理，以专责成。查有候补道黄光达，①由军功累保二品顶戴甘肃遇缺尽先题奏道，旋补喀什噶尔道。该员在任办理地方及中外交涉事件，廉明勤慎，练习边情。嗣丁父艰，开缺回籍，服满后经前护抚臣魏光焘奏请调赴新疆。现办各项差事，均属得力，堪以委署斯缺。

除檄饬遵照外，谨会同陕甘总督臣杨昌濬附片具陈，伏乞圣鉴。谨奏。

（朱批：）知道了。②

光绪十九年正月二十七日，奉朱批：知道了。钦此。③

---

①　黄光达（1844—1901），湖南湘乡人。同治四年（1865），由文童投效军营，以军功保从九品。是年，戴蓝翎。六年（1867），保县丞。七年（1868），保知县。九年（1870），保同知，戴花翎，并赏五品封典。十年（1871），保知府。光绪二年（1876），保升道员。四年（1878），加盐运使衔。六年（1880），以道员改留甘肃，升二品顶戴。十三年（1887），署理阿克苏道，以阿克苏驻营较多，商旅辐辏，兵勇、细民日用所需零星者多，成整者少，且红钱索窘，兑换维艰，军民俱困，乃向道库借成本银，铸造光绪银元，史称"阿克苏造光绪银元"。十四年（1888），丁父忧。十八年（1892），署理镇迪道兼按察使衔。十九年（1893），补授喀什噶尔道，二十年到任。二十七年（1901），卒于任。

②　台北故宫博物院藏：军机及宫中档，文献编号：408002777-0-A。

③　中国第一历史档案馆藏：录副奏片，档案编号：03-5302-119。

光绪十九年(1893)

○○一 奏报新疆光绪十八年十月雨水、粮价折

光绪十九年正月二十四日(1893年3月12日)

头品顶戴甘肃新疆巡抚臣陶模跪奏，为恭报光绪十八年十月份粮价并得雪情形，谨缮折具陈，仰祈圣鉴事。

窃照光绪十八年九月份各厅、州、县粮价并得雨雪情形，业经臣奏报在案。兹据署新疆布政使饶应祺详称：光绪十八年十月份，镇迪道属镇西、迪化得雪，积地三寸；库尔喀喇乌苏、哈密、奇台、绥来得雪，积地二寸；昌吉、阜康得雪，积地一寸；吐鲁番微雪。伊塔道属宁远得雪，积地四寸；绥定得雪，积地二寸；塔尔巴哈台得雪，积地三寸；精河微雪。南路温宿、疏勒、和阗、库车、拜城、疏附得雪，积地五寸；英吉沙尔得雪，积地三寸；喀喇沙尔、叶城得雪，积地一寸；乌什、莎车、玛喇巴什、于阗微雪。至通省粮价，乌什、阜康、拜城等厅、县俱与上月相同，余均略有增减。汇详请奏前来。

理合恭折具陈，并缮粮价清单，敬呈御览，伏乞皇上圣鉴。谨奏。光绪十九年正月二十四日。

（朱批：）知道了。[1]

光绪十九年二月二十五日，奉朱批：知道了。钦此。[2]

○○二　呈新疆光绪十八年十月粮价清单

光绪十九年正月二十四日(1893 年 3 月 12 日)

谨将新疆各属光绪十八年十月份米粮时估价值，缮具清单，恭呈御览。

计开十月份：

镇迪道属：

迪化县：大米每京石价银二两三钱六分，与上月相同。小麦每京石价银一两四钱八分六厘，较上月增一钱六厘。豌豆每京石价银一两一钱五分二厘，较上月增一钱四分四厘。青稞每京石价银九钱三分一厘，与上月相同。

昌吉县：大米每京石价银一两八钱七分二厘，与上月相同。小麦每京石价银八钱四分二厘，较上月增六分六厘。豌豆每京石价银七钱七厘，较上月增七分一厘。青稞每京石价银七钱一分一厘，与上月相同。

阜康县：粟米每京石价银八钱八分四厘，小麦每京石价银一两一钱三分二厘，豌豆每京石价银一两一钱六分七厘，高粱每京石价银九钱二厘，俱与上月相同。

绥来县：大米每京石价银一两七钱六分一厘，与上月相同。小

麦每京石价银八钱四分一厘,与上月相同。豌豆每京石价银一两三钱八分二厘,与上月相同。高粱每京石价银七钱四分二厘,较上月增七分七厘。

奇台县:大米每京石价银二两九钱三分四厘,较上月增五钱八分七厘。小麦每京石价银一两六钱九分八厘,较上月增四钱二分五厘。豌豆每京石价银一两一钱五厘,较上月增二钱七分七厘。

吐鲁番直隶厅:小麦每京石价银一两六钱二分,较上月增二钱四厘。大麦每京石价银四钱八分五厘,与上月相同。高粱每京石价银七钱四分七厘,与上月相同。黄豆每京石价银一两四钱一分八厘,与上月相同。

镇西直隶厅:小麦每京石价银一两一钱六分,较上月增四分。豌豆每京石价银一两一钱六分,与上月相同。青稞每京石价银六钱八分,较上月增四分。

哈密直隶厅:粟米每京石价银一两四钱八分三厘,与上月相同。小麦每京石价银一两五钱一分八厘,较上月增一钱三分八厘。豌豆每京石价银一两三钱六分八厘,与上月相同。青稞每京石价银一两一分四厘,较上月增一钱二分四厘。

库尔喀喇乌苏直隶厅:小麦每京石价银九钱八分,较上月增二分八厘。豌豆每京石价银一两二钱一分四厘,与上月相同。高粱每京石价银七钱,与上月相同。

伊塔道属:

绥定县:大米每京石价银三两八钱四分八厘,与上月相同。小麦每京石价银一两二钱四分二厘,较上月增一钱三分八厘。大麦每京石价银七钱二分一厘,较上月减一分三厘。豌豆每京石价银一两一钱五分二厘,较上月增一钱四分四厘。

宁远县：大米每京石价银二两九钱六分，与上月相同。小麦每京石价银一两三钱一厘，较上月增二钱六分六厘。大麦每京石价银六钱八分四厘，较上月增二分一厘。豌豆每京石价银一两三分六厘，较上月增一钱。

塔尔巴哈台直隶厅：小麦每京石价银一两一钱八分八厘，较上月增一钱四分八厘。大麦每京石价银一两三钱三分四厘，较上月增一钱二厘。豌豆每京石价银一两二钱四分四厘，较上月增七分七厘。

精河直隶厅：大米每京石价银三两一分，较上月减一钱三分五厘。小麦每京石价银九钱一分，与上月相同。大麦每京石价银八钱四厘，与上月相同。豌豆每京石价银一两一钱九分，与上月相同。

阿克苏道属：

温宿直隶州：大米每京石价银一两九钱，较上月增七分六厘。小麦每京石价银一两三分五厘，与上月相同。大麦每京石价银六钱，与上月相同。包谷每京石价银六钱八分，与上月相同。

拜城县：小麦每京石价银五钱六分，大麦每京石价银二钱六分，豌豆每京石价银三钱五分，包谷每京石价银四钱三分，俱与上月相同。

喀喇沙尔直隶厅：大米每京石价银一两八钱五厘，较上月减一两四钱五分一厘。小麦每京石价银一两三钱四厘，较上月增六分二厘。豌豆每京石价银一两八厘，较上月增一钱四分四厘。包谷每京石价银七钱六分八厘，与上月相同。

库车直隶厅：大米每京石价银二两二钱五分，与上月相同。小麦每京石价银七钱二分五厘，较上月减一钱五分七厘。豌豆每京石价银五钱五分五厘，与上月相同。包谷每京石价银四钱四分，与上月相同。

乌什直隶厅：大米每京石价银一两七钱八分八厘，小麦每京石价银五钱九分四厘，大麦每京石价银三钱二分一厘，包谷每京石价银四钱五分八厘，俱与上月相同。

喀什噶尔道属：

疏勒直隶州：大米每京石价银三两，较上月减一钱五分。小麦每京石价银一两五钱一分八厘，与上月相同。包谷每京石价银一两八分八厘，与上月相同。高粱每京石价银九钱七分七厘，与上月相同。

疏附县：大米每京石价银三两，较上月减一钱五分。小麦每京石价银一两五钱一分八厘，与上月相同。包谷每京石价银一两一钱三分九厘，与上月相同。高粱每京石价银九钱七分七厘，与上月相同。

莎车直隶州：大米每京石价银二两二钱九分四厘，较上月增四分五厘。小麦每京石价银八钱二分八厘，较上月增二分八厘。大麦每京石价银七钱，较上月减一钱一分二厘。包谷每京石价银六钱六分，与上月相同。

叶城县：大米每京石价银二两二钱九分四厘，较上月减七钱八分二厘。小麦每京石价银八钱二分八厘，较上月增三分八厘。包谷每京石价银六钱六分，较上月增一钱一分三厘。青稞每京石价银四钱，与上月相同。

和阗直隶州：大米每京石价银二两二钱四分，较上月增一钱四分。小麦每京石价银九钱一分，与上月相同。包谷每京石价银六钱一厘，与上月相同。青稞每京石价银五钱五分二厘，与上月相同。

于阗县：大米每京石价银二两四钱五分，较上月减一钱七分二厘。小麦每京石价银九钱五分，较上月增一钱三分三厘。包谷每京石价银五钱九分，较上月增二厘。

英吉沙尔直隶厅：大米每京石价银三两二钱五分六厘，较上月增四钱二分九厘。小麦每京石价银九钱九分三厘，较上月增一钱一分。大麦每京石价银五钱七分，与上月相同。包谷每京石价银八钱四厘，较上月增一钱八厘。

玛喇巴什直隶厅：大米每京石价银二两三钱六分八厘，较上月增一钱四分八厘。小麦每京石价银一两一钱七分三厘，较上月增二钱七厘。包谷每京石价银七钱六分八厘，较上月增六分四厘。

（朱批：）览。[1]

○○三　审拟犯妇殴夫至死一案折

光绪十九年正月二十四日(1893 年 3 月 12 日)

头品顶戴甘肃新疆巡抚臣陶模跪奏，为审明殴夫至死犯妇，按律定拟，恭折仰祈圣鉴事。

窃喀喇沙尔厅缠妇肉则瓦泥殴伤其夫乌又甫身死，私埋匿报一案，经署喀喇沙尔厅同知刘金藩访闻获犯，起验讯详。当以案情重大，批司提省，发委审办。兹据署迪化府知府黄丙焜督同局员研讯确实，议拟招解，署镇迪道兼按察使衔周崇傅审明转详。

---

[1]　中国第一历史档案馆藏：清单，档案编号：03-6927-040。

　　臣亲提覆鞫，缘肉则瓦泥籍隶喀喇沙尔厅，系已死乌又甫之妻，平日夫妇和好。光绪十六年十月不记日期，乌又甫与肉则瓦泥闲谈，称羡邻妇比比汉少艾。肉则瓦泥因疑乌又甫与比比汉有奸。十二月二十六日傍晚，乌又甫外出，肉则瓦泥在房坐待。至三更时，乌又甫回归。肉则瓦泥愈信奸情属实，再三盘问。乌又甫混骂，顺用铁锄柄在肉则瓦泥身上乱殴，尚未成伤。肉则瓦泥气忿，夺获铁锄，向乌又甫头面冒砍一下，适伤其偏左左太阳穴接连左耳根倒地。尸母阿依司汉闻闹趋视，用药医调，乌又甫伤重，次早殒命。阿依司汉当因肉则瓦泥有娠，隐忍未言，雇就过路不知姓名乞丐，装殓抬埋寝息，并未投约报案。至十八年四月，经厅访闻，验讯详报，以案情重大，批司提省，发委审明拟解，由兼臬司勘转前来。臣覆鞫无异。

　　查律载：妻殴夫至死者，斩立决等语。此案缠妇肉则瓦泥因口角起衅，夺锄砍伤其夫乌又甫身死，实属有心干犯，自应按律问拟。肉则瓦泥合依妻殴夫至死者斩律，拟斩立决。照例先行刺字。尸母阿依司汉因子被媳砍伤身死，并不报官究治，辄自私埋，本有不合，惟讯因犯妇有娠起见，又无受贿各情，妇女无知，从宽免议。乡约五受尔始终失于觉察，虽无受贿说和情事，应照不应重律，拟杖八十，折责发落。受雇抬埋过路不知姓名乞丐，请免查究。无干省释，尸饬殓埋，凶器供弃免起。

　　此案出事在十六年十二月至十八年四月，经署喀喇沙尔厅同知刘金藩访闻究办，所有失察职名系本任喀喇沙尔厅同知江遇璞，应得处分，随案声叙，听候部议。是否允协，除全案供招咨部外，所有审明殴夫至死犯妇，按律定拟各缘由，恭折具陈，伏乞皇上圣鉴，饬部核议施行。谨奏。光绪十九年正月二十四日。

（朱批:）刑部速议具奏。①

光绪十九年二月二十五日,奉朱批:刑部速议具奏。钦此。②

○○四　第三次遵办顺直赈捐恳恩核奖折

光绪十九年正月二十四日(1893 年 3 月 12 日)

头品顶戴甘肃新疆巡抚臣陶模跪奏,为新疆第三次遵办顺直赈捐,恳恩饬部核奖,恭折仰祈圣鉴事。

窃查新疆自光绪十七年三月初一日起至十一月底止,遵办顺直第二次捐输,业经臣具奏请奖在案。兹据署布政使饶应祺详称:自光绪十七年十二月初一日起至十八年三月底止,先后据各捐生报捐职衔、封典、监生等项共一十四名,计收正项库平银一千八两三钱,存俟归还光绪十六年新疆由江苏协解新饷内拨交上海顺直赈捐局款项,分别填发正实收,给予收执。其随收饭银、照费、填过副实收,并各捐生履历清册一并赍解,详请具奏,并恳咨部填换执照,以凭转给等情前来。

臣覆核无异。合无仰恳天恩,俯准将新疆第三次顺直赈捐饬部分别核奖,以示鼓励。除将清册、副实收、饭银、照费咨送户部、吏部、国子监外,谨恭折具奏,伏乞皇上圣鉴。谨奏。光绪十九年正月二十四日。

（朱批:）户部议奏。③

---

① 台北故宫博物院藏:军机及宫中档,文献编号:408002778。
② 中国第一历史档案馆藏:录副奏折,档案编号:03-7314-004。
③ 台北故宫博物院藏:军机及宫中档,文献编号:408002779。

光绪十九年二月二十五日,奉朱批:户部议奏。钦此。[1]

○○五 奏报会商筹防边务情形折

光绪十九年二月初九日(1893年3月26日)

太子少保头品顶戴陕甘总督臣杨昌濬、头品顶戴甘肃新疆巡抚臣陶模跪奏,为遵旨会商,恭折密陈,仰祈圣鉴事。

窃臣等承准军机大臣字寄:光绪十八年十二月十二日奉上谕:许景澄[2]奏,敬陈新疆南路边境情形一折等因。钦此。并抄录许景澄原折,钦遵寄信前来。跪诵之下,仰见朝廷慎筹边备、预弥衅端之至意。臣等查俄兵进踞帕米尔,往来无定,自应严密防范,以免疏虞。色勒库尔即塔什库尔干,距喀什噶尔九百里,塔戞尔玛在色勒库尔北八十里,布伦库尔距喀什噶尔五百里,三处均布回部落,上年各驻马队一旗。冬间,臣模咨提臣董福祥加拨马步,前往助防,现派署英吉沙尔参将记名总兵杨德俊,率步队一营,驻守色

---

① 中国第一历史档案馆藏:录副奏折,档案编号:03-5303-117。

② 许景澄(1845—1900),原名癸身,字竹筼,又字竹筱,浙江嘉兴人。同治六年(1867),中式举人。七年(1868),中式进士,改翰林院庶吉士。十年(1871),授编修。光绪元年(1875),充顺天乡试同考官。五年(1879),任四川乡试副考官。六年(1880),授出使日本国大臣。九年(1883),补侍讲学士,旋改文渊阁校理。十年(1884),任出使法、德、比、意、和、奥等国大臣。十六年(1890),任出使俄、德、奥、和国大臣。十七年(1891),擢太仆寺少卿、通政司副使。十八年(1892),授光禄寺卿。十九年(1893),迁内阁学士兼礼部侍郎衔。二十一年(1895),调补工部左侍郎。二十二年(1896),任出使德国大臣。二十四年(1898),授总理各国事务衙门行走,署礼部右侍郎,旋补吏部右侍郎、吏部左侍郎,历任京师大学堂总教习、管学大臣、督办关内外铁路等职。二十六年(1900),清廷以"任意妄奏,莠言乱政,且语多离间"将其斩杀。二十七年(1901),开复原官,追谥文肃。有《许文肃公遗稿》、《许竹筼先生出使函稿》、《许文肃公外集》等行世。

勒库尔，兼统沿边诸营旗。奇灵桑珠等卡以外边界，已饬加意巡防。各该处道途险远，饬照行粮章程支给，以资鼓励。复于抚标及阿克苏镇标调拨步队三营、马队三旗，驰赴喀什噶尔，听候提臣分布。臣昌濬密饬甘、凉、肃诸军预为整顿，以备调遣。

至边境情形，近据喀什噶尔道禀称：俄兵驻扎让库尔、六尔阿乌等处，不及千名，现在亦无警报。惟喀什噶尔各城处处邻敌，提臣董福祥谋略深长，端资镇慑。臣等以为冲锋陷阵，将校之职；筹画机宜，统帅之任。提臣正须居中调度，未便遽令轻出。许景澄原奏提督出驻边营一节，自非事势十分吃紧，似不必定如所议。

又，原奏新疆巡抚应于春夏之交赴喀城巡阅一节。窃思上兵伐谋，首贵自强。疆臣所能尽力者，以整肃吏治、讲求武备为急务。臣模于上年夏间咨商北洋大臣，选派熟谙新式操法人员来新教演，并派员分赴天津、上海购办军械，现均未到。臣模如赴喀城巡阅，应以察看防营为先。窃审此时军容，似尚未足以慑强敌，况离省窵远，往返五六月之久，后路伏莽在在堪虞，顾彼置此，似亦非计。然许景澄既有此议，臣模若不一往，不特无以仰慰圣廑，亦无以激励将士，再四筹思，未知所措，不得不将现在情形据实陈奏，请旨遵行。蒙谕饬神机营暨北洋大臣筹备新式枪炮，臣模已遵派员弁迎提，一俟到新，即交提臣扼要位置，仍切属各营讲求操法，极力整顿，冀有成效。色勒库尔应否置为重镇，俟防务大定，再行妥议，奏明办理。如拜折后边报有警，臣模自当不拘时日，驰赴南疆，办理防务，断不敢稍涉迟缓，致误事机。

臣等往返函商，意见相同。理合将遵旨会商筹防边务缘由，合词密陈，伏乞皇上圣鉴训示。再，此折系臣模主稿。合并声明。谨奏。光绪十九年二月初九日。

（朱批：）览奏均悉。即着将边防各事严密布置，随时相机办理。①

光绪十九年三月初九日，奉朱批：览奏均悉。即着将边防各事严密布置，随时相机办理。钦此。②

【案】许景澄奏，敬陈新疆南路边境情形一折：光绪十八年，许景澄以新疆南路边境情形危急，请饬增缮守备，曰：

出使俄、德、奥、和国大臣许景澄跪奏，为敬陈新疆南路边境情形，拟请饬下疆臣增缮守备，以杜窥伺而固疆围事。

窃新疆省南路喀什噶尔一带，地处边陲，西控葱岭大山，为汉唐以来限隔华戎之界，自此入山，其间有平地宽坦可供回族游牧者，今皆称为帕米尔平地，地不一处，故帕米尔亦不一名。该地荒寒不毛，冰雪早封，一岁之中仅三四月得畅往来，本无纤利可争。然南逾因都库什山，即达印度，东经叶尔羌可至卫藏，故俄人连岁进兵，游弋其地，意图占并，与我喀城西境渐至缪辖。臣愚以为非外清边地，不足以弭衅争，非先增缮边备，即不足以决界议。

查喀城自乌孜别里山口以南，皆与帕米尔境连接。然山口可通者，不过数处，尤以叶尔羌之色勒库尔为扼要之地。该处向称外藩总汇，远近回、藏十数区，均系土著。其间有地曰塔什库尔干者，旧为东西要道，近年游历洋人出入帕地，本以此为理装停顿之所，谓其水土较善，耕牧皆宜，颇萌觊觎。夏间，俄兵

---

① 台北故宫博物院藏：军机及宫中档，文献编号：408002781。

② 此奉旨日期与内容，据军机处随手登记档（档案编号：03-0276-1-1219-064）校补。

扬言欲至其地,亦非无因。应调防兵一枝,常川驻扎,兼驻地方文员,抚辑回众,置为重镇。其稍北塔戞尔玛山口,即由该军分队逻守。再北与郎库里、帕米尔所通山口,应由现扎布伦库里之防营屯守,以为次要之镇,边庭耳目,将帅所莅,则号令一新。

乌鲁木齐省城在该省已为腹地,距边较远,抚臣应于明年春夏之交亲赴喀城巡阅一次,察视防务,接洽外人,以利控驭。原驻喀城之提督即应出驻边营,以资弹压。惟西国军势最重炮位,新疆军营向由泰来洋行购运光堂陆炮,均系旧式,应酌购新式过山快放炮三十七、四十七密里口径等各数尊,各配药弹千出。此项炮式轻便,驼马皆可负运。每尊连弹价约三千四百两,筹备尚不过巨。该炮南北洋各省必有购备,并应先为借拨,一面购补,免旷时日。以之分布要隘,庶令彼族洞知中国注重边防,远致利器,或可收上兵伐谋之效。

又,叶尔羌南境奇灵桑株等卡以外,边界窎远,与印度东北境相接,英人率由此路北出,以避雪山之险,僻蹊几成孔道,亦宜随时巡徼,免有侵轶。谨奏。光绪十八年九月十八日。①

【案】光绪十八年十二月十二日奉上谕:此上谕《光绪宣统两朝上谕档》及《清实录》载曰:

军机大臣密寄:陕甘总督杨、甘肃新疆巡抚陶:光绪十八年十二月十二日奉上谕:许景澄奏,敬陈新疆南路边境情形一折。据称非清画地界,不足以弭衅争,非先增缮边备,不足以决界议。叶尔羌之色勒库尔为扼要之地,其间有地曰塔什库尔干者,旧为东西要道,近年游历洋人出入帕地,率以此为停

---

① 《许文肃公(景澄)遗集》,(台北)文海出版社,1966年,第73—76页。

顿之所。应调防兵常川驻扎，兼驻地方文员，抚辑回众，置为重镇。其稍北塔戛玛山口，即由该军分队逻守。北与郎库里、帕米尔所通山口，应由现扎布伦库里之防营屯守，作为次要之镇。新疆巡抚应于明年春夏之交，亲赴喀城巡阅一次，以利控驭，并酌筹新式过山快放炮，以资应用。叶尔羌南境奇灵桑珠等卡，亦宜随时巡檄等语。所奏各条不为无见。本年十月间，据总理各国事务衙门转奏，杨昌濬等电称色勒库尔、布隆库尔各留马队，其余分别撤留，当经该衙门遵旨电覆，谓防兵断不应撤。本日复据杨昌濬电称，闻俄现增兵，欲夺塔哈尔满，已饬筹防等语。布隆库尔、色勒库尔均是第二重门户，自应严密设防。着杨昌濬、陶模督饬防营将弁，加意巡守。应用新式枪炮，已谕令神机营暨北洋大臣迅速筹备，并拣派熟习枪炮之教习前往，即由陶模派员迎提。总之，交涉之事，边衅固不可轻开，声威断不可不壮。彼族知我有备，或可稍杜狡谋。杨昌濬、陶模必应熟筹审处，严密布置，以昭慎重。许景澄原折均着钞给阅看，即将所陈各条并现办情形，会商密奏。将此由六百里各密谕知之。钦此。遵旨寄信前来。①

○○六　奏报新疆光绪十八年十一月雨水、粮价折

光绪十九年二月二十三日(1893 年 4 月 9 日)

头品顶戴甘肃新疆巡抚臣陶模跪奏，为恭报光绪十八年十一

① 《光绪宣统两朝上谕档》，第 18 册，第 343 页；《德宗景皇帝实录(五)》，卷三百十九，光绪十八年十二月，第 131—132 页。

月份粮价并得雪情形，谨缮折具陈，仰祈圣鉴事。

窃照光绪十八年十月份各厅、州、县粮价并得雪情形，业经臣奏报在案。兹据署新疆布政使饶应祺详称：光绪十八年十一月份，镇迪道属绥来得雪，积地二寸；哈密、库尔喀喇乌苏得雪，积地一寸；镇西、吐鲁番、迪化、昌吉、阜康、奇台微雪。伊塔道属塔尔巴哈台、宁远得雪，积地五寸；绥定得雪，积地三寸；精河微雪。南路英吉沙尔得雪，积地五寸；喀喇沙尔、疏勒、疏附得雪，积地一寸；库车、乌什、温宿、拜城、叶城微雪。余未得雪。至通省粮价，镇西、塔尔巴哈台、库车、乌什、温宿、昌吉、绥来、绥定等厅、州、县俱与上月相同，余均略有增减。汇详请奏前来。

理合恭折具陈，并缮粮价清单，敬呈御览，伏乞皇上圣鉴。谨奏。光绪十九年二月二十三日。

（朱批：）知道了。[1]

光绪十九年三月二十二日，奉朱批：知道了。钦此。[2]

○○七　呈新疆光绪十八年十一月粮价清单

光绪十九年二月二十三日（1893 年 4 月 9 日）

谨将新疆各属光绪十八年十一月份米粮时估价值，缮具清单，恭呈御览。

计开十一月份：

镇迪道属：

---

① 台北故宫博物院藏：军机及宫中档，文献编号：408002782。

② 中国第一历史档案馆藏：录副奏折，档案编号：03-6928-026。

迪化县：大米每京石价银二两三钱六分，与上月相同。小麦每京石价银一两四钱八分六厘，与上月相同。豌豆每京石价银一两一钱五分二厘，与上月相同。青稞每京石价银六钱九分，较上月减二钱四分一厘。

昌吉县：大米每京石价银一两八钱七分二厘，小麦每京石价银八钱四分二厘，豌豆每京石价银七钱七厘，青稞每京石价银七钱一分一厘，俱与上月相同。

阜康县：粟米每京石价银一两一钱三分一厘，较上月增二钱四分七厘。小麦每京石价银一两二钱二分六厘，较上月增九分四厘。豌豆每京石价银一两二钱二厘，较上月增三分五厘。高粱每京石价银九钱二厘，与上月相同。

绥来县：大米每京石价银一两七钱六分一厘，小麦每京石价银八钱四分一厘，豌豆每京石价银一两三钱八分二厘，高粱每京石价银七钱四分二厘，俱与上月相同。

奇台县：大米每京石价银二两七钱六分一厘，较上月减一钱七分三厘。小麦每京石价银一两五钱九分二厘，较上月减一钱六厘。豌豆每京石价银一两一钱五厘，与上月相同。

吐鲁番直隶厅：小麦每京石价银一两六钱二分，与上月相同。大麦每京石价银四钱八分五厘，与上月相同。高粱每京石价银八钱一分七厘，较上月增七分。黄豆每京石价银一两四钱一分八厘，与上月相同。

镇西直隶厅：小麦每京石价银一两一钱六分，豌豆每京石价银一两一钱六分，青稞每京石价银六钱八分，俱与上月相同。

哈密直隶厅：粟米每京石价银一两四钱四分，较上月减四分三厘。小麦每京石价银一两四钱二分一厘，较上月减九分七厘。豌豆每京石价银一两三钱二分五厘，较上月减四分三厘。青稞每京石价银九钱七分三厘，较上月减四分一厘。

库尔喀喇乌苏直隶厅：小麦每京石价银一两一钱三分一厘，较上月增一钱五分一厘。豌豆每京石价银一两三钱六厘，较上月增九分二厘。高粱每京石价银七钱六分七厘，较上月增六分七厘。

伊塔道属：

绥定县：大米每京石价银三两八钱四分八厘，小麦每京石价银一两二钱四分二厘，大麦每京石价银七钱二分一厘，豌豆每京石价银一两一钱五分二厘，俱与上月相同。

宁远县：大米每京石价银二两八钱二分五厘，较上月减一钱三分五厘。小麦每京石价银一两二钱八分五厘，较上月减一分六厘。大麦每京石价银七钱一分四厘，较上月增三分。豌豆每京石价银一两八分六厘，较上月增五分。

塔尔巴哈台直隶厅：小麦每京石价银一两一钱八分八厘，大麦每京石价银一两三钱三分四厘，豌豆每京石价银一两二钱四分四厘，俱与上月相同。

精河直隶厅：大米每京石价银三两一分，与上月相同。小麦每京石价银九钱八分，较上月增七分。大麦每京石价银八钱四厘，与上月相同。豌豆每京石价银一两一钱九分，与上月相同。

阿克苏道属：

温宿直隶州：大米每京石价银一两九钱，小麦每京石价银一两三分五厘，大麦每京石价银六钱，包谷每京石价银六钱八分，俱与上月相同。

拜城县：小麦每京石价银六钱一分，较上月增五分。大麦每京石价银三钱，较上月增四分。豌豆每京石价银四钱，较上月增五分。包谷每京石价银四钱三分,与上月相同。

喀喇沙尔直隶厅:大米每京石价银二两九钱六分,较上月增一两一钱五分五厘。小麦每京石价银一两七钱八分八厘,较上月增四钱八分四厘。豌豆每京石价银一两八厘,与上月相同。包谷每京石价银七钱六分八厘,与上月相同。

库车直隶厅:大米每京石价银二两二钱五分,小麦每京石价银七钱二分五厘,豌豆每京石价银五钱五分五厘,包谷每京石价银四钱四分,俱与上月相同。

乌什直隶厅:大米每京石价银一两七钱八分八厘,小麦每京石价银五钱九分四厘,大麦每京石价银三钱二分一厘,包谷每京石价银四钱五分八厘,俱与上月相同。

喀什噶尔道属:

疏勒直隶州:大米每京石价银三两,与上月相同。小麦每京石价银一两五钱一分八厘,与上月相同。包谷每京石价银一两一钱二分六厘,较上月增三分八厘。高粱每京石价银九钱七分七厘,与上月相同。

疏附县:大米每京石价银三两,与上月相同。小麦每京石价银一两五钱一分八厘,与上月相同。包谷每京石价银一两一钱七分九厘,较上月增四分。高粱每京石价银九钱七分七厘,与上月相同。

莎车直隶州:大米每京石价银二两五钱一分六厘,较上月增二钱二分二厘。小麦每京石价银七钱七分二厘,较上月减五分六厘。大麦每京石价银七钱五分,较上月增五分。包谷每京石价银六钱四分六厘,较上月减一分四厘。

叶城县:大米每京石价银二两四钱三分六厘,较上月增一钱四分二厘。小麦每京石价银九钱,较上月增七分二厘。包谷每京石价银七钱,较上月增四分。青稞每京石价银四钱,与上月相同。

和阗直隶州:大米每京石价银二两三钱八分,较上月增一钱四分。小麦每京石价银九钱三分八厘,较上月增二分八厘。包谷每京石价银六钱一厘,与上月相同。青稞每京石价银五钱五分二厘,与上月相同。

于阗县:大米每京石价银二两五钱五分三厘,较上月增一钱三厘。小麦每京石价银九钱九分一厘,较上月增四分一厘。包谷每京石价银六钱一厘,较上月增一分一厘。

英吉沙尔直隶厅:大米每京石价银三两四钱四厘,较上月增一钱四分八厘。小麦每京石价银一两一钱五分九厘,较上月增一钱六分六厘。大麦每京石价银五钱七分,与上月相同。包谷每京石价银九钱三分八厘,较上月增一钱三分四厘。

玛喇巴什直隶厅:大米每京石价银二两五钱一分六厘,较上月增一钱四分八厘。小麦每京石价银一两一钱四厘,较上月减六分九厘。包谷每京石价银七钱一分七厘,较上月减五分一厘。

（朱批:）览。[①]

○○八　审拟缠民谋杀其婿一案折

光绪十九年二月二十三日(1893 年 4 月 9 日)

头品顶戴甘肃新疆巡抚臣陶模跪奏,为审明妻父商同外人谋

---

① 中国第一历史档案馆藏:清单,档案编号:03-6928-027。

杀其婿,按律分别定拟,恭折仰祈圣鉴事。

窃喀喇沙尔厅缠民哈里木商同二布都即马良升、他乙尔谋杀其婿马奴尔、埋尸灭迹一案,报经喀喇沙尔厅同知江遇璞获犯启验,讯供拟详,当因案情未确,驳饬覆审。江遇璞未及审解卸事,移交署同知刘金藩集讯详报。复以供招不符,提省发委审办。兹据署迪化府知府黄丙焜督同局员验讯确实,议拟招解,署镇迪道兼按察使衔周崇傅审明转详。

臣亲提覆鞫,缘哈里木、二布都即马良升、他乙尔分隶喀喇沙尔、迪化等厅县,或务农度日,或小贸营生。已死马奴尔娶哈里木之女阿巴汉为妻,翁婿往来,先无嫌隙。光绪十六年七月内,马奴尔带妻阿巴汉租二布都房屋居住,陆续借用二布都银两。后二布都因马奴尔行窃,令即清债出房。马奴尔不服,彼此争闹。哈里木适至,问明情由,始知马奴尔行窃属实,心生厌恶,代为清偿二布都帐项,搬出另住,并训诫马奴尔毋再为匪。是年十二月初十日,哈里木至马奴尔家探望,适马奴尔窃马二匹回归,哈里木当向盘问。马奴尔捏称马系借来,欲卖银作本贸易,誓不为匪,并邀哈里木帮同吆马进山换牛。哈里木信实,随同进山,在不识姓名人家换牛三头。十七日转回,行抵距喀喇沙尔厅城十余里破墙圈,牛只疲乏不行。哈里木令马奴尔看守,自去购买粮料。行至城内,得悉马奴尔仍系偷窃,现经事主找寻。哈里木被其欺诳,并恐事发受累,愈加忿恨,起意将马奴尔致死灭迹。稔知二布都与马奴尔有隙,向告前情,邀同帮助,二布都应允。哈里木又邀其大女婿他乙尔同行。

是日初更时,哈里木走前,二布都、他乙尔骑马随后,偕抵破墙圈。哈里木乘马奴尔不觉,拢身抱住两腿,按压倒地,喝令动手。他乙尔畏惧,站在圈外看马。二布都解脱缰绳,缠绕马奴尔项颈,与哈里木分执绳头，用力狠勒，马奴尔登时身死。哈里木起意埋尸灭迹，令二布都、他乙尔将尸抬至碱滩，挖坑掩埋，吆牛转回各散。尸妻阿巴汉因马奴尔日久未归，托尸属马福访寻无着，投约报案，获犯启验，讯供拟解，当因案情未确，驳饬覆审另详，仍以供招不符，提省发委审明议拟，解由兼臬司勘转前来。臣覆鞫无异。

查律载：尊长谋杀卑幼，已杀者，依故杀法。又，外姻尊长殴缌麻卑幼至死者，亦绞。又，谋杀人从而加功者，绞；不加功者，杖一百，流三千里各等语。此案哈里木因婿马奴尔行窃，心生憎恶，嗣马奴尔偷窃马匹，该犯被诳同往换牛，恐事后受累，愈加忿恨，起意商同二布都、他乙尔将马奴尔用绳勒毙。查该犯系马奴尔妻父，服属缌麻，自应按照尊长谋杀卑幼，依故杀法律问拟。哈里木除埋尸灭迹轻罪不议外，合依外姻尊长殴缌麻卑幼至死者绞，故杀者亦绞律，拟绞监候。

二布都因挟马奴尔算帐微嫌，当哈里木商同谋杀，并不阻止，辄敢听纠随行，用绳缠绕马奴尔项颈，狠勒毙命。核其下手情形，实为凶恶，虽据供亲老丁单，应不准查办留养。二布都即马良升除帮同埋尸轻罪不议外，合依谋杀人从而加功者绞律，拟绞监候。均秋后处决。他乙尔系哈里木女婿，迫于尊长之命，勉强随行，临时畏惧，仅在墙外看马，并未加功。他乙尔除帮同埋尸轻罪不议外，合依从而不加功者，杖一百，流三千里律，拟杖一百，流三千里，到配折责安置。尸妻阿巴汉因马奴尔日久未归，央托马福找寻控案，尚无不合，请免置议。马奴尔行窃，罪有应得，业已身死，应毋庸议。马奴尔所窃马匹，已与不识姓名人换牛三头，原赃既无追还，应将牛只传失主具领。无干省释，尸饬领埋，凶绳供弃免取。是否允协，除全案供招咨部外，所有审明妻父商同外人谋杀其婿，按律分别定拟各缘由，谨恭折具奏，伏乞皇上圣鉴，饬部核议施行。谨奏。光绪十九年二月二十三日。

（朱批：）刑部议奏。①

光绪十九年三月二十二日，奉朱批：刑部议奏。钦此。②

○○九　汇报新疆光绪十八年夏、秋、冬办结就地正法各案折

光绪十九年二月二十三日（1893 年 4 月 9 日）

头品顶戴甘肃新疆巡抚臣陶模跪奏，为光绪十八年夏、秋、冬三季办结就地正法各案，照章摘由汇报，恭折仰祈圣鉴事。

窃照新疆奏定章程，凡强盗抢夺及情罪重大人犯，获案讯明后，皆准就地正法，摘由汇报，历经遵办在案。兹查上年夏、秋、冬三季办结决不待时重大各案共六起，均据各地方官验讯议拟，详解各该管州、府、道提审明确，咨兼臬司覆核转详，由臣详核案情，参诸律例，分别斩决、枭示，批令在于犯事地方正法，以昭炯戒。谨将各案摘由开单，恭呈御览。

所有光绪十八年夏、秋、冬三季办结就地正法各案，照章摘由汇报缘由，谨恭折具陈，伏乞皇上圣鉴，训示施行。谨奏。光绪十九年二月二十三日。

（朱批：）刑部知道。单并发。③

---

① 台北故宫博物院藏：军机及宫中档，文献编号：408002782。
② 中国第一历史档案馆藏：录副奏折，档案编号：03-7316-007。
③ 台北故宫博物院藏：军机及宫中档，文献编号：408002783。

光绪十九年三月二十二日，奉朱批：刑部知道。单并发。钦此。[①]

○一○ 呈夏、秋、冬办结正法各案清单

光绪十九年二月二十三日（1893年4月9日）

谨将光绪十八年夏、秋、冬三季办结就地正法各案，摘录案由，汇缮清单，恭呈御览。

计开：

夏季份：

一起：疏勒州缠民铁木耳因赌起衅，挟嫌故杀巴海牙合普父子二命，登时身死。经署疏勒直隶州知州潘时策验讯议拟，解署喀什噶尔道李宗宾审明，咨署镇迪道兼按察使衔周崇傅核转前来。臣查凶犯铁木耳因赌挟嫌，故杀一家二命，情罪重大，例应斩枭，当批就地正法枭示，以昭炯戒。所有应断财产，仍令照例办理。

一起：喀喇沙尔厅缠民他亦尔纠同木洪姜色、土瓦地乎尔、板素甫一行四人，携带凶器、火具，强劫事主尔外里家，毁门入室，搜抢赃物，并将尔外里凶殴毙命。经喀喇沙尔厅同知江遇璞验勘获犯，研讯议拟，解由阿克苏道陈名钰审明，咨署镇迪道兼按察使衔周崇傅核转前来。臣查凶盗他亦尔、木洪姜色、土瓦地乎尔、板素甫结伙强劫，殴毙事主，实属凶暴昭著，罪不容诛，例应斩枭，当批均予就地正法枭示，以昭炯戒。

一起：于阗县缠民托合尼牙子起意图财，商同五受及尼牙子谋

---

① 中国第一历史档案馆藏：录副奏折，档案编号：03-7363-014。

杀和什度夫妇,搜取衣粮逃逸。经署于阗县知县吴光熊相验获犯,讯供通详,未及招解卸事,移交后任孙志焄,覆鞫议拟,解署和阗直隶州知州甘承谟提讯,详署喀什噶尔道李宗宾审明,咨署镇迪道兼按察使衔周崇傅核转前来。臣查凶犯托合尼牙子、五受、尼牙子三犯结伙图财,谋杀一家二命,不法已极,例应斩决,当批均予就地正法,首犯托合尼牙子加拟枭示,以昭炯戒。

秋季份：

一起：绥定县回民刘忠益即十四满拉,商同逸犯马才,行窃事主同庆合家,盗所拒捕,刃伤店伙卢同春身死,携赃逃逸。经绥定县知县邵以潢勘验获犯,研讯议拟,解署伊犁府知府潘效苏提讯,详由伊塔道英林核明,咨署镇迪道兼按察使衔周崇傅转详前来。臣查凶贼刘忠益即十回满拉,结伙行窃,拒捕杀人,实属罪无可逭,例应斩决,当批就地正法,以昭炯戒。逸犯马才获日另结。

冬季份：

一起：疏勒州缠民合牙普、胡大白的、尼牙子、木沙恰克、他意尔结伙五人,行窃事主巴海家,牙合普、胡大白的、尼牙子临时起意行强,棒殴事主,拷问银钱,并将事主妻子一并捆缚,搜抢赃物。木沙恰克在外接赃,不知强情。他意尔尚未入室,闻喊先遁。后经邻右追捕,该犯等逞凶抵拒,致牙合普当被格杀身死。经疏勒直隶州知州蒋诰勘验获犯,研讯议拟,解署喀什噶尔道李宗宾审明,咨署镇迪道兼按察使衔周崇傅核转前来。臣查贼犯牙合普、胡大白的、尼牙子等结伙行窃,临时行强,捆殴事主,拷问银钱,实属凶暴昭著,例应斩决,当批除牙合普业经格杀外,胡大白的、尼牙子二犯均予就地正法,以昭炯戒。木沙恰克在外接赃,他意尔闻喊先遁,均属不知强情,应以窃盗为从论,仍令照律办理。

一起：叶城县缠民艾一提因寒起意，邀同胡万，拦途抢夺事主沙乌提等衣物，艾一提被获拒捕，用刀戳伤沙乌提身死。经署叶城县知县甘澍勘验获犯，研讯议拟，解署莎车直隶州知州潘震提讯，详署喀什噶尔道李宗宾审明，咨署镇迪道兼按察使衔周崇傅核转前来。臣查凶贼艾一提结伙二人，拦途抢夺，拒伤事主身死，实系抢夺杀人，法无可贷，例应斩决，当批就地正法，以昭炯戒。胡万并未帮殴成伤，照例拟军。新疆章程，南北调发助屯，惟此等莠民断难安于耕作，酌改监禁二年，系带铁杆二年，后如悛改，再行省释。

（朱批：）览。①

○一一　请以周鼎铭署乌什厅同知片

光绪十九年二月二十三日（1893 年 4 月 9 日）

再，署乌什直隶厅同知江景耀卸署遗缺，查有候补直隶州知州周鼎铭，堪以委署。据署新疆布政使饶应祺、署镇迪道兼按察使衔黄光达会详前来。

除由臣批饬给委外，谨会同陕甘总督臣杨昌濬附片具奏，伏乞圣鉴。谨奏。

（朱批：）吏部知道。②

光绪十九年三月二十二日，奉朱批：吏部知道。钦此。③

---

①　中国第一历史档案馆藏：清单，档案编号：03-7363-015。

②　台北故宫博物院藏：军机及宫中档，文献编号：408002783-0-A。

③　中国第一历史档案馆藏：录副奏片，档案编号：03-5304-081。

○一二　奏为恩赏福字谢恩折

光绪十九年二月二十七日(1893 年 4 月 13 日)

头品顶戴甘肃新疆巡抚臣陶模跪奏，为恭谢天恩，仰祈圣鉴事。

窃臣于光绪十九年二月二十五日赍折差弁回省，奉到年节恩赏福字一方，当即恭设香案，望阙叩头祇领。伏念臣猥以轻材，忝膺疆寄，览流光于改岁，愧无术以筹边。兹当韶景方新，仰荷奎文优赍。钦维我皇上涵濡六合，敷锡九畴，瞻凤藻之辉煌，福从天降；叨龙章之宠眷，泽共春来。宸翰亲承，欢衷舞蹈。臣惟有益加奋勉，冀效涓埃，沐盛世酬恩，愿随鹓鹭班联而献颂；祝圣人纯嘏，敬赓鸳鸯福禄以伸虔。

所有微臣感激荣幸下忱，理合恭折叩谢天恩，伏乞皇上圣鉴。谨奏。光绪十九年二月二十七日。

（朱批:）知道了。①

光绪十九年五月初二日，奉朱批:知道了。钦此。②

○一三　代奏回子亲王沙木胡索特谢赏折

光绪十九年三月初一日(1893 年 4 月 16 日)

头品顶戴甘肃新疆巡抚臣陶模跪奏，为据情代奏，恭谢天恩，

---

① 台北故宫博物院藏:军机及宫中档，文献编号:408002785。

② 中国第一历史档案馆藏:录副奏折，档案编号:03-5557-055。

仰祈圣鉴事。

　　窃臣接据哈密札萨克回子亲王沙木胡索特呈称：光绪十九年正月十二日，承准军机处咨开年终恩赏荷包、银锞、银钱、食物等项，交兵部由驿递到。当即恭设香案，望阙叩头祇领。伏念奴才职列藩封，恩叨龠座，兹值寅躔转运，正当申锡懋膺，佩重紫罗，既辉煌而耀目；宝推赤仄，复珍错之流芬。渥被鸿施，倍深螯载。

　　所有感激下忱，呈请代奏前来。理合据情代奏，叩谢天恩，伏乞皇上圣鉴。谨奏。光绪十九年三月初一日。

　　（朱批：）知道了。①

　　光绪十九年五月初一日，奉朱批：知道了。钦此。②

○一四　奏报恭缴赴任至今朱批折

光绪十九年三月初一日（1893年4月16日）

　　头品顶戴甘肃新疆巡抚臣陶模跪奏，为恭缴朱批事。

　　窃臣于光绪十七年十二月初九日到任起，至十九年二月二十八日止，历次奉到朱批奏折、奏片共计一百二十六件，理合汇封呈缴，伏乞皇上圣鉴。谨奏。光绪十九年三月初一日。

　　（朱批：）知道了。③

　　光绪十九年五月初三日，奉朱批：知道了。钦此。④

---

　　①　台北故宫博物院藏：军机及宫中档，文献编号：408002786。
　　②　此奉旨日期与内容，据军机处随手登记档（档案编号：03-0276-2-1219-113）校补。
　　③　台北故宫博物院藏：军机及宫中档，文献编号：408002787。
　　④　中国第一历史档案馆藏：录副奏折，档案编号：03-5717-112。

○一五　城署工程原保武职遵议改奖折

光绪十九年三月十七日(1893年5月2日)

头品顶戴甘肃新疆巡抚臣陶模跪奏,为新疆城署工程原保武职,遵照部议分别删改,谨缮清单,恳恩给奖,以示鼓励,恭折仰祈圣鉴事。

窃新疆城署各工在事出力人员,光绪十五年经前护抚臣魏光焘择尤奏请奖叙,奉朱批:该部议奏。钦此。上年九月,臣准兵部咨:奏光绪四年陕甘总督左宗棠请保修理兰州城工武职不过五十余员,今新疆城署各工保奖武职员弁至六百余员之多,其所保头品顶戴及提督衔总兵用,均与定章不符,请旨饬下甘肃新疆巡抚,将保奖员数大加删减,按照寻常劳绩,核实开单奏奖,再行办理等因。奉旨:依议。钦此。钦遵咨行前来。仰见朝廷论功行赏之中,仍寓慎重名器之意。饬据各营旗开单详覆,臣再三核定,凡原保头品顶戴、提督衔总兵用各员,均照部议另核请奖,固不敢有违定章。至保奖员数,原奏六百三十七员,核减二百一十员,择其尤为出力者酌保四百二十七员。查前项工程,各员弁于穷荒冰雪之地,搜岩采干,掘土成基,操防之余,日事畚锸,不费公家多银,而城垣、衙署犁然备具。综计大小三十余起,即照原奏人数议奖,较兰州补修一城准保五十余员,分起计算,实属有减无增。兹复核减三成之一,尤未敢稍涉冒滥。相应缮具清单,吁恳天恩,俯准一体给奖,以示鼓励,出自鸿施。各员弁履历清册业经魏光焘送部查核,邀免再造。

所有遵照部议删改城署工程原保武职缘由,谨会同陕甘总督臣杨昌濬恭折具奏,伏乞皇上圣鉴训示。谨奏。光绪十九年三月十七日。

（朱批：）兵部议奏。单并发。①

光绪十九年四月十五日,奉朱批:兵部议奏。单并发。钦此。②

【案】魏光焘择尤奏请奖叙:光绪十五年十二月十八日,护理新疆巡抚魏光焘奏请将新疆城署各工在事出力人员择尤请奖,曰:

头品顶戴护理甘肃新疆巡抚新疆布政使臣魏光焘跪奏,为新疆城署各工在事出力文武员弁遵旨择尤请奖,恭折仰祈圣鉴事。

窃臣承准抚臣刘锦棠移交前奏新疆城署各工次第告竣,拟将在事出力文武员弁遵照部章,恳恩俯准择尤汇奖一折,光绪十三年八月三十日奉朱批:着准其择尤酌保,毋许冒滥。钦此。当经钦遵饬行各军营、台局陆续查开前来。抚臣刘锦棠未及核办,移交到臣。查新疆南路新设郡县应修城垣、衙署,前经奏明拨款兴修。旋因建置行省,抚、藩臣先后抵省受篆,城署各工尤不容缓。北路古城等城地居扼要,亦经先后兴修,奏报在案。计自光绪九年兴工起,北路则修古城、哈密、吐鲁番、绥来四城,南路则修喀喇沙尔、库车、阿克苏、乌什、玛喇巴什、喀什噶尔、英吉沙尔、叶尔羌、和阗九城,又道、厅、州、县衙署十三起,省城城垣抚、藩两署亦皆落成。此抚臣前奏请奖时

---

① 台北故宫博物院藏:军机及宫中档,文献编号:408002788。
② 中国第一历史档案馆藏:录副奏折,档案编号:03-7161-005。

已成之工也。

上年续修昌吉、库尔喀喇乌苏两城，喀什噶尔、阿克苏提、镇两署，迪化府、叶城县、奇台县三署。统查南北两路，共成城垣一十六起、衙署二十起，内各首领、佐职衙署、仓廒、监狱悉附修如制。此外，抚、提、镇标新设副将以下各官应修衙署，经抚臣奏明饬派勇丁，就营垒盖造，由外筹款，分别略给津贴。现在，省城城守协营、哈密协营、玛纳斯协营副将、抚标左营、吐鲁番营游击各署已次第完竣，余仍陆续饬修，捍卫足资，体制粗备。五六年来，抚臣筹画经营，固属不遗余力，而各将领踊跃从事，亦诚奋勉可嘉。兵燹之余，人民稀少，一夫之值，日需银二三钱不等，若恃民工，不特费不易筹，且亦工难速竟，不得已专资勇力。该将士始支行粮，继改坐粮，均不敌民工半价。百战余生，留戍远塞，或就驻扎之地，以工兼防；或调隔属之营，通力合作。负畚荷锸，胼胝不辞，并日计工，寒暑无间，得以费省工倍，藏兹大役，实著勤劳。

至于相度形势，筹备物料，与夫收支经费、稽核报销一切事宜，各地方台局印委各员能于事当初创、毫无成法可循之际，悉心经画，诸臻妥善，亦不无微劳足录。仰蒙天恩，准其择尤汇奖。臣谨就各营局原开奖案，逐细查核删减，择其在事最久、出力尤著者，遵照原奉部议准按军务省份劝捐督修绅董襄奖章程，分别请奖，不敢稍涉冒滥。缮具清单，恭呈御览。其应归咨保各弁，另单送部。合无仰恳天恩，敕部一律准照所拟奖叙，以示鼓励而昭激劝。

除遵章查取履历随案咨送，并工料销册分起送部查核外，谨会同陕甘总督臣杨昌濬恭折具陈，伏乞皇上圣鉴，训示施行。谨奏。光绪十五年十二月十八日。

　　光绪十六年二月初十日，奉朱批：该部议奏。单二件、片一件并发。钦此。①

○一六　呈城署工程保案核留武员衔名清单

光绪十九年三月十七日(1893年5月2日)

　　谨将甘肃新疆城工保案核减酌留武职各员衔名，汇缮清单，恭呈御览。

　　计开：

　　头品顶戴记名提督札福孔阿巴图鲁汤彦和，头品顶戴题奏提督额腾巴图鲁曾松明，头品顶戴记名提督二等轻车都尉伯奇巴图鲁黄万鹏，头品顶戴记名提督骑都尉世职巴克坦巴图鲁萧元亨，头品顶戴记名提督霍罗奇巴图鲁胡义和，头品顶戴记名提督阿尔杭阿巴图鲁喻先达，头品顶戴留陕甘题奏提督阿克丹巴图鲁汤秀斋，头品顶戴记名提督勒尔金巴图鲁李克常，提督衔记名总兵精济巴图鲁赵有正，提督衔题奏总兵穆特本巴图鲁何有道，记名总兵喀崇依巴图鲁杨德俊，改留新疆补用总兵长勇巴图鲁杨鹤皋，改留新疆尽先补用总兵勘勇巴图鲁谷振杰。以上十三员，均请交部从优议叙。

　　头品顶戴记名提督额尔德蒙额巴图鲁赵宝林，头品顶戴记名提督奇臣巴图鲁张宗本，头品顶戴记名提督伯清巴图鲁潘凤翔，头

　　①　台北故宫博物院藏：军机及宫中档，文献编号：408006659；中国第一历史档案馆藏：录副奏折，档案编号：03-7158-011。

品顶戴记名提督绷僧额巴图鲁宋贤声，头品顶戴记名提督额腾依巴图鲁苏贵兴，记名提督喀勒崇依巴图鲁余占魁，记名提督花尚阿巴图鲁宋有贵，记名遇缺尽先前题奏提督乌拉星额巴图鲁戴富臣，记名提督劲勇巴图鲁陈固明，记名提督霍罗奇巴图鲁汤咏山，奏留甘肃新疆尽先补用提督讷奇欣巴图鲁颜昌灿，提督衔记名总兵兴僧额巴图鲁谭用宾，记名提督壮勇巴图鲁马心胜，记名提督利勇巴图鲁牛允诚，记名提督力勇巴图鲁王允功，记名提督瑃勇巴图鲁彭祯祥，记名提督芬臣巴图鲁周添才，留甘尽先补用总兵阿克丹巴图鲁张清和，记名遇缺尽先题奏总兵博卿额巴图鲁查春华，记名总兵花尚阿巴图鲁余福章，记名总兵资勇巴图鲁谭正南，记名总兵义勇巴图鲁何光田，留陕甘遇缺题奏总兵懋勇巴图鲁蔡义兴，奏留陕甘补用总兵勤勇巴图鲁王文安，记名总兵刘忠亮，推补总兵贺福春，补用总兵舒万胜，总兵衔花翎尽先推补副将阿克敦巴图鲁李清海，总兵衔花翎留甘尽先即补副将倭协春巴图鲁李金良，总兵衔花翎尽先补用副将胡松额巴图鲁焦大聚，总兵衔花翎留江西尽先补用副将效勇巴图鲁周陞朝，总兵衔花翎尽先补用副将揆勇巴图鲁沈义堂，二品顶戴花翎留陕甘尽先补用副将锐勇巴图鲁贾永清，二品顶戴留陕甘尽先补用副将卓勇巴图鲁薛成德，总兵衔花翎留甘尽先补用副将董大荣，总兵衔花翎留甘尽先推补副将刘有成，花翎留甘遇缺尽先推补副将依博德恩巴图鲁徐积诚，花翎尽先推补副将才勇巴图鲁熊福堂，花翎尽先补用副将超勇巴图鲁许明耀，花翎留陕甘尽先补用副将李昌照，花翎尽先补用副将张天有、朱明山，蓝翎补用副将王凤臣。以上四十三员，均请交部议叙。

　　头品顶戴陕甘委用提督年常阿巴图鲁张怀玉，记名提督腾奇初克巴图鲁罗平安，记名提督苏彰阿巴图鲁张云辉，记名提督年常阿巴图鲁杨先胜，记名提督刘永泰，提督衔记名总兵爽勇巴图鲁朱德和，提督衔留甘尽先补用总兵才勇巴图鲁邹冠群。以上七员，均请赏给正一品封典。

记名总兵纳清额巴图鲁吴首怀，总兵衔花翎遇缺尽先推补副将确勇巴图鲁米汉璋，总兵衔花翎尽先补用副将赵辉春，花翎留甘尽先补用副将敏勇巴图鲁张毓灵，花翎尽先补用副将伟勇巴图鲁杨其祥，花翎留甘尽先补用副将谭得胜、谢阶兰，花翎尽先推补副将刘明辉，花翎尽先补用副将徐广学，花翎副将衔归湖广督标遇缺即补参将何官佑，蓝翎副将衔留陕甘遇缺尽先推补参将叶福祥，花翎副将衔尽先推补参将孔嘉宾。以上十二员，均请赏给正二品封典。

总兵衔花翎尽先推补副将制勇巴图鲁熊正国，花翎尽先推补副将力勇巴图鲁徐耀南，花翎尽先推补副将劲勇巴图鲁方庆瑞，花翎尽先补用副将周汉臣，花翎副将衔归山东抚标尽先补用参将胡三元，花翎副将衔留湖南补用参将余星魁。以上六员，均请赏给二品封典。

花翎尽先补用副将恒祥，留陕甘尽先补用副将质勇巴图鲁徐丕先，花翎留甘尽先补用副将荣铿额巴图鲁郝忠斋，花翎尽先补用副将超勇巴图鲁赵兴骧，花翎留陕甘尽先补用副将彭桂馥、牟春阳，花翎尽先推补副将李金全，奏留甘肃新疆副将用尽先补用游击恒勇巴图鲁陈文英，以上八员，均请赏加总兵衔。

花翎副将衔尽先推补参将勉勇巴图鲁苏正德，花翎副将衔尽先补用参将便勇巴图鲁徐春先，花翎副将衔尽先补用参将彪勇巴图鲁谭发青，花翎副将衔留陕甘尽先推补参将张吉飞，花翎副将衔留甘尽先即补参将张合安，花翎副将衔留甘尽先补用参将谭楚南，花翎副将衔留甘补用参将罗立堂，花翎副将衔尽先补用参将刘显福、符克复、罗桂堂、李有仓、朱祥胜、赵明祥、陈定魁、曾春祥、徐文秀，花翎尽先补用参将固勇巴图鲁陈玉亭，花翎留陕西尽先补用参将任春光，花翎留甘先推补参将谢典礼，花翎留甘尽先补用参将文福基，花翎尽先补用参将裴传明、易道生、周元吉、张春林、朱鸿飞，蓝翎留湖南抚标遇缺尽先推补参将承袭骑都尉陈黄喆。以上二十六员，均请俟补参将缺后，以副将尽先推补。

花翎尽先补用参将懋勇巴图鲁王桂林，花翎尽先补用参将勉勇巴图鲁杨大鹏，花翎留甘尽先补用参将杨友成，蓝翎留甘尽先补用参将邹玉祥，花翎尽先推补参将周洪顺。以上五员，均请赏加副将衔。

蓝翎参将衔留甘尽先补用游击龙玉堂，花翎留陕尽先补用游击孚勇巴图鲁陈以林，花翎尽先补用游击敢勇巴图鲁吕方仁。以上三员，均请赏加二品顶戴。

花翎尽先推补参将刘奏凯，花翎尽先补用游击刘得胜，均请赏给三品封典。

二品顶戴奏留新疆尽先补用游击武勇巴图鲁廖克明，花翎副将衔留陕甘尽先补用游击刘克俊，花翎参将衔尽先补用游击著勇巴图鲁周德全，花翎参将衔留陕西尽先补用游击杨全甫，花翎参将衔尽先补用游击谢复胜、周义胜、湛东海、胡清和、陈澍霖、童明才、成海春、蓝德清，花翎尽先补用游击世袭骑都尉兼一云骑尉杨光初，花翎尽先补用游击励勇巴图鲁朱克照，花翎留川尽先补用游击徐承元，花翎留甘尽先补用游击汤东陞、邹邦桢，花翎尽先推补游击刘宗清、李喜恩、薛蕴华、姚炳义，花翎尽先补用游击罗瑞廷、杨德发、李炳正、朱义胜、邓生春、董南斌、张广吉、胡洪湘、张明福，蓝翎尽先补用游击赵三魁，尽先补用游击程万松。以上三十二员，均请俟补游击缺后，以参将尽先补用。

花翎留甘尽先补用游击盛德隆，蓝翎留甘尽先推补游击王连陞，花翎尽先补用游击刘万胜、刘人代、喻先选、陆连春。以上六员，均请赏加参将衔。

花翎游击衔留甘尽先补用都司孙凤福，花翎游击衔尽先补用都司阜荣义、向得贵、蒋光升、陈明胜，花翎游击衔补用都司喻东成，蓝翎游击衔尽先补用都司刘吉霖，花翎留陕甘尽先补用都司何振元、谭春林、彭寿春、邹凌云、丁忠辉，花翎留甘尽先补用都司宋德昌、杨柏材，花翎奏留甘肃新疆尽先补用都司张鸿畴，花翎尽先即补都司熊正辅，花翎尽先补用都司曹喜、胡明隆、谭尧钦、廖玉贵、马茂森、谭隽祺、谭福卿、盛思义、李贵春、谭迪安、彭仁和、苏永发、杨万全、倪鸿章、汤仁泽、贺德云、陈泗海、王振海、虎进元、袁寿全、彭仕英、贾云龙，花翎尽先推补都司张守祥、石光贤，蓝翎尽先补用都司刘清和、许华高、萧有勋、冯嘉宾、蒋富仁，花翎补用都司陶定邦、周福连、刘成仁，蓝翎补用都司胥文林，蓝翎即补都司黄清龙，留甘补用都司冯家禧，尽先补用都司刘继堂。以上五十二员，均请俟补都司缺后，以游击尽先推补。

花翎留陕尽先补用都司万胜彪，蓝翎留陕甘尽先补用都司钟海澜，花翎尽先补用都司张九龄、胡潜龙、周祯祥、何桂林、陈希贤，蓝翎尽先补用都司李定佩、刘春廷、张文华、王定陞。以上十一员，均请赏加游击衔。

花翎尽先即补防御金文布、蓝翎尽先补用防御克兴布，均请俟补缺后，以佐领尽先即补。

蓝翎五品顶戴尽先拔补骁骑校萨英阿，请俟补缺后，以防御尽先即补。

花翎都司衔河南归德镇标尽先即补守备曾殿明，花翎都司衔尽先补用守备李建德、朱楚南，蓝翎补用都司尽先补用守备周申吾，蓝翎都司衔补用卫守备聂锡庚，蓝翎都司衔尽先补用守备周桂齐、萧德意、连广财、严上桢、陈盈庭、刘廷杰，都司衔尽先补用守备刘琦，陕甘督标补用守备张全信，花翎留陕甘督标尽先补用守备徐彪，花翎留甘尽先补用守备何亨发，蓝翎留甘尽先补用守备罗俊杰，花翎尽先补用守备徐瑞海、李瑞标、王鹤鸣、孙得荫、王明、张秉彝、姚玉林、张行志、李得芳、杨国栋、武克昌、张从福、赵廉、潘开胜、王春森、王义春、李玉林、李建唐、甘正洪、宋勋臣、李春和、刘维顺、王席珍，蓝翎遇缺尽先前即补守备贾海山、许海潮，蓝翎尽先前补用守备蔡廷栋，蓝翎尽先补用守备侯锡明、胡德贵、曾得一、钟春和、成希仁、邹高陞、李贵全、张鹏举、张继元、袁惠霖，花翎补用守备何生科、胡兰贵，留陕甘尽先补用守备姚传洲，尽先补用守备余本学、马河图，尽先拔补守备唐有先。以上五十八员，均请俟补守备缺后，以都司尽先补用。

花翎留陕甘补用守备谭成璋，蓝翎留甘尽先补用守备李少鸿，花翎尽先补用守备成召勋、董寿廷、张学保、彭镇湘，蓝翎尽先即补守备廖德华，蓝翎尽先补用守备张庚荣、侯成銮、邵树棠、李楚德、陈耀彩、毛仁凤、陈政明、黄德胜、陈得贵，尽先拔补守备喻仕轩，补缺后补用守备张贤楚，蓝翎守备用补用千总萧世禧，守备用尽先补用千总魏献廷。以上二十员，均请赏加都司衔。

花翎尽先补用守备刘春华，请赏给正五品封典。

蓝翎选用守御所千总蔡有元，请俟选缺后，以卫守备尽先补用。

　　花翎守备衔留固原提标尽先拔补千总曹赞，花翎守备衔尽先拔补千总贺馥翘、江培源，花翎守备衔补用千总徐明星，五品花翎留甘尽先拔补千总吕克举，蓝翎守备衔归湖广督标尽先拔补千总成勋，蓝翎守备衔尽先补用千总李桢祥，蓝翎守备衔尽先拔补千总潘云琪、赵耀南、周承发、英学颜、陈宗方、汤绍农、廖正科、朱光来、张福胜、罗新扬、王大兴、王福胜、谭日升、杨作霖、李才保、赵汉武、罗云乔、虞徽、段辉胜、郑吉庆、张启发、潘文耀，蓝翎守备衔即补营千总陈国瑛，守备衔尽先补用千总罗胜蛟，五品花翎尽先拔补千总王永胜，守备衔尽先拔补千总何满仓、杨荣基，蓝翎留甘尽先拔补千总王介芳、杨得，五品蓝翎尽先拔补千总张禄，蓝翎归标尽先拔补千总曹福成、彭义山、陈嘉全、朱全增、周培发、陈永富、景开发、王纯碬，蓝翎尽先拔补千总杨生润、汤懋南、胡泳溪、蒋玉堂、柯春山、洪福胜、王种香、张发棠、汤新甲、谭光普、金玉章、朱得名、陈风寰、戴高陞、万星平、蓝汉卿、谭国卿、张永祺、樊宝臣、陈赞有、何占元、欧阳贞、钟孔怀、沈祥和、易有山、杨连发、高挹群、石庆良、罗扬兴、刘全福、何长发、徐彩元、杨彦魁、刘万明、张春和、冯汝奇、阎发俊、宋登云、陈金山、陈成林、张桂山、胡文绣、黄春秀、曾毓球、梅盛杰、沈瑚、王荣、刘济卿、吴延龄，蓝翎拔补千总游胜发、喻得义，尽先拔补千总杨定容、刘春云、李进禄、汤彩华、戴肜云、傅德俊、袁晖全、马玉春、张履升，拔补千总龙浩、刘大垣、刘印南、丁祥和，蓝翎补缺后补用千总尽先拔补把总陈有举，补缺后拔补千总尽先拔补把总符佩芝。以上一百一十一员，均请俟补千总缺后，以守备尽先拔补。

　　蓝翎留陕甘督标尽先拔补千总李润，蓝翎留四川尽先拔补千总姚固顺，蓝翎尽先拔补千总段贵、李天保、凤来仪、冯寿山，补缺后拔补千总尽先拔补把总黄毓英。以上七员，均请赏加守备衔。

（朱批：）览。①

〇一七　奏报新疆光绪十五年
防军、善后收支核销折

光绪十九年三月十七日（1893 年 5 月 2 日）

头品顶戴甘肃新疆巡抚臣陶模跪奏，为造报甘肃新疆光绪十五年份防军、善后收支各款，分缮清册，恳恩饬部核销，恭折仰祈圣鉴事。

窃照甘肃新疆光绪十一、二、三等年防军、善后用款，每年合关内外指拨各省的款银四百八十万两，新疆分银二百二十万两；十四、五、六三年仍照上案指拨，内提充转运、公用银四万两，归陕甘总督经理造销。新疆每年分银二百一十六万两，均由甘肃藩库统收，扣除四分减平分支。十四年以前防军、善后用款，业经先后造报在案。十五年份报销，经臣饬司道查照历次部咨办理去后。兹据详称：十五年防军、善后报销各款，遵照部议，或概行删除，或酌量核减。

计旧管：报销案内截至十四年底止，存新饷平银七万九千七百六十一两六钱九分九厘。欠发新疆各营、旗、哨留营弁勇十年以前旧饷并十一、十二两年份新饷，及十年以前病故勇丁存饷，共计新饷平银二十五万八千一百五十一两七钱四分五厘。新收：甘肃藩司分解十五年新饷及江西、四川两省补解十一、十二两年份欠解新饷，并四川省补解十一、二、三、四等年份短平，湖南、湖北两省协解新疆南路工程经费、各营旗报缴截旷、采制、运脚等款扣回平余，共计新饷平银二百三十万四千九百四十二两一钱九分八厘。此收款之总数也。支发：新疆马步各营、旗、哨、开花炮队饷项，补发留营弁勇欠饷、病故勇丁存饷、马队倒马价、各台局薪水、口粮、工食，制办、修整军装、器械、制造火药工料价值，转运饷装车骡脚价，员役盐菜、口粮，假遣各项脚价，保甲、义学、牛痘经费，及伊犁遣撤勇丁，解运军装车脚各款，共计新饷平银一百六十九万九千二百三十两二钱九分一厘。又，拨发新疆藩库例支不敷并供支古城旗营经费，拨解司库储存款项，共计新饷平银三十一万两。又，拨发新疆各项工程经费新饷平银三万五千两。以上统共开除银二百四十万四千二百三十两二钱九分一厘。此支发之总数也。实在：截至十五年底止，存新饷平银三十四万四百七十三两六钱六厘，尚欠发新疆各营、旗、哨病故勇丁光绪十年以前存饷新饷平银一十一万四千一百八十五两二钱八分六厘，应俟各故勇亲属请领至日，即由十六年以后新饷内匀给。此实存并欠发之数目也。造具总、散各清册，详请奏销前来。

臣覆查无异。除将清册分送各部外，相应缮具简明清册，会同陕甘总督臣杨昌濬恭折具奏，伏乞皇上圣鉴，饬部核销施行。再，新疆十六年份防军、善后销案，已饬司道接续赶造，应俟造报至日，再行办理。合并声明。谨奏。光绪十九年三月十七日。

（朱批：）该部议奏。单并发。①

---

① 台北故宫博物院藏：军机及宫中档，文献编号：408002789。

光绪十九年四月十五日，奉朱批：该部议奏。单并发。钦此。①

〇一八　呈新疆光绪十五年
防军、善后收支清单

光绪十九年三月十七日(1893年5月2日)

谨将甘肃新疆光绪十五年份防军、善后收支各款数目，缮具清单，恭呈御览。

计开：

旧管：一、上案新疆防军、善后报销款内截至光绪十四年十二月底止，实存新饷平银七万九千七百六十一两六钱九分九厘。

一、截至光绪十四年十二月底止，欠发新疆各军营、旗、哨留营弁勇十年以前旧饷并十一、十二两年份新饷，暨十年以前病故勇丁存饷，共计新饷平银二十五万八千一百五十一两七钱四分五厘。

新收：一、收协饷案内甘肃藩司分解新疆应分十五年份新饷新饷平银二百一十六万两。

一、收协饷案内甘肃藩司分解新疆应分江西、四川两省补解十一、十二两年份欠解新饷，并四川省补解十一、十二两年份欠解新饷，并四川省补解十一、二、三、四等年份短平，共计新饷平银一十一万六千三百八十两二钱八厘。

一、收湖南、湖北两省协解新疆南路工程经费库平及长沙平申，合新饷平银二万四百二十六两七钱八分二厘。

---

① 中国第一历史档案馆藏：录副奏折，档案编号：03-6131-036。

一、收新疆马步各营旗十五年份报缴截旷新饷平银六千九百三十四两七钱四分。

一、收本案报销内支发采购、制办、运脚等款扣回平余新饷平银一千二百两四钱六分八厘。

以上五款，共收新饷平银二百三十万四千九百四十二两一钱九分八厘。

开除：一、除发马队各营旗十五年份饷银五十五万一千五百六十六两八钱六分五厘。

一、除发步队各营、旗、哨十五年份饷银七十二万三千三百一十六两二钱八分。

一、除发开花炮队弁、勇、夫十五年份饷银一万五千八百四十八两一钱。

一、除发马步各营、旗、哨暨开花炮队管带、营旗官、哨长、巡查十五年份薪水、薪粮等项银五万二千五百七十六两二钱一分五厘。

一、除发马步各营、旗、哨留营弁勇十年以前并十一、十二两年份新旧欠饷，暨十年以前病故勇丁存饷银一十四万三千九百六十六两四钱五分九厘。

一、除发马队各营旗十五年份倒马价值银一万二千一百一十三两六分二厘。

一、除发随营差遣及各台局文武员弁十五年份薪水银二万九百五两。

一、除发给各台局经书、贴书、字识十五年份工食暨纸张、笔墨、油烛银四千二百八两八钱二分二厘。

一、除发各台局护勇、长夫、通事、仓夫、斗级十五年份口粮、工食银四千四百七十七两五钱八分。

一、除发驻省采运局官、驮骡、委员、夫役十五年份薪水、工食、驮骡料草等项银三千八百七十九两四钱六分。

一、除发军装制办局招募浙、粤并关内外各匠十五年份工食银五千四百五十三两四钱四分二厘。

一、除发十五年份采制军装、军火，修整军装、器械，制造火药等项价值银三万五千二十八两一钱五分九厘。

一、除发十五年份转运军装及运解南北两路饷项车骡、脚价银三万八百八十七两四分七厘。

一、除发十五年份转运军装及运解南北两路饷银押运员役盐菜、口粮九百五十两八钱三分。

一、除发十五年份假遣及残废弁勇并病故员弁灵柩回籍车脚银一万四千七百九十九两七钱四分六厘。

一、除发十五年份新疆、伊犁赴任、回京旗各官员车脚、口分银一千七百四十六两五钱二分。

一、除发各处保甲局十五年份薪水、口粮、工食、油烛、纸张银八千五百五十三两三钱二分三厘。

一、除发各处义学塾师十五年份薪水暨购办纸张、笔墨银二万六千七十七两三钱一厘。

一、除发各处牛痘局医生、跟役、通事、火夫十五年份工食暨药资银六千五百三十七两三钱六分。

一、除发伊犁遣撤外省回籍营勇及转运军装车骡脚价银三万六千三百三十八两七钱二分。

以上二十款，共支发新饷平银一百六十九万九千二百三十两二钱九分一厘。

一、除拨发新疆藩司例支不敷款项库平申合新饷平银一十五万两。

一、除拨发新疆藩司供支古城旗营经费库平申合新饷平银六万五千两。

一、除拨解新疆藩库储存款项库平申合新饷平银九万五千两。

一、除拨发新疆各项城工、衙署经费新饷平银三万五千两。

以上四项，共计拨发、拨解各款新饷平银三十四万五千两。

统计支销、拨发共新饷平银二百四万四千二百三十两二钱九分一厘，内除拨发、拨解新疆藩库新饷平银三十一万两，应由新疆藩司列收，另案造报，又拨发新疆城工、衙署经费新饷平银三万五千两，仍由新疆粮台另案报销外，其余支销款内应由兵部核销开花炮队车夫口粮、车骡料草价，马队各营旗倒马价，官驮骡经费，转运饷银、军装、军火陆路运脚，假遣及残废员弁车脚，病故员弁灵柩回籍脚价，各旗官员赴任、回旗籍车脚、口分，支发伊犁遣勇军装、车脚等项，新饷平银九万三千七十九两一钱九分五厘；应由工部核销采制军装、军火，修整军装、器械，制造火药并义学购买纸笔等项价值新饷平银三万六千一百九十五两九千六分；应由户部核销各军马步营、旗、哨、开花炮队饷项、薪水、薪粮，补发欠饷及文武员弁薪水，经贴各书工食、纸张、笔墨、油烛，各台局卡护勇、长夫口粮、工食，官驮骡、委员薪水，浙、粤本地工匠工食，押运员弁、跟役、骑骡脚价、盐菜、口粮，伊犁押解遣勇军装、员役骑骡脚价，保甲、义学、牛痘经费等项，新饷平银一百五十六万九千五十五两一钱三分六厘。

实在：一、存新饷平银三十四万四百七十三两六钱六厘。

一、截至十五年底，尚欠发新疆各军马步营旗病故勇丁光绪十年以前存新饷平银一十一万四千一百八十五两二钱八分六厘。前款查截至十四年底,共欠发各军马步营、旗、哨留营弁勇十年以前旧饷,并十一、十二两年新饷,暨十年以前病故勇丁存饷,共计新饷平银二十五万八千一百五十一两七钱四分五厘。除十五年份已发过留营弁勇十年以前旧饷银一十一万四千一九十三两二钱六分,又发过十一、十二两年份新饷银二万八千八百五十四两三钱五分二厘,又发过十年以前病故勇丁存饷银九百一十八两八钱四分七厘外,兹截至十五年底止,实只欠发病故勇丁光绪十年以前存饷银一十一万四千一百八十五两二钱八分六厘,应俟各故勇亲属请领至日,即由十六年以后新饷内匀给。理合登明。

(朱批:)览。[①]

○一九　奏为古城满营仍难屯垦折

光绪十九年三月十七日(1893 年 5 月 2 日)

头品顶戴甘肃新疆巡抚臣陶模跪奏,为古城满营官兵暂时仍难屯垦,恳恩再予展缓,以纾民力,恭折仰祈圣鉴事。

窃乌鲁木齐、巴里坤各满营迁并古城,光绪十四年十月初八日,前抚臣刘锦棠奏拨东湾等处地亩作为随缺地亩,当因迁并尚未就绪,请缓三年,方令屯垦。十二月二十日,奉旨允准钦遵在案。计截至十七年底,已届三年期满。上年复经臣咨部,请再缓三年,以便次第举办。嗣准部覆:该满营如目下实难举行屯垦,应由该抚奏明办理等因。饬据布政使饶应祺详准古城城守尉克蒙额查覆前来。

---

① 中国第一历史档案馆藏:清单,档案编号:03-6131-037。

臣查古城满营所拨东湾等处地亩,系属久荒,开辟不易。牛具等项,均须筹办;修浚渠道,需款甚巨。该各营归并古城,借支迁费尚未扣清,现值边防紧要,尤宜加意操演。分队耕种,力实未逮。相应吁恳天恩,俯准再缓三年,俟该满营修养日久,兵力渐纾,酌量借给经费,饬令垦种,以实边储,出自鸿施。

除咨部查照外,谨会同伊犁将军臣长庚、陕甘总督臣杨昌濬恭折具陈,伏乞皇上圣鉴训示。谨奏。光绪十九年三月十七日。

(朱批:)着照所请,该部知道。①

光绪十九年四月十五日,奉朱批:着照所请,该部知道。钦此②。

【案】刘锦棠奏拨……方令屯垦:光绪十四年十月初八日,新疆巡抚刘锦棠为筹议移并古城满营官兵随缺地亩并恳暂缓屯垦,具折曰:

尚书衔甘肃新疆巡抚二等男臣刘锦棠跪奏,为满营移并古城,遵旨筹拨官兵随缺地亩,并恳暂缓屯垦,以纾兵力,恭折仰祈圣鉴事。

窃臣于光绪十三年二月十六日承准军机大臣字寄:光绪十三年正月十七日,奉上谕:富勒铭额奏,乌鲁木齐满营官兵议迁古城,请援案拨还随缺地亩一折。据称乌鲁木齐、古城、巴里坤三营旗兵,前经拨给迪化州属熟荒地两万一千余亩,借资生计。现遵部议,将该三营官兵一千余名并迁古城。查有

---

① 台北故宫博物院藏:军机及宫中档,文献编号:408002790。
② 此奉旨日期与内容,据军机处随手登记档(档案编号:03-0276-2-1219-098)校补。

古城地方头、二、三屯地，约计一万一千余亩，向为绿营屯耕之所。目前绿营屯兵无多，堪以拨归满营经理，并将古城迤东吉布库地方官屯拨为绿营屯地等语。乌鲁木齐等处满营迁并古城，官兵随缺地亩，自应豫为筹拨，以资养赡。所请以头、二、三屯地拨给满营，以吉布库官屯拨给绿营之处，着刘锦棠悉心酌核，奏明请旨办理。原折着钞给刘锦棠阅看。钦此。遵旨寄信前来等因到臣。当经钦遵饬查。吉布库地亩现系归绿营耕种。其头、二、三等屯向为绿营屯地，自遭变乱，地亩尽荒。光绪三年，经前陕甘总督臣左宗棠招集流亡，给资承垦，迄今陆续增添，已安插数百户，共男妇一千数百口，耕稼婚娶，渐成土著。若以此项地亩拨归满营，不但迁移改拨，徒滋劳费，且甫经招集，忽议迁徙，亦甚非朝廷劳来还定之意。

臣查古城东湾、中渠，地属上中，接引山水绕灌，得地一万余亩，拟归各满营耕种，不敷由附近之大板河、西岔拨给。查大板河约地三四千亩，西岔约地四五千亩。该各处虽有户民耕种，为数尚少，迁徙较易，毋庸将头、二、三屯地拨归满营。如此办理，似属兵民两便。并经行司饬县，估计修渠经费，檄行城守尉德胜委勘覆办去后。兹据德胜呈称：查巴里坤满营，现未迁齐。乌鲁木齐满营虽经迁并，安插尚未就绪。所拨东湾、中渠等处地亩，修理各渠，又非急切所能蒇事，拟请展缓三年，再行屯垦，借纾兵力等情前来。

臣复加查核，自系实情。惟事关旗屯，未敢擅便。除饬司查取迪化县接收满营原拨地亩，招民承种，应完额粮清册，另案奏咨外，所有遵拨满营官兵随缺地亩并暂缓屯垦各缘由，理合恭折具陈，伏乞皇太后、皇上圣鉴，训示施行。谨奏。光绪十四年十月初八日。①

　　光绪十四年十一月十三日,奉朱批:户部知道。钦此。②

○二○　请以黄袁署理和阗直隶州知州片

光绪十九年三月十七日(1893年5月2日)

　　再,署和阗直隶州知州江遇璞卸署遗缺,查有在任候补直隶州知州迪化县知县黄袁,堪以调署。递遗员缺,查有同知衔候补知县刘兆松,堪以委署。据新疆布政使饶应祺、署镇迪道兼按察使衔黄光达会详前来。

　　除由臣批饬分别给委外,谨会同陕甘总督臣杨昌濬附片具陈,伏乞圣鉴。谨奏。

　　(朱批:)吏部知道。③

　　光绪十九年四月十五日,奉朱批:吏部知道。钦此。④

○二一　奏报兴筑蒲昌城情形片

光绪十九年三月十七日(1893年5月2日)

　　再,罗布淖尔即汉蒲昌海,光绪十五年经前护抚臣魏光焘奏请开办,于英格可立地方设立抚辑招徕局。数年以来,计土著并新招业农缠回共一千二百余户、商民约二百户,村落市集,渐有起色。

---

① 中国第一历史档案馆藏:朱批奏折,档案编号:04-01-01-0963-058。
② 中国第一历史档案馆藏:录副奏折,档案编号:03-6719-026。
③ 台北故宫博物院藏:军机及宫中档,文献编号:408002789-0-A。
④ 中国第一历史档案馆藏:录副奏片,档案编号:03-5305-053。

惟该处荒地初辟，道里遥远，非建立城垣，无以固人心而资保障。查距英格可立二百八十五里之都纳里，河流环绕，形势扼要，地土尤为平衍。饬于该处筑土城一座，周四百四十丈，名曰蒲昌城；拨派营勇，分段兴修。所需犒赏及雇匠、购料各项银两，均由该局经费项下撙节动支，并案造报。据布政使饶应祺详请具奏前来。

理合会同陕甘总督臣杨昌濬附片陈明，伏乞圣鉴，饬部立案施行。谨奏。

（朱批：）该部知道。[1]

光绪十九年四月十五日，奉朱批：该部知道。钦此。[2]

【案】魏光焘奏请……抚辑招徕局：光绪十六年十月二十四日，护理新抚魏光焘奏请创办罗布淖尔地方事宜，曰：

头品顶戴护理甘肃新疆巡抚新疆布政使臣魏光焘跪奏，为创办罗布淖尔地方事宜，以重边要而资保障，恭折仰祈圣鉴事。

窃维皇朝肇造区夏，中外一家。新疆僻在西陲，向为声教所不及，经列圣文谟武烈，平准、平回，环疆二万余里尽隶版图，永为关内屏蔽。而罗布淖尔介南北路之中，犬牙相错，历未开辟，又为新疆要地。溯自汉开西域，劳师征剿，叛服无常。罗布淖尔以一隅之地，浑浑噩噩，与世无争，犹存太古遗风，盖天时、人事隐相辐辏，以待圣天子戎索之疆也。该处即古蒲昌海，一名盐泽，壤地广袤，水草肥饶。光绪初年，前督臣左宗棠

---

[1]　台北故宫博物院藏：军机及宫中档，文献编号：408002790-0-B。

[2]　中国第一历史档案馆藏：录副奏片，档案编号：03-7161-007。

奉命进规新疆，南北底定，委员前赴该处勘查，抚臣刘锦棠复派员续勘，即思辟治，均以行省待建、经费支绌而止。

臣在藩司任内禀商抚臣，酌拟开办，复以伊犁、塔尔巴哈台分隶事宜尚未定局而止。现在行省设定，地方善后具有规模，伊犁、塔尔巴哈台事宜亦渐有端绪，罗布淖尔地既膏腴，又属边要，非及时经理，则南北有扞格之虞。迩来英、俄游历人员接踵而往，荒僻穷乡，无从保护，时势所值，尤有不得不黾勉从事者。上年与督臣往复函商，未便再事稽缓，饬据署布政使饶应祺遴委准补阜康县知县李时熙，携带书识、医士、通事、匠役人等，前往办理。该处户民罕见汉人，又忌天花，一人患痘，举庄迁避，不复遇视，故幸生者绝少，户口不甚加增。委员入境，宣布朝廷德意，赏以茶、布；并出示翻贴各庄，剀切开谕，俾知中国饮食居住之宜、稼穑桑麻之利。适值痘疫并行，人心惶恐，饬医诊治，应手就痊，远近争传，愿请医药，全活甚众，民情欢忭，共庆再生。旋据查勘禀报，绘赍图说前来。

其疆域东达敦煌，西抵库车，西南界于阗，南通前藏，东南接青海，北与吐鲁番、喀喇沙尔毗连。总计该处准乌里，东西广一千六百余里或数百里，南北袤延千余里及数百里不等。沿河两岸土衍地旷，实为隩区。其河道，塔里木河及渭干南河、渭干北河由库车入境，孔雀河由喀喇沙尔入境，屈曲萦绕，乍合乍分，至阿拉罕东北，四河之水并而为一，趋入淖尔，切锵河自于阗入境，东北汇于淖尔，吞纳众流，潴为巨浸，潜行至青海境，乃出为星宿海，实据黄河上游。其物产则芦蒲、蒹苇、榆、柳、梧桐，漫泽被山，弥望葱蔚，鳞介卵育繁衍，种类最多。而水鸟、林禽、熊、麋、獭、豕，飞走之属毕萃焉。其户民分处二十六庄,共六百四十余户,男女六千有奇,沿水聚居,不习耕种,捕鱼为粮,结芦为宇,风俗敦厚,并无争斗,间以牲畜出库尔勒贸易,言语略近缠回,在西域别为一类。臣当饬将全境区分段落,以英格可立等十三庄为中段,卡克里克等七庄为东段,托和拉克等六庄为西段,约共可安数万户,垦地百数十万亩。惟该处地面辽阔,又属创辟,若三段同时并举,势必兼顾不及。拟先尽中段,次及东西两段。英格可立地土平衍,居中扼要,饬立抚辑招徕总局,以便布置一切,并为修建城署地步,传集近局各户,散给各色籽种,教令试种,以审土宜,农具、牛只均由公中购发。随派补用副将刘乾福,招募缠勇五百名,会同局员,相度地势,芟除荆棘,俾膏腴之区豁然轩露,以资开垦。查该处地亩,中西两段须引塔里木诸河之水灌注,东段须引切锵河之水灌注,旧有水沟均系随流刷成,脉络混杂,并无常道,将来应修正渠若干、支渠若干,旧沟或浚或填,由该委员等随所垦荒地挨段察看,派勇工作,务使派别支分,以备蓄泄,用防旱涝。渠工完竣,前项缠勇应一律指拨地亩,令成土著;另于附近各属招集年壮知农事及有眷口缠民,分段安插,以气类相近,自能耦俱无猜,且欲其生聚之速也。其入境道路,查吐鲁番属鲁克沁及桑树园至英格可立为程七八百里不等,水草缺乏,山径崎岖,车马既属难行,驿站又须多设;若由喀喇沙尔属库尔勒前往,计二百八十余里,路坦水饶,柴草亦便,应以此为通衢。业据藩司详请,按照南路各驿章程,酌减夫马,先于英格可立、和拉里、孔雀河、克尼尔等处暂设四站,盖造房屋,作为驿房官店,以通文报而便行旅;并于迤南勒斜尔、乌兰达布逊东南噶斯山各要处酌设卡伦,稽查出入。

以上开办各节，一俟渐有端倪，凡蚕桑、纺织、畜牧及义学诸事，即当以次推行，将来民物日就殷繁，奏请建治设官，列为郡县，不独青海、前藏足以遥树藩篱，阳关道通，关内重增屏障，即南路各城间道四达，形势相联，声息不虞阻隔；且养民储粟，由该处舟行直达库车、莎车等处，俾数千里驼载车行之地得以一苇往来，飞艘转运，呼应尤觉灵通。辟穷边未竟之洪荒，实为要地；彰盛世无疆之丕冒，足备坦墉。此臣体察情形、急拟开办，非仅为收沃壤、裕饷源计也。惟开辟招徕，里以千计，户以万计，需费浩繁，暂于岁拨新疆善后经费项下垫支，杯水车薪，断难济用，容由臣会商督臣，另行设法筹措，奏明办理。所发牛具、籽种、修盖房屋银两及土勇、驿站各章程，容俟咨部立案。

除绘具全境舆图咨送军机处备呈御览外，谨会同陕甘总督臣杨昌濬恭折具奏，伏乞皇上圣鉴训示。谨奏。光绪十六年十月二十四日。①

光绪十六年十一月二十八日，奉朱批：该部议奏。图并发。钦此。②

○二二　请以周添才署理参将片

光绪十九年三月十七日（1893年5月2日）

再，臣准喀什噶尔提督董福祥咨：据喀什噶尔回城协营左旗中

---

① 台北故宫博物院藏：军机及宫中档，文献编号：408006734。
② 中国第一历史档案馆藏：录副奏折，档案编号：03-5755-042。

军都司张鸿畴申报：署理协营副将实任提标中营参将万胜常，于光绪十九年正月二十二日率队操演，触发旧伤，二十三日酉时在营身故等情，转咨前来。

臣覆核无异。相应请旨开去万胜常提标中营参将实缺，另行拣员请补。其回城协副将篆务，查有留新疆尽先补用提督准补英吉沙尔营参将周添才，堪以署理。

除给委并咨取万胜常原领参将札付，及委员承查嫡亲印、甘各结咨部查照外，谨会同陕甘总督臣杨昌濬、喀什噶尔提督臣董福祥附片具陈，伏乞圣鉴训示。谨奏。

（朱批：）兵部知道。①

光绪十九年四月十五日，奉朱批：兵部知道。钦此。②

○二三　奏报新疆光绪十八年十二月雨水、粮价折

光绪十九年三月十九日（1893年5月4日）

头品顶戴甘肃新疆巡抚臣陶模跪奏，为恭报光绪十八年十二月份粮价并得雪情形，谨缮折具陈，仰祈圣鉴事。

窃照光绪十八年十一月份各厅、州、县粮价并得雪情形，业经臣奏报在案。兹据新疆布政使饶应祺详称：光绪十八年十二月份，镇迪道属库尔喀喇乌苏得雪，积地七寸；吐鲁番、奇台得雪，积地一寸；镇西、迪化、昌吉、阜康、绥来微雪。伊塔道属宁远得雪，积地五

---

① 台北故宫博物院藏：军机及宫中档，文献编号：408002790-0-C。

② 中国第一历史档案馆藏：录副奏片，档案编号：03-5893-071。

寸；塔尔巴哈台、绥定得雪，积地三寸；精河微雪。南路英吉沙尔得
雪，积地四寸；和阗得雪，积地二寸；于阗得雪，积地一寸；喀喇沙
尔、库车、乌什、温宿、疏勒、莎车、拜城、疏附、叶城微雪。余未得
雪。至通省粮价，塔尔巴哈台、乌什、温宿、拜城、绥定等厅、州、县
俱与上月相同，余均略有增减。汇详请奏前来。理合恭折具陈，并
缮粮价清单，敬呈御览，伏乞皇上圣鉴。谨奏。光绪十九年三月十
九日。

（朱批：）知道了。①

光绪十九年四月十七日，奉朱批：知道了。钦此。②

○二四　呈新疆光绪十八年十二月粮价清单

光绪十九年三月十九日（1893 年 5 月 4 日）

谨将新疆各属光绪十八年十二月份米粮时估价值，缮具清单，
恭呈御览。

计开十二月份：

镇迪道属：

迪化县：大米每京石价银二两二钱五分五厘，较上月减一钱五
厘。小麦每京石价银一两五钱九分二厘，较上月增一钱六厘。豌
豆每京石价银一两二钱二分四厘，较上月增七分二厘。青稞每京
石价银八钱九分七厘，较上月增二钱七厘。

昌吉县：大米每京石价银一两八钱七分二厘，与上月相同。小

---

① 台北故宫博物院藏：军机及宫中档，文献编号：408002791。
② 中国第一历史档案馆藏：录副奏折，档案编号：03-6929-027。

麦每京石价银九钱二分，较上月增七分八厘。豌豆每京石价银七钱七厘，与上月相同。青稞每京石价银七钱一分一厘，与上月相同。

　　阜康县：粟米每京石价银一两一钱三分一厘，与上月相同。小麦每京石价银一两二钱七分三厘，较上月增四分七厘。豌豆每京石价银一两二钱二厘，与上月相同。高粱每京石价银九钱二厘，与上月相同。

　　绥来县：大米每京石价银一两九钱六分八厘，较上月增二钱七厘。小麦每京石价银一两六分一厘，较上月增二钱二分。豌豆每京石价银一两三钱一分九厘，较上月减六分三厘。高粱每京石价银五钱五分五厘，较上月减一钱八分七厘。

　　奇台县：大米每京石价银二两五钱八分九厘，较上月减一钱七分二厘。小麦每京石价银一两五钱二分一厘，较上月减七分一厘。豌豆每京石价银九钱六分六厘，较上月减一钱三分九厘。

　　吐鲁番直隶厅：小麦每京石价银一两四钱一分六厘，较上月减二钱四厘。大麦每京石价银四钱八分五厘，与上月相同。高粱每京石价银七钱五厘，较上月减一钱一分二厘。黄豆每京石价银一两四钱一分八厘，与上月相同。

　　镇西直隶厅：小麦每京石价银一两一钱二分，较上月减四分。豌豆每京石价银一两一钱二分，较上月减四分。青稞每京石价银六钱四分，较上月减四分。

　　哈密直隶厅：粟米每京石价银一两四钱四分，与上月相同。小麦每京石价银一两三钱三分八厘，较上月减八分三厘。豌豆每京石价银一两一钱五分二厘，较上月减一钱七分三厘。青稞每京石价银八钱四分七厘，较上月减一钱二分六厘。

库尔喀喇乌苏直隶厅:小麦每京石价银一两二钱六分九厘,较上月增一钱三分八厘。豌豆每京石价银一两三钱六厘,与上月相同。高粱每京石价银八钱,较上月增三分三厘。

伊塔道属:

绥定县:大米每京石价银三两八钱四分八厘,小麦每京石价银一两二钱四分二厘,大麦每京石价银七钱二分一厘,豌豆每京石价银一两一钱五分二厘,俱与上月相同。

宁远县:大米每京石价银二两九钱六分,较上月增一钱三分五厘。小麦每京石价银一两三钱,较上月增一分五厘。大麦每京石价银七钱九分,较上月增七分六厘。豌豆每京石价银一两一钱二分,较上月增三分四厘。

塔尔巴哈台直隶厅:小麦每京石价银一两一钱八分八厘,大麦每京石价银一两三钱三分四厘,豌豆每京石价银一两二钱四分四厘,俱与上月相同。

精河直隶厅:大米每京石价银三两一分,与上月相同。小麦每京石价银一两五分,较上月增七分。大麦每京石价银八钱四厘,与上月相同。豌豆每京石价银一两一钱九分,与上月相同。

阿克苏道属:

温宿直隶州:大米每京石价银一两九钱,小麦每京石价银一两三分五厘,大麦每京石价银六钱,包谷每京石价银六钱八分,俱与上月相同。

拜城县:小麦每京石价银六钱一分,大麦每京石价银三钱,豌豆每京石价银四钱,包谷每京石价银四钱三分,俱与上月相同。

喀喇沙尔直隶厅:大米每京石价银二两九钱六分,与上月相同。小麦每京石价银一两三钱八分,较上月减四钱八厘。豌豆每京石价银一两八厘，与上月相同。包谷每京石价银七钱六分八厘，与上月相同。

库车直隶厅：大米每京石价银二两三钱六分，较上月增一钱一分。小麦每京石价银七钱二分五厘，与上月相同。豌豆每京石价银七钱七分，较上月增二钱一分五厘。包谷每京石价银六钱五分，较上月增二钱一分。

乌什直隶厅：大米每京石价银一两七钱八分八厘，小麦每京石价银五钱九分四厘，大麦每京石价银三钱二分一厘，包谷每京石价银四钱五分八厘，俱与上月相同。

喀什噶尔道属：

疏勒直隶州：大米每京石价银二两八钱二分，较上月减一钱八分。小麦每京石价银一两五钱二分，较上月增二厘。包谷每京石价银一两七分九厘，较上月减四分七厘。高粱每京石价银九钱七分七厘，与上月相同。

疏附县：大米每京石价银二两八钱二分，较上月减一钱八分。小麦每京石价银一两五钱二分，较上月增二厘。包谷每京石价银一两一钱三分，较上月减四分九厘。高粱每京石价银九钱七分七厘，与上月相同。

莎车直隶州：大米每京石价银二两五钱一分六厘，与上月相同。小麦每京石价银七钱五分九厘，较上月减一分三厘。大麦每京石价银七钱二分五厘，较上月减二分五厘。包谷每京石价银五钱八分七厘，较上月减五分九厘。

叶城县：大米每京石价银二两五钱三分七厘，较上月增一钱一厘。小麦每京石价银八钱五分，较上月减五分。包谷每京石价银六钱九分，较上月减一分。青稞每京石价银四钱五分，较上月增五分。

　　和阗直隶州：大米每京石价银二两四钱五分，较上月增七分。小麦每京石价银九钱八分，较上月增四分二厘。包谷每京石价银六钱一厘，与上月相同。青稞每京石价银五钱九分三厘，较上月增四分一厘。

　　于阗县：大米每京石价银二两六钱九分一厘，较上月增一钱三分八厘。小麦每京石价银一两五厘，较上月增一分四厘。包谷每京石价银六钱一分四厘，较上月增一分三厘。

　　英吉沙尔直隶厅：大米每京石价银三两六钱四分八厘，较上月增二钱四分四厘。小麦每京石价银一两一钱七分三厘，较上月增一分四厘。大麦每京石价银五钱七分，与上月相同。包谷每京石价银九钱八分二厘，较上月增四分四厘。

　　玛喇巴什直隶厅：大米每京石价银二两九钱六分，较上月增四钱四分四厘。小麦每京石价银一两一钱四厘，与上月相同。包谷每京石价银七钱六分八厘，较上月增五分一厘。

　　（朱批：）览。[1]

○二五　奏报知州蒋诰病故出缺折

光绪十九年三月十九日（1893年5月4日）

　　头品顶戴甘肃新疆巡抚臣陶模跪奏，为实任直隶州知州因病出缺，恭折仰祈圣鉴事。

　　窃照疏勒直隶州知州蒋诰，臣前奏请开缺以道员仍留新疆补

---

[1]　中国第一历史档案馆藏：清单，档案编号：03-6929-028。

用,经部议令声覆保举道员之案,再行核办等因。正拟覆间,据新疆布政使饶应祺详:据署疏勒直隶州知州潘时策申称:据蒋诰之家丁张升呈报:家主蒋诰,年五十七岁,福建闽县附生,由保举教谕报捐知府衔选用同知,旋保花翎分省补用知府,加捐道衔。光绪九年,委署疏勒直隶州篆务。新疆六载边防案内,汇保俟补缺后,以道员遇缺尽先题奏,并加三品衔。十一年,借补斯缺。嗣调署迪化府,并代理喀什噶尔及阿克苏道篆务,十七年二月初二日回任,十八年十二月初九日交卸。近患中风不语之证,医药罔效,于十九年二月初六日病故等情,转请具奏前来。臣覆查无异。谨会同陕甘总督臣杨昌濬恭折具陈,伏乞皇上圣鉴。所遗疏勒直隶州知州系冲、繁、疲、难四项要缺,应请扣留外补。再,此案改题为奏。合并声明。谨奏。光绪十九年三月十九日。

（朱批:）吏部知道。①

光绪十九年四月十七日,奉朱批:吏部知道。钦此。②

○二六　审拟缠民艾买提故杀人命一案折

光绪十九年三月十九日(1893 年 5 月 4 日)

头品顶戴甘肃新疆巡抚臣陶模跪奏,为故杀人命,核明定拟,恭折具陈,仰祈圣鉴事。

窃英吉沙尔厅缠民艾买提因被索债起衅,故杀库外里身死,埋尸灭迹,致兽残毁一案,据署英吉沙尔厅同知潘时策验讯议拟,解

① 台北故宫博物院藏:军机及宫中档,文献编号:408002792。
② 中国第一历史档案馆藏:录副奏折,档案编号:03-5305-056。

署喀什噶尔道李宗宾提审,咨署镇迪道兼按察使衔黄光达核明转详。

臣复加查核,缘艾买提籍隶英吉沙尔厅,务农度日,与已死库外里素好无嫌。光绪十七年三月内,艾买提向库外里借粮二石五斗,议定秋收归还。库外里屡讨未给。十八年正月不记日期,艾买提偕弟买买提出外探亲,行至铁比思渠庄后戈壁,路遇库外里,索讨借粮。艾买提仍前推缓,库外里斥其有心骗赖,艾买提分辩,彼此争闹。库外里扭住艾买提胸衣拼命,艾买提被扭情急,喝令买买提抱脚,将库外里按倒,希图脱身。库外里紧扭不放,愈加辱骂,并称欲告官究治。艾买提被骂气忿,兼恐到官受累,临时顿起杀机,用手掐住库外里咽喉,登时气闭殒命。艾买提复起意埋尸灭迹,喊同买买提将尸抬至沙滩坎内,负土掩埋转回。后经尸子胡完找获尸骸,报验获犯,讯供议拟,解道提审,咨兼臬司核转前来。臣覆核无异。

查律载:故杀者,斩监候。又,例载:故杀人案内凶犯起意埋尸灭迹,其听从抬埋之人,审系在场帮殴有伤、律应满杖者,杖一百,徒三年,不失者减一等各等语。此案艾买提因索借粮口角,被骂气忿,临时起意致死,用手掐伤库外里咽喉毙命,埋尸灭迹,自应照律问拟。艾买提除弃尸不失轻罪不议外,合依故杀者,斩监候律,拟斩监候,秋后处决,照例刺字。买买提听从抱脚,将库外里按倒,虽未伤人,究属帮殴,后复听从抬埋,自应按例科断。查该犯系艾买提胞弟,所犯侵损于人,应以凡论。买买提合依故杀人案内凶犯起意埋尸灭迹,其听从抬埋之人审系在场帮殴有伤、律应满杖者,亦杖一百,徒三年,不失尸者减一等例,拟杖九十,徒二年半,到配折责安置。艾买提所欠粮石,照数追还给领。无干省释,尸棺饬埋。是否允协,除全案供招咨部外,所有故杀人命,核明定拟缘由,恭折具陈,伏乞皇上圣鉴,饬部核议施行。谨奏。光绪十九年三月十九日。

（朱批：）刑部议奏。①

光绪十九年四月十七日,奉朱批:刑部议奏。钦此。②

○二七　　请准饶应祺暂缓陛见片

光绪十九年三月十九日(1893年5月4日)

再,据藩司饶应祺详称:现蒙特恩补授甘肃新疆布政使员缺,当于谢恩折内吁恳入都陛见,一俟奉到朱批,即当束装北上,应请先行委员署理等情。臣查饶应祺勤慎从公,自署藩司以来,考察属吏,综核度支,诸臻妥协。现值疆圉多故,凡调拨兵饷、筹办防守各事宜,尤资臂助,未便遽易生手。可否仰恳天恩,准藩司饶应祺暂缓陛见之处,恭候命下遵行。谨附片陈明,伏乞圣鉴训示。谨奏。

（朱批：）着照所请。③

光绪十九年四月十七日,奉朱批:着照所请。钦此。④

○二八　　奏报安插棍噶札拉参徒众折

光绪十九年三月二十四日(1893年5月9日)

伊犁将军臣长庚、头品顶戴甘肃新疆巡抚臣陶模跪奏,为安插

---

① 台北故宫博物院藏:军机及宫中档,文献编号:408002793。
② 中国第一历史档案馆藏:录副奏折,档案编号:03-7316-010。
③ 台北故宫博物院藏:军机及宫中档,文献编号:408002791-0-A。
④ 中国第一历史档案馆藏:录副奏片,档案编号:03-5305-057。

棍噶札拉参呼图克图①徒众，筹修僧舍，并酌拨口粮，恳恩俯准饬部立案，恭折仰祈圣鉴事。

窃查光绪十五年，前抚臣刘锦棠会奏筹议承化寺僧众迁徙事宜折内，声明库尔喀喇乌苏厅属八英沟，在西南山中旧有寺院，系棍噶札拉参建造，现住喇嘛二百余人，距俄甚远，迁徙相宜，请饬催该呼图克图速来新疆，将未尽事宜商妥，再行详晰具奏。奉朱批：着照所请。钦此。十六年十月，棍噶札拉参抵新疆省城，与前护抚臣魏光焘面商，该处不敷安插，饬由该处并绥来县毗连处所，添拨地段。嗣据勘明，由八英沟起东至月牙台交绥来县界，又东至大梁头止一百三十余里，可为牧场，会立界碑，俾资安插，先后附奏在案。其旧日徒众闻呼图克图已到该处，远道来归者四百余人，其随时往来住宿者，尤难胜数，从前所建庙宇不敷住持。上年，臣模饬司委员前往勘估，增修僧舍二百间，山中工料俱贵，当由善后项下拨给经费银四千两。其佛殿院落仍由该呼图克图自行募修，惟近年蒙、哈贫苦，布施无多，新增徒众四百余人，耕牧未兴，无以糊口。

查《新疆识略》，喇嘛本有口粮，棍噶札拉参前在塔尔巴哈

---

① 棍噶札拉参(1835—1895)，又译棍噶札勒参，藏语意为"皆喜胜幢"，又名嘉穆巴图多普，法号察罕恪根，转世喇嘛，甘肃巩昌府洮州厅卓尼杨氏土司所辖曲华相(又译齐白西、车巴沟、垂弼胜)相康村人。自幼披剃为僧，性多智慧。同治元年(1862)，应新疆库尔喀喇乌苏乌讷恩素珠克图等延请出关，在库尔喀喇乌苏、塔尔巴哈台等处传授经典。四年(1865)，以塔尔巴哈台回族、哈萨克族起事，率卫拉特兵剿办，赏加呼图克图名号。七年(1868)，受命统辖流移于阿尔泰山之索伦营、塔城厄鲁特人众，妥办安插事宜。八年(1869)，赴阿勒泰创修千佛庙，赐名承化寺。十一年(1872)，率所部索伦、厄鲁特兵驻塔城，加强塔尔巴哈台防务。光绪二年(1876)，率众迎击沙俄波塔宁骑兵，将其逐出。七年(1881)，离开新疆，前往西藏熬茶布施。十三年(1887)，进京陛见。二十年(1894)，由八英沟赴临洮诵经。二十一年(1895)，圆寂。清廷赏银五百两，准其转世为八音沟承化寺呼图克图，并于塔尔巴哈台建祠致祭。

台，以方外之人率其徒侣，仗义杀贼，卓著勋威，蒙古、哈萨克均赖其保护，镇迪汉民往依避难者，亦设法安置，至今称颂不衰。今令于八英沟居住，不特蒙民遵信，即哈萨克亦均畏服；且与旧居阿尔泰山僧众声息相通，形势联络，足以消患未萌，隐然为西北增一重镇，自应代为筹计，酌给资粮，以示体恤。除往来该寺托钵不计外，其新增徒众以四百人成数计算，每季人给粮一石，岁需京斗小麦一千六百石，拟由臣模饬绥来县、库尔喀喇乌苏厅，于仓粮项下按季支给，庶无事足养其身，有事得资其力，于边陲大局裨益实非浅鲜。

所有安插棍噶札拉参徒众、筹修僧舍并酌拨口粮缘由，谨合词恭折具奏，伏乞皇上圣鉴，饬部立案施行。再，此折系臣模主稿。合并声明。谨奏。光绪十九年三月十四日。

（朱批：）该衙门知道。①

光绪十九年四月二十日，奉朱批：该衙门知道。钦此。②

【案】刘锦棠会奏……再行详晰具奏：光绪十五年正月二十四日，新抚刘锦棠为筹议承化寺僧众迁徙事宜具折曰：

尚书衔甘肃新疆巡抚二等男臣刘锦棠、伊犁将军臣色楞额、署塔尔巴哈台参赞大臣伊犁副都统臣额尔庆额跪奏，为遵旨筹议承化寺僧众迁徙事宜，恭折仰祈圣鉴事。

窃臣锦棠前承准军机大臣字寄：光绪十三年七月二十六日，奉上谕：刘锦棠奏，棍噶札拉参所领徒众，拟请仍在旧地居

---

① 台北故宫博物院藏：军机及宫中档，文献编号：408002794。

② 此奉旨日期等，据军机处随手登记档（档案编号：03-0276-2-1219-103）校补。

住，并筹哈巴河防务一折。览奏均悉。前因沙克都林札布等奏，乌梁海蒙哈官兵逼令承化寺僧众赶紧移挪，情形急迫，当于五月二十二日谕令刘锦棠、锡纶迅筹覆奏。此次该抚所奏，尚系议覆三月间谕旨、未经奉到续谕之件。此事颇有关系，必须得一实在情形，着刘锦棠、锡纶懔遵前旨，确切查明，迅速筹议。一面咨商沙克都林札布等，秉公酌度，务须筹一妥善办法，奏明请旨。至所奏哈巴河以达承化寺一带地方，拟请划归塔尔巴哈台管辖等语，俟覆奏到日，再行酌定降旨等因。钦此。又，承准军机大臣字寄：光绪十三年十二月初一日，奉上谕：锡纶奏，遵议棍噶札拉参所领僧众请仍照刘锦棠前奏办理一折。该大臣所奏，仍与前奏大略相同。着刘锦棠会同沙克都林札布等，妥速筹商，并应否委员确勘，再行定议，务各破除成见，详审酌度，奏明办理等因。钦此。

伏查此案叠奉谕旨，训示周详，无微弗至。臣等不能及时定议，惶悚实深。前署将军臣锡纶未及再议，旋即交卸。臣色楞额到任后，复会同筹商，沙克都林札布仍持前议，催令交还借地。是即令委员会勘，亦终无益。且臣额尔庆额曾在科布多任事，于该处情形知之甚悉。上年复派员往查，亦毋庸再行会勘。该处原属乌梁海蒙部，前岁该部落雇人种地，意在迁回。继因赔累难堪，毫无所获，上年已无人再至。沙克都林札布原奏请迁去承化寺僧众，收还借地，以便安插蒙哈。此起哈萨克，其始亦只系借地游牧，非科布多所有，且多于承化寺僧众约数十倍，乌梁海蒙部能听其安插，则无争于此土，盖可知矣。惟其地紧与俄邻，棍噶札拉参曾与俄人构衅，久居其地，诚恐不能相安。前奉谕旨，令于新疆所属，择一距俄境较远之地,奏明安插。臣等自应恪遵,惟择地甚难,非急切所能指定。

正筹议间,适臣色楞额据旧吐尔扈特东部落盟长毕西勒尔图郡王巴雅尔呈称:棍噶札拉参前在库尔喀喇乌苏地方,该部落赖其保护,今闻会议,欲令其迁回新疆,让还科布多借地,部众皆愿其复来等语。复咨由臣锦棠饬据库尔喀喇乌苏厅查明厅属八英沟一名察汗乌素,在西南山中,距城一百六十余里,原系该蒙古牧场,附近并无官地。中有寺院一所,原系棍噶札拉参建造,现住喇嘛二百余人,皆其旧日徒众。复询该处蒙民,佥称愿得棍噶扎拉参复来属实。上年十一月间,承化寺僧众人有省视棍噶札拉参回寺者,道过省城,臣锦棠复亲加询问,据称该寺僧众有招之近地者,有来自远方者。其招之近地者,现存约三百余人。其来自远方者,自棍噶扎拉参去日,多已从行。其后又或游化十方,所存不过数十人而已。

臣等公同商议,棍噶札拉参既应迁徙,而八英沟一带距俄实远,以迁于此,洵属相宜。该蒙部又望之甚殷,自可从其所请。但其徒众既多系招之近地,各安其土,各有布施,恐迁地弗良,徒多耗费,且承化寺名由敕赐,工在不赀,亦未便听其毁弃。近年棍噶札拉参远去,该徒众恂恂自守,亦尚相安,拟就其中量为区别。其原系来自远方者,前与俱来,今即应与之俱往。其原系招之近地者,即听其留居该寺,概免迁移,仍择大喇嘛一人领之,有愿随同迁徙亦听。以后该处若归塔尔巴哈台管辖,则所留僧众亦仍归塔尔巴哈台参赞大臣管辖,以专责成。如此则举动不劳,而事机亦顺。如蒙允准,应请旨饬下理藩院,催令该呼图克图速来新疆。其未尽事宜,应俟该呼图克图至日面商,再行详晰具奏。

至哈巴河一带地方，紧与俄邻，俄人窥伺已久。塔尔巴哈台自借地以来，即已派兵驻守，以故数年尚称安静。若一旦委之以去，使俄人乘虚而入，得以南下古城，则新疆隔绝在西，全局将为之俱震，非小失也。科布多远隔大山，势必不能为之固守，应否改隶塔尔巴哈台管辖，自应恭候谕旨遵行。

所有臣等会同拟议缘由，谨合词恭折具陈，伏乞皇太后、皇上圣鉴，训示施行。再，此折系由臣锦棠主稿，因往返熟商，有需时日，是以覆奏稽迟。合并声明。谨奏。光绪十五年正月二十四日。

光绪十五年二月二十六日，奉朱批：着照所请。该衙门知道。钦此。①

【附】刘锦棠等奏于是年二月二十六日得允行。《清实录》：

甘肃新疆巡抚刘锦棠等奏，遵旨筹议承化寺僧众迁徙事宜，拟令棍噶札拉参所领徒众移住库尔喀喇乌苏所属之八英沟，而让还科布多借地。其在承化寺就近所招之徒众，安土重迁，则听其留居该寺，仍择大喇嘛一人领之，以后该处若隶塔尔巴哈台，则所留徒众亦归塔尔巴哈台参赞大臣管辖。至哈巴河一带地方，塔尔巴哈台自借地以来，即已派兵驻守，尚称安静，未便委去，俾俄人得乘虚南下古城。应否改隶塔尔巴哈台管辖，请旨定夺。从之。②

【案】十六年十月……先后附奏在案：光绪十七年十月十

---

① 中国第一历史档案馆藏：朱批奏折，档案编号：04-01-09-0005-006。
② 《德宗景皇帝实录（四）》，卷二百六十七，光绪十五年二月下，第579页。

六日，护理新抚魏光焘奏报安插棍噶札拉参徒众事，曰：

　　再，棍噶札拉参呼图克图所领僧众，经前抚臣刘锦棠奏明安插库尔喀喇乌苏厅属八英沟地方。该呼图克图上年十月抵新疆省城，与臣面商，以该处不敷安插，请饬由该厅并绥来县毗连处所添拨地段，俾资游牧。当饬署库尔喀喇乌苏厅同知周鼎铭、绥来县知县李原琳察看地方情形，会同履勘，酌量指拨去后。兹据呼图克图呈称：勘明库尔喀喇乌苏地西自八英沟起，东至月牙台止五十余里，绥来县地自月牙台交界处起，东至头道河大梁头止七十余里，统计东西长一百三十余里，南北宽五六十里，南抵松树根，北抵山口戈壁为界，地势联络，水草丰盛，便于游牧，查与民屯无碍，恳请拨给等情，并据该厅、县会勘，禀请照拨前来。

　　臣覆核无异。除饬呼图克图将所领徒众妥为安插，并委员会立界碑外，谨附片具奏，伏乞圣鉴。谨奏。

　　光绪十七年十一月二十一日，奉朱批：该衙门知道。钦此。[①]

○二九　奏报防营员弁勇丁及
各台、局、卡、义学数目折

光绪十九年三月二十七日(1893年5月12日)

头品顶戴甘肃新疆巡抚臣陶模跪奏，为新疆防营员弁勇丁，各台、局、卡、义学自光绪十八年正月初一日起至闰六月底止实在数

---

　　① 中国第一历史档案馆藏：录副奏片，档案编号：03-6722-080。

目,缮具清单,恭折仰祈圣鉴事。

窃新疆马步营旗、炮队、各台、局、卡、义学,截至光绪十七年十二月底止实在数目,业经分别奏咨在案。兹据新疆粮台详称:自十八年正月初一日起,遵照标营章程,挑募步队一营,裁减步队一旗、马队一旗。通截至十八年闰六月底止,实存马步九十九营旗一哨、开花炮队四哨;共计额设营书、弁勇二万四千八百四十四名,火勇一千七百三十一名,营、旗、哨官三百七十九员,巡查一百二十六员,额外火夫、私夫、马夫、车夫六千二百八十三名,并各台、局、卡、义学缮具清单,详请奏咨等情。

臣覆查无异。所有新疆防营员弁勇丁、各台、局、卡、义学自光绪十八年正月初一日起至闰六月底止实在数目,谨缮清单,恭呈御览,伏乞皇上圣鉴,饬部立案施行。谨奏。光绪十九年三月二十七日。

(朱批:)该部知道。单二件并发。①

光绪十九年四月二十四日,奉朱批:该部知道。单二件并发。钦此。②

○三○ 呈新疆驻防马步营
旗员弁勇丁数目清单

光绪十九年三月二十七日(1893 年 5 月 12 日)

谨将新疆驻防马步各营旗员弁勇丁、夫马、炮车数目,自光

---

① 台北故宫博物院藏:军机及宫中档,文献编号:408002795。
② 中国第一历史档案馆藏:录副奏折,档案编号:03-5995-083。

绪十八年正月初一日起至闰六月底止，缮具四柱清单，恭呈御览。

旧管：光绪十七年十二月底止，实存防军标营章程马队一营五十五旗，步队二十五营一十九旗一哨，开花炮队四哨。共计旧存额设营、旗、哨官三百八十一员，旧存额设巡查一百二十六员，旧存额设营书、弁勇二万四千八百四十八名，旧存额设火勇一千七百二十名，旧存额外火夫七百九十七名，旧存额外马夫、私夫、车夫五千五百六十七名，旧存额马七千二百九十二匹，旧存炮车二十四辆、车骡六十四头。

新收：光绪十八年正月初一日，挑募安边营步队一营，遵照标营章程，新添额设、哨官五员，新添额设巡查二员，新添额设营书、弁勇四百四十八名，新添额设火勇四十三名，新添额外私夫二十八名。

开除：光绪十七年十二月底，裁减安边二旗、步队一旗，计裁减官弁勇丁三百六十七员名，裁减额外私夫一十六名。

光绪十八年二月底，裁减守化一旗、马队一旗，计裁减官弁勇丁一百二十六员名，裁减额外火夫一十四名，裁减额外马夫七十九名，裁减额马一百二十八匹。

实在：光绪十八年闰六月底止，实存防军标营章程马队一营五十四旗，步队二十六营一十八旗一哨，开花炮队四哨。共计实存额设营、旗、哨官三百七十九员，实存额设巡查一百二十六员，实存额设营书、弁勇二万四千八百四十四名，实存额设火勇一千七百三十一名，实存额外火夫七百八十三名，实存额外马夫、私夫、车夫五千五百名，实存额马七千一百六十四匹，实存炮车二十四辆、车骡六十四头。

（朱批：）览。①

○三一　呈新疆各台、局、卡、义学数目清单

光绪十九年三月二十七日(1893 年 5 月 12 日)

谨将新疆各台、局、卡义学数目自光绪十八年正月初一日起至闰六月底止，缮具四柱清单，恭呈御览。

旧管：光绪十七年十二月底止，实存新疆粮台，省城军装总局，省城采运局、柴草局，伊犁宁远城、喀什噶尔城二中俄通商局，伊塔道、宁远、绥定三善后局，哈密军装局，省城、哈密新城、吐鲁番新城、喀喇沙尔、库车、阿克苏、乌什、英吉沙尔、喀什噶尔汉城、叶尔羌、和阗、古城、绥来、绥定、宁远、绥定城东关、南关、瞻德城、广仁城等处十九保甲局。

霍尔果斯尼堪卡伦、果子沟、绥定东门、南门、西门、霍尔罕、明瑶路、依兰乌瓦斯、依斯里克、图舒克塔石、可力碛、依布拉引等处十二稽查卡。

哈密、巴里坤、昌吉、吐鲁番、喀喇沙尔、库车、阿克苏、乌什、喀什噶尔、英吉沙尔、玛喇巴什、叶尔羌、和阗等处十三牛痘局。

哈密义学五堂，吐鲁番义学六堂，喀喇沙尔义学四堂，库车义学五堂，拜城义学二堂，温宿义学三堂，乌什义学三堂，疏勒义学三堂，疏附义学二堂，玛喇巴什义学三堂，英吉沙尔义学三堂，莎车义学五堂，叶城义学二堂，和阗义学二堂，于阗义学二堂，巴里坤义学四堂，奇台义学四堂，济木萨义学三堂，阜康义学二堂，迪化义学六

---

① 中国第一历史档案馆藏：清单，档案编号：03-5756-046。

堂,昌吉义学二堂,绥来义学四堂,呼图壁义学二堂,宁远义学三堂,绥定义学三堂,广仁城义学一堂,瞻德城义学一堂,霍尔果斯义学一堂,共计义学八十六堂。

新收:罗布淖尔中段英格可立抚辑招徕局、医药局,义学一堂。

开除:无项。

实在:光绪十八年闰六月底止,实存新疆粮台,省城军装总局,省城采运局、柴草局,伊犁宁远城、喀什噶尔城二中俄通商局,伊塔道、宁远、绥定三善后局,罗布淖尔抚辑招徕局、医药局,哈密军装局,省城、哈密新城、吐鲁番新城、喀喇沙尔、库车、阿克苏、乌什、英吉沙尔、喀什噶尔汉城、叶尔羌、和阗、古城、绥来、绥定、宁远、绥定城东关、南关、瞻德城、广仁城等处十九保甲局。

霍尔果斯尼堪卡伦、果子沟、绥定东门、南门、西门、霍尔罕、明瑶路、依兰乌瓦斯、依斯里克、图舒克塔石、可力硖、依布拉引等处十二稽查卡。

哈密、巴里坤、昌吉、吐鲁番、喀喇沙尔、库车、阿克苏、乌什、喀什噶尔、英吉沙尔、玛喇巴什、叶尔羌、和阗等处十三牛痘局。

哈密义学五堂,吐鲁番义学六堂,喀喇沙尔义学四堂,库车义学五堂,拜城义学二堂,温宿义学三堂,乌什义学三堂,疏勒义学三堂,疏附义学二堂,玛喇巴什义学三堂,英吉沙尔义学三堂,莎车义学五堂,叶城义学二堂,和阗义学二堂,于阗义学二堂,巴里坤义学四堂,奇台义学四堂,济木萨义学三堂,阜康义学二堂,迪化义学六堂,昌吉义学二堂,绥来义学四堂,呼图壁义学二堂,宁远义学三堂,绥定义学三堂,广仁城义学一堂,瞻德城义学一堂,霍尔果斯义学一堂,罗布淖尔义学一堂,共计义学八十七堂。

（朱批：）览。[1]

○三二　李庆棠呈请开缺回籍折

光绪十九年三月二十七日(1893 年 5 月 12 日)

头品顶戴甘肃新疆巡抚臣陶模跪奏，为实任同知因病呈请开缺回籍，恭折仰祈圣鉴事。

窃据阿克苏道陈名钰呈：据温宿直隶州知州本任英吉沙尔直隶厅同知李庆棠禀称：近患目疾，又兼怔忡、气痛诸证，难期速痊，恳请交卸，并开缺本任，回籍调理，以免贻误地方等情。饬据新疆布政使饶应祺、署镇迪道兼按察使衔黄光达会详称：李庆棠，年四十九岁，湖南湘潭县人，由文童投效湘军，历保花翎盐运使衔甘肃候补知府。嗣委署迪化直隶州知州、英吉沙尔直隶厅同知，旋补斯缺，调署温宿直隶州知州。今因病恳请开缺回籍调理，遵例委署乌什厅同知江景耀验看属实，并无捏饰规避情事。出具印结，转请具奏前来。

臣查李庆棠心地慈祥，办事勤慎，既经委验患病属实，例应开缺回籍调理，将来病痊尚堪起用。除温宿直隶州知州业经奏委署理并将印结咨部外，谨会同陕甘总督臣杨昌濬恭折具陈，伏乞皇上圣鉴。所遗英吉沙尔直隶厅同知系冲、繁、难三项要缺，应请扣留外补。再，此案改题为奏。合并声明。谨奏。光绪十九年三月二十七日。

---

① 中国第一历史档案馆藏：清单，档案编号：03-5995-084。

（朱批：）吏部知道。①

光绪十九年四月二十四日,奉朱批:吏部知道。钦此。②

○三三　审拟莎车缠民因奸谋杀一案折

光绪十九年三月二十七日(1893 年 5 月 12 日)

头品顶戴甘肃新疆巡抚臣陶模跪奏,为奸夫听从奸妇,因奸谋杀本夫,事后拐逃,核明定拟,恭折仰祈圣鉴事。

窃莎车州缠妇鸦泥比比因奸起意,商同奸夫沙以提,谋杀本夫肉则身死,事后拐逃一案,据署莎车直隶州知州潘震验讯议拟,解署喀什噶尔道李宗宾提审,咨署镇迪道兼按察使衔黄光达核明转详。

臣复加查核,缘鸦泥比比、沙以提均籍隶莎车州,鸦泥比比系已死肉则之妻,平日和睦。沙以提与肉则熟识,常相往来,鸦泥比比习见不避。光绪十八年六月内,沙以提至肉则家闲坐,值肉则外出,乘间与鸦泥比比调戏成奸,以后遇便续奸,未给过钱物,肉则先不知情。八月不记日期,沙以提探知鸦泥比比独自在家,前往续旧,适肉则回归,撞破捉拿,沙以提夺门逃走。肉则将鸦泥比比殴责,经仕拉木解散。肉则气忿未释,嘱令鸦泥比比哄诱沙以提来家,谋杀泄恨,鸦泥比比面允。

九月初七日,鸦泥比比会遇沙以提,告述前情,并令设法往来。沙以提恐被捉获,不敢再来回答。鸦泥比比恋奸情热,起意谋杀肉

---

① 台北故宫博物院藏:军机及宫中档,文献编号:408002796。

② 中国第一历史档案馆藏:录副奏折,档案编号:03-5305-086。

则,改嫁沙以提为妻,私与商说,沙以提允从,约定次夜动手。初八日挨晚,沙以提至肉则家内藏匿。三更时分,鸦泥比比乘肉则睡熟,将沙以提引入,鸦泥比比随执铁锤向肉则头上冒殴。肉则惊喊,沙以提接过铁锤,赶殴一下。维时黑夜,不知何人殴伤何处。肉则不能动弹,鸦泥比比犹恐不死,又用布带结成活扣,套入肉则项颈,与沙以提分执带头,用力狠勒,肉则登时身死。沙以提即将鸦泥比比拐逃,捏称夫妇,潜往各处躲避。经仕拉木查见尸身,信知尸亲,投约报验获犯,讯供议拟解道,咨兼臬司核转前来。臣覆核无异。

查律载:妻因奸同谋杀死亲夫者,凌迟处死。又,例载:奸夫虽未起意,而同谋杀死亲夫之后,复将奸妇拐逃为妻者斩决各等语。此案鸦泥比比因恋奸情热,起意商同奸夫沙以提谋杀本夫肉则身死,事后同逃,实属淫恶已极,自应按律问拟。鸦泥比比除犯奸同逃各轻罪不议外,合依妻因奸同谋杀死亲夫者,凌迟处死律,拟凌迟处死。沙以提同谋杀死亲夫后,又将奸妇鸦泥比比拐逃为妻,亦应照例科断。沙以提除奸拐及同谋杀死亲夫律止斩候各轻罪不议外,合依奸夫虽未起意,而同谋杀死亲夫之后,复将奸妇拐逃为妻者斩决例,拟斩立决,照例刺字。无干省释。尸饬领埋,凶锤、勒带案结销毁。是否允协,除全案供招咨部外,所有奸夫听从奸妇,因奸谋杀本夫,事后拐逃,核明定拟各缘由,谨恭折具奏,伏乞皇上圣鉴,饬部核议施行。谨奏。光绪十九年三月二十七日。

（朱批:）刑部速议具奏。[1]

---

[1] 台北故宫博物院藏:军机及宫中档,文献编号:408002797。

光绪十九年四月二十四日,奉朱批:刑部速议具奏。钦此。①

○三四　奏报饬令刘人佺即赴新任片

光绪十九年三月二十七日(1893 年 5 月 12 日)

再,库车直隶厅同知员缺前以奏留新疆试用知州刘人佺借补,经部覆准在案。应即饬赴本任,以专责成。据新疆布政使饶应祺、署镇迪道兼按察使衔黄光达会详前来。除由臣批饬给委外,谨会同陕甘总督臣杨昌濬附片具奏,伏乞圣鉴。谨奏。

(朱批:)吏部知道。②

光绪十九年四月二十四日,奉朱批:吏部知道。钦此。③

○三五　奏报新疆光绪十九 年正月雨水、粮价折

光绪十九年四月十五日(1893 年 5 月 30 日)

头品顶戴甘肃新疆巡抚臣陶模跪奏,为恭报光绪十九年正月份粮价并得雨雪情形,谨缮折具陈,仰祈圣鉴事。

窃照光绪十八年十二月份各厅、州、县粮价并得雪情形,业经臣奏报在案。兹据新疆布政使饶应祺详称:光绪十九年正月份,镇迪道属镇西得雪,积地一寸;库尔喀喇乌苏得雨,入土一寸;迪化微

---

①　中国第一历史档案馆藏:录副奏折,档案编号:03-7316-011。
②　台北故宫博物院藏:军机及宫中档,文献编号:408002796-0-A。
③　中国第一历史档案馆藏:录副奏片,档案编号:03-5305-087。

· 406 ·

雨,绥来、奇台微雪。伊塔道属绥定得雪,积地二寸;塔尔巴哈台微雨,精河、宁远微雪。余未得雨雪。至通省粮价,镇西、精河、喀喇沙尔、乌什、昌吉等厅、县俱与上月相同,余均略有增减。汇详请奏前来。

理合恭折具陈,并缮粮价清单,敬呈御览,伏乞皇上圣鉴。谨奏。光绪十九年四月十五日。

（朱批:）知道了。[1]

光绪十九年五月十八日,奉朱批:知道了。钦此。[2]

○三六　呈新疆光绪十九年正月粮价清单

光绪十九年四月十五日(1893年5月30日)

谨将新疆各属光绪十九年正月份米粮时估价值,缮具清单,恭呈御览。

计开正月份:

镇迪道属:

迪化县:大米每京石价银二两一钱一分四厘,较上月减一钱四分一厘。小麦每京石价银一两六钱二分七厘,较上月增三分五厘。豌豆每京石价银一两二钱二分四厘,与上月相同。青稞每京石价银一两三分五厘,较上月增一钱三分八厘。

昌吉县:大米每京石价银一两八钱七分二厘,小麦每京石价银九钱二分,豌豆每京石价银七钱七厘,青稞每京石价银七钱一分一

---

① 台北故宫博物院藏:军机及宫中档,文献编号:408002798。

② 中国第一历史档案馆藏:录副奏折,档案编号:03-6930-024。

厘，俱与上月相同。

阜康县：粟米每京石价银一两二钱七分四厘，较上月增一钱四分三厘。小麦每京石价银一两四钱一分五厘，较上月增一钱四分二厘。豌豆每京石价银一两三钱九厘，较上月增一钱七厘。高粱每京石价银九钱三分七厘，较上月增三分五厘。

绥来县：大米每京石价银一两九钱六分八厘，与上月相同。小麦每京石价银一两一钱三分，较上月增六分九厘。豌豆每京石价银一两二钱九厘，较上月减一钱一分。高粱每京石价银五钱五分五厘，与上月相同。

奇台县：大米每京石价银二两三钱四分七厘，较上月减二钱四分二厘。小麦每京石价银一两四钱八分六厘，较上月减三分五厘。豌豆每京石价银一两一厘，较上月增三分五厘。

吐鲁番直隶厅：小麦每京石价银一两四钱一分六厘，与上月相同。大麦每京石价银六钱三分四厘，较上月增一钱四分九厘。高粱每京石价银七钱五厘，与上月相同。黄豆每京石价银一两五钱三分，较上月增一钱一分二厘。

镇西直隶厅：小麦每京石价银一两一钱二分，豌豆每京石价银一两一钱二分，青稞每京石价银六钱四分，俱与上月相同。

哈密直隶厅：粟米每京石价银一两四钱四分，与上月相同。小麦每京石价银一两三钱三分八厘，与上月相同。豌豆每京石价银一两一钱五分，较上月减二厘。青稞每京石价银八钱四分七厘，与上月相同。

库尔喀喇乌苏直隶厅：小麦每京石价银一两三钱八分，较上月增一钱一分一厘。豌豆每京石价银一两三钱一分六厘，较上月增一分。高粱每京石价银八钱七分八厘，较上月增七分八厘。

伊塔道属：

绥定县：大米每京石价银三两八钱四分八厘，与上月相同。小麦每京石价银一两三钱一分一厘，较上月增六分九厘。大麦每京石价银七钱七分七厘，较上月增五分六厘。豌豆每京石价银一两二钱二分四厘，较上月增七分二厘。

宁远县：大米每京石价银三两一钱一分一厘，较上月增一钱五分一厘。小麦每京石价银一两三钱三分，较上月增三分。大麦每京石价银七钱七分八厘，较上月减一分二厘。豌豆每京石价银一两一钱五分二厘，较上月增三分二厘。

塔尔巴哈台直隶厅：小麦每京石价银一两三钱三分六厘，较上月增一钱四分八厘。大麦每京石价银一两四钱三分六厘，较上月增一钱二厘。豌豆每京石价银一两三钱二分七厘，较上月增八分三厘。

精河直隶厅：大米每京石价钱三两一分，小麦每京石价银一两五分，大麦每京石价银八钱四厘，豌豆每京石价银一两一钱九分，俱与上月相同。

阿克苏道属：

温宿直隶州：大米每京石价银二两二钱八分，较上月增三钱八分。小麦每京石价银一两三钱八分，较上月增三钱四分五厘。大麦每京石价银六钱，与上月相同。包谷每京石价银八钱九分七厘，较上月增二钱一分七厘。

拜城县：小麦每京石价银七钱一厘，较上月增九分一厘。大麦每京石价银三钱六厘，较上月增六厘。豌豆每京石价银三钱九分五厘，较上月减五厘。包谷每京石价银五钱二分五厘，较上月增九分五厘。

喀喇沙尔直隶厅：大米每京石价银二两九钱六分，小麦每京石价银一两三钱八分，豌豆每京石价银一两八厘，包谷每京石价银七钱六分八厘，俱与上月相同。

库车直隶厅：大米每京石价银二两五钱九分，较上月增二钱三分。小麦每京石价银七钱二分五厘，与上月相同。豌豆每京石价银七钱七分，与上月相同。包谷每京石价银六钱五分，与上月相同。

乌什直隶厅：大米每京石价银一两七钱八分八厘，小麦每京石价银五钱九分四厘，大麦每京石价银三钱二分一厘，包谷每京石价银四钱五分八厘，俱与上月相同。

喀什噶尔道属：

疏勒直隶州：大米每京石价银二两九钱四分，较上月增一钱二分。小麦每京石价银一两五钱二分，与上月相同。包谷每京石价银一两七分九厘，与上月相同。高粱每京石价银九钱七分七厘，与上月相同。

疏附县：大米每京石价银二两九钱四分，较上月增一钱二分。小麦每京石价银一两五钱二分，与上月相同。包谷每京石价银一两一钱三分，与上月相同。高粱每京石价银九钱七分七厘，与上月相同。

莎车直隶州：大米每京石价银二两五钱一分六厘，与上月相同。小麦每京石价银七钱四分五厘，较上月减一分四厘。大麦每京石价银七钱二分五厘，与上月相同。包谷每京石价银五钱八分七厘，与上月相同。

叶城县：大米每京石价银二两五钱三分七厘，与上月相同。小麦每京石价银九钱，较上月增五分。包谷每京石价银七钱二分，较上月增三分。青稞每京石价银四钱五分，与上月相同。

和阗直隶州：大米每京石价银二两四钱九分二厘，较上月增四分二厘。小麦每京石价银九钱八分，与上月相同。包谷每京石价银六钱一厘，与上月相同。青稞每京石价银五钱九分三厘，与上月相同。

于阗县：大米每京石价银二两六钱九分一厘，与上月相同。小麦每京石价银一两一分八厘，较上月增一分三厘。包谷每京石价银六钱二分，较上月增六厘。

英吉沙尔直隶厅：大米每京石价银三两八钱，较上月增一钱五分二厘。小麦每京石价银一两二钱四分二厘，较上月增六分九厘。大麦每京石价银五钱七分，与上月相同。包谷每京石价银一两五厘，较上月增二分三厘。

玛喇巴什直隶厅：大米每京石价银二两六钱六分四厘，较上月减二钱九分六厘。小麦每京石价银一两二钱四分二厘，较上月增一钱三分八厘。包谷每京石价银一两八分八厘，较上月增三钱二分。

（朱批：）览。[1]

○三七　拣放古城满营佐领等员缺折

光绪十九年四月十五日(1893 年 5 月 30 日)

头品顶戴甘肃新疆巡抚臣陶模跪奏，为拣员请旨简放古城满营佐领、防御、骁骑校各缺，恭折仰祈圣鉴事。

---

[1]　中国第一历史档案馆藏：清单，档案编号：03-6930-025。

窃古城满营镶红镶蓝旗佐领多贵病故遗缺，经臣奏明另行拣员请补，奉旨允准钦遵转行在案。兹据古城城守尉克蒙额在于应升暨尽先人员内逐加考验，拟具正陪，并造清册，呈请奏补前来。

臣复加拣选，所有该满营镶红镶蓝旗佐领员缺，应以花翎尽先即补佐领署镶红镶蓝旗佐领正黄正红旗防御都成额拟正，镶红镶蓝旗防御怀塔奔拟陪。其递遗防御员缺，应以花翎尽先即补防御右翼蒙古四旗骁骑校金文布拟正，镶红镶蓝旗花翎佐领衔尽先即补防御马甲忠龄拟陪。递遗骁骑校员缺，应以右翼蒙古四旗六品军功前锋校双喜拟正，镶红镶蓝旗六品军功前锋校成云拟陪。理合缮具清单，恭呈御览，仰恳天恩，简放佐领一员、防御一员、骁骑校一员，俾实营伍。其新补佐领遇便送部带领引见，以符定制。

除咨部外，谨会同伊犁将军臣长庚、陕甘总督臣杨昌濬恭折具奏，伏乞皇上圣鉴训示。谨奏。光绪十九年四月十五日。

（朱批:）兵部议奏。单并发。[①]

光绪十九年五月十八日，奉朱批：兵部议奏。单并发。钦此。[②]

○三八　呈拣放古城满营佐领等员缺清单

光绪十九年四月十五日(1893 年 5 月 30 日)

谨将拣放古城满营佐领、防御、骁骑校各缺拟具正陪人员，缮具清单，恭呈御览。

---

① 台北故宫博物院藏:军机及宫中档，文献编号:408002797-1。
② 中国第一历史档案馆藏:录副奏折，档案编号:03-5893-121。

镶红镶蓝旗佐领多贵病故遗缺：

拣选得花翎尽先即补佐领署镶红镶蓝旗佐领正黄正红旗防御都成额拟正，食俸饷三十四年，现年五十四岁。瓜尔佳氏，马步箭平等。

拣选得镶红镶蓝旗防御怀塔奔拟陪，食俸饷十七年，现年三十三岁。瓜尔佳氏，马步箭平等。

递遗防御一缺：

拣选得花翎尽先即补防御右翼蒙古四旗骁骑校金文布拟正，食俸饷当差三十一年，现年四十六岁。孟佳氏，马步箭平等。

拣选得镶红镶蓝旗花翎佐领衔尽先即补防御马甲忠龄拟陪，食钱粮当差二十四年，现年三十九岁。张佳氏，马步箭平等。

递遗骁骑校一缺：

拣选得右翼蒙古四旗六品军功前锋校双喜拟正，食钱粮当差十七年，现年四十二岁。赵佳氏，马步箭平等。

拣选得镶红镶蓝旗六品军功前锋校成云拟陪，食钱粮当差二十四年，现年三十九岁。瓜尔佳氏，马步箭平等。

（朱批：）览。①

○三九　审拟疏附缠民谋杀本夫一案折

光绪十九年四月十五日(1893 年 5 月 30 日)

头品顶戴甘肃新疆巡抚臣陶模跪奏，为谋杀本夫，核明定拟，恭折仰祈圣鉴事。

---

① 中国第一历史档案馆藏：清单，档案编号：03-5893-122。

窃疏附县缠妇赛格乃比比谋杀本夫克奇克身死，移尸装溺一案，据署疏附县知县杨其澍验讯拟解，疏勒直隶州知州蒋诰审明转详，署喀什噶尔道李宗宾提案覆鞫，咨署镇迪道兼按察使衔黄光达核转前来。

臣复加查核，缘缠妇赛格乃比比籍隶疏附县，系已死克奇克之妻，平日和好。先是赛格乃比比嫁克奇克时，曾在母家带来资财颇厚，后经克奇克花用，家渐贫落。光绪十八年六月内，克奇克私娶买秀罕为妾，另庄居住。赛格乃比比闻知，即令克奇克与买秀罕离异，克奇克未允。赛格乃比比从此怀忿，屡次吵闹。九月初三日，赛格乃比比将绵线五两交克奇克变卖。是日挨晚，克奇克回归，赛格乃比比询问线钱。克奇克答称已经使用，赛格乃比比生气，即以近日娶妾便不顾家之言向斥，克奇克不依混骂，并称定即将其休弃。彼此口角，旋各就寝。赛格乃比比气忿不释，忆及随带资财均被克奇克花用，以致贫穷，现因娶妾丧心，反欲将其休弃，愈想愈恨，起意将克奇克谋杀致死。三更时候，赛格乃比比乘克奇克睡熟，拾取炕边木尺，向克奇克头上尽力乱殴，致伤克奇克顶心偏右、右太阳穴等处，登时殒命。赛格乃比比又虑事发到官，起意将尸移弃水坝，希图装溺。经阿洪库旺瞥见尸身，投约报验，讯供议拟，解州详道，咨兼臬司转详。臣覆核无异。

查律载：谋杀夫已杀者，凌迟处死等语。此案赛格乃比比因夫克奇克娶妾怀忿，起意将其谋杀身死，自应按律问拟。赛格乃比比除移尸装溺轻罪不议外，合依谋杀夫已杀者，凌迟处死律，凌迟处死。尸妾买秀罕讯不知情，应毋庸议。无干省释。尸饬领埋，凶器案结销毁。是否允协，除全案供招咨部外，所有谋杀本夫，核明定拟各缘由，谨恭折具奏，伏乞皇上圣鉴，饬部核议施行。谨奏。光绪十九年四月十五日。

（朱批：）刑部速议具奏。①

光绪十九年五月十八日，奉朱批：刑部速议具奏。钦此。②

○四○　请以贺培荣署阜康县事片

光绪十九年四月十五日（1893 年 5 月 30 日）

再，署阜康县知县钟逢焕卸署遗缺，查有候补直隶州知州贺培荣，堪以委署。据新疆布政使饶应祺、署镇迪道兼按察使衔黄光达会详前来。除由臣批饬给委外，谨会同陕甘总督臣杨昌濬附片具奏，伏乞圣鉴。谨奏。

（朱批：）吏部知道。③

光绪十九年五月十八日，奉朱批：吏部知道。钦此。④

○四一　会商覆奏胡景桂条陈边务折

光绪十九年四月十八日（1893 年 6 月 2 日）

太子少保头品顶戴陕甘总督臣杨昌濬、伊犁将军臣长庚、头品顶戴甘肃新疆巡抚臣陶模跪奏，为遵旨议奏事。

窃臣等于光绪十七年冬间，先后承准军机大臣字寄：光绪十七

① 台北故宫博物院藏：军机及宫中档，文献编号：408002799。
② 中国第一历史档案馆藏：录副奏折，档案编号：03-7316-014。
③ 台北故宫博物院藏：军机及宫中档，文献编号：408002798-0-A。
④ 中国第一历史档案馆藏：录副奏折，档案编号：03-5306-080。

年十月十八日,奉上谕:胡景桂[①]奏,条陈新疆边防善后事宜一折。所陈裁兵、裕饷、兴屯各节,不无可采。其余各条,有无窒碍,着长庚、杨昌濬、陶模悉心会商,妥议具奏。原折均着钞给阅看。将此各谕令知之。钦此。遵旨寄信前来。臣等钦遵阅看,编修胡景桂所陈各条,洵属留意边防,当即体察情形,往返函商。谨就原奏分别条议,为我皇上敬陈之。

一、原奏新疆宜裕边储一条。查新疆开设行省,幅员辽阔,额定旗禄兵丁共三万一千名,实不为多。伊犁与塔尔巴哈台三面邻俄,南路各城在在当冲,碍难再事裁汰。现在新疆岁拨协饷三百三十六万两,名为兵饷,而一切例支、地方善后、旗营经费等项,皆在其中。自光绪十四年起,司库、伊塔道库、塔尔巴哈台同知库,每年存银十余万及二十万两不等,此外无可再行提存。各省关铢积寸累,公私困惫,臣等备悉其艰。无如新省岁入仅等江浙一大县,事事仰给内地,势处于无可如何。裁兵存饷之说,应请毋庸置议。

一、原奏裁兵分屯一条。查屯田足食,固筹边者所艳称。然四民惟农最苦,人多惮于力穑。新疆勇丁皆关内人,原因不肯力田,始甘心为兵。既入兵籍,何能于万里外更事耕耘?前抚臣于北路厅县招户垦种,假汰勇丁亦多就募,给与房屋、牛籽成本,每户领银

① 胡景桂(1849—1905),字月舫,直隶永年人。同治十二年(1873),由拔贡生中顺天乡试举人。光绪九年(1883),中式进士,改庶吉士。十二年(1886),授翰林院编修,补会典馆详校官。十四年(1888),简授甘肃学政。十八年(1892),差满回京供职,充吏部撰文。二十一年(1895),考取汉御史。同年,补授河南道监察御史。二十二年(1896),俸满截取,经都察院堂官保知府。同年,补授甘肃宁夏府知府,旋以治水功擢宁夏道尹。二十五年(1899),升山东按察使。二十六年(1900),署理山东布政使。二十八年(1902),丁忧回籍终制。三十一年(1905),调山西按察使,因病卒于途次。有《使甘奏版》、《西台谏草》、《山左公版》、《求是斋文稿》、《求是斋杂著》等存世。

或三四十两,或六七十两,较该编修所奏之数有赢无绌;并设屯正、屯长,层层钤束,而各勇丁不安耕作,动辄潜逃,即令勉就约束,而卤莽耕获,作辍自便,实于边储无甚裨益。至遣屯一项,尤难就绪。农虽小道,亦须童而习之。遣犯习于游惰,非桀骜不驯,即素有嗜好;且半无家室,逃者徒烦缉拿,留者无裨户口。现在北路荒地尚多,招各城业农缠回有家室而无田产者,设法安插,俾令承垦,应徐俟成效。惟南路各城富于粮食,艰于转运,百物昂贵,米麦独贱。发饷时,兵勇均求全领现银,不愿领粮扣饷,良由年岁中稔,市价贱于例价之故。是储粮有益民食,无补度支。今日边计,正非专言屯政所可赅也。

一、原奏善后经费宜核实一条。新疆诸须创办,统言之则曰善后,分之则头绪百端。除城垣、衙署均须重建外,凡农桑、学校下至医药等项,无日不为民办事,即无处不需款开支。现虽部拨新疆善后经费银十四万两,伊犁十一万二千两,塔尔巴哈台三万两,而南北两路事多未竣,伊犁、塔尔巴哈台分隶未久,百废待举,不敷尤巨。查前项经费,非为裁兵而设,亦非专为屯田之用。至谓历年裁勇不下数万,嘉峪关所报不过数千,闻皆在南山中,将来恐其滋事等语。查卓胜军、蜀军、嵩武军,或遣撤,或调防,湘、楚各军亦裁汰不少。统计东旋者以数万计。肃州迤北径途不一,不必定由嘉峪关行走。关吏所报,未足为凭。其流寓塞外者,散处各城,或商贩,或工作,或充各衙门、局、卡丁夫,本可谋生,无如懒惰性成,稍有余资,即舍业而嬉,迨所积用罄,计无所出,间往南山,偷种罂粟。冬令雪深,仍散居各城,不愿入籍为农。黠者或诳领屯费,潜逸无踪。原奏拟于善后经费内提二三十万金,为安置之费,应请毋庸置议。

一、原奏布伦托海宜屯垦一条。查布伦托海,即赫色勒巴什淖尔,在科布多西南塔尔巴哈台东境,南至迪化,西至塔尔巴哈台各千余里。乱时,难民寄居者万余人。塔城所属旧土尔扈特、额鲁特及哈萨克部众居多,因沙土瘠薄,平定后均各迁回。光绪九年定界,将齐桑淖尔东南地割隶俄国斜米省,设有齐桑斯克,近邻布伦托海,于科布多、新疆形势均有窒碍。闻近年有俄属哈萨克潜赴布伦托海,南越沙山,冒充中属哈萨克,至古城、绥来售卖牲畜,殊难稽查。该处本科布多属地,如将科布多帮办大臣移驻布伦托海,就近防守阿尔泰山,抽派蒙民常川屯驻,实于边防有裨,应俟臣等咨商科布多大臣,酌议具奏。其瑚图斯拉一带金苗旺否,容查明商办。

一、原奏矿务、商务宜筹办一条。查华民拙于炼矿,非雇洋将、购机器不可,然治矿须习化学,运机须习重学,一知半解,辄易偾事,专恃洋人,尤非久计。言矿务于东南,当以讲求艺术为先;言矿务于西北,虽有良工奇器,亦难得利。西国开矿,必先测所产足赢所费,尤必熟查水陆运道、市埠之近便者几处,运愈速,则利愈宏,未有于不通轮舶、不设铁轨之处浪掷巨款以兴矿务者也。新省铅、铁、铜矿以机器取之,必多且佳,而购机设局,费且百万。地无舟楫,南路又乏车辆,驮运劳费,贵于俄产。东运甘肃,脚价尤昂。本境行销无多,非独工本不能取偿,即常年经费亦难周转。惟铅内或含银质,现拟试验铅矿,如杂有银质,足敷工本,再行酌办。和阗产玉甚稀,于阗县金苗不旺,额定金课,累民殊甚。绥来等处金矿早废,商民来此者,失利固难久居,得利则思归更切,碍难招办。

原奏又云:南路可造船转运,北路宜仿俄国台车之法。查南疆葱岭、于阗诸河,地势不平,溜急沙疏,盈涸无定。平衍处仅能截流而渡,不能从流上下。库车南境塔里木河,东抵蒲昌海七八百里,可顺流行舟,惟逆流则难行。俄境台车,即四轮快车,日行二百余里。其台路修筑颇平,行抵萨玛尔干铁路、倭连布铁路,均极便捷。俄人以台路为铁路先声。新疆因筹款艰难,坐视强邻之布置,臣等深为寒心。此时统筹大局,东南诸省本通舟楫,不必急行汽车,应请俟山海关外铁路工竣,即向西展筑,则秦、晋驿道免种种差徭之累,新疆局势无鞭长莫及之忧;军务、矿务、赈务,裨益良多。若格于浮议,日后敌人往来神速,新疆稍有疏虞,秦、晋亦难安枕,似宜及早筹商。

一、原奏马厂、驼厂宜试办一条。查伊犁、巴里坤,旧皆有驼马厂。兵乱后,伊犁各厂均废,巴里坤马厂独存。惟孳生马匹性欠驯良,弁勇不乐骑用。南路各营就地购用,亦不甚贵。古城、木垒河等处废厂多经垦种。臣模拟于各厅县另择善地,分设小厂,责成地方文武经理。伊犁厂务,承平时极为繁盛,兵燹后各厂荒废。察哈尔、额鲁特两营丁众,生计维艰,臣长庚亟思筹办厂务,以培元气,苦于军标额饷并无余款。近年由哈萨克收获马匹,试办孳生,为数不多,无裨牧政。现正商同臣模,设法筹办,应俟另案具奏。至骆驼一项,足备转运,应俟牧政渐兴,次第试办。

一、原奏要害重地宜移兵设防一条。查全疆以伊犁为枢纽,古来守伊犁者,必据伊犁河西岸。唐仪凤时,王方翼筑碎叶城。天宝初,镇西节度居怛逻斯。宋时,西辽建都于虎思斡耳朵。皆在伊犁河西,盖非此不足以制南路诸部。乾隆、嘉庆间,历任将军斤斤于河东布置,嗣后迭经分界,伊犁一河,俄人据三之二,今虽增设郡县,实已孤悬敌境。宜于博罗塔拉、精河等处增驻重兵,以联东路声势,于冰岭之北格登山各卡,分扎营旗,以联南路声势。惟增兵又须增费,此臣等所踌躇郄愿者也。至喀喇沙尔,居天山之南珠勒都斯，系旧土尔扈特各蒙古牧地。玛喇巴什距俄境较远，喀浪圭等处均非要冲，毋庸更张。惟乌什边防必兼顾布回部落，距城一百八十里之伊布拉引，距城七百六十里之哈拉布拉克，最为扼要，已各派马勇巡防。傥边务吃紧，则此处必须增兵，以遏那林斯克之冲，并为喀什噶尔后路屏蔽。

一、原奏伊犁将军宜假以事权一条。查光绪十五年，臣昌濬与前抚臣刘锦棠等会奏伊犁等处统辖事宜折内，声明伊犁将军节制镇道，凡中俄交涉事必须随时决制者，概归将军办理等因，奏准在案。惟伊犁将军所辖锡伯、索伦、察哈尔、额鲁特四部，边界迤长千余里。伊犁满营皆疮痍之余，难称劲旅；四爱曼半耕半牧之兵，不足以御强敌；霍尔果斯、特克斯等处平原无险，径途百出，巡防不易；军、镇两标宜联络一气，遇有边警，应听将军督率调迁。平日操防，由将军就近督察。其军政计典、文武补署，仍由巡抚会同将军具奏。

一、原奏伊犁四镇游牧宜培养一条。查伊犁驻防及各爱曼，旧本骁勇。自经变乱，穷困流离，谋生不暇，欲收强兵之效以得其力，必先筹抚恤之政以厚其生。臣长庚到任后，查前护理将军富勒铭额①所定四爱曼兵制，额多饷薄，不能调练，亟思筹办屯田牛种，以裕锡伯、索伦两营生计，筹办孳生牲畜，以裕察哈尔、额鲁特两营生计，俾各该兵丁无内顾之忧，然后轮班调至惠远城，课以操枪演炮、

---

① 富勒铭额(？—1903)，佚其氏，新疆古城人，隶满洲镶白旗。道光年间，任前锋校。光绪九年(1883)，署乌鲁木齐满营协领，兼署乌鲁木齐领队大臣。十二年(1886)，署乌鲁木齐都统。十四年(1888)，以都统恭镗荐，迁伊犁副都统。十六年(1890)，以伊犁副都统兼署伊犁将军。十九年(1893)，调补塔尔巴哈台参赞大臣。二十三年(1897)，乞归。二十九年(1903)，卒，恤如制。

打靶取准及一切新演阵式，庶可渐收成效。惟四领队聚处一城，离防所窎远，不能常事梭巡，当此强邻逼处，应将锡伯营领队出驻河南，索伦营领队出驻霍尔果斯城，察哈尔领队出驻博罗塔拉，额鲁特领队出驻特克斯川，以固边防。至原奏抚恤难裔一节，当由臣长庚查明办理。

一、原奏分疆勘界宜慎重，并归咎分界使臣一条。查边境被占，由来者渐，不能专咎使臣。如前侍郎曾纪泽[①]争还特克斯川，其功正不可泯。伊犁旧疆索伦营及额鲁特上三旗，汛地最远，领队大臣均驻惠远城，照顾不及。道光二十六年以后，俄人于巴勒噶什淖尔东南筑阔帕勒城，于特穆尔图淖尔之北筑威而尼城，即七河省城。两处本列版图，节气、时刻，并载时宪书，守土诸臣置若罔闻，于是阿克苏、天山迤北察林河等处卡伦及塔城西之旧雅尔城，逐渐入俄，盖未定约之前被占不少。咸丰十年，议定浩罕为界，彼时浩罕尚能自立，实与俄境无涉。迨浩罕八部相继沦亡，南疆遂紧与俄邻。回匪乱后，疆界益坏，勘界时，地名询诸俄人，舆图付诸画工，回语、俄语，辗转翻译；急读、缓读，音异字殊，载诸约章，亦未详细。嗣后如有界务，应选明于测绘之人随同勘界，使臣如法详绘，界线为经，城邑、道里为纬，方向远近，务求密合，以杜争端。

---

① 曾纪泽（1839—1890），字劼刚，号梦瞻，曾国藩长子，清代外交家，中兴名臣。同治年间，以正二品荫生补户部员外郎。十一年（1872），承袭一等毅勇侯。光绪四年（1878），补太常寺卿，任出使俄国大臣，赏戴花翎。旋又出使法国。六年（1880），授出使俄国大臣。次年，与俄订《中俄伊犁条约》《改订条约》，补宗人府府丞、都察院左副都御史。九年（1883），办理洋药税厘并征事务。十年（1884），免驻英、驻法公使，授兵部右侍郎。次年，帮办海军事务。十二年（1886），任总理各国事务衙门行走。十三年（1887），调户部右侍郎兼管钱法堂事务。十四年（1888），管理户部三库事务，兼署刑部右侍郎。十五年（1889），兼吏部左侍郎，管理同文馆事务。十六年（1890），卒于京，赠太子少保，谥惠敏。有《出使英法日记》《使西日记》《曾惠敏公遗集》等行世。

一、原奏通商税关宜设、税厘宜酌减二条。查光绪七年《改订条约》，有俄民于各城贸易暂不纳税等语。嗣前抚臣刘锦棠于古城、哈密、省城、绥来、吐鲁番先后设局，专收华商货税。上年，经臣模奏奉部覆：俄商税则尚未议定，若免俄税而收华税，不特华商受困，且授俄商包揽之权。应将华商税银停止，俟俄商税则议定，即复旧章等因在案，应即遵照办理。

一、原奏学校宜整饬一条。查镇西、迪化各属考试，皆关内人入籍，缘本地全是客民。如停止试事，更无以资劝导。惟甘肃乡试，镇迪两属，另编字号取中，往往一经中式，便请改归原籍，殊属不成事体。应由礼部核议，嗣后以新疆籍贯中式者，概不准改归原籍，庶几边徼殊方，弦诵不辍。至南疆义学，回童皆按名给以钱米，随时考察奖赏，取作佾生，以示鼓励。无如缠回言语不通，文字不同，视读书为畏途；为师者又只课诗文，不教实学。臣模到任后，另定章程，严饬各属督同塾师、通事，教识汉字，学汉话，删除虚文，以朱子《小学》等书，导以孝弟、忠信、修身、敦行之道，以期转移风会，渐有实效。

一、原奏钱法宜变通一条。查省城及南路设立官钱局，商民称便。伊犁设局后，俄帖业已停止，办理虽甚竭蹶，圜法借以维持，断不敢率尔裁撤。省城及库车试铸红钱，人工、物力无不昂贵。定价每红钱四百文合银一两，不免赔贴工本，较之嘉庆初年阿克苏钱局以二百二十文合银一两，则现价尚不甚昂。当再行广铸，以期银钱两价渐得其平。

以上所议各条，因原奏各节有毋庸更议者，有业已办理者，有应行筹商者。臣等悉心商酌，意见相同。谨合词恭折具陈，伏乞皇上圣鉴，训示施行。再，此折系臣模主稿。合并声明。谨奏。光绪十九年四月十八日。

（朱批：）览奏。会议各条，尚属周妥。该衙门知道。①

光绪十九年五月十九日，奉朱批：览奏。会议各条，尚属周妥。该衙门知道。钦此。②

【案】胡景桂奏……边防善后事宜一折：光绪十七年九月十五日，甘肃学政胡景桂为新疆边防善后事宜具折曰：

甘肃学政翰林院编修臣胡景桂跪奏，为新疆边防善后事宜敬陈管见，以备采择，恭折仰祈圣鉴事。

窃臣闻新疆南路喀什噶尔道所辖，西北与布鲁特连界，近闻多为俄国统属。西南什克南、瓦罕、退摆特诸部已附英国，又将纳贡于中国之坎巨提部落攻逐而取之，安集延回部近又遣人滋扰尝试。北路伊、塔各城逼邻俄界，险要大半分隶，防守、善后有宜不容稍缓者。谨就见闻所及，为我皇上敬陈之。

一、新疆宜裕边储也。西北各边，古尚屯田，诚以内地转饷，道路阻长，缓急难恃也。现今伊犁、新疆每年协饷三百六十万两，年销年款，不能赢余。设或腹省阻滞，解不如额，则新疆束手无策，旗绿各营、练军各旗岂能枵腹从公乎？此边储所宜亟筹也。臣拟此项不必另筹巨款，值此无事之秋，用裁兵存饷之法，每年酌减三十万两，仍归各省照旧协解，十年之内，即可存三百万两。再，四分余平每年以十四万两核算，十年亦可存一百四十万两。南北两路远者距省五六十站，近者亦有一

① 台北故宫博物院藏：军机及宫中档，文献编号：408002800。

② 此奉旨日期与内容，据军机处随手登记档（档案编号：03-0276-2-1219-130）校补。

二十站，应将此等项银分存南路两道库各五十万两，伊犁存八十万两，塔尔巴哈台存五十万两，新疆省城存二百万两，从此有备无患，而内省协饷十年外，即可照所减之数永远停解，既裕边储，又省转运，此一举两得之道也。

一、裁兵即宜分屯也。养民实边，经费甚多，资遣兵勇，须筹巨款。关外地广人稀，若田极多，莫如就应裁之兵勇，各给屯田资本，择地开垦，以每人二十金计算，二十万金即可安置一万众，编造册籍，各设屯长，督率稽查，一二十年后，生齿日繁，边计、民生，两有裨益。

一、善后经费宜核实也。新疆、伊犁每年善后经费各有十余万，原为裁兵屯田之用。查关外湘、楚各营，多招募成军。其有家室者，事平之后，即不裁遣，而必告假。检查无家可归者，往往在行营处所私置家室，虽加资遣，亦□恋而不肯去，甚至将所领之川资票减价售于他人，是以历年裁遣各营不下数万人，而嘉峪关所报之数不过数千。闻此等游勇皆散在新疆南山一带，将来衣食无资，必扰害良民，甚或勾结外夷，煽乱滋事，皆属可虑。臣拟从善后经费或边储内预提二三十万金，以为安置游勇之费，每人拨给荒地数十亩、银二十两，有妻子者，略加数两；派廉干委员查办造册，令游勇出连环保结，私逃滋事者连坐。无房舍者，即在屯田之处用官款盖造土室，官收其租。如一处有二百口，即派一经制外委，带兵暂驻其处，弹压稽查。二三年后，该游勇等安家乐业，即将兵弁撤回。若地当冲要，即常川驻防，以资震慑。如此经理，可消隐患于无形。动用善后经费若干，每年造册报部，以资稽查，庶野无游民，饷归实用。

一、布伦托海地方宜屯垦也。查南路罗布淖尔，经抚藩设法开垦，可安民人一万余户，将来可成郡县。布伦托海在新疆古城西北十三站，西距塔尔巴哈台十一站，北距阿尔台山三百余里，东距科布多一千五百余里，西北距俄国之济木奈城三百余里，如葫芦形，为乌龙古河归宿之区。元时名气则里八与海，一名博洛尔托海。《元史·郭德海传》：海约千余里，中多鱼可食，有碾碓，以水激之。同治年间，新疆难民逃聚于此者一二万人。溯乌龙古河而东，嚓罕河、布托干河两岸，土肥草茂，可耕可牧之地尤多。瑚图斯拉一带产金甚旺。此处若设官经理，招人开垦，或以兵作屯，不特俄国入新疆之捷径可塞，而塔城及新疆后路保护严密，即科布多西南又添一大屏蔽矣。

一、矿务、商务宜筹办也。新疆南北两路□□天山，闻伊犁各山产煤、铅、铁三种，和阗产玉，阿克苏之滴水崖、拜城之塞里木沙雅尔均产铜，承平时，皆有铜赋。库车之喀喇沙尔亦有铜伯克，吐鲁番之五个山产红铜，奇台县之都兰哈喇产铅，济木萨水西沟产铁，绥来县有金厂，库尔喀喇乌苏亦产金。若招矿师相择开办，虽地多沙漠，运货不易，而南路可开道路，于两河造船转运，北路宜仿照俄国，造台车转运，山路兼用驼运。游勇不愿耕种者，亦可借此营生。数年后，商、矿各务畅旺，内地转饷即可大减。此事须官督其成，商办其事，乃克经久无弊。

一、马厂、驼厂宜试办也。新疆南北两路山高道险，兼多沙漠，遇有征调，须预计马力。康熙、乾隆时，平定准部、回部，军医、马、驼为要务。查巴里坤、巴尔库勒淖尔、昌吉县之阿雅尔草湖、伊犁各山厂暨南路濒河一带，水草肥美，均可放牧，宜仿照甘肃凉州、直隶张家口各马厂章程，筹款试办。所费繁多，而所益甚大，二三年后，滋育繁盛，无事之时，每年驼运，将领、士卒乘马行，既利远征，亦能涉险，实有□□可恃也。

一、要害重地宜移兵设防也。查晶河为新疆省赴伊犁要道，西北距俄国界仅百里，据此可以断伊犁后路。库尔哈喇乌苏为新疆省赴塔尔巴哈台要道，西北沁达兰地方与此甚近，俄人及哈萨克出入于此，据此可以断塔城后路。此北路要害宜防也。南路喀喇沙尔城西北珠尔都斯山有通伊犁要道，其西那萨特达巴罕可以扼守。珠尔都斯山回还千里，泉甘土肥，可以屯田。阿克苏东北有通伊犁之冰岭，天险可守。乌什西北毕底尔卡外紧接布鲁特牧地，北与俄国之阿里玛图只隔一山，西南经布鲁特、辟展地方有通喀什噶尔之捷径。此处关系甚重，敌骑一入，则阿克苏震动，西四城之声援不通。宜驻重兵于乌什，而于毕底尔、巴什雅哈玛那山口严设碉卡，方为周密。又，阿克苏西南入叶尔羌境有通喀什噶尔之玛喇尔巴什地方，为叶、喀两城分道处，亦宜驻兵。此南路东四城之要害宜防也。至西四城自喀什噶尔东北巴尔昌卡伦，距至叶尔羌南奇都桑珠等卡伦止，沿边与布鲁特连界，其中以喀什噶尔之喀浪圭、乌帕尔、英吉沙尔之图不舒克等卡伦最冲要，宜择地势，窄处设碉卡，宽处设碉堡以扼之。和阗虽在东南，去边稍远，然为我财赋之区，不可不加意保护。此西四城之要害宜防也。

一、伊犁将军宜假以事权也。新疆南北两路周围二三万里，现议统归巡抚经理。但伊犁与南不同，南路虽距省辽远，俱是土著回民，耕种为业。伊犁近邻俄界，又有察哈尔、索伦、锡伯、额鲁特四部落，今虽凋散，户口尚有数万。哈萨克、吐尔扈特两藩部、驻防各旗、镇、协各营，游勇、缠头，错杂纷距，距新疆十八站之遥，山多险阻，仅有果子沟一线可通。晶河虽有僻径，而路尤艰险，况将军现住之城距俄国新界仅九十里，霍尔果斯河盈盈一水，夏流冬涸，既无山川之险，而大国犬牙相错，击柝相闻，防不胜防。白彦虎余党尚在边境，俄人现筑铁道，一旦有事，风驰雨骤，有迅雷不及掩耳之势。无论新疆兵饷一时不能接济，即将军、巡抚函商调度之文书亦难速达。若将军呼应不灵，只有坐困而已。乾隆二十年将军班第、二十一年将军兆惠[信息]被困，恒数月不得信息，是其前鉴矣。臣拟伊犁将军宜仿照热河都统之例，统辖伊犁文武，遇有营伍废弛之员、地方贪酷之吏，专折参奏，庶事权有借，臂指相联。镇道以下各官，由将军就近查核，亦可补巡抚耳目之所不及，于边防、吏治大有裨益。而补署官缺一切地方事宜，将军仍同巡抚商酌会办。闻有督抚同住一城同心为国者，尚不至参商，况此分驻两地，又何虑掣肘乎？

一、伊犁四镇游牧宜培养也。锡伯、索伦二旗，乾隆年间自盛京、黑龙江调来，察哈尔自张家口外调来，额鲁特为准部旧裔，兵燹以后户口凋残，肥饶之地多被俄人侵占，生计甚艰。四族人情，锡伯懦而趋时，察哈尔良莠不齐，额鲁特愚而心坚，索伦骁健素著，人怀忠义，不忘国恩，故变乱之时，殉难最多。此时宜委员随同领队大臣，详确访查昔时殉难族人男女姓名，汇案奏请旌恤，俾人知所感激。鳏寡孤独无依者，筹款提存，酌给牛羊、籽种，以便牧畜、屯垦，俾人赖资生，庶几该旗人心益固，众志成城，边防可恃矣。

一、分疆勘界宜慎重也。查伊犁旧疆，西北卡伦展至雅布霍图山，西南过顺河至贡古鲁克卡伦接喀什境，即同治九年立订之界，西北在霍尔果斯卡及伊犁河之奇钦卡，西南以善塔斯岭、萨巴布纳岭为界，均有险可守。今立定界，西北以拱辰城外霍尔果斯河为界，将索伦牧地割去一半，西南绕过格登山，将额鲁特上三旗牧地全行割去，距旧日霍尔果斯卡伦五六百里，失计甚矣。又将数万回民付之俄人，俄人因其不肯远徙，即在霍尔果斯河南安插。此实伊犁肘腋之患。塔城距俄国新界三五里，西北、西南两面割去。统计此次分界失去地方，自阿尔泰山起至伊犁，共约长三千余里，偿俄人兵费银九百万罗卜。此分界使臣不明地利受人愚弄也。

一、通商税关宜设也。查伊犁固尔札即金顶寺，为洋人贸易之地，南路喀什噶尔，洋人亦常互市。此两处俄国均设有领事官，主持商务。而中国洋关乃设在甘肃肃州，距此两处五六千里，终年无洋商到关报税，而每年管道等一切开支须九千余金，有名无实，徒耗帑项，甚可惜也。宜将新疆北路通商归伊犁道员经理，南路通商归喀什噶尔道员经理，入货报税，易于稽查。出货如茶叶、羊毛等，均令由本关报税，不得借从关报税之名，以防影射偷漏。

一、税厘宜酌裁也。闻南路各城回民一担之柴、一筐之菜，入城无不纳税，地方官惟利是图，丁役假威吓索，回民始则隐忍，久必生变，往往酿成仇杀之患。宜酌定税章，零星贩售一概免税，庶官有遵守，民得安业矣。

一、学校宜整饬也。南路光绪三年收复后，各城创设义学，原以化导缠回，使知礼义。每学塾师修金数百两。回童入塾，名曰当差，欲免当差，必先行贿于塾师，而塾师欲取悦官长，往往代作诗文，博取奖赏。此项每年约费数千金，有名无实，若不整顿，终无成效。

一、钱法宜变通也。新疆银贱钱贵，伊犁尤甚。原任伊犁将军色楞额因俄国钱帕充斥内地，每年以数千万金易俄国百万张之纸票，受亏甚大，开设官钱局以救之，而定价太昂，每银一两，仅换制钱五百文。俄人复乘隙运钱收买伊地之银，而官钱局遂亏闭不通，俄帕仍散行内地。为今之计，一面招商设局出票，以攘其利；一面采铜采铅，开炉鼓铸。乾隆年间，叶尔羌开炉铸钱，曾著明效。如此变通，俄票不致内充，银帑不虑外散，边境官民、兵丁，均有裨益。

以上各条，臣稽诸地图，证以舆论，择其利害所关、显然有据者，聊贡一得之愚，以备刍荛之采。是否有当，恭折具陈，伏乞皇上圣鉴，留览采择施行。谨奏。九月十五日。

光绪十七年十月十八日，奉朱批：另有旨。钦此。[①]

【案】臣昌濬与前抚臣刘锦棠等……奏准在案：光绪十五年五月十七日，陕甘总督杨昌濬、新疆巡抚刘锦棠等具折奏报会议伊犁、塔尔巴哈台等处统辖事宜，曰：

太子少保甘肃新疆巡抚二等男臣刘锦棠、太子少保头品顶戴陕甘总督臣杨昌濬、护理甘肃新疆巡抚布政使臣魏光焘跪奏，为遵旨会议伊犁、塔尔巴哈台等处统辖事宜，恭折具陈，仰祈圣鉴事。

窃臣等承准军机大臣字寄：光绪十五年正月三十日，奉上谕：色楞额等奏，伊、塔远距边要，巡抚碍难遥制，拟将地方文

---

① 中国第一历史档案馆藏：录副奏折，档案编号：03-9429-016。

武仍归将军、副都统就近专辖一折。新疆改设行省，分置郡县，左宗棠创议于前，刘锦棠等详议于后；一切官制、营制甫经议定，自未便遽行更张。惟据色楞额等所陈，伊、塔距新疆省会太远，文移往返数千里，动辄兼旬。文武各官若不就近专辖，深恐呼应不灵，致误事机，拟援照直隶承德府归热河都统管辖之例，仍归伊犁将军、副都统专辖等情。事关边防紧要，不厌求详，着杨昌濬、谭钟麟、刘锦棠、魏光焘按照所奏各节，详细核议，务就现在地方情形，斟酌妥善，会同覆奏。原折着钞给阅看。将此由四百里谕知杨昌濬、谭钟麟、刘锦棠，并传谕魏光焘知之。钦此。臣等窃维自古有治人无治法，而择人以使权在朝廷，非臣下所敢私议。臣锦棠是以于本年二月初二日具奏，请旨定夺，比奉批旨，仍令会同议覆。仰见圣虑周详、慎重边防之至意，臣等何敢引嫌自避、终默不言？

伏查色楞额等所奏各节，自系为边防紧要起见。但伊犁、塔尔巴哈台本皆新疆境地，昔年屯兵置守，则南北各有不同；今既建省设官，则伊、塔无容独异。盖同此边疆，必须联为一气，而巡抚统辖全境，尤应并计兼筹，若以伊、塔一隅之地画疆而理，不特事涉纷歧，且恐形势扞格，贻误必多。前此部议伊犁将军改为驻防，旋即奏准裁参赞，设副都统，以改照驻防之制。是体制业经奏定，诚如圣谕，一切官制、营制甫经议定，未便遽行更张也。况前奏声明将军节制镇道，较之内地驻防，其分更崇，其权更重，何必再行改易？至原奏内称伊犁距省太远，巡抚碍难遥制。查南路之阿克苏道，距省二千余里，远于伊犁约将一倍；喀什噶尔道距省四千余里，远于伊犁约且数倍。伊犁距省不过一千四百余里，已难遥制，然则南路两道所属又将如何？且塔尔巴哈台之距伊犁，与伊犁之距省城正相等耳。将军能制塔尔巴哈台之地，岂巡抚独不能制伊犁之地？原奏又称，塔尔巴哈台遇有要务及地方重大事件，即由副都统随时办理，一面咨明将军酌核。其仓库之盈缩、驿传之迟速、文武官吏之贤不肖，均由副都统就近考核进退。若命盗案件，仍归伊塔道核转等语。体制亦多不合。惟原奏请于汉队分拨一千五百人，仿成都将军之例设立军标一节，臣等查将军、副都统设立标营，借壮声威，自应照办，拟请于伊犁原定汉队四千人之内，分拨一千人，隶之将军，余悉隶之镇标。塔尔巴哈台原定汉队二千人之内，分拨五百人，隶之副都统，余悉隶之协标。于兵数、饷数并无增加。

除旗营及蒙哈藩部、喇嘛等事并中俄交涉事宜必须随时决制者，概归将军办理，其伊犁、塔尔巴哈台等处地方文武，均请归新疆巡抚管辖；仍照前奏，由伊犁将军节制镇道。如蒙俞允，其一切应办事宜，容臣等详晰会商，另行奏明办理。臣锦棠于本月初间行次兰州，与臣昌濬相见，并由臣光焘咨商各节，意见相同。谨将遵旨会议缘由，合词恭折具陈，是否有当，伏乞皇上圣鉴，训示施行。再，此折系臣昌濬主稿。谭钟麟前已交卸起程，未及会议，故未列衔。合并陈明。谨奏。光绪十五年五月十七日。①

光绪十五年六月初一日，奉朱批：着照所请，该部知道。钦此。②

---

① 中国第一历史档案馆藏：朱批奏折，档案编号：04-01-01-0968-008。

② 中国第一历史档案馆藏：录副奏折，档案编号：03-5250-007。

○四二　审拟宁远缠民因奸杀死二命一案折

光绪十九年四月二十八日(1893 年 6 月 12 日)

头品顶戴甘肃新疆巡抚臣陶模跪奏,为因奸杀死一家二命,核明定拟,恭折仰祈圣鉴事。

窃宁远县缠民则勒普妒奸气忿,纠同奴鲁斯杀死奸妇爱孜汉及幼女却诺判一家二命一案,据宁远县知县高敬昌验讯拟解,署伊犁府知府潘效苏审明转详,伊塔道英林提讯,咨署镇迪道兼按察使衔黄光达核转前来。

臣复加查核,缘则勒普、奴鲁斯分隶疏附、宁远等县,已死爱孜汉系阿帕之妻,则勒普与阿帕熟识往来,爱孜汉见面不避。光绪十七年正月不记日期,则勒普乘阿帕外出,与爱孜汉调戏成奸,以后遇便续旧,给过钱物,并无确数,阿帕实未知情。后阿帕远贸,爱孜汉又与同店之托赖奸好,因将则勒普拒绝。十八年六月内,爱孜汉知阿帕将归,起意与托赖逃往沙玛尔,托赖允从。闰六月间,则勒普在爱孜汉门首经过,爱孜汉将其唤入,捏称阿帕日久不回,家贫难度,现与托赖同走沙玛尔谋生,欲雇伊马送往,则勒普推辞不识路径。爱孜汉再三仰恳,并托代雇一人引路。则勒普面允。回家忆及爱孜汉前次拒绝,现与奸夫逃走,反雇伊马运送,心生嫉恨,起意将爱孜汉、托赖引至僻处,杀死泄忿,又虑一人不能下手,即向素好之奴鲁斯告知前情,邀同帮助,奴鲁斯应允。则勒普遂与爱孜汉约定闰六月十九日启程。

是日初更,则勒普、奴鲁斯携带木棒、短刀,将马呹至南园。托赖背负衣服、行装,爱孜汉携带幼女却诺判前来会齐,托赖、爱孜汉共骑一马前行，奴鲁斯居中，则勒普抱却诺判骑马随后。行抵草湖，时已半夜，则勒普将却诺判抛弃，声喊动手，奴鲁斯用棒殴伤托赖跌地，爱孜汉亦从马上倒下。则勒普赶将爱孜汉揿按，抽刀乱砍，恐其不死，又令奴鲁斯加砍数刀，登时气绝。却诺判在旁啼哭，则勒普起意一并致死，将其按倒，用刀割伤项颈殒命。托赖因见则勒普等赶杀爱孜汉，乘间逃匿草湖，则勒普找寻不获，将其衣物抛掷湖内，与奴鲁斯吆马转回逃逸。经呼尔班瞥见各尸，赴县报验获犯，讯供议拟，解府详道，咨兼臬司核明转详。臣覆核无异。

查例载：杀一家非死罪二人者，拟斩决枭示，酌断财产一半给被杀二命之家养赡。又，律载：谋杀人从而加功者，绞监候。又，例载：和诱知情之人，为首者拟军各等语。此案则勒普妒奸气忿，乘奸夫、奸妇逃走，纠同奴鲁斯在途谋杀奸妇爱孜汉，并逞忿将其年甫四龄之幼女却诺判致死，实属凶残已极。查杀一家非死罪二人，暨因奸谋杀十岁以下幼孩，均干斩枭，自应从一科断。则勒普除谋杀托赖伤而未死，暨犯奸各轻罪不议外，合依杀一家非死罪二人者，斩立决枭示例，拟斩立决枭示，照例刺字，并查明财产，酌断一半给阿帕养赡。

奴鲁斯听纠谋杀，在场加功，自应按律问拟。奴鲁斯除殴伤托赖轻罪不议外，合依谋杀人从而加功者，绞监候律，拟绞监候，秋后处决。托赖拐逃奸妇爱孜汉，致酿二命，虽非该犯起意，仍应以为首论。托赖除犯奸轻罪不议外，合依和诱知情为首拟军例，拟发极边足四千里充军，到配折责安置。爱孜汉背夫潜逃，罪有应得，业已身死，应与并未纵奸之阿帕，均免置议。无干省释。尸均饬埋，凶刀案结销毁。是否允协，除全案供招咨部外，所有因奸杀死一家二命，核明定拟各缘由，谨恭折具陈，伏乞皇上圣鉴，饬部核议施行。谨奏。光绪十九年四月二十八日。

（朱批：）刑部速议具奏。①

光绪十九年六月初二日,奉朱批:刑部速议具奏。钦此。②

○四三　审拟于阗县缠民斗殴毙命一案折

光绪十九年四月二十八日(1893 年 6 月 12 日)

头品顶戴甘肃新疆巡抚臣陶模跪奏,为斗殴毙命,核明定拟,恭折仰祈圣鉴事。

窃于阗县缠民土的因索债口角,用刀戳伤妻兄思拉木下身死一案,据署于阗县知县孙志焘验讯议拟,解署和阗直隶州知州江遇璞审明,详署喀什噶尔道李宗宾提讯,咨署镇迪道兼按察使衔黄光达核转前来。

臣复加查核,缘土的籍隶于阗县,务农度日,已死思拉木下系其妻兄,素好无嫌。光绪十八年二月内,土的因思拉木下作保,借给米子阿洪买提红钱二十一千文,言定不久偿还,并未议息,后土的屡向米子阿洪买提讨取未还。五月初五日,土的路遇思拉木下,谈及米子阿洪买提借项延展不还,应令保人赔偿,思拉木下即以"保人借债不能代人还钱"之语回答,土的不依,互相口角。思拉木下扭住土的衣襟,举拳向殴。土的情急,抽出身带小刀吓戳,适伤思拉木下右胁。思拉木下用手夺刀,划伤右手各指。经尼牙子喝阻,信知思拉木下胞叔哈生木,将其抬回,医治罔效,延至十三日,

---

①　台北故宫博物院藏:军机及宫中档,文献编号:408002802。

②　中国第一历史档案馆藏:录副奏折,档案编号:03-7316-018。

因伤殒命。投约报验，讯供议拟，解州详道，咨兼臬司核明转详。臣覆核无异。

查律载：殴妻兄致死者，以凡论。又，斗殴杀人者，不问手足、他物、金刃，并绞监候各等语。此案土的因索债口角，用刀戳伤妻兄思拉木下身死，自应照律问拟。土的合依斗殴杀人者，不问手足、他物、金刃，并绞律，拟绞监候，秋后处决。米子阿洪买提借债不偿，致酿人命，酌照不应轻律，拟笞四十，折责发落，所欠土的钱文，照数追缴给领。尼牙子救阻不及，毋庸置议。无干省释。尸饬领埋，凶刀案结销毁。是否允协，除全案供招咨部外，所有斗殴毙命，核明定拟各缘由，谨恭折具陈，伏乞皇上圣鉴，饬部核议施行。谨奏。光绪十九年四月二十八日。

（朱批：）刑部议奏。①

光绪十九年六月初二日，奉朱批：刑部议奏。钦此。②

○四四　新疆第六次遵办新海防捐输请奖折

光绪十九年四月二十八日(1893 年 6 月 12 日)

头品顶戴甘肃新疆巡抚臣陶模跪奏，为新疆第六次遵办新海防捐输，恳恩饬部核奖，恭折仰祈圣鉴事。

窃照新疆新海防捐输自光绪十七年十一月初一日起，截至十八年五月底止，业经臣作为第五次捐输，奏请核奖在案。兹据布政使饶应祺详称：自光绪十八年六月初一日起，截至十二月底止，先

---

① 台北故宫博物院藏：军机及宫中档，文献编号：408002803。
② 中国第一历史档案馆藏：录副奏折，档案编号：03-7316-019。

后据各捐生报捐实官、职衔各项共一十三名,计收正项库平银一千九百八十六两八钱,分别填发正实收,给予收执。所收捐项银两,另款存储,听候提拨。其随收饭银、照费、填过副实收及各捐生履历清册一并赍解,详请奏咨换给执照等情前来。

臣覆核无异。合无仰恳天恩,准将新疆第六次新海防捐输饬部分别核奖,以资鼓励。除将清册、副实收、饭银、照费咨送吏部、户部、国子监外,谨恭折具陈,伏乞皇上圣鉴训示。谨奏。光绪十九年四月二十八日。

(朱批:)户部议奏。[①]

光绪十九年六月初二日,奉朱批:户部议奏。钦此。[②]

○四五　耿仕才等保案有误请饬更正片

光绪十九年四月二十八日(1893 年 6 月 12 日)

再,据头品顶戴留甘肃新疆委用提督铿僧额巴图鲁耿仕才禀称,该员于收复甘肃洮州厅城案内,由蓝翎把总保尽先拔补千总;立解镇藩城围案内误由守备保尽先补用都司,并换花翎。嗣于攻克碾伯县属米拉等沟贼巢案内,保尽先补用游击;攻剿洮河贼匪、平毁陈、马二庄贼巢案内,保补游击后以参将尽先补用;克复狄道州城池案内,误由参将保敢勇巴图鲁勇号,累保今职。又,据留甘肃新疆尽先补用副将施勇巴图鲁金兰益禀称,该员于荡平金积堡案内,由军功保尽先拔补把总,并戴蓝翎,原奉行知缮作"南益"。

---

①　台北故宫博物院藏:军机及宫中档,文献编号:408002801。

②　中国第一历史档案馆藏:录副奏折,档案编号:03-9398-062。

嗣于克复乌鲁木齐、玛纳斯各城案内误由守备保尽先补用都司，累保今职，请附奏递减更正各等情前来。

臣覆核无异。合无仰恳天恩，俯准将耿仕才于立解镇藩城围案内由蓝翎准保免补守备，以都司尽先补用，换戴花翎，改为免补千总，以守备尽先补用，并换花翎；攻克碾伯县属米拉等沟贼巢案内准保免补都司，以游击尽先补用，改为免补守备，以都司尽先补用；攻剿洮河贼匪、平毁陈、马二庄贼巢案内准保补游击后，以参将尽先补用，改为补都司后，以游击尽先补用；克复狄道州城池案内由参将准保敢勇巴图鲁勇号，改为由都司赏给敢勇巴图鲁勇号；克复渭源、击退金积堡窜逆案内准保免补参将，以副将尽先即补，改为免补都司，以游击尽先即补；克复新疆辑怀等城案内准保免补副将，以总兵记名简放，改为免补游击，以参将尽先补用；克复玛纳斯南城案内准保免补总兵，以提督记名简放，改为免补参将，以副将尽先补用。金兰益于荡平金积堡准保蓝翎把总案内所缮"南益"改为"兰益"；克复乌鲁木齐各城案内由守备准保免补守备，以都司尽先补用，改为免补把总，以千总尽先拔补；攻克达坂城、托克逊并吐鲁番满、汉两城案内准保免补都司，以游击尽先补用，并换花翎，改为免补千总，以守备尽先补用，并换花翎；新疆一举荡平案内准保免补游击、参将，以副将尽先推补，改为免补守备、都司，以游击尽先补用。耿仕才于新疆北路历次剿办窜扰陕回案内赏给头品顶戴并换铿僧额巴图鲁勇号，收还伊犁案内赏给军功加一级；金兰益于新疆六载边防案内赏给施勇巴图鲁勇号，均照原案注册，出自鸿施。

除饬取各该员履历清册咨部外，谨附片具陈，伏乞圣鉴训示。谨奏。

（朱批：)兵部议奏。①

光绪十九年六月初二日,奉朱批:兵部议奏。钦此。②

○四六　奏报新疆光绪十九年二月雨水、粮价折

光绪十九年五月初十日(1893年6月23日)

头品顶戴甘肃新疆巡抚臣陶模跪奏,为恭报光绪十九年二月份粮价并得雨情形,谨缮折具陈,仰祈圣鉴事。

窃照光绪十九年正月份各厅、州、县粮价并得雨雪情形,业经臣奏报在案。兹据新疆布政使饶应祺详称:光绪十九年二月份,镇迪道属奇台得雨,入土四寸;哈密、迪化得雨,入土三寸;镇西、库尔喀喇乌苏得雨,入土二寸;阜康得雨,入土一寸;吐鲁番、昌吉、绥来微雨。伊塔道属塔尔巴哈台得雨,入土二寸;精河、绥定、宁远微雨。南路库车、拜城、英吉沙尔、疏勒、和阗、疏附微雨。余未得雨。至通省粮价,镇西、吐鲁番、昌吉、阜康等厅、县俱与上月相同,余均略有增减。汇详请奏前来。

理合恭折具陈,并缮粮价清单,敬呈御览,伏乞皇上圣鉴。谨奏。光绪十九年五月初十日。

（朱批：)知道了。③

光绪十九年六月初九日,奉朱批:知道了。钦此。④

---

① 台北故宫博物院藏:军机及宫中档,文献编号:408002801-0-A。
② 中国第一历史档案馆藏:录副奏折,档案编号:03-5894-004。
③ 台北故宫博物院藏:军机及宫中档,文献编号:408002804。
④ 中国第一历史档案馆藏:录副奏折,档案编号:03-6931-017。

○四七　呈新疆光绪十九年二月粮价清单

光绪十九年五月初十日(1893年6月23日)

谨将新疆各属光绪十九年二月份米粮时估价值,缮具清单,恭呈御览。

计开二月份:

镇迪道属:

迪化县:大米每京石价银二两三钱二分五厘,较上月增二钱一分一厘。小麦每京石价银一两六钱二分七厘,与上月相同。豌豆每京石价银一两一钱八分八厘,较上月减三分六厘。青稞每京石价银一两二钱四分二厘,较上月增二钱七厘。

昌吉县:大米每京石价银一两八钱七分二厘,小麦每京石价银九钱二分,豌豆每京石价银七钱七厘,青稞每京石价银七钱一分一厘,俱与上月相同。

阜康县:粟米每京石价银一两二钱七分四厘,小麦每京石价银一两四钱一分五厘,豌豆每京石价银一两三钱九厘,高粱每京石价银九钱三分七厘,俱与上月相同。

绥来县:大米每京石价银一两九钱三分八厘,较上月减三分。小麦每京石价银一两一钱三分,与上月相同。豌豆每京石价银一两一钱三分七厘,较上月减七分二厘。高粱每京石价银六钱四分,较上月增八分五厘。

奇台县:大米每京石价银二两四钱一分六厘,较上月增六分九厘。小麦每京石价银一两五钱九分二厘,较上月增一钱六厘。豌豆每京石价银一两三分六厘,较上月增三分五厘。

吐鲁番直隶厅：小麦每京石价银一两四钱一分六厘，大麦每京石价银六钱三分四厘，高粱每京石价银七钱五厘，黄豆每京石价银一两五钱三分，俱与上月相同。

镇西直隶厅：小麦每京石价银一两一钱二分，豌豆每京石价银一两一钱二分，青稞每京石价银六钱四分，俱与上月相同。

哈密直隶厅：粟米每京石价银一两四钱四分，与上月相同。小麦每京石价银一两四钱六分二厘，较上月增一钱二分四厘。豌豆每京石价银一两二钱六分，较上月增一钱一分。青稞每京石价银一两四分五厘，较上月增一钱九分八厘。

库尔喀喇乌苏直隶厅：小麦每京石价银一两三钱八分，与上月相同。豌豆每京石价银一两四钱二分，较上月增一钱四厘。高粱每京石价银八钱七分八厘，与上月相同。

伊塔道属：

绥定县：大米每京石价银四两七分，较上月增二钱二分二厘。小麦每京石价银一两三钱一分一厘，与上月相同。大麦每京石价银八钱三分二厘，较上月增五分五厘。豌豆每京石价银一两二钱九分六厘，较上月增七分二厘。

宁远县：大米每京石价银三两一钱六分七厘，较上月增五分六厘。小麦每京石价银一两三钱八分，较上月增五分。大麦每京石价银七钱八分一厘，较上月增三厘。豌豆每京石价银一两一钱五分二厘，与上月相同。

塔尔巴哈台直隶厅：小麦每京石价银一两三钱三分九厘，较上月增三厘。大麦每京石价银一两四钱三分六厘，与上月相同。豌豆每京石价银一两三钱二分七厘，与上月相同。

精河直隶厅：大米每京石价银二两九钱四分，较上月减七分。

小麦每京石价银一两一钱二分，较上月增七分。大麦每京石价银八钱四厘，与上月相同。豌豆每京石价银一两一钱八分九厘，较上月减一厘。

阿克苏道属：

温宿直隶州：大米每京石价银二两二钱八分，与上月相同。小麦每京石价银一两二钱七厘，较上月减一钱七分三厘。大麦每京石价银六钱，与上月相同。包谷每京石价银八钱五分，较上月减四分七厘。

拜城县：小麦每京石价银七钱四分四厘，较上月增四分三厘。大麦每京石价银三钱六厘，与上月相同。豌豆每京石价银四钱三分八厘，较上月增四分三厘。包谷每京石价银五钱六分九厘，较上月增四分四厘。

喀喇沙尔直隶厅：大米每京石价银三两二钱五分六厘，较上月增二钱九分六厘。小麦每京石价银壹两六钱五分六厘，较上月增二钱七分六厘。豌豆每京石价银一两八厘，与上月相同。包谷每京石价银七钱六分八厘，与上月相同。

库车直隶厅：大米每京石价银二两五钱九分，与上月相同。小麦每京石价银六钱三分，较上月减九分五厘。豌豆每京石价银七钱六分，较上月减一分。包谷每京石价银六钱五分，与上月相同。

乌什直隶厅：大米每京石价银一两九钱三分七厘，较上月增一钱四分九厘。小麦每京石价银六钱七厘，较上月增一分三厘。大麦每京石价银三钱二分一厘，与上月相同。包谷每京石价银四钱五分八厘，与上月相同。

喀什噶尔道属：

疏勒直隶州：大米每京石价银三两三钱，较上月增三钱六分。

小麦每京石价银一两五钱二分,与上月相同。包谷每京石价银一两一钱五分二厘,较上月增七分三厘。高粱每京石价银一两三分五厘,较上月增五分八厘。

疏附县:大米每京石价银三两三钱,较上月增三钱六分。小麦每京石价银一两五钱二分,与上月相同。包谷每京石价银一两二钱六厘,较上月增七分六厘。高粱每京石价银一两三分五厘,较上月增五分八厘。

莎车直隶州:大米每京石价银二两七分二厘,较上月减四钱四分四厘。小麦每京石价银八钱五分五厘,较上月增一钱一分。大麦每京石价银七钱二分五厘,与上月相同。包谷每京石价银六钱四分六厘,较上月增五分九厘。

叶城县:大米每京石价银二两三钱二分,较上月减二钱一分七厘。小麦每京石价银八钱二分,较上月减八分。包谷每京石价银六钱二分四厘,较上月减九分六厘。青稞每京石价银四钱,较上月减五分。

和阗直隶州:大米每京石价银二两五钱三分四厘,较上月增四分二厘。小麦每京石价银一两三分五厘,较上月增五分五厘。包谷每京石价银六钱二分七厘,较上月增二分六厘。青稞每京石价银五钱九分三厘,与上月相同。

于阗县:大米每京石价银二两六钱九分一厘,与上月相同。小麦每京石价银一两五厘,较上月减一分三厘。包谷每京石价银六钱二分,与上月相同。

英吉沙尔直隶厅:大米每京石价银四两一分二厘,较上月增二钱一分二厘。小麦每京石价银一两三钱二分四厘,较上月增八分二厘。大麦每京石价银五钱七分,与上月相同。包谷每京石价银一两一分八厘,较上月增一分三厘。

玛喇巴什直隶厅:大米每京石价银二两九钱六分,较上月增二钱九分六厘。小麦每京石价银一两三钱八分,较上月增一钱三分八厘。包谷每京石价银一辆八分八厘,与上月相同。

(朱批:)览。[1]

○四八　预估新疆等处光绪二十年新饷恳饬指拨折

光绪十九年五月初十日(1893年6月23日)

头品顶戴甘肃新疆巡抚臣陶模跪奏,为援案预估光绪二十年份新疆等处新饷,恳恩饬部指拨,以济要需,恭折仰祈圣鉴事。

窃查光绪十九年饷数,上年经部指拨银二百六十万八千两。兹届估拨二十年新饷之期,饬据布政使饶应祺议覆:新疆抚标、提标、巴里坤、阿克苏两镇应需俸饷银一百五十六万两,军装、器械银十万两,地方例支、杂差、车脚、口分银五万两,古城旗营经费银六万五千两。司库例支不敷,历年估拨银十五万两,系专指镇迪、阿克苏、喀什噶尔三道所属廉俸、驿站而言。迨伊犁、塔尔巴哈台设立道、府、厅、县,岁增银三万八千两,暂由军需、善后项下挪用。此支彼绌,殊不足以经久远,应请设法通融,以备支发。查新疆善后岁估银十四万两,并以此项弥补北路城工经费。现值饷项艰难,拟减银七万两,请拨银七万两,仍由所减七万两内提银三万八千两,拨补司库例支,连旧估十五万两,共银一十八万八千两,请作为常

---

① 中国第一历史档案馆藏:清单,档案编号:03-6931-018。

款。计新疆实节省银三万二千两，请拨银二百三万三千两。伊犁镇标俸饷、军械，地方善后十七、八、九三年每年指拨银三十九万两，内除户部因伊犁甫经接办，于伊塔道库应存项下腾拨银五万两外，计银三十四万两。前项腾挪银两，未便于三年后仍请拨用，再于三十四万两内酌减银一万两，请拨银三十三万两。塔尔巴哈台协标俸饷、军装、器械银十二万三千两，善后经费银三万两，仍请照旧指拨等情，详请具奏前来。

臣查新疆等处新饷，上年估饷折内声明如可裁省，当撙节支给等因在案。现除户部腾拨银五万两，并新疆、伊犁两处共节省银四万二千两，总计光绪二十年份新疆、伊犁、塔尔巴哈台共需银二百五十一万六千两，相应恳恩饬部照数指拨，由甘肃藩司统收分发，以济要需。仍俟各处善后完竣，再行核减，不敢稍有浮冒。至新疆藩库、伊塔道库、塔尔巴哈台同知库另拨封存银两，并恳饬部核议。

所有预估光绪二十年份新疆等处新饷缘由，谨会同陕甘总督臣杨昌濬恭折具奏，伏乞皇上圣鉴，训示施行。谨奏。光绪十九年五月初十日。

（朱批：）户部议奏。[1]

光绪十九年六月初九日，奉朱批：户部议奏。钦此。[2]

○四九　审拟吐鲁番厅民斗殴毙命一案折

光绪十九年五月初十日(1893 年 6 月 23 日)

头品顶戴甘肃新疆巡抚臣陶模跪奏，为斗殴毙命，核明定拟，

---

① 台北故宫博物院藏：军机及宫中档，文献编号：408002805。

② 中国第一历史档案馆藏：录副奏折，档案编号：03-6131-065。

恭折仰祈圣鉴事。

窃吐鲁番厅客民陈万萌因口角争殴，刃伤闵连元身死一案，据署吐鲁番厅同知彭绪瞻验讯拟解，署镇迪道兼按察使衔黄光达审明转详。

臣亲提覆鞫，缘陈万萌籍隶湖北黄陂县，在吐鲁番城手艺营生，与已死闵连元同乡熟识，素无嫌怨。光绪十八年四月初，陈万萌与闵连元族侄孙闵永茂往鲁克沁地方赶集，同店居住。十三日，陈万萌在店拾获纸扇一柄，闵永茂认系己物，随向索还。陈万萌戏称如要还扇，须得沽酒共饮。闵永茂恶其薄情，斥骂扇系被贼偷窃。陈万萌当因诬窃气忿，留扇未给。十四日，各自转回。十五日下午，闵永茂向闵连元告述前情，闵连元代抱不平，令闵永茂同往理论。刚至陈万萌铺外，适遇陈万萌外出，闵永茂复向索扇，陈万萌仍称日前不应诬窃。闵永茂分辩，闵连元亦斥陈万萌非是。陈万萌不服，彼此争闹。闵永茂揪住陈万萌发辫，用拳殴伤其左、右肋。闵连元用拳殴伤陈万萌左项颈、脊背。陈万萌挣脱，逃跑回铺，闵连元等随后追赶。陈万萌见势凶猛，顺拾桌上小刀吓抵，闵连元扑拢扭殴。陈万萌情急，用刀冒戳，适伤闵连元右肋，松手倒地。闵永茂趋至，将陈万萌揪按，拾取土块，殴伤陈万萌左太阳穴等处。经邻佑闵忍安喝阻。闵连元伤重，移时身死。投约报验，讯供议拟招解，由兼司勘转前来。臣覆鞫无异。

查律载：斗殴杀人者，不问手足、他物、金刃，并绞监候等语。此案陈万萌因闵连元帮其族孙闵永茂索扇口角，被殴情急，用刀戳伤闵连元右肋身死，自应按律问拟。陈万萌合依斗殴杀人者，不问手足、他物、金刃，并绞律，拟绞监候，秋后处决。闵永茂遗落纸扇，并不婉言索还，以致争殴酿命，亦属不合。闵永茂除以他物殴伤陈万萌伤轻平复，律止笞四十轻罪不议外，应照不应重律，杖八十，折责发落。闵忍安救阻不及，请免置议。无干省释。尸饬领埋，凶刀案结销毁。是否允协，除全案供招咨部外，所有斗殴毙命，核明定拟各缘由，谨恭折具陈，伏乞皇上圣鉴，饬部核议施行。谨奏。光绪十九年五月初十日。

（朱批：）刑部议奏。[1]

光绪十九年六月初九日，奉朱批：户部议奏。钦此。[2]

○五○　增拨伊犁饷银以固疆圉片

光绪十九年五月初十日(1893年6月23日)

再，臣准伊犁将军臣长庚咨称：伊犁自经变乱，生计日行艰难，该处紧与俄邻，防务尤应整饬，非兴办屯田，举行牧政，添设练军，讲求洋操，并将卡伦、碉堡各事宜分别办理，实不足裕边储而固疆圉等因。

臣查所咨各节，均属当务之急，惟发给屯牧成本、购办枪炮各项经费，需款不少，新疆、伊犁岁拨饷项均属无可腾挪，可否恳恩饬部仍于伊塔道库应存项下腾拨银五万两，并新疆、伊犁共节省银四万二千两，酌定年限，拨交将军臣存储应用。如蒙允准，应由长庚将筹办各事妥议章程，详晰具奏。谨会同陕甘总督臣杨昌濬，附片陈明，伏乞圣鉴训示。谨奏。

（朱批：）户部议奏。[3]

---

①　台北故宫博物院藏：军机及宫中档，文献编号：408002806。

②　中国第一历史档案馆藏：录副奏折，档案编号：03-7316-020。

③　台北故宫博物院藏：军机及宫中档，文献编号：408002805-0-A。

光绪十九年六月初九日,奉朱批:户部议奏。钦此。①

○五一　新疆七载防戍原保文职改奖折

光绪十九年五月十七日(1893年6月30日)

太子少保头品顶戴陕甘总督臣杨昌濬、头品顶戴甘肃新疆巡抚臣陶模跪奏,为新疆七载防戍原保文职遵照部议,分别删改,开单恳恩给奖,恭折仰祈圣鉴事。

窃臣等于光绪十八年六月十七日会奏遵旨照案酌保新疆防戍异常出力文武员弁一折,奉朱批:该部议奏。钦此。旋经部议:新疆安设行省,局势大定,与光绪十年初次肃清情形不同,保奖之等差宜别。至有省份之贵州直隶州知州周应芬等二十余员,已否奏咨留营,并未声叙,应请饬下该督抚臣等将出力稍次及已经离营人员核实删减,并将何员在何营著有何项劳绩,详细声叙等因。于光绪十八年八月十三日具奏,奉旨:依议。钦此。钦遵咨行前来。

伏查此次保案虽在肃清以后,惟是时大难甫平,筹办防守各事宜,如理棼丝,猝难就绪,各员不辞劳瘁,凑赴事机,于设省改标之时,收众擎易举之效。上年臣等分别请奖,原为疆圉激励人才,现准部臣议奏各层,尤为朝廷慎重名器。臣模当即查照部咨,会商臣昌濬,择其尤为出力及有省份实在著有劳绩未经离营人员,仍予甄录,其余概行删除,并将拟保免补、免选各员量为更改。综计删减二百余名,请保四百余名,较原奏只存三成之二,较光绪十年六载边防准保一千八百余名,仅及四成之一。在各员黾勉从公,得邀奖

---

①　中国第一历史档案馆藏:录副奏折,档案编号:03-6131-066。

叙，莫非逾格鸿施，而于边荒瘠苦之区，办事逾七年之久，所保只有此数，又未过从优奖。核与激励人才、慎重名器之道，似属两无所碍。相应开单，吁恳天恩，俯准一律给奖，以资鼓励。至何员在何营著有何项劳绩，邀免声叙。

除各员履历清册业经咨部毋庸再造外，所有删改新疆七载防戍原保文职缘由，谨合词恭折具陈，伏乞皇上圣鉴训示。再，此折系臣模主稿。合并声明。谨奏。光绪十九年五月十七日。

（朱批：）吏部议奏。单并发。[①]

光绪十九年六月十九日，奉朱批：吏部议奏。单并发。钦此。[②]

○五二　呈新疆防戍择尤拟保文职清单

光绪十九年五月十七日(1893年6月30日)

谨将新疆七载防戍在事出力择尤拟保文职各员衔名，汇缮清单，恭呈御览。

计开：

甘肃新疆布政使饶应祺，二品顶戴伊塔兵备道英林，均请交部从优议叙。

补道员后加布政使衔新疆补用道李宗宾，请赏准先换顶戴。

二品顶戴盐运使衔喀什噶尔兵备道黄光达，请赏给正二品封典。

---

① 台北故宫博物院藏：军机及宫中档，文献编号：408002807。

② 中国第一历史档案馆藏：录副奏折，档案编号：03-6029-028。

迪化府知府潘效苏，伊犁府知府黄丙焜，均请以道员在任遇缺题奏，黄丙焜并请赏加盐运使衔。

留新疆候补知府桂荣，请赏加盐运使衔。

补用知府留甘候补直隶州知州陈纯治，在任候补知府分省补用同知奚麟，知府用候补直隶州知州借补塔城直隶同知石本清，补用知府莎车直隶州知州刘嘉德，均请俟归知府班后，赏加盐运使衔。

知府衔和阗直隶州知州潘震，请以知府在任候补，并俟归知府班后，赏加盐运使衔。

同知衔在任候补直隶州知州阜康县知县田鼎铭，请俟补直隶州知州后，以知府在任候补，并请先换顶戴。

盐运使衔升用道分省补用知府潘时策，补用知府分省部补用直隶州知州骆恩绶，知府用新疆候补同知借补玛喇巴什直隶厅通判谭传科，运同衔新疆试用直隶州知州易寿崧，直隶州知州用候补知州借补库车直隶厅同知刘人佺，留陕前先补用直隶州知州贺培荣，在任候补直隶州知州拜城县知县杨其澍，同知衔在任候补直隶州知州候选知县任步春，同知衔直隶州知州用留甘补用知县李瑞禾，运同衔候补知州借补昌吉县知县李凌汉，补用同知选用知县瞿盛庆，同知衔补用知州候补知县徐昭明，同知用候补知县借补新疆布政司库大使文立山，补用知州分省补用知县周本谦，同知衔新疆补用知县杨名树，均请赏加一级。

在任候补知府候补直隶州知州迪化县知县黄袁，请俟归知府班后，赏加三品衔，并请赏加一级。

知府衔贵州补用直隶州知州周应芬，知府衔留甘补用直隶州知州蒋顺章，分省补用同知沈先鍼，均请俟补缺后，以知府补用。

补用直隶州知州分省补用知县张金兰，直隶州知州用留陕补用知县甘曜湘,同知衔直隶州知州用分省补用知县蒋光陞,均请俟补直隶州缺后,以知府用。

分省即补知州张运芙,分缺先补用通判周仪,同知衔留甘补用知县王炳堃、何炳耀、黄廷珍、王懋勋,同知衔甘肃补用知县李时熙、章耀郇,同知衔分省补用知县南凤济、梁国栋,同知衔新疆补用知县易绍昌,同知衔四川补用知县龚长奎,知州衔甘肃补用知县宋升平,甘肃大挑试用知县刘至顺、钱广恩,候补知县杨敬熙,留甘补用知县陈先觐,均请俟补缺后,以直隶州知州补用。

同知衔分省尽先即补知县刘兆松,请俟补缺后以直隶州知州补用,并请赏加一级。

双月选用同知钰山,请以同知不论双单月选用。

同知衔直隶州知州用留甘补用知县朱熿,同知衔直隶州知州用候补知县开缺新疆布政司经历蒋士修,均请俟补直隶州知州后,以知府升用。

同知衔补用直隶州知州分省即补知县曾广均,请俟归直隶州班后,赏加知府衔。

同知衔分省补用通判周茂春,同知衔分省补用知县向贵镳、刘余庆,同知衔留甘补用知县余猷澄,同知衔留甘即补知县刘承泽,分省补用知县左昭贻、夏炳忠,均请俟补缺后,以同知补用。左昭贻、夏炳忠并请先换顶戴。

六品衔补用同知新疆补用知县胡岑,请俟补同知缺后,以知府用。

同知衔留甘补用知县易建藩,请俟补缺后,以同知仍留原省补用。

五品衔知县用留甘补用州判借补喀喇沙尔厅照磨陈廷灿,请俟补知县缺后，以同知补用。

六品顶戴赞礼郎衔新疆巡抚衙门笔帖式荫锡，新疆城署各工案内请加五品顶戴，部议改为加六品顶戴等因。兹将该员防戍案内原开五品顶戴底衔删除更正，拟请俟笔帖式俸满后，以知县补用，并请赏加同知衔。

六品顶戴新疆巡抚衙门笔帖式英惠，新疆城署各工案内请加同知衔，部议改为加一级等因。兹将该员防戍案内原开同知底衔删除，拟请俟笔帖式俸满后，以知县补用，并请赏加同知衔。

同知用甘肃候补知县姚世贞，补用同知分省补用知县龚先法，均请俟归同知班后，赏加知府衔。

同知衔尽先拣选知县张熙载，请赏给正五品封典。

双月选用通判黄勋、左新藻，均请以本班不论双单月选用。

同知用甘肃候补知县罗运甏，直隶州知州用留陕补用知县彭棣云，留甘补用知县谭叶庚、黄益韶，分省补用知县左昭熙、陈元勋、陈际丰、杨正昌，留陕即补知县陈进禄，湖北补用知县龚钧，分省尽先补用知县周振汝，准补甘肃崇信县知县杨培之，留江西补用知县王礼源，补用知县萧庆祥，留甘补用知县陈彤辅、陈国琛，尽先补用知县留甘补用州判常炳塈，均请赏加同知衔。

选用布理问周鼎，新疆城署各工案内请俟选缺后，以知州补用，部议请奖在前，捐案核准在后，应令撤销等因。兹将该员防戍案内原开补用知州底衔删除，拟请俟选布理问缺后，以知州在任候补，并请赏加四品衔。

双月选用布理问陈国麟、刘逢甲、王道昌，均请俟选缺后，以知州补用。

选用布理问刘际昌，新疆城署各工案内请俟选缺后，以知州补用,部议请奖在前,捐案核准在后,应令撤销等因。兹将该员防戍案内原开补用知州底衔删除,拟请俟选布理问缺后,以知州补用。

升用知州留甘尽先补用知县钟逢焕,请先换知州顶戴。

补用知州选用布理问杨丙章,请俟归知州班后,赏加运同衔。

补用通判分省尽先补用州同郭国栋,请俟补通判后,以直隶州知州补用。

伊犁粮饷章京工部笔帖式荣安,请以主事无论咨留遇缺即补。

选用州判张斌,选用府经历朱佩蘅、文雅林,均请俟选缺后,以知县在任候补。朱佩蘅并请俟归知县班后,赏加同知衔。

六品蓝翎知县用伊犁府经历鸿勋,候补县丞借补伊塔道库大使刘鸿遇,均请以知县在任候补。

六品衔知县用留甘补用县丞陈家培,六品衔知县用留陕补用县丞柴士祯,请俟归知县班后,赏加五品顶戴,并请赏给五品封典。

府经历用候选县主簿李源铷,请俟补府经历后,以知县在任候补。

候选府经历刘鸿钧,选用县丞刘廷柱,选用府经历刘昌涛、倪卓,均请俟选缺后,以知县尽先补用。

试用县丞借补疏附县典史杨振海,新疆城署各工案内由县丞请保俟补缺后,以知县补用,部议请奖在前,捐案核准在后,应令撤销等因。兹将该员防戍案内原开补用知县底衔删除,拟请俟开缺后,以知县补用。

甘肃布政司库大使在任候补知县萧庆增,知县用补用盐大使借补济木萨县丞韩瑶光,知县用候选县丞饶翰霄,均请俟补知县后,以直隶州知州补用。

选用州判殷邦甸,新疆城署各工案内请俟选缺后,以知县补用,部议请奖在前,捐案核准在后,应令撤销等因。兹将该员防戍案内原开补用知县底衔删除,拟请俟选州判缺后,以知县补用。

俸满后即补知县候补县丞借补奇台县巡检邹子鸿,六品衔补用府经历借补乌什厅照磨徐明达,均请俟开缺后,以知县尽先补用。

指分甘肃新疆试用县丞赵鋐,分省即补县丞黄瑞镐,均请俟补缺后,以知县尽先补用。

分省补用州判胡桂龄,指省分发新疆试用府经历陈源灏,江苏试用府经历魏涛,分省补用县丞邓寿麟、黄光本、杜陞、李光照、唐耀楠、陈斯道,分省试用县丞李焕墀,留甘补用县丞魏漪、李润霖,理问衔分省补用县丞徐曦清,六品衔新疆补用县丞萧然奎,均请俟补缺后,以知县补用。

就职候选直隶州州判黄赓陶,候选州判和阗直隶州吏目胡官俊,选用州判廖震炎,选用府经历杨甲英、余鼎煌、张绍伯、齐从贤、潘晋乾、陶甄、刘庆龄,尽先选用盐大使朱霅莘,选用县丞朱运丁、杨兴棣、黄显耀,六品衔尽先选用县丞陈立贞、赵维垚,尽先选用县丞胡清源,尽先即选县丞李庆禄,分缺先选用县丞陶登科,不论双单月选用县丞王廷襄,五品翎顶双月选用县丞袁炳奎,均请俟选缺后,以知县补用。朱霅莘、张绍伯、齐从贤并请赏加六品衔。

州判职衔盛泽斌,新疆城署各工案内请以州判不论双单月尽先即选,部议所请非八品以下职衔,核与定章不符,应令另核请奖等因。兹将该员防戍案内原开不论双单月即选州判底衔删除,拟请由州判职衔以县丞选用。

迪化府经历周芳熙,请俟俸满后,以知县补用。

在任即选知县遇缺即选教谕罗霁,在任即选知县候选教谕魏振宗,补用知县留甘补用府经历刘芬,补用知县分省即补府经历何沂,知县用选用府经历县丞周寿昆,升用知县甘肃候补县丞赵树棠,补用知县留甘补用县丞张英楷,知县用分省即补县丞王振文,补用知县即选县丞张鼎勋,知县用即选县丞陈伯信,补用知县不论双单月选用盐大使姚元恺,知县用补用县丞即选从九品盛泽湘,均请俟归知县班后,赏加同知衔。

不论双单月尽先选用训导张华焱,请俟选缺后,以教谕在任候选,并请赏加六品衔。

双月选用训导江诗伯,廪生王志仁、陈琼、常永庆、黄璋,增生易梦兰,均请以训导不论双单月尽先选用。

候选训导李明新,请以本班尽先即选。

廪生向文蔚,优附生彭耀堃,均请以训导尽先选用。

六品衔选用主簿文炬莲,候选主簿杨承泽,均请俟选缺后,以府经历补用。

布政司经历知县陈泽民,请以府经历不论双单月选用。

签分试用府知事刘翰青,请俟补缺后,以府经历补用。

盐大使衔黄森楷,请以盐大使尽先选用。

六品衔留甘补用从九品借补绥定县典史阎宗汉,请以县丞在任候补。

州同职衔孟广裕、周渐达,州判职衔陶焘元,选用县丞李德源,均请以县丞不论双单月选用。李德源并请赏加六品衔。

县丞职衔刘高华,请以县丞不论双单月尽先选用。

补用县丞留甘补用从九品高涣泉、颜日新,均请俟补县丞缺后,以知县用。

补用县丞分省补用县主簿萧经士，请俟补县丞后，以知县补用。

六品顶戴荫生刘秩祥，请以县丞尽先选用。

候选从九品谢树人，请以本班不论双单月选用，并请赏加六品衔。

候选从九品谢鸿恩，请以巡检不论双单月尽先选用。

六品衔即选巡检陈永清，请俟选缺后，以县主簿补用。

迪化府学教授原筮贞，选用府经历宋德宾，不论双单月尽先选用训导赵重华，选用县主簿喻兆龙，即选县主簿贺凤梧、罗教莹、杨立三，分省补用主簿陶俊，即选巡检蒋益智、杨嗣源，主簿用广东遇缺先即补巡检萧贻昺，留甘补用巡检吉殿杰，分省归候补班前补用巡检龙骧，县丞用即选巡检朱铎、彭克恭、章时灿，分省补用巡检霍趾麟，分省即补巡检沈锡光、周宗溪，选用巡检魏霖澍、饶守谦、胡学效、王锡銮、万鹏程、赵培基、易树勋、向炳麟、王道南、龙式作、夏金培、许堃、王希尧、汤勋、李翰昌、万选青，不论双单月即选巡检黄熙，升缺升用选从九品欧阳倜、李树芬，留陕补用从九品蒋镇，先补用县丞候选从九品江文波，县丞用分省补用从九品李廷瑞，尽先前即选从九品陈瀛，补用主簿选用从九品张秉春，即选从九品刘长枡、黄镛、周崧峻、周知荣、石若金、胡锋学、涂廷尉，尽先选用从九品段克忠、徐树楠、张家瑞、刘华源、张应选、王道隆、邓宗海、曾泽霖，选用从九品傅博儒、杨庆蕃、方鋆、刘文训，补用主簿留甘补用从九品胡润成，补用主簿分省即补从九品赵承普、黄传湛，分省补用从九品夏允隽、杨丕甲、黄宗晋、李竹峰，留甘补用从九品张聘尹，不论双单月尽先选用从九品龙知镛、余宏鑫、彭名甲、毛国钧，双月选用从九品余家骧，补用县丞升用主簿分省即补典史魏达方，不论双单月选用典史朱煐,补用主簿即选典史魏昌炽,选用典史王之光、曾光铭,尽先选用从九品未入流甘铭鼎,尽先即选未入流杨丙荣,即选未入流刘谟、李先杰、李丙龙,补用主簿选用从九品未入流廖承鳌,分省补用未入流曾佑启、董汝孝,均请赏加六品衔。

七品顶戴樊效智,附生饶焕然、胡培元,县丞职衔潘崇林,七品顶翎俊秀马良凯,附生许熙霖、鲁延第、张衍光、杜生花,均请以县主簿不论双单月选用。

附生谌绍尧,请以县主簿选用。

甘肃补用典史方澍桐,请以县主簿仍留原省补用。

文童罗春瀚,请以巡检不论双单月选用,并请赏加六品衔。

不论双单月选用典史雷象贤,请仍以典史不论双单月遇缺尽先即选,并请赏加六品衔。

从九品职衔蒋丙晖、董建邦、张茂绪、夏炳勋、张有禧、陈国祥、李楷元,六品翎顶李昕,七品顶戴任树森、危向枢、董毓昌,附生胡肇修、吴汉章、徐扬清、陈文斌、何文钦、吴耀先,监生朱同泽、李作桢、侯念祖,文童叶宗璞、胡鹏、李炳堃、廖起虞、陈佐清、王有镇、萧赞美、张正奎、张祖麟、彭明垣、吴有庆、吴邦杰、杜德辉、袁兰先、周济龙、文瑞、王钊璠、卢崎鼎、叶喆、刘章甫、陈宗藩、潘宗岳、刘潏溢、陈沄、夏植松、蒋人杰、谭翰垣、杨启瀚、王诗赏、柴永清、王炽昌、李学文、李滋蒉、谭钧、黄允中、汪润瀛、甘微汉、黄本初,均请以巡检不论双单月尽先选用。

从九职衔朱后棠,监生成道谦,文童龙道南、任象鼎、李定荣、张鹤龄、李培基、龙熙霖、唐正南,均请以巡检选用。

分省补用从九品高照,请以巡检分省补用。

州吏目衔左兆麟,文童邹本杰、彭克修,均请以州吏目不论双单月选用。

选用从九品田乐圻,七品翎顶衢应选,文童李宗翰,均请以州吏目选用。

从九职衔韦镛、李文英、胡声远、谭兴藻、王维三、蒋树滋,附生陈宝三、耿熙才、徐浚、于永琪、王贤辅,文童许长濬、朱寿镛、姚述崇、王宗高、刘致远、魏树勋、张茂典、杨昌年、焦洞、彭运昌、童兆庚、曾冠鼎、李膺、徐季伦、吴聘珍、龙名泽、徐济廷、喻建候、李映奎、周兴让、刘兆蓉、黄显达、李文炳、夏彭龄、杜宗预、颜永基、安骏卿、萧锦、胡丙焕、谭世萃、夏芳琳、谭团钧、徐象乾、易荣鼎、甘毓霖、张道隆、喻先点、袁之道、尹先声、谭熙瑞、周昆、仇发龄、罗曜冈、魏振翩、张梦兰、张文奎、黄沛霖、贺发章、陈星镛、李森毓、金镇西、徐克成、刘福恩,均请以从九品不论双单月选用。

文童杨昌炽、方玉田、张祥、陶性孝、杨宗峻,均请以从九品选用。

文童萧鹤纪、周培基、罗光焆、唐先泽、鲁延侯、张堃、张生荣、冯效异、王光曜,均请以典史不论双单月选用。

文童苗茂、沈国翰、王宗瀚,均请以未入流不论双单月选用。

开复各员:补用知府候补直隶州知州降三级调用傅寿森,前署吐鲁番厅同知,因盗匪挟仇烧杀失察差役一案,经前护抚臣魏光焘于光绪十七年四月奏请议处,部议降三级调用,系公罪,例准抵销。查该员历经差委,实属出力,被议后尤倍加奋勉,应请开复降调处分,仍以直隶州知州留甘肃新疆补用,补缺后以知府尽先补用。

陕西补用知县归部降选府经历海英,同治十一年经前陕甘督臣左宗棠于甘肃甄别案内以性傲才疏,不堪造就,奏请以府经历归部降选。该员旋投军营,深知悛改,办事亦极勤能,应请开复降选处分,仍以知县留原省补用。

已革花翎布政使衔广西遇缺尽先题奏道赵沃,光绪十二年十一月十六日,奉旨发往新疆效力赎罪,旋经前抚臣刘锦棠奏请派管屯田事务。十五年,恭逢恩诏,前护抚臣魏光焘奏请免罪,仍留新疆办理屯垦。十六年闰二月初七日,经部奏奉谕旨:准其留办屯垦。钦此。查该革员愧奋自新,督办屯务,尚属得力,应请开复翎顶。

(朱批:)览。①

○五三　奏报新疆防营官兵及
　　　　各台、局、卡、义学数目折

光绪十九年五月二十四日(1893 年 7 月 7 日)

头品顶戴甘肃新疆巡抚臣陶模跪奏,为新疆防营员弁勇丁,各台、局、卡、义学自光绪十八年七月初一日起至十二月底止实在数目,缮具清单,恭折仰祈圣鉴事。

窃新疆马步营旗、炮队,各台、局、卡、义学实在数目,截至光绪十八年闰六月底止,业经分别奏咨在案。兹据新疆粮台详称:自十八年七月初一日起,截至十二月底止,遵照标营章程,挑募步队二营一旗,裁减步队二旗一营,实存马步九十九营旗一哨,开花炮队四哨。共计额设营书、弁勇二万四千九百六十二名,火勇一千七百四十二名,营、旗、哨官三百八十员,巡查一百三十七员,额外火夫、私夫、马夫、车夫六千二百九十五名。其各台、局、卡裁撤省城柴草

---

① 中国第一历史档案馆藏:清单,档案编号:03-6029-029。

局、哈密军装局、宁远、绥定二善后局、绥定东门、西门、南门三稽查卡。分晰缮具清单，详请奏咨前来。

臣覆查无异。所有新疆防营员弁勇丁，各台、局、卡、义学自光绪十八年七月初一日起至十二月底止实在数目，谨缮清单，恭呈御览，伏乞皇上圣鉴，饬部立案施行。谨奏。光绪十九年五月二十四日。

（朱批：）该部知道，单二件并发。①

光绪十九年六月二十四日，奉朱批：该部知道，单二件并发。钦此。②

○五四　呈新疆光绪十八年下半年各营员弁数目清单

光绪十九年五月二十四日(1893 年 7 月 7 日)

谨将新疆驻防马步各营旗员弁勇丁、夫马、炮车数目自光绪十八年七月初一日起至十二月底止，缮具四柱清单，恭呈御览。

旧管：光绪十八年闰六月底止，实存防军标营章程马队一营五十四旗、步队二十六营一十八旗一哨、开花炮队四哨，共计旧存额设营、旗、哨官三百七十九员，旧存额设巡查一百二十六员，旧存额设营书、弁勇二万四千八百四十四名，旧存额设火勇一千七百三十一名，旧存额外火夫七百八十三名，旧存额外马夫、私夫、车夫五千五百名，旧存额马七千一百六十四匹，旧存炮车二十四辆、车骡六

---

① 台北故宫博物院藏：军机及宫中档，文献编号：408002808。

② 中国第一历史档案馆藏：录副奏折，档案编号：03-5756-039。

十四头。

新收：光绪十八年八月初一日，挑募喀什噶尔提标右营、库尔喀喇乌苏营共步队二营、平字左旗步队一旗。遵照标营章程，新添额设营哨官十四员，新添额设巡查五员，新添额设营书、弁勇一千二百二十六名，新添额设火勇一百一十八名，新添额外私夫七十二名。

开除：光绪十八年七月底，裁减喀什噶尔提标右营、库尔喀喇乌苏营步队二旗、平字左营步队一营，计裁减官弁、勇丁一千二百三十二员名，裁减额外私夫六十名。

实在：光绪十八年十二月底止，实存防军标营章程马队一营五十四旗、步队二十七营一十七旗一哨、开花炮队四哨，共计实存额设营、旗、哨官三百八十员，实存额设巡查一百二十七员，实存额设营书、弁勇二万四千九百六十二名，实存额设火勇一千七百四十二名，实存额外火夫七百八十三名，实存额外马夫、私夫、车夫五千五百一十二名，实存额马七千一百六十四匹，实存炮车二十四辆、车骡六十四头。

（朱批：）览。①

○五五　奏报推广《武职借补章程》折

光绪十九年五月二十四日(1893 年 7 月 7 日)

头品顶戴甘肃新疆巡抚臣陶模跪奏，为新疆武职各缺，拟恳暂照推广借补章程办理，以资委任而裨边防，恭折仰祈圣鉴事。

---

① 中国第一历史档案馆藏：清单，档案编号：03-5891-106。

窃臣于光绪十九年二月十二日准兵部咨：议奏湖广总督张之洞奏，《武职借补章程》恳续展期限一折，自应再准展缓五年。惟年限既展，限制亦应量为变通，拟请嗣后除提督、总兵两项人数众多、补缺较难，准其借至副将、参将外，其副将只准借补参将，参将只准借补游击，游击只准借补都司，都司只准借补守备，守备只准借补千总，千总只准借补把总，均不得借至二级等因。奉旨：依议。钦此。钦遵咨行到臣。

查前直隶总督臣曾国藩奏准推广《武职借补章程》，提督、总兵借至副将、参将、游击止，副将、参将、游击借至督司、守备止，督司、守备借至千总、把总止，原为疏通仕途起见，现经部臣更议章程，示以限制，自应一体遵办。惟新疆情形不同，通计全省提督一缺、总兵三缺、副将七缺、参将八缺，游击以下，以次加增。官职大则缺愈少，官职小则缺较多，而候补员弁中如提督、总兵及副将、参将、游击等官，人数尤众，多系湘、楚、皖、蜀诸军旧旅，当有事之秋，奋身行伍，冲锋陷阵，洊保崇阶。迨军务敉平、官制设定，提督、总兵例由简放，余均各有本班。前次推广借补至三四级不等，其战功夙著、劳苦最久之员，尚多淹滞闲散，求一小缺自效不得。今只稍为通融，虽较按班序补差为宽展，终不如微员末秩缺分较多，望补犹易。朝廷设官有定，既不能尽予位置，并将所谓变通推广，以资酌剂而酬劳勋者，从而限制之，锋镝余生，能无觖望？且才具短长尤难概论，提督、总兵准借补副将、参将，其只堪为游击者不少；副将准借补参将，其只堪为游击、都司、守备者实多，参将以下大率类是。

新疆现设各标，均系以官带勇，或提督、总兵而带游击步队一营，或副将、参将而带都司、守备马队一旗。良以戎行正须整饬，不得不量才授官,冀收人地相宜之效。衔缺悬殊,在所弗计。若不论是否胜任,但于哨队中择其衔缺与部议相符者,迁就请补,而旧有各营旗官半须更置,贻误边防,更非浅鲜。

臣再三筹度,与其遵照部议,窒碍转多,不若暂循前规,较有实用。相应恳恩俯念新疆防务紧要、期在得人,准照前直隶督臣曾国藩奏定章程,提督、总兵仍借至副将、参将、游击止,副将、参将、游击仍借至都司、守备止,都司、守备仍借至千总、把总止,数年后,再行察看情形,奏明办理。至各项本班人员,臣自当酌量请补,用昭公允,俾免向隅。是否有当,谨会同陕甘督臣杨昌濬、喀什噶尔提臣董福祥,恭折具陈,伏乞皇上圣鉴训示。谨奏。光绪十九年五月二十四日。

(朱批:)兵部议奏。①

光绪十九年六月二十四日,奉朱批:兵部议奏。钦此。②

【案】张之洞奏,武职借补章程恳续展期限一折:光绪十八年九月十四日,湖广总督张之洞以湖广提镇以下候补员弁尚多,具折奏请准将《武职借补章程》续展期限,曰:

头品顶戴湖广总督臣张之洞跪奏,为武职借补章程展限将满,各省提镇以下各员候补尚多,仍形壅滞,恳恩续展期限,以资策励而免向隅,恭折仰祈圣鉴事。

窃照前准兵部咨:查明具奏陕甘总督谭钟麟奏缓陕甘规复旧制,并请展各省借补期限一折。钞奏内称:借补定章迄今

---

① 台北故宫博物院藏:军机及宫中档,文献编号:408002809。
② 中国第一历史档案馆藏:录副奏折,档案编号:03-5894-041。

· 462 ·

早逾十年之限，因各省提镇人员过多，是以暂准通融。惟《借补章程》亦未可漫无限制，拟请暂缓五年，凡提镇以下人员，准其通融借补。五年之后，再奏明停止等因。光绪十三年十一月十一日具奏，奉旨：依议。钦此。通行遵照在案。查借补展限，自光绪十三年十一月奉旨之日起，截至十八年十一月十一日，即已满限。此数年之中，各省借补者固已不少，而续有劳绩保奏者，继踵而来，仍未大见疏通。

溯查四十年来，各省各营将弁以战阵功绩洊保记名提镇，现存者总在千员内外。其保尽先副将、参将、游击者，又不可胜数。现在他省提、镇、副、参、游各项人员，未知多寡。即就两湖而论，奏留候补之提督、总兵尚有十三人；奏调及奏容差委者，共二十余人；候补副、参、游各班，不下一百数十人；其在籍未经走留、亦无差委之员，尚不知凡几。一经限满，不准借补。提镇系请旨简放之员，缺少人多，特达遭逢，固属不易，即副、参、游各等官，人浮于缺，不止数倍，亦恐无效用之期，似非朝廷鼓励戎行之意。

合无仰恳天恩，敕部酌核，再行照案展缓数年，俾各省凡提镇以下人员得以借补各缺，及时自效，以资策励而免向隅。理合恭折具陈，伏祈皇上圣鉴，敕部核议施行。谨奏。光绪十八年九月十四日。[1]

光绪十八年九月二十九日，奉朱批：兵部议奏。钦此。[2]

【案】前直隶督臣曾国藩奏定章程：同治七年十一月初三

---

① 中国第一历史档案馆藏：朱批奏折，档案编号：04-01-16-0238-084。
② 中国第一历史档案馆藏：录副奏折，档案编号：03-5889-070。

日，大学士调任直隶总督曾国藩具陈酌拟《武职借补章程》一折，并附《江南月课归标员弁章程》、《清单》，旋得允行。曰：

大学士调任直隶总督一等侯臣曾国藩跪奏，为酌拟《武职借补章程》，恭折仰祈圣鉴事。

窃准兵部咨：会议具奏，嗣后曾经军务省份绿营各缺，暂准奏请通融借补。提镇准借至副、参，副将准借至游击，以次递借，不得借至三级以下。其已经借补实缺之员，即以本衔在任候补，不得照借缺品级，再行升借他缺。至已经借补一缺，每项不准接续借补。年终开单奏明借补成数，统计至多不准过五成。如逾此数，仍于次年将序补人员补还。至长江水师各缺，亦应按此次定章，以三级为限。统俟十年后，再察情形，应否仍复旧例，奏明酌核办理等因。于同治七年五月初三日钦奉谕旨：着照所议办理。钦此。

查部臣所议章程，斟酌时宜，仍不背乎古法，极为周妥，自应遵照办理。惟于现在情形不能不再求变通者，约有数端：一在借补官阶，部议不得逾三级。查军营出力人员，涤保崇阶者太多，不得不推广借补，以为安插之计。拟请嗣后各项补缺，提、镇借至副、参、游止，副、参、游借至都、守止，都、守借至千、把止。如此明示限制，虽与部议稍有不符，而品级不甚悬殊，体制亦无窒碍。惟千、把补缺，向归咨案。现以大衔借补，拟请改归奏案，以示区别。其本班拟补千、把者，则仍归咨案办理。一在借补人数，部议不得逾五成。查十余年来，各路军营搜拔人才，稍有才略者，断不致沉沦末弁。循例应补之员，较之降格借补之员，才具之优劣迥殊，人数之多寡亦异。即使借补人数十居八九，亦不致令本班之人顿形觖望。惟部臣虑及借补太多，易滋流弊，拟请嗣后各项补缺，借补者三缺得二，挨补者三缺得一，借补则分考试、当差两班，择其技艺娴熟、差事勤奋者，按班借补。挨补则分候补、应升两班，核其名次在前、历俸较深者，按班挨补。如此明定班次，既可超拔人才，亦颇限以资格，似与部议尚相吻合。一在借补后升转之途，部议只准照本衔候补，自属简便良法。惟尚有未能限定者，如提、镇借补参、游之后，本班额缺较少，断难冀幸简放，而著有功绩，亦不能不循例升转。以下递推，本班之难于得缺情形相同。嗣后借补各官，如遇升转，拟请随时酌量，奏明请旨定夺，仍照部议以十年为限，十年之后，应否仍复旧制，再行体察情形，奏明酌办。

臣所以鳃鳃过虑者，实因三江两湖用兵太久，武职保举大员太多，姑存借补小缺之途，以为安插闲将之地。臣今奉命调任直隶，该省募勇无多，武职保举之员较少，本可不再置议。然东南、江楚等省遣撤将弁惶惶无所依归者，实不乏人。臣不敢以身离两江，遂不谋一安置之法。且处处可以收标，省省可以考试，技高者固可考补实缺，技劣者亦可稍沾薪粮，庶渐少游荡无归之员，亦足戢嚣陵不靖之气。谨将江南近年考试武职章程，录呈御览。至长江水师初次拟补各缺，尚未明定章程，即第二次、三次出缺酌补，亦尚难期画一。

臣今议奏江苏外海水师，应俟部议允准，暨闽、粤等省水师次第议定后，再由部臣议一水师班次迁补章程，与陆军画分两途，而疆臣亦各参末议，庶为可久之道。所有酌拟《武职借补章程》，恭折具奏，伏乞皇太后、皇上圣鉴训示。谨奏。十一月初三日。

同治七年十一月十七日，军机大臣奉旨：兵部知道，单并发。钦此。①

谨将江南近年考试武职章程分别四条，恭呈御览：

一、校阅弓箭、技艺。初定章时，每月于二十五日考核一次，试以射步箭、挽大弓、演鸟枪、习长矛、马上放枪五事。各员弁报名时，听其自行注明愿考何技。五事中以能试两技为合格，仅一技者，不准与考。届期由臣自行阅看，如一人不能遍阅，或咨提督，或札司道，随同阅看。嗣改为马箭、步箭、鸟枪三项，先马后步。本年五月，乃改为先射步箭，以中三矢为合式，予考马箭、鸟枪。若中箭不及三矢，免考马箭、鸟枪。届腊月封印以后，经前署督臣李鸿章定免考一次，仍照章酌给赏项，俾资度岁而示体恤。

一、分定班次、额数。军营遣撤人员，官阶大小不一，同治四年二月初定考试章程，系列两班，游击以上者为一班，都司以下者为一班。丁卯年武闱乡试后，又有武生禀求附考，因再酌分班次，游击以上仍为一班，都、守、千、把、世职、武举另立一班，外委、武生又为一班，共分三班。其考取之额数，初定章时并未限定取数，数年来，报名者不下三百人。现定游击以上每二名取一名，都、守、千、把、世职、武举等项五名取二名，外委、武生两项三名取一名。武生一项，求收录者极多，上年十月收录三十余人后，旋即停止，不准预考。他省若行此法，则武生宜概不收考。

---

① 中国第一历史档案馆藏：录副奏折，档案编号：03-4739-046；《曾文正公全集·奏稿》，传忠书局，光绪二年(1876)。

一、酌给薪水、奖赏。初定章时，游击以上列为一榜，超等月给薪水钱十二千文，特等月给钱十千文，一等月给钱八千文。都司以下列为一榜，超等月给薪水钱八千文，特等月给钱六千文，一等月给钱四千文。嗣因营中哨弁及随辕当差人等有愿与考试者，该员弁等本有月支之薪水，略给奖赏。由司道等酌议，游击以上一班无薪水者，超等给洋钱十二元，特等八元，一等六元。都司以下至武举一班无薪水者，超等给洋钱八元，特等六元，一等四元。游击以上本有薪水者，如取超等一名，给奖赏银五两，二名以下，给银四两，特等给银三两，一等给银二两。都司以下至武举本有薪水者，超等第一名给奖赏银三两，二名以下给银二两，特等给银一两五钱，一等给银一两。其外委、武生一班无薪水者，超等给洋钱四元，特等三元，一等二元。有薪水者减半。此项月需经费，均由善后局筹款动放，统归外销，业经咨明户、兵二部有案。

一、酌量补缺、委署。初定章程时，略仿书院月课之式，专为鼓励人才起见，本拟屡次前列者，即准尽先拔补。各员弁等人人奋兴，每日自赴校场，练习功课甚密。无如缺少人多，四、五两年，考班拔补者，甚属寥寥。六、七年间，始酌量拔补、委署。其中如陈胜辉，五次列超等第一，委署松江城守营游击。杨治三次超等第一，补京口左营都司。黄炳恒三次超等第一，补江阴营把总。谭新益两次超等第一，补安徽宿州营守备。马祺华两次超等第一，补淮安城守营守备。其余一次超等第一者，如鞠登棨署安庆协副将，颜连玉署泗州营都司，王步云补柘林营都司，刘传愈署江宁城守营都司，陈瑞麟补苏松镇中营千总，陈得顺补金山营千总。其列于超等二名以后者，如刘玉堂署洪湖营都司,刘青山署苇荡右营守备,刘得胜署镇江营把总,奎秀补吴淞营参将,向从龙补溧阳营都司,张鹏程补苏州营右军守备,王占鳌补提标右营把总。略足以示奖励,由是考班始有欣欣向荣之意。惟勇丁出身撤营投标者,尚多技艺出众之材,嗣后仍不得不随时遴选,或酌补,或委署,以慰将士之心。①

○五六　请以瞿盛庆委署霍尔果斯通判片

光绪十九年五月二十四日(1893年7月7日)

再,署霍尔果斯通判颜廷奎丁忧遗缺,查有候补知县瞿盛庆,堪以委署。据新疆布政使饶应祺、署镇迪道兼按察使衔黄光达会详前来。除由臣批饬给委外,谨会同伊犁将军臣长庚、陕甘总督臣杨昌濬附片具奏,伏乞圣鉴。谨奏。

(朱批:)吏部知道。②

光绪十九年六月二十四日,奉朱批:吏部知道。钦此。③

○五七　请以丁振铎升补镇迪道兼臬司衔折

光绪十九年六月初四日(1893年7月16日)

太子少保头品顶戴陕甘总督臣杨昌濬、头品顶戴甘肃新疆巡

---

① 中国第一历史档案馆藏:录副奏折,档案编号:03-5002-092;《曾文正公全集·奏稿》。

② 台北故宫博物院藏:军机及宫中档,文献编号:408002809-0-A。

③ 中国第一历史档案馆藏:录副奏折,档案编号:03-5307-075。

抚臣陶模跪奏，为拣员升补要缺道员，以裨地方，恭折仰祈圣鉴事。

窃照新疆镇迪道兼按察使衔饶应祺升补新疆布政使，于光绪十九年正月十九日奉旨，按行文程限计算，应以本年四月初五日接到部文之日作为开缺日期。所遗镇迪道兼按察使衔系冲、繁、难、边远调最要缺，亟应遴员请补，以重职守。查该道员缺经前护抚臣魏光焘奏明由甘肃新疆实缺道员内拣补。又，新疆请补各缺，前抚臣刘锦棠奏准凡甘肃实缺人员，如熟悉边务，遇有人地相宜缺出，准予调补；北路旧有各缺，援照甘肃变通章程办理。查章程内开：道、府、丞、倅、州、县以及佐杂各要缺，将现任各员按照应升官阶任内无论有无升案，并是否到任、实授，以及历俸、试俸未经期满各员，准择其人地相宜者一律升调等语。

今镇迪道兼按察使衔管理全疆刑名、驿传事务，责任綦重，非精明廉正之员，不足以资治理。臣模函商臣昌濬，于甘肃新疆实缺道员内逐加拣选，非现居要缺，即人地不相宜。惟查有三品衔现任甘肃兰州府知府丁振铎，①现年四十八岁，河南罗山县人，由廪生中式咸丰九年己未科举人，同治十年辛未科进士，奉旨改翰林院庶

---

① 丁振铎（1842—1914），字声伯、循卿，号巡卿，笔名振铎，河南罗山人。咸丰九年（1859），中式举人。同治十年（1871），中式进士，改庶吉士。十三年（1874），授翰林院编修。光绪三年（1877），任会试同考官。次年，任国史馆纂修官、武英殿功臣馆纂修官。七年（1881），升国史馆总纂官。九年（1883），调浙江道监察御史，旋掌云南道监察御史。十年（1884），改巡视东城事务御史。次年，兼署协理京畿道御史。十一年（1885），授广西副考官。十三年（1887），补陕西道监察御史。十四年（1888），调甘肃巩昌府知府。十九年（1893），升调甘肃新疆镇迪道，兼按察使衔。二十二年（1896），迁甘肃新疆布政使。二十四年（1898），升授云南巡抚。次年，兼署云贵总督。二十七年（1901），调补广西巡抚。次年，调任山西巡抚。三十年（1904），升补云贵总督。三十二年（1906），调补闽浙总督，协办资政院事宜。三十四年（1908），授禁烟大臣。宣统三年（1911），任弼德院顾问大臣。民国三年（1914），任参政院参政、审计院院长，兼大总统高级顾问。是年，卒于任。

吉士。十三年散馆，授职编修。光绪元年大考二等。三年，充丁丑科会试同考官。四年，充国使馆、武英殿功臣馆纂修官。七年，充国使馆总纂官。八年京察一等。九年三月，奉旨补授浙江道监察御史，旋充翻译会试内监试官、新进士朝考监试官。五月，奉旨稽查禄米仓事务。十月，转掌云南道监察御史。十年二月，奉旨巡视东城事务。十一年京察一等。二月俸满截取，以繁缺知府用。是月，奉旨协理京畿道事务，兼会典馆纂修官。五月，奉旨简放广西副考官。六月，途次闻讣丁母忧，回籍守制。十三年九月，服满起复。十一月，奉旨补授陕西道监察御史。十二月，吏部补行京察，覆带引见，奉朱笔圈出，着交军机处记名以道府用。十四年正月，署理刑科给事中。二月初十日，奉上谕：甘肃巩昌府知府员缺，着丁振铎补授。钦此。三月，领凭起程。五月，抵省禀到，旋即饬赴本任，六月十一日到任。七月，调署甘州府知府。八月二十二日，接印任事。十二月，国使馆大臣傅告成议叙案内，奉旨赏加三品衔。十六年，调补兰州府知府，七月十二日到任。十八年大计，保举卓异。

　　查丁振铎学问优长，有为有守，留心时务，品节皎然，历任甘肃各府，政声卓著。现在兰州数年，承办发审各案，讯断明敏，律例娴熟，以之升补斯缺，实堪胜任，人地亦极相宜，且核与变通升补章程相符。臣等为边地择人起见，相应恳恩准以甘肃兰州府知府丁振铎升补新疆镇迪道兼按察使衔员缺，以裨地方。

　　如蒙俞允，俟奉部覆，即行给咨送部引见，以符定例。该员在甘肃各任内并无参罚案件。所遗兰州府知府员缺，应由臣昌濬另行拣补。是否有当，谨合词恭折具陈，伏乞皇上圣鉴训示。再，此折系臣模主稿。合并声明。谨奏。光绪十九年六月初四日。

（朱批：）吏部议奏。①

光绪十九年七月初四日，奉朱批：吏部议奏。钦此。②

【案】前抚臣刘锦棠奏准……甘肃变通章程办理：光绪十一年九月初五日，新抚刘锦棠奏报酌议新疆补署各缺章程一折，曰：

钦差大臣督办新疆事宜尚书衔降一级留任甘肃新疆巡抚二等男臣刘锦棠跪奏，为酌议新疆补署各缺留省补用人员章程，恳恩俯准饬部立案，恭折仰祈圣鉴事。

窃维为政之要，重在得人，立法之初，贵乎因地。新疆著名荒瘠，自经兵燹，雕敝尤甚，整顿、抚绥，悉关紧要。而汉回杂处，言语文字隔阂不通，非习知其情，无从求治。故从前各项差委，皆以随营办事人员择能而任。现值设省之始，亦应酌立定章。新疆北路实缺人员向由关内调补，以后甘肃人员应准于新疆酌量委用，拟请凡甘肃候补曾经引见验看、领照到省及实缺人员，如熟悉边务，调赴新疆差委，遇有人地相宜缺出，准予分别请补、请调，毋庸先行奏留。若留甘尚未引见验看，先经随营当差，拟即查取履历，分咨部籍，无论正杂，亦择人地相宜之缺，准其酌补。其现在随营人员内有分省候选并他省候补各员，从事有年，于边务亦多熟悉，拟请照依变通章程分别奏咨，无论曾否委署地方，均准留于甘肃新疆，照章补署。若向未在营当差，仍不得概援

---

① 台北故宫博物院藏：军机及宫中档，文献编号：408002810。

② 中国第一历史档案馆藏：录副奏折，档案编号：03-5308-007。

此章，以示限制。

至请补各项员缺，除南路经臣奏准仿照吉林章程由外拣补一次外，北路添改各缺，事同一律，亦应先行由外拣补一次。均请于外拣一次之后，与北路旧有各缺一体援照云贵、甘肃变通章程请补。统俟地方事务大定，再照向章办理，以归画一。惟新疆各缺例准俸满调升内地，原以鼓励人才，于边缺特示优异。现在新设各厅、州、县有距甘省在七八千里以外者，各该员捧檄驰驱，不辞劳瘁，若仅恃此二十余属以为升调，窃恐鼓励之道有时而穷。且此二十余属又多瘠苦，尤不足以广激劝。查新疆北路各缺，例限三年、五年分别俸满。南路程途更远，应请比照办事文员三年期满例，均作为三年俸满，届期由藩司察其在任实心任事，出具考语，详由抚臣验看，咨送甘省，照例升用。

再，实缺人员例准保送卓异。甘肃州县以上定例六员、教佐二员。乌鲁木齐都统所属同通杂职，果有实系出色，亦准保荐一员。每届计典，新疆向由甘省办理。兹既改置行省，增设郡县，可否从宽酌定额数，分别核办，应请饬部并议示覆，以便将来择尤保荐，如不得其人，任缺毋滥。倘有庸劣不职，仍随时查明参劾。如此分别定章，庶于变通之中仍寓慎重之意。据藩司魏光焘详请具奏前来。

臣覆核无异。合无仰恳天恩，饬部核准立案，以凭遵办。所有酌拟新疆补署各缺留省补用人员章程各缘由，是否有当，谨会同陕甘督臣谭钟麟恭折具奏，伏乞皇太后、皇上圣鉴，训示施行。谨奏。光绪十一年九月初五日。

光绪十一年十月初四日，军机大臣奉旨：该部议奏。片并发。钦此。①

○五八　奏报新疆光绪十九年三月雨水、粮价折

光绪十九年六月二十四日(1893年8月5日)

头品顶戴甘肃新疆巡抚臣陶模跪奏，为恭报光绪十九年三月份粮价并得雨情形，谨缮折具陈，仰祈圣鉴事。

窃照光绪十九年二月份各厅、州、县粮价并得雨情形，业经臣奏报在案。兹据新疆布政使饶应祺详称：光绪十九年三月份，镇迪道属镇西得雨，入土七寸；迪化、库尔喀喇乌苏得雨，入土三寸；昌吉得雨，入土二寸；阜康、绥来、奇台得雨，入土一寸；吐鲁番、哈密微雨。伊塔道属宁远得雨，入土三寸；塔尔巴哈台得雨，入土一寸；精河、绥定微雨。南路喀喇沙尔得雨，入土二寸；温宿、拜城、库车、和阗、于阗、英吉沙尔、玛喇巴什微雨。余未得雨。至通省粮价，吐鲁番、镇西、库尔喀喇乌苏、塔尔巴哈台、喀喇沙尔、阜康等厅、县俱与上月相同，余均略有增减。汇详请奏前来。理合恭折具陈，并缮粮价清单，敬呈御览，伏乞皇上圣鉴。谨奏。光绪十九年六月二十四日。

（朱批：）知道了。②

光绪十九年七月二十四日，奉朱批：吏部知道。钦此。③

---

① 中国第一历史档案馆藏：朱批奏折，档案编号：04-01-12-0533-069；中国第一历史档案馆藏：录副奏折，档案编号：03-5836-012。

② 台北故宫博物院藏：军机及宫中档，文献编号：408002811。

③ 中国第一历史档案馆藏：录副奏折，档案编号：03-6932-042。

○五九　呈新疆光绪十九年三月粮价清单

光绪十九年六月二十四日(1893年8月5日)

谨将新疆各属光绪十九年三月份米粮时估价值,缮具清单,恭呈御览。

计开三月份:

镇迪道属:

迪化县:大米每京石价银二两三钱二分五厘,与上月相同。小麦每京石价银一两六钱二分七厘,与上月相同。豌豆每京石价银一两一钱八分八厘,与上月相同。青稞每京石价银一两三钱一分一厘,较上月增六分九厘。

昌吉县:大米每京石价银一两七钱七分,较上月减一钱二厘。小麦每京石价银八钱,较上月减一钱二分。豌豆每京石价银七钱七厘,与上月相同。青稞每京石价银七钱一分一厘,与上月相同。

阜康县:粟米每京石价银一两二钱七分四厘,小麦每京石价银一两四钱一分五厘,豌豆每京石价银一两三钱九厘,高粱每京石价银九钱三分七厘,俱与上月相同。

绥来县:大米每京石价银一两九钱三分八厘,与上月相同。小麦每京石价银一两一钱六分,较上月增三分。豌豆每京石价银一两一钱三分七厘,与上月相同。高粱每京石价银六钱四分,与上月相同。

奇台县:大米每京石价银二两五钱八分九厘,较上月增一钱七分三厘。小麦每京石价银一两五钱九分一厘,与上月相同。豌豆每京石价银一两三分六厘,与上月相同。

　　吐鲁番直隶厅：小麦每京石价银一两四钱一分六厘，大麦每京石价银六钱三分四厘，高粱每京石价银七钱五厘，黄豆每京石价银一两五钱三分，俱与上月相同。

　　镇西直隶厅：小麦每京石价银一两一钱二分，豌豆每京石价银一两一钱二分，青稞每京石价银六钱四分，俱与上月相同。

　　哈密直隶厅：粟米每京石价银一两四钱四分，与上月相同。小麦每京石价银一两六钱七分，较上月增二钱八厘。豌豆每京石价银一两二钱九分六厘，较上月增三分六厘。青稞每京石价银一两四分五厘，与上月相同。

　　库尔喀喇乌苏直隶厅：小麦每京石价银一两三钱八分，豌豆每京石价银一两四钱二分，高粱每京石价银八钱七分八厘，俱与上月相同。

　　伊塔道属：

　　绥定县：大米每京石价银四两七钱，较上月增六钱三分。小麦每京石价银一两三钱一分一厘，与上月相同。大麦每京石价银七钱二分一厘，较上月减一钱一分一厘。豌豆每京石价银一两二钱九分六厘，与上月相同。

　　宁远县：大米每京石价银三两一钱二分三厘，较上月减四分四厘。小麦每京石价银一两三钱一分一厘，较上月减六分九厘。大麦每京石价银七钱八分一厘，与上月相同。豌豆每京石价银一两一钱八分一厘，较上月增二分九厘。

　　塔尔巴哈台直隶厅：小麦每京石价银一两三钱三分九厘，大麦每京石价银一两四钱三分六厘，豌豆每京石价银一两三钱二分七厘，俱与上月相同。

　　精河直隶厅：大米每京石价银二两九钱四分，与上月相同。小麦每京石价银一两一钱九分，较上月增七分。大麦每京石价银八钱四厘，与上月相同。豌豆每京石价银一两一钱八分九厘，与上月相同。

阿克苏道属：

温宿直隶州：大米每京石价银二两二钱八分，与上月相同。小麦每京石价银一两三分五厘，较上月减一钱七分二厘。大麦每京石价银六钱，与上月相同。包谷每京石价银六钱八分，较上月减一钱七分。

拜城县：小麦每京石价银七钱五分四厘，较上月增一分。大麦每京石价银三钱六厘，与上月相同。豌豆每京石价银四钱三分八厘，与上月相同。包谷每京石价银五钱六分九厘，与上月相同。

喀喇沙尔直隶厅：大米每京石价银三两二钱五分六厘，小麦每京石价银一两六钱五分六厘，豌豆每京石价银一两八厘，包谷每京石价银七钱六分八厘，俱与上月相同。

库车直隶厅：大米每京石价银二两五钱九分，与上月相同。小麦每京石价银六钱三分，与上月相同。豌豆每京石价银七钱六分，与上月相同。包谷每京石价银四钱四分，较上月减二钱一分。

乌什直隶厅：大米每京石价银二两二钱三分五厘，较上月增二钱九分八厘。小麦每京石价银六钱七厘，与上月相同。大麦每京石价银三钱一分一厘，较上月减一分。包谷每京石价银四钱四分五厘，较上月减一分三厘。

喀什噶尔道属：

疏勒直隶州：大米每京石价银三两二钱二分五厘，较上月减七分五厘。小麦每京石价银一两五钱二分，与上月相同。包谷每京石价银一两一钱五分二厘,与上月相同。高粱每京石价银一两三分五厘,与上月相同。

疏附县:大米每京石价银三两二钱二分五厘,较上月减七分五厘。小麦每京石价银一两五钱二分,与上月相同。包谷每京石价银一两二钱六厘,与上月相同。高粱每京石价银一两三分五厘,与上月相同。

莎车直隶州:大米每京石价银二两一钱二分五厘,较上月增五分三厘。小麦每京石价银八钱四分二厘,较上月减一分三厘。大麦每京石价银七钱五分,较上月增二分五厘。包谷每京石价银六钱九分二厘,较上月增四分六厘。

叶城县:大米每京石价银二两五钱五分二厘,较上月增二钱三分二厘。小麦每京石价银七钱五分,较上月减七分。包谷每京石价银五钱五分六厘,较上月减六分八厘。青稞每京石价银五钱,较上月增一钱。

和阗直隶州:大米每京石价银二两六钱一分八厘,较上月增八分四厘。小麦每京石价银一两一钱四厘,较上月增六分九厘。包谷每京石价银六钱六分六厘,较上月增三分九厘。青稞每京石价银五钱九分三厘,与上月相同。

于阗县:大米每京石价银二两六钱九分一厘,与上月相同。小麦每京石价银一两五厘,与上月相同。包谷每京石价银六钱一分四厘,较上月减六厘。

英吉沙尔直隶厅:大米每京石价银三两九钱五分二厘,较上月减六分。小麦每京石价银一两三钱二分四厘,与上月相同。大麦每京石价银五钱七分,与上月相同。包谷每京石价银一两一钱二分五厘,较上月增一钱七厘。

玛喇巴什直隶厅：大米每京石价银三两二钱五分六厘，较上月增二钱九分六厘。小麦每京石价银一两三钱八分，与上月相同。包谷每京石价银一两八分八厘，与上月相同。

（朱批：）览。①

○六○　请以黄丙焜等署
　　　阿克苏道等缺片

光绪十九年六月二十四日（1893年8月5日）

再，光绪十九年三月三十日奉上谕：甘肃新疆阿克苏道陈名钰，着开缺送部引见。钦此。应即委员接署，以便交卸北上。查有伊犁府知府现署迪化府知府黄丙焜，才具开展，办事勤能，堪以委署。所遗迪化府知府员缺，据新疆布政使饶应祺、署镇迪道兼按察使衔黄光达会详称：查有盐运使衔升用道候补知府危兆麟，老成稳练，堪以委署等情。除分别饬遵外，谨会同陕甘总督臣杨昌濬附片具陈，伏乞皇上圣鉴。谨奏。

（朱批：）吏部知道。②

光绪十九年七月二十四日，奉朱批：吏部知道。钦此。③

---

①　中国第一历史档案馆藏：清单，档案编号：03-6932-043。

②　台北故宫博物院藏：军机及宫中档，文献编号：408002810-0-A。此片之具奏日期，原件署为"光绪十九年六月初四日"，军机录副署"光绪十九年六月二十四日"。查光绪十九年七月二十四日军机处随手登记档（档案编号：03-0271-1-1219-191），则署有"报四百里，六月二十四日发"等字样。据此，军机录副准确无疑。兹据校正。

③　中国第一历史档案馆藏：录副奏片，档案编号：03-5308-095。

中国近代人物文集丛书

陶 模 集 辑 笺

（二）

杜宏春　辑注

中 华 书 局

○六一　审拟绥定缠回谋杀人命一案折

光绪十九年七月十四日(1893 年 8 月 25 日)

头品顶戴甘肃新疆巡抚臣陶模跪奏，为谋杀人命，核明定拟，恭折仰祈圣鉴事。

窃绥定县缠回依敏挟嫌谋杀毛拉阿洪身死一案，据绥定县知县邓以潢相验，获犯讯供，拟解代理伊犁府知府骆恩绶提审，转详伊塔道英林讯明，咨署镇迪道兼按察使衔黄光达核转前来。

臣复加查核，缘缠回依敏隶籍疏附县，寄居绥定县，佣工度日，与已死毛拉阿洪素识，先无仇怨。光绪十八年五月内，毛拉阿洪租赁铺房，邀同依敏伙卖面食。毛拉阿洪常嗔依敏懒惰，彼此口角，合伙六日，旋复分开。依敏分伙后在毛拉阿洪铺外卖瓜生理，毛拉阿洪不依，依敏随即收撤。闰六月十六日，依敏买羊宰杀，又在毛拉阿洪铺外土灶上煮卖，毛拉阿洪斥骂拦阻生意。依敏再三恳求，毛拉阿洪坚执不允，并称如不挪开，定当打毁什物。依敏谓其寡情，互相争闹，经房主谢金候劝止。是夜二更，毛拉阿洪卸落铺门，支放门内，赤身睡卧，依敏仍在毛拉阿洪铺外歇宿。睡至三更，依敏忆及毛拉阿洪不许铺外小贸，屡次欺侮，心中忿恨，起意将其杀死泄忿，乘毛拉阿洪睡熟，搜取宰羊小刀，潜至毛拉阿洪卧处，左手按住毛拉阿洪口鼻，右手持刀，用力割伤毛拉阿洪咽喉，登时殒命。依敏将刀擦净血迹，复至原处睡卧，意欲假装不知，以便卸罪。五更时，邻人吐地由外转回，亦在毛拉阿洪铺外歇宿。依敏恐被窥破，起意躲避，因有什物寄放毛拉阿洪铺内，悄往摸取，携带逃逸。后吐地瞥见毛拉阿洪尸身，喊同房主谢金候前往看明，投约报验，获犯讯供议拟，详府解道，咨兼臬司核明转详。臣覆核无异。

查律载：谋杀人者，斩监候等语。此案依敏因挟毛拉阿洪不许铺外小贸、屡次欺侮之嫌，独自起意用刀割伤毛拉阿洪咽喉身死，实系谋杀，自应按律问拟。依敏合依谋杀人者，斩监候律，拟斩监候，秋后处决，照例先行刺字。吐地不知谋情，应毋庸议。无干省释。尸饬领埋，凶刀案结销毁。是否允协，除全案供招咨部外，所有谋杀人命，核明定拟各缘由，谨恭折具陈，伏乞皇上圣鉴，饬部核议施行。谨奏。光绪十九年七月十四日。

（朱批：）刑部议奏。[1]

光绪十九年八月十四日，奉朱批：刑部议奏。钦此。[2]

○六二　审拟叶城缠民斗殴毙命一案折

光绪十九年七月十四日（1893 年 8 月 25 日）

头品顶戴甘肃新疆巡抚臣陶模跪奏，为斗殴毙命，核明定拟，恭折仰祈圣鉴事。

窃叶城县缠民乌受殴伤目孟身死一案，据叶城县知县王俊验讯议拟，解署莎车直隶州知州潘震审明，详署喀什噶尔道李宗宾提讯，咨署镇迪道兼按察使衔黄光达核转前来。

臣复加查核，缘缠民乌受隶籍叶城县，务农度日，与已死目孟素识无嫌。光绪十八年十月内，目孟分居之子买买苦尔班借乌受包谷一石四斗，原约数日归还，迨后买买苦尔班手中拮据，逾约未

---

①　台北故宫博物院藏：军机及宫中档，文献编号：408002813。

②　此奉旨日期等，据军机处随手登记档（档案编号：03-0277-1-1219-210）校补。

偿。十一月十二日，目孟在乌受门首经过，乌受即将买买苦尔班借粮不还情事向其告诉。目孟答称不应借给，乌受分辩，彼此争闹。目孟生气，用挂手木杖向乌受殴打，乌受闪侧，顺拾地下木棒殴伤目孟左肋。目孟举杖向戳，乌受用棒格开，在目孟头上冒殴一下，适伤其偏右倒地。经下牙喝阻，随后目孟长子尼牙子赶至，将目孟抬归，医治罔效，是晚殒命。投约报验，讯供议拟，解州详道，咨兼臬司核明转详。臣覆核无异。

查律载：斗殴杀人者，不问手足、他物、金刃，并绞监候等语。此案乌受因向目孟投诉其子借粮不还，口角起衅，用棒殴伤目孟偏右等处身死，自应按律问拟。乌受合依斗殴杀人者，不问手足、他物、金刃并绞律，拟绞监候，秋后处决。买买苦尔班借用乌受粮石，委因拮据未偿，致其父目孟与乌受口角，被殴身死，实非意料所及，应与救阻不及之下牙，均免置议。无干省释。尸棺饬埋，凶器案结销毁。是否允协。除全案供招咨部外，所有斗殴毙命，核明定拟各缘由，谨恭折具陈，伏乞皇上圣鉴，饬部核议施行。谨奏。光绪十九年七月十四日。

（朱批：）刑部议奏。[1]

光绪十九年八月十四日，奉朱批：刑部议奏。钦此。[2]

○六三　奏报新疆光绪十九年四月雨水、粮价折

光绪十九年七月十四日（1893 年 8 月 25 日）

头品顶戴甘肃新疆巡抚臣陶模跪奏，为恭报光绪十九年四月

---

[1]　台北故宫博物院藏：军机及宫中档，文献编号：408002814。

[2]　此奉旨日期等，据军机处随手登记档（档案编号：03-0277-1-1219-210）校补。

份粮价并得雨情形,谨恭折具陈,仰祈圣鉴事。

　　窃照光绪十九年三月份各厅、州、县粮价并得雨情形,业经臣奏报在案。兹据新疆布政使饶应祺详称:本年四月份,镇迪道属镇西得雨,入土七寸;绥来得雨,入土六寸;迪化、库尔喀喇乌苏得雨,入土五寸;昌吉、阜康得雨,入土三寸;哈密、奇台得雨,入土二寸;吐鲁番微雨。伊塔道属绥定、宁远、塔尔巴哈台、精河微雨。南路库车、于阗得雨,入土三寸;乌什得雨,入土二寸;拜城、叶城得雨,入土一寸;温宿、喀喇沙尔、疏勒、疏附、莎车、和阗、英吉沙尔微雨。余未得雨。至通省粮价,镇西、精河、和阗、昌吉、阜康、拜城等厅、州、县俱与上月相同,余均略有增减。汇详请奏前来。

　　理合恭折具陈,并缮粮价清单,敬呈御览,伏乞皇上圣鉴。谨奏。光绪十九年七月十四日。

　　(朱批:)知道了。[1]

　　光绪十九年八月十四日,奉朱批:知道了。钦此。[2]

○六四　呈新疆光绪十九年四月粮价清单

光绪十九年七月十四日(1893 年 8 月 25 日)

　　谨将新疆各属光绪十九年四月份米粮时估价值,缮具清单,恭呈御览。

　　计开四月份:

　　镇迪道属:

---

　　① 台北故宫博物院藏:军机及宫中档,文献编号:408002812。
　　② 中国第一历史档案馆藏:录副奏折,档案编号:03-6933-022。

迪化县：大米每京石价银二两三钱二分五厘，与上月相同。小麦每京石价银一两六钱二分七厘，与上月相同。豌豆每京石价银一两一钱八分八厘，与上月相同。青稞每京石价银一两四钱四分九厘，较上月增一钱三分八厘。

昌吉县：大米每京石价银一两七钱七分，小麦每京石价银八钱，豌豆每京石价银七钱七厘，青稞每京石价银七钱一分一厘，俱与上月相同。

阜康县：粟米每京石价银一两二钱七分四厘，小麦每京石价银一两四钱一分五厘，豌豆每京石价银一两三钱九厘，高粱每京石价银九钱三分七厘，俱与上月相同。

绥来县：大米每京石价银一两九钱三分八厘，与上月相同。小麦每京石价银一两二钱，较上月增四分。豌豆每京石价银一两一钱三分七厘，与上月相同。高粱每京石价银六钱四分，与上月相同。

奇台县：大米每京石价银二两五钱八分九厘，与上月相同。小麦每京石价银一两五钱二分一厘，较上月减七分一厘。豌豆每京石价银九钱三分二厘，较上月减一钱四厘。

吐鲁番直隶厅：小麦每京石价银一两五钱六分六厘，较上月增一钱五分。大麦每京石价银七钱四分六厘，较上月增一钱一分二厘。高粱每京石价银七钱四分三厘，较上月增三分八厘。黄豆每京石价银一两五钱三分，与上月相同。

镇西直隶厅：小麦每京石价银一两一钱二分，豌豆每京石价银一两一钱二分，青稞每京石价银六钱四分，俱与上月相同。

哈密直隶厅：粟米每京石价银一两四钱四分，与上月相同。小麦每京石价银一两六钱七分，与上月相同。豌豆每京石价银一两三钱三分二厘，较上月增三分六厘。青稞每京石价银八钱八分九厘，较上月减一钱五分六厘。

库尔喀喇乌苏直隶厅：小麦每京石价银一两四钱八分六厘，较上月增一钱六厘。豌豆每京石价银一两四钱八分四厘，较上月增六分四厘。高粱每京石价银九钱八分二厘，较上月增一钱四厘。

伊塔道属：

绥定县：大米每京石价银四两七分，较上月减六钱三分。小麦每京石价银一两二钱四分二厘，较上月减六分九厘。大麦每京石价银七钱二分一厘，与上月相同。豌豆每京石价银一两二钱九分六厘，与上月相同。

宁远县：大米每京石价银三两一钱二分三厘，与上月相同。小麦每京石价银一两二钱四分二厘，较上月减六分九厘。大麦每京石价银七钱八分一厘，与上月相同。豌豆每京石价银一两二钱九分六厘，较上月增一钱一分五厘。

塔尔巴哈台直隶厅：小麦每京石价银一两三钱三分九厘，与上月相同。大麦每京石价银九钱九分九厘，较上月减四钱三分七厘。豌豆每京石价银一两三钱二分七厘，与上月相同。

精河直隶厅：大米每京石价银二两九钱四分，小麦每京石价银一两一钱九分，大麦每京石价银八钱四厘，豌豆每京石价银一两一钱八分九厘，俱与上月相同。

阿克苏道属：

温宿直隶州：大米每京石价银二两二钱八分，与上月相同。小麦每京石价银一两三分五厘，与上月相同。大麦每京石价银六钱，与上月相同。包谷每京石价银八钱一分四厘，较上月增一钱三分四厘。

拜城县：小麦每京石价银七钱五分四厘，大麦每京石价银三钱六厘，豌豆每京石价银四钱三分八厘，包谷每京石价银五钱六分九厘，俱与上月相同。

喀喇沙尔直隶厅：大米每京石价银三两二钱五分六厘，与上月相同。小麦每京石价银一两六钱五分六厘，与上月相同。豌豆每京石价银一两八厘，与上月相同。包谷每京石价银七钱四厘，较上月减六分四厘。

库车直隶厅：大米每京石价银二两五钱九分，与上月相同。小麦每京石价银七钱二分五厘，较上月增九分五厘。豌豆每京石价银七钱六分，与上月相同。包谷每京石价银四钱四分，与上月相同。

乌什直隶厅：大米每京石价银二两二钱三分五厘，与上月相同。小麦每京石价银六钱七厘，与上月相同。大麦每京石价银三钱二分一厘，较上月增一分。包谷每京石价银四钱四分五厘，与上月相同。

喀什噶尔道属：

疏勒直隶州：大米每京石价银三两二钱二分五厘，与上月相同。小麦每京石价银一两四钱五分一厘，较上月减六分九厘。包谷每京石价银一两二钱一分六厘，较上月增六分四厘。高粱每京石价银一两三分五厘，与上月相同。

疏附县：大米每京石价银三两二钱二分五厘，与上月相同。小麦每京石价银一两四钱五分一厘，较上月减六分九厘。包谷每京石价银一两二钱七分三厘，较上月增六分七厘。高粱每京石价银一两三分五厘，与上月相同。

莎车直隶州：大米每京石价银二两一钱一分，较上月减一分五厘。小麦每京石价银八钱四分五厘，较上月增三厘。大麦每京石价银七钱五分，与上月相同。包谷每京石价银七钱三分二厘，较上月增四分。

叶城县：大米每京石价银二两五钱五分二厘，与上月相同。小麦每京石价银八钱二分，较上月增七分。包谷每京石价银六钱，较上月增四分四厘。青稞每京石价银五钱，与上月相同。

和阗直隶州：大米每京石价银二两六钱一分八厘，小麦每京石价银一两一钱四厘，包谷每京石价银六钱六分六厘，青稞每京石价银五钱九分三厘，俱与上月相同。

于阗县：大米每京石价银二两七钱一分，较上月增一分九厘。小麦每京石价银一两一分，较上月增五厘。包谷每京石价银六钱二分，较上月增六厘。

英吉沙尔直隶厅：大米每京石价银三两九钱六分，较上月增八厘。小麦每京石价银一两二钱七分，较上月减五分四厘。大麦每京石价银五钱七分，与上月相同。包谷每京石价银一两一钱二分，较上月减五厘。

玛喇巴什直隶厅：大米每京石价银二两九钱六分，较上月减二钱九分六厘。小麦每京石价银一两二钱四分二厘，较上月减一钱三分八厘。包谷每京石价银八钱九分六厘，较上月减一钱九分二厘。

（朱批：）览。①

---

①　中国第一历史档案馆藏：清单，档案编号：03-6933-023。

○六五　驻防沿边营旗请支行粮折

光绪十九年七月二十一日（1893 年 9 月 1 日）

头品顶戴甘肃新疆巡抚臣陶模跪奏，为驻防喀什噶尔沿边马步营旗，恳恩暂照行粮章程支给，以示体恤，恭折仰祈圣鉴事。

窃照光绪十八年俄兵越入帕米尔各卡，臣咨商喀什噶尔提督臣董福祥，调拨营旗，择要扼守，先后奏明在案。查新疆标、防各营，光绪十四年，抚臣刘锦棠具奏，一律改支坐粮。而部臣于十年奏西路军饷浩繁、统筹全局折内，有无事尚支行粮，有事时不加，无以示劝，请改行粮为坐粮，出征外域，始照行粮支给等语。通计常变，酌节饷需，以备出征时鼓励士卒之用。诚以沿边万里，逼近强邻，中外断不能百年相安，饷章即不能一成不易，其谋虑良深远也。

帕米尔自俄人肇衅以来，或移阿克苏镇属营旗归提臣调迁，或由抚标抽拨，并新招马步填扎。喀什噶尔及阿克苏所遣营汛，当以移防，尚在腹地、筹饷又极艰难，饬经过各属供支粮料、柴草，稍资津贴，关饷仍按坐粮给领。惟喀什噶尔沿边卡隘，如布伦库尔及色勒库尔、塔墩巴什等处，距城数百里至千余里不等，前后抽调步队四营、马队七旗、开花炮队一哨，分段防守。其扼要处所，多在层岩叠嶂之间，路径崎岖，水草缺乏，山岚烟瘴，险恶异常，仅给坐粮，难资鼓励。上年督臣杨昌濬函商及此，臣窃计边事如早了结，行当撤回，未及具奏。现在分界尚无定议，各将士绝徼防戍，非无事时可比。若仍支发坐粮，未免漫无区别，拟按标营人数暂给行粮饷银。其自上年派拨者，从十九年正月初一日起支；本年陆续调往者，各从开拔之日起支。炮队勇丁行粮过优，应照坐粮量行加给。各营旗棚帐、子药等项，拟每棚设棚夫一名，以资经理。该处防地辽阔，提臣相距亦远，事权若不归一，窃恐贻误戎机，业咨会董福祥，派委记名总兵署英吉沙尔营参将杨德俊，统领西四城沿边马步，酌给统费，俾足办公。

总计现拨各营、旗、哨，除运解粮草脚价及各项杂费容饬司取具细数、造册详请奏销外，其应支月饷及统领公费，较坐粮岁多银四万余两。一俟边务平靖，撤回原防，照旧支给坐粮，棚夫、统费一并停止。如此办理，核与部臣出征外域始给行粮之议相符。各将士沐朝廷宽大之恩，亦必共矢忠良，勉图报称，实于边陲大有裨益。据布政使饶应祺开列营、旗饷银数目前来。谨缮清单，会同陕甘总督臣杨昌濬，恭折具陈，伏乞皇上圣鉴，饬部立案施行。谨奏。光绪十九年七月二十一日。

（朱批：）着照所请，该部知道。单并发。[1]

光绪十九年八月二十三日，奉朱批：着照所请，该部知道。单并发。钦此。[2]

【案】抚臣刘锦棠具奏，一律改支坐粮：光绪十三年十二月十四日，刘锦棠为新疆需饷实数等情具折曰：

尚书衔降一级留任甘肃新疆巡抚二等男臣刘锦棠跪奏，为新疆省十四年实需饷数并应议各条，谨分晰开单覆陈，恭折仰祈圣鉴事。

窃甘肃十四年新疆经户部奏请援案指拨，并缮具八条，令

---

[1]　台北故宫博物院藏：军机及宫中档，文献编号：408002815。
[2]　中国第一历史档案馆藏：录副奏折，档案编号：03-6131-111。

臣与督臣等会商,分别关内外,裁省若干,实需若干,妥筹奏办
等因。咨行到臣。当饬藩司、粮台议覆去后。兹据详称:新疆
省应分新饷,自光绪十一年起至十三年止,岁需勇饷银一百九
十万两,制办军装、器械银十六万两,善后经费银十四万两,共
银二百二十万两。又由四分平余项下另拨旗营经费银十万
两,实共岁需银二百三十万两。现将防营一律裁并,奏设抚、
提、镇标,自十四年起,官弁兵勇俸饷等项岁需银一百五十六
万两,计减银三十四万两。添制军装、器械岁需银十万两,计
减银六万两。善后经费岁需银七万两,计减银七万两。旗营
俸饷等项岁需银六万五千两,计减银三万五千两。惟前拨善
后经费、部议北路城工,令于此项银两内取给,应请仍照原议
银十四万两。旗营经费十一、二、三等年支发饷项并修理衙署
等工已将罄尽,迁徙费仍无出,请仍照原拨银十万两。又原估
勇饷皆计口授食,自设行省,出款隐增,如乌鲁木齐提标、巴里
坤镇标官弁俸饷岁需银九万余两,向由甘肃藩库搭解支放。
自十一年以后,概由新疆在于新饷内挪移垫发。又,司库例支
不敷,岁需银十五万两,以及地方供应例支杂差作正开报之
款,皆当日原估所未计及,无不指饷挪垫。计三年中共已垫银
八十余万两,益以各省欠解南路经费银十九万两,并各省欠解
新饷又不下数十万两,新亏极巨,应请补拨补解,以资清厘。
兹切实估计,光绪十四年实需官弁勇丁俸饷银一百五十六万
两,添制军装、器械银十万两,善后经费银十四万两,旗营经费
银十万两,司库例支不敷银十五万两,粮饷、军装运脚暨地方
例支杂差、车脚口分银五万两,通共需银二百一十万两。缮具
应议各条清折,详请具奏前来。

　　臣查光绪十年臣原奏新疆裁撤旧勇，改支坐粮，岁可省银八十万两，系合伊犁、塔尔巴哈台等处统筹核计。其时省制未兴，诸凡未备，如司库例支及地方杂差等项，非臣愚所能预估。兹据该司道等估详前情，查明实系万无可省。然岁需俸饷及军装、器械等项已省银四十万两，核与本年四月部议臣军改支坐粮后岁可省银三十余万两一语，尚无不合。提、镇两标支款，本不在原拨之内，既悉由新疆支给，则出款隐增，于拨款又为隐减，合之司库例支等项，共需银二百一十万两，较原拨二百三十万两之数，仍属有减无增。伊犁、塔尔巴哈台等处，前经臣咨商办理，旋准锡纶等均以行粮不能遽改，请照原拨等因。先后咨覆，臣固未便置议。其关内撤勇改兵，亦已由督臣力求节省，减拨银十万两，另案奏明。当此河患方深，偏灾叠见，惟有与将军、督臣等共体时艰，核实减省，下以纾邻封协济之劳，上以慰皇上眷念边陲之至意。

　　除伊犁、塔尔巴哈台额饷应由锡纶及现署塔尔巴哈台参赞大臣额尔庆额会商奏办外，所有新疆省十四年实需饷数暨应议各条，谨缮清单，恭呈御览，伏乞皇太后、皇上圣鉴训示。谨奏。光绪十三年十二月十四日。[①]

　　光绪十四年正月十二日，奉朱批：户部知道。单并发。钦此。[②]

　　【案】部臣于十年奏……等语：光绪十年二月十七日，户部尚书额勒和布等具折奏陈西路军饷浩繁，急须统筹全局情

----

①　中国第一历史档案馆藏：朱批奏折，档案编号：04-01-30-0214-018。
②　中国第一历史档案馆藏：录副奏折，档案编号：03-6619-013。

形，曰：

户部尚书臣额勒和布等跪奏，为西路军饷浩繁，中外交困，急须统筹全局，以规久远而固国本，恭折仰祈圣鉴事。

窃维理财之要在量入以为出，考之《礼》曰：财用足，故百志成。又曰：国无九年之蓄，曰不足。是知财用窘乏，则苟且之法繁兴，即天下之大患潜伏，非小故也。我朝用兵之费，未有如今之多且久，财用窘乏，亦未有如今之甚者。军兴以来近三十年，用财何止万万，迄寰宇底定，惟甘肃新疆需饷孔多。除明春一军业经裁撤不计外，以现在调拨而论，刘锦棠、谭钟麟关内外之师，岁拨银七百九十三万两，是为西征军饷。若西宁岁拨之一万、宁夏岁拨之十万、凉庄岁拨之八万四千两不与焉。金顺一军并接统荣全、景廉旧部，岁拨银二百二十八万两，部垫三十六万两，是为伊犁军饷。若巴里坤专饷迭次提拨之四十万两不与焉。锡纶接统英廉所部并新募诸军，岁拨银三十三万两，是为塔尔巴哈台军饷。长顺接统恭镗所部，岁拨银九万六千两，是为乌鲁木齐军饷。若张曜所带豫军岁需银六十余万两，向由河南供支，亦不与焉。

以上西路各军每岁共需银一千一百八十余万两，遇闰加银九十余万两。军需而外，善后经费又每次动拨数万、数十万两不等。事权本未画一，故勇无定数，饷尤无定额。通盘计算，甘肃新疆岁饷耗近岁财赋所入六分之一。各省关或括库储，或向商借，剜肉补疮，设法筹解，已属不遗余力。各路犹以饷不足用，屡请于朝。臣部不得已为之提积欠，各省关解积欠则停月饷，解月饷则停积欠。虽叠奉谕旨，令统兵大臣将欠解之藩司、监督指名严参，各将帅深知艰窘情形，碍难参劾。公议既穷，不得已私函婉托委员，守催提解，偶有不前，飞章告匮，咸谓嗷嗷待哺，奏请部储。臣部无可指拨，不得已于封储洋税项下动拨数万或数十万两，以救其穷。此处甫行领完，彼处告急又至，事同一律，本难歧视，不得已再拨库储。所有历年部垫饷银，各省关未能悉数清还，出款暗增，入款暗耗。

臣等以部库关系根本，储积无多，实难轻予外拨。而各处领到部饷，甫清旧欠，又有新亏，不得已另向商借，或将勇数浮报，暗地赔偿，或将应协饷银明请抵补，一款未清，又借一款，重重计息，愈累愈多。近来所偿息款将近千万两，上损国帑，下竭民膏，艰窘情形，日甚一日。查光绪八年份各省关实解西路饷银尚有五百八十万两，划还洋款银二百一十六万九千余两，部垫银四十八万两，部库另拨银八十一万两。各军共受协饷银八百五十三万余两。夫协饷必出于库，今则库款空虚矣。从前因军饷不敷，务求节省，葬银、红事等赏，久已悉停。廉俸、兵饷、役食，莫不减折，一切支款又须减平。总计裁省之数，悉以供军。既供本省各营，又顾各路协饷，豫挪来年钱粮，不足填补上年旧欠。疆吏则以罗掘一空，频登奏牍。臣部亦以库款支绌，屡渎宸聪。上年筹办海防，西路协饷颇难兼顾。各省奏请改拨，臣部几无可改。各省奏请停解，臣部不敢遽从。各省声称万分艰难，臣部犹谓务当筹解，不量其力，徒托空言。天下无大患难之时，犹且拮据如此，万一海疆有警，岁入更减，各省自顾不暇，西路之事何堪设想。协饷究出于民，今则民益困穷矣。

查咸丰初年，抽厘助饷，于关税之外复设厘卡，迹近重征。大吏谕民，以暂时抽收，事竣裁撤。小民均切同仇之义，勉强输将。其后厘卡愈密，法网愈周，析及秋毫，贩负俱不得免。因军饷不足，迄今未能遽裁，计每年报部收厘数目千数百万。至外销之款，与夫官吏所侵蚀，书役所勒索，又无论已。层层剥削，竭泽而渔。商贾咸谓事竣不裁，久为商累，货物昂贵，终归累民。

至于田赋所出，具有常经，军兴既久，供亿不恒，遂蠲经制。如四川之按粮津贴，捐输已近加赋。各省遭贼蹂躏，城池甫复，遽事征收，兵燹子遗，靡得喘息。本年之钱粮既须完纳，历年之积欠又须带征。饷需紧要，不得不严其考成，考成綦严，不得不出于敲扑。至于州县之勒派，胥吏之诛求，尚不在其中。而民间捐资以应差徭摊派，以办团保，又无论已。虽官非增赋，私已倍输。数十年来，海内罢弊，户鲜殷实，田多污莱，率以此故。近年如山西、河南二省，迭遭大旱，死亡枕藉，里闾为墟，竭全力以救之，殆仅有存者。至今元气未复，生计萧条。上年山东黄河溃堤，横流千里，沿河之众，半付波臣，辗转流亡，以百万计。虽蒙圣恩，截漕发帑，恤此灾黎，犹有居无室庐，食无藜藿，鬻男卖女，聊图苟活者。饥民既众，隐患方深。

至于顺天、直隶、湖北、江苏、浙江、安徽、河南、四川等省，水旱偏灾，又无论已。大乱甫靖，又罹奇灾，一切苟且之法，皆未停罢。臣等窃危之伏，查我朝戡定准、回两部，举全疆二万里隶之职方，其时府库充溢当世，犹不免耗中事西之疑。今则府库空虚如此，民力困穷又如彼，而西路军饷数倍于国家全盛之时，悉索以供，靡所底止。若不豫为筹画，仰屋徒嗟。倘蒙圣明垂询空虚之由，臣等毫无补救，实难辞咎。即圣慈不加谴责，天下万事清议，其谓之何？

臣等再四思维，耗中以奉边，终非长策，但西陲要地，非内地为之调拨，亦不能支。是用稽考旧章，旁参众说，不揣冒昧，敬为我皇太后、皇上陈之。

一曰定额饷。甘肃新疆岁需拨饷千数百万，断难供亿，且断无全解之理，徒使应协者任意挪移，盈虚难考，受协者借口欠解，借垫频仍。皆额饷未定之故。查道光年间，额兵尚未裁减，臣部估拨甘肃新疆岁饷等项四百四万或四百十五万两有奇。除留抵外，实调银三百余万两。咸丰年间，陆续裁减裁扣，每年估拨银三百二万两。除核减、折放、留抵外，仅调拨银二百四十四万五千余两。迨回逆构乱，攻剿之师另拨月饷，额饷久已停解。光绪四年，西路渐就肃清，前督臣左宗棠覆陈新疆情形折内，请于三年之后部拨甘肃新疆的饷每年以三百数十万两为度。臣部议覆，届时再行奏明办理。迄今久逾三年之期，所有甘肃新疆各军饷应照左宗棠奏案，每年调拨的款三百数十万两，不准各省蒂欠。合之本处岁入留抵之款，已在四百万两上下。嗣后不准再向商借，亦不得率请部储。经久之图，莫要于此。

一曰定兵额。查关内减兵裁勇，已有规模。惟关外统兵大员太多，均得专折奏请，招募兵勇，迄无定额。现查刘锦棠所部马步二万三千余人，张曜所部六千余人，乌鲁木齐、古城兵勇八百余人，巴里坤官兵九百人，金顺、锡纶所部约有二万余人。综计全疆兵勇数逾五万，较承平额兵四万之数，已多一万有奇。力分于将多，财匮于兵众。臣等窃以为新疆既改设州县，时势变迁，乌鲁木齐、巴里坤、古城、库尔喀喇乌苏等处自遭回乱，旗丁所存无多，宜归并伊犁，即以伊犁将军专辖旗兵，如内地驻防之例。应令刘锦棠等通盘筹画，就额饷数目酌留兵勇，应并者速并，应裁者速裁。合南北两路满、蒙、汉兵勇，总不得逾旧额四万之数。现在防营无事，口分尚给行粮。若有事之时，加饷则款愈难筹，不加则何以示劝。臣等拟仿成法，量为变通，暂以二万人为勇，改行粮为坐粮，出征外域，始照行粮支给，再于客勇愿留关外者，选精壮万数千人，规复制兵，照土勇章程支给。其驻防及台站、卡伦各项官兵口分有较土勇少者，毋庸议增，以节饷项。惟各路兵勇饷章歧异，约有数十等。应令刘锦棠等查明各路章程，殚心经画，力任其难，将兵数、勇数、饷数妥议定章，奏明办理。

一曰一事权。查新疆南北两路岁需兵饷等项，向由该将军、都统、参赞大臣核明确数，豫先在甘省调拨，仍由陕甘总督将调拨各数归入甘省兵饷，于年终造册请估，臣部于冬拨案内汇总拨给。至今成法荡然，募勇则各请专饷，善后则各立章程。饷则各自迎提，浮开盘费。局则各自添设，经费尤多。至无事之员，亦复张颐待哺。一官之费，耗十数勇之口粮，官阶无可清查，虚冒更难考核。即如前乌鲁木齐都统恭镗所部一千余人，开报差员至一百七十余名之多，几于数勇一官，纷纷滥支薪水，尤出情理之外。良由事权不一，无所考核，以至于此。虽有督办军务大臣，而各将帅位敌势均，究不能如内地督抚可以节制全省。今议调拨额饷，汇总发给，必须得人总会其成，俾各营章程画一，解到之款专归一处，分拨各军。各路差员尽可裁撤，以裕兵食。

臣等所议三事，旁参远证，理在不疑。犹虑有沮臣等之议而挠臣等之说者，或曰西事孔棘，今昔情形不同，拨饷千万，犹若不及，乃仅以三百数十万两为额，西陲瘠区，岁入有限，为边计者不已疏乎！不知内地根本也，边陲枝叶也。公私匮竭则根本伤，根本伤则枝叶将安所附？夫天下之患不在于外，常在于内，史册所载，具有明征。今自通商以来，寰海之内皆有敌人，几于无处不防。遇事虚声恫喝，使我常为之备，师老财殚，以冀乘间一逞。方今要策，在蓄财力以待时，断无偏重一隅之理。新疆远隔神京万里，僻在西域，而耗竭中原，予人以隙，非计之得也。溯查同治初年，各省办剿办防，未能兼顾额饷，每年调拨新疆经费仅四十万两，尚未解齐。此后若有阙乏，客勇剽悍，岂止哗溃堪虞，欲求如旗丁之甘心穷饿，诚不可得，能不为之寒心哉？即谓边备不可不修，而筹画必规久远，故额饷宜复。复额饷则当裁勇，以复兵屯田以抵饷。所议额饷，原系左宗棠奏案，其时甘省尚未裁兵。查左宗棠奏甘省裁兵节饷案内，较咸丰年间调拨二百四十万两之数，已减去银四十九万二千两有奇。是调拨应减为一百九十余万两。今照左宗棠原议，以三百数十万两为额，实已多银一百数十万两。此外尚有本地租赋、杂税、厘金等款可资抵放，诚如左宗棠前奏新疆利源可开，流亦可节，就地取资之说。将来调拨，尚应照咸丰年间成案核减。若徒求目前调拨之多，而忘日久难继之患，变出意外，恐非浅识所能窥耳。或又曰逆酋句煽回众，俄人潜蓄阴谋，纵使益兵，犹虑疏失。裁客勇则军威不竞，减勇饷则口分不敷，所虑得毋未周。不知自古有必胜之将，无必胜之兵，故谋略何如耳。若处处填扎兵勇，则备多力分，善用兵者，必不出此。方今养勇太多，浮冒居其半，老弱居其半。而西陲各军日虞敌至，不敢遽裁，坐致罢散，久皆无用，殊为失策。夫用兵犹弈棋然，巧者熟审全局，置数子于要害，足以制人，拙者昧犄角之方，即布子满局，不免于败。

现议汰弱留强，合全疆兵勇以四万人为额，一半列成防守之局，一半居中为游击之师。苟将得其人，军无虚籍，平时屯田以劳勤之，农隙训练而整齐之，必大可恃。纵俄人起衅，逆酋窥边，悉众征行不难，调关内之兵，防顾后路，固不在多养无事之勇，蠹耗国家有限之财。议者以为兵多足恃，譬之千金之家，常虑盗窃，日蓄数十人以防之，盗尚未至，不终岁而千金之家已为窭人矣。勇饷不敷之说，当以关外粮价昂贵故。查关外粮价，与关内不殊，且有比关内稍贱之处。前据刘锦棠奏称，颇有谷贱伤农之患。况楚军坐粮已较土勇为优，土勇章程较之制兵额饷已加二三倍，亦不为少。远考之军需则例，出征加给盐菜，事竣即应住支。近考之刘锦棠、张曜所议，亦以改行粮为坐粮、招募土勇、规复兵制为请。但须严禁克扣军饷，口分必无不敷。

至各城回民虽众，同是血气之伦，绥之斯来，虐之则叛。疆臣仰体皇仁，奉扬风化，蚩蚩之氓，未有不帖然服者。间有顽梗之辈，不难诛锄，又何句煽之足虑哉？

窃揣众流所议，略尽于斯。臣等亦非故为高论，漫相穷诘。至于用人者，皇上之大柄，臣下所不敢言。而筹兵筹饷，疆吏与臣等当共体时艰，勉图久安长治之规，以维国本。刘锦棠等身膺重寄，洞悉边情，尤当藏此一篑之功，恢宏远略。相应请旨饬下督办新疆军务大臣刘锦棠等，会同陕甘总督谭钟麟，统筹全局，就左宗棠议拨三百数十万两之数，会计所有甘肃及新疆南北两路某处酌留若干兵勇,某处实需若干钱粮,赋税留抵若干,一切经费若干,无论如何区画,总应照原议饷数,量入为出。一俟议覆后,臣部即于本年秋季,照新定额饷,将十一年份饷项豫为奏拨。该大臣等务当力求撙节,虑始图终,庶免牵动大局。臣等幸甚,天下幸甚。

所有西路军饷浩繁、中外交困、急须统筹全局缘由,谨合词恭折具陈,伏乞皇太后、皇上圣鉴训示。谨奏。光绪十年二月十七日。户部尚书臣额勒和布,户部尚书臣阎敬铭,户部左侍郎臣宗室福锟,户部左侍郎臣孙诒经(学差),署户部左侍郎顺天府府尹臣周家楣,户部右侍郎臣嵩申,户部右侍郎臣孙家鼐。①

【附】光绪十九年九月二十七日,户部为陶模之奏咨呈军机处,曰:

户部为钦奉事。陕西司案呈:新疆巡抚陶模奏,驻喀什噶尔沿边马步营旗,恳恩暂照行粮章程支给等因一折,光绪十九年八月二十三日奉朱批:着照所请,该部知道。单并发。钦此。钦遵由军机处钞交到部。相应恭录朱批,飞咨新疆巡抚遵照。至抽调各营、旗、哨,据原奏内称饬经过各属供支粮料、柴草,稍资津贴等语。查所称供支粮料等项,系照何项例章并如何供支细数,未据声叙,应令详细声覆。又,单开调防马步各营、旗、哨,据称暂照行粮章程支给。查本部奏定行粮章程内,步队哨长每员日支薪粮银三钱,计月支银九两六钱,因何不符?应令一并声覆,以凭核办,并钞录原奏、清单咨呈军机

① 台北故宫博物院藏:军机及宫中档,文献编号:125333。

处可也。须至咨呈者。右咨呈（计单）军机处。光绪十九年九月二十七日。①

○六六　呈调防喀什噶尔
　　　各军开拔日期清单

光绪十九年七月二十一日（1893年9月1日）

谨将光绪十八、十九两年调防喀什噶尔沿边马步营旗、开花炮队开拔日期、驻扎处所并暂给行粮饷数，缮具清单，恭呈御览。

计开：

一、提标前营步队一营，于光绪十九年四月初九日开赴改孜卡驻扎。

一、英吉沙尔步队一营，于光绪十九年二月十二日开赴色勒库尔驻扎。

一、董字前营步队一营，于光绪十九年二月十二日开赴塔什米利克驻扎。

一、阿克苏镇标中营步队一营，于光绪十九年四月初一日开赴布隆库尔驻扎。

一、提标中营左旗中军马队一旗，于光绪十九年四月二十二日开赴恰尔伦驻扎。

一、提标城守营中军马队一旗，于光绪十八年十二月初八日开赴苏巴什驻扎。

一、喀什噶尔回城协营左旗中军马队一旗，于光绪十九年二月

---

① 中国第一历史档案馆藏：咨呈，档案编号：03-6131-137。

初二日开赴布隆库尔驻扎。

一、英吉沙尔营中军马队一旗,于光绪十九年二月十二日开赴屈满驻扎。

一、莎车协营中旗中军马队一旗,于光绪十九年三月初二日开赴塔哈尔满驻扎;分拨一哨,驻扎塔墩巴什。

一、恪靖后旗马队一旗,于光绪十九年三月初六日开赴塔哈尔满驻扎。

一、阿克苏镇标中营右旗马队一旗,于光绪十九年四月初九日开赴木吉驻扎。

一、提标开花炮队一哨,于光绪十九年四月初一日开赴色勒库尔驻扎。

一、步队一营,营官一员,月支薪水银五十两。实缺署事人员均不支给。又,支制办旗帜、号衣、油烛、纸张等项银一百二十两,均不扣建。私夫十六名,每名月支银三两。营书四名,每名月支银七两二钱。哨长四员,每员月支银九两六钱。私夫二名,每名月支银三两。巡查二员,每员月支银五两一钱。私夫二名,每名月支银三两。亲兵什长六名,每名月支银五两一钱。各哨什长三十二名,每名月支银四两八钱。亲兵六十六名、哨书护兵二十名,每名月支银四两五钱。正勇三百二十名,每名月支银四两二钱。火夫四十三名,每名月支银三两三钱。棚夫四十二名,每名月支银三两。均扣建,共大建月支银二千五百一十四两五钱,小建月支银二千四百三十六两三钱五分。

一、马队一旗,旗官一员,月支薪水银四十两。实缺署事人员均不支给。又,支制办旗帜、号衣、油烛、纸张等项银五十两,均不扣建。私夫八名、马夫一名半,每名月支银三两,均扣建。营书二名,每名月支银七两二钱;马夫各半名,月支银一两五钱,均扣建。杂费银六钱,不扣建。哨长二员,每员月支银九两六钱。私夫二名、马夫一名,每名月支银三两,均扣建。月支杂费银一两二钱,不扣建。巡查一员,月支银五两一钱。私夫二名,每名月支银三两。马夫半名,月支银一两五钱,均扣建。杂费银六钱,不扣建。亲兵领旗三名,每名月支银五两一钱。各哨领旗八名,每名月支银四两八钱。马夫各半名,月支银一两五钱,均扣建。月支杂费银六钱,不扣建。亲兵二十七名、哨书护兵十名,每名月支银四两五钱。马夫各半名,月支银一两五钱,均扣建。月支杂费银六钱,不扣建。马勇七十二名,每名月支银四两二钱。马夫各半名,月支银一两五钱,均扣建。月支杂费银六钱,不扣建。额外火夫十四名,每名月支银三两三钱。棚夫十三名,每名月支银三两,均扣建。又,旗官需用骑操马三匹,其余营书、弁勇均每名用马一匹,计共额马一百二十八匹,每匹仍照标营章程,月支马干银二两四钱,扣建。共大建月支银一千三百五十六两九钱,小建月支银一千三百一十七两二钱一分。

一、开花炮队一哨,管带官一员,月支薪水银十八两。实缺署事人员均不支给。又,支制办旗帜、号衣、油烛、纸张等项银二十两,均不扣建。私夫四名,每名月支银三两。营书一名,月支银七两二钱。队长一员,月支银九两六钱。私夫二名,每名月支银三两。什长六名,每名月支银五两一钱。护兵四名,每名月支银四两八钱。炮勇七十二名,每名月支银四两五钱。火夫七名,每名月支银三两三钱。车夫八名,每名月支银三两三钱。棚夫七名,每名月支银三两。车骡十六头,仍照标营章程,月支干银二两四钱,均扣建。共大建月支银五百五十五两五钱,小建月支银五百三十八两二钱五分。

一、统领一员，月支公费银一百两。

（朱批：）览。①

○六七　审拟和阗缠民
　　　　斗殴毙命一案折

光绪十九年七月二十一日(1893年9月1日)

头品顶戴甘肃新疆巡抚臣陶模跪奏，为斗殴毙命，核明定拟，恭折仰祈圣鉴事。

窃和阗州缠民托胡大阿洪因赌起衅，刃伤艾合来提脊膂等处殒命，并戳伤拜忽拉右胁平复一案，据署和阗直隶州知州甘承谟相验讯详，未及拟解卸事，后任江遇璞接准移交，审明议拟，解署喀什噶尔道李宗宾提讯，咨署镇迪道兼按察使衔黄光达核转前来。

臣复加查核，缘缠民托胡大阿洪籍隶和阗州，务农度日，与已死艾合来提素识无嫌。光绪十八年正月二十九日，艾合来提、拜忽拉、窝四满下、他儿偶在赛旦家聚赌，托胡大阿洪撞遇，向赛旦之妻哈沙汉借衣一件，在拜忽拉手内押钱八百文，上场同赌，三更赌散。窝四满下暨他儿二人先去，哈沙汉向托胡大阿洪索衣。托胡大阿洪钱已输尽，当恳拜忽拉暂时将衣退出，缓日还钱，拜忽拉不允。托胡大阿洪詈骂寡情。拜忽拉生气，举拳向殴。托胡大阿洪闪侧，顺抽小刀戳伤拜忽拉右胁。拜忽拉呼救，

---

① 中国第一历史档案馆藏：清单，档案编号：03-6131-112。

艾合来提赶至，斥说不应持刀行凶。托胡大阿洪谓其偏护，艾合来提不依，扭住托胡大阿洪胸衣拖走，声称拉投乡约。托胡大阿洪被扭图脱，用刀戳伤艾合来提右臂膊。艾合来提紧扭不放，托胡大阿洪又戳伤其右腿。艾合来提转身取棒，托胡大阿洪恐其拾棒回殴，一时情急，赶在艾合来提身后冒戳一下，适伤脊膂倒地。赛旦闻闹，趋至喝阻，信知艾合来提之妻沙然，看明医治。艾合来提伤重，越日殒命。投约报案，验讯议拟，解道咨兼臬司核明转详。臣覆核无异。

查律载：斗殴杀人者，不问手足、他物、金刃，并绞监候。又例载：赌博不分兵民，俱枷号两个月，杖一百。偶然聚会，开场窝赌者，枷号三个月，杖一百各等语。此案托胡大阿洪因赌起衅，口角争斗，刃伤艾合来提脊膂等处身死，并戳伤拜忽拉右胁平复，自应按律问拟。托胡大阿洪除刃伤拜忽拉右胁平复，暨犯赌各轻罪不议外，合依斗殴杀人者，不问手足、他物、金刃，并绞律，拟绞监候，秋后处决。赛旦偶然窝赌，应依例枷号三个月。拜忽拉、窝四满下、他儿同场赌博，亦应依例各予枷号两个月，均杖一百，满日折责发落。艾合来提犯赌，咎有应得，业已身死，毋庸置议。衣服缴案给领，输钱免追。乡约失察赌博，传案笞责。无干省释。尸饬领埋，凶器案结销毁。是否允协，除全案供招咨部外，所有斗殴毙命，核明定拟各缘由，谨恭折具陈，伏乞皇上圣鉴，饬部核议施行。谨奏。光绪十九年七月二十一日。

（朱批：）刑部议奏。[1]

---

[1]　台北故宫博物院藏：军机及宫中档，文献编号：408002816。

光绪十九年八月二十三日,奉朱批:刑部议奏。钦此。①

〇六八　请饬总理衙门迅议界务片

光绪十九年七月二十一日(1893年9月1日)

再,自俄兵越卡,论者不体察一切,动以不战相訾议。顾疆场之事,战固虑妨大局,不战而旷日持久,亦必有师劳饷竭之虞。帕米尔本边徼瘠区,俄欲得此,其意固有所在;我则沿边设备,处处宜严,故俄以数百人缀我数千之师。俄不见不足,我未见有余;我防俄,俄不防我也。该处山岭阻深,八月即冻,狂风走石,瘴气翳空,各将士奉调久役,瘦削黧黑,无复人状,征戍之苦,未有甚于此者。至粮料、草束,运费动增数倍,良由布回游牧之地,间有粮草,仅足自给,无从购买;加以山路陡峻,车辆难行,均由疏勒、莎车等属用马驮运,一往一返,近则经旬,远且逾月。马运为数无几,而沿途喂养既取给于此,回空又须酌带,层层耗减,愈远愈多,其充军食者,较原运之数或不得半。综计现拨营旗及各项员役共三千数百名,骡马一千数百匹,每月所需运脚并局卡等项杂费,约在二万两以外。夫久暴师则用不足,最为兵家所忌。现在陈兵相持,为时已久,岁糜数十万金,坐受疲敝;而俄只是遣兵游弋六尔阿乌之间以相牵缀,于彼究无大损。斯即将来勘分,并无出入,亦岂合算?此臣深维事势,辄中夜彷徨,怵焉不自安者也。

相应恳恩饬下总理各国事务衙门,该处界务究应如何办理,迅

与驻京俄使议结,以期休息士卒,节省度支,边陲幸甚。谨附片密陈,伏乞圣鉴训示。谨奏。

(朱批:)该衙门知道。①

光绪十九年八月二十三日,奉朱批:该衙门知道。钦此。②

【案】关于办理帕米尔界务情形,庆亲王奕劻等于光绪二十年二月二十日具折奏报曰:

臣奕劻等跪奏,为详陈帕米尔界务现办情形,恭折仰祈圣鉴事。

窃新疆西南边外帕米尔地方,与俄人分界。臣等业将帕地形势及择要增戍各节,于光绪十九年正月二十九日具折奏陈,奉朱批:知道了。等因。钦此。是年正、二月间,迭准出使大臣许景澄来电,俄外部本拟以萨雷阔勒山为界,今愿于此山之西请中国指出应画入华界地名,可允和商。俄国驻京使臣喀希呢亦言:萨山以西,中国最为注意之处,可为指明商量。臣等以我之要地在郎库里、阿克塔什等处,初议画分,必须扼定要隘,稍事展拓,方不至自窘退步,因备节略一纸,面交俄国使臣,略言:自乌孜别里山口南行,稍西以阿克拜塔尔山口为界;再南至东来岛提山口,由卑来岛提南行至帕沙脱山口为界;再南至昔木甫喀,过阿克苏河,顺喀喇苏河至尼赤塔什山口为界;由此山口再东南至喀马乌推克之西,往南至萨雷库里之东为界。经该使臣转达外部后,久未答覆。

---

① 台北故宫博物院藏:军机及宫中档,档案编号:408002545-0-A。

② 此朱批日期与内容,据军机处随手登记档(档案编号:03-0277-1-1219-218)校补。

　　嗣许景澄以俄外部大臣嘎尔斯在外部多年，颇能顾全中俄睦谊，时适患病在假，派令驻法参赞庆常，前往订晤，语以保和好、守喀约、止派兵三端。嘎尔斯为转启俄主。嘎尔斯销假后，许景澄复奏调庆常赴俄，屡向催办。至八月间，始据嘎尔斯称：俄主谓中国所拟地界难允，拟就中国所拟之界，萨山以东、萨山以西，别筹调停之法。惟俄主前往丹国，须十月望后回至俄都，届时必可妥商等语。迨十月二十五日，接许景澄来电：嘎尔斯送回地图，拟划华界自乌孜别里向南数俄里，顺东南山梁折东，沿郎库湖北岸，又东南顺山坳转至派格土别山梁，其南仍划萨山为界。臣等以嘎尔斯拟分之界将郎库里、阿克塔什大半占去，完不能允，电令许景澄转覆俄外部，另筹公平办法。

　　十一月间，接许景澄覆电：俄外部不肯再让，并言英国允酌让小帕米尔地归俄。如与英议定南界，明春即须添兵，在东、南两面画守，俄国即为定局，应请中国早酌。经庆常力争，中国决不能认。嘎尔斯言：阿克塔什设卡地段，俟分界时或可通融，余无可商。同时，英国使臣欧格讷至臣衙门会晤，亦言英俄在伦敦商议帕事，俄自乌孜别里东南由阿克苏河至阿克塔什，南抵小帕山岭北麓为界，大致可定。余与俄外部告许景澄之言略同。臣等以如此画分，则萨山以西我之余地无多，即分电薛福成、许景澄，与英俄外部执约力辩。嗣准薛福成电覆：英俄画分帕界，已将小帕米尔画归英线。商之英廷，可将小帕画与中国，俄不能阻。中国如得小帕，只须与俄商定西界，事较易了。应否与议，请旨定夺。臣等即遵旨电令妥商。而许景澄叠次来电，传述俄外部之意，谓南界自萨湖及阿克塔

什以南,英俄已有成议。中俄关涉乃是东界,必须中国指出酌
让地名,方可再商。

臣等虑相持过久,英俄合谋商办,更形棘手,不得不稍与
通融,以期畅道;遂电许景澄拟将原议阿克拜塔尔山口及卑来
乌提、帕沙脱、昔来甫克,过喀喇苏河,至尼赤塔什等处之在乌
孜往南直线以西者,酌议改拟顺阿克拜塔尔河,经沙展过阿克
苏河,由库那克拜之西至喀马乌推克,再由沙里塔什西面南通
伊什提克河至小帕米尔山北为止,东属中,西属俄。令与俄外
部次第磋磨,以期就范。乃本年正月,许景澄来电:嘎尔斯谓
中国改拟地界,与前议相差无多,仍难允许,拟另筹两益办法。
尚未就绪,嘎尔斯忽患病,未能办公,暂须停议。至英人许让
小帕之议,经薛福成商之英廷,据云前告俄国尚无回音,俄国
虽不能阻,总须得覆,方可互立约据。而中俄之界未定,俄亦
未必答英,一时亦难商定。此筹办帕米尔界务尚未能定议之
情形也。

臣等以嘎尔斯现虽患病,暂停商议,而因应之策不可不先
事图维,复电商许景澄:如果前议难持,应如何画分,以期就
范。旋准许景澄电覆:若顺乌孜迤南山梁接郎库以西山梁,至
留库兹塞、马克拉札中间山梁,转西至阿克苏河;自此沿河至
伊什提克河汇处,改沿乌勒干奇告克中间小岭,南至小帕山北
为止,似已扼要。惟阿克平地一带,俄亦注争界议,棘手在此
等语。臣等正在酌核间,二月十三日,英国使臣欧格讷至臣衙
门,面言:闻俄备兵三千,如界务议久不成,四月间即恐生事,
请早为筹备等语。

十四日,复接许景澄来电:嘎尔斯告庆常云,俄主意皆通

融，惟请中国将实在注重之地指明界至、地名，以便酌商；应否就前此豫拟地界与之磋磨之处，嘱臣等核覆。臣等伏思英使备兵之说，似非无因，盖俄人阳示迁延，阴图侵占，实亦不可不虑；且此事自开议至今，两年有余，防边之兵亦多劳费，若不量予通融，致开兵衅，以争此荒远不毛之地，诚恐鞭长莫及，诸多棘手，转难结束。现已电令许景澄，就前拟地界再与酌商，总期无损边防，自以速了为妙。相应请旨饬下该大臣，酌度地势，与俄外部设法辩论，妥筹议结。如有端绪，即行电至臣衙门，请旨办理。

所有臣衙门与许景澄往来电信，缮具清单，恭呈御览，伏乞皇上圣鉴，训示遵行。谨奏。二月二十日。臣奕劻，臣宗室福锟，臣孙毓汶，臣崇礼，臣徐用仪，臣廖寿恒，臣张荫桓。

光绪二十年二月二十日，奉朱批：另有旨。钦此。[1]

【附】奕劻等之奏，清廷于当日允行，饬令许景澄按照所奏办理。《清实录》：

谕军机大臣等：电寄许景澄。总理各国事务衙门奏，现办帕米尔界务情形一折。着许景澄按照该衙门节次电商办法，与俄外部相机办理，自郎库里至阿克塔什一带，为边防厄要之地，务当切实辩论，俾就范围，妥筹拟结。一俟议有端绪，即电知该衙门，奏明请旨遵行。[2]

【附】出使大臣许景澄于光绪二十年三月二十五日为商办

---

[1]　台北故宫博物院藏：军机及宫中档，文献编号：130704。

[2]　《德宗景皇帝实录（五）》，卷三百三十五，光绪二十年二月下，第300—301页。

帕米尔情形,具折曰:

出使大臣内阁学士兼礼部侍郎衔臣许景澄跪奏,为遵奉谕旨详陈商办帕米尔现在情形,恭折仰祈圣鉴事。

窃臣于本年二月二十一日承准总理衙门电开:奉旨:总理各国事务衙门奏,现办帕米尔界务情形一折。着许景澄按照该衙门节次电商办法,与俄外部相机办理,自郎库里至阿克塔什一带,为边防厄要之地,务当切实辩论,俾就范围,妥筹拟结。一俟议有端绪,即电知该衙门,奏明请旨遵行。钦此。等因。伏查此案先于光绪十八年九月间,接总理衙门来电:俄使喀希尼奉外部命,议分帕界,出示地图,欲自乌孜别里山转东而南,违背喀约,一直往南之说。令臣与俄外部辩论。臣即前赴外部诘问,一面奏请增缮边备,以杜狡谋。旋据外部总办格毕尼斯称:俄国拟按地势,就分水山岭为界,喀约语太宽混,恐难作据,显露违约占地之意。经臣据理驳斥,屡催照约议分。该外部旋覆:中国所议办法,俄国亦不能允。界议因此龃龉。其时,俄国入帕兵队虽经撤归,尚在穆尔格布河等处留设兵卡度冬。至十二月间,新疆报称:俄谋增兵,欲占色勒库尔及塔哈尔满各地,边事颇为吃紧。经总理衙门电臣,严辞诘问。上年二月间,始据该总办面告:请中国在色勒库尔山岭之西,指出实地,俄国可以酌商。词气稍松。三月初,臣以洋报传闻,俄将调兵赴帕,因向署外部大臣基斯敬晓譬利害,遂与约明,两国今岁各不进兵,以待和商。经臣先后电达总理衙门在案。此上年四月以前之商办情形也。

自去夏以来,喀城边境渐臻安靖,而议界一节,该外部以总理衙门所指地界，自乌孜别里西偏至萨雷库里，仍如初议，延不接商。时值俄外部大臣嘎尔斯自义国假旋，养疴乡居。臣以驻法参赞官庆常前在俄都，与嘎尔斯熟识，三月间，曾经商令该员前赴奥国订晤，探论帕事，因奏请暂调庆常来俄催商。该员于七月杪间到差，经与嘎尔斯辩论再四，始允会商兵部。候至十月俄主回都时开议。嗣据交阅地图，拟让郎库里北半之地。臣以离约太远，当即驳覆。至十一月间，俄英所商帕界，颇有成说。臣因电商总理衙门，为扼要与争之计，按照约文往南地势，顺阿克托塔阿河至小帕米尔山岭，略示通融。俄外部仍不肯允。并据嘎尔斯称，实因兵部所争在通印度之路，此路正在阿克苏河以东，地势相厄，为难殊甚。

本年钦奉谕旨后，臣复晓以郎库里、阿克塔什一带尤为中国注重之地，万不能让，杜其觊觎。经嘎尔斯转达俄主，据覆仍为兵部坚持，且有候开冻后派兵据守之议。臣以成约俱在，何能过涉迁就，仍饬庆常力执原议，不为所动。三月间，嘎尔斯始以界议一时难结，另筹调停办法，订明两国各不进兵，徐候此事定议，以保和好。旋据总理衙门电覆，再令切实订定。复由庆常与嘎尔斯商明，互送照会为据。是月十八日，臣接俄外部文称：本国国家已饬俄官仍扎原处，于帕界未经定议以前，不准前进等因。当即电达总理衙门查照。窃惟中外交涉之案，商议不合，势必出于相持。惟当边境两军近逼，事机辄虞牵制。今互约止兵，议由彼发，冀于顾全事体之中，稍收销弭衅争之益。

除将俄外部来文译送总理衙门备案，并以后情形另行续报外，谨就臣与俄外部商办界务现在情形，恭折具陈，伏乞皇上圣鉴。谨奏。三月二十五日。

　　光绪二十年五月二十九日，奉朱批：该衙门知道。钦此。①

○六九　神机营官兵及北洋弁勇择地暂扎情形片

光绪十九年七月二十一日（1893年9月1日）

　　再，光绪十九年正月十七、二十六等日，先后承准神机营王大臣并北洋大臣李鸿章咨：遵旨奏拨新疆边防需用枪炮，并派熟悉操演官弁人等随同前往各等因到臣，当即分派员弁前往甘肃，沿路迎提。兹据记名副都统护军参领德克津布②率带官兵六十六员名，管解神机营克虏卜后膛炮六尊、哈乞开斯枪一千杆；记名提督兰福喜率带弁勇、长夫等八十六员名，管解北洋三十七密里过山快炮六尊、哈乞开斯枪一千杆，各分起数，接续运到。配带子码，均属齐全。

----

　　①　台北故宫博物院藏：军机及宫中档，文献编号：132954。
　　②　德克津布（1833—1900），镶白旗满洲人。同治五年（1866），由护军校因奉省一律肃清安内奏请以护军参领遇缺尽先即补，先换顶戴。六年（1867），补委护军参领。七年（1868），以直隶肃清案内奏保以副护军参领补用，先换顶戴。十年（1871），授副护军参领。是年十月，经神机营保奏，以护军参领升用。光绪二年（1876），因攻克玛纳斯南北两城案内奏请以护军参领尽先即补，并赏加二品衔。五年（1879），迁护军参领。八年（1882），护理巴彦岱领队大臣。嗣因收还伊犁等案内尤为出力，保以副都统记名简放，并赏戴花翎。十三年（1887），署理察哈尔领队大臣。十五年（1889），交卸署任，经将军色楞额奏请，给咨送部引见，经兵部带领引见，仍以副都统记名简放。二十年（1894），经伊犁将军长庚调赴伊犁差委，旋补锡伯营领队大臣。二十六年（1900），因病出缺。

臣维前项枪炮原系筹备边防之需，自应饬赴喀什噶尔，以资防守。惟该处沿边一带前经调派各营旗严密防守，现驻六尔阿乌等处，俄兵为数不多，亦无举动。叠接总理各国事务衙门来电：俄愿和商，我宜按兵不动，勿轻出挑衅，致碍界务等因。神机营声威夙著，非标、防各营可比，若开赴前路，转恐启人惊疑，致滋口实；且禁旅久留边徼，亦于事体不宜，拟令暂驻省城，由各营旗挑选勇丁，学习演放，俟明年春暖，即饬德克津布率带官兵回京。

其北洋一起，此时亦未便径进。查阿克苏距喀什噶尔较近，应饬酌带枪炮，暂赴该处屯扎，以备调遣；仍由阿克苏镇总兵黄万鹏挑拨营勇，演习操法，一俟界务办有端绪，再行遣回天津。是否有当，谨附片陈明，伏乞圣鉴训示。谨奏。

（朱批：）该衙门知道。[1]

光绪十九年八月二十三日，奉朱批：该衙门知道。钦此。[2]

【案】奏拨新疆边防需用枪炮……随同前往：光绪十八年十二月二十三日，钦差大臣李鸿章为筹拨新疆枪炮，具报曰：

钦差大臣大学士直隶总督一等伯李鸿章跪奏，为遵旨筹拨新疆边防需用枪炮，并酌派熟习操法弁勇，筹给口粮、运费，恭折仰祈圣鉴事。

窃臣承准军机大臣字寄：光绪十八年十二月十二日，奉上谕：现在新疆筹办边防，须用新式过山快放炮三十七、四十七密里口径等式各数尊，各项新式洋枪一二千杆，着神机营王大

---

[1]　台北故宫博物院藏：军机及宫中档，文献编号：408002815-0-B。

[2]　此朱批日期与内容，据军机处随手登记档（档案编号：03-0277-1-1219-218）校补。

臣、北洋大臣李鸿章酌量拨给，配齐药弹，行知甘肃新疆巡抚，派员迎提应用；并着该王大臣等遴派熟悉演放枪炮人等，随同前往等因。钦此。

伏查新疆地接强邻，近因南路议界未定，边防尤关紧要，亟宜训练军实，先事筹维。前接新疆抚臣陶模函称，该处现存外洋军械均系十年前购备，多已损坏。商由臣代购后膛毛瑟马枪一千杆、前膛兵枪一千五百杆，分批解运；并派熟悉德国操法之武备学生二名随同前往。业将第一批枪械于十月间由津起运，明春可抵新疆。正当续筹拨运，兹复钦奉前因，仰见圣明洞烛万里，钦服莫名。遵查天津军械局有购备三十七密里过山快放炮，系德国葛鲁森厂制造最新之式，迭次校试，一分钟时可放子二十四出，及远二千五百密达，能用骡马驮运过山，轻灵快捷，用于新疆边境山岭丛杂之处，最为相宜。现拟拨给六尊，随炮开花子弹三千个，并拨后膛哈乞开思六响步枪一千杆，随枪子弹五十万粒，随带车架、器具、零件，选派熟习演放之管带哨官一员、哨长一员、教习二名、炮目什长及兵勇三十八名，酌照淮军行营章程，配齐长夫、火夫，随炮前往。到新疆后，认真教练，再由该省酌量添练枪队，足成一哨，以为护炮之用，可期得力。

查德国炮队章程，以六炮为一队，每炮应用驮运炮身、器具、车轮等件，马四匹。又驮运备战子药骡二匹，照章骡马七匹、用夫二名，所需夫、马应俟运至后，由该省自行配用。现拟购骡十二匹，交该弁等乘骑护运。新式炮身机件器具异常精巧，在边省沙漠之地尤须随时油擦，应照海防各营章程，月给炮费，勤加油饰，免致锈损。该弁勇等远役九千里，历时四、五月，应先筹给口粮六个月，仍另发给盘费，俾利遄行。运到后由该省按月接支口粮，应需车辆现由天津雇备，运至西安后，再由各该地方官按站妥为接运。此项枪炮系遵奉协拨之件，暂由北洋海防经费项下核办，无须由新疆筹还价值。所有弁勇人等口粮、盘费、骡价、车价等项，一并饬局筹拨，事竣核实报销。车价一项，因远道运送，器件繁重，均按民价发给。事属创办，未便以例价相绳，致多窒碍。

除将炮队应需夫马、饷数及月给炮费章程，咨明新疆抚臣查照办理，并迅速派员沿途迎提暨分咨各衙门及经过各省督抚臣查照外，理合缮折由驿覆陈。伏乞皇上圣鉴。谨奏。十二月二十三日。

光绪十八年十二月二十五日，奉朱批：该衙门知道。钦此。①

○七○　　新疆光绪十八年征信册籍刷印散发折

光绪十九年八月初十日(1893 年 9 月 19 日)

头品顶戴甘肃新疆巡抚臣陶模跪奏，为新疆各属光绪十八年征信册籍遵章刷印散发，恭折仰祈圣鉴事。

窃照新疆各属光绪十七年征信册籍，臣业经具奏并印发各属绅民查阅在案。兹据布政使饶应祺详称：各厅、州、县、县丞光绪十八年征信册籍底本，饬据各属陆续申覆，除镇迪道属哈密厅、呼图壁巡检，及阿克苏道属库车、乌什、喀喇沙尔、拜城等厅

---

① 中国第一历史档案馆藏：录副奏折，档案编号：03-9422-073。

县，并喀什噶尔道属英吉沙尔、玛喇巴什、和阗、疏勒、于阗、疏附等厅、州、县十八年已垦熟地应征粮石，均于十八年下忙截数之前一律征收全完，毋庸造具征信册外，其镇西、库尔喀喇乌苏、迪化、奇台、阜康、昌吉、绥来等厅县并济木萨县丞经征十八年额粮并催征、带征均有未完，吐鲁番、镇西、莎车、叶城、阜康各厅、州、县均有因灾豁免及缓征银粮、草束，陆续据各该属造具征信册底本，由司发交经历司，雇募工匠，添刻活字印版，首列部议清厘民欠章程十条，次列各项民欠总、散数目，一律拢印，并委库大使会同核对。

计刊印镇西厅经征十八年未完并豁免及催征节年民欠册各四十本，吐鲁番厅十八年因灾豁免并缓征册各四十本，库尔喀喇乌苏厅经征十八年未完并催征十四、十五、十六、十七等年民欠册各三十本，迪化县经征十八年未完并催征节年民欠册各四十本，奇台县经征十八年未完并催征节年民欠册各四十本，绥来县经征十八年未完并催征十七年民欠册各四十本，阜康县经征十八年未完并因灾豁免及催征节年民欠册各三十本，昌吉县催征节年民欠册三十本，济木萨县丞经征十八年未完册三十本，温宿州带征十七年因灾缓征粮草册各四十本，莎车州十八年因灾豁免册各四十本，叶城县十八年因灾豁免册四十本，注明页数，钤用司印。内迪化府属各县、县丞遵章移送镇迪道一半，发交迪化府一半；镇迪道属吐鲁番、镇西、库尔喀喇乌苏各厅，阿克苏道属温宿州，喀什噶尔道属莎车州全送该三道；叶城县一半移送喀什噶尔道，一半发交莎车州，分别转发各属绅民，分给各乡民公同查阅，俾令周知。附赍各册，详请奏咨前来。

臣覆查无异。除将各册咨部查核外，谨会同陕甘总督臣杨昌濬，恭折具陈，伏乞皇上圣鉴训示。谨奏。光绪十九年八月初十日。

（朱批：）户部知道。[1]

光绪十九年九月十三日，奉朱批：户部知道。钦此。[2]

○七一　奏报奇台等地水旱情形片

光绪十九年八月初十日（1893年9月19日）

再，臣据署奇台县知县陈彤辅禀报，该县东西吉尔等十九渠共种地四万八千余亩，入夏雨泽稀少，禾苗日就枯槁。又，库车厅同知刘人佺禀报，该厅六月二十五日东关外河水涨发，淹倒民房二千五百一十八间，官地民房一百七十四间，压毙男女大小一十八丁口。又，署莎车直隶州知州潘震禀报，该州七月初七、八等日大雨，汉、回两城坍塌民房一百九十余间。又，叶城县知县王俊禀报，该县七月初连日大雨，坍塌近城民房一百余间各等情前来。

臣先后饬司移道，委员迅赴灾所，会同确勘，奇台县额征粮石、库车厅官地民房租银应否蠲缓，莎车、叶城及库车各乡庄地亩、房屋有无冲坏，并饬将该厅、州、县被灾各户妥为抚恤，压毙人口、淹倒房屋，分别酌给银两，取具册结，详转核办。

除俟勘覆至日再行奏明办理外，所有奇台、库车、莎车、叶城被旱、被水、被雨大概情形，谨附片具奏，伏乞圣鉴训示。谨奏。

（朱批：）知道了。即着饬属妥为抚恤，毋令失所。[3]

---

① 台北故宫博物院藏：军机及宫中档，文献编号：408002817。

② 中国第一历史档案馆藏：录副奏折，档案编号：03-6247-038。

③ 台北故宫博物院藏：军机及宫中档，文献编号：408002817-0-A。

光绪十九年九月十三日,奉朱批:知道了,即着饬属妥为抚恤,毋令失所。钦此。[①]

○七二　奏报新疆光绪十九年五月雨水、粮价折

光绪十九年八月二十五日(1893 年 10 月 4 日)

头品顶戴甘肃新疆巡抚臣陶模跪奏,为恭报光绪十九年五月份粮价并得雨情形,谨缮折具陈,仰祈圣鉴事。

窃照光绪十九年四月份各厅、州、县粮价并得雨情形,业经臣奏报在案。兹据新疆布政使饶应祺详称:光绪十九年五月份,镇迪道属镇西得雨,入土四寸;迪化、绥来得雨,入土二寸;奇台得雨,入土二寸,东西吉尔等渠旱;阜康得雨,入土一寸;库尔喀喇乌苏大雨,昌吉、吐鲁番微雨。伊塔道属绥定、宁远、塔尔巴哈台、精河微雨。南路乌什得雨,入土三寸;拜城、于阗得雨,入土二寸;英吉沙尔得雨,入土一寸;玛喇巴什大雨,库车、莎车微雨。余未得雨。至通省粮价,吐鲁番、镇西、精河、喀喇沙尔、乌什、昌吉等厅、县俱与上月相同,余均略有增减。汇详请奏前来。

理合恭折具陈,并缮粮价清单,敬呈御览,伏乞皇上圣鉴。谨奏。光绪十九年八月二十五日。

(朱批:)知道了。[②]

光绪十九年九月二十五日,奉朱批:知道了。钦此。[③]

---

① 中国第一历史档案馆藏:录副奏折,档案编号:03-9637-104。
② 台北故宫博物院藏:军机及宫中档,文献编号:408002818。
③ 中国第一历史档案馆藏:录副奏折,档案编号:03-6934-034。

○七三　呈新疆光绪十九年五月粮价清单

光绪十九年八月二十五日(1893 年 10 月 4 日)

谨将新疆各属光绪十九年五月份米粮时估价值，缮具清单，恭呈御览。

计开五月份：

镇迪道属：

迪化县：大米每京石价银二两六钱四分三厘，较上月增三钱一分八厘。小麦每京石价银一两五钱五分七厘，较上月减七分。豌豆每京石价银一两八分，较上月减一钱八厘。青稞每京石价银一两一钱四厘，较上月减三钱四分五厘。

昌吉县：大米每京石价银一两七钱七分，小麦每京石价银八钱，豌豆每京石价银七钱七厘，青稞每京石价银七钱一分一厘，俱与上月相同。

阜康县：粟米每京石价银一两四钱一分五厘，较上月增一钱四分一厘。小麦每京石价银一两五钱五分六厘，较上月增一钱四分一厘。豌豆每京石价银一两四钱一分五厘，较上月增一钱六厘。高粱每京石价银一两六分一厘，较上月增一钱二分四厘。

绥来县：大米每京石价银一两八钱六分四厘，较上月减七分四厘。小麦每京石价银一两一钱三分，较上月减七分。豌豆每京石价银一两一钱三分七厘，与上月相同。高粱每京石价银六钱四分，与上月相同。

奇台县：大米每京石价银二两五钱八分九厘，与上月相同。小麦每京石价银一两四钱一分五厘，较上月减一钱六厘。豌豆每京石价银八钱二分八厘，较上月减一钱四厘。

吐鲁番直隶厅：小麦每京石价银一两五钱六分六厘，大麦每京石价银七钱四分六厘，高粱每京石价银七钱四分三厘，黄豆每京石价银一两五钱三分，俱与上月相同。

镇西直隶厅：小麦每京石价银一两一钱二分，豌豆每京石价银一两一钱二分，青稞每京石价银六钱四分，俱与上月相同。

哈密直隶厅：粟米每京石价银一两四钱四分，与上月相同。小麦每京石价银一两五钱八分七厘，较上月减八分三厘。豌豆每京石价银一两二钱九分六厘，较上月减三分六厘。青稞每京石价银八钱四分九厘，较上月减四分。

库尔喀喇乌苏直隶厅：小麦每京石价银一两四钱一分六厘，较上月减七分。豌豆每京石价银一两四钱八分四厘，与上月相同。高粱每京石价银九钱八分二厘，与上月相同。

伊塔道属：

绥定县：大米每京石价银四两二钱一分八厘，较上月增一钱四分八厘。小麦每京石价银一两六钱五分六厘，较上月增四钱一分四厘。大麦每京石价银八钱三分二厘，较上月增一钱一分一厘。豌豆每京石价银一两四钱四分，较上月增一钱四分四厘。

宁远县：大米每京石价银三两一钱二分三厘，与上月相同。小麦每京石价银一两三钱二分五厘，较上月增八分三厘。大麦每京石价银七钱八分一厘，与上月相同。豌豆每京石价银一两二钱九分六厘，与上月相同。

塔尔巴哈台直隶厅：小麦每京石价银一两五钱六分，较上月增二钱二分一厘。大麦每京石价银一两一钱七分七厘，较上月增一钱七分八厘。豌豆每京石价银一两四钱一分，较上月增八分三厘。

精河直隶厅：大米每京石价银二两九钱四分，小麦每京石价银一两一钱九分，大麦每京石价银八钱四厘，豌豆每京石价银一两一钱八分九厘，俱与上月相同。

阿克苏道属：

温宿直隶州：大米每京石价银二两二钱八分，与上月相同。小麦每京石价银一两三分五厘，与上月相同。大麦每京石价银六钱，与上月相同。包谷每京石价银六钱八分，较上月减一钱三分四厘。

拜城县：小麦每京石价银七钱四分四厘，较上月减一分。大麦每京石价银三钱六厘，与上月相同。豌豆每京石价银四钱三分八厘，与上月相同。包谷每京石价银五钱二分五厘，较上月减四分四厘。

喀喇沙尔直隶厅：大米每京石价银三两二钱五分六厘，小麦每京石价银一两六钱五分六厘，豌豆每京石价银一两八厘，包谷每京石价银七钱四厘，俱与上月相同。

库车直隶厅：大米每京石价银二两四钱，较上月减一钱九分。小麦每京石价银六钱三分，较上月减九分五厘。豌豆每京石价银六钱五分，较上月减一钱一分。包谷每京石价银四钱四分，与上月相同。

乌什直隶厅：大米每京石价银二两二钱三分五厘，小麦每京石价银六钱七厘，大麦每京石价银三钱二分一厘，包谷每京石价银四钱四分五厘，俱与上月相同。

喀什噶尔道属：

疏勒直隶州：大米每京石价银三两四分五厘，较上月减一钱八分。小麦每京石价银一两三钱一分一厘，较上月减一钱四分。包谷每京石价银一两八分八厘，较上月减一钱二分八厘。高粱每京石价银九钱二分,较上月减一钱一分五厘。

疏附县:大米每京石价银三两四分五厘,较上月减一钱八分。小麦每京石价银一两三钱一分一厘,较上月减一钱四分。包谷每京石价银一两一钱三分九厘,较上月减一钱三分四厘。高粱每京石价银九钱二分,较上月减一钱一分五厘。

莎车直隶州:大米每京石价银二两一钱,较上月减一分。小麦每京石价银八钱,较上月减四分五厘。大麦每京石价银七钱五分,与上月相同。包谷每京石价银七钱四分,较上月增八厘。

叶城县:大米每京石价银二两六钱一分,较上月增五分八厘。小麦每京石价银七钱八分,较上月减四分。包谷每京石价银五钱六分六厘,较上月减三分四厘。青稞每京石价银四钱七分五厘,较上月减二分五厘。

和阗直隶州:大米每京石价银二两六钱一分八厘,与上月相同。小麦每京石价银一两六分三厘,较上月减四分一厘。包谷每京石价银六钱四分,较上月减二分六厘。青稞每京石价银五钱六分六厘,较上月减二分七厘。

于阗县:大米每京石价银二两六钱九分一厘,较上月减一分九厘。小麦每京石价银一两一分,与上月相同。包谷每京石价银六钱一厘,较上月减一分九厘。

英吉沙尔直隶厅:大米每京石价银三两九钱五分,较上月减一分。小麦每京石价银一两二钱八分,较上月增一分。大麦每京石价银五钱七分,与上月相同。包谷每京石价银一两一钱二分,与上月相同。

玛喇巴什直隶厅:大米每京石价银二两九钱六分,与上月相同。小麦每京石价银一两一钱四厘,较上月减一钱三分八厘。包谷每京石价银八钱三分二厘，较上月减六分四厘。

（朱批：）览。①

○七四　奏请核销历年积牍折

光绪十九年八月二十五日（1893 年 10 月 4 日）

头品顶戴甘肃新疆巡抚臣陶模跪奏，为新疆自光绪四年起至十五年止奏报银粮、草束、防军、善后各案，恳恩饬部核销，以清积牍，恭折仰祈圣鉴事。

窃臣到任以来，检查案卷，逐一清厘，计光绪四年起至十五年止，银粮、草束、防军、善后各销案，其经部议奏、饬令查覆、删除等项，大意不外照何例案、核与例章不符两端。疆臣一再奏覆，不外无例可循、随时酌办等语。案复一案，头绪纷繁，报销积滞，未有甚于此者。窃维例者所以统多寡不齐之数，各限以准则，以杜冒滥，以重度支，如衡有权，立法至当。顾时势所值，殊难概论。新疆以边荒开设行省，其在需款及办理竭蹶情形，具见前督臣左宗棠、前抚臣刘锦棠所奏各折，早邀圣明洞鉴。斯即明知例章所在，揆诸因时制宜之道，犹应量为变通，以期措置之当。况创办伊始，本无成法可遵，如何开支即如何造报，必责以如此为照例、如此为违例，其不能吻合也明矣。且报销一事，固有舍例而得其实，执例转失其真者，盖数虽无定，止期针孔相符；例虽有定，要可迁就而合。概以尽征尽解、实用实销之言，不足凭造销；一切必求如例而止，万一经收人员设法弥缝，勉强牵合，欲驳则与例符，欲准实非确数，部臣职司综核,亦安用此合例不实之报销为哉?

查各案开支,系左宗棠、刘锦棠经办事件,如有浮冒,臣何敢曲为回护,致涉欺蒙? 惟逐核部驳各节,为数究属不多,概与核销,无关公帑盈绌。现在官经数任,承办各员半已星散;再历年所,势必茫无端倪,查无可查,追无可追。朝廷为新疆一隅,不惜岁拨巨款,而为此无多之数,至令案牍积压,无从完结,如臣愚昧,窃不谓然。相应恳恩饬下各部,将新疆自光绪四年起至十五年止历奏银粮、草束、防军、善后各案,原册未经发还者,变通成例,按起核销,借清积牍;其发还原册及十五年后尚未奏报各案,由臣饬司遵照部议,分别赶办,凡实应删除之款,仍令照例办理,以重帑项而昭实在。谨会同陕甘总督臣杨昌濬,恭折具陈,伏乞皇上圣鉴,训示施行。谨奏。光绪十九年八月二十五日。

(朱批:)着照所请,该部知道。[①]

光绪十九年九月二十五日,奉朱批:着照所请,该部知道。钦此。[②]

○七五　核销新疆光绪十六年司库收支银粮折

光绪十九年九月初七日(1893年10月16日)

头品顶戴甘肃新疆巡抚臣陶模跪奏,为造报甘肃新疆光绪十六年份司库收支银粮、草束,谨缮清单,并分造总、散清册,恳恩饬部核销,恭折仰祈圣鉴事。

① 台北故宫博物院藏:军机及宫中档,文献编号:408002819。
② 中国第一历史档案馆藏:录副奏折,档案编号:03-6633-112。

　　窃照光绪十五年份新疆司库收支各属正杂银粮、草束,业经臣奏请核销在案。兹据布政使饶应祺详称:光绪十六年份,各属征收本折粮草、地课、杂税等项,支发文武廉费、俸工、靿鞋、盐菜、驿站、经费、孤贫花布、祭祀及古城旗营官兵俸饷,并支发草束折价各项银两,仍分司库、道库实收、实支数目,造册汇总请销。至各军营旗并善后各项支领粮料、草束应扣价银,已由军需、善后项下扣收解司。各属征收税课银两,其有善后项下动用者,亦由善后项下解还,司库照数列收汇报。

　　统计光绪十六年份,旧管存银五十八万五千五百四十一两八钱五分七厘,新收银五十八万九千二百三十四两六分七厘,开除银四十七万二千六百五两四钱二分四厘,实在截至十六年底止,共存银七十万二千一百七十两五钱。又,未支银四千八百一十二两九钱四分一厘,仍未支银五百一十七两九分四厘。

　　旧管存各属仓储各色京斗粮五十九万四千二百三十一石四斗一合一勺,新收各色京斗粮二十四万六千七百七十石三斗一升八合六勺,开除各色京斗粮一十七万五千二百四十三石七斗八升一合九勺,实在截至十六年底止,共存各色京斗粮六十六万五千七百五十七石九斗三升七合八勺。又,各属征收未完及仍未完籽种额粮一万九千七百九十二石一斗二升三合四勺。又,未支料五十一石八斗八升五合七勺,仍未支料一百三十九石八斗七升五合四勺。又,长支粮料三千三百七十二石四升二合四勺,仍长支料三百一十石升二合五勺。

　　旧管各属厂储草一千五百五十七万九千八十八斤二两七钱六分,新收草一千四百七十七万一千八百八十四斤一十五两三钱六分八厘,开除草一千一百九十四万七千斤四两五钱八分,实在截至十六年底止，共存草一千八百四十万三千九百七十二斤一十三两五钱四分八厘，又未支草六千六百二十四束，仍未支草一十万三千九百四十九束。

其未支、长支银粮、料草，俟找发扣还后，归入下届造报附销，造具单册，详请奏咨核销前来。臣覆核无异。理合缮具简明清单，恭呈御览，仰恳天恩，饬部核销。除将清册分送部、科外，谨会同陕甘总督臣杨昌濬，恭折具陈，伏乞皇上圣鉴训示。谨奏。光绪十九年九月初七日。

（朱批:）户部议奏。单并发。①

光绪十九年十月初八日，奉朱批:户部议奏。单并发。钦此。②

○七六　呈新疆光绪十六年管、收、除、在银粮、草束清单

光绪十九年九月初七日（1893 年 10 月 16 日）

谨将新疆各属光绪十六年分管、收、除、在各款银粮、草束数目，缮具四柱清单，恭呈御览。

计开:

一、银两项下:

旧管:一、存银五十八万五千五百四十一两八钱五分七厘。

新收:一、收新饷项下拨解旗营经费银六万二千四百两。

一、收新饷内提存司库银九万一千二百两。

---

① 台北故宫博物院藏:军机及宫中档，文献编号:408002821。
② 中国第一历史档案馆藏:录副奏折，档案编号:03-6633-135。

一、收新饷内提拨司库例款不敷银一十四万四千两。

一、收围地课银三千七百九十二两二分四厘。

一、收折色粮草银五万四千七百八十三两三钱八分三厘。

一、收牲税及税余银八千二百一十五两五钱一分六厘。

一、收水磨碓税银一万二千三百八十一两一钱九分一厘。

一、收契税银三千六百八十四两一钱三分七厘。

一、收房租银二千四百七两三钱四分八厘。

一、收地租银一千二百五十七两七钱二分五厘。

一、收园租银六十一两四钱四分。

一、收金课银七十四两八钱七厘。

一、收草湖税银一千三百五十六两六钱一分。

一、收金砂变价银二千三百三十八两五钱六分。

一、收军需、善后项下解交各营旗领用粮缴价银七万六千九百一十五两七分一厘。

一、收军需、善后项下解交各营旗领用草缴价银三千七百一十八两八钱九分六厘。

一、收善后项下解交善后领用草缴价银三百一十七两二钱三分一厘。

一、收平粜粮石价银一万四百五十七两。

一、收变卖草束价银一千五百七十五两四钱六分。

一、收百货土产税银六万五千二百七十两四钱七厘。

一、收文武各职例款减平银二万一千四百八十三两七钱七分四厘。

一、收旗营经费减平银三千三百四十六两二钱九分五厘。

一、收驿书、马夫面价银七千二十七两八钱。

一、收哈密回子亲王沙木胡索特第六次应扣俸银一千两。

一、收阿克苏道库垫发十六年份例款不敷银一万一百六十九两三钱九分二厘。

以上二十五款，共新收银五十八万九千二百三十四两六分七厘。总共管、收银一百一十七万四千七百七十五两九钱二分四厘。

开除：一、支发文职廉俸、工费等项银一十九万二千五百七十八两二钱七分五厘。

一、补支各属文职历年未支廉俸、工费等项银八千三百九十六两九钱一分七厘。

一、支发驿站经费银一十一万四千四百六十一两四钱一分四厘。

一、补支各属历年未支驿站经费银一百九十九两一钱五分。

一、支发武职廉俸、薪蔬、纸红、马干、料草、勒鞋、世俸等项银三万三千六百九十五两七钱五分二厘。

一、补支各营历年未支俸薪、廉例等项银八千二百八十六两二钱七分五厘。

一、支发祭祀银二千五百九十五两三钱八分六厘。

一、补支各属历年未支祭祀银一千二百四十两四钱七分三厘。

一、支发哈密、库车、吐鲁番三处回王俸银四千八百两。

一、支发孤贫花布银一千一百四十九两三钱一分二厘。

一、补支各属历年未支孤贫花布银六百五两一钱五分二厘。

一、支刊刷时宪书工料银四百九十九两二钱。

一、支发刊刷征信册工料银四百八十二两四钱二分八厘。

一、支发坎巨提头目进贡金砂例赏大缎价银七十六两八钱。

一、支渡船水手工食、岁修经费及凿修冰路民夫盐菜、锄铲等

527

项银八百五十五两三钱二分。

一、补支各属光绪十三年份未支渡船经费银九十五两六钱七分七厘。

一、支发阿克苏道库垫发十五年份例款不敷银七千一百两二钱四分四厘。

一、支发税局局费银一万三千五十四两八分。

一、支发古城旗营十六年份俸饷、米折、马干等项经费银八万二千四百三十三两五钱六分九厘。

以上一十九款，共支发银四十七万二千六百五两四钱二分四厘。

实在：一、存银七十万二千一百七十两五钱，内司库存银六十二万九千八百四十五两二钱四厘，伊塔道库存银一千一十五两九钱九厘，喀什噶尔道库存银七万一千三百九两三钱八分七厘。

一、阿克苏道库垫发十六年份例款不敷银一万一百六十九两三钱九分二厘。

一、未支银四千五百三十四两九钱七分五厘。

一、未支驿站经费银二百七十七两九钱六分六厘。

一、仍未支银五百一十七两九分四厘。

一、粮石项下：

旧管：一、存各色京斗粮五十九万四千二百三十一石四斗一合一勺。

新收：一、收各色京斗粮二十四万五千九百七十一石八升七合二勺。

一、收宁远县垫发该县并道府正佐各衙门书役食粮京斗小麦七百九十九石二斗三升一合四勺。查前项粮石系该县现无额粮，垫价购发，仍俟下届征收有粮提还之款，本年未便归入额粮册内作正列收、列支，已随案另造细数清册，应请查核。理合登明。

总共管、收京斗粮八十四万一千一石七斗一升九合七勺。

开除：一、支发巡抚衙门笔帖式家口粟米、马料京斗粮六十五石一斗二合。

一、支发书役口食京斗粮九千六百一十四石五斗二升五合六勺。

一、支发宁远县并道府正佐各衙门书役口食京斗粮七百九十九石二斗三升一合四勺。

一、支发驿书、马夫口食京斗粮四千八百八十石四斗一升六合二勺。

一、支发古城旗营城守尉俸米及官兵食粮、马料以及脚粮等项，共京斗粮一万六千七百三十一石七斗二合三勺。

一、支发孤贫、残废口食京斗粮二千九百七十八石一升六合。

一、支发官犯口食京斗粮四石九斗一升六合七勺。

一、支发递解人犯口食京斗粮一十五石一升七合四勺。

一、支发军需、善后领用扣价粮九万三千八百九十石三合五勺。

一、支发监犯口食京斗粮一百九十石四斗七升三合三勺。

一、支发户民借领籽种京斗粮八千三百三石三斗一升八合三勺。

一、支发渡船水手及修冰路民夫口食京斗粮三百六十八石八升八合。

一、支发减粜粮一万一千八百七十七石。

一、支发阿克苏镇例马料京斗粮一百二十五石九斗七升一合二勺。

一、支发疏勒州提用疏附县京斗粮五千四百石。

一、支发疏勒州提存英吉沙尔厅京斗粮二万石。

以上一十六款，共支发京斗粮一十七万五千二百四十三石七斗八升一合九勺。

实在：一、存各色京斗粮六十六万五千七百五十七石九斗三升七合八勺。

一、存民欠未完籽种粮一千四百七十九石二斗五升八合三勺。

一、存民欠未完额粮二千六百三十四石三斗三升五合。

一、存民欠未完九、十、十一、十二、十三、十四、十五等年籽种粮六千三十六石七斗八升二合八勺。

一、存民欠未完九、十、十一、十二、十三、十四、十五等年额粮九千六百四十一石七斗四升七合三勺。

一、阿克苏镇标未支例马料五十一石八斗八升五合七勺。

一、古城满营长支粮料三千三百七十二石四升二合四勺。

一、乌鲁木齐提标及阿克苏镇标各营仍未支例马料一百三十九石八斗七升五合四勺。

一、乌鲁木齐提标各营仍长支例马料三百一十石三升二合五勺。

一、草束项下：

旧管：一、存本色草一千五百五十七万九千八十八斤二两七钱六分。

新收：一、收本色草一千四百七十七万一千八百八十四斤一十五两三钱六分八厘。

总共管、收本色草三千三十五万九百七十三斤二两一钱二分八厘。

开除：一、支发本色草一千一百九十四万七千斤四两五钱八分。

实在：一、存本色草一千八百四十万三千九百七十二斤一十三两五钱四分八厘。

一、阿克苏镇标未支例马草六千六百二十四束。

一、乌鲁木齐提标并阿克苏镇标各营仍未支十一、十二、十三、十四、十五等年例马草一十万三千九百四十九束。

（朱批：）览。①

○七七　奏销新疆光绪十六年支发驿站经费折

光绪十九年九月初七日(1893年10月16日)

头品顶戴甘肃新疆巡抚臣陶模跪奏，为造报新疆光绪十六年份司库支发通省驿站经费银两，分造总、散清册，恳恩饬部核销，恭折仰祈圣鉴事。

窃照新疆自光绪十一年起至十五年止，司库支发驿站经费报销，历经随同廉费、俸工等项分年奏销在案。叠准部咨：新疆现设行省，所有驿站用款应照成例题报核销等因。转饬遵办去后。兹据新疆布政使饶应祺详称：光绪十六年份，新疆镇迪、阿克苏、喀什噶尔、伊塔四道属共管一百六十一驿，额设驿书一百六十一名、马夫九百六名、驿马一千八百一十二匹，照章支给工食、油烛、纸张、料草、站价、倒马等项，自十六年正月初一日起至十二月底止，统共

---

① 中国第一历史档案馆藏：清单，档案编号：03-6633-136。

应支银一十一万四千七百三十九两三钱八分，已支银一十一万四千四百六十一两四钱一分四厘，未支银二百七十七两九钱六分六厘，又补支各属未支十一、十二两年份驿费银一百九十九两一钱五分，造具总、散清册，详请奏咨前来。

臣覆核无异。相应恳恩饬部核销，以清款项，出自鸿施。除将清册送部外，谨会同陕甘总督臣杨昌濬恭折具奏，伏乞皇上圣鉴训示。再，此案改题为奏。合并声明。谨奏。光绪十九年九月初七日。

（朱批：）该部议奏。①

光绪十九年十月初八日，奉朱批：该部议奏。钦此。②

○七八　报销新疆光绪四年至十年收支各款折

光绪十九年九月初七日(1893 年 10 月 16 日)

头品顶戴甘肃新疆巡抚臣陶模跪奏，为新疆光绪四年起至九年止及十年份收支银粮各款销案，遵照第二次部驳，缮单登覆，恳恩饬部核销，恭折仰祈圣鉴事。

窃照新疆自光绪四年起至十五年止历奏银粮、草束、防军、善后等项报销，业经臣奏恳饬下各部变通成例，按起核办，以清积牍在案。兹据粮台司道详称：遵将前护理抚臣魏光焘转行光绪十七年准户部咨，议奏护理新疆巡抚魏光焘覆奏新疆光绪四年起至九年止及十年份收支银粮各项一折，查照原咨清单，逐款覆核，新疆

---

① 台北故宫博物院藏：军机及宫中档，文献编号：408002822。

② 中国第一历史档案馆藏：录副奏折，档案编号：03-6633-137。

自戡定后，诸凡创始，无例可循，各项事宜由前督臣左宗棠、前抚臣刘锦棠先后酌办。

维时军务尚未全清，田赋亦未定额，其间有必须稍为变通以期迅速而资治理者，若必逐项奏咨立案办理，转形窒碍；且光绪十年以前藩司尚未到任，各属多未设官，新开省份情形与内地各省不同，故造报一切，核与例案碍难悉合，然尽征尽解，实用实销，要不失实事求是之意。现在检查原案，详加考核，凡银粮等项除部议准销不计外，其实应删除者，遵照追缴，归入十六年防军、善后销案内列收造报，并将行查各款分别议覆，开单详请奏咨等情前来。

臣查新疆光绪四年起至九年止及十年份之银粮报销，业经两次部驳，若不先将此案办竣，则十年后应销各案愈形积滞，无从完结。相应缮具清单，吁恳天恩，俯准饬部照数核销，以资清厘，出自鸿施。

除咨部外，谨会同陕甘总督臣杨昌濬恭折具陈，伏乞皇上圣鉴训示。谨奏。光绪十九年九月七日。

（朱批:）户部议奏。单并发。①

光绪十九年十月初八日，奉朱批:户部议奏。单并发。钦此。②

○七九　呈新疆光绪四年至十年收支遵照部驳登覆清单

光绪十九年九月初七日(1893 年 10 月 16 日)

谨将光绪四年起至九年止暨十年份新疆收支银粮各款，遵照

---

① 台北故宫博物院藏:军机及宫中档,文献编号:408002820。
② 中国第一历史档案馆藏:录副奏折,档案编号:03-6633-133。

第二次部驳各节，逐一登覆，缮具清单，恭呈御览。

计开光绪四年至九年底止：

新收银两项下：

一、部议：查折征银两五年份册造，即有带征四年粮石，并非年清年款，已可概见。应仍令查明应征若干、已完若干、未完若干报部。至每石折收银数，据称照市价折交。查光绪十年以前新疆米粮时估，并未遵例造报，惟光绪八年据刘锦棠奏称，核计时价，每京斗小麦价银九钱至一两不等，今册造小麦每石皆按九钱折合，并无至一两者，实与从前奏报时价不符。至所收折色钱文，查例载普尔钱四百文合银一两。今按五百文折合，计少收银二百五十五两，与例不符。以上各节，碍难照准。应令查明因何不符，确切声覆，再行核办等语。

查新疆自收复后，征收本、折各色粮石无例案可稽。南路各城征粮权仿古法，按十一份取其一份。自光绪四年起至九年止，均照此章办理，随时随地征收，年清年款，并无未完粮石。十年份厘定赋额，南路各城照额征收，亦无未完粮石。其北路镇迪道属各厅、州、县，兵燹后地亩荒芜，农民稀少，收复乌鲁木齐后，招民耕垦。自光绪四年征粮起至十年止，均系按照已垦熟地，核实征收，尽征尽解。如镇西厅四年份未完小麦三十余石已归五年带征，六年份未完小麦九十余石已归七年带征，均于册内载明。至八年底止，均已扫数全征，各属并无未完粮石。惟九、十两年收成歉薄，间有蒂欠，亦已于十一年司库奏销案内查明已完、未完各数目，分别造具带征粮册送部，应请查核。至折色粮价，因南路各处户民有距城窎远者，准其折交银两，系照四年内南路各城时价酌定，每京斗小麦一石，折收银九钱，包谷折收银五钱。至九年止，均按此章征收。

　　查新疆粮价，南路稍低，北路较昂。光绪八年，经前抚臣刘锦棠奏明新疆时价每京斗小麦一石价值九钱至一两不等，所云九钱系指南路时价，一两系指北路时价。北路均征本色，南路各城兼征折色，故小麦一石均按九钱折收，并非与从前奏报不符，应请核准。又，新疆南路所用普尔钱每四百文合银一两，系承平时章程。兵燹后，银少钱多，钱价较贱，故必需钱五百文始能换银一两。若近年则每两亦只换钱四百文，彼时系由各官按时估禀定价值，应请仍照五百文核准，且乌什局折征粮价银两，民缴普尔钱亦系按五百文合银一两征缴，自应一律办理，以昭平允。理合登明。

　　一、部议：查例载和阗课金五百两，每年抵作和阗经费银四千两，毋稍亏短，如有余剩，协济叶尔羌经费等语。检查旧册，每年协济叶尔羌余剩银两均在一千数百两上下，今奏称每金一两折收银八两，与例案未符，且库金市价每两尽可值银二十两零，所收八两之数未免过少。至叶尔羌课金折银数目尤少，且所报额数又与例载岁贡金子四十两之数不符，未便仅凭该色勒库尔头目无据之词，致亏国帑。所有以前短收银两，应令查明因何短交，如有弊混，即行责令补缴，以后所收课金能否呈缴足金，毋庸折收银两，以杜弊混，应令查明声覆等语。

　　查和阗每岁课金五百两，系金场地方居民按户照地丁摊征合共应缴之数，而户民地丁多寡不一，每户应摊课金仅止分厘者居多，且所征系由摊派，并非尽人能挖金纳课，若令民呈缴金沙，势必累民买金呈缴，且数少易于浮收，于民实有不便。自光绪四年起至十年止，均系照甘肃钞发成案办理，按课金数目，每两折收银八两。十一年，藩司到任以后，复因征金折银仍不便于民，即按地亩改征粮石，所有十年以前每岁应征课金五百两，折缴银四千两，实系各户民将应征金沙折缴银数，并无征多报少弊混，且沾惠在民，应请核准。其叶尔羌贡金，光绪四年，色勒库尔头目阿布都拉来贡，据称岁贡金二十七两七钱，每两折银二两八钱。是时，回部初定，新疆又无例案可查，因念该头目来贡心诚，即照数列收，以示信义。自后岁以为常，并无蒙混情弊。现在中外争界，该头目乐为我用，莫非基于宽政之效，若改令呈缴足金，或加折银两，则事涉纷更，恐负朝廷怀柔荒服之意，应仍请照数核准。理合登明。

一、部议：吐鲁番厅征存历年未解银两，此款与该案交代册内实储未解园课、畜税银数相符。惟原额各若干，已完、未完各若干，未据声叙，应令查明声覆等语。

查吐鲁番厅历年征存园课、畜税银两，向无定额，实系尽征尽报，并无未完银两。理合登明。

一、部议：征收房租、地课、水磨碓租课、税契等项，此款仍未分晰系某处征收某项租课、税银若干，应仍令分晰造报。至黑铅、硫、铁、从前皆称照额交纳，今据称并未开办，实属矛盾。至棉花一项，本部则例内载叶尔羌岁纳粮折棉花一万斤。又，所属乾竺特岁纳粮折棉花五千斤。又，喀什噶尔、英吉沙尔岁纳棉花一万四千六百斤、杂花三千六百五十斤等语。光绪六年，前督臣左宗棠奏陈办理新疆善后事宜情形折内声称征棉花如额，是该处征收棉花确有案据，何以册造并未征收？应令查明补收，声覆到部，再行核办等语。

查新疆征收房租、地课、水磨碓租课、税契等项，向无定数，均由各局尽收尽解，汇总造报。光绪十一年，藩司到任以后，业将每岁应征某款各若干查明，分晰造报。其十年以前征收之项，各局裁撤已久，无从查悉，仍请邀免分别造报。黑铅一项，奇台县属境旧有铅矿，光绪八年招商承办，所获不敷工食之半，旋即停止。硫矿一项，惟军营制造火药，派员督民采办，余皆一律禁止，盖恐奸商贩运出境。又，济木萨县丞属境产铁苗，光绪七年曾令商民开办，而铁性枯脆，销路无多，人工太贵，利不偿本，办理尚无成效，故黑铅、硫、铁均无交纳。棉花一项，户部则例内载叶尔羌及所属乾竺特岁纳粮折棉花一万五千斤，喀什噶尔及英吉沙尔岁纳棉花一万四千六百斤、杂花三千六百五十斤。此系承平时章程，新疆无案可查。平定后，只按章征粮。查自光绪四年起至九年止，叶尔羌局岁征本、折京斗粮七万数千石，喀什噶尔局岁征本色粮六万余石，英吉沙尔局岁征本、折粮二万余石，既经按章征粮，自不能重征棉花。至光绪十年，田赋既定，此后均只照额征粮。理合登明。

一、部议：查新疆抽收税厘，每局收税若干，收厘若干，仍未据分晰确数，应令遵照十五年三月奏案分晰造报等语。

查新疆设局抽收货税厘，自光绪四年秋间起至八年五月停止，合共抽收银九十八万余两，当日只以税厘作为一项，并未分别税银若干，厘银若干，应仍请免其分晰造报。理合登明。

一、部议：查新疆畜税，此款虽据声明并未定额，年清年款，并无未完。惟究竟某处已完若干，仍未分晰，且九年以后，征收税银是否亦按值百抽三之数办理，亦未声明，应仍令查明造报，以备考核等语。

查新疆征收畜税，历年均按值百抽三章程办理。八年以前系归入税厘项下，某处已完若干，无从分晰。其九、十两年某局暨某厅、州、县已完若干，均于九、十两年份防军、善后奏销收款册内分晰造报在案，应请查核。理合登明。

新收粮石项下：

一、部议：查新疆征收粮石一款，原额熟、荒地亩各数，虽有田赋册籍可考，惟已完、未完数目仍未声明，应仍令分晰补报，以凭核办。至九年以前并未征草，究竟因何不征，未据声叙，应令查明声覆等语。

查新疆征粮情形及已完、未完数目，已于前款折征银两案内声明，应请查核。草束一项，光绪九年以前，诸务创始，田赋尚未定额，征粮系按十一分取一，似觉稍重，故未再征草束。十年内，经前抚臣刘锦棠统筹新疆兵制，因南路各城应设马兵最多，岁需马草难于采备，且田赋既定，自应按亩兼征草束，以济军资。是征草自十年始，其户民距城较远者，亦准其折缴银两，故草束亦分本、折。理合登明。

开除粮石项下：

一、部议：查哈密通判衙门多造书办二名，奇台县衙门多造禁卒一名，虽据声明系前督臣左宗棠批准，惟部中并无案据，应将多支粮石照数删除等语。

查哈密通判衙门添设书办二名，奇台县衙门添设禁卒一名，从前未及奏咨立案，应遵照部议将十年以前支过面斤照数追缴。计书办、禁卒三名，每名日支面一斤，自光绪四年八月初一日起至十年底止，算闰扣建，计二千三百六十三日，应缴还面七千八十九斤，以面一百八斤合京斗小麦一石，共合小麦六十五石六斗三升九合，每石扣价银一两一钱，共缴还价银七十二两二钱三厘，已归入十六年份防军、善后报销案内列收造报，应请查核。理合登明。

一、部议：新疆开支监犯口食一款，此款若不分晰案由、名数、姓名及每名应支口食折合小麦、包谷数目，实属无凭核销，应仍令详细造报，再行核办等语。

查新疆平定之初，诸无头绪，又无例案可遵，多系变通办理。

各善后局暨各厅、州、县监禁人犯，光绪四、五两年并未开支口食，自六年至十年底，新疆全境共支粮一千七百八十余石，比时未据各局员、牧令分晰造报，迄今事隔数年，各局早经裁撤，案卷无存。即州县牧令今换已经数任，实属无从查悉，请仍免分晰案由、姓名造报，照数核销，以清积案。理合登明。

一、部议：疆开支孤贫口食一款，此款若不分晰名口、数目及应支口食折合小麦、包谷数目，遽准开销，易滋流弊，仍令详细造报，以清款项等语。

查孤贫各处名口多寡，向无定额，当时均系实支实报，迄今事隔数年，实属无从分晰，嗣已由司详请定章，奉部覆准。核计光绪四、五、六等年并未开支，惟自七年起至十年底，新疆全境共支京斗粮二千三十余石，按年分摊，岁支亦不多，且系惠及穷黎，应仍请照数核销，以清积案而广皇仁，以后再照定章办理。理合登明。

一、部议：查支粮扣价数目已于前款声明，至所称四、五、六等年各局领粮应扣价银，已于人役应领薪粮内核扣，前次请销单内漏未声明，请于军需案内添注备查等语。查光绪四、五、六等年军需案内收支数目均属笼统，是否已经核扣，无从查悉。今据声明前情，应令详细分晰，确切声覆，再行核办等语。

查光绪四、五、六等年，新疆采运军装、硝药及善后征粮、保甲、蚕桑、机织各局经书、贴书、护勇、缠回通事、字识、工匠人等，共支领征粮京斗大米一千三百五十六石，每石价银三两，合银四千六十八两；京斗小麦八千一百九十五石三斗六升，每石价银一两一钱，合银九千一十四两八钱九分六厘；京斗包谷一千一百五十八石九斗三升，每石价银五钱，合银五百七十九两四钱六分五厘。三项共合湘平银一万三千六百六十二两三钱六分一厘，以一零三三折合库平银一万三千二百二十五两九钱六厘。此项粮价已于各项人役应领薪粮、工食、银两内核扣，抵作发款。前次关外汇造光绪四、五、六等年份新疆各台局员弁、书役、护勇、工匠人等应支薪粮、工食银两请销各款清单内漏未列收、列支，亦未声明划抵应领薪粮、工食银两情节。查前项实与七、八两年请销各款清单内各项人役支领征粮扣价抵除发款情形相同，应请于光绪八年六月前督臣左宗棠由西征粮台请销光绪四、五、六年份收支各款清单内支发随营办事文武及各台局当差员弁薪水、书役、工匠、护勇、长夫口粮、纸张、油红等项，自光绪四年正月初一日起至六年十二月底止，共银四十九万二百三十两八钱七分五厘三毫九丝五忽款内添注补销，以清款目而了积案。理合登明。

实在项下：

一、部议：查此案仍有删除行查之项，应统俟声覆完结，再行核办等语。

查此案奉部删除行查各项，已于前款逐一登覆，应请查核。其册造实存粮石数目，仍请照数列存。理合登明。

光绪十年份：

旧管项下：

一、部议：查上案仍有删除行查粮石，应俟查覆再行核计等语。

查上案行查删除粮石，已于上案逐款登覆，应请查核。其册造旧管粮石数目，仍请照数列管。理合登明。

新收银两项下：

一、部议：查折色银两，十一年份奏销册造尚有库车厅解缴十年份折色草价银两，是十年份并非全完，亦可概见，应仍令切实查明应征已完、未完各若干，造册报部核办。至折征价银，据称系照市估酌定。惟究竟市估若干,十年份尚未遵例造报,应令补行造报十年以前各属粮草时价清册,按月分晰,以凭查核等语。

查十年份折色银两,除库车厅有未完折色草束三十一万余斤,应缴价银一百五十余两,归十一年正、二月带征,已由司库于十一年份奏销案内列收造报,此外均已全完,毫无蒂欠。至折色章程粮价一项,九年以前系按四年份定章征收,小麦每京石折征银九钱,包谷每京石折征银五钱,十年份系按市估酌加价银,小麦每京石折征银一两,包谷每京石折征银六钱。草束系十年份初议征收,其折色按每百斤征收银五分。嗣后无论时价低昂,即以此为定章。十年以前未及将市估造报,于今事隔多年,时价早晚不一,难期核实,仍请免其造报。理合登明。

一、部议:查课金折银已于上案行查,应令查照办理等语。

查课金折银已于上案声明,应请查核。理合登明。

一、部议:查牲畜税银,此款已于上案行查,应令查照办理等语。

查牲畜税银,已于上案声明,应请查核。理合登明。

一、部议:查房租、地课等项,此款已于上案行查,应令查照办理等语。

查房租、地课、水磨碓租课、税契、征铜、铸钱、易银等款,已于上案声明,应请查核。理合登明。

一、部议:查棉花折征,此款仍未声明某属原额地若干亩,如何照等升科,应令分晰造报,再行核办等语。

查十年厘定田赋,库车同知属境查有原种棉花地一万二千二百六亩六分,九年以前系征粮石,十年份归入田赋册内,按照等则升科,改征折色银两,内计上地六千三百一十亩六分九厘,每亩征银一钱；中地五千二百二十三亩五厘，每亩征银八分；下地六百七十二亩八分六厘，每亩征银六分，合共征银一千八十九两二钱八分四厘，已全数完清，应请查核。理合登明。

新收粮石项下：

一、部议：查十年份应征粮石，此款既有已完、未完，应令分晰某属应征已完、未完各若干，另造清册报部等语。

查新疆初设行省，一切均属创始，十年以前未设藩司，田赋未定，各属均无田赋老册可查，亦不知应如何分晰造报，故只能核实办理，照数查收。所有十年份应征粮石已完之款，均已列收造报，未完之款，归十一年带征。其九、十两年份北路各属稍有蒂欠，已于十一年由司将已完、未完各数目分晰造报，应请查核。理合登明。

新收草束项下：

一、部议：查十年份征收草束，此款应仍令分晰某属应征已完、未完各若干，另造清册，报部核办等语。

查草束一项，系十年份初定征收，除库车厅有未完折色草三十一万余斤，归十一年正、二月份如数带征完数，此外十年份应征本、折草束均已全数完清，仍请邀免另造清册。理合登明。

开除银两项下：

一、部议：新疆开支南路道、厅、州、县各官廉俸、公费及书役工食、盐粮，原请销湘平折合库平银五万三千五十一两七钱五分五厘，内删除库平银一千五百三十七两四钱四分等语。

查支发廉俸公费款项，应扣六分减平，前次系按湘平支发。兹遵照部章，已于各员名下如数追缴库平银一千五百三十七两四钱四分，归入十六年份防军、善后销案内列收造报，应请查核。

又，部议：玛喇巴什通判衙门酌添斗级三名，从前并无奏咨案据，应即删除，嗣后如拟增添，应令先行奏咨核准后，再行起支，以符定章等语。

查玛喇巴什原设直隶厅水利抚民通判，兼管钱粮仓库，事务最繁，所设书役均已奉部核准。其酌添斗级三名，从前未经奏咨立案，固属未便开支。惟新疆初设行省，一切多系察核情形变通办理，实属应需之项，是以随时酌添，仍请照案核准立案。

又，部议：查阿克苏道雷声远自六月二十日到任，系初办交代，何以奏销于雷声远之前又有一任一节？今据覆称，阿克苏道罗长祐①九年九月初八日到任，其自十年二月二十八日起至六月十二日止，系陈名钰兼护。阿克苏道衙门书役工食、盐菜、面斤，均应自十年正月初一日起支等语。查交代案内既称自六月十二日起系初任，自应以交代为凭，此次声称六月十一日以前另有别任，并无奏咨案据，所有六月十一日以前请销银两，应即删除等语。

查罗长祐九年九月初八日到任署理阿克苏道员缺，曾经咨报吏部有案。该员向统老湘军马步各营，兼理营务处，所支薪水、公费已于九、十年份防军、善后报销册内造报有案，并未再支廉俸。该衙门书役未便枵腹从公，从十年正月初一日起支银粮，并非浮冒，应请核销。又，罗长祐于十年二月二十八日病故，该道员缺系署理温宿州陈名钰兼护，至六月十二日，雷声远始行接署。查陈名钰既支署温宿州廉俸，其自十年二月二十八日兼护道印起至六月

_____

① 罗长祐（？—1884），湖南湘乡人。幼时读书，过目成诵，师事原任陕西抚臣刘蓉。年二十，仗剑游浙，继度陇，襄办大学士左宗棠营务，肃清关陇，累功由通判保升花翎知府。光绪元年（1875），随刘锦棠进规新疆，综理营务。四年（1878），委署理阿克苏道，仍统湘军，旋实斯缺。十年（1884），因病出缺。

十一日,支过半廉、全俸,核归六分减平库平实银五百一十四两五钱四厘,兹已遵照部议如数追还,列入光绪十六年防军、善后报销案内列收造报。其阿克苏道衙门从十年二月二十八日起支公费,以资办公,实系应需之项,请照册核销。

又,部议:查温宿州陈名钰自十一年正月初一日起系属初任交代,何以奏销自十年正月起支一节,今据覆称该员系九年八月到任,截至九年底停支善后局薪水,自十年正月起支等语。查交代案内既称自十一年正月初一起系初任,自应以交代为凭,此次声称自十年正月初一日起支,并无奏咨案据,所有十一年正月以前开支款项应即删除等语。

查陈名钰署理温宿州,系九年八月到任,已经咨报吏部有案。九年以前,该员办理东四城善后总局,兼办阿克苏善后局,应支薪水银,截至九年底止。其自十年正月起已支温宿州廉俸,停支善后局薪水,均于九、十两年份防军、善后销册内注明在案。该员前办交代,将十年以前划归粮台经管,不列交代册,自十一年正月起,归藩司经管,作为初办交代,委系实在情形。又,该员自十年二月二十八日兼护阿克苏道印起,至六月十一日止,所支廉俸已于前案如数缴还。其十年份支领温宿州廉俸、公费、书役、工食、面斤等款,实系应支之项,应请照册核销。

又,部议:查库车同知交代案内,署任潘时策自十年正月至五月底止,代理杨敬熙自六月初一日起至年底止,何以奏销册称署任系至六月底止,代理自七月初一日起支一节,今据覆称,署任自正月初一日至五月底止,代理自六月初一日起等语。查起止月日,据此次声明尚与交代册造相符,其奏销不符,应令查明某任究支某项若干,声请更正到日,再行办理。又,代理与护理无异,自应并照护理条例，不准开支等语。

查库车同知署理与代理起止月日，既经声请照交代册内更正，则奏销廉俸，应请查照前次册造署理与代理一体开支各项核销，所有某任究支某项若干，仍请免其分别声叙。至代理与护理无异，不准开支一节。查兼护印人员，不准支领护任廉俸，以有本任廉俸，犹可支持。若代理人员亦不准支领廉俸，则衣食皆无所措，不足以资办公。所有代理库车同知杨敬熙，自十年六月初一日起至十二月二十三日止，已照署理人员支过半廉全俸银两，仍请照册核销，以示体恤而清积案。理合登明。

一、部议：查回王所领俸银系常例支款，应扣六分减平，今册造湘平支发，未免浮多，内应删除银两，既据声明扣收，应令查明归于何年何案扣收，报部查核等语。

查库车回子郡王借支俸银湘平三千六百两，以一零零三申核库平银三千四百八十四两九钱九分五厘，已于司库支发该回王应领光绪十年至十五年份俸银内扣还新湘平银三千六百两，以九六折合库平银三千四百五十六两，品抵下尚应缴浮支申平库平银二十八两九钱九分五厘。又，吐鲁番回子郡王玛木特借支俸银湘平三千六百两，以一零零三申合库平银三千四百八十四两九钱九分五厘，除该回王应支三年俸银九四减平库平银三千三百八十四两外，应缴浮支申平库平银一百两九钱九分五厘，合共已缴还库平银一百二十九两九钱九分，归入光绪十六年份防军、善后奏销案内列收造报，应请查核。理合登明。

开除粮石项下：

一、部议：查新疆各衙门书役口粮、面斤，北路支款已于上案分别准驳行查，应令查照办理。至开支南路食粮准驳，概与本案开除银两项下第一款相同，应令查照等语。

查北路支款，除哈密通判衙门添设书办二名、奇台县衙门添设禁卒一名，十年以前支发面斤，叠奉部驳不准开支，已于上案并款缴还，此外均奉核准。其南路各衙门书役支发食粮，均与前案支发银款相同，有奉核准者，自应照支。其有行查者，已于前案声明，仍请照数核销。理合登明。

一、部议：查监犯口食一项，此款已于上案行查，应令查照办理等语。

查支发监犯口食，已于上案声明，应请查核准销。理合登明。

一、部议：查孤贫口食一项，此款已于上案行查，应令查照办理等语。

查支发孤贫口食，已于上案声明，应请查核准销。理合登明。

开除草束项下：

一、部议：查军营领草扣价一款，此项草价每百斤交价五分，据称照征草折价章程。查征草折价章程究于何年请定，未据声叙，应一并行查，统俟声覆，再行核办等语。

查军营领草扣价，系按征草折价章程，而征草折价章程系光绪十年初征草束经前抚臣刘锦棠按照市价酌定。理合登明。

实在银两草束项下：

一、部议：查删除银两，仍应照数列存，以便查核等语。

查上案暨本案均有遵照部议删除款项，已声明归另案列收造报。此案实在银两仍属无存，应请查核。理合登明。

一、部议：查粮石仍有驳查，应统俟声覆完结，再行核计等语。

查驳查各节，现经逐款登覆，应请核准。其实在粮石数目，仍请照册列存。理合登明。

一、部议:查开除草束,现在仍办行查,应俟声覆,再行核计等语。

查开除草束,已于前款登覆,应请核准。其实在草束数目,仍请照册列存。理合登明。

(朱批:)览。[1]

○八○　新疆变卖草束碍难援照例价办理折

光绪十九年九月二十日(1893 年 10 月 29 日)

头品顶戴甘肃新疆巡抚臣陶模跪奏,为新疆变卖草束碍难援照甘肃例价,拟请仍照折征价银办理,以归画一,恭折仰祈圣鉴事。

窃准户部咨覆:署乌什厅同知江景耀接收前任袁运鸿草束一案内开:光绪十八年以前,各州县变卖草束,均准每百斤照银五分之数办理。自光绪十九年起,各州县变卖草束即照甘肃例价,每百斤定价银一钱报部等因。饬据布政使饶应祺详覆前来。

臣查新疆北路向不征草,南路本折草束与额粮并征。经前抚臣刘锦棠奏准,每百斤折收银五分,嗣后各属禀请变卖,均饬照五分之数办理。在刘锦棠非不知市价有涨落,顾以五分折收即以五分变卖者,诚以立制贵得其平,体察地方一切情形,酌中定拟。凡见为少者,或欲加而不得。现在南路草束视往年尤为饶足,间值腾贵,比较折征价银不过一分数厘而止。若图多得赢余,每百斤定银一钱,虽属甘肃例价所有,实为新疆市估所无;而欲以此为限制,不特高抬价值,与民争利,似非政体所宜,窃恐势有所不行,公中究不

---

① 中国第一历史档案馆藏:清单,档案编号:03-6633-134。

免于折耗。盖南路各属辖地数百里、千余里不等，存草数十万、百余万不等，戈壁长途，不能运赴别处销售。除商民零星购买，以营旗领用为大宗，按季支放，由旧管项下酌搭数成，为推陈易新之计。而各勇丁以为虽按五分核扣，实不如采买民草之适用，又岂肯以加倍之值，领此新陈挽半之草？势必销路日隘。既愈积而愈多，州县恐致赔贴，不敢请售，且愈积而愈坏，年复一年，将有并此五分之价亦不能如算者。是草价一项，照旧则银数似觉轻减，议加则亏折转在将来。利病所在，固不得不通盘筹画也。部臣以新疆、甘肃辖境毗连，援甘肃以例新疆，持论原非刻核。惟关内外情形各异，碍难执以相绳。合无仰恳天恩，俯准新疆各属草束仍照每百斤扣银五分例价变卖，以归画一，出自鸿施。

除咨部查照外，谨会同陕甘总督臣杨昌濬恭折具奏，伏乞皇上圣鉴，训示施行。谨奏。光绪十九年九月二十日。

（朱批：）着照所请，户部知道。钦此。[1]

光绪十九年十月二十一日，奉朱批：着照所请，户部知道。钦此。[2]

【案】刘锦棠奏准……饬照五分之数办理：光绪十三年三月初五日，新疆巡抚刘锦棠为新疆田赋、户籍造册具折曰：

尚书衔降一级留任甘肃新疆巡抚二等男臣刘锦棠跪奏，为新疆通省田赋、户籍汇造清册，咨部立案，恭折具陈，仰祈圣鉴事。

---

① 台北故宫博物院藏：军机及宫中档，文献编号：408002824-0-A。
② 中国第一历史档案馆藏：录副奏折，档案编号：03-6688-029。

窃照新疆军兴以来，地多荒废，收复之后，渐次招垦。不特昔年民屯、兵屯、园租地亩不能悉依旧地，即各属原管地亩，亦有非复旧制者。如昌吉县旧管头屯所地亩，早经拨作迪化兵屯；喀喇巴尔噶逊粮员旧管地亩，亦归迪化管辖。是事虽因旧，不窗更新。现在清理田赋，只期丈量地亩，按地科粮。若必牵合旧章，转多窒碍。经前陕甘督臣左宗棠暨臣叠次派员清丈，迪化、昌吉、阜康、绥来、奇台、吐鲁番、济木萨、呼图壁各属，均按上、中、下地亩，分别升科。上地每亩科粮七升，中地四升，下地三升，照章概不征耗。其镇西、哈密、库尔喀喇乌苏、精河，仍照旧章科则办理。叠据各属清查科算，除去兵屯，荒熟并计，应征粮石，均与原额相若。惟吐鲁番科征粮数多于原额，科征银数少于原额，而银粮相抵，有赢无绌。此北路清查田赋情形也。

南路征粮，前准部按，或有地亩科则，或无地数科则，并有征收铜斤、普尔钱，一切章程不同。且从前分驻大臣经管，此时改设郡县，划分疆界，情形大非昔比，不能不从新厘定。前督臣左宗棠派员办理善后、征粮各局，暂按什一征收。嗣臣查照各局员详赍亩册等则，酌定试办，继以轻重间有失平，复经酌减，各按地方情形，上地每亩科粮五升、四升不等，科草五斤；中地每亩科粮三升，科草三斤；下地每亩科粮一升五合、一升不等，科草二斤。耗草不另加征。其折征铜斤、金课、地亩，向章无论是否业铜、业金，户民但种额铜、额金之地，即须交纳铜金，于民殊多未便。

臣现酌定章程，委员试办矿务，凡旧日额征铜、金地亩，一律改征粮石。所有铜、金各矿，听民开采，纳课归官。又，各城伯克向有养廉地亩,自改郡县,伯克多经裁撤,廉地归官,招佃承租,额粮照则收纳。其未裁伯克廉地及拨作义学、坛庙香火各官地,均科额粮,归入此次田赋案内。至额征粮石,以小麦六成、包谷四成交纳,亦间有搭征稻谷之处。其距城二百里以外,完纳本色不便者,则准完折色,按时估酌定每小麦一石,折银一两,包谷一石,折银六钱。第仓储为兵食所关,自又以多征本色为是。现定需粮较多之区,则全征本色,或仅折三成,或准折五成,或量准五成以上。惟草束需用较少,折色较多,每百斤折银五分,统于此次一律核定,作为永额。此南路清查田赋情形也。

综计通省南北两路三道属,共查丈各等荒、熟地一千一百四十八万一百九十四亩四分五厘。其额征本色粮二十七万六千五十一石三斗一升四合一勺,本色草一千四百九十万二千七百一斤七两七分。额征粮草折色及地课银五万九千一百四十八两四钱一分一厘四毫四丝七忽,内现垦熟地每年应征本色粮二十万二千二十九石二斗三升八合二勺,应征本色草一千三百九十五万八千二百一十六斤一十两二钱八分,应征粮草折色及地课银五万七千九百五十二两一钱六厘二毫一丝七忽。其荒地已经招垦者,升科之年,再列入熟地核算。未经开垦者,饬令随时招垦,照章科粮,以昭核实。又,粮由户出,田赋既均,户口即可并计。现饬造赍户口清册,通省汉、回、缠民及入籍安民共计二十六万六千九百五十九户,男女大小一百二十三万八千五百八十三丁口。逐加查核,内以北路户口为最稀,尚须极力招徕抚辑,以期生齿日盛,额赋日增等情,据藩司魏光焘详请具奏前来。

臣覆核无异。除将汇赍田赋、户口各册咨部查核立案外，谨会同陕甘总督臣谭钟麟，恭折具奏，是否有当，伏乞皇太后、皇上圣鉴训示。再，新疆各属征收银两，皆于每年秋收后开征，并无上忙应征之款，以后应办考核各案，应请免造上忙。合并陈明。谨奏。光绪十三年三月初五日。

光绪十三年四月初四日，奉朱批：户部知道。钦此。①

○八一　核销新疆光绪十一年司库收支银粮等项折

光绪十九年九月二十日（1893年10月29日）

头品顶戴甘肃新疆巡抚臣陶模跪奏，为新疆光绪十一年份司库收支银粮、草束，遵照第二次部驳，缮单登覆，恳恩饬部核销，恭折仰祈圣鉴事。

窃照新疆光绪四年起至九年止及十年份收支银粮各款，业由臣另案奏覆在案。所有十一年份司库银粮、草束报销，前经护抚臣魏光焘开单覆陈，旋准部咨，当即转行核办。兹据布政使饶应祺详称：遵查十一年份各款收支，委系尽征尽解，实用实销。惟是时行省初开，藩司甫经到任，章程既难遽定，又无例案可循，边省情形迥殊内地，即与承平时亦今昔各殊，非稍为变通办理，动形窒碍。现遵部驳，细心酌核，凡饬令删除款项，实与例案不符、尚能追缴者，即令缴归司库及粮台十六、十七两年奏销案内，列收造报。其实难

---

① 中国第一历史档案馆藏：朱批奏折，档案编号：04-01-35-0610-022；中国第一历史档案馆藏：录副奏折，档案编号：03-9470-005。

删除及行查各款，开单逐一登覆，并遵造接管粮石不符色样、数目，分别补收、补支、抵折，及文职、佐杂署任日期、甘肃钞送库尔喀喇乌苏、精河粮员支款成案各清折，出具孤贫口食并无浮冒切结，随案呈请奏咨核销前来。

臣覆核所详各节，均系实在情形，相应缮具清单，恳恩饬部核销，以清积案，出自鸿施。除将清折、切结咨部外，谨会同陕甘总督臣杨昌濬，恭折具陈，伏乞皇上圣鉴训示。谨奏。光绪十九年九月二十日。

（朱批：）该部议奏。单并发。[1]

光绪十九年十月二十一日，奉朱批：该部议奏。单并发。钦此。[2]

〇八二　呈新疆光绪十一年司库收支遵驳登覆清单

光绪十九年九月二十日（1893 年 10 月 29 日）

谨将新疆光绪十一年司库收支银粮、草束遵照第二次部驳各款，逐一登覆，缮具清单，恭呈御览。

计开：

旧管银两项下：

一、部议：查上案仍有删除银两，应令交还列收，报部查核等语。

---

①　台北故宫博物院藏：军机及宫中档，文献编号：408002823。
②　中国第一历史档案馆藏：录副奏折，档案编号：03-6570-052。

查上案粮台十年份开支俸廉、公费、书役工食暨库车、吐鲁番回王借支俸银等款案内，奉部核驳，应追缴减平库平银一千七百三十九两四钱三分，内应除库车回王十年内借支俸银湘平银三千六百两，已于司库由该回王光绪十年至十五年应支俸银内作六年扣还新饷平银三千六百两，该回王应领俸银仍归六分减平支发。此款已扣缴减平库平银七十二两，其余银一千六百六十七两四钱三分已由粮台追缴，于十六年防军、善后报销案内列收造报，司库十一年份旧管仍属无存，应请查核。理合登明。

旧管粮石项下：

一、部议：查粮员收款，既据声明，应毋庸议。至旧管粮数，原应与上案实存相符，纵有补收、补支、改折之款，自不难于新收、开除项下分款列造。今于旧管项下数目虽已分晰更正，反与上案不相跟接，殊属不合，应令将稻谷若干，已折大米若干，未折大米若干，十一年正、二两月征完十年份粮石若干，各属实存粮石因何增多若干，十年以前借去籽种若干，以此色若干抵还彼色若干，逐一查明，将应列旧管、新收、开除数目分股开明，另行更造妥册送部，以凭核办等语。

查粮台征粮奏销案内，截至十年底，实在存粮与司库造报十一年旧管粮石不符粮数、粮色，兹已遵照查明，将应补收、补支、抵折各项分别收除，另造细数清单，送部稽核。计粮台十年底册报，实存京斗各色粮二十八万九千九百三十六石七斗六勺，应补列收各色京斗粮一万六千四百七十七石四斗二升一合三勺，应补列开除各色京斗粮一万六千三百一十四石四斗一升七勺，以补收、补除品抵实存京斗各色粮二十九万九十九石七斗一升一合三勺，与司库十一年份旧管粮石色样、数目均属相符。其司库十一年册造旧管粮石数目，仍请照案列管，以便接续造报。理合登明。

旧管草束项下：

一、部议：查十一年征收十年份草束，应列十一年新收项下，应令剔出，另行更造妥册，送部查核等语。

查司库十一年册造旧管草束，与粮台册造十年底实在存草束数目，计多存三千四十三斤九两五钱二分，系光绪十年老湘右军右营驻扎温宿州，就该州支领草束，报由粮台将价银扣缴，后该营于十年冬移防乌什，尚存未领草三千四十余斤，照章应抵价银一两五钱有奇。该营以为数不多，并未报明粮台，将价值退还该州，即将前项未领草束报存司库，亦划归十一年旧管项下造报。所有前项草束仍请照数作为旧管列存，以便接续造报。理合登明。

银两新收项下：

一、部议：查光绪十年奏销册造，实在无项，是十年份并无征存粮草银两，则所谓征存粮草银两自系十一年带征十年之项，据称并非带征十年之款，情形不符，应令查明究竟十年份原未完若干内已完若干，仍未完若干，迅速报部，以凭核办等语。

查新疆粮台十一年拨解司库十年份折色粮草银两一款，实系十一年藩司未到任以前，由粮台于各属征存粮草银两内拨发各厅、州、县廉俸，照数拨归司库作收、作付之项，并非带征之款。盖粮台已将十年份各属征存粮草银两，全数拨归十年份防军、善后奏销案内列收作存，虽十年份常例销册实在无项，而防军、善后销册实在有存，其名则为各属征存十年份粮草银两，其实已归防军、善后销册内列收作存之款。十一年份防军、善后奏销与司库例案奏销拨解、拨收数目均相符合，应请查核。理合登明。

一、部议：至粮草折色章程，上案据称系照时估。查十一年份诸省市估册，并未造报，应令补行造送，再行查核。其园地租课一项，精河巡检、吐鲁番厅两属已、未垦荒、熟地亩征收银数均与田赋册造相符。至迪化、奇台两县征收租课之地，据称佃民承种与征收房租相同等语。惟究竟地亩若干，每亩征银若干，自不能毫无章程，应令将章程分晰报部。库车厅草束折色一项，虽据将折色草束折银章程声明，惟草每百斤折银五分，上案据称系照市估，本部因该省市估是年尚未报部，当即行令补报。兹查十一年估册亦未报部，应仍令查照前案，与粮价一并补报到日，再行查核。至声覆征铜铸钱合银一款，除铸钱合银数目与该抚光绪十三年奏明数目相符外，其铜斤折耗仅据声称系按生铜下炉实在折耗数目开报，匠工、炭价、器具用费、监铸员役薪粮等项，亦系按照铸铜若干，随时酌定等语，并未将参酌何项例章办理之处详细声明，本部仍难查核，应令转饬查明声覆，以凭核办。再，现在新疆改设行省，所有收铜铸钱各事宜，亟应厘定章程，叠经本部咨行该抚将收铜铸钱各事宜迅即定章，奏明办理在案，迄今未据该抚酌定奏咨报部，殊属迟延，并令该抚查照本部前咨，赶紧厘定章程，奏明办理，毋再迟延等语。

查新疆市估，彼时创设行省，尚未饬属造报。十一年，藩司于四月底始行到任，亦未及举办。现在事隔数年，查造难期核实，均应请免其补造。至额征粮草折色章程，系光绪十年经前抚臣刘锦棠按照时价酌中核定，小麦每京石折收银一两，包谷每京石折银六钱，草每百斤折银五分，以后无论时价起落，即为定章，以归一律，民甚称便，应请照章核准。迪化、奇台两县园地租课，迪化县附城园地四百九十六亩七分，佃民承种，每亩岁收新湘平租银三钱。十一年收新湘平银一百四十九两一分，折合库平银一百四十三两五分。后因修建省城，十二年平废园地三十九亩八分零，十三年平废园地一百一十九亩一分零，现仅存园地三百三十七亩六分五厘，照章岁收租银。奇台县园地一百二十八亩，佃民承种，每亩岁收湘平租银五钱。十一年计收湘平租银折合库平银六十一两八钱二分四厘，均属尽收尽解。征铜铸钱一节，新疆军兴以后，本无例章可以参酌，其铜斤下炉折耗系饬由各铸局委员将铜斤试炼实耗数目，工匠、炭价、器具用费、员役薪粮等项，亦系因地制宜，随时禀请核定，实用实销之款，并无浮冒情弊。各处征铜与民不便，已于光绪十一年详请改征粮石，现在悉系采铜铸钱。所有一切事宜遵即拟议章程，另案详请核办。理合登明。

一、部议：新疆粮台拨解各属十年份牲税、房租、契税三项，此款虽据声明系粮台拨发各属解由司库作收、作付之款，惟究竟是否十一年粮台带征十年之项，仍未声叙，且某属征收某项若干，十年原未完若干，除征完外尚未完若干，均未分晰，无从查核，应令详细声覆，再行核办等语。

查此款与前款拨解十年份折色粮草银两，事同一律，并非带征十年之款。粮台十一年防军、善后销册与司库例支销册，拨解、拨收数目，均相符合，已于前款详细声覆，应请查核。理合登明。

一、部议：查牲税等项既据声称向无定额，尽收尽解，并无未完，应令认真整顿，务期日有起色，不准稍有废弛。金课一项，据称和阗州征金地亩改征粮石。查十年份和阗局征本折粮四万余石，金课银四千两，十一年将征金地亩改征粮石，则粮石自应较十年加多。今册造和阗州额征本折粮二万余石，就粮石一项而论，已较十年份少征近二万余石，而金课银四千两丝毫未征，显系隐漏。且叶尔羌征收金课，原报收银三十九两五钱六分七厘，及本部驳查，此次始称漏报银三十五两二钱四分，此即隐漏之明证也。应令确切查明。此外尚有漏报若干，迅速据实声覆，毋得掩饰。至课金折银，短收甚多，已于上案行查，应并令查照上案办理等语。

查牲税等项，自应遵照认真整顿，俾期日有起色。至和阗征金地亩改征粮石一节，查和阗、于阗向系一城，十年以前征收粮统归和阗局经收，改设州县，始将地亩、征粮划分。其征金地亩多属于阗县分隶。十一年，因征金不便于民，详请改征粮石。虽和阗州之粮所加无几，而于阗县之粮所增不少。计和阗州十年份征本折京斗粮二万六千四百五十余石，十一年征本折京斗粮二万六千七百五十余石；于阗县十年份征本折京斗粮一万四千四百九十八石零，十一年征本折京斗粮一万八千九百一十七石零，十一年较十年份合共多征本折京斗粮四千七百余石，此即征金地亩改征之粮，应请查核。叶尔羌色勒库尔头目呈缴金课，前次遗漏，本属错误，已归十四年销册内补收，此外实无漏报款目。课金折银短收甚多一款，已于上案行查，应由粮台于上案登覆。理合登明。

一、部议：查吐鲁番征收葡萄商税，既据声明十年以前曾报收银五千余两，应令查明此项银两入于何年何案列收，迅速声覆。惟吐鲁番历年征收棉花商税、和阗州丝税入于何册列收，此次未据声叙，且于阗茧税、油税，英吉沙尔茧税各项，据称至七年停止抽收，已与从前所称历年征收之语两歧，且百货征税与抽厘不同，纵厘金停止，税银不能停止，所称至七年停止抽收，究竟何年月日报部核准，应令查明声覆。再，各处未解之款有无挪新补旧之弊，此次未据声覆，应令查明报部等语。

查从前新疆百货商税均归各厘局抽收，自光绪八年五月停止厘金、裁撤各局后，除牲畜税照旧征收外，其百货商税皆一律停止。

惟于九年八月署吐鲁番同知刘嘉德，以该处葡萄、棉花有产自园林隙地未征园课者，禀请抽收商税，经前抚臣刘锦棠批准试办。嗣于十三年开设税局，仍并归税局经收。计自九年八月试办起至十二年六月初三日止，共收葡萄、棉花商税银四千一百二十两六钱九厘七毫六丝。又，自十二年六月初四日起至十三年六月开设税局止，共收葡萄、棉花商税银一千四百七十四两九钱六分二毫四丝，总共收银五千五百九十五两五钱七分。十一年司库报收银一千四百六十九两二钱六分八厘，十二年司库报收银三千一百七十三两五钱二分二厘，十三年司库报收银九百五十二两七钱八分，三共报收银五千五百九十五两五钱七分，均属尽收尽报，并无隐漏。惟该厅经收此项银两并未按年报解，至十二年始陆续提解到司，粮台实未列收造报。前案称十年以前曾报收银五千余两，系将葡萄园课误作葡萄、棉花商税，应请查核。其和阗州丝税，于阗县茧税、油税，英吉沙尔厅茧税，均系设官后于十一年始试办征收，十一年以前并未收过，前册称于阗县茧税、油税照依向章，和阗州丝税、英吉沙尔茧税照旧征收之语，系指八年五月以前各局抽厘章程而言。至新疆厘金，系光绪八年五月二十三日奉旨停收，前案称七年停止，系属笔误，应请更正。再，各处征存未解之款均于十二年正、二月内提解清楚，并无挪新补旧情弊，以后自应遵照部章，年清年款。理合登明。

一、部议：扣收六分减平一款，本部查与甘肃成案尚属相符，自应准其将扣存减平银两暂行留抵俸饷，就地动支，一俟将来收款渐多，即行循例扣解，以重库储而符奏章，仍令将扣收数目按年造具款册，报部查核等语。

此款自应遵照部章办理。理合登明。

一、部议：前乌鲁木齐提督金运昌缴还销册内长支、薪红等项，此款虽据声明系湘平折合库平，惟查光绪十年以前新疆湘平折合库平章程，比按一零三三申合。兹复按章核计数目，仍属不符，应令查明因何不符，详细声覆，再行核办等语。

查前乌鲁木齐提督金运昌应缴销册内长支湘平银九百一十七两四钱七厘六毫二丝九忽，按照一零三三申合，应缴库平银八百八十八两一钱。该提督系按九六六扣缴库平银八百八十六两二钱一分六厘，计欠缴库平银一两八钱八分四厘，已令金故提督家属照缴，归司库十七年报销案内列收造报，应请查核。理合登明。

粮石新收项下：

一、部议：新疆各属征收粮石，查此款仍未将地亩荒、熟数目、折色粮石、色样开列，亦未将带征九年粮内批准豁免粮石系何年奏咨有案声明，应令补行造报，以备考核。至征收数目，据称照清丈减定田赋章程实收实报。惟光绪六年前陕甘总督左宗棠奏称光绪五年份综计南北两路征收额粮折合京斗已二十六万一千九百余石，若丈量完事，并加入北路续增及开渠成熟地亩新赋合算，自更有增无减等语。前因光绪十一年份不惟未能加多，且按五年比较，各局收数或少数万石，或少十数万石，即将各局收数汇总，牵匀计算，亦较五年份少收数万石。当即行查，兹据覆称：照清丈减定田赋章程实收实报，实与前督左宗棠所奏定丈量完事，有增无减之语不符，且即按该省造送田赋章程核对，如迪化州、乌什厅、疏勒州、莎车州、英吉沙尔厅、温宿州、库车厅、拜城县等处少收十数石、数十石、数百石、千余石，甚至数千石不等，亦不相符，应令确切查明。傥有征多报少情弊，即行据实严参。嗣后仍当切实整顿，总期日有起色，以重国课。至九、十两年民欠数目，已另案奏令查明应征已完、未完各若干,应令遵照办理。稻谷折收大米成数未能一致,易滋弊端,应令酌定划一成数,以备考核。钱粮考成,据称由司另案详请办理,应令迅即查造十一年经征、经催钱粮考成清册,送部核办。所请十一年考成清册免其开造之处,应毋庸议等语。

查地亩荒、熟数目,光绪十三年以前田赋册内造报有案,故额粮册内均未开载,十四年起始遵照部饬,分别注明折色、粮石、色样,额征总册虽未开列,已于折征册内分别列收。新疆创设行省,造册款式多未谙习,以后自当遵照办理。所有以前地亩荒、熟数目、折色粮石、色样均请于田赋册、折征册内查考,邀免另行补造。其带征九年粮内豁免粮石,查系吐鲁番厅民欠九年份未完粮三百二十二石九升九合五勺,原光绪十年接署该厅同知到任后查出前任漏报各户实在缺水未种成荒地亩,禀请前抚臣刘锦棠委勘属实,批准豁免粮二百四十五石二斗三升一合七勺。比因征粮尚未定额,均系按照已种熟地核实征收,故未及奏咨有案,应请照册核销征粮数目。

新疆克复之后,赋额未定,自光绪四年起至九年止,均系按什一取一之法征收。嗣因民力难支,于十年减定科则,按亩征收,以垂久远。十年以后征粮数目自不能与九年以前相提并论。

至与田赋章程核对不符一节,查新疆田赋册造于十二年冬,其十二年征粮与田赋册内已垦熟地应征粮数相符。十一年所征粮数,镇迪道属亦相符合,惟喀什噶尔道属较十二年少征粮二百三十余石,系十二年内有新垦升科地亩。阿克苏道属除喀喇沙尔、乌什两厅与田赋册相若不计外,其温宿州少征粮一千四百二十余石,另征铜四千三百余斤;拜城县少征粮四千七百四十余石,另征铜一万四千三百余斤;库车厅少征粮三千一百三十余石,另征铜一万斤。

通盘牵算,十一年份所征粮数均与田赋册相符,并无征多报少情弊。稻谷折米成数皆系按各属碾米实数分别造报。新疆各厅、州、县相距甚远,地既肥瘠不一,稻壳厚薄亦殊,碾米成数自难一致,以后请即以十一年所报各属成数为定经征钱粮考成。新疆创设行省,一切例案多未举行,应请暂从缓议,随时详请核办。从前民欠粮石尚少,所有考成清册仍应均请邀免开造。九、十两年应征已完、未完各数目已由粮台登覆。理合登明。

草束新收项下:

一、部议:查草束地亩及考成均同前款,应令查照前款,一并声覆等语。

查征草束地亩及考成已于前款登覆,应请查核。理合登明。

开除银两项下:

一、部议:查各官职名虽据造送,惟据吏部片称,佐杂等官未据该抚咨报署任日期,无从考核等语。且署理各员系照何项条例,仍未声明,应令逐员详覆。库尔喀喇乌苏、精河二粮员支款,据称系由甘肃藩司钞送,查照向例额支成案照发,应令将此项向例成案钞录送部。散、总不符一节,据称道库支发湘平银六千二百七十三两九钱六分,总册内折合库平,散册未经折合。查新疆光绪十一年湘平折合库平章程系按九六折合,今照章核算,仍属不符,应令查明不符缘由报部。廪饩一项,据称系按照实在数目支发,由司另详,奏咨立案。究竟何年月日奏咨核准,应令查覆。镇迪道加增公费,哈密厅添设书办工食,均应自议准之日起支。所有十一年浮支银两,应令缴还列收。俸公廉费照章应扣六分减平,十一年份有扣有不扣,殊不一律,应仍将多支平银概令缴还。养廉应匀闰开支,例有明文,未便紊乱,应令照例办理,将浮支银两缴还列收。藩司衙门书役支数与旧制、新章均不相符,应将浮支银两行令缴还列收。玛喇巴什通判衙门所添斗级三名与奇台县添禁卒一名,均无案据,应仍令将多支银两缴还列收,统俟查覆报缴到日,再行核办等语。

查佐杂等官署任日期,兹已遵照另造清单送部查核。至署理各员系照何项条例一节,查新疆镇迪道所属系查照甘肃向章办理,南路新设正佐各员、书役工食,系查照镇迪道所属定章招设,量缺繁简,酌添回书、通事等项,以资办公。廉俸银两,署任各员均系按全俸半廉支发,应请核销。库尔喀喇乌苏、精河二粮员支款,已照甘肃藩司所钞成案钞送查核。

总、散数目以湘平折合库平仍属不符一款,查喀什噶尔道库支发新湘平银六千二百七十三两九钱六分,当日误以一零三五二申合库平,兹应按九六折合,实库平银六千二十三两一厘,计多折库平银三十七两六钱二分五厘,已遵令照数缴还。奇台县廪饩,虽《赋役全书》载无廪生,然该县廪生一名,历经甘肃学政考补。阜康县原额廪生二名,现又祗补一名。其奇台县廪生究系何时添设,或系由阜康县拨补,新疆兵燹之后,无案可稽。惟现在奇台学额与阜康县相等,阜康既有廪额二名,奇台自不能无,应请照已补缺额支给廪饩,以资培养而昭平允。镇迪道加增公费,实系从颁关防之日起支;哈密通判添设书办,亦系禀奉批准后即行支发。兹奉部议,应令缴还,已遵照分别追缴,计镇迪道兼按察使衔自十一年八月初七日支加增公费起,至十二年八月初六奉准前一日止,共应缴还库平银一千八百七十四两七钱七分八厘;自十二年八月初六日起,照奉准加增银数起支。哈密通判添设书办二名,应缴自十一年正月开支起至十二年二月初八日奉准前一日止,共工食库平银一百一十七两六钱一分三厘,又应缴面斤折价库平银七两二钱四分五厘;

自十二年二月初六日起,仍照奉准添设名数支给。俸工、廉费未扣减平银两一款,已遵照补扣,计十一年册报支过新湘平银八千七百四十八两六分,每两应扣二分,共扣缴库平银一百七十四两九钱六分一厘。巡抚养廉亦已遵照摊闰缴还,计自十年十月初二日起至十年十二月底止,缴还库平银二百一十四两五钱一分三厘。藩司衙门书役工食前经详请奏咨,自十二年起照定章支发,未定章以先请照实支数目开报,奉部覆准在案,应请核销。玛喇巴什通判衙门酌添斗级三名,前实未及详请奏咨立案,第该通判管理钱粮,设有仓库斗级三名,实不可少,应仍请照册核销。奇台县添设禁卒一名,实系禀奉前陕甘总督臣左宗棠批准,照阜康、昌吉等县禁卒六名支发。兹既据奉部核驳,应遵令缴还,计十一年份多支禁卒一名,缴还一岁工食库平银二十二两一钱八分二厘,又缴面斤折价库平银三两二钱八分。总计以上各款,除仍应请销之款不计外,实遵照部议分别追缴各款,共库平银二千四百五十二两一钱九分七厘,统俟光绪十七年司库报销册内列收报缴。理合登明。

一、部议:查驿站经费,此款应归兵部核办等语。

查驿站经费前经兵部行查,已另案登覆,仍应请兵部核销。理合登明。

一、部议:查武职各官职名虽据造送,惟查兵部片称,该省光绪十一年正、署各官衔名册内与本部官册核对稍有不符等语。且署理各员系照何项条例,仍未声明,应仍令逐员详覆。马步兵丁未扣朋合,兵部奏令照旧扣收,应令遵照奏案核扣。兵丁马匹虽据称军兴之后随时禀明,有兵一名即有马一匹,惟何时报部,仍未声明,应仍令查明报部。乌鲁木齐提标员弁虽据开造职名,惟据称向皆兼充旗哨,而防营哨长未报衔名,已另案行令补造,应令迅速造送,俟造送到日,查核有无重支,再行核销。公费一项,向报细数,归户、兵、工三部核销,无细数则无从核办。且乌鲁木齐提标各官管带土勇,查土勇每旗已开支公费,自不得再行重支,所有乌鲁木齐提标公费,应概令缴还列收。其巴里坤镇标公费应仍令查照旧制,分晰开造。统计此款,除牧兵银两应准开销外,其余各款统俟查覆报缴到日,再行核办等语。

查正、署各官衔名与兵部官册核对稍有不符,系何衔名不符,未奉指示,无从查覆。署理各员廉俸、薪红、马干等项系查照十年以前甘肃章程,分别折实支发。甘肃原系照何条例,新疆无案可稽,请邀免逐员详覆。马步兵丁未扣朋合一款,查军兴后,兵饷未照旧章支发,每名每岁仅暂给银一十二两,已属艰窘异常,难资赡养,若再加扣朋合,更觉难堪,向由甘肃藩库支发,并未扣除。新疆系照旧办理,仍应邀请免扣,以示体恤。兵丁马匹,军兴之后,系由巴里坤镇总兵随时禀请前督臣左宗棠批准募设,十一年以前由甘肃藩司支放。新疆系循照向章办理,何时报部,无案可稽,然实系有兵一名,即有马一匹,并无冒滥,应请核销。乌鲁木齐提标员弁兼充防营哨官衔名,已由粮台补造呈核。该员弁兼充旗哨各官,除照例支领正、署任廉俸、薪红等项外,并未另支薪粮。标营公费向有定额,银数甚多,自应开报细数。近来只按三成支发,诚属减而又减,应请免报细数。乌鲁木齐提标各官管带土勇,并未开支旗哨官薪粮,每旗应需旗帜、号衣、油烛、纸张等项,仅于军需项下每月支公费银二十四两,实不敷用,全赖标营公费稍资帮补。此项公费系办公必须之款,并非兼差重支可比。查楚军章程,每步队一旗,月支公费银一百一十两,相较节省甚多,若再令缴还标营公费,势必赔累难堪。且乌鲁木齐提标早已裁撤,各员弁久经星散,亦无从追缴,应请照册核销。巴里坤镇标支领三成公费,均请邀免分晰开造。理合登明。

一、部议:查祭祀银两未定新章之先,自应查照旧制,乃既无新章,又不查照旧制,殊难照准,应仍令照章删减,报部更正等语。

查各属支报祭祀银两,本属实用实销之款,第既奉部议与旧制、新章均不相符,应即遵照前次部示《赋役全书》内载旧额银数请销,余悉删减。计迪化、昌吉、阜康、奇台、绥来等五州县,每处每岁应支文庙祭祀银四十五两、武庙祭祀二十一两八钱八分、文昌庙祭祀银一十六两七钱六分,又哈密厅岁支武庙祭祀银二十一两八钱八分,文昌庙祭祀银一十六两七钱六分,又吐鲁番厅岁支武庙祭祀银二十一两八钱八分,又乌鲁木齐致祭博克达山岁需银九两八钱八分。合共应支银四百八十八两六钱,以九六折合库平银四百六十九两五分六厘。

查十一年份册造支过库平实银六百一十四两二钱一分,除前项应支银四百六十九两五分六厘外,实多支库平银一百四十五两一钱五分四厘。十二年份册造支过库平银六百五十二两四钱八分五厘,除照十一年开支应支银四百六十九两五钱六分外,实多支银一百八十三两四钱二分九厘。十一、十二两年共多支库平银三百二十八两五钱八分三厘,均已分饬缴还,归入十七年份司库报销案内列收造报。自十三年起即遵照奏定新章支给。理合登明。

一、部议:查百货税务局费动支不得逾二成,系该前抚自行报部章程,并未声明专指十三年以后而言,亦未声明十二年以前动支二成有零。今该护抚声覆前情,并无案据,应照案准支二成,其余浮支银两行令缴还,列收报部等语。

查哈密、古城两税局于光绪十一年始开局试办,彼时百物昂贵，更逾近年，试办之初，人役亦须多设，所有开支局费委系实用实销，并无浮冒。且是年镇迪、阿克苏、喀什噶尔三道属征收土产税银一万一千四百九十余两，并未开支局费。哈密、古城两税局共收税银二万三千二百七十余两，开支局费银五千一百两六钱三分九厘。仅以该两局收数按二成合算，计多支银四百四十五两零，若并三道属所收银数通盘计算，则开支尚未及二成。所有十一年开支局费，应仍请照册核销。理合登明。

一、部议：查巴里坤满营历年收支报销，据称业经咨催送部，本部尚未收到，应令迅即造送，以凭查核。至十一年起按四分核扣湘平，系通行定章，前因关内外各军间有并未照章扣收者，业经本部照章删除在案。此款未便办理两歧，应将浮支湘平折合库平银行令缴还列收，报部查核等语。

查光绪十一年份，共拨发旗营经费湘平银两，除已按九六折合之款不计外，实尚支湘平银四万四千三百四十七两四钱三分五厘，按九六折合，计多折库平银二百六十五两九钱四分八厘，已饬令如数缴还，归入十七年份司库报销案内列收造报。理合登明。

开除粮石项下：

一、部议：各衙门书役口食粮石，查此款已于开除银两第一款内核办，应令遵照办理等语。

查此款已于前案开支银两款内登覆，应请查核准销。理合登明。

一、部议：通省驿站书夫食粮，此款应归兵部核办等语。

查此款应请兵部核销。理合登明。

一、部议：巴里坤旗营粮料奏销及乌鲁木齐、古城满营粮料奏销，此款应迅即造送，以凭核办等语。

查各满营光绪十一年份粮料奏销,已催令迅即造册,送部核办。理合登明。

一、部议:标营马料,查此款已于开除第三款内核办,应令遵照办理等语。

查标营支领马料已于前案声明,应请查照核销。理合登明。

一、部议:孤贫、残废口食,查此款十一年尚无定章,无从比核。前因情节未能尽合,行令查明有无浮冒情弊。兹据登覆,仍未将有无浮冒情弊切实查覆,应令查明,如无浮冒情弊,即行出具切结,送部核销等语。

查孤贫、残废口食十一年份虽无定章,实系实支实报,并无浮冒情弊。兹已遵照由司出具切结,送部查核,应请准销。理合登明。

一、部议:监犯、解犯食粮,查此款若不分晰案由、名数、姓名,实属无凭核销,应仍令详细造报,再行核办等语。

查新疆未设行省以前,诸属变通办理。创设行省之时,亦暂循旧。其各属监犯、解犯口食,并未据各属分晰案由、名姓造报。十三年以后,始饬令遵照部章办理。现在事隔数年,查造亦难核实。所有十一年支发监犯、解犯食粮为数无多,系实支实销,并无浮冒,应请照册核销,免其分晰开造。理合登明。

一、部议:防营及善后领用粮石扣价,查此款前据声覆系前督左宗棠酌定章程,业经准销在案。惟查上案大米每石作价三两,小麦、豌豆每石作价一两一钱。查此案大米扣价二两八钱八分,小麦、豌豆扣价一两,又与原章不符,碍难照准,应令将少扣价银补行扣收报部,再行核办等语。

查大米十年以前每石扣价银三两,系属湘平。十一年份价值仍照前章，因改定湘平以九六折合，每石合库平银二两八钱八分。小麦、豌豆自十一年以后系改照折征小麦章程，每石合库平银一两，嗣后即为定章，应请核销。理合登明。

一、部议：查户民借领籽种，春借秋还，加息还仓，例有专条。兹查十一年份户民借领籽种七千余石，并未归还，亦未加息，殊与定例不符，且现在曾否还清，入于何案列收，亦未声叙，应令查明声覆，嗣后仍应照例办理，倘民力实有未逮，应由该抚随时奏恳缓征，以凭核办等语。

查新疆北路镇迪道所属各厅、州、县，兵燹之后，地旷人稀，全赖招户垦种，而所招之户多属贫穷，必须于每岁春首察看情形，实在无力之户即酌借籽种，以资东作。其所借籽种不惟不能加息，倘收成稍薄，犹当展缓，令其陆续交还，否则来年又无力播种。计十一年份未完籽种粮七千余石，已于十二年份征完五千四百余石，其余归十三年以后陆续清还，列收造报，应请查核。新疆北路民情困苦异常，照例加息还仓，力实不逮，应请邀免，以示体恤。理合登明。

一、部议：查军台弁兵及旧章驿站书夫食粮、马料，此款应归兵部核办等语。

查旧章军台、驿站支领粮料系光绪十一年七月以前支领之项，应归粮台奏销，计支过京斗小麦一千五百七十石三斗七升五合七勺，京斗包谷一千一百四十四石二斗八升三合九勺，已由粮台解还新湘平折合库平银二千五百七十八两三分二厘，归司库于十二年份奏销案内列收造报。所有前项开支粮石既已解交价银，应请户部查明核销，以清款目。理合登明。

开除草束项下：

一、部议：查防营领用草束扣价，此款已于收款项下声明行查，应令查明登覆等语。

查防营领草扣价已于收款项下登覆，应请查核。理合登明。

实在银粮、草束项下：

一、部议：实在银两，查上案及本案仍有删除行查之项，应俟全案声覆完结，再行核存等语。

查上案及本案行查之项，兹已按款登覆，应请查核。其有应遵部议删除之项，已归另案列收。所有此案实在存银数目，仍请照册列存，免至牵混，以便接续造报。理合登明。

一、部议：实在粮石及草束两款数目，查上案及本案仍有删除行查之项，应俟全案声覆完结，再行核存等语。

查上案及本案删除行查之项，现已按款登覆。所有此案实在粮石、草束数目，仍请照册列存，免至牵混，以便接续造报。理合登明。

（朱批：）览。①

○八三　沈义堂等保案有误请饬更正片

光绪十九年九月二十日（1893年10月29日）

再，据总兵衔尽先推补副将沈义堂禀称，该员于克复贵州天柱县江口坉、清江一带案内由蓝翎把总保以千总尽先补用，关陇肃清案内误由蓝翎守备保留陕甘尽先补用都司，并换花翎，嗣由都司累保今职。又，据留甘尽先补用副将刘泰和禀称，该员于底定全黔案

---

①　中国第一历史档案馆藏：录副奏折，档案编号：03-6570-053。

内由花翎守备保尽先补用都司，新疆南北两路荡平案内误由参将衔游击保留甘尽先补用参将，新疆六载边防案内复保副将，仍留原省尽先补用。又，据留甘尽先补用都司借补巴里坤镇标城守营左哨把总宋德昌禀称，该员于新疆六载边防案内由花翎守备保留原省遇缺尽先补用都司，原奉行知缮作得昌，请附奏递减、更正各等情前来。

臣覆核无异。合无仰恳天恩，俯准将沈义堂关陇肃清案内由蓝翎守备准保免补守备，以都司留陕甘尽先补用，换戴花翎，改为免补千总，以守备留陕甘尽先补用，并换花翎；克复乌鲁木齐等城案内准保免补都司，以游击尽先补用，并加参将衔，改为免补守备，以都司尽先补用，并加游击衔；会克吐鲁番满、汉两城案内准保免补游击，以参将尽先补用，并给揆勇巴图鲁勇号，改为免补都司，以游击尽先补用，仍给揆勇巴图鲁勇号；克复新疆南路西四城一律肃清案内准保免补参将，以副将尽先推补，并加总兵衔，改为免补游击，以参将尽先推补，并加副将衔；刘泰和新疆南北两路荡平案内由参将衔游击准保免补游击，以参将留甘尽先补用，改为免补都司，以游击留甘尽先补用；六载边防案内准保免补参将，以副将仍留原省尽先补用，改为免补游击，以参将仍留原省尽先补用；宋德昌六载边防准保都司案内所缮得昌，改为德昌，饬部分别逐层递减、更正，以昭核实。其沈义堂于六载边防案内准保正二品封典，仍照原案注册，出自鸿施。

除咨部外，谨附片具陈，伏乞圣鉴训示。谨奏。

（朱批：）该部知道。①

---

① 台北故宫博物院藏：军机及宫中档，文献编号：408002824-0-A。

光绪十九年十月二十一日,奉朱批:该部知道。钦此。[①]

〇八四　拣员调署同知遗缺片

光绪十九年九月二十日(1893 年 10 月 29 日)

再,署精河直隶厅同知周沄卸署遗缺,查有现署阜康县知县候补直隶州知州贺培荣,堪以调署。据新疆布政使饶应祺、署镇迪道兼按察使衔黄光达会详前来。除由臣批饬给委外,谨会同伊犁将军臣长庚、陕甘总督臣杨昌濬附片具奏,伏乞圣鉴。谨奏。

(朱批:)吏部知道。[②]

光绪十九年十月二十一日,奉朱批:吏部知道。钦此。[③]

〇八五　请准回子郡王玛木特续请过班片

光绪十九年九月二十日(1893 年 10 月 29 日)

再,光绪十八年年班,吐鲁番札萨克回子郡王玛木特患病甚剧,经臣奏请过班调理,奉旨允准,钦遵转行在案。十九年六月,准理藩院咨开:本年年班轮应库车回子郡王阿密特[④]来京,并令吐鲁番札萨克回子郡王玛木特补班等因。饬据署吐鲁番厅同知彭绪瞻

①　中国第一历史档案馆藏:录副奏片,档案编号:03-5896-075。

②　台北故宫博物院藏:军机及宫中档,文献编号:408002824-0-B。

③　中国第一历史档案馆藏:录副奏片,档案编号:03-5311-092。

④　阿密特(？—1895),维吾尔族,库车王族,米尔札·爱玛特次子。道光二十二年(1842),随父进京。同治三年(1864),其父遇害。光绪四年(1878),承袭爵位。九年(1883),封亲王爵位,赐顶戴、花翎。二十一年(1895),进京觐见,归,途次卒于兰州。

禀：据玛木特呈称：世爵上年恭值年班，因病蒙恩宽限，现在尚未就痊，请转恳奏缓补班等情前来。

臣查本年年班，库车回子郡王阿密特业已起行，依限赴京。该吐鲁番回子郡王玛木特旧疾委未痊愈，相应恳恩，俯准仍照臣上年奏案，令其过班，俟二十年哈密回子亲王该班后，即饬玛木特于二十一年接续该班，以崇盛典，仍与每年有回子王一人来京之例相符。

是否有当，谨会同陕甘总督臣杨昌濬附片具陈，伏乞圣鉴训示。谨奏。

（朱批：）着照所请，该衙门知道。[①]

光绪十九年十月二十一日，奉朱批：着照所请，该衙门知道。[②]

○八六　恭报新疆光绪十九年六月雨水、粮价折

光绪十九年九月二十四日（1893 年 11 月 2 日）

头品顶戴甘肃新疆巡抚臣陶模跪奏，为恭报光绪十九年六月份粮价并得雨情形，谨缮折具陈，仰祈圣鉴事。

窃照光绪十九年五月份各厅、州、县粮价并得雨情形，业经臣奏报在案。兹据新疆布政使饶应祺详称：本年六月份，镇迪道属镇西得雨，入土七寸；迪化得雨，入土五寸；库尔喀喇乌苏得雨，入土三寸；绥来、奇台得雨，入土二寸；昌吉、阜康得雨，入土一寸；吐鲁番微雨。伊塔道属绥定、宁远、塔尔巴哈台、精河微雨。南路叶城、

---

① 台北故宫博物院藏：军机及宫中档，文献编号：408002824-0-C。

② 此朱批日期等，据军机处随手登记档（档案编号：03-0277-2-1219-272）校补。

于阗、英吉沙尔得雨，入土三寸；拜城、疏勒、疏附得雨，入土一寸；库车、玛喇巴什大雨，温宿、乌什、莎车、和阗微雨，哈密、喀喇沙尔未得雨。

至通省粮价，镇西、塔尔巴哈台、库车、温宿、昌吉、阜康、绥定、拜城等厅、州、县俱与上月相同，余均略有增减。汇详请奏前来。

理合恭折具陈，并缮粮价清单，敬呈御览，伏乞皇上圣鉴。谨奏。

（朱批：）知道了。[1]

光绪十九年十月二十六日，奉朱批：知道了。钦此。[2]

○八七　呈新疆光绪十九年六月粮价清单

光绪十九年九月二十四日(1893年11月2日)

谨将新疆各属光绪十九年六月份米粮时估价值，缮具清单，恭呈御览。

计开六月份：

镇迪道属：

迪化县：大米每京石价银二两五钱三分七厘，较上月减一钱六厘。小麦每京石价银一两四钱一分六厘，较上月减一钱四分一厘。豌豆每京石价银一两八分，与上月相同。青稞每京石价银一两三分五厘，较上月减六厘九厘。

昌吉县：大米每京石价银一两七钱七分，小麦每京石价银八

---

① 台北故宫博物院藏：军机及宫中档，文献编号：408002825。
② 中国第一历史档案馆藏：录副奏折，档案编号：03-6935-031。

钱,豌豆每京石价银七钱七厘,青稞每京石价银七钱一分一厘,俱与上月相同。

阜康县:粟米每京石价银一两四钱一分五厘,小麦每京石价银一两五钱五分六厘,豌豆每京石价银一两四钱一分五厘,高粱每京石价银一两六分一厘,俱与上月相同。

绥来县:大米每京石价银一两九钱三分八厘,较上月增七分四厘。小麦每京石价银一两一钱三分七厘,较上月增七厘。豌豆每京石价银一两一钱三分七厘,与上月相同。高粱每京石价银六钱四分,与上月相同。

奇台县:大米每京石价银二两五钱八分九厘,与上月相同。小麦每京石价银一两三钱四分四厘,较上月减七分一厘。豌豆每京石价银八钱二分八厘,与上月相同。

吐鲁番直隶厅:小麦每京石价银一两四钱一分六厘,较上月减一钱五分。大麦每京石价银七钱四分六厘,与上月相同。高粱每京石价银七钱四分三厘,与上月相同。黄豆每京石价银一两五钱三分,与上月相同。

镇西直隶厅:小麦每京石价银一两一钱二分,豌豆每京石价银一两一钱二分,青稞每京石价银六钱四分,俱与上月相同。

哈密直隶厅:粟米每京石价银一两四钱四分,与上月相同。小麦每京石价银一两五钱八分,较上月减七厘。豌豆每京石价银一两二钱六分,较上月减三分六厘。青稞每京石价银九钱六分四厘,较上月增一钱一分五厘。

库尔喀喇乌苏直隶厅:小麦每京石价银一两一钱三分一厘,较上月减二钱八分五厘。豌豆每京石价银一两三钱一分六厘,较上月减一钱六分八厘。高粱每京石价银八钱八分八厘,较上月减九分四厘。

伊塔道属：

绥定县：大米每京石价银四两二钱一分八厘，小麦每京石价银一两六钱五分六厘，大麦每京石价银八钱三分二厘，豌豆每京石价银一两四钱四分，俱与上月相同。

宁远县：大米每京石价银三两五钱五分二厘，较上月增四钱二分九厘。小麦每京石价银一两三钱二分五厘，与上月相同。大麦每京石价银七钱八分一厘，与上月相同。豌豆每京石价银一两五钱八分四厘，较上月增二钱八分八厘。

塔尔巴哈台直隶厅：小麦每京石价银一两五钱六分，大麦每京石价银一两一钱七分七厘，豌豆每京石价银一两四钱一分，俱与上月相同。

精河直隶厅：大米每京石价银二两九钱四分，与上月相同。小麦每京石价银一两二钱六分，较上月增七分。大麦每京石价银八钱四厘，与上月相同。豌豆每京石价银一两一钱九分，较上月增一厘。

阿克苏道属：

温宿直隶州：大米每京石价银二两二钱八分，小麦每京石价银一两三分五厘，大麦每京石价银六钱，包谷每京石价银六钱八分，俱与上月相同。

拜城县：小麦每京石价银七钱四分四厘，大麦每京石价银三钱六厘，豌豆每京石价银四钱三分八厘，包谷每京石价银五钱二分五厘，俱与上月相同。

喀喇沙尔直隶厅：大米每京石价银三两二钱五分六厘，与上月相同。小麦每京石价银一两二钱四分二厘，较上月减四钱一分四厘。豌豆每京石价银一两八厘，与上月相同。包谷每京石价银七钱四厘，与上月相同。

库车直隶厅：大米每京石价银二两四钱，小麦每京石价银六钱三分，豌豆每京石价银六钱五分，包谷每京石价银四钱四分，俱与上月相同。

乌什直隶厅：大米每京石价银二两二钱三分五厘，与上月相同。小麦每京石价银六钱七厘，与上月相同。大麦每京石价银二钱六分七厘，较上月减五分四厘。包谷每京石价银四钱四分五厘，与上月相同。

喀什噶尔道属：

疏勒直隶州：大米每京石价银三两四分五厘，与上月相同。小麦每京石价银一两二钱四分二厘，较上月减六分九厘。包谷每京石价银一两八分八厘，与上月相同。高粱每京石价银九钱二分，与上月相同。

疏附县：大米每京石价银三两四分五厘，与上月相同。小麦每京石价银一两二钱四分二厘，较上月减六分九厘。包谷每京石价银一两一钱三分九厘，与上月相同。高粱每京石价银九钱二分，与上月相同。

莎车直隶州：大米每京石价银二两七分二厘，较上月减二分八厘。小麦每京石价银七钱八分六厘，较上月减一分四厘。大麦每京石价银七钱一分二厘，较上月减三分八厘。包谷每京石价银七钱四分，与上月相同。

叶城县：大米每京石价银二两六钱一分，与上月相同。小麦每京石价银七钱五分，较上月减三分。包谷每京石价银五钱二分八厘，较上月减三分八厘。青稞每京石价银四钱七分五厘，与上月相同。

和阗直隶州：大米每京石价银二两五钱二分，较上月减九分八厘。小麦每京石价银九钱三分八厘，较上月减一钱二分五厘。包谷每京石价银六钱四分，与上月相同。青稞每京石价银四钱九分七厘，较上月减六分九厘。

于阗县：大米每京石价银二两六钱九分一厘，与上月相同。小麦每京石价银一两一分八厘，较上月增八厘。包谷每京石价银六钱一分四厘，较上月增一分三厘。

英吉沙尔直隶厅：大米每京石价银三两九钱五分五厘，较上月增五厘。小麦每京石价银一两二钱四分，较上月减四分。大麦每京石价银九钱五分三厘，较上月增三钱八分三厘。包谷每京石价银一两一钱一分五厘，较上月减五厘。

玛喇巴什直隶厅：大米每京石价银二两九钱六分，与上月相同。小麦每京石价银九钱六分六厘，较上月减一钱三分八厘。包谷每京石价银八钱九分六厘，较上月增六分四厘。

（朱批：）览。[1]

○八八　审拟温宿缠民斗殴毙命一案折

光绪十九年九月二十四日（1893 年 11 月 2 日）

头品顶戴甘肃新疆巡抚臣陶模跪奏，为斗殴毙命，核明定拟，恭折仰祈圣鉴事。

窃温宿州缠民买卖提牙合甫因口角争殴，用斧砍伤思马意身

---

[1]　中国第一历史档案馆藏：清单，档案编号：03-6935-032。

死一案，据署温宿直隶州知州李庆棠相验讯详，未及拟解卸事，后任王廷赞接准移交，审明议拟，解阿克苏道陈名钰提讯，咨署镇迪道兼按察使衔黄光达核转前来。

臣复加查核，缘买卖提牙合甫籍隶温宿州，务农度日，与已死思马意素好无嫌。光绪十八年十月二十一日，买卖提牙合甫手执铁斧在院劈柴，思马意走至，声称找寻羊只，买卖提牙合甫令思马意自到后院寻看。思马意进内牵出一羊，谓系伊家走失，买卖提合甫斥其错误，彼此争辩。思马意生气，举手向买卖提牙合甫头上殴打一下，买卖提牙合甫顺用劈柴铁斧吓砍，适伤其顶心倒地。艾买提赶拢喝阻，思马意伤重，移时身死。尸弟买卖提投约报验，讯供议拟解道，咨兼臬司核明转详。臣覆核无异。

查律载：斗殴杀人者，不问手足、他物、金刃，并绞监候等语。此案买卖提牙合甫因思马意错认羊只，口角争殴，用斧砍伤思马意顶心身死，自应按律问拟。买卖提牙合甫合依斗殴杀人者，不问手足、他物、金刃并绞律，拟绞监候，秋后处决。艾买提救阻不及，应请免议。无干省释。尸棺饬埋，凶器案结销毁。是否允协，除全案供招咨部外，所有斗殴毙命、核明定拟各缘由，谨恭折具陈，伏乞皇上圣鉴，饬部核议施行。谨奏。光绪十九年九月二十四日。

（朱批：）刑部议奏。[1]

光绪十九年十月二十六日，奉朱批：刑部议奏。钦此。[2]

---

[1] 台北故宫博物院藏：军机及宫中档，文献编号：408002826。

[2] 中国第一历史档案馆藏：录副奏折，档案编号：03-7316-030。

○八九 审拟喀喇沙尔厅缠民斗殴毙命一案折

光绪十九年九月二十四日(1893年11月2日)

头品顶戴甘肃新疆巡抚臣陶模跪奏,为斗殴毙命,核明定拟,恭折仰祈圣鉴事。

喀喇沙尔厅缠民阿思满殴伤而里身死,私和匿报一案,据署喀喇沙尔厅同知刘金藩访闻,获犯验报,未及通详卸事,后任符瑞接准移交,审明拟解,阿克苏道陈名钰提讯,咨署镇迪道兼按察使衔黄光达核转前来。

臣复加查核,缘缠民阿思满籍隶喀喇沙尔厅,务农度日,与已死而里近邻居住,熟识无嫌。光绪十八年二月十七日,阿思满在礼拜寺内与而里会遇闲谈,而里说阿思满之妻沙达与人有奸,令阿思满防范。阿思满归家,盘诘奸情,沙达不认,阿思满即将而里之言向告。沙达负气,当往而里家中理论。阿思满随后赶去,喝令沙达归家,沙达不允哭闹。而里斥骂阿思满不应主使沙达前来吵嚷,阿思满谓其平白诬奸。而里举手扑殴,阿思满闪避,拾取院中木棒回殴一下,适伤而里左太阳倒地。而里之妻阿里慢赶拢喝阻,将而里扶进房内,医治罔效,至二十二日,而里因伤殒命。阿思满畏罪,央求买卖铁里从中说和,情愿照管阿里慢终身衣食。阿里慢年老无依,允从。阿思满买棺装殓,雇过路不知姓名人将而里尸棺抬埋寝息。旋经该厅访闻,获犯验讯,议拟解道,咨兼臬司核明转详。臣覆核无异。

查律载:斗殴杀人者,不问手足、他物、金刃,并绞监候。又,夫为人杀,妻私和者,杖一百,徒三年。又,常人私和人命,杖六十各等语。此案阿思满因而里诬蔑伊妻沙达与人通奸，经沙达寻向理论，该犯赶往喝阻，口角争斗，用棒殴伤而里身死，自应按律问拟。阿思满合依斗殴杀人者，不问手足、他物、金刃并绞律，拟绞监候，秋后处决。尸妻阿里慢于伊夫被殴身死并不报官，辄听私和殓埋，虽未得受贿银，亦应按律问拟。阿里慢合依夫为人杀，妻私和者，杖一百，徒三年律，拟杖一百、徒三年，系妇女，照律收赎。买卖铁里从中说和，虽无受贿情事，应请照常人私和人命杖六十律，拟杖六十，折责发落。乡约阿五立思先后失于觉察，应照不应轻律，笞四十折责，免其革役。受雇抬埋过路不知姓名人，请免查究。而里平白造言，诬人名节，罪有应得，业已身死，毋庸置议。无干省释。尸棺饬埋。是否允协，除全案供招咨部外，所有斗殴毙命，核明定拟各缘由，谨恭折具陈，伏乞皇上圣鉴，饬部核议施行。谨奏。光绪十九年九月二十四日。

（朱批：）刑部议奏。[1]

光绪十九年十月二十六日，奉朱批：刑部议奏。钦此。[2]

〇九〇　请免武弁李金良骑射片

光绪十九年九月二十四日（1893年11月2日）

再，查部议打仗受伤武职员弁，必须手足受有重伤，方准请免骑射，一律考验枪炮等因在案。兹据总兵衔留甘尽先即补副将借补喀什噶尔提标城守营中军守备李金良禀称，该员于光绪二年攻

---

① 台北故宫博物院藏：军机及宫中档，文献编号：408002827。
② 中国第一历史档案馆藏：录副奏折，档案编号：03-7316-031。

克玛纳斯南城，左手中指被炮子打伤，筋骨俱断，挽弓维艰，恳请奏免骑射等情。臣当咨由喀什噶尔提督臣董福祥就近验看，委无捏饰情弊。合无仰恳天恩，俯准将该员李金良免其骑射，改习枪炮，以示体恤，出自鸿慈。

除咨部外，谨附片具奏，伏乞圣鉴训示。谨奏。

（朱批:）着照所请，兵部知道。[①]

光绪十九年十月二十六日，奉朱批:着照所请，兵部知道。钦此。[②]

○九一　奏报新疆光绪十九年七月雨水、粮价折

光绪十九年十月初十日（1893 年 11 月 17 日）

头品顶戴甘肃新疆巡抚臣陶模跪奏，为恭报光绪十九年七月份粮价并得雨情形，谨缮折具陈，仰祈圣鉴事。

窃照光绪十九年六月份各厅、州、县粮价并得雨情形，业经臣奏报在案。兹据新疆布政使饶应祺详称:本年七月份，镇迪道属迪化得雨，入土二寸；绥来得雨，入土一寸；昌吉、阜康、奇台、吐鲁番、镇西、库尔喀喇乌苏微雨。伊塔道属绥定、宁远、塔尔巴哈台、精河微雨。南路疏勒、疏附、莎车、叶城、和阗、英吉沙尔大雨，温宿、库车、乌什、于阗、玛喇巴什微雨。余未得雨。至通省粮价，乌什、疏勒、疏附、迪化、昌吉、阜康、绥定等厅、州、县俱与上月相同，余均略有增减。汇详请奏前来。

---

① 台北故宫博物院藏:军机及宫中档，文献编号:408002825-0-A。
② 中国第一历史档案馆藏:录副奏片，档案编号:03-5896-084。

理合恭折具陈，并缮粮价清单，敬呈御览，伏乞皇上圣鉴。谨奏。光绪十九年十月初十日。

（朱批：）知道了。①

光绪十九年十一月十二日，奉朱批：知道了。钦此。②

○九二　呈新疆光绪十九年七月粮价清单

光绪十九年十月初十日(1893年11月17日)

谨将新疆各属光绪十九年七月份米粮时估价值，缮具清单，恭呈御览。

计开七月份：

镇迪道属：

迪化县：大米每京石价银二两五钱三分七厘，小麦每京石价银一两四钱一分六厘，豌豆每京石价银一两八分，青稞每京石价银一两三分五厘，俱与上月相同。

昌吉县：大米每京石价银一两七钱七分，小麦每京石价银八钱，豌豆每京石价银七钱七厘，青稞每京石价银七钱一分一厘，俱与上月相同。

阜康县：粟米每京石价银一两四钱一分五厘，小麦每京石价银一两五钱五分六厘，豌豆每京石价银一两四钱一分五厘，高粱每京石价银一两六分一厘，俱与上月相同。

绥来县：大米每京石价银一两九钱九分八厘，较上月增六分。

---

① 台北故宫博物院藏：军机及宫中档，文献编号：408002828。

② 中国第一历史档案馆藏：录副奏折，档案编号：03-6936-016。

小麦每京石价银一两一钱三分二厘，较上月减五厘。豌豆每京石价银一两六分五厘，较上月减七分二厘，高粱每京石价银六钱四分，与上月相同。

奇台县：大米每京石价银二两七钱六分一厘，较上月增一钱七分二厘。小麦每京石价银一两四钱八分六厘，较上月增一钱四分二厘。豌豆每京石价银八钱九分七厘，较上月增六分九厘。

吐鲁番直隶厅：小麦每京石价银一两四钱一分六厘，与上月相同。大麦每京石价银七钱四分六厘，与上月相同。高粱每京石价银九钱六分五厘，较上月增二钱二分二厘。黄豆每京石价银一两五钱三分，与上月相同。

镇西直隶厅：小麦每京石价银一两四分，较上月减八分。豌豆每京石价银一两，较上月减一钱二分。青稞每京石价银五钱六分，较上月减八分。

哈密直隶厅：粟米每京石价银一两四钱四分，与上月相同。小麦每京石价银一两五钱四分五厘，较上月减三分五厘。豌豆每京石价银一两二钱九分六厘，较上月增三分六厘。青稞每京石价银九钱六分四厘，与上月相同。

库尔喀喇乌苏直隶厅：小麦每京石价银一两一钱六分六厘，较上月增三分五厘。豌豆每京石价银一两三钱一分六厘，与上月相同。高粱每京石价银八钱七分八厘，较上月减一分。

伊塔道属：

绥定县：大米每京石价银四两二钱一分八厘，小麦每京石价银一两六钱五分六厘，大麦每京石价银八钱三分二厘，豌豆每京石价银一两四钱四分，俱与上月相同。

宁远县：大米每京石价银三两七钱，较上月增一钱四分八厘。

小麦每京石价银一两四钱五分，较上月增一钱二分五厘。大麦每京石价银七钱八分一厘，与上月相同。豌豆每京石价银一两五钱八分四厘，与上月相同。

塔尔巴哈台直隶厅：小麦每京石价银一两四钱八分六厘，较上月减七分四厘。大麦每京石价银一两三分四厘，较上月减一钱四分三厘。豌豆每京石价银一两二钱七分六厘，较上月减一钱三分四厘。

精河直隶厅：大米每京石价银二两九钱四分，与上月相同。小麦每京石价银一两三钱三分，较上月增七分。大麦每京石价银八钱四厘，与上月相同。豌豆每京石价银一两一钱九分，与上月相同。

阿克苏道属：

温宿直隶州：大米每京石价银二两二钱八分，与上月相同。小麦每京石价银一两三分五厘，与上月相同。大麦每京石价银六钱，与上月相同。包谷每京石价银八钱一分六厘，较上月增一钱三分六厘。

拜城县：小麦每京石价银六钱五分七厘，较上月减八分七厘。大麦每京石价银三钱五分，较上月增四分四厘。豌豆每京石价银四钱三分八厘，与上月相同。包谷每京石价银五钱二分五厘，与上月相同。

喀喇沙尔直隶厅：大米每京石价银三两二钱五分六厘，与上月相同。小麦每京石价银一两二钱四分二厘，与上月相同。豌豆每京石价银一两八厘，与上月相同。包谷每京石价银七钱六分八厘，较上月增六分四厘。

库车直隶厅：大米每京石价银二两四钱，与上月相同。小麦每京石价银五钱九分三厘，较上月减三分七厘。豌豆每京石价银六钱一分，较上月减四分。包谷每京石价银四钱四分，与上月相同。

乌什直隶厅：大米每京石价银二两二钱三分五厘，小麦每京石价银六钱七厘，大麦每京石价银二钱六分七厘，包谷每京石价银四钱四分五厘，俱与上月相同。

喀什噶尔道属：

疏勒直隶州：大米每京石价银三两四分五厘，小麦每京石价银一两二钱四分二厘，包谷每京石价银一两八分八厘，高粱每京石价银九钱二分，俱与上月相同。

疏附县：大米每京石价银三两四分五厘，小麦每京石价银一两二钱四分二厘，包谷每京石价银一两一钱三分九厘，高粱每京石价银九钱二分，俱与上月相同。

莎车直隶州：大米每京石价银二两七分二厘，与上月相同。小麦每京石价银八钱，较上月增一分四厘。大麦每京石价银七钱二分五厘，较上月增一分三厘。包谷每京石价银七钱四分，与上月相同。

叶城县：大米每京石价银二两七钱五分五厘，较上月增一钱四分五厘。小麦每京石价银七钱，较上月减五分。包谷每京石价银五钱四厘，较上月减二分四厘。青稞每京石价银四钱七分五厘，与上月相同。

和阗直隶州：大米每京石价银二两四钱五分，较上月减七分。小麦每京石价银九钱三分八厘，与上月相同。包谷每京石价银六钱四分，与上月相同。青稞每京石价银四钱九分七厘，与上月相同。

于阗县：大米每京石价银二两八钱一厘，较上月增一钱一分。

小麦每京石价银一两一分八厘，与上月相同。包谷每京石价银六钱二分七厘，较上月增一分三厘。

英吉沙尔直隶厅：大米每京石价银三两九钱五分，较上月减五厘。小麦每京石价银一两二钱二分，较上月减二分。大麦每京石价银九钱一分三厘，较上月减四分。包谷每京石价银一两一钱二分四厘，较上月增九厘。

玛喇巴什直隶厅：大米每京石价银三两四钱四厘，较上月增四钱四分四厘。小麦每京石价银九钱六分六厘，与上月相同。包谷每京石价银八钱九分六厘，与上月相同。

（朱批:）览。①

○九三　请准以罕札布借补霍尔果斯通判折

光绪十九年十月初十日(1893 年 11 月 17 日)

头品顶戴甘肃新疆巡抚臣陶模跪奏，为拣员请补通判要缺，以裨地方，恭折仰祈圣鉴事。

窃据新疆布政使饶应祺、署镇迪道兼按察使衔黄光达会详称：新疆改设官制，裁霍尔果斯巡检，设伊犁府分防通判兼理事衔。该处为伊犁极西门户，中俄往来要津，又有索伦各旗分屯其地，管理旗务并中外交涉，督捕、弹压，均关紧要，应请定为冲、疲、难三项要缺，亟应遴员请补，以重职守。

查伊犁改设各缺，经前抚臣刘锦棠奏准仿照吉林新章由外拣补一次在案。今改设霍尔果斯通判员缺，查有花翎同知衔候补知

---

① 中国第一历史档案馆藏：录副奏折，档案编号：03-6936-017。

县罕札布，年五十二岁，京城镶白旗满洲七什佐领下人，驻防甘肃庄浪。咸丰六年，由马甲考准翻译生员。九年，考取候补笔帖式。十一年，请咨赴部引见。同治元年二月初十日，经钦派王大臣验放。是年四月二十日，奉旨补授凉州副都统衙门八品笔帖式。嗣因凉州逆回勾结变乱剿除殆尽案内汇保，四年七月十二日奉上谕：着赏加六品顶戴。钦此。十二年，调赴肃州，随队攻克坚城一律肃清案内汇保，十三年七月十二日奉上谕：着赏戴蓝翎。钦此。是年复调出关，攻克乌鲁木齐、昌吉、阜康、呼图壁、古牧地等城案内汇保，光绪四年二月初四日奉上谕：着以知县留于甘肃归候补班遇缺前先即补，并赏加同知衔。钦此。五年，经部开去笔帖式缺，饬归甘肃候补，是年闰三月二十三日晋省禀到。六年，经前督臣左宗棠调赴哈密行营差遣，新疆南路诸军五次剿平边寇案内汇保，七年五月二十日奉上谕：着赏换花翎。钦此。九年五月十八日，闻讣丁母忧，回旗守制。十一年八月十八日，服满起复，回营供差。十三年，留省候补。十五年，代理喀喇沙尔直隶厅同知篆务，五月二十一日到任，十月二十日交卸。

查该员罕札布持躬勤慎，办事稳当，在新疆年久，边情熟悉，以之借补斯缺，实堪胜任，人地亦极相宜，虽以知县请补通判，与定章稍有不符，然新疆例准变通办理，详请具奏等情前来。

臣查罕札布年力富强，办事勤慎，合无仰恳天恩，俯念要缺需员，准以该员罕札布借补霍尔果斯通判员缺，洵于地方有裨。如蒙俞允，俟奉部覆，即行给咨送部引见，以符定制。再，该员代理任内并无参罚案件。合并声明。谨会同伊犁将军臣长庚、陕甘总督臣杨昌濬恭折具奏，伏乞皇上圣鉴训示。谨奏。光绪十九年十月初十日。

（朱批：）吏部议奏。①

光绪十九年十一月十二日,奉朱批:吏部议奏。钦此。②

○九四　新疆第七次遵办新海防捐输核奖折

光绪十九年十月初十日(1893年11月17日)

头品顶戴甘肃新疆巡抚臣陶模跪奏,为新疆第七次遵办新海防捐输,恳恩饬部核奖,恭折仰祈圣鉴事。

窃照新疆新海防捐输,自光绪十八年六月初一日起,截至十二月底止,业经臣作为第六次捐输奏请核奖在案。兹据布政使饶应祺详称:自光绪十九年正月初一日起至六月底止,先后据各捐生报捐实官职衔共九名,计收正项库平银一千七百三十一两六钱,分别填发正实收,给予收执。所有捐项银两,另款存储,听候提拨。其随收饭银、照费、填过副实收及各捐生履历清册一并赍解,详请奏咨换给执照等情前来。

臣覆核无异。合无仰恳天恩,准将新疆第七次新海防捐输饬部分别核奖,以资鼓励。除将清册、副实收、饭银、照费咨送吏部、户部、国子监外,谨恭折具陈,伏乞皇上圣鉴训示。谨奏。光绪十九年十月初十日。

（朱批：）户部议奏。③

---

① 台北故宫博物院藏:军机及宫中档,档案编号:408002829。

② 此奉旨日期与内容,据军机处随手登记档(档案编号:03-0277-2-1219-293)校补。

③ 台北故宫博物院藏:军机及宫中档,文献编号:408002830。

光绪十九年十一月十二日,奉朱批:户部议奏。钦此。①

○九五　奏报拣员委署同知要缺等情片

光绪十九年十月初十日(1893年11月17日)

再,吐鲁番直隶厅同知员缺,前以补用知府朱冕荣借补,经部覆准在案,应即饬赴本任,以专责成。又,署喀喇沙尔直隶厅同知符瑞丁忧遗缺,查有运同衔候补同知闻端兰,堪以委署。署阜康县知县贺培荣调署精河直隶厅同知,所遗员缺查有候补知县任兆观,堪以委署。据新疆布政使饶应祺、署镇迪道兼按察使衔黄光达会详前来。

除由臣批饬分别给委外,谨会同陕甘总督臣杨昌濬附片具陈,伏乞圣鉴。谨奏。

(朱批:)吏部知道。②

光绪十九年十一月十二日,奉朱批:吏部知道。钦此。③

○九六　请准按察使丁振铎暂缓赴部片

光绪十九年十月初十日(1893年11月17日)

再,镇迪道兼按察使衔员缺,现准部咨,准以甘肃兰州府知府丁振铎升补,并令给咨赴部引见等因。臣查新疆保升、奏升未经引

---

① 中国第一历史档案馆藏:录副奏折,档案编号:03-9399-052。
② 台北故宫博物院藏:军机及宫中档,文献编号:408002828-0-A。
③ 中国第一历史档案馆藏:录副奏片,档案编号:03-5312-041。

见人员,均照变通章程,暂缓赴部。镇迪道兼管全疆刑名、驿传事务,最关紧要,相应恳恩俯准该员丁振铎暂缓引见,先行饬赴本任,以资治理而专责成。是否有当,谨会同陕甘总督臣杨昌濬附片具陈,伏乞圣鉴训示。谨奏。

(朱批:)着照所请,吏部知道。①

光绪十九年十一月十二日,奉朱批:着照所请,吏部知道。钦此。②

○九七　审拟马子明殴毙人命一案折

光绪十九年十一月十二日(1893年12月19日)

头品顶戴甘肃新疆巡抚臣陶模跪奏,为斗殴毙命,审明定拟,恭折仰祈圣鉴事。

窃迪化县客民马子明用刀戳伤段遂成越日身死一案,据迪化县知县黄袤相验禀报,未及通详卸事,后任知县刘兆松接准移交,研讯议拟招解,署迪化府知府危兆麟讯明,转详署镇迪道兼按察使衔黄光达审转前来。

臣亲提覆鞫,缘马子明系甘肃平凉县回民,在迪化县民马富贵剃头铺造饭,与已死段遂成同铺帮工,交好无嫌。光绪十八年十一月初十日,马富贵往外收帐,托马子明经管铺事。十六日早饭后,段遂成上街游荡,至晚方归。马子明即以店东不在铺内,不应外出,向其嗔斥。段遂成心不输服,谓马子明多管。马子明分辩,互

---

① 台北故宫博物院藏:军机及宫中档,文献编号:408002828-0-B。
② 中国第一历史档案馆藏:录副奏片,档案编号:03-5312-040。

相争吵。段遂成手持铁钳向马子明扑殴，马子明用木烛台架格，未被殴伤，顺取炕旁双尖小刀向段遂成冒戳两下，致伤其左肩胛。段遂成又用铁钳向马子明头上殴打，马子明闪侧，用刀戳伤其左胁。经孔庆宾赶拢喝阻，并信知段遂成族弟段长林前来看视。马富贵旋亦回铺，令马子明延医，调治罔效，延至十二月初六日，段遂成因伤身死。投约报验，讯供议拟解府，详兼臬司审明转详。臣覆鞫无异。

查律载：斗殴杀人者，不问手足、他物、金刃，并绞监候等语。此案马子明因段遂成出外嗔斥不服，被殴情急，用双尖小刀戳伤其左胁等处，越二十一日身死，在金刃保辜正限三十日以内，仍按斗殴本律问拟。马子明合依斗殴杀人者不问手足、他物、金刃并绞律，拟绞监候，秋后处决。见证孔庆宾救阻不及，应与未在家之铺东马富贵均免置议。尸棺饬埋。是否允协，除全案供招咨部外，所有斗殴毙命，审明定拟各缘由，谨恭折具陈，伏乞皇上圣鉴，饬部核议施行。谨奏。光绪十九年十一月十二日。

（朱批：）刑部议奏。①

光绪十九年十二月十三日，奉朱批：刑部议奏。钦此。②

○九八　审拟迪化客民斗殴毙命一案折

光绪十九年十一月十二日(1893年12月19日)

头品顶戴甘肃新疆巡抚臣陶模跪，奏为斗殴毙命，审明定拟，

---

① 台北故宫博物院藏：军机及宫中档，文献编号：408002832。
② 中国第一历史档案馆藏：录副奏折，档案编号：03-7316-042。

恭折仰祈圣鉴事。

　　窃迪化县客民谭文炳殴伤缠民买买提，越日身死一案，据署迪化县知县刘兆松验讯议拟，解署迪化府知府危兆麟讯明，详署镇迪道兼按察使衔黄光达审转前来。

　　臣亲提覆鞫，缘谭文炳籍隶湖南长沙县，来至新疆省城谋事，寄居同乡刘慧亭裁缝铺内，与已死缠民买买提认识无嫌。光绪十九年四月十九日，有缠妇托古大汉，偕同奸夫柳庆堂至刘慧亭裁缝铺，托缝女衫，柳庆堂随即他往，托古大汉在铺等候。不一会买买提走来，向托古大汉索讨欠项，彼此争闹。刘慧亭谓买买提不应在伊铺内与人口角，买买提分辩，刘慧亭用言詈骂，买买提揪住刘慧亭发辫揿按，一同倒地。托古大汉见买买提等抓扭，当即跑走。谭文炳赶拢解劝，买买提仍不松手，并骂谭文炳帮护。谭文炳顺拾地下砖块吓殴一下，适伤买买提脑后。经街邻喝散，问明情由，将买买提劝归，医治罔效，至二十六日，买买提因伤殒命。投约报验，讯供议拟解府，详兼臬司审明转详。臣覆鞫无异。

　　查律载：斗殴杀人者，不问手足、他物、金刃，并绞监候。又例载：军民相奸，奸夫、奸妇各杖一百，枷号一个月各等语。此案谭文炳因买买提与刘慧亭揪扭，解劝被骂，用砖块殴伤买买提脑后，越日身死，自应按律问斩。谭文炳合依斗殴杀人者不问手足、他物、金刃并绞律，拟绞监候，秋后处决。缠妇托古大汉因夫外出未归，遂与同院居住之柳庆堂奸好，亦应按例问拟。奸妇托古大汉、奸夫柳庆堂均合依军民相奸，奸夫、奸妇各杖一百，枷号一个月例，拟各杖一百、枷号一个月，满日折责发落。托古大汉系犯奸之妇，杖决枷赎，交其夫属领回，听其去留。刘慧亭肇衅酿命，本属不合，应请照不应重律，杖八十，折责发落。托古大汉讯系赤贫，下欠买买提债项并柳庆堂给过银物,应请一并免追。无干省释。尸棺饬埋,凶器砖块供弃免起。是否允协,除全案供招咨部外,所有斗殴毙命,审明定拟各缘由,谨恭折具陈,伏乞皇上圣鉴,饬部核覆施行。谨奏。光绪十九年十一月十二日。

（朱批:）刑部议奏。①

光绪十九年十二月十三日,奉朱批:刑部议奏。钦此。②

○九九　库车等处应征粮草等项请分别蠲缓折

光绪十九年十一月十二日(1893年12月19日)

头品顶戴甘肃新疆巡抚臣陶模跪奏,为新疆库车等厅、州、县被灾地亩、房屋应征粮草、租银并借给籽种,拟请分别蠲缓,以纾民力,恭折仰祈圣鉴事。

窃新疆库车厅、莎车州、叶城县被水、奇台县被旱,业经臣将大概情形汇案奏明,并饬司移道委员会勘地亩、房屋数目,银粮应否蠲缓,详转核办在案。兹据布政使饶应祺详称:先后据各印委结报,莎车州属和什拉普等庄被水冲没地二千七百二十亩五分一厘,或塌深数丈,或沙石壅塞,变为河滩,急切不能垦复,额征粮六十三石二斗五升九合二勺,额征草七千六百二十五斤一十二两八钱,拟请自光绪十九年起悉数豁除,一俟垦复,再行起征。该州淹倒民房二百五十四间,每间给银五钱,俾资修理,共银一百二十七两,恳由善后项下开报。

---

① 台北故宫博物院藏:军机及宫中档,文献编号:408002831。
② 中国第一历史档案馆藏:录副奏折,档案编号:03-7316-041。

奇台县属东、西吉尔等渠被旱地四万八千八亩三分一厘六毫，颗粒无收。本年额征粮一千八百六十九石九斗六升七合四勺，拟请悉数豁免。各户借发籽种市石小麦二百九十一石七斗五升，拟请缓至来年秋后带征。

库车厅淹倒民房二千五百一十八间，压毙男女一十八丁口，分别酌给银两，共银三百九十二两，恳由善后项下开支。又，淹倒官地民房一百七十四间，每年应征租银一百七十四两，拟请自本年六月二十五日被水之日起，暂免完纳，仍俟陆续修复，再行照章征收等情，详请具奏前来。

臣覆查无异。除饬加意抚恤并来春应否接济另案汇办外，所有该各厅、州、县被灾地亩、房屋应征粮草、租银、籽种，合无仰恳天恩，俯准分别蠲缓，以纾民力。如蒙允准，俟钦奉谕旨，饬司将蠲缓粮草、租银、籽种数目敬刊誊黄，遍行晓谕，以广皇仁而示体恤。是否有当，谨会同陕甘总督臣杨昌濬恭折具奏，伏乞皇上圣鉴训示。再，库车厅、叶城县被水地亩均未成灾，额征粮草应令照常完纳。叶城县淹倒民房一百余间，业由该地方官捐廉修理，毋庸请款。合并声明。谨奏。光绪十九年十一月十二日。

（朱批：）另有旨。[1]

光绪十九年十二月十三日，奉朱批：另有旨。钦此。[2]

【案】此折于是年十二月十三日得旨允行。上谕档：

光绪十九年十二月十三日，内阁奉上谕：陶模奏，查明各

---

① 台北故宫博物院藏：军机及宫中档，文献编号：408002833。

② 中国第一历史档案馆藏：录副奏折，档案编号：03-9476-032。

属被灾地亩,请将征收粮草、租银并借给籽种分别蠲缓一折。甘肃新疆库车等厅、州、县本年被水、被旱,地亩成灾,若将应征粮草、租银、籽种照常征收,民力实有未逮,加恩着照所请,所有莎车州属和什拉普等庄被水冲没地二千七百二十亩零,额征粮六十三石零、草七千六百二十五斤零,着自光绪十九年起,悉数豁除。奇台县属东、西吉尔等渠被旱地四万八千八亩零,额征粮一千八百六十九石零,着全行豁免。各户借发籽种麦二百九十一石零,着缓至来年秋后带征。库车厅淹倒官地民房,每年应征租银一百七十四两,着自本年被水之日起,暂免完纳,以纾民力。

余着照所议办理。该抚即刊刻誊黄,遍行晓谕,务使实惠均沾,毋任吏胥舞弊,用副轸念灾区至意。该部知道。钦此。[①]

一〇〇 委令刘承泽署理通判片

光绪十九年十一月十二日(1893 年 12 月 19 日)

再,准补哈密通判孙志焄业经臣奏明饬赴本任在案,兹据该员请咨赴部引见,所遗员缺查有代理斯缺候补知县刘承泽,堪以改为署理。据新疆布政使饶应祺、署镇迪道兼按察使衔黄光达会详前来。

除由臣批饬给委外,谨会同陕甘总督臣杨昌濬附片具奏,伏乞圣鉴。谨奏。

---

① 《光绪宣统两朝上谕档》,第 19 册,第 320 页。

（朱批：）吏部知道。①

光绪十九年十二月十三日，奉朱批：吏部知道。钦此。②

一〇一　奏报新疆光绪十九年八月雨水、粮价折

光绪十九年十一月十八日（1893年12月25日）

　　头品顶戴甘肃新疆巡抚臣陶模跪奏，为恭报光绪十九年八月份粮价并得雨雪情形，谨缮折具陈，仰祈圣鉴事。

　　窃照光绪十九年七月份各厅、州、县粮价并得雨情形，业经臣奏报在案。兹据新疆布政使饶应祺详称：本年八月份，镇迪道属奇台得雨，入土七寸；镇西得雪，积地一尺；哈密、迪化得雨，入土五寸；昌吉、阜康得雨，入土二寸；绥来得雨，入土一寸；吐鲁番、库尔喀喇乌苏微雨。伊塔道属塔尔巴哈台得雨，入土二寸；精河、绥定、宁远微雨。南路喀喇沙尔、英吉沙尔、疏勒、疏附、拜城微雨。余未得雨雪。至通省粮价，镇西、吐鲁番、精河、喀喇沙尔、乌什、阜康、绥定等厅、县俱与上月相同，余均略有增减。汇详请奏前来。

　　理合恭折具陈，并缮粮价清单，敬呈御览，伏乞皇上圣鉴。谨奏。光绪十九年十一月十八日。

　　（朱批：）知道了。③

　　光绪十九年十二月十九日，奉朱批：知道了。钦此。④

---

①　台北故宫博物院藏：军机及宫中档，文献编号：408002833-0-A。

②　中国第一历史档案馆藏：录副奏片，档案编号：03-5313-048。

③　台北故宫博物院藏：军机及宫中档，文献编号：408002834。

④　中国第一历史档案馆藏：录副奏折，档案编号：03-6937-027。

一〇二　呈新疆光绪十九年八月粮价清单

光绪十九年十一月十八日(1893 年 12 月 25 日)

谨将新疆各属光绪十九年八月份米粮时估价值,缮具清单,恭呈御览。

计开八月份:

镇迪道属:

迪化县:大米每京石价银二两六钱四分三厘,较上月增一钱六厘。小麦每京石价银一两五钱九分二厘,较上月增一钱七分六厘。豌豆每京石价银一两二钱六分,较上月增一钱八分。青稞每京石价银一两三分五厘,与上月相同。

昌吉县:大米每京石价银一两九钱四厘,较上月增一钱三分四厘。小麦每京石价银一两六分,较上月增二钱六分。豌豆每京石价银七钱七厘,与上月相同。青稞每京石价银七钱一分七厘,较上月增六厘。

阜康县:粟米每京石价银一两四钱一分五厘,小麦每京石价银一两五钱五分六厘,豌豆每京石价银一两四钱一分五厘,高粱每京石价银一两六分一厘,俱与上月相同。

绥来县:大米每京石价银一两九钱九分八厘,与上月相同。小麦每京石价银一两二钱二分八厘,较上月增九分六厘。豌豆每京石价银一两六分五厘,与上月相同。高粱每京石价银六钱四分,与上月相同。

奇台县:大米每京石价银二两七钱六分一厘,与上月相同。小麦每京石价银一两六钱九分八厘,较上月增二钱一分二厘。豌豆每京石价银一两一钱七分四厘,较上月增二钱七分七厘。

吐鲁番直隶厅:小麦每京石价银一两四钱一分六厘,大麦每京石价银七钱四分六厘,高粱每京石价银九钱六分五厘,黄豆每京石价银一两五钱三分,俱与上月相同。

镇西直隶厅:小麦每京石价银一两四分,豌豆每京石价银一两,青稞每京石价银五钱六分,俱与上月相同。

哈密直隶厅:粟米每京石价银一两四钱四分,与上月相同。小麦每京石价银一两四钱二分一厘,较上月减一钱二分四厘。豌豆每京石价银一两二钱六分,较上月减三分六厘。青稞每京石价银八钱八分六厘,较上月减七分八厘。

库尔喀喇乌苏直隶厅:小麦每京石价银一两二钱三分五厘,较上月增六分九厘。豌豆每京石价银一两四钱二分,较上月增一钱四厘。高粱每京石价银八钱七分八厘,与上月相同。

伊塔道属:

绥定县:大米每京石价银四两二钱一分八厘,小麦每京石价银一两六钱五分六厘,大麦每京石价银八钱三分二厘,豌豆每京石价银一两四钱四分,俱与上月相同。

宁远县:大米每京石价银三两五钱五分二厘,较上月减一钱四分八厘。小麦每京石价银一两四钱五分,与上月相同。大麦每京石价银七钱八分一厘,与上月相同。豌豆每京石价银一两五钱八分四厘,与上月相同。

塔尔巴哈台直隶厅:小麦每京石价银一两六钱七分二厘,较上月增一钱八分六厘。大麦每京石价银一两三分四厘,与上月相同。豌豆每京石价银一两四钱一分,较上月增一钱三分四厘。

精河直隶厅:大米每京石价银二两九钱四分,小麦每京石价银一两三钱二分,大麦每京石价银八钱四厘,豌豆每京石价银一两一钱九分,俱与上月相同。

阿克苏道属:

温宿直隶州:大米每京石价银一两七钱一分,较上月减五钱七分。小麦每京石价银八钱六分二厘,较上月减一钱七分三厘。大麦每京石价银六钱,与上月相同。包谷每京石价银六钱八分,较上月减一钱三分六厘。

拜城县:小麦每京石价银五钱六分九厘,较上月减八分八厘。大麦每京石价银三钱五分,与上月相同。豌豆每京石价银三钱九分四厘,较上月减四分四厘。包谷每京石价银三钱九分四厘,较上月减一钱三分一厘。

喀喇沙尔直隶厅:大米每京石价银三两二钱五分六厘,小麦每京石价银一两二钱四分二厘,豌豆每京石价银一两八厘,包谷每京石价银七钱六分八厘,俱与上月相同。

库车直隶厅:大米每京石价银二两二钱二分,较上月减一钱八分。小麦每京石价银五钱九分三厘,与上月相同。豌豆每京石价银六钱一分,与上月相同。包谷每京石价银四钱四分,与上月相同。

乌什直隶厅:大米每京石价银二两二钱三分五厘,小麦每京石价银六钱七厘,大麦每京石价银二钱六分七厘,包谷每京石价银四钱四分五厘,俱与上月相同。

喀什噶尔道属:

疏勒直隶州:大米每京石价银三两,较上月减四分五厘。小麦每京石价银一两三钱八分,较上月增一钱三分八厘。包谷每京石价银一两八分八厘,与上月相同。高粱每京石价银九钱二分,与上月相同。

疏附县:大米每京石价银三两,较上月减四分五厘。小麦每京石价银一两三钱八分,较上月增一钱三分八厘。包谷每京石价银一两一钱三分九厘,与上月相同。高粱每京石价银九钱二分,与上月相同。

莎车直隶州:大米每京石价银二两七分二厘,与上月相同。小麦每京石价银八钱五分五厘,较上月增五分五厘。大麦每京石价银七钱五分,较上月增二分五厘。包谷每京石价银七钱一分二厘,较上月减二分八厘。

叶城县:大米每京石价银二两五钱五分二厘,较上月减二钱三厘。小麦每京石价银七钱,与上月相同。包谷每京石价银五钱四厘,与上月相同。青稞每京石价银四钱五分,较上月减二分五厘。

和阗直隶州:大米每京石价银二两二钱四分,较上月减二钱一分。小麦每京石价银九钱三分八厘,与上月相同。包谷每京石价银六钱二厘,较上月减三分八厘。青稞每京石价银四钱九分七厘,与上月相同。

于阗县:大米每京石价银二两六钱九分一厘,较上月减一钱一分。小麦每京石价银九钱三分八厘,较上月减八分。包谷每京石价银六钱二分七厘,与上月相同。

英吉沙尔直隶厅:大米每京石价银三两六钱四分八厘,较上月减三钱二厘。小麦每京石价银一两二钱四分,较上月增二分。大麦每京石价银八钱六分六厘,较上月减四分七厘。包谷每京石价银一两七分二厘,较上月减五分二厘。

玛喇巴什直隶厅:大米每京石价银二两九钱六分,较上月减四钱四分四厘。小麦每京石价银一两一钱四厘,较上月增一钱三分八厘。包谷每京石价银七钱六分八厘，较上月减一钱二分八厘。

（朱批:）览。①

一〇三　请准李宗宾补授阿克苏道折

光绪十九年十一月十八日（1893年12月25日）

头品顶戴甘肃新疆巡抚臣陶模跪奏，为拣员请补兵备道要缺，以裨地方，恭折仰祈圣鉴事。

窃准吏部咨:光绪十九年三月三十日，奉上谕:甘肃新疆阿克苏道陈名钰，着开缺送部引见。钦此。等因。按行文程限计算，应以本年六月十六日接到部文之日作为开缺日期。所遗阿克苏兵备道系冲、繁、疲三项要缺，亟应遴员请补，以重职守。查南路新设各缺，经前抚臣刘锦棠奏准由外拣补一次，后援照甘肃变通章程，道、府、丞、倅、州、县以及佐杂各要缺，将现任各员按照应升官阶，任内无论有无升案，并是否到任实授以及历俸、试俸未经期满各员，准择其人地相宜者一律升调。其初任候补到省在后各员，亦准通融拣选题补等语。又，甘肃候补人员，如熟悉边务，调赴新疆差遣，遇有人地相宜缺出，准予请补。

今阿克苏兵备道要缺，于现任人员内逐加拣选，非现居要缺，即人地不宜。惟查有署理喀什噶尔道盐运使衔新疆补用道李宗宾，年六十岁，湖北蕲州人，由文童于咸丰六年投效军营，攻剿童司牌等处贼垒案内保戴六品蓝翎。回援宿、太及攻克太湖县城案内汇保，九年七月二十二日奉上谕:着以从九品不论单双月遇缺选

---

① 中国第一历史档案馆藏:清单，档案编号:03-6937-028。

用。钦此。攻拔石牌伪城案内汇保,是年十一月二十四日奉上谕:着免选本班,以府经历县丞不论单双月遇缺先选用。钦此。攻剿怀、桐大股援贼案内汇保,十一年正月十一日奉上谕:着免选本班,以知县留于安徽,不论繁简遇缺尽先即补。钦此。攻克桐、宿等县城垣案内汇保,是年十二月二十日奉上谕:着免补本班,以同知直隶州知州仍留安徽,不论繁简遇缺前尽先即补,并赏换花翎。钦此。克复庐州府县城垣案内随折奏保,同治元年四月二十九日奉上谕:着免补本班,以知府记名,遇缺简放。钦此。克复盩厔县城案内汇保,三年四月二十八日奉上谕:着交部从优议叙。钦此。剿办蔡、启二逆攻拔西大峪堡案内汇保,十年十月三十日奉上谕:着赏加道衔。钦此。收复宁灵城垣案内奏保,五年八月初二日奉上谕:着俟补缺后以道员用,并赏加盐运使衔。钦此。

六年,委署宁夏府事。七年九月十六日奉上谕:着补授云南临安府知府员缺。钦此。经前署陕甘总督臣穆图善①奏准,留办经手未完事件。八年四月,卸署府篆。八月,复委代理宁夏府事。攻拔苏家烧坊案内汇保,九年十一月初一日奉上谕:着赏加布政使衔。钦此。部议另核请奖。十年二月,交卸府篆。宁夏府城防案内汇保,是年十二月十二日奉上谕:着遇有道员缺出,尽先题奏,并

---

① 穆图善(1828—1886),字春岩,那拉搭氏,世居黑龙江齐齐哈尔,隶满洲镶黄旗。道光二十六年(1846),充骁骑校。咸丰三年(1853),补委参领。五年(1855),赏戴蓝翎。六年(1856),赏换花翎。七年(1857),升防御。八年(1858),授佐领。九年(1859),迁协领。十年(1860),加副都统衔。次年,加西林巴图鲁名号。同治元年(1862),补西安左翼副都统,晋都统衔。三年(1864),署钦差大臣,督办关陇军务。同年,调补荆州将军。四年(1865),授宁夏将军。六年(1867),兼署陕甘总督。十二年(1873),授云骑尉。光绪元年(1875),署正白旗汉军都统、吉林将军。三年(1877),补青州副都统。是年,授察哈尔都统。五年(1879),调补福州将军。十一年(1885),授钦差大臣,会办东三省练兵事。十二年(1886),卒于军。谥果勇。

赏加布政使衔。钦此。部议将遇有道员缺出，尽先题奏注册，所请加布政使衔及攻克王家疃庄贼巢案内奏保二品顶戴，均改为议叙，给予随常军功纪录六次。十年十一月初八日奉上谕：着补授甘肃兰州府知府所遗员缺。钦此。经部奏补兰州府所遗宁夏府知府员缺。十二年三月初二日奉旨：依议。钦此。十一月，委署巩昌府事。十三年七月交卸。九月，饬回宁夏府本任。经前宁夏府将军臣穆图善于随征出力人员案内奏保，是年九月十六日奉上谕：着俟补道员后，赏加布政使衔。钦此。关陇肃清筹解协饷及各项差使案内汇保从优议叙，部议照准。光绪二年十月十五日具奏，奉旨：依议。钦此。三年十二月，呈请开缺养亲，经部覆准。四年二月，交卸府篆，因在任查禁罂粟案内奏参，暂行革职。

五年闰三月二十八日，闻讣丁母忧，回籍守制。服满起复，仍赴甘肃，经前陕甘总督臣谭钟麟奏请查销暂行革职处分，奉旨：吏部议奏。钦此。部议准其开复，出考给咨赴部引见，仍回原省补用。十年六月初六日具奏，奉旨：依议。钦此。遵即请咨赴部引见。十一年十二月初五日，经钦派王大臣验收覆奏，仍回原省照例用，奉旨：依议。钦此。复经前钦差大臣穆图善奏调，总理东三省练军营务处兼管文案事务。十三年六月，以廉静明练、处事精详奏保，奉朱批：着交军机处存记。钦此。嗣因经手事竣，请咨回省候补，十五年正月二十日到省。十六年，经前护理新疆巡抚臣魏光焘调赴新疆差委，九月二十日到省。旋奏请以道员归于新疆补用。十七年正月十七日，奉朱批：着照所请，吏部知道。钦此。六月，委署喀什噶尔道篆务，八月十六日到任。

臣查该员李宗宾，老成练达，勤慎有为，现在署任内办理中俄交涉及地方事件，均属裕如，边情尤为熟悉，以之请补斯缺，实堪胜任，人地亦极相宜，合无仰恳天恩，俯念要缺需员，准以新疆补用道李宗宾补授阿克苏兵备道员缺，洵于地方有裨。如蒙俞允，该员以道员请补道缺，衔缺相当，毋庸送部引见。再，该员署任内并无参罚案件，合并声明。谨会同陕甘总督臣杨昌濬恭折具陈，伏乞皇上圣鉴训示。谨奏。光绪十九年十一月十八日。

（朱批：）吏部议奏。①

光绪十九年十二月十九日，奉朱批：吏部议奏。钦此。②

一〇四　塔城应设各局、义学片

光绪十九年十一月十八日(1893 年 12 月 25 日)

再，塔尔巴哈台地方事宜，自光绪十七年正月起分隶巡抚管辖。所有应设各局、义学经前护理臣魏光焘奏准，俟接交清楚，再行开办在案。兹据布政使饶应祺详称：该处兵燹后，人民散失，地亩荒芜，蒙、哈杂处，种类不一，凡田赋、保甲各事宜均关紧要，计自十七年起，饬塔尔巴哈台厅同知先后设立善后一局、保甲一局、牛痘一局、义学三堂，每月共需经费银二百七十余两，俟办理就绪，仍当酌量裁减，以节糜费，详请奏咨立案前来。

除饬造清册咨部外，谨会同陕甘总督臣杨昌濬附片奏陈，伏乞圣鉴，饬部立案施行。谨奏。

（朱批：）该部知道。③

----

①　台北故宫博物院藏：军机及宫中档，文献编号：408002835。

②　中国第一历史档案馆藏：录副奏折，档案编号：03-5313-080。

③　台北故宫博物院藏：军机及宫中档，文献编号：408002835-0-A。

光绪十九年十二月十九日,奉朱批:该部知道。钦此。①

一〇五　奏请拨补镇标不敷饷项片

光绪十九年十一月十八日(1893年12月25日)

再,据布政使饶应祺详称:伊犁镇标饷项,光绪十六年经前护抚臣魏光焘奏明,岁分银二十二万八千两。嗣于十七年奏设该标营制饷章,实需俸饷银二十三万六千三百九十一两三钱一分,计不敷银八千三百九十余两。又,每年应需置办军装、器械价值、运解饷装车脚银二万两,应摊加闰银七千一百余两。额设马队八旗,岁需例马价银二千一百九十六两,计不敷银三万七千六百余两。新疆防军、善后款目向系并案造销,故镇标不敷饷项由分拨伊犁善后经费银十一万二千两内通融支放。现奉部咨,饬将善后专案造报,前项不敷银两无从弥补,新饷岁有定额,又未便另请指拨,拟从光绪十七年起至十九年止,于伊犁善后项下岁分银三万八千两拨补镇标饷需,以七万四千两作为善后经费,以便分案造报。至二十年份估饷折内伊犁防军、善后统减银一万两,此项银两应请于善后项下减拨,只拨银十万二千两,仍于十万二千两内拨归镇标银三万八千两,详请奏咨前来。

臣覆核无异。除咨部外,谨会同陕甘总督臣杨昌濬附片具陈,伏乞圣鉴,饬部立案施行。谨奏。

(朱批:)该部知道。②

---

① 中国第一历史档案馆藏:录副奏片,档案编号:03-6634-058。
② 台北故宫博物院藏:军机及宫中档,文献编号:408002835-0-B。

光绪十九年十二月十九日，奉朱批：该部知道。钦此。①

一○六　饬令同知甘承谟迅回本任片

光绪十九年十一月十八日(1893 年 12 月 25 日)

再，卸署和阗直隶州知州镇西直隶厅同知甘承谟，应即饬回本任，以专责成。据新疆布政使饶应祺、署镇迪道兼按察使衔黄光达会详前来。除由臣批饬给委外，谨会同陕甘总督臣杨昌濬附片具奏，伏乞圣鉴。谨奏。

（朱批：）吏部知道。②

光绪十九年十二月十九日，奉朱批：吏部知道。钦此。③

一○七　请免骁骑校追缴预支俸廉银两片

光绪十九年十一月十八日(1893 年 12 月 25 日)

再，乌鲁木齐、巴里坤各满营迁并古城，经前护抚臣魏光焘奏明佐领以下等官预支半年俸廉、分年扣还在案。兹据古城城守尉克蒙额呈称：前巴里坤满营正蓝旗骁骑校吉尔哈春预支俸廉银五十二两七钱二厘，除陆续扣还外，尚欠银二十九两二厘。该员现已病故，身后萧条，无从抵扣，恳请附奏免缴前来。

臣覆查无异。相应恳恩准将已故骁骑校吉尔哈春未扣俸廉银

---

① 中国第一历史档案馆藏：录副奏片，档案编号：03-6634-057。
② 台北故宫博物院藏：军机及宫中档，文献编号：408002835-0-C。
③ 中国第一历史档案馆藏：录副奏片，档案编号：03-5313-082。

两免其追缴，以示体恤。谨会同伊犁将军臣长庚、陕甘总督臣杨昌濬附片具陈，伏乞皇上圣鉴训示。谨奏。

（朱批：）着照所请，该部知道。①

光绪十九年十二月十九日，奉朱批：着照所请，该部知道。钦此。②

　　【案】魏光焘奏明……分年扣还在案：光绪十五年五月初九日，护理新疆巡抚魏光焘奏请预支边隁官兵俸银一片，曰：

　　再，查上年满营迁并，一体发给经费，饬令启程。嗣据城守尉德胜、护领队金贵呈称：各该官兵自经变乱，元气未复，亏欠甚多，现值挈眷远迁，追呼日迫，恳请赏给银两，以资清理而便成行等情。抚臣刘锦棠以经费业已酌给，未便议加，而迁并亟应就绪，又未便任其贫不中徙，饬司详定，佐领以下各官预支半年俸廉，乌鲁木齐兵丁二百七十一名，预支一季饷银；巴里坤兵丁六百九十五名，预支两季饷银，由俸饷内分别划扣。惟各兵丁贫窘尤甚，车薪杯水，仍属不敷，而寅食卯粮，碍难再给，因复酌借乌鲁木齐兵丁银各十两，巴里坤兵丁银各十二两，俟支款扣毕，再将借款分限划还。古城官兵二十七员名，亦各借银六两；炮手、步甲五名，各借银三两，一体照扣。兹据德胜转据各旗兵丁沥陈艰苦，恳请将借款免扣前来。

　　臣维该兵丁世受国恩，穷边远戍，自逆回蠢动，乌鲁木齐、古城满兵散亡殆尽，其收集归旗者，皆流离困苦之余。巴里坤

---

① 台北故宫博物院藏：军机及宫中档，文献编号：408002834-0-A。
② 中国第一历史档案馆藏：录副奏片，档案编号：03-5313-081。

城幸免保全，各兵丁近剿远援，伤亡不少。戡定后，地方瘠苦、荒歉频遭，其存者亦属积困待苏之众，而时会所值，忽议迁移，各兵丁携持保抱，先后赴防，舍旧营新，倍形支绌。前项支借银两虽暂为补苴罅漏之谋，实隐负剜肉医疮之痛。现在迁并既定，额饷只有此数，若令一并扣还，将前项未清，新亏欠又启，弥缝无计，必事推延，积岁累年，终无了局，甚非所以仰体朝廷优待戍卒之意。

臣查乌鲁木齐、巴里坤兵丁及古城官兵、炮手、步甲共借银一万一千二百二十七两，饷项关重，何敢妄为渎陈。而以已借之款分恤兵丁，则一厘一毫皆有裨于生计。合无吁恳天恩，俯准将各该兵丁前项借款一律免扣，由臣归入旗营经费项下造销，俾得渥沐皇仁，共图生聚，长卫边陲。其乌鲁木齐、巴里坤官兵预支俸廉、饷银，并恳恩准由臣饬司分作三年划扣，以纾其力，出自鸿慈。

除咨部外，谨会同伊犁将军臣色楞额、陕甘总督臣杨昌濬附片具陈，伏乞圣鉴训示。谨奏。

光绪十五年六月十五日，奉朱批：着照所请，该部知道。钦此。[1]

一〇八　查明被灾地方来春应否接济折

光绪十九年十一月二十四日(1893 年 12 月 31 日)

头品顶戴甘肃新疆巡抚臣陶模跪奏，为遵旨查明新疆被灾地

---

[1] 台北故宫博物院藏：军机及宫中档，文献编号：408006610-0-A；中国第一历史档案馆藏：录副奏折，档案编号：03-6115-080。

方来春应否接济，恭折仰祈圣鉴事。

窃臣于光绪十九年十一月初五日承准军机大臣字寄：光绪十九年十月初三日，奉上谕：本年顺天、直隶各属骤被水灾，叠经赏拨银米，分设粥厂，办理急赈。嗣因灾区较广，拨给奉天粟米一万四千四百余石，江苏、江北漕米各五万石备赈，并因办理冬春赈抚，续拨河运漕米折价十万石，截留海运漕米八万石，分解顺天、直隶应用。复准李鸿章所请，动拨直隶藩库银十万两，广为散放。采育镇等处广设粥厂，准如孙家鼐①等所请，加拨银米。又因湖南醴陵县

----

① 孙家鼐（1827—1909），字燮臣，号蛰生、澹静老人，安徽寿县人。咸丰九年（1859），中式进士（状元），授翰林院修撰。十年（1860），补武英殿纂修官。十一年（1861），升总纂。同年，充山西乡试正考官。同治元年（1862），补实录馆纂修官。二年（1863），充会试同考官、翰林院汉办事官，兼庶常馆提调。三年（1864），补詹事府右春坊右赞善。同年，授湖北学政。四年（1865），授詹事府左春坊左赞善。同年，任翰林院侍讲。六年（1867），升翰林院侍读。七年（1868），充上书房行走。同年，补翰林院侍讲学士，兼日讲起居注官。九年（1870），补翰林院侍读学士，充武英殿提调。光绪四年（1878），补詹事府少詹事。五年（1879），迁内阁学士兼礼部侍郎。同年，署工部左侍郎，兼文渊阁直阁。六年（1880），补工部左侍郎。八年（1882），兼署吏部左侍郎、礼部左侍郎、吏部右侍郎。同年，充顺天乡试副考官。九年（1883），调户部右侍郎，兼管钱法堂事务，署吏部左侍郎。十一年（1885），署礼部右侍郎。十二年（1886），署都察院左都御史。十三年（1887），调补兵部右侍郎。十四年（1888），授汉经筵讲官。十五年（1889），补吏部右侍郎。同年，署工部尚书。十六年（1890），署刑部尚书，兼署工部左侍郎。同年，擢都察院左都御史。十八年（1892），署户部尚书，兼教习庶吉士。是年，调补工部尚书，兼顺天府府尹，并兼充总办庆典大臣。十九年（1893），兼署户部尚书、会典馆副总裁。二十年（1894），兼署都察院左都御史、管理沟渠河道大臣。二十二年（1896），授礼部尚书，兼署工部尚书。二十三年（1897），调吏部尚书。同年，兼充顺天乡试正考官、会试正考官，授会典馆正总裁。二十四年（1898），拜协办大学士。二十六年（1900），调礼部尚书。同年，授翰林院掌院学士。二十七年（1901），以体仁阁大学士管理吏部事务。二十九年（1903），拜东阁大学士，兼政务处大臣、学务大臣。同年，充考试大臣。三十一年（1905），授文渊阁大学士。三十二年（1906），兼国史馆总裁、文渊阁领阁事。三十三年（1907），授武英殿大学士，兼资政院总裁。三十四年（1908），加太子太傅。宣统元年（1909），卒于任。赠太傅，谥文正。有《钦定书经图说》等行世。

等处被旱，由户部垫拨银三万两，发交吴大澂①分别散放。山东沿河各属被水，谕令福润截留新漕六万石，以备冬赈。陕西延安等府属被旱，将上忙钱粮分别缓征。湖北公安县被水，陕西绥德、泾阳等州县被雹，咸宁等县被水，南郑、府谷等州县被水、被雹，甘肃渭源等州县被雹、被水，新疆奇台县被旱，库车等厅、州、县被水，广东廉州府属被水，广西宾州等州县被水，云南定远、文山、姚州、建水、安平等厅、州、县被水，均经该督抚等查勘抚恤，小民谅可不至失所。惟念来春青黄不接之时，民力未免拮据。着传谕该督抚等体察情形，如有应行接济之处，即查明据实覆奏，务于封印以前奏到，候朕于新正降旨加恩。

再，安徽安庆等府属被水、被旱，江西德化、建昌等县被水，莲花、安福、永新等厅县被旱，贵溪县被风；湖南澧州、安乡等州县被水，茶陵、衡阳等州县被旱；甘肃靖远等县被雹，均经该督抚等委员查勘，即着迅速办理，并将来春应否接济之处一并查明，于封印前奏到。此外各省有无被灾地方应行调剂抚恤之处，着该将军、督抚等一并查奏，候旨施恩。将此各谕令知之。钦此。遵旨寄信前来。仰见皇上轸念民依至意。饬据布政使饶应祺详

---

①　吴大澂(1835—1902)，初名大淳，字止敬、清卿，号恒轩、愙斋，江苏吴县人，县学生。同治三年(1864)，中式举人。七年(1868)，中式进士，选庶吉士。九年(1870)，授翰林院编修。十二年(1873)，充陕甘学政。光绪四年(1878)，放河南河北道。六年(1880)，加三品卿衔，帮办吉林军务。七年(1881)，补太仆寺卿。九年(1883)，署太常寺卿。同年，授通政使司通政使，会办北洋军务。十年(1884)，补都察院左副都御史，会办海防，处理朝鲜内乱。十二年(1886)，擢广东巡抚。十四年(1888)，署河道总督。十八年(1892)，调湖南巡抚。二十一年(1895)，清廷以"徒托空言，疏于调度"褫其职，旋改革职留任。二十四年(1898)，降旨革职，永不叙用。二十八年(1902)，卒于籍。有《愙斋诗文集》、《说文古籀补》、《御览三省黄河全图》等行世。

覆：光绪十九年，新疆库车厅、叶城县被水地亩均未成灾，莎车州、奇台县被水、被旱地亩额征粮草并奇台县借给籽种，库车厅被水淹倒官地民房应征租银，业经汇详奏请蠲缓，以舒民力在案。来春青黄不接之时，拟饬莎车州、奇台县酌量借给籽种，俾免拮据，毋庸另筹接济。其余各属收成尚称中稔，毋须调剂等情前来。

臣覆查无异。所有遵旨查明新疆被灾地方应否接济缘由，谨会同陕甘总督臣杨昌濬恭折具陈，伏乞皇上圣鉴。谨奏。光绪十九年十一月二十四日。

（朱批：）知道了。[1]

光绪十九年十二月二十六日，奉朱批：知道了。钦此。[2]

一〇九　请以张宗本借补乌什协营副将折

光绪十九年十一月二十四日（1893 年 12 月 31 日）

头品顶戴甘肃新疆巡抚臣陶模跪奏，为拣员借补副将要缺，以重边防，恭折仰祈圣鉴事。

窃新设阿克苏镇属乌什协营副将员缺，业经奏准作为题缺，应即遴员请补，以专责成。该处兼辖胡什齐里克、布鲁特各部落，毗连俄境，防守关重，非练达有为之员，难资得力。查有头品顶戴留甘肃新疆尽先补用提督现署该协营副将和阗营参将奇臣巴图鲁张宗本，办事勤奋，勇略兼优，于署任内巡防操练均属认真，以之借补

---

① 台北故宫博物院藏：军机及宫中档，文献编号：408002836。
② 中国第一历史档案馆藏：录副奏折，档案编号：03-5600-145。

斯缺，洵堪胜任，人地亦极相宜。合无仰恳天恩，俯准以张宗本借补乌什协营副将员缺，实于边防有裨。如蒙俞允，并恳饬部先给署札，俟防务大定，即行并案给咨送部引见，以符定制。再，查该员于光绪十八年经部覆准以提督借补和阗营参将，现在计俸未满，乌什协营副将员缺仍请以提督借补。所遗和阗营参将由臣另行拣员请补。

除饬取履历清册送部外，谨会同陕甘总督臣杨昌濬、喀什噶尔提督臣董福祥恭折具陈，伏乞皇上圣鉴训示。谨奏。光绪十九年十一月二十四日。

（朱批：）兵部议奏。①

同治十九年十二月二十六日，奉朱批：兵部议奏。钦此。②

一一〇　奏请核销新疆光绪十二年司库收支银粮、草束折

光绪十九年十一月二十四日（1893 年 12 月 31 日）

头品顶戴甘肃新疆巡抚臣陶模跪奏，为新疆奏报光绪十二年份司库收支银粮、草束，遵照部议，开单覆陈，恳恩饬部核销，恭折仰祈圣鉴事。

窃臣于光绪十九年八月二十五日具奏新疆自光绪四年起至十五年止历奏银粮、草束、防军、善后各案，其原册未经发还者，恳请饬部按起核销一折，十月二十八日奉朱批：着照所请，该部知道。

---

①　台北故宫博物院藏：军机及宫中档，文献编号：408002838。
②　中国第一历史档案馆藏：录副奏折，档案编号：03-5897-053。

钦此。仰见皇上洞悉边圉情形，俯准变通成例，从此历年积牍可期逐次清厘。兹据布政使饶应祺详称：案查前护抚臣魏光焘准户部咨：议奏新疆光绪十二年份司库收支银粮、草束一折，等因。当经钞单行司遵办，现将前项收支逐一清查，均属据实造报，委无隐漏冒滥情事。惟是时行省初设，藩司到任未久，一切例款尚须因时因地次第酌定，奏咨立案，而应支之项势难延缓，不能不随时发给，叠经声明未定章以前照实支数目开报在案。所有十二年份经部行查各款，谨详细声覆。其饬令删除各款，内有实与例案不符尚能追缴者，即令缴还，归入司库十七年奏销案内列收造报。至核与例案虽有不符、实难删除之款，应请奏明仍照原册核销等情前来。

臣覆查所详各节均属实在，相应缮具清单，恳恩饬下户部查照此次钦奉谕旨变通成例，一并核销，以清积牍，出自鸿施。谨会同陕甘总督臣杨昌濬恭折具陈，伏乞皇上圣鉴训示。谨奏。光绪十九年十一月二十四日。

（朱批：）该部议奏。单并发。[1]

光绪十九年十二月二十六日，奉朱批：该部议奏。单并发。钦此。[2]

一一一　呈新疆光绪十二年司库收支银粮、草束清单

光绪十九年十一月二十四日（1893 年 12 月 31 日）

谨将新疆光绪十二年份司库收支银粮、草束数目，遵照部驳各

---

[1]　台北故宫博物院藏：军机及宫中档，文献编号：408002837。
[2]　中国第一历史档案馆藏：录副奏折，档案编号：03-6570-071。

款,逐一查明登覆,缮具清单,恭呈御览。

计开：

旧管银两项下：

一、部议:据册开截至十一年底止,存银十九万六千二百六十一两九分二厘。查与上案册报实存总数相符,惟十年报销案内删除银一千七百三十九两四钱三分,应列入本案旧管项下,以备查核。至历案行查银两,应俟声覆,再行核办等因。

查十年份报销案内删除银两,已由新疆粮台追缴,另案列收造报,应请饬部查核。至历案行查银两,光绪十年以前经粮台登覆,十一年份由司按款详细具覆,此案仍应照原册数目列管。

旧管粮台项下：

一、部议:据册开截至十一年底止,存各色京斗粮二十八万七千三百六十四石九斗八升一合二勺,查与上案册报实存京斗粮石色样均符。惟上案十一年份册报旧管与十年份册报实存不符,已将历案请销粮石行查在案,现尚未据声覆。至上案实存项下册报库尔喀喇乌苏粮员不敷支发京斗小麦一十七石九斗七升三合八勺,本案总册旧管项下漏未开列,虽散册内已据开造,惟因何散、总不符,应令声覆,再行核办等因。

查上案十年底册报实存与十一年份旧管接收粮石数目及色样不符,现已于十一年分登覆案内查明,另开清单送部查核。其历案行查粮石,曾经逐款声覆,应请饬部查照核销,以清积案。又,库尔喀喇乌苏粮员截至十一年底不敷支发粮石,十二年份旧管册内总数漏未开列,实系遗漏,应由部补注,以备查核。

旧管草束项下：

一、部议:据册开截至十一年底止存草八百三十三万四千七百一十斤一两三钱,查与上案册报实存草数相符。惟历案开支草束业经行查,应俟声覆再行核办等因。

查历案行查草束,前已接款登覆,应请饬部查照原册核销。

新收银两项下:

一、部议:据册开收园地课折色粮草银五万八千八百五十七两九钱二分七厘,查散册开列折征小麦、包谷、草束数目与额征粮石、草束册称折色粮草总数相符,粮石色样额粮册内未据开造,应于后款行查。至小麦每石折银一两,包谷每石折银六钱,草每百斤折银五分,前经于核办十一年以前奏销案内行查照何例章。其列收园地课银原额地亩若干,每地若干征银若干,已完、未完各若干,亦经行查在案,现均未据声覆,应令查照前案迅速声覆,再行核办等因。

查折色粮石色样,额粮册内未经分别开载,嗣后造册,自应遵照注明。其折色小麦、包谷、草束折价章程,已于十一年登覆案内声明。再,园地租课银两,原额地亩若干,每亩征银若干及已完、未完各情形,均已于上案登覆,应请饬部查核。

一、部议:据册开收牲税、及税余园房地租、水磨碓税、金课、草湖税、契税等项银两,查总册开列之数,与散册开造十二年份征收各项租税及补解十一年牲税数目相符,惟租税各项十二年份原额若干,除征完外,尚未完若干;十一年各属统共原欠若干,除补收外,某属尚欠若干,原册均未分晰。至征收金课,虽较十一年份多征银三十余两,惟比之十年份并光绪四年起至九年止,均少征银四千两上下,究竟如何短少,应令详细声覆,再行核办等因。

查新疆征收牲税、园课、房租、地租、水磨、水碓税、草湖税、契税等款,并无定额,均系尽征尽解,实收实报,已征之款即系应征之数,并无未完。上案部议应令认真整顿,务期日有起色,自应遵照办理。又，册内补收疏勒州解缴十一年份牪税银两，系该州十一年份一岁征存至十二年正月解缴道库，前次汇造十一年份册报，未及将应征及未解名目分别注载，以至归十二年份列作补收。

又，查十一年份应征各款，除疏勒州牪税已经补收外，其余各属并无未完、欠解款项。又，金课一项系叶尔羌近部色勒库尔头目呈缴贡金折银七十四两八钱七厘，所有光绪四年至十年止，每岁多收课金折银四千两，系于阗有征金地亩，十一年因征金不便于民，改征粮石，其情节已于上案声明，应请饬部查核。

一、部议：据册开收金砂变价银八千四十四两八钱，查例载金厂每课长一名，领客民五十名，发给照票。每客民一名月交课金三分，于月底令课长汇齐交纳。其金砂零星，恐有搀杂，俱令倾销成锭，镌刻银匠姓名，弹兑交库各等语。兹查册造每夫每月收数虽与定例相符，今册造仍以金砂开报，与例不符。至每金砂一两变价银八两，亦未据声明照何例章，且开挖地段约束章程是否设立课长，归何人管辖，曾否发给照票，如何按期交课，有无报部立案，原册概未声明，应令迅速查覆再行核办等因。

查于阗金厂于十一年冬始由于阗县知县禀请试办，并无向例可循，均属因地制宜，酌定章程，招民开挖。厂头即择本地诚实户民充当，每厂头招领民夫五六十名或百名不等，一切食粮、器具均由民夫自备，久暂亦听民夫自便，每民每月纳课金三分。于阗县金砂成色极低，出金衰旺不一，倾销成锭，火耗甚多，民不乐从，且无银匠承领，因即照时价极从轻减，令民夫每月应纳金砂三分，折收银二钱四分，月底由厂头汇缴到县，按月转解喀什噶尔道库，以从民便而广招徕。其开挖地段，由厂头自择民夫，即责令厂头约束，如有不守厂规，由厂头送县责惩。所有此项招夫挖金纳课，事属试办，当日未经报部立案。

一、部议：据册开收新疆行营粮台解缴十一年份粮草价银，查以上三款与总册开造价银相符，十一年支发粮草与新疆奏销册造开除银粮、草束数目相符，按原报价值折合银数亦相符合。惟此项粮草既于十一年开支，自应于十一年扣收价银造报。今于十二年始行解收，殊属不合，应令嗣后年清款，以杜挪新补旧、牵混套搭之弊。至防营善后项下领粮扣收价值，检查十年以前奏销册内大米每石扣缴湘平银三两，小麦、豌豆二项每石均扣缴湘平银一两一钱，兹查册造支发防营善后粮石缴价，大米每石价银二两八钱八分，小麦、豌豆每石价银一两，核与十年奏销册开扣缴银数不符，且与本案由各属仓粮支发军台、驿站小麦、包谷价值亦属两歧，究竟粮料缴价系按何项例章，何时酌定报部，应令查明声覆等因。

查司库收支款目，均系分年按收支实在日期开报，粮台于各军营十一年支领食粮、料草，必待十二年领放春饷，始得将十一年冬季支用粮料、草束价值扣收，以致十一年份粮价于十二年份方能拨解清款。部议应须年清年款，嗣后自应遵照提前列收。大米十年以前每石价银三两系属湘平，十一年以后系折合库平每石价银二两八钱八分开报。小麦、豌豆折价情形已于十一年登覆案内声明，应请饬部查照核准。

又，军台、驿站支领小麦、包谷缴价比防营领粮解价稍多一节，向因各台站距城甚远，领用粮料有由数百里转运者，其脚价无从弥补，亦应统归折价之内通盘计算，所有支用征粮系按驿站经费内开报价银，除运脚外，余即尽数解缴，故食粮小麦每石交价新平银一两二钱，折合库平银一两一钱五分二厘；包谷每石交价新平银七钱，折合库平银六钱七分二厘，应请饬部照册核准列收，以清款项。

一、部议：据册开收新疆行营粮台解缴粮草价银九万八千七百八两七钱六厘，查册造领用粮草，按原册所报每石及每百斤扣缴银数核计，其解缴粮草价银虽属相符，惟扣收价值据称照章，究系照何项例章扣收？应令分晰声覆，再行核办。再，查各属支发防营及善后各项领用粮石册，称十二年份支京斗小麦五万九千二百七十九石六斗六升八合九勺，及查司库列收粮台解到十二年支发防营善后粮石缴价银两册，据称十二年份支京斗小麦五万九千二百六十石九斗一升八合九勺，两册互异，应令查明报部更正等因。

查粮草扣价章程，已于十一年登覆案内声明，应请饬部核准。再，册造各属支发防营及善后领用粮石，实支京斗小麦五万九千二百七十九石六斗六升八合九勺，司库列收粮台解到十二年支发防营善后粮石缴价银两册，照章扣价银数亦属相符。惟册后总数注支京斗小麦五万九千二百八十石九斗一升八合九勺，计少列支粮一十八石七斗五升，本系错误，应由部更正。

一、部议：据册开收防营及善后解缴草价银八百八十七两二钱九分四厘，查册造领用草束，按原册所报每百斤扣缴银数核计，其解缴草价银数虽属相符，惟扣收价值照何例章，已于前款行查，应俟声覆，再行核办等因。

查防营、善后领用草束每百斤扣收银五分，系按征草折价章程办理，应请饬部核准。

一、部议：据册开收平粜粮石价银八千六百八十七两七钱四分六厘，查册造支发小麦、包谷二项，按原册所称价值，核计列收价银数目，虽属相符，惟查系何年月平粜，何时奏咨有案，粮价因何互异，原册俱未声叙，应令查明声覆，再行核办等因。

查和阗州、叶城县平粜系光绪十二年春，粮价昂贵，民间乏食，且仓粮积久,内有霉变,经该州县禀请前抚臣刘锦棠批准照市价酌减,开仓发籴,以济民食而平粮价,均系三月起至五月止,比时未及奏咨有案。惟和阗州于十三年交代案内造报,奉部行查,旋将一切情形咨覆在案。至粮价互异一节,和阗与叶城相距七百余里,中隔戈壁,市价自有低昂。和阗州小麦每京石变价银一两二钱,叶城县小麦每京石变价银九钱二分七厘三毫,包谷每京石变价银六钱四厘八毫,均于册内注明,应请饬部核准。

一、部议:据册开收变卖草束价银九百八十两四钱二分一厘,查册造变卖草束,按原册所报价值核计,其列收价银数目虽属相符,惟查草束每百斤价银五分,系照何项例章,应令查明声覆,再行核办等因。

查草束变价,系按折征草束章程办理,应请饬部核准。

一、部议:据册开收百货、土产税银四万五千五十二两八钱五分八厘,查新疆抽收土产税银尚未定额,所有三道所属征收土产税银,较之上届十一年收数有增无减。至哈密、古城两税局征收税银数目,虽比十一年多收银二千余两,然上届或系自三月起至年底止,或系自四月起至年底止,若按月摊算核计,实少收银数千两,是否局员征多报少,应令切实声覆,再行核办等因。

查新疆征收百货、土产税银,自十一年开局起,即系认真办理,商民完税,填给四联骑缝税票,俾上下总、分局卡得以互相稽查,均属实收实报,并无征多报少情弊。

一、部议:据册开报收减平银一万九千一百八两四钱六分三厘,查册报光绪十二年司库扣收镇迪各道属厅、州、县领过廉费、俸工、驿站夫马及乌鲁木齐等处官兵领过俸饷、哈密回王俸银并补支各属廉俸等款扣收减平。查册报银两,扣收减平数目相符。除将此项减平银两照数登记外，仍令迅委妥员解部充饷，以重库款而符定章，并令造具扣平细册送部，以凭查核等因。

查新疆减平银两，前次请照甘肃成案，暂行留抵俸饷，就地动支，一俟将来收款渐多，即当循例扣解，已经奉准在案。所有十二年份减平银两，仍请饬部照前案办理。

一、部议：据册开收驿站书夫面价银六千五百八十二两九钱，查领面扣价，系奏准定章，自应办理一律。兹查奇台县竟有未支面斤、未扣价银者，殊与原章不合，应令照章办理等因。

查新疆驿站系属初定章程，奇台县驿站书夫自十二年正月初一日至二月二十一日止，未领面斤，故未扣价银，核计为数无多，请免其补支补扣，自二月二十二日以后，均已遵章一律办理，应请饬部查核。

一、部议：据册开收哈密回子亲王沙木胡索特、库车回子郡王阿密特俸银二千八百两，查哈密回子亲王沙木胡索特光绪九年六月曾在部借支俸银，及已扣银两数与案符，其余未扣银一万三千一百两，应令自十三年起，按年接扣，以清借款。至库车回子郡王阿密特借支俸银，系光绪十年奏销册内造支，查与奏案不符，未准借给。当年既未准借给，此案自毋庸扣收，以符原案等因。

查哈密回子亲王沙木胡索特借支银两，自应遵照部章按年接扣，以清款项。惟库车回子郡王阿密特于光绪十年由新疆粮台借支俸银三千六百两，虽经部议不准借支，然实系已经借出之款，今由司库于该回王应领光绪十年起至十五年止，已分作六年扣还清楚，嗣后自应遵照部章，不得再有借支。所有库车回子郡王此项借支俸银，仍应列支列收，以清款项。

新收粮石项下：

一、部议：据册开收各色京斗粮石一款，查额征粮石册造并未将地亩荒熟数目及折色粮石色样开列，其开列原额数目较之光绪十二年十二月该省造报田赋册造熟地科征粮数有增无减，惟未征荒地尚多，应令认真招垦，续报升科，以期足额。其册称带征九、十两年额粮、籽种数目，检查九、十两年销册，均未列未完粮数，业经行查，今册造原欠粮石是否相符？无从查悉，应俟上案声覆，再行核办。惟册造奇台县、济木萨县丞补收十一年遗漏未报仓粮，因何遗漏？未据声叙，应令查明声覆，并将遗漏职名送部核议。其欠完九、十、十一等年籽种粮石，因何并不遵照定例春借秋还、加息还仓？是否捏完作欠？亦应查明声覆。再，查经征经催本年钱粮及带征节年钱粮，例有考成，未完一分以上人员，照章专折奏报。光绪十一年七月，因新疆添设郡县，所有经征钱粮一切事宜，自应照甘肃一律，咨行该大臣自光绪十一年起一体遵照办理。至册称稻谷折收大米，前经行查照何例章，现尚未据声覆，应并令查覆，再行核办等因。

查额粮册内，未将地亩荒熟数目注明及折色粮石色样分别开载，均于十一年登覆案内声明，应请饬部查核。未征荒地，应令招垦升科，自应遵照认真办理。带征九、十两年额粮及籽种数目，查粮台前办九、十两年销册，未及分别汇报，司库核办十一年报销时已经查明，另造带征清册送部，以备考核。所有九、十两年未完额粮及未还籽种粮石，司库十一年册造委系确实数目，仍请饬部照案接续办理。奇台县补收十一年漏报京斗小麦一石七斗八升六合，济木萨县丞补收十一年漏报京斗小麦、豌豆五十六石六斗七升六勺，系该县及该县丞于十二年汇造田赋册籍，清丈地亩，查出户民有新垦地亩，十一年份应纳粮石，照章升科补征，并非已征之粮遗漏未报，应恳恩免其开送职名核议。各属户民欠完九、十、十一等年籽种粮石，不能照定例春借秋还，加息还仓，实因北路镇迪道属各厅、州、县兵燹之后，地亩久荒，招徕新垦，多属贫穷，力有不逮，不得不从权宽缓，以示体恤，并无捏完作欠情弊。俟将来元气稍复，自当遵例办理，一切细情已于上案登覆。经征经催钱粮考成及稻谷折收大米章程，亦于十一年登覆案内声明，应请饬部查核。

新收草束项下：

一、部议：据册开收本色草一千五百五十三万三千三百八斤三两三钱二分通完，查原册并未将地亩荒熟数目开列，其册列原额数目较之光绪十二年十二月该省造报田赋册造熟地科征草数少列原额数万斤，因何不符，应令查覆等因。

查额征草束册内未将地亩荒熟注明，十三年以前请于田赋册内查核，十四年以后已经遵照注明。又，十二年份征收额草数目较田赋册内熟地科算，多征草数万斤。查对册内温宿州多征草一万七千五百八十余斤，即有多征粮一百一十余石；于阗县多征草一千五百三十斤，即多征粮十二石有奇。该州县田赋册内，均有未垦荒地，系十二年已垦成熟，按亩升科，致有加增。

又，查田赋册虽赍送在十二年十二月，然汇造自十一年始，造册之时，尚属荒地，十二年已垦成熟，自应升科。又，查和阗州有征银熟地一万二千八百二十八亩一分九厘，应征本色草三万九千二百七十八斤十两，亦经于田赋册内附载，应请饬部查核。

统计光绪十二年份原册，共报收银五十一万八千八百六十五两八钱九分六厘，各色京斗粮二十二万四千一百三十石一斗九升四合三勺，本色草一千五百五十三万三千八百八斤三两三钱二分。查收款内扣收回子郡王借款，已于前款详细登覆，所有此案经收各款,仍请饬部照数列收。

开除银两项下:

一、部议:据册开支发新疆文职廉俸、公费、书役工食等项银两一款,查册造布政司岁支俸银一百五十两,与奏定岁支俸银一百五十五两数目不符。又,册造代理、护理各员,全支俸银、公费,半支养廉,未据声叙照何项例章。又,册造库尔喀喇乌苏、精河二粮员或官役七名,支盐菜银四十五两一钱二分;又壮役、斗级七名或官役三名,支盐菜银二十三两九钱;又壮役、斗级四名,并未声叙衔名及照何项例章。又,册造镇西厅廪生二名,奇台县廪生三名,查原册并未声明于何年月日添设。以上四节,应令查明声覆。

又,册造加增道、府、厅、州、县正佐各官公费一款,查此项公费系十二年八月奏准加增,自应于奏准奉到部文后起支。兹册造自十二年正月起支,殊属不符。又,册造迪化府衙门汉、回书办十四名,查与光绪十二年十二月该抚拟设书办十名、回文书办二名,共十二名之数不符。又,册造哈密通判衙门添设书办二名,自正月起开支工食。查哈密通判衙门添设书办,系十二年二月奏准,自应于奏准接奉部文后起支。兹查自正月起支,与案不符。

又,册造玛喇巴什通判衙门各役四十五名。查与哈密、乌鲁木齐二通判衙门额设各役名数均不相符。又,册造奇台县禁卒六名,查与《赋役全书》内载奇台县禁卒五名之数不符。又,册造迪化巡检吏目公费,查旧制迪化巡检吏目并无公费,即该抚请加正佐各官公费案内该二缺亦无应加公费之语,原册造支公费与案不符。又,册造学正岁支公费银二百两,查与上案迪化州学正造支公费银八十两数目不符。又,册造镇西训导支加增公费银一百二十两,查与十二年八月该抚请加训导公费银一百两之数不符。又,册造哈密巡检衙门书办一名、各役七名，查旧制哈密巡检衙门并无书办，只设各役六名，嗣经该抚奏请照辟展巡检开支。其辟展巡检衙门旧制书办一名、各役七名，当经于十二年二月奏准比照，自应于奏准接奉部文后起支。兹查册造自十二年正月开支，与案不符。以上九节，应令声明删减。

至补发十一年未支银两，查上案支款，或未据分晰，或支数浮多，业经行查并令删减在案。是上案支款尚未核准，则本案补支仍难核办，应统俟查覆，再行核销。至长支银两，曾否缴还，应令迅速查覆，嗣后不得再有长支名目，以杜弊混等因。

查布政司俸银照章少支银五两，已于下案补支。署理各员全支俸银、公费，半支养廉，系查照甘肃向来支发镇迪道所属各员廉俸章程办理，代理亦照署理支发。新疆地处极边，百物昂贵，瘠苦异常，若不照署理各员一体支给俸廉、公费，难资办公，应请饬部照册准销。库尔喀喇乌苏及精河二粮员支款，系照甘肃成案开支，已于上案照钞成案，送部查核。镇西厅、奇台县廪生于何年月日添设，新疆兵燹之后无案可稽，惟该厅县廪生系由甘肃学政取补，既经取补，自应给其廪饩，以示奖励，应请饬部核销。

又，加增道、府、厅、州、县正佐各官公费一款，系十二年九月十二日奉到部文，准其加增。所有原册自十二年正月初一日起至九月十一日止支过银两，应即缴还。计镇迪道兼臬司应缴自十二年正月初一日至八月初五日支过银两，已于十一年份登覆并案缴还不计外，又自八月初六日起至九月十一日止应缴银二百两，又阿克苏及喀什噶尔两道应缴银一千三百九十四两四钱四分五厘，又迪化州知州、吏目、巡检、学正应缴银七百四十一两一钱一分二厘，又新设迪化府知府、经历、教授及迪化县知县、典史应缴八月二十一日至九月十一日银一百一十四两三钱四分，又镇西、哈密、喀喇沙尔、玛喇巴什、阜康、昌吉、拜城七厅县共应缴银二千九百二十八两三钱八分，又藩经历司应缴银二十两，又镇西厅训导应缴正月初一日至九月十一日银八十三两六钱六分七厘，又应缴九月十二日至年底止删减银六两五分六厘，又镇西厅照磨、阜康典史、昌吉典史、哈密巡检共应缴银三百三十四两六钱六分八厘。以上合共应缴银五千八百二十二两六钱六分八厘，以九四折合库平实银五千四百七十三两三钱八厘。

又，迪化府衙门多支书办二名，自十二年八月二十一日起至年底止，共应缴还工食、面价库平实银四十两八钱七分三厘。又，哈密通判衙门书办二名，自十二年正月初一日起至二月初七日止，应缴工食、面价已于十一年份登覆案内并款追还。

又，玛喇巴什通判衙门酌添斗级三名，已于上案登覆，应请饬部查核。奇台县多禁卒一名，应即遵照追缴，计应缴十二年份一岁工食、面价库平实银二十五两四钱六分二厘。又，迪化州巡检、吏目、学正及镇西训导应缴公费，已于前款并数缴还。又，哈密巡检衙门应缴还添设书、役各一名，自正月初一日起至二月初七日止工食、面价库平实银八两五钱七分。统计应缴库平实银五千五百四十八两二钱一分三厘，已归入十七年份报销案内列收造报。又，补发十一年份未支银两，应支应缴已于十一年登覆案内声明，应请饬部查核。长支一节，自应陆续扣还，嗣后不得再有长支，以免牵混。

一、部议：据册开支发驿站经费等项银两一款，查此款应归兵部核办等因。

查此款应由兵部核销，以清积案。

一、部议：据册开支发武职廉俸、薪蔬、纸红、马干、公费、兵饷等项银两一款，查乌鲁木齐提督、巴里坤镇总兵所属各营官兵，自光绪十一年起划归新疆巡抚管辖，其十一年份动支钱粮，业据该抚造册请销，经部按款查核，或未声叙明白，或开支不无浮冒，已经行令查覆在案。兹复据该抚将光绪十二年份官弁兵马钱粮汇入新疆司库银粮、草束奏销案内造册，送部查核，原册自把总以下仍多未开造衔名，且署任官某员系署某员之缺，亦均未指实声叙，是衔名、缺分尚须分晰。又，未将马步兵丁饷银内应扣朋合、小建银两扣除，与旧制实属不合，是朋合、小建仍应扣除。且查光绪十一年陕甘总督谭钟麟于覆陈部议练兵章程折内声称，甘肃制兵，军兴以后，惟充马兵之外委、额外等各有马一骑，余皆无马，名曰马兵，其实与步兵同等语。是马兵无马，已有案据。今查册造兵丁马二百余匹，何年添补？何时报部？无案可稽，究竟有无添补马匹，亟须查确。又，光绪十二年陕甘总督谭钟麟奏称，乌鲁木齐提标实缺、署事各员弁向皆兼充旗官、哨官等语。是乌鲁木齐提标官弁向皆兼差，已属可见，且查本案册造提督谭上连、总兵徐占彪、署副将张清和等，或支防营薪公，或支防营统费，其余重支者尚多，而防营哨官以下未据造报衔名，无案可考者尚不与焉。是重支一切亦须核扣。

至武职核支养廉，例载现任武职员弁护理各缺，俸薪、马干、养廉均按本任支食，所护空缺养廉扣存造报。兹查册造现任员弁护理各缺，俸薪、马干、养廉概支一半，与例不符，是不符支款，仍当扣除。至标营各费，旧制系将如何动支，详细造报。兹查册造仅有每营应支总数，并无细数，且查乌鲁木齐提督所属各营并无一兵，而官弁又系兼差，则底营无公可办，公费悉令停支，而册造仍开支如故，是滥支公费，亦当扣除。

至马兵数目,上案总册内称四百八十一名,本案册称四百八十七名,数目不符,究竟何时添补? 何年报部有案? 未据声叙。是兵数不符,亦令声覆。至册造长支银两尚有二百余两之多,年复一年,必致牵混。除此项长支曾否缴还应令查覆外,嗣后不得再有长支,是长支名目即须裁除。至于牧马兵丁开支盐菜、鞿鞋,而历年以来,孳生马匹若干,于何案列收,曾未造报。是马匹收数仍当查明。册造马步兵丁八百余名,而终年之间无一缺空旷,无一日空旷,概系全支,未扣旷饷,揆诸情理,殊未核实。是缺旷银粮亦须查确。

又,册造署守备戴海廷系十一月十七日到任,而造支蔬菜、烛炭、心红、纸张银两则按一岁全支,何以预支未到任以前款项? 殊难明晰。是起支月日,应令声覆。又,册造千总刘万庆系十二月二十六日回任,该千总既已回任,则署事人员自已卸事。兹查册造署千总刘煦章支至十二月二十六日止。是住支日期,又须查覆。

又,册造经制外委数目,总册内称八十四员,而册内开支数目则按八十五员支数请销。是多支一员养廉、马干,仍须追还。

又,补报十一年漏未造支各员,查十一年奏销册内并未开造衔名,业经行查。其所称是否相符,无凭查对,应合补支上案未支支款,统俟声覆,再行核销。至小麦抵支马料照何章程折抵,未据分晰,亦应并令查覆。综计官兵支款皆须行查,方昭核实,应令该抚按照指查各节,迅即查明,分晰声覆,俟到日再行核销等因。

查新疆创设行省,银粮收支,款目极繁。初次造报,又无程式可遵,款式自多不合,然皆系实用实销,并无浮冒情弊。其已造册送部者,仍请邀免更造;其未造报者,自应遵照部章办理,以期实事求是。所有官兵银粮册,把总以上均已分列衔名;经制外委衔名,现已事历多年，查造亦难核实，仍请免其补造。署任官某员系署某员之缺，已于正、署应支银粮册内声叙，应请饬部查对。马步兵丁未扣朋合、小建及兵丁马二百余匹，均于十一年登覆案内声明，应请饬部查核准销。

又，乌鲁木齐提标官弁向充旗官、哨长，查光绪十二年份防军报销案内，只存乌鲁木齐提标中、左、右三营、城守营、玛纳斯、济木萨、库尔喀喇乌苏、哈密协共土勇步队八旗，册内均已载明旗官、哨长由藩司挂发俸廉、薪蔬等项，并未支发薪粮。虽未开造衔名，实无重支款目。提督谭上连、总兵徐占彪、署副将张清和等虽有兼差支款，然标营、防营各有应办事宜，即各有应需费用。乌鲁木齐提属既设有官弁，一切例行公事仍须一律照办，防营薪公、统费不能兼顾标营，若不支给养廉、公费，势必无所措手，且时藩司新设未久，一切库支章程均未划一，营制亦改设未定，提督谭上连、总兵徐占彪等皆新疆立功之员，现又因伤病故，未便向其家属追缴，应援照光绪十六年户部奏定章程，此次奏定章程以前带防离任各员已支养廉银两，拟请恩施免其追缴之例，一律免其追缴。

又，武职兼护各缺俸薪、马干、养廉概支一半，与例不符一节。查新疆地处极边，一切苦情实难与内地各省比较，各员兼护一缺，则护缺应办之事，亦于正署相同，是以一体给发，以资办公。所有护理人员，照章半支各款，仍请饬部照册准销。标营支领三成公费，其情形已于十一年登覆案内声明，应请饬部查照原册准销。

又，马兵数目上案总册内称四百八十一名，本案册称四百八十七名一款，查上案十一年份散册实系四百八十七名，因总册误缮，已于十一年份初次登覆案内声请更正。长支银两已于下案扣还，嗣后遵照，不得再有长支。孳生马匹若干，已于十五年份另案报部有案。

又，兵丁未报空旷银粮一节，查巴里坤镇标制兵并未复额，饷银亦系照减定新章支发，阖镇马步仅有八百八十五名，营汛辽阔，一切差防尚不敷分遣，自不能再有悬缺，且新疆自回逆叛踞，惟巴里坤一城未曾失守，故尚存有制兵。该兵等力守孤城，俱属百战余生，不无勤劳足录，即当日换防之兵，今亦尽成土著，并无假逃，间有病故或因老疾汰革，亦即于该兵亲属择其精壮者，随开随补，故粮饷均系照额支放，以示体恤。他营皆有空旷，而巴里坤无空旷可以报缴。

又，署玛纳斯协营守备戴海廷系十一月七日到任，按一岁支领蔬菜、烛炭、心红、纸张银两一项，查该守备缺自十二年正月初一日起至十一月十六日止，系李桂馨署理；自十一月十七日起至年底止，系戴海廷署理。前次册造戴海廷一员按一岁支领，并未注明另有署缺人员，本属疏忽，其实自正月初一日起至十一月十六日止，已归李桂馨承领，应由部于册内补注，以清眉目。

又，署巴里坤镇标中营千总刘煦章住支一日俸薪、养廉库平实银二钱七分三厘，兹已照数缴还，归入十七年份报销案内列收造报。

又，经制外委总册内称八十四员，而册内开支数目则按八十五员一款，兹于存案总、散册内查对数目，均系八十四员，并无多支一员情节，前次送户部册籍如何错误，无从稽核，应由户部详细指明，以便追缴。

又，补支十一年份漏未造报各员，查十一年份造册时，既属遗漏，自无衔名，兹于补造支款册内已将衔名及离任情节分晰开列，应请饬部查核准销。

又，补支上案未支之款，查十一年份经部驳查款目，均已逐一登覆应，请饬部核销。

又，小麦抵支马料一项，查新疆各属征粮小麦多而豌豆少，其豌豆、小麦价值相等，各处征收豌豆不足支发马料者，即变通以小麦抵支，仍以每小麦一石抵作豌豆一石支发，应请饬部准销。所有官兵支款，经部行查者，兹已按款登覆，应请饬部查核准销，以清积案。

一、部议：据册开支发祭祀银两一款，与《赋役全书》造支银数歧异。至上案开支祭祀银两，业经行查，此案补支，亦难核准，均应令详细查覆，再行核办等因。

查祭祀银两，光绪十一、十二两年份即遵照部议，按《赋役全书》内载数目开支，其余多支银两悉数缴还，所有十二年份应缴银两，已于十一年登覆案内声明并案列收，应请饬部查核，自十三年以后，即照奏定新章开支。

一、部议：据册开支发哈密回子亲王沙木胡索特、库车回子郡王阿密特俸银一款，查哈密回王应支、应扣均与案符，自应准其开销。至册造支发库车回子郡王阿密特十、十一、十二等三年俸银，查光绪十年份奏销册造支借该回王三年俸银三千六百两，当经以回王借俸本非定例，且有奏案不准借支，并声明将已支之款作抵该回王光绪十、十一、十二等三年额俸在案。兹册造开支实系重复，应即删除等因。

查前次经部议覆新疆粮台光绪十年份销案，不准借给回王俸银，应作抵支该回王额俸，文到在十三年以后，司库已于十二年支发，以致未能遵照部文办理。现仍请将粮台十年份给发该回王银三千六百两作为借支之款。司库此案给发银三千六百两，作为十、十一、十二等三年份额俸。又，司库十二年份扣还银一千八百两，及十三、四、五等三年份扣还银一千八百两，二共银三千六百两，作抵借支，应请饬部查照原案，准其列支列收，以清款目而免牵辖。嗣后自应遵照定章，不得再有借支。

一、部议：据册开支发孤贫花布银两一款，查孤贫花布银两，前据该抚请定名数、支数新章内称，拜城县实在孤贫九十六名，莎车州实在孤贫一百二十名。阿克苏道属孤贫每名岁支花布银九钱，喀什噶尔道属孤贫每名岁支花布银八钱，自十三年为始，照章办理，未定新章以前，照各处实支数目造报，当经咨令将从前如何开支核实造报在案。今册称阿克苏道属每名支银一两六钱六分六厘六毫零，喀什噶尔道每名支银九钱五厘，核计阿克苏道开支银数较前报数目几浮一倍，即喀什噶尔道属开支银数亦较前报数目浮多，难保无浮冒情弊，应令查明声覆，再行核销等因。

查孤贫花布银两，前次请定章程，阿克苏道属每名岁支银九钱，喀什噶尔道属每名岁支银八钱，系指十三年以后而言。其未定新章以前，已声请仍照实支数目开报。所有十二年份拜城县支发每名孤贫花布银一两六钱六分六厘零，莎车州每名支发银九钱五厘，均系照实支数目造报，并无浮冒情弊，应请饬部准销。其自十三年以后，应遵照新章办理。

一、部议：据册开支发坎巨提头目十一、十二两年份进贡金砂例赏物料价银二百二十一两四钱五分三厘。查例赏物料系照何例办理，及物料若干，如何折价，未据详叙，应令分晰声覆，再行核办等因。

查坎巨提头目及色勒库尔阿奇木伯克呈缴贡金，按照光绪十年以前粮台支发旧章,每岁给坎巨提头目大缎二匹,每匹折价银四十两,共银八十两;又给色勒库尔阿奇木伯克盐菜、茶叶、羊只、布匹等项折价银三十六两五钱五分四厘。计十一、十二两年份共银二百三十三两一钱八厘,以九五折合库平实银二百二十一两四钱五分三厘,应请饬部核销。

一、部议:据册开支发刊刻誊黄工料银五十三两三钱七分六厘,查此款应归工部核办等因。

查此款系应划归工部核办之款,应由工部核销。

一、部议:据册开支发哈密、古城两税局局费银两一款,兹据该抚将十二年动支局费造册送部。查哈密、古城两税局光绪十二年份共收税银二万五千三百一两七钱三分七厘,动支局费银五千一百四十两四钱四分,核计局费数目仍占税银二成有奇,仍与该抚奏定动支局费不得逾二成之数不符,应仍令该抚查照原议,核实删减,报部查核,再行核销等因。

查哈密、古城两税局,光绪十二年份共收税银二万五千三百余两,开支局费银五千一百余两,按二成计算,多支银八十余两。又,查新疆各属十二年份收土产税银一万九千七百余两,并未开支局费,若以新疆一省经收税银统计,则开支实未及二成。所有哈密、古城两税局按二成多支局费银八十余两,即以该两局计算,过支无多,且系实用实销,应仍请饬部查照原册数目核销。

一、部议:据册开支发乌鲁木齐、巴里坤、古城三旗营经费银两一款,查巴里坤旗营收支奏销叠经行催,迄未造报。所有拨发该旗营银数是否相符,无从查核,应令迅即造报,俟造报到日,再行核对。至拨发乌鲁木齐、古城二旗营经费共库平银一万九千八百四十两五钱五分二厘,检查该满营收支奏销册造,十二年内共准新疆布政使拨解俸饷等项湘平银一万九千八百一十三两一钱八分九厘，照章以九六折合库平银一万九千二十两六钱六分一厘零，数目因何不符，应令查明声覆等因。

查巴里坤旗营现已并归古城城守尉兼辖，所有十二年份由司库拨发俸饷银一万八千七百二十两，已催令古城城守尉赶紧造册送部查对，以凭核销。又，十二年份由司库拨发乌鲁木齐旗营俸饷库平银一万七千八十四两六分，古城旗营俸饷库平银二千七百五十六两四钱九分二厘，二共库平银一万九千八百四十两五钱五分二厘。兹奉部覆，乌鲁木齐及古城二旗营十二年份奏销册内报收湘平以九六折合库平银一万九千二十两六钱六分一厘，两抵实少列收库平银八百一十九两八钱九分一厘，如何未经列收造报，已一并催令古城城守尉查明覆部，以清款目。

开除粮石项下：

一、部议：据册开支发通省各衙门书役食粮京斗小麦一款，查该省造销书役口食银粮已于开除银两项下行查，应俟声覆，再行核办等因。

查开支书役食粮，其情形与前款开支书役银两相同，兹已于开支银两款内登覆，应请饬部查照核销。

一、部议：据册开支发通省驿站书夫食粮京斗小麦、青稞一款，查应扣粮价已于收款项下列收，此项开支粮石应归兵部核办等因。

查驿站书夫食粮小麦、青稞，既已照章扣价报由户部核明列收，其开支粮石应由户部咨会兵部照数核销，以清款目。

一、部议：据册开拨发乌鲁木齐、古城、巴里坤三旗营官兵粮料一款，查巴里坤满营收支奏销尚未报部，应俟送部再行核对。至拨发乌鲁木齐、古城满营粮料，检查该满营奏销册内未据列收，究竟此项粮石该满营于何年销册列收，除动支外有无余存，应令查明声覆等因。

查十二年份拨发乌鲁木齐、古城两满营官兵粮料京斗小麦四千四百五十一石九斗六升三合三勺、豌豆一百四十石，又巴里坤满营官兵粮料京斗小麦三千二百二十九石五斗三升七合六勺、青稞一千八百五十二石六斗二升二合四勺。此系实拨数目，已催令古城城守尉一并查照列收，赶紧造册送部查对核销，以清款目。

一、部议：据册开支发标营马料一款，查该省造销标营官兵马匹、俸饷、银粮等项，已于开除银两项下行查，应俟声覆，再行核办等因。

查标营开支马料，其情形与前项开支兵饷相同，兹已于开支兵饷款内登覆，应请饬部核销。

一、部议：据册开支发递解过境及监禁人犯口食京斗小麦、包谷、青稞一款，查散册内并未有人犯姓名及何案人犯详细声叙，无凭查核，令分晰声覆再行核办等因。

查此款已于十一年登覆案内声明，应请饬部核销。

一、部议：据册开支发孤贫、残废口食京斗小麦、包谷一款，查册造名数、支数，自应以报部有案者比较，查前据该抚咨称吐鲁番厅实在孤贫七十四名，今查册造竟有一百六十五名之多，数目大相悬殊。又，前据该抚咨称镇迪道属孤贫冬季寒衣每名每年支花布银一两，兹查镇迪道属之昌吉县支发冬季寒衣每名支银一两五钱一分五厘，折支小麦亦与该抚前咨不符，难保无浮冒情弊，应令查明声覆，再行核销等因。

查孤贫名数及花布银两，前次请定额章系自十三年以后照议定额数及花布章程支给，并声明十二年以前照实支数目开报，所有十二年份开支孤贫食粮及花布银折支小麦系按实支数目造报，仍请饬部照数准销，以清款目。其自十三年以后，应遵照新章办理。

一、部议：据册开防军及善后各项领用扣价京斗各色粮料一款，查与收款项下列收解缴粮价相符。至每石扣缴银数系援何项例章，未据声叙，已于收款行查，统俟声覆，再行核办等因。

查粮料折价章程已于十一年登覆案内声明，应请饬部查核。

一、部议：据册开支发户民借领籽种京斗小麦六千二十一石三斗四升四勺，查例载乌鲁木齐所属各州县农民春借籽种，秋成后照社仓例每石加收一斗还仓等语。今查十二年借出籽种粮石收款项下，仅收还一千八百四十二石六斗二升九合，殊与定例不符，有无捏完作欠情弊，应令切实声覆等因。

查十二年份借给户民籽种小麦，除已缴还之数不计外，其未完之数归十三年以后陆续收还，并无捏完作欠情弊。现在民情艰苦，万难照社仓例加一收还，一切情形已于十一年登覆及粮石收款内声明，应请饬部核准。

一、部议：查据册造奇台县支发春赈，系奉旨允准之案。惟该抚十二年正月奏报奇台县户民被灾折内，既未将被灾男妇大小、口数声叙于前，迨三月续经春赈，又未将被灾男妇大小、口数声明于后。其造册男妇大小、口数有无捏饰、浮冒情弊，实属无从考核，应仍令该抚确查有无浮冒，迅速切实声覆，俟声覆到日，再行核办等因。

查赈济男妇大小、口数，已经造具花名册咨部在案。其支发粮石系照户口按日给发，并无捏饰、浮冒情弊，应请饬部照数核销。

一、部议：据册开支发平粜变卖京斗小麦、包谷一款，查此项粮石变获价银已据列入收款项下，惟何时平粜变卖，何时奏咨报部，凭何开报价值，原册均未分晰，已于收款项下行查，应俟声覆，再行核销等因。

查此项平粜变卖粮石，已于收款项下登覆，应请饬部查核准销。

开除草束项下：

一、部议：据册开支发防营、善后领用草束及变卖草束一款，查疏勒州提用草束与收款项下相符，应准开销。至扣价草内应扣价银，已于收款项下列收，惟每百斤收银五分，未据声明照何例章，亦于收款项下行查，应俟声覆，再行核办等因。

查防营、善后领草及变卖草每百斤收银五分，系按征草折色章程办理，应请饬部核销。

统计光绪十二年份原册造报开除银粮、草束，除此次登覆案内有应遵照部议删除、追缴银粮，即已于款内声明归另案列收造报，其万难更改、删减者，仍请饬部核销。所有原册造报开除各款目，仍请饬部照册列除，以免牵移全案。

实在银两项下：

一、部议：据册开存银三十二万四千七百九十二两二钱七分一厘，按册造四柱核算，尚属相符。惟收款内扣收回王借俸银一千八百两未准列收，支款内支发回王俸银三千六百两，未准开销，收支两抵，计本案实应存银三十二万六千五百九十二两二钱七分一厘。再，查光绪十年销案内尚有删除银一千七百三十九两四钱三分，亦应列入实存，应令于下案旧管项下跟接造报，以凭查核。至历案尚有行查银两，应俟声覆，再行核计等因。

　　查回王扣收借款及支发俸银，已于收支各款内详细登覆，仍请饬部列收列支，免至牵连更改。又，十年份尚有部议应删除银两，已经新疆粮台于十年份登覆案内声明追缴，归另案列收造报。至历案行查银两，现经逐款登覆，应请饬部查核。所有此案截至十二年底止，仍系实在存银三十二万四千七百九十二两二钱七分一厘。

　　实在粮石项下：

　　一、部议：据册开实存各色京斗粮三十五万二千八百三十七石二斗六升一合九勺，又库尔喀喇乌苏厅不敷支发十一、十二两年份京斗小麦一百五十八石六升七合二勺。通核四柱，实存及不敷粮数相符，惟十一年旧管粮石与十年不相跟接，已于十一年份奏销案内行查。又历案及本案均有行查已支粮石，系尚未准销之款，统俟声覆，再行核定等因。

　　查十一年旧管粮石与十年不相跟接，已于十一年份登覆案内查明，另开清单，送部查核。又，历案及本案行查已支粮石，均已按款登覆，应请饬部查核准销，并将此案实存粮石照册列存。

　　实在草束项下：

　　一、部议：据册开实存草一千二百七十七万二千一百八十四斤十两四分。通核四柱，实存草数相符。惟历案及本案均有行查已支草束，系尚未准销之款，统俟声覆，再行核定准驳等因。

　　查历案及本案行查已支草束，均已按款登覆，应请饬部查核准销，并将此案实存草束照数列存。

　　（朱批：）览。①

---

　　①　中国第一历史档案馆藏：清单，档案编号：03-6570-073。

一一二　核销新疆光绪十六
年防军收支各款折

光绪十九年十二月初一日(1894年1月7日)

头品顶戴甘肃新疆巡抚臣陶模跪奏,为造报甘肃新疆光绪十六年份防军收支各款,谨缮清单,并分造总、散清册,恳恩饬部核销,恭折仰祈圣鉴事。

窃照甘肃新疆光绪十一、二、三等年防军、善后用款,每年合关内外指拨各省的款银四百八十万两,新疆分银二百二十万两。十四、五、六三年仍照上案指拨,内提充转运公用银四万两,归陕甘总督经理造销,新疆每年分银二百一十六万两。又,伊犁镇标营勇及地方善后十六年份隶巡抚接管,加分各款银四十四万两,内除伊犁将军清理陈饷欠还甘肃藩库借款银五万两,照案在于新疆应分伊塔道库提存款内扣还不计外,十六年份实分伊犁镇标军饷、地方善后经费并提存道库各款共银三十九万两,均由甘肃藩库统收,扣除四分减平分摊拨解。十五年以前新疆防军、善后用款业经并案造册,分年请销在案。

兹据粮台详称:自十六年正月初一日起,截至十二月底止,除将善后款遵照部咨另案造销外,所有防军一切收支仍接上案造报,计旧管项下:上案防军、善后报销,截至十五年底,实存新饷平银三十四万四百七十三两六钱六厘,欠发各营旗十年以前病故弁勇存饷银一十一万四千一百八十五两二钱八分六厘。新收项下:收到甘肃藩司分解新疆应分各项新饷并收新疆马步各营旗报缴截旷、支发采制、运脚等款扣回平余、变卖官骡价值,收回阿克苏道、哈密厅、奇台县及库车、吐鲁番回子郡王等缴还光绪十年以前过支廉俸、书役食面、折价减平等项，共计新饷平银二百五十六万一千六百三十一两七钱三分六厘。开除项下：拨过十六年份新疆马步各营、旗、哨、开花炮队饷项、薪粮、马队倒马价值、提镇各衙门汇稿书、通事、各台局委员办公人等薪水、口粮、工食、采制、修整军装、器械、制造火药工料价值、转运饷装脚价、盐菜、口粮、官驮骡、员役薪工等项银一百九十万五千五百三十九两九分四厘；又拨发藩库例支不敷款项，供支古城营旗经费，拨解司道库提存款项，划拨新疆伊犁原估善后经费等项六十一万二千两，统共开除新饷平银二百五十一万七千五百三十九两九分四厘。实在项下：截至十六年十二月底，实存新饷平银三十八万四千五百六十六两二钱四分八厘，应归下案接续造报，仍欠拨各营旗光绪十年以前病故弁勇存饷银一十一万四千一百八十五两二钱八分六厘，应俟各故勇亲属请领至日，即由十七年以后新饷内匀给。造具总、散清册，详请奏销前来。

臣覆查支发各款，均属实用实销，并无浮冒。除将清册分送各部外，相应缮具简明清单，会同陕甘总督臣杨昌濬恭折具奏，伏乞皇上圣鉴，饬部核销施行。谨奏。光绪十九年十二月初一日。

（朱批：）该部议奏。单并发。[1]

光绪二十年正月初二日，奉朱批：该部议奏。单并发。钦此。[2]

---

① 台北故宫博物院藏：军机及宫中档，文献编号：408002840。
② 台北故宫博物院藏：军机及宫中档，文献编号：129844。

一一三　呈新疆光绪十六年
防军收支各款清单

光绪十九年十二月初一日(1894年1月7日)

谨将甘肃新疆光绪十六年份防军收支款目，并拨发善后经费、司库例支提存各款数目，缮具清单，恭呈御览。

计开：

旧管：一、上案新疆防军、善后报销，截至光绪十五年十二月底止，实存新饷平银三十四万四百七十三两六钱六厘。

一、截至光绪十五年十二月底止，欠发新疆各营旗光绪十年以前病故弁勇存饷银一十一万四千一百八十五两二钱八分六厘。

新收：一、收协饷案内甘肃藩司分解新疆应分十六年份新饷平银二百一十六万两。

一、收协饷案内甘肃藩司分解新疆应分伊犁十六年份各项新饷平银三十九万两。

一、收新疆马步各营旗十六年份报缴截旷新饷平银八千二百八十四两七钱四分。

一、收官驮骡变价新饷平银三百五十一两。

一、收本案报销内发采购、制办、运脚等款扣回平余新饷平银六百五十两九钱四分六厘。

一、收阿克苏道、哈密厅、奇台县及库车、吐鲁番两回子郡王等缴还光绪十六年以前新疆常例奏销案内支过廉俸、书役面斤折价、减平等项新饷平银二千三百四十五两五分。

以上六款，共收新饷平银二百五十六万一千六百三十一两七钱三分六厘。

开除：一、除第一册发马队各营旗薪粮、马干等项银七十七万五百九十两三钱六分。

一、除第二册发步队各营旗哨薪粮等项银九十二万八千七百五十八两八分。

一、除第三册发开花炮队勇夫薪粮、车骡草干等项银一万九千九百二十六两九钱。

一、除第四册发马队、步队各营旗哨并开花炮队管带、营旗官、哨长、巡查薪水、薪粮及马夫、马干等项银六万八千七百七十四两二钱三分。

一、除第五册发马队各营旗倒马价值银一万五千六百三十四两一钱八分六厘。

一、除第六册发新疆提、镇各衙门稿书、书办及通事工食等项银六千六百五十九两三钱六分。

一、除第七册发随营差遣及各差务台局文武员弁薪水银一万四千二百三十五两。

一、除第八册发各台局经贴书、字识、护勇、通事、长夫、仓夫、斗级工食、口粮及办公纸张、笔墨、油烛等项银六千九百八十六两二钱一分七厘。

一、除第九册发军装制办局招募浙、粤并关内外各匠工食银五千八百九十三两七钱七分六厘。

一、除第十册发采办军装、修整军装、器械、制造火药等价值项银三万八千八百七十六两八分三厘。

一、除第十一册发转运军装及运解南北两路饷项车骡脚价银二万六千二百一十八两五钱五分五厘。

一、除第十二册发运解南北两路饷银、军装、军火押运员役盐菜、口粮银六百六十七两六钱九分七厘。

一、除第十三册发驻省采运局官驮骡、委员、夫役薪水、工食、驮骡料草等项银二千三百一十八两六钱五分。

以上十三款,共支发新饷平银一百九十万五千五百三十九两九分四厘。

一、除拨发新疆藩司例支不敷款项库平申合新饷平银一十五万两。

一、除拨发新疆藩司供支古城旗营经费库平申合新饷平银六万五千两。

一、除拨发解交新疆藩库储存库平申合新饷平银九万五千两。

一、除拨发解交新疆藩司转解伊塔道库储存库平申合新饷平银五万两。

一、除拨发新疆善后经费新饷平银一十四万两。

一、除拨发伊犁善后经费新饷平银一十一万二千两。

以上六项,共计拨发、拨解各款新饷平银六十一万二千两。

统共开除新饷平银二百五十一万七千五百三十九两九分四厘,内除拨发、拨解新疆藩库各款新饷平银三十六万两,应由藩司列收,另案造报;又拨发新疆、伊犁两款善后经费银二十五万二千两,仍由新疆粮台另案报销外,其余支销款内应由兵部核销开花炮队车夫口粮、车骡料草价、马队各营旗倒马价值及转运饷银、军装、军火陆路车脚、官驮骡经费等项新饷平银四万一千五百四十二两三钱三分九厘。应由工部核销采制军装、军火,修整军装、器械、制造火药等项价值新饷平银三万八千八百七十六两八分三厘。应由户部核销各军马步营、旗、哨、开花炮队饷项、薪水、薪粮、提镇各衙门稿书、通事工食及文武员弁薪水、各台局经贴各书工食、护勇、长夫口粮、纸张、笔墨、油烛，浙粤、本地工匠工食、押运员役、跟役、骑骡脚价、盐菜、口粮、官骡委员薪水、长夫工食等项，新饷平银一百八十二万五千一百二十两六钱七分二厘。

实在：一、截至光绪十六年十二月底止，实存新饷平银三十八万四千五百六十六两二钱四分八厘。

一、截至光绪十六年十二月底止，实存尚欠发新疆马步营旗病故勇丁光绪十年以前存饷新饷平银一十一万四千一百八十五两二钱八分六厘，应俟各故勇亲属请领至日，即由十七年以后新饷内匀给。

（朱批：）览。[①]

一一四　核销新疆光绪十六年善后收支各款折

光绪十九年十二月初一日(1894年1月7日)

头品顶戴甘肃新疆巡抚臣陶模跪奏，为造报甘肃新疆光绪十六年份善后收支各款，谨缮清单，并分造总、散清册，恳恩饬部核销，恭折仰祈圣鉴事。

窃照甘肃新疆善后经费自光绪十一年起，每岁随饷估拨银一十四万两，又伊犁地方善后十六年份隶巡抚接管应分银一十一万二千两，前项银两即在新疆、伊犁岁分新疆饷之内，十五年以前新疆支发善后款目并归防军按年造报在案。自十六年起，遵照部咨，善后经费另案报销。

---

① 台北故宫博物院藏：军机及宫中档，文献编号：129844-0-A。

　　兹据粮台详称：十六年份收支善后款目，查旧管项下：上案防军善后报销存款已提归防军案内照数接管，本案不再列存。新收项下：由防军报销册内提拨原估新疆、伊犁两款善后经费并收本案报销扣回平余，共银二十五万二千五十一两五钱八分七厘。开除项下：支发新疆各属义学塾师薪水、购买纸张、笔墨、发审舆图、善后、纺织、牛痘各局、保甲稽查局卡委员薪水、经贴各书、护勇、通事人等工食、口粮、罗布淖尔驿站经费、孔雀河渡船水手口食、招徕户民迁徙川资、房屋、农具、津贴，供支伊犁、塔尔巴哈台赴任回旗各官、蒙回郡王、台吉、喇嘛人等进京、回旗，假遣残废弁勇、护送故员灵柩回籍夫马、车脚、口分等项银九万二千九百七十五两八钱六分；又拨发各处城署工程并罗布淖尔修造驿房、官店经费银九万两，统共开除新饷平银一十八万二千九百七十五两八钱六分。实在项下：截至十六年十二月底止，实存新饷平银六万九千七十五两七钱二分七厘，应归下案接续造报，拨发城署、驿房各工经费，应归工程项下列收，另行报销，造具善后经费总、散各清单，详请奏咨等情前来。

　　臣覆查光绪十六年份支发善后各款，均属实用实销，并无浮冒情弊。除将清册分送各部外，相应缮具清单，会同陕甘总督臣杨昌濬恭折具陈，伏乞皇上圣鉴，饬部核销施行。谨奏。光绪十九年十二月初一日。

　　（朱批：）该部议奏。单并发。[1]

　　光绪二十年正月初二日，奉朱批：该部议奏。单并发。钦此。[2]

---

①　台北故宫博物院藏：军机及宫中档，文献编号：408002842。
②　台北故宫博物院藏：军机及宫中档，文献编号：129845。

一一五　呈新疆光绪十六年善
后收支各款数目清单

光绪十九年十二月初一日(1894年1月7日)

谨将甘肃新疆光绪十六年份收支善后各款数目,缮具清单,恭呈御览。

计开:

旧管:无项。

查新疆善后款目,上案截至光绪十五年底,汇入军需款内,并案造报。兹自十六年起,另提专案报销,是以旧管无项。

新收:一、收光绪十六年份由防军报销册内划拨新疆岁分善后经费新饷平银一十四万两。

一、收光绪十六年份由防军报销册内划拨新疆岁分伊犁善后经费新饷平银一十一万二千两。

一、收本案善后报销册内支发采买、制办、运脚等款扣回平余新饷平银五十一两五钱八分七厘。

以上三款,共收新饷平银二十五万二千五十一两五钱八分七厘。

开除:一、除第一册发义学塾师薪水,暨购办纸张、笔墨等项银三万一千六百一十九两二钱六分八厘。

一、除第二册发新疆通商、善后各局委员薪水、经贴书、字识、护勇、通事、工匠工食等项银二万一千五百六十九两二钱二分九厘。

一、除第三册发新疆各处保甲稽查局卡委员薪水、经贴书、护勇、通事工食、口粮、纸张、笔墨、油烛银二万六百五十七两二钱三分。

一、除第四册发新疆牛痘、医药各局医生工食、跟役、通事、火夫口粮、药资等项银七千九百八十四两八分七厘。

一、除第五册发罗布淖尔善后局津贴、招徕户民迁徙川资，并修盖房屋、农器银三千九百五十七两。

一、除第六册发罗布淖尔善后局安设英格可立等处四驿书夫口食、马匹料草、站价、购买马匹价值，暨孔雀河渡船水手口食、修造渡船工料等项银一千七百六十两五钱一分五厘。

一、除第七册发伊犁、塔尔巴哈台各旗员赴任、回旗及回子王、土尔扈特郡王、台吉、棍噶札拉参呼图克图等进京往返车马脚价、口分银二千六百九十七两四钱五分九厘。

一、除第八册发假遣残废弁勇并病故员弁灵柩回籍车脚、夫价等项银二千七百三十一两七分二厘。

以上八款，共支发新饷平银九万二千九百七十五两八钱六分。

一、除拨发新疆各处城署工程并罗布淖尔修造驿房、官店经费银九万两。

以上一款，计拨发新饷平银九万两。

统共开除新饷平银一十八万二千九百七十五两八钱六分，内除拨发各处工程经费银九万两，仍由新疆粮台另案造报外，其余支发款内应由兵部核销罗布淖尔安设驿站书夫、马匹各项经费，供支伊犁、塔尔巴哈台赴任、回旗各员，暨蒙、回郡王、台吉、棍噶札拉参呼图克图等进京往返车马、脚价、廪给、口分，假遣残废弁勇及病故员弁灵柩回籍车脚、夫价等项新饷平银六千八百五两三钱六厘；应由工部核销购办义学纸张、笔墨，罗布淖尔、孔雀河修造渡船工料等项银一千五百三十三两八钱八厘；应由户部核销义学塾师薪水，通商、善后、保甲、稽查局卡、牛痘、医药各局经费，罗布淖尔善后局招徕户民迁徙川资、修盖房屋、农器、津贴，孔雀河渡船水手工食等项银八万四千六百三十六两七钱四分六厘。

实在：截至光绪十六年十二月底止，实存新饷平银六万九千七十五两七钱二分七厘，应归下案接续造报。

（朱批：）览。[①]

一一六　奏明新疆光绪十九年夏秋禾收成分数折

光绪十九年十二月初一日（1894年1月7日）

头品顶戴甘肃新疆巡抚臣陶模跪奏，为查明甘肃新疆光绪十九年夏秋禾收成分数，缮具清单，恭折仰祈圣鉴事。

窃查新疆每年收成分数，历经奏报在案。兹据布政使饶应祺详称：光绪十九年收成分数，据各属先后申报，除莎车州、奇台县被灾地亩不计外，通盘牵算，通省夏禾实在七分有余，秋禾实在七分有余。汇详请奏前来。臣覆核无异，相应缮具清单，恭呈御览。除咨部查照外，谨会同陕甘总督杨昌濬恭折具奏，伏乞皇上圣鉴。谨奏。光绪十九年十二月初一日。

（朱批：）知道了。[②]

光绪二十年正月初二日，奉朱批：知道了。钦此。[③]

---

① 台北故宫博物院藏：军机及宫中档，文献编号：129845-0-A。
② 台北故宫博物院藏：军机及宫中档，文献编号：408002839。
③ 台北故宫博物院藏：军机及宫中档，文献编号：129843。

一一七　呈新疆光绪十九年
夏秋禾收成分数清单

光绪十九年十二月初一日(1894年1月7日)

　　谨将甘肃新疆光绪十九年各属夏秋禾收成分数，开具清单，恭呈御览。

　　计开：

　　夏禾约收九分者：疏附县、叶城县。

　　约收八分者：镇西厅、精河厅、库车厅、英吉沙尔厅、玛喇巴什厅、温宿州、疏勒州、莎车州、拜城县、于阗县。

　　约收七分者：吐鲁番厅、喀喇沙尔厅、乌什厅、和阗州。

　　约收六分者：绥来县、宁远县。

　　约收五分者：哈密厅、库尔喀喇乌苏厅、迪化县、昌吉县、阜康县、奇台县、绥定县、济木萨县丞。

　　约收四分者：呼图壁巡检。

　　秋禾约收九分者：精河厅、温宿州、昌吉县、叶城县。

　　约收八分者：吐鲁番厅、玛喇巴什厅、莎车州、拜城县、疏附县、于阗县。

　　约收七分者：喀喇沙尔厅、乌什厅、英吉沙尔厅、疏勒州、和阗州、绥来县。

　　约收六分者：库尔喀喇乌苏厅、库车厅、迪化县、奇台县、济木萨县丞。

　　约收五分者：阜康县、宁远县、呼图壁巡检。

　　约收四分者：哈密厅、绥定县。

再,镇西厅天气蚤寒,向不种植秋禾,故无分数。塔尔巴哈台甫经招垦,尚未据报。合并声明。

(朱批:)览。①

一一八 奏报镇迪道黄光达饬赴新任片

光绪十九年十二月初一日(1894年1月7日)

再,升补镇迪道兼按察使衔丁振铎业经到省,应即饬赴新任。现署镇迪道兼按察使衔黄光达,应即饬赴喀什噶尔道本任,各专责成。除分别檄饬遵照外,谨会同陕甘总督臣杨昌濬附片具奏,伏乞圣鉴。谨奏。

(朱批:)知道了。②

光绪二十年正月初二日,奉朱批:知道了。钦此。③

一一九 请准张云辉等留甘补用片

光绪十九年十二月初一日(1894年1月7日)

再,新疆从前征剿出力各武员,迭经奏留新疆补用在案。兹查有记名提督张云辉、记名总兵唐加奇、张俊三、尽先推补副将李策胜、留湖广督标尽先补用副将李应章、副将衔补缺后补用副将留江西尽先补用参将周陞朝、副将衔尽先补用参将蒲应龙、副将衔尽先推补参将沈义堂、补缺后补用副将尽先补用参将王桂林、补缺后补

① 台北故宫博物院藏:军机及宫中档,文献编号:129843-0-A。
② 台北故宫博物院藏:军机及宫中档,文献编号:408002839-0-A。
③ 台北故宫博物院藏:军机及宫中档,文献编号:129847。

用副将尽先推补参将贺福春、尽先补用游击宋得胜、汤若南、补缺后仍归原标补用游击河南抚标尽先补用都司田兰亭、尽先补用都司焦复兴、陈泗海、归四川提标云骑尉世职都司衔补缺后补用都司补用守备唐宝臣、补缺后补用都司尽先补用守备刘兴顺、都司衔补缺后补用都司河南归德镇标尽先即补守备曾殿明、都司衔尽先补用守备萧德益等十九员，在新疆效力有年，边情熟悉，合无仰恳天恩，俯准将记名提督张云辉等十九员均以原官原衔留于甘肃新疆尽先补用，于边防、营伍实有裨益。

除饬将履历清册咨部查照并俟续查有应行留省人员随时奏请外，谨会同陕甘总督臣杨昌濬附片具陈，伏乞圣鉴训示。谨奏。

（朱批：）着照所请，兵部知道。①

光绪二十年正月初二日，奉朱批：着照所请，兵部知道。钦此。②

一二〇　酌拟塔城营制、饷章请饬立案折

光绪十九年十二月初三日（1894 年 1 月 9 日）

臣长庚、臣陶模、臣富勒铭额跪奏，为遵照部议酌拟塔城营制、饷章，谨按岁分饷数，核实立案，汇缮清单，恭折覆陈，仰祈圣鉴事。

窃臣等承准户部咨：议覆伊犁将军长庚等会奏塔城实需饷数，谨再行划分，并筹拨驿站经费等因一折，奉朱批：户部议奏。钦此。钦遵由军机处钞交到部。臣部伏查光绪十四年至十六年塔尔巴哈

---

① 台北故宫博物院藏：军机及宫中档，文献编号：408002839-0-B。
② 台北故宫博物院藏：军机及宫中档，文献编号：129846。

台兵饷，每年拨银二十九万两。自十七年起，新疆巡抚与驻塔尔巴哈台副都统将兵数、饷数划分，各得银十四万五千两。该副都统叠称不敷，奏请加拨。嗣因巡抚用款较少，每年节省银二万二千两。今据该将军、督抚、副都统会奏，以巡抚之所余补副都统之不足，计巡抚应分饷装并驿站经费共银十二万七千两，副都统应分廉俸、饷装、公费等项共银十六万三千两，仍不逾原定二十九万之额。臣部公同商酌，自应照准。至款目细数，尚未报部，应请饬下驻塔尔巴哈台伊犁副都统迅将款目细数章程，详细酌定，报部立案，于光绪十九年五月初八日具奏，奉旨：依议。钦此。钦遵等因。咨行前来。自应遵照办理。

臣等伏查塔尔巴哈台承平时向由乌鲁木齐、伊犁各城调派换防官兵，自新疆乱后，经前抚臣刘锦棠改设行省，南北两路换防悉数裁撤，塔尔巴哈台安设旗兵一千、汉兵二千。迨光绪十六年，又将汉队一千五百名拨交屯防副将管带，不归参赞大臣节制，塔尔巴哈台仅有索伦一营、绥靖汉队中、右两旗、开花炮队一大哨。而索伦原系伊犁驻防，乱后流寓塔城，经前署伊犁将军荣全①奏明暂安塔城，归复营制，迄今已逾二十三四年，其间历任参赞大臣改为练军，将索伦官兵挑拨三百二十二员名，充选锋左、右两翼，又挑一百

---

①　荣全（？—1880），瓜尔佳氏，满洲正黄旗人。咸丰元年（1851），承袭一等威勇侯。翌年，充二等侍卫、大门上行走。四年（1854），晋头等侍卫。六年（1856），补乾清门侍卫。次年，任侍卫副班长。九年（1859），署尚茶正。十一年（1861），授塔尔巴哈台额鲁特部落领队大臣，加副都统衔。同治三年（1864），调补喀拉沙尔办事大臣。同年，转伊犁额鲁特领队大臣。四年（1865），补伊犁参赞大臣。次年，兼署镶红旗蒙古副都统、伊犁将军。六年（1867），调乌里雅苏台参赞大臣。光绪四年（1878），补镶红旗蒙古副都统，兼镶白旗护军统领、右翼监督。五年（1879），补右翼前锋统领，管理健锐营事务。同年，授三旗虎枪领。六年（1880），卒于任。

二十人充绥靖右营马队，其余闲散壮丁并无养赡，自耕自食。是索伦一营零星分布，废弃旧制，以致官非实缺，兵无披甲，委令虚衔人员管带，久而不知旗务，遇事难以责成。每月领饷仅照荣全奏定军营章程，营总月支口分二十九两，札兰队官十八两，委官、委笔帖式十二两，教习九两，队长七两，队兵六两三钱。以领队大臣委为统领，月支口分，统费一百八十两。综计选锋营官兵口分与满营制饷正等，何须常年以军营为名，不循旧章，殊非经久之道。该索伦驻扎塔城有年，生齿日繁，安土难迁。伊犁、塔尔巴哈台同为边疆重地，幅员辽阔，东北至科布多、哈巴河、阿勒泰山，东南至库尔喀喇乌苏、精河，南至伊犁博罗塔拉，西北紧与俄境毗连，外夷环居，防务不容少懈，实有兵单不敷分布之势，是以已故副都统额尔庆额前有奏添汉队一千名之请，业经兵部议准。旋经户部以添兵必须添饷，当此库款奇绌，应就现有马步督饬训练等语。

臣等再四熟筹，现当军务平定之后，亟图规复旧制，用垂久远，若由远处招募汉队，设立军营，徒滋繁费，终非久计。或由内地调拨驻防满营官兵，更匪易易。此项索伦久驻塔城，熟悉边情，且从前屡次出力，战功最著，舍此别无精壮得力之兵。而该索伦旧制饷薄，不足以赡身家，与其设立行营，徒糜饷项，兵无实济，不如改设满营，驻防塔城，以固疆圉而资整理。官则照品给俸，兵则按等支饷，将来于报部核销，遵照定例，俾昭核实。即该官兵咸知为塔城永远驻防，于营务安心整顿，于操防实力讲求，简练军实，捍卫边陲，以期得力。该索伦人性朴诚，昔在伊犁打仗奋勇，素称劲旅。嗣因布伦托海难民变乱，剿捕歼除，尤赖其力，以之安设满营驻防，诚为塔城屏蔽。臣等仰蒙圣恩，畀以边疆重寄，凡有关于地方兴复事宜，靡不悉心筹度，妥为经营；体察情形，亟须先从旗营着手，次第整顿，应将选锋营一律裁撤。

查索伦营现有人丁二千数百名，内拣拔精壮官兵一千十八员名，拟请分设左、右两翼协领二员，编列八旗，每旗设佐领、防御、骁骑校各一员，前锋校、前锋、催总、领催、马步甲、养育兵等九百九十二名。安设塔城驻防满营，即照伊犁新满营章程支给俸饷，以协领兼充左、右两翼前锋、步军翼长，佐领兼充营总，防御、骁骑校兼充队官，前锋校、前锋兼充队长，催总、领催兼充教习，管理兵丁钱粮、户口事宜；马甲兼充队兵。均不另支口分，责成该协领等于春秋二季督饬勤加操练，演习枪炮、马步骑射，庶于旗务可期复旧，操防不致废弛。该官兵应支俸饷之外，尚有本色粮料。塔城既鲜户民，地方官势不能供支，估价采买每年约需银二万有奇，更无款筹办。臣富勒铭额亲履塔城各屯工地查看，上下西伯图、都伦渠、塔布图、科柯莫多、溜开升地共六屯，不与民户交涉，现有索伦闲散人等耕种，拟将此项屯地每两旗拨给一屯半，令其轮流耕种，收获粮石即抵该官兵本色粮料。三年之后如果办有成效，每兵一名令其交粮一石存仓，以备不虞，或补充马匹、办公之用。其余新地三十里堡、南湖等处地亩，拨归塔城抚民同知，招户屯垦，试行开办，寓兵于农，两有裨益。

额鲁特营经前任参赞大臣英廉[①]奏定，规复旧制官兵一千六

[①] 英廉（？—1900），蒙古正蓝旗人。咸丰三年（1853），任笔帖式。六年（1856），补护军校。同治元年（1862），委护军参领。三年（1864），以参领尽先即补，赏戴花翎。同治四年（1865），调正蓝旗蒙古护军参领。五年（1866），以副将遇缺尽先即补。次年，管带八旗汉军排枪队。七年（1868），记名以副都统用。十年（1871），擢伊犁帮办大臣，以副都统遇缺题奏。十二年（1873），加副都统衔，旋调补塔尔巴哈台参赞大臣。光绪三年（1877），赏加头品顶戴。八年（1882），调神机营全营翼长，补镶白旗护军统领。九年（1883），调补正蓝旗汉军副都统，署马兰镇总兵、总管内务府大臣。十年（1884），授马兰镇总兵，兼总管内务府大臣。二十年（1894），迁镶红旗汉军副都统、八旗汉军炮队专操大臣。二十六年（1900），卒于任。

百六十七员名。嗣经锡纶将额鲁特官兵挑拨选锋前、后两翼三百二十二员名，派充东、南两路台卡当差官兵五百一十余员名，在原游牧当差官兵八百三十余员名。十数年来，索伦、额鲁特两营旧制废弛，兹将选锋营一律裁撤，臣等遵照部议，就饷设兵，拟挑留额鲁特精壮官兵一千四百四十三员名，仍饬规复旧制，照支例饷。其余老弱二百二十余员名，饬令裁汰，以节饷糈。至东、南两路台卡二十二处，每台卡原派委札兰一员、委章盖一员、委昆都一员、兵二十五名，共计官兵六百一十六员名。现拟酌留委札兰二员、委章盖二十二员、委昆都二十二员、兵三百三十名，裁撤官兵二百四十员名。惟前准部咨，将塔城南路军台十处改设驿站，拨归巡抚，饬令地方官经理，业已饬委接办，现尚未据接管，俟该同知接管后，另行奏报。

其塔城仍旧设卡十处，并东路卡伦十二处，均由额鲁特营派拨官兵驻守，照章支给盐菜、马干。旧随参赞大臣文武委员、马步亲兵共一百员名，并刍牧、樵采蒙兵二百名，现拟酌留文武委员三十员，以资襄办营务、文案、粮饷等处，并中俄交涉、东北路哈巴河、阿勒泰山防营事务。其余马步亲兵、刍牧、樵采蒙兵悉数裁撤，以节糜费。绥靖汉队中、右马步两旗五百人，遵照部议裁减正勇五十名，节省银两，解交部库。开花炮队一大哨一百二十人，均照奏定章程办理。

所有该营旗官、哨官先行委员管带，并索伦改设驻防满营，恭候命下之日，再行拣员充补，以专责成。其印务、驼马等处，概将行营章程裁撤，遵照定章设立，以复旧制。满、汉营应需差操马、开花炮队驾车马匹、倒马例价、台卡马干，均照定章办理。旧有神机营官兵军械局、火药库，每年春秋祭祀，循例呈递贡马，巡查卡伦、边界,三年会查牌博一次,会办中俄积案一次,出差官兵津贴、阅操赏需、制造洋药、火药、修理洋枪、军器匠役、官医生、采买折料、纸张、钢铁、铜帽,并遇闰年份应加饷银以及未能预计各项,悉照原案核实供支,搏节动用,仍不逾十六万三千两之额。合无仰恳天恩,俯念塔城极边重地,准将索伦营安设驻防满营,以固疆图而资整顿,出自逾格鸿施。

谨将裁撤选锋五营就饷设兵、规复旧制,按现定新饷数目,分晰立案,汇缮清单,恭呈御览,仰恳饬部立案。所有已故副都统额尔庆额任内收支各款,截至此次立案以前,仍照原案开报,以免缪辖而清界限。其余未尽事宜,容俟查明,再行奏请办理。

所有遵照部议,酌拟塔城营制、饷章,谨按岁分饷数,核实立案各缘由,是否有当,除造具细册咨部查核外,谨合词恭折具奏,伏乞皇上圣鉴训示。再,此折系臣富勒铭额主稿。合并声明。谨奏。光绪十九年十二月初三日。

(朱批:)该部议奏。单并发。①

光绪二十年正月十四日,奉朱批:该部议奏。单并发。钦此。②

一二一　呈酌拟塔城营制、饷章清单

光绪十九年十二月初三日(1894年1月9日)

谨将遵照部议酌拟塔城营制、饷章,谨按现定饷数,核实立案,汇缮清单,恭呈御览。

---

①　中国第一历史档案馆藏:朱批奏折,档案编号:04-01-01-0991-043。
②　台北故宫博物院藏:军机及宫中档,文献编号:130017。

一、索伦营拟设左右两翼，编列八旗，规复营制，照满营章程办理，左右翼协领二员，八旗佐领八员，防御八员，骁骑校八员，前锋校八名，前锋三十二名，催总八名，领催三十二名，马甲六百八十八名，炮手十六名，匠役十六名，步甲一百四十四名，养育兵四十八名，统共官兵一千十八员名，义学二堂。岁支廉饷、粮折、马干、折色、束脩、公费等项，共银六万七千六百三十七两三钱零。岁需本色京石口粮小麦一万五千三百九十三石、本色京石马料三千七百三十八石零，遇闰加增在外。

一、额鲁特营规复旧制，总管一员，副总管二员，佐领十员，骁骑校十员，游牧委笔帖式二员，字识二名，各月支口分银四两。委官领催五十名，甲兵四百五十名，内蓝翎通事三名。半甲九百十五名，休致营总一员。统共官兵一千四百四十三员名。其余老弱兵丁二百二十四名均已裁撤，以节饷糈。理合登明。岁支俸饷、钱粮、盐菜等项银一万四千三百一十三两，遇闰加增在外。

一、绥靖城守中营步队一旗，计员弁勇丁三百一十七员名，旗官都司一员，营书三名，中哨哨长千总一员，左右两哨哨长把总二员，巡查经制外委一员，亲兵什长、额外外委四名。各哨什长二十四名，亲兵四十四名，哨书护兵十五名，正勇一百九十名，伙勇三十二名，私夫在外。遵照部议，裁减正勇五十名。理合登明。

一、绥靖城守右营马队一旗，计员弁勇丁一百二十六员名，旗官守备一员，营书二名，左右哨哨长把总二员，巡查经制外委一员，亲兵领旗额外外委三名。各哨领旗八名，亲兵二十七名，哨书护兵十名，马勇七十二名。火夫、私夫各十四名，均在外。

以上绥靖城守马步两旗，计员弁勇丁四百四十三员名，岁支廉俸薪蔬、纸红、马干、口分等项，共银二万九千九百一十二两二钱零，公费银五百五十两，遇闰加增在外。

一、开花炮队一大哨，计员弁勇夫一百十八员名，开花炮五尊，格林炮二尊，旗官守备一员，营书一名，把总一员，巡查经制外委一员，护兵四名，什长六名，炮勇八十四名，火夫八名，炮车七架，车夫共十二名，驾车马共四十八匹，私夫在外。岁支廉俸、薪蔬、纸红、马干等项，共银七千七百二十二两四钱零，遇闰加增在外。

一、塔城东、南两路沿边台卡二十二处，每台卡委章盖一员，委昆都一员，每台卡兵十五名。东、南两路共设委札兰二员，照旧案裁撤官兵二百四十名。每台卡补差马十七匹，春冬两季每匹每月干银一两。又，例马照案准一分五厘，倒毙每匹给价银八两，应缴皮脏变价银五钱，照新疆省城成案一律办理，理合登明。岁支盐菜、马干等项，共银一万七百二十三两九钱零，遇闰加增在外。

一、参赞大臣一员，岁支养廉银一千五百两，月支办公、薪水银一百五十两，岁共支银三千三百两。裁撤刍牧、樵采蒙兵二百名，以节糜费，理合登明。

一、额鲁特游牧领队大臣一员，岁支养廉银九百两、本色粮合粗粮五十一石七斗九升六合八勺。又，副都统衔俸银、米折、马干、随甲等项银六百六十三两，俸米七十七石五斗。岁共支俸廉、本折米面、折价等项银一千七百五十二两八钱零。领队档房委笔帖式一员，月支盐菜银三两，加增银二两。裁撤行营口分、统费，理合登明。

一、塔城印务处京员章京一员，岁支俸银六十两，月支盐菜银十五两，加增银十两。跟役六名，官役各日支口粮面一斤。帮办章京一员，照经制笔帖式例，岁支俸银二十一两一钱一分四厘，月支盐菜银八两，加增银四两。跟役二名，官役各日支口粮面一斤。委笔帖式二员，各月支盐菜银三两，加增银二两。每员跟役二名，官役各日支口粮面一斤。满贴写六名，各月支工食银四两八钱。书吏一名，月支工食银四两八钱，日支口粮面一斤。贴书六名，各月支工食银三两六钱，各日支口粮面一斤，办公心红银十两。

一、粮饷处章京一员，岁支俸银六十两，月支盐菜银十五两，加增银十两。跟役六名，官役各日支口粮面一斤。帮办章京一员，照经制笔帖式例，岁支俸银二十一两一钱一分四厘，月支盐菜银八两，加增银四两。跟役二名，官役各日支口粮面一斤。委笔帖式二员，各月支盐菜银三两，加增银二两。每员跟役二名，官役各日支口粮面一斤。满贴写三名，各月支工食银四两八钱。书吏一名，月支工食银四两八钱，日支口粮面一斤。贴书四名，各月支工食银三两六钱，各日支口粮面一斤，办公心红银十两。

一、驼马处章京一员，岁支俸银六十两，月支盐菜银十五两，加增银十两。跟役六名，官役各日支口粮面一斤。帮办章京一员，照笔帖式例，岁支俸银二十一两一钱一分四厘，月支盐菜银八两，加增银四两。跟役二名，官役各日支口粮面一斤。委笔帖式一员，月支盐菜银三两，加增银二两。跟役二名，官役各日支口粮面一斤。满贴写二名，各月支工食银四两八钱。书吏一名，月支工食银四两八钱，日支口粮面一斤。贴书二名，各月支工食银三两六钱，各日支口粮面一斤，办公心红银十两。

一、办理中俄交涉通商事宜边防印务章京一员，岁支俸银六十两，月支盐菜银十五两，加增银十两。跟役六名，官役各日支口粮面一斤。委笔帖式一员，月支盐菜银三两，加增银二两。跟役二名，官役各日支口粮面一斤。满贴写二名，各月支工食银四两八钱。书吏一名，月支工食银四两八钱，日支口粮面一斤。贴书二名，各月支工食银三两六钱，各日支口粮面一斤。该处办理交涉事务，照光绪五年奏定章程，设蒙古通事二名，各月支口分银五两，有马亲兵五名，各月支口分银七两。步兵十名，各月支口分银三两，办公津贴银四十两。

一、哈巴河防营营务处兼办阿尔泰山事务一员，照奏案月支口分银二十七两。办事文案委员一员，月支口分银十六两。蒙古、哈萨克通事四名、步兵十名，各月支口分银三两。

以上五处合计岁支盐菜、工食、口分、津贴等项，共银六千六百三十九两三钱四分二厘，白面二万五千八百四十二斤，按塔城市价每斤折银一分五厘，共应支面价银三百八十七两六钱三分。共总应支银七千二十六两九钱，遇闰加增在外。

一、参赞大臣旧有随带文武委员、差官、马步亲兵一百员名，现拟裁撤七十员名，酌留三十员，内总理管务折奏、文案、粮饷委员三员，各月支口分银二十七两、津贴银十六两、伙食银八两。文委员十三员，各月支口分银八两、津贴银四两。武委员十四员，各月支口分银八两。岁共支银五千五十二两，内有神机营官兵分派各处办事当差，均不另支口分。理合登明。

一、满营八旗前锋、领催、马甲兵共七百六十八名，额设差操马七百六十八匹，拟仿古城满营章程，每旗拴喂马十二匹，共马九十六匹，每匹每年照例准销三分，共应倒马二十八匹八分，其余差操马每年准销二分，共倒马一百三十四匹四分。每年补立马价银照新疆省城办过成案，每匹给价银八两，应缴皮脏变价银五钱，计八旗岁需倒马价银一千二百二十四两。

一、绥靖城守右营马队一旗，额设骑操马一百二十三匹，开花炮队拉车马四十八匹，均每年准倒毙三分，每匹价银八两，应缴皮脏变价银五钱，岁共需银三百八十四两七钱零。

一、塔城每年十批饷银，照案应摊自兰州解饷委员川资银三百两，按十六万三千两，新省换用鞘匣，每个工料银四钱二分，运饷大车以及钉皮、纸张每年共需银八百五十八两零。

一、参赞、领队每年春秋二季轮流巡查边卡各一次，每次随带官二员，每员盐菜银三两；通事二名，各给盐菜银二两；兵五十名，各给盐菜银一两七钱五分。共需银一百九十五两。

一、自分界后奏定三年会查牌博一次，派出官兵盐菜、口粮以及补修界牌、鄂博共需银三百两，每年合用银一百两。

一、中俄设立司雅仔，奏定三年会办积案一次，派出官兵盐菜、口粮、经费等项，共需六百两，每年合用银二百两。

一、每年进送贡马一次，派出官二员，各月支盐菜银六两；兵十六名，各月支盐菜银一两七钱五分。计往返十个月，共应需盐菜、盘费银四百两。

一、官医生一名，月支劳金银五两，日支口粮白面二斤，每年需银六十两，面七百八斤。按市价每斤一分五厘，共折银十两六钱二分。共银七十两六钱二分，遇闰加增在外。

一、春秋二季致祭社稷、山河、坛庙应需祭品、牲牢共银二百六十六两八钱。

一、每年采买折料、纸张，因新疆各城并无制造折料、纸张匠役，向由折差、贡差、委员由京采办携回应用，共需银四百两。

一、制造洋药、土药匠役二名，各月支口分银八两、津贴银四两，岁共支银二百八十八两。

一、修理洋枪炮匠役一名，月支口分银八两、津贴银四两，岁共支银一百四十四两。

一、每年制办广洋药六千斤，应需银三千六百两。

一、每年制造土、洋药五千斤，合需工料价银二千二百五十两。

一、每年修理枪炮，采买铜铁、钢条、煤炭等项，月需银十两，岁需银一百二十两。

一、每年修补火药库、军器库，估需银六十两。

一、军器局冬春月给煤炭、油烛银六两，夏秋月给银三两，每年共需银五十四两。

一、火药库冬春月给煤炭、油烛银四两，夏秋月给银二两，每年共需银三十六两。

一、每年采买洋枪铜帽四十万粒，共需银四百两。

一、每年采买卷封条、白皮纸二百合，共需银二百一十两。

一、每年操演应用铅丸，需净铅二千七百斤，每百斤采买价银五两五钱，共需银一百四十八两五钱。

以上共岁需银一十五万九千四百六十两零，遇闰加增，约需饷银四千五百余两。尚未估计又改设八旗官兵一千十八员名，照章每年应需本色粮料合价银二万八千六百九十余两，另片奏请由八旗官兵更替屯垦收粮，以抵本色粮料。理合登明。

未能预计如告休官员请准食俸，并出差官兵盐菜、津贴，在差病故官兵请食半饷，以及阅操赏需、杂支费用各款，均未估计，拟由额饷内摒节支用，核实开报。理合登明。

（朱批：）览。①

---

① 台北故宫博物院藏：军机及宫中档，文献编号：130017-0-A。

一二二　请将姚佩贤仍照
原拟定衔给奖片

光绪十九年十二月初三日(1894年1月9日)

再，查接管卷内，已故副都统额尔庆额奏奖两次会办中俄积案出力之双月候选布理问姚佩贤，请俟选缺后，以知州补用，先换顶戴，经吏部议奏：该员双月布理问之案既未核准，碍难核议，应令另核奏明请奖等因，咨行前来。

奴才到任后，据姚佩贤禀称：前于光绪十六年九月在新疆藩司遵照新海防事例变通章程，由六品衔不论双单月选用县丞捐纳银二百八两八钱，请以布理问双月选用，领有司库实收。十七年十二月，准户部咨：新疆新海防捐输第二次请奖案内捐生姚佩贤，应令赴部库补交捐监四成实银，并令声明双单月选用县丞系在湖北滇捐局何次报捐，何时经部覆准。遵于光绪十八年九月在部库补交监生四成实银四十三两，领有部照收执，并呈明双单月县丞系在湖北滇捐局第十二、十三次案内报捐监生以县丞不论双单月选用，光绪六年十二月经部奏准，吏部发给执照在案。是报捐在先，请奖在后，因补交监饷耽延，并无别故等情，具禀前来。

奴才伏查该员两次会办中俄积案，实属异常出力，未便没其微劳。既已查明捐案在前，合无仰恳天恩，俯准仍照原拟底衔双月候选布政司理问姚佩贤请俟选缺后以知州补用，先换顶戴，以示鼓励而免向隅，出自逾格鸿慈。除将该员呈造履历咨部查核外，谨附片具陈，伏乞圣鉴训示。谨奏。

（朱批：）吏部奏议。①

光绪二十年正月十四日，奉朱批：吏部议奏。钦此。②

一二三　皇太后万寿庆典报效经费折

光绪十九年十二月初七日(1894 年 1 月 13 日)

太子少保头品顶戴陕甘总督臣杨昌濬、头品顶戴甘肃新疆巡抚臣陶模跪奏，为情殷报效，恭折仰祈圣鉴事。

窃维光绪甲午年恭逢慈禧端佑康颐昭豫庄诚寿恭钦献皇太后六旬万寿，普天同庆，薄海胪欢。九重尊养，侍椒闱而喜祝长春；百尔趋跄，望枫陛而群思献曝。接读邸钞：直隶督臣李鸿章奏请报效银两，奉旨准其报效。钦此。幸庆典之恭逢，自微诚之同抱。

臣等职领封圻，神驰殿陛，渥蒙恩眷，弥切媚兹。况复风静西陲，同上镜清砥平之颂；恰值星辉海南，共殷衢歌巷祝之忱。恭查乾隆年间点景成案，各直省督抚每省交银三万两。其时甘肃附入陕西，今新疆行省初立，应即附入甘省。诗咏台莱，绳祖武则万年有道；情抒葵藿，式成宪而百世如新。臣等与将军、副都统、领队暨提、镇、司、道文武各官商酌，莫不鼓舞欢欣，沆瀣一气。谨公同筹备银四万两，以助添设地段、点缀景物之需。吁恳恩准赏收，俾得共展悃忱，莫名欢忭。

再，查分段点景向由各督抚派员来京，会同办理。惟甘肃新疆

---

① 中国第一历史档案馆藏：朱批奏片，档案编号：04-01-16-0241-099。
② 台北故宫博物院藏：军机及宫中档，文献编号：172473。

僻居边徼，远隔君门，诚恐所派之员诸多隔阂，临事周章，可否俯准照直隶督臣李鸿章前奏，将此项银两饬交内务府办理，抑或仍应派员之处，伏候命下遵行。

所有遵照成案续请报效经费缘由，谨会同宁夏将军臣钟泰、[①] 伊犁将军臣长庚、西宁办事大臣奎顺[②] 合词恭折具陈，伏乞皇上圣鉴，训示施行。谨奏。光绪十九年十二月初七日。

（朱批：）准其报效，听候部拨。该衙门知道。[③]

光绪十九年十二月二十五日，奉朱批：准其报效，听候部拨。该衙门知道。钦此。[④]

---

① 钟泰（1833—1902），爱新觉罗氏。咸丰元年（1851），于宗人府效力，充七品笔帖式。八年（1858），署理主事。九年（1859），补宗人府经历。同治元年（1862），补副理事官。四年（1865），兼充步军统领衙门行走。七年（1868），加四品卿衔。九年（1870），授杀虎口监督。十二年（1873），升正理事官。光绪二年（1876），署理正黄旗汉军副都统。三年（1877），授正白旗蒙古副都统。五年（1879），兼署镶黄旗汉军副都统、备查坛庙大臣、管理健锐营事务。六年（1880），迁右翼监督，署正蓝旗汉军副都统，兼署正黄旗护军统领。同年，调正红旗满洲副都统，管理正红旗满洲专操大臣。七年（1881），兼署镶蓝旗护军统领。同年，调补广州汉军副都统。十三年（1887），兼署广州左翼副都统。十四年（1888），擢宁夏将军。二十八年（1902），调补绥远城将军。同年，卒于任。

② 奎顺（1846—？），满洲正蓝旗人，监生，捐纳贡生。同治九年（1870），捐笔帖式。次年，保主事、员外郎。十二年（1873），签分户部员外郎。光绪元年（1875），监修普祥峪工程。三年（1877），补户部员外郎，加四品衔。五年（1879），升补户部郎中。九年（1883），充捐纳房帮办，调户部江南司郎中。十一年（1885），放甘肃甘凉道。十三年（1887），署西宁办事大臣。十八年（1892），迁西宁办事大臣，加副都统衔。二十五年（1899），迁正黄旗汉军副都统、马兰镇总兵官兼总管内务府大臣。二十六年（1900），调镶白旗汉军副都统。同年，授察哈尔都统。三十年（1904），补乌里雅苏台将军。三十一年（1905），调补正蓝旗汉军都统。

③ 中国第一历史档案馆藏：朱批奏折，档案编号：04-01-14-0087-100。

④ 中国第一历史档案馆藏：录副奏折，档案编号：03-5558-059。

一二四　请准进京祝嘏折

光绪十九年十二月十三日(1894年1月19日)

头品顶戴甘肃新疆巡抚臣陶模跪奏,为恭逢庆典,吁请进京祝嘏,虔展微忱,仰祈圣鉴事。

窃以璇宫益算,纪圣寿之六旬;玉陛称觥,合欢心于万国。钦惟慈禧端佑康颐昭豫庄诚寿恭钦献皇太后麻凝泰运,德业坤元,覆帱寰中,敷仁泽而八埏向化;经纶天下,衍宝祚而万禩垂型!徽音昭巍焕之光,康疆逢吉;颐养极冲和之量,福禄来崇。惟群伦永戴慈晖,斯一人克隆郅治,皇上大廷展礼,至德尊亲,率百官进奏,箫韶声谐,舜轸越九泽,咸轮琛赆,躬献尧门。备物承欢,遂圣人之养志;祝釐笃庆,欣寿宇之增辉。

臣幸际昌期,愿瞻巨典,膺疆寄而遥供职守,久睽冠裳玉帛之班;遵懿训而祗切钦承,未效球琳琅玕之贡。惟有亲趋丹阙,介眉获缀于鹓行;入觐彤闱,稽首虔伸夫虎拜。谨摅诚悃,伏冀恩俞。臣无任鼓舞欢忻待命之至。

所有微臣吁请进京祝嘏缘由,理合恭折具陈,伏乞皇上圣鉴训示。谨奏。光绪十九年十二月十三日。

(朱批:)已有旨。[1]

光绪二十年二月初三日,奉朱批:已有旨。钦此。[2]

---

[1]　台北故宫博物院藏:军机及宫中档,文献编号:408002843。

[2]　台北故宫博物院藏:军机及宫中档,文献编号:130388。

一二五　奏报新疆光绪十九年九月雨水、粮价折

光绪十九年十二月十八日(1894 年 1 月 24 日)

　　头品顶戴甘肃新疆巡抚臣陶模跪奏，为恭报光绪十九年九月份粮价并得雨雪情形，谨缮折具陈，仰祈圣鉴事。

　　窃照光绪十九年八月份各厅州县粮价并得雨雪情形，业经臣奏报在案。兹据新疆布政使饶应祺详称：本年九月份，镇迪道属迪化得雨，入土四寸，得雪积地三寸；昌吉、阜康、绥来、奇台得雨，入土三寸；库尔喀喇乌苏得雨，入土二寸；镇西微雪。伊塔道属塔尔巴哈台得雨，入土四寸，得雪积地一寸；宁远得雪，积地三寸；精河微雪，绥定微雨。南路拜城得雨，入土二寸；库车微雨。余未得雨雪。至通省粮价，库车、阜康、绥定、拜城等厅县俱与上月相同，余均略有增减。汇详请奏前来。

　　理合恭折具陈，并缮粮价清单，敬呈御览，伏乞皇上圣鉴。谨奏。光绪十九年十二月十八日。

　　(朱批:)知道了。[1]

　　光绪二十年正月二十一日，奉朱批:知道了。钦此。[2]

一二六　呈新疆光绪十九年九月粮价清单

光绪十九年十二月十八日(1894 年 1 月 24 日)

　　谨将新疆各属光绪十九年九月份米粮时估价值，缮具清单，恭

---

①　台北故宫博物院藏:军机及宫中档，文献编号:408002841。

②　台北故宫博物院藏:军机及宫中档，文献编号:130153。

呈御览。

计开九月份：

镇迪道属：

迪化县：大米每京石价银二两七钱一分三厘，较上月增七分。小麦每京石价银一两八钱五厘，较上月增二钱一分三厘。豌豆每京石价银一两四钱七分六厘，较上月增二钱一分六厘。青稞每京石价银一两三分五厘，与上月相同。

昌吉县：大米每京石价银二两八分，较上月增一钱七分六厘。小麦每京石价银一两二钱三分六厘，较上月增一钱七分六厘。豌豆每京石价银八钱八分三厘，较上月增一钱七分六厘。青稞每京石价银七钱一分七厘，与上月相同。

阜康县：粟米每京石价银一两四钱一分五厘，小麦每京石价银一两五钱五分六厘，豌豆每京石价银一两四钱一分五厘，高粱每京石价银一两六分一厘，俱与上月相同。

绥来县：大米每京石价银二两四分二厘，较上月增四分四厘。小麦每京石价银一两四钱四分九厘，较上月增二钱二分一厘。豌豆每京石价银一两二钱六分七厘，较上月增二钱二厘。高粱每京石价银七钱四厘，较上月增六分四厘。

奇台县：大米每京石二两五钱八分九厘，较上月减一钱七分二厘。小麦每京石价银一两四钱八分六厘，较上月减二钱一分二厘。豌豆每京石价银一两三分四厘，较上月减一钱四分。

吐鲁番直隶厅：小麦每京石价银一两五钱六分六厘，较上月增一钱五分。大麦每京石价银五钱六分，较上月减一钱八分六厘。高粱每京石价银一两四分，较上月增七分五厘。黄豆每京石价银一两五钱三分，与上月相同。

镇西直隶厅：小麦每京石价银一两一钱二分，较上月增八分。豌豆每京石价银一两，与上月相同。青稞每京石价银六钱一分，较上月增五分。

哈密直隶厅：粟米每京石价银一两四钱四分，与上月相同。小麦每京石价银一两二钱四分二厘，较上月减一钱七分九厘。豌豆每京石价银一两二钱六分，与上月相同。青稞每京石价银九钱五分九厘，较上月增七分三厘。

库尔喀喇乌苏直隶厅：小麦每京石价银一两四钱一分五厘，较上月增一钱八分。豌豆每京石价银一两五钱二分三厘，较上月增一钱三厘。高粱每京石价银九钱八分三厘，较上月增一钱五厘。

伊塔道属：

绥定县：大米每京石价银四两二钱一分八厘，小麦每京石价银一两六钱五分六厘，大麦每京石价银八钱三分二厘，豌豆每京石价银一两四钱四分，俱与上月相同。

宁远县：大米每京石价银三两七钱，较上月增一钱四分八厘。小麦每京石价银一两四钱五分，与上月相同。大麦每京石价银七钱八分一厘，与上月相同。豌豆每京石价银一两四钱四分，较上月减一钱四分四厘。

塔尔巴哈台直隶厅：小麦每京石价银二两六厘，较上月增三钱三分四厘。大麦每京石价银一两一钱五厘，较上月增七分一厘。豌豆每京石价银一两四钱八分二厘，较上月增七分二厘。

精河直隶厅：大米每京石价银三两，较上月增六分。小麦每京石价银一两三钱三分，与上月相同。大麦每京石价银八钱四厘，与上月相同。豌豆每京石价银一两三钱三分，较上月增一钱四分。

阿克苏道属：

温宿直隶州：大米每京石一两九钱，较上月增一钱九分。小麦每京石一两三分五厘，较上月增一钱七分三厘。大麦每京石价银六钱，与上月相同。包谷每京石价银六钱八分，与上月相同。

拜城县：小麦每京石价银五钱六分九厘，大麦每京石价银三钱五分，豌豆每京石价银三钱九分四厘，包谷每京石价银三钱九分四厘，俱与上月相同。

喀喇沙尔直隶厅：大米每京石价银三两一钱八厘，较上月减一钱四分八厘。小麦每京石价银一两二钱四分二厘，与上月相同。豌豆每京石价银八钱六分四厘，较上月减一钱四分四厘。包谷每京石价银七钱六分八厘，与上月相同。

库车直隶厅：大米每京石价银二两二钱二分，小麦每京石价银五钱九分三厘，豌豆每京石价银六钱一分，包谷每京石价银四钱四分，俱与上月相同。

乌什直隶厅：大米每京石价银二两二钱三分五厘，与上月相同。小麦每京石价银六钱六分，较上月增五分三厘。大麦每京石价银二钱九分九厘，较上月增三分二厘。包谷每京石价银四钱四分五厘，与上月相同。

喀什噶尔道属：

疏勒直隶州：大米每京石三两一钱五分，较上月增一钱五分。小麦每京石价银一两四钱五分四厘，较上月增七分四厘。包谷每京石价银一两八分八厘，与上月相同。高粱每京石价银九钱二分，与上月相同。

疏附县：大米每京石价银三两一钱五分，较上月增一钱五分。

小麦每京石价银一两四钱五分四厘,较上月增七分四厘。包谷每京石价银一两一钱三分九厘,与上月相同。高粱每京石价银九钱二分,与上月相同。

莎车直隶州:大米每京石价银二两四分二厘,较上月减三分。小麦每京石价银八钱五分五厘,与上月相同。大麦每京石价银七钱一分二厘,较上月减三分八厘。包谷每京石价银六钱九分九厘,较上月减一分三厘。

叶城县:大米每京石价银二两五钱五分二厘,与上月相同。小麦每京石价银七钱五分,较上月增五分。包谷每京石价银五钱五分二厘,较上月增四分八厘。青稞每京石价银四钱七分五厘,较上月增二分五厘。

和阗直隶州:大米每京石价银二两一钱,较上月减一钱四分。小麦每京石价银九钱六分六厘,较上月增二分八厘。包谷每京石价银六钱一分四厘,较上月增一分二厘。青稞每京石价银四钱九分七厘,与上月相同。

于阗县:大米每京石价银二两六钱二分二厘,较上月减六分九厘。小麦每京石价银九钱三分八厘,与上月相同。包谷每京石价银五钱七分六厘,较上月减五分一厘。

英吉沙尔直隶厅:大米每京石价银三两四钱九分六厘,较上月减一钱五分二厘。小麦每京石价银一两一钱七分三厘,较上月减六分七厘。大麦每京石价银八钱二分,较上月减四分六厘。包谷每京石价银一两一分八厘,较上月减五分四厘。

玛喇巴什直隶厅:大米每京石价银二两三钱六分八厘,较上月减五钱九分二厘。小麦每京石价银一两一钱四厘,与上月相同。包谷每京石价银七钱六分八厘,与上月相同。

（朱批：）览。①

一二七　请免新疆光绪十三年
以前民欠额粮、籽种折

光绪十九年十二月十八日（1894年1月24日）

头品顶戴甘肃新疆巡抚臣陶模跪奏，为恭逢恩诏，查明新疆各属光绪十三年以前民欠额粮、籽种，谨缮清单，恳恩豁免，恭折仰祈圣鉴事。

窃前护抚臣魏光焘于光绪十五年八月十二日准户部咨：光绪十五年三月十六日，钦奉恩诏，奏准豁免各直省光绪十三年以前民欠钱粮、籽种等项，由各该督抚详细查明该省某州县民欠若干，开单谨奏，均已入奏销实欠在民者为准，有已输在官之光绪十三年以前民欠钱粮，准其流抵正赋等因，当经转行查办在案。兹据新疆布政使饶应祺详称：镇迪道属各厅、县、县丞、巡检并南路温宿州，自光绪九年起至十三年止，总共民欠京斗额粮五千四百七十二石四升一合八勺、京斗籽种三千八百石五斗五合一勺，均系已入奏销，实欠在民，应恳奏请豁免。至前项民欠，查温宿、昌吉、阜康、绥来、济木萨、呼图壁已于十五、六两年共带征八百九十七石五斗九升六勺，系在钦奉恩诏以后，应请流抵正赋，此外各属并无应豁钱粮，造册详请奏咨前来。

臣覆核无异，相应缮单吁恳天恩，准将前项民欠额粮、籽种一律豁免，以广皇仁。其业经带征各款并恳恩准流抵正赋，俟奉谕

---

① 台北故宫博物院：军机及宫中档，文献编号：130153-0-A。

旨,饬司敬刊誊黄,张贴晓谕,用昭实惠。

除将清册咨部外,谨会同陕甘总督臣杨昌濬恭折具陈,伏乞皇上圣鉴训示。谨奏。光绪十九年十二月十八日。

(朱批:)着照所请,户部知道。单并发。[①]

光绪二十年正月二十一日,奉朱批:着照所请,户部知道。单并发。钦此。[②]

一二八　呈新疆光绪十三年以前民欠额粮、籽种恳豁清单

光绪十九年十二月十八日(1894 年 1 月 24 日)

谨将豁免新疆镇迪道属各厅、县、县丞、巡检、南路温宿州光绪十三年以前民欠额粮、籽种并业经带征流抵正赋各数目,缮具清单,恭呈御览。

计开:

迪化县:民欠京斗额粮六百一十七石八斗八升六合四勺。

昌吉县:民欠京斗额粮三百九十石五斗四升九合六勺、京斗籽种四百三十四石二斗四升五合九勺,内十五、十六两年带征京斗额粮四十八石五斗七升二合九勺、京斗籽种四十五石六斗七升八勺。

阜康县:民欠京斗额粮七百九十一石八斗四升九合三勺、京斗籽种一千一百四石八斗四合四勺,内十五、十六两年带征京斗额粮五石六斗六升二合、京斗籽种二石五斗。

---

① 台北故宫博物院藏:军机及宫中档,文献编号:408002844。
② 台北故宫博物院藏:军机及宫中档,文献编号:130152。

绥来县：民欠京斗额粮三十九石二斗一升九合一勺，已于十五年照数带征。

奇台县：民欠京斗额粮七百三十八石一斗八升六合八勺、京斗籽种一千五百八十六石五斗八升四合八勺。

济木萨县丞：民欠京斗额粮六百五十二石三斗七升三合、京斗籽种六百五十九石二斗二升，内十五、十六两年带征京斗额粮三百五十一石六斗八升五合五勺、京斗籽种二百一十六石二斗七升九合。

呼图壁巡检：民欠京斗额粮四十四石九斗八升、京斗籽种一十五石六斗五升，内十六年带征京斗籽种七石一斗五升。

镇西直隶厅：民欠京斗额粮二千一十六石一斗四升六合三勺。

温宿直隶州：民欠京斗灾后额粮一百八十石八斗五升一合三勺，已于十五、十六两年照数带征。

以上通共豁免民欠京斗额粮五千四百七十二石四升一合八勺、京斗籽种三千八百石五斗五合一勺，内十五、十六两年共带征京斗额粮六百二十五石九斗九升八勺、京斗籽种二百七十一石五斗九升九合八勺，应流抵正赋。

（朱批：）览。[1]

一二九　请准张清和借补玛纳斯协副将折

光绪十九年十二月十八日(1894 年 1 月 24 日)

头品顶戴甘肃新疆巡抚臣陶模跪奏，为拣员借补副将要缺，以

---

[1]　台北故宫博物院藏：军机及宫中档，文献编号：130152-0-A。

重边防，恭折仰祈圣鉴事。

　　窃新疆抚属玛纳斯协副将汤秀斋丁忧，光绪十八年七月经臣奏请开缺。旋准兵部咨：该副将员缺系题补之缺，应迅拣合例人员请补等因。该处为省城门户，西达伊犁，北通塔尔巴哈台，地属要冲，五方杂处，巡防、弹压，在在关重，非精明干练、熟悉边情之员，弗克胜任。查有提督衔记名总兵前借补玛纳斯协副将张清和，光绪十六年在任丁继母艰，开缺回籍守制。十八年五月，服满起复，措资来省。臣以边疆正在需才，又系该员服官省份，查照服满副将若系提镇借补仍以提镇发往原省候补定例，奏请以总兵归新疆候补，并恳暂缓引见。奉朱批：着照所请，兵部知道。钦此。钦遵在案。

　　臣查该员谋略优长，办事稳练，在军营年久，随前大学士左宗棠转战数省，极为得力。嗣任玛纳斯协副将，整饬营伍，兵民翕然，以之借补斯缺，洵堪胜任，人地亦极相宜。合无仰恳天恩，俯准仍以记名总兵张清和借补玛纳斯协副将员缺，实于边防有裨。如蒙俞允，并恳饬部先给署札，俟防务大定，并案给咨送部引见，以符定例。

　　除饬取履历清册咨部外，谨会同陕甘总督臣杨昌濬恭折具陈，伏乞皇上圣鉴训示。谨奏。光绪十九年十二月十八日。

　　（朱批：）兵部议奏。[1]

　　光绪二十年正月二十一日，奉朱批：兵部议奏。钦此。[2]

---

　　[1]　台北故宫博物院藏：军机及宫中档，文献编号：408002845。
　　[2]　台北故宫博物院藏：军机及宫中档，文献编号：1301160。

一三〇　总兵舒万胜等保　　案有误请饬更正片

光绪十九年十二月十八日(1894年1月24日)

再，据补用总兵舒万胜禀称，该员于克复安徽黟县、建德等城案内由蓝翎千总保尽先补用守备，并换花翎。嗣于陕西全境肃清案内，误由副将衔尽先补用参将累保今职。又，据都司衔尽先补用守备萧德益禀称，该员于克复吐鲁番满、汉两城案内，由蓝翎千总保尽先补用守备，并加都司衔，原奉行知缮作"得益"。请附奏递减、更正各等情前来。

臣覆核无异。合无仰恳天恩，俯准将舒万胜于陕西全境肃清案内准保免补参将以副将尽先补用，改为免补守备，以都司尽先补用；关陇肃清案内准保以总兵升用，改为以游击升用；新疆南北两路荡平案内准保以总兵补用，改为以游击补用；萧德益于克复吐鲁番满、汉两城准保都司衔守备案内所缮"得益"改为"德益"，饬部分别递减、更正，出自鸿施。

除咨部外，谨附片具奏，伏乞圣鉴训示。谨奏。

（朱批：）兵部议奏。[1]

光绪二十年正月二十一日，奉朱批：兵部议奏。钦此。[2]

---

①　台北故宫博物院藏：军机及宫中档，文献编号：408002845-0-A。

②　台北故宫博物院藏：军机及宫中档，文献编号：130157。

一三一　奏报光绪十九年库车地震大概情形片

光绪十九年十二月十八日(1894 年 1 月 24 日)

再，据库车厅同知刘人偀禀报：光绪十九年十一月初十日卯刻，该厅忽然地震，簸荡摇撼，莫可名状。连震十余次始定，此后又接续微震，至二十日方止。踏勘城关内外，并分查各乡，计厅城城身开裂，倒口数处，城楼角亭、女墙、垛口及同知、照磨两署、守备营署、兵房，各庙宇、义塾、监狱、驿房、官店、粮仓、军装局、电线报房，或全行坍塌，或开坼欹斜。回子郡王住房、礼拜寺半已倾塌，城关及各乡民房均有倒损，北乡较甚。综计共倒民房五百五十六间，压毙男女九丁口，压伤三十三名等情前来。当饬藩司委员前往勘验，一面批由该厅查明被灾各户，暂各给银一两，架搭芦棚，以便栖止；压毙各丁口每名给银三两，被伤者给小麦一石，以备瘗埋而资医治。前项银两、麦粮均由善后项下开报。至城署、庙宇并各项房屋如何酌量修理，估需经费若干，倒塌民房应否加给银两俾资修造，再行详请核办。

窃维山泽气通，斯无地震之患，新疆河流平浅，戈壁袤延，地气不舒，时有震动，然不过顷刻即止。兹该厅遭此奇灾，实从前所未经见。臣忝膺疆寄，惟有力加修省，以期消弭，勉副朝廷委任至意。

所有库车厅地震大概情形，谨会同陕甘总督臣杨昌濬附片具陈，伏乞圣鉴训示。谨奏。

（朱批：）另有旨。[1]

----

[1]　台北故宫博物院藏：军机及宫中档，文献编号：408002845-0-B。

光绪二十年正月二十一日,奉朱批:另有旨。钦此。[①]

【案】此折上达后,清廷饬令分别赈恤。上谕档:

光绪二十年正月二十一日,内阁奉上谕:陶模奏,上年十一月间,库车厅叠次地震,城署、民房坍塌倒损,并伤毙人口多名,业经委员勘验,散给银粮,分别抚恤等语。览奏,殊堪矜悯。即着该抚督饬委员,会同地方官认真办理,毋任一夫失所,用副朝廷轸念灾黎至意。钦此。[②]

一三二　奏报防营官兵、各台、台、局、卡、义学数目折

光绪十九年十二月二十日(1894 年 1 月 26 日)

头品顶戴甘肃新疆巡抚臣陶模跪奏,为新疆防营员弁勇丁、各台、局、卡、义学自光绪十九年正月初一日起至六月底止实在数目,缮具清单,恭折仰祈圣鉴事。

窃新疆马步营旗、炮队、各台、局、卡、义学实在数目,截至光绪十八年十二月底止,业经分别奏咨在案。兹据新疆粮台详称:自十九年正月初一日起至六月底止,遵照标营章程,挑募步队一旗、马队一旗,添募步队一营一旗。又,驻防喀什噶尔沿边马队七旗、步队四营、开花炮队一哨,均改为行粮,并添额外棚夫二百六十六名,

---

① 台北故宫博物院藏:军机及宫中档,文献编号:130161。
② 《光绪宣统两朝上谕档》,第 20 册,第 50 页;《德宗景皇帝实录(五)》,卷三百三十三,光绪二十年正月下,第 281—282 页。

统领一员；裁并马队一营、步队一营一旗，实存行粮章程马队七旗、步队四营、开花炮队一哨；标营章程马队四十八旗、步队二十四营一十八旗一哨、开花炮队三哨，共额设营书、弁勇二万五千六百一十九名，火勇一千八百一十七名，统领营、旗、哨官三百八十八员，巡查一百二十九员，额外火夫、私夫、马夫、车夫、棚夫六千五百一十五名。其旧设各台、局、卡、义学并新设塔尔巴哈台各局、义学，分晰缮具四柱清单，详请奏咨前来。

臣覆查无异。所有新疆防营员弁勇丁、各台、局、卡、义学自光绪十九年正月初一日起至六月底止实在数目，谨缮具清单，恭呈御览，伏乞皇上圣鉴，饬部立案。再，光绪十六年，添募罗布淖尔步队屯营一营，前因该处设有抚辑招徕局，故并案咨部在案。此次应列入各营旗旧管项下开报，以规画一。合并声明。谨奏。光绪十九年十二月二十日。

（朱批：）该部知道。单二件并发。^①

光绪二十年正月二十五日，奉朱批：该部知道。单二件并发。钦此。^②

一三三　呈新疆光绪十九年上半年各台、局、卡、义学清单

光绪十九年十二月二十日(1894 年 1 月 26 日)

谨将新疆各台、局、卡暨义学数目自光绪十九年正月初一日起

---

①　台北故宫博物院藏：军机及宫中档，文献编号：408002845-1。

②　台北故宫博物院藏：军机及宫中档，文献编号：130235。

至六月底止，缮具四柱清单，恭呈御览。

旧管：光绪十八年十二月底止，实存新疆粮台，省城军装总局，省城采运局，伊犁宁远城、喀什噶尔城二中俄通商局，伊塔道善后局，罗布淖尔抚辑招徕局、医药局，省城、哈密新城、吐鲁番新城、喀喇沙尔、库车、阿克苏、乌什、英吉沙尔、喀什噶尔汉城、叶尔羌、和阗、古城、绥来、绥定、宁远、绥定城东关、南关、瞻德城、广仁城等处十九保甲局。

霍尔果斯尼堪卡伦、果子沟、霍尔罕、明瑶路、依兰乌瓦斯、依斯里克、图舒克、塔石可力硖、依布拉引等处九稽查卡。

哈密、巴里坤、昌吉、吐鲁番、喀喇沙尔、库车、阿克苏、乌什、喀什噶尔、英吉沙尔、玛喇巴什、叶尔羌、和阗等处十三牛痘局。

哈密义学五堂，吐鲁番义学六堂，喀喇沙尔义学四堂，库车义学五堂，拜城义学二堂，温宿义学三堂，乌什义学三堂，疏勒义学三堂，疏附义学二堂，玛喇巴什义学三堂，英吉沙尔义学三堂，莎车义学五堂，叶城义学二堂，和阗义学二堂，于阗义学二堂，巴里坤义学四堂，奇台义学四堂，济木萨义学三堂，阜康义学二堂，迪化义学六堂，昌吉义学二堂，绥来义学四堂，呼图壁义学二堂，宁远义学三堂，绥定义学三堂，广仁城义学一堂，瞻德城义学一堂，霍尔果斯义学一堂，罗布淖尔义学一堂，共计义学八十七堂。

新收：塔尔巴哈台善后局，光绪十七年八月初一日开办。

塔尔巴哈台保甲局，光绪十七年三月初一日开办。

塔尔巴哈台牛痘局，光绪十八年四月初一日开办。

塔尔巴哈台义学三堂，光绪十七年七月初一日开办。

开除：无项。

实在：光绪十九年六月底止，实存新疆粮台，省城军装总局，省城采运局，伊犁宁远城、喀什噶尔城二中俄通商局，伊塔道、塔尔巴哈台二善后局，罗布淖尔抚辑招徕局，医药局，省城、哈密新城、吐鲁番新城、喀喇沙尔、库车、阿克苏、乌什、英吉沙尔、喀什噶尔汉城、叶尔羌、和阗、古城、绥来、绥定、宁远、绥定城东关、南关、瞻德城、广仁城、塔尔巴哈台等处二十保甲局。

霍尔果斯尼堪卡伦、果子沟、霍尔罕、明瑶路、依兰乌瓦斯、依斯里克、图舒克、塔石可力硖、依布拉引等处九稽查卡。

哈密、巴里坤、昌吉、吐鲁番、喀喇沙尔、库车、阿克苏、乌什、喀什噶尔、英吉沙尔、玛喇巴什、叶尔羌、和阗、塔尔巴哈台等处十四牛痘局。

哈密义学五堂，吐鲁番义学六堂，喀喇沙尔义学四堂，库车义学五堂，拜城义学二堂，温宿义学三堂，乌什义学三堂，疏勒义学三堂，疏附义学二堂，玛喇巴什义学三堂，英吉沙尔义学三堂，莎车义学五堂，叶城义学二堂，和阗义学二堂，于阗义学二堂，巴里坤义学四堂，奇台义学四堂，济木萨义学三堂，阜康义学二堂，迪化义学六堂，昌吉义学二堂，绥来义学四堂，呼图壁义学二堂，宁远义学三堂，绥定义学三堂，广仁城义学一堂，瞻德城义学一堂，霍尔果斯义学一堂，罗布淖尔义学一堂，塔尔巴哈台义学三堂，共计义学九十堂。

（朱批：）览。[1]

---

[1]　台北故宫博物院藏：军机及宫中档，文献编号：13-130235-0-A。

一三四　呈新疆光绪十九年上半年防营员弁勇丁数目清单

光绪十九年十二月二十日（1894年1月26日）

　　谨将新疆驻防马步各营旗员弁勇丁、夫马、炮车数目，自光绪十九年正月初一日起至六月底止，缮具清单，恭呈御览。

　　旧管：光绪十八年十二月底止，实存防军标营章程马队一营五十四旗、步队二十七营一十七旗一哨、开花炮队四哨。共计旧存额设营、旗、哨官三百八十员，旧存额设巡查一百二十七员，旧存额设营书、弁勇二万四千九百六十二名，旧存额设火勇一千七百四十二名，旧存额外火夫七百八十三名，旧存额外马夫、私夫、车夫五千五百一十二名，旧存额马七千一百六十四匹，旧存炮车二十四辆、车骡六十四头。

　　又实存标营章程罗布淖尔屯营步队一营，计旧存额设营哨官五员，旧存额设巡检二员，旧存额设营书、弁勇四百四十八名，旧存额设火勇四十三名，旧存额外私夫二十八名。

　　新收：光绪十九年正月初一日起，挑募亲军中旗步队一旗、亲军中旗马队一旗，遵照标营章程，新添设旗哨官七员，新添额设巡查二员，新添额设营书、弁勇四百五十二名，新添额设火勇三十二名，新添额外火夫一十四名，新添额外马夫、私夫九十五名，新添额马一百二十八匹。

　　光绪十九年二月初一日起，添募安字前营步队一营，安字左旗步队一旗，遵照标营章程，新添额设营旗哨官九员，新添额设巡查三员，新添额设营书、弁勇七百七十八名，新添额设火勇七十五名，新添额外私夫四十四名。

光绪十八年十二月初八日,喀什噶尔提标城守营中军马队一旗开赴苏巴什驻扎,从一十九年正月初一日起改为行粮马队一旗,除额设员弁、勇夫、马匹照旧外,新添额外棚夫一十三名。

光绪十九年二月初二日起,喀什噶尔提属回城协营左旗中军马队一旗开赴布隆库尔驻扎,改为行粮马队一旗,除额设员弁、勇夫、马匹照旧外,新添额外棚夫一十三名。

光绪十九年二月十二日起,英吉沙尔营步队一营开赴色勒库尔驻扎,改为行粮步队一营;董字前营步队一营开赴塔什米利克驻扎,改为行粮步队一营;英吉沙尔营中军马队一旗开赴屈满驻扎,改为行粮马队一旗。除各额设员弁、勇夫、马匹照旧外,新添额外棚夫共九十七名,新添西四城沿边马步各营旗统领一员。

光绪十九年三月初二日起,莎车协营中旗中军马队一旗开赴塔哈尔满及塔敦巴什驻扎,改为行粮马队一旗,除额设员弁、勇夫、马匹照旧外,新添额外棚夫一十三名。

光绪十九年三月初六日起,恪靖后旗马队一旗开赴塔哈尔满驻扎,改为行粮马队一旗,除额设员弁、勇夫、马匹照旧外,新添额外棚夫一十三名。

光绪十九年四月初一日起,阿克苏镇标中营步队一营开赴布隆库尔驻扎,改为行粮步队一营;喀什噶尔提标开花炮队一哨开赴色勒库尔驻扎,改为行粮开花炮队一哨,除各额设员弁、勇夫、车骡照旧外,新添额外棚夫共四十九名。

光绪十九年四月初九日起,喀什噶尔提标前营步队一营开赴改孜卡驻扎,改为行粮步队一营;阿克苏镇标中营右旗马队一旗开赴木吉驻扎,改为行粮马队一旗,除各额设员弁、勇夫、马匹照旧外,新添额外棚夫共五十五名。

光绪十九年四月二十二日起,喀什噶尔提标中营左旗中军马队一旗开赴恰尔伦驻扎,改为行粮马队一旗,除各额设员弁、勇夫、马匹照旧外,新添额外棚夫共一十三名。

开除:光绪十八年十二月底止,裁并亲军中营马队一营、亲军中营步队一营,裁减额设营哨官二十员,裁减额设巡查四员,裁减额设营书、弁勇六百九十一名,裁减额设火勇四十三名,裁减额外火夫二十七名,裁减额外马夫、私夫一百八十四名,裁减额马二百五十二匹。

光绪十九年三月底止,裁并平字左旗步队一旗,计裁减额设旗哨官四员,裁减额设巡查一员,裁减额设营书、弁勇三百三十名,裁减额设火勇三十二名,裁减额外私夫一十六名。

实在:光绪十九年六月底止,实存防军行粮章程马队七旗、步队四营、开花炮队一哨,标营章程马队四十八旗、步队二十四营一十八旗一哨、开花炮队三哨。共计实存额设统领营、旗、哨官三百八十八员,实存额设巡查一百二十九员,实存额设营书、弁勇二万五千六百一十九名,实存额设火勇一千八百一十七名,实存额外火夫七百七十名,实存额外马夫、私夫、车夫、棚夫五千七百四十五名,实存额马七千四十匹,实存炮车二十四辆、车骡六十四头。

（朱批:）览。[1]

---

① 台北故宫博物院藏:军机及宫中档,文献编号:13-130235-0-B。

一三五　现任提镇等员年终密考情形折

光绪十九年十二月二十日(1894年1月26日)

头品顶戴甘肃新疆巡抚臣陶模跪奏，为新疆现任提、镇、城守尉、司道循例年终密考，缮具清单，恭折仰祈圣鉴事。

窃查定例：各省提、镇、司、道、知府等官，由督抚于年终出具考语，密行陈奏。新疆文武各官业于光绪十八年年终密陈在案。臣于各员或因谒见，听其论辩；或核阅平日公牍，并采访舆论，凡才识操守，历时既久，察看愈详。兹本年又已届期，自应照例办理，除实缺尚未到任或到任未满三月及署事、代理人员例不注考外，谨就现任提、镇、城守尉、司、道，出具切实考语，密缮清单，恭呈御览，伏乞皇上圣鉴。谨奏。光绪十九年十二月二十日。

(朱批：)知道了。单留中。①

光绪二十年正月二十五日，奉朱批：知道了。单②留中。钦此。③

---

① 台北故宫博物院藏：军机及宫中档，文献编号：408002846。
② 此清单查无下落，待考。
③ 台北故宫博物院藏：军机及宫中档，文献编号：130235。

光绪二十年（1894）

○○一 奏报新疆光绪十九
年十月雨水、粮价折

光绪二十年正月二十五日（1894年3月2日）

头品顶戴甘肃新疆巡抚臣陶模跪奏，为恭报光绪十九年十月份粮价并得雪情形，谨缮折具陈，仰祈圣鉴事。

窃照光绪十九年九月份各厅、州、县粮价并得雨雪情形，业经臣奏报在案。兹据新疆布政使饶应祺详称：光绪十九年十月份，镇迪道属迪化、奇台得雪，积地五寸；镇西、昌吉、阜康、绥来得雪，积地四寸。伊塔道属塔尔巴哈台得雪，积地五寸；绥定得雪，积地二寸；精河、宁远微雪。余未得雪。至通省粮价，乌什、玛喇巴什、昌吉、绥定等厅、县俱与上月相同，余均略有增减。汇详请奏前来。

理合恭折具陈，并缮粮价清单，敬呈御览。伏乞皇上圣鉴。谨奏。光绪二十年正月二十五日。

（朱批：）知道了。[①]

---

① 台北故宫博物院藏：军机及宫中档，文献编号：408002847。

光绪二十年二月二十六日，奉朱批：知道了。钦此。①

○○二　呈新疆光绪十九年十月粮价清单

光绪二十年正月二十五日（1894 年 3 月 2 日）

谨将新疆各属光绪十九年十月份米粮时估价值，缮具清单，恭呈御览。

计开十月份：

镇迪道属：

迪化县：大米每京石价银二两六钱四分三厘，较上月减七分。小麦每京石价银一两九钱一分，较上月增一钱五厘。豌豆每京石价银一两四钱七分六厘，与上月相同。青稞每京石价银一两三分五厘，与上月相同。

昌吉县：大米每京石价银二两八分，小麦每京石价银一两二钱三分六厘，豌豆每京石价银八钱八分三厘，青稞每京石价银七钱一分七厘，俱与上月相同。

阜康县：粟米每京石价银一两五钱五分五厘，较上月增一钱四分。小麦每京石价银一两六钱九分八厘，较上月增一钱四分二厘。豌豆每京石价银一两五钱二分一厘，较上月增一钱六厘。高粱每京石价银一两一钱三分二厘，较上月增七分一厘。

绥来县：大米每京石价银二两四分二厘，与上月相同。小麦每京石价银一两六钱五分六厘，较上月增二钱七厘。豌豆每京石价银一两四钱五分，较上月增一钱八分三厘。高粱每京石价银七钱

① 台北故宫博物院藏：军机及宫中档，文献编号：130795。

四厘，与上月相同。

奇台县：大米每京石价银二两九钱三分四厘，较上月增三钱四分五厘。小麦每京石价银一两五钱五分六厘，较上月增七分。豌豆每京石价银一两一钱五厘，较上月增七分一厘。

吐鲁番直隶厅：小麦每京石价银一两五钱六分六厘，与上月相同。大麦每京石价银五钱六分，与上月相同。高粱每京石价银八钱九分一厘，较上月减一钱四分九厘。黄豆每京石价银一两五钱三分，与上月相同。

镇西直隶厅：小麦每京石价银一两三钱四分，较上月增二钱二分。豌豆每京石价银一两一钱二分，较上月增一钱二分。青稞每京石价银六钱一分，与上月相同。

哈密直隶厅：粟米每京石价银一两四钱四分，与上月相同。小麦每京石价银一两二钱四分二厘，与上月相同。豌豆每京石价银一两二钱九分六厘，较上月增三分六厘。青稞每京石价银一两，较上月增四分一厘。

库尔喀喇乌苏直隶厅：小麦每京石价银一两四钱八分五厘，较上月增七分。豌豆每京石价银一两五钱二分三厘，与上月相同。高粱每京石价银九钱八分三厘，与上月相同。

伊塔道属：

绥定县：大米每京石价银四两二钱一分八厘，小麦每京石价银一两六钱五分六厘，大麦每京石价银八钱三分二厘，豌豆每京石价银一两四钱四分，俱与上月相同。

宁远县：大米每京石价银三两七钱，与上月相同。小麦每京石价银一两六钱五分，较上月增二钱。大麦每京石价银九钱，较上月增一钱一分九厘。豌豆每京石价银一两五钱八分，较上月增一钱四分。

塔尔巴哈台直隶厅：小麦每京石价银二两二钱一分，较上月增二钱四厘。大麦每京石价银一两一钱五厘，与上月相同。豌豆每京石价银一两四钱八分二厘，与上月相同。

精河直隶厅：大米每京石价银三两四钱七分，较上月增四钱七分。小麦每京石价银一两四钱七分，较上月增一钱四分。大麦每京石价银八钱四厘，与上月相同。豌豆每京石价银一两四钱七分，较上月增一钱四分。

阿克苏道属：

温宿直隶州：大米每京石价银一两七钱四分八厘，较上月减一钱五分二厘。小麦每京石价银一两三分五厘，与上月相同。大麦每京石价银六钱，与上月相同。包谷每京石价银六钱八分，与上月相同。

拜城县：小麦每京石价银五钱六分九厘，与上月相同。大麦每京石价银三钱九分四厘，较上月增四分四厘。豌豆每京石价银四钱三分八厘，较上月增四分四厘。包谷每京石价银三钱九分四厘，与上月相同。

喀喇沙尔直隶厅：大米每京石价银二两六钱六分四厘，较上月减四钱四分四厘。小麦每京石价银一两一钱四厘，较上月减一钱三分八厘。豌豆每京石价银八钱六分四厘，与上月相同。包谷每京石价银六钱四分，较上月减一钱二分八厘。

库车直隶厅：大米每京石价银二两七分五厘，较上月减一钱四分五厘。小麦每京石价银五钱九分三厘，与上月相同。豌豆每京石价银六钱一分，与上月相同。包谷每京石价银四钱四分，与上月相同。

乌什直隶厅:大米每京石价银二两二钱三分五厘,小麦每京石价银六钱六分,大麦每京石价银二钱九分九厘,包谷每京石价银四钱四分五厘,俱与上月相同。

喀什噶尔道属:

疏勒直隶州:大米每京石价银三两七分五厘,较上月减七分五厘。小麦每京石价银一两五钱一分八厘,较上月增六分四厘。包谷每京石价银一两八分八厘,与上月相同。高粱每京石价银九钱二分,与上月相同。

疏附县:大米每京石价银三两七分五厘,较上月减七分五厘。小麦每京石价银一两五钱一分八厘,较上月增六分四厘。包谷每京石价银一两一钱三分九厘,与上月相同。高粱每京石价银九钱二分,与上月相同。

莎车直隶州:大米每京石价银二两四分二厘,与上月相同。小麦每京石价银八钱六分九厘,较上月增一分四厘。大麦每京石价银七钱五分,较上月增三分八厘。包谷每京石价银六钱九分九厘,与上月相同。

叶城县:大米每京石价银二两七钱五分五厘,较上月增二钱三厘。小麦每京石价银七钱八分,较上月增三分。包谷每京石价银五钱六分六厘,较上月增一分四厘。青稞每京石价银四钱七分五厘,与上月相同。

和阗直隶州:大米每京石价银二两一钱,与上月相同。小麦每京石价银九钱六分六厘,与上月相同。包谷每京石价银六钱一分四厘,与上月相同。青稞每京石价银五钱二分四厘,较上月增二分七厘。

于阗县:大米每京石价银二两六钱九分一厘,较上月增六分九厘。小麦每京石价银九钱三分八厘，与上月相同。包谷每京石价银五钱七分六厘，与上月相同。

英吉沙尔直隶厅：大米每京石价银三两八钱，较上月增三钱四厘。小麦每京石价银一两二钱四分二厘，较上月增六分九厘。大麦每京石价银八钱二分，与上月相同。包谷每京石价银一两一分八厘，与上月相同。

玛喇巴什直隶厅：大米每京石价银二两三钱六分八厘，小麦每京石价银一两一钱四厘，包谷每京石价银七钱六分八厘，俱与上月相同。

（朱批：）览。[①]

○○三　分查边界应需经费请饬立案折

光绪二十年正月二十五日(1894年3月2日)

头品顶戴甘肃新疆巡抚臣陶模跪奏，为派员分查喀什噶尔边界，应需各项经费，恳恩饬部立案，恭折仰祈圣鉴事。

窃查新疆边界袤延数千里，西北与俄境毗连，西南与英属外部接壤。光绪十年，分界大臣沙克都林札布会同俄使议定，喀什噶尔西北界线至乌仔别里山豁为止。彼时如何会同设立牌博，新疆官弁无人随往，以致乌仔别里实在地址一时无从指证。其自乌仔别里以南，从前既未划分，此时尤难辨晰。十七年，俄人垂涎帕米尔，派兵越卡，叠承总理衙门查问界址。是年七月，前护抚臣魏光焘派委降选府经历海英、补候主簿李源鈵，分赴西南、西北各边境查勘，

---

① 台北故宫博物院藏：军机及宫中档，文献编号：130795-0-A。

雪岭冰山，奇险万状。该员等深探穷入，相度再三。十九年秋，始有端倪，屡据绘图贴说，经臣先后咨送总理衙门在案。

旋复承准电询因都库什以北、萨雷阔勒东西一带地势，兼查阿富汗交界地方。臣当飞饬分履覆查。现在该员等已到之处，地名音译、山川源委，尚须详细考证；未到之处，尤须周遭遍历，俾形势了然，将来议分界务，方有把握。惟念各该员跋涉穷荒，冲冒瘴厉，实属异常辛苦，除月支薪水外，不得不酌加津贴，以示体恤。随带绘图书士、通事、向导，并递文、开路人等，均须分别给予口食、骑马及行装、驼运等费。核计每员每月各需湘平银二百一十两零，添置仪象、铁器等物，仍准另报一次。自十七年七月起，已按月支给，拟俟查勘完竣，随时停止，期归节省等情，由藩司饶应祺造册详请奏咨前来。

除将清册分咨总理衙门暨户部外，谨恭折具陈，伏乞皇上圣鉴，饬部立案施行。谨奏。光绪二十年正月二十五日。

（朱批：）该衙门知道。[1]

光绪二十年二月二十六日，奉朱批：该衙门知道。钦此。[2]

○○四　请以段文彬等借补参将等缺折

光绪二十年正月二十五日（1894年3月2日）

头品顶戴甘肃新疆巡抚臣陶模跪奏，为拣员借补参将、游击各员缺，以重边防，恭折仰祈圣鉴事。

---

[1]　台北故宫博物院藏：军机及宫中档，文献编号：408002846-1。
[2]　台北故宫博物院藏：军机及宫中档，文献编号：130236。

窃伊犁镇属霍尔果斯营参将、镇标左营游击各缺，均奏准作为题缺，亟应拣员请补，以专责成。查霍尔果斯营参将驻拱宸城，镇标左营游击驻广仁城，操练、巡防，均关紧要，非精明强干之员，难期得力。臣查有记名提督前伊犁镇标中营游击现署该营游击段文彬，夙娴战略，办事实心，堪以借补霍尔果斯营参将员缺；补用副将留甘肃新疆尽先补用参将现署镇标左营游击陈甲福，年富力强，办事勤敏，堪以借补镇标左营游击员缺。

该各员在新疆年久，边情熟悉，以之借补各缺，实堪胜任。合无仰恳天恩，俯准以段文彬、陈甲福借补参将、游击员缺，以裨营伍。如蒙俞允，并请饬部先给署札，俟防务大定，再行给咨送部引见，以符定制。

除饬取各该员履历清册咨部查照外，谨会同伊犁将军臣长庚、陕甘总督臣杨昌濬、喀什噶尔提督臣董福祥恭折具陈，伏乞皇上圣鉴训示。谨奏。光绪二十年正月二十五日。

（朱批：）兵部议奏。[①]

光绪二十年二月二十六日，奉朱批：兵部议奏。钦此。[②]

○○五　请饬核销喀什噶尔提督等衙署工程经费折

光绪二十年二月初一日(1894年3月7日)

头品顶戴甘肃新疆巡抚臣陶模跪奏，为新疆造报修建喀什噶

---

①　台北故宫博物院藏：军机及宫中档，文献编号：4008002848。

②　台北故宫博物院藏：军机及宫中档，文献编号：130796。

尔提督、温宿州、迪化府及吏目、经历衙署等工用过经费，恳恩饬部仍照原册核销，恭折仰祈圣鉴事。

窃臣准工部咨：会同户部议奏新疆修建喀什噶尔提督及温宿州、迪化府各衙署并吏目、经历衙署、监狱等工，共用工料银三万七千九百九十两一钱七分六厘等因一折，钞单内开：薪公、犒赏一项请销银二千二十二两一钱一分六厘，户部议准于新疆应得善后项下核实开销。工部应销砖瓦、木料、匠夫、粮价等项银三万五千九百六十八两六分，有与例相符者，有与例不符并有例所不载者，碍难如数照准。惟念新疆远在关外，兵燹之后物料一切不无昂贵，若必欲以定例相绳，亦不足以示体恤。此项修署等工例应销银二万五千八百六十九两六钱五分四厘三毫八丝五忽，应减银一万九十八两四钱五厘六毫一丝五忽，拟按七成核减银七千六十八两八钱八分三厘九毫三丝五微，实准销银二万八千八百九十九两一钱七分六厘六丝九忽五微。其核减银两在于承办官名下照数追缴等因到臣。

窃维部臣办理一切，非执定例无以为核销之准，而于新疆前项工程，深念物料昂贵，不以定例相绳，就应减银数，复按七成核减，体恤不可谓不至。惟所减银七千余两，均系需用之款，当工作伊始，既未便减省物料、匠工，致涉偷率，而欲于业经支发之后责令承办官照数赔还，不特无款可资弥补，揆之人情，亦殊未顺。新疆远居极塞，一料之购，一工之雇，比内省动增数倍，致朝廷所为格外从宽者，仍不免于事后受累。地势所限，莫可如何，此经手人员每以造销为难者也。相应吁恳天恩，俯念边圉情形不同，饬部将造报喀什噶尔提督、温宿州、迪化府及吏目、经历衙署等工用过经费仍照原册核销，以免赔贴，出自鸿施。

除咨部外,谨会同陕甘总督臣杨昌濬恭折具陈,伏乞皇上圣鉴训示。谨奏。光绪二十年二月初一日。

(朱批:)该部议奏。①

光绪二十年二月三十日,奉朱批:该部议奏。钦此。②

○○六　请销建修奇台等处城垣、衙署经费折

光绪二十年二月初一日(1894年3月7日)

头品顶戴甘肃新疆巡抚臣陶模跪奏,为新疆镇迪道奇台、绥来衙署、库尔喀喇乌苏城垣并昌吉、阜康各城垣、衙署动用经费,恳恩饬部核销,恭折仰祈圣鉴事。

窃新疆城垣、衙署已竣各工业经次第造销,其北路应修镇迪道兼臬司衙署,估需银两五千余两,奇台县署并典史衙署需银六千余两,绥来县署并典史衙署需银五千两,库尔喀喇乌苏城垣需银八千六百余两,昌吉城垣需银九千余两、县署并典史衙署需银四千两,阜康城垣需银一万一千余两、县署并典史衙署需银五千两,镇迪道兼臬司衙署并昌吉、阜康、库尔喀喇乌苏城垣、奇台衙署需用食粮在外,经前护抚臣魏光焘及臣先后奏明在案。

兹据粮台详称:前项衙署、城垣等工,或从新营建,或就旧改修。其借营勇帮同工作者,仅十日犒赏酒肉一次,照北路工料价值扣算,省费实属不少。现计共用工料各款新湘平银五万六千一百五十八两六钱三分二厘,除扣回各起平余银三百九十二两五钱二

---

① 台北故宫博物院藏:军机及宫中档,文献编号:408002850。
② 台北故宫博物院藏:军机及宫中档,文献编号:130892。

分八厘,实用银五万五千七百六十六两一钱四厘,由善后项下匀挪应用。陆续据各印委申报工竣,业已委勘验收,均属工坚料实,委无浮冒,并取具丈尺、做法、工料银两细数清册及各图说、印结,详赍前来。

臣覆查无异。相应缮具清单,恭呈御览,仰恳饬部一律核销,以清款目。除将册结、图说咨部外,谨会同陕甘总督臣杨昌濬恭折具陈,伏乞皇上圣鉴训示。谨奏。光绪二十年二月初一日。

(朱批:)该部议奏。单并发。^①

光绪二十年二月三十日,奉朱批:该部议奏。单^②并发。钦此。^③

○○七　奏报知县邓以潢丁忧开缺折

光绪二十年二月初一日(1894年3月7日)

头品顶戴甘肃新疆巡抚臣陶模跪奏,为知县丁忧开缺,恭折仰祈圣鉴事。

窃据新疆布政使饶应祺详:据代理新疆伊犁府知府骆恩绶转:据绥定县知县邓以潢之家丁石玉呈称:家主邓以潢,年四十五岁,湖南长沙县人,由俊秀报捐不论单双月选用县主簿,旋投效军营,历保同知衔分省补用知县。光绪十二年,奏准留于甘肃新疆补用。是年,委署新疆布政司历经。十五年,调署昌吉县知县。十六年,复调署绥定县知县,四月二十七日到任。十七年,奏补斯缺,奉部

---

① 台北故宫博物院藏:军机及宫中档,文献编号:408002849。

② 此清单查无下落,待考。

③ 台北故宫博物院藏:军机及宫中档,文献编号:130894。

覆准。兹于二十年正月初二日，家主生母李氏在任所病故。家主系属亲子，例应丁忧等情前来。

臣查该员既丁母忧，应即照例开缺，扶柩回籍守制。除俟该员交代清楚取具亲供咨部查照外，谨会同伊犁将军臣长庚、陕西总督臣杨昌濬恭折具陈，伏乞皇上圣鉴。再，绥定县知县系冲、繁、疲、难四项要缺，应请扣留外补。合并声明。谨奏。光绪二十年二月初一日。

（朱批：）吏部知道。[1]

光绪二十年二月三十日，奉朱批：吏部知道。钦此。[2]

〇〇八　委令雷铭三署理绥定县知县片

光绪二十年二月初一日(1894 年 3 月 7 日)

再，绥定县知县邓以潢丁忧遗缺，查有候补知县雷铭三，堪以委署。据新疆布政使饶应祺、镇迪道兼按察使衔丁振铎会详前来。除批饬给委外，谨会同伊犁将军臣长庚、陕甘总督臣杨昌濬附片具奏，伏乞圣鉴。谨奏。

（朱批：）吏部知道。[3]

光绪二十年二月三十日，奉朱批：吏部知道。钦此。[4]

---

① 台北故宫博物院藏：军机及宫中档，文献编号：408002849。
② 台北故宫博物院藏：军机及宫中档，文献编号：130892。
③ 台北故宫博物院藏：军机及宫中档，文献编号：408002849-0-A。
④ 台北故宫博物院藏：军机及宫中档，文献编号：130892。

○○九　奏请报销遣勇车脚银两片

光绪二十年二月初一日（1894 年 3 月 7 日）

再，光绪十五年前塔尔巴哈台副都统额尔庆额遣撤绥靖营勇进关，新疆垫发车脚银三千九百二十四两八厘，前护抚臣魏光焘饬司由塔尔巴哈台应分饷内划扣，现准富勒铭额咨请将前项划扣银两拨还等因。臣查光绪十四、十六等年，新疆垫发伊犁遣勇车脚银三万三千余两，经户部议准由新疆转运粮饷、军装及地方例支杂差车脚项下动支，遵办在案。塔尔巴哈台遣勇车脚事同一律，应由藩司将前项划扣银三千九百二十四两八厘照数拨还，由新疆岁拨饷装各项车脚内造销，以清款目而免歧异。谨会同陕甘总督臣杨昌濬附片具陈，伏乞皇上圣鉴，饬部立案施行。谨奏。

（朱批：）该部知道。①

光绪二十年二月三十日，奉朱批：该部知道。钦此。②

○一○　奏报新疆光绪十九 年十一月雨水、粮价折

光绪二十年二月二十四日（1894 年 3 月 30 日）

头品顶戴甘肃新疆巡抚臣陶模跪奏，为恭报光绪十九年十一月份粮价并得雪情形，谨缮折具陈，仰祈圣鉴事。

---

① 台北故宫博物院藏：军机及宫中档，文献编号：408002850-0-A。
② 台北故宫博物院藏：军机及宫中档，文献编号：130893。

　　窃照光绪十九年十月份各厅、州、县粮价并得雪情形，业经臣奏报在案。兹据新疆布政使饶应祺详称：光绪十九年十一月份，镇迪道属镇西、奇台得雪，积地一尺；库尔喀喇乌苏得雪，积地八寸；迪化得雪，积地六寸；昌吉、阜康得雪，积地四寸；绥来得雪，积地三寸；哈密得雪，积地二寸；吐鲁番得雪，积地一寸。伊塔道属宁远得雪，积地一尺；绥定得雪，积地二寸；塔尔巴哈台、精河微雪。南路库车、拜城得雪，积地一尺；英吉沙尔得雪，积地四寸；莎车、玛喇巴什得雪，积地三寸；喀喇沙尔、叶城得雪，积地二寸；疏勒、和阗、疏附、于阗得雪，积地一寸；乌什、温宿微雪。至通省粮价，塔尔巴哈台、库车、阜康等厅、县俱与上月相同，其余均有增减。汇详请奏前来。

　　理合恭折具陈，并缮粮价清单，敬呈御览，伏乞皇上圣鉴。谨奏。光绪二十年二月二十四日。

　　（朱批：）知道了。①

　　光绪二十年三月二十四日，奉朱批：知道了。钦此。②

○一一　　呈新疆光绪十九年十一月粮价清单

光绪二十年二月二十四日（1894 年 3 月 30 日）

　　谨将新疆各属光绪十九年十一月份米粮时估价值，缮具清单，恭呈御览。

　　计开十一月份：

---

　　①　台北故宫博物院藏：军机及宫中档，文献编号：408002854。
　　②　台北故宫博物院藏：军机及宫中档，文献编号：131458。

镇迪道属：

迪化县：大米每京石价银二两六钱四分三厘，与上月相同。小麦每京石价银一两八钱三分九厘，较上月减七分一厘。豌豆每京石价银一两四钱七分六厘，与上月相同。青稞每京石价银一两三分五厘，与上月相同。

昌吉县：大米每京石价银二两二钱五分六厘，较上月增一钱七分六厘。小麦每京石价银一两四钱一分二厘，较上月增一钱七分六厘。豌豆每京石价银一两五分九厘，较上月增一钱七分六厘。青稞每京石价银七钱一分七厘，与上月相同。

阜康县：粟米每京石价银一两五钱五分五厘，小麦每京石价银一两六钱九分八厘，豌豆每京石价银一两五钱二分一厘，高粱每京石价银一两一钱三分二厘，俱与上月相同。

绥来县：大米每京石价银二两四分二厘，与上月相同。小麦每京石价银一两五钱八分七厘，较上月减六分九厘。豌豆每京石价银一两二钱三分八厘，较上月减二钱一分二厘。高粱每京石价银五钱六分三厘，较上月减一钱四分一厘。

奇台县：大米每京石价银三两一钱七厘，较上月增一钱七分三厘。小麦每京石价银一两三钱四分四厘，较上月减二钱一分二厘。豌豆每京石价银一两三分六厘，较上月减六分九厘。

吐鲁番直隶厅：小麦每京石价银一两四钱九分一厘，较上月减七分五厘。大麦每京石价银五钱六分，与上月相同。高粱每京石价银五钱九分四厘，较上月减二钱九分七厘。黄豆每京石价银一两四钱一分八厘，较上月减一钱一分二厘。

镇西直隶厅：小麦每京石价银一两四钱六分，较上月增一钱二分。豌豆每京石价银一两一钱，较上月减二分。青稞每京石价银七钱二分，较上月增一钱一分。

哈密直隶厅：粟米每京石价银一两四钱四分，与上月相同。小麦每京石价银一两二钱四分二厘，与上月相同。豌豆每京石价银一两三钱三分三厘，较上月增三分七厘。青稞每京石价银九钱二分五厘，较上月减七分五厘。

库尔喀喇乌苏直隶厅：小麦每京石价银一两七钱六分四厘，较上月增二钱七分九厘。豌豆每京石价银一两六钱三分五厘，较上月增一钱一分二厘。高粱每京石价银九钱八分三厘，与上月相同。

伊塔道属：

绥定县：大米每京石价银四两四钱四分，较上月增二钱二分二厘。小麦每京石价银一两七钱九分四厘，较上月增一钱三分八厘。大麦每京石价银九钱四分三厘，较上月增一钱一分一厘。豌豆每京石价银一两七钱二分八厘，较上月增二钱八分八厘。

宁远县：大米每京石价银四两七钱，较上月增一两。小麦每京石价银二两二钱，较上月增五钱五分。大麦每京石价银一两一钱，较上月增二钱。豌豆每京石价银一两五钱八分，与上月相同。

塔尔巴哈台直隶厅：小麦每京石价银二两二钱一分，大麦每京石价银一两一钱五厘，豌豆每京石价银一两四钱八分二厘，俱与上月相同。

精河直隶厅：大米每京石价银三两四钱七分，与上月相同。小麦每京石价银一两五钱四分，较上月增七分。大麦每京石价银八钱四厘，与上月相同。豌豆每京石价银一两四钱七分，与上月相同。

阿克苏道属：

温宿直隶州：大米每京石价银一两九钱，较上月增一钱五分二厘。小麦每京石价银一两三分五厘，与上月相同。大麦每京石价银六钱，与上月相同。包谷每京石价银六钱八分，与上月相同。

拜城县：小麦每京石价银五钱二分五厘，较上月减四分四厘。大麦每京石价银三钱九分四厘，与上月相同。豌豆每京石价银四钱三分八厘，与上月相同。包谷每京石价银三钱五分，较上月减四分四厘。

喀喇沙尔直隶厅：大米每京石价银二两六钱六分四厘，与上月相同。小麦每京石价银一两一钱四厘，与上月相同。豌豆每京石价银八钱六分四厘，与上月相同。包谷每京石价银六钱四厘，较上月减三分六厘。

库车直隶厅：大米每京石价银二两七分五厘，小麦每京石价银五钱九分三厘，豌豆每京石价银六钱一分，包谷每京石价银四钱四分，俱与上月相同。

乌什直隶厅：大米每京石价银二两二钱三分，较上月减五厘。小麦每京石价银六钱六分，与上月相同。大麦每京石价银二钱九分九厘，与上月相同。包谷每京石价银四钱四分五厘，与上月相同。

喀什噶尔道属：

疏勒直隶州：大米每京石价银三两，较上月减七分五厘。小麦每京石价银一两五钱一分八厘，与上月相同。包谷每京石价银一两八分八厘，与上月相同。高粱每京石价银九钱二分，与上月相同。

疏附县：大米每京石价银三两，较上月减七分五厘。小麦每京石价银一两五钱一分八厘，与上月相同。包谷每京石价银一两一钱三分九厘，与上月相同。高粱每京石价银九钱二分，与上月相同。

莎车直隶州：大米每京石价银二两四分二厘，与上月相同。小麦每京石价银八钱六分九厘，与上月相同。大麦每京石价银七钱五分，与上月相同。包谷每京石价银七钱一分二厘，较上月增一分三厘。

叶城县：大米每京石价银二两七钱五分五厘，与上月相同。小麦每京石价银八钱五分，较上月增七分。包谷每京石价银六钱二分四厘，较上月增五分八厘。青稞每京石价银四钱七分五厘，与上月相同。

和阗直隶州：大米每京石价银二两一钱，与上月相同。小麦每京石价银九钱九分三厘，较上月增二分七厘。包谷每京石价银六钱一分四厘，与上月相同。青稞每京石价银五钱二分四厘，与上月相同。

于阗县：大米每京石价银二两七钱六分，较上月增六分九厘。小麦每京石价银一两五厘，较上月增六分七厘。包谷每京石价银六钱一分四厘，较上月增三分八厘。

英吉沙尔直隶厅：大米每京石价银三两八钱，与上月相同。小麦每京石价银一两三钱八分，较上月增一钱三分八厘。大麦每京石价银八钱二分，与上月相同。包谷每京石价银一两七分二厘，较上月增五分四厘。

玛喇巴什直隶厅：大米每京石价银二两二钱二分，较上月减一钱四分八厘。小麦每京石价银一两三钱八分，较上月增二钱七分六厘。包谷每京石价银七钱六分八厘，与上月相同。

（朱批：）览。①

○一二　审拟缠民阿吉斗毙人命一案折

光绪二十年二月二十四日（1894年3月30日）

头品顶戴甘肃新疆巡抚臣陶模跪奏，为斗殴毙命，按律定拟，恭折仰祈圣鉴事。

窃查疏附县缠民阿吉殴伤斯底克越日身死一案，前据署该县知县杨其澍验讯详报，当经臣批饬审拟解勘去后。兹据该县审明议拟，解由署疏勒直隶州知州潘时策转解署喀什噶尔道李宗宾审明，咨由前署镇迪道兼按察使衔黄光达核转前来。

臣复加查核，缘缠民阿吉籍隶疏附县，与已死斯底克邻居素好，两家地亩毗连，向共渠水灌溉。光绪十九年四月二十六日上午，阿吉见地内苜蓿受旱，携锄前往放水，行至渠边，斯底克正在该处决水灌地。阿吉央求分水一半，斯底克答俟伊地灌足再分。阿吉斥其不应独占渠水，斯底克不服分辩，彼此争吵。斯底克生气扑拢，用拳殴伤阿吉左眉丛。阿吉被殴情急，顺用锄背吓殴一下，致伤斯底克左额角倒地。思马一闻闹趋阻，询悉情由，通知斯底克之父依敏前往看明扶回，医治罔效，至二十七日，斯底克因伤殒命。投约报验，获犯讯供，由县议拟解州，详经喀什噶尔道审明，咨由镇迪道兼按察使衔核明转详。臣覆核无异。

查律载：斗殴杀人者，不问手足、他物、金刃，并绞监候等语。此案缠民阿吉因向斯底克分给渠水不允，口角争斗，用锄背殴伤斯

---

① 台北故宫博物院藏：军机及宫中档，文献编号：131458-0-A。

底克左额角殒命，自应依律问拟。阿吉合依斗殴杀人者不问手足、他物、金刃并绞律，拟绞监候，秋后处决。思马一救阻不及，应毋庸议。无干省释。尸棺饬埋，凶器铁锄案结销毁。是否允协，除全案供招咨部外，所有审明斗殴毙命，按律定拟缘由，谨恭折具陈，伏乞皇上圣鉴，饬部核覆施行。谨奏。光绪二十年二月二十四日。

（朱批：）刑部议奏。[1]

光绪二十年三月二十四日，奉朱批：刑部议奏。钦此。[2]

○一三　汇报新疆光绪十九年办结就地正法各案折

光绪二十年二月二十四日(1894 年 3 月 30 日)

头品顶戴甘肃新疆巡抚臣陶模跪奏，为光绪十九年份办结就地正法各案，照章摘由汇报，恭折仰祈圣鉴事。

窃查新疆奏定章程：凡强盗抢夺及情罪重大人犯，获案讯明后，皆准就地正法，摘由汇报。历经遵办在案。兹查光绪十九年春、夏、秋、冬四季办结强盗抢夺及决不待时重大各案共十起，据各地方官获犯，验讯议拟，解经各该管直隶州、府、道提审明确，咨由兼臬司覆核转详，由臣细核案情，参考律例，分别斩决、枭示，批令在于犯事地方正法。其抢夺案内军、流、徒犯向系南北两路调发，此等匪徒实难安分屯垦，已批饬酌量监禁，系带铁杆，以示惩创。谨将各案摘由开单，恭呈御览。

---

① 台北故宫博物院藏：军机及宫中档，文献编号：408002852。
② 台北故宫博物院藏：军机及宫中档，文献编号：131460。

所有光绪十九年份办结就地正法各案，照章摘由汇报缘由，谨恭折具陈，伏乞皇上圣鉴，训示施行。谨奏。光绪二十年二月二十四日。

（朱批：）刑部知道。单并发。[1]

光绪二十年三月二十四日，奉朱批：刑部知道。单并发。钦此。[2]

○一四　呈新疆光绪十九年办结就地正法各案清单

光绪二十年二月二十四日（1894年3月30日）

谨将光绪十九年份办结就地正法各案摘由，汇缮清单，恭呈御览。

计开：

春季份：

一起：宁远县蒙民岳赉纠约宗古、鲁特布逊、萨特满、嘎依提、普尔拜，分携洋枪、器械，同赶马厂，抢劫赛拜尔马匹，拒伤事主，经宁远县知县高敬昌获犯，验讯议拟，解代理伊犁府知府骆恩绶提讯，详伊塔道英林审明，咨由署镇迪道兼按察使衔黄光达核转前来。臣查岳赉、宗古、鲁特布逊三犯，执器械伙抢拒捕，情罪重大，例应斩决，当已批饬就地正法；萨特满、嘎依提、普尔拜在场并未动手，例应拟遣。新疆章程，南北调发助屯，惟此等匪徒实难安分耕

---

① 台北故宫博物院藏：军机及宫中档，文献编号：408002853。

② 台北故宫博物院藏：军机及宫中档，文献编号：131459。

种，均已批饬监禁三年，系带铁杆三年，如知悛改，再行释放。

一起：英吉沙尔厅缠民尼牙子纠约胡万、司马一、一不拉一木、于素普首伙五人，持械同至事主土生家行窃，临时行强，并胡万与沙的克等另犯劫抢轮奸重案，司马一供获首盗。经代理英吉沙尔厅同知田鼎铭获犯，验讯议拟，解署喀什噶尔道李宗宾审明，咨由署镇迪道兼按察使衔黄光达核转前来。臣查盗犯尼牙子、胡万、司马一，窃犯一不拉一木、于素普，伙同行窃，一不拉一木、于素普开喊先逃，尼牙子起意行强，喊同胡万，拒捕搜赃；司马一在场照亮，并未动手，事后供出首盗逃所，限内拿获，已批饬将尼牙子照律拟斩立决，就地正法；胡万另与沙的克等犯案，拟加枭示；司马一情有可原，例准减等发遣；一不拉一木、于素普畏惧逃逸，事后分赃，例应满徒。新疆章程，南北调发助屯，惟此等匪徒实难安分耕种，已批饬将司马一监禁三年，系带铁杆三年；一不拉一木、于素普均批监禁二年，锁系铁杆一年，如知悛改，再行释放。

一起：英吉沙尔厅缠民胡万纠约沙的克、思拉木，骑马持械，拦抢而米拉等衣物，拒伤事主，轮奸缠妇而里恩比比已成，并胡万另与尼牙子等临时行强犯案，经代理英吉沙尔厅同知田鼎铭获犯，验讯议拟，解署喀什噶尔道李宗宾审明，咨由署镇迪道兼按察使衔黄光达核转前来。臣查胡万两次抢劫，沙的克、思拉木听从强抢，轮奸妇女，均属罪恶昭著，当已批饬就地正法枭示，以昭炯戒。

夏季份：

一起：疏勒州缠民多思呆克纠约阿希木、艾买提、托乎大、买希列普首伙五人，黉夜强劫事主艾则子家赃物，捆缚事主、轮奸妇女，并伙犯托乎大、买希列普被事主乡地追捕，格杀身死，经署疏勒直隶州知州潘时策获犯，验讯议拟，解署喀什噶尔道李宗宾审明，咨由署镇迪道兼按察使衔黄光达核转前来。臣查盗犯多思呆克、阿希木、艾买提三犯黉夜撞门入室强劫，轮奸妇女，实属罪大恶极，当已批饬就地正法，枭首示众。托乎大、买希列普情罪相同，仍饬照律戮尸。

秋季份：

一起：和阗州缠民托乎大强抢缠妇吉米连，入室拒伤吉米连胞兄托合大身死，经署和阗直隶州知州江遇璞获犯，验讯议拟，解署喀什噶尔道李宗宾审明，咨由署镇迪道兼按察使衔黄光达核转前来。臣查抢犯托乎大持刀吓逼，强抢妇女已成，拒伤本妇胞兄殒命，例应斩决，当已批饬就地正法，以昭炯戒。

一起：叶城县缠民买买提引与子月衣比比通奸起意，商同奸妇谋杀本夫司马一身死，经叶城县知县王俊获犯，验讯议拟，解署莎车直隶州知州潘震提讯，详署喀什噶尔道李宗宾审明，咨由署镇迪道兼按察使衔黄光达核转前来。臣查凶犯买买提引，因奸商同奸妇子月衣比比谋杀本夫，情罪重大，买买提引例应斩决，子月衣比比律应凌迟，当已批饬分别斩决、凌迟，以昭炯戒。

一起：奇台县客民王生禄听从逸犯陈老大、刘姓，拦抢赵天才赃物，施放洋枪，拒伤事主平复，经署奇台县知县陈彤辅获犯，验讯议拟，解署迪化府知府危兆麟提讯，详署镇迪道兼按察使衔黄光达核转前来。臣查抢犯王生禄，伙同抢劫，执持洋枪拒捕，新章应拟斩枭，当已批饬就地正法，枭首示众。逸犯陈老大等获日另结。

冬季份：

一起：英吉沙尔厅缠民纳士听从西依提，谋杀胞兄阿则身死，经代理英吉沙尔厅同知田鼎铭获犯，验讯议拟，解署喀什噶尔道李宗宾审明，咨由署镇迪道兼按察使衔黄光达核转前来。臣查逆犯纳士，因屡被胞兄阿则殴骂，听从夙有嫌隙之西依提，将阿则谋毙，该犯在场加功，律应凌迟。西依提为首起意，律应斩候，惟酿成逆伦重案，比照谋杀期亲、尊长案内从犯，例准请旨正法，当已批饬将纳士依律凌迟处死，西依提依律拟斩，先行正法，以维风化。

一起：叶城县缠民和加阿里木图财，谋杀木萨身死，经叶城县知县王俊获犯，验讯议拟，解署莎车直隶州知州潘震提讯，详署喀什噶尔道李宗宾审明，咨由镇迪道兼按察使衔黄光达核转前来。臣查凶贼和加阿里木图财谋害人命，例应斩决，当已批饬就地正法，以昭炯戒。

一起：英吉沙尔缠民斯马意图财谋杀缠妇黑林满比比身死，经署英吉沙尔厅同知陈希洛获犯，验讯议拟，解署喀什噶尔道李宗宾审明，咨由署镇迪道兼按察使衔黄光达核转前来。臣查凶贼斯马意，图财谋命，例应斩决，当已批饬就地正法，以昭炯戒。

（朱批：）览。[1]

〇一五　奏报恭缴朱批奏折、奏片折

光绪二十年三月初七日(1894年4月12日)

头品顶戴甘肃新疆巡抚臣陶模跪奏，为恭缴朱批事。

窃臣于光绪十九年二月二十九日起至二十年三月初一日至，

---

[1]　台北故宫博物院藏：军机及宫中档，文献编号：131459-0-A。

历次奉到朱批奏折、奏片共计九十九件，理合汇封呈缴，伏乞皇上圣鉴。谨奏。光绪二十年三月初七日。

（朱批：）知道了。[①]

光绪二十年四月二十九日，奉朱批：知道了。钦此。[②]

〇一六　奏报呈进回部贡金折

光绪二十年三月初七日(1894 年 4 月 12 日)

头品顶戴甘肃新疆巡抚臣陶模跪奏，为呈进回部贡金，恭折仰祈圣鉴事。

窃照新疆色勒库尔之南回部坎巨提，向来按年进贡沙金，循例奏明，赏给缎匹。兹据署喀什噶尔道李宗宾详：据坎巨提新酋摩韩美德拿星呈称：该部远居边徼，久托帡幪，窃幸世业之克承，无非天恩之渥被。所有光绪十九年份应进贡金一两五钱，敬谨赍呈等情。遵将例赏大缎二匹，发给该酋祗领，恳请具奏前来。

臣覆查无异。除将沙金咨送内务府呈进外，理合恭折具陈，伏乞皇上圣鉴。谨奏。光绪二十年三月初七日。

（朱批：）该衙门知道。[③]

光绪二十年四月二十八日，奉朱批：该衙门知道。钦此。[④]

---

① 台北故宫博物院藏：军机及宫中档，文献编号：408002856。
② 台北故宫博物院藏：军机及宫中档，文献编号：132200。
③ 台北故宫博物院藏：军机及宫中档，文献编号：408002855。
④ 台北故宫博物院藏：军机及宫中档，文献编号：132178。

○一七　奏为恩赏福字谢恩折

光绪二十年三月初八日(1894 年 4 月 13 日)

头品顶戴甘肃新疆巡抚臣陶模跪奏，为恭谢天恩，仰祈圣鉴事。

窃臣赍折差弁回省，奉到年节恩赏福字一方，当即恭设香案，望阙叩头祗领。钦惟我皇上泽溥八埏，仁敷万汇。膺多福而嘉祥丕应，郅治昭宣；锡景福而中外咸周，奎文炳焕。恩来天上，春满人寰。臣职效西陲，心依北阙，韶华遐畅，惭抚字之无方；宸翰亲承，沐荣施之渥被。惟有勉策驽钝，扬一人有庆之庥；仰戴鸿慈，献万福来同之颂。

所有微臣感激荣幸下忱，理合恭折具陈，叩谢天恩，伏乞皇上圣鉴。谨奏。光绪二十年三月初八日。

（朱批：）知道了。①

光绪二十年四月二十九日，奉朱批：知道了。钦此。②

○一八　代奏回王奉到赏赐谢恩折

光绪二十年三月初八日(1894 年 4 月 13 日)

头品顶戴甘肃新疆巡抚臣陶模跪奏，为据情代奏，恭谢天恩，仰祈圣鉴事。

---

① 台北故宫博物院藏：军机及宫中档，文献编号：408002857。
② 台北故宫博物院藏：军机及宫中档，文献编号：132201。

窃臣据哈密札萨克回子亲王沙木胡索特呈称:承准军机处咨开年终恩赏荷包、银锞、银钱、食物等项,交兵部由驿递到。当即恭设香案,望阙叩头祗领。伏念奴才职备藩封,恩承帝陛,兹值寅缠转运,正当申锡懋膺,叠被鸿施,弥深鳌戴。

所有感激下忱,呈请代奏前来。理合据情代奏,叩谢天恩,伏乞皇上圣鉴。谨奏。光绪二十年三月初八日。

(朱批:)知道了。①

光绪二十年四月二十九日,奉朱批:知道了。钦此。②

○一九　请以总兵黄万鹏署理喀什噶尔提篆折

光绪二十年三月十二日(1894 年 4 月 17 日)

头品顶戴甘肃新疆巡抚臣陶模跪奏,为提臣奉旨进京祝嘏,请以总兵署理提篆,恭折仰祈圣鉴事。

窃臣恭阅电报:光绪二十年正月十八日,内阁奉上谕:朕钦奉慈禧端佑康颐昭豫庄诚寿恭钦献皇太后懿旨:本年予六旬庆辰,各省文武大员情殷祝嘏,业经降旨于各省将军、督抚、副都统、提镇、藩、臬内,每省各酌派二三员来京庆祝,着喀什噶尔提督臣董福祥来京恭候,届期随同祝嘏等因。钦此。臣查喀什噶尔距京万有余里,提臣董福祥应即起程,庶免迟误,当饬阿克苏镇总兵黄万鹏前往署理提篆,以便交卸北上,随同庆祝。

除咨行外,谨会同陕甘总督臣杨昌濬恭折具陈,伏乞皇上圣

---

① 台北故宫博物院藏:军机及宫中档,文献编号:408002858。
② 台北故宫博物院藏:军机及宫中档,文献编号:132199。

鉴。谨奏。光绪二十年三月十二日。

（朱批：）兵部知道。①

光绪二十年四月十二日，奉朱批：兵部知道。钦此。②

○二○　代奏张宗本署理镇篆谢恩折

光绪二十年三月十二日(1894 年 4 月 17 日)

头品顶戴甘肃新疆巡抚臣陶模跪奏，为据情代奏，叩谢天恩，仰祈圣鉴事。

窃臣据记名提督护理阿克苏镇总兵请补乌什协营副将张宗本呈称：接奉行知：阿克苏镇总兵黄万鹏现奏请署理喀什噶尔提督篆务，所遗总兵员缺，委副将护理，遵将乌什协营事务交卸，驰抵阿克苏，于光绪二十年二月十八日承准黄万鹏饬署镇标左营游击李策胜，将总兵银印、文案、卷宗赍送前来。当即恭设香案，望阙叩头谢恩，祗领任事。

伏念副将山左武夫，才庸识浅，虽戎行之久历，实报称之毫无。兹复护理总兵，谬膺重任，自为驽钝，弥切悚惶。惟有矢慎矢勤，于整饬营伍、镇守地方各事宜，随时禀商抚臣、提臣，认真办理，不敢以暂时委护稍涉因循，以期仰答高厚鸿慈于万一。

所有到任接印日期并感激下忱，呈请代奏，叩谢天恩前来。理合据情代奏，伏乞皇上圣鉴。谨奏。光绪二十年三月十二日。

---

① 台北故宫博物院藏：军机及宫中档，文献编号：408002860。

② 此朱批日期与内容，据台北故宫博物院藏军机及宫中档（文献编号：131861）及中国第一历史档案馆藏军机处随手登记档（档案编号：03-0280-2-1220-096）校补。

（朱批：）知道了。①

光绪二十年四月三十日，奉朱批：知道了。钦此。②

○二一　奏为交部议叙谢恩折

光绪二十年三月十三日(1894 年 4 月 18 日)

头品顶戴甘肃新疆巡抚臣陶模跪奏，为恭谢天恩，仰祈圣鉴事。

窃臣准吏部咨：光绪二十年正月初一日，内阁奉上谕：朕钦奉慈禧端佑康颐昭豫庄诚寿恭钦献皇太后懿旨：本年予六旬庆辰，在廷臣工业经降旨加恩，因念各省文武大臣有久膺重寄、卓著功劳者，允宜同膺懋赏。甘肃新疆巡抚陶模着交部议叙等因。钦此。跪诵之余，莫名钦感。当即恭设香案，望阙叩头谢恩。伏惟皇上庆洽敷天，欢承爱日，恭奉萱闱懿旨，宠贲丝纶；钦颁兰殿隆施，恩周岳牧。臣边圻忝任，未效涓埃，盛典欣逢，渥蒙甄叙，惟有靖共自矢，永清远塞之氛；庆祝同申，敬上延龄之颂。

所有微臣感激欢忭下忱，理合恭折具奏，叩谢天恩，伏乞皇上圣鉴。谨奏。光绪二十年三月十三日。

（朱批：）知道了。③

光绪二十年四月三十日，奉朱批：知道了。钦此。④

【案】光绪二十年正月初一日上谕，光绪宣统两朝上谕档

---

① 台北故宫博物院藏：军机及宫中档，文献编号：408002859。
② 台北故宫博物院藏：军机及宫中档，文献编号：132216。
③ 台北故宫博物院藏：军机及宫中档，文献编号：408002861。
④ 台北故宫博物院藏：军机及宫中档，文献编号：132215。

及《清实录》载之详备：

光绪二十年正月初一日，内阁奉上谕：朕钦奉慈禧端佑康颐昭豫庄诚寿恭钦献皇太后懿旨：本年予六旬庆辰，在廷臣工业经降旨加恩。因念各省文武大臣，有久膺重寄、卓著勋劳者，允宜同膺懋赏。大学士直隶总督李鸿章，着赏戴三眼花翎；伊子李经迈，着以员外郎用。两江总督刘坤一，着赏戴双眼花翎。陕甘总督杨昌濬，着赏加太子太保衔。四川总督刘秉璋、闽浙总督谭钟麟，均着赏加太子少保衔。湖广总督张之洞，着交部从优议叙。两广总督李瀚章，着赏加太子少保衔。云贵总督王文韶，着赏戴花翎，并交部从优议叙。河东河道总督许振祎、漕运总督松椿，均着交部从优议叙。

江苏巡抚奎俊、安徽巡抚沈秉成、山东巡抚福润、山西巡抚张煦、河南巡抚裕宽、陕西巡抚鹿传霖、甘肃新疆巡抚陶模、浙江巡抚廖寿丰、福建台湾巡抚邵友濂、江西巡抚德馨、湖北巡抚谭继洵、湖南巡抚吴大澂、广东巡抚刚毅、广西巡抚张联桂、云南巡抚谭钧培、贵州巡抚崧蕃，均着交部从优议叙。

盛京将军裕禄，着赏加尚书衔。吉林将军长顺、黑龙江将军依克唐阿、西安将军荣禄、宁夏将军钟泰、江宁将军丰绅、杭州将军吉和、荆州将军祥亨、广州将军继格，均着交部从优议叙。福州将军一等继勇侯希元，着赏戴花翎。成都将军恭寿、绥远城将军克蒙额、伊犁将军长庚、定边左副将军永德、热河都统庆裕、察哈尔都统德铭、直隶提督叶志超，均着交部议叙。

陕西提督雷正绾、甘肃提督周达武、乌鲁木齐提督董福祥，均着赏加尚书衔。江南提督谭碧理，着赏加太子少保衔。浙江提督冯南斌、福建水师提督杨岐珍，均着赏加尚书衔。福建陆路提督黄少春,着赏加太子少保衔。广东水师提督郑绍忠、陆路提督唐仁廉,均着赏加尚书衔。广西提督苏元春,着改为二等轻车都尉。湖北提督吴凤柱,着交部议叙。湖南提督娄云庆、四川提督宋庆、云南提督冯子材、贵州提督罗孝连、长江水师提督黄翼升、北洋海军提督丁汝昌,均着赏加尚书衔。

河南北镇总兵刘盛休、广东南韶连镇总兵方友升、高州镇总兵左宝贵、北海镇总兵王孝祺、广西右江镇总兵张春发、柳庆镇总兵马盛治、云南开化镇总兵蔡标、昭通镇总兵何雄辉、贵州安义镇总兵蒋宗汉、古州镇总兵丁槐、威宁镇总兵苏元瑞,均着赏戴双眼花翎。

直隶正定镇总兵徐邦道、山西太原镇总兵聂士成、河南南阳镇总兵崔廷桂、归德镇总兵杨玉书、甘肃宁夏镇总兵卫汝贵、江南淮扬镇总兵潘万才、江西九江镇总兵米淮森、福建福宁镇总兵曹志忠、广东琼州镇总兵滕嗣林、湖北宜昌镇总兵傅廷臣,均着赏给如意一柄、用宝寿字一方。

直隶马兰镇总兵文瑞、泰宁镇总兵志元、通永镇总兵吴育仁、宣化镇总兵王可陞、山东登州镇总兵章高元、兖州镇总兵田恩来、曹州镇总兵王连三、陕西陕安镇总兵姚文广、汉中镇总兵孙金彪、甘肃西宁镇总兵邓增、江南苏松镇总兵张景春、福山镇总兵韩晋昌、浙江温州镇总兵张其光、福建汀州镇总兵宋德胜、湖南永州镇总兵贾起胜、云南鹤丽镇总兵岑有富、临元镇总兵姜桂题、长江水师湖南岳州镇总兵张捷书、湖北汉阳镇总兵高光效、江西湖口镇总兵柳金源、江南瓜州镇总兵谢濬奋、狼山镇总兵曹德庆、北洋海军左翼总兵林泰曾、右翼总兵刘步蟾,均着赏给用宝寿字一方、大卷八丝缎二匹。

　　直隶大名镇总兵吴殿元、天津镇总兵罗荣光、山西大同镇总兵程之伟、陕西延绥镇总兵蒋云龙、河州镇总兵汤彦和、甘肃肃州镇总兵李培荣、凉州镇总兵张永清、伊犁镇总兵张俊、阿克苏镇总兵黄万鹏、江南徐州镇总兵陈凤楼、安徽寿春镇总兵任祖文、皖南镇总兵李占椿、江西南赣镇总兵何明亮、浙江处州镇总兵陈济清、衢州镇总兵喻俊明、定海镇总兵陈永春、海门镇总兵孙昌凯、福建漳州镇总兵侯名贵、建宁镇总兵秦怀亮、澎湖镇总兵周振邦、台湾镇总兵万国本、南澳镇总兵刘永福、广东潮州镇总兵刘世俊、碣石镇总兵邓万林、广西右江镇总兵董履高、湖北郧阳镇总兵何长清、湖南镇算镇总兵周瑞龙、绥靖镇总兵陈海鹏、四川重庆镇总兵钱玉兴、建昌镇总兵刘士奇、松潘镇总兵陈金鳌、川北镇总兵何乘鳌、云南腾越镇总兵张松林、贵州镇远镇总兵和耀曾,均着赏给用宝福字一方、小卷八丝缎二件。

　　前甘肃新疆巡抚刘锦棠,着晋封一等男爵。前福建台湾巡抚刘铭传,着开复革职留任处分。钦此。[①]

○二二　审拟周维亭斗殴毙命一案折

光绪二十年三月十六日(1894年4月21日)

　　头品顶戴甘肃新疆巡抚臣陶模跪奏,为斗殴毙命,按律定拟,恭折仰祈圣鉴事。

　　窃查迪化县客民周维亭殴踢黎忠德越日身死一案,前据署该

---

　　① 《光绪宣统两朝上谕档》,第20册,第3—5页;《德宗景皇帝实录(五)》,卷三百三十二,光绪二十年正月上,第263—266页。

县知县刘兆松验讯详报,当经臣批饬审拟解勘去后。兹据该县审明议拟,详由署迪化府知府危兆麟解经署镇迪道兼按察使黄光达覆审勘转前来。

臣亲提覆鞫,缘客民周维亭原籍湖北黄陂县,光绪十八年出关,来至省城,开设米铺生理,与已死江南人黎忠德熟识无嫌。十九年四月不记日期,黎忠德赊欠周维亭米银八钱,屡索未偿。六月十三日下午,周维亭在大街撞遇黎忠德,复向索讨。黎忠德推缓。周维亭斥其骗赖,互相争吵。黎忠德揪住周维亭胸衣,周维亭用拳殴伤其肚腹,黎忠德弯身拾石,周维亭虑其拾取向掷,闪至身旁,用脚冒踢一下,致伤黎忠德左胁,扑跌倒地,擦伤两膝,并垫伤肾囊。经街邻趋至喝阻,询悉情由,将黎忠德扶送其胞姊舒黎氏家养伤,延医调治罔效,至十五日早,黎忠德因伤殒命。投约报验,获犯讯供,由县议拟解府,详由镇迪道兼按察使衔提审勘转。臣覆鞫无异。

查律载:斗殴杀人者,不问手足、他物、金刃,并绞监候等语。此案周维亭因向黎忠德索讨米银口角争斗,殴踢黎忠德越日身死,自应按律问拟。周维亭合依斗殴杀人者,不问手足、他物、金刃并绞律,拟绞监候,秋后处决。黎忠德欠银,身死勿征。无干省释。尸棺饬埋。凶鞋案结销毁。是否允协,除全案供招咨部外,所有审明斗殴毙命,按律定拟缘由,理合恭折具陈,伏乞皇上圣鉴,饬部核覆施行。谨奏。光绪二十年三月十六日。

（朱批:）刑部议奏。[1]

光绪二十年四月十七日,奉朱批:刑部议奏。钦此。[2]

---

[1] 台北故宫博物院藏:军机及宫中档,文献编号:408002862。

[2] 台北故宫博物院藏:军机及宫中档,文献编号:131929。

○二三　酌拨夫马添设驿站请饬立案折

光绪二十年三月十六日(1894 年 4 月 21 日)

头品顶戴甘肃新疆巡抚臣陶模跪奏，为酌拨夫马，添设伊犁惠远新城驿站，恳恩饬部立案，恭折仰祈圣鉴事。

窃查伊犁惠远新城向未设有驿站，上年将军臣长庚率同副都统等官迁驻该城，各署文报非添设一驿，无从传递。臣饬据布政使饶应祺、镇迪道兼按察使衔丁振铎详覆：新疆司库例支岁有常额，应就附近各驿酌拨夫马，期归节省。查宁远县驿旧设夫马较多，拟拨马二匹、夫一名。绥定县属五驿，霍尔果斯一驿，夫马较少，拟各拨马一匹、夫半名。计共拨马八匹、夫四名，作为惠远新城驿，归绥定县经管；并于该驿添设驿书一名，岁需夫马、工食、料草、油烛、纸张、站价、倒马等项银两，从光绪二十年正月初一日起照章支发。其宁远、绥定、霍尔果斯等驿拨过夫马岁需经费，于光绪十九年十二月底停支，以昭核实。详请具奏前来。

臣覆核无异。谨缮清单，会同伊犁将军臣长庚、陕甘总督臣杨昌濬恭折具陈，伏乞皇上圣鉴，饬部立案施行。谨奏。光绪二十年三月十六日。

(朱批：)该部知道。单并发。①

光绪二十年四月十七日，奉朱批：该部知道。单并发。钦此。②

---

① 台北故宫博物院藏：军机及宫中档，文献编号：408002863。
② 台北故宫博物院藏：军机及宫中档，文献编号：131928。

○二四 呈酌设伊犁惠远新城驿站经费清单

光绪二十年三月十六日(1894年4月21日)

谨将酌拨宁远等驿站夫马,添设伊犁惠远新城驿应支、应停经费数目,缮具清单,恭呈御览。

计开:

惠远新城驿站设驿书一名、夫四名、马八匹,照章岁需工食、料草、油烛、纸张、站价、倒马等项银五百八两二钱。

宁远驿原设驿书一名、夫八名、马十六匹,岁支工食、料草、油烛、纸张、站价、倒马等项银九百二十二两八钱,除拨归惠远新城驿马二匹、夫一名,应停支银一百三两六钱五分外,计宁远驿岁需工食、料草、油烛、纸张、站价、倒马等项银八百一十九两一钱五分。

绥定县属五驿原设驿书五名、夫二十五名、马五十匹,岁共支工食、料草、油烛、纸张、站价、倒马等项银三千五十九两二钱五分,除拨归惠远新城驿马五匹、夫二名半,应停支银二百五十九两一钱二分五厘外,计绥定县属五驿岁共需工食、料草、油烛、纸张、站价、倒马等项银二千八百两一钱二分五厘。

霍尔果斯驿原设驿书一名、夫三名、马六匹,岁支工食、料草、油烛、纸张、站价、倒马等项银四百四两五钱五分,除拨归惠远新城驿马一匹、夫半名,应停支银五十一两八钱二分五厘外,计霍尔果斯驿岁需工食、料草、油烛、纸张、站价、倒马等项银三百五十二两七钱二分五厘。

以上各项银两,仍照章分别扣建,遇闰加增,按六分减平给领;

倒马每匹扣皮脏银五钱。合并声明。

　　（朱批：）览。①

○二五　奏报新疆分设电报
　　　　筹议养线等费情形折

光绪二十年三月十六日(1894 年 4 月 21 日)

　　头品顶戴甘肃新疆巡抚臣陶模跪奏，为新疆分设电报，筹议养线等费，恭折仰祈圣鉴事。

　　窃新疆东、南、北三路次第安设电线，经北洋大臣李鸿章、陕甘督臣杨昌濬会同臣先后奏明筹款兴办在案。东路自嘉峪关至新疆省城，十九年夏间蒇事；南路自吐鲁番厅至喀什噶尔，本年二月亦经告竣。现在北路展至伊犁，四月即可开办。各路采运电料，均由总办电报事宜直隶津海关道盛宣怀②派员经理；应需杆木，由臣分饬各厅、州、县按段购备；木料运价，造册送交盛宣怀，汇案报销。

---

　　①　台北故宫博物院藏：军机及宫中档，文献编号：131928-0-A。

　　②　盛宣怀(1844—1916)，字杏荪，又字幼勖、荇生、杏生，号次沂，又号补楼，别署愚斋，晚年自号止叟，江苏武进人。由附监生报捐主事、直隶知州。同治五年(1866)，署天津河间兵备道。十二年(1873)，创办轮船招商局，任督办。十三年(1874)，襄办淮军营务。光绪六年(1880)，创办中国电报局，任总办。十年(1884)，署天津海关道。十二年(1886)，补山东登莱青道。十八年(1892)，调天津海关道。二十一年(1895)，办理上海轮船招商局及机器纺织厂事务，奏设北洋大学堂、南洋公学。二十二年(1896)，经理湖北铁厂，迁太常寺少卿，兼督办铁路大臣。二十三年(1897)，调补大理寺少卿，创设南洋公学，任督办。二十六年(1900)，补宗人府府丞，迁会办商务大臣。二十七年(1901)，调办理商税事务大臣，加太子太保衔。二十八年(1902)，授工部左侍郎，兼会办商约大臣。三十四年(1908)，调邮传部右侍郎。宣统二年(1910)，升邮传部尚书。三年(1911)，授邮传大臣。民国五年(1916)，卒于沪。有《愚斋存稿》、《盛宣怀未刊信稿》等存世。

至常年需用养线、修理等费,前折申明由新疆筹备。

接据盛宣怀酌定章程,臣逐加核阅。关外瘠苦,百物昂贵,一切费用较内地须稍从宽,方能经久。计东路安西州酌设报房,哈密厅设子局,吐鲁番厅设分局,省城设总局。南路喀喇沙尔厅、库车厅、玛喇巴什厅,分设报房,阿克苏酌设子局,喀什噶尔设分局。北路拟于库尔喀喇乌苏厅设报房,伊犁惠远新城设分局。计总局一处、分局三处、子局二处、报房五处。综核委员、领班、司事、工头、巡目、丁役人等薪工、火食并修理等费,每年约需银二万七千余两,遇闰加增。五年大修,需费尤巨。臣业饬电报总局督率试办,如能敷用,即将章程款目分咨总理各国事务衙门暨户部存案。

查陕、甘两省养电经费,系由关内外转运公费剩存项下动支。新疆饷项岁有定额,又无闲款可筹。臣与藩司熟商,查有甘肃新疆岁收协饷四分减平,每年新疆分银十万两,历年存储。上项经费关系边防大局,合无仰恳天恩,俯准在于四分平余项下动用,由司按年造报,以顾要需而昭核实。

所有新疆分设电报、筹议养线等费缘由,谨会同北洋大臣李鸿章、陕甘总督臣杨昌濬恭折具陈,伏乞皇上圣鉴训示。谨奏。光绪二十年三月十六日。

(朱批:)着照所请,该衙门知道。①

光绪二十年四月十七日,奉朱批:着照所请,该衙门知道。钦此。②

---

① 台北故宫博物院藏:军机及宫中档,文献编号:408002864。
② 此奉旨日期与内容,据军机处随手登记档(档案编号:03-0280-2-1220-103)校补。

○二六　奏报潘效苏饬赴本任片

光绪二十年三月十六日(1894年4月21日)

再，卸署伊犁府知府准补迪化府知府潘效苏现已回省，在伊犁府任内并无经手未完事件，应即饬赴本任，以专责成。据新疆布政使饶应祺、镇迪道兼按察使衔丁振铎会详前来。除批饬给委外，谨会同陕甘总督臣杨昌濬，附片具陈，伏乞圣鉴。谨奏。

(朱批：)吏部知道。[①]

光绪二十年四月十七日，奉朱批：吏部知道。钦此。[②]

○二七　奏报张清和署理协营副将片

光绪二十年三月十六日(1894年4月21日)

再，署玛纳斯协营副将喻先达交卸遗缺，查留新疆补用总兵张清和，前经臣奏补该协营副将，奉朱批：兵部议奏。钦此。现未接准部覆。该处防务紧要，应委该员先行署理，以专责成。除给委并咨部外，谨会同陕甘总督臣杨昌濬附片具陈，伏乞圣鉴。谨奏。

(朱批：)兵部知道。[③]

光绪二十年四月十七日，奉朱批：兵部知道。钦此。[④]

---

① 台北故宫博物院藏：军机及宫中档，文献编号：408002864-0-A。
② 台北故宫博物院藏：军机及宫中档，文献编号：131932。
③ 台北故宫博物院藏：军机及宫中档，文献编号：408002864-0-B。
④ 台北故宫博物院藏：军机及宫中档，文献编号：131931。

〇二八　奏报拣员护理总兵等缺片

光绪二十年三月十六日（1894年4月21日）

再，阿克苏镇总兵黄万鹏署理喀什噶尔提督篆务，业经臣奏明在案。所遗总兵员缺，请以记名提督请补乌什协副将张宗本护理。递遗副将员缺，以留甘尽先补用副将阿克苏镇标左营游击郝忠裔署理。递遗游击员缺，以留新疆尽先补用副将李策胜署理。除咨部外，谨会同陕甘总督臣杨昌濬附片具陈，伏乞圣鉴。谨奏。

（朱批：）兵部知道。[①]

光绪二十年四月十七日，奉朱批：兵部知道。钦此。[②]

〇二九　奏报新疆光绪十九
年十二月雨水、粮价折

光绪二十年三月二十五日（1894年4月30日）

头品顶戴甘肃新疆巡抚臣陶模跪奏，为恭报光绪十九年十二月份粮价并得雪情形，谨缮折具陈，仰祈圣鉴事。

窃照光绪十九年十一月份各厅、州、县粮价并得雪情形，业经臣奏报在案。兹据新疆布政使饶应祺详称：光绪十九年十二月份，镇迪道属镇西得雪，积地四寸；库尔喀喇乌苏、绥来得雪，积地二寸；迪化得雪，积地一寸；吐鲁番、哈密、昌吉、阜康、奇台微雪。伊

---

① 台北故宫博物院藏：军机及宫中档，文献编号：408002864-0-C。
② 台北故宫博物院藏：军机及宫中档，文献编号：131930。

塔道属宁远得雪,积地一尺;绥定得雪,积地三寸;精河、塔尔巴哈
台微雪。南路乌什得雪,积地四寸;英吉沙尔得雪,积地三寸;莎
车、于阗得雪,积地二寸;疏勒、和阗、拜城、疏附得雪,积地一寸;库
车、玛喇巴什、温宿、叶城微雪;喀喇沙尔并未得雪。至通省粮价,
塔尔巴哈台、喀喇沙尔、乌什、温宿、疏勒、昌吉、宁远、疏附、叶城等
厅、州、县俱与上月相同,余均略有增减,汇详请奏前来。

理合恭折具陈,并缮粮价清单,敬呈御览,伏乞皇上圣鉴。谨
奏。光绪二十年三月二十五日。

(朱批:)知道了。①

光绪二十年四月二十六日,奉朱批:知道了。钦此。②

○三○　呈新疆光绪十九年十二月粮价清单

光绪二十年三月二十五日(1894年4月30日)

谨将新疆各属光绪十九年十二月份米粮时估价值,缮具清单,
恭呈御览。

计开十二月份:

镇迪道属:

迪化县:大米每京石价银二两六钱四分三厘,与上月相同。小
麦每京石价银一两八钱三分九厘,与上月相同。豌豆每京石价银
一两八钱三分六厘,较上月增三钱六分。青稞每京石价银一两三
分五厘,与上月相同。

---

① 台北故宫博物院藏:军机及宫中档,文献编号:408002866。
② 台北故宫博物院藏:军机及宫中档,文献编号:132127。

　　昌吉县：大米每京石价银二两二钱五分六厘，小麦每京石价银一两四钱一分二厘，豌豆每京石价银一两五分九厘，青稞每京石价银七钱一分七厘，俱与上月相同。

　　阜康县：粟米每京石价银一两三钱四分四厘，较上月减二钱一分一厘。小麦每京石价银一两四钱五分，较上月减二钱四分八厘。豌豆每京石价银一两三钱七分九厘，较上月减一钱四分二厘。高粱每京石价银七钱七分八厘，较上月减三钱五分四厘。

　　绥来县：大米每京石价银二两四分八厘，较上月增六厘。小麦每京石价银一两七钱三分三厘，较上月增一钱四分六厘。豌豆每京石价银一两二钱一分八厘，较上月减二分。高粱每京石价银五钱六分三厘，与上月相同。

　　奇台县：大米每京石价银二两九钱三分四厘，较上月减一钱七分三厘。小麦每京石价银一两四钱五分，较上月增一钱六厘。豌豆每京石价银一两一钱五厘，较上月增六分九厘。

　　吐鲁番直隶厅：小麦每京石价银一两四钱九分一厘，与上月相同。大麦每京石价银五钱六分，与上月相同。高粱每京石价银五钱五分七厘，较上月减三分七厘。黄豆每京石价银一两四钱一分八厘，与上月相同。

　　镇西直隶厅：小麦每京石价银一两五钱二分，较上月增六分。豌豆每京石价银一两八分，较上月减二分。青稞每京石价银七钱二分，与上月相同。

　　哈密直隶厅：粟米每京石价银一两四钱四分，与上月相同。小麦每京石价银一两三钱三分八厘，较上月增九分六厘。豌豆每京石价银一两三钱三分三厘，与上月相同。青稞每京石价银九钱二分五厘，与上月相同。

库尔喀喇乌苏直隶厅：小麦每京石价银一两六钱九分四厘，较上月减七分。豌豆每京石价银一两六钱三分五厘，与上月相同。高粱每京石价银九钱八分三厘，与上月相同。

伊塔道属：

绥定县：大米每京石价银四两八钱八分四厘，较上月增四钱四分四厘。小麦每京石价银二两七分，较上月增二钱七分六厘。大麦每京石价银九钱九分九厘，较上月增五分六厘。豌豆每京石价银二两一钱六分，较上月增四钱三分二厘。

宁远县：大米每京石价银四两七钱，小麦每京石价银二两二钱，大麦每京石价银一两一钱，豌豆每京石价银一两五钱八分，俱与上月相同。

塔尔巴哈台直隶厅：小麦每京石价银二两二钱一分，大麦每京石价银一两一钱五厘，豌豆每京石价银一两四钱八分二厘，俱与上月相同。

精河直隶厅：大米每京石价银三两六钱七分五厘，较上月增二钱五厘。小麦每京石价银一两七钱五分，较上月增二钱一分。大麦每京石价银八钱四厘，与上月相同。豌豆每京石价银一两四钱七分，与上月相同。

阿克苏道属：

温宿直隶州：大米每京石价银一两九钱，小麦每京石价银一两三分五厘，大麦每京石价银六钱，包谷每京石价银六钱八分，俱与上月相同。

拜城县：小麦每京石价银五钱六分九厘，较上月增四分四厘。大麦每京石价银三钱九分四厘，与上月相同。豌豆每京石价银四钱三分八厘，与上月相同。包谷每京石价银三钱九分四厘，较上月增四分四厘。

喀喇沙尔直隶厅:大米每京石价银二两六钱六分四厘,小麦每京石价银一两一钱四厘,豌豆每京石价银八钱六分四厘,包谷每京石价银六钱四厘,俱与上月相同。

库车直隶厅:大米每京石价银一两八钱五分,较上月减二钱二分五厘。小麦每京石价银六钱七分六厘,较上月增八分三厘。豌豆每京石价银六钱一分,与上月相同。包谷每京石价银四钱四分,与上月相同。

乌什直隶厅:大米每京石价银二两二钱三分,小麦每京石价银六钱六分,大麦每京石价银二钱九分九厘,包谷每京石价银四钱四分五厘,俱与上月相同。

喀什噶尔道属:

疏勒直隶州:大米每京石价银三两,小麦每京石价银一两五钱一分八厘,包谷每京石价银一两八分八厘,高粱每京石价银九钱二分,俱与上月相同。

疏附县:大米每京石价银三两,小麦每京石价银一两五钱一分八厘,包谷每京石价银一两一钱三分九厘,高粱每京石价银九钱二分,俱与上月相同。

莎车直隶州:大米每京石价银二两五分七厘,较上月增一分五厘。小麦每京石价银八钱六分九厘,与上月相同。大麦每京石价银七钱五分,与上月相同。包谷每京石价银七钱一分二厘,与上月相同。

叶城县:大米每京石价银二两七钱五分五厘,小麦每京石价银八钱五分,包谷每京石价银六钱二分四厘,青稞每京石价银四钱七分五厘,俱与上月相同。

和阗直隶州：大米每京石价银二两三钱一分，较上月增三钱一分，小麦每京石价银一两七厘，较上月增一分四厘。包谷每京石价银六钱一分四厘，与上月相同。青稞每京石价银五钱二分四厘，与上月相同。

于阗县：大米每京石价银二两八钱四分二厘，较上月增八分二厘。小麦每京石价银一两五厘，与上月相同。包谷每京石价银六钱一分四厘，与上月相同。

英吉沙尔直隶厅：大米每京石价银三两六钱四分八厘，较上月减一钱五分二厘。小麦每京石价银一两二钱四分二厘，较上月减一钱三分八厘。大麦每京石价银七钱九分八厘，较上月减二分二厘。包谷每京石价银一两一分八厘，较上月减五分四厘。

玛喇巴什直隶厅：大米每京石价银二两九钱六分，较上月增七钱四分。小麦每京石价银一两一钱四厘，较上月减二钱七分六厘。包谷每京石价银八钱九分六厘，较上月增一钱二分八厘。

（朱批：）览。[1]

○三一　新疆应造征信册籍拟恳援案停办折

光绪二十年三月二十五日(1894 年 4 月 30 日)

头品顶戴甘肃新疆巡抚臣陶模跪奏，为新疆征收额粮查无弊窦，应造征信册籍，拟恳援案停办，恭折仰祈圣鉴事。

窃新疆征信册籍自光绪二十年接奉部咨，历经遵办在案。查通省岁征额粮，南路为多，除因灾奏请展缓或暂行豁免外，均系年

---

[1]　台北故宫博物院藏：军机及宫中档，文献编号：132127-0-A。

清年款,毫无蒂欠。北路地方瘠苦,征粮较少,间值收成歉薄,未能全完,为数亦属无几。各属每届开征,由花户赴仓完纳,并不假手乡约。地方官各知考成,所在亦无征多报少、以完作欠情事。而岁造征信册籍,凡添募书吏及工料、纸张等项银两,通计实属不少。据布政使饶应祺详请奏明停缓,借资节省等情前来。

臣维前项征信册籍所以清理民欠,严杜亏挪,立法本极周妥,惟新疆征收额粮尚无弊窦,岁需造册经费,未免虚糜。查甘肃现援陕西、山西等省成案,奏准停办。新疆事同一律,相应恳恩准自光绪十九年起停缓造报,以节糜费。臣仍当督饬司道严行查察,如有弊混,立即参办,仰副朝廷慎重正赋至意。

除咨部外,谨会同陕甘总督臣杨昌濬恭折具陈,伏乞皇上圣鉴训示。谨奏。光绪二十年三月二十五日。

（朱批:）着照所请,户部知道。①

光绪二十年四月二十六日,奉朱批:着照所请,户部知道。钦此。②

○三二　购办枪炮所需经费请饬部立案折

光绪二十年三月二十五日(1894 年 4 月 30 日)

头品顶戴甘肃新疆巡抚臣陶模跪奏,为购办洋枪、铸造铁炮,以固边防,请旨饬部立案,恭折仰祈圣鉴事。

窃维筹边以武备为要,行军以利器为先。溯查前陕甘总督臣

---

① 台北故宫博物院藏:军机及宫中档,文献编号:408002865-1。
② 台北故宫博物院藏:军机及宫中档,文献编号:132134。

左宗棠、前新疆抚臣刘锦棠平定西陲，虽刀矛并用，得力于枪炮者居多。现查新疆旧存各项，或久经操用，机簧不灵；或为数无多，不敷分拨，非酌量购办，不足以备缓急。臣到任以来，除由甘肃分购毛瑟枪三千杆应归督臣杨昌濬并案具奏外，计委员前赴天津咨请北洋大臣李鸿章代购毛瑟后膛单响马枪一千杆、前膛来福步枪二千杆、前膛来福马枪二千杆，又由上海招商局代购后膛毛瑟单响步枪二千杆、毛瑟马枪一千杆、前膛来福步枪二千杆、马枪二千杆，需用弹子、枪头、佩带及修整枪械、机器等项，均购办齐全。

至新疆各厅、州、县共三十余城，多无存城炮位。查北路济木萨属水西沟，向产铁苗，前护抚臣魏光焘招商试办，出铁渐多，惟质性甚粗，非加工提炼，难期精良。臣饬藩司拣派妥员，承造大小铁炮二百尊，自四五百斤至二千斤不等，以便分解各城，借资防守。每炮一斤并工料、薪水计算，价银一钱七分，每尊配子三百颗，每斤价银一钱三分，饬解省城演试，均能命中致远。现在各项洋枪尚未运齐，炮位亦未铸造足数，所需价银及运脚等项银两，即在岁拨军械经费内动支，容俟开列细数，汇入军需项下请销。

所有新疆购办洋枪，铸造铁炮各缘由，谨会同陕甘总督臣杨昌濬恭折具陈，伏乞皇上圣鉴，饬部立案施行。谨奏。光绪二十年三月二十五日。

（朱批：）该部知道。[1]

光绪二十年四月二十六日，奉朱批：该部知道。钦此。[2]

---

[1]　台北故宫博物院藏：军机及宫中档，文献编号：408002865。
[2]　台北故宫博物院藏：军机及宫中档，文献编号：132135。

○三三　陈泰福等保案有误请饬更正片

光绪二十年三月二十五日(1894年4月30日)

再，据补用参将留甘尽先补用游击陈泰福禀称：该员于攻克达坂城、托克逊贼巢并会师克复吐鲁番满、汉两城案内，由蓝翎守备衔千总保以守备尽先补用，并加都司衔；新疆五次剿平边寇案内误由游击衔都司保免补都司，以游击留甘尽先补用，"泰福"又缮作"太福"；新疆七载防戍案内复由游击保补缺后以参将补用。又，据提督衔记名总兵张得陞禀称：该员于西宁剿匪续获大捷、攻破小硤口及西宁府城立解重围案内，由游击衔都司保免补都司、游击，以参将尽先补用，并给达勇巴图鲁名号，误将"得陞"缮作"得升"。又，据尽先补用副将张建魁禀称：该员于直东肃清案内由千总保以守备尽先补用，误将"建魁"缮作"健魁"，请附奏递减、更正各等情前来。

臣覆核无异。合无仰恳天恩，俯准将陈泰福新疆五次剿平边寇案内准保免补都司，以游击留甘尽先补用，改为免补守备，以都司留甘尽先补用，并将"太福"改为"泰福"；新疆七载防戍案内准保俟补游击后以参将仍留原省补用，改为俟补都司后，以游击仍留原省补用；张得陞西宁剿匪续获大捷、攻破小硤口及西宁府城立解重围准保参将案内所缮"得升"改为"得陞"；张建魁直东肃清准保守备案内所缮"健魁"改为"建魁"，饬部分别逐层递减、更正，以昭核实。

除咨部外，谨附片具陈，伏乞圣鉴训示。谨奏。

（朱批：）兵部议奏。[①]

---

① 台北故宫博物院藏：军机及宫中档，文献编号：408002865-0-A。

光绪二十年四月二十六日，奉朱批：兵部议奏。钦此。①

○三四　张儒珍保案有误请饬更正片

光绪二十年三月二十五日（1894年4月30日）

再，留陕补用知县张儒珍于荡平西宁府属回逆、立解府城重围、克复大通县城案内，由军功咨保六品翎顶；关陇肃清案内由六品翎顶保从九品，留陕归候班补用；克复乌鲁木齐、玛纳斯各城案内由留陕补用从九品保免补本班，以主簿仍留原省，归军功候补班前遇缺即补；新疆南北两路一举荡平案内由留陕补用县丞保免补本班，以知县仍留原省，归候补班前补用。先后奉旨允准，钦遵行知在案。兹据该员禀称：以上四案均将"儒珍"缮作"孺珍"，恳请具奏更正前来。

臣覆查无异。合无仰恳天恩，俯准饬部分别更正注册，以免歧异。除咨部外，谨附片具陈，伏乞圣鉴训示。谨奏。

（朱批：）吏部知道。②

光绪二十年四月二十六日，奉朱批：吏部知道。钦此。③

○三五　奏报新疆光绪二十年正月雨水、粮价折

光绪二十年四月十一日（1894年5月15日）

头品顶戴甘肃新疆巡抚臣陶模跪奏，为恭报光绪二十年正月

---

① 台北故宫博物院藏：军机及宫中档，文献编号：132130。
② 台北故宫博物院藏：军机及宫中档，文献编号：408002865-0-B。
③ 台北故宫博物院藏：军机及宫中档，文献编号：132136。

份粮价并得雪情形,谨缮折具陈,仰祈圣鉴事。

窃照光绪十九年十二月份各厅、州、县粮价并得雪情形,业经臣奏报在案。兹据新疆布政使饶应祺详称:光绪二十年正月份,镇迪道属镇西得雪,积地三寸;迪化得雪,积地一寸;库尔喀喇乌苏、昌吉、阜康、绥来、奇台微雪。伊塔道属塔尔巴哈台、精河、绥定、宁远微雪。南路英吉沙尔得雪,积地二寸;疏勒、疏附、叶城得雪,积地一寸;乌什、玛喇巴什、温宿、莎车、和阗、拜城微雪。余未得雪。至通省粮价,镇西、哈密、塔尔巴哈台、精河、乌什、昌吉、绥定、宁远、拜城等厅、县俱与上月相同,余均略有增减。汇详请奏前来。

理合恭折具陈,并缮粮价清单,敬呈御览,伏乞皇上圣鉴。谨奏。光绪二十年四月十一日。

(朱批:)知道了。[①]

光绪二十年五月十一日,奉朱批:知道了。钦此。[②]

○三六　呈新疆光绪二十年正月粮价清单

光绪二十年四月十一日(1894 年 5 月 15 日)

谨将新疆各属光绪二十年正月份米粮时估价值,缮具清单,恭呈御览。

计开正月份:

镇迪道属:

迪化县:大米每京石价银二两六钱四分三厘,与上月相同。小

---

① 台北故宫博物院藏:军机及宫中档,文献编号:408002867。

② 台北故宫博物院藏:军机及宫中档,文献编号:132523。

麦每京石价银一两八钱三分九厘，与上月相同。豌豆每京石价银
一两五钱一分二厘，较上月减三钱二分四厘。青稞每京石价银九
钱六分六厘，较上月减六分九厘。

　　昌吉县：大米每京石价银二两二钱五分六厘，小麦每京石价银
一两四钱一分二厘，豌豆每京石价银一两五分九厘，青稞每京石价
银七钱一分七厘，俱与上月相同。

　　阜康县：粟米每京石价银一两二钱三分八厘，较上月减一钱六
厘。小麦每京石价银一两四钱五分，与上月相同。豌豆每京石价
银一两二钱七分三厘，较上月减一钱六厘。高粱每京石价银七钱
八厘，较上月减七分。

　　绥来县：大米每京石价银二两四分八厘，与上月相同。小麦每
京石价银一两六钱九分七厘，较上月减三分六厘。豌豆每京石价
银一两二钱一分二厘，较上月减六厘。高粱每京石价银五钱六分
三厘，与上月相同。

　　奇台县：大米每京石价银二两九钱三分四厘，与上月相同。小
麦每京石价银一两四钱五分，与上月相同。豌豆每京石价银一两
一钱三分九厘，较上月增三分四厘。

　　吐鲁番直隶厅：小麦每京石价银一两五钱六分六厘，较上月增
七分五厘。大麦每京石价银五钱九分七厘，较上月增三分七厘。
高粱每京石价银六钱六分七厘，较上月增一钱一分。黄豆每京石
价银一两四钱一分八厘，与上月相同。

　　镇西直隶厅：小麦每京石价银一两五钱二分，豌豆每京石价银
一两八分，青稞每京石价银七钱二分，俱与上月相同。

　　哈密直隶厅：粟米每京石价银一两四钱四分，小麦每京石价银
一两三钱三分八厘，豌豆每京石价银一两三钱三分三厘，青稞每京

石价银九钱二分五厘,俱与上月相同。

库尔喀喇乌苏直隶厅:小麦每京石价银一两六钱九分四厘,与上月相同。豌豆每京石价银一两六钱三分五厘,与上月相同。高粱每京石价银九钱一分二厘,较上月减七分一厘。

伊塔道属:

绥定县:大米每京石价银四两八钱八分四厘,小麦每京石价银二两七分,大麦每京石价银九钱九分九厘,豌豆每京石价银二两一钱六分,俱与上月相同。

宁远县:大米每京石价银四两七钱,小麦每京石价银二两二钱,大麦每京石价银一两一钱,豌豆每京石价银一两五钱八分,俱与上月相同。

塔尔巴哈台直隶厅:小麦每京石价银二两二钱一分,大麦每京石价银一两一钱五厘,豌豆每京石价银一两四钱八分二厘,俱与上月相同。

精河直隶厅:大米每京石价银三两六钱七分五厘,小麦每京石价银一两七钱五分,大麦每京石价银八钱四厘,豌豆每京石价银一两四钱七分,俱与上月相同。

阿克苏道属:

温宿直隶州:大米每京石价银一两九钱,与上月相同。小麦每京石价银一两三分五厘,与上月相同。大麦每京石价银六钱,与上月相同。包谷每京石价银八钱五分,较上月增一钱七分。

拜城县:小麦每京石价银五钱六分九厘,大麦每京石价银三钱九分四厘,豌豆每京石价银四钱三分八厘,包谷每京石价银三钱九分四厘,俱与上月相同。

喀喇沙尔直隶厅:大米每京石价银二两六钱六分四厘,与上月相同。小麦每京石价银一两三分五厘，较上月减六分九厘。豌豆每京石价银八钱六分四厘，与上月相同。包谷每京石价银六钱四厘，与上月相同。

库车直隶厅：大米每京石价银一两八钱五分，与上月相同。小麦每京石价银六钱八厘，较上月减六分八厘。豌豆每京石价银六钱一分，与上月相同。包谷每京石价银四钱四分，与上月相同。

乌什直隶厅：大米每京石价银二两二钱三分，小麦每京石价银六钱六分，大麦每京石价银二钱九分九厘，包谷每京石价银四钱四分五厘，俱与上月相同。

喀什噶尔道属：

疏勒直隶州：大米每京石价银三两，与上月相同。小麦每京石价银一两三钱八分，较上月减一钱三分八厘。包谷每京石价银一两八分八厘，与上月相同。高粱每京石价银九钱二分，与上月相同。

疏附县：大米每京石价银三两，与上月相同。小麦每京石价银一两三钱八分，较上月减一钱三分八厘。包谷每京石价银一两一钱三分九厘，与上月相同。高粱每京石价银九钱二分，与上月相同。

莎车直隶州：大米每京石价银二两五分七厘，与上月相同。小麦每京石价银九钱三分八厘，较上月增六分九厘。大麦每京石价银七钱五分，与上月相同。包谷每京石价银六钱九分九厘，较上月减一分三厘。

叶城县：大米每京石价银二两七钱五分五厘，与上月相同。小麦每京石价银九钱，较上月增五分。包谷每京石价银六钱七分二厘,较上月增四分八厘。青稞每京石价银五钱,较上月增二分五厘。

和阗直隶州:大米每京石价银二两四钱五分,较上月增一钱四分。小麦每京石价银一两七厘,与上月相同。包谷每京石价银六钱一分四厘,与上月相同。青稞每京石价银五钱二分四厘,与上月相同。

于阗县:大米每京石价银二两八钱四分二厘,与上月相同。小麦每京石价银一两五厘,与上月相同。包谷每京石五钱八分八厘,较上月减二分六厘。

英吉沙尔直隶厅:大米每京石价银三两六钱四分八厘,与上月相同。小麦每京石价银一两一钱八分六厘,较上月减五分六厘。大麦每京石价银七钱五分二厘,较上月减四分六厘。包谷每京石价银九钱三分八厘,较上月减八分。

玛喇巴什直隶厅:大米每京石价银二两九钱六分,与上月相同。小麦每京石一两一钱四厘,与上月相同。包谷每京石价银七钱六分八厘,较上月减一钱二分八厘。

(朱批:)览。[1]

○三七　奏报筹办南疆边防
应需经费请饬立案折

光绪二十年四月十一日(1894 年 5 月 15 日)

头品顶戴甘肃新疆巡抚臣陶模跪奏,为筹办南疆边防,应需转

---

① 台北故宫博物院藏:军机及宫中档,文献编号:132846-0-A。

运等项经费，请旨饬部立案，恭折仰祈圣鉴事。

窃喀什噶尔边界，自俄、英肇衅，委员勘查界务、加支行粮各事宜，经臣随时奏明在案。查该处办理防守，需用转运及一切杂费，款目纷繁。计自光绪十七年冬间，英兵进踞坎巨提，当派马队一旗，南防塔敦巴什边卡；十八年春，俄兵窥伺帕米尔，复调马队三旗，开赴苏满及布伦库尔等处；另派步队一营，屯扎疏勒州西南之改孜卡，为布伦库尔后劲，并委员经理粮运。嗣闻俄兵拟向色勒库尔进发，加调马队七旗、步队两营，分赴色勒库尔附近各要隘及疏勒州西南之塔什米利克、莎车州西之恰尔伦等处，择要扼扎，预为防范。计转运饷装、粮料、修筑卡堡、抚恤灾黎等款，用银六万余两。又，十七年坎巨提、哪格尔两部因英兵进逼，该酋长率众内窜，委员办理赈抚、资遣，并会立坎巨提新酋，用银四千余两。先后设立素盖提、八扎达拉及伯伦什等卡，酌设卡卒、探巡。截止十八年底止，共支薪粮银三千余两。此南疆边防十八年以前用款也。旋因俄复添兵，欲夺色勒库尔等处，添派队伍，分驻各边要，计步队四营、马队七旗、开花炮队一哨，员弁、勇丁、夫役、卡卒共四千二百余员名，月需食粮一千八百余石、料草四十余万斤。驻扎地段，距治城远或千里，近亦数百里，月需运脚银一万余两，其粮局员役薪工月需银一百余两，素盖提等卡月需薪粮银四百余两，均须另支。沿边柴薪稀少，须从远道购运，当饬步队一营每月津贴银四百八十两，马队一旗一百二十两，炮队一哨八十两。至拔队需用运费、差弁侦探边情、安抚穷民、修整局卡，需银若干，应俟确查汇送。此南疆边防十九年用款也。

臣维兴师动众，财用加增，现在界务未定，防守碍难稍松。所有十七、八、九等年用过银两并二十年及二十年后应需经费，相应请旨饬部一并立案,并恳恩准汇入各年防军案内请销。谨会同陕甘总督臣杨昌濬恭折具陈,伏乞皇上圣鉴,训示施行。谨奏。光绪二十年四月十一日。

（朱批:）该部知道。[①]

光绪二十年五月十一日,奉朱批:该部知道。钦此。[②]

○三八　请由防军报销实在
项下开支边防经费片

光绪二十年四月十一日(1894 年 5 月 15 日)

再,筹办喀什噶尔边防,自光绪十七年起,用过勘查界务加给行粮及转运等项经费,通计已属不少。从二十年起需用数目又难预定,现饬藩司设法腾挪,为一时权宜之计,而此支彼绌,早形竭蹶,非另请指拨,实无以清款项而资接济。查新疆历年防军报销实在项下尚有存余,部议提存司库各年银两,原以备缓急。前项边防经费系属紧要军需,可否先尽防军存款开支,不敷之数由司库封存项下动拨,以便按年造销之处,谨会同陕甘总督臣杨昌濬附片陈明,伏乞圣鉴,饬部核覆施行。谨奏。

（朱批:）户部议奏。[③]

光绪二十年五月十一日,奉朱批:户部议奏。钦此。[④]

---

① 台北故宫博物院藏:军机及宫中档,文献编号:408002868。
② 台北故宫博物院藏:军机及宫中档,文献编号:132518。
③ 台北故宫博物院藏:军机及宫中档,文献编号:408002868-0-A。
④ 台北故宫博物院藏:军机及宫中档,文献编号:132519。

○三九 预估光绪二十一年新疆饷数折

光绪二十年四月十九日(1894年5月23日)

头品顶戴甘肃新疆巡抚臣陶模跪奏，为援案预估光绪二十一年份新疆应需新饷，吁恳天恩，饬部照数指拨，恭折仰祈圣鉴事。

窃查光绪二十年饷项，经部指拨银二百五十二万两在案。兹届估拨二十一年新饷之期，饬据布政使饶应祺详覆：新疆抚标、提标、巴里坤、阿克苏两镇镇标应需俸饷银一百五十六万两，军装、器械银十万两，地方例支杂差、车脚、口分银五万两；古城旗营经费银六万五千两，司库例支不敷银十八万八千两，善后经费银七万两；伊犁镇标俸饷、军装、器械等项银二十六万六千两，善后经费银六万四千两；塔尔巴哈台协标俸饷、军装、器械及驿站经费等项银十二万七千两，善后经费银三万两。总共需银二百五十二万两，详请具奏前来。

查新疆饷数上年经臣核减银四万二千两，委系极力撙节，暂时碍难再减。现计光绪二十一年份仍需银二百五十二万两，相应恳恩饬部照数指拨，由甘肃藩司统收分拨，并将新疆司库、伊塔道库、塔尔巴哈台同知库另拨提存银两一并核议，以济要需而实边备。至筹办喀什噶尔边防应需经费，业经另案奏请指拨。二十一年份需用银两，应由何项动支，俟奉到前奏朱批，钦遵办理。

所有预估光绪二十一年份新疆饷数各缘由，谨会同陕甘总督臣杨昌濬恭折具陈，伏乞皇上圣鉴训示。谨奏。光绪二十年四月十九日。

（朱批：）户部议奏。①

光绪二十年五月十九日，奉朱批：户部议奏。钦此。②

○四○　请以刘澄清升补精河直隶厅同知折

光绪二十年四月十九日（1894年5月23日）

头品顶戴甘肃新疆巡抚臣陶模跪奏，为拣员升补要缺同知，以裨地方，恭折仰祈圣鉴事。

窃据新疆布政使饶应祺、镇迪道兼按察使衔丁振铎会详称：精河设立直隶厅同知，经前护抚臣魏光焘奏请定为冲、繁、难三项要缺，以补用同知候补知县柳葆元补授，经部议覆，核与定例及历办成案不符，饬令另行拣选等因。应即拣员请补，以重职守。

查伊犁所设各缺，经前抚臣刘锦棠奏准仿照吉林章程由外拣补一次，今精河直隶厅同知员缺，查有候补同知奇台县知县刘澄清，年五十二岁，湖南湘阴县人，由文童投效四川军营，于援剿绵州力解城围并肃清川北案内汇保，同治元年二月初八日奉上谕：着以从九品归部，不论单双月遇缺即选，并赏戴蓝翎，钦此。陕西肃清案内汇保，九年十二月二十六日奉上谕：着以府经历留陕西补用。钦此。荡平金积堡中北两路案内汇保，仍以府经历本班留于甘肃，遇缺尽先前补用。十二年五月十八日经部覆奏，奉旨：依议。钦此。关陇肃清案内汇保，俟补缺后以知县补用。光绪二年十月十五日，经部覆奏，奉旨：依议。钦此。四年八月，委署环县知县，九

---

① 台北故宫博物院藏：军机及宫中档，文献编号：408002869。
② 台北故宫博物院藏：军机及宫中档，文献编号：132671。

月十一日到任，五年十二月初十日卸事。新疆肃清案内汇保，六年正月三十日奉上谕：着以知县仍留原省，归候补班前先补用。钦此。七年，请咨赴部，经钦派王大臣验放，领照前赴甘肃。八年正月十五日，到省缴照，试看年满甄别，以本班留省补用。十年四月，委署古浪县知县，五月十一日到任，十一年七月初七日卸事。嗣调赴新疆差委。各省关及后路各台局筹解协饷案内汇保，俟补缺后以同知仍留原省补用。十一年十二月十七日，经部覆奏，奉旨：依议。钦此。十二年，委署奇台县知县，二月二十二日到任。十四年，奏补斯缺。十五年四月二十五日，奉部覆准，照例以奉文准补之日作为同知到省候补日期。十八年九月初六日，请假卸事。新疆城署各工案内汇保，经部于十八年十月初八日议题，俟补同知后以知府用注册，奉旨：依议。钦此。

　　查该员刘澄清才具强明，办事稳练，在新疆年久，边情最为熟悉，前在奇台县任内，办理一切悉臻妥协，以之升补精河直隶厅同知，实堪胜任，人地亦极相宜等情，详请具奏前来。

　　臣查该员年强才裕，办事勤能，合无仰恳天恩，俯念要缺需员，准以候补同知奇台县知县刘澄清升补精河直隶厅同知员缺，洵于地方有裨。如蒙俞允，俟奉部覆，即行给咨赴部引见。再，该员任内并无参罚案件，所遗奇台县知县系冲、繁、难三项要缺，应请由外拣补。合并声明。谨会同伊犁将军臣长庚、陕甘总督臣杨昌濬恭折具陈，伏乞皇上圣鉴训示。谨奏。光绪二十年四月十九日。

　　（朱批：）吏部议奏。①

---

　　①　台北故宫博物院藏：军机及宫中档，文献编号：408002870。

光绪二十年五月十九日,奉朱批:吏部议奏。钦此。①

○四一　委令周仪署理宁远县知县片

光绪二十年四月十九日（1894 年 5 月 23 日）

再,署宁远县知县杨名树卸署遗缺,查有候补通判周仪,堪以委署。据新疆布政使饶应祺、镇迪道兼按察使衔丁振铎会详前来。除批饬给委外,谨会同伊犁将军臣长庚、陕甘总督臣杨昌濬,附片具奏,伏乞圣鉴。谨奏。

（朱批:）吏部知道。②

光绪二十年五月十九日,奉朱批:吏部知道。钦此。③

○四二　委令危兆麟署理疏勒直隶州知州片

光绪二十年四月十九日（1894 年 5 月 23 日）

再,署疏勒直隶州知州潘时策病故遗缺,查有候补知府危兆麟,堪以委署。据新疆布政使饶应祺、镇迪道兼按察使衔丁振铎会详前来。除由臣批饬给委外,谨会同陕甘总督臣杨昌濬,附片具奏,伏乞圣鉴。谨奏。

（朱批:）吏部知道。④

---

① 台北故宫博物院藏:军机及宫中档,文献编号:132674。
② 台北故宫博物院藏:军机及宫中档,文献编号:408002869-0-A。
③ 台北故宫博物院藏:军机及宫中档,文献编号:132672。
④ 台北故宫博物院藏:军机及宫中档,文献编号:408002869-0-B。

光绪二十年五月十九日，奉朱批：吏部知道。钦此。①

○四三　奏为普济新疆穷黎谢恩折

光绪二十年四月二十日（1894年5月24日）

伊犁将军臣长庚、头品顶戴甘肃新疆巡抚臣陶模跪奏，为据情代奏，恭谢天恩，仰祈圣鉴事。

窃臣模准户部咨：光绪甲午年，恭逢慈禧端佑康颐昭豫庄诚寿恭钦献皇太后六旬万寿，皇上钦奉懿旨，特颁内帑，普济穷黎，新疆赏银二万两，钦遵飞咨办理等因。臣模当将所属旗、汉、回民并转咨臣长庚将伊犁、塔尔巴哈台满洲、蒙古、哈萨克各部详晰查明，就穷民多寡，区别等第，酌拨银两，分行散放去后。兹据满、蒙、汉、回及各部落绅耆人等先后呈称：幸逢圣世，恭值昌辰，仰蒙帝泽覃敷，不遗蔀屋，窃愿慈晖永照，共抒葵忱。所有感激下情，恳请代奏前来。

理合据情代奏，叩谢天恩，伏乞皇上圣鉴。再，此折系臣模主稿。合并陈明。谨奏。光绪二十年四月二十日。

（朱批：）知道了。②

光绪二十年六月初十日，朱批：知道了。钦此。③

---

① 台北故宫博物院藏：军机及宫中档，文献编号：132673。
② 台北故宫博物院藏：军机及宫中档，文献编号：408002871。
③ 此朱批日期与内容，据军机处随手登记档（档案编号：03-0280-2-1220-155）校补。

○四四　神机营官兵先后饬令回京折

光绪二十年五月初一日(1894年6月4日)

头品顶戴甘肃新疆巡抚臣陶模跪奏，为神机营管解枪炮官兵先后饬令回京，恭折仰祈圣鉴事。

窃照光绪十九年，承准神机营遵旨拨给新疆边防需用枪炮，奏派记名副都统护军参领德克津布率带队官、队兵共六十六员名，分起解到，当经臣奏明前项官兵拟暂住省城，教习演放，俟来年春暖，即令回京等因在案。旋由抚标各营旗挑选步队五百名，归德克津布督率操练。边荒地气严寒，原来兵丁多不服水土。上年十月，酌派队长二名，率带队兵二十五名，拨给车辆及口分、行装银两，先行回京，俾资调理。

其留驻省城各官兵，经臣派委队官护军参领文隆，酌带队兵二名前往古城，教习满营各旗操练；并准伊犁将军臣长庚咨调德克津布及队官尽先即补参领广福，①前赴伊犁差委。其余官兵三十五员名，现值天气和暖，分别发给车辆及口分等项银两，就队官中拣派补用印务章京骁骑校耀保，于四月十六日悉数带领回京，以符奏案而纾宸廑。惟前项枪炮经德克津布及各官兵长途运解，尚无贻

---

① 广福(？—1914)，字介五，正蓝旗蒙古麟昌佐领下人。同治元年(1862)，入神机营当差，后随同出征奉、直等省。十年(1871)，赴伊犁，充洋操官并管带伊犁满营马队。光绪二十年(1894)，充抚标教习。二十四年(1898)，补伊犁汉队营总。二十七年(1901)，授拉礼副都统。同年，转伊犁副都统，兼统锡伯、索伦、察哈尔、额鲁特八旗练军。三十四年(1908)，奏请停办养正学堂，改设兴文学校。宣统元年(1909)，署理伊犁将军。次年，实授斯缺，设驻防满营小学堂，奏派伊犁学生赴俄留学。三年(1911)，调补杭州将军。民国元年(1912)，任伊犁镇边使。三年(1914)，卒于任。

误，教习操演，均能认真，可否由神机营开单奏请赏给虚衔、封典以资鼓励之处，出自鸿慈。

除将枪炮派员妥为经理外，谨恭折具陈，伏乞皇上圣鉴训示。谨奏。光绪二十年五月初一日。

（朱批：）兵部议奏。[1]

光绪二十年六月三十日，奉朱批：兵部议奏。钦此。[2]

○四五　拟请停止改发新疆人犯折

光绪二十年五月初一日（1894年6月4日）

头品顶戴甘肃新疆巡抚臣陶模跪奏，为改发新疆人犯无裨屯政，拟请一律停止，就地另行招垦，恭折仰祈圣鉴事。

窃维实边莫先于兴屯，兴屯莫难于招户。新疆自经兵燹，地广人稀。部议将直隶、山东、山西、河南、四川、陕西、甘肃七省免死减等人犯，改发新疆助屯，立法不可谓不善。嗣因到配不安耕作，有室家者方行起解，防弊不可谓不周。光绪十五年，复经前护抚臣魏光焘奏准，释罪入籍为民，被恩不可谓不厚。计必地日加辟，户日加增，用副朝廷实边至意。乃臣到任以来，叠据各属禀报，逃亡仍复不少，成本概属虚悬。在屯者惮于耕耘，迄无成效，甚至欺压平民，窝藏奸宄，斗殴抢劫之案，层见叠出。欲兴屯田而其弊如此，良由遣犯不尽耕氓，语以稼穑之艰难，或非所素习。此辈本属败类，欲令薰蒸为良善，更有所不能。斯即勉就钤束，不至潜逃，而以此

---

[1] 台北故宫博物院藏：军机及宫中档，文献编号：408002874。
[2] 台北故宫博物院藏：军机及宫中档，文献编号：132987。

无赖之徒聚居边塞荒旷之地，当不仅虚掷帑项，贻误屯田为可虑也。

臣与藩、臬两司再四筹商，以为欲救其敝，莫如将前项人犯概行停解，就本地之民力，垦未种之田亩。上年，臣覆奏编修胡景桂条陈折内，有招无业缠民设法安插之议，诚以缠民世居边徼，身与地习，即心与业安，招一户可收一户之效。各属老户，生长蕃育，历有年所，拟择壮丁较多者，酌量加拨地段。主伯亚旅本属一家，地既议增，力必倍奋，是一户更得两户之用。如此办理，就地可以取材，公款无须多费，而逃亡、亏本各弊，不禁自绝，富庶亦可渐臻。此其利害较然，不得不及早变计者也。

所有恳请停止改发新疆助屯人犯、就地另行招垦各缘由，谨会同陕甘总督臣杨昌濬恭折具陈，伏乞皇上圣鉴，训示施行。谨奏。光绪二十年五月初一日。

（朱批：）该部议奏。[1]

光绪二十年六月初三日，奉朱批：该部议奏。钦此。[2]

○四六　请以周陞朝等补授游击等缺折

光绪二十年五月初一日(1894年6月4日)

头品顶戴甘肃新疆巡抚臣陶模跪奏，为拣员请补游击、守备各员缺，以重边防，恭折仰祈圣鉴事。

窃新疆阿克苏镇属库车营游击田九福病故，前经臣奏请开缺，

---

① 台北故宫博物院藏：军机及宫中档，文献编号：408002872。
② 台北故宫博物院藏：军机及宫中档，文献编号：132986。

旋准兵部咨：该游击员缺系题补之缺，应迅拣尽先合例人员请补等因。又，抚、提、镇标守备各缺均经奏准作为题缺，亟应拣员请补，各专责成。兹查有补缺后补用副将留新疆尽先补用参将现署吐鲁番营中军守备周陛朝，年强才裕，素著战功，堪以备补库车营游击员缺；补缺后补用都司留新疆尽先即补守备朱应龙，精明干练，堪以请补抚属吐鲁番营中军守备员缺；参将衔补缺后推补游击留新疆尽先补用都司石光贤，勤奋耐劳，堪以借补喀什噶尔提标中营左旗守备员缺；补缺后补用游击留新疆尽先补用都司杨光初，朴实稳练，堪以借补巴里坤镇属哈密协营右旗守备员缺；补缺后推补游击留新疆尽先补用都司借补古城营前哨千总现署哈密协属塔尔纳沁营守备谭迪安，勤干有为，堪以借补所署塔尔纳沁营守备员缺。

该员等在新疆出力有年，营务熟悉，以之请补各缺，均堪胜任。合无仰恳天恩，俯准以周陛朝等五员请补游击、守备各员缺，以裨营伍。如蒙俞允，并恳饬部发给札付，朱应龙、石光贤、杨光初、谭迪安四员均照乌鲁木齐补放守备定例，毋庸送部引见。其请补游击周陛朝一员，应俟防务大定，即行给咨送部引见，用符定制。

除饬取该各员履历清册咨部外，谨会同陕甘总督臣杨昌濬、署喀什噶尔提督臣黄万鹏恭折具陈，伏乞皇上圣鉴训示。谨奏。光绪二十年五月初一日。

（朱批：）兵部议奏。[1]

光绪二十年六月初三日，奉朱批：兵部议奏。钦此。[2]

---

① 台北故宫博物院藏：军机及宫中档，文献编号：408002873。

② 台北故宫博物院藏：军机及宫中档，文献编号：132985。

○四七　奏报新疆光绪二十年二月雨水、粮价折

光绪二十年五月二十六日（1894 年 6 月 29 日）

头品顶戴甘肃新疆巡抚臣陶模跪奏，为恭报光绪二十年二月份粮价并得雨雪情形，谨缮折具陈，仰祈圣鉴事。

窃照光绪二十年正月份各厅、州、县粮价并得雪情形，业经臣奏报在案。兹据新疆布政使饶应祺详称：本年二月份，镇迪道属迪化得雪，积地三寸；奇台得雪，积地二寸；镇西、库尔喀喇乌苏、昌吉得雪，积地一寸；阜康、绥来微雪。伊塔道属精河得雨，入土一寸；塔尔巴哈台、绥定微雪，宁远微雨。南路叶城得雪，积地一寸；英吉沙尔、疏勒、疏附微雪。余未得雨雪。至通省粮价，吐鲁番、镇西、哈密、昌吉、绥定等厅、县俱与上月相同，余均略有增减。汇详请奏前来。

理合恭折具陈，并缮粮价清单，敬呈御览，伏乞皇上圣鉴。谨奏。光绪二十年五月二十五日。

（朱批：）知道了。①

光绪二十年六月二十五日，奉朱批：知道了。钦此。②

○四八　呈新疆光绪二十年二月粮价清单

光绪二十年五月二十六日（1894 年 6 月 29 日）

谨将新疆各属光绪二十年二月份米粮时估价值，缮具清单，恭

---

① 台北故宫博物院藏：军机及宫中档，文献编号：408002876。
② 台北故宫博物院藏：军机及宫中档，文献编号：133464。

呈御览。

计开二月份：

镇迪道属：

迪化县：大米每京石价银二两六钱四分三厘,与上月相同。小麦每京石价银一两六钱九分八厘,较上月减一钱四分一厘。豌豆每京石价银一两五钱一分二厘,与上月相同。青稞每京石价银一两六分九厘,较上月增一钱三厘。

昌吉县：大米每京石价银二两二钱五分六厘,小麦每京石价银一两四钱一分二厘,豌豆每京石价银一两五分九厘,青稞每京石价银七钱一分七厘,俱与上月相同。

阜康县：粟米每京石价银一两一钱三分二厘,较上月减一钱六厘。小麦每京石价银一两二钱三分八厘,较上月减二钱一分二厘。豌豆每京石价银一两二钱三分八厘,较上月减三分五厘。高粱每京石价银七钱八分二厘,较上月增七分四厘。

绥来县：大米每京石价银二两四分二厘,较上月减六厘。小麦每京石价银一两五钱八分七厘,较上月减一钱一分。豌豆每京石价银一两二钱四分七厘,较上月增三分五厘。高粱每京石价银五钱六分三厘,与上月相同。

奇台县：大米每京石价银二两九钱三分四厘,与上月相同。小麦每京石价银一两五钱二分一厘,较上月增七分一厘。豌豆每京石价银一两一钱三分九厘,与上月相同。

吐鲁番直隶厅：小麦每京石价银一两五钱六分六厘,大麦每京石价银五钱九分七厘,高粱每京石价银六钱六分七厘,黄豆每京石价银一两四钱一分八厘,俱与上月相同。

镇西直隶厅：小麦每京石价银一两五钱二分,豌豆每京石价银一两八分,青稞每京石价银七钱二分,俱与上月相同。

哈密直隶厅:粟米每京石价银一两四钱四分,小麦每京石价银一两三钱三分八厘,豌豆每京石价银一两三钱三分三厘,青稞每京石价银九钱二分五厘,俱与上月相同。

库尔喀喇乌苏直隶厅:小麦每京石价银一两五钱五分八厘,较上月减一钱三分六厘。豌豆每京石价银一两七钱三分二厘,较上月增九分七厘。高粱每京石价银八钱七分八厘,较上月减三分四厘。

伊塔道属:

绥定县:大米每京石价银四两八钱八分四厘,小麦每京石价银二两七分,大麦每京石价银九钱九分九厘,豌豆每京石价银二两一钱六分,俱与上月相同。

宁远县:大米每京石价银四两七钱,与上月相同。小麦每京石价银一两九钱三分,较上月减二钱七分。大麦每京石价银一两一钱,与上月相同。豌豆每京石价银一两五钱八分,与上月相同。

塔尔巴哈台直隶厅:小麦每京石价银二两一钱三分,较上月减八分。大麦每京石价银一两一钱五厘,与上月相同。豌豆每京石价银一两四钱八分二厘,与上月相同。

精河直隶厅:大米每京石价银三两六钱七分五厘,与上月相同。小麦每京石价银一两八钱九分,较上月增一钱四分。大麦每京石价银八钱四分,较上月增三分六厘。豌豆每京石价银一两四钱七分,与上月相同。

阿克苏道属:

温宿直隶州:大米每京石价银一两九钱,与上月相同。小麦每京石价银八钱六分二厘,较上月减一钱七分三厘。大麦每京石价银六钱，与上月相同。包谷每京石价银六钱八分，较上月减一钱七分。

拜城县：小麦每京石价银六钱五分七厘，较上月增八分八厘。大麦每京石价银四钱三分八厘，较上月增四分四厘。豌豆每京石价银四钱三分八厘，与上月相同。包谷每京石价银四钱三分八厘，较上月增四分四厘。

喀喇沙尔直隶厅：大米每京石价银二两六钱六分四厘，与上月相同。小麦每京石价银九钱六分六厘，较上月减六分九厘。豌豆每京石价银八钱六分四厘，与上月相同。包谷每京石价银六钱四厘，与上月相同。

库车直隶厅：大米每京石价银一两八钱五分，与上月相同。小麦每京石价银五钱九分三厘，较上月减一分五厘。豌豆每京石价银六钱一分，与上月相同。包谷每京石价银四钱四分，与上月相同。

乌什直隶厅：大米每京石价银二两二钱三分五厘，较上月增五厘。小麦每京石价银六钱六分，与上月相同。大麦每京石价银三钱二分一厘，较上月增二分二厘。包谷每京石价银五钱二分四厘，较上月增七分九厘。

喀什噶尔道属：

疏勒直隶州：大米每京石价银三两，与上月相同。小麦每京石价银一两三钱八分，与上月相同。包谷每京石价银一两二分四厘，较上月减六分四厘。高粱每京石价银九钱二分，与上月相同。

疏附县：大米每京石价银三两，与上月相同。小麦每京石价银一两三钱八分，与上月相同。包谷每京石价银一两七分二厘，较上月减六分七厘。高粱每京石价银九钱二分，与上月相同。

莎车直隶州：大米每京石价银二两四分二厘，较上月减一分五厘。小麦每京石价银九钱二分四厘，较上月减一分四厘。大麦每京石价银七钱五分，与上月相同。包谷每京石价银六钱七分三厘，较上月减二分六厘。

叶城县：大米每京石价银二两九钱，较上月增一钱四分五厘。小麦每京石价银九钱，与上月相同。包谷每京石价银六钱，较上月减七分二厘。青稞每京石价银五钱，与上月相同。

和阗直隶州：大米每京石价银二两四钱五分，与上月相同。小麦每京石价银一两七厘，与上月相同。包谷每京石价银六钱八厘，较上月减六厘。青稞每京石价银五钱二分四厘，与上月相同。

于阗县：大米每京石价银二两九钱九分四厘，较上月增一钱五分二厘。小麦每京石价银一两一分八厘，较上月增一分三厘。包谷每京石价银六钱一厘，较上月增一分三厘。

英吉沙尔直隶厅：大米每京石价银三两八钱，较上月增一钱五分二厘。小麦每京石价银一两一钱五分九厘，较上月减二分七厘。大麦每京石价银七钱二分九厘，较上月减二分三厘。包谷每京石价银九钱三分八厘，与上月相同。

玛喇巴什直隶厅：大米每京石价银二两六钱六分四厘，较上月减二钱九分六厘。小麦每京石价银一两一钱四厘，与上月相同。包谷每京石价银七钱六分八厘，与上月相同。

（朱批：）览。[1]

---

① 台北故宫博物院藏：军机及宫中档，文献编号：133464-0-A。

○四九　新疆第八次新海防捐输核奖折

光绪二十年五月二十六日(1894 年 6 月 29 日)

头品顶戴甘肃新疆巡抚臣陶模跪奏，为新疆第八次遵办新海防捐输，恳恩饬部核奖，恭折仰祈圣鉴事。

窃照新疆新海防捐输，自光绪十九年正月初一日起截至六月底止，业经臣作为第七次捐输，奏请核奖在案。兹据布政使饶应祺详称：自光绪十九年七月初一日起，截至二十年正月底止，先后据各捐报实官、职衔共十三名，计收正项库平银一千九百七两二钱，分别填发正实收给予收执；所收捐项银两，另款存储，听候提拨。其随收饭银、照费、填过副实收及各捐生履历清册一并齐解，详请奏咨换给执照等情前来。

臣覆核无异。合无仰恳天恩，准将新疆第八次新海防捐输饬部分别核奖，以资鼓励。除将清册、副实收、饭银、照费咨送吏部、户部、国子监外，谨恭折具陈，伏乞皇上圣鉴训示。谨奏。光绪二十年五月二十六日。

（朱批：）户部议奏。①

光绪二十年六月二十五日，奉朱批：户部议奏。钦此。②

---

① 台北故宫博物院藏：军机及宫中档，文献编号：408002877。
② 台北故宫博物院藏：军机及宫中档，文献编号：133461。

○五○ 请以刘兆松补授疏附县知县折

光绪二十年五月二十六日（1894 年 6 月 29 日）

头品顶戴甘肃新疆巡抚臣陶模跪奏，为拣员请补知县要缺，以裨地方，恭折仰祈圣鉴事。

窃据新疆布政使饶应祺、镇迪道兼按察使衔丁振铎会详称：新设喀什噶尔道属疏附县知县员缺，与分巡兵备道同城，地当冲要，政务殷繁，外则紧接俄疆，内则安集延与缠民错杂而处，且俄领事驻扎于此，交涉事件尤极繁杂，应请定为冲、繁、疲、杂四项要缺，亟应遴员请补，以重职守。

查南路新设各缺，经前抚臣刘锦棠奏准，仿照吉林章程由外先行拣补一次。今疏附县知县员缺，查有现署迪化县知县同知衔补缺后补用直隶州知州分省遇缺尽先即补知县刘兆松，年四十四岁，湖南湘乡县人，由文童于同治十一年投效湘军，荡平甘肃西宁府属回逆，并克复大通县城案内汇保，十三年七月二十八日奉上谕：着以从九品分发省份，归军功候补班即补。钦此。是年十二月十八日，于甘肃泾州粮台二十四次捐输请奖案内报捐双月选用县丞，光绪元年九月初十日，经部覆准。关陇肃清案内汇保，二年二月初四日奉上谕：着以本班分发省份，归候补班补用。钦此。新疆南北两路一举荡平案内汇保，六年正月三十日奉上谕：着免补本班，以知县仍分省，归候补班前遇缺尽先即补，并赏戴蓝翎。钦此。新疆六载边防案内汇保，十年十月初四奉上谕：着赏加同知衔，并赏换花翎。钦此。十六年四月，到省候补。十九年，委署迪化县知县，三月十八日到任。新疆七载防戍案内汇保请俟候补缺后，以直隶州知州补用,并加一级,经部议准,十九年十二月初二日具奏,奉旨：
依议。钦此。

查该员刘兆松,强干精明,办事勤慎,在新疆年久,边情熟悉,
现在署任内办理一切,悉臻妥协,以之请补斯缺,实堪胜任,人地亦
极相宜等情,详请具奏前来。

臣查该员年壮才明,办事稳慎,合无仰恳天恩,俯念要缺需员,
准以分省遇缺尽先即补知县刘兆松补授疏附县知县员缺,洵于地
方有裨。如蒙俞允,俟奉部覆,给咨送部引见,以符定例。该员署
任内并无参罚案件。谨会同陕甘总督臣杨昌濬恭折具陈,伏乞皇
上圣鉴训示。谨奏。光绪二十年五月二十六日。

（朱批：）吏部议奏。①

光绪二十年六月二十五日,奉朱批：吏部议奏。钦此。②

○五一　请以张熙载署理拜城县知县片

光绪二十年五月二十六日(1894 年 6 月 29 日)

再,署拜城县知县文立山卸署遗缺,查有同知衔尽先拣选知县
张熙载,堪以委署。据新疆布政使饶应祺、镇迪道兼按察使衔丁振
铎会详前来。除由臣批饬给委外,谨会同陕甘总督臣杨昌濬附片
具奏,伏乞圣鉴。谨奏。

（朱批：）吏部知道。③

---

① 台北故宫博物院藏：军机及宫中档,文献编号：408002875。
② 台北故宫博物院藏：军机及宫中档,文献编号：133463。
③ 台北故宫博物院藏：军机及宫中档,文献编号：408002875-0-A。

光绪二十年六月二十五日，奉朱批：吏部知道。钦此。[1]

○五二　郭韩氏节烈可嘉请饬旌表折

光绪二十年六月初六日（1894年7月8日）

头品顶戴甘肃新疆巡抚臣陶模跪奏，为烈妇志节可嘉，恳恩旌表，以维风化，恭折仰祈圣鉴事。

窃据新疆布政使饶应祺详：准镇迪道兼按察使衔丁振铎咨：据迪化府知府潘效苏详：据署阜康县知县任兆观详：准迪化府教授原筮贞移开：据阜康县绅士王者彦等禀称：查有县属济木萨烈妇韩氏，系民人郭长德之妻、武举郭秀珍之母，秉性坚贞，持躬淑慎，十六岁于归，克尽妇道，事姑尤孝。姑殁，助其夫祭葬如礼，乡里称之。同治三年，逆回构乱，时秀珍尚幼，氏以宗祧为重，劝夫携之出逃。既而贼至，乃与长女大贞、次女二贞投井自尽，年二十八岁。职等谊属同乡，见闻较确，未便听其湮没，造具事实册结，由学依次加具印结，转详前来。

臣查定例：直省节烈妇女应旌表者，由该督抚、学政会同具题，并取具册结，送部核议，题准后令地方官给银三十两，听本家建坊。今已故民人郭长德之妻韩氏捐躯殉难，节烈可嘉，合无仰恳天恩饬部核议，照例旌表，以慰贞魂而维风化。

除将册结咨部查照外，谨会同陕甘总督臣杨昌濬、甘肃学政臣蔡金台恭折具奏，伏乞皇上圣鉴训示。再，此案例应具题，惟新疆设省未久，应题案件均系改题为奏。合并声明。谨奏。光绪二十

---

① 台北故宫博物院藏：军机及宫中档，文献编号：133462。

年六月初六日。

（朱批：）着照所请，礼部知道。①

光绪二十年七月初七日，奉朱批：着照所请，礼部知道。钦此。②

○五三　请以安允升补授绥定县知县折

光绪二十年六月初六日（1894年7月8日）

头品顶戴甘肃新疆巡抚臣陶模跪奏，为拣员请补要缺知县，以裨地方，恭折仰祈圣鉴事。

窃据新疆布政使饶应祺、镇迪道兼按察使衔丁振铎会详称：绥定县知县邓以潢于光绪二十年正月初二日在任丁忧，业经奏咨在案，应以丁忧本日作为开缺日期，所遗绥定县知县系冲、繁、疲、难四项要缺，亟应遴员请补，以重职守。查北路添改各缺，经前抚臣刘锦棠奏准由外拣补一次，后援照甘肃变通章程办理。知县要缺一项，初任、候补并拣发、委用以及到省在后各员，均准通融拣选题补。其试用人员无论正、佐各官，如遇要缺，一并准其请补。又于新疆补缺章程内声明随营分省候选并他省候补各员，从事有年，于边务亦多熟悉，无论曾否委署地方，均准留于甘肃新疆照章补署各等语。

今绥定县知县员缺，查有同知衔不论双单月遇缺即选知县安允升，年五十二岁，甘肃武威县人，由文童于同治三年投效新疆军

①　台北故宫博物院藏：军机及宫中档，文献编号：408002879。
②　台北故宫博物院藏：军机及宫中档，文献编号：133698。

758　·

营。是年巴里坤剿洗叛回案内赏给六品军功,哈密大股回匪两次围攻巴里坤,随队击退贼匪案内汇保,四年十一月二十八日奉上谕:着赏戴蓝翎。钦此。官军克复哈密案内汇保,五年七月二十六日奉上谕:着以从九品归部即选。钦此。二次克复哈密案内汇保,六年八月初五日奉上谕:着以府经历县丞不论单双月遇缺尽先即选,并赏换五品顶戴。钦此。立解哈密城围并击退沙山子等处逆匪案内汇保,十三年四月二十四日奉上谕:着免选本班,以知县不论单双月遇缺即选。钦此。陕回大股扑犯济木萨,官军击退贼匪案内汇保,光绪元年二月初十日奉上谕:着赏换花翎。钦此。克复辑怀、乌鲁木齐、昌吉、呼图壁各城案内汇保,四年二月初四日奉上谕:着赏加同知衔。钦此。新疆南路各城一律肃清,健锐、威仪两军历年防剿案内汇保,六年正月十三日奉上谕:着赏给五品封典。钦此。十三年,留省候补。

查该员安允升才明识练,办事勤能,历供差委,均无贻误,在新疆年久,边情最为熟悉,以之请补斯缺,实堪胜任,人地亦极相宜等情,详请具奏前来。

臣查该员年强才裕,办事慎勤,合无仰恳天恩,俯念要缺需员,准以同知衔不论单双月遇缺即选知县安允升补授绥定县知县员缺,洵于地方有裨。如蒙俞允,俟奉部覆,给咨赴部引见,以符定例。谨会同伊犁将军臣长庚、陕甘总督臣杨昌濬恭折具奏,伏乞皇上圣鉴训示。谨奏。光绪二十年六月初六日。

（朱批:）吏部议奏。①

---

① 台北故宫博物院藏:军机及宫中档,文献编号:408002878。

光绪二十年七月初七日,奉朱批:吏部议奏。钦此。^①

○五四　审拟民人斗殴毙命一案折

光绪二十年六月初六日(1894年7月8日)

头品顶戴甘肃新疆巡抚臣陶模跪奏,为斗殴毙命,按律定拟,恭折仰祈圣鉴事。

窃查前据喀喇沙尔厅详报客民朱珍殴伤缠民牙买提身死并沙以提伤轻平复一案,当经臣批饬审拟去后。兹据署该厅闻端兰审明议拟,解经署阿克苏道黄丙焜提讯,咨由镇迪道兼按察使衔丁振铎核转前来。

臣复加查核,缘客民朱珍籍隶甘肃安西州,赶车营生,与已死吐鲁番厅缠民牙买提并受伤平复之沙以提均不认识。光绪十九年十月初四日晚,朱珍揽运客货,由该厅进省,行至清水河海子地方,与沙以提等车辆撞遇。朱珍因路窄难让,央令退后绕走。沙以提不允,彼此争吵。沙以提牵拉朱珍辕骡,打令后退。朱珍生气混骂,顺取车辕木棒殴伤沙以提额颅。牙买提持棒拢护,朱珍将棒格落,殴伤牙买提额颅。牙买提弯身拾棒,朱珍虑其拾取受亏,闪至身旁,冒殴一下,适伤牙买提左耳根倒地,擦伤右腿。经韩义赶拢劝阻,适牙买提表兄托夫地车辆亦至,问明情由,一同救治罔效,牙买提移时殒命。报经该前厅符瑞获犯,验讯具报,未及详解卸事。闻端兰到任,查验沙以提伤早平复,审拟解道提讯,咨由兼臬司核明转详。臣覆核无异。

---

① 台北故宫博物院藏:军机及宫中档,文献编号:133696。

查律载：斗殴杀人者，不问手足、他物、金刃并绞监候等语。此案客民朱珍因与缠民沙以提争走车路，口角互斗，牙买提拢护，该犯用棒殴伤其左耳根等处身死，自应按律问拟。朱珍合依斗殴杀人者，不问手足、他物、金刃并绞律，拟绞监候，秋后处决。沙以提因朱珍不肯让路，辄打朱珍辕骡，致肇衅端，亦有不合，姑念被殴有伤，应与救阻不及之韩义均免置议。尸棺饬属领埋，凶器木棒案结销毁。

除全案供招咨部外，所有斗殴毙命，按律定拟缘由，谨恭折具陈，伏乞皇上圣鉴，饬部核覆施行。谨奏。光绪二十年六月初六日。

（朱批：）刑部议奏。①

光绪二十年七月初七日，奉朱批：刑部议奏。钦此。②

○五五　奏报新疆光绪二十年三月雨水、粮价折

光绪二十年六月二十二日（1894年7月24日）

头品顶戴甘肃新疆巡抚臣陶模跪奏，为恭报光绪二十年三月份粮价并得雨雪情形，谨缮折具陈，仰祈圣鉴事。

窃照光绪二十年二月份各厅、州、县粮价并得雨雪情形，业经臣奏报在案。兹据新疆布政使饶应祺详称：本年三月份，镇迪道属库尔喀喇乌苏得雨，入土五寸；阜康得雨，入土三寸；迪化、昌吉得雪，积地二寸；奇台得雨，入土二寸；绥来得雨，入土一寸；镇西微

---

① 台北故宫博物院藏：军机及宫中档，文献编号：408002880。
② 台北故宫博物院藏：军机及宫中档，文献编号：133697。

雪。伊塔道属宁远得雨，入土五寸；精河得雨，入土二寸；塔尔巴哈台、绥定微雨。南路库车、英吉沙尔微雨。余未得雨雪。至通省粮价，镇西、精河、喀喇沙尔、乌什、疏勒、和阗、昌吉、阜康、宁远、疏附等厅、州、县俱与上月相同，余均略有增减。汇详请奏前来。

理合恭折具陈，并缮粮价清单，敬呈御览，伏乞皇上圣鉴。谨奏。光绪二十年六月二十二日。

（朱批：）知道了。[①]

光绪二十年七月二十三日，奉朱批：知道了。钦此。[②]

○五六　呈新疆光绪二十年三月粮价清单

光绪二十年六月二十二日（1894 年 7 月 24 日）

谨将新疆各属光绪二十年三月份米粮时估价值，缮具清单，恭呈御览。

计开三月份：

镇迪道属：

迪化县：大米每京石价银二两八钱一分九厘，较上月增一钱七分六厘。小麦每京石价银一两八钱四厘，较上月增一钱六厘。豌豆每京石价银一两五钱八分四厘，较上月增七分二厘。青稞每京石价银一两六分九厘，与上月相同。

昌吉县：大米每京石价银二两二钱五分六厘，小麦每京石价银一两四钱一分二厘，豌豆每京石价银一两五分九厘，青稞每京石价

---

①　台北故宫博物院藏：军机及宫中档，文献编号：408002883。
②　台北故宫博物院藏：军机及宫中档，文献编号：134044。

银七钱一分七厘,俱与上月相同。

阜康县:粟米每京石价银一两一钱三分二厘,小麦每京石价银一两二钱三分八厘,豌豆每京石价银一两二钱三分八厘,高粱每京石价银七钱八分二厘,俱与上月相同。

绥来县:大米每京石价银二两四分二厘,与上月相同。小麦每京石价银一两四钱一分五厘,较上月减一钱七分二厘。豌豆每京石价银一两三钱五分五厘,较上月增一钱八厘。高粱每京石价银五钱六分三厘,与上月相同。

奇台县:大米每京石价银二两九钱三分四厘,与上月相同。小麦每京石价银一两四钱五分,较上月减七分一厘。豌豆每京石价银一两二钱八厘,较上月增六分九厘。

吐鲁番直隶厅:小麦每京石价银一两六钱四分,较上月增七分四厘。大麦每京石价银六钱七分二厘,较上月增七分五厘。高粱每京石价银六钱六分七厘,与上月相同。黄豆每京石价银一两二钱一分八厘,较上月减二钱。

镇西直隶厅:小麦每京石价银一两五钱二分,豌豆每京石价银一两八分,青稞每京石价银七钱二分,俱与上月相同。

哈密直隶厅:粟米每京石价银一两四钱四分,与上月相同。小麦每京石价银一两三钱三分八厘,与上月相同。豌豆每京石价银一两五钱一分二厘,较上月增一钱七分九厘。青稞每京石价银一两,较上月增七分五厘。

库尔喀喇乌苏直隶厅:小麦每京石价银一两四钱一分四厘,较上月减一钱四分四厘。豌豆每京石价银一两七钱三分二厘,与上月相同。高粱每京石价银八钱七分八厘,与上月相同。

伊塔道属:

绥定县：大米每京石价银四两七钱三分六厘，较上月减一钱四分八厘。小麦每京石价银一两九钱三分二厘，较上月减一钱三分八厘。大麦每京石价银八钱八分八厘，较上月减一钱一分一厘。豌豆每京石价银一两八钱七分二厘，较上月减二钱八分八厘。

宁远县：大米每京石价银四两七钱，小麦每京石价银一两九钱三分，大麦每京石价银一两一钱，豌豆每京石价银一两五钱八分，俱与上月相同。

塔尔巴哈台直隶厅：小麦每京石价银二两三钱一分，较上月增一钱八分。大麦每京石价银一两一钱七分七厘，较上月增七分二厘。豌豆每京石价银一两五钱六分，较上月增七分八厘。

精河直隶厅：大米每京石价银三两六钱七分五厘，小麦每京石价银一两八钱九分，大麦每京石价银八钱四分，豌豆每京石价银一两四钱七分，俱与上月相同。

阿克苏道属：

温宿直隶州：大米每京石价银一两九钱，与上月相同。小麦每京石价银八钱六分二厘，与上月相同。大麦每京石价银四钱八分，较上月减一钱二分。包谷每京石价银五钱四分四厘，较上月减一钱三分六厘。

拜城县：小麦每京石价银七钱一厘，较上月增四分四厘。大麦每京石价银四钱三分八厘，与上月相同。豌豆每京石价银四钱三分八厘，与上月相同。包谷每京石价银四钱三分八厘，与上月相同。

喀喇沙尔直隶厅：大米每京石价银二两六钱六分四厘，小麦每京石价银九钱六分六厘，豌豆每京石价银八钱六分四厘，包谷每京石价银六钱四厘，俱与上月相同。

库车直隶厅：大米每京石价银一两八钱五分，与上月相同。小麦每京石价银五钱九分三厘，与上月相同。豌豆每京石价银六钱一分，与上月相同。包谷每京石价银四钱四厘，较上月减三分六厘。

乌什直隶厅：大米每京石价银二两二钱三分五厘，小麦每京石价银六钱六分，大麦每京石价银三钱二分一厘，包谷每京石价银五钱二分四厘，俱与上月相同。

喀什噶尔道属：

疏勒直隶州：大米每京石价银三两，小麦每京石价银一两三钱八分，包谷每京石价银一两二分四厘，高粱每京石价银九钱二分，俱与上月相同。

疏附县：大米每京石价银三两，小麦每京石价银一两三钱八分，包谷每京石价银一两七分二厘，高粱每京石价银九钱二分，俱与上月相同。

莎车直隶州：大米每京石价银二两四分二厘，与上月相同。小麦每京石价银八钱九分七厘，较上月减二分七厘。大麦每京石价银七钱五分，与上月相同。包谷每京石价银六钱七厘，较上月减六分六厘。

叶城县：大米每京石价银二两九钱，与上月相同。小麦每京石价银八钱五分，较上月减五分。包谷每京石价银五钱七分六厘，较上月减二分四厘。青稞每京石价银五钱，与上月相同。

和阗直隶州：大米每京石价银二两四钱五分，小麦每京石价银一两七厘，包谷每京石价银六钱八厘，青稞每京石价银五钱二分四厘，俱与上月相同。

于阗县：大米每京石价银三两三分六厘，较上月增四分二厘。

小麦每京石价银一两一分八厘，与上月相同。包谷每京石价银六钱一厘，与上月相同。

英吉沙尔直隶厅：大米每京石价银三两六钱四分八厘，较上月减一钱五分二厘。小麦每京石价银一两一钱五分九厘，与上月相同。大麦每京石价银七钱二分九厘，与上月相同。包谷每京石价银九钱六分四厘，较上月增二分六厘。

玛喇巴什直隶厅：大米每京石价银二两五钱一分六厘，较上月减一钱四分八厘。小麦每京石价银一两一钱四厘，与上月相同。包谷每京石价银七钱六分八厘，与上月相同。

（朱批：）览。①

○五七　审拟奇台客民殴毙未遂奸犯一案折

光绪二十年六月二十二日(1894 年 7 月 24 日)

头品顶戴甘肃新疆巡抚臣陶模跪奏，为主使殴毙图奸未成罪人，分别定拟，仰祈圣鉴事。

窃查前据奇台县详报：客民苟吉详主使雇工雷作雨等殴伤图奸未成罪人于幅溓身死一案，当经臣批饬审拟解勘去后。兹据署该县知县陈彤辅审明议拟，解经署迪化府知府危兆麟，详由镇迪道兼按察使衔丁振铎审转前来。

臣亲提覆讯，缘苟吉详原籍陕西醴泉县，先年来至奇台县，开设斗行生理，娶吴氏为妻，与已死于幅溓同在铺房后院居住。雷作雨、张汶元均受雇苟吉详铺内帮工，与于幅溓熟识无嫌。光绪十九

---

① 台北故宫博物院藏：军机及宫中档，文献编号：134044-0-A。

年五月初三日下午，苟吉详出外，苟吴氏在房门外闲坐，有幼孩陈保保子在院站立。于幅溁由房门经过，丢给碎银一小包，令苟吴氏收受，称欲与同宿。苟吴氏恶言斥骂。于幅溁走出，复转进苟吴氏卧室，向其嬉笑。苟吴氏大声斥骂，于幅溁跑走。雷作雨闻声走至，问知情由，斥于幅溁无理。苟吴氏哭称定欲向于幅溁寻死。雷作雨令张汶元往寻苟吉详回家，苟吴氏泣诉前情，苟吉详生气，喊令雷作雨、张汶元同至于幅溁住房外，查问不依。于幅溁变羞成怒，走出房门，反用秽言混骂。苟吉详愈加气忿，因伊凤患目疾，主使雷作雨、张汶元帮殴，并称打出事来有伊一人承当。雷作雨携取马棒，殴伤幅溁左臁肋。于幅溁转身进房，拾取通火铁条回殴，雷作雨用棒架格。张汶元恐雷作雨受亏，抱住于幅溁两手，帮夺铁条，一同跌地，磕伤于幅溁囟门。雷作雨又连向于幅溁左臁肋殴打，张汶元夺获铁条站起，苟吉详复喝令张汶元殴伤于幅溁右臁肋。于幅溁滚转挣起，张汶元又戳伤其左臂膊、左胳膊、右胳肘、左右手腕、左臂等处。院邻李志发闻闹，趋至喝阻，查看于幅溁伤重，一同扶救罔效，至初四日殒命。苟吉详投约自首，经该县验讯详报，前署兼臬司黄光达委员会讯，供情相符，议拟解府，详由兼臬司审明勘转。臣覆讯无异。

查例载：本夫杀死图奸未成罪人，无论登时、事后，俱照擅杀律，拟绞监候。又律载：威力主使殴打致死，以主使之人为首、下手之人为从论。又例载：擅杀奸盗罪人案内，余人无论谋杀、加功及刃伤、折伤，以上悉照余人律，杖一百各等语。

此案该犯苟吉详因于幅溁向其妻吴氏图奸未成，查知忿激，主使雷作雨、张汶元共殴于幅溁左右臁肋等处殒命。雷作雨、张汶元均系苟吉详雇工，素听指使，即属有威可畏，自应照律以苟吉详为首，当其重罪。死系图奸未成罪人，仍应按擅杀本例问拟。苟吉详合依本夫杀死图奸未成罪人，无论登时、事后俱照擅杀律拟绞例，拟绞监候，虽据自首，无因可免。雷作雨、张汶元听从苟吉详主使殴打，下手伤重，应依擅杀为从论。雷作雨、张汶元均合依擅杀奸盗罪人案内余人无论谋杀、加功及刃伤、折伤，以上悉照共殴伤人律、杖一百例，拟杖一百，分别折责发落。见证李志发、陈保保子救阻不及，请免置议。无干省释，尸棺饬埋，凶器铁条案结销毁。是否允协，除全案供招咨部外，所有审明主使殴毙图奸未成罪人，分别定拟缘由，谨恭折具陈，伏乞皇上圣鉴，饬部核覆施行。谨奏。光绪二十年六月二十二日。

（朱批：）刑部议奏。[1]

光绪二十年七月二十三日，奉朱批：刑部议奏。钦此。[2]

○五八　奏为寻常盗案拟请酌复旧例折

光绪二十年六月二十二日（1894 年 7 月 24 日）

头品顶戴甘肃新疆巡抚臣陶模跪奏，为寻常盗案拟请酌复旧例，以广皇仁而弭凶暴，恭折仰祈圣鉴事。

窃维张弛因时，立法期于禁暴；宽严并济，治狱尤贵持平。溯查康熙五十四年，旧例改定强盗首犯及杀伤人者正法，余俱减等发遣；雍正五年，将法所难宥及情有可原各犯分别办理；乾隆二十六年，续议伙盗曾经纠党及持火执械入室搜赃并行劫二次者，俱拟斩

① 台北故宫博物院藏：军机及宫中档，文献编号：408002882。
② 台北故宫博物院藏：军机及宫中档，文献编号：134026。

立决；其在外了望接赃，并被人诱胁随行及年未成丁或行劫止一次者，照情有可原，免死发遣各等因。刊布刑章，历经遵奉在案。迨咸丰年间，发、捻蜂起，盗贼滋多，不得不从严惩办，把风接赃等犯虽未分赃，亦系同恶相济，均照为首一律问拟，辟以止辟，事所宜然。顾自大难削平又二十余载，臣历官令牧，洊缩疆符，每审盗案，其入室行强首犯往往饰词狡展，坚不承认，多系把风接赃等犯供吐真情，从旁质证，借以定狱。在把风、接赃之犯自谓未经入室动手，国法必可从宽，而不知仍拟骈诛，情亦不无可悯。

窃思事主被盗，或仅失财，或失财而又伤人，受害究有轻重，办法似应区别，拟请嗣后寻常盗案首伙十人以下得财而又伤人者，把风接赃各犯，应与首盗及入室行强者，仍一律问拟斩决。如得财而未伤人把风接赃各犯，应准照情有可原旧例，免死发遣。如此量为分别，庶寻常盗匪知不伤人则余犯罪止发遣，或不敢致人于死，并罹大辟，否则伤人固诛，不伤人亦诛，一经入盗，并无末减，窃恐助虐更甚，转非所以保全事主之道。

臣管见所及，是否有当，谨恭折具陈，伏乞皇上圣鉴训示，施行。谨奏。光绪二十年六月二十二日。

（朱批：）刑部议奏。[1]

光绪二十年七月二十三日，奉朱批：刑部议奏。钦此。[2]

【案】雍正五年……分别办理：雍正五年二月初九日，清廷以刑部议覆直省盗案务严行究审，批示曰：

---

[1]　台北故宫博物院藏：军机及宫中档，文献编号：408002881。

[2]　台北故宫博物院藏：军机及宫中档，文献编号：134028。

丙寅……刑部遵旨议覆直省盗案，嗣后州县以至巡抚务严行究审，将法所难宥及情有可原者一一分晰于疏内声明，照律不分首从拟斩立决具题，大学士会同三法司，仍照从前将应正法、应减等发遣者，分别详议请旨。其应发遣者，改发内地三千里，拨入驿站及营兵差使，仍交与该管官员，不时查点管辖，毋致脱逃。得旨：缉盗乃安民之要务，凶暴不剪，则善良不获宁居，故立法不容宽贷。只因同伙多人，其中原有被人诱胁，而非秉性奸回、屡行劫夺者，朕仰体圣祖仁皇帝好生之仁，施恩法外，必须各省督抚大吏实心奉行，分晰至当，使积贼大盗不至漏网，方为用法之平。倘姑息养奸，意谓多宽一人即可造福，是乃纵盗殃民。其造作罪孽，更甚于严厉苛刻者。嗣后督抚所议减等之盗犯，倘至发遣之处，怙恶不悛，一经发觉，定将原议之督抚从重议处。[1]

〇五九　委令彭绪瞻等署理知州等缺片

光绪二十年六月二十二日(1894年7月24日)

再，署温宿直隶州知州王廷赞卸署遗缺，查有知府衔候补同知彭绪瞻，堪以委署。署于阗县知县柳葆元卸署遗缺，查有候补知县王懋勋，堪以委署。署奇台县知县陈彤辅卸署遗缺，查有候补知县徐昭明，堪以委署。据新疆布政使饶应祺、镇迪道兼按察使衔丁振铎会详前来。除由臣批饬分别给委外，谨会同陕甘总督臣杨昌濬附片具陈，伏乞圣鉴。谨奏。

---

① 《世宗宪皇帝实录(一)》，卷五十三，雍正五年二月，第803—804页。

（朱批：）吏部知道。①

光绪二十年七月二十三日，奉朱批：吏部知道。钦此。②

○六○　奏报新疆光绪二十年四月雨水、粮价折

光绪二十年七月十九日（1894 年 8 月 19 日）

头品顶戴甘肃新疆巡抚臣陶模跪奏，为恭报光绪二十年四月份粮价并得雨雪情形，谨缮折具陈，仰祈圣鉴事。

窃照光绪二十年三月份各厅、州、县粮价并得雨雪情形，业经臣奏报在案。兹据新疆布政使饶应祺详称：本年四月份，镇迪道属镇西得雨，入土五寸；库尔喀喇乌苏、阜康得雨，入土三寸；迪化、昌吉、绥来得雨，入土二寸；奇台得雨，入土一寸；吐鲁番微雨。伊塔道属塔尔巴哈台得雨，入土一寸；精河、绥定、宁远微雨。南路于阗得雨，入土五寸；拜城得雨，入土二寸；喀喇沙尔、库车、乌什、英吉沙尔、玛喇巴什、温宿、疏勒、和阗、疏附、叶城微雨。余未得雨。至通省粮价，镇西、哈密、精河、喀喇沙尔、库车、乌什、昌吉、阜康、叶城等厅、县俱与上月相同，余均略有增减。汇详请奏前来。

理合恭折具陈，并缮粮价清单，敬呈御览，伏乞皇上圣鉴。谨奏。光绪二十年七月十九日。

（朱批：）知道了。③

光绪二十年八月十九日，奉朱批：知道了。钦此。④

---

① 台北故宫博物院藏：军机及宫中档，文献编号：408002883-0-A。

② 台北故宫博物院藏：军机及宫中档，文献编号：134027。

③ 台北故宫博物院藏：军机及宫中档，文献编号：408002886。

④ 台北故宫博物院藏：军机及宫中档，文献编号：134680。

○六一　呈新疆光绪二十年四月粮价清单

光绪二十年七月十九日(1894年8月19日)

谨将新疆各属光绪二十年四月份米粮时估价值,缮具清单,恭呈御览。

计开四月份：

镇迪道属：

迪化县：大米每京石价银二两八钱一分九厘,与上月相同。小麦每京石价银一两八钱四厘,与上月相同。豌豆每京石价银一两五钱八分四厘,与上月相同。青稞每京石价银一两一钱七分三厘,较上月增一钱四厘。

昌吉县：大米每京石价银二两二钱五分六厘,小麦每京石价银一两四钱一分二厘,豌豆每京石价银一两五分九厘,青稞每京石价银七钱一分七厘,俱与上月相同。

阜康县：粟米每京石价银一两一钱三分二厘,小麦每京石价银一两二钱三分八厘,豌豆每京石价银一两二钱三分八厘,高粱每京石价银七钱八分二厘,俱与上月相同。

绥来县：大米每京石价银二两四分二厘,与上月相同。小麦每京石价银一两四钱一分五厘,与上月相同。豌豆每京石价银一两三钱五分五厘,与上月相同。高粱每京石价银五钱三分二厘,较上月减三分一厘。

奇台县：大米每京石价银三两一钱七厘,较上月增一钱七分三厘。小麦每京石价银一两五钱九分二厘,较上月增一钱四分二厘。豌豆每京石价银一两五钱五分四厘,较上月增三钱四分六厘。

吐鲁番直隶厅：小麦每京石价银一两六钱四分，与上月相同。大麦每京石价银四钱四分八厘，较上月减二钱二分四厘。高粱每京石价银六钱六分七厘，与上月相同。黄豆每京石价银一两二钱一分八厘，与上月相同。

镇西直隶厅：小麦每京石价银一两五钱二分，豌豆每京石价银一两八分，青稞每京石价银七钱二分，俱与上月相同。

哈密直隶厅：粟米每京石价银一两四钱四分，小麦每京石价银一两三钱三分八厘，豌豆每京石价银一两五钱一分二厘，青稞每京石价银一两，俱与上月相同。

库尔喀喇乌苏直隶厅：小麦每京石价银一两七钱三分，较上月增三钱一分六厘。豌豆每京石价银一两七钱三分二厘，与上月相同。高粱每京石价银九钱一分二厘，较上月增三分四厘。

伊塔道属：

绥定县：大米每京石价银四两四钱四分，较上月减二钱九分六厘。小麦每京石价银一两七钱九分四厘，较上月减一钱三分八厘。大麦每京石价银八钱八分八厘，与上月相同。豌豆每京石价银一两七钱二分八厘，较上月减一钱四分四厘。

宁远县：大米每京石价银四两四钱四分，较上月减二钱六分。小麦每京石价银一两六钱三分，较上月减三钱。大麦每京石价银一两一钱，与上月相同。豌豆每京石价银一两五钱八分，与上月相同。

塔尔巴哈台直隶厅：小麦每京石价银二两七钱，较上月增三钱九分。大麦每京石价银一两三钱，较上月增一钱二分三厘。豌豆每京石价银一两七钱二分九厘，较上月增一钱六分九厘。

精河直隶厅：大米每京石价银三两六钱七分五厘，小麦每京石价银一两八钱九分，大麦每京石价银八钱四分，豌豆每京石价银一两四钱七分，俱与上月相同。

阿克苏道属：

温宿直隶州：大米每京石价银一两九钱，与上月相同。小麦每京石价银一两一钱七分三厘，较上月增三钱一分一厘。大麦每京石价银六钱，较上月增一钱二分。包谷每京石价银六钱八分，较上月增一钱三分六厘。

拜城县：小麦每京石价银七钱一厘，与上月相同。大麦每京石价银三钱九分四厘，较上月减四分四厘。豌豆每京石价银四钱三分八厘，与上月相同。包谷每京石价银四钱三分八厘，与上月相同。

喀喇沙尔直隶厅：大米每京石价银二两六钱六分四厘，小麦每京石价银九钱六分六厘，豌豆每京石价银八钱六分四厘，包谷每京石价银六钱四厘，俱与上月相同。

库车直隶厅：大米每京石价银一两八钱五分，小麦每京石价银五钱九分三厘，豌豆每京石价银六钱一分，包谷每京石价银四钱四厘，俱与上月相同。

乌什直隶厅：大米每京石价银二两二钱三分五厘，小麦每京石价银六钱六分，大麦每京石价银三钱二分一厘，包谷每京石价银五钱二分四厘，俱与上月相同。

喀什噶尔道属：

疏勒直隶州：大米每京石价银三两一钱五分，较上月增一钱五分。小麦每京石价银一两四钱四分九厘，较上月增六分九厘。包谷每京石价银一两八分八厘，较上月增六分四厘。高粱每京石价银九钱二分，与上月相同。

疏附县：大米每京石价银三两一钱五分，较上月增一钱五分。小麦每京石价银一两四钱四分九厘，较上月增六分九厘。包谷每京石价银一两一钱三分九厘，较上月增六分七厘。高粱每京石价银九钱二分，与上月相同。

莎车直隶州：大米每京石价银二两四分二厘，与上月相同。小麦每京石价银九钱一分，较上月增一分三厘。大麦每京石价银七钱五分，与上月相同。包谷每京石价银六钱七厘，与上月相同。

叶城县：大米每京石价银二两九钱，小麦每京石价银八钱五分，包谷每京石价银五钱七分六厘，青稞每京石价银五钱，俱与上月相同。

和阗直隶州：大米每京石价银二两四钱五分，与上月相同。小麦每京石价银一两一钱，较上月增九分三厘。包谷每京石价银六钱，较上月减八厘。青稞每京石价银五钱五分二厘，较上月增二分八厘。

于阗县：大米每京石价银三两一钱七分四厘，较上月增一钱三分八厘。小麦每京石价银一两三分一厘，较上月增一分三厘。包谷每京石价银六钱一分四厘，较上月增一分三厘。

英吉沙尔直隶厅：大米每京石价银三两八钱，较上月增一钱五分二厘。小麦每京石价银一两一钱五分九厘，与上月相同。大麦每京石价银七钱二分九厘，与上月相同。包谷每京石价银九钱三分八厘，较上月减二分六厘。

玛喇巴什直隶厅：大米每京石价银二两五钱一分六厘，与上月相同。小麦每京石价银一两二钱四分二厘，较上月增一钱三分八厘。包谷每京石价银七钱六分八厘，与上月相同。

（朱批：）览。①

○六二　奏报奉旨呈缴朱批奏折、奏片折

光绪二十年七月十九日（1894年8月19日）

头品顶戴甘肃新疆巡抚臣陶模跪奏，为覆陈接奉前次谕旨日期并现办呈缴朱批情形，恭折仰祈圣鉴事。

窃前准吏部咨：光绪二十年三月十五日奉上谕：向来各直省将军、督抚等所奏朱批折件，均应按年恭缴。乃近年以来，各省多有遗漏未缴之件，其缴进省份有自行奏缴者，有咨由军机处或奏事处呈缴者，办法亦参差不一。着通谕各该将军、督抚、提镇等，嗣后所奉朱笔等件，统行咨交军机处，于年终汇缴，以归画一。其从前遗漏之件，均着一律补缴。钦此。正钦遵办理间，复准吏部咨：光绪二十年四月二十八日奉上谕：前经通谕各直省将军、督抚、提镇等将所奉朱笔等件统行咨交军机处呈缴，以归画一。各将军、督抚等接奉前旨，自应迅速办理，乃迄今多日，未见覆奏，即如直隶，系最近省份，尚未呈缴，着再传谕各该将军、督抚、提镇等，即将何日接奉前旨及现办呈缴之处先行覆奏，一面迅将从前遗漏未缴之件赶紧备文，咨由军机处呈缴。嗣后所奉朱批等件随时咨缴，毋得稍涉迟延。钦此。

遵查前次谕旨，系于五月十四日奉到。臣到任以来，所奉朱批等件截至本年三月初一日止，先后奏缴在案，并无遗漏。其自三月初二日起钦遵第二次谕旨，随时备文，咨由军机处呈缴，以昭敬谨

────────────

① 台北故宫博物院藏：军机及宫中档，文献编号：134680-0-A。

而免迟延。谨恭折覆陈,伏乞皇上圣鉴。谨奏。光绪二十年七月十九日。

（朱批:）知道了。[1]

光绪二十年八月十九日,奉朱批:知道了。钦此。[2]

○六三　奏报循例收取孳生马匹数目折

光绪二十年七月十九日(1894年8月19日)

头品顶戴甘肃新疆巡抚臣陶模跪奏,为新疆巴里坤马厂牧放三年期满,循例收取孳生马匹数目,恭折仰祈圣鉴事。

窃查巴里坤向有孳生马厂,自经变乱,马多散失。光绪十四年,前抚臣刘锦棠饬查共存大小儿骒马四千五百余匹,当以牧兵仅三十二名,不敷牧放,饬由该镇标左营加拨二十名。截至十六年六月底止,存马五千二百五十三匹,复加拨牧兵二十名,均经咨部覆准,并令查明何年月日起限取孳,报部稽核等因。

兹据布政使饶应祺详称:前项马厂应自光绪十六年七月初一日起照例取孳,扣至十九年六月底止,三年限满,饬据署镇西厅同知易寿崧验报,该厂现分九群,原牧大小儿骒马五千二百五十三匹,定例每马三匹,三年取孳一匹。查十八年六月底,拨过济木萨厂马五百匹,由该厂另行起限取孳,应扣除孳生马五十六匹。截至光绪十九年六月底止,计巴里坤马厂共收孳生马二千九十五匹,照例取孳一千六百九十五匹,多收马四百匹。除拨过镇西、哈密、奇

① 台北故宫博物院藏:军机及宫中档,文献编号:408002885。
② 台北故宫博物院藏:军机及宫中档,文献编号:134681。

台各厅县驿马二百八十五匹,例倒马九百一十五匹,实共存马五千六百四十八匹,取具马匹数目、应赏官弁、牧兵姓名清册,详请具奏前来。

臣覆核无异。除将清册咨部并俟二十二年三月限满再行循例办理外,谨会同陕甘总督臣杨昌濬恭折具奏,伏乞皇上圣鉴,饬部议覆施行。再,此案改题为奏。合并声明。谨奏。光绪二十年七月十九日。

(朱批:)兵部议奏。[1]

光绪二十年八月十九日,奉朱批:兵部议奏。钦此。[2]

○六四　刘清和等保案有误请饬更正片

光绪二十年七月十九日(1894年8月19日)

再,臣据总兵衔留新疆尽先补用副将刘清和禀称:该员于克复金陵案内由把总保尽先拔补千总,并戴蓝翎;陕北肃清案内误由都司保补用游击,并于克复灵州等案累保今职。又据补用都司留甘肃尽先补用守备易荣贵禀称:该员于克复乌鲁木齐、玛纳斯等城案内由军功保尽先拔补外委,克复达坂城、托克逊并吐鲁番满、汉两城案内误由把总保尽先拔补千总,并加守备衔;嗣于新疆五次剿平边寇等案累保今职,请附奏递减各等情前来。

臣覆核无异。合无仰恳天恩,俯准将刘清和于陕北肃清案内准保以游击补用,改为以守备补用;克复灵州案内准保以参将尽先

---

[1]　台北故宫博物院藏:军机及宫中档,文献编号:408002884。

[2]　台北故宫博物院藏:军机及宫中档,文献编号:134683。

补用,改为以都司尽先补用;荡平金积堡贼巢宁灵肃清案内准保免补参将以副将尽先补用并加参将衔,改为免补都司,以游击尽先补用,并加参将衔;易荣贵于克复达坂城、托克逊并吐鲁番满、汉两城案内准保以千总尽先拔补并加守备衔,改为以把总尽先拔补,并加千总衔;五次剿平边寇案内准保免补千总以守备留甘肃尽先补用并戴蓝翎,改为免补把总,以千总留甘肃尽先补用,并戴蓝翎;新疆七载防戍案内准保补守备后以都司补用,改为补千总后,以守备补用。饬部分别逐层递减,以实官阶。其刘清和于克复灵州案内赏给慧勇巴图鲁名号,荡平金积堡案内准保二品封典,仍照原案注册,出自鸿施。除咨部外,谨附片具奏,伏乞圣鉴训示。谨奏。

(朱批:)兵部议奏。[①]

光绪二十年八月十九日,奉朱批:兵部议奏。钦此。[②]

○六五　请准邹冠群免其骑射片

光绪二十年七月十九日(1894年8月19日)

再,查部议:打仗受伤武职员弁,必须手足受有重伤,方准请免骑射,一律考验枪炮等因在案。兹据提督衔留甘尽先补用总兵借补玛喇巴什营游击邹冠群禀称:该员于同治元年在安徽太平府打仗,右膝受矛伤一处。是年在金陵攻破江心洲、蒲包洲贼垒,右膊受枪子穿伤一处,筋骨被损。七年,攻打陕西陇州南原,左臀受枪子伤一处。虽随时医愈,每逢节序,辄作痛楚,挽弓维艰,恳请奏免

---

① 台北故宫博物院藏:军机及宫中档,文献编号:408002884-0-A。
② 台北故宫博物院藏:军机及宫中档,文献编号:134679。

骑射等情。

臣亲加验看，委无捏饰情弊，合无仰恳天恩，俯准将该员邹冠群免其骑射，改习枪炮，以示体恤，出自鸿慈。除咨部外，谨附片具陈，伏乞圣鉴训示。谨奏。

（朱批：）着照所请，兵部知道。①

光绪二十年八月十九日，奉朱批：着照所请，兵部知道。钦此。②

○六六　奏报饬令李宗宾迅赴本任片

光绪二十年七月十九日(1894 年 8 月 19 日)

再，阿克苏道员缺，光绪十九年十一月十八日，经臣奏请以新疆补用道李宗宾补授，旋奉部覆准在案，应饬赴本任，以专责成。除檄饬遵照外，谨会同陕甘总督臣杨昌濬，附片具奏，伏乞圣鉴。谨奏。

（朱批：）知道了。③

光绪二十年八月十九日，奉朱批：知道了。钦此。④

○六七　审拟温宿客民斗殴毙命一案折

光绪二十年八月初四日(1894 年 9 月 3 日)

头品顶戴甘肃新疆巡抚臣陶模跪奏，为斗殴毙命，按律定拟，

---

① 台北故宫博物院藏：军机及宫中档，文献编号：408002884-0-B。
② 台北故宫博物院藏：军机及宫中档，文献编号：134682。
③ 台北故宫博物院藏：军机及宫中档，文献编号：408002886-0-A。
④ 台北故宫博物院藏：军机及宫中档，文献编号：134684。

恭折仰祈圣鉴事。

窃前据署温宿直隶州知州王廷赞详报：客民刘义湉殴推缠民阿希木受伤身死一案，当经臣批饬审拟去后。兹据该州审明议拟，解署阿克苏道黄丙焜提讯，咨由镇迪道兼按察使衔丁振铎核转前来。

臣复加查核，缘客民刘义湉原籍直隶天津县，寄居温宿州，小贸营生，与已死缠民阿希木熟识无嫌。光绪十九年正月间，阿希木借用刘义湉红钱三百五十文，约定迟日归还，并未立约议息。迨后刘义湉屡往催索，阿希木出外佣工未给。五月初十日，阿希木回家探望。午后，刘义湉在城外渠边撞遇，向索前欠，阿希木仍旧推缓。刘义湉声称阿希木时常在外，定须设法还清，阿希木回斥不应拦路逼讨，彼此争吵。刘义湉用拳殴伤其右腮颊。阿希木扑拢回殴，刘义湉复殴伤其左太阳。阿希木扭住刘义湉衣襟，低头向撞。刘义湉挣不脱身，两手用力向前一推，阿希木仰跌倒地，被石块垫伤其右后胁。见证艾买提趋拢喝阻，询悉情由，通知尸母早拉比比同往看明，移时阿希木因伤殒命。报经该州获犯，诣验讯详，据报犯病医治痊愈，议拟解道提讯，咨由兼臬司核明转详。臣覆核无异。

查律载：斗殴杀人者，不问手足、他物、金刃，并绞监候等语。此案该犯刘义湉因向缠民阿希木索欠争斗，殴推阿希木受伤身死，自应按律问拟。刘义湉合依斗殴杀人者，不问手足、他物、金刃并绞律，拟绞监候，秋后处决。虽据供母老丁单，查讯死者亦系独子，应照例不准留养。见证艾买提救阻不及，请免置议。阿希木借欠红钱，身死勿征。尸棺饬属领埋。凶器石块，案结销毁。

除全案招供咨部外，所有斗殴毙命，按律定拟缘由，谨恭折具陈，伏乞皇上圣鉴，饬部核覆施行。谨奏。光绪二十年八月初四日。

（朱批：）刑部议奏。①

光绪二十年九月初五日，奉朱批：刑部议奏。钦此。②

○六八　奏报新疆光绪十九年下半年防
　　　营员勇及各台、局、卡、义学数目折

光绪二十年八月初四日（1894年9月3日）

头品顶戴甘肃新疆巡抚臣陶模跪奏，为新疆防营员弁勇丁、各台、局、卡、义学自光绪十九年七月初一日起至十二月底止实在数目，缮具清单，恭折仰祈圣鉴事。

窃新疆马步营旗、炮队，各台、局、卡、义学实在数目，截至光绪十九年六月底止，业经分别奏咨在案。兹据新疆粮台详称：自十九年七月初一日起至十二月底止，遵照标营章程，添募步队一营一哨、炮队一哨。通截至十九年十二月底止，实存行粮章程马队七旗、步队四营、炮队一哨，标营章程马队四十八旗、步队二十五营一十八旗二哨、炮队四哨，共额设统领、营、旗、哨官三百九十七员，巡查一百三十一员，营书、弁勇二万六千二百四十三名，火勇一千八百七十六名，额外火夫、私夫、马夫、车夫、棚夫六千五百六十三名，并各台、局、卡、义学，缮具清单，详请奏咨前来。

臣覆核无异。所有新疆防营、员弁勇丁，各台、局、卡、义学自光绪十九年七月初一日起至十二月底止实在数目，谨缮清单，恭呈

---

① 台北故宫博物院藏：军机及宫中档，文献编号：408002887。
② 台北故宫博物院藏：军机及宫中档，文献编号：135216。

御览,伏乞皇上圣鉴,饬部立案施行。谨奏。光绪二十年八月初四日。

(朱批:)该部知道。单二件并发。[①]

光绪二十年九月初五日,奉朱批:该部知道。单二件并发。钦此。[②]

○六九　呈新疆光绪十九年
下半年防营员勇清单

光绪二十年八月初四日(1894年9月3日)

谨将新疆驻防马步各营旗员弁勇丁、夫马、炮车数目,自光绪十九年七月初一日起至十二月底止,缮具四柱清单,恭呈御览。

旧管:光绪十九年六月底止,实存防军行粮章程马队七旗、步队四营、开花炮队一哨,标营章程马队四十八旗、步队二十四营一十八旗一哨、开花炮队三哨。共计旧存额设统领营旗哨官三百八十八员,旧存额设巡查一百二十九员,旧存额设营书、弁勇二万五千六百一十九名,旧存额设火勇一千八百一十七名,旧存额外火夫七百七十名,旧存额外马夫、私夫、车夫、棚夫五千七百四十五名,旧存马七千四十匹,旧存炮车二十四辆、车骡六十四头。

新收:光绪十九年七月初一日起,新添新式枪队一哨,仿照标营步队一哨章程,新添额设管带官一员,新添额设哨长一员,新添额设营书、弁勇九十三名,新添额设火勇九名,新添额外私夫六名。

---

① 台北故宫博物院藏:军机及宫中档,文献编号:408002888。

② 台北故宫博物院藏:军机及宫中档,文献编号:135215。

查前项枪队原由北洋大臣拨派熟悉新式操法武备学生补用守备张志文、补用把总王恩贵于光绪十九年四月抵新疆,从七月初一日起挑募精壮步勇一哨,教练新式操法。理合登明。

光绪十九年八月初一日起,新添抚标炮队一哨,仿照标营开花炮队章程,新添额设管带官一员,新添额设哨长一员,新添额设营书、弁勇八十三名,新添额设火勇七名,新添额外车夫、私夫一十四名,新添炮车六辆、车骡十六头。

查前项炮队原由北洋大臣拨派熟悉演放枪炮员弁兵勇、长夫八十六名,护解过山快放炮六尊,于光绪十九年七月到新疆,从八月初一日起仿照新疆炮队章程,就地添募,足成一哨。理合登明。

光绪十九年十月初一日起,添募新字营步队一营,遵照标营章程,新添额设营哨官五员,新添额设巡查二员,新添额设营书、弁勇四百四十八名,新添额设火勇四十三名,新添额外私夫二十八名。

开除:无项。

实在:光绪十九年十二月底止,实存防军行粮章程马队七旗、步队四营、开花炮队一哨,标营章程马队四十八旗、步队二十五营一十八旗二哨、开花炮队四哨。共计实存额设统领营、旗、哨官三百九十七员,实存额设巡查一百三十一员,实存额设营书、弁勇二万六千二百四十三名,实存额设火勇一千八百七十六名,实存额外火夫七百七十名,实存额外马夫、私夫、车夫、棚夫五千七百九十三名,实存额马七千四十匹,实存炮车三十辆、车骡八十头。

（朱批:）览。①

---

① 台北故宫博物院藏:军机及宫中档,文献编号:135215-0-A。

○七○　呈新疆光绪十九年下半年各台、局、卡、义学清单

光绪二十年八月初四日(1894年9月3日)

谨将新疆各台、局、卡暨义学数目,自光绪十九年七月初一日起至十二月底止,缮具四柱清单,恭呈御览。

旧管:光绪十九年六月底止,实存新疆粮台,省城军装总局,省城采运局,伊犁宁远城、喀什噶尔城二中俄通商局,伊塔道、塔尔巴哈台二善后局,罗布淖尔抚辑招徕局、医药局。

省城、哈密新城、吐鲁番新城、喀喇沙尔、库车、阿克苏、乌什、英吉沙尔、喀什噶尔汉城、叶尔羌、和阗、古城、绥来、绥定、宁远、绥定城东关、南关、瞻德城、广仁城、塔尔巴哈台等处二十保甲局。

霍尔果斯尼堪卡伦、果子沟、霍尔罕、明瑶路、依兰乌瓦斯、依斯里克、图舒克、塔石可力碛、依布拉引等处九稽查卡。

哈密、巴里坤、昌吉、吐鲁番、喀喇沙尔、库车、阿克苏、乌什、喀什噶尔、英吉沙尔、玛喇巴什、叶尔羌、和阗、塔尔巴哈台等处十四牛痘局。

哈密义学五堂、吐鲁番义学六堂、喀喇沙尔义学四堂、库车义学五堂、拜城义学二堂、温宿义学三堂、乌什义学三堂、疏勒义学三堂、疏附义学二堂、玛喇巴什义学三堂、英吉沙尔义学三堂、莎车义学五堂、叶城义学二堂、和阗义学二堂、于阗义学二堂、巴里坤义学四堂、奇台义学四堂、济木萨义学三堂、阜康义学二堂、迪化义学六堂、昌吉义学二堂、绥来义学四堂、呼图壁义学二堂、宁远义学三堂、绥定义学三堂、广仁城义学一堂、瞻德城义学一堂、霍尔果斯义

学一堂、罗布淖尔义学一堂、塔尔巴哈台义学三堂，共计义学九十堂。

新收：无项。

开除：无项。

实在：光绪十九年十二月底止，实存新疆粮台，省城军装总局，省城采运局，伊犁宁远城、喀什噶尔城二中俄通商局，伊塔道、塔尔巴哈台二善后局，罗布淖尔抚辑招徕局、医药局。

省城、哈密新城、吐鲁番新城、喀喇沙尔、库车、阿克苏、乌什、英吉沙尔、喀什噶尔汉城、叶尔羌、和阗、古城、绥来、绥定、宁远、绥定城东关、南关、瞻德城、广仁城、塔尔巴哈台等处二十保甲局。

霍尔果斯尼堪卡伦、果子沟、霍尔罕、明瑶路、依兰乌瓦斯、依斯里克、图舒克、塔石可力硤、依布拉引等处九稽查卡。

哈密、巴里坤、昌吉、吐鲁番、喀喇沙尔、库车、阿克苏、乌什、喀什噶尔、英吉沙尔、玛喇巴什、叶尔羌、和阗、塔尔巴哈台等处十四牛痘局。

哈密义学五堂、吐鲁番义学六堂、喀喇沙尔义学四堂、库车义学五堂、拜城义学二堂、温宿义学三堂、乌什义学三堂、疏勒义学三堂、疏附义学二堂、玛喇巴什义学三堂、英吉沙尔义学三堂、莎车义学五堂、叶城义学二堂、和阗义学二堂、于阗义学二堂、巴里坤义学四堂、奇台义学四堂、济木萨义学三堂、阜康义学二堂、迪化义学六堂、昌吉义学二堂、绥来义学四堂、呼图壁义学二堂、宁远义学三堂、绥定义学三堂、广仁城义学一堂、瞻德城义学一堂、霍尔果斯义学一堂、罗布淖尔义学一堂、塔尔巴哈台义学三堂，共计义学九十堂。

（朱批：）览。①

○七一　委令刘嘉德署理和阗直隶州知州片

光绪二十年八月初四日（1894 年 9 月 3 日）

再，署和阗直隶州知州黄袁卸署遗缺，查有莎车直隶州知州刘嘉德，堪以委署。据新疆布政使饶应祺、镇迪道兼按察使衔丁振铎会详前来。除由臣批饬给委外，谨会同陕甘总督臣杨昌濬，附片具奏，伏乞圣鉴。谨奏。

（朱批：）吏部知道。②

光绪二十年九月初五日，奉朱批：吏部知道。钦此。③

○七二　奏报新疆光绪二十
年五月雨水、粮价折

光绪二十年八月十二日（1894 年 9 月 11 日）

头品顶戴甘肃新疆巡抚臣陶模跪奏，为恭报光绪二十年五月份粮价并得雨情形，谨缮折具陈，仰祈圣鉴事。

窃照光绪二十年四月份各厅、州、县粮价并得雪情形，业经臣奏报在案。兹据新疆布政使饶应祺详称：本年五月份，镇迪道属镇西得雨，入土四寸；库尔喀喇乌苏、奇台得雨，入土二寸；迪化、昌吉、阜康、绥来得雨，入土一寸；吐鲁番微雨。伊塔道属塔尔巴哈

---

① 台北故宫博物院藏：军机及宫中档，文献编号：135215-0-B。
② 台北故宫博物院藏：军机及宫中档，文献编号：408002887-0-A。
③ 台北故宫博物院藏：军机及宫中档，文献编号：135217。

台、精河得雨,入土三寸;绥定、宁远微雨。南路乌什得雨,入土二寸;喀喇沙尔、库车、英吉沙尔、疏勒、和阗、拜城、疏附、于阗微雨。余未得雨。至通省粮价,吐鲁番、哈密、精河、乌什、昌吉、绥定等厅、县俱与上月相同,余均略有增减。汇详请奏前来。

理合恭折具陈,并缮粮价清单,敬呈御览,伏乞皇上圣鉴。谨奏。光绪二十年八月十二日。

(朱批:)知道了。①

光绪二十年九月十四日,奉朱批:知道了。钦此。②

○七三　呈新疆光绪二十年五月粮价清单

光绪二十年八月十二日(1894 年 9 月 11 日)

谨将新疆各属光绪二十年五月份米粮时估价值,缮具清单,恭呈御览。

计开五月份:

镇迪道属:

迪化县:大米每京石价银二两八钱八分九厘,较上月增七分。小麦每京石价银一两八钱四厘,与上月相同。豌豆每京石价银一两五钱八分四厘,与上月相同。青稞每京石价银一两一钱七分三厘,与上月相同。

昌吉县:大米每京石价银二两二钱五分六厘,小麦每京石价银一两四钱一分二厘,豌豆每京石价银一两五分九厘,青稞每京石价

---

① 台北故宫博物院藏:军机及宫中档,文献编号:408002888-1。
② 台北故宫博物院藏:军机及宫中档,文献编号:135406。

银七钱一分七厘,俱与上月相同。

阜康县:粟米每京石价银一两六分,较上月减七分二厘。小麦每京石价银一两六分二厘,较上月减一钱七分六厘。豌豆每京石价银一两二钱三分八厘,与上月相同。高粱每京石价银七钱七分八厘,较上月减四厘。

绥来县:大米每京石价银二两一钱一分三厘,较上月增七分一厘。小麦每京石价银一两三钱三分六厘,较上月减七分九厘。豌豆每京石价银一两二钱八分三厘,较上月减七分二厘。高粱每京石价银五钱三分二厘,与上月相同。

奇台县:大米每京石价银三两一钱七厘,与上月相同。小麦每京石价银一两六钱九分八厘,较上月增一钱六厘。豌豆每京石价银一两六钱五分七厘,较上月增一钱三厘。

吐鲁番直隶厅:小麦每京石价银一两六钱四分,大麦每京石价银四钱四分八厘,高粱每京石价银六钱六分七厘,黄豆每京石价银一两二钱一分八厘,俱与上月相同。

镇西直隶厅:小麦每京石价银一两五钱二分,与上月相同。豌豆每京石价银一两八分,与上月相同。青稞每京石价银七钱六分,较上月增四分。

哈密直隶厅:粟米每京石价银一两四钱四分,小麦每京石价银一两三钱三分八厘,豌豆每京石价银一两五钱一分二厘,青稞每京石价银一两,俱与上月相同。

库尔喀喇乌苏直隶厅:小麦每京石价银一两九钱四分六厘,较上月增二钱一分六厘。豌豆每京石价银一两七钱三分二厘,与上月相同。高粱每京石价银九钱一分二厘,与上月相同。

伊塔道属:

绥定县：大米每京石价银四两四钱四分，小麦每京石价银一两七钱九分四厘，大麦每京石价银八钱八分八厘，豌豆每京石价银一两七钱二分八厘，俱与上月相同。

宁远县：大米每京石价银四两一钱四分，较上月减三钱。小麦每京石价银一两六钱三分，与上月相同。大麦每京石价银九钱三分，较上月减一钱七分。豌豆每京石价银一两五钱八分，与上月相同。

塔尔巴哈台直隶厅：小麦每京石价银二两五钱一分，较上月减一钱九分。大麦每京石价银一两一钱七分七厘，较上月减一钱二分三厘。豌豆每京石价银一两五钱六分，较上月减一钱六分九厘。

精河直隶厅：大米每京石价银三两六钱七分五厘，小麦每京石价银一两八钱九分，大麦每京石价银八钱四分，豌豆每京石价银一两四钱七分，俱与上月相同。

阿克苏道属：

温宿直隶州：大米每京石价银一两五钱二分，较上月减三钱八分。小麦每京石价银一两三分五厘，较上月减一钱三分八厘。大麦每京石价银四钱二分，较上月减一钱八分。包谷每京石价银四钱五分，较上月减二钱三分。

拜城县：小麦每京石价银七钱八分八厘，较上月增八分七厘。大麦每京石价银三钱九分四厘，与上月相同。豌豆每京石价银五钱二分五厘，较上月增八分七厘。包谷每京石价银四钱三分八厘，与上月相同。

喀喇沙尔直隶厅：大米每京石价银二两六钱六分四厘，与上月相同。小麦每京石价银八钱二分八厘，较上月减一钱三分八厘。豌豆每京石价银八钱六分四厘，与上月相同。包谷每京石价银六钱四厘，与上月相同。

库车直隶厅：大米每京石价银一两八钱五分，与上月相同。小麦每京石价银五钱九分三厘，与上月相同。豌豆每京石价银六钱一分，与上月相同。包谷每京石价银三钱六分七厘，较上月减三分七厘。

乌什直隶厅：大米每京石价银二两二钱三分五厘，小麦每京石价银六钱六分，大麦每京石价银三钱二分一厘，包谷每京石价银五钱二分四厘，俱与上月相同。

喀什噶尔道属：

疏勒直隶州：大米每京石价银三两二钱二分五厘，较上月增七分五厘。小麦每京石价银一两二钱四分二厘，较上月减二钱七厘。包谷每京石价银八钱九分六厘，较上月减一钱九分二厘。高粱每京石价银九钱二分，与上月相同。

疏附县：大米每京石价银三两二钱二分五厘，较上月增七分五厘。小麦每京石价银一两二钱四分二厘，较上月减二钱七厘。包谷每京石价银九钱三分八厘，较上月减二钱一厘。高粱每京石价银九钱二分，与上月相同。

莎车直隶州：大米每京石价银二两四分二厘，与上月相同。小麦每京石价银八钱八分三厘，较上月减二分七厘。大麦每京石价银六钱二分五厘，较上月减一钱二分五厘。包谷每京石价银五钱八分，较上月减二分七厘。

叶城县：大米每京石价银二两九钱，与上月相同。小麦每京石价银八钱二分五厘，较上月减二分五厘。包谷每京石价银七分六厘，与上月相同。青稞每京石价银五钱，与上月相同。

和阗直隶州：大米每京石价银二两四钱五分，与上月相同。小麦每京石价银一两四分八厘，较上月减五分二厘。包谷每京石价银六钱，与上月相同。青稞每京石价银五钱一分，较上月减四分二厘。

于阗县：大米每京石价银三两三钱一分二厘，较上月增一钱三分八厘。小麦每京石价银一两三分一厘，与上月相同。包谷每京石价银六钱四分，较上月增二分六厘。

英吉沙尔直隶厅：大米每京石价银三两八钱，与上月相同。小麦每京石价银一两一钱四厘，较上月减五分五厘。大麦每京石价银六钱一分五厘，较上月减一钱一分四厘。包谷每京石价银九钱一分一厘，较上月减二分七厘。

玛喇巴什直隶厅：大米每京石价银二两六钱六分四厘，较上月增一钱四分八厘。小麦每京石价银一两三钱八分，较上月增一钱三分八厘。包谷每京石价银七钱六分八厘，与上月相同。

（朱批：）览。[1]

○七四　奏为拟设炮队一哨折

光绪二十年八月十二日（1894 年 9 月 11 日）

头品顶戴甘肃新疆巡抚臣陶模跪奏，为神机营运到枪炮，拟设炮队一哨，以资经理而便操演，恭折仰祈圣鉴事。

窃神机营官兵先后由新疆回京，业经奏明将各项枪炮派员经理在案。查光绪十八年，臣函商北洋大臣李鸿章，由武备学堂遴派补用守备张志文、把总王恩贵前来新疆，当饬照标营章程，于十九

---

[1]　台北故宫博物院藏：军机及宫中档，文献编号：135406-0-A。

年七月初一日募成新式枪队一哨，教习阵法、操法及挖沟、筑垒诸事，现有成效。前项枪炮应即饬交张志文、王恩贵接管，并将所带新式枪队改为炮队一哨，名为威远炮队，由臣督饬操练，俾成劲旅。应需月饷及车骡等项经费，均照标营炮队章程，从本年五月初一日起支。据布政使饶应祺详请具奏前来。

臣覆核无异。谨缮清单，会同陕甘总督臣杨昌濬恭折具陈，伏乞皇上圣鉴，饬部立案施行。谨奏。光绪二十年八月十二日。

（朱批：）该部知道。单并发。[①]

光绪二十年九月十四日，奉朱批：该部知道。单并发。钦此。[②]

○七五　呈拟设炮队一哨勇丁、饷数清单

光绪二十年八月十二日(1894 年 9 月 11 日)

谨将拟设威远炮队员弁、勇夫、饷章各数目，缮具清单，恭呈御览。

计开：

威远炮队一哨，以九十二人为定额，私夫、车夫在外。

管带官一员，月支薪水银十八两，每月加制办、旗帜、号衣银十六两，均不扣建。

私夫四名，每名月支银二两七钱。

营书一名，月支银六两。

哨长一员，月支薪粮银七两二钱。

---

① 台北故宫博物院藏：军机及宫中档，文献编号：408002889。
② 台北故宫博物院藏：军机及宫中档，文献编号：135407。

什长六名,每名月支银四两五钱。

护兵四名,每名月支银四两二钱。

炮勇七十二名,每名月支银三两九钱。

火夫七名,每名月支银三两。

车夫八名,每名月支银三两。

车骡十六头,每头月支干银二两四钱,均扣建。

计大建月共支银四百七十一两四钱,小建月支银四百五十六两八钱二分。

(朱批:)览。①

○七六　请以周添才借补喀什回城副将折

光绪二十年八月十二日(1894 年 9 月 11 日)

头品顶戴甘肃新疆巡抚臣陶模跪奏,为拣员借补副将要缺,以重边防,恭折仰祈圣鉴事。

窃照喀什噶尔回城协营副将员缺系奏准作为题补之缺,经前护抚臣魏光焘奏请以记名提督黄万鹏借补。嗣接部咨:黄万鹏已奉上谕补授阿克苏镇总兵,应令另拣合例人员请补等因。臣查该副将与喀什噶尔道员同驻回城,中外交涉事繁,弹压、巡防,最关紧要,非精明干练、熟悉地方情形之员,难资得力。查有留新疆尽先补用提督借补英吉沙尔营参将现署该协营副将周添才,朴实稳练,夙著战功,于署任内操练、巡防均属认真,以之借补斯缺,洵堪胜任,人地亦极相宜。合无仰恳天恩,俯准以周添才借补喀什噶尔回

① 台北故宫博物院藏:军机及宫中档,文献编号:135407-0-B。

城协营副将员缺，实于边防有裨。如蒙俞允，并恳饬部先给署札，俟防务大定，即行并案给咨送部引见，以符定制。再，查该员于光绪十八年经部议覆，准以提督借补英吉沙尔营参将，尚未到任。兹回城协营副将员缺，仍请以提督借补。所遗英吉沙尔参将，由臣另行拣员请补。

除将履历清册送部外，谨会同陕甘总督臣杨昌濬、署喀什噶尔提督臣黄万鹏恭折具奏，伏乞皇上圣鉴训示。谨奏。光绪二十年八月十二日。

（朱批：）兵部议奏。①

光绪二十年九月十四日，奉朱批：兵部议奏。钦此。②

○七七　请准革员柳泰和暂留新疆任用片

光绪二十年八月十二日(1894 年 9 月 11 日)

再，已革记名提督前甘肃肃州镇总兵柳泰和，经前督办台湾防务福建巡抚臣刘铭传奏参革职，奉旨发往新疆效力赎罪，光绪十四年到配，前抚臣刘锦棠委办省城保甲、稽查事务，尚属认真，恭逢十五年二月十七并三月十六等日两次恩诏，前护抚臣魏光焘将在戍效力已、未满三年各官犯开单具奏，旋准刑部议覆：柳泰和在戍未及三年，应照奏定章程扣满三年，再行释回等因。查该革员扣至光绪十七年，业已三年期满，例应奏请释回原籍。上年臣以喀什噶尔边防吃紧，该革员精力尚强，能耐劳苦，派归提标差遣。现在帕米

---

① 台北故宫博物院藏：军机及宫中档，文献编号：408002890。
② 台北故宫博物院藏：军机及宫中档，文献编号：135408。

尔等处界址业委补用知县海英逐段查勘,叠经咨呈总理各国事务衙门在案。惟界务关重,不厌详慎,可否将该革员柳泰和暂留新疆,饬赴沿边一带再行确勘,以昭郑重而资得力之处,出自鸿慈。

谨会同陕甘总督臣杨昌濬附片具奏,伏乞皇上圣鉴训示。谨奏。

(朱批:)着照所请,该衙门知道。[①]

光绪二十年九月十四日,奉朱批:着照所请,该衙门知道。钦此。[②]

○七八　委令刘兆松等署理知县员缺片

光绪二十年八月十二日(1894年9月11日)

再,署疏附县知县杨其澍调省遗缺,查有请补疏附县知县现署迪化县知县刘兆松,堪以先行调署。递遗员缺查有请补精河直隶厅同知奇台县知县刘澄清,堪以委署。据新疆布政使饶应祺、镇迪道兼按察使衔丁振铎会详前来。

除由臣批饬分别给委外,谨会同陕甘总督臣杨昌濬附片具陈,伏乞圣鉴。谨奏。

(朱批:)吏部知道。[③]

光绪二十年九月十四日,奉朱批:吏部知道。钦此。[④]

---

① 台北故宫博物院藏:军机及宫中档,文献编号:408002890-0-A。
② 台北故宫博物院藏:军机及宫中档,文献编号:135409。
③ 台北故宫博物院藏:军机及宫中档,文献编号:408002890-0-B。
④ 台北故宫博物院藏:军机及宫中档,文献编号:135411。

○七九　委令奎光署理塔城直隶厅同知片

光绪二十年八月十二日（1894 年 9 月 11 日）

再，塔城直隶厅同知石本清调省遗缺，查有候补知府奎光，堪以委署。据新疆布政使饶应祺、镇迪道兼按察使衔丁振铎会详前来。

除由臣批饬给委外，谨会同伊犁将军臣长庚、陕甘总督臣杨昌濬附片具奏，伏乞圣鉴。谨奏。

（朱批：）吏部知道。[1]

光绪二十年九月十四日，奉朱批：吏部知道。钦此。[2]

○八○　核销新疆光绪七至十 五年防军、善后各案折

光绪二十年八月二十五日（1894 年 9 月 24 日）

头品顶戴甘肃新疆巡抚臣陶模跪奏，为新疆自光绪七年至十五年兵部议覆防军、善后各案报销，谨缮单登覆，恳恩饬遵谕旨一律核准，恭折仰祈圣鉴事。

窃臣于上年八月具奏新疆自光绪四年至十五年银粮、草束、防军、善后经户部议驳各案，恳请饬部变通成例，按起核销，奉朱批：着照所请，该部知道。钦此。是十五年以前已造未销之案，仰蒙皇

---

① 台北故宫博物院藏：军机及宫中档，文献编号：408002890-0-C。
② 台北故宫博物院藏：军机及宫中档，文献编号：135410。

上体念边圉情形迥异，办理为难，不以定例相绳。嗣臣将光绪四年至十年收支银粮、草束缮单覆陈，旋准户部奏覆：该抚前奏既奉特旨允准，臣部自应钦遵谕旨，变通核销。至十五年以后，仍当查照例案办理。嗣又将光绪十一、十二两年收支银粮、草束分案登覆，均经户部议奏遵旨照案从宽准销各在案。兹据布政使饶应祺将前经兵部议覆光绪七年至十五年防军、善后报销应行删除者遵照删除，其实难删除并行查各款，汇案详请具奏前来。

臣查防军、善后与银粮、草束收支款目不同，兵部欲与例案相符，与户部从前议驳之意则一。现在户部既分案准其开销，其自光绪七年至十五年防军、善后应归兵部核办各案，相应汇缮清单，恳恩饬部钦遵谕旨一律核销，以清积牍，出自鸿慈。

除分别造具清单、清册咨送兵部外，谨会同陕甘总督臣杨昌濬恭折具陈，伏乞皇上圣鉴训示。谨奏。光绪二十年八月二十五日。

（朱批：）该部议奏。单并发。①

光绪二十年九月二十七日，奉朱批：该部议奏。单并发。钦此。②

○八一　呈新疆光绪七至十五年防军、善后报销清单

光绪二十年八月二十五日（1894年9月24日）

谨将新疆自光绪七年起至十五年底止，防军、善后报销历经兵

---

① 台北故宫博物院藏：军机及宫中档，文献编号：408002891。
② 台北故宫博物院藏：军机及宫中档，文献编号：135729。

部发还单册分别驳查各节，汇案登覆，缮具清单，恭呈御览。

计开：

光绪七年：

一、七年份支发关外马步各军营旗薪粮等款，内有步队各营旗搬运子药夫支过口粮湘平折合库平银五万九千九百九两八钱五分四厘，应归兵部核销。奉兵部核覆内开：向办各省军需、善后报销，其各营旗添裁改并日期，于按季造册报部外，仍于报销册内分晰声明，原以便稽核而昭详悉。今该省以按季册报有案，请免重叙，殊与成案不符，恐启牵混之渐，碍难照准等因。

查新疆防军前将起止月日按季造册报部存案者，原为报销饷项，以便稽核。光绪七、八两年份遵章开单报销，原单所开各军营旗未经添裁更改者，自毋须详注。其中添裁改并各营旗起止月日，均已于单内注明。至九年以后，系遵章造册报销，而册内已将起止月日注载更加明晰，且搬运子药夫楚军营制定章，每营三十六名，每旗二十四名，历经照章办理。计七年份新疆马步各军营旗照章应支薪粮等项，共计湘平折合库平银二百六十一万三千一百余两，内除尚欠发银八十六万三千余两归九年以后陆续补发外，又划归户部应销银一百六十九万一百余两，早经户部核销。所有前项搬运子药夫支过口粮银五万九千九百余两，仍请饬兵部照数核销。

一、七年份支发关外开花炮队员弁勇夫口粮，内有炮车车夫支过口粮湘平折合库平银九百八十一两三钱七分四厘，应归兵部核销。奉兵部核覆内开：查前据单开，开花炮队车夫每名日支银一钱一分，当经本部以车夫、军火夫口粮曾经行令行粮每名日支银一钱，坐粮每名日支银八分，此项车夫、军火夫口粮银两，向归本部核销，何得以户部议准为词率请准销？爰令仍照本部酌定银数，分别行、坐，造报核销等因。

　　查新疆喀什噶尔、阿克苏、哈密三处，各设开花炮队一哨。自乌鲁木齐改设行省之后，将哈密开花炮队移驻省垣，其员弁勇夫口粮曾经户部于光绪十年议覆新疆支款二十四条案内奏请酌定饷章内开：查开花炮队向无定章，今拟比照楚军行粮章程酌量加增，炮长拟比照正哨长加倍支给，日支银六钱，计月支薪水银十八两；公费即照原议月支银二十两，均不扣建。什长拟比照步队什长加倍支给，每名日支银三钱；护勇、炮勇拟比照步队正勇加半支给，每名日支银二钱一分；车夫、火夫仍照原议，每名日支一钱一分。至内地各省炮队不得援以为例等因，遵奉在案。旋经兵部核，驳车夫行粮每名日支银一钱，坐粮每名日支银八分。

　　查新疆开花炮队三哨，车夫共只二十四名，均系行粮，核计为数无多。因兵部所议系炮队通行章程，户部所议系专指新疆炮队章程，各省不得援以为例，故当日即照户部奏案开支，未照兵部议章办理。至今历年已久，实属已支之款无从追缴，仍请照册核销。

　　又，开花炮队炮车除载炮位外，车上另有木箱，乘运子药，并无须搬运军火夫。其每哨设火夫七名，系专司炊爨，与步队火勇、马队火夫相等。所有历年支过口粮，早经户部核销在案，请仍照原章归户部核办，以免牵移全案。计七年份新疆开花炮队三哨，照章共计应支薪粮等项湘平折合库平银二万九千九百七十余两，内划归户部应销银二万八千九百九十余两，早经户部核销。所有前项炮车夫支过口粮银九百八十余两，仍请饬兵部核销。

　　一、七年份支发关外湘军马步各营官弁勇夫加给米折银两，内有步队各营搬运子药夫支过米折湘平折合库平银三千四百五十两一钱四分五厘，应归兵部核销。

　　查米折一项，楚、皖、蜀各军因公中有津贴、粮料、柴草价，即无米折名号，惟湘军章程自同治年间剿捻后，由北而西，凡马步各营员弁勇夫，除照章月支薪粮外，按名每月加给米折、柴草、津贴银四钱五分，计七年份湘军马步各营照章共计应给米折湘平折合库平银七万五百余两，除划归户部应销银六万七千余两，早经户部照数核销外，所有前项搬运子药夫支过米折银三千四百余两，仍请饬兵部照数核销。

　　一、七年份支发关外各处军台、塘站经费，内除武弁薪水已归户部核销外，其号书、兽医、铁匠、马夫、跑夫、工食等项并倒马价值，共计湘平折合库平银三万六百九十七两九钱八分六厘，应归兵部核销。奉兵部核覆内开：七年份塘台、驿站一百三十三处，八年份一百三十七处，计号书、兽医、铁匠一百八十七名，每名日支银一钱四分；马夫、跑夫四百八十四名，每名日支银一钱；马七百二十六匹，草料由各局支领。七、八两年买补倒马四百三十五匹三分，每匹除扣皮脏外，实支银一十五两五钱，经本部以该省军塘、驿站经费曾令遵照定例口外号书、兽医、铁匠均照口外马夫例，每名月给银二两，日支口粮米八合三勺，每马一匹，日支本色料四升七斤、重草二束。甘肃倒马十分倒三，每匹价银八两，应扣皮脏银五钱等因在案。所有单开夫马、工料、马价各款，均未照例开支，爰即驳查等因。

　　查新疆兵燹以来，驿传久经废弛，自光绪二年大军进剿，挨次安设军塘、驿站，驰递文报，而边塞辽阔，多系戈壁沙漠，必水草稍便，方能安设，故站口远近不一，每站派武弁一员经管，按官阶支给薪粮；另设号书一名，日支工食银一钱四分；安马十余匹至二十匹不等，每匹日支料六斤、草十五斤，两马一夫，南路另设跑夫，其马夫、跑夫均日支银一钱；每三站设兽医、铁匠各一名，每名日支银一钱四分。号书、兽医、铁匠、马夫、跑夫各月支小麦六十斤。倒马系按楚军马队章程支给，每匹除扣皮脏外，实支银十五两五钱，经前陕甘总督臣左宗棠截至光绪六年底止开单造报，均奉核销在案。是时，新疆诸事方殷，地土初复，瘠苦异常，夫马薪粮之类不能不从优给发，随时变通办理，故未能分别细情奏咨立案。光绪七年正月起，奏请设立新疆粮台，一切用款均归经理。所有七、八两年份军塘、驿站，仍照六年以前旧章支给，至九年正月起，将原设武弁、号书、跑夫概行裁撤，添购驿马，另雇驿书，每名月支工食银八两，驿马添补鞍屉、钉掌、灌药等项杂费，据实造报。九年十一月二十一日起，遵照兵部议覆章程，驿马每匹日支料四升、草十四斤。十年四月起，遵照兵部例章，倒马每匹除扣皮脏外，实支银七两五钱。十年二月及四月，将各站兽医、铁匠先后裁撤，驿书减作月支银四两八钱；每马一匹，每月酌给站价银四钱五分。至十一年六月，将哈密、巴里坤塘台均改为驿站，始行奏定每站设驿书一名，月支工食银四两八钱，油烛、纸笔银三两；两马一夫，每夫一名月支工食银三两，马每匹月支草干银二两四钱，岁支站价银三两四钱二分五厘。倒马遵部议照甘肃驿站章程，每岁按二成开报，十一年八月初一日起，改由新疆藩司归入常例奏销造报。所有新疆粮台经理造报请销自光绪七年正月起至十一年七月底止，部议均未照例开支，实系因新疆戡定未久，地异时殊，藩司未到任以前并无例案可以仿照办理，以故奏请银归军需项下支给，粮料、草束归地方拨发；自七年正月初一日起至十一年七月底止已支之款，仍请饬兵部照原单册内数目，一律核销。

一、七年份支发关外官车、官驼、骡马经费，内夫役工食、膏油、饮水、歇店、油盐、灌药等项湘平折合库平银二万八千一十六两二钱二分四厘,应归兵部核销。奉兵部核覆内开:前据单开,官车一辆,车夫一名,骡每二头牵夫一名,驼每六只牵夫一名,均日支银一钱。车每辆月支膏油银三钱,骡马每匹头月支饮水、歇房、灯油银四钱,驼每只月支油盐银二钱。骡马灌药各费,七、八两年共支湘平银二千五百二十四两四钱。经本部以此项官车等项曾经令照每夫一名牵马三匹之例及淮军五马一夫之案,参酌核减,并此项车驼、马骡何时设立? 曾否奏明立案? 均在何处安设? 灌药各费并未声明月支若干,且每车膏油银三钱,亦与乌鲁木齐案内润车油令车夫自备不另开销之案不符。其骡马灌药等费,各军向无此等名目,该省照何例案支给? 咨覆查核。至官车、骡马、驮驼及开花炮队车骡所支料草,向归户部核销,本部并无销过成案,应咨该抚径行改造户部核销,以免分歧。又,奉兵部核议:每车一辆,车夫一名,自应照准。每驼六只,用夫一名,与本部销过淮军及归绥粮台五驼一夫之案,尚属有减无浮。其援照楚军章程按十分倒三办理,亦尚允协。惟每马骡二匹头用夫一名,无定例。每兵夫一名牵马三匹及淮军五马一夫之案,均有浮多,应令参酌例案,用夫数目同所需棚厂作何给价之处,一并报部核办等因。

查前办陕甘及新疆军务,除勇饷外,即以粮运为大宗。同治六年,楚、湘各军度陇,经前陕甘总督臣左宗棠派员,由河南、山西、陕西陆续购买车马、驮驼,分途转运,当时已、未奏咨立案,新疆无可稽查。大军进剿宁、灵、河、湟等处,粮料由汉中、乾州、凤翔各处运载,远者至一千数百里。迨关内肃清,车马、驮驼已损十分之五。光绪元、二年,各军出关,又由甘、凉、肃州等处转运粮料至哈密、古城一带,以供军食,故驻扎安设亦无定所,视其运事松紧以为转移。

嗣关外肃清，粮台于七年正月接管，约计车马、驮驼只存十分之二，所有夫役、工食、膏油、饮水、歇店、油盐、灌药一切应用经费未便更改，仍照向来旧章支发，以示体恤。

又，部议：每骡二头用牵夫一名，稍有浮多。查运粮驮骡与每兵夫一名牵马三匹及淮军五马一夫专资牧养之情形不同，新疆每骡一头，定章驮员粮料二百四十斤，戈壁长途，较内地倍常辛苦，势不能不从宽办理。至九年十一月二十一日起，已遵照核减，每骡三头，用夫一名。又，官车、骡马、驮驼及开花炮队车骡支过料草，前于十六年春奉户部行知已经奏请归兵部核销，兵部核覆并无销过成案。查此项料草无论归何部核办，实系应销之款，所有前项支发官车、官驼、骡马等项经费，请饬兵部照原单册一律核销。

一、七年份支发关外资遣闲员、客民回籍车脚、川资等款经费，内车脚湘平折合库平银四百一十一两五钱七分，应归兵部核销。奉兵部核覆内开：前据单开七年资遣闲员、客民雇用车辆，仅有车辆总数，其按闲员几员、客民几名各用车一辆，均未声明。查据覆称：闲员六十四员合给大车二十二辆，客民二十六名合给大车四辆，每辆均按八百斤，每百斤百里给车脚银一钱四分，并将九、十两年用过前项车脚造册请销。当经本部查光绪十四年八月准户部知照议驳伊犁资遣闲员一片，内称资遣闲员本非例所应有，即以定章而论，亦不准行。从前陕甘、新疆均有资遣闲员之事，业经本部奏请停支，毋庸官为资遣。客民事同一律，爰令查照户部奏案办理等因。

查关外资遣闲员多系历年随营效力，著有劳绩，陆续裁营给假，或因病淹滞，资罄难归。该员等万里从征，东西转战有至二十余年之久者，行囊匮乏，欲归不得，情实可悯。客民多因兵燹流落关外,值裁营节饷之时,更无所事事,羁流边塞,情已堪怜。且良莠不齐,窃恐其穷极无聊,滋生事端,故不能不设法资遣。户部十四年奏请停止资遣,新疆自十一年以后,早已遵照停止,其自光绪七年起至十年止支过资遣闲员、客民川资、车脚银两,实系已支之款,均请饬兵部仍照单册数目核销。

一、七年份支发关外马队各营旗买补倒马价值湘平折合库平银二万八千三百二十六两八钱八分七厘,应归兵部核销。前奉兵部核覆内开:关外马队支给倒马价值,本部查定例,甘肃倒马价值,每匹给银八两。此次所称每匹给银十六两,与定例加至一倍,本部碍难照准,应照九年九月本部咨覆陕督关内马价按例马免扣三成,除扣皮脏银五钱,实给银七两五钱之案办理。又,奉兵部文开:据单开关外七、八两年买补倒马三千四百四十四匹四分,每匹给银十六两,除扣皮脏变价银五钱,实支银十五两五钱,当经本部检查例案,甘肃倒马每匹给银八两,除扣皮脏变价银五钱,每匹以七两五钱支发,应删银两,行令追缴。其余银两,令将原购收槽日期、毛片、口齿另开细单送部,以凭计扣年限。此次仍称七年起照章办理,并未将原造销册钞录送部,亦未开报收槽日期、毛片、口齿,本部仍难核销等因。

查倒马价值,甘肃定例,每匹除扣皮脏银,以七两五钱支发,系承平时章程。当楚军度陇之时,甘肃马价极高,各军尚由张家口、归化城等处采马来甘,及宁、灵、河、湟收复之后,马价渐减。大军出关,新疆马价极高,各军又由关内采马出关,及新疆平定之后,马价尤难速减,故关内与关外时事大相悬殊。查关内奏定支款二十四条案内,自光绪七年起,各军倒马除扣皮脏银,以七两五钱支发,是关内自七年起各军均改坐粮章程,倒马价值自可复其旧制。关外十三年方改饷章，七、八、九、十等年，马匹时价实与关内加倍，不能不从权宜，按六年以前章程，每匹除扣皮脏，以十五两五钱支给。至光绪十年四月初一日起，已遵照定例，每匹除扣皮脏银，以七两五钱支发，所有自七年正月起至十年三月止，照六年以前章程已支之款，实属无从追缴，仍请饬兵部照数核销，以示体恤。

又，部议令造原购收槽日期、毛片、口齿，以凭计扣年限。查楚军营制，定章每马一百匹，扣足一年，准给倒马三十匹。如倒毙在三成以外，令弁勇自行赔买；如倒毙未及三成，亦按三成给发，以示限制。各营旗岁支倒马系按实在马匹数目扣算日期，其年限亦无蒙混，故平时并未令其将收槽日期、毛片、口齿造报。如今事隔数年之久，营旗多属裁改更换，无从查察。若勉强令其造报，势必捏词搪塞，仍请邀免造报。

一、七年份支发关外转运饷银、军装、粮料车骡驼脚价湘平折合库平银二十五万四千八百六十六两六钱二厘，应归兵部核销。查七年份原单内支过转运饷银、军装并押运委员坐车及转运粮料车驼脚价，共计湘平折合库平银二十六万四千九百九十六两七钱八厘，内除押运饷装委员坐车脚价请变通作为骑骡脚价，划归户部核销湘平折合库平银一万一百三十两一钱六厘，又转运粮料车驼脚价湘平折合库平银一十八万二千五百二十两二钱一分六厘，前于十四年第三次登覆新疆七、八两年支过采运粮料采价、运脚等款案内已奉特旨准销，应由兵部核销外，其余解运饷银、军装车脚湘平折合库平银七万二千三百四十六两三钱八分六厘，亦应归兵部核销。前奉兵部核覆内开：关外转运粮饷、军装脚价，查军需例载，运送军粮每石，军装、军火每一百三十斤，饷银每二鞘，口外每站给车价银四钱，如路险车辆难行，雇用马骡驮运，每匹头每站给脚价银三钱。雇驼脚价，例无专条，自应比照雇骡之例办理，核实支给，不得例外加增等因。

查关外转运饷银、军装、军火及粮料车骡驼脚价章程，自七年正月起至九年十一月二十日止，系照六年以前章程，车运按每百斤百里给脚价银四钱，骡驼按每百斤百里给脚价银三钱。照军需例载，关外按七十里为一站，车运每粮一石，饷每二鞘，军物每一百三十斤，每站给脚价银四钱，骡驼每站给脚价银三钱。两相比较核计，其脚价支款，均相上下，并无浮多。又，自九年十一月二十一日起至十年底止，照军需例载章程，关外按七十里为一站，军粮每京石，军装、军火每一百三十斤，饷银每二鞘，车运每站给脚价银四钱，骡驼每站给脚价银三钱。又，自十一年正月起，关外仍按七十里为一站，每军粮、饷装均按五百二十斤用车一辆，每辆每站给脚价银一两二钱。此即与军需则例更减，故至今尚按此章办理。所有前项饷装、粮料运脚银两，均请饬兵部一律核销。

一、七年份支发关外遣撤营员弁勇及假汰老弱、伤残、病故员弁勇丁灵柩回籍车脚湘平折合库平银一万二千八百一十四两九钱四分七厘，应归兵部核销。奉兵部核覆内开：前据单开七、八两年遣撤管带官每员行李坐车一辆，每辆作重八百斤，弁勇每名准带行李五十斤，按八百斤给车一辆，残废、病弱勇丁按六名合给坐车一辆，每辆作重八百斤，每百斤百里给脚价银四钱。又，阵亡、病故弁勇灵柩每具给车一辆，每辆作重八百斤，雇用运粮回空车，每百斤百里给车价银二钱。当经本部以遣撤官员，应照章每二员给车一辆，其残弱勇丁每六名给车一辆，灵柩每具给车一辆，并勇丁行李车价均应照甘肃例价每车每百里给银四钱五分。原单每车作重八百斤，每百里请销银三两二钱，与例不符等因。

查七年份原单请销湘平折合库平银一万三千一百一两一钱八分一厘，内支发遣撤管带、营旗官十二员，每员给行李坐车一辆，部议应以二员给车一辆，应减大车六辆，照原章应赔缴湘平银二百九十五两六钱八分，折合库平银二百八十六两二钱三分四厘，兹已遵照缴还，归入光绪十七年份防军、善后报销案内列收造报。其余支发前项车价一万二千八百一十余两，前后章程不一，系按转运饷装、粮料脚价章程办理，部议应照甘肃例价。查关外戈壁沙漠，瘠苦异常，即军需则例亦有关内、关外之分，关外万难比照关内办理，已于前项运脚款内声明，应请饬兵部照数核销。

以上七年份九款，共计应请销湘平折合库平银四十一万九千四百七十五两五钱九分九厘。

光绪八年：

一、八年份支发新疆马步各军营旗薪粮等款，内有步队各营旗搬运子药夫支过口粮湘平折合库平银四万二千三百三十九两九钱三厘，应归兵部核销。

查八年份新疆马步各营旗照章应支薪粮等项，共计湘平折合库平银一百八十九万五千三百余两，内除尚欠发银五十四万九百余两，归九年以后陆续补发，又划归户部应销银一百三十一万二千余两，早经户部核销外，所有前项子药夫支过口粮四万二千三百余两，实系照章应支之款，已于七年款内声明，应请饬兵部照数核销。

一、八年份支发新疆开花炮队员弁勇夫口粮银两，内有炮车车夫支过口粮湘平折合库平银九百七两二钱六分，应归兵部核销。

查八年份新疆开花炮队三哨，照章共计应支薪粮等项湘平折合库平银二万七千七百余两，内除划归户部应销银二万六千七百九十余两，早经户部照数核销外，所有前项炮车车夫支过口粮银九百余两,实系照章应销之款,已于七年款内声明,仍请饬兵部照数核销。

一、八年份支发新疆湘军马步各营官弁勇夫加给米折银两,内有步队各营搬运子药夫支过米折湘平折合库平银二千五百四十两五钱六分一厘,应归兵部核销。

查八年份湘军马步各营,照章共计应给米折湘平折合库平银五万二千一百七十余两,内除划归户部应销银四万九千六百三十余两,早经户部照数核销外,所有前项搬运子药夫支过米折银二千五百四十余两,实系照章应支之款,已于七年款内声明,仍请饬兵部照数核销。

一、八年份支发新疆各处塘台、驿站经费内,除武弁薪水已归户部核销不计外,其余号书、兽医、铁匠、马夫、跑夫、工食等项并倒马价值共计湘平折合库平银二万九千一百四两七钱九分一厘,应归兵部核销。

查此款已于七年款内声明,应请饬兵部查核准销。

一、八年份支发新疆官车、官驼骡马经费,内夫役工食、膏油、饮水、歇店、油盐、灌药等款湘平折合库平银二万五千二百五十二两七钱八分八厘,应归兵部核销。

查此款已于七年款内声明,应请饬兵部查核准销。

一、八年份支发新疆资遣闲员、客民回籍车脚、川资等款,内车脚湘平折合库平银七百七十五两六钱五分一厘,应归兵部核销。

查此款已于七年款内声明,应请饬兵部查核准销。

一、八年份支发新疆马队各营旗买补倒马价值湘平折合库平银二万三千三百五十五两七钱八分四厘,应归兵部核销。

查此款已于七年款内声明,应请饬兵部查核准销。

一、八年份支发新疆转运饷银、军装、粮料车骡驼脚价湘平折合库平银二十二万二千六百三十两七钱八分四厘，应归兵部核销。查八年份原单内支过转运饷银、军装并押运委员坐车及转运粮料车驼脚价，共计湘平折合库平银二十二万九千八百七十五两七钱一厘，内除押运饷装委员坐车脚价请变通作为骑骡脚价划归户部核销湘平折合库平银七千二百四十四两九钱一分七厘，又转运粮料车驼脚价湘平折合库平银一十七万八千七百六十一两一钱五分二厘，前于十四年第三次登覆新疆七、八两年支过采运粮料采价、运脚等款案内已奉特旨准销，其余解运饷银、军装车脚湘平折合库平银四万三千八百六十九两六钱三分二厘，已于七年款内声明，应请饬兵部查核准销。

一、八年份支发新疆遣撤营员弁勇及假汰老弱、伤残、病故员弁勇丁灵枢回籍车脚湘平折合库平银一万一千六百四两四钱一分四厘，应归兵部核销。查八年份原单请销湘平折合库平银一万一千八百六十六两七钱九分五厘，内支发遣撤管带营旗官十一员，每员给行李坐车一辆，部议应以二员给车一辆，应减大车五辆五分，照原章应赔缴湘平银二百七十一两四分，折合库平银二百六十二两三钱八分一厘，兹已遵照缴还，归入光绪十七年份防军、善后报销案内列收造报。其余支发前项车脚银一万一千六百余两，已于七年款内声明，应请饬兵部查核准销。

以上八年份九款，共计应请销湘平折合库平银三十五万八千五百一十一两九钱三分六厘。

光绪九年：

一、九年份支发新疆马步各军营旗薪粮等款，内有步队各营旗搬运子药夫支过口粮湘平折合库平银三万七千一百一十六两五钱八分三厘，应归兵部核销。查九年份新疆马步各营旗照章应支薪粮等项，共计湘平折合库平银一百六十八万六千一百余两，内除尚欠发银五十五万五千四百余两归十年以后陆续补发外，又划归户部应销银一百九万三千五百余两，早经户部核销。所有前项子药夫支过口粮银三万七千一百余两，实系照章应支之款，已于七年款内声明，应请饬兵部照数核销。

一、九年份支发新疆开花炮队员弁勇夫口粮银两，内有炮车车夫支过口粮湘平折合库平银九百四两七钱四厘，应归兵部核销。

查此款已于七年款内声明，应请饬兵部查核准销。

一、九年份支发新疆湘军马步各营官弁勇夫加给米折银两，内有步队各营搬运子药夫支过米折湘平折合库平银一千六百九十三两七钱四厘，应归兵部核销。

查湘军马步各营员弁勇夫，除应支薪粮外，每名照章每月加给津贴米折银四钱五分，截至九年九月底止，概行裁撤，统归新疆各军营旗开支津贴、粮料、柴草价值银两款内，报由户部核办。所有新疆采买粮料、柴草，无论价值低昂，均由公中照市价采收。其支发各营旗领用，即按定章扣价，以均苦乐，不敷之数即归津贴开报。其粮料、柴草、津贴，截至十三年底亦已停止。合并声明。

一、九年份支发新疆马队各营旗买补倒马价值湘平折合库平银一万八千五百三十六两九钱七分九厘，应归兵部核销。

查此款已于七年款内声明，应请饬兵部查核准销。

一、九年份支发新疆采买供支官车、骡马、驮驼、开花炮队车骡、驿站、号书、兽医、铁匠、夫马、粮料、草束照新疆定章扣合价值湘平折合库平银七万三千七百七十五两四钱一分九厘，应归兵部核销。奉兵部核覆内开：九、十两年采买供应官车、骡驼、塘驿、夫马、粮料，仍请归兵部核销等语。其采买粮料、草束价值，本部并无销过成案，应仍令造报户部核销等因。

查前项官车、骡马、驮驼、开花炮队车骡、塘台、驿站支过粮料、草束照章扣价，原册造报请归户部核销，光绪十六年闰二月奉户部行知内开：奏请以应分部核销各款，定章指划，将关外开支陆路押运饷装、军火、员役川资、盘费、押运员弁例支骑骡脚价均归户部核销。其官车、骡马、驮驼及开花炮队车骡支领料草折价，应归兵部核销等因，遵奉在案。是以将此项粮料、草束照章扣价，改请兵部核销。兹奉兵部核覆，并无销过成案，应令造报户部。所有前项粮料、草束价值，实系应销之款，无论分归何部核销，应请饬部照数核销，以清积案。

又，查九年份原册造报请销支过津贴、粮料价值及官车、骡马、驮驼、开花炮队车骡、塘台、驿站号书、兽医、铁匠、夫马、粮料、草束价值湘平折合库平银八万六千七百七十七两三钱二分五厘，除将前项粮料、草束照章扣价请销外，其余尚有津贴、粮料价值库平银一万三千一两九钱六厘，请饬户部核销。合并陈明。

一、九年份支发新疆各处塘台、驿站驿书、兽医、铁匠、马夫工食及倒马价值、驿马灌药、添补鞍屉、什物等项经费，共计湘平折合库平银五万六千一百六十五两九钱二分九厘，应归兵部核销。查此款已于七年款内声明，请饬兵部查核准销。

一、九年份支发新疆官车、官驼骡马经费，内夫役工食、膏油、饮水、歇店、油盐、灌药等款湘平折合库平银二万三千一百九十六两四钱三分七厘，应归兵部核销。查此款已于七年款内声明，应请饬兵部查核准销。

一、九年份支发新疆南北两路采购驿马价值，湘平折合库平银一万五千三百四十九两四钱六分八厘，应归兵部核销。查光绪九年，将新疆南路各站原设跑夫概行裁撤，添购驿马，北路各站亦酌量加添驿马。计九年份原册造报，共计采购驿马一千一百四十五匹，每匹按照六年以前关外变通办理马价章程，每匹价银湘平一十六两，共计湘平折合库平银一万七千七百三十四两七钱五分三厘，内除十年裁减驿马一百五十四匹，仍照九年原购价值变卖，每匹合湘平银一十六两，共合湘平折合库平银二千三百八十五两二钱八分五厘，提归九年份支款内抵销外，实计支发采购驿马价值银两，合符前数。

一、九年份支发新疆遣撤营员弁勇及假汰老弱、伤残、病故员弁勇丁灵柩回籍车脚湘平折合库平银一万二百五十八两六钱九分五厘，应归兵部核销。查九年份原册请销湘平折合库平银一万四百七十三两三钱七分，内支发遣撤管带营旗官九员，每员给行李坐车一辆，部议应以二员给车一辆，应减大车四辆五分，照原章应赔缴湘平银二百二十一两七钱六分，折合库平银二百一十四两六钱七分五厘。兹已遵照缴还，归入光绪十七年份防军、善后报销案内列收造报。其余支发前项车脚银一万二百五十余两，已于七年款内声明，应请饬兵部查核准销。

一、九年份支发新疆资遣闲员、客民回籍车脚、川资等款，内车脚湘平折合库平银七百二十八两一钱六分三厘，应归兵部核销。查此款已于七年款内声明，应请饬兵部查核准销。

一、九年份支发新疆转运饷银、军装、军火及粮料车骡驼脚价湘平折合库平银一十五万六千一百三十七两六厘，应归兵部核销。奉兵部核覆内开：查雇用民车驮骡转运饷装、粮料等项，陆路脚价仅称系已支之款，仍未查照定例分别更造，本部仍难核销。其采运粮料脚价，户部既将九、十两年粮价扣回，不准开销，十一、十二两年粮价业已删除，则运脚亦不应开销。所请照册核销之处，本部未便率准等因。

　　查新疆转运饷银、军装、军火车驼脚价，九年正月至十一月二十日系按六年以前关外变通章程支发，自十一月二十一日起，已遵照部议按军需则例章程办理，均于七年款内声明，应请饬兵部查核准销。至转运粮料脚价，亦系按照转运饷装脚价章程办理，其转运粮料脚价及津贴、采买粮料价值，实系不能节省之项，光绪十四年第三次登覆请销新疆七、八两年开支津贴、采粮价值及运粮脚价等款内已将情形奏明，奉特旨准销在案。自九年以后，每岁极力递减，计九年份运粮脚价湘平折合库平银一十万八千七百余两，十年份湘平〈折〉合库平银九万七千二百余两。十一年以后乌鲁木齐建设行省，大军移驻省垣，粮运岁支无多，计十一年份运粮脚价银七千四十余两，十二年份七千九百余两，十三年份一万二千三百余两，十四年起行营均改标章，粮运脚价及津贴、采粮价值一概裁止。户部核驳九年至十三年止津贴、采买粮料、柴草价值银两，现在另办登覆，所有九年至十三年底止支过运粮脚价，仍请饬兵部一律照册核销。计九年份原册造报支过转运饷银、军装、军火并押运委员骑骡坐车及转运粮料车驼脚价共计湘平折合库平银一十六万二千七百六十一两一钱七分六厘，内除押运饷装委员骑骡、坐车脚价，均请变通作为骑骡脚价湘平折合库平银六千六百二十四两一钱七分，照章划归户部核销外，其余支发前项饷装、粮料、脚价，内转运饷银、军装、军火车骡脚价湘平折合库平银四万七千三百六十五两三钱四分五厘，又转运粮料脚价湘平折合库平银一十万八千七百七十一两六钱六分一厘，合并分晰陈明。

一、九年份支发新疆转运军装、军火水路脚价湘平折合库平银四百七十七两五钱四分二厘，应归兵部核销。奉兵部核覆内开：前据册开由杭州雇轮船运沪，及由沪运至驻鄂粮台军装支给水脚，当经本部以由杭运沪支给水脚为轮船章程所无，系若干里，若干斤，给银若干，册内均未声明等因。

查新疆九年份册报内，由浙江杭州采购军物共重二千六百九十九斤，由杭运沪，又由沪运鄂，均照轮船行价，共给水脚湘平银二十六两六钱五分，系上海转运局经理，按实用数目开报，册内斤重、银数虽已具载，而水程若干里，当日未经声明。新疆离江浙万余里，水路确数无可稽查，估计此项军物由杭至鄂每百斤需银一两之谱，为数无多，仍请饬兵部照册核销。

以上九年份十二款，共计应请销湘平折合库平银三十九万四千三百四十两六钱二分九厘。

光绪十年：

一、十年份支发新疆马步各军营旗薪粮等款，内有步队各营旗搬运子药夫支过口粮湘平折合库平银三万一千九百一十四两三钱四分，应请饬兵部核销。

一、十年份支发新疆开花炮队员弁勇夫口粮银两，内有炮车车夫支过口粮湘平折合库平银九百八十一两三钱七分五厘，应请饬兵部核销。

一、十年份支发新疆马队各营旗买补倒马价值湘平折合库平银一万三百八十八两五钱三分七厘，应归兵部核销。

查新疆倒马价值章程，十年三月底止系照六年以前变通章程，每匹除扣皮脏以十五两五钱支发，自十年四月初一日起，已遵照部章以七两五钱支发，已于七年款内声明，应请饬兵部查核准销。

一、十年份支发新疆采买供支官车、骡马、驮驼、开花炮队车骡、塘台、驿站号书、兽医、铁匠、夫马、粮料、草束，照新疆定章扣合价值湘平折合库平银七万二千八百七十七两八钱二分二厘，应归兵部核销。

查此款已于九年款内声明，应请饬部查核准销。计十年份原册造报请销支过津贴、粮料价值及官车、骡马、驮驼、开花炮队车骡、塘台、驿站驿书、兽医、铁匠、夫马、粮料、草束价值湘平折合库平银七万九千七百四两四分八厘，除将前项粮料、草束照章扣价请销外，其余尚有津贴、粮料价值库平银六千八百二十六两二钱二分六厘，已划归户部核销。合并陈明。

一、十年份支发新疆各处塘台、驿站驿书、兽医、铁匠、马夫工食及倒马价值、站价、驿马灌药并添补什物等项经费湘平折合库平银五万五千三百六十八两五钱一分二厘，请请饬兵部核销。

一、十年份支发新疆购办哈乞开斯兵枪，由上海电至德国，给往返电报费湘平折合库平银二十八两一钱五分八厘，应归兵部核销。奉兵部核覆内开：前据册开光绪十年购办兵枪、枪子等项电至德国往返电报费银，当经本部以此项电报费仅开笼统总数，并未声明共用若干字，每字给银若干，行令查明声覆等因。

查光绪十年采购哈乞开斯兵枪电至德国，用过前项往返电报费银，系上海采运局经理，当日仅报总数，并未将用字若干、每字合银若干报明，上海局早已裁撤，新疆距沪窎远，无从稽核。此款为数无多，仍请邀免造报字数，饬兵部照册核销。

一、十年份支发新疆官车、官驼骡马经费，内夫役工食、膏油、饮水、歇店、油盐、灌药等款湘平折合库平银二万九百三两二钱三分四厘，应请饬兵部核销。

一、十年份支发新疆遣撤营员弁勇及假汰老弱、伤残、病故员弁勇丁灵柩回籍车脚湘平折合库平银五千七百七十七两九钱四分一厘，应归兵部核销。奉兵部核覆内开：十年份册开已故同知等官灵柩，每具给车二辆，亦与定章不符等因。

查十年份册报派员护送已故署阿克苏道罗长祜、营务处道员王镇镛、署镇西厅同知李佐兴等三员灵柩回籍，因该员等均系在营年久，积劳病故，是以另从优待，派员护送回籍，由哈密至肃州每具给车二辆，照定章共多支大车三辆。又，查例章：五品以上官员搬橇回籍，每具给抬夫十六名、骑马四匹。若按此章计算，浮支亦属无多，况罗长祜故于阿克苏道任内，由阿克苏至哈密计程三千六百余里，并未支给车辆。所有该故员等支过车辆，仍请饬兵部照册核销，以示体恤，嗣后亦不得援以为例。

一、十年份支发新疆资遣闲员、客民回籍车脚、川资等款，内车脚湘平折合库平银七百三十八两七钱七分九厘，应归兵部核销。

查此款截至十年底，已经一律停止，所有十年以前支过银两，均请饬兵部核销。

一、十年份支发新疆转运饷银、军装、军火及粮料车骡驼脚价湘平折合库平银一十三万四千三百七两八钱三分三厘，应归兵部核销。

查十年份册报支过前项运脚银两，内转运饷银、军装、军火车骡脚价湘平折合库平银三万七千二十三两二钱九厘，又转运粮料车驼脚价湘平折合库平银九万七千二百八十四两六钱二分四厘，已于九年款内声明，应请饬兵部准销。

一、十年份支发新疆转运军装、军火雇用轮船水路保险及脚价湘平折合库平银二千二百五十二两三钱七分四厘，应归兵部核销。

奉兵部核覆内开：由美国运兵枪等项至沪轮船水脚、保险及由德国运皮带、子匣至沪轮船水脚、保险并军火上栈、扛驳等项银两，未据声明照何项章程成案支给。又，军火等项由沪运鄂水脚、保险、扛驳等费并未按轮船章程开明每吨、担各支水脚若干，亦未开明厂价及由沪运鄂保险若干，均属无从核办等因。

查光绪十年，新疆咨请会办北洋事宜吴大澂饬驻沪采运局委员知县王叔蕃，由美国代购哈乞开斯兵枪一千杆、枪子一百万颗，并配钩簧及由德国配用皮带、子匣，共需厂价湘平银三万三千一百余两，另册报由工部核销外，所有由美国雇用轮船运渡支给水脚湘平银八百二十九两八钱一分四厘，保险湘平银五百四十七两二钱三分六厘；又由德国雇用轮船运沪支给水脚湘平银七十一两五分二厘，保险湘平银四十三两八钱五分七厘，沪局上栈、扛驳费银七两九钱二分二厘；又由沪运鄂水脚湘平银三百一十二两六钱一分二厘，保险湘平银二百六十二两一钱六分三厘，沪、鄂上下扛驳湘平银三十两七钱三厘，前项用款系按驻沪局委员单开数目，并称照外洋轮船行价支给水脚、保险及上栈、扛驳等费，据实造报，并无浮开情弊。其购办哈乞开斯兵枪、子药、皮带等件需用经费，新疆从前并未办过，实无章程成案比照办理，驻沪局早已裁撤，无从查核，即由沪运鄂，轮船章程如何为吨、担？新疆距沪过远，难于稽查，所支前项水脚等款，应请饬兵部照数核销。

一、十年份支发新疆吐鲁番已故回子郡王阿克拉依都、库车已故回子郡王爱玛特等共计恤赏湘平折合库平银二千一百二十九两七钱一分九厘，系前陕甘总督臣左宗棠奏请议恤，经理藩院于光绪五年五月初五日议奏奉旨准给之款，应请饬兵部核销。

以上十年份十二款，共计应请销湘平折合库平银三十三万七千六百六十八两六钱二分四厘。

光绪十一年：

一、十一年份支发新疆马步各营旗薪粮等款，内有步队各营旗搬运子药夫支过口粮新饷平银三万一千一百三十九两四分，应请饬兵部核销。

一、十一年份支发新疆开花炮队员弁勇夫口粮银两，内有炮车车夫支过口粮、车骡料草折价共计新饷平银二千四百六十三两八钱四分，应请饬兵部核销。

一、十一年份支发新疆马队各营旗买补倒马价值新饷平银九千三百九十两五钱一分一厘，应请饬兵部核销。

一、十一年份自正月初一日起，截至七月底止，支发新疆各处塘台、驿站书夫工食、油烛、纸张、粮料、草价、添购驿马、买补倒马价、站价、驿马灌药并添补什物等项经费新饷平银六万三千九百五两八钱六分七厘，应请饬兵部核销。

一、十一年份支发新疆官车、官驼骡马经费，内夫役工食、饮水、歇店、油盐、灌药、料草折价等款新饷平银五万二千三百三十九两四钱四分四厘，应请饬兵部核销。

一、十一年份支发新疆转运军装、军火水路脚价新饷平银四百五十二两七钱三分六厘，应请饬兵部核销。

一、十一年份支发新疆转运饷银、军装、军火、提运粮料陆路脚价新饷平银一十万六千一百一十六两三钱七分三厘，应归兵部核销。

查十一年份册报支过前项运脚银两，内转运饷银、军装、军火车骡脚价银九万九千六十六两五钱九分四厘，又提运粮料车脚银七千四十九两七钱七分九厘，已于九年款内声明，应请饬兵部核销。

一、十一年份支发新疆载运病故员弁灵柩回籍车脚新饷平银一千五百七十四两八钱五分一厘，应请饬兵部核销。

以上十一年份八款，共计应请销新饷平银二十六万七千三百八十二两六钱六分二厘。

光绪十二年：

一、十二年份支发新疆马步各军营旗薪粮等款，内有步队各营旗搬运子药夫支过口粮新饷平银三万八百一十七两四钱四分，请饬兵部核销。

一、十二年份支发新疆开花炮队员弁勇夫口粮银两，内有炮车车夫支过口粮、车骡料草折价共计新饷平银二千四百六十三两八钱四分，应请饬兵部核销。

一、十二年份支发新疆马队各营旗买补倒马价值新饷平银九千八百六十四两五钱九分六厘，应请饬兵部核销。

一、十二年份支发新疆官车、官驼骡马经费，内夫役工食、饮水、歇店、油盐、灌药、料草折价等款新饷平银四万一千三百三十六两六钱三分五厘，应请饬兵部核销。

一、十二年份支发新疆转运军装、军火水路脚价新饷平银二百八十二两七钱六分九厘，应请饬兵部核销。

一、十二年份支发新疆转运饷银、军装、军火、提运粮料陆路脚价新饷平银四万三千五百四十两五分二厘，应归兵部核销。

查十二年份册报支过前项运脚，内转运饷银、军装、军火车骡脚价银三万五千六百二十七两九钱八分五厘，提运粮料车脚银七千九百一十二两六钱七厘，已于九年款内声明，应请饬兵部核销。

一、十二年份支发新疆假遣员弁勇丁、残废弁勇及病故员弁勇丁灵柩回籍车脚新饷平银七千五百三十三两六钱四分五厘,应请饬兵部核销。

一、十二年份支发新疆由内地各省发往新疆屯垦各起遣犯,共计车脚新饷平银四千六百七十三两五钱六分八厘,应归兵部核销。奉兵部核覆内开:支发遣犯车价例应于驿站奏销案内办理,该省归入善后册内报销,均与例案不符等因。

查新疆北路迪化州及所属各县,兵燹之后,人民稀少,地亩荒芜,招徕耕垦必由川、陕、甘肃等省,而程途过远,愿徙者自属寥寥。光绪十年暨十一年部议将直隶、山东、山西、河南、陕西、四川、甘肃等七省处决减等治罪人犯,携带眷口,发往新疆安插屯垦,均于十二年到新疆。此项遣犯由哈密至迪化车脚,非常例递解人犯相比,故由粮台于善后款内支发。其驿站经费自十一年八月初一日起,已归新疆藩库照定例报销,所有支发前项遣犯车脚,仍请归善后报销,以免牵混。

以上十二年份八款,共计应请销新饷平银一十四万五百一十二两四分五厘。

光绪十三年:

一、十三年份支发新疆步队各营旗薪粮等款,内有搬运子药夫支过口粮新饷平银二万五千一百一十九两一钱二分,应请饬兵部核销。

一、十三年份支发新疆开花炮队员弁勇夫口粮银两,内有炮车车夫支过口粮、车骡料草折价共计新饷平银二千六百七十二两六钱四分,应请饬兵部核销。

一、十三年份支发新疆马队各营旗买补倒马价值新饷平银一万二百三十六两七钱五分,应请饬兵部核销。

一、十三年份支发新疆官车、官驼骡马经费，内夫役工食、饮水、歇店、灯油、油盐、灌药、料草折价等款新饷平银二万九千三百九十五两三钱三分七厘，应请饬兵部核销。

一、十三年份支发新疆转运军装、军火轮船、民船水路脚价并由鄂至沪汇费，共计新饷平银二百三十五两九钱一分九厘，应请饬兵部核销。奉兵部核覆内开：本部查核销轮船水脚，向照招商局定章，按吨、担开报。其非通商码头之处，或按斤重、里数核计。其外洋水脚、保险系按原购厂价计算，或开报程途里数、扛驳等费，亦应声明由何处扛驳至何处，计若干斤、若干里，给银若干，且汇费一项，前次该省立案章程内开，由鄂台汇陕及甘、凉等处，每百两支汇费四钱，何以又按百两汇费一两五钱开报？并将汇费照章核实删减，方能核销。又，前据册造雇用民船运送军装，由襄阳至荆紫关逆水五百四十里，每船一只装载二千斤，每船水脚银二两七钱；又每船原用纤夫一名，每名口食银一两五钱；添雇纤夫一名，每名每站口食银二钱。又，每押运委员一员，护兵四名或二名不等，共给船一只，由鄂至襄阳逆水一千二百四十里，每只往返船价银六两；由襄阳至荆紫关逆水五百四十里，每只往返船价银四两，当经本部以所支水脚、船价及纤夫名数、工食等项银两均与定例不符，爰即行令照例更造妥册，送部核销。此项水脚据称系照旧章，惟此项旧章系于何时奏定，何时奉部覆准，应钞录送部核办等因。

查光绪十三年由上海采购大铜帽洋火一千万颗，计装一百箱，更锣二百一面，计装六桶，共重一万四千一百二十四斤，由上海装轮船运至湖北省城、陕甘后路粮台，计支给水脚、保险共银八十四两九钱五分二厘；又由汉口轮船码头驳过大江及扛抬至湖北省城粮台，又由粮台派员解赴新疆扛驳下河，计共支扛驳费银十二两六钱一分三厘，均系由鄂台经理支发，开报总数，据称据实造报。鄂台早已裁撤，细数实无从稽查。又，招商局轮船吨、担定章，新疆亦无从查悉，仍请饬兵部照数核销；又由湖北粮台汇规银折合新平银六千七十一两一钱五分，兹照部章每百两汇费银四钱，应支汇费银二十四两二钱八分四厘，原册内报支汇费银九十一两六钱七厘，应赔缴银六十六两七钱八分三厘，兹已照数缴还，归入光绪十七年份防军、善后报销案内，列收造报。

又，由湖北粮台派员护送新疆购办青铅及铜帽、洋火、更锣等项，合共重三万七千四百六斤，至襄阳及由襄阳至荆紫关，逆水共一千七百八十里，计支水脚、纤夫工食、船户、水手口粮共银一百一十四两七分，部议与定章不符。

查此项水脚，新疆系按光绪六年以前前陕甘总督臣左宗棠核定章程支给，当时已未奏咨立案，新疆无可稽查。所有前项水脚为数无多，实系已支之款，仍请饬兵部照数核销。总计此款，原册请销银三百二两七钱二厘，除赔缴汇费不计外，尚应请饬部核销前数。

一、十三年份支发新疆转运饷银、军装、军火、提运粮料陆路脚价新饷平银二万三千八百一十三两四钱七厘，应归兵部核销。

查十三年份册报支过前项运脚银两，内转运饷银、军装、军火车骡脚价银一万一千四百九十九两四钱四分九厘，又提运粮料车脚银一万二千三百一十三两九钱五分八厘，已于九年款内声明，应请饬兵部核销。

一、十三年份支发新疆假遣员弁勇丁、残废弁勇及病故员弁勇丁灵柩回籍车脚新饷平银三万二千六百一十二两三钱四分八厘，应请饬兵部核销。

一、十三年份支发新疆供支伊犁遣撤吉林、黑龙江官兵暨卸事各员回旗车脚、口分新饷平银一万七千二百两七钱二分九厘，应请饬兵部核销。

以上十三年份八款，共计应请销新饷平银一十四万一千二百八十六两二钱五分。

光绪十四年：

一、十四年份支发新疆开花炮队员弁勇夫口粮银两，内有炮车车夫支过口粮、车骡草干等项新饷平银二千二百八两九钱六分，请饬兵部核销。

一、十四年份支发新疆马队各营旗买补倒马价值新饷平银一万一千九百四十七两九钱五分，请饬兵部核销。

一、十四年份支发新疆官驼骡经费，内夫役工食、驮骡饮水、歇店、灯油、灌药、料草折价等款新饷平银四千三百四十四两五钱一分，请饬兵部核销。

一、十四年份支发新疆转运饷银、军装、军火车脚新饷平银二万一千九百三十两二钱七分九厘，请饬兵部核销。

一、十四年份支发新疆假遣及残废员弁勇丁并病故员弁灵柩回籍车脚新饷平银一万九千二百二十四两一分三厘，请饬兵部核销。

一、十四年份支发新疆供支伊犁、塔尔巴哈台赴任、回京旗各官及新疆应支各差车脚、口分、夫马脚价等项新饷平银二千八百一十五两二钱六分，请饬兵部核销。

以上十四年份六款，共计应请销新饷平银六万二千四百七十两九钱七分二厘。

光绪十五年：

一、十五年份支发新疆开花炮队员弁勇夫口粮银两，内有炮车车夫支过口粮、车骡、草干等项新饷平银二千二百一十五两二钱，请饬兵部核销。

一、十五年份支发新疆马队各营旗买补倒马价值新饷平银一万二千一百一十三两六分二厘，应归兵部核销。奉兵部核覆内开：马队各营旗买补倒马，仅将马匹数目造报，并未开造毛片、口齿等因。

查此款已于七年份款内声明，仍请邀免造报。

一、十五年份支发新疆官驮骡经费，内夫役工食、驮骡饮水、歇店、灯油、灌药、料草折价等款新饷平银三千二百五十八两四钱六分，应归兵部核销。奉兵部核覆内开：此次册造采运局驮骡七十七头，骡夫二十六名，册称倒骡二十二头，共减骡夫八名，按实在日期截算，除去空旷骡夫工食银一百一十九两五钱，驮骡饮水、歇店、灯油银四十八两三钱六分外，实请销银一千七百四十五两七钱四分等语。查此项驮骡究系何时报倒？骡夫何时裁减？册内均未声叙，殊属含混等因。

查新疆官驮骡定章，与各营旗马队及驿站马匹章程不同，马队、驿站系照马匹数目扣足年限，按成开报，照章买补。官驮骡系按倒毙数目据实扣算，随时裁止料草及饮水、歇店、灯油等款。计十五年份倒毙驮骡二十二头，其倒毙日期先后不一，统系令押运委员据实造报，合共旷日三千六百二十七日，除料草照章扣缴外，每骡一头，月支饮水、歇店、灯油银四钱，合计一百二十个月另二十七日，应扣除银四十八两三钱六分。其裁减骡夫情形又有不同，每骡夫一名牵骡三头，若倒毙驮骡一头，不能即减骡夫，应俟至二三头方能并减一名，所以日期先后不齐，只能按实有旷日截除。计十五年份先后裁减骡夫八名，统按实在旷日共一千一百九十五日，每日支工食银一钱，应扣除旷日银一百一十九两五钱，即于应支款内扣减造报，向来均照此章办理。若将驮骡何日倒毙、骡夫何日裁减一律具载，则造报不胜其烦，且系已减之款，徒繁案牍，无裨公牍。官驮骡购自同治年间，历年已久，均属疲乏口老，负运维艰，已于十六年九月底一概裁撤。所有册造各款，仍请饬兵部照数核销。

一、十五年份支发新疆转运饷银、军装、军火车骡脚价新饷平银二万五千二百五十九两八分七厘，请饬兵部核销。

一、十五年份支发新疆假遣及残废员弁勇丁并病故员弁灵柩回籍车脚新饷平银一万四千七百九十九两七钱四分六厘，请饬兵部核销。

一、十五年份支发新疆供支伊犁、塔尔巴哈台赴任、回京旗各官及新疆应支各差车脚、口分，夫马脚价等项新饷平银一千七百四十六两五钱二分，应归兵部核销。奉兵部核覆内开：册开供应伊犁大臣等官赴任、回旗各差车辆、马匹脚价、家口口粮等项，照例应归驿站案内题报，何以又列入善后案内请销？亦不符合等因。

查新疆于光绪十年暨十一年奏定驿站章程，自十一年八月起归新疆藩库造报，岁支各款均有额定数目，各驿站安设马匹不多，仅敷驰递文报。其各项差使、赴任、回旗车辆、马匹、家口口粮，岁需多寡不一，是以粮台于前次估饷案内请岁拨防军、善后粮饷、军装运脚及地方例支杂差车脚、口分银五万两，即于此款内拨支给，应俟新疆诸务妥定，善后一概完竣后，再当遵照部议于驿站款内题销。所有前项支款，仍请饬兵部照册核销。

一、十五年份支发新疆供支伊犁遣撤外省回籍营勇及转运军装、火药车脚新饷平银三万三千六百三十三两一钱二分，应归兵部核销。现经兵部议奏，册开请销光绪十四、五、六等年陆续发过伊犁遣勇回籍车脚，查十四、十六两年用款，自应各归各年报销，何以列在十五年册内请销？又，十七年春支给伊犁第三起委员前锋校倭什珲管解军装等件三万一千九百余斤，需大车五十三辆，臣部检查档案，此起军火等项前据神机营开单，系三万零九百八十斤，经臣部核给车五十二辆，今册开斤重及供支车数均不相符，且第一、第二两起军火车辆系十六年供支，三起车辆系十七年供支，亦应各归各年报销，何以均列于十五年款内？亦未免牵混等因。

　　查前次垫支伊犁十四、五、六年份遣勇车脚及十六、七年份解运军装车脚，新疆原拟由伊犁应分新饷内划扣，归伊犁自行报销，以致将此款悬记，前办十四年份销册，故未汇报。光绪十八年二月，经陕甘总督臣杨昌濬奏新疆垫支伊犁遣勇军装车脚，请作正开报，旋奉户部核覆：应由新疆估饷案内原有粮饷、军装运脚、地方例支、杂差车脚、口分，每年拨银五万两款内动支。又奉兵部核覆：应即将用过此项车脚银两，造具斤重、程途里数清册，一并送部核办，毋得迟漏等因，均奉在案。是时粮台正在汇造十五年份销册，因伊犁遣勇及军装车脚事属偶然，非常例用款，此次奏请作正开销，又系一案事情，以致将十四、十六两年份遣勇车脚及十六年份军装车脚均提归十五年份造销。又，伊犁第三起军装，十六年由京起解，至十七年春始过新疆，前次奏请将伊犁遣勇军装、车脚作正开报时，此款漏未列入，是以将此款亦即提归十五年份并案造报，原期款归画一，以便易于稽查。兹奉部驳，未及分年造报，本应遵照分年办理，惟十四、十六年份销册早经送部，所有前项遣勇军装、车脚，仍请变通归十五年份并案核销，以免牵动全案。嗣后遇有款项，自应遵照分年办理。又，第三起军装多支大车一辆，由哈密至伊犁照原章应缴还车脚银五十四两，兹已遵照缴还，归入光绪十七年份防军、善后报销案内列收造报。计此册原请销银三万三千六百八十七两一钱二分，内除缴还多支大车一辆脚价银五十四两外，实应请销银两，合符前数。

以上十五年份七款，共计请销新饷平银九万三千二十五两一钱九分五厘。

统计自光绪七年起至十五年底止，共应请销库平暨新饷平银二百二十一万四千六百七十三两九钱一分二厘。

（朱批：）览。[1]

○八二 请饬董福祥回任喀什噶尔提督折

光绪二十年九月初二日（1894 年 9 月 30 日）

头品顶戴甘肃新疆巡抚臣陶模跪奏，为边疆防务紧要，恳恩俟庆典礼成，饬提臣迅即回任，恭折仰祈圣鉴事。

窃喀什噶尔提督董福祥奉旨进京祝嘏，业经奏明在案。查新疆各镇才具、威望，以伊犁镇总兵张俊为优，当以伊犁距喀什噶尔五千余里，未便远调该镇，致误行期，奏请以阿克苏镇总兵黄万鹏署理提篆，数月以来，幸无贻误。惟帕米尔界务未定，又值海疆有事，西陲边务尤为紧要，相应吁恳天恩，俟庆典礼成，饬董福祥即行回任，以资镇守而重边疆，出自鸿慈。

谨会同陕甘总督臣杨昌濬恭折具奏，伏乞皇上圣鉴训示。谨奏。光绪二十年九月初二日。

---

[1] 台北故宫博物院藏：军机及宫中档，文献编号：135730-0-A。

（朱批:）董福祥现在留京带队,不能即时赴任。①

光绪二十年十月初三日,奉朱批:董福祥现在留京带队,不能即时赴任。钦此。②

○八三　奏报遵旨筹拨的饷以济要需折

光绪二十年九月初二日(1894 年 9 月 30 日)

头品顶戴甘肃新疆巡抚臣陶模跪奏,为遵旨筹拨的饷,以济要需,恭折仰祈圣鉴事。

窃臣准兵部火票递到军机大臣字寄:奉上谕:户部奏,饷需紧要,请饬各省就地筹款等语。现在倭氛不靖,沿海筹防,募勇练兵,以筹饷为最要。各该省督抚均有理财之责,即着各就地方近日情形,通盘筹画,何费可减,何利可兴,何项可先行提存,何款可暂时挪借,务须分筹的饷,凑支海上用兵之需,一面先行奏咨立案,毋得以空言搪塞。如其军事速平,仍准该省留用,总期宽筹的款,有济时艰,是为至要。将此各谕令知之。钦此。当即钦遵饬据布政使饶应祺详覆,遵于部议提存新疆藩库银两内筹拨二十万两等情。

臣查倭氛不靖,需饷甚急,自应筹拨的款,以资协济。惟新疆远处边陲,运解有稽时日,前项二十万两应由户部于应解新疆协饷省份就近指提,以期迅速。所有遵旨筹饷缘由,谨恭折具奏,伏乞皇上圣鉴,饬部立案施行。谨奏。光绪二十年九月初二日。

---

①　台北故宫博物院藏:军机及宫中档,文献编号:408002893。

②　台北故宫博物院藏:军机及宫中档,文献编号:136016。

（朱批：）户部知道。①

光绪二十年十月初三日,奉朱批:户部知道。钦此。②

○八四　新疆七载防戍文职各员核奖折

光绪二十年九月初八日(1894年10月6日)

太子太保头品顶戴陕甘总督臣杨昌濬、头品顶戴甘肃新疆巡抚臣陶模跪奏,为新疆七载防戍奖案经部行查文职各员,谨缮单登覆,恳恩一律给奖,以示鼓励,恭折仰祈圣鉴事。

窃臣等于光绪十九年五月十七日覆奏新疆七载防戍所保文职,嗣准吏部咨:按照奏定章程及六载边防成案核议,分别准驳,是年十二月初二日具奏,奉旨:依议。钦此。钦遵分行在案。其行查各员,据原保各营、旗、台、局禀称,或遵部议另核请奖,或查明声覆,或请更正底衔前来。臣等覆核无异。相应缮具清单,恭呈御览,仰恳天恩,俯准一律给奖,以示鼓励。

至各员履历清册,业于光绪十八年六月咨送吏部在案。此外未经登覆各员,容俟各营、旗、台、局查覆至日,另行办理。谨合词恭折具陈,伏乞皇上圣鉴训示。再,此折系臣模主稿。合并声明。谨奏。光绪二十年九月初八日。

（朱批：）吏部议奏。单并发。③

光绪二十年十月初三日,奉朱批:吏部议奏。单并发。④

---

①　台北故宫博物院藏:军机及宫中档,文献编号:408002892。
②　台北故宫博物院藏:军机及宫中档,文献编号:136017。
③　台北故宫博物院藏:军机及宫中档,文献编号:408002894。
④　台北故宫博物院藏:军机及宫中档,文献编号:136092。

○八五　呈新疆七载防戍另核请
奖及更正底衔各员清单

光绪二十年九月初八日(1894年10月6日)

谨将新疆七载防戍案内部议另核请奖查明声覆及请更正底衔各员，缮具清单，恭呈御览。

计开：

六品蓝翎知县用伊犁府经历鸿勋，原请以知县在任候补。

部议：查履历内已声叙保有知县用升案，此次所有请系属重复，应令另核奏明请奖等因。

拟恳恩俟归知县班后，加同知衔。

甘肃布库大使在任候补知县萧庆增，原请俟补知县后以直隶州知州补用。

部议：查履历内未声叙该员在任候补知县之案是否捐纳，抑系劳绩保举，应令详细查明覆奏，再行核办等因。

查该员于办理顺直赈捐案内，经直隶总督臣李鸿章保奏，请以知县在任候补，于光绪十八年五月二十九日奉旨：依议。钦此。拟恳恩仍照原请给奖。

附生陈文斌，原请以巡检不论双单月尽先选用；文童姚家昌、张奎文，均原请以从九品不论双单月选用；即选未入流李先杰，原请赏加六品衔。

以上四员，部议：查陈文斌履历内系陈文彬，姚家昌履历内系候选典史，张奎文履历内系张文奎，李先杰原案内系李先傑，核与原保清单名字、坐衔不符，应令查明覆奏，再行核办等因。

　　查陈文彬汇案时误缮"陈文斌"，张奎文误缮"张文奎"，李先杰误缮"李先傑"，应恳饬部一律更正，仍照原请给奖。姚家昺因新疆城署各工案内由文童奏保以典史不论双单月归部选用，此次边防原保清单并履历内将典史列作底衔，嗣准城工部覆并无其名，故此次边防第二次清单改由文童请保从九，以致坐衔不符，拟恳恩仍以从九给奖。

　　在任候补知府分省补用同知奚麟，原请俟归知府班后赏加盐运使衔；同知衔补用直隶州知州分省即补知县曾广均，原请俟归直隶州班后赏加知府衔；同知衔直隶州知州用留甘补用知县朱熿，原请俟补直隶州知州后以知府用；补用通判分省尽先补用州同郭国栋，原请俟补通判后以直隶州知州补用；补用知州选用布理问杨丙章，原请俟归知州班后赏加运同衔；在任即选知县遇缺即选教谕罗霁，在任即选知县候选教谕魏振宗，补用知县留甘补用府经历刘芬，补用知县分省即补府经历何沂，补用知县不论双单月选用盐大使姚元恺，补用知县留甘补用县丞张英楷，补用知县即选县丞张鼎勋，知县用补用县丞即选从九品盛泽湘，均原请俟归知县班后赏加同知衔；补用县丞分省补用县主簿萧经士，原请俟补县丞后以知县补用；选用县丞刘廷柱，原请俟选缺后以知县尽先补用；不论双单月尽先选用训导赵重华，补用主簿选用从九品未入流廖承鳌，选用从九品刘文训，尽先选用从九品张应选，不论双单月尽先选用从九品龙知镛、彭名甲、毛国钧，不论双单月选用典史朱熿，选用典史王之光、曾广铭，均原请赏加六品衔；不论双单月选用典史雷象贤，原请仍以典史不论双单月遇缺尽先即选，并请赏加六品衔。

　　以上二十六员，部议：查原保升阶及候补、候选官阶，履历内均未声叙保案奉旨日期，应令详细查明覆奏，再行核办等因。

查奚麟等二十六员，经前护抚臣魏光焘于光绪十五年由新疆城署各工案内奏保，因部覆尚未奉到，故七载防戍保案所赍履历未经声叙奉旨日期。嗣城署保案经吏部覆准，于光绪十八年十月初八日具题，奉旨：依议。钦此。经臣发给行知在案。所有奚麟等二十六员，拟恳恩均照原请给奖。至廖承鳌关内防戍保案，经部议准具奏，光绪十三年八月初七日奉旨：依议。钦此。前次履历实系漏叙。又，曾广铭前次清单误缮"曾光铭"，并请饬部更正，以免歧异。

从九职衔张茂绪、张有禧，均原请以巡检不论双单月尽先选用。

以上二员，部议：查该员等捐纳之案，据户部覆称，检查均无案据，应令详细查明覆奏，并将该员等执照送部，再行核办等因。

查张茂绪于同治十三年在陕省甘捐总局遵筹饷例，由文童报捐从九职衔，经户部核准，是年二月初三日给领执照。张有禧于光绪十六年十月在甘肃藩库苏浙赈捐案内，由监生报捐从九职衔，经户部核准，十七年四月十一日给领执照。除将该员等执照送部查核外，拟恳恩均照原请给奖。

尽先选用从九品衔徐树棠，原请赏加六品衔。

部议：查该员履历内未声叙系在何省何案出力，经何人保奏，应令详细查明覆奏，再行核办等因。

查该员于陕西凤翔剿回大胜、岐山解围案内，经前陕甘总督臣左宗棠等奏保，同治六年十二月二十三日奉上谕：着以从九品尽先选用，并赏戴蓝翎。钦此。拟恳恩仍照原请给奖。

同知衔尽先拣选知县张熙载，原请赏给正五品封典。

部议：查履历内该员因乌垣历办边防善后案内保加同知衔，未声叙经何人保奏，何年月日奉准行知，碍难查办，应令详细查明覆奏，再行核办等因。

查乌垣历办边防善后奖案，经前乌鲁木齐都统臣恭镗保奏，部议准加同知衔。光绪九年十月初八日具奏，奉旨：依议。钦此。十年正月二十四日奉到行知。拟恳恩仍照原请给奖。

即选县主簿罗教莹，原请赏加六品衔。

部议：照准行知在案。兹该员于光绪十七年三月二十九日在新疆第三次新海防捐输案内，由双月选用县主簿加捐双月选用县丞，经户部核准，十八年五月二十五日具奏，奉旨：依议。钦此。应恳将原开即选县主簿底衔更作双月选用县丞，仍赏加六品衔。

（朱批：）览。[1]

○八六　奏报新疆光绪二十年六月雨水、粮价折

光绪二十年九月二十一日（1894 年 10 月 19 日）

头品顶戴甘肃新疆巡抚臣陶模跪奏，为恭报光绪二十年六月份粮价并得雨情形，谨缮折具陈，仰祈圣鉴事。

窃照光绪二十年五月份各厅、州、县粮价并得雨情形，业经臣奏报在案。兹据新疆布政使饶应祺详称：本年六月份，镇迪道属绥来得雨，入土七寸；镇西得雨，入土五寸；迪化、阜康得雨，入土三寸；昌吉、奇台得雨，入土二寸；库尔喀喇乌苏得雨，入土一寸；吐鲁番微雨。伊塔道属宁远得雨，入土五寸；塔尔巴哈台、精河得雨，入土二寸；绥定微雨。南路拜城得雨，入土三寸；乌什得雨，入土一

---

[1]　台北故宫博物院藏：军机及宫中档，文献编号：136092-0-A。

寸；喀喇沙尔、库车、英吉沙尔、疏勒、莎车、和阗、疏附、叶城微雨。余未得雨。至通省粮价，镇西、精河、喀喇沙尔、乌什、玛喇巴什、疏勒、拜城等厅、州、县俱与上月相同，余均略有增减。汇详请奏前来。

理合恭折具陈，并缮粮价清单，敬呈御览，伏乞皇上圣鉴。谨奏。光绪二十年九月二十一日。

（朱批：）知道了。[①]

光绪二十年十月二十日，奉朱批：知道了。钦此。[②]

〇八七　呈新疆光绪二十年六月粮价清单

光绪二十年九月二十一日（1894 年 10 月 19 日）

谨将新疆各属光绪二十年六月份米粮时估价值，缮具清单，恭呈御览。

计开六月份：

镇迪道属：

迪化县：大米每京石价银三两一钱，较上月增二钱一分一厘。小麦每京石价银一两四钱五分，较上月减三钱五分四厘。豌豆每京石价银一两五钱八分四厘，与上月相同。青稞每京石价银一两一钱七分三厘，与上月相同。

昌吉县：大米每京石价银二两二钱五分六厘，与上月相同。小麦每京石价银一两二钱一厘，较上月减二钱一分一厘。豌豆每京

---

① 台北故宫博物院藏：军机及宫中档，文献编号：408002895。
② 台北故宫博物院藏：军机及宫中档，文献编号：136302。

石价银一两五分九厘,与上月相同。青稞每京石价银七钱一分七厘,与上月相同。

阜康县:粟米每京石价银九钱五分五厘,较上月减一钱五厘。小麦每京石价银九钱九分,较上月减七分二厘。豌豆每京石价银一两一钱,较上月减一钱三分八厘。高粱每京石价银七钱七分八厘,与上月相同。

绥来县:大米每京石价银二两三钱八分七厘,较上月增二钱七分四厘。小麦每京石价银一两三钱四分五厘,较上月增九厘。豌豆每京石价银一两二钱八分三厘,与上月相同。高粱每京石价银五钱三分二厘,与上月相同。

奇台县:大米每京石价银三两一钱七厘,与上月相同。小麦每京石价银一两二钱三分八厘,较上月减四钱六分。豌豆每京石价银一两七分,较上月减五钱八分七厘。

吐鲁番直隶厅:小麦每京石价银一两六钱四分五厘,较上月增五厘。大麦每京石价银四钱四分八厘,与上月相同。高粱每京石价银六钱六分七厘,与上月相同。黄豆每京石价银一两二钱一分八厘,与上月相同。

镇西直隶厅:小麦每京石价银一两五钱二分,豌豆每京石价银一两八分,青稞每京石价银七钱六分,俱与上月相同。

哈密直隶厅:粟米每京石价银一两四钱四分,与上月相同。小麦每京石价银一两二钱四分二厘,较上月减九分六厘。豌豆每京石价银一两三钱三分三厘,较上月减一钱七分九厘。青稞每京石价银一两,与上月相同。

库尔喀喇乌苏直隶厅:小麦每京石价银一两七钱三分,较上月减二钱一分六厘。豌豆每京石价银一两七钱三分二厘,与上月相同。高粱每京石价银九钱一分二厘，与上月相同。

伊塔道属：

绥定县：大米每京石价银三两五钱五分二厘，较上月减八钱八分八厘。小麦每京石价银一两二钱四分二厘，较上月减五钱五分二厘。大麦每京石价银七钱二分一厘，较上月减一钱六分七厘。豌豆每京石价银一两二钱九分六厘，较上月减四钱三分二厘。

宁远县：大米每京石价银四两一钱四分，与上月相同。小麦每京石价银一两三钱八分，较上月减二钱五分。大麦每京石价银九钱三分，与上月相同。豌豆每京石价银一两一钱五分，较上月减四钱三分。

塔尔巴哈台直隶厅：小麦每京石价银二两一钱三分，较上月减三钱八分。大麦每京石价银一两三分四厘，较上月减一钱四分三厘。豌豆每京石价银一两四钱，较上月减一钱六分。

精河直隶厅：大米每京石价银三两六钱七分五厘，小麦每京石价银一两八钱九分，大麦每京石价银八钱四分，豌豆每京石价银一两四钱七分，俱与上月相同。

阿克苏道属：

温宿直隶州：大米每京石价银一两九钱，较上月增三钱八分。小麦每京石价银一两三分五厘，与上月相同。大麦每京石价银六钱，较上月增一钱八分。包谷每京石价银六钱八分，较上月增二钱三分。

拜城县：小麦每京石价银七钱八分八厘，大麦每京石价银三钱九分四厘，豌豆每京石价银五钱二分五厘，包谷每京石价银四钱三分八厘，俱与上月相同。

喀喇沙尔直隶厅：大米每京石价银二两六钱六分四厘，小麦每京石价银八钱二分八厘,豌豆每京石价银八钱六分四厘,包谷每京石价银六钱四厘,俱与上月相同。

库车直隶厅:大米每京石价银一两八钱五分,与上月相同。小麦每京石价银六钱三分,较上月增三分七厘。豌豆每京石价银六钱一分,与上月相同。包谷每京石价银四钱二分三厘,较上月增五分六厘。

乌什直隶厅:大米每京石价银二两二钱三分五厘,小麦每京石价银六钱六分,大麦每京石价银三钱二分一厘,包谷每京石价银五钱二分四厘,俱与上月相同。

喀什噶尔道属:

疏勒直隶州:大米每京石价银三两二钱二分五厘,小麦每京石价银一两二钱四分二厘,包谷每京石价银八钱九分六厘,高粱每京石价银九钱二分,俱与上月相同。

疏附县:大米每京石价银三两二钱二分五厘,与上月相同。小麦每京石价银一两二钱四分二厘,与上月相同。包谷每京石价银一两五厘,较上月增六分七厘。高粱每京石价银八钱六分二厘,较上月减五分八厘。

莎车直隶州:大米每京石价银二两四分二厘,与上月相同。小麦每京石价银八钱五分五厘,较上月减二分八厘。大麦每京石价银六钱二分五厘,与上月相同。包谷每京石价银五钱五分四厘,较上月减二分六厘。

叶城县:大米每京石价银二两九钱,与上月相同。小麦每京石价银八钱,较上月减二分五厘。包谷每京石价银五钱四分七厘,较上月减二分九厘。青稞每京石价银四钱七分五厘,较上月减二分五厘。

和阗直隶州：大米每京石价银二两四钱五分，与上月相同。小麦每京石价银一两四分二厘，较上月减六厘。包谷每京石价银六钱二分五厘，较上月增二分五厘。青稞每京石价银四钱八分三厘，较上月减二分七厘。

于阗县：大米每京石价银三两三钱一分二厘，与上月相同。小麦每京石价银一两一分八厘，较上月减一分三厘。包谷每京石价银六钱一分四厘，较上月减二分六厘。

英吉沙尔直隶厅：大米每京石价银三两六钱四分八厘，较上月减一钱五分二厘。小麦每京石价银一两一钱三分一厘，较上月增二分七厘。大麦每京石价银五钱七分，较上月减四分五厘。包谷每京石价银九钱三分八厘，较上月增二分七厘。

玛喇巴什直隶厅：大米每京石价银二两六钱六分四厘，小麦每京石价银一两三钱八分，包谷每京石价银七钱六分八厘，俱与上月相同。

（朱批：）览。[①]

○八八　奏报光绪二十年上半年新疆防营弁勇等数折

光绪二十年九月二十一日(1894年10月19日)

头品顶戴甘肃新疆巡抚臣陶模跪奏，为新疆防营员弁勇丁、各台、局、卡、义学，自光绪二十年正月初一日起至六月底止实在数目，缮具清单，恭折仰祈圣鉴事。

---

① 台北故宫博物院藏：军机及宫中档，文献编号：136302-0-A。

窃新疆马步营旗、炮队,各台、局、卡、义学实在数目,截至光绪十九年十二月底止,业经分别奏咨在案。兹据新疆粮台详称:自二十年正月初一日起至六月底止,遵照标营章程,添改炮队一哨,裁改枪队一哨,裁撤步队一旗,实存行粮章程马队七旗、步队四营、炮队一哨,标营章程马队四十八旗、步队二十五营一十七旗一哨、开花炮队五哨,共额设统领营、旗、哨官三百九十三员,巡查一百三十员,营书、弁勇二万五千九百三名,火勇一千八百四十二名,额外火夫、私夫、马夫、车夫、棚夫六千五百五十名,并各台、局、卡、义学,缮具清单,详请奏咨前来。

臣覆查无异。所有新疆防营员弁勇丁,各台、局、卡、义学自光绪二十年正月初一日起至六月底止实在数目,谨缮清单,恭呈御览,伏乞皇上圣鉴,饬部立案施行。谨奏。光绪二十年九月二十一日。

(朱批:)该部知道,单二件并发。①

光绪二十年十月二十日,奉朱批:该部知道,单二件并发。钦此。②

○八九　呈新疆光绪二十年上半年防营弁勇等数清单

光绪二十年九月二十一日(1894年10月19日)

谨将新疆驻防马步各营旗员弁勇丁、夫马、炮车数目,自光绪二十年正月初一日起至六月底止,缮具四柱清单,恭呈御览。

---

① 台北故宫博物院藏:军机及宫中档,文献编号:408002896。
② 台北故宫博物院藏:军机及宫中档,文献编号:136301。

旧管：光绪十九年十二月底止，实存防军行粮章程马队七旗、步队四营、开花炮队一哨，标营章程马队四十八旗、步队二十五营一十八旗二哨、开花炮队四哨。共计旧存额设统领营、旗、哨官三百九十七员，旧存额设巡查一百三十一员，旧存额设营书、弁勇二万六千二百四十三名，旧存额设火勇一千八百七十六名，旧存额外火夫七百七十名，旧存额外马夫、私夫、车夫、棚夫五千七百九十三名，旧存额马七千四十匹，旧存炮车三十辆、车骡八十头。

新收：光绪二十年五月初一日起，添改威远炮队一哨，仿照标营开花炮队章程，新添额设管带官一员，新添额设哨长一员，新添额设营书、弁勇八十三名，新添额设火勇七名，新添额外车夫、私夫一十四名，新添炮车六辆、车骡十六头。

查前项炮队，上年曾饬北洋武备学生张志文、王恩贵等挑募枪队一哨，教练新式操法，嗣因神机营护炮官兵先后回京，将克虏卜后膛炮六尊归张志文等接管，添并改为威远炮队一哨，业经奏咨在案。理合登明。

开除：光绪二十年四月底止，裁改枪队步队一哨，计裁减额设管带官一员，裁减额设哨长一员，裁减额设营书、弁勇九十三名，裁减额设火勇九名，裁减额外私夫六名。

光绪二十年五月底止，裁撤安字左旗步队一旗，计裁减额设旗哨官四员，裁减额设巡查一员，裁减额设营书、弁勇三百三十名，裁减额设火勇三十二名，裁减额外私夫十六名。

实在：光绪二十年六月底止，实存防军行粮章程马队七旗、步队四营、炮队一哨，标营章程马队四十八旗、步队二十五营一十七旗一哨、开花炮队五哨，共计实存额设统领营、旗、哨官三百九十三员，实存额设巡查一百三十员，实存额设营书、弁勇二万五千九百三名,实存额设火勇一千八百四十二名,实存额外火夫七百七十名,实存额外马夫、私夫、车夫、棚夫五千七百八十五名,实存额马七千四十匹,实存炮车三十六辆、车骡九十六头。

(朱批:)览。①

○九○　呈光绪二十年上半年新疆各台、局、卡、义学数目清单

光绪二十年九月二十一日(1894 年 10 月 19 日)

谨将新疆各台、局、卡暨义学数目自光绪二十年正月初一日起至六月底止,缮具四柱清单,恭呈御览。

旧管:光绪十九年十二月底止,实存新疆粮台,省城军装总局,省城采运局,伊犁宁远城、喀什噶尔城二中俄通商局,伊塔道、塔尔巴哈台二善后局,罗布淖尔抚辑招徕局、医药局。

省城、哈密新城、吐鲁番新城、喀喇沙尔、库车、阿克苏、乌什、英吉沙尔、喀什噶尔汉城、叶尔羌、和阗、古城、绥来、绥定、宁远、绥定城东关、南关、瞻德城、广仁城、塔尔巴哈台等处二十保甲局。

霍尔果斯尼堪卡伦、果子沟、霍尔罕、明瑶路、依兰乌瓦斯、依斯里克、图舒克、塔石可力碦、依布拉引等处九稽查卡。

哈密、巴里坤、昌吉、吐鲁番、喀喇沙尔、库车、阿克苏、乌什、喀什噶尔、英吉沙尔、玛喇巴什、叶尔羌、和阗、塔尔巴哈台等处十四牛痘局。

哈密义学五堂,吐鲁番义学六堂,喀喇沙尔义学四堂,库车义

---

① 台北故宫博物院藏:军机及宫中档,文献编号:136301-0-A。

学五堂,拜城义学二堂,温宿义学三堂,乌什义学三堂,疏勒义学三堂,疏附义学二堂,玛喇巴什义学三堂,英吉沙尔义学三堂,莎车义学五堂,叶城义学二堂,和阗义学二堂,于阗义学二堂,巴里坤义学四堂,奇台义学四堂,济木萨义学三堂,阜康义学二堂,迪化义学六堂,昌吉义学二堂,绥来义学四堂,呼图壁义学二堂,宁远义学三堂,绥定义学三堂,广仁城义学一堂,瞻德城义学一堂,霍尔果斯义学一堂,罗布淖尔义学一堂,塔尔巴哈台义学三堂,共计义学九十堂。

新收:无项。

开除:绥定城南关保甲分局,三月底止裁撤;瞻德城保甲局,三月底裁撤。

实在:光绪十九年十二月底止,实存新疆粮台,省城军装总局,省城采运局,伊犁宁远城、喀什噶尔城二中俄通商局,伊塔道、塔尔巴哈台二善后局,罗布淖尔抚辑招徕局、医药局。

省城、哈密新城、吐鲁番新城、喀喇沙尔、库车、阿克苏、乌什、英吉沙尔、喀什噶尔汉城、叶尔羌、和阗、古城、绥来、绥定、宁远、绥定城东关、广仁城、塔尔巴哈台等处十八保甲局。

霍尔果斯尼堪卡伦、果子沟、霍尔罕、明瑶路、依兰乌瓦斯、依斯里克、图舒克、塔石可力硤、依布拉引等处九稽查卡。

哈密、巴里坤、昌吉、吐鲁番、喀喇沙尔、库车、阿克苏、乌什、喀什噶尔、英吉沙尔、玛喇巴什、叶尔羌、和阗、塔尔巴哈台等处十四牛痘局。

哈密义学五堂,吐鲁番义学六堂,喀喇沙尔义学四堂,库车义学五堂,拜城义学二堂,温宿义学三堂,乌什义学三堂,疏勒义学三堂,疏附义学二堂,玛喇巴什义学三堂,英吉沙尔义学三堂,莎车义学五堂，叶城义学二堂，和阗义学二堂，于阗义学二堂，巴里坤义学四堂，奇台义学四堂，济木萨义学三堂，阜康义学二堂，迪化义学六堂，昌吉义学二堂，绥来义学四堂，呼图壁义学二堂，宁远义学三堂，绥定义学三堂，广仁城义学一堂，瞻德城义学一堂，霍尔果斯义学一堂，罗布淖尔义学一堂，塔尔巴哈台义学三堂，共计义学九十堂。

（朱批：）览。[①]

○九一　派马队护解枪械进京交董福祥应用折

光绪二十年十月二十四日（1894 年 11 月 21 日）

头品顶戴甘肃新疆巡抚臣陶模跪奏，为派拨马队护解枪械进京，交喀什噶尔提督董福祥行营，以资应用而备调遣，恭折仰祈圣鉴事。

窃臣准喀什噶尔提臣董福祥由京来电：现值倭氛不靖，钦奉谕旨，统带西勇，惟枪械缺乏，无从购买，请由新疆拨发等因。臣查海疆军务正在吃紧，自应通融办理，以顾急需。当于购存项下腾拨毛瑟枪二千杆，每杆配药弹子三百颗，共六十万颗，派委抚标中军左旗马队旗官总兵衔补用参将谢典礼、帮带官补用参将尽先补用游击马明其，雇驼装运，率带该旗马队，由古城取道近边草地，径解进京，呈交董福祥备用；并派补用总兵汤殿恒、推补副将赵达元、候选县丞苏潮，酌给薪粮，帮同护送，分作两起行走，头起业于十月二十

---

① 台北故宫博物院藏：军机及宫中档，文献编号：136301-0-B。

四日起程,二起即于二十七日继进。

查新疆抚标中军左旗马队,勇丁精壮,操练有素,抵京后应仍归谢典礼管带,作为董福祥亲兵马队。所派各员均归董福祥调遣,以资得力。药弹子一项,新疆距京甚远,碍难多带,应请旨饬下督办军务大臣,随时接济,俾免缺乏。一俟军务平靖,前项毛瑟枪杆仍令谢典礼等率队解回新疆,存储备拨。

至各勇丁远道于役,冒雪冲风,饬司援照上年驻防喀什噶尔沿边马步营旗成案,酌给行粮,并拨发六个月现饷,此后由臣汇解董福祥经手支放,容俟汇入新疆防军销案内,按年造报。谨缮清单,恭折具陈,伏乞皇上圣鉴。谨奏。光绪二十年十月二十四日。

(朱批):该衙门知道。单并发。钦此。①

光绪二十年十一月二十六日,奉朱批:该衙门知道。单并发。钦此。②

【案】此折得允行。《清实录》:

甘肃新疆巡抚陶模奏,派马队护解枪械进京,交喀什噶尔提督董福祥行营,以资应用。下所司知之。③

○九二　呈护解军械进京酌给粮饷清单

光绪二十年十月二十四日(1894 年 11 月 21 日)

谨将新疆派拨马队护解军械进京,酌给行粮饷数,缮具清单,

---

① 台北故宫博物院藏:军机及宫中档,文献编号:408002897。

② 中国第一历史档案馆藏:录副奏折,档案编号:03-6635-040。

③ 《德宗景皇帝实录(五)》,卷三百五十四,光绪二十年十一月下,第 609 页。

恭呈御览。

计开：

马队一旗，旗官一员，月支薪水银四十两，不扣建；私夫六名，马夫二名，每名月支银三两，均扣建。

帮带官一员，月支薪水银三十二两，不扣建；私夫四名，马夫一名，每名月支银三两，均扣建。

合旗办公费银五十两，不扣建。

营书二名，每名月支银七两二钱；马夫各半名，月支银一两五钱，均扣建；月支杂费银六钱，不扣建。

哨长二员，每名月支银九两六钱；私夫二名，马夫一名，每名月支银三两，均扣建；杂费银一两二钱，不扣建。

巡查一员，月支银五两一钱；私夫二名，每名月支银三两；马夫半名，月支银一两五钱，均扣建；月支杂费银六钱，不扣建。

亲兵领旗三名，每名月支银五两一钱；各哨领旗八名，每名月支银四两八钱；马夫各半名，月支银一两五钱，均扣建；月支杂费银六钱，不扣建。

亲兵二十七名，哨书护兵十名，每名月支银四两五钱；马夫各半名，月支银一两五钱，均扣建；月支杂费银六钱，不扣建。

马勇七十二名，每名月支银四两二钱；马夫各半名，月支银一两五钱，均扣建；月支杂费银六钱，不扣建。

额外火夫十四名，每名月支银三两三钱，均扣建。

又，旗官需用骑操马二匹，帮带官骑操马二匹，其余营书、弁勇各用马一匹，共马一百二十九匹，每匹月支马干银二两四钱，扣建。计大建月支银一千三百六十二两八钱，小建月共支银一千三百二十三两九钱八分。

（朱批：）览。[①]

○九三　请准荫锡等以知县留新补用折

光绪二十年十月二十四日(1894年11月21日)

头品顶戴甘肃新疆巡抚臣陶模跪奏，为俸满后以知县补用笔帖式现届六年期满，吁恳天恩，俯准开去实缺，以知县留于甘肃新疆补用，恭折仰祈圣鉴事。

窃臣衙门笔帖式荫锡年四十二岁，京城镶白旗满洲继昌佐领下人；英惠年三十六岁，京城正黄旗满洲祥存佐领下人。均于光绪十三年十一月二十六日经钦派大臣考试拣选，十二月十一日奉旨：甘肃新疆巡抚衙门笔帖式员缺，着荫锡、英惠补授。钦此。十四年九月二十六日到任。嗣于新疆七载防戍案内汇保俟笔帖式俸满后，以知县补用，并加同知衔，经部议准，十九年十二月初二日具奏，奉旨：依议。钦此。兹自十四年九月二十六到任之日起，连闰扣至二十年七月二十六日，历俸六年期满。据布政使饶应祺详请核办前来。

臣查荫锡朴实稳慎，办事安详；英惠年壮才明，办事勤敏。在新疆年久，吏治、边情最为熟悉。现届六年期满，例应以理事、同知、通判、知县等缺升用。惟该员等业保俟俸满后以知县补用，合无仰恳天恩，俯念边疆需员，准将该二员开去笔帖式实缺，以知县留于甘肃新疆补用。如蒙俞允，并恳照变通章程，俟补缺后再行送部引见。所遗笔帖式员缺，应请饬部另行拣员考补，以重翻译。谨

[①]　中国第一历史档案馆藏：清单，档案编号：03-6635-041。

会同陕甘总督臣杨昌濬恭折具陈，伏乞皇上圣鉴训示。谨奏。光绪二十年十月二十四日。

（朱批：）吏部议奏。①

光绪二十年十一月二十六日，奉朱批：吏部议奏。钦此。②

○九四　请准龙浩补精河营中军马队守备折

光绪二十年十月二十四日（1894年11月21日）

头品顶戴甘肃新疆巡抚臣陶模跪奏，为拣员请补守备员缺，以重操防，恭折仰祈圣鉴事。

窃新疆抚属新设精河营中军马队守备员缺，业经奏准作为题缺，亟应拣员请补，以专责成。查有补缺后补用都司新疆拔补守备巴里坤镇标左营前哨千总龙浩，勤干有为，在新疆年久，熟悉边情，以之请补斯缺，洵堪胜任。合无仰恳天恩，俯准以龙浩请补精河营中军马队守备员缺，以裨营伍。如蒙俞允，并恳饬部发给札付。该员应照乌鲁木齐补放守备例，毋庸送部引见。

除将履历清册咨部外，谨会同陕甘总督臣杨昌濬恭折具陈，伏乞皇上圣鉴训示。谨奏。

（朱批）：兵部议奏。③

光绪二十年十一月二十六日，奉朱批：兵部议奏。钦此。④

---

① 台北故宫博物院藏：军机及宫中档，文献编号：408002898。
② 中国第一历史档案馆藏：录副奏折，档案编号：03-5316-128。
③ 台北故宫博物院藏：军机及宫中档，文献编号：408002899。
④ 中国第一历史档案馆藏：录副奏折，档案编号：03-5898-098。

○九五　请以王毓芬署库尔喀
喇乌苏直隶厅同知片

光绪二十年十月二十四日(1894年11月21日)

　　再，署库尔喀喇乌苏直隶厅同知陈纯治卸署遗缺，查有候补同知王毓芬，堪以委署。据新疆布政使饶应祺、镇迪道兼按察使衔丁振铎会详前来。除批饬给委外，谨会同陕甘总督臣杨昌濬附片具奏，伏乞圣鉴。谨奏。

　　（朱批：）吏部知道。[1]

　　光绪二十年十一月二十六日，奉朱批：吏部知道。钦此。[2]

○九六　请以倭仁布署理防御片

光绪二十年十月二十四日(1894年11月21日)

　　再，据古城城守尉克蒙额呈称：镶白正蓝旗防御庆福得患喘疾，医药罔效，于光绪二十年十月初七日在任病故等情。臣覆核无异，相应请旨开缺，另行拣员请补。现遗镶白正蓝旗防御员缺，查有该旗骁骑校倭仁布，堪以委署，递遗骁骑校员缺，查有镶黄正白旗前锋校即补骁骑校阿勒锦图，堪以委署。

　　除咨部外，谨会同伊犁将军臣长庚、陕甘总督臣杨昌濬附片具陈，伏乞圣鉴。谨奏。

---

①　台北故宫博物院藏：军机及宫中档，文献编号：408002899-0-A。

②　中国第一历史档案馆藏：录副奏片，档案编号：03-5316-129。

（朱批：）兵部知道。①

光绪二十年十一月二十六日，奉朱批：兵部知道。钦此。②

○九七　奏报新疆光绪二十
年七月雨水、粮价折

光绪二十年十一月初四日（1894年11月30日）

头品顶戴甘肃新疆巡抚臣陶模跪奏，为恭报光绪二十年七月份粮价并得雨情形，谨缮折具陈，仰祈圣鉴事。

窃照光绪二十年六月份各厅、州、县粮价并得雨情形，业经臣奏报在案。兹据新疆布政使饶应祺详称：本年七月份，镇迪道属阜康得雨，入土六寸；镇西得雨，入土五寸；迪化、昌吉得雨，入土三寸；奇台得雨，入土二寸；哈密、绥来得雨，入土一寸；吐鲁番、库尔喀拉乌苏微雨。伊塔道属塔尔巴哈台得雨，入土一寸；精河、宁远微雨。南路叶城得雨，入土二寸；拜城得雨，入土一寸；喀喇沙尔、库车、乌什、英吉沙尔、玛喇巴什、温宿、疏勒、莎车、和阗、疏附微雨。余未得雨。至通省粮价，吐鲁番、温宿、绥定等厅、州、县俱与上月相同，余均有增减，汇详请奏前来。

理合恭折具陈，并缮粮价清单，敬呈御览，伏乞皇上圣鉴。谨奏。光绪二十年十一月初四日。

---

① 台北故宫博物院藏：军机及宫中档，文献编号：408002899-0-B。此片之具奏日期，军机录副作"光绪二十年十一月二十四日"，据朱批日期仅隔两日，未确。查军机处随手登记档（档案编号：03-0281-2-1220-318），则标有"报四百里，十月二十四日发"等字样。据此，军机录副之具奏日期显误。

② 中国第一历史档案馆藏：录副奏片，档案编号：03-5898-099。

（朱批：）知道了。①

光绪二十年十二月初七日，奉朱批：知道了。钦此。②

○九八　呈新疆光绪二十年七月粮价清单

光绪二十年十一月初四日(1894 年 11 月 30 日)

谨将新疆各属光绪二十年七月份米粮时估价值，缮具清单，恭呈御览。

计开七月份：

镇迪道属：

迪化县：大米每京石价银三两二钱四分一厘，较上月增一钱四分一厘。小麦每京石价银一两四钱五分，与上月相同。豌豆每京石价银一两二钱六分，较上月减三钱二分四厘。青稞每京石价银一两，较上月减一钱七分三厘。

昌吉县：大米每京石价银三两三钱一分二厘，较上月增一两五分六厘。小麦每京石价银一两一钱，较上月减一钱一厘。豌豆每京石价银九钱五分五厘，较上月减一钱四厘。青稞每京石价银七钱一分七厘，与上月相同。

阜康县：粟米每京石价银九钱五分五厘，与上月相同。小麦每京石价银一两二分八厘，较上月增三分八厘。豌豆每京石价银九钱五分四厘，较上月减一钱四分六厘。高粱每京石价银五钱三分，较上月减二钱四分八厘。

---

① 台北故宫博物院藏：军机及宫中档，文献编号：408002899-1。
② 中国第一历史档案馆藏：录副奏折，档案编号：03-6939-004。

绥来县：大米每京石价银二两八钱一分二厘，较上月增四钱二分五厘。小麦每京石价银一两三钱四分五厘，与上月相同。豌豆每京石价银一两三钱八分九厘，较上月增一钱六厘。高粱每京石价银五钱三分二厘，与上月相同。

奇台县：大米每京石价银四两一钱四分二厘，较上月增一两三分五厘。小麦每京石价银一两二钱八厘，较上月减三分。豌豆每京石价银八钱二分八厘，较上月减二钱四分二厘。

吐鲁番直隶厅：小麦每京石价银一两六钱四分五厘，大麦每京石价银四钱四分八厘，高粱每京石价银六钱六分七厘，黄豆每京石价银一两二钱一分八厘，俱与上月相同。

镇西直隶厅：小麦每京石价银一两五钱二分，与上月相同。豌豆每京石价银一两，较上月减八分。青稞每京石价银六钱四分，较上月减一钱二分。

哈密直隶厅：粟米每京石介银一两四钱四分，与上月相同。小麦每京石价银一两一钱七分，较上月减七分二厘。豌豆每京石价银一两一钱八分，较上月减一钱五分三厘。青稞每京石价银一两，与上月相同。

库尔喀喇乌苏直隶厅：小麦每京石价银一两四钱一分四厘，较上月减三钱一分六厘。豌豆每京石价银一两七钱三分二厘，与上月相同。高粱每京石价银九钱一分二厘，与上月相同。

伊塔道属：

绥定县：大米每京石价银三两五钱五分二厘，小麦每京石价银一两二钱四分二厘，大麦每京石价银七钱二分一厘，豌豆每京石价银一两二钱九分六厘，俱与上月相同。

宁远县：大米每京石价银三两七钱，较上月减四钱四分。小麦每石价银一两一钱,较上月减二钱八分。大麦每京石价银八钱五分,较上月减八分。豌豆每京石价银九钱三分,较上月减二钱二分。

塔尔巴哈台直隶厅:小麦每京石价银一两六钱七分二厘,较上月减四钱五分八厘。大麦每京石价银九钱九分八厘,较上月减三分六厘。豌豆每京石价银一两二钱七分,较上月减一钱三分。

精河直隶厅:大米每京石价银四两一钱一分六厘,较上月增四钱四分一厘。小麦每京石价银一两六钱八分,较上月减二钱一分。大麦每京石价银七钱三分五厘,较上月减一钱五厘。豌豆每京石价银一两三钱三分,较上月减一钱四分。

阿克苏道属:

温宿直隶州:大米每京石价银一两九钱,小麦每京石价银一两三分五厘,大麦每京石价银六钱,包谷每京石价银六钱八分,俱与上月相同。

拜城县:小麦每京石价银七钱四分四厘,较上月减四分四厘。大麦每京石价银三钱九分四厘,与上月相同。豌豆每京石价银四钱三分八厘,较上月减八分七厘。包谷每京石价银四钱三分八厘,与上月相同。

喀喇沙尔直隶厅:大米每京石价银二两六钱六分四厘,与上月相同。小麦每京石价银七钱五分九厘,较上月减六分九厘。豌豆每京石价银七钱二分,较上月减一钱四分四厘。包谷每京石价银五钱七分六厘,较上月减二分八厘。

库车直隶厅:大米每京石价银二两七分二厘,较上月增二钱二分二厘。小麦每京石价银六钱三分,与上月相同。豌豆每京石价银六钱一分，与上月相同。包谷每京石价银四钱二分三厘，与上月相同。

乌什直隶厅：大米每京石价银二两一钱七分五厘，较上月减六分。小麦每京石价银六钱六分，与上月相同。大麦每京石价银二钱一分四厘，较上月减一钱七厘。包谷每京石价银五钱二分四厘，与上月相同。

喀什噶尔道属：

疏勒直隶州：大米每京石价银三两，较上月减二钱二分五厘。小麦每京石价银一两二钱四分二厘，与上月相同。包谷每京石价银八钱九分六厘，与上月相同。高粱每京石价银八钱五厘，较上月减一钱一分五厘。

疏附县：大米每京石价银三两，较上月减二钱二分五厘。小麦每京石价银一两二钱四分二厘，与上月相同。包谷每京石价银九钱三分八厘，较上月减六分七厘。高粱每京石价银八钱五厘，较上月减五分七厘。

莎车直隶州：大米每京石价银二两四分二厘，与上月相同。小麦每京石价银八钱六分九厘，较上月增一分四厘。大麦每京石价银五钱八分七厘，较上月减三分八厘。包谷每京石价银五钱五分四厘，与上月相同。

叶城县：大米每京石价银二两六钱一分，较上月减二钱九分。小麦每京石价银七钱五分，较上月减五分。包谷每京石价银五钱二分八厘，较上月减一分九厘。青稞每京石价银四钱五分，较上月减二分五厘。

和阗直隶州：大米每京石价银二两四钱五分，与上月相同。小麦每京石价银九钱三分八厘，较上月减一钱四厘。包谷每京石价银五钱九分五厘,较上月减三分。青稞每京石价银四钱八分三厘,与上月相同。

于阗县:大米每京石价银三两四钱五分,较上月增一钱三分八厘。小麦每京石价银一两五厘,较上月减一分三厘。包谷每京石价银六钱一分四厘,与上月相同。

英吉沙尔直隶厅:大米每京石价银三两八钱,较上月增一钱五分二厘。小麦每京石价银一两一钱四厘,较上月减二分七厘。大麦每京石价银五钱七分,与上月相同。包谷每京石价银八钱四厘,较上月减一钱三分四厘。

玛喇巴什直隶厅:大米每京石价银二两六钱六分四厘,与上月相同。小麦每京石价银一两三钱八分,与上月相同。包谷每京石价银八钱三分二厘,较上月增六分四厘。

(朱批:)览。[1]

○九九　请准贺福等承袭世职折

光绪二十年十一月初四日(1894 年 11 月 30 日)

头品顶戴甘肃新疆巡抚臣陶模跪奏,为世职年已及岁,例应承袭,恭折仰祈圣鉴事。

窃臣据新疆布政使饶应祺详:据镇西厅同知甘承谟详称:阵亡甘肃古城营把总贺登甲、六品蓝翎巴里坤镇标马兵徐进业,于同治四年正月在富家滩打仗阵亡。哈密协标经制外委于金鳌、四品顶戴补用千总田树青,于同治十二年七月督率团兵,在哈密地方接仗

---

[1]　中国第一历史档案馆藏:清单,档案编号:03-6939-005。

阵亡。均经顺天府尹衙门、忠义局汇入一百四十四次案内咨部请恤，旋准兵部于光绪十九年十二月十一日奏请，均给云骑尉世职，袭次完时，给予恩骑尉，世袭罔替等因。奉旨：依议。钦此。钦遵转行在案。

兹查贺登甲之嫡长子贺福现年三十一岁，徐进业之嫡长子徐允升现年三十岁，于金鳌之嫡长子于顺现年二十二岁，田树青之嫡长子田登第现年二十四岁，均应承袭云骑尉世职，并无假冒、捏饰等弊，造具三代宗图、履历、册结，加具印结，由厅转司，详请验看具奏前来。

臣覆查该请袭世职贺福等，既据布政使饶应祺详称实系阵亡甘肃古城营把总贺登甲等嫡长子，年已及岁，均应准其承袭。

除由臣先行验看并将宗图、履历、册结分送部、科外，谨会同陕甘总督臣杨昌濬恭折具奏，伏乞皇上圣鉴，饬部议覆施行。再，此案改题为奏。合并声明。谨奏。光绪二十年十一月初四日。

（朱批：）兵部议奏。[①]

光绪二十年十二月初七日，奉朱批：兵部议奏。钦此。[②]

一〇〇　请将防御忠龄等加以惩处片

光绪二十年十一月初四日（1894 年 11 月 30 日）

再，据古城城守尉克蒙额呈称：满营镶红镶蓝旗花翎佐领衔即补防御马兵忠龄，刁唆生事，抗误差操；该旗佐领都成额、防御怀塔奔玩视营务，毫无约束。恳请核办前来。

---

① 台北故宫博物院藏：军机及宫中档，文献编号：408002900。
② 中国第一历史档案馆藏：录副奏折，档案编号：03-5317-036。

臣查满营弁兵罔知纪律，经该管上司随时整顿，动辄抗违，似此积习相沿，若不亟予惩办，实不足以肃军政，相应请旨将佐领衔即补防御忠龄即行革职，并拔去翎枝，以昭炯戒；佐领都成额、防御怀塔奔均有督率之责，一任兵丁肆行罔忌，实属咎无可辞，并请旨将该二员一并开去实缺，交部议处。

除咨部外，谨会同伊犁将军臣长庚、陕甘总督臣杨昌濬附片具陈，伏乞圣鉴训示。谨奏。

（朱批：）着照所请，兵部知道。[①]

光绪二十年十二月初七日，奉朱批：着照所请，兵部知道。钦此。[②]

一〇一　请将故镇何琯开复处分从优议恤折

光绪二十年十一月二十六日（1894年12月22日）

头品顶戴甘肃新疆巡抚臣陶模跪奏，为已故降调总兵勋劳卓著，遗爱在民，吁恳天恩，开复处分并从优赐恤，以彰忠荩，恭折仰祈圣鉴事。

窃据镇西厅绅士候选府经历县丞李长年、候选训导刘熹等联名禀称：已故记名提督降三级调用前巴里坤镇总兵何琯，[③]甘肃张

---

① 台北故宫博物院藏：军机及宫中档，文献编号：408002900-0-A。

② 中国第一历史档案馆藏：录副奏片，档案编号：03-6133-052。

③ 何琯（？—1886），甘肃张掖人。咸丰初，以军功委甘肃提标把总。六年（1856），升调陕西抚标左营守备，旋迁保安营都司。十年（1860），升补巴里坤镇左营游击。十一年（1861），护理巴里坤镇总兵篆务。同治四年（1865），实授巴里坤镇总兵，加果勇巴图鲁名号，赏换花翎，以提督记名简放。光绪二年（1876），经前陕甘总督左宗棠奏参，勒令休致。十二年（1886），旧伤复发，在籍病故。

掖县人,于咸丰年间起自行伍,随征江南,转战安徽、江苏、山东等省,屡著战功,补授巴里坤镇标左营游击。咸丰十一年,代办巴里坤镇总兵印务。同治四年,升补巴里坤镇总兵,赏给果勇巴图鲁名号,赏换花翎,以提督记名简放。何故镇初莅巴里坤,整顿营伍,纪律严明,因边地风气强悍,商同地方官增设义学,令兵民子弟读书,其中威惠并行,军民悦服。

同治三年,回匪煽乱,新疆全境沦陷。巴里坤汉回杂处,警报时闻,何故镇分兵四营,扼扎城外,又就地筹饷,练成民团,与官兵相维系。是年九月,外贼与城内回民勾结,仓猝变起,何故镇督兵巷战,立时扑灭。

四年五月,贼陷哈密。六月,马步贼二万直趋巴里坤城。时兵、团仅二千有奇,满汉两城不敷分布。何故镇激励将士,登陴固守,旋率兵、团出城决战,杀贼甚众,夺获枪炮、驼马无算,重围遂解。各处难民数万,麇集城外,何故镇悉纳入城,不令失所。八月,正当收割秋麦,哈密贼万余复来攻城。何故镇躬冒矢石,三战三捷,毙贼甚多,余党遁去。

五年五月,贼复率大股来犯。何故镇督兵奋击,阵斩执旗贼目数名,穷追二十余里,毙贼数百。余党仍回哈密。适哈密回王伯锡尔派人乞援,维时粮道梗塞,兵民采野菜杂糠秕为食,闻欲赴援,皆有难色。何故镇以攻克哈密,则粮道可通,与其饿死,何如战死?涕泣开导,士皆感奋;遂派参将芮林、凌祥,率马步二千六百人,向商户借数日粮,兼程而进。六月初九,夜度天山,遇大股贼,战于南山口,破之;乘胜追逐,天明抵哈密。贼由南湖窜去。立将哈密克复,尽歼城内余贼。是年十一月,西路回逆再陷哈密。十二月,贼马队数千由沙枣泉越草达坂攻扑巴里坤城。何故镇击之,连获大胜。

六年正月，复派芮林攻哈密。贼溃败。二月，又将哈密克复。奏上，钦奉谕旨奖励。九年，乌里雅苏台告急，何故镇派都司郭永庆率马队往援，将贼击退，分军驻要隘。贼遂不敢东窜，关内外及蒙古站道始通。旋因巴里坤镇兵丁禀控巡捕刘光珍短交饷银，经前乌鲁木齐都统景廉查明，将何故镇奏请议处，部议降三级调用。光绪元年，经前陕甘总督左宗棠察看，何故镇倔强糊涂，年力衰迈，奏奉谕旨，勒令休致。

十二年十二月，旧伤举发，在籍病故。窃念何故镇督兵筹饷，捍卫地方，在任十二年，保全甚大。追维往事，群相感泣，拟捐资建立祠宇，以申酬报私情。禀经镇西厅同知甘承谟，会同署巴里坤镇总兵萧元亨，造具事迹、履历清册，由布政使饶应祺、镇迪道兼按察使衔丁振铎转详请奏前来。

臣查何琯当逆回猖獗之时，饷缺援绝，独能激励将士，奋身血战，保守危城，全活满汉民人至六七万之多，尚有余力一解乌里雅苏台之围，两次攻克哈密，勋绩烂然。厥后左宗棠奉命督办新疆军务，实赖巴里坤一隅完固，以为屯粮进兵之地。追全疆底定，各统兵大员生前悉沐殊恩，没后复邀旷典。何琯只缘赋性粗直，不能俯仰随人，卒以一眚去官，迄今年久，在昔勋劳几于泯灭。臣每见僚属、绅耆，询及何琯战功，皆能言之凿凿。

伏查前浙江处州镇总兵陈国瑞，[①]以革职遣戍之员，及其既

---

① 陈国瑞（1837—1882），字庆云，湖北应城人。咸丰年间，参加太平军，后投黄开榜，收为义子，易姓黄。咸丰九年（1859），以军功加都司衔。十年（1860），随袁甲三于怀远、寿州一带剿办发、捻，以骁勇善战补游击，赐技勇巴图鲁名号。十一年（1861），两破捻军，加副将衔。同治元年（1862），实授副将，加总兵衔，赏黄马褂，封头（接下页）

没，渥蒙恩恤，开复原官，建祠立传，仰见朝廷眷念前劳至意。兹何琯虽经被议，功绩实有难忘。合无吁恳天恩，俯准开复已故记名提督前巴里坤镇总兵何琯降三级调用处分，照军营立功后积劳病故例，从优赐恤，并将战功、事迹宣付国史馆立传。至应否由各绅民捐建祠宇以顺舆情之处，出自鸿施。

除将事迹、履历清册咨部查照外，谨会同陕甘总督臣杨昌濬恭折具陈，伏乞皇上圣鉴训示。谨奏。光绪二十年十一月二十六日。

（朱批：）另有旨。①

光绪二十年十二月二十七日，奉朱批：另有旨。钦此。②

【案】部议降三级调用。光绪元年……勒令休致：同治九年十二月初二日，领队大臣伊勒屯以何琯回护属员，具折密陈曰：

奴才伊勒屯跪奏，为总兵何琯回护属员，违例擅奏，仰恳严旨惩戒，以肃纪纲，恭折奏祈圣鉴事。

窃奴才于本年二月十一日接奉上谕：何琯前因奏事殊为失实，嗣后巴、哈两城军务，伊勒屯务当饬令何琯随时与文麟等悉心酌办，不得稍有参差，致彼此各存意见。其应行具奏事宜，着会同伊勒屯列衔入告，何琯不得率行单衔具奏。钦此。

（接上页）品顶戴。三年（1864），擢浙江处州镇总兵。因性桀骜不驯，引兵济宁，寻衅与刘铭传火拼，旋率兵攻漕运总督衙门，经漕运总督吴棠以病癫奏参，夺职，押送回籍。六年（1867），调北京，封御前正黄旗头等侍卫。次年，授神机营管队侍卫，封云骑尉。旋因屡在军中滋事，纵部掠夺，杀伤民团，发往军台效力，改戍黑龙江。光绪八年（1882），病卒于戍所。

① 台北故宫博物院藏：军机及宫中档，文献编号：408002901。

② 中国第一历史档案馆藏：录副奏折，档案编号：03-5899-088。

等因。奴才当即行知该总兵，业经钦遵在案。兹于十月十三日准乌里雅苏台将军福济咨称：同治九年九月十八日，恭阅邸钞，奉上谕：前据伊勒屯查明巴里坤镇总兵何琯被参各节，及署游击孙渊椿被控等情，当经降旨将何琯交部议处，并将孙渊椿革职，交部议处。兹据何琯奏称，文麟把持粮道，不顾大局，确有实据。该大臣挟嫌奏参巴里坤镇标兵骄劣，伊勒屯并未将骄纵情由及何琯不能统驭之处详细声叙，含混具奏，实属虚妄。至孙渊椿被敦煌民人陈国清控告各节，伊勒屯未将原告、见证人等调赴巴城质讯，亦未传唤孙渊椿讯问，仅据原控、原详一面之词，咨送刑部，含混奏结，请饬确实查办等语。此案文麟所奏是否属实，伊勒屯查办有无草率，均应彻底根究。着福济即将文麟原参何琯暨孙渊椿被控各款，及此次何琯具奏情节，逐款详查，据实具奏，不得稍有含混，以成信谳。钦此。等因前来。奴才始知何琯又经单衔奏事。窃闻同寅和衷，又闻师克在和。当此兵戈之年，何琯与奴才理宜臭味相联，一心一德，庶能并力剿敌，相与有成。乃何琯以未尝学问三乎，济以骄恣之性，贪天蒙赏，作伪自矜，而左右办事、公事者，又无老成晓事之人，遇事怂恿，辄自浪行；时复纵容标弁，假以狐威。前次奉旨，着奴才查办文麟奏参何琯骄纵标兵各款，及何琯平日为人，奴才不敢不据实奏闻，而何琯乃以奴才不能与彼偏袒，弥衔憾恨，竟敢潜发奏折，冀图蒙混。

至署游击孙渊椿被控一案，奴才深悉孙渊椿为人强横，诚恐原告人等到巴生出意外事端，是以暗地访查，据敦煌县详稿咨行刑部治罪。而何琯并未与奴才商酌办理，率尔单衔具奏，回护属员。其藐视法纪，无知妄为，概可想见。今于十月二十九日，何琯又复单衔具奏，不知所奏何事，亦未知会奴才，况现在军务旁午，皇上正在宵旰之际。奴才满洲世仆，累受国恩，至渥至隆，曷敢竟存异见，冒渎圣聪。但何琯自乌城失陷，愈加骄恣，凡一切军务事件，并不与奴才商酌办理，率性单衔具奏，希图邀功。满汉两城相隔半里之途，如此紧急军务不与闻问，奴才每思及此，实深畏惧，若不据实奏明，诚恐将来隐坏大局。现在时事渐迫，奴才不得不据实秘陈。谨将何琯不遵谕旨缘由，恭折秘奏，伏乞皇太后、皇上圣鉴。谨奏。九年十二月初二日。①

伊勒屯之奏于同治十年正月初八日得允行，清廷令左宗棠将何琯调营察看，曰：

军机大臣字寄：钦差大臣陕甘总督一等恪靖伯左：同治十年正月初八日，奉上谕：据伊勒屯奏，巴里坤镇总兵何琯袒护已革署游击孙渊椿被控各节，不遵谕旨，复行单衔陈奏。该总兵自乌城贼扰后，愈加骄恣，于一切军务事件并不商酌办理，请严旨惩戒等语。巴里坤地方紧要，现值西陲军务未平，该总兵尤当与伊勒屯和衷共济，妥筹布置。若如所奏，何琯遇事专擅，是该员于军务、地方各事宜，甚不得力。着左宗棠将何琯调赴军营，悉心察看，据实具奏。其巴里坤镇总兵篆务，着左宗棠遴派晓畅营务、带兵得力之员前往接署，或即奏请补授，以重职守，并着一面派往，一面奏闻。原折着钞给阅看。将此由六百里谕令知之。钦此。遵旨寄信前来。②

① 中国第一历史档案馆藏：录副奏折，档案编号：03-4746-001。
② 台北故宫博物院藏：军机及宫中档，文献编号：408017459；《穆宗毅皇帝实录（七）》，卷三百二，同治十年正月上，第8页。

　　同年，陕甘总督左宗棠奏报遵旨饬调何琯并委员接署巴里坤镇篆各缘由，曰：

　　再，臣钦奉同治十年正月初八日上谕：据伊勒屯奏，巴里坤镇总兵何琯袒护已革署游击孙渊椿被控各节等因。钦此。当即钦遵，檄调何琯来臣行营，以凭察看。其所遗巴里坤总兵一缺，查有记名提督赵德正，明干老成，久经行阵，前经乌鲁木齐提臣成禄委署甘肃甘州镇总兵，咨会到营，尚未具奏，以之署理巴里坤镇总兵，实堪胜任。其甘州镇总兵一缺，臣已咨会署甘肃提臣杨占鳌，就近遴委员前往署理。除俟何琯到营察看如何情形暨肃州镇总兵委署有员、再行随时奏报外，所有遵旨饬调何琯来臣行营，并委员接署巴里坤镇篆各缘由，谨附片具陈，伏乞圣鉴。谨奏。①

　　光绪二年八月十八日，陕甘总督左宗棠请将巴里坤镇总兵何琯勒令休致，曰：

　　再，臣于同治十年正月十五日钦奉上谕：据伊勒屯奏，巴里坤镇总兵何琯袒护已革署游击孙渊椿被控各节，及遇事专擅，是该员于军务、地方各事宜，甚不得力。着左宗棠将何琯调赴军营，悉心察看，据实具奏。其巴里坤镇总兵篆务，着左宗棠派员前往接署，或即奏请补授，以重职守等因。钦此。比经臣将委员前往接署巴里坤镇总兵篆务，并檄调何琯来营各情形奏明在案。嗣准景廉咨：何琯因巴里坤镇标兵禀其巡捕刘光珍短交饷银，应留巴候质，俟质讯明确，再赴臣营察看。奏奉谕旨允准。旋经景廉查明刘光珍短交军饷缘由覆奏，经

---

①　台北故宫博物院藏：军机及宫中档，文献编号：106652。

部核议，将何瑄降三级调用，咨臣转行知照，并令何瑄遵照前旨，迅速赴营察看。嗣何瑄于本年七月间来营禀到。

臣查何瑄倔强糊涂，年力衰迈，伊勒屯前参该员袒护已革游击孙渊椿及遇事专擅各节，未为无因。相应请旨将降三级调用之巴里坤镇总兵何瑄勒令休致。其所遗巴里坤总兵一缺，容臣遵旨拣员请补，以重职守。谨附片具陈，伏乞圣鉴训示。谨奏。①

光绪二年九月二十二日，军机大臣奉旨：何瑄着勒令休致，该部知道。钦此。②

【案】陈国瑞……开复原官，建祠立传：同治四年十一月二十七日，漕运总督吴棠以浙江处州镇总兵陈国瑞患病疯狂，奏请革职，并押送回籍，曰：

头品顶戴署两广总督漕运总督臣吴棠跪奏，为总兵患病疯狂，现在派员押送回籍，请旨革职示惩，仰祈圣鉴事。

窃臣前据浙江处州镇总兵官陈国瑞呈请请假在淮就医，当经恭折奏奉俞允在案。本年十一月初六日，臣在清江接据淮安府知府、山阳县知县等禀称：总兵陈国瑞因义子副将陈振邦逃走，派弁饬令闭城搜索等情。臣以该总兵陈国瑞尚知体制，不应如是妄为，当赴淮察看，始见该总兵言语尚能明白，继则笑啼间作，语无伦次，病类疯狂。旋即延医赴陈国瑞寓所，赶为诊治。又据副将陈振邦投署禀称，陈国瑞病势至十月下旬，忽又更变，喜怒无常，终日鞭责陈振邦等。十一月初五日

---

① 中国第一历史档案馆藏：朱批奏片，档案编号：04-01-17-0181-054。
② 中国第一历史档案馆藏：录副奏片，档案编号：03-5779-040。

夜间，陈国瑞寻刀逐杀陈振邦，以致陈振邦情急逃避，求臣饬令归宗各情。臣当饬令陈振邦候臣劝谕陈国瑞后，再行往见。

十一月二十五日，臣正派员劝谕陈国瑞间，乃于三更后，陈国瑞率勇十余人，徒步行抵漕臣衙署，将头门碰撞，肆口辱骂，经臣派员禁止，该随勇始行散退，陈国瑞当即疲厥倒地。臣复令人送回寓所调理。除将滋闹衙署之随勇另行拿办、并派弁押送陈振邦归寄外，伏查陈国瑞在淮安一带并无家属，照料乏人，近患疯狂日甚，更虑妄滋事端。臣现已派弁押令回籍，咨交湖广督臣、湖北抚臣，饬令地方官管束。

至陈国瑞虽病疯狂，滋闹衙署，究属罪有应得，相应请旨将浙江处州镇总兵陈国瑞即行革职，以示惩儆而肃营规。所有总兵患病疯狂押送回籍各缘由，恭折具陈，伏乞皇太后、皇上圣鉴。谨奏。十一月二十七日。①

同日，吴棠附片奏请饬下湖广督抚派员妥视陈国瑞，曰：

再，陈国瑞性本耐苦，自奉甚薄。历年军需节省，尚有盈余，月前几次即思捐助军饷。现今病殆，苦无司事帐目稽查。闻参将陈浚家领有资本银数万两，出湖售盐，容臣派员查明实数，奏请提充淮徐兵饷。又闻宝应置有田产数处，为陈振邦婚宴之资。查陈振邦系前守天长总兵陈文胜之侄，今既归宗，则田产无用。应饬地方官查明，存备公款。又，该营尚存小队三百名，已由臣派员管带，战马四十匹，一并交营。另存现银库平二万五千两，拟由臣封解官文，饬司分年交陈国瑞收领，以资回籍生计。

---

① 中国第一历史档案馆藏：军机录副，档案编号：03-4719-073。

臣思陈国瑞战功屡著，深沐天恩。迹其生平，奋勇过人，是其所长；性情躁急，是其所短。方冀陶镕奖励，宣力戎行，乃因病致狂，细故不忍，几成大恶，实出臣意料之外。惟仰体圣朝保全功臣之意，仍请饬下两湖督臣、湖北抚臣，派员妥视，纵使他日病痊，而性情仍旧犷悍，慎勿轻任兵事，出自高厚鸿慈。臣不胜待命之至。谨附片陈明。伏乞圣鉴。谨奏。同治四年十二月初二日，军机大臣奉旨，钦此。①

吴棠之折片于是年十二月初二日得允行。《清实录》：

又谕：吴棠奏，陈国瑞患病疯狂，押送回籍，请旨革职，并请饬湖北督抚派员妥视各折片。本日已降旨将该总兵革职矣。所有该革员售盐资本提充淮徐兵饷、宝应田产归公、战马交营各节，均着照所请行。其另存现银二万五千两，已由吴棠封解官文，即着官文、郑敦谨饬司存储，分年交陈国瑞收领，以资回籍生计。该革员现既病疯，即使他日就痊，而喜怒无常，性情犷悍，官文等亦不可再任以兵事，致滋贻误。第念其从前宣力戎行，战功叠著，今竟成废，情殊可悯！官文等务当随时派员妥视，毋令失所，其疯疾能否痊愈，并着随时察看具奏，以副朝廷保全爱惜之至意。原折片着钞给官文、郑敦谨阅看。将此各谕令知之。寻奏，陈国瑞业经到籍，察看病势，渐可痊愈。其胞兄陈光荣、堂兄陈光藻出结，领回原籍应城县医治。解到银两，存汉黄道库，以备该革员随时支领，俾资养赡。报闻。②

---

① 中国第一历史档案馆藏：录副奏片，档案编号：03-4719-072。
② 《穆宗毅皇帝实录（四）》，卷一百六十二，同治四年十二月上，第743页。

光绪二十五年十月二十九日，漕运总督松春为已故总兵陈国瑞战功卓著，请旨恩准附祀前漕臣吴棠专祠，附片曰：

再，据署清河县知县陈崇煌详称：据清河县附贡生方鸿宾等禀称，已故记名提督前浙江处州镇总兵陈国瑞，于咸丰年间从征皖北，克府州县城池多处，屡著战功。同治初年，清淮发、捻势极猖獗，经前漕督吴棠奏调来浦，带兵迎剿。其时清江无城，筑圩未就，捻匪大至，情形岌岌可危。该故镇亲率壮士数百人，驰入贼阵，往来突击，贼众披靡，夜半遁去，仍踞桃源县之众兴集，日出肆扰，越境四掠。该故镇复整队前往，兼带炮船数十艘，昼夜攻击，水陆叠进。捻贼被创，气摄而走，是清淮赖以安堵。嗣随忠亲王僧格林沁转战山东、安徽、湖北、直隶、河南等省，所向克捷，凌厉无前。如破白莲教，平苗沛霖，剿张总愚等寇，尤其战功最著、昭昭在人耳目者也。光绪初年，缘案发黑龙江，殁于戍所。荷蒙恩旨褒恤，开复原官，并准于山东立功地方、湖北应城县本籍建立专祠。清淮受其保障，功德在民，拟请奏恳附祀前漕臣吴棠专祠，以遂报飨之忱等情前来。

奴才伏查总兵陈国瑞，勇敢性成，战绩昭著。当前漕臣吴棠奏调来浦，正在匪势鸱张、人心惶惶之际，用能以少击众，转危为安，清淮士民到今讴思弗辍。查上年四月间，曾将已故记名提督前南赣镇总兵姚广武、已故补用副将唐高斗奏请附祀前漕臣吴棠专祠，钦奉俞允，转行遵照在案。该故镇劳绩昭著，实有保障清淮之功。今据士民沥诚具禀，未便壅于上闻。合无仰恳天恩，俯准将以故记名提督前浙江处州镇总兵陈国瑞附祀前漕臣吴棠专祠，以顺舆情，出自逾格鸿慈。谨附片具陈，伏乞圣鉴训示。谨奏。

光绪二十五年十一月十三日，奉朱批：着照所请，该部知道。钦此。①

【案】陶模之奏得允行。《清实录》：

予故降调前巴里坤镇总兵何珛开复处分，祭葬恤荫加等，宣付史馆立传，并建专祠。从甘肃新疆巡抚陶模请也。②

一〇二　奏报新疆光绪二十年夏秋禾收成分数折

光绪二十年十一月二十六日(1894年12月22日)

头品顶戴甘肃新疆巡抚臣陶模跪奏，为查明甘肃新疆光绪二十年夏秋禾收成分数，缮具清单，恭折仰祈圣鉴事。

窃查新疆每年收成分数，历经奏报在案。兹据布政使饶应祺详称：光绪二十年收成分数，据各属先后申报，通盘牵算，通省夏禾实在七分有余，秋禾实在七分有余等情前来。

臣覆核无异。相应缮具清单，会同陕甘总督臣杨昌濬恭折具陈，伏乞皇上圣鉴。谨奏。光绪二十年十一月二十六日。

(朱批：)知道了。③

光绪二十年十二月二十七日，奉朱批：知道了。钦此。④

---

① 中国第一历史档案馆藏：录副奏片，档案编号：03-5564-114。
② 《德宗景皇帝实录(五)》，卷三百五十七，光绪二十年十二月，第650页。
③ 台北故宫博物院藏：军机及宫中档，文献编号：408002903。
④ 中国第一历史档案馆藏：录副奏折，档案编号：03-6725-029。

一〇三　呈新疆光绪二十年夏秋
禾收成分数清单

光绪二十年十一月二十六日（1894 年 12 月 22 日）

谨将甘肃新疆光绪二十年各属夏秋禾收成分数，开具清单，恭呈御览。

计开：

夏禾约收九分者：疏勒州、莎车州、绥来县、绥定县。

约收八分者：喀喇沙尔厅、英吉沙尔厅、玛喇巴什厅、温宿州、和阗州、宁远县、疏附县、叶城县、于阗县。

约收七分者：塔尔巴哈台厅、精河厅、库车厅、乌什厅、阜康县、拜城县。

约收六分者：吐鲁番厅、库尔喀喇乌苏厅、奇台县、呼图壁巡检。

约收五分者：镇西厅、迪化县、昌吉县、济木萨县丞。

约收四分者：哈密厅。

秋禾约收十分者：宁远县。

约收九分者：昌吉县、叶城县。

约收八分者：吐鲁番厅、塔尔巴哈台厅、喀喇沙尔厅、玛喇巴什厅、温宿州、疏勒州、莎车州、疏附县、于阗县。

约收七分者：库尔喀喇乌苏厅、乌什厅、英吉沙尔厅、和阗州、迪化县、阜康县、绥来县、拜城县。

约收六分者：精河厅、库车厅、奇台县、绥定县、呼图壁巡检。

约收五分者：济木萨县丞。

约收四分者：哈密厅。

再，镇西厅天气早寒，向不种植秋禾，故无分数。合并声明。

（朱批：）览。①

一〇四　请以韩廷得等分补都司等缺折

光绪二十年十一月二十六日(1894 年 12 月 22 日)

头品顶戴甘肃新疆巡抚臣陶模跪奏，为拣员请补都司、守备各员缺，以重边防，恭折仰祈圣鉴事。

窃伊犁镇属宁远营都司、守备各缺，均经奏准作为题缺，亟应拣员请补，各专责成。兹查有副将衔补用参将留甘尽先补用游击韩廷得，年壮才明，堪以借补宁远营都司员缺；补用都司留新疆尽先补用守备曾殿明，年强才裕，堪以请补宁远营中军守备员缺。该员等在新疆出力有年，营务熟悉，以之请补各缺，均堪胜任。合无仰恳天恩，俯准以韩廷得、曾殿明分补都司、守备各缺，以裨营务。如蒙俞允，并恳饬部发给札付，曾殿明应照乌鲁木齐补放守备例，毋庸送部引见；请补都司之韩廷得，应俟防务大定，即行给咨送部引见，以符定例。

除饬取该员等履历清册咨部外，谨会同伊犁将军臣长庚、陕甘总督臣杨昌濬、署喀什噶尔提督臣黄万鹏恭折具陈，伏乞皇上圣鉴训示。谨奏。光绪二十年十一月二十六日。

（朱批：）兵部议奏。②

---

① 中国第一历史档案馆藏：清单，档案编号：03-6725-030。

② 台北故宫博物院藏：军机及宫中档，文献编号：408002902。

光绪二十年十二月二十七日,奉朱批:兵部议奏。钦此。^①

一○五　李清海等保案有误请饬更正片

光绪二十年十一月二十六日(1894 年 12 月 22 日)

再,查总兵衔尽先推补副将李清海,前因关陇肃清案内由蓝翎都司补用守备保免补都司,以游击尽先补用,并换花翎;克复乌鲁木齐等城案内误由补用参将保以副将尽先推补,并给勇号,经前护抚臣魏光焘奏请饬部逐层递减。旋准兵部议覆:查该员关陇肃清案内系由游击衔补用都司底衔保免补都司以游击尽先补用,究由何项官阶请保游击,应查明办理等因。饬据该员禀覆,克复湖北黄州府城案内,实系由蓝翎把总保免补千总,以守备尽先补用,并加都司衔;关陇肃清案内误由蓝翎游击衔补用都司保免补都司,以游击尽先补用,并换花翎;克复乌鲁木齐等城案内,复误由补用参将保免补参将,以副将尽先推补,并给勇号。又,据留陕甘尽先推补游击方义章禀称:同治七年,剿平陕西发贼,由武童得奖六品军功,旋于陕西全境肃清案内误由外委保以把总尽先拔补,并戴蓝翎;荡平金积堡案内,由把总保以千总尽先拔补;克复巴燕戎格肃清河州案内,复误由守备保免补守备,以都司尽先补用;新疆五次剿平边寇案内,由蓝翎都司保以游击留陕甘尽先推补,并换花翎,请附奏递减各等情前来。

臣覆核无异。合无仰恳天恩,俯准将李清海于关陇肃清案内准保游击并换花翎,改为由蓝翎都司衔守备保免补守备,以都司尽

---

①　中国第一历史档案馆藏:录副奏折,档案编号:03-5899-090。

先补用，并换花翎；克复乌鲁木齐等城案内准保副将并给匡勇巴图鲁勇号，改为由都司保免补都司，以游击尽先推补，仍给勇号；新疆南北路一举荡平案内由推补副将赏换阿克敦巴图鲁勇号，改为推补游击；新疆六载边防案内由副将准保总兵衔，改为由游击赏加参将衔；新疆城署各工案内由总兵衔推补副将准给加一级，改为参将衔推补游击；新疆七载防戍案内由副将衔参将准保补缺后以副将补用，并加总兵衔，改为由参将衔游击保俟补缺后以参将补用，并加副将衔。方义章于陕西全境肃清案内准保把总并戴蓝翎，改为由军功保以外委尽先拔补，并戴蓝翎；荡平金积堡案内准保千总，改为由外委保以把总尽先拔补；克复巴燕戎格肃清河州案内准保都司，改为把总保以千总尽先拔补；五次剿平边寇案内准保游击并换花翎，改为由蓝翎千总保以守备仍留陕甘尽先补用，并换花翎。饬部分别递减，以实官阶，出自鸿施。

　　除咨部外，谨附片具陈，伏乞圣鉴训示。谨奏。

　　（朱批：）兵部议奏。[1]

　　光绪二十年十二月二十七日，奉朱批：兵部议奏。钦此。[2]

一〇六　请准汤咏山等留新补用片

光绪二十年十一月二十六日(1894 年 12 月 22 日)

　　再，新疆从前征剿出力各武员，叠经奏留新疆补用在案。兹查有记名提督汤咏山、范如松，提督衔记名总兵万长发，尽先推补副

---

① 台北故宫博物院藏：军机及宫中档，文献编号：408002901-0-A。
② 中国第一历史档案馆藏：录副奏片，档案编号：03-5899-089。

将张花、赵辅清,补用游击尽先补用都司徐松,游击衔尽先即补都司何占海,补用都司尽先补用守备王春森、胡得贵,都司衔补用都司留陕西固原提标尽先即补守备秦顺兴,补用都司即补守备许海潮,尽先补用守备易迎祥等十二员,在新疆效力有年,边情熟悉。合无仰恳天恩,俯准将记名提督汤咏山等十二员,均以原官原衔留于甘肃新疆尽先补用,于边防、营伍实有裨益。

除饬取履历清册咨部查照,并俟续查有应行留省人员随时奏请外,谨会同陕甘总督臣杨昌濬附片具陈,伏乞圣鉴训示。谨奏。

（朱批:）着照所请,兵部知道。[①]

光绪二十年十二月二十七日,奉朱批:着照所请,兵部知道。钦此。[②]

一〇七　奏报饬令黄丙焜迅赴本任片

光绪二十年十一月二十六日(1894年12月22日)

再,伊犁府知府员缺,前护抚臣魏光焘奏请以吐鲁番直隶厅同知黄丙焜升补,经部覆准在案,应即饬赴本任,以专责成。据新疆布政使饶应祺、镇迪道兼按察使衔丁振铎会详前来。除由臣批饬给委外,谨会同伊犁将军臣长庚、陕甘总督臣杨昌濬附片具陈,伏乞圣鉴。谨奏。

（朱批:）吏部知道。[③]

---

①　台北故宫博物院藏:军机及宫中档,文献编号:408002902-0-A。

②　中国第一历史档案馆藏:录副奏片,档案编号:03-5318-104。

③　台北故宫博物院藏:军机及宫中档,文献编号:408002902-B。

光绪二十年十二月二十七日，奉朱批：吏部知道。钦此。①

【案】魏光焘奏请以……黄丙焜升补：光绪十五年八月二十六日，护理新疆巡抚魏光焘奏请以黄丙焜署理伊犁府知府缘由一片，曰：

再，代理迪化府知府潘时策卸代遗缺，查有吐鲁番同知黄丙焜才具练达，为守兼优，堪以委署。据兼理新疆布政使兼按察使衔镇迪道恩纶具详前来。除由臣批饬给委外，谨会同陕甘总督臣杨昌濬附片具奏，伏乞圣鉴。谨奏。

光绪十五年九月二十八日，奉朱批：吏部知道。钦此。②

一〇八　奏报新疆光绪二十年八月雨水、粮价折

光绪二十年十二月初二日(1894年12月28日)

头品顶戴甘肃新疆巡抚臣陶模跪奏，为恭报光绪二十年八月份粮价并得雨情形，谨缮折具陈，仰祈圣鉴事。

窃照光绪二十年七月份各厅、州、县粮价并得雨情形，业经臣奏报在案。兹据新疆布政使饶应祺详称：本年八月份，镇迪道属库尔喀拉乌苏得雨，入土四寸；镇西得雪，积地三寸；绥来得雨，入土三寸；昌吉、阜康得雨，入土二寸；迪化得雨，入土一寸；吐鲁番、奇

---

① 中国第一历史档案馆藏：录副奏片，档案编号：03-5318-105。
② 台北故宫博物院藏：军机及宫中档，文献编号：408006635-0-A；中国第一历史档案馆藏：录副奏片，档案编号：03-5253-130。

台微雨。伊塔道属精河得雨，入土一寸；绥定微雪，宁远微雨。南路英吉沙尔、莎车、和阗、拜城、叶城、于阗微雨。余未得雨雪。至通省粮价，吐鲁番、镇西、精河、喀喇沙尔、库车、迪化、阜康、奇台等厅、县俱与上月相同，余均略有增减。汇详请奏前来。

理合恭折具陈，并缮粮价清单，敬呈御览，伏乞皇上圣鉴。谨奏。光绪二十年十二月初二日。

（朱批：）知道了。[①]

光绪二十一年正月初三日，奉朱批：知道了。钦此。[②]

一〇九　呈新疆光绪二十年八月粮价清单

光绪二十年十二月初二日（1894 年 12 月 28 日）

谨将新疆各属光绪二十年八月份米粮时估价值，缮具清单，恭呈御览。

计开八月份：

镇迪道属：

迪化县：大米每京石价银三两二钱四分一厘，小麦每京石价银一两四钱五分，豌豆每京石价银一两二钱六分，青稞每京石价银一两，俱与上月相同。

昌吉县：大米每京石价银二两七钱八分四厘，较上月减五钱二分八厘。小麦每京石价银一两二分六厘，较上月减七分四厘。豌豆每京石价银九钱五分五厘，与上月相同。青稞每京石价银七钱

---

①　台北故宫博物院藏：军机及宫中档，文献编号：408002905。

②　中国第一历史档案馆藏：录副奏折，档案编号：03-6940-001。

一分七厘，与上月相同。

　　阜康县：粟米每京石价银九钱五分五厘，小麦每京石价银一两二分八厘，豌豆每京石价银九钱五分四厘，高粱每京石价银五钱三分，俱与上月相同。

　　绥来县：大米每京石价银二两六钱四分三厘，较上月减一钱六分九厘。小麦每京石价银一两二钱七分三厘，较上月减七分二厘。豌豆每京石价银一两三钱八分九厘，与上月相同。高粱每京石价银五钱三分二厘，与上月相同。

　　奇台县：大米每京石价银四两一钱四分二厘，小麦每京石价银一两二钱八厘，豌豆每京石价银八钱二分八厘，俱与上月相同。

　　吐鲁番直隶厅：小麦每京石价银一两六钱四分五厘，大麦每京石价银四钱四分八厘，高粱每京石价银六钱六分七厘，黄豆每京石价银一两二钱一分八厘，俱与上月相同。

　　镇西直隶厅：小麦每京石价银一两五钱二分，豌豆每京石价银一两，青稞每京石价银六钱四分，俱与上月相同。

　　哈密直隶厅：粟米每京石价银一两四钱四分，与上月相同。小麦每京石价银一两七分六厘，较上月减九分四厘。豌豆每京石价银一两一钱五分，较上月减三分。青稞每京石价银九钱六分，较上月减四分。

　　库尔喀喇乌苏直隶厅：小麦每京石价银一两四钱一分四厘，与上月相同。豌豆每京石价银一两六钱三分五厘，较上月减九分七厘。高粱每京石价银八钱七分八厘，较上月减三分四厘。

　　伊塔道属：

　　绥定县：大米每京石价银三两二钱五分六厘，较上月减二钱九分六厘。小麦每京石价银一两一钱七分三厘，较上月减六分九厘。

大麦每京石价银六钱六分六厘，较上月减五分五厘。豌豆每京石银一两二钱二分四厘，较上月减七分二厘。

宁远县：大米每京石价银三两二钱五分，较上月减四钱五分。小麦每京石价银八钱二分，较上月减二钱八分。大麦每京石价银六钱四分，较上月减二钱一分。豌豆每京石价银九钱三分，与上月相同。

塔尔巴哈台直隶厅：小麦每京石价银一两四钱一分二厘，较上月减二钱六分。大麦每京石价银九钱二分七厘，较上月减七分一厘。豌豆每京石价银一两一钱九分四厘，较上月减七分六厘。

精河直隶厅：大米每京石价银四两一钱一分六厘，小麦每京石价银一两六钱八分，大麦每京石价银七钱三分五厘，豌豆每京石价银一两三钱三分，俱与上月相同。

阿克苏道属：

温宿直隶州：大米每京石价银一两七钱一分，较上月减一钱九分。小麦每京石价银八钱六分二厘，较上月减一钱七分三厘。大麦每京石价银六钱，与上月相同。包谷每京石价银六钱八分，与上月相同。

拜城县：小麦每京石价银六钱五分七厘，较上月减八分七厘。大麦每京石价银三钱五分，较上月减四分四厘。豌豆每京石价银四钱三分八厘，与上月相同。包谷每京石价银四钱三分八厘，与上月相同。

喀喇沙尔直隶厅：大米每京石价银二两六钱六分四厘，小麦每京石价银七钱五分九厘，豌豆每京石价银七钱二分，包谷每京石价银五钱七分六厘，俱与上月相同。

　　库车直隶厅：大米每京石价银二两七分二厘，小麦每京石价银六钱一分，包谷每京石价银四钱二分三厘，俱与上月相同。

　　乌什直隶厅：大米每京石价银二两一钱七分五厘，与上月相同。小麦每京石价银四钱九分六厘，较上月减一钱六分四厘。大麦每京石价银三钱一分四厘，较上月增一钱。包谷每京石价银四钱六分四厘，较上月减六分。

　　喀什噶尔道属：

　　疏勒直隶州：大米每京石价银三两，与上月相同。小麦每京石价银一两三钱一分一厘，较上月增六分九厘。包谷每京石价银八钱九分六厘，与上月相同。高粱每京石价银八钱九分六厘，与上月相同。

　　疏附县：大米每京石价银三两，与上月相同。小麦每京石价银一两三钱一分一厘，较上月增六分九厘。包谷每京石价银九钱三分八厘，与上月相同。高粱每京石价银八钱五厘，与上月相同。

　　莎车直隶州：大米每京石价银二两四分二厘，与上月相同。小麦每京石价银八钱六分九厘，与上月相同。大麦每京石价银六钱，较上月增一分三厘。包谷每京石价银五钱五分四厘，与上月相同。

　　叶城县：大米每京石价银二两三钱二分，较上月减二钱九分。小麦每京石价银七钱二分五厘，较上月减二分五厘。包谷每京石价银五钱四厘，较上月减二分四厘。青稞每京石价银四钱二分五厘，较上月减二分五厘。

　　和阗直隶州：大米每京石价银二两二钱四分，较上月减二钱一分。小麦每京石价银九钱三分八厘，与上月相同。包谷每京石价银五钱九分五厘，与上月相同。青稞每京石价银四钱八分三厘，与上月相同。

于阗县：大米每京石价银三两四钱五分，与上月相同。小麦每京石价银九钱九分一厘，较上月减一分四厘。包谷每京石价银六钱一分四厘，与上月相同。

英吉沙尔直隶厅：大米每京石价银三两六钱四分八厘，较上月减一钱五分二厘。小麦每京石价银一两七分六厘，较上月减二分八厘。大麦每京石价银五钱七分，与上月相同。包谷每京石价银八钱四厘，与上月相同。

玛喇巴什直隶厅：大米每京石价银二两六钱六分四厘，与上月相同。小麦每京石价银一两二钱四分二厘，较上月减一钱三分八厘。包谷每京石价银七钱六分八厘，较上月减六分四厘。

（朱批：）览。[①]

一一〇　奏报新疆来春毋庸接济折

光绪二十年十二月初二日(1894年12月28日)

头品顶戴甘肃新疆巡抚臣陶模跪奏，为遵旨查明新疆并无被灾地方，毋庸接济，恭折仰祈圣鉴事。

窃臣于光绪二十年十一月初八日承准军机大臣字寄：光绪二十年十月初三日，奉上谕：本年顺天、直隶雨水过多，田禾被淹，拨给仓米三万石，交孙家鼐等妥为散放，并谕令户部将顺天府解存捐款银十五万两即行发交。复准孙家鼐等所请，将拨给归顺属之湖南漕折银两及各省应解备荒经费，饬令赶紧筹解，用备赈抚。河南

---

① 中国第一历史档案馆藏：清单，档案编号：03-6940-002。

浚县等处被水，令刘树堂①发给各该县被灾村庄一月口粮，以资抚恤。江西瑞昌等县被水，湖南新化等州县被水、被兵，陕西鄜州等州县被雹，甘肃河州等州县被雹、被水，广东会同等县被风、被水，云南石屏等州县被水、石膏井被火，均经该督抚等查勘抚恤，小民谅可不至失所。惟念来春青黄不接之时，民力未免拮据，着传谕该督抚等体察情形，如有应行接济之处，即查明据实覆奏，务于封印以前奏到，候朕于新正降旨加恩。再，安徽安庆等府属被水，湖南澧州等州县被水、武冈州被兵，陕西临潼县被水，均经该督抚等委员查勘。即着迅速办理，并将来春应否接济之处一并查明，于封印前奏到。此外各省有无被灾地方应行调剂抚恤之处，着该将军、督抚等一并查奏，候旨施恩。将此各谕令知之等因。钦此。仰见皇上轸念民依、无微弗周至意。

饬据布政使饶应祺详覆，遵查光绪二十年份，新疆并无被灾地方，各属收成均称中稔，民力不至拮据，来春毋庸接济。具详请奏前来。

臣覆查无异。谨会同陕甘总督臣杨昌濬恭折具陈，伏乞皇上圣鉴。谨奏。

---

① 刘树堂(1831—1903)，字景韩，云南保山人，寄籍安徽宣城，监生。咸丰八年(1858)，应顺天乡试，挑取誊录。同治元年(1862)，捐纳选用知府。二年(1863)，保即选知府。七年(1868)，保升直隶补用道。八年(1869)，加按察使衔。光绪五年(1879)，署直隶清河道。九年(1883)，署直隶天津道。十一年(1885)，补直隶清河道。同年，署直隶按察使。十五年(1889)，迁江苏按察使。同年，署江苏布政使。十六年(1890)，补授福建布政使。十七年(1891)，调浙江布政使。十八年(1892)，护理浙江巡抚兼管盐政。十九年(1893)，调补河南布政使。二十年(1894)，擢河南巡抚。二十四年(1898)，补授浙江巡抚。二十六年(1900)，褫职，退居扬州。二十九年(1903)，卒。有《师竹轩诗集》等行世。

（朱批：）知道了。①

光绪二十一年正月初三日，奉朱批：知道了。钦此。②

一一一 奏陈请免徐积诚骑射片

光绪二十年十二月初二日（1894年12月28日）

再，查部议：打仗受伤武职员弁，必须手足受有重伤，方准请免骑射，一律考验枪炮等因在案。兹据留甘尽先推补副将署迪化城守协左旗马队都司借补右旗守备徐积诚禀称，该员于同治九年在甘肃金积堡攻剿马家滩，左腰受矛伤一处。同治十一年，攻克西宁小硖口，左膀受枪子伤一处。虽随时医愈，而筋骨俱损，挽弓维艰，恳请奏免骑射等情。

臣查该员现在喀什噶尔驻防，当经咨署提臣黄万鹏就近验看，委无捏饰情弊。合无仰恳天恩，俯准将该员徐积诚免其骑射，改习枪炮，以示体恤，出自鸿慈。除咨部外，谨附片具陈，伏乞圣鉴训示。谨奏。

（朱批：）着照所请，兵部知道。③

光绪二十一年正月初三日，奉朱批：着照所请，兵部知道。钦此。④

---

① 台北故宫博物院藏：军机及宫中档，文献编号：408002904。
② 中国第一历史档案馆藏：录副奏折，档案编号：03-5601-024。
③ 台北故宫博物院藏：军机及宫中档，文献编号：408002904-0-A。
④ 中国第一历史档案馆藏：录副奏片，档案编号：03-5900-001。

一一二　奏报新疆光绪二十年九月雨水、粮价折

光绪二十年十二月十九日(1895 年 1 月 14 日)

头品顶戴甘肃新疆巡抚臣陶模跪奏，为恭报光绪二十年九月份粮价并得雨雪情形，谨缮折具陈，仰祈圣鉴事。

窃照光绪二十年八月份各厅、州、县粮价并得雨雪情形，业经臣奏报在案。兹据新疆布政使饶应祺详称：本年九月份，镇迪道属迪化、阜康得雪，积地五寸；镇西、库尔喀喇乌苏、昌吉、奇台得雪，积地三寸；绥来得雪，积地一寸。伊塔道属塔尔巴哈台、精河、绥定微雪，宁远微雨。南路拜城得雨，入土一寸；喀喇沙尔、库车、英吉沙尔、于阗微雨。余未得雨雪。至通省粮价，镇西、精河、和阗等厅、州俱与上月相同，余均略有增减。汇详请奏前来。

理合恭折具陈，并缮粮价清单，敬呈御览，伏乞皇上圣鉴。谨奏。光绪二十年十二月十九日。

(朱批:)知道了。[1]

光绪二十一年正月二十日，奉朱批：知道了。钦此。[2]

一一三　呈新疆光绪二十年九月粮价清单

光绪二十年十二月十九日(1895 年 1 月 14 日)

谨将新疆各属光绪二十年九月份米粮时估价值，缮具清单，恭

---

[1]　台北故宫博物院藏：军机及宫中档，文献编号：408002906。

[2]　中国第一历史档案馆藏：录副奏折，档案编号：03-6940-020。

呈御览。

计开九月份：

镇迪道属：

迪化县：大米每京石价银三两一钱，较上月减一钱四分一厘。小麦每京石价银一两四钱五分，与上月相同。豌豆每京石价银一两三钱八分六厘，较上月增一钱二分六厘。青稞每京石价银一两，与上月相同。

昌吉县：大米每京石价银二两六钱八厘，较上月减一钱七分六厘。小麦每京石价银一两二分六厘，与上月相同。豌豆每京石价银九钱五分五厘，与上月相同。青稞每京石价银七钱一分七厘，与上月相同。

阜康县：粟米每京石价银九钱五分五厘，与上月相同。小麦每京石价银一两六分二厘，较上月增三分四厘。豌豆每京石价银一两二钱三分六厘，较上月增二钱八分二厘。高粱每京石价银九钱一分一厘，较上月增三钱八分一厘。

绥来县：大米每京石价银二两四钱六分五厘，较上月减一钱七分八厘。小麦每京石价银一两二钱三分七厘，较上月减三分六厘。豌豆每京石价银一两三钱五分三厘，较上月减三分六厘。高粱每京石价银五钱三分二厘，与上月相同。

奇台县：大米每京石价银四两一钱四分二厘，与上月相同。小麦每京石价银七钱七分八厘，较上月减四钱三分。豌豆每京石价银八钱一分一厘，较上月减一分七厘。

吐鲁番直隶厅：小麦每京石价银一两五钱六分六厘，较上月减七分九厘。大麦每京石价银五钱六分，较上月增一钱一分二厘。高粱每京石价银六钱六分七厘，与上月相同。黄豆每京石价银一两二钱一分八厘，与上月相同。

镇西直隶厅：小麦每京石价银一两五钱二分，豌豆每京石价银一两，青稞每京石价银六钱四分，俱与上月相同。

哈密直隶厅：粟米每京石价银一两四钱四分，与上月相同。小麦每京石价银一两七分六厘，与上月相同。豌豆每京石价银一两二钱六分，较上月增一钱一分。青稞每京石价银九钱六分，与上月相同。

库尔喀喇乌苏直隶厅：小麦每京石一两三钱八分，较上月减三分四厘。豌豆每京石价银一两六钱三分五厘，与上月相同。高粱每京石价银八钱七分八厘，与上月相同。

伊塔道属：

绥定县：大米每京石价银二两九钱六分，较上月减二钱九分六厘。小麦每京石价银一两二钱四分二厘，较上月增六分九厘。大麦每京石价银六钱六分六厘，与上月相同。豌豆每京石价银一两二钱二分四厘，与上月相同。

宁远县：大米每京石价银二两九钱六分，较上月减二钱九分。小麦每京石价银八钱二分，与上月相同。大麦每京石价银六钱四分，与上月相同。豌豆每京石价银九钱三分，与上月相同。

塔尔巴哈台直隶厅：小麦每京石价银一两三钱，较上月减一钱一分二厘。大麦每京石价银八钱五分六厘，较上月减七分一厘。豌豆每京石价银一两一钱九分四厘，与上月相同。

精河直隶厅：大米每京石价银四两一钱一分六厘，小麦每京石价银一两六钱八分，大麦每京石价银七钱三分五厘，豌豆每京石价银一两三钱三分，俱与上月相同。

阿克苏道属：

温宿直隶州:大米每京石价银一两七钱一分,与上月相同。小麦每京石价银一两二钱七厘,较上月增三钱四分五厘。大麦每京石价银六钱,与上月相同。包谷每京石价银六钱八分,与上月相同。

拜城县:小麦每京石价银六钱五分七厘,与上月相同。大麦每京石价银三钱九分四厘,较上月增四分四厘。豌豆每京石价银四钱三分七厘,较上月减一厘。包谷每京石价银四钱三分八厘,与上月相同。

喀喇沙尔直隶厅:大米每京石价银二两五钱八分六厘,较上月减七分八厘。小麦每京石价银七钱五分九厘,与上月相同。豌豆每京石价银七钱二分,与上月相同。包谷每京石价银五钱七分六厘,与上月相同。

库车直隶厅:大米每京石价银二两二钱二分,较上月增一钱四分八厘。小麦每京石价银七钱二分五厘,较上月增九分五厘。豌豆每京石价银六钱一分,与上月相同。包谷每京石价银四钱四分,较上月增一分七厘。

乌什直隶厅:大米每京石价银二两一钱七分五厘,与上月相同。小麦每京石价银五钱二分八厘,较上月增三分二厘。大麦每京石价银三钱一分四厘,与上月相同。包谷每京石价银三钱九分三厘,较上月减七分一厘。

喀什噶尔道属:

疏勒直隶州:大米每京石价银三两,与上月相同。小麦每京石价银一两三钱八分,较上月增六分九厘。包谷每京石价银九钱六分,较上月增六分四厘。高粱每京石价银八钱五厘,与上月相同。

疏附县:大米每京石价银三两,与上月相同。小麦每京石价银一两三钱八分,较上月增六分九厘。包谷每京石价银一两五厘,较上月增六分七厘。高粱每京石价银八钱五厘，与上月相同。

莎车直隶州：大米每京石价银二两二分七厘，较上月减一分五厘。小麦每京石价银八钱八分三厘，较上月增一分四厘。大麦每京石价银六钱，与上月相同。包谷每京石价银五钱四分一厘，较上月减一分三厘。

叶城县：大米每京石价银二两一钱七分五厘，较上月减一钱四分五厘。小麦每京石价银七钱二分五厘，与上月相同。包谷每京石价银五钱四厘，与上月相同。青稞每京石价银四钱，较上月减二分五厘。

和阗直隶州：大米每京石价银二两二钱四分，小麦每京石价银九钱三分八厘，包谷每京石价银五钱九分五厘，青稞每京石价银四钱八分三厘，俱与上月相同。

于阗县：大米每京石价银三两四钱五分，与上月相同。小麦每京石价银九钱九分一厘，与上月相同。包谷每京石价银六钱一厘，较上月减一分三厘。

英吉沙尔直隶厅：大米每京石价银三两四分，较上月减六钱八厘。小麦每京石价银一两七分六厘，与上月相同。大麦每京石价银五钱七分，与上月相同。包谷每京石价银七钱七分七厘，较上月减二分七厘。

玛喇巴什直隶厅：大米每京石价银二两三钱六分八厘，较上月减二钱九分六厘。小麦每京石价银一两二钱四分二厘，与上月相同。包谷每京石价银七钱六分八厘，与上月相同。

（朱批：）览。[1]

———

① 中国第一历史档案馆藏：清单，档案编号：03-6940-021。

一一四　奏请给价赎出为奴丁口折

光绪二十年十二月十九日(1895年1月14日)

　　头品顶戴甘肃新疆巡抚臣陶模跪奏，为莎车等属户民收买英属各部为奴才丁口，拟恳给价赎出，以示矜恤，恭折仰祈圣鉴事。

　　窃查喀什噶尔西南一带与英属印度各部毗连，南路缠民罔识例禁，有力之家向畜奴婢，多系各部转售，旋将男女配合，生有子女，永充贱隶，甚至递相承买，苛虐情形，最为可悯。前据署莎车直隶州知州潘震、署和阗直隶州知州黄袁禀称，该各属畜奴最多，正拟查明禀办，适据英员马继业请将印度各部及什克南等处出卖与莎车、和阗为奴丁口一律释放等情，当饬喀什噶尔道黄光达查办去后。

　　兹据查明莎车等属户民收买英属各部为奴男女共一百七十一丁口，应请释放为良。其愿回者，给照护送出卡；愿留者，编入户籍，永为华民。惟从前收买之家均给有身价银两，并请大口由公中酌给银二十两、小口十两，作为取赎之资，以顺舆情。计共需银二千八百余两，由善后项下开支造报，咨由布政使饶应祺详请具奏前来。

　　臣查取赎奴婢各节，公中所费无多，而释贱为良，足示朝廷一视同仁之意，于睦邻之道亦属相宜。理合恭折具奏，伏乞皇上圣鉴训示。谨奏。光绪二十年十二月十九日。

　　（朱批:）着照所请，该部知道。[①]

---

　　①　台北故宫博物院藏:军机及宫中档，文献编号:408002907。

光绪二十一年正月二十日，奉朱批：着照所请，该部知道。钦此。①

【案】此折得允行。《清实录》：

甘肃新疆巡抚陶模奏，喀什噶尔、莎车、和阗等属户民，被〔将〕英属印度各部收买为奴男女共一百七十一丁口，请由公家备银赎放，以示怀柔。如所请行。②

一一五　现任提、镇、城守尉等年终密考折
光绪二十年十二月十九日(1895年1月14日)

头品顶戴甘肃新疆巡抚臣陶模跪奏，为新疆现任提、镇、城守尉、司、道、知府循例年终密考，缮具清单，恭折具奏，仰祈圣鉴事。

窃维文武各员才具原难一致，要在宅心正大，办事勤奋，操守又极清廉，斯吏治、戎行均可望有起色。臣莅任以来，窃执此为衡，查察所及，皆有以觇其底蕴。现届光绪二十年年终密考之期，应即照例办理。除实缺尚未到任及署事、护理、代理人员例不注考外，谨就现任提、镇、城守尉、司道、知府，出具切实考语，密缮清单，恭呈御览，伏乞皇上圣鉴。谨奏。光绪二十年十二月十九日。

（朱批：）知道了。单留中。③

---

① 此朱批日期与内容，据军机处随手登记档（档案编号：03-0284-1-1221-020）校补。

② 《德宗景皇帝实录（五）》，卷三百六十，光绪二十一年正月下，第683页。

③ 台北故宫博物院藏：军机及宫中档，文献编号：408002908。

光绪二十一年正月二十日，奉朱批：知道了，单①留中。钦此。②

一一六 奏请分储库银并归司库片

光绪二十年十二月十九日（1895年1月14日）

再，新疆自光绪十四年起由应分新饷内提存银两，部议分储司库、伊塔道库、塔城同知库，原以备缓急而便取用。惟伊犁、塔城距省甚远，存款过多，难免挪移诸弊；一遇交代，更难稽查，自应统储司库，庶几库事有专责。现在塔城同知库存银两八万六千余两，伊塔道库应存十四、十五两年银共十万两，未准前伊犁将军色楞额交出，应由长庚奏明办理。此外，该道库、同知库历年应存银两均饬储司库，以后提存之款拟一并归司库封储，毋庸分起收存，以昭妥慎。

至现在实存银数，容俟盘查明确，开单奏报。臣为郑重边储起见，是否有当，谨附片陈明，伏乞圣鉴训示。谨奏。

（朱批：）户部知道。③

光绪二十一年正月二十日，奉朱批：户部知道。钦此。④

---

① 此清单查无下落，待考。

② 中国第一历史档案馆藏：录副奏折，档案编号：03-5320-060。

③ 台北故宫博物院藏：军机及宫中档，文献编号：408002907-0-A。

④ 中国第一历史档案馆藏：录副奏片，档案编号：03-6572-002。此片之具奏日期，原件署"光绪二十年十二月十九日"，而军机录副以朱批日期即"光绪二十一年正月二十日"为之，未确。兹据原件校正。

一一七　请以罕札布署理宁远县知县片

光绪二十年十二月十九日(1895年1月14日)

　　再，署宁远县知县周仪丁忧遗缺，查有同知衔候补知县罕札布，堪以委署。据新疆布政使饶应祺、镇迪道兼按察使衔丁振铎会详前来。除由臣批饬给委外，谨会同伊犁将军臣长庚、陕甘总督臣杨昌濬附片具奏，伏乞圣鉴。谨奏。

　　(朱批：)吏部知道。[1]

　　光绪二十一年正月二十日，奉朱批：吏部知道。钦此。[2]

---

　　[1]　台北故宫博物院藏：军机及宫中档，文献编号：408002907-0-B。此片之具奏日期，原件署"光绪二十年十二月十九日"，而军机录副以朱批日期即"光绪二十一年正月二十日"为之，未确。兹据原件校正。

　　[2]　中国第一历史档案馆藏：录副奏片，档案编号：03-5320-061。

光绪二十一年(1895)

○○一 恭报新疆光绪二十年十月雨水、粮价折

光绪二十一年正月十九日(1895年2月13日)

头品顶戴甘肃新疆巡抚臣陶模跪奏,为恭报光绪二十年十月份粮价并得雪情形,谨缮折具陈,仰祈圣鉴事。

窃照光绪二十年九月份各厅、州、县粮价并得雨雪情形,业经臣奏报在案。兹据新疆布政使饶应祺详称:光绪二十年十月份,镇迪道属阜康得雪,积地九寸;迪化得雪,积地八寸;昌吉得雪,积地五寸;镇西得雪,积地三寸;绥来、奇台得雪,积地二寸;库尔喀拉乌苏得雪,积地一寸。伊塔道属宁远得雪,积地八寸;塔尔巴哈台、精河得雪,积地一寸;绥定微雪。南路和阗、于阗得雪,积地四寸;温宿、库车得雪,积地三寸;英吉沙尔、拜城得雪,积地一寸;乌什、疏勒、莎车、疏附微雪。余未得雪。至通省粮价,库尔喀拉乌苏、喀喇沙尔、库车、乌什、玛喇巴什、疏勒、昌吉、绥定、疏附等厅、州、县俱与上月相同,余均略有增减,汇详请奏前来。

理合恭折具陈,并缮粮价清单,敬呈御览,伏乞皇上圣鉴。谨

奏。光绪二十一年正月十九日。

（朱批：)知道了。①

光绪二十一年二月二十一日,奉朱批:知道了。钦此。②

○○二　呈新疆光绪二十年十月粮价清单

光绪二十一年正月十九日(1895 年 2 月 13 日)

谨将新疆各属光绪二十年十月份米粮时估价值,缮具清单,恭呈御览。

计开十月份:

镇迪道属:

迪化县:大米每京石价银二两八钱三分六厘,较上月减二钱六分四厘。小麦每京石价银一两二钱三分八厘,较上月减二钱一分二厘。豌豆每京石价银一两二钱六分,较上月减一钱二分六厘。青稞每京石价银九钱六分六厘,较上月减三分四厘。

昌吉县:大米每京石价银二两六钱八厘,小麦每京石价银一两二分六厘,豌豆每京石价银九钱五分五厘,青稞每京石价银七钱一分七厘,俱与上月相同。

阜康县:粟米每京石价银九钱五分五厘,与上月相同。小麦每京石价银一两二钱七分六厘,较上月增二钱一分四厘。豌豆每京石价银一两二钱八厘,较上月减二分八厘。高粱每京石价银九钱八分五厘,较上月增七分四厘。

---

① 台北故宫博物院藏:军机及宫中档,文献编号:408002909。
② 中国第一历史档案馆藏:录副奏折,档案编号:03-6941-023。

绥来县：大米每京石价银二两二钱八分九厘，较上月减一钱七分六厘。小麦每京石价银一两六分一厘，较上月减一钱七分六厘。豌豆每京石价银一两六分九厘，较上月减二钱八分四厘。高粱每京石价银四钱九分七厘，较上月减三分五厘。

奇台县：大米每京石价银四两一钱四分二厘，与上月相同。小麦每京石价银八钱三分一厘，较上月增五分三厘。豌豆每京石价银一两一厘，较上月增一钱九分。

吐鲁番直隶厅：小麦每京石价银一两五钱六分六厘，与上月相同。大麦每京石价银五钱九分七厘，较上月增三分七厘。高粱每京石价银五钱九分四厘，较上月减七分三厘。黄豆每京石价银一两三钱四分四厘，较上月增一钱二分六厘。

镇西直隶厅：小麦每京石价银一两三钱八分，较上月减一钱四分。豌豆每京石价银一两，与上月相同。青稞每京石价银六钱四分，与上月相同。

哈密直隶厅：粟米每京石价银一两四钱四分，与上月相同。小麦每京石价银一两七分六厘，与上月相同。豌豆每京石价银一两二钱九分六厘，较上月增三分六厘。青稞每京石价银八钱四分八厘，较上月减一钱一分二厘。

库尔喀喇乌苏直隶厅：小麦每京石价银一两三钱八分，豌豆每京石价银一两六钱三分五厘，高粱每京石价银八钱七分八厘，俱与上月相同。

伊塔道属：

绥定县：大米每京石价银二两九钱六分，小麦每京石价银一两二钱四分二厘，大麦每京石价银六钱六分六厘，豌豆每京石价银一两二钱二分四厘，俱与上月相同。

宁远县：大米每京石价银二两九钱六分，与上月相同。小麦每京石价银八钱二分，与上月相同。大麦每京石价银五钱九分，较上月减五分。豌豆每京石价银一两八分，较上月增一钱五分。

塔尔巴哈台直隶厅：小麦每京石价银一两二钱六分二厘，较上月减三分八厘。大麦每京石价银八钱五分六厘，与上月相同。豌豆每京石价银一两一钱九分四厘，与上月相同。

精河直隶厅：大米每京石价银四两一钱一分六厘，与上月相同。小麦每京石价银一两六钱八分，与上月相同。大麦每京石价银九钱四分五厘，较上月增二钱一分。豌豆每京石价银一两三钱九分九厘，较上月增六分九厘。

阿克苏道属：

温宿直隶州：大米每京石价银一两九钱，较上月增一钱九分。小麦每京石价银一两三分五厘，较上月减一钱七分二厘。大麦每京石价银六钱，与上月相同。包谷每京石价银六钱八分，与上月相同。

拜城县：小麦每京石价银七钱一厘，较上月增四分四厘。大麦每京石价银三钱五分，较上月减四分四厘。豌豆每京石价银四钱八分一厘，较上月增四分四厘。包谷每京石价银五钱二分五厘，较上月增八分七厘。

喀喇沙尔直隶厅：大米每京石价银二两五钱八分六厘，小麦每京石价银七钱五分九厘，豌豆每京石价银七钱二分，包谷每京石价银五钱七分六厘，俱与上月相同。

库车直隶厅：大米每京石价银二两二钱二分，小麦每京石价银七钱二分五厘，豌豆每京石价银六钱一分，包谷每京石价银四钱四分，俱与上月相同。

乌什直隶厅：大米每京石价银二两一钱七分五厘，小麦每京石价银五钱二分八厘，大麦每京石价银三钱一分四厘，包谷每京石价银三钱九分三厘，俱与上月相同。

喀什噶尔道属：

疏勒直隶州：大米每京石价银三两，小麦每京石价银一两三钱八分，包谷每京石价银九钱六分，高粱每京石价银八钱五厘，俱与上月相同。

疏附县：大米每京石价银三两，小麦每京石价银一两三钱八分，包谷每京石价银一两五厘，高粱每京石价银八钱五厘，俱与上月相同。

莎车直隶州：大米每京石价银二两一分二厘，较上月减一分五厘。小麦每京石价银八钱八分三厘，与上月相同。大麦每京石价银六钱，与上月相同。包谷每京石价银五钱四分一厘，与上月相同。

叶城县：大米每京石价银二两三分，较上月减一钱四分五厘。小麦每京石价银七钱五分，较上月增二分五厘。包谷每京石价银五钱一分六厘，较上月增一分二厘。青稞每京石价银四钱，与上月相同。

和阗直隶州：大米每京石价银二两二钱四分，与上月相同。小麦每京石价银九钱九分三厘，较上月增五分五厘。包谷每京石价银五钱九分五厘，与上月相同。青稞每京石价银四钱八分三厘，与上月相同。

于阗县：大米每京石价银三两三钱一分二厘，较上月减一钱三分八厘。小麦每京石价银一两五厘，较上月增一分四厘。包谷每京石价银六钱一分四厘，较上月增一分三厘。

英吉沙尔直隶厅：大米每京石价银三两四分，与上月相同。小麦每京石价银一两一钱八分七厘，较上月增一钱一分一厘。大麦每京石价银五钱七分，与上月相同。包谷每京石价银七钱七分七厘，与上月相同。

玛喇巴什直隶厅：大米每京石价银二两三钱六分八厘，小麦每京石价银一两二钱四分二厘，包谷每京石价银七钱六分八厘，俱与上月相同。

（朱批：）览。①

○○三　奏报盘查新疆各库提存银两数目折

光绪二十一年正月十九日(1895 年 2 月 13 日)

头品顶戴甘肃新疆巡抚臣陶模跪奏，为新疆各库提存银两遵照部议于光绪二十年年终盘查实在数目，缮具清单，恭折仰祈圣鉴事。

窃新疆自光绪十四年起，部议于应分新饷内提存银两，饬令分存司库、伊塔道库、塔城同知库，并令年终盘查奏报一次。臣于上年十二月十九日奏明伊塔道库十四、十五两年应存银两未准前伊犁将军色楞额交出，塔城同知库现存银八万六千余两，其余均饬储司库等因在案。旋于十二月二十七、八等日，臣亲赴司库，逐一盘查，均系实储在库，并无挪移、亏短诸弊。

除塔城所存银两饬由藩司严饬该同知妥为经理外，所有光绪二十年年终盘查提存实在银数，谨缮清单，恭折具奏。伏乞皇上圣

---

① 中国第一历史档案馆藏：清单，档案编号：03-6941-024。

鉴。谨奏。光绪二十一年正月十九日。

（朱批：）户部知道。单并发。①

光绪二十一年二月二十日，奉朱批：户部知道。单并发。

钦此。②

○○四　呈盘查新疆各库提存银两数目清单

光绪二十一年正月十九日(1895 年 2 月 13 日)

谨将盘查新疆自光绪十四年起至二十年底止部议提存银两，

缮具清单，恭呈御览。

计开：

司库封存银两数目：

一、存光绪十四年份提存银八万两。

一、存自光绪十五年起至二十年止每年提存银九万五千两，共

银五十七万两。

一、存拨收伊塔道库自光绪十六年起至二十年止每年提存银

五万两，共银二十五万两。

一、存拨收塔城同知库银一十九万三千九百二十四两八厘。

一、存光绪十八年份塔城协标节省银二万二千两。

一、存光绪十九年份塔城驿站经费银四千两。查伊犁将军臣

长庚于光绪十九年三月初二日会奏划分塔城饷数一折，请于协标

节省银二万二千两内分拨新疆藩库银四千两，作为驿站经费，因是

---

① 台北故宫博物院藏：军机及宫中档，文献编号：408002910。

② 中国第一历史档案馆藏：录副奏折，档案编号：03-6572-007。

年驿站尚未设立，前项银两饬存司库。

一、存光绪十九年份塔城协标节省项下余存银六千三百五十两。查塔城协标节省银二万二千两，除分拨驿站经费银四千两，下余银一万八千两，臣因会奏划分塔城饷数一折系光绪十九年五月初八日奉旨，饬司从奉旨日起，分拨塔城副都统银一万一千六百五十两，下余银六千三百五十两，饬存司库。

一、存光绪二十年份塔城驿站经费银一千六百六十六两六钱六分七厘。查塔城驿站经副都统富勒铭额奏明，于光绪二十年六月初一日交塔城同知接管，所有分拨驿站经费银四千两，自二十年六月初一日起至十二月底止，应支银二千三百三十三两三钱三分三厘，下余银一千六百六十六两六钱六分七厘，应列为存款，饬存司库。

以上司库实封存新饷平银一百一十二万七千九百四十两六钱七分五厘。

塔城同知库封存银两数目：

存银八万六千七十五两九钱九分二厘。查塔城同知库自光绪十四年起至二十年止，每年提存银四万两，共应提存银二十八万两，合司库拨收一十九万三千九百二十四两八厘计算，数目相符。

以上通共封储提存新饷平银一百二十一万四千一十六两六钱六分七厘。

（朱批：）览。①

---

① 中国第一历史档案馆藏：清单，档案编号：03-6572-008。

○○五　奏报防御琦彻图呈请休致折

光绪二十一年正月十九日（1895 年 2 月 13 日）

头品顶戴甘肃新疆巡抚臣陶模跪奏，为旗员呈请休致，恳恩赏给俸银，以示体恤，恭折仰祈圣鉴事。

窃臣据古城城守尉克蒙额呈称：满营镶黄正白旗防御琦彻图，年六十一岁，于同治年间回匪叛乱时打仗九次，杀贼三名，现在年力衰惫，具禀乞休，并赏给俸银等情，当经行司核议去后。兹据布政使饶应祺详称：查例载：内外三品以下官员老病告休，均准其原品休致。其曾经出征打仗，或杀贼，或捉生，或受伤，有一二项功绩者，年至六十以上，俱以可否赏给全俸请旨等语。兹古城满营防御琦彻图迭次出征杀贼，年逾六十，呈请告休，并恳支给全俸，核与定例相符。具详请奏前来。

臣覆查无异。合无仰恳天恩，俯准将古城满营镶黄正白旗防御琦彻图开缺，以原品休致，照例支给全俸，以示体恤，出自鸿施。

除饬取该员履历清册咨部外，谨会同伊犁将军臣长庚、陕甘总督臣杨昌濬恭折具陈，伏乞皇上圣鉴训示。谨奏。光绪二十一年正月十九日。

（朱批：）着照所请，兵部知道。[1]

光绪二十一年二月二十一日，奉朱批：着照所请，兵部知道。钦此。[2]

---

[1]　台北故宫博物院藏：军机及宫中档，文献编号：408002911。

[2]　中国第一历史档案馆藏：录副奏折，档案编号：03-5321-104。

○○六　拣调张俊接署提篆
并马亮署理总兵折

光绪二十一年正月二十五日(1895年2月19日)

　　头品顶戴甘肃新疆巡抚臣陶模跪奏,为拣调伊犁镇总兵接署喀什噶尔提督篆务,并委署理总兵员缺,恭折仰祈圣鉴事。

　　窃臣于光绪二十年九月初二日具奏防务紧要,请饬喀什噶尔提督董福祥回任一折,奉朱批:董福祥现在留京带队,不能即时赴任。钦此。臣查帕米尔界务尚未定议,操防未便稍松,署提督黄万鹏在湘、楚各军资格本深,惟到任以来声名稍减,加以年逾六十,两耳渐觉重听,以至接见属员不能多谈公事。若非另行委署,窃恐有误边防。

　　臣于奏请董福祥回任折内声明各镇才具威望以伊犁镇总兵张俊为优,应即以该员接署,借资整顿。所遗总兵员缺,尤须得人而理。臣与将军臣长庚再三函商,查有头品顶戴记名副都统哈丰阿巴图鲁马亮,熟悉边情,办事稳练,向在陕西、甘肃、新疆等省,叠著战功;护理巴里坤领队大臣,统领吉林、黑龙江等起马队,均能申明纪律,用饬戎行,以之署理伊犁镇总兵,必能不负委任。至黄万鹏现在精力尚健,应否饬赴阿克苏镇本任,应俟到省察看,奏明办理。

　　所有拣员署理提篆及总兵印务各缘由,谨会同伊犁将军臣长庚、陕甘总督臣杨昌濬恭折具奏,伏乞皇上圣鉴。谨奏。光绪二十一年正月二十五日。

　　(朱批:)兵部知道。①

----

① 台北故宫博物院藏:军机及宫中档,文献编号:408002912。

光绪二十一年二月二十五日，奉朱批：兵部知道。钦此。[①]

○○七 核销修建各城衙署、城垣动用经费折

光绪二十一年正月二十五日（1895年2月19日）

头品顶戴甘肃新疆巡抚臣陶模跪奏，为新疆伊塔道、伊犁府、霍尔果斯、绥定衙署并宁远、塔尔巴哈台各城衙署动用经费，恳恩饬部核销，恭折仰祈圣鉴事。

窃新疆北路城垣、衙署已竣各工，业经次第造销。其伊塔道署及库大使衙署并中俄局房屋需银八千两，伊犁府署及经历衙署需银七千两，霍尔果斯通判衙署需银五千余两，绥定县署及典史衙署需银五千两，宁远县城垣需银二万三千余两、县署及典史衙署需银五千两，塔尔巴哈台城垣需银二万四千余两、同知及照磨衙署需银六千余两，宁远县城垣、塔尔巴哈台城垣、衙署、霍尔果斯衙署需用食粮在外，经前护臣魏光焘及臣先后奏明在案。

兹据粮台详称：前项城垣、衙署各工或择基新建，或就旧改修。除派营勇帮工四十余万按旬犒赏酒肉外，约省银八万一千余两。综计城署八起共用银八万四千三百三十两四钱二分。除扣各起平余银六百二十二两九钱七分一厘，实用过新饷平银八万三千七百七十两四钱四分九厘，由善后项下匀挪应用。陆续据各印委申报工竣，业经委勘验收，均属工坚料实，并无浮冒，取具丈尺、做法、工料银两图册、印结，详赍前来。

臣覆查无异。相应缮具简明清单，恭呈御览，仰恳饬部一律核

---

① 中国第一历史档案馆藏：录副奏折，档案编号：03-5901-071。

销，以清款目。除将册结、图说咨部外，谨会同陕甘总督臣杨昌濬恭折具陈，伏乞皇上圣鉴训示。谨奏。光绪二十一年正月二十五日。

（朱批：）该部议奏。单并发。[①]

光绪二十一年二月二十五日，奉朱批：该部议奏。单并发。钦此。[②]

○○八　呈修各城衙署、城垣动用经费清单

光绪二十一年正月二十五日(1895 年 2 月 19 日)

谨将建修伊塔道、伊犁府、霍尔果斯、绥定衙署并宁远、塔尔巴哈台各城垣、衙署动用经费，缮具清单，恭呈御览。

计开：

收款：一、收善后项下垫发各款经费银八万三千七百七两四钱四分九厘。

一、收扣回各项平余银六百二十二两九钱七分一厘。

以上共收新饷平银八万四千三百三十两四钱二分。

支款：一、支建修伊塔道、伊犁府、霍尔果斯、绥定衙署并宁远、塔尔巴哈台各城垣、衙署八起工程，共用过新饷平银八万四千三百三十两四钱二分。

查前项经费银两，均系新饷平支发，如数收支，并无存欠。理合登明。

---

① 台北故宫博物院藏：军机及宫中档，文献编号：408002913。
② 中国第一历史档案馆藏：录副奏折，档案编号：03-7162-003。

（朱批:）览。①

○○九　请以李原琳署理叶城县知县片

光绪二十一年正月二十五日（1895 年 2 月 19 日）

再，叶城县知县王俊撤任遗缺，查有升用直隶州知州绥来县知县李原琳，堪以委署。据新疆布政使饶应祺、镇迪道兼按察使衔丁振铎会详前来。除批饬给委外，谨会同陕甘总督臣杨昌濬附片具奏，伏乞圣鉴。谨奏。

（朱批:）吏部知道。②

光绪二十一年二月二十五日，奉朱批:吏部知道。钦此。③

○一○　奏报饬令安允升迅赴本任片

光绪二十一年正月二十五日（1895 年 2 月 19 日）

再，绥定县知县员缺，前以同知衔试用知县安允升请补，经部覆准在案，应即饬赴本任，以专责成。据新疆布政使饶应祺、镇迪道兼按察使衔丁振铎会详前来。除批饬给委外，谨会同伊犁将军臣长庚、陕甘总督臣杨昌濬附片具奏，伏乞圣鉴。谨奏。

---

① 中国第一历史档案馆藏:清单，档案编号:03-7162-004。

② 台北故宫博物院藏:军机及宫中档，文献编号:408002913-0-A。此片之具奏日期，原件署"光绪二十一年正月二十五日"，而军机录副目录以朱批日期即"光绪二十一年二月二十五日"为之，未确。兹据原件校正。

③ 中国第一历史档案馆藏:录副奏片，档案编号:03-5321-149。

（朱批：）吏部知道。①

光绪二十一年二月二十五日，奉朱批：吏部知道。钦此。②

○一一　呈官犯犯事案由及到配日期折

光绪二十一年二月初九日（1895年3月5日）

头品顶戴甘肃新疆巡抚臣陶模跪奏，为恭逢恩诏，查办官犯，开单具陈，仰祈圣鉴事。

窃臣准刑部咨开：光绪二十年八月十六日，恭逢恩诏：查办军、流、徒罪官犯，事犯在本年正月初一日以前，无论到配已、未满三年，实系安分守法，别无过犯，钞录犯事全案、到配日期，造具清册，汇疏具题等因。于八月十八日具奏，奉旨：依议。钦此。咨行到臣。遵即转行查办。兹据镇迪道兼按察使衔丁振铎造具十五年以后发往新疆效力官犯八员，并十五年以前到配未蒙减免官犯三员各犯事全案及到配日期清册前来。

臣查官犯已革都司马仲篪、已革游击吴林、已革知府梁玉瑜、已革郎中朱锟、已革从九王寿龄、已革骁骑校吉通、已革守备洪式抡、已革云骑尉守备赵光宗，于光绪十六年起至二十年止，陆续到配；已革侍卫黄兆晋、已革守备杨有义、已革知府萧锡龄，各于十三年到配。该官犯等均知安分守法，别无过犯，或稽查保甲，或办铜矿、电线诸务，靡不奋勉从事，力赎前愆。察其悔过自新，实可矜悯。谨摘

① 台北故宫博物院藏：军机及宫中档，文献编号：408002913-0-B。此片之具奏日期，原件署"光绪二十一年正月二十五日"，而军机录副目录以朱批日期即"光绪二十一年二月二十五日"为之，未确。兹据原件校正。

② 中国第一历史档案馆藏：录副奏片，档案编号：03-5901-072。

录该官犯等犯事案由及到配日期，开具清单，恭呈御览，伏候恩施。

除将各官犯犯事全案清册咨送刑部外，所有恭逢恩诏查办官犯缘由，谨恭折具陈，伏乞皇上圣鉴训示。谨奏。光绪二十一年二月初九日。

（朱批：）刑部议奏。单并发。[1]

光绪二十一年三月初十日，奉朱批：刑部议奏。单并发。钦此。[2]

○一二　呈官犯犯事案由及到配日期清单

光绪二十一年二月初九日(1895年3月5日)

谨将发配新疆效力赎罪官犯摘叙犯事案由暨到配日期，开具清单，恭呈御览。

计开：

已革都司马仲簧，侵蚀兵饷，被参潜逃，拟绞减发新疆效力赎罪，于光绪十六年七月十七日到配。

已革游击吴林即吴源陛，诓骗铺商银两，从重发新疆效力赎罪，于光绪十八年正月初八日到配。

已革知府梁玉瑜，署缺到班，托人关照，并非以财行求，究属央浼营干，发新疆效力赎罪，于光绪十八年正月二十八日到配。

已革郎中朱锟即朱砚涛，骑马踏人致死，拟流从重发新疆效力赎罪，于光绪十八年九月二十九日到配。

已革从九王寿龄，诬良为盗，拟军从重发新疆效力赎罪，于光

---

① 台北故宫博物院藏：军机及宫中档，文献编号：408002914。
② 中国第一历史档案馆藏：录副奏折，档案编号：03-7416-018。

绪十九年正月十九日到配。

已革骁骑校吉通，勒索台费入己，拟流从重发新疆效力赎罪，于光绪十九年八月二十九日到配。

已革守备洪式抢即洪锡龄，听从私雕假印，伪造监照，拟流从重发新疆效力赎罪，于光绪十九年十二月二十三日到配。

已革云骑尉守备赵光宗，起意私造假印，诈为文书，拟军发新疆效力赎罪，于光绪二十年八月初四日到配。

已革侍卫黄兆晋，恃势吓诈，武断乡曲，拟军发新疆效力赎罪，于光绪十三年七月初七日到配，恭逢十五年三月十六日恩诏，开单查办，未蒙援免。

已革守备杨有义即杨玉坤，捆缚寺僧，诬奸吓诈，拟军发新疆效力赎罪，于光绪十三年七月二十一日到配，恭逢光绪十五年三月十六日恩诏，开单查办，未蒙援免。

已革知府萧锡龄，挟制官长，咆哮公堂，拟军发新疆效力赎罪，于光绪十三年十一月十六日到配，恭逢十五年三月十六日恩诏，开单查办，未蒙援免。

（朱批：）览。[1]

〇一三　造报新疆光绪十七年防军收支各款折

光绪二十一年二月初九日（1895年3月5日）

头品顶戴甘肃新疆巡抚臣陶模跪奏，为造报甘肃新疆光绪十

---

[1]　中国第一历史档案馆藏：清单，档案编号：03-7401-013。

七年份防军收支各款，谨缮清单，并分造总、散清册，恳恩饬部核销，恭折仰祈圣鉴事。

窃照甘肃新疆光绪十一、二、三等年防军、善后用款，每年合关内外指拨各省的款银四百八十万两，新疆分银二百二十万两。十四、五、六、七等年仍照上案指拨，内提充公用银四万两，归陕甘总督经理造销，新疆每年份银二百一十六万两。又，自十六年起，每岁应分伊犁镇标军饷、地方善后经费，并提存道库银四十四万两。又，塔尔巴哈台协标营勇及地方善后十七年份隶巡抚接管，计分军饷、善后及提存厅库银一十九万三千两。均由甘肃藩库统收，扣除四分减平，分摊拨解。上案截至光绪十六年底止，新疆防军用款业经造册分年请销在案。

兹据粮台详称：自十七年正月初一日起，截至十二月底止，所有一切收支应仍接上案，专案造报。计旧管项下，上案截至十六年底，实存新饷平银三十八万四千五百六十六两二钱四分八厘，欠发各营旗十年以前病故弁勇存饷银一十一万四千一百八十五两二钱八分六厘。

新收项下，收到甘肃藩司分解新疆应分各项新饷，湖北省补解工程经费，并收新疆马步各营旗报缴截旷、支发采制、运脚等款扣回平余，遵照部驳收还光绪七年至十五年报销删除各款，前护理伊犁将军伊犁副都统富勒铭额缴还前乌鲁木齐领队大臣任内浮支廉俸等项，共计新饷平银二百九十万一百五十七两八钱四分三厘。

开除项下，发过十七年份新疆马步各营、旗、哨、开花炮队饷项、薪粮、马队倒马价值，提、镇各衙门稿书、通事、各台局委员、办公人等薪水、口粮、工食，采制、修整军装、器械、制造火药工料价值，转运饷装脚价、盐菜、口粮等项银一百八十八万八千一百八十五两五分八厘，又拨发藩库例支不敷，供支古城营旗经费，拨解司库、道库、塔城厅库提存款项，划拨新疆、伊犁、塔尔巴哈台原估善后经费等项银六十九万四千两。统共开除新饷平银二百五十八万二千一百八十五两五分八厘。

实在项下，截至十七年十二月底，实存新饷平银七十万二千五百三十九两三分三厘，应归下案接续造报，仍欠发各营旗光绪十年以前病故弁勇存饷银一十一万四千一百八十五两二钱八分六厘，应俟各故勇亲属请领至日，即由十八年以后新饷内匀给。造具总、散清册，详请奏销前来。

臣覆查支发各款，均属实用实销，并无浮冒。除将清册分送各部外，相应缮具简明清单，会同陕甘总督臣杨昌濬恭折具奏，伏乞皇上圣鉴，饬部核销施行。谨奏。光绪二十一年二月初九日。

（朱批：）该部议奏。单并发。①

光绪二十一年三月初十日，奉朱批：该部议奏。单并发。钦此。②

<h2 style="text-align:center">○一四　呈新疆光绪十七年防
军收支各款数目清单</h2>

光绪二十一年二月初九日（1895 年 3 月 5 日）

谨将甘肃新疆光绪十七年份防军收支款目，并拨发善后经费、司库例支提存各款数目，缮具清单，恭呈御览。

---

① 台北故宫博物院藏：军机及宫中档，文献编号：408002915。
② 中国第一历史档案馆藏：录副奏折，档案编号：03-6134-076。

计开：

旧管：一、上案新疆防军报销截至光绪十六年底止，实存新饷平银三十八万四千五百六十六两二钱四分八厘。

一、截至光绪十六年十二月底止，欠发新疆各营旗光绪十年以前病故弁勇存饷银一十一万四千一百八十五两二钱八分六厘。

新收：一、收协饷案内甘肃藩司分解新疆应分十七年份新饷新平银二百一十六万两。

一、收协饷案内甘肃藩司分解伊犁应分十七年份新饷新平银四十四万两。

一、收协饷案内甘肃藩司分解塔尔巴哈台应分十七年份新饷新平银一十九万三千两。

一、收协饷案内甘肃藩司分解新疆应分江西补解十一年欠饷新平银四万五千八百三十三两三钱三分四厘。

一、收协饷案内甘肃藩司分解新疆应分四川分解十二年份欠饷新平银二万五千三百七十四两九钱三分七厘。

一、收新疆南路工程经费案内甘肃藩司解到湖北筹解库平申合新饷平银一万一十两一钱一分五厘。

一、收新疆马步各营旗十七年份报缴截旷新饷平银六千六百四十七两四钱五分二厘。

一、收本案报销内支发采购、制办、运脚等款扣回平余新饷平银九百三两六钱七分三厘。

一、收前护理伊犁将军伊犁副都统富勒铭额缴前署乌鲁木齐都统任内浮支廉俸新饷平银二十两五钱六分四厘。

一、收遵照部议缴还自光绪七年起至十五年底止历年报销案内删除新饷平银六千二百八十二两九钱二分八厘。

一、收遵照部议光绪十六年份册造开支罗布淖尔营步队薪粮等项划归善后经费开报新饷平银一万二千八十四两八钱四分。

以上十一款，共收新饷平银二百九十万一百五十七两八钱四分三厘。

开除：一、除第一册发马队各营旗薪粮、马干等项银七十五万八千六百三十七两五钱六分五厘。

一、除第二册发步队各营、旗、哨薪粮等项银九十一万三千八百六十两八钱八分。

一、除第三册发开花炮队勇夫薪粮、车骡草干等项银二万一千一百三十两八钱。

一、除第四册发马队、步队各营、旗、哨暨开花炮队管带营旗官、哨长、巡查薪水、薪粮、马夫、马干等项银五万八千六百八十五两一钱七分五厘。

一、除第五册发马队各营旗倒马价值银一万六千五百七十一两八钱八分一厘。

一、除第六册发新疆提镇各衙门稿书、书办、通事工食等项银二千九百七十四两九钱。

一、除第七册发随营差遣及各差务、台局文武员弁薪水银一万三千一百四十两。

一、除第八册发各台局经贴书、字识、护勇、长夫、通事、仓夫、斗级工食、口粮暨办公、纸张、笔墨、油烛等项银六千四百五十七两七钱三分七厘。

一、除第九册发军装制办局招募浙、粤并关内外各工匠工食银五千四百四十八两四钱二厘。

一、除第十册发采制军装、修整军装、器械、制造火药等项价值银四万八千三百五十二两二钱八分二厘。

一、除第十一册发转运军装及运解南北两路饷项车骡脚价银四万二千一十五两六分。

一、除第十二册发运解南北两路饷银、军装、军火押运员役盐菜、口粮银九百一十两三钱七分六厘。

以上十二款，共支发新饷平银一百八十八万八千一百八十五两五分八厘。

一、除拨发新疆藩司例支不敷款项库平申合新饷平银一十五万两。

一、除拨发新疆藩司供支古城旗营经费库平申合新饷平银六万五千两。

一、除拨解交新疆藩库储存库平申合新饷平银九万五千两。

一、除拨解交新疆藩司转解伊塔道库储存库平申合新饷平银五万两。

一、除拨解交新疆藩司转解塔尔巴哈台同知厅库储存库平申合新饷平银四万两。

一、除拨发新疆善后经费新饷平银一十二万四千两。

一、除拨发塔尔巴哈台善后经费新饷平银三万两。

以上八款，共计拨发、拨解各款新饷平银六十九万四千两。

统共开除新饷平银二百五十八万二千一百八十五两五分八厘，内除拨解、拨发新疆藩库新饷平银四十万两，应由藩司列收，另案造报，又拨发新疆、伊犁、塔尔巴哈台善后经费银二十九万四千两，仍由新疆粮台另案造报外，其余支销款内应由户部核销各军马步营、旗、哨、开花炮队饷项、薪水、薪粮，提镇各衙门稿书、通事工食及文武员弁薪水，各台局经贴书工食、护勇、长夫口粮、纸张、笔墨、油烛、浙、粤、本地工匠工食、押运员弁、跟役骑骡脚价、盐菜、口粮等项新饷平银一百七十八万五千四百三十九两八钱五分七厘；应由兵部核销开花炮队车夫口粮、车骡料草价、马队各营旗倒马价值、转运饷银、军装、军火陆路车脚等项新饷平银五万四千三百九十二两九钱一分九厘；应由工部核销采制军装、军火、修整军装、器械、制造火药等项价值新饷平银四万八千三百五十二两二钱八分二厘。

实在：一、截至光绪十七年十二月底止，实存新饷平银七十万二千五百三十九两三分三厘，应归下案接续造报。

一、截至光绪十七年十二月底止，尚欠发新疆各军马步营旗病故弁勇光绪十年以前存饷新饷平银一十一万四千一百八十五两二钱八分六厘，应俟各故勇亲属请领至日，即由十八年以后新饷内均给。

（朱批：）览。[①]

〇一五　造报新疆光绪十七年善后收支各款折

光绪二十一年二月初九日（1895 年 3 月 5 日）

头品顶戴甘肃新疆巡抚臣陶模跪奏，为造报甘肃新疆光绪十七年份善后收支各款，谨缮清单，并分造总、散清册，恳恩饬部核销，恭折仰祈圣鉴事。

窃照甘肃新疆善后经费，自光绪十一年起，每岁随饷估拨银一

---

① 中国第一历史档案馆藏：清单，档案编号：03-6134-077。

十四万两。伊犁善后经费十七年份应分银一十一万二千两,并加拨提存银五万两,内除拨补伊犁镇标不敷军饷银三万八千两外,计十七年实拨伊犁善后经费银一十二万四千两,塔尔巴哈台善后经费银三万两。新疆十六年份收支善后各款,业经专案造报请销在案。

兹据粮台详称:十七年正月初一日起至十二月底止收支善后款目,自应仍接上案造报。

查旧管项下,实存新饷平银六万九千七十五两七钱二分七厘。

新收项下,由防军报销册内提拨原估新疆、伊犁、塔尔巴哈台善后经费并收本案报销扣回平余,遵照部议收还十六年份报销册内删除伊犁、喀什噶尔两中俄通商局及各卡经费等项,共计新饷平银三十万五千八百二十五两一钱四分四厘。

开除项下,支发新疆各属义学塾师薪水,购买纸张、笔墨,发审、舆图、通商、善后、纺织、牛痘各局、保甲、稽查局卡委员薪水,经贴各书、护勇、通事人等工食、口粮,罗布淖尔驿站经费,孔雀河渡船水手工食,招徕户民迁徙川资、房屋、农具津贴,供支伊犁、古城赴任、回旗各官、蒙回郡王、台吉人等进京、回旗、假遣残废弁勇、护送故员灵柩回籍夫马、车脚、口分,罗布淖尔步队一营员弁勇夫薪粮,制办查勘喀什噶尔边界员役薪粮、津贴、驼脚等项银一十一万七千五百五十二两七钱三分六厘;又拨发新疆城署各工经费银二十一万两,塔尔巴哈台副都统工程经费银二万两。共计开除新饷平银三十四万七千五百五十二两七钱三分六厘。

实在项下,截至十七年十二月底止,实存新饷平银二万七千三百四十八两一钱三分五厘,应归下案接续造报。拨发城署各工经费,应归工程项下列收,另行造报。塔尔巴哈台副都统工程经费,应由该处列收报销。造具总、散清册，详请奏咨等情前来。

臣覆查光绪十七年份支发善后各款，均属实用实销，并无浮冒。除将清册分送各部外，相应缮具清单，会同陕西总督臣杨昌濬恭折具陈，伏乞皇上圣鉴，饬部核销施行。谨奏。光绪二十一年二月初九日。

（朱批：）该部议奏。单并发。①

光绪二十一年三月初十日，奉朱批：该部议奏。单并发。钦此。②

○一六　呈新疆光绪十七年善后收支各款数目清单

光绪二十一年二月初九日（1895 年 3 月 5 日）

谨将甘肃新疆光绪十七年份收支善后各款数目，缮具清单，恭呈御览。

计开：

旧管：一、上案截至光绪十六年十二月底止，实存新饷平银六万九千七十五两七钱二分七厘。

新收：一、收光绪十七年份由防军报销册内划拨新疆岁估善后经费新饷平银一十四万两。

一、收光绪十七年份由防军报销册内划拨岁分伊犁地方善后经费新饷平银一十二万四千两。

---

① 台北故宫博物院藏：军机及宫中档，文献编号：408002916。
② 中国第一历史档案馆藏：录副奏折，档案编号：03-6636-054。

一、收光绪十七年份由防军报销册内划拨岁分塔尔巴哈台地方善后经费新饷平银三万两。

一、收本案善后报销内支发采买、制办、运脚等款扣回平余新饷平银八十一两二钱二分四厘。

一、收遵照部议删除光绪十六年份报销第二册内支发伊犁中俄通商局员役薪粮等项新饷平银三千六百九十两三钱二分。

一、收遵照部议删除光绪十六年份报销第二册内支发喀什噶尔通商局员役薪粮等项新饷平银二千三百六十二两七钱六分。

一、收遵照部议删除光绪十六年份报销第三册内支发喀什噶尔、霍尔罕等七稽查局卡员役薪粮等项新饷平银五千六百九十两八钱四分。

以上七款，共新收新饷平银三十万五千八百二十五两一钱四分四厘。

开除：一、除第一册支发新疆义学塾师薪水暨购办纸张、笔墨、油烛等项新饷平银二万九千四百五十四两三钱五分。

一、除第二册支发新疆通商、善后各局委员薪水、经贴书、字识、护勇、通事、工匠工食银一万七千三十一两一钱四分六厘。

一、除第三册支发新疆保甲稽查局卡委员薪水、经贴书、护勇、通事工食、口粮等项银一万三千九百七十二两五钱九分八厘。

一、除第四册支发新疆牛痘、医药局医生工食、跟役、通事、火夫口食、药资银七千四百三两五钱九分。

一、除第五册支发罗布淖尔善后局津贴、招徕户名迁徙川资并修盖房屋、农具等项银二千九百九十二两。

一、除第六册支发罗布淖尔、英格可立等处四驿书夫口食、马匹料草、站价并孔雀河渡船水手工食等项银一千三百七十七两七钱三分六厘。

一、除第七册支发伊犁、古城各旗员赴任、回旗及蒙回郡王、台吉等进京往返车马脚价、口分银五千一百六十四两四钱八分八厘。

一、除第八册支发假遣残废弁勇并护送故员灵柩回籍车脚、夫价等项银一千五百三十五两四钱五厘。

一、除第九册支发罗布淖尔步队一营十七年份员弁勇夫薪粮、制办等项二万三千九百八十三两二钱。

一、除第十册支发查勘边界委员、书士津贴、丁夫口粮、马干、驼脚等项二千五百五十三两三钱八分三厘。

一、除遵照部议划归善后开支罗布淖尔步队一营光绪十六年七月初一日起至十二月底止支过薪粮、制办新饷平银一万二千八十四两八钱四分。

一、除拨发塔尔巴哈台副都统划分光绪十七年份工程经费新饷平银二万两。

一、除拨发新疆城署各工经费新饷平银二十一万两。

以上共开除新饷平银三十四万七千五百五十二两七钱三分六厘，内拨发塔尔巴哈台副都统工程经费银二万两，应由该处自行列收造报，又拨发各处工程经费二十一万两，仍由新疆粮台另案造报外，其余支销款内应由户部核销义学塾师薪水、通商、善后、保甲稽查局卡、牛痘、医药各局经费，罗布淖尔善后局招徕户名迁徙川资、修盖房屋、农器、津贴，孔雀河渡船水手工食，罗布淖尔营步队一营员弁勇夫薪粮，制办查勘边界委员、书丁薪粮、津贴等项新饷平银一十万八千三百五十四两五钱九分三厘；应由兵部核销罗布淖尔驿站书夫、马匹各项经费，供支伊犁、古城赴任、回旗各员暨蒙回郡王、台吉等进京往返车马脚价、廪给、口分，假遣残废弁勇及病故员弁灵柩回籍车脚、夫价等项银七千八百八十八两二钱九分三厘；应由工部核销购办纸张、笔墨等项银一千三百九两八钱五分。

实在：一、截至光绪十七年十二月底止，实存新饷平银二万七千三百四十八两一钱三分五厘，应归下案接续造报。

（朱批：）览。[①]

○一七 恭报新疆光绪二十年十一月雨水、粮价折

光绪二十一年二月二十五日（1895 年 3 月 21 日）

头品顶戴甘肃新疆巡抚臣陶模跪奏，为恭报光绪二十年十一月份粮价并得雪情形，谨缮折具陈，仰祈圣鉴事。

窃照光绪二十年十月份各厅、州、县粮价并得雪情形，业经臣奏报在案。兹据新疆布政使饶应祺详称：光绪二十年十一月份，镇迪道属迪化得雪，积地九寸；阜康得雪，积地三寸；库尔喀拉乌苏、昌吉、绥来、奇台得雪，积地二寸；镇西得雪，积地一寸。伊塔道属塔尔巴哈台得雪，积地三寸；精河得雪，积地二寸；绥定、宁远微雪。南路库车得雪，积地七寸；英吉沙尔得雪，积地五寸；玛喇巴什、拜城得雪，积地三寸；乌什得雪，积地二寸；叶城得雪，积地一寸；温宿、疏勒、莎车、和阗、疏附、于阗微雪。余未得雪。至通省粮价，镇西、精河、喀喇沙尔、库车、乌什、温宿、阜康、绥定、宁远等厅、州、县俱与上月相同，余均略有增减。汇详请奏前来。

理合恭折具陈，并缮粮价清单，敬呈御览，伏乞皇上圣鉴。谨

---

① 中国第一历史档案馆藏：清单，档案编号：03-6636-055。

奏。光绪二十一年二月二十五日。

（朱批:）知道了。[①]

光绪二十一年三月二十六日,奉朱批:知道了。钦此。[②]

○一八　呈新疆光绪二十年十一月粮价清单

光绪二十一年二月二十五日(1895 年 3 月 21 日)

谨将新疆各属光绪二十年十一月份米粮时估价值,缮具清单,恭呈御览。

计开十一月份:

镇迪道属:

迪化县:大米每京石价银二两八钱三分六厘,与上月相同。小麦每京石价银一两二钱三分八厘,与上月相同。豌豆每京石价银一两二钱六分,与上月相同。青稞每京石价银八钱六分二厘,较上月减一钱四厘。

昌吉县:大米每京石价银二两四钱三分二厘,较上月减一钱七分六厘。小麦每京石价银一两二分六厘,与上月相同。豌豆每京石价银九钱五分五厘,与上月相同。青稞每京石价银七钱一分七厘,与上月相同。

阜康县:粟米每京石价银九钱五分五厘,小麦每京石价银一两二钱七分六厘,豌豆每京石价银一两二钱八厘,高粱每京石价银九钱八分五厘,俱与上月相同。

---

① 台北故宫博物院藏:军机及宫中档,文献编号:408002917。
② 中国第一历史档案馆藏:录副奏折,档案编号:03-6942-036。

绥来县：大米每京石价银二两四分二厘，较上月减二钱四分七厘。小麦每京石价银一两二分五厘，较上月减三分六厘。豌豆每京石价银九钱九分七厘，较上月减七分二厘。高粱每京石价银四钱六分，较上月减三分七厘。

奇台县：大米每京石价银三两四钱五分二厘，较上月减六钱九分。小麦每京石价银九钱五分五厘，较上月增一钱二分四厘。豌豆每京石价银一两二钱九厘，较上月增二钱八厘。

吐鲁番直隶厅：小麦每京石价银一两五钱六分六厘，与上月相同。大麦每京石价银六钱七分二厘，较上月增七分五厘。高粱每京石价银六钱六分七厘，较上月增七分三厘。黄豆每京石价银一两四钱一分八厘，较上月增七分四厘。

镇西直隶厅：小麦每京石价银一两三钱八分，豌豆每京石价银一两，青稞每京石价银六钱四分，俱与上月相同。

哈密直隶厅：粟米每京石价银一两四钱四分，与上月相同。小麦每京石价银一两七分八厘，较上月增二厘。豌豆每京石价银一两三钱三分二厘，较上月增三分六厘。青稞每京石价银八钱八分九厘，较上月增四分一厘。

库尔喀喇乌苏直隶厅：小麦每京石价银一两二钱七分三厘，较上月减一钱七厘。豌豆每京石价银一两六钱三分五厘，与上月相同。高粱每京石价银八钱七分八厘，与上月相同。

伊塔道属：

绥定县：大米每京石价银二两九钱六分，小麦每京石价银一两二钱四分二厘，大麦每京石价银六钱六分六厘，豌豆每京石价银一两二钱二分四厘，俱与上月相同。

宁远县：大米每京石价银二两九钱六分，小麦每京石价银八钱二分，大麦每京石价银五钱九分，豌豆每京石价银一两八分，俱与上月相同。

塔尔巴哈台直隶厅：小麦每京石价银一两三钱三分，较上月增六分八厘。大麦每京石价银八钱九分一厘，较上月增三分五厘。豌豆每京石价银一两二钱七分六厘，较上月增八分二厘。

精河直隶厅：大米每京石价银四两一钱一分六厘，小麦每京石价银一两六钱八分，大麦每京石价银九钱四分五厘，豌豆每京石价银一两三钱九分九厘，俱与上月相同。

阿克苏道属：

温宿直隶州：大米每京石价银一两九钱，小麦每京石价银一两三分五厘，大麦每京石价银六钱，包谷每京石价银六钱八分，俱与上月相同。

拜城县：小麦每京石价银七钱八分八厘，较上月增八分七厘。大米每京石价银三钱五分，与上月相同。豌豆每京石价银五钱二分五厘，较上月增四分四厘。包谷每京石价银六钱一分三厘，较上月增八分八厘。

喀喇沙尔直隶厅：大米每京石价银二两五钱八分六厘，小麦每京石价银七钱五分九厘，豌豆每京石价银七钱二分，包谷每京石价银五钱七分六厘，俱与上月相同。

库车直隶厅：大米每京石价银二两二钱二分，小麦每京石价银七钱二分五厘，豌豆每京石价银六钱一分，包谷每京石价银四钱四分，俱与上月相同。

乌什直隶厅：大米每京石价银二两一钱七分五厘，小麦每京石价银五钱二分八厘，大麦每京石价银三钱一分四厘，包谷每京石价银三钱九分三厘，俱与上月相同。

喀什噶尔道属：

疏勒直隶州：大米每京石价银二两七钱，较上月减三钱。小麦每京石价银一两三钱八分，与上月相同。包谷每京石价银九钱六分，与上月相同。高粱每京石价银八钱五厘，与上月相同。

疏附县：大米每京石价银二两七钱，较上月减三钱。小麦每京石价银一两三钱八分，与上月相同。包谷每京石价银一两五厘，与上月相同。高粱每京石价银八钱五厘，与上月相同。

莎车直隶州：大米每京石价银一两九钱八分三厘，较上月减二分九厘。小麦每京石价银八钱二分八厘，较上月减五分五厘。大麦每京石价银六钱，与上月相同。包谷每京石价银五钱四分一厘，与上月相同。

叶城县：大米每京石价银二两三钱二分，较上月增二钱九分。小麦每京石价银八钱二分五厘，较上月增七分五厘。包谷每京石价银五钱七分六厘，较上月增六分。青稞每京石价银四钱二分五厘，较上月增二分五厘。

和阗直隶州：大米每京石价银二两三钱，较上月增六分。小麦每京石价银九钱一分，较上月减八分三厘。包谷每京石价银五钱七分，较上月减三分五厘。青稞每京石价银五钱六分，较上月增七分七厘。

于阗县：大米每京石价银三两一钱七分四厘，较上月减一钱三分八厘。小麦每京石价银一两一分八厘，较上月增一分三厘。包谷每京石价银六钱二分七厘，较上月增一分三厘。

英吉沙尔直隶厅：大米每京石价银三两三钱四分四厘，较上月增三钱四厘。小麦每京石价银一两一钱八分七厘，与上月相同。大麦每京石价银五钱七分，与上月相同。包谷每京石价银九钱三分八厘,较上月增一钱六分一厘。

玛喇巴什直隶厅:大米每京石价银二两三钱六分八厘,与上月相同。小麦每京石价银一两三钱八分,较上月增一钱三分八厘。包谷每京石价银七钱六分八厘,与上月相同。

(朱批:)览。[1]

○一九 请以石本清调补疏勒直隶州知州折

光绪二十一年二月二十五日(1895年3月21日)

头品顶戴甘肃新疆巡抚臣陶模跪奏,为拣员调补直隶州要缺,以重地方,恭折仰祈圣鉴事。

窃据新疆布政使饶应祺、镇迪道兼按察使衔丁振铎会详称:疏勒直隶州知州蒋诰光绪十九年二月初六日病故,应以病故本日作为开缺日期。所遗疏勒直隶州知州系冲、繁、疲、难四项要缺,业经扣留外补在案。应即遴员请补,以重职守。查南路新设各缺,经前抚臣刘锦棠奏准由外拣补一次,后援照甘肃变通章程办理。查章程内开:丞、倅、州、县以及佐杂各要缺,将现任各员按照应升官阶,任内无论有无升案,并是否到任实授,以及历俸、试俸未经期满各员,准择其人地相宜者,一律升调等语。今疏勒直隶州知州员缺,地当冲要,华夷杂处,安辑、抚绥,均关紧要,且毗连俄境,交涉事务尤极繁难,非精明干练之员,难期胜任。

查有塔城直隶厅抚民同知石本清,现年六十岁,湖南沅江县人,由文童于同治二年投效军营,克复浙江湖州、安吉、孝丰、石门、

---

[1] 中国第一历史档案馆藏:清单,档案编号:03-6942-037。

德清等城案内汇保，四年十月二十六日奉上谕：着以从九品不论单双月尽先即选。钦此。于捻匪全股荡平、直东肃清案内汇保，七年八月初六日奉上谕：着以县丞留于陕西补用。钦此。陕西全境肃清案内汇保，九年十二月二十六日奉上谕：着以州同留于甘肃补用。钦此。荡平金积堡贼巢、宁灵肃清案内汇保，十年十月初三日奉上谕：着以知州仍留甘肃补用。钦此。克复巴燕戎格、捝斩叛逆及剿灭河州窜贼案内汇保，十三年八月初三日奉上谕：着赏戴蓝翎。钦此。关陇肃清案内汇保，光绪二年二月初四日奉上谕：着赏换花翎。钦此。克复吐鲁番满、汉两城案内汇保，四年二月初四日奉上谕：着以直隶州知州尽先补用。钦此。先于二年五月委署甘肃阶州直隶州篆务，六月二十二日到任，五年六月二十二日卸事。新疆荡平各项差使出力案内汇保，俟补直隶州知州后，以知府用，经部驳令另核奏明请奖。嗣经钦差大臣刘锦棠覆奏，改请军功随带加三级，复经部议准其改请随带加三级，其所请军功字样，应毋庸议。奉旨：依议。钦此。阶州瓜子沟番匪滋事，经官军荡平、捝获首逆案内汇保，六年十二月二十二日奉上谕：着俟补缺后，以知府仍留甘肃尽先补用，先换顶戴。钦此。是年冬，请咨赴部引见。七年五月初十日，经钦派王大臣验看，照例发往。十一日覆奏，奉旨：依议。钦此。遵即领照起程，闰七月十九日到省。八年，经前两江总督臣左宗棠奏请调赴江苏差遣，并以原官改留江苏，仍归原班补用。是年四月十四日奉旨：依议。钦此。十四年，在江苏并无经手未完事件，因无力补缴离省分发银两，呈请前两江总督臣曾国荃奏明给咨，仍回甘肃原省候补，是年六月十八日奉朱批：着照所请，吏部知道。钦此。十五年五月到甘肃，旋经陕甘总督臣杨昌濬咨送新疆差遣，十一月初四日到省。十二月，委署塔城直隶厅抚民同知篆务，十六年二月十二日到任。十七年八月，奏请借补斯缺。十八年二月二十四日，经部覆准照例以奉文准补之日作为知府升阶到省候补日期。新疆七载防戍案内汇保，俟归知府班后，加盐运使衔，经部核议，改为俟离任归知府班后，准加盐运使衔。十九年十二月初二日具奏，奉旨：依议。钦此。嗣因调省，于二十年九月二十一日卸事。

查该员石本清，才具明练，办事老成，前在塔城同知任内办理一切，诸臻妥协，边情、土俗最为熟悉，以之调补疏勒直隶州知州，实堪胜任，人地亦极相宜，且核与变通章程相符等情，详请具奏前来。

臣查该员石本清，老成稳练，办事实心，合无仰恳天恩，俯念要缺需员，准以塔城直隶厅抚民同知石本清调补疏勒直隶州知州员缺，洵于地方有裨。如蒙俞允，该员系由直隶州借补同知，今请调补直隶州知州，衔缺相当，毋庸送部引见。该员前在同知任内并无参罚案件。谨会同陕甘总督臣杨昌濬恭折具奏，伏乞皇上圣鉴训示。再，所遗塔城直隶厅抚民同知，系繁、疲、难三项要缺，应请扣留外补。合并声明。谨奏。光绪二十一年二月二十五日。

（朱批：）吏部议奏。[1]

光绪二十一年三月二十六日，奉朱批：吏部议奏。钦此。[2]

---

① 台北故宫博物院藏：军机及宫中档，文献编号：408002918。
② 中国第一历史档案馆藏：录副奏折，档案编号：03-5322-108。

○二○　官犯游春泽欠缴银两请予援免折

光绪二十一年二月二十五日（1895年3月21日）

头品顶戴甘肃新疆巡抚臣陶模跪奏，为官犯无力完缴欠银，恭逢恩诏，循例办理，并行查各款无从着追，恭折仰祈圣鉴事。

窃查官犯游春泽，经前伊犁将军锡纶等以浮开捏报等情参革查办，前护抚臣魏光焘逐款查无浮冒，惟瞻德城工有银三千五百余两无着，经刑部比照监守自盗仓库钱粮一千两以上例，拟斩监候。除四川、江南抄产变抵外，尚短银一千六百余两，令仍依限监追。复经户部以删除惠远城工员役薪工银一百六十八两，瞻德城工员役薪工银二百八十八两，台卡官兵粮饷、津贴等项行查银一万一千九百二十八两零，删除银五万八千三百一十二两零；又，工部核减惠远城工料银二百八十两，并饬该官犯声覆完缴等因，于光绪十七年十月二十七日覆奏，奉旨：依议。钦此。钦遵咨行到臣。当经转饬遵办。

旋据伊犁、迪化两府查明，游春泽伊犁新疆寓所并无资财，屡次勒追欠银，赤贫如洗，无力完缴，饬催行查各款，据游春泽申诉，前款内以台卡为最巨，伊犁自光绪八年收还，将军金顺即督饬各领队暨已故总兵刘宏发陆续安设台卡，南路查界大臣即由是路行走。该官犯于八年十二月始委办善后，并未经理其事。其余零款，当日经手亦非一人，早俱星散。金顺去任时，奏明伊犁善后报销未奉部覆各案，携卷北上，自行清厘。该官犯卸差日久，无案可稽，实属无从清理。诘问再三，供词如一。光绪二十八年八月十六日，恭逢恩诏，据藩、臬两司循例详办前来。

　　臣查例载：侵盗仓库钱粮入己数在千两以上拟斩监候之犯，遇赦准予援免各等语。该官犯游春泽于瞻德城工报销之款查无着落，比例拟斩监候，究与实在监守自盗有间。应追银两，原籍任所家产早已查抄罄尽，监追数年，无力措缴。事犯在二十年正月初一日以前，恭逢恩诏，应请照例准予援免，并豁免追赃，以示矜恤。

　　至奉行查各款，游春泽或未承办，或经手不止一人。将军金顺行抵肃州开缺，前陕甘总督臣谭钟麟曾奏称，金顺报销，无人清理支款，即有浮冒，无从着追，欲出入针孔符合，势有不能。是金顺报销原难逐一推求，早邀圣明洞鉴。即魏光焘办理此案，行查伊犁，亦据覆片纸无存。游春泽沥陈无从清理，委属实情。臣维金顺立功边陲，积劳病故已历年所，一切用款自应照案准销，以清金顺身后之事。

　　是否有当，除分咨户、刑、工各部外，谨会同伊犁将军臣长庚、陕甘总督臣杨昌濬恭折具奏，伏乞皇上圣鉴，饬部核议施行。谨奏。光绪二十一年二月二十五日。

　　（朱批：）该部议奏。①

　　光绪二十一年三月二十六日，奉朱批：该部议奏。钦此。②

○二一　请以周茂春署拜城县知县片

光绪二十一年二月二十五日(1895 年 3 月 21 日)

　　再，署拜城县知县张熙载撤任遗缺，查有同知衔候补通判周茂

---

　　①　台北故宫博物院藏：军机及宫中档，文献编号：408002919。
　　②　中国第一历史档案馆藏：录副奏折，档案编号：03-7416-023。

春,堪以委署。据新疆布政使饶应祺、镇迪道兼按察使衔丁振铎会详前来。除由臣批饬给委外,谨会同陕甘总督臣杨昌濬附片具奏,伏乞圣鉴。谨奏。

（朱批:）吏部知道。①

光绪二十一年三月二十六日,奉朱批:吏部知道。钦此。②

○二二　奏报参将彭桂馥病故片

光绪二十一年二月二十五日(1895 年 3 月 21 日)

再,臣据署抚标中军参将汤咏山详:据济木萨营中军守备陈天荣申报,该营参将彭桂馥因寒触发旧伤,旋中风痰,医药罔效,于光绪二十一年正月二十七日在任病故等情,详请核办前来。

臣覆核无异,相应奏明开缺,容俟另行拣员请补。除将该故员原领参将札付及委员承查嫡亲印、甘各结咨部查照外,谨会同陕甘总督臣杨昌濬附片具陈,伏乞圣鉴训示。谨奏。

（朱批:）兵部知道。③

光绪二十一年三月二十六日,奉朱批:兵部知道。钦此。④

---

①　台北故宫博物院藏:军机及宫中档,文献编号:408002919-0-A。

②　中国第一历史档案馆藏:录副奏片,档案编号:03-5322-109。

③　台北故宫博物院藏:军机及宫中档,文献编号:408002924-0-A。此片之具奏日期,原件署"光绪二十一年三月初六日",而军机录副目录署"光绪二十一年二月二十五日"。查光绪二十一年三月二十六日军机处随手登记档(档案编号:03-0284-1-1221-084)朱批陶模奏,即含此片,且署有"报四百里,二月二十五日发"等字样。据此,此片之具奏日期应为"光绪二十一年二月二十五日"。兹据校正。

④　中国第一历史档案馆藏:录副奏片,档案编号:03-5902-081。

○二三　奏为奉赐恩赏谢恩折

光绪二十一年三月初三日（1895年3月28日）

头品顶戴甘肃新疆巡抚臣陶模跪奏，为恭谢天恩，仰祈圣鉴事。

窃臣准兵部咨行：内阁钞出光绪二十年十月初一日奉上谕：朕钦奉慈禧端佑康颐昭豫庄诚寿恭钦献崇熙皇太后懿旨：本年六旬庆辰，皇帝率天下臣民胪欢祝嘏，前经特沛恩纶，延釐中外。兹当庆典届期，着加恩赏赍，所有近支王公及王公、蒙古王公、御前行走、乾清门行走、御前侍卫、大学士、各部院尚书、左都御史、各省将军、都统、总督、巡抚、提督，着各赏大寿字一张、大缎二匹、帽纬一匣等因。钦此。旋由差弁赍捧到臣。当即望阙叩头，谢恩祗领。

钦惟皇太后泰符翊运，益笄凝釐，慈云遍覆乎八埏，萝图辑瑞；爱日长承乎九陛，华祝胪欢。臣忝绾封圻，适当边塞，地依葱雪，昔原禹甸之要荒；殿启椒风，渥荷尧门之锡羡。鸿畴洒翰，建五福以居先；凤披承筐，经七襄而耀采。复拜猩绫之锡，弥增蝉珥之辉。恩赍骈蕃，感深鳌戴。臣惟有勉循职任，冀济时艰，毳幕游装，俾同游于寿寓；龙堆雁碛，亦渐辟为乐郊。

所有微臣感激下忱，谨缮折叩谢天恩，伏乞皇太后圣鉴。谨奏。光绪二十一年三月初三日。

（朱批：）知道了。①

---

①　台北故宫博物院藏：军机及宫中档，文献编号：408002920。

光绪二十一年四月十九日,奉朱批:知道了。钦此。[1]

○二四　奏为奉赐恩赏谢恩折

光绪二十一年三月初三日(1895年3月28日)

头品顶戴甘肃新疆巡抚臣陶模跪奏,为恭谢天恩,仰祈圣鉴事。

窃臣准兵部咨行:内阁钞出光绪二十年十月初一日奉上谕:朕钦奉慈禧端佑康颐昭豫庄诚寿恭钦献崇熙皇太后懿旨:本年六旬庆辰,皇帝率天下臣民胪欢祝嘏,前经特沛恩纶,延釐中外。兹当庆典届期,着加恩赏赉,所有近支王公及王公、蒙古王公、御前行走、乾清门行走、御前侍卫、大学士、各部院尚书、左都御史、各省将军、都统、总督、巡抚、提督,着各赏大寿字一张、大缎二匹、帽纬一匣等因。钦此。旋由差弁赍捧到臣。当即望阙叩头,谢恩祗领。

钦惟我皇上瑞启珍符,运绵宝箓,椒闱称庆,合万国以胪欢;芝陛颁恩,溥八埏而介景。臣忝膺疆寄,翘切嵩呼,九如晋颂乎范经,金萱益笰;五福首推乎箕范,奎藻邀荣。璀璨三英,承袭而彰施有耀,葳蕤万缕,振缨而顶感何量。稠叠鸿施,篆铭蚁结。臣惟有勉图固圉,慎守安边,治戒丝棼,防筹绳度。涵濡有日,渐通声教于狉榛;熙皞同风,咸易睢盱为凫藻。

所有微臣感激下忱,谨缮折叩谢天恩,伏乞皇上圣鉴。谨奏。
光绪二十一年三月初三日。

---

[1]　中国第一历史档案馆藏:录副奏折,档案编号:03-5323-083。

（朱批：）知道了。①

光绪二十一年四月十七日，奉朱批：知道了。钦此。②

〇二五　奏为奉到恩赏谢恩折

光绪二十一年三月初三日（1895 年 3 月 28 日）

头品顶戴甘肃新疆巡抚臣陶模跪奏，为恭谢天恩，仰祈圣鉴事。

窃臣据赍呈贡品委员寄到钦奉慈禧端佑康颐昭豫庄诚寿恭钦献崇熙皇太后恩赏寿字一方、蟒袍一件、活计一匣。臣当即望阙叩头，谢恩祗领。钦惟皇太后泽敷禹甸，庆辑尧门，爱日舒长，衍萱龄于花甲；慈晖布濩，沛芝诏以林壬。臣忝绾疆圻，叠蒙高厚，晋阶承荫，已邀逾格隆施；钦羡赐绯，复荷频番殊宠。景宸章之璀璨，翰洒鸾笺；欣寿寓之延长，畴敷鸿范。诗咏丝纶之什，藻绣成袍；礼详帉帨之仪，兰纫杂佩。恩荣叠被，感戴弥深。臣惟有殚竭愚诚，勉供职任，风宣西极，渐驯殊域于象胥；日永南山，长祝皇家之燕喜。

所有微臣感激下忱，谨缮折叩谢天恩，伏乞皇太后圣鉴。谨奏。光绪二十一年三月初三日。

（朱批：）知道了。③

光绪二十一年四月十七日，奉朱批：知道了。钦此。④

---

① 台北故宫博物院藏：军机及宫中档，文献编号：408002921。

② 中国第一历史档案馆藏：录副奏折，档案编号：03-5323-066。

③ 台北故宫博物院藏：军机及宫中档，文献编号：408002922。

④ 中国第一历史档案馆藏：录副奏折，档案编号：03-5323-065。

○二六　奏为奉到恩赏谢恩折

光绪二十一年三月初三日(1895年3月28日)

头品顶戴甘肃新疆巡抚臣陶模跪奏，为恭谢天恩，仰祈圣鉴事。

窃臣据赍呈贡品委员寄到钦奉慈禧端佑康颐昭豫庄诚寿恭钦献崇熙皇太后恩赏寿字一方、蟒袍一件、活计一匣。臣当即望阙叩头，谢恩祗领。钦惟皇上萝图辑瑞，兰膳承颜，景介璇闱，应钩钤之朗曜；恩浓玉陛，颁纶綍以覃孚。臣虔效华封，频邀蕃锡，晋阶资而承门荫，已荷殊荣；叨宸翰而忝上珍，深惭逾分。乃复天章炳耀，倬云汉以维昭；皇极诞敷，与河山而并寿。仿姚室蜼裳之制，采绣五纹；本唐家鱼袋之遗，佩纫七宝。鸿施渥被，蚁结曷胜。臣惟有惕虑衣裀，拊循旖旎，户兼屯戍，辟瓯脱于龙沙；运转秦阶，听铙歌于驿堠。

所有微臣感激下忱，谨缮折叩谢天恩，伏乞皇上圣鉴。谨奏。光绪二十一年三月初三日。

（朱批:）知道了。①

光绪二十一年四月十七日，奉朱批:知道了。钦此。②

○二七　奏报光绪二十年回部贡金折

光绪二十一年三月初六日(1895年3月31日)

头品顶戴甘肃新疆巡抚臣陶模跪奏，为呈进回部贡金，恭折具

---

① 台北故宫博物院藏:军机及宫中档，文献编号:408002923。
② 中国第一历史档案馆藏:录副奏折，档案编号:03-5323-067。

陈，仰祈圣鉴事。

　　窃照新疆色勒库尔之南回部坎巨提，向来按年进贡沙金，循例奏明赏给缎匹在案。兹据喀什噶尔道黄光达申：据坎巨提头目摩韩美德拿星呈到光绪二十年份进贡沙金一两五钱，遵将例赏大缎二匹发给该头目祗领。恳请具奏前来。

　　臣覆查无异。除将沙金咨送内务府呈进外，理合恭折具陈，伏乞皇上圣鉴。谨奏。光绪二十一年三月初六日。

　　（朱批：）该衙门知道。[1]

　　光绪二十一年四月十七日，奉朱批：该衙门知道。钦此。[2]

○二八　代奏马亮到任日期并谢恩折

光绪二十一年三月初六日(1895 年 3 月 31 日)

　　头品顶戴甘肃新疆巡抚臣陶模跪奏，为据情代奏，叩谢天恩，仰祈圣鉴事。

　　窃臣据头品顶戴记名副都统署伊犁镇总兵马亮呈称：接奉行知：伊犁镇总兵张俊现奏明署理喀什噶尔提督篆务，所遗总兵员缺，饬令署理等因。遵于光绪二十一年二月十七日准张俊委署镇标中营游击段文彬，将总兵银印、文卷赍送前来。当即恭设香案，望阙叩头谢恩，祗领任事。

　　伏念奴才吉林世仆，樗栎庸材，叠荷隆施，累保今职，愧涓埃之未效，正惶悚以难名。兹令权摄总兵，又属伊犁边要，内极种类之

---

　　①　台北故宫博物院藏：军机及宫中档，文献编号：408002924。

　　②　此朱批日期与内容，据军机处随手登记档（档案编号：03-0284-2-1221-105）校补。

屠杂,外与俄境相毗连,弹压、巡防,在在关重,惟有矢慎矢勤,遇事禀商将军、巡抚臣认真经理,不敢以暂时摄篆稍涉因循,以期仰答高厚鸿慈于万一。

所有到任接印日期并感激下忱,呈请代奏,叩谢天恩前来。理合据情代奏,伏乞皇上圣鉴。谨奏。光绪二十一年三月初六日。

（朱批:）知道了。①

光绪二十一年四月十七日,奉朱批:知道了。钦此。②

○二九　新疆防营官兵等光绪二十年下半年数目折

光绪二十一年三月二十二日（1895年4月16日）

头品顶戴甘肃新疆巡抚臣陶模跪奏,为新疆防营员弁勇丁、各台、局、卡、义学自光绪二十年七月初一日起至十二月底止实在数目,缮具清单,恭折仰祈圣鉴事。

窃新疆马步营旗、炮队、各台、局、卡、义学实在数目,截至光绪二十年六月底止,业经分别奏咨在案。兹据新疆粮台详称:自二十年七月初一日起至十二月底止,遵照标营章程,挑并步队一旗,招募马队二哨,又抚标中营左旗马队一旗,由草地护送毛瑟枪进京,交喀什噶尔提督董福祥行营备用,即将该旗改为行粮,作为董福祥亲兵马队,并添帮带旗官一员、额外私夫、马夫三名、半额马一匹,裁撤罗布淖尔步队一营。实存行粮章程马队八旗、

---

① 台北故宫博物院藏:军机及宫中档,文献编号:408002924-1。

② 中国第一历史档案馆藏:录副奏折,档案编号:03-5903-045。

步队四营、开花炮队一哨，标营章程马队四十七旗二哨、步队二十四营一十八旗一哨、开花炮队五哨。共额设统领、营、旗、哨官三百九十五员，巡查一百三十员，营书、弁勇二万五千八百五十一名，火勇一千八百三十一名，额外火夫、私夫、马夫、车夫、棚夫六千五百九十八名，并各台、局、卡、义学，缮具清单，详请奏咨前来。

臣覆查无异。所有新疆防营员弁勇丁、各台、局、卡、义学自光绪二十年七月初一日起至十二月底止实在数目，谨缮清单，恭呈御览，伏乞皇上圣鉴，饬部立案施行。谨奏。光绪二十一年三月二十二日。

（朱批：）该部知道。单二件并发。[①]

光绪二十一年四月二十二日，奉朱批：该部知道。单二件并发。钦此。[②]

○三○　呈新疆光绪二十年下半年各台、局、卡、义学清单

光绪二十一年三月二十二日(1895 年 4 月 16 日)

谨将新疆各台、局、卡暨义学数目自光绪二十年七月初一日起至十二月底止，缮具四柱清单，恭呈御览。

旧管：光绪二十年六月底止，实存新疆粮台，省城军装总局，省城采运局，伊犁宁远城、喀什噶尔城二中俄通商局，伊塔道、塔尔巴

---

① 台北故宫博物院藏：军机及宫中档，文献编号：408002925。
② 中国第一历史档案馆藏：录副奏折，档案编号：03-5996-013。

哈台二善后局,罗布淖尔抚辑招徕局、医药局。

省城、哈密新城、吐鲁番新城、喀喇沙尔、库车、阿克苏、乌什、英吉沙尔、喀什噶尔汉城、叶尔羌、和阗、古城、绥来、绥定、宁远、绥定城东关、广仁城、塔尔巴哈台等处十八保甲局。

霍尔果斯尼堪卡伦、果子沟、霍尔罕、明瑶路、依兰乌瓦斯、依斯里克、图舒克、塔石可力碦、依布拉引等处九稽查卡。

哈密、巴里坤、昌吉、吐鲁番、喀喇沙尔、库车、阿克苏、乌什、喀什噶尔、英吉沙尔、玛喇巴什、叶尔羌、和阗、塔尔巴哈台等处十四牛痘局。

哈密义学五堂,吐鲁番义学六堂,喀喇沙尔义学四堂,库车义学五堂,拜城义学二堂,温宿义学三堂,乌什义学三堂,疏勒义学三堂,疏附义学二堂,玛喇巴什义学三堂,英吉沙尔义学三堂,莎车义学五堂,叶城义学二堂,和阗义学二堂,于阗义学二堂,巴里坤义学四堂,奇台义学四堂,济木萨义学三堂,阜康义学二堂,迪化义学六堂,昌吉义学二堂,绥来义学四堂,呼图壁义学二堂,宁远义学三堂,绥定义学三堂,广仁城义学一堂,瞻德城义学一堂,霍尔果斯义学一堂,罗布淖尔义学一堂,塔尔巴哈台义学三堂,共计义学九十堂。

新收:无项。

开除:罗布淖尔医药局十二月底止裁撤。

实在:光绪二十年十二月底止,实存新疆粮台,省城军装总局,省城采运局,伊犁宁远城、喀什噶尔城二中俄通商局,伊塔道、塔尔巴哈台二善后局,罗布淖尔抚辑招徕局。

省城、哈密新城、吐鲁番新城、喀喇沙尔、库车、阿克苏、乌什、英吉沙尔、喀什噶尔汉城、叶尔羌、和阗、古城、绥来、绥定、宁远、绥定城东关、广仁城、塔尔巴哈台等处十八保甲局。

霍尔果斯尼堪卡伦、果子沟、霍尔罕、明瑶路、依兰乌瓦斯、依斯里克、图舒克、塔石可力硖、依布拉引等处九稽查卡。

哈密、巴里坤、昌吉、吐鲁番、喀喇沙尔、库车、阿克苏、乌什、喀什噶尔、英吉沙尔、玛喇巴什、叶尔羌、和阗、塔尔巴哈台等处十四牛痘局。

哈密义学五堂，吐鲁番义学六堂，喀喇沙尔义学四堂，库车义学五堂，拜城义学二堂，温宿义学三堂，乌什义学三堂，疏勒义学三堂，疏附义学二堂，玛喇巴什义学三堂，英吉沙尔义学三堂，莎车义学五堂，叶城义学二堂，和阗义学二堂，于阗义学二堂，巴里坤义学四堂，奇台义学四堂，济木萨义学三堂，阜康义学二堂，迪化义学六堂，昌吉义学二堂，绥来义学四堂，呼图壁义学二堂，宁远义学三堂，绥定义学三堂，广仁城义学一堂，瞻德城义学一堂，霍尔果斯义学一堂，罗布淖尔义学一堂，塔尔巴哈台义学三堂，共计义学九十堂。

（朱批：）览。[1]

○三一　呈新疆光绪二十年
下半年防营官兵清单

光绪二十一年三月二十二日（1895 年 4 月 16 日）

谨将新疆驻防马步各营旗员弁勇丁、夫马、炮车数目自光绪二十年七月初一日起至十二月底止，缮具四柱清单，恭呈御览。

---

[1]　中国第一历史档案馆藏：清单，档案编号：03-6031-173。

旧管：光绪二十年六月底止，实存防军行粮章程马队七旗、步队四营、开花炮队一哨，标营章程马队四十八旗、步队二十五营一十七旗一哨、开花炮队五哨。共计旧存额设统领营、旗、哨官三百九十三员，旧存额设巡查一百三十员，旧存额设营书、弁勇二万五千九百三名，旧存额设火勇一千八百四十二名，旧存额外火夫七百七十名，旧存额外马夫、私夫、车夫、棚夫五千七百八十五名，旧存额马七千四十匹，旧存炮车三十六辆、车骡九十六头。

新收：光绪二十年八月初一日起，挑并罗布淖尔步队一旗，遵照标营章程，新添额设旗哨官四员，新添额设巡查一员，新添额设营书、弁勇三百三十名，新添额设火勇三十二名，新添额外私夫一十六名。

光绪二十年十月二十四日起，抚标中营左旗马队一旗由草地护送毛瑟枪进京，交喀什噶尔提督董福祥行营备用，员弁、勇夫、额马按照标营数目改支行粮外，新添帮带旗官一员，新添额外私夫二名，新添额外马夫一名半，新添额马一匹。

光绪二十年十二月初一日起，招募新字旗马队二哨，遵照标营章程，新添额设管带哨官二员，新添额设巡查一员，新添额设营书、弁勇六十六名，新添额外火夫八名，新添额外私夫八名，新添额外马夫三十五名半，新添额马七十匹。

查前项新募马队二哨，系填防抚标中营左旗马队遣垒，内额设管带官一员，营书一名，哨长一员，巡查一员，亲兵领旗二名，亲兵十八名，哨领旗四名，哨书护兵五名，马勇三十六名，额外火夫八名、私夫八名、马夫三十五名半，额马七十匹，薪粮、公费、马干、杂费均遵照标营饷章支放。理合登明。

开除：光绪二十年七月底止，裁撤罗布淖尔步队一营，计裁减额设营哨官五员，裁减额设巡查二员，裁减额设营书、弁勇四百四十八名，裁减额设火勇四十三名，裁减额外私夫二十八名。

实在：光绪二十年十二月底止，实存防军行粮章程马队八旗、步队四营、开花炮队一哨，标营章程马队四十七旗二哨、步队二十四营一十八旗一哨、开花炮队五哨。共计实存额设统领营、旗、哨官三百九十五员，实存额设巡查一百三十员，实存额设营书、弁勇二万五千八百五十一名，实存额设火勇一千八百三十一名，实存额外火夫七百七十八名，实存额外马夫、私夫、车夫、棚夫共五千八百二十名，实存额马七千一百一十一匹，实存炮车三十六辆、车骡九十六头。

（朱批：）览。[①]

○三二　汇报新疆光绪二十年办结就地正法各案折

光绪二十一年三月二十二日（1895 年 4 月 16 日）

头品顶戴甘肃新疆巡抚臣陶模跪奏，为光绪二十年办结就地正法各案，照章摘由汇报，恭折仰祈圣鉴事。

窃查新疆奏定章程：凡强盗抢夺及情罪重大人犯获案讯明后，皆准就地正法，摘由汇报。历经遵办在案。兹查光绪二十年春、夏、秋、冬四季办结强盗抢夺及决不待时重大各案共十二起，据各地方官勘验，获犯审拟，解经各该管直隶州、府、道提讯明确，咨由兼臬司覆核转详。臣细核案情，参考律例，分别斩决、枭示，批令在

---

① 中国第一历史档案馆藏：清单，档案编号：03-6031-172。

于犯事地方正法。其强抢案内军、流、徒犯,向系南北两路调发。此等匪徒均难安分屯垦,已批饬酌量监禁,系带铁杆,以示惩创。谨将各案摘由开单,恭呈御览。

所有光绪二十年份办结就地正法各案,照章摘由汇报缘由,谨恭折具陈,伏乞皇上圣鉴,训示施行。谨奏。光绪二十一年三月二十二日。

(朱批:)刑部知道。单并发。①

光绪二十一年四月二十二日,奉朱批:刑部知道。单并发。钦此。②

○三三　呈新疆光绪二十年办结就地正法各案清单

光绪二十一年三月二十二日(1895年4月16日)

谨将光绪二十年份办结就地正法各案摘由,汇缮清单,恭呈御览。

计开:

春季份:

一起:迪化县缠民艾不坎秃子纠约哈三、哎梨尼牙子首伙三人,持械拦抢买海皮赃物,拒伤事主平复,经署该县知县刘兆松勘验,获犯审拟,解迪化府知府潘效苏提讯,详镇迪道兼按察使衔丁振铎核转前来。臣查艾不坎秃子为首抢劫,哈三伙抢拒捕,均应斩

---

① 台北故宫博物院藏:军机及宫中档,文献编号:408002926。
② 中国第一历史档案馆藏:录副奏折,档案编号:03-7365-053。

决，当已批饬就地正法。哎梨尼牙子在场并未动手，例应拟军，已饬监禁三年，系带铁杆，三年期满，察看情形，详请开释。

一起：温宿州缠民尼牙子先向缠妇阿依斯比比幼孙女宜雅思汉图奸不从，拒伤阿依斯比比身死，复将宜雅思汉强行奸污，杀死灭口。经署该州王廷赞勘验，获犯审拟，解署阿克苏道黄丙焜，咨镇迪道兼按察使衔丁振铎核转前来。臣查凶犯尼牙子强奸、杀死一家二命，实属罪大恶极，当已批饬就地正法，枭首示众，照例断追财产一半给付死者家属，以昭炯戒。

一起：叶城县缠民却洛克图财，谋杀马海身死，经该县知县王俊勘验，获犯审拟，解署莎车直隶州知州潘震提讯，详由喀什噶尔道黄光达，咨镇迪道兼按察使衔丁振铎核转前来。臣查却洛克图财谋命，例应斩决，当已批饬就地正法，以昭炯戒。

夏季份：

一起：玛喇巴什厅缠妇吉米列比比被本夫而里巴衣殴骂有嫌，独自起意砍伤本夫身死，经该厅通判谭传科相验，获犯审拟，解喀什噶尔道黄光达提讯，咨镇迪道兼按察使衔丁振铎核转前来。臣查犯妇吉米列比比谋杀亲夫，情罪重大，当已批饬凌迟处死，以维风化。

一起：吐鲁番厅回民索麻子纠伙行窃，盗所独自拒杀事主马添福身死，伙犯尕希木用棒拒伤女事主马马氏平复，经该厅同知朱冕荣勘验，获犯审拟，解镇迪道兼按察使衔丁振铎核转前来。臣查凶贼索麻子盗所拒杀事主，例应斩决，当已批饬就地正法；尕希木各自拒捕平复，伤非金刃，例应拟军，已饬监禁三年，锁系铁杆，三年期满，察看情形，详请开释。

一起：于阗县缠民玉素普以夏克图财，谋杀热依木阿浑身死，经署该县知县柳葆元勘验，获犯审拟，解署和阗直隶州黄袁提讯，详喀什噶尔道黄光达，咨镇迪道兼按察使衔丁振铎核转前来。臣查玉素普以夏克图财谋命，罪应斩决，当已批饬就地正法，以昭炯戒。

秋季份：

一起：阜康县回民马三即马泳仓听从逸盗马二等，黑夜持械撞门入室，强劫事主欧阳和家赃物，拒捆事主受伤，经署该县知县任兆观勘验，获犯审拟，解由迪化府知府潘效苏提讯，详镇迪道兼按察使衔丁振铎核转前来。臣查马三即马泳仓听从伙劫，入室行强，例应斩决，当已批饬就地正法，枭首示众，以昭炯戒；逸犯马二等获日另结。

一起：绥来县回民纪田溁听从同居妹夫禹幅林，谋杀其胞兄纪这麻子身死，经署该县知县高敬昌相验，获犯审拟，解迪化府知府潘效苏提讯，详镇迪道兼按察使衔丁振铎核转前来。臣查逆犯纪田溁听从谋毙胞兄，在场加功，律应凌迟；禹幅林为首起意，律应斩候。惟酿成逆伦重案，比照谋杀期亲尊长案内从犯例准请旨正法，当已批饬将纪田溁凌迟处死，禹幅林依律拟斩，先行正法，以维风化。

一起：喀喇沙尔厅缠民和加克地图财，谋杀乌受尔身死，经署该厅同知闻端兰勘验，获犯审拟，解署阿克苏道黄丙煜提讯，咨镇迪道兼按察使衔丁振铎核转前来。臣查凶贼和加克地图财谋命，律应斩决，当已批饬就地正法，以昭炯戒。

冬季份：

一起：吐鲁番厅缠民托利甫尼牙士纠约以思拉木、托乎买提及逸犯哈的尔等首伙五人，分持洋枪、器械，黑夜先后强劫事主薛成全、马利三家赃物，经该厅同知朱冕荣勘验，获犯审拟，解镇迪道兼按察使衔丁振铎核转前来。臣查盗犯托利甫尼牙士为首纠劫，以思拉木伙同上盗，托乎买提把风接赃，均应斩决，当已批饬一并就地正法，并将托利甫尼牙士、以思拉木枭首示众，以昭炯戒；逸犯哈的尔等获日另结。

　　一起：库车厅缠民克拉木在叶城县属听从俄民色底艾买提图财，谋杀缠妇紫白里比比及子克里木身死，埋尸被水冲失案内，麻木图、蒲沙克知情分赃。该厅县等获犯，禀请喀什噶尔道黄光达会同俄领事审讯，当经起获原赃金钏、马匹，并在色底艾买提寄居处所起获珊瑚、藏枣等物，均给尸夫哎里认领。讯据克拉木供认，听从色底艾买提，乘紫白里比比母子睡熟下手，色底艾买提先将克里木殴死，该犯用石狼殴紫白里比比头面偏左殒命；麻木图供认事先向阻，事后帮同抬尸分赃；蒲沙克仅认事后查知，逼给赃物塞口。由喀什噶尔道咨镇迪道兼按察使衔丁振铎核转前来。臣查凶贼克拉木听从俄犯图财，谋毙一家二命，例应斩决，当已批饬就地正法；麻木图知情，不行分赃，例应拟军；蒲沙克事后查知分赃，应酌于军罪上再减一等，问拟满徒，已饬将麻木图监禁三年，系带铁杆三年，蒲沙克监禁两年，各俟期满，察看情形，详请开释。俄犯色底艾买提业由喀什噶尔道录供，照会俄领事解回，按照俄律办理。

　　一起：英吉沙尔厅缠民艾买提因与押来比比通奸，商同搒伤本夫禾卜身死，经署该厅同知陈希洛相验，获犯审拟，解喀什噶尔道黄光达提讯，咨镇迪道兼按察使衔丁振铎核转前来。臣查凶犯艾买提因奸起意，杀死亲夫，例应斩决；押来比比听从谋毙，律应凌迟，当已批饬分别斩决、凌迟，以昭炯戒。

（朱批：）览。①

○三四　审拟民人苏有才斗殴毙命一案折

光绪二十一年三月二十二日（1895 年 4 月 16 日）

头品顶戴甘肃新疆巡抚臣陶模跪奏，为斗殴毙命，按律定拟，恭折仰祈圣鉴事。

窃查前据库车直隶同知刘人佺详报客民苏有才戳伤赵忠伦越日身死一案，当经臣批饬审拟去后。兹据该厅审明议拟，解经阿克苏道李宗宾提讯，咨由镇迪道兼按察使衔丁振铎核转前来。

臣复加查核，缘苏有才籍隶甘肃秦州，先年出关，与已死赵忠伦同乡熟识。光绪二十年七月间，苏有才与赵忠伦在和阗州会遇，商允结伴回家，行至阿克苏，复邀其同乡张复元，共雇一车，沿途并无嫌隙。九月二十六日傍晚，投歇库车厅洪玉昌店内。赵忠伦出外买食酒饭，苏有才等伙同检点行李。定更时，苏有才因行路困乏，卧炕吸食洋烟。赵忠伦酒醉回店，持其被褥，冒向炕上分掷，尘土散漫。苏有才负气，携取烟具、卧褥，移往上面空房，转身收取零物，盛入火食木箱。赵忠伦斥其假爱干净，苏有才分辩，彼此揪扭。张复元劝解。移时，苏有才仍复进房搬箱外走。赵忠伦带酒生气，用脚抛踢，木箱落地，遗出箱内小刀、什物。苏有才弯身拾取，斥骂赵忠伦不应恃醉撒刁。赵忠伦举脚连踢。维时苏有才拾获小刀在手，退近墙根，一时情急，用刀吓戳一下，不期适伤赵忠伦小腹。张复元赶拢喝阻。店主洪玉

---

① 中国第一历史档案馆藏：清单，档案编号：03-7365-054。

昌趋至问明，报厅验讯取辜，医治罔效，延至二十八日下午，赵忠伦因伤殒命。投约覆报，验讯通详，由厅议拟，解道提讯，咨由兼臬司核明转详。臣覆核无异。

　　查律载：斗殴杀人者，不问手足、他物、金刃并绞监候等语。此案该犯苏有才与赵忠伦结伴同行，口角争殴，用刀戳伤赵忠伦越日身死，事犯在光绪二十年正月初一日以后，不在八月十六日恭逢恩诏查办之列，自应按律问拟。苏有才合依斗殴杀人者，不问手足、他物、金刃并绞律，拟绞监候，秋后处决。见证张复元、店主洪玉昌均救阻不及，请免置议。无干省释，尸棺饬属领埋，凶器小刀案结销毁。

　　除全案供招咨部外，所有斗殴毙命，按律定拟缘由，谨恭折具陈，伏乞皇上圣鉴，饬部核覆施行。谨奏。光绪二十一年三月二十二日。

　　（朱批：）刑部议奏。[1]

　　光绪二十一年四月二十二日，奉朱批：刑部议奏。钦此。[2]

○三五　恭报新疆光绪二十年十二月雨水、粮价折

光绪二十一年三月二十六日（1895年4月20日）

　　头品顶戴甘肃新疆巡抚臣陶模跪奏，为恭报光绪二十年十二月份粮价并得雪情形，谨缮折具陈，仰祈圣鉴事。

---

① 台北故宫博物院藏：军机及宫中档，文献编号：408002927。
② 中国第一历史档案馆藏：录副奏折，档案编号：03-7317-012。

窃照光绪二十年十一月份各厅、州、县粮价并得雪情形,业经臣奏报在案。兹据新疆布政使饶应祺详称:光绪二十年十二月份,镇迪道属镇西得雪,积地三寸;奇台得雪,积地一寸;吐鲁番、哈密、库尔喀拉乌苏、迪化、昌吉、阜康、绥来微雪。伊塔道属塔尔巴哈台得雪,积地五寸;精河得雪,积地一寸;绥定微雪。南路玛喇巴什得雪,积地八寸;莎车得雪,积地三寸;温宿得雪,积地二寸;乌什、英吉沙尔、疏勒、疏附、拜城得雪,积地一寸;喀喇沙尔、库车、和阗、叶城、于阗微雪。宁远并未得雪。至通省粮价,吐鲁番、镇西、哈密、库尔喀拉乌苏、精河、喀喇沙尔、玛喇巴什、温宿、昌吉、绥来、绥定、拜城等厅、州、县俱与上月相同,余均略有增减。汇详请奏前来。

理合恭折具陈,并缮粮价清单,敬呈御览,伏乞皇上圣鉴。谨奏。光绪二十一年三月二十六日。

（朱批:）知道了。[1]

光绪二十一年五月十二日,奉朱批:知道了。钦此。[2]

○三六　呈新疆光绪二十年十二月粮价清单

光绪二十一年三月二十六日(1895 年 4 月 20 日)

谨将新疆各属光绪二十年十二月份米粮时估价值,缮具清单,恭呈御览。

计开十二月份:

镇迪道属:

---

[1]　台北故宫博物院藏:军机及宫中档,文献编号:408002928。
[2]　中国第一历史档案馆藏:录副奏折,档案编号:03-6944-020。

迪化县：大米每京石价银二两八钱三分六厘，与上月相同。小麦每京石价银一两二钱三分八厘，与上月相同。豌豆每京价银一两二钱六分，与上月相同。青稞每京石价银七钱九分三厘，较上月减六分九厘。

昌吉县：大米每京石价银二两四钱三分二厘，小麦每京石价银一两二分六厘，豌豆每京石价银九钱五分五厘，青稞每京石价银七钱一分七厘，俱与上月相同。

阜康县：粟米每京石价银六钱一厘，较上月减三钱五分四厘。小麦每京石价银一两二钱七分六厘，与上月相同。豌豆每京石价银一两二钱八厘，与上月相同。高粱每京石价银七钱七分八厘，较上月减二钱七厘。

绥来县：大米每京石价银二两四分二厘，小麦每京石价银一两二分五厘，豌豆每京石价银九钱九分七厘，高粱每京石价银四钱六分，俱与上月相同。

奇台县：大米每京石价银三两一钱七厘，较上月减三钱四分五厘。小麦每京石价银九钱九分，较上月增三分五厘。豌豆每京石价银一两二钱九厘，与上月相同。

吐鲁番直隶厅：小麦每京石价银一两五钱六分六厘，大麦每京石价银六钱七分二厘，高粱每京石价银六钱六分七厘，黄豆每京石价银一两四钱一分八厘，俱与上月相同。

镇西直隶厅：小麦每京石价银一两三钱八分，豌豆每京石价银一两，青稞每京石价银六钱四分，俱与上月相同。

哈密直隶厅：粟米每京石价银一两四钱四分，小麦每京石价银一两七分八厘，豌豆每京石价银一两三钱三分二厘，青稞每京石价银八钱八分九厘，俱与上月相同。

库尔喀喇乌苏直隶厅：小麦每京石价银一两二钱七分三厘，豌豆每京石价银一两六钱三分五厘，高粱每京石价银八钱七分八厘，俱与上月相同。

伊塔道属：

绥定县：大米每京石价银二两九钱六分，小麦每京石价银一两二钱四分二厘，大麦每京石价银六钱六分六厘，豌豆每京石价银一两二钱二分四厘，俱与上月相同。

宁远县：大米每京石价银二两八钱，较上月减一钱六分。小麦每京石价银八钱二分，与上月相同。大麦每京石价银五钱九分，与上月相同。豌豆每京石价银一两，较上月减八分。

塔尔巴哈台直隶厅：小麦每京石价银一两二钱六分二厘，较上月减六分八厘。大麦每京石价银八钱九分一厘，与上月相同。豌豆每京石价银一两二钱三分五厘，较上月减四分一厘。

精河直隶厅：大米每京石价银四两一钱一分六厘，小麦每京石价银一两六钱八分，大麦每京石价银九钱四分五厘，豌豆每京石价银一两三钱九分九厘，俱与上月相同。

阿克苏道属：

温宿直隶州：大米每京石价银一两九钱，小麦每京石价银一两三分五厘，大麦每京石价银六钱，包谷每京石价银六钱八分，俱与上月相同。

拜城县：小麦每京石价银七钱八分八厘，大麦每京石价银三钱五分，豌豆每京石价银五钱二分五厘，包谷每京石价银六钱一分三厘，俱与上月相同。

喀喇沙尔直隶厅：大米每京石价银二两五钱八分六厘，小麦每京石价银七钱五分九厘，豌豆每京石价银七钱二分，包谷每京石价银五钱七分六厘，俱与上月相同。

库车直隶厅：大米每京石价银二两七分二厘，较上月减一钱四分八厘。小麦每京石价银六钱五分一厘，较上月减七分四厘。豌豆每京石价银六钱一分，与上月相同。包谷每京石价银四钱四厘，较上月减三分六厘。

乌什直隶厅：大米每京石价银二两一钱七分五厘，与上月相同。小麦每京石价银五钱二分八厘，与上月相同。大麦每京石价银三钱二分一厘，较上月增七厘。包谷每京石价银四钱五分八厘，较上月增六分五厘。

喀什噶尔道属：

疏勒直隶州：大米每京石价银二两七钱，与上月相同。小麦每京石价银一两三钱八分，与上月相同。包谷每京石价银九钱六分，与上月相同。高粱每京石价银七钱一分三厘，较上月减九分二厘。

疏附县：大米每京石价银二两七钱，与上月相同。小麦每京石价银一两三钱八分，与上月相同。包谷每京石价银一两五厘，与上月相同。高粱每京石价银七钱一分七厘，较上月减八分八厘。

莎车直隶州：大米每京石价银一两九钱九分八厘，较上月增一分五厘。小麦每京石价银七钱九分八厘，较上月减三分。大麦每京石价银六钱二分五厘，较上月增二分五厘。包谷每京石价银五钱六分七厘，较上月增二分六厘。

叶城县：大米每京石价银二两三钱二分，与上月相同。小麦每京石价银八钱五分，较上月增二分五厘。包谷每京石价银五钱七分六厘，与上月相同。青稞每京石价银四钱五分，较上月增二分五厘。

和阗直隶州：大米每京石价银二两三钱，与上月相同。小麦每京石价银九钱三分，较上月增二分。包谷每京石价银五钱八分，较上月增一分。青稞每京石价银五钱六分，与上月相同。

于阗县：大米每京石价银三两三分六厘，较上月减一钱三分八厘。小麦每京石价银一两一分八厘，与上月相同。包谷每京石价银六钱二分七厘，与上月相同。

英吉沙尔直隶厅：大米每京石价银三两三钱四分四厘，与上月相同。小麦每京石价银一两一钱八分七厘，与上月相同。大麦每京石价银五钱七分，与上月相同。包谷每京石价银八钱五分七厘，较上月减八分一厘。

玛喇巴什直隶厅：大米每京石价银二两三钱六分八厘，小麦每京石价银一两三钱八分，包谷每京石价银七钱六分八厘，俱与上月相同。

（朱批：）览。[1]

○三七　恳恩免扣文武微员养廉折

光绪二十一年三月二十六日（1895 年 4 月 20 日）

头品顶戴甘肃新疆巡抚臣陶模跪奏，为援案恳恩免扣文武微员养廉，以示体恤，恭折仰祈圣鉴事。

窃臣准户部咨：前奏筹饷紧要，恳准将光绪二十一年一年外省文武大小官员养廉核扣三成，归军需动用。嗣陕西巡抚鹿传霖、陕

甘总督杨昌濬以文武微员养廉无多，缺分清苦，奏准免扣，关外如何办法，应飞咨新疆巡抚酌量情形，奏报核办等因。饬据布政使饶应祺详覆：新疆地处极边，文武微员缺分最为瘠苦，请将文职笔帖式、藩司及兼臬司各首领并各属佐贰杂职、武职都司以下各官三成廉银，奏免核扣等情前来。

臣维新疆文武微员缺分瘠苦，尤非关内可比。现在甘肃既援陕西成案奏准免扣，新疆事同一律，所有前项三成养廉银两，应恳恩准免其核扣，以示体恤，出自鸿施。

除咨部外，谨会同陕甘总督臣杨昌濬恭折具陈，伏乞皇上圣鉴训示。谨奏。光绪二十一年三月二十六日。

（朱批：）着照所请，户部知道。①

光绪二十一年五月十二日，奉朱批：着照所请，户部知道。钦此。②

【案】陕西巡抚鹿传霖、陕甘总督杨昌濬……奏准免扣：光绪二十年十月二十日，陕西巡抚鹿传霖以陕西微员末弁缺分清苦，奏请免扣廉银助饷，曰：

头品顶戴兼署西安将军陕西巡抚臣鹿传霖跪奏，为陕省微员末弁缺分清苦，请免扣廉银助饷，吁恳天恩，仰祈圣鉴事。

窃臣前准户部咨开：现在倭氛不靖，需饷孔急，外省文武大小官员养廉按实支之数核扣，扣存廉银均归军需动用，并将应扣三成养廉数目先行报部等因。查陕省文武旗绿大小各

---

① 台北故宫博物院藏：军机及宫中档，文献编号：408002929。
② 中国第一历史档案馆藏：录副奏折，档案编号：03-5324-065。

员,光绪二十一年额支养廉,除照章应扣裁减不计外,共实支银一十二万八千九百五十八两四钱,按三成计算,共应扣银三万八千六百八十七两五钱二分。

惟查文职内笔帖式、两司首领及各属佐贰杂职,俱系微员,所支养廉为数无多;武职都司以下本属清苦,向来办公即形竭蹶,若一律查扣,恐该员弁等办公无资,事多贻误。查该员弁等共额支养廉实银三万二百四十四两八钱,按三成核算,应扣银九千七十三两四钱四分,可否奏请免其核扣,以示体恤。其文职知县以上、武职游击以上,共应扣三成廉银二万九千六百一十四两八分,自应照常核扣,俟届时扣有成数,再行另案请拨等情,据署藩司曾鉌详请具奏前来。

臣覆查无异。合无仰恳天恩,俯念微员末弁缺本清苦,所支养廉为数无多,可否免其核扣,以示体恤之处,出自逾格鸿施。其余文武各有应扣廉银,一俟扣有成数,即行报部请拨,以济饷需。

所有陕省文武各官照额应扣三成养廉银两数目,并微员末弁可否免扣缘由,除咨部外,理合恭折具陈,伏乞皇上圣鉴训示。谨奏。十月二十日。

光绪二十年十一月初三日,奉朱批:着照所请,户部知道。钦此。①

光绪二十年十二月二十八日,陕甘总督杨昌濬奏请免扣甘肃微员养廉银两,曰:

太子太保头品顶戴陕甘总督臣杨昌濬跪奏,为甘肃微末

---

① 中国第一历史档案馆藏:录副奏折,档案编号:03-6133-005。

员弁三成养廉银请免核扣，以示体恤，恭折仰祈圣鉴事。

窃臣准户部咨：现在倭氛不靖，需饷孔急，外省文武大小官员养廉按实支之数核扣三成，扣存廉银均归军需动用，仍令各省将应扣三成养廉数目先行报部，届时扣有成数，即由部酌量指拨等因。臣查甘省满汉文武各官养廉，每岁额支银两，除照章应扣六分减平外，实支银二十四万九千九百一十九两六钱八分，核算三成，共应扣银七万四千九百七十五两九钱四厘，分晰造册，并声明在于司库另立海疆军需经费，咨报户部，俟扣有成数，听候指拨在案。

伏查甘省地处边陲，幅员辽阔，文武缺分向称清苦。今陕省奉扣三成养廉，文职自知县以上、武职自游击以上应支养廉，遵照扣收三成。其余微员未弁应支廉银，均经奏恳恩准免扣。甘省情形相同，所有文职知县以上、武职游击以上，共额支养廉除扣减平外，实银一十六万六千四百七十四两，应扣三成银四万九千九百四十二两三钱，均各照章核扣，俟扣有成数，报部拨用，以济饷需。其文职笔帖式、两司首领及各属佐贰杂职并武职都司以下各官，共额支养廉实银八万三千四百四十五两六钱八分，按三成核扣，共应扣银二万五千三十三两七钱四厘。各该员弁职本微末，缺分又极清苦，今若一律查扣三成，恐该员弁等无资办公，事多贻误。据藩司沈晋祥详请具奏前来。

臣覆查无异。相应吁恳天恩，俯念甘省文武微末员弁缺分清苦，准予免扣三成廉银，以示体恤。除咨部查照外，谨恭折具奏，伏乞皇上圣鉴，训示施行。谨奏。光绪二十年十二月二十八日。

光绪二十一年正月二十三日,奉朱批:着照所请,户部知道。钦此。①

○三八　审拟缠民巴海殴毙毛拉一案折

光绪二十一年三月二十六日(1895 年 4 月 20 日)

头品顶戴甘肃新疆巡抚臣陶模跪奏,为斗殴毙命,按律定拟,恭折仰祈圣鉴事。

窃查前据署迪化县知县刘兆松详报缠民巴海殴伤毛拉越日身死一案,当经臣批饬审拟去后。兹据接署该县知县刘澄清审明议拟,详由迪化府知府潘效苏解经镇迪道兼按察使衔丁振铎覆审勘转前来。

臣亲提覆鞫,缘缠民巴海籍隶温宿州,佣工度日。光绪十六年,来至省城,受雇迪化县底驿,充当马夫。已死马拉亦于十七年受雇号内喂马,彼此交好无嫌。二十年七月十三日下午,巴海牵马九匹赴东街旷地溜走,适由缠民托呼大饭馆门首经过,瞥见毛拉在内买面食毕。巴海因一人难以照料,喊令毛拉分牵帮溜,毛拉推辞不允。巴海斥其偷懒,毛拉回詈巴海并非雇主,不应将其管教。巴海遂与争吵,毛拉生气扑向抓殴,巴海情急闪避,顺取饭馆门外板凳,从旁吓殴一下,不期凳脚殴伤毛拉囟门。托呼大闻声赶拢喝阻,查看毛拉受伤,雇车送至驿号,延医调治罔效,至十五日早,毛拉因伤殒命。投约报验,获犯讯详。据报犯病,医治痊愈,议拟解

---

① 中国第一历史档案馆藏:朱批奏折,档案编号:04-01-35-1026-037;中国第一历史档案馆藏:录副奏折,档案编号:03-6134-014。

府，详由镇迪道兼按察使衔提审勘转。臣覆鞫无异。

查律载：斗殴杀人者，不问手足、他物、金刃，并绞监候等语。此案巴海因喊令毛拉帮同溜马不允，口角争斗，用凳殴伤毛拉囟门，越日身死，事犯在光绪二十年正月初一日以后，不在八月十六日恭逢恩诏查办之列，自应按律问拟。巴海合依斗殴杀人者，不问手足、他物、金刃并绞律，拟绞监候，秋后处决。托呼大救阻不及，应毋庸议。无干省释。凶器木凳，案结销毁。

除全案供招咨部外，所有审明斗殴毙命，按律定拟缘由，谨恭折具陈，伏乞皇上圣鉴，饬部核覆施行。谨奏。光绪二十一年三月二十六日。

（朱批：）刑部议奏。[①]

光绪二十一年五月十二日，奉朱批：刑部议奏。钦此。[②]

○三九　核销新疆光绪十一
　　　至十六年驿站经费折

光绪二十一年四月初一日（1895年4月25日）

头品顶戴甘肃新疆巡抚臣陶模跪奏，为造报新疆光绪十一年八月初一日起至十五年底止并十六年份支发通省驿站经费总、散清册，恳恩饬部核销，恭折仰乞圣鉴事。

窃新疆驿站自光绪十一年八月初一日改设起至十五年底止支发银两，业经并入养廉、俸工案内造报。十六年份支发经费，另案

---

① 台北故宫博物院藏：军机及宫中档，文献编号：408002930。
② 中国第一历史档案馆藏：录副奏折，档案编号：03-7317-019。

奏销。叠准部咨：新疆驿站钱粮，十五年以前仅据咨销，并未按限具题。各年支过工料等银，应扣六分减平；倒马皮脏变价及小建银两，曾否扣存报拨，买补倒马日期、毛片、口齿，均未开造；截旷银两亦未扣除，且仍有长支、未支银数，均与立案不符，应令更造题销等因。并将十六年份经费各册发还。饬据布政使饶应祺详覆：前项六分减平银两，业经按年核扣，列入库款作收；倒马皮脏变价系由买补马价内，每匹扣除五钱小建银两，均于给领时按数扣除，并未另款提存，无从报拨。倒马一项，新疆原设塘站、军台系按三分报倒。自改设驿站，部议准报二分。

查关外现设驿马，较旧例所载，核减不少，戈壁长途，昼夜驰递，马匹最易疲瘦。各属岁倒之数牵匀计算，实不止二分。若再于二分内扣除截旷，则赔贴愈多，不足以示体恤。况历年已久，官经数任，其倒补日期及毛片、口齿无从查考。长支一项，现已补扣，列册作收；未支一项，系各属应领之款，已陆续补发。造具总、散清册，详请具奏前来。

臣覆查前项驿站经费，委系实支实报，并无冒滥，理合缮具简明清单，恭呈御览，仰恳天恩，俯准饬部一律核销，并免造买补倒马日期及毛片、口齿清册，以清积案，出自鸿施。

除将清册送部并饬司将十七年起赶紧造销外，所有请销光绪十一年八月初一日起至十五年底止并十六年份支发通省驿站银两各缘由，谨会同陕甘总督臣杨昌濬恭折具奏，伏乞皇上圣鉴训示。再，此案改题为奏。合并声明。谨奏。光绪二十一年四月初一日。

（朱批：）该部议奏。单并发。[①]

---

① 台北故宫博物院藏：军机及宫中档，文献编号：408002938。

光绪二十一年五月二十九日,奉朱批:该部议奏。单并发。钦此。①

○四○　呈新疆光绪十一至
　　　十六年驿站经费清单

光绪二十一年四月初一日(1895 年 4 月 25 日)

谨将光绪十一年八月初一日起至十五年底止并十六年份支发通省驿站经费银两,缮具清单,恭呈御览。

计开:

一、光绪十一年八月初一日起至年底止,支发经费银三万七千二百二十四两九钱一分三厘。

一、光绪十二年份,支发经费银一十万七千三百七十七两六钱四分三厘。

一、光绪十三年份,支发经费银一十一万九十一两六钱六分。

一、光绪十四年份,支发经费银一十万四千八百八十两七钱四分四厘;又,支发宁远县新设驿站买马价银一百二十八两。

一、光绪十五年份,支发经费银一十万六千三百七十五两二钱。

一、光绪十六年份,支发经费银一十一万四千六百六十两五钱六分四厘。

以上七项均系已支数目,其应支、长支、未支各数,业于册内分别造报。合并声明。

---

①　中国第一历史档案馆藏:录副奏折,档案编号:03-6636-140。

（朱批：）览。①

○四一　奏为恭谢恩赏折

光绪二十一年四月初八日（1895年5月2日）

头品顶戴甘肃新疆巡抚臣陶模跪奏，为恭谢天恩，仰祈圣鉴事。

窃臣据赍呈贡品委员寄到光绪二十年十一月十三日恩赏臣福、寿字二方、镶玉如意一柄、蟒袍一件、大卷八丝缎二匹。当即恭设香案，望阙叩头，谢恩祗领。钦惟我皇上景介霞觞，际隆仪之备举；膏覃露紖，荷优赍以频仍。臣忝抚北庭，适当西徼，呼嵩称祝，未随金阙之班；倬汉为章，远赍玉关以外。衍福畴于箕范，皇极诞敷；溥寿寓于萝图，天麻洊至。璚枝温润，从心而挥尘何殊；黼藻辉煌，竟体而委蛇可咏。取茧丝于八绩，拟豹饰于三英。逾分恩施，莫名感悚。臣惟有勉循职任，殚竭愚忱，惕时事之艰难，绸缪牖户；赖深仁之沦浃，绥靖边陲。

所有微臣感激荣幸下忱，谨缮折叩谢天恩，伏乞皇上圣鉴。谨奏。光绪二十一年四月初八日。

（朱批：）知道了。②

光绪二十一年五月二十五日，奉朱批：知道了。钦此。③

---

① 中国第一历史档案馆藏：清单，档案编号：03-6636-141。
② 台北故宫博物院藏：军机及宫中档，文献编号：408002931。
③ 中国第一历史档案馆藏：录副奏折，档案编号：03-5324-102。

○四二　奏为恭谢恩赏折

光绪二十一年四月初八日(1895 年 5 月 2 日)

　　头品顶戴甘肃新疆巡抚臣陶模跪奏,为恭谢天恩,仰祈圣鉴事。

　　窃臣据赍呈贡品委员寄到光绪二十年十一月十三日恩赏福、寿字二方、镶玉如意一柄、蟒袍一件、大卷八丝缎二匹。当即恭设香案,望阙叩头,谢恩祗领。钦惟皇太后德遍坤舆,运绵鼎箓,式徽音于玉册,万国胪欢;庆盛典于瑶觞,九霄渥泽。前已叠承高厚,兹复重被恩施,翰洒鸾笺,荫福林于六幕;筹添鹤竿,溥寿寓于八纮。旖檀嵌龙辅之珍,吉祥称愿;黼藻焕帷裳之采,绚烂成文。大帛逾常,备章身之一袭;抽丝綦密,增新制于七襄。凡兹懋赏所颁,弥切深铭以惕。臣惟有抚绥屯牧,慎因边防,雁户归诚,仰仁天而熙洽;鸿畴介寿,庇爱日以舒长。

　　所有微臣感激荣幸下忱,谨缮折叩谢天恩,伏乞皇太后圣鉴。谨奏。光绪二十一年四月初八日。

　　(朱批:)知道了。[①]

　　光绪二十一年五月二十五日,奉朱批:知道了。钦此。[②]

○四三　奏为恩赏福字谢恩折

光绪二十一年四月初八日(1895 年 5 月 2 日)

　　头品顶戴甘肃新疆巡抚臣陶模跪奏,为恭谢天恩,仰祈圣鉴事。

[①]　台北故宫博物院藏:军机及宫中档,文献编号:408002932。

[②]　中国第一历史档案馆藏:录副奏折,档案编号:03-5324-104。

窃臣赍折差弁回省，奉到年节恩赏福字一方，当即恭设香案，望阙叩头祗领。伏念臣忝绾疆符，适当戎索，寒逾黍谷，愧无邹律以回春；荣被芝泥，仰荷羲文之启泰。钦惟我皇上道隆挻埴，政察璇玑，纪正朔于春王，釐延首祚；衍洪畴于夏后，福锡毫端。采绚龙笺，共识颁来。日下光腾，凤藻更忻。恩渥天涯，歌杨柳于浑羌；熙台抃舞，咏条枚于周雅。圣泽涵濡，渥荷鸿施，弥殷鳌戴。臣惟有勉图固圉，惢虑安边，惭非建福之金提，尚幸销声于铁勒。尘清蒲类，体皇极以诞敷；颂上华封，祝宸躬之纯嘏。

所有微臣感激荣幸下忱，谨缮折叩谢天恩，伏乞皇上圣鉴。谨奏。光绪二十一年四月初八日。

（朱批：）知道了。[1]

光绪二十一年五月二十五日，奉朱批：知道了。钦此。[2]

○四四 请以谷振杰等借补参将等缺折

光绪二十一年四月十九日（1895年5月13日）

头品顶戴甘肃新疆巡抚臣陶模跪奏，为拣员请补参将、都司、守备各员缺，以重操防，恭折仰祈圣鉴事。

窃新疆喀什噶尔提属和阗营参将张宗本，前经臣奏请借补阿克苏镇属乌什协副将，旋准兵部咨：所遗和阗营参将员缺，应即拣员请补等因。又，抚标、镇标参将、都司、守备各缺均经奏准作为题缺，亟应拣员请补，各专责成。兹查有留新疆尽先补用总兵喀什噶

---

[1] 台北故宫博物院藏：军机及宫中档，文献编号：408002933。

[2] 中国第一历史档案馆藏：录副奏折，档案编号：03-5324-103。

尔提标前营游击现署和阗营参将谷振杰，朴实稳练，夙著战功，堪以借补所署和阗营参将员缺。留新疆尽先补用提督现署抚标中军参将汤咏山，晓畅戎机，朴实勇敢，堪以借补所署抚标中军参将员缺。参将衔留新疆尽先补用游击刘清和，勤干有为，堪以借补巴里坤城守营都司员缺。补缺后补用都司留陕甘督标尽先补用守备抚标左营前哨千总徐彪，操防勤奋，堪以请补阿克苏镇标中营左旗守备员缺。补缺后补用都司留疆尽先补用守备王春森，年壮才明，堪以请补伊犁镇标左营左旗守备员缺。

　　该员等在新疆出力有年，营务熟悉，以之请补各缺，均堪胜任。合无仰恳天恩，俯准以谷振杰等五员请补参将、都司、守备各员缺，以裨营伍。如蒙俞允，并恳饬部发给札付。徐彪、王春森二员，应照乌鲁木齐补防守备例，毋庸送部引见。其请补参将谷振杰、汤咏山、都司刘清和三员，俟防务大定，即行给咨送部引见，以符定制。再，查谷振杰于光绪十七年经兵部议覆，准以总兵借补喀什噶尔提标前营游击，尚未到任，兹和阗营参将员缺，仍请以总兵借补。所遗提标前营游击员缺，由臣另行拣员请补。

　　除饬取该各员履历清册咨部查照外，谨会同陕甘总督臣杨昌濬、署喀什噶尔提督臣张俊恭折具奏，伏乞皇上圣鉴训示。谨奏。光绪二十一年四月十九日。

　　（朱批：）兵部议奏。[1]

　　光绪二十一年五月十九日，奉朱批：兵部议奏。钦此。[2]

---

①　台北故宫博物院藏：军机及宫中档，文献编号：408002934。

②　中国第一历史档案馆藏：录副奏折，档案编号：03-5904-064。

○四五　呈续办官犯犯事案由及到配日期折

光绪二十一年四月十九日(1895年5月13日)

头品顶戴甘肃新疆巡抚臣陶模跪奏，为恭逢恩诏，续办到配官犯，开单具陈，仰祈圣鉴事。

窃臣准刑部咨开：光绪二十年八月十六日恭逢恩诏：军、流、徒罪官犯，事犯在正月初一日以前，无论到配已、未满三年，钞录犯事全案、到配日期，汇疏具题等因。当经臣将新疆省光绪十九年十二月以前到配官犯马仲篪等十一名开单奏咨在案。兹据镇迪道兼按察使衔丁振铎续造解发新疆效力官犯五名犯事全案及到配日期清册前来。

臣查官犯已革知县杨需霖、已革副将李洪贵、已革游击毛隆和、已革副将阳肇祥、已革云骑尉世职方世禧，各于本年二月先后到配。臣随饬迪化县分别看管，酌派苦差。各官犯等均尚循分守法，力图自新。杨需霖年近六旬，中途患病，精力渐就衰惫。察其痛自悔艾，最可矜悯。各该官犯虽到配未久，而事犯俱在二十年正月初一日以前，例准查办，谨录犯事案由及到配日期，开单恭呈御览，伏候恩施。

除将全案清册咨送刑部外，所有恭逢恩诏，续办到配官犯缘由，谨恭折具奏，伏乞皇上圣鉴训示。谨奏。光绪二十一年四月十九日。

（朱批：)刑部议奏。单并发。①

---

①　台北故宫博物院藏：军机及宫中档，文献编号：408002935。

光绪二十一年五月十九日,奉朱批:刑部议奏。单并发。钦此。①

○四六　呈续办官犯犯事案由及到配日期清单

光绪二十一年四月十九日(1895 年 5 月 13 日)

谨将续发新疆效力赎罪官犯,摘叙犯事案由暨到配日期,开具清单,恭呈御览。

计开:

已革知县杨霈霖,滥刑毙命,依官吏故勘平人致死律上减等拟流,从重发新疆效力赎罪,于光绪二十一年二月初八日到配。

已革副将李洪贵、已革游击毛隆和、已革副将阳肇祥,先后托人营谋差事,已革云骑尉世职方世禧从中诓骗已成,各依央浼营干及指称买缺、诓骗等例拟军,发新疆充当苦差,均于光绪二十一年二月十二日到配。

(朱批:)览。②

○四七　审拟缠民阿不都拉故杀人命一案折

光绪二十一年四月十九日(1895 年 5 月 13 日)

头品顶戴甘肃新疆巡抚臣陶模跪奏,为故杀毙命,按律定拟,恭折仰祈圣鉴事。

---

① 中国第一历史档案馆藏:录副奏折,档案编号:03-7402-012。
② 中国第一历史档案馆藏:清单,档案编号:03-7401-017。

窃前据署宁远县知县周仪详报缠民阿不都拉故杀回民哈沄身死一案，当经臣批饬审拟去后。兹据该县审明议拟，详由代理伊犁府知府骆恩绥解经伊塔道英林提讯，咨由镇迪道兼按察使衔丁振铎核转前来。

臣复加查核，缘缠民阿不都拉籍隶宁远县，佣工度日，与已死回民哈沄素识，先无嫌怨。阿不都拉受雇汉民杨添祥家佣工。杨添祥磨坊后院与哈沄住房后院仅隔一墙，墙上坍塌缺口一处。光绪二十年五月十九日午后，哈沄之妻哈蓝氏偕妹阿妮赴后院出恭，阿不都拉窃从墙缺窥看。哈蓝氏等回向其父哈金有告知，哈金有走至杨添祥家，将阿不都拉斥责一顿，并嘱杨添祥管束。杨添祥因阿不都拉不知安分，次日辞退。

二十三日下午，阿不都拉至杨添祥家算帐，顺便搬取行李。维时杨添祥出外拉麦未回。傍晚时，阿不都拉复从后墙经过，听闻哈蓝氏等又在后院说笑。阿不都拉伸头向望，哈蓝氏瞥见喊骂。哈沄外归，闻知气忿，赶寻阿不都拉，斥骂不应屡次戏侮。阿不都拉分辩，互相争吵。哈沄生气，举拳扑殴，阿不都拉趁势将哈沄揪按倒地，骑压身上，抽出身带小刀，戳伤哈沄左胳膊，划伤左肩甲。哈沄用手夺刀，阿不都拉又戳伤其左脑揪、左手心。哈沄愈肆辱骂。阿不都拉触起因被哈沄家斥责、经杨添祥辞工之嫌，一时忿恨，起意致死，复用刀狠戳哈沄左右肋、心坎、胸膛等处，并向其咽喉横抹一下，哈沄当即身死。哈金有闻声趋救，阿不都拉趁隙逃避。投约报验，获犯讯详，由县议拟，解府详道提讯，咨由兼臬司核明转详。臣覆核无异。

查律载：故杀人者斩监候等语。此案该犯阿不都拉因先被哈沄之父哈金有斥责之嫌，复被哈沄詈骂争殴，临时起意，用刀戳抹哈汯左右肋、胸膛、心坎、咽喉等处身死，伤多且重，实属故杀，自应按律问拟。阿不都拉合依故杀人者斩监候律，拟斩监候，秋后处决，照例先行刺字。杨添祥因阿不都拉滋事辞退，哈金有以理向斥，均无不合，应请免议。杨添祥短欠凶犯工资已饬算明，同行李交犯属具领。无干省释。尸棺饬埋，凶器小刀供弃免起。

是否允协，除全案供招咨部外，所有审明故杀毙命按律定拟缘由，谨恭折具陈，伏乞皇上圣鉴，饬部核覆施行。谨奏。光绪二十一年四月十九日。

（朱批：）刑部议奏。①

光绪二十一年五月十九口，奉朱批：刑部议奏。钦此。②

○四八　委令李滋森等署理通判等缺片

光绪二十一年四月十九日(1895 年 5 月 13 日)

再，伊塔道英林现经伊犁将军臣长庚派赴巴尔鲁克山查勘界务等事，该处距伊犁甚远，该道督饬所属刑名、钱粮、屯田、水利及卡伦、通商事宜，政务殷繁，碍难兼顾。查有二品顶戴遇缺尽先题奏道李滋森，堪以暂行代理。并据新疆布政使饶应祺、镇迪道兼按察使衔丁振铎会详称：署霍尔果斯通判瞿盛庆卸署遗缺，查有候补知县杨敬熙，堪以委署等情前来。

除由臣分别饬遵外，谨会同伊犁将军臣长庚、陕甘总督臣杨昌濬附片具陈，伏乞圣鉴。谨奏。

---

① 台北故宫博物院藏：军机及宫中档，文献编号：408002936。
② 中国第一历史档案馆藏：录副奏折，档案编号：03-7317-020。

（朱批：）吏部知道。①

光绪二十一年五月十九日，奉朱批：吏部知道。钦此。②

○四九　恭报新疆光绪二十
一年正月雨水、粮价折

光绪二十一年五月初一日（1895年5月24日）

头品顶戴甘肃新疆巡抚臣陶模跪奏，为恭报光绪二十一年正月份粮价并得雪情形，谨缮折具陈，仰祈圣鉴事。

窃照光绪二十年十二月份各厅、州、县粮价并得雪情形，业经臣奏报在案。兹据新疆布政使饶应祺详称：光绪二十一年正月份，镇迪道属镇西、哈密、迪化得雪，积地一尺；阜康得雪，积地四寸；昌吉、绥来、奇台得雪，积地二寸；库尔喀喇乌苏微雪。伊塔道属塔尔巴哈台得雪，积地七寸；精河、绥定、宁远微雪。其余各属并未得雪。至通省粮价，镇西、精河、库车、英吉沙尔、温宿、莎车、昌吉、绥定、叶城等厅、州、县俱与上月相同，余均略有增减。汇详请奏前来。

理合恭折具陈，并缮粮价清单，敬呈御览，伏乞皇上圣鉴。谨奏。光绪二十一年五月初一日。

（朱批：）知道了。③

---

① 台北故宫博物院藏：军机及宫中档，文献编号：408002935-0-A。此片之具奏日期，军机录副目录署"光绪二十一年五月十九日"，即朱批日期，未确。军机处随手登记档（档案编号：03-0284-2-1221-136）朱批陶模折即有此片，且署"报四百里，四月十九日发"等字样。据此，此片具奏日期当为"光绪二十一年四月十九日"。兹据校正。

② 中国第一历史档案馆藏：录副奏折，档案编号：03-5324-093。

③ 台北故宫博物院藏：军机及宫中档，文献编号：408002937。

光绪二十一年五月二十九日,奉朱批:知道了。钦此。[①]

○五○　呈新疆光绪二十一年正月粮价清单

光绪二十一年五月初一日(1895年5月24日)

谨将新疆各属光绪二十一年正月份米粮时估价值,缮具清单,恭呈御览。

计开正月份:

镇迪道属:

迪化县:大米每京石价银二两六钱七分八厘,较上月减一钱五分八厘。小麦每京石价银一两二钱三分八厘,与上月相同。豌豆每京石价银一两二钱六分,与上月相同。青稞每京石价银八钱六分二厘,较上月增六分九厘。

昌吉县:大米每京石价银二两四钱三分二厘,小麦每京石价银一两二分六厘,豌豆每京石价银九钱五分五厘,青稞每京石价银七钱一分七厘,俱与上月相同。

阜康县:粟米每京石价银八钱一分三厘,较上月增二钱一分二厘。小麦每京石价银一两二钱七分六厘,与上月相同。豌豆每京石价银一两二钱八厘,与上月相同。高粱每京石价银七钱七分八厘,与上月相同。

绥来县:大米每京石价银二两四分二厘,与上月相同。小麦每京石价银一两二分五厘,与上月相同。豌豆每京石价银一两三分三厘,较上月增三分六厘。高粱每京石价银四钱六分,与上月

---

①　中国第一历史档案馆藏:录副奏折,档案编号:03-5944-044。

相同。

奇台县：大米每京石价银三两一钱七厘，与上月相同。小麦每京石价银一两二分六厘，较上月增三分六厘。豌豆每京石价银一两二钱九厘，与上月相同。

吐鲁番直隶厅：小麦每京石价银一两六钱七分七厘，较上月增一钱一分一厘。大麦每京石价银六钱七分二厘，与上月相同。高粱每京石价银六钱六分七厘，与上月相同。黄豆每京石价银一两五钱三分，较上月增一钱一分二厘。

镇西直隶厅：小麦每京石价银一两三钱八分，豌豆每京石价银一两，青稞每京石价银六钱四分，俱与上月相同。

哈密直隶厅：粟米每京石价银一两四钱四分，与上月相同。小麦每京石价银一两七分八厘，与上月相同。豌豆每京石价银一两四钱七分六厘，较上月增一钱四分四厘。青稞每京石价银八钱八分九厘，与上月相同。

库尔喀喇乌苏直隶厅：小麦每京石价银一两二钱七分三厘，与上月相同。豌豆每京石价银一两四钱五分五厘，较上月减一钱八分。高粱每京石价银七钱七分二厘，较上月减一钱六厘。

伊塔道属：

绥定县：大米每京石价银二两九钱六分，小麦每京石价银一两二钱四分二厘，大麦每京石价银六钱六分六厘，豌豆每京石价银一两二钱二分四厘，俱与上月相同。

宁远县：大米每京石价银二两九钱六分，较上月增一钱六分。小麦每京石价银八钱二分，与上月相同。大麦每京石价银五钱九分，与上月相同。豌豆每京石价银一两，与上月相同。

塔尔巴哈台直隶厅：小麦每京石价银一两二钱六分二厘，与上月相同。大麦每京石价银九钱二分七厘，较上月增三分六厘。豌豆每京石价银一两二钱三分五厘，与上月相同。

精河直隶厅：大米每京石价银四两一钱一分六厘，小麦每京石价银一两六钱八分，大麦每京石价银九钱四分五厘，豌豆每京石价银一两三钱九分九厘，俱与上月相同。

阿克苏道属：

温宿直隶州：大米每京石价银一两九钱，小麦每京石价银一两三分五厘，大麦每京石价银六钱，包谷每京石价银六钱八分，俱与上月相同。

拜城县：小麦每京石价银七钱八分八厘，与上月相同。大麦每京石价银三钱五分，与上月相同。豌豆每京石价银七钱一厘，较上月增一钱七分六厘。包谷每京石价银六钱一分三厘，与上月相同。

喀喇沙尔直隶厅：大米每京石价银二两九钱六分，较上月增三钱七分四厘。小麦每京石价银九钱六分六厘，较上月增二钱七厘。豌豆每京石价银七钱二分，与上月相同。包谷每京石价银七钱四厘，较上月增一钱二分八厘。

库车直隶厅：大米每京石价银二两七分二厘，小麦每京石价银六钱五分一厘，豌豆每京石价银六钱一分，包谷每京石价银四钱四厘，俱与上月相同。

乌什直隶厅：大米每京石价银二两一钱七分五厘，与上月相同。小麦每京石价银六钱六分，较上月增一钱三分二厘。大麦每京石价银三钱二分一厘，与上月相同。包谷每京石价银四钱五分八厘，与上月相同。

喀什噶尔道属：

疏勒直隶州：大米每京石价银二两六钱二分五厘，较上月减七分五厘。小麦每京石价银一两三钱八分，与上月相同。包谷每京石价银九钱六分，与上月相同。高粱每京石价银七钱一分八厘，较上月增五厘。

疏附县：大米每京石价银二两六钱二分五厘，较上月减七分五厘。小麦每京石价银一两三钱八分，与上月相同。包谷每京石价银一两五厘，与上月相同。高粱每京石价银七钱一分七厘，与上月相同。

莎车直隶州：大米每京石价银一两九钱九分八厘，小麦每京石价七钱九分八厘，大麦每京石价银六钱二分五厘，包谷每京石价银五钱六分七厘，俱与上月相同。

叶城县：大米每京石价银二两三钱二分，小麦每京石价银八钱五分，包谷每京石价银五钱七分六厘，青稞每京石价银四钱五分，俱与上月相同。

和阗直隶州：大米每京石价银二两三钱，与上月相同。小麦每京石价银一两，较上月增七分。包谷每京石价银六钱一分，较上月增三分。青稞每京石价银五钱六分，与上月相同。

于阗县：大米每京石价银三两一钱七分四厘，较上月增一钱三分八厘。小麦每京石价银一两一分八厘，与上月相同。包谷每京石价银六钱四分，较上月增一分三厘。

英吉沙尔直隶厅：大米每京石价银三两三钱四分四厘，小麦每京石价银一两一钱八分七厘，大麦每京石价银五钱七分，包谷每京石价银八钱五分七厘，俱与上月相同。

玛喇巴什直隶厅：大米每京石价银二两三钱六分八厘，与上月相同。小麦每京石价银一两三钱八分，与上月相同。包谷每京石价银八钱三分二厘,较上月增六分四厘。

(朱批:)览。①

○五一　请以朱燧补授奇台县知县折

光绪二十一年五月初一日(1895年5月24日)

头品顶戴甘肃新疆巡抚臣陶模跪奏,为拣员请补要缺知县,以裨地方,恭折仰祈圣鉴事。

窃据新疆布政使饶应祺、镇迪道兼按察使衔丁振铎会详称:奇台县知县刘澄清请补精河直隶厅同知,经部覆准,于光绪二十年七月初四日奉旨,按行文例限计算,应以二十年九月二十日接到部文之日作为开缺日期。所遗奇台县知县系冲、繁、难三项要缺,业经扣留外补在案,应即拣员请补,以重职守。查北路旧有各缺,经前抚臣刘锦棠奏准援照甘肃变通章程,知县要缺一项,初任、俟补并拣发、委用以及到省在后各员,均准通融拣选题补。其试用人员,无论正佐各官,如遇要缺,一并准其请补。又于新疆补缺章程内声明:凡留甘尚未引见人员,先经随营当差,择其人地相宜之缺,准其酌补各等语。今奇台县知县要缺,查有同知衔留甘补用知县朱燧,现年四十七岁,湖南善化县人,由俊秀于光绪二年投效恪靖行营。三年十一月初一日,在湖北协黔捐局报捐监生;克复新疆吐鲁番满、汉两城案内汇保,四年二月初四日奉上谕:着以主簿分省补用。钦此。是年十二月十八日,在贵州驻渝黔捐局加捐以县丞双月选用。新疆南北两路一举荡平案

内汇保，六年正月三十日奉上谕：着免选本班，以知县留甘补用。钦此。新疆六载边防案内汇保，十年十月初四日奉上谕：着赏加同知衔。钦此。十一年六月二十四日到省候补。新疆城署各工案内汇保俟补缺后，以直隶州知州补用，经部议准，十八年十月初八日具题，奉旨：依议。钦此。查该员朱熿年壮才明，实心任事，在新疆年久，边情最为熟悉，以之请补斯缺，实堪胜任，人地亦极相宜等情，详请具奏前来。

臣查该员朱熿才具明敏，办事勤能。合无仰恳天恩，俯念要缺需员，准以同知衔留甘补用知县朱熿补授奇台县知县要缺，洵于地方有裨。如蒙俞允，俟奉部覆，即行给咨送部引见，以符定制。谨会同陕甘总督臣杨昌濬恭折具陈，伏乞皇上圣鉴训示。谨奏。光绪二十一年五月初一日。

（朱批：）吏部议奏。[1]

光绪二十一年五月二十九日，奉朱批：吏部议奏。钦此。[2]

○五二　请饬棍噶札拉参仍回新疆片

光绪二十一年五月初一日(1895年5月24日)

再，棍噶札拉参呼图克图嘉穆巴图多普，前请由新疆八音沟驰赴甘肃洮州新寺诵经，恭祝皇太后六旬万寿、皇上圣寿，当经伊犁将军臣长庚会同臣附奏，奉旨：着照所请。钦此。钦遵知照，旋据具报于光绪二十年六月十九日起程在案。兹准旧吐尔扈特东部落

---

①　台北故宫博物院藏：军机及宫中档，文献编号：408002939。

②　中国第一历史档案馆藏：录副奏折，档案编号：03-5324-117。

盟长郡王巴雅尔呈称：该呼图克图向在关外办理防剿，安辑流民，蒙古各部均受其福。现呼图克图进关，日久未回，吐尔扈特及额鲁特各头目咸深盼望，呈请奏催速回等因前来。

臣查棍噶札拉参呼图克图嘉穆巴图多普曾在新疆有年，熟习边情，屡著劳绩，各蒙古及哈萨克部落同深爱敬，洵足以化导愚民，隐消边患。现计诵经事宜已敬谨完竣，相应请旨饬下陕甘总督臣杨昌濬，催令棍噶札拉参呼图克图嘉穆巴图多普仍回新疆八音沟新寺，以安众心。谨会同伊犁将军臣长庚附片具奏，伏乞皇上圣鉴训示。谨奏。光绪二十一年五月初一日。

（朱批：）另有旨。①

光绪二十一年五月二十九日，奉朱批：另有旨。钦此。②

【案】此奏片于是年五月二十九日得允行。《清实录》：

己亥，谕军机大臣等：电寄杨昌濬、陶模奏，棍噶札拉参于上年六月间由八音沟驰赴洮州新寺诵经，为日已久，现据土尔扈特及额鲁特各头目呈请，催令速回等语。即着杨昌濬催令棍噶札拉参仍回新疆八音沟新寺，以安众心。③

【附】此奏片并咨呈总理衙门。外交档案：

六月初二日，新疆巡抚陶文称：窃照本部院于光绪二十一年五月初一日，在新疆省城由驿附奏棍噶札拉参呼图克图嘉穆巴图多普仍回新疆八音沟以安众心一片，除俟奉到

---

① 台北故宫博物院藏：军机及宫中档，文献编号：408002938-0-A。

② 此朱批日期与内容，据军机处随手登记档（档案编号：03-0284-2-1221-146）校补。

③ 《德宗景皇帝实录（五）》，卷三百六十八，光绪二十一年五月下，第818页。

朱批恭录咨呈外,相应钞稿咨呈。为此咨呈贵衙门,谨请鉴照施行。①

○五三　请准即选知县童廷选改就教职片

光绪二十一年五月初一日(1895年5月24日)

再,据同知衔即选知县童廷选禀称:现年六十岁,湖南新化县人,由附生中式光绪元年乙亥恩科举人。二年,进京覆试,旋呈明吏部,以拣选知县注册。八年,投效甘肃武威军,于关内戍防在事出力案内经前陕甘总督臣谭钟麟汇保,十三年十二月十五日奉上谕:着以知县归部即选。钦此。新疆城署各工案内经前护臣魏光焘保加同知衔,经部议题,十八年十月初八日奉旨:依议。钦此。均接奉行知在案。自维才识疏庸,难膺民社,恳请奏改教职等情前来。

臣查举人出身知县,如情愿改教,例准请改。该员童廷选文理优长,品亦端正,堪胜司铎之任。相应恳恩准将同知衔即选知县童廷选以原品改就教职,归部即选,仍留同知衔,饬部注册,出自鸿施。谨附片具奏,伏乞圣鉴训示。谨奏。

(朱批:)着照所请,吏部知道。②

光绪二十一年五月二十九日,奉朱批:着照所请,吏部知道。钦此。③

---

①　台北中研院近代史研究所藏:总理衙门档案,馆藏号:01-17-053-03-010。

②　台北故宫博物院藏:军机及宫中档,文献编号:408002938-0-C。

③　中国第一历史档案馆藏:录副奏片,档案编号:03-5324-118。

○五四　请准护理总兵张宗本改为署理片

光绪二十一年五月初一日(1895 年 5 月 24 日)

再，乌什协副将张宗本前经臣奏请护理阿克苏镇总兵员缺，迄今年余，整顿营伍及办理一切事宜，诸臻妥善，拟请改为署理，以专责成。除咨部外，谨会同陕甘总督臣杨昌濬、署喀什噶尔提督臣张俊附片具奏，伏乞圣鉴训示。谨奏。

（朱批：)着照所请，兵部知道。①

光绪二十一年五月二十九日，奉朱批：着照所请，兵部知道。钦此。②

○五五　奏陈培养人才勉图补救折

光绪二十一年五月十一日(1895 年 6 月 3 日)

头品顶戴甘肃新疆巡抚臣陶模跪奏，为培养人才，勉图补救，敬陈管见，恭折仰乞圣鉴事。

窃维海防事起，议和议战，众论纷然。臣愚以为国之强弱视人才为转移，人才不足，不但和与战均无可恃，即幸而战胜，亦无益于根本。自古用人，文武并重，文有科目，武有营伍。立法之初，未尝不善，积久弊生，仕途日益杂，民生日益困，人才日益不可恃，臣窃伤之。夫所用非所养，所养非所用，古今同慨。人才不养于平日而

---

① 台北故宫博物院藏：军机及宫中档，文献编号：408002938-0-D。
② 中国第一历史档案馆藏：录副奏片，档案编号：03-5904-097。

欲招致于临时，虽伊、吕复生，无能为力。今日者创巨矣，痛深矣，善于谋国者不以胜而志满，不以败而气沮，艰难困苦之时，正圣主激励奋兴之日。《易》曰："穷则变，变则通。"天下事所当变通者不止一端，而人才尤亟，非惩前毖后、破除一切拘牵之习，无以作天下之士气而收实效于将来。臣不揣愚昧，敬就管见所及，略举其概，为我皇上陈之。

一、国子监宜先整饬也。京师为首善之地，太学为育才之所，教法未修，何以得士？臣以为宜敕督抚、学政，选择举人、贡生之敦行力学者及大臣子弟蒙恩荫者，入监肄业，略仿《周官》师氏、保氏之法，宋儒程、朱学校之议，胡瑗经义、治事之规，治经务通大义，治事必达时务；祭酒、司业，当择学行兼优、众所推服者，久于其任，教以致君泽民之道，修己治人之方，择学业有成者，上其名于朝。凡部院需人、督抚请拣，皆于是选取之。成效既著，复取堪为人师者，令分教于天下，庶学官不为虚设，士子皆有实行。治平之基实在于此。至纳粟入监，系明景泰间秕政，沿至今日，流弊实多。所有捐纳贡、监生旧例，拟请一律停止。

一、汰考生，减中额，以慎科名也。学术不明，士鲜实行，徇俗滥取，安望得人？迩来应考人多，作弊愈巧，条例虽密，仍属具文。天下事惟简可以御繁，学臣岁、科试，轮流校艺，抉择易精。乃乡试之前又录遗才，复将岁、科试不取者概行送考，试卷过多，考官校阅难遍，或潜使子弟、幕友，随人襄理，余如弥封誊录，弊端尤多。拟请敕礼部定议，各省学政于岁、科两试，悉心衡校，考列三等及新生未经岁试者，均勿录送乡试。如此则考官得从容评阅，文理平常之士不至徒劳跋涉，吏役可减，经费可省，宿弊可除，真才可得，一举而数善备焉。臣伏读乾隆九年八月上谕：从来为治之道，贵乎核实，一切因循姑息之习，皆当痛除。近者士风之嚣，一至于此，而好谀之人、浮薄之士尚言国家人文日盛，以冀开恩科、广解额者，往往有之，初不以士习之邪正、人品之醇疵为念。嗣后若有以加科广额为请者，必加以违制之处分，著为令。至于议减中式之额，则非众所乐闻。或言士子类皆寒素，专借科目为进身之阶；或言一习举业，则不能更为农商，谋生无计，甚至有言士心失望，或妄生议论，或别出事端者，此皆毫无识见之人，不知为政之体要。国家科目，岂为养老恤贫而设乎？若有造言生事者，是身投宪网，国法具在，何能逃于天壤哉？夫国家旁求俊乂，本欲量能授官，以熙庶绩，若一味滥取广收，如何可得真才实济等因。钦此。圣训煌煌，允宜万世遵守。臣窃思所贵乎读书者，欲人人为忠臣孝子也。若徒事虚文，虽人尽登科，有何裨益？今日士习益陋，宜援照乾隆年间裁减中额旧案，将乡、会试中额各减数成，俾知科名非可幸邀，学问必益加奋。至考试之法，亦宜变通，时文必不能废，而浮靡之诗赋宜裁。策问贵乎通今，而禁言时事之条例宜改，庶几明体达用，人才自蒸蒸日上矣。

一、定小试年限以端蒙养也。夫进德修业，本与词章科第无涉。宋儒程颢谓子弟轻俊只教以经学，念书勿令作文字；程颐以少年登科为不幸；朱子谓俗儒记诵词章之习，其功倍于小学而无用。盖童子气血未定，养其良知良能，导以孝弟忠信，尚虑不及，若令作文干禄，纵获科名，懵未见道，处则无益乡里，仕则贻误民生。拟请饬部明定限制，凡年未及冠者，概不准应府、县试，庶培养深厚，远大可期。

一、停捐例以清仕途也。天下大弊在官多，官有限而候补之官无限，于是有筮仕一二十年而不得一事者。及其有事，则久困之余,难言志节。文官则剥民蚀帑,武官则侵饷缺额,几乎相习成风矣。且入官既易,则谋为官者日多,士不安于学校,农不安于畎亩,工商不安于廛肆。或谋捐纳,或求保举,或幸获科名,纷纷扰扰,皆有不可终日之势。其托足宦途者,莫不仰给于有事之官。官之应酬愈繁,其操守愈难信。民俗之敝,士习之偷,官箴之败,军实之隳,皆由于此。科目、劳绩、捐纳三途,弊实相等,而捐班其较著也。人以为报捐者皆殷实,而不知贫人反居大半。在四民中一无所能,谋生无计,称贷入官,本已行同商贾,乃竟有为商贾所不忍为者。虽捐班不尽无才,然源既未澄,流何由清? 安得以一二人有才概诸人人耶! 督抚虽有甄别之权,犹之纵狼入羊群,责牧人以调驯狼性,势必不能。既悬其格以招之,安得尽人而刿之? 此弊不除,小民因此藐视官长,强邻因此非笑中华,一旦祸发,再掷千万金,亦难平定。饮鸩止渴,利害昭然。明知理财为第一难事,遽议停捐,鲜不谓妄然。近年捐例所入,岁不过一百数十万两,此后恐日见其少,留此区区,无补于贫,徒贻后患,非计之得也。拟请皇上断自宸衷,将捐例概敕停止;一面将内外冗员及宦官等大加裁汰,凡用度之无关国计民生及内务府织造衙门各项费用,可裁则裁,可减则减,所省当不只一百数十万,而官常以饬,民志以定,邻国亦当钦服,不战制胜之策,莫先于此。至劳绩保举之滥,弊尤百出,新定部章较严,臣不再赘陈。

一、各部院堂司官宜练习政事也。自部务权归书吏,而司官绝少真才。臣所闻惟刑部司官尚有明白例案者,此外但能润色文稿,便称有才。堂官随时更调,成案山积,虽有过人之资,势难遍览。书吏名为年满更易,实则无异世业,故部务莫昧于官,莫熟于吏。舞文弄法、贿赂公行,一事也,欲准欲驳,皆有案可引,堂司官即再三斟酌，仍不免堕其彀中。夫弃为后稷，契为司徒，终身不迁，用能庶绩咸熙。后世人才逊古，政事愈繁，责任不专，治效奚彰？臣愚以为尚书、侍郎升迁宜不出本部，一部堂官六员，本近于冗，苟有悬缺，不妨兼摄司员。应令娴习例案，分类经管。各员有履历可稽，非若奸胥之诡托姓名，莫可究诘。各部本有则例，足资援引，一切旧案，概可弗用。傥遇疑难堂官不能决者，奏明请旨，不必定凭故纸，仍入胥吏掌握。臣见户部山西司每奏一案，必以活字板印行，积久成帙，名曰"陕曹奏牍"，始自光绪九年。各部傥皆仿行，则准驳之故，人人可以检察，不但舞弊者有所顾忌，堂司官练达事理，所益尤多。

一、旗兵宜破除积习以固根本也。各省驻防旗兵向称忠勇，承平日久，习于骄惰，无异闲民。值海氛不靖，朝廷选择将才，广招新勇，内地旗兵罕闻征调，废弛情形，已在圣明洞鉴。夫运用枪炮各法，必学习二三年，方能心手相应。以精械付粗人，旬日间便成废物。新勇皆市井无赖，而宿将愿招募者，为其能耐苦耳。驱不教之卒，御精娴技艺之敌，徒恃耐苦二字，作万一或胜之想，臣实不知其可，而慨然于旗兵之急宜精练也。练技艺、练攻守，须自练筋骨始。旗兵不执他役，原属格外优待。然同治以来，湘、楚诸军，土木各工，皆责成勇丁，无碍战事，盖精力愈劳愈出。筑叠挖濠，系行军本分。请敕各将军、都统，除实力训练外，遇有台叠、城濠、渠堤等事，应借资兵力者，令旗兵一体帮作。又，各省防军、练勇分扎要隘，均有护送饷差、缉捕盗贼之责，较旗兵苦乐悬殊。兵法首重地理，断无株守城垣可称有用之师者。宜将各省驻防旗兵酌抽数成，出屯要道，归督抚兼辖，绳以汉人军法，于护饷、缉捕等事分任办理，以资练习。旗兵无忽招忽散、入会传教诸弊，果能悉成劲旅，则绿营可减，饷项亦可稍节。值此时势日棘，愈蹉跎愈难致力。满、蒙官员为国家世仆，为汉人表率，使人人知宴安鸩毒之非，克自振作，一二十年后，满、蒙人才不亚于乾隆以前，天下幸甚。

一、文武大员宜勤以率属也。属员之贤否，视上官之好尚为转移。彼溺于声色、货利者无论矣，即或怡情金石，寄兴诗词，多一嗜好必多一懈弛，而属员之勤政者怠矣。又如将军、提镇舍马坐轿，水师将领离船住屋，身耽安逸，何以督率弁兵？并有武员学为诗画，自鸣高雅，其于戎务废弛必多。应请旨通行禁止，仍令于应事之余，纵观经史，激发忠诚；涉猎近令、地理、政书，讲究新译水陆兵法，期于实用有裨。夫人才不择地而生，各省大员果能破除情面，屏斥浮文，于吏治、营务切实讲求，需以岁月，当有可观。此亦造就人才之一端也。

一、禁食洋烟，宜自士大夫始也。天下人才半坏于烟，士为四民之首，不先立戒，何以责民？官为民之表率，傥有嗜好，何以服众？请敕各督抚、学政遍谕教官、廪生，嗣后童生吃烟者，不准保送府、县试；诸生吃烟者，不准乡试，并不准补廪、报优；举人吃烟者，不准会试，如有蒙混，从严征办。并请敕在京各部院堂官，在外将军、督抚，查察有瘾官弁，悉命回籍戒烟。查各国洋人均不吃烟，中华士大夫高谈学问，侈言攘夷，于烟尚不如岛族，耻孰甚焉。

一、分设算学、艺学科目以裨时务也。《周官》有九数之教，《曲礼》判六工之名，力必专精，诣乃深造。近年定算学取士之例，先由总理各国事务衙门考试算学后，送入顺天乡闱，同试诗文，华实兼收，非唐代明算科所得比。然习算之士罕来应试，其故有二：缘《九章》难于八股，算书中足资问难而非切用者，反覆穷究，皓首难尽究之。制器者只须略知几何、重学，而算家一切考据辩难，可弗遍习？

今定例以算学及格物测量、机器制造、水陆军法、船炮、水雷、公法条约、各国史事，一律考试，安有如此奇才，一人而兼众长乎？徒令知难者逡巡不前，轻于尝试者仍蹈空言无补之病，未尽善者一也。合众人而衡，文或百无一取，或十取四五。今考算学者乡试，卷面另编字号，每二十名取中一名，定额不得过三名。倘诸生文理均优，反因考算而限于定额，未尽善者二也。拟请分算学、艺学为二门，试算学者兼天文及地理测绘，试艺学者以矿学及制造船炮之学为主，由总理各国事务衙门于秋闱之前严密三试之，择优录送顺天乡试，分编算学、艺学字号，增加中额，以广招徕。臣更有请者，算、艺与诗文、试帖兼习之，未必兼精。定章令习算者并考诗文，不过借此以塞文士之口，徒徇俗情，仍归敷衍。近时保举、捐纳，庸人皆可得官，独于稍有实用者，必多方以靳之。可否专设算、艺二科，钦派大臣特试，仿照翻译举人、进士之例，不必兼试诗文，庶专门名家，各得自见。

一、水军、陆军急需文武兼通之才，宜破格鼓励也。天津、闽、粤设立水陆各学堂，本系因时制宜，而臣工犹或泥《海国图志》旧说，谓"守外洋不如守海口，守海口不如守内河"，以学习船炮为多事。如果船炮不必习，敌人果何恃而横行海上乎？夫沿海万里，防不胜防，必有海军数大枝，海口方能联络，各岸防军亦可酌减。惟驾驶兵轮，法至精密，海道沙线，固应熟悉，尤须知算学、汽学，乃可司机；能测七政、恒星，乃可司舵，非独武夫不足任，即才智之士亦罕臻此诣。拟请敕各督抚督令水师学堂学生勤习天文、海道、御风布阵、修造汽机、演放水雷诸法，期于能言能行，每若干年奏派海军提镇，率领学生驾驶练船，游历外洋，途中亲试各生所学专门之技是否纯熟，分记等第；到外洋时，由驻洋大臣按名试以水军兵法各论,果能清通,奏明作为水军秀才,送办理海军南北洋大臣再加考试,择其优者为水军举人。并请敕各督抚督令武备学堂学生勤习西国整散阵法、测算、遥击、挖沟、交轰、马步起伏及明暗台堑、测绘地图、管理军械各事,每若干年奏派司道分内外场校阅技艺,条对兵法。果能精熟,作为陆军秀才,送南北洋大臣再加考试,择其优者为陆军举人,仍钦派王大臣覆校水军、陆军各举人,择最优者作为进士。如文理较长,明白治体,量授文职,与文进士一体优待。上下毋欺,真才自出。臣又查武备水师学堂章程,本尚周密,近闻有将少年不能读书者滥行送入,何能确收实效? 应由该管大臣严行遴选,无论旗汉文武官员及士民子弟,须明白谨慎,文理清通,方准留学。凡文字、算学等,择关系武备者设课,其余概勿教学,免致分心。沿海沿边各省择要增设水师武备学堂,一律办理,以时宣讲《圣谕广训》及朱子《小学》等浅近切要之书,启发忠君爱国之忱。至旧有武科,得人本少,若辈恃有顶戴,往往武断乡曲,转难约束。傥谓弓矢无益而改习火器,则家家可置枪炮,流弊尤甚,似应将旧例武科一律停止。

　　一、各省操法宜变通也。水师武备学堂非三四年所能见效,宜令各营先将新式后门枪炮及西人水陆操法择要学习。今各督抚亦有知西人治军之善者,以经费不尽合例,未能一意讲求,且大阅时仍须合操旧法,武弁既惮其勤劳,文员尤多所訾议。譬如乡村富人延师课子,其子既畏读书之难,旁观亦谓不必效寒士攻苦,且谓其子聪明,足傲文士,一旦入文场,始悔学之未至。今之讲求洋务者,何以异是? 拟请敕明白中外情形大臣,参考德、英诸国兵法,舍短取长,酌定简明章程,认真教练。近来炮火猛烈,城垣难御,外洋各国将旧有城郭撤毁,专事沟堑暗垒及升降不定之炮。盖攻法变,则守法不能不变。各处紧要地方不可专恃高城大台,亦宜令知兵大臣,筹画设险之法,预为演习。

一、工艺为富强之基,宜加意考求也。古之教者,合道与艺为一;唐、虞之世,垂、斨与皋、夔同列朝班,诚以有裨国家之事,虽至微细,必授以专官,俾求精造。惟枢机之运、炼冶之纯,悉本于算学、重学、化学、汽学,历世传授,方能以器制器,断非一知半解所能窥见奥窍。各省机器、军械、船政、电报各局委员多未学习,间或卤莽涉猎,究难洞达精微。今各国往往遣王子赴他国学习工艺、兵法,用意深远,可以想见。国家创办幼童出洋之举,行之已二十余年,而成效尚未大著者,一则官场视为鄙事,办理仍等具文;一则专门之学,本非一蹴可几,况所派子弟多未读书,文义不明,难资重用。拟请敕总理各国事务衙门,察核历次奏定章程,切实推广,选择满汉勋旧子弟已读《孝经》、四书,略知大义者,送同文馆,教以浅近九数,视其性之所近,咨明驻洋大臣,分送各国书院、机厂、矿局,于制器、驾船、兵法、商务、矿务、农政、水法,殚精肆习。其水陆学堂、船政、机器各局优等学生,亦酌遣出洋,再加历练,务期各擅一艺。回华后,派充诸局、所委员,庶几驾轻就熟,成效益彰。今日致富之要,当与地争利,勿与民争利。当栽培工商,以敌洋货,而杜漏卮,勿搜括税厘,以病民而自病。此矿务、商务、工艺所当竭力研求,以冀渐收利权者也。至添购兵舰,似可暂缓。以此财用培植工艺,俟学业有成后,或购或造,较有把握。

一、大小臣工宜力戒自欺也。世变之奇,有先圣所不及料者,而士大夫犹以不谈洋务为高。夫不谈洋务可也,不知彼并不知己不可也。今我政事因循,上下粉饰,吏治、营务久为邻国所窃笑,明明不如人,而论事者动发大言,自谓出于义愤,不知适以长庸臣之怠傲，蔽志士之聪明。一二有识者，畏受訾謷，或曲为附和，或甘于缄默，绝无古名臣交相警戒之风。平日视危为安，视弱为强，文武骄惰，莫由觉悟，一旦有事，不肯平心体察，谬托正论，务虚名而贾实祸，诚可为痛哭流涕者也。事前既莫知不如人，事后众论，仍莫肯直认不如人，甘心自画，又安望有自强之一日？拟请敕总理各国事务衙门，选择同治以来办理洋务奏折、文牍，翻译各国政务诸书，呈备御览，并刊发各衙门、各处书院，俾天下士大夫洞悉中外情形，晓然于朝廷为天下万姓多方斡旋不得已之苦衷，庶人人知耻知难，愈恐惧愈发愤，人才以策厉而愈出，易危为安，转弱为强，机实在此。

以上十三条，略知时务者类能言之，特未尝为皇上切实敷陈耳。当此危疑震撼之时，舆论孔多，泥古者谨守旧章，忧时者竞谈新法，然积习实不能不改，而变法亦未敢轻言。臣只就事所可行者，为救弊补偏之计。非激扬士类，则虚文相市，可与共安乐而不可与济艰危；非精究洋务，则成法虽高，可以制土寇而不可以备强敌。环海各国，以中华为鱼肉，皆由我之痼疾久中于腹心，而肢体之痿痹随之。彼日本于三十年前为英、美所败，纳币行成，因惧而奋，遂成强国。我诚能发愤自强，合群策群力，急起直追，何事不可勉为？若仍缚于成例，淆于浮议，不以全力赴之，虽勉行，十之八九亦无济于事。伏乞皇上俯纳刍荛，迅饬内外各大臣悉心核议，实力实行，以振人心而扶危局。臣尤伏愿皇上鉴天灾之屡警，念民困之莫苏，知外患之难弭，励精图治，日新又新，默究理乱之根源，旷览宇宙之大势，敕军机处、总理各国事务衙门王大臣等，各矢公忠，绸缪未雨，集思广益，共济艰难；各部院堂司官精白一心，综核名实，使胥吏毋上下其手，以坏法度；将军、督抚、提镇各率其属，懔然于朝政之严明，寡欲清心，杜绝请托，用人理财，一秉至公。自朝廷以致百执事，毋始勤而终怠，毋狃目前而忘远虑，上有卧薪尝胆之大臣，下有断𩛙画粥之志士，贤才争奋，庶政修明，四境绥安，远人宾服，实天下臣民所旦夕仰望者也。

微臣远处西陲，于海防近事未得其详。念时局之日艰，愧献言之已晚，冒昧上陈，敬效愚者千虑之一，伏乞皇上圣鉴训示。谨奏。光绪二十一年五月十一日。[①]

光绪二十一年闰五月十二日，奉旨：原折封存，另钞归籤。[②]

○五六　恭报新疆光绪二十一年二月雨水、粮价折

光绪二十一年闰五月初一日(1895 年 6 月 23 日)

头品顶戴甘肃新疆巡抚臣陶模跪奏，为恭报光绪二十一年二月份粮价并得雨雪情形，谨缮折具陈，仰祈圣鉴事。

窃照光绪二十一年正月份各厅、州、县粮价并得雪情形，业经臣奏报在案。兹据新疆布政使饶应祺详称：光绪二十一年二月份，镇迪道属镇西、库尔喀喇乌苏得雪，积地一尺；昌吉得雪，积地四寸；迪化、阜康得雪，积地三寸；绥来、奇台得雪，积地二寸。伊塔道属塔尔巴哈台得雨，入土四寸；精河得雨，入土三寸；绥定、宁远微雨。南路拜城得雪，积地三寸。余未得雨雪。至通省粮价，镇西、

---

①　中国第一历史档案馆藏：录副奏折，档案编号：03-5325-050；《皇清经世文统编》，宝善斋，光绪二十七年(1901)，卷三十一，内政部四，用人。

②　因军机录副奉旨日期字迹漫漶不清，此奉旨日期与内容，兹据军机处随手登记档(档案编号：03-0284-2-1221-159)校补。

精河、库车、乌什、玛喇巴什、温宿、和阗、昌吉、绥定等厅、州、县俱与上月相同，余均略有增减。汇详请奏前来。

理合恭折具陈，并缮粮价清单，敬呈御览，伏乞皇上圣鉴。谨奏。光绪二十一年闰五月初一日。

（朱批：）知道了。①

光绪二十一年六月初一日，奉朱批：知道了。钦此。②

○五七　呈新疆光绪二十一年二月粮价清单

光绪二十一年闰五月初一日(1895年6月23日)

谨将新疆各属光绪二十一年二月份米粮时估价值，缮具清单，恭呈御览。

计开二月份：

镇迪道属：

迪化县：大米每京石价银二两七钱四分八厘，较上月增七分。小麦每京石价银一两二钱三分八厘，与上月相同。豌豆每京石价银一两二钱六分，与上月相同。青稞每京石价银九钱六分六厘，较上月增一钱四厘。

昌吉县：大米每京石价银二两四钱三分二厘，小麦每京石价银一两二分六厘，豌豆每京石价银九钱五分五厘，青稞每京石价银七钱一分七厘，俱与上月相同。

阜康县：粟米每京石价银八钱八分四厘，较上月增七分一厘。

---

①　台北故宫博物院藏：军机及宫中档，文献编号：408002940。

②　中国第一历史档案馆藏：录副奏折，档案编号：03-6946-001。

小麦每京石价银一两三钱四分五厘，较上月增六分九厘。豌豆每京石价银一两二钱七分四厘，较上月增六分六厘。高粱每京石价银七钱七分八厘，与上月相同。

绥来县：大米每京石价银二两四分二厘，与上月相同。小麦每京石价银八钱四分九厘，较上月减一钱七分六厘。豌豆每京石价银九钱九分八厘，较上月减三分五厘。高粱每京石价银四钱六分，与上月相同。

奇台县：大米每京石价银三两一钱七厘，与上月相同。小麦每京石价银一两二分六厘，与上月相同。豌豆每京石价银一两二钱八厘，较上月减一厘。

吐鲁番直隶厅：小麦每京石价银一两六钱七分七厘，与上月相同。大麦每京石价银七钱四分六厘，较上月增七分四厘。高粱每京石价银六钱六分八厘，较上月增一厘。黄豆每京石价银一两六钱四分二厘，较上月增一钱一分二厘。

镇西直隶厅：小麦每京石价银一两三钱八分，豌豆每京石价银一两，青稞每京石价银六钱四分，俱与上月相同。

哈密直隶厅：粟米每京石价银一两四钱四分，与上月相同。小麦每京石价银一两七分八厘，与上月相同。豌豆每京石价银一两四钱四分，较上月减三分六厘。青稞每京石价银九钱二分五厘，较上月增三分六厘。

库尔喀喇乌苏直隶厅：小麦每京石价银一两二钱一厘，较上月减七分二厘。豌豆每京石价银一两三钱八分五厘，较上月减七分。高粱每京石价银七钱七分二厘，与上月相同。

伊塔道属：

绥定县：大米每京石价银二两九钱六分，小麦每京石价银一两二钱四分二厘,大麦每京石价银六钱六分六厘,豌豆每京石价银一两二钱二分四厘,俱与上月相同。

宁远县:大米每京石价银二两八钱一分,较上月减一钱五分。小麦每京石价银七钱六分,较上月减六分。大麦每京石价银五钱九分,与上月相同。豌豆每京石价银一两,与上月相同。

塔尔巴哈台直隶厅:小麦每京石价银一两二钱二分五厘,较上月减三分七厘。大麦每京石价银九钱二分七厘,与上月相同。豌豆每京石价银一两一钱九分四厘,较上月减四分一厘。

精河直隶厅:大米每京石价银四两一钱一分六厘,小麦每京石价银一两六钱八分,大麦每京石价银九钱四分五厘,豌豆每京石价银一两三钱九分九厘,俱与上月相同。

阿克苏道属:

温宿直隶州:大米每京石价银一两九钱,小麦每京石价银一两三分五厘,大麦每京石价银六钱,包谷每京石价银六钱八分,俱与上月相同。

拜城县:小麦每京石价银七钱八分八厘,与上月相同。大麦每京石价银四钱三分八厘,较上月增八分八厘。豌豆每京石价银七钱一厘,与上月相同。包谷每京石价银七钱一厘,较上月增八分八厘。

喀喇沙尔直隶厅:大米每京石价银二两九钱六分,与上月相同。小麦每京石价银九钱六分六厘,与上月相同。豌豆每京石价银七钱二分,与上月相同。包谷每京石价银七钱六分八厘,较上月增六分四厘。

库车直隶厅:大米每京石价银二两七分二厘,小麦每京石价银六钱五分一厘,豌豆每京石价银六钱一分,包谷每京石价银四钱四厘,俱与上月相同。

乌什直隶厅:大米每京石价银二两一钱七分五厘,小麦每京石价银六钱六分,大麦每京石价银三钱二分一厘,包谷每京石价银四钱五分八厘,俱与上月相同。

喀什噶尔道属:

疏勒直隶州:大米每京石价银二两七钱,较上月增七分五厘。小麦每京石价银一两三钱八分,与上月相同。包谷每京石价银九钱六分,与上月相同。高粱每京石价银七钱一分七厘,较上月减一厘。

疏勒县:大米每京石价银二两七钱,较上月增七分五厘。小麦每京石价银一两三钱八分,与上月相同。包谷每京石价银一两五分,较上月增四分五厘。高粱每京石价银七钱一分七厘,与上月相同。

莎车直隶州:大米每京石价银一两九钱六分八厘,较上月减三分。小麦每京石价银七钱九分八厘,与上月相同。大麦每京石价银六钱一分二厘,较上月减一分三厘。包谷每京石价银五钱六分七厘,与上月相同。

叶城县:大米每京石价银二两五钱五分二厘,较上月增二钱三分二厘。小麦每京石价银八钱七分五厘,较上月增二分五厘。包谷每京石价银四钱三分二厘,较上月减一钱四分四厘。青稞每京石价银四钱五分,与上月相同。

和阗直隶州:大米每京石价银二两三钱,小麦每京石价银一两,包谷每京石价银六钱一分,青稞每京石价银五钱六分,俱与上月相同。

于阗县:大米每京石价银三两三钱一分二厘,较上月增一钱三分八厘。小麦每京石价银一两一分八厘,与上月相同。包谷每京石价银六钱四分,与上月相同。

英吉沙尔直隶厅:大米每京石价银三两三钱三分四厘,较上月减一分。小麦每京石价银一两一钱六分,较上月减二分七厘。大麦每京石价银五钱七分,与上月相同。包谷每京石价银八钱五分七厘,与上月相同。

玛喇巴什直隶厅:大米每京石价银二两三钱六分八厘,小麦每京石价银一两三钱八分,包谷每京石价银八钱三分二厘,俱与上月相同。

(朱批:)览。[1]

○五八　奏报叶福祥等借补游击等缺折

光绪二十一年闰五月初一日(1895 年 6 月 23 日)

头品顶戴甘肃新疆巡抚臣陶模跪奏,为拣员借补游击、都司、守备各员缺,以重操防,恭折仰祈圣鉴事。

窃伊犁镇属游击、都司、守备各缺,均经奏准作为题缺,亟应拣员请补,各专责成。兹查有补用副将留陕甘尽先推补参将叶福祥,熟悉边情,办事稳练,堪以借补伊犁镇标右营游击员缺;副将衔补用参将留新疆尽先补用游击周得金,素著战功,堪以借补绥定城守营都司员缺;留陕甘尽先补用都司何振元,勤干有为,堪以借补伊犁镇标中营左旗守备员缺。

该员等在新疆出力有年,营务熟悉,以之借补各缺,均堪胜任。

---

[1]　中国第一历史档案馆藏:清单,档案编号:03-6946-002。

合无仰恳天恩，俯准以叶福祥、周得金、何振元三员分补游击、都司、守备各缺，以禆营伍。如蒙俞允，并恳敕部发给札付。何振元应照乌鲁木齐补放守备例，毋庸送部引见。其借补游击叶福祥、借补都司周得金二员，应俟防务大定，即行给咨送部引见，以符定制。

　　除饬取该员等履历清册咨部外，谨会同伊犁将军臣长庚、陕甘总督臣杨昌濬、署喀什噶尔提督臣张俊恭折具奏，伏乞皇上圣鉴训示。谨奏。光绪二十一年闰五月初一日。

　　（朱批：）兵部议奏。①

　　光绪二十一年六月初一日，奉朱批：兵部议奏。钦此。②

○五九　审拟缠民斯拉木殴毙人命一案折

光绪二十一年闰五月初一日（1895 年 6 月 23 日）

　　头品顶戴甘肃新疆巡抚臣陶模跪奏，为斗殴毙命，按律定拟，恭折仰祈圣鉴事。

　　窃前据代理疏勒直隶州知州杨其澍详报缠民斯拉木殴伤艾买提身死一案，当经批饬审拟去后。兹据署该州知州危兆麟覆讯拟议，解经喀什噶尔道黄光达提讯，咨由镇迪道兼按察使衔丁振铎核转前来。

　　臣复加查核，缘缠民斯拉木籍隶疏勒州，务农度日，与已死艾买提素识无嫌。艾买提向充牌素巴特庄管水头目。光绪二十年三月间，艾买提与庄众商议，按户派夫，挑浚公渠，约定二十三日动

　　①　台北故宫博物院藏：军机及宫中档，文献编号：408002941。

　　②　中国第一历史档案馆藏：录副奏折，档案编号：03-5906-080。

工。是日下午，斯拉木因挑挖疲倦，坐地歇息。艾买提在渠督工瞥见，斥其懒惰。斯拉木分辩，艾买提用柳条向斯拉木身上殴打，并未成伤。斯拉木即将派分地段修竣，艾买提走至，复称他段尚有要工，喊令斯拉木同往相帮。斯拉木不甘，答欲略歇片时再去。艾买提混骂，又举柳条向殴，斯拉木避走，艾买提赶上，将斯拉木左右额角殴伤。斯拉木情急，顺用锄背架格回殴一下，不期致伤艾买提偏右倒地。经在渠工作之买买提依敏等赶拢喝阻，将艾买提抬回，医治罔效，是晚因伤殒命。投约报经前署州潘时策诣验，未及详报病故。杨其澍代理，讯供通详。危兆麟接署，据报犯病调治痊愈，覆审议拟，解道提讯，咨由兼臬司核明转详。臣覆核无异。

查律载：斗殴杀人者，不问手足、他物、金刃并绞监候等语。此案该犯斯拉木在工修渠，因被艾买提督催詈殴，一时情急，顺用锄背架格，适伤艾买提偏右身死，事犯在光绪二十年正月初一日以后，不在八月十六日恭逢恩诏查办之列，自应按律问拟。斯拉木合依斗殴杀人者，不问手足、他物、金刃并绞律，拟绞监候，秋后处决。见证买买提依敏等救阻不及，请免置议，艾买提殴人成伤，业已被殴身死，应毋庸议，无干省释。尸饬领埋，凶器铁锄案结销毁。

是否允协，除全案供招咨部外，所有斗殴毙命，按律定拟缘由，谨恭折具陈，伏乞皇上圣鉴，饬部核覆施行。谨奏。光绪二十一年闰五月初一日。

（朱批：）刑部议奏。[1]

光绪二十一年六月初一日，奉朱批：刑部议奏。钦此。[2]

---

[1] 台北故宫博物院藏：军机及宫中档，文献编号：408002942。
[2] 中国第一历史档案馆藏：录副奏折，档案编号：03-7317-032。

・991・

○六○　请将候补县丞邹
　　　子鸿暂行革职片

光绪二十一年闰五月初一日(1895 年 6 月 23 日)

再，蓝翎候补县丞借补奇台县巡检邹子鸿，前经札委试办省城南山铜矿，历时数年，迄无起色，且有亏挪成本及被商民控告欠发碳价、运脚情事。

除饬司查明实数分别办理外，相应请旨将该员邹子鸿暂行革职，并拔去翎枝，以便勒限监追。谨会同陕甘总督臣杨昌濬附片具奏，伏乞圣鉴训示。谨奏。

(朱批:)着照所请，该部知道。①

光绪二十一年六月初一日，奉朱批：着照所请，该部知道。钦此。②

○六一　奏为拣员署理佐领等缺片

光绪二十一年闰五月初一日(1895 年 6 月 23 日)

再，古城满营镶红镶蓝旗佐领都成额、防御怀塔奔，前因不能约束兵丁，经臣一并奏请开缺。又，镶黄正白旗防御琦彻图年

---

① 台北故宫博物院藏:军机及宫中档，文献编号:408002938-0-G。此片之具奏日期，朱批奏片署"光绪二十一年五月初一日"，而军机录副则署为"光绪二十一年闰五月初一日"，甚为悬殊。查光绪二十一年六月初一日军机处随手登记档(档案编号:03-0284-2-1221-177)朱批陶模折，则署有"报四百里，闰五月初一日发"等字样。据此，其具奏日期为"光绪二十一年闰五月初一日"，朱批奏片讹误无疑。兹据校正。

② 中国第一历史档案馆藏:录副奏片，档案编号:03-9643-025。

老告休,奏请开缺,以原品休致,均奉旨允准在案,应即分别委署,各专责成。都成额所遗镶红镶蓝旗佐领员缺,查有尽先补用佐领正黄正红旗防御金文布,堪以署理。怀塔奔所遗镶红镶蓝旗防御员缺,查有尽先即补佐领凤琳,堪以署理。琦彻图所遗镶黄正白旗防御员缺,查有尽先即补佐领全福,堪以署理。其金文布递遗防御员缺,查有补用防御左翼蒙古四旗骁骑校多印,堪以署理。递遗骁骑校员缺,查有尽先即补骁骑校前锋校喜奎,堪以署理。

除咨部外,谨会同伊犁将军臣长庚、陕甘总督臣杨昌濬附片具陈,伏乞圣鉴。谨奏。

(朱批:)兵部知道。[1]

光绪二十一年六月初一日,奉朱批:兵部知道。钦此。[2]

〇六二　奏请奖叙练兵出力参领文隆片

光绪二十一年闰五月初一日(1895年6月23日)

再,臣于上年五月具奏神机营管解枪械官兵回京折内,声明派委队官护军参领文隆,酌带队兵二名,前往古城满营,教习操练。现在已届一年,饬迪化府知府潘效苏前赴该营,按旗阅看。旋据禀覆:各旗兵丁操演洋枪,均能命中;各项阵法,亦有可观。臣查参领

---

① 台北故宫博物院藏:军机及宫中档,文献编号:408002938-0-H。此片之具奏日期,朱批奏片署"光绪二十一年五月初一日",而军机录副则署为"光绪二十一年闰五月初一日",甚为悬殊。查光绪二十一年六月初一日军机处随手登记档(档案编号:03-0284-2-1221-177)朱批陶模折,则署有"报四百里,闰五月初一日发"等字样。据此,其具奏日期为"光绪二十一年闰五月初一日",朱批奏片讹误无疑。兹据校正。

② 中国第一历史档案馆藏:录副奏片,档案编号:03-5905-081。

文隆随同记名副都统护军参领德克津布，运解枪械出关，尚无贻误。兹率队兵教习满营操练，业著成效，应即传给车辆，并酌发口分、行装、银两，饬令回京。可否饬部酌议奖叙以资鼓励之处，出自鸿施。

除该营学习操练兵丁饬由城守尉克蒙额督率各佐领认真操演外，谨附片具陈，伏乞圣鉴训示。谨奏。

（朱批：）着照所请，该部知道。①

光绪二十一年六月初一日，奉朱批：着照所请，该部知道。钦此。②

〇六三　请准张宗本等暂缓引见片

光绪二十一年闰五月初一日（1895 年 6 月 23 日）

再，准补阿克苏镇属乌什协副将张宗本、抚属玛纳斯协副将张清和、喀什噶尔提属回城协副将周添才，均经兵部议令送部引见后，再行给与札付等因在案。自应遵照办理，以符定章。惟张宗本等分任总兵、副将之责，整顿营伍均能认真，现值边防紧要，未便遽易生手，相应恳恩饬部先给该各员札付，俟防务大定，再行给咨送部引见，出自鸿施。

谨会同陕甘督臣杨昌濬、署喀什噶尔提臣张俊附片具陈，伏乞

---

① 台北故宫博物院藏：军机及宫中档，文献编号：408002938-0-I。此片之具奏日期，朱批奏片署"光绪二十一年五月初一日"，而军机录副则署为"光绪二十一年闰五月初一日"，甚为悬殊。查光绪二十一年六月初一日军机处随手登记档（档案编号：03-0284-2-1221-177）朱批陶模折，则署有"报四百里，闰五月初一日发"等字样。据此，其具奏日期为"光绪二十一年闰五月初一日"，朱批奏片讹误无疑。兹据校正。

② 中国第一历史档案馆藏：录副奏片，档案编号：03-5996-021。

圣鉴训示。谨奏。

（朱批：）着照所请，兵部知道。①

光绪二十一年六月初一日，奉朱批：着照所请，兵部知道。钦此。②

○六四　委令谭用宾署理副将片

光绪二十一年闰五月初一日（1895年6月23日）

再，伊犁镇属塔尔巴哈台协副将张怀玉，因病请假就医。所遗副将员缺，查有提督衔留新疆尽先补用总兵谭用宾，朴实勇敢，办事勤能，堪以委署。

除给委并咨部外，谨会同伊犁将军臣长庚、陕甘总督臣杨昌濬、接办塔尔巴哈台参赞臣富勒铭额、署喀什噶尔提督臣张俊附片具陈，伏乞圣鉴训示。谨奏。

（朱批：）兵部知道。③

光绪二十一年六月初一日，奉朱批：兵部知道。钦此。④

---

① 台北故宫博物院藏：军机及宫中档，文献编号：408002938-0-J。此片之具奏日期，朱批奏片署"光绪二十一年五月初一日"，而军机录副则署为"光绪二十一年闰五月初一日"，甚为悬殊。查光绪二十一年六月初一日军机处随手登记档（档案编号：03-0284-2-1221-177）朱批陶模折，则署有"报四百里，闰五月初一日发"等字样。据此，其具奏日期为"光绪二十一年闰五月初一日"，朱批奏片讹误无疑。兹据校正。

② 中国第一历史档案馆藏：录副奏片，档案编号：03-5905-082。

③ 台北故宫博物院藏：军机及宫中档，文献编号：408002938-0-K。

④ 中国第一历史档案馆藏：录副奏片，档案编号：03-5905-083。

○六五　新疆七载防戍保案行查文职核奖折

光绪二十一年闰五月初七日(1895 年 6 月 29 日)

太子太保头品顶戴陕甘总督臣杨昌濬、头品顶戴甘肃新疆巡抚臣陶模跪奏，为新疆七载防戍保案部议与例不符及前经行查文职各员，谨缮单覆陈，恳恩饬部给奖，以示鼓励，恭折仰祈圣鉴事。

窃臣等奏覆查明新疆七载防戍文职捐保案据及更正底衔，共三十七员。旋准吏部咨开：内与例章不符者十五员，应照章将全案驳回，俟更正到部，再行办理。光绪二十年十二月十四日具奏，奉旨：依议。钦此。臣等遵将不符各员照章分别改奖，并据前次经部行查之知县黄廷珍、县丞朱运丁声覆前来。

相应汇缮清单，恭呈御览，仰恳天恩，俯准饬部将全案一律给奖，以示鼓励而免向隅。谨合词恭折具陈，伏乞皇上圣鉴训示。再，此折系臣模主稿。合并声明。谨奏。光绪二十一年闰五月初七日。

(朱批：)吏部议奏。单并发。①

光绪二十一年六月初七日，奉朱批：吏部议奏。单并发。钦此。②

○六六　呈新疆七载防戍保案行查文职核奖清单

光绪二十一年闰五月初七日(1895 年 6 月 29 日)

谨将新疆七载防戍保案部议与例不符及前经行查文职各员，

---

①　台北故宫博物院藏：军机及宫中档，文献编号：408002943。
②　中国第一历史档案馆藏：录副奏折，档案编号：03-6031-089。

缮具清单，恭呈御览。

计开：

同知衔直隶州知州留甘补用知县朱熿，原请俟补直隶州知州后以知府升用，拟改请赏加一级。

补用通判分省尽先补用州同郭国栋，原请俟补通判后以直隶州知州补用，拟改请赏加一级。

补用县丞分省补用县主簿萧经士，原请俟补县丞后以知县补用，拟改请赏加六品衔。

候补知府分省补用同知奚麟，原请俟归知府班后加盐运使衔，拟改请赏先换知府顶戴。

同知衔补用直隶州知州分省即补知县曾广均，原请俟归直隶州班后加知府衔，拟改请赏加一级。

补用知州选用布理问杨丙章，原请俟归知州班后加运同衔，拟改请赏先换知州顶戴。

即选知县遇缺即选教谕罗霁，原请俟归知县班后加同知衔，拟改请赏加六品衔。

即选知县候选教谕魏振宗，原请俟归知县班后加同知衔，拟改请赏加六品衔。

补用知县留甘补用府经历刘芬，原请俟归知县班后加同知衔，拟改请赏加六品衔。

补用知县分省即补府经历何沂，原请俟归知县班后加同知衔，拟改请赏加六品衔。

补用知县即选县丞张鼎勋，原请俟归知县班后加同知衔，拟改请赏加六品衔。

补用知县留甘补用县丞张英楷，原请俟归知县班后加同知衔，拟改请赏加一级。

补用知县不论双单月选用盐大使姚元恺，原请俟归知县班后加同知衔，拟改请赏加六品衔。

知县用补用县丞即选从九品盛泽湘，原请俟归知县班后加同知衔，拟改请赏加六品衔。

六品蓝翎知县用伊犁府经历鸿勋，原请俟归知县班后加同知衔，拟改请赏加一级。

同知衔留甘补用知县黄廷珍，原请俟补缺后以直隶州知州补用。部议：查该员原保官阶，新疆肃清案内并无其名，是否声叙舛错，应令详细查明覆奏，再行核办等因。查黄廷珍于新疆南路各城一律肃清，健锐、威仪两军历年防剿案内，经前哈密办事大臣明春由蓝翎分省归候补班遇缺即补府经历奏保免补本班，以知县留于甘肃，归军功候补班前先补用，并加同知衔。光绪六年正月十三日奉旨：着照所请奖励。钦此。并非新疆南北两路一举荡平之案，拟恳恩仍照原请给奖。

选用县丞朱运丁，原请俟选缺后以知县补用。部议：查该员捐纳之案，据户部覆称，检查并无案据，应令详细查明覆奏，并将执照送部，再行核办等因。查朱运丁于光绪三年在湖南协黔捐局遵筹饷例由俊秀捐作监生，以县丞双月选用，经户部核准，是年九月十九日给领执照。除将执照送部查核外，拟恳恩仍照原请给奖。

（朱批：）览。①

---

① 　中国第一历史档案馆藏：清单，档案编号：03-5335-004。

〇六七　恭报新疆光绪二十
一年三月雨水、粮价折

光绪二十一年闰五月十九日（1895 年 7 月 11 日）

头品顶戴甘肃新疆巡抚臣陶模跪奏，为恭报光绪二十一年三月份粮价并得雨雪情形，缮折具陈，仰祈圣鉴事。

窃照光绪二十一年二月份各厅、州、县粮价并得雨雪情形，业经臣奏报在案。兹据新疆布政使饶应祺详称：光绪二十一年三月份，镇迪道属镇西得雪，积地六寸；库尔喀喇乌苏得雨，入土三寸；昌吉、绥来得雨，入土二寸；阜康得雨，入土一寸；迪化、奇台微雨。伊塔道属塔尔巴哈台、精河得雨，入土四寸；绥定、宁远微雨。南路拜城得雨，入土二寸；库车得雨，入土一寸；乌什、英吉沙尔、温宿、疏勒、疏附、叶城、于阗微雨。余未得雨雪。至通省粮价，镇西、哈密、精河、库车、昌吉、绥定、宁远、叶城、于阗等厅、县俱与上月相同，余均略有增减。汇详请奏前来。

理合恭折具陈，并缮粮价清单，敬呈御览，伏乞皇上圣鉴。谨奏。光绪二十一年闰五月十九日。

（朱批：）知道了。[1]

光绪二十一年六月二十日，奉朱批：知道了。钦此。[2]

---

①　台北故宫博物院藏：军机及宫中档，文献编号：408002944。

②　中国第一历史档案馆藏：录副奏折，档案编号：03-6946-029。

○六八　呈新疆光绪二十一年三月粮价清单

光绪二十一年闰五月十九日(1895 年 7 月 11 日)

谨将新疆各属光绪二十一年三月份米粮时估价值，缮具清单，恭呈御览。

计开三月份：

镇迪道属：

迪化县：大米每京石价银二两六钱七分八厘，较上月减七分。小麦每京石价银一两二钱三分八厘，与上月相同。豌豆每京石价银一两二钱六分，与上月相同。青稞每京石价银九钱六分六厘，与上月相同。

昌吉县：大米每京石价银二两四钱三分二厘，小麦每京石价银一两二分六厘，豌豆每京石价银九钱五分五厘，青稞每京石价银七钱一分七厘，俱与上月相同。

阜康县：粟米每京石价银八钱八分四厘，与上月相同。小麦每京石价银一两三钱四分五厘，与上月相同。豌豆每京石价银一两二钱七分四厘，与上月相同。高粱每京石价银八钱四分九厘，较上月增七分一厘。

绥来县：大米每京石价银二两四分二厘，与上月相同。小麦每京石价银八钱一分四厘，较上月减三分五厘。豌豆每京石价银九钱六分二厘，较上月减三分六厘。高粱每京石价银四钱六分，与上月相同。

奇台县：大米每京石价银二两九钱三分四厘，较上月减一钱七分三厘。小麦每京石价银一两八厘，较上月减一分八厘。豌豆每京石价银一两一钱五厘，较上月减一钱三厘。

吐鲁番直隶厅：小麦每京石价银一两六钱七分七厘，与上月相同。大麦每京石价银八钱二分一厘，较上月增七分五厘。高粱每京石价银六钱六分七厘，较上月减一厘。黄豆每京石价银一两七钱五分四厘，较上月增一钱一分二厘。

镇西直隶厅：小麦每京石价银一两三钱八分，豌豆每京石价银一两，青稞每京石价银六钱四分，俱与上月相同。

哈密直隶厅：粟米每京石价银一两四钱四分，小麦每京石价银一两七分八厘，豌豆每京石价银一两四钱四分，青稞每京石价银九钱二分五厘，俱与上月相同。

库尔喀喇乌苏直隶厅：小麦每京石价银一两一钱三分一厘，较上月减七分。豌豆每京石价银一两三钱八分五厘，与上月相同。高粱每京石价银七钱七分二厘，与上月相同。

伊塔道属：

绥定县：大米每京石价银二两九钱六分，小麦每京石价银一两二钱四分二厘，大麦每京石价银六钱六分六厘，豌豆每京石价银一两二钱二分四厘，俱与上月相同。

宁远县：大米每京石价银二两八钱一分，小麦每京石价银七钱六分，大麦每京石价银五钱九分，豌豆每京石价银一两，俱与上月相同。

塔尔巴哈台直隶厅：小麦每京石价银一两一钱八分八厘，较上月减三分七厘。大麦每京石价银九钱二分七厘，与上月相同。豌豆每京石价银一两一钱五分二厘，较上月减四分二厘。

精河直隶厅：大米每京石价银四两一钱一分六厘，小麦每京石价银一两六钱八分，大麦每京石价银九钱四分五厘，豌豆每京石价银一两三钱九分九厘，俱与上月相同。

阿克苏道属：

温宿直隶州：大米每京石价银一两九钱，与上月相同。小麦每京石价银一两三分五厘，与上月相同。大麦每京石价银七钱五分，较上月增一钱五分。包谷每京石价银八钱五分，较上月增一钱七分。

拜城县：小麦每京石价银七钱八分八厘，与上月相同。大麦每京石价银四钱三分八厘，与上月相同。豌豆每京石价银六钱一分三厘，较上月减八分八厘。包谷每京石价银七钱一厘，与上月相同。

喀喇沙尔直隶厅：大米每京石价银二两九钱六分，与上月相同。小麦每京石价银七钱五分九厘，较上月减二钱七厘。豌豆每京石价银七钱二分，与上月相同。包谷每京石价银七钱六分八厘，与上月相同。

库车直隶厅：大米每京石价银二两七分二厘，小麦每京石价银六钱五分一厘，豌豆每京石价银六钱一分，包谷每京石价银四钱四厘，俱与上月相同。

乌什直隶厅：大米每京石价银二两一钱七分五厘，与上月相同。小麦每京石价银六钱六分，与上月相同。大麦每京石价银三钱七分四厘，较上月增五分三厘。包谷每京石价银五钱二分四厘，较上月增六分六厘。

喀什噶尔道属：

疏勒直隶州：大米每京石价银二两七钱，与上月相同。小麦每京石价银一两三钱八分，与上月相同。包谷每京石价银九钱六分，与上月相同。高粱每京石价银八钱五厘，较上月增八分八厘。

疏附县：大米每京石价银二两七钱，与上月相同。小麦每京石价银一两三钱八分，与上月相同。包谷每京石价银一两五分，与上月相同。高粱每京石价银八钱五厘，较上月增八分八厘。

莎车直隶州：大米每京石价银一两九钱六分八厘，与上月相同。小麦每京石价银八钱一分四厘，较上月增一分六厘。大麦每京石价银五钱八分七厘，较上月减二分五厘。包谷每京石价银五钱四分一厘，较上月减二分六厘。

叶城县：大米每京石价银二两五钱五分二厘，小麦每京石价银八钱七分五厘，包谷每京石价银四钱三分二厘，青稞每京石价银四钱五分，俱与上月相同。

和阗直隶州：大米每京石价银二两三钱，与上月相同。小麦每京石价银一两三厘，较上月增三厘。包谷每京石价银六钱一分，与上月相同。青稞每京石价银五钱六分，与上月相同。

于阗县：大米每京石价银三两三钱一分二厘，小麦每京石价银一两一分八厘，包谷每京石价银六钱四分，俱与上月相同。

英吉沙尔直隶厅：大米每京石价银三两三钱四分四厘，较上月增一分。小麦每京石价银一两一钱八分七厘，较上月增二分七厘。大麦每京石价银五钱七分，与上月相同。包谷每京石价银八钱五分七厘，与上月相同。

玛喇巴什直隶厅：大米每京石价银二两三钱六分八厘，与上月相同。小麦每京石价银一两三钱八分，与上月相同。包谷每京石价银八钱九分六厘，较上月增六分四厘。

（朱批：）览。[1]

---

[1]　中国第一历史档案馆藏：清单，档案编号：03-6946-030。

○六九　请将张志文留于新疆补用折

光绪二十一年闰五月十九日(1895年7月11日)

头品顶戴甘肃新疆巡抚臣陶模跪奏,为教习新式操法武员才堪补用,拟请留于甘肃新疆候补,并俟各教习均著成效,再行量请奖叙,恭折仰祈圣鉴事。

窃维兵法视时势为变通,蹈常袭故向所称为劲旅者,或至渐成弩末。新疆自经戡定,马步操演仍沿湘、楚诸军之旧。臣到任后,窃欲参用各种新式步法、阵法及枪炮测准、挖沟筑垒诸法,惟人情惮于谋新,难与虑始,因咨商北洋大臣李鸿章,先后由武备学堂选派教习花翎补用都司尽先补用守备张志文等前来新疆,以资试办;并募成威远炮队一哨,归张志文管带,均经奏明在案。现在抚标及提镇各标,饬同各教习以次教练,各营弁勇罔不按时演习,以期渐臻娴熟,良由该守备操法既悉窍要,办理复能认真也。

臣查花翎补用都司尽先补用守备张志文,材艺优长,兼明书算,现虽官阶较小,充其才识所至,实属不可多得之员,相应恳恩准将该守备留于甘肃新疆候补,以储边才而备擢用,并恳俯准俟各教习均著成效,由臣分别请奖,以示鼓励,出自鸿施。

除开具各衔名清折咨部存记外,谨会同陕甘总督臣杨昌濬恭折具陈,伏乞皇上圣鉴训示。谨奏。光绪二十一年闰五月十九日。

(朱批:)着照所请,兵部知道。①

---

① 台北故宫博物院藏:军机及宫中档,文献编号:408002945。

光绪二十一年六月二十日，奉朱批：着照所请，兵部知道。钦此。[①]

○七○　审拟民人张钰详挟嫌谋命一案折

光绪二十一年闰五月十九日（1895 年 7 月 11 日）

头品顶戴甘肃新疆巡抚臣陶模跪奏，为审明挟嫌谋命一死一伤，按律定拟，仰祈圣鉴事。

窃前据署迪化县知县刘兆松详报客民张钰详即张坤，挟嫌谋杀何沨仪身死，并杀伤张益平复一案，当经臣批饬审拟去后。兹据署该县知县刘澄清议拟，详由迪化府知府潘效苏提讯，解经镇迪道兼按察使衔丁振铎审转前来。

臣亲提覆鞫，缘张钰详原籍山西邠州，先年出关，与已死何沨仪暨受伤平复之张益均同乡熟识。光绪七年，张钰详受雇陕商韦耀开设之恒益公铺内帮伙。十一年冬歇业，韦耀仍令帮收外债。十三年五月，韦耀有事旋陕，因在省城五道巷置买店房一所，托张钰详经手修葺，计用工料银六百两。十四年七月，韦耀来新，算明交清。迨后韦耀病故，店房遂交其胞侄韦成德经管，张钰详即在各处帮工。至十九年二月，复与张益伙开太和堂药铺，甫经数月，张益见张钰详出银较少，时相口角，商同算帐分伙。张益独自另开广德堂药铺。张钰详因与有隙。是年十二月间，张钰详寻向韦成德声称，从前代修店房尚有外债未清，须再核算归还。韦成德闻知气忿，即称张钰详先年帮管恒益公铺事，亦有长支银两，彼此争执。

---

① 中国第一历史档案馆藏：录副奏折，档案编号：03-5996-022。

二十年正月，各以前情控县。该署县刘兆松屡次传讯，因两造簿据均不实在，谕饬商总何沨仪、刘寿亭等查明，禀覆核断。何沨仪等查悉张钰详帐属子虚，韦成德亦系借词搪抵，即与刘寿亭呈递公禀。张钰详意欲何沨仪处给银两，走向恳求。何沨仪据理斥责，张钰详愈加忿憾。五月十二日，该县差催覆审。张钰详自知情虚，起意将何沨仪杀死泄愤。

十三日上午，张钰详身藏小刀，走至南关何沨仪家，诡称邀请进城商议讼事。何沨仪立起让坐，张钰详乘其不防，用小刀狠戳何沨仪胸膛，声喊倒地。铺伙郑光明趋救，张钰详乘间携刀逃逸，何沨仪随即身死。张钰详走至南街，由广德堂经过，触起与张益分伙旧嫌，念杀人总须偿命，不如将张益一并杀死，遂径至铺内，向张益迎面作揖。张益回礼，张钰详用刀戳去。张益举手回格，致伤其右臂膊，正欲逃避，张钰详揪住胸衣，又连戳伤其胸膛、右乳、腹肚等处。张益用衣扭刀喊救。铺伙张宝光等赶拢，将张钰详抱住夺刀，捆缚投约送县。维时，何沨仪之妻何钟氏赴县喊报，刘兆松押犯，分别诣验讯详卸事。刘澄清到任，据报犯病医治就痊，提集犯证覆讯，据供前情不讳，解府详经臬司审明转解。臣覆审无异。

查律载：谋杀人造意者，斩监候。又，谋杀人伤而未死，造意者绞监候。又，名例律载：二罪俱发，以重者论各等语。此案该犯张钰详向韦成德讹索，因被商总何沨仪公禀斥责有嫌，起意谋杀泄忿，藏刀前往何沨仪家，乘其不防，戳伤胸膛殒命。复因与张益分伙有隙，并谋杀害，迭戳未死，情殊残毒。该犯身犯二罪，一斩一绞，均系监候，自应从重问拟。张钰详除谋杀人未死绞监候轻罪不议外，合依谋杀人造意者斩监候律，拟斩监候，秋后处决，照例先行刺字。虽据供亲老丁单，应照例毋庸留养。见证郑光明救阻不及，应与公平具禀并无不合之刘寿亭均毋庸议。张钰详、韦成德帐项均不实在，已由县断结立案，杜绝后累。无干省释。尸饬领埋，凶刀案结销毁。

是否允协，除全案供招咨部外，所有审明挟嫌谋命，一死一伤，按律定拟缘由，谨恭折具陈，伏乞皇上圣鉴，饬部核覆施行。谨奏。光绪二十一年闰五月十九日。

（朱批：）刑部议奏。①

光绪二十一年六月二十日，奉朱批：刑部议奏。钦此。②

○七一　委令成寿署理骁骑校片

光绪二十一年闰五月十九日(1895年7月11日)

再，据古城城守尉克蒙额呈称：右翼蒙古四旗骁骑校双喜感受风寒，医药罔效，于光绪二十一年五月二十八日在任病故等情。臣覆查无异。相应奏明开缺，另行拣员请补。现遗右翼蒙古四旗骁骑校员缺，查有正黄正红旗年满部缺笔帖式成寿，堪以委署。

除给委并咨部外，谨会同伊犁将军臣长庚、陕甘总督臣杨昌濬附片具奏，伏乞圣鉴。谨奏。

（朱批：）兵部知道。③

---

① 台北故宫博物院藏：军机及宫中档，文献编号：408002946。
② 中国第一历史档案馆藏：录副奏折，档案编号：03-7317-035。
③ 台北故宫博物院藏：军机及宫中档，文献编号：408002938-0-A。此片之具奏日期，朱批奏片署"光绪二十一年五月初一日"，军机录副则为"光绪二十一年五月十九日"，其为悬殊。查光绪二十一年六月二十日军机处随手登记档（档案编号：03-0284-2-1221-196）朱批陶模折，署有"报四百里，闰五月十九日发"等字样。据此，其具奏日期为"光绪二十一年闰五月十九日"无疑。兹据校正。

光绪二十一年六月二十日,奉朱批:兵部知道。钦此。[①]

○七二　总兵谭宝元等保案有误请饬更正片

光绪二十一年闰五月十九日(1895 年 7 月 11 日)

再,据记名总兵谭宝元禀称,该员于荡平金积堡案内由蓝翎把总保尽先拔补千总,并换花翎,加守备衔;荡平西宁府城案内,误由守备保补用游击;克复乌鲁木齐等城案内,由游击保尽先补用参将,又将"宝元"误缮"宝源"。新疆南北路一举荡平案内,由参将保尽先推补副将;新疆五次剿平边寇案内,由副将保记名总兵,均将"宝元"缮作"宝源"。又,据副将衔留陕西尽先补用参将刘星辉禀称,该员于克复甘肃灵州案内,由把总保尽先拔补千总,并戴蓝翎;荡平金积堡案内,误由都司保留陕西归标尽先补用游击;关陇肃清案内,由游击保留陕西尽先补用参将,并加副将衔;新疆五次剿平边寇案内,复由副将保请勇号。又,据留甘尽先补用参将文福基禀称,该员于克复陕西绥德州等处案内,由外委保补用千总,并戴蓝翎;陕西全境肃清案内,误由守备衔千总保尽先补用守备;关陇肃清案内,由蓝翎守备保补用都司,将"福基"缮作"福田";新疆南北路一举荡平案内,复由花翎游击衔都司保留甘补用游击;新疆六载边防案内,由游击保留甘尽先补用参将,请附奏递减更正各等情前来。

臣覆核无异。合无仰恳天恩,俯准将谭宝元于荡平西宁府城案内由守备准保游击,改为由守备衔千总保以都司补用;克复乌鲁木齐等城案内由游击准保参将,改为由都司保以游击尽先补用;新

---

①　中国第一历史档案馆藏:录副奏片,档案编号:03-5905-133。

疆南北路一举荡平案内由参将准保副将，改为由游击保以参将尽先推补；五次剿平边寇案内，由副将准保总兵，改为参将保以副将尽先补用，并将各案内所缮"宝源"改为"宝元"。刘星辉于荡平金积堡案内由都司准保游击，改为由蓝翎千总保以守备留于陕西，归标尽先补用；关陇肃清案内由游击准保副将衔参将，改为由守备保以都司仍留原省尽先补用，并加游击衔；五次剿平边寇案内由副将准保盛勇巴图鲁勇号，改为由游击衔都司仍给勇号。文福基于陕西全境肃清案内由守备衔千总准保守备，改为由千总保以守备尽先补用；关陇肃清准保都司案内所缮"福田"改为"福基"；新疆南北路一举荡平案内由花翎游击衔都司准保游击，改为由都司保以游击留甘补用。饬部分别递减更正。其刘星辉于荡平金积堡案内所给三品封典，仍照案注册，以实官阶，出自鸿施。

除咨部外，谨附片具陈，伏乞圣鉴训示。谨奏。

（朱批：）兵部议奏。①

光绪二十一年六月二十日，奉朱批：兵部议奏。钦此。②

○七三　奏报饬令石本清迅赴本任片

光绪二十一年闰五月十九日(1895 年 7 月 11 日)

再，疏勒直隶州知州员缺，前请以塔城直隶厅同知石本清调

---

① 台北故宫博物院藏：军机及宫中档，文献编号：408002938-0-E。此片之具奏日期，朱批奏片署"光绪二十一年五月初一日"，军机录副则为"光绪二十一年五月十九日"，甚为悬殊。查光绪二十一年六月二十日军机处随手登记档（档案编号：03-0284-2-1221-196）朱批陶模折，署有"报四百里，闰五月十九日发"等字样。据此，其具奏日期为"光绪二十一年闰五月十九日"无疑。兹据校正。

② 中国第一历史档案馆藏：录副奏片，档案编号：03-5905-132。

补，经部覆准在案，应即饬赴本任，以专责成。署乌什直隶厅同知周鼎铭卸署遗缺，查有候补直隶州知州易寿崧，堪以委署。据新疆布政使饶应祺、镇迪道兼按察使衔丁振铎会详前来。

除由臣批饬分别给委外，谨会同陕甘总督臣杨昌濬附片具陈，伏乞圣鉴。谨奏。

（朱批：）吏部知道。[1]

光绪二十一年五月二十九日，奉朱批：吏部知道。钦此。[2]

○七四　恭报新疆光绪二十一年四月雨水、粮价折

光绪二十一年六月十九日（1895 年 8 月 9 日）

头品顶戴甘肃新疆巡抚臣陶模跪奏，为恭报光绪二十一年四月份粮价并得雨情形，谨缮折具陈，仰祈圣鉴事。

窃照光绪二十一年三月份各厅、州、县粮价并得雨雪情形，业经臣奏报在案。兹据新疆布政使饶应祺详称：光绪二十一年四月份，镇迪道属镇西、库尔喀喇乌苏、迪化、绥来得雨，入土四寸；昌吉得雨，入土三寸；奇台得雨，入土二寸；阜康微雨。伊塔道属塔尔巴哈台得雨，入土六寸；精河、绥定、宁远微雨。南路乌什、拜城得雨，入土一寸；英吉沙尔、疏勒、莎车、疏附、叶城微雨。余未得雨。至

---

① 台北故宫博物院藏：军机及宫中档，文献编号：408002938-0-F。此片之具奏日期，朱批奏片署"光绪二十一年五月初一日"，军机录副则为"光绪二十一年五月十九日"，甚为悬殊。查光绪二十一年六月二十日军机处随手登记档（档案编号：03-0284-2-1221-196）朱批陶模折，署有"报四百里，闰五月十九日发"等字样。据此，其其奏日期为"光绪二十一年闰五月十九日"无疑。兹据校正。

② 中国第一历史档案馆藏：录副奏片，档案编号：03-5326-093。

通省粮价，镇西、喀喇沙尔、乌什、英吉沙尔、玛喇巴什、温宿、和阗、昌吉、宁远等厅、州、县俱与上月相同，余均略有增减。汇详请奏前来。

理合恭折具陈，并缮粮价清单，敬呈御览，伏乞皇上圣鉴。谨奏。光绪二十一年六月十九日。

（朱批：）知道了。[①]

光绪二十一年七月二十三日，奉朱批：知道了。钦此。[②]

○七五　呈新疆光绪二十一年四月粮价清单

光绪二十一年六月十九日（1895 年 8 月 9 日）

谨将新疆各属光绪二十一年四月份米粮时估价值，缮具清单，恭呈御览。

计开四月份：

镇迪道属：

迪化县：大米每京石价银二两六钱四分二厘，较上月减三分六厘。小麦每京石价银一两二钱三分八厘，与上月相同。豌豆每京石价银一两二钱六分，与上月相同。青稞每京石价银九钱六分六厘，与上月相同。

昌吉县：大米每京石价银二两四钱三分二厘，小麦每京石价银一两二分六厘，豌豆每京石价银九钱五分五厘，青稞每京石价银七钱一分七厘，俱与上月相同。

---

①　台北故宫博物院藏：军机及宫中档，文献编号：408002948。

②　中国第一历史档案馆藏：录副奏折，档案编号：03-6947-044。

阜康县：粟米每京石价银九钱七分八厘，较上月增九分四厘。小麦每京石价银一两二钱四分二厘，较上月减一钱三厘。豌豆每京石价银一两二钱七分四厘，与上月相同。高粱每京石价银九钱五分五厘，较上月增一钱六厘。

绥来县：大米每京石价银二两四分二厘，与上月相同。小麦每京石价银七钱七分八厘，较上月减三分六厘。豌豆每京石价银九钱六分三厘，较上月增一厘。高粱每京石价银四钱六分，与上月相同。

奇台县：大米每京石价银三两一钱七厘，较上月增一钱七分三厘。小麦每京石价银九钱五分五厘，较上月减五分三厘。豌豆每京石价银九钱六分六厘，较上月减一钱三分九厘。

吐鲁番直隶厅：小麦每京石价银一两六钱七分七厘，与上月相同。大麦每京石价银八钱二分一厘，与上月相同。高粱每京石价银七钱四分三厘，较上月增七分六厘。黄豆每京石价银一两九钱四分九厘，较上月增一钱九分五厘。

镇西直隶厅：小麦每京石价银一两三钱八分，豌豆每京石价银一两，青稞每京石价银六钱四分，俱与上月相同。

哈密直隶厅：粟米每京石价银一两四钱四分，与上月相同。小麦每京石价银一两四分八厘，较上月减三分。豌豆每京石价银一两四钱四分，与上月相同。青稞每京石价银八钱八分九厘，较上月减三分六厘。

库尔喀喇乌苏直隶厅：小麦每京石价银一两一钱三分一厘，与上月相同。豌豆每京石价银一两五钱三分六厘，较上月增一钱五分一厘。高粱每京石价银七钱七分二厘，与上月相同。

伊塔道属：

绥定县：大米每京石价银二两九钱六分，与上月相同。小麦每京石价银一两一钱四厘，较上月减一钱三分八厘。大麦每京石价银六钱六分六厘，与上月相同。豌豆每京石价银一两二钱二分四厘，与上月相同。

宁远县：大米每京石价银二两八钱一分，小麦每京石价银七钱六分，大麦每京石价银五钱九分，豌豆每京石价银一两，俱与上月相同。

塔尔巴哈台直隶厅：小麦每京石价银一两一钱五分一厘，较上月减三分七厘。大麦每京石价银八钱五分六厘，较上月减七分一厘。豌豆每京石价银一两一钱五分二厘，与上月相同。

精河直隶厅：大米每京石价银四两二钱，较上月增八分四厘。小麦每京石价银一两七钱五分，较上月增七分。大麦每京石价银一两五分，较上月增一钱五厘。豌豆每京石价银一两四钱七分，较上月增七分一厘。

阿克苏道属：

温宿直隶州：大米每京石价银一两九钱，小麦每京石价银一两三分五厘，大麦每京石价银七钱五分，包谷每京石价银八钱五分，俱与上月相同。

拜城县：小麦每京石价银七钱八分八厘，与上月相同。大麦每京石价银五钱二分五厘，较上月增八分七厘。豌豆每京石价银六钱一分三厘，与上月相同。包谷每京石价银七钱一厘，与上月相同。

喀喇沙尔直隶厅：大米每京石价银二两九钱六分，小麦每京石价银七钱五分九厘，豌豆每京石价银七钱二分，包谷每京石价银七钱六分八厘，俱与上月相同。

库车直隶厅：大米每京石价银一两九钱八分九厘,较上月减八分三厘。小麦每京石价银六钱二分五厘,较上月减二分六厘。豌豆每京石价银五钱八分六厘,较上月减二分四厘。包谷每京石价银三钱八分九厘,较上月减一分五厘。

乌什直隶厅：大米每京石增银二两一钱七分五厘,小麦每京石价银六钱六分,大麦每京石价银三钱七分四厘,包谷每京石价银五钱二分四厘,俱与上月相同。

喀什噶尔道属：

疏勒直隶州：大米每京石价银二两八钱五分,较上月增一钱五分。小麦每京石价银一两三钱八分,与上月相同。包谷每京石价银九钱六分,与上月相同。高粱每京石价银八钱五厘,与上月相同。

疏附县：大米每京石价银二两八钱五分,较上月增一钱五分。小麦每京石价银一两三钱八分,与上月相同。包谷每京石价银一两五分,与上月相同。高粱每京石价银八钱五厘,与上月相同。

莎车直隶州：大米每京石价银一两九钱二分四厘,较上月减四分四厘。小麦每京石价银七钱八分六厘,较上月减二分八厘。大麦每京石价银六钱,较上月增一分三厘。包谷每京石价银五钱四分一厘,与上月相同。

叶城县：大米每京石价银二两四钱三分六厘,较上月减一钱一分六厘。小麦每京石价银九钱,较上月增二分五厘。包谷每京石价银四钱八分,较上月增四分八厘。青稞每京石价银四钱五分,与上月相同。

和阗直隶州：大米每京石价银二两三钱,小麦每京石价银一两三厘,包谷每京石价银六钱一分,青稞每京石价银五钱六分,俱与上月相同。

于阗县：大米每京石价银三两三钱三分九厘，较上月增二分七厘。小麦每京石价银一两三分一厘，较上月增一分三厘。包谷每京石价银六钱五分二厘，较上月增一分二厘。

英吉沙尔直隶厅：大米每京石价银三两三钱四分四厘，小麦每京石价银一两一钱八分七厘，大麦每京石价银五钱七分，包谷每京石价银八钱五分七厘，俱与上月相同。

玛喇巴什直隶厅：大米每京石价银二两三钱六分八厘，小麦每京石价银一两三钱八分，包谷每京石价银八钱九分六厘，俱与上月相同。

（朱批：）览。①

○七六　预估新疆等处光绪二十二年新饷折

光绪二十一年六月十九日（1895 年 8 月 9 日）

头品顶戴甘肃新疆巡抚臣陶模跪奏，为援案预估光绪二十二年新疆等处新饷，恳恩饬部指拨，以济要需，恭折仰祈圣鉴事。

窃查光绪二十一年饷数，上年经部指拨银二百五十二万两。兹届估拨二十二年新饷之期，饬据布政使饶应祺议覆新疆抚标、提标、阿克苏、巴里坤两镇标应需俸饷银一百五十六万两，军装、器械银十万两，地方例支、杂差、车脚、口分银五万两，古城旗营经费银六万五千两，司库例支不敷银十八万八千两，善后经费银七万两；伊犁镇标俸饷银二十四万六千两，军装、器械银二万两，善后经费

---

① 中国第一历史档案馆藏：清单，档案编号：03-6947-045。

银六万四千两；塔尔巴哈台协标俸饷、军装、器械、驿站经费银十二万七千两，善后经费银三万两。共需银二百五十二万两，均系实需款项，万难核减。

惟现值时事多艰，款项支绌，自应勉图节省，以纾饷力。前项应拨饷数，除抚、提、镇、协各标俸饷、旗营经费司库例支不敷，并塔城驿站经费共银二百一十八万六千两仍难议减外，其余制办军装、器械、地方例支、杂差、车脚、口分并善后经费等项银三十三万四千两，拟酌减银十万两，将来能否敷用，尚难逆计，傥实有不敷，届时再行酌办。共计实需银二百四十二万两。详请具奏前来。

查新疆饷数，光绪二十年份经臣核减银四万二千两，兹复酌减银十万两，计光绪二十二年份新疆、伊犁、塔尔巴哈台共需银二百四十二万两，相应恳恩饬部照数指拨，由甘肃藩司统收分发，以济要需。此外喀什噶尔沿边帕米尔等处调扎马步营旗加给行粮及转运等项经费，部议由新疆防军存款、司库历年用存常饷银内动拨，容俟察看情形，酌量抽回，借资节省。至新疆司库、伊塔道库、塔尔巴哈台同知库应否照案提拨银两，另款封存，并恳饬部核议。

所有预估光绪二十二年份新疆等处饷数各缘由，谨会同陕甘总督臣杨昌濬恭折具奏，伏乞皇上圣鉴训示。谨奏。光绪二十一年六月十九日。

（朱批：）户部议奏。①

光绪二十一年七月二十三日，奉朱批：户部议奏。钦此。②

---

① 台北故宫博物院藏：军机及宫中档，文献编号：408002949。

② 中国第一历史档案馆藏：录副奏折，档案编号：03-6637-124。

○七七　奏报副将萧元亨因病开缺折

光绪二十一年六月十九日(1895年8月9日)

头品顶戴甘肃新疆巡抚臣陶模跪奏，为副将因病呈请开去本缺，并交卸总兵署篆，拟由外暂行拣员接署，以重边防，恭折仰祈圣鉴事。

窃巴里坤镇总兵员缺，光绪十八年经臣奏请以头品顶戴记名提督哈密协副将萧元亨署理，历时数年，尚无贻误。上年该员因感风寒，牵引旧伤，迭请开缺回籍，当以防务需人，饬令在任调治。兹据呈称：边荒医药缺乏，年余以来，气血愈加亏损，两臂疼痛，饮食起居诸多不便，恳请开缺回籍等情前来。

臣查该员早岁投入湘军，转战数省，屡受重创，现在年齿日增，旧伤时发，委系实情，相应恳恩开去哈密协副将本缺，由臣另行请补，并令交卸巴里坤镇总兵署篆，以便回籍就医。所遗总兵员缺，例应请旨简放。惟边防紧要，未便稍松，仍请由臣会同督臣，由外拣员暂行接署，出自鸿施。

除咨部外，谨会同陕甘总督臣杨昌濬、署喀什噶尔提督臣张俊恭折具陈，伏乞皇上圣鉴训示。谨奏。光绪二十一年六月十九日。

（朱批:）着照所请，兵部知道。[1]

光绪二十一年七月二十三日，奉朱批:着照所请，兵部知道。钦此。[2]

---

[1]　台北故宫博物院藏:军机及宫中档，文献编号:408002947。

[2]　中国第一历史档案馆藏:录副奏折，档案编号:03-5906-053。

○七八　请准镇迪道丁振铎暂缓引见片

光绪二十一年六月十九日(1895年8月9日)

再，升补镇迪道兼按察使衔丁振铎前经吏部议覆：该员于光绪十八年大计保荐卓异，尚未引见，应令给咨赴部等因。臣维镇迪道兼管全疆刑名、驿传事务，最关紧要，当经奏请暂缓引见，先行饬赴本任，光绪十九年十二月十七日奉朱批：着照所请，吏部知道。钦此。钦遵转行在案。兹据丁振铎详称：接奉陕甘总督杨昌濬行知：准吏部以卓异咨催赴部引见，应请委员接替，以便交卸北上等情。

臣查该员到任已久，自应照例送部引见。惟现值甘肃回匪不靖，镇迪道所属哈密等处防务紧要，加以吐鲁番正在设立领事，中俄交涉，事务尤繁。该道有分巡兼理通商之责，未便遽易生手，致滋贻误。合无仰恳天恩，俯念边疆需员，仍照十九年奏案，准其暂缓引见，出自鸿施。

除咨部外，谨会同陕甘总督臣杨昌濬附片具陈，伏乞圣鉴训示。谨奏。

(朱批：)着照所请，吏部知道。[1]

光绪二十一年七月二十三日，奉朱批：着照所请，吏部知道。钦此。[2]

---

① 台北故宫博物院藏：军机及宫中档，文献编号：408002947-0-A。
② 中国第一历史档案馆藏：录副奏片，档案编号：03-5323-034。

○七九　奏报色勒库尔地震情形片

光绪二十一年六月十九日(1895年8月9日)

再，据莎车直隶州知州潘震禀报，光绪二十一年闰五月十三日辰刻，色勒库尔地方忽然地震，簸动异常，约计一时之久。未刻，又震一次。十四、十五两日，尤不时震动。该处旧堡基址、垛口均经损毁，西面倒缺两处，长三四丈不等，并坏炮台三座。其余营房、局屋、粮仓坍塌无存，军装、粮料多被压坏，堡内及附近各庄民房倾倒不少等情前来。当即饬司移道迅即委员会同该州前往履勘，前项倒塌各工程如何修理，被灾各户如何赈恤，由道咨司，详候核办。

除俟详覆至日再行奏明办理外，所有色勒库尔地震大概情形，谨会同陕甘总督臣杨昌濬附片具陈，伏乞圣鉴训示。谨奏。

（朱批:）知道了。即着饬属抚恤灾户，查勘工程，妥为办理。[1]

光绪二十一年七月二十三日，奉朱批:知道了。即着饬属抚恤灾户，查勘工程，妥为办理。钦此。[2]

○八○　奏报新疆军台改设驿站片

光绪二十一年六月十九日(1895年8月9日)

再，塔尔巴哈台南路旧设军台，前经护抚臣魏光焘奏明改设驿站，归地方官经管，所需经费经户部议准，每年由塔城协标节省银两

---

[1]　台北故宫博物院藏:军机及宫中档，文献编号:408002947-0-B。

[2]　中国第一历史档案馆藏:录副奏片，档案编号:03-9313-067。

内，提归藩库银四千两。旋经塔尔巴哈台参赞大臣富勒铭额奏明，前项军台于光绪二十年六月初一日饬交该处同知接管，拨给马一百匹、驼八只等因。饬据布政使饶应祺、兼按察使衔镇迪道丁振铎会详：该处南路旧设军台十处，现拟裁减一处，改设九驿，共驿书九名、马夫三十七名、驿马七十四匹，需用经费照依南北两路驿站章程，每年实需库平银四千三百二十余两，遇闰加银三百五十余两，尽前项提归藩库银四千两支发，其不敷之数由例支项下发给，按年汇销。至军台原交驼、马，除拨交改设各驿外，计剩马二十六匹，由该同知照例变卖；剩驼八只，照实变价，一并解司备拨。详请奏咨前来。

臣覆核无异。除将改设各驿名及程途里数、应支经费开单咨送兵、户二部外，谨会同陕甘总督臣杨昌濬附片具陈，伏乞圣鉴，饬部立案施行。谨奏。

（朱批：）该部知道。①

光绪二十一年七月二十三日，奉朱批：该部知道。钦此。②

○八一　奏报饬令李滋森迅赴本任片

光绪二十一年六月十九日(1895年8月9日)

再，伊塔兵备道英林前经伊犁将军臣长庚派赴巴尔鲁克山查勘界务等事，当经臣奏请以尽先题奏道李滋森代理在案。现在英林查勘事件业已告竣，应即饬回本任，以专责成。

除由臣檄饬遵照外，谨会同伊犁将军臣长庚、陕甘总督臣杨昌

---

① 台北故宫博物院藏：军机及宫中档，文献编号：408002947-0-C。
② 中国第一历史档案馆藏：录副奏片，档案编号：03-7138-069。

濬附片具陈,伏乞圣鉴。谨奏。

(朱批:)知道了。①

光绪二十一年七月二十三日,奉朱批:知道了。钦此。②

○八二　饬令柳葆元等署理通判等缺片

光绪二十一年六月十九日(1895年8月9日)

再,署哈密直隶厅通判刘承泽卸署遗缺,查有知府用补用同知候补知县柳葆元,堪以委署;昌吉县知县李凌汉调省遗缺,查有候补知县萧兆龙,堪以委署。据新疆布政使饶应祺、镇迪道兼按察使衔丁振铎会详前来。

除由臣批饬分别给委外,谨会同陕甘总督臣杨昌濬附片具陈,伏乞圣鉴。谨奏。

(朱批:)吏部知道。③

光绪二十一年七月二十三日,奉朱批:吏部知道。钦此。④

○八三　恭报新疆光绪二十一年五月雨水、粮价折

光绪二十一年七月十一日(1895年8月30日)

头品顶戴甘肃新疆巡抚臣陶模跪奏,为恭报光绪二十一年五

---

① 台北故宫博物院藏:军机及宫中档,文献编号:408002949-0-A。
② 中国第一历史档案馆藏:录副奏片,档案编号:03-5906-052。
③ 台北故宫博物院藏:军机及宫中档,文献编号:408002949-0-B。
④ 中国第一历史档案馆藏:录副奏片,档案编号:03-5328-033。

月份粮价并得雨情形,谨缮折具陈,仰祈圣鉴事。

窃照光绪二十一年四月份各厅、州、县粮价并得雨情形,业经臣奏报在案。兹据新疆布政使饶应祺详称:光绪二十一年五月份,镇迪道属镇西得雨,入土五寸;迪化得雨,入土三寸;库尔喀喇乌苏、昌吉、奇台得雨,入土二寸;阜康、绥来得雨,入土一寸;吐鲁番、哈密微雨。伊塔道属塔尔巴哈台、精河得雨,入土三寸;绥定、宁远微雨。南路玛喇巴什得雨,入土六寸;拜城得雨,入土四寸;喀喇沙尔、库车、乌什、英吉沙尔、温宿、莎车、疏附、叶城、于阗微雨。余未得雨。至通省粮价,吐鲁番、精河、乌什、温宿、疏勒、昌吉、阜康、绥来、绥定、疏附等厅、州、县俱与上月相同,余均略有增减。汇详请奏前来。

理合恭折具陈,并缮粮价清单,敬呈御览,伏乞皇上圣鉴。谨奏。光绪二十一年七月十一日。

(朱批:)知道了。[1]

光绪二十一年八月十二日,奉朱批:知道了。钦此。[2]

〇八四 呈新疆光绪二十一年五月粮价清单

光绪二十一年七月十一日(1895年8月30日)

谨将新疆各属光绪二十一年五月份米粮时估价值,缮具清单,恭呈御览。

计开五月份:

---

[1] 台北故宫博物院藏:军机及宫中档,文献编号:408002950。
[2] 中国第一历史档案馆藏:录副奏折,档案编号:03-6948-032。

镇迪道属：

迪化县：大米每京石价银二两六钱四分二厘，与上月相同。小麦每京石价银一两一钱六分七厘，较上月减七分一厘。豌豆每京石价银一两一钱八分六厘，较上月减七分四厘。青稞每京石价银九钱六分六厘，与上月相同。

昌吉县：大米每京石价银二两四钱三分二厘，小麦每京石价银一两二分六厘，豌豆每京石价银九钱五分五厘，青稞每京石价银七钱一分七厘，俱与上月相同。

阜康县：粟米每京石价银九钱七分八厘，小麦每京石价银一两二钱四分二厘，豌豆每京石价银一两二钱七分四厘，高粱每京石价银九钱五分五厘，俱与上月相同。

绥来县：大米每京石价银二两四分二厘，小麦每京石价银七钱七分八厘，豌豆每京石价银九钱六分三厘，高粱每京石价银四钱六分，俱与上月相同。

奇台县：大米每京石价银三两一钱七厘，与上月相同。小麦每京石价银九钱二分，较上月减三分五厘。豌豆每京石价银八钱九分七厘，较上月减六分六厘。

吐鲁番直隶厅：小麦每京石价银一两六钱七分七厘，大麦每京石价银八钱二分一厘，高粱每京石价银七钱四分三厘，黄豆每京石价银一两九钱四分九厘，俱与上月相同。

镇西直隶厅：小麦每京石价银一两三钱八分，与上月相同。豌豆每京石价银一两一钱五分，较上月增一钱五分。青稞每京石价银八钱八分，较上月增二钱四分。

哈密直隶厅：粟米每京石价银一两四钱四分，与上月相同。小麦每京石价银一两二分二厘，较上月减二分六厘。豌豆每京石价银一两四钱四分，与上月相同。青稞每京石价银九钱四分五厘，较上月增五分六厘。

库尔喀喇乌苏直隶厅：小麦每京石价银一两四分一厘，较上月减九分。豌豆每京石价银一两四钱八分四厘，较上月减五分二厘。高粱每京石价银七钱七分二厘，与上月相同。

伊塔道属：

绥定县：大米每京石价银二两九钱六分，小麦每京石价银一两一钱四厘，大麦每京石价银六钱六分六厘，豌豆每京石价银一两二钱二分四厘，俱与上月相同。

宁远县：大米每京石价银二两八钱一分，与上月相同。小麦每京石价银六钱九分，较上月减七分。大麦每京石价银五钱九分，与上月相同。豌豆每京石价银一两，与上月相同。

塔尔巴哈台直隶厅：小麦每京石价银一两一钱一分四厘，较上月减三分七厘。大麦每京石价银八钱五分六厘，与上月相同。豌豆每京石价银一两一钱一分一厘，较上月减四分一厘。

精河直隶厅：大米每京石价银四两二钱，小麦每京石价银一两七钱五分，大麦每京石价银一两五分，豌豆每京石价银一两四钱七分，俱与上月相同。

阿克苏道属：

温宿直隶州：大米每京石价银一两九钱，小麦每京石价银一两三分五厘，大麦每京石价银七钱五分，包谷每京石价银八钱五分，俱与上月相同。

拜城县：小麦每京石价银六钱一分三厘，较上月减一钱七分五厘。大麦每京石价银四钱八分一厘，较上月减四分四厘。豌豆每京石价银五钱六分九厘，较上月减四分四厘。包谷每京石价银四钱九分九厘,较上月减二钱二厘。

喀喇沙尔直隶厅:大米每京石价银二两九钱六分,与上月相同。小麦每京石价银八钱二分八厘,较上月增六分九厘。豌豆每京石价银七钱二分,与上月相同。包谷每京石价银六钱四厘,较上月减一钱六分四厘。

库车直隶厅:大米每京石价银二两六分九厘,较上月增八分。小麦每京石价银六钱七分五厘,较上月增五分。豌豆每京石价银五钱八分六厘,与上月相同。包谷每京石价银三钱八分九厘,与上月相同。

乌什直隶厅:大米每京石价银二两一钱七分五厘,小麦每京石价银六钱六分,大麦每京石价银三钱七分四厘,包谷每京石价银五钱二分四厘,俱与上月相同。

喀什噶尔道属:

疏勒直隶州:大米每京石价银二两八钱五分,小麦每京石价银一两三钱八分,包谷每京石价银九钱六分,高粱每京石价银八钱五厘,俱与上月相同。

疏附县:大米每京石价银二两八钱五分,小麦每京石价银一两三钱八分,包谷每京石价银一两五分,高粱每京石价银八钱五厘,俱与上月相同。

莎车直隶州:大米每京石价银一两九钱二分四厘,与上月相同。小麦每京石价银八钱一分四厘,较上月增二分八厘。大麦每京石价银六钱,与上月相同。包谷每京石价银五钱四分一厘,与上月相同。

叶城县:大米每京石价银二两九钱九分二厘,较上月增五钱五分六厘。小麦每京石价银一两五分,较上月增一钱五分。包谷每京石价银五钱七分六厘，较上月增九分六厘。青稞每京石价银五钱四分，较上月增九分。

和阗直隶州：大米每京石价银二两三钱，与上月相同。小麦每京石价银一两，较上月减三厘。包谷每京石价银六钱一分，与上月相同。青稞每京石价银五钱，较上月减六分。

于阗县：大米每京石价银三两三钱三分九厘，与上月相同。小麦每京石价银一两四分五厘，较上月增一分四厘。包谷每京石价银六钱六分五厘，较上月增一分三厘。

英吉沙尔直隶厅：大米每京石价银三两三钱四分四厘，与上月相同。小麦每京石价银一两一钱五分九厘，较上月减二分八厘。大麦每京石价银五钱七分，与上月相同。包谷每京石价银八钱五分七厘，与上月相同。

玛喇巴什直隶厅：大米每京石价银二两五钱一分六厘，较上月增一钱四分八厘。小麦每京石价银一两三钱八分，与上月相同。包谷每京石价银八钱九分六厘，与上月相同。

（朱批：）览。①

○八五　新疆第九次新海防捐输恳饬核奖折

光绪二十一年七月十一日（1895 年 8 月 30 日）

头品顶戴甘肃新疆巡抚臣陶模跪奏，为新疆第九次遵办新海防捐输，恳恩饬部核奖，恭折仰祈圣鉴事。

窃照新疆新海防捐输，自光绪十九年七月初一日起，截至二十

---

①　中国第一历史档案馆藏：清单，档案编号：03-6948-033。

年正月底止，业经臣作为第八次捐输奏请核奖在案。兹据新疆布政使饶应祺详称：自光绪二十年二月初一日起，截至七月底止，先后据各捐生报捐实官共四名，计收正项库平银七百五十九两二钱，分别填发正实收给予收执，所收捐银另款存储，听候提拨。其随收饭银、照费、填过副实收及各捐生履历清册，一并赍解，详请奏咨换给执照等情前来。

臣覆核无异。合无仰恳天恩，准将新疆第九次新海防捐输饬部分别核奖，以资鼓励。除将清册、副实收、饭银、照费咨送吏部、户部、国子监外，谨恭折具陈，伏乞皇上圣鉴训示。谨奏。光绪二十一年七月十一日。

（朱批：）户部议奏。[1]

光绪二十一年八月十二日，奉朱批：户部议奏。钦此。[2]

○八六　请以李金良借补英吉沙尔营参将折

光绪二十一年八月初一日（1895 年 9 月 19 日）

头品顶戴甘肃新疆巡抚臣陶模跪奏，为拣员借补参将员缺，以重边防，恭折仰祈圣鉴事。

窃新疆喀什噶尔提属英吉沙尔营参将周添才，前经臣奏请借补回城协副将，旋准兵部咨：所遗英吉沙尔营参将员缺，应令迅拣合例人员请补等因。臣查该处东连叶尔羌，西南紧接奈曼布鲁特，弹压、巡防，最关紧要，非干练有为之员，难资得力。查有总兵衔留

---

① 台北故宫博物院藏：军机及宫中档，文献编号：408002951。
② 中国第一历史档案馆藏：录副奏折，档案编号：03-6136-047。

甘尽先即补副将喀什噶尔提标城守营中军守备李金良，夙著战功，办事勤奋，在新疆带队有年，边情最为熟悉，以之借补斯缺，洵堪胜任。合无仰恳天恩，准以李金良借补英吉沙尔营参将员缺，实于边防有裨。如蒙俞允，并恳敕部先给署札，俟防务大定，即行给咨送部引见，以符定制。

再，该员于光绪十九年经部覆准以副将借补提标城守营中军守备，现在计俸未满，兹英吉沙尔营参将员缺，仍请以副将借补，所遗提标城守营中军守备，由臣另行拣员请补。

除饬取履历清册咨部外，谨会同陕甘督臣杨昌濬、署喀什噶尔提臣张俊恭折具陈，伏乞皇上圣鉴训示。谨奏。光绪二十一年八月初一日。

（朱批：）兵部议奏。[①]

光绪二十一年九月初三日，奉朱批：兵部议奏。钦此。[②]

〇八七　暂委黄万鹏署理巴理坤镇总兵折

光绪二十一年八月初一日（1895 年 9 月 19 日）

头品顶戴甘肃新疆巡抚臣陶模跪奏，为拣员署理总兵员缺，以重边防，恭折仰祈圣鉴事。

窃照署巴里坤镇总兵哈密协副将萧元亨因病呈请开去本缺，并交卸署篆，经臣奏明所遗总兵员缺由外拣员暂行接署在案。查巴里坤地面辽阔，实为新疆重镇，现值甘肃回氛不靖，亟应委员接

---

① 台北故宫博物院藏：军机及宫中档，文献编号：408002954。
② 中国第一历史档案馆藏：录副奏折，档案编号：03-5907-070。

署，以免疏虞。适前署喀什噶尔提督阿克苏镇总兵黄万鹏交卸提篆进省，臣查该员精力尚健，关外情形亦极熟悉，堪以署理巴里坤镇总兵员缺。

除檄委并咨部查照外，谨会同陕甘总督臣杨昌濬、署喀什噶尔提督臣张俊恭折具奏，伏乞皇上圣鉴。谨奏。光绪二十一年八月初一日。

（朱批：）兵部知道。①

光绪二十一年九月初三日，奉朱批：兵部知道。钦此。②

○八八　奏请展延回子郡王年班片

光绪二十一年八月初一日(1895年9月19日)

再，臣准理藩院咨：续添新疆回子王公等年班班次，二十年系哈密回子亲王沙木胡索特，二十一年轮应吐鲁番回子郡王玛木特，二十二年轮应库车回子郡王阿密特，二十三年即以阿克苏回子郡王衔贝勒哈的尔来京该班，二十四年即令拜城回子辅国公爱玛特来京该班，并准咨催本年年班应饬该回部郡王依限来京各等因。事关年班盛典，自应饬令起程，以符例制。惟现值甘肃回氛未靖，道途时梗，若令冒险前进，窃恐按限既未能抵京，疏虞更在所难免。且吐鲁番所属缠民良莠不齐，难保关内回匪不隐相勾结，得该部郡王就近弹压，于边防亦属有裨。

相应恳恩，俯准将吐鲁番回子郡王玛木特应行光绪二十一年

年班展至二十二年，依限赴京作为正班，毋庸补行二十一年班，并将各回子王公年班以次递展一年，计二十三、四、五等年，以库车、阿克苏、拜城回子王公等三人分年该班，自二十六年起再以哈密回子亲王为始，按班轮转，出自鸿施。谨会同陕甘总督臣杨昌濬附片具陈，伏乞圣鉴训示。谨奏。

（朱批：）着照所请，该衙门知道。[①]

光绪二十一年九月初三日，奉朱批：着照所请，该衙门知道。钦此。[②]

〇八九　代奏总兵黄万鹏接任日期并谢恩折

光绪二十一年八月初八日(1895年9月26日)

头品顶戴甘肃新疆巡抚臣陶模跪奏，为据情代奏，叩谢天恩，仰祈圣鉴事。

窃臣据署新疆巴里坤镇总兵本任阿克苏镇总兵黄万鹏呈称：接奉行知，署巴里坤镇总兵哈密协副将萧元亨因病呈请开去副将本缺，并交卸署任，所遗总兵篆务，奏请以万鹏署理，遵即由省驰赴巴里坤。七月二十七日，准萧元亨委署中军游击谭正南，将光字二十二号银印一颗并文案、卷宗等件赍送前来。当即恭设香案，望关叩头谢恩，祗领任事：伏念万鹏戎行久历，知识毫无，蒙授阿克苏镇总兵，于今五载；忝权喀什噶尔提篆，倏逾一年。兹复重任叠膺，弥觉抚衷增愧。查巴里坤为新疆东路枢纽，不容稍有疏虞。值甘肃

---

① 台北故宫博物院藏：军机及宫中档，文献编号：408002954-0-A。

② 此奉旨日期与内容，据军机处随手登记档（档案编号：03-0285-1-1221-266）校补。

回匪狈狙,尤必严为防范。惟有倍加振刷,力矢愚诚,遇事禀商抚臣、提臣,认真办理,不敢以暂时委署稍涉因循,以期仰答高厚鸿慈于万一。

所有到任接印日期并感激下忱,呈请代奏,叩谢天恩前来。理合恭折据情代奏,伏乞皇上圣鉴。谨奏。光绪二十一年八月初八日。

(朱批:)知道了。①

光绪二十一年十一月初五日,奉朱批:知道了。钦此。②

○九○　恭报新疆光绪二十一
　　　年闰五月雨水、粮价折

光绪二十一年八月十四日(1895年10月2日)

头品顶戴甘肃新疆巡抚臣陶模跪奏,为恭报光绪二十一年闰五月份粮价并得雨情形,谨缮折具陈,仰祈圣鉴事。

窃照光绪二十一年五月份各厅、州、县粮价并得雨情形,业经臣奏报在案。兹据新疆布政使饶应祺详称:光绪二十一年闰五月份,镇迪道属奇台得雨,入土六寸;镇西得雨,入土四寸;迪化、绥来得雨,入土一寸;吐鲁番、哈密、库尔喀喇乌苏、昌吉、阜康微雨。伊塔道属精河、塔尔巴哈台、绥定、宁远微雨。南路玛喇巴什得雨,入土六寸;拜城得雨,入土四寸;疏勒、疏附得雨,入土二寸;喀喇沙尔、库车、乌什、英吉沙尔、温宿、莎车、和阗、叶城、于阗微雨。至通

---

① 台北故宫博物院藏:军机及宫中档,文献编号:408002956。
② 中国第一历史档案馆藏:录副奏折,档案编号:03-5332-011。

省粮价,镇西、精河、喀喇沙尔、库车、乌什、温宿、昌吉、绥来、绥定等厅、州、县俱与上月相同,余均略有增减。汇详请奏前来。

理合恭折具陈,并缮粮价清单,敬呈御览,伏乞皇上圣鉴。谨奏。光绪二十一年八月十四日。

(朱批:)知道了。[1]

光绪二十二年正月二十九日,奉朱批:知道了。钦此。[2]

○九一　呈新疆光绪二十一年闰五月粮价清单

光绪二十一年八月十四日(1895年10月2日)

谨将新疆各属光绪二十一年闰五月份米粮时估价值,缮具清单,恭呈御览。

计开闰五月份:

镇迪道属:

迪化县:大米每京石价银二两五钱七分二厘,较上月减七分。小麦每京石价银一两一钱六分七厘,与上月相同。豌豆每京石银一两一钱八分六厘,与上月相同。青稞每京石价银八钱六分二厘,较上月减一钱四厘。

昌吉县:大米每京石价银二两四钱三分二厘,小麦每京石银一两二分六厘,豌豆每京石银九钱五分五厘,青稞每京石银七钱一分七厘,俱与上月相同。

阜康县:粟米每京石价银九钱七分八厘,与上月相同。小麦每

京石价银一两一钱四厘，较上月减一钱三分八厘。豌豆每京石价银一两一钱一分三厘，较上月减一钱六分一厘。高粱每京石价银九钱五分五厘，与上月相同。

绥来县：大米每京石价银二两四分二厘，小麦每京石价银七钱七分八厘，豌豆每京石价银九钱六分三厘，高粱每京石价银四钱六分，俱与上月相同。

奇台县：大米每京石价银三两一钱七厘，与上月相同。小麦每京石价银八钱八分五厘，较上月减三分五厘。豌豆每京石价银八钱二分八厘，较上月减六分九厘。

吐鲁番直隶厅：小麦每京石价银一两三钱五厘，较上月减三钱七分二厘。大米每京石价银五钱六分，较上月减二钱六分一厘。高粱每京石价银七钱四分三厘，与上月相同。黄豆每京石价银一两九钱四分九厘，与上月相同。

镇西直隶厅：小麦每京石价银一两三钱八分，豌豆每京石价银一两一钱五分，青稞每京石价银八钱八分，俱与上月相同。

哈密直隶厅：粟米每京石价银一两四钱四分，与上月相同。小麦每京石价银一两一钱七分，较上月增一钱四分八厘。豌豆每京石价银一两四钱四分，与上月相同。青稞每京石价银九钱四分五厘，与上月相同。

库尔喀喇乌苏直隶厅：小麦每京石价银八钱六分二厘，较上月减七分九厘。豌豆每京石价银一两四钱，较上月减八分八厘。高粱每京石价银七钱，较上月减七分二厘。

伊塔道属：

绥定县：大米每京石价银二两九钱六分，小麦每京石价银一两一钱四厘，大麦每京石价银六钱六分六厘，豌豆每京石价银一两二钱二分四厘,俱与上月相同。

宁远县:大米每京石价银二两八钱一分,与上月相同。小麦每京石价银七钱六分,较上月增七分。大麦每京石价银四钱八分,较上月减一钱一分。豌豆每京石价银八钱六分,较上月减一钱四分。

塔尔巴哈台直隶厅:小麦每京石价银一两一钱五分一厘,较上月增三分七厘。大麦每京石价银八钱五分六厘,与上月相同。豌豆每京石价银一两一钱五分二厘,较上月增四分一厘。

精河直隶厅:大米每京石价银四两二钱,小麦每京石价银一两七钱五分,大麦每京石价银一两五分,豌豆每京石价银一两四钱七分,俱与上月相同。

阿克苏道属:

温宿直隶州:大米每京石价银一两九钱,小麦每京石价银一两三分五厘,大麦每京石价银七钱五分,包谷每京石价银八钱五分,俱与上月相同。

拜城县:小麦每京石价银五钱二分五厘,较上月减八分八厘。大麦每京石价银四钱八分一厘,与上月相同。豌豆每京石价银五钱六分九厘,与上月相同。包谷每京石价银四钱八分,较上月减一分九厘。

喀喇沙尔直隶厅:大米每京石价银二两九钱六分,小麦每京石价银八钱二分八厘,豌豆每京石价银七钱二分,包谷每京石价银六钱四厘,俱与上月相同。

库车直隶厅:大米每京石价银二两六分九厘,小麦每京石价银六钱七分五厘,豌豆每京石价银五钱八分六厘,包谷每京石价银三钱八分九厘,俱与上月相同。

乌什直隶厅：大米每京石价银二两一钱七分五厘，小麦每京石价银六钱六分，大麦每京石价银三钱七分四厘，包谷每京石价银五钱二分四厘，俱与上月相同。

喀什噶尔道属：

疏勒直隶州：大米每京石价银二两九钱二分五厘，较上月增七分五厘。小麦每京石价银一两二钱四分二厘，较上月减一钱三分八厘。包谷每京石价银九钱二分一厘，较上月减三分九厘。高粱每京石价银八钱五厘，与上月相同。

疏附县：大米每京石价银二两九钱二分五厘，较上月增七分五厘。小麦每京石价银一两三钱八分，与上月相同。包谷每京石价银一两五厘，较上月减四分五厘。高粱每京石价银八钱五厘，与上月相同。

莎车直隶州：大米每京石价银二两一分二厘，较上月增八分八厘。小麦每京石价银八钱二分，较上月增一分四厘。大麦每京石价银六钱，与上月相同。包谷每京石价银五钱五分四厘，较上月增一分三厘。

叶城县：大米每京石价银二两七钱五分五厘，较上月减二钱三分七厘。小麦每京石价银九钱，较上月减一钱五分。包谷每京石价银四钱八分，较上月减九分六厘。青稞每京石价银五钱四分，与上月相同。

和阗直隶州：大米每京石价银二两八钱，较上月增五钱。小麦每京石价银一两，与上月相同。包谷每京石价银六钱一分，与上月相同。青稞每京石价银五钱，与上月相同。

于阗县：大米每京石价银三两三钱六分七厘，较上月增二分八厘。小麦每京石价银一两四分五厘，与上月相同。包谷每京石价银六钱六分五厘，与上月相同。

英吉沙尔直隶厅：大米每京石价银三两八钱，较上月增四钱五分六厘。小麦每京石价银一两一钱八分七厘，较上月增二分八厘。大麦每京石价银五钱七分，与上月相同。包谷每京石价银八钱五分七厘，与上月相同。

玛喇巴什直隶厅：大米每京石价银二两五钱一分六厘，与上月相同。小麦每京石价银一两二钱四分二厘，较上月减一钱三分八厘。包谷每京石价银一两二分四厘，较上月增一钱二分八厘。

（朱批：）览。①

○九二　奏报副将曾松明呈请开缺折

光绪二十一年八月十四日(1895年10月2日)

头品顶戴甘肃新疆巡抚臣陶模跪奏，为副将因病呈请开缺回籍调养，仰祈圣鉴事。

窃照新疆省城城守协副将员缺，光绪十五年经前护抚臣魏光焘奏准以头品顶戴题奏提督曾松明借补，自莅任以来，尚无贻误。兹据呈称：副将现年六十有四，气血日衰，百病杂出，延医诊治，迄未痊可，当兹防务紧要，自维力实难支，恳请开缺回籍就医等情前来。

臣复加查核，委系实情。相应恳恩俯准开缺，以便回籍调养。所遗省城城守协副将员缺，由臣另行拣员请补，以重职守。除咨部

① 中国第一历史档案馆藏：清单，档案编号：03-6953-032。

查照外，谨会同陕甘总督臣杨昌濬恭折具奏，伏乞皇上圣鉴训示。谨奏。光绪二十一年八月十四日。

（朱批：）兵部知道。①

光绪二十二年正月二十九日，奉朱批：兵部知道。钦此。②

〇九三　抽调马步前赴
安西、肃州防剿折

光绪二十一年八月十四日（1895年10月2日）

头品顶戴甘肃新疆巡抚臣陶模跪奏，为甘肃回匪不靖，抽调马步进关扼扎，并调马队分驻安西一带，以防西窜，恭折仰祈圣鉴事。

窃照甘肃自循化撒拉回子肇乱，河州、狄道、西宁等处回民先后蠢动，势日蔓延。臣以甘、凉两府系兰州迤西沃壤，肃州又为关内外枢要，该各处有事，则甘省军务更形棘手，新疆东路亦属可虞。正拟抽拨营旗前往助剿，适准督臣杨昌濬咨商前来。查新疆回民甚众，良莠不齐，若就近抽调，窃恐兵力单薄，根本空虚，难保彼族不因而生心，致有勾结煽动之患。当商署喀什噶尔提臣张俊，派阿克苏镇标中营游击补用总兵赵有正步队一营，改为新军中营；署伊犁镇标城守营都司补用副将魏其德步队一旗，改为新军前旗；署提标莎车协中军都司补用提督陈国民马队一旗，改为新军左旗；护理提标城守营中军守备补用都司张守祥马

队一旗，改为新军右旗，合计步队一营一旗、马队二旗，均归赵有正统带，先后开拔进关。

又，查安西、玉门等属原设营兵无多，并派补用提督牛允诚所带定边马队一旗，改为定边中旗；玛纳斯协左营都司补用参将陶廷相马队一旗，改为定边左旗；署塔城协前旗守备补用都司陈泗海马队一旗，改为定边右旗，合计马队三旗，均归牛允诚统带，先后开拔前进。

惟程途甚远，到防需时，贼势、军情时有变易。顷接督臣来电：探闻贼酋计议，有如事不成，当效白彦虎故辙，直窜新疆等语。查董福祥、牛师韩①各军，指日进剿，倘贼势穷蹙，并力西窜，安西南山歧路其多，并无须由肃州大道，各路均应严防，牛允诚马队三旗尚虑不敷分布。现饬赵有正马步四营旗分扎肃州地面，东为甘、凉声援，万一贼势由小路窜出，则移师西转，以为牛允诚接济。似此东西兼顾，于甘、新两省均属有裨。

至各马步派赴安西、肃州等处，系属离省，应照光绪十九年驻防喀什噶尔沿边营旗章程，从本年十月初一日起，暂支行粮，并添设棚夫，以示体恤。赵有正、牛允诚酌给统费，俾资办公。一俟事竣回防，仍支坐粮，统费、棚夫概行停止。往返需用、运费，据实造销。饬据布政使饶应祺具详前来。

---

① 牛师韩(1846—1895)，安徽涡阳人。咸丰八年(1858)，以六品军功投效皖军。十年(1860)，赏戴花翎。十一年(1861)，保千总。同治元年(1862)，保守备。次年，保都司。四年(1865)，保升游击，加副将衔，赏信勇巴图鲁名号。六年(1867)，保副将，加达春巴图鲁名号。七年(1868)，保总兵，晋提督衔。十一年(1872)，晋头品顶戴。光绪元年(1875)，补河南归德镇总兵。十五年(1889)，署河北镇总兵。十七年(1891)，丁父忧，回籍守制。二十年(1894)，迁甘肃宁夏镇总兵。二十一年(1895)，卒于任。

相应缮具清单，恭呈御览。所有抽调马步前赴安西、肃州防剿各缘由，谨会同陕甘总督臣杨昌濬恭折具陈，伏乞皇上圣鉴训示。谨奏。光绪二十一年八月十四日。

（朱批：）该部知道。[①]

光绪二十二年正月二十九日，奉朱批：该部知道。钦此。[②]

○九四　奏报委令钟锦署理骁骑校片

光绪二十一年八月十四日(1895 年 10 月 2 日)

再，据古城城守尉克蒙额呈称：镶红镶蓝旗骁骑校福隆阿感受风寒，医药罔效，于光绪二十一年七月二十三日在任病故等情。

臣覆查无异。相应奏明开缺，另行拣员请补。现遗镶红镶蓝旗骁骑校员缺，查有正黄正红旗催总钟锦，堪以委署。

除给委并咨部外，谨会同伊犁将军臣长庚、陕甘总督臣杨昌濬附片具陈，伏乞圣鉴。谨奏。

（朱批：）兵部知道。[③]

光绪二十二年正月二十九日，奉朱批：兵部知道。钦此。[④]

---

① 台北故宫博物院藏：军机及宫中档，文献编号：408002958。

② 此朱批日期与内容，据军机处随手登记档（档案编号：03-0288-1-1222-028）校补。

③ 台北故宫博物院藏：军机及宫中档，文献编号：408002953-0-A。此奏片之具奏者，军机录副署为饶应祺，似未确。查光绪二十二年正月二十九日军机处随手登记档（档案编号：03-0288-1-1222-028）朱批陶模、饶应祺折，凡十件折片，于第 1—8 件前标有"以下陶单衔"字样，而仅最后两折标明为饶应祺单衔。据此可知军机录副标注错讹。

④ 中国第一历史档案馆藏：录副奏片，档案编号：03-5911-071。

○九五　奏报新疆马步
　　　　防营部署情形片

光绪二十一年八月十四日（1895 年 10 月 2 日）

再，甘肃回氛猖獗，新疆防务以省城为根本，哈密尤属东路门户，现委补用游击焦生有，就省城城关招募马队一旗，并调驻扎阿克苏新字营步队一营、抚标炮队一哨回省，以备调遣。哈密厅城除现驻协营步队一营、马队一旗外，并调该营分驻七克腾木右旗马队一旗、署古城营游击罗平安步队一营、署吐鲁番营中军守备周陞朝马队一旗，前赴该厅，择要扼扎。此后应否加添马步，容俟察看情形，再行办理。谨附片陈明，伏乞圣鉴。谨奏。

（朱批：）知道了。①

光绪二十二年正月二十九日，奉朱批：知道了。钦此。②

○九六　奏报饬令潘效苏办
　　　　理东防营务处事宜片

光绪二十一年八月十四日（1895 年 10 月 2 日）

再，哈密、安西防务关重，非遴委妥员会同各将领随时商办，不足以昭周密。查有盐运使衔遇缺题奏道迪化府知府潘效

---

① 台北故宫博物院藏：军机及宫中档，文献编号：408002958-0-A。
② 中国第一历史档案馆藏：录副奏片，档案编号：03-5911-072。

苏,才识闳通,素明韬略,向在陕甘总督左宗棠行营办事多年,营务最为熟悉,应饬前往哈密,办理新疆东防马步各军营务处事宜。

所有迪化府日行事件,暂委署迪化县知县刘澄清代拆代行,以重公务。谨附片陈明,伏乞圣鉴。谨奏。

(朱批:)知道了。①

光绪二十二年正月二十九日,奉朱批:知道了。钦此。②

○九七　覆奏中外臣工条陈时务折

光绪二十一年八月二十六日(1895年10月14日)

头品顶戴甘肃新疆巡抚臣陶模跪奏,为遵旨覆奏,恭折驰陈,仰祈圣鉴事。

窃臣于光绪二十一年七月十五日承准军机大臣字寄:光绪二十一年闰五月二十七日,钦奉上谕:自来求治之道,必当因时制宜,况当国事艰难,尤应上下一心,图自强而弭隐患。朕宵旰忧勤,惩前毖后,惟以蠲除痼习、力行实政为先。叠据中外臣工条陈时务,详加披览,采择施行。如修铁路、铸钞币、造机器、开矿产、折南漕、减兵额、创邮政、练陆军、整海军、立学堂,大抵以筹饷、练兵为急务,以恤商、惠工为本源,皆应及时举办。至整顿厘金、严核关税、稽察荒田、汰除冗员各节,但能破除情面,实力讲求,必于国计、民生两有裨益。着各直省将军、督抚,将以上诸

---

① 台北故宫博物院藏:军机及宫中档,文献编号:408002958-0-B。
② 中国第一历史档案馆藏:录副奏片,档案编号:03-5911-073。

条各就本省情形，与藩、臬两司暨各地方官悉心筹画，酌度办法，限文到一月内分晰覆奏。当此创巨痛深之日，正我君臣卧薪尝胆之时，各将军、督抚受恩深重，具有天良，谅不至畏难苟安，空言塞责。原折片均着钞给阅看。将此由四百里各谕令知之。钦此。等因。

伏念臣以菲材，受恩最渥，值此时势艰虞，曷敢不殚竭愚忱，以冀涓埃裨补。惟是新疆情形与内地不同，戈壁荒寒，无多物产，俄商既未榷税，如仅榷华商，则影射生端，徒滋缪辍。是以臣于光绪十八年奏准，将土货厘金概行裁免，是新疆并无厘金可征。营制虽改防为标，而一切章程仍照营勇办法。新疆孤悬塞外，幅员万里，平日已不敷分布，近因甘回叛乱，调兵分防哈密、安西、肃州等处，不得不暂时添募，应俟回匪平定后酌量裁减。是新疆目前尚无可裁之兵。夫议裁绿营，亦以其狃于积习耳。自光绪十九年调派洋操教习西来，臣督饬各营依次习练，虽未能悉改旧章，而运用枪炮诸法，弁勇间有领悟。惟火器不能一律，亦势使之。然向来绿营参用鸟枪不多，近来湘、楚各军火器不过三四成，耗费已增于旧，若概用后膛新械，固将弁所甚愿，惟操演枪炮所需药弹及修理各费，又将倍蓰，平日限于财力，临时安得不拉杂。购用艰难情形不独新疆为然也。

和阗金矿暨迪化、温宿铜、铁诸矿，前抚臣及臣先后勘采，只因矿学乏人，沙漠长途，转运薪粮，所费尤巨，历年亏累，无从报销。光绪十九年十二月奉上谕商办和阗金矿，遵即会同陕甘督臣杨昌濬，札委嘉峪关洋弁比利时国人游击衔林辅臣、候选巡检施再萌，裹粮往勘，从罗布淖尔以南纵横二千余里，旷无人烟，山谷幽邃，察看稽迟,叠据禀报,尚无端绪。容俟该委员等回省,详询情形,再行覆奏。

新疆屯垦,自安插遣犯,招徕流氓,厚给牛工、籽种,为款颇巨,乃旋垦旋逃,迄无成效,良以农事最苦,非退卒、游民所乐为。嗣后惟有责成地方官,加意抚循,招徕土户,逐渐垦辟,宽定升科年限,务期岁有增加。惟地旷人稀,非克期所能奏效。

臣复详阅大学士徐桐、广西按察使胡燏棻①等各条奏,或意在剔除时弊,或意在步武泰西,言之极为恳切。世变日棘,非更法无以自强,臣于本年五月十一日具奏培养人才、勉图补救一折,意亦同此。第更法非难,更法而无弊为难。今帑藏空竭,岂容以罗掘之余,轻率从事。夫不知我之所以失者,不足语于彼之所以得也;不惩既往之弊者,不足与于将来之利也。臣谨就臣所奏各条,推广其意,约举四端:

一曰核实用材。伏读上谕卧薪尝胆等语,凡在臣下,敢不激发天良,于艰难困苦中屏绝浮华,力行实政,以仰副我皇上宵旰忧勤至意。臣闻西人丰于实事,俭于浮文,虽宫府仪卫,亦甚简略。华人办理洋务,他无所得,而侈靡先之。各局总办、提调委员,或要津

<hr>

① 胡燏棻(1840—1906),字芸楣、云楣,安徽泗州人,祖籍浙江萧山。监生。同治三年(1864),中式举人,捐候选郎中,补刑部奉天司行走。八年(1869),任刑部奉天司主稿。十三年(1874),中式进士,改翰林院庶吉士。光绪二年(1876),授广西灵川县知县。五年(1879),署直隶大顺广道。八年(1882),署直隶天津道。十二年(1886),实授直隶天津道。十五年(1889),署长芦盐运使。十七年(1891),迁调广西按察使。次年,署广西布政使。二十一年(1895),升补顺天府尹。二十三年(1897),兼任顺天乡试监临,稽查左翼宗学。次年,以候补侍郎充考试大臣,并任总理衙门行走。二十七年(1901),署工部右侍郎兼管钱法堂事务,襄办京畿善后营务事宜。次年,调刑部右侍郎。三十一年(1905),兼署工部左侍郎。三十二年(1906),补礼部右侍郎、邮传部右侍郎。同年,卒于任。

属托，或亲故攀援，虚领薪资，徒滋弊窦。目前如诸臣所奏，将铁路、开矿诸政一一举行，恐闲员、游士滥厕其间，更不知伊于胡底。自后各项人员应请先行考核，事非素习，毋许滥竽，浮冒开支，概行删汰，庶费不虚掷，效可渐收矣。

　　一曰破格储材。算艺取士，应加额分科，水、陆学生必兼通文武，出洋人员宜如何端品而矢忠爱之忱，奉使大臣宜如何稽察而任考试之责，不拘文武，惟视所能，臣前折亦经详细陈明。曩时出洋学生可用者亦多，只以拘于资格，令素未谙习之员驾乎其上，全局因之不振。嗣后水陆将弁不谙各国兵法者，各局所监督、委员不谙制造各学者，皆当逐渐更易，即以优等学生充之。旧例武科，无裨军事，徒害乡间，急当罢行，断不可改习火器，致滋流弊。西人弁兵之长在明于制器、用器之理及兵法、舆地各书，必须入学堂肄业，师友观摩，并非但知施放枪炮已也。草野武夫，既乏新书、奇器，又不便聚徒讲贯，性情椎鲁，难习韬钤。今议者欲改试枪炮，势必家置火器，后患更难设想。应于沿江、沿海设立武备、水师学堂，即以此为武学，秀才、举人，于此拔之；都、守、千、把于此取之。果能实力栽培，分布各处，足敷干城之用，西北诸省无庸遍设武学。至于各项武备工艺，考试优劣，苦无深通此事之大臣以为试官。阅进士康有为所陈近支王公妙年英迈者，宜令入学堂学习，洵为储材要计。臣以为既学洋务，在华不若出洋，地远谊疏则瞻徇少，见多识广则学业精。此即各国致强之本，应即请旨办理，以为士民表率。

　　一曰推行宜渐。论时事者急求富强，然理财当静不当扰，农、商二业疲困已极，取民之数无可再增。臣生长江浙之间厘金最旺之地，目击商民由富而贫，由贫以至于赤贫，皆由厘金累之。委员、司巡稍不如意，即指为偷漏，勒罚十倍至二三十倍不等。若辈囊橐得自侵匿者多，得自勒索者亦不少。今议者欲尽括此数为公家应得之款，并以收数最巨之年为定额，抑知正项既增，委员、司巡之私人能禁乎？立法从宽尚流于刻，如此不留余地，名为惠商，实则病商。议者又欲以比较数目按月报部，不知吏胥以报部为良法，外官视报部为弊政。往年户部所定钱粮征信册之类，汗牛充栋，孰能检阅？外官虑受驳斥，或贿吏胥以求省事。前大学士阎敬铭致仕还家，深知其非。厘金繁琐，若亦如此办理，徒为吏胥增一利薮，为小民加一番剥削耳。天下合例之案卷日多，天下守法之廉吏日少，其弊可以想见。夫良民孰不畏官，但愿无留难需索，本自乐输。商人每业皆有首领，市廛每岁出纳货物，成本若干、应税若干，人所共知，或令公举一二正人，在会馆包缴厘金，一切局卡、委员、浮费，丛弊似可悉除。惟各处情形不同，应由地方官斟酌办理。至于开垦荒地，亦难急切。民果见利，无劳督促；废地不垦，自有苦衷。如江苏之吴江、震泽，往往富人视田为累，甘心送人，他处更可类推。经理垦荒，有司之责，若考成太严，猾者必借此邀功，以荒报熟。曩年陕西延安、绥德、鄜州各属，曾有此弊，累民殊甚。要之事不通筹，动多窒碍。司农岁入，较之于古，未尝不富，然民气渐凋，度支日绌，嘉庆、道光年间已有银荒之患。各国通商后，每岁漏卮数千万，中国银根已竭，无论如何整顿扩充，断未能一时复原。纷纷立法，谋利愈急，累民愈甚，欲无累民，舍开矿无他术。然自办则亏折立见，延洋员则驾驭殊难，急宜于京师及滨临江海之区设立矿务学堂，加意讲求，矿学既明，派赴各国矿厂阅历考证，然后还勘各省五金诸矿，一一开采，庶有实效。人人知宝藏自在，不借搜括，民心亦可稍安。人才得，地利兴，方有成本以行钞铸币，方可自设制造各厂；能自制造，方可将兵器归于一律，方可令铁轨、钢舰左宜右有。

若不按次序，杂然并兴，果有富人承办固善，否则专恃借贷，势必利归人而害仍在己，不可不深长思也。

一曰根本宜急。臣按《大学》先论本末，后言生财，终斥务财用之非；孟子先仁义而后利。使孔孟再生，必议变法，必不专言富强。夫有弊当革，有利当兴，不求富强，而富强自致，是谓王道。急欲富强而竞谋功利，是谓杂霸。朝野上下，堂堂言利，北宋之覆辙宜惩；忧贫而勤茧丝，同舟且成敌国，遑论海外？臣非阻挠洋务者也，窃意更张不可少缓，而根本急宜先治。根本莫要于取士用人。人才之所以不振，皆由考试太滥，捐纳太广，保举太多，名成年长，境穷志污，教无从教，劾不胜劾。日日言破除情面，而终无由破除；日日言实事求是，而终不得实效。此病根之所在也。不治病根，但学西法，聚阘茸嗜利之辈，以期富强，只于旧法外增一法，不得谓之变法；且于积习外增一积习，不得谓之祛积习。夫东西洋各国之所以自立者，在法亦在人。试令各国亦学我之取士用人，则彼所谓富强不过四五年而衰弱矣。又，试令岛族纳土归诚，取其已富之财、已强之兵，令我阘茸嗜利之辈往治之，不过一二年而弊端百出矣。今日之败，酿之甚久，痈疽已发，杂治更危。当静查其病所由来，求对病之药，庶可疗根解毒而徐收其效。我皇上惩前毖后，以蠲除痼习、力行实政为先，诚大有为之机也。臣窃谓天下有汉以来之痼习，纳资得官是也；有唐以来之痼习，诗赋取士是也。昔程子以馆阁清选为名实未正，以增设解额为利诱之法。朱子论科举之弊，其说尤多，其至谓"若要恢复，须罢三十年科举"。盖庠序之教宜广，而选举之制贵严。今滥取滥保，名为得士，实则害政。捐班则况而愈下，捐至于武职，更无论矣。

今年不能停止则明年，明年不能则后年，捐班之弊，实较洋债为重。各省匪类日滋，甚或猖狂叛逆，岂尽民之无良，大半由官吏激成之。官吏岂乐为不肖，大都由学术未正、仕途拥挤酿成之。多取一游士，即多伤一分元气。每年收百余万之捐资，将来即偿以千百倍之脂膏。兴言及此，能弗寒心！急宜抑其浮嚣，归之农亩，停止分发一二十年，官少政清，得良有司以抚民，则黎庶悉敦本业；得良有司以弭盗，则营勇亦可议裁。至于农桑诸务，西人皆设学讲求，而华人概从卤莽。此亦根本所当急者。

臣反覆筹思，窃以为欲求富强，必以崇节俭、广教化、恤农商为先；欲新政治，必以变士习、减中额、汰内外冗官为先。伏乞皇上宸衷独断，于根本之病先行清理，然后安内攘外之策纲举目张矣。微臣迂谬之识，非敢故为高论，诚恐急功近利，效未见而害更大。因与布政使臣饶应祺、镇迪道兼按察使衔臣丁振铎再三商榷，意见相同。谨恭折覆奏，是否有当，伏乞皇上圣鉴训示。谨奏。光绪二十一年八月二十六日。

光绪二十一年十月初四日，奉旨：留中。①

【案】大学士徐桐……条奏：光绪二十一年五月二十六日，内阁学士徐桐以国用日绌，宜正本清源，以挽颓俗而培国脉，具折曰：

臣徐桐跪奏，为国用日绌，亟宜正本清源，以挽颓俗而培国脉，恭折沥陈，仰祈圣鉴事。

窃维孔门论政，节用为先，是以唐虞以茅茨土阶而兴，大

---

① 中国第一历史档案馆藏：朱批奏折，档案编号：04-01-02-0108-003、04-01-02-0108-007。

禹以卑宫菲食而王。矧国家多难之际，尤宜慎乃俭德，以为永固。现在和议虽成，军事未蒇，赔款二万万两，合之洋债之利，已非数十年所能清偿。重以内地通商，民生日盛；倭船所至，税厘全亏。以后出款日益加多，进款则日益加少，数年之间，民穷财尽，不待外夷之生心，而将有坐困不支之势矣。议者必曰税项有可益也，矿利有可开也。夫今之子口，洋税与土药税厘，诚宜增加，最为有益无损。然必须洋人遵我约束，方可举办，若复累及商民，则我朝列圣相承，必以节用爱人为本务，所以发、捻之乱，四海骚动，而民无离心。今各省之厘金、川省之津贴，已属万不得已之举，岂忍复增丝毫以为民累？至于开矿之利，固属取之自地，然非有千万成本，何能容易施功？即使矿利有加，而输之官不过十之一二，余则尽饱私囊，徒亏成本，未见实效。若归商办，更启纷争，均非经国之谋所宜出也。

为今之计，非躬行节俭，为天下先，不足为裕国足民之本。恭读宣宗成皇帝《御制慎德堂记》曰："我大清龙兴东土，首要朴实，列圣丕承，凡心法治法，无非以勤俭训后。"《御制》又曰："饮食勿尚珍异，冠裳勿求华美，耳目勿为物欲所诱，居处勿为淫巧所惑。此犹俭德之小者。不作无益害有益，不贵异物贱用物，一丝一粟，皆出于民脂民膏。思及此，又岂容逞欲妄为哉！所谓无为而治，俾天下阴受其福，而民不知者是也。"又，恭读咸丰二年十二月文宗显皇帝谕曰："近年楚粤军饷多在常年经费之外，而各省水旱偏灾，经朕随时加恩蠲免，岁入之数，不能如额，着户部会同内务府大臣通盘筹画，其应行撙节之处，即分别酌议核减。"咸丰八年六月，苏州织造文煜奏，大运银款短少，请饬拨给，又蒙谕曰："该衙门通盘筹画，能否酌减数目足敷支用，则所节省亦于该省军饷有益。"圣谟洋洋，诚因时制宜之道，所当万世遵守者也。

伏愿我皇上仰稽彝训之昭垂，俯念时艰之孔棘，清心寡欲，以撙节爱养为正本清源之道，宫廷服御，概从简薄；土木工作，概缓兴修；奇技淫巧，屏斥勿观；诚谕关税诸臣，涓滴归公；毋得广购珍奇，借端贡献；外省织造，凡遇传办之件，悉循旧制，勿有增加。其于旧额之外再请添拨者，即由户部从严核定，无任浮滥；严饬内务府懔遵上年正月十四日谕旨，将常年用款核实，撙节开支，毋令任意糜费，并遵照户部奏准之案，不得再向部库借拨正款。君臣内外，痛自刻厉，时时以国耻未雪为念，凡在臣民，孰敢不仰体圣德，黜奢崇俭，咸与维新？如此则库储虽未能即充，而国用或不至立竭，节无谓之虚糜，培将来之元气，转弱为强，其机先由于此。况当强寇觊觎，边陲多故，此正圣主思患豫防之日。外洋各国必隐窥朝廷之举动，以为目前向背之机。若非有忧勤惕厉之心、震动恪恭之气，感孚中外，激厉臣民，彼族将视我为无志奋兴，必有益肆其欺侮者，不独倭奴前事为足，仰劳圣虑也。

臣为慎重国计、维系人心起见，是否有当，伏祈皇上圣鉴。谨奏。光绪二十一年五月二十六日。①

同日，徐桐为拨本清源、整顿兵饷等事敬陈管见，曰：

臣徐桐跪奏，为时事日棘，后患方长，兵事、饷事亟宜认真整顿，敬陈管见，仰祈圣鉴事。

窃维扶衰救国，当因时为变通；思患豫防，宜惩前而毖后。

---

① 中国第一历史档案馆藏：朱批奏折，档案编号：04-01-35-1387-006。

方今时局艰难，外夷环伺，有必待改弦更张，有必当拔本塞源者，谨就蠡测所及，敬拟四条，为我皇上陈之。

一、北洋请另简贤能也。李鸿章养淮军三十年，费国帑一万万两以外，一败涂地，前事昭然。今欲重加振作，非将帅得人、严立赏罚不可。淮军积弊在层层刻扣，每勇一名月饷四两二钱者，闻止领得一两二钱，无怪军心不服、遇敌即溃也。此由李鸿章不能洁己率属、实心整顿，以致各将领相率效尤，成为风气。虽于侵饷纵扰之卫汝贵立加惩办，而锢习相仍，牢不可破。淮军偾事已有明证，岂可再寻覆辙？拟请嗣后直督与北洋分而为二，于督抚中择其清正廉毅、办事结实可考者，俾督直隶，仍驻保定，专管地方应办事宜；另简久历兵事、熟悉夷情之大臣，畀以北洋重寄，总统师旅，筹办海防，并责令于关内外各军统归稽察。有敢仍蹈故辙、刻扣军饷者，一经查出奏明，立置重典，必可荡除痼弊，整肃师干。或疑地方与兵事分而为二，不无掣肘之虞，不知北洋大臣有兼辖奉、东两省海口之责，防务、洋务本极繁难，已无暇兼顾地方吏事，且北洋所用之人不必皆本省之官，所需之款不必皆本省之饷；吏治、军政各有专司，自无虑互相牵制，而职任既分，事权不至太盛，可免外重内轻之弊，亦弭患之一端也。

一、防营请酌留备边也。倭衅之起，募勇至四五百营，事定裁撤，必不容缓。然而交战半年，将则历练渐深，士则胆艺俱进，此时遣散，诚为可惜；且辽南之地尚未来归，倭奴之师尚未全撤，设有缓急，再募维艰。为今之计，边备无时可松，武备即无时可缓，莫若于各防营中酌量挑出百十营，严加训练，驻扎关外，永远不撤。宋庆、依克唐阿二人素知大义，即令核实挑选，汰弱留强，取其朴诚，去其猾懦；诸将领中如马玉昆、徐邦道，屡经战阵，著有微劳；李光久当吴大澂全军溃败时，独能坚立不动，尚知军律；寿山名位未显，而血性过人，勇敢善战，卓有其父富明阿之风。凡此数员，皆曾与外洋接仗，于彼族用兵长短利钝之故具有阅历，留之营中，必资得力。拟请以后奉省练兵事宜，即责成宋庆、依克唐阿分驻边要，督率操防；以马玉昆等分司统带，务使简练精良，悉成劲旅。吉林、黑龙江防务仍专责长顺、恩泽二人，选择良将，勤加操演，俾士皆敢战，一洗近来因循疲软之痼习，且可与奉省之宋庆、依克唐阿等军互为声援，联络一气，猛虎在山，藜藿为之不采；陪京重地有此节制之师，自可建威而销萌矣。

一、军政请严定考成也。督抚职司军务，选将筹兵是其专责，至于炮台、船械、水路战备，尤应平日早为存储。甲申法越构衅，战事方利，和议遽成，内外诸臣专以和为可恃，不数年而泄沓如故，一切武备废弛不讲，及至有事，纷纷以仓促召募、毫无把握为辞，军实久已空虚，并不及时举办；即使奏请举办，而营私肥己，攘利逢迎，无弊不有。迨至兵机失误，措手无从，乃诿过于司农拨款之不继。此等情形直隶尤甚。拟请饬部严定考成，以后设有边疆偾事，除本任调度乖方者严行惩处外，其余船炮不利，军械不精，兵不素练，饷不宿储，一并根究，从何任废弛，查其在官久暂年限，分别从重治罪，并请明降严旨，有犯必惩，此后庶可警其玩愒。

一、兵饷请核实钩稽也。北洋淮军自发、捻既平，留防畿辅，每岁需饷数百万两，皆解李鸿章粮台散放。其营数较多者，以铭、盛两军为最，自去年平壤之败，盛军哗溃，丧失大半；九连城之败，铭军亦首先倡逃，十去其五。闻各营开支勇饷，仍然虚冒，利薮所在，莫肯厘剔；闻有募补一二，亦系临时乌合，不足成军。此等临阵溃逃之勇丁，即使原数具存，亦应立予裁革，况额已久缺、饷仍虚悬，国用支绌之际，岂能任其浮销滥支，以饱私蠹。拟请伤下王文韶，将铭、盛两军尽数裁撤。现在外省每年应解海军衙门正款，业经王大臣奏请改解户部。其由各省径解北洋经费，豫备威、旅等处船坞、台炮之用者，每岁亦数逾巨万。直隶海军规复尚需时日，此款暂可节省存储，应请敕谕王文韶将各项款目应支应停，分晰奏明，结清前案；并谕中外此后何省勇营饷项即由何省支发，均归督抚考核，不准再立某军名目，以杜垄断而昭核实，庶于兵事、饷事两有裨益。

以上四条，分陈兵饷事宜，皆就现在情形，熟筹补救之法。其他张惶苟且及易滋流弊者，均不敢以上渎宸聪。伏愿皇上俯察迩言，深维至计，远鉴武不可玩之意，以激厉戎行，常存饷不可糜之心，以宽纾国用，则武备以修，度支以裕，自强之始基立，而后可徐图治理也。臣愚昧之见，是否有当，伏祈皇上圣鉴。谨奏。光绪二十一年五月二十六日。[1]

○九八　奏报新疆光绪二十一年上半年营旗兵马等数折

光绪二十一年八月二十六日（1895 年 10 月 14 日）

头品顶戴甘肃新疆巡抚臣陶模跪奏，为新疆防营员弁勇丁、各

---

①　中国第一历史档案馆藏：录副奏折，档案编号：03-5757-027。

台、局、卡、义学自光绪二十一年正月初一日起至六月底止实在数目，缮具清单，恭折仰祈圣鉴事。

窃新疆马步营旗、炮队、各台、局、卡、义学实在数目，截至光绪二十年十二月底止，业经分别奏咨在案。兹据新疆粮台详称：自二十一年正月初一日起至六月底止，实存行粮章程马队八旗、步队四营、开花炮队一哨，标营章程马队四十七旗二哨、步队二十四营一十八旗一哨、开花炮队五哨，共额设统领营、旗、哨官三百九十五员，巡查一百三十员，营书、弁勇二万五千八百五十一名，火勇一千八百三十一名，额外火夫、私夫、马夫、车夫、棚夫六千五百九十八名，并各台、局、卡、义学，缮具清单，详请奏咨前来。

臣覆核无异。所有新疆防营员弁勇丁、各台、局、卡、义学自光绪二十一年正月初一日起至六月底止实在数目，谨缮清单，恭呈御览，伏乞皇上圣鉴，饬部立案施行。谨奏。光绪二十一年八月二十六日。

（朱批：）该部知道。单二件并发。①

光绪二十一年十月初四日，奉朱批：该部知道。单二件并发。钦此。②

○九九　呈新疆光绪二十一年上半年营旗兵马等清单

光绪二十一年八月二十六日（1895 年 10 月 14 日）

谨将新疆驻防马步各营旗员弁勇丁、夫马、炮车数目自光绪二

---

① 台北故宫博物院藏：军机及宫中档，文献编号：408002959。
② 中国第一历史档案馆藏：录副奏折，档案编号：03-5758-029。

十一年正月初一日起至六月底止，缮具四柱清单，恭呈御览。

旧管：光绪二十年十二月底止，实存防军行粮章程马队八旗、步队四营、开花炮队一哨，标营章程马队四十七旗二哨、步队二十四营一十八旗一哨、开花炮队五哨。共计旧存额设统领营、旗、哨官三百九十五员，旧存额设巡查一百三十员，旧存额设营书、弁勇二万五千八百五十一名，旧存额设火勇一千八百三十一名，旧存额外火夫七百七十八名，旧存额外马夫、私夫、车夫、棚夫五千八百二十名，旧存额马七千一百一十一匹，旧存炮车三十六辆、车骡九十六头。

新收：无项。

开除：无项。

实在：光绪二十一年六月底止，实存防军行粮章程马队八旗、步队四营、开花炮队一哨，标营章程马队四十七旗二哨、步队二十四营一十八旗一哨、开花炮队五哨。共计实存额设统领营、旗、哨官三百九十五员，实存额设巡查一百三十员，实存额设营书、弁勇二万五千八百五十一名，实存额设火勇一千八百三十一名，实存额外火夫七百七十八名，实存额外马夫、私夫、车夫、棚夫共五千八百二十名，实存额马七千一百一十一匹，实存炮车三十六辆、车骡九十六头。

（朱批：）览。①

---

①　中国第一历史档案馆藏：清单，档案编号：03-5758-030。

一〇〇　呈新疆光绪二十一年上半年各台、局、卡、义学清单

光绪二十一年八月二十六日(1895 年 10 月 14 日)

谨将新疆各台、局、卡暨义学数目自光绪二十一年正月初一日起至六月底止,缮具四柱清单,恭呈御览。

旧管:光绪二十年十二月底止,实存新疆粮台,省城军装总局,省城采运局,伊犁宁远城、喀什噶尔城二中俄通商局,伊塔道、塔尔巴哈台二善后局,罗布淖尔抚辑招徕局。

省城、哈密新城、吐鲁番新城、喀喇沙尔、库车、阿克苏、乌什、英吉沙尔、喀什噶尔汉城、叶尔羌、和阗、古城、绥来、绥定、宁远、绥定城东关、广仁城、塔尔巴哈台等处十八保甲局。

霍尔果斯尼堪卡伦、果子沟、霍尔罕、明瑶路、依兰乌瓦斯、依斯里克、图舒克、塔石可力硖、依布拉引等处九稽查卡。

哈密、巴里坤、昌吉、吐鲁番、喀喇沙尔、库车、阿克苏、乌什、喀什噶尔、英吉沙尔、玛喇巴什、叶尔羌、和阗、塔尔巴哈台等处十四牛痘局。

哈密义学五堂、吐鲁番义学六堂、喀喇沙尔义学四堂、库车义学五堂、拜城义学二堂、温宿义学三堂、乌什义学三堂、疏勒义学三堂、疏附义学二堂、玛喇巴什义学三堂、英吉沙尔义学三堂、莎车义学五堂、叶城义学二堂、和阗义学二堂、于阗义学二堂、巴里坤义学四堂、奇台义学四堂、济木萨义学三堂、阜康义学二堂、迪化义学六堂、昌吉义学二堂、绥来义学四堂、呼图壁义学二堂、宁远义学三堂、绥定义学三堂、广仁城义学一堂、瞻德城义学一堂、霍尔果斯义学一堂、

罗布淖尔义学一堂、塔尔巴哈台义学三堂，共计义学九十堂。

新收：无项。

开除：无项。

实在：光绪二十一年六月底止，实存新疆粮台，省城军装总局，省城采运局，伊犁宁远城、喀什噶尔城二中俄通商局，伊塔道、塔尔巴哈台二善后局，罗布淖尔抚辑招徕局。

省城、哈密新城、吐鲁番新城、喀喇沙尔、库车、阿克苏、乌什、英吉沙尔、喀什噶尔汉城、叶尔羌、和阗、古城、绥来、绥定、宁远、绥定城东关、广仁城、塔尔巴哈台等处十八保甲局。

霍尔果斯尼堪卡伦、果子沟、霍尔罕、明瑶路、依兰乌瓦斯、依斯里克、图舒克、塔石可力硖、依布拉引等处九稽查卡。

哈密、巴里坤、昌吉、吐鲁番、喀喇沙尔、库车、阿克苏、乌什、喀什噶尔、英吉沙尔、玛喇巴什、叶尔羌、和阗、塔尔巴哈台等处十四牛痘局。

哈密义学五堂、吐鲁番义学六堂、喀喇沙尔义学四堂、库车义学五堂、拜城义学二堂、温宿义学三堂、乌什义学三堂、疏勒义学三堂、疏附义学二堂、玛喇巴什义学三堂、英吉沙尔义学三堂、莎车义学五堂、叶城义学二堂、和阗义学二堂、于阗义学二堂、巴里坤义学四堂、奇台义学四堂、济木萨义学三堂、阜康义学二堂、迪化义学六堂、昌吉义学二堂、绥来义学四堂、呼图壁义学二堂、宁远义学三堂、绥定义学三堂、广仁城义学一堂、瞻德城义学一堂、霍尔果斯义学一堂、罗布淖尔义学一堂、塔尔巴哈台义学三堂，共计义学九十堂。

（朱批：）览。①

---

① 　中国第一历史档案馆藏：清单，档案编号：03-5758-031。

一〇一　恭报新疆光绪二十一年六月雨水、粮价折

光绪二十一年九月二十八日（1895年11月14日）

头品顶戴甘肃新疆巡抚臣陶模跪奏，为恭报光绪二十一年六月份粮价并得雨情形，谨缮折具陈，仰祈圣鉴事。

窃照光绪二十一年闰五月份各厅、州、县粮价并得雨情形，业经臣奏报在案。兹据新疆布政使饶应祺详称：光绪二十一年六月份，镇迪道属迪化、阜康得雨，入土六寸；镇西、库尔喀喇乌苏得雨，入土四寸；昌吉得雨，入土三寸；绥来、奇台得雨，入土二寸；哈密、吐鲁番微雨。伊塔道属塔尔巴哈台、精河得雨，入土一寸；绥定、宁远微雨。南路拜城得雨，入土四寸；疏勒、疏附得雨，入土一寸；喀喇沙尔、库车、乌什、英吉沙尔、玛喇巴什、温宿、莎车、和阗、叶城、于阗微雨。至通省粮价，镇西、塔尔巴哈台、库车、乌什、和阗、宁远等厅、州、县俱与上月相同，其余均有增减。汇详请奏前来。

理合恭折具陈，并缮粮价清单，敬呈御览，伏乞皇上圣鉴。谨奏。光绪二十一年九月二十八日。

（朱批：）知道了。①

光绪二十一年十二月初二日，奉朱批：知道了。钦此。②

---

① 台北故宫博物院藏：军机及宫中档，文献编号：408002961。
② 中国第一历史档案馆藏：录副奏折，档案编号：03-6964-006。

一○二　呈新疆光绪二十一年六月粮价清单

光绪二十一年九月二十八日(1895 年 11 月 14 日)

谨将新疆各属光绪二十一年六月份米粮时估价值，缮具清单，恭呈御览。

计开六月份：

镇迪道属：

迪化县：大米每京石价银二两七钱四分八厘，较上月增一钱七分六厘。小麦每京石价银一两一钱六分七厘，与上月相同。豌豆每京石价银一两一钱八分六厘，与上月相同。青稞每京石价银八钱六分二厘，与上月相同。

昌吉县：大米每京石价银二两四钱三分二厘，与上月相同。小麦每京石价银八钱八分四厘，较上月减一钱四分二厘。豌豆每京石价银九钱五分五厘，与上月相同。青稞每京石价银七钱一分七厘，与上月相同。

阜康县：粟米每京石价银九钱七分八厘，与上月相同。小麦每京石价银一两一钱四厘，与上月相同。豌豆每京石价银一两一钱一分三厘，与上月相同。高粱每京石价银九钱八分八厘，较上月增三分三厘。

绥来县：大米每京石价银二两四钱二厘，与上月相同。小麦每京石价银九钱二分四厘，较上月增一钱四分六厘。豌豆每京石价银九钱九分八厘，较上月增三分五厘。高粱每京石价银四钱六分，与上月相同。

奇台县：大米每京石价银三两二钱七分九厘，较上月增一钱七分二厘。小麦每京石价银八钱八分五厘，与上月相同。豌豆每京石价银八钱二分八厘，与上月相同。

吐鲁番直隶厅：小麦每京石价银一两三钱五厘，与上月相同。大米每京石价银五钱六分，与上月相同。高粱每京石价银一两三分，较上月增二钱八分七厘。黄豆每京石价银一两九钱四分九厘，与上月相同。

镇西直隶厅：小麦每京石价银一两三钱八分，豌豆每京石价银一两一钱五分，青稞每京石价银八钱八分，俱与上月相同。

哈密直隶厅：粟米每京石价银一两四钱四分，与上月相同。小麦每京石价银一两一钱八分七厘，较上月增一分七厘。豌豆每京石价银一两五钱五分五厘，较上月增一钱一分五厘。青稞每京石价银九钱七分三厘，较上月增二分八厘。

库尔喀喇乌苏直隶厅：小麦每京石价银一两四分一厘，较上月增一钱七分九厘。豌豆每京石价银一两四钱八分四厘，较上月增八分四厘。高粱每京石价银七钱七分二厘，较上月增七分二厘。

伊塔道属：

绥定县：大米每京石价银二两九钱六分，与上月相同。小麦每京石价银一两七分六厘，较上月减二分八厘。大麦每京石价银五钱八分二厘，较上月减八分四厘。豌豆每京石价银一两一钱八分八厘，较上月减三分六厘。

宁远县：大米每京石价银二两八钱一分，小麦每京石价银七钱六分，大麦每京石价银四钱八分，豌豆每京石价银八钱六分，俱与上月相同。

塔尔巴哈台直隶厅：小麦每京石价银一两一钱五分一厘，大麦每京石价银八钱五分六厘，豌豆每京石价银一两一钱五分二厘，俱与上月相同。

精河直隶厅：大米每京石价银四两二钱，与上月相同。小麦每京石价银一两六钱八分，较上月减七分。大麦每京石价银九钱八分，较上月减七分。豌豆每京石价银一两四钱，较上月减七分。

阿克苏道属：

温宿直隶州：大米每京石价银二两九分，较上月增一钱九分。小麦每京石价银一两三分五厘，与上月相同。大麦每京石价银七钱五分，与上月相同。包谷每京石价银八钱一分六厘，较上月减三分四厘。

拜城县：小麦每京石价银五钱二分五厘，与上月相同。大麦每京石价银四钱八分一厘，与上月相同。豌豆每京石价银五钱六分九厘，与上月相同。包谷每京石价银四钱八分一厘，较上月增一厘。

喀喇沙尔直隶厅：大米每京石价银四两四钱四分，较上月增一两四钱八分。小麦每京石价银九钱六分六厘，较上月增一钱三分八厘。豌豆每京石价银七钱二分，与上月相同。包谷每京石价银七钱六分八厘，较上月增一钱六分四厘。

库车直隶厅：大米每京石价银二两六分九厘，小麦每京石价银六钱七分五厘，豌豆每京石价银五钱八分六厘，包谷每京石价银三钱八分九厘，俱与上月相同。

乌什直隶厅：大米每京石增银二两一钱七分五厘，小麦每京石价银六钱六分，大麦每京石价银三钱七分四厘，包谷每京石价银五钱二分四厘，俱与上月相同。

喀什噶尔道属：

疏勒直隶州：大米每京石价银三两，较上月增七分五厘。小麦每京石价银一两三钱八分，较上月增一钱三分八厘。包谷每京石价银一两二分四厘，较上月增一钱三厘。高粱每京石价银八钱五厘，与上月相同。

疏附县：大米每京石价银三两，较上月增七分五厘。小麦每京石价银一两三钱八分，与上月相同。包谷每京石价银一两七分二厘，较上月增六分七厘。高粱每京石价银八钱五厘，与上月相同。

莎车直隶州：大米每京石价银一两九钱九分八厘，较上月减一分四厘。小麦每京石价银七钱八分七厘，较上月减四分一厘。大麦每京石价银六钱，与上月相同。包谷每京石价银五钱八分一厘，较上月增二分七厘。

叶城县：大米每京石价银二两六钱一分，较上月减一钱四分五厘。小麦每京石价银九钱七分五厘，较上月增七分五厘。包谷每京石价银七钱二分，较上月增二钱四分。青稞每京石价银六钱二分五厘，较上月增八分五厘。

和阗直隶州：大米每京石价银二两八钱，小麦每京石价银一两，包谷每京石价银六钱一分，青稞每京石价银五钱，俱与上月相同。

于阗县：大米每京石价银三两三钱六分七厘，与上月相同。小麦每京石价银一两三分一厘，较上月减一分四厘。包谷每京石价银六钱六分五厘，与上月相同。

英吉沙尔直隶厅：大米每京石价银三两六钱四分，较上月减一钱六分。小麦每京石价银一两二钱，较上月增一分三厘。大麦每京石价银六钱一分六厘，较上月增四分六厘。包谷每京石价银八钱八分四厘，较上月增二分七厘。

玛喇巴什直隶厅：大米每京石价银二两五钱一分六厘，与上月相同。小麦每京石价银一两二钱四分二厘，与上月相同。包谷每京石价银一两一钱五分二厘，较上月增一钱二分八厘。

（朱批：）览。①

一〇三　覆奏考核钱粮、整顿厘金等情形折

光绪二十一年九月二十八日(1895 年 11 月 14 日)

头品顶戴甘肃新疆巡抚臣陶模跪奏，为遵旨覆奏事。

窃准兵部火票递到军机大臣字寄：光绪二十一年六月初六日，奉上谕：户部奏，需饷孔殷，谨陈办理情形一折。览奏均悉。现因偿款过巨，息借洋款，每年筹还本息约须一千五六百万两；各路防军又未能尽撤，需饷亦繁，亟需预为奏备。该部所拟考核钱粮、整顿厘金各节，皆属切实可行，着各直省将军、督抚查照该部所拟，认真妥办，据实具奏。又，裁减制兵一条，拟令各省挑留精壮三成，其余老弱一概裁撤。着该督抚各就地方情形，悉心妥筹，核实裁汰，奏明请旨办理。该将军、督抚皆受国厚恩，务当体念时艰，共矢公忠，力图补救，不得瞻徇迁就，畏难苟安，仅以一奏塞责，是为至要。该部另单所陈各条，除停放米折一项本日已有旨，令八旗都统议奏外，其盐斤加价、裁减局员薪费、重抽烟酒税厘各条，并着各该将军、督抚一体实力举行，妥速筹办，以期有裨急需。原折、单均着钞给阅看。将此谕知户部，并由四百里各谕令知之。钦此。并准户部钞单咨行各等因到臣。

饬据布政使饶应祺、镇迪道兼按察使衔丁振铎详覆：新疆僻处

---

① 中国第一历史档案馆藏：清单，档案编号：03-6964-007。

边陲，与内省情形不同，有为户部原议所有、新疆未经举办者，有为新疆所有、揆之时势万难裁减者。如裁减制兵一节，新疆建设行省，改勇为标，以官带勇，定额二万五千余名，悉仿内地防营之制，本与制兵不同。现值甘肃回氛不靖，节次抽调营旗前赴肃州、玉门等处，以资防御，后路兵力单薄，又不能添募填扎，是定额尚属不敷，碍难更行议减，须俟防务大定，再行酌量办理。此制兵急难裁减之实在情形也。

又，考核钱粮一节。新疆赋税以南路各属为多，年清年款，并无蒂欠。北路地气苦寒，安插各户逃亡不少，故荒地迄未尽辟，拟责成各属于应完正赋按年征收，未垦各地设法招垦，以期钱粮日有起色。至灾缓分数、完欠、考成，由司认真稽查，核实举报。如有隐匿，即行严参。此考察钱粮之实在情形也。

又，裁减局员薪费一节。新疆向设台局，仅粮台、善后、军装等项名目及各属保甲、牛痘、义学并沿边通商卡伦，叠次裁并，所支薪粮已经减少，此后如有可以归并、可以酌减者，当随时酌办，以期节省。此局员薪费现难裁减之实在情形也。

又，重抽烟酒厘税并加盐价各节。新疆百货厘税业经奏请停止，土药虽照章征收，究属无几。至一切杂烟及坊肆烧酒，行销无多，容俟设法试办。食盐一项，边疆地多斥卤，随处可取，价值极贱，从前并未收税，今亦无从议加。此厘税刻难兴旺之实在情形也。

窃维各省利源出于地方，新疆饷源协自邻省，故他省以兴利为筹饷，新疆惟有以节饷为理财，是以前次估拨二十二年新饷，议由军装、善后等项极力节省，减拨银一十万两，其封存十八万五千两应否提拨，悉听部核。现在甘回变乱，遵旨严为防范，调赴肃州等处营旗应加行粮，添募马步新勇需用月饷及军火、运价等项，均由历年余存饷项内暂行挪用，以支边局，此外如有可节之费、可兴之利，仍当悉心酌核，妥拟详办等情前来。

臣覆核无异。理合恭折覆奏，伏乞皇上圣鉴训示。谨奏。光绪二十一年九月二十八日。[①]

光绪二十一年十二月初二日，朱批。[②]

一〇四　请以张志文补授开花炮队守备折

光绪二十一年九月二十八日（1895 年 11 月 14 日）

头品顶戴甘肃新疆巡抚臣陶模跪奏，为拣员请补守备员缺，以重操防，恭折仰祈圣鉴事。

窃新疆喀什噶尔提标城守营开花炮队守备员缺，业经奏准作为题缺，亟应拣员请补，以专责成。查有花翎补缺后补用都司留甘新尽先补用守备张志文，熟谙炮法，堪以请补。合无仰恳天恩，俯准以张志文补授喀什噶尔提标城守营开花炮队守备员缺，以裨营伍。如蒙俞允，并恳恩饬部发给札付。该员应照乌鲁木齐补放守备例，毋庸送部引见。

除饬取履历清册咨部外，谨会同陕甘总督臣杨昌濬、署喀什噶尔提督臣张俊恭折具陈，伏乞皇上圣鉴训示。谨奏。光绪二十一年九月二十八日。

---

① 中国第一历史档案馆藏：录副奏折，档案编号：03-6031-162；《陶勤肃公奏议遗稿》，宣德堂，民国十三年（1924）。

② 此奉旨日期据军机处随手登记档（档案编号：03-0285-2-1221-354）校补。

（朱批:）兵部议奏。①

光绪二十一年十二月初二日,奉朱批:兵部议奏。钦此。②

一〇五　奏报委令汤咏山等署理副将等缺片

光绪二十一年九月二十八日(1895年11月14日)

再,新疆省城城守协副将曾松明因病呈请开缺回籍调养,业经臣具奏在案。所遗副将员缺,查有新疆补用提督请补抚标中营参将现署该营参将汤咏山,久历戎行,才识练达,堪以委署。递遗抚标中营参将员缺,查有卸任吐鲁番营游击焦大聚,③年强才裕,堪以委署。

除分别给委外,谨会同陕甘总督臣杨昌濬附片具陈,伏乞圣鉴。谨奏。

（朱批:）兵部知道。④

光绪二十一年十二月初二日,奉朱批:兵部知道。钦此。⑤

---

①　台北故宫博物院藏:军机及宫中档,文献编号:408002960。

②　中国第一历史档案馆藏:录副奏折,档案编号:03-5909-007。

③　焦大聚(1849—?),江苏上元人,行伍出身。同治七年(1868),赏六品军功。光绪二年(1876),以把总尽先拔补。次年,保守备。四年(1878),保都司,加游击衔,推补参将。七年(1881),保副将。十年(1884),加总兵衔。十五年(1889),保以副将留于新疆尽先补用。十七年(1891),借补新疆吐鲁番营游击。二十一年(1895),署新疆抚标中营参将,统领督标亲军。次年,保以总兵遇缺简放,旋以提督记名简放。二十三年(1897),补授新疆伊犁镇总兵,署陕西河州镇总兵。二十六年(1900),擢新疆提督,兼署甘肃提督。先后赏加伟勇巴图鲁、胡松额巴图鲁名号。

④　台北故宫博物院藏:军机及宫中档,文献编号:408002960-0-A。

⑤　中国第一历史档案馆藏:录副奏片,档案编号:03-5909-008。

一〇六　奏闻阜康县知县田鼎铭因病出缺折

光绪二十一年十月二十五日（1895年12月11日）

头品顶戴甘肃新疆巡抚臣陶模跪奏，为实任知县因病出缺，恭折仰祈圣鉴事。

窃准总统甘军新疆喀什噶尔提督臣董福祥咨称：总理甘军营务处阜康县知县田鼎铭，于光绪二十一年六月十九日在直隶保定府营次病故等因。饬据布政使饶应祺详称：田鼎铭年四十七岁，原籍甘肃通渭县，寄籍安西直隶州，附生，投效军营，历经保捐花翎同知衔分省归候补班前尽先补用知县。十五年，留省候补。十七年，代理疏附县知县。是年六月，奏补阜康县知县，经部覆准。新疆城署各工案内汇保俟补缺后，以直隶州知州在任候补。十八年五月，派赴坎巨提，会同英员更立摩韩美德拿星为坎巨提头目。新疆七载防戍案内汇保俟补直隶州知州后，以知府在任候补，并俟得直隶州后，加知府顶戴。二十年，随同董福祥进京祝嘏，旋派赴甘肃招募队伍，督带赴京。兹复随同回甘剿办回匪，于途次病故，应请具奏等情前来。

臣覆查无异。谨会同陕甘总督臣杨昌濬恭折具陈，伏乞皇上圣鉴。所遗阜康县知县系冲、繁、难三项要缺，例应扣留外补。再，此案改题为奏。合并声明。谨奏。光绪二十一年十月二十五日。

（朱批：）吏部知道。①

---

①　台北故宫博物院藏：军机及宫中档，文献编号：408002962。

光绪二十一年十一月二十八日,奉朱批:吏部知道。钦此。①

一〇七 绥来县客回谋变拿
获多名地方安谧折

光绪二十一年十月二十五日(1895年12月11日)

头品顶戴甘肃新疆巡抚臣陶模跪奏,为新疆绥来县客回谋变,拿获首要多名,先后正法,地方如常安谧,拟将出力官绅及阵亡武弁请旨分别奖恤,以昭激劝,恭折仰祈圣鉴事。

窃查本年春夏间,甘肃河州、西宁回匪相继煽乱,蔓延日广。新疆各属客、土回民甚多,讹言屡起。臣揣必有奸回潜来勾结,密饬地方文武加意稽查,并出示晓谕。九月初五日,忽据玛纳斯协副将张清和、署绥来县知县高敬昌禀报:九月初四日酉刻,据城关乡约投称:闻有逆回托茑等暗约城乡客回,定于是晚起事。该营县密为防备,分派兵役,逐段严查。三更时,突有回匪数十人分执刀械,在城内放火,余党在城外呐喊,希图扑城。该副将等各拨兵役,护守城垣、衙署、仓库;派中营左哨千总推补游击候补都司曹喜,督率兵役,分起捕拿。该匪拼死抵御,拒伤兵役七名。副哨长把总王昆山、勇丁李良有、罗道威均受伤阵亡。各兵役奋勇直前,枪矛齐施,当将首逆托茑、安起沄格毙,轰杀伙贼四名,余匪纷纷逃匿。是晚回绅从九衔马玉章、蓝翎把总吴启山、团首监生陆福纬、附生赵寅卿,望见城内火光,知有变故,各带民团前往,力保关厢,故外贼未能拦入。初五日黎明,该营、团清查城关,并分赴四乡搜捕,探闻余

---

① 中国第一历史档案馆藏:录副奏折,档案编号:03-5908-099。

匪退至南山、石窑等处，麇聚盘踞，杀毙汉人数名，尚图纠众复举等情。

臣札派守备董大荣、游击焦生有，各带马队一旗驰往，续派总兵徐学功马步两营同往协捕。该匪知官军齐集，望风潜窜。据营、县、民团先后拿获逆匪马见因、马得菖、马伏溃、马逞、苏力儿、苏得苞、马添刚、马万裁、赵伏海、刘僧层、虎益、麻阿浑、小撒拉阿浑等十三名，均认助逆抗拒不讳。

九月初七日，省城保甲局闻绥来有警，在南关外查获逆回马浸河、马层二名，讯出该犯等先与绥来逆首互通声息，约期九月初九日在省谋反接应。臣分饬附省各营、厅、县悬立重赏，陆续拿获杨进裁、杨幅菖、马五十一、张萌海、王进层等五名，供认听从马浸河等分起纠人谋叛，并马浸河等于初四日晚潜至绥来，探听消息等语。情形均属确凿。臣先后批饬就地正法，将首逆托菖等枭首示众，以昭炯戒。逸犯马进裁、马娃子等尚未弋获，业经通饬各州、厅、县一体缉拿严办。地方如常安谧，堪以上慰宸廑。惟现在甘肃回氛未靖，新疆唇齿相依，各处寄居客回良莠不齐，防范不易。臣仍严饬各属，编查保甲，举办民团，以期消弭隐患。

此次绥来回匪滋事，该回绅、团首捕拿逆匪，不遗余力，洵属有裨大局。拟请将从九衔马玉章以州吏目归部遇缺即选；蓝翎把总吴启山请免补把总以千总补用；监生陆福纬请以巡检归部不论双单月遇缺即选；附生赵寅卿请以县丞归部不论双单月尽先前选用；推补游击候补都司曹喜带队剿捕，奋勇争先，亦属异常出力，请免补都司，以游击留新疆补用，并请加参将衔，用示鼓励。阵亡、受伤勇丁，照例恤赏造报。把总王昆山临阵捐躯，应请饬部优恤，以慰忠魂。

谨会同陕甘总督臣杨昌濬恭折具奏，伏乞皇上圣鉴，训示施行。谨奏。光绪二十一年十月二十五日。

（朱批:）另有旨。①

光绪二十一年十一月二十八日,朱批:另有旨。钦此。②

【案】此折于是年十一月二十八日得允行,上谕曰:

光绪二十一年十一月二十八日,内阁奉上谕:陶模奏,绥来县客回谋变,拿获首要多名正法,请将出力官绅及阵亡武弁分别奖恤一折。本年九月间,新疆绥来县逆回托菖等在城内放火起事,经该营县分派兵役捕拿,当将首逆托菖、安启沄格毙,先后搜获余匪,拿获正法,地方如常安谧。办理尚为迅速。从九品衔马玉章着以州吏目归部遇缺即选;蓝翎把总吴启山着免补把总以千总补用;监生陆福纬着以巡检归部不论双单月遇缺即选;附生赵寅卿着以县丞归部不论双单月尽先前选用;候补都司曹喜着免补都司,以游击留于新疆补用,并加参将衔。阵亡把总王昆山着交部从优议恤。余着照所议办理。该部知道。钦此。③

一〇八　奏报委令罗经史署理绥来县知县片

光绪二十一年十月二十五日(1895年12月11日)

再,署绥来县知县高敬昌业经饬回宁远县本任。所遗绥来县员缺,查有候补知县罗经史,堪以委署。据新疆布政使饶应祺、镇

---

①　台北故宫博物院藏:军机及宫中档,文献编号:408002963。

②　此朱批日期与内容,据军机处随手登记档(档案编号:03-0285-2-1221-350)校补。

③　《光绪宣统两朝上谕档》,第21册,第476页。

迪道兼按察使衔丁振铎会详前来。

除由臣批饬给委外,谨会同陕甘总督臣杨昌濬附片具奏,伏乞圣鉴。谨奏。

(朱批:)吏部知道。①

光绪二十一年十一月二十八日,奉朱批:吏部知道。钦此。②

一〇九　饬令知县黄袁仍回本任片

光绪二十一年十月二十五日(1895年12月11日)

再,署迪化县知县刘澄清卸署遗缺,应饬该县知县黄袁仍回本任,以专责成。据新疆布政使饶应祺、镇迪道兼按察使衔丁振铎会详前来。

除由臣批饬给委外,谨会同陕甘总督臣杨昌濬附片具奏,伏乞圣鉴。谨奏。

(朱批:)吏部知道。③

光绪二十一年十一月二十八日,奉朱批:吏部知道。钦此。④

一一〇　饬令知县高敬昌即回本任片

光绪二十一年十月二十五日(1895年12月11日)

再,署绥来县知县宁远县知县高敬昌应即饬回本任,以重

---

① 台北故宫博物院藏:军机及宫中档,文献编号:408002962-0-A。
② 中国第一历史档案馆藏:录副奏片,档案编号:03-5332-158。
③ 台北故宫博物院藏:军机及宫中档,文献编号:408002962-0-B。
④ 中国第一历史档案馆藏:录副奏片,档案编号:03-5908-098。

职守。据新疆布政使饶应祺、镇迪道兼按察使衔丁振铎会详前来。

除由臣批饬给委外，谨会同伊犁将军臣长庚、陕甘总督臣杨昌濬附片具奏，伏乞圣鉴。谨奏。

（朱批：）吏部知道。①

光绪二十一年十一月二十八日，奉朱批：吏部知道。钦此。②

一一一 奏报都司徐广学积劳病故片

光绪二十一年十月二十五日（1895 年 12 月 11 日）

再，臣据署迪化城守协副将汤咏山申：据署抚标右营游击徐积诚呈称，前署该营游击实任迪化城守协中军都司徐广学，于光绪二十一年四月十六日在喀什噶尔防次积劳病故等情，转请核办前来。

臣覆核无异。相应奏明开去该故员都司实缺，另行拣员请补。除将原领札付及委员承查嫡亲印、甘各结咨部外，谨会同陕甘总督臣杨昌濬附片具陈，伏乞圣鉴。谨奏。

（朱批：）兵部知道。③

光绪二十一年十一月二十八日，奉朱批：兵部知道。钦此。④

---

① 台北故宫博物院藏：军机及宫中档，文献编号：408002962-0-C。
② 中国第一历史档案馆藏：录副奏片，档案编号：03-5332-157。
③ 台北故宫博物院藏：军机及宫中档，文献编号：408002963-0-A。
④ 中国第一历史档案馆藏：录副奏片，档案编号：03-5908-097。

一一二　奏为叩谢天恩并缕陈下情折

光绪二十一年十一月初一日（1895 年 12 月 16 日）

头品顶戴甘肃新疆巡抚臣陶模跪奏，为叩谢天恩，并缕陈下情，恭折仰祈圣鉴事。

窃臣于光绪二十一年十月二十八日由俄电钦奉谕旨：陶模着署理陕甘总督，即着迅速赴任。饶应祺署理新疆巡抚，新疆藩司着陶模派员护理。钦此。跪诵之余，罔知所措。伏念臣猥以凡植，遭际圣朝，叠邀宠遇之隆，洊授封疆之重。计到新疆巡抚本任，倏历四年，自惭才不足以济时，德不足以服众，方拟上章乞退，借免愆尤，乃复忝摄兼圻，益增惶悚。

窃谓臣子任事，欲求其心之所安，必揣其力之所及，苟或稍逾乎量，即已自涉于欺。总督任重事艰，甘肃又值回民之变，以臣署理斯篆，譬未谙海道沙线，顾欲扬帆驾舵于惊涛骇浪之中，其不能济亦明矣。惟现在甘、凉一路文报不通，董福祥诸军进剿河湟未知已否得手，际此生灵涂炭，宵旰忧勤，臣亦何敢畏葸不前，邻于规避。拟拣抽马步，率带进关，应如何分别剿抚，容俟查看情形，再行酌办。仍恳皇上迅简贤能前来接替，庶于大局有裨。刻值大雪封途，各处抽调营旗，动辄千数百里，一俟就绪，即行起程。

所有叩谢天恩并缕陈下情各缘由，谨恭折具奏，伏乞皇上圣鉴。再，此折理应专差赍京，因道途梗阻，改由科布多台站转递。合并声明。谨奏。光绪二十一年十一月初一日。

（朱批：）览奏均悉。①

光绪二十一年十二月初五日，奉朱批：览奏均悉。钦此。②

一一三　恭报新疆光绪二十一年七月雨水、粮价折

光绪二十一年十一月初六日（1895 年 12 月 21 日）

头品顶戴甘肃新疆巡抚臣陶模跪奏，为恭报光绪十九年七月份粮价并得雨情形，谨缮折具陈，仰祈圣鉴事。

窃照光绪二十一年六月份各厅、州、县粮价并得雨情形，业经臣奏报在案。兹据新疆布政使饶应祺详称：光绪二十一年七月份，镇迪道属迪化得雨，入土七寸；阜康得雨，入土六寸；昌吉得雨，入土三寸；绥来得雨，入土二寸；奇台得雨，入土一寸；镇西、哈密、库尔喀喇乌苏微雨。伊塔道属塔尔巴哈台得雨，入土八寸；精河得雨，入土四寸；绥定、宁远微雨。南路库车、乌什、英吉沙尔、温宿、疏勒、莎车、拜城、疏附、叶城微雨。余未得雨。至通省粮价，镇西、库尔喀喇乌苏、库车、乌什、玛喇巴什、温宿等厅、州、县俱与上月相同，余均略有增减。汇详请奏前来。

理合恭折具陈，并缮粮价清单，敬呈御览，伏乞皇上圣鉴。谨奏。光绪二十一年十一月初六日。

（朱批：）知道了。③

---

① 台北故宫博物院藏：军机及宫中档，文献编号：408002973。
② 中国第一历史档案馆藏：录副奏折，档案编号：03-5333-020。
③ 台北故宫博物院藏：军机及宫中档，文献编号：408002965。

光绪二十一年十二月初六日,奉朱批:知道了。钦此。[1]

一一四　呈新疆光绪二十一年七月粮价清单

光绪二十一年十一月初六日(1895 年 12 月 21 日)

谨将新疆各属光绪二十一年七月份米粮时估价值,缮具清单,恭呈御览。

计开七月份:

镇迪道属:

迪化县:大米每京石价银二两六钱七分八厘,较上月减七分。小麦每京石价银一两一钱六分七厘,与上月相同。豌豆每京石价银一两一钱八分六厘,与上月相同。青稞每京石价银八钱九分七厘,较上月增三分五厘。

昌吉县:大米每京石价银二两六钱六分,较上月增二钱二分八厘。小麦每京石价银九钱二分,较上月增三分六厘。豌豆每京石价银九钱九分,较上月增三分五厘。青稞每京石价银七钱一分七厘,与上月相同。

阜康县:粟米每京石价银九钱七分八厘,与上月相同。小麦每京石价银一两一钱四厘,与上月相同。豌豆每京石价银一两一钱一分三厘,与上月相同。高粱每京石价银一两六分一厘,较上月增七分三厘。

绥来县:大米每京石价银二两四分二厘,与上月相同。小麦每京石价银九钱二分四厘,与上月相同。豌豆每京石价银九钱九分

---

[1]　中国第一历史档案馆藏:录副奏折,档案编号:03-6964-012。

八厘，与上月相同。高粱每京石价银六钱四厘，较上月增一钱四分四厘。

奇台县：大米每京石价银三两一钱七厘，较上月减一钱七分二厘。小麦每京石价银八钱八分五厘，与上月相同。豌豆每京石价银八钱二分八厘，与上月相同。

吐鲁番直隶厅：小麦每京石价银一两三钱五厘，与上月相同。大麦每京石价银四钱八分二厘，较上月减七分八厘。高粱每京石价银一两三分，与上月相同。黄豆每京石价银一两七钱五分四厘，较上月减一钱九分五厘。

镇西直隶厅：小麦每京石价银一两三钱八分，豌豆每京石价银一两一钱五分，青稞每京石价银八钱八分，俱与上月相同。

哈密直隶县厅：粟米每京石价银一两四钱七分六厘，较上月增三分六厘。小麦每京石价银一两二钱一分二厘，较上月增二分五厘。豌豆每京石价银一两五钱八分四厘，较上月增二分九厘。青稞每京石价银一两四厘，较上月增三分一厘。

库尔喀喇乌苏直隶厅：小麦每京石价银一两四分一厘，豌豆每京石价银一两四钱八分四厘，高粱每京石价银七钱七分二厘，俱与上月相同。

伊塔道属：

绥定县：大米每京石价银二两九钱六分，与上月相同。小麦每京石价银一两三分五厘，较上月减四分一厘。大麦每京石价银五钱五分五厘，较上月减二分七厘。豌豆每京石价银一两一钱五分二厘，较上月减三分六厘。

宁远县：大米每京石价银二两八钱一分，与上月相同。小麦每京石价银六钱九分，较上月减七分。大麦每京石价银四钱二分八厘,较上月减五分二厘。豌豆每京石价银七钱二分,较上月减一钱四分。

塔尔巴哈台直隶厅:小麦每京石价银一两一钱八分八厘,较上月减三分七厘。大麦每京石价银八钱五分六厘,与上月相同。豌豆每京石价银一两一钱五分二厘,与上月相同。

精河直隶厅:大米每京石价银四两二钱,与上月相同。小麦每京石价银一两五钱六分八厘,较上月减一钱一分二厘。大麦每京石价银九钱四分,较上月减四分。豌豆每京石价银一两二钱九分,较上月减一钱一分。

阿克苏道属:

温宿直隶州:大米每京石价银二两九分,小麦每京石价银一两三分五厘,大麦每京石价银七钱五分,包谷每京石价银八钱一分六厘,俱与上月相同。

拜城县:小麦每京石价银五钱二分五厘,与上月相同。大麦每京石价银四钱八分一厘,与上月相同。豌豆每京石价银五钱九分九厘,较上月增三分。包谷每京石价银四钱八分一厘,与上月相同。

喀喇沙尔直隶厅:大米每京石价银四两四钱四分,与上月相同。小麦每京石价银一两一钱四厘,较上月增一钱三分八厘。豌豆每京石价银八钱六分四厘,较上月增一钱四分四厘。包谷每京石价银七钱六分八厘,与上月相同。

库车直隶厅:大米每京石价银二两六分九厘,小麦每京石价银六钱七分五厘,豌豆每京石价银五钱八分六厘,包谷每京石价银三钱八分九厘,俱与上月相同。

乌什直隶厅:大米每京石价银二两一钱七分五厘,小麦每京石价银六钱六分,大麦每京石价银三钱七分四厘,包谷每京石价银五钱二分四厘,俱与上月相同。

喀什噶尔道属:

疏勒直隶州:大米每京石价银三两一钱五分,较上月增一钱五分。小麦每京石价银一两三钱八分,与上月相同。包谷每京石价银一两二分四厘,与上月相同。高粱每京石价银八钱五厘,与上月相同。

疏附县:大米每京石价银三两一钱五分,较上月增一钱五分。小麦每京石价银一两三钱八分,与上月相同。包谷每京石价银一两七分二厘,与上月相同。高粱每京石价银八钱五厘,与上月相同。

莎车直隶州:大米每京石价银一两九钱九分八厘,与上月相同。小麦每京石价银八钱,较上月增一分三厘。大麦每京石价银六钱,与上月相同。包谷每京石价银五钱九分四厘,较上月增一分三厘。

叶城县:大米每京石价银二两七钱五分五厘,较上月增一钱四分五厘。小麦每京石价银九钱七分五厘,与上月相同。包谷每京石价银七钱六分八厘,较上月增四分八厘。青稞每京石价银六钱二分五厘,与上月相同。

和田直隶州:大米每京石价银二两八钱,与上月相同。小麦每京石价银一两,与上月相同。包谷每京石价银六钱二分,较上月增一分。青稞每京石价银五钱,与上月相同。

于阗县:大米每京石价银三两三钱三分九厘,较上月减二分八厘。小麦每京石价银一两三分一厘,与上月相同。包谷每京石价银六钱六分五厘,与上月相同。

英吉沙尔直隶厅：大米每京石价银三两八钱，较上月增一钱六分。小麦每京石价银一两二钱，与上月相同。大麦每京石价银六钱一分六厘，与上月相同。包谷每京石价银九钱一分一厘，较上月增二分七厘。

玛喇巴什直隶厅：大米每京石价银二两五钱一分六厘，小麦每京石价银一两二钱四分二厘，包谷每京石价银一两一钱五分二厘，俱与上月相同。

（朱批：）览。[1]

一一五　奏报和阗一带金矿详细情形折

光绪二十一年十一月初六日（1895年12月21日）

头品顶戴甘肃新疆巡抚臣陶模跪奏，为遵旨查明和阗一带金矿，胪陈详细情形，恭折仰祈圣鉴事。

窃臣于光绪十九年十二月二十二日准军机大臣字寄：光绪十九年十一月十九日，奉上谕：前据许景澄奏，新疆和阗一带金矿旺聚，并详述游历洋人测探情形，当令总理各国事务衙门议奏。兹据该衙门奏称，和阗产金之盛，据许景澄原奏图说，核以近日新疆测绘舆图，大致相同。克里雅城毗连帕米尔诸处边疆重地，绸缪未雨，宜在机先，若照漠河金厂章程，办理得宜，自可浚利源于不竭，请饬妥议办理等语。着杨昌濬、陶模按照所奏各节，会商办法，妥议具奏。总理各国事务衙门折均着抄给阅看。将此各谕令知之。钦此。遵旨寄信前来。旋准总理各国事务衙门咨送奏稿、图说、游

---

[1]　中国第一历史档案馆藏：清单，档案编号：03-6964-013。

记、漠河金厂章程等件到新。复接督臣杨昌濬电称：嘉峪关通商洋弁比利时国人游击衔林辅臣可以派往。臣随电嘱该洋弁取道敦煌、阳关，由碛路西进，并遴委候选巡检施再萌，赍带图说、案卷，驰赴蒲昌海南岸，于二十年四月中会齐入山，幽谷郁盘，探求濡滞，至二十一年九月，始由疏勒还抵省垣。

臣屡次面询，备悉回疆金矿名在和阗，实距和阗甚远。其山脉起自尼蟒依，东行伏于白龙堆，緜属三千余里，金沙多产涧谷之交。汉人罕涉此境，缠回呼山曰塔克，蒲昌西南至和阗，塔克以百数。各国游人皆指为昆仑。缠回呼河曰达里雅，呼金矿曰阿腾亢，昆仑北麓达里雅以十数，惟卡墙、和阗最大；阿腾亢以千数，惟阔帕与索尔戛克最著，即公牍所称小金厂、大金厂者也。大金厂广袤四五十里，其新旧、水旱井穴错若繁星，今有人掘劚者仅百余处。其矿丁自六七百至千人不定，皆和阗诸邑无业缠回。阔帕小金厂井穴矿丁数减过半，他山各矿人又递少，较大小二厂不及十分之一，或八九人合穿一洞，或一家独占数窟。其法风簸、水淘、镳镳畚挶，旋兴旋废，作辍无恒。其利每穴每日得金屑分厘，或兼旬无所获，劚斫累世，利孔成虚。欲裕边储，必舍旧图新，庶无害贫民生计。创始之道，不外官办、商办、中法、西法、购机器、延矿师诸大端。然绝域外垂，形隔势阂，人才、库帑二者胥穷；盈缩乘除，未操胜算。微臣愚见，不敢贸然鸠工，熟筹全局，有七难焉。

际此公私交困，仰屋兴嗟，百术钩稽，窘同画饼。谋益上而不损下，莫如求地利于卝人。微臣向持此见。如拜城、达坂城之铜，喀喇沙尔之铅，噶斯山等处之金，济木萨之铁，迪化之石油，均经开採。无如戈壁错杂，转运艰辛，人工倍昂，百物奇贵，所费溢于所得，或亏累罢弃，无从报销，或勉强支持，终忧折耗。天下事皆言易行难。西人羡称矿产，良由习惯。大役能集巨资，材艺既精，舟车又速，坐忘百载经营之苦，竞诩一时获利之方。中国地势、人事未能遽臻利便，各省试办矿政，半属徒劳。新省瘠区，尤未易议。若照漠河章程，遽抛三四十万成本，以邀难必之利源，边臣皆无是胆略。此官办之难也。

海滨有公私合股之策，农部颁官督商办之章，众力共擎，洵为良法。然新疆本乏富绅，尤少硕贾，农商流寓，罕有恒心。偶得赢余，长歌入塞。和阗去江海一万余里，较漠河之有轮帆以利行程者，形势判若霄壤。况缠回语言、文字、衣服、器用种种不同，汉人既挟资而来，孰肯与他族为伍？矿丁又复粗鲁，莫识远谋，西人游记谓阔帕矿金有大似胡桃，或如鸽蛋、如马首者，实百十年来所仅有。倘常若此，缠回当尽以淘金为生矣。今回民小康之家率望金山而裹足。此商办之难也。

驻俄使臣许景澄致总理各国事务衙门信函，谓西国有听民请照赴挖，缴官给值而征其税，则又于常例之外别事变通。臣将此说告之查矿委员，令到彼察看。委员抵山麓，矿丁谣传发给衣食、资本，纷纷走集。迨遣译者问以请照征税之事，即哄然四散，莫有应者。是否民性之不驯，抑亦办理之未善，相离窎远，未能周知。遍询众人，咸谓矿丁拮据，终年仅免枵腹，岩栖穴处，殆无人状。如令纳税办理，更属为难。旧例和阗州岁征课金五百两，于阗县课金二百九十余两，因矿丁无从查收，向来摊入钱粮数内，官吏方愧无法以苏民困。是故回疆南山中外经济家指为金穴，在和阗农民或且视为祸根。今若不顾严酷，师西人操切之政，按名囊括，每年或可增入银数千两至万余两，无补度支，而渔夺敛怨，微臣心有所不忍。矿丁麕集兽散，山径纷歧，窜匿伏行，穷于捕逐，将如何广设卡伦，披沙求金？微等毫末，潜藏妙手，巧不胜防，将如何设法搜检？西人于此谅别有权术，臣之见闻，又有未逮。此变通征税之难也。

宝藏不能大兴，固由中法之未尽善；矿学家言，率资机器，轧磨镕炼，所用多钢铁重大之物，或由上海轮舟运至湖北登陆，或由俄国铁路运至撒麻耳干卸载，距矿所仍远，内地商车力难任重。前陕甘督臣左宗棠在兰州设织呢局，别制大车，载运机器，途经村落，或拆毁门垣以过，不久即亏本废弃。新疆路程倍于甘省，如俄国乌拉岭金厂机架高大，恍同楼屋，当以何术挽致？此不难于购机而运机之难也。

西国治矿获富，端赖专门名家，然精于格致化分者，在欧洲亦不多觏，中华尤未易招延。前年奉文查看矿山，臣虑矿师求聘需时，性多骄贵，矿政果否创立，又未可预期，电商督臣先行派员察视大概。洋弁林辅臣尝屡次自荐，愿办矿务，曾在安西州试挖铅苗。臣以为该洋弁纵未能程巧致功，当必有片长薄技，因即就近调往。迨差还，询以矿学、化学，殊欠明晓，犹嫌入山疲困，恨无优差以偿其劳。想材愈高者，气亦愈傲，必有深知洋务之大员，方能驾驭。而西北仕途罕谈洋务，臣与司道均属门外。阅许景澄信函称：但虑办理之不善，不患经费之难供。窃意非久游外洋者，孰能确有把握？应恳天恩，就出使大臣中择任边疆，庶可收借材之效而垂利赖于无穷，否则虽有精明洋匠，仍苦莫能驱策。此延矿师难而更难于用矿师之人也。

觅矿必入深山，无论中法、西法，均以通道为先。新疆省城至于阗县六十四驿五千三百八十二里，皆与矿山无涉。金矿多在县治迤东，须取道蒲昌海僻径，由吐鲁番西南十九程而至海南之卡克里克，折西八程至卡墙，为达矿山之要地，又西十二程以至于阗县，合于《汉书》"傍南山西行之南道，荒芜沙碛，断绝人烟"。平治道途，创建驿舍，所费当又不赀。是犹山外干路耳。若山间枝路，无不巃嵸崔巍，绳引悬度，欲兴矿政，并宜开通，断非四五年所能竣事。此辟路置邮之难也。

董劝百工，首资饩廪；负担千里，倍耗银钱。自委员启程时，臣饬各属备办米薪、器用，分遣司事，沿途存储递送，吏民苦之。而委员入山愈深，仍虑供支不继，还省后即以此事为言。臣查蒲昌海西北境塔里木河滨，经前护抚臣魏光焘及臣先后派员招徕户口，辟治草莱，阡陌新成，仓庾无几，加以盐泽泥淖，南山宼隆，登降坎坷，转输劳悴，必将蒲昌海西南卡墙河左右就有水草处，度地募农，为日后矿局购粮之本。惟沙漠土壤，华离不连，地旷人稀，迁移鲜愿。酾渠筑室，经画维艰。臣与司道诸臣商议矿务，所赅者众。屯垦一事，当陆续勉筹，俾大漠之中间有小邑，将来匠工于役，菽粟可求。然千岁穷荒，未易数年成聚。此垦田积谷之难也。

余若择地建局，则有用人庀材之难；分汛缉奸，则有增兵加费之难。棘手滋多，未可枚举。尝闻西国罕在不通轮舶、不设铁轨之处兴矿务者。臣于光绪十九年四月十八日议覆编修胡景桂条陈折内，曾略述新疆开矿竭蹶情形。本年八月二十六日，遵旨覆奏条陈时务折内，请于沿江沿海设立矿务学堂，诚以求其在我，莫此为急，庶几由近及远、由易入难，若夫雄材大略，何地不可有为？微臣知识庸愚，动虞窒碍，亦未便讳而不言。南山各矿金沙虽将淘尽，而金璞则深藏尚多。今值理财乏术之秋，倘有远识者于难中生易，或可建策兴办。微臣夙夜期望，犹之盲不忘视，跛不忘走，深顾利民裕国，而非甘心含糊，以一覆了事，贻笑外人也。

伏乞皇上饬下总理各国事务衙门及出使外洋各大臣，详加考核，悉心酌议，边陲幸甚。至和阗西境，阻于莎车葱岭，距帕米尔尚远。惟南逾昆仑，可由阿克塞成达英属之条拜提即土伯特。据洋弁林辅臣禀称：阿克塞成等处产金亦旺，似可划昆仑南坡借给英人开矿，而坐收租息。臣查彼处遐荒无人，势难设官，听其自然，又虞侵越，应否由后藏分明界限，请饬总理各国事务衙门一并筹议。

除钞录查矿委员禀稿、舆图咨送军机处、总理各国事务衙门外，谨将和阗一带金矿详细情形恭折具陈，伏乞皇上圣鉴训示。谨奏。光绪二十一年十一月初六日。

（朱批：）该衙门知道。①

光绪二十一年十二月初六日，奉朱批：该衙门知道。钦此。②

【案】许景澄奏……测探情形：光绪十九年九月初三日，出使大臣许景澄奏报洋人测探和阗金矿情形，曰：

出使大臣内阁学士兼礼部侍郎衔臣许景澄跪奏，为新疆和阗一带金矿旺聚，谨陈游历洋人测探情形，恭折仰祈圣鉴事。

窃查甘肃新疆省南路，以和阗州为极边。其地西南界印度，南通后藏，境内大山自叶尔羌分支东行，绵亘二千余里，西洋人通称为昆仑山，即《汉书·西域传》所称南山也。汉时自玉门、阳关，从鄯善傍南山北波河西行至莎车，为出西域之南道。自唐而后，鄯善以西诸国皆沦入沙碛，其道遂塞。今观舆图，自克里雅回城以东悉系大戈壁。《新疆识略》亦称和阗以

① 台北故宫博物院藏：军机及宫中档，文献编号：408002964。
② 中国第一历史档案馆藏：录副奏折，档案编号：03-9531-067。

南皆大山沙碛，路不复通，故情形莫得而详。

光绪十年，俄国武员普舌瓦尔斯基始自罗布泊西南，沿河以达克里雅所属之策尔满地方，再循山之北麓迤逦至于和阗，正与汉之南道相合。归而作记，颇称昆仑山金矿之旺。十六年，俄国地理会复遣矿学人博格达诺委翅前往该处，详测金矿所在，留住几及一岁，著有图说，俄人重而密之。经臣处洋翻译官金楷理辗转觅获，将其要译述。据言西起哈朗归山，东抵罗布泊，产金之地就所已悉者有十二处。计自和阗州至克里雅城，得矿三处，曰玉龙哈什河，曰策勒村，曰克里雅。自克里雅以东得矿五处，曰索尔戛克，曰乌鲁克河，曰阔帕，曰莫罗札河，曰池日干河。以上均在昆仑山北麓。逾山而南，得矿一处，曰坎波拉克。凡九处，皆为该俄人亲历。又，极东在策尔满一带未经赴探者得矿三处，曰豁达列克，曰托尔肯散，曰阿克塔克。每一处之矿，又各析有数处、十余处不等。其金砂或凝结严壁，或随山水冲注，散在涧河之中。诸矿皆经淘挖。无水之地，则用风簸。其内索尔戛克、阔帕二处土民赴采者，约及二千人，日可出金五千余两，其金往往售诸印度。若以洋法开采，出金尤必增多。此山内矿地之大略情形也。

该俄人书内又言：俄主大彼得时即闻其地产金，欲自中亚、西亚通道，卒不能达。迨回酋阿古柏占据喀什噶尔，令民所挖矿金，官为收买，税其十分之二，当时养兵之费赖以取给。同治十二年，英使福舍至喀城，曾派人赴索尔戛克、阔帕等处查察金苗。光绪十一年，俄领事撒特罗夫曾将昆仑山产金情形密报外部，核其砂净质重，实出乌拉岭暨英美新旧金山之上，允为五大洲之冠等情。

伏查新疆边外，自俄人蚕食回部，藩篱久撤，莎车、和阗等处复与英国属地相接，故南路边防在今日尤为扼重。近岁俄兵入帕，益骛南牧，与英争因都库什之险，渐有通道西藏之志。和阗南山一带，地势适介其冲，山中金穴尤动彼以可欲。其屡次遣员游历，名为考察方舆，实则觊图利便。该处又与英界缪辖，未经勘定。英人心计绝精，亦未必无所垂涎。前黑龙江省之漠河金矿，与俄境隔江相望，经李鸿章招商开采，以杜窥伺，迄今已有成效。和阗形势更逼，矿产更富，大山阻深，徒众麇聚，官司稽查所不及，营汛巡历所难周。若不早谋措置，难保不勾结他族，滋生事端。远虑近忧，皆不容忽。且控驭严疆，兵力不能不厚。该省饷源动赖各省协济，稍议增兵，辄苦饷绌，诚能就已开矿地，由官设厂经理，数年而后，材用渐裕，尤可资塞上之饱腾，省中原之输挽。筹边之谋，莫利于此。惟筹办开采，必以查勘矿地为先务，似应按照该俄人所述各矿情形，复加察看，庶于边情、地利得有确征。可否请旨饬下总理各国事务衙门，行商新疆巡抚饬查之处，伏候圣裁。除照译俄人博格达诺委翅说略，并摹绘总、分各图咨送总理衙门备查外，谨绘图贴说，恭呈御览。

所有洋人测探和阗金矿关系情形，理合恭折具陈，伏乞皇上圣鉴。谨奏。九月初三日。

光绪十九年十月二十六日，奉朱批：该衙门议奏。图并发。钦此。①

【案】该衙门奏称……等语：光绪十九年十一月十九日，奕

① 中国第一历史档案馆藏：录副奏折，档案编号：03-9429-074。

勖等为筹议新疆金矿具折曰：

臣奕勖等跪奏，为遵议新疆金矿情形，请旨饬查，恭折仰祈圣鉴事。

窃臣衙门于光绪十九年十月二十六日准军机处钞交出使大臣许景澄奏新疆和阗一带金矿旺聚，谨陈洋人游历测探情形一折，奉朱批：该衙门议奏。图并发。钦此。查原奏内称，俄人在新疆南路屡经游历，详测金矿。其图说内言：自和阗至克里雅城得矿三处，自克里雅以东得矿五处，均在昆仑山北麓。逾山而南，得矿一处。又，极东在策尔满一带未经亲历者得矿三处。每一处之矿，又各析有数处至十余处不等，内索尔戛克及阔帕两处，土人赴采者数千人。若以洋法开采，出金必多，其金质为五大洲之冠等语。

臣等窃维新疆南路西四城岁有贡金，原是任土作贡之义。回部产金之区甚广，而开采之多寡，向系听民自便，是以莫得其详。近日新疆测绘舆图，于于阗县境列有卡拔小金厂、梭尔瓦克大金厂之目。于阗县即克里雅城，其卡拔小金厂即原奏所称阔帕金矿，索尔瓦克大金厂即原奏所称索尔戛克金矿。既有金矿名目，自必开采已久，是和阗金矿之盛可知。

又原奏所称策尔满地方，即新疆所称卡墙河，近年以来，俄国游历人之经此出入者不绝于途，地方官照料保护，随时见于公牍。其于昆仑山产金处所，采访颇详，著为图说，不无欣羡之心。图中产金之地绵亘二千余里，实襟带回部、藏番之天然要隘。克里雅城为居中绾毂之区，其西界越萨雷阔勒即属帕米尔地。其西南径接坎巨提、条拜提部落。其南面为藏边之拉达克部落地方，英人于近日于印度东北经商辟路，日事开拓,加以藏地通商,异日南路边疆关系綦重,绸缪未雨,宜在机先。西人以利源所在,虽越国过都,尚不惮烦劳,详细探访。中国于自有之利,若竟听其货弃于地,甚为可惜。惟是造端图始,事借诹咨,规模务在宏达,经画必有实际。查近日边疆矿务,惟漠河金矿章程备具,成效可观,良由北洋大臣、黑龙江将军等筹议经年,而又经理得人,故诸事胥臻妥协。

和阗所属之地,不似漠河之山河辽隔。其金砂据图说所称,成色似亦较高,若使办理得宜,自可浚利源于不竭。惟该处向来金厂一切情形,及现在应如何延请可靠之矿师认真查察,官办、商办孰为利便,中法、西法能否兼资,以及将来能否招商集股等情,臣衙门无从悬揣,应请旨饬下陕甘总督、新疆巡抚,按照原奏各节,逐一详查,妥议具奏。一面由臣衙门将原奏图说及漠河金矿开办成案,行知该督抚阅看,俟覆奏到日,再行酌核定议。

所有臣等遵议新疆金矿情形,理合恭折覆陈,伏乞皇上圣鉴,训示遵行。谨奏。光绪十九年十一月十九日。臣奕劻（假),臣宗室福锟（假),臣许庚身,臣孙毓汶,臣徐用仪,臣廖寿恒,臣崇礼,臣张荫桓。[1]

一一六　奏报官犯游春泽家财尽绝片

光绪二十一年十一月初六日（1895年12月21日）

再,臣前因官犯游春泽无力完缴欠银,恭逢恩诏,循例陈请援

---

[1]　中国第一历史档案馆藏:朱批奏折,档案编号:04-01-36-0108-027。

免，经户部会同刑部议覆：该官犯亏欠银数不在不准援免之列，应饬原籍四川、寄籍江南及伊犁差次，查明有无资材寄顿，如实系家产尽绝，取具该管官印结，奏请豁免等因。具奏奉旨：依议。钦此。钦遵咨行照办。臣遵即分咨并饬查去后。兹据新疆布政使饶应祺转行绥定、迪化二县，查明该官犯游春泽伊犁新疆寓所自经查抄，实系家产尽绝，并无资材寄顿，取具各该县印结，呈请奏咨前来。

臣覆查无异。除将切结咨送户部汇办外，谨附片具陈，伏乞圣鉴。谨奏。

（朱批：）户部知道。①

光绪二十一年十二月初六日，奉朱批：户部知道。钦此。②

一一七　奏报卡克里克设立营局片

光绪二十一年十一月初六日（1895 年 12 月 21 日）

再，罗布淖尔西北四百余里之都纳里地方，于光绪十九年经臣奏筑蒲昌城，移屯营及抚辑招徕局驻焉。该营、局所辖东西二千余里，南北一千余里，程途辽远，时虞鞭长。查淖尔西南一百四十里之卡克里克有古城颓垣，周约十五里，即汉楼兰故国，《西域传》所谓负水儋粮送迎汉使者也。今委员查看，间有可耕之土，背水面山，形势爽垲，东南戈壁，距敦煌、阳关一千三百里，西抵于阗县一千七百余里，南通青海、西藏，居碛路之要冲，为矿山之孔道，亟宜应时变通，于卡克里克分设屯防局，委员经理，招募业农贫户，择地

---

① 台北故宫博物院藏：军机及宫中档，文献编号：408002966-0-A。

② 中国第一历史档案馆藏：录副奏片，档案编号：03-5333-027。

垦荒,备日后开矿转运之基。

现值河湟回乱,恐匪党或由番地阑入,应于各要隘布置卡汛、添扎营哨,以备不虞。所需招户川资、牛工、子种、建屋、修路、创驿站、增勇丁各费,容办有端绪后,咨部立案。合将拟议情形先行附片陈明,伏乞圣鉴。谨奏。

（朱批:）该部知道。①

光绪二十一年十二月初六日,奉朱批:该部知道。钦此。②

一一八　奏报李滋森调署伊塔道片

光绪二十一年十一月初六日(1895年12月21日)

再,伊塔道英林业经奏明调署镇迪道兼按察使衔篆务,所遗伊塔道员缺,查有二品顶戴遇缺尽先题奏道李滋森,堪以委署。

除由臣檄饬遵照外,谨会同伊犁将军臣长庚附片具奏,伏乞圣鉴。谨奏。

（朱批:）吏部知道。③

光绪二十一年十二月初六日,奉朱批:吏部知道。钦此。④

---

① 台北故宫博物院藏:军机及宫中档,文献编号:408002964-0-A。

② 中国第一历史档案馆藏:录副奏片,档案编号:03-5555-050。

③ 台北故宫博物院藏:军机及宫中档,文献编号:408002964-0-B。此片之具奏日期,原件标注"光绪二十一年十一月初六日",而军机录副目录则署为"光绪二十一年十一月初九日",两相参差。查光绪二十一年十二月初六日军机处随手登记档（档案编号:03-0285-2-1221-358),同日朱批十一月初六日与十一月初九日两日之折件,经仔细核核对,此片之具奏日期应为"光绪二十一年十一月初六日"。兹据校正。

④ 中国第一历史档案馆藏:录副奏片,档案编号:03-5333-026。

一一九　奏报丁振铎护理布政使员缺等情片

光绪二十一年十一月初六日(1895年12月21日)

再，新疆布政使饶应祺奉旨署理新疆巡抚，所遗布政使员缺，应即派员护理。查有镇迪道兼按察使衔丁振铎，堪以护理。递遗员缺，查有伊塔道英林，堪以调署。英林未到任以前，所有镇迪道兼按察使事务仍由丁振铎暂行兼理。

除分别饬遵外，谨附片具陈，伏乞圣鉴。谨奏。

（朱批：）知道了。①

光绪二十一年十二月初六日，奉朱批：知道了。钦此。②

一二〇　抽调马步、添募营旗请饬立案折

光绪二十一年十一月初九日(1895年12月24日)

头品顶戴甘肃新疆巡抚臣陶模跪奏，为新疆先后抽调马步，添募营旗，汇缮清单，恳恩饬部立案，恭折仰祈圣鉴事。

窃臣于光绪二十一年八月具奏甘肃回匪不靖，调补用总兵赵有正、补用提督牛允诚，率带马步，分扎肃州、玉门，并于省城、哈密分别布置。嗣因永昌被围，复经电奏派赵有正马步四营旗前往援

---

① 台北故宫博物院藏：军机及宫中档，文献编号：408002964-0-C。此片之具奏日期，原件标注"光绪二十一年十一月初六日"，而军机录副目录则署为"光绪二十一年十一月初九日"，两相参差。查光绪二十一年十二月初六日军机处随手登记档（档案编号：03-0285-2-1221-358），同日朱批十一月初六日与十一月初九日两日之折件，经仔细核对，此片之具奏日期应为"光绪二十一年十一月初六日"。兹据校正。

② 中国第一历史档案馆藏：录副奏片，档案编号：03-5333-025。

剿各在案。查新疆额设营旗只有此数，当兹有事之秋，欲外为甘省援助，内防匪类潜滋，非抽调无以为移缓就急之谋，非添募不免有顾彼遗此之虑。经臣察看情形，随时办理。综计先后抽调步队四营一旗、马队十旗、炮队一哨，添募步队一营二旗三哨、马队三营四旗另四十名，或择要扼扎，或饬令填防，务使声势相联，足资防剿。一俟甘肃军务平靖，或仍回防地，或分别撤留，届时再行酌办。

除添募马步起支薪粮日期按季造报外，所有营旗数目、驻扎处所，理合汇缮清单，恭折具陈，伏乞皇上圣鉴，饬部立案施行。谨奏。光绪二十一年十一月初九日。

（朱批：）该部知道。单并发。[1]

光绪二十一年十二月初六日，奉朱批：该部知道。单并发。钦此。[2]

一二一　呈添募营旗已奏、未奏清单

光绪二十一年十一月初九日（1895年12月24日）

谨将自请添估军饷后陆续添募营旗已奏、未奏，分别缮具清单，恭呈御览。

计开：

已经奏报添募营旗内：

李培荣坐营和克军步队一营、卫队两哨、马勇四队，副将易谷芳河镇中营步队一营，总兵谢春祥春字营步队一营，营务处黄云卫

---

① 台北故宫博物院藏：军机及宫中档，文献编号：408002966。

② 中国第一历史档案馆藏：录副奏折，档案编号：03-6137-057。

队两哨,署洮岷协副将任清鸿步队一营,副将陈元萼精选后营步队一营,候补道徐锡祺土勇二百名,军功蒋钦靖循右营,守备马永祥靖循左营,游击马伏保回步队一营,军功马国良回步队一旗,起台堡守备张其高步队一营,镇海协副将杨志胜马队一旗,副将何建威马队一营,狄道州吏目廖葆泰马队一营,都司左俊卿靖湟右营添马队六十名,参将戴福禄土勇一旗,隆德守备陈万胜土勇一旗,安定营守备徐仓土勇一百名,武毅前旗添足成营,精选左旗添足成营,精选前旗添足成营,督标庆字旗添足成营,武毅新左旗马队添足成营,甘防步队两营,甘标练军左旗添足一营,武举王鸣岗洮防步队一营,安宁营步队一旗,督标前营马队一旗,杏字马队一旗,肃州镇防马队一旗,统领老湘军副将陈宗蕃马队一旗,西宁道陈嘉绩马队一旗,永昌协副将刘璞马队一旗。

未经奏报添募营旗内：

知府李俊生和克军副中营步队一营,游击周嘉谟和克军左旗马队一旗,提督罗长春和克军右旗步队一旗,统领老湘军副将陈宗蕃湘军中营步队一营,营务处黄云马队一旗,千总李致中汉、番步队二百六十六名,护凉州镇总兵章凤先马队五十骑,署河州镇总兵李良穆水手六十名,武毅前营周文翔马队一旗,都司张凤鸣督标左旗马队一旗添足成营,副将邓万鼎督标右旗马队一旗添足成营,游击汤仁泽全胜左旗添足成营,参将王梓材全胜右旗添足成营,武进士马福禄安宁营马队四十名添足成旗,宁夏镇牛师韩豫凯军炮队两哨,庄浪城守尉英秀汉马队一旗,游击李正鲁肃西右旗添足成营,游击王正坤凉标练军左旗添足成营,署河州镇总兵李良穆亲兵二百名,游击喻仁杰甘标杰字营马队一营,巴燕戎格厅方传获马勇五十名,安定粮局防勇六十名,都司详春廷霆字营马队一营,参将

王荣茂猎夫三百名添足成旗,从九童振声振威马步二旗,西宁镇标
六营土勇百名,都司潘庆湘护运营募马勇二十五名,南川营添募兵
丁二百名,松山营募番兵五十名,甘州府猎夫一营,甘凉道土勇三
百名,安肃道土勇五百名,巩秦阶道土勇五百名,巩昌府土勇五百
名,西宁府土勇马队一旗、步队一营,河镇中营游击韩廷芝土勇一
百名,署河州城守营都司沈勋照土勇一百名,署河州知州查之屏土
勇五百名,署狄道州知州黄焘土勇五百名,平番县土勇三百名,古
浪县土勇三百名,阶州直隶州土勇一百名,岷州知州土勇二百名,
大通县土勇五百名,丹噶尔厅土勇一百名,金县土勇一百名,渭源
县土勇一百名,红水县丞土勇二百名,阶州营游击土勇一百名,静
宁州土勇一百名,碾伯县土勇五百名,安远营都司范德元土勇一百
名,洮州厅土勇三百名,镇羌营游击土勇一百名,岔口营都司土勇
一百名,安西州土勇二百名,清水县土勇一百名,候补道徐锡祺马
勇二十四名,平凉县马步土勇一百五十六名,平远县土勇一百名,
会宁县土勇五十名,打拉池县丞土勇二十名,循化厅土勇一百名,
泾州直隶州土勇一百名,北川营土勇一旗,文县土勇一百名,秦安
县土勇一百名,华亭县土勇一百名。

（朱批:)览。①

一二二　请以黄袁升补英吉沙尔直隶厅同知折

光绪二十一年十一月初九日(1895年12月24日)

头品顶戴甘肃新疆巡抚臣陶模跪奏,为拣员升补要缺同知,以

---

① 中国第一历史档案馆藏:清单,档案编号:03-6137-058。

俾地方，恭折仰祈圣鉴事。

　　窃据新疆布政使饶应祺、镇迪道兼按察使衔丁振铎会详称：英吉沙尔直隶厅同知李庆棠因病开缺回籍，系光绪十九年四月二十四日奉旨行文，按例限计算，应以是年七月十一日接到部文之日作为开缺日期。所遗英吉沙尔直隶厅同知系冲、繁、难三项要缺，应即拣员请补，以重职守。查南路新设各缺，经前抚臣刘锦棠奏准由外拣补一次，以后出缺援照甘肃变通章程办理。查章程内开：丞、倅、州、县以及佐杂各要缺，将现任各员按照应升官阶内无论有无升案，并是否到任实授以及试俸、历俸未经期满各员，准择其人地相宜者，一律升调。又定例：现任人员保举以何项官阶用及以何项官阶补用，凡系指定官阶应归候补班内补用人员，除应升之别项缺出，仍准照例升用。如遇所保指定之项缺出，准归于候补班内请补，概不得仍行请升各等语。今英吉沙尔直隶厅同知要缺，于现任人员内逐加拣选，查有在任候补直隶州知州迪化县知县黄袁，年五十三岁，湖南善化县人，由附贡生于同治十二年在湖南援防捐局报捐盐运司经历，指分广东，加盐课司提举升衔，并免赴部验看。是年十一月，经湖南抚臣验看给咨。十三年五月十四日，到省试用，旋经前陕甘总督臣左宗棠因该员前在军营效力，于克复乌鲁木齐等城案内汇保，光绪三年九月初五日奉上谕：黄袁着免补本班，以知县仍留广东，归候补班前尽先补用。钦此。六年，复奉委赴甘肃，侦探军务，于十二月十八日抵湖南原籍，便道省亲，适于七年正月二十一日丁母忧。九年四月二十一日，服满起复，经刘锦棠札调出关，随营差遣。六载边防案内汇保，十年十月初四日奉上谕：着候补缺后，以直隶州知州在任候补，并赏戴花翎。钦此。是年，委办臣营总理文案事务。十一年，留省候补，八月十七日禀到。十二年,奏准留于新疆委用。十三年,奏补叶城县知县,是年九月初一日经部覆准,照例以奉文准补之日作为直隶州知州到省候补日期。十四年十一月二十七日,到叶城县本任。十六年,奏请调补迪化县知县,经部覆准。是年九月十五日,交卸叶城县事。十月二十九日,接署疏附县篆务。十七年四月二十七日,交卸疏附县事。八月二十二日,到迪化县本任。新疆城署各工案内汇保请俟补直隶州知州后,以知府在任候补,经部议准。十八年十月初八日具题,奉旨:依议。钦此。十九年三月十八日,交卸迪化县事。八月初一日,接署和阗直隶州篆务。新疆七载防戍案内汇保请俟归知府班后,加三品衔,并加一级,旋经部议请加一级,核准注册,所叙之加衔应改为俟离任归知府班后,准加盐运使衔。是年十二月初二日具奏,奉旨:依议。钦此。二十年八月初八日,交卸和阗州事。二十一年十月十七日,仍回迪化县本任。

查该员黄袁宅心和厚,办事精详,在新疆年久,边情熟悉,历任各缺,办理一切诸臻妥协,以之请补斯缺,实堪胜任,人地亦极相宜等情,详请具奏前来。

臣查该员黄袁老成稳练,办事勤能,合无仰恳天恩,俯念要缺需员,准以在任候补直隶州知州迪化县知县黄袁升补英吉沙尔直隶厅同知员缺,洵于地方有裨。如蒙俞允,俟奉部覆,并案给咨,送部引见,以符定例。谨恭折具陈,伏乞皇上圣鉴训示。再,所遗迪化县知县系冲、繁、难三项要缺,应请扣留外补。至该员各任内并无参罚案件。合并声明。谨奏。光绪二十一年十一月初九日。

(朱批:)吏部议奏。[①]

---

① 台北故宫博物院院藏:军机及宫中档,文献编号:408002967。

光绪二十一年十二月初六日，奉朱批：吏部议奏。钦此。①

一二三　镇西等处被灾应征粮草拟请蠲缓折

光绪二十一年十一月初九日(1895年12月24日)

头品顶戴甘肃新疆巡抚臣陶模跪奏，为新疆镇西、阜康、莎车、呼图壁被旱、被水、被蝗地亩应征粮草，拟请分别蠲缓，以纾民力，恭折仰祈圣鉴事。

窃新疆本年入夏以来，先后据镇西厅、阜康县禀报被旱，莎车州禀报被水，呼图壁巡检禀报被蝗，当以为时尚早，批饬各地方官传谕各户补种各色杂粮，如有收获，将来牵匀计算，或不至成灾。其或被灾较重，以此弥补分数，亦可轻减去后。嗣据该各厅、州、县、巡检禀称：补种前项杂粮，或未抽穗即就黄萎，或虽经刈割而颗粒不实等情前来。

饬据布政使饶应祺详称：先后饬据各印委结报：镇西厅大泉、西渠、东渠、石人子、奎素、李家沟、柳沟、楼坊沟、板坊沟、二十里庄、红旗沟、西大墩、沙山子被旱地八千七百四十七亩五厘，额征粮六百五十石一斗二升；莎车州卡钧庄、卡木沙庄、庆水都庄被水地二千三百三十一亩六分四厘，额征粮六十四石三斗五合七勺、草六千七百八十五斤一两七钱六分；呼图壁芳草湖、桑家渠被蝗地一万一千一百二亩七分，额征粮四百五十四石七斗二升五合。以上三属本年应征粮草，拟请一律蠲免。阜康县头工、三工台、五工梁、七十东、八运、土墩子、二道河被旱地一万七千四百九十六亩二分二

---

①　中国第一历史档案馆藏：录副奏折，档案编号：03-5333-024。

厘，额征粮九百七十七石八斗五升九合四勺，内拟请蠲免粮六百七十一石七斗二合七勺，其余三百六石一斗五升六合七勺，拟请缓至来年秋后带征等情。

臣覆查无异。除饬加意抚恤，并来春应否接济另案汇办外，所有镇西、阜康、莎车、呼图壁被灾地亩，合无仰恳天恩，准将应征粮草分别蠲缓，以纾民力，俟奉谕旨，饬司敬刊誊黄，遍行晓谕，以广皇仁而示体恤。谨恭折具陈，伏乞皇上圣鉴训示。谨奏。光绪二十一年十一月初九日。

（朱批：）另有旨。①

光绪二十一年十二月初六日，奉朱批：另有旨。钦此。②

【案】此折于是年十二月初六日得旨允行。上谕档：

光绪二十一年十二月初六日，内阁奉上谕：陶模奏，查明各属被灾地亩，请将应征粮草分别蠲缓一折。甘肃新疆镇西等厅、州、县本年被旱、被水、被蝗，地亩成灾，若将应征粮草照常征收，民力实有未逮，加恩着照所请，所有镇西厅大泉、西渠、东渠、石人子、奎素、李家沟、柳沟、楼坊沟、板坊沟、二十里庄、红旗沟、西大墩、沙山子被旱地八千七百四十七亩零，额征粮六百五十石零；莎车州卡筠庄、卡木沙庄、庆木都庄被水地二千三百三十一亩零，额征粮六十四石零、草六千七百八十五斤零；呼图壁芳草湖、桑家渠被蝗地一万一千一百二亩零，额征粮四百五十四石零，着一律蠲免，阜康县头工、三工台、五工

---

① 台北故宫博物院藏：军机及宫中档，文献编号：408002968。
② 中国第一历史档案馆藏：录副奏折，档案编号：03-9480-001。

渠、七十东、八运、土墩子、二道河被旱地一万七千四百九十六亩零，额征粮九百七十七石零，内着蠲免粮六百七十一石零，其余三百六石零，着缓至来年秋后带征，以纾民力。余着照所议办理。该抚即刊刻誊黄，遍行晓谕，务使实惠均沾，毋任吏胥舞弊，用副轸念灾区至意。该部知道。钦此。①

一二四　奏报新疆本届计典仍恳展缓折

光绪二十一年十一月十五日(1895年12月30日)

头品顶戴甘肃新疆巡抚臣陶模跪奏，为新疆本届计典仍难举行，恳恩展至下届再行办理，恭折仰祈圣鉴事。

窃照新疆自设行省以来，历次恭逢计典，均因实缺人少，不敷例额，奏准展缓在案。兹光绪二十一年又已届期，经吏部题奉谕旨，行令遵照，应即钦遵办理，以副朝廷澄叙官方至意。惟新疆实缺道、府、丞、倅、州、县历俸已满三年者仅只数人，尚未引见，其余非因事调省，即调署别缺，且有未经到任者，按照十五人准荐一人之例，实属不敷。至佐杂、教职人数尤少，照例应毋庸议。据新疆布政使饶应祺、镇迪道兼按察使衔丁振铎详请奏缓前来。

臣覆查无异。合无仰恳天恩，俯准展至下届再行举办，傥有干六法人员，仍当随时参劾，以免贻误地方。谨恭折具奏，伏乞皇上圣鉴训示。谨奏。光绪二十一年十一月十五日。

(朱批：)着照所请，吏部知道。②

---

① 《光绪宣统两朝上谕档》，第21册，第487—488页。
② 台北故宫博物院藏：军机及宫中档，文献编号：408002969。

光绪二十一年十二月十二日，奉朱批：着照所请，吏部知道。钦此。①

一二五 奏报拣放古城满营防御等缺折

光绪二十一年十一月十五日（1895 年 12 月 30 日）

头品顶戴甘肃新疆巡抚臣陶模跪奏，为拣员请旨简放古城满营防御、骁骑校各缺，恭折仰祈圣鉴事。

窃古城满营镶白正蓝旗防御庆福病故遗缺，经臣奏明另行拣员请补，奉旨允准，钦遵转行在案。兹据古城城守尉克蒙额在于应升暨尽先人员内逐加考验，拟具正、陪，并造清册，呈请奏补前来。臣复加拣选，所有该满营镶白正蓝旗防御员缺，应以补用防御现署该旗防御实缺骁骑校倭仁布拟正，镶红镶蓝旗云骑尉世职忠赐拟陪。其递遗骁骑校员缺，应以五品蓝翎补骁骑校后补用防御现署该旗骁骑校镶黄正白旗前锋校阿勒锦图拟正，镶黄正白旗五品军功尽先即补骁骑校恩骑尉恩祥拟陪。理合缮具清单，恭呈御览，仰恳天恩，简放防御一员、骁骑校一员，以实营伍。

除咨部外，谨会同伊犁将军臣长庚恭折具陈，伏乞皇上圣鉴训示。谨奏。光绪二十一年十一月十五日。

（朱批：）兵部议奏。单并发。②

光绪二十一年十二月十二日，奉朱批：兵部议奏。单并发。

① 中国第一历史档案馆藏：录副奏折，档案编号：03-5333-065。
② 台北故宫博物院藏：军机及宫中档，文献编号：408002970。

钦此。①

一二六　呈拣放古城满营防御等缺清单

光绪二十一年十一月十五日(1895年12月30日)

谨将拣放古城满营防御、骁骑校各缺拟具正、陪人员，缮具清单，恭呈御览。

镶白正蓝旗防御庆福病故遗缺：

拣选得补用防御现署该旗防御实缺骁骑校倭仁布拟正，食俸饷当差三十五年，拣选防御拟陪一次，现年五十二岁。卓特氏，马步箭平等。

拣选得镶红镶蓝旗云骑尉世职忠赐拟陪，食俸饷当差十年，现年二十四岁。李佳氏，马步箭平等。

递遗骁骑校一缺：

拣选得五品蓝翎补骁骑校后补用防御现署该旗骁骑校镶黄正白旗前锋校阿勒锦图拟正，食俸饷当差三十二年，拣选骁骑校拟陪一次，现年四十七岁。玛佳氏，马步箭平等。

拣选得镶黄正白旗五品军功尽先即补骁骑校恩骑尉恩祥拟陪，食俸饷当差三十八年，拣选骁骑校拟陪一次，现年五十六岁。孔佳氏，马步箭平等。

（朱批：）览。②

---

① 中国第一历史档案馆藏：录副奏折，档案编号：03-5909-023。
② 中国第一历史档案馆藏：清单，档案编号：03-5909-024。

一二七　委令刘澄清接署库车直隶厅同知片

光绪二十一年十一月十五日（1895年12月30日）

再，库车直隶厅同知刘人佺请假遗缺，应即委员接署，以重职守。查有准补精河直隶厅同知刘澄清，堪以委署。据新疆布政使饶应祺、镇迪道兼按察使衔丁振铎会详前来。

除批饬给委外，谨附片具奏，伏乞圣鉴。谨奏。

（朱批：）吏部知道。①

光绪二十一年十二月十二日，奉朱批：吏部知道。钦此。②

一二八　请准刘兆栋留新差遣并暂缓赴引片

光绪二十一年十一月十五日（1895年12月30日）

再，定例在部投供候选各官，如因公出差，遇轮选到班时，照例拟选，俟差竣回京，附于月选官后，补行引见等语。兹查有尽先选用知县刘兆栋，年壮才明，办事勤慎，经臣委办新疆电报总局事务，甚属得力，未便遽易生手令其赴部投供。查光绪十七年十二月台湾抚臣邵友濂③奏留候选知县沈锡蕃在台湾差遣，照例轮选，奉朱

---

①　台北故宫博物院藏：军机及宫中档，文献编号：408002969-0-A。此片之具奏日期，军机录副署"光绪二十一年十二月十五日"，误。兹据原件校正。

②　中国第一历史档案馆藏：录副奏片，档案编号：03-5333-067。

③　邵友濂（1841—1901），名维埏，字筱春、小村，一字攸枝，浙江余姚人。先以监生遵例捐官，签分工部。同治元年（1862），以本部员外郎尽先补用。四年（1865），中式乙丑补行辛酉、壬戌两科乡试举人。翌年，会试不售。十年（1871），补工部虞衡司员外郎。十三年（1874），补总理各国事务衙门汉章京。次年，出使俄罗斯。光绪（转下页）

批：着照所请，该部知道。钦此。该员刘兆栋事同一律，合无仰恳天恩，俯准援照成案，将尽先选用知县刘兆栋留于新疆差遣，免其赴部投供，遇轮选到班时，照例拟选，俟选缺后，再由差次送部，附于月选官后，补行引见，先行饬部注册。

除饬取详细履历清册咨部查照外，谨附片具奏，伏乞皇上圣鉴训示。谨奏。

（朱批：）着照所请，吏部知道。①

光绪二十一年十二月十二日，奉朱批：着照所请，吏部知道。钦此。②

一二九　奏报起程日期并酌带营旗数目折

光绪二十一年十一月二十一日（1896年1月5日）

头品顶戴署理陕甘总督新疆巡抚臣陶模跪奏，为恭报微臣交卸、起程各日期，并酌带马步营旗数目，缮具清单，恭折仰祈圣鉴事。

窃臣钦奉电旨，署理陕甘总督，并奉旨：如能再带数营进关，沿

（接上页）四年（1878），以道员充头等参赞，随崇厚赴俄谈判伊犁归还，并襄办通商事务。五年（1879），署理俄罗斯钦差大臣。八年（1882），补授江苏省苏松太道。九年（1883），襄办台湾防务。次年，以功劳卓著赏一品封典。十二年（1886），补授河南按察使，旋因病开缺。十三年（1887），迁台湾布政使。十五年（1889），因感受湿热，请假内渡就医，随补授湖南巡抚，兼署湖南提督。十七年（1891），补授台湾巡抚旋莅任。二十年（1894），调署湖南巡抚，与张荫桓同为钦差大臣，出使日本。回国后，署湖南巡抚。二十一年（1895），俄皇加冕，为副使往贺。次年归国，因病回籍调理。二十七年（1901），卒于里。主纂《余姚县志》。

①　台北故宫博物院藏：军机及宫中档，文献编号：408002969-0-B。

②　中国第一历史档案馆藏：录副奏片，档案编号：03-5333-066。

途剿抚，更资得力等因。钦此。当于叩谢天恩折内声明，俟营旗抽调就绪，即行起程在案。兹于光绪二十一年十一月十七日，谨将甘肃新疆巡抚关防并王命旗牌、文案、卷宗等件派员赍送署抚臣饶应祺接管任事。臣定于十二月初四日由省起程，长途冰冻，年内计可行过哈密。近接甘州来电：凉州南山仍有贼踞，西宁围尚未解。臣以官军正在进剿，难保该匪不聚众西窜，现由抚、提、镇标拣抽步队二营一旗、马队二营三旗、炮队一哨，随同东进，以便沿途相机剿抚。仰仗朝廷威福，如臣未入关，西宁河狄渐就敉平，当将所带马步酌留几成，暂驻肃州、甘州等处，无庸概赴兰州，盖远道行师，劳费实甚，不得不察看情形酌量办理也。

窃维甘肃自循化逆回煽乱，遂至河湟糜烂，蔓延甘、凉，征兵远及数省，文吏暗于治体，未能预遏乱萌；武员畏缩成风，不肯向前杀贼，浩劫之遭，不必尽关气数。臣现择办事可靠文武员弁，或派充统带营、旗、哨官，或令随营差遣，如所过各属有溺职太甚者，拟于各员内遴选，随时更换。诚以吏治、戎政关系甚重，消弭祸乱，莫急于此。

所有恭报交卸、起程日期并缮陈马步营旗数目清单各缘由，谨恭折具奏，伏乞皇上圣鉴训示。再，此折仍用甘肃新疆巡抚关防。合并陈明。谨奏。光绪二十一年十一月二十一日。

（朱批：）该部知道。单并发。[1]

光绪二十一年十二月十七日，奉朱批：该部知道。单并发。钦此。[2]

---

① 台北故宫博物院藏：军机及宫中档，文献编号：408002975。
② 中国第一历史档案馆藏：录副奏折，档案编号：03-5909-056。

一三〇　呈酌带进关马步营旗数目清单

光绪二十一年十一月二十一日(1896年1月5日)

谨将酌带进关马步营旗数目缮具清单，恭呈御览。

计开：

正中亲军步队一营，管带官总兵衔留新疆补用副将吐鲁番营游击焦大聚。查该营弁勇系由省城各营旗内挑拨，各营旗缺额仍令随时募补。

副中亲军步队一营，管带官留新疆尽先补用提督署巴里坤镇属古城营游击罗平安。查该营系古城营所改。

亲军卫队步勇一旗，管带官推补副将留甘尽先补用参将文福基。查该旗系亲军中旗所改。

营务处马队一旗，管带官盐运使衔遇缺题奏道迪化府知府潘效苏。查该旗系抚标营务处马队所改。

亲军前营马队一营，管带官副将衔尽先补用参将阿克苏镇属库车营游击周陞朝。查该营系就吐鲁番营中军马队一旗添募成营。

亲军后营马队一营，管带官参将衔尽先补用游击署伊犁镇标左营右旗守备周得金。查该营系就伊犁镇标左营右旗马队一旗添募成营，其左营右旗马队，另行招募。

亲军左旗马队一旗，管带官副将衔尽先补用参将巴里坤镇属木垒营守备徐春先。查该旗系木垒营马队一旗所改。

亲军右旗马队一旗，管带官留新疆尽先补用参将金兰益。查该旗系迪化城守协左旗马队所改，其右旗马队另以新字旗员弁勇丁六十九员名添募成旗。

亲军炮队一哨，管带官补用守备胡得贵。查该哨系抚标炮队所改。

以上步队二营一旗、马队二营三旗、炮队一哨，均自光绪二十一年十二月初一日起支行粮。

（朱批：）览。①

一三一　请将潘效苏开去知府本缺折

光绪二十一年十一月二十一日（1896年1月5日）

头品顶戴署理陕甘总督新疆巡抚臣陶模跪奏，为实缺知府委办行营营务，恳恩开去知府本缺，以道员归甘肃新疆补用，恭折具陈，仰祈圣鉴事。

窃臣于光绪二十一年八月因甘肃回匪煽乱，哈密、安西防务关重，奏请以盐运使衔遇缺题奏道迪化府知府潘效苏办理东防营务。数月以来，调度布置，悉协机宜。现臣带队进关，需人助理，该员潘效苏器识闳达，文武兼资，甘肃河州、狄道、循化等属系其服官旧地，民情、地势最为熟悉，相应恳恩开去该员迪化府知府本缺，以道员归甘肃新疆补用；饬令带队随臣进关，办理行营营务处事宜，以资得力。所遗迪化府知府系冲、繁、难三项要缺，应请扣留外补。其迪化府篆务，暂委候补知府张开鉴代理。

除咨部外，谨恭折具奏，伏乞皇上圣鉴训示。谨奏。光绪二十一年十一月二十一日。

（朱批：）着照所请，吏部知道。①

光绪二十一年十二月十七日，奉朱批：着照所请，吏部知道。钦此。②

一三二　奏报刊刻行营木质关防片

光绪二十一年十一月二十一日（1896 年 1 月 5 日）

再，臣此次进关，凡紧要折报及一应文件须于行次随时办理，兹刊就木质关防一颗，文曰署理陕甘总督新疆巡抚行营关防，以便印发而免稽延。到任后，再行请销。

除咨部查照外，谨附片具奏，伏乞圣鉴。谨奏。

（朱批：）知道了。③

光绪二十一年十二月十七日，奉朱批：知道了。钦此。④

一三三　副将张怀玉、张宗本堪胜总兵之任片

光绪二十一年（1895）

再，新疆巴里坤镇总兵员缺，所辖地面极广，责任之重，不在伊

---

① 台北故宫博物院藏：军机及宫中档，文献编号：408002974。

② 中国第一历史档案馆藏：录副奏折，档案编号：03-5334-004。

③ 台北故宫博物院藏：军机及宫中档，文献编号：408002987-0-O。此片之具奏日期，原件作"光绪二十二年四月十四日"，而军机录副则以朱批日期为之，未确。查光绪二十一年十二月十七日军机处随手登记档（档案编号：03-0285-2-1221-369）朱批陶模折，则署有"报四百里、十一月二十一日发"等字样。据此，原件标注讹误无疑。兹据校正。

④ 中国第一历史档案馆藏：录副奏片，档案编号：03-5909-058。

犁各镇下。自光绪十五年徐占彪开缺后，历今三任，均系由外委署，殊不足以重职守。臣于各武员中留心察看，干练精明，善于调度，以头品顶戴补用提督塔城协副将张怀玉为最；夙娴战略，沉毅有为，以头品顶戴补用提督乌什协副将现署阿克苏镇总兵张宗本为优。该二员资格甚深，均堪胜专阃之任。

谨附片胪陈，以备采择，伏乞圣鉴。谨奏。①

---

① 中国第一历史档案馆藏：录副奏片，档案编号：03-5910-050。

光绪二十二年（1896）

○○一 奏报行抵哈密整练队伍即行东进折

光绪二十二年正月初二日（1896年2月14日）

头品顶戴署理陕甘总督新疆巡抚臣陶模跪奏，为微臣行抵哈密，整练队伍，即行东进，恭折驰陈，仰祈圣鉴事。

窃臣于光绪二十一年十一月二十一日恭报交卸新疆巡抚印务并起程日期，由科布多台站驰奏在案。旋于十二月初四日带队起程，初五日宿迪化县属之茇茇槽，夜遇大风，帐棚多被刮破，臣与诸将士露立风中，天明始整队徐行。嗣是日日有风，时作时止。臣近年入冬即苦咳嗽，至是又兼气喘，军士亦多病咳。十一日，至吐鲁番，修补帐棚，停留二日。行过镇西厅所属之车毂泉、一碗泉等处，水泉缺乏，军士负冰而行，仍不敷食饮，因将队伍分作数起行走，俾得勉敷炊汲。二十七、八等日，先后抵哈密，军士病咳尚未全愈，臣气喘尤甚，所幸已交春令，或可不至增剧。现闻西宁贼势尚盛，其麇聚永安、大通营一带者，皆属河湟悍贼。该处北通甘州，西由青海番地可径达关外。此时东路各军进剿，西窜自在意中。臣所带各营旗多系湘、楚、皖、蜀诸军旧部，操法、阵法各自不同，拟在此暂停数日,督饬各将领合队操演,俾彼此相习,于战事较有把握。惟马步仅二千余人,兵力尚嫌单薄,万一贼众我寡,或由前路咨调营旗,或就近另行添募,届时相机办理。

至新疆南北两路已处处设防,吐鲁番回部郡王玛木特、哈密回部亲王沙木胡索特现正办理团练,臣接见,勉以大义,点阅缠勇,酌加犒赏。该回王等感戴朝廷厚恩,忠义奋发,与地方文武商办防务,亦极和衷。臣所过地方,民情均属安谧,知关圣廑,谨以附陈。

所有微臣行抵哈密,整练队伍,即行东进各缘由,理合恭折驰奏,伏乞皇上圣鉴。谨奏。光绪二十二年正月初二日。

（朱批:）知道了。[1]

光绪二十二年正月二十七日,奉朱批:知道了。钦此。[2]

○○二　奏为颁赏福字谢恩折

光绪二十二年二月初六日(1896年3月19日)

头品顶戴署理陕甘总督新疆巡抚臣陶模跪奏,为恭谢天恩,仰祈圣鉴事。

窃臣于光绪二十二年二月初三日在肃州途次奉到恩赏福字一方,当即恭设香案,望阙叩头祗领。伏念臣猥以轻材,忝膺疆寄,整军入塞,方虞豹略未娴;吹律迎韶,喜值龙章锡羡。钦维皇上德光金镜,治阐珠囊,迈轩运以登三,衍箕畴而备五。宸翰与星辰并焕,行看甲洗银河;奎文偕日月齐辉,快睹兵销玉塞。自天赐祉,伏地

---

① 台北故宫博物院藏:军机及宫中档,文献编号:408002976。
② 中国第一历史档案馆藏:录副奏折,档案编号:03-6032-006。

增惭。臣惟有激励军心，布扬圣德，颂一人之福禄，击壤而台乐登春；靖四境之烽烟，奏凯则尘清函夏！

所有微臣感激荣幸下忱，理合恭折叩谢天恩，伏乞皇上圣鉴。谨奏。光绪二十二年二月初六日。

（朱批：）知道了。[1]

光绪二十二年三月十五日，奉朱批：知道了。钦此。[2]

○○三　奏报行抵甘州加拨马步防剿折

光绪二十二年二月十九日(1896年4月1日)

头品顶戴署理陕甘总督新疆巡抚臣陶模跪奏，为微臣行抵甘州，加拨马步，防剿北大通一带悍回，以杜分窜而固西路，恭折仰祈圣鉴事。

窃臣前由新疆省城行抵哈密日期，业经由驿驰奏。旋于光绪二十二年正月十二日率队东进，二月十二日抵甘州。接据各路文电，北大通营及永安营一带，悍回尚负隅抗拒。该匪多由河湟窜聚，杀戮汉民，较各处尤惨，不痛加剿除，实无以伸天讨、快人心，为长治久安之计。查距甘州府城二百一十里之扁都口，最为扼要，贼若由此口窜出，不特甘、凉、安、肃四郡完善之区被其蹂躏，势必蔓延关外，新疆且从此多事。是此股悍贼非痛剿，未可议抚。

该处距甘州不远，自应钦遵上年所奉电旨，沿途剿抚，未敢稍涉规避。因饬臣所带督标亲军正中、副中步队两营，前、后、左、右

---

①　台北故宫博物院藏：军机及宫中档，文献编号：408002977。

②　中国第一历史档案馆藏：录副奏折，档案编号：03-5339-043。

马队四营旗，营务处马队一旗，炮队一哨，于二月十八日开赴扁都口等处，严为防范；仍咨商甘州提臣董福祥、陕西抚臣魏光焘，拨队夹击，以期稳慎。臣料理就绪，即赴兰州接印，以便筹办一切。其进驻扁都口及永昌协副将刘璞①诸军未可漫无节制，并饬归臣营营务处盐运使衔候补道潘效苏调遣，俾一事权。

所有加拨马步防剿北大通一带悍回，保固西路缘由，理合恭折驰奏，伏乞皇上圣鉴训示。再，臣所过哈密、安西各厅、州、县，民情安帖，饬办防堵，均能认真，足纾宸廑。谨奏。光绪二十二年二月十九日。

（朱批：）知道了。回匪必应痛剿，不可敷衍了事。②

光绪二十二年三月初七日，奉朱批：知道了。回匪必应痛剿，不可敷衍了事。钦此。③

○○四　恭报到任日期并谢恩折

光绪二十二年三月初八日（1896年4月20日）

头品顶戴署理陕甘总督新疆巡抚臣陶模跪奏，为恭报微臣到任接印日期，叩谢天恩，并覆陈下悃，恭折仰祈圣鉴事。

---

① 刘璞，生卒年未详，陕西洵阳人。由武童效力军营，积功历保尽先副将。光绪七年（1881），补甘肃镇海营协副将，旋即丁忧。九年（1883），服满起复，赴部引见。十年（1884），赴甘，管带甘军后营，随同提督雷正绾出关，驻扎奉天营凤凰城一带防堵。十三年（1887），遣撤回甘，驻扎平凉府。十六年（1890），借补督标左营参将。十八年（1892），补靖远营协副将。二十二年（1896），署凉州镇总兵。二十四年（1898），擢河州镇总兵。二十五年（1899），丁忧开缺。

② 台北故宫博物院藏：军机及宫中档，文献编号：408002978。

③ 此奉旨日期等，据军机处随手登记档（档案编号：03-0288-1-1222-066）校补。

　　窃臣钦奉谕旨署理陕甘总督，先后将交卸新疆抚篆及行抵哈密、甘州各日期奏明在案。嗣于光绪二十二年二月二十三日由甘州按站东进，三月初六日抵甘肃省城。初七日，准督臣杨昌濬委员赍到陕甘总督银印一颗、王命旗牌、文案、卷宗等件，当即望阙叩头谢恩，祗领任事。伏念臣渥蒙宠遇，忝摄师干，闻命以来，时深惭惧！比于谢恩折内缕陈下情，早邀圣鉴。现在西宁等处逆回如何分别剿抚，董福祥、魏光焘自必权衡至当，仰纾宵旰忧勤。其善后事宜头绪纷繁，应由督臣经理，然非筹拨巨款，又得实心爱民之员分任其事，办理诸多棘手。臣向患咳嗽，入春即已，现近夏令，嗽既未痊，喘复增剧，似此日形衰惫，即竭蹶以图，窃恐上无以副委任之隆，下无以起雕残之众。应仍恳恩另简贤能署理，以裨大局。至目前应办事件，自当与各文武和衷商榷，期无贻误，仰答高厚鸿慈于万一。

　　所有微臣到任接印，叩谢天恩，并覆陈下悃各缘由，谨恭折具奏，伏乞皇上圣鉴训示。再，臣经过永昌、平番所属各站，多被回匪蹂躏，满目疮痍，深堪悯恻，应与河湟等处一并设法赈抚。附省一带近得时雨，麦苗青葱，民情亦尚安帖。臣所刊署理陕甘总督新疆巡抚行营木质关防应即请销。合并声明。谨奏。光绪二十二年三月初八日。

　　（朱批：）知道了。[1]

　　光绪二十二年四月初十日，奉朱批：知道了。钦此。[2]

---

① 台北故宫博物院藏：军机及宫中档，文献编号：408002980。
② 中国第一历史档案馆藏：录副奏折，档案编号：03-5340-042。

○○五　恭报甘肃光绪二十一年十二月粮价、雪泽折

光绪二十二年三月二十七日(1896年5月9日)

头品顶戴署理陕甘总督新疆巡抚臣陶模跪奏，为恭报甘肃光绪二十一年十二月份粮价、雪泽情形，恭折仰祈圣鉴事。

窃查接管卷内，光绪二十一年十一月份粮价并得沾雪泽情形，业经前督臣具折奏报在案。兹查十二月份兰州等八府六直隶州属具报得沾雪泽，自一二寸至二三寸不等。正值隆冬之际，获此沃泽，土脉含濡，民情欣慰。至通省粮价，现在回氛尚未肃清，大兵云集，以致到处粮价仍有增长，不能平减。据藩司曾鉌①具详请奏前来。

臣覆核无异。理合恭折具奏，并缮粮价清单，恭呈御览，伏乞皇上圣鉴。谨奏。光绪二十二年三月二十七日。

（朱批：）知道了。②

---

① 曾鉌(1839—1901)，字和淑、怀清，满洲正白旗人。咸丰十一年(1861)，捐任户部笔帖式。同治五年(1866)，任工部学习行走。七年(1868)，以记名军机章京补工部主事。十一年(1872)，补工部屯田司主事。光绪元年(1875)，升工部营缮司员外郎中，旋补军机章京。五年(1879)，调工部都水司郎中，掌都水司印钥。次年，任则例馆提调，兼则例馆总纂官，并总理各国事务衙门兼行章京。八年(1882)，补河南道监察御史。九年(1883)，调陕西督粮道，署陕西按察使。十二年(1886)，署陕西布政使。十三年(1887)，授陕西按察使。次年，署陕西布政使。二十年(1894)，调补甘肃布政使。次年，总理甘肃全省防练各军营务事宜，加头品顶戴。二十四年(1898)，擢湖北巡抚，以莠言乱政、擅请变法褫职。二十七年(1901)，卒。宣统元年(1909)，开复原官原衔。

② 台北故宫博物院藏：军机及宫中档，文献编号：408002981。

光绪二十二年四月十九日,奉朱批:知道了。钦此。①

〇〇六 呈甘肃光绪二十一年十二月粮价清单

光绪二十二年三月二十七日(1896年5月9日)

谨将甘省各属光绪二十一年十二月份米粮时估价值,缮具清单,恭呈御览。

计开:

兰州府属:价加

粟米每京石价银一两八钱八厘至二两六钱九分五厘,较上月贵一分三厘。小麦每京石价银一两七钱三分七厘至二两七钱六分七厘,较上月贵九厘。豌豆每京石价银一两五钱一分二厘至二两六钱一分一厘,较上月贵二分一厘。青稞每京石价银一两四钱二分九厘至二两一钱九分一厘,较上月贵二分八厘。

巩昌府属:价加

粟米每京石价银一两六钱七分八厘至二两四分五厘,较上月贵八厘。小麦每京石价银一两三钱二分三厘至二两一钱一厘,较上月贵三厘。豌豆每京石价银一两五钱四分八厘至一两九钱六分八厘,较上月贵六厘。青稞每京石价银一两二钱七分四厘至一两六钱一厘,较上月贵五厘。

平凉府属:价加

粟米每京石价银一两五钱三分二厘至一两八钱四分,较上月

---

① 中国第一历史档案馆藏:录副奏折,档案编号:03-6956-027。

贵六厘。小麦每京石价银一两四钱七分至一两八钱三厘，较上月贵四厘。豌豆每京石价银一两二钱五分一厘至一两六钱八分七厘，较上月贵五厘。糜子每京石价银一两一钱二分六厘至一两三钱四分，较上月贵四厘。

庆阳府属：价加

粟米每京石价银一两二钱三分六厘至一两四钱三分一厘，较上月贵三厘。小麦每京石价银一两三钱三分至一两七钱，较上月贵六厘。豌豆每京石价银一两一钱九分六厘，至一两六钱六分一厘，较上月贵三厘。糜子每京石价银一两三分四厘至一两二钱四分四厘，较上月贵五厘。

甘州府属：价加

粟米每京石价银一两四钱六分至一两六钱一分九厘，较上月贵四厘。小麦每京石价银一两四钱八分八厘至一两六钱七分七厘，较上月贵四厘。豌豆每京石价银一两五钱八厘至一两六钱三分五厘，较上月贵四厘。青稞每京石价银一两一钱五分九厘至一两二钱六分三厘，较上月贵三厘。

凉州府属：价加

粟米每京石价银一两六钱六分三厘至二两五钱二分四厘，较上月贵一分一厘。小麦每京石价银一两六钱四分九厘至二两二钱六分五厘，较上月贵四厘。豌豆每京石价银九钱至二两二钱五分九厘，较上月贵五厘。青稞每京石价银一两一钱七分二厘至一两八钱一分九厘，较上月贵五厘。

宁夏府属：价加

粟米每京石价银一两三钱八分三厘至一两六钱一分九厘，较上月贵三厘。小麦每京石价银一两四钱三厘至一两七钱三分二厘，较上月贵三厘。豌豆每京石价银八钱二分三厘至一两六钱二分一厘，较上月贵四厘。穈子每京石价银一两一钱九厘至一两二钱三分六厘，较上月贵四厘。

西宁府属：价加

粟米每京石价银一两九钱九分九厘至二两四钱八分九厘，较上月贵四厘。小麦每京石价银一两六钱二厘至二两三钱八分四厘，较上月贵四厘。豌豆每京石价银一两八钱四分六厘至二两三钱九分二厘，较上月贵五厘。青稞每京石价银一两三钱五分五厘至二两三钱二分一厘，较上月贵四厘。

秦州直隶州并所属：价加

粟米每京石价银一两四钱一分七厘至一两八钱三分九厘，较上月贵五厘。小麦每京石价银一两三钱八分九厘至一两六钱三分四厘，较上月贵三厘。豌豆每京石价银一两三钱一分四厘至一两四钱八分七厘，较上月贵三厘。穈子每京石价银一两一钱一分六厘至一两二钱六分三厘，较上月贵三厘。

阶州直隶州并所属：价加

粟米每京石价银一两五钱三分四厘至一两九钱七分八厘，较上月贵四厘。小麦每京石价银一两一钱九分五厘至一两八钱五分八厘，较上月贵三厘。豌豆每京石价银一两五钱八厘至一两七钱三分二厘，较上月贵三厘。穈子每京石价银一两二钱四分三厘至一两二钱四分三厘，较上月贵四厘。

泾州直隶州并所属：价加

粟米每京石价银一两三钱二分至一两六钱一分三厘，较上月贵三厘。小麦每京石价银一两二钱八分四厘至一两六钱，较上月贵四厘。豌豆每京石价银一两八分二厘至一两四钱六分七厘，较上月贵四厘。糜子每京石价银一两一钱七分二厘至一两二钱四分九厘，较上月贵三厘。

固原直隶州并所属：价加

粟米每京石价银一两三钱八分九厘至一两七钱三分二厘，较上月贵三厘。小麦每京石价银一两四钱五分六厘至一两九钱五分，较上月贵四厘。豌豆每京石价银一两三钱九分九厘至一两八钱二厘，较上月贵三厘。糜子每京石价银一两一钱七分九厘至一两一钱七分九厘，较上月贵四厘。

肃州直隶州并所属：价加

粟米每京石价银一两五钱三分七厘至一两五钱六分五厘，较上月贵四厘。小麦每京石价银一两五钱二厘至一两五钱三分九厘，较上月贵四厘。豌豆每京石价银一两四钱八分八厘至一两五钱六分五厘，较上月贵四厘。青稞每京石价银一两一钱九分三厘至一两三钱二分七厘，较上月贵四厘。

安西直隶州并所属：价加

粟米每京石价银一两五钱一分五厘至一两八钱二厘，较上月贵三厘。小麦每京石价银一两五钱九厘至一两八钱二分四厘，较上月贵四厘。豌豆每京石价银一两四钱三分至一两六钱九分一厘，较上月贵四厘。青稞每京石价银一两一钱七分九厘至一两三钱八分六厘，较上月贵三厘。

（朱批：）览。[1]

---

① 中国第一历史档案馆藏：清单，档案编号：03-6956-028。

○○七　奏报陕甘续发第六案茶票情形折

光绪二十二年三月二十七日(1896年5月9日)

头品顶戴署理陕甘总督新疆巡抚臣陶模跪奏，为陕甘续发第六案茶票情形，恭折具陈，仰祈圣鉴事。

窃照甘省试办茶务，自光绪十九年起至二十一年止，计第五案共发甘、陕、宁茶票四百二十三张，计引二万一千一百二十道，业经前陕甘总督臣杨昌濬将办理情形专折奏明，并奉准部覆，遵行在案。兹查接管卷内，据兰州道黄云[①]详：据东、西、南各商请领第六案新票，自光绪二十二年正月起，扣至二十四年十二月止，仍遵照向章，挈档轮销，试办三年，共请发甘、陕、宁茶票四百二十七张，较上次多增四票，计引二万一千三百二十道，预缴课银四万二千六百四十两。本应照上届办理，惟据称各商以回匪滋扰，各处引地蹂躏不堪，数月以来，茶无销售，帐不能收，且道路时虞梗塞，拨汇维艰，资本悬搁，受累殊深，恳将每票预缴课银一百两，限于今岁分作四季呈缴。其余欠缴课银五十两，仍随厘并缴等情。当经前督臣照数填发，并先行咨部查照在案。旋因卸事在即，未及具奏，移交到臣。

查陕、甘、新疆三省，地广人稀，销茶固少，加以各处私茶虽经

---

① 黄云(1837—?)，字仙裳，湖南清泉人，监生。同治三年(1864)，奉委会办六安团练。九年(1870)，加道衔。十一年(1872)，补滁州直隶州知州。次年，升凤阳府知府。光绪三年(1877)，署太平府知府。次年，调补庐州府知府。十六年(1890)，迁甘肃兰州道。二十年(1894)，授甘肃按察使。三十一年(1905)，署理甘肃布政使。同年，调补山东按察使。

屡次严禁,卒难尽绝。新疆尤有晋私偷漏,俄私倒灌,种种侵销,以致官茶未能畅旺,茶务急难复额。从前所定一案三年,前后牵搭,虽逾限制,惟行销尚能接续,引数有增无减。现在发过第六案新票,仍饬兰州道转谕各商,遵照定章,再行试办三年,至光绪二十四年发票之期,容臣察看情形,能否酌为定额,随时举办。

除咨陕西、新疆各抚臣暨通饬所属一体严禁私茶,以畅官引,并咨部查照外,所有陕甘续发第六案茶票情形,理合恭折具奏,伏乞皇上圣鉴训示。谨奏。光绪二十二年三月二十七日。

(朱批:)户部知道。①

光绪二十二年四月十九日,奉朱批:户部知道。钦此。②

○○八　核销嘉峪关光绪二十一年收支各款折

光绪二十二年三月二十七日(1896年5月9日)

头品顶戴署理陕甘总督新疆巡抚臣陶模跪奏,为嘉峪关光绪二十一年份收支各项银两数目,造册报销,恭折仰祈圣鉴事。

窃查接管卷内,据嘉峪关监督安肃道何福堃③详称,该关于光绪二十年由江汉关拨到银两收支数目,业经详请奏咨核销在案。今查光绪二十一年份,收到江汉关拨借经费银九千两,并旧管项下存储二十年份支剩备闰银四百七十四两九钱六分,共银九千四百

---

① 台北故宫博物院藏:军机及宫中档,文献编号:408002980。

② 中国第一历史档案馆藏:录副奏折,档案编号:03-6507-027。

③ 何福堃,生卒年未详,字受轩,山西灵石人。光绪三年(1877),中式进士,改庶吉士,散馆授编修。十八年(1892),补甘肃安肃道。二十四年(1898),迁甘肃臬司。二十六年(1900),署甘肃藩司。二十七年(1901),护理陕甘总督。有《午阴清舍诗草》行世。

七十四两九钱六分。除支一年各官役薪工银八千三百五两四钱六分，驻兰翻译、委员薪水银九百三十两，共银九千二百三十五两四钱六分，实在支剩银二百三十九两五钱，全数归还十八年份借用厘款外，连前十九年份还过银二百三十五两六钱九分三厘二毫，共归还银四百七十五两一钱九分三厘二毫，下欠未还银三百七十二两八钱一分六厘七毫四丝，应俟随后照议，按年分还。再，旧提存第三十二、三、四、五、六、七、八等结收获进口正、子洋税银二百八十四两三钱八厘五毫，并自光绪二十年十一月初十日第三十九结起至二十一年十一月初九日第四十二结止共四结，收获进口正、子洋税银三百六两一钱五厘六毫，共银五百九十两四钱一分四厘一毫，实储道库，造具细数清册，详请奏咨前来。

臣覆核无异。除将清册分送总理衙门及部、科核销外，理合恭折具奏，伏乞皇上圣鉴。谨奏。光绪二十二年三月二十七日。

（朱批：）该衙门知道。①

光绪二十二年四月十九日，奉朱批：该衙门知道。钦此。②

○○九　请以陈昌调补皋兰县知县折

光绪二十二年四月初一日(1896 年 5 月 13 日)

头品顶戴署理陕甘总督新疆巡抚臣陶模跪奏，为拣员调补首县要缺，以裨地方，恭折仰祈圣鉴事。

---

① 台北故宫博物院藏：军机及宫中档，文献编号：408002982。
② 中国第一历史档案馆藏：录副奏折，档案编号：03-6396-018。

窃查接管卷内,据甘肃布政使曾鉌、署按察使周绶[1]会详称:皋兰县知县张祥会准补固原直隶州知州,所遗系省会首邑最要缺,应即拣员调补。查例载:各省首府、首县缺出,于通省正途人员内拣选调补。又,省会首邑要缺,无论原缺应题、应调,均准于现任正途人员内酌量调补。其例准声明之项,毋庸逐件扣驳等语。今皋兰县知县系冲、繁、疲、难附省首邑,地方紧要,政务殷繁,非精明干练之员,不足以资治理。该司等在于通省现任正途知县内悉心遴选,查有高台县知县陈昌,年五十五岁,四川铜梁县进士,由分部主事改就知县。光绪九年八月,选授安化县知县,调补高台县知县,十五年五月十七日到任。查该员才猷练达,吏治勤能,久任繁剧,措施裕如,以之调补皋兰县知县,实堪胜任,人地亦极相宜。会详请奏前来。

督臣杨昌濬未及核办,列入移交。臣到任未及三月,例不加考。惟既据该司等声称该员陈昌才猷练达,吏治勤能,合无仰恳天恩,俯念首邑要缺治理需人,准以高台县知县陈昌调补皋兰县知县,期于地方有裨。如蒙俞允,该员衔缺相当,毋庸送部引见。前在各任并无参罚案件。谨恭折具陈,伏乞皇上圣鉴训示。所遗高台县知县系冲、繁、疲应调要缺,俟奉准部覆,再行拣员请调。合并声明。谨奏。光绪二十二年四月初一日。

（朱批:）吏部议奏。[2]

---

① 周绶(1830—1897),湖南平江人。光绪十年(1884),以道员发往湖北补用。十四年(1888),以捐助海防银两得奖叙。十七年(1891),捐巨资赈灾,交军机处存记。十八年(1892),补授陕西潼商道。二十一年(1895),署甘肃按察使。二十三年(1897),卒于任。

② 台北故宫博物院藏:军机及宫中档,文献编号:408002983。

光绪二十二年四月二十日,奉朱批:吏部议奏。钦此。[1]

○一○　请以苏保国署理两当县知县折

光绪二十二年四月初一日(1896年5月13日)

头品顶戴署理陕甘总督新疆巡抚臣陶模跪奏,为拣员请署知县员缺,以裨地方,恭折仰祈圣鉴事。

窃查接管卷内,据甘肃布政使曾鉌、署按察使周绥会详称:两当县知县苏重熙调补山丹县知县,所遗员缺业已截缺报部。查各省升、调、遗缺出,例用各项候补并进士即用及委用、试用、大挑、议叙、捐纳、截取进士、举人各项人员。又,新例:道府以至未入流,无论何项到班,仍以五缺计算等语。甘省知县升、调、遗一项,自停止变通章程后,上次碾伯县缺出,以海防新例候补尽先知县宋升平准补在案。其次宁远县知县缺,以曾任实缺应升之候补知县沈瑞霖请补;隆德县知县缺,以正途出身新海防例捐纳试用知县程德音请署。均经先后奉准部覆。今两当县知县一缺,甘省现无新海防例、新班先等项花样人员,照例过班,接用各项班次应插之分缺间无人,轮应截取进士;试用到班插补之分缺先人员未足一年,应行扣补前先截取进士亦无人。惟查有截取进士正班知县苏保国一员,例得请署。查该员年四十三岁,云南建水县人,由进士截取即用知县,签掣甘肃。光绪二十年正月初四日,到省试用,年满照例甄别,留省补用在案。该员谨慎安详,留心吏治,以之请署两当县知县,实堪胜任,与例亦相符。会详请奏前来。

---

① 　中国第一历史档案馆藏:录副奏折,档案编号:03-5340-091。

前督臣杨昌濬未及核办，列入移交。臣到任未及三月，例不加考。惟既据该司等声称该员苏保国谨慎安详，留心吏治，合无仰恳天恩，俯准以该员苏保国请署两当县知县，实于地方有裨。如蒙俞允，该员衔缺相当，毋庸送部引见，仍俟试署年满，如果称职，另请实授。该员未经委署，并无参罚案件。谨恭折具陈，伏乞皇上圣鉴训示。谨奏。光绪二十二年四月初一日。

（朱批：）吏部议奏。①

光绪二十二年四月十九日，奉朱批：吏部议奏。钦此。②

○一一　　请以杨培之调补武威县知县折

光绪二十二年四月初一日（1896年5月13日）

头品顶戴署理陕甘总督新疆巡抚臣陶模跪奏，为拣员调补要缺知县，以裨地方，恭折仰祈圣鉴事。

窃查接管卷内，据甘肃布政使曾鉌、署按察使周绥会详称：武威县知县彭福孙捐升郎中，业已截缺报部。查定例：各省州县应调缺出，俱令于现任人员内拣选调补。又，调补州县以上官员，必历俸三年，方准拣选题补。选授、补授之员以到任之日起，署事之员至实授后，亦准以到任之日起，俱扣至具题到部之日计算，如已满三年堪胜繁剧者议准各等语。

今武威县知县系冲、繁、疲、难附郭最要应调之缺，地杂民、番，营屯满、汉，抚循、弹压，责任匪轻，非勤能果敢之员，不足以资治

---

① 台北故宫博物院藏：军机及宫中档，文献编号：408002984。
② 中国第一历史档案馆藏：录副奏折，档案编号：03-5340-089。

理。于通省现任人员内逐加遴选，查有崇信县知县杨培之，现年五十二岁，直隶天津县举人，庚辰科会试后大挑一等，奉旨以知县用，签分甘肃。光绪十年四月到省，补授崇信县知县，十八年十一月十七日到任，试署年满，请准实授，现调署通渭县事。查该员悃愊无华，尽心民事，虽现任偏僻，才能治剧，以之调补武威县知县，实堪胜任，人地亦极相宜。会详请奏前来。

督臣杨昌濬未及核办，列入移交。臣到任未及三月，例不加考。惟既据该司等声称该员杨培之悃愊无华，尽心民事，合无仰恳天恩，俯念要缺需员，准以崇信县知县杨培之调补武威县知县，期于地方有裨。如蒙俞允，该员衔缺相当，毋庸送部引见。谨恭折具陈，伏乞皇上圣鉴训示。再，该员在各任内并无参罚案件。至所遗崇信县知县系简缺，甘省现有应补人员，应请扣留外补。合并声明。谨奏。光绪二十二年四月初一日。

（朱批：）吏部议奏。[①]

光绪二十二年四月二十日，奉朱批：吏部议奏。钦此。[②]

○一二　请添拨甘肃光绪二十二年军饷并补拨短欠折

光绪二十二年四月初五日(1896 年 5 月 17 日)

头品顶戴署理陕甘总督新疆巡抚臣陶模跪奏，为恳请添拨光绪二十二年军饷，并补拨上年所短银数，以济急需，恭折仰祈圣

---

① 台北故宫博物院藏：军机及宫中档，文献编号：408002985。
② 中国第一历史档案馆藏：录副奏折，档案编号：03-5340-090。

鉴事。

窃前陕甘督臣杨昌濬因去岁回匪扰乱，防剿均关紧要，陆续招募兵勇，需用浩繁，于常年防饷外两次奏请添拨军饷银二百万两，内初次奉拨银一百二十万两，除收到山西、四川两省拨款并甘肃藩库封存减平、裁省满营支存子药夫口粮、粜粮变价等项银八十七万三千六百五十两四钱八分三厘外，尚不敷银三十二万六千三百四十四两五钱一分七厘，已于二次请拨银八十万两折内声明请拨足数在案。嗣准部覆，由甘肃司库节省项下提用银一十四万八千两，仍不敷银一十七万八千三百四十四两五钱一分七厘，现已遵照部议，由存粮变价内陆续收回银二万九千四百二十两八分四厘，又已报未解存粮变价银五万二百六十四两四钱九分五厘，亦作收回计算，实不敷银九万八千六百五十九两九钱三分八厘，仍应在存粮内变价抵款。无如各属仓粮奉准截留二十万石，以备赈济，未便再令变价，致形空匮，以致初次所拨一百二十万两之数仍有不敷。至二次请拨银八十万两，只奉拨司库秋拨实存及兵饷待支款内银五十万两，尚短拨银三十万两。

以上二十一年除赈款、车价另蒙估拨外，两次共请拨银二百万两，内计实收银一百六十万两之谱，尚有粮价已报未解五万余两在内，连去岁防军新饷分收银九十二万两零，二共银二百五十余万两，为数不为不多。惟甘省军务自去年三月循化滋事起，前督臣派募防练各军、青海办事大臣添募马步队土勇，每月共需银十余万及二十余万两不等，八月以来，每月需银三十余万两，截至十二月底止，通共需银三百余万两。除实收奉拨并防军新饷照数支发外，计尚不敷银四十余万两。此二十一年军饷不敷之实在情形也。

本年河、狄虽已收抚，防营尚难全撤，而西宁一带剿抚犹未大定，各军饷项刻不容缓；加之采办军火，制造器械，犒赏获胜之士卒，恤养伤亡之勇丁，在在需款。臣酌量缓急，力求节省，已将东南路各属城防土勇分次裁撤。现在威定右营步队、卓泥营马队、洮防春字营、镇夏前营，均经陆续裁遣，豫凯一军亦已奉旨调豫遣散。其旧存、新添各军行坐粮饷并采办赏恤各费，虽设法撙节，尚属不少。此二十二年军饷不敷之实在情形也。

现经藩司督同粮台委员，通盘计算，委实无款可筹，若不预请酌拨的款，窃恐贻误非细，应恳于常年防饷之外，再请添拨本年军饷的款银一百二十万两，并前请拨饷银八十万两内少拨银三十万两，二共请拨银一百五十万两，以备军需而清垫款。统俟军务平定，核实造销。再，上年奉拨变卖粮价一款，尚不敷银九万余两。可否另拨的款以符原拨一百二十万两之数，抑或仍在本年收获额粮内变价足数之处，据藩司曾钰详请奏咨等情前来。

臣查甘省军兴以后，帑藏告竭，现虽将营勇分别裁并，无如河湟抚回时虞反覆，贼党又出窜青海，分扰抚彝、高台、安肃各属之南境，处处戒严；西路防、练各军尚嫌单薄，断不能一时遣散，前经奉拨之饷实在不敷支用。合无仰恳天恩，俯准饬部添拨本年军饷的款银一百二十万两，并补发上年第二次奉拨短少银三十万两，以济急需；其变卖粮价内不敷银两，可否仰恳天恩，一并拨补，抑应在本年征粮内变抵之处，伏候圣裁。

再，臣由新疆起程，酌带马步营旗、炮队一哨，应支行粮暨转运各费，已由新疆发至本年二月底止，三月即归甘肃发给，每月计需银二万余两。此目前新增之款，容俟汇案具奏。

所有拟请添拨军饷并补拨上年所短银数各缘由，谨恭折驰陈，伏乞皇上圣鉴训示。谨奏。光绪二十二年四月初五日。

光绪二十二年四月十七日,奉朱批:户部议奏。钦此。①

【案】杨昌濬……请拨足数在案:光绪二十一年闰五月二十七日,陕甘总督杨昌濬奏请饬部筹拨饷银,曰:

太子太保头品顶戴陕甘总督臣杨昌濬跪奏,为添估军饷,请旨饬部筹拨的款,以备供支,恭折仰祈圣鉴事。

窃甘肃二十一年关内防军马步各营旗应需饷项,经前藩司沈晋祥具详请奏,奉部照旧指拨在案。臣维此项饷银,系按照常年用款切实估计。自去岁九月间西军八营奉调北上,起支行粮,经户部准由甘库封存四分减平项下开支,所遗坐粮之款留备填募营饷,原可匀挪拨给。讵本年入春以来,循化撒回滋事,继以河州肆扰,先后添调营勇,均经臣分别奏报在案。其应支饷装银两,防饷已属不敷。近来贼势猖獗,狄、河事棘,所有防营不敷分布,臣复分饬中军副将汤仁和添募一营,城守营参将田连考添足一营,督标前营游击孟根和加添一百名,右营参将许耀文加募一百名,武毅中旗添足一营,又添亲兵及开花炮队一百四十三员名,都司武林新募城防勇一营,都司潘广湘加募土勇二百名,游击陈香庆募土勇一旗,参将王荣茂募口夫三百名。省外则固原提臣雷正绾添募马步两旗,总兵王文安添募步队一营,游击沈福清添募马队一旗,肃州镇总兵田在田募步队一营,署凉州镇总兵刘汉添募一营、挑练一旗,署宁夏镇总兵李春山添募一旗,副将喻东高、卢万德添募马队一

---

① 台北故宫博物院藏:军机及宫中档,文献编号:408002986;中国第一历史档案馆藏:录副奏折,档案编号:03-6138-113。

旗、步队一营,西宁镇总兵邓增添足马步各一营。加募土勇一营,巴燕戎游击谭荣兴募土勇一旗,又有调来陕西之马步四旗,又委城守协副将何建威添募威远军六营。此外又调洮州土司杨作霖番兵二千名,又调凉庄马队五百名,归庄浪城守尉统带。大抵各营已到前敌,皆须开支行粮,并加给番兵口粮、八旗马队薪干、整装银两,统镇各员亦应给以公费,以及犒奖、恤养,制造旗帜、号衣,采买鞍衣,采买马、刀矛,加购帐棚、洋枪,添备火药、铅子,转运粮饷脚价、押解员弁薪粮,安插就抚之回众,赈济被难之汉民,远筹援剿,近顾省防,款项在所必需,丝毫不能短少,所费均属不赀。至于各府州县招募土勇,防守城池,镇压地方,尚不在内。统核现有各军,每月行粮约计月需银十二万两有奇。除原有之军各有坐粮不计外,每月加银十万两有奇,尚恐不足。其军装照章配发,军火随时备支,约计非二十万金未能敷用。欲其克敌致果,固不能计较锱铢也。

以上用款,值此军务吃紧之际,断不容稍有迟缓,致误事机。经前署司联魁及现任藩司曾铄从权办理,先尽本年防军新饷款内动拨,不敷之数暂由司库存储各款陆续借垫,以顾急需。惟是军情既难预定,用款尚属虚悬,再四筹维,只得专案请添本年军饷银一百二十万两,俾资供支而清垫款。此项添拨之饷,一俟军务告蒇,即行停止,分款报销,以示限制。据藩司曾铄具详请奏前来。

臣查甘肃本年新饷,奉部照常指拨,皆系计口授食,本无盈余。况司库封存各款节奉户部提拨,搜括已空,实在无可挪用。相应吁恳天恩,饬部筹添本年新饷银一百二十万两,分批解甘，以顾急需而支危局。除咨户部查照外，谨恭折具陈，伏乞皇上圣鉴，训示祗遵。再，西军八营并叉子枪一旗现已次第回甘，调往狄道等处剿贼，应领饷项，甘省防营新饷实已无从匀支，应请仍在四分减平款内动用。合并声明。谨奏。闰五月二十七日。

光绪二十一年六月初十日，奉朱批：户部速议具奏。钦此。①

同年十一月初三日，杨昌濬为饷项不敷，请加拨军需，具折曰：

太子太保头品顶戴陕甘总督臣杨昌濬跪奏，为添估前拨饷内不敷银两，并续请加拨军需的款，以济急需，恭折仰祈圣鉴事。

窃臣前因甘省河湟回匪变乱，日益猖獗，招募兵勇，费用浩繁，当经奏准添拨军饷银一百二十万两在案。兹据甘肃布政使曾鉌详称：前项奉拨军饷内，山西省拨银四十万两，四川省拨银一十二万八千两，均已先后解汇前来。惟奉拨甘肃藩库封储各项银七十一万两，内封存减平项下提收银一十三万五千两，又指拨封储裁省项下银十七万数千两，除二十年提抵新饷外，仅存银六万五百二十一两九钱二分，较原拨计不敷银一十万两零。又指拨满营支存银十一万八千两，除正支外，仅存银一十一万三千六百四十九两七钱三分五厘，较原拨计不敷银四千三百五十两二钱六分五厘。又指拨裁撤子药夫口粮银四万一千余两，除奉提永定河工经费外，仅存银三千三百四

---

① 中国第一历史档案馆藏：录副奏折，档案编号：03-6637-077。

十七两七钱四分四厘,较原拨计不敷银三万七千六百五十二两二钱五分六厘。又指拨甘省粜粮变价银二十五万两,此项银两仅据各属解到三万三千一百三十六两八分四厘,其余现因道梗,一时不能解齐,且亦不能尽变,尚难视为的款。统计奉添军饷银一百二十万两,实不敷银三十二万六千三百四十四两五钱一分七厘,自应呈请估拨足数,以符原案。

甘省贼势蔓延,军情万变,自前次添估军饷之后,除提臣董福祥所部、宁夏将军钟泰新募以及陕西永定、永兴诸军各有专饷不计外,复陆续饬加马步各营旗,随时奏明在案,现尚有添募及改旗成营未经奏报者二十余处,此外河州、西宁调派番队早已许给月饷。近贼之处绿营弁兵,均加盐菜、口食。各府州县均招城防勇丁,即后路各属护运饷装、弹压游匪,又各招有土勇,均已先后募齐,分别起支口粮。目下宁夏镇总兵牛师韩所部豫凯七营月饷,又需银二万二千有奇。统计行粮、坐饷、营兵盐菜、土勇口粮新添用款,每月不下二十余万。其制备军械、转运脚价、犒赏获胜之士卒、恤赏伤亡之勇丁,需款尚不在内。合之旧存、新添行粮、坐粮、采办各费,自八月以来,每月实已需银三十余万两。前次添拨银一百二十万两,若全数收足,亦只敷四个月之用。今原估既不敷银三十二万余两,十月以后饷项即属无着。本司督率粮台各员悉心经理,竭力腾挪,实已支绌万分,而军事尚难逆料,用款半由借垫,若不早请的款,势必贻误事机。再四思维,惟有于常年防饷外,再请添拨军需的饷银八十万两,以备供支而清积欠。明知帑项有限,曷敢渎请加增,但以上各项均系必不能少之款,与其贻误于后,曷若声请于先。此项添饷一俟军务平定,即当核实详请裁减，以示限制而昭核实等情，详请奏咨前来。

臣查前经奉拨之饷已属不敷支用，值此军务方殷，河州虽经解围，西宁攻剿未已，甘、凉亦正在筹剿，各路增兵必须加饷，合无仰恳天恩，俯准饬部续拨之款，俾济急需。倘克期荡平，随时酌裁，断不敢稍事虚糜，致滋浪费。除将前经添估军饷以后节次加募各营旗另缮清单，恭呈御览，并咨送户部查照，暨绿营酌加盐菜、口食另行咨部外，所有拟请添估前拨饷内不敷银两并再请加拨军饷缘由，理合恭折驰陈，伏乞皇上圣鉴训示。谨奏。光绪二十一年十一月初三日。

光绪二十一年十一月十四日，奉朱批：户部议奏。单并发。钦此。[①]

○一三　奏报甘肃用兵动支额粮片

光绪二十二年四月初五日(1896年5月17日)

再，据甘肃新疆总粮台布政使曾鉌详称：甘省此次军需，先因分路进剿，大军骤集，继以招抚流亡，安插难民，需用军粮、赈粮，至急且巨，难于各处设局就地筹办，而甘省地处边徼，素鲜盖藏，一时采买实难集事，当饬兰州、巩、秦、甘、凉、宁夏各厅、州、县、县丞先就仓储额征粮石，除留备地方常年应供外，其余上下色各粮，均经酌量提拨，运交粮局，用顾急需，所需脚费按照时价开支。惟现行楚军行粮饷章，原本只发现银，不支粮料，无如军行无定，前敌近贼

① 中国第一历史档案馆藏：朱批奏折，档案编号：04-01-01-1007-116；中国第一历史档案馆藏：录副奏折，档案编号：03-6137-015。

之处，委系无从采买，势不能不动用额粮，并不能不由远道运济。此项动支额粮，现已酌中定价，由各营应支月饷内按照津贴四成章程扣收还款，仍俟军务大定，粮价扣清，汇总存司，以备拨用。详请奏咨前来。

臣覆核无异。谨附片具陈，伏乞圣鉴，饬部查照立案施行。谨奏。

（朱批：）户部知道。[①]

光绪二十二年四月十七日，奉朱批：户部知道。钦此。[②]

〇一四　委令王钺安署理河州镇总兵片

光绪二十二年四月初五日(1896年5月17日)

再，新授陕西河州镇总兵何建威[③]现在统带马步各营旗，驻扎狄道一带，弹压地方，未能遽赴新任。河州镇员缺紧要，查有记名提督宁夏镇总兵王钺安，堪以署理，俾专责成而重防务。

---

① 台北故宫博物院藏：军机及宫中档，文献编号：408002987-0-M。此片之具奏日期，原件作"光绪二十二年四月十四日"，而军机录副目录则作"光绪二十二年五月初五日"。查光绪二十二年四月十七日军机处随手登记档（档案编号：03-0288-2-1222-106）朱批陶模折，则署有"报四百里，四月初五日发"等字样。据此，原件误。兹据校正。

② 中国第一历史档案馆藏：录副奏片，档案编号：03-6138-114。

③ 何建威(？—1898)，甘肃洮阳人。光绪六年(1880)，经陕甘总督左宗棠札委招募靖远军，随赴京疏浚直隶顺天永定上游河务，事竣，送部引见，以参将发往甘肃补用。九年(1883)，经督臣谭钟麟札委帮带督标练军步队。十七年(1891)，经督臣杨昌濬奏补督标左营参将。因籍隶本府，调补陕西宁陕营参将。二十一年(1895)，经陕抚张汝梅札委管带抚标前、中两旗，赴甘剿办回乱，随经董福祥奏保总兵，并加提督衔。同年，简放河州镇总兵。二十三年(1897)，调补肃州镇总兵。二十四年(1898)，卒于军。

除檄委并分饬遵照外，谨附片具奏，伏乞圣鉴。谨奏。

（朱批：）兵部知道。[1]

光绪二十二年四月十七日，奉朱批：兵部知道。钦此。[2]

○一五　拟核甘肃光绪二十

二年秋审人犯各案折

光绪二十二年四月十四日（1896 年 5 月 26 日）

头品顶戴署理陕甘总督新疆巡抚臣陶模跪奏，为拟核甘肃光绪二十二年新旧秋审人犯候平儿等各案，恭折仰祈圣鉴事。

窃据署甘肃按察使周绥会同布政使曾鉌、兰州道黄云详称：前准部咨：奏准变通章程内开：甘肃应入秋审新旧人犯，迅即饬属造具案由清册，送由臬司核明罪犯轻重，分别实缓，将应勘人犯停止解省，该督即将拟定实缓清册奏明，咨部覆核。应入情实人犯，请旨即行处决；缓决可矜人犯，照前次变通章程，分别减等发配等因。奉旨：依议。钦此。钦遵咨行到司。当经移行各道、府、直隶州，通饬所属各厅、州、县一体遵办在案。

兹查得光绪二十一年原办新事及旧事秋审情实人犯内，奉旨已勾之陇西县斩犯张幅娃仔、秦安县斩犯成统业二名，均经饬令处决，并未及奉到部覆先经反狱格毙之河州绞犯马三莽、斩犯

---

① 台北故宫博物院藏：军机及宫中档，文献编号：408002987-0-N。此片之具奏日期，原件作"光绪二十二年四月十四日"，而军机录副目录则作"光绪二十二年五月初五日"。查光绪二十二年四月十七日军机处随手登记档（档案编号：03-0288-2-1222-106）朱批陶模折，则署有"报四百里，四月初五日发"等字样。据此，原件误。兹据校正。

② 中国第一历史档案馆藏：录副奏片，档案编号：03-5913-040。

马黑必卜、斩犯萧外力以及反狱不从被殴身死之斩犯杜祁有城四名，均经拟议，详请具奏，已奉部覆在案。又，反狱守法不从被殴受伤平复、奉旨减等拟流之斩犯王尕受一名，业经饬令造册，请牌发配。又，原办旧事秋审情实二次奉旨已勾、未及奉到部覆先经越狱逃脱之西宁县斩犯马尕有仔一名，现已拿获，另行拟议详办外。又，原办缓决人犯内文县绞犯老马即马藓绑一名，业经病故，另详请咨外。又，原办缓决三次限满应行援免释放之华亭县绞犯曹潞一名，业经饬令释放，已奉部覆应入本年新事秋审先经反狱格毙之碾伯县斩犯扎马胡塞、绞犯马良伏二名，已经详请具奏在案。又，已奉部覆应入本年新事秋审先因劫狱守法不从现已病故之狄道州斩犯宁浮芒，并劫狱守法未从应行减等之绞犯田汪菖二名另详办理外。

以上统共一十二起，计一十四名，俱应于本年秋审内开除。其尚有原办新事秋审情实人犯内奉旨牢固监候之安化县绞犯刘蕾浍、隆德县斩犯摆苏儿，与原办缓决之文县绞犯邢均、化平厅斩犯郑怅发、通渭县绞犯董炭儿、肃州绞犯李沅淳，共六起，计犯六名，仍应分别实缓，汇入本年旧事秋审册内办理，并有已奉部覆应入光绪二十二年新事秋审宁州绞犯候平儿、隆德县绞犯马增幅、中卫县绞犯王终、洮州厅绞犯张代哇仔、静宁州斩犯王蛊桦、宁州绞妇李氏，共六起，计犯六名。以上统共一十二起，计犯一十二名，遵照变通章程，人犯停止解勘，照依该犯等情罪，酌拟实缓，分晰新旧，汇造年贯案由清册，呈请具奏前来。

臣覆核无异。除赍到册籍咨部核办外，谨缮折由驿驰陈，伏乞皇上圣鉴，饬部核覆施行。尚有原办旧事秋审服制情实奉旨永远监禁之礼县斩犯马汶有一名，据报病故业经请咨外，甘省并无应入朝审人犯。其现入秋审内，亦无祖、父、子、孙阵亡应行声叙之案。此案本应循旧具题，因遵照部议变通章程办理，是以改题为奏。合并陈明。谨奏。光绪二十二年四月十四日。

（朱批：）刑部知道。[1]

光绪二十二年四月二十六日，奉朱批：刑部知道。钦此。[2]

○一六　奏报华阳营都司辛仲武病故片

光绪二十二年四月十四日（1896年5月26日）

再，据督标中军副将汤仁和呈：据督标左营把总辛汝奎禀称，把总之父辛仲武系汉中镇属华阳营都司，去岁因患腿疾，请假回籍调理，渐次就痊，今春复又感冒风寒，医药罔效，于光绪二十二年二月初一日病故等情。随即委员查验属实，取具该故员原领都司札付，及委员承查印、甘各结，呈赍核办前来。

臣覆核无异，相应奏明请旨开缺。除将赍到札付、印、甘各结咨送兵部外，所遗华阳营都司员缺，陕甘现有应补人员，容臣另拣请补。理合附片具陈，伏乞圣鉴训示。谨奏。

（朱批：）兵部知道。[3]

光绪二十二年四月二十六日，奉朱批：兵部知道。钦此。[4]

---

① 台北故宫博物院藏：军机及宫中档，文献编号：408002987。
② 中国第一历史档案馆藏：录副奏折，档案编号：03-7265-023。
③ 台北故宫博物院藏：军机及宫中档，文献编号：408002987-0-J。
④ 中国第一历史档案馆藏：录副奏片，档案编号：03-5913-066。

〇一七　奏报谢智夫发往新疆充当苦差片

光绪二十二年四月十四日(1896 年 5 月 26 日)

再，上年经贵州抚臣崧骏①咨解发往新疆充当苦差官犯谢智夫即谢永谦到甘，时值河、狄逆回猖獗，旋据该革员具禀，自以熟悉戎务，恳请留营效力，以赎前愆等情。当经前督臣杨昌濬据情奏请暂留营试用，以观后效等因。兹据署皋兰县知县姚世贞详称：该革员谢智夫带勇防护河州渡口，辄敢磕诈行旅，被控撤回，该革员又复在省任意妄为，滋生事端，实属怙终不悛，难期后效等情前来。

臣覆查无异。除将该革员谢智夫仍行发往新疆充当苦差以符原案，并行甘臬司委员饬解外，理合附片陈明，伏乞圣鉴。谨奏。

（朱批：）刑部知道。②

光绪二十二年四月二十六日，奉朱批：刑部知道。钦此。③

---

①　崧骏(1832—1893)，字雪帆、振青、镇青，瓜尔佳氏，满洲镶蓝旗官学生。咸丰七年(1857)，捐纳兵部九品笔帖式。九年(1859)，中式举人，充兵部七品笔帖式。同治二年(1863)，补兵部主事。三年(1864)，升兵部员外郎。五年(1866)，兼理茶库员外郎。六年(1867)，晋兵部郎中。同年，放广东高州府知府。九年(1870)，调补山东济南府知府。十年(1871)，转山东沂州府知府。光绪元年(1875)，升山东督粮道，加盐运使衔。五年(1879)，迁广西按察使。七年(1881)，授直隶布政使。十一年(1885)，擢漕运总督。十二年(1886)，补授江苏巡抚。十四年(1888)，调补浙江巡抚。十五年(1889)，兼署浙江提督。十九年(1893)，卒于任。

②　台北故宫博物院藏：军机及宫中档，文献编号：408002987-0-K。

③　中国第一历史档案馆藏：录副奏片，档案编号：03-6138-129。

中国近代人物文集丛书

陶 模 集 辑 笺

（三）

杜宏春　辑注

中 华 书 局

〇一八　奏报河州城守营都司王忠孝病故片

光绪二十二年四月十四日（1896年5月26日）

再，据署陕西汉中镇总兵龙得胜呈称：调署华阳营都司河州城守营都司王忠孝，得患风寒病症，医治未愈，于光绪二十二年三月初一日在任病故等情，呈报前来。

臣覆查无异，相应奏明请旨开缺。除查取该故员原领札付及委员承查印、甘各结送部外，所遗都司员缺，陕甘现有应补人员，容臣另行拣员请补。理合附片陈明，伏乞圣鉴。谨奏。

（朱批：）兵部知道。①

光绪二十二年四月二十六日，奉朱批：兵部知道。钦此。②

〇一九　奏报官兵收复北大通片

光绪二十二年四月十四日（1896年5月26日）

再，臣正拜折间，据探报董福祥派道员张成基、副将马安良③等，已将北大通收复。又据续探，官军实只得大通营一城，四乡各堡仍系悍回麇聚。

查回性反复，悬揣情形，诸多可虑，臣已飞饬潘效苏会同诸将

---

① 台北故宫博物院藏：军机及宫中档，文献编号：408002987-0-L。
② 中国第一历史档案馆藏：录副奏片，档案编号：03-5913-067。
③ 马安良（1855—1920），字翰如，原名七五，回族，甘肃河州人。光绪年间，以军功拔游击，补参将，升伊犁镇总兵。三十四年（1908），补授巴里坤镇总兵。宣统元年（1909），调补甘肃宁夏镇总兵。民国时期，迁甘肃提督，加北洋陆军大将军衔，遂拥兵自重，操纵甘省军政，后被迫下野。民国九年（1920），病逝。

领，进山分扎，以资防剿。谨附片具奏，伏乞圣鉴。谨奏。

（朱批：）知道了。①

○二○　请将彭福孙留甘补用折

光绪二十二年四月二十二日(1896 年 6 月 3 日)

头品顶戴署理陕甘总督新疆巡抚臣陶模跪奏，为吏治需人，请将捐升京秩人员留外补用，恭折具奏，仰祈圣鉴事。

窃州县为亲民之官，吏治之得失、地方之安危系焉。甘肃回匪屡叛，民气凋伤，休养生息当以整饬吏治为先。臣自新疆入关，访查甘肃文武员弁，贤否不一，容再随时察看、分别举劾外，兹查有武威县知县彭福孙，抚驭得宜，民情爱戴。其举办团练及供支来往兵差，洁己奉公，无一毫扰累，亦无一事违误。似此实心实政，诚为牧令中不可多得之员。惟该员已由知县捐升郎中，光绪二十二年正月二十日接准部咨，准其离任开缺在案。臣到任后，与藩、臬两司勤咨吏治，皆以该员清勤详慎，素得民心，与臣在关外平素所闻大致相同。又据署甘肃甘凉道王效②禀称，该员在武威县任内，值地方多事，办理一切，悉臻妥善，阖县绅民闻其开缺，联名具呈恳留等情前来。

臣查该员彭福孙，年五十二岁，江苏长洲县人，由刑部主事中式光绪五年顺天乡试举人。十二年，遵海防例改捐知县。十

---

① 台北故宫博物院藏：军机及宫中档，文献编号：408002987-0-P。

② 王效，生卒年未详。光绪十一年(1885)，以吏部主事补军机处额外章京。十二年(1886)，充补军机处章京。后补江西道监察御史。二十年(1894)，放甘肃凉州府知府。二十二年(1896)，署甘凉道。

三年五月，部选甘肃秦安县知县，六月初二日引见，奉旨补授。
七月，报捐同知升衔，十二月二十日到任，历署皋兰、武威等县知
县。二十年十月二十三日，调补武威县。二十一年十一月十六
日，在部库遵例报捐郎中双月选用。二十二年正月二十日，奉部
文离任开缺。臣以甘省吏治之不饬已非一日，现在时局艰难，人
心不靖，招徕、抚辑，正需才孔急之时，该员年富力强，循声卓著，
正宜力图报效，共济时艰。查郎中与外官同知直隶州系属对品，
合无仰恳天恩，俯念吏治需人，准以捐升郎中开缺知县彭福孙改
为同知直隶州，仍留甘肃补用，并请俟补缺后，再行送部引见，实
于吏治有裨。

臣为整顿地方起见，谨恭折具奏，伏乞皇上圣鉴，训示施行。
谨奏。光绪二十二年四月二十二日。

（朱批：）着照所请，吏部知道。①

光绪二十二年五月初五日，奉朱批：着照所请，吏部知道。
钦此。②

○二一　奏报甘肃添募各军请饬部立案折

光绪二十二年四月二十二日（1896年6月3日）

头品顶戴署理陕甘总督新疆巡抚臣陶模跪奏，为补报甘省添
募各军，谨请饬部立案，恭折仰祈圣鉴事。

窃臣自履署任，清厘积牍，查有去岁陆续招募、添改各营旗，虽

---

① 台北故宫博物院藏：军机及宫中档，文献编号：408002989。
② 中国第一历史档案馆藏：录副奏折，档案编号：03-5914-013。

经前督臣杨昌濬随时具奏，其中不无遗漏，当饬甘肃布政使曾鉌详晰查报。兹据详称：遵查去年甘肃回匪不靖，河湟一带相率蠢动，东扰海城，西窜甘、凉，旧有营旗不敷防剿，所有陆续添募各军暨城防土勇，均经叠次详奏在案。惟贼势流窜无常，即军情瞬息立变，一经改动，案据即有参差，招募既多，奏报不无遗漏。有已经奏明立案后，因该军所部足敷调遣并未招募者；有未经奏明立案，因防剿实在吃紧，从权酌量饬招成旗、成哨者；又有因贼踪逼近、防剿在急，未及奏明将旧有之军量为添改者。彼时均因军务倥偬、案牍纷繁，未及即时详请奏明。刻下贼氛稍靖，所有漏未奏报各军，理合逐一查明，开具清单，详请补行奏咨立案前来。

臣覆核无异。惟查前敌剿抚事宜，办理粗有头绪，各军分驻要隘，仍资镇压，未便遽行裁撤。此外城防土勇及不得力营旗，现已分别接续裁减，以期节省饷需，容另行汇案具奏。

所有前次漏未奏报各军，除咨明户、兵二部查照外，谨补缮清单，恭呈御览，相应恭折驰陈，伏乞皇上圣鉴，饬部立案施行。谨奏。光绪二十二年四月二十二日。

（朱批：）另有旨。[1]

光绪二十二年五月初五日，奉朱批：着照所请，该部知道。钦此。[2]

　　【案】此折于是月得允行，上谕曰：

　　光绪二十二年五月初五日，内阁奉上谕：陶模奏，补报

---

[1]　台北故宫博物院藏：军机及宫中档，文献编号：408002991。

[2]　中国第一历史档案馆藏：录副奏折，档案编号：03-5759-068。

甘省添募各军，请饬部立案，开单呈览一折。各省添募营旗，饷项攸关，例应随时奏咨立案。上年甘省办理防剿，杨昌濬添募各军竟有未经奏明之案，殊属疏漏，杨昌濬着交部议处。此项营旗着陶模认真裁汰，以节饷需。该部知道。单并发。钦此。[①]

○二二　呈招募及添改未咨未奏各军清单

光绪二十二年四月二十二日（1896年6月3日）

谨将招募及添改成军未奏未咨，并未奏已咨、奏准未招各军，分别缮具清单，恭呈御览。

计开：

招募未奏未咨各军：

靖逆开花炮队两哨，都司李双庆带，二十一年九月二十六日开招，十月十五日成哨，原驻省城，调往西宁助剿。

格林炮队一哨，军功成竹生带，二十二年正月十五日成哨，驻省城。

碾伯马步土勇二百二十名，土司祁贵玉带，二十一年七月二十二日开招，八月十四日成军，驻碾伯。

西宁土勇二百二十四名，土司祁叙古带，二十一年八月初四日开招，十一月初八日成军，驻西宁。

河州知州马队一旗，二十一年十月初一日开招，十一月初八日成旗，驻河州。

---

① 《光绪宣统两朝上谕档》，第22册，第100页。

永昌县土勇一百名，二十一年八月十四日成哨，驻永昌。

河州善后局土勇一百名，二十一年十月初八日成哨，驻河州。

隆德县土勇一百名，二十一年四月十三日开招，五月初一日成哨，驻龙德。

海城县土勇二百名，二十一年十月初二日成哨，驻海城。

东乐县丞土勇五十名，二十一年九月二十七日招成，驻东乐。

太子寺州判土勇二十名，二十一年六月二十日成队，驻太子寺，十二月底止裁撤。

硝河城州判土勇二十名，二十一年八月二十日招成，驻硝河城，十二月底止裁撤。

镇南右营马队五十骑，总兵易顺胜带，二十一年十月初二日开招，十月十五日招成，驻凉州。

添改未奏未咨各军：

河标练军步队一哨，游击曾永国带，二十二年二月初一日添募成旗，驻宁河。

镇南后旗步队添足成营，二十一年四月十三日添招，五月初一日成营，驻河州。

安西州土勇二百名，添募一百十二名，二十一年十月初一日开招，十一月初八日成军，驻安西。

安洮练勇步队一营，改为马队一旗，二十一年十二月初一日成军，驻洮州。

督标左右两翼马队二旗，二十一年八月二十七日开招，十月十三日成旗，左翼驻新城，右翼驻教场。

招募已咨未奏各军：

西宁练军步队一旗添募成营，二十一年六月十五日添足成营，驻西宁。

正威右营步队一营，二十一年五月十六日成营，原系正字营守备张正元带，后改为正威右营，委都司陈明山接带，驻俄博扁都口。

镇夏副右旗步队一旗，二十一年闰五月初三日成旗，驻宁夏。

镇夏后旗步队一旗，二十一年四月十五日成旗，驻宁夏。

衡字中营步队一营，二十一年六月十一日成营，驻西宁。

衡字左营步队一营，二十一年九月初一日成营，驻西宁。

署河州镇李良穆马队两棚，二十一年闰五月初一日成军，原驻白塔寺，后驻河州。

沙泥州判马队二十骑，二十一年九月十五日招成，驻沙泥站。

通渭县土勇一百四十名，二十一年八月初一日招成，驻通渭，十二月底止裁撤。

宕昌土司马承烈土勇一旗，二十一年十月初十日成旗，驻岷州。

宁州土勇一百名，二十一年九月初一日招成，驻宁州，十二月底止裁撤。

会宁营土勇四十名，二十一年七月初一日招成，驻会宁，十二月底止裁撤。

奏准未招各军：

李良穆步队一旗，督标右营土勇一百名。

（朱批:）览。①

---

① 　中国第一历史档案馆藏:清单,档案编号:03-5759-069。

○二三　奏报遣撤营勇酌给恩饷折

光绪二十二年四月二十二日(1896年6月3日)

头品顶戴署理陕甘总督新疆巡抚臣陶模跪奏，为遣撤营勇，酌给恩饷，以广皇仁，恭折仰祈圣鉴事。

窃查甘省去岁军兴，经前督臣杨昌濬随时奏明添募营勇，并调各军协同剿办。现在军事渐定，准户部咨：奏奉谕旨，饬令裁撤营勇，以节饷需等因。当即转饬遵办去后。兹据甘肃新疆总粮台布政使司曾鉌详称：查湘军、甘军、陕军各有专饷，应由各军自行办理外，如豫凯一军七营两哨调自河南，全胜一军三营旗募自汉中，其余添募各营亦系客籍多土著少，总缘甘省土旷人稀，应募无几，即间有入伍者，均属狄、河难民。目下次第遣散，若将应发月饷截至裁撤之日止，恐此辈勇丁素无恒业，所得月饷不免随时耗费，一经裁遣，不特盘费无出，抑且度日无资，朝为战士，夕就流离，似不足以示体恤。本台再三酌议，拟援去岁北洋定章，凡回防之勇由陆路撤回者，给予口粮一月，以作川资。甘省概系陆道，距湘、距豫动至数千余里，遣散之勇又与撤还有别，应即查明撤勇原籍地方道路远近，酌给口粮，或一月或月半，极远以两月为止。其籍隶湖南者，由甘省发给一半，下余饷银解由陕省、湖北分给；其籍隶河南者，解由陕西、河南分给；其籍隶汉中者，省中秦州分给；其籍隶河、狄者，查实系难民，亦准给半月口粮，俾资归农。如此分别办理，庶士卒均沾实惠，即沿途亦借免骚扰等情，详请奏咨前来。

臣覆查招勇易集，散勇最难，远道遣归，非于正饷之外酌给口粮，诚虑沿途乏资，或致逗遛生事。除照详酌准并令将续裁营旗随时详报另办，并咨明户部查照立案外，所有酌给散勇口粮缘由，理合恭折具陈，伏乞皇上圣鉴。谨奏。光绪二十二年四月二十二日。

（朱批：）着照所请，该部知道。[①]

光绪二十二年五月初五日，奉朱批：着照所请，该部知道。钦此。[②]

○二四　奏报知县赵鈜留省补用片

光绪二十二年四月二十二日（1896年6月3日）

再，臣前由新疆酌带马步营旗入关，并随带文武员弁，已于恭报起程折内奏明在案。嗣臣行抵甘州，派候补道潘效苏督率马步营旗，进驻北大通一带办理防剿，即派所带员弁随潘效苏行营差遣。惟有留甘肃新疆候补班前尽先补用知县赵鈜，随臣抵省，委办一切，俱臻妥协。合无仰恳天恩，俯准以知县赵鈜留于甘肃补用，借收得人之效。如蒙俞允，并请俟补缺后，再行送部引见。其余在营员弁应否留省，容臣另行查明奏请外，谨附片具陈，伏乞圣鉴训示。谨奏。

（朱批：）着照所请，吏部知道。[③]

光绪二十二年五月初五日，奉朱批：着照所请，吏部知道。钦此。[④]

---

① 台北故宫博物院藏：军机及宫中档，文献编号：408002988。

② 中国第一历史档案馆藏：录副奏折，档案编号：03-5561-050。

③ 台北故宫博物院藏：军机及宫中档，文献编号：408002987-0-H。此片之具奏日期，原件作"光绪二十二年四月十四日"，而军机录副作"光绪二十二年四月二十二日"。查光绪二十二年五月初五日军机处随手登记档（档案编号：03-0288-2-1222-123）朱批陶模折，则署有"报四百里，四月二十二日发"等字样。据此，原件标注讹误。兹据校正。

④ 中国第一历史档案馆藏：录副奏片，档案编号：03-5341-010。

○二五　奏为健字营勇支给行粮片

光绪二十二年四月二十二日(1896年6月3日)

再，查上年湟回变起，郡城吃紧，经西宁办事大臣臣奎顺饬千总李致中在贵德厅等处，招集汉、番马步勇丁共二百六十余员名，于八月内成军来郡，在大南川一带接仗，屡战获胜，深资得力，因令将总兵陈孟魁所招土勇归并成营，照土勇坐粮章程支给，名曰健字营。嗣随西宁镇总兵邓增①前赴西南川，攻剿贼庄，每战奋勇杀贼。所支口粮不敷，准自十二月成营之日起支行粮，以资鼓励。现因追剿青海窜贼，改步为骑，饬赴丹噶尔，带同蒙、番各兵，相机防剿。又，臣奎顺会商前署西宁道陈嘉绩，饬募马队一旗，以备战守，兼顾运道，派守备米万荣管带。本年二月，该署道交卸篆务，仍归新任西宁道联魁②钤辖，改委都司刘作铭接带，应支行饷，该道自

---

①　邓增(1843—1905)，字锦亭，广东新会人，武童。咸丰十一年(1861)，赏给六品军功，旋换五品顶戴。同治二年(1863)，保以把总尽先拔补，并赏戴蓝翎。次年，赏换花翎。五年(1866)，保以都司留福建尽先补用，加游击衔。同年，再保游击，晋参将衔。九年(1870)，保参将。次年，保升副将。十一年(1872)，保总兵衔，加伊博德恩巴图鲁名号。次年，保以总兵记名简放。光绪二年(1876)，保以提督记名简放，并赏穿黄马褂。六年(1880)，晋头品顶戴。十一年(1885)，署伊犁镇总兵，旋实授。十五年(1889)，调补甘肃西宁镇总兵。二十二年(1896)，迁陕西固原提督。三十一年(1905)，卒于任。三十三年(1907)，附祀左宗棠专祠。

②　联魁(1849—?)，字星樵、星乔，满洲镶红旗人，贡生。同治三年(1864)，充神机营文案委员。光绪元年(1875)，保即选笔帖式。三年(1877)，选礼部笔帖式。同年，保兵部候补主事，加四品衔。五年(1879)，保兵部候补员外郎、兵部候补郎中。六年(1880)，赴科布多差遣。八年(1882)，充职方司帮掌印。十一年(1885)，补海军衙门章京。同年，充水操内学堂提调、兵部捷报处章京、饭银处监督、则例馆提调、会典馆纂修。十三年(1887)，升兵部郎中，掌职方司印钥。十六年(1890)，掌武选司印(转下页)

行请领，并由臣奎顺先后咨明在案。前督臣杨昌濬未及核办，应即据实会奏立案。

除咨户、兵二部查照外，理合会同西宁办事大臣臣奎顺附片具陈，伏乞圣鉴，饬部立案施行。谨奏。

（朱批：）该部知道。[①]

光绪二十二年五月初五日，奉朱批：该部知道。钦此。[②]

○二六　请准遣勇回豫发放川资片

光绪二十二年四月二十二日(1896年6月3日)

再，豫凯一军马步七营、炮队两哨，去岁来甘助剿，调赴碾伯平成驿一带，扼守西宁后路。现在该军遵旨回豫遣散，于本年三月十九、二十等日先后到省，原带军械均交署碾伯县余承曾点收具报。其格林炮、子药等项，亦经交由省城军装局照数收储。该军月饷应即截至三月底止照常发给。惟该军七营两哨，均系河南士卒，此次带回原省遣散，路遥日久，费用无资，甚恐沿途逗遛，骚扰滋事，拟

（接上页）钥。十八年(1892)，授总理海军事务衙门帮办。是年，放甘肃甘凉道，晋三品衔。二十一年(1895)，署甘肃布政使。同年，调补甘肃西宁道。二十三年(1897)，署西宁办事大臣。是年，调安徽安庐和滁道。二十四年(1898)，迁安徽按察使。二十八年(1902)，署安徽藩司。翌年，实授安徽布政使。二十九年(1903)，护理安徽巡抚。三十一年(1905)，擢甘肃新疆巡抚。宣统元年(1909)，授会办盐政大臣。

①　台北故宫博物院藏：军机及宫中档，文献编号：408002987-0-I。此片之具奏日期，原件作"光绪二十二年四月十四日"，而军机录副作"光绪二十二年四月二十二日"，查光绪二十二年五月初五日军机处随手登记档（档案编号：03-0288-2-1222-123）朱批陶模折，则署有"报四百里，四月二十二日发"等字样。据此，原件标注讹误。兹据校正。

②　中国第一历史档案馆藏：录副奏片，档案编号：03-5759-071。

即援照北洋定章，回防之勇，陆路撤回者，给予口粮一月，以作川资。甘省距河南概系陆路，计程必须四十余日，方能行抵省会。扣至四月初一日起至五月十五日止，发给该军一月半口粮作为路费。其银解由陕省给予半月，下余一月兑由河南发给，以昭核实。据甘肃布政使司曾鉌详请奏咨，并附呈点收军械清折前来。

臣覆核无异。除将清折咨送军务处及咨明户部查照外，谨附片具陈，伏乞圣鉴。谨奏。

光绪二十二年五月初五日，奉朱批：该衙门知道。钦此。①

○二七　请以孙金彪署理固原提篆片

光绪二十二年四月二十二日（1896 年 6 月 3 日）

再，陕西固原提督雷正绾奉旨开缺回籍，以西宁镇总兵邓增补授。邓增现奉谕旨，带队出关，未能即赴新任。陕、甘两省武职大员除现在前敌诸将领外，实无可以署理斯缺之人。查有陕西汉中镇总兵孙金彪，②勇略兼优，臣所素悉，且其读书有年，文理通达，与遇事难以函牍相商者有别。该员现在山东烟台带队，刻值海疆防务稍松，相应请旨饬下北洋大臣、山东巡抚另拣妥员接办，饬孙

---

① 中国第一历史档案馆藏：录副奏片，档案编号：03-6139-010。

② 孙金彪（？—1905），江苏元和人，武生。咸丰十年（1860），任枪船首领。同治元年（1862），以军功补千总。七年（1868），以出兵河南剿捻功升参将，加博奇巴图鲁名号。十年（1871），出兵甘肃，保以记名提督，赏穿黄马褂。光绪三年（1877），出兵新疆，统领嵩武军。次年，加头品顶戴。十三年（1887），调补陕西汉中镇总兵。同年，任山东烟台海口防营统领，归李鸿章节制调遣。二十五年（1899），赴京陛见。次年，任武毅右军先锋队右翼长。二十七年（1901），调湖南永州镇总兵。二十九年（1903），办理苏州营务。三十一年（1905），卒于任。

金彪迅即赴陕署理提篆，一俟邓增到任，即令前赴汉中镇本任，以重职守，于陕、甘两省军务均有裨益。

谨会同护理陕西巡抚布政使臣张汝梅①附片具奏，伏乞圣鉴训示。谨奏。

光绪二十二年五月初五日，奉朱批：孙金彪现在烟台统带防营，所请着毋庸议。钦此。②

〇二八　恭报甘肃光绪二十二年正月雨水、粮价折

光绪二十二年四月二十三日（1896年6月4日）

头品顶戴署理陕甘总督新疆巡抚臣陶模跪奏，为具报甘肃省光绪二十二年正月份粮价、雪泽情形，恭折仰祈圣鉴事。

窃查接管卷内，光绪二十一年十二月份粮价并得沾雪泽情形，业经具折奏报在案。兹查本年正月份，兰州等八府六直隶州属具报得沾雪泽，自一二寸至五六寸，深透不等。正值春耕布种之际，获此沃泽，土脉含濡，民情欣慰。至通省粮价，现在回氛尚未肃清，大兵云集，以致到处粮价仍有增长，不能平减。据藩司曾鉌具详请奏前来。

臣覆核无异。理合恭折具奏，并缮粮价清单，恭呈御览，伏乞

---

①　张汝梅（？—1902），励勇巴图鲁，河南密县人，监生。咸丰八年（1858），保加同知衔。次年，晋知府衔。同治元年（1862），于河南军营办理营务，保升按察使衔。光绪六年（1880），赏云骑尉。十五年（1889），补广西右江道。十七年（1891），迁山西按察使，署山西布政使。二十一年（1895），实授陕西布政使。次年，护理陕西巡抚。二十三年（1897），调补山东巡抚。二十八年（1902），卒。有《梦花居文存》行世。

②　中国第一历史档案馆藏：录副奏片，档案编号：03-5914-014。

皇上圣鉴。谨奏。光绪二十二年四月二十三日。

（朱批：）知道了。①

光绪二十二年五月十八日，奉朱批：知道了。钦此。②

〇二九　呈甘肃光绪二十二年正月粮价清单

光绪二十二年四月二十三日(1896 年 6 月 4 日)

谨将甘肃各属光绪二十二年正月份米粮时估价值，缮具清单，恭呈御览。

计开：

兰州府属：价加

粟米每京石价银一两八钱一分三厘至二两七钱一分，较上月贵一分五厘。小麦每京石价银一两七钱四分三厘至二两七钱七分九厘，较上月贵一分二厘。豌豆每京石价银一两五钱二分一厘至二两六钱二分五厘，较上月贵一分四厘。青稞每京石价银一两四钱三分八厘至二两二钱五厘，较上月贵一分四厘。

巩昌府属：价加

粟米每京石价银一两六钱八分四厘至二两五分一厘，较上月贵六厘。小麦每京石价银一两三钱二分七厘至二两一钱七厘，较上月贵六厘。豌豆每京石价银一两五钱五分四厘至一两九钱七分三厘，较上月贵五厘。青稞每京石价银一两二钱八分一厘至一两六钱六厘，较上月贵五厘。

----

① 台北故宫博物院藏：军机及宫中档，文献编号：408002993。
② 中国第一历史档案馆藏：录副奏折，档案编号：03-6957-028。

平凉府属：价加

粟米每京石价银一两五钱三分七厘至一两八钱四分五厘，较上月贵五厘。小麦每京石价银一两四钱七分四厘至一两八钱八厘，较上月贵五厘。豌豆每京石价银一两二钱五分六厘至一两六钱九分二厘，较上月贵五厘。糜子每京石价银一两一钱三分一厘至一两三钱四分四厘，较上月贵四厘。

庆阳府属：价加

粟米每京石价银一两二钱三分九厘至一两四钱三分四厘，较上月贵三厘。小麦每京石价银一两三钱三分四厘至一两七钱三厘，较上月贵三厘。豌豆每京石价银一两二钱一厘至一两六钱六分五厘，较上月贵四厘。糜子每京石价银一两三分八厘至一两二钱四分六厘，较上月贵二厘。

甘州府属：价加

粟米每京石价银一两四钱六分三厘至一两六钱二分二厘，较上月贵三厘。小麦每京石价银一两四钱九分至一两六钱七分九厘，较上月贵二厘。豌豆每京石价银一两五钱一分至一两六钱三分七厘，较上月贵二厘。青稞每京石价银一两一钱六分一厘至一两二钱六分六厘，较上月贵三厘。

凉州府属：价加

粟米每京石价银一两六钱六分五厘至二两五钱三分八厘，较上月贵一分四厘。小麦每京石价银一两六钱五分一厘至二两二钱七分，较上月贵五厘。豌豆每京石价银九钱二厘至二两二钱六分五厘，较上月贵六厘。青稞每京石价银一两一钱七分四厘至一两八钱二分，较上月贵一厘。

宁夏府属：价加

粟米每京石价银一两三钱八分五厘至一两六钱二分二厘，较上月贵三厘。小麦每京石价银一两四钱七厘至一两七钱三分六厘，较上月贵四厘。豌豆每京石价银八钱二分五厘至一两六钱二分三厘，较上月贵二厘。糜子每京石价银一两一钱一分二厘至一两二钱三分八厘，较上月贵二厘。

西宁府属：价加

粟米每京石价银二两一厘至二两四钱九分一厘，较上月贵二厘。小麦每京石价银一两六钱五厘至二两三钱八分七厘，较上月贵三厘。豌豆每京石价银一两八钱四分八厘至二两三钱九分五厘，较上月贵三厘。青稞每京石价银一两三钱五分七厘至二两三钱二分三厘，较上月贵二厘。

秦州直隶州并所属：价加

粟米每京石价银一两四钱二分一厘至一两八钱四分三厘，较上月贵四厘。小麦每京石价银一两三钱九分三厘至一两六钱三分八厘，较上月贵四厘。豌豆每京石价银一两三钱一分八厘至一两四钱九分一厘，较上月贵四厘。糜子每京石价银一两一钱一分九厘至一两二钱六分七厘，较上月贵四厘。

阶州直隶州并所属：价加

粟米每京石价银一两五钱三分九厘至一两九钱八分一厘，较上月贵三厘。小麦每京石价银一两二钱至一两八钱六分二厘，较上月贵四厘。豌豆每京石价银一两五钱一分二厘至一两七钱三分六厘，较上月贵四厘。糜子每京石价银一两二钱四分六厘至一两二钱四分六厘，较上月贵三厘。

泾州直隶州并所属：价加

粟米每京石价银一两三钱二分二厘至一两六钱一分七厘，较上月贵四厘。小麦每京石价银一两二钱八分七厘至一两六钱三厘，较上月贵三厘。豌豆每京石价银一两八分五厘至一两四钱七分，较上月贵三厘。糜子每京石价银一两一钱七分五厘至一两二钱五分三厘，较上月贵四厘。

固原直隶州并所属：价加

粟米每京石价银一两三钱九分二厘至一两七钱三分五厘，较上月贵三厘。小麦每京石价银一两四钱五分九厘至一两九钱五分二厘，较上月贵二厘。豌豆每京石价银一两四钱二厘至一两八钱四厘，较上月贵二厘。糜子每京石价银一两一钱八分二厘至一两一钱八分二厘，较上月贵三厘。

肃州直隶州并所属：价加

粟米每京石价银一两五钱四分至一两五钱六分七厘，较上月贵二厘。小麦每京石价银一两五钱四厘至一两五钱四分三厘，较上月贵四厘。豌豆每京石价银一两四钱九分至一两五钱六分七厘，较上月贵二厘。青稞每京石价银一两一钱九分六厘至一两三钱二分九厘，较上月贵二厘。

安西直隶州并所属：价加

粟米每京石价银一两五钱一分八厘至一两八钱五厘，较上月贵三厘。小麦每京石价银一两五钱一分一厘至一两八钱二分六厘，较上月贵二厘。豌豆每京石价银一两四钱三分三厘至一两六钱九分四厘，较上月贵三厘。青稞每京石价银一两一钱八分一厘至一两三钱八分九厘，较上月贵三厘。

（朱批：）览。[1]

---

[1]　中国第一历史档案馆藏：清单，档案编号：03-6957-029。

○三○　代奏王钺安接署河州镇篆谢恩折

光绪二十二年四月二十三日（1896年6月4日）

头品顶戴署理陕甘总督新疆巡抚臣陶模跪奏，为据情代奏，仰祈圣鉴事。

窃臣据署陕西河州镇总兵本任甘肃宁夏镇总兵王钺安呈称：总兵奉委署理河州镇总兵员缺，当即起程，于本年三月二十六日驰抵河州，准前署总兵李良穆移送钦颁同字三十七号陕西河州总兵官银印一颗并文案、卷宗前来。遵即恭设香案，望阙叩头谢恩，祗领任事。俯念总兵长安武士，知识毫无，渥被殊恩，补授甘肃宁夏镇总兵，复署陕西河州镇总兵篆务，涓埃未报，惶悚实深。查河州控制番夷，汉回杂处，现值烽烟甫静，弹压、抚绥，均关紧要。自维椿昧，深惧弗胜，惟有勉竭驽驷，督率将弁，实力巡防，借弭隐患，以冀稍酬高厚鸿慈于万一。

所有接署河州镇篆日期并感激下忱，呈请代奏，叩谢天恩前来。理合恭折代陈，伏乞皇上圣鉴。谨奏。光绪二十二年四月二十三日。

（朱批：）知道了。[1]

光绪二十二年五月十八日，奉朱批：知道了。钦此。[2]

---

[1]　台北故宫博物院藏：军机及宫中档，文献编号：408002992。

[2]　中国第一历史档案馆藏：录副奏折，档案编号：03-5914-057。

○三一　请以杨增新等补授知县折

光绪二十二年四月二十三日（1896 年 6 月 4 日）

　　头品顶戴署理陕甘总督新疆巡抚臣陶模跪奏，为请补知县员缺，以裨地方，恭折仰祈圣鉴事。

　　窃据甘肃布政使曾钫、署按察使周绥会详称：渭源县知县刘藜光调补海城县知县，宁朔县知县傅维祜调补西宁县知县，均奉部覆准，业经签掣次序报部在案。查各省升、调、遗缺出，例用各项候补进士、即用、委用、大挑、议叙、捐纳、截取进士、举人各项人员。又，道府以至未入流，无论何项到班，仍以五缺计算等语。甘省知县升、调、遗一项，自停止变通章程后，已用至本班捐纳试用知县程德音准署隆德县知县止，其次两当县缺以本班截取进士知县苏保国请署，尚未奉准部覆。今签掣第一之渭源县缺，甘省现无郑工、新班先各项花样人员，照章过班接用各项班次，应插用之分缺间拔贡本班先均无人；轮用分缺先有人，到省日期与缺分同月，比照甄别人员计算下月补缺之例，应行扣补。轮应本班拔贡到班无人，进士即用尽先有人未足一年，亦应扣补，应以进士即用本班科分甲第名次在先之杨增新[①]一员，例得请补。

---

　　① 杨增新(1859—1928)，字鼎臣，云南蒙自人。光绪十四年(1888)，由监生中本省乡试举人。十五年(1889)，中式进士，以知县即用，签分甘肃，九月到省。十九年(1893)，署中卫县知县。二十二年(1896)，补渭源县知县。同年，署河州知州。二十六年(1900)，充甘肃提学使兼武备学堂总办，经陕甘总督魏光焘奏保，传旨嘉奖。二十七年(1901)，保知府，并戴花翎。二十八年(1902)，赴部引见。二十九年(1903)，补甘肃庆阳府知府。三十年(1904)，丁本生母降服忧，经督臣崧蕃奏留委办甘肃文武各学堂事宜。三十一年(1905)，就近起复，于顺直赈捐案内遵例捐升道员。三十三（转下页）

查该员年三十九岁，云南蒙自县举人。光绪己丑科会试，中式二百九十五名贡士，殿试三甲第一百二十五名，引见奉旨以知县签掣甘肃，光绪十五年九月二十日到省。嗣丁忧，起复来甘，委署中卫县知县，交卸无误。查该员年强才裕，任事实心，以之请补渭源县知县，与例相符，实堪胜任。

其签掣第二之宁朔县缺，例用各新班花样及插班暨先用班次或无人、或未限满，均与前同。杨增新抵积拔贡正班，应接用孝廉方正，本班前先、本班均无人，复应各项候补进士即用相间轮补到班。上次宁远县缺系用曾任实缺应升知县，此次应以进士即用知县本班科分甲第、名次在先之张庭武请补。查该员年三十三岁，河南安阳县举人，光绪己丑科会试中式一百十九名贡士。十六年庚寅，补行殿试三甲第七十三名，引见奉旨以知县签掣甘肃，光绪十七年三月初十日到省，现署大通县知县。该员年富才明，留心吏治，以之请补宁朔县知县，与例相符合，人地亦极相宜。会详请奏前来。

臣到任未及三月，例不加考。惟既据该司等声称该员杨增新年强才裕，任事实心；张庭武年富才明，留心吏治，合无仰恳天恩，俯念员缺紧要，准以杨增新补授渭源县知县，张庭武补授宁朔县知县，期于地方有裨。如蒙俞允，该员等系以知县请补知县，衔缺相当，毋庸送部引见。该二员署任内均无参罚案件。谨恭折具陈，伏乞皇上圣鉴训示。谨奏。光绪二十二年四月二十三日。

（接上页）年(1907)，由甘管解协饷出关，经新疆巡抚联魁奏留新疆委用，充新疆法政、陆军两学堂总办，兼督练公所参议官。三十四年(1908)，补授阿克苏道。宣统三年(1911)，迁镇迪道兼提法使。民国成立后，任新疆都督兼民政长。民国十七年(1928)，遇刺身亡。有《补过斋文牍》、《补过斋日记》等行世。

（朱批：）吏部议奏。①

光绪二十二年五月十八日，奉朱批：吏部议奏。钦此。②

○三二　奏报拣员委署知县片

光绪二十二年四月二十三日（1896年6月4日）

再，准补固原直隶州知州张祥会例应给咨赴引，惟现在湟中军务尚未大定，该州属汉少回多，抚驭急须得人，应饬该员先行赴任，暂缓引见，以顾地方。平番县知县郑业启调省遗缺，查有大挑试用知县陈兆康，堪以委署。渭源县知县刘藜光撤省遗缺，查有通渭县知县杨宸漠，堪以调署。张掖县知县喻炎丙丁忧遗缺，查有高台县知县陈昌，堪以调署。所遗高台县知县员缺，查有即用知县张心镜，堪以委署。大通县知县史文光调省遗缺，查有即用知县张庭武，堪以委署。崇信县知县调署通渭县知县杨培之调省，所遗通渭县员缺，查有候补知县邬绪棣，堪以委署。金县知县姬恺臣撤省遗缺，查有候补知县谢祖植，堪以委署。据藩、臬两司会详前来。

除批饬分别给委外，理合附片陈明，伏乞圣鉴。谨奏。

（朱批：）吏部知道。③

---

① 台北故宫博物院藏：军机及宫中档，文献编号：408002986。

② 中国第一历史档案馆藏：录副奏折，档案编号：03-5341-081。

③ 台北故宫博物院藏：军机及宫中档，文献编号：408002987-0-A。此片之具奏日期，原件目录作"光绪二十二年四月十四日"，而军机录副则作"光绪二十二年四月二十三日"，查光绪二十二年五月十八日军机处随手登记档（档案编号：03-0288-2-1222-136）朱批陶模折，据同日朱批折件判定，其具奏日期与军机录副一致。据此，原件目录标注讹误。兹据校正。

光绪二十二年五月十八日,奉朱批:吏部知道。钦此。①

○三三　奏报拣员委署副将等情片

光绪二十二年四月二十三日(1896年6月4日)

再,署陕西潼关协副将正任商州协副将张世才经臣调省察看,所遗副将员缺,查有该协正任副将现署商州协副将额勒珲,应即饬赴本任,以专责成。所遗商州协副将员缺,查有记名提督留甘补用总兵马心胜,堪以委令前往接署。

除分饬遵照外,理合附片具陈,伏乞圣鉴。谨奏。

(朱批:)兵部知道。②

光绪二十二年五月十八日,奉朱批:兵部知道。钦此。③

○三四　奏报总兵汤彦和因病请假调治片

光绪二十二年四月二十三日(1896年6月4日)

再,已革陕西河州镇总兵汤彦和,去岁六月内在双城集接仗溃退一案,经前督臣杨昌濬据实参劾,奉旨革职留营,带罪自效。嗣该革员带镇南中营,驻防狄道之沙泥站,因病奉檄交卸,进省就医,

①　中国第一历史档案馆藏:录副奏片,档案编号:03-5341-082。
②　台北故宫博物院藏:军机及宫中档,文献编号:408002987-0-B。此片之具奏日期,原件目录作"光绪二十二年四月十四日",而军机录副则作"光绪二十二年四月二十三日",查光绪二十二年五月十八日军机处随手登记档(档案编号:03-0288-2-1222-136)朱批陶模折,据同日朱批折件判定,其具奏日期与军机录副一致。据此,原件目录标注讹误。兹据校正。
③　中国第一历史档案馆藏:录副奏片,档案编号:03-5914-052。

现尚未痊，乞假回籍养病等情前来。

臣查该革员历年戎马，积受风寒，触发旧疾，自属实情，可否给假回籍调治之处，恭候恩裁。谨附片陈明，伏乞圣鉴。谨奏。

（朱批：）着照所请，兵部知道。[①]

光绪二十二年五月十八日，奉朱批：着照所请，兵部知道。钦此。[②]

○三五　奏请开除郎永清守备底缺片

光绪二十二年四月二十三日（1896年6月4日）

再，臣接准陕西固原提督臣雷正绾咨，据统带达春左右两营马队补用总兵郎永清呈称，前于光绪九年四月内借补陕西提属西凤营中军守备员缺，因久在防所，未能赴任，现已保归总兵、副将两项补用，所有借补西凤营中军守备底缺应行开除，以便归总兵、副将两班序补，由提咨请核办前来。

臣覆核无异。合无仰恳天恩，俯准将该员郎永清借补陕西提属西凤营中军守备底缺开除，以便归总兵、副将两班序补。所遗守备员缺，陕甘现有应补人员，容臣另行拣员请补。理合附片具陈，伏乞圣鉴训示。谨奏。

---

① 台北故宫博物院藏：军机及宫中档，文献编号：408002987-0-C。此片之具奏日期，原件目录作"光绪二十二年四月十四日"，而军机录副则作"光绪二十二年四月二十三日"，查光绪二十二年五月十八日军机处随手登记档（档案编号：03-0288-2-1222-136）朱批陶模折，据同日朱批折件判定，其具奏日期与军机录副同一致。据此，原件目录标注讹误。兹据校正。

② 中国第一历史档案馆藏：录副奏片，档案编号：03-5914-052。

（朱批：）着照所请，兵部知道。①

光绪二十二年五月十八日，奉朱批：着照所请，兵部知道。钦此。②

○三六　奏报守备吴占元病故请旨开缺片

光绪二十二年四月二十三日（1896 年 6 月 4 日）

再，查接管卷内，据署甘肃宁夏镇总兵李泰山呈称：镇属洪广营守备吴占元前于光绪二十一年三月内因在任得患劳症，由营请假回皋兰县原籍，调治罔效，于是年十二月二十九日在籍病故等情，由籍报营转报前来。

前督臣杨昌濬未及核办卸事，兹准移交。臣覆查无异，相应请旨开缺。除饬取该故员原领札付及委员承查印、甘各结另咨送部外，所遗守备员缺，甘省现有应补人员，容臣另拣请补。谨附片具陈，伏乞圣鉴。谨奏。

（朱批：）兵部知道。③

---

① 台北故宫博物院藏：军机及宫中档，文献编号：408002987-0-D。此片之具奏日期，原件目录作"光绪二十二年四月十四日"，而军机录副则作"光绪二十二年四月二十三日"，查光绪二十二年五月十八日军机处随手登记档（档案编号：03-0288-2-1222-136）朱批陶模折，据同日朱批折件判定，其具奏日期与军机录副一致。据此，原件目录标注讹误。兹据校正。

② 中国第一历史档案馆藏：录副奏片，档案编号：03-5914-059。

③ 台北故宫博物院藏：军机及宫中档，文献编号：408002987-0-Q。此片之具奏日期，原件目录作"光绪二十二年四月十四日"，而军机录副则作"光绪二十二年四月二十三日"，查光绪二十二年五月十八日军机处随手登记档（档案编号：03-0288-2-1222-136）朱批陶模折，据同日朱批折件判定，其具奏日期与军机录副一致。据此，原件目录标注讹误。兹据校正。

光绪二十二年五月十八日,奉朱批:兵部知道。钦此。①

○三七　奏报中军守备承恩病故请旨开缺片

光绪二十二年四月二十三日(1896年6月4日)

再,臣接准陕西固原提督臣雷正绾咨称:前据静宁营中军守备承恩禀称,年老患病,恳请开缺回旗调养等情,当经咨请前督臣杨昌濬委令该营千总潘迎春就近接署,一面由提委员前往查看属实,并以该守备承恩病势增剧,已于交卸后即由营起程前来。正核办间,适据长武营守备黄荣贵禀称,静宁营守备承恩于三月初一日带病行抵长武地方,初二日未刻即行病故等情,由提咨请核办前来。

臣覆核无异,相应请旨开缺。除查取该故守备原领札付及委员承查印、甘各结另咨送部外,所遗静宁营中军守备员缺,陕甘现有应补人员,容臣另拣请补。理合附片具陈,伏乞圣鉴。谨奏。

(朱批:)兵部知道。②

光绪二十二年五月十八日,奉朱批:兵部知道。钦此。③

---

①　中国第一历史档案馆藏:录副奏片,档案编号:03-5914-053。

②　台北故宫博物院藏:军机及宫中档,文献编号:408002987-0-R。此片之具奏日期,原件作"光绪二十二年四月十四日",而军机录副作"光绪二十二年四月二十三日",查军机处随手登记档(档案编号:03-0288-2-1222-136),据同日朱批折件,其具奏日期与军机录副一致。据此可断原件标注讹误。兹据校正。

③　中国第一历史档案馆藏:录副奏片,档案编号:03-5914-054。

○三八　奏报游击师建荣病故请旨开缺片

光绪二十二年四月二十三日(1896年6月4日)

再，据西宁镇总兵官邓增呈称：镇标右营游击师建荣得患疫症，医治罔效，于光绪二十二年二月十三日在任病故等情，呈请核办前来。

臣覆查无异，相应奏明请旨开缺。除查取该故员原领札付及委员承查印、甘各结另咨送部外，所遗游击员缺，甘省现有应补人员，容臣另拣请补。谨附片具陈，伏乞圣鉴。谨奏。

(朱批:)兵部知道。①

光绪二十二年五月十八日，奉朱批:兵部知道。钦此。②

○三九　请准革员何守谦留甘帮办营务片

光绪二十二年四月二十三日(1896年6月4日)

再，据统领镇西马步各营甘肃西宁镇总兵邓增呈称：现因带兵出关剿办窜贼，营务需员差遣，查有已革奉天盖平县知县何守谦，前以东省倭人构难，失陷县城，发往新疆效力赎罪，奉文赴戍，路出兰州，正值回氛未靖，玉关道阻。伏念新疆与甘肃同为效力之地，

---

① 台北故宫博物院藏：军机及宫中档，文献编号:408002997-0-A。此片之具奏日期，原件目录作"光绪二十二年五月初七日"，而军机录副则作"光绪二十二年四月二十三日"，查光绪二十二年五月十八日军机处随手登记档(档案编号：03-0288-2-1222-136)朱批陶模折，据同日朱批折件判定，其具奏日期与军机录副一致。据此，原件目录标注讹误。兹据校正。

② 中国第一历史档案馆藏：录副奏片，档案编号:03-5914-055。

总兵深知该革员朴诚可用,若饬发来营,随同出关,堪资臂助等情前来。

臣维议法原情,爰书每从宽典;肆眚观过,圣世本无弃材。查革员何守谦盖平一役,实因援绝势穷,以致城池被陷,其情尚有可原,兹奉旨发往新疆,适邓增出关剿贼,留营自效,必应愧励,以赎前愆。臣见该军需员孔急,除批准赴营并咨吏、兵二部查照立案外,理合附片具陈,是否有当,伏乞圣鉴训示。谨奏。

(朱批:)着照所请,该部知道。①

光绪二十二年五月十八日,奉朱批:着照所请,该部知道。钦此。②

○四○　恭报甘肃光绪二十
二年二月雨水、粮价折

光绪二十二年四月二十七日(1896年6月8日)

头品顶戴署理陕甘总督新疆巡抚臣陶模跪奏,为具报甘肃省光绪二十二年二月份粮价、雪泽情形,恭折仰祈圣鉴事。

窃照本年正月份粮价并得沾雪泽情形,业经具折奏报在案。兹查二月份兰州等八府六直隶州属具报得沾雪泽,自一寸至五六寸不等。正值春耕之际,获此沃泽,土脉含滋,实于农田有裨。至

---

① 台北故宫博物院藏:军机及宫中档,文献编号:408002997-0-B。此片之具奏日期,原件目录作"光绪二十二年五月初七日",而军机录副则作"光绪二十二年四月二十三日",查光绪二十二年五月十八日军机处随手登记档(档案编号:03-0288-2-1222-136)朱批陶模折,据同日朱批折件判定,其具奏日期与军机录副一致。据此,原件目录标注讹误。兹据校正。

② 中国第一历史档案馆藏:录副奏片,档案编号:03-5914-056。

通省粮价，因现在大兵尚未全撤，军用犹繁，一时未能平减，较上月仍有增长。据藩司曾鉌具详请奏前来。

臣覆核无异。理合恭折具奏，并缮粮价清单，恭呈御览，伏乞皇上圣鉴。谨奏。光绪二十二年四月二十七日。

（朱批：）知道了。[1]

光绪二十二年五月十八日，奉朱批：知道了。钦此。[2]

○四一　呈甘肃光绪二十二年二月粮价清单

光绪二十二年四月二十七日（1896 年 6 月 8 日）

谨将甘省各属光绪二十二年二月份米粮时估价值，缮具清单，恭呈御览。

计开：

兰州府属：价加

粟米每京石价银一两八钱二分至二两七钱二分七厘，较上月贵一分七厘。小麦每京石价银一两七钱五分二厘至二两七钱九分三厘，较上月贵一分四厘。豌豆每京石价银一两五钱二分九厘至二两六钱四分二厘，较上月贵一分七厘。青稞每京石价银一两四钱四分六厘至二两二钱二分六厘，较上月贵二分一厘。

巩昌府属：价加

粟米每京石价银一两六钱八分九厘至二两五钱九分，较上月贵八厘。小麦每京石价银一两三钱三分四厘至二两一钱一分五

---

① 台北故宫博物院藏：军机及宫中档，文献编号：408002996。

② 中国第一历史档案馆藏：录副奏折，档案编号：03-6957-030。

厘,较上月贵八厘。豌豆每京石价银一两五钱五分八厘至一两九钱七分八厘,较上月贵五厘。青稞每京石价银一两二钱八分九厘至一两六钱一分一厘,较上月贵五厘。

平凉府属:价加

粟米每京石价银一两五钱四分至一两八钱四分八厘,较上月贵三厘。小麦每京石价银一两四钱七分七厘至一两八钱一分二厘,较上月贵四厘。豌豆每京石价银一两二钱五分九厘至一两六钱九分四厘,较上月贵二厘。糜子每京石价银一两一钱三分三厘至一两三钱四分八厘,较上月贵四厘。

庆阳府属:价加

粟米每京石价银一两二钱四分二厘至一两四钱三分七厘,较上月贵三厘。小麦每京石价银一两三钱七分五厘至一两七钱六厘,较上月贵三厘。豌豆每京石价银一两二钱四厘至一两六钱六分六厘,较上月贵三厘。糜子每京石价银一两四分一厘至一两二钱四分八厘,较上月贵二厘。

甘州府属:价加

粟米每京石价银一两四钱六分四厘至一两六钱二分三厘,较上月贵一厘。小麦每京石价银一两四钱九分二厘至一两六钱八分一厘,较上月贵二厘。豌豆每京石价银一两五钱一分一厘至一两六钱三分九厘,较上月贵二厘。青稞每京石价银一两一钱六分三厘至一两二钱六分八厘,较上月贵二厘。

凉州府属:价加

粟米每京石价银一两六钱六分七厘至二两五钱四分,较上月贵二厘。小麦每京石价银一两六钱五分三厘至二两二钱七分二厘,较上月贵二厘。豌豆每京石价银九钱四厘至二两二钱六分七厘,较上月贵二厘。青稞每京石价银一两一钱七分六厘至一两八钱二分三厘,较上月贵三厘。

宁夏府属:价加

粟米每京石价银一两三钱八分七厘至一两六钱二分四厘,较上月贵二厘。小麦每京石价银一两四钱八厘至一两七钱三分八厘,较上月贵二厘。豌豆每京石价银八钱二分七厘至一两六钱二分五厘,较上月贵二厘。糜子每京石价银一两一钱一分四厘至一两二钱四分,较上月贵二厘。

西宁府属:价加

粟米每京石价银二两三厘至二两四钱九分三厘,较上月贵二厘。小麦每京石价银一两六钱七厘至二两三钱八分九厘,较上月贵二厘。豌豆每京石价银一两八钱五分一厘至二两三钱九分八厘,较上月贵三厘。青稞每京石价银一两三钱五分九厘至二两三钱二分五厘,较上月贵二厘。

秦州直隶州并所属:价加

粟米每京石价银一两四钱二分三厘至一两八钱四分五厘,较上月贵二厘。小麦每京石价银一两四钱一厘至一两六钱四分一厘,较上月贵三厘。豌豆每京石价银一两三钱二分至一两四钱九分四厘,较上月贵三厘。糜子每京石价银一两一钱二分至一两二钱六分九厘,较上月贵二厘。

阶州直隶州并所属:价加

粟米每京石价银一两五钱四分一厘至一两九钱八分四厘,较上月贵三厘。小麦每京石价银一两二钱三分至一两八钱六分五厘,较上月贵三厘。豌豆每京石价银一两五钱一分五厘至一两七钱三分八厘,较上月贵二厘。糜子每京石价银一两二钱四分八厘,较上月贵二厘。

泾州直隶州并所属：价加

粟米每京石价银一两三钱二分四厘至一两六钱二分，较上月贵三厘。小麦每京石价银一两二钱八分八厘至一两六钱五厘，较上月贵二厘。豌豆每京石价银一两八分七厘至一两四钱七分二厘，较上月贵二厘。糜子每京石价银一两一钱七分七厘至一两二钱五分四厘，较上月贵一厘。

固原直隶州并所属：价加

粟米每京石价银一两三钱九分四厘至一两七钱三分七厘，较上月贵二厘。小麦每京石价银一两四钱六分二厘至一两九钱五分五厘，较上月贵三厘。豌豆每京石价银一两四钱五厘至一两八钱五厘，较上月贵一厘。糜子每京石价银一两一钱八分四厘，较上月贵二厘。

肃州直隶州并所属：价加

粟米每京石价银一两五钱四分三厘至一两五钱六分九厘，较上月贵二厘。小麦每京石价银一两五钱六厘至一两五钱四分六厘，较上月贵三厘。豌豆每京石价银一两四钱九分三厘至一两五钱六分九厘，较上月贵二厘。青稞每京石价银一两一钱九分九厘至一两三钱三分二厘，较上月贵三厘。

安西直隶州并所属：价加

粟米每京石价银一两五钱二分至一两八钱七厘，较上月贵二厘。小麦每京石价银一两五钱一分四厘至一两八钱二分八厘，较上月贵二厘。豌豆每京石价银一两四钱三分六厘至一两六钱九分六厘，较上月贵二厘。青稞每京石价银一两一钱八分四厘至一两三钱九分一厘，较上月贵二厘。

（朱批：）览。①

○四二　请以双禄升补嘉峪关营游击折

光绪二十二年四月二十七日（1896年6月8日）

头品顶戴署理陕甘总督新疆巡抚臣陶模跪奏，为拣员升补要缺游击，以裨营伍，恭折仰祈圣鉴事。

窃查前准兵部咨覆：肃州镇属嘉峪关营游击李正鲁，准其升补督标右营参将。所遗嘉峪关营游击员缺，系第四轮第九缺，轮用应补人员。该省现无应补人员，应以应升人员抵补，迅即拣选请补等因。当经前督臣转行遵照在案。旋据督标中军副将汤仁和详称，遵于合例应升人员内拣选得督标中营都司双禄，朴诚老练，熟悉营务，堪以升补等情，移交臣核办前来。

查嘉峪关营为新疆门户，巡防、稽查，最关紧要，非精明谙练之员，难期胜任。既据该副将查看得该员双禄熟悉营务，实堪胜任，合无仰恳天恩，俯念员缺紧要，准以督标中营都司双禄升补嘉峪关营游击员缺，俾期得力。如蒙俞允，甘省现有军务，应请饬部先给署札，俟军务大定，即行给咨送部引见，以符定制。

除查取该员履历送部外，所遗督标中营都司员缺，容臣另行拣选请补。谨会同署甘肃提督臣张永清②合词恭折具陈，伏乞皇上

---

① 中国第一历史档案馆藏：清单，档案编号：6957-031。

② 张永清（1843—1909），河南舞阳人，武生出身。同治元年（1862），经张之万派充豫军大营营务处，管带亲军。二年（1863），以军功赏六品顶戴。次年，保以外委尽先拔补。四年（1865），保以把总尽先补用。七年（1868），保以千总补用，先戴蓝翎。同年，保以守备尽先补用，加都司衔，并赏换花翎。八年（1869），保河南尽先都司。十年（1871），保以游击尽先题补。次年，晋副将衔。光绪二年（1876），先保参将，（转下页）

圣鉴训示。再，臣到任未及三月，例不注考。合并声明。谨奏。光绪二十二年四月二十七日。

（朱批：）兵部议奏。[②]

光绪二十二年五月十八日，奉朱批：兵部议奏。钦此。[③]

○四三　请以罗运甓等署理知县折

光绪二十二年四月二十七日（1896年6月8日）

头品顶戴署理陕甘总督新疆巡抚臣陶模跪奏，为请署知县员缺，以裨地方，恭折仰祈圣鉴事。

窃据甘肃布政使曾鉌、署按察使周绥会详称：礼县知县雷文渊、伏羌县知县晋荣二员告病开缺，业经签掣次序报部在案。查各省知县病、故、休三项缺出，例用各项候补、进士、即用、郑工、海防、试用、大挑、议叙、捐纳、正途、曾任实缺应升知县各项人员。又，道府以至未入流，无论何项到班，仍以五缺计算等语。甘省知县病、故、休一项自停止变通章程后，已补至大挑知县钱广恩准署镇番县止。今签掣第一之礼县缺，甘省现无郑工、新班先各项花样人员，照例过班接用各项班次，应跟接大挑、试用、应插之分缺间无人，应以新海防例候补班尽先知县罗运甓一员，到省名次在先，例得请署。

（接上页）旋保副将，予正二品封典，加方勇巴图鲁名号。六年（1880），保以总兵交军机处记名简放，晋头品顶戴。十九年（1893），补甘肃凉州镇总兵。次年，署甘肃提督。二十九年（1903），调补甘肃宁夏镇总兵。宣统元年（1909），因病出缺。

②　台北故宫博物院藏：军机及宫中档，文献编号：408002994。

③　中国第一历史档案馆藏：录副奏折，档案编号：03-5914-051。

查该员年四十八岁，江西武宁县人，由俊秀投效楚军，攻克西昌、冕宁等处逆巢、建南肃清案内，保以从九品选用，加捐州判。克复清、黄等城案内保举免选本班，以知县签掣省份，归候补班补用，遵例补缴捐免保举银两，签掣甘肃。光绪十年八月初四日到省试用，年满照例甄别，留省补用。关内防军出力案内保俟补缺后以同知用，遵新海防例，报捐候补班本班尽先补用。嗣奉部覆，坐十一月二十日按限减半扣算，应以十二月十七日作为新班到省日期，前委署安定县知县，交卸无误。该员安详谨饬，办事认真，以之请署礼县知县，与例相符，堪以胜任，仍俟试署年满，如果称职，另请实授。

其签掣第二之伏羌县缺，各新班花样无人，同前礼县缺已补、候补班前之员，次应候补正班到班正途出身及曾任实缺无人，曾任实缺应升班内有候补知县李瑞征及毛目县丞在任候补知县蔡世德二员，同于光绪十三年八月初七日行文，照限减半，均以是年九月初九日作为到省日期，比照坐日相同，签掣先后，已将李瑞征掣得第一，自应以李瑞征请补。查该员年五十一岁，山东肥城县人，由内阁供事议叙从九品双月选用，因恭修实录，全书庆成议叙，以巡检分发省份，归议叙候补班前尽先即补，并加六品升衔。光绪六年，签掣甘肃，咨补同心城巡检，于关外异常出力员弁案内保以县丞在任候补。十一年九月，升补董志原县丞，关内七载戍防案内保以知县在任候补。嗣丁母忧，服满起复，领照赴甘，十七年七月初二日到省，照例以广西十三年原保升阶奉文之日作为到省日期。该员才具明练，任事细心，以之请补伏羌县知县，与例相符，人地亦极相宜。会详请奏前来。

臣到任未及三月，例不加考。惟既据该司等声称该员罗运甓安详谨饬，办事认真；李瑞征才具明练，任事细心，合无仰恳天恩，俯念员缺紧要，准以罗运甓署礼县知县，李瑞征补伏羌县知县，实于地方有裨。如蒙俞允，该员等均系以知县署、补知县，衔缺相当，毋庸送部引见。该二员历奉差委，均无参罚案件。谨恭折具奏，伏乞皇上圣鉴训示。谨奏。光绪二十二年四月二十七日。

（朱批：）吏部议奏。[①]

光绪二十二年五月十八日，奉朱批：吏部议奏。钦此。[②]

○四四　奏报会攻北大通营城获胜折

光绪二十二年五月初七日（1896年6月17日）

头品顶戴署理陕甘总督新疆巡抚臣陶模、头品顶戴尚书衔甘肃提督董福祥跪奏，为官军会攻北大通营城，连克附近十大回庄，恭折具奏，仰祈圣鉴事。

窃去年回匪窜扰甘、凉，臣模奏派总兵赵有正统带新军马步四营旗，入关防堵，进扎山丹。时河湟悍回麇集北大通营一带，据为巢穴。正月间，统带连胜军总兵刘璞、统带镇南等营总兵易顺胜约同赵有正，由扁都口、老虎沟分路进剿。

十四日，赵有正及甘标毅武后营游击黄文新等督率马步，悬军深入，收复永安营城，连夜锐进，攻围北大通营城。管带新军前营步队副将魏其德肉薄先登，中枪阵亡；管带新军左旗马队提督陈国明及黄文新皆受重创，阵亡哨官四员、勇丁五十二名。我军亦杀贼

---

① 台北故宫博物院藏：军机及宫中档，文献编号：408002995。
② 中国第一历史档案馆藏：录副奏折，档案编号：03-5341-083。

四百余,击毙贼酋刘伏等二名,贼众丧胆。其时易顺胜等以山路崎岖,失期未至,贼见官军无后继之师,纠众七八千,倾城猛扑。赵有正率孤军冲突,鏖战数日,退守永安。

二十九日,刘璞偕参将朱万荣等带队往援,深山乏粮,赵有正即于是日全师还察汉俄博营。正月杪,臣模在安西途次得信,饬令坚守,以待大军会剿。二月中旬,臣模行抵甘州,即派行营总理营务处甘肃补用道潘效苏等率亲军马步诸营,仍由扁都口进北大通,会同甘军剿办。臣福祥先已饬令甘军营务处分省补用道张成基统带左军马队等营,副将张铭新统带镇南、靖洮马步等营,副将马安良等由西宁进规北大通。

二月初八日,逾冰达坂,击退凭河悍贼,乘胜渡河,将北大通营城克复,追至大小沙沟,连破二堡,阵斩一千余名,生擒逆目三名、余匪二百余名,一并正法。其余贼堡林立,马安良遣人谕令投诚,适臣福祥檄调张成基、马安良回扎古鄯驿,各贼堡仍复抗拒,无就抚之意。查北大通营城在大通河北岸,城以西沙碛荒滩,向无庄村;城以东河北有八大回庄:曰小沙沟庄,曰大沙沟庄,曰牙豁庄,曰大庄,曰旱台庄,曰黄田庄,曰全沟台庄,曰俄博庄,河南有二大回庄:曰瓜喇庄,曰阴田庄,共计十大回庄,每庄各有附近小堡。张铭新等既攻克大、小沙沟二庄,而牙豁庄为刘伏老巢,贼尤强悍。

三月初四日,张铭新约同赵有正,出其不意,五鼓进攻。张铭新率队由东北,赵有正由西南,两军夹击,立破其巢。因乘胜移攻大庄,赵有正率所部在堡前诱战,张铭新绕出贼后,奋力攻击。该逆腹背受敌,势不能支,遂将大庄攻克。旱台庄贼见我军连克二庄,不战而溃,计三庄共杀贼一千余人。此外尚有五大庄,惟黄田负山面河,堡墙坚厚,环开枪孔,攻击最难。初八日,潘效苏会同记名副都统奇克伸布①等，驻扎大通营城，议定先剿黄田庄悍贼，次及南北两岸各庄之贼。

十一日，统带督标亲军正、中马步等营副将焦大聚率马步六营旗驰赴旱台庄，扎营未毕，黄田庄贼攻我不备，蜂拥而来。我军坚持不动，贼愈逼愈近，枪伤筑营勇丁数人。时河滩、山上遍地皆贼，焦大聚、易顺胜分路出队，焦大聚派总哨记名总兵易盛富率中哨步队，由中路进，前哨、左哨步队由山左边进，后哨、右哨步队由山右边进，前营管带参将周陛朝、左营旗管带参将徐春先、右营旗管带参将金兰益、后营管带游击周得金，各率马队，从右边河滩包抄。焦大聚自率亲兵马队督剿，从山坳横截而出；易顺胜率镇南右营，总兵张玉魁率镇夏左营，都司陈松泉率武毅后营，守备陈香庆率庆字营，都司陈明山率正威右营各步队，都司许春廷率霆字营马队分路策应，布置已定。易盛富先由旱台庄后将山下磨房内匿贼围杀净尽，逾沟上山，左、右步队奋勇齐进，由高压下，枪炮齐施；右边河滩马队横扫而前，贼势不支，纷纷败入堡内。我军步队跟追而入，立将黄田庄攻克。该逆从堡内窜出，马队迎头截杀，内外夹击，横尸遍地，又乘势将黄田庄东北二里许之全沟台庄攻克。两庄共毙贼千余名，扑河奔窜，淹毙者无算。日暮收队。焦大聚复于夜间带队搜杀黄田庄外匿匪六十余名，至是河北只俄博，河南只瓜喇、阴

① 奇克伸布（1838—?），字健亭，京城镶红旗蒙古恩成佐领下人，马甲，霍隆武巴图鲁名号。同治元年（1862），以军功保尽先骁骑校。十年（1871），借补宁夏驻防左翼正白旗满洲骁骑校。次年，保尽先防御，加佐领衔。十三年（1874），补防御，保尽先佐领。光绪三年（1877），保尽先协领。四年（1878），加副都统衔。八年（1882），借补宁夏驻防镶白旗蒙古佐领。十年（1884），以副都统记名。二十三年（1897），擢宁夏满营镶黄正白旗协领。二十五年（1899），补福州副都统。次年，调正白旗汉军副都统。二十七年（1901），调补京口副都统。

田三庄未下。

　　奇克伸布与潘效苏商议，乘此机会分道进攻，为一鼓荡平之计。张铭新、赵有正渡河，先攻瓜喇庄，次及阴田。焦大聚、易顺胜先攻俄博庄，再渡河会攻阴田。议既定，张铭新、赵有正于十二日天未明，带队齐集河干，以马渡步，进距瓜喇庄二里许，晓雾弥漫，贼未及觉。张铭新率步队攻西北，饬参将王时应率甘军前旗马队截贼出走之路。赵有正率新军中营、前营，朱万荣率毅武中营各步队，攻东南；左旗管带游击李喜恩、右旗管带都司张守祥、毅武后营帮带守备胡弼英，各率马队，拦贼去路，合力围攻。不一时许，立将瓜喇庄攻克，杀贼三百余名。其由堡内逸出者，又经马队截杀数十名。

　　焦大聚等于十二日黎明率队由黄田进攻俄博庄，马步各营仍分三路夹击，克之。焦大聚复乘胜连克庄外诸小堡，杀贼三百余名。是日奇克伸布、潘效苏率开花炮队，循河北岸东进，行数里，见隔河瓜喇庄礼拜寺火起，人声沸天；又行十余里，至阴田庄。对岸庄贼倾巢出，排集河边拒敌，势将渡河北窜。因饬管带开花炮队守备胡得贵、军功张得元，隔河轰击，毙贼数十人。适瓜喇、俄博之军先后齐集，焦大聚率周得金、周陞朝等凫水而南，合力围杀，毙贼二百余人。该逆纷纷投河溺毙。各军还攻入堡，立将阴田庄攻克，即下令于南北两岸山上搜杀三日，共杀四百余人，收抚老弱男妇三千余人。通计十庄逆回，斩杀三千余名，淹毙者以数千计，擒斩逆目包明、马元等八十余人，夺获器械、马匹无算。我军亦阵亡勇丁二十余名，受伤一百余名。

　　查大通营城河南北大十庄回匪著名凶悍，与上五庄、多巴一带逆回互为犄角，去年窜扰甘、凉所属永昌、山丹诸县，攻陷民堡数十，南山一带几无净土。臣福祥派队将北大通营城收复，业经电奏在案。各将士仰仗天威，先后会攻北大通附近各回庄，痛加剿洗，一律肃清，实足快人心而伸天讨。

此次在事出力员弁，合无仰恳恩施，准臣模、臣福祥开单择尤保奖，并查明阵亡弁勇，汇报请恤，以示激劝。所有官军会攻北大通营城、连克附近十庄各缘由，理合会同署新疆巡抚布政使臣饶应祺恭折由驿驰奏，伏乞皇上圣鉴，训示遵行。

再，臣模于三月十八日接到奇克伸布、潘效苏等禀报攻克各庄情形，当以臣福祥节制前敌各军，咨请主稿具奏。臣福祥以三月内攻克各贼堡新疆将士之力较多，嘱臣模主稿，往返咨商，致延时日。合并声明。谨奏。光绪二十二年五月初七日。

（朱批：）览奏均悉。所有出力将弁，准其择尤保奖，毋许冒滥。阵亡弁勇，并着汇报请恤。①

光绪二十二年五月二十日，奉朱批：览奏均悉。所有出力将弁，准其择尤保奖，毋许冒滥。阵亡弁勇，并着汇报请恤。钦此。②

【案】此折之允行。《清实录》：

甲寅，署陕甘总督陶模等奏，会攻北大通营城，连克附近十六回庄，出力将弁请奖。得旨：所有出力将弁，准其择尤保奖，毋许冒滥。阵亡弁勇，并着汇报请恤。③

---

① 台北故宫博物院藏：军机及宫中档，文献编号：408002997。
② 此朱批日期与内容，据军机处随手登记档（档案编号：03-0288-2-1222-138）校补。
③ 《德宗景皇帝实录（六）》，卷三百九十一，光绪二十二年五月下，第94页。

○四五　奏报新军前旗添募成营日期片

光绪二十二年五月初七日(1896 年 6 月 17 日)

再，臣模去岁抽调伊犁镇标城守营都司补用副将魏其德步队一旗，改为新军前旗，归总兵赵有正统带入关，已于光绪二十一年八月十四日在新疆巡抚任内奏明在案。嗣新军进驻山丹，因北大通贼势吃紧，赵有正禀称兵力尚单，请将魏其德一旗添募成营，当即批准。适臣模奉命进关，途中接据赵有正禀报：光绪二十一年十一月二十七日奉文添募，于十二月初五日成营，时值军书旁午，漏未奏报。

理合会同署新疆巡抚布政使臣饶应祺，将新军前旗添募成营日期附片驰陈，伏乞圣鉴，饬部立案施行。谨奏。[①]

光绪二十二年五月二十日，奉朱批：该部知道。钦此。[②]

○四六　恭报甘肃光绪二十
二年三月雨水、粮价折

光绪二十二年五月十三日(1896 年 6 月 23 日)

头品顶戴署理陕甘总督新疆巡抚臣陶模跪奏，为恭报甘肃省光绪二十二年三月份粮价、雨泽情形，恭折仰祈圣鉴事。

窃照本年二月份粮价并得沾雪泽情形，业经具折奏报在案。兹

---

①　《陶勤肃公奏议遗稿》。

②　此朱批日期与内容，据军机处随手登记档(档案编号：03-0288-2-1222-138)校补。

查本年三月份，兰州等八府六直隶州属具报得沾雨泽，自二三寸至五六寸，深透不等。正值禾苗出土之际，获此渥泽，土脉滋润，实于农田有裨。至通省粮价，现因回氛尚未一律平靖，大兵仍未全裁，以致到处粮价仍有增长，不能平减。据布政使曾鉌具详请奏前来。

臣覆核无异。理合恭折具奏，并缮粮价清单，恭折御览，伏乞皇上圣鉴。谨奏。光绪二十二年五月十三日。

（朱批：）知道了。①

光绪二十二年六月初七日，奉朱批：知道了。钦此。②

○四七　呈甘肃光绪二十二年三月粮价清单

光绪二十二年五月十三日(1896年6月23日)

谨将甘省各属光绪二十二年三月份米粮时估价值，缮具清单，恭呈御览。

计开：

兰州府属：价加

粟米每京石价银一两八钱二分二厘至二两七钱三分，较上月贵三厘。小麦每京石价银一两七钱五分四厘至二两七钱九分六厘，较上月贵三厘。豌豆每京石价银一两五钱三分一厘至二两六钱四分六厘，较上月贵四厘。青稞每京石价银一两四钱四分八厘至二两二钱二分九厘，较上月贵三厘。

巩昌府属：价加

---

① 台北故宫博物院藏：军机及宫中档，文献编号：408002998。

② 中国第一历史档案馆藏：录副奏折，档案编号：03-6958-011。

粟米每京石价银一两六钱九分至二两六分一厘,较上月贵二厘。小麦每京石价银一两四钱至二两一钱一分七厘,较上月贵二厘。豌豆每京石价银一两五钱六分至一两九钱七分九厘,较上月贵一厘。青稞每京石价银一两二钱九分至一两六钱一分三厘,较上月贵二厘。

平凉府属:价加

粟米每京石价银一两五钱四分一厘至一两八钱四分九厘,较上月贵一厘。小麦每京石价银一两四钱七分八厘至一两八钱一分二厘,与上月相同。豌豆每京石价银一两二钱六分至一两六钱九分五厘,较上月贵一厘。糜子每京石价银一两一钱三分五厘至一两三钱五分,较上月贵二厘。

庆阳府属:价加

粟米每京石价银一两二钱四分四厘至一两四钱三分八厘,较上月贵一厘。小麦每京石价银一两三钱七分六厘至一两七钱七厘,较上月贵一厘。豌豆每京石价银一两二钱五厘至一两六钱六分九厘,较上月贵一厘。糜子每京石价银一两四分二厘至一两二钱四分九厘,较上月贵一厘。

甘州府属:价加

粟米每京石价银一两四钱六分六厘至一两六钱二分四厘,较上月贵一厘。小麦每京石价银一两四钱九分四厘至一两六钱八分三厘,较上月贵二厘。豌豆每京石价银一两五钱一分二厘至一两六钱四分一厘,较上月贵二厘。青稞每京石价银一两一钱六分五厘至一两二钱七分,较上月贵二厘。

凉州府属:价加

粟米每京石价银一两六钱六分九厘至二两五钱四分五厘,较上月贵五厘。小麦每京石价银一两六钱五分四厘至二两二钱七分九厘，较上月贵七厘。豌豆每京石价银九钱五厘至二两二钱七分二厘，较上月贵五厘。青稞每京石价银一两一钱七分七厘至一两八钱二分七厘，较上月贵四厘。

宁夏府属：价加

粟米每京石价银一两三钱八分八厘至一两六钱二分五厘，较上月贵一厘。小麦每京石价银一两四钱一分至一两七钱三分九厘，较上月贵一厘。豌豆每京石价银八钱二分九厘至一两六钱二分六厘，较上月贵一厘。糜子每京石价银一两一钱一分四厘至一两二钱四分一厘，较上月贵一厘。

西宁府属：价加

粟米每京石价银二两四厘至二两四钱九分四厘，较上月贵一厘。小麦每京石价银一两六钱九厘至二两三钱九分一厘，较上月贵二厘。豌豆每京石价银一两八钱五分二厘至二两三钱九分九厘，较上月贵一厘。青稞每京石价银一两三钱六分一厘至二两三钱三分三厘，较上月贵八厘。

秦州直隶州并所属：价加

粟米每京石价银一两四钱三分一厘至一两八钱四分七厘，较上月贵二厘。小麦每京石价银一两四钱二厘至一两六钱四分二厘，较上月贵一厘。豌豆每京石价银一两三钱二分二厘至一两四钱九分五厘，较上月贵一厘。糜子每京石价银一两一钱二分一厘至一两二钱七分，较上月贵一厘。

阶州直隶州并所属：价加

粟米每京石价银一两五钱四分二厘至一两九钱八分五厘，较上月贵一厘。小麦每京石价银一两二钱三厘至一两八钱六分六厘，较上月贵一厘。豌豆每京石价银一两五钱一分六厘至一两七钱三分九厘，较上月贵一厘。糜子每京石价银一两二钱四分九厘，较上月贵一厘。

泾州直隶州并所属：价加

粟米每京石价银一两三钱二分五厘至一两六钱二分一厘，较上月贵一厘。小麦每京石价银一两二钱八分九厘至一两六钱六厘，较上月贵一厘。豌豆每京石价银一两八分八厘至一两四钱七分三厘，较上月贵一厘。糜子每京石价银一两一钱七分九厘至一两二钱五分五厘，较上月贵一厘。

固原直隶州并所属：价加

粟米每京石价银一两三钱九分五厘至一两七钱三分九厘，较上月贵二厘。小麦每京石价银一两四钱六分二厘至一两九钱五分七厘，较上月贵二厘。豌豆每京石价银一两四钱六厘至一两八钱七厘，较上月贵二厘。糜子每京石价银一两一钱八分五厘，较上月贵一厘。

肃州直隶州并所属：价加

粟米每京石价银一两五钱四分四厘至一两五钱七分，较上月贵一厘。小麦每京石价银一两五钱七厘至一两五钱四分七厘，较上月贵一厘。豌豆每京石价银一两四钱九分五厘至一两五钱七分一厘，较上月贵二厘。青稞每京石价银一两二钱一厘至一两三钱三分四厘，较上月贵二厘。

安西直隶州并所属：价加

粟米每京石价银一两五钱二分二厘至一两八钱八厘，较上月贵一厘。小麦每京石价银一两五钱一分六厘至一两八钱三分，较上月贵二厘。豌豆每京石价银一两四钱三分八厘至一两六钱九分八厘,较上月贵二厘。青稞每京石价银一两一钱八分六厘至一两三钱九分二厘,较上月贵一厘。

（朱批:）览。[①]

○四八　奏报甘肃光绪二十一年下忙征收银数折

光绪二十二年五月十三日(1896年6月23日)

头品顶戴署理陕甘总督新疆巡抚臣陶模跪奏,为甘肃各属光绪二十一年下忙征收银两数目,恭折仰祈圣鉴事。

窃查甘肃各属光绪二十一年上忙征收银数,业经前督臣杨昌濬具折奏报在案。所有二十一年下忙征收银数,据甘肃布政使曾鉌详称:查甘肃各属光绪二十一年额征并秦州等处新垦地丁,共银二十八万九千七百七十六两七钱七厘,内除皋兰县等处水冲地亩请明豁免并荒地无从征收外,现垦熟地应征银二十一万三千二百五十两一钱六分九厘六毫。前上忙已完银一十万三百一十七两二钱四分三厘六毫,内除河州、狄道州、沙泥州判、平远县等四处流抵次年正赋起存银六千二百九十两六钱五分七厘外,实已完银九万四千二十六两五钱八分六厘六毫,内除留支经杂、驿站银三万四千三百四十六两九分四厘外,应解起运正项银五万九千五百四十九两九钱一分七厘六毫,内除海城县被贼抢劫地丁银一千一百两,又除耗羡银一百三十两四钱三分五厘、盐课银一百两,实起运银八百六十九两五钱六分五厘外,共应征地丁起运银五万八千六百八十

---

① 中国第一历史档案馆藏:清单,档案编号:03-6958-012。

两三钱五分二厘六毫、杂赋银一百三十两五钱七分五厘,均经解清,业于上忙册内造报。其未完地丁正杂银一十一万二千九百三十二两九钱二分六厘,内除泾州、固原州、宁州、合水县、宁灵厅、西固州同等处二十一年秋灾案内请明蠲缓并豁免银五百五十二两六钱六厘,又除静宁州、庄浪县丞、宁州等处上忙册内漏除荒芜多列、现垦并留支铺司工食银六十二两五钱七分二厘,并河州上忙册内漏造已完银七十五两二分二厘,又除河州、狄道州、沙泥州判、海城县、平远县、金县、渭源县、岷州、固原州、硝河城州判、洮州厅、永昌县等十二处被贼地方奏准蠲免银一万五千七百一十六两六钱三分六厘,缓征银一千三百二十两二钱五厘外,止该未完银九万五千二百五两八钱八分五厘。又收上忙后续征垦熟应归下忙升科银三百六十五两二钱三分六厘,又收陇西县上忙册内多除荒芜少造、现垦起运并课程闰月银二十一两四钱八分四厘,共未完银九万五千五百九十二两六钱五厘。今下忙已完银九万五千一百二十六两二钱八厘四毫,内除存留经杂、驿站等银三万六千六百七十三两三钱一分外,实应解司起运正杂银五万八千四百五十二两八钱九分八厘四毫,均已解清。未完银四百六十六两三钱九分六厘六毫,现在应饬催征,俟报征清完,归入下届带征册内造报。由该司造具总、散各册,详请具奏前来。

臣覆核无异。除将清册咨送户部查核外,所有甘省各属光绪二十一年下忙征收银两数目,理合恭折具陈,伏乞皇上圣鉴训示。谨奏。光绪二十二年五月十三日。

（朱批：）户部知道。[1]

---

① 台北故宫博物院藏:军机及宫中档,文献编号:408002999。

光绪二十二年六月初七日,奉朱批:户部知道。钦此。①

○四九　奏报裁撤营勇起数开单报部折

光绪二十二年五月十三日（1896 年 6 月 23 日）

头品顶戴署理陕甘总督新疆巡抚臣陶模跪奏,为节次裁撤营勇起数,另开清单报部,恭折具陈,仰祈圣鉴事。

窃照甘肃自上年军兴,陆续添募营旗及各属土勇,因其时军情甚紧,地广兵单,召募不能不多。逮河、狄肃清,防务稍松,前督臣杨昌濬将后路土勇各营、旗、哨酌量分别遣散,适值交卸,未及汇案奏明,移交到臣。旋接准部咨:奉旨:甘肃添募营勇量加裁撤,以节饷需等因。臣随查看各路情形,权其缓急,查询营伍强弱,或行撤换,或即裁并,稍资节省,仍于紧要地方匀拨酌留。核计前后撤去各营、旗、哨共已三十余起,所有饷项均经总粮台截清。兹据甘肃布政使曾鉌开单具详前来。

臣覆核无异。当此军需浩繁,筹款不易,早裁一营旗,即早纾一日饷力。此外尚有未截饷各起营旗,俟查明日期,再行据实奏报。除将清单咨送户、兵二部外,所有前后已裁马步各营勇起数缘由,理合恭折具陈,伏乞皇上圣鉴。谨奏。光绪二十二年五月十三日。

（朱批:）该部知道。②

---

① 中国第一历史档案馆藏:录副奏折,档案编号:03-6254-039。
② 台北故宫博物院藏:军机及宫中档,文献编号:408002999。

光绪二十二年六月初七日,奉朱批:该部知道。钦此。[①]

○五○　奏报被灾各地应蠲缓银粮数目片

光绪二十二年五月十三日(1896年6月23日)

再,甘肃泾州等处光绪二十一年夏秋禾苗被雹、被水成灾情形,暨应蠲缓银粮、草束各数目,经前督臣杨昌濬详细缮具清单,恭折奏报,并声明西固州同水冲地亩不能垦复,暨宁灵州厅蠲缓数目不符,并固原州、张掖县应否蠲缓各册结尚未赍到,应请另案补办在案。

兹据藩司曾鉌详称:西固州同应造前项册籍迄未催到,其余三处已据本管道府覆勘结报,内除张掖县当时被水地亩不及十分之一,例不成灾,毋庸蠲缓,暨宁灵厅冲刷成河地亩提归豁案外,计宁灵厅南乡周家庙方、尹家桥方、高闸儿方等处被水淹没夏禾地二千六百九十九亩八分六厘,均系成灾十分,应征二十一年地丁正银二十两九钱五分八厘、耗羡银三两一钱四分四厘、正粮二百九十六石七斗八升八合八勺、耗羡粮四十四石五斗一升八合三勺、草一千一百五十九束六分一厘,照例请蠲十分之七,应蠲正银一十四两六钱七分一厘、耗羡银二两二钱一厘、正粮二百七石七斗五升二合二勺、耗羡粮三十一石一斗六升二合八勺、草八百一十一束七分三厘。其余三分正银六两二钱八分七厘、耗羡银九钱四分三厘、正粮八十九石三升六合六勺、耗羡粮一十三石三斗五升五合五勺、草三百四十七束八分八厘,缓作三年带征。

_____

①　中国第一历史档案馆藏:录副奏折,档案编号:03-5760-005。

又，固原直隶州北乡三营、红城子、黑城子镇等处被雹打伤秋禾地二百二十五顷四十亩，均系成灾五分，应征二十一年地丁正银一百六十一两二钱一分、耗羡银二十四两一钱八分二厘，照例请蠲十分之一，应蠲正银一十六两一钱二分一厘、耗羡银二两四钱一分八厘二毫。其余九分正银一百四十五两八分九厘，耗羡银二十一两七钱六分三厘八毫，缓作二年带征，以纾民力而广皇仁等情，呈请具奏前来。

臣覆核无异。谨附片具陈，伏乞圣鉴，饬部查照施行。谨奏。（朱批:）户部知道。①

光绪二十二年六月初七日，奉朱批:户部知道。钦此。②

○五一　奏报官军堵剿回众获胜折

光绪二十二年五月十五日（1896 年 6 月 25 日）

头品顶戴署理陕甘总督新疆巡抚臣陶模、署理甘肃新疆巡抚布政使臣饶应祺跪奏，为西宁股贼出窜玉门，官军叠次堵剿获胜，回众陆续投诚，恭折驰陈，仰祈圣鉴事。

窃臣应祺前闻西宁回贼有纠股出窜之信，当即电商臣模与伊犁将军臣长庚、喀什噶尔提督臣张俊妥筹布置，意见相同，业将派队驰赴前敌以备防剿情形驰报在案。四月初三、四，探闻巨股回贼由王子营窜近安玉。臣应祺以安玉为新疆门户，当饬东路各营加意严防。惟查安玉与敦煌南山一带东通青海、西宁，西至罗布淖

---

① 台北故宫博物院藏:军机及宫中档，文献编号:408002999-1。
② 中国第一历史档案馆藏:录副奏片，档案编号:03-7106-022。

尔，绵延数千里，隘口纷杂，防不胜防。正虑兵力太单，不敷分布，忽于四月初七日据驻防玉门提督牛允诚电称，贼已窜至距玉门百二十里之昌马，该处堡民求救甚急，即于所部马队两旗中挑带四哨，飞驰赴援。

初八日清晨，悍贼千余骑径昌马。该提督整队进至秦庄，迎头截击，鏖战六七点钟之久，纵横决荡，枪槊连环，毙贼数百十名，阵斩黄旗贼目马茂效即马老依一名，生擒八名，受伤不计其数，夺获骤马六匹、军械多件。贼遂败窜入山。我军阵亡一名，受伤二名。讯据获贼供称：自西宁出窜时，大小男妇七八万，分为三股，沿途冻饿，死者甚众。此股系伪元帅刘四伏，副目马吉等所领尚有二万余，因闻昌马粮多，挑精壮枪手千余骑，意图攻踞昌马，搜掠粮食，再奔沙玛，不意官军猛击，不能前进等语。此初八日牛允诚首先接仗，以少击众，立获奇捷之实在情形也。

初九日，牛允诚复督队进至秦庄。贼已退匿盐池湾，始知官军队伍不多，意欲纠股报复。臣应祺先于初七夜电调副将谢典礼马队一旗、彭礼堂马队一营、罗平安步队一营，已抵昌马。初十日，贼率大股出拒，闻我军增多，遂不敢战，又退入八十里之法驼坡，负隅自固。十一日，牛允诚等因山路险窄，大队不能齐进，挑选奋勇并枪手八十名，入山跟探，至距昌马百二十里之苏节泉遇贼。我军精骑冲突，枪发无虚，毙贼百余，生捡二名。贼仍窜伏。臣应祺以贼众不能尽歼，刊发剿抚兼施简明告示，宣布朝廷威德，贼众纷纷解体。惟四伏自知罪在不赦，分遣悍党，把截山口，阻众投诚。牛允诚遂于十五日拔队，十六日扎流沙坡，十七日出队至扁博沟，贼万余抗拒，牛允诚督队由右，谢典礼继之，彭礼堂由左，罗平安继之，分路抢进，枪炮雷轰，自卯至午，再接再厉，毙贼逾千，阵斩贼目马夹二,生擒回目马三司付,贼遂披靡。我军亦阵亡哨弁三名、勇丁三十余人,受伤七十余人。谢典礼当收回众二百余,内有回目韩金元,均送昌马分别安置。此十一至十七连日合军进剿再获大胜之实在情形也。

贼经叠次大创,众志愈离,刘四伏缓众投诚,乘机设诈,阳谓彼亦愿投,并遣人来营请示。牛允诚固心知其叵测,亦阳与定期,讵是夜三更,悍贼数千扑营大噪。我军严备,肃队凭垒,近者辄被枪伤,相持至黎明,贼猛扑数次,我军奋勇杀出,毙贼七八百,贼始败窜。乘势穷追二十余里,贼众分匿山谷。我军跟踪搜剿,复擒斩三百余名,刘四伏乘间率悍党逃走,投出男妇五千余人。此十八、十九复获大胜、收抚回众之实在情形也。

伏思此股回贼,河湟凶逆均萃其中,在西宁既未投诚,其桀悍自可想见。沿途虽死亡不少,而出关尚二万有余,若使得踞昌马,一经饱腾,岂可复制。初八日之战,牛允诚以百余骑当千余贼;十七、八、九日之战,合罗平安、彭礼堂、谢典礼马步共五营旗千一百余人,而除守坐营外,战者仅八九百耳,而以当万数千之贼,闻者皆为心危,或以轻进言,或以被围告。而该提督等鸷勇无前,摧坚挫锐,竟能叠获奇胜,保守玉关,此实仰赖皇上福威,非臣愚意料所及此也。

现在首逆逃窜,逆党尚需剿除,值此用人之际,所有异常出力将士,自应先行酌保数员,以为奋勇杀贼者劝。留新疆尽先补用提督利勇巴图鲁牛允诚,以少击众,胆识兼优,洵足挫凶锋而作士气,请仍以提督交军机处存记,遇有提、镇缺出,开列在前,并赏给头品顶戴。留新疆尽先补用提督腾奇初克巴图鲁罗平安、头品顶戴遇缺简放总兵奇臣巴图鲁彭礼堂、总兵卫尽先补用副将绥勇巴图鲁谢典礼,闻警赴援,果勇尚义,均能力顾大局,懋著战功。罗平安请赏给头品顶戴,彭礼堂请以提督留新疆尽先补用,谢典礼请免补副将以总兵留新疆尽先补用。留甘补用副将邹玉春、补用副将喻春福,均请赏给勇号。副将衔补用参将罗福宏,请免补参将,以副将尽先补用,并赏给勇号。补用守备拔补千总王广山,请免补守备,以都司尽先补用,并赏戴花翎。游击衔留新疆补用都司谢泽龙,请免补都司,以游击尽先补用,并赏加副将衔。补用千总拔补把总王朝清,请免补千总,以守备尽先补用,并赏戴花翎都司衔。

除将各该员履历咨部查核外,其余在事出力文武员弁及阵亡弁勇,合无仰恳天恩,俯准臣查明履历,再行分别请给奖恤,以昭激励。所有堵剿西宁窜回叠次获胜各缘由,谨会同伊犁将军臣长庚、喀什噶尔提督臣张俊恭折合词由驿驰奏,伏乞皇上圣鉴,训示施行。再,此折系臣应祺主稿。合并声明。谨奏。光绪二十二年五月十五日。

(朱批:)另有旨。[①]

光绪二十二年六月十九日,奉朱批:另有旨。钦此。[②]

　　【案】此奏于是年六月十九日得旨。《清实录》:

　　电寄陶模等:刘四伏窜占盐池滩,当及早歼除,以防勾结。牛允诚等保案,俟擒获首逆后,再降谕旨。[③]

---

　　①　台北故宫博物院藏:军机及宫中档,文献编号:408006247。
　　②　此朱批日期与内容,据军机处随手登记档(档案编号:03-0288-2-1222-167)校补。
　　③　《德宗景皇帝实录(六)》,卷三百九十二,光绪二十二年六月,第113页。

○五二　特参文员黄炳辰等请旨革职折

光绪二十二年五月十六日(1896年6月26日)

头品顶戴署理陕甘总督新疆巡抚臣陶模跪奏，为特参贪劣文员，请旨斥革，以肃官箴事。

窃维设官分职，无论正佐，均宜恪守官箴。其有贪劣不职者，自应随时严参，不容姑待。兹查有捐升道员分发四川试用前甘肃古浪县知县黄炳辰，貌似有才，心实贪酷，于征收额粮擅定折色六成，勒令农民每石交银二两六钱，浮收过倍。农民纳本色粮过四成者，竟令退粮补银，或拒而不收，多方留难。其征收草束亦全改折色，每束勒取钱九十文。审理词讼，借城工为名，动辄科罚钱百数十千不等，悉饱私囊。更倚监生张应龙为腹心、蠹役俞廷秀为爪牙，恫喝鱼肉，无所不至；滥用非刑，鞭背辄以千计。种种贪酷，直堪发指！经前督臣杨昌濬查明撤任。该令工于谋画，托人赴直隶海防捐局报捐道员，指分四川，希图规避。又查有五品衔开缺皋兰县红水县丞查德朗，性情浮躁，行为贪鄙，初任布政司照磨，遇事招摇，甚滋物议。及升补红水县丞，值回匪不靖，招募土勇，任意虚冒，纵庇勇丁，强伐民树一千余株。其衙署马厩需用麦豆，辄令百姓供应。信任劣生张希孔等，借修理卡房，苛派民钱五百串，以致民怨沸腾。撤任后并不听候查办，自请修墓开缺，尤属异常狡猾。据布政使曾鉌、署按察使周绶会详揭参前来。

臣查该两员贪虐之尤，一则援例捐升，一则借词回籍，若不立予纠参，何以儆官邪而苏民困？相应请旨将捐升道员分发四川试用前甘肃古浪县知县黄炳辰、五品衔开缺皋兰县红水县丞查德朗，一并革职，永不叙用，俾奸巧之徒稍知警戒。

除饬司将该两员贪婪各款照例查办，并将劣生、蠹役分别惩处外，理合恭折具奏，伏乞皇上圣鉴训示。谨奏。光绪二十二年五月十六日。

（朱批：）另有旨。[①]

光绪二十二年六月初八日，奉朱批：另有旨。钦此。[②]

【案】此折于是年六月初八日得允行。上谕档：

光绪二十二年六月初八日，内阁奉上谕：陶模奏，特参贪劣不职各员一折。捐升道员分发四川试用前甘肃古浪县知县黄炳辰，貌似有才，心实贪酷；开缺皋兰县红水县丞查德朗，性情浮躁，行为贪鄙。均着革职，永不叙用，以惩贪劣。该部知道。钦此。[③]

○五三　请以李向荫升补西宁镇标右营守备折

光绪二十二年五月十六日（1896年6月26日）

头品顶戴署理陕甘总督新疆巡抚臣陶模跪奏，为拣员请补守备要缺，以裨营伍，恭折仰祈圣鉴事。

窃臣接准部咨：西宁镇标右营守备袁盈发病故，遗缺系第四轮第一缺，应用尽先人员，行令拣员请补等因。当经檄饬西宁镇遵照去后。兹据该镇呈称：拣选得镇属喇课营千总李向荫可以升补。

---

① 台北故宫博物院藏：军机及宫中档，文献编号：408003002。
② 中国第一历史档案馆藏：录副奏折，档案编号：03-5342-027。
③ 《光绪宣统两朝上谕档》，第22册，第131页。

并以喇课营向在多巴、上五庄适中之地，去年逆回连日围攻营城，势甚炭炭，该弁督率军民，防守堵御，营城得以无失，实属奋勇可嘉，平日操练兵卒，供职尤勤，以之升补斯缺，洵堪胜任。呈请核办前来。

臣覆查无异，第核与请补定章稍有未符。惟现在军务尚未大定，既据该镇声称防守营城极为得力，兹当用人之际，不得不稍予变通，借资鼓励。合无仰恳天恩，俯准以李向荫升补西宁镇标右营守备员缺。如蒙俞允，应请饬部先给署札，俟甘省军务平定，即行给咨送部引见，以符定制。

除饬取该员履历清册送部外，谨会同署甘肃提臣张永清合词恭折具陈，伏乞皇上圣鉴训示。再，臣到任未及三月，例不加考。合并声明。谨奏。光绪二十二年五月十六日。

（朱批：）兵部议奏。[1]

光绪二十二年六月初八日，奉朱批：兵部议奏。钦此。[2]

○五四　请以刘延功补凉
州镇标左营守备折

光绪二十二年五月十六日（1896 年 6 月 26 日）

头品顶戴署理陕甘总督新疆巡抚臣陶模跪奏，为拣员请补守备员缺，以裨营伍，恭折仰祈圣鉴事。

窃查甘肃凉州镇标左营守备李元成，经前督臣杨昌濬奏请借

---

①　台北故宫博物院藏：军机及宫中档，文献编号：408003001。

②　中国第一历史档案馆藏：录副奏折，档案编号：03-5915-018。

补玉泉营游击员缺,奉部覆准在案。其所遗凉州镇标左营守备员缺系第四轮第三缺,轮用预保人员。该省预保无人,应以拣发班内人员抵补等因。行令遵照去后。兹据护理凉州镇总兵章凤先呈称:查有补用守备凉州镇标前营千总刘延功,营务谙练,办事可靠,以之请补,与例相符。合无仰恳天恩,俯准以该员请补凉州镇标左营守备员缺,俾资得力。如蒙俞允,该员系两次俸满曾经引见人员,应请饬部发给实授札付,以符定制。

除饬取该员履历清册另咨送部,并所遗千总弁缺容另拣员请拔外,谨会同署甘肃提督臣张永清合词恭折具陈,伏乞皇上圣鉴训示。再,臣到任未及三月,例不加考。合并陈明。谨奏。光绪二十二年五月十六日。

（朱批:）兵部议奏。[①]

光绪二十二年六月初八日,奉朱批:兵部议奏。钦此。[②]

○五五　委令刘辅军等署理副将片

光绪二十二年五月十六日(1896 年 6 月 26 日)

再,延榆绥镇属定边协副将刘连陞撤任遗缺,查有记名总兵延榆绥镇标右营游击刘辅军,堪以调署。递遗游击员缺,查有升用总兵留陕甘尽先补用副将韦得胜,堪以委署。

除分饬遵照外,理合附片具奏,伏乞圣鉴。谨奏。

（朱批:）兵部知道。[③]

---

① 台北故宫博物院藏:军机及宫中档,文献编号:408003000。
② 中国第一历史档案馆藏:录副奏折,档案编号:03-5915-020。
③ 台北故宫博物院藏:军机及宫中档,文献编号:408003000-0-A。

光绪二十二年六月初八日,奉朱批:兵部知道。钦此。①

○五六　请以邓朝卿补清水县知县折

光绪二十二年五月二十五日(1896 年 7 月 5 日)

头品顶戴署理陕甘总督新疆巡抚臣陶模跪奏,为请补知县员缺,以裨地方,恭折仰祈圣鉴事。

窃据甘肃布政使曾𬭩、署按察使周绥会详称:清水县知县高蔚霞调补永昌县缺,奉部覆准,业将截缺月份及毋庸掣签缘由详咨在案。查各省升、调、遗缺出,例用各项候补进士即用、委用、大挑、议叙、捐纳、截取进士、举人各项人员。又,道府以至未入流,无论何项到班,仍以五缺计算等语。甘省知县升、调、遗一项,自停止变通章程后,已补至本班捐纳试用知县程德音准署隆德县知县止,其次两当县缺以本班截取进士知县苏保国请署,其次渭源县缺以进士即用知县杨增新抵补,其次宁朔县缺以进士即用知县张庭武请补,均未奉准部覆。今清水县知县缺,甘省现无郑工新班先各项花样人员,照章过班,接用各项班次轮应委用班及大挑班,前先委用、前先大挑均无人,应插用分缺先,郑工分缺先亦无人,只有海防分缺先补用知县邓朝卿一员扣限已满,例得请补。查该员年六十三岁,江西金溪县监生,投效楚军,克复杭州等城案内,保以从九品选用;克复武康、德清等县案内,保以主簿选用,加捐县丞,指分甘肃试用;克复巴燕戎格、河州等城案内,保以知县留甘补用;关陇肃清案内,保俟补缺后,以同知尽先补用;克复阶州番匪案内,赏戴花翎。

---

① 中国第一历史档案馆藏:录副奏片,档案编号:03-5915-015。

光绪八年，请咨赴部引见，领照赴甘，十一月初四日到省，试用年满甄别，留省补用在案。十八年，委署海城县知县，交卸无误。嗣遵新海防例报捐分缺先补用，部覆坐二十一年正月二十日按限减半扣算，应以二月十七日作为新班到省日期。查该员历练老成，勤求吏治，以之请补清水县知县，实堪胜任，与例亦属相符。会详请奏前来。

　　臣到任未及三月，例不加考。惟既据该司等声称该员历练老成，勤求吏治，合无仰恳天恩，准以邓朝卿请补清水县知县，期于地方有裨。如蒙俞允，该员以知县请补知县，衔缺相当，毋庸送部引见。该员历奉差委并无参罚案件。谨恭折具奏，伏乞皇上圣鉴训示。谨奏。光绪二十二年五月二十五日。

　　（朱批：）吏部议奏。[1]

　　光绪二十二年六月初七日，奉朱批：吏部议奏。钦此。[2]

〇五七　审拟监犯随同官兵格毙匪徒等情折

光绪二十二年五月二十五日（1896年7月5日）

　　头品顶戴署理陕甘总督新疆巡抚臣陶模跪奏，为狄道州监禁汉民田汪菖等被匪乘变劫狱，逼胁同反不从，随同官兵格毙马三秃等暨回犯马来个身死，并宁浮芒在监病故，按例拟议，恭折仰祈圣鉴事。

　　窃查接管卷内，前据署狄道州知州黄焘详称：光绪二十一年闰

---

①　台北故宫博物院藏：军机及宫中档，文献编号：408003005。
②　中国第一历史档案馆藏：录副奏折，档案编号：03-5342-022。

五月初七日,逆回纠聚悍党五千余人扑攻城垣,该州同、吏目督率防勇、民团,登陴防堵。是日上午,突有在城寄居生理之回民马三秃等,因监犯马来个是其同教,起意乘变劫狱同反,分持刀械,打开监门进内,砍殴禁卒杨进才等受伤,将回犯马来个刑具扭脱,逼胁汉民宁浮芒、田汪菖入伙同反未从。适值该州与吏目廖葆泰、都司奎文闻警,率领兵团,驰往捕拿。马三秃等同马来个出监拒捕,经宁浮芒等随同官兵将马三秃等登时格毙等情,当经前督臣杨昌濬因彼时城围未解,饬司查明详办去后。兹据署甘肃按察使周绶详:据兰州府知府胡孚骏饬据署狄道州知州黄焘覆审拟详,由司覆核详办前来。

臣复加查核,缘田汪菖籍隶阶州,因听从宁浮芒谋杀雇工李老汉身死,将宁浮芒审依造意为首拟斩监候,田汪菖为从拟绞监候,业经前督臣杨昌濬具题,尚未接准部覆,与殴伤马有成身死案内拟绞亦未接准部覆之马来个先后收禁在监。光绪二十一年闰五月初七日,西乡逆回纠聚悍党五千余人围攻城垣,该州督同署吏目廖葆泰,会营率领兵勇登陴防堵。是日上午,突有在城居住生理之回民马三秃、马麻五、马拜克、马三娃、马董董、马的个、马满拉、田路、孤麻、马董家堡、马溁伏、马老四、赵野故、赵牙儿、赵二不都、赵四五、马黑人、马古麻、马格的禄、马七十三、马舍巴、马六儿、马麻儿、马党儿、马受二、马白套、马四个等,因囚禁在狱之马来个是其同教,商谋乘变劫狱同反,共二十六人,分持刀械,打开监门,砍殴禁卒杨进才等受伤倒地,将马来个刑具毁脱,并砸断宁浮芒、田汪菖镣铐,逼胁入伙。宁浮芒、田汪菖均未允从。适该州与吏目廖葆泰、都司奎文督率兵役团丁赶到,马三秃等同监犯马来个一齐出监拒捕。宁浮芒、田汪菖看见兵役走来,随即拔取笼木跟出监外,随同兵役奋力格捕，将马三秃等同马来个登时格毙。经该州勘验，讯供禀报，并将宁浮芒、田汪菖仍旧收禁。嗣据报称：该犯宁浮芒在监患病，提禁外监，医治罔效，于十月二十八日病故，即委金县知县姬恺臣验讯，填格录供，取结详报，批饬核入正案拟办。兹据该州查验，禁卒杨进才等伤俱平复，遵提覆鞫，各供前情属实，案无遁饰。

查例载：在监斩绞重囚如有因变逸出自行投归者，均照原犯罪名各减一等发落。又，律载：断罪无正条，援引他例比附减等定拟。又，律载：罪人持杖拒捕，被捕者格杀勿论。又，贼自外入劫狱力不能敌者，官役免罪各等语。此案斩犯宁浮芒、绞犯田汪菖因回匪马三秃等乘变劫狱同反，被胁不从，随同官兵将马三秃等登时格毙，遍查律例，并无恰合专条。查在监斩绞重囚因变逸出自行投归，照原犯罪名减一等之例，系指该犯自行投归者而言。今宁浮芒、田汪菖被匪逼胁同反不从，随同官兵击捕兼毙多贼，较之守法未逃者情更可原。若仅照例减等拟流，自觉漫无区别，应请比照将宁浮芒、田汪菖于在监斩绞重囚因变逸出自行投归、照原犯罪名各减一等例上酌量再减一等，拟杖一百，徒三年。宁浮芒业已病故，应毋庸议。田汪菖发配，折责安置，免入本年秋审办理。兵役、团丁闻警驰拿，格毙贼匪马三秃等二十七人。查马三秃等乘变劫狱同反，本属罪人，迨经官兵擒拿，又复持杖拒捕，应依罪人持杖拒捕被捕者格杀勿论律，予以勿论。马来个犯罪拟绞，不知在监守法，辄又随贼抗拒官兵，实属罪无可逭，虽已身死，仍应割取首级，枭示监门，俾昭炯戒。

禁卒杨进才等均各受伤，力不能敌。宁浮芒因病提禁外监身死，究明看役人等并无凌虐情弊，应与讯无违用药方之医生毛恩敏均免置议。该署狄道州知州黄焘、吏目廖葆泰、都司奎文，于回匪乘变劫狱，未能先事预防，均有应得之咎。惟登时将贼尽数格毙，无一漏网，功过尚足相抵，应请免议。

除全案供招咨部外，所有此案议拟缘由，理合恭折具陈，伏乞皇上圣鉴，饬部核覆施行。谨奏。光绪二十二年五月二十五日。

（朱批：）刑部议奏。[1]

光绪二十二年六月初七日，奉朱批：刑部议奏。钦此。[2]

○五八　特参武员刘连陞请旨革职折

光绪二十二年五月二十五日（1896年7月5日）

头品顶戴署理陕甘总督新疆巡抚臣陶模跪奏，为特参贪劣武员，请旨革职，以肃官方，恭折仰祈圣鉴事。

窃维陕甘营务积习甚深，非随时甄别，不足以儆贪劣而肃戎行。臣履任后，访得陕西延绥镇属定边协副将刘连陞，于请领火药、铅丸私行变价入己，复于沿途索支运费；平日在营，不事操防，恣意赌博，实属贪劣不职。正饬查间，据陕西延绥镇总兵蒋云龙[3]禀揭款迹，呈请撤参前来。

核与臣查访无异。似此贪劣武员，未便稍涉姑容，除先行撤任委员接署外，相应请旨将花翎头品顶戴记名提督借补陕西延绥镇属定边协副将喀勒春巴图鲁刘连陞即行革职，并撤销勇号，拔去翎枝，以儆贪劣而肃戎行。所遗副将员缺，陕甘现有应补人员，容臣

---

① 台北故宫博物院藏：军机及宫中档，文献编号：408003003。
② 中国第一历史档案馆藏：录副奏折，档案编号：03-5915-012。
③ 蒋云龙，生卒年未详，湖南人，武童出身。光绪十六年（1890），以功补陕西延榆绥镇总兵。二十三年（1897），奉旨开缺赴引。二十四年（1898），补副将。二十九年（1903），补授浙江处州镇总兵。三十年（1904），署理江西南赣镇总兵。三十一年（1905），除南赣镇篆。三十四年（1908），被参革职。

另拣请补。谨恭折具陈，伏乞皇上圣鉴，训示施行。谨奏。光绪二十二年五月二十五日。

（朱批：）另有旨。①

光绪二十二年六月初七日，奉朱批：另有旨。钦此。②

【案】此奏于是年六月初七日得旨允行。上谕档：

光绪二十二年六月初七日，内阁奉上谕：陶模奏，特参贪劣武员一折。记名提督借补陕西定边协副将刘连陞，于请领火药、铅丸，私行变价入己，复于沿途索支运费；平日不事操防，实属贪劣不职。刘连陞着即行革职，并撤销勇号，拔去翎枝，以肃戎行。余着照所议办理，该部知道。钦此。③

○五九　请将马彦春以都司、守备降补片

光绪二十二年五月二十五日(1896年7月5日)

再，查上年五月海城县逆回作乱，经前督臣杨昌濬派委补用副将马彦春前往查办。该员随同前甘肃提臣李培荣，④设计诱擒首

---

① 台北故宫博物院藏：军机及宫中档，文献编号：408003004。
② 中国第一历史档案馆藏：录副奏折，档案编号：03-5915-011。
③ 《光绪宣统两朝上谕档》，第22册，第131页。
④ 李培荣(1841—?)，云南大关人。同治初，以武童投效军营，在贵州、四川等省打伏出力，历保尽先外委、千总、守备、都司，先后补署茂州营外委、绥宁协黔彭营右司把总。同治四年(1865)，保游击。七年(1868)，保升参将，赏给胜勇巴图鲁名号，加副将衔。同年，保副将，晋总兵衔。光绪元年(1875)，保总兵，仍留山东尽先题补，加提督衔。六年(1880)，督办雷波夷务。七年(1881)，补四川松潘镇总兵。九年(1883)，署四川提督。十二年(1886)，迁甘肃肃州镇总兵。二十年(1894)，擢甘肃提督。

犯李倡发处斩,不为无功。讵马彦春恃功骄妄,借端骚扰良回。据平庆泾固化道祝维城①揭禀前来。

臣查马彦春本系海城县回民,虽经获贼有功,辄敢借端骚扰良回,未便曲予姑容,相应请旨将花翎留陕甘尽先补用副将笃勇巴图鲁马彦春以都司、守备降补,仍留营效力,以示薄惩而策后效。谨附片具陈,伏乞圣鉴训示。谨奏。

（朱批:）着照所请,兵部知道。②

光绪二十二年六月初七日,奉朱批:着照所请,兵部知道。钦此。③

○六○ 恭报甘肃光绪二十二年四月雨水、粮价折

光绪二十二年六月二十六日(1896年8月5日)

头品顶戴署理陕甘总督新疆巡抚臣陶模跪奏,为恭报甘肃省

---

① 祝维城(1835—?),江西铅山人,廪生。咸丰十一年(1861),取辛酉科拔贡。同治二年(1863),朝考二等,以七品小京官签掣工部,任都水司行走。五年(1866),实授七品小京官。次年,捐免历俸,作为额外主事。八年(1869),取军机章京。十年(1871),充辛酉科会试弥封官。光绪二年(1876),传补军机章京。四年(1878),因回疆肃清,加军功一级。七年(1881),补硝磺库主事。因恭校列圣御制诗文集、列圣圣训,加四品衔。同年,以员外郎遇缺即补。十年(1884),充方略馆纂修官。次年,兼总理各国事务衙门行走,充军机处帮领班、方略馆收掌官。十二年(1886),补虞衡司员外郎,保送考试御史。十四年(1888),补虞衡司郎中,捐免历俸,保送堪胜繁缺知府。十五年(1889),保以道员即选,充方略馆帮提调兼帮总纂官。同年,充军机处帮领班、方略馆提调兼帮总纂官。旋补授广东广州府知府。十八年(1892),补授甘肃宁夏府知府。次年,选甘肃平庆泾固化道。二十二年(1896),调署宁夏道。

② 台北故宫博物院藏:军机及宫中档,文献编号:408003004-0-A。

③ 此朱批日期与内容,据军机处随手登记档(档案编号:03-0288-2-1222-155)校补。

光绪二十二年四月份粮价、雨泽情形，恭折仰祈圣鉴事。

窃照本年三月份粮价并得沾雨泽情形，业经具折奏报在案。兹查四月份，兰州等八府六直隶州属具报得沾雨泽，自一二寸至四五寸不等，正值禾苗滋长之际，获此沃泽，土脉滋润，实于农田有裨。至通省粮价，现因军事尚未告竣，采供军赈，以致到处粮价仍有增长，不能平减。据布政使曾鉌具详请奏前来。

臣覆核无异。理合恭折具奏，并缮粮价清单，恭呈御览，伏乞皇上圣鉴。谨奏。光绪二十二年六月二十六日。

（朱批:）知道了。①

光绪二十二年七月二十二日，奉朱批:知道了。钦此。②

○六一　呈甘肃光绪二十二年四月粮价清单

光绪二十二年六月二十六日(1896 年 8 月 5 日)

谨将甘省各属光绪二十二年四月份米粮时估价值，缮具清单，恭呈御览。

计开：

兰州府属:价加

粟米每京石价银一两八钱二分四厘至二两七钱三分二厘，较上月贵二厘。小麦每京石价银一两七钱五分五厘至二两七钱九分八厘，较上月贵二厘。豌豆每京石价银一两五钱三分二厘至二两六钱四分七厘，较上月贵一厘。青稞每京石价银一两四钱九厘至

---

① 台北故宫博物院藏:军机及宫中档，文献编号:408003007。
② 中国第一历史档案馆藏:录副奏折，档案编号:03-6959-022。

二两二钱三分,较上月贵一厘。

巩昌府属:价加

粟米每京石价银一两六钱九分一厘至二两六分二厘,较上月贵一厘。小麦每京石价银一两四钱一厘至二两一钱一分八厘,较上月贵一厘。豌豆每京石价银一两五钱六分至一两五钱八分,较上月贵一厘。青稞每京石价银一两二钱九分一厘至一两六钱一分四厘,较上月贵一厘。

平凉府属:价加

粟米每京石价银一两五钱四分二厘至一两八钱五分一厘,较上月贵二厘。小麦每京石价银一两四钱七分九厘至一两八钱一分三厘,较上月贵一厘。豌豆每京石价银一两二钱六分一厘至一两六钱九分七厘,较上月贵二厘。糜子每京石价银一两一钱三分六厘至一两三钱五分一厘,较上月贵一厘。

庆阳府属:价加

粟米每京石价银一两二钱四分五厘至一两四钱三分九厘,较上月贵一厘。小麦每京石价银一两三钱七分七厘至一两七钱八厘,较上月贵一厘。豌豆每京石价银一两二钱六厘至一两六钱七分,较上月贵一厘。糜子每京石价银一两四分三厘至一两二钱五分,较上月贵一厘。

甘州府属:价加

粟米每京石价银一两四钱六分七厘至一两六钱二分五厘,较上月贵一厘。小麦每京石价银一两四钱九分五厘至一两六钱八分四厘,较上月贵一厘。豌豆每京石价银一两五钱一分三厘至一两六钱四分二厘,较上月贵一厘。青稞每京石价银一两一钱六分六厘至一两二钱七分一厘,较上月贵一厘。

凉州府属：价加

粟米每京石价银一两六钱七分至二两五钱五分二厘，较上月贵七厘。小麦每京石价银一两六钱五分六厘至二两二钱八分九厘，较上月贵一分。豌豆每京石价银九钱七厘至二两二钱八分二厘，较上月贵一分。青稞每京石价银一两一钱七分九厘至一两八钱三分，较上月贵三厘。

宁夏府属：价加

粟米每京石价银一两三钱九分至一两六钱二分六厘，较上月贵一厘。小麦每京石价银一两四钱一分一厘至一两七钱四分，较上月贵一厘。豌豆每京石价银八钱三分至一两六钱二分八厘，较上月贵二厘。糜子每京石价银一两一钱一分五厘至一两二钱四分三厘，较上月贵二厘。

西宁府属：价加

粟米每京石价银二两二分二厘至二两四钱九分六厘，较上月贵二厘。小麦每京石价银一两六钱二分四厘至二两三钱九分二厘，较上月贵一厘。豌豆每京石价银一两九钱一分五厘至二两四钱三厘，较上月贵四厘。青稞每京石价银一两四钱四厘至二两三钱三分四厘，较上月贵一厘。

秦州直隶州并所属：价加

粟米每京石价银一两四钱三分二厘至一两八钱四分七厘，与上月相同。小麦每京石价银一两四钱三厘至一两六钱四分二厘，与上月相同。豌豆每京石价银一两三钱二分三厘至一两四钱九分七厘，较上月贵二厘。糜子每京石价银一两一钱二分二厘至一两二钱七分一厘，较上月贵一厘。

阶州直隶州并所属：价加

粟米每京石价银一两五钱四分三厘至一两九钱八分七厘,较上月贵二厘。小麦每京石价银一两二钱四厘至一两八钱六分六厘,与上月相同。豌豆每京石价银一两五钱一分七厘至一两七钱四分,较上月贵一厘。糜子每京石价银一两二钱五分一厘,较上月贵二厘。

泾州直隶州并所属:价加

粟米每京石价银一两三钱二分六厘至一两六钱二分二厘,较上月贵一厘。小麦每京石价银一两二钱九分至一两六钱七厘,较上月贵一厘。豌豆每京石价银一两八分九厘至一两四钱七分四厘,较上月贵一厘。糜子每京石价银一两一钱八分至一两二钱五分七厘,较上月贵二厘。

固原直隶州并所属:价加

粟米每京石价银一两三钱九分七厘至一两七钱四分,较上月贵一厘。小麦每京石价银一两四钱六分三厘至一两九钱五分八厘,较上月贵一厘。豌豆每京石价银一两四钱七分至一两八钱八厘,较上月贵一厘。糜子每京石价银一两一钱八分七厘,较上月贵二厘。

肃州直隶州并所属:价加

粟米每京石价银一两五钱四分五厘至一两五钱七分二厘,较上月贵二厘。小麦每京石价银一两五钱九厘至一两五钱四分八厘,较上月贵一厘。豌豆每京石价银一两四钱九分六厘至一两五钱七分二厘,较上月贵一厘。青稞每京石价银一两二钱二厘至一两三钱三分五厘,较上月贵一厘。

安西直隶州并所属:价加

粟米每京石价银一两五钱二分三厘至一两八钱一分,较上月贵二厘。小麦每京石价银一两五钱一分七厘至一两八钱三分一厘，较上月贵一厘。豌豆每京石价银一两四钱三分九厘至一两六钱九分八厘，与上月相同。青稞每京石价银一两一钱八分七厘至一两三钱九分四厘，较上月贵二厘。

（朱批：）览。①

○六二　蠲缓钱粮、借支廉俸等银请饬部立案折

光绪二十二年六月二十六日（1896 年 8 月 5 日）

头品顶戴署理陕甘总督新疆巡抚臣陶模跪奏，为甘肃省光绪二十一年份各属蠲缓钱粮、借支廉俸、驿站工料等银，请饬部立案，恭折仰祈圣鉴事。

窃据布政使曾鉌、署按察使周绥会详称：案查雍正五年蠲免湖北咸宁、蒲圻等县钱粮案内，奉上谕：各省藩库皆有酌留银两备用，因湖北并无存剩银两，是以未曾酌留。今既有蠲免之州县，恐俸饷、公用等项一时或有不敷。现在湖南藩库有存储银三十万，着将银十万两拨解湖北布政使司，再将两淮盐课银拨二十万，以十万解送湖南补项，以十万解送湖北备用。湖北既有银二十万两，则公项需用可以动支，俟征收还项之时，即充藩库酌留之数等因。钦此。又，例载：各州县偶遇灾歉缓征，所收地丁正、耗银两不敷坐支俸廉、役食及驿站工料，必须借领者，令其备具印文，声明不敷银款数目，申详藩司。该司核明实无本款，方准借给，一俟带收本款钱粮，勒限解还归款。又，直省动支银两，无论何款，数在五百两以上者，

---

①　中国第一历史档案馆藏：清单，档案编号：03-6959-023。

即专案奏明办理各等语。

甘肃省自遭兵燹，正、耗钱粮未能复额，坐支多有不敷，于光绪九年份案奏定各官廉费征不敷支者，提用厘金银两；驿站工料征不敷支者，动用兵饷款，均由司给发在案。今光绪二十一年各属地方不靖，蠲免钱粮者，循化厅等九属；缓征钱粮者，固原州等十四属。所有廉费、俸工、驿站工料等银，有向来并无留支全赴司领者，有向来全归留支不赴司领者，有留支不敷赴司补领者，此次全归留支者，即有征收应入流抵、留支补领者，或不敷更多，均应循例由司借支，以资办公。

该司等综核统计，除全赴司领及征留已足并从前不敷有案、补发有章各数毋庸牵算外，计河州借支养廉公费银一千八十两，俸公银一千九百一十五两零，驿站工料银三百四十八两零；狄道州借支养廉公费不敷银一千五十余两，俸工银八百四十三两零，驿站工料银一千七百一十四两零；海城县借支养廉公费不敷银二百八十余两，驿站工料银五百二十两零；平远县借支驿站工料银四百六十一两零；金县借支驿站工料征留不足银一百五十二两零；永昌县借支驿站工料征留不足银三十七两零。以上共借支银八千四百余两，已在于耗羡、驿站、扣留兵饷三款内分别借支，随时给发具领。由该司等开折，详请奏咨前来。

臣覆核无异。除分咨户、兵二部查照外，谨恭折具奏，伏乞皇上圣鉴，饬部立案施行。谨奏。光绪二十二年六月二十六日。

（朱批：）该部知道。[1]

光绪二十二年七月二十二日，奉朱批：该部知道。钦此。[2]

---

[1] 台北故宫博物院藏：军机及宫中档，文献编号：408003009。

[2] 中国第一历史档案馆藏：录副奏折，档案编号：03-6255-024。

〇六三　请以徐得林补授汉
中镇标左营游击折

光绪二十二年六月二十六日(1896年8月5日)

　　头品顶戴署理陕甘总督新疆巡抚臣陶模跪奏，为拣员请补游击要缺，以裨营伍，恭折仰祈圣鉴事。

　　窃查前准兵部咨开：陕西汉中镇标左营游击员缺，系题补第三轮第三缺，轮用拣发人员，行令拣员请补等因。当经转饬遵照去后。兹据署汉中镇总兵龙得胜拣选得归陕拣发游击汉中城守营都司徐得林，才具精敏，营务练达，呈请酌补前来。

　　臣查拣发游击汉中城守营都司徐得林，熟悉营务，办事勤能，以之请补汉中镇标左营游击员缺，洵堪胜任，亦与轮缺章程相符。合无仰恳天恩俯念员缺紧要，准以该员徐得林补授陕西汉中镇标左营游击员缺，可期得力。如蒙俞允，该员系曾经引见之员，应请饬部发给实授札付，以符定制。

　　除查取履历清册另咨送部，所遗陕西汉中镇标城守营都司员缺，陕甘现有应补人员，容另拣员请补外，谨会同开缺陕西提臣雷正绾合词恭折具奏，伏乞皇上圣鉴训示。谨奏。光绪二十二年六月二十六日。

　　(朱批：)兵部议奏。①

　　光绪二十二年七月二十二日，奉朱批：兵部议奏。钦此。②

---

①　台北故宫博物院藏：军机及宫中档，文献编号：408003008。
②　中国第一历史档案馆藏：录副奏折，档案编号：03-5916-054。

○六四　奏报黄文新带队搜贼溺毙片

光绪二十二年六月二十六日（1896年8月5日）

再，臣接准署甘肃提臣张永清咨称：管带甘防毅武后营凉州镇属镇羌营游击黄文新，率队入山搜贼，于五月十六日行至黑河上游，策马渡河，被水冲倒，迨兵丁赶救，业经气绝等情，咨请核办前来。臣查该故员黄文新从戎已久，屡立战功，前因进攻北大通城，腿受矛伤，犹未全愈。此次带队入山搜贼，竟因渡河冲倒，被溺身亡，实属因公殒命，殊甚悯惜。

除汇案另行奏请赐恤，并查取该故员原领札付另文咨送兵部查销外，相应先行请旨开缺。其所遗游击员缺，陕甘现有应补人员，容臣另拣请补。理合附片具陈，伏乞圣鉴。谨奏。

（朱批：）兵部知道。[1]

光绪二十二年七月二十二日，奉朱批：兵部知道。钦此。[2]

○六五　奏报游击杨德明
剿贼受伤身故片

光绪二十二年六月二十六日（1896年8月5日）

再，臣据肃州镇总兵田在田[3]呈称：肃标中营游击兼带练军之

---

① 台北故宫博物院藏：军机及宫中档，文献编号：408003007-0-A。
② 中国第一历史档案馆藏：录副奏片，档案编号：03-5916-056。
③ 田在田（1830—1912），字象乾，山东巨野人。咸丰元年（1851），中武举人。二年（1852），中式一甲第一名武进士（武状元），加头等侍卫。旋获胜保举荐，加（接上页）

杨德明，[②]率队出关，驻防赤金一带。五月二十五日，突有零匪从山窜出。该游击督队截剿，身受石伤，登时吐血，仍复带伤进山追捕，致石伤益剧，随即转回。六月初十日，方抵肃城，即行身故等情，呈请核办前来。臣查杨德明从戎年久，屡立战功，现因剿贼受伤殒命，殊堪悯惜。

　　除俟汇案奏请赐恤，并饬查取原领札付另咨送部外，相应先行请旨开缺。其所遗肃州镇标中营游击员缺，陕甘现有应补人员，容臣另拣请补。理合附片具陈，伏乞圣鉴。谨奏。

　　（朱批：）兵部知道。[③]

　　光绪二十二年七月二十二日，奉朱批：兵部知道。钦此。[④]

（接上页）副将衔。六年（1856），补授直隶大名镇开州协副将。八年（1858），升山西太原镇总兵。十一年（1861），加提督衔。同治元年（1862），被劾落职。九年（1870），调赴金陵办理营务。光绪二年（1876），署四川重庆镇总兵。五年（1879），补四川重庆镇总兵。二十年（1894），调补甘肃肃州镇总兵。二十三年（1897），交卸回籍修墓。三十四年（1908），加太子少保。宣统元年（1909），赏都统。民国元年（1912），卒于田家公馆。

　　②　杨德明（1846—1896），湖南湘潭人。咸丰七年（1857），投效湘军果营，随援江西。八年（1858），以克服崇仁县暨抚州府两城案内赏给军功，保外委。十年（1860），随同进援四川，保把总。同年，保千总，升守备。同治元年（1862），保都司，并赏戴花翎。二年（1863），升游击，晋参将。三年（1864），迁副将，加总兵衔。是年，署理华阳都司事务。七年（1868），赏克勇巴图鲁名号。十年（1871），保总兵。十一年（1872），署理提标前营游击，改委管带豫军强营。光绪六年（1880），赏给三代一品封典。是年，委署化平营都司。九年（1883），署梨桥营都司。同年，署龙德营守备。十四年（1888），署理陕西固原提标后营游击。十六年（1890），署理甘肃肃州镇标左营游击。十八年（1892），调署肃州镇标中营游击。同年，借补肃州镇标中营游击。二十二年（1896），因伤殒命。

　　③　台北故宫博物院藏：军机及宫中档，文献编号：408003007-0-B。

　　④　中国第一历史档案馆藏：录副奏片，档案编号：03-5916-055。

〇六六　奏报拣员署理副将等缺片

光绪二十二年六月二十六日（1896年8月5日）

再，甘肃西宁镇总兵员缺，前奉旨以何美玉①补授。臣查西宁回乱初平，弹压、抚绥，最关紧要，邓增现已带队赴肃州，何美玉本系甘军统领，自应饬赴新任，以重职守。又，署陕西河州镇属洮岷协副将任清鸿调省遗缺，查有尽先补用副将巩昌营游击李临湘，熟悉边防，办事勤慎，堪以署理。所遗巩昌营游击员缺，查有补用游击张登瀛，堪以委署。

除分饬遵照外，理合附片具陈，伏乞圣鉴。谨奏。

（朱批：）兵部知道。②

光绪二十二年七月二十二日，奉朱批：兵部知道。钦此。③

〇六七　奏报拣员调署知府遗缺片

光绪二十二年六月二十六日（1896年8月5日）

再，新授甘肃甘凉道明保现已到省，应饬赴新任；署甘凉道凉州府知府王效，应仍回本任，各专责成。又，宁夏府知府惠荣撤任

---

① 何美玉（1843—1898），甘肃固原人。同治九年（1870），投效董福祥军营，历保千总、守备、都司、参将。光绪二年（1876），随军出关，收复乌鲁木齐等城。四年（1878），保总兵。八年（1882），解甲回籍。二十一年（1895），再入董福祥军营，剿办河湟民乱，保提督记名简放。二十二年（1896），补授西宁镇总兵。二十四年（1898），因旧伤复发，卒于任。

② 台北故宫博物院藏：军机及宫中档，文献编号：408003007-0-A。

③ 中国第一历史档案馆藏：录副奏片，档案编号：03-5916-057。

遗缺，查有现署凉州府知府候补知府罗镇嵩，堪以调署。据藩、臬两司会详前来。

除分别檄饬遵照外，理合附片陈明，伏乞圣鉴。谨奏。

（朱批：）吏部知道。①

光绪二十二年七月二十二日，奉朱批：吏部知道。钦此。②

〇六八　请以李士贞补固原提标后营守备折

光绪二十二年六月二十八日（1896 年 8 月 7 日）

头品顶戴署理陕甘总督新疆巡抚臣陶模跪奏，为拣员请补守备要缺，以裨营伍，恭折仰祈圣鉴事。

窃臣前准兵部咨开：陕西提标后营守备侯松龄，准其调补长武营守备。所遗陕西提标后营守备员缺，仍作为第二轮第二缺，应用尽先人员，行令拣员请补等因。当经转移遵照去后。兹准陕西固原提督雷正绾咨：实拣选得尽先补用守备同州汛千总李士贞，在固年久，营务熟悉，堪以请补。咨请核办前来。

臣查尽先补用守备同州汛千总李士贞，年强才裕，办事勤能，虽尽先名次在该员之先者尚有张心广、杨正邦、余绍详、胡青云、张高亮、赵士林、夏鸣谦、张善、章志杰等九员，均与此缺人地不甚相宜，未便迁就请补。该员李士贞尽先守备名列第十，尚在部定章程二十名以内，核与奏定按名指实章程相符，以之请补斯缺，洵堪胜任，人地亦极相宜。合无仰恳天恩，俯念员缺紧要，准以该员李士

---

① 台北故宫博物院藏：军机及宫中档，文献编号：408003009-0-A。

② 中国第一历史档案馆藏：录副奏片，档案编号：03-5343-068。

贞请补陕西固原提标后营守备员缺，可期得力。如蒙俞允，该员系曾经引见之员，毋庸再行送部，应请饬部发给实授札付，以符定制。

除饬取该员履历清册另咨送部外，谨会同开缺陕西固原提督臣雷正绾合词恭折具奏，伏乞皇上圣鉴，训示施行。谨奏。光绪二十二年六月二十八日。

（朱批：）兵部议奏。①

光绪二十二年七月二十三日，奉朱批：兵部议奏。钦此。②

○六九　嘉峪关征收俄税扣足四结造报折

光绪二十二年六月二十八日（1896 年 8 月 7 日）

头品顶戴署理陕甘总督新疆巡抚臣陶模跪奏，为嘉峪关征收俄税扣足四结，造册报销，恭折仰祈圣鉴事。

窃照嘉峪关新设俄国陆路口岸，征收税项，遵照部议，扣足四结，专折奏咨一次。兹查光绪二十一年五月初九日止，第四十结届满，业经先后造册奏咨。今自二十一年五月初十日起至二十二年四月初九日止第四十四结止，又届四结期满。其第四十一结、四十二结、四十三结、四十四结征收税银，已节次分别奏咨在案。所有十一次四结内共旧管、新收，除提火耗每两一分二厘外，征收内地正、子税银四百六十八两五钱七分六厘一毫，又开除提入光绪二十一年满年经费银三百六两一钱五厘六毫，实储税银一百六十二两四钱七分五毫。据该关监督何福堃造具清册，详请奏咨前来。

---

① 台北故宫博物院藏：军机及宫中档，文献编号：408003011。

② 中国第一历史档案馆藏：录副奏折，档案编号：03-5916-066。

臣覆核无异。除册分送总理衙门及部、科查照外，理合恭折具奏，伏乞皇上圣鉴。谨奏。光绪二十二年六月二十八日。

（朱批：）该衙门知道。[①]

光绪二十二年七月二十三日，奉朱批：该衙门知道。钦此。[②]

○七○　请将肃州管狱、有狱各官分别惩处折

光绪二十二年六月二十八日（1896年8月7日）

头品顶戴署理陕甘总督新疆巡抚臣陶模跪奏，为特参肃州直隶州疏防，监禁绞犯李沅淳越狱脱逃，请旨将管狱、有狱各官分别惩处，恭折仰祈圣鉴事。

窃据肃州直隶州知州廖振乔禀：据吏目黄照报称：光绪二十二年四月二十三日夜三更时，拟绞监犯李沅淳因禁卒、更夫均患时疫睡卧，乘间扭断镣铐，扳损笼木，穴墙越垣逃逸。当经该州勘验，即会督营汛及该吏目分途追拿未获。卷查监犯李沅淳系因伙窃事主王曰卿家衣物，图脱拒捕，刃伤事主平复案内，审依伙贼携赃先遁，后逃之贼被追，拒捕伤人未死例，拟绞监候，业经具题，奉准部覆，已入秋审缓决二次之犯。

臣查监狱重地，自应严密防范，以免疏脱。今该吏目黄照专司狱务，既知禁卒、更夫均患病证，并不加派妥役小心看守，以致监禁重犯乘间穴墙，脱狱逃逸，实非寻常疏忽可比。且恐刑禁人等另有松刑贿纵、事后捏病各情弊，当饬藩、臬两司将吏目黄照先行撤任，

---

① 台北故宫博物院藏：军机及宫中档，文献编号：408003010。

② 此朱批日期与内容，据军机处随手登记档（档案编号：03-0289-1-1222-200）校补。

仍提同刑禁人等到省审办。据藩、臬两司详请奏参前来。相应请旨将管狱官肃州直隶州吏目黄照先行革职拿问，并将疏于防范之有狱官肃州直隶州知州廖振乔一并敕部议处。

除饬令购线勒限严缉逸犯务获，并审明有无松刑贿纵、事后捏饰各情弊，分别录供详办，限满无获另行严参外，所有监禁绞犯乘间越狱脱逃缘由，理合恭折具陈，伏乞皇上圣鉴训示。谨奏。光绪二十二年六月二十八日。

（朱批：）另有旨。[1]

光绪二十二年七月二十三日，奉朱批：另有旨。钦此。[2]

【案】此折于是年七月二十三日得旨允行。上谕档：

光绪二十二年七月二十三日，奉旨：这所参疏防绞犯越狱脱逃之管狱官甘肃肃州直隶州隶目黄照，着即革职拿问，交陶模提同刑禁人等，严讯有无松刑贿纵情弊，按律惩办。有狱官肃州直隶州知州廖振乔，着一并交部议处，仍勒限将逸犯李沅淳严缉，务获究办。该部知道。钦此。[3]

○七一　请将县丞彭年革职审办片

光绪二十二年六月二十八日（1896年8月7日）

再，甘肃候补县丞彭年行为贪鄙，性嗜赌博，绅商子弟多被诱骗。正查办间，适据生员蒋英之祖母蒋王氏以彭年设局诱赌、荡尽

---

① 台北故宫博物院藏：军机及宫中档，文献编号：408003006。
② 中国第一历史档案馆藏：录副奏折，档案编号：03-7398-012。
③ 《光绪宣统两朝上谕档》，第22册，第165页。

家产等情，赴臣衙门控告。当批藩、臬两司转饬兰州府提案讯明，从严参办去后。兹据藩、臬两司会详请参前来。

相应请旨将蓝翎同知衔甘肃候补县丞彭年先行革职，归案审办。理合附片具陈，伏乞圣鉴训示。谨奏。

（朱批：）着照所请，该部知道。[1]

光绪二十二年七月二十三日，奉朱批：着照所请，该部知道。钦此。[2]

○七二　奏报兰防粮运营裁营留哨片

光绪二十二年六月二十八日（1896 年 8 月 7 日）

再，甘肃新疆总粮台上年因省城防堵，道路戒严，招募兰防粮运步队一营，专司护台押运，于光绪二十一年八月初一日成军，经前督臣杨昌濬于十一月初三日附奏在案。兹据布政使曾鉌详称：现在河湟剿抚事宜渐次就绪，省防解严，转运稍松，前募之粮运营应即裁撤，以节靡费，所支口粮截至光绪二十二年五月底止。惟该台经理粮饷、军装，前往后继，为数尚多，看守、押运，均关紧要，拟请在于裁撤营内，暂挑留勇丁一哨，以资防护。其正副哨弁、亲兵、什长、勇夫等项薪粮，仍照楚军营制坐饷章程，自六月初一日起支造报。俟军务大定，再行酌办，详请奏咨立案等情前来。

臣覆核无异。除咨部外，理合将裁营留哨缘由，谨附片具陈，伏乞圣鉴。谨奏。

---

[1] 台北故宫博物院藏：军机及宫中档，文献编号：408003006-0-A。

[2] 中国第一历史档案馆藏：录副奏片，档案编号：03-5343-073。

（朱批：）该部知道。①

光绪二十二年七月二十三日，奉朱批：该部知道。钦此。②

【案】经前督臣杨昌濬……附奏在案：光绪二十一年十一月初三日，陕甘总督杨昌濬奏报招募兰防粮运步队一营成军日期，曰：

再，据甘肃藩司曾鉌详称：兹因前敌各军需用粮面为数甚巨，当饬省城粮台拨发粮料并需面斤，分批运解，俾资接济。惟自省西至白塔寺、南至狄道州各粮局，沿途零星游匪出没无常，每批委员、车驼、人夫不过十余人，只可照料载运，一遇贼匪，不能抵御，而省标弁兵各有城防之责，驻扎防勇均经调赴前敌，实属无可卫护。设有疏虞，所关匪细。本司随经饬募步队一营，无事则轮流护运，分派侦探，若有警信，并可帮助城防，已于八月初一日招募成军，名曰兰防粮运营，即委候补知府罗镇嵩管带，俾专责成。其每月薪粮仍照楚军营制坐粮章程开支，以节饷需。仍俟军务大定，即行裁撤，详请奏咨立案等情前来。

臣覆查无异。除咨明户部外，谨附片具陈，伏乞圣鉴训示。谨奏。

光绪二十一年十一月十四日，奉朱批：户部知道。钦此。③

---

① 台北故宫博物院藏：军机及宫中档，文献编号：408003010-0-A。
② 中国第一历史档案馆藏：录副奏片，档案编号：03-6140-024。
③ 中国第一历史档案馆藏：录副奏片，档案编号：03-6137-017。

○七三　奏报加发茶票片

光绪二十二年六月二十八日（1896 年 8 月 7 日）

再，光绪二十二年轮发第六案茶票，经前督臣杨昌濬先发过甘陕宁茶票四百二十七张，计引二万一千三百二十道，移由臣具折奏明在案。旋据兰州道转据各茶商呈恳加发前来。臣查茶务屡准部咨，有以后承领新票只准加多、不准减少等语，当即核准在于各商原存六成票根内加发票三十张，计引一千五百道，并饬照章预缴二分课银三千两，由道解存藩库。其余欠缴一分茶课，随厘并缴，仍请作为第六案官茶，掣档轮销，俾归画一，借裕饷需。

除咨明户部及湖南巡抚查照外，谨附片陈明，伏乞圣鉴。谨奏。

（朱批：）户部知道。①

光绪二十二年七月二十三日，奉朱批：户部知道。钦此。②

○七四　奏报拣员委署知县遗缺等情片

光绪二十二年六月二十八日（1896 年 8 月 7 日）

再，洮州同知王南薰撤任遗缺，查有署狄道州知州赵谦，堪以调署。递遗狄道州知州员缺，查有崇信县知县杨培之，堪以调署。会宁县知县谢宝文因病请假遗缺，查有大挑试用知县祝兰祥，堪以

---

① 台北故宫博物院藏：军机及宫中档，文献编号：408003010-0-B。
② 中国第一历史档案馆藏：录副奏片，档案编号：03-6508-009。

委署。署礼县知县张鋆因病请假遗缺，查有请补礼县知县罗运甏，应饬先行赴任。署平凉县知县刘廷璜撤任遗缺，查有候补知县赵光榘，堪以委署。据藩、臬两司会详前来。

除批饬分别给委外，理合附片陈明，伏乞圣鉴。谨奏。

（朱批：）吏部知道。[①]

光绪二十二年七月二十三日，奉朱批：吏部知道。钦此。[②]

○七五 奏报同知陈端瀛等年满甄别片

光绪二十二年六月二十八日（1896年8月7日）

再，查例载：道府以至未入流，毋论何项劳绩，凡系初任人员保归候补班次，应以到省之日起试看一年，期满甄别补用。又，补缺后以各项升阶补用人员，一经得有实缺，即以现官准补之日作为候补到任日期，扣足一年，与在省候补者一律出具考语，按班叙补等语。历经遵办在案。

兹查甘肃补用同知陈端瀛，于光绪二十年十月二十日引见，二十一年三月初五日领照到省。今自到省之日起，连闰扣至二十二年二月初五日，试看一年期满。又，在任候补直隶州知州秦安县知县刘至顺，于光绪二十一年二月十七日到任，前于新疆防戍案内保俟候补缺后，以直隶州知州补用。自光绪二十年二月初九日奉旨准补秦安县知县，按限扣至是年三月十一日到省之日起，作为直隶州到省在任候补，扣至二十一年三月十一日，试

---

① 台北故宫博物院藏：军机及宫中档，文献编号：408003011-0-A。
② 中国第一历史档案馆藏：录副奏片，档案编号：03-5343-076。

看一年期满。又，在任候补知县打拉池县丞朱世楷，于光绪十四年三月十三日到任，前关陇肃清案内保俟候补缺后以知县补用，自光绪十三年八月三十日奉文准补打拉池县丞，即以是年八月三十奉文作为到省之日起，以候补知县在任候补，扣至十四年八月三十日，试看一年期满。由甘肃布政使曾鉌、署按察使周绶验看加考，详请甄别具奏前来。

臣查陈端瀛老成稳练，堪以繁缺同知留省，照例补用；刘至顺守洁才优，堪以直隶州知州在任候补；朱世楷勤干耐劳，堪以知县在任补用。除将该各员履历清册咨部查照外，理合附片具奏，伏乞圣鉴。谨奏。

（朱批：）吏部知道。[①]

光绪二十二年七月二十三日，奉朱批：吏部知道。钦此。[②]

〇七六　甘肃赈款用罄请准续拨折

光绪二十二年七月初八日（1896 年 8 月 16 日）

头品顶戴署理陕甘总督新疆巡抚臣陶模跪奏，为甘肃赈抚难民，前次拨款用罄，吁恳天恩饬准续拨，以资接济，恭折具陈，仰祈圣鉴事。

窃维去岁回乱，自循化以讫河、狄、西宁，蹂躏地方，几成焦土，生民涂炭，惨不堪言。前督臣杨昌濬于是年九月初五日，奏拨司库新草变价银十六万两，驿站扣留银四万两，各属变价未尽

[①]　台北故宫博物院藏：军机及宫中档，文献编号：408003011-0-B。
[②]　中国第一历史档案馆藏：录副奏片，档案编号：03-5343-077。

粮二十万石，截留新海防及筹饷新捐两项银两，并函请各省劝募善捐，悉备赈抚之用，声明事縻有定，款仍不敷，容随时察核续请，已邀恩允在案。仰见皇上轸恤残黎、不忍一夫失所至意，莫名钦感！自开赈以来，先后在河州、西宁设立总局，每一处贼氛稍平，赈抚即难稍缓，分局渐设渐多，银粮愈用愈广。难民流离初归，所有屋舍、牛粮、籽种荡然无存，必须一一筹给，约计待赈丁口不下十五六万。现虽军事渐平，而西宁府属如大通县、北大通、多巴一带难民，归庄尤多，东作失时，力难自给，一律接赈，需费更繁。现又增关外抚回男女数千人，亦须筹给口食，前请之粮本二十万石，逮奉文时，各属事前续奥不少，经户部将此款分拨军饷内动用，致前请赈粮短绌数万石。其截留两项捐款仅一万七千余两，各省善捐六万余两，阅时已久，而赈务方殷，银两、粮石早已告罄，刻不及待。经藩司在库存制钱项下先行挪用四万二千余串，若不亟为续筹，不独挪款无着，赈事更难为继，拟请仍在司库所存十九、二十两年待支兵饷款内各提银五万两，库存制钱项下提用钱五万串。此外仍照前案请将二十二年份新海防及筹饷新捐银两截留一年，俾资救济而还挪项。据甘肃布政使曾鉌等会详请奏前来。

臣伏查此次被兵之区，实非水旱偏灾可比。前请动拨各款赈济，为日太长，难民太众，委实不敷，不能不续筹添拨，用以推广皇仁。合无仰恳天恩，俯准将本省司库所存十九、二十两年待支兵饷款内各提银五万两，司库存储制钱项下提用钱五万串，并将本年新海防及筹饷新捐银仍截留一年，以便接赈而救残黎。俟赈事告竣，即造册请销。

除咨明户部查照外，所有恳请续拨赈抚银钱缘由，理合恭折驰陈,伏乞皇上圣鉴训示。谨奏。光绪二十二年七月初八日。

（朱批:）户部知道。[1]

光绪二十二年七月二十一日,奉朱批:户部知道。钦此。[2]

　　【案】杨昌濬……已邀恩允在案:光绪二十一年九月初五日,陕甘总督杨昌濬为光绪二十一年甘省被害难民待赈,具折奏请拨银办捐,曰:

　　太子太保头品顶戴革职留任陕甘总督臣杨昌濬跪奏,为甘省回氛未息,被害难民待赈孔殷,拟请动拨银粮,兼办善捐,并截留捐项,以济残黎,恭折驰陈,仰祈圣鉴事。

　　窃查本年回匪变乱,蔓延循化、河州、狄道、西宁、大通、碾伯、巴燕戎格、海城、平远等厅、州、县,凡贼踪所到,惨杀之余,继以焚烧,庐舍、薪粮,全成灰烬。难民颠沛流离,约计不下二三十万,虽目前已办急赈,而转瞬严冬,无衣无室。若待事平招集,几何不殣死道途? 臣与司道筹商,除省城附近及各州县逃来难民先已筹办赈抚外,其余贼踞各处拟就兵力所到,节节安抚。然故墟荡尽,储积一空,栖身、糊口,均属急需,以及耕作器具、牛刀、籽种,在在皆须筹给。日长地广,用款浩繁。甘省边苦著名,在承平时尚难就地筹款,况现今遍地疮痍,从何办起。是此次赈抚惟有全赖公家。虽当此库藏支绌,军饷方殷,而民命攸关,不容不并筹兼顾。前于闰五月间奏请筹拨军饷一百二十万两案内,曾有赈济

---

　　① 台北故宫博物院藏:军机及宫中档,文献编号:408003013。
　　② 中国第一历史档案馆藏:录副奏折,档案编号:03-5602-024;灾赈档,档案编号:02-10041。

被难汉民一语。彼时贼氛尚不至如此之甚，难民尚不至如此之多。现在情形，非专请巨款，实不济事。悉心酌度，拟先在库存薪草变价项下提银十六万两，驿站扣留项下提银四万两，共银二十万两，在前饬各属变价未尽粮内提粮二十万石，以为难民搭盖窝房、冬春赈济口食并购买牛只、农具、预备籽种之需。诚如事靡有定，款仍不敷。第初办约计，未敢过于扩充，容随时查核，续行筹请。此外欲求把注，惟有广开捐输。而顺天、直隶、山东等省方办赈捐，亦不敢接踵相请，致多牵制，拟仿南省劝办善捐之法，刊刻捐簿，函致各省，零星劝募，随愿助资。如有乐善好施之士捐及千两者，请旨建坊，以昭激劝。倘各省垂念患难，积有成数，尚可为后继之助。其甘省新海防捐二十二次批解后，现在收数有限，筹饷新捐，更属寥寥。应请截至本年年底得有若干，全数留助赈抚，亦当不无小补。据藩司曾鉌、臬司裕祥、兰州道黄云会详请奏前来。

臣复加查核，均系实情。所有甘省回氛未息，被害难民待赈孔殷，拟请动拨银粮、兼办善后暨截留捐项以赈残黎缘由，理合恭折由驿驰陈，伏乞皇上圣鉴，饬部核覆施行。谨奏。光绪二十一年九月初五日。

光绪二十一年九月十八日，奉朱批：着照所请，户部知道。钦此。①

---

① 中国第一历史档案馆藏：朱批奏折，档案编号：04-01-01-1003-029；中国第一历史档案馆藏：录副奏折，档案编号：03-5601-098。

○七七　恳请拨补不敷军饷及运费折

光绪二十二年七月初八日（1896年8月16日）

头品顶戴署理陕甘总督新疆巡抚臣陶模跪奏，为恳请拨补不敷军饷，并添拨运费，以还旧欠而济急需，恭折仰祈圣鉴事。

窃甘省自去岁军兴以来，需饷浩繁，前督臣杨昌濬两次请拨银一百七十万两，内有存粮变价抵算银九万余两，实收一百六十万两之谱，连上年常饷九十二万两，共合二百五十余万两。截至二十一年年底止，除西军八营权枪一旗系照奏案在四分减平内支饷不计外，已用银三百余万两，实亏银四十余万两，曾于本年四月初五日请饷折内奏明在案。原冀军务早竣，用费可省，故撙节估计请添本年军饷银一百五十万两。无如归还旧欠，仅剩一百余万，供支数月，又将罄尽。叠接部咨裁营节饷，业已次第遵办，惟撤营甚难，稍形操切即滋事端，既须找清存饷，又应发给恩饷，欲省此后之款，断不能惜目前之费。刻下极力删并月饷，约已减半。所留支领行饷之邓增、潘效苏、马福禄等所部各营，尚难遽改坐饷。湟属遗孽及安、肃一带南山零匪迄未剿除尽净，深恐乘虚窜扰，转劳兵力。盖有求省而不能多省者。此军饷不敷，必须再请拨补之实在情形也。

更有转运脚价一项，前督臣杨昌濬初请二十万，本属从简核估，蒙准十万，原不敷用。此项多系州县垫发，分起报领。臣前请拨饷时到任不久，尚未深悉底蕴，近核册报，始知去岁迄今已用银四十万两有奇。期间若董军、湘军、陕军、豫凯军，粮饷、器械不绝于道，而本省一百十余营旗之军粮、各属之赈粮皆由异地采办、转输，动逾千里，加以干戈纷扰，膏秣价昂，较诸平时雇值或相倍蓰。

此又运费不敷之实在情形也。

以上两项，现经藩司督同粮台委员，连本年奉拨常饷统作已收，通盘合算，军饷截至年底、运费截至六月，实亏银八十余万两，若不据实吁请，设有贻误，关系非轻，应恳再请添拨的款银八十万两，俾得还挪款而济急需，不敷尾数，即以存粮变价弥补。据藩司曾鉌详请奏拨前来。

臣详加查核，军饷之亏，亏自去年；运费之亏，今年较巨。现在军务渐定，运费当可大减。惟所亏八十余万两，实系刻不容缓之款，明知库帑奇绌，何敢妄请增添？第事关大局，不得不据实陈明。合无仰恳天恩，饬部添拨军饷、运费银八十万两，以应要需。现查甘库有实存、新收百货厘金、扣存三成养廉等款银四十四万余两，尚可就近拨用，下短三十余万，再由户部另行指拨，仍俟军务平定，汇案核实造销。

所有恳请拨补不敷军饷并添拨运费缘由，理合恭折驰陈，伏乞皇上圣鉴训示。谨奏。光绪二十二年七月初八日。

（朱批：）户部速议具奏。[1]

光绪二十二年七月二十一日，奉朱批：户部速议具奏。钦此。[2]

○七八　报明甘省光绪二十
二年禾苗被灾情形折

光绪二十二年七月十三日(1896 年 8 月 21 日)

头品顶戴署理陕甘总督新疆巡抚臣陶模跪奏，为报明甘肃省

---

① 台北故宫博物院藏：军机及宫中档，文献编号：408003012。
② 中国第一历史档案馆藏：录副奏折，档案编号：03-6140-020。

光绪二十二年夏秋禾苗被灾大概情形，恭折具陈，仰祈圣鉴事。

窃查甘肃各属自春徂夏，雨泽应时，收成可期中稔，惟间有禀报被雹、被水之区，当即饬司分别移行该管道、府、直隶州确查妥办。兹据藩司曾鉌将各属被灾大概情形详请具奏前来。

臣查秦州直隶州属之秦安县、清水县、徽县，平凉府属之静宁州，庆阳府属之宁州、固原直隶州，阶州直隶州属之成县，巩昌府属之会宁县、安定县，兰州府属之河州、皋兰县，凉州府属之平番县各地方，均于本年四、五、六等月先后被雹、被水，损伤禾苗，轻重不一。其中间有淹毙人口、牲畜、冲塌房屋、水磨、桥梁、道路之处。小民终岁勤劳，正值夏禾结实，秋禾滋长，忽遭灾伤，殊堪悯恻。先已饬委该管道、府、州督同各地方官，亲往逐细覆勘，分别借给口粮，并给籽种，补种杂粮。是否不致成灾，统俟秋成查明，另行汇办。

惟秦州直隶州属之礼县南乡并西路蒲、王家庄等二十七村庄，于四月初七日午后雷雨大作，冰雹成块，禾苗尽为所伤，且山水陡涌，汇流入峡，淹毙男女大小二十三丁口，牛、马、驴、羊三百余只；西宁府属之碾伯县河南教场庄，于五月初十日未刻雨雹交加，将地内田禾一律打断，又，该县城乡各庄堡于六月初四日复降冰雹，各庄田禾被打，皆已折断；阶州直隶州属之白马关东乡花庙子，于五月十三日午时陡降雹雨，厚至尺余，东北至鸡关山、西南至史家河三十余里，夏禾全没，秋禾包谷受伤，加以连日大雨，田地冲淌甚多；循化厅属鸿、灵二族，于六月初四日午时有声自西北来，风势狂猛，雨雹大如鸡卵，合族四十余里禾稼尽行伤损，田地半作沟渠；兰州府属之金县东北乡，于六月初五日申刻天降冰雹，其大如卵，积地五寸有余，长有六十里及九十里者，禾苗概被打伤。

以上五厅、州、县地方被灾较重，均经饬司移行该管道、府、直隶州，并另委员确切覆勘，动用仓粮，急为赈济。内碾伯县、循化厅两处被难，赈务犹未停止，令将灾赈一并接续办理，仍饬由地方官赶紧先发籽种，劝谕农民乘时补种杂粮，以冀晚收，稍资补救而免失所。

所有淹毙人口早经地方官捐棺瘗埋，冲塌房屋亦经饬令查明若干，照例给予银两，及时修盖，以资栖止，并令将冲坏桥梁、道路赶紧修理，水冲田地、磨座，查明能否修复，钱粮应如何分别蠲缓，统俟各属结报到日再行汇核办理外，合将甘省本年夏秋禾苗被灾大概情形，谨恭折具奏，伏乞皇上圣鉴训示。谨奏。光绪二十二年七月十三日。

（朱批：）知道了。即着饬属查明灾情轻重，妥为抚恤，毋任失所。[1]

光绪二十二年七月二十六日，奉朱批：知道了。即着饬属查明灾情轻重，妥为抚恤，毋任失所。钦此。[2]

○七九　预估甘肃光绪二十三年实需军饷数目折

光绪二十二年七月十三日(1896 年 8 月 21 日)

头品顶戴署理陕甘总督新疆巡抚臣陶模跪奏，为援案预估光绪二十三年份甘肃关内军饷，恭折驰陈，仰祈圣鉴事。

---

①　台北故宫博物院藏：军机及宫中档，文献编号：408003014。
②　中国第一历史档案馆藏：录副奏折，档案编号：03-9368-010。

窃臣前准部咨：将光绪二十三年应需饷项迅速分晰奏估，以凭汇拨等因。当即行司去后。兹据甘肃布政使曾鉌详称：遵查甘肃关内协饷，自光绪十四年起，每年奉拨银一百一十八万两。嗣经先后议减银二十三万七千八百余两，仍奉部提存司库，每年只准按九十四万余两，撙节开支。前此地方平定，尚可勉资敷衍，惟自去岁甘肃回匪变乱，筹办防剿，需饷更巨，虽于常饷外节次另请添拨，军饷仍多不敷。所有二十三年甘肃关内应需常饷，拟请照旧仍按一百一十八万两如数指拨，准予全数开支，免其提存。一俟军需、善后一律蒇事，仍即遵照提存，以符定章。此外宁夏、凉州、庄浪三满营并青海王公等饷需，自光绪十四年起，每年奉部专拨银二十二万两。数年以来，满营生齿日繁，原拨饷银实难核减，并请仍照二十二万两协拨。详请具奏前来。

臣查关内饷项，历年核减，已属有绌无赢。军兴以来，费用骤增，近虽军事渐平，人心未固，旧设防营不敷分布，尚须将得力之营酌留数起，以资震慑。明年饷需本难预定，当此筹款竭蹶之际，惟有力期撙节，设法补苴。相应吁恳天恩，准将二十三年份关内应需军饷饬部照旧指拨银共一百四十万两，以济要需。俟防务如常，仍即遵照提存，以符定章。

所有预估甘肃关内光绪二十三年份实需军饷数目缘由，谨恭折驰陈，伏乞皇上圣鉴，训示遵行。谨奏。光绪二十二年七月十三日。

（朱批：）户部议奏。①

光绪二十二年七月二十六日，奉朱批：户部议奏。钦此。②

----

① 台北故宫博物院藏：军机及宫中档，文献编号：408003015。
② 中国第一历史档案馆藏：录副奏折，档案编号：03-6140-032。

〇八〇　奏报拣员署理副将等缺片

光绪二十二年七月十三日(1896年8月21日)

再，前因西路军务吃紧，经前督臣杨昌濬檄调署凉州镇总兵刘璞统带马步各营，赴前敌防剿。所遗总兵篆务，委镇标右营游击章凤先暂行护理，业经奏明在案。现在西路军务渐定，该员刘璞堪以仍赴凉州镇总兵署任，以专责成。又，署凉州镇属永昌协副将萧得荣，应饬交卸，另候差委。遗缺查有凉州镇标右营游击章凤先，堪以署理。

除分饬遵照外，理合附片陈明，伏乞圣鉴。谨奏。

（朱批:）兵部知道。①

光绪二十二年七月二十六日，奉朱批：兵部知道。钦此。②

〇八一　奏闻臬司丁体常呈请陛见片

光绪二十二年七月十三日(1896年8月21日)

再，巩秦阶道丁体常③于光绪二十一年九月初十日奉旨补授

---

① 台北故宫博物院藏:军机及宫中档，文献编号:408003015-0-A。

② 中国第一历史档案馆藏:录副奏片，档案编号:03-5916-076。

③ 丁体常(1841—1909)，字慎五，贵州大定府平远州附贡生。同治六年(1867)，任刑部陕西司行走。后请假回籍。九年(1870)，以军功赏戴花翎。光绪四年(1878)，加盐运使衔。七年(1881)，署山西太原府知府。九年(1883)，署山西大同府知府、潞安府知府。是年，署山西河东道。十一年(1885)，迁山西河东道、署山西按察使，赏二品顶戴。十二年(1886)，丁忧，回籍守制。十五年(1889)，服满起复，补甘肃巩秦阶道。二十一年(1895)，升补甘肃按察使。二十四年(1898)，擢甘肃布政使。同年，调补广东布政使。二十九年(1903)，署广西巡抚，监临广西乡试，晋头品顶戴。宣统元年(1909)，卒于任。

甘肃按察使。彼时前督臣杨昌濬以河湟回乱未平，该道所属汉回各民惊疑莫定，奏请暂留巩秦阶道任所，俾资镇摄在案。兹查军务渐次告竣，该处汉回相安，据该升臬司呈请交卸，以便赴都陛见前来。

除檄委候补道常祥前往接署外，相应附片陈明，伏乞圣鉴。谨奏。

（朱批：）知道了。[①]

光绪二十二年七月二十六日，奉朱批：知道了。钦此。[②]

〇八二　特参蔡世德等庸劣不职折

光绪二十二年八月初七日（1896 年 9 月 13 日）

头品顶戴署理陕甘总督新疆巡抚臣陶模跪奏，为特参庸劣不职文员，请旨分别革职、改教，以肃官方，恭折仰祈圣鉴事。

窃维吏治之得失，地方之安危系焉。其有庸劣不职者，自应随时严参。兹查有在任候补知县高台县毛目县丞蔡世德，情性乖张，因修理衙署，擅派民钱，复创设差局，任意科敛，致交卸后民有余怨。试用通判李附枝，工于牟利，前办河州厘金，收报不实，以致群相效尤，厘务减色。候补知县柏以丽，性情粗鄙，前署海城县事，详报命案，任意欺饰。准调海城县知县刘藜光，才具平庸，前在渭源县任内，值河州回乱，张皇失措，毫无布置，幸贼未攻城，不致失守。候补县丞王荣德，遇事侵欺，代行营领饷，借词干没，业经查追有

---

①　台北故宫博物院藏：军机及宫中档，文献编号：408003015-0-B。

②　中国第一历史档案馆藏：录副奏片，档案编号：03-5343-104。

案。以上五员均属劣迹昭著,据布政使曾鉌、署按察使周绶会详揭参前来。

相应请旨将在任候补知县高台县毛目县丞蔡世德、同知用甘肃试用通判李附枝、同知衔甘肃候补知县柏以丽、蓝翎甘肃补用县丞王荣德四员一并革职;同知衔准调海城县知县刘蔾光系进士出身,文理尚优,请以教职归部铨选,以儆庸劣而肃官方。如蒙俞允,所遗海城县知县、毛目县丞两缺,甘省现有应补人员,拟请扣留外补。合并声明。

所有特参庸劣不职文员,理合恭折具陈,伏乞皇上圣鉴训示。谨奏。光绪二十二年八月初七日。

(朱批:)另有旨。①

光绪二十二年八月十九日,奉朱批:另有旨。钦此。②

【案】此折于是年八月十九日得旨允行。上谕档:

光绪二十二年八月十九日,内阁奉上谕:陶模奏,特参庸劣不职文员一折。甘肃在任候补知县高台县毛目县丞蔡世德,性情乖张,修理衙署,擅派民钱;创设差局,任意科敛。试用通判李附枝,工于牟利,前办河州厘金,收报不实。候补知县柏以丽,性情粗鄙,前署海城县任内详报命案,任意欺饰。候补县丞王荣德,遇事侵欺,代行营领饷,借词干没。均着即行革职。准调海城县知县刘荣光,才具平庸,前在渭源县任内,值河州回乱,毫无布置。惟文理尚优,着以教职归部铨选。

---

① 台北故宫博物院藏:军机及宫中档,文献编号:408003019。
② 中国第一历史档案馆藏:录副奏折,档案编号:03-5345-009。

余着照所议办理，该部知道。钦此。①

○八三　请以刘至顺调补张掖县知县折

光绪二十二年八月初七日（1896年9月13日）

头品顶戴署理陕甘总督新疆巡抚臣陶模跪奏，为拣员调补要缺知县，以裨地方，恭折仰祈圣鉴事。

窃据甘肃布政使曾钤、署按察使周绥会详称：张掖县知县喻炎丙丁忧，业已截缺报部。所遗系冲、繁、疲三项要缺，例应在外调补。查例载：州县应调缺出，俱令于现任人员内拣选调补。又，调补州县必历俸三年以上，方准拣选题调，如年限未满，不得以人地相需为词。如试俸未满、试署未满及试署已满未请实授，并历俸未满年限，应令逐层捐免，方准请调。如未捐免，均不准于折内声明，违例保题等语。今张掖县知县系附郭最要应调之缺，地界边墙，事繁任重，且有驻扎重兵，弹压、抚绥，均关紧要，非精明练达之员，不足以资治理。

兹于通省现任人员内逐加遴选，均与此缺人地不宜。惟查有秦安县知县刘至顺，年五十三岁，江苏上海县举人，于光绪六年大挑一等，以知县用，签分甘肃，遵例截留，旋经咨取。十年十二月初十日到省，新疆防戍案内保俟补缺后以直隶州知州用，补授秦安县知县，二十一年二月十七日到任，试署年满，呈请实授在案。查该员练达勤能，尽心民事，在甘有年，于该处风土民情最为熟悉，前署

① 《光绪宣统两朝上谕档》，第22册，第184页；《德宗景皇帝实录（六）》，卷三百九十四，光绪二十二年八月，第142页。

宁夏、张掖等县，办理诸臻妥协，以之调补张掖县知县，实堪胜任，人地极其相宜。会详请奏前来。

臣查该员刘至顺守洁才优，办事稳练，合无仰恳天恩，俯念要缺需员，准以秦安县知县刘至顺调补张掖县知县，实于地方有裨。如蒙俞允，衔缺相当，毋庸送部引见。该员在各任内并无参罚案件。谨恭折具陈，伏乞皇上圣鉴训示。再，该员试署年满，本在张掖县开缺以先，而呈请实授在后，历俸亦未满三年，已饬照例逐层捐免。所遗秦安县知县系简缺，甘省现有应补人员，应请扣留外补。合并声明。谨奏。光绪二十二年八月初七日。

（朱批：）吏部议奏。①

光绪二十二年八月十九日，奉朱批：吏部议奏。钦此。②

○八四　奏报续裁马步营旗
改支坐饷各起数目折

光绪二十二年八月初七日（1896 年 9 月 13 日）

头品顶戴署理陕甘总督新疆巡抚臣陶模跪奏，为续行裁减马步营旗，并分别改支坐饷、练饷各起数目，另开清单报部，恭折仰祈圣鉴事。

窃查甘肃去岁军兴，添募马步营旗暨各属城防土勇，为数颇多，需饷甚巨。嗣因防务渐松，陆续酌裁营勇，截清饷项，共三十余

---

①　台北故宫博物院藏：军机及宫中档，文献编号：408003017。

②　中国第一历史档案馆藏：录副奏折，档案编号：03-5345-010。

起，业于本年五月十三日汇奏在案。五月以来，仰赖皇上威福，西路迭报肃清，所有前敌营旗及城防土勇，随察其地方关要与否、营武强弱若何，或拨留防守，或量行遣撤，或改支坐饷、练饷。核计前后裁减营勇六十三起，改营成旗九起，改支坐饷二十八起，改归练饷六起，共一百零六起，分晰截饷日期，由甘肃布政使曾鉌开单详请奏咨立案前来。

臣复加查核，此次裁勇改饷起数不少，借可节省帑项。惟边疆辽阔，军务虽平，人心未定，仍须新旧防军分要驻扎，庶足以资镇护。臣前随带入关亲军，仍拟酌调回省，借资得利，并有现支行饷、未能遽改坐饷各营旗，一俟统筹就绪，饬司查明留防马步营旗数目，再行分别裁留，据实奏报。

除将清单咨送户、兵二部外，所有续行裁减马步营旗及改归坐饷、练饷各起数目缘由，理合恭折具陈，伏乞皇上圣鉴。谨奏。光绪二十二年八月初七日。

（朱批：）该部议奏。[1]

光绪二十二年八月十九日，奉朱批：该部议奏。钦此。[2]

〇八五　奏闻添募威定新左营土勇片

光绪二十二年八月初七日（1896 年 9 月 13 日）

再，本年四月以后，裁减营旗，为数不少，并经臣与董福祥、魏光焘函商，议将驻防河州太子寺等处总兵叶占魁所统永定一军遣

---

① 台北故宫博物院藏：军机及宫中档，文献编号：408003016。
② 中国第一历史档案馆藏：录副奏折，档案编号：03-5917-034。

散，仍以河、狄兵单，预饬统带威定军本任。河州镇总兵何建威添募精壮土勇一营，择要填扎，编为威定新左营，业于五月二十日开招，六月初一日成军起饷。所有叶占魁所统永定一军已饬裁撤，截至七月二十九日止，另加恩饷一月，以便遣散。

除另文咨部外，谨附片陈明，伏乞圣鉴。谨奏。

（朱批：）该部知道。①

光绪二十二年八月十九日，奉朱批：该部知道。钦此。②

○八六　奏报都司周秀峨开缺回籍片

光绪二十二年八月初七日（1896年9月13日）

再，据西宁镇总兵邓增呈称：镇属威远营都司周秀峨以先人坟墓年久倾塌，恳请开缺回籍修理等情。自应准如所请，俾遂孝思。相应请旨开缺。

除查取该员原领札付另咨送部外，其所遗威远营都司员缺，甘省现有应补人员，容臣另拣请补。谨附片具陈，伏乞圣鉴。谨奏。

（朱批：）兵部知道。③

光绪二十二年八月十九日，奉朱批：兵部知道。钦此。④

---

① 台北故宫博物院藏：军机及宫中档，文献编号：408003016-0-A。
② 中国第一历史档案馆藏：录副奏片，档案编号：03-5917-035。
③ 台北故宫博物院藏：军机及宫中档，文献编号：408003017-0-A。
④ 中国第一历史档案馆藏：录副奏片，档案编号：03-5917-036。

○八七　奏报陕西员弁互相对调片

光绪二十二年八月初七日（1896年9月13日）

再，准兵部咨开：陕西河州镇属兰州城守营守备员缺，准以尽先都司河州城守营千总周迪升借补。该员本兰州府河州人，系属本府，例应回避，令即拣员对调等因。臣查有陕西固原提属西安城守协右营守备周嘉谟，系湖南宁乡县人，堪以调补兰州城守营中军守备。所遗西安城守协右营守备员缺，即以周迪升调补，均属人地相宜，与例亦极符合。合无仰恳天恩，俯准以周迪升、周嘉谟二员互相对调。如蒙俞允，周嘉谟系引见回任之员，应请饬部先行换札；周迪升俟准部覆，即给咨送部引见，以符定制。

除查取周嘉谟履历清册至日另咨送部外，谨会同开缺陕西固原提督臣雷正绾合词附片具陈，伏乞圣鉴训示。谨奏。

（朱批：）兵部议奏。[1]

光绪二十二年八月十九日，奉朱批：兵部议奏。钦此。[2]

○八八　请将补用知府余起鸿先行革职片

光绪二十二年八月初七日（1896年9月13日）

再，据署皋兰县知县姚世贞禀报：本年七月二十日，据余起昌

---

[1]　台北故宫博物院藏：军机及宫中档，文献编号：408003017-0-B。

[2]　中国第一历史档案馆藏：录副奏片，档案编号：03-5917-039。

喊称，伊嫡长兄余起鸿，因父殁争分家产未遂，雇倩多人，强搬寓所灵柩、衣物，致伊生母张氏、庶母陈氏均被殴伤。维时另有遣散营勇乘间拥进，行强劫夺，伊继母余石氏亦被殴伤等情。经该县前往勘验属实，登时拿获夏得华、曾茂林、王有得、李玉山并余起鸿到案，余俱逃跑。经臣批饬臬司转饬兰州府，迅即提犯，审明孰是余起鸿雇倩、孰是乘间劫殴，分别照例详办，并令严拿在逃各犯务获究报外，查余起鸿曾保同知衔分省尽先补用知县，自应先行参革，归案审办。据藩、臬两司具详请奏前来。

相应请旨将同知衔分省尽先补用知县余起鸿先行革职，以便归案审办。谨附片具陈，伏乞圣鉴，训示施行。谨奏。

（朱批：）着照所请，该部知道。①

光绪二十二年八月十九日，奉朱批：着照所请，该部知道。钦此。②

○八九　奏闻添募景字三营片

光绪二十二年八月初七日(1896 年 9 月 13 日)

再，查升授陕西固原提督邓增，前由西宁率队出关会剿，呈请添募马步三营，以厚兵力。所招马队景字左、右二营，以守备杨占元、都司陈正魁分带；景字中营步队一营，以都司王翰文帮带。均系就地招募，于本年四月初九日点验成军，起支行饷，陆续开拔西进，于六月初三日行抵肃州，具报前来。

---

① 台北故宫博物院藏：军机及宫中档，文献编号：408003019-0-A。
② 中国第一历史档案馆藏：录副奏片，档案编号：03-5345-011。

臣覆查无异。除将挑募景字马队三营成军起饷日期咨部立案外，谨附片陈明，伏乞圣鉴。谨奏。

（朱批：）该部知道。①

光绪二十二年八月十九日，奉朱批：该部知道。钦此。②

○九○　请将劣员王植山革职片

光绪二十二年八月初七日（1896 年 9 月 13 日）

再，知县用分省即补县丞王植山，在驻防甘肃巴燕戎格之新疆抚标练军提督苏贵兴营次办理文案，屡向所辖各营需索银物，稍不遂意，即扬言禀撤，恐吓多端；又在营贩货图利，一味贪婪。据各该营管带张宗文、贺福春等揭禀前来。

经臣委查属实，未便稍涉姑容，相应请旨将知县用分省即补县丞王植山即行革职，驱逐回籍，不准投效别营，以示惩儆而肃军政。谨会同署新疆抚臣饶应祺附片具陈，伏乞圣鉴训示。谨奏。

（朱批：）着照所请，吏部知道。③

光绪二十二年八月十九日，奉朱批：着照所请，吏部知道。钦此。④

---

① 台北故宫博物院藏：军机及宫中档，文献编号：408003016-0-B。
② 中国第一历史档案馆藏：录副奏片，档案编号：03-5917-038。
③ 台北故宫博物院藏：军机及宫中档，文献编号：408003019-0-B。
④ 中国第一历史档案馆藏：录副奏片，档案编号：03-5917-037。

○九一　奏报甘肃光绪二十二年五月雨水、粮价折

光绪二十二年八月初九日(1896年9月15日)

头品顶戴署理陕甘总督新疆巡抚臣陶模跪奏，为具报甘肃省光绪二十二年五月份粮价、雨泽情形，恭折仰祈圣鉴事。

窃照本年四月份粮价并雨泽情形，业经奏报在案。兹查五月份兰州等八府六直隶州属具报得沾雨泽，自一二寸至三五寸不等。正值夏禾结实之际，获此沃泽，土脉滋润，实于农田大有裨益。至通省粮价，现因军事渐平，新粮间有登场，各属渐已平减。据藩司曾龢具详请奏前来。

臣覆核无异。理合恭折具陈，并缮粮价清单，恭呈御览，伏乞皇上圣鉴。谨奏。光绪二十二年八月初九日。

（朱批:）知道了。[1]

光绪二十二年九月初七日，奉朱批:知道了。钦此。[2]

○九二　呈甘肃光绪二十二年五月粮价清单

光绪二十二年八月初九日(1896年9月15日)

谨将甘省各属光绪二十二年五月份米粮时估价值，缮具清单，恭呈御览。

---

① 台北故宫博物院藏：军机及宫中档，文献编号：408003018。
② 中国第一历史档案馆藏：录副奏折，档案编号：03-9368-026。

计开：

兰州府属：价平

粟米每京石价银一两八钱二分四厘至二两七钱三分二厘，与上月相同。小麦每京石价银一两七钱五分五厘至二两七钱九分八厘，与上月相同。豌豆每京石价银一两五钱三分二厘至二两六钱四分七厘，与上月相同。青稞每京石价银一两四钱四分九厘至二两二钱三分，与上月相同。

巩昌府属：价平

粟米每京石价银一两六钱九分一厘至二两六分二厘，与上月相同。小麦每京石价银一两四钱一厘至二两一钱一分八厘，与上月相同。豌豆每京石价银一两五钱六分至一两九钱八分，与上月相同。青稞每京石价银一两二钱九分一厘至一两六钱一分四厘，与上月相同。

平凉府属：价平

粟米每京石价银一两五钱四分二厘至一两八钱五分一厘，与上月相同。小麦每京石价银一两四钱七分九厘至一两八钱一分三厘，与上月相同。豌豆每京石价银一两二钱六分一厘至一两六钱九分七厘，与上月相同。糜子每京石价银一两一钱三分六厘至一两三钱五分一厘，与上月相同。

庆阳府属：价平

粟米每京石价银一两二钱四分五厘至一两四钱三分九厘，与上月相同。小麦每京石价银一两三钱七分七厘至一两七钱八厘，与上月相同。豌豆每京石价银一两二钱六厘至一两六钱七分，与上月相同。糜子每京石价银一两四分三厘至一两二钱五分，与上月相同。

甘州府属：价平

粟米每京石价银一两四钱六分七厘至一两六钱二分五厘，与上月相同。小麦每京石价银一两四钱九分五厘至一两六钱八分四厘，与上月相同。豌豆每京石价银一两五钱一分三厘至一两六钱四分二厘，与上月相同。青稞每京石价银一两一钱六分六厘至一两二钱七分一厘，与上月相同。

凉州府属：价加

粟米每京石价银一两六钱七分三厘至二两五钱五分九厘，较上月贵七厘。小麦每京石价银一两六钱五分六厘至二两二钱九分六厘，较上月贵七厘。豌豆每京石价银九钱七厘至二两二钱八分九厘，较上月贵七厘。青稞每京石价银一两一钱七分九厘至一两八钱三分，与上月相同。

宁夏府属：价平

粟米每京石价银一两三钱九分至一两六钱二分六厘，与上月相同。小麦每京石价银一两四钱一分一厘至一两七钱四分，与上月相同。豌豆每京石价银八钱三分至一两六钱二分八厘，与上月相同。糜子每京石价银一两一钱一分五厘至一两二钱四分三厘，与上月相同。

西宁府属：价平

粟米每京石价银二两三分至二两四钱九分六厘，与上月相同。小麦每京石价银一两六钱三分一厘至二两三钱九分二厘，与上月相同。豌豆每京石价银一两九钱一分五厘至二两四钱三分，与上月相同。青稞每京石价银一两四钱一分一厘至二两三钱三分四厘，与上月相同。

秦州直隶州并所属：价加

粟米每京石价银一两四钱三分二厘至一两八钱五分五厘，较上月贵八厘。小麦每京石价银一两四钱三厘至一两六钱四分二厘，与上月相同。豌豆每京石价银一两三钱二分三厘至一两四钱九分七厘，与上月相同。糜子每京石价银一两一钱二分二厘至一两二钱七分一厘，与上月相同。

阶州直隶州并所属：价平

粟米每京石价银一两五钱四分三厘至一两九钱八分七厘，与上月相同。小麦每京石价银一两二钱四厘至一两八钱六分六厘，与上月相同。豌豆每京石价银一两五钱一分七厘至一两七钱四分，与上月相同。糜子每京石价银一两二钱五分一厘，与上月相同。

泾州直隶州并所属：价平

粟米每京石价银一两三钱二分六厘至一两六钱二分二厘，与上月相同。小麦每京石价银一两二钱九分至一两六钱七厘，与上月相同。豌豆每京石价银一两八分九厘至一两四钱七分四厘，与上月相同。糜子每京石价银一两一钱八分至一两二钱五分七厘，与上月相同。

固原直隶州并所属：价平

粟米每京石价银一两三钱九分七厘至一两七钱四分，与上月相同。小麦每京石价银一两四钱六分三厘至一两九钱五分八厘，与上月相同。豌豆每京石价银一两四钱七厘至一两八钱八厘，与上月相同。糜子每京石价银一两一钱八分七厘，与上月相同。

肃州直隶州并所属：价平

粟米每京石价银一两五钱四分五厘至一两五钱七分二厘，与上月相同。小麦每京石价银一两五钱九厘至一两五钱四分八厘，与上月相同。豌豆每京石价银一两四钱九分六厘至一两五钱七分二厘，与上月相同。青稞每京石价银一两二钱二厘至一两三钱三分五厘，与上月相同。

安西直隶州并所属：价平

粟米每京石价银一两五钱二分三厘至一两八钱一分，与上月相同。小麦每京石价银一两五钱一分七厘至一两八钱三分一厘，与上月相同。豌豆每京石价银一两四钱三分九厘至一两六钱九分八厘，与上月相同。青稞每京石价银七钱五分四厘至一两三钱九分四厘，与上月相同。

（朱批：）览。[①]

○九三　审拟越狱逃犯拿获正法等情折

光绪二十二年八月初九日（1896年9月15日）

头品顶戴署理陕甘总督新疆巡抚臣陶模跪奏，为审明西宁县监犯越狱脱逃，于四个月限外拿获，先行正法，并禁卒于取供后在监病故，按例核拟，恭折仰祈圣鉴事。

窃查前据署西宁县知县萧承恩详称：光绪二十一年七月二十一日，该县回匪数千在附近村庄放火，该典史张承宗于监犯收封后，即同该令随同道、府上城防守，不料是夜五更时分，在监拟斩回犯马尕有仔乘间扭断镣铐，扳折木笼，越狱逃逸。经禁卒查知，报由该县会营勘明，督同典史、兵役追拿未获。适准部咨：奉旨：将所勾马尕有仔着即处决。钦此。经前督臣杨昌濬附奏请参，并行司

---

①　中国第一历史档案馆藏：清单，档案编号：03-6958-043。

转饬西宁府就近提审详办，仍令勒限严缉逃犯，务获究报去后。

旋于光绪二十一年十一月十六日奉旨：这所参疏防越狱之管狱官甘肃西宁县典史张承宗，着革职拿问，交杨昌濬提同刑禁人等，严讯有无松刑贿纵情弊，按律惩办。有狱官署西宁县知县萧承恩，据称监犯越狱时，适值回匪近城，登陴防守，未能兼顾，是否属实，着查明核办，仍勒限严缉逃犯马尕有仔，务获办。余着照所议办理。该部知道。钦此。钦遵行司转饬遵照在案。

嗣据报称，禁卒王长全于讯供后在监病故，饬由西宁府委员验报，批令核入正案拟办。复据该县典史张承宗探闻逃犯马尕有仔逃匿多巴贼堡，禀经湘军营务处勒令投诚回目捆送到案，提同刑禁人等，讯明议拟，由西宁府详经甘臬司转详前来。

臣复加确核，缘马尕有仔系西宁县回民，因图财谋杀小功堂弟马应林身死犯案，审依功服以下尊长图谋卑幼财产，杀害卑幼之命，照平人谋杀拟斩，解勘具题，发回监禁，入于光绪二十年秋审情实，恭逢恩诏停勾，仍入二十一年秋审情实之犯。是年七月二十一日傍晚，典史张承宗带回刑书张发进监收封，验明镣铐完固，收入北监笼内，锁闭监门走出。时因东关逆回放火烧毁民房，上城随同道、府并同城文武，督率兵役防守。

是夜五更时候，更夫、禁卒进房睡歇。该犯起意乘间潜逃，随将镣铐扭断，扳毁笼柱，用断镣挖开监墙钻出，由西北墙角拨去墙上棘茨，逾墙出外，从西门水道逃逸。更夫朱生云出房支更，瞥见北面监房外墙有挖开洞口，知系该犯脱逃，喊同禁卒季登甲、王长全，查找无踪，告知刑书张发，禀经该县驰回，会营勘讯，督同典史、兵役追拿未获，详经前督臣奏参。维时已先奉旨：将所勾马尕有仔着即处决。钦此。复经前督臣以西宁回乱未平，行令西宁府就近提讯刑禁人等有无松刑贿纵情弊，一面勒限严缉逃犯务获，分别审办。旋据报明，禁卒王长全在监患病，医治罔效，于光绪二十二年二月初九日病故。由府委员验讯详报，批饬核入正案办理。复于二月二十二日经已革典史张承宗访闻，该犯马尕有仔逃匿多巴贼堡，禀经湘军营务处勒令投诚回目捆送到案，经该府提同研讯，分别议拟，详由臬司转详到臣。经臣覆核无异。

查例载：罪囚越狱，仅止一人，乘间穿穴逾墙逃脱，原犯斩候应入情实者，改为立决。又，监犯越狱，狱卒依法看守，偶致疏脱，并无贿纵情弊者，依律减囚罪二等治罪各等语。此案马尕有仔因图财谋杀小功堂弟马应林身死拟斩，入于秋审情实。该犯在监并不安分守法，胆敢乘间越狱逃脱，现既被获，自应按例问拟。马尕有仔应如该司等所拟，合依罪囚越狱，仅止一人，乘间穿穴逾墙逃脱，原犯斩候应入情实者改为立决例，拟斩立决。惟该犯于脱逃后已奉旨予勾，自未便稍稽显戮，当由臣批饬先行正法，俾昭炯戒。

禁卒季登甲、王长全疏脱斩犯，虽经拿获，究已逾四个月限外，且系他人捕得，即称并无贿纵情弊，咎实难辞，亦应按例问拟。禁卒季登甲、王长全均合依监犯越狱狱卒果系一时疏忽，并无贿纵情弊，依律减囚罪二等例，于马尕有仔斩罪上减二等，各拟杖一百，徒三年。王长全业已病故，应毋庸议。季登甲定地充徒，至配折责拘役。更夫朱生云并不小心巡逻，致犯逃脱，应请照不应重杖八十律，拟杖八十，折责发落。刑书张发向不在监值宿，应免置议。王长全因病身死，禁卒、医生讯无凌虐、误治情弊，亦应免议。典史张承宗疏脱斩犯一名，捕获在四个月疏防限外，现已革职，仍应照例拟徒。惟当时该县正值回匪临城，该典史随同文武上城防守，核与寻常疏脱越狱监犯者情形稍有不同，且探知该逃犯躲在多巴贼堡，未经投诚以先，不敢往拿，虽获在限外，究与不实力上紧缉拿者又自有别，可否免其治罪，应听候部议。至该县印官萧承恩实因回匪围城，登郫守御，未能兼顾，并无捏饰，应请免议。

除全案供招咨部外，所有审明监犯马尕有仔越狱脱逃，于四个月限外拿获，先行正法，禁卒于取供后在监病故，按例议拟缘由，理合恭折具陈，伏乞皇上圣鉴，饬部核覆施行。谨奏。光绪二十二年八月初九日。

（朱批：）着照所请，该部知道。[1]

光绪二十二年九月初七日，奉朱批：着照所请，该部知道。钦此。[2]

○九四　请将知州程敏达等暂行革职片

光绪二十二年八月初九日（1896年9月15日）

再，准总统甘军甘肃提督董福祥咨：据海城县贡生杨凤鸣、平远县绅民任永等禀控：署固原直隶州知州程敏达、署海城县知县柏以丽、署平远县知县闵同文、陕西提标左营游击颜咸吉，借乱渔利，纵贼殃民等情，钞黏原禀，请饬查办等因。臣查此案先据该贡生等以前情赴臣衙门具控，核其情节重大，当将各该牧令、游击先后撤任。正查办间，适董福祥咨同前由，即饬藩、臬两司遴委道府大员前往确查，以昭慎重。据藩、臬两司会详请奏前来。

除前署海城县候补知县柏以丽业经臣另案奏参外，仍应请旨

---

①　台北故宫博物院藏：军机及宫中档，文献编号：408003020。

②　中国第一历史档案馆藏：录副奏折，档案编号：03-7398-014。

将前署固原直隶州候补知州程敏达、前署平远县候补知县闵同文、陕西提督左营游击颜咸吉暂行革职，与柏以丽一并归案查办，俟查覆至日再行奏明，分别办理。谨会同开缺固原提督臣雷正绾附片具陈，伏乞圣鉴训示。谨奏。

（朱批:）着照所请，该部知道。[①]

光绪二十二年九月初七日，奉朱批：着照所请，该部知道。钦此。[②]

○九五　恭报甘肃光绪二十弊二年六月粮价、雨泽折

光绪二十二年八月十二日(1896年9月18日)

头品顶戴署理陕甘总督新疆巡抚臣陶模跪奏，为恭报甘省光绪二十二年六月份粮价、雨泽情形，恭折仰祈圣鉴事。

窃照本年五月份粮价并得沾雨泽情形，业经具折奏报在案。兹查六月份兰州等八府六直隶州属具报得沾雨泽，自一二寸至五六寸不等，正值秋禾长发之际，获此沃泽，实于农田大有裨益；间有被雹、被水之处，已饬查勘另办。至通省粮价，现因军事渐平，新粮间有上市，较上月多已平减。据藩司曾鉌具详请奏前来。

臣覆核无异。理合恭折具奏，并缮粮价清单，恭呈御览，伏乞皇上圣鉴。谨奏。光绪二十二年八月十二日。

（朱批:）知道了。[③]

---

①　台北故宫博物院藏:军机及宫中档，文献编号:408003020-0-A。

②　中国第一历史档案馆藏:录副奏片，档案编号:03-5346-015。

③　台北故宫博物院藏:军机及宫中档，文献编号:408003021。

光绪二十二年九月初七日,奉朱批:知道了。钦此。[1]

○九六　呈甘肃光绪二十二年六月粮价清单

光绪二十二年八月十二日(1896年9月18日)

谨将甘省各属光绪二十二年六月份米粮时估价值,缮具清单,恭呈御览。

计开:

兰州府属:价平

粟米每京石价银一两七钱八分二厘至二两六钱九分五厘,较上月贱三分七厘。小麦每京石价银一两七钱二分六厘至二两七钱六分一厘,较上月贱三分七厘。豌豆每京石价银一两四钱六分二厘至二两六钱一分二厘,较上月贱三分五厘。青稞每京石价银一两三钱七分四厘至二两一钱八分三厘,较上月贱四分七厘。

巩昌府属:价平

粟米每京石价银一两六钱一分六厘至一两九钱九分八厘,较上月贱六分四厘。小麦每京石价银一两三钱三分八厘至二两一分五厘,较上月贱一钱三厘。豌豆每京石价银一两四钱九分一厘至一两九钱一分六厘,较上月贱六分四厘。青稞每京石价银一两二钱一分二厘至一两五钱四分,较上月贱七分四厘。

平凉府属:价平

粟米每京石价银一两四钱七分三厘至一两七钱七分四厘,较

① 中国第一历史档案馆藏:录副奏折,档案编号:03-9368-027。

上月贱七分七厘。小麦每京石价银一两四钱三厘至一两六钱九分五厘，较上月贱一钱一分八厘。豌豆每京石价银一两一钱七分三厘至一两六钱一分六厘，较上月贱八分一厘。糜子每京石价银一两五分至一两二钱五分二厘，较上月贱九分九厘。

庆阳府属：价平

粟米每京石价银一两一钱六分八厘至一两三钱六分六厘，较上月贱七分三厘。小麦每京石价银一两二钱九分至一两六钱五分七厘，较上月贱五分一厘。豌豆每京石价银一两一钱三分至一两六钱七分，与上月相同。糜子每京石价银九钱五分五厘至一两二钱五分，与上月相同。

甘州府属：价平

粟米每京石价银一两四钱三分二厘至一两五钱五分四厘，较上月贱七分一厘。小麦每京石价银一两四钱六分七厘至一两六钱七厘，较上月贱七分七厘。豌豆每京石价银一两四钱六分六厘至一两五钱九分六厘，较上月贱四分六厘。青稞每京石价银一两五分四厘至一两二钱一分五厘，较上月贱五分六厘。

凉州府属：价平

粟米每京石价银一两六钱九厘至二两五钱五分九厘，与上月相同。小麦每京石价银一两五钱九分五厘至二两二钱九分六厘，与上月相同。豌豆每京石价银九钱七厘至二两二钱八分九厘，与上月相同。青稞每京石价银一两一钱一分五厘至一两七钱五分三厘，较上月贱七分七厘。

宁夏府属：价平

粟米每京石价银一两三钱二分六厘至一两五钱六分二厘，较上月贱六分四厘。小麦每京石价银一两三钱五分五厘至一两六钱八分，较上月贱六分。豌豆每京石价银八钱三分至一两五钱五分八厘，较上月贱七分。糜子每京石价银一两五分二厘至一两一钱九分六厘，较上月贱四分七厘。

西宁府属：价平

粟米每京石价银二两三分至二两四钱一分，较上月贱八分六厘。小麦每京石价银一两六钱三分一厘至二两三钱一分四厘，较上月贱七分八厘。豌豆每京石价银一两九钱一分五厘至二两三钱四分九厘，较上月贱五分四厘。青稞每京石价银一两四钱一分一厘至二两二钱五分九厘，较上月贱七分五厘。

秦州直隶州并所属：价平

粟米每京石价银一两三钱七分五厘至一两八钱五分五厘，与上月相同。小麦每京石价银一两三钱四分六厘至一两五钱八分五厘，较上月贱五分七厘。豌豆每京石价银一两二钱五分五厘至一两四钱三分九厘，较上月贱五分八厘。糜子每京石价银一两六分八厘至一两二钱八厘，较上月贱六分三厘。

阶州直隶州并所属：价平

粟米每京石价银一两四钱八分八厘至一两九钱八分七厘，与上月相同。小麦每京石价银一两一钱四分九厘至一两八钱五厘，较上月贱六分一厘。豌豆每京石价银一两四钱五分四厘至一两六钱七分九厘，较上月贱六分一厘。糜子每京石价银一两一钱八分九厘，较上月贱六分二厘。

泾州直隶州并所属：价平

粟米每京石价银一两二钱七厘至一两五钱三分八厘，较上月贱八分四厘。小麦每京石价银一两一钱八分八厘至一两五钱七厘，较上月贱一钱。豌豆每京石价银一两二分七厘至一两三钱九分二厘,较上月贱八分二厘。糜子每京石价银一两六分四厘至一两一钱五分七厘,较上月贱一钱。

固原直隶州并所属:价平

粟米每京石价银一两三钱三分一厘至一两六钱四分二厘,较上月贱九分八厘。小麦每京石价银一两三钱九分九厘至一两八钱二分七厘,较上月贱一钱三分一厘。豌豆每京石价银一两三钱四分九厘至一两七钱二厘,较上月贱一钱六厘。糜子每京石价银一两一钱一分九厘,较上月贱六分八厘。

肃州直隶州并所属:价平

粟米每京石价银一两四钱七分至一两五钱,较上月贱七分二厘。小麦每京石价银一两三钱八分三厘至一两四钱七分二厘,较上月贱七分六厘。豌豆每京石价银一两四钱一分七厘至一两五钱三分,较上月贱四分二厘。青稞每京石价银一两一钱三分四厘至一两二钱六分六厘,较上月贱六分九厘。

安西直隶州并所属:价平

粟米每京石价银一两四钱三分九厘至一两七钱四分七厘,较上月贱六分三厘。小麦每京石价银一两四钱三分至一两七钱六分九厘,较上月贱六分二厘。豌豆每京石价银一两三钱七分至一两六钱三分五厘,较上月贱六分三厘。青稞每京石价银七钱至一两三钱二分八厘,较上月贱六分六厘。

（朱批:）览。[1]

---

[1]　中国第一历史档案馆藏:清单,档案编号:03-6959-036。

○九七　请以陈元蓴补授定边协副将折

光绪二十二年八月十二日(1896 年 9 月 18 日)

头品顶戴署理陕甘总督新疆巡抚臣陶模跪奏，为拣员请补副将要缺，以裨营伍，恭折仰祈圣鉴事。

窃照陕西延绥镇属定边协副将刘连陞参革遗缺，经部咨覆系题补第二轮第二缺，应用尽先人员，行令迅拣请补等因。臣即在于尽先人员内拣选得记名简放总兵前陕西洮岷协副将陈元蓴，谋略素优，战功卓著，曾任实缺副将，办理诸臻妥协，以之请补斯缺，实堪胜任。合无仰恳天恩，俯念员缺紧要，准以该员陈元蓴补授陕西延绥镇属定边协副将员缺，可期得力。如蒙俞允，俟接准部覆后，即行给咨送部引见，以符定制。

除该员履历清册俟查取至日另咨送部外，谨会同开缺陕西提督臣雷正绾合词恭折具陈，伏乞皇上圣鉴训示。谨奏。光绪二十二年八月十二日。

(朱批：)兵部议奏。①

光绪二十二年九月初七日，奉朱批：兵部议奏。钦此。②

○九八　奏报游击杨玉周开缺回籍片

光绪二十二年八月十二日(1896 年 9 月 18 日)

再，臣据西宁镇总兵何美玉呈称：所属贵德营游击杨玉周离家

---

① 台北故宫博物院藏：军机及宫中档，文献编号：408003022。
② 中国第一历史档案馆藏：录副奏折，档案编号：03-5917-066。

年久,先人坟墓迄未修理,恳请开缺回籍修墓,俾遂孝思等情前来。相应请旨将贵德营游击杨玉周照例开缺。

除查取该员原领札付另咨送部外,所遗游击员缺,甘省现有应补人员,容臣另拣请补。谨附片具陈,伏祈圣鉴。谨奏。

（朱批:）兵部知道。①

光绪二十二年九月初七日,奉朱批:兵部知道。钦此。②

○九九　奏闻游击刘复胜病故片

光绪二十二年八月十二日(1896 年 9 月 18 日)

再,准署甘肃提督臣张永清咨报,提属洪水营游击刘复胜得患时症,医治罔效,于光绪二十二年七月初一日病故,咨请核办前来。臣覆查无异。相应奏明请旨开缺。

除查取该故员原领札付及承查印、甘各结另咨送部外,所遗洪水营游击员缺,陕甘现有应补人员,容臣另拣请补。谨附片具陈,伏乞圣鉴。谨奏。

（朱批:）兵部知道。③

光绪二十二年九月初七日,奉朱批:兵部知道。钦此。④

---

① 台北故宫博物院藏:军机及宫中档,文献编号:408003022-0-A。
② 中国第一历史档案馆藏:录副奏片,档案编号:03-5917-067。
③ 台北故宫博物院藏:军机及宫中档,文献编号:408003022-0-B。
④ 中国第一历史档案馆藏:录副奏片,档案编号:03-5917-069。

一〇〇　奏报都司张得胜病故片

光绪二十二年八月十二日（1896 年 9 月 18 日）

再，据西宁镇总兵邓增呈称，镇属镇海协营中军都司张得胜得患时症，医治罔效，于光绪二十二年五月二十九日在任病故等情，呈请核办前来。臣覆查无异。相应奏明请旨开缺。

除查取该故员原领札付及委员承查印、甘各结另咨送部外，所遗都司员缺，甘省现有应补人员，容臣另拣请补。谨附片具陈，伏乞圣鉴。谨奏。

（朱批：）兵部知道。①

光绪二十二年九月初七日，奉朱批：兵部知道。钦此。②

一〇一　恭报甘肃光绪二十
二年七月雨水、粮价折

光绪二十二年九月初一日（1896 年 10 月 7 日）

头品顶戴署理陕甘总督新疆巡抚臣陶模跪奏，为恭报甘肃省本年七月份粮价、雨泽情形，恭折仰祈圣鉴事。

窃照光绪二十二年六月份粮价并得沾雨泽情形，业经具折奏报在案。兹查七月份兰州等八府六直隶州属具报得沾雨泽，自一二寸至四五寸，深透不等。正值秋禾结实之际，获此沃泽，实于农

---

① 台北故宫博物院藏：军机及宫中档，文献编号：408003022-0-C。
② 中国第一历史档案馆藏：录副奏片，档案编号：03-5917-068。

田大有裨益。至通省粮价，现在军事渐定，新粮幸获登场，虽间有增长之处，大致均已渐减。据藩司曾銶具详请奏前来。

臣覆核无异。理合恭折具奏，并缮粮价清单，恭呈御览，伏乞皇上圣鉴。谨奏。光绪二十二年九月初一日。

（朱批：）知道了。[1]

光绪二十二年九月二十四日，奉朱批：知道了。钦此。[2]

一〇二　呈甘肃光绪二十二年七月粮价清单

光绪二十二年九月初一日（1896年10月7日）

谨将甘省各属光绪二十二年七月份米粮时估价值，缮具清单，恭呈御览。

计开：

兰州府属：价平

粟米每京石价银一两四钱九分二厘至二两六钱，较上月贱九分五厘。小麦每京石价银一两五钱一分至二两五钱七分八厘，较上月贱一钱八分三厘。豌豆每京石价银一两四钱五分至二两五钱五分九厘，较上月贱五分三厘。青稞每京石价银一两八分六厘至一两九钱七分一厘，较上月贱二钱一分二厘。

巩昌府属：价平

粟米每京石价银一两三钱三分八厘至一两九钱三分八厘，较上月贱六分。小麦每京石价银一两二钱六厘至一两六钱八分四

---

① 台北故宫博物院藏：军机及宫中档，文献编号：408003023。
② 中国第一历史档案馆藏：录副奏折，档案编号：03-9368-034。

厘,较上月贱三钱三分一厘。豌豆每京石价银一两一钱三分五厘至一两六钱四分九厘,较上月贱二钱六分七厘。青稞每京石价银九钱三分九厘至一两二钱六分六厘,较上月贱二钱七分四厘。

平凉府属：价平

粟米每京石价银一两一钱九分六厘至一两三钱六分九厘,较上月贱四钱五厘。小麦每京石价银一两三分至一两三钱五厘,较上月贱三钱九分。豌豆每京石价银八钱七分四厘至一两二钱四分八厘,较上月贱三钱六分八厘。糜子每京石价银七钱三分九厘至八钱六分五厘,较上月贱三钱八分七厘。

庆阳府属：价平

粟米每京石价银八钱九厘至一两七分二厘,较上月贱二钱九分四厘。小麦每京石价银八钱二厘至一两四钱三分九厘,较上月贱二钱一分八厘。豌豆每京石价银七钱六分至一两六钱七分,与上月相同。糜子每京石价银五钱八分五厘至一两二钱五分,与上月相同。

甘州府属：价平

粟米每京石价银一两六分四厘至一两二钱七厘,较上月贱三钱四分七厘。小麦每京石价银一两九厘至一两三钱九分九厘,较上月贱二钱八厘。豌豆每京石价银一两一钱一分四厘至一两五钱九分六厘,与上月相同。青稞每京石价银七钱八分七厘至一两二厘,较上月贱二钱一分三厘。

凉州府属：价平

粟米每京石价银一两三钱四分四厘至二两三钱八分三厘,较上月贱一钱七分六厘。小麦每京石价银一两二钱六分至二两一分七厘,较上月贱二钱七分九厘。豌豆每京石价银九钱四厘至二两一分七厘,较上月贱二钱七分二厘。青稞每京石价银八钱六分二厘至一两三钱八分九厘,较上月贱三钱六分四厘。

宁夏府属:价平

粟米每京石价银九钱七厘至一两二钱六分四厘,较上月贱二钱九分八厘。小麦每京石价银九钱八分至一两五钱二分六厘,较上月贱一钱五分四厘。豌豆每京石价银八钱三分至一两三钱六厘,较上月贱二钱五分二厘。糜子每京石价银六钱三分五厘至九钱三分二厘,较上月贱二钱六分四厘。

西宁府属:价有昂有平

粟米每京石价银一两九钱九分二厘至二两四钱八分九厘,较上月贵七分九厘。小麦每京石价银一两四钱八分五厘至二两三钱七分七厘,较上月贵六分三厘。豌豆每京石价银一两六钱二分一厘至二两二钱一分六厘,较上月贱一钱三分三厘。青稞每京石价银一两二钱七分八厘至一两八钱五分五厘,较上月贱四钱四厘。

秦州直隶州并所属:价有昂有平

粟米每京石价银一两六分一厘至二两五分一厘,较上月贵一钱九分六厘。小麦每京石价银八钱六分九厘至一两五钱一分二厘,较上月贱七分三厘。豌豆每京石价银八钱六分九厘至一两五钱一分二厘,较上月贵七分三厘。糜子每京石价银六钱八分至一两一钱六分三厘,较上月贱四分五厘。

阶州直隶州并所属:价有昂有平

粟米每京石价银一两三钱八分六厘至一两九钱九分九厘,较上月贵一分二厘。小麦每京石价银一两二钱八分八厘至一两四钱三分三厘,较上月贱三钱七分二厘。豌豆每京石价银九钱九分九厘至一两四钱九分九厘,较上月贱一钱八分。糜子每京石价银九钱二厘,较上月贱二钱八分七厘。

泾州直隶州并所属:价平

粟米每京石价银七钱二分二厘至一两一厘,较上月贱五钱三分七厘。小麦每京石价银七钱四厘至九钱四分,较上月贱五钱六分七厘。豌豆每京石价银六钱六分四厘至八钱四分八厘,较上月贱五钱四分四厘。糜子每京石价银六钱一分至六钱九分二厘,较上月贱四钱六分五厘。

固原直隶州并所属:价平

粟米每京石价银九钱三分七厘至一两二钱三分四厘,较上月贱四钱八厘。小麦每京石价银九钱一分一厘至一两二钱九分五厘,较上月贱五钱三分二厘。豌豆每京石价银八钱六分七厘至一两三钱五分四厘,较上月贱三钱四分八厘。糜子每京石价银六钱九分二厘,较上月贱四钱二分七厘。

肃州直隶州并所属:价有昂有平

粟米每京石价银一两八厘至一两五分,较上月贱四钱五分。小麦每京石价银九钱三分八厘至一两二钱四分七厘,较上月贱二钱二分五厘。豌豆每京石价银九钱五分二厘至一两六钱八分,较上月贵一钱五分。青稞每京石价银六钱二分三厘至一两二钱一分八厘,较上月贱四分八厘。

安西直隶州并所属:价平

粟米每京石价银一两七分一厘至一两三钱九分一厘,较上月贱三钱五分六厘。小麦每京石价银一两五分至一两四钱四分一厘,较上月贱三钱二分八厘。豌豆每京石价银一两二厘至一两二钱九分五厘,较上月贱三钱四分。青稞每京石价银五钱八分一厘至一两三分六厘，较上月贱二钱九分二厘。

（朱批：）览。[①]

一〇三　请以雷洪春补授西凤营中军守备折

光绪二十二年九月初一日（1896年10月7日）

头品顶戴署理陕甘总督新疆巡抚臣陶模跪奏，为拣员请补守备员缺，以裨营伍，恭折仰祈圣鉴事。

窃臣前准兵部咨开：陕西提属西凤营中军守备郎永清开缺归总兵、副将两班序补，所遗守备员缺系部推之缺，应用尽先人员，行令拣员请补等因。当经移行遵照去后。兹准陕西提督臣雷正绾拣选得补缺后补用都司尽先拔补守备提标右营千总雷洪春，营伍晓畅，征防著绩，且在陕年久，于凤、陇一带情形尤为熟悉，咨请酌补前来。

臣查该员雷洪春，年力富强，办事勤干，以之请补斯缺，洵属人地相宜，亦与定章符合。合无仰恳天恩，俯念员缺紧要，准以该员雷洪春请补陕西提属西凤营中军守备员缺，以期得力。如蒙俞允，俟接准部覆后，即行给咨赴部引见，以符定制。

除该员履历清册咨送兵部查照外，谨会同开缺陕西提督臣雷正绾合词恭折具陈，伏乞皇上圣鉴训示。谨奏。光绪二十二年九月初一日。

（朱批：）兵部议奏。[②]

光绪二十二年九月二十四日，奉朱批：兵部议奏。钦此。[③]

[①]　中国第一历史档案馆藏：清单，档案编号：03-6960-033。

[②]　台北故宫博物院藏：军机及宫中档，文献编号：408003024。

[③]　中国第一历史档案馆藏：录副奏折，档案编号：03-5917-113。

一〇四 奏报甘肃光绪二十二年
春夏二季情重盗匪惩办折

光绪二十二年九月初一日(1896年10月7日)

头品顶戴署理陕甘总督新疆巡抚臣陶模跪奏,为报明甘肃省光绪二十二年春夏二季份情重盗匪照章就地惩办缘由,恭折仰祈圣鉴事。

窃照甘肃地处边疆,汉、番、回、撒,种类不一,往往勾结为匪,骑马持械,抢劫为生,甚至逞凶拒捕,伤毙事主,情势均属凶暴,向系照依刑部通行,随时就地正法,按季汇报。兹查光绪二十二年春夏二季份,据中卫县、皋兰县、秦州、平罗县先后报获盗匪向八一、林长清、李进川、朱凤起、张新亭、黄礼沅、龙定喜即龙老三、王怔青即王老幺、线孝贤、魏克洸、魏进工、姬司潲、王化城到案,均经批司移饬该管道府讯供禀办。旋据该管宁夏、兰州等府、巩秦阶道先后审拟禀办前来。

查该盗匪向八一、林长清、李进川、朱凤起、张新亭、黄礼沅、龙定喜即龙老三、王怔青即王老幺、线孝贤、魏克洸、魏进工、姬司潲十二犯,或起意图财谋杀,或结伙持械强劫,逞凶拒捕,伤毙事主,均系情罪重大,法无可贷。经前督臣暨臣批司核覆,实属情真罪当。除线孝贤、王怔青即王老幺、魏克洸、朱凤起四犯在监病故,及被捕受伤在押因伤身死均毋庸议外,先后批饬将该犯向八一、林长清、李进川、朱凤起、张新亭、黄礼沅、龙定喜即龙老三、魏进工、姬司潲九犯就地正法,分别传首犯事地方,悬竿示众,俾昭炯戒。其王化城虽听从上盗,惟中途畏惧先逃,核其情

罪较轻，已令照章锁系杆礅，以示惩儆。据署甘肃按察使宁夏道
周绶详请具奏前来。

除仍批饬严缉各案逸盗务获究报外，所有甘肃省光绪二十二
年春夏二季份情重盗匪照章就地惩办缘由，谨开具籍贯、案由清
单，恭折具陈，伏乞皇上圣鉴，饬部查照施行。谨奏。光绪二十二
年九月初一日。

（朱批：）刑部知道。单并发。[①]

光绪二十二年九月二十四日，奉朱批：刑部知道。单并发。
钦此。[②]

一〇五　呈甘肃光绪二十二年
春夏惩办情重盗匪清单

光绪二十二年九月初一日（1896 年 10 月 7 日）

谨将甘肃省光绪二十二年春、夏二季份惩办过情重盗匪籍贯、
案由，开具简明清单，恭呈御览。

春季份：

一、中卫县凶盗向八一一犯，讯据供称籍隶河南洛阳县，贩药
来甘，因生意折本，稔知熟识之同乡范三即范循海积有银两，起意
图财，邀同结伴回家，行至县属锁家塀地方，抽刀连戳伤范三即范
循海左肋、肚腹等处，登时身死，劫去银两不讳。禀经前督臣批饬
该管宁夏府覆审明确，详经前督臣批司覆核，委系情真罪当，饬将

---

① 台北故宫博物院藏：军机及宫中档，文献编号：408003025。
② 中国第一历史档案馆藏：录副奏折，档案编号：03-7369-019。

该犯向八一就地正法，俾昭炯戒。

一、皋兰县盗犯林长清、李进川、朱凤起、张新亭、黄礼沅五犯，讯据供称分隶河南南阳、新安、归德、直隶开州、安徽亳州等府州县，早均在营充勇，先后假革潜逸，听从在逃之林泖贵纠伙一共六人，分持洋枪、刀、鞭，拦路劫抢过客事主梁鹏祥银物、骡马，拒伤事主不讳。禀经前督臣批饬该管兰州府覆审明确，详经前督臣批司覆核，委系情真罪当。除朱凤起一犯拒捕受伤旋即在押因伤身死，应毋庸议外，饬将该犯林长清、李进川、张新亭、黄礼沅就地正法，枭首犯事地方示众，俾昭炯戒。仍饬严缉逸盗林泖贵务获另办。

一、秦州盗犯龙定喜即龙老三、王怔青即王老么、线孝贤三犯，讯据供称分隶四川中坝场及通江县，先后来甘佣工，听从在逃之谭光兴纠邀，一共四人，分持刀棒、油捻，用石撞门入室，强劫事主尚登善家钱物，拒毙事主不讳。禀经前督臣批饬该管巩秦阶道覆审明确，详经臣批司覆核，委系情真罪当。除王怔青即王老么、线孝贤在监病故，应毋庸议外，饬将该犯龙定喜即龙老三就地正法，枭首示众，俾昭炯戒。仍饬严缉逸盗谭光兴务获另办。

夏季份：

一、平罗县盗犯魏克洮、魏进工、姬司澘、王化城四犯，讯据供称分隶直隶内丘、河南洛阳等县，先后来甘游荡，纠邀在逃之李老三、杨茂得一共六人，分持刀棒等械，明火撞门进内，吓禁声张，行劫事主郭正明家烟土、衣物不讳。禀经前督臣批饬该管宁夏府覆审明确，详经臣批司覆核，委系情真罪当。除魏克洮在监病故，应毋庸议外，饬将魏进工、姬司澘就地正法，枭首示众，俾昭炯戒。其王化城虽听从上盗，惟中途畏惧先逃，情罪较轻，已令照章锁带杆礅，俟年限期满，察看能否悔过，再行办理。仍饬严缉逸盗李老三、杨茂得等务获另办。

（朱批：）览。①

一〇六　奏报守备谢得胜病故片

光绪二十二年九月初一日(1896年10月7日)

再，臣据陕甘督标中军副将汤仁和呈称：督标左营守备谢得胜患病，医治不愈，于本年六月十一日身故。取具嫡亲承查印、甘各结、原领陕西阳平关营千总旧札，并声明补授督标左营守备尚未接札等情，转请核办前来。臣覆核无异。相应请旨开缺。

除札付、印、甘各结咨送兵部查照外，所遗守备员缺，陕甘现有应补人员，容臣另拣请补。理合附片具陈，伏乞圣鉴。谨奏。

（朱批：）兵部知道。②

光绪二十二年九月二十四日，奉朱批：兵部知道。钦此。③

一〇七　奏闻杜正泽捐资助学等情片

光绪二十二年九月初一日(1896年10月7日)

再，查例载：凡捐修城垣、衙署及各公所并军需等项银至千两以上者，请旨建坊，给与急公好义字样，由地方官给银三十两，听本家自行建坊等语。兹据西和县知县蔡如苏详称，该县旧有水南书院，年久失修，并以肄业士子膏火缺资，正拟筹办，即据本邑花翎衔

---

①　中国第一历史档案馆藏：清单，档案编号：03-7369-020。

②　台北故宫博物院藏：军机及宫中档，文献编号：408003024-0-A。

③　中国第一历史档案馆藏：录副奏片，档案编号：03-5346-104。

圣公百户职衔杜正泽捐钱五千串，充作书院修理、膏火之用。由该县取结造册，赍府详司，核明转详前来。

臣查该花翎衍圣公百户职衔杜正泽，家仅小康，一闻义举，即慨然捐助书院膏火，经费钱至五千串，实属高义可风，有裨文教，计以钱合银在三千两以上，核与建坊之例相符。合无仰恳天恩，俯准西和县花翎衍圣公百户职衔杜正泽由该县给银建坊，给与急公好义字样，以昭激劝而资表扬。

除册结咨部外，谨会同甘肃学政臣刘世安①附片具奏，伏乞圣鉴训示。谨奏。

（朱批：）着照所请，该部知道。②

光绪二十二年九月二十四日，奉朱批：着照所请，该部知道。钦此。③

一〇八 奏报派员查办海城逸匪片

光绪二十二年九月初一日（1896 年 10 月 7 日）

再，臣于本年八月初四日承准总理各国事务衙门电寄：奉上谕：陶模、董福祥电悉。据报关内外肃清，大局已定，惟安插悍众，收捕残匪，应责成派出各员妥慎经理。邓增着赴固原提督本任，所有海城逸匪，即着该提督就近查办，毋使漏网。一俟办理完竣，地

---

① 刘世安（1852—1898），字静皆，汉军镶黄旗人。光绪十五年（1889），中式一榜第三名进士（探花），授翰林院编修。十七年（1891），充陕西乡试主考官。十九年（1893），任顺天乡试同考官。二十年（1894），授甘肃学政。二十三年（1897），回广州驻防省亲。二十四年（1898），卒于广州。

② 台北故宫博物院藏：军机及宫中档，文献编号：408003024-0-B。

③ 中国第一历史档案馆藏：录副奏片，档案编号：03-7162-077。

方平靖,即着速行驰奏,以慰廑怀等因。钦此。除安插悍众、收捕残匪,应遵旨责成派出各员妥慎经理外,查该提督邓增带队驻防肃州一带,已移行遵照赴任,并将海城逸匪就近妥为办理,毋使漏网,以靖地方。容俟该提督到任后办理完竣,即行驰奏,上慰宸廑。

谨先附片陈明,伏乞圣鉴。谨奏。

（朱批:）知道了。①

光绪二十二年九月二十四日,奉朱批:知道了。钦此。②

一〇九　会剿北大通营等处出力员弁请奖折

光绪二十二年九月十九日（1896 年 10 月 25 日）

头品顶戴署理陕甘总督新疆巡抚臣陶模、头品顶戴尚书衔甘肃提督臣董福祥③跪奏,为遵旨将督标及新军各营旗会剿北大通踞匪,并连克十大回庄所有出力员弁开单,恳恩分别奖叙,恭折具陈,仰祈圣鉴事。

窃臣模、臣福祥于五月初七日将剿办北大通营等处情形由驿驰奏,赍回原折,光绪二十二年六月初三日钦奉上谕:览奏均悉。所有出力将弁,准其择尤保奖,毋许冒滥;阵亡弁勇并着汇报请恤等因。钦此。钦遵在案。查北大通营一带山水深阻,为悍贼老巢,与多巴诸堡互相犄角。多巴、上五庄诸处甫经戡定,该处逆回勾结逸匪,誓死抗拒,势极猖獗。督标亲军暨新军各营旗远道数千里,赴甘剿办,时甫届春初,苦寒未解。该将士等未及休息,会同甘军

---

① 台北故宫博物院藏:军机及宫中档,文献编号:408003024-0-C。
② 中国第一历史档案馆藏:录副奏片,档案编号:03-5917-114。
③ 刊本无此前衔,兹据军机处随手登记档(档案编号:03-0289-2-1222-267)校补。

分道深入，出没于山谷崎岖之境，驰骤于严天风雪之中，卒能扫荡坚巢，力摧踞逆，使甘、凉完善之地得以安堵无虞。此次擒斩之多、赴机之速，非将士用命，曷克臻此。仰荷皇仁，录及征劳，特许甄叙。比将谕旨宣示，各营无不感激踊跃，益加奋勉。兹据各营旗统领开具清单请奖前来。

臣等严加覆核，务期核实甄录，不敢稍有冒滥。除将各员弁履历行取咨部查核，并千总以下各弁均系前敌打仗尤为出力，邀免填注考语，谨缮清单，恭呈预览。合无仰恳天恩，俯准照单给奖，以示鼓励。谨恭折具陈，伏乞皇上圣鉴，训示施行。再，此折系臣模主稿。至此次臣福祥所统各军出力员弁，统归西宁肃清案内另行开单，分别奏咨。合并声明。谨奏。光绪二十二年九月十九日。①

光绪二十二年十月初二日，朱批。②

一一〇　请将潘效苏、焦大聚记名简放片

光绪二十二年九月十九日（1896年10月25日）

再，北大通营城附近回堡林立，周围一百余里遍地皆贼。督标营务处甘肃新疆补用道潘效苏督饬各营旗，深入贼丛，相机进攻，为一鼓荡平之计，复亲带开花炮队，击毙多贼，两日之间，各大回庄劲垒坚巢一律剿洗净尽，虽由将士用命，勠力同心，亦潘效苏忠勇奋发，调度有方，故能神速若此也。

---

①　《陶勤肃公奏议遗稿》。此折之具奏日期，刊本作"光绪二十二年八月十三日"，查军机处随手登记档朱批陶模折，署有"报四百里，九月十九日发"等字样。据此刊本讹误无疑。兹据校正。

②　此朱批日期，据军机处随手登记档（档案编号：03-0289-2-1222-267）校补。

统带督标亲军正中马步等营副将焦大聚，以河北黄田庄为悍贼坚巢，首先率队攻扑，阵毙千余人，黄田庄既下，其余各庄贼众均已胆寒，遂乘势连破全沟台、俄博诸庄，军威所至，如摧枯拉朽，大通河南北贼堡悉平，此次战功实该副将之力居多。

臣模暨署新疆抚臣饶应祺，于八月初三日曾报关外肃清折内，业经随保监运使衔甘肃新疆候补道潘效苏请以道员交军机处存记，并赏给二品顶戴；总兵衔留新尽先补用副将焦大聚请免补副将，以总兵遇缺尽先简放。九月初三日，钦奉电旨照准在案。此次攻克北大通踞匪及附近一带回堡，该二员战绩尤为卓著，合无仰恳天恩，俯准将潘效苏仍请以道员交军机处存记，遇有缺出，开列在前，请旨简放，并赏给清字勇号；焦大聚请以提督交军机处记名简放，以示优异。

谨附片具陈，伏乞圣鉴，训示施行。谨奏。①

一一一　请奖叙肃清关内外出力各员折

光绪二十二年九月二十三日(1896 年 10 月 29 日)

头品顶戴署理陕甘总督新疆巡抚臣陶模、头品顶戴尚书衔甘肃提督臣董福祥、副都统衔西宁办事大臣臣奎顺跪奏，为会报甘肃关内外及青海回匪一律肃清，恭折驰陈，仰祈圣鉴事。

窃自上年三月间循化撒回借争教滋事，河州逆回马永琳等乘机煽乱，省城及东南一带处处戒严。五月初间，海城逆首李倡发父子复勾结河回马匪、赵百祥等，戕官谋反，一时碾伯、巴燕戎格各

---

① 《陶勤肃公奏议遗稿》。

属回匪闻风响应，至六月而全湟骚动，于是韩文秀等据西宁府城东三关，刘四伏等据北川，马大头、三三据西川，包良、刘伏等据北大通一带，各拥众数万，四出焚掠，屠杀汉民至十数万，凶焰甚张。

时甘防将卒悉赴河、湟，前督臣杨昌濬以海城势关全局，陕、甘唇齿相依，急调统带陕标马队守备张绍先，随同前甘肃提督李培荣等，飞速进剿，兼旬之间，即就扑灭，由是东道畅通。臣奎顺暨前督臣杨昌濬商派总兵邓增等，率师攻拔街子工、果什滩诸贼巢，以解循化之围；派副将何建威等率师与狄道州知州黄焘、吏目廖葆泰，内外夹攻，以解狄道之围；派总兵牛师韩等率师收抚平戎驿贼，以解西宁之围。当时贼众兵单，不敷策应，虽迭经惩创，势未少衰，并有另股回匪窜陷永昌、山丹各村堡，甘、凉道梗，文报不通。

十月初四日，谕旨饬臣模署理督篆，日久始由俄境探得电信，迅即抽调营旗，踏冰东进，遵旨疏通饷道。臣福祥奉命驰援河州，于九月间率总兵王钺安、副将马安良、参将张铭新等马步营旗，驰抵狄道，六战皆捷，遂解河围，诛马永琳父子及闵伏英、马匡匡等，并搜斩逆党四百余名，于是河州悉平。臣福祥遂派道员张成基带马队三营，由循化米拉沟一带西进，相机剿抚；遵旨添派游击何得彪[1]带马步四营往援西宁。陕西巡抚臣魏光焘今年正月提师抵湟，与臣奎顺会商，先剿东三关踞匪，遂诛逆首韩文秀等，荡平北川，以进图多巴之贼。臣奎顺派所部合邓军及臣福祥甘军，会剿下

---

① 何得彪(？—1901)，甘肃平番人。同治三年(1864)，由武童投效左宗棠军营，历保都司加游击衔、振勇巴图鲁名号。光绪二十年(1894)，随董福祥赴京，驻防河西坞。二十一年(1895)，接统甘军前军。同年，以功保升副将，赏换博多欢巴图鲁名号。同年，保总兵，赏穿黄马褂。关内外肃清，赏头品顶戴，记名提督。二十二年(1896)，署陕西河州镇总兵。二十三年(1897)，借补甘肃中卫协副将。二十五年(1899)，补授福建汀州镇总兵。二十七年(1901)，奉调开拔回甘，卒于途。

孙堡等处，并连解大通县及喇课汛城围，遂乘胜济师，以进图上下五庄之贼。臣福祥复派队渡大通河，出达坂山；臣模派督标亲军副将焦大聚、新军总兵赵有正等先后由甘州扁都口南逾祁连山，以进图北大通之贼。

二月初一日，甘军、邓军会克上下五庄。初七日，甘军进攻北大通营，复其城。十一日，多巴贼斩其酋马大头、三三，诣湘军，乞降。三月十二日，焦大聚等会同甘军连破北大通各大回庄，收其余众，安插大通河南，俾与汉民别居，无相混杂。此各军剿办河、湟各处之实在情形，均经先后奏明在案。

维时元恶既诛，而巴燕戎格之撒回马成林等复勾串米拉沟逆目冶诸麻，纠合水地川、甘都塘、卡尔冈三堡回众复叛，扰及南川；而逆目刘四伏等胁众从水峡窜出七八万人，由青海柴达木间道蔓延关外，势甚猖獗。臣奎顺会商魏光焘及臣福祥，各派马队，裹粮跟追。臣奎顺并飞饬蒙古王公派蒙、番各兵，合力堵击。时湘军分统总兵龙恩思①收复札什巴城，并克水地川九庄，廓清四十余里。适魏光焘于四月初十日奉电旨赴陕西巡抚本任，臣福祥到湟接办剿抚事宜，先后督饬诸军攻下东湾、生地沟、化力坡、甘都塘、卡尔冈诸贼巢，捕诛马成林、冶诸麻等，并搜戮湟中逸匪三千余名，安插

---

① 龙恩思（？—1903），湖南湘乡人。咸丰年间，投效湘军。同治五年（1866），随大学士左宗棠大军入粤，克复嘉应州城，嗣复随军入陕、入甘。七年（1868），克复绥德州城。十年（1871），攻克金积堡，由把总递保副将，赏给额勇巴图鲁名号。光绪二年（1876），率军肃清关陇。四年（1878），荡平新疆南北各城，奏保总兵。二十年（1894），回籍，适驻湖湘劳田土匪滋事，督率本籍团练，平靖匪乱，蒙恩赏给正一品封典。二十一年（1895），随同魏光焘赴甘，统领武卫前军，攻克苏家堡，奏保提督，赏换法丰阿巴图鲁名号，统领陕西抚标永胜马步各军，督办苍陇河、龙洞渠两处河工。二十三年（1897），署陕西汉中镇总兵。二十八年（1902），以伤病复发，回籍就医。二十九年（1903），卒于籍。

抚回及汉民之流亡失所者，俾各复业，于是西宁全境亦告底定。

　　时关外之贼警报叠至，臣等钦遵电谕，令邓增移扎肃州一带，力保关内完善之区；复电商署新疆巡抚臣饶应祺，饬道员潘效苏率督标亲军，重复出关，会同新军提督牛允诚等，严堵安西、敦煌、玉门、南山各隘口，分头截击，阵斩数千，乞抚者五六千人。该匪攻扑技穷，窜走荒碛，冻饿毙者又数万人。刘四伏等率死党由色尔腾海西遁大漠。臣模电商饶应祺派队至罗布淖尔，据险设伏。七月中，刘逆至罗布淖尔东南之和儿昂地方，一鼓就擒，于是成股之贼悉经扑灭，关内、关外及青海全境一律肃清。惟南山番地穷严荒谷，间有零星残匪鼠窃偷生，已责成甘州、肃州防军各按地段，设法搜拿，不至大烦兵力矣。

　　臣等伏查此次逆回构乱，啸聚数十万人，蹂躏地方，纵横至数千余里，仰仗天威远赫，次第削平，而各军将士冒镝冲锋，擒渠扫穴，奔走于酷暑严寒之际，出入于穷荒瘴疠之中，实属奋不顾身，异常出力。至后路防军、台局员弁、守城之文武、团练之绅民、各省押运饷械之委员、各路赈抚难民之官吏，或严防要隘，或力守危城，或冒险转输，或招徕流散，均能力持大局，不避艰辛。除湘军另由魏光焘专案奏奖，河州、西宁及青海、关外各案由臣等分别另行具折请奖，并历次阵亡员弁另案办理外，其余出力文武员弁、勇丁及上年循化、狄道、西宁解围诸保案，业经奉旨准择尤保奖，并交臣模查覆酌保者，均拟归入此次汇案核实，开单请奖。

　　臣等公同商酌，拟以前敌、后路分作两起恳恩奖叙，以示鼓励而昭激劝。所有关内外及青海一律肃清，恳将前后在事出力文武员弁暨青海蒙古王、贝勒等分别请旨奖叙各缘由，谨会同陕西巡抚臣魏光焘、署理新疆巡抚布政使臣饶应祺合词恭折由驿五百里驰奏,伏乞皇上圣鉴训示。再,此折系臣模主稿。合并声明。谨奏。
光绪二十二年九月二十三日。

（朱批:）另有旨。[1]

光绪二十二年十月初四日,奉朱批:另有旨。钦此。[2]

【案】此折于光绪二十二年十月初五日得旨允行。上谕档:

光绪二十二年十月初五日,内阁奉上谕:陶模、董福祥、奎顺等奏,甘肃关内外及青海回匪一律肃清,由五百里驰奏一折。上年三月间,甘肃循化撒回滋事,河州逆回马永琳等乘机煽乱,海城逆首复有聚众戕官之事,由是碾伯、巴燕戎格各属回匪闻风响应,全湟骚动,特派董福祥、魏光焘督师入甘,认真剿办。董福祥所统各营极为得力,九月间驰抵狄道,六战皆捷,遂解河州之围,诛逆回马永琳等。旋由循化米拉沟一带进援西宁,彼时魏光焘已提师抵湟,与奎顺会商,先剿西宁东三关踞逆,遂诛逆首韩文秀等,荡平北川,进攻多巴,连解大通县及喇课汛城围。董福祥复派队渡大通河,出达坂山,会同陶模所派副将焦大聚等军,先后进攻北大通之贼。本年二月,克上下五庄,复北大通城。多巴之贼斩其酋马大头、三三,诣湘军乞降。维时巴燕戎格之撒回马成林等勾串米拉沟逆目冶诸麻,纠合回众,扰及南川;逆目刘四伏等从水峡窜出,由青海柴达木蔓延关外。董福祥等各派马队跟追,并由奎顺饬青海蒙、

---

① 台北故宫博物院藏:军机及宫中档,文献编号:408003026。

② 此朱批日期与内容,据军机处随手登记档(档案编号:03-0289-2-1222-269)校补。

番各兵合力堵击，先后攻下诸贼巢，捕诛马成林、冶诸麻等。朝廷谕令将邓增一军移扎肃州，复电饬饶应祺派道员潘效苏各军，严堵安西、敦煌、玉门、南山各隘口，分投截击，擒刘四伏于罗布淖尔东南之和儿昂地方，于是关内外及青海全境一律肃清。

此次逆回构乱，啸聚数十万人，蹂躏地方数千里，在事将帅督饬诸军，擒渠扫穴，次第削平，实属异常出力。董福祥运筹决策，调度有方，迅奏肤功，勋劳懋著，着赏加太子少保衔，并赏给骑都尉世职；奎顺防守西宁，并会剿青海等处窜匪，办理迅速，着赏穿黄马褂，并交部从优议叙；陶模征兵筹饷，不遗余力，着补授陕甘总督；饶应祺剿办关外逸匪，不致蔓延，着补授新疆巡抚；魏光焘攻克苏家堡、多巴等处贼巢，叠挫凶锋，亦属著有勤劳，着交部从优议叙，用示朝廷论功行赏之至意。钦此。①

一一二　奏闻筹商河湟善后事宜片

光绪二十二年九月二十三日(1896 年 10 月 29 日)

再，甘肃汉回错处，综稽民数，本汉少而回多，汉弱而回强。自入我朝二百余年，不遵正朔，屡征屡叛，习若性成。此次屠杀焚掠之惨，尤为酷烈，特以族类繁众，诛不胜诛，而剿办过严，又恐牵动大局。臣等谨遵迭次谕旨，剿抚兼施，除其巨憝，宥其胁徒，以广皇

---

① 《光绪宣统两朝上谕档》，第 22 册，第 237—238 页；《德宗景帝实录(六)》，卷三百九十六，光绪二十二年十月，第 170—171 页。

仁而重生命。惟是关内新抚之众，实无多旷土可以分别安插，势不得不仍令与汉民错处其间，而仇隙既深，猜疑益甚，欲令释其嫌怨，相睦相亲，实非急切所能见效。计惟有慎择廉直明练之地方官，抚绥、开导，徐与渐摩，久之庶可相安于无事。现在反侧初定，不能不摄以兵威。拟于回乱甫平之区，如狄道、河州、西宁、循化、巴燕戎格、大通及碾伯之米拉沟等处，酌留防营，以资镇摄。俟半年之后，再酌量情形，分别留遣。

至抚辑赈恤事宜，河州粗已就绪。其未尽归业者，容再招徕。此外用兵地方新经安抚者，汉民固待赈孔急，即回民亦糊口无资，已通饬地方官清查户口，筹款赈给，务使遭难黎民不至流离失所，以求仰副朝廷子惠元元之至意。所有臣等筹商善后大概情形，理合附片陈明，伏乞圣鉴训示。谨奏。

光绪二十二年十月初五日，原片归籤。①

【案】此片于是年十月初五日得允行。上谕档：

光绪二十二年十月初五日，内阁奉上谕：甘肃一省，汉回错处，同隶骈幪，皆我赤子。朝廷抚育兆民，断无歧视，只因地方官不善拊循，于汉回交涉事件未能持平办理，其汉民、回民之奸黠者，又遇事生风，借端互煽，猜疑既久，嫌怨愈深，遂致燎原之祸，一发而不可遏。朝廷安良除暴，不得已而用兵，迫至一律肃清，而地方之蹂躏，民户之凋残，已不知凡几矣。兴

---

① 中国第一历史档案馆藏：军机处随手登记档，档案编号：03-0289-2-1222-269。此片之具奏日期，刊本作"光绪二十二年九月二十一日"。查光绪二十二年十月初五日军机处随手登记档，则署有"报四百里，九月二十三日发"等字样。据此，此片具奏日期当为"光绪二十二年九月二十三日"无疑。兹据校正。

言及此，良用恻然。着陶模选择廉正明练之地方官，抚绥开导，勤求民隐，遇有汉回争执之事，专论是非，不分汉回，务当酌理准情，持平办理。所有被兵地方并着分别查勘，筹款抚恤，务使汉回各得其所，永远相安，用示一视同仁、安抚黎庶至意。钦此。①

一一三　请以黄绍梓补授抚彝通判折

光绪二十二年九月二十六日(1896 年 11 月 1 日)

头品顶戴署理陕甘总督新疆巡抚臣陶模跪奏，为拣员请补通判员缺，以裨地方，恭折仰祈圣鉴事。

窃据甘肃布政使曾鉌、署按察使周绥会详称：抚彝通判曾道贯丁忧遗缺，业已截缺报部，例应拣员请补。查例载：道、府、同知、直隶州、通判、知州缺出，如系选缺，遇丁忧、参革等项所遗，应用候补、记名、委用、试用各项人员。又，外补道府以至佐杂请补，应归月选之缺；候补一项，除知县外，其余各项候补人员，无论曾任、初任，均令题咨补授，毋庸请署等语。甘省通判一项，自停止变通章程后，上次盐捕通判缺出，以候补班前通判熊振檠酌补。今抚彝通判缺，查有劳绩保举本班尽先补用通判黄绍梓一员，例得请补。

该员年五十岁，顺天大兴县人，祖籍浙江山阴县，由监生报捐通判，分发甘肃试用，并加盐提举衔，投效来甘，于收复肃州案内保以本班尽先补用，于同治十二年二月十七日引见，是年六月十九日

---

① 《光绪宣统两朝上谕档》，第 22 册，第 237 页；《德宗景皇帝实录(六)》，卷三百九十六，光绪二十二年十月，第 169—170 页。

到省，试用年满，甄别留用在案。该司等查该员黄绍梓，才具稳练，办事安详，前署灵台县知县，办理一切，诸臻妥协，以之请补抚彝通判员缺，与例相符，实堪胜任。会详请奏前来。

臣查该员黄绍梓，恫愊无华，办事稳慎。合无仰恳天恩，俯准以该员黄绍梓补授抚彝通判，实于地方有裨。如蒙俞允，该员衔缺相当，毋庸送部引见。该员并无参罚案件。谨恭折具陈，伏乞皇上圣鉴训示。谨奏。光绪二十二年九月二十六日。

（朱批：）吏部议奏。[1]

光绪二十二年十月十八日，奉朱批：吏部议奏。钦此。[2]

一一四　请以陈兆康署理崇信县知县折

光绪二十二年九月二十六日(1896年11月1日)

头品顶戴署理陕甘总督新疆巡抚臣陶模跪奏，为拣员请署知县员缺，以裨地方，恭折仰祈圣鉴事。

窃据甘肃布政使曾铈、署按察使周绥会详称：崇信县知县杨培之调补武威县知县，所遗员缺业已截缺报部。查各省升、调、遗缺出，例用各项候补并进士即用及委用、试用、大挑、议叙、捐纳、截取进士、举人各项人员。又，新例：道府以至未入流，无论何项到班，仍以五缺计算等语。甘省知县升、调、遗一项，自停止变通章程后，已用至本班捐纳知县程德音准补隆德县知县为止；其次两当县知县缺，以截取进士知县苏保国请署；渭源县知县缺，以进士即用知

---

① 台北故宫博物院藏：军机及宫中档，文献编号：408003027。

② 中国第一历史档案馆藏：录副奏折，档案编号：03-5347-044。

县杨增新抵补；宁朔县知县缺，以进士即用知县张庭武请补；清水县知县缺，以海防分缺先用知县邓朝卿请补。均尚未奉准部覆。今崇信县知县一缺，甘省现无郑工新班先各项花样人员，照例过班接用大挑正班。

查大挑班内科分在先之王璠，因病请假回籍，应行扣补。惟有大挑试用知县陈兆康，科分在先，例得请署。查该员年五十四岁，河南罗山县举人。光绪六年，大挑一等，以知县用，签分甘肃，领照回籍。嗣经奉文咨取赴甘，于十一年四月二十九日到省，试用年满，甄别留用在案。历署靖远、西宁等县，现署平番县知县，办理一切，诸臻妥协。该司等查该员陈兆康，安详稳练，办事细心，以之请署崇信县知县，与例相符，实堪胜任。会详请奏前来。

臣查该员陈兆康年强才裕，办事勤能，合无仰恳天恩，俯准以该员陈兆康请署崇信县知县，实于地方有裨。如蒙俞允，衔缺相当，毋庸送部引见；仍俟试署年满，如果称职，另请实授。该员各任内并无参罚案件。谨恭折具陈，伏乞皇上圣鉴。谨奏。光绪二十二年九月二十六日。

（朱批：）吏部议奏。[1]

光绪二十二年十月十八日，奉朱批：吏部议奏。钦此。[2]

一一五　请以赵谦补授河州知州折

光绪二十二年九月二十六日(1896 年 11 月 1 日)

头品顶戴署理陕甘总督新疆巡抚臣陶模跪奏，为拣员请补要

①　台北故宫博物院藏：军机及宫中档，文献编号：408003029。

②　中国第一历史档案馆藏：录副奏折，档案编号：03-5347-045。

缺知州,以裨地方,恭折仰祈圣鉴事。

　　窃据甘肃布政使曾鉌、署按察使周绶会详称:河州知州俞志敬告病,业已截缺报部,所遗系繁、疲、难三项要缺,例应由外请补。查例载:州县应调缺出,俱令于现任人员拣选调补,如无合理堪调之员,知州准以候补人员请补。又,知州题调要缺,或调或补,准酌量具题。又,军营异常劳绩保奏以何项官员补用者,归于候补班内补用各等语。今河州知州一缺,汉回杂处,政务繁难,现在军事甫定,抚绥、弹压、招徕、安集,在在均关紧要,非精明稳练、熟悉地方情形之员,不足以资治理。

　　该司等在于对品应调人员内逐加遴选,非现居要缺,即人地未宜。惟查有候补知州赵谦,年五十六岁,湖南湘乡县人,由文童投效江南军营,克复金陵省城案内保以从九品不论单双月即选。同治八年,投效甘肃军营,克复巴燕戎格及河州肃清案内,保免选本班以县丞留甘补用;又于关陇肃清案内保以通判归候补班前补用。又,新疆南北两路一举荡平案内保以知州留甘补用。光绪八年,请咨赴部验放。是年九月二十二日,领照到省,年满甄别留用在案。嗣经丁忧,服满起复,仍赴原省补用。前署狄道州知州,现署洮州知州,办理一切,胥臻妥协。查该员精明稳练,办事认真,在甘有年,于该处风土、民情最为熟悉,以之请补河州知州,人地极其相宜,与例亦符。会详请奏前来。

　　臣查赵谦年强才裕,办事慎勤,合无仰恳天恩,俯准以该员赵谦补授河州知州,实于地方有裨。如蒙俞允,衔缺相当,毋庸送部引见。该员在各署任并无参罚案件。谨恭折具陈,伏乞皇上圣鉴训示。谨奏。光绪二十二年九月二十六日。

（朱批：）吏部议奏。①

光绪二十二年十月十八日，奉朱批：吏部议奏。钦此。②

一一六　请以杨宸谟调补玉门县知县折

光绪二十二年九月二十六日（1896 年 11 月 1 日）

头品顶戴署理陕甘总督新疆巡抚臣陶模跪奏，为拣员调补边缺知县，以裨地方，恭折仰祈圣鉴事。

窃据甘肃布政使曾鉌、署按察使周绥会详称：准调玉门县知县黄家模丁忧遗缺，业已截缺报部，自应拣员调补。查定例：各省州县应调缺出，俱令于现任人员内拣选调补。又，调补州县以上各员，必历俸三年，方准拣选题补。如历俸未满年限，应令捐免，方准请调各等语。今玉门县知县系冲、繁二项边缺，地处关外，政务殷繁，非精明练达之员，不足以资治理。

该司等在于现任应调人员内逐加遴选，惟查有通渭县知县杨宸谟，年四十五岁，湖北云梦县人，由附生报捐监生，加捐县丞双单月选用，于光绪八年经前督臣谭钟麟扎调来甘，于关外各军异常出力案内保免选本班，以知县归部尽先选用，遵例在甘报捐知县，指分甘肃试用，于关内防军案内赏加同知衔。又，剿办贵德番匪改奖案内保俟补缺后以直隶州知州补用。十八年，赴部验看。旋在京遵新海防例加捐分缺先补用，并免试用，由吏部带领引见，奉旨：照例发往。钦此。遵即领照赴甘，于十八年八月初九日到省，补授通渭县知县，二十年六月

① 台北故宫博物院藏：军机及宫中档，文献编号：408003028。
② 中国第一历史档案馆藏：录副奏折，档案编号：03-5347-042。

初九日到任，遵新海防例捐免试俸、历俸在案。现调署渭源县事。查该员年强才裕，任事实心，且在甘有年，于边地风土民情最为熟悉，调补玉门县知县，实堪胜任，人地亦极相宜。会详请奏前来。

臣查杨宸谟才具开展，办事勤能，以之调补玉门县知县，实于地方有裨，合无仰恳天恩，俯准该员杨宸谟调补玉门县知县。如蒙俞允，衔缺相当，毋庸送部引见。该员于各任内并无参罚案件。谨恭折具陈，伏乞皇上圣鉴训示。至所遗通渭县知县系简缺，甘省现有应补人员，应请扣留外补。合并声明。谨奏。光绪二十二年九月二十六日。

（朱批：）吏部议奏。[①]

光绪二十二年十月十八日，奉朱批：吏部议奏。钦此。[②]

一一七　请以祝维城等调署宁夏道等缺片

光绪二十二年九月二十六日(1896年11月1日)

再，署宁夏道胡宗湘调省遗缺，查有平庆泾固化道祝维城，曾任宁夏府知府，熟悉情形，堪以调署。递遗平庆泾固化道员缺，该处汉回杂处，事务较繁，查有候补道徐锡祺，堪以署理。除分别檄饬遵照外，谨理合附片具奏，伏乞圣鉴。谨奏。

（朱批：）吏部知道。[③]

光绪二十二年十月十八日，奉朱批：吏部知道。钦此。[④]

---

① 台北故宫博物院藏：军机及宫中档，文献编号：408003028-1。
② 中国第一历史档案馆藏：录副奏折，档案编号：03-5918-015。
③ 台北故宫博物院藏：军机及宫中档，文献编号：408003027-0-A。
④ 中国第一历史档案馆藏：录副奏片，档案编号：03-5347-046。

一一八　道员江汇川捐赈请为父母建坊片

光绪二十二年九月二十六日(1896 年 11 月 1 日)

再，臣前据陕西凤邠盐法道江汇川①具禀：甘肃西宁、河州等处被灾，难民待赈孔殷，该道克承先志，捐助银一千两，呈请饬收等情，当经转行遵照去后。兹据甘肃布政使曾铄详称：前项捐款已于光绪二十一年十二月二十三日照数兑收，储库备用。查例载：士民人等捐资助赈银至千两以上者，请旨建坊，给与乐善好施字样，由地方官给银三十两，听本家自行建坊等语。该道捐助银一千两，核与建坊例相符。详请核奏前来。

臣查江汇川克遵父母遗命，报捐巨款，赈济灾黎，洵属见义勇为，深堪嘉尚。相应请旨，俯准为已故从一品封职江爔、江萧氏照例建坊，给与乐善好施字样，以示旌扬而昭激劝。除咨部查照外，谨附片具陈，伏乞圣鉴训示。谨奏。

（朱批：）着照所请，礼部知道。②

光绪二十二年十月十八日，奉朱批：着照所请，礼部知道。钦此。③

---

① 江汇川（？—1907），湖北郧阳人，廪贡生。曾署训导。光绪二年（1876），发往陕西，以道员候补。历署陕西富平、安定、宁陕等处，所至有声。嗣补授陕西凤邠盐法道。二十四年（1898），署陕西按察使。三十三年（1907），卒。

② 台北故宫博物院藏：军机及宫中档，文献编号：408003027-0-B。

③ 中国第一历史档案馆藏：录副奏片，档案编号：03-5561-130。

一一九　游击钟本起病故开缺请补片

光绪二十二年九月二十六日（1896年11月1日）

再，臣据陕甘督标中军副将汤仁和呈称：督标后营游击钟本起患病，医治不愈，于本年七月十三日身故，取具嫡亲承查印、甘各结，并声明原领游击札付俟查取至日，另行呈缴等情前来。

臣覆核无异。相应请旨开缺。除印、甘各结咨送兵部查照外，所遗游击员缺，陕甘现有应补人员，容臣另拣请补。理合附片具陈，伏乞圣鉴。谨奏。

（朱批：）兵部知道。①

光绪二十二年十月十八日，奉朱批：兵部知道。钦此。②

一二〇　游击刘宗璋病故开缺请补片

光绪二十二年九月二十六日（1896年11月1日）

再，臣接准陕西提督臣雷正绾咨开：署西安城守协副将提标右营游击刘宗璋，于光绪二十二年八月十二日在署任内因病身故等情前来。

臣覆查无异。除所遗西安城守协篆务由臣另行委员接署外，相应奏明请旨开去提标右营游击员缺，仍一面查取该故员原领札付及委员承查印、甘各结，另咨送部。所遗陕西提标右营游击员

① 台北故宫博物院藏：军机及宫中档，文献编号：408003028-0-A。
② 中国第一历史档案馆藏：录副奏片，档案编号：03-5918-018。

缺，陕甘现有应补人员，容臣另拣请补。理合附片陈明，伏乞圣鉴。谨奏。

（朱批：）兵部知道。①

光绪二十二年十月十八日，奉朱批：兵部知道。钦此。②

一二一　都司杨春华病故开缺请补片

光绪二十二年九月二十六日(1896 年 11 月 1 日)

再，臣据署甘肃凉州镇总兵刘璞呈称：署镇属俄卜岭营游击镇标前营都司杨春华，于本年八月十二日在署任病故等情前来。

臣覆查无异。相应请旨开缺。除查取该故员原领札付及委员承查印、甘各结另咨送部外，所遗凉州镇标前营都司员缺，陕甘现有应补人员，容臣另拣请补。理合附片陈明，伏乞圣鉴。谨奏。

（朱批：）兵部知道。③

光绪二十二年十月十八日，奉朱批：兵部知道。钦此。④

一二二　委令舒秀松接署副将篆务片

光绪二十二年九月二十六日(1896 年 11 月 1 日)

再，署陕西提属西安城守协副将提标右营游击刘宗璋病故日期，业经附片奏报在案。其所遗西安城守协副将篆务，亟应委员接

① 台北故宫博物院藏：军机及宫中档，文献编号：408003028-0-B。
② 中国第一历史档案馆藏：录副奏片，档案编号：03-5918-017。
③ 台北故宫博物院藏：军机及宫中档，文献编号：408003028-0-C。
④ 中国第一历史档案馆藏：录副奏片，档案编号：03-5918-016。

署，以重职守。查有统带陕西抚标马队副将衔留陕甘补用参将舒秀松，熟悉营务，办事稳练，堪以署理。

除移行遵照外，理合附片陈明，伏乞圣鉴。谨奏。

（朱批：）兵部知道。①

光绪二十二年十月十八日，奉朱批：兵部知道。钦此。②

一二三　查拿知府刘策解甘片

光绪二十二年九月二十六日（1896年11月1日）

再，已故候补府经历宋德宾前控分省补用知府刘策哄骗伊女做妾，致伊妻气忿身死，宋德宾又复服毒自尽一案，经前督臣杨昌濬奏结，奉准部覆行令遵照去后。兹据宋德宾之子宋扬声屡次赴臣衙门控称：刘策实系哄骗伊姊做妾，伊母气忿身死，后捏作继室，伊父实因问官祖逼，屈抑未伸，以致忿恨服毒毙命等情前来。核与前督臣奏结之案大相径庭。臣复再四访询，刘策所娶宋德宾之女确有哄骗情事。其宋德宾究系如何服毒致毙，是否问官祖逼，自非仍提全案人证，再行切实究明，另行拟办，不足以昭公允。

查刘策系原任云贵总督刘岳昭③之侄，自革职后不知何往，案

---

① 台北故宫博物院藏：军机及宫中档，文献编号：408003028-1-A。

② 中国第一历史档案馆藏：录副奏片，档案编号：03-5918-019。

③ 刘岳昭（1824—1883），字荩臣，湖南湘乡人。咸丰初年，以文童投效湘军。六年（1856），从萧启江援江西，转战积功，累擢以知县用，领果旬营。七年（1857），以克临江府城，擢同知。次年，赏戴蓝翎，旋换花翎。十年（1860），加按察使衔，赏鼓勇巴图鲁名号。次年，晋布政使衔。同治二年（1863），补云南按察使。次年，迁云南布政使。五年（1866），擢云南巡抚。七年（1868），补授云贵总督。十一年（1872），以云贵总督兼署云南学政。次年，滇省肃清，赐黄马褂。光绪元年（1875），以入觐迁延褫职。九年（1883），卒。署湘抚庞际云疏请复原官，赠光禄大夫。有《滇黔奏议》存世。

证人等亦已星散，应咨明该革员原籍湖南抚臣及各省督抚臣转饬查拿解甘，并查传原日案内人证到案审办。其承审各员，请俟此案讯明，如果实有祖逼，再当分别从严参办。相应附片具奏，伏乞圣鉴训示。再，此案两造均系湖南人，虽宋德宾死于非命，前任督臣未能切实严办，而宋德宾子女屡赴各衙门持刀诟骂，实属不成事体。访查有宋德宾同乡在此候补闲居者，暗中挑唆，以致毫无忌惮，容臣查察得实，随案附参，以为怂恿逞力者戒。合并陈明。谨奏。

（朱批：）知道了。①

光绪二十二年十月十八日，奉朱批：知道了。钦此。②

一二四　恭报甘肃光绪二十二年二麦约收分数折

光绪二十二年十月十三日（1896年11月17日）

头品顶戴署理陕甘总督新疆巡抚臣陶模跪奏，为查明甘省本年二麦约收分数，恭折仰祈圣鉴事。

窃直省二麦收成分数，例应按年具奏。兹据甘肃布政使曾鉌将光绪二十二年甘肃所属各府、厅、州、县二麦约收分数查明详报前来。臣复加查核，约收八分者，陇西县一处；约收七分有余者，通渭县等九处；约收七分者，会宁县等三处；约收六分有余者，渭源县等十六处；约收六分者，皋兰县等十七处；约收五分有余者，平凉县

---

① 台北故宫博物院藏：军机及宫中档，文献编号：408003029-0-A。
② 中国第一历史档案馆藏：录副奏片，档案编号：03-5347-043。

等九处；约收五分者，河州等二十五处。以上八府六直隶州所属，通盘牵算，约收六分有余。至河州、狄道、西宁、大通、循化、碾伯、巴燕戎格、洮州等厅、州、县被难百姓，或归业复逃，或归不及耕，地亩多半无收，应续请蠲缓。所开分数系仅就零星收获之区而言，若以一州一县合计，尚有不成分数者。其各属间有被雹、被水之区，已饬令该管府州亲诣查勘，另行汇案办理。

所有甘省本年二麦约收分数，理合恭折具奏，并缮清单，恭呈御览，伏乞皇上圣鉴。谨奏。光绪二十二年十月十三日。

（朱批：）知道了。①

光绪二十二年十月二十五日，奉朱批：知道了。钦此。②

一二五　呈甘肃光绪二十二
　　　年二麦约收分数清单

光绪二十二年十月十三日(1896年11月17日)

谨将甘肃省各属光绪二十二年二麦约收分数，开具清单，恭呈御览。

计开：

约收八分者：陇西县。

约收七分有余者：通渭县、静宁县、隆德县、正宁县、抚彝厅、山

---

① 台北故宫博物院藏：军机及宫中档，文献编号：408003030。此折之具奏日期，原件署"光绪二十二年十月十三日"，而录副奏折与清单均署"光绪二十二年十月初三日"。据朱批日期查军机处随手登记档（档案编号：03-0289-2-1222-288）朱批陶模折，则署有"报四百里，十月十三日发"等字样。据此，录副奏折与清单日期均误无疑。兹据校正。

② 中国第一历史档案馆藏：录副奏折，档案编号：03-6727-052。

丹县、东乐县丞、武威县、文县。

约收七分者：会宁县、中卫县、敦煌县。

约收六分有余者：渭源县、金县、岷州、西和县、华亭县、安化县、张掖县、镇番县、古浪县、平罗县、贵德厅、秦州、阶州、成县、打拉池县丞、肃州。

约收六分者：皋兰县、靖远县、红水县丞、宁远县、伏羌县、安定县、永昌县、宁夏县、宁朔县、灵州、徽县、泾州、平远县、硝河城州判、肃州州同、高台县、安西州。

约收五分有余者：平凉县、化平厅、庄浪县丞、宁灵厅、秦安县、礼县、镇原县、固原州、毛目县丞。

约收五分者：河州、狄道州、沙泥州判、陇西县丞、洮州厅、宁州、合水县、环县、董志原县丞、平番县、花马池州同、循化厅、丹噶尔厅、巴燕戎格厅、西宁县、碾伯县、大通县、清水县、两当县、三岔州判、西固州同、崇信县、灵台县、海城县、玉门县。

（朱批：）览。[1]

一二六　遵旨查明提督雷正绾被参各节折

光绪二十二年十月十三日(1896年11月17日)

头品顶戴署理陕甘总督新疆巡抚臣陶模跪奏，为遵旨查明，据实覆奏，仰祈圣鉴事。

窃臣于本年二月十三日承准军机大臣字寄：光绪二十一年正月二十四日，奉上谕：有人奏，甘肃逆回煽乱，实由提臣首祸，请饬

---

[1]　中国第一历史档案馆藏：清单，档案编号：03-6727-053。

查办一折。据称循化争教之始，杨昌濬咨请雷正绾统带所部前赴河州驻扎，逮循化告急，该提督并不出河州一步，以为声援，任听兵丁在城骚扰。回目马彪派人赴雷营求示晓谕，以安众心，雷正绾即将所派头目二人斩首，回民因而大噪。当河回事发，该提督就地募勇，回民之黠者冒名入伍，甫经招募，旋即叛去，军械反为贼用。雷正绾年逾七十，嗜好甚深，任听所部虚冒缺额，该提督从中分润各等语。着陶模按照所参各节确切查明，据实具奏，毋稍徇隐。原折着钞给阅看。将此谕令知之。钦此。遵旨寄信前来。

臣伏查上年三月初间，循化撒回起事，河州一带回匪蠢然思动。前督臣杨昌濬电调雷正绾带队驰赴河州弹压。三月二十五日，雷正绾抽带马步抵河。五月十八日，八坊回变，勾引撒回，屡次攻城。该提督分派队伍，出城迎击，自五月至九月，接战十余次，叠获胜仗，特以兵单贼众，未能大挫凶锋，而困守危城。时逾半载，卒获保全，其劳亦未可尽没。

原奏称循化告急，该提督并不出河州一步，以为声援，任听兵丁在城骚扰，强索回民食物，价值不肯付足一节。查循化告急，该提督派游击余魁龙、哨长罗俊儒带队，随同总兵汤彦和进攻白庄；派游击刘宗璋率马队，随同邓增进攻果什滩等处。五月十七日，罗俊儒战殁。均有案可证，并非坐视循围不救。至河州城内向无回民，其兵丁强索回民食物，遍行查访，实无其事。

原奏又称回目马彪赴兰州督署求发告示，以安众心，并派头目二人赴雷营求示晓谕。杨昌濬误听人言，延不给示，雷正绾并将所派二人斩首，回民因而大噪，指此为首祸之由。此则传闻失实之辞。臣入关后，博访人言，又检阅案卷，杨昌濬于三月、四月两次刊发告示，晓谕汉回人等毋听谣言，解释嫌怨，并谕饬回绅马骐、马辅禄等，开导河州回众，并无马彪求发告示、雷正绾将马彪所派头目斩首之事。回民同姓名者甚多，西宁、大通等处均有马彪，河州有马如彪，亦均无派人求示之事。四月十五日，河州东乡琐南坝回匪起事，雷正绾责成该教头人祁道和将起事人犯马得旺、杨梅环捆送。嗣又拿获郑安保、谈牙古二名，均经讯明正法。原奏所称杀其头目，或即以此致讹。

原奏又称雷正绾就地募土勇两营，回民之黠者冒名入伍，甫经招募，旋即叛去，军械反为贼用一节。查该提督抽带马步各队到河，只七百余名。四月间，招募回兵六哨，以回目马福寿、马莆禄、马骐、马如麟、马万福、马占奎等六人，分带各一百名，发给矛杆四十余件，驻扎城外，意在以回制回，为羁縻收抚之计。五月十八日，八坊回变，全境骚然，该提督深恐回兵暗与贼通，不敢发给口粮，因而星散。现在马占奎尚带一旗，归提臣董福祥差遣，其余亦无叛逆确据。然雷正绾以提督大员，不能镇慑奸民，忽招忽散，毫无成算，久为回民所藐视。其才具平庸，已可概见。

原奏又称雷正绾任听所部虚冒饷额，从中分润，前带十旗赴河，例需勇丁三千六百人，其实不过千人一节。查前督臣杨昌濬电请雷正绾带队驰赴河州，雷正绾咨称抽调马步勇丁七百余名，先后抵河，分扎城中。原参所称虚冒缺额，虽无实据，然近年以来，各处统兵大员竞尚浮华，广通声气，以结纳馈赠为能，以伺候夤缘为事，而于士卒之强弱、军械之利钝，漠然不动于其心。雷正绾平日所为，亦不免沾染近时习气，故一遇有事，即难振作。其平昔营武之废弛，可想而知。惟该提督往年战功尚在人口，身膺专阃三十余年，闻其四川原籍服官处所，并无广置产业、厚积资财等事，似较之专事肥己者稍有区别。现该提督业已奉旨革职开缺，应否恳恩从宽议处，出自圣裁。

所有遵旨饬查缘由，谨恭折据实覆陈，伏乞皇上圣鉴训示。谨奏。光绪二十二年十月十三日。

（朱批：）知道了。①

光绪二十二年十月二十五日，奉朱批：知道了。钦此。②

一二七　密陈游击崔岳被参缘由折

光绪二十二年十月十三日（1896 年 11 月 17 日）

头品顶戴署理陕甘总督新疆巡抚臣陶模跪奏，为遵旨查覆，恭折密陈，仰祈圣鉴事。

窃臣于光绪二十二年二月初二日承准军机大臣字寄：正月十四日，奉上谕：据董福祥奏，崔岳所带回勇从未出力，即其教下人亦谓其居心叵测。近又散布谣言，惑乱兵众，以致西宁愈加戒严，请饬裁撤等语。回情狡诈异常，崔岳所部既不得力，又复造谣惑众，自应即行裁撤。惟西宁逆焰尚张，此项回勇遽行遣散，勾结滋患，亦不可不豫为虑及，应如何妥为遣散之处，着陶模体察情形，斟酌办理，毋致别滋事端，是为至要！将此由四百里谕令知之。钦此。

臣查崔岳以武生投效军营，同治、光绪年间，随大军剿办回匪、番匪，历保游击。光绪十九年五月二十七日，前督臣杨昌濬委带武毅左旗马队，尚无贻误。上年回匪乱起，提督李培荣困于西宁之平戎驿。十一月，总兵牛师韩由安定率兵驰援。十三日，牛师韩派队

---

①　台北故宫博物院藏：军机及宫中档，文献编号：408003032。

②　此朱批日期与内容，据军机处随手登记档（档案编号：03-0289-2-1222-288）校补。

入大峡，贼数千围之。鏖战一日，毙贼数百名，贼众由此胆寒。副将汤仁和等率马队由碾伯驰赴大峡，分路进剿，贼遂纷纷溃退。崔岳因乘机说降，贼目韩文秀、包良等惩于十三日之败，又恐大兵继至，遂于十六日诣李培荣营中乞降。十八日，崔岳随同李培荣、汤仁和由小峡直抵西宁，城围遂解。此系当时实在情事。

窃查平戎驿回匪，虽未经大创，然自崔岳说降之后，大小峡之路遂通，与马安良之招抚河回，其用意大致相等，虽有争功之心，并无造谣惑众之事。崔岳旋于今年二月初一日病故，所遗武毅左旗马队，杨昌濬委其侄黎园营都司崔金魁接带，驻扎皋兰县西乡之漫坪，尚称得力。现经臣与董福祥商派崔金魁带勇四十名，前赴固原，随同邓增查办海城逸匪。

此项回勇以后应否遣散，容臣随时斟酌办理外，所有查明崔岳所带回勇，并无造谣惑众缘由，谨恭折密奏，伏乞皇上圣鉴训示。谨奏。光绪二十二年十月十三日。

（朱批：）知道了。[1]

光绪二十二年十月二十五日，奉朱批：知道了。钦此。[2]

一二八　拣员署理兰州府知府等缺片

光绪二十二年十月十三日(1896 年 11 月 17 日)

再，兰州府地处省会，政务纷繁，时有发审案件，知府胡孚骏慈祥有余，刚断不足。查有巩昌府知府周景曾，才识阔通，办事勤敏，

---

① 台北故宫博物院藏：军机及宫中档，文献编号：408003031。
② 中国第一历史档案馆藏：录副奏折，档案编号：03-5760-036。

堪以调署。所遗巩昌府知府员缺，事务较简，即以胡孚骏调署，借收易地得人之效。平凉府知府庞玺调省遗缺，查有泾州直隶州知州贾勋，堪以调署。递遗泾州直隶州员缺，查有候补直隶州知州张鹤年，堪以委署。署河州知州灵州知州查之屏调省遗缺，查有请补渭源县知县杨增新，堪以委署。巴燕戎格通判方传获调省遗缺，查有请补清水县知县邓朝卿，堪以委署。文县知县高继陈撤任遗缺，查有候补知县冯椿荫，堪以委署。署玉门县知县李清济病故遗缺，查有候补知县萧庆祥，堪以委署。署平远县知县闵同文撤任遗缺，查有请补伏羌县知县李瑞征，堪以委署。据藩、臬两司先后会详前来。

除批饬分别给委外，理合附片具奏，伏乞圣鉴。谨奏。

（朱批：）吏部知道。[①]

光绪二十二年十月二十五日，奉朱批：吏部知道。钦此。[②]

一二九 委令何得彪等署理总兵等缺片

光绪二十二年十月十三日（1896年11月17日）

再，现署河州镇总兵王钺安系正任宁夏镇总兵，应即驰赴本任，以重职守。所遗河州镇总兵员缺，查有统带甘军正右营尽先补用副将何得彪，谋勇兼优，战功卓著，堪以委署。又，署西宁镇属镇海协副将杨志胜应行调省遗缺，查有甘肃提属永固协副将朱祥兴，堪以调署。递遗永固协副将员缺，查有统带镇南等营补用副将马

安良，勇敢有为，办事谨慎，堪以署理。

　　除分饬遵照外，谨理合附片陈明，伏乞圣鉴。谨奏。

　　（朱批：）兵部知道。[1]

　　光绪二十二年十月二十五日，奉朱批：兵部知道。钦此。[2]

一三〇　奏闻青海大臣奎顺勤劳卓著片

光绪二十二年十月十三日(1896年11月17日)

　　再，上年春间，循化撒回滋事，湟中回匪蜂起，西宁郡城孤悬贼窟之中。西宁办事大臣奎顺电奏，添募土勇十三起、马队两旗，并调集番兵，严密布置，使各处回逆不得联为一气。秋冬之间，贼屡率大股悍党扑城，该大臣督令在郡各军，前后大小数十战，均能以少击众，力挫凶锋，并迭次分兵出城，攻破上下丹麻及拉树马厂诸逆堡。该大臣半年以来，昼夜登陴守御，严风冻雪，未尝少休，实属奋不顾身，力全危局。二月间，贼窜青海，该大臣檄调蒙、番各兵，扼要堵截。贼屡战不得逞，由柴达木窜出关外荒碛之地，不但青海得以保全，并甘、凉一带大路亦不至再有惊扰。其谋画之周详，尤为有功边徼，裨益全局。

　　臣深悉该大臣勤劳卓著，不敢壅于上闻，谨附片具陈，伏乞圣鉴训示。谨奏。[3]

---

　　① 台北故宫博物院藏：军机及宫中档，文献编号：408003032-0-B。

　　② 中国第一历史档案馆藏：录副奏片，档案编号：03-5918-031。

　　③ 中国第一历史档案馆藏：录副奏片，档案编号：03-5918-008。此片之具奏日期，刊本作"光绪二十二年九月二十三日"。查光绪二十二年十月二十五日军机处随手登记档(档案编号：03-0289-2-1222-288)，则署有"报四百里，十月十三日发"等字样。据此，此片具奏日期当为"光绪二十二年十月十三日"无疑。兹据校正。

光绪二十二年十月二十五日，封籢。①

一三一　奏报甘肃光绪二十
二年八月雨水、粮价折

光绪二十二年十一月初一日(1896 年 12 月 5 日)

头品顶戴陕甘总督臣陶模跪奏，为奏报甘肃省本年八月份粮价、雨泽情形，恭折仰祈圣鉴事。

窃照光绪二十二年七月份粮价并得沾雨泽情形，业经具折奏报在案。兹查八月份兰州等八府六直隶州属具报得沾雨泽，自一二寸至五六寸，深透不等。正值秋禾成熟之际，获此沃泽，实于农田大有裨益。至通省粮价，现在军事平定，新粮多已登场，虽间有增长之处，大致均已减落。据藩司曾鉌具详请奏前来。

臣覆核无异。理合恭折具奏，并缮粮价清单，恭呈御览，伏乞皇上圣鉴。谨奏。光绪二十二年十一月初一日。

（朱批：）知道了。②

光绪二十二年十一月二十三日，奉朱批：知道了。钦此。③

一三二　呈甘肃光绪二十二年八月粮价清单

光绪二十二年十一月初一日(1896 年 12 月 5 日)

谨将甘肃各属光绪二十二年八月份米粮时估价值，缮具清单，

---

①　此朱批日期等，据军机处随手登记档校补。
②　中国第一历史档案馆藏：朱批奏折，档案编号：04-01-25-0561-026。
③　中国第一历史档案馆藏：录副奏折，档案编号：03-9368-049。

· 1291 ·

恭呈御览。

计开：

兰州府属：价平

粟米每京石价银九钱五分三厘至二两五钱三分一厘，较上月贱六分九厘。小麦每京石价银九钱五分三厘至二两三钱，较上月贱二钱七分八厘。豌豆每京石价银九钱一分九厘至二两四钱一分七厘，较上月贱一钱四分二厘。青稞每京石价银七钱六分二厘至一两八钱一厘，较上月贱一钱七分。

巩昌府属：价平

粟米每京石价银一两七分八厘至一两九钱一分七厘，较上月贱二分一厘。小麦每京石价银八钱四分三厘至一两三钱七分八厘，较上月贱三钱六厘。豌豆每京石价银七钱七分一厘至一两三钱，较上月贱三钱四分九厘。青稞每京石价银六钱七分一厘至九钱六分六厘，较上月贱三钱。

平凉府属：价平

粟米每京石价银八钱五厘至九钱八分六厘，较上月贱三钱八分三厘。小麦每京石价银六钱九分三厘至一两二分五厘，较上月贱二钱八分。豌豆每京石价银六钱七分九厘至一两二分二厘，较上月贱二钱二分六厘。糜子每京石价银四钱五分五厘至五钱八分五厘，较上月贱二钱八分。

庆阳府属：价有昂有平

粟米每京石价银五钱一分九厘至七钱七分一厘，较上月贱三钱一厘。小麦每京石价银五钱一分九厘至一两三钱四分二厘，较上月贱九分七厘。豌豆每京石价银四钱八分至一两七钱六分三厘，较上月贵九分三厘。糜子每京石价银二钱九分五厘至五钱三厘,较上月贱七钱四分七厘。

甘州府属:价平

粟米每京石价银九钱二分四厘至一两一钱三分一厘,较上月贱七分六厘。小麦每京石价银九钱三厘至一两三钱一分三厘,较上月贱八分六厘。豌豆每京石价银九钱七分四厘至一两五钱五厘,较上月贱九分一厘。青稞每京石价银五钱五分至九钱一分八厘,较上月贱八分四厘。

凉州府属:价平

粟米每京石价银一两二钱六分至二两三钱八分三厘,与上月相同。小麦每京石价银一两一钱五分五厘至二两一分七厘,与上月相同。豌豆每京石价银七钱七分一厘至二两一分七厘,与上月相同。青稞每京石价银七钱九分四厘至一两一钱九分一厘,较上月贱一钱九分八厘。

宁夏府属:价平

粟米每京石价银九钱七厘至一两二钱一分三厘,较上月贱五分一厘。小麦每京石价银九钱八分至一两五钱二分六厘,与上月相同。豌豆每京石价银八钱八分二厘至一两三钱六厘,与上月相同。糜子每京石价银六钱五厘至九钱三分二厘,与上月相同。

西宁府属:价有昂有平

粟米每京石价银一两八钱六分四厘至二两七钱四分八厘,较上月贵二钱五分九厘。小麦每京石价银一两四钱八分五厘至二两六钱二分五厘,较上月贵二钱四分八厘。豌豆每京石价银一两四钱一分一厘至二两四钱九分六厘,较上月贵二钱八分。青稞每京石价银一两二钱七分八厘至一两六钱八分,较上月贱一钱七分五厘。

秦州直隶州并所属：价平

粟米每京石价银一两一钱九分至二两二分四厘,较上月贱二分七厘。小麦每京石价银九钱八分至一两五钱一分二厘,与上月相同。豌豆每京石价银七钱七分至一两五钱一分二厘,与上月相同。糜子每京石价银六钱三分至一两一钱六分三厘,与上月相同。

阶州直隶州并所属：价平

粟米每京石价银一两三钱八分六厘至一两九钱九分九厘,与上月相同。小麦每京石价银一两二钱八分八厘至一两四钱三分三厘,与上月相同。豌豆每京石价银八钱五分九厘至一两四钱九分九厘,与上月相同。糜子每京石价银九钱二厘,与上月相同。

泾州直隶州并所属：价平

粟米每京石价银五钱六分至七钱七分,较上月贱二钱三分一厘。小麦每京石价银五钱六分至七钱一分五厘,较上月贱二钱二分五厘。豌豆每京石价银五钱四厘至五钱九分三厘,较上月贱二钱五分五厘。糜子每京石价银三钱三分六厘至五钱三分一厘,较上月贱一钱六分一厘。

固原直隶州并所属：价平

粟米每京石价银八钱七厘至一两二钱三分四厘,与上月相同。小麦每京石价银七钱五分三厘至一两二钱九分五厘,与上月相同。豌豆每京石价银八钱七厘至一两三钱五分四厘,与上月相同。糜子每京石价银六钱九分二厘,与上月相同。

肃州直隶州并所属：价平

粟米每京石价银一两八厘至一两五分,与上月相同。小麦每京石价银八钱四分至一两一钱七分六厘,较上月贱七分一厘。豌豆每京石价银八钱四分至一两四钱九分一厘,较上月贱一钱八分九厘。青稞每京石价银五钱五分三厘至一两七分一厘，较上月贱一钱四分七厘。

安西直隶州并所属：价平

粟米每京石价银一两七分一厘至一两三钱九分一厘，与上月相同。小麦每京石价银一两五分至一两四钱四分一厘，与上月相同。豌豆每京石价银一两二厘至一两二钱九分五厘，与上月相同。青稞每京石价银五钱八分一厘至一两三分六厘，与上月相同。

（朱批：）览。①

一三三　奏为恳恩收回成命另简贤员折

光绪二十二年十一月初一日(1896年12月5日)

头品顶戴陕甘总督臣陶模跪奏，为恭谢天恩，沥陈感悚下忱并实在不能胜任情形，吁恳鸿慈收回成命，恭折仰祈圣鉴事。

窃臣恭阅邸抄，本年十月初四日奉上谕：陶模着补授陕甘总督。钦此。跪诵之下，感愧莫名！当即恭设香案，望阙叩头谢恩。

伏念臣庸才薄植，叠荷殊恩，本无济世之宏谟，谬荷封疆之重寄。上年十月二十八日，钦奉署理陕甘总督之命，当于谢恩折内缕陈下情，维持河、湟，小丑未就敉平，虽明知才力不及，而下顾生灵之涂炭，上维宵旰之忧勤，惟有勉竭血诚，委身图报。幸仗朝廷威福，巨魁、逆党以次削平。此皆统军诸将仰承庙算，剿抚兼施，未及一年，悉行戡定。臣实无劳之可录，更无功之可言。乃荷丝纶叠沛，节钺真除，高厚生成，虽顶踵捐糜，岂足仰酬万一！

---

① 中国第一历史档案馆藏：清单，档案编号：03-6961-033。

　　然臣闻古人之事君也，重在勿欺，苟不顾力小任重之讥，即不免负职旷官之咎。甘省边防重地，现当大难初平，流亡者未尽复业，反侧者未尽洗心，加以民心之浮动，吏治之卑靡，财务之萧条，营伍之废弛，事事必期整顿，即在在须费经营，而刚柔缓急之间，非得宏通强干、不顾毁誉之员，不足以挽颓风而维大局。

　　臣自忖才识庸疏，一筹莫展。近因思虑过度，心血大亏，夜不成寐。每遇一事，过辄遗忘。入冬以来，加以气喘，接见僚属，恒苦气弱力微，言不尽意。似此衰惫之躯，俾膺重任，倘有贻误，臣一身固不足惜，而关系大局实非浅鲜。再四筹思，惟有吁恳圣明收回成命，另简贤能，以重疆寄。臣非敢故为谦让，实以才力所限，不能不委曲自陈于君父之前。

　　合无仰恳天恩，许臣来京陛见，冀遂积年犬马之私，而皇上亦可鉴臣衰惫情形，实非出于矫饰。谨将微臣感激悚惧下忱，恭折驰陈，伏乞皇上圣鉴训示。谨奏。光绪二十二年十一月初一日。

　　（朱批：）甘省甫就肃清，该督当力任其难，毋许固辞。所请陛见之处，着再候谕旨。①

　　光绪二十二年十一月二十三日，奉朱批：甘省甫就肃清，该督当力任其难，毋许固辞。所请陛见之处，着再候谕旨。钦此。②

一三四　校阅督标并城守营官兵折

光绪二十二年十一月初一日（1896 年 12 月 5 日）

　　头品顶戴陕甘总督臣陶模跪奏，为校阅光绪二十二年各营官

---

　　①　中国第一历史档案馆藏：朱批奏折，档案编号：04-01-13-0387-001。
　　②　中国第一历史档案馆藏：录副奏折，档案编号：03-5348-102。

兵秋操事竣,恭折仰祈圣鉴事。

窃照陕甘督标并兰州城守六营马步守兵,向系春秋二季合操。去岁河湟贼氛肆扰,防、练各军征调频仍,经前督臣杨昌濬檄饬暂缓办理。现在军务告藏,适届秋操之期,仍应依期合操,以符定制。臣于九月二十八日率同司道,亲临教场校阅。各营官兵操演香山、远战等阵,队伍整肃,器械鲜明,进止如法;施放连环枪炮并喷筒、火弹,稳练有准;比较刀矛、藤牌,亦属便捷。所练马队合队操演,马上放枪,极其灵便。臣择其技勇出众者,分别奖赏,以示鼓励;仍严饬各营将弁一体认真操练,实力讲求,务期一兵得一兵之用,庶不致饷有虚糜,以冀仰副圣主整饬戎行至意。

所有微臣校阅光绪二十二年省标秋操情形,理合恭折具陈,伏乞皇上圣鉴。谨奏。光绪二十二年十一月初一日。

（朱批:）知道了。[1]

光绪二十二年十一月二十三日,奉朱批:知道了。钦此。[2]

一三五 请以叶森升补永昌县知县折

光绪二十二年十一月初一日(1896年12月5日)

头品顶戴陕甘总督臣陶模跪奏,为拣员升补要缺知县,以裨地方,恭折仰祈圣鉴事。

窃据甘肃布政使曾鉌、署按察使周绥会详称:永昌县知县高蔚霞病故,业已截缺报部。查定例:州县应调缺出,俱令于现任人员

① 中国第一历史档案馆藏:朱批奏折,档案编号:04-01-19-0069-003。
② 中国第一历史档案馆藏:录副奏折,档案编号:03-5996-129。

拣选调补，如无堪调之员，以候补并即用人员酌补。如无人，准于应升人员内拣选题升各等语。今永昌县知县系冲、繁、疲三项要缺，地处冲要，政务殷繁，非老成干练之员，不足以资治理。

该司等在于现任应调及候补即用人员内酌量拣选，非现居要缺，即人地未宜。惟查有俸满保荐之补用知县隆德县庄浪县丞叶森，年五十八岁，安徽黟县人，由国史馆供事恭修实录，全书告成，保以典史不论双单月归议叙班间用，尽先选用。同治八年，选授皋兰县典史，九年七月到任，报捐县丞在任候选；关外南北两路肃清案内，保俟补缺后以知县补用；查办西宁积年番案出力，保以县丞在任遇缺即补典史。三次俸满，均经保荐候升。嗣升补庄浪县丞，照章过班咨部注册在案。历署东乐、红水、陇西县丞并沙泥州判，办理一切，悉臻妥协。查该员谙练老成，尽心民事，在甘年久，于地方风土、民情最为熟悉，以之升补永昌县知县，实堪胜任，人地亦极相宜。会详请奏前来。

臣查叶森年强才裕，办事勤能，合无仰恳天恩，俯念要缺需员，准以隆德县庄浪县丞叶森升补永昌县知县，期于地方有裨。如蒙俞允，俟准部覆，照例给咨送部引见。该员历任各缺并无参罚案件。谨恭折具陈，伏乞皇上圣鉴训示。至所遗庄浪县丞系要缺，例应由外拣补。合并声明。谨奏。光绪二十二年十一月初一日。

（朱批：）吏部议奏。①

光绪二十二年十一月二十三日，奉朱批：吏部议奏。钦此。②

---

① 中国第一历史档案馆藏：朱批奏折，档案编号：04-01-13-0387-031。
② 中国第一历史档案馆藏：录副奏折，档案编号：03-5348-103。

一三六　请仍以李士贞补陕西提标后营守备片

光绪二十二年十一月初一日(1896年12月5日)

再，臣接准兵部咨开：陕西提标后营守备员缺，以尽先守备提属同州汛千总李士贞请补。查尽先守备名次在该员之前者，尚有朱墀清一员，折内漏未声叙，行令查明，覆奏到日，再行核办等因。当即转咨查覆去后。兹准开缺陕西提臣雷正绾咨开：查得尽先守备朱墀清向在陕西抚标供差，于固原营务、地方不甚相宜，应仍以李士贞请补前来。

臣覆查无异。合无仰恳天恩，俯准仍以该员李士贞补授陕西提标后营守备员缺，可期得力。如蒙俞允，该员系曾经引见之员，毋庸再行送部，应请饬部发给实授札付，以符定制。除该员履历清册咨送兵部查照外，谨附片陈明，伏乞圣鉴训示。谨奏。

（朱批：）兵部议奏。[①]

光绪二十二年十一月二十三日，奉朱批：兵部议奏。钦此。[②]

一三七　奏报都司马余盛与张绳祖对调片

光绪二十二年十一月初一日(1896年12月5日)

再，臣接准部咨：议覆甘肃凉州镇属岔口营都司员缺，准以留甘尽先游击马余盛借补。查是缺都司驻扎凉州府平番县，该员系

---

① 中国第一历史档案馆藏：朱批奏片，档案编号：04-01-17-0159-084。
② 中国第一历史档案馆藏：录副奏片，档案编号：03-5918-106。

狄道州人，距籍在五百里以内，例应回避，应令拣员对调等因。臣查有甘肃提属察汉俄博营都司张绳祖，系安西州人。该员年力强壮，勤干耐劳，堪以调补岔口营都司。所遗察汉俄博营都司员缺，即以马余盛调补，均属人地相宜。

合无仰恳天恩，俯准以马余盛、张绳祖二员互相对调。如蒙俞允，查该员张绳祖前于骑都尉学习期满，曾经引见，应请饬部换给实授札付；马余盛应请先给署札，俟防务告蒇，再行赴部引见，以符定制。除查取该员张绳祖履历清册另咨送部外，谨附片具陈，伏乞圣鉴训示。谨奏。

（朱批：）兵部议奏。[1]

光绪二十二年十一月二十三日，奉朱批：兵部议奏。钦此。[2]

一三八　奏报守备刘延功与丁启祥对调片

光绪二十二年十一月初一日（1896年12月5日）

再，臣接准部咨：甘肃凉州镇标左营守备员缺，准以补用守备凉标前营千总刘延功补授。查是缺守备驻扎凉州府城，该员系凉州府人，籍隶本府，例应回避，应令拣员对调等因。臣查有肃州镇属沙州营守备丁启祥，系湖南永定县人，该员年力强壮，办事勤能，堪以补调凉标左营守备。所遗沙州营守备员缺，即以刘延功调补，均属人地相宜，与例亦符。

合无仰恳天恩，俯准以刘延功、丁启祥二员互相对调。如蒙俞

---

① 中国第一历史档案馆藏：朱批奏片，档案编号：04-01-17-0159-086。

② 中国第一历史档案馆藏：录副奏片，档案编号：03-5918-108。

允,应请饬部先给该员等署札,俟防务告藏,再行赴部引见,以符定制。除查取该员丁启祥履历清册另咨送部外,谨附片具陈,伏乞圣鉴训示。谨奏。

(朱批:)兵部议奏。[1]

光绪二十二年十一月二十三日,奉朱批:兵部议奏。钦此。[2]

一三九　请免西宁等处新旧钱粮、税课折

光绪二十二年十一月初七日(1896年12月11日)

头品顶戴陕甘总督臣陶模跪奏,为甘肃西宁、河州等处地方被兵之后民力艰难,所有应征二十二年正杂钱粮、草束以及各项税课仍请蠲免,恭折仰祈圣鉴事。

窃查去岁甘肃回匪叛乱,蹂躏地方,百姓流杂失业,经前督臣杨昌濬将循化等厅、州、县、州判各属应征光绪二十一年正杂钱粮、草束、税课并历年旧欠奏请蠲缓在案。兹据甘肃布政使曾钫、署按察使周绶会详称:甘省此次回乱,自去年三月迄于本年七月,始臻肃清。其间早平之处既受害至深,临贼之区或重被蹂躏,甚至收抚既定,一再复乱,百姓死亡之余,流离颠沛,虽经随时招集资遣,多已耕种失时,更有归而复逃之事。其幸而归田播种者,正望收获,又遭冰雹,疮痍满目,沟壑是虞!方谋续赈不暇,实不能再事催科。去年请蠲者循化厅等九属,请缓者固原州等十四属。今年情形又变换不同。该司等悉心体察,河州、狄道州、沙泥州判遭难特重,西

---

① 中国第一历史档案馆藏:朱批奏片,档案编号:04 01-17-0159-085。

② 中国第一历史档案馆藏:录副奏片,档案编号:03-5918-107。

宁县、大通县被困甚久,碾伯县米拉沟抚而复叛,正当播种之时,陡遇雹灾,恰值成熟之会,巴燕戎格厅抚定最迟,循化厅首难之地,又遇雹伤。计八厅、州、县、州判内,碾伯一县去年系请蠲旧缓新,余属本在通蠲之列,所有八属光绪二十二年额征及碾伯二十一年未完正杂钱粮、草束及各项税课,应请一概蠲免。其中惟河州就抚回民有力愿纳,自应照收,以示区别。狄道、沙泥二十一年流抵二十二年之银,请再流抵二十三年正赋。碾伯县事前已完旧欠粮石,亦请流抵二十三年正赋。其被扰一隅之洮州厅北乡二十二年应征及二十一年未完丁折银两,庄浪、茶马厅二十一年未完屯粮,甘州提督二十二年及二十一年全未完课金,西宁府二十二年未完当、牙、畜税银两,亦请普律蠲免。共请蠲免正杂银二万一千四百余两,正耗粮六万六千五百余石,草八十一万二千九百余束,课金四十八两,分晰开具清折,会详请奏前来。

臣覆核该司等所详,均系实在情形。合无仰恳天恩,俯准将河州等各属新旧正杂钱粮、草束及各税课一律蠲免。除由司将所请各处通饬停征,俟奉到恩旨,再行敬谨刊刷誊黄,遍行晓谕,务使胥吏无所侵欺,百姓同沾闿泽,以苏民困而广皇仁,此外各属钱粮能否照常全完,应再由司察核详办。

除本年被雹、被水各属容勘明汇案另请蠲缓外,所有西宁、河州等处被兵后民力艰难,应恳蠲免新旧正杂钱粮、草束、税课各缘由,谨缮具清单,恭折赍呈御览,伏乞皇上圣鉴训示。谨奏。光绪二十二年十一月初七日。

（朱批：）另有旨。[1]

---

[1]　中国第一历史档案馆藏：朱批奏折,档案编号：04-01-35-0111-015。

光绪二十二年十一月二十日，奉朱批：另有旨。钦此。①

【案】经前督臣……奏请蠲缓在案：光绪二十一年十一月二十五日，陕甘总督杨昌濬具折曰：

太子太保头品顶戴开缺陕甘总督臣杨昌濬跪奏，为甘肃河、湟等属回逆叛乱，百姓流离失业，所有应征本年正杂钱粮、草束以及各项税课，并带征历年旧欠无从征收，应请分别蠲缓，以苏民困，恭折仰祈圣鉴事。

窃照甘肃回匪叛乱，蹂躏地方情形，屡经具折奏报在案。兹据甘肃布政使曾鉌、署按察使周绶会详称：甘省自本年三月循撒变乱，祸连海城、河、狄并西宁所属一带，凶焰鸱张，几致骚动全省，百姓惨遭荼毒，死亡甚众。其逃窜四方者，流离转徙，归耕尚无定期，更何从催纳粮赋？悉心体察，所有被害最深之循化、河州、狄道州、沙泥州判、海城、平远、西宁、大通、巴燕戎格等九厅、州、县、州判，应征本年正杂钱粮、草束及各项税课并历年旧欠，实属无从征收，恳请一概蠲免，内除海城县事前已完银两被抢无抵外，河州、狄道州、沙泥州判、平远县四属尚有事前已输在官银两，应请流抵明年正赋。其临近贼氛之固原、硝河城州判、渭源、金县、皋兰、红水县丞、岷州、洮州、永昌、平番、碾伯、古浪、贵德、丹噶尔等十四厅、州、县、州判、县丞，叠受惊扰，继以师旅，乡民四散迁避，失业废时，生计维艰，输将无力，应征历年旧欠及一切款项，均请概行蠲免；应征本年正杂钱粮、草束及各项税课银两，除事前已输在官外，其余应请缓至明年麦收后,再行察看带征。此外各州县应征各项钱粮能否照带全完,请俟年终再行察核详办。又,甘省到处汉回杂处,此次事变有全行从逆者,亦有逃避他方者,回产叛绝若干,须待事平查办等情,开具清折,会详请奏前来。

臣覆核该司等所详,均系实在情形。合无仰恳天恩,俯念循化二十三厅、州、县、州判、县丞被贼扰害,准将本年应征正杂钱粮、草束及各项税课并历年旧欠,分别蠲免、缓征。除由司将所请各处通饬停征,俟奉到恩旨,再行敬谨刊刷誊黄,遍行晓谕,务使胥吏无所侵欺,百姓同沾闿泽,以苏民困而广皇仁,其余各属应征钱粮及有无叛绝各产,容臣督饬藩司查明另办。

所有河、湟各属被贼扰害,本年所有应征正杂钱粮、草束等项,恩请分别蠲缓缘由,谨缮具清单,恭折赍呈御览,伏乞皇上圣鉴训示。谨奏。十一月二十五日。

光绪二十一年十二月初八日,奉朱批:另有旨。钦此。①

【案】此奏于是年十一月二十日得旨允行。上谕档:

光绪二十二年十一月二十日,内阁奉上谕:陶模奏,甘肃西宁、河州等处被兵之后,民力艰难,本年复被冰雹,请蠲免钱粮、草束等项,开单呈览一折。甘肃省上年被匪蹂躏地方,百姓流离颠沛,耕种失时,本年复有冰雹,被伤之处,疮痍满目,深堪悯恻。若将应征钱粮、草束等项照常征收,民力实有未逮。加恩着照所请。所有河州、狄道州、沙泥州判、西宁县、大通县、碾伯县米拉沟、巴燕戎格厅、循化厅八属应征二十二年

---

① 　中国第一历史档案馆藏:录副奏折,档案编号:03-6252-042。

额征及碾伯县二十一年未完正杂钱粮、草束及各项税课，均着一概蠲免。河州、狄道、沙泥二十一年流抵二十二年之银，着再流抵二十三年正赋。碾伯县事前已完旧欠粮石，亦着流抵二十三年正赋。洮州厅北乡二十二年应征及二十一年未完丁折银两，庄浪茶马厅、贵德厅二十一年未完屯粮，甘州提督二十二年及二十一年未完课金，西宁府二十二年未完当、牙、畜税银两，亦着一体蠲免，以恤灾黎。该督即照单开各厅、州、县应行蠲免暨流抵各数目，详细刊刻誊黄，遍行晓谕，务使实惠均沾，毋任吏胥舞弊，用副轸念黎民至意！余着照所议办理。该部知道。单并发。钦此。①

一四〇 呈被难各属请蠲新旧钱粮、税课清单

光绪二十二年十一月初七日(1896年12月11日)

谨将甘肃省被难各厅、州、县、州判请蠲光绪二十二年新旧正杂银粮、草束、税课各数目，缮具清单，恭呈御览。

计开：

河州：额征二十二年地丁正耗银一万一千九百七十两九钱三分一厘，内除该州请征回民正耗银四千六百九两八钱八分七厘，其余汉民应纳正耗银七千三百六十一两四分四厘，全数无征。额征正耗粮二万二百三十二石一斗二升九合五勺，内除该州请征回民正耗粮四千六百八十六石三斗四升五合四勺，其余汉民应纳正耗粮一万五千五百四十五石七斗八升四合一勺，全数无征。额征草

---

① 《光绪宣统两朝上谕档》，第22册，第315页。

一千三十九束五分九厘，内除该州请征回民草四百束二分五厘，其余汉民应纳草六百三十九束三分四厘，全数无征。额征朝觐银四两七钱五分六厘，全数无征。额征年例盘缠脚价银七两三钱四分六厘，全数无征。额征地税银三十五两，全数无征。额征牙帖银三十五两二钱七分一厘，全数无征。额征磨课银一百三十五两三钱九分八厘，事前已完银四十五两一钱，未完银九十两二钱九分八厘。无额畜马、褐毯正余税银约二百三十二两有奇，全数无征。

狄道州：额征二十二年地丁正耗银一万七百八十八两九钱一分五厘，全数无征。额征正耗粮四千五百二石九斗八升七合五勺，全数无征。额征草三百七十六束三分，全数无征。额征当税银三十五两，全数无征。额征牙帖银四两四钱七分，全数无征。额征磨课银八十六两二钱七分，全数无征。无额商畜税银约一百五十四两有奇，全数无征。

沙泥州判：额征二十二年地丁正耗银五百五十六两七钱九分七厘，全数无征。额征正耗粮六百一十二石二斗二合三勺，全数无征。额征草六十三束三分五厘，全数无征。续增磨课银五两三钱三分，全数无征。

西宁县：额征二十二年屯科正耗粮一万七千一百二十九石九斗四升四合七勺，全数无征。额征番贡粮五千三百三十九石六斗八升八合，全数无征。额征草四十三万六千六百四十六束九分七厘，全数无征。额征磨课银三百八十二两二钱，全数无征。

碾伯县：额征二十二年屯科正耗粮八千二百四十三石八斗三升五合一勺，全数无征。额征番贡粮八百二十三石三斗一升四合一勺，全数无征。额征草一十八万二千八百一十一束四分五厘，全数无征。额征磨课银一百四十三两七钱，全数无征。无额商畜税银约三十两有奇,全数无征。旧欠二十一年屯番正耗粮六千八百二十七石二斗六升四合六勺,事前已完粮四百四十八石四斗三升二合五勺,未完粮六千三百七十八石八斗三升二合一勺。旧欠二十一年草一十三万九千九十七束一分六厘,全数无征。旧欠二十一年磨课银一百四十三两七钱,全数无征。旧欠二十一年商畜税银约一十八两有奇,全数无征。

大通县:额征二十二年屯科正耗粮二千一百石五斗三合八勺,全数无征。额征番贡粮四千一百五十八石八合五勺,全数无征。额征草五万三千三百二十二束八分一厘,全数无征。额征磨课银一百六两九钱五分,全数无征。额征牙帖银一两六钱,全数无征。额征煤税银四两,全数无征。

巴燕戎格厅:额征二十二年番贡粮五百三十八石五斗六合,全数无征。额征磨课银二十一两七钱,全数无征。

循化厅:额征二十二年屯科正耗粮九十九石,全数无征。额征番贡粮九百一十二石三斗二升一合八勺,全数无征。额征当税银二十两,全数无征。额征磨课银三十两六钱,全数无征。

洮州厅:应征北乡、达屯、莲花山等八庄寨二十二年地丁折色正耗银一百六十四两八钱八厘,全数无征。旧欠八庄寨二十一年地丁折色正耗未完银一百三十六两三钱九分六厘,全数无征。

庄浪茶马厅:旧欠二十一年番贡粮一百二十九石九斗三升五合二勺,全数无征。

贵德厅:旧欠二十一年屯番粮四百一十四石一升八勺,事前已完粮三百二十九石九升四合二勺,未完粮八十四石九斗一升六合六勺。

甘肃提督:额征二十二年金厂课金二十四两,全数无征。旧欠二十一年课金二十四两，全数无征。

西宁府：额征二十二年当税银四十两，事前已完银一十五两，未完银二十五两。额征牙帖银一十二两八钱，事前已完银二两六钱五分，未完银一十两一钱五分。无额商畜税银约八百七十两有奇，事前已完银三十六两二钱二分五厘一毫，未完银八百三十四两有奇。

以上共请蠲新旧正杂银二万一千四百六十九两三钱一厘，共请蠲正耗粮六万六千五百九十九石七斗七升九合八勺，共请蠲草八十一万二千九百五十七束三分八厘，共请蠲课金四十八两。理合登明。

（朱批：）览。①

一四一　酌定应留勇数、拟支银两折

光绪二十二年十一月初七日（1896 年 12 月 11 日）

头品顶戴陕甘总督臣陶模跪奏，为遵旨将现有防营再行删并，酌定应留勇数，拟支四分减平银两，恭折仰祈圣鉴事。

窃臣模前奉电旨：董福祥朴实勇敢，所部各营亦多骁健，着于议留十二营外，再留八营，以资镇摄，并着认真操练，勿稍玩懈。甘肃前募多营，不免冗滥，着陶模再加裁汰，腾出饷糈，以供董福祥全军之用等因。钦此。业将存营无多，裁撤过急，深虞滋事等情，电请军务处代奏在案。

查甘省幅员辽阔，甫经肃清，现存马队十数营旗、步队四十余

① 中国第一历史档案馆藏：清单，档案编号：03-6256-037。

营旗，分布通省实已不敷。惟当时事艰难，部库竭蹶，不能不于无可裁减之中再行删并，免致仰屋兴嗟。兹饬总粮台悉心核议，拟将所存勇营并作马队二十旗、步队四营二十六旗，共五十营旗，均支坐饷，其余弁勇一律遣散。此五十营旗内有青海大臣马队两旗，西宁、循化步队两营，应各就其地驻扎，其余两营四十四旗择要分防。除西宁、河州以至平番归董福祥所部驻防不计外，自平番西抵安西二十余里，左靠南山，右邻沙漠，险隘要口，不可胜数，更兼安肃所属山内伏莽未尽，民间时有谣传，应以马队七旗、步队一营十旗按段扼扎，由平番而东过兰省直至泾州千数百里，为转运冲途，护送饷装，保卫省垣，关系全局，应驻马队四旗、步队一营八旗，各按汛地防守巡逻，以期严密。

　　至固原、海城、平远一带回多汉少，去夏之乱，不无漏网，且本系提督重镇，前连环、庆，后达黄河，夙称形胜之区，苦于无勇可以多拨，仍旧将马队三旗、步队四旗支持其间，余仅剩马步各四旗，只可分扎宁夏、甘南两路，聊壮声威。各标虽有练军十五旗，城市、村落汉回互杂，不得不仍循旧案，团扎训练，以补各路防军之不足。

　　如此勉强布置，较三十旗之旧章加增二十营旗，约短饷银二十九万两之谱。统计常年新饷，关内应分湘平银一百一十八万两，除过提存杂支只剩九十二三万两，而额兵二万余名，练军十五旗，亦须仰给于此。前项短饷实在无可腾挪，思维再四，惟有请将二十三年份新饷四分减平湘平银二十万两准予支用，不敷九万余两再由司库竭力凑补，况西军八营暨权枪一旗饷项，本经奏明在减平银内开支，今西军亦在五十旗之中，挹彼注兹，通融酌办，可免另请部拨之难。据办理总粮台藩司曾鉌详请具奏前来。

　　臣详加查核，现在甘省情形，军务虽平，民情尚未大定，仅留防勇马步五十营旗，实不为多，应增之饷即在减平项下支给，亦属万不得已。合无仰恳天恩，俯准饬部立案，将来人心大定，汉回均各安谧，仍当照旧减作三十旗，免致縻费。此次所裁营旗名目并五十营旗驻扎处所，正值严冬，办理未便迫促，应俟陆续部署完竣，分别开单奏报。

除董军十六营行饷另行附片奏请外，所有酌定应留勇数、拟支四分减平银两缘由，理合恭折驰陈，伏乞皇上圣鉴训示。谨奏。光绪二十二年十一月初七日。

（朱批：）该部知道。①

光绪二十二年十一月二十日，朱批：该部知道。钦此。②

一四二　奏报甘肃光绪二十一
年收支百货厘金数目折

光绪二十二年十一月初七日(1896 年 12 月 11 日)

头品顶戴陕甘总督臣陶模跪奏，为报销光绪二十一年份甘肃关内厘捐总、分各局卡收支银钱数目，恭折仰祈圣鉴事。

窃照光绪二十年收支百货厘金数目，业经奏咨在案。兹据厘金总局司道详称：光绪二十一年正月起连闰至十二月底止，关内各局卡一切收支款目汇为一宗，百货厘金通共新收银一十六万三千九百九十七两六钱三分九厘，合之旧管共银二十九万三千四百九十八两四钱一厘六毫六丝，以批解藩库为大宗。其次粥厂、粮价、

---

① 中国第一历史档案馆藏：朱批奏折，档案编号：04-01-03-0012-023。
② 中国第一历史档案馆藏：录副奏折，档案编号：03-5760-045。

车价、保甲并厘金各局卡薪工、局费,总共解支银二十九万三千四百九十八两四钱一厘六毫六丝,以出抵入,并无余存。至盐厘、土药、加抽糖厘收支数目,另案造报等情,造具总、散清册,详请奏咨前来。

臣覆核无异。除清册送部外,合无仰恳天恩,饬部查照,准将光绪二十一年已支之款照册核销,以清款目。再,局费开支前准部咨,不准逾收数十分之一。惟甘省边地辽阔,路径纷歧,非多设分卡,不能杜绕越偷漏之弊,局卡书巡万难裁减,故局费不能照一成之例开支。去年河、湟回匪叛乱,四出滋扰,各处居民均行逃避,商货停运,河州、渭源、狄道、碾伯、丹噶尔各局卡先后禀请停支,通省厘金异常减色,已饬各局卡将所支薪工、局费一概核减,务求搏节。合并声明。

所有甘肃省光绪二十一年份收支百货厘金数目,谨恭折具奏,伏乞皇上圣鉴训示。谨奏。光绪二十二年十一月初七日。

(朱批:)户部知道。[1]

光绪二十二年十一月二十日,奉朱批:户部知道。钦此。[2]

一四三　甘肃光绪二十一年各局卡收支土药厘金银数片

光绪二十二年十一月初七日(1896年12月11日)

再,前准户部咨:甘省征收土药厘金银两,应自光绪十六年起,

---

[1]　中国第一历史档案馆藏:朱批奏折,档案编号:04-01-35 0574-003。

[2]　中国第一历史档案馆藏:录副奏折,档案编号:03-6508-049。

按年据实造报，不得并入百货厘捐款内开支，以免牵混，并将所收银两专款存储，听候指拨等因。遵办在案。兹据税厘总局司道详称：甘肃省自光绪二十一年正月起连闰至十二月底止，关内各厘局卡收支土药款目汇为一宗，计新收银一万二千八十八两五钱八分三厘，业已如数解交藩库，专款存储，听候指拨，造具四柱清册，并声明土药厘金向归百货厘局兼收，应支薪工仍在货厘项下开支。所有二十一年收获土药厘银，已由甘肃藩司照数搭解户部衙门查收等情，详请奏咨前来。

臣查甘省地处边陲，向无洋药到境，本地虽有栽种罂粟者，亦属无多，故收厘有限。兹据税厘总局将光绪二十一年份所收土药厘银一万二千八十八两五钱八分三厘，如数解交藩库，由甘肃藩司搭解户部衙门查收在案，仍饬司按年列册报查，并饬各局卡认真抽收，以裨厘务。再，甘肃省因去岁回匪叛乱，商贾稀少，以致土药厘金更形短绌。合并声明。谨附片具陈，伏乞圣鉴，饬部查照。谨奏。

（朱批：）户部知道。[①]

光绪二十二年十一月二十日，奉朱批：户部知道。钦此。[②]

一四四　甘肃光绪二十一年各局卡抽收糖厘银数片

光绪二十二年十一月初七日（1896 年 12 月 11 日）

再，前准户部咨：甘肃省征收红、白蔗糖，于照章完厘外，每斤

---

① 中国第一历史档案馆藏：朱批奏片，档案编号：04-01-35-0574-004。
② 中国第一历史档案馆藏：录副奏片，档案编号：03-6508-050。

加抽二成厘金,另款汇存造报等因。当经转行遵办在案。兹据税厘总局司道详称:甘肃省自光绪二十一年正月起连闰至十二月底止,各局卡收获糖厘款目汇为一宗,计新收二成厘银三百六十五两一钱二分三厘,合之旧管共银四百六两五钱八分六厘,照数专款存储,听候指拨。查甘肃土药向归货厘局卡兼收,其应支薪工即系支,并未分别,故糖亦照土药章程,仍在货厘项下开支。所有收获二成糖厘银数,造册详请奏咨前来。

臣覆核无异。除饬司仍按年列册报查,并饬各局卡认真经征,实收实报,以裨厘务外,谨附片具陈,伏乞圣鉴,饬部查照。谨奏。

(朱批:)户部知道。[①]

光绪二十二年十一月二十日,奉朱批:户部知道。钦此。[②]

一四五　甘肃光绪二十一年收支盐厘数目片

光绪二十二年十一月初七日(1896 年 12 月 11 日)

再,据甘肃厘金总局司道详称:光绪二十一年正月起连闰至十二月底止,甘肃各局卡收支盐厘款目汇为一案,计旧管、新收并减平共合银五万一千四百四十九两五钱七分一厘五毫,一解藩库光绪二十年份实存盐厘银三万八十五两七钱二分二厘五毫,一解藩库光绪二十二年份实存减平银一百三十三两五分六厘,一解藩库本年盐厘银一万七千四百八十三两四分九厘,一解藩库本年支发局费扣获四分减平银一百四十四两一钱四分四厘,又支发盐厘局

---

① 中国第一历史档案馆藏:朱批奏片,档案编号:04-01-35-0574-005。

② 中国第一历史档案馆藏:录副奏片,档案编号:03-6508-051。

卡薪工、局费银三千六百三两六钱。以上共开除银五万一千四百四十九两五钱七分一厘五毫，以出抵入，并无余存。理合造具收支清册，并将各处产销盐斤、收厘章程、易银市估及委员职名均于册内声叙明晰，暨遵照部文另造市估细册，一并详请奏咨前来。

臣覆核无异。惟查光绪二十一年甘省回乱，四出劫掠，百姓纷纷迁徙，虽东、南各路稍通，而商贩仍属不前，以致盐厘收数异常短绌。所支局费核与定章相符。合无仰恳天恩，饬部准将光绪二十一年已支之款照册核销，以清款目。除将清册送部查核外，谨附片具陈，伏乞圣鉴训示。谨奏。

（朱批：）户部知道。[①]

光绪二十二年十一月二十日，奉朱批：户部知道。钦此。[②]

一四六　请饬暂拨董军行饷片

光绪二十二年十一月初七日(1896 年 12 月 11 日)

再，准甘肃提臣董福祥咨称：十月二十二日，奉军务处电开：效电悉，先募足十六营即照办仍给行粮一节，务须斟酌妥定，毋致彼此参差，军务处遵旨电知等因。奉此，除钦遵外，理合咨明等情。准此，旋经董福祥将募补十六营仍须按照行粮发饷各缘由，会同臣模恭折陈奏在案。查董军驻防之西宁、大通、循化、巴燕戎格、碾伯、河州等各厅、州、县，均系被难之区，粮料、柴草皆由残黎从远道贩运而至，价较平时倍蓰，人马费用自然加增。提臣董福祥因虑征

---

① 中国第一历史档案馆藏：朱批奏片，档案编号：04-01-35-0574-006。

② 中国第一历史档案馆藏：录副奏片，档案编号：03-6470-069。

调不时,迁移靡定,行粮饷章长夫较多,自不至临事迟误。此董军募补十六营不能不按行粮发饷之实在情形也。

至甘省酌留之马步防勇四营四十六旗,散布四方,与董军团扎疮痍之区者不同,需费自省,且驻扎皆有定处,无移徙之劳。设有调遣,军装一切例由地方官代为转输,虽与董军同在一省,而日费之多寡,行止之劳逸,各有不同。臣与藩司随时将以上各情晓谕,当不致启彼此参差之见。此酌留之营旗可照坐粮发饷之实在情形也。

惟十六营行饷每月约五万金,以一岁计须银六十万两。至甘省前募多营,谨遵谕旨,再加删汰,约计前后裁撤营旗共一百四十余起。现酌留四营四十六旗,布置全省要隘,实属万无可减,即以四分减平银二十万两,蒙恩允拨,归入二十三年不足防饷内应用,所短尚多。其董军十六营行饷,甘省裁撤营旗饷内实在无可腾挪,拟将常年遵照部咨提存之十八万两,恳恩饬部暂拨为董军目前行饷之用。尚短四十二万两,应请饬部核议如何指拨以应急需之处,谨附片具陈,伏乞圣鉴训示。谨奏。

（朱批:）户部议奏。[①]

光绪二十二年十一月二十日,奉朱批:户部议奏。钦此。[②]

一四七　西宁全境肃清遵旨酌保出力员弁折

光绪二十二年十一月初十日(1896年12月14日)

黄马褂副都统衔西宁办事大臣臣奎顺、头品顶戴陕甘总督臣

---

①　中国第一历史档案馆藏:朱批奏片,档案编号:04-01-03-0182-006。

②　中国第一历史档案馆藏:录副奏片,档案编号:03-6141-058。

陶模、太子少保尚书衔总统甘军甘肃提督臣董福祥跪奏，为西宁全境肃清，遵旨酌保出力员弁，恭折仰祈圣鉴事。

窃臣福祥前奉六月十九日电旨：董福祥驰奏，入山搜剿及攻克卡尔冈各情形，均悉。该提督力疾遄征，调度合宜，深堪嘉尚！迭次出力将弁，着俟西宁全境肃清，择尤酌保等因。钦此。当经钦遵恭录咨行去后。旋以西宁全境一律肃清，于九月初四日会同奏明在案。

伏查西宁辖境，东南为巴燕戎格、循化，以达河州，北为大通县，再北则为北大通，以达甘、凉。西出水峡，则为青海。回、番杂处，山水阻深。上年三月，循化撒回韩努力以争教起衅，围攻厅城，未及解围，而西宁逆酋韩文秀遂起，初扰巴燕戎格，又回窜西宁，由是西川之多巴，北川之苏家堡，南川之羊毛沟，东川之沙沟、新庄附城之东关，皆为贼巢穴，四出杀掠，时来攻城。大通县城被围，北大通营城失守，而河州之回亦起。官军往援，西宁贼扼之于小峡口，又潜由碾伯以绕出官军之后，意在夹攻。牛师韩一军初战甚力，而军无纪律，漫以玩生，未几而牛师韩亦卒。及官军既进解西宁之围，贼又款之于东关，而恣意肆行如故。

河州既定，臣福祥因派道员张成基先行，总兵何得彪及马安良等继进，会合臣奎顺及邓增等各军，破贼于申中、羊毛沟及沙沟、树儿湾等处，又破之于后子河、长宁堡，解北川营城之围，又进解大通县城之围。黑林堡为贼坚巢，力战而克，又破贼于北大通，复其城堡。臣模适派道员潘效苏、总兵焦大聚，由扁都口踵至，会攻各庄踞匪，平之。是时，陕西巡抚臣魏光焘率所部湘军亦至，诛逆首韩文秀，毁东关，攻克苏家堡，围多巴，贼困而乞抚，议犹未定，于是臣福祥始奉命移军西宁。

是时,循化逆首冶诸麻既抚而复叛,盘踞米拉沟,而巴燕戎格之逆首马成林应之。马成林踞卡尔冈,而水地川、中原、三庄、甘都塘之贼又相率从之,皆恃其险阻,谓自昔官军所不能至也。水峡败贼又出窜于青海,扰及蒙部地方。臣福祥既破贼于东湾,循山而进,及至西宁,会商搜剿,捡获冶诸麻及马成林等并逆首韩努力,诛之。

数月之间,次第底定,将士冲锋蹈险,不惮其劳,或穷历深山,手足皆裂,或并日而食,遇寇必追,此皆仰伏天威,故得人人用命。升任西宁镇总兵邓增闻贼所至,必亲往督战,每战必身先士卒,奋迅无前,力保危城,以待援军之至。而各厅县以弹丸之地支拄其间,兵力既单,民食又缺,阅数月之久而皆有以自全,则地方文武及防营之劳亦不可没也。据各该营及地方官先后呈报前来。

臣等公同覆核,委系异常出力。除湘军应由魏光焘自行陈奏外,谨开具清单,恭呈御览。其有于河州汇案尚未奉到部覆者,底衔皆注明拟保,以期核实。咨保各员,仍照章开单咨部。合无仰恳天恩,照准给奖。

所有西宁全境肃清,遵旨汇保出力员弁各缘由,谨合词恭折具陈,伏乞皇上圣鉴,训示施行。再,此折系臣福祥主稿。合并声明。谨奏。光绪二十二年十一月初十日。

(朱批:)该部议奏。单一件、片一件并发。①

光绪二十二年十二月初四日,奉朱批:单一件、②片一件并发。钦此。③

---

① 台北故宫博物院藏:军机及宫中档,文献编号:408003033。
② 此折所附清单查无下落,待考。
③ 此朱批日期与内容,据军机处随手登记档(档案编号:03-0289-2-1222-325)校补。

一四八　请将汤彦和等开复原官片

光绪二十二年十一月初十日(1896年12月14日)

　　臣陶模、臣奎顺、臣董福祥跪奏，再，已革头品顶戴赏穿黄马褂花翎记名提督陕西河州镇总兵札福孔阿巴图鲁汤彦和、已革头品顶戴花翎记名提督云骑尉世职多托哩巴图鲁潘长清，均因上年救援河州遇贼败于双城，即经前督臣杨昌濬奏参革职。已革花翎头品顶戴记名提督西林巴图鲁洮岷协副将前署河州镇总兵李良穆，因驻扎白塔寺延不进兵，直至河州解围始行赴任，经臣福祥奏参奉旨革职。已革花翎提督衔留陕甘尽先补用总兵杨宝林，因杨昌濬参其在峡口失利，经部议以革职。已革花翎头品顶戴总兵衔两江补用副将伊清阿巴图鲁陈宗蕃，因甘肃学臣刘世安参其接统援河各营在省置妾，经杨昌濬查明，奏参革职。已革花翎记名提督西林巴图鲁李泗益，因前在喀什噶尔办理回城稽查局务，于缠民呈缴逆财尾数漏未声报，擅行动用，于光绪十七年经前新疆巡抚臣刘锦棠奏参革职。

　　汤彦和等一案，旋经臣福祥查覆，光绪二十一年十一月二十一日奉上谕：前次援剿河狄各军既据确切详查，该将士尚能奋勇冲锋，鏖战三昼夜，旋因子药、粮食罄尽以致败退，尚属情有可原。汤彦和业经革职留营，潘长清等姑免置议等因。钦此。陈宗蕃聘定邓姓之女在先，接统老湘营在后，经杨昌濬于原案声明。李泗益漏报逆财尾数系购办衣履，散给贫民，并未侵匿入己，亦经刘锦棠原案声明。汤彦和于被议后仍带队驻扎通道之沙泥站，是时河州未定，防务最为紧要，该革员时方患病，犹日事操防，不敢少懈，遏贼出窜，后路赖以无惊；迨河州既平，始禀请交卸，又经臣模覆奏，蒙恩准给假回籍调理。潘长清并经杨昌濬奏请赏还原职,奉朱批:所请着毋庸置议。臣等亦何敢言。惟该革员与汤彦和均系刘锦棠旧部,叠著战功,弃置未免可惜。李良穆由白塔寺渡河进驻何家堡,即于是日攻破魏家堡,悍贼三面来犯,与潘长清等并力抵御,又与陈宗蕃会合齐进,为甘军声应,以解河州之围。杨宝林初驻平番,又驻平戎驿,遇贼姚房及河滩、沙沟、东营子、杨起铺,大小十余战,皆能制胜。及被议后,又与李泗益先后来营。李泗益随同攻克东湾、生地沟、化力坡等处,杨宝林随同攻克甘都塘、卡尔冈等处,均属异常奋勉。

合无仰恳天恩,俯准将汤彦和、潘长清、李良穆、杨宝林、陈宗蕃、李泗益均各开复原官原衔,并赏还翎枝、顶戴、勇号,汤彦和并请赏还黄马褂,潘长清并请赏还世职,以示鼓励,出自逾格鸿慈。谨合词附片具陈,伏乞圣鉴训示。再,此件系臣福祥主稿。合并声明。谨奏。

(朱批:)览。①

光绪二十二年十二月初四日,奉朱批:览。钦此。②

一四九　张汝梅等员有功请奖片

光绪二十二年十一月初十日(1896年12月14日)

臣陶模、臣奎顺、臣董福祥跪奏,再,自上年河湟事起,头品顶

---

① 中国第一历史档案馆藏:朱批奏片,档案编号:04-01-12-0582-039。此片之具奏日期,原件目录作"光绪二十三年九月二十三日",军机录副作"光绪二十二年十一月初十日",与原件甚为悬殊。查军机处随手登记档(档案编号:03-0289-2-1222-325)朱批陶模、奎顺、董福祥折,即有此片。据同批折件可知,此片具奏日期当为"光绪二十二年十一月初十日"。兹据校正。

② 中国第一历史档案馆藏:录副奏片,档案编号:03-5919-014。

戴陕西布政使张汝梅、甘肃布政使曾𬭼，皆相与一心，力图共济。张汝梅时在护理巡抚任内，即派拨永兴、永定等军入甘助剿，月饷仍由陕拨解。及臣福祥过陕，以饷需为虑，张汝梅语臣勿急，当与曾𬭼竭力任之。由是每有所需，必多方接济，虽部款未到，皆不以为辞，臣福祥得以一意行军，毫无留滞，则张汝梅、曾𬭼之力也。

花翎二品顶戴三品衔署甘肃按察使宁夏道周绥与花翎兰州道黄云，共办城防，严于议察，奸细无不被获，立时究办，民心以定。黄云又总理全省营务，数次带队出城搜剿。狄道之贼闻臣福祥军至，急断河桥，欲凭之以拒。该道自省驰至，立具皮筏数百，使军得以速济，贼计乃无所施。西宁道联魁于本年二月到任，其时城围虽解，而各路窜贼尚多，该道联络各营，分投搜捕。及后议抚，汉民纷纷又不愿回民复留其地。该道督率所属，定地迁居。各路捰送首要，皆随时讯明正法，民心以安。此又西宁一隅所赖以镇定者。

张汝梅拟请交部从优议叙。曾𬭼拟请赏给头品顶戴。周绥拟请俟开缺后，赏给头品顶戴。黄云拟请赏给二品顶戴。联魁拟请在任以外任应升之缺升用。可否恳恩照准，出自鸿施！谨合词附片具陈，伏乞圣鉴，训示施行。再，此件系臣福祥主稿。合并声明。谨奏。

（朱批：）着照所请，该部知道。[1]

光绪二十二年十二月初四日，奉朱批：着照所请，该部知道。钦此。[2]

---

[1]　中国第一历史档案馆藏：朱批奏折，档案编号：04-01-12-0582-041。

[2]　中国第一历史档案馆藏：录副奏折，档案编号：03-5919-018。

一五〇　请将白遇道交军机处记名片

光绪二十二年十一月初十日(1896年12月14日)

再,臣福祥行营总理营务翰林院编修记名道白遇道,[①]器识深远,精力兼人,而治行尤为不苟。上年臣军度陇,贼势正炽,众议缓行,该员独劝臣急进,由是贼皆夺气。米拉马营之役,众方竞进,而该员独谓敌人未可轻。贼果拒之于东湾,非以全力注之,几不得进。山行险远,士卒俱困,而该员日据鞍马,夜治簿书,意独勤勤无倦。前后捕治首要凡数千人,该员皆悉意勾稽,期无枉纵,持躬严正,人不敢干以私。臣福祥之所以得迅赴事机,而军无怨讟,大率皆该员之力也。合无仰恳天恩,准将该员白遇道以道员交军机处记名,遇有缺出,开列在前,请旨简放,并赏加布政使衔,以示优异。谨附片具陈,伏乞圣鉴训示。谨奏。

（朱批:）着照所请,该部知道。[②]

---

①　白遇道(1836—1926),字悟斋、五斋,号慎旃,陕西高陵人。同治九年(1870),中式举人。十三年(1874),中式进士,授翰林院编修。光绪五年(1879),丁父忧,回籍终制。十年(1884),回京,仍供职翰林院。十一年(1885),充山东乡试副考官。十五年(1889),赴陕讲学。二十一年(1895),经乌鲁木齐提督董福祥奏请调赴军营,办理营务。二十三年(1897),随董部入卫京师。二十四年(1898),补授甘肃甘凉道。三十二年(1906),署理甘肃按察使。三十四年(1908),署理巩秦阶道。宣统元年(1909),请假回籍修墓。民国十五年(1926),卒于籍。有《高陵县续志》《课馆诗赋偶存》等行世。

②　中国第一历史档案馆藏:朱批奏片,档案编号:04-01-16-0254-009。此片之具奏者,原件目录署"陕甘总督陶模、西宁办事大臣奎顺",而军机录副则为"董福祥",查军机处随手登记档(档案编号:03-0289-2-1222-325),则为"陶模、奎顺、董福祥"。再,此片之具奏日期,原件误为"光绪二十三年九月二十二日",兹据军机录副及随手档校正。

光绪二十二年十二月初四日,奉朱批:着照所请,该部知道。钦此。[1]

【案】以上折片上达后,引起言官不满,刑科给事中吴光奎于光绪二十二年十二月十八日以西宁肃清保奖人数过多,恐涉冒滥,请饬吏、兵二部详细核议,曰:

刑科掌印给事中臣吴光奎跪奏,为西宁肃清保奖人数过多,恐涉冒滥,请旨饬部详晰查议,以昭核实,恭折沥陈,仰祈圣鉴事。

窃维酬庸之典所以赉有功,破格之施所以昭异数,必其人勠力行间,勤劳卓著,乃能上邀懋赏,盖欲使从戎将士有所激励,始知竞奋于功名也。臣恭阅邸钞,此次西宁肃清案内奏保甘军武职八百五十二员、文职二百一十员,皆列为异常劳绩,物议哗然,骇为冒滥。夫董福祥之奉命西征,师不逾时,河湟底定,回孽荡平,贼之西窜出关者,亦经陶模、饶应祺派兵剿捕,一律歼除,战功诚为懋著!朝廷甄录成劳,董福祥特晋宫衔,优加世职,该督抚等补授实任,赏必当功,莫名钦服!

至此折奏奖异常劳绩至千余人之多,而魏光焘一军将来汇案奖叙,又不知凡几。国家名器所关,岂容如此滥及!钦奉谕旨:该部议奏。仰见我皇上于赏功之典,特昭核实之谟。第部臣虽皆恪慎秉公,而全案皆列异常,优劣亦难悬揣。惟臣窃思从前剿平发逆、捻匪,底定关陇、新疆,肃清滇、黔全境,各军转战至十数省之多,暴师至十余年之久,珍除巨寇,克复名城,及至大功告成,一律普邀勋赏,亦不无异常、寻常劳绩之分。

乃西宁用兵为时不过年余,捍贼不及万数,肤功所奏,只在一隅。该军叠次胜仗,随折奏保文武,均经立沛恩施。至于肃清汇保,凡在事出力人员,概在其内。到营有先后,差委有苦乐,战守有劳逸,论功行赏,贵有区分,混而言之曰异常,可乎?甚有前次甫经优奖,今复得异常劳绩者,层递加保,数月之间,可骤越三四阶,而上揆之例章,实多不合。

又,其中奏请开复之获谷废员,如已革通判张心泰,已革知县凌燮、何其坦、耿士伟、何守谦等,已革游击王有德等,另片奏请开复之已革总兵汤彦和、李良穆、杨宝林,已革提督潘长清、李泗益,已革副将陈宗蕃等,朝褫暮复,东黜西升,谓非夤缘干进、请托徇私,夫谁行之?似此败坏纪纲,操纵赏罚,尤不可不防其渐。相应请旨饬下吏、兵二部将全案保举人员详晰核议,如前案已得过异常奖叙,此次即应入寻常劳绩,其或有递保至三四层者,亦量予汰减。

至声请开复文武各革员,仍调查被参原案,凡所获私罪并在不准捐复之列者,严加剔除,撤销保奖,以杜冒滥而清吏治,庶于酬劳劝功之典,俾人无侥幸之心,士有奋兴之气,而国家爵以驭下之道,亦不僭不滥也。

臣为核实功赏起见,理合据实沥陈,是否有当,伏乞皇上圣鉴训示。谨奏。光绪二十二年十二月十八日。①

同日,吴光奎又以陶模等奏保革员耿士伟一案,请饬查明

---

① 中国第一历史档案馆藏:录副奏折,档案编号:03-5919-048。

撤销，曰：

再，陶模等原奏开单列保之开复革员，谨就臣所确知案情者而论，如已革候选知府四川雅安县知县耿士伟，前于署巴县任内贪酷骄横，民怨沸腾，臣于前年夏间据实纠参，当经钦差大臣裕德等查办得实，奏奉谕旨交部议处，部议应革职者两案，应降三级调用者一案。是耿士伟之稔恶害民，毫无疑义。核其所犯贪酷各节，即加五倍捐复，亦例所不准。

今乃不名一钱，篡名保案，竟能一旦官复原职，是朝廷三襭之威，今直不敌外吏一纸之私情矣。且该革员尚有家丁吴清泉诈赃之案，奉旨饬拿，延不交犯，至今重案虚悬，犹胆敢逍遥事外，夤缘冒功，蔑视宪典，怙恶不悛！此而任其再膺民社，甘民何辜，忍令遭其残害？可否请旨饬下吏部查明耿士伟革职原案，情节属实，即将所保开复原官升阶并免缴捐复银两留甘补用之案，立予撤销，并行文四川、陕甘各总督、山东巡抚，查明耿士伟行踪所在，仍饬令恪遵前奉查办谕旨，远将该革员旧仆之子吴清泉拿获，交案讯办完结，以重朝纲而惩蠹吏。

臣姑举一以例其余，则此案所保开复之革员等诚不能不核实办理也。冒昧直陈，是否有当，伏乞圣鉴。谨奏。①

同日，吴光奎又片请饬令统兵大臣等将废员被参原案咨部查核，曰：

再，查降革人员投效军营，原为例所不禁，然必须核其情节，事属因公，非犯贪酷奸私者，方准留营当差，随时咨部存案备查。乃近来臣工瞻徇情面，于获咎各员不问案情轻重，率请

留营复官,殊非鼓励人才、慎重名器之道。前据给事中丁立瀛陈奏获咎人员督抚奏请开复,并率行奏留原差,请饬申明定例,酌定处分等因一片,钦奉谕旨:着该部议奏。等因。查丁立瀛原奏专指督抚而言,而于各路统兵大臣及督办边防、海防、河工诸将帅尚未议及,可否请旨饬部一并申明定例,以后降革人员投效各路军营及边防、河工各处,皆责令统兵大臣、督办防务、河工诸将帅,先将该废员被参原案咨部核准立案,方可留营效力赎罪。其有身犯贪酷奸私、例在不准捐复者,概不得派委差使,蒙混请奖,违者予以处分,仍将该革员差使、保案立予撤销。

又,开列保举时,凡降革人员皆令另立一单,不准散叙入全案内,以清眉目而免含混。似此奸贪巧猾之徒,无所施其伎俩,而仕路可期渐清矣。

臣为挽回积习、整饬官方起见,谨附片渎陈,是否有当,伏乞圣鉴。谨奏。①

【附】清廷以吴光奎奏请饬查,于光绪二十二年十二月十八日降旨饬令从严核议,分别准驳。上谕档:

光绪二十二年十二月十八日,内阁奉上谕:前据陶模等奏,遵保西宁出力文武员弁,恳恩奖励,开单呈览各折片,当经降旨令该部议奏。兹据给事中吴光奎奏,西宁肃清保案,文武一千余人,俱列异常劳绩,恐涉冒滥,并将已革通判张心泰等十余名,率请开复。又,另片奏,已革知县耿士伟尚有未结之案。似此任意开列,难保无请托等弊,请饬部分别查核撤销各

---

① 中国第一历史档案馆藏:录副奏片,档案编号:03-5350-011。

等语。朝廷论功行赏，所以激励人才，岂容稍涉冒滥。着该部将陶模等此次保案内所开已革人员，查明被参原案，核其情节轻重，分别准驳，不得以该革员等投效军营，概邀优奖。其余请奖各员弁，并着该部从严核议，以重名器。又片奏，嗣后降革人员投效各路军营及边防、海防、河工各处，请饬先将被参各案咨部核准立案，方准留差等语。并着该部议奏。钦此。①

经吏部、兵部议奏，将全案驳回，饬令核减。《清实录》：

寻吏部奏：此次西宁保案，漫无限制，拟请先将全案驳回，饬令该督等切实删减，不得概以异常劳绩为词，笼统列保。又，查此案保请开复各员，除耿士伟、何其坦二员获谴较重，照例不准留营，当经本部先后咨驳，其保案应请即行撤销；至张心泰等五员，是否确有劳绩，抑或应在删减之列，应与全案一并查明，俟覆奏后，再行办理。又，兵部奏：查该给事中奏称，嗣后降革人员投效当差，应先咨部核准立案等语，系为豫杜冒滥起见，请饬下各省督抚及军营统兵各大臣，凡有留营效力人员，俱先将被参原案咨部核准立案。傥未经部核准，至保奖时，即当奏驳，以重名器。均从之。②

一五一　奏报甘肃光绪二十二年上忙征收数目折

光绪二十二年十一月十七日(1896年12月21日)

头品顶戴陕甘总督臣陶模跪奏，为甘肃各属光绪二十二年上

---

① 《光绪宣统两朝上谕档》，第22册，第369页。
② 《德宗景皇帝实录(六)》，卷三百九十九，光绪二十二年十二月下，第214页。

忙征收银两数目,恭折仰祈圣鉴事。

　　窃查甘肃各属光绪二十一年上、下忙征收银数,业经奏报在案。所有二十二年上忙征收银数,据藩司曾鉌详称:查甘省光绪二十二年额征并新垦地丁起存正杂共银二十八万五千五百五十三两九钱二厘,内除皋兰县、沙泥州判、洮州厅、华亭县、平番县、宁夏县、灵州、中卫县、宁灵厅、西固州同等处水冲地亩请明豁免并荒地无从征收外,实应征收正杂银二十一万六百五十两八钱六分四厘六毫。今上忙已完银一十万一千九百七十三两七钱一分六厘,内已完存留经杂、驿站银三万九千八百一十两二钱二分五厘照数留支外,已完起运银六万二千三十五两一钱九分三厘、杂赋银一百二十八两二钱九分八厘,均已解司内,已造入光绪二十二年秋拨册内银一万一千六百九十三两三钱九分九厘,候造入光绪二十三年春拨册内银五万四百七十两九分二厘。未完地丁正杂银一十万八千六百七十七两一钱四分八厘六毫,内地丁起运银七万四千一百一十九两六钱八分五厘,存留经杂银一万八百七十五两一分六厘,存留驿站银二万三千二两六钱六分一厘六毫、杂赋银六百八十四两二钱八分六厘,应归入下忙案内一并核办。造具总、散各册,并声明此项上忙册籍惟平远县、花马池州同两处征完若干,屡经催提,并未报司有案,随详另揭迟延等情,详请具奏前来。

　　臣覆核无异。除将清册、揭帖咨送户部查核外,所有甘省各属光绪二十二年上忙征收银两数目,理合恭折具陈,伏乞皇上圣鉴。谨奏。光绪二十二年十一月十七日。

　　(朱批:)户部知道。①

---

　①　中国第一历史档案馆藏:朱批奏折,档案编号:04-01-35-0111-019。

光绪二十二年十二月初一日，奉朱批：户部知道。钦此。^①

一五二　请将都司周大馥革职审办折

光绪二十二年十一月十七日(1896 年 12 月 21 日)

头品顶戴陕甘总督臣陶模跪奏，为特参侵冒饷项之都司，请旨先行革职，归案审办，恭折具奏，仰祈圣鉴事。

窃据甘肃西宁镇总兵何美玉、西宁道联魁会禀：据大通县属北川等庄堡绅民钱维纶等联名控称，北川营都司周大馥于去岁贼匪猖獗时，奉准挑留民丁三百七十名，作为励勇一旗，照土勇章程给饷，防守营城。闻其缺额颇多，各庄堡自练民勇保护。所需药械一切俱系民捐民办，该都司周大馥借民勇之名冒作五百一十名，禀经西宁镇详准，酌发食粮并盐菜、钱文侵吞入己各等情，由该镇道呈请奏参查办前来。

臣维此次甘肃回乱，添募营旗，各该管带官难保一无虚冒。臣到任后，随时访察，终鲜实据。兹查该都司周大馥，不惟所带勇丁被控缺额，且将民间自练团勇冒领粮饷，实为法所难容，若不一并查追，从严惩办，何以儆贪冒而肃军纪。

除由臣批饬将该都司撤任，行令西宁镇道委员押解并传原告钱维纶等随同赴省发交谳局究办外，相应请旨将花翎尽先补用副将借补西宁镇属北川营都司励勇巴图鲁周大馥，先行革职，拔去翎枝，撤销勇号，以便归案审办。谨恭折具奏，伏乞皇上圣鉴，训示施行。谨奏。光绪二十二年十一月十七日。

---

①　中国第一历史档案馆藏：录副奏折，档案编号：03-6256-046。

（朱批:）周大馥着先革职，严行审办。①

光绪二十二年十二月初一日，奉朱批:周大馥着先革职，严行审办。钦此。②

一五三　请续拨甘军四营行饷银两折

光绪二十二年十一月十七日(1896年12月21日)

头品顶戴陕甘总督臣陶模跪奏，为续请甘军四营行饷银两，恭折仰祈圣鉴事。

窃准甘肃提臣董福祥咨称:十一月初八日，承准总署电寄:奉旨:董福祥奏，已募十六营，发给行粮，即着照办，仍着随时招募精壮，足二十营，以期得力。钦此。咨行前来。臣查甘军已成之十六营，必须支给行粮，不敷饷数请旨饬拨各情形，业于本年十一月初七日具奏在案。兹奉谕旨，令足二十营，应即添募精壮，再加四营，约计每月须添行饷一万二千余两，以一年计，应增银十五万两之谱。甘省饷糈屡经腾挪挹注，实已无可再省。至司库各款，自此次军兴以来，一再提拨，搜索一空。此四营行饷银十五万两，应如何指拨，惟有仰恳天恩，俯准饬部随同前准十六营饷项，一律另拨的款，以应亟需。

所有续请甘军四营行饷缘由，理合恭折驰陈，伏乞皇上圣鉴训示。谨奏。光绪二十二年十一月十七日。

---

① 中国第一历史档案馆藏:朱批奏折，档案编号:04 01-08-0133-002。
② 中国第一历史档案馆藏:录副奏折，档案编号:03-7390-063。

（朱批：）户部议奏。①

光绪二十二年十二月初一日，奉朱批：户部议奏。钦此。②

一五四　奏报马队及枪队
成军起饷日期片

光绪二十二年十一月十七日(1896 年 12 月 21 日)

再，查河、狄一带军务虽已肃清，现值改撤营旗，恐游勇流匪逗遛滋事，当饬副将张绍先就地招募马队一旗，名曰督标永定马队，驻扎河州太子寺一带，认真巡防。又，署左营守备朱应龙兼带督标左翼马队，驻防省城。臣查捍卫城垣，马不如步，因饬该守备将马队裁遣，另募步队一旗，名曰督标新操枪队。据甘肃总粮台布政使曾鉌详称：张绍先马队于光绪二十二年九月初一日成军起饷，朱应龙枪队于九月初六日成军起饷等情前来。

臣覆核无异。除咨明户、兵各部查照外，理合附片具陈，伏乞圣鉴训示。谨奏。

朱批：该部知道。③

光绪二十二年十二月初一日，奉朱批：该部知道。钦此。④

---

① 中国第一历史档案馆藏：朱批奏折，档案编号：04-01-03-0182-004。
② 中国第一历史档案馆藏：录副奏折，档案编号：03-6142-001。
③ 中国第一历史档案馆藏：朱批奏片，档案编号：04-01-03-0012-005。
④ 中国第一历史档案馆藏：录副奏片，档案编号：03-5760-051。

一五五　请饬指拨甘军添募各营饷项片

光绪二十二年十一月十七日(1896 年 12 月 21 日)

再，准提臣董福祥单开：原统甘军马步十四营，前奉督办军务处核准总统、分统薪水、公费，长夫、营务、文案、局、所洋枪匠官、兽医、车驮、喂养、柴薪等项经费，每大建月准支银七千五十余两，小建月支银六千八百七十余两，历经按月开支在案。今该提臣遵旨招足二十营，照章应添分统一员，并添六营车驮、柴薪。至匠、医人等，亦须酌加，原定十四营经费自不敷用，应如何加增之处，拟恳天恩，仍饬督办军务处核定数目，行令户部随同该军专饷指拨的款，以济要需。

除照原单分咨督办军务处暨户部、兵部、工部查核办理外，谨附片具陈，伏乞圣鉴。谨奏。

（朱批：）该衙门议奏。①

光绪二十二年十二月初一日，奉朱批：该衙门议奏。钦此。②

一五六　请将守备许春廷革职片

光绪二十二年十一月十七日(1896 年 12 月 21 日)

再，蓝翎尽先补用守备许春廷，经前督臣杨昌濬于去岁委带霆字营马队，防堵黄城滩一带，本年进剿北大通出力，经臣奏保免补

---

① 中国第一历史档案馆藏：朱批奏片，档案编号：04-01-03-0182-005。
② 中国第一历史档案馆藏：录副奏片，档案编号：03-6142-002。

守备，以都司留甘尽先补用，加游击衔。旋因军务告竣，即饬遣撤。该守备仅将弁勇正饷发讫，其恩饷、夫价、杂费延不发给。据各弁勇联名赴臣衙门控告，该守备闻知，即自首认咎。当即委员按名查算，一律点发清楚。

惟事前延不发给，究属迹近侵欺，相应请旨将蓝翎尽先补用守备许春廷即行革职，拔去翎枝，并请饬部将许春廷保案注销，不准投效军营，以示惩儆。谨附片具陈，伏乞圣鉴训示。谨奏。

（朱批：）着照所请，该部知道。[①]

光绪二十二年十二月初一日，奉朱批：着照所请，该部知道，钦此。[②]

一五七　奏为防军步队勇夫暂免裁减片

光绪二十二年十一月十七日（1896 年 12 月 21 日）

再，查甘肃防军旧章，步队每旗于光绪十年奉部裁去长夫九名，十四年郑工案内又裁子药夫二十四名，十七年裁撤各省勇营一成案内又裁亲兵四名、正勇二十四名。裁减过多，兵力自薄。甘省番、回杂处，时虞反侧，全仗兵威弹压，与内地各省迥不相同，加之汉少回多，有事之时招募不易。去岁河、湟变起，各路营旗仓卒募补，不免贻误。值此时艰，既裁之款何忍再行渎请，惟前督臣于事亟时业已一律添补足额，并未扣存，若明年仍复照裁，勇数既单，难期得力。

---

①　中国第一历史档案馆藏：朱批奏片，档案编号：04-01-17-0159-087。

②　中国第一历史档案馆藏：录副奏片，档案编号：03-5919-001。

合无仰恳天恩,俯念甘省地方紧要,准将前项勇夫暂免裁减,以实营伍,并恳饬部立案施行。谨附片具陈,伏乞圣鉴训示。谨奏。

（朱批:）该部知道。①

光绪二十二年十二月初一日,奉朱批:该部知道。钦此。②

一五八　奏报甘肃被兵各属来春亟需接济折

光绪二十二年十一月二十四日(1896年12月28日)

头品顶戴陕甘总督臣陶模跪奏,为遵旨查明甘肃被兵各属来春亟需接济,暨各处水雹灾案大概情形,先行恭折覆陈,仰祈圣鉴事。

窃臣准军机大臣字寄:光绪二十二年十月初三日,奉上谕:本年甘肃循化、河、狄等处被兵,准令陶模于库存十九、二十两年待支兵饷各提银五万两、制钱五万串,截留新海防捐银一年,俾作赈务之需,小民谅可不致失所。惟念来春青黄不接之时,民力未免拮据,着传谕该督体察情形,如有应行接济之处,即查明据实覆奏,于封印以前奏到,候朕于新正降旨加恩。将此谕令知之。钦此。仰见圣主轸念民瘼,无微不至,跪诵之下,钦感难名! 当即钦遵饬查去后。

兹据藩司曾鉌详称:遵查甘省此次被兵甚重,地方辽阔,难民众多,先后筹拨银五十余万两,现已罄尽,赈务迄不能停。被

---

①　中国第一历史档案馆藏:朱批奏片,档案编号:04-01-03-0012-010。

②　中国第一历史档案馆藏:录副奏片,档案编号:03-5760-052。

害最深之河州、狄道州、沙泥州判、西宁县、大通县、碾伯县、巴燕戎格厅、循化厅及被扰一隅之洮州厅、庄浪厅、贵德厅等属，二十二年正赋、杂税业已分晰开折详奏，恳恩蠲免。其民力之拮据，实异寻常，不但来春青黄不接应行接济，今冬之无衣无食，亦非亟筹赈抚不可。前奉电旨：河州赈抚，着及时举办。随即钦遵挪款，拣员飞采粮石，迅办续赈。旋据西宁、大通一带纷纷请筹冬赈春抚，亦经匀拨仓粮暂救。目前苦于银粮两绌，势成无米之炊，殊深焦灼！

其夏禾被水、被雹之礼县、秦安县、静宁州、清水县、碾伯县、宁州、阶州、固原州、徽县、成县、循化厅、会宁县、河州、皋兰县、金县、平番县、安定县等十七属，业将情形详请奏报在案。内除碾伯、循化、河州灾民归入被兵案内赈抚外，其余被灾各属由各该地方官查明极贫、次贫，或借放社粮，或捐廉给赈，当不至于失所。此外秋禾水、旱、雹、霜各灾，尚有固原州、环县、宁夏县、宁朔县、中卫县、东乐县丞等六属，情形轻重不一。夏秋两案被灾究有几分，钱粮应否蠲缓，因各属造到册结诸多疏漏不合，未能及时汇案出详，现在飞查赶办。

至水、雹灾区来春应否接济之处，查甘省于此等偏灾，皆由地方官察核酌请，或再借社、义粮石，或由外筹款接济，向未请动正项银粮。但本年被兵之余，偏灾又复迭见，地方在在艰难，迥非从前可比，能否撙节不请正项，届时再行据实详办。除续赈急待巨款容另专案请奏外，所有被兵各属来春亟需接济，暨各处水、雹灾案大概情形，先行详请具奏前来。

臣复加查核，委系实在情形。理合恭折覆陈，伏乞皇上圣鉴，训示施行。谨奏。光绪二十二年十一月二十四日。

（朱批：）知道了。[1]

光绪二十二年十二月初八日，奉朱批：知道了。钦此。[2]

一五九　密陈陕西抚臣魏光焘被参各情折

光绪二十二年十一月二十四日(1896年12月28日)

头品顶戴陕甘总督臣陶模跪奏，为遵旨查明陕西抚臣魏光焘被参各情，恭折密陈，仰祈圣鉴事。

窃臣于光绪二十二年五月十七日承准军机大臣字寄：五月初二日，奉上谕：有人奏，疆臣拥兵欺饰，请饬查办一折。据称陕西巡抚魏光焘驻扎多巴一带，捏报胜仗，一意主抚，以致回众窜入青海。今年正月间，逆回以八骑前来窥探，该抚闻风惊溃，军械、粮饷委弃一空等语。着陶模按照所参各节，确切查明，据实具奏，毋稍徇隐。原折着钞给阅看。将此谕令知之。钦此。遵旨寄信前来。

臣查陕西抚臣魏光焘所部湘军，于今年正月初间抵湟，会同邓增剿洗西宁府城东三关踞匪。时北川一带回逆经邓增及张成基等先已剿平数堡，又闻湘军大队继至，遂相率惊奔，湘军因乘势蹦平苏家堡等处回庄，北川一带逆匪自此廓清，湘军实不为无功。正月十五日，魏光焘派令各军，会同邓增进攻多巴。十七日，后军副将罗吉亮、马队游击魏荣斌逼近堡城，贼前队数十人被发涂面，口衔短刀，手持长矛，突来猛扑，后军因之惊溃。邓增及湘军炮队吴元恺合兵进击，贼始败退入堡。魏光焘以罗吉亮恇怯失机，旋即撤

---

① 中国第一历史档案馆藏：朱批奏折，档案编号：04-01-05-0302-014。

② 中国第一历史档案馆藏：录副奏折，档案编号：03-9389-010。

换。正月二十七、二月初三等日，贼倾巢猛扑，各军合力进战，斩获
甚众，终以堡城坚固，猝难攻克。官军每战整队交锋，必如墙以进，
而贼党出队，皆零星跳走，随时挖坑避炮，倏起倏伏，枪炮不能多
中。湘军因潜设地雷轰击，将队伍退站二三里，正待然放，而贼已
将地雷挖去，人遂传为笑谈。其实并非因战败而退。原参称正月
间，逆回玩视湘军，以八骑前来窥探，魏光焘闻风惊溃，军械、粮饷
委弃一空，或即此两事风传所致。

　　二月初九日，魏光焘亲至多巴督战，其时上五庄等处贼堡已经
邓增攻破，贼势穷促。至二月十一日，该匪等遂斩其逆首多名，呈
缴马械，诣湘军乞降。魏光焘饬将堡城平毁。此系当时实在情事。
原参称其观望因循，一意主抚，究非确论。窃查此次河湟煽乱，其
良回被胁不得已而从逆者不下数十万人，万不能一律歼除，曲从汉
民之欲。董福祥之剿办河回，亦终归于抚局。河、狄汉民以回众未
经大创，怨及于董福祥，与魏光焘之受谤大致相同。

　　原参又称逆回窜入青海，皆魏光焘不密为防范所致。臣查青
海之贼，由苏家堡、上五庄一带窜出者甚多，实不止多巴一处，然亦
幸而窜走穷荒，若闯入内地，则完善之区重遭蹂躏，其祸更有不堪
设想者。巴燕戎格所属撒回抚而复叛。三月十五日，湘军分统总
兵龙恩思等率兵至札什巴城，抚定黑城回众。三月下旬，魏光焘添
派后军分统徐有礼等会平水地川诸贼堡。四月初八日，龙恩思约
同徐有礼等进攻甘都塘，徐有礼等因雨雪失期，龙恩思由水地川独
进，不能取胜。次日，徐有礼等与贼接仗，亦以地险收队，贼大股纷
来追逼，湘军设伏以待，贼至，发枪击之，转而获捷，毙贼多名，乘胜
毁贼庄数处。时湘军营务处知府严金清率马队追青海窜贼，董福
祥亲至西宁接办军务，魏光焘奉旨回陕，湘军遂无战事。

臣观魏光焘之用兵也近拙，然自多巴经湘军平毁后，董福祥派兵搜捕余逆，无敢抗违者，故湟回之受创较甚。董福祥之用兵也近巧，然自河回收抚后，一时逆党并未大加惩创，故河回之隐患较深。惟魏光焘所部将领实不如董福祥所用何得彪、马安良等为得力。此其大较也。臣博访人言，悉心察核，不敢不据实以闻。

所有查明抚臣被参各缘由，谨恭折密奏，伏乞皇上圣鉴训示。谨奏。光绪二十二年十一月二十四日。

（朱批：）知道了。①

光绪二十二年十二月初八日，奉朱批：知道了。钦此。②

【案】有人奏，疆臣拥兵欺饰，请饬查办一折：光绪二十二年五月初二日，江南道监察御史李擢英以陕西巡抚魏光焘拥兵欺饰，具折奏请饬查，曰：

江南道监察御史臣李擢英跪奏，为疆臣拥兵欺饰，难进易退，请旨饬查惩处，以慎名器而固封疆事。

窃维我朝官制承流宣化，责在布政使。至总督、巡抚则晋秩兵部，兼衔提督，原以寄将帅之任，诚以疆圉为重，故必镇抚得人，有事之日更无论已。陕西巡抚魏光焘前在新疆，以候补道带兵四营，为左宗棠修理运道，并未与贼接仗。前年关东有警，魏光焘为湘军前敌统领，与李光久相犄角。李光久被围，魏光焘不救，致李光久大败，湘、豫诸军遂相率溃退。此牛庄、营口所以失也。后来何以入告，外间不得而知，然贻误戎机，

---

① 中国第一历史档案馆藏：朱批奏折，档案编号：03-01-13-0386-019。
② 中国第一历史档案馆藏：录副奏折，档案编号：03-6142-015。

魏光焘已难辞咎矣。

皇上明见万里，贤否真伪，讵不烛照无遗。而帝德含宏，功疑惟重，旋授魏光焘为陕西巡抚，仍令剿平回匪，以观后效。该抚具有天良，宜何如感激图报，乃闻其驻扎多巴及巴燕戎格也，自去夏至今，间虽捏报胜仗，无非空言搪塞，实未能破一堡、减一股，故历次奏报接仗情形，如出一辙。夫以董福祥之忠勇，飙驰电掣，所向克捷，既已进规西宁，果使魏光焘同心勠力，蠢兹小丑，早宜一鼓荡平。无如观望因循，一意主抚，又不密为防范，遂使逆回窜入青海，滋蔓难图，坐失事机，魏光焘咎更难辞。

尤可恨者，今年正月，闻逆回玩视湘军，以八骑前来窥探，讵魏光焘闻风惊溃，军械、粮饷委弃一空。贼只八人，亦难尽携。过后多日，尚有在道捡拾者，远近传为笑谈。此关外所共见共闻者也。

现在奉旨，令回陕西巡抚本任。天恩优渥，固所以宽其过而使之自新。第以该抚资望之轻而寄以疆域之重，万一地方稍有不靖，臣恐其屡经摧挫，难冀奋兴，内无以服士卒之心，外无以摄逆氛之胆。而顾欲保障闾里，巩固苞桑，臣知其断断不能也。相应请旨饬查惩处，俾凡统兵道员咸知进可以立功，退不免获罪，庶各怀儆惧，不至效尤以图侥幸矣。臣为慎名器以固封疆起见，是否有当，伏乞皇上圣鉴。谨奏。光绪二十二年五月初二日。①

---

① 中国第一历史档案馆藏：录副奏折，档案编号：03-6688-058。

一六〇　奏报甘肃光绪二十二年九月雨水、粮价折

光绪二十二年十一月二十五日（1896年12月29日）

头品顶戴陕甘总督臣陶模跪奏，为恭报甘肃省光绪二十二年九月份粮价、雨泽情形，恭折仰祈圣鉴事。

窃照本年八月份粮价并得沾雨泽情形，业经具折奏报在案。兹查本年九月份兰州等八府六直隶州属具报得沾雨泽，自一寸起至三四寸止。正值秋禾收获之际，获此沃泽，实于农田有裨。至通省粮价，因新粮登场后分数不同，存销亦异，是以较上月互有增减，大致尚称平稳。据藩司曾鉌具详请奏前来。

臣覆核无异。理合恭折具奏，并缮粮价清单，恭呈御览，伏乞皇上圣鉴。谨奏。光绪二十二年十一月二十五日。

（朱批：）知道了。[①]

光绪二十二年十二月二十一日，奉朱批：知道了。钦此。[②]

一六一　呈甘肃光绪二十二年九月粮价清单

光绪二十二年十一月二十五日（1896年12月29日）

谨将甘省各属光绪二十二年九月份米粮时估价值，缮具清单，恭呈御览。

---

① 中国第一历史档案馆藏：朱批奏折，档案编号：04-01-25-0561-025。
② 中国第一历史档案馆藏：录副奏折，档案编号：03-9369-016。

计开：

兰州府属：价有昂有平

粟米每京石价银八钱九分三厘至二两六钱一分九厘,较上月贵八分八厘。小麦每京石价银八钱九分三厘至二两三钱四分七厘,较上月贵四分七厘。豌豆每京石价银八钱九分三厘至二两二钱九分二厘,较上月贱一钱二分五厘。青稞每京石价银七钱六分二厘至二两七分三厘,较上月贵二钱七分二厘。

巩昌府属：价平

粟米每京石价银一两六分一厘至一两九钱一分七厘,与上月相同。小麦每京石价银八钱三分至一两三钱七分八厘,与上月相同。豌豆每京石价银七钱六分七厘至一两二钱,较上月贱一钱。青稞每京石价银六钱七分一厘至九钱五分一厘,较上月贱一分五厘。

平凉府属：价平

粟米每京石价银八钱四分至九钱八分六厘,与上月相同。小麦每京石价银五钱五分四厘至一两二分五厘,与上月相同。豌豆每京石价银四钱六分七厘至一两二分二厘,与上月相同。糜子每京石价银四钱五分五厘至五钱八分五厘,与上月相同。

庆阳府属：价平

粟米每京石价银五钱五厘至七钱七分一厘,与上月相同。小麦每京石价银五钱五厘至一两三钱四分二厘,与上月相同。豌豆每京石价银四钱至一两七钱六分三厘,与上月相同。糜子每京石价银二钱九分四厘至四钱八厘,较上月贱九分五厘。

甘州府属：价有昂有平

粟米每京石价银九钱二分四厘至一两二分九厘,较上月贱一

钱二厘。小麦每京石价银七钱七分五厘至一两八分五厘，较上月
贱二钱二分八厘。豌豆每京石价银一两五分三厘至一两五钱三分
三厘，较上月贵二分八厘。青稞每京石价银五钱五分至六钱五分
二厘，较上月贱二钱六分六厘。

凉州府属：价平

粟米每京石价银一两一钱三分四厘至二两三钱八分三厘，与
上月相同。小麦每京石价银一两九分二厘至二两一分七厘，与上
月相同。豌豆每京石价银一两五分至二两一分七厘，与上月相同。
青稞每京石价银八钱四分至一两一钱九分一厘，与上月相同。

宁夏府属：价平

粟米每京石价银七钱七分七厘至一两二钱一分三厘，与上月
相同。小麦每京石价银九钱一分至一两五钱二分六厘，与上月相
同。豌豆每京石价银八钱四分至一两三钱六厘，与上月相同。糜
子每京石价银五钱二分五厘至九钱三分二厘，与上月相同。

西宁府属：价有昂有平

粟米每京石价银一两七钱一分八厘至二两九钱六分，较上月
贵二钱一分二厘。小麦每京石价银一两四钱九分三厘至二两八
钱，较上月贵一钱七分五厘。豌豆每京石价银一两四钱至二两四
钱九分六厘，与上月相同。青稞每京石价银一两二钱七分八厘至
一两六钱八分，与上月相同。

秦州直隶州并所属：价平

粟米每京石价银一两一钱二分至二两二分四厘，与上月相同。
小麦每京石价银七钱八分三厘至一两五钱一分二厘，与上月相同。
豌豆每京石价银七钱至一两五钱一分二厘，与上月相同。糜子每
京石价银五钱六分至 一两一钱六分三厘，与上月相同。

阶州直隶州并所属：价有昂有平

粟米每京石价银一两三钱八分六厘至一两九钱九分九厘，与上月相同。小麦每京石价银一两三钱二厘至一两四钱三分三厘，与上月相同。豌豆每京石价银九钱四分五厘至一两四钱九分九厘，与上月相同。糜子每京石价银九钱三分一厘，较上月贵二分九厘。

泾州直隶州并所属：价有昂有平

粟米每京石价银五钱六分至七钱七分，与上月相同。小麦每京石价银五钱二分二厘至七钱三分八厘，较上月贵二分三厘。豌豆每京石价银四钱八分五厘至六钱六分六厘，较上月贵七分三厘。糜子每京石价银三钱三分六厘至四钱九分，较上月贱四分一厘。

固原直隶州并所属：价有昂有平

粟米每京石价银九钱五分九厘至一两三钱六分三厘，较上月贵一钱二分九厘。小麦每京石价银七钱七分至一两二钱九分五厘，与上月相同。豌豆每京石价银七钱七分至一两三钱五分四厘，与上月相同。糜子每京石价银七钱一分一厘，较上月贵一分九厘。

肃州直隶州并所属：价平

粟米每京石价银九钱六分六厘至一两五分，与上月相同。小麦每京石价银七钱五分六厘至一两九分二厘，较上月贱八分四厘。豌豆每京石价银七钱九分八厘至一两三钱八分六厘，较上月贱一钱五厘。青稞每京石价银五钱四分六厘至九钱八分七厘，较上月贱八分四厘。

安西直隶州并所属：价平

粟米每京石价银一两七分一厘至一两三钱九分一厘，与上月相同。小麦每京石价银一两五分至一两四钱四分一厘，与上月相同。豌豆每京石价银一两二厘至一两二钱九分五厘，与上月相同。青稞每京石价银五钱八分一厘至九钱六分六厘，较上月贱七分。

（朱批:）览。①

一六二　请以詹廷镛调补高台县知县折

光绪二十二年十一月二十五日(1896年12月29日)

头品顶戴陕甘总督臣陶模跪奏，为拣员调补要缺知县，以俾地方，恭折仰祈圣鉴事。

窃据甘肃布政使曾钰、署按察使周绶会详称:高台县知县陈昌调补皋兰县知县，业已截缺报部。查州县应调缺出，例应于现任人员内拣选调补。又，大挑知县借补要缺佐贰，例准扣满三年，酌调繁缺知县各等语。今高台县知县系冲、繁、疲三项要缺，地界边墙，为出关要道，方域辽阔，羌、番错居，非精明练达之员，不足以资治理。

该司等在于通省现任简缺知县内逐加遴选，均与此缺不宜。惟查有大挑知县借补肃州王子庄要缺州同詹廷镛，年五十二岁，贵州遵义县人，由副贡中式同治癸酉科举人，庚辰科会试大挑一等，以知县用，签掣甘肃，光绪九年正月到省，年满甄别补用，借补肃州王子庄州同，十九年三月到任，已满三年。查该员练达安详，尽心民事，现官肃州州同，毗连高台，于该处风土民情最为熟悉，以之调补高台县知县，实堪胜任，人地亦极相宜。会详请奏前来。

臣查詹廷镛心地慈祥，办事稳慎，仰恳天恩，俯念要缺需员，准

---

① 中国第一历史档案馆藏:清单，档案编号:03-6962-023。

以肃州王子庄州同詹廷镛调补高台县知县，期于地方有裨。如蒙俞允，该员系以知县借补州同，今请调补繁缺知县，衔缺相当，毋庸送部引见。再，该员任内并无参罚案件。谨恭折具陈，伏乞皇上圣鉴训示。至所遗肃州王子庄州同系要缺，例应由外拣补。合并声明。谨奏。光绪二十二年十一月二十五日。

（朱批：）吏部议奏。[1]

光绪二十二年十二月二十一日，奉朱批：吏部议奏。钦此。[2]

一六三　请以赵桢隆升补华阳营都司折

光绪二十二年十一月二十五日(1896年12月29日)

头品顶戴陕甘总督臣陶模跪奏，为拣员升补都司要缺，以重营伍，恭折仰祈圣鉴事。

窃查陕西汉中镇属华阳营都司辛仲武病故遗缺，经部咨覆系题补第三轮第九缺，轮用应升人员，行令迅拣请补等因。当经转饬遵照去后。兹据署汉中镇总兵龙得胜拣选得俸满汉中镇属留坝营守备赵桢隆，年强才明，营伍练达，呈请升补前来。

臣查俸满尽先补用都司汉中镇属留坝营守备赵桢隆，戎行久历，勤奋耐劳，以之升补斯缺，实堪胜任，亦与轮缺章程相符。合无仰恳天恩，俯念员缺紧要，准以该员赵桢隆升补汉中镇属华阳营都司员缺，可期得力。如蒙俞允，俟接准部覆后，即行给咨送部引见，以符定制。

---

[1] 中国第一历史档案馆藏：朱批奏折，档案编号：04-01-13-0366-026。

[2] 中国第一历史档案馆藏：录副奏折，档案编号：03-5349-095。

除查取履历清册另咨送部,所遗汉中镇属留坝营守备员缺,陕甘现有应补人员,容另拣员请补外,谨会同陕西固原提臣邓增,合词恭折具奏,伏乞皇上圣鉴训示。谨奏。光绪二十二年十一月二十五日。

(朱批:)兵部议奏。[1]

光绪二十二年十二月二十一日,奉朱批:兵部议奏。钦此。[2]

一六四　奏报张锡光暂缓送部引见片

光绪二十二年十一月二十五日(1896年12月29日)

再,前准兵部咨:陕西河州镇属洮岷协副将员缺,以甘肃提标前营游击张锡光拟补,应令给咨赴部引见等因。当即转饬遵照去后。兹准署甘属提臣张永清咨开:查该员现尚办理防务,一时遽难更易,且查洮岷地方界连狄河一带,现虽军务已平,防范尤不宜稍懈。该员前带毅武营驰剿西宁、循化回逆,颇称得力,可否仰恳天恩,俯准将拟补洮岷协副将张锡光暂缓送部引见,先行饬部发给署札,令其赴任,以重地方,俟防务大定,再行给咨赴部引见之处,出自逾格鸿施。谨附片具陈,伏乞圣鉴训示。谨奏。

(朱批:)着照所请,兵部知道。[3]

光绪二十二年十二月二十一日,奉朱批:着照所请,兵部知道。钦此。[4]

---

① 中国第一历史档案馆藏:朱批奏折,档案编号:04-01-17-0160-002。
② 中国第一历史档案馆藏:录副奏折,档案编号:03-5919-051。
③ 中国第一历史档案馆藏:朱批奏片,档案编号:04-01-17-0159-088。
④ 中国第一历史档案馆藏:录副奏片,档案编号:03-5919-052。

一六五　奏报副将额勒珲病故开缺片

光绪二十二年十一月二十五日（1896 年 12 月 29 日）

再，准陕西提臣邓增咨开：潼关协副将额勒珲得患病症，医治罔效，于本年十月初十日在任病故等情，咨请核办前来。

臣覆查无异，相应奏明请旨开缺。除饬取该故员原领札付及委员承查印、甘各结另咨送部，并查有升用提督记名总兵宁夏镇属灵州营参将卢万德，练习营务，朴实勤慎，已委令前往署理外，所遗潼关协副将员缺，陕甘现有应补人员，容臣另拣请补。理合附片具陈，伏乞圣鉴训示。谨奏。

（朱批：）兵部知道。①

光绪二十二年十二月二十一日，奉朱批：兵部知道。钦此。②

一六六　请准都司蒋占魁等暂缓引见片

光绪二十二年十一月二十五日（1896 年 12 月 29 日）

再，西宁镇属白塔营都司蒋占魁，经前督臣杨昌濬因去岁回乱猝起，地方紧要，先饬赴任。臣以现在大乱虽平，而弹压防维未敢稍懈，咨请兵部先给札付，以重职守。兹准部覆：应令奏明办理等因。

臣查甘肃武员未经给札先饬赴任者，尚有宁夏镇属灵武营守

---

① 中国第一历史档案馆藏：朱批奏片，档案编号：04-01-17-0159-075。
② 中国第一历史档案馆藏：录副奏片，档案编号：03-5919-054。

备柴殿魁、玉泉营守备黄得福两员。各该处均系蒙、番杂居，汉、回交错，现值防营裁减之际，该员等一时遽难赴引，可否仰恳天恩，俯准将该员蒋占魁、柴殿魁、黄得福等先行饬部发给札付，以重地方，仍俟防务大定，再行给咨赴部引见之处，出自鸿慈。理合遵照部咨，附片具奏，伏乞圣鉴训示。谨奏。

（朱批：）着照所请，兵部知道。[①]

光绪二十二年十二月二十一日，奉朱批：着照所请，兵部知道。钦此。[②]

一六七　奏报周见恒保案遗漏请饬更正片

光绪二十二年十一月二十五日(1896年12月29日)

再，前准兵部咨开：尽先补用参将周见恒于堵剿晋省窜匪案内，由把总保免补千总，以守备尽先补用。检查此案，并无该员之名，究于何案内保奖，行令查明报部，再行核办等因。当经转饬查覆去后。兹据督标中军副将汤仁和呈：据现署督标中营都司周见恒禀覆：前于同治八年在山西省随同官军堵剿窜匪出力，蒙由把总保免补千总，以守备尽先补用，旋即请假回籍，后投入蜀军，于攻克肃州东关暨克复肃州城垣关陇一律肃清案内加保都司、游击，兹奉饬查，想系原保单内遗漏，恳请递改前来。

臣覆查该员周见恒，前由把总保免补千总以守备尽先补用之案，既系原保单内遗漏，自应依次递改更正，以昭核实。合无仰恳

---

①　中国第一历史档案馆藏：朱批奏片，档案编号：04-01-17-0159-089。

②　中国第一历史档案馆藏：录副奏片，档案编号：03-5919-055。

天恩,俯准将该员周见恒前由守备保以都司补用之案改为以千总补用,由都司保以游击补用之案改为以守备补用,由游击保以参将尽先补用之案改为以都司尽先补用,饬部更正注册,以实官阶。再,该员早经归标,现已委署督标中营都司,应请即以都司留于陕甘尽先补用。合并陈明。除咨部查照外,理合附片具陈,伏乞圣鉴训示。谨奏。

(朱批:)兵部知道。①

光绪二十二年十二月二十一日,奉朱批:兵部知道。钦此。②

一六八　奏闻喻经魁病故请旨开缺片

光绪二十二年十一月二十五日(1896年12月29日)

再,据肃州镇总兵田在田禀称:镇标右营游击喻经魁患病日久,医治罔效,于光绪二十二年十月二十七日在任病故等情前来。

臣覆查无异。相应请旨开缺。除查取该故员原领札付及委员承查印、甘各结另咨送部外,所遗肃州镇标右营游击员缺,陕甘现有应补人员,容臣另拣请补。理合附片具陈,伏乞圣鉴训示。谨奏。

(朱批:)兵部知道。③

光绪二十二年十二月二十一日,奉朱批:兵部知道。钦此。④

---

① 中国第一历史档案馆藏:朱批奏片,档案编号:04-01-17 0159 076。
② 中国第一历史档案馆藏:录副奏片,档案编号:03-5919-056。
③ 中国第一历史档案馆藏:朱批奏片,档案编号:04-01-17-0519-074。
④ 中国第一历史档案馆藏:录副奏片,档案编号:03-5919-053。

一六九　甘省需款甚亟请饬部再行筹拨折

光绪二十二年十二月初四日(1897年1月6日)

头品顶戴陕甘总督臣陶模跪奏，为甘省军务虽平，难民众多，办理续赈，需款甚亟，恳恩饬部再行筹拨银两，以资接济，恭折仰祈圣鉴事。

窃查甘肃此次回乱，筹办赈抚，为日本长，需款最巨。前于光绪二十一年八月请动司库新草变价、驿站扣留银二十万两，各属变价未尽仓粮十五六万石。二十二年四月，复请动用待支兵饷十万两、库存钱五万串、两次截留捐项银一万六七千两及各省义捐银十一二万两，并提臣董福祥派令抚回赔交银十万两、粮一千一百万斤。综计银粮不为不多，无如地广灾重，难民众多，贼踪往复窜扰，赈济非只一次。房具资费既难照依成例，加赈月份亦难拘定日期。河、狄粗有眉目，随即专意湟中，喘息方定，又复流离。缘河、狄回势最强，汉民被乱最甚，故墟焦土，寸椽俱无。祸乱粗平，惊心未定。前此资遣抚辑，在公家虽费尽经营，而难民暂顾口食，无暇图复旧业。且谣言时起，不免四散走避，故领资食赈已逾半年，而田里荒芜，无从整理。一议停赈，流离更甚。不得已仍饬司派员采运粮石，查办续赈。旋奉电旨：河州冬赈，着及时举办等因。钦此。复经臣会同董福祥，派委甘军营务处道员张成基、副都统奇克伸布等，前往河州督办赈抚事宜，镇以兵威，谣言或可少息，百姓或可相安。

惟前集经费五十六七万，现只存七百余两，准拨仓粮虽用未过半，终因道远，运价过于粮价，无法转输。计河州一属难民大小丁口不下二十万人，今岁冬赈，明年春抚，加以西宁府各属请赈者陆续而至，势难漠视。似此需款尚多，司库罗掘空虚，实在无可腾挪。据藩司曾銑、署臬司周绶、兰州道黄云会详奏请添拨前来。

合无仰恳天恩，俯准饬部再筹拨的款银二十万两，并请将光绪二十三年新海防捐、筹饷新捐再行截留支用，以惠灾黎而广皇仁，出自逾格鸿施。除咨部外，所有再恳续拨赈抚银两缘由，理合恭折具陈，伏乞皇上圣鉴，训示施行。谨奏。光绪二十二年十二月初四日。

（朱批：）户部议奏。[1]

光绪二十二年十二月十七日，奉朱批：户部议奏。钦此。[2]

一七〇　请将甘省被灾州县钱粮蠲缓折

光绪二十二年十二月初十日（1897 年 1 月 12 日）

头品顶戴陕甘总督臣陶模跪奏，为勘明甘肃各属夏秋禾苗被灾情形，暨应蠲缓钱粮数目，谨缮清单，恭折仰祈圣鉴事。

窃照甘肃省金县等州县光绪二十二年夏秋禾苗被雹、被水大概情形，业经臣奏奉朱批：知道了。各属被灾情形，即着查明，分别核办。钦此。当即钦遵行司照办去后。嗣据金县、岷州、陇西县丞等属续报秋灾，复经批司委勘。昨于奏覆奉旨查闻来春应否接济案内，亦经详细附陈在案。

兹据甘肃布政使曾銑详称：计夏秋灾共一十五处，除碾伯县、河州汉民被灾钱粮应请归入被兵案内概行蠲免，毋庸重列，并宁远县冲压地亩不能垦复，另案题豁，暨环县夏禾被雹分数，钱粮有无

---

① 中国第一历史档案馆藏：朱批奏折，档案编号：04-01-02-0095-020。

② 中国第一历史档案馆藏：录副奏折，档案编号：03-5602-050。

蠲缓，因覆勘册结未到，俟严催至日另案补办，及安化县、打拉池县丞、庄浪县丞、金县、沙泥州判、阶州、平凉县、海城县、岷州、陇西县丞等一十处，均勘不成灾，毋庸蠲缓外，惟固原州并河州回民被雹成灾地亩六分至十分不等，共应蠲正、耗银三十四两一分六厘三毫，共应蠲正、耗粮一十五石九斗七升五抄，共应缓正、耗银三十两九钱九分一厘二毫，共应缓正、耗粮九十一石五斗七升六合九勺五抄，汇开清折，呈请奏恳天恩，准予蠲缓，以纾民力。至成灾不成灾各贫户，有散给钱文者，有酌发粮石者。宁远县压毙人口，除埋土内无从施给棺木，冲倒庄房碍难修复，已令迁居近堡，妥为安置，均不致失所。所给钱文、粮石，或由各该地方官捐廉办理，或动用社、义各仓存粮，均未请领专款，应请免开细数等情前来。

臣覆核无异。除批司分饬被灾各属随时察看，如来春民力拮据，应行接济，即行禀请筹款抚恤毋任失所外，理合恭折具奏，并开具清单，恭呈御览，伏乞皇上圣鉴，饬部查照施行。谨奏。十二月初十日。

光绪二十二年十二月二十三日，奉朱批：着照所请，户部知道。单并发。钦此。[①]

一七一　呈甘省被灾州县钱粮请蠲缓清单

光绪二十二年十二月初十日（1897年1月12日）

谨将甘肃各属光绪二十三年夏、秋禾苗被灾勘明情形，暨应蠲缓银粮数目，缮具清单，恭呈御览。

---

① 中国第一历史档案馆藏：录副奏折，档案编号：03-7106-076。

计开：

署平庆泾固化道徐锡祺、固原直隶州知州张祥会，会勘过该州东乡白家塬官堡台等处，于五月十二、十九等日被雹，打伤夏禾，实已成灾八分共地四十六顷五十九亩四分五厘，应征正银三十三两三钱一厘三毫、耗银四两九钱九分五厘二毫，照例请蠲十分之四，应蠲正银一十三两三钱二分五厘、耗银一两九钱九分八厘一毫。其余六分正银一十九两九钱八分八毫、耗银二两九钱九分七厘一毫，缓作三年带征。

又会勘过该州南乡牛营子等处，于六月初九日被雹，打伤夏禾，实已成灾十分共地一十五顷八亩四分二厘，应征正银二十三两二钱二分七厘、耗银三两四钱八分四厘、正粮二石一斗九升三合五勺、耗粮三斗二升九合，照例请蠲十分之七，应蠲正银一十六两二钱五分八厘九毫、耗银二两四钱三分八厘八毫、正粮一石五斗三升五合四勺五抄、耗粮二斗三升三勺。其余三分正银六两九钱六分八厘一毫、耗银一两四分五厘二毫、正粮六斗五升八合五抄、耗粮九升八合七勺，缓作三年带征。先后被灾各户，已由该州动用社粮抚恤，不致失所。钱粮照请蠲缓，以纾民力。

署兰州府知府周景曾、署河州知州杨增新，会勘过该州东南乡三、四、五、六等会社，于六月初七、八、九等日被雹，打伤回地夏禾，实已成灾七分共地八顷五十二亩六厘，应征正粮三十二石一斗九升、耗粮四石八斗二升八合五勺，照例请蠲十分之二，应蠲正粮六石四斗三升八合、耗粮九斗六升五合七勺。其余八分正粮二十五石七斗五升二合、耗粮三石八斗六升二合八勺，缓作二年带征。成灾六分共地一十五顷六十亩六分，应征正粮五十九石一斗三升五合六勺、耗粮八石八斗七升四勺，照例请蠲十分之一，应蠲正粮五石九斗一升三合六勺、耗粮八斗八升七合。其余九分正粮五十三石二斗二升二合、耗粮七石九斗八升三合四勺，缓作二年带征。被灾回民已由该州随时捐廉抚恤，不致失所。钱粮照请蠲缓，以纾民力。

（朱批：）览。①

一七二　请免扣凉庄二满营官兵原营支款折

光绪二十二年十二月十八日（1897 年 1 月 20 日）

头品顶戴陕甘总督臣陶模跪奏，为恳恩免扣满营官兵原营支款，以恤兵艰，恭折仰祈圣鉴事。

窃前督臣准户部议覆：查凉庄二满营防剿官兵奏调原折，与此次原单人数歧异，应令查明声覆；至所支行粮，既系照宁夏满营调驻通州支销章程，应将原营支款分别截扣提存等因。当经转行遵照去后。兹据甘肃布政使曾铄详称：准凉州副都统依楞额、②庄浪城守尉英秀先后咨覆，奉查人数歧异之处，已经造具官兵旗佐花名清册，详细声覆在案。

至原营支款饬令分别截扣提存一节，查凉庄满营奉调官兵，如同治年间调赴靖远、盐茶厅、庆阳等处防剿窜贼，奏派副都统带领官兵出关，征剿新疆等处回逆，皆支食行粮，并不截扣原营支款。

---

① 中国第一历史档案馆：清单，档案编号：03-7106-077。

② 依楞额（？—1899），达呼尔布库尔氏，黑龙江齐齐哈尔城驻防，满洲镶红旗人，余丁出身，额腾额巴图鲁。同治三年（1864），充委骁骑校。五年（1866），升杭州副都统。十一年（1872），调补黑龙江布特哈正黄旗佐领。十二年（1873），加副都统衔。光绪四年（1878），署伊犁额鲁特领队大臣。七年（1881），实授额鲁特领队大臣。十五年（1889），署伊犁锡伯营领队大臣。二十年（1894），管带神机营、右骁骑营内火器营。二十一年（1895），授凉州副都统。二十五年（1899），卒于任。

此次奉调官兵值饷需不继，行装裹带，每兵仅给银二两，路途梗塞，百物昂贵，拮据情形实难殚述，况奉调后进剿武胜等处窜匪，生擒有贼，阵亡有人，似非前调宁夏满营仅驻通州并未接仗者可比。且行粮以恤兵艰，坐饷以赡家口，往年十成饷项尚未截扣原营支款，今兵丁仅领五成饷干，如再截扣支款，实有冻馁之患。咨请将去岁奉调赴省防剿官兵原营支款，仍照同治年间奉调出征官兵支销旧案，免其分别截扣，以恤兵艰而昭公允各等因前来。

经该司查凉庄奉调官兵人数歧异缘由，前据该满营造到官兵旗佐花名清册，业经详由前督臣咨送在案。兹准声覆，官兵五成坐饷已甚拮据，若再截扣，便至冻馁，并援引同治年间叠次出征未扣原营支款成案，请予免扣，由藩司详请具奏前来。

臣覆核无异。合无仰恳天恩，俯准免扣凉庄二满营此次奉调官兵原营支款，以恤兵艰。除咨部查照外，谨恭折具陈，伏乞皇上圣鉴，饬部查照施行。谨奏。光绪二十二年十二月十八日。

（朱批：）着照所请，户部知道。[1]

光绪二十三年正月初一日，奉朱批：着照所请，户部知道。钦此。[2]

一七三　奏报甘肃光绪二十二年秋禾约收分数折

光绪二十二年十二月十八日(1897 年 1 月 20 日)

头品顶戴陕甘总督臣陶模跪奏，为查明甘肃光绪二十二年秋

---

[1]　中国第一历史档案馆藏：朱批奏折，档案编号：04-01-03-0182-002。

[2]　台北故宫博物院藏：军机及宫中档，文献编号：136590。

禾约收分数，恭折仰祈圣鉴事。

窃直省秋禾收成分数，例应按年具奏。兹据甘肃布政使曾鉌详：据兰州、巩昌、平凉、庆阳、甘州、凉州、宁夏、西宁八府并秦州、阶州、固原、泾州、肃州、安西六直隶州并所属各县将光绪二十二年份秋禾约收分数开折，详请核奏前来。

臣复加查核，约收八分者，武威县一处；约收七分有余者，秦安县等二处；约收七分者，通渭县等六处；约收六分有余者，金县等十三处；约收六分者，皋兰县等八处；约收五分有余者，渭源县等十五处；约收五分者，陇西县等二十三处。以上八府六直隶州所属，通盘牵算，约收五分有余。

再，查各处除岷州、洮州、循化、丹噶尔、巴燕戎格、西宁、大通、红水县丞八厅、州、县、县丞向不种植秋禾外，其河州、狄道州、沙泥州判、碾伯县四处，因去岁被难后百姓未尽归业，秋禾大半未种，实属不成分数，业已另案请蠲钱粮。

至固原、环县、宁夏、宁朔、中卫、东乐县丞等六州、县、县丞秋禾有被水、旱、霜、雹，均经先后饬令该管道府亲诣查勘，是否不致成灾，容俟另案汇办。理合恭折具奏，并缮具清单，恭呈御览，伏乞皇上圣鉴。谨奏。光绪二十二年十二月十八日。

（朱批：）知道了。[1]

光绪二十三年正月初一日。奉朱批：知道了。钦此。[2]

---

[1] 中国第一历史档案馆藏：朱批奏折，档案编号：04-01-23-0212-033。

[2] 台北故宫博物院藏：军机及宫中档，文献编号：136594。

一七四　呈甘肃光绪二十二年秋禾收成清单

光绪二十二年十二月十八日(1897年1月20日)

谨将甘省各属光绪二十二年秋禾约收分数,缮具清单,恭呈御览。

约收八分者:武威县。

约收七分有余者:秦安县、东乐县丞。

约收七分者:通渭县、安化县、抚彝厅、张掖县、灵州、文县。

约收六分有余者:金县、伏羌县、正宁县、山丹县、镇番县、古浪县、平罗县、徽县、阶州、成县、平远县、打拉池县丞、王子庄州同。

约收六分者:皋兰县、宁夏县、宁朔县、中卫县、秦州、灵台县、硝河城州判、贵德厅。

约收五分有余者:渭源县、靖远县、安定县、会宁县、西和县、平番县、宁灵厅、清水县、礼县、西固州同、崇信县、固原州、肃州、毛目县丞、安西州。

约收五分者:陇西县、宁远县、陇西县丞、平凉县、静宁州、华亭县、隆德县、化平厅、庄浪县丞、宁州、合水县、环县、董志原县丞、永昌县、花马池州同、两当县、三岔州判、泾州、镇原县、海城县、高台县、敦煌县、玉门县。

(朱批:)览。①

----

① 台北故宫博物院藏:军机及宫中档,文献编号:136594-0-A。

一七五　奏报各属被灾情形及应蠲缓钱粮折

光绪二十二年十二月十八日(1897年1月20日)

头品顶戴陕甘总督臣陶模跪奏，为甘肃各属夏秋禾苗被灾情形，暨应蠲缓钱粮、草束数目，谨缮清单，恭折具奏，仰祈圣鉴事。

窃照甘省秦安等州县光绪二十二年夏秋禾苗被雹、被水情形，业经臣奏奉朱批：知道了。即着饬属查明灾情轻重，妥为抚恤，毋任失所。钦此。当即钦遵行司照办去后。嗣据固原州、环县、宁夏县、宁朔县、中卫县、东乐县丞等属先后具报秋禾水、旱、雹、霜各灾等情，复经批司饬勘，并于奏覆奉旨查问来春应否接济案内亦经详细附陈在案。

兹据甘肃布政使曾鉽详称：计夏秋灾共二十二处，除碾伯县、循化厅、河州三处被灾钱粮已归入被兵案内概行蠲免，毋庸重列，并礼县、环县二处夏秋禾苗被雹、被霜分数，钱粮有无蠲缓，均因覆勘册结未到，俟严催至日，另案补办，其秦安县、静宁州、清水县、阶州、徽县、成县、会宁县、皋兰县、平番县、安定县、东乐县丞等十一处均勘不成灾毋庸蠲缓外，惟中卫县、宁州、固原州、金县、宁夏县、宁朔县等六处被雹、被水、被旱成灾地亩十分至六分不等，共应蠲正、耗银九十六两六钱二分，共应蠲正、耗粮一千九石八斗四升一合二勺，应蠲草二千四百束四分七厘，共应缓正、耗银三百二十九两五钱，共应缓正、耗粮五百二十八石四斗九合二勺，应缓草一千四十八束七分九厘。开具清折，呈请奏准蠲缓，以纾民力。至成灾不成灾各贫民，有散给钱文者，有酌发粮石者。间有淹坏人口、冲毙牲畜及刷倒房屋、桥道之处，亦经随时掩埋、修复，均由各该州捐廉抚恤，或动用社粮，并未请领正款，应请免开细数等情前来。

臣覆核无异。除批司分饬被灾各属随时察看，如来春民力拮据，应行接济，即禀请筹款抚恤毋任失所外，理合恭折具奏，并开具清单，恭呈御览，伏乞皇上圣鉴，饬部查照施行。谨奏。光绪二十二年十二月十八日。

（朱批：）户部知道。单并发。[1]

光绪二十三年正月初一日，奉朱批：户部知道。单并发。钦此。[2]

一七六　呈各属灾情并蠲缓银粮、草束清单

光绪二十二年十二月十八日(1897 年 1 月 20 日)

谨将甘肃各属光绪二十二年夏秋禾苗被灾情形，暨应蠲缓银粮、草束数目，缮具清单，恭呈御览。

计开：

署宁夏府知府罗镇嵩、中卫县知县卢世堃会勘过该县七星渠，于八月初五日山水猛发，淤塞不通，以致恩曹、鸣沙洲堡等处被旱成灾十分共地五千六百四十一亩，应征正粮六百七十六石九斗二升、耗粮一百一石五斗三升八合、正银一十二两八钱二分六厘、耗银一两九钱二分四厘、草一千六百九十二束三分，照例请蠲十分之七，应蠲正粮四百七十三石八斗四升四合、耗粮七十一石七升六合六勺、正银八两九钱七分八厘、耗银一两三钱四分七厘、草一千一

---

[1]　中国第一历史档案馆藏：朱批奏折，档案编号：04-01-35-0111-040。
[2]　台北故宫博物院藏：军机及宫中档，文献编号：136595。

百八十四束六分一厘。其余三分正粮二百三石七升六合、耗粮三十石四斗六升一合四勺、正银三两八钱四分八厘、耗银五钱七分七厘、草五百七束六分九厘，缓作三年带征。被灾之户，分别极贫、次贫，已由该县拨发社粮赈济，不致失所。钱粮照请蠲缓，以纾民力。

庆阳府知府胡砺锋、宁州知州惟曾会勘过该州东乡可阳、平修等里于五月十一日午后被雹打伤夏禾六分共地四十二顷八十亩，应征正银一百三十两一钱六分、耗银一十九两五钱二分五厘、正粮四石七斗六升四合一勺、耗粮七斗一升四合六勺，照例请蠲十分之一，应蠲正银一十三两一分七厘、耗银一两九钱五分二厘、正粮四斗七升六合四勺、耗粮七升一合五勺。其余九分正银一百一十七两一钱五分一厘、耗银一十七两五钱七分三厘、正粮四石二斗八升七合七勺、耗粮六斗四升三合一勺，缓作二年带征。被灾之户已由该州分别极贫、次贫，借发社粮赈抚，并令及时改种荞、糜，幸获晚收，可资接济。钱粮照请蠲缓，以纾民力。

平庆泾固化道祝维城、固原直隶州知州张祥会会勘过该州东乡杨家坪等处于本年五月十三日未刻天降冰雹，打伤夏秋禾苗六分共地二十三顷九十一亩一分五厘，应征正银三十二两五分五厘、耗银四两八钱八厘、正粮一十一石四斗八合二勺、耗粮一石七斗一升一合二勺、草一十七束七分九厘，照例请蠲十分之一，应蠲正银三两二钱五厘、耗银四钱八分一厘、正粮一石一斗四升八勺、耗粮一斗七升一合一勺、草一束七分八厘。其余九分正银二十八两八钱五分、耗银四两三钱二分七厘、正粮一十石二斗六升七合四勺、耗粮一石五斗四升一勺、草一十六束一厘，缓作二年带征。

又，详报会勘过该州属北乡七营镇等处于本年八月十五日午刻，天降冰雹，打伤秋禾六分共地三十八顷二十四亩四分五厘，应征正银二十七两三钱三分四厘、耗银四两一钱，照例请蠲十分之一，应蠲正银二两七钱三分三厘、耗银四钱一分。其余九分正银二十四两六钱一厘、耗银三两六钱九分，缓作二年带征。其两次被灾贫民，经该州随时捐廉抚恤，不致失所。钱粮照请蠲缓，以纾民力。

兰州府知府胡孚骏、署金县知县谢祖植会勘过该县东北乡小桥子等五十八村庄，于六月初五日申刻，被雹打伤夏禾共地三百一十顷八十三亩六分四厘，共应征正银一百四十二两四钱三分一厘、耗银二十一两二钱八分五厘、正粮一百一十五石一斗四升八合七勺、耗粮一十七石二斗七升二合四勺、草七束九分四厘。内被灾八分地一百五十一顷九十六亩六分八厘，应征正银六十八两九钱一分三厘、耗银一十两二钱九分八厘、正粮五十九石四斗九升一合一勺、耗粮八石九斗二升三合七勺、草四束一分，照例请蠲十分之四，应蠲正银二十七两五钱六分五厘、耗银四两一钱一分九厘、正粮二十三石七斗九升六合四勺、耗粮三石五斗六升九合五勺、草一束六分四厘。其余六分正银四十一两三钱四分八厘、耗银六两一钱七分九厘、正粮三十五石六斗九升四合七勺、耗粮五石三斗五升四合二勺、草二束四分六厘，缓作三年带征。

被灾七分地七十四顷四十七亩四分五厘，应征正银三十一两二钱九分六厘、耗银四两六钱七分七厘、正粮二十七石四斗一升八合一勺、耗粮四石一斗一升二合七勺、草一束八分九厘，照例请蠲十分之二，应蠲正银六两二钱五分九厘、耗银九钱三分五厘、正粮五石四斗八升三合六勺、耗粮八斗二升二合五勺、草三分八厘。其余八分正银二十五两三分七厘、耗银三两七钱四分二厘、正粮二十一石九斗三升四合五勺、耗粮三石二斗九升二勺、草一束五分一厘，缓作二年带征。

被灾五、六分地八十四顷三十九亩五分一厘，应征正银四十二两二钱二分二厘、耗银六两三钱一分、正粮二十八石二斗三升九合五勺、耗粮四石二斗三升六合、草一束九分五厘，照例请蠲十分之一，应蠲正银四两二钱二分二厘、耗银六钱三分一厘、正粮二石八斗二升三合九勺、耗粮四斗二升三合六勺、草二分。其余九分正银三十八两、耗银五两六钱七分九厘、正粮二十五石四斗一升五合六勺、耗粮三石八斗一升二合四勺、草一束七分五厘，缓作二年带征。被灾较重之户已由该县动用社粮赈抚，不致失所。钱粮照请蠲缓，以纾民力。

署宁夏府知府罗镇嵩、宁夏县知县王树槐会勘过该县魏信堡地方于七月十九日天降大雨，山水陡发，决断渠口，高阜受伤轻微，低洼之处夏禾在场未碾、秋禾在地正长，同被淹浸，成灾十分共地三千七百四十八亩六分五厘，应征正银二十二两七钱一厘、耗银三两四钱五厘、正粮三百七十石三升四合、耗粮五十五石五斗五合一勺、小草一千一百五十四束六分六厘，照例请蠲十分之七，应蠲正银一十五两八钱九分一厘、耗银二两三钱八分四厘、正粮二百五十九石二升三合八勺、耗粮三十八石八斗五升三合六勺、小草八百八束二分六厘。其余三分正银六两八钱一分、耗银一两二分一厘、正粮一百一十一石一升二勺、耗粮一十六石六斗五升一合五勺、小草三百四十六束四分，缓作三年带征。被灾贫民已由该县分别极、次，动用社粮，妥为抚恤，不致失所。钱粮照请蠲缓，以纾民力。

署宁夏府知府罗镇嵩、宁朔县知县傅维祜会勘过该县宋澄、曾刚两堡，于七月十九日天降大雨，山水陡发，决断渠口，高阜不致成灾，低洼之处夏禾在场未碾、秋禾在地正长，同被淹浸，成灾十分，共地一千四百六亩三分，应征正银三两九分四厘、耗银四钱六分四厘、正粮一百五十九石三斗三升四合、耗粮二十三石九斗一勺、草五百七十六束五分七厘，照例请蠲十分之七，应蠲正银二两一钱六分六厘、耗银三钱二分五厘、正粮一百一十一石五斗三升三合八勺、耗粮一十六石七斗三升一勺、草四百三束六分。其余三分，正银九钱二分八厘、耗银一钱三分九厘、正粮四十七石八斗二勺、耗粮七石一斗七升、草一百七十二束九分七厘，缓作三年带征。被灾极贫之户已由该县动用社粮，分别抚恤，不致失所。钱粮照请蠲缓，以纾民力。

（朱批：）览。[①]

一七七　奏报甘肃海城县银粮被劫情形片

光绪二十二年十二月十八日(1897年1月20日)

再，准户部咨：前署海城县知县柏以丽接收前任惠福钱粮交代案内，册造开除被贼劫去银一千一百两，又被焚仓粮六十余石，均系仓库正款，究应归何人赔补还款，应令查明声覆核办等因。当经转行遵照去后。兹据布政使曾铄详称：查二十一年五月初七日，海城回匪戕官劫狱，焚毁豌豆二百余石，劫去库存地丁银一千一百两、捐款银一百八十两，业已委勘确实，详经前督臣杨昌濬专折奏报在案。前案开除被焚豌豆止六十九石二斗四升三勺，尚有被焚已估未支兵粮豌豆一百六十六石二斗一升二合八勺，已于接署知县杨廷槐接收柏以丽交代案内续列开除，正符原奏二百余石之数。知县惠福猝遇盗贼，身被戕杀，室家同死，衣物荡然，实属无从

---

① 台北故宫博物院藏：军机及宫中档，文献编号：136595-0-A。

赔补。

查例载：仓库财物若猝遇盗贼劫夺，事出不测而有损失者，委官保勘核实，显迹明白，免罪不赔等语。此项银粮委系叛匪戕官所失，前经委勘明白，例应免赔。应请奏恳天恩，饬部免其赔补。原奏被劫之捐款银一百八十两，系开办筹饷新捐时捐生张烂等报捐储库，该县正拟解银请奖，同时被劫。款虽无着，而该捐生实已呈交在官，未便置之不议，致令向隅。可否仍准奖叙，并请随案奏请饬部核覆等情前来。

臣覆查无异。相应请旨饬部将海城县被劫库存地丁银一千一百两、被焚豌豆二百余石照例准免赔补，并劫去捐生张烂等报捐存库银两应否仍准给奖之处，一并核覆，俾有遵循。为此附片具陈，伏乞圣鉴训示。谨奏。

（朱批：）该部议奏。[①]

光绪二十三年正月初一日，奉朱批：该部议奏。钦此。[②]

一七八　酌减金县等处夫马片

光绪二十二年十二月十八日（1897年1月20日）

再，甘肃东路各属驿站并关外安西、玉门等州县军塘，于光绪十九年经前督臣杨昌濬奏请增加夫马，岁支工料一切，议由厘金项下支发造报，奉部覆准在案。在前督臣系为慎重邮传迅速驰递起见，无如现值饷需奇绌，厘金异常减色，不能不量为核减，以资

---

①　中国第一历史档案馆藏：朱批奏片，档案编号：04-01-35-0839-076。

②　台北故宫博物院藏：军机及宫中档，文献编号：136593。

搏节。

臣体察情形，斟酌繁简，查关外安西、玉门地处沙漠，程站太长，情形与内地不同。皋兰县地当省会，差务较繁，均难议减；海城、平远两县原额本少，所增无几，地方又极瘠苦，所有新添夫马等项仍请照支外，其余金县、安定、会宁、静宁、隆德、固原、平凉、泾州等八州县，只递东路直达陕境文报，道鲜分歧，里数略少，拟从光绪二十二年七月初一日起，将新添夫马酌减一半，仍留一半，较十九年以前原额已属增多，自可无虞贻误。当经饬司遵办去后。兹据藩、臬两司查明金县等州县，于光绪十九年共添马六百四十五匹、夫三百二十二名半，已遵照自本年七月初一日起减去一半，计减去一半马三百二十一匹、夫一百六十名半，岁可节省银一万一千六百二十两二钱，开具细数清折，会详请奏前来。

臣覆核无异。除将裁减新添一半夫马细数开折咨部外，谨附片具陈，伏乞圣鉴训示。谨奏。

（朱批：）该部知道。①

光绪二十三年正月初一日，奉朱批：该部知道。钦此。②

一七九　札委曾鉌总理全省防、练各军营务片

光绪二十二年十二月十八日(1897年1月20日)

再，甘肃军务虽平，而防务不宜稍懈，所有防、练各军营务仍需逐一整顿，非有明干大员认真经理，不足以收实效。查甘肃布政使

---

① 中国第一历史档案馆藏：朱批奏片，档案编号：04-01-07-0025-002。

② 台北故宫博物院藏：军机及宫中档，文献编号：136591。

曾銤，器识闳通，不辞劳怨，堪以总理甘肃全省防、练各军营务事宜。

除札委并刊发关防外，理合附片具陈，伏乞圣鉴。谨奏。

（朱批:）知道了。①

光绪二十三年正月初一日，奉朱批:知道了。钦此。②

一八〇　奏报甘肃光绪二十二年十月雨水、粮价折

光绪二十二年十二月二十一日（1897年1月23日）

头品顶戴陕甘总督臣陶模跪奏，为恭报甘肃省光绪二十二年十月份粮价、雪泽情形，恭折仰祈圣鉴事。

窃照本年九月份粮价并得沾雨雪情形，业经具折奏报在案。兹查十月份兰州等八府六直隶州属具报得沾雪泽，自一二寸至三四寸不等。正值冬麦发生之际，获此雪泽，土脉含濡，民情极为欣慰。至通省粮价，虽新粮登场已久，而各属丰歉不同，存销又异，较上月多有增长。据藩司曾銤具详请奏前来。

臣覆核无异。理合恭折具奏，并缮粮价清单，恭呈御览，伏乞皇上圣鉴。谨奏。光绪二十二年十二月二十一日。

（朱批:）知道了。③

光绪二十三年正月十五日，奉朱批:知道了。钦此。④

---

① 中国第一历史档案馆藏:朱批奏片，档案编号:04-01-03-0065-024。
② 台北故宫博物院藏:军机及宫中档，文献编号:136592。
③ 中国第一历史档案馆藏:朱批奏折，档案编号:04-01-25-0561-027。
④ 台北故宫博物院藏:军机及宫中档，文献编号:136764。

一八一　呈甘肃光绪二十二年十月粮价清单

光绪二十二年十二月二十一日(1897 年 1 月 23 日)

谨将甘省各属光绪二十二年十月份米粮时估价值,缮具清单,恭呈御览。

计开：

兰州府属：价昂

粟米每京石价银八钱三分四厘至二两八钱八分三厘,较上月贵二钱六分四厘。小麦每京石价银八钱三分四厘至二两五钱二分八厘,较上月贵一钱一分一厘。豌豆每京石价银八钱三分四厘至二两五钱二分八厘,较上月贵二钱三分六厘。青稞每京石价银七钱六分二厘至二两七分三厘,与上月相同。

巩昌府属：价昂

粟米每京石价银一两四分五厘至一两九钱一分七厘,与上月相同。小麦每京石价银八钱四分七厘至一两五钱五厘,较上月贵一钱二分七厘。豌豆每京石价银八钱三分四厘至一两二钱六分,较上月贵六分。青稞每京石价银六钱七分一厘至一两一分八厘,较上月贵六分七厘。

平凉府属：价平

粟米每京石价银九钱八分至一两四分九厘,较上月贵六分三厘。小麦每京石价银五钱一分七厘至一两二分五厘,与上月相同。豌豆每京石价银四钱五分二厘至一两二分二厘,与上月相同。糜子每京石价银四钱五分五厘至五钱八分五厘,与上月相同。

庆阳府属：价有昂有落

粟米每京石价银四钱八分至七钱四分二厘，较上月贱二分九厘。小麦每京石价银四钱四分至一两三钱四分二厘，与上月相同。豌豆每京石价银四钱至一两七钱一分五厘，较上月贱四分八厘。糜子每京石价银二钱九分四厘至四钱三分五厘，较上月贵二分七厘。

甘州府属：价落

粟米每京石价银七钱八分四厘至一两二分九厘，与上月相同。小麦每京石价银七钱二分八厘至九钱五分六厘，较上月贱一钱二分九厘。豌豆每京石价银九钱五分五厘至一两四钱，较上月贱一钱三分三厘。青稞每京石价银五钱二分五厘至六钱四分七厘，较上月贱五厘。

凉州府属：价有昂有落

粟米每京石价银一两一钱三分四厘至二两三钱八分三厘，与上月相同。小麦每京石价银一两八厘至一两八钱九分三厘，较上月贱一钱二分四厘。豌豆每京石价银九钱八分七厘至二两八分二厘，较上月贵六分五厘。青稞每京石价银七钱九分八厘至一两一钱九分一厘，与上月相同。

宁夏府属：价平

粟米每京石价银七钱二分一厘至一两二钱一分三厘，与上月相同。小麦每京石价银八钱四分至一两五钱二分六厘，与上月相同。豌豆每京石价银八钱四分至一两四钱，较上月贵九分四厘。糜子每京石价银四钱八分三厘至九钱三分二厘，与上月相同。

西宁府属：价昂

粟米每京石价银一两七钱一分八厘至三两三钱六分，较上月贵四钱。小麦每京石价银一两四钱八分五厘至三两三分九厘，较上月贵二钱三分九厘。豌豆每京石价银一两三钱四分八厘至二两八钱，较上月贵三钱四厘。青稞每京石价银一两二钱四分三厘至一两八钱四分，较上月贵一钱六分。

秦州直隶州并所属：价平

粟米每京石价银一两一钱二分至一两五钱八分四厘，较上月贱四钱四分。小麦每京石价银七钱三分一厘至一两五钱一分二厘，与上月相同。豌豆每京石价银七钱至一两五钱一分二厘，与上月相同。糜子每京石价银五钱六分至一两一钱六分三厘，与上月相同。

阶州直隶州并所属：价平

粟米每京石价银一两三钱八分六厘至一两九钱九分九厘，与上月相同。小麦每京石价银一两三钱二厘至一两四钱三分三厘，与上月相同。豌豆每京石价银九钱四分五厘至一两四钱九厘，与上月相同。糜子每京石价银九钱三分一厘，与上月相同。

泾州直隶州并所属：价平

粟米每京石价银五钱六分至七钱五分，较上月贱二分。小麦每京石价银五钱六分至七钱三分八厘，与上月相同。豌豆每京石价银四钱八分一厘至六钱六分六厘，与上月相同。糜子每京石价银三钱三分六厘至四钱九分，与上月相同。

固原直隶州并所属：价平

粟米每京石价银九钱三分八厘至一两三钱六分三厘，与上月相同。小麦每京石价银七钱七分至一两二钱九分五厘，与上月相同。豌豆每京石价银七钱七分至一两三钱五分四厘，与上月相同。糜子每京石价银七钱一分一厘，与上月相同。

肃州直隶州并所属：价落

粟米每京石价银九钱六分六厘至一两五分，与上月相同。小麦每京石价银七钱一分四厘至九钱六分六厘，较上月贱一钱二分六厘。豌豆每京石价银七钱九分八厘至一两三钱二分三厘，较上月贱六分三厘。青稞每京石价银五钱四分六厘至八钱八分二厘，较上月贱一钱五厘。

安西直隶州并所属：价平

粟米每京石价银一两七分一厘至一两三钱九分一厘，与上月相同。小麦每京石价银一两五分至一两四钱四分一厘，与上月相同。豌豆每京石价银一两二厘至一两二钱九分五厘，与上月相同。青稞每京石价银五钱八分一厘至九钱六分六厘，与上月相同。

（朱批：）览。[①]

一八二　请奖各省关筹解协饷出力各员折

光绪二十二年十二月二十一日(1897年1月23日)

头品顶戴陕甘总督臣陶模跪奏，为各省关筹拨光绪二十一年协甘新饷依限解清，援案请将出力各员分别奖叙，恭折仰祈圣鉴事。

窃前准部咨：钦奉谕旨：甘肃关内外饷银关系紧要，经户部分

---

① 台北故宫博物院藏：军机及宫中档，文献编号：136764-0-A。

别饷数，请饬依限报解。该将军、督抚严饬各该司道，按照部拨数目，扫数筹解，如能依限解清，即由陕甘总督奏请奖叙等因。钦此。历经钦遵办理在案。兹查光绪二十一年由部指拨协甘饷银四百八十万两，俱已扫数清解。臣维关内外防军林立，分拨饷糈原系计口授食，协拨偶有不济，军食既难充足，加之去岁回匪变乱，各路军饷尤不容一刻稍缓。值此时艰，无论何省，饷源均竭，而各省关藩运司道咸能力顾大局，扫数清解，实于甘省大有裨益，业经臣迭次分咨各省查取应叙职名前来。合无仰恳天恩，俯照成案奖叙，以示鼓励。

查现任两广总督前闽浙总督兼福州将军谭钟麟、调署两江总督湖广总督张之洞、四川总督鹿传霖、护理湖广总督湖北巡抚谭继洵、①前任江苏巡抚奎俊、②现任江苏巡抚赵舒翘、③河南巡抚刘树

---

　①　谭继洵（1823—1901），字信甫、敬甫，湖南浏阳人，附生。道光二十九年（1849），中式举人。咸丰九年（1859），中式进士。同治元年（1862），充户部广西司主事。十一年（1872），补户部山西司员外郎。十三年（1874），升户部山东司郎中。同年，充坐粮厅监督。光绪三年（1877），放甘肃巩秦阶道。九年（1883），迁甘肃按察使。十年（1884），晋甘肃布政使。十五年（1889），擢湖北巡抚。二十年（1894），署理湖广总督。二十四年（1898），罢职，递籍管束。二十七年（1901），卒于浏阳。

　②　奎俊（1843—1916），字乐峰，瓜尔佳氏，满洲正白旗人。光绪初，由花翎充工部屯田司郎中。五年（1879），放福建延建邵道，加三品衔。十四年（1888），授福建兴全永道。同年，升福建按察使。十五年（1889），署福建布政使。同年，调补山西布政使。十七年（1891），擢山西巡抚。十八年（1892），补授江苏巡抚，兼理江南织造。二十年（1894），兼管江西新关税务监督。二十一年（1895），调补陕西巡抚。二十三年（1897），署江西巡抚。二十四年（1898），授四川总督。二十六年（1900），兼署成都将军。二十九年（1903），补理藩院尚书、正白旗蒙古都统。同年，兼署都察院左都御史、刑部尚书。三十年（1904），充经筵讲官。三十一年（1905），授吏部尚书。翌年，任总管内务府大臣。宣统三年（1911），授弼德院顾问大臣。民国五年（1916），卒。谥悫靖。

　③　赵舒翘（1847—1901），字展如，号琴舫，陕西长安人。同治九年（1870），补廪生。十二年（1873），中式举人。十三年（1874），中式进士。光绪六年（1880），（转下页）

堂、升任湖南巡抚前署湖北布政使陈宝箴、①升任江西巡抚前安徽布政使德寿、②前安徽巡抚福润、升任山西巡抚前布政使胡聘之、③

（接上页）充汉提牢。七年（1881），补直隶司主事。八年（1882），升陕西司员外郎。同年，转福建司主事。九年（1883），补湖广司郎中。十二年（1886），放安徽凤阳府知府。十七年（1891），迁浙江温处道。十九年（1893），升浙江按察使。同年，授浙江布政使。二十一年（1895），擢江苏巡抚。二十三年（1897），调刑部左侍郎，兼礼部左侍郎。二十四年（1898），授刑部尚书、总理各国事务衙门行走。二十五年（1899），充军机大臣上学习行走、刑部尚书，兼理顺天府府尹事务。二十七年（1901），以辛丑事变被杀。有《提牢备考》、《慎斋文集》、《慎斋别集》、《温处盐务纪要》等行世。

① 陈宝箴（1831—1900），字右铭，号崝庐、右民、橘叟，江西修水人，附生。咸丰元年（1851），中式举人。九年（1859），保候选知县。同治三年（1864），保候选直隶州同知。翌年，保知府。十一年（1872），保候补道员，加盐运使衔。光绪元年（1875），署湖南辰永靖兵备道，晋二品衔。六年（1880），补河南河北道。八年（1882），迁浙江按察使。十二年（1886），发往广东差委。次年，赴河南办理河工。十六年（1890），授湖北按察使。同年，署湖北布政使。二十年（1894），调补直隶布政使。二十一年（1895），擢湖南巡抚。二十四年（1898），以滥保匪人革职。二十六年（1900），卒于籍。

② 德寿（1837—1903），字静山，满洲镶黄旗人，翻译生员，景山官学满洲教习。咸丰六年（1856），捐笔帖式。十一年（1861），充内务府笔帖式。同治元年（1862），委署主事。三年（1864），以堂委署理主事。次年，任堂主事，加员外郎衔。五年（1866），补慎刑司员外郎，加道衔。七年（1868），任广储司员外郎，调补苏州织造。十二年（1873），补都虞司员外郎。同年，调补广西浔州府知府。光绪三年（1877），补监官。五年（1879），升江南盐巡道。次年，兼署江安督粮道。十年（1884），补两淮盐运使。十二年（1886），调补浙江盐运使。十五年（1889），授四川按察使。次年，兼署布政使。十八年（1892），迁安徽布政使。二十年（1894），署理安徽巡抚，旋补贵州巡抚。二十一年（1895），调补湖南巡抚、江西巡抚。二十四年（1898），调江苏巡抚。次年，转广东巡抚，署两广总督。二十九年（1903），升授漕运总督。是年，卒于任。

③ 胡聘之（1840—1912），字蕲生，湖北天门人。咸丰九年（1859），中式举人。同治四年（1865），中式进士，改庶吉士。七年（1868），授翰林院编修。八年（1869），充国史馆协修。十年（1871），任武英殿协修。十三年（1874），充会试同考官、武英殿纂修、功臣馆纂修。光绪元年（1875），补实录馆纂修、起居注协修。二年（1876），补江南道监察御史。同年，充甘肃乡试副考官。三年（1877），转四川道监察御史。四年（1878），调河南道监察御史。五年（1879），授京畿道监察御史、工科给事中。六年（1880），授内阁侍读学士。是年，补太常寺少卿。十五年（1889），调补太仆寺少卿。同年，充（转下页）

护理陕西巡抚布政使张汝梅、前江苏布政使现任安徽巡抚邓华熙①等，公忠体国，畛域无分。臣忝任边圻，幸赖饷项无缺，得以稍免陨越，不敢不上达宸聪。应如何从优议叙之处，臣未敢擅拟，伏候圣裁。至各司道等请奖职名，谨缮清单，恭呈御览，伏乞皇上圣鉴训示。谨奏。光绪二十二年十二月二十一日。

（朱批：）户部议奏。单并发。②

光绪二十三年正月十五日，奉朱批：户部议奏。单并发。钦此。③

一八三　呈解清甘肃新饷应叙各省人员清单

光绪二十二年十二月二十一日(1897年1月23日)

谨将解清光绪二十一年甘肃新饷应叙各省藩运司道职名分别拟奖，缮具清单，恭呈御览。

（接上页）四川乡试正考官。十六年(1890)，迁顺天府府尹。十七年(1891)，充顺天乡试监临，署理都察院左副都御史。同年，补授山西布政使。十八年(1892)，护理山西巡抚。次年，调补浙江布政使。二十一年(1895)，擢山西巡抚。二十六年(1900)，卸职。民国元年(1912)，卒。有《山右石刻丛编》行世。

①　邓华熙(1826—1916)，字小赤，筱赤、小石，广东顺德人，附生。咸丰元年(1851)，中式举人。六年(1856)，捐刑部行走。同治元年(1862)，充实录馆校对官。六年(1867)，补刑部山西司郎中。光绪二年(1876)，授江南道监察御史。四年(1878)，放云南大理府知府。七年(1881)，调补云南府知府，加盐运使衔。十一年(1885)，护理盐法道。十三年(1887)，迁云南迤南道。同年，升云南按察使。十五年(1889)，升湖北布政使。十六年(1890)，调补江苏布政使。二十年(1894)，署理漕运总督。二十二年(1896)，擢安徽巡抚。二十五年(1899)，补授山西巡抚。翌年，调补贵州巡抚。二十八年(1902)，创办贵州大学堂。二十九年(1903)，以病辞归。宣统三年(1911)，权纂广州咨议会事务。民国五年(1916)，卒于籍。平生工书画，有《邓和简公奏议》、《说文择录》等行世。

②　中国第一历史档案馆藏：朱批奏折，档案编号：04-01-13-0386-004。

③　台北故宫博物院藏：军机及宫中档，文献编号：136765。

四川布政使王毓藻，拟请赏给头品顶戴。

头品顶戴湖南布政使何枢，拟请赏给三代一品封典。

前署陕西布政使现任甘肃布政使曾鉌、二品衔前署陕西布政使督粮道升授江宁布政使松寿、二品顶戴江西布政使翁曾桂、二品衔署江西按察使前署布政使盐法道裕昆、河南布政使额勒精额、前署河南布政使桂霖、前署安徽布政使现授直隶布政使员凤林、二品衔前署江苏布政使苏松太道黄祖络、按察使衔前署江西督粮道兼巡南抚建道补用道张瑄、前江西督粮兼巡南抚建道升授山西按察使刘鼐、二品衔湖南粮储道但湘良、二品衔湖南盐法长宝道李经羲、二品衔署湖北盐法武昌道安襄郧荆道朱其煊、二品顶戴湖北督粮道岑春蓂、二品顶戴河东道奭良。以上十五员，均拟请旨交部从优议叙。

四川盐茶道张元普、[①]前署山西布政使雁平道恩霖，拟请赏加二品衔。

二品衔江西督粮兼巡南抚建道刘汝翼、两淮盐运使江人镜，以上二员，均拟请赏加随带二级。

二品顶戴盐运使衔前署湖南盐法道尽先补用道庄赓良，拟请赏给三代正二品封典。

（朱批：）览。[②]

---

① 张元普（1839—?），浙江仁和人。咸丰十一年（1861），考取附贡生。同治元年（1862），中式举人。七年（1868），中式进士。光绪三年（1877），充总理各国事务衙门章京。七年（1881），补刑部广西司员外郎。八年（1882），升刑部广西司郎中。十年（1884），授山东道监察御史。次年，转云南道监察御史。十三年（1887），补户科给事中。十四年（1888），授刑科掌印给事中。十五年（1889），充会试内场监试。十六年（1890），充会试内帘监试。二十年（1894），迁四川盐茶道。二十五年（1899），署理四川按察使。二十七年（1901），因病开缺。

② 台北故宫博物院藏：军机及宫中档，文献编号：136765-0-A。

一八四　密陈陕、甘、新各官考语折

光绪二十二年十二月二十一日(1897年1月23日)

头品顶戴陕甘总督臣陶模跪奏，为密陈陕、甘、新疆提、镇、司、道、府各官考语，分缮清单，恭折仰祈圣鉴事。

窃照定例：各省提、镇、司、道、知府等官，由督抚于年终出具切实考语，密行陈奏。现届年终，自应循例办理。伏维提督、总兵有整饬戎行之责，藩、臬、道、府为表率庶司之官，应即严加考核，以期吏治、军政均有裨益。臣自本年三月莅任以来，于甘省文武各员随时察看，闻见所及，颇得底蕴。至新疆文武各员，臣在巡抚任将近四载，现离新未久，其人材贤否，舆论得失，早经详悉。陕西一省，臣曾任藩司，从前文武各员尚知一二。其续来者，文员则饬该省现任藩、臬随时查看，出考呈核，遇便详询；武员为臣专辖，随事察访，并复于接阅公牍留心考证。其操守之廉否，才具之优劣，亦均得其梗概。

除未经莅任或到任未满三月及署事人员例不注考外，谨就现任各员出具切实考语，密缮清单，恭呈御览，伏乞皇上圣鉴。谨奏。光绪二十二年十二月二十一日。

(朱批：)知道了。单二件留中。[①]

光绪二十三年正月十五日，奉朱批：知道了。单二件留中。[②]钦此。[③]

---

① 中国第一历史档案馆藏：朱批奏折，档案编号：04-01-13-0386-021。
② 清单待考。
③ 台北故宫博物院藏：军机及宫中档，文献编号：136766。

一八五　奏报三省会哨事竣边界安谧折

光绪二十二年十二月二十一日(1897年1月23日)

头品顶戴陕甘总督臣陶模跪奏，为川、楚、陕三省会哨事竣，边界安谧，循例恭折具陈，仰祈圣鉴事。

窃照川、楚、陕三省连界地方，向派提督、总兵分年会哨，事竣会奏，历经遵办在案。兹据署汉中镇总兵龙得胜禀称：于光绪二十二年十月初一日在川、陕交界之渔渡坝滚龙坡与四川重庆镇委员太平营游击金占魁两相见面会哨。其白马关会哨一事，适因秋雨过多，山路被水冲塌，难以行走，恐致迟误，一面札委署略阳营游击詹仁就近代会。兹詹仁于十一月初一日在陕、甘交界之白马关，与河州镇委员署阶州营游击刘保南晤面会哨。

又，据陕安镇总兵姚文广呈称：于十月十七日在陕、楚交界之莲花寺，与署湖北郧阳镇总兵樊国泰觌面会哨。又，据署河州镇总兵王钺安呈称：河州地方甫经安抚，仍须随时弹压，未能亲往会哨，循例饬委署洮岷协副将李临湘、署阶州营游击刘保南，各前往代会。兹该署副将李临湘于十月二十日在川、甘交界之哈南寨马尾墩，与署四川松潘镇总兵况文榜①见面会哨；该署游击刘保南于十一月初一日在陕、甘交界之白马关，与汉中镇委员署略阳营游击詹

---

① 况文榜(1833—1906)，贵州镇远人。咸丰元年(1851)，由行伍历拔战兵，以攻打永安州出力，赏给六品顶戴。二年(1852)，补外委，升把总。三年(1853)，补千总，赏戴蓝翎。六年(1856)，补授四川督标右营守备，加都司衔，并换花翎。七年(1857)，保都司，升游击。八年(1858)，保参将、晋副将。九年(1859)，补四川阜和协副将。十年(1860)，加锐勇巴图鲁名号。同年，保总兵。同治三年(1864)，保以总兵记名简放，晋提督衔。五年(1866)，请假随营就医。七年(1868)，保提督记名简放。

仁见面会哨。并据各该镇声称沿途各处匪类潜踪，行旅、居民极为安谧各等情前来。

臣查川、楚、陕三省边界，犬牙相错，山深菁密，户鲜人稀，奸宄易于匿藏，盘诘、巡防，最关紧要，自应严饬各镇总兵督率所属各营，随时随地，认真稽查，务使丑类潜消，闾阎安谧，不得因现在地方无事稍涉疏懈，以期仰副圣主绥靖边圉之至意。

所有各镇会哨事竣，边界安谧情形，理合循例恭折具奏，伏乞皇上圣鉴。谨奏。光绪二十二年十二月二十一日。

（朱批：）知道了。①

光绪二十三年正月十五日，奉朱批：知道了。钦此。②

一八六　请将朱廷芳等员留陕甘序补片

光绪二十二年十二月二十一日（1897年1月23日）

再，查有提督衔记名总兵署河州镇属循化营参将朱廷芳、补用副将署凉州镇标右营游击董南斌、补用副将署肃州镇标左营游击孔嘉实、尽先副将署凉州镇属三眼井营都司郑得华、留新疆推补副将尽先参将署凉州镇属俄卜岭营游击陈玉亭、补用参将署西宁镇属永安营游击赵玉生、副将衔尽先参将署西宁镇属威远营都司朱西成等七员，均随征陕甘有年，历著战功，且于边防情形熟悉，现经臣分别委署各缺，若以原官、原衔留于陕甘补用，实于营务有裨。合无仰恳天恩，俯准将朱廷芳等七员一并留于陕甘序补，以资得

---

① 中国第一历史档案馆藏：朱批奏折，档案编号：04-01-03-002-2836。

② 台北故宫博物院藏：军机及宫中档，文献编号：136767。

力。除饬取该员等履历清册咨送兵部查照外，理合附片具陈，伏乞圣鉴训示。谨奏。

（朱批：）着照所请，兵部知道。[①]

光绪二十三年正月十五日，奉朱批：着照所请，兵部知道。钦此。[②]

一八七　委任刘兆梅等署理知府等员缺片

光绪二十二年十二月二十一日（1897年1月23日）

再，新授宁夏府知府胡景桂现已到省，应即饬赴新任，以专责成。庆阳府知府调补西宁府知府胡砺锋饬赴新任，所遗庆阳府知府员缺，查有候补知府刘兆梅，堪以委署。调署循化同知实任贵德同知欧阳乐清俸满调署遗缺，查有准补循化同知黄森，饬赴新任。阶州直隶州知州朱宗祥请假遗缺，查有候补直隶州知州李钟展，堪以委署。署抚彝通判文祺调省遗缺，查有候补知县史文光，堪以委署。署清水县知县袁范调省遗缺，查有实缺巴燕戎格通判方传获，堪以调署。署山丹县事准补碾伯县知县宋升平、准补两当县知县苏保国均饬赴本任，所遗山丹县知县员缺，查有现署碾伯县知县余丞曾，堪以移署。署伏羌县知县钱镜南调省遗缺，查有准调山丹县知县苏重熙，堪以调署。武威县知县彭福孙引见遗缺，查有署西宁县候补知县萧承恩，堪以调署。所遗西宁县知县员缺，查有署大通县事请补宁朔县知县张庭武，堪以调署。所遗大通县知县员缺，查

---

① 中国第一历史档案馆藏：朱批奏片，档案编号：04-01-17-0160-017。
② 台北故宫博物院藏：军机及宫中档，文献编号：138770。

有候补知县王宝铺，堪以委署。徽县知县张若金撤任遗缺，查有候补知县胡应奎，堪以委署。据藩、臬两司会详前来。

除批饬分别给委外，理合附片陈明，伏乞圣鉴。谨奏。

（朱批：）吏部知道。①

光绪二十三年正月十五日，奉朱批：吏部知道。钦此。②

一八八　委令吴云伍署理商州协副将片

光绪二十二年十二月二十一日（1897年1月23日）

再，署陕西提属商州协副将马心胜准陕西巡抚臣魏光焘咨揭，应即饬令交卸，留陕造办报销。所遗副将员缺，臣查有补用副将陕西抚标右营游击吴云伍，熟悉营务，办事勤奋，堪以委署。

除给委并分咨外，谨会同陕西抚臣魏光焘、陕西提臣邓增，合词附片具陈，伏乞圣鉴。谨奏。

（朱批：）兵部知道。③

光绪二十三年正月十五日，奉朱批：兵部知道。钦此。④

---

① 中国第一历史档案馆藏：朱批奏片，档案编号：04-01-13-0386-020。
② 台北故宫博物院藏：军机及宫中档，文献编号：136768。
③ 中国第一历史档案馆藏：朱批奏片，档案编号：04-01-17-0160-016。
④ 台北故宫博物院藏：军机及宫中档，文献编号：136769。

• 1378 •

光绪二十三年(1897)

○○一 奏请分别变通另拨饷银折

光绪二十三年正月十九日(1897 年 2 月 20 日)

头品顶戴陕甘总督臣陶模跪奏,为遵旨酌核甘省现时情形,再于酌留营旗内极力裁减,腾饷无多,不敷仍巨,应请分别变通另拨,恭折具陈,仰祈圣鉴事。

窃准户部咨开:议覆陕甘总督臣奏拨董军饷银一折,光绪二十二年十二月初八日奉旨:依议。钦此。钞录原奏,咨令钦遵办理前来。臣查原奏内称:董军二十营,岁需新饷仍归无着。此库藏奇绌,筹款万难,各省关均有认还洋债要需,亦属无从指拨。惟查甘肃新饷提存甘肃司库银三十一万八千两,除该督奏请拟拨十八万两,暂供董军十六营目前行饷外,尚应存银十三万八千两。臣等公同商酌,拟俟各省关于来年新饷解到,即由该督照数陆续提供董军行饷之需。其新疆司库提存之二十七万七千两,仍照奏案存储,以备缓急,不得率行动用。此外董军尚短银四十三万二千两,应令于甘省酌留增募马步营内核实裁汰,腾挪的饷,就近供支,仍令酌核奏明办理。至甘省二十二、三两年征存粮石变价应有若干,能否足供饷需，应一并查明奏报各等语。

臣查董军二十营行饷，并现经督办军务处核定，该军薪公等项约需银十万两上下，合共岁需银八十五万两。除遵照部议将甘肃新饷提存甘肃司库银三十一万八千两全数提供董军行饷外，仍不敷银五十三万数千两，较前所短更巨。部咨饬在甘省酌留增募马步营旗内核实裁汰，腾饷供支。在部臣以库藏奇绌、筹款为难，各省关均有认还洋债要需，无从指拨，本系实在情形。臣非不知仰体时艰，极力裁供，但甘省当未乱以前，历有防军三十旗，大乱甫平，即经臣先后裁去增募营旗一百四十余起。目下连旧有及酌留共只五十营旗，较前所增只二十营旗。缘军务甫靖，反侧者未尽洗心，流亡者未尽复业，加以各处尚在搜捕漏匪，回族众多，人心惶恐，势不能不周密布置，暂资镇摄。叠据各府、厅、州、县禀请，将现扎防军暂缓裁撤前来。

臣察看情形，均属实在。拟俟一年后，民心安贴，伏莽稍清，自当陆续遣留，仍复旧时原设三十旗之额，断不敢日久虚縻饷项。况查所留二十营旗，岁只需坐饷银二十余万两，纵使全数裁腾，亦仍不敷董军所短五十余万之数。惟部中筹拨本极艰难，臣与司道等再三筹商，拟再裁六七旗，亦只能腾出银十万两之谱，尚不敷董军饷银四十三万余两。臣晓夜思维，无法再腾，仍应吁请天恩，饬部设法指拨。抑臣再有请者，查董军二十营，现系团扎一处，与臣所部营旗分扎处所宽狭不同，支饷又异，如果另有征调，固毋庸再事更张，倘专为甘省防务起见，似可酌量变通，或于二十营内酌改若干旗，或酌支坐饷，分别散扎，则节省较多。臣亦可于所留营旗内再加裁遣，遗出防地，即以董军分拨填补，庶几饷力可纾，且于地方大有裨益。愚昧之见，伏乞圣裁。

再,甘省二十一、二两年各属仓粮,除拨作赈抚动用外,屡次奉准变价抵饷银二十五万余两,因粜变甚难,尚未能如数抵拨。现将应粜粮石划除,仅余粮三十余万石,应留备地方缓急,不能专恃为供饷之用。其二十三年额粮尚未征收,刻难预拟粜变。合并陈明。

除咨部外,谨将遵旨酌核现时情形,再于酌留营旗内极力裁减,腾饷无多,不敷甚巨,应请分别变通另拨各缘由,恭折驰陈,伏乞皇上圣鉴训示,并饬部迅速核议施行。谨奏。光绪二十三年正月十九日。

(朱批:)户部妥议具奏。①

光绪二十三年二月初三日,奉朱批:户部妥议具奏。钦此。②

○○二　奏报甘肃关内马步练军
光绪二十一年支扣饷数折

光绪二十三年正月十九日(1897 年 2 月 20 日)

头品顶戴陕甘总督臣陶模跪奏,为造报甘肃关内马步练军光绪二十一年份支扣饷项细数清册,恭折仰祈圣鉴事。

窃查前准户部咨开:甘肃省裁勇练兵系属因时制宜,并非承平旧制,所有开支薪水亦非常例动支,应令专案奏请,以免牵混等因。所有光绪二十年份练军饷项细数清册,前已奏销在案。兹据甘肃布政使曾鉌详称:遵查甘肃关内马步练军光绪二十一年份薪公、口粮等项,共实支银一十三万三千六百两九钱四分八厘,内扣收过粮

---

① 中国第一历史档案馆藏:朱批奏折,档案编号:03-01-03-0183-016。
② 台北故宫博物院藏:军机及宫中档,文献编号:137068。

价及四分减平银二万三百七十六两五钱六分六厘，理合分别造具细数清册，详请具奏前来。

臣覆核无异。除将赍到册籍分送部、科外，理合恭折具陈，伏乞皇上圣鉴，饬部核销施行。谨奏。光绪二十三年正月十九日。

（朱批：）户部知道。[1]

光绪二十三年二月初三日，奉朱批：户部知道。钦此。[2]

○○三　奏报存粮变价接济饷需情形片

光绪二十三年正月十九日（1897年2月20日）

再，臣前奏请拨补军饷运费银八十万两，经户部议由甘肃司库拨用银四十四万两、江海关道拨解银二十万两，不敷准由该省存粮变价提用等因。于光绪二十二年八月初一日具奏，本日奉旨：依议。钦此。咨行到臣。当经转饬遵照去后。兹据藩司曾鉌详称：遵查各属存粮，除被难之区无粮可籴外，其河东各属额粮本少，以之供支兵糈，所余无多，惟河西之甘、凉、肃州一带尚多可变之粮，当即先行通饬籴变。

查部中屡以时估为衡，饬令比照时估变价，不得再以例价为请。无如甘省地方辽阔，多系陆路山程，平昔粮运本极艰难，现在河、湟被难，到处脚价昂贵，乏食之区，久经告匮，而积滞之处并不流通，盖挽运太难，本无富商大贾为此贩运懋迁之举。若各就本地零售，所销能有几何？且粮石入仓，无论如何加谨收储，一经隔年，

---

[1]　中国第一历史档案馆藏：朱批奏折，档案编号：04-01-03-0183-017。

[2]　台北故宫博物院藏：军机及宫中档，文献编号：137066。

断不能色味毫无改变。况粜粮之地并无水旱之灾，忽然开仓卖粮，市估亦必立形减落，是仓粮出粜势不能与时价相同。屡据各州县禀陈前情，虽严札一再申饬，而情形实在为难，非空文所能相强，故事将半年，报粜者不过万石。似此迟滞艰涩，军饷何能拨补？再四筹思，惟有就各属存粮色样照时估核减价值，使售买者稍获微利，庶几从速多销，以济饷需之急等情，详恳奏请立案前来。

臣覆核无异。谨附片具陈，伏乞皇上圣鉴，饬部查照，立案施行。谨奏。

（朱批：）户部知道。①

光绪二十三年二月初三日，奉朱批：户部知道。钦此。②

○○四　奏报甘肃光绪二十二年十一月雨水、粮价折

光绪二十三年正月二十七日（1897年2月28日）

头品顶戴陕甘总督臣陶模跪奏，为具报甘肃光绪二十二年十一月份粮价、雪泽情形，恭折仰祈圣鉴事。

窃照光绪二十二年十月份粮价并得沾雪泽情形，业经具折奏报在案。兹查十一月份兰州等八府六直隶州属具报得沾雪泽，自一二寸至二三寸不等。正值冬麦出土之际，获此雪泽，实于农田有

---

① 中国第一历史档案馆藏：朱批奏片，档案编号：04-01-35-1040-049。此片之具奏日期，原件仅署"光绪二十三年"，军机录副亦未确。查军机处随手登记档（档案编号：03-0291-1-1223-031）朱批陶模折，署有"报四百里，正月十九日发"等字样。据此，此片之具奏日期当为"光绪二十三年正月十九日"。兹据校正。

② 台北故宫博物院藏：军机及宫中档，文献编号：137068。

裨。至通省粮价,因各属分数不同,存储亦异,较上月多有增长。据藩司曾鉌具详请奏前来。

臣覆查无异。理合恭折具奏,并缮粮价清单,恭呈御览,伏乞皇上圣鉴。谨奏。光绪二十三年正月二十七日。

(朱批:)知道了。[1]

光绪二十三年二月二十日,奉朱批:知道了。钦此。[2]

○○五　呈甘肃光绪二十二年十一月粮价清单

光绪二十三年一月二十七日(1897年2月28日)

谨将甘省各属光绪二十二年十一月份米粮时估价值,缮具清单,恭呈御览。

兰州府属:价昂

粟米每京石价银八钱三分四厘至三两五分五厘,较上月贵一钱七分二厘。小麦每京石价银八钱三分四厘至二两八钱二分九厘,较上月贵三钱一厘。豌豆每京石价银八钱三分四厘至二两七钱七分二厘,较上月贵二钱四分四厘。青稞每京石价银九钱五分二厘至二两四钱八分九厘,较上月贵四钱一分六厘。

巩昌府属:价有昂有落

粟米每京石价银一两四分五厘至一两八钱五厘,较上月贱一钱一分二厘。小麦每京石价银八钱三分八厘至一两五钱五厘,与上月相同。豌豆每京石价银八钱三分八厘至一两四钱,较上月贵

---

① 中国第一历史档案馆藏:朱批奏折,档案编号:04-01-25-0564-019。

② 台北故宫博物院藏:军机及宫中档,文献编号:137456。

一钱四分。青稞每京石价银六钱七分一厘至一两二钱三分二厘，较上月贵二钱一分四厘。

平凉府属：价有昂有落

粟米每京石价银九钱八分至一两三钱三厘，较上月贵二钱五分四厘。小麦每京石价银五钱一分七厘至一两二分五厘，与上月相同。豌豆每京石价银四钱五分二厘至一两二分二厘，与上月相同。糜子每京石价银四钱九分至六钱七分三厘，较上月贵八分八厘。

庆阳府属：价有昂有落

粟米每京石价银四钱八分至八钱三分九厘，较上月贵九分七厘。小麦每京石价银四钱四分至一两三钱四分二厘，与上月相同。豌豆每京石价银四钱至一两七钱一分五厘，与上月相同。糜子每京石价银二钱九分四厘至四钱三分五厘，与上月相同。

甘州府属：价平

粟米每京石价银七钱七分七厘至一两二分九厘，与上月相同。小麦每京石价银七钱二分一厘至九钱五分六厘，与上月相同。豌豆每京石价银九钱五分五厘至一两四钱七分，较上月贵七分。青稞每京石价银五钱二分五厘至六钱四分七厘，与上月相同。

凉州府属：价平

粟米每京石价银一两一钱一分三厘至二两三钱八分三厘，与上月相同。小麦每京石价银九钱二分四厘至一两八钱九分三厘，与上月相同。豌豆每京石价银九钱四分五厘至二两八分二厘，与上月相同。青稞每京石价银七钱五分六厘至一两一钱九分一厘，与上月相同。

宁夏府属：价落

粟米每京石价银七钱二分一厘至一两一钱二分,较上月贱九分三厘。小麦每京石价银七钱九分八厘至一两三钱四分一厘,较上月贱一钱八分五厘。豌豆每京石价银七钱九分八厘至一两四钱,与上月相同。糜子每京石价银四钱七分九厘至七钱九分一厘,较上月贱一钱四分一厘。

西宁府属:价平

粟米每京石价银一两七钱一分八厘至三两三钱六分,与上月相同。小麦每京石价银一两六钱二分二厘至三两三分九厘,与上月相同。豌豆每京石价银一两五钱四分五厘至二两八钱,与上月相同。青稞每京石价银一两三钱九分至一两八钱四分,与上月相同。

秦州直隶州并所属:价平

粟米每京石价银一两一钱二分至一两五钱七分一厘,较上月贱一分三厘。小麦每京石价银七钱至一两五钱一分二厘,与上月相同。豌豆每京石价银七钱至一两五钱一分二厘,与上月相同。糜子每京石价银五钱六分至一两一钱六分三厘,与上月相同。

阶州直隶州并所属:价有昂有平

粟米每京石价银一两三钱八分六厘至一两九钱九分九厘,与上月相同。小麦每京石价银一两三钱四分四厘至一两四钱三分三厘,与上月相同。豌豆每京石价银九钱三分至一两四钱九分九厘,较上月贵九分。糜子每京石价银九钱七分二厘,较上月贵四分一厘。

泾州直隶州并所属:价平

粟米每京石价银五钱六分至七钱五分,与上月相同。小麦每京石价银五钱六分至七钱三分八厘，与上月相同。豌豆每京石价银五钱四厘至六钱六分六厘，与上月相同。糜子每京石价银三钱三分六厘至五钱四分三厘，较上月贵五分三厘。

固原直隶州并所属：价平

粟米每京石价银九钱八分七厘至一两三钱六分三厘，与上月相同。小麦每京石价银八钱七分五厘至一两二钱九分五厘，与上月相同。豌豆每京石价银八钱七分五厘至一两三钱五分四厘，与上月相同。糜子每京石价银七钱一分一厘，与上月相同。

肃州直隶州并所属：价落

粟米每京石价银九钱六分六厘至一两五分，与上月相同。小麦每京石价银七钱一分四厘至八钱八分二厘，较上月贱八分四厘。豌豆每京石价银七钱九分八厘至一两二钱六分，较上月贱六分三厘。青稞每京石价银五钱四分六厘至八钱一分九厘，较上月贱六分三厘。

安西直隶州并所属：价平

粟米每京石价银一两七分一厘至一两三钱九分一厘，与上月相同。小麦每京石价银一两五分至一两四钱四分一厘，与上月相同。豌豆每京石价银一两二厘至一两二钱九分五厘，与上月相同。青稞每京石价银五钱八分一厘至九钱六分六厘，与上月相同。

（朱批：）览。[1]

---

① 台北故宫博物院藏：军机及宫中档，文献编号：130-137456-0-A。

○○六　请免甘肃光绪十四至二十年积欠折

光绪二十三年正月二十七日（1897 年 2 月 28 日）

头品顶戴陕甘总督臣陶模跪奏，为甘肃民情困苦，积欠钱粮委难并征，拟请自光绪十四年起至二十年止一律恳恩豁免，恭折仰祈圣鉴事。

窃据甘肃布政使曾鉌详称：查例载：内外臣工奏恳加恩蠲免历年积欠、钦奉谕旨交议者，即遵照历届成案，将五年以前实欠在民丁漕、正耗、芦课、学租、牙、杂、当税以及出借仓粮、籽种、牛具等项悉予豁免，仍以已入奏销之数为断，由各该督抚将历年实欠在民若干、缓征若干详悉查明，据实奏豁等语。甘肃省查自光绪十五年恭逢恩诏，将十三年以前旧欠赋税豁免后，及今又届十年，民间欠、缓各项数已不少，虽随时饬属带征，而所报续完为数无几，诚以地处边荒，番、回丛杂，军旅之事层见叠兴，百姓元气未苏，复遭颠沛，其困穷凋敝之状实属蒿目伤心！此次变乱之后，已将河、湟各属新旧赋税请免在案。当贼焰初张，邻疆且为戒严，本省无不惊扰。所在百姓或练团自卫，或挈眷迁移，新赋已属勉完，旧欠实难兼纳。该司一再察核，应请援照例案，将通省自光绪十四年起至二十年止，按照已入奏销实数，计民欠及缓征共地丁正、耗银一万三千八百七十八两四厘七毫、正、耗粮三万一千六百一十七石一合九勺七抄、盐课银四百四十九两四钱九分九厘、课税银四钱一分九厘、草三十三万六千六百二十四束四分三厘六毫，一并奏恳豁免，以纾民力等情前来。

臣查甘省地处边徼，民情困苦，岁额钱粮总难扫数清完，加以近年军旅迭见，户口流离，新赋既难于催科，旧欠实无从追比。覆核该司所详，委系实在情形。合无仰恳天恩，俯准将宁远县等属光绪十四年起至二十年止民欠及缓征地丁正、耗银粮、盐课、草束一律豁免，俟奉到恩旨，再行敬谨刊刷誊黄，遍行晓谕，务使胥吏无所侵欺，百姓同沾闿泽，庶皇仁广被而民困可苏！

除将请豁钱粮各属细数分年造具清册咨送户部查核外，谨另缮具清单，恭呈御览，伏乞皇上圣鉴训示。谨奏。光绪二十三年正月二十七日。

（朱批：）户部议奏。单并发。[①]

光绪二十三年二月二十日，奉朱批：户部议奏。单并发。钦此。[②]

○○七　请免甘肃光绪十四至二十年积欠清单

光绪二十三年正月二十七日（1897 年 2 月 28 日）

谨将请豁甘肃省光绪十四年起至二十年止民欠钱粮、盐课、草束各数目，缮具清单，恭呈御览。

计开：

宁远县：共未完地丁正、耗银一百四十两九钱一分七厘。

会宁县：共未完正、耗粮一十三石一斗九升五合二勺。

通渭县：共未完地丁起存正、耗银九百六十六两六钱八分四厘，正、耗粮八百三十五石六斗一升一合五勺。

---

① 中国第一历史档案馆藏：朱批奏折，档案编号：04-01-35-0112-013。
② 台北故宫博物院藏：军机及宫中档，文献编号：137455。

安化县：共未完正、耗银一千六百二十一两一钱三分四厘，盐课银一百一十两五钱五分八厘，正、耗粮一千六百四十九石五升三合一勺。

宁州：共未完正、耗银三千九百一十四两六钱八厘，盐课银二百三十九两八分九厘，正、耗粮一千八百七十三石九斗二合八勺。

合水县：共未完正、耗银九十三两三钱八分一厘，盐课银四十七两六钱九分七厘，正、耗粮二十一石二斗三升八合一勺。

环县：共未完正、耗银五百八十七两六钱二分，盐课银一十九两五钱，正、耗粮九百五十六石五斗一升二合五勺。

董志原县丞：共未完正、耗银一千四百六十七两七钱八分七厘四毫，盐课银三十二两六钱五分五厘，正、耗粮一千五百八十五石一斗九升六合八勺。

平凉县：共未完起运草一十五束七分八厘。

华亭县：共未完正、耗银一百一十九两四钱九分四厘，正、耗粮三百二十五石二升九合六勺七抄。

隆德县：共未完课程银四钱一分九厘。

秦安县：共未完正、耗银八百五十两九钱一分九厘，正、耗粮一千二百三十石一斗五升六合六勺。

礼县：共未完正、耗粮八百四石四斗九升九合三勺。

泾州：共未完正、耗银三千二百四十四两二分九厘，正、耗粮九千一百六十九石八斗五升七勺。

崇信县：共未完正、耗银二百九十四两五钱七分四厘，正、耗粮二百七十四石二斗六升七合七勺。

灵台县：共未完正、耗银二十四两七分四厘，正、耗粮九石三斗八升四合六勺。

文县:共未完正、耗银二百六十四两九钱九分八厘,正、耗粮一百三十五石六升一合七勺。

固原州:共未完正、耗粮一石三斗五升五合,草五厘。

张掖县:共未完正、耗粮三千二百二十七石九斗三升二合,草二十四万五千九百二束八分二厘。

抚彝厅:共未完正、耗粮三百六十六石五斗二升二合二勺,草三万一千一百八十一束七分七厘二毫。

宁夏县:共未完正、耗银五两三钱二分八厘四毫,正、耗粮五百九十三石四斗六升七合四勺,草二千八百三十二束一分六厘八毫。

宁朔县:共未完正、耗银八两九钱一分一厘,正、耗粮三百三十三石二斗八升五合一勺,草一千四十八束七分四厘。

宁灵厅:共未完正、耗银一十三两八钱八分八厘,正、耗粮三千九百四十四石五斗七升九合,草三千八百六十二束四分五厘。

灵州:共未完正、耗银二百九两一钱七分九毫,正、耗粮一千七百二十六石九斗八升七合五勺,草七千二百九十三束四厘六毫。

花马池州同:共未完正、耗银九分二厘,正、耗粮六石九升五合四勺。

平罗县:共未完正、耗银五十两三钱九分五厘,正、耗粮二千三百一十一石五斗六升四合四勺。

高台县:共未完正、耗粮二百二十二石二斗五升三合七勺,草四万四千四百八十七束六分一厘。

（朱批:）览。[①]

---

① 台北故宫博物院藏:军机及宫中档,文献编号:137455-0-A。

○○八　奏为御赏福字谢恩折

光绪二十三年正月二十七日（1897年2月28日）

头品顶戴陕甘总督臣陶模跪奏，为恭谢天恩，仰祈圣鉴事。

窃臣赍折差弁回甘，捧到恩赏福字一方，钦颁到臣。当即恭设香案，望阙叩头祇领。

伏念臣边符谬领，岁琯新更，建树无闻，年华虚掷。神驰北极，正殷恋阙之忱；春满东郊，忽荷自天之宠。辉腾凤藻，参义画以延禧；彩绚龙笺，备箕畴而锡羡。钦瞻墨宝，益懔丹忱。臣惟有勉效涓埃，冀酬高厚。荣褒一字，仰九五福有极之归；气靖三边，上亿万年无疆之颂。

所有微臣感激荣幸下忱，谨缮折叩谢天恩，伏乞皇上圣鉴。谨奏。光绪二十三年正月二十七日。

（朱批：）知道了。①

光绪二十三年二月二十日，奉朱批：知道了。②

○○九　请以杜绍勋调补张掖县知县折

光绪二十三年正月二十七日（1897年2月28日）

头品顶戴陕甘总督臣陶模跪奏，为拣员调补要缺知县，以裨地方，恭折仰祈圣鉴事。

---

① 中国第一历史档案馆藏：朱批奏折，档案编号：04-01-13-0388-071。
② 此朱批日期等，据军机处随手登记档（档案编号：03-0292-1-1223-048）校补。

窃据甘肃布政使曾鉌、署按察使周绶详称：张掖县知县喻炎丙丁忧遗缺，前请以秦安县知县刘至顺调补。兹奉部驳：刘至顺捐免实授在出缺之后，并无捐免试俸案据。行令另行拣选。自应遵照办理。查知县应调缺出，例应于现任人员内拣选调补。又，大挑知县借补要缺佐贰，例准酌调繁缺知县。今张掖县知县系附郭最要之缺，地界边墙，事繁任重，且为出关要道，弹压、抚绥，均关紧要，非精明练达、熟悉地方情形，不足以资治理。该司等在于通省现任人员内逐加遴选，均与此缺人地不甚相宜。惟查有大挑知县借补阶州西固州同杜绍勋，年五十岁，湖北潜江县附生，同治庚午科举人，光绪庚辰科会试后，大挑一等，以知县签掣甘肃，六年九月到省。十年，借补阶州西固州同，七月二十七日到任。试署年满，呈请实授。查该员历练老成，克勤民事，在甘有年，于甘省风土民情最为熟悉，现任西固州同，办理一切诸臻妥协，以之调补张掖县知县，实堪胜任，人地亦极相宜。会详请奏前来。

臣查杜绍勋心地慈祥，办事稳练，拟恳天恩，俯念要缺需员，准以阶州西固州同杜绍勋调补张掖县知县，实于地方有裨。如蒙俞允，该员系以知县借补州同，今请调补繁缺知县，衔缺相当，毋庸送部引见。该员任内并无参罚案件。谨恭折具陈，伏乞皇上圣鉴训示。至所遗阶州西固州同系要缺，例应由外拣补。合并声明。谨奏。光绪二十三年正月二十七日。

（朱批：）吏部奏议。[1]

光绪二十三年二月二十日，奉朱批：吏部议奏。钦此。[2]

---

[1] 中国第一历史档案馆藏：朱批奏折，档案编号：04-01-13-0388-065。
[2] 台北故宫博物院藏：军机及宫中档，文献编号：137449。

○一○　请以蔡如苏调补海城县知县折

光绪二十三年正月二十七日(1897年2月28日)

　　头品顶戴陕甘总督臣陶模跪奏，为拣员调补要缺知县，以裨地方，恭折仰祈圣鉴事。

　　窃据甘肃布政使曾鉌、署按察使周绥详称：海城县知县刘藜光改教遗缺，应另由外拣调。查州县应调缺出，俱令于现任人员内拣选调补。今海城县知县系繁、疲、难三项要缺，该处汉回杂居，民俗浮动，当叛逆戕官之后，非精明谙练、任事强干之员，不足以资整饬。该司等在于通省现任人员内逐加遴选，惟查有西和县知县蔡如苏，年三十八岁，江西南昌县人，由附生报捐主事，改捐知县。光绪十六年三月，签掣甘肃西和县知县，十七年二月初二日到任。查该员年壮才明，尽心抚字，虽任偏僻，而才堪治繁，以之调补海城县知县，实堪胜任，人地亦极相宜。会详请奏前来。

　　臣查蔡如苏才具练达，办事勤能，拟恳天恩俯念要缺需员，准以该员蔡如苏调补海城县知县，实于地方有裨。如蒙俞允，该员以知县调补知县，衔缺相当，毋庸送部引见。该员任内并无参罚案件。谨恭折具陈，伏乞皇上圣鉴训示。至所遗西和县知县系简缺，甘省现有应补人员，请扣留外补。合并声明。谨奏。光绪二十三年正月二十七日。

　　（朱批：）吏部议奏。[1]

------

　　[1]　中国第一历史档案馆藏：朱批奏折，档案编号：04-01-13-0388-070。

光绪二十三年二月二十日,奉朱批:吏部议奏。钦此。①

○一一　代奏王钺安到任日期并谢恩折

光绪二十三年正月二十七日（1897年2月28日）

头品顶戴陕甘总督臣陶模跪奏,为据情代奏,叩谢天恩,恭折仰祈圣鉴事。

窃臣据甘肃宁夏镇总兵王钺安呈称:总兵前在署河州镇任内接奉照会,饬回宁夏镇总兵本任,当即交卸河州镇篆,起程赴任,于光绪二十二年十二月十三日准前署总兵李泰山移送同字三十五号宁夏镇总兵官银印一颗并文案、卷宗前来。遵即恭设香案,望阙叩头谢恩,祗领任事。伏念总兵驽骀下乘,西陕庸材,仰邀特达之知,畀以专阃之任,抚衷循省,悚惕弥深!查宁夏地处边塞,总兵责任匪轻,举凡整顿营伍,绥辑兵民,以及戢匪筹边,在在均关紧要。自维梼昧,深惧弗胜,惟有殚竭血诚,勤修职守,以期仰答高厚鸿慈于万一!

所有总兵到任日期并感激下忱,呈请代奏,叩谢天恩前来。理合恭折代陈,伏乞皇上圣鉴。谨奏。光绪二十三年正月二十七日。

(朱批:)知道了。②

光绪二十三年二月二十日,奉朱批:知道了。钦此。③

①　台北故宫博物院藏:军机及宫中档,文献编号:137450。
②　中国第一历史档案馆藏:朱批奏折,档案编号:04-01-0161-017。
③　台北故宫博物院藏:军机及宫中档,文献编号:137451。

○一二　请将学政刘世安捐赈移奖其父片

光绪二十三年正月二十七日(1897年2月28日)

再,据藩司曾鉌详称:前准甘肃学政刘世安报捐赈银一千两,照例应请旨建坊,惟刘世安至性纯笃,声明移奖其父花翎副都统衔卓异广州驻防镶白正蓝旗协领刘绍基,请从一品封典。该司核与筹饷新捐章程二品实职虚衔人员捐请从一品封典例减银数有盈无绌,且建坊与封典同一答其急公好义之忱,应恳推广办理,以昭激劝等情,详请具奏前来。

臣查刘世安报捐巨款,赈济灾黎,可否以例请建坊改为其父花翎副都统衔卓异广州驻防镶白正蓝旗协领刘绍基给予从一品封典,出自鸿慈。除咨部外,谨附片具陈,伏乞圣鉴训示。谨奏。

(朱批:)该部议奏。[1]

光绪二十三年二月二十日,奉朱批:该部议奏。钦此。[2]

○一三　奏闻董福祥捐纳银两请立案奖叙片

光绪二十三年正月二十七日(1897年2月28日)

再,甘肃兰山书院肄业举人,每届会试按名给公车盘费银二十四两,向系于前武威县绅士户部郎中张振麟原捐生息款内照数开支。近年应试人多,前款息银本不敷用。兹据甘肃藩司曾鉌详:

---

[1]　中国第一历史档案馆藏:朱批奏片,档案编号:04-01-35-0701-086。
[2]　台北故宫博物院藏:军机及宫中档,文献编号:137447。

准兰州道黄云咨转：准甘肃提督董福祥捐送湘平银一千两，请发商生息，作为兰山书院会试赴京盘费等情。当经照数兑收，转饬府县选择殷实妥商承领认息，以备支用，详请奏明立案。并以董福祥系一品大员，捐此千金，嘉惠士林，应如何奖叙之处，仍恳随案请旨，以彰义行各等情前来。

臣覆核无异。理合附片具陈，伏乞圣鉴训示，并请饬部立案施行。谨奏。

（朱批：）董福祥着交部议叙。①

光绪二十三年二月二十日，奉朱批：董福祥着交部议叙。钦此。②

○一四　游击马继祖病故请旨开缺另补片

光绪二十三年正月二十七日（1897年2月28日）

再，据肃州镇总兵田在田禀报，该镇属靖远营游击马继祖得患痨疾，调治未愈，于光绪二十二年十一月初一日病故，请核办前来。

臣覆查无异。相应奏明，请旨开缺。除查取该故员原领札付及承查印、甘各结至日另咨送部外，所遗游击员缺，陕甘现有应补人员，容臣另拣请补。谨附片具陈，伏乞圣鉴。谨奏。

光绪二十三年二月二十日，奉朱批：兵部知道。钦此。③

---

①　中国第一历史档案馆藏：朱批奏片，档案编号：04-01-35-1087-084。
②　台北故宫博物院藏：军机及宫中档，文献编号：137448。
③　台北故宫博物院藏：军机及宫中档，文献编号：137453。

○一五　都司宝勋病故请旨开缺另补片

光绪二十三年正月二十七日(1897年2月28日)

再，据督标中军副将汤仁和呈称，西宁镇属碾伯营都司宝勋得患喘症，调治不愈，于光绪二十二年十一月初五日在省寓病故。委员查取原领札付及嫡亲、医生并承查钤、甘各结，一并呈请核办前来。

臣覆查无异。相应请旨开缺。除札付、印、甘各结咨送兵部外，所遗碾伯营都司员缺，陕甘现有应补人员，容臣另拣请补。理合附片陈明，伏乞圣鉴。谨奏。

光绪二十三年二月二十日，奉朱批：兵部知道。钦此。[①]

○一六　奏报派员查办河州逸匪情形折

光绪二十三年正月二十八日(1897年3月1日)

头品顶戴陕甘总督臣陶模、太子少保尚书衔总统甘军甘肃提督臣董福祥跪奏，为派员查办河州逸匪，恭折仰祈圣鉴事。

窃自上年河州底定，仍按名捕诛首要，未敢少事姑容。及臣福祥奉命移驻西宁，由是始止，然亦所余无几。至西宁后，闻贼众有畏罪而逃至河州者，又有投入官军作为乡道，从之东下，沿途逃窜，因而阑入河州者。不办则汉民疑惧，办则又恐操之过急，抚回因是不安。正筹议间，适奉电寄谕旨，饬办河州冬赈。臣模当即钦遵，

---

① 台北故宫博物院藏：军机及宫中档，文献编号：137454。

派委准补灵州知州前署河州知州查之屏、候选知州王秉章等前往举办,并饬藩司曾鉌筹发赈款,因会同派委道员张成基、副都统奇克伸布,率同总兵马安良、副将马伏保、卫守备马福禄及从九品苗兴勃等,驰往河州,以办理善后抚辑为名,令会同署河州镇总兵何得彪,严密访查,实系从前稔恶者,悉数捡拿,仍不得扰累良回;又调总兵何建威驻军其地,以资弹压。据张成基等禀报,先后拿获马如彪等六十余名,实系著名积匪,经汉回绅民控告有案者,督同署河州知州杨增新讯明,随时正法。谨开具清单,恭呈御览。饬令认真搜捕,务尽根株,并劝回民殷实之家,酌量捐资助赈,以慰汉民之意,俟捐有成数,再由臣模归入赈款案内核实具报。现在汉回相信,地方亦均安静,堪以上慰宸廑。

除海城办理情形容臣等另案具奏外,所有派员查办河州逸匪各情形,谨合词恭折具陈,伏乞皇上圣鉴训示。再,此折系臣福祥主稿。合并声明。谨奏。光绪二十三年正月二十八日。

(朱批:)知道了。①

光绪二十三年二月十二日,奉朱批:知道了。钦此。②

〇一七　呈派员查办河州逸匪清单

光绪二十三年正月二十八日(1897年3月1日)

谨将河州查办逸匪,开具清单,恭呈御览。

谨开:马如彪、马如麟、马显武、马恩、马全、马丙魁、马承相、拜

---

① 台北故宫博物院藏:军机及宫中档,文献编号:408003034。
② 台北故宫博物院藏:军机及宫中档,文献编号:137258。

殿元、马中律、马苍、王锡中、王兴、马德芳、马福元、马全顺、张四哇、马七五、马良成、白五十五、马良海、马来个、妥二、马文表、汪胡个、买永福、马八十三、马牙黑、马努拉忙阿洪、马黑三、马正伏、方鬼盗、杨塞必、马兴胡、马满拉、马一两二、马乃必有、黑提卜、汪启运、马有明、马兴壮、马害提卜、马得保、马乃个、马害米、马五十三、王孕毛、马阿卜都、马孕保、韩黑的勒、韩木洒、马木洒、韩奄吉乃、马孕瞎、马米乃、孔汉汉、马四五子、李国栋、马二布、李二个、马东拉。①

〇一八　请将拿获海城逸匪员弁奖叙折

光绪二十三年二月初四日（1897年3月6日）

　　头品顶戴陕甘总督臣陶模、太子少保头品顶戴尚书衔甘肃提督臣董福祥跪奏，为遵旨查办海城一带逸匪，现已拿获多名，讯明惩办，地方安静，恭折具陈，仰祈圣鉴事。

　　窃光绪二十二年八月初四日承准总理各国事务衙门电寄：奉旨：陶模、董福祥电悉。邓增着赴固原提督本任。所有海城逸匪，着该提督就近查办，毋使漏网。一俟办理完竣，地方平静，即着速行驰奏，以慰厪怀等因。钦此。时邓增带队驻防肃州一带，当经臣模咨行遵照，赶紧赴任妥办，已附片奏明在案。兹准邓增咨称：到任后，遵即遴委补用总兵郎永清、游击崔金魁，授以机宜，并告以此次查办与当时剿办不同，总宜不动声色，逸匪悉数就擒，毋任一名漏网，仍传谕该处汉回公正绅耆，令将确实逸匪，随时指告拿办去

后。旋据郎永清等转据海城、平远汉回各绅迭次指告，拿获马永才等一百二十名，均经逐一讯明，皆系去年随同逆首马筐筐谋反，焚堡戕官，劫掠杀人，抗拒官军，当时未能获办之犯，确系漏网逸匪，当饬先后正法，传首犯事地方，悬杆示众，该处汉回绅民同声称快。现在地方极为静谧，堪以上慰宸廑。

除由臣等仍咨提督邓增随时访查，如再有逃外潜回实在逸匪，即饬严拿惩办，以期除逆务尽，毋留余孽，以仰副皇上眷顾西陲、靖绥地方之至意。再，此次员弁绅民实力从事，拿获逸匪一百二十名之多，地方毫无惊扰，不无微劳足录，合无仰恳天恩，俯准由臣等择尤请奖，以示鼓励，出自逾格鸿慈。

谨会同山西提督臣邓增，合词恭折具陈，并缮办过各逸匪名籍清单，恭呈御览，伏乞皇上圣鉴训示。再，此折系臣陶模主稿。合并声明。谨奏。二月初四日。

光绪二十三年二月十六日，奉朱批：准其酌保，毋许冒滥。钦此。[1]

〇一九　呈拿获海城一带逸匪名籍清单

光绪二十三年二月初四日(1897 年 3 月 6 日)

谨将遵旨查办过海城一带漏网逸匪，开具名籍清单，恭呈御览。

计开：

马永才，海城县人。田曾禧，海城县人。周全忠，海城县人。

---

① 台北故宫博物院藏：军机及宫中档，文献编号：137371。

李他必不,海城县人。赵百非即亚喜儿,海城县人。安维仁,海城县人。马四十子,海城县人。马百友,海城县人。马得明,海城县人。杨保朝,海城县人。张光普,海城县人。马五儿即马正有,海城县人。安俊邦,海城县人。张元福,海城县人。马汶成,海城县人。高万福,河州人。马魏家保,河州人。罗有成即罗家,河州人。马二把即马二娃,河州人。马福成即王家,河州人。高二克木即高应才,河州人。马应幅即色必布,河州人。马有福即马胡浪,河州人。马尚伏,河州人。马永富,河州人。王来者不,河州人。马哈必布,河州人。马得禄,固原州人。柯富贵,固原州人。高海龙,海城县人。马天才,海城县人。杨如云,海城县人。冶鸟七子,平远县人。冶干旦子,平远县人。虎生成即虎阿訇,平远县人。杨梨儿,平远县人。罗还子,平远县人。冶老二,平远县人。杨如万,平远县人。马生全,平远县人。田又布子,平远县人。马得清,平远县人。马得寿,平远县人。马百安,平远县人。马连成,平远县人。马仲太,平远县人。李天林,平远县人。李占考,平远县人。马五十四,平远县人。马素儿,平远县人。马得义,平远县人。马生林,平远县人。马小喜儿,平远县人。马而腮,平远县人。马得祥,平远县人。马八儿,平远县人。包文顺,海城县人。买得俊,海城县人。李生得,海城县人。陈满和,海城县人。赫保六,固原州人。李万刚,固原州人。李海福,固原州人。马明成,海城县人。马达五子,平远县人。买万贵,平远县人。买毛子,平远县人。马科智,平远县人。马五十斤子,平远县人。马喳儿,平远县人。马得荣,平远县人。马正刚,平远县人。马保有,平远县人。工益铎,平远县人。马得凤,平远县人。杨于万,平远县人。杨明保,平远县人。李万义,平远县人。马雇立子,平远县人。虎生常,平远县人。罗生祥，平远县人。白彩义，平远县人。杨如魁，平远县人。杨明全，平远县人。冶老娃子，平远县人。冶夜黑子，平远县人。马良贵，平远县人。马六十三，平远县人。罗鸣章，海城县人。李百海，海城县人。李百重，海城县人。马一思麻，海城县人。贺安生子，海城县人。田麻来个子，海城县人。马百发，海城县人。马百才，海城县人。马百禄，海城县人。马阿洪，固原州人。米生花，固原州人。何义应，固原州人。李百成，固原州人。马益瀂，固原州人。马含服，固原州人。何江应，固原州人。韩自花，固原州人。李汶贞，固原州人。张得林，固原州人。米流三子，固原州人。张得财，固原州人。李万成，固原州人。李六子，固原州人。张利利子，固原州人。李添材，固原州人。张得成，固原州人。张个儿，固原州人。张窝子，固原州人。李汶志，固原州人。马有应，固原州人。白有玺，平远县人。白有世，平远县人。[①]

○二○　恭报甘肃光绪二十二年十二月雨水、粮价折

光绪二十三年二月十二日（1897 年 3 月 14 日）

　　头品顶戴陕甘总督臣陶模跪奏，为恭报甘肃光绪二十二年十二月份粮价、雪泽情形，恭折仰祈圣鉴事。

　　窃照二十二年十一月份粮价并得沾雪泽情形，业经具折奏报在案。兹查十二月份兰州等八府六直隶州属具报得沾雪泽，自一二寸至二三寸不等，正值隆冬之际，获此沃泽，土脉含濡，实于农田

---

　　① 　台北故宫博物院藏：军机及宫中档，文献编号：137371-0-A。

有裨。至通省粮价，各属新粮登场已久，分数不同，存销亦异，其价较上月多有增长。据藩司曾铄具详请奏前来。

臣覆核无异。理合恭折具奏，并缮粮价清单，恭呈御览，伏乞皇上圣鉴。谨奏。光绪二十三年二月十二日。

（朱批：）知道了。[1]

光绪二十三年三月初五日，奉朱批：知道了。钦此。[2]

〇二一　呈甘省光绪二十二年十二月粮价清单

光绪二十三年二月十二日（1897 年 3 月 14 日）

谨将甘省各属光绪二十二年十二月份米粮时估价值，缮具清单，恭呈御览。

计开：

兰州府属：价有昂有平

粟米每京石价银八钱三分四厘至三两七分三厘，较上月贵一分八厘。小麦每京石价银八钱三分四厘至二两八钱二分九厘，与上月相同。豌豆每京石价银八钱三分四厘至二两七钱七分二厘，与上月相同。青稞每京石价银一两八分二厘至二两四钱八分九厘，与上月相同。

巩昌府属：价有昂有平有落

粟米每京石价银一两四分五厘至一两九钱一厘，较上月贵九分六厘。小麦每京石价银八钱三分八厘至一两四钱七分，较上月

---

① 台北故宫博物院藏：军机及宫中档，文献编号：408003035。
② 台北故宫博物院藏：军机及宫中档，文献编号：137815。

贱三分五厘。豌豆每京石价银七钱三分八厘至一两四钱，与上月相同。青稞每京石价银七钱四分八厘至一两二钱三分二厘，与上月相同。

平凉府属：价有昂有落

粟米每京石价银一两一钱八分四厘至一两二钱六分，较上月贱四分三厘。小麦每京石价银六钱三分至一两五分，较上月贵二分五厘。豌豆每京石价银五钱九分四厘至一两三分三厘，较上月贵一分一厘。糜子每京石价银五钱六分至六钱三分六厘，较上月贱三分七厘。

庆阳府属：价有平有落

粟米每京石价银四钱八分至七钱四分二厘，较上月贱九分七厘。小麦每京石价银四钱四分至一两三钱四分二厘，与上月相同。豌豆每京石价银四钱至一两七钱一分五厘，与上月相同。糜子每京石价银二钱九分四厘至四钱三分五厘，与上月相同。

甘州府属：价平

粟米每京石价银七钱七分七厘至一两二分九厘，与上月相同。小麦每京石价银七钱七厘至九钱五分六厘，与上月相同。豌豆每京石价银九钱五分五厘至一两四钱七分，与上月相同。青稞每京石价银四钱八分三厘至六钱四分七厘，与上月相同。

凉州府属：价有平有落

粟米每京石价银一两五分至二两三钱八分三厘，与上月相同。小麦每京石价银八钱六分一厘至一两八钱六分，较上月贱三分三厘。豌豆每京石价银八钱八分二厘至一两九钱六分六厘，较上月贱一钱一分六厘。青稞每京石价银七钱一分四厘至一两一钱九分一厘，与上月相同。

宁夏府属:价平

粟米每京石价银七钱二分四厘至一两一钱二分,与上月相同。小麦每京石价银七钱九分八厘至一两三钱四分一厘,与上月相同。豌豆每京石价银七钱九分八厘至一两四钱,与上月相同。糜子每京石价银四钱七分五厘至七钱九分一厘,与上月相同。

西宁府属:价昂

粟米每京石价银一两七钱一分八厘至四两二钱八分八厘,较上月贵九钱二分八厘。小麦每京石价银一两六钱二分二厘至三两七分二厘,较上月贵三分三厘。豌豆每京石价银一两五钱四分五厘至二两九钱六分,较上月贵一钱六分。青稞每京石价银一两三钱九分至一两九钱一分九厘,较上月贵七分九厘。

秦州直隶州并所属:价有昂有平

粟米每京石价银一两一钱九分四厘至一两五钱八分三厘,较上月贵一分二厘。小麦每京石价银七钱三分七厘至一两五钱一分二厘,与上月相同。豌豆每京石价银七钱一分八厘至一两五钱一分二厘,与上月相同。糜子每京石价银六钱三分至一两一钱六分三厘,与上月相同。

阶州直隶州并所属:价有昂有平

粟米每京石价银一两三钱八分六厘至二两三分六厘,较上月贵三分七厘。小麦每京石价银一两三钱四分四厘至一两五钱三分二厘,较上月贵九分九厘。豌豆每京石价银一两三分四厘至一两四钱九分九厘,与上月相同。糜子每京石价银一两一钱八分,较上月贵四分六厘。

泾州直隶州并所属:价有昂有落

粟米每京石价银五钱六分至八钱九分六厘,较上月贵一钱四分六厘。小麦每京石价银五钱六分至八钱四分，较上月贵一钱二厘。豌豆每京石价银五钱四厘至八钱五厘，较上月贵一钱三分九厘。糜子每京石价银三钱三分六厘至五钱三分九厘，较上月贱四厘。

固原直隶州并所属：价有昂有平

粟米每京石价银九钱八分七厘至一两五钱一分，较上月贵一钱四分七厘。小麦每京石价银八钱八分二厘至一两二钱九分五厘，与上月相同。豌豆每京石价银九钱一分至一两四钱三分二厘，较上月贵七分八厘。糜子每京石价银七钱八分八厘，较上月贵七分七厘。

肃州直隶州并所属：价有平有落

粟米每京石价银九钱六分六厘至一两五分，与上月相同。小麦每京石价银七钱一分四厘至八钱六分一厘，较上月贱二分一厘。豌豆每京石价银七钱九分八厘至一两二钱六分，与上月相同。青稞每京石价银五钱四分六厘至八钱一分九厘，与上月相同。

安西直隶州并所属：价有昂有平

粟米每京石价银一两五分至一两三钱九分一厘，与上月相同。小麦每京石价银一两九分八厘至一两四钱四分一厘，与上月相同。豌豆每京石价银一两二钱九分五厘至二两八分，较上月贵七钱八分五厘。青稞每京石价银九钱六分三厘至一两四钱，较上月贵四钱三分四厘。

（朱批：）览。[1]

---

① 台北故宫博物院藏：军机及宫中档，文献编号：137815-0-A。

○二二　奏为密保武职大员折

光绪二十三年二月十二日(1897年3月14日)

头品顶戴陕甘总督臣陶模跪奏，为武臣堪膺专阃重任，恭折密陈，仰祈圣鉴事。

臣维图治以求才为先，而折冲御侮之才尤为当今时势所急。数十年来，武臣彪起，然经先年督抚保荐之员，往往年老志衰，难膺重寄。近年将士之中临敌致果、打仗出力者，实不乏人，然或胆力有余而才略不足，求其能胜专阃大员之任，甚属寥寥。迩来军务保案累百盈千，朝廷岂暇一一别其材器？惟有督抚随时随事，就近察核保奏，以备皇上量才简用，庶足以清阃茸而济时艰。

臣查有头品顶戴记名提督腾奇初克巴图鲁罗平安，四川人，随前巴里坤镇总兵徐占彪转战关陇，克复肃州，洊保今职。臣于光绪二十一年冬，派令统带亲军副中营马步队进关，该提督派所部马队随焦大聚赴北大通，自率步队扼扎甘州，防贼他窜。适西宁窜贼由青海扰及安山、玉门之南山，闻信即驰赴关外，会同牛允诚合力堵剿。四月十八、十九等日扁博沟之役，我军穷追入险，贼绕我后路，势将被围。时已天黑，罗平安谓：若俟天明，贼见官军人少，贼气愈壮，我军殆矣。因黑夜就地势挖濠，筑短墙以守。天明，贼四面猛扑，我军伏地放枪，贼屡扑不动，中枪死者无算。贼酋刘四伏率党西窜，余众乞降。其时，官军不及千人，而贼实逾万。该提督静以待动，卒获全胜，关外地方不致被贼蹂躏，实赖此一战之功。

又，记名提督胡松额巴图鲁焦大聚，江南人，少入湘军，随刘松山援剿直、东捻匪，进规关陇，骁勇素著，炮子洞腹不死，尤为众所推许。臣进关时，派令统带亲军正中营马步队进规北大通。三月初，潘效苏等驻扎大通营城，时贼扬言求抚，心怀叵测。焦大聚率队赴旱田庄外修筑营垒，为犄角之势。贼乘我不备，四面合围。焦大聚令众伏地不动，俟贼逼近，始命发枪。贼众披靡。各军闻信驰援，乘胜逐北，遂将各回庄一律荡平。是役也，焦大聚实为功首。

又，提督衔记名总兵前洮岷协副将阿尔杭阿巴图鲁陈元蕚，江西人，少随杨岳斌立功江南，旋来关陇，积功至总兵，补授洮岷协副将。丁忧，起复来甘。前年回匪滋事，前督臣杨昌濬派赴循化抚谕撤回，只身驰往，至河州，雷正绾留守州城。该副将督率土勇，出城击贼，屡获胜仗。河州危城得保，实赖该副将之力。

又，现署凉州镇总兵永昌协副将爽勇巴图鲁刘璞，陕西人，少随多隆阿、[1]曹克忠[2]征剿回逆，转战关陇，洊升副将，补授永昌协

---

① 多隆阿（1818—1864），字礼堂，蒙古正白旗人。咸丰二年（1852），以军功授骁骑校。四年（1854），补防御，加佐领。次年，晋协领。六年（1856），升副都统衔，授行营翼长，赏呼尔察图巴图鲁、霍銮齐吐巴图鲁名号。九年（1859），调补福州副都统。十一年（1861），赏云骑尉，晋都统衔。同年，补红旗蒙古都统，转荆州将军。同治元年（1862），授钦差大臣，督办陕西军务，封骑都尉。次年，调西安将军。三年（1864），卒于任，谥忠勇。赠太子太保、一等轻车都尉、一等男爵。

② 曹志忠（1840—1916），湖南湘乡人。咸丰五年（1855），以武童投效湖北水师中营。七年（1857），以军功保把总，戴蓝翎。次年，保千总。八年（1858），加守备衔。十年（1860），保升都司。次年，晋游击，赏戴花翎。同治元年（1862），先保参将，再迁副将。三年（1864），保以总兵记名简放，加劲勇巴图鲁名号。五年（1866），保提督衔。次年，赏芬臣巴图鲁名号。九年（1870），保记名提督。光绪三年（1877），管带霆庆中营。次年，封建威将军。六年（1880），统带楚军庆祥等营。八年（1882），率师渡台，驻防台北、基隆。十年（1884），赏穿黄马褂。十二年（1886），统领凯字等营。十四年（1888），带营助剿彰化土匪。十九年（1893），署理福建陆路提督。二十七年（1901），署福建漳州镇总兵，暂统福强全军。二十九年（1903），署福建水师提督，统领常备军右镇暨长门各营台差务。三十年（1904），实授福建水师提督。同年，调补湖南提督。民国五年（1916），卒。

副将。前年夏，回逆肆扰，该副将带队扼守平番、碾伯一带，与贼鏖战多次，救出难民甚众。平番当四面要冲，为河西各郡屏蔽，赖该副将之力，贼不敢窥伺平番。有功大局，实非浅鲜。

臣观罗平安才气开展，谋勇兼全；焦大聚沉静有度，朴实勇敢；陈元尊勇敢善战，胆识坚卓；刘璞久历行陈，熟悉韬钤。该四员年岁均在五十左右，正值有为之时，合无仰恳天恩，量予简用，以励戎行。谨缮折密陈，伏乞皇上圣鉴施行。谨奏。光绪二十三年二月十二日。

光绪二十三年三月初五日，朱批。①

○二三　奏报署臬司周绶病故日期等情折

光绪二十三年二月十二日（1897 年 3 月 14 日）

头品顶戴陕甘总督臣陶模跪奏，为报明署甘肃按察使宁夏道周绶在任病故日期，并所遗宁夏道员缺请旨简放，以重职守，恭折仰祈圣鉴事。

窃据署甘肃皋兰县知县姚世贞详：据署甘肃按察使实缺宁夏道周绶家人杜升禀称：家长现年六十八岁，湖南平江县人，由山西潼商道调补甘肃宁夏道，于光绪二十一年闰五月初二日到甘，适值回氛猖獗，奉委督办省城城防。嗣蒙委署甘肃按察使，于是年十月十二日到任。昨因感冒风寒，服药罔效，于二十三年二月初二日在署任内病故。由县转报前来。

---

① 台北故宫博物院藏：军机及宫中档，文献编号：137809。

臣查周绥老成谙练，前在湖北襄办军务，为前抚臣胡林翼[①]所倚重。自履臬司署任，耿介不苟，治狱严明，办理城防、保甲，认真督饬，始终不懈。一病不起，殊为可惜！除饬司道督同府县将该署司身后事宜妥为照料外，所遗宁夏道系冲、繁、难三项要缺，相应请旨，迅赐简放，以重职守。谨恭折具陈，伏乞皇上圣鉴训示。谨奏。光绪二十三年二月十二日。

（朱批：）另有旨。[②]

光绪二十三年三月初五日，奉朱批：另有旨。钦此。[③]

【案】此折于是年三月初五日得旨。上谕档：

光绪二十三年三月初五日，内阁奉上谕：甘肃宁夏道员缺，着胡景桂补授。钦此。[④]

---

① 胡林翼（1812—1861），字润之、贶生，号咏之，湖南益阳人。道光十五年（1835），中式举人。十六年（1836），中式进士，改庶吉士。十八年（1838），授翰林院编修。翌年，充国史馆协修。二十年（1840），任会试同考官、江南乡试副考官。次年，丁父忧，回籍终制，改捐中书。二十六年（1846），以知府分发贵州补用。二十八年（1848），署安顺府知府。三十年（1850），署镇远府知府。同年，调署思南府知府，赏戴花翎。咸丰元年（1851），补贵州黎平府知府。四年（1854），升贵州贵东道，补四川按察使。同年，调补湖北按察使。五年（1855），迁湖北布政使，署湖北巡抚。六年（1856），擢湖北巡抚。八年（1858），加太子少保。是年，丁母忧。十一年（1861），卒于任。授太子太保、骑都尉。谥文忠。有《读史兵略》、《胡文忠公奏议》、《抚鄂书牍》等行世。

② 台北故宫博物院藏：军机及宫中档，文献编号：408003036。

③ 台北故宫博物院藏：军机及宫中档，文献编号：137810。

④ 《光绪宣统两朝上谕档》，第23册，第52页。

○二四　核拟李沅淳越狱脱逃一案折

光绪二十三年二月十二日（1897 年 3 月 14 日）

头品顶戴陕甘总督臣陶模跪奏，为监犯越狱脱逃，逾限未获，提讯禁卒人等，委无松刑贿纵情弊，按例分别核拟，恭折仰祈圣鉴事。

窃查前据肃州直隶州知州廖振乔禀报拟绞监犯李沅淳在监越狱脱逃一案，经臣将管狱、有狱各官具奏请参，奉旨：这所参疏防绞犯越狱脱逃之管狱官甘肃肃州直隶州吏目黄照，着即革职拿问，交陶模提同刑禁人等，严讯有无松刑贿纵情弊，按律惩办；有狱官肃州直隶州知州廖振乔，着一并交部议处，仍勒限将逸犯李沅淳严缉务获究办。该部知道。钦此。钦遵行司，饬将已革吏目黄照及刑禁人等提省，发委兰州府审办，并饬严拿逸犯务获究报去后。兹查例限已逾，犯未弋获。据署兰州府知府周景曾督同局员，讯明议拟，由藩、臬两司会核转详前来。

臣复加确核，缘黄照籍隶顺天大兴县，由监生报捐州吏目，分发甘肃。光绪十三年，补授肃州吏目，十四年四月到任。赵怀春、张文治、曾培守籍隶肃州，充当该州刑书、禁卒、更夫。监犯李沅淳因纠窃得赃拒捕，刃伤事主王曰卿平复，拟绞收监，奉部覆准入于秋审缓决二次。光绪二十二年四月二十三日晚，黄照带同刑书赵怀春进监收封查验，监犯李沅淳刑具完固，收入内监木笼，如法封锁，谕令禁卒、更夫小心看守防范。黄照转身回署，赵怀春亦自回房办公。是夜，禁卒张文治因患头痛在房睡宿，更夫曾培守提灯在墙外巡更。四更时，天起大风，曾培守支持不住，亦回内监小房歇避，不料困乏睡熟。该犯李沅渟乘间扭断镣铐，拔落笼木，用断镣挖开监墙出外，从外南墙上拨开棘茨，越墙逃逸。更夫曾培守五更醒起，查看李沅渟不见，喊起禁卒张文治，禀知该吏目黄照，转报该州廖振乔勘讯，差缉通禀，经臣奏参，奉旨将黄照革职查办拿问，仍提同刑禁人等，严讯有无松刑贿纵情弊，按律惩办等因。行司提省，饬府督同局员提讯刑、禁、更夫人等，坚供实系一时失于防范，并无松刑贿纵情弊，并据已革吏目黄照供亦无异，自应先行拟结。

查例载：监犯越狱，狱卒果系依法看守，一时疏忽，偶致脱逃，并无贿纵情弊，审有确据者，依律减囚罪二等治罪等语。此案禁卒张文治于监禁重地并不加意防范，致令绞犯李沅渟乘间越狱脱逃，虽讯无松刑贿纵情弊，惟疏忽之咎难辞。张文治合依监犯越狱，禁卒如法看守，一时疏忽，偶致脱逃，并无贿纵情弊，审有确据，依律减囚罪二等例，于李沅渟绞罪上减二等，拟杖一百，徒三年，定地折责充徒。更夫曾培守并不小心巡逻，应请酌照不应重律，杖八十，折责革役。刑书赵怀春既未在监值宿，并无看守之责，应请免议。管狱官已革肃州吏目黄照于羁禁绞犯未能先事预防，致令脱逃，兹逾四个月限外，犯未弋获，应照例留于该地方协缉。有狱官肃州直隶州知州廖振乔失防越狱绞犯一名，现准部咨议以革职留任，仍应照例留任督缉。均俟限满有无弋获，再行分别办理。逸犯李沅渟仍饬严缉，获日另结。

除全案供招咨部外，所有监犯越狱脱逃，逾限未获，提讯刑禁人等并无松刑贿纵情弊，按例分别核拟缘由，是否允协，理合恭折具陈，伏乞皇上圣鉴，饬部核覆施行。谨奏。光绪二十三年二月十二日。

（朱批：）刑部议奏。[①]

光绪二十三年三月初五日，奉朱批：刑部议奏。钦此。[②]

〇二五　奏为甘军亡故官兵恳饬议恤折

光绪二十三年二月十二日（1897年3月14日）

头品顶戴陕甘总督臣陶模跪奏，为查明甘肃军营阵亡伤故员弁兵丁，造具死事月日、地址清册，列作第一次恳请饬部议恤，恭折仰祈圣鉴事。

窃查甘肃循化撒回滋事，河州、狄道、西宁、碾伯等处回匪相继叛乱，攻城破堡，荼毒生灵，兼又分党四扰，官军、营汛、团练随时分路堵剿，所有阵亡伤故员弁兵勇，叠据先后报请恤赏前来。除官弁业经专案奏恤及各军勇丁照章恤赏不计外，其余均经札饬粮台查明汇办去后。现值全省肃清，据甘肃总粮台藩司曾鉌查明，阵亡伤故员弁兵丁计一百二十九员名，先行造具死事月日、地址清册，请作为第一次详恳具奏前来。

臣查该员弁兵丁等，或临阵捐躯，或受伤殒命，或因公遇害，均属忠义可嘉，合无仰恳天恩，饬部照例分别议恤，以彰忠荩而慰幽魂。除尚有未经报到阵亡伤故员弁以及殉难民妇孺人等容再查明另案具奏，并清册分咨吏、礼、兵三部外，谨恭折驰陈，伏乞皇上圣鉴训示。谨奏。光绪二十三年二月十二日。

（朱批：）该部议奏。[③]

---

① 台北故宫博物院藏：军机及宫中档，文献编号：408003037。
② 台北故宫博物院藏：军机及宫中档，文献编号：137817。
③ 台北故宫博物院藏：军机及宫中档，文献编号：408003039。

光绪二十三年三月初五日,奉朱批:该部议奏。钦此。①

○二六 请仍以黄绍梓补授抚彝通判折

光绪二十三年二月十二日(1897年3月14日)

头品顶戴陕甘总督臣陶模跪奏,为仍请以本班尽先补用通判黄绍梓请补抚彝通判员缺,以重地方,恭折仰祈圣鉴事。

窃查抚彝通判曾道贯丁忧遗缺,前请以劳绩本班尽先通判黄绍梓请补。旋准部覆,黄绍梓归于劳绩试用先班内,不应补此丁忧遗缺等因。当经行司遵办去后。兹据甘肃藩、臬两司会详称:遵查黄绍梓系由收复肃州案内保以本班尽先补用,并无仍归试用原班字样,正与军营异常劳绩保以本班尽先并无前补字样亦归候补班内补用之例相符,似未便转作试用,致使偏枯。且甘省通判除黄绍梓外,更无合例堪补之员。今抚彝通判一缺,仍以黄绍梓请补。

查该员年五十一岁,顺天大兴县人,祖籍浙江山阴县,由监生报捐通判,分发甘肃试用,于收复肃州案内出力,保以本班尽先补用。同治十二年二月十七日引见,是年六月十九日到省,试用年满,甄别留省补用在案。该司等查该员黄绍梓,才具稳练,办事安详,前署灵台县知县,办理一切,诸臻妥协,以之请补抚彝通判员缺,与例相符,实堪胜任,人地亦极相宜。会详复请具奏前来。

臣查该员黄绍梓,悃愊无华,办事稳慎,合无仰恳天恩,俯念员缺紧要,仍准以该员黄绍梓补授抚彝通判,洵于地方有裨。如蒙俞允,衔缺相当,毋庸送部引见。该员并无参罚案件。谨恭折具陈,

---

① 台北故宫博物院藏:军机及宫中档,文献编号:137816。

伏乞皇上圣鉴训示。谨奏。光绪二十三年二月十二日。

（朱批：）吏部议奏。[①]

光绪二十三年三月初五日，奉朱批：吏部议奏。钦此。[②]

○二七　奏报酌定罂粟征税新章片

光绪二十三年二月十二日(1897 年 3 月 14 日)

再，甘肃各属民间栽种罂粟，本干例禁，前督臣杨昌濬因筹备海防军饷，奏准仿照陕西章程，按亩抽税，议定每亩川原地征银一钱、山坡地征银六分，业经饬属遵办在案。兹查两年来各属征解税银，为数甚少，于饷需仍属无济。现经臣酌定新章，自光绪二十三年起，按水地一亩征税银三钱，川原旱地一亩征税银二钱，山坡旱地一亩征税银一钱二分，其不种罂粟之地，概不征税。仍是隐寓抑制之意，于小民并无所伤，于饷需或可稍裕。其余一切悉照旧章办理，仍严禁不准借端扰累。至罂粟多系零星种植，查勘、造册等事不无需费，拟请于所收税银内酌提一成，以资津贴而杜侵渔。

除饬藩司通饬各属一体遵办外，谨附片具陈，伏乞圣鉴，饬部查照立案施行。谨奏。

（朱批：）户部知道。[③]

光绪二十三年三月初五日，奉朱批：户部知道。钦此。[④]

---

① 台北故宫博物院藏：军机及宫中档，文献编号：408003038。
② 台北故宫博物院藏：军机及宫中档，文献编号：137812。
③ 台北故宫博物院藏：军机及宫中档，文献编号：408003038-0-A。
④ 台北故宫博物院藏：军机及宫中档，文献编号：137818。

【案】议定每亩川原地……遵办在案：光绪二十年九月初二日，陕甘总督杨昌濬为遵旨筹备海防军饷事具折曰：

太子太保头品顶戴陕甘总督臣杨昌濬跪奏，为筹备海防军饷，恭折仰祈圣鉴事。

窃臣准户部咨，光绪二十年七月十四日，奉上谕：户部奏，饷需紧要，请饬各省就地筹款等语。现在倭氛不靖，沿海筹防，募勇练兵，以筹饷为最要。各该督抚均有理财之责，即着各就地方近日情形，通盘筹画，何费可减，何利可兴，何项可先行提存，何款可暂时挪借，务须分筹的饷，凑支海上用兵之需，一面先行奏咨立案，毋得以空言搪塞。如其军事速平，仍准该省留用。总期宽筹的款，有济时艰，是为至要。钦此。咨会到甘。

伏维倭氛不靖，防剿兼施，需饷正急。臣忝膺疆寄，自应力筹饷项，以济时艰，仰纾宸廑。当经臣行司移行遵照，并与甘肃藩司沈晋祥再三熟商。查甘省僻处西陲，地方斥卤，民间瘠苦，生计维艰，不若东南财富之乡筹措尚易，故历年支发各款均赖各省协饷接济，一切艰窘情形，早在圣主洞鉴之中。今于无可设法之中，极力筹画，谨拟四条，为我皇上敬陈之。

一、额粮宜变价济饷也。查甘省各属额征粮石，存储较多，现在陈陈相因，截至光绪十九年底止，尚存仓石八十万石之谱，日久既虞霉变，即令出陈易新，愈久愈多，亦实无仓可储。且州县存粮太多，盘查不易，尤虑启亏挪之弊。如今将存储粮数较多之处酌量出边仓斗粮三四十万石，色样新陈不一，按照各处新粮时价，酌减变卖，均匀牵算，约可得银三四十万两。在各属连年丰收，地方盖藏尚厚，且有社粮等项可备荒歉，不致遽行匮乏，而各营岁额应估粮料，每年所收额征亦尚足敷供支。是此项变价足资海军暂借之用，于本省仓储尚无关碍。伺奉准后，即当饬属遵办。

一、抽收地税，兴利兼可除弊也。查甘省地土肥硗不一，农民于种五谷杂粮之外，每有栽种罂粟者。虽叠经饬属严禁，而民间以收成较速、获利较多，仍有违禁种植者。迨地方官临时迫令拔除，愚民不免反生怨怼，况出山土药向章只完厘金，并不纳税，较之各项货物似不免于便宜，不若仿照陕西等省抽收土药地税之法，于每种罂粟川原地一亩定收税银一钱，山地一亩定收税银六分，责令该管地方官于播种时，周历勘视，造具花名、地亩细册，呈资该管知府、直隶州查明，于收割时由府州派员，会同州县抽收。虽数目难于预定，然以出山土药厘金核计，亦属出产大宗。此本系应禁之物，于民既不为伤，于公不无裨益，且可借此以征为禁。伺奉准后，即当饬属自光绪二十一年春种起征。

一、截留新饷减平银两，俾提用较便也。查新疆、伊犁、塔城三处饷项，均由甘肃于收到各省解到协饷后，按月照数分摊，委员管解。其减平银两随同正银，一并批解封存。今海防需款孔殷，拟将此项减平自本年十月份起，截留甘库，如军务平定无须提用，仍由甘肃解还新省，照常收储。倘须提用，则一奉部咨，即可由甘中批解，似较之必向新疆提拨可期迅速。

一、借扣饷银移缓可以济急也。查甘省防军步队二十旗、马队十旗，每年按十二关发饷，共需银四十四万三千三百余两，虽操防弹压，究无征调之劳。从前军务方兴，饷项不给，从征兵勇多有欠饷未关前后始行补发者。现值海防吃紧，各防勇既未调派出征，每旗饷银若按十一关发给，暂欠一关，俟随后饷项充足，再行补发，计通岁一关饷银，可借扣银三万七千五百余两。练军与防军事同一律，计练军马队七旗、步队八旗，每年按四本八折发给粮银，除四个月支发本色粮石外，其余八个月饷银共十二万九千余两，扣借一关，亦可共借银一万六千一百二十余两。二共实可借拨银五万三千六百二十余两。将来饷项充足，分别补发。拟俟奉准后，自光绪二十一年起扣。据该司详请奏咨前来。

臣查现拟各条，实因大局攸关，无款可筹，不得已为此权宜办理之举。但荷皇威遐暢，迅奏肤功，军事早平，则各款仍准留用，是则微臣寸衷所企祷者也。除咨部查照外，谨缮折由驿驰陈，伏乞皇上圣鉴，饬部核覆施行。谨奏。光绪二十年九月初二日。

光绪二十年九月十五日，奉朱批：户部议奏。钦此。[1]

○二八　请以黄云先行兼署臬司片

光绪二十三年二月十二日（1897年3月14日）

再，署甘肃按察使宁夏道周绥病故，所遗臬司员缺，应暂委兰州道黄云先行兼署，俾有责成。

除檄饬遵照外，理合附片陈明，伏乞圣鉴。谨奏。

（朱批：）知道了。[2]

---

① 台北故宫博物院藏：军机及宫中档，文献编号：135443；中国第一历史档案馆藏：朱批奏折，档案编号：04-01-01-1000-057。

② 台北故宫博物院藏：军机及宫中档，文献编号：408003036-0-A。

光绪二十三年三月初五日,奉朱批:知道了。钦此。①

○二九　奏报都司黄怀德病故片

光绪二十三年二月十二日(1897年3月14日)

再,据肃州镇总兵田在田呈报,镇属桥湾营都司黄怀德因旧伤复发,医治罔效,于光绪二十二年十一月十五日病故,呈请核办前来。

臣覆查无异。相应奏明请旨开缺。除查取该故员原领札付并承查印、甘各结至日另咨送部外,所遗都司员缺,陕甘现有应补人员,容臣另拣请补。谨附片陈明,伏乞圣鉴。谨奏。

(朱批:)兵部知道。②

光绪二十三年三月初五日,奉朱批:兵部知道。钦此。③

○三○　奏报都司武林病故片

光绪二十三年二月十二日(1897年3月14日)

再,据署凉州镇总兵刘璞呈报,该镇属新城营都司武林得患病证,医治未愈,于光绪二十二年十一月十七日病故,呈请核办前来。

臣覆查无异。相应奏明,请旨开缺。除查取该故员原领札付及委员承查印、甘各结另咨送部外,所遗都司员缺,陕甘现有应补

---

① 台北故宫博物院藏:军机及宫中档,文献编号:137811。
② 台北故宫博物院藏:军机及宫中档,文献编号:408003039-0-A。
③ 台北故宫博物院藏:军机及宫中档,文献编号:137814。

人员，容臣另拣请补。谨附片具陈，伏乞圣鉴。谨奏。

（朱批：）兵部知道。[1]

光绪二十三年三月初五日，奉朱批：兵部知道。钦此。[2]

○三一　奏报拟请变通陕甘武职补缺章程折

光绪二十三年二月二十八日（1897 年 3 月 30 日）

头品顶戴陕甘总督臣陶模跪奏，为拟请变通陕甘武职补缺章程，以裨营伍而资整顿，恭折具陈，仰祈圣鉴事。

窃查前准兵部议定武职轮补章程：一缺、二缺尽先，三缺预保，四缺、五缺尽先，六缺拣拨，七缺、八缺尽先，九缺应升、应补，十缺捐输。另议每一轮第一缺，由部咨取旗员拟补。又，提镇除准借补副将、参将外，其副将只准借补参将，参将借补游击，游击借补都司，都司借补守备，守备借补千总，千总借补把总各等因。历经遵照在案。

臣查陕甘自同治初年军兴以后，候补武职较各省尤众。上年回匪乱起，由军功保举比前又益加增。此项人员若比徇资按格照班次请补，非守候十余年不能到班。而现在陕甘两省所出武官额缺，臣于候补人员中留心查看，凡合例人员多系年力就衰，不敢遽任以地方之事，所以未及奏补者，职是之故。夫老其才以待用，以之处文员则可，以之处武职，则实有难言。平日既鲜读书，又无别项差事可以糊口，饥困日久，无以养其廉耻，更何以作其忠忱？将

① 台北故宫博物院藏：军机及宫中档，文献编号：408003039-0-B。
② 台北故宫博物院藏：军机及宫中档，文献编号：137813。

才之优劣不系乎资格之浅深，武员以劳绩递保至提镇者实繁有徒，论其才具，实有不堪为参将、游击者。官阶有定，而才具各有短长，若不稍为变通，则上无以副国家养士之心，亦下无以收人地相宜之效。

臣恭查光绪二十二年十月初六日承准总理各国事务衙门电寄谕旨：此时善后事宜最要者，曰戎政，曰吏治等因。钦此。伏念时势多艰，将才尤重。陕甘界连边徼，回、番杂处，种类繁多，鉴覆辙于前，不能不预防于后。微臣忝任兼圻，亟思得人而任，以期责效将来。再四思维，按班轮补章程行于陕甘两省，殊多窒碍，合无仰恳天恩，俯念今昔情形不同，准将陕甘两省武职补缺照新疆现行章程，不论何项班次，只论衔缺相当，人地相宜，变通奏补。仍照前直隶督臣曾国藩奏定尽先人员章程，提督、总兵借至副将、参将、游击止，副将、参将、游击借至都司、守备止，都司、守备借至千、把总止，其拣发、补用等项人员，仍准一体酌量补用。至旗员如何拟补，应由部核议。如此变通办理，实于营伍、地方裨益匪浅，俟三四年后察看情形，再当奏请规复旧章。

是否有当，谨会同陕西抚臣魏光焘、陕西提臣邓增、署甘肃提臣张永清，合词恭折具陈，伏乞皇上圣鉴训示。谨奏。光绪二十三年二月二十八日。

（朱批：）兵部议奏。[1]

光绪二十三年三月十九日，奉朱批：兵部议奏。钦此。[2]

---

[1] 台北故宫博物院藏：军机及宫中档，文献编号：408003040。

[2] 台北故宫博物院藏：军机及宫中档，文献编号：138099。

【案】曾国藩奏定尽先人员章程：同治七年十一月初三日，调任两江总督曾国藩奏报酌拟武职借补章程，曰：

大学士调任两江总督一等侯臣曾国藩跪奏，为酌拟武职借补章程，恭折仰祈圣鉴事。

窃准兵部咨：会议具奏，嗣后曾经军务省份绿营各缺，暂准奏请通融借补，提镇准借至副、参，副将准借至游击，以次递借，不得借至三级以下。其已经借补实缺之员，即以本衔在任候补，不得照借缺品级再行陛借他缺。至已经借补一缺，每项不准接续借补。年终开单奏明借补成数，统计至多不准过五成。如逾此数，仍于次年将序补人员补还。至长江水师各缺，亦应按此次定章，以三级为限。统俟十年后，再察情形，应否仍复旧例，奏明酌核办理等因。于同治七年五月初三日钦奉谕旨：着照所议办理。钦此。查部臣所议章程，斟酌时宜，仍不背乎古法，极为周妥，自应遵照办理。惟于现在情形不能不再求变通者，约有数端：

一在借补官阶，部议不得逾三级。查军营出力人员，泝保崇阶者太多，不得不推广借补，以为安插之计。拟请嗣后各项补缺，提、镇借至副、参、游止，副、参、游借至都、守止，都、守借至千、把止。如此明示限制，虽与部议稍有不符，而品级不甚悬殊，体制亦无窒碍。惟千、把补缺向归咨案，现以大衔借补，拟请改归奏案，以示区别。其本班拟补千、把者，则仍归咨案办理。

一在借补人数，部议不得逾五成。查十余年来，各路军营搜拔人材，稍有才略者，断不致沉沦末弁。循例应补之员，较之降格借补之员，才具之优劣迥殊，人数之多寡亦异。即使借补人数十居八九,亦不致令本班之人顿形觖望。准部臣虑及借补太多,易滋流弊,拟请嗣后各项补缺,借补者三缺得二,挨补者三缺得一。借补则分考试、当差两班,择其技艺娴熟、差事勤奋者,按班借补;挨补则分候补、应升两班,核其名次在前、历俸较深者,按班挨补。如此明定班次,既可超拔人才,亦颇限以资格,似与部议尚相吻合。

一在借补后升转之途。部议只准照本衔候补,自属简便良法。惟尚有未能限定者,如提、镇借补参、游之后,本班额缺较少,断难冀幸简放,而著有功绩,亦不能不循例升转。以下递推,本衔之难于得缺,情形相同。嗣后借补各官,如遇升转,拟请随时酌量,奏明请旨定夺,仍照部议以十年为限。十年之后,应否仍复旧制,再行体察情形,奏明酌办。

臣所以鳃鳃过虑者,实因三江两湖用兵太久,武职保举大员太多,姑存借补小缺之途,以为安插闲将之地。臣今奉命调任直隶,该省募勇无多,武职保举之员较少,本可不再置议。然东南江、楚等省遣撤将弁惶惶无所依归者,实不乏人。臣不敢以身离两江,遂不谋一安置之法。且处处可以收标,省省可以考试,技高者固可考补实缺,技劣者亦可稍沾薪粮,庶渐少游荡无归之员,亦足戢嚣凌不靖之气。谨将江南近年考试武职章程,录呈御览。

至长江水师初次拟补各缺,尚未明定章程。即第二次、三次出缺,酌补亦尚难期画一。臣今议奏江苏外海水师,应俟部议允准,暨闽、粤等省水师次第议定后,再由部臣议一水师班次迁补章程,与陆军画分两途,而疆臣亦各参末议,庶为可久之道。

所有酌拟武职借补章程，恭折具奏，伏乞皇太后、皇上圣鉴训示。谨奏。十一月初三日。

同治七年十一月十七日，军机大臣奉旨：兵部知道。单并发。钦此。[①]

○三二　报明甘肃光绪二十二年
秋冬情重盗匪惩办缘由折

光绪二十三年二月二十八日（1897年3月30日）

头品顶戴陕甘总督臣陶模跪奏，为报明甘肃省光绪二十二年秋冬二季份情重盗匪照章就地惩办缘由，恭折仰祈圣鉴事。

窃照甘肃地处边疆，汉、番、回、撒，种类不一，往往勾结为匪，骑马持械，抢劫为生，甚至逞凶拒捕，伤毙事主，近复有游勇肆行劫掠情事，均属凶暴，仍应按照刑部通行，随时就地正法，按季汇报。兹查光绪二十二年秋冬二季份，据碾伯县、平番县、固原直隶州先后报获盗匪邓金魁、胡碧达、罗宋宗、李茂林、萧老六到案，均经批司委员并饬该管道讯供禀办，旋据该委员庄浪茶马同知等及平庆泾固化道先后审拟禀办前来。

查该盗匪邓金魁、胡碧达、罗宋宗、李茂林、萧老六五犯，均系游勇，或结伙持械，拦路劫杀，或起意图财害命，或捆殴事主，强行搜劫，均系情罪重大，法无可贷，经臣批司核覆，实属情真罪当，已先后批饬将该犯邓金魁、胡碧达、罗宋宗、李茂林、萧老六五犯就地正法，分别传首犯事地方，悬杆示众，以昭炯戒。据署甘肃按察使

---

① 中国第一历史档案馆藏：录副奏折，档案编号：03-4739-046。

宁夏道周绥详请具奏前来。

除仍饬严缉各案逸盗务获究报外，所有甘肃省光绪二十二年秋冬二季份情重盗匪照章就地惩办缘由，谨开具籍贯、案由清单，恭折具陈，伏乞皇上圣鉴，饬部查照施行。谨奏。光绪二十三年二月二十八日。

（朱批：）刑部知道。单并发。①

光绪二十三年三月十九日，奉朱批：刑部知道。单并发。钦此。②

○三三　呈甘肃光绪二十二年
秋冬情重盗匪惩办清单

光绪二十三年二月二十八日（1897 年 3 月 30 日）

谨将甘肃省光绪二十二年秋冬二季份惩办过情重盗匪籍贯、案由，开具简明清单，恭呈御览。

秋季份：

一、碾伯县凶盗邓金魁、胡碧达、罗宋宗三犯，讯据供称，分隶湖南永绥、衡阳、乾州等厅县，早均在营充勇，先后假革出营，商同在逃之王伏田、杨海山、田玉升、任国柄一共七人，在于县属之羊肠沟地方拦路强劫，各用马刀杀毙事主马呈福等三命一伤，抢去骡马、财物不讳。禀经臣批委庄浪茶马同知赵人龙覆审明确，详经臣批司核覆，委系情真罪当，饬将该犯邓金魁、胡碧达、罗宋宗就地正法，传首犯事地方，悬杆示众，以昭炯戒；仍饬严缉逸盗王伏田等，

① 台北故宫博物院藏：军机及宫中档，文献编号：408003045。
② 台北故宫博物院藏：军机及宫中档，文献编号：138101。

务获另办。

冬季份：

一、平番县盗犯李茂林一犯，讯据供称籍隶陕西城固县，先充营勇来甘，随后告假出营，伙同在逃之岳桂林，于借宿县属新墩地方马姓家内，起意图财，用刀砍戳事主马三元子身死，劫去马匹不讳。禀经臣批委庄浪茶马同知赵人龙、候补知县楼汝济前往覆审明确，详经臣批司核覆，委系情真罪当，饬将该犯李茂林就地正法，以昭炯戒；仍饬严缉逸盗岳桂林，务获另办。

一、固原直隶州盗犯萧老六一犯，讯据供称籍隶陕西城固县，先年当过营勇，嗣因无业到处游荡，稔知州属西乡酒瓶湾朱鸿顺家殷实，起意强劫，纠同在逃之王老幺、高老九一共三人，分持刀棍，于二更后前往，撞门入室，捆殴事主，劫去钱、土、衣物不讳。禀经臣批饬该管平庆泾固化道覆审明确，详经臣批司核覆，委系情真罪当，饬将该犯萧老六就地正法，传首犯事地方，悬杆示众，以昭炯戒；仍饬严缉逸盗王老幺等，务获另办。

（朱批：）览。①

○三四　请将义捐捐资及劝办人员分别表奖折

光绪二十三年二月二十八日(1897年3月30日)

头品顶戴陕甘总督臣陶模跪奏，为助赈各省义捐巨款，拟将捐资及劝办人员分别表奖，请旨遵行，恭折仰祈圣鉴事。

窃查甘省此次遭乱难民筹备赈款，于动拨正项银粮外，并经前

---

① 台北故宫博物院藏：军机及宫中档，文献编号：138101-0-A。

督臣杨昌濬奏明,仿照南省善捐之法劝办,如有捐及千两者,照乐善好施之例请旨建坊,用昭激劝。当经刊刻捐簿,函致各省督、抚、司、道,广为劝募。兹据藩司曾鉌详称:先后接准四川、广东、山东、江苏、安徽、江西、浙江、广西、云南、贵州、湖北、河南、山西、陕西、新疆等十五省陆续解到义捐银一十三万六千有奇。得此巨款助赈,殊非小补。各省大小官员慷慨好施,其劝办之员亦有劳可录,若不分别表奖,不足以酬善举而励将来。除捐及千两者仍照奏案另请建坊,其余官员、商民零星捐资,似亦未便没其好义之忱,拟请旨于各省集捐之地修建总坊,仍用乐善好施字样,将所有捐户一并提名于上。其劝办出力之员,亦拟比照顺直赈捐及户部商借章程,劝办至一万两以上者,请照寻常劳绩保奖一员,不及一万两者,仍毋庸议各等情,详请具奏前来。

臣覆核无异,相应奏明请旨。倘蒙俞允,即饬藩司查开捐资,并咨取劝办各衔名,分别办理,以示奖劝。谨恭折具陈,伏乞皇上圣鉴训示。谨奏。光绪二十三年二月二十八日。

(朱批:)户部议奏。[1]

光绪二十三年三月十九日,奉朱批:户部议奏。钦此。[2]

○三五　请免扣河湟文武各官三成养廉折

光绪二十三年二月二十八日(1897 年 3 月 30 日)

头品顶戴陕甘总督臣陶模跪奏,为河湟遭难甫平,办公支绌,

---

① 台北故宫博物院藏:军机及宫中档,文献编号:408003044。

② 台北故宫博物院藏:军机及宫中档,文献编号:138102。

拟恳天恩，将该处文武养廉免其核扣三成，以示体恤，恭折仰祈圣鉴事。

窃照前准户部通行：光绪二十三年份外官应支养廉，文职自府经历县丞以下，武职自都司、守备以下，仍照全数开支。其文职州、县以上，武职参将、游击以上，照案再行核扣三成，汇总拨用等因。当经行司遵照办理去后。兹据藩司曾鉌详称：遵查甘肃此次军务，西宁一道全被蹂躏，兰州所属狄、河为甚，剿抚之后，难民归农已迟，商货懋迁更寡，布帛、薪粮、盐齑、刍豆，其价无不倍于曩时，文武各官日用资斧在在支绌，若再将养廉核扣三成，实无以资其办公。拟请将西宁一属及狄道州、河州官员除府经历、都司以下微员本未核扣外，其文自青海大臣下至州县，武自西宁、河州二镇下至参将、游击，应支二十三年份养廉银两，一体免其核扣三成，合计共请免扣银五千六百一十一两八钱，于部中通计百万之数，所损无多，而于难后各官办公之资，所裨甚巨。开折详请具奏前来。

臣复加查核，委系实在情形。合无仰恳天恩，准照所请，饬部免予核扣，以示体恤。谨恭折具陈，伏乞皇上圣鉴，训示施行。谨奏。光绪二十三年二月二十八日。

（朱批：）着照所请，该部知道。①

光绪二十三年三月十九日，奉朱批：着照所请，该部知道。钦此。②

---

① 台北故宫博物院藏：军机及宫中档，文献编号：408003043。
② 台北故宫博物院藏：军机及宫中档，文献编号：138106。

○三六　请以陈松泉补西固营都司折

光绪二十三年二月二十八日（1897年3月30日）

头品顶戴陕甘总督臣陶模跪奏，为拣员请补都司员缺，以裨营伍，恭折仰祈圣鉴事。

窃臣前准兵部咨：陕西河州镇属西固营都司蒋怀德病故，遗缺系题补第三轮第三缺，轮用预保人员，该省预保无人，应过班用第六缺拣发班内人员请补等因。臣随在于留陕甘候补、拣发都司人员内逐加遴选，查有留陕甘拣发都司陈松泉，久历戎行，办事勤奋，以之请补斯缺，实堪胜任，亦与轮缺章程相符。合无仰恳天恩，俯念员缺紧要，准以该员陈松泉请补西固营都司员缺，可期得力。如蒙俞允，俟接准部覆后，即行给咨送部引见，以符定制。

除查取该员履历清册另咨送部外，谨会同陕西提督臣邓增合词恭折具陈，伏乞皇上圣鉴训示。谨奏。光绪二十三年二月二十八日。

（朱批：）兵部议奏。①

光绪二十三年三月十九日，奉朱批：兵部议奏。钦此。②

○三七　奏报祝维城呈请开缺回籍修墓折

光绪二十三年二月二十八日（1897年3月30日）

头品顶戴陕甘总督臣陶模跪奏，为实缺道员呈请开缺回籍修

---

① 台北故宫博物院藏：军机及宫中档，文献编号：408003041。
② 台北故宫博物院藏：军机及宫中档，文献编号：138100。

墓，恭折仰祈圣鉴事。

　　窃据本任平庆泾固化道调署宁夏道祝维城禀称：现年六十岁，江西铅山县拔贡，在京供职，由记名知府补授广东广州府遗缺知府，后丁忧开缺，服满起复。光绪十八年四月二十九日奉上谕：甘肃宁夏府知府员缺，着祝维城补授。钦此。是年十一月十八日到任，因升授平庆泾固化道请咨赴引，领凭回甘。二十年十一月十八日，在省接印。十二月初三日，到平庆泾固化道本任。嗣经调署宁夏道，于二十二年十月十九日到宁夏道署任。兹接家书，因连年本籍山水涨发，祖墓多被冲损，急须回籍修理，恳请具奏开缺前来。

　　臣查该道祝维城于本任平庆泾固化道及调署宁夏道各任内，办理一切，尚属认真。兹因祖墓被水冲损，呈请回籍修理，核其情词恳切，实系出于至诚，应请准其开缺，以遂孝思。

　　除将宁夏道员另行委员接署外，谨恭折具陈，伏乞皇上圣鉴训示。再，所遗平庆泾固化道员缺，此次应请扣留，容臣由外拣员请补。合并声明。谨奏。光绪二十三年二月二十八日。

　　（朱批：）吏部知道。[①]

　　光绪二十三年三月十九日，奉朱批：吏部知道。钦此。[②]

○三八　奏报都司王嘉谟病故等情片

光绪二十三年二月二十八日（1897 年 3 月 30 日）

　　再，前准兵部咨开：陕西固原提属商州协中军都司员缺，由部

---

① 台北故宫博物院藏：军机及宫中档，文献编号：408003042。
② 台北故宫博物院藏：军机及宫中档，文献编号：138105。

题准以尽先都司王嘉谟拟补，饬令依期给咨赴引等因。当经转咨遵照去后。兹准提臣邓增咨覆：查王嘉谟系陕西延安府定边县人，屡饬原籍访询，迄无踪迹。嗣闻其人已于光绪十七年九月间病故。该员未经投标，无从查报等情前来。

臣覆核无异，相应奏明请旨开缺。其所遗商州协中军都司员缺，陕甘现有应补人员，容臣另拣请补。合并声明。谨会同陕西固原提臣邓增合词附片陈明，伏乞圣鉴训示。谨奏。

（朱批：）兵部知道。①

光绪二十三年三月十九日，奉朱批：兵部知道。钦此。②

○三九　请将陈香庆革职查办片

光绪二十三年二月二十八日（1897年3月30日）

再，升用都司候补守备陈香庆，经前督臣杨昌濬委带庆字营，归总兵易顺胜统辖，防堵永昌县黄城滩一带。嗣经臣访闻，陈香庆办事巧滑，工于作伪，饬将该营遣散，并饬易顺胜就近点名发饷。旋据易顺胜禀称：点验陈香庆营勇，缺额至二百余名之多，因将所冒勇饷扣缴。讵陈香庆因此怀恨，乘易顺胜交卸来省，纠众至易顺胜寓中哗闹，复捏写多人姓名，将易顺胜诬讦。

臣查陈香庆劣迹多端，实属军营败类。除饬司先行查讯外，相应请旨将升用都司候补守备陈香庆即行革职，以便按例究拟，从严惩办，以肃戎行。谨附片具陈，伏乞圣鉴，训示施行。谨奏。

---

①　台北故宫博物院藏：军机及宫中档，文献编号：408003040-0-A。

②　台北故宫博物院藏：军机及宫中档，文献编号：138119。

（朱批：）着照所请，兵部知道。①

光绪二十三年三月十九日，奉朱批：着照所请，兵部知道。钦此。②

○四○ 奏请更正参将王金和姓氏片

光绪二十三年二月二十八日（1897年3月30日）

再，前准兵部咨开：补用参将王金和履历册载，系于攻克乌鲁木齐、吐鲁番等城出力案内经前督臣左宗棠保奏，光绪六年正月三十日奉上谕：留黔尽先补用游击王金和，着免补游击，以参将仍留原省补用。钦此。检查此案，原保单内有黄金和，保奖以参将仍留原省补用，姓氏不符，应令查明报部，再行核办。当经前督臣杨昌濬转行查覆去后。嗣准署甘肃提臣张永清咨：据管带甘标练军左旗改留陕甘补用参将王金和呈称，前于攻克乌鲁木齐、吐鲁番等城案内保奖以参将补用，接奉行知，实系姓王名金和，原保单内名字虽同，而以王误为黄，想系当时笔误。当经据情咨部更正去后。旋准部咨，以该员系五品以上人员，应令奏明更正等因。

臣查留陕甘补用参将王金和，实系原保单内笔误为黄金和，合无仰恳天恩，俯准饬部更正注册。除该员履历清册前已送部外，谨附片具陈，伏乞圣鉴。谨奏。

（朱批：）兵部知道。③

---

① 台北故宫博物院藏：军机及宫中档，文献编号：408003040-0-B。
② 台北故宫博物院藏：军机及宫中档，文献编号：138104。
③ 台北故宫博物院藏：军机及宫中档，文献编号：408003042-0-A。

光绪二十三年三月十九日，奉朱批：兵部知道。钦此。①

○四一　奏报宁羌守备马宽病故片

光绪二十三年二月二十八日(1897年3月30日)

再，臣据署陕西汉中镇总兵龙得胜呈称：汉中镇属宁羌营守备马宽因痰疾复发，服药罔效，于光绪二十二年十二月二十日在任病故，呈请核办前来。

臣覆查无异，相应奏明请旨开缺。除查取该故员原领札付及委员承查印、甘各结另咨送部外，所遗守备员缺，陕甘现有应补人员，容臣另拣请补。理合附片具陈，伏乞圣鉴。谨奏。

（朱批：）兵部知道。②

光绪二十三年三月十九日，奉朱批：兵部知道。钦此。③

○四二　代奏奎顺亲母病故开缺守制折

光绪二十三年三月初二日(1897年4月3日)

头品顶戴陕甘总督臣陶模跪奏，为据情代奏，恭折仰祈圣鉴事。

窃臣接准西宁办事大臣奎顺咨称：亲母迎养任所，于光绪二十三年二月二十二日在署病故，咨请代奏开缺，俾得扶榇回旗守制。

---

①　台北故宫博物院藏：军机及宫中档，文献编号：138103。

②　台北故宫博物院藏：军机及宫中档，文献编号：408003042-0-B。

③　台北故宫博物院藏：军机及宫中档，文献编号：138107。

并援照光绪十七年西宁办事大臣萨凌阿①丁忧守制成案，将西宁办事大臣关防派员赍送总督衙门兼理，其日行事件亦照案委西宁镇总兵代拆代行等情前来。

臣查西宁办事大臣奎顺亲母在署病故，可否仰恳天恩，俯准开缺，扶榇回旗守制，并简派西宁办事大臣以重职守之处，伏候命下遵行。谨缮折代奏，伏乞皇上圣鉴训示。谨奏。光绪二十三年三月初二日。

（朱批：）另有旨。②

光绪二十三年三月十五日，奉朱批：另有旨。钦此。③

【案】此折于是年三月十五日得允行，清廷饬令联魁署理西宁办事大臣。《清实录》：

又谕：陶模奏，办事大臣丁忧，恳请开缺，据情代奏一折。奎顺着赏假百日，回旗穿孝。西宁办事大臣着联魁署理。④

○四三　委令联魁兼护西宁办事大臣片

光绪二十三年三月初二日(1897年4月3日)

再，西宁办事大臣奎顺现准咨报丁忧，业经据情代奏。查西宁

---

① 萨凌阿，生卒年未详，吉林乌拉正蓝旗英春佐领下披甲，奇车博巴图鲁。同治十一年(1872)，由委防御补吉林镶黄旗骁骑校。光绪四年(1878)，简放乌鲁木齐副都统。五年(1879)，署理乌鲁木齐都统。六年(1880)，授乌鲁木齐领队大臣，后调补西宁办事大臣。十七年(1891)，丁忧回旗守制。

② 中国第一历史档案馆藏：朱批奏折，档案编号：04-01-13-0388-069。

③ 台北故宫博物院藏：军机及宫中档，文献编号：138050。

④ 《德宗景皇帝实录(六)》，卷四百三，光绪二十三年三月上，第258页。

距省较远，该处蒙、番众多，事务繁重，现虽地方一律平静，然非就近有员管理，不足以资慎重。

臣查西宁道联魁，精明干练，熟悉边情，以之兼护斯缺，实于地方有裨。除由臣咨饬遵照，并将奎顺送到关防暂发交联魁敬谨启用外，仍恳天恩，俯念员缺紧要，迅赐简放，以重职守。谨附片具陈，伏乞圣鉴训示。谨奏。

光绪二十三年三月十五日，奉朱批：另有旨。钦此。[①]

○四四　奏报徐庆璋赴任并委署员缺片

光绪二十三年三月初二日(1897 年 4 月 3 日)

再，新授庆阳府知府徐庆璋现已到省，应即饬赴新任，以专责成。凉州府知府王效请假遗缺，查有候补知府张大镛，堪以委署。敦煌县知县严泽调省遗缺，查有即用知县张元濂，堪以委署。礼县知县罗运甍请假遗缺，查有候补知县王兆鼎，堪以委署。丹噶尔同知承绪请假遗缺，查有候补知州黄翰章，堪以委署。据藩、臬两司先后会详前来。

除批饬分别给委外，理合附片陈明，伏乞圣鉴。谨奏。

光绪二十三年三月十五日，奉朱批：吏部知道。钦此。[②]

---

① 台北故宫博物院藏：军机及宫中档，文献编号：138051。
② 台北故宫博物院藏：军机及宫中档，文献编号：138065。

○四五　审明已革循化厅主簿陈庆麟一案折

光绪二十三年三月二十一日（1897年4月22日）

头品顶戴陕甘总督臣陶模跪奏，为审明已革循化厅主簿并原保要证人等，分别拟结，恭折具陈，仰祈圣鉴事。

窃查前督臣杨昌濬任内承准军机大臣字寄：光绪二十一年五月十六日，奉上谕：本日有人奏，撒匪生变，始因争教涉讼，地方官有索费情事，遂致激而生变等语。着该督确切查明，先将办理不善之员从严参办，毋稍徇纵等因。当经前督臣将兼护厅事循化厅主簿陈庆麟奏参革职，并声明俟提省讯明确情，再行从严参办。是年八月初四日，奉朱批：着照所请，该部知道。钦此。经前督臣饬兰州府移提人卷来省审办去后。时值军务吃紧，未能即时解省。嗣据署循化厅同知欧阳乐清将原保土司韩起忠、韩膺禄及要证韩六个、韩七十二押解到省，并据该革员陈庆麟自行投案，由署兰州府知府周景曾督同局员审拟，详经布政使曾鉌、署按察使周绥会同核转前来。

臣复加查核，缘已革主簿陈庆麟，江苏通州人，由安定县典史升补循化厅主簿，光绪十七年十月初三日到任。二十年二月间，该厅街子工老教撒目韩奴力与新教撒目韩老四争教起衅，互相纠众焚掠，经该管土司韩起忠等开导不听，牒请已故前任循化厅同知长赓屡次差传未到。八月间，韩奴力差人赴厅禀求免罪未准，复遣其党韩七十二、韩伏元、韩舍木素赴府恳求，经西宁府将韩七十二等发回该厅看管讯办。九月间，长赓会营带领兵勇，将老教撒目韩奴力并其党韩新庄、韩已连及韩一素夫四人，新教撒目韩老四并其党韩五十八、韩星庄、韩老山卜、韩五麦目五人先后拿获到案。正在讯办间,适有河州回目马国良约允上四工土司韩起忠、下四工土司韩膺禄,具状保领韩奴力、韩老四等出外调处,经长赓于十一月十八日批准保释。

二十一日,长赓病故。陈庆麟奉委兼护厅篆,讵韩奴力、韩老四仍复寻仇焚杀。陈庆麟虑酿大祸,正拟禀请派员查办间,十二月初六日,韩奴力忽遣其党韩老三即羊牙子,手执回经一本进城,声言老教势大,汉、回不必惊慌,定要讨取厅官准其免罪印谕,始敢解散息事。陈庆麟因其有意挟制,立即差拿责押。十三日,韩老三在押患病,经后随叛伏诛之韩五十六等保领回家,至二十七日病故。维时韩奴力等初只争教互斗,后竟焚掠汉民村堡,狄、河各回相继变乱,经杨昌濬派兵剿办,并委已故前署西宁道陈嘉绩查明韩奴力等究系何任保释,时贼已临城,不及调卷细查,仅凭外间传闻之词禀覆,谓在陈庆麟任内保释,并以韩老三系顶经老民,被陈庆麟杖毙,因将陈庆麟参革,饬委兰州府胡孚骏审办。胡孚骏移提人卷未到,旋即交卸。该署府周景会到任,准署循化厅欧阳乐清牒解前来。

经该府督同局员逐一研审,陈庆麟坚称,韩奴力等实于二十年十一月十八日经长赓批准保释,二十一日长赓病故伊始兼护厅篆,并无保释韩奴力等之事。韩老三虽执有经卷,实系诈降回匪,并非老民,因其来城恐吓、挟制,将其拿获责押。嗣因患病取保,在家病故,委非杖毙,亦无受贿激变之事。调阅该厅看管人犯号簿,与供相符,案无遁饰。据该署府周景曾分别议拟,详由两司核转到臣。经臣覆核无异,应请拟结。

此案已革循化厅主簿陈庆麟兼护厅篆,其于拿获争教滋事之撒目韩奴力等，看管后复准保外，致酿巨祸，虽讯系已故长赍任内之事，并非陈庆麟私擅保释，惟于韩老三执经进城恐吓挟制，既经拿获责押，自应随时禀请批示办理，仍辄任叛党韩五十六等保释，虽死逾旬余，非由杖毙，亦无受贿情事，但以其党滋事扰乱，未能预防，究属办理不善，业已参革，请免重议。土司韩起忠、韩膺禄在长赍任内保领韩奴力等出外，其时仅止争教，反迹未露，且其子韩腊月保亦拘押在禁，因韩奴力系老教头目，众所遵服，是以连新教头目韩老四一并保出，令其调处，原为弭祸起见。迨至次年春间，韩奴力等愈肆猖獗，率众围城，其子韩腊月保经西宁道提讯正法，实非该土司等意料所及，应请免议。要证韩六个、韩七十二虽均为韩奴力余党，惟现在军务肃清，胁徒罔治，自应免科。未到人证，免传省累。

除全案供招咨部外，所有审明拟结缘由，是否有当，理合恭折具陈，伏乞皇上圣鉴训示。谨奏。光绪二十三年三月二十一日。

（朱批：）着照所请，该部知道。[1]

光绪二十三年四月初三日，奉朱批：着照所请，该部知道。钦此。[2]

【案】前督臣将兼护厅事循化厅主簿陈庆麟奏参革职：光绪二十一年六月十六日，陕甘总督杨昌濬请将循化厅主簿陈庆麟革职，曰：

太子太保头品顶戴陕甘总督臣杨昌濬跪奏，为遵旨查覆，先将办理不善之主簿请即革职，恭折仰祈圣鉴事。

---

[1]　台北故宫博物院藏：军机及宫中档，文献编号：408003047。
[2]　台北故宫博物院藏：军机及宫中档，文献编号：138493。

　　窃臣前准军机大臣字寄：本日有人奏，撒匪生变，始因争教涉讼，地方官有索费情事，遂致激而生变等语。着该督确切查明，先将办理不善之员从严参办，毋稍徇纵等因到臣。当即钦遵咨行查办在案。伏查循化撒回上年争教生事，先经该前厅同知长赟将该犯等管押，正在讯办，长赟病故。该厅主簿陈庆麟兼护厅篆，并不请示办理，辄将撒回首犯韩奴力等擅行释放，以致韩奴力等纠众滋闹，酿成事端，并闻该主簿有杖毙顶经老民情事。业经臣将陈庆麟摘去顶戴撒任，听候查办。嗣钦奉谕旨饬查，遵即委署西宁道陈嘉绩确切查覆。兹据禀称：原参所云地方官索费一节，查明委无实据，第该撒回蓄意作乱，不过欲借争教以肇衅端等语。臣查撒回豺狼成性，是否蓄意为乱，固不可测，惟该主簿陈庆麟前此兼护厅篆，当撒匪韩奴力等在押候讯之际，如能持平讯断，妥为了结，未必该撒匪敢肆逆志。乃该主簿既未讯结，又未请示办理，辄行取保释放，致酿巨端，实属办理不善。相应奏明请旨，将循化主簿陈庆麟先行革职。其果否杖毙顶经老民及有无索费情事，现提该主簿来省，俟讯明确情，再行从严参办。

　　所有遵旨饬查先将办理不善之主簿即请革职缘由，理合恭折覆陈，伏乞皇上圣鉴训示。谨奏。光绪二十一年六月十六日。

　　光绪二十一年七月十一日，奉朱批：着照所请，该部知道。钦此。①

---

　　①　中国第一历史档案馆藏：朱批奏折，档案编号：04-01-12-0568-008；中国第一历史档案馆藏：录副奏折，档案编号：03-5327-058。

○四六　奏报嘉峪关光绪二十二年收支数目折

光绪二十三年三月二十一日(1897年4月22日)

头品顶戴陕甘总督臣陶模跪奏,为嘉峪关光绪二十二年份收支各项银两数目造册报销,恭折仰祈圣鉴事。

窃据嘉峪关监督安肃道何福堃详称:该关于光绪二十一年由江汉关拨到银两,收支数目业经详请奏咨核销在案。今查光绪二十二年份收到江汉关拨借经费银九千两,并旧管项下存储洋税银五百九十两四钱一分四厘一毫,共银九千五百九十两四钱一分四厘一毫。除支一年各官役薪工银八千二百九十五两四分、驻兰翻译委员薪水银九百三十两,共银九千二百二十五两四分,实在支剩银三百六十五两三钱七分四厘一毫,全数归还十八年份借用厘款外,连前十九、二十一两年份还过银四百七十五两一钱九分三厘二毫,共归还银八百四十两五钱六分七厘三毫,下欠未还银七两四钱四分二厘六毫四丝,应俟随后照议在于支剩款内归还清楚。再,提存自光绪二十一年十月初十日第四十三结起至二十二年十月初九日第四十六结止,共四结,收获进口正、子洋税银三百一十三两三钱三分一厘五毫,实储道库。造具细数清册,详请奏咨前来。

臣覆核无异。除将清册分送总理衙门及部、科核销外,理合恭折具奏,伏乞皇上圣鉴。谨奏。光绪二十三年三月二十一日。

(朱批:)该衙门知道。[①]

---

① 台北故宫博物院藏:军机及宫中档,文献编号:408003048。

光绪二十三年四月初三日,奉朱批:该衙门知道。钦此。[1]

○四七　奏报续裁马步营旗并土勇数目折

光绪二十三年三月二十一日(1897年4月22日)

头品顶戴陕甘总督臣陶模跪奏,为续行裁减马步营旗、土勇并分别改支坐饷、练饷各起数目,另开清单报部,恭折仰祈圣鉴事。

窃自光绪二十一年甘肃军兴,节次添募马步营旗并各属城防土勇,为数颇多,需饷甚巨。嗣因军事将平,陆续裁减营旗,截至二十二年七月底止,于八月初七日奏咨在案。兹据甘肃布政使曾鉌详称:自八月初一日起至十二月底止,裁减马步营旗、土勇并行饷改支坐饷,营改为旗,以及前次由练添募为营,今仍改归练军,计共六十二起,开单分晰截饷改支坐饷、练饷日期,详请奏咨立案前来。

臣覆核无异。除饬该司查明现留防军马步数目再行分别裁减,以节饷需,另行奏报,并将此次清单咨送户、兵部查照外,所有续行裁减马步营旗、土勇并分别改支坐饷、练饷各起数目缘由,理合恭折具陈,伏乞皇上圣鉴。谨奏。光绪二十三年三月二十一日。

(朱批:)该部知道。[2]

光绪二十三年四月初三日,奉朱批:该部知道。钦此。[3]

---

①　台北故宫博物院藏:军机及宫中档,文献编号:138491。

②　台北故宫博物院藏:军机及宫中档,文献编号:408003046。

③　台北故宫博物院藏:军机及宫中档,文献编号:138429。

○四八　奏报甘肃光绪二十
三年正月雨水、粮价折

光绪二十三年四月初一日(1897年5月2日)

头品顶戴陕甘总督臣陶模跪奏，为恭报甘肃省光绪二十三年正月份粮价、雪泽情形，恭折仰祈圣鉴事。

窃照光绪二十二年十二月份粮价并得沾雪泽情形，业经具折奏报在案。兹查本年正月份兰州等八府六直隶州属具报得沾雪泽，自一二寸至二三寸不等，正值春耕布种之初，获此沃泽，土脉滋润，实于农田有裨。至通省粮价，或与上月相同，或较上月稍有增长。据藩司曾鉌具详请奏前来。

臣覆核无异。理合恭折具奏，并缮粮价清单，恭呈御览，伏乞皇上圣鉴。光绪二十三年四月初一日。

（朱批:）知道了。[1]

光绪二十三年四月二十四日，奉朱批:知道了。钦此。[2]

○四九　呈甘肃光绪二十三年正月粮价清单

光绪二十三年四月初一日(1897年5月2日)

谨将甘省各属光绪二十三年正月份米粮时估价值，缮具清单，恭呈御览。

---

[1]　台北故宫博物院藏:军机及宫中档，文献编号:408003049。
[2]　台北故宫博物院藏:军机及宫中档，文献编号:138914。

兰州府属：价昂

粟米每京石价银九钱六分六厘至三两三钱八分，较上月贵三钱七厘。小麦每京石价银九钱三厘至二两九钱八分六厘，较上月贵一钱五分七厘。豌豆每京石价银九钱二厘至二两八钱八分五厘，较上月贵一钱一分三厘。青稞每京石价银一两八分二厘至二两六钱四分八厘，较上月贵一钱五分九厘。

巩昌府属：价有昂有平

粟米每京石价银一两四分五厘至一两九钱一厘，与上月相同。小麦每京石价银八钱六分五厘至一两五钱七分五厘，较上月贵一钱五厘。豌豆每京石价银八钱六分五厘至一两四钱，与上月相同。青稞每京石价银七钱四分八厘至一两二钱三分二厘，与上月相同。

平凉府属：价昂

粟米每京石价银一两一钱八分四厘至一两四钱，较上月贵一钱四分。小麦每京石价银六钱五分五厘至一两八分五厘，较上月贵三分五厘。豌豆每京石价银六钱五分至一两五分，较上月贵一分七厘。糜子每京石价银七钱至七钱一分一厘，较上月贵七分五厘。

庆阳府属：价平

粟米每京石价银五钱五厘至七钱四分二厘，与上月相同。小麦每京石价银四钱四分至一两三钱四分二厘，与上月相同。豌豆每京石价银四钱至一两七钱一分五厘，与上月相同。糜子每京石价银二钱九分四厘至四钱三分五厘，与上月相同。

甘州府属：价平

粟米每京石价银七钱七分七厘至一两二分九厘，与上月相同。

小麦每京石价银七钱二厘至九钱五分六厘，与上月相同。豌豆每京石价银九钱五分五厘至一两四钱七分，与上月相同。青稞每京石价银四钱四分一厘至六钱四分七厘，与上月相同。

凉州府属：价平

粟米每京石价银一两五分至二两三钱八分三厘，与上月相同。小麦每京石价银八钱六分一厘至一两八钱六分，与上月相同。豌豆每京石价银八钱八分二厘至一两九钱六分六厘，与上月相同。青稞每京石价银七钱一分四厘至一两一钱九分一厘，与上月相同。

宁夏府属：价平

粟米每京石价银七钱一分三厘至一两一钱二分，与上月相同。小麦每京石价银七钱五分九厘至一两三钱四分一厘，与上月相同。豌豆每京石价银七钱九分八厘至一两四钱，与上月相同。糜子每京石价银四钱二分七厘至七钱九分一厘，与上月相同。

西宁府属：价有昂有平

粟米每京石价银一两七钱一分八厘至五两七钱六分，较上月贵一两四钱七分二厘。小麦每京石价银一两六钱二分二厘至三两七分二厘，与上月相同。豌豆每京石价银一两五钱四分五厘至二两九钱六分，与上月相同。青稞每京石价银一两三钱九分至二两八分，较上月贵一钱六分一厘。

秦州直隶州并所属：价有昂有平

粟米每京石价银一两二钱二分三厘至一两七钱三分一厘，较上月贵一钱四分八厘。小麦每京石价银八钱二分四厘至一两五钱一分二厘，与上月相同。豌豆每京石价银八钱二分四厘至一两五钱一分二厘，与上月相同。糜子每京石价银六钱三分至一两一钱六分三厘，与上月相同。

阶州直隶州并所属：价有昂有平

粟米每京石价银一两三钱八分六厘至二两三分六厘，与上月相同。小麦每京石价银一两三钱四分四厘至一两六钱七厘，较上月贵七分五厘。豌豆每京石价银一两三分四厘至一两四钱九分九厘，与上月相同。穈子每京石价银一两一分八厘，与上月相同。

泾州直隶州并所属：价平

粟米每京石价银五钱六分至八钱九分六厘，与上月相同。小麦每京石价银五钱六分至八钱四分，与上月相同。豌豆每京石价银五钱四厘至八钱五厘，与上月相同。穈子每京石价银三钱三分六厘至五钱三分九厘，与上月相同。

固原直隶州并所属：价有昂有平

粟米每京石价银九钱九分七厘至一两五钱七分六厘，较上月贵六分六厘。小麦每京石价银九钱一分至一两二钱九分五厘，与上月相同。豌豆每京石价银九钱一分至一两四钱七分一厘，较上月贵三分九厘。穈子每京石价银八钱二分七厘，较上月贵三分九厘。

肃州直隶州并所属：价有平有落

粟米每京石价银九钱六分六厘至一两五分，与上月相同。小麦每京石价银七钱一分四厘至八钱一分二厘，较上月贱四分九厘。豌豆每京石价银七钱九分八厘至一两二钱四分三厘，较上月贱二分。青稞每京石价银五钱四分六厘至七钱一分四厘，较上月贱一钱五厘。

安西直隶州并所属：价平

粟米每京石价银一两五分至一两三钱九分一厘，与上月相同。

小麦每京石价银一两九分八厘至一两四钱四分一厘，与上月相同。豌豆每京石价银七钱六分至二两八分，与上月相同。青稞每京石价银九钱六分三厘至一两四钱，与上月相同。

（朱批:）览。[①]

○五○　奏报咨取各处局印官书折

光绪二十三年四月初一日(1897年5月2日)

头品顶戴陕甘总督臣陶模、甘肃学政翰林院编修臣刘世安跪奏，为甘肃书籍缺乏，拟恳圣恩，准臣咨取各处局印官书，免其缴价，以惠士林，恭折仰祈圣鉴事。

窃臣等接准部咨，屡以整顿书院、推广学校为培植人才之计。甘肃地当边徼，士子专攻时文，见闻狭隘，有志之士苦于无力购求书籍，于古今中外大经大法、因革损益之端以及天文、地舆、算数、器艺一切格致之学，素少研求，习非所用，无补时艰，甚非国家作育人才之本意。方今时局不同，需才甚急，非大兴学校无以为求才之本，非广购书籍无以为兴学之资，惟有购置古今中外有用书籍，藏之书院，朝夕浏览，识见既扩，才智渐生，风气一开，则学校之兴，人才之盛，必有进而益上者。

甘省自军兴以来，库储、外款提用一空，整顿书院，费既苦于不赀，推广学校，法又难于骤变。臣等再四商酌，惟有仰恳天恩，准由臣等咨取京都官书局、同文馆及各省局印官书，并翻译外洋各种书籍，择其有裨实用者，设法运送来甘，以备士子观览，庶几人知向

---

① 台北故宫博物院藏:军机及宫中档，文献编号:138914-0-A。

学，即可为培植人才之基。所需书价为数非细，甘省瘠苦之区，非他省可比，拟恳圣恩，免其措缴，以惠士林。

是否有当，谨合词恭折具陈，伏乞皇上圣鉴训示。再，此折系臣模主稿。合并声明。谨奏。光绪二十三年四月初一日。

（朱批：）即着该督等分别咨取，余依议。①

光绪二十三年四月二十四日，奉朱批：即着该督等分别咨取，余依议。钦此。②

○五一　请以崔金魁借补镇羌营游击折

光绪二十三年四月初一日(1897年5月2日)

头品顶戴陕甘总督臣陶模跪奏，为拣员请补游击要缺，以裨营伍，恭折仰祈圣鉴事。

窃臣前准兵部咨：甘肃凉州镇属镇羌营游击员缺作为第五轮第七缺，轮用尽先人员，行令拣员请补等因。臣即在于尽先合例人员内逐加拣选得副将衔尽先补用参将甘肃提属梨园营都司崔金魁，年强才裕，办事慎勤，以之借补斯缺，洵堪胜任，亦与部章相符。合无仰恳天恩，俯念员缺紧要，准以崔金魁借补镇羌营游击员缺，以期得力。如蒙俞允，俟接准部覆，即行给咨送部引见，以符定制。

除该员履历清册俟查取至日另咨送部外，所遗梨园营都司员缺，陕甘现有应补人员，容臣另行拣员请补。谨会同署甘肃提臣张

① 台北故宫博物院藏：军机及宫中档，文献编号:408003054。
② 台北故宫博物院藏：军机及宫中档，文献编号:138913。

永清合词恭折具陈，伏乞皇上圣鉴训示。谨奏。光绪二十三年四月初一日。

（朱批：）兵部议奏。[1]

光绪二十三年四月二十四日，奉朱批：兵部议奏。钦此。[2]

○五二　请以邓咸林借补贵德营游击折

光绪二十三年四月初一日(1897年5月2日)

头品顶戴陕甘总督臣陶模跪奏，为拣员借补游击员缺，以裨营伍，恭折仰祈圣鉴事。

窃臣前准兵部咨：甘肃西宁镇属贵德营游击员缺作为第五轮第八缺，轮用尽先人员请补等因。当经转行拣员请补去后。兹据西宁镇总兵何美玉呈称：贵德营游击员缺设处极边，毗连番族，汉回交错，汛地较宽，非精明干练之员，难期得力。查有留甘尽先补用参将镇标前营都司邓咸林，熟悉边情，操防勤奋，前值回乱，该员带队打仗，颇著战功。呈请借补前来。

臣查留甘尽先补用参将西宁镇标前营都司邓咸林，奋勉有为，战功卓著，以之借补斯缺，洵堪胜任，且与轮缺章程相符，合无仰恳天恩，俯念员缺紧要，准以邓咸林借补西宁镇属贵德营游击员缺，可期得力。如蒙俞允，查邓咸林系曾经引见回任之员，应请饬部发给札付，以符定制。

除查取该员履历清册另咨送部外，所遗西宁镇标前营都司员

---

①　台北故宫博物院藏：军机及宫中档，文献编号：408003052。

②　台北故宫博物院藏：军机及宫中档，文献编号：138918。

缺,陕甘现有应补人员,容臣另拣请补。谨会同署甘肃提臣张永清合词恭折具陈,伏乞皇上圣鉴训示。谨奏。光绪二十三年四月初一日。

(朱批:)兵部议奏。①

光绪二十三年四月二十四日,奉朱批:兵部议奏。钦此。②

○五三　请以姬恺臣调补永昌县知县折

光绪二十三年四月初一日(1897年5月2日)

头品顶戴陕甘总督臣陶模跪奏,为拣员调补要缺知县,以裨地方,恭折仰祈圣鉴事。

窃据甘肃布政使曾鉌、兼署按察使黄云详称:永昌县知县高蔚霞病故遗缺,前请以隆德县庄浪县丞叶森升补。兹奉部驳,叶森保荐到部日期在出缺之后,核与升补之例不符,行令另行拣选。自应遵照办理。查知县应调缺出,例应于现任人员内拣选调补。今永昌县知县员缺,地处冲要,政务殷繁,非老成干练之员,不足以资治理。

该司等在于通省现任合例人员内逐加遴选,惟查有金县知县姬恺臣,年五十八岁,河南南阳县人,由监生投效军营,历保以州判留甘俟补缺后以知县补用;遵例报捐过班以知县请咨引见,领照赴甘,于光绪十六年十一月十八日到省,复捐本班尽先,试署金县知县,十九年三月初六日到任。试署年满,呈请实授。兼署臬司黄云

---

① 台北故宫博物院藏:军机及宫中档,文献编号:408003053。

② 台北故宫博物院藏:军机及宫中档,文献编号:138919。

到任未及三月，例不加考。藩司曾鉥查该员姬恺臣，阅历渐深，谙悉民事，且在甘有年，于该处风土民情极为熟悉，以之调补永昌县知县，实堪胜任，人地亦极相宜。会详请奏前来。

臣查该员姬恺臣年力正强，办事勤勉，合无仰恳天恩，俯念要缺需员，准以金县知县姬恺臣调补永昌县知县，实于地方有裨。如蒙俞允，该员系以实缺知县调补知县，衔缺相当，毋庸送部引见。再，该员任内并无参罚案件。谨恭折具陈，伏乞皇上圣鉴训示。至所遗金县知县系简缺，甘省现有应补人员，应请由外拣补。合并声明。谨奏。光绪二十三年四月一日。

（朱批：）吏部议奏。[①]

光绪二十三年四月二十四日，奉朱批：吏部议奏。钦此。[②]

○五四　请以窦金声署理通渭县知县折

光绪二十三年四月初一日（1897年5月2日）

头品顶戴陕甘总督臣陶模跪奏，为拣员请署知县员缺，以裨地方，恭折仰祈圣鉴事。

窃据甘肃布政使曾鉥、兼署按察使黄云详称：通渭县知县杨宸谟调补玉门县知县，所遗通渭县员缺业已截缺报部，自应由外拣补。查各省知县升调遗缺出，例应以一缺题补各项候补并进士即用人员，以一缺题补各项委用人员，以一缺题补各项试用人员。又，新海防遇缺先以次花样，照章以五缺计算，如皆无人，即

---

① 台北故宫博物院藏：军机及宫中档，文献编号：408003050。
② 台北故宫博物院藏：军机及宫中档，文献编号：138921。

• 1451 •

接用各项班次。又，各项本班先人员，例应于各本班到班先用一人。又，劳绩候补知县，例应先行题署。甘肃知县升调遗一项，自停止变通章程后，已用至第二轮第一试用大挑知县陈兆康准署崇信县知县止。今通渭县知县缺，甘省现无新海防遇缺先以次花样人员，照章过班接用各项班次，试用后应插之分缺间无人，轮用候补班先之员。兹查有新例候补尽先知县窦金声，到省签掣第一，例得请署。查该员年五十四岁，江苏无锡县人，由俊秀投效军营，报捐州判候选；于克复吐鲁番城案内保以知县分省尽先前补用，并加五品衔，请咨赴部验看签掣；甘肃遵新海防例捐归候补班尽先，以光绪二十二年六月十八日作为新班到省。兼署臬司黄云到任未及三月，例不加考。藩司曾铼查该员窦金声，谙练老成，留心吏治，以之请署通渭县知县，实堪胜任，与例亦符。会详请奏前来。

臣查该员窦金声，年强才裕，办事勤能，合无仰恳天恩，俯准以窦金声试署通渭县知县，实于地方有裨。如蒙俞允，衔缺相当，毋庸送部引见，仍俟试署期满，如果称职，另请实授。该员并无参罚案件。谨恭折具陈，伏乞皇上圣鉴训示。谨奏。光绪二十三年四月初一日。

（朱批）：吏部议奏。①

光绪二十三年四月二十四日，奉朱批：吏部议奏。钦此。②

---

① 台北故宫博物院藏：军机及宫中档，文献编号：408003051。
② 台北故宫博物院藏：军机及宫中档，文献编号：138924。

○五五　请准姚协赞自行建坊片

光绪二十三年四月初一日(1897年5月2日)

再,臣前据陕西督粮道姚协赞[1]禀称:甘肃被兵各属难民众多,满目疮痍,待赈尤亟,该道遵其祖父承烈、父宗培两代遗命,捐寄陕平银四千两,呈请饬收等情。当经转行去后。嗣据甘肃布政使曾鉌详称:前项捐款已于光绪二十二年六月十三日照数兑收储库,归入赈款动用。查例载:士民人等捐资助赈银至千两以上者,请旨建坊,给与乐善好施字样,听本家自行建坊等语。该道捐银四千两,核与建坊之例相符,详请核奏前来。

臣查姚协赞克承先志,报捐巨款,洵堪惠济灾黎。相应仰恳天恩,俯准该道姚协赞为其已故祖父承烈、父宗培照例自行建坊,给与乐善好施字样,以示旌奖。谨附片具陈,伏乞圣鉴训示。谨奏。

(朱批:)着照所请,礼部知道。[2]

光绪二十三年四月二十四日,奉朱批:着照所请,礼部知道。钦此。[3]

---

① 姚协赞(1846—1898),字衷廷,号馨圃,盛京承德（辽宁省沈阳市）人。同治六年(1867),中式举人。七年(1868),中式进士,选庶吉士。十年(1871),授翰林院编修。光绪二年(1876),充会试同考官,历补国史馆协修、纂修、总纂、提调、文渊阁校理。五年(1879),丁父忧。七年(1881),保以道府用,加五品衔。九年(1883),保升道员。同年,放甘肃巩秦阶道,晋二品衔。十五年(1889),丁母忧。十八年(1892),补山东兖沂曹济道。二十一年(1895),调补陕西督粮道。二十三年(1897),署陕西按察使。二十四年(1898),调河南按察使,未及赴任,卒。

② 台北故宫博物院藏:军机及宫中档,文献编号:408003050-0-A。

③ 台北故宫博物院藏:军机及宫中档,文献编号:138915。

○五六　请以张世才署理金塔协副将片

光绪二十三年四月初一日(1897 年 5 月 2 日)

再，肃州镇属金塔协副将刘仁和禀请开缺回籍修墓，业经臣附奏在案。所遗员缺紧要，自应先行拣员接署，以重边防。查有陕西提属正任商州协副将张世才，堪以署理。

除给委外，理合附片奏明，伏乞圣鉴。谨奏。

(朱批:)兵部知道。①

光绪二十三年四月二十四日，奉朱批:兵部知道。钦此。②

○五七　奏报提督董福祥捐资助赈片

光绪二十三年四月初一日(1897 年 5 月 2 日)

再，海城、平远一带漏网逸匪，前奉谕旨查办，业已办理完竣，地方静谧，经臣会同甘肃提臣董福祥奏明在案。该处从前逃出难民，现皆陆续还乡归业，惟各该难民遭难流离，情形困苦，非急筹赈济，无以慰来归而资耕食。臣与藩司等正筹办间，适提臣董福祥惓怀桑梓，情愿捐助银一万两，请由司派员前往散给，不敢邀请奖叙等情，当经饬司遵照，现已散给完竣。据甘藩司曾𬭚详请具奏前来。

臣维甘肃提臣董福祥慨捐巨款，赈济乡间，实属急公好义，虽

---

① 台北故宫博物院藏:军机及宫中档，文献编号:408003050-0-B。
② 台北故宫博物院藏:军机及宫中档，文献编号:138925。

称不敢邀奖，未便壅于上闻。合无仰恳天恩，俯赐传旨嘉奖，以资观感，并请敕部查明立案。再，此项银两系提臣董福祥自愿捐散难民赈济之需，应请毋庸造册报销。合并陈明。谨附片具陈，伏乞圣鉴训示。谨奏。

（朱批：）另有旨。①

光绪二十三年四月二十四日，奉朱批：另有旨。钦此。②

【案】此案于是年四月二十四日得旨。上谕档：

光绪二十三年四月二十四日，内阁奉上谕：陶模奏，提督捐款济赈，请旨嘉奖等语。甘肃海城、平远一带，兵燹后难民流离失所，提督董福祥捐银一万两，赈济乡间，洵属好义急公，深堪嘉尚。董福祥着交部从优议叙。钦此。③

○五八　查明殉难官生张联甲等履历片

光绪二十三年四月初一日（1897年5月2日）

再，前准吏部议覆：甘肃环县从前殉难之增生张联甲，照九品官殉难例，先行议赠盐运司知事衔，荫一子，以县主簿注册候选。又，清水县阵亡之廪生王相治、增生马营选、附生祁廷献、生员任开第等四名，应均照举贡生员打仗阵亡按官员伤亡例，先行议给云骑尉世职，袭次完时，毋庸给予恩骑尉。又，殉难贡生邢丕承照八品官殉难例，先行议赠布政司都事衔；廪生刘介眉、宋象贤、增生景圣

①　台北故宫博物院藏：军机及宫中档，文献编号：408003050-0-C。
②　台北故宫博物院藏：军机及宫中档，文献编号：138927。
③　《光绪宣统两朝上谕档》，第23册，第86页。

化、马文瑞、邢卓、马乾、生员马炯如等七名，均应照九品官殉难例，先行议赠盐运司知事衔。以上八名仍各荫一子，以县主簿注册铨选。又，殉难之州同衔罗纬应照州同衔殉难例，先行议赠知州衔，系属虚衔，照例毋庸给荫。仍令查明该故生等出身履历报部，查核相符，再行分别准其承袭、承荫等因。当经行据藩司饬据各该县查造各该故生出身履历册籍送部核办去后。

兹准部覆：核计此案已逾二年定限，应令查照定章，声叙请恤原案并逾限缘由，奏明办理。至生员马炯如，该督咨文内系马炯，核与原册不符，应一并查明声覆等因。复行据藩司曾鉥详称：查附生张联甲等从前殉难阵亡，经前督臣左宗棠列作第九、第十两次汇案请恤，光绪十九年三月，奉部题准，行令查取各该生等出身履历。旋据前署环县知县袁范、前署清水县知县王长于二十年六月、二十一年二月先后查造到司。因所造履历与司案诸多不符，屡经驳饬另造，于二十二年九月始克查明详咨，册造原赍年月本在二年限内，往返驳查稽延，致逾一年有余。至清水殉难生员实系马炯如，前奉部文作为马炯如，而赍送履历详文内脱去如字，误成马炯，实因互有舛错，并非另有其人，一并声明。详请附奏前来。

臣覆核无异。谨附片具陈，伏乞圣鉴，饬部查照办理施行。谨奏。

（朱批：）该部议奏。①

光绪二十三年四月二十四日，奉朱批：该部议奏。钦此。②

---

①　台北故宫博物院藏：军机及宫中档，文献编号：408003051-0-A。

②　台北故宫博物院藏：军机及宫中档，文献编号：138926。

○五九　请饬部核销仓谷简册片

光绪二十三年四月初一日(1897年5月2日)

再,据藩司曾钰详称:甘肃仓谷奏销,自光绪九年起至十三年止,按年造赍简明册籍,叠奉户部题驳未准。积至光绪二十年,前司沈晋祥①竭力督催,始将十四年份之册分别总、散,详细造报,随案声请十三年以前免造细册,仍未奉部核准。在部臣考核细密,原系慎重仓储。无如边省凋敝,从前承平时吏事本逊他省。迨同治初年,军务繁兴,地方遍遭蹂躏,一切文卷非失守被毁,即逃散抛遗。虽自光绪九年起规复旧制,而变通已久,各属官吏罕明例章,近今一切例案尚难望其如式,何况积年已过之事,官经累任,吏多生手,且自造送十四年册籍后,又值地方多事,该司到任将及两年,一再严催,谨将十五年份造办齐全。其十三年以前细册迄无一处办到,非各牧令敢于抗违,实以事过境迁,终难明晰。若仍一意追求,势必新旧积压,永无了期,应请附奏,恳将光绪九年至十三年止仓谷奏销,免取细册,仍照前赍简册核销等情前来。

---

① 沈晋祥(1837—?),浙江归安人,由监生报捐员外郎,投效军营。同治六年(1867),以功保免选本班,以直隶州知州分发省份,归候补班补用,并加知府衔。十二年(1873),赴部呈请分发,指省山西,是年十一月到省。光绪三年(1877),于练军操防出力案内保俟补缺后以知府用。同年八月,补保德直隶州知州。五年(1879),于办理赈务出力俟开缺归知府班后加盐运使衔,旋经调补绛州直隶州知州。八年(1882),署平定直隶州知州。九年(1883),补授山西蒲州府知府。十年(1884),署太原府知府。十二年(1886),署冀宁道,六月交卸,回太原府本任。十三年(1887),补授山西冀宁道,嗣两次署理山西按察使。十五年(1889),迁湖南按察使,旋即入都陛见。同年,接准总理各国事务衙门电信,暂护湖南巡抚,十六年闰二月十七日交卸,仍回臬司本任。十七年(1891),擢甘肃布政使。是年,进京陛见。

臣复加查核，委系实在情形。除将赍到十五年份销册另案具题，并请将十四年份一并核销外，相应请旨饬部将光绪九年至十三年止仍按咨送简明总册查核准销，免造详细册籍，俾清积牍。谨附片具陈，伏乞圣鉴，饬部查照施行。谨奏。

（朱批：）该部知道。[1]

光绪二十三年四月二十四日，奉朱批：该部知道。钦此。[2]

○六○　奏报守备胡锦荣病故开缺片

光绪二十三年四月初一日（1897年5月2日）

再，臣据西宁镇总兵何美玉呈称：镇标中营守备胡锦荣得患喘症，调治未愈，于光绪二十三年二月初七日在任病故。呈请核办前来。

臣覆查无异，相应奏明请旨开缺。除查取该故员原领札付及委员承查印、甘各结另咨送部外，所遗西宁镇标中营守备员缺，陕甘现有应补人员，容臣另拣请补。理合附片具陈，伏乞圣鉴训示。谨奏。

（朱批：）兵部知道。[3]

---

①　台北故宫博物院藏：军机及宫中档，文献编号：408003051-0-B。

②　台北故宫博物院藏：军机及宫中档，文献编号：138916。

③　台北故宫博物院藏：军机及宫中档，文献编号：408003058-0-A。此片之具奏日期，原件目录署“光绪二十三年四月二十二日”，而军机录副则标为“光绪二十三年四月初一日”，相差悬殊。据军机录副所署朱批日期“光绪二十三年四月二十四日”，查军机处随手登记档（档案编号：03-0292-2-1223-111）朱批陶模、刘世安折，据同批折件可知，此片具奏日期当为“光绪二十三年四月初一日”，原件标注讹误。兹据校正。

光绪二十三年四月二十四日，奉朱批：兵部知道。钦此。①

○六一　请将副将刘仁和开缺片

光绪二十三年四月初一日(1897年5月2日)

再，据肃州镇总兵田在田呈：据镇属金塔协副将刘仁和禀称，屡接家书，因连年原籍雨水过多，致祖茔多被冲刷，恳请开去金塔协副将本缺，以便回籍修理等情前来。

臣覆查无异，相应奏明请旨开缺。除查取该员原领札付另咨送部外，其所遗金塔协副将员缺，陕甘现有应补人员，容臣另拣请补。谨附片陈明，伏乞圣鉴。谨奏。

（朱批：）兵部知道。②

光绪二十三年四月二十四日，奉朱批：兵部知道。钦此。③

○六二　饬令副将张锡光即赴本任片

光绪二十三年四月初一日(1897年5月2日)

再，拟补陕西河州镇属洮岷协副将张锡光现已接奉署札，应即饬赴本任，以专责成。

---

① 台北故宫博物院藏：军机及宫中档，文献编号：138917。

② 台北故宫博物院藏：军机及宫中档，文献编号：408003057-0-C。此片之具奏日期，原件目录署"光绪二十三年四月二十二日"，而军机录副则标为"光绪二十三年四月初一日"，相差悬殊。据军机录副所署朱批日期"光绪二十三年四月二十四日"，查军机处随手登记档（档案编号：03-0292-2-1223-111）朱批陶模、刘世安祈，据同批折件可知，此片具奏日期当为"光绪二十三年四月初一日"，原件标注讹误。兹据校正。

③ 台北故宫博物院藏：军机及宫中档，文献编号：138920。

除给委外，理合附片陈明，伏乞圣鉴。谨奏。

（朱批：）知道了。[1]

光绪二十三年四月二十四日，奉朱批：知道了。钦此。[2]

○六三　请以林毓琛升补威远营都司片

光绪二十三年四月初一日(1897年5月2日)

再，臣前准兵部咨：甘肃西宁镇属威远营都司员缺系题补第四轮第九缺，轮用应补世职人员，该省现无世职应补人员，应以应升人员抵补等因。当经转行拣补去后。兹据西宁镇总兵何美玉呈称：镇属威远营都司员缺，查有俸满镇标后营守备林毓琛，晓畅营伍，办事精敏，堪以升补。呈请核办前来。

臣查俸满守备林毓琛，久历戎行，办事奋勉，以之升补斯缺，实堪胜任，亦与轮缺章程相符。合无仰恳天恩，俯念员缺紧要，准以俸满守备林毓琛升补西宁镇属威远营都司员缺，可期得力。如蒙俞允，查该守备林毓琛系俸满引见人员，应请饬部发给札付，以符定制。

除查取该员履历清册另咨送部外，所遗西宁镇标后营守备员缺，陕甘现有应补人员，容臣另拣请补。谨会同署甘肃提臣张永清合词附片具奏，伏乞圣鉴训示。谨奏。

---

① 台北故宫博物院藏：军机及宫中档，文献编号：408003057-0-B。此片之具奏日期，原件目录署“光绪二十三年四月二十二日”，而军机录副则标为“光绪二十三年四月初一日”，相差悬殊。据军机录副所署朱批日期“光绪二十三年四月二十四日”，查军机处随手登记档(档案编号：03-0292-2-1223-111)朱批陶模、刘世安折，据同批折件可知，此片具奏日期当为“光绪二十三年四月初一日”，原件标注讹误。兹据校正。

② 台北故宫博物院藏：军机及宫中档，文献编号：138922。

（朱批：）兵部议奏。①

光绪二十三年四月二十四日，奉朱批：兵部议奏。钦此。②

○六四　奏报董军行饷改供坐饷折

光绪二十三年四月初二日（1897年5月3日）

头品顶戴陕甘总督臣陶模跪奏，为董军二十营，行饷极力裁汰腾挪，不敷仍巨，拟恳酌量变通，改供坐饷，以便匀支，恭折仰祈圣鉴事。

窃准户部咨开，议覆臣前奏提臣董福祥所部各营不敷饷项，恳请分别设法另拨一折，谓现在各路防勇均支坐饷，董军既属防营，并非另有征调，自宜改支坐粮，分别散扎。惟该提督所部二十营系奉谕旨添募，如难遽拟裁改，惟有仍将该督挑留防、练各军，再行酌量裁撤等因。于光绪二十三年二月十九日具奏，奉旨：依议。钦此。钦遵咨行前来。

臣查甘肃军务甫平，仅于旧有防、练各军之外酌留二十营旗，原以地方反侧未安，不能不周密布置，暂资镇慑，今既饬令再行裁腾，亟应遵照办理。第查董军二十营行饷、薪公，岁需银八十余万两，前奏除部议甘肃新饷提存甘肃司库银三十一万八千两提供董

---

①　台北故宫博物院藏：军机及宫中档，文献编号：408003057-0-A。此片之具奏日期，原件目录署"光绪二十三年四月二十二日"，而军机录副则标为"光绪二十三年四月初一日"，相差悬殊。据军机录副所署朱批日期"光绪二十三年四月二十四日"，查军机处随手登记档（档案编号：03-0292-2-1223-111）朱批陶模、刘世安折，据同批折件可知，此片具奏日期当为"光绪二十三年四月初一日"，原件标注讹误。兹据校正。

②　台北故宫博物院藏：军机及宫中档，文献编号：138923。

军外，尚不敷银五十余万两，为数过多，纵将挑留各营旗全数裁撤，所短仍巨。至绿营制兵，现当遵奉谕旨，另行酌裁，惟一时碍难多汰，并须遵照原奏酌给裁兵银粮，以资生计，约计腾饷无多，尚不能截定时日，即难抵作董军目前饷需，而董军二十营系奉谕旨添募，自未便遽请裁减。际此时局日艰，本省既罗掘早空，部中又无款可拨，在微臣吁应竭力筹画，挹此注彼，断不敢稍存推诿。在提臣公忠素抱，必能仰体时艰，力求撙节。

臣与藩司等再四商酌，董军二十营，部咨既谓现无征调，惟有请按坐粮支饷，岁可省银三十余万两，尚不敷董军坐饷银二十余万两。臣拟于防、练各军内极力裁遣，以腾出之饷尽数供支董军坐粮之需。倘或仍形不足，再当设法另筹，以期上慰宸廑。董军既支坐粮，所有该提督岁需薪工，并恳饬部按坐粮章程核议匀拨，稍资节省。

抑臣更有请者，臣部防、练各军各有分驻巡防要隘，兹既为董军腾饷，分别裁撤，则所有遗防地未免遽形空虚，应请由臣随时咨明提臣拨队填扎，以重防务。

除咨提臣董福祥查照外，合将董军二十营行饷极力裁汰腾挪，不敷仍巨，拟恳酌量变通改供坐粮、以便匀支各缘由，谨恭折具陈，伏乞皇上圣鉴训示，并请饬部查照施行。谨奏。光绪二十三年四月初二日。

（朱批：）户部议奏。[1]

光绪二十三年四月十四日，奉朱批：户部议奏。钦此。[2]

---

①　台北故宫博物院藏：军机及宫中档，文献编号：408003055。

②　台北故宫博物院藏：军机及宫中档，文献编号：138492。

○六五　核拟甘肃光绪二十三年秋审人犯赵农保仔等各案折

光绪二十三年四月初二日(1897年5月3日)

头品顶戴陕甘总督臣陶模跪奏，为核拟甘肃光绪二十三年新旧秋审人犯赵农保仔等各案，恭折仰祈圣鉴事。

窃据兼署甘肃按察使黄云会同布政使曾鉌、兰州道黄云详称：前准部咨：奏准变通章程内开：应入秋审新旧人犯，迅即饬属造具案由清册，送由臬司核明罪犯轻重，分别实缓，将应勘人犯停止解省，该督即将拟定实、缓清册奏明，咨部覆核。应入情实人犯，请旨即行处决、缓决；可矜人犯，照前次变通章程，分别减等发配等因。奉旨：依议。钦此。钦遵咨行到司。当经移行各道、府、直隶州，通饬所属一体遵办在案。

兹查得光绪二十二年原办旧事秋审缓决人犯，内肃州绞犯李沅淳一名越狱脱逃，业经拟议，详请具奏；又，原办新事秋审情实人犯，奉旨勾决之静宁州斩犯王盅桦、宁州绞妇李氏二名，均经饬令处决讫。以上统共三起，计犯三名，俱应于本年秋审册内开除。其尚有原办旧事秋审人犯内原拟情实、二次奉旨牢固监候之安化县绞犯刘蕑浤，又原办情实、二次奉旨改缓之隆德县斩犯摆苏儿二名，与原办缓决之文县绞犯邢均、化平厅斩犯郑怅发、通渭县绞犯董炭儿、宁州绞犯侯平儿、隆德县绞犯马增幅、中卫县绞犯王终、洮州厅绞犯张代哇子九名，仍应分实、缓，汇入本年旧事秋审册内办理，并有已奉部覆应入光绪二十三年新事秋审大通县绞犯赵农保仔、平凉县绞犯朱冻至儿、镇原县绞犯王添益、绞犯吴跟娃、伏羌县绞犯彭泗泽、秦州直隶州绞犯曹苏家娃、陇西县绞犯刘腥娃共七名。以上统共一十六起，计犯一十六名，遵照变通章程，人犯停止解勘，照依该犯等情罪，酌拟实、缓，分晰新旧，汇造年贯、案由清册，呈请具奏前来。

臣覆核无异。除赍到册籍咨部该办外，谨缮折由驿驰陈，伏乞皇上圣鉴，饬部核覆施行。此外，甘省并无应入朝审人犯。其现入秋审各犯，亦无祖、父、子、孙阵亡应行声叙之案。此案本应循旧具题，因遵照部议变通章程办理，是以改题为奏。合并陈明。谨奏。光绪二十三年四月初二日。

（朱批：）刑部议奏。①

光绪二十三年四月十四日，奉朱批：刑部议奏。钦此。②

○六六　恭报甘肃光绪二十三年二月雨水、粮价折

光绪二十三年四月二十二日（1897年5月23日）

头品顶戴陕甘总督臣陶模跪奏，为具报甘肃省光绪二十三年二月份粮价、雪泽情形，恭折仰祈圣鉴事。

窃照本年正月份粮价并雪泽情形，业经奏报在案。兹查二月份兰州等八府六直隶州属具报得沾雪泽，自一二寸至三四寸不等。正值春耕之际，获此沃泽，实于农田有裨。至通省粮价，或与上月相同，或较上月稍有增减。据藩司曾鉌具详请奏前来。

---

① 台北故宫博物院藏：军机及宫中档，文献编号：408003056。
② 台北故宫博物院藏：军机及宫中档，文献编号：138665。

臣覆核无异。理合恭折具奏，并缮粮价清单，恭呈御览，伏乞皇上圣鉴。谨奏。光绪二十三年四月二十二日。

（朱批：）知道了。[1]

光绪二十三年五月十九日，奉朱批：知道了。钦此。[2]

○六七　呈甘肃光绪二十三年二月粮价清单

光绪二十三年四月二十二日（1897年5月23日）

谨将甘省各属光绪二十三年二月份米粮时估价值，缮具清单，恭呈御览。

兰州府属：价平

粟米每京石价银九钱六分六厘至三两三钱八分，与上月相同。小麦每京石价银九钱二厘至二两九钱八分六厘，与上月相同。豌豆每京石价银九钱二厘至二两八钱八分五厘，与上月相同。青稞每京石价银一两八分二厘至二两六钱四分八厘，与上月相同。

巩昌府属：价有昂有平

粟米每京石价银一两四分五厘至二两四钱七厘，较上月贵五钱六厘。小麦每京石价银八钱六分五厘至一两六钱四分五厘，较上月贵七分。豌豆每京石价银八钱六分五厘至一两四钱，与上月相同。青稞每京石价银八钱三分七厘至一两二钱三分二厘，与上月相同。

平凉府属：价有平有落

---

①　台北故宫博物院藏：军机及宫中档，文献编号：408003057。
②　台北故宫博物院藏：军机及宫中档，文献编号：139457。

粟米每京石价银一两一钱九厘至一两四钱，与上月相同。小麦每京石价银七钱六厘至一两一分五厘，较上月贱七分。豌豆每京石价银六钱九分三厘至一两四分九厘，较上月贱一厘。糜子每京石价银六钱八分六厘至七钱，较上月贱一分一厘。

庆阳府属：价平

粟米每京石价银五钱五厘至七钱四分二厘，与上月相同。小麦每京石价银四钱八分至一两三钱四分二厘，与上月相同。豌豆每京石价银四钱至一两七钱一分五厘，与上月相同。糜子每京石价银二钱九分四厘至四钱三分五厘，与上月相同。

甘州府属：价有平有落

粟米每京石价银七钱七分七厘至一两二分九厘，与上月相同。小麦每京石价银七钱二厘至八钱二分三厘，较上月贱一钱三分三厘。豌豆每京石价银八钱四分三厘至一两四钱七分，与上月相同。青稞每京石价银四钱二分至六钱四分七厘，与上月相同。

凉州府属：价平

粟米每京石价银一两五分至二两三钱八分三厘，与上月相同。小麦每京石价银八钱六分一厘至一两八钱六分，与上月相同。豌豆每京石价银八钱八分二厘至一两九钱六分六厘，与上月相同。青稞每京石价银七钱一分四厘至一两一钱九分一厘，与上月相同。

宁夏府属：价有平有落

粟米每京石价银七钱六厘至一两一钱二分，与上月相同。小麦每京石价银七钱五分九厘至一两二钱三厘，较上月贱一钱三分八厘。豌豆每京石价银六钱三分之一两四钱，与上月相同。糜子每京石价银四钱二分七厘至七钱九分一厘，与上月相同。

西宁府属：价平

粟米每京石价银一两七钱一分八厘至五两七钱六分，与上月相同。小麦每京石价银一两九钱四厘至三两七分二厘，与上月相同。豌豆每京石价银一两七钱九分二厘至二两九钱六分，与上月相同。青稞每京石价银一两五钱七分五厘至二两八分，与上月相同。

秦州直隶州并所属：价昂

粟米每京石价银一两一钱七分三厘至二两二钱九分五厘，较上月贵五钱六分四厘。小麦每京石价银七钱八分六厘至二两二钱九分五厘，较上月贵七钱八分三厘。豌豆每京石价银六钱六分二厘至一两八钱一分二厘，较上月贵三钱。糜子每京石价银五钱五分二厘至一两五钱七分，较上月贵四钱七厘。

阶州直隶州并所属：价有昂有平

粟米每京石价银一两三钱八分六厘至二两一钱一分一厘，较上月贵七分五厘。小麦每京石价银一两三钱四分四厘至一两六钱六分四厘，较上月贵五分七厘。豌豆每京石价银一两一钱三分一厘至一两四钱九分九厘，与上月相同。糜子每京石价银一两五分六厘，较上月贵三分八厘。

泾州直隶州并所属：价有平有落

粟米每京石价银五钱五分四厘至八钱九分六厘，与上月相同。小麦每京石价银五钱二分八厘至七钱八分四厘，较上月贱五分六厘。豌豆每京石价银五钱一厘至七钱八分五厘，较上月贱二分。糜子每京石价银三钱三分六厘至五钱三分九厘，与上月相同。

固原直隶州并所属：价平

粟米每京石价银九钱一分七厘至一两五钱七分六厘，与上月相同。小麦每京石价银九钱一分至一两二钱九分五厘，较上月相同。豌豆每京石价银九钱一分至一两四钱七分一厘，与上月相同。糜子每京石价银八钱二分七厘，与上月相同。

肃州直隶州并所属：价有平有落

粟米每京石价银一两八厘至一两五分，与上月相同。小麦每京石价银七钱五分六厘至八钱一分二厘，与上月相同。豌豆每京石价银八钱四分至一两二钱四分三厘，与上月相同。青稞每京石价银五钱四分六厘至六钱九分七厘，较上月贱一分七厘。

安西直隶州并所属：价平

粟米每京石价银一两五分至一两三钱九分一厘，与上月相同。小麦每京石价银一两九分八厘至一两四钱四分一厘，与上月相同。豌豆每京石价银一两二钱九分五厘至二两八分，与上月相同。青稞每京石价银九钱六分三厘至一两四钱，与上月相同。

（朱批：）览。[1]

○六八　奏报校阅省标官兵春操情形折

光绪二十三年四月二十二日（1897年5月23日）

头品顶戴陕甘总督臣陶模跪奏，为校阅光绪二十三年各营官兵春操事竣，恭折仰祈圣鉴事。

窃照陕甘督标并兰州城守六营马步守兵向系春秋二季合操，兹届本年春操之期，仍应依期合操，以符定制。臣于三月二十七日率同司道，亲临教场校阅。各营官兵操演香山、速战等阵，队伍整肃，器械鲜明，进止如法；施放连环枪炮、喷筒、火弹，比较刀矛、藤

---

① 台北故宫博物院藏：军机及宫中档，文献编号：139457-0-A。

牌,亦属便捷。所练马队合队操演,马上放枪以及员弁枪靶,均灵便有准。臣择其技勇出众者分别奖赏,以示鼓励。仍严饬各营将弁一体认真操练,实力讲求,务期一兵得一兵之用,庶不致饷有虚糜,以冀仰副圣主整饬戎行至意。

所有微臣校阅光绪二十三年省标春操情形,理合恭折具陈,伏乞皇上圣鉴。谨奏。光绪二十三年四月二十二日。

(朱批:)知道了。①

光绪二十三年五月十九日,奉朱批:知道了。钦此。②

○六九 造销甘肃光绪二十年防军收支各款折

光绪二十三年四月二十二日(1897年5月23日)

头品顶戴陕甘总督臣陶模跪奏,为造报光绪二十年份关内防军收支各款,恳恩饬部核销,恭折仰祈圣鉴事。

窃查前准部咨:甘肃关内外军饷自光绪十一年起均归甘肃藩司统收分拨。所有关内十一年起至十九年止收支各款,业经造册具奏核销在案。兹据甘肃布政使曾鉌详称:关内二十年应分新饷,除拨归司库支发标、练各军等项另册造销,湖北尚欠短平饷银八十八两零外,计防军饷项共收银九十一万三千六百一十九两零,又收马步各旗报缴旷银一千八十余两。又,收制造、军火、军装采买各项扣回平余银五百二十两零。通共各项实收湘平银九十一万五千

---

① 台北故宫博物院藏:军机及宫中档,文献编号:408003056-1。
② 台北故宫博物院藏:军机及宫中档,文献编号:139459。

二百二十余两。

计支马步各旗薪粮、马干银四十一万六千三百余两，买补倒马价银二千五百余两，又发火药局委员薪水，书识，护兵口粮，配造工料及各匠工价、房租银三万二千七百九十余两，采买军械、物料等项银二万七千八百五十九两零。又，新募武毅新左旗马队、督标镇南中旗步队两旗，小口粮钱合银二千七百八十余两。通共各款实支银四十八万二千二百五十余两。

又，奉部饬提二十年存储银一十八万六千四百一十两。又，提存裁撤镇东步队一旗二十年应支口粮银一万七千九百九十余两。又，提存裁撤关内防军子药夫二十年应支口粮银一万三千五百九十余两。又，部议裁减关内防军步队各旗亲兵正勇内，除肃西左、右二旗原裁亲兵八名、正勇四十八名，经前督臣于光绪十九年五月初四日奏明添募足额外，实在原裁亲兵正勇二十年应支口粮银一万九千八百八十两零。以上四款，均经另册列收存储。

统计支销拨存共湘平银七十二万一百三十余两，实存湘平银一十九万五千八十余两，列入下届接续开支造报。所有二十年份关内防军收支各款，造具细数清册，呈请具奏前来。

臣逐加覆核，收支各款均属相符，支发各项皆系实用实销，委无浮冒。相应吁恳天恩，俯准饬部核销，以清款目。除将清册分送户、兵、工三部外，理合恭折具陈，伏乞皇上圣鉴训示。谨奏。光绪二十三年四月二十二日。

（朱批：）户部议奏。[1]

① 台北故宫博物院藏：军机及宫中档，文献编号：408003058。

光绪二十三年五月十九日,奉朱批:户部议奏。钦此。①

○七○　　请以金造补授肃
　　　州镇标右营游击折

光绪二十三年四月二十二日(1897年5月23日)

头品顶戴陕甘总督臣陶模跪奏,为拣员请补游击要缺,以裨营伍,恭折仰祈圣鉴事。

窃臣前准兵部咨:甘肃肃州镇标右营游击员缺系题补第六轮第二缺,轮用尽先人员,行令拣员请补等因。臣随在于尽先合例人员内逐加拣选,实拣选得尽先补用游击甘肃凉州镇属永昌协营中军都司金造,年力富强,办事勤敏,且该员尽先游击业已到班,以之请补斯缺,实堪胜任,亦与部章符合。合无仰恳天恩,俯念员缺紧要,准以该员金造补授肃州镇标右营游击,可期得力。如蒙俞允,俟接部覆后,即行给咨赴部引见,以符定制。

除查取该员履历清册另咨送部外,所遗永昌协营中军都司员缺,陕甘现有应补人员,容臣另拣请补。谨会同署甘肃提臣张永清合词恭折具陈,伏乞皇上圣鉴训示。谨奏。光绪二十三年四月二十二日。

(朱批:)兵部议奏。②

光绪二十三年五月十九日,奉朱批:兵部议奏。钦此。③

---

①　台北故宫博物院藏:军机及宫中档,文献编号:139452。
②　台北故宫博物院藏:军机及宫中档,文献编号:408003061。
③　台北故宫博物院藏:军机及宫中档,文献编号:139455。

○七一　核销甘肃光绪二十年
转运脚价等项经费折

光绪二十三年四月二十二日（1897年5月23日）

头品顶戴陕甘总督臣陶模跪奏，为甘肃关内外光绪二十年份转运新饷脚价等项照案支销及拨陕甘电报局各项经费银两，恭折仰祈圣鉴事。

窃甘省关内外每年运解新饷脚价、委员川资、鞘匣等项，遵照部议，即由新饷内划提银四万两，另款开支；又，陕甘养电经费并岁修银两，前经奏明请于划提新饷银四万两内，除开支转运脚价等项外，所余银两尽数拨支，奉旨允准，历经遵办。截至十九年底止，业经造册奏咨核销，实存湘平银三万六千六百九十余两。

二十年转运经费仍照前案由新饷内提银四万两，又收支发脚价等项照章扣回平余银二百七十余两，合共管、收实存湘平银七万六千九百六十余两。自二十年正月起至年底止，由泾州属之瓦云驿接运新饷及搭解各款至兰州省城，复由兰州转运新疆，脚价及员弁盘费、口粮、骡价，并添制鞘匣、纸张、绳索、工价等项，共发过湘平银二万八千二百九十余两；又拨发甘肃电报局二十年养电经费、薪水各项湘平银一万五百五十五两，又拨发陕西电报局二十年份养电经费湘平银一千二十六两，除拨发陕甘电报局各项经费银两应咨由总办各省电线太常寺少卿盛宣怀列收，另将支用细数造报请销外，统计开支拨发共湘平银三万九千八百七十余两，实在存湘平银三万七千八十余两，另款存储，归入下届开支造报。据甘肃布政使曾鉥造具总、散清册，详请具奏前来。

臣覆查无异。合无仰恳天恩，饬部查照核销。除将各册分送户、兵、工三部外，理合恭折具奏，伏乞皇上圣鉴训示。谨奏。光绪二十三年四月二十二日。

（朱批：）该部议奏。①

光绪二十三年五月十九日，奉朱批：该部议奏。钦此。②

○七二　奏报王凤鸣丁忧开缺折

光绪二十三年四月二十二日（1897年5月23日）

头品顶戴陕甘总督臣陶模跪奏，为总兵丁忧开缺，请旨迅饬简放，恭折仰祈圣鉴事。

窃臣据新授新疆伊犁镇总兵王凤鸣③呈报：光绪二十三年四月十四日，在兰州省城途次接到家信，知亲父殿元于本年三月十三日在安徽凤阳县原籍病故。总兵系属亲子，例应丁忧，呈请开缺回籍守制等情前来。臣查该总兵王凤鸣既经丁忧，例应开缺回籍守

---

① 台北故宫博物院藏：军机及宫中档，文献编号：408003060。

② 台北故宫博物院藏：军机及宫中档，文献编号：139462。

③ 王凤鸣（1835—？），安徽凤阳人。同治元年（1862），自备斧资，带领团练马队，在江苏高邮投效楚胜营，充马队哨长，以迭次打仗出力，经漕运总督吴棠赏给六品顶戴。二年（1863），在江苏海州及邳、宿南岸地方，并攻克郊城长城、孙疃、肃清沂州案内，经吴棠咨保以外委归淮扬镇标尽先拔补。三年（1864），保千总，戴蓝翎。四年（1865），保守备，换花翎。同年，经僧格林沁奏保都司。十一月，经钦差大臣曾国藩、皖抚乔松年汇保游击。六年（1867），保副将，赏靖勇巴图鲁名号。七年（1868），经左宗棠等奏保总兵，并赏给三代一品封典。同年，保提督，请旨简放，赏换绷武巴图鲁名号。十年（1871），赏穿黄马褂。十一年（1872），晋头品顶戴。十三年（1874），署巴里坤镇总兵。光绪二年（1876），交卸镇篆。三年（1877），加三等军功。九年（1883），借补玛纳斯协副将。十二年（1886），调补哈密协副将。二十一年（1895），擢伊犁镇总兵。二十三年（1897），丁忧开缺，回籍守制。三十一年（1905），经长庚奏赴伊犁差委。

制，所遗伊犁镇总兵员缺，应请旨迅赐简放，以重职守。

除咨新疆抚臣查照外，理合恭折具陈，伏乞皇上圣鉴训示。谨奏。光绪二十三年四月二十二日。

（朱批：）另有旨。①

光绪二十三年五月十九日，奉朱批：另有旨。钦此。②

【案】此案于是年五月十九日得旨。上谕档：

光绪二十三年五月十九日，内阁奉上谕：伊犁镇总兵员缺，着焦大聚补授。钦此。③

〇七三　奏报参将张国祥病故开缺另补片

光绪二十三年四月二十二日（1897年5月23日）

再，据署陕西汉中镇总兵龙得胜呈称，该镇所属宁陕营参将张国祥得患痰疾，医治罔效，于光绪二十三年二月二十五日在任病故等情前来。

臣覆查无异，相应奏明请旨开缺。除札付及印、甘各结另咨送部外，所遗宁陕营参将员缺，陕甘现有应补人员，容臣另拣请补。谨附片具陈，伏乞圣鉴。谨奏。

（朱批：）兵部知道。④

---

①　台北故宫博物院藏：军机及宫中档，文献编号：408003059。

②　台北故宫博物院藏：军机及宫中档，文献编号：139458。

③　《光绪宣统两朝上谕档》，第23册，第103页。

④　台北故宫博物院藏：军机及宫中档，文献编号：408003059-0-A。

光绪二十三年五月十九日，奉朱批：兵部知道。钦此。[①]

○七四　奏报守备杨有发病故开缺另补片

光绪二十三年四月二十二日（1897年5月23日）

再，臣据延榆绥镇总兵蒋云龙禀称，署定边协营都司延安营正任守备杨有发，于本年正月二十九日在署任病故等情前来。

相应奏明请旨开缺。除饬取该故员嫡亲、医士承查印、甘各结及原领延安营守备札付另文送部外，所遗延安营守备员缺，陕甘现有应补人员，容臣另拣请补。理合附片陈明，伏乞圣鉴。谨奏。

（朱批：）兵部知道。[②]

光绪二十三年五月十九日，奉朱批：兵部知道。钦此。[③]

○七五　委令联魁兼办西宁善后事宜片

光绪二十三年四月二十二日（1897年5月23日）

再，查西宁善后、赈抚一切事宜，经西宁道联魁接办后，措施悉当。现虽冬赈春抚先后竣事，而清理叛产，安插难民，抚回未尽事宜尚多。适接部咨：光绪二十三年三月十五日奉上谕：西宁办事大臣着联魁署理。钦此。理应遵照交卸道篆，前赴署任。惟该处善后关重，联魁办理妥协，未便遽易生手，致滋遗误。据甘肃布政使

---

①　台北故宫博物院藏：军机及宫中档，文献编号：139463。

②　台北故宫博物院藏：军机及宫中档，文献编号：408003059-0-B。

③　台北故宫博物院藏：军机及宫中档，文献编号：139456。

曾铼具详请奏前来。

相应请旨仍饬署西宁办事大臣联魁就近兼办善后一切事宜，俾昭妥善而竟全功。除咨联魁查照外，谨附片具陈，伏乞圣鉴训示。谨奏。

（朱批：）着照所请。①

光绪二十三年五月十九日，奉朱批：着照所请。钦此。②

○七六　奏闻拣员委署西宁道篆等情片

光绪二十三年四月二十二日（1897年5月23日）

再，甘肃按察使丁体常现已陛见回省，应即饬赴本任。西宁道联魁奉旨署理西宁办事大臣，所遗西宁道印务，查有候补道胡宗浤，堪以委署。升授宁夏道胡景桂应即饬赴新任，该道在宁夏府任内整顿渠务，深资得力，未便遽易生手，仍令暂行兼摄府事，俾竟全功。

除分别檄饬遵照外，理合附片陈明，伏乞圣鉴。谨奏。

（朱批：）吏部知道。③

光绪二十三年五月十九日，奉朱批：吏部知道。钦此。④

---

① 台北故宫博物院藏：军机及宫中档，文献编号：408003057-0-D。
② 台北故宫博物院藏：军机及宫中档，文献编号：139460。
③ 台北故宫博物院藏：军机及宫中档，文献编号：408003057-0-E。
④ 台北故宫博物院藏：军机及宫中档，文献编号：139461。

○七七　奏闻两当等县恤案逾限缘由片

光绪二十三年四月二十二日（1897 年 5 月 23 日）

再，前准吏部议覆：甘肃两当县从前阵亡之从九张海鹏、张大鹏，又金县阵亡之学正刘鏞，均照四品官以下阵亡例，先行议给云骑尉世职，袭次完时，各给予恩骑尉，世袭罔替；又，中卫县阵亡之廪生孙绳祖照举贡生员打仗阵亡按官员伤亡例，先行议给云骑尉世职，袭次完时，毋庸给予恩骑尉；又，陇西县殉难之文生马绍曾照九品官殉难例，先行议赠盐运司知事衔，荫一子，以县主簿注册候选，仍令查明该故员生出身履历，报部查核相符，再行分别准其袭荫等因。当经行据藩司饬据各该县，查造各该故员生出身履历册籍送部查核去后。

兹准部覆：核计此案已逾二年定限，应令查照定章声叙请恤原案并逾限缘由，奏明办理等因。复行据藩司曾鉌详称：查从九张海鹏等从前阵亡殉难，经前督臣谭钟麟及顺天府先后汇案请恤，光绪十九年五月奉部题准，行令查取各该员生出身履历。旋据两当县知县苏重熙、前署中卫县知县吕恕、陇西县知县江昌燕、金县知县姬恺臣，于二十年十一月、十二月、二十一年四月、十一月先后查造到司。因所造履历与司案诸多不合，屡经驳饬另造，于二十二年九月始克查明详咨，册造原赍年月。惟金县有逾限期，其余均在二年限内。往返驳查，致逾一年有余，并非无故迟延。详请附奏前来。

臣覆核无异。谨附片具陈，伏乞圣鉴，饬部查照办理施行。谨奏。

（朱批：）该部知道。①

光绪二十三年五月十九日,奉朱批:该部知道。钦此。②

○七八　奏报拣员委署西宁府篆等缺片

光绪二十三年四月二十二日(1897 年 5 月 23 日)

再,西宁府知府胡砺锋病故遗缺,查有调署循化厅本任贵德厅同知欧阳乐清,堪以委署。署静宁州知州潘力谋调省遗缺,查有试用同知洪翼,堪以委署。署平番县知县陈兆康调省遗缺,查有即用知县阮士惠,堪以委署。署皋兰县知县姚世贞病故遗缺,查有现署高台县事尽先即用知县张心镜,堪以调署。递遗高台县知县员缺,查有试用知县卢求古,堪以委署。张心镜未到任以前,皋兰县篆务应饬在省灵州知州查之屏暂行代理。据藩、臬两司会详前来。

除批饬分别给委外,理合附片陈明,伏乞圣鉴。谨奏。

（朱批：）吏部知道。③

光绪二十三年五月十九日,奉朱批:吏部知道。钦此。④

○七九　奏报饬令田玉广即赴本任片

光绪二十三年四月二十二日(1897 年 5 月 23 日)

再,升补陕西固原提属西安城守协副将田玉广赴引事竣,应即

---

① 台北故宫博物院藏:军机及宫中档,文献编号:408003060-0-A。
② 台北故宫博物院藏:军机及宫中档,文献编号:139464。
③ 台北故宫博物院藏:军机及宫中档,文献编号:408003059-0-B。
④ 台北故宫博物院藏:军机及宫中档,文献编号:139453。

饬赴本任，以重职守。

除给委外，谨附片陈明，伏乞圣鉴。谨奏。

（朱批：）知道了。①

光绪二十三年五月十九日，奉朱批：知道了。钦此。②

○八○　请以岳尊岱升补华阳营都司折

光绪二十三年四月二十六日（1897年5月27日）

头品顶戴陕甘总督臣陶模跪奏，为拣员请补都司要缺，以裨营伍，恭折仰祈圣鉴事。

窃臣前准兵部咨：陕西汉中镇属华阳营都司员缺系题补第三轮第九缺，轮用应升人员请补。经臣奏请以陕西汉中镇属留坝营守备赵桢隆升补。旋准部覆：该员已由部拟补陕安镇属孝义城守营都司员缺，所请升补华阳营都司之处，自毋庸议。其陕西华阳营都司员缺，仍令另拣合例应升人员请补等因。当经转行拣补去后。兹据署陕西汉中镇总兵龙得胜呈称，华阳营都司设处深山，防务关重，必得熟习地方情形之员，方资整顿。查有俸满镇属定远营分防瓦石坪汛守备岳尊岱，年强才明，营伍练达，堪以升补。呈请核办前来。

臣查该守备岳尊岱，年力正强，办事勤敏，以之升补斯缺，实堪胜任，亦与部章相符。合无仰恳天恩，俯念员缺紧要，准以该员岳尊岱升补陕西汉中镇属华阳营都司员缺，可期得力。如蒙俞允，俟

① 台北故宫博物院藏：军机及宫中档，文献编号：408003061-0-A。
② 台北故宫博物院藏：军机及宫中档，文献编号：139454。

接准部覆后，即行给咨送部引见，以符定制。

除履历清册另咨送部外，谨会同陕西提臣邓增合词恭折具陈，伏乞皇上圣鉴训示。谨奏。光绪二十三年四月二十六日。

（朱批：）兵部议奏。[1]

光绪二十三年五月初九日，奉朱批：兵部议奏。钦此。[2]

○八一　奏报裁撤制兵节省银粮折

光绪二十三年四月二十六日（1897 年 5 月 27 日）

头品顶戴陕甘总督臣陶模跪奏，为遵旨裁减甘肃绿营兵丁，节省银粮及酌给裁兵遣饷银粮各数目，据实覆陈，恭折仰祈圣鉴事。

窃臣于本年三月十六日承准军机大臣字寄：光绪二十三年三月初四日奉上谕：户部奏，冗兵耗财过巨，亟宜大加裁汰一折。近因库款支绌，各省亦筹解维艰，是裁减兵勇一事，事机所迫，势在必行。各直省将军、督抚奉到此旨，统限一月内，将裁减兵勇若干、节省饷银若干切实覆奏。所留兵勇务当精选训练，镇抚地方。至所裁兵勇应酌给遣饷、银米之处，并着体察情形，奏明办理。原折着钞给阅看等因。钦此。遵旨寄信前来。仰见皇上于裁兵截饷之余，仍寓慎重地方之至意。谨当钦遵大加裁减，上纾宸廑，断不敢瞻徇情面，意存见好，亦未便过事操切，贻误地方。当与藩、臬、司道再四商酌。窃维甘肃地处边陲，自前岁猝遭回乱，年余始就平定，各厅、州、县人民非惨被焚杀，即闻风惊避。现虽渐次归业，而

大难之后贫窭不堪，均经奏明筹款赈抚。今春始一律播种，计此时相距秋成为期尚远，目下粮价多未平减，若一时裁减过众，转恐易滋事端。除河州镇本标及所属循化、保安、起台、临洮各营，并西宁镇统辖地方从前被难较重，民、兵情形困苦，拟请缓至二十四年秋季再行议裁外，其余各处截至本年夏季底止，拟请酌量先裁二成，仍按名酌给遣饷银粮一季，以资生计。所留八成仍当切实训练，暂资镇抚，容俟来年再当斟酌营汛紧要、偏僻地方情形，酌量再裁，另行具奏。计督标、甘肃提标、凉州、肃州、宁夏三镇及固原提督所辖驻甘各营汛并河州镇所属兰州城守营、洮岷协营、巩昌营，存营马、步、守兵共一万七千五百四十四名，此次裁减二成，计裁各兵三千五百九名。其各标营马兵营马本未复旧，仅有骑操马匹，尚不敷用，未能裁汰。惟固原驻甘所辖之秦州、利桥两营属及化平一营、硝河一汛并宁夏全镇，尚是每兵一马，共有马四百四十二匹，计裁二成，共应裁马八十九匹。以满年核算，计节省饷、干、草折共银四万二千六百六十两一钱一分，节省兵粮、马料共粮二万一千六百八十六石六斗，节省草一万二千九百六十束。所裁各兵三千五百九名，按名照原支口分，给予一季银粮作为遣资，共计应支给遣银一万五百七十一两，遣粮五千三百一石五斗。

　　至甘省旧有、新添各勇营，自上年军务肃清后，已陆续裁遣，随时专案奏报。现时所存各勇营均驻防要隘，容再体察情形，竭力裁减，随时具奏。其陕西各绿营应裁兵丁，俟陕藩司议详至日，再行核办。新疆勇营由抚臣饶应祺另行奏明办理外，所有酌裁甘肃绿营兵丁，节省银粮及酌给裁兵遣饷银粮各数目，据甘藩司曾鉌具详前来。

　　臣覆核无异。除将清册分咨户、兵二部外，谨会同宁夏将军臣宗室钟泰、署甘肃提臣张永清、陕西提臣邓增合词恭折具陈，伏乞皇上圣鉴，训示施行。谨奏。光绪二十三年四月二十六日。

（朱批：）该部知道。[1]

光绪二十三年五月初九日，奉朱批：该部知道。钦此。[2]

【案】户部奏⋯⋯大加裁汰一折：光绪二十三年三月初四日，大学士麟书等以冗兵耗财，宜大加裁汰，具折曰：

大学士管理户部事务臣宗室麟书等谨奏，为冗兵耗财过巨，亟宜大加裁汰，以纾饷力，以济时艰，恭折仰祈圣鉴事。

窃维方今之计莫急于理财，理财之计莫急于节用，节用之计莫急于去冗兵，是以近年臣部因需款紧要，先后奏请裁减绿营七成、勇营三成，腾出饷银，听候拨用，均奉谕旨允行。上年军机大臣、总理各国事务衙门会同臣部议覆盛宣怀条陈自强大计折内，亦请饬催各直省将裁减兵数及切实办法速行奏明，毋得含混延宕；并声明内外军务均已平定，如江南之榆关撤回各营、陕西之善后防军，固应一律尽裁，即直隶之练军、旅顺之毅军、长江之内河水师，亦应分别核实裁减，以节虚糜。奉上谕：练兵一条为各省将军、督抚专责，不论绿营、勇营，当此饷项支绌，均应大加裁汰。该将军、督抚等奉到此旨，务须脚踏实地，见诸施行，毋得粉饰因循，一奏塞责等因。钦此。是裁减兵勇一事，朝廷本期必行，乃自臣部奏准行知各省以来，惟山东巡抚李秉衡请将山东制兵分限五年，裁减五成；又请裁减

---

① 台北故宫博物院藏：军机及宫中档，文献编号：408003062。
② 台北故宫博物院藏：军机及宫中档，文献编号：139242。

· 1482 ·

防勇一万六千余人、练军一千九百余人，最为认真办理。其余各省绿营，除同治年间裁减兵数毋庸并计，及近时湖广总督奏请酌量裁减尚无成数可计外，四川则裁减一成，广东、广西则裁减二成，江苏、江西、安徽、河南则裁减三成。各省勇营除东洋事定罢遣各营，及近日旅顺毅军裁撤六营不计外，四川则裁撤一百二十余名，江苏则裁撤四百八十余名，安徽则裁撤一千八百余名，湖北、福建各裁撤三千余名。此各省裁减兵勇之大略也。

查各省兵勇约共八十余万人，岁需饷银约共三千余万两，而裁减兵数、勇数仅止如此，此亦奚济于事哉！夫各省之所以不肯裁减兵勇，与夫稍为裁减而不肯大为裁减者，在腹地则曰伏莽堪虞，在边陲则曰外侮可虑耳。然如山东一省，西接河南，则腹地也，东滨大海，则边陲也，二者盖兼而有之。山东兵勇既可大为裁减，他省独不可大为裁减乎？自古兵愈多者国愈弱，史策所书，不可枚举。我朝定鼎中原，当时所用仅八旗劲旅而已，无敌于天下。其后额设绿营制兵，多或六十余万人，少亦五十余万人，较之八旗劲旅不啻倍蓰，乃粤匪、捻匪、川匪、回匪之乱，制兵竟不足恃，于是加饷挑练，而有练军，招募勇丁，而有湘军、楚军、淮军、豫军。及日本之役，练兵、练勇又不足恃，于是仿照西法，添练新军，而有袁世凯、聂世成两军及湖北之洋操队、江南之自强军。夫明知制兵不足恃，而终不肯大为裁减，明知练兵、练勇不足恃，而亦不肯大为裁减，岂非甘弃有用之饷，空养无用之军乎？且招募勇丁以有事而来，即当以无事而罢，此亦古今之通义。乃昔之日因粤匪、捻匪、川匪、回匪而招者，今平定垂三十年，而勇营犹未尽去也；昔之日因越南构争、日本开衅而招募者,今越南罢战已逾一纪,日本讲和将及两载,而勇营亦未尽去也。无事而于绿营制兵数十万人之外,又养此数十万招募之勇丁,岁费帑金二千余万两,库款几何,民力几何,岂能堪此? 在昔乾隆年间,增兵六万余名,增饷二百余万两,当时大学士阿桂已言后难为继,及嘉庆十九年,阿桂之言果验。仁宗睿皇帝乃特降谕旨,令廷臣会议裁汰。嘉庆二十五年,宣宗成皇帝御极之初,复谕令各督抚核议抽裁。夫国家全盛之时,增兵六万余名,增饷二百余万两,似于库储尚无大碍。而三十年后,竟以帑藏不支,一再议裁,况今之增勇数十万人、增饷二千余万两,而可听其长年耗蠹竟无已时乎? 现在中外相交,兵事利钝已可概见,谋国者只当以先筹赔款为急务,各省兵勇但取足为镇抚之用而止,诚不宜因仍旧习,耗巨费而拥多营,以致借无可借,抵无可抵,民生日蹙,而国计因之愈穷。拟请饬下各省将军、督抚等,恪遵上年十一月初三日谕旨,脚踏实地,不论勇营、绿营,迅速大加裁汰。其直隶之练军、淮军,旅顺之毅军,长江之内河水师,亦即切实裁汰。他如江南之榆关撤回各营,浙江、河南之新募各营,陕西之善后防军,尤应一律尽撤,毋得借词推宕。

至裁减勇丁,或应分别远近,酌给一两月遣饷,以资旅费;裁减制兵,或应体恤贫苦,酌给半年、一年饷银、饷米,以资生计,均听各该将军、督抚体察情形,奏明办理。其裁撤兵数、勇数及节省饷银,统限文到一月内切实覆奏。各将军、督抚素著公忠,当不至瞻徇情面,意存见好,而不念冗兵之弊,不顾公家之急也。除将直隶绿营、练军、留防淮军、南洋防军、河南、浙江各防营专条奏明办理外,所有臣等请催各省切实裁汰兵勇缘由，理合恭折具陈，伏乞皇上圣鉴。谨奏。光绪二十三年三月初四日。

大学士管理户部事务臣宗室麟书（假），经筵讲官户部尚书臣宗室敬信，户部尚书臣翁同龢，降二级留任又降一级留任革职留任户部左侍郎臣立山（住班），户部左侍郎臣张荫桓（出差），署户部左侍郎吏部左侍郎臣徐用仪，户部右侍郎臣宗室溥良，户部右侍郎臣陈学棻（假）。①

○八二　请以白文治升补洪水营游击折

光绪二十三年四月二十六日（1897年5月27日）

头品顶戴陕甘总督臣陶模跪奏，为拣员升补游击要缺，以裨营伍，恭折仰祈圣鉴事。

窃臣前准兵部咨：甘肃提属洪水营游击刘复胜病故遗缺，经部掣定作为第五轮第九缺，轮用应升人员，行令拣员请补等因。臣随在于俸满合例应升人员内详加拣选，实拣选得花翎尽先参将俸满甘肃提标后营都司白文治，年力正强，操防勤奋，且在甘年久，于地方营伍情形熟悉，以之升补斯缺，洵堪胜任，亦与部章相符。合无仰恳天恩，俯念员缺紧要，准以该员白文治升补甘肃提属洪水营游击，可期得力。如蒙俞允，俟接准部覆后，即行给咨送部引见，以符定制。

除查取该员履历清册另咨送部外，所遗甘肃提标后营都司员缺，陕甘现有应补人员，容臣另拣请补。谨会同署甘肃提臣张永清

---

① 台北故宫博物院藏：军机及宫中档，文献编号：138005。

合词恭折具陈，伏乞皇上圣鉴训示。谨奏。光绪二十三年四月二十六日。

（朱批：）兵部议奏。[①]

光绪二十三年五月初九日，奉朱批：兵部议奏。钦此。[②]

〇八三　奏报甘肃改并营旗片

光绪二十三年四月二十六日（1897 年 5 月 27 日）

再，上年十月间，河湟军务大定，甘肃提臣董福祥来省，商将所部二十营减作十二营旗，并以所部勇丁曾经出力，不忍多裁，且恐裁撤过急，另滋事端，因将西宁镇何美玉所带之甘军副中营、署河州镇本任宁夏镇王钺安所带之甘军副前营、署循化参将朱廷芳所带之甘军副右营各步队，拨归督臣管辖。从十一月初一日起，按照坐粮章程，由臣所部防军内支饷，旋将何美玉所带一营裁减成旗。

现董福祥既遵旨添足二十营，部咨令将督臣所部营旗极力裁并，腾饷供支。复经臣商允于前拨三营旗内，以何美玉一旗、朱廷芳一营仍拨还董福祥统辖，饷项截至本年四月底止，归臣所部防军内支给报销，自五月初一日起，由董福祥二十营饷内给领造报，俾清界限。至原拨之甘军副前营步队，现经王钺安由河州带赴宁夏，驻防夸远，未便收还，仍归并臣部防军内，按月支饷，容臣随后察酌情形，分别裁留，以资节省。据甘肃粮台布政使曾鉌详请具奏前来。

---

①　台北故宫博物院藏：军机及宫中档，文献编号：408003064。

②　台北故宫博物院藏：军机及宫中档，文献编号：139241。

臣覆核无异。谨会同甘肃提臣董福祥附片陈明，伏乞圣鉴，饬部查照施行。谨奏。

（朱批：）该部知道。①

光绪二十三年五月初九日，奉朱批：该部知道。钦此。②

〇八四　奏报发给阵亡勇丁恤银片

光绪二十三年四月二十六日（1897年5月27日）

再，查甘省于光绪二十一年春间，河湟、海城逆回相继变乱，各军分路进剿，血战年余，始得渐次荡平。阵亡文武官弁兵勇为数甚多，应得恤赏等项业经奏明在案。内除各标弁兵照例另案办理外，所有湘军、甘军由各该总统自行核发。其余阵亡勇丁恤银，据甘肃新疆总粮台布政使曾龢详：蒙前督臣杨昌濬批令，援照前督臣左宗棠剿办逆回章程，不分马步，每名准给银三十两，团勇、番丁每名准给银二十两，核较军需则例所定数目约减过半，遵即照办，随报随发。比及二十二年秋间，业已发过银三万余两。旋因库款支绌，详由臣批令折半给发，迄今又发银九千五百余两。通计发过恤赏银四万数千两。现在军务肃清，各营旗裁撤十之七八，各该家属正在纷纷领恤搬柩，且有各营旗官当时漏列补报之案，经臣查明给发，一时尚难截数。所有发过阵亡勇丁恤赏银数、章程大概情形，详请奏咨立案等情前来。

臣覆核无异。除咨明户、兵二部查照外，理合附片陈明，伏乞

---

①　台北故宫博物院藏：军机及宫中档，文献编号：408003062-0-A。

②　台北故宫博物院藏：军机及宫中档，文献编号：139244。

圣鉴,饬部立案施行。谨奏。

（朱批:）该部知道。[1]

光绪二十三年五月初九日,奉朱批:该部知道。钦此。[2]

○八五　奏报裁减陕西绿营兵丁等数目折

光绪二十三年五月十一日(1897年6月10日)

头品顶戴陕甘总督臣陶模跪奏,为遵旨裁减陕西省绿营兵丁,节省银粮,及酌给裁兵遣饷银粮各数目,据实覆陈,恭折仰祈圣鉴事。

窃臣钦奉谕旨,饬令裁减兵勇等因。当即钦遵先将甘肃绿营兵丁酌裁二成,声明勇营随时裁遣,由驿驰奏在案。臣查固原提标驻陕各营及延榆绥、陕安、汉中各镇,从前额设马步守兵二万四千八百九十五名,现实存营兵八千二百二十名,不及原额三分之一。陕省幅员辽阔,各处巡防、护送、稽查、弹压,在在均关紧要,委属无可裁减。惟际此时艰,诚如圣谕,事机所迫,势在必行,不得不于无可裁减之中力求节省。兹亦援照甘省,截至本年六月底止,先汰二成,自七月初一日起,即照减定数目支放,仍酌给裁兵银粮一季,以资生计。其余所留各兵,容俟来年再与陕西抚臣察酌情形,分别裁遣。除西安城守协营兵丁前于同治三年奏请改勇,仅存制兵一十五名,与抚标制兵改勇外,仅存制兵八十二名,均拨商州防堵,奉文只开不补,应请毋庸议裁;其抚标及西安城守协营所改勇丁,应由

---

① 台北故宫博物院藏:军机及宫中档,文献编号:408003062-0-B。

② 台北故宫博物院藏:军机及宫中档,文献编号:139243。

抚臣魏光焘酌核具奏外，计督臣所辖固原提标驻陕各营及延榆绥、陕安、汉中各镇，按二成共裁减马、步、守各兵一千六百四十三名，每年节省银二万三千二两二钱八分，节省兵粮、马料三千九百一十二石五斗七升四合，节省草一万三千四百四十四束八分。所裁各兵一千六百四十三名，按名照原支口分，给予一季银粮作为遣资，计应支给遣银五千七百五十两五钱七分，遣粮八百九十五石二斗。据陕西布政使张汝梅具详请奏前来。

臣覆核无异。除将清册咨送户、兵二部外，所有裁减陕西省绿营兵丁、节省银粮及酌给裁兵遣饷银粮各数目，理合会同陕西抚臣魏光焘、陕西固原提臣邓增合词恭折具奏，伏乞皇上圣鉴训示。谨奏。光绪二十三年五月十一日。

（朱批：）该部知道。[1]

光绪二十三年五月二十三日，奉朱批：该部知道。钦此。[2]

○八六　奏报甘肃光绪二十二 年下忙征收银两数目折

光绪二十三年五月十一日(1897 年 6 月 10 日)

头品顶戴陕甘总督臣陶模跪奏，为甘肃各属光绪二十二年下忙征收银两数目，恭折仰祈圣鉴事。

窃查甘肃各属光绪二十二年上忙征收银数，业经奏报在案。所有二十二年下忙征收银数，据甘肃布政使曾鉌详称：查甘肃各属

---

① 台北故宫博物院藏：军机及宫中档，文献编号：408003065。

② 台北故宫博物院藏：军机及宫中档，文献编号：139532。

光绪二十二年额征并秦州等处新垦地丁共银二十八万五千五百五十三两九钱二厘,内除皋兰县等处水冲地亩已请蠲免并荒地无从征收外,现垦熟地应征银二十一万六百五十两八钱六分四厘六毫,前上忙已完银一十万一千九百七十三两七钱一分六厘,内已完存留经杂、驿站银三万九千八百一十两二钱二分五厘,照数留支已完起运银六万二千三十五两一钱九分三厘,杂赋银一百二十八两二钱九分八厘,均已解司,造入二十二年秋拨并二十三年春拨册内讫。未完地丁正杂银一十万八千六百七十七两一钱四分八厘六毫,又上忙后续垦升科地丁正杂银九百八十五两四钱三分二厘,二共未完银一十万九千六百六十二两五钱八分六毫,内除河州、狄道、沙泥州判、洮州厅等处被兵并金县等处禾苗被灾、皋兰县西乡马家湾回民逃亡无着地丁正杂银一万六千九百三十六两四分九厘外,止该未完银九万二千七百二十六两五钱三分一厘六毫。

今下忙已完银九万一千四百三十九两一钱五分六厘,内存留经杂、驿站银三万一千三百五十一两三钱九分五厘,照数留支已完起运银五万八千七百七十一两一钱二分三厘,又收海城、平远二县征到二十一年奉文流抵二十二年地丁起运银七百二十九两三钱四分九厘,共银五万九千五百两四钱七分二厘,又已完杂赋银五百八十七两二钱八分九厘,均已解司,内造入二十三年春拨册内银一万五千五十三两七厘,候造入二十三年秋拨册内银四万五千三十四两七钱五分四厘;未完银一千二百八十七两三钱七分五厘六毫,现在严饬催缴,俟报征清完,归入下届带征册内造报。由该司造具总、散各册,详请具奏前来。

臣覆核无异。除将清册咨送户部查核外,所有甘省各属光绪二十二年下忙征收银两数目,理合恭折具陈,伏乞皇上圣鉴训示。

谨奏。光绪二十三年五月十一日。

（朱批：）户部知道。[1]

光绪二十三年五月二十三日，奉朱批：户部知道。钦此。[2]

○八七　奏报续办河、狄逸匪等情形折

光绪二十三年五月十六日（1897 年 6 月 15 日）

头品顶戴陕甘总督臣陶模、太子少保尚书衔总统甘军甘肃提督臣董福祥跪奏，为续办河、狄逸匪，并拆毁回民拱拜，禁革掌教名目，以靖地方，恭折仰祈圣鉴事。

窃臣等前派道员张成基、副都统奇克伸布，率同总兵马安良、副将马伏保、卫守备马福禄及从九品苗兴勃等驰赴河州，查获逸匪马如彪等六十余名，先后讯明正法，并谕令殷实回民捐资助赈，于本年正月二十八日恭折奏明在案。续据张成基等禀报：拿获马荣即果园满拉等三十余名，均系著名首要，叠次围城破堡，烧毁民房，残害多人之犯。仍督同署河州知州杨增新，随时讯明正法。谨开具清单，恭呈御览。

河州、狄道一带逸匪歼除略尽，惟恭查乾隆四十六年办理撒拉番回一案，奉上谕：此等番回在各处煽惑愚人，妄言祸福，甚至设立掌教、总掌教之名，以致无知回民被其愚惑入教，指挥听令。现在逆番苏四十三等及其余党竟敢率众抗拒官兵，总由当日养痈贻患所致，然尚因旧教与新教相争，不致合为一事，若听其仍存掌教之

---

① 台北故宫博物院藏：军机及宫中档，文献编号：408003066。

② 台北故宫博物院藏：军机及宫中档，文献编号：139533。

名,俾回众悉听其号令,设彼总掌教者肆为不法,更何事不可为?此事关系甚大,不可不设法妥办,早为消弭等因。钦此。臣等查河、狄回民既众,习其教者向有四大门宦之称,曰穆扶提,曰华寺,曰白庄、曰红门。此外又有毕家场、张门之属,皆各自为教。以始传教者之子孙世世为掌教,又各于其始传教者之墓所立庙,作亭于其冢上,名曰拱拜,与他处礼拜寺又有不同。掌教者既世传其教,其众皆世世奉之,岁时有馈,婚丧有告,出入必请命以行,遇有饮食,皆争食其余以为幸。途中或望其去后,犹掬其尘土顶礼者久之。其愚至于如此。由是掌教者得肆其奸诈,始则贪利,继则无所不为,而乱端起矣。诸门宦之中以穆扶提、华寺为尤盛。穆扶提则马维翰掌之,而华寺之中又分为老教、新教,老教则马永琳掌之,新教则马如彪掌之。华寺之拱拜在河州之八坊,而穆扶提之拱拜则在狄道,皆碧瓦朱甍,地连数顷。华寺之拱拜创于前明,尤为僭侈。前年马永琳起事,即自毁其拱拜之门楼,诬为汉民所毁,激变其众,而马维翰之众应之,至今汉民犹为切齿。马如彪既于上年十二月伏诛,而前年师入河州,马永琳亦先经伏法,独马维翰尚漏网。本年二月,因查办逸匪,亦数其罪而诛之,平毁其拱拜,穆扶提之教以绝,而华寺之拱拜如故,当谕以设立掌教之非,而华寺拱拜为此次肇乱之阶,尤不可以不毁。因饬马安良、马伏保、马福禄等督率回众自行拆毁。各该员等均隶回籍,皆能力矢公忠,踊跃从事,已于四月底一律平毁净尽。据张成基等禀报前来。

臣等覆查无异。臣模当饬地方官遴选公正回民为其众素所信服者,立为乡约,由官给谕承充,以资表率。凡回民诵经须入礼拜寺,不准诵习别经,并不准于拱拜中礼拜,违者惟该乡约是问。诸掌教之名一概禁革,并由臣等会衔撰就简明告示,分饬各属晓谕遵办,冀回民从此各安本分,不至再为邪说所迷。前谕回民捐资助赈,已由马安良等再三开导,陆续捐集银一十万两,均已收齐,容归入赈款案内核实开报。逸匪有逃至远乡者,仍饬报明地方官立案,获日再辨。良莠既办,流民复业者多,张成基等当于五月初一日撤局,未尽事宜即交由地方官妥为经理。

所有续办逸匪并拆毁回民拱拜,禁革掌教名目各缘由,谨合词恭折具陈,是否有当,伏乞皇上圣鉴训示。再,此折系臣福祥主稿。合并声明。谨奏。光绪二十三年五月十六日。

（朱批:）知道了。叛回固应歼除,良回尤应安辑,着该督等妥筹善后办法,以靖地方。①

光绪二十三年五月二十九日,奉朱批:知道了。叛回固应歼除,良回尤应安辑,着该督等妥筹善后办法,以靖地方。钦此。②

○八八　呈续办河、狄逸匪清单

光绪二十三年五月十六日（1897 年 6 月 15 日）

谨将河州、狄道续办逸匪,开具清单,恭呈御览。

谨开:马荣即果园满拉、马麻个、马三顺、马二顺、马该纪奴、马由个、马三十七、马六七、马闰喜、马鞋匠、王老四、马哈四、马哈拜、马七十、马五个、马伏海、牛胡塞、李洒一的、马迎喜、马会成、马福凌、马三玉、马老六、穆老五、杨阿力个、马禄、马咬七、马黑娃、马老虎、马八十、马万良、马维翰即穆扶提、马七娃、驼里保、马辉山。③

---

① 台北故宫博物院藏:军机及宫中档,文献编号:408003067。
② 台北故宫博物院藏:军机及宫中档,文献编号:139651。
③ 台北故宫博物院藏:军机及宫中档,文献编号:139651-0-A。

○八九　恭报甘肃光绪二十
三年三月雨水、粮价折

光绪二十三年五月十九日（1897年6月18日）

头品顶戴陕甘总督臣陶模跪奏，为恭报甘肃省光绪二十三年三月份粮价、雨泽情形，恭折仰祈圣鉴事。

窃照本年二月份粮价并得沾雪泽情形，业经具折奏报在案。兹查本年三月份兰州等八府六直隶州属具报得沾雨泽，自一二寸至三四寸不等。正值禾苗出土之际，获此沃泽，土脉滋润，实于农田有裨。至通省粮价，或与上月相同，或较上月稍有增减。据布政使曾鉌具详请奏前来。

臣覆核无异。理合恭折具奏，并缮粮价清单，恭呈御览，伏乞皇上圣鉴。谨奏。光绪二十三年五月十九日。

（朱批：）知道了。①

光绪二十三年六月十一日，奉朱批：知道了。钦此。②

○九○　呈甘肃光绪二十三年三月粮价清单

光绪二十三年五月十九日（1897年6月18日）

谨将甘省各属光绪二十三年三月份米粮时估价值，缮具清单，恭呈御览。

---

① 台北故宫博物院藏：军机及宫中档，文献编号：408003069。
② 台北故宫博物院藏：军机及宫中档，文献编号：140001。

兰州府属：价落

粟米每京石价银一两三分至三两一钱一分九厘，较上月贱二钱六分一厘。小麦每京石价银九钱四分五厘至二两八钱九分七厘，较上月贱八分九厘。豌豆每京石价银九钱四分五厘至二两八钱四分，较上月贱四分五厘。青稞每京石价银一两八分二厘至二两五钱，较上月贱一钱四分八厘。

巩昌府属：价有昂有落

粟米每京石价银一两四分五厘至二两四钱七厘，与上月相同。小麦每京石价银八钱六分五厘至一两五钱七分五厘，较上月贱七分。豌豆每京石价银八钱六分五厘至一两四钱六分，较上月贵六分。青稞每京石价银八钱三分七厘至一两一钱二分，较上月贱一钱一分二厘。

平凉府属：价有昂有平

粟米每京石价银一两一钱五分四厘至一两四钱，与上月相同。小麦每京石价银七钱三分一厘至一两五分，较上月贵三分五厘。豌豆每京石价银七钱二分一厘至一两七钱一厘，较上月贵二分二厘。糜子每京石价银六钱八分六厘至七钱，与上月相同。

庆阳府属：价平

粟米每京石价银五钱五厘至七钱四分二厘，与上月相同。小麦每京石价银四钱八分至一两三钱四分二厘，与上月相同。豌豆每京石价银四钱至一两七钱一分五厘，与上月相同。糜子每京石价银二钱九分四厘至四钱三分五厘，与上月相同。

甘州府属：价有平有落

粟米每京石价银七钱七分七厘至一两二分九厘，与上月相同。小麦每京石价银七钱一厘至七钱五分六厘，较上月贱六分七厘。

豌豆每京石价银七钱一分四厘至一两四钱七分，与上月相同。青稞每京石价银四钱二分至六钱四分七厘，与上月相同。

凉州府属：价平

粟米每京石价银九钱八分七厘至二两三钱八分三厘，与上月相同。小麦每京石价银七钱九分八厘至一两八钱六分，与上月相同。豌豆每京石价银八钱一分九厘至一两九钱六分六厘，与上月相同。青稞每京石价银六钱五分一厘至一两一钱九分一厘，与上月相同。

宁夏府属：价平

粟米每京石价银六钱九分四厘至一两一钱二分，与上月相同。小麦每京石价银七钱五分九厘至一两二钱三厘，与上月相同。豌豆每京石价银六钱三分至一两四钱，与上月相同。糜子每京石价银三钱九分九厘至七钱九分一厘，与上月相同。

西宁府属：价昂

粟米每京石价银一两七钱一分八厘至六两五钱六分，较上月贵八钱。小麦每京石价银一两九钱二分五厘至三两二钱八分，较上月贵二钱八厘。豌豆每京石价银一两八钱八分五厘至三两三分九厘，较上月贵七分九厘。青稞每京石价银一两五钱七分五厘至二两四钱七分九厘，较上月贵三钱九分九厘。

秦州直隶州并所属：价平

粟米每京石价银一两一钱七分三厘至二两二钱九分五厘，与上月相同。小麦每京石价银七钱八分六厘至二两二钱九分五厘，与上月相同。豌豆每京石价银六钱六分二厘至一两八钱一分二厘，与上月相同。糜子每京石价银五钱五分二厘至一两五钱七分，与上月相同。

阶州直隶州并所属：价有昂有平

粟米每京石价银一两三钱八分六厘至二两一钱一分一厘，与上月相同。小麦每京石价银一两三钱四分四厘至一两七钱五分，较上月贵八分六厘。豌豆每京石价银一两一钱三分一厘至一两四钱九分九厘，与上月相同。糜子每京石价银一两五分六厘，与上月相同。

泾州直隶州并所属：价有昂有落

粟米每京石价银五钱五分四厘至九钱四分五厘，较上月贵四分九厘。小麦每京石价银五钱二分八厘至七钱九分一厘，较上月贵七厘。豌豆每京石价银五钱一厘至七钱九分一厘，较上月贵六厘。糜子每京石价银三钱三分六厘至五钱二分五厘，较上月贱一分四厘。

固原直隶州并所属：价平

粟米每京石价银九钱一分六厘至一两五钱七分六厘，与上月相同。小麦每京石价银九钱一分至一两二钱九分五厘，与上月相同。豌豆每京石价银九钱一分至一两四钱七分一厘，与上月相同。糜子每京石价银八钱二分七厘，与上月相同。

肃州直隶州并所属：价有昂有平

粟米每京石价银一两八厘至一两五分，与上月相同。小麦每京石价银七钱八分八厘至八钱四分，较上月贵二分八厘。豌豆每京石价银九钱二分四厘至一两二钱四分三厘，与上月相同。青稞每京石价银五钱四分六厘至六钱九分七厘，与上月相同。

安西直隶州并所属：价平

粟米每京石价银一两五分至一两三钱九分一厘，与上月相同。小麦每京石价银一两九分八厘至一两四钱四分一厘，与上月相同。

豌豆每京石价银一两二钱九分五厘至二两八分，与上月相同。青稞每京石价银九钱六分三厘至一两四钱，与上月相同。

（朱批:）览。①

○九一　请以常祥补授平庆泾固化道折

光绪二十三年五月十九日(1897年6月18日)

头品顶戴陕甘总督臣陶模跪奏，为拣员请补道员员缺，以重地方，恭折仰祈圣鉴事。

窃照甘肃平庆泾固化道祝维城告请开缺回籍修墓，所遗员缺经臣奏奉部覆，准由外拣员请补。查例载:道、府、同知、直隶州知州、通判、知州，凡系应归候补班补用者，均无论应题、应调、应选之缺，令该督抚酌量才具，择其人地相宜者，悉准补用等语。今平庆泾固化道系冲、难二项中缺，查有甘肃题奏道现署巩秦阶道常祥，到省名次在先，堪以酌补。该员现年六十五岁，镶红旗蒙古祥禧佐领下人，由翻译生员补授理藩院笔帖式。咸丰四年，考补陕甘总督衙门笔帖式，六年期满，经前督臣乐斌②以该员堪膺地方之选，送部引见，奉旨发往原省，照例用。同治五年，奏补西宁县知县，因筹办军饷出力，保以直隶州知州遇缺尽先即补。击退逆回案内保以

① 台北故宫博物院藏:军机及宫中档，文献编号:140001-0-A。
② 乐斌(？—1875)，觉罗氏，满洲正黄旗人。道光年间，充印务参领。二十二年(1842)，补正红旗蒙古副都统。同年，授乌里雅苏台参赞大臣。二十六年(1846)，署正蓝旗满洲副都统。是年，充武职六班大臣、值年旗大臣。二十八年(1848)，任值年旗大臣。翌年，补盛京副都统。咸丰元年(1851)，擢乌鲁木齐都统，署理盛京将军。二年(1852)，兼署正黄旗满洲都统。三年(1853)，授绥远城将军。同年，调补成都将军。次年，兼署四川总督。六年(1856)，授陕甘总督。光绪元年(1875)，卒于任。

知府用,嗣以历年筹防出力,保请免补知府,以道员仍留甘肃补用。哈密军务告竣,保请遇有陕甘道员缺出题奏,旋奉部议,应改为遇有甘肃道员缺出,无论应题、应调、应选之缺,题补、奏补。嗣丁母忧,服满起复,经钦派王大臣验放,光绪七年十二月二十六日到省。旋丁父忧,回旗守制。经神机营奏赴山海关总理营务,十一年四月服满起复。十三年正月奉旨撤防,即于是年五月仍行回省。

臣查该道老成稳练,心地光明,在甘年久,历任笔帖式、知县各实缺,于吏治、民情最为谙悉,现署巩秦阶道,办理一切,极臻妥善,以之请补平庆泾固化道,实堪胜任,人地亦极相宜。合无仰恳天恩,俯准以常祥补授平庆泾固化道员缺,实于地方有裨。该道署任被并无参罚案件。谨恭折具陈,伏乞皇上圣鉴训示。谨奏。光绪二十三年五月十九日。

（朱批:）吏部议奏。①

光绪二十三年六月十一日,奉朱批:吏部议奏。钦此。②

○九二　请以燕起烈调补西宁府知府折

光绪二十三年五月十九日(1897年6月18日)

头品顶戴陕甘总督臣陶模跪奏,为拣员调补要缺知府,以重地方,恭折仰祈圣鉴事。

窃据甘肃布政使曾铄、按察使丁体常会详称:西宁府知府胡砺锋病故,业已截缺报部,所遗系冲、繁、疲、难四项最要缺,该处诸番

---

① 台北故宫博物院藏:军机及宫中档,文献编号:408003071。
② 台北故宫博物院藏:军机及宫中档,文献编号:139997。

• 1499 •

罗列，回、撒杂居，任重事繁，向称难治，非精明干练之员，实难胜任。查同治元年前督臣沈兆霖[1]奏准西宁道、府二缺，此后但使人地相宜，无论满、汉人员，均准酌量调补。惟同时道、府二员内必须有满洲、蒙古一人，不得皆用汉员等语。今西宁道联魁系满洲旗人，则西宁府缺应于汉员内拣调。

该司等逐加遴选，查有甘州府知府燕起烈，[2]年五十六岁，湖南桃源县拔贡，考取七品小京官，签分刑部，二次期满，作为额外主事；三次期满，作为候补主事，补授提牢厅江苏司主事，题升河南司员外郎，再升江西司郎中，历充秋审处总办、坐办、律例馆提调，保

---

① 沈兆霖(1801—1862)，字朗亭、尺生、子菉，号雨亭，浙江钱塘人。道光十六年(1836)，中式进士，选庶吉士。十八年(1838)，授翰林院编修。翌年，充云南乡试副考官。二十年(1840)，任四川乡试正考官。同年，简提督陕甘学政。二十五年(1845)，补国子监司业。次年，授翰林院侍讲、上书房行走。二十七年(1847)，补日讲起居注官、咸安宫总裁。二十九年(1849)，升侍讲学士、南书房行走。咸丰元年(1851)，补詹事府詹事，充江西乡试正考官、顺天乡试副考官。同年，授内阁学士兼礼部侍郎衔、文渊阁直阁。二年(1852)，兼署兵部右侍郎、吏部右侍郎，稽查中书科事务，充各直省乡试覆试阅卷大臣、殿试读卷官、江南乡试正考官，授江西学政。三年(1853)，因病解职。五年(1855)，署吏部左侍郎、兵部右侍郎、工部右侍郎，兼管钱法堂事务，补南书房行走。六年(1856)，升吏部右侍郎，转工部右侍郎，兼管钱法堂事务。同年，授户部左侍郎，兼管三库事务。是年，授经筵讲官。九年(1859)，擢都察院左都御史。同年，充考试大臣。十年(1860)，署户部尚书，兼充考试大臣。同年，授兵部尚书，调补户部尚书。十一年(1861)，授军机大臣上行走。同治元年(1862)，署陕甘总督。同年，平乱还师，道遇山洪，溺命。赠太子太保，谥文忠。有《沈文忠公集》《韵辨附文》等行世。

② 燕起烈(1842—1901)，字舜钦，号旸谷，湖南桃源人。咸丰十一年(1861)，考取拔贡。同治元年(1862)，以七品小京官分刑部。同年，告假。五年(1866)，销假。七年(1868)，丁父忧。十二年(1873)，捐免历俸期满。光绪三年(1877)，保候补主事。五年(1879)，充刑部提牢。七年(1881)，补刑部江苏司主事。九年(1883)，升刑部河南司员外郎。十一年(1885)，迁刑部江西司郎中。十四年(1888)，授陕西道监察御史。十五年(1889)，充巡城御史，巡视北城。同年，放甘肃甘州府知府。二十三年(1897)，调补西宁府知府。二十七年(1901)，卒于任。

送以御史用。光绪十四年京察一等，以道府用，补陕西道监察御史。十五年十一月，奉旨补授甘肃甘州府知府，十六年六月到任。臬司丁体常到任未及三月，例不加考。藩司曾鉌查该员器识明通，抚循尽力，在甘有年，于该处风土民情最为熟悉，以之调补西宁府知府，实堪胜任，人地亦极相宜。会详请奏前来。

臣查该员燕起烈，心地慈祥，办事勤慎。合无仰恳天恩，俯念边缺紧要，准以燕起烈调补西宁府知府，以裨地方。如蒙俞允，系对品调补，毋庸送部引见。该员任内并无参罚案件。所遗甘州府知府系冲、繁、疲三项要缺，应请旨迅赐简放，以重职守。谨恭折具陈，伏乞皇上圣鉴训示。谨奏。光绪二十三年五月十九日。

（朱批：）吏部议奏。[①]

光绪二十三年六月十一日，奉朱批：吏部议奏。钦此。[②]

○九三　查明海城、平远士民控案分别拟议折

光绪二十三年五月十九日（1897年6月18日）

头品顶戴陕甘总督臣陶模跪奏，为查明海城、平远二县士民控案，分别拟议，恭折具陈，仰祈圣鉴事。

窃前准总统甘军甘肃提督董福祥咨：据海城县贡生杨凤鸣、平远县绅民任永等禀控：前署固原直隶州知州程敏达、署海城县知县柏以丽、署平远县知县闵同文、陕西提标左营游击颜咸吉，借乱渔利，纵贼殃民等情。当经臣奏请暂行革职，一面饬司另委妥员前往

---

① 台北故宫博物院藏：军机及宫中档，文献编号：408003072。
② 台北故宫博物院藏：军机及宫中档，文献编号：139994。

确查去后。兹据候补知府张大墉、候补知县史文光、靖远县知县储英翰驰赴固原，按照原禀逐一查明，呈由布政使曾铄、兼署按察使黄云议拟，会详请奏前来。

臣查贡生杨凤鸣、任永等分隶海城、平远各县，归固原直隶州兼辖。光绪二十一年五月初间，海城逆回纠众为乱，戕官劫狱，窜扰平远一带，经前督臣杨昌濬调拨陕西抚标马队，会同固原提标左营游击颜咸吉所带马队，跟踪追剿，迭获胜仗，并经颜咸吉购觅回民高阿訇、铁河州作为眼线，诱擒逆首李万耿、马伏，先后正法，地方渐安。该州奉文查办余匪，陆续拿获五十二名，讯明供证确凿，登时正法三十二名，并监毙七名，内有杨芝彦、马贵、余阿訇、杨如云、马天才、买万成、李三娃子即李三幸子、马元祥、白布立、李麻儿、罗一约、李文富、杨保成十三名，或因挟嫌妄拿，或因供词狡展，当由该州分别禁押，发回查讯。

该绅民等以未悉数骈诛，心怀不甘，并以柏以丽前往海城署任未能严办回匪、提标左营游击颜咸吉于贼初起之时未能登时带兵往剿，且以不应收留高阿訇、铁河州在营作为眼线，旋又纵去。至闵令委署平远，时在海城逆匪已平之后到任，办理善后，查拿余匪，因恐兵役搜捕滋事，阻止驻扎该处马队，不必往拿，自传回绅苏灏、李国栋进署，谕拿余匪，送县惩办。惟时汉民庙宇被贼焚毁，适奉前任固原州匡翼之谕令该回绅等派资赔修，该回绅等乘查办之便，兼筹赔修之费。嗣因交到贼匪内有马保龙、马保虎、苏文有、李昌太、罗生明、白凤义、马科智、马达五子、马明成九名，讯无从逆实据，交保看管，另候讯办，不期于光绪二十二年五月十八日一并乘间潜逃，旋经闵令拿获马明成、马科智、马达五子三人，其余逃逸无踪，以致汉民心疑贿纵。此程敏达、柏以丽、闵同文、颜咸吉被杨凤鸣等控指借乱渔利、纵贼殃民之所由来也。

兹经委员查讯，该原告等得悉前情。其从前所获尚未讯明之杨芝彦等十三名，现亦查讯明确。除杨如云、马天才、余阿訇、买万成、李麻儿五名实系从贼焚掠，当时漏网，法无可逭，已饬就地正法外，其杨芝彦、马元祥、白布立、马贵、罗一约、李文富、杨保成、李三娃子即李三幸子八名，均系安分良回，委未从贼，亦均递籍取保释放。至颜游击雇用回民高阿訇、铁河州充作眼线，于诱擒逆首正法后即行遣去。高阿訇等查系良民，且又诱擒逆首有功，颜咸吉并无贿纵情事。闵同文任内取保逃脱之马保龙等九名，内经自行拿获马明成等三名，解送固原，归入前次奉旨查办逸匪案内，讯明正法。其余马保龙等六名，现未弋获，是否真正从逆，尚不可必。回绅苏灏等奉谕赔修庙宇，虽经摊派，并未收取分文。原控前署固原直隶州知州程敏达、前署海城县知县柏以丽、署平远县知县闵同文、陕西提标左营游击颜咸吉等，现经委员查讯，均无借乱渔利、纵贼殃民各情事，自应分别拟结。

除前署海城县候补知县柏以丽经臣另案参革，应毋庸议外，其程敏达、闵同文应请开复暂行革职处分，仍以原班候补。惟闵同文任内尚有在保逃脱，未及讯定供罪马保龙等六犯，不能无疏忽之咎，其应得处分听候部议。固原提标左营游击颜咸吉兼带练军马队，当海城逆回初起，不即带兵驰往，本属咎有难辞，但其时循化乱起，提督雷正绾已将标、练各军抽调七成队伍，赴河州防剿，固原城守空虚，该游击所部不及百人，未便置之不顾，且李旺堡一役，力解贼围，擒斩首要，得以荡平余党，厥功亦不可没，现准部咨开缺，足以示惩，应请仍予开复原职，另候补用。

贡生杨凤鸣等怀疑妄控，本应坐诬，第念该士民等均遭回匪杀戮之惨，情尚可原。惟访查杨凤鸣平日恃矜好讼，此次列名具控之任永等又系杨凤鸣一人怂恿所致，应请将杨凤鸣衣顶斥革，以示薄惩。其余概请从宽免究。回绅苏灏、李国栋虽遵谕派捐，现已查明并未收取，应毋庸议。平远疏脱各犯系在保潜逃，已饬现署县李瑞征提讯保户人等有无贿纵，并差拿在逃之马保龙等务获，讯明有无从逆各情，另行分别办理。

是否允协，合将查明拟议缘由，谨恭折具陈，伏乞皇上圣鉴，训示施行。谨奏。光绪二十三年五月十九日。

（朱批：）该部议奏。[1]

光绪二十三年六月十一日，奉朱批：该部议奏。钦此。[2]

〇九四　请以何得彪借补中卫协副将折

光绪二十三年五月十九日(1897年6月18日)

头品顶戴陕甘总督臣陶模跪奏，为拣员借补副将要缺，以裨营伍，恭折仰祈圣鉴事。

窃臣接准兵部咨：甘肃宁夏镇属中卫协副将李泰山开缺回籍修墓，遗缺系题补第二轮第二缺，应用尽先人员，行令拣员请补等因。臣查中卫副将一缺，地处边隅，汉回错杂，必须久历戎行、勇敢有为之员，方足以资镇慑。查有记名留甘简用总兵现署河州镇总兵博多欢巴图鲁何得彪，久历行阵，历著战功，此次河湟军务，随董福祥带队前驱，裹疮血战，尤为出力，以之借补斯缺，实于营伍、地

---

① 台北故宫博物院藏：军机及宫中档，文献编号：408003073。
② 台北故宫博物院藏：军机及宫中档，文献编号：139999。

方均有裨益，亦与部章相符。合无仰恳天恩，俯念边圉重地，员缺紧要，准以该员何得彪借补中卫协副将，以期得力。如蒙俞允，俟接准部覆后，再行给咨送部引见，以符定制。

除查取该员履历清册咨部外，谨会同署甘肃提臣张永清合词恭折具陈，伏乞皇上圣鉴训示。谨奏。光绪二十三年五月十九日。

（朱批：）兵部议奏。[1]

光绪二十三年六月十一日，奉朱批：兵部议奏。钦此。[2]

○九五　代奏新授总兵罗平安叩谢天恩折

光绪二十三年五月十九日（1897年6月18日）

头品顶戴陕甘总督臣陶模跪奏，为据情代奏，叩谢天恩，恭折仰祈圣鉴事。

窃据统领督标亲军记名提督新授陕西延榆绥镇总兵腾奇初克巴图鲁罗平安呈称：平安在肃州防次接奉行知内开：光绪二十三年四月十四日，内阁奉上谕：陕西延榆绥镇总兵员缺，着罗平安补授。钦此。谨即恭设香案，望阙叩头谢恩。伏念平安蜀中下卒，陇上从征，久领偏师，屡忝前茅之选；叠邀宠遇，愧无建树之才。兹复仰殊恩，遽膺专阃，实宠荣之逾格，非梦想所敢期。平安现在带队驻防肃州一带，拟俟督臣派委接替有人，即行趋赴阙廷，跪聆圣训。所有感激荣幸下忱，伏乞据情代奏，叩谢天恩等情前来。

理合恭折代陈，伏乞皇上圣鉴。谨奏。光绪二十三年五月十

---

① 台北故宫博物院藏：军机及宫中档，文献编号：408003070。
② 台北故宫博物院藏：军机及宫中档，文献编号：139996。

九日。

　　(朱批:)知道了。①

　　光绪二十三年六月十一日,奉朱批:知道了。钦此。②

○九六　请准总兵罗平安暂缓陛见等情片

光绪二十三年五月十九日(1897年6月18日)

　　再,记名提督新授陕西延榆绥镇总兵罗平安,现统带督标亲军马步各营旗,驻防肃州及关外玉门一带,深资得力。前年冬随臣入关,先分兵助剿北大通,复率队驰赴关外,堵截西宁窜匪,一战获胜,地方得免蹂躏,实为勇敢善战之军。南山零匪现已搜剿殆尽,第该处为关内外咽喉,地关紧要,防务仍不宜稍懈。臣饬该总兵率所部马步分扎严防,未便遽易生手。拟恳天恩,俯准罗平安暂缓陛见,并暂缓赴延榆绥镇总兵新任,以重防务。

　　至开缺总兵蒋云龙,应饬交卸送部引见。所遗之缺,查有提督衔记名总兵陈元尊,久历戎行,威望素著,堪以署理。除檄委外,谨附片具陈,伏乞圣鉴训示。谨奏。

　　(朱批:)着照所请。③

　　光绪二十三年六月十一日,奉朱批:着照所请。钦此。④

---

　　①　台北故宫博物院藏:军机及宫中档,文献编号:408003068。

　　②　台北故宫博物院藏:军机及宫中档,文献编号:139998。

　　③　台北故宫博物院藏:军机及宫中档,文献编号:408003068-0-A。

　　④　台北故宫博物院藏:军机及宫中档,文献编号:140000。

○九七　请将柴典汉等十九员留陕甘补用片

光绪二十三年五月十九日（1897年6月18日）

再，武员在营出力，才堪任使，自应随时奏明，分别改留，以资差遣。兹查有提督衔留新疆候补总兵柴典汉、总兵衔遇缺推补副将赵自新、尽先补用副将金恒林、副将衔尽先补用参将唐文治、升用副将尽先推补参将苏正德、副将衔尽先补用参将蒋光升、补用参将张明举、副将衔尽先补用游击潘庆余、尽先补用游击孙凤高、补用游击汪复友、游击衔尽先即补都司师玉英、游击衔尽先补用都司饶定国、留新疆尽先补用都司胡得贵、尽先补用都司刘定开、尽先补用都司钱宝林、都司衔尽先补用守备刘洪章、都司衔尽先守备蒋斌臣、尽先补用守备陈春生、尽先补用守备王国玉等十九员，均随征陕甘有年，历著战功，且于边防情形熟悉，若以原官原衔留于陕甘补用，实于营务有裨。据延榆绥镇总兵蒋云龙、署凉州镇总兵刘璞、督标中军副将汤仁和先后呈请具奏前来。

臣覆查无异。合无仰恳天恩，俯准将柴典汉等十九员一并留于陕甘差遣委用。除饬取柴典汉等履历清册另咨送部外，理合附片具陈，伏乞圣鉴训示。谨奏。

（朱批：）着照所请，兵部知道。①

光绪二十三年六月十一日，奉朱批：着照所请，兵部知道。钦此。②

---

① 台北故宫博物院藏：军机及宫中档，文献编号：408003070-0-A。
② 台北故宫博物院藏：军机及宫中档，文献编号：139995。

○九八　拿获要犯在事出力员绅择尤请奖折

光绪二十三年五月二十五日(1897 年 6 月 24 日)

头品顶戴陕甘总督臣陶模、头品顶戴陕西巡抚臣魏光焘跪奏，为捕获会匪首要各犯，就地惩办，地方一律安静，并将在事出力员绅择尤请奖，以昭激劝，恭折仰祈圣鉴事。

窃臣光焘前因汉中府属洋县会匪高彦发等在于西乡、洋县交界之黄老山聚党滋事，经署洋县知县张鹏翼率团剿捕，大概情形电奏陈明。旋奉电旨：西乡、洋县界连川、楚，会匪虽已扑除，余匪仍当搜净，即饬地方官妥速办理，毋得粉饰因循。钦此。等因。当即钦遵转饬遵办在案。伏思汉南一带与川、陇、楚毗连，向为匪徒出没之区，民情浮动，最易煽惑；拜会结盟，几成风气。匪首高彦发籍隶洋县，入会有年，与楚汪、姚渶、梅老夭等到处勾结，扰害讹抢，割筋剜眼，无恶不作。迭饬严拿，迄未弋获。

上年，陕安道景星、[①]汉中府知府常裕[②]先后赴任。臣光焘同

---

① 景星(？—1910)，名月汀，满洲镶白旗人，索绰络氏，二品荫生，恩赏举人。同治六年(1867)，选工部主事。十一年(1872)，加道衔。光绪四年(1878)，补工部都水司员外郎。十二年(1886)，补詹录。十三年(1887)，升工部都水司郎中，掌司务厅印钥。十四年(1888)，充节慎库监督。同年，放江苏苏松常镇太粮储道。二十年(1894)，充文案翼长。二十二年(1896)，调补陕西陕安道。二十三年(1897)，补长芦盐运使。二十四年(1898)，授山西按察使，调山东按察使。同年，迁河南布政使。二十五年(1899)，护理河南巡抚。二十六年(1900)，擢江西巡抚，转湖北巡抚。同年，授福州将军。翌年，兼管闽场船政，管理闽海关税务。三十三年(1907)，授资政院协理大臣。三十四年(1908)，充禁烟大臣。宣统二年(1910)，卒于任。

② 常裕(1847—?)，正黄旗蒙古双星佐领下人，廪贡生。光绪二年(1876)，中式顺天乡试，挑取誊录，报捐员外郎。五年(1879)，签分吏部。十年(1884)，补考功司员外郎，历署稽勋司、文选司掌印。十三年(1887)，保御史。十四年(1888)，保升(转下页)

藩、臬两司筹商办法，谕令清查保甲，整顿团练，以孤匪势而便捕拿。该道、府亦能实力图维，督饬洋县认真查办，并谕饬该县团练附生李春勃密为戒备，不惜重赏购线侦探。该匪等知捕拿严紧，阴派匪党四出煽诱，约期起事。李春勃侦知报县，高彦发已于十二月初五日啸聚三四百人，在洋县、西乡交界之黄老山玉泉庙旧寨竖旗踞守。是日，匪党曾姓抢夺乡民瞿官记钱米，经团绅石联魁将曾姓捆缚送县。高彦发率众夺犯，与团丁互斗，各有杀伤；旋复至红瓦铺、鹅巷子、张家院、葛条坝等处，抢掳焚杀，烧毁瓦草房一百余间；有邓连城之妻邓毛氏被匪强奸，大骂不从，致被断臂剖腹而死，并将其生未弥月之婴孩杀毙。又，民妇邓刘氏、郑曾氏均被砍伤，另有卖花生之不知姓名一人被匪掳逼入伙不允，杀以祭旗。逆迹昭彰，势甚凶悍。当经张鹏翼飞禀请兵，一面调集各团，饬李春勃督带堵剿。

初六、初七等日，与匪接仗，互有胜负。初八日夜，该令与李春勃定计四面围攻，派武生牟鸿烈由山后、把总宋世韬等由东路、武生石联魁等由西路，各带团丁，攀藤附葛以登，约于山顶会合，并派万龙铺等团扼守西乡县桑园铺匪党来援之路。该令同李春勃督率团丁壮勇，由正面进击。维时该府禀经汉中镇、道所派参将徐万银等星驰将到，该令即函知接应。

（接上页）道府。十七年（1891），补坐粮厅监督。二十一年（1895），补授陕西汉中府知府，次年六月到任。二十三年（1897），保升道员。二十五年（1899），赴部，未及引见，闻讣丁母忧。二十八年（1902），服满起复，赴部引见，发往陕西，以道员补用。三十年（1904），补授凤邠盐法道。三十二年（1906），署陕西按察使。三十四年（1908），补吏部左丞。同年，调补贵州按察使。宣统元年（1909），因病告假。宣统三年（1911），补授四川提法使。

初九日黎明，匪众下山猛扑，开放枪炮，声震山谷。团勇并力奋击。正鏖战间，牟鸿烈等已由山巅袭毁其寨，匪乃抵死抗拒。迨各团前后奋呼夹击，贼势不支，纷纷溃败，楚汪自戕毙命。登时拿获匪首高彦发、要匪梅老夭即梅添沅、醮骗匠即醮世材、翟恺奎、翟汶漭、孙有志、傅汶得、田藏溃、伙匪冯沄会、张汰真、高纪保、蔡苟娃十二名，阵毙六十三名，堕崖、扑涧死者四十二名；夺获伪帅旗二面、抬枪十一杆、鸟枪三十六杆，刀矛无算；阵亡团丁王石娃、何玉林、李维高、强作刚、杨裕荣五名，带伤团丁壮勇六十二名。余匪窜至西乡县境者，亦经该县民团截拿，格毙者四名，扑崖及自戕者又四名；被匪杀毙平民邓满娃一名，拒毙团丁徐明孝、张永铭二名。余匪逃散无踪。姚沜逃至西乡龙门河地方，亦经署汉中镇龙得胜派令防营哨官熊世再差弁胡文光等追获，同高彦发等均解经该府县讯据供认不讳。禀经臣等以匪首高彦发、要匪梅老夭、醮骗匠、翟恺奎、翟汶漭、孙有志、傅汶得、田藏溃、姚沜九犯，或为首倡乱，或听从入会，劫杀拒敌，均属罪大恶极，批令就地正法，与自戕之楚汪枭首犯事地方，悬杆示众，以彰国法而快人心。

冯沄会、张汰真二犯平日尚未犯案，此次亦未随同谋乱劫杀，但已听从入会，均属不法，例应拟军，按章以大练锁击巨石，不拘年限。高纪保、蔡苟娃二犯虽未入会，惟被胁上寨，听从打杂做饭，亦非善类，比照洋盗案内被胁在舡为匪服役例，问拟满徒，仍照章锁系巨石五年，均俟限满，察看办理，同冯沄会等二犯照章分别刺字。其余被胁无辜者，均分别递籍保释。所有善后抚恤，前已饬汉中厘局拨银二千两，并饬委候补知府刘本植前往，会同该府县查勘办理。兹据覆称：业将被烧房屋、伤害人口同阵亡、带伤各团勇并出力团丁分别恤赏，由县核实造报，应请作正开销；仍令严拿逸匪，务获另办，并出示晓谕，凡愚民被其诱胁买受飘布者，悉令呈缴，予以自新，俾安反侧。现在地方一律安谧。

查此案该匪等竖旗踞寨，焚杀抢掠，拒杀团丁，逆状已著，经该县张鹏翼率团剿捕，数日内即行扑灭，擒获首要各犯正法，不致蔓延滋扰。该管道、府先授机宜，密饬戒备，鼓励团勇，除此积年巨患，办理尚属迅速，应请给奖，以昭激劝。由藩司张汝梅、臬司李有棻[①]会详请奏前来。

臣等覆查洋县匪首高彦发等积年巨恶，去冬纠党滋事，盘踞焚杀，几成燎原之势，幸剿捕迅捷，悉予歼除，现虽地方安静，仍令该管镇、道、府督饬各属，整顿保甲，及各防营随时严密巡缉，以消奸宄而靖地方。至此次该员弁团绅等会同办理，刻日藏事，不致蔓延滋害，尚称得力。伏读光绪十七年六月钦奉上谕：地方文武拿获哥会首犯，一面严行惩办，一面准将出力各员弁照异常劳绩随案奏请给奖等因。钦遵在案。自应遵照择尤请奖，以示鼓励。谨开具清单，恭呈御览。合无仰恳天恩，俯准给奖，以劝将来。其余出力团长，由臣光焘已分别赏给功牌。再，邓毛氏以青年穷妇抗节捐躯，核其死事情形，实为惨烈，并恳恩施准予旌表，以慰幽魂而维风化。

---

① 李有棻（1841—1906），字芗垣，江西萍乡人，优廪生。同治十二年（1873），以拔贡报捐内阁中书。光绪二年（1876），选玉牒馆汉誊录官。三年（1877），充收掌校对官。同年，保湖南补用知府。八年（1882），署沅州府知府。十年（1884），补授湖北襄阳府知府。同年，署安陆府知府、武昌府知府。嗣保升道员。十七年（1891），授广东高廉钦道。二十年（1894），迁陕西按察使。翌年，署陕西布政使，督办新甘转运局兼制造事宜。二十四年（1898），擢陕西布政使。二十五年（1899），护理陕西巡抚。同年，丁母忧，回籍终制。二十六年（1900），督办江西全省团练。二十八年（1902），授江宁布政使。同年，护理两江总督，兼护南洋通商大臣、两淮盐政。期间，创办《秦报》、两江师范学堂。三十年（1904），授江西铁路总办。三十二年（1906），卒于任。赠太子少保。有《卧云草堂文存》等行世。

卖落花生一人被害亦惨，容饬查明姓氏另办。

除查取各员绅等履历送部查核外，所有捕获会匪首要各犯分别惩办，地方一律安靖，并请将出力员绅从优奖励各缘由，谨合词恭折具陈，伏祈皇上圣鉴训示。再，此折系臣光泰主稿，因派员详查并搜捕余匪及筹办善后，是以具奏稍迟。合并声明。谨奏。光绪二十三年五月二十五日。

（朱批：）另有旨。①

光绪二十三年六月初八日，奉朱批：另有旨。钦此。②

○九九　呈拿获逸犯尤为出力员绅请奖清单

光绪二十三年五月二十五日（1897 年 6 月 24 日）

谨将剿办洋县会匪尤为出力官绅拟保衔名，开具清单，恭呈御览。

计开：

陕安道景星，措置得宜，督办迅速，拟请交部从优议叙。

汉中府知府常裕，购线办团，不惜重赏，歼除隐患，悉合机宜，拟请以道员在任候补。

署洋县知县候补知县张鹏翼，督饬团练，合力剿捕，捣穴擒渠，具有胆识，拟请免补本班，以直隶州知州仍留陕西归候补班补用。

团绅附生李春勃，布置周密，率团剿办，难险备尝，拟请以县丞不论双单月归部选用。

---

① 台北故宫博物院藏：军机及宫中档，文献编号：408003074。

② 台北故宫博物院藏：军机及宫中档，文献编号：139933。

武生牟鸿烈,带团攻剿,首先登寨,躬冒矢石,异常奋勇,拟请以把总归标尽先拔补,并请赏戴蓝翎。

武生石联魁,率团登寨,擒获首要,拟请以经制外委归标拔补。

恩贡生李联枝,布置团练,昼夜卒劳,拟请以教谕不论双单月归部选用。

蓝翎把总宋世韬,领带团丁,打仗奋勇,拟请以千总尽先拔补,并请赏加守备衔。

永胜左旗哨长蓝翎守备衔尽先拔补千总熊世再,迅赴戎机,并带差弁追获要匪,拟请免补千总,以守备归标尽先拔补。

永胜左旗差弁胡文光,带勇追获阵逃要匪姚渼,解府讯办,不避艰辛,拟请以经制外委拔补。

（朱批：）览。[1]

一〇〇　奏报甘肃马步营旗第五次裁并折

光绪二十三年六月初三日(1897年7月2日)

头品顶戴陕甘总督臣陶模跪奏,为报明甘肃马步营旗第五次裁撤、归并,并由营改旗、由行饷改支坐饷各起数目,另开清单报部,恭折仰祈圣鉴事。

窃查甘省前因军务添募马步营旗,于肃清后经臣节次裁减,已截至光绪二十二年十二月底止,先后具奏在案。兹据甘肃布政使曾鉌将二十三年正月初一日起至四月底止复又陆续裁撤、归并马步各营旗并由营改旗、由行饷改支坐饷,计共二十四起,分晰截饷

---

①　台北故宫博物院藏：军机及宫中档,文献编号：139933-0-A。

日期,开单详请奏咨立案,并声明已撤及酌裁马步各勇丁,均于遣散时照章加给恩饷各等情前来。

臣覆核无异。除仍饬该司查明现留防军马步数目,再行察酌情形,极力裁减,以节饷需,另行奏报,并将此次清单咨送户、兵二部查照外,所有第五次裁撤、归并马步各营旗并由营改旗、由行饷改支坐饷各起数目缘由,理合恭折具陈,伏乞皇上圣鉴。谨奏。光绪二十三年六月初三日。

(朱批:)该部知道。①

光绪二十三年六月十六日,奉朱批:该部知道。钦此。②

一〇一　董军不敷行饷请饬部筹拨折

光绪二十三年六月初三日(1897年7月2日)

头品顶戴陕甘总督臣陶模跪奏,为遵照部议查明提臣董福祥所部二十营本年行饷实在不敷数目,恳请饬部筹拨,俾应急需,恭折仰祈圣鉴事。

窃准户部咨开:议覆臣前奏提臣董福祥军饷极力裁腾,不敷仍巨,拟改坐饷匀支一折,于光绪二十三年五月初七日具奏,奉旨:依议。钦此。钦遵抄录原奏咨行前来。臣查户部原奏内称:董福祥所部二十营系奉旨令其募足,开支行饷,未便率请改坐粮。惟董福祥一军饷需,臣部前已拨给银三十一万八千两,加以该督前请裁部下防勇六七旗,腾出银十万两,合计已有四十余万。其不敷之饷,

---

①　台北故宫博物院藏:军机及宫中档,文献编号:408003077-0。

②　台北故宫博物院藏:军机及宫中档,文献编号:140076。

据称拟于防、练各军内极力裁遣腾饷，供支不足，再当设法另筹，究竟尚能裁遣若干、腾饷若干以及另筹若干，如果实有不敷，俟该督切实奏明，再由臣部酌量筹拨各等语。

臣查该军饷项，前与董福祥再四函商，该提臣深知筹款艰难，奏明先成十六营，自本年正月起，岁约需行饷银五十八万两。嗣奉谕旨，添募四营，一俟董福祥招足咨会，即按行饷起支。本年约再加行饷银六万两，并岁需薪工等项，除董福祥自请停止车驼喂养、柴薪银六万二千余两外，仍需银三万两之谱。合计本年截至十二月底止，实共需银六十七万两。又，董福祥于去年军务完竣裁并十三营旗，由甘肃粮台从十一月起至十二月底止，共支过坐粮饷银并招募经费六万九千四百余两，应归该军支饷项下扣算。连前统计，本年实需饷银七十三万九千四百余两，除已奉部指拨本年甘肃新饷封存银三十一万八千两，内应划除本年子药夫银一万四千余两，实止拨银三十万三千余两，尚不敷实银四十三万六千余两。臣前奏裁防勇六七旗，能腾出银十万两，现在甘肃防军所留不多，地方辽阔，民情浮动，非此实无以重防务而资镇慑。臣受恩深重，际此时艰，不得不兼筹并顾，通盘计算，或极力再裁，或另行筹画，亦只能腾挪银十万两左右，合前裁腾之十万两，共能腾银二十万两，实在仍不敷银二十三万六千余两。据藩司曾鉌具详前来。

合无仰恳天恩，饬部照数筹拨的款，免误要需。再，董福祥所部各营饷项，甘省裁撤营旗业经全数挹注，以后并无腾挪之款。所有董福祥应需光绪二十四年份专饷，拟请由该提臣自行奏拨。合并声明。

除咨部外，合将遵照部议查明董福祥所部二十营本年行饷实在不敷数目，恳请筹拨缘由，谨恭折具奏，伏乞皇上圣鉴，训示施行。谨奏。光绪二十三年六月初三日。

（朱批：）户部议奏。①

光绪二十三年六月十六日,奉朱批:户部议奏。钦此。②

一〇二　奏报总兵田在田开缺回籍折

光绪二十三年六月初三日(1897 年 7 月 2 日)

头品顶戴陕甘总督臣陶模跪奏,为据实覆陈,恭折仰祈圣鉴事。

窃臣承准军机大臣字寄:光绪二十三年四月十二日奉上谕:甘肃肃州镇总兵田在田,着陶模悉心察看,如竟不能胜任,即行据实参奏,毋稍迁就等因。钦此。钦遵察看得该总兵田在田,现在年老力衰,于边地重镇似非所宜。正在核办间,适据该总兵以屡接家书,本籍雨水过多,先人坟墓被水冲刷,呈恳奏请开缺回籍修理前来。察其情词恳切,尚无捏饰。

查该总兵资望最深,虽精力已衰,难胜边镇之任,然在任两年,尚无贻误。合无仰恳天恩,俯准甘肃肃州镇总兵田在田开缺回籍修墓,出自鸿慈。所遗肃州镇总兵员缺紧要,应请旨迅赐简放,以重职守。谨会同署甘肃提臣张永清合词恭折覆陈,伏乞皇上圣鉴,训示施行。谨奏。光绪二十三年六月初三日。

（朱批：）另有旨。③

---

① 台北故宫博物院藏:军机及宫中档,文献编号:408003075。
② 台北故宫博物院藏:军机及宫中档,文献编号:140075。
③ 台北故宫博物院藏:军机及宫中档,文献编号:408003076。

光绪二十三年六月十六日，奉朱批：另有旨。钦此。①

【案】此折于是年六月十六日得旨允行。上谕档：

光绪二十三年六月十六日，内阁奉上谕：陶模奏，总兵呈请开缺修墓，据情代奏一折。甘肃肃州镇总兵田在田，着准其开缺。钦此。②

一〇三 请准曹儁补授宁羌营守备片

光绪二十三年六月初三日(1897年7月2日)

再，臣接准兵部咨：陕西汉中镇属宁羌营守备马宽病故遗缺，应用期满武进士人员，行令照章拣选请补等因。臣在于期满武进士人员内逐加遴选，实拣选得分发陕甘督标效力期满武进士曹儁，年力富强，枪靶有准，以之请补斯缺，实堪胜任，亦与部章相符。合无仰恳天恩，俯念员缺紧要，准以曹儁补授汉中镇属宁羌营守备员缺，可期得力。如蒙俞允，该员系引见分发人员，毋庸送部，应请饬部发给实授札付，以符定制。

除饬取该员履历清册送部外，谨会同陕西提臣邓增合词附片具陈，伏乞圣鉴训示。谨奏。

（朱批：）兵部议奏。③

光绪二十三年六月十六日，奉朱批：兵部议奏。钦此。④

---

① 台北故宫博物院藏：军机及宫中档，文献编号：140077。
② 《光绪宣统两朝上谕档》，第23册，第141页。
③ 台北故宫博物院藏：军机及宫中档，文献编号：408003076-0-A。
④ 台北故宫博物院藏：军机及宫中档，文献编号：140079。

一〇四　请准郭怀佐补授中军都司片

光绪二十三年六月初三日（1897 年 7 月 2 日）

再，臣前准兵部咨：甘肃西宁镇属镇海协营中军都司张得胜病故，遗缺轮用捐输。因该省捐输无人，应过班作为第五轮第一缺，轮用尽先人员，行令拣员请补等因。臣在于尽先合例人员内逐加拣选，实拣选得尽先都司哈拉库图尔营守备现署镇海协营中军都司郭怀佐，年力正强，勤慎耐劳，于西宁情形最为熟悉，且现署斯缺，整顿营伍，诸臻妥协，虽尽先名次在先尚有苏朋林、杜濡、董胜、康学义等四员，或现居要缺，或带队驻防，均未便请补，自应以该员郭怀佐请补斯缺，实于地方有裨，亦与轮缺部章相符。合无仰恳天恩，俯念员缺紧要，准以该员郭怀佐补授西宁镇海协营中军都司员缺，可期得力。如蒙俞允，俟接准部覆后，即行给咨赴部引见，以符定制。

除饬取该员履历清册另咨送部外，所遗哈拉库图尔营守备员缺，甘省现有应补人员，容臣另拣请补。谨会同署甘肃提臣张永清合词附片具陈，伏乞圣鉴训示。谨奏。

（朱批：）兵部议奏。[1]

光绪二十三年六月十六日，奉朱批：兵部议奏。钦此。[2]

---

[1]　台北故宫博物院藏：军机及宫中档，文献编号：408003076-0-B。
[2]　台北故宫博物院藏：军机及宫中档，文献编号：140080。

一○五　奏报何建威署理肃州镇篆片

光绪二十三年六月初三日(1897 年 7 月 2 日)

再，甘肃肃州镇总兵田在田呈请开缺回籍修墓，业经臣另折奏明请旨在案。所遗总兵篆务，亟应委员接署，以重职守。查有正任河州镇总兵何建威，戎行久历，勇敢有为，堪以委署。

除分饬遵照外，谨附片具陈，伏乞圣鉴。谨奏。

（朱批:）知道了。[①]

光绪二十三年六月十六日，奉朱批:知道了。钦此。[②]

一○六　恭报甘肃光绪二十　　　三年四月雨水、粮价折

光绪二十三年六月二十三日(1897 年 7 月 22 日)

头品顶戴陕甘总督臣陶模跪奏，为恭报甘肃省光绪二十三年四月份粮价、雨泽情形，恭折仰祈圣鉴事。

窃照本年三月份粮价并得沾雨泽情形，业经具折奏报在案。兹查四月份兰州等八府六直隶州属具报得沾雨泽，自一二寸至三四寸不等，正值禾苗滋长之际，土脉滋润，实于农田有裨。至通省粮价，或与上月相同，或较上月稍有增减。据藩司曾鉌具详请奏前来。

---

①　台北故宫博物院藏:军机及宫中档，文献编号:408003076-0-C。

②　台北故宫博物院藏:军机及宫中档，文献编号:140078。

臣覆核无异。理合恭折具奏，并缮粮价清单，恭呈御览，伏乞皇上圣鉴。谨奏。光绪二十三年六月二十三日。

（朱批：）知道了。①

光绪二十三年七月十七日，奉朱批：知道了。钦此。②

一〇七　呈甘肃光绪二十三年四月粮价清单

光绪二十三年六月二十三日(1897 年 7 月 22 日)

谨将甘省各属光绪二十三年四月份米粮时估价值，缮具清单，恭呈御览。

兰州府属：价平

粟米每京石价银九钱八分一厘至三两一钱一分九厘，与上月相同。小麦每京石价银九钱一分至二两八钱九分七厘，与上月相同。豌豆每京石价银九钱八分一厘至二两八钱四分，与上月相同。青稞每京石价银一两二钱四厘至二两五钱，与上月相同。

巩昌府属：价平

粟米每京石价银一两四分五厘至二两四钱七厘，与上月相同。小麦每京石价银八钱六分五厘至一两五钱七分五厘，与上月相同。豌豆每京石价银八钱六分五厘至一两四钱六分，与上月相同。青稞每京石价银八钱三分七厘至一两一钱二分，与上月相同。

平凉府属：价有昂有平

粟米每京石价银一两一钱五分四厘至一两四钱，与上月相同。

---

① 台北故宫博物院藏：军机及宫中档，文献编号：408003076-1。
② 台北故宫博物院藏：军机及宫中档，文献编号：140625。

小麦每京石价银七钱三分一厘至一两一钱九厘,较上月贵五分九厘。豌豆每京石价银七钱二分一厘至一两七分一厘,与上月相同。糜子每京石价银六钱八分六厘至七钱,与上月相同。

庆阳府属:价有平有落

粟米每京石价银五钱五厘至七钱四分二厘,与上月相同。小麦每京石价银四钱八分至一两二钱七分七厘,较上月贱六分五厘。豌豆每京石价银四钱至一两七钱一分五厘,与上月相同。糜子每京石价银二钱九分四厘至四钱三分五厘,与上月相同。

甘州府属:价平

粟米每京石价银七钱七分七厘至一两二分九厘,与上月相同。小麦每京石价银七钱一厘至七钱五分六厘,与上月相同。豌豆每京石价银七钱七厘至一两四钱七分,与上月相同。青稞每京石价银四钱二分至六钱四分七厘,与上月相同。

凉州府属:价昂

粟米每京石价银九钱八分七厘至二两七钱三厘,较上月贵三钱二分。小麦每京石价银七钱一分四厘至一两九钱九分九厘,较上月贵一钱三分九厘。豌豆每京石价银八钱一分九厘至二两一钱二分七厘,较上月贵一钱六分一厘。青稞每京石价银六钱五分一厘至一两五钱三分四厘,较上月贵三钱四分三厘。

宁夏府属:价平

粟米每京石价银六钱四分九厘至一两一钱二分,与上月相同。小麦每京石价银七钱五分六厘至一两二钱三厘,与上月相同。豌豆每京石价银六钱七分二厘至一两四钱,与上月相同。糜子每京石价银三钱九分九厘至七钱九分一厘,与上月相同。

西宁府属:价平

粟米每京石价银一两七钱一分八厘至六两五钱六分，与上月相同。小麦每京石价银一两九钱二分五厘至三两二钱八分，与上月相同。豌豆每京石价银一两八钱八分五厘至三两三分九厘，与上月相同。青稞每京石价银一两五钱七分五厘至二两四钱七分九厘，与上月相同。

秦州直隶州并所属：价平

粟米每京石价银一两一钱七分三厘至二两二钱九分五厘，与上月相同。小麦每京石价银六钱五分九厘至二两二钱九分五厘，与上月相同。豌豆每京石价银六钱五分九厘至一两八钱一分二厘，与上月相同。糜子每京石价银五钱五分二厘至一两五钱七分，与上月相同。

阶州直隶州并所属：价昂

粟米每京石价银一两三钱八分六厘至二两三钱二分四厘，较上月贵二钱一分三厘。小麦每京石价银一两三钱四分四厘至一两八钱三分九厘，较上月贵八分九厘。豌豆每京石价银一两三钱四厘至一两五钱四分四厘，较上月贵四分五厘。糜子每京石价银一两一钱六分二厘，较上月贵一钱六厘。

泾州直隶州并所属：价有昂有平

粟米每京石价银五钱二分八厘至九钱四分五厘，与上月相同。小麦每京石价银五钱一厘至八钱七分四厘，较上月贵八分三厘。豌豆每京石价银四钱七分五厘至九钱二分一厘，较上月贵一钱四分。糜子每京石价银三钱三分六厘至五钱二分五厘，与上月相同。

固原直隶州并所属：价落

粟米每京石价银九钱二分四厘至一两五钱六分八厘，较上月贱八厘。小麦每京石价银九钱一分至一两二钱一分四厘，较上月贱八分一厘。豌豆每京石价银九钱一分至一两四钱四分二厘,较上月贱二分九厘。糜子每京石价银八钱九厘,较上月贱一分八厘。

肃州直隶州并所属:价平

粟米每京石价银一两八厘至一两五分,与上月相同。小麦每京石价银八钱六厘至八钱四分,与上月相同。豌豆每京石价银九钱二分四厘至一两二钱四分三厘,与上月相同。青稞每京石价银五钱四分六厘至六钱九分七厘,与上月相同。

安西直隶州并所属:价有昂有平

粟米每京石价银一两五分至一两四钱,较上月贵九厘。小麦每京石价银一两九分八厘至一两五钱二分,较上月贵七分九厘。豌豆每京石价银一两三钱七分二厘至二两八分,与上月相同。青稞每京石价银一两三钱四分三厘至一两五钱二分,较上月贵一钱二分。

（朱批:）览。①

一〇八　奏闻停止津贴兵勇粮价折

光绪二十三年六月二十三日（1897 年 7 月 22 日）

头品顶戴陕甘总督臣陶模跪奏,为奉准津贴兵勇四成粮价,拟请将已发者咨部核销,未发者一律停止,以纾饷力,恭折仰祈圣鉴事。

窃查甘省光绪二十一年军务吃紧,粮价奇贵,进剿前敌各军异常出力,当经前督臣杨昌濬于二十一年十月十五日奏请援案津贴

---

① 台北故宫博物院藏:军机及宫中档,文献编号:140625-0-A。

四成粮价，以励军心，仰蒙圣恩照准，士卒同深感戴。维时甘省旧有防军并添募勇营以及调甘助剿之豫、凯、永、定等军，共马步一百数十营旗，日需粮料甚巨，按四成粮价津贴，人马并计，约共需银二十三万余两。值此饷项艰难，筹措匪易，亟应设法撙节。当与藩司再四熟商，先尽前敌营旗照章发给，仍查明各营旗有无战事，分别久暂，以定起止。至于距贼稍远与夫堵遏要隘等军，虽同系前敌，同支行粮，究与冲锋陷阵者有间，自未便一例办理，以滋糜费。现计已发过各军津贴四成粮价银三万七千三百余两，其余无论营旗已撤、未撤，拟请一律停发，稍资节省。据总粮台布政使曾鉌详请奏咨立案前来。

臣覆核无异。除将发过各营旗津贴四成粮价银数开折咨送户部外，所有其余已撤、未撤各军津贴拟请一律停止缘由，理合恭折具奏，伏乞皇上圣鉴，饬部立案施行。谨奏。光绪二十三年六月二十三日。

（朱批：）该部知道。[1]

光绪二十三年七月十七日，奉朱批：该部知道。钦此。[2]

【案】杨昌濬……津贴四成粮价：光绪二十一年十月十五日，陕甘总督杨昌濬奏请前敌各军援案津贴粮价，曰：

太子太保头品顶戴革职留任陕甘总督臣杨昌濬跪奏，为前敌各军援请津贴粮价，恭折仰祈圣鉴事。

窃臣前因各军进剿需粮甚巨，已饬于甘肃所属巩昌、安

---

[1] 台北故宫博物院藏：军机及宫中档，文献编号：408003077。
[2] 台北故宫博物院藏：军机及宫中档，文献编号：140622。

定、狄道、河州及白塔寺、西宁、碾伯、平番各处,设局采运粮料,以备供支。其应扣粮价即由甘藩司详拟章程,划一办理,每白面一斤,定银二分四厘,麦豆照此计算,原属通较时估,酌中核议,牵扯合计,期于公款、勇丁两无损耗,当经饬令一律照办在案。兹据甘肃布政使曾鉌详称:准提臣董福祥函称,该所部各营去岁赴直防堵,彼时米价昂贵,经两江督臣刘坤一奏准津贴米价四成。现在甘省粮价日高,加以运脚各费,不免过昂。各营士卒均临前敌,辛苦万状,商令详请援案奏给津贴等因到司。覆查提臣董福祥援案申请,自为体念兵艰起见。当此冲锋对敌之时,若不优予体恤,似无以鼓其锐气。在公家免此四成银价,不致遽形竭蹶;而兵勇得此津贴,自当益加奋勉。凡前敌诸军,如西宁、河州各路均拟照此办理,以昭公普,而免偏枯。惟此项粮价除照扣六成外,其四成价值并转运经费,自应作正开销,事竣造报,俾免赔累。详请奏咨前来。

臣查前敌诸军,日有战事,欲得其力,必先厚其生。虽赴直各军前沐皇仁优渥,非外省兵勇所敢希幸,而边地寒苦异常,士卒更堪怜念。合无仰恳天恩,俯允援案照扣粮价,以资津贴而励军心,并祈饬下户部立案。除咨部外,谨会同新疆提臣董福祥合词恭折具陈,伏乞皇上圣鉴,训示施行。谨奏。光绪二十一年十月十五日。

光绪二十一年十月二十六日,奉朱批:着照所请,户部知道。钦此。[1]

---

① 中国第一历史档案馆藏:朱批奏折,档案编号:04-01-01-1007-089;中国第一历史档案馆藏:录副奏折,档案编号:03-6136-134。

一〇九　请以戴福禄借补督标后营游击折

光绪二十三年六月二十三日（1897年7月22日）

头品顶戴陕甘总督臣陶模跪奏，为拣员借补游击员缺，以裨营伍，恭折仰祈圣鉴事。

窃臣前准兵部咨：陕甘督标后营游击员缺轮用捐输，该省捐输无人，应过班作为第六轮第一缺，轮用尽先人员，行令拣员请补等因。臣随在于尽先合例人员内逐加拣选，实拣选得副将衔留陕甘尽先补用参将戴福禄，于咸丰年间投营充伍，叠次出征剿贼，获保斯职。前曾补授临洮营都司，嗣经推补甘肃巴里坤镇标左营游击，旋因巴里坤镇改隶新疆，分省开缺另补。该员在甘年久，于甘省营伍、地方情形极为熟悉，以之借补斯缺，实堪胜任，亦与定章相符。合无仰恳天恩，俯念员缺紧要，准以该员戴福禄借补督标后营游击，以裨营伍。如蒙俞允，俟接准部覆后，即行给咨送部引见，以符定制。

除饬取该员履历清册咨部外，理合恭折具陈，伏乞皇上圣鉴训示。谨奏。光绪二十三年六月二十三日。

（朱批）：兵部议奏。①

光绪二十三年七月十七日，奉朱批：兵部议奏。钦此。②

---

① 台北故宫博物院藏：军机及宫中档，文献编号：408003080。
② 台北故宫博物院藏：军机及宫中档，文献编号：140626。

一一〇 请以朱应龙补靖逆营游击折

光绪二十三年六月二十三日（1897 年 7 月 22 日）

头品顶戴陕甘总督臣陶模跪奏，为拣员请补游击要缺，以裨营伍，恭折仰祈圣鉴事。

窃准兵部咨开：肃州镇属靖逆营游击员缺系题补第六轮第三缺，轮用预保人员，该省预保无人，应以第六缺拣发班内人员题补，行令迅拣请补等因。臣查靖远营游击员缺，地处关外，西路通衢，弹压、稽查，最关紧要，非精明强干之员，难期胜任。随在于归拣发班补用人员内逐加遴选，查有留陕甘拣发补用游击新疆吐鲁番营中军守备朱应龙，年力富强，办事稳练，以之请补斯缺，实堪胜任，亦与部章相符。合无仰恳天恩，俯念要缺需员，准以该员朱应龙补授肃州镇属靖逆营游击员缺，俾期得力。如蒙俞允，俟接准部覆后，即行给咨赴部引见，以符定制。

除查取履历清册另咨送部，所遗吐鲁番中军守备员缺，咨由新疆抚臣拣员请补外，谨会同署甘肃提督臣张永清恭折具陈，伏乞皇上圣鉴训示。谨奏。光绪二十三年六月二十三日。

（朱批：）兵部议奏。[1]

光绪二十三年七月十七日，奉朱批：兵部议奏。钦此。[2]

---

① 台北故宫博物院藏：军机及宫中档，文献编号：408003081。

② 台北故宫博物院藏：军机及宫中档，文献编号：140628。

一一一　代奏新授总兵焦大聚叩谢天恩折

光绪二十三年六月二十三日(1897年7月22日)

头品顶戴陕甘总督臣陶模跪奏，为据情代奏，叩谢天恩，恭折仰祈圣鉴事。

窃臣据统领督标亲军记名提督新授新疆伊犁镇总兵胡松额巴图鲁焦大聚呈称：大聚在安定防次接奉恭录行知，准兵部咨开：光绪二十三年五月十九日奉上谕：伊犁镇总兵员缺，着焦大聚补授。钦此。谨即恭设香案，望阙叩头谢恩。伏念大聚江南下卒，陇右从征，忝领偏师，叠邀优叙。兹复恭膺简命，擢镇伊犁，马革图功，久愧涓埃之未报；虎符宠佩，益惭高厚之宏施。跪诵之余，感衔无地。大聚现带队驻防安定一带，拟俟督臣派委接替有人，即行趋赴阙廷，跪聆圣训。所有感激荣幸下忱，恳祈据情代奏，叩谢天恩等情前来。

理合恭折代陈，伏乞皇上圣鉴。谨奏。光绪二十三年六月二十三日。

(朱批：)知道了。①

光绪二十三年七月十七日，奉朱批：知道了。钦此。②

一一二　请以姚钧署理西和县知县折

光绪二十三年六月二十三日(1897年7月22日)

头品顶戴陕甘总督臣陶模跪奏，为拣员请署知县，以裨地方，

---

① 台北故宫博物院藏：军机及宫中档，文献编号：408003079。
② 台北故宫博物院藏：军机及宫中档，文献编号：140631。

恭折仰祈圣鉴事。

　　窃据甘肃布政使曾鉌、按察使丁体常会详称：甘肃西和县知县蔡如苏调补海城县知县，所遗西和县知县系简缺，奉准由外请补。查知县升调所遗选缺，例应以一缺题补各项候补并进士即用人员，以一缺题补各项委用人员，以一缺题补各项试用人员。又，劳绩保举候补知县，例应先行题请署理，俟试署称职，另请实授。甘省升、调、遗知县前已用至候补前先为止，今此一缺应用候补正班。

　　查有候补知县姚钧，年五十五岁，安徽桐城县人，由监生报捐未入流选用。同治十年，加捐州判，指分甘省试用。关陇肃清案内，保俟州判补缺后以知县用。光绪三年，加捐同知衔。克复吐鲁番城案内，保免补本班以知县留甘补用。荡平新疆南北两路案内，保俟补缺后再行送部引见，以光绪六年三月初三作为到省日期，察看期满，甄别补用。历署秦安、宁朔、正宁等县，办理一切，胥臻妥协。臬司丁体常到任未及三月，例不加考。藩司曾鉌查该员稳练安详，办公妥慎，以之请署西和县知县，与例相符，实堪胜任，人地亦极相宜。会详请奏前来。

　　臣查该员姚钧老成谨慎，办事克勤，合无仰恳天恩，俯准以该员姚钧署理西和县知县，实于地方有裨。如蒙俞允，俟奉准部覆后，再行给咨送部引见，仍俟试署期满，如果称职，另请实授。该员前在各署任内并无参罚案件。谨恭折具陈，伏乞皇上圣鉴训示。谨奏。光绪二十三年六月二十三日。

　　（朱批：）吏部议奏。①

---

　　① 台北故宫博物院藏：军机及宫中档，文献编号：408003078。

光绪二十三年七月十七日,奉朱批:吏部议奏。钦此。①

一一三　奏报拣员委署知州等缺片

光绪二十三年六月二十三日(1897年7月22日)

再,新授凉州府知府庆恕现已到省,应即饬赴新任,以专责成。秦州直隶州知州张珩卓异俸满,并案赴引遗缺,查有本任灵州知州查之屏,堪以委署。肃州直隶州知州廖振乔调署遗缺,查有候补同知吴人寿,堪以委署。本任岷州知州署宁州知州惟曾病故遗缺,查有安化县知县陈庆骧,堪以调署。所遗安化县知县,查有候补知县钱镜南,堪以委署。署贵德厅同知张晖旸调省遗缺,查有现署巴燕戎格通判准补清水县知县邓朝卿,堪以调署。所遗巴燕戎格通判员缺,查有徽县知县张若金,堪以调署。署金县知县谢祖植请假回省就医遗缺,查有另补同知叶克信,堪以委署。据藩、臬两司先后会详前来。

除批饬分别给委外,理合附片陈明,伏乞圣鉴。谨奏。

(朱批:)吏部知道。②

光绪二十三年七月十七日,奉朱批:吏部知道。钦此。③

一一四　奏报永安、大通二营官兵停支津贴片

光绪二十三年六月二十三日(1897年7月22日)

再,西宁镇属永安营、大通营两城于光绪二十一年七月先后失

---

① 台北故宫博物院藏:军机及宫中档,文献编号:140620。
② 台北故宫博物院藏:军机及宫中档,文献编号:408003078-0-A。
③ 台北故宫博物院藏:军机及宫中档,文献编号:140630。

守,二十二年春克复后,经臣遴员署理该两营游击,并饬各将弁兵照旧安设,计永安营照旧设游击一员、千总一员、把总二员、经制外委三员、额外马步守兵二百名;大通营照旧设游击一员、千总一员、把总二员、经制外委五员、额外马步守兵二百三名。应需廉俸、饷粮、公费等项,员弁自到任之日起,兵丁自招募入伍之日起,饬司照例分别支给。因念该两营城地处荒僻,甫经收复,诸物昂贵,不能不酌加津贴,以示体恤。臣已饬司于例支外每官一员月加银一两八钱,每兵一名月加银九钱,随同正饷一律核发,现已截至本年六月底止,即行停给,以节靡费。据藩司曾鉌详请奏咨立案前来。

谨附片具陈,伏乞圣鉴,饬部查照,以便造销。谨奏。

(朱批:)该部知道。[①]

光绪二十三年七月十七日,奉朱批:该部知道。钦此。[②]

一一五　请准甘省免办骡头等情片

光绪二十三年六月二十三日（1897年7月22日）

再,前准上驷院咨:现在御用骡头渐致缺乏,查陕西岷州卫二十四寺喇嘛等,例应间年贡马。彼地素系产骡之区,奏明准令改进贡骡,并饬陕甘总督仿照直隶采骡成案,选办身大、性良、口轻、善走骡十数头,限五月内送京,归圈排演应差等因。当经转行遵照去后。兹据藩司曾鉌详:据署岷州知州奎绂转据护理圆觉寺僧纲司后一世桑介禀称:圆觉等二十四寺于咸丰年间进贡后,同治初年回

---

①　台北故宫博物院藏:军机及宫中档,文献编号:408003077-0-A。
②　台北故宫博物院藏:军机及宫中档,文献编号:140629。

匪变乱，各寺院经像焚毁无存，僧人逃窜。数十年来，缺未全补，寺院亦未修复，加以前年河回复乱，扰及番地，僧众相继流亡，情形实为困苦。今奉文改贡骡头，实系无力呈进，且岷地向不产骡，更难措办。惟有恳请展缓，俟地方元气稍复，再行照案分进马匹，以图报效等情。由司委查属实，并称甘省各属实无产骡最盛之区，民间驾车所用非牛即马，市中间有商车用骡者，皆属短小，难供御用。若求身大、性良、口轻、善走之骡，实无其选。详请咨奏前来。

臣覆查该司所详，均系实在情形。合无仰恳天恩，俯准甘省免其采办骡头，并免岷州卫二十四寺改进骡头，仍恳展缓贡马，以恤番情而纾民力，出自逾格鸿施。除咨明上驷院及理藩院查照外，谨附片具陈，伏乞圣鉴训示。谨奏。

（朱批：）该衙门知道。[1]

光绪二十三年七月十七日，奉朱批：该衙门知道。钦此。[2]

一一六　请准新授总兵焦大聚暂缓陛见片

光绪二十三年六月二十三日(1897 年 7 月 22 日)

再，记名提督新授新疆伊犁镇总兵焦大聚，现统带督标亲军马步营旗，驻防安定一带。该处汉回杂处，为四路通衢，巡防最关紧要。该总兵前在北大通扫荡回堡，立功最伟，旋复调剿关外敦煌等处窜匪，亦经迅速奏功。臣以省城重地，防范宜周，因将该总兵调回，分扎东路要隘。数月以来，防务认真，地方安谧，洵为得力之

---

[1]　台北故宫博物院藏：军机及宫中档，文献编号：408003077-0-B。

[2]　台北故宫博物院藏：军机及宫中档，文献编号：140623。

军，未便遽行更替。合无仰恳天恩，俯准焦大聚暂缓陛见，并暂缓赴伊犁镇总兵新任，以裨地方。

除咨明伊犁将军、新疆抚臣查照外，谨附片具陈，伏乞圣鉴训示。谨奏。

（朱批：）着照所请。[1]

光绪二十三年七月十七日，奉朱批：着照所请。钦此。[2]

一一七　奏闻陈万言等期满甄别片

光绪二十三年六月二十三日（1897年7月22日）

再，查定例：各省捐纳道、府、州、县，凡系应行试看人员，以到省之日起予限一年，期满详加察看，出具切实考语，分别繁、简补用。又，道、府、州、县无论何项劳绩保归候补班次人员，试看一年期满，甄别补用各等语。历经遵办在案。兹查有甘肃试用道陈万言，自光绪二十二年四月十七日到省之日起，扣至二十三年四月十七日，试看一年期满；又，花翎同知衔直隶州用甘肃候补知县潘远曜，自光绪二十一年十一月二十八日到省之日起，扣至二十二年十一月二十八日，一年届满。由藩、臬两司出具考语，详请甄别具奏前来。

臣查陈万言年壮才明，办事勤敏，堪以道员留省，照例补用；潘远曜年强才裕，办事勤能，堪以知县留省，照例补用。除将该各员履历清册咨部查照外，谨附片具陈，伏乞圣鉴。谨奏。

---

① 台北故宫博物院藏：军机及宫中档，文献编号：408003079-0-A。
② 台北故宫博物院藏：军机及宫中档，文献编号：140633。

（朱批：）吏部知道。①

光绪二十三年七月十七日，奉朱批：吏部知道。钦此。②

一一八 请准刘殿甲补授督标中营都司片

光绪二十三年六月二十三日（1897年7月22日）

再，臣前准兵部咨：陕甘督标中营都司员缺系题补第四轮第八缺，应用尽先人员，行令拣员请补等因。臣在于尽先合例人员内拣选得留陕甘尽先补用都司宁夏镇属同心城营守备刘殿甲，年强才裕，勤于操防，以之请补斯缺，洵堪胜任。惟名次在该员之前者，除郭怀佐业经请补镇海协营都司员缺外，尚有苏朋林、杜濡、董胜、康学义、文辉祥、陈克昆、马占彪等七员，或现居要缺，或人地未宜，未便迁就请补。拟恳天恩，俯念员缺紧要，准以该员刘殿甲补授督标中营都司，以期得力。如蒙俞允，俟接准部覆后，即行给咨送部引见，以符定制。

除饬取该员履历清册送部外，所遗同心城营守备员缺，陕甘现有应补人员，容臣另拣请补。谨附片具陈，伏乞圣鉴训示。谨奏。

（朱批：）兵部议奏。③

光绪二十三年七月十七日，奉朱批：兵部议奏。钦此。④

---

① 台北故宫博物院藏：军机及宫中档，文献编号：408003078-0-B。
② 台北故宫博物院藏：军机及宫中档，文献编号：140627。
③ 台北故宫博物院藏：军机及宫中档，文献编号：408003080-0-A。
④ 台北故宫博物院藏：军机及宫中档，文献编号：140621。

一一九　请以房献廷补授麻地沟营守备片

光绪二十三年六月二十三日（1897 年 7 月 22 日）

再，臣前准兵部咨开：陕西延榆绥镇属麻地沟营守备徐步蟾拟补甘肃提标前营游击，遗缺系题补第二轮第六缺，轮用拣发人员，行令迅拣合例人员请补等因。当经转饬拣补去后。兹据督标中军副将汤仁和查有留陕甘拣发补用守备房献廷，年力富强，营伍谙练。具呈请补前来。臣复当堂考验，该守备房献廷年力正强，枪靶有准，以之请补斯缺，实堪胜任，亦与部章相符。合无仰恳天恩，俯念员缺紧要，准以该员房献廷补授陕西延榆绥镇属麻地沟营守备，可期得力。如蒙俞允，俟接准部覆后，即行给咨送部引见，以符定制。

除饬取该员履历清册另咨送部外，谨会同陕西提臣邓增合词附片具陈，伏乞圣鉴训示。谨奏。

（朱批：）兵部议奏。①

光绪二十三年七月十七日，奉朱批：兵部议奏。钦此。②

一二〇　请准赵希魁借补西宁镇标右营守备片

光绪二十三年六月二十三日（1897 年 7 月 22 日）

再，臣前准兵部咨：甘肃西宁镇标右营守备员缺系题补第四轮

---

①　台北故宫博物院藏：军机及宫中档，文献编号：408003081-0-A。

②　台北故宫博物院藏：军机及宫中档，文献编号：140624。

第一缺，轮用尽先人员。该督请以喇课营千总李向荫升补，与例不符，仍令迅拣尽先合例人员请补等因。臣随在于尽先合例人员内逐加拣选得游击衔留甘尽先补用都司赵希魁，年力正强，营务谙练，以之借补斯缺，洵堪胜任，亦与定章相符。合无仰恳天恩，俯念员缺紧要，准以该员赵希魁借补西宁镇标右营守备，以期得力。如蒙俞允，俟接准部覆后，再行给咨送部引见，以符定制。

除查取该员履历清册咨部外，谨会同署甘肃提臣张永清合词附片具陈，伏乞圣鉴训示。谨奏。

（朱批：）兵部议奏。[①]

光绪二十三年七月十七日，奉朱批：兵部议奏。钦此。[②]

一二一　奏报知府张衍熙呈请开缺回籍折

光绪二十三年七月初三日(1897 年 7 月 31 日)

头品顶戴陕甘总督臣陶模、头品顶戴陕西巡抚臣魏光焘跪奏，为遵旨查覆，恭折仰祈圣鉴事。

窃臣等承准军机大臣字寄：四月十二日奉上谕：陕西凤翔府知府张衍熙，着陶模、魏光焘悉心察看，如竟不能胜任，即行据实奏参，毋稍迁就。将此各谕令知之。钦此。遵旨寄信前来。臣等钦遵正行司委员查办间，旋据藩司张汝梅、臬司李有棻准盐法道江汇川咨：据凤翔府知府张衍熙详称，该员现年六十五岁，山东进士，由刑部郎中截取引见，奉旨以繁缺知府选用。光绪二十年六月，选授

---

① 台北故宫博物院藏：军机及宫中档，文献编号：408003081-0-B。
② 台北故宫博物院藏：军机及宫中档，文献编号：140632。

斯缺，是年十二月到任，迄今两年有余，办理一切公事，尚无贻误。不意于本年四月间阴雨过多，感冒风寒，两腿酸软，艰于步履。若贪恋贻误，获咎匪轻，且腿疾一时难以就愈，恳请开缺回籍调养等情，具详前来。

臣等查该员履任两年，虽公事尚无贻误，而年力已就衰颓，现又感患腿疾，刻难速痊，自行呈请开缺，应即准如所请。除循例具题外，相应仰恳天恩，俯准该员张衍熙开缺回籍，以资调理。

至所遗凤翔府知府系简缺，归选后第二次出缺，轮应外补，应俟部覆至日，再行拣员请补。合并声明。谨合词恭折覆陈，伏乞皇上圣鉴训示。谨奏。光绪二十三年七月初三日。

（朱批：）着照所请，吏部知道。①

光绪二十三年七月十六日，奉朱批：着照所请，吏部知道。钦此。②

一二二　奏报甘肃添扣二分减平款目折

光绪二十三年七月十三日（1897 年 8 月 10 日）

头品顶戴陕甘总督臣陶模跪奏，为遵照部议甘省添扣二分减平，统按六分核扣各款，约计一年所扣银数，先行恭折奏报，仰祈圣鉴事。

窃臣准户部咨：议覆御史宋伯鲁③奏请添扣各项减平以裕利

---

① 台北故宫博物院藏：军机及宫中档，文献编号：408003082。
② 台北故宫博物院藏：军机及宫中档，文献编号：140608。
③ 宋伯鲁（1854—1932），字芝栋、芝洞、芝钝、子钝。晚年又号钝叟，别号九嵕山樵、瓶园老人、心太平轩老人。陕西省醴泉人。光绪十年（1884），中式举人。（转下页）

源一折,光绪二十三年五月十二日具奏,奉旨:依议。钦此。飞咨到臣。当经恭录饬司遵照办理去后。兹据藩司曾鉥详称:查部议内开:各省自本年七月起,无论藩、运、道库及各局处所额支旗、绿各营俸薪、饷干、米折、养赡并各项经费、津贴、薪费、口粮暨一切正杂各款,凡支库平者,每两核扣六分,统按二两平发给。其由旗、绿各营内挑练之兵所支饷糈,本较额兵为优,亦应核扣六分减平,以归一律。至各省勇饷多系开支湘平,当此整顿营勇之时,自未便再行核减。第查各处防饷,间或以库平支给,未免稍有参差,亦令自本年七月起,无论旧有防勇、新添练勇以及学习洋操各军,凡饷项开支库平者,照数核扣四分,统按湘平发给。计各项减平扣出银数若干,应令按半年报部一次,专款存储,留备臣部拨还洋款,无论何项,不得擅行动支。其从前减平各案扣存六分、四分各数,并令照案分别解部及报部候拨,毋得径行截留应用,仍将各该省各项减平一年约扣数目先行专案奏报,毋稍迟延等因。

伏查甘省文武俸廉等项,每年约共扣减平银二万八千余两,系按六分扣除,无可添扣。惟有司库并总粮台支发旗、绿各营兵饷、米折、练兵月饷、马干、粮料、草折、文职祭祀、土司俸禄、喇嘛衣单、孤贫口粮、犒赏番目、西宁供应以及各项津贴经费、西宁王公俸银、新旧酬赏、京职衔米折、兵饷、译字喇嘛工食等项银两,前此系按四分减平,每年约共扣银二万八千余两。今奉文添扣二分减平,每年约共添扣一万四千余两。遵议自光绪二十三年秋季七月扣起,另

(接上页)十一年(1885),中式进士,改庶吉士。十四年(1888),授编修。同年,任国史馆协修官。十七年(1891),充顺天乡试同考官。二十年(1894),任山东乡试副考官。二十二年(1896),补山东道监察御史。戊戌变政后,遣回原籍,致力诗画。民国二十一年(1932),卒。有《海棠仙馆诗集》、《新疆建置志》等行世。

款收储，按半年报部一次，听候提拨。其旧有之六分、四分减平银两，仍照案分别造册详报。此外甘省新旧防饷等项皆已核扣四分，统按湘平发给，仍另行扣存，并无以库平开支之项，毋庸再议核减等情，开具添扣二分减平各项款目清折，详请奏报前来。

臣覆核无异。除将清折送部外，所有甘省每年约扣减平银数，理合恭折先行奏报，伏乞皇上圣鉴，敕部查核施行。谨奏。光绪二十三年七月十三日。

光绪二十三年七月二十五日，奉朱批：户部知道。钦此。[1]

【案】宋伯鲁……以裕利源一折：光绪二十三年三月十二日，山东道监察御史宋伯鲁奏请酌增各省减平，曰：

山东道监察御史臣宋伯鲁跪奏，为酌增各省减平，以裕利源，恭折仰祈圣鉴事。

窃维筹款之法，节流不如开源，而开源之途有二：有创前此所未开者，取道纡而责效迟；有就已成之局而推广之者，用力省而成功易。现在洋债重重，库款支绌，转瞬交利之期又届，司农仰屋，计吏束手，新法则缓不济急，旧漏则搜括无遗，加税则则成说尚虚，贷外债则抵款宜预。于无可筹画之中，必筹一岁入巨款，则莫如酌增减平之一法。查减平之法创于嘉庆年间，陕西巡抚毕沅因川、楚军需，左藏亏空，借此为弥补之计。道光二十三年，经户部奏定章程，令各直省按年扣存，于二、八月解部。惟时常例支款，如文武廉俸、工食、杂支之项，岁销千余万两，每两核扣平余六分，应扣收银九十余万两。咸

---

① 台北故宫博物院藏：军机及宫中档，文献编号：140790。

丰、同治以来，虽屡经奏准严定考成，各直省从未依限解足，推原其故，多由入不敷出，或留以凑京、协各饷，或留以供本省饷需。款已占定，纵照案严催，仍属空文来往。此六分减平一款可以提解者必无多也。

光绪十年，户部会奏开源节流单内减平条款，虽有饷需等项每两扣减平四分存储备拨之议，各直省亦多未遵行。即间有扣存者，亦多系凑拨军饷。既非闲款，则提解种种为难。又有采办外洋物料，多不能核扣平余，则每年七八千万出款内又须扣除。核计此四分减平一款，可以提解者亦无多也。今欲于减平一项筹出巨款，非加扣不为功。

查库平一两内核扣减平六分，仍为京平一两。虽贵如王公巨卿，其廉俸莫不核扣。近如宗室觉罗，其钱粮亦莫不核扣。而外省旗、绿兵勇饷干，或竟支库平，并不扣减；或按库平只减三四分不等，本非平允办法，然相沿已久，无故亦不便更张。兹因筹款万难，不得已拟统按六分核扣。其向有支款占定者，仍准留用；此外添扣者，概令报解。每月每人所扣无几，似无伤于政体，而的款每年约可得银百余万两。若仍不足用，或再将一分平余扣款普遍推广，每年又可得银数十万，合之可得二百万。盖军需定例，惟采制、运脚，除扣平外，每百两向扣平余银一两，余则不扣。今拟统行核扣也。

如拟将以上办法举行，须先令该部按岁出岁入登记簿内所列支款付各司处，注明某款向扣几分减平，某款照军需例扣收平余，某款向放库平，俟各司注齐付回，然后汇总，核计某省可以添扣若干，通盘可以添扣若干。凡添扣之款，奏令提解部库，以济要需。各直省以奉到部文之日起为始，以前已未扣减均置不究；奉文后均需恪遵奏定新章，依限报解，不得延宕，并通行管库衙门，出示晓谕。除奏定扣平若干外，傥再借此亏平，一经发觉，从严惩办，以杜流弊。

如此既无损于大局，兼可获此巨款。此臣所谓就已成之局而推广之，用力省而成功易也。是否有当，伏乞皇上圣鉴，训示施行。谨奏。光绪二十三年三月十二日。[①]

【附】光绪二十三年五月二十一日，户部为议覆御史宋伯鲁之奏曰：

户部谨奏，为遵旨议奏事。

光绪二十三年三月十二日，奉上谕：御史宋伯鲁奏请添扣各项减平以裕利源一折，着户部议奏。钦此。钦遵由内阁钞出到部。原奏内称：筹款之法，节流不如开源，而开源之途有二：有创前此所未开者，取道纡而责效迟；有就已成之局而推广之者，用力省而成功易。现在洋债重重，库款支绌，转瞬交利之期又届，司农仰屋，计吏束手，于无可筹画之中，必筹一岁入巨款，则莫如酌增减平之一法。查库平一两内核扣减平六分，为京平一两。虽贵如王公巨卿，其廉俸莫不核扣。近如宗室觉罗，其钱粮亦莫不核扣。而外省旗、绿兵勇饷干，或竟支库平，并不扣减；或按库平只减三四分不等，本非平允办法，然相沿已久，无故亦不便更张。兹因筹款万难，不得已拟统按六分核扣。其向有支款占定者，仍准留用；此外添扣者，概令报解。每月每人所扣无几，似无伤于政体，而的款每年约可得银百余万两。若仍不足用，或再将一分平余扣款普遍推广，每年

---

① 台北故宫博物院藏：军机及宫中档，文献编号：137985。

又可得银数十万，合之可得二百万。盖军需定例，惟采制、运脚，除扣平外，每百两向扣平余银一两，余则不扣。今拟统行核扣等语。

臣等伏查道光二十三年，臣部奏明将各省文武廉俸暨杂支等款一律减平支放，每年约节省银七十四万七千余两。又，咸丰七年奏明兵饷、马干等款毋庸减平，其余一切放款改用二两平支放，每年约节省银二十余万两。均令按年如数报部。又，光绪十年奏明，各省勇饷大半按湘平支发，嗣后一切薪水杂项，均照湘平扣银四分之数，一律扣平支放。扣出银款，另行存储候拨。此臣部先后办理减平之大略也。

今御史宋伯鲁奏称筹款万难，不得已拟统按六分核扣，概令报解，每年可得银百余万两等因。查各省支发库平各款，除京、协各饷、海关经费、中外交涉款目、雇募洋人薪工、购买外洋物料均难议减外，现在旗、绿各营兵饷、马干、员役薪粮等款，每年约需库平银一千四五百万两。若每两减平六分，一年约节省银八九十万两，实不及百余万之数。惟每人每月所扣无多，不至遽行困苦，而铢积寸累，集有成数，于库储不为无裨。臣等公同商酌，拟照该御史所议，行令各直省自本年七月起，无论藩、运、道库及各局处所额支旗、绿各营俸薪、饷干、米折、养赡并各项经费、津贴、薪费、口粮暨一切正杂各款，凡向支库平者，每两核扣六分，统按二两平发给。其由旗、绿各营内挑练之兵所支饷糈，本较额兵为优，亦应核扣六分减平，以归一律。至各省勇饷多系开支湘平，当此整顿营勇之时，自未便再行核减。第查各处防饷，间或以库平支给，未免稍有参差，亦令自本年七月起，无论旧有防勇、新添练勇以及学习洋操各军,凡饷项开支库平者,照数核扣四分,统按湘平发给。计各项减平扣出银数若干,应令按半年报部一次,专款存储,留备臣部拨还洋款,无论何项,不得擅行动支。其从前减平各案扣存六分、四分各数,并令照案分别解部及解部及报部候拨,毋得径行截留应用。再,军需例扣一分平余,开支书吏工食,为数无几,自应循例办理,毋庸统行核扣。

以上核议各节,如蒙俞允,应请饬下各直省将军、督抚一体遵办,并将各该省各项减平一年约扣数目先行专案奏报,毋稍迟延。所有遵义缘由,理合恭折具陈,伏乞皇上圣鉴。谨奏。光绪二十三年五月二十一日。①

一二三　请将李瀛即行革职驱逐回籍折

光绪二十三年七月十三日(1897年8月10日)

头品顶戴陕甘总督臣陶模跪奏,为特参包揽私货之候补直隶州知州,请旨革职,以肃官方,恭折仰祈圣鉴事。

窃维厘税为筹饷大宗,不容稍有弊混。兹查有甘肃候补直隶州知州李瀛,丁忧起复,由湖南原籍来甘,路过陕西,经善后局司道委令解运凉州满营军械。讵该员借此多索车辆,勾通商人,装载洋布等货至二十余车之多,一路偷漏厘金。行至兰州,将货物藏匿城外湖广义园,经东门厘卡委员查获,禀经司道饬委皋兰县知县覆查属实,禀揭前来。

臣查李瀛在甘年久,曾充厘局委员,历署泾州、阶州、固原直隶

---

① 台北故宫博物院藏:军机及宫中档,文献编号:139774。

州，素称精明。此次见利忘义，竟敢包揽私货，行同市侩，实属胆大妄为，未便稍事姑容。除饬局将漏厘商人照章处罚外，相应请旨将甘肃候补直隶州知州李瀛即行革职，驱逐回籍，以肃官方。理合恭折具陈，伏乞皇上圣鉴训示。谨奏。光绪二十三年七月十三日。

（朱批：）李瀛着即行革职，驱逐回籍，该部知道。①

光绪二十三年七月二十五日，奉朱批：李瀛着即行革职，驱逐回籍，该部知道。钦此。②

一二四　请将新疆本届军政展缓举办折

光绪二十三年七月十三日(1897年8月10日)

头品顶戴陕甘总督臣陶模跪奏，为新疆本届应行军政拟请展缓举办，恭折具陈，仰祈圣鉴事。

窃臣前准兵部咨开：定例绿营武职五年一次军政，今查自光绪十八年军政以后至光绪二十三年，又届军政之年，题明通行内外各衙门，遵照例章，画一办理，以肃戎政等因。当经分别咨行陕西抚臣、新疆抚臣及各提、镇，转饬遵照去后。兹准新疆抚臣饶应祺咨称：本届军政本应照例举行，惟新疆抚、提、镇标、路各营旗员弁各缺尚未一律请补齐全，其中署任居多，间有实缺到任者，历俸多未满五年，且西北沿边地方族类纷歧，时虞滋事，边防紧要，调考维艰，势难照章办理。咨请奏缓前来。

臣覆核无异。合无仰恳恩，俯准将新疆本届军政暂行展缓，俟

---

① 台北故宫博物院藏：军机及宫中档，文献编号：408003083。
② 台北故宫博物院藏：军机及宫中档，文献编号：140791。

下届再行照例举办，以符定制。除陕、甘二省军政尚未准抚臣及各提臣咨覆，容俟覆到再行奏明办理外，所有新疆本届军政据咨恳请展缓缘由，谨会同新疆抚臣饶应祺、新疆喀什噶尔提督臣张俊合词恭折具陈，伏乞皇上圣鉴训示。谨奏。光绪二十三年七月十三日。

（朱批：）着照所请，兵部知道。[1]

光绪二十三年七月二十五日，奉朱批：着照所请，兵部知道。钦此。[2]

一二五　恭报甘肃光绪二十三年五月雨水、粮价折

光绪二十三年七月十九日（1897 年 8 月 16 日）

头品顶戴陕甘总督臣陶模跪奏，为具报甘肃省光绪二十三年五月份粮价、雨泽情形，恭折仰祈圣鉴事。

窃照本年四月份粮价并雨泽情形，业经奏报在案。兹查五月份兰州等八府六直隶州属具报得沾雨泽，自一二寸至三四寸不等。正值夏禾结实之际，获此沃泽，土脉滋润，实于农田大有裨益。间有被雹之处，已饬查勘另办。至通省粮价，或与上月相同，或较上月稍有增减。据藩司曾鉌具详请奏前来。

臣覆核无异。理合恭折具奏，并缮粮价清单，恭呈御览，伏乞皇上圣鉴。谨奏。光绪二十三年七月十九日。

（朱批：）知道了。[3]

---

①　台北故宫博物院藏：军机及宫中档，文献编号：408003084。

②　台北故宫博物院藏：军机及宫中档，文献编号：140792。

③　台北故宫博物院藏：军机及宫中档，文献编号：408003085。

光绪二十三年八月十二日，奉朱批：知道了。钦此。[①]

一二六　呈甘肃光绪二十三年五月粮价清单

光绪二十三年七月十九日（1897 年 8 月 16 日）

谨将甘省各属光绪二十三年五月份米粮时估价值，缮具清单，恭呈御览。

兰州府属：价平

粟米每京石价银九钱二分五厘至三两一钱一分九厘，与上月相同。小麦每京石价银八钱五分四厘至二两八钱九分七厘，与上月相同。豌豆每京石价银九钱二分五厘至二两八钱四分，与上月相同。青稞每京石价银一两二钱四厘至二两五钱，与上月相同。

巩昌府属：价有昂有平

粟米每京石价银一两四分五厘至二两四钱七厘，与上月相同。小麦每京石价银八钱二厘至一两六钱四分五厘，较上月贵七分。豌豆每京石价银八钱二厘至一两四钱六分，与上月相同。青稞每京石价银八钱三分七厘至一两一钱二分，与上月相同。

平凉府属：价有昂有平

粟米每京石价银一两一钱五分四厘至一两四钱，与上月相同。小麦每京石价银七钱五分六厘至一两一钱九厘，与上月相同。豌豆每京石价银七钱四分九厘至一两一钱一分九厘，较上月贵四分八厘。糜子每京石价银六钱八分六厘至七钱，与上月相同。

---

①　台北故宫博物院藏：军机及宫中档，文献编号：141130。

庆阳府属:价平

粟米每京石价银五钱五厘至七钱四分二厘,与上月相同。小麦每京石价银四钱八分至一两二钱七分七厘,与上月相同。豌豆每京石价银四钱至一两七钱一分五厘,与上月相同。糜子每京石价银二钱九分四厘至四钱三分五厘,与上月相同。

甘州府属:价平

粟米每京石价银七钱七分七厘至一两二分九厘,与上月相同。小麦每京石价银七钱一厘至七钱五分六厘,与上月相同。豌豆每京石价银七钱三厘至一两四钱七分,与上月相同。青稞每京石价银四钱二分至六钱四分七厘,与上月相同。

凉州府属:价平

粟米每京石价银九钱四分五厘至二两七钱三厘,与上月相同。小麦每京石价银七钱一分四厘至一两九钱九分九厘,与上月相同。豌豆每京石价银七钱七分七厘至二两一钱二分七厘,与上月相同。青稞每京石价银六钱九厘至一两五钱三分四厘,与上月相同。

宁夏府属:价平

粟米每京石价银六钱二分五厘至一两一钱二分,与上月相同。小麦每京石价银七钱八厘至一两二钱三厘,与上月相同。豌豆每京石价银六钱七分二厘至一两四钱,与上月相同。糜子每京石价银三钱九分九厘至七钱九分一厘,与上月相同。

西宁府属:价平

粟米每京石价银一两七钱一分八厘至六两五钱六分,与上月相同。小麦每京石价银一两九钱四厘至三两二钱八分,与上月相同。豌豆每京石价银一两七钱九分二厘至三两三分九厘,与上月相同。青稞每京石价银一两六钱二分至二两四钱七分九厘,与上月相同。

秦州直隶州并所属:价平

粟米每京石价银一两一钱七分三厘至二两二钱九分五厘,与上月相同。小麦每京石价银六钱五分九厘至二两二钱九分五厘,与上月相同。豌豆每京石价银六钱五分九厘至一两八钱一分二厘,与上月相同。糜子每京石价银五钱五分二厘至一两五钱七分,与上月相同。

阶州直隶州并所属:价有昂有平

粟米每京石价银一两三钱八分六厘至二两五钱六分,较上月贵一钱八分二厘。小麦每京石价银一两三钱四分四厘至一两八钱八分七厘,较上月贵四分八厘。豌豆每京石价银一两三钱六分九厘至一两五钱四分四厘,与上月相同。糜子每京石价银一两二钱五分三厘,较上月贵九分一厘。

泾州直隶州并所属:价有平有落

粟米每京石价银五钱八厘至九钱四分五厘,与上月相同。小麦每京石价银四钱八分二厘至七钱八分四厘,较上月贱九分。豌豆每京石价银四钱二分八厘至九钱三分一厘,与上月相同。糜子每京石价银三钱三分六厘至五钱二分五厘,与上月相同。

固原直隶州并所属:价有昂有平有落

粟米每京石价银九钱七分三厘至一两五钱六分七厘,较上月贱一厘。小麦每京石价银九钱一分至一两二钱五分,较上月贵三分六厘。豌豆每京石价银九钱一分至一两四钱四分二厘,与上月相同。糜子每京石价银八钱九厘,与上月相同。

肃州直隶州并所属:价平

粟米每京石价银一两八厘至一两五分，与上月相同。小麦每京石价银八钱六厘至八钱四分，与上月相同。豌豆每京石价银九钱二分四厘至一两二钱四分三厘，与上月相同。青稞每京石价银五钱四分六厘至六钱九分七厘，与上月相同。

安西直隶州并所属：价平

粟米每京石价银一两五分至一两四钱，与上月相同。小麦每京石价银一两九分八厘至一两五钱二分，与上月相同。豌豆每京石价银一两三钱七分二厘至二两八分，与上月相同。青稞每京石价银一两三钱四分三厘至一两五钱二分，与上月相同。

（朱批：）览。[1]

一二七　核销办理玉树囤不大番案经费折

光绪二十三年七月十九日(1897年8月16日)

头品顶戴陕甘总督臣陶模跪奏，为造报办理玉树囤不大番案动用经费，恳恩饬部核销，恭折仰祈圣鉴事。

窃查光绪二十年五月间，法国游历士吕推被玉树囤不大番族戕害一案，钦奉谕旨：此事关系中外交涉，必应迅筹了结，免生枝节等因。钦此。前督臣杨昌濬、西宁办事大臣奎顺当以事关重要，即遴委西宁镇标前营都司邓咸林、分省补用县主簿龚应榜前往查办。西宁去囤不大一路黄沙戈壁，野番时出劫掠，须多带马步队及向导、通事人等，以资护卫、指使。所用薪粮、料草、津贴、口食、脚价等项，前督臣奏准在于甘肃百货厘金项下动支，并声明共用若干，

---

① 台北故宫博物院藏：军机及宫中档，文献编号：141130-0-A。

刻难定准，统俟事竣核实造销在案。

旋据甘肃布政使曾鉌详称：邓咸林等在西宁选募马勇四十骑、步勇二十名，以候补参将钟青云为带兵官，附生江定澜办理文案，各带跟役及翻译、书职、通事人等，于光绪二十年九月十三日起程趱行，十月二十二日抵南柴达木地方，因闻野番出巢寻抢，骑、步单薄，添募蒙、番二十名。时已大雪封山，异常寒冷，过诺门罕山十数站，杳无人烟，鸟道崎岖，行卧雪窖，冻毙通事、勇丁三名，倒毙骑马数匹。十二月十七日，始抵囤不大地方。

查囤不大即玉树之迭达族，居各族之中，相距西宁实计三千二百九十余里。邓咸林等深入该地，未敢操切，诱掖奖励，百计千方，幸将正凶、赃物拿获。迨欲解犯转回，该囤不大番族始悟事体重大，商集众番，谋为杀官夺犯之举。邓咸林等情急，设法往向别族雇觅番兵二百名，保护押解。及抵南柴达木，适值内地回叛，口外番贼乘间抢夺。行至汪什代克地方，被伤通事、跟役三名；端朵答尔地方阵亡马勇二名，受伤勇丁七名，要犯、洋赃勉力保护，于二十一年八月十三日到丹噶尔厅时，西宁、多巴一带回氛正炽，大道梗阻，因将洋赃寄厅，柴达木所雇蒙、番一律遣归。邓咸林等押犯由小道于九月十四日回抵西宁销差。除人犯经前督臣杨昌濬、西宁办事大臣奎顺会衔奏办，赃物及赔赃银两亦经先后委员解交总理衙门查收转交外，所有查办此案官员、书役薪水、盘费、工食、骑骡、驮马脚价、勇丁行粮以及亡故、受伤恤赏、养伤等项银两，已遵由百货厘金项下随时动支。据邓咸林等事竣报由藩司按照军需例章核计，实共应销银一万三千二百九十八两七钱四分，造册详请具奏前来。

臣查法员吕推被戕，案关中外交涉，委员、勇丁、通事、向导、书役人等查拿赃犯，计程六千余里，往返经年，迥非寻常番案可比。一切支款委系实用实销，毫无冒滥。合无仰恳天恩，俯念番案异常艰险，饬部查照核销。除将清册分送总理衙门及户、兵二部外，理合恭折具陈，伏乞皇上圣鉴训示。谨奏。光绪二十三年七月十九日。

（朱批：）该部知道。①

光绪二十三年八月十二日，奉朱批：该部知道。钦此。②

【案】吕推被玉树囤不大番族戕害一案：光绪二十年七月十二日，陕甘总督杨昌濬会衔西宁办事大臣奎顺，具折奏报法国游历官取道野番被戕情形，曰：

太子太保头品顶戴陕甘总督臣杨昌濬、副都统衔西宁办事大臣奴才奎顺跪奏，为法国游历官由西藏赴青海，取道野番，因拉番马被戕，恭折驰陈，仰祈圣鉴事。

窃臣于光绪十六年九月内，承准总理衙门咨：光绪十六年八月十四日，准法国李使照称：因格致要务，简派吕推一员前往新疆、甘肃、青海、蒙古及陕西、山西、直隶各省，学习一切，缮发护照，咨请保护等因。该游历官吕推于十七年五月初一日随带医生人等，由俄属入新疆之疏附县。又于十八年五月二十五日由和阗州行抵于阗县境。是年七月初五日，在于阗河源起程，越昆仑山往东南出境，取道西藏，游历西宁一带。旋于是年十月初三日由英属之城意地方仍来和阗，当经和阗

---

① 台北故宫博物院藏：军机及宫中档，文献编号：408003088。
② 台北故宫博物院藏：军机及宫中档，文献编号：141131。

直隶州知州江遇璞询问，据称前由于阗向东南行走，无路可通，是以折回，拟俟明春再由大道行走等语。嗣于十九年三月十九日，该游历官复由和阗行抵于阗，耽延两月。五月十八日，仍由于阗起程往卡墙，将由山路径赴西宁，当经署于阗县知县柳葆元告以由卡墙至西宁系荒僻之区，人迹罕到，不特未便游行，亦且碍难保护，劝令由大道前行，以便沿途照料。据吕推覆称：卡墙至西宁乃系捷径，正欲游历，情形即令或遭险阻，不与中国地方官相干等语。准新疆巡抚咨，仍饬行青海、蒙古王公、台吉、察汉诺们罕等一体保护在案。是年九月初八日，柳葆元接得吕推来信内称：七月二十四日，由卡墙南行到乌洛可梭地方，因前途无路，在此小住，现定不向南而向东，由布库洛可至青海，再取道出西宁各等语。

　　查吕推之来新疆也，取道于俄。其由新疆游历也，时而及于英属，又时而及于卡墙，或去或来，或东或西，行踪匪夷所思。吕推之意，自谓所历閦非空阔，无复有难我者，是以劝阻不听，侦探无从，即保护亦无所施，非中国地方官不遵条约，漠视远人也。乌洛可梭及布库洛可等处是否吕推由此两路择一行走，无从悬揣。突于二十年六月十六日，据帮办游历委员李默德呈称：于上年七月二十四日由卡墙越葱岭，度昆岗，十月二十三日，抵西藏属之南州沧海。十二月二十四日，在拉卡雀度岁。

　　本年三月，抵格吉大西光坝买粮，因该处番民不肯卖与洋人，遂向东路，投奔界谷，幸得傅、李两通事买粮救饥。四月二十九日，到屯不大地方。三十日，被贼偷去马二匹。五月初一日，吕推饬通事向该处头目询问失马未获，遂将番民马二匹拉来，不料该庄百姓暗放枪炮，打伤吕推左腹倒地，比即开箱取药灌服。忽然靠南庄内百姓齐出，口称此处不可停留，尔可速去，若要迟延，一命不留。只得收拾驮子往小河边站，再来搬取吕推，谁知上下七大庄百姓齐放枪炮，委员与夫役人等分路逃走。至六七日之久，始得重聚，衣箱、行李、格致器具、考古书籍、紧要公文、金银、牛马，概行抢去。初三日，经李姓通事将委员寻获，寄居拉布寺民庄。据李通事云：吕推受伤后，被胡人用绳索捆住，抛弃通天河中，理合呈请鉴察等情前来。当经臣奎顺谕饬玉树各番族千百户等，将吕推尸躯打捞，并严拿凶犯，追取失物在案。

臣等查青海境内之玉树地方，距西宁近三千里，与川省、西藏毗连，向例三年会盟一次，先期奏明，往返必须半年，尚有年余始归者。该处戈壁黄沙，人烟稀少，向无台站，会盟必须多带队伍，方能前往。各番民插帐游牧，种类繁多，来去靡常，无从稽核。今李默德所指失事之屯不大地方是何番百户所辖，其所指胡人是否系玉树番族，抑或系西藏游牧之族，均不可知。吕推原领护照系指新疆、甘肃、青海、蒙古游历，并无赴藏一说。向使吕推听信柳葆元之言，不由卡墙转入西藏，当可无事；向使到藏后接准驻藏大臣保护文件，则甘中必须派兵赴柴达木迎护，亦可无事；向使来至屯不大地方不强拉番马，则不致激怒番民，仍可无事。乃吕推孟浪孤行，卒至自丧其身，实非中国地方官意料所能及也。

臣查光绪四年间，马加国世袭伯摄政义游历来甘，由青海觅通西藏路径，曾经前任办事大臣喜昌附片奏请饬下总理衙门，照会驻京使臣寄信拦阻，厥后摄政义必欲由此行走，亦系随同玉树会盟便员，送至柴达木，并咨请四川总督、驻藏大臣派兵来柴达木，接替保护。原无私自行走之理。又，查光绪十三年，驻藏大臣文硕奏请西藏贡道仍复旧制，由北路西宁进京，经前督臣谭钟麟会同臣奎顺奏明。自回乱后，河南北野番不时出巢肆劫。前驻藏大臣恩麟率兵数十名护送呼弼勒罕，行至川省通天河，被果洛克番匪抢掠一空，行十余日，始抵柴达木等情，恳请将西藏贡道仍由内地行走各在案。

吕推既到西藏，问宿问禁，此等情形岂得诿为不知，而竟以身试险耶？惟既已被戕，自当仰体朝廷柔远之意，极力惩办，以敦睦谊。现饬委候补通判李附枝，会同西宁镇标前营都司邓咸林，带领兵丁多名，前往屯不大地方，将起衅确情切实查明，严拿凶犯。其所失衣物、书籍，并即逐一追取。所指屯不大实系何百户所辖，所指胡人是何种类，并设法将吕推尸身捞取，以凭分别严究。

所有法国游历官吕推由西藏赴青海取道野番，因拉马被戕暨赶紧查办缘由，谨合词恭折驰陈，伏乞皇上圣鉴训示。谨奏。七月十二日。光绪二十年七月二十四日，奉朱批：该衙门知道。钦此。①

【附】光绪二十年七月十四日，总理各国事务衙门奕劻等为法国游历士吕推行抵西宁，被番屯枪伤，淹毙，将办理情形具奏曰：

臣奕劻等跪奏，为法国游历士吕推行抵西宁，被番屯枪伤，捆投通天河淹毙，现将办理情形具奏，仰祈圣鉴事。

① 台北故宫博物院藏：军机及宫中档，文献编号：134056。

　　窃臣衙门于光绪二十年六月二十六日接陕甘总督杨昌濬、西宁办事大臣奎顺电称：据西宁县呈报：法国游历士李默德于六月十五日由藏抵宁，据称十八年夏间，随法员吕推由和阗抵英属之铁曲底地方，因无路近（进）藏，仍返和阗。十九年四月，到于阗县之卡墙。五月二十四日，同吕推由卡墙向南转葱岭，度峯峰，走从无人行之处。十月二十三日，抵藏属之南州沧海度岁。今春二月，由藏取小道来西宁，一路饥困。五月初二日，行至江帽番屯地方，失马二匹。吕推饬役强将民马二匹牵用，不料番民齐出，将吕推枪伤，捆投通天河身死。伊等各顾性命逃走，遇夸、李两通事救护，接济粮饵，得以投奔前来等情。前准新疆巡抚陶模咨：吕推行至于阗县之卡墙村，即由山路径赴西宁，劝令由大道行走，吕推以卡墙至西宁为捷径，正欲游历。当经转饬青海蒙古照约办理。兹据报前情，是吕推经由卡墙向南翻山入藏，取捷径赴西宁，所过之区并无营、县、汛、防、台、站，以致无人保护。该处距西宁二十余里，当炎天盛暑之时，吕推尸身未知能否找获，现已委员克日驰往查办等因。

　　臣等以吕推系法国特派游历之员，历任法国使臣咸相推重，猝被枪伤、捆投河内，法必有词，当即电致该督臣等迅饬地方官，寻觅尸首，拿办正凶，并酌取李默德由何路行走、因何启衅切实凭据，以备辩论。旋据陕甘督臣电称：李默德拟借银二千两，已允照给。适法国使臣施阿兰来臣衙门会晤，当将前情告知。该使臣甚为惊讶，请臣衙门电知陕甘总督，迅速寻尸办凶，并根寻吕推随身书籍、游记，又令李默德来京面询一切。臣等已电告陕甘督臣设法办理。越日，复准该使臣来文，语甚激切，并谓电达本国，将来如何办理，俟其国家裁夺等语。

臣等因知该使必电达法廷，设或砌词耸听，办理益形棘手，当即电知出使大臣龚照瑗，详告该国外部。该国外部已允从容和商，并谓中国现正与日本有事，法国愿事事相谅，断不作难。惟吕推为法国知名之士，恐日本借此煽惑，宜先登报声明，并请议给恤款，以安该家属之心。经龚照瑗允行抚恤。至恤款数目，拟由施阿兰在华商定。续接龚照瑗电：准法外部覆称：吕案办法已登洋报，并电施阿兰和结，勿作难各等语。

现臣衙门尚未据施阿兰来商。惟接陕甘督臣覆电：已飞饬该处地方官严拿凶手，并饬委员前往找寻尸身。惟通天河系四川省地界，值此炎天，寻觅尤为不易等语。臣等查吕推由小路翻山越卡墙村前行，地方官本有不及保护之势。惟在中国境内距西宁仅二十余里，至被枪伤，捆缚投之河中身死，其情亦甚可矜，必须迅筹了结，庶免别启衅端，且免各国借口。现据龚照瑗两电，法国已允从容和结，并将抚恤一节登诸洋报，刻似不致与我作难。如施阿兰悉遵该外部电谕，别无要求，尚易就绪。否则仍应电属龚照瑗与法外部商办，责以践言，以期速结。惟该督臣所称通天河为川省地界，查通天河距四川窎远，去西宁仅二十余里，吕推系在西宁地方身死，自应仍由该督等办理。

相应请旨饬下陕甘总督臣杨昌濬、西宁办事大臣臣奎顺，遴派妥员，会同地方官寻觅吕推尸身，并缉获正凶，按律惩办，毋得迁延推诿，致误事机。其议给恤赏一节，应俟施阿兰来商，与之磋磨，酌定数目，请旨办理，以清巨案而弭衅端。

所有臣等筹办情形，理合先行陈明，伏乞皇上圣鉴训示。

谨奏。七月十四日。臣奕劻，臣宗室福锟，臣孙毓汶，臣崇礼，臣徐用仪，臣廖寿恒（差），臣张荫桓。①

【附】光绪二十二年二月二十一日，陕甘总督杨昌濬会衔西宁办事大臣奎顺，奏报审明番民札由等戕害法员吕推一案，按律定拟，曰：

太子太保头品顶戴开缺陕甘总督臣杨昌濬、副都统衔西宁办事大臣奴才奎顺跪奏，为委员赴玉树查办法员吕推被戕溺毙，拿获凶犯解宁，委员审明，按律议拟，请旨严惩，以示儆戒，恭折仰祈圣鉴事。

窃查光绪二十年五月间，法员吕推行抵玉树屯不大番地方，被戕抛溺，尸身漂没无着一案，经臣昌濬等当即会委西宁镇标前营都司邓咸林、补用主簿龚应榜带队驰往该处缉拿查追等情，曾经奏明在案。嗣于光绪二十一年九月十四日，该委员等差旋，拿获抛溺正凶札由、鸟枪伤人番犯才旦、偷窃洋马番贼拉青才加、当首干保达拉布吉共四名，护解到宁。臣等当即会饬署西宁府知府张道生，督同署西宁县知县萧承恩，连日分别提案研讯。据正凶札由供认，吕推被才旦枪伤未死，该犯因挟吕推曾在拉受族枪毙干布勒托之嫌，起意抛水溺毙身死各情不讳。由该府、县等审明，录供议拟，详请核办等情前来。

奴才奎顺详加覆鞫，札由系拉受族番民，在屯不大景大地方佣工；才旦系屯不大番民，以挞牲度日；拉青才加系羊根大庄番民，平素务农；达拉布吉系七大庄头目。光绪二十

---

① 台北故宫博物院藏：军机及宫中档，文献编号：133845。

年五月间，才旦由山挞牲回庄，见该庄男女老幼同法员等吵闹，因法员路过该庄，住房不与钱，反将该庄骡一头、青马二匹强要拉走，尤诬该庄偷拉洋马，彼此争闹拦挡，人多口杂。法员以随带洋枪放挞众人，才旦心中不平，即用挞牲叉枪对放一下，伤及吕推右肚腹未死。其随从法员之人携带箱匣，分散跑去，才旦亦同众人各自走开，吕推尚未身死。旋因札由听说去看，见吕推坐在地上，闻知该法员曾于四月间在该札由本族拉受族地方枪毙干布勒托，遂挟嫌起意，抛水溺毙。惟时只余迭尔盖番民干札一人在场，该犯札由即邀同干札，将未死之吕推驮在马上，至通天河抛溺致毙，复看守沉下水底。番民拉青才加种地回家，路过无鞍马一匹，拉回家中，坚供并非偷窃。头目达拉布吉向充七大庄头目，当此案出时，并未在场，仅于事后分得洋银钱二三文。经该府、县再四研审，据各供悉前情不讳，由该府、县录供，议拟详报。臣等详核覆鞫，供词不移。

查例载：凡同谋共殴人伤皆致命，如当时身死，则以后下手重者，当其重罪。又例载：因争斗擅将鸟枪、竹铳释放杀人者，以故杀论；伤人者，民人发云贵、两广烟瘴少轻地方充军。又例载：因他事杀人后，偶遇见随身财物因而取去者，必审其行凶挟何仇隙、有何证据，果系初无图财之心，杀人后见有随身衣物、银钱，乘便取去者，将所得财物赔追给主，仍各依本律科断等语。

此案札由佣工屯不大，因闻该处番民与法员吵闹去看，法员吕推虽被才旦枪伤右肚腹致命处，尚未身死，该犯札由辄敢以闻知法员曾于四月间在拉受族有枪毙干布勒托之事，遂挟嫌起意，邀同干札，将受伤未死之吕推驮至通天河，抛入水中，以致身死、漂没无着。迭加研讯，矢口不移，并供干札实系该犯邀约同行。是该犯札由确系此案为首挟嫌起意、故抛溺毙正凶。合依同谋共殴人者，当时身死，以后下手重者，当其重罪。且其挟嫌法员曾有枪毙干布勒托之事，起意抛水溺毙，自应按故杀正律拟斩监候。惟该犯以番民在佣工地方滋事，已干法律，又有看守沉溺，致法员吕推尸身漂没无着，情节较重。案关中外交涉，拟请旨将该犯札由就地正法，以昭炯戒。番犯才旦擅用自带挞牲叉枪对放，致伤吕推致命肚腹偏右，并未因伤登时殒命，该犯先行走开，按例合依争斗擅用鸟枪伤人者，除事后分得财物轻罪不计外，拟请将该犯才旦定地发云贵、两广烟瘴少轻地方充军，仍以极边足四千里为限。番民拉青才加坚供向未为窃，只于路上拾拉无主无鞍之马一匹，是与窃盗马匹者有间。惟事后分得洋银钱两大半，并估马价共值十两以上，合计赃准窃盗杖八十，免剌折责发落。达拉布吉既为七大庄头目，即同于内地之里长，地邻境内遇有人命重案，并不报官，辄复事后分得洋银钱三大半，计赃甚轻不计外，合依不应重杖八十，折责发落。其余番众事后分得财物，均估值不在十两以上，惟番地荒远，未便尽数株连，已经饬由委员邓咸林等就地分别折责发落。无干省释。

　　又，李默德原禀香错大喇嘛主使一层，经邓咸林等在彼确查，并无其事，该处并无掌库大喇嘛名目。其法员在拉受族枪毙番人干布勒托，前据李默德禀内曾称有高放洋枪之事，是其隐讳伤人，已可概见，业经该委员等按照番例，筹垫牲畜、银两，给与干布勒托之家属收领，以资烧埋之需。均应请免置议。逸犯帮凶干札弋获无期，案关中外交涉，未便久悬。除严饬屯不大各番庄勒限踩缉，获日另结。

至已死法员吕推尸身被札由抛溺，时值盛夏，水涨狂澜，虽经委员、弁兵等驻扎通天河，屡日经旬，雇倩水手，沿河寻捞，查无着落。查通天河发于天山，流入沧浪江，曲折数千里，浩淼无涯，应恳天恩免其挞捞。法员身后所遗各物，除前次奴才奎顺差派访查此案之勇丁等追获箱匣各件已解省由臣昌瀓派员呈解总署转交法使，并有法员原日从仆尔沙拐逃玉器等件已经新疆喀什噶尔道黄光达通报在案，余物现经该委员追出十箱，因道路不靖，暂交丹噶尔厅衙门验对收储，容俟西宁军事稍定，道路疏通，即解省转呈总署，查交法使收领。

除将全案供招咨送总理各国事务衙门、刑部查核，并由奴才奎顺严饬该番族千、百户、头目等随时稽查，如有不法之徒傥敢再滋事端，即行严拿重惩外，所有审办缘由，谨合词恭折具陈，伏乞皇上圣鉴训示。谨奏。光绪二十二年二月二十一日。①

一二八　奏闻嘉峪关征收俄税造册报销折

光绪二十三年七月十九日(1897年8月16日)

头品顶戴陕甘总督臣陶模跪奏，为嘉峪关征收俄税扣足四结，

---

① 中国第一历史档案馆藏：朱批奏折，档案编号：04-01-26-0079-072；中国第一历史档案馆藏：录副奏折，档案编号：03-7318-012。

造册报销，恭折仰祈圣鉴事。

　　窃照嘉峪关新设俄国陆路口岸征收税项，遵照部议，扣足四结，专折奏咨一次。兹查光绪二十二年四月初九日止第四十四结届满，业经先后造册奏咨。今自二十二年四月初十日起，至二十三年四月初九日第四十八结止，又届四结期满；其第四十五结、四十六结、四十七结、四十八结征收税银，已节次分别咨明在案。所有十二次四结内共旧管、新收，除提火耗每两一分二厘外，征收内地正、子税银六百三两七钱八分八厘八毫，又开除提入光绪二十二年满年经费银三百一十三两三钱三分一厘五毫，实储税银二百九十两四钱五分七厘三毫。据该关监督何福堃造具清册，详请奏咨前来。

　　臣覆核无异。除清册分送总理衙门及部、科查照外，理合恭折具奏，伏乞皇上圣鉴。谨奏。光绪二十三年七月十九日。

　　（朱批：）该衙门知道。[1]

　　光绪二十三年八月十二日，奉朱批：该衙门知道。钦此。[2]

一二九　请以黄翰章补授岷州知州折

光绪二十三年七月十九日（1897 年 8 月 16 日）

　　头品顶戴陕甘总督臣陶模跪奏，为拣员请补知州员缺，以裨地方，恭折仰祈圣鉴事。

　　窃据甘肃布政使曾鉌、按察使丁体常会详称：岷州知州惟曾病

---

①　台北故宫博物院藏：军机及宫中档，文献编号：408003087。
②　台北故宫博物院藏：军机及宫中档，文献编号：141124。

故,遗缺系第二次,应行留补。查选缺知州病故,所遗例应先尽候补班前酌补一人,次将候补正班酌补一人。应用候补时,先尽科甲出身人员,科甲不合例,或人地不宜,方准以别项候补请补。甘省知州一项,前此宁州缺出,以候补班前知州姚长龄酌补在案。今岷州一缺应酌补候补正班,是班内并无正途出身人员。惟查有候补知州黄翰章,年五十五岁,云南宝宁县人,由文童投效本省军营,历保以知州分省尽先补用,签掣甘省。光绪三年六月,领照到省,期满甄别补用。前署环县知县,现署丹噶尔同知,办理一切,悉臻妥协。臬司丁体常到任未及三月,例不加考。藩司曾鉌查该员笃实精详,留心吏治,以之请补岷州知州,与例相符,实堪胜任,人地亦极相宜。会详请奏前来。

臣查该员黄翰章老成谨慎,办事安详,合无仰恳天恩,俯准以该员黄翰章补授岷州知州员缺,实于地方有裨。如蒙俞允,系以知州请补知州,衔缺相当,毋庸送部引见。该员历署各缺并无参罚案件。谨恭折具陈,伏乞皇上圣鉴训示。谨奏。光绪二十三年七月十九日。

(朱批:)吏部议奏。[1]

光绪二十三年八月十二日,奉朱批:吏部议奏。钦此。[2]

一三〇　请以章凤先升补金塔协副将折

光绪二十三年七月十九日(1897年8月16日)

头品顶戴陕甘总督臣陶模跪奏,为拣员请补要缺副将,以裨营

---

[1]　台北故宫博物院藏:军机及宫中档,文献编号:408003090。
[2]　台北故宫博物院藏:军机及宫中档,文献编号:141134。

伍，恭折仰祈圣鉴事。

窃臣接准部咨：肃州镇属金塔协副将员缺系题补第二轮第三缺，轮用预保。查该省预保无人，应以第六缺拣发人员题补等因。臣查金塔协副将员缺，设处肃州北路要道，毗连蒙、番、缉捕、巡防，均关紧要，非精敏强干、熟悉地方情形之员，难期胜任。随在于归拣发班补用人员内拣选得补用副将现署永昌协副将凉州镇标右营游击章凤先，久历戎行，精明稳练。该员在甘年久，于该处地方情形最为熟悉，且历次委护凉州镇总兵篆务及署永昌协副将员缺，办理营务，诸臻妥协，以之请补斯缺，实堪胜任，亦与部章相符。合无仰恳天恩，俯念员缺紧要，准以该员章凤先补授金塔协副将员缺，可期得力。如蒙俞允，俟接准部覆后，即行给咨送部引见，以符定制。

除饬取该员履历清册送部查核外，所遗凉州镇标右营游击员缺，甘省现有应补人员，容臣另拣请补。谨会同署甘肃提臣张永清恭折具陈，伏乞皇上圣鉴训示。谨奏。光绪二十三年七月十九日。

（朱批：）兵部议奏。①

光绪二十三年八月十二日，奉朱批：兵部议奏。钦此。②

一三一　奏报甘肃光绪二十二年收支百货厘金折

光绪二十三年七月十九日（1897年8月16日）

头品顶戴陕甘总督臣陶模跪奏，为报销光绪二十二年份甘肃

---

① 台北故宫博物院藏：军机及宫中档，文献编号：408003089。
② 台北故宫博物院藏：军机及宫中档，文献编号：141125。

关内厘捐总、分各局卡收支银钱数目，恭折仰祈圣鉴事。

窃照光绪二十一年收支百货厘金银两数目，业经咨奏在案。兹据厘金总局司道详称：光绪二十二年正月起至十二月底止，关内各局卡百货厘金收支款目汇为一宗，通共新收银一十九万三千六百七十二两八钱四分九厘八毫四丝，以批解藩库为大宗，其次粥厂、车价并厘金各局卡薪工、局费，总共解支银一十九万三千六百七十二两八钱四分九厘八毫四丝，以出抵入，并无余存。至盐厘、土药、加抽糖厘，另案造报等情，造具总、散清册，详请奏咨前来。

臣覆核无异。除清册送部外，合无仰恳天恩，饬部查照，准将光绪二十二年已支之款照册核销，以清款目。再，查西宁、渭源、河州、狄道、碾伯、丹噶尔各局卡厘金，前因回逆猖獗，商货停运，无从抽收，二十一年内先后禀请停止，兹二十二年虽已一律开办，然兵燹后凋残太甚，商货滞销，一时难望起色。前奉部饬征收厘金、开支局费章程向不准逾收数十分之一等因。惟甘肃为极边辽阔之地，山径纷歧，若非扼要处所设立局卡，不能遏绕越而杜偷漏，是以开支局费不能照一成之数。合并声明。

所有甘肃省光绪二十二年份收支百货厘金数目，谨恭折具奏，伏乞皇上圣鉴训示。谨奏。光绪二十三年七月十九日。

（朱批：）户部知道。[1]

光绪二十三年八月十二日，奉朱批：户部知道。钦此。[2]

---

[1]　台北故宫博物院藏：军机及宫中档，文献编号：408003086。
[2]　台北故宫博物院藏：军机及宫中档，文献编号：141126。

一三二 奏报甘肃光绪二十二年收支盐厘数目片

光绪二十三年七月十九日(1897年8月16日)

再，据甘肃厘金总局司道详称：光绪二十二年正月起至十二月底止，甘肃各局卡收支盐厘款目汇为一案，计新收并减平共银二万四千八百五十两三钱五分六厘八毫，已先后解交藩库银二万一千五百二十三两九钱五分六厘八毫。又，支发盐卡薪工、局费银三千三百二十六两四钱。以上共开除银二万四千八百五十两三钱五分六厘八毫，以入抵出，并无余存。理合造具收支清册，并将各处产销盐斤收厘章程、易银市估及委员职名均于册内声叙，仍遵照部咨，另造市估细册，一并详请奏咨前来。

臣覆核无异。合无仰恳天恩，饬部准将光绪二十二年已支之款照册核销，以清款目。除将清册送部查核外，谨附片具陈，伏乞圣鉴训示。谨奏。

（朱批：）户部知道。[1]

光绪二十三年八月十二日，奉朱批：户部知道。钦此。[2]

---

① 台北故宫博物院藏：军机及宫中档，文献编号：408003087-0-A。
② 台北故宫博物院藏：军机及宫中档，文献编号：141132。

一三三　奏报甘肃光绪二十二年收支土厘数目片

光绪二十三年七月十九日（1897年8月16日）

再，前准户部咨：甘省征收土药厘金银两，应自光绪十六年起，按年据实造报，不得并入百货厘捐款内开支，以免牵混；并将所收银两专款存储，听候指拨等因。遵办在案。兹据税厘总局司道详称：甘肃省自光绪二十二年正月起至十二月底止，关内各厘局、卡收支土药款目汇为一宗，计新收银一万四千一百四十二两一钱六分二厘，业已如数解交藩库，专款存储，听候指拨，造具四柱清册，并声明土药厘金向归百货厘局兼收，应支薪工仍在货厘项下开支，所有二十二年收获土药厘银，已由甘肃藩司照数搭解户部衙门查收等情，详请奏咨前来。

臣查甘省地处边陲，向无洋药到境，本地虽有栽种罂粟，然自用者多，贩运者少，故收厘有限。兹税厘总局将光绪二十二年份所收土药厘银一万四千一百四十二两一钱六分二厘如数解交藩库，由甘肃藩司搭解户部衙门查收在案，仍饬司按年列册报查，并饬各局卡认真抽收，以裨厘务外，谨附片具陈，伏乞圣鉴，饬部查照。谨奏。

（朱批：）户部知道。[1]

光绪二十三年八月十二日，奉朱批：户部知道。钦此。[2]

---

① 台北故宫博物院藏：军机及宫中档，文献编号：408003087-0-B。
② 台北故宫博物院藏：军机及宫中档，文献编号：141133。

一三四　奏报甘肃光绪二十二
　　　年加抽二成糖厘数目片

光绪二十三年七月十九日(1897年8月16日)

再，前准户部咨：甘肃省征收红、白蔗糖，于照章完厘外，每斤加抽二成厘金，另款汇存造报等因。当经转行遵办在案。兹据税厘总局司道详称：甘肃省自光绪二十二年正月起至十二月底止，各局卡收获糖厘款目汇为一宗，计新收二成厘银三百三十五两四分，已照数批解藩库，专款存储，听候指拨。造册详请奏咨前来。

臣覆核无异。除饬司仍按年列册报查，并饬各局卡认真经征，实收实报，以裨厘务外，谨附片具陈，伏乞圣鉴，饬部查照。谨奏。

（朱批：）户部知道。①

光绪二十三年八月十二日，奉朱批：户部知道。钦此。②

一三五　请将参将秀昌即行革职片

光绪二十三年七月十九日(1897年8月16日)

再，臣准署甘肃提督张永清咨称：提标中营参将秀昌性好嬉游，营务毫未整饬，且于丁忧期内买民女范氏为妾，并将已故跟役王二之妻卖银入己，实属有玷官箴。咨请核办前来。经臣先行撤委查办在案。臣查秀昌行止轻浮，既不能整理营务，复又悖礼妄

---

①　台北故宫博物院藏：军机及宫中档，文献编号：408003087-0-C。
②　台北故宫博物院藏：军机及宫中档，文献编号：141129。

・1567・

为,不顾廉耻,未便稍事姑容。相应请旨将甘肃提标中营参将秀昌即行革职,以肃戎政而儆效尤。

所遗参将员缺,甘肃现有应补人员,应由臣拣员请补。合并声明。谨会同甘肃提督臣张永清合词附片具陈,伏乞圣鉴训示。谨奏。

(朱批:)着照所请,兵部知道。①

光绪二十三年八月十二日,奉朱批:着照所请,兵部知道。钦此。②

一三六　委令谭应春等署理副将等缺片

光绪二十三年七月十九日(1897 年 8 月 16 日)

再,署宁夏镇属中卫协副将程文胜年满遗缺,查有现署督标左营参将正任河州镇属循化营参将谭应春,堪以署理。递遗督标左营参将员缺,查有河州镇标中军游击韩廷芝,堪以署理。除分饬遵照外,理合附片具奏,伏乞圣鉴。谨奏。

(朱批:)兵部知道。③

光绪二十三年八月十二日,奉朱批:兵部知道。钦此。④

---

①　台北故宫博物院藏:军机及宫中档,文献编号:408003089-0-A。

②　台北故宫博物院藏:军机及宫中档,文献编号:141127。

③　台北故宫博物院藏:军机及宫中档,文献编号:408003089-0-B。

④　台北故宫博物院藏:军机及宫中档,文献编号:141128。

一三七　奏报预估光绪二十四年甘肃新饷折

光绪二十三年七月二十六日(1897年8月23日)

头品顶戴陕甘总督臣陶模跪奏,为援案预估光绪二十四年份甘肃关内军饷及满营、青海俸饷实需数目,恭折驰陈,仰祈圣鉴事。

窃臣前准部咨:将光绪二十四年应需饷项迅速分晰奏估,以凭汇拨等因。当经行司遵照去后。兹据甘肃布政使曾铱详称:遵查甘肃关内应需饷项,自光绪十四年起,每年奉拨银一百一十八万两,嗣经先后议减二十三万七千八百余两,饬令提存司库,每年仅开支银九十四万余两。迨东海用兵,征兵筹饷,甘库历年封存各款奉部提拨甚多,至二十一年河湟军兴,调募客、土各军二百数十营旗,需饷浩繁,屡请加拨,遂将以前封储各款扫数动用无存,库藏早已空虚,亟应力求撙节。无如地方虽已肃清,民情尚易浮动,仍须重兵镇慑,实非旧章马步三十旗足敷分布,防军较多于前,则饷项自难核减,所有甘肃应需光绪二十四年常饷,拟请照旧仍按一百一十八万两如数指拨,并请全数动支,俾免竭蹶。一俟防军裁减复旧,再行分案提存,以资节省。此外宁夏、凉州、庄浪、西宁、青海等处俸饷,亦自光绪十四年起每年奉部专拨银二十二万两。数年以来,满营生齿日繁,原拨饷银时形不敷,实难再减,请仍照旧专拨银二十二万两,免致匮乏各等情,详请具奏前来。

臣查关内饷项历年核减,已觉有绌无赢。此次军兴而后,防务仍不敢松懈,未便过事裁汰,贻误边陲。然当此筹款艰难,亦不敢遽请加拨,惟有吁恳天恩,准将二十四年甘肃关内军饷饬部照旧指拨银一百一十八万两,各满营及青海俸饷亦照旧指拨银二十二万两,合共指拨银一百四十万两,应请尽数撙节动支,一俟防务如常,仍即照数提存,以符定章。

所有援案预估甘肃关内光绪二十四年份实需军饷及满营、青海俸饷各数目缘由,谨恭折驰奏,伏乞皇上圣鉴,训示遵行。谨奏。光绪二十三年七月二十六日。

(朱批:)户部议奏。①

光绪二十三年八月初九日,奉朱批:户部议奏。钦此。②

一三八　购运军械动用经费请饬立案片

光绪二十三年七月二十六日(1897年8月23日)

再,甘肃前年河湟军务骤起,添募勇营,苦无制胜军火,经前督臣杨昌濬电致两江督臣代购后膛车炮十尊、格林炮五尊,毛瑟、格拉司、来福马步枪四千五百支,铜帽火八百万颗,并炮弹、枪弹、粗细洋药数十万斤,共合各价湘平银一十七万一千六百余两。又加水陆运脚、解员川资以及包皮、绳索等项湘平银二万二千余两,总共湘平银一十九万三千六百余两。内除老河口以西运费外,业已一律在于江苏、两淮协饷新饷内扣抵清楚,经两江督臣及臣先后奏咨在案。惟前项军火价值、运费,当时并未另请专款。查各省协拨甘新饷项,系关内外常年计口授食之需,虽一时就近扣抵,仍不能照数筹还,当经饬司于二十一、二两年添拨军饷项下,撙节匀挪,将以上湘平银一十九万三千六百余两分别归款。兹据甘肃新疆总

①　台北故宫博物院藏:军机及宫中档,文献编号:408003091。
②　台北故宫博物院藏:军机及宫中档,文献编号:141066。

粮台布政使曾铄开具购运外洋军火并支发现存各数目清单，详请奏咨前来。

臣覆查无异。除将清单咨送总理衙门及户、兵、工部查照外，合无仰恳天恩，饬部立案，以便造销。谨附片具陈，伏乞皇上圣鉴训示。谨奏。

（朱批：）该衙门知道。[1]

光绪二十三年八月初九日，奉朱批：该衙门知道。钦此。[2]

一三九　报明甘肃光绪二十三年夏秋禾苗被灾情形折

光绪二十三年七月二十六日（1897年8月23日）

头品顶戴陕甘总督臣陶模跪奏，为报明甘肃省光绪二十三年夏秋禾苗被雹、被水大概情形，恭折具陈，仰祈圣鉴事。

窃查甘肃各属自春徂夏，雨泽应时，收成可期中稔，惟间有禀报被雹、被水之区，当即饬司分别移行该管道、府、直隶州确查妥办。兹据藩司曾铄将各属被雹、被水大概情形详请具奏前来。臣查兰州府属之金县、沙泥州判，平凉府属之平凉县、庄浪县丞，庆阳府属之安化县、环县，固原直隶州属之海城县、打拉池县丞各地方，均于本年四、五、六等月先后被雹、被水，损伤禾苗、罂粟，轻重不一。小民终岁勤劳，正值夏禾结实，秋禾滋长，忽遭灾伤，殊堪悯恻。先已饬委该管道、府、州，督同各地方官亲往，逐细覆勘，分别借给口粮、籽

---

① 台北故宫博物院藏：军机及宫中档，文献编号：408003091-0-A。

② 台北故宫博物院藏：军机及宫中档，文献编号：141067。

种,令其补种杂粮,是否不致成灾,统俟秋成查明,另行汇办。

惟兰州府属之河州东南乡各社,会于六月初七、八、九等日午后,雷雨交作,冰雹猛降,大如鸡卵,小如桐子,积地约五六寸不等,夏禾多被打伤。巩昌府属之宁远县西乡梁家湾、大大沟两处,于六月二十二、三等日大雨滂沱,昼夜不断,山水暴溢,土山冲倒,冲压庄房三十三家,伤毙男女大小八十七丁口、牲畜数十头。固原直隶州之东乡白家塬、官堡台等处,于五月十二、十九等日,狂风大作,雷雨交加,中带冰雹,形如弹子,打伤白家塬等七庄夏秋禾苗,其官堡台等处三十八庄夏禾亦被打伤不少;又该州南乡牛营子等七庄于六月初九日忽然狂风雷雨,中带冰雹,将夏秋禾苗、烟苗均被打伤罄尽。阶州直隶州之叠石里、黑沟等处,于六月初九日忽下冰雹,斜长五十余里,南北宽二十余里,共计大小六十三村庄,夏麦有全行打毁者,有被伤过半者。西宁府属碾伯县之硖口堡等十七庄,于七月初三、初六等日午后忽降雨雹,打伤禾稼,冲坏地亩。

以上五州县地方被灾较重,均经饬司移行该管道、府、直隶州,并另委员确切覆勘,动用仓粮,分别赈济,仍饬由地方官赶紧先发籽种,劝谕农民乘时补种杂粮,以冀晚收稍资补救而免失所。所有压毙人口、冲倒房屋,早经饬令从优抚恤,并令查明压倒房屋若干,照例给予银两,及时修盖,以资栖止。水冲田地,查明能否修复,钱粮应如何分别蠲缓,统俟各属结报到日,再行汇核办理外,合将甘省本年夏秋禾苗被雹、被水大概情形,恭折具奏,伏乞皇上圣鉴训示。谨奏。光绪二十三年七月二十六日。

(朱批:)知道了。各属被灾情形,即着查明,分别核办。①

---

① 台北故宫博物院藏:军机及宫中档,文献编号:408003092。

光绪二十三年八月初九日,奉朱批:知道了。各属被灾情形,即着查明,分别核办。钦此。①

一四○　河州等案文武各员请照原保给奖折

光绪二十三年八月初一日(1897年8月28日)

头品顶戴陕甘总督臣陶模、太子少保尚书衔总统甘军甘肃提督臣董福祥跪奏,为查明河州、西宁等案文武各员实系攻城杀贼,首先前敌,异常出力,仍请照原保给奖,恭折仰祈圣鉴事。

窃臣等接准吏部咨开:查此次西宁肃清案内,据陕甘总督陶模、西宁办事大臣奎顺、甘肃提督董福祥奏保异常出力文职,原开共二百十员,于光绪二十二年十二月初四日钦奉朱批交议;又,上年八月二十五日,甘肃提督董福祥奏,汇保河州解围,单开请奖文职九十五员;又,上年十月初五日,前陕甘总督杨昌濬、西宁办事大臣奎顺奏保西宁各军攻克逆堡屡获胜仗,开单请奖文职十八员,均系奉旨交议之件,应即钦遵核办。惟查前后请奖各员概未将详细履历送部,无从查核。正在办理,据给事中吴光奎奏参,钦奉谕旨:着该部从严核议等因。钦此。查西宁保案列为异常,是否皆系攻城杀贼异常出力之员,并未逐一分叙,未免无所区别。统计前后所保各员,除随折奏奖外,开单文职尚有三百二十余员,而核与例章不符者竟至二百二十余员,事不出乎一省,时则经历年余,随意保奖,漫无限制,拟先将全案驳回,并将各案员数切实删减,分别异常、寻常,另核请奖,分晰劳绩,备具各该员详细履历奏明到部,再

---

①　台北故宫博物院藏:军机及宫中档,文献编号:141065。

行照章办理。另片奏，西宁全境肃清迭次出力保奖，开复顶翎已革山西平阳府通判张心泰等分别请奖，除何其坦、耿士伟二员保案应请即行撤销外，至张心泰等五员核实删减，并将劳绩等次详细声叙，应令查明，俟覆奏到日，再行办理等因。于本年二月初九日具奏。复接准兵部咨开：查此次西宁肃清单开各员，声明拟保底衔多在河州案内保奖，系属层迭加保，亦未将所立功绩、在何案内分晰注明，笼统保至八百数十员，人数过多。其奏请开复之已革千总雷雨瑞等三员，并未将被参原案详细声叙，请饬详细分晰劳绩，核实删减。其已在河州案内列保者，此次全境肃清案内应行删除，覆奏报部，再行核办。另片奏，所保已革河州镇总兵汤彦和等六员分别请奖。核其获咎情节均属甚重，所请开复，应毋庸议等因。于本年二月十四日具奏，先后知照前来。

　　臣等伏思部臣所议，系为按照例章，本应恪遵，曷敢再行渎请。惟查部臣所列，多系光绪二十年八月二十九日奏定获匪保举章程，其原奏条款内曾声明军营打仗出力者，不在此例。又，查光绪二十二年八月初四日奏定例保限制，其原片内称，嗣后军械处、总理衙门襄办典礼及军营打仗、大工合龙，仍照旧例办理。是军营打仗出力与获匪及寻常例保原有不同，定例甚明，毋庸强合也。从前关陇用兵，每遇奏捷，凡保免补、免选、分省、留省以及越级请升者，无不仰荷天恩，饬部一律注册。此次循化逆回肇变，而西宁、河狄应之，旬月之间，聚众数十万人，蔓延数千余里，河州被围既久，而西宁城厢以外及所属之循化、巴燕戎格、大通等厅县又处处皆贼。米拉、马营、甘都、塘卡尔、冈水、地川为贼老巢，山路阻深，最为险绝，又自昔用兵所未至之地，将士冲风冒雪，与之力争，未及期年，扫除殆尽，地方平静，民得归耕。此皆仰赖天威，故得人人用命。臣等何功，尚蒙优奖，而将士诸人自随折所保外，多至今未进一阶，当亦圣明之所深念。

各营将士其隶臣模所部者二十余营，隶臣福祥所部及调归节制者三十余营，隶西宁办事大臣奎顺所部者三营，隶陕西提督邓增所部者五营，通共七十余营。西宁所保奏咨文武共二千余人，尚有守城出力及带队打仗之地方官在内，合之则见其多，其实每营所保尚不及十分之一也。申中一役，已奉旨准其保奖而未曾开保。北大通一役，所保者新疆数营，而其余又未开保。故凡臣等所保，皆择其叠次出力者列之，非捡斩一贼、攻克一堡即予以优列也。臣等前此随折保奖各员，皆奉特旨允准，此次汇保各员，皆系攻城杀贼，捡斩要逆，与随折诸人无异，只以员数较多，不能同时并列。河州汇保，以其时正在接仗，未及核办，出奏稍迟，然诸人先于河州出力，后又于西宁出力，非河州列保西宁即不应列保。从前保案如此者甚多，皆得以拟保作为底衔，可从则俱从，应驳则俱驳，于定例原无出入，且显然两案与层递加保者亦有不同。上年关内外一律肃清，臣等当经具奏，拟请以前敌、后路分作两起请奖，将来自应照办。此次西宁所保同系前敌，其后路出力之文武员弁均未开列，且自逆回事起，凡关内关外前后出力者，实计旧存、新募防营、土勇及奉调客军不下二百余起，西宁所保只七十余营，此外应请奖叙之员亦均未羼入此案。臣等受恩深重，具有天良，亦何敢稍涉冒滥。

现在库款支绌，时事多艰，军务早一日肃清，庶几宵旰之厪早一日可慰。使必听其蔓延三数省，延宕五六年，然后从而收拾，始足以为功，则尤臣等之愚所不敢出。此臣等再三商酌，河州一案武职人员既经兵部核准及分别行查，文职自未便两歧。前陕甘总督臣杨昌濬、西宁办事大臣奎顺会保西宁一案为数无多，应均恳天恩,饬部仍照原保核奖。其西宁一案除开复之文职何其坦、耿士伟二员,武职汤彦和、潘长清、李良穆、杨宝林、陈宗藩、李泗益等六员,遵照部议删除;知府衔补用同知甘肃优贡试用知县姚世贞业经病故,应请注销外,其余各员谨酌量删改,开具清单,恭呈御览。合无仰恳天恩,饬部核准,出自逾格鸿施。

至各文员履历现在均已造齐,应先送部;武职履历尚未汇齐,请饬部先行注册,俟汇齐再行补送。河州案内兵部行查各员,由臣福祥另案奏明办理。除咨吏、兵二部外,谨会同署西宁办事大臣臣联魁合词恭折具陈,伏乞皇上圣鉴训示。再,此折系臣福祥主稿。合并声明。谨奏。光绪二十三年八月初一日。

(朱批:)该部议奏。单并发。[1]

光绪二十三年八月二十日,奉朱批:该部议奏。单并发。钦此。[2]

一四一　呈河州等案文武各员给奖清单

光绪二十三年八月初一日(1897年8月28日)

谨将查明西宁全境肃清前敌首先异常出力文武员弁,开具清单,恭呈御览。

谨开:

头品顶戴记名开列在前简放副都统宁夏驻防镶黄正白满洲协领奇克伸布,请仍以副都统记名简放,并请赏给清字巴图鲁名号。

---

① 台北故宫博物院藏:军机及宫中档,文献编号:408003093。
② 台北故宫博物院藏:军机及宫中档,文献编号:141317。

记名提督汤殿恒,请赏给头品顶戴。

提督衔记名总兵坚勇巴图鲁赵达元,请以提督记名简放,并请赏换清字巴图鲁名号。

总兵衔留陕甘遇缺尽先补用副将广勋,请以总兵记名简放,并请赏给清字巴图鲁名号。

千总衔拔补把总河州案内拟保花翎尽先守备乔兆福,即用卫守备马福禄,均请免补都、守,以游击尽先补用,并请赏加副将衔;马福禄并请赏戴花翎。

花翎尽先补用守备于福,请免补守备,以都司尽先补用,并请赏加游击衔。

花翎副将衔留闽尽先补用游击杨让梨,请免补游击,以参将留于湖南尽先补用,并请赏给清字巴图鲁名号。

蓝翎尽先守备周仲才,花翎尽先守备刘世保,均请免补守备,以都司尽先补用;周仲才并请赏换花翎,刘世保并请赏加游击衔。

花翎补用都司尽先守备何生科,请免补守备,以都司留陕甘尽先补用,并请赏加游击衔。

甘肃临洮营都司奎文,请以游击尽先补用,并赏加副将衔。

副将衔尽先参将姚炳义,请免补参将,以副将尽先补用,并请赏给巴图鲁名号。

升用游击补用都司河州案内拟保副将衔留陕甘尽先补用参将周斌,请免补参将,以副将仍留陕甘尽先补用,并请赏给巴图鲁名号。

蓝翎副将衔留陕甘尽先补用游击张文连,请免补游击,以参将仍留原省尽先补用,并请赏换花翎。

宁夏后营千总河州案内拟保花翎尽先补用都司梁居安,请免补都司，以游击尽先补用，并请赏加副将衔。

花翎即选卫守备刘占鳌，请免选卫守备，以都司尽先补用，并请赏加参将衔。

花翎尽先守备何振声、余珍，都司用尽先守备谢长胜，均请免补守备，以都司尽先补用，并请赏加游击衔。

武举康世发，拔补外委河州案内拟保蓝翎尽先千总郭登魁、郭长林、刘仲富，六品军功河州案内拟保蓝翎尽先千总张得祥、王文桐、喻升、张凤喈，武生河州案内拟保蓝翎千总丁鹤龄、王志仁、梁国泰、魏崇德，均请免补千总，以守备尽先补用，并请赏加都司衔。

蓝翎把总河州案内拟保都司衔尽先守备魏相才，蓝翎把总河州案内拟保尽先守备董汉章，均请免补守备，以都司尽先补用；魏相才并赏换花翎，董汉章并请赏加参将衔。

蓝翎尽先拔补把总张廷栋、王锡善、冉天喜、白应祥、桑仲兴、袁希贤、胡沂、王得胜、陈俊芳、李彦彪、刘宝成、何得胜、史可见、祁殿元、张庆年、张得、郭瀚潾、刘永义、王守谟、石成珏、郭有禄、刘培镜、张万辉，均请免补千、把，以守备尽先补用，并请赏换花翎。

蓝翎在任候升守备陕甘督标中营千总冯万庆，请免补守备，以都司尽先补用，并请赏换花翎。

武举河州案内拟保蓝翎千总张士俊、梁正邦、周之翰、张祥麟、郑麒、李殿魁、党永章、李芝颉、文吉、梁凤麟，均请免补千总，以守备尽先补用，并赏戴花翎。

尽先副将威勇巴图鲁陈元佐，请免补副将，以总兵记名简放。

副将衔尽先参将朱生翠，请免补参将，以副将尽先补用。

副将衔留甘尽先游击孙凤福，请免补游击，以参将仍留原省尽先补用，并请赏给巴图鲁名号。

蓝翎都司留甘尽先守备刘冠英、林生举、马泰临、徐宝林，均请免补守备，以都司仍留原省尽先补用，并请赏换花翎。

补用千总尽先拔补把总河州案内拟保花翎留甘尽先守备王玉卯，请免补守备，以都司仍留原省尽先即补，并请赏加游击衔。

花翎尽先补用守备张汉和，蓝翎尽先拔补把总河州案内拟保花翎尽先守备杨春和、牛邦海，均请免补守备，以都司尽先补用，并请赏加游击衔。

六品军功河州案内拟保蓝翎尽先拔补千总孙凤祥、刘长荣、杜宗凯、陈俊礼、毛冲霄、贾遵义，均请免补千总，以守备尽先补用，并请赏换花翎。

蓝翎补用把总拔补外委河州案内拟保守备衔尽先千总臧永顺，请免补千总，以守备尽先补用，并请赏换花翎。

蓝翎尽先拔补千总唐高升，尽先拔补外委河州案内拟保蓝翎尽先千总穆得元、丁文忍，均请免补千总，以守备尽先补用，并请赏换花翎。

蓝翎尽先拔补把总张维堃、张少棋、杜宗牧、申占彪、程继武、刘照藜、张铭美、丁振海、冯占元、高得胜、田大中，均请免补千、把，以守备尽先补用，并请赏加都司衔。

副将衔尽先参将曹生云，请免补参将，以副将尽先补用，并请赏给巴图鲁名号。

尽先把总河州案内拟保蓝翎尽先守备姚兆祥，蓝翎尽先把总河州案内拟保花翎尽先守备姚玉林，均请免补守备，以都司尽先补用；姚兆祥并请赏换花翎，姚玉林并请赏加游击衔。

蓝翎尽先千总马正有，拔补外委河州案内拟保蓝翎拔补千总钱玉琢，均请免补千总，以守备尽先补用，并请赏换花翎。

蓝翎尽先拔补把总王家福、胡启和、别万喜、姚兆邻、李景瑞、马文寿、李兴从、郭有禄、彭元贵、李景龙、吴复泰，均请免补把总，以千总尽先拔补，并请赏加都司衔。

拔补经制河州案内拟保蓝翎千总冯自秀，请免补千总，以守备尽先补用，并请赏换花翎。

游击衔尽先都司张辅臣、王存诚、郑得禄，均请免补都司，以游击拣发补用，并请赏加副将衔。

蓝翎游击衔尽先都司刘希延，请免补都司，以游击拣发补用，并请赏换花翎。

副将衔尽先游击田树信，请免补游击，以参将拣发补用，并请赏给巴图鲁名号。

五品顶戴把总河州案内拟保花翎拣发补用守备洪玻，请免补守备，以都司拣发补用，并请赏加游击衔。

蓝翎尽先拔补把总俞得桢、张文胜，均请免补千、把，以守备拣发补用，并请赏换花翎。

游击衔尽先都司张得胜，请免补都司，以游击拣发补用，并请赏加参将衔。

蓝翎尽先拔补千总范大富、李世英，六品军功河州案内拟保蓝翎尽先千总彭万福、雒雄才、乔岳、葛生华、党遵礼，均请免补千总，以守备拣发补用，并请赏加都司衔。

蓝翎尽先守备孟占魁，请免补守备，以都司拣发补用，并请赏换花翎。

蓝翎尽先拔补把总洪琳、兰青云、杨逢春、陈占魁、李廷荣、丁志正、牛占魁、牟连芳、卢得胜、李焕章、杨岱、赵岳陞、王万喜、王月乔、潘殿臣、王建中、张慎，均请免补把总，以千总归标尽先拔补，并赏加守备衔。

花翎尽先都司张铭新，花翎补用都司杨生海，均请免补都司，以游击留陕甘尽先补用。

花翎补用守备许荣，请免补守备，以都司留陕甘尽先补用，并请赏加游击衔。

六品军功河州案内拟保蓝翎尽先千总张天福、张建勋，均请免补千总，以守备留陕甘尽先补用，并请赏换花翎。

五品军功陕甘督标右营外委河州案内拟保蓝翎尽先千总牟宪章，拔补外委河州案内拟保蓝翎尽先千总李得祥，均请免补千总，以守备留陕甘尽先补用，并请赏加都司衔。

蓝翎尽先把总孙兆奎、王明山、官维清，均请免补千、把，以守备留陕甘尽先补用，并请赏加都司衔。

武举李朝清，请以守备尽先补用，并请赏戴花翎。

记名简放总兵葛景山，请以提督交军机处记名简放。

庄浪世袭指挥使鲁焘，请赏给二品顶戴，并请赏戴花翎。

花翎留陕尽先补用都司张相胜，请免补都司，以游击留陕甘尽先补用。

尽先守备何得功、朱善祥，均请免补守备，以都司尽先补用，并请赏戴花翎。

花翎都司衔尽先守备杨得录，请免补守备，以都司尽先补用，并请赏加游击衔。

蓝翎尽先把总河州案内拟保都司衔尽先补用守备殷兆兰，蓝翎补用守备欧阳森，均请免补守备，以都司尽先补用，并请赏换花翎。

花翎留甘尽先补用游击张树魁，请免补游击，以参将仍留原省尽先补用，并请赏加副将衔。

花翎留甘补用守备王占春，都司用尽先守备邓儒忠，均请免补守备，以都司尽先补用，并请赏加游击衔。

花翎守备衔尽先拔补千总何得胜，请免补千总，以守备尽先用，并请赏加都司衔。

五品军功河州案内拟保蓝翎千总张文治、曹紫佩，外委拟保蓝翎千总何群，六品军功拟保蓝翎千总张世钧，武举姚尚志，西宁冰沟堡把总闵庆，西宁右营额外河州案内拟保蓝翎千总来龙诏，均请免补千总，以守备尽先补用，并赏加都司衔。

蓝翎尽先拔补把总邵文华、祁昶寿、葛登瀛、闵忠、杨绪清、揽怀德、杨进才、马文秀、蒋得连、陈兆麟、孙绪坦、杨万福、吕华凤、张维祥、包国桢、邓荣海、王振兴、苗长春、闵麟生，均请免补千、把，以守备尽先补用，并请赏加都司衔。

蓝翎拔补外委陈进德，蓝翎六品顶戴武生邱登甲，均请免补外、把，以千总尽先拔补，并请赏加守备衔。

参将衔尽先游击樊学成、方葆卿，花翎尽先游击萧文光，均请免补游击，以参将留陕尽先补用，并请赏加副将衔。

花翎都司陈裕华，游击衔尽先都司王维清、张镜春，均请免补都司，以游击尽先补用，并请赏加参将衔。

花翎尽先补用守备雷振亨，花翎尽先守备刘显财、郭复兴，均请免补守备，以都司尽先补用，并请赏加游击衔。

武生河州案内拟保蓝翎尽先千总梁应举、李占鳌、俞青钱、孙占鳌，均请免补千总，以守备尽先即补，并请赏换花翎。

蓝翎尽先把总张有福、路万、唐崇武、郭本立、王新治、杨翊清、袁定邦、贾生临，均请免补把总，以千总尽先拔补，并请赏加守备衔。

尽先补用都司张世福，请免补都司，以游击尽先补用，并请赏加副将衔。

蓝翎尽先守备张起云、丁荣，请免补守备，以都司尽先补用，并请赏换花翎。

守备衔尽先千总张福胜、孙全福，六品军功河州案内拟保蓝翎尽先千总徐生有，均请免补千总，以守备尽先补用；张福胜、孙全福并请赏戴花翎，徐生有并请赏换花翎。

蓝翎尽先把总张起孝、李祥麟、赵明生、潘福洪，均请免补把总，以千总尽先拔补，并请赏加守备衔。

蓝翎守备衔尽先千总刘有胜，请免补千总，以守备尽先补用，并请赏换花翎。

恩骑尉世职彭大荣，请以守备尽先补用。

花翎副将衔升用游击即补都司河州案内拟保尽先参将丁士伟，请免补参将，以副将尽先补用，并请赏加总兵衔。

花翎补用守备唐俊权，请免补守备，以都司留陕甘前先补用，并请赏加游击衔。

花翎守备衔尽先拔补千总周天成，请免补千总，以守备前先补用，并请赏加都司衔。

蓝翎拔补把总管得成，请免补千、把，以守备留陕甘尽先补用，并请赏换花翎。

蓝翎拔补把总姚贵模、张宝山，均请免补把总，以千总尽先拔补，并请赏加守备衔。

副将衔尽先游击王仁福，请免补游击，以参将留甘尽先补用，并请赏给巴图鲁名号。

花翎尽先守备胡金山、王成业，均请免补守备，以都司尽先补用，并请赏加游击衔。

蓝翎外委河州案内拟保守备衔尽先拔补千总贾明、安得胜，拔补外委河州案内拟保蓝翎尽先千总乔金瑞，均请免补千总，以守备尽先补用，并请赏换花翎。

三品衔尽先都司石庆藩，请免补都司，以游击尽先补用。

蓝翎尽先拔补把总陈毓芝、杨凌霄、辛炳亮、谢桂森、陈忠武、王晋陞、江生云，均请免补千、把，以守备尽先补用，并请赏加都司衔。

蓝翎拔补把总王西有、姚见功，均请免补把总，以千总尽先拔补，并请赏加守备衔。

蓝翎外委王印臣，请免补外、把，以千总尽先拔补，并请赏加守备衔。

花翎副将衔山东参将秦永合，请免补参将，以副将仍留山东尽先补用。

六品军功河州案内拟保蓝翎尽先千总朱元灿，请免补千总，以守备尽先补用，并请赏加都司衔。

六品军功河州案内拟保蓝翎尽先拔补千总马心荣、王清和、郭永祥、王密堂、翟玉田、董怀孔、马金声、刘魁元、贾庭臣、刘上邦、王宝瀛、杨海涛，蓝翎尽先千总徐登禄、鲁得金，蓝翎外委河州案内拟保尽先拔补千总宋聚宝，均请免补千总，以守备尽先补用，并请赏加都司衔。

蓝翎尽先拔补把总孙继明、朱全胜、程学孟、刘上珍、叶桂林、金遽曾、熊昌达，均请免补把总，以千总尽先拔补，并请赏加守备衔。

五品顶翎河州案内拟保都司衔补用卫千总张荫基，请免补本班，以卫守备尽先补用，并请赏给三品顶戴。

花翎尽先补用守备贺道旗、叶玉林，蓝翎拔补把总河州案内拟保花翎尽先守备杨尚廉，均请免补守备，以都司尽先补用，并请赏加游击衔。

花翎尽先都司祖国柱，请免补都司，以游击尽先补用，并请赏加副将衔。

六品军功马甲祥云，请以骁骑校尽先拔补，并请赏戴蓝翎。

副将衔留陕甘拣发游击何讯忠，请免补游击，以参将仍留原省拣发补用，并请赏给巴图鲁名号。

蓝翎尽先守备王秉钧、胡清胜，花翎尽先守备王甲三，均请免补守备，以都司尽先补用；王秉钧、胡清胜并请赏换花翎，王甲三并请赏加游击衔。

六品军功河州案内拟保蓝翎尽先千总邹文德、王景魁、洪世恩，均请免补千总，以守备尽先补用，并请赏换花翎。

尽先拔补外委河州案内拟保守备衔尽先千总郭万庆，请免补千总，以守备尽先补用，并请赏戴蓝翎。

蓝翎尽先把总蒲杰、高凤鳌、秦景泉、穆盛、常瑛、赵元魁、明紫珠、惠品山、张致和、胡文超、蒋太和、李彦彪、刘生林、张占魁、李元章、王英杰、高凤祥、李长泰，尽先拔补把总张有才，均请免补把总，以千总尽先拔补，并请赏加守备衔。

提督衔记名简放总兵白宽，请以提督记名简放。

花翎尽先游击耿扬忠，请免补游击，以参将留陕甘尽先补用，并请赏加副将衔。

参将衔尽先都司惠金印，请免补都司，以游击留陕甘尽先补用,并请赏加副将衔。

蓝翎守备衔尽先千总胡元和,六品军功河州案内拟保蓝翎尽先千总喻斌、张国选,武举陈登瀛,均请免补千总,以守备留陕甘尽先补用;胡元和、喻斌、张国选并请赏换花翎,陈登瀛并请赏戴花翎。

花翎尽先守备段呈祥,请免补守备,以都司尽先补用,并请赏加游击衔。

花翎尽先守备王万顺,花翎四品衔尽先守备杨培瀒,均请免补守备,以都司尽先补用。

云骑尉世职刘志,营用守备雷振亨,均请免补守备,以都司尽先补用,并请赏戴花翎。

蓝翎尽先千总张登鑫、戴振镐,均请免补千总,以守备尽先补用,并请赏换花翎。

蓝翎尽先把总龙寅璜、李瀛洲、胡自义、梁生禄、聂定发、党遵礼、贾鼎元、崔元荣,均请免补千、把,以守备尽先补用,并请赏换花翎。

蓝翎尽先把总席殿魁、都定国、王敬业、石玉、廖金成、许兴财、胡文龙、何奉荣、王金元、李占春、蒙占奎、郑利泉、孔宪信、赵富林、吴树棠、常见成、宋万中,均请免补把总,以千总尽先拔补,并请赏加守备衔。

副将衔留陕补用参将拔勇巴图鲁党有福,请免补参将,以副将仍留陕尽先补用,并请赏换清字巴图鲁名号。

副将衔尽先参将边俊英,请免补参将,以副将尽先补用,并请赏给巴图鲁名号。

花翎尽先补用游击刘玉善,请免补游击,以参将尽先补用,并请赏加副将衔。

花翎游击衔留浙江补用都司何振珊，请免补都司，以游击仍留浙江尽先补用，并请赏加参将衔。

蓝翎补用守备梁永泰，请免补守备，以都司尽先补用，并请赏换花翎。

蓝翎尽先拔补千总段法德、张万魁，六品军功拟保蓝翎尽先千总黎思杰，均请免补千总，以守备尽先补用，并请赏换花翎。

蓝翎守备衔尽先拔补千总卢进会，蓝翎拔补把总赵成焕，均请免补千总，以守备尽先补用，并请赏换花翎。

云骑尉世职邓永禄、柴映山，均请以守备尽先补用，并请赏戴花翎。

记名总兵曹振海，请以提督记名，遇缺简放。

都司衔尽先守备孙定邦，花翎补用守备王清云，均请免补守备，以都司尽先补用，并请赏加游击衔。

五品翎顶河州案内拟保千总陈明胜，蓝翎拔补千总周克胜、李鸿顺、商元洁、单良贵，均请免补千总，以守备尽先补用，并请赏加都司衔。

蓝翎尽先把总李春松、王友明、李增福，均请免补把总，以千总尽先拔补，并请赏加守备衔。

蓝翎守御所千总职衔河州案内拟保都司衔尽先卫千总任德轩，请免补本班，以卫守备尽先补用，并请赏换花翎。

云骑尉世职两江督标候补守备杨保蕭，请免补守备，以都司尽先即补，并请赏戴花翎。

蓝翎尽先拔补把总刘振全、陈志儒、卢福盛，均请免补把总，以千总尽先拔补，并请赏加守备衔。

花翎尽先守备阎兆勋，请免补守备，以都司留广东尽先补用，并请赏加三品衔。

蓝翎尽先拔补把总戴荣、章德勋、曹杰、吕永林、周凤岐，经制吉联星，均请免补千、把，以守备尽先补用；戴荣、章德勋、吕永林、周凤岐，并请赏换花翎，吉联星并请赏加四品衔。

拔补外委河州案内拟保蓝翎尽先千总李景南，蓝翎尽先拔补千总贾联奎，均请免补千总，以守备尽先补用，并请赏换花翎。

蓝翎拔补把总赵文玉，请赏加守备衔，并请赏给正五品封典。

花翎尽先参将胡占魁，请免补参将，以副将尽先补用，并请赏加总兵衔。

蓝翎拔补把总河州案内拟保花翎尽先守备张连杰、孟生林，均请免补守备，以都司尽先补用，并请赏加参将衔。

蓝翎尽先把总王生春、王怀杰、朱世珍、刘芝兰、王定邦、蒋凤洲，均请免补千、把，以守备尽先补用，并请赏换花翎。

蓝翎游击衔补用都司侯松龄，请免补都司，以游击尽先补用，并请赏换花翎。

蓝翎尽先把总河州案内拟保花翎尽先守备刘玉，请免补守备，以都司留陕甘尽先补用，并赏加游击衔。

拔补把总郑国珍，请免补千、把，以守备尽先补用，并请赏戴花翎。

蓝翎尽先把总张克德、雷霆治、陈时亮、董陞禄，均请免补千、把，以守备留陕甘尽先补用，并请赏换花翎。

蓝翎尽先骁骑校文海，请免补本班，以防御尽先补用，并请赏换花翎。

花翎游击衔尽先都司李昌逢、李希贤，均请免补都司，以游击尽先补用，并请赏加副将衔。

花翎尽先守备高福林、李万喜，均请免补守备，以都司尽先补用，并请赏加游击衔。

蓝翎尽先千总石庆喜，请免补千总，以守备尽先补用，并请赏换花翎。

蓝翎把总米得臣、濮兆滨、邓仲忠、李怀玉，均请免补千、把，以守备尽先补用，并请赏换花翎。

花翎尽先补用游击张春林，请免补游击，以参将尽先补用，并请赏加副将衔。

尽先补用都司姜廷襄，请免补都司，以游击尽先补用。

分省补用副将祁得胜，请仍以副将留陕甘尽先补用。

蓝翎把总陈型于，请免补把总，以千总尽先补用，并请赏加守备衔。

蓝翎尽先守备沈立平，请免补守备，以都司尽先补用，并请赏换花翎。

留陕推补副将秦宗恩，请免补副将，以总兵记名简放。

副将衔尽先游击马玉，请免补游击，以参将尽先补用，并请赏给巴图鲁名号。

花翎尽先守备莫学燕、陈铭，蓝翎拔补把总河州案内拟保花翎尽先守备苏建法、颜作圣，均请免补守备，以都司尽先补用，并请赏加游击衔。

蓝翎尽先把总张殿甲、冯天培、袁成林、乔荣、马富海，均请免补千、把，以守备尽先补用，并请赏换花翎。

云骑尉世职段士杰，请以守备尽先补用，并请赏戴花翎。

已革前署固原提属八营汛千总都司衔尽先守备雷雨瑞，请开复原官原衔,仍留陕西固原提标尽先补用。

拔补把总白占奎,请免补千总,以守备尽先补用,并请赏加都司衔。

蓝翎外委王治昌,请免补外、把,以千总尽先拔补,并请赏加守备衔。

副将衔尽先游击邓荣高,请免补游击,以参将尽先补用,并请赏给巴图鲁名号。

花翎尽先守备王忠义,西宁城守营蓝翎把总河州案内拟保都司衔尽先守备朱家兴,蓝翎把总中卫营经制河州案内拟保都司衔尽先守备陈登科,均请免补守备,以都司尽先补用;王忠义并请赏加游击衔,陈登科、朱家兴并请赏换花翎。

都司衔尽先守备赵琳,请赏戴花翎。

蓝翎尽先把总殷国栋、叶桂林,均请免补千、把,以守备尽先补用,并请赏换花翎。

提督衔记名总兵赫勇巴图鲁岳登龙,请以提督记名遇缺简放,并请赏换清字巴图鲁名号。

花翎游击衔尽先都司徐得元,请免补都司,以游击留陕甘补用。

蓝翎尽先守备陈胜贵,请免补守备,以都司留陕甘补用,并请赏换花翎。

蓝翎尽先千总彭裕才、张振海,均请免补千总,以守备留陕甘补用,并请赏换花翎。

五品蓝翎拔补把总安光宗、岳步彤、姚翰章,均请免补千、把,以守备尽先补用,并请赏换花翎。

蓝翎留黔补用游击侯榜元,请免补游击,以参将仍留原省尽先补用，并请赏换花翎。

副将衔尽先游击王少林，请免补游击，以参将尽先补用，并请赏给巴图鲁名号。

尽先都司穆永贵、陕秀全，均请免补都司，以游击尽先补用，并请赏戴花翎。

花翎尽先守备丁文瑞、石润、张兆兴、吴尚科、冯三秀、王崇龙、李深沉，均请免补守备，以都司尽先补用，并请赏加游击衔。

都司衔尽先千总杨鳌，请免补千总，以守备尽先补用，并请赏戴花翎。

蓝翎尽先千总赵随福、张连桂，拔补外委河州案内拟保蓝翎千总杨耀华，均请免补千总，以守备尽先补用，并请赏换花翎。

武举向连陞、张兆钾，均请免补千、把，以守备尽先补用，并请赏戴花翎。

蓝翎尽先把总马连陞、马锁海、马兆图、贾权邦、卢怀德、韩正祥、张学忠、王元德、刘玉林、罗应昌、王士锐、郭春生、夏登洲、周得福，均请免补把总，以千总尽先拔补，并请赏加守备衔。

提督衔记名总兵留陕甘尽先副将胡得胜，请赏给三代一品封典。

总兵衔留陕尽先副将凌复胜、喻得胜，均请免补副将，以总兵记名简放，并请赏加提督衔。

提督衔记名简放总兵刘征凤，请以提督记名简放，并请赏给巴图鲁名号。

副将衔尽先参将程鼎，请免补参将，以副将尽先即补，并请赏加总兵衔。

升用游击尽先守备河州案内拟保留陕甘尽先补用游击李士

贞、留湖南尽先补用游击刘德祥，均请免补游击，以参将仍留各原省尽先即补；李士贞并请赏戴花翎，刘德祥并请赏加副将衔。

花翎副将衔尽先游击陈邦栋，请免补游击，以参将留陕尽先补用。

升用守备蓝翎千总河州案内拟保尽先都司刘善云，花翎尽先都司张从周，补用都司韩谦，花翎游击衔尽先都司朱世明，均请免补都司，以游击尽先即补，并请赏加副将衔。

云骑尉世职河州案内拟保尽先守备方玺，请免补守备，以都司尽先补用，并请赏戴花翎。

蓝翎尽先都司黄有馀、严清华，均请免补都司，以游击尽先即补，并请赏换花翎。

云骑尉世职武荣甲，请以守备尽先补用，并请赏戴花翎。

花翎尽先都司凌正裕、郑文焕，均请免补都司，以游击尽先补用。

尽先把总河州案内拟保花翎尽先守备何兆元、任世昌，蓝翎都司用尽先守备常德义，都司衔尽先守备马昌胜、徐世昌，均请免补守备，以都司尽先即补；何兆元、任世昌并请赏加游击衔，常德义、马昌胜、徐世昌并请赏换花翎。

营用守备张中元，请免补守备，以都司尽先即补，并请赏戴花翎。

花翎尽先补用守备陈枝发、刘映国，均请免补守备，以都司尽先补用；陈枝发并请赏加游击衔。

千总习斌，请以守备尽先补用，并请赏加都司衔。

都司衔尽先守备叶咏诗，蓝翎都司用尽先守备胡忠福，蓝翎尽先守备邓寿华，均请免补守备，以都司尽先补用；叶咏诗并请赏加游击衔，胡忠福、邓寿华并请赏换花翎。

陕西抚标中营额外河州案内拟保蓝翎尽先千总魏澍滋，秦州营莲花城汛额外河州案内拟保蓝翎千总王桂森，蓝翎外委河州案内拟保千总许连陞，蓝翎尽先千总郭万有、孔得胜、杨培德、王连升，均请免补千总，以守备尽先补用，并请赏加都司衔。

蓝翎尽先把总卫义、邵岳年、徐应瑞、夏道隆、陈秉太、韩晋、宋之序、吴连升、田坤明，均请免补千、把，以守备尽先补用，并请赏加都司衔。

尽先把总刘开福、朱秉鉴，均请免补千、把，以守备尽先补用，并请赏戴蓝翎。

蓝翎拔补把总刘登镛、马世秀，恩骑尉世职袁侍安，均请免补千、把，以守备尽先补用。

花翎参将用尽先游击石炳乾，尽先都司河州案内拟保蓝翎副将衔尽先游击李增润，均请免补游击，以参将尽先补用；石炳乾并请赏加副将衔，李增润并请赏换花翎。

花翎补用游击尽先都司任升廷，请免补都司，以游击留陕甘尽先补用。

蓝翎补用守备张忠发，请免补守备，以都司尽先补用，并请赏加游击衔。

花翎四品衔四川提标尽先千总杜开榜，请免补千总，以守备仍留四川尽先补用。

陕西抚标把总魏澍溶，请免补千总，以守备尽先补用，并请赏戴花翎。

陕西抚标候补把总武举王战魁，蓝翎把总苏邦杰，均请免补千、把，以守备尽先补用，并请赏戴花翎。

蓝翎尽先把总刘明冈、吴大有、刘国玉，均请免补千、把，以守备尽先补用。

花翎尽先守备王得有，蓝翎尽先补用守备李明山，均请免补守备，以都司归标尽先前补用，并请赏加游击衔。

武举河州案内拟保蓝翎千总王镇藩，请免补千总，以守备尽先补用，并请赏换花翎。

副将衔尽先参将傅提光，请免补参将，以副将尽先补用，并请赏给巴图鲁名号。

花翎副将衔尽先参将梁俊相，请免补参将，以副将尽先补用，并请赏给巴图鲁名号。

蓝翎游击衔尽先都司展振禹，花翎游击衔尽先都司任得龙，均请免补都司，以游击尽先补用；展振禹并请赏换花翎，任得龙并请赏加副将衔。

副将衔尽先游击罗从先，请免补游击，以参将留陕尽先补用。

蓝翎守备衔尽先千总赵金山，蓝翎尽先千总刘干才、吴运钧、崔集凤，均请免补千总，以守备尽先补用，并请赏换花翎。

蓝翎尽先把总张友铭、孔繁茂、鲜云山、萧一湘、高荣，均请免补把总，以千总尽先补用，并请赏加守备衔。

六品顶戴吴果、王道隆、张贤基、袁虎臣、易鼎藩、赵秉廉、王炳林、杨树声、聂文炳、马明起、傅赞武、王茂济、刘文彩，均请赏戴五品顶翎。

副将衔补用游击留直尽先都司朱鹤鸣，请免补都司，以游击仍留原省尽先补用。

升用守备尽先拔补把总石占魁，请免补千、把，以守备尽先补用。

留陕补用直隶州知州河州案内拟保盐运使衔仍留原省遇缺尽先题奏知府张儒珍，请免补知府，以道员仍留原省，遇缺尽先题奏，并请赏给二品顶戴。

花翎山西补用直隶州知州来维礼，请免补本班，以知府仍留原省补用，并请赏加盐运使衔。

花翎分省补用直隶州知州王世相，请免补本班，以知府仍分省补用，并请赏加盐运使衔。

花翎留甘补用直隶州知州金承荫，请俟补缺后，以道员用。

甘肃候补班前尽先补用直隶州知州同镇牲，请免补本班，以知府前先补用，并请赏戴花翎。

花翎同知衔分省补用知县何沂、宋联奎，均请免补本班，以直隶州知州仍分省补用，并请赏加四品衔。

花翎同知衔甘肃遇缺即补知县杨丙荣，请免补本班，以直隶州知州仍留原省遇缺即补，并俟补缺后，再行送部引见。

陕甘总督衙门笔帖式候选堂主事世袭云骑尉裕端，请免选堂主事，以本部员外郎无论咨留，遇缺即补，并请赏戴花翎。

指分江西试用同知汪文绶，请免补本班，以知府仍留原省补用。

花翎三品衔留甘候补班前遇缺尽先补用知府刘兆梅，请免补本班，以道员仍留原省遇缺尽先补用，并请赏加二品顶戴。

提举衔分发河南试用通判杨墀，请免补本班，以知州仍归原省补用。

分省试用同知汤在卫，请免补本班，以知府仍分省补用。

指分山东试用同知张凤都，请免补本班，以知府仍归原省补用。

补用同知直隶州知州候选知县王恢善，请以知县分省补用，并请赏戴花翎。

指分直隶试用县丞赵安国，请免补本班，以知县仍留原省补用。

开复原衔顶翎已革山西平阳府通判张心泰，请开复原官，并免缴捐复银两。

附生河州案内拟保分省补用县丞袁鸿涛、王树春、张学仁，均请免补本班，以知县仍分省补用，并请赏加同知衔。

廪贡生兼袭云骑尉河州案内拟保分省补用州判叶元龙，请免补本班，以知县分省补用。

知县用山东候补县丞河州案内拟保同知衔仍留原省补用知县丁镗、山东候补县丞河州案内拟保蓝翎仍留原省补用知县刘廷璋，均请免补本班，以直隶州知州仍留原省补用；丁镗并请赏戴花翎，刘廷璋并请赏换花翎。

指分江苏试用县丞李嘉钰，指分直隶试用县丞李宝林，均请免补本班，以知县仍留各原省补用。

指分四川试用县丞恩来，请免补本班，以知县仍留原省补用，并请赏加同知衔。

江苏试用县丞黄序朝，请俟补缺后以知县用。

增贡生河州案内拟保分省补用县丞许学礼，增生河州案内拟保分省补用县丞官进朝、杜钟秀，均请免补本班，以知县仍分省补用，并请赏加同知衔。

分省补用府经历谈瑞章，请俟补缺后以知县尽先补用，并请赏加同知衔。

开复原衔已革知府用直隶东光县知县凌燮，请开复原官升阶。

　　同知衔补用同知海防新班先用知县屈秦清，请赏加二级记录二次。

　　五品衔拣选知县杨懋源，请以知县分省补用，并请赏戴花翎。

　　花翎知府用分省补用同知奚麟，请免补本班，以知府分省补用，并请赏加盐运使衔。

　　分省补用知县河州案内拟保花翎同知衔吴眪荃，请免补本班，以直隶州知州仍分省补用，并请赏加四品衔。

　　不论双单月遇缺尽先即选知县黄赓陶，请以知县留甘补用，并请赏加同知衔。

　　北河试用县丞杨尔瓒，分发北河试用县丞吴鸣鹏，直隶试用县丞佘荣清，分发直隶试用县丞沈宝中，均请免补本班，以知县仍留原省尽先补用。

　　七品笔帖式馨龄，请免选本班，以通判不论双单月选用，并请赏加四品衔。

　　同知衔江苏候补知县范一福，请俟补缺后以直隶州知州补用。

　　附生河州案内拟保分省补用县丞康嗣缙，请免补本班，以知县仍分省补用，并请赏戴蓝翎。

　　议叙候选从九品陈景春，请免补本班，以盐大使尽先选用，并赏给五品顶戴。

　　湖北试用县丞黄瑞渊，湖北试用府经历余定春，均请免补本班，以知县仍留原省补用；黄瑞渊并请赏加五品衔。

　　候选直隶州州判孙镬龄，请免选本班，以知县分省补用。

　　选用从九品河州案内拟保蓝翎留甘补用县丞苗兴勃，请免补本班，以知县仍留原省补用，并请赏加同知衔。

　　指分甘肃试用府经历方景周，指分江苏试用县丞姜鹏，均请免补本班，以知县仍留各原省补用，并请赏加同知衔。

候选县丞施焕、田治，均请免选本班，以知县分省补用，并请赏加同知衔。

议叙即选府经历杨锡麟，请以府经历分省尽先补用。

议叙县丞宋葆元，请免补本班，以知县分省尽先补用。

候选知县汝恒年，请免选本班，以直隶州知州分省补用，并请赏戴花翎。

新选甘肃宁夏府灵州学正王式金，请在任以知县不论双单月尽先选用，并请赏加同知衔。

选用巡检河州案内拟保知县用分省补用县丞张青云，请免补本班，以知县分省补用，并请赏加同知衔。

陕西补用县丞席德恒，河南试用县丞张其履，均请免补本班，以知县仍留各原省补用，并请赏加同知衔。

花翎运同衔知府用尽先选用知州王秉章，请以知州留甘补用，俟补缺后，再行送部引见。

拔贡注选教职于宗宝，请以学正、教谕不论双单月选用遇缺即选，并请赏加六品衔。

陕西候补县丞河州案内拟保同知衔仍留原省补用知县吴本植，请免补本班，以直隶州知州仍留原省补用，并请赏戴花翎。

四品顶戴知州衔江苏试用通判王钟瀚，请以通判仍归原省候补班补用。

文童河州案内拟保蓝翎分省补用从九品韩鼎、王寿萱，请免补本班，以府经历仍分省补用，并请赏加六品衔。

选用巡检刘恩藻，请免选本班，以县丞留甘尽先补用。

县主簿用选从九品孙潭，请免补本班，以府经历留甘补用，并请赏加六品衔。

俊秀河州案内拟保蓝翎分省补用巡检王恂，请免补本班，以府经历仍分省补用，并请赏加六品衔。

归部不论双单月选用从九品吴聘珍，请免补本班，以县丞分省补用，并请赏戴蓝翎。

增生白忠善，请以府经历县丞不论双单月尽先选用，并请赏戴蓝翎。

优廪生高炳辰，请以教谕不论双单月遇缺即选，并请赏加光禄寺署正衔。

甘肃河州学正赵其昌，请赏加五品衔。

文童河州案内拟保蓝翎留甘补用州吏目邵韵棠，请免补本班，以府经历仍留甘补用，并请赏加六品衔。

附贡生丁文明，附生张佐、张维藩、张士选、侯天柄、龚槑寅，均请以县丞分省补用。

江苏候补县主簿庄洋，请赏戴五品蓝翎。

候选从九品郑承印，请免选本班，以县丞不论双单月遇缺即选，并请赏加六品衔。

廪生林鹏庆，请以盐大使分省补用。

文童河州案内拟保蓝翎候选州吏目王大本，请免选本班，以府经历分省补用，并请赏加六品衔。

监生润霖，请以县丞分省补用。

文童河州案内拟保蓝翎分省补用巡检周万理，请免补本班，以府经历仍分省补用。

文童河州案内拟保蓝翎分省补用从九品王奉先，请免补本班，以县丞仍分省补用。

廪生赵廷选、关自敞、龚焕章,均请以教谕不论双单月遇缺即选,并请赏戴蓝翎。

文童党遵智、李耀庚,均请以巡检分省补用,并赏戴蓝翎。

文童章恭鉴,请以巡检不论双单月遇缺即选。

文童冯燕翼、齐柄,均请以从九品分省补用,并赏戴蓝翎。

文童郑良才,请以州吏目留甘补用,并请赏戴蓝翎。

文童王善述、刘崇阳、晁培,均请以巡检分省补用,并请赏戴蓝翎。

文童盛世瑞、胡清绥、唐应之,均请以典史分省补用,并请赏戴蓝翎。

俊秀李玉麟、苗培之,均请以巡检不论双单月遇缺前先选用,并请赏戴蓝翎。

文童何如玉、陆恩荣、田铭璋,均请以巡检分省补用,并请赏戴蓝翎。

花翎运同衔前管带凤林马步营旗署甘肃河州知州正任灵州知州查之屏,请以知府尽先补用,并赏加盐运使衔。

花翎五品衔丁忧卸署甘肃兰州府狄道州知州新海防候补班尽先补用知县黄焘,请俟服阕补缺后,以直隶州知州归候补班前先补用,并请赏加知府衔。

以上甘军暨永定、永兴、威定各军,前敌首先异常出力武职五百七十八员名、文职一百九员名。合并声明。

庄浪城守尉英秀,请在任以副都统记名简放。

都司衔尽先补用守备韩继业,请免补守备,以都司尽先补用,并请赏加游击衔。

尽先守备李正德、陈春生,均请免补守备,以都司尽先补用。

西宁镇标左营把总李明新，镇属黑石头堡把总郭柏林，均请以千总尽先拔补，并请赏加守备衔。

西宁镇标前营经制张得荣，镇属白塔营经制姚昌，大通营经制李连德，均请免补把总，以千总尽先拔补，并请赏加守备衔。

六品军功马甲瑞恒，请以骁骑校尽先拔补，并赏戴蓝翎。

记名提督安勇巴图鲁孙国乾，请赏加头品顶戴，并请赏换清字巴图鲁名号。

花翎补用副将彭永清、梁东魁，均请免补副将，以总兵记名简放。

花翎留甘即补副将谭荣兴，留陕甘尽先副将李宗经，均请免补副将，以总兵记名简放。

花翎游击衔尽先补用都司陈仕根、蒋占魁，留陕甘尽先都司金连陞，均请免补都司，以游击留陕甘尽先补用，并请赏加副将衔。

蓝翎尽先补用都司林毓琛，请免补都司，以游击尽先补用，并请赏换花翎。

记名总兵胡锦荣，请以提督记名简放。

花翎尽先补用参将黎树扬，请免补参将，以副将尽先补用。

花翎尽先补用守备郭泰兴，镇海协营千总陈庆魁，蓝翎尽先补用守备陈廉，均请免补守备，以都司尽先补用；陈廉并请赏换花翎。

千总王洁、罗泰兴、王治、耿发元、王金龙、张俊、耿发越，均请以守备尽先补用，并请赏戴花翎。

云骑尉世职郝栋梁、王守谦，均请以都司尽先补用，并请赏戴花翎。

恩骑尉世职彭大荣、鲁继宗、李正德、马世勋、李松年，均请以守备尽先补用，并请赏戴花翎。

蓝翎尽先千总赵世绩，把总张花、江祥、王茂兰、张俊三、郭嘉瑞、孙如圭、渭润璧、杨生荣、石起山、贾必辉、魏锡宠、畅嘉谟、杨清、颜守功、罗秀、李进才、张瀚文、解洪伟，均请免补千总，以守备尽先补用。

蓝翎尽先把总董绥昌、郑吉禄、滕伦邦、张大金、张桢祥，均请免补把总，以千总尽先拔补，并请赏加守备衔。

花翎游击衔留甘尽先补用都司刘作铭，请免补都司，以游击仍留原省尽先补用，并请赏加副将衔。

归湖广督标拔补千总王金榜，请免补千总，以守备仍归原标尽先补用，并请赏戴花翎。

花翎留甘补用游击何玉泰，请免补游击，以参将仍留原省尽先补用。

留陕抚标补用都司王桂清，请免补都司，以游击仍留原标尽先补用，并请赏加副将衔。

西宁世袭土司指挥使祁叙古，请赏加总兵衔。

法台转甶僧鲍赛真，请赏加三品顶戴。

僧目谢成功，请以四品昂贺交理藩院注册。

西宁镇标左营千总喻仁煦，尽先守备镇海协营千总宋兆元，尽先守备张启明，均请免补守备，以都司尽先补用，并请赏戴花翎。

西宁镇标右营把总杨殿魁，镇海协营把总包万林，蓝翎尽先把总申锡庆，均请免补千总，以守备尽先补用。

花翎尽先补用游击陶进兰，请免补游击，以参将尽先补用。

花翎留陕甘尽先补用都司王彦龙，请免补都司，以游击仍留原省尽先补用。

六品军功侯玉麟、何禹声、马福贵、马时芳、魏明华、张毅、马福祥、韩海、马兆图、马福寿、张学功、马跃图、敏钟秀，均请免补外委，以把总尽先拔补，并请赏加五品衔。

花翎尽先都司马占奎，请免补都司，以游击尽先补用，并请赏换花翎。

花翎尽先守备马麟、马彦庆、穆成麟、马国良、索成贵、马兴旺，均请免补守备，以都司尽先补用，并请赏加游击衔。

武举河州案内拟保蓝翎尽先千总马毓良、马占魁，均请免补千总，以守备尽先补用，并请赏换花翎。

蓝翎守备衔尽先千总马进福、马全福、马仲仓、鲜呈瑞、马永兴、马如骐、马得明，蓝翎都司衔尽先千总冯鹤麟，武生河州案内拟保蓝翎千总马海渊、马麒、马腾汉，武监生河州案内拟保蓝翎千总马忠孝，均请免补千总，以守备尽先补用，并请赏换花翎。

蓝翎拔补外委河州案内拟保千总李自正、马禄，拔补千总白尚珍，均请免补千总，以守备尽先补用；李自正、马禄并请赏换花翎，白尚珍并请赏戴花翎。

拔补外委河州案内拟保蓝翎尽先千总马英，请免补千总，以守备尽先补用，并请赏加都司衔。

千总用蓝翎把总杨生桂，拔补把总孔先佐，均请免补千、把，以守备尽先补用，并请赏加都司衔。

蓝翎尽先把总马福寿、冯魁、黄逢春、马毓昌、马有禄、马万杰、马镛、马福、马元顺、马福良、马德永、马成礼、马麟、马天世、马凤、马步云、马良、马建功、马有华、张三虎、马有功、铁迎虎、马万伏、喇平贵、张顺元、马国仁、李达庸、马国玺、马自新、杨佐清，均请免补把总，以千总尽先拔补，并请赏加守备衔。

西夷七奇六族都纲安阐真，请赏给巴图鲁名号。

蓝翎尽先守备李正芳，花翎尽先守备穆万璋，均请免补守备，以都司尽先补用；李正芳并请赏换花翎，穆万璋并请赏加游击衔。

蓝翎尽先千总王士林，请免补千总，以守备尽先补用，并请赏换花翎。

留陕甘候补总兵谭应春，请以提督记名简放。

花翎留甘尽先补用副将张其高，请免补副将，以总兵记名简放。

蓝翎都司衔补用守备尽先千总马永祥，蓝翎尽先千总杜元湘、陆二陞，均请免补千总，以守尽先补用，并请赏换花翎。

蓝翎补用千总拔补把总谭万志，蓝翎尽先把总李永华、韩贵成，均请免补把总，以千总尽先拔补，并请赏加守备衔。

循化土司韩起忠、韩膺禄，均请赏戴花翎。

花翎留甘补用游击吴国镇，请免补游击，以参将仍留陕甘尽先补用，并请赏加副将衔。

花翎尽先都司张永福，请免补都司，以游击尽先即补，并请赏加参将衔。

蓝翎尽先补用守备吴灿昭，花翎尽先补用守备吴忠保，均请免补守备，以都司尽先补用；吴灿昭并请赏换花翎，吴忠保并请赏加游击衔。

花翎守备衔拔补千总何仲义，蓝翎拔补千总谈金城、喻绪珸，均请免补千总，以守备尽先补用；何仲义并请赏加都司衔，谈金城、喻绪珸并请赏换花翎。

花翎留陕甘尽先游击孙必昌，请免补游击，以参将仍留原省尽先补用，并请赏加副将衔。

贵德营千总安永恭，蓝翎尽先拔补千总熊占魁，均请以守备尽先补用；安永恭并赏加都司衔，熊占魁并请赏换花翎。

蓝翎拔补把总侯正福、边文彦，均请免补把总，以千总尽先拔补，并请赏加守备衔。

花翎留陕尽先补用都司张得胜，请免补都司，以游击留陕甘尽先补用，并请赏加参将衔。

尽先补用都司左俊卿，请免补都司，以游击尽先补用。

陕甘督标补用守备任正得，请免补守备，以都司仍留陕甘遇缺即补，并请赏戴花翎。

花翎补用守备黄得胜，花翎都司用留湖南补用守备蔡官禄，均请免补守备，以都司留陕甘遇缺即补。

蓝翎守备衔补用千总左瑞章、张河清，均请免补千总，以守备尽先补用，并请赏换花翎。

升用提督周文翔，请以提督记名遇缺简放。

蓝翎副将衔补用参将魏仕洪，请免补参将，以副将留甘尽先补用，并请赏换花翎。

花翎留湖南补用都司钱宝林，请免补都司，以游击仍留原省尽先补用，并请赏加参将衔。

花翎补用都司任其发、雷正邦，蓝翎尽先都司刘承瑞，均请免补都司，以游击尽先补用，并请赏加参将衔。

花翎补用守备黄济宽、陈春元，均请免补守备，以都司尽先补用，并请赏加游击衔。

蓝翎都司衔尽先守备刘文墀、张先铉，均请免补守备，以都司尽先补用，并请赏换花翎。

蓝翎守备衔拔补千总周国瑞，蓝翎千总李启才、甘蓝田、黄廷芳，均请免补千总，以守备尽先补用，并请赏加都司衔。

蓝翎拔补把总何兆祥、蒋得胜、沈春槐、赵泗滨、谭佐卿、陈顺祥、孙有麟，均请免补千、把，以守备尽先补用。

花翎留陕甘尽先补用参将王荣茂，请免补参将，以副将仍留原省尽先补用，并请赏加总兵衔。

花翎推补副将胡祥胜，请以副将尽先补用，并请赏加总兵衔。

花翎尽先补用都司万朋镜，请免补都司，以游击尽先补用。

花翎留湖南尽先补用都司王云贵，请免补都司，以游击仍留原省尽先补用，并请赏加参将衔。

蓝翎尽先拔补千总杨玉胜，请免补千总，以守备尽先补用。

五品蓝翎尽先把总蓝永福，请免补千、把，以守备尽先补用。

头品顶戴留新疆记名遇缺补用提督苏贵兴，请以提督记名简放，并请赏给清字巴图鲁名号。

花翎尽先推补副将勉勇巴图鲁苏正德，请免补副将，以总兵留陕甘补用。

花翎尽先补用游击谢玉申，请免补游击，以参将留陕甘补用。

花翎留甘补用守备补缺后都司吕永福，请免补守备，以都司仍留原省尽先补用。

蓝翎补用守备文朝瑞、谭云祥，均请免补守备，以都司尽先补用，并请赏加游击衔。

蓝翎守备衔尽先千总张心田，蓝翎拔补千总计福有、庞国正、刘文祥、沈林祥，均请免补千总，以守备尽先补用；张心田并请赏换花翎，计福有、庞国正、刘文祥并请赏加都司衔。

拔补外委翟金恺，请免补外、把，以千总留陕甘尽先补用，并请赏加守备衔。

蓝翎尽先拔补把总王成福、刘瑞祥、王长奎，拔补把总何继林，均请免补把总，以千总尽先拔补，并请赏加守备衔。

花翎副将衔留新疆补用参将贺福春，请免补参将，以副将仍留原省尽先推补，并请赏加总兵衔。

蓝翎拔补把总张秉深，请免补把总，以千总尽先拔补，并请赏加守备衔。

提督衔记名简放总兵富隆阿巴图鲁柴典汉，请以提督记名简放，并请赏加头品顶戴。

花翎留陕甘尽先补用都司王稼春，请免补都司，以游击仍留原省尽先补用，并请赏加副将衔。

花翎副将衔补用参将刘玉相，请免补参将，以副将留陕甘补用，并请赏加总兵衔。

花翎补用都司李金廷，请免补都司，以游击尽先补用。

蓝翎都司衔补用守备邹云光，花翎尽先补用守备蔡连发，均请免补守备，以都司尽先补用；邹云光并请赏换花翎，蔡连发并请赏加游击衔。

蓝翎拔补千总谭善荣、李有、邓复茂、彭相廷，均请免补千总，以守备尽先补用，并请赏换花翎。

甘肃庄浪协副将永明，请以总兵记名简放，并请赏戴花翎。

凉州镇属庄浪营都司曹潾，请以游击尽先补用，并请赏戴花翎。

庄浪营把总张振基、王积善，永泰营把总马金成，均请免补千总，以守备尽先补用，并请赏戴蓝翎。

记名遇缺简放提督都勇巴图鲁杨志胜，请赏加头品顶戴，并赏换清字巴图鲁名号。

花翎尽先即补都司郭怀佐，请免补都司，以游击尽先即补，并请赏加副将衔。

蓝翎尽先补用守备武广元,西宁喇课营蓝翎千总李向荫,均请免补守备,以都司尽先即补,并请赏换花翎。

云骑尉世职李永年,请以守备尽先即补,并请赏戴花翎。

镇海协营左哨把总李鸿藩,镇海协营右哨把总陈琼润,西宁镇标右营把总赵承纬,均请免补千总,以守备尽先补用,并请赏戴蓝翎。

六品军功炳镛,请以骁骑校尽先补用,并请赏戴蓝翎。

记名简放提督奇臣巴图鲁邓全忠,请赏给头品顶戴。

留甘推补游击汤仁泽,请免补游击,以参将仍留原省尽先补用,并请赏加副将衔。

蓝翎都司用尽先守备袁英进,蓝翎尽先守备李昌荣,均请免补守备,以都司尽先补用,并请赏换花翎。

蓝翎守备用尽先千总李发胜、王玉开,蓝翎尽先千总陈鸣辉、何起善,尽先千总蔡云海,守御所千总王锡,均请免补千总,以守备尽先补用,并请赏戴花翎。

蓝翎拔补把总邓振邦、邹政藩、陆开贵、邓绍谦、刘明伦、吴成基,均请免补千、把,以守备尽先补用,并请赏换花翎。

卫守备职衔张伯龙,请以卫守备分省补用,并赏加都司衔。

蓝翎拔补外委邓大廷、方开基,均请免补外委,以把总尽先拔补,并请赏给五品顶戴。

镶红旗汉军翻译生纪沅,请以骁骑校补用,并赏戴蓝翎。

已革西宁镇标前营守备花翎副将衔留陕甘尽先游击颖勇巴图鲁陈国祥,请开复原官衔翎,并免缴捐复银两,仍留陕甘尽先补用。

副将衔留陕尽先补用参将勤勇巴图鲁王明福,请免补参将,以副将仍留原省尽先补用,并赏加总兵衔。

副将衔补用参将即补游击韦廷苞,请免补游击,以参将尽先补用,并请赏给巴图鲁名号。

已革花翎尽先参将西宁大通营游击王有德,请开复原官衔翎,并免缴捐复银两。

提督衔记名遇缺简放总兵宁夏镇标左营游击师玉春,请交军机处记名,遇有提督、总兵缺出,开列在前,请旨简放。

边缺俸满应升知府甘肃贵德厅同知调署循化同知欧阳乐清,请免升知府,以道员仍留原省尽先补用。

花翎补用知府甘肃丹噶尔同知承绪,请免补知府,以道员在任候选。

知府衔署贵德厅同知甘肃补用同知张晖旸,请免补本班,以知府仍留原省补用。

俸满应升直隶州知州甘肃静宁州知州朱铣,请免升直隶州知州,以知府仍留原省补用。

甘肃试用通判宋之章,请免补本班,以知州仍留原省补用。

蓝翎五品衔甘肃巴燕戎格厅通判方传获,请俟升补同知后,以知府在任尽先补用。

补用直隶州知州甘肃军功候补班尽先前补用知县孙谷诒,请免补本班,以直隶州知州仍留原省,仍归军功候补班尽先前补用。

花翎同知衔甘肃候补知县萧承恩、余承曾,均请免补本班,以直隶州知州仍留原省即补。

知县用留甘补用县丞任韶辂,请免补本班,以知县仍留原省补用。

举人不论双单月选用知县联瑛,请以知县留甘尽先补用。

同知衔甘肃候补州判陈教诗,甘肃试用府经历王之琛,甘肃试用县丞王肇基，陕西试用县丞张典谟，均请免补本班，以知县仍留各原省补用。

边俸期满应升县丞贵德厅照磨郑仁辅，请俟升县丞后，以知县仍留原省尽先补用。

赏还原衔前代理福建台湾凤山县知县甘肃候补知县高光斗，请开复革职处分，仍以知县归甘肃补用。

已革花翎同知衔奉天盖平县知县何守谦，请免罪并赏还原衔翎枝。

选用盐大使陈锜，候选府经历王鸿畴，候选县丞李允谐，均请免选本班，以知县分省补用。

甘肃试用典史曾昭炳，请免补本班，以府经历仍留原省补用。

府经历职衔监生张维宪、陈大文，均请以府经历分省补用。

县丞职衔张卓麟，请以县丞分省补用。

候选从九品牛履泽、尹国琛，均请免选本班，以县丞分省补用。

已革西宁典史张承宗，请开复革职处分，仍留甘肃补用。

从九品职衔张鸿，请以州吏目留甘补用。

应升之缺升用知府衔甘肃候补直隶州知州符瑞，请俟补缺后，以知府在任候补，并请赏加盐运使衔。

蓝翎准补甘肃西宁府循化同知黄森，请以知府在任候选。

蓝翎同知衔直隶州用分省补用知县邓乔荣，请免补本班，以直隶州知州留甘补用。

同知衔甘肃候补知县史文光，请俟补缺后，以直隶州知州补用。

同知衔甘肃崇信县知县陈兆康，请在任以直隶州知州补用。

甘肃兰州府学教授河州案内拟保蓝翎在任候选知县马墉，请俟选知县后，以直隶州知州补用。

陕西试用县丞张成淑，请免补本班，以知县仍留原省补用。

同知衔补用直隶州知州知县用候选县丞饶翰霄，请免选县丞，以知县分省遇缺尽先补用。

指分甘肃试用府经历余泽溥，请免补本班，以知县分省补用。

留甘尽先补用州吏目陈必淮，请免补本班，以县丞仍留原省尽先补用。

江西试用县丞张继曾，请免补本班，以知县仍留原省补用。

在任候选县丞甘肃灵州吏目何培光，请俟选缺后，以知县用。

举人鹿葆熙，请以知县分省补用。

选用府经历黄国华，请免选本班，以知县分省补用。

选用直隶州州判王培义，请以直隶州州判分省补用。

候选府经历张凤瀛，请免选本班，以知县留甘补用。

归部不论双单月尽先选用从九品李兴旋，请免选本班，以县丞分省补用。

监生罗会谦，请赏加主簿衔。

选用从九品沈起云、康生、陈璜润，附生马遂良、甘钟骥，均请以县丞分省补用。

例贡生炳照，请以从九品分省补用。

廪生马中选、赵洪钧、耿士贤，均请以教谕不论双单月遇缺即选。

军机处供事胡廷棣，请免题覆从末，以县丞分省补用。

廪生曾志远，请以县丞分省尽先补用。

附生王瀚，请以府经历不论双单月遇缺即选。

附生李国俊、董学南、何玉麟，均请以县丞不论双单月遇缺即选。

监生王懋辰，文童邓崇翰、吴士俊、苏有桢、荣炳奎、白枢棽、陈凌汉、陈宗祎、赵鸣西，均请以从九品分省补用。

文童邰宽，请以巡检分省补用。

文童唐升扆、伍政元、苏瀚、王锡璠、刘镇璋、关韵成、马鸿宾、监生周明寿、马廷辅，均请以巡检分省补用。

文童马国礼、车玉衡、王金鏊、赵俊新、苏朴、何岳蒸、赵发藻、张翊臣，均请以巡检分省补用。

文童张有禄，请以从九品归部，不论双单月遇缺即选。

文童胡长骥、欧阳和、詹鲁仁、袁文范，均请以从九品分省补用。

文童王之臣、王铨、危星祥，均请以典史分省尽先补用。

文童徐兴铨、邓源，请以典史留甘补用。

以上陕甘督标、新疆抚标暨西宁、青海各军，前敌首先异常出力武职二百七十八员名，文职九十八员名。合并声明。

（朱批：）览。①

一四二　奏报办理甘肃本年乡试情形折

光绪二十三年八月二十四日（1897年9月20日）

头品顶戴陕甘总督臣陶模跪奏，为甘肃文闱乡试三场完竣，接试翻译，一律肃静，并房考兼用候补人员，恭折仰祈圣鉴事。

窃甘省本年丁酉科乡试，臣照例于八月初六日入闱监临。其应调同考官八员，于进士、举人出身之实缺知县内考取准调皋兰县

① 台北故宫博物院藏：军机及宫中档，文献编号：141317-0-A。

知县陈昌、环县知县杜翻、平罗县知县李含菁、镇番县知县钱广恩、秦安县知县刘至顺、陇西县知县江昌燕六员,余遵照道光十年通行章程,在候补人员内考取即用知县汤霖、即用知县黄国琦二员,文理优长,堪以派充分校。

应试士子共二千四百九十五名,三场完竣,已将朱卷封送内帘。十七日,接试翻译。计驻防士子一十九名,照例点进贡院,随诣内帘恭领钦命题目,严密缮刊,散给士子。十九日出场,内、外帘一律整齐严肃。除将翻译试卷一十九本逐一弥封钤印,即日委员解交礼部外,所有原奉钦命翻译题目,敬谨封固,附折恭缴。臣于二十日出闱,仍留提调官兰州道黄云、监试官巩秦阶道赵时熙,在闱内稽查弹压,并饬督标中军副将汤仁和在贡院门外巡逻稽查,以昭严密。

所有甘肃乡试三场完竣,接试翻译,均各肃静暨房考兼用候补人员缘由,理合恭折具奏,伏乞皇上圣鉴。谨奏。光绪二十三年八月二十四日。

（朱批:）知道了。①

光绪二十三年九月初七日,奉朱批:知道了。钦此。②

一四三　奏报甘肃光绪二十 三年六月雨水、粮价折

光绪二十三年九月初一日(1897年9月26日)

头品顶戴陕甘总督臣陶模跪奏,为恭报甘肃省光绪二十三年

---

① 台北故宫博物院藏:军机及宫中档,文献编号:408003094。
② 台北故宫博物院藏:军机及宫中档,文献编号:141561。

六月份粮价、雨泽情形，恭折仰祈圣鉴事。

窃照本年五月份粮价并得沾雨泽情形，业经具折奏报在案。兹查六月份兰州等八府六直隶州属具报得沾雨泽，自一二寸至二三寸不等。正值秋禾长发之际，获此沃泽，实于农田有裨。间有被雹、被水之处，业经另案专折奏报。至通省粮价，或与上月相同，或较上月稍有增减。据藩司曾鉌具详请奏前来。

臣覆核无异。理合恭折具奏，并缮粮价清单，恭呈御览，伏乞皇上圣鉴。谨奏。光绪二十三年九月初一日。

（朱批：）知道了。[1]

光绪二十三年九月二十六日，奉朱批：知道了。钦此。[2]

一四四　呈甘肃光绪二十三年六月粮价清单

光绪二十三年九月初一日（1897 年 9 月 26 日）

谨将甘省各属光绪二十三年六月份米粮时估价值，缮具清单，恭呈御览。

兰州府属：价昂

粟米每京石价银八钱八分六厘至三两三钱三分六厘，较上月贵二钱一分七厘。小麦每京石价银八钱二分一厘至二两九钱三分三厘，较上月贵三分六厘。豌豆每京石价银八钱八分六厘至二两八钱七分六厘，较上月贵三分六厘。青稞每京石价银一两二钱四厘至二两五钱三分一厘，较上月贵三分一厘。

---

① 台北故宫博物院藏：军机及宫中档，文献编号：408003100。
② 台北故宫博物院藏：军机及宫中档，文献编号：142052。

巩昌府属：价有昂有平

粟米每京石价银八钱二分九厘至二两四钱七厘，与上月相同。小麦每京石价银七钱二分至一两六钱四分五厘，与上月相同。豌豆每京石价银七钱三分九厘至一两五钱六分七厘，较上月贵一钱七厘。青稞每京石价银八钱三分七厘至一两一钱二分，与上月相同。

平凉府属：价有昂有平

粟米每京石价银一两二钱八分八厘至一两四钱，与上月相同。小麦每京石价银七钱六分九厘至一两一钱九厘，与上月相同。豌豆每京石价银七钱六分四厘至一两一钱一分九厘，与上月相同。糜子每京石价银七钱至七钱一分一厘，较上月贵一分一厘。

庆阳府属：价有昂有平

粟米每京石价银五钱五厘至七钱四分二厘，与上月相同。小麦每京石价银五钱五厘至一两三钱四分，较上月贵六分三厘。豌豆每京石价银四钱四分至一两七钱八分二厘，较上月贵六分七厘。糜子每京石价银二钱九分四厘至四钱三分五厘，与上月相同。

甘州府属：价平

粟米每京石价银七钱七分七厘至一两二分九厘，与上月相同。小麦每京石价银七钱三厘至七钱五分六厘，与上月相同。豌豆每京石价银七钱三厘至一两四钱七分，与上月相同。青稞每京石价银四钱二分至六钱四分七厘，与上月相同。

凉州府属：价平

粟米每京石价银九钱四分五厘至二两七钱三厘，与上月相同。小麦每京石价银七钱一分四厘至一两九钱九分九厘，与上月相同。豌豆每京石价银七钱七分七厘至二两一钱二分七厘，与上月相同。

青稞每京石价银六钱九厘至一两五钱三分四厘，与上月相同。

宁夏府属：价平

粟米每京石价银五钱九分九厘至一两一钱二分，与上月相同。小麦每京石价银六钱九分二厘至一两二钱三厘，与上月相同。豌豆每京石价银六钱七分二厘至一两四钱，与上月相同。糜子每京石价银三钱九分九厘至七钱九分一厘，与上月相同。

西宁府属：价平

粟米每京石价银一两七钱一分八厘至六两五钱六分，与上月相同。小麦每京石价银一两八钱四分八厘至三两二钱八分，与上月相同。豌豆每京石价银一两七钱三分六厘至三两三分九厘，与上月相同。青稞每京石价银一两六钱二分至二两四钱七分九厘，与上月相同。

秦州直隶州并所属：价有昂有平

粟米每京石价银一两一钱九分至二两四钱七分九厘，较上月贵一钱八分四厘。小麦每京石价银六钱四分五厘至二两二钱九分五厘，与上月相同。豌豆每京石价银六钱四分五厘至一两八钱一分二厘，与上月相同。糜子每京石价银五钱六分至一两五钱七分，与上月相同。

阶州直隶州并所属：价落

粟米每京石价银一两三钱八分六厘至二两四钱一厘，较上月贱一钱五厘。小麦每京石价银一两三钱四分四厘至一两七钱六分五厘，较上月贱一钱二分二厘。豌豆每京石价银一两二钱七分八厘至一两四钱七分，较上月贱七分四厘。糜子每京石价银一两二钱一厘，较上月贱五分二厘。

泾州直隶州并所属：价有昂有平

粟米每京石价银五钱一分五厘至一两一分一厘，较上月贵六分六厘。小麦每京石价银四钱八分八厘至八钱五分五厘，较上月贵七分一厘。豌豆每京石价银四钱三分四厘至九钱三分一厘，与上月相同。穈子每京石价银三钱三分六厘至六钱二分二厘，较上月贵九分七厘。

固原直隶州并所属：价有平有落

粟米每京石价银八钱八分九厘至一两四钱六分七厘，较上月贱一钱。小麦每京石价银八钱八分九厘至一两二钱五分，与上月相同。豌豆每京石价银八钱六分一厘至一两四钱四分二厘，与上月相同。穈子每京石价银七钱七分四厘，较上月贱三分五厘。

肃州直隶州并所属：价有昂有平

粟米每京石价银一两八厘至一两五分，与上月相同。小麦每京石价银八钱六厘至九钱二分四厘，较上月贵八分四厘。豌豆每京石价银九钱二分四厘至一两二钱四分三厘，与上月相同。青稞每京石价银五钱四分六厘至六钱九分七厘，与上月相同。

安西直隶州并所属：价平

粟米每京石价银一两五分至一两四钱，与上月相同。小麦每京石价银一两九分八厘至一两五钱二分，与上月相同。豌豆每京石价银一两三钱七分二厘至二两八分，与上月相同。青稞每京石价银一两三钱四分三厘至一两五钱二分，与上月相同。

（朱批：）览。[1]

---

① 台北故宫博物院藏：军机及宫中档，文献编号：142052-0-A。

一四五　奏报甘肃光绪二十三年春夏情重盗匪惩办折

光绪二十三年九月初一日(1897年9月26日)

　　头品顶戴陕甘总督臣陶模跪奏，为报明甘肃省光绪二十三年春夏二季份情重盗匪，照章就地惩办缘由，恭折仰祈圣鉴事。

　　窃照甘肃地处边疆，汉、番、回、撒，种类不一，往往勾结为匪，骑马持械抢劫为生，甚至逞凶拒捕，伤毙事主，近来复有游勇肆行劫掠，情势均属凶暴，仍应按照刑部通行，随时就地正法，按季汇报。兹查光绪二十三年春夏二季份，据皋兰县、宁灵厅、宁朔县先后报获盗匪汪七十四、刘汉娃子、汪张成、马有高即马小河州、马有幅即马大河州、张怔三、张得功、郭进沅、王逢山、宋盈中、孟全德即孟老八、王金礼即王什长、马德胜、李登棋到案，均经批饬该管府讯供详办。旋据兰州府、宁夏府先后覆审拟议详办前来。

　　查该盗匪汪七十四、马有高、马有幅、张怔三、张得功、郭进沅、宋盈中、孟全德、王金礼、马德胜、李登棋等十一犯，多系游勇，或结伙持械，拦路劫杀；或拒杀事主，搜劫家财，均系情罪重大，法无可逭，经臣批司核覆，实属情真罪当，已先后批饬将该犯汪七十四等分别就地正法，同割取监毙首盗马呀呀子首级，一并悬杆示众，俾昭炯戒。刘汉娃子、汪张成讯系被胁勉从在场，并未动手，情节较轻，亦令照章锁击杆磴，均俟限满察看，另行办理。王逢山系闻拿投首，且又供出伙盗张得功、郭进沅藏匿处所，立时拿获，应照例减等，酌拟系带杆磴。惟另有伙窃唐天东家烟土、拒伤事主身死之案，首犯谢保良等未获，饬令暂行监禁，仍令严缉盗首谢保良、乔得功等,获日再办。据甘肃按察使丁体常详请具奏前来。

除仍批饬严缉各案逸盗务获究报外,所有甘肃省光绪二十三年春夏二季份情重盗匪照章就地惩办缘由,谨开具籍贯、案由清单,恭折具陈,伏乞皇上圣鉴,饬部查照施行。谨奏。光绪二十三年九月初一日。

（朱批:)刑部知道。单并发。[①]

光绪二十三年九月二十六日,奉朱批:刑部知道。单并发。钦此。[②]

一四六　呈甘肃光绪二十三年
　　　春夏情重盗匪惩办清单

光绪二十三年九月初一日(1897年9月26日)

谨将甘肃省光绪二十三年春夏二季份惩办过情重盗匪籍贯、案由,开具简明清单,恭呈御览。

春季份:

一、皋兰县凶盗汪七十四,讯据供称籍隶甘肃河州,起意纠同在逃之杨保娃并已获之刘汉娃子、汪张成,一共四人,执持器械,拦路劫夺民人马大个子等驴马、钱物,拒殴事主一死一伤各等情不讳。禀经臣批饬该管兰州府覆审明确,详经臣批司核覆,委系情真罪当,饬该犯汪七十四一犯就地正法,以昭炯戒。刘汉娃子、汪张成讯系被胁勉从在场,并未动手,情节较轻,亦饬照章各锁带杆礅

---

①　台北故宫博物院藏:军机及宫中档,文献编号:408003098。

②　台北故宫博物院藏:军机及宫中档,文献编号:142048。

十年,俟限满察看,再行办理。仍饬严缉逃犯杨保娃,务获另办。

一、宁灵厅伙盗马有高即马小河州、马有幅即马大河州,讯据供称俱系河州回民,听从已获监毙之首盗马呀呀子即鬼拔毛盖子,并在逃之回民丁苏码子、丁古八子,分持洋枪、刀棒,拦路行劫,拒伤事主马中沅身死,抢去驿银不讳。禀经臣批饬该管宁夏府覆审明确,详经臣批司核覆,委系情真罪当,饬将该犯马有高即马小河州、马有幅即马大河州二犯就地正法,同割取监毙首盗马呀呀子即鬼拔毛盖子首级一并枭示,俾昭炯戒。仍饬严缉逸盗丁苏码子等,务获另办。

夏季份:

一、皋兰县盗犯张怔三、张得功、郭进沅,讯据供称分隶山东蒲台、单县及河南商丘等县,先均在营充勇,遣撤出营,听从起意行劫在逃之乔得功及同伙已获之王逢山及未获之谢保良、泰进汶,一共七人,分携刀枪、油捻,强劫事主张朱氏铺内洋布、衣物,拒殴伙计二人受伤平复不讳。禀经臣批饬该管兰州府覆审明确,详经臣批司核覆,委系情真罪当,饬将该犯张怔三、张得功、郭进沅三犯就地正法,悬杆示众,俾昭炯戒。王逢山系闻拿投首,且又供出伙盗张得功、郭进沅藏匿处所,立时拿获,应照例减等,酌拟系带杆礅。惟另有伙窃唐天东家烟土、拒伤事主身死之案首犯谢保良等未获,饬令暂行监禁。仍令严缉盗首谢保良、乔得功等,获日再办。

一、宁塑县伙盗宋盈中,讯据供称隶河南邓州,先充营勇,后因遣散出营,听从已获监毙首盗段开劈起意,纠同赵沄山、王幅惯、李伏明、张姓、孙姓、王姓等一共八人,分持器械,强劫事主李兰家烟土,拒伤多人平复不讳。禀经臣批饬该管宁夏府覆审明确,详经臣批司核覆,委系情真罪当,饬将该犯宋盈中就地正法,以昭炯戒。

仍饬严缉逸盗赵沄山等，务获另办。

一、宁塑县盗犯孟全得即孟老八、王全礼即王什长、马德胜、李登棋，讯据供称分隶山东恩县、四川大邑、直隶香河、河南滑县等县，先均在营充勇，先后遣散出营，同在逃之钟玉山、孟姓、曹姓等一共七人，贪夜明火，分持刀棒，行劫事主李士贵家钱、布、衣物，拒伤事主平复不讳。禀经臣批饬该管宁夏府覆审明确，详经臣批司核覆，委系情真罪当，饬将该犯孟全得、王全礼、马德胜、李登棋四犯就地正法，枭首示众，俾昭炯戒。仍饬严缉逸盗钟玉山等，务获另办。

（朱批：）览。[①]

一四七　请以阮士惠补授永昌县知县折

光绪二十三年九月初一日（1897年9月26日）

头品顶戴陕甘总督臣陶模跪奏，为拣员请补要缺知县，以裨地方，恭折仰祈圣鉴事。

窃据甘肃藩、臬两司详称：永昌县知县高蔚霞病故遗缺，前以庄浪县丞叶森请升，奉部议驳。嗣以金县知县姬恺臣请调，复奉部咨：姬恺臣试俸尚未期满，核与调补之例不符，行令再行拣选等因。自应遵照另拣。查知县应调缺出，无合例堪调之员，例准以候补并进士即用人员酌补。今永昌县知县系三项要缺，地处冲要，政务殷繁，非老成干练之员，不足以资治理。现在简缺合例知县仅止一人，与此缺不甚相宜。该司等在于候补即用人员内逐加遴选，查有

---

①　中国第一历史档案馆藏：清单，文献编号：142048-0-A。

即用知县阮士惠,年四十三岁,陕西山阳县廪生。光绪元年乙亥科中式本省乡试举人,考取汉教习,俸满引见,以知县用。十八年壬辰科会试中式贡士,殿试三甲,朝考三等,引见奉旨以知县即用,签分甘肃,即于是年十二月十八日到省,前署靖远县知县,现署平番县知县,均无遗误。该司等查该员阮士惠稳练精详,留心吏治,以之请补永昌县知县,实堪胜任,人地亦极相宜。会详请奏前来。

臣查该员阮士惠心地慈祥,办事勤敏,合无仰恳天恩,俯准以该员阮士惠补授永昌县知县,实于地方有裨。如蒙俞允,该员以知县请补知县,衔缺相当,毋庸送部引见。再,该员各署任内并无参罚案件。谨恭折具奏,伏乞皇上圣鉴训示。谨奏。光绪二十三年九月初一日。

(朱批:)吏部议奏。[①]

光绪二十三年九月二十六日,奉朱批:吏部议奏。钦此。[②]

一四八　代奏新授河州总兵刘璞谢恩折

光绪二十三年九月初一日(1897 年 9 月 26 日)

头品顶戴陕甘总督臣陶模跪奏,为据情代奏,叩谢天恩,恭折仰祈圣鉴事。

窃臣据署凉州镇总兵新授陕西河州镇总兵爽勇巴图鲁刘璞呈称:于光绪二十三年七月二十四日接到行知:光绪二十三年六月十六日奉上谕:陕西河州镇总兵员缺,着刘璞补授。钦此。当即恭设

---

① 台北故宫博物院藏:军机及宫中档,文献编号:408003099。

② 台北故宫博物院藏:军机及宫中档,文献编号:142049。

香案,望阙叩头谢恩。伏念刘璞关中下士,知识庸愚,早岁从戎,未建奇勋,于塞上频年镇摄,幸摧逆焰于湟中。正惭悚之方深,忽宠荣之下逮,白天颁命,伏地怀惭。容俟禀商督臣委员接代署篆,即行驰诣阙廷,跪聆圣训。

所有感激下忱,谨先呈请据情代奏,叩谢天恩等情前来。理合恭折代陈,伏乞皇上圣鉴。谨奏。光绪二十三年九月初一日。

（朱批:）知道了。①

光绪二十三年九月二十六日,奉朱批:知道了。钦此。②

一四九　代奏调补肃州总兵何建威谢恩折

光绪二十三年九月初一日(1897年9月26日)

头品顶戴陕甘总督臣陶模跪奏,为据情代奏,叩谢天恩,恭折仰祈圣鉴事。

窃臣据调补肃州镇总兵何建威呈称:窃总兵前在狄道州防次,先蒙奏委署理肃州镇总兵篆务,正启程赴任间,旋又接到行知内开:光绪二十三年六月十六日奉上谕:何建威着调补肃州镇总兵。钦此。钦遵当将防务交卸清楚,由狄道起程。八月初五日,行抵肃州。初十日,准前任总兵田在田委署中军游击戴福禄赍送印信、文卷前来。遵即恭设香案,望阙叩头谢恩,祗领任事。前任总兵田在田亦于是日交卸讫。伏念总兵一介武夫,毫无知识,前此仰邀特简,擢任河州镇总兵,兹复蒙恩调补肃州镇总兵,迭荷宠荣之下逮,

---

① 台北故宫博物院藏:军机及宫中档,文献编号:408003096。
② 台北故宫博物院藏:军机及宫中档,文献编号:142050。

实为梦想所难期。闻命之下，感惭交集。肃州地处极边，蒙、番杂处，且为关陇门户，举凡防卫地方，巡缉匪类，在在均关紧要。总兵惟有勉竭驽骀，力矢勤慎，以期仰答高厚鸿慈于万一。

所有总兵接印任事日期，并感激下忱，恳请据情代奏，叩谢天恩前来。理合据情恭折代奏，伏乞皇上圣鉴。谨奏。光绪二十三年九月初一日。

（朱批：）知道了。①

光绪二十三年九月二十六日，奉朱批：知道了。钦此。②

一五〇　请以郎永清借补定边协副将折

光绪二十三年九月初一日（1897 年 9 月 26 日）

头品顶戴陕甘总督臣陶模跪奏，为拣员借补副将要缺，以裨营伍，恭折仰祈圣鉴事。

窃查陕西延榆绥镇属定边协副将员缺，前经臣请以记名总兵前陕西洮岷副将陈元尊补授，经部议覆：该员丁忧开缺，服满后并未照章请咨赴部，所保记名总兵亦未造送履历，遽行请补该省之缺，核与定章不符，应毋庸议。其定边协副将员缺，仍令拣尽先合例人员请补等因。臣随在于尽先人员内拣选得补用总兵留陕甘尽先补用副将郎永清，河南商丘县人，由武童于同治元年投入陕甘骁捷豫营效力，节次打仗出力，历保补用总兵留陕甘尽先补用副将，借补西凤营守备。去岁三月，经臣奏请开去守备底缺，归总兵、副

①　台北故宫博物院藏：军机及宫中档，文献编号：408003097。
②　台北故宫博物院藏：军机及宫中档，文献编号：142051。

将班内序补,奉旨允准在案。该员久历戎行,精明稳练,以之借补
斯缺,实堪胜任,亦与部章相符。合无仰恳天恩,俯念员缺紧要,准
以该员郎永清借补陕西定边协副将员缺,以期得力。如蒙俞允,俟
奉准部覆后,即行给咨送部引见,以符定制。

除查取该员履历清册另咨送部外,谨会同陕西固原提臣邓增
恭折具陈,伏乞皇上圣鉴训示。谨奏。光绪二十三年九月初一日。

(朱批:)兵部议奏。①

光绪二十三年九月二十六日,奉朱批:兵部议奏。钦此。②

一五一　请将游击陈义底缺开除以便委用片

光绪二十三年九月初一日(1897年9月26日)

再,臣接准陕西固原提督臣邓增咨:据管带精选左旗步队记名
提督肃州镇标左营游击陈义呈称:于咸丰初年投效粤军,转战江、
皖、陕、甘等省,历保至记名提督。同治十年,借补肃州镇标左营游
击,因久在防所带队,未能赴任,恳请将肃州镇标左营游击底缺开
除,归提督、总兵班内委用,以资报效等情,造具履历清册,由提咨
请核办前来。

臣查该员在固原带队年久,深资得力,一时遽难赴任。合无仰
恳天恩,俯准将该员陈义借补肃州镇标左营游击底缺开除,以便归
提督、总兵班内委用。

除将该员履历清册咨送兵部外,所遗肃州镇标左营游击员缺,

---

① 台北故宫博物院藏:军机及宫中档,文献编号:408003095。
② 台北故宫博物院藏:军机及宫中档,文献编号:142047。

陕甘现有应补人员,容臣另行拣员请补。理合附片具陈,伏乞圣鉴训示。谨奏。

（朱批：）着照所请,兵部知道。①

光绪二十三年九月二十六日,奉朱批:着照所请,兵部知道。钦此。②

一五二　请以范正心补授西宁镇标中营守备片

光绪二十三年九月初一日(1897年9月26日)

再,臣接准兵部咨:西宁镇标中营守备员缺系题补第四轮第九缺,轮用应补世职人员,令即拣员请补等因。臣即在于曾经引见期满之云骑尉人员内,详加考选得督标中营云骑尉世职范正心,年力强壮,枪箭合式,以之请补斯缺,实堪胜任,亦与定章相符。合无仰恳天恩,俯念员缺紧要,准以该世职范正心补授西宁镇标中营守备,以期得力。如蒙俞允,该世职系已经引见之员,应请饬部发给实授札付,以符定制。

除查取该世职履历清册送部外,谨会同署甘肃提臣张永清附片具陈,伏乞圣鉴训示。谨奏。

（朱批：）兵部议奏。③

光绪二十三年九月二十六日,奉朱批:兵部议奏。钦此。④

---

① 台北故宫博物院藏:军机及宫中档,文献编号:408003095-0-A。
② 台北故宫博物院藏:军机及宫中档,文献编号:142054。
③ 台北故宫博物院藏:军机及宫中档,文献编号:408003095-0-B。
④ 台北故宫博物院藏:军机及宫中档,文献编号:142053。

一五三　奏报红水营守备郑治病故出缺片

光绪二十三年九月初一日(1897年9月26日)

再，据署凉州镇总兵刘璞呈称：署大靖营中军守备正任红水营守备郑治因旧病复发，调治未愈，于光绪二十三年六月二十九日在署任病故等情前来。臣覆核无异。相应请旨开缺。

除查取该故员原领札付及医、亲承查印、甘各结另咨送部外，所遗凉州镇属红水营守备员缺，陕甘现有应补人员，容臣另拣请补。理合附片具陈，伏乞圣鉴。谨奏。

（朱批：）兵部知道。[①]

光绪二十三年九月二十六日，奉朱批：兵部知道。钦此。[②]

一五四　恭报甘肃光绪二十
三年七月雨水、粮价折

光绪二十三年九月十七日(1897年10月12日)

头品顶戴陕甘总督臣陶模跪奏，为恭报甘肃省本年七月份粮价、雨泽情形，恭折仰祈圣鉴事。

窃照光绪二十三年六月份粮价并得沾雨泽情形，业经具折奏报在案。兹查七月份兰州等八府六直隶州属具报得沾雨泽，自一二寸至二三寸不等。正值秋禾结实之际，获此沃泽，实于农田有

---

① 台北故宫博物院藏：军机及宫中档，文献编号：408003095-0-C。
② 台北故宫博物院藏：军机及宫中档，文献编号：142055。

裨。间有被雹、被水之处,已饬查勘另办。至通省粮价,或与上月相同,或较上月略有增减。据藩司曾鉌具详请奏前来。

臣覆核无异。理合恭折具奏,并缮粮价清单,恭呈御览,伏乞皇上圣鉴。谨奏。光绪二十三年九月十七日。

(朱批：)知道了。①

光绪二十三年十月十一日,奉朱批：知道了。钦此。②

一五五　呈甘肃光绪二十三年七月粮价清单

光绪二十三年九月十七日(1897年10月12日)

谨将甘省各属光绪二十三年七月份米粮时估价值,缮具清单,恭呈御览。

兰州府属：价平

粟米每京石价银八钱八分六厘至三两三钱三分六厘,与上月相同。小麦每京石价银八钱二分一厘至二两九钱三分三厘,与上月相同。豌豆每京石价银八钱八分六厘至二两八钱七分六厘,与上月相同。青稞每京石价银一两二钱四厘至二两五钱三分一厘,与上月相同。

巩昌府属：价平

粟米每京石价银八钱二分九厘至二两四钱七厘,与上月相同。小麦每京石价银七钱二分至一两六钱四分五厘,与上月相同。豌豆每京石价银七钱三分九厘至一两五钱六分七厘,与上月相同。

①　台北故宫博物院藏：军机及宫中档,文献编号:408003106。
②　台北故宫博物院藏：军机及宫中档,文献编号:142296。

青稞每京石价银八钱三分七厘至一两一钱二分，与上月相同。

平凉府属：价有昂有平

粟米每京石价银一两三钱四分八厘至一两四钱，与上月相同。小麦每京石价银七钱九分四厘至一两二钱九分四厘，较上月贵一钱八分五厘。豌豆每京石价银七钱九分二厘至一两一钱一分九厘，与上月相同。糜子每京石价银七钱至七钱二分五厘，较上月贵一分四厘。

庆阳府属：价有昂有平

粟米每京石价银五钱五厘至七钱九分八厘，较上月贵五分六厘。小麦每京石价银五钱五厘至一两三钱四分，与上月相同。豌豆每京石价银四钱四分至一两七钱八分二厘，与上月相同。糜子每京石价银二钱九分四厘至四钱三分五厘，与上月相同。

甘州府属：价有昂有平有落

粟米每京石价银七钱七分七厘至一两二分九厘，与上月相同。小麦每京石价银七钱三厘至七钱九分八厘，较上月贵四分二厘。豌豆每京石价银七钱三厘至一两四钱二分八厘，较上月贱四分二厘。青稞每京石价银五钱四分六厘至六钱四分七厘，与上月相同。

凉州府属：价平

粟米每京石价银一两九分二厘至二两七钱三厘，与上月相同。小麦每京石价银七钱一分四厘至一两九钱九分九厘，与上月相同。豌豆每京石价银九钱四分五厘至二两一钱二分七厘，与上月相同。青稞每京石价银七钱九分八厘至一两五钱三分四厘，与上月相同。

宁夏府属：价平

粟米每京石价银六钱六厘至一两一钱二分，与上月相同。小麦每京石价银七钱一分二厘至一两二钱三厘，与上月相同。豌豆每京石价银六钱七分二厘至一两四钱，与上月相同。糜子每京石价银三钱九分九厘至七钱九分一厘，与上月相同。

西宁府属：价有昂有落

粟米每京石价银一两七钱一分八厘至六两三钱九分九厘，较上月贱一钱六分一厘。小麦每京石价银一两八钱四分八厘至二两八钱八分，较上月贱四钱。豌豆每京石价银一两七钱三分六厘至二两七钱二分，较上月贱三钱一分九厘。青稞每京石价银一两六钱八分至二两四钱九分六厘，较上月贵一分七厘。

秦州直隶州并所属：价有昂有平

粟米每京石价银一两一钱九分至二两九钱四分，较上月贵四钱六分一厘。小麦每京石价银六钱四分五厘至二两二钱九分五厘，与上月相同。豌豆每京石价银六钱四分五厘至一两八钱一分二厘，与上月相同。糜子每京石价银五钱六分至一两五钱七分，与上月相同。

阶州直隶州并所属：价有昂有平有落

粟米每京石价银一两三钱八分六厘至二两五钱一分五厘，较上月贵一钱一分四厘。小麦每京石价银一两三钱四分四厘至一两七钱六分四厘，较上月贱一厘。豌豆每京石价银一两二钱一分七厘至一两四钱七分，与上月相同。糜子每京石价银一两二钱五分八厘，较上月贵五分七厘。

泾州直隶州并所属：价落

粟米每京石价银五钱一分二厘至九钱五分七厘，较上月贱五分四厘。小麦每京石价银四钱八分四厘至八钱四分二厘，较上月贱一分三厘。豌豆每京石价银四钱四分五厘至八钱八分，较上月贱五分一厘。糜子每京石价银三钱三分六厘至六钱一分三厘，较上月贱九厘。

固原直隶州并所属：价有平有落

粟米每京石价银八钱五分至一两四钱六分七厘，与上月相同。小麦每京石价银九钱一分至一两二钱五分，与上月相同。豌豆每京石价银九钱一分至一两四钱四分一厘，较上月贱一厘。糜子每京石价银七钱七分四厘，与上月相同。

肃州直隶州并所属：价平

粟米每京石价银一两八厘至一两五分，与上月相同。小麦每京石价银八钱六厘至九钱二分四厘，与上月相同。豌豆每京石价银九钱二分四厘至一两二钱四分三厘，与上月相同。青稞每京石价银五钱四分六厘至六钱九分七厘，与上月相同。

安西直隶州并所属：价有平有落

粟米每京石价银一两五分至一两四钱，与上月相同。小麦每京石价银一两九分二厘至一两四钱，较上月贱一钱二分。豌豆每京石价银一两三钱七分二厘至二两八分，与上月相同。青稞每京石价银九钱九分三厘至一两四钱，较上月贱一钱二分。

（朱批：）览。[①]

一五六　奏为钦颁《方略》谢恩折

光绪二十三年九月十七日（1897年10月12日）

头品顶戴陕甘总督臣陶模跪奏，为恭谢天恩，仰祈圣鉴事。

窃臣准吏部咨：奉旨颁发《平定陕甘新疆回匪方略》一部，经驻

---

① 中国第一历史档案馆藏：清单，文献编号：142296-0-A。

京提塘官寄到。臣当即恭设香案，望阙叩头祇领。钦维皇上恩周八表，福被九垓，当轩策之初膺，尚檀车之肆伐。时则岑陬部落，敢倚天骄；葱雪退荒，未归戎案，致有北方之念，转廑西顾之忧。我皇上圣武维扬，神机默运，用扫除夫余孽，张挞伐于六师，草践龙庭，俾羽箭不传青海；花开雁塞，知春风已度玉关。纪裴岑之丰碑，悉收瓯脱；划乌孙之旧界，免启辀张。凡先朝未竟之贻谋，皆皇上纂成之丕业，开明堂而受贺，大告武成；召太史以策勋，诞敷文德。搜麟台之事实，付蠹管而扢扬，叙来赫濯，声威光争日月；摹写师贞，将帅气壮山河。慰列祖在天之灵，加圣母宫中之膳。从知西戎即叙，两阶之干羽常新；行看东壁腾辉，满纸之琳琅焕采。宝书忽颁于天上，籥舞已遍于人寰，奉为典谟，被诸歌咏。

臣自惭下乘，谬领兼圻，未竭张华建策之劳，又乏韩愈平准之纪，恭承宠命，无任悚惶。惟有缅中兴御侮之才，兵略愿储为武库，广盛世同文之化，声教不闲于流沙。所有微臣感激下忱，谨缮折叩谢天恩，伏乞皇上圣鉴。谨奏。光绪二十三年九月十七日。

（朱批：）知道了。①

光绪二十三年十月十一日，奉朱批：知道了。钦此。②

一五七　奏报王廷钺恳请回籍省亲折

光绪二十三年九月十七日(1897 年 10 月 12 日)

头品顶戴陕甘总督臣陶模跪奏，为甘肃副考官恳恩赏假，由陕

---

① 台北故宫博物院藏：军机及宫中档，文献编号：408003105。
② 台北故宫博物院藏：军机及宫中档，文献编号：142299。

便道回籍省亲，恭折代奏，仰祈圣鉴事。

窃臣接准甘肃副考官翰林院编修臣王廷鋕函称：廷鋕本年奉旨典试甘闱，现经事竣，应即入都恭覆恩命。惟廷鋕母亲在陕西蒲城县原籍，廷鋕供职词曹，未得迎养，久疏定省，拟俟差旋至陕，自备资斧，便道回籍省亲，请代奏请假两个月，一俟假满，即行进京恭覆恩命等因。臣查向来各省考官于试事完竣后请假省亲，均蒙恩准，今编修臣王廷鋕因母亲在籍，自备资斧，由陕回籍省亲，尚属顺便。

合无仰恳天恩，赏假两个月，准其回籍省亲，以遂孝思。理合恭折代奏，伏乞皇上圣鉴训示。谨奏。光绪二十三年九月十七日。

（朱批：）王廷鋕着赏假两个月。[①]

光绪二十三年十月初十日，奉朱批：王廷鋕着赏假两个月。钦此。[②]

一五八　奏报甘肃加抽土药厘税情形折

光绪二十三年九月十七日（1897年10月12日）

头品顶戴陕甘总督臣陶模跪奏，为查明甘省办理土药情形，拟请于旧章外酌量加抽，俾收实效，恭折覆陈，仰祈圣鉴事。

窃臣前准户部咨会：具奏内地土药出产日盛，拟另筹征收之法，以广利源一折，光绪二十三年四月二十八日奉旨：依议。钦此。钞录原奏，行令钦遵办理前来。臣查甘肃屡经兵燹，地多旷废，钱

---

①　台北故宫博物院藏：军机及宫中档，文献编号：408003102。

②　台北故宫博物院藏：军机及宫中档，文献编号：142279。

粮迄未复额，土药所产无多。初定章程：每生土药百斤，抽税厘银五十两。商贩嫌其过重，多方绕越，几至毫无征收。嗣复体察情形，改湿浆三百斤合干土百斤为一担，仍抽银五十两，较前所收略增，然岁犹不满二万两。本年经臣于按亩征收地税内分别加抽，委员会同印官，认真办理，均经先后奏准在案。

查甘肃所产稀浆土药，每百两只值银七八两上下，以一百斤为一担，计稀浆土药一千六百两，合成本银一百一二十两。若如部咨抽收银六十两，是所征税厘几逾成本一半，迨至贩往他处，为日稍久，稀浆百斤仅成干土三十余斤。商贩折耗过多，相率裹足，所以前有改湿浆三百斤为干土一百斤之请，意在宽以招徕，或可徐图增益。夫土药产自畎亩，民间吃者甚众，除自用外，有余方出售卖，一闻税厘加重，或严密固藏，或零星潜贸，势不能按户而搜，遍人而索，因又有按亩加征地税之请。

如部咨所议，设立总局，在出产土烟繁盛处所，略仿洋药税厘并征之法，所筹何尝不善？但土药种植畸零，甘省本无总汇之区，断不能处处设局，致滋繁费，似不如就现在所办，贩运者仍由各局卡认真抽厘，种植者就地按亩征税，或可无甚隐漏。值此时局艰难，苟能于帑项稍有所裨，敢不竭力筹画。奈限于地势、人力，无论如何整顿，断难如税务司原折所开约略之数。臣与厘金总局司道再四筹商，惟有吁恳仍照奏定现办章程，将贩运出境土药湿浆三百斤合成干土一百斤，原抽厘银五十两外，加抽银十两，以符部咨每百斤六十两之议，仍由甘省起运地方之第一局卡全数收清，随时填票，黏贴印花，所过本省境内再不重抽，如运至他省，另有他省照章办理，统俟年终分别汇总开报。据甘肃布政使曾鉌、按察使丁体常、厘金总局兰州道黄云具详请奏前来。

理合恭折覆陈，伏乞皇上圣鉴训示。谨奏。光绪二十三年九月十七日。

（朱批：）户部知道。[1]

光绪二十三年十月十一日，奉朱批：户部知道。钦此。[2]

【案】内地土药出产……以广利源一折：光绪二十三年四月十二日，陕西道监察御史张兆兰奏报各省土药行销日盛，拟请改征落地正税，曰：

陕西道监察御史臣张兆兰跪奏，为各省土药行销日盛，拟请变通章程，改收落地税，以期实效而裕度支，恭折仰祈圣鉴事。

窃维筹款之要，贵在设法开源。方今库储日绌，洋息日多，欲求一岁增巨款之方，莫如统收土药落地正税最为切要。臣前在总理各国事务衙门当差，深知土药自弛禁以来，各省出产甚多。光绪十六年，经户部、总理衙门会奏整顿土药厘税，奉旨通行在案。闻数年以来，综计各省所收厘税每年不过一百五十余万两，并未逐年加增，奉行不力，文诰徒劳。即如江苏徐州府土药，于十七年改办统捐，据原奏内称：八州县每年可收税银三十万两。乃开办以后，只岁收二十三四万两，近更减至二十万两。其征收不力，已可概见。至各省土药出产数目，现除奉天、吉林、江苏等省奏报斤数外，其余各省均未详报。究竟各省岁出土药若干，部中无从深悉。

---

① 台北故宫博物院藏：军机及宫中档，文献编号：408003104。
② 台北故宫博物院藏：军机及宫中档，文献编号：142297。

　　查光绪十六年总税务司赫德呈内称：各省土药每年实有二十万石之数等语。若均照徐州章程，以每担统捐六十两核算，每年可征银一千二百万，与现在统收数目大相悬殊。使非官吏侵渔、商贾隐匿，何至如此巨款不能涓滴归公？臣愚以为此项实为筹款大宗，似宜另图办法。拟请限令各省查明土药实在出产数目，专案报部，一律改捐落地正税，盖就地征收较关卡易于查察。自收落地税后，任其运销，别省概不重征。商民知不重征，亦必乐于从事。并拟请由户部发给印花，领新缴旧，收税后即准黏贴印花，所过关卡随时查验，有印花者放行，无印花者罚扣。并请裁撤各局委员，以省浮费，专归地方官经理，按结详报。如能收税足额，由该上司比照征收钱粮之例，酌加奖叙，设有隐匿，一经查出，即行严参。盖设立关税厘金不过遏其走私之路，征收落地正税，可以清其出产之源。一经变通，较现收自可逐渐加增，于度支不无裨益。应如何妥定章程之处，可否请旨饬下户部及总理各国事务衙门，酌核办理。

　　臣为筹款开源起见，是否有当，谨恭折具陈，伏乞皇上圣鉴训示。谨奏。光绪二十三年四月十二日。[①]

一五九　请以常祥补授平庆泾固化道折

光绪二十三年九月十七日(1897 年 10 月 12 日)

　　头品顶戴陕甘总督臣陶模跪奏，为道员人地相需，随案补请甄别，吁恳天恩，仍准补授，恭折仰祈圣鉴事。

---

　　① 台北故宫博物院藏：军机及宫中档，文献编号：138654。

窃查甘肃平庆泾固化道祝维城修墓遗缺，前以遇缺题奏道常祥奏补，奉朱批：吏部议奏。钦此。旋准吏部以候补前道员常祥系由现任知县历保道员候补，并非应升之阶，照例试看一年甄别方准补用，该员并无甄别之案，与例不符，应令该督按限拣员更补等因。议奏奉旨：依议。钦此。钦遵咨行前来。自应遵照另拣。惟甘肃候补道员除常祥外虽尚有人，而与此缺人地皆不相宜。常祥于光绪七年归道员验放到省，其时甘省犹是变通章程。迨十七年奉文停止变通，漏未将其甄别，实系堪以原官留用之员。且平庆泾固化一道自同治年间安插回众，升固原为直隶州，增设化平厅、平远县，改设海城县及分防州判、县丞、巡检等缺以来，政务日多，巡察綦难，从前虽定为中缺，现在实无异繁要。常祥既与此缺人地相宜，应可比照缺系繁要，人地实在相需，与例稍有未符，应令据实陈明之例，仍请以常祥补授此缺。

查常祥现年六十六岁，系镶红旗蒙古祥禧佐领下人，由翻译生员考授理藩院笔帖式。咸丰四年，补陕甘总督衙门笔帖式，期满以知县保留甘肃，历署礼县、宁朔、高台等知县，补西宁知县，调赴哈密军营，筹办军饷出力，保以直隶州知州即补；击退回逆出力，保以知府补用；历年筹防出力，保以道员仍留甘肃补用，开去西宁县底缺；哈密军务告竣，保准无论应题、应调、应选之缺题补、奏补，并换二品顶戴。丁母忧，回旗守制，服满赴部起复，验放领照，光绪七年十二月二十六日到省。九年正月，丁父忧回旗，奏调赴山海关海防军营差遣。十一年四月，服满起复。十三年正月撤防，五月二十三日离营回省，两署兰州道，现署巩秦阶道，均无参罚案件。

臣查该道老成稳练，心地光明，前后在甘四十年，历任知县、道员，措置悉臻妥协，以之请补平庆泾固化道，人地相需，实堪胜任。

若但因其漏办甄别,遽从弃置,恐非郑重地方、慎拣贤员之道。除附片另补甄别外,理合填注原考,仰恳天恩,俯念地方今昔情形不同,准照据实陈明之例,以甘肃遇缺题奏道常祥补授平庆泾固化道员缺,实于地方有裨。如蒙俞允,该道系验放道员请补道缺,衔缺相当,并非题升人员,照例毋庸送部引见。

所有道员人地相需,附补甄别,比例据实陈明,仍请准补缘由,谨恭折具陈,伏乞皇上圣鉴,饬部核覆。如实与例章不合,即请将此缺归部铨选。再,常祥现年六十六岁,前奏误书六十五岁。合并声明。谨奏。光绪二十三年九月十七日。

(朱批:)吏部议奏。[1]

光绪二十三年十月初十日,奉朱批:吏部议奏。钦此。[2]

一六〇　查明甘军光绪二十四年不敷饷数折

光绪二十三年九月十七日(1897年10月12日)

头品顶戴陕甘总督臣陶模跪奏,为遵旨查明光绪二十四年份甘肃提臣董福祥一军实需饷数、不敷之款,拟由甘库抵兑,恭折仰祈圣鉴事。

窃准户部咨:议覆董福祥所部二十营二十四年应需饷项一片,光绪二十三年七月十五日具奏,奉旨:依议。钦此。钦遵转行到臣。据原奏内称:董福祥所部马步二十营二十四年份行饷,自应预为拨定,免误供支。二十四年份甘肃新饷仍按四百八十万拨给,内

---

[1]　台北故宫博物院藏:军机及宫中档,文献编号:408003101。
[2]　台北故宫博物院藏:军机及宫中档,文献编号:142276。

有节省封存各款关内外应银七十余万两,本年关内两次裁腾二十万,来年仍可裁腾,并计将及百万,请旨饬下陕甘总督饬司查明二十四年董福祥部下实需军饷若干、杂支若干,除照数拨供外,尚应封存某款若干,并查明奏报等语。

臣查前因本年关内防饷不敷,奏蒙恩准于常饷外,加添新饷减平银二十万两。嗣经两次裁腾,并拟另行筹画,仍由关内拨出银二十万两,补足董军之饷。其所裁系添募之勇,所腾系外加之饷,且须另筹合凑,并非常饷内有余可腾旧额,防军能以裁减也。兹饬据甘藩司查明二十四年份系有闰之年,董福祥所部马步二十营十三个月,约需行饷银七十八万两,又约需杂支四万两,共八十二万两。现经户部指拨二十四年新饷减平并关内外节省封存,共银七十九万五千两,内应除关内未提子药夫银一万四千两,实拨银七十八万一千两。如各省、关解足无欠,尚不敷银三万九千两。惟甘省大乱甫平,人情浮动,只存旧额防军三十旗,酌留先经添募之勇六七营旗,较诸同治年间军务后留防营数不及三分之一,勉强分布,颇形单弱。且准户部咨称:原令裁老弱而裕饷源,并非裁劲旅而松防务,应于得力弁勇加意操练,以固边防等因。现存弁勇均尚得力,揆度时势,断难再裁,而明年常饷业已拨定,即此额外六七营旗之饷,尚须设法另筹,实无从再为腾拨,更无从提款封存。

所有不敷董军饷项三万九千两,应请在于二十四年份甘省应行解部款内全数抵兑,以归简便。理合恭折覆陈,伏乞皇上圣鉴。谨奏。光绪二十三年九月十七日。

（朱批：）户部议奏。[1]

---

① 台北故宫博物院藏:军机及宫中档,文献编号:408003103。

光绪二十三年十月初十日,奉朱批:户部议奏。钦此。①

一六一　奏报甄别年满道员常祥片

光绪二十三年九月十七日(1897年10月12日)

再,查定例:无论何项出身,何项劳绩,凡系初任人员保归候补班次,均扣足一年,甄别补用。至由曾任各官保举,并非应升之阶候补,亦令该督详加试看等语。兹查有甘肃遇缺题奏道常祥,现年六十六岁,系镶红旗蒙古祥禧佐领下人,由笔帖式历保留甘遇缺题奏道员。光绪十三年五月二十三日二次起复回省,扣至十四年五月二十三日,早已试看一年期满。其时甘省系属变通章程,漏未将其甄别,自应补行办理。

臣查该道常祥老成稳练,心地光明,堪以道员留甘照例补用。理合附片具陈,伏乞圣鉴。谨奏。

(朱批:)吏部知道。②

光绪二十三年十月初十日,奉朱批:吏部知道。钦此。③

一六二　王南薰报缴不清勒限严追片

光绪二十三年九月十七日(1897年10月12日)

再,撤任甘肃洮州厅同知王南薰前办理番案,有经手已领未发

---

①　台北故宫博物院藏:军机及宫中档,文献编号:142275。

②　台北故宫博物院藏:军机及宫中档,文献编号:408003101-0-A。

③　台北故宫博物院藏:军机及宫中档,文献编号:142277。

土勇、番兵口食库平银一千余两、仓斗粮一千余石，屡饬清算报缴，乃该员一味支吾，实属意存延抗。兹据甘肃布政使曾龢、按察使丁体常会详前来。相应请旨将撤任洮州厅同知王南薰先行摘去顶戴，勒限三个月，饬令缴清。如逾限不缴，或缴不足数，再行分别从严参办，以重款项而儆贪劣。

除咨明吏、户二部查照外，谨附片具陈，伏乞圣鉴训示。谨奏。（朱批：）着照所请，该部知道。①

光绪二十三年十月初十日，奉朱批：着照所请，该部知道。钦此。②

一六三 奏陈守备马全禀请开缺片

光绪二十三年九月十七日(1897年10月12日)

再，据陕安镇总兵姚文广呈：据留镇标供差都司衔宁夏镇属石空寺堡守备马全禀称：前次请假回籍修墓事竣，适值胞叔得患脚疾，朝夕需人扶掖，禀准就近留归陕安镇标供差，以便为叔医治。讵料缠绵数载，迄未愈可，现复转成瘫废。胞叔无嗣，侄亦犹子，未忍远离，惟员缺未便久悬，致旷职守，理合恳请开缺以都司衔尽先守备仍留陕安镇标供差，借资侍养等情，呈请核办前来。

臣覆查无异。自应准如所请，以遂孝思。合无仰恳天恩，俯准开去马全宁夏镇属石空寺堡守备员缺，仍以都司衔尽先守备留陕安镇标候补，俾令就近侍养。其所遗守备员缺，甘省现有应补人

---

① 台北故宫博物院藏：军机及宫中档，文献编号：408003101-0-B。
② 台北故宫博物院藏：军机及宫中档，文献编号：142278。

员,容臣另拣请补。除查取原领札付送部外,理合附片具陈,伏乞圣鉴训示。谨奏。

(朱批:)兵部知道。[1]

光绪二十三年十月十一日,奉朱批:兵部知道。钦此。[2]

一六四　奏报甘肃光绪二十三年二麦约收分数折

光绪二十三年十月初四日(1897 年 10 月 29 日)

头品顶戴陕甘总督臣陶模跪奏,为查明甘省本年二麦约收分数,恭折仰祈圣鉴事。

窃查直省二麦收成分数,例应按年具奏。兹据甘肃布政使曾铄将光绪二十三年甘肃所属各府、厅、州、县二麦约收分数查明详报前来。臣复加查核,约收八分有余者,靖远县等二处;约收八分者,会宁县等二处;约收七分有余者,金县等十处;约收七分者,皋兰县等八处;约收六分有余者,渭源县等十七处;约收六分者,伏羌县等十二处;约收五分有余者,红水县丞等十七处;约收五分者,河州等十二处。

以上八府六直隶州所属通盘牵算,约收六分有余。至各属间有被雹、被水之区,应俟查勘汇报至日,再行照例蠲缓,并尚有各属归业难民虽已布种有收,而实无力输将,亦拟另案奏请豁缓,俾纾民力。合先将甘省本年二麦约收分数缮折具奏,并缮清单,恭呈御

---

① 台北故宫博物院藏:军机及宫中档,文献编号:408003103-0-A。

② 台北故宫博物院藏:军机及宫中档,文献编号:142298。

览,伏乞皇上圣鉴。谨奏。光绪二十三年十月初四日。

（朱批:）知道了。[1]

光绪二十三年十月二十八日,奉朱批:知道了。钦此。[2]

一六五　呈甘肃光绪二十三
年二麦约收分数清单

光绪二十三年十月初四日(1897 年 10 月 29 日)

谨将甘肃各属光绪二十三年二麦约收分数,开具清单,恭呈御览。

计开:

约收八分有余者:靖远县、平远县。

约收八分者:会宁县、通渭县。

约收七分有余者:金县、陇西县、安定县、东乐县丞、武威县、灵州、西宁县、阶州、海城县、打拉池县丞。

约收七分者:皋兰县、隆德县、抚彝厅、张掖县、丹噶尔厅、大通县、秦州、硝河城州判。

约收六分有余者:渭源县、沙泥州判、宁远县、西和县、静宁县、正宁县、山丹县、古浪县、中卫县、平罗县、秦安县、清水县、礼县、文县、成县、肃州、肃州州同。

约收六分者:伏羌县、岷州、平凉县、化平厅、庄浪县丞、永昌县、平番县、循化厅、碾伯县、三岔州判、泾州、玉门县。

---

① 台北故宫博物院藏:军机及宫中档,文献编号:408003110。
② 台北故宫博物院藏:军机及宫中档,文献编号:142619。

约收五分有余者：红水县丞、洮州厅、华亭县、安化县、镇番县、宁夏县、宁朔县、宁灵厅、贵德厅、徽县、两当县、崇信县、镇原县、固原州、高台县、毛目县丞、安西州。

约收五分者：河州、狄道州、陇西县丞、宁州、合水县、环县、董志县丞、花马池州同、巴燕戎格厅、西固州同、灵台县、敦煌县。

（朱批：）览。[1]

一六六　审拟职官彭年被控一案折

光绪二十三年十月初四日（1897 年 10 月 29 日）

头品顶戴陕甘总督臣陶模跪奏，为职官被控赌博，审明定拟完结，恭折仰祈圣鉴事。

窃查前据皋兰县民妇蒋王氏，以伊孙生员蒋英被彭年设局诱赌、荡尽家产等情，赴臣衙门控告。臣查彭年系甘肃候补县丞，平日行为贪鄙，性嗜赌博，绅商子弟多被诱骗，亟应严行参办。当经附奏请旨将蓝翎同知衔甘肃候补县丞彭年，先行革职，归案审办，光绪二十二年八月十八日，奉朱批：着照所请，该部知道。钦此。当即钦遵转饬遵照去后。

兹据署兰州府知府周景曾讯明：已革甘肃候补县丞彭年与皋兰县生员蒋英，并尚有张镒恒、王槐旺、彭厚庵、徐大、许典森、马子久等，于光绪二十一年六、七两月内，不记日期，先后赌过两次，蒋英输银五百一十三两，彭年赢银五百一十三两，余均并无输赢各等语。至彭年被控设局诱赌及绅商子弟多被诱骗各节，严诘再三，彭

---

①　台北故宫博物院藏：军机及宫中档，文献编号：142619-0-A。

年以聚赌在被控一年以前，人皆星散，恃无质证，坚不承认。即所供同赌之张镒恒等，饬差查传，或业以病故，或早经他往，未便再事追求，致滋拖累。兹就到案原、被，分别议拟，由臬司丁体常会同藩司曾鉌核详请奏前来。

臣查此案已革甘肃候补县丞彭年，与皋兰县生员蒋英两次同场赌博，系光绪二十一年六、七月间之事，经蒋英祖母蒋王氏于二十二年六月内始行控发，虽彭年坚不承认设局诱赌、诱骗各重情，惟与蒋英赌博赢钱，查讯已确，即罪无可辞。已革甘肃候补县丞彭年应请照赌博官员有犯革职枷责例，枷号两个月，杖一百，现已革职，仍照例的决，不准折赎。生员蒋英同场赌博，厥罪惟均。第其祖母出名告发，应照律听如罪人身自首法，仍按输钱者据实出首免罪、仍追所输之钱给还之例，将生员蒋英依例免罪。所输银两在于彭年名下照数追还，仍革去生员，以示薄惩。张镒恒等或已病故，或早他往，应请分别免议、免拿，俾杜纷扰。

除咨部查照外，谨恭折具陈，伏乞皇上圣鉴，训示施行。谨奏。光绪二十三年十月初四日。

（朱批：）该部知道。[1]

光绪二十三年十月二十八日，奉朱批：该部知道。钦此。[2]

一六七　请将军需用款饬部先行立案折

光绪二十三年十月初四日(1897年10月29日)

头品顶戴陕甘总督臣陶模跪奏，为甘肃河湟军需用款汇计总

---

① 台北故宫博物院藏：军机及宫中档，文献编号：408003109。
② 台北故宫博物院藏：军机及宫中档，文献编号：142630。

数，先行奏咨立案，恭折仰祈圣鉴事。

　　窃据甘肃新疆总粮台布政使曾鉌详称：甘省自光绪二十一年春间，河湟、海城逆回相继变乱，蔓延二千余里。征军云集，节节防剿。统计主客各军暨各路土勇、番勇三百余起，各提、镇、协、标兵尚不在内。除甘、湘两军专饷外，甘省应发之正饷、恩饷、小口粮、军火、军装、恤赏、养伤、津贴、粮价、各统领统费、标兵津贴、各台局薪工、经费等项，二十一、二两年总共约支湘平银六百三十六万余两。至赈抚汉回灾民，本系奉拨专款，与军需隔别，且又头绪繁多，自应另办。惟尚有转运脚费一项，军需与赈务互相牵杂，为数颇巨，由各厅、州、县随时报明，厘剔清查，尚须时日，应请随后分案办理。兹先将军需用款汇开总数简明清单，呈请先行奏咨立案等情前来。

　　臣覆核无异。除将清单咨送户部查照外，理合恭折具陈，伏乞皇上圣鉴，并请饬部立案施行。谨奏。光绪二十三年十月初四日。

　　（朱批：）户部知道。[1]

　　光绪二十三年十月二十八日，奉朱批：户部知道。钦此。[2]

一六八　校阅甘肃光绪二十三年省标秋操折

光绪二十三年十月初四日(1897 年 10 月 29 日)

　　头品顶戴陕甘总督臣陶模跪奏，为校阅本年省标各营官兵秋操事竣，恭折具陈，仰祈圣鉴事。

---

　　①　台北故宫博物院藏：军机及宫中档，文献编号：408003108。
　　②　台北故宫博物院藏：军机及宫中档，文献编号：142627。

窃照陕甘督标并兰州城守营马步守兵，向按春秋二季合队操演，前将本年春操校阅情形恭折陈奏在案。兹值秋操之期，臣于九月二十、二十二等日，率同司道，亲临教场阅视。各营官兵操演香山、连战等阵，队伍整齐，器械鲜明，进止如法；施放连环枪炮并喷筒、火弹，俱稳练可靠；比较刀矛、藤牌，亦殊便捷。所练马队合队操演，马上放枪，以及员弁枪靶均灵便有准。臣择其技艺出众者，分别奖赏，以示鼓励；仍严饬各营将弁一体认真操练，务期精益求精，不致虚縻饷项，以冀仰副圣主整饬戎行、修明武备至意。

所有臣校阅光绪二十三年省标秋操情形，理合恭折具陈，伏乞皇上圣鉴。谨奏。光绪二十三年十月初四日。

（朱批：）知道了。[1]

光绪二十三年十月二十八日，奉朱批：知道了。钦此。[2]

一六九　奏请暂停分发候补人员折

光绪二十三年十月初四日（1897年10月29日）

头品顶戴陕甘总督臣陶模跪奏，为甘肃候补人员拥挤，拟请暂停分发，以资疏通而饬吏治，恭折具陈，仰祈圣鉴事。

窃照甘肃省前因文职候补人数众多，补缺无期，曾于光绪十七年奏准停止分发一年，限满后照常分发。计五六年来，各官补除者有限，继至者实繁。现计候补道、府、同、通、州、县一百余

---

① 台北故宫博物院藏：军机及宫中档，文献编号：408003111。
② 台北故宫博物院藏：军机及宫中档，文献编号：142620。

员，佐二杂职二百余员。甘省地瘠缺少，差事无多。道、府两项，十数年或未得补，同、通、直隶州或数年仅补一二人，州、县每年所补不过一成，佐、杂则不过二十分之一。即各项差使亦难遍及，是徒有候补之名而无从政之实，流品固多淆杂，需次亦形苦累。若再听其源源而来，势必拥滞愈甚，在素励廉隅之士或能固穷自守，其中材以下负累日深，营求日亟，流弊不可胜言，于澄清吏治之道大有妨碍。

臣与司道再四熟商，拟请援照停止分发成案，除各项正途并曾任实缺之应补及丁忧起复各员仍分别掣签发省、回省外，相应请旨敕部将捐纳指省、劳绩保举自道府以至未入流，凡未经赴部人员，一律停止分发甘肃，二年内有先经保留捐指甘肃未及分发者，应请准其改发他省，免缴离省改指捐款，以示体恤。仍俟停止二年限满，再行察看情形，酌核办理。据甘肃布政使曾鉌、按察使丁体常会详请奏前来。

谨恭折具陈，伏乞皇上圣鉴训示。谨奏。光绪二十三年十月初四日。

（朱批：）吏部议奏。[1]

光绪二十三年十月二十八日，奉朱批：吏部议奏。钦此。[2]

一七〇　奏请军饷车脚仍照章程造销片

光绪二十三年十月初四日(1897 年 10 月 29 日)

再，据甘肃布政使曾鉌、按察使丁体常会详称：窃查甘肃自

---

① 台北故宫博物院藏：军机及宫中档，文献编号：408003107。
② 台北故宫博物院藏：军机及宫中档，文献编号：142628。

光绪十二年裁撤里车，分设官局，凡寻常需用车辆，皆以民价招雇。此次河湟军兴，全省骚动，大军云集，需车繁多，民间车辆不特价值倍蓰，且多散失弃置。派员四出寻觅，仍难济事。复向邻省协雇，并搭用驮骡，始克勉应急需。此项车骡断非平时民价所能办，曾将为难情形于请加拨军饷、车脚案内呈请，附奏在案。

兹当造销之际，该司等综核支过各军饷械并赈粮、车价，自光绪二十一年三月起至二十二年十二月凯撤止，每三套大车一辆载重八百斤，每百里实需价银二两四钱；每驮骡一头载重二百斤，每百里实需价银六钱。各军剽逖趱程，车脚咄嗟莫办，若不议给守候、回空，立致贻误，故议定每起车骡守候五日，大车每辆日给银六钱，驮骡每头日给银一钱五分，回空各减一半。凡此加增开支，确系实用实销，毫无浮冒。当时军情紧急，惟求供支无缺，实不敢稍事拘泥，致误大局。据实会详请奏前来。

臣覆查该司等所详，委系实在情形。合无仰恳天恩，俯念此次军务饷粮运脚实在为难，准照所定加增价值章程，核实造报请销，并恳敕部立案。除咨明户、兵、工各部查照外，谨附片具陈，伏乞圣鉴训示。谨奏。

（朱批：）着照所请，该部知道。[1]

光绪二十三年十月二十八日，奉朱批：着照所请，该部知道。钦此。[2]

---

①　台北故宫博物院藏：军机及宫中档，文献编号：408003107-0-A。

②　台北故宫博物院藏：军机及宫中档，文献编号：142622。

一七一　奏报拣员委署同知等员缺片

光绪二十三年十月初四日(1897年10月29日)

再,庄浪茶马同知赵人龙撤省遗缺,查有丹噶尔同知承绪,堪以调署。署张掖县知县陈昌调帘遗缺,查有本任平凉县知县唐受桐,堪以委署。西和县知县蔡如苏撤省遗缺,查有候补同知王开斌,堪以委署。署永昌县知县余重基调省遗缺,查有平番县知县郑业启,堪以调署。据藩、臬两司会详前来。

除分别批饬给委外,理合附片陈明,伏乞圣鉴。谨奏。

(朱批:)吏部知道。①

光绪二十三年十月二十八日,奉朱批:吏部知道。钦此。②

一七二　饬令巩秦阶道赵时熙即赴本任片

光绪二十三年十月初四日(1897年10月29日)

再,新授巩秦阶道赵时熙现当文闱监试差竣,应即饬赴本任,以专责成。除给委外,理合附片陈明,伏乞圣鉴。谨奏。

(朱批:)知道了。③

光绪二十三年十月二十八日,奉朱批:知道了。钦此。④

---

① 台北故宫博物院藏:军机及宫中档,文献编号:408003107-0-B。
② 台北故宫博物院藏:军机及宫中档,文献编号:142623。
③ 台北故宫博物院藏:军机及宫中档,文献编号:408003108-0-A。
④ 台北故宫博物院藏:军机及宫中档,文献编号:142621。

一七三　奏报甄别试用期满各员片

光绪二十三年十月初四日（1897 年 10 月 29 日）

再，前奉部咨，道、府、同、通、州、县，无论何项劳绩保奏归入候补班人员，以到省之日起，予限一年，详加察看，出具切实考语，分别繁、简补用等因。遵办在案。兹查甘肃尽先即补知府张大铺，自光绪二十二年四月二十七到省之日起，扣至二十三年四月二十七日，试看一年期满。又，知府衔甘肃军功候补班前先补用直隶州知州符瑞，自光绪二十二年八月十九到省之日起，扣至二十三年八月十九日，试看一年期满。又，留甘候补班前尽先补用知县赵鋐，自光绪二十二年六月初八到省之日起，扣至二十三年六月初八日，试看一年期满。由甘肃藩、臬两司出具考语，详请甄别具奏前来。

臣查张大铺办事稳练，熟悉边情；符瑞才具开展，勤干耐劳；赵鋐年壮才明，志趣向上，均堪以原官留省，照例补用。除将各员履历清册咨部查照外，谨附片具奏，伏乞圣鉴。谨奏。

（朱批：）吏部知道。①

光绪二十三年十月二十八日，奉朱批：吏部知道。钦此。②

一七四　请准雷振亨补授宁羌营守备片

光绪二十三年十月初四日（1897 年 10 月 29 日）

再，汉中镇属宁羌营守备员缺，前经臣奏请以分发督标效力期

---

① 台北故宫博物院藏：军机及宫中档，文献编号：408003108-0-B。
② 台北故宫博物院藏：军机及宫中档，文献编号：142626。

满武进士曹儁补授,旋准兵部议覆:查曹儁由部掣发甘肃投标效力,俟有甘肃省守备缺出,照章序补。今请补陕西省守备之缺,核与定章不符,应毋庸议。其陕西宁羌营守备员缺,仍令迅拣陕西省到标期满在前之武进士请补,以符定章等因前来。

臣随在于陕西省武进士人员内拣选得分发陕西固原提标效力期满武进士雷振亨,年力正强,办事勤奋,该员于光绪三年分发陕西提标效力,早经期满,且到标在前,以之请补斯缺,实堪胜任,亦与定章相符。合无仰恳天恩,俯准以该员雷振亨补授宁羌营守备员缺,以期得力。如蒙俞允,该员系引见分发人员,应请饬部发给实授札付,以符定制。

除查取履历清册送部查核外,谨会同陕西固原提臣邓增合词附片具陈,伏乞圣鉴训示。谨奏。

(朱批:)兵部议奏。[①]

光绪二十三年十月二十八日,奉朱批:兵部议奏。钦此。[②]

一七五　奏报守备苏朋林病故出缺片

光绪二十三年十月初四日(1897年10月29日)

再,据宁夏镇总兵王钺安呈称:镇标左营守备苏朋林因染患时疾,医治罔效,于光绪二十三年五月二十七日病故,委员查验属实,取具该故员原领守备札付及承查印、甘各结,呈赍核办前来。臣覆查无异,相应奏明请旨开缺。

---

① 台北故宫博物院藏:军机及宫中档,文献编号:408003111-0-A。
② 台北故宫博物院藏:军机及宫中档,文献编号:142625。

除札付、印、甘各结咨送兵部外，所遗宁夏镇标左营守备员缺，甘省现有应补人员，容臣另拣请补。理合附片具陈，伏乞圣鉴。谨奏。

（朱批:）兵部知道。①

光绪二十三年十月二十八日，奉朱批:兵部知道。钦此。②

一七六　奏报守备师大运病故出缺片

光绪二十三年十月初四日(1897年10月29日)

再，据肃州镇总兵何建威呈称:肃州镇标中营守备师大运得患劳疾，医药罔效，于光绪二十三年九月初八日在任病故等情前来。臣覆查无异，相应请旨开缺。

除查取该故员原领守备札付及委员承查印、甘各结另咨送部外，所遗肃州镇标中营守备员缺，甘省现有应补人员，容臣另拣请补。理合附片陈明。伏乞圣鉴训示。谨奏。

（朱批):兵部知道。③

光绪二十三年十月二十八日，奉朱批:兵部知道。钦此。④

---

① 台北故宫博物院藏:军机及宫中档，文献编号:408003111-0-B。
② 台北故宫博物院藏:军机及宫中档，文献编号:142624。
③ 台北故宫博物院藏:军机及宫中档，文献编号:408003111-0-C。
④ 台北故宫博物院藏:军机及宫中档，文献编号:142629。

一七七　恭报甘肃光绪二十 三年八月雨水、粮价折

光绪二十三年十月二十六日（1897 年 11 月 20 日）

头品顶戴陕甘总督臣陶模跪奏，为恭报甘肃省本年八月份粮价、雨泽情形，恭折仰祈圣鉴事。

窃照光绪二十三年七月份粮价并得沾雨泽情形，业经具折奏报在案。兹查八月份兰州等八府六直隶州属具报得沾雨泽，自一二寸至二三寸不等。正值秋禾成熟之际，获此沃泽，实于农田有裨。至通省粮价，或与上月相同，或较上月稍有增减。据藩司曾铄具详请奏前来。

臣覆核无异。理合恭折具奏，并缮粮价清单，恭呈御览，伏乞皇上圣鉴。谨奏。光绪二十三年十月二十六日。

（朱批：）知道了。[1]

光绪二十三年十一月二十日，奉朱批：知道了。钦此。[2]

一七八　呈甘肃光绪二十三年八月粮价清单

光绪二十三年十月二十六日（1897 年 11 月 20 日）

谨将甘肃各属光绪二十三年八月份米粮时估价值，缮具清单，恭呈御览。

---

① 台北故宫博物院藏：军机及宫中档，文献编号：408003115。

② 中国第一历史档案馆藏：录副奏折，档案编号：03-6965-028。

计开：

兰州府属：价平

粟米每京石价银八钱八分六厘至三两三钱三分六厘，与上月相同。小麦每京石价银八钱二分一厘至二两九钱三分三厘，与上月相同。豌豆每京石价银八钱八分六厘至二两八钱七分六厘，与上月相同。青稞每京石价银一两二钱四厘至二两五钱三分一厘，与上月相同。

巩昌府属：价有昂有平

粟米每京石价银一两四分五厘至二两四钱七厘，与上月相同。小麦每京石价银八钱四分至一两七钱六分五厘，较上月贵一钱二分。豌豆每京石价银八钱六分五厘至一两五钱六分七厘，与上月相同。青稞每京石价银八钱三分七厘至一两三钱三分五厘，较上月贵二钱一分五厘。

平凉府属：价有昂有平

粟米每京石价银一两三钱四分八厘至一两四钱七分，较上月贵七分。小麦每京石价银八钱四分四厘至一两二钱九分四厘，与上月相同。豌豆每京石价银八钱六厘至一两一钱六分六厘，较上月贵四分七厘。糜子每京石价银七钱至七钱二分五厘，与上月相同。

庆阳府属：价有平有落

粟米每京石价银五钱五厘至七钱六分，较上月贱三分八厘。小麦每京石价银五钱五分三厘至一两三钱四分，与上月相同。豌豆每京石价银四钱四分至一两七钱八分二厘，与上月相同。糜子每京石价银三钱四分四厘至四钱三分五厘，与上月相同。

甘州府属：价有昂有平有落

粟米每京石价银七钱七分七厘至一两二分九厘，与上月相同。小麦每京石价银七钱三厘至七钱五分六厘，较上月贱四分二厘。豌豆每京石价银七钱三厘至一两三钱九分，较上月贱三分八厘。青稞每京石价银五钱四分九厘至八钱六分一厘，较上月贵二钱一分四厘。

凉州府属：价平

粟米每京石价银一两九分二厘至二两七钱三厘，与上月相同。小麦每京石价银七钱一分四厘至一两九钱九分九厘，与上月相同。豌豆每京石价银九钱五分六厘至二两一钱二分七厘，与上月相同。青稞每京石价银七钱九分八厘至一两五钱三分四厘，与上月相同。

宁夏府属：价平

粟米每京石价银六钱二分五厘至一两一钱二分，与上月相同。小麦每京石价银七钱一分四厘至一两二钱三厘，与上月相同。豌豆每京石价银六钱九分五厘至一两四钱，与上月相同。糜子每京石价银四钱九分至七钱九分一厘，与上月相同。

西宁府属：价落

粟米每京石价银一两七钱一分八厘至六两二钱四分，较上月贱一钱五分九厘。小麦每京石价银一两九钱四厘至二两七钱二分，较上月贱一钱六分。豌豆每京石价银一两七钱二分九厘至二两五钱六分，较上月贱一钱六分。青稞每京石价银一两五钱七分五厘至二两三钱三分六厘，较上月贱一钱六分。

秦州直隶州并所属：价平

粟米每京石价银一两一钱九分至二两九钱四分，与上月相同。小麦每京石价银七钱五分二厘至二两二钱九分五厘，与上月相同。

豌豆每京石价银七钱五分二厘至一两八钱一分二厘，与上月相同。糜子每京石价银五钱六分至一两五钱七分，与上月相同。

阶州直隶州并所属：价昂

粟米每京石价银一两三钱八分六厘至二两六钱三分，较上月贵一钱一分五厘。小麦每京石价银一两三钱四分四厘至一两九钱六分，较上月贵一钱九分六厘。豌豆每京石价银一两二钱七分八厘至一两八钱四分七厘，较上月贵三钱七分七厘。糜子每京石价银一两三钱一分五厘，较上月贵五分七厘。

泾州直隶州并所属：价有昂有落

粟米每京石价银五钱四厘至一两一分八厘，较上月贵六分一厘。小麦每京石价银四钱八分二厘至八钱四分，较上月贱二厘。豌豆每京石价银四钱一厘至八钱四分，较上月贱四分。糜子每京石价银三钱三分六厘至五钱六分六厘，较上月贱四分七厘。

固原直隶州并所属：价平

粟米每京石价银八钱五分至一两四钱六分七厘，与上月相同。小麦每京石价银九钱一分至一两二钱五分，与上月相同。豌豆每京石价银九钱一分至一两四钱四分一厘，与上月相同。糜子每京石价银七钱七分四厘，与上月相同。

肃州直隶州并所属：价平

粟米每京石价银一两八厘至一两五分，与上月相同。小麦每京石价银八钱六厘至九钱二分四厘，与上月相同。豌豆每京石价银九钱二分四厘至一两二钱四分三厘，与上月相同。青稞每京石价银五钱四分六厘至六钱九分七厘，与上月相同。

安西直隶州并所属：价有平有落

粟米每京石价银一两五分至一两三钱七分二厘,较上月贱二分八厘。小麦每京石价银一两九分二厘至一两二钱八分,较上月贱一钱二分。豌豆每京石价银一两三钱五分九厘至二两八分,与上月相同。青稞每京石价银九钱九分三厘至一两四钱,与上月相同。

(朱批:)览。[①]

一七九　请奖肃清关内外及青海出力文武员弁折

光绪二十三年十月二十六日(1897年11月20日)

头品顶戴陕甘总督臣陶模跪奏,为甘肃关内外及青海回匪一律肃清,督臣所辖标、防、土、客各军分别前敌、后路出力文武员弁,恳恩奖叙,恭折仰祈圣鉴事。

窃臣前于光绪二十二年九月二十三日会奏关内外及青海回匪一律肃清折内,声明前后在事出力文武员弁勇丁并前督臣杨昌濬奏报循化、狄道、西宁解围及河州战守将士人等业经奉旨准择尤保奖并交臣查明具奏者,均拟归入肃清案内开单,分别前敌、后路,恳恩奖叙在案。臣查此次回匪构乱,啸聚数十万人,蹂躏地方千有余里,仰仗天威赫濯,次第削平,所有董福祥所部甘军、魏光焘所部湘军、前督臣所部各军及臣由新疆抽调来甘各营旗与青海大臣所部各军,剿办河湟、防堵甘、凉、肃,追剿青海窜贼各情形,均经先后详细奏报有案,未便再事敷陈。湘军及关外各军,由魏光焘、饶应祺

---

① 中国第一历史档案馆藏:清单,档案编号:03-6965-029。

先后专案请奖。甘军劳绩尤多，臣与董福祥熟商，亦由该提督自行专案请奖。其应归微臣请奖之员弁，散处各属，查取履历，往返驳诘，动多耽延，是以时逾一载，始能核定。

窃念各军将士奔走于酷暑严寒之际，出入于穷荒瘴疠之中，皆能冒镝冲锋，叠著劳绩。至后路防军台局员弁、守城之文武、团练之绅民、押运饷械之委员、赈抚难民之官吏，或严守要隘，或力保危城，或冒险转输，或招徕流散，亦皆力任艰难，维持大局，其功均不可没，兹一并汇入肃清案内，分别前敌、后路，核实开具清单，恳恩奖叙，以示朝廷有功必赏之至意。惟前年军兴以来，约计旧有、新募防营、土勇不下二百余起，加以地方文武官绅、乡团、番勇，凡前敌、后路出力人员，实属录不胜录，经臣严加考核，减之又减，不敢稍涉冒滥，上负国家慎重名器之心；而懋赏酬劳，又非此不足为鼓励人才之具。合无仰恳天恩，俯准照单给奖，以示激劝，出自逾格鸿施。

除千总以下各弁照例另单咨部奖叙，并各员弁履历清册造齐送部查核外，谨会同署青海大臣联魁恭折具陈，伏乞皇上圣鉴训示。谨奏。光绪二十三年十月二十六日。

（朱批：）该部议奏。单二件并发。①

光绪二十三年十一月二十日，奉朱批：该部议奏。单二件并发。② 钦此。③

---

① 台北故宫博物院藏：军机及宫中档，文献编号：408003112。

② 此清单查无下落，待考。

③ 中国第一历史档案馆藏：录副奏折，档案编号：03-6033-007。

一八〇　造报甘肃光绪二十二年支扣饷项清册折

光绪二十三年十月二十六日（1897 年 11 月 20 日）

头品顶戴陕甘总督臣陶模跪奏，为造报甘肃关内马步练军光绪二十二年份支扣饷项细数清册，恭折仰祈圣鉴事。

窃查前准户部咨开：甘肃省裁勇练兵系属因时制宜，并非承平旧制。所有开支薪水亦非常例动支，应令专案奏销，以免牵混等因。所有光绪二十一年份练军饷项细数清册，前已奏销在案。兹据甘肃藩司曾鉌详称：遵查甘肃关内马步练军光绪二十二年份薪公、口粮等项，共实支银一十四万四千九十九两三钱四分，内扣收过粮价及四分减平银共二万九百九两三钱一分九厘，分别造具细数清册，详请具奏前来。

臣覆核无异。除将赍到册籍分送部科外，理合恭折具陈，伏乞皇上圣鉴，敕部核销施行。谨奏。光绪二十三年十月二十六日。

（朱批：）该部知道。①

光绪二十三年十一月二十日，奉朱批：该部知道。钦此。②

一八一　请以师玉春借补提标中营参将折

光绪二十三年十月二十六日（1897 年 11 月 20 日）

头品顶戴陕甘总督臣陶模跪奏，为拣员借补要缺参将，以裨营

---

① 台北故宫博物院藏：军机及宫中档，文献编号：408003114。
② 中国第一历史档案馆藏：录副奏折，档案编号：03-6643-020。

伍,恭折仰祈圣鉴事。

窃臣接准部咨:甘肃提标中营参将员缺系题补第一轮第十缺,轮用捐输人员。该省捐输无人,应作为第二轮第一缺,饬令迅拣尽先人员请补等因。臣查甘肃提标中营参将一缺,为标营领袖,表率群僚,经理粮饷,事繁责重,非精明廉干之员,难期胜任。随在于曾任实缺尽先人员内逐加遴选,查有记名总兵宁夏镇标左营游击师玉春,才具练达,办事慎勤,且在甘年久,于地方营伍情形最为熟悉,以之借补斯缺,实堪胜任,亦与部章相符。合无仰恳天恩,俯念员缺紧要,准以该员师玉春借补甘肃提标中营参将,以期得力。如蒙俞允,俟接准部覆后,即行给咨赴部引见,以符定制。

除饬取该员履历清册送部查核外,所遗宁夏镇标左营游击员缺,甘省现有应补人员,容臣另拣请补。谨会同署甘肃提臣张永清合词恭折具陈,伏乞皇上圣鉴训示。谨奏。光绪二十三年十月二十六日。

(朱批:)兵部议奏。[①]

光绪二十三年十一月二十日,奉朱批:兵部议奏。钦此。[②]

一八二　奏请奖叙道员祝维城片

光绪二十三年十月二十六日(1897 年 11 月 20 日)

再,光绪二十一年河湟变起,逆回马筶筶等勾结东路回民,乘机作乱。五月初间,遂有海城戕官劫狱之事,平庆泾固化道祝维城

---

①　台北故宫博物院藏:军机及宫中档,文献编号:408003113。

②　中国第一历史档案馆藏:录副奏折,档案编号:03-5921-035。

闻信，即电请前督臣杨昌濬飞饬各处防营，分路捉堵，并调陕西游击张绍先马队两营，星驰剿办。该道代备马掌、草料，以速其行。时马筐筐、李昌发等焚劫村堡，其势甚张。张绍先率队急驰一百八十里，出其不意，击毙多人，匪党立时溃散，变乱粗定。张绍先马队奉调赴河，而海城、平远一带空虚，谣言四起。该道复电禀请前督臣杨昌濬，饬驻防平凉之镇南右营，酌拨两哨速往海城防堵。至则马筐筐等纠集余党，逆焰复然。帮带曹松林再战于黄羊坪，贼始奔溃，窜入河州。该道复派人搜诛逆匪家属多名，张示晓谕，以释良回疑惧之心。又填发护票，使回众驼骡脚户得以外出贸易，显以拯其穷乏，即隐以消其乱萌。其布置陇东一切事宜，审慎周详，所以戡乱于已成而弭祸于未著者，实于大局裨益不浅。

　　该道现已开缺，本无希冀奖叙之心，但臣既有所知，不敢壅于上闻。所有平庆泾固化道祝维城前年办理甘肃东路事宜，可否传旨嘉奖之处，出自天恩。谨附片陈明，伏乞圣鉴训示。谨奏。[①]

　　光绪二十三年十一月二十日，朱批。[②]

一八三　请将李锦恒即行革职片

光绪二十三年十月二十六日（1897 年 11 月 20 日）

　　再，据宁夏镇总兵王钺安呈称：前带宣威中旗马队副将李锦恒，平日于营伍毫无整顿，所部马勇类多老弱充数，并有私行假退、悬缺不补、希图侵冒情事，实属贪庸不职，未便稍事姑容。相应请

---

①　《陶勤肃公奏议遗稿》。

②　此朱批日期，据军机处随手登记档（档案编号：03-0293-2-1223-308）校补。

旨将留甘尽先推补副将李锦恒即行革职,并不准投效他营,以示惩
儆而肃戎行。谨附片具奏,伏乞圣鉴训示。谨奏。

（朱批:）另有旨。①

光绪二十三年十一月二十日,奉朱批:另有旨。钦此。②

【案】此奏片于是年十一月二十日得旨允准。上谕档:

光绪二十三年十一月二十日,内阁奉上谕:陶模奏,副将
贪庸不职,请旨革职等语。甘肃尽先副将李锦恒营务废弛,所
部马勇,类多老弱充数,并有悬缺不补、希图侵冒情事,着即行
革职,并不准投效各路军营,以示惩儆。嗣后各营如查有空
额,即行从严惩办,毋稍宽纵。该部知道。钦此。③

一八四　请将王运元等即行革职片

光绪二十三年十月二十六日（1897年11月20日）

再,臣查有花翎知府衔甘肃候补直隶州知州王运元,遇事钻
营,不顾行止,前与甘肃试用典史惠熙因买物馈送,抗不清价,彼此
控揭数年。惠熙形同市侩,专以古玩等器勾结宦场,乘间渔利,不
遂所欲,则挟制多端,均为仕途败类。又,前办省城东岗镇厘卡委
员甘肃候补按司狱郭炽昌,承办厘务,不知认真稽查,任听书巡需
索滋弊,若罔闻知,实属有忝厥职。据甘肃布政使曾鉌、按察使丁
体常、税厘总局兰州道黄云先后详请奏参前来。

---

① 台北故宫博物院藏:军机及宫中档,文献编号:408003113-0-A。
② 中国第一历史档案馆藏:录副奏片,档案编号:03-5921-104。
③ 《光绪宣统两朝上谕档》,第23册,第327页。

臣覆核无异。均未便稍事姑容,相应请旨将花翎知府衔甘肃即补直隶州知州王运元、甘肃试用典史惠熙、甘肃候补按司狱郭炽昌即行革职,以清仕途而示惩儆,王运元并请拔去翎枝,与惠熙一并驱逐回籍。谨附片具陈,伏乞圣鉴训示。谨奏。

(朱批:)另有旨。[1]

光绪二十三年十一月二十日,奉朱批:另有旨。钦此。[2]

【案】此奏片于是年十一月二十日得旨允准。上谕档:

光绪二十三年十一月二十日,内阁奉上谕:陶模奏,参劾属员,请旨惩儆等语。甘肃花翎候补直隶州知州王运元,遇事钻营,不顾行止;试用典史惠熙,行同市侩,营私渔利;候补按司狱郭炽昌,承办厘务,任听书巡需索。均着即行革职,王运元并着拔去翎枝,与惠熙一并驱逐回籍。该部知道。钦此。[3]

一八五　奏报甘肃丁酉武闱事竣片

光绪二十三年十月二十六日(1897年11月20日)

再,本年举行丁酉正科武闱乡试,臣率同甘肃布政使曾钲、甘肃按察使丁体常、提调兰州道黄云、监试候补道陈万言,于十月初五日开考,将宁夏、凉州、庄浪驻防各满营旗生、马甲、前锋及阖省民籍武生、武监生、兵生马步箭、弓刀石逐一秉公校阅。连日天气晴明,场规整肃,于十三日外场试竣,当将骑射技勇娴熟诸生分别

---

① 台北故宫博物院藏:军机及宫中档,文献编号:408003113-0-B。
② 中国第一历史档案馆藏:录副奏片,档案编号:03-5352-078。
③ 《光绪宣统两朝上谕档》,第23册,第327页。

密记双、单好。十四日，点入内场，默写武经。复与司道择骑射精熟、弓力挽强、刀石合式、默经无误者，详慎比较，照额取中旗生八名、民籍武生五十名，共五十八名，于十五日揭晓。

除恭疏具题并敬缮题名录随本进呈外，所有武闱事竣日期，谨附片陈明，伏乞圣鉴。谨奏。

（朱批：）知道了。①

光绪二十三年十一月二十日，奉朱批：知道了。钦此。②

一八六　奏报刘兆梅等期满甄别片

光绪二十三年十月二十六日（1897年11月20日）

再，准部咨：道、府、同、通、州、县，毋论何项劳绩保奏归入候补班人员，以到省之日起，予限一年，详加察看，出具切实考语，分别繁简补用等因。历经遵办在案。兹查三品衔候补班前尽先补用知府刘兆梅，于光绪二十一年三月初七日到省，连闰扣至二十二年二月初七日，试看一年期满。又，候补知州李笃庆，于光绪四年三月初六日到省，扣至五年三月初六日，早已试看一年期满，因时值甘省系属变通章程，漏未甄别，今应补办。由藩、臬两司出具考语，详请具奏前来。

臣查刘兆梅才识闳通，办事勤敏；李笃庆年强才裕，办事慎勤，均堪以原官留省照例补用。除将各该员履历清册送部外，理合附片具陈，伏乞圣鉴。谨奏。

---

① 台北故宫博物院藏：军机及宫中档，文献编号：408003114-0-A。
② 中国第一历史档案馆藏：录副奏片，档案编号：03-7301-066。

（朱批：）吏部知道。①

光绪二十三年十一月二十日,奉朱批:吏部知道。钦此。②

<h1 style="text-align:center">一八七　奏报甘肃光绪二十三
年上忙征收银两数目折</h1>

光绪二十三年十一月初七日(1897年11月30日)

头品顶戴陕甘总督臣陶模跪奏,为甘肃各属光绪二十三年上忙征收银两数目,恭折仰祈圣鉴事。

窃查甘肃各属光绪二十二年上下忙征收银数,业经奏报在案。所有二十三年上忙征收银数,据藩司曾鉌详称:查甘省光绪二十三年额征收并新垦地丁起存正杂共银二十八万五千五百五十三两九钱二厘,内除皋兰县、沙泥州判、洮州厅、华亭县、平番县、宁夏县、灵州、中卫县、宁灵厅、西固州同等处水冲地亩请明豁免并荒地无从征收外,实应征收正杂银二十一万一千七百二十四两二分九厘六毫,今上忙已完银一十万三千二百八十八两六钱三分一厘,内已完存留经杂、驿站银四万五百四十二两七钱一厘照数留支外,已完起运银六万二千五百三十三两六钱四分一厘、杂赋银二百一十二两二钱八分九厘,均已解司,内已造入光绪二十三年秋拨册内银一万四百二十四两一钱八分八厘,候造入光绪二十四年春拨册内银五万二千三百二十一两七钱四分二厘。未完地丁正杂银一十万八千四百三十五两三钱九分八厘六毫,内地丁起运银七万四千六百

---

① 台北故宫博物院藏:军机及宫中档,文献编号:408003115-0-A。
② 中国第一历史档案馆藏:录副奏片,档案编号:03-5352-079。

七十四两四钱六分三厘,存留经杂银一万一千九十六两一钱六分,存留驿站银二万二千六十四两一钱三分六厘六毫,杂赋银六百两六钱三分九厘,应归入下忙案内一并核办。造具总、散清册,详请具奏前来。

臣覆核无异。除将清册咨送户部查核外,所有甘省各属光绪二十三年上忙征收银两数目,理合恭折具陈,伏乞皇上圣鉴。谨奏。光绪二十三年十一月初七日。

(朱批:)户部知道。①

光绪二十三年十一月十九日,奉朱批:户部知道。钦此。②

一八八　董福祥军饷业由粮台收支清楚折

光绪二十三年十一月初七日(1897 年 11 月 30 日)

头品顶戴陕甘总督臣陶模跪奏,为甘肃提臣董福祥所部各营饷项自光绪二十二年十一月起至二十三年年底止,业由甘肃粮台统收转支清楚,恭折仰祈圣鉴事。

窃查前准户部咨称:光绪二十二年十月以后,提督董福祥所部各营一切收支饷项,务遵督办处原咨,照章造具细数清册,送部核销,以昭核实而重饷款等因。臣查自光绪二十二年十一月初一日起至二十三年年底止,董福祥所部各营由甘肃粮台先后发过库平银六十三万二百九十一两四钱八分四厘八毫,除奉部饬拨光绪二十三年份甘肃新饷提存库平银二十九万二千二百三十两一钱四分

---

① 台北故宫博物院藏:军机及宫中档,文献编号:408003116。

② 中国第一历史档案馆藏:录副奏折,档案编号:03-6257-013。

四厘,甘肃司库常年存储各款库平银七万六千六百六十二两三钱三分七厘九毫二丝,陕西藩库土药厘金库平银一十六万四百四十一两五钱五分五厘,全行动支外,其余尚不敷银十万九百五十七两四钱四分七厘八毫八丝,已由甘肃裁勇腾饷内一律拨发清楚,应照部咨由该提臣造报请销。其二十四年份董福祥所需饷项,奉部指拨,应照案随时支发。据办理粮台甘肃藩司曾鉌详请具奏前来。

臣覆核无异。除清单咨送督办军务处及户、兵、工部查核外,理合恭折具奏,伏乞皇上圣鉴。谨奏。光绪二十三年十一月初七日。

(朱批:)该部知道。[1]

光绪二十三年十一月十九日,奉朱批:该部知道。钦此。[2]

一八九　奏请免扣裁兵原借粮石应扣价银片

光绪二十三年十一月初七日(1897年11月30日)

再,查陕西提属潼关协营裁减二成兵丁,内马兵三十名、步兵二十四名、守兵六十名,上年曾援成案借支潼关厅仓市斗粮一百五十六石,每石例价银一两四钱二分九厘,议从本年秋季起,分作四季扣还归款,共应扣价银二百二十二两九钱二分四厘。讵未及扣期,该兵丁等先已奉裁退伍,情形极其艰窘,实属无力缴还。据署潼关协副将卢万德呈由陕西固原提督邓增咨请核办到臣。经臣批饬署陕西布政使李有菜,查明属实,详请具奏前来。

---

① 台北故宫博物院藏:军机及宫中档,文献编号:408003117。
② 中国第一历史档案馆藏:录副奏折,档案编号:03-6143-010。

合无仰恳天恩，俯念裁兵困苦，准将原借粮石应扣价银免其缴还，以示体恤，出自鸿慈。除咨部外，谨附片具陈。伏乞圣鉴训示。谨奏。

（朱批：）着照所请，户部知道。[1]

光绪二十三年十一月十九日，奉朱批：着照所请，户部知道。钦此。[2]

一九〇　恭报甘肃光绪二十三年九月雨水、粮价折

光绪二十三年十一月二十七日（1897年12月20日）

头品顶戴陕甘总督臣陶模跪奏，为恭报甘肃省光绪二十三年九月份粮价、雨泽情形，恭折仰祈圣鉴事。

窃照本年八月份粮价并得沾雨泽情形，业经具折奏报在案。兹查九月份兰州等八府六直隶州属具报得沾雨泽，自一二寸至二三寸不等，正值秋禾收获之际，获此沃泽，实于农田有神。至通省粮价，或与上月相同，或较上月稍有增减。据藩司曾鉌具详请奏前来。

臣覆核无异。理合恭折具奏，并缮粮价清单，恭呈御览，伏乞皇上圣鉴。谨奏。光绪二十三年十一月二十七日。

（朱批：）知道了。[3]

光绪二十三年十二月二十四日，奉朱批：知道了。钦此。[4]

---

① 台北故宫博物院藏：军机及宫中档，文献编号：408003116-0-A。
② 中国第一历史档案馆藏：录副奏片，档案编号：03-5921-097。
③ 台北故宫博物院藏：军机及宫中档，文献编号：408003119。
④ 中国第一历史档案馆藏：录副奏折，档案编号：03-6966-025。

一九一　呈甘肃光绪二十三年九月粮价清单

光绪二十三年十一月二十七日(1897 年 12 月 20 日)

谨将甘肃各属光绪二十三年九月份米粮时估价值,缮具清单,恭呈御览。

计开：

兰州府属：价昂

粟米每京石价银八钱八分六厘至四两九分八厘,较上月贵七钱六分二厘。小麦每京石价银八钱二分一厘至三两一钱三分四厘,较上月贵二钱一厘。豌豆每京石价银八钱八分六厘至三两一分三厘,较上月贵一钱三分七厘。青稞每京石价银一两二钱四厘至二两七钱七分二厘,较上月贵二钱四分一厘。

巩昌府属：价有昂有平

粟米每京石价银一两四分五厘至二两四钱七厘,与上月相同。小麦每京石价银八钱六分五厘至一两九钱五分七厘,较上月贵一钱九分二厘。豌豆每京石价银八钱六分五厘至一两七钱七分三厘,较上月贵二钱六厘。青稞每京石价银八钱三分七厘至一两三钱三分五厘,与上月相同。

平凉府属：价有昂有平有落

粟米每京石价银一两三钱四分八厘至一两五钱四分,较上月贵七分。小麦每京石价银一两八厘至一两二钱一厘,较上月贱九分三厘。豌豆每京石价银八钱六分二厘至一两一钱六分六厘,与上月相同。糜子每京石价银七钱至七钱二分五厘,与上月相同。

庆阳府属：价有平有落

粟米每京石价银五钱五厘至七钱五分六厘，较上月贱四厘。小麦每京石价银五钱六分至一两三钱四分，与上月相同。豌豆每京石价银四钱四分至一两七钱八分二厘，与上月相同。糜子每京石价银二钱九分四厘至四钱三分五厘，与上月相同。

甘州府属：价有昂有平

粟米每京石价银七钱七分七厘至一两二分九厘，与上月相同。小麦每京石价银七钱三厘至七钱五分六厘，与上月相同。豌豆每京石价银七钱三厘至一两五钱四厘，较上月贵一钱一分四厘。青稞每京石价银五钱四分九厘至九钱二分四厘，较上月贵六分三厘。

凉州府属：价落

粟米每京石价银一两九分二厘至二两三钱四分八厘，较上月贱三钱五分五厘。小麦每京石价银七钱一分四厘至一两七钱八分四厘，较上月贱二钱一分五厘。豌豆每京石价银九钱五分六厘至一两七钱四分七厘，较上月贱三钱八分。青稞每京石价银七钱九分八厘至一两三钱一分五厘，较上月贱一分九厘。

宁夏府属：价平

粟米每京石价银七钱七厘至一两一钱二分，与上月相同。小麦每京石价银七钱六分至一两二钱三厘，与上月相同。豌豆每京石价银七钱三分五厘至一两四钱，与上月相同。糜子每京石价银五钱四厘至七钱九分一厘，与上月相同。

西宁府属：价落

粟米每京石价银一两七钱一分八厘至六两一钱六分，较上月贱八分。小麦每京石价银一两九钱四厘至二两五钱六分，较上月贱一钱六分。豌豆每京石价银一两七钱八分至二两四钱，较上月贱一钱六分。青稞每京石价银一两五钱七分五厘至二两三钱四分,较上月贱九分六厘。

秦州直隶州并所属:价有平有落

粟米每京石价银一两二钱四分至二两八钱九分二厘,较上月贱四分八厘。小麦每京石价银八钱八厘至二两二钱九分五厘,与上月相同。豌豆每京石价银八钱八厘至一两八钱一分二厘,与上月相同。糜子每京石价银六钱三分至一两五钱七分,与上月相同。

阶州直隶州并所属:价平

粟米每京石价银一两三钱八分六厘至二两六钱三分,与上月相同。小麦每京石价银一两三钱四分四厘至一两九钱六分,与上月相同。豌豆每京石价银一两三钱七分至一两八钱四分七厘,与上月相同。糜子每京石价银一两三钱一分五厘,与上月相同。

泾州直隶州并所属:价有平有落

粟米每京石价银五钱八厘至九钱八分,较上月贱三分八厘。小麦每京石价银四钱八分二厘至八钱四分,与上月相同。豌豆每京石价银四钱一分四厘至八钱四分,与上月相同。糜子每京石价银三钱三分六厘至五钱二分八厘,较上月贱三分八厘。

固原直隶州并所属:价有昂有平

粟米每京石价银八钱五分至一两五钱七分六厘,较上月贵一钱九厘。小麦每京石价银九钱一分至一两二钱五分,与上月相同。豌豆每京石价银九钱一分至一两四钱四分五厘,较上月贵四厘。糜子每京石价银七钱八分八厘,较上月贵一分四厘。

肃州直隶州并所属:价平

粟米每京石价银一两八厘至一两五分,与上月相同。小麦每京石价银八钱六厘至九钱二分四厘,与上月相同。豌豆每京石价银九钱二分四厘至一两二钱四分三厘,与上月相同。青稞每京石价银五钱四分六厘至六钱九分七厘，与上月相同。

安西直隶州并所属：价平

粟米每京石价银一两五分至一两三钱七分二厘，与上月相同。小麦每京石价银一两九分八厘至一两二钱八分，与上月相同。豌豆每京石价银一两二钱八分至二两八分，与上月相同。青稞每京石价银九钱九分三厘至一两四钱，与上月相同。

（朱批：）览。①

一九二　奏报甘军第六次裁撤拨归各起数目折

光绪二十三年十一月二十七日（1897 年 12 月 20 日）

头品顶戴陕甘总督臣陶模跪奏，为报明甘肃马步营旗第六次裁撤拨归各起数目，另开清单报部，恭折仰祈圣鉴事。

窃查甘肃前因军务添募马步营旗，于肃清后经臣节次裁减，已截至光绪二十三年四月底止先后具奏在案。兹据甘肃粮台布政使曾鉌将二十三年五月初一日起至十月底止复又陆续裁撤拨归马步各营旗共计十三起，分晰截饷日期，开单详请奏咨立案，并声明裁撤马步各勇丁均于遣散时照章加给恩饷等情前来。臣覆核无异。查现在所留马步防军为数无多，业已分扎要隘，以资防守，此后能否再行裁撤，容出察酌情形，另行奏明办理。

除将此次清单咨送户、兵二部查照外，所有第六次裁撤拨归马步营旗各起数目缘由，理合恭折具陈，伏乞皇上圣鉴。谨奏。光绪二十三年十一月二十七日。

---

①　中国第一历史档案馆藏：清单，档案编号：03-6966-026。

（朱批：）该部知道。①

光绪二十三年十二月二十四日，奉朱批：该部知道。钦此。②

一九三　奏请赏假调理折

光绪二十三年十一月二十七日（1897 年 12 月 20 日）

头品顶戴陕甘总督臣陶模跪奏，为微臣咳喘甚剧，吁恳天恩，赏假调理，恭折仰祈圣鉴事。

窃臣自维庸陋，无补时艰，渥荷圣恩，忝膺疆寄。自任新疆巡抚、陕甘总督，忽忽七年，愧涓埃之未报，实兢惕以时深。从前精力尚强，能耐劳苦。新疆著名寒冷，臣历任五载，虽间患咳喘，不甚为苦。今年体气更衰，稍触风寒，即患气喘，尚幸随治随愈，未敢上渎宸聪。惟本年十月初五以后，连日赴校场考阅武闱骑射，早出晚归，不觉风寒侵入肌骨，复患咳喘，加以喘气较前增剧，寝食因之顿减。虽延医调治，第恐一时不能速痊。合无仰恳天恩，俯准赏假一月，俾得赶紧调理，出自逾格鸿慈。

至于一切公事，仍当照常办理，不敢稍涉疏懈。一俟调理全愈，即当随时销假，上慰宸系。谨缮折具陈，伏乞皇上圣鉴，训示施行。谨奏。光绪二十三年十一月二十七日。

（朱批：）着赏假一个月。③

光绪二十三年十二月二十四日，奉朱批：着赏假一个月。

---

① 台北故宫博物院藏：军机及宫中档，文献编号：408003120。

② 中国第一历史档案馆藏：录副奏折，档案编号：03-5921-113。

③ 台北故宫博物院藏：军机及宫中档，文献编号：408003122。

钦此。①

一九四　查明甘肃地丁折价尚无浮收等情折

光绪二十三年十一月二十七日（1897年12月20日）

　　头品顶戴陕甘总督臣陶模跪奏，为查明甘省地丁数少，各州县折价尚无浮多，拟恳照旧办理，并免加解银价平余，以示体恤，恭折仰祈圣鉴事。

　　窃臣前准户部咨：议覆给事中庞鸿书奏江、浙等省征收地丁条银折价与市价悬殊，请饬酌减一折。拟令各省督抚督同司道，各就本地完纳情形，暨向来征收章程，查明地丁折钱较市价大有浮多者，即行酌量议减。至各州县征收粮石，遇有厘毫尾零之数，或按一分计算，亦系官吏营私舞弊，并令一概严行禁止。又准部咨：江西奏请减征丁漕钱价、奏解四国洋款一片内称：江西因银价减贱，令征钱各州县每地丁一两减征钱一百文，于减征之外每两随正加解钱价平余银七分，应由各省督抚查照江西成案，各就本地情形，酌量一体仿办各等因。当经行司遵办去后。

　　兹据藩司曾鉌详称：查甘省地瘠民贫，通省地丁仅二十余万两，现在荒芜地亩尚多，征收本未足额，访察各属花户，措银维艰，向多以钱折交，每两酌加火耗、解费仍按银价涨落，随时增减，曾经迭次严饬各属不准稍有浮多，历来办理相安，尚无浮收之弊。甘南一带州县并有照价折收赔贴、火耗、解费之处，各属情形不同，势难一律核减，转使州县更增赔累。惟有随时严加查察，俾于火耗、解

---

①　中国第一历史档案馆藏：录副奏折，档案编号：03-5353-120。

费之外再有浮收者，即当一面核减，一面严行参办，以示惩儆。至收粮收银，遇有合勺厘毫零数，仍按一升一分计算扣收。此弊诚难保其必无，自当遵照部饬一律严禁，以恤民艰。惟各属征收地丁，按照市价，查无实在浮多，自难责令加解钱价平余各等情，详请具奏前来。

臣维甘肃地处边陲，官民困苦，地丁额征甚少，虽以钱折收，并无浮多。合无仰恳天恩，俯准照旧办理，毋庸议减，并免加解钱价平余，以示体恤。

除仍饬司随时严察，傥各州县有地丁折收浮多者，即行据实详请参办，并严禁征收粮银不准以合勺厘毫之数算成一升一分加收，俾除积弊外，谨据实恭折具陈，伏乞皇上圣鉴训示，并请饬部查照施行。谨奏。光绪二十三年十一月二十七日。

（朱批：）户部知道。[①]

光绪二十三年十二月二十四日，奉朱批：户部知道。钦此。[②]

一九五　造报甘肃各军上两年收支各款折

光绪二十三年十一月二十七日(1897 年 12 月 20 日)

头品顶戴陕甘总督臣陶模跪奏，为造报光绪二十一、二两年甘肃关内各军收支正杂各款，恳恩饬部核销，恭折仰祈圣鉴事。

窃查甘肃关内防军收支饷项，自光绪十一年起均归甘肃藩司统收分拨，所有十一年起至二十年止收支各款，业经造册具奏核销

---

① 台北故宫博物院藏：军机及宫中档，文献编号：408003118。
② 中国第一历史档案馆藏：录副奏折，档案编号：03-6257-037。

在案。兹据甘肃粮台布政使曾鉌详称：甘肃自二十一年春间河湟、海城等处逆回相继变乱，全省震动，旧有防、练各旗为数无多，不足以资防剿，经前督臣杨昌濬、西宁青海大臣臣奎顺分别奏请调募土、客各军二三百起，暨臣由新酌带关外各营旗，进关助剿，于二十二年秋间一律肃清。所有支发各军正杂各款总数，已于本年十月初四经臣开单奏咨立案。

统计此次军需收支各款，内先后四次收到添拨库平饷银四百万两，申合湘平银四百一十六万六千余两，内短收存粮变价抵饷银二十三万二千余两，实收银三百九十三万四千余两。又收二十年防军报销饷册实存项下湘平银一十九万五千八十余两，又收二十一、二两年关内应分新饷内每年照案动支银九十六万二千两，共银一百九十二万四千两。又收湖北补解二十年份新饷短平银八十余两，又收二十一、二两年关内外新饷减平支剩银二十八万一千三百余两，又收采办军需物料例扣一分平余银三千一百余两，共收湘平银六百三十三万八千二百余两。

除支二十一、二两年马步各营、旗、哨二百五十起行、坐薪粮、马干、正、恩饷银五百二十七万八千二百五十余两，又支制造前敌、后路各营、旗、哨领用军装、军火、工料银三十四万三千五百六十余两，又支由两江代采外洋军火价值银一十九万三千六百八十两零，又支各提、镇、协、标弁兵津贴、盐菜银一十六万二千七百一十余两，又支招募马步各营、旗、哨官弁勇夫、马匹小口粮、料草银一十二万六千九百八两零，又支阵亡勇丁恤赏银七万二百九十余两，又支各局台员书薪公并护勇口粮银三万七千八百八十余两，又支前敌马步各营旗津贴四成粮价银三万七千二百八十余两，又支受伤勇丁养伤银三万三千一百四十余两，又支各马队倒马例价银二万三千四百六十余两,又支凉州、庄浪两满营官兵薪饷、盘费银二万三千一百三十余两,又支各军统领统费银一万六千九十两零,又支制造机器局匠工并采买物料等项价值银一万一千八百四十余两,又支复设永安、大通二营官弁兵丁加支津贴银二千七百六十两零,又支各军阵毙马价银二千三百四十余两,又支总理营务处兰州道黄云所辖委员薪公银一千三百七十余两,又支皋兰、河州、循化等厅、州、县安设腰站夫马、工料、站价银八百五十余两,又支火药局房租银一百九十余两,又支总理营务处甘肃布政使曾铢所部差弁、书识、马勇薪工、口粮银一百五十余两,共支湘平银六百三十六万五千九百余两,以收抵支,不敷银二万七千七百余两。此项不敷之数暂在扣存截矿银内随时挪支,仍俟抵饷未收之存粮变价银二十三万二千余两补收足数,即行提还归款。其余剩银二十万四千四百余两,归入转运脚价,收支造报。

至于西军八营、镇南中旗饷项,遵照奏案,将两年新饷减平支剩银二十八万一千三百余两全数动支之外,尚不敷银十七万三千余两,统由添拨军饷内随时拨补,已于销册满收满支。

以上收支各款,自光绪二十一年正月初一日起,截至二十二年十二月底止,造具细数清册,详请具奏前来。

臣复加查核,收支各款均属相符,皆系实用实销,委无浮冒。相应吁恳天恩,俯准饬部核销,以清款目。

除将清册分送户、兵、工部外,理合恭折具陈,伏乞皇上圣鉴训示。谨奏。光绪二十三年十一月二十七日。

(朱批:)该部知道。[1]

---

① 台北故宫博物院藏:军机及宫中档,文献编号:408003121。

光绪二十三年十二月二十四日,奉朱批:该部知道。钦此。^①

一九六　请仍准姚钧署理西和县知县片

光绪二十三年十一月二十七日(1897年12月20日)

　　再,甘肃西和县知县员缺,经臣奏请以候补知县姚钧先行署理。旋准吏部咨开:该员系未经赴部之员,折内声称由候选未入流加捐州判,指分甘肃试用,行查户部捐案有无核准,据户部覆称,并未声叙系在何省、何项捐输,何次案内报捐,无从检查,应令详细声覆到部,再行核办等因。当经饬据藩司曾铄、臬司丁体常转据该员姚钧禀称:由监生在陕西十七次捐米合银案内奏准以未入流不论双单月选用,奉部填发执照;复在西征粮台分设之甘捐局遵米折章程加捐州判,指省甘肃试用,经该台填给甘字六十六号实收。因初办甘捐,尚未列有次数,彼时军务倥偬,捐后随营供差,未能赴部换照,嗣后洊保知县仍留原省补用等情,由司查验执照、实收,均相符合,会详请奏前来。

　　臣覆查无异。相应请旨饬下吏部查明捐案,仍准以候补知县姚钧署理西和县知县,以裨地方。除咨部查照外,谨附片具陈,伏乞圣鉴训示。谨奏。

　　(朱批:)吏部知道。^②

　　光绪二十三年十二月二十四日,奉朱批:吏部知道。钦此。^③

---

①　中国第一历史档案馆藏:录副奏折,档案编号:03-6143-047。

②　台北故宫博物院藏:军机及宫中档,文献编号:408003118-0-A。

③　中国第一历史档案馆藏:录副奏片,档案编号:03-5353-121。

一九七　奏报委令刘钰等署理副将等员缺片

光绪二十三年十一月二十七日(1897年12月20日)

　　再，署陕西延榆绥镇属定边协副将刘辅军调省察看遗缺，查有陕西提属庆阳营游击刘钰，朴实勤干，堪以委署。又，督标中军副将汤仁和请假遗缺，查有记名简放总兵现署督标后营游击宁夏镇标左营游击师玉春，明白干练，堪以委署。递遗督标后营游击员缺，查有补用副将留甘补用参将黎锦春，安详谨饬，堪以委署。又，署陕西提属商州协副将抚标右营游击吴云伍请假遗缺，查有提督衔留甘补用总兵程文胜，老成稳练，堪以委署。

　　除先后檄饬遵照外，理合附片奏明，伏乞圣鉴。谨奏。

　　(朱批:)兵部知道。①

　　光绪二十三年十二月二十四日，奉朱批:兵部知道。钦此。②

一九八　裁撤各军恩饷恳免追缴片

光绪二十三年十一月二十七日(1897年12月20日)

　　再，前准户部咨开:附奏遣散各军酌定开支恩饷章程一片，光绪二十二年十月二十五日奉旨:依议。钦此。并刷印原片咨行前来。查原片内称:恩饷本为体恤勇丁，非为官弁而设，拟将此次关内外遣散各军，凡营、哨官于正饷外，给予一月薪水，不给公费。其

①　台北故宫博物院藏:军机及宫中档，文献编号:408003118-0-B。
②　中国第一历史档案馆藏:录副奏片，档案编号:03-6033-015。

各军统领于裁撤之日即停薪公等语。当经臣钦遵转饬遵照去后。兹据甘肃粮台布政使曾鉌详称：查此次甘省办理河湟军务，遣撤各军应给恩饷，前经详蒙奏准，距甘道里最远者，给两个月，稍次者一个半月，邻省一个月，籍隶本省者半个月。本系仿照近时各省遣勇办法，并未将统领、营、哨各官另行提出，仍一律照章给发。计自二十一年正月起至二十二年十一月十八奉文日止，业将添募勇营裁撤八九。又，自奉文起截至二十二年年底止，仅续裁靖循中旗、镇夏右旗两旗。其在先遣撤之统领营官，或回原籍，或投他省，早经星散。今已事隔日久，如果到处行查，按名追缴，窃恐徒滋纷扰，于款项无裨。

复查甘省此番用兵，正值东海大役之后，饷项奇绌，屡奉檄饬，随事核实，格外搏节。该台于一切支发，破除情面，省而又省，即如恩饷一项，虽有奏案，亦加严核。凡距贼较远始终未经接仗以及前敌溃退、登时遣散各营旗，概予扣发，有销册可查。又，各军勇丁空日旷银，无论何项事故，不时查明核扣，故截旷银有十万余两之多，亦经造册报部。以上两款所省实已不少，所有新奉部章应行追缴二十二年裁撤各营旗统领、营、哨各官已领之恩饷，内除甘省饷章哨弁本无公费并未浮支外，统计不过万余金，概系奉文之先随撤随支，实在无从着追。至奉文后续裁之两旗，只差数十金，未便划出，致涉一案两歧。详请附奏前来。

臣覆核无异。合无仰恳天恩，俯念各该统领、营、哨各官皆系曾经出力，裁撤时所领恩饷多在未奉部章以前，现在均已他往，恳免追缴，以示体恤，出自鸿慈。谨附片具陈，伏乞圣鉴训示，并请饬部查照。再，二十三年正月起，凡有遣撤营旗，已将统领、营官恩饷一律扣除。合并陈明。谨奏。

（朱批：）户部知道。①

光绪二十三年十二月二十四日，奉朱批：户部知道。钦此。②

一九九　奏请核减甘省当商额税片

光绪二十三年十一月二十七日（1897 年 12 月 20 日）

再，臣前准户部通行：查中外典当获利较厚，税额独轻，拟自光绪二十三年起无论何省，每座按年纳税银五十两，查明座数，分晰造册报部等因。当经转行遵办去后。兹据甘肃布政使曾鉌详：据各道、府、厅、州、县转据各该当商禀称：甘肃各当商资本少者仅二三千串，多亦止五六千金，从未有及万两者，每年获利细微，与繁富省份实有天壤之别。在商等食毛践土，亦愿勉助时艰，无如本小利薄，若将每年当税概增为五十两，输将不及，实有闭歇之虞，恳请核减等情。该司查甘肃地瘠民穷，前此每当商奉饬捐银二百两，请准减收一半，已甚竭蹶。兹再以五十两税额按年勒征，则闭歇之虞信非虚语。一再筹酌，拟将每年每当五十两当税减为二十五两，仍遵部议，查明预交旧税数目，于新税内分年扣除。如此酌量减纳，商力或可勉支，课税亦稍有增益，详请具奏前来。

臣维甘肃地方瘠苦，本与他省迥殊，向年当商额税五两，今骤增十倍之多，该各商力难照纳，系属实在情形。合无仰恳天恩，俯准饬部查照核减，以恤商艰而重课税。除奉准后饬司查明典当座数，分晰造册报部立案外，谨附片具陈，伏乞圣鉴训示。谨奏。

---

① 台北故宫博物院藏：军机及宫中档，文献编号：408003120-0-A。
② 中国第一历史档案馆藏：录副奏片，档案编号：03-6143-048。

（朱批：）户部知道。[①]

光绪二十三年十二月二十四日，奉朱批：户部知道。钦此。[②]

二〇〇　恭报甘肃光绪二十三年秋禾约收分数折

光绪二十三年十二月初四日（1897 年 12 月 27 日）

头品顶戴陕甘总督臣陶模跪奏，为查明甘肃光绪二十三年秋禾约收分数，恭折仰祈圣鉴事。

窃直省秋禾收成分数，例应按年具奏。兹据甘肃布政使曾鉌详：据兰州、巩昌、平凉、庆阳、甘州、凉州、宁夏、西宁八府并秦州、阶州、固原、泾州、肃州、安西六直隶州，并所属各厅、州、县、州同、州判、县丞，将光绪二十三年份秋禾约收分数开折，详请核奏前来。

臣复加查核，约收七分者，武威县等三处；约收六分有余者，隆德县等十二处；约收六分者，通渭县等八处；约收五分有余者，金县等十五处；约收五分者，皋兰县等三十一处；约收四分者，沙泥州判一处；约收三分有余者，河州一处；约收三分者，狄道州一处。以上八府六直隶州所属通盘牵算，约收五分有余。

再，查各属除岷州、洮州、循化、丹噶尔、巴燕戎格、西宁、大通、红水县丞八处向不种植秋禾外，其河州、狄道州、沙泥州判、碾伯县四处秋禾虽有薄收，而屡经贼扰，民业迄未尽复，现拟另案请蠲钱粮。

至固原等处禾苗有被水、旱、霜、雹，均经先后饬令该管道府亲

---

①　台北故宫博物院藏：军机及宫中档，文献编号：408003120-0-B。
②　中国第一历史档案馆藏：录副奏片，档案编号：03-6509-029。

诣查勘,是否不致成灾,容俟另案汇办。理合恭折具奏,并缮具清单,恭呈御览,伏乞皇上圣鉴。谨奏。光绪二十三年十二月初四日。

(朱批:)知道了。①

光绪二十三年十二月十七日,奉朱批:知道了。钦此。②

二〇一　呈甘肃光绪二十三年秋禾约收分数清单

光绪二十三年十二月初四日(1897年12月27日)

谨将甘省各属光绪二十三年秋禾约收分数,缮具清单,恭呈御览。

计开:

约收七分者:武威县、灵州、硝河城州判。

约收六分有余者:隆德县、安化县、正宁县、抚彝厅、张掖县、东乐县丞、古浪县、平番县、平罗县、秦安县、平远县、安西州。

约收六分者:通渭县、中卫县、花马池州同、碾伯县、秦州、清水县、徽县、三岔州判。

约收五分有余者:金县、宁远县、安定县、西和县、静宁州、化平厅、山丹县、两当县、泾州、崇信县、固原州、肃州、王子庄州同、高台县、毛目县丞。

约收五分者:皋兰县、渭源县、靖远县、陇西县、伏羌县、会宁

---

① 台北故宫博物院藏:军机及宫中档,文献编号:408003123。
② 中国第一历史档案馆藏:录副奏折,档案编号:03-6728-008。

县、陇西县丞、平凉县、华亭县、庄浪县丞、宁州、合水县、环县、董志原县丞、永昌县、镇番县、宁夏县、宁朔县、宁灵县、贵德厅、礼县、阶州、文县、成县、西固州同、灵台县、镇原县、海城县、打拉池县丞、敦煌县、玉门县。

约收四分者：沙泥州判。

约收三分有余者：河州。

约收三分者：狄道州。

（朱批：）览。[1]

二〇二　查明甘肃被灾地方分别办理折

光绪二十三年十二月初四日（1897 年 12 月 27 日）

头品顶戴陕甘总督臣陶模跪奏，为遵旨查明本年甘肃各属被灾地方来春应否接济，俟届时察看情形，分别妥筹办理，恭折覆陈，仰祈圣鉴事。

窃承准军机大臣字寄：光绪二十三年九月三十日，奉上谕：甘肃金县等处被水、被雹，经该督委员查勘，即着迅速办理，并将来春应否接济之处一并查明，于封印前奏到，候旨施恩。将此谕令知之等因。钦此。仰见圣主轸念民瘼，无微不至，跪诵之下，钦感难名！当即钦遵饬查去后。

兹据布政使曾鉌详称：查甘省本年入春以来，雨泽未甚愆期，收成尚称中稔，惟安化县、环县、庄浪县丞、打拉池县丞、金县、固原州、河州、沙泥州判、海县、平凉县、宁远县、阶州、碾伯县等十三处，

---

[1] 中国第一历史档案馆藏：清单，档案编号：03-6728-009。

夏秋禾苗被水、被雹，先经详请奏报在案。此外，续据禀报秋禾被雹之金县、岷州、陇西县丞等处均经先后委勘，轻重不一，其间被灾较重之处，小民不免拮据，已饬令各该地方官借给社粮，以资接济；并令捐廉抚恤，不致流离失所。其应征钱粮应否蠲缓，现已一并汇案，另请奏明办理。

至来春应否接济，尚未据被灾各属一律查报，甘省于此等偏灾向系届时由各地方官查核酌请，或由外筹款调剂，并未请动正项钱粮，自当照案随时酌办等情，详请具奏前来。臣覆查无异。理合恭折覆陈，伏乞皇上圣鉴。谨奏。光绪二十三年十二月初四日。

（朱批：）知道了。[①]

光绪二十三年十二月十七日，奉朱批：知道了。钦此。[②]

二〇三　奏报知州金承荫等期满甄别片

光绪二十三年十二月初四日(1897年12月27日)

再，前奉部咨：道、府、同、通、州、县，无论何项劳绩保奏归入候补班人员，以到省之日起，予限一年，详加察看，出具切实考语，分别繁简补用等因。遵办在案。兹查花翎留甘补用直隶州知州金承荫，自光绪二十一年十一月初六到省之日起，扣至二十二年十一月初六日，试看一年期满。又，候补知县林寿钧自光绪二十二年十月十四到省之日，起扣至二十三年十月十四日，试看一年期满。由甘肃藩、臬两司出具考语，详请甄别具奏前来。

---

① 台北故宫博物院藏：军机及宫中档，文献编号：408003124。
② 中国第一历史档案馆藏：录副奏折，档案编号：03-5602-067。

臣查金承荫年力富强，办事果敢；林寿钧年壮才明，办事静细，均堪以原官留省照例补用。除将各员履历清册咨部查照外，谨附片具奏，伏乞圣鉴。谨奏。

（朱批：）吏部知道。[1]

光绪二十三年十二月十七日，奉朱批：吏部知道。钦此。[2]

二〇四　委令朱铣等署理知州等缺片

光绪二十三年十二月初四日（1897年12月27日）

再，新授宁夏府知府崇俊[3]现已到省，应即饬赴新任，以专责成；署秦州直隶州知州查之屏撤委遗缺，查有在省静宁州知州朱铣，堪以委署；署肃州直隶州知州吴人寿撤委遗缺，查有分发直隶州知州何庆衍，堪以委署；古浪县知县董云标调省遗缺，查有现署渭源县知县杨宸谟，堪以调署；递遗渭源县知县员缺，查有即用知县汤霖，堪以委署；宁夏县知县王树槐请假遗缺，查有环县知县杜翾，堪以调署；递遗环县知县员缺，查有在省金县知县姬恺臣，堪以委署；调署宁州知州安化县知县陈庆骧丁忧遗缺，查有合水县知县巢凤冈，堪以调署；递遗合水县知县员缺，查有候补知县张光烈，堪

---

① 台北故宫博物院藏：军机及宫中档，文献编号：408003124-0-A。
② 中国第一历史档案馆藏：录副奏片，档案编号：03-5353-084。
③ 崇俊（1847—1909），正白旗满洲人。由监生捐纳笔帖式，旋补中国铸印局主事，升补祠祭司员外郎，题升工部宝源局监督。光绪十七年（1891），京察一等，记名以道府用。同年，补授江西九江府知府。二十年（1894），丁母忧，回旗守制。二十三年（1897），补授甘肃宁夏府知府。二十五年（1899），兼护宁夏道。三十年（1904），调补兰州府知府。三十二年（1906），署安肃道。三十四年（1908），署甘凉道。宣统元年（1909），因病出缺。

以委署；平凉县知县赵先槩请假遗缺，查有候补知县张时熙，堪以委署；署通渭县知县乌绪棣调省遗缺，查有即用知县黄国琦，堪以委署。据藩、臬两司先后会详前来。除批饬给委外，理合附片陈明，伏乞圣鉴。谨奏。

（朱批：）吏部知道。①

光绪二十三年十二月十七日，奉朱批：吏部知道。钦此。②

二〇五　奏报遵旨查明西陲善后情形折

光绪二十三年十二月初十日（1898年1月2日）

头品顶戴陕甘总督臣陶模跪奏，为遵旨查明覆陈，恭折仰祈圣鉴事。

窃臣承准军机大臣字寄：光绪二十二年九月十六日奉上谕：有人奏，西陲善后吃紧，急宜预为布置一折。此次湟回变乱，各路收纳降匪甚多，自应先事豫防，以为建威销萌之计。折内所称目前情形尚有可危者四端，请于现时裁撤营旗中酌留数十营，分布要隘。着陶模、董福祥体察情形，斟酌办理。原折均着抄给阅看。将此谕令知之等因。钦此。遵旨寄信前来。仰见我皇上惩前毖后、廑念西陲之至意，跪聆之下，钦悚莫名。

伏查去年九月间，河湟回匪甫就肃清，人心未定，彼时汉回猜忌，时有谣言，疑虑惊惶，在所不免。然已抚之回实无暗购枪械、广为啸聚之事。原奏所称：洮河桥头查获河回所运西洋子药四驮，督

---

①　台北故宫博物院藏：军机及宫中档，文献编号：408003124-0-B。

②　中国第一历史档案馆藏：录副奏片，档案编号：03-5353-083。

标左旗马队在甘草店缉获八坊奸细一名，下书约期十月初三、五等日，同时齐反等语。查去年六月间，有洮州回民脚夫马进良驮货由洮河桥头经过，被该处兵役查出内有火药一箱，计重五十斤，送经署狄道州杨培之，讯据脚夫马进良供称：伊为卸署洮岷协副将任清鸿所雇，驮物赴省，不知内装火药。移准任清鸿覆称：确系营中用剩火药，价雇洮州本地良回脚夫马进良，运省缴销，并非该脚夫自带等语。当时禀报有案。嗣复饬据前统威定军总兵何建威查明无异，实无洮河渡头另有查获河回所运西洋子药四驮之事，殆即以此传闻致讹。

去年夏秋间，河州时有谣传，有谓某人下书至某处，约定某月某日起事，不一而足。臣密为防范，往往届期并无其事。彼时各处稽查严密，遇有形迹可疑回民盘获查讯，亦所时有，并无供有下书约反确据。去年十月至今，已一载有余，各处尚属安静，唐汪川一路，商旅照常往来，不闻阻绝，河州难民亦无复向省城迁徙者。

又，原奏所称张家川回民有回目李德昌为之镇抚，李德昌年逾七十，设早晚病殁，其子皆弱，恐不能慑服同类。查李德昌去年业已病殁，其子附生李占鹏袭其余望，尚能与同类相安。该处回民均称靖谧，并无购买马匹络绎于途之事。甘肃提臣董福祥去冬奉旨募练专营，分扎河湟一带。臣复酌留得力防营，驻扎东、西各路要隘，均经奏明在案。现在饷项奇绌，只能就现有营旗分布防范，以安人心。

甘省地方辽阔，大难甫平之后，不容稍有疏懈。臣惟有随时体察情形，咨商提督臣妥为办理，以仰副朝廷先事豫防、建威销萌之至意。谨恭折据实覆奏，伏乞皇上圣鉴训示。再，提臣董福祥现已进京陛见，故未列衔。合并陈明。谨奏。光绪二十三年十二月初十日。

（朱批：）知道了。[1]

光绪二十三年十二月二十三日，奉朱批：知道了。钦此。[2]

【案】董福祥现已进京陛见：光绪二十三年九月二十八日，甘肃提督董福祥奏报北上陛见起程日期，曰：

太子少保尚书衔总统甘军甘肃提督奴才董福祥跪奏，为报明起程日期，恭折仰祈圣鉴事。

窃奴才于本月十五日在平番营次奉到批折，当即恭折谢恩，于十七日专差进京赍递拜发后，驰赴省城，与陕甘总督臣陶模筹商冬防事宜。查现成之十六营，本应团扎合练，第久已分布各处，远者或千有余里，调集为难；且大乱甫平，人心浮动，又时近冬令，奸宄尤宜严防。各营之分布河州、西宁、循化、大通、碾伯者，拟皆仍旧。惟将前扎甘、凉之提督赵有正副后一营、总兵张铭新祥宇左一营移扎平番，而以总兵马万福所带之亲军、副将张行志之副亲军、参将石庆良之副左营步队三营、参将姚炳义所带之正亲军马队二哨、直隶州张儒珍之亲军中旗马队一旗，移扎静宁一带，以顾东路门户。连日与督臣陶模熟商，意见相同。应添募之四营，蒙恩饬部拨足饷项，并预拨光绪二十四年二十营满年行饷，自应及时募足，仰副圣朝整军经武之至意。惟深知筹饷之难，

---

① 台北故宫博物院藏：军机及宫中档，文献编号：408003125。
② 此朱批日期与内容，据军机处随手登记档（档案编号：03-0293-2-1223-341）校补。

迟募一日,即可节省一日之饷,况各营营哨官皆系当日营旗官,稍一展扩成营,实甚易也。营中应行事件,仍委管带副亲军营前先补用副将张行志代拆代行。遇有紧要及应奏事件,仍包封递至奴才行次,自行办理。奴才沿途只带小马队一营,派一半由北路行,就便踏勘路径,安置就绪,定于十月初一日星驰北上。

所有起程日期,理合恭折由驿具陈,伏乞皇上圣鉴。谨奏。光绪二十三年九月二十八日。①

二〇六　勘明甘肃光绪二十三年夏秋被灾情形暨应蠲缓钱粮折

光绪二十三年十二月初十日(1898年1月2日)

头品顶戴陕甘总督臣陶模跪奏,为勘明甘省各属夏秋禾苗被灾情形,暨应蠲缓钱粮数目,谨缮清单,恭折仰祈圣鉴事。

窃照甘省金县等州县光绪二十三年夏秋禾苗被雹、被水大概情形,业经臣奏奉朱批:知道了。各属被灾情形,即着查明,分明核办。钦此。当即钦遵行司照办去后。嗣据金县、岷州、陇西县丞等属续报秋灾,复经批司委勘,昨于奏覆奉旨查问来春应否接济案内,亦经详细附陈在案。

兹据甘肃布政使曾鉌详称:计夏秋灾共一十五处,除碾伯县、河州汉民被灾钱粮应请归入被兵案内,概行蠲免,毋庸重列,

---

① 中国第一历史档案馆藏:朱批奏折,档案编号:04-01-01-1019-033;台北故宫博物院藏:军机及宫中档,文献编号:142307。

宁远县被水冲压地亩不能垦复，另案题豁，暨环县夏禾被雹分数，钱粮有无蠲缓，因覆勘册结未到，俟严催至日另案补办，及安化县、打拉池县丞、庄浪县丞、金县、沙泥州判、阶州、平凉县、海城县、岷州、陇西县等一十处，均勘不成灾，毋庸蠲缓外，惟固原州并河州回民被雹成灾地亩六分至十分不等，共应蠲正、耗银三十四两一分六厘三毫，共应蠲正、耗粮一十五石九斗七升五抄，共应缓正、耗银三十两九钱九分一厘二毫，共应缓正耗粮九十一石五斗七升六合九勺五抄。汇开清折，呈请奏恳天恩准予蠲缓，以纾民力。至成灾不成灾各贫户，有散给钱文者，有酌发粮石者，宁远县压毙人口深埋土内，无从施给棺木；冲倒庄房，碍难修复，已今迁居近堡，妥为安置，均不致失所。所给钱文、粮石，或由各该地方官捐廉办理，或动用社、义各仓存粮，均未请领正款，应请免开细数等情前来。

臣覆核无异。除批司分饬被灾各属随时察看，如来春民力拮据，应行接济，即行禀请筹款抚恤毋任失所外，理合恭折具奏，并开具清单，恭呈御览，伏乞皇上圣鉴，饬部查照施行。谨奏。光绪二十三年十二月初十日。

（朱批：）着照所请，户部知道。单并发。[①]

光绪二十三年十二月二十三日，奉朱批：着照所请，户部知道。单并发。钦此。[②]

---

① 　台北故宫博物院藏：军机及宫中档，文献编号：408003127。

② 　此朱批日期与内容，据军机处随手登记档（档案编号：03-0293-2-1223-341）校补。

二〇七　呈甘肃光绪二十三年夏秋被灾应蠲缓银粮数目清单

光绪二十三年十二月初十日（1898年1月2日）

谨将甘肃各属光绪二十三年夏秋禾苗被灾勘明情形,暨应蠲缓银粮数目,缮具清单,恭呈御览。

计开:

署平庆泾固化道徐锡祺、固原直隶州知州张祥会会勘过该州东乡、白家塬、官堡台等处于五月十二、十九等日被雹打伤夏禾,实已成灾八分共地四十六顷五十九亩四分五厘,应征正银三十三两三钱一厘三毫、耗银四两九钱九分五厘二毫,照例请蠲十分之四,应蠲缓正银一十三两三钱二分五毫、耗银一两九钱九分八厘一毫,其余六分正银一十九两九钱八分八毫、耗银二两九钱九分七厘一毫,缓作三年带征。又,会勘过该州南乡、牛营子等处于六月初九日被雹打伤夏禾,实已成灾十分共地一十五顷八亩四分二厘,应征正银二十三两二钱二分七厘、耗银三两四钱八分四厘,正粮二石一斗九升三合五勺、粮量三斗二升九合,照例请蠲十分之七,应蠲正银一十六两二钱五分八厘九毫、耗银二两四钱三分八厘八毫,正粮一石五斗三升五合四勺五抄、耗粮二斗三升三勺,其余三分正银六两九钱六分八厘一毫、耗银一两四分五厘二毫,正粮六斗五升八合五抄、耗粮九升八合七勺,缓作三年带征。先后被灾各户已由该州动用社粮抚恤,不致失所。钱粮照请蠲缓,以纾民力。

署兰州府知府周景曾、署河州知州杨增新会勘过该州东南乡三、四、五、六等会社于六月初七、八、九等日被雹打伤回地,夏禾实已成灾七分共地八顷五十二亩六厘，应征正粮三十二石一斗九升、耗粮四石八斗二升八合五勺，照例请蠲十分之二，应蠲正粮六石四斗三升八合、耗粮九斗六升五合七勺，其余八分正粮二十五石七斗五升二合、耗粮三石八斗六升二合八勺，缓作二年带征。成灾六分共地一十五顷六十亩六分，应征正粮五十九石一斗三升五合六勺、耗粮八石八斗七升四勺，照例请蠲十分之一，应蠲正粮五石九斗一升三合六勺、耗粮八斗八升七合，其余九分正粮五十三石二斗二升二合，耗粮七石九斗八升三合四勺，缓作二年带征。被灾回民已由该州随时捐廉抚恤，不致失所。钱粮照请蠲缓，以纾民力。

（朱批：）览。[1]

二〇八　请蠲免甘肃光绪二十三年被难各属钱粮、草束折

光绪二十三年十二月初十日（1898 年 1 月 2 日）

头品顶戴陕甘总督臣陶模跪奏，为甘省狄道州等处地方被难后民困未苏，所有应征二十三年新旧正杂钱粮、草束以及各项税课仍请蠲免，恭折仰祈圣鉴事。

窃查甘肃河湟等处前年被兵甚重，民力实在艰难，经臣将循化等厅、州、县应征光绪二十二年正杂钱粮、草束、税课并历年旧欠奏蒙天恩一律蠲免在案。兹据甘肃布政使曾鉌、按察使丁体常会详称：此次甘肃被难各属，业经连年请蠲钱粮并叠办赈抚，二十三年赋税宜可照常征收，当经通饬催科。乃叠据被难各厅、州、县申称，

---

[1]　中国第一历史档案馆藏：清单，档案编号：03-7106-077。

各该地方前遭兵燹,流亡虽渐归案,困苦骤难复苏,加以本年雨雹为灾,收成歉薄,新旧正杂钱粮有全无完纳者,有完纳未清者,按限比催,实无起色,先后恳请蠲免前来。

该司等详加察核,系属实在情形。所有狄道州、巴燕戎格厅二属正赋、杂税全未征收;河州一属回民已征,汉民未征;循化厅正赋全无征收,杂税催征不齐;碾伯、大通二县正赋催征不齐,杂税未能全征;西宁县、沙泥州判正赋、杂税催征不齐;平番县本年杂税未能征齐,旧欠正杂未能催征;洮州厅北乡录麻回民并祁家寨新、旧正赋无征;贵德厅康、杨、李三屯回民新、旧正赋无征;平远县旧欠正杂无征;庄浪县、茶马厅旧欠正赋无征。又,甘州提督本年课金无征,西宁府本年杂税催征不齐。又,平罗县历年积欠马厂地租银两为数无多,从前屡次请蠲案内漏未列入,兹查明一并请免。计新旧正杂共请蠲银一万九千二百二十六两六分四厘,共请蠲粮三万六千三百四十一石一斗三合七勺,共请蠲草二十八万四千二百五十八束三分二厘七毫,请蠲课金二十四两。当此帑项支绌,本不宜轻议免征,而民困实在未苏,不得不再为申请。分晰开折,会详请奏前来。

臣覆核该司等所详,均系实在情形,合无仰恳天恩,俯准将狄道州等属新旧正杂钱粮、草束及各项税课一律蠲免。除由司将所请各处通饬停征,俟奉到恩旨,再行敬谨刊刷誊黄,遍行晓谕,务使胥吏无所侵欺,百姓同沾闿泽,以苏民困而广皇仁。

至平原县今春搜捕余匪,百姓颇觉惊扰,播种间有失时,本年钱粮据该县申称,察看情形,约可征及六分,其余四分请缓至明年带征等语。因未据指定细数,应于忙册内登叙,此次请蠲折内未经开列,合并陈明。

除固原州等处本年被雹、被水成灾应请分别蠲缓钱粮已另案具奏外，所有甘肃狄道州等处被难后民困未苏，应恳蠲免光绪二十三年份新旧正赋、钱粮、草束、税课各缘由，谨缮具清单，恭折赍呈御览，伏乞皇上圣鉴训示。谨奏。光绪二十三年十二月初十日。

（朱批：）另有旨。①

光绪二十三年十二月二十三日，奉朱批：另有旨。钦此。②

【案】此折于十二月二十三日得旨允行。上谕档：

光绪二十三年十二月二十三日，内阁奉上谕：陶模奏，甘肃狄道州等处地方民困未苏，请蠲免钱粮、草束等项，开单呈览一折。甘肃各属自遭兵燹后，民困未苏，本年复被雨雹，收成歉薄，若将应征钱粮、草束等项照常征收，民力实有未逮。加恩着照所请，所有狄道州、巴燕戎格厅、河州、循化厅、碾伯、大通二县、西宁县、沙泥州判、平番县、洮州厅、贵德厅、平远县、庄浪、茶马厅各属正赋、杂税、甘州提督课金、西宁府杂税、平罗县马厂地租，共应征新旧正杂银一万九千二百二十六两零、粮三万六千三百四十一石零、草二十八万四千二百五十八束零、课金二十四两，均着一律蠲免，以纾民力。该督即照单开数目，刊刻誊黄，遍行晓谕，务使实惠均沾，毋任吏胥舞弊，用副轸念民艰至意。余着照所议办理，该部知道。单并发。钦此。③

---

① 台北故宫博物院藏：军机及宫中档，文献编号：408003126。
② 中国第一历史档案馆藏：录副奏折，档案编号：03-6257-033。
③ 《光绪宣统两朝上谕档》，第23册，第373页。

二〇九　呈蠲免甘肃光绪二十三年被难各属钱粮、草束清单

光绪二十三年十二月初十日(1898年1月2日)

谨将甘肃省被难各厅、州、县、州判请蠲光绪二十三年新旧正杂银粮、草束、税课各数目,缮具清单,恭呈御览。

计开:

狄道州:额征二十三年地丁正、耗银一万七百八十八两九钱一分五厘,全数无征。额征正耗粮四千五百三十九石七斗六升六勺,全数无征。俄征草三百七十六束三分,全数无征。额征当税银三十两,全数无征。额征牙帖银四两四钱七分,全数无征。额征磨课银八十七两一钱九分五厘,全数无征。无额商畜税银约一百五十四两有奇,全数无征。

巴燕戎格厅:额征二十三年番贡粮五百三十八石五斗六合,全数无征。额征磨课银二十一两七钱,全数无征。

河州:额征二十三年地丁正、耗银一万一千九百七十两九钱三分一厘,内除回民正、耗银四千六百一十两八钱八分七厘照旧催征外,其余汉民应纳正、耗银七千三百六十两四分四厘,全数无征。额征正、耗粮二万二百三十二石一斗二升九合五勺,内除回民正、耗粮六千六百九十四石七斗六升三合照旧催征外,其余汉民应纳正、耗粮一万三千五百三十七石三斗六升六合五勺,全数无征。额征草一千三十九束五分九厘,内除回民草四百束二分五厘照旧催征外,其余汉民应纳草六百三十九束三分四厘,全数无征。额征朝觐银四两七钱五分六厘,全数无征。额征年例、盘缠、脚价银七两

三钱四分六厘，全数无征。额征地税银三十五两，全数无征。额征牙帖银三十二两九钱七分四厘，内除催征银二十七两九钱七分四厘外，其余牙帖银五两，全数无征。额征磨课银一百三十五两三钱九分八厘，内除催征银四十五两一钱外，其余磨课银九十两二钱九分八厘，全数无征。

循化厅：额征二十三年屯科正、耗粮九十九石，全数无征。额征番贡粮九百一十二石二升一合八勺，全数无征。额征当税银二十两，内除催征银一十五两外，其余当税银五两，全数无征。额征磨课银三十两六钱，内除催征银一十二两九钱外，其余磨课银一十七两七钱，全数无征。

碾伯县：额征二十三年屯科正、耗粮八千二百四十三石八斗三升五合五勺，内除催征正、耗粮四千一百三十石七斗四升五合五勺外，其余正、耗粮四千一百一十三石九升，全数无征。额征番贡粮八百二十三石三斗一升四合二勺，内除催征粮四百七十一石七斗一升四合外，其余番贡粮三百五十一石六斗二勺，全数无征。额征草一十八万二千八百一十一束四分四厘五毫，内除催征草一十万一千二百四十束六分九厘五毫外，其余草八万一千五百七十束七分五厘，全数无征。额征磨课银一百四十三两七钱，全数无征。

大通县：额征二十三年屯科正、耗粮二千一百石五斗三合八勺，内除催征正、耗粮八百八十石七斗八升七合外，其余正、耗粮一千二百一十五石七斗一升六合八勺，全数无征。额征番贡粮四千一百五十八石八合五勺，内除催征粮二千一百三十一石六斗五升八合外，其余番贡粮二千二百二十六石三斗五升五勺，全数无征。额征草五万三千三百二十二束八分二厘，内除催征草二万二千四百四十五束七分外，其余草三万八百七十七束一分二厘，全数无征。额征牙帖银一两六钱，全数无征。额征煤税银四两，全数无征。

西宁县：额征二十三年屯科正、耗粮一万七千五百四十三石五斗九升七合三勺，内除催征正、耗粮一万二千八百八十二石二斗九升五合九勺外，其余正、耗粮四千六百六十一石三斗一合四勺，全数无征。额征番贡粮五千三百三十九石六斗八升八合，内除催征粮四千四百五十四石一斗二升七合二勺外，其余番贡粮八百八十五石五斗六升八勺，全数无征。额征草四十四万六千七百五十六束七分二厘，内除催征草三十四万六千一百一十一束六分外，其余草一十万六百四十五束一分二厘，全数无征。额征磨课银三百八十二两二钱，内除催征银一百八十八两四钱外，其余磨课银一百九十三两八钱，全数无征。

沙泥州判：额征二十三年正、耗粮六百一十二石二斗二合三勺，内除催征正、耗粮四百三十七石八升三合五勺外，其余正、耗粮一百七十四石七斗一升八合八勺，全数无征。额征草六十三束三分五厘，全数无征。额征磨课银五两三钱三分，内除催征银三两四钱八分外，其余磨课银一两八钱五分，全数无征。

平番县：额征二十三年煤税银一两六钱，全数无征。旧欠二十二年正、耗粮一千四百七十六石二斗六升八合八勺，全数无征。旧欠二十二年草三万三千七百二十六束五分五厘九毫，全数无征。旧欠二十二年煤税银一两六钱，全数无征。旧欠二十一年正、耗粮一千二百四十四石九斗九升九合八勺，全数无征。旧欠二十一年草三万五千二百五十六束八分七厘八毫，全数无征。旧欠二十一年煤税银一两六钱，全数无征。

洮州厅：应征二十三年北乡录麻回民荒芜地丁折色正、耗银一十九两九钱一分六厘，全数无征。旧欠二十一年北乡祁家寨等五庄地丁折色正、耗银二十九两二钱六分五厘，全数无征。旧欠二十一年北乡冶里关等处正、耗粮九十三石九斗八升七合二勺，全数无征。

贵德厅：应征二十三年康、杨、李三屯回民荒芜屯番粮八十四石九斗一升六合六勺，全数无征。旧欠二十二年康、杨、李三屯回民屯番粮八十四石九斗一升六合六勺，全数无征。

平远县：旧欠二十二年地丁正、耗银一百八十二两二钱九分七厘，全数无征。旧欠二十二年正、耗粮二百七十石一斗一勺，全数无征。旧欠二十二年草一千一百二束九分一厘，全数无征。旧欠二十二年盐课银一十五两五厘，全数无征。旧欠二十二年磨课银五千四分，全数无征。旧欠二十二年当税银五两，全数无征。旧欠二十二年牙帖银六钱，全数无征。

庄浪茶马厅：旧欠二十二年番贡粮三十石六斗二升一合二勺，全数无征。

甘州提督：额征二十三年金厂课金二十四两，全数无征。

西宁府：额征二十三年当税银四十五两，内除催征银四十两外，其余当税银五两，全数无征。额征牙帖银一十二两八钱，内除催征银一十两六钱外，其余牙帖银二两二钱，全数无征。

平罗县：旧欠十四年马厂欠租银一两四钱八分，全数无征。旧欠十五年马厂欠租银一两一钱四分五厘，全数无征。旧欠十六年马厂欠租银一两一分五厘，全数无征。旧欠十七年马厂欠租银七钱七分四厘，全数无征。旧欠十八年马厂欠租银六钱五分三厘，全数无征。

以上共计请蠲新旧正杂银一万九千二百二十六两六分四厘，共请蠲正、耗粮三万六千三百四十一石一斗三合七勺，共请蠲草二十八万四千二百五十八束三分二厘七毫，共请蠲课金二十四两。理合登明。

（朱批：）览。①

二一〇　奏报甘肃光绪二十三年十月雨水、粮价折

光绪二十三年十二月二十日（1898年1月12日）

头品顶戴陕甘总督臣陶模跪奏，为具报甘肃光绪二十三年十月份粮价、雪泽情形，恭折仰祈圣鉴事。

窃照本年九月份粮价并得沾雨泽情形，业经具折奏报在案。兹查十月份兰州等八府六直隶州属具报得沾雪泽，自一二寸至三四寸不等，正值冬麦发生之际，获此雪泽，土脉含濡，民情极为欣慰。至通省粮价，或与上月相同，或较上月稍有增减。据藩司曾鉌具详请奏前来。

臣覆核无异。理合恭折具奏，并缮粮价清单，恭呈御览，伏乞皇上圣鉴。谨奏。光绪二十三年十二月二十日。

（朱批：）知道了。②

光绪二十四年正月十三日，奉朱批：知道了。钦此。③

---

①　中国第一历史档案馆藏：清单，档案编号：03-6257-034。

②　台北故宫博物院藏：军机及宫中档，文献编号：408003133。

③　中国第一历史档案馆藏：录副奏折，档案编号：03-6967-013。

二一一　呈甘肃光绪二十三年十月粮价清单

光绪二十三年十二月二十日(1898 年 1 月 12 日)

谨将甘肃各属光绪二十三年十月份米粮时估价值,缮具清单,恭呈御览。

计开：

兰州府属：价平

粟米每京石价银九钱六分九厘至四两九分八厘,与上月相同。小麦每京石价银八钱四分至三两一钱三分四厘,与上月相同。豌豆每京石价银九钱六分九厘至三两一分三厘,与上月相同。青稞每京石价银一两二钱四厘至二两七钱七分二厘,与上月相同。

巩昌府属：价有平有落

粟米每京石价银一两四分五厘至二两四钱七厘,与上月相同。小麦每京石价银八钱六分五厘至一两九钱八厘,较上月贱四分九厘。豌豆每京石价银八钱六分五厘至一两七钱四分四厘,较上月贱二分九厘。青稞每京石价银八钱三分七厘至一两三钱三分五厘,与上月相同。

平凉府属：价昂

粟米每京石价银一两三钱四分八厘至一两七钱五分,较上月贵二钱一分。小麦每京石价银一两二分一厘至一两三钱三分,较上月贵一钱二分九厘。豌豆每京石价银八钱六分二厘至一两一钱九分八厘,较上月贵三分二厘。糜子每京石价银七钱七分至八钱,较上月贵七分五厘。

庆阳府属：价有平有落

粟米每京石价银五钱五厘至七钱四分四厘，较上月贱一分二厘。小麦每京石价银五钱六分至一两三钱四分，与上月相同。豌豆每京石价银四钱四分至一两七钱八分二厘，与上月相同。糜子每京石价银二钱九分四厘至四钱三分五厘，与上月相同。

甘州府属：价平

粟米每京石价银七钱七分七厘至一两二分九厘，与上月相同。小麦每京石价银七钱三厘至七钱五分六厘，与上月相同。豌豆每京石价银七钱三厘至一两五钱四厘，与上月相同。青稞每京石价银五钱四分九厘至九钱二分四厘，与上月相同。

凉州府属：价昂

粟米每京石价银一两九分二厘至二两五钱三厘，较上月贵一钱五分五厘。小麦每京石价银七钱一分四厘至二两二分二厘，较上月贵二钱三分八厘。豌豆每京石价银九钱五分六厘至二两二钱一分三厘，较上月贵四钱六分六厘。青稞每京石价银七钱九分八厘至一两三钱四分八厘，较上月贵三分三厘。

宁夏府属：价平

粟米每京石价银七钱七厘至一两一钱二分，与上月相同。小麦每京石价银七钱六分至一两二钱三厘，与上月相同。豌豆每京石价银七钱三分五厘至一两四钱，与上月相同。糜子每京石价银五钱七分四厘至七钱九分一厘，与上月相同。

西宁府属：价落

粟米每京石价银一两七钱一分八厘至五两八钱三分九厘，较上月贱三钱二分一厘。小麦每京石价银一两九钱四厘至二两四钱三分二厘，较上月贱一钱二分八厘。豌豆每京石价银一两七钱八厘至二两三钱二分，较上月贱八分。青稞每京石价银一两五钱七分五厘至二两一钱九分二厘,较上月贱四分八厘。

秦州直隶州并所属：价平

粟米每京石价银一两二钱六分至二两八钱九分二厘,与上月相同。小麦每京石价银九钱七分六厘至二两二钱九分五厘,与上月相同。豌豆每京石价银八钱四分至一两八钱一分二厘,与上月相同。糜子每京石价银六钱三分至一两五钱七分,与上月相同。

阶州直隶州并所属：价平

粟米每京石价银一两三钱四分四厘至二两六钱三分,与上月相同。小麦每京石价银一两三钱四分四厘至一两九钱六分,与上月相同。豌豆每京石价银一两二钱七分八厘至一两八钱四分七厘,与上月相同。糜子每京石价银一两三钱一分五厘,与上月相同。

泾州直隶州并所属：价有平有落

粟米每京石价银五钱一分二厘至九钱三分七厘,较上月贱四分三厘。小麦每京石价银四钱八分四厘至八钱四分,与上月相同。豌豆每京石价银四钱五分八厘至八钱四分,与上月相同。糜子每京石价银三钱三分六厘至五钱四厘,较上月贱二分四厘。

固原直隶州并所属：价平

粟米每京石价银九钱九分七厘至一两五钱七分六厘,与上月相同。小麦每京石价银一两一钱四分一厘至一两二钱五分,与上月相同。豌豆每京石价银一两四分三厘至一两四钱四分五厘,与上月相同。糜子每京石价银七钱八分八厘,与上月相同。

肃州直隶州并所属：价平

粟米每京石价银一两八厘至一两五分,与上月相同。小麦每京石价银八钱六厘至九钱二分四厘,与上月相同。豌豆每京石价银九钱二分四厘至一两二钱四分三厘，与上月相同。青稞每京石价银五钱四分六厘至六钱九分七厘，与上月相同。

安西直隶州并所属：价平

粟米每京石价银一两五分至一两三钱七分二厘，与上月相同。小麦每京石价银一两九分八厘至一两二钱八分，与上月相同。豌豆每京石价银一两二钱八分至二两八分，与上月相同。青稞每京石价银九钱九分三厘至一两四钱，与上月相同。

（朱批：）览。①

二一二　奏为节年奏销各款请照原册准销折

光绪二十三年十二月二十日（1898年1月12日）

头品顶戴陕甘总督臣陶模跪奏，为节年各案奏销间有疏脱，并无浮冒，请旨敕部悉照原册准销，恭折仰祈圣鉴事。

窃据甘肃藩司曾鉌详称：查甘肃省光绪九年至二十二年止，报过满营饷项、练军饷项、驿塘饷项、地丁考成、通收通支各案奏销，有已奉部驳诘者，有尚未奉覆文者。其所驳诘皆系总、散稍有未合，收、除偶有未明，节目微有未详，科则略有未符，更有今昔情形迥异老案、断难牵合之处。即如地丁银粮，乱后只能以现垦现荒为断，若必远较老额，则《赋役全书》四十年未能修正，且各属多经沦陷毁失，势必不能悬揣吻合，遇有豁案，科则亦因之有异。

又如营员俸廉正支递食，先虽涉于笼统，后已胪列明白。又如甘标挑拣少拨一名，系初练以额外能弁暂充，旋即由营更拨，并无

---

① 中国第一历史档案馆藏：清单，档案编号：03-6967-014。

可缴之粮，当时惟短于声明。又如西宁标兵由调防后改练，与挑练无异，本应归营另开，当时止漏列收、除。又如番案加支子药、口粮，旋即扣还，当时仅疏于声叙。又如兵马册向无花名，练军挑自原营，亦即省繁不造。其余各节大率类此。总之，各案奏销疏漏脱误，诚所不免，虚糜浮冒，可信必无。以此十余年积累重案，若必逐细更造，恐经年累月未能蒇事。即使更造，其间旧例未能强合，难保不遭复驳，驳而再登，登而又驳，岁月易逝，案积如山，官易吏更，端绪茫昧。且报销之事重在信实，既无浮冒，似可从宽等情，详请具奏前来。

臣覆核无异。查臣前在新疆巡抚任内，曾将新疆自光绪四年起至十五年止银粮、草束、防军、善后各案奏销，奏请变通成例核销，业蒙俞允。今甘肃奏销各案，情形正复相同，拟恳援照新疆变通核销，请旨敕下户、兵、工各部，将甘肃自光绪九年起至二十二年止满饷、练饷、驿饷、地丁收支各案，均照原册核准核销，免再行查，以清积牍而便造报。

至节年奉驳豁案，多因科则有异，各属造报不能明白声覆，而亩实在冲刷、坍塌，未能涸出垦复，应请一并饬部查照题奏原案核准，俾免歧异。谨恭折具陈，伏乞皇上圣鉴，训示施行。谨奏。光绪二十三年十二月二十日。

（朱批：）该部议奏。[1]

光绪二十四年正月十三日，奉朱批：该部议奏。钦此。[2]

---

①　台北故宫博物院藏：军机及宫中档，文献编号：408003131。

②　中国第一历史档案馆藏：录副奏折，档案编号：03-6644-018。

二一三 奏报川、楚、陕三省会哨情形折

光绪二十三年十二月二十日（1898 年 1 月 12 日）

头品顶戴陕甘总督臣陶模跪奏，为川、楚、陕三省会哨事竣，边界安谧，循例恭折具陈，仰祈圣鉴事。

窃照川、楚、陕三省边界地方，向派提督、总兵分年会哨，事竣汇奏，历经遵办在案。兹据署汉中镇总兵龙得胜禀称：因本年秋雨过多，山路被水冲塌，难以亲往川、陕交界会哨，循例饬委定远营游击贺大发就近前往代会。兹该游击贺大发于本年十月初一日在川、陕交界之渔渡坝滚龙坡，与署四川川北镇总兵吴奇忠①两相见面会哨，该署镇于十一月初一日在陕、甘交界之白马关，与河州镇委员署阶州营游击刘保南晤面会哨。

又据陕安镇总兵姚文广禀称：于十月初十日在陕、楚交界之莲花寺，与署湖北郧阳镇总兵樊国泰觌面会哨。又据署河州镇总兵何得彪呈称：河州地方军务甫定，刻下时有应办事宜，未能亲往会哨，循例饬委署阶州营游击刘保南就近代会。兹该署游击刘保南

---

① 吴奇忠（1835—1898），贵州平越直隶州人，行伍出身。同治五年（1866），以功保蓝翎千总。六年（1867），保都司，赏换花翎。八年（1869），保升参将，加副将衔、健勇巴图鲁名号。九年（1870），保副将，留滇补用，晋总兵衔，赏三代一品封典。同年，借补云南镇雄营参将。十年（1871），保记名总兵。十一年（1872），保以提督记名简放。十二年（1873），借补云南督标中军副将，赏穿黄马褂。十三年（1874），改讷奇欣巴图鲁名号。同年，请假回籍修墓。光绪四年（1878），奉调来川，办理川边夷务，署四川茂功协副将。六年（1880），经丁宝桢奏留川差委。十年（1884），署四川松潘镇总兵。十六年（1890），署四川重庆镇总兵。十八年（1892），署四川松潘镇总兵。二十年（1894），署四川马边协副将。同年，署四川建昌镇总兵。二十二年（1896），署四川川北镇总兵。二十四年（1898），卒于军。

于十一月初一日在陕、甘交界之白马关，与署汉中镇总兵龙得胜见面会哨。并据各该镇声称：沿途各处匪类潜踪，行旅、居民极为安谧各等情前来。

臣查川、楚、陕三省边界，犬牙相错，山深箐密，户鲜人稀，奸宄易于藏匿，盘诘、巡防，最关紧要，自应严饬各该镇总兵督率所属各营，随时随地，认真稽查，务使丑类潜消，闾阎安堵，不得因现在地方无事稍涉疏懈，以期仰副圣主绥靖边圉之至意。

所有各镇会哨事竣，边界安谧情形，理合循例恭折具奏，伏乞皇上圣鉴。谨奏。光绪二十三年十二月二十日。

（朱批：）知道了。[①]

光绪二十四年正月十三日，奉朱批：知道了。钦此。[②]

二一四　请将拿获逆犯出力文武择尤奖叙折

光绪二十三年十二月二十日(1898 年 1 月 12 日)

头品顶戴陕甘总督臣陶模跪奏，为捕获谋逆首、从各犯，先后审明就地惩办，地方一律安静，并请将在事出力文武员弁择尤奖叙，以昭激劝，恭折仰祈圣鉴事。

窃维甘省自河湟军务平定后，诚恐游勇、会匪勾结滋事，屡经严饬地方文武随时认真稽查。光绪二十三年二月，据庆阳府知府徐庆璋禀：据安化县知县陈庆骧、合水县知县巢凤冈会禀称：二月初三日，访闻两县连界之柳村塬地方，有匪徒煽惑愚民、谋为不轨

---

① 台北故宫博物院藏：军机及宫中档，文献编号：408003128。
② 中国第一历史档案馆藏：录副奏折，档案编号：03-6033-020。

情事。正密查间，即据武生张彦雄等密报：有四川会匪刘二即刘天溃，与文在洪即文二皮及其子文潮琪，并唐三麻子即唐得奎、张三、文在治，制造枪炮、刀矛、旗帜，希图起事，闻被诱入伙者甚众。刘二自称伪王，封文在洪为伪元帅，文潮琪为伪总管，唐三麻子、张三、文在治各封伪统领、营官名目。文在洪之亲属不肯从逆，恐走漏消息，闭置土窑内，说俟起事时斩首祭旗。该亲属等遣人密嘱伊等出首，乞迅速拿获等情。该府徐庆璋以刘二等既蓄意谋反，匪党必多，若待调兵前往，缓不济急，且恐玉石俱焚，激成大事。然又不宜过迟，当与庆阳营游击刘钰熟商，先散胁从，后拿首要。计议已定，即派干弁陈富贵、俞家鸿、徐锡类、彭福耀等持谕，分路张贴，并劝导有被诱从逆者各自首悔，一概不究，违者必杀无宥去后。

该府徐庆璋与游击刘钰督同安化县陈庆骧、合水县巢凤冈，带领兵役，立即驰往，沿路遇见男妇大小纷纷迁避，多方安慰，谕令回家。至文在洪住处，四面围捕。该匪等先已闻风逃跑。立将该逆等闭置土窑之亲属男女一律放出。该家属等哭诉前情，并引领兵役前往离该处十五里之黄家园土窑，起获刀矛、枪炮、旗布，并搜出刘二所藏书一本。查阅语多悖逆，当即焚毁。提讯该家属等供称，匪等向在山中老君庙聚议。该府等即督同兵役赶往，正值该匪等在彼约会起事，尚不过数十人，立即掩捕。该匪等放枪抗拒，兵役奋勇扑击，当场格毙文在治、张三并不知姓名伙党数人，生擒匪目文在洪、文潮琪、唐三麻子三名，余均窜散。

回署后，讯据文在洪、文潮琪、唐三麻子供认：听信匪首刘二说伊得有天书，言世界不好，允从谋反，制造枪炮、刀矛、旗布，约定二月初六日大举。刘二手下有千余人，必能成事，伊等伪封元帅、总管、统领、营官名目属实，不料尚未至期，即被官兵得信往拿，伊等与匪首刘二跑往老君庙，仍图聚议起事，因人尚无多，抗拒不敌被获，刘二现逃何处，实不知道各等供不讳。据实驰禀前来。经臣批饬先将文在洪、文潮琪、唐三麻子就地正法，传首示众。其余胁从皆不究治。仍饬赶紧严拿匪首刘二，务获惩办。该府等捐资，分派陈富贵、俞家鸿、徐锡类、彭福耀等赴邻省，带同眼线，四处访拿。直至九月二十九日，始据陈富贵在陕西盩厔县地方会同该县差役，将刘二拿获，押解前来。

经该府等提讯，据匪首刘二即刘天溃供称：四川阆中县人，幼习武艺，惯使刀矛，在外游荡度日，早入哥老会。光绪二十二年九月，来至合水县柳村塬地方，与寄居该处同乡文在洪、文潮琪、唐三麻子、文在治、张三先后认识，悄向他们商量，伊系会中头子，手下有千余人，并曾得有天书，言世界不好，不如造反，图个出身的话。文在洪等均各应允。大家凑些银钱，在僻处打造刀矛、枪炮，买布制旗。伊自称伪王，封文在洪等为伪元帅、总管、统领、营官名目，约定二十三年二月初六日起手，一面着人到处送信，令届期都来大举，不料先被文在洪的家小遣人出首，经官兵前来捕拿，那时伊手下人尚未到齐，就合已到的数十人，同文在洪们跑往老君庙山上商议动手，又被官兵赶来捕捉，伊等一齐抗拒，施放枪炮，人少抵挡不住，乘间逃走，沿路躲藏。到九月里，至陕西盩厔县地方，被庆阳府派弁协同县里兵役，拿获解案等供。续经该府录供，禀经臣核明，刘二即刘天溃起意制械谋乱，罪大恶极，不容稍稽显戮，当即批饬凌迟处死，传首枭示；仍剀切示谕，凡胁从人等既免拿治，应各安分营生，不得再信邪说。现查该处一带，如常静谧。

臣查此次匪首刘二自称得有天书，啸聚谋乱，制藏军械，伪封文在洪等元帅等号，定期起事，虽经文在洪等家属密通信息，遣人出首,若非该府徐庆璋会同游击刘钰办理得法,迅赴事机,难保不踩躏地方。今不烦兵力,消祸于事先,胁从尽行解散,首恶悉数擒诛,地方照常安静,其功实不可没。合无仰恳天恩,俯准将花翎三品衔甘肃庆阳府知府徐庆璋以道员不论双单月在任候选,庆阳营游击刘钰请以参将在任升补,并赏加副将衔;其随同办理之安化县知县陈庆骧、合水县知县巢凤冈、协获邻省匪首之陕西盩屋县知县易润芝,均不无微劳,应请饬部分别照例议叙。至分途持示,解散胁从,并出省拿盗之陈富贵、俞家鸿、徐锡类、彭福耀等,均属异常出力,俟查取各该员弁履历,另行酌量请奖,俾昭激励。据甘肃藩司曾鉌、臬司丁体常会详请奏前来。

除咨部并饬该府、县、游击等造赍历册送部查核外,所有拿获谋逆首、从各犯,先后审明惩办,地方一律安谧,并请将在事出力文武员弁择尤酌量奖叙缘由,谨恭折具陈,伏乞皇上圣鉴训示。谨奏。光绪二十三年十二月二十日。

(朱批:)徐庆璋等均着照所请奖励,该部知道。①

光绪二十四年正月十三日,奉朱批:徐庆璋等均着照所请奖励,该部知道。钦此。②

二一五 覆陈关内外地方善后情形折

光绪二十三年十二月二十日(1898年1月12日)

头品顶戴陕甘总督臣陶模跪奏,为覆陈关内外地方善后情形,

---

① 台北故宫博物院藏:军机及宫中档,文献编号:408003130。

② 此朱批日期与内容,据军机处随手登记档(档案编号:03-0296-1-1224-012)校补。

恭折仰祈圣鉴事。

　　窃臣承准军机大臣字寄：光绪二十三年二月二十一日奉上谕：御史宋伯鲁奏，回匪逆焰难熄，宜早设法筹办一折。据称河湟回匪去岁肃清后，仍有蠢动之势。善后之法首在迁徙，宜宽筹经费，给以资斧，徙诸关外，责以垦种；其次则严查保甲等语。所奏是否可行，着陶模、饶应祺体察关内外地方情形，妥筹覆奏。原折均着抄给阅看。将此各谕令知之等因。钦此。遵旨寄信前来。臣遵将原奏所称各节逐一查办，并一面咨商新疆抚臣饶应祺，统筹关内外善后情形，以为防患未然之计。

　　臣查河州汉回杂处，仇隙素深。去岁地方甫就肃清，难民归业者，往往因细事与回民争讼，辄捏呈劫夺重情，希图报怨。汉民见回民所有牲畜，辄指为乱中被抢原物，两相争执。据河州去冬词讼，月报讯结此等案件凡七十余起，实无归业难民仍遭回民抢劫之事。王钺安署河州镇总兵时，正值河回收抚之后，在任阅九月余，查拿漏网匪目，分防要隘，布置尚为严密。原奏称其部勇屡被该处回民用石驱逐，及用枪炮封城轰击，系属谣传。惟河州回众当日未经大创，汉民之被害者仇怨日深，迭次呈请剿办，回民因而生疑，谣言四起，故去腊初二日有八坊花寺教门聚议之事。守备马福禄等闻信潜往，擒拿新老教逆首马恩、马如麟等十七名，讯明正法。今春，道员张成基等复勒令回众交出著名稔恶逆目，诛戮多名。现在回民均尚安静，不至再有他虑。

　　至原奏称拔本塞源之法首在迁徙，回民实诸关外空地。查河州回众不下数十万，八坊地土尚属膏腴，不惟安土重迁，即筹此巨费，亦非易易。关外北路虽有隙土，概非沃壤；南路只罗布淖尔有空地，去岁玉门各营收西宁降回三千余口，经臣电商新疆抚臣饶应祺陆续解往罗布淖尔，择地安插。彼处大半沙碛，可耕之土甚稀，纵能将内地回民迁往，恐地瘠人繁，不敷赡养，仍不免流为盗贼。

关内、关外同隶版图，汉民、回民均属朝廷赤子，只视治之善与不善，不在地之迁与不迁。方今无论留甘徙新，总不外责成地方文武，加意拊循，严为防范，以期怀德畏威，消患于未形。该御史所奏迁回一节，揆之情势，万不能行。商之新疆抚臣饶应祺，所见亦同。臣惟有随时体察情形，照原奏所称严查保甲之法，认真整顿，化汉回畛域之见，伸朝廷威惠之权，惩后惩前以仰副国家绥靖边陲之至意。

所有覆陈关内外地方善后各缘由，谨会同新疆巡抚臣饶应祺恭折具奏，伏乞皇上圣鉴训示。谨奏。光绪二十三年十二月二十日。

（朱批：）知道了。①

光绪二十四年正月十三日，奉朱批：知道了。钦此。②

【案】宋伯鲁奏……设法筹办一折：光绪二十三年二月二十一日，宋伯鲁以逆焰难息、宜早筹办具奏曰：

山东道监察御史臣宋伯鲁跪奏，为回匪逆焰难息，宜早设法筹办，恭折仰祈圣鉴事。

窃维逆回自扰乱河湟以来，用兵几及二年，蹂躏遍乎两省。幸仗圣主威福、将士用命，卒使渠魁授首、胁从投诚，凡在舍生同深感戴。惟若辈犷悍好祸，党恶而坚。闻去岁肃清后，汉民偶有归业者，仍遭抢劫。前王钺安署河州镇时，其部勇亦屡被该处回民用石驱逐，或用枪炮对城轰击。王钺安惮不敢

---

① 台北故宫博物院藏：军机及宫中档，文献编号：408003132。
② 此朱批日期与内容，据军机处随手登记档（档案编号：03-0296-1-1224-012）校补。

诘。去年腊月初二、三等夜，连次聚众呐喊，意图蠢动。幸署镇何得彪协同进士马福禄等，前往捕弋，擒斩首恶马如彪、马如麟、马恩等十六名，并于马如彪家抄出洋枪八十枝、白蜡杆六十根、铅药无数，余匪始窜往张家川、宁夏一带。向非何得彪等先发其覆，则附合而起者，恐又成蔓延之势。伏思彼种屡次称戈，跳梁反侧，上劳宵旰，下毒生灵，甫幸荡平，辄萌不轨，若不豫为筹画，终恐伺隙煽发。

臣维筹画之法，首在迁徙。河州八坊土地瘠硗，不蕃五谷，饥寒交迫，酿为乱阶。宜宽筹经费，给以资斧，徙诸关外，以实空地，责以垦种，编以保甲。三年之后，旷土可以升科，饱暖自知荣辱。此弭患无形、拔本塞源之法，策之上也。回绅马进士福禄尝谓八坊祸本，不可不迁。彼族之言如此，则其情形可知矣。不得已而思其次，则曰严查保甲。自古安民弭盗，莫善于保甲一法，应由该督抚责成地方官，认真举办，烟落户口，编入甲册，由村中公举甲长。如有形迹可疑及废业为非之人，由甲长呈报查拿。外部各城回民，不许寄居羼入，而尤以私藏兵械为厉禁，一经查出，立予重惩。甲长不报者，照扶同隐匿例治罪。

然必有恒产而后有恒心，八坊地确民贫，生计维艰，时怀异志，势也。应令该督抚妥筹生聚之法，如垦田种树、畜牧水利之法，相地致宜，因时救弊，衣食有资，廉耻自生。彼族亦人类也，化莠为良，可跂而待，然后多设义学，牖以诗书，而又责令甲长协同耆老，宣讲《圣谕广训》以及各种善书，随时化导。如此而犹有称乱者，臣不信也。其回、汉杂处之处，亦责令地方官妥为抚字，无少畛域，多方劝谕，交泯猜疑。而将帅之威望素孚、肤功迭奏者,专倚坐镇,不轻更调。彼将怀我之德、震我之威,虽教之使为乱而不能矣。良法具在,惟视奉行者力与不力耳。

现在提臣董福祥虽已募足旧营,足资捍卫,而生聚之道不讲、保甲之法不行,舍本逐末,乱无底止。应请饬下该督抚,如臣所陈以上各节,妥速筹画,变通尽利,总期消患未萌,不致再酿边衅,则腹地既安,外人亦无所觊觎,大局幸甚。

臣为豫筹弭乱起见,是否有当,伏乞皇上圣鉴,训示施行。谨奏。光绪二十三年二月二十一日。①

二一六　奏报学政夏启瑜延请幕友情形片

光绪二十三年十二月二十日(1898年1月12日)

再,学政延请幕友襄校试卷,例应查明具奏。兹准甘肃学政夏启瑜②咨报延请幕友四人:许晋康,江苏廪贡生;李自强,浙江增生;张志翔,江西附监生;张大澍,浙江附生。皆系学问优长、操守廉洁之士。臣复加查核,并非甘肃人士,与延请阅卷之例相符。谨附片陈明,伏乞圣鉴。谨奏。

(朱批:)知道了。③

光绪二十四年正月十三日,奉朱批:知道了。钦此。④

---

①　台北故宫博物院藏:军机及宫中档,文献编号:137482。

②　夏启瑜,字伯瑾,号同甫,浙江鄞县人。光绪二十年(1894),中式进士。历任国史馆、翰林院编修。二十二年(1896),放陕甘学政。嗣补江西安吉府知府等职,后旅居上海。善作文,创立四明文献馆,致力于乡帮文献之收集研究。

③　台北故宫博物院藏:军机及宫中档,文献编号:408003128-0-A。

④　中国第一历史档案馆藏:录副奏片,档案编号:03-7202-003。

二一七　请将守备邓文贵即行革职片

光绪二十三年十二月二十日(1898年1月12日)

再,查卸署陕西汉中镇属宁陕营守备邓文贵,于前任参将张国祥病故后,该守备护理参将印务,时有兵丁纵赌索费,该守备并不查禁,迹近包庇,经陕西抚臣魏光焘饬据现署宁陕营参将龙启祥查明属实,咨请核办前来。

臣查该卸署守备邓文贵,于兵丁纵赌索费,明知不禁,实属有心包庇,咎无可辞。除兵丁已饬严行革惩外,相应请旨将花翎尽先补用守备卸署宁陕营守备邓文贵即行革职,并拔去翎枝,以肃营政而儆效尤。谨附片具奏,伏乞圣鉴训示。谨奏。

(朱批:)着照所请,兵部知道。①

光绪二十四年正月十三日,奉朱批:着照所请,兵部知道。钦此。②

二一八　奏报守备熊得贵病故开缺片

光绪二十三年十二月二十日(1898年1月12日)

再,臣据署督标中军副将师玉春呈称:凉州镇属松山营守备熊得贵得患喘疾,调治不愈,于光绪二十三年十一月初七日在省寓病故,经委员查取原领札付及嫡亲、医生并承查钤、甘各结,一并呈请

---

① 台北故宫博物院藏:军机及宫中档,文献编号:408003128-0-B。
② 中国第一历史档案馆藏:录副奏片,档案编号:03-5923-010。

核办前来。臣覆查无异，相应请旨开缺。

除札付、印、甘各结咨送兵部外，所遗松山营守备员缺，陕甘现有应补人员，容臣另拣请补。理合附片陈明，伏乞圣鉴。谨奏。

（朱批：）兵部知道。[①]

光绪二十四年正月十三日，奉朱批：兵部知道。钦此。[②]

二一九　请免更造绿营销册片

光绪二十三年十二月二十日(1898年1月12日)

再，据甘肃藩司曾鉌详称：绿营公费乱后仅支五成，先以支用总数造报，继复造送四柱清册，屡经户部驳还，并发咸丰年间旧册，仍令照旧开造细册等因。查绿营所领公费，向例以之开销常年药丸、车价一切，名目尚多。现在仅领公费一半，兵丁虽只四成有奇，无如物用昂贵异常，不敷甚巨。即如火药每百斤例价银三两八九钱不等，今则需十四五两；铅丸每百斤例价银六两，今则需十六七两；领饷车价每辆百里例价银三钱九分，今则需一两七八钱。他事之三倍、四倍者，不一而足。各营领此公费，不知如何揢拄弥缝，叠奉部文，随时严切移行，均以实在赔垫苦累、万难照造为词。

今昔情形迥异，若造册必按例价，无非删改牵合，转蹈不实之弊。再四思维，惟有据实详请附奏，请旨饬下户部将甘肃绿营公费照节年通收通支册内所造总数核销，免其改造细册等情前来。臣复加查核，系属实在情形。理合附片具陈，伏乞圣鉴，饬部核准施

---

①　台北故宫博物院藏：军机及宫中档，文献编号：408003128-0-C。

②　中国第一历史档案馆藏：录副奏片，档案编号：03-5923-011。

行。谨奏。

（朱批：）户部知道。①

光绪二十四年正月十三日，奉朱批：户部知道。钦此。②

二二〇　草束销册请准销片

光绪二十三年十二月二十日（1898 年 1 月 12 日）

再，据甘肃藩司曾鉌详称：甘肃从前造送光绪九、十、十一等年草束收支动存册籍，因规复伊始，案牍残缺，办理致多不合，奉部驳诘，当时即拟一面登覆，一面改照兵马奏销，接造其次之册。正欲续送，适又奉文指摘，并将原册发还，遵即转饬详查，积久未能尽一。前案未结，后案遂停，年年备造，案牍虚悬，今已造报至十九年矣。

若必更造前三年之册，则后八年之册尽成废纸。该司覆加察核，九、十、十一等年之册，通较各该年兵马奏销，并无多支之草，自可免其更造。其河东各属草束斤重不一，久已据实开报，起自何年，乱后无案可稽。事贵求实，制有因时，未便以数十年未修之《赋役全书》为定评。至草束变价银两，以若干草照若干价变若干银，自当以本案为凭，似不必以通收通支册相较论，盖通收册内只计收银之数，往往是年草已变而价未到，固不能一一吻合也。现在节年各案奏销已请奏明变通核准，此案草束销册亦当并请照办，俾清积案等情前来。

---

①　台北故宫博物院藏：军机及宫中档，文献编号：408003130-0-A。

②　中国第一历史档案馆藏：录副奏片，档案编号：03-6644-019。

臣复加查核，委系实在情形。除将节年清册另文咨送户部外，相应请旨饬部将甘肃省光绪九年至十九年草束销册一体变通准销，以清积牍。为此附片具陈，伏乞圣鉴训示。谨奏。

（朱批：）户部知道。①

光绪二十四年正月十三日，奉朱批：户部知道。钦此。②

二二一 奏请议恤回民马万德父子片

光绪二十三年十二月二十日（1898 年 1 月 12 日）

再，据碾伯县禀称：县属寺尔堡回民六品军功马万德，素称良善。光绪二十一年夏间，西宁逆回蜂起，冶家川阿浑冶主麻纠党百余人，往约马万德同叛。马万德不从，与寺尔堡居民数十人约同固守，赴省请兵救援，愿为向导，往前敌杀贼，半途为冶主麻邀击。其次子马五美死焉。嗣总兵牛师韩率豫凯军抵平番，马万德等约同十五会等处良回，赴营投效。牛师韩谕令回寺尔堡，承办粮石。二十三年四月十九日，冶主麻探知马万德在家，率领党羽，乘其不备，围烧马万德房屋，劫令从逆。马万德骂贼不屈。贼遂脔割其身，死极惨酷。马万德、马五美父子二人仗义死节，拟恳分别请恤等情。臣复饬营务处甘肃藩司曾鉌覆查属实，详请具奏前来。

臣查该军功马万德父子，守志不夺，忠义可嘉，在回族中实罕其俦，亟应优予恤奖，以昭激劝。合无仰恳天恩，饬部照例议恤，用慰幽魂而励末俗。除饬取事实册结分送部科外，谨附片具陈，伏乞

---

① 台北故宫博物院藏：军机及宫中档，文献编号：408003130-0-B。
② 中国第一历史档案馆藏：录副奏片，档案编号：03-6144-008。

圣鉴训示。谨奏。

（朱批：）着照所请，该部知道。①

光绪二十四年正月十三日，奉朱批：着照所请，该部知道。钦此。②

二二二　密考陕、甘、新疆文武各官折

光绪二十三年十二月二十日（1898年1月12日）

头品顶戴陕甘总督臣陶模跪奏，为陕、甘、新疆提、镇、司、道、府等官循例年终密考，谨缮清单，恭折仰祈圣鉴事。

窃照陕、甘、新疆提、镇、司、道、府等官，例应于年终出具切实考语，密行陈奏。现届年终，自应循例办理。查甘肃提、镇、司、道、知府，臣莅任以来，随时察看，其人材贤否，舆论是非，见闻自较确切。至陕西、新疆文武各官，虽相距稍远，或证诸禀牍，或得自咨询，皆已略知底蕴。除三省提、镇内有统带防营未经到任以及署事人员例不注考外，谨将实任文武各员出具切实考语，密缮清单，③恭呈御览，伏乞皇上圣鉴训示。谨奏。光绪二十三年十二月二十日。

（朱批：）知道了。单二件留中。④

光绪二十四年正月十三日，奉朱批：知道了。单二件留中。钦此。⑤

---

①　台北故宫博物院藏：军机及宫中档，文献编号：408003130-0-C。

②　此朱批日期与内容，据军机处随手登记档（档案编号：03-0296-1-1224-012）校补。

③　此清单查无下落，待考。

④　台北故宫博物院藏：军机及宫中档，文献编号：408003129。

⑤　中国第一历史档案馆藏：录副奏折，档案编号：03-5355-047。

光绪二十四年(1898)

〇〇一 查明伊克昭盟碍难垦办折

光绪二十四年正月十六日(1898年2月6日)

头品顶戴陕甘总督臣陶模、头品顶戴陕西巡抚臣魏光焘跪奏，为遵旨查明伊克昭盟蒙地瘠苦，碍难垦办，据实覆陈，恭折仰祈圣鉴事。

窃臣等前准军机大臣字寄：光绪二十三年四月初九日奉上谕：国子监司业黄思永[①]奏，内蒙古伊克昭、西乌兰布通二盟牧地，纵横数千里，土田沃衍，河套东西尤属膏腴。山西缠金牧地，如令民多私垦，不如官为经营，请饬筹办等语。着王文韶、陶模、胡聘之、魏光焘体察情形，详细筹画，妥议具奏。原片着抄给阅看。将此各谕令知之。钦此。又准军机大臣字寄：光绪二十三年六月十五日，

---

① 黄思永(1842—1914)，字慎之，号亦瓢，江苏江宁人。光绪六年(1880)，中式庚辰科状元，授修撰。后补军机处章京、国子监司业，迁詹事府右春坊右中允。二十四年(1898)，因提倡发行股票、办铁路、开矿山，擢侍读学士，入直上书房，充日讲起居注官，授国子监祭酒。二十八年(1902)，褫职。次年，聘为商部顾问。三十年(1904)，创工艺局，旋开复原官原衔。民国三年(1914)，卒于沪。

奉上谕：胡聘之奏，议开晋边蒙地，以兴屯利而固边防一折。晋边伊克昭、乌兰察布二盟旗地，川原饶沃，水陆交通。该抚胪陈兴屯之利约有四端，现拟办法，如设局、筹费、定租、驻兵各节，均着照所请办理。惟兴办屯田，固所以裕税课而重边防，亦须无碍蒙民生计，着胡聘之饬令派出查勘各员，晓譬伊克昭、乌兰察布二盟长，谕以朝廷兴办此举实为蒙民策安全，既议租以赡其身，复置兵以卫其地，该地方蒙民等自无不乐于从事之理。至西二盟壤地毗连数省，其与陕、甘邻界者，可垦之地尚多，诚能一律开办，亦属有裨大局。着陶模、魏光焘各就地方情形，详细查勘，应如何陆续兴办之处，分别妥筹，奏明办理。将此各谕令知之。钦此。各等因。寄信前来。均经臣等钦遵先后行司遵照，并委延榆绥道马相如就近查勘，妥议详办去后。

兹据署陕西藩司李有棻、署臬司姚协赞会详：准该道马相如覆称：遵查伊克昭盟蒙地，袤延千数百里，均系蒙古辖境，与内地毗连，非先咨会蒙员查明四至及蒙地是否可垦，与蒙民生计有无妨碍，难得实在。当即移行蒙古各旗及理事沿边各厅县，据实查覆。兹准据神木、宁夏两部郎暨准噶尔、五胜、郡王、鄂套、札萨各旗并沿边各厅县，陆续绘图咨禀前来，声明并无余地可垦。随经该道复加查勘，核与各处查覆无异。

查伊克昭鄂尔多斯七旗均在河套内，其间五旗南界绵亘，与陕接壤。极东则准噶尔一旗，界连府谷县；迤西郡王、札萨克二旗，界连神木县；再西则五胜一旗，界连榆林、怀远二县；极西则鄂套一旗，界连靖边、定边二县。此五旗边地归该道统辖，其准噶尔东界及达拉忒、杭锦，系隶山西萨拉齐、河曲等厅县，鄂套西界又与甘肃花马池接壤，自晋边黄河畔起，迤逦至甘边横城口止，东西计长一千二百余里，东南则五六七百里不等。以地在河套内，形势愈北则愈狭，分计各旗之地，大小不一，而土田生殖不甚悬殊。其游牧之地，举多沙冈、水渠，间有平壤，仅足供牧放牲畜，无多闲地。

溯自画分游牧伙盘界限以来，伙盘内原准汉民种地，蒙人收租，凡有风沙、潦水、泥淖、草滩、柳朴、蒿柴等处，皆不堪耕种，而其可耕地亩，灌溉缺水，气候多寒，但宜糜麻贱种，即遇丰年，收获所值无几；典种，无多余利。其所以典种之故，因北山瘠苦，蒙租较为轻减，边民借此营生，以故业不能舍，租亦不能增，与界连晋省之乌兰察布盟等处土田沃衍、生殖繁多者，大相径庭。今欲别筹开办，既无腴田可垦，末由借以招徕，而汉民佃种年久，变易适滋纷扰。此不徒于公家无裨，且与蒙民生计有碍。再三筹度，垦办实属难行。该蒙、汉民人相安已久，似应听其自行耕牧与租给汉民耕种，俾仍各安常业，将来生齿渐繁，亦可于沙冈、山沟等处垦种杂粮，以养其生等情前来。

臣等查两次钦奉谕旨开办蒙地，或借垦增课，代为经营；或设局、筹费、定租、驻兵，均为裕边固圉至计。当此财用支绌，外侮频乘，苟有可以举办之处，敢不悉心筹画，以求裨益大局。惟筹办屯垦必得土沃利饶，且于蒙民生计无碍，方为有济。兹据查覆，土瘠利薄，即有可种之地，皆为蒙民自种及佃给汉民租种，余皆蒙民牧放牲畜及不堪耕种之地，此外并无空闲地亩。既与晋边情形悬殊，势难一律开办，自不如听其自行耕牧，并租给汉民耕种，尚得照常安业，各遂其生。

所有臣等查明伊克昭盟蒙地瘠苦，碍难开垦缘由，谨合词恭折覆陈，伏乞皇上圣鉴。再，此折系臣光煮主稿。合并声明。谨奏。

光绪二十四年正月十六日。

（朱批：）知道了。①

光绪二十四年正月二十八日，奉朱批：知道了。钦此。②

○○二　具报甘肃光绪二十三年十一月雨水、粮价折

光绪二十四年正月二十六日(1898年2月16日)

头品顶戴陕甘总督臣陶模跪奏，为具报甘肃光绪二十三年十一月份粮价、雪泽情形，恭折仰祈圣鉴事。

窃照光绪二十三年十月份粮价并得沾雪泽情形，业经具折奏报在案。兹查十一月份兰州等八府六直隶州属具报得沾雪泽自一二寸至二三寸不等，正值冬麦出土之际，获此雪泽，实于农田有裨。至通省粮价，或与上月相同，或较上月稍有增长。据藩司曾铼具详请奏前来。

臣覆查无异。理合恭折具陈，并缮粮价清单，恭呈御览，伏乞皇上圣鉴。谨奏。光绪二十四年正月二十六日。

（朱批：）知道了。③

光绪二十四年二月二十二日，奉朱批：知道了。钦此。④

---

① 台北故宫博物院藏：军机及宫中档，文献编号：408003134。
② 中国第一历史档案馆藏：录副奏折，档案编号：03-9555-084。
③ 台北故宫博物院藏：军机及宫中档，文献编号：408003137。
④ 中国第一历史档案馆藏：录副奏折，档案编号：03-6968-020。

〇〇三　呈甘肃光绪二十三年十一月粮价清单

光绪二十四年正月二十六日(1898年2月16日)

谨将甘肃各属光绪二十三年十一月份米粮时估价值,缮具清单,恭呈御览。

计开:

兰州府属:价有平有落

粟米每京石价银九钱六分九厘至四两九分八厘,与上月相同。小麦每京石价银八钱四分至三两一钱三分四厘,与上月相同。豌豆每京石价银九钱六分九厘至二两九钱四分四厘,较上月贱六分九厘。青稞每京石价银一两二钱四厘至二两七钱七分二厘,与上月相同。

巩昌府属:价有昂有平有落

粟米每京石价银一两四分五厘至二两六钱六分一厘,较上月贵二钱五分四厘。小麦每京石价银八钱六分五厘至一两八钱一分二厘,较上月贱九分六厘。豌豆每京石价银八钱六分五厘至一两六钱九分八厘,较上月贱四分六厘。青稞每京石价银一两一分四厘至一两三钱三分五厘,与上月相同。

平凉府属:价有平有落

粟米每京石价银一两三钱四分八厘至一两六钱八分,较上月贱七分。小麦每京石价银七钱三分一厘至一两三钱三分,与上月相同。豌豆每京石价银八钱六分二厘至一两一钱九分八厘,与上月相同。糜子每京石价银七钱七分至八钱,与上月相同。

庆阳府属:价有昂有平

粟米每京石价银五钱五厘至七钱八分九厘，较上月贵四分五厘。小麦每京石价银六钱二分七厘至一两三钱四分，与上月相同。豌豆每京石价银四钱四分至一两七钱八分二厘，与上月相同。糜子每京石价银二钱九分四厘至四钱三分五厘，与上月相同。

甘州府属：价平

粟米每京石价银七钱七分七厘至一两二分九厘，与上月相同。小麦每京石价银七钱三厘至七钱五分六厘，与上月相同。豌豆每京石价银七钱三厘至一两五钱四厘，与上月相同。青稞每京石价银五钱四分九厘至九钱二分四厘，与上月相同。

凉州府属：价平

粟米每京石价银一两九分二厘至二两五钱三厘，与上月相同。小麦每京石价银七钱一分四厘至二两二分二厘，与上月相同。豌豆每京石价银九钱五分六厘至二两二钱一分三厘，与上月相同。青稞每京石价银七钱九分八厘至一两三钱四分八厘，与上月相同。

宁夏府属：价平

粟米每京石价银七钱七厘至一两一钱二分，与上月相同。小麦每京石价银七钱六分至一两二钱三厘，与上月相同。豌豆每京石价银七钱三分五厘至一两四钱，与上月相同。糜子每京石价银五钱三厘至七钱九分一厘，与上月相同。

西宁府属：价有平有落

粟米每京石价银一两七钱一分八厘至五两七钱六分，较上月贱七分九厘。小麦每京石价银一两九钱四厘至二两四钱，较上月贱三分二厘。豌豆每京石价银一两七钱八厘至二两三钱二分，与上月相同。青稞每京石价银一两五钱七分五厘至二两一钱九分二厘，与上月相同。

秦州直隶州并所属：价有昂有平

粟米每京石价银一两二钱六分至二两九钱四分，较上月贵四分八厘。小麦每京石价银一两三分二厘至二两二钱九分五厘，与上月相同。豌豆每京石价银八钱四分至一两八钱一分二厘，与上月相同。糜子每京石价银六钱三分至一两五钱七分，与上月相同。

阶州直隶州并所属：价有昂有平。

粟米每京石价银一两三钱八分六厘至二两七钱四分四厘，较上月贵一钱一分四厘。小麦每京石价银一两三钱四分四厘至二两五分八厘，较上月贵九分八厘。豌豆每京石价银一两二钱七分八厘至一两八钱四分七厘，与上月相同。糜子每京石价银一两三钱七分二厘，较上月贵五分七厘。

泾州直隶州并所属：价有昂有平

粟米每京石价银五钱八厘至九钱五分一厘，较上月贵一分四厘。小麦每京石价银四钱八分二厘至八钱四分，与上月相同。豌豆每京石价银四钱一分四厘至八钱四分，与上月相同。糜子每京石价银三钱三分六厘至五钱一分二厘，较上月贵八厘。

固原直隶州并所属：价平

粟米每京石价银九钱九分七厘至一两五钱七分六厘，与上月相同。小麦每京石价银一两一钱四分一厘至一两二钱五分，与上月相同。豌豆每京石价银一两四分三厘至一两四钱四分五厘，与上月相同。糜子每京石价银七钱八分八厘，与上月相同。

肃州直隶州并所属：价平

粟米每京石价银一两八厘至一两五分，与上月相同。小麦每京石价银八钱六厘至九钱二分四厘，与上月相同。豌豆每京石价银九钱二分四厘至一两二钱四分三厘，与上月相同。青稞每京石价银五钱四分六厘至六钱九分七厘，与上月相同。

安西直隶州并所属：价平

粟米每京石价银一两五分至一两三钱七分二厘，与上月相同。小麦每京石价银一两九分八厘至一两二钱八分，与上月相同。豌豆每京说价银一两二钱八分至二两八分，与上月相同。青稞每京石价银九钱九分三厘至一两四钱，与上月相同。

（朱批：）览。①

○○四　奏报甘军移扎委署总兵员缺折

光绪二十四年正月二十六日（1898 年 2 月 16 日）

头品顶戴陕甘总督臣陶模跪奏，为甘军移扎，委署总兵员缺，恭折仰祈圣鉴事。

窃光绪二十三年十二月二十四日承准军机大臣字寄：光绪二十三年十二月十一日奉上谕：督办军务王大臣奏请移扎甘军，以资捍卫一折。山、陕地方东近畿疆，西控关陇，形势最为扼要，董福祥声望素著，即着迅速添足二十营之数，分扎大庆关、平阳府一带，认真督练，务成劲旅。以后甘省防务，着陶模实力整顿。刻下关内外一律肃清，果能就现有之营扼要驻扎，足资镇摄，不得借口兵力单薄稍涉疏虞。将此各谕令知之。钦此。遵旨寄信前来。并准甘肃提臣董福祥恭录咨行到臣。复以所部各营饬令陆续开拔，电请将在缺各员派委接替，以期迅速等因。臣查署理河州镇总兵中卫协副将何得彪，现带甘军正右营步队；实任西宁镇总兵何美玉，现带

① 中国第一历史档案馆藏：清单，档案编号：03-6968-021。

甘军副中营步队。既准提臣调取，自须带队前往，所有各该总兵员缺紧要，亟应遴员接署，以重职守。

查有统带督标亲军正中营步队新疆伊犁镇总兵焦大聚，朴实稳练，夙著战功，堪以署理河州镇总兵员缺；统带督标亲军副中营步队陕西延榆绥镇总兵罗平安，胆识兼优，夙娴韬略，堪以署理西宁镇总兵员缺。并令各将所部正中、副中营带往填防，以昭慎重。其余防地，容臣设法布置，不敢稍涉疏虞，已另片附奏。

除分檄各该员遵照外，谨会同署西宁办事大臣联魁、陕西提督臣邓增、署甘肃提督臣张永清合词恭折具陈，伏乞皇上圣鉴。谨奏。光绪二十四年正月二十六日。

（朱批：）兵部知道。①

光绪二十四年二月二十二日，奉朱批：兵部知道。钦此。②

○○五　奏报总兵何建威在任病故等情折

光绪二十四年正月二十六日（1898 年 2 月 16 日）

头品顶戴陕甘总督臣陶模跪奏，为边要总兵因病出缺，请旨简放，以重地方，恭折仰祈圣鉴事。

窃臣据署肃州镇标中军游击张绍先呈称：肃州镇总兵何建威前因感冒风寒，触发旧伤，增患痰嗽，日甚一日，医药罔效，于光绪二十三年十二月二十二日在任病故，当同阖城文武亲往验视无异，呈请委员接署等情，并据该道、州同时禀报前来。臣查肃州镇总兵

---

① 台北故宫博物院藏：军机及宫中档，文献编号：408003135。
② 中国第一历史档案馆藏：录副奏折，档案编号：03-6045-040。

何建威,结发从戎,历在甘肃打仗出力,战功卓著。去岁蒙恩调补肃州镇总兵,莅任以来,筹办边防,整顿营务,不遗余力,地方赖以乂安,实为武职中不可多得之员。兹因伤病举发,加患痰嗽,遽尔溘逝,不胜悼惜。所遗肃州镇总兵员缺,地处边疆,关系紧要,亟应委员接署,以重操防。臣查有升用提督现署金塔协副将正任陕西商州协副将张世才,久历戎行,办事勤干,堪以就近先行护理。

除给委外,所有肃州镇总兵员缺,应恳天恩迅赐简放,以重职守。谨会同署甘肃提臣张永清,合词恭折具奏,伏乞皇上圣鉴训示。谨奏。光绪二十四年正月二十六日。

(朱批:)另有旨。[1]

光绪二十四年二月二十二日,奉朱批:另有旨。钦此。[2]

【案】清廷于光绪二十四年二月二十二日谕令陈元礨补授肃州镇总兵。上谕档:

光绪二十四年二月二十二日,内阁奉上谕:甘肃肃州镇总兵员缺,着陈元礨补授。钦此。[3]

○○六　光绪二十二年各省关筹 饷依限解清援案请奖折

光绪二十四年正月二十六日(1898年2月16日)

头品顶戴陕甘总督臣陶模跪奏,为各省关筹拨光绪二十二年

---

[1]　台北故宫博物院藏:军机及宫中档,文献编号:408003136。
[2]　中国第一历史档案馆藏:录副奏折,档案编号:03-5923-080。
[3]　《光绪宣统两朝上谕档》,第24册,第54页。

协甘新饷依限解清,援案请将出力各员分别奖叙,恭折仰祈圣鉴事。

窃前准部咨:钦奉谕旨:甘肃关内外饷银关系紧要,经户部分别饷数,请饬依限报解,该将军、督抚严饬各该司道,按照部拨数目,扫数筹解,如能依限解清,即由陕甘总督奏请奖叙等因。钦此。历经钦遵办理在案。兹查光绪二十二年由部指拨协甘饷银四百八十万两,俱已扫数解清。臣维甘肃关内外所需饷项皆系计口授食,协拨偶有不齐,军食既难充足,况当甘肃军务甫竣,裁营清饷尤不容一刻稍缓,各省关司道竭力代筹,源源接济,关内外得免匮乏,实属宏济艰难,亟应照章请奖,以酬劳绩。前经分咨各省查取应叙职名前来,合无仰恳天恩,俯照成案奖叙,俾示鼓励。

查福州将军裕禄、①闽浙总督兼署福州将军边宝泉、②两江总督刘坤一、湖广总督张之洞、前四川总督鹿传霖、护理湖广总督湖

---

① 裕禄(1844—1900),字寿山,喜塔腊氏,满洲正白旗人,监生。咸丰七年(1857),充刑部笔帖式。同治元年(1862),补刑部主事,转清档房堂主事。二年(1863),升刑部员外郎。三年(1864),授刑部郎中。六年(1867),放直隶热河兵备道。七年(1868),升补安徽按察使。同年,署安徽布政使。十一年(1872),迁安徽布政使,署理安徽巡抚。十三年(1874),擢安徽巡抚。光绪十年(1884),署两江总督。十一年(1885),署湖广总督、湖北巡抚。十三年(1887),调补湖广总督。同年,兼署两江总督、办理通商事务大臣。十五年(1889),调盛京将军。二十一年(1895),补授福州将军。二十二年(1896),充船政大臣。二十三年(1897),调补四川总督。二十四年(1898),充军机大臣上行走,署镶蓝旗汉军都统。同年,授礼部尚书,充总理各国事务衙门上行走。是年,调补直隶总督,办理通商事务,兼北洋大臣。二十六年(1900),卒于官。

② 边宝泉(1831—1898),字廉溪,号润民,汉军镶红旗人。同治二年(1863),中式癸亥恩科进士,授编修,充乡试、会试考官、户科给事中等职。十一年(1872),补浙江道监察御史。同年,迁户科给事中。光绪三年(1877),升陕西督粮道。同年,晋陕西布政使。九年(1883),擢陕西巡抚。十一年(1885),调补河南巡抚。十三年(1887),因病解任。二十年(1894),补授闽浙总督兼船政大臣。二十一年(1895),兼署福州将军。二十四年(1898),卒于任。赠太子少保。

北巡抚谭继洵、前江苏巡抚赵舒翘、河南巡抚刘树堂、湖南巡抚陈宝箴、江西巡抚德寿、前安徽巡抚福润、山西巡抚胡聘之、前护理陕西巡抚现升山东巡抚张汝梅等，公忠体国，畛域无分。

臣忝任边圻，幸赖饷项无缺，得以稍免陨越，不敢不上达宸聪。河南抚臣刘树堂督饬司道，经理协拨甘饷，已及三年，提前赶解，不遗余力，可否加恩赏给三代正一品封典，其各省将军、督抚臣一并交部从优议叙之处，伏候圣裁。至各司道等请奖职名，谨缮清单，恭呈御览，伏乞皇上圣鉴训示。谨奏。光绪二十四年正月二十六日。

（朱批：）户部议奏。单并发。①

光绪二十四年二月二十二日，奉朱批：户部议奏。单并发。钦此。②

【案】光绪二十四年闰三月初四日，户部尚书敬信等具折覆奏，曰：

经筵讲官户部尚书臣宗室敬信等谨奏，遵旨议奏，恭折仰祈圣鉴事。

陕甘总督陶模奏，各省关筹拨光绪二十二年协甘新饷依限解清，援案请将出力各员分别奖叙一折、清单一件，光绪二十四年二月二十二日奉朱批：户部议奏。单并发。钦此。钦遵由内阁钞出到部。据原奏内称：前准部咨：钦奉谕旨：甘肃关内外饷银关系紧要，该将军、督抚严饬各该司道，按照部拨

---

① 台北故宫博物院藏：军机及宫中档，文献编号：408003136。
② 中国第一历史档案馆藏：录副奏折，档案编号：03-5356-071。

数目,扫数筹解,如能依限解清,即由陕甘总督奏请奖叙。等因。钦此。历经钦遵办理在案。兹查光绪二十二年由部指拨协甘饷银四百八十万两,俱已扫数解清。臣维甘肃关内外所需饷项皆系计口授食,协拨偶有不齐,军食既难充足,况当甘肃军务甫竣,裁营清饷尤不容一刻稍缓,各省关司道竭力筹解,宏济艰难,亟应照章请奖。前经分咨各省查取应叙职名前来。查福州将军裕禄、闽浙总督兼署福州将军边宝泉、两江总督刘坤一、湖广总督张之洞、前四川总督鹿传霖、护理湖广总督湖北巡抚谭继洵、前江苏巡抚赵舒翘、河南巡抚刘树堂、湖南巡抚陈宝箴、江西巡抚德寿、前安徽巡抚福润、山西巡抚胡聘之、前护理陕西巡抚现升山东巡抚张汝梅等,公忠体国,畛域无分。河南抚臣刘树堂督饬协拨甘饷三年,提前赶解,不遗余力,可否加恩赏给三代正一品封典,及各省将军、督抚臣一并交部从优议叙之处,伏候圣裁。至各司道请奖职名,谨缮清单,恭呈御览各等语。

臣部伏查甘肃新疆军饷,前经奏定章程,自光绪十一年起,汇总指拨,由甘肃藩库统收分支。各省扫数解清,即由陕甘总督奏请奖叙,历经遵照办理。嗣因所保员数逐渐加多,经臣部奏明嗣后解清甘饷请奖人数,除承协省份之藩司、运司、盐道、粮道,有筹拨款项之责者,准照吏部保奖例章办理,仍不准违例滥保外,其余无筹款之责者,一概不准给奖。即有盐道、粮道省份,而筹解饷银内无动支盐课、漕务款项,亦不得滥予奖叙。其有违例滥请者,即行奏驳,以示限制等因,亦经行知遵照各在案。

此次指拨光绪二十二年份协甘新饷,其全数解清之各省关，已据报部有案。惟四川一省应解银九十八万两，仅解过银九十二万两，尚欠解银六万两。前据四川总督奏称解过宁夏勇饷六万，请照数抵作甘饷，经臣部议覆不准作抵。叠据陕甘总督于月报收饷文内咨请催解，复经臣部叠次飞催，速筹解清，乃该省至今仍未清解。虽据陕甘总督咨称四川拨饷甚巨，未便因此致稽奖叙。臣等公同商酌，该省接奉部咨后既未补解，究属蒂欠，不应给奖。除此次折单内开前四川总督鹿传霖、前四川布政使升任贵州巡抚王毓藻、四川盐茶道张元普等三员应即由臣部照章扣除外，至前署山西布政使按察使刘鼐现已病故，署湖南储粮道候补道刘镇并无筹拨款项之责，该省报解饷批亦未据报明有动用粮道款项及该员筹款职名，均应照案扣除，不应给奖。其余单开藩、运、司、道及原奏内所指将军、督抚共二十八员，均在应给奖叙之列，谨另缮清单，恭呈御览。惟各省将军、督抚二十员官职较崇，应否照准，臣部未敢擅拟。其藩、运、司、道十六员，例案均由臣部请旨，或照该督所请奖励，抑或饬下吏部核奖之处，恭候圣裁。

所有臣等遵旨议奏缘由，理合恭折具陈，伏乞皇上圣鉴训示。谨奏。光绪二十四年闰三月初四日。

经筵讲官户部尚书臣宗室敬信（出班），协办大学士户部尚书臣翁同龢，降二级留任又降一级留任革职留任户部左侍郎臣立山，户部左侍郎臣张荫桓（留署），户部右侍郎臣宗室溥良（入闱），署户部右侍郎礼部右侍郎臣宗室溥颋，户部右侍郎臣陈学棻，署户部右侍郎吏部左侍郎臣徐用仪。[1]

---

[1]　中国第一历史档案馆藏：录副奏折，档案编号：03-6145-001。

【附】同日,清廷谕令吏部核议覆奏。上谕档:

光绪二十四年闰三月初四日,内阁奉上谕:户部奏,议覆清解甘饷各员应给奖叙,请旨办理一折。着吏部议奏。单并发。钦此。①

○○七　呈解清光绪二十二年甘饷各省司道清单

光绪二十四年正月二十六日(1898年2月16日)

谨将解清光绪二十二年甘肃新饷应叙各省司道职名,分别拟奖,缮具清单,恭呈御览。

计开:

湖南布政使何枢、河南布政使额勒精额、湖北布政使王之春、前署陕西布政使按察使李有华、前署山西布政使按察使刘㴑、三品顶戴属安徽布政使于荫霖、前署山西布政使雁平道恩霖、花翎二品顶戴前河东道奭良、署湖北盐法武昌道安襄郧荆道朱其煊、前署湖北盐法武昌道试用道赵滨彦、署湖南粮储道候补道刘镇。以上十一员,均拟请旨交部从优议叙。

四川布政使升任贵川巡抚王毓藻、头品顶戴前江苏布政使升任安徽巡抚邓华熙,均拟请赏给三代正一品封典。

花翎二品顶戴江西布政使翁曾桂、前山西布政使员凤林、二品顶戴前署江苏布政使按察使吴承潞,均拟请赏给头品顶戴。

二品衔四川盐茶道张元普,拟请赏给三代一品封典。

两淮盐运使江人镜,拟请赏加随带二级。

---

① 《光绪宣统两朝上谕档》,第24册,第128页。

湖南盐法长宝道升任按察使李经羲、花翎二品衔江西督粮兼巡南抚建道刘汝翼，均拟请俟升缺后，赏加头品顶戴。

（朱批：）览。①

〇〇八　请将河湟文武养廉免扣三成折

光绪二十四年正月二十六日（1898 年 2 月 16 日）

头品顶戴陕甘总督臣陶模跪奏，为河湟文武各官办公支绌，拟恳天恩将该处文武应支光绪二十四年养廉免其核扣三成，以示体恤，恭折仰祈圣鉴事。

窃照前准户部通行：光绪二十四年份外官应支养廉，文职自府经历、县丞以下，武职自都司、守备以下，仍照全数开支。其文职州、县以上，武职参将、游击以上，照案再行核扣三成，汇总拨用等因。当经行司遵照办理去后。

兹据藩司曾鉌详称：遵查甘肃西宁一道、兰州所属之狄道、河州，前经兵燹，蹂躏已甚，物价倍于曩时，文武各官资斧在在支绌，曾将二十三年份该处文武各官养廉详请奏准免其核扣在案。兹奉前因，查河湟地方虽已平靖，而民气难复，百物依旧腾贵，文武各官甚为拮据，拟将西宁一属及狄道州、河州官员除府经历、都司以下本未核扣外，其余文自青海大臣以下，武自西宁、河州二镇以下各官应得二十四年份养廉银两，仍一体免其核扣三成，合计共请免扣银五千六百一十一两八钱，于部中通扣之数所减无多，而于各官办公之资所裨甚巨。相应援案开折，详请具奏前来。

---

① 中国第一历史档案馆藏：清单，档案编号：03-5356-072。

臣复加查核，委系实在情形。合无仰恳天恩，准照所请，饬部仍免核扣，以示体恤。谨恭折具陈，伏乞皇上圣鉴，训示施行。谨奏。光绪二十四年正月二十六日。

（朱批：）着照所请，该部知道。[1]

光绪二十四年二月二十二日，奉朱批：着照所请，该部知道。钦此。[2]

○○九　奏报酌添马步营勇巡防片

光绪二十四年正月二十六日（1898年2月16日）

再，甘肃提督臣董福祥所统甘军一十六营，原扎河州、西宁、平番、大通、循化、碾伯等处，刻已次第开拔东往，各该处顿形空虚。甘省幅员辽阔，绵亘四万千里，汉回错杂之地甚多，此次军务敉平，仅留三十余营、旗、哨，早经相地分扎，一时碍难抽拨，自非添募多营，不足以资分布。第时值艰难，需饷甚巨，未敢遽行渎请。惟河州、西宁最关紧要，该两处正、署总兵均经提臣董福祥令其带队前往，经臣奏委总兵焦大聚、罗平安分往接署，并将省城附近原驻督标二营分饬带往填扎。所遗省城大路一带防务，臣与司道再四熟商，酌添步勇一旗、马勇一旗，扼要分扎，以重巡防。所添无多，于防务稍资周密，已饬从本年二月初一日起，分别募齐具报。应需饷项，即于司库勇饷截旷银内随时动支造销，不另请拨。

其余甘军所遗防地，另由臣设法布置，万不敢稍涉疏虞，以仰

---

① 台北故宫博物院藏：军机及宫中档，文献编号：408003138。
② 中国第一历史档案馆藏：录副奏折，档案编号：03-6645-052。

副圣主慎重边陲、防患未然之至意。谨附片具陈，伏乞圣鉴训示。谨奏。

（朱批：）着照所请，该部知道。①

光绪二十四年二月二十二日，奉朱批：着照所请，该部知道。钦此。②

○一○　委令戴福禄署理金塔协副将片

光绪二十四年正月二十六日（1898 年 2 月 16 日）

再，署肃州镇属金塔协副将正任陕西商州协副将张世才，护理肃州镇总兵印务，经臣另折奏明在案。所遗金塔协副将员缺，亟应委员接署，以专责成。臣查有准补督标后营游击戴福禄，熟悉营务，办事平稳，堪以署理。

除檄饬遵照外，理合附片陈明，伏乞圣鉴。谨奏。

（朱批：）兵部知道。③

光绪二十四年二月二十二日，奉朱批：兵部知道。钦此。④

○一一　请将刘和顺等留陕甘补用片

光绪二十四年正月二十六日（1898 年 2 月 16 日）

再，武弁在营出力，材堪任使，自应随时奏明，分别改留，以备

---

① 台北故宫博物院藏：军机及宫中档，文献编号：408003136-0-A。
② 中国第一历史档案馆藏：录副奏片，档案编号：03-6033-030。
③ 台北故宫博物院藏：军机及宫中档，文献编号：408003136-0-B。
④ 中国第一历史档案馆藏：录副奏片，档案编号：03-5923-082。

差遣。兹查有留川尽先补用都司刘和顺、留新疆补用守备补缺后补用都司新疆抚标右营千总王大兴、花翎尽先补用守备延绥镇标效力期满武举冯三秀、留新疆守备衔尽先拔补千总胡立成等四员，均随征陕甘有年，力著战功，且于边防、营伍情形最为熟悉，若以原官原衔留于陕甘按班序补，实于营务有裨。据前延绥镇总兵蒋云龙、前肃州镇总兵何建威先后呈请具奏前来。臣覆查无异。合无仰恳天恩，俯准将刘和顺等四员一并留于陕甘差遣委用。除王大兴履历清册前已送部，此次应请毋庸造送，刘和顺、冯三秀、胡立成三员历册随折送部外，理合附片具陈，伏乞圣鉴训示。谨奏。

（朱批：）着照所请，兵部知道。[1]

光绪二十四年二月二十二日，奉朱批：着照所请，兵部知道。钦此。[2]

○一二　副将汤仁和禀请开缺回籍片

光绪二十四年正月二十六日（1898年2月16日）

再，陕甘督标中军副将汤仁和前经请假交卸遗缺，臣已委记名简放总兵现署督标后营游击宁夏镇标左营游击师玉春先行接署，奏明在案。兹据该副将汤仁和禀称：自弱冠从戎，迄今三十余载，祖墓久缺修理。近接家信云，去年原籍雨水过多，坟茔坍塌愈甚，修理刻不宜缓，恳请开缺回籍整修等情前来。臣覆查无异，相应奏明请旨开缺。

---

① 台北故宫博物院藏：军机及宫中档，文献编号：408003136-0-C。
② 中国第一历史档案馆藏：录副奏片，档案编号：03-5923-084。

除查取该员原领札付另咨送部外，其所遗陕甘督标中军副将员缺，陕甘现有应补人员，容臣另拣请补。谨附片陈明，伏乞圣鉴。谨奏。

光绪二十四年二月二十二日，奉朱批：兵部知道。钦此。①

〇一三　都司范德元禀请开缺回籍片

光绪二十四年正月二十六日（1898 年 2 月 16 日）

再，据凉州镇属安远营都司范德元禀称：自同治六年随前督臣左宗棠入关，转战秦、陇，至今三十余载，屡接家信，原籍地方频遭水患，祖墓多被冲刷，恳请开缺回籍修理，以遂乌思等情前来。臣覆查无异，相应请旨开缺。

除查取该员原领札付另咨送部外，所遗安远营都司员缺，甘省现有应补人员，容臣另拣请补。理合附片具陈，伏乞圣鉴训示。谨奏。

光绪二十四年二月二十二日，奉朱批：兵部知道。钦此。②

〇一四　都司周俊邦病故出缺片

光绪二十四年正月二十六日（1898 年 2 月 16 日）

再，据署延绥镇总兵官陈元尊呈：据神木营参将杨廷弼呈称：镇羌堡都司周俊邦得患痰壅气喘等症，调治未愈，于光绪二十三年

---

① 中国第一历史档案馆藏：录副奏片，档案编号：03-5923-081。
② 中国第一历史档案馆藏：录副奏片，档案编号：03-5733-060。

十月初七日在任病故,并查取该故员原领札付及委员承查嫡亲印、甘各结,呈赍核办前来。臣覆核无异,相应奏明请旨开缺。

除札付、印、甘各结咨送兵部外,所遗镇羌堡都司员缺,陕甘现有应补人员,容臣另拣请补。理合附片具陈,伏乞皇上圣鉴训示。谨奏。

光绪二十四年二月二十二日,奉朱批:兵部知道。钦此。①

○一五 奏报挪款垫发董军饷项片

光绪二十四年正月二十六日（1898 年 2 月 16 日）

再,甘肃提臣董福祥所部援甘各军光绪二十二年十月以前所有应需饷项,奉部拨有专款供支,业经该提臣自行开单奏报,由督办军务处核明准销,内有不敷湘平折合库平银三万五千二百九十八两四钱六分七厘,未经部中补拨。提臣因需饷甚急,已由甘肃粮台挪款垫发,原议俟随后照数请拨归还,迄今日久,尚在悬欠。提臣各军现奉旨调赴陕西大庆关、山西平阳府一带督练,前项不敷之饷仍应请旨指拨还垫。惟目下库帑奇绌,部中亦筹拨艰难。臣与藩司曾铄再四商酌,拟由司库无论何款内照数匀拨,作为补给提臣尾饷,以清借欠而免缪辖,容俟归入拨供提臣军饷项下,另款开报。据藩司曾铄详请附奏前来。

除咨户部外,谨附片具陈,伏乞圣鉴。谨奏。

（朱批:）户部知道。②

---

① 中国第一历史档案馆藏:录副奏片,档案编号:03-5923-083。

② 台北故宫博物院藏:军机及宫中档,文献编号:408003137-0-A。

光绪二十四年二月二十二日,奉朱批:户部知道。钦此。①

○一六　奏请核销甘营节年原册片

光绪二十四年正月二十六日(1898年2月16日)

再,甘肃驻防马步各营旗支领薪粮、马干、买补倒马、制造火药、军装、采买料物、薪水、口食、工价、房租一切杂支,及收运各省关拨解协饷盘费、骡脚、鞘匣、绳索、脚价等项用款,自光绪七年起至二十年止,均经前督臣分别饬令开单造册报部请销在案。内有事隶工部者,只准销光绪七、八两年开单造报各款,其余历年造送清册,均以前案尚未办结,未便越次核办等因,将原册发回。事隶兵部者,自七年起至二十年止,迭经议驳,除二十年份清册存部外,其余清单、清册悉数发回更造前来,当经转饬遵办去后。

兹据甘肃粮台布政使曾鉌详称:覆查甘肃防军运饷请销各款,七、八两年系开单造报,及奉议驳,业经分款登覆,并另具细数清单送部有案。九年以后均系遵照奏明立案条款,并察酌甘省物价情形,核实撙节开支,造具细数清册,分年请销。所有事隶户部核销各款,除九、十两年并十一年正、二、三三个月前粮台造报解运饷装委员弁勇盘费一款由兵部划出,令归户部核销外,其余已经一律准销。惟兵、工两部应行核销之款,至今悬阁十余年之久,经前督臣杨昌濬于光绪十七年十一月十四日具奏饬部核销,十八年正月十四日奉到朱批:着照所请,该部知道。钦此。行司钦遵在案。乃兵、工两部仍照前次议驳,又将原册发还。现在又隔数年,销案愈

① 中国第一历史档案馆藏:录副奏片,档案编号:03-6645-056。

阁，积重更深。

查上次甘肃新疆总粮台久经裁撤，原日经手人员星散无存，此项自光绪七、八两年至十一年三月止，原报奉驳单册无从责令登覆；十一年四月以后俱系照章支发，并无浮冒。若牵合例章，更改造报，转非核实办事之道，详请奏咨仍照原册核销等情前来。

臣复加查核，委系实在情形。合无仰恳天恩，俯准饬下兵、工二部，各照节年原册准销，以清积案。除将清册、清单分送兵、工二部查照外，理合附片陈明，伏乞圣鉴训示。谨奏。

（朱批：）该部知道。①

光绪二十四年二月二十二日，奉朱批：该部知道。钦此。②

○一七　甘军借饷请饬山西解甘还款折

光绪二十四年二月初四日(1898年2月24日)

头品顶戴陕甘总督臣陶模跪奏，为借发过甘军各营由甘肃开拔东往并添募各营所需饷项，请饬由山西照数划扣，先行解甘还款，以资分拨，恭折仰祈圣鉴事。

窃查甘肃提督臣董福祥所统甘军各营驻扎甘肃时应需饷项，截至光绪二十三年年底止，业由甘肃粮台一律支发清楚，经臣奏明在案。所有该军光绪二十四年估需行饷，先经户部议由各省关应解甘肃新饷四百八十万内节省封储平余项下匀挪供支。嗣因钦奉谕旨饬令提臣董福祥添足二十营，移扎大庆关、平阳府一带，复经

---

① 台北故宫博物院藏：军机及宫中档，文献编号：408003137-0-B。
② 中国第一历史档案馆藏：录副奏片，档案编号：03-6144-030。

部议将二十四年甘军行饷库平银八十万两，改于山西及河东道应解甘肃新饷内划拨，径解该军粮台兑收，奉旨允准亦在案。

现查甘军驻甘各营，经提臣董福祥檄调并饬添募各营一律开拔，需费甚巨，势不能从山西协饷省份远道拨济，致有迟误，必应由甘省设法筹借，方速师行；并据藩司详称，已准提臣董福祥咨同前由。臣与藩司再四筹酌，甘省别无存款可借，只得于各省关解到未分新饷项下挪借湘平银二十万两，合库平银十九万二千两，以资添募开拔各费之用，仍应于山西省及河东道划拨甘军二十四年行饷八十万内先行照数提解，归甘还借，庶便分拨，免误要需。据甘肃新疆粮台布政使曾鉌详请具奏前来。

合无仰恳天恩，饬下山西抚臣，迅速在于划拨甘军二十四年行饷项下先行照数提解甘省，俾清挪借而重饷需。除分咨户部暨山西抚臣、甘肃提臣查照外，理合恭折具陈，伏乞皇上圣鉴，训示施行。谨奏。光绪二十四年二月初四日。

（朱批：）着户部咨行山西巡抚，照数提解。[1]

光绪二十四年二月十七日，奉朱批：着户部咨行山西巡抚，照数提解。钦此。[2]

〇一八　奏报甘肃筹办矿务情形折

光绪二十四年二月初四日(1898 年 2 月 24 日)

头品顶戴陕甘总督臣陶模跪奏，为遵旨筹办甘省矿务情形，据

---

① 台北故宫博物院藏：军机及宫中档，文献编号：408003139。
② 中国第一历史档案馆藏：录副奏折，档案编号：03-6144-027。

实覆陈，恭折仰祈圣鉴事。

窃臣承准军机大臣字寄：光绪二十二年正月三十日奉上谕：自上年与日本订约以来，内外臣工多以广开矿产为方今济急要图，当通谕各直省将军、督抚体察各省情形，酌度办法具奏。昨据总理各国事务衙门、户部会奏，议准御史王鹏运①请开矿务一折，已依议行矣。着各直省将军、都统、督抚俟部文到日，详议切实章程，即行覆奏。总之，开办矿务以金银矿产为最先，各该省如能实力访查，确有金银矿地，设法兴办，自较煤矿等项得款为巨。其各振刷精神，实力奉行，毋得畏难苟安，仍蹈从前锢习。将此由四百里谕令知之。钦此。遵旨寄信前来。当经钦遵转饬遵办去后。

窃维矿学别有专门，必有人精于此学，然后审查山脉，辨别石质，可免得不偿失。毋论官办、商办，自可开致富之基。臣身任疆圻，受恩深重，敢不竭力筹画，以冀稍裨国用。无如甘省素乏知矿之人，从前原有安西、敦煌南北山金厂，早已因乱废辍，屡饬照旧开采，仍以沙空苗竭奏明停免课金。嗣于大通县乙思门庆地方试办，岁征课金六十余两，奏明后不数年，金少课绌。复移采于甘州之野牛沟，岁课减为二十四两，得金仍不敷所费。

臣不敢因难而止，复于司道博访周咨，有谓肃州南山之金佛寺、红水坝、西宁府属之金羌滩、果子滩、羊肠沟、兰州府属之黄石

---

① 王鹏运（1848—1904），字幼遐、佑遐，号半塘、鹜翁、幼霞等，广西临桂人。同治九年（1870），中式举人。同年，捐内阁中书。十三年（1874），充内阁中书行走。光绪二年（1876），充国史馆校对官。同年，补内阁中书。十年（1884），署内阁侍读。十三年（1887），实授内阁侍读。同年，任会典馆纂修官、总纂官，加四品衔。十七年（1891），考取御史，晋三品衔。十九年（1893），授江西道监察御史，兼巡城御史。二十年（1894），权江西道监察御史，兼稽查北新仓，嗣补礼部掌印给事中。三十年（1904），客卒苏州。有《袖墨集》《虫秋词》《味梨集》等存世。

坪等处矿产可开,饬司选派委员分途查勘试办。旋据先后禀覆:金佛寺虽有旧矿,浮面金沙早经淘挖殆尽,以下大石分隔,有无金沙,殊难悬揣。红水坝、黄石坪矿在深峒,发苗不旺,施工甚难。惟金羌滩、果子滩、羊肠沟等处金苗较好,檄令原勘委员甘肃试用通判宋之章,切实开办。维时西宁、平靖被难汉回众多,在彼召集流亡,贷给资本,置办器具,相地采挖,权作以工代赈。共计三千余人,贷过资本一万余串,议定得金作价归本,旋归旋借。为期已逾一年,核计仅敷人工食用各费,尚有亏本无从追缴者,一时碍难征课,应俟再办一年后,察度实在情形,另行定章,奏明办理。

窃查甘省玉关内外非无矿可开,第能识矿产、精于勘炼者,实无其人,致办理终鲜实效。若不亟图变计,另筹办法,仍不能收矿产之利。窃念黑龙江漠河金厂早著成效,当有熟习矿务、精于查看化分之人,合无仰恳天恩,饬下直隶总督由黑龙江漠河或天津学堂选派一二员,带领工匠,酌带器具来甘,遍历各山,寻觅佳矿,招商开采,庶不致坐失大利,冀有成效。据藩司曾鉌、臬司丁体常会详请奏前来。

谨恭折覆陈,伏乞皇上圣鉴,训示施行。谨奏。光绪二十四年二月初四日。

(朱批:)着总理各国事务衙门咨行王文韶拣员派往。[1]

光绪二十四年二月十七日,奉朱批:着总理各国事务衙门咨行王文韶拣员派往。钦此。[2]

---

① 台北故宫博物院藏:军机及宫中档,文献编号:408003140。

② 中国第一历史档案馆藏:录副奏折,档案编号:03-9644-018。

【案】王鹏运请开矿务一折：光绪二十一年十二月二十五日，掌江南道监察御史王鹏运以制钱日少，产铜日稀，具折奏请开办矿务，鼓铸银圆，曰：

三品衔掌江西道监察御史臣王鹏运跪奏，为制钱日少，产铜日稀，民用大绌，请明谕天下开办矿务，鼓铸银圆，以塞漏卮而维大局，恭折仰祈圣鉴事。

窃近日以来，京师钱价日贵，银价日贱，咸归咎于私铸之充斥、银号之把持，而不知皆非也。迩来东南各省纹银每两仅易制钱千二百文，洋钱每圆仅换制钱八百余文，银贱钱贵，有甚于京师者，盖其闻有大漏卮焉，不可不亟思补救也。当光绪十一、二年间，越事初定，即有倭人串同内地奸商，以银易钱，装运出口，以致各省钱价陡长，银价愈低，于时乃有鼓铸制钱之议。滇南产铜日少，遂不得不购买洋铜。倭商购去中国制钱，将其中金银提出，已敷购钱资本。及购铜议起，复以净铜售诸中国，本一而息三倍之。天下之利，孰有大于是者。此皆由中国商人不通化学。

当闭关绝市之时，尚可无虞外泄。通商以来，若固守成规，不思变计，则旁有大盗，其觊觎而盘剥之也，亦固其宜。此次倭索偿款多至二万三千余万，彼以一万万两购钱出口，可买尽中国制钱，以我之矛陷我之盾，则现钱立竭。铜产不多，官力无可挽回，民间不能不用，其必至于溃败决裂，穷而思乱，明矣。各省禁钱出口，独未查禁轮船，外洋不用中国铜钱，其运钱出口何为者？应请旨饬下总署，通行各口税务司，严查充公，不得丝毫徇纵。此节流之法也。然税司习气恒刻待华商，而宽待洋商，利之所在，人所必趋。虽法禁綦严，仍将百计偷漏。非筹变通之法，决不足以支危局而开利源。其策有二，请为皇上缕晰陈之。

一曰铸银圆。九州作贡，三品兼权，周初九府泉刀，始专以铜钱济用。迄今民用繁而铜矿少，加以外人盘剥，流毙已深。乾隆时，美洲银矿大开，皆运至中国，现银日多，而不自铸银钱，以利民用。此何说也？况比年来中国黄金出口，由三百万增至二千余万两。如不自铸金钱，则国宝全空，终受外人挟制。应请饬下户部购买极大机器，鼓铸金、银、铜三品之钱，金钱轻重略仿英镑大小，银钱用鄂、粤铸成之式，铸成后颁发各省，谕天下一体通行。各省亦一律鼓铸，以资利用。仍特派大臣，总理其事。惟救急之法则宜先铸银钱，明春钱价必大涨，度购机运京，建厂设局，约需一年。广东铸银局机器甚大，每日可铸银钱七万余圆、铜钱九万余串，应请饬下户部先拨银三万两，专铸大小银钱，运京备用；通行各省筹款，运粤铸钱，俟机器到京，厂屋齐备，即由京局办理。此变通之法一也。

二曰开矿政。中国五金各矿藏地下者不可胜数，徒以封禁，大利不开。比年西士考察及中国土人所知者，如川、藏之金矿、铜矿，江西、湖南之铜矿、金矿、煤矿，云南、两广之五金各矿，奉、吉之金矿，山西、河南之煤铁矿，皆以官吏贪图省事，不愿开采。小民本小力微，无由上达。藏金银于地下而怀宝啼饥，甚无谓也。应请特谕天下，凡有矿之地一律准民招商集股，呈请开采，地方官吏认真保护，不得阻挠。俟矿利既丰，然后按十分取一，酌抽税课。一切赢绌，官不与闻。如矿产微，即行裁撤。认真办理，则把持壅遏诸毙一扫而空，期以十年，矿产全开，民生自富，而国用犹有不足、国势犹有不强者，未之有也。此变通之法二也。

夫穷则变，变则通，通则久。苟非时势所迫，人谁不欲习故安常，坐享无事之福？无如民穷国匮，财用不足，尚有日本及西洋各国，虎视眈眈。倒持太阿之柄，不筹一救毙之法，何以安我蒸黎、保固疆宇！惟希宸断采纳，迅赐施行，天下幸甚。谨缮折上陈，伏乞皇上圣鉴。谨奏。光绪二十一年十二月二十五日。①

〇一九　奏报甘肃光绪二十三年十二月雨水、粮价折

光绪二十四年二月十五日（1898年3月7日）

头品顶戴陕甘总督臣陶模跪奏，为恭报光绪二十三年十二月份粮价、雪泽情形，恭折仰祈圣鉴事。

窃照二十三年十一月份粮价并得沾雪泽情形，业经具折奏报在案。兹查十二月份兰州等八府六直隶州属具报得沾雪泽，自一二寸至二三寸不等，正值隆冬，获此沃泽，土脉含濡，实于农田有裨。至通省粮价，或与上月相同，或较上月稍有增减。据藩司曾鉌具详请奏前来。

臣覆核无异。理合恭折具奏，并缮粮价清单，恭呈御览，伏乞皇上圣鉴。谨奏。光绪二十四年二月十五日。

（朱批：）知道了。②

---

① 中国第一历史档案馆藏：录副奏折，档案编号：03-9531-077。
② 台北故宫博物院藏：军机及宫中档，文献编号：408003140-1。

光绪二十四年三月初八日,奉朱批:知道了。钦此。①

○二○　呈甘肃光绪二十三年十二月粮价清单

光绪二十四年二月十五日(1898年3月7日)

谨将甘肃各属光绪二十三年十二月份米粮时估价值,缮具清单,恭呈御览。

计开:

兰州府属:价有平有落

粟米每京石价银九钱六分九厘至四两九分八厘,与上月相同。小麦每京石价银八钱四分至三两一钱三分四厘,与上月相同。豌豆每京石价银九钱六分九厘至二两九钱五厘,较上月贱三分九厘。青稞每京石价银一两二钱四厘至二两七钱七分二厘,与上月相同。

巩昌府属:价有平有落

粟米每京石价银一两一钱九分八厘至二两六钱六分一厘,与上月相同。小麦每京石价银一两七分一厘至一两八钱一分二厘,与上月相同。豌豆每京石价银九钱八分七厘至一两六钱九分八厘,与上月相同。青稞每京石价银一两一分四厘至一两二钱六分九厘,较上月贱六分六厘。

平凉府属:价有昂有平

粟米每京石价银一两三钱七分八厘至一两六钱八分,与上月相同。小麦每京石价银一两二分一厘至一两三钱三分,与上月相同。豌豆每京石价银八钱六分二厘至一两一钱九分八厘,与上月

---

①　中国第一历史档案馆藏:录副奏折,档案编号:03-6969-021。

相同。糜子每京石价银七钱七分至八钱三分九厘，较上月贵三分九厘。

庆阳府属：价有昂有平

粟米每京石价银五钱五厘至八钱三分七厘，较上月贵四分八厘。小麦每京石价银六钱二分七厘至一两三钱四分，与上月相同。豌豆每京石价银四钱四分一厘至一两七钱八分二厘，与上月相同。糜子每京石价银二钱九分四厘至四钱四分，较上月贵五厘。

甘州府属：价平

粟米每京石价银七钱七分七厘至一两二分九厘，与上月相同。小麦每京石价银七钱三厘至七钱五分六厘，与上月相同。豌豆每京石价银七钱三厘至一两五钱四厘，与上月相同。青稞每京石价银五钱四分九厘至九钱二分四厘，与上月相同。

凉州府属：价平

粟米每京石价银一两九钱二分四厘至二两五钱三厘，与上月相同。小麦每京石价银六钱七分二厘至二两二分二厘，与上月相同。豌豆每京石价银七钱五分六厘至二两二钱一分三厘，与上月相同。青稞每京石价银六钱三分至一两三钱四分八厘，与上月相同。

宁夏府属：价有昂有平

粟米每京石价银七钱一分一厘至一两一钱二分，与上月相同。小麦每京石价银七钱六分至一两二钱三厘，与上月相同。豌豆每京石价银七钱三分五厘至一两四钱，与上月相同。糜子每京石价银五钱三厘至八钱四分八厘，较上月贵五分七厘。

西宁府属：价有昂有落

粟米每京石价银一两七钱一分八厘至五两五钱二分，较上月贱二钱四分。小麦每京石价银一两九钱四厘至二两四钱六分四厘，较上月贵六分四厘。豌豆每京石价银一两七钱八厘至二两三钱六分七厘，较上月贵四分七厘。青稞每京石价银一两五钱七分五厘至二两二钱七分二厘，较上月贵八分。

秦州直隶州并所属：价有昂有平

粟米每京石价银一两三钱三分五厘至三两四钱四分六厘，较上月贵五钱六厘。小麦每京石价银一两三分二厘至二两二钱九分五厘，与上月相同。豌豆每京石价银九钱八分至一两八钱一分二厘，与上月相同。糜子每京石价银七钱二分四厘至一两七钱二分三厘，较上月贵一钱五分三厘。

阶州直隶州并所属：价昂

粟米每京石价银一两三钱八分六厘至二两八钱六分三厘，较上月贵一钱一分九厘。小麦每京石价银一两三钱四分四厘至二两一钱四分八厘，较上月贵九分。豌豆每京石价银一两七钱九分至二两一钱三分九厘，较上月贵二钱九分二厘。糜子每京石价银一两四钱三分二厘，较上月贵六分。

泾州直隶州并所属：价平

粟米每京石价银五钱一分二厘至九钱五分一厘，与上月相同。小麦每京石价银四钱八分四厘至八钱四分，与上月相同。豌豆每京石价银四钱五分八厘至八钱四分，与上月相同。糜子每京石价银三钱三分六厘至五钱一分二厘，与上月相同。

固原直隶州并所属：价昂

粟米每京石价银九钱九分七厘至一两七钱七分五厘，较上月贵一钱九分九厘。小麦每京石价银一两一钱四分一厘至一两五钱二厘，较上月贵二钱五分二厘。豌豆每京石价银一两四分三厘至一两六钱三分九厘,较上月贵一钱九分四厘。糜子每京石价银九钱二厘,较上月贵一钱一分四厘。

肃州直隶州并所属:价平

粟米每京石价银一两八厘至一两五分,与上月相同。小麦每京石价银八钱六厘至九钱二分四厘,与上月相同。豌豆每京石价银九钱二分四厘至一两二钱四分三厘,与上月相同。青稞每京石价银五钱四分六厘至六钱九分七厘,与上月相同。

安西直隶州并所属:价平

粟米每京石价银一两五分至一两三钱七分二厘,与上月相同。小麦每京石价银一两九分八厘至一两二钱八分,与上月相同。豌豆每京石价银一两二钱八分至二两八分,与上月相同。青稞每京石价银九钱九分三厘至一两四钱,与上月相同。

(朱批:)览。①

○二一　奏为恳续假调理折

光绪二十四年二月十五日(1898年3月7日)

头品顶戴陕甘总督臣陶模跪奏,为微臣叩谢天恩,并恳续假调理,恭折仰祈圣鉴事。

窃臣前因咳喘甚剧,于光绪二十三年十一月二十七日奏请赏假调理,本年正月二十九日,差弁赍回原折,奉朱批:着赏假一个月。钦此。圣慈逾格,感戴难名!伏念臣年逾六十,精力渐衰。入春以来,咳嗽略愈,满拟二月初旬可以销假,无如气喘仍未就痊。

---

① 中国第一历史档案馆藏:清单,档案编号:03-6969-022。

昨值上丁祭祀，勉襄典礼，拜跪之下，气促难支，几致不能成礼。近日延见僚属，言论稍多，更觉心神恍惚，目眩头昏。医者谓非静坐调养，不易复元。合无仰恳天恩，俯准再行赏假一月，俾上紧调理，一俟春深，天气加暖，病体稍愈，即随时销假，断不敢久耽安逸，自外生成。

所有微臣叩谢天恩并续恳赏假缘由，理合恭折具陈，伏乞皇上圣鉴训示。谨奏。光绪二十四年二月十五日。

（朱批:）着赏假一个月。[①]

光绪二十四年三月初八日，奉朱批:着赏假一个月。钦此。[②]

○二二　奏为御赏福字谢恩折

光绪二十四年二月十五日(1898 年 3 月 7 日)

头品顶戴陕甘总督臣陶模跪奏，为恭谢天恩，仰祈圣鉴事。

窃臣赍折差弁回甘，奉到恩赏福字一方，当即恭设香案，望阙叩头谢恩祗领。钦维皇上璧府凝辉，球图会极，紫气拂金花之纸，云榜璇题；彤廷瞻玉藻之旒，露垂镂管。兹以青阳律转，乃蒙丹宸恩颁，捧自日边，犹带御炉之馥；传来天语，如承华衮之褒！叨圣眷之弥隆，拓皇图而即叙。臣惟有勉驱朽钝，冀答涓埃，效雍容于扬拜赓歌，恒诵鸳鸯之什；被声教于绥荒侯甸，咸轮鹣鲽之忱！

所有微臣感激荣幸下忱，谨缮折叩谢天恩，伏乞皇上圣鉴。谨奏。光绪二十四年二月十五日。

---

① 台北故宫博物院藏:军机及宫中档,文献编号:408003141-1。
② 中国第一历史档案馆藏:录副奏折,档案编号:03-5357-036。

（朱批：）知道了。①

光绪二十四年三月初八日，奉朱批：知道了。钦此。②

○二三　奏报甘肃光绪二十三 年秋冬情重盗匪惩办折

光绪二十四年二月十五日(1898年3月7日)

头品顶戴陕甘总督臣陶模跪奏，为报明甘肃省光绪二十三年秋冬二季份情重盗匪照章就地惩办缘由，恭折仰祈圣鉴事。

窃甘肃地处边疆，汉、番、回、撒、种类不一，往往勾结为匪，骑马持械抢劫为生，甚至逞凶拒捕，伤毙事主；近来复有游勇肆行劫掠，情势均属凶暴，均应按照刑部通行，随时就地正法，按季汇报。兹查光绪二十三年秋冬二季份，据皋兰县、中卫县、洮州厅、华亭县、平番县、灵州等属先后报获盗匪孔迎蠡、赵城淋、孔骟淋、柯哈娃即柯复仓、蓝折良儿即马折良儿、马香顺、马黑娃儿、马四个子、马伏成即马脚户、糟六十五、师瀜英、潘沄先、童有秀、刘喜成、郑画匠即郑百川、惠喜成、吴有、余贵芳、李老五等十九犯到案，均经批饬该管府并同城同知讯供详办，旋据兰州府、宁夏府、巩昌府、平凉府、凉州府、茶马厅同知先后覆审议拟禀办前来。

查该盗匪孔迎蠡、柯哈娃、蓝折良儿、马香顺、马黑娃儿、马四个子、马伏成、糟六十五、师瀜英、潘沄先、童有秀、刘喜成、郑画匠、惠喜成等十四犯，多系回民游勇，或结伙持械，拦路劫杀，或缚殴事

---

① 台北故宫博物院藏：军机及宫中档，文献编号：408003143。
② 中国第一历史档案馆藏：录副奏折，档案编号：03-5357-037。

主，搜劫财物，均系情罪重大，法无可逭，经臣批司核覆，实属情真罪当，已先后批饬将该犯孔迎蠢等分别就地正法，同割取病故首盗马瞎东娃首级，一并悬杆示众，俾昭炯戒。赵城淋、孔骗淋、吴有、余贵芳、李老五等均讯系被胁勉从在场，并未动手，情节较轻，亦令照章锁系杆磴，均俟限满察看，另行办理。据甘肃按察使丁体常详请具奏前来。

除仍批饬严缉各案逸盗务获究办外，所有甘肃省光绪二十三年秋冬二季份情重盗匪照章就地惩办缘由，谨开具籍贯、案由清单，恭折具陈，伏乞皇上圣鉴，饬部查照施行。谨奏。光绪二十四年二月十五日。

（朱批：）刑部知道。单并发。①

光绪二十四年三月初八日，奉朱批：刑部知道。单并发。钦此。②

○二四　呈甘肃光绪二十三年
秋冬情重盗匪惩办清单

光绪二十四年二月十五日(1898年3月7日)

谨将甘肃省光绪二十三年秋冬二季份惩办过情重盗匪籍贯、案由，开具简明清单，恭呈御览。

秋季份：

一、皋兰县凶盗孔迎蠢，讯据供称籍隶甘肃河州，听从在逃之

---

① 台北故宫博物院藏：军机及宫中档，文献编号：408003141。
② 中国第一历史档案馆藏：录副奏折，档案编号：03-7371-020。

孔骗渡起意，纠同已获之赵城淋、孔骗淋等一共四人，分持刀械，拦路抢劫事主耿万福银、粮、驼只，拒杀雇工安牛个子身死各等情不讳。禀经臣批饬该管兰州府覆审明确，详经臣批司核覆，委系情真罪当，饬将该犯孔迎蠢一犯就地正法，传首示众，俾昭炯戒。伙盗赵城淋、孔骗淋，虽先听纠上盗，惟临时在场均未动手，情罪较轻，亦饬照章各锁系杆礅十年，俟限满察看，再行办理；仍令严缉盗首孔骗渡，务获另办。

一、中衜县盗犯柯哈娃即柯复仓、蓝折良儿即马折良儿、马香顺，讯据供称分隶甘肃固原、平凉及新疆迪化等州县回民，听从已获病故之首盗马瞎东娃并在逃之柯复裁一共五人，分持刀械，拦路劫夺过客冯吉有等烟土、马匹、行李多赃，并砍伤事主平复各等情不讳。禀经臣批饬该管宁夏府覆审明确，详经臣批司核覆，委系情真罪当，饬将该犯柯哈娃即柯复仓、蓝折良儿即马折良儿、马香顺三犯就地正法，同割取已获病故首盗马瞎东娃首级，一并枭示，俾昭炯戒。仍令严缉逸盗柯复裁，获日另办。

一、洮州厅盗犯马黑娃儿、马四个子，讯据供称分隶狄道、洮州回民，听从在逃之丁瞎儿克起意，纠同未获之马瓦海布、马哈哈一共五人，分持刀棒、油捻，强劫事主马亥马儿家银钱、衣物各等情不讳。禀经臣批饬该管巩昌府覆审明确，详经臣批司覆核，委系情真罪当，饬将该犯马黑娃儿、马四个子就地正法，枭首示众，俾昭炯戒。仍令严缉盗首丁瞎儿克等，获日另办。

冬季份：

一、华亭县盗犯马伏成即马脚户、糟六十五，讯据供称分隶清水、华亭等县，听从在逃之苏瞎子起意，纠同已获在监病故之赵天富及未获之马骆驼、赵良良子一共六人，分持洋炮、木棒，前往事主李德义家，撞门入室，点燃洋火，用炮吓禁，撬开柜锁，搜劫银钱、衣物多赃各等情不讳。禀经臣批饬该管平凉府覆审明确，详经臣批司覆核，委系情真罪当，饬将该犯马伏成即马脚户、糟六十五就地正法，俾昭炯戒。仍令严缉逸盗苏瞎子等，获日另办。

一、平番县盗犯师瀹英、潘沄先，讯据供称分隶山西太平、甘肃肃州等州县，先均在营充勇，嗣告假出营，带刀游荡，于途遇吴明德背负行李等物，商同起意劫夺，并将事主迭砍多伤各等情不讳。禀经臣批饬庄浪茶马同知覆审明确，详经臣批司覆核，委系情真罪当，饬将该犯师瀹英、潘沄先就地正法，枭首示众，俾昭炯戒。

一、平番县盗犯童有秀，讯据供称籍隶甘肃成县，先充甘军营勇，后因告假出营，在外游荡，听从在逃之河州人王姓，河南人杨姓、尤姓、白姓等一共五人，分持洋枪、刀械，黉夜前往事主石聚珠家，撞门入室，捆殴事主男妇多人，搜劫银两、衣物各等情不讳。禀经臣批饬该管凉州府覆审明确，详经臣批司覆核，委系情真罪当，饬将该犯童有秀就地正法，枭首示众，俾昭炯戒。仍令严缉逸盗王姓等，获日另办。

一、灵州盗犯刘喜成、郑画匠即郑百川、惠喜成，讯据供称分隶陕西咸阳、湖北武昌、甘肃镇原等县，因贪起意行劫，纠同已获之吴有、余贵芳、李老五并未获之史老二、马老七、焦老七、小李等一共十人，分持刀棒等械，前往事主韩玉桐家，撞门入室，捆殴事主男妇多人，搜劫银两、首饰、衣物各等情不讳。禀经臣批饬该管宁夏府覆审明确，详经臣批司覆核，委系情真罪当，饬将该犯刘喜成、郑画匠即郑百川、惠喜成三犯就地正法，枭首示众，俾昭炯戒。伙盗吴有、余贵芳、李老五，讯系被胁勉从，在场并未动手，情稍可原，亦饬照章各锁系杆礅八年，俟限满察看，再行办理。仍令严缉逸盗史老二等,获日另办。

（朱批:）览。①

○二五　代奏罗平安署西宁镇篆谢恩折

光绪二十四年二月十五日(1898年3月7日)

头品顶戴陕甘总督臣陶模跪奏,为据情代奏,叩谢天恩,恭折仰祈圣鉴事。

窃臣据署甘肃西宁镇总兵本任陕西延绥镇总兵腾奇初客巴图鲁罗平安呈称:平安奉委署理西宁镇总兵员缺,当即由防次带队起程,本年正月十八日驰抵西宁,准前任总兵何美玉移送钦颁同字三十六号西宁总兵官银印一颗,并文案卷宗前来。遵即恭设香案,望阙叩头谢恩,祗领任事。伏念平安西蜀武士,知识毫无,渥荷殊恩,补授陕西延绥镇总兵,兹复署西宁镇总兵印务,涓埃未报,惶悚实深! 查西宁控制番夷,汉、回杂处,现值军务甫平之后,弹压、抚绥,在在均关紧要,自维梼昧,深惧弗胜,惟有勉竭驽骀,督率弁兵实力操防,借弭隐患,以冀稍酬高厚鸿慈于万一。

所有接署西宁镇印日期并感激下忱,呈请代奏,叩谢天恩前来。理合恭折代陈,伏乞皇上圣鉴。谨奏。光绪二十四年二月十五日。

（朱批:）知道了。②

光绪二十四年三月初八日,奉朱批:知道了。钦此。③

---

① 中国第一历史档案馆藏:清单,档案编号:03-7371-021。
② 台北故宫博物院藏:军机及宫中档,文献编号:408003142。
③ 中国第一历史档案馆藏:录副奏折,档案编号:03-5923-134。

○二六　代奏焦大聚委署河州镇总兵谢恩折

光绪二十四年二月十五日（1898 年 3 月 7 日）

头品顶戴陕甘总督臣陶模跪奏，为据情代奏，叩谢天恩，恭折仰祈圣鉴事。

窃臣据署陕西河州镇总兵本任新疆伊犁镇总兵瑚松额巴图鲁焦大聚呈称：大聚奉委理河州镇总兵员缺，当即由防次带队起程，本年正月十五日驰抵河州，二十二日准前署总兵何得彪移送钦颁同字三十七号河州总兵官银印一颗，并文案卷宗前来。遵即恭设香案，望阙叩头谢恩，祗领任事。

伏念大聚江南武士，知识毫无，渥荷殊恩，补授新疆伊犁镇总兵，兹复署河州镇总兵印务，涓埃未报，惶悚实深！查河州控制番夷、汉、回杂处，现值军务甫平之后，弹压、抚绥，在在均关紧要，自维梼昧，深惧弗胜，惟有勉竭驽骀，督率将弁实力操防，借弭隐患，以冀稍酬高厚鸿慈于万一。

所有接署河州镇印日期并感激下忱，呈请代奏，叩谢天恩前来。理合恭折代陈，伏乞皇上圣鉴。谨奏。光绪二十四年二月十五日。

（朱批：）知道了。①

光绪二十四年三月初八日，奉朱批：知道了。钦此。②

---

① 台北故宫博物院藏：军机及宫中档，文献编号：408003144。
② 中国第一历史档案馆藏：录副奏折，档案编号：03-5923-120。

○二七　奏报黄增广等呈请开缺回籍片

光绪二十四年二月十五日(1898 年 3 月 7 日)

　　再,臣据宁夏镇总兵王钺安呈称:据镇属平罗营参将黄增广禀称:因感冒风寒,牵发昔年随征各省所受重伤,虽经医治,刻难就痊,恳请开缺回籍调理。又据广武营游击金永清禀称:出征在任,忽忽三十余载,祖墓早已缺修,近年屡被山水冲刷,坍塌愈甚,修理尤不宜缓,恳请开缺回籍整修各等情,由镇呈请核办前来。

　　臣覆查无异,相应一并请旨开缺。除查取黄增广原领札付另行咨送,金永清札付随折送部外,其所遗平罗营参将、广武营游击各员缺,陕甘现有应补人员,容臣另拣请补。谨附片具陈,伏乞圣鉴训示。谨奏。

　　(朱批:)兵部知道。[1]

　　光绪二十四年三月初八日,奉朱批:兵部知道。钦此。[2]

○二八　奏请注销王南薰原参之案片

光绪二十四年二月十五日(1898 年 3 月 7 日)

　　再,撤任甘肃洮州厅同知王南薰前因办理番案有经手已领未发兵勇口食银粮,屡饬报缴,一味抗延,经臣于光绪二十三年九月十七日奏请先行摘去顶戴,勒限缴清,十一月十二日奉朱批:着照

---

① 台北故宫博物院藏:军机及宫中档,文献编号:408003144-0-A。
② 中国第一历史档案馆藏:录副奏片,档案编号:03-5923-122。

所请，该部知道。钦此。当即钦遵转饬依限催缴去后。兹据甘肃布政使曾鉌、按察使丁体常会详称：该员王南薰将原欠库平银一千九百八十六两二分九厘、仓斗粮一千二百七十二石一升，均于限内陆续措缴清楚，呈请核奏前来。

臣查该员王南薰始虽抗缴，继仍依限缴清，尚知愧奋，相应请旨将撤任洮州厅同知王南薰原参摘去顶戴之案饬部注销，以资观感。除咨明吏、户二部查照外，谨附片具陈，伏乞圣鉴训示。谨奏。

（朱批：）着照所请，该部知道。①

光绪二十四年三月初八日，奉朱批：着照所请，该部知道。钦此。②

○二九　裁撤总粮台改设新饷所折

光绪二十四年三月十六日(1898年4月6日)

头品顶戴陕甘总督臣陶模跪奏，为裁撤甘肃新疆粮台，改设新饷所并归并裁撤各局，稍资节省，恭折仰祈圣鉴事。

窃查光绪二十一年三月间，甘省循化、河、狄回匪叛乱，日益蔓延，前督臣杨昌濬添募新军，征调援军，所需饷械、粮料、柴草转运、支发，事极纷繁，请于省城设立甘肃新疆总粮台，添设军装各局，省外巩昌、安定、狄道、平番、碾伯、河州、白塔寺等处，各设采运、车骡等局，均于是年八月初一日起，分别派员经理，经督臣杨昌濬于九月二十一日奏咨在案。又臣二十二年率师入关，分兵进剿北大通

---

① 台北故宫博物院藏：军机及宫中档，文献编号：408003144-0-B。
② 中国第一历史档案馆藏：录副奏片，档案编号：03-5357-035。

一带逆匪，复在甘州设饷装总局，永固分设粮局，支应前敌军需一切。旋因军务次第平定，饬将省外原设巩昌等处各局先后裁并。所有裁撤日期已于二十一、二两年报销册内分别声明各在案。

现查甘肃关内外业已肃清，其二十一、二两年军需用款亦于二十三年十一月二十七日奏咨核销，刻下事务稍减，亟应力求撙节。据甘肃总粮台布政使曾鉌将原设甘肃新疆总粮台，截至光绪二十四年二月底止即行裁撤，月需薪工等费一律停止。原设护勇一百名，操练精熟，正当省城兵单之际，散之未免可惜，拟请归并新操枪队，照常操练，以备调遣。惟军务虽平，所有常年统收、分拨甘肃关内外新饷及现存防军薪粮、军火一切事宜，头绪尚繁，不能乏员经理，拟请仍旧改设新饷所，酌派委员、书识，即于三月初一日起接续经管，仍由藩司随时综核，俾专责成。

至甘肃省城军装、火药两局，最关紧要，拟请暂免裁撤。其机器、制造两局，应归并军装局办理。其余省城采办军粮，并省外原设平番、甘州各局，已于二十三年三月暨冬、腊两月先后裁撤，容俟汇册造报。据甘肃藩司曾鉌详请具奏前来。

除咨明户、兵、工各部暨新疆抚臣查照外，所有裁撤甘肃新疆总粮台改设新饷所，并归并裁撤各局、稍资节省缘由，谨恭折具陈，伏乞皇上圣鉴，训示施行。谨奏。光绪二十四年三月十六日。

（朱批：）该部知道。[1]

光绪二十四年三月二十八日，奉朱批：该部知道。钦此。[2]

---

① 台北故宫博物院藏：军机及宫中档，文献编号：408003145。

② 中国第一历史档案馆藏：录副奏折，档案编号：03-6144-060。

○三○　覆陈甘省裁汰节饷情形折

光绪二十四年三月十六日(1898 年 4 月 6 日)

头品顶戴陕甘总督臣陶模跪奏，为遵照叠次钦奉谕旨，谨拟切实办法详细覆陈，恭折仰祈圣鉴事。

窃臣承准军机大臣字寄：光绪二十三年十一月二十五日奉上谕：目下欲图自强，自以修明武备为第一要义。惟是出入两款不敷甚巨，前经谆谕各该省将军、督抚，严杜厘金中饱，汰除练兵冗数。旋据陆续覆奏，并未将厘金中饱之数和盘托出，所裁兵勇亦未确查空额。着即严饬在事各员厘剔弊端，力除中饱，尤须正己率属，以期大法小廉。应如何认真综核，集成巨款，是在该将军、督抚等激发天良，认真整顿，应即详细确实覆奏。如有知兵之员为该将军、督抚等素所深悉者，并准其保奏，以备干城之选。将此由四百里通谕知之。钦此。嗣又叠奉二十三年十二月二十五日、二十四年正月初四日及三十日上谕，谆谆以理财用人、裁冗剔弊诸端，反复诰诫，以图郅治保邦之长策。臣跪聆之下，昼夜筹维，既不敢敷衍以塞责，复不敢操切以偾事。谨就甘肃现在情形，先拟切实办法，敬为我皇上缕晰陈之。

查甘肃山多地瘠，承平之时，本属入不敷出。同治年间，遍遭回乱，无几完善之区。朝廷募十数万之师，糜数千万之饷，十余年而始定。由是制兵而外，必须防勇分驻弹压，费饷更巨。平靖将二十载，民气尚未复原，粮赋亦未如额，光绪二十一年又有河湟回逆之变。仰仗皇上威福，不二年即就肃清。本省添募以及外省调援各军，所费国帑又数百万。臣到任后，叠次裁撤，仍按昔年防练之数,酌留三十余营、旗、哨,分布要隘。实缘甘省所辖纵横俱三千余里,分扎实不见多。提臣董福祥所部十六营奉旨移扎大庆关、平阳府一带,遗出防地空虚,臣须拨队填扎,为防患未然之计。

至防营定章,告假即须募补,中间空日口粮算缴归公,名曰截旷。各营旗每年准假若干名,截缴旷银皆已据实报部,若空额之弊,从来禁令綦严,断不敢明知故纵。但经查处空额、侵吞欺饰者,轻则撤委,重则参办,并追缴空额之饷充公。臣现复通行重申禁令,嗣后如有空额者,即由臣酌量先以军律从事,追出侵吞之款,据实报缴,庶几畏法止贪,此风自息。甘肃出入各款,每年皆报部有案,入款则以外省协饷为大宗,次则本省征收地丁、银粮、杂税及百货厘金等项。除向有定额者无可筹增外,惟厘金本无定数,所设数十局、卡员役众多,不能保无弊混中饱之事。从前立有杜弊章程:凡各局、卡收厘,填用四联大票,一给商民收执,一存局卡备查,一赍总局稽核,一交上下经过局卡,截裁赍局校封。如有受贿卖放,责成经过上下局卡查出倍罚,并将舞弊者治罪。立法亦极严明。现复经臣严饬总局,切实督察,犯者撤参惩办,或有收数较往年异常畅旺者,从优奖勉。似此励惩兼施,中饱或可渐除。各局卡多一分收数,即少一分中饱,容俟随时汇核,前后比较,有无中饱,自不难和盘托出。臣私心窃揣,总期较前数年能多收银五六万两上下,方为毋负圣主兴利剔弊至意。

本省出款除防勇、练军两大宗外,次则文武官员俸廉、公费、役食、驿站等项,皆有定额,近年文武养廉核扣三成,驿站新添夫马、工料,亦经臣酌减奏明在案,余均照章减成支发。再次则省城粮台、军装、火药、保甲各局委员薪水,粮台现经奏明裁撤,略可节省。军装、火药各局为全省军火要件,所关省城保甲、稽查匪类,责有攸归，各省皆有，势难一律裁撤；委员、巡役屡经核减，人数只敷办公，并无冗滥，所支薪工费款非巨。

至通省厘金局卡虽多，然甘省山路纷歧，若非酌设分卡，商贩必多绕越。倘一经裁并，省费少而所失更多。至各厘局只有委员司巡，并无总办绅董虚糜经费之事。甘省额设绿营、制兵，稽查盗贼、赌博、护解人犯等事，习为故常，久未讲究战阵，诚如圣谕，本在可裁之列。惟甘省督标及各提、镇、协属原设制兵五万七千五百余名，已经叠次裁减，现只剩一万七千七百余名。陕西各提、镇、协属原设制兵二万四千八百余名，现已只剩六千五百余名。去岁于奏请裁减二成折内声明，俟本年再行察看营汛繁要、偏僻、地方情形，酌量再裁在案。现奉谕旨，以裁兵节饷为今日万不可缓之图。第裁兵必须裁官，有官而无兵，与无官同，现已仰遵谕旨，查明经制之兵，何处可以归并，何处可以全裁，移行各提镇迅速确查，一并裁兵若干名、官若干员。兵则仍按上年奏案，截至何时为止，另给一季粮饷，以资另谋生计；官则另行调补。合计陕、甘共裁官兵若干，能省银粮若干，容当续行奏闻。臣约计陕、甘两省此次连官裁并，节省粮饷、草束，至多亦不过省出银一十万两左右。惟甘省制兵大率累世充当，与他省情形不同，不裁故属糜饷，裁急又虞生事，不能不从容办理，免生枝节。是否有当，伏乞圣裁。

现值时局孔艰，需才尤亟，朝廷特降求贤之诏，臣虽愚昧，亦知以人事君之义，容俟悉心访察，如有其人，谨当胪列实政成效，出具切实考语，随时保荐，以仰副我皇上拔擢真才至意。伏念甘肃回、番杂处，反复无常，不能不借防营镇慑，每年耗饷数十万之多。臣自惭才短，无补时艰，惟有仰遵圣训，正己率属，遇事认真筹画，但有可裁者裁之，可省者省之，随时具奏，断不敢稍涉迁就，有负圣恩。

除咨部外，合将遵奉叠次谕旨谨拟切实办法情形先行恭折覆陈，伏乞皇上圣鉴训示。谨奏。光绪二十四年三月十六日。①

光绪二十四年三月二十八日，奉旨归箍。②

○三一　拟留马安良暂缓东调折

光绪二十四年三月十六日(1898 年 4 月 6 日)

头品顶戴陕甘总督臣陶模跪奏，为拟留记名总兵马安良暂缓东调，以资弹压，恭折仰祈圣鉴事。

窃臣承准总理各国事务衙门来电：本年二月十八日奉旨：马安良着准其调赴平阳，仍着陶模将河州一带妥为布置，慎重弹压。钦此。仰见皇上于征调营伍之际，仍寓慎重边陲之意。跪读之下，钦感莫名。臣查马安良东调之举，提臣董福祥先经电商于臣，臣欲留彼弹压回众，旋奉谕旨饬调马安良赴平阳，臣即钦遵办理；一面札饬该员迅即束装东上，一面与董福祥函商马安良起行后妥为布置之策。昨接董福祥覆函，谓所以调彼之故，原为马安良当日有随同报效之语。今既留于地方有益，何敢固执己见，应请具折奏留，此间军事原不倚仗伊等语。臣接阅来信，再三审度，窃念东方固属紧要，西顾亦未免多虞。马安良素为汉、回信服，以之钤束回众，实于甘肃地方有益。

今董福祥既与臣意见相同，合无仰恳天恩，俯准马安良仍令带队驻扎河州，暂缓东调，以资弹压。臣不胜惶悚待命之至，谨恭折

---

① 中国第一历史档案馆藏：录副奏折，档案编号：03-5761-010。

② 此奉旨日期等，据军机处随手登记档(档案编号：03-0296-1-1224-085)校补。

具奏,伏乞皇上圣鉴,训示施行。谨奏。光绪二十四年三月十六日。

(朱批:)另有旨。①

光绪二十四年三月二十八日,奉朱批:另有旨。钦此。②

【案】陶模之折于是年三月二十八日获允行,清廷令董福祥遵照办理。《清实录》:

> 又谕:电寄陶模:据奏留马安良驻扎河州等语。陇西回患甫平,马安良素为汉、回所信服,着准其留扎,以资钤束,并谕董福祥遵照办理矣。洮州番族蠢动,着马安良驰往妥办,总以持平解散为要。又谕:电寄董福祥:马安良现经陶模奏留,已允所请矣。马安良一军在该提督部下不过偏裨,在河州则为重镇,朝廷权衡轻重,是以准其留驻甘肃。该提督与陶模函商妥协,想不致胶于成见。所募营旗,即着另派营官管带赴直。③

○三二　委令马安良查办番案片

光绪二十四年三月十六日(1898年4月6日)

再,臣拟留记名总兵马安良带队,仍驻河州弹压回众,已另折具奏。查甘肃边境所辖番族,种类颇多,愚而喜争,最易生事,往往彼此聚众械斗,酿成衅端,非得熟悉番情之员威惠兼施、秉公查办,

---

① 台北故宫博物院藏:军机及宫中档,文献编号:408003146。
② 中国第一历史档案馆藏:录副奏折,档案编号:03-5923-133。
③ 《德宗景皇帝实录(六)》,卷四百十六,光绪二十四年三月,第456页。

两造断难允服。马安良生长河州，于番情最为熟谙，前因循化厅所属狼家、双朋两番族械斗案件积年相持不下，经臣派令马安良前往查办完结。现复据报：有洮州厅所属买吾、黑错两番族因事龃龉，将有动众之势，臣又檄饬马安良酌带队伍，赶往查办。谨会同署西宁办事大臣联魁，附片陈明，伏乞圣鉴。谨奏。

（朱批：）另有旨。①

光绪二十四年三月二十八日，奉朱批：另有旨。钦此。②

【案】此片于是年三月二十八日获允行。《清实录》：

洮州番族蠢动，着马安良驰往妥办，总以持平解散为要。③

○三三　拣员委署甘凉道等缺片

光绪二十四年三月十六日(1898年4月6日)

再，现奉部咨：甘肃甘凉道明保调补奉天奉锦山海道，应饬交卸前赴新任。所遗甘凉道员缺，即委凉州府知府庆恕暂行兼护。庆阳府知府徐庆璋升授甘凉道遗缺，查有候补知府张大镛，堪以委署。新授平凉府知府瑞寿现已到省，应即饬赴新任，现署平凉府知府贾勋仍饬回泾州直隶州本任。安西直隶州知州董麟病故遗缺，查有在省肃州直隶州知州廖振乔，堪以调署。宁夏盐捕通判熊振

---

①　台北故宫博物院藏：军机及宫中档，文献编号：408003146-0-A。

②　此朱批日期与内容，据军机处随手登记档（档案编号：03-0296-1-1224-085）校补。

③　《德宗景皇帝实录（六）》，卷四百十六，光绪二十四年三月，第456页。

槃调省遗缺,查有候补知县徐光兴,堪以委署。秦安县知县刘至顺调省遗缺,查有准调张掖县知县杜绍勋,堪以调署。宁远县知县沈瑞霖病故遗缺,查有即用知县朱远缮,堪以委署。署贵德同知邓朝卿请假遗缺,查有候补通判张作霖,堪以委署。署张掖县知县唐受桐请假遗缺,查有即用知县张心镜,堪以委署。署徽县知县胡应奎调省遗缺,查有候补知县赵鋐,堪以委署。署玉门县知县萧庆祥请假遗缺,查有准调高台县知县詹廷镛,堪以调署。据藩、臬两司先后会详前来。

除批饬分别给委外,理合附片陈明,伏乞圣鉴。谨奏。

(朱批:)吏部知道。[1]

光绪二十四年三月二十八日,奉朱批:吏部知道。钦此。[2]

○三四　奏请陕甘武职员缺缓补缘由片

光绪二十四年三月十六日(1898 年 4 月 6 日)

再,陕、甘两省绿营兵丁叠经裁减,所剩不过十之二三,而大小员缺迄未减少。此次遵旨裁并,拟将各营员缺一律酌量裁减,已另折具奏。窃维督臣所辖二提八镇分驻两省,其余分防营汛散处辽远,现已移饬各提、镇,察酌所属营汛繁、简、偏、要,分别裁并,一俟就绪,即行据实奏报。惟裁官必须另补,各该员弁多系曾在军营出力,若裁而不补,迹近废弃,未免可惜,拟请将现在所出武职大小员缺,无论应归外拣、部选,一并暂请缓补,将来即以所裁缺之官按缺

---

①　台北故宫博物院藏:军机及宫中档,文献编号:408003146-0-B。

②　中国第一历史档案馆藏:录副奏片,档案编号:03-5358-055。

抵补，庶不致弃置闲散，寒将士之心。

至各营实缺员缺，有应行送部引见者，现值裁留未定之际，并恳饬部暂缓调取，统俟裁留已定，再行分别奏明办理。是否有当，谨附片具陈，伏乞圣鉴训示。谨奏。

（朱批：）兵部知道。[1]

光绪二十四年三月二十八日，奉朱批：兵部知道。钦此。[2]

○三五　奏报甘肃光绪二十四年正月雨水、粮价折

光绪二十四年三月二十三日（1898 年 4 月 13 日）

头品顶戴陕甘总督臣陶模跪奏，为恭报甘肃省光绪二十四年正月份粮价、雪泽情形，恭折仰祈圣鉴事。

窃照光绪二十三年十二月份粮价并得沾雪泽情形，业经具折奏报在案。兹查本年正月份兰州等八府六直隶州属具报得沾雪泽，自一二寸至三四寸不等。正值春耕布种之初，获此沃泽，土脉滋润，实于农田有裨。至通省粮价，或与上月相同，或较上月稍有增减。据藩司曾鉌具详请奏前来。

臣覆核无异。理合恭折具奏，并缮粮价清单，恭呈御览，伏乞皇上圣鉴。谨奏。光绪二十四年三月二十三日。

---

① 台北故宫博物院藏：军机及宫中档，文献编号：408003144-0-C。此奏片之具奏日期，原件署"光绪二十四年二月十五日"，而军机录副则以朱批日期"光绪二十四年三月二十八日"为之。查军机处随手登记档（档案编号：03-0296-1-1224-085）朱批陶模折，据同批主折可断，其具奏日期当为"光绪二十四年三月十六日"，原件、军机录副均未确。兹据校正。

② 中国第一历史档案馆藏：录副奏片，档案编号：03-5923-134。

（朱批：）知道了。①

光绪二十四年闰三月十七日，奉朱批：知道了。钦此。②

○三六　呈甘肃光绪二十四年正月粮价清单

光绪二十四年三月二十三日(1898 年 4 月 13 日)

谨将甘省各属光绪二十四年正月份米粮时估价值，缮具清单，恭呈御览。

计开：

兰州府属：价有昂有落

粟米每京石价银九钱六分九厘至三两六钱九分五厘，较上月贱四钱三厘。小麦每京石价银八钱四分至三两八分，较上月贱五分四厘。豌豆每京石价银九钱六分九厘至二两九钱六分二厘，较上月贵五钱七厘。青稞每京石价银一两二钱四厘至二两六钱六厘，较上月贱一钱六分六厘。

巩昌府属：价平

粟米每京石价银一两一钱九分八厘至二两六钱六分一厘，与上月相同。小麦每京石价银一两七分一厘至一两八钱一分二厘，与上月相同。豌豆每京石价银九钱八分七厘至一两六钱九分八厘，与上月相同。青稞每京石价银一两一分四厘至一两二钱六分九厘，与上月相同。

平凉府属：价有昂有平有落

---

① 台北故宫博物院藏：军机及宫中档，文献编号：408003148。
② 中国第一历史档案馆藏：录副奏折，档案编号：03-6970-021。

粟米每京石价银一两三钱九分三厘至一两六钱八分,与上月相同。小麦每京石价银一两三分三厘至一两二钱八分三厘,较上月贱四分七厘。豌豆每京石价银八钱六分二厘至一两二钱一分三厘,较上月贵一分五厘。糜子每京石价银七钱七分至八钱三分九厘,与上月相同。

庆阳府属:价有昂有平

粟米每京石价银五钱五厘至八钱八分,较上月贵四分三厘。小麦每京石价银六钱二分七厘至一两三钱四分,与上月相同。豌豆每京石价银四钱四分一厘至一两七钱八分二厘,与上月相同。糜子每京石价银二钱九分四厘至四钱四分,与上月相同。

甘州府属:价有昂有平

粟米每京石价银七钱七分七厘至一两八分九厘,较上月贵六分。小麦每京石价银七钱三厘至七钱五分六厘,与上月相同。豌豆每京石价银七钱三厘至一两五钱四厘,与上月相同。青稞每京石价银五钱四分九厘至一两二分六厘,较上月贵一钱二厘。

凉州府属:价有昂有落

粟米每京石价银八钱八分二厘至二两六钱九分四厘,较上月贵一钱九分一厘。小麦每京石价银六钱七分二厘至二两二分二厘,与上月相同。豌豆每京石价银七钱一分四厘至二两二分二厘,较上月贱一钱九分一厘。青稞每京石价银五钱八分八厘至一两五钱三分九厘,较上月贵一钱九分一厘。

宁夏府属:价平

粟米每京石价银七钱一分一厘至一两一钱二分,与上月相同。小麦每京石价银七钱五分六厘至一两二钱三厘,与上月相同。豌豆每京石价银七钱二分八厘至一两四钱,与上月相同。糜子每京石价银四钱二分七厘至八钱四分八厘，与上月相同。

西宁府属：价昂

粟米每京石价银一两七钱一分八厘至五两六钱，较上月贵八分。小麦每京石价银一两九钱四厘至二两四钱九分六厘，较上月贵三分二厘。豌豆每京石价银一两七钱八厘至二两四钱，较上月贵三分三厘。青稞每京石价银一两五钱四分四厘至二两三钱二分，较上月贵四分八厘。

秦州直隶州并所属：价有昂有落

粟米每京石价银一两三钱三分五厘至三两二钱三分一厘，较上月贱二钱一分五厘。小麦每京石价银八钱八分二厘至二两三钱二分六厘，较上月贵三分一厘。豌豆每京石价银八钱八分二厘至一两八钱九分六厘，较上月贵八分四厘。糜子每京石价银七钱二分四厘至一两六钱一分六厘，较上月贱一钱七厘。

阶州直隶州并所属：价有昂有平

粟米每京石价银一两三钱八分六厘至三两一钱二厘，较上月贵二钱三分九厘。小麦每京石价银一两三钱四分四厘至二钱三钱五分二厘，较上月贵二钱四厘。豌豆每京石价银一两九钱七分八厘至二两一钱三分九厘，与上月相同。糜子每京石价银一两五钱五分一厘，较上月贵一钱一分九厘。

泾州直隶州并所属：价平

粟米每京石价银五钱八厘至九钱五分一厘，与上月相同。小麦每京石价银四钱八分二厘至八钱四分，与上月相同。豌豆每京石价银四钱二分八厘至八钱四分，与上月相同。糜子每京石价银三钱三分六厘至五钱一分二厘，与上月相同。

固原直隶州并所属：价平

粟米每京石价九钱九分七厘至一两七钱七分五厘，与上月相同。小麦每京石价银一两一钱四分一厘至一两五钱二厘，与上月相同。豌豆每京石价银一两四分三厘至一两六钱三分九厘，与上月相同。糜子每京石价银九钱二厘，与上月相同。

肃州直隶州并所属：价平

粟米每京石价银一两八厘至一两五分，与上月相同。小麦每京石价银八钱六厘至九钱二分四厘，与上月相同。豌豆每京石价银九钱二分四厘至一两二钱四分三厘，与上月相同。青稞每京石价银五钱四分六厘至六钱九分七厘，与上月相同。

安西直隶州并所属：价平

粟米每京石价银一两五分至一两三钱七分二厘，与上月相同。小麦每京石价银一两九分八厘至一两二钱八分，与上月相同。豌豆每京石价银一两二钱八分至二两八分，与上月相同。青稞每京石价银九钱九分三厘至一两四钱，与上月相同。

（朱批：）览。①

○三七　审拟已革都司周大馥侵冒饷粮折

光绪二十四年三月二十三日（1898 年 4 月 13 日）

头品顶戴陕甘总督臣陶模跪奏，为审明已革北川营都司侵冒饷粮，按例定拟，恭折具陈，仰祈圣鉴事。

窃前据甘肃西宁镇总兵何美玉、西宁道联魁会禀：据大通县属北川等庄堡绅民钱维纶等联名控称：北川营都司周大馥于光绪二

---

① 中国第一历史档案馆藏：清单，档案编号：03-6970-022。

十一年贼匪猖獗时,奉准挑留民丁三百七十名,作为励勇一旗,缺额侵饷颇多,各庄堡自练民勇保护,周大馥冒作余丁五百一十名,支领食粮并盐菜钱文,侵吞入己各等情。经臣于光绪二十二年十一月十七日奏请先行革职,并一面批行西宁镇、道委员将该都司周大馥及其侄周松林、哨弁郭丽泉、李向玉、营书张志诚押解到省;并据声称案内应讯之郭少卿、李景夏均已闻风逃逸,当即饬司检齐粮台支发饷粮账目,同赴省投到之原告钱维纶等,先行一并发府审办,并饬将周大馥随身行李封存备抵。旋奉到二十二年十二月初一日朱批:周大馥着先行革职,严行审办等因。钦此。当经转饬遵照去后。兹据署兰州府知府周景曾督同谳局委员即用知县朱远缮、大挑知县朱海审明,按例议拟,详由布政使曾铄、按察使丁体常会同覆审转解前来。

臣亲提研鞫,缘周大馥籍隶湖南湘阴县,咸丰年间投效军营,由勇目历保花翎尽先补用副将、励勇巴图鲁。光绪十三年,借补北川营都司。二十一年三月,循化撒回变乱,北川近接循化,百姓惊惶,周大馥即谕各堡绅民钱维纶等举办团练。钱维纶等称无经费,周大馥令其先向各铺商借垫,随后代为禀请发款归还,钱维纶等信允,共练民勇一千三百余名,置备军火、旗帜共用钱一千余串,均在各商铺借款垫发。

五月间,贼信渐紧,周大馥自请招勇防守。具禀后,因道梗未奉批回。六月间,贼信愈紧,周大馥即在难民中先招勇一百七十名,分作三哨:左哨派本营把总郭丽泉管带,右哨派本营经制李向玉管带。周大馥自带中哨,并派在逃之官亲郭少卿经理粮饷出入,营书张志诚造办文册;又谕钱维纶等在团练内挑选壮丁五百一十名作为余丁,一并训练协防。因未允给口粮,钱维纶等亦未挑选。六月内，贼匪扑营数次，周大馥带勇督团与贼接仗，先后阵亡团勇数十名。至十月间，始奉前督臣批准招勇一旗，计三百七十人作为励勇，照章给发薪饷。周大馥遂于十一月初一日添招二百名，始足一旗。至领饷时，周大馥忆及原系五月内具禀，即嘱令郭少卿捏作闰五月初一日招足成军，领支饷银；又借前禀挑选余丁名目，恳准给发盐菜、口粮，又将阵亡团勇捏作励勇，造册详请恤赏。

正批饬覆查，即据钱维纶等查知，联名禀控，西宁镇、道转禀，经臣奏参革职，提省饬司检同粮台支发饷粮账目，一并发府审办，并将周大馥行李饬令封存备抵。计审出周大馥侵吞缺额勇饷并虚领余丁盐菜、口粮，共湘平银九千五百七十二两三钱四分一厘。传同钱维纶等三面环质，实系周大馥嘱令郭少卿捏冒侵吞入己，郭丽泉等均无知情听从虚冒分赃等弊。当将周大馥发县，勒限监追。嗣据陆续缴到湘平银九千三百七十五两，又于行李内查封银一百五十六两八钱七分，又扣抵应领添制励勇号衣、军火银四十两四钱七分一厘。计于一年限内扫数全完。逸犯郭少卿等屡缉无获，应先拟结。

查例载：监守盗仓库钱粮入己，数在一千两以上者，拟斩监候，勒限一年追完。如限内全完，死罪减二等发落等语。此案已革北川营都司周大馥因回乱招勇缺额，并捏冒挑选余丁，一共侵吞粮饷合湘平银九千五百七十二两三钱四分一厘，按例罪应斩候。惟其侵吞入己之银已于一年限内如数全完，仍应照例减等问拟。周大馥合依监守盗仓库钱粮入己数在一千两以上一年限内全完，死罪减二等例，拟杖一百，徒三年，系职官，请从重发往军台效力赎罪。把总郭丽泉、经制李向玉、营书张志诚、伊侄周松林，讯无知情听从侵冒分赃，应与伸诉得实之绅民钱维纶等均请免议。逸犯郭少卿等仍饬严缉，获日另结。呈缴银两，解司储库备用。伤亡团勇，应饬查明造册，到日核给恤赏。至原借练团经费，应饬该绅民等自行捐款归还，不得向公中请领。

除供招咨部外，所有审明已革北川营都司侵冒饷粮，按例定拟缘由，理合恭折具陈，伏乞皇上圣鉴，训示施行。谨奏。光绪二十四年三月二十三日。

（朱批：）周大馥着发往新疆效力赎罪，余依议。①

光绪二十四年闰三月十七日，奉朱批：周大馥着发往新疆效力赎罪，余依议。钦此。②

○三八　奏报嘉峪关光绪二十三年收支数目折

光绪二十四年三月二十三日(1898 年 4 月 13 日)

头品顶戴陕甘总督臣陶模跪奏，为嘉峪关光绪二十三年份收支各项银两数目造册报销，恭折仰祈圣鉴事。

窃据嘉峪关监督安肃道何福堃详称：该关于光绪二十二年由江汉关拨到银两，收支数目业经详请奏咨核销在案。今查光绪二十三年份收到江汉关拨借经费银九千两，除支一年各官役薪工银六千三百九十五两四分，找发洋扦手薪工、盘费及迎获俄商车价等项银八百四十两，驻兰翻译委员薪水银九百三十两，共银八千一百六十五两四分外，实在支剩银八百三十四两九钱六分，内归还十八

---

① 台北故宫博物院藏：军机及宫中档，文献编号：408003150。
② 中国第一历史档案馆藏：录副奏折，档案编号：03-7401-021。

年份借用厘款尾数银七两四钱四分二厘六毫四丝，连前十九、二十一、二十二三年还过银八百四十两五钱六分七厘三毫，共银八百四十八两九厘九毫四丝，已照数归还清楚，实在剩银八百二十七两五钱一分七厘三毫六丝，留备本年开支经费。又提存自光绪二十一年十月初十日第四十三结起，至二十三年十月初九日第五十结止，共八结，收获进口正、子洋税银九百一十一两七分八厘八毫，实储道库，造具细数清册，详请奏咨前来。

臣覆核无异。除将清册分送总理衙门及部科核销外，理合恭折具奏，伏乞皇上圣鉴。谨奏。光绪二十四年三月二十三日。

（朱批：）该衙门知道。[1]

光绪二十四年闰三月十七日，奉朱批：该衙门知道。钦此。[2]

○三九　奏报沈瑞霖病故遗缺拣员请补等情折

光绪二十四年三月二十三日（1898 年 4 月 13 日）

头品顶戴陕甘总督臣陶模跪奏，为补还知县，以裨地方，恭折仰祈圣鉴事。

窃据甘肃布政使曾鉌、按察使丁体常详称：宁远县知县沈瑞霖病故遗缺，应归光绪二十三年十二月份截缺，系简缺，业将开缺日期及例不掣签缘由详咨在案，自应照例按班请补。查例载：知县告病、病故、休致三项缺出，准其以一缺题补各项候补并进士即用人员，以一缺题补本班大挑举人。又，大挑人员借补中、简佐、贰，于

---

① 台北故宫博物院藏：军机及宫中档，文献编号：408003151-1。

② 中国第一历史档案馆藏：录副奏折，档案编号：03-6646-050。

大挑本班到班时，即按科分名次先后调还，不得将其次之员搀补各等语。

甘省病、故、休知县，前已用至第二轮候补知县李瑞征准补伏羌县知县止。今此缺轮应大挑到班，查有己丑科大挑知县借补阶州白马关简缺州判雷正鸣，科分在先，例应调还。该员雷正鸣现年五十九岁，四川富顺县人，由附生中式光绪元年乙亥科本省乡试举人。三年，考取宗室汉教习。十五年，己丑科大挑一等，以知县用，签掣甘肃，于是年七月二十六日到省，年满甄别，仍以知县留省补用，旋经借补白马关州判，十九年三月初三日到任，试署年满，呈准实授。本司等查该员雷正鸣，老成稳慎，办事精详，现经调署西固州同，办理一切，诸臻妥协，以之调还知县，实堪胜任，人地亦极相宜。会详请奏前来。

臣查该员雷正鸣年强才裕，办事稳慎，合无仰恳天恩，俯准以该员补还宁远县知县，实于地方有裨。如蒙俞允，该员系以知县借补白马关州判，今请补还宁远县知县，衔缺相当，毋庸送部引见。再，该员任内并无参罚案件。谨恭折具陈，伏乞皇上圣鉴训示。至所遗白马关州判系简缺，甘省现有应补人员，应请扣留外补。合并声明。谨奏。光绪二十四年三月二十三日。

（朱批：）吏部议奏。①

光绪二十四年闰三月十七日，奉朱批：吏部议奏。钦此。②

---

① 台北故宫博物院藏：军机及宫中档，文献编号：408003147。

② 中国第一历史档案馆藏：录副奏折，档案编号：03-5359-044。

中国近代人物文集丛书

陶 模 集 辑 笺

（四）

杜宏春　辑注

中 华 书 局

○四○ 奏报陕甘续发第七案茶票情形折

光绪二十四年三月二十三日（1898 年 4 月 13 日）

头品顶戴陕甘总督臣陶模跪奏，为陕甘续发第七案茶票情形，恭折具陈，仰祈圣鉴事。

窃照甘省试办茶务，以票代引，前于光绪二十二年先后发过陕甘宁第六案茶票四百五十七张，计引二万二千八百二十道，经臣将办理情形先后奏明在案。兹据兰州道黄云详：转据东、南、西各商禀称：商等前领第六案茶票，此时虽未运齐销罄，若不豫先续领，诚恐难于接售，缘领票赴湖，入山采茶，装到泾阳成封，然后运至陕、甘、新疆，程途既远，为日颇多，恳请将第七案新票先期给领，并以各处引地前遭回匪滋扰，现虽平定，销售仍不甚畅，兼以从前赊欠茶帐之人逃亡殆尽，无从追讨，资本亏折，受累已深，仍恳援照上届俯准变通，将每票豫缴课银一百两限于今岁分作四季呈交，以纾商力，其余照章随厘并缴各等情。

臣复加查核，尚系实在情形，当经批准照办，并饬遵照部咨每案承领新票，只准加多、不准减少去后。旋据呈请加发前来，经臣酌量核准，在于各商原存六成悬票根内加发二成，计七案共发过甘陕宁票五百四十九张，较上案增发票九十二张，计引二万七千四百二十道，豫缴二分课银五万四千八百四十两，限令今岁分作四季呈缴，由道解存藩库。其余欠缴一分茶课银五十两，随厘并缴，仍饬遵照向章，掣档轮销，以免搀越。据兰州道详请具奏前来。

臣查陕、甘、新疆地广人稀，河湟适当兵燹之后，引地虽宽，销茶本少，加以私茶屡经严禁，迄未尽绝，新疆尤有晋私偷漏、俄私倒灌种种侵销，以致官茶未能十分畅旺，茶务仍难复额。惟此次较上案加领新票九十二张，试办略有起色。

除饬兰州道转谕各商遵照定章仍再试办三年，俟届二十七年发票之期，容臣察看情形，能否酌为定额，随时举办，并咨陕西、新疆各抚臣暨通饬所属一体严禁私茶，以畅官引，仍咨部查照外，所有陕甘续发第七案茶票情形，理合恭折具奏，伏乞皇上圣鉴，训示施行。谨奏。光绪二十四年三月二十三日。

（朱批：）户部知道。[1]

光绪二十四年闰三月十七日，奉朱批：户部知道。钦此。[2]

○四一　请以张锡光补永昌协副将等情折

光绪二十四年三月二十三日（1898 年 4 月 13 日）

头品顶戴陕甘总督臣陶模跪奏，为遵照部咨拣员对调副将员缺，恭折仰祈圣鉴事。

窃臣前准部咨：拟补甘肃凉州镇属永昌协营副将韩廷芝系甘肃人，例应回避本省，应令照章在于兼辖省份拣员对调等因。臣查有陕西河州镇属洮岷协营副将张锡光，系湖南永定县人，该员年力正强，战功夙著，堪以调补甘肃永昌协营副将。所遗陕西洮岷协副将员缺，即以韩廷芝调补，均属人地相宜，与例亦符。合无仰恳天

恩，俯准将韩廷芝、张锡光互相对调，如蒙俞允，俟接到部覆后，再行给咨赴部引见，以符定制。

　　除查取该二员履历清册另行送部外，谨会同陕西固原提督邓增、署甘肃提臣张永清合词恭折具陈，伏乞皇上圣鉴训示。谨奏。光绪二十四年三月二十三日。

　　（朱批：）兵部议奏。[1]

　　光绪二十四年闰三月十七日，奉朱批：兵部议奏。钦此。[2]

○四二　奏闻守备凌维翰病故出缺片

光绪二十四年三月二十三日（1898年4月13日）

　　再，准陕西提臣邓增咨称：秦州营守备凌维翰得患病症，医治罔效，于光绪二十四年正月初五日病故。咨请核办前来。臣覆查无异，相应请旨开缺。

　　除查取该故员原领札付及承查印、甘各结另咨送部外，所遗守备员缺陕甘现有应补人员，容臣另拣请补。谨附片具陈，伏乞圣鉴。谨奏。

　　（朱批：）兵部知道。[3]

　　光绪二十四年闰三月十七日，奉朱批：兵部知道。钦此。[4]

———————

① 台北故宫博物院藏：军机及宫中档，文献编号：408003149。

② 中国第一历史档案馆藏：录副奏折，档案编号：03-5924-036。

③ 台北故宫博物院藏：军机及宫中档，文献编号：408003149-0-A。

④ 中国第一历史档案馆藏：录副奏片，档案编号：03-5924-039。

○四三　奏闻都司曹潾病故出缺片

光绪二十四年三月二十三日（1898 年 4 月 13 日）

再，据署凉州镇总兵刘璞转据庄浪协副将永明呈称，本营中军都司曹潾患病，调治未愈，于光绪二十四年正月三十日在任病故等情，呈请核办前来。臣覆核无异，相应奏明请旨开缺。

除查取该故员原领札付及委员承查印、甘各结至日另咨送部外，所遗庄浪协副将都司员缺，甘省现有应补人员，容臣另拣请补。理合附片陈明，伏乞圣鉴。谨奏。

（朱批：）兵部知道。[①]

光绪二十四年闰三月十七日，奉朱批：兵部知道。钦此。[②]

○四四　奏闻都司唐滋生病故出缺片

光绪二十四年三月二十三日（1898 年 4 月 13 日）

再，据署臣标中军副将师玉春呈称：陕西提属利桥营都司唐滋生得患寒疾，医治罔效，光绪二十四年正月初十日在省病故等情，呈请核办前来。臣覆查无异，相应请旨开缺。

除查取原领札付另文咨送，并承查印、甘各结随折送部外，所遗都司员缺陕甘现有应补人员，容臣另拣请补。谨附片具陈，伏乞圣鉴。谨奏。

---

① 台北故宫博物院藏：军机及宫中档，文献编号：408003149-0-B。
② 中国第一历史档案馆藏：录副奏片，档案编号：03-5924-038。

（朱批:）兵部知道。①

光绪二十四年闰三月十七日,奉朱批:兵部知道。钦此。②

○四五　请奖励捕获首逆出力各员片

光绪二十四年三月二十三日(1898年4月13日)

再,前捕获庆阳府属合水等县谋逆首从各犯,审明惩办,地方安静,奏请将在事出力文武员弁分别奖叙,并声明分途持示,解散胁从,出省拿盗之陈富贵等均属异常出力,俟查取履历,另行酌量请奖,于本年二月初八日奉朱批:徐庆璋等均着照所请奖励,该部知道。钦此。当经分行遵照去后。兹据庆阳府知府徐庆璋详赍陈富贵等履历,恳请核奖前来。

臣覆查此案匪首刘二等蓄意谋反,制藏军械,纠集多人,希图大举。虽先期破获,若非陈富贵等前往解散胁从,复出省拿获首盗,几至元恶漏网,难免不扰害地方,实属出力较著,合无仰恳天恩,俯准将五品军功陈富贵以把总归标尽先拔补,监生县主簿衔俞家鸿以县主簿归部候选,附生徐锡类以县主簿归部候选,文童彭福曜以未入流归部候选,俾昭激劝。

除履历咨部外,理合附片具陈,伏乞圣鉴训示。再,文童彭福曜,"曜"字前奏误书作"耀"。合并陈明。谨奏。

（朱批:）着照所请,该部知道。③

---

①　台北故宫博物院藏:军机及宫中档,文献编号:408003149-0-C。

②　中国第一历史档案馆藏:录副奏片,档案编号:03-5924-037。

③　台北故宫博物院藏:军机及宫中档,文献编号:408003147-0-A。

光绪二十四年闰三月十七日，奉朱批：着照所请，该部知道。钦此。①

○四六　奏报筹办昭信股票大概情形折

光绪二十四年闰三月十一日(1898年5月1日)

头品顶戴陕甘总督臣陶模跪奏，为颁行昭信股票，息借华款，先拟筹办大概情形，并先行挪凑银二十万，听候拨用，仍于股票项下划扣造报，恭折仰祈圣鉴事。

窃臣于光绪二十四年二月初二日接准户部咨开：议覆右中允黄思永奏，筹借华款请造股票一折，钦奉上谕：在京自王公以下，在外自将军、督抚以下，无论大小文武，现任、候补、候选官员，均领票缴银，为商民倡。地方商民愿借者，即将部定章程先行出示，并派员剀切劝谕，不准稍有勒索等因。钦此。当即钦遵分别咨行遵照。并与司道公同筹议，臣先缴银五千两，藩司曾鉌先缴银三千两，臬司丁体常先缴银二千两，各道及府、厅、州、县自应酌令出借，为商民倡，约共可缴借银一十万两左右。惟员缺大小、在任久暂情形各有不同，借银即多寡不一，应请由外妥定章程办理，庶无滞碍。

至绅商、士民酌借股款，业经查照部章，在于省城设立昭信分局，并于各属就近檄饬厘局委员，会同各地方官，妥速劝办，务在晓以大义，激发天良各听量力出借，懔遵谕旨，不准稍有苛派勒索。已饬司先行刊发印收，随时填用。俟户部颁到股票，再行换给。第所借数目多寡，一时尚难预定。甘肃屡遭兵燹，实非他省可比。若

---

① 中国第一历史档案馆藏：录副奏片，档案编号：03-5359-045。

待逐渐报借始行汇缴，未免过于迟缓。臣与司道再三熟商，先拟设法挪银二十万两，听候拨用，前经电达户部在案。应由劝借股款项下陆续收还，有余另行报拨。

再，甘省候补文员类多贫乏，武职俸廉较少，亦鲜殷实之员。容臣与司道体察劝办，统俟办有端绪，再行详细续陈。除咨部查照外，谨恭折具陈，伏乞皇上圣鉴训示。谨奏。光绪二十四年闰三月十一日。

（朱批：）户部知道。①

光绪二十四年闰三月二十三日，奉朱批：户部知道。钦此。②

【案】黄思永奏……请造股票一折：光绪二十四年正月初九日，詹事府右中允黄思永奏借华款请造自强股票，曰：

署日讲起居注官右春坊右中允臣黄思永跪奏，为筹借华款，请造自强股票，特谕内外大小臣工，激发天良，倡举急务，恭折仰祈圣鉴事。

窃维时事孔棘，库藏空虚，舍借款无以应急，舍外洋不得巨款，前已种种吃亏。近闻各国争欲抵借，其言愈甘，其患愈伏。何中国臣民如此之众，受恩如此之深，竟无以借华款之策进者。若谓息借商款，前无成效，且有扰民之毙，遂不可行，此诚因噎废食之说也。不知在外洋与在通商口岸之华民，依傍洋人买票借款者甚多，不能自用，乃以资人。且搢绅之私财寄顿于外国银行，或托洋商营运者，不知凡几。存中国之银号、

---

① 台北故宫博物院藏：军机及宫中档，文献编号：408003154。
② 中国第一历史档案馆藏：录副奏折，档案编号：03-5615-027。

票庄者，又无论矣。小民不足责，应请特旨，严责中外臣僚，激以忠义奋发之气，先派官借，以为民倡，合天下之地力、人力、财力，类别区分，各出其余，以应国家之急，似乎四万万民之众，不难借一二万万之款。

臣闻外洋动辄以万万出借，非其素蓄，不过呼应甚灵。每股百两，且有折扣，甲附股以售与乙，反掌间即可加增，以为恒产。传之子孙者，不愿归还，即辗转操纵，亦有赢余。股票胜于银票，故举国信从，趋之若鹜。每得中国电报借款议成，即由银行造票，登新闻纸，出售虽万万两之多，克期立尽。中国风气若开，岂难渐收成效？拟请敕下户部速造股票，先按官之品级、缺之肥瘠、家道之厚薄，酌定借款之多少，查照官册分派，渐及民间。亦仿西法每百两为一股，每股分期收缴。还以十年或二十年为度，每年本利共还若干，预定准数，随股票另给票据，十年则十张，平时准其转售，临期准抵交项。盖分期宽则交款易，交款易则股本方肯多入，归款亦不为难，出入皆就近责成银行、票庄、银号、典当代为收付，不经胥吏之手。无诈无虞，确有凭信；可售可抵，更易流通。大抵乡间通缓急，集腋乞邻，视为常事，况在军国之重、君父之尊，苟有天良，安忍推诿？特不用力者，举一羽而不足；不同道者，拔一毛而不为。诚能人人以谋身之智谋国，智可胜用矣。其实聚之为多，分于一人，所用其智力者亦无几。若虑激之不动、倡之不应、督之不前，是真可与共富贵而不可共患难者，当不至此。

臣谓先派官借者，亦鉴于因循之习已深，又恐因噎废食，依然徒托空言耳。抑或能借巨款给奖叙，以资鼓励，亦是一法。顷奉上谕开经济特科，既重专门之学，法求应变之才，断非空谈名理，徒习虚文。凡一切讲武、训农、通商、惠工之实事，刻不容缓，需款正多，舍己求人，终不可恃。无论洋款如何，华款总当并力图之，专责任之，克期待之，志在必成。臣愚揆度时势，非急求所以自强者，无以自立；非凡求所以自足者，无以自强。足食足兵为自强之本，民信又为兵食之本。我朝深仁厚泽，民志尚孚，于此次借资民力之处，务须格外核实，格外认真，有言必践，无弊不除。人人晓以休戚相关之理，人人动其忠君爱国之忱，内有可恃，外自不敢生心。不待兵食既足，即此民信之先声，出人意外，已足震而惊之矣。

纵借洋款，患必较轻，洵为今之急务，故借华款股票谓之自强。再中国集股之举，惯于失信，人皆望而畏之。即铁路、银行、开矿诸大举，获利亦无把握，收效未卜何时，故信从者少。若因国计自强派股，皇上昭示大信，一年见利，既速且准，非寻常股票可比，安见将来风行之盛不如外洋？如蒙圣明采纳，臣非空言，请先派筹借若干两，定限缴齐，逾期请治臣罪。其力数倍于臣、数十倍于臣者，如恒河沙数，聚沙成塔，只在人为。惟皇上宸断，令出惟行，则颓风可振，众志成城，转弱为强之机，反求即是矣。

愚昧之见，是否有当，谨恭折具陈，伏乞皇上圣鉴。谨奏。光绪二十四年正月初九日。[①]

【附】光绪二十四年正月十四日，大学士麟书等议覆筹借华款请造股票一折，曰：

大学士管理户部事务臣宗室麟书等谨奏，为速议具奏事。

---

① 中国第一历史档案馆藏：录副奏折，档案编号：03-9534-001。

军机处交出右春坊右中允黄思永奏，筹借华款、请造自强股票一折，光绪二十四年正月初九日，奉谕旨：户部速议具奏。钦此。据原奏内称：时事孔棘，库藏空虚，舍借款无以应急，舍外洋不得巨款，前已种种吃亏。近闻各国争欲抵借，其言愈甘，其患愈伏。何中国臣民如此之众，竟无以借华款之策进者。若谓息借商款，前无成效，且有扰民之毙，遂不可行，此诚因噎废食之说也。在外洋与在通商口岸之华民，依傍洋人买票借款者甚多，不能自用，乃以资人。且搢绅之私财寄顿于外国银行，或托洋商营运者，不知凡几。存在中国之银号、票庄者，又无论矣。小民不足责，应请特旨，严责中外臣僚，激以忠义奋发之气，先派官借，以为民倡，合天下之地力、人力、财力，类别区分，各出其余，以应国家之急，似乎四万万民之众，不难借一二万万之款。闻外洋动辄以万万出借，非其素蓄，不过呼应甚灵。每股百两，且有折扣，甲附股以售与乙，反掌间即可加增，以为恒产。传之子孙者，不愿归还，即辗转操纵，亦有赢余。股票胜于银票，故举国信从，趋之若鹜。每得中国电报借款议成，即由银行造票，登新闻纸，出售虽万万两之多，克期立尽。中国风气若开，岂难渐收成效？拟请敕下速造股票，先按官之品级、缺之肥瘠、家道之厚薄，酌定借款之多少，查照官册分派，渐及民间。亦仿西法每百两为一股，每股分期收缴。还以十年或二十年为度，每年本利共还若干，预定准数，随股票另给票据，十年则十张，平时准其转售，临期准抵交项。盖分期宽则交款易，交款易则股本方肯多入，归款亦不为难，出入皆就近责成银行、票庄、银号、典当代为收付，不经胥吏之手。无诈无虞，确有凭信；可售可抵，更易流通。抑或能借巨款给奖叙，以资鼓励，亦是一法。臣非空言，请先派筹借若干两，定限缴齐，逾期请治臣罪。其力数倍于臣、数十倍于臣者，如恒河沙数，聚沙成塔，只在人为。惟皇上宸断，令出惟行，则颓风可振，众志成城，转弱为强之机，反求即是等语。

臣等伏查日本偿款，数巨期迫，原拟息借洋债，以应急需，乃需用愈急，息借愈难，或甫有头绪而不免纷纭，或已立合同而终成反覆。计自去年以迄今日，借债一事，其旋议而旋停者，盖不知凡几矣。现在期限日紧，洋债仍无成说，臣部正议息借华款，为补救万一之谋。今中允黄思永请特旨严责中外臣僚，激以忠义奋发之气，先派官借，以为民倡，并请速造股票，先按官之品级、缺之肥瘠、家道之厚薄，酌定借款之多少，查照官册分派，渐及民间。亦仿西法，每百两为一股，每股分期收缴，还以十年或二十年为度，每年本利共还若干，预定准数，随股票另给票据，十年则十张，平时准其转售，临期准抵交项等因。自属筹款之一法。第缺分肥瘠、家道厚薄，一时既难周知，且按官之品级以定数之多少，亦恐迹近抑勒，窒碍难行。

臣等公同商酌，拟令官绅商民，均量力出借，无庸拘定数目，先由臣部印造部票一百万张，名曰昭信股票，颁发中外，随后再制造息折，给予本人收执。每部票一张，注明库平纹银一百两，银圆亦准折合抵交。凡中国官民领取部票，缴纳借款，或在部库、藩库兑交，或寄存谋字号票商，但使无误提拨，均听其便。此项借款照洋款办法，周年以五厘行息，订用二十年，前十年每年还息一次，后十年本利并还，期以二十年，本利完讫。在京由部库发给，在外由藩库发给，断不准有丝毫需索延误。平时股票准其转相售买，每届还期，准抵地丁、盐课、厘金，以冀通行而昭大信。夫商民食毛践土，各怀忠义之心，而内外大小臣工受国厚恩，际此帑绌时艰，尤当熟计安危，出家资以佐国用，况朝廷不责以报效，不强令捐输，一律按本计息，分期归还。谁无人心？谁无天良？断不忍观望迟回，一任大局之溃裂。该中允原奏先派官借，以为民倡，所论诚为扼要，拟请谕旨饬令在京自王公以下，在外自将军、督抚以下，无论大小文武现任、候补、候选各项官员，均领票缴银，以为商民之倡。在京大小官员出借银若干，应领票若干，由该旗、该衙门开单报部，请领转发。在外大小官员出借银若干，应领票若干，由各该省将军、督抚开单请领转发。

至地方商民人等，顾惜者亦复不少。在京即责成顺天府府尹，在外即责成将军、督抚，将部定大概章程先行出示，随即拣派廉干之员，剀切晓谕，令绅商士民一体量力出借，仍不得苛派勒捐，致滋纷扰。一面由臣部将印票分别省份，酌量发给，一面由地方官将出借银数随时报部，听候拨还日本偿款，无论何项，不准挪移动用。惟此项借款待用孔殷，各直省应自奉旨之日起限两个月内，将筹借办法及已借银数赶紧电报，不得稍有迟逾。如派办筹借人员多方劝谕，能借巨款十万两以上，准从优奖叙；五十万以上，准破格奖叙，以示鼓励。

除将息借华款给发股票息折、详细章程另行核议外，所有速议缘由，理合恭折具奏，伏乞皇上圣鉴。谨奏。光绪二十四年正月十三日。

大学士管理户部事务臣宗室麟书（假），经筵讲官户部尚书臣宗室敬信，协办大学士户部尚书臣翁同龢，降二级留任又降一级留任革职留任户部左侍郎臣立山，户部左侍郎臣张荫

桓，户部右侍郎臣宗室溥良，户部右侍郎臣陈学棻（学差），署
户部右侍郎吏部左侍郎臣徐用仪。①

○四七 核拟甘肃光绪二十
四年秋审人犯各案折

光绪二十四年闰三月十一日（1898年5月1日）

头品顶戴陕甘总督臣陶模跪奏，为核拟甘肃光绪二十四年新
旧秋审人犯郭蛋儿等各案，恭折仰祈圣鉴事。

窃据甘肃按察使丁体常会同布政使曾钧、兰州道黄云详称：前
准部咨：奏准变通章程内开：应入秋审新旧人犯，迅即饬属造具案
由清册，送由臬司核明犯罪轻重，分别实缓，将应勘人犯停止解省，
该督即将拟定实缓清册奏明咨部覆核，应入情实人犯请旨即行处
决、缓决，可矜人犯照前次变通章程分别减等、发配等因。奉旨：依
议。钦此。钦遵咨行到司，当经移行各道、府、直隶州通饬所属一
体遵办在案。

兹查得光绪二十三年原办旧事秋审情实二次，奉旨改缓，应
行查办留养之隆德县斩犯摆苏儿一起一名，业经奉文饬令枷责，
留存养亲讫。又，原办新事秋审缓决人犯内大通县绞犯赵农保
仔一起一名，业经据报病故。又，奉准部覆，应入本年新事秋审
人犯内陇西县绞犯李首荃一起一名，亦据报病故。以上三起，计
犯三名，除另详请咨并于本年秋审册内开除外，其尚有原办旧事
秋审人犯内原拟情实三次，奉旨牢固监候之安化县绞犯刘蕳浚，

---

① 中国第一历史档案馆藏：录副奏折，档案编号：03-9534-003。

又原办缓决之文县绞犯邢均、化平厅斩犯郑懊发、通渭县绞犯董炭儿、宁州绞犯侯平儿、隆德县绞犯马增幅、中卫县绞犯王终、洮州厅绞犯张代哇仔、平凉县绞犯朱冻至儿、镇原县绞犯王添益、绞犯吴跟娃、伏羌县绞犯彭泗泽、秦州直隶州绞犯曹苏家娃、陇西县绞犯刘腥娃等共十四起，计犯十四名，仍应分别实缓，汇入本年旧事秋审册内办理。

并有已奉部覆应入光绪二十四年新事秋审泾州直隶州绞犯郭蛋儿、高台县绞犯马盅秀、陇西县绞犯吴二城、隆德县绞犯叶生冀、伏羌县绞犯李福淦、皋兰县绞犯方三有仔、陇西县绞犯康二儿、隆德县绞犯王增复、绞犯杨涎潚、宁夏县绞犯郑交其、会宁县绞犯蔺冬冬、灵州绞犯杨洼、伏羌县绞犯马遂荃、平罗县绞犯马怀得、安化县绞犯王佐义、阶州直隶州绞犯刘耀德、陇西县绞犯张沄来、平凉县绞犯袁苌葆、平番县绞犯贾沅汰、永昌县绞犯杨月、安化县绞犯高溃庭、平罗县绞犯刘克发、清水县绞犯王三姓葆、秦安县绞犯伏团商户、安化县斩犯白锁儿、皋兰县斩犯赵八十五即赵飞、山丹县绞犯寇破连仔等，共二十七起，计犯二十七名。

以上新旧统共四十一起，计犯四十一名，遵照变通章程，人犯停止解勘，照依该犯等情罪，酌拟实缓，分晰新旧，汇造年贯、案由清册，呈请具奏前来。

臣覆核无异。除赍到册籍咨部核办外，谨缮折由驿驰陈，伏乞皇上圣鉴，饬部核覆施行。此外，甘省并无应入朝审人犯。其现入秋审各犯，亦无祖父子孙阵亡应行声叙之案。此案本应循旧具题，因遵照部议变通章程办理，是以改题为奏。合并陈明。谨奏。光绪二十四年闰三月十一日。

（朱批：）刑部知道。①

光绪二十四年闰三月二十三日，奉朱批：刑部知道。钦此。②

○四八　请将总兵何建威照例议恤折

光绪二十四年闰三月十一日（1898年5月1日）

头品顶戴陕甘总督臣陶模跪奏，为实任总兵积劳病故，吁恳天恩照例议恤，以彰忠荩，恭折仰祈圣鉴事。

窃臣据安肃道何福堃、署肃州镇标中营游击张绍先等禀称：已故肃州镇总兵何建威，自同治初年效力戎行，历在甘省各属冲锋夺隘，战功卓著。去岁调补肃州镇，莅任以来，因防务紧要，日夜孜孜求治，整顿营伍，筹备边防，兵民相处翕然，地方赖以安堵。平日接见属员，恒以时局艰难，激励将士共期振作，虽在任止有四月，而营伍益见起色。兹因感冒触发旧伤，遽尔溘逝，兵民莫不伤感。福堃等同城目睹，不胜恻然。应否照总兵军营立功后积劳病故例奏请议恤之处，呈请核办前来。

臣查何建威束发从戎，历在甘省南路剿捕回匪，颇著战绩。光绪六年，经前督臣左宗棠札委招募恪靖左军，随同赴都，疏浚直隶顺天永定上游河务，事竣送部引见，奉旨以参将发往甘肃补用。九年二月到省，经前督臣谭钟麟札委帮带督标练军步队。十七年，经前督臣杨昌濬奏补督标左营参将，因籍隶本府，调补陕西宁陕营参将，接准部覆，饬令前赴本任。二十一年，甘肃回匪倡乱，经护陕西

---

① 台北故宫博物院藏：军机及宫中档，文献编号：408003153。
② 中国第一历史档案馆藏：录副奏折，档案编号：03-7371-034。

抚臣张汝梅札委管带抚标前、中两旗,赴甘剿办海城一带回匪,又经前督臣杨昌濬檄调改援狄、河。该总兵不避艰险,奋勇争先,攻坚夺垒,勤劳懋著,经甘肃提臣董福祥随折保奏以总兵记名简放,并加提督衔。是年十二月,蒙恩简放河州镇总兵。去岁,调补肃州镇总兵,感激图报,出于至诚。

计在营三十余年,身经百战,鳞伤遍体。去岁莅任后,联络文武,军民相洽,实镇将中不可多得之员。臣以边防得人,正资倚赖,不意伤病举发,遽尔物故,不胜悼惜。可否仰恳天恩,俯准将已故提督衔肃州镇总兵何建威照总兵军营立功后病故例赐恤之处,出自逾格鸿施。谨会同署甘肃提臣张永清合词恭折陈恳,伏乞皇上圣鉴训示。谨奏。光绪二十四年闰三月十一日。

（朱批:）着照所请,该部知道。[1]

光绪二十四年闰三月二十三日,奉朱批:着照所请,该部知道。钦此。[2]

○四九　奏请恤赏查案阵亡各员片

光绪二十四年闰三月十一日(1898 年 5 月 1 日)

再,光绪二十年五月间,法国游历士吕推被玉树囤不大番族戕害,遴委西宁镇标前营都司邓咸林等,选募勇丁、通事、跟役,前往该处查办。行至察汉诺们罕,冻毙通事、勇丁三名,缉获要犯、赃物,回至南尕端答尔等处地方,突遇强番,纠众夺犯抢赃,阵亡、受

---

①　台北故宫博物院藏:军机及宫中档,文献编号:408003155。

②　中国第一历史档案馆藏:录副奏折,档案编号:03-5924-049。

伤马勇、通事、跟役一十二名,前于光绪二十三年七月十九日请销动用经费折内奏明,并将前项阵亡、冻毙、受伤马勇、通事、跟役先给恤赏、养伤银两,于送部册内声明俟另案汇请议恤在案。兹准部覆,所有给发恤赏、养伤银两,应俟请恤到日,再行核办等因。当经转饬遵照去后。

兹据甘藩司曾鉌详称:查前项阵亡马勇谈玉隆、杨升禄二名,系比照乡勇阵亡例,各恤赏银二十五两;冻故马勇刘哇、通事张连陞、王延年等三名系比照乡勇随同出征病故例,各恤赏银八两;受头等伤马勇宋吉元、王得胜等二名系比照土兵受伤例,各恤赏银一十五两;受二等伤马勇韩增寿、杜有成、何生祥、通事陈罗义等四名系比照土兵受伤例,各恤赏银一十二两五钱;受三等伤马勇萧占荣、刘子寿、沙顺成、跟役卜元魁等四名系比照土兵受伤例,各恤赏银一十两。共该恤赏银一百九十四两,照章七折,实该银一百三十五两八钱。虽于本案经费册内分别造报,仍应补具各该勇丁籍贯、年岁、死伤地址、月日、受伤部位、等第清册,详请奏咨恤赏等情前来。

臣覆核无异。除将清册分送总理衙门暨户、兵部查照外,谨附片具奏,伏乞圣鉴,饬部准其恤赏施行。谨奏。

（朱批:）该衙门知道。[1]

光绪二十四年闰三月二十三日,奉朱批:该衙门知道。钦此。[2]

---

[1] 台北故宫博物院藏:军机及宫中档,文献编号:408003155-0-A。
[2] 中国第一历史档案馆藏:录副奏片,档案编号:03-7266-021。

○五○　奏报拨款照发董军
制办帐棚等项银两片

光绪二十四年闰三月十一日（1898 年 5 月 1 日）

再，准督练甘军甘肃提督臣董福祥咨称：该军光绪二十三年饷项已归甘肃粮台支发，尚有是年制办帐棚等项，共需湘平银四万八百一两，仍应由甘给领，以昭画一，请由山西在于解还甘省二十万两内照数划扣存备，就近领用等因。当经饬据藩司曾鉌查明甘军饷项，截至二十三年底止，既归甘省拨支，此项制办银两亦应并由甘省司库照发，应请即由山西省在于解还甘军借用甘库二十万两内照数划扣，仍归甘省作为供支甘军二十三年制办帐棚之项，造报请销。所有制办细数应仍由提臣董福祥自行并案造销，俾清界限等情，详请附奏前来。

臣覆核无异。除分咨户部、甘省提臣、山西抚臣查照外，谨附片具陈，伏乞圣鉴。谨奏。

（朱批：）户部知道。[①]

光绪二十四年闰三月二十三日，奉朱批：户部知道。钦此。[②]

---

① 台北故宫博物院藏：军机及宫中档，文献编号：408003154-0-A。
② 中国第一历史档案馆藏：录副奏片，档案编号：03-6145-014。

○五一　恭报甘肃光绪二十
四年二月雨水、粮价折

光绪二十四年闰三月十六日（1898 年 5 月 6 日）

头品顶戴陕甘总督臣陶模跪奏，为具报甘肃省光绪二十四年二月份粮价、雨泽情形，恭折仰祈圣鉴事。

窃照本年正月份粮价并得沾雪泽情形，业经具折奏报在案。兹查二月份，兰州等八府六直隶州属具报得沾雨泽，或一二寸至二三寸不等。正值春耕之际，获此沃泽，实于农田有裨。惟省城附近一带雨水略少。至通省粮价，或与上月相同，或较上月稍有增减。据藩司曾鉌具详请奏前来。

臣覆核无异。理合恭折具奏，并缮粮价清单，恭呈御览，伏乞皇上圣鉴。谨奏。光绪二十四年闰三月十六日。

（朱批：）知道了。①

光绪二十四年四月初十日，奉朱批：知道了。钦此。②

○五二　呈甘肃光绪二十四年二月粮价清单

光绪二十四年闰三月十六日（1898 年 5 月 6 日）

谨将甘肃各属光绪二十四年二月份米粮时估价值，缮具清单，恭呈御览。

---

① 台北故宫博物院藏：军机及宫中档，文献编号：408003155-1。
② 中国第一历史档案馆藏：录副奏折，档案编号：03-6971-017。

计开：

兰州府属：价有昂有平

粟米每京石价银九钱六分九厘至四两二分八厘，较上月贵三钱三分三厘。小麦每京石价银八钱四分至三两一钱四分，较上月贵六分。豌豆每京石价银九钱六分九厘至三两二分一厘，较上月贵五分九厘。青稞每京石价银一两二钱四厘至二两六钱六厘，与上月相同。

巩昌府属：价有昂、有平、有落

粟米每京石价银一两三钱三分至二两六钱六分一厘，与上月相同。小麦每京石价银一两七分一厘至一两七钱九分六厘，较上月贱一分六厘。豌豆每京石价银九钱八分七厘至一两七钱四分一厘，较上月贵四分三厘。青稞每京石价银一两一分四厘至一两三钱三分五厘，较上月贵六分六厘。

平凉府属：价有平有落

粟米每京石价银一两三钱九分三厘至一两六钱八分，与上月相同。小麦每京石价银一两四分六厘至一两二钱八分三厘，与上月相同。豌豆每京石价银八钱六分二厘至一两二钱一分三厘，与上月相同。糜子每京石价银七钱七分至八钱一分三厘，较上月贱二分六厘。

庆阳府属：价平

粟米每京石价银五钱五厘至八钱八分，与上月相同。小麦每京石价银六钱二分七厘至一两三钱四分，与上月相同。豌豆每京石价银四钱四分一厘至一两七钱八分二厘，与上月相同。糜子每京石价银二钱九分四厘至四钱四分，与上月相同。

甘州府属：价有昂有平

粟米每京石价银八钱四分七厘至一两八分九厘，与上月相同。小麦每京石价银七钱三厘至八钱二分六厘，较上月贵七分。豌豆每京石价银七钱三厘至一两五钱四厘，与上月相同。青稞每京石价银四钱七分九厘至一两二分六厘，与上月相同。

凉州府属：价平

粟米每京石价银八钱四分至二两六钱九分四厘，与上月相同。小麦每京石价银六钱七分二厘至二两二分二厘，与上月相同。豌豆每京石价银六钱七分二厘至二两二分二厘，与上月相同。青稞每京石价银五钱四分六厘至一两五钱三分九厘，与上月相同。

宁夏府属：价平

粟米每京石价银七钱一分一厘至一两一钱二分，与上月相同。小麦每京石价银七钱三分五厘至一两二钱三厘，与上月相同。豌豆每京石价银七钱二分八厘至一两四钱，与上月相同。糜子每京石价银三钱四分七厘至八钱四分八厘，与上月相同。

西宁府属：价昂

粟米每京石价银一两七钱一分八厘至五两七钱六分，较上月贵一钱六分。小麦每京石价银一两九钱四厘至二两五钱六分，较上月贵六分四厘。豌豆每京石价银一两七钱九分二厘至二两四钱七分九厘，较上月贵七分九厘。青稞每京石价银一两六钱八分至二两四钱，较上月贵八分。

秦州直隶州并所属：价落

粟米每京石价银一两三钱三分五厘至三两一钱五分，较上月贱八分一厘。小麦每京石价银八钱三分三厘至二两二钱九分五厘，较上月贱三分一厘。豌豆每京石价银八钱三分三厘至一两八钱四分八厘，较上月贱四分八厘。糜子每京石价银七钱二分四厘至一两五钱七分五厘,较上月贱四分一厘。

　　阶州直隶州并所属:价昂

　　粟米每京石价银二两五分六厘至三两三钱七分三厘,较上月贵二钱七分一厘。小麦每京石价银二两四分七厘至二两七钱三分六厘,较上月贵三钱八分四厘。豌豆每京石价银二两三钱一厘至二两六钱二分五厘,较上月贵四钱八分六厘。糜子每京石价银一两六钱七分,较上月贵一钱一分九厘。

　　泾州直隶州所属:价平

　　粟米每京石价银五钱八厘至九钱五分一厘,与上月相同。小麦每京石价银四钱八分二厘至八钱四分,与上月相同。豌豆每京石价银四钱二分八厘至八钱四分,与上月相同。糜子每京石价银三钱三分六厘至五钱一分二厘,与上月相同。

　　固原直隶州并所属:价平

　　粟米每京石价九钱九分七厘至一两七钱七分五厘,与上月相同。小麦每京石价银八钱三分七厘至一两五钱二厘,与上月相同。豌豆每京石价银一两四分三厘至一两六钱三分九厘,与上月相同。糜子每京石价银九钱二厘,与上月相同。

　　肃州直隶州并所属:价平

　　粟米每京石价银一两八厘至一两五分,与上月相同。小麦每京石价银八钱六厘至九钱二分四厘,与上月相同。豌豆每京石价银九钱二分四厘至一两二钱四分三厘,与上月相同。青稞每京石价银五钱四分六厘至六钱九分七厘,与上月相同。

　　安西直隶州并所属:价有平有落

　　粟米每京石价银一两五分至一两三钱七分二厘,与上月相同。小麦每京石价银一两九分八厘至一两二钱,较上月贱八分。豌豆每京石价银一两二钱八分至二两八分，与上月相同。青稞每京石价银九钱九分三厘至一两四钱，与上月相同。

（朱批：）览。①

○五三　奏报校阅省标官兵春操折

光绪二十四年闰三月十六日（1898年5月6日）

头品顶戴陕甘总督臣陶模跪奏，为校阅省标各营官兵春操事竣，恭折仰祈圣鉴事。

窃照陕甘督标并兰州城守营向按春秋二季合队操演，期于有勇知方，以收实效。兹值本年春操之期，臣于闰三月初三、初四等日率同司道，亲临教场，阅视各营官兵，并在省防练各旗操演香山、远战等阵并新练德国操法，队伍整肃，器械鲜明，进止如法，奇正相生；施放连环枪炮、喷筒、火弹，俱皆稳练；比较刀矛、藤牌，亦殊便捷。所练马队合队操演，马上放枪以及员弁枪靶，均灵便有准。臣择其技艺出众者，分别奖赏，以示鼓励；仍严饬各营将弁一体认真操练，务期精益求精，庶不致饷有虚糜，以仰副圣主整饬戎行、修明武备至意。

所有臣校阅光绪二十四年省标春操情形，理合恭折具陈，伏乞皇上圣鉴。谨奏。光绪二十四年闰三月十六日。

（朱批：）知道了。②

光绪二十四年四月初十日，奉朱批：知道了。钦此。③

---

① 中国第一历史档案馆藏：清单，档案编号：03-6971-018。
② 台北故宫博物院藏：军机及宫中档，文献编号：408003156。
③ 中国第一历史档案馆藏：录副奏折，档案编号：03-5997-033。

○五四　请以李笃庆补授静宁州知州折

光绪二十四年闰三月十六日(1898年5月6日)

头品顶戴陕甘总督臣陶模跪奏，为拣员请补要缺知州，以裨地方，恭折仰祈圣鉴事。

窃据甘肃藩、臬两司会详称：静宁州知州朱铣劳绩保升，奉准部覆，业已截缺报部，该缺系繁、疲、难三项题调要缺，例应由外拣调。查定例：州、县应调缺出，俱令于现任人员内拣选调补。又，知州题调要缺，或调或补，例准酌量具题。又，曾经到省人员保举升阶仍留原省补用，例准俟补缺后，再行送部引见各等语。

今静宁州知州地居冲要，政务殷繁，非干练肆应之员，不足以资治理。本省简缺知州二员皆未到任，例不合调。该司等在于应补人员内逐加遴选，查有候补知州李笃庆，年五十四岁，顺天大兴县人，由监生报捐双月同知，投效甘肃军营，保戴蓝翎，改捐通判，分发甘肃试用。同治九年六月赴部验放，十月初一日缴照到省，试用一年期满，甄别留省补用在案。嗣经调赴关外行营差遣，于克复吐鲁番案内出力，保免补本班，以知州仍留甘肃补用。光绪四年三月初六日，作为知州到省，历署岷州、陇西、崇信等州县，各任内均无参罚案件，业以知州补办甄别留用在案。该司等查该员李笃庆阅历渐深，谙悉民事，在甘有年，于该处风土民情最为熟悉，以之请补静宁州知州，实堪胜任，人地亦极相宜。会详请奏前来。

臣查该员李笃庆年强才裕，办事稳慎，合无仰恳天恩，俯念要缺需员，准以候补知州李笃庆补授静宁州知州，实于地方有裨。如蒙俞允，俟奉准部覆，再行给咨送部引见，以符定制。谨恭折具陈，伏乞皇上圣鉴训示。谨奏。光绪二十四年闰三月十六日。

（朱批：）吏部议奏。①

光绪二十四年四月初十日，奉朱批：吏部议奏。钦此。②

○五五　请以陈昌升补丹噶尔同知折

光绪二十四年闰三月十六日（1898年5月6日）

头品顶戴陕甘总督臣陶模跪奏，为拣员升补要缺同知，以裨地方，恭折仰祈圣鉴事。

窃据甘肃藩、臬两司会详称：丹噶尔同知承绪劳绩保升，奉准部覆，业已截缺报部。该缺系边要调缺，例应由外拣调。查定例：知县以上应调缺出，例应对品改调，如无可调之员，准以属员内历俸三年以上者，循例请升等语。今丹噶尔同知要缺，地临边徼，居杂蒙、番、弹压、抚循，均关紧要，非谙练勤干之员，不足以资治理。本省对品简缺同知仅只一员，与此缺人地不宜，未便迁就改调。

该司等在于通省实缺知县内逐加遴选，查有皋兰县知县陈昌，年五十七岁，四川铜梁县进士，由分部主事改就知县。光绪九年八月，选授安化县知县，调补高台县知县，再调皋兰县知县，历俸早满三年，各任内均无参罚案件。该司等查该员陈昌文理优长，矜平躁释，且在甘年久，边情最为熟悉，以之升补丹噶尔同知，实堪胜任，人地亦极相宜。会详请奏前来。

臣查陈昌安详谨饬，恫愊无华，合无仰恳天恩，俯念要缺需员，

---

①　台北故宫博物院藏：军机及宫中档，文献编号：408003157。

②　中国第一历史档案馆藏：录副奏折，档案编号：03-5360-038。

准以皋兰县知县陈昌升补丹噶尔同知，实于地方有裨。如蒙俞允，俟接准部覆，再行给咨送部引见，以符定制。谨恭折具奏，伏乞皇上圣鉴训示。至所遗皋兰县知县，系省会首县最要缺，例应扣留外补。合并声明。谨奏。光绪二十四年闰三月十六日。

（朱批：）吏部议奏。①

光绪二十四年四月初十日，奉朱批：吏部议奏。钦此。②

○五六　请以吴人寿补授贵德同知折

光绪二十四年闰三月十六日（1898年5月6日）

头品顶戴陕甘总督臣陶模跪奏，为拣员请补要缺同知，以裨地方，恭折仰祈圣鉴事。

窃据甘肃藩、臬两司会详称：贵德同知欧阳乐清劳绩保升，奉准部覆，业已截缺报部。该缺系繁、疲、难三项题调最要缺，例应由外拣调。查定例：知县以上应调缺出，例应对品改调。又，同知题调要缺，或调或补，例准酌量具题。又，循化、贵德两厅同知缺出，无论满洲、汉员，但得人地相宜，例准酌量拣选升补各等语。今贵德同知员缺，地居边疆，番、回错杂，抚治、弹压，最关紧要，非精明强干、熟悉边情之员，实难胜任。本省对品简缺同知仅只一员，与此缺人地不宜，未便迁就改调。

该司等于候补人员内逐加遴选，查有候补同知吴人寿，年五十九岁，江西都昌县人，由文童保举从九，捐升同知，分发广东，年

---

① 台北故宫博物院藏：军机及宫中档，文献编号：408003158。

② 中国第一历史档案馆藏：录副奏折，档案编号：03-5360-041。

终甄别革职；投效甘肃新疆军营，攻剿出力，历保开复原官，免缴捐复银两，仍以同知留甘，俟补缺后送部引见，并加知府衔，于光绪七年八月二十六日作为到省日期，试看期满，甄别留用在案。历署贵德、洮州同知、肃州知州等缺，各任内均无参罚案件。该司等查该员吴人寿整饬地方，不避劳怨，在甘有年，于该处风土民情最为熟悉，以之请补贵德同知，实勘胜任，人地亦极相宜。会详请奏前来。

臣查该员吴人寿年健才明，办事果敢，合无仰恳天恩，俯念要缺需员，准以候补同知吴人寿补授贵德同知，实于地方有裨。如蒙俞允，俟奉准部覆，再行给咨送部引见，以符定制。谨恭折具陈，伏乞皇上圣鉴训示。谨奏。光绪二十四年闰三月十六日。

（朱批：）吏部议奏。[1]

光绪二十四年四月初十日，奉朱批：吏部议奏。钦此。[2]

○五七　请以苏重熙升补灵州知州折

光绪二十四年闰三月十六日（1898年5月6日）

头品顶戴陕甘总督臣陶模跪奏，为拣员升补要缺知州，以裨地方，恭折仰祈圣鉴事。

窃据甘肃藩、臬两司会详称：灵州知州查之屏劳绩保升，奉准部覆，业已截缺报部。该缺系三项要缺，例应由外拣调。查定例：州、县应调缺出，俱令于现任人员内拣选调补。如无可调之员，准以属员内历俸三年以上者循例请升各等语。今灵州知州员缺，汉、

---

① 台北故宫博物院藏：军机及宫中档，文献编号：408003159。

② 中国第一历史档案馆藏：录副奏折，档案编号：03-5360-040。

回杂处，政务殷繁，非精勤干练之员，不足以资治理。本省简缺知州二员，例不合调。

该司等在于通省实缺知县内逐加遴选，查有山丹县知县苏重熙，年六十七岁，山东淄川县廪生，应同治三年甲子科乡试，中式本省举人，考取咸安宫教习，俸满以知县用，签分甘肃，于光绪九年十一月到省，补授两当县知县，十五年十二月到任。十八年，大计卓异保荐，嗣经调补山丹县知县。补行二十一年大计，卓异保荐。历俸早满三年，各任内均无参罚案件。该司等查该员苏重熙经术湛深，拊循有法，在甘年久，于地方情形尚为熟悉，以之升补灵州知州，实堪胜任，人地亦极相宜。会详请奏前来。

臣查该员苏重熙老成练达，素著循声，合无仰恳天恩，俯念要缺需员，准以山丹县知县苏重熙升补灵州知州，实于地方有裨。如蒙俞允，俟接准部覆，再行给咨送部引见，以符定例。谨恭折具陈，伏乞皇上圣鉴训示。至所遗山丹县知县系繁要缺，例应扣留外补。合并声明。谨奏。光绪二十四年闰三月十六日。

（朱批：）吏部议奏。[①]

光绪二十四年四月初十日，奉朱批：吏部议奏。钦此。[②]

○五八　请准旌奖李黄氏片

光绪二十四年闰三月十六日(1898 年 5 月 6 日)

再，查甘肃前年被兵，筹赈劝募各省义捐，曾经奏明如有捐及

---

① 台北故宫博物院藏：军机及宫中档，文献编号：408003160。
② 中国第一历史档案馆藏：录副奏折，档案编号：03-5360-039。

千两者,照例请旨建坊,给予乐善好施字样在案。陕西省原捐共计一万三千八百余两,内有捐逾千两之督粮道姚协赞、捐及千两之盐法道江汇川,业经先后奏请建坊,奉旨允准。兹据甘藩司曾鉌查明,陕西按察使李有棻曾遵母命,慨捐银一千两,未便没其好善之忱。详请核奏前来。

臣查李有棻克遵母命,报捐赈款,数及千金,核与建坊之例相符。合无仰恳天恩,俯准李有棻为其母一品命妇李黄氏照例在于原籍自行建坊,给与乐善好施字样,以示旌奖。谨附片具陈,伏乞圣鉴训示。谨奏。

（朱批:）着照所请,礼部知道。①

光绪二十四年四月初十日,奉朱批:着照所请,礼部知道。钦此。②

○五九　青海肃清保案文职人员查明请奖折

光绪二十四年闰三月二十四日（1898 年 5 月 14 日）

头品顶戴陕甘总督臣陶模、署西宁办事大臣二品顶戴以外任应升之缺升用西宁道臣联魁跪奏,为前保青海一律肃清案内出力文职人员,遵照部议查明,分别请奖,恭折仰祈圣鉴事。

窃臣等接准吏部咨开:青海一律肃清出力文职照章分别准驳,所有单开请奖之候选笔帖式刘世琳,请免选本班,以知县分省补用,并加同知衔。查该员原捐笔帖式,系在两淮商捐何次案内报

---

① 台北故宫博物院藏:军机及宫中档,文献编号:408003160-0-A。
② 中国第一历史档案馆藏:录副奏片,档案编号:03-5563-032。

捐,应令查明声覆具奏,再行核办。理藩院题署主事选补理藩院司务拟保同知衔锡拉绷阿,请在任以知县归劳绩班尽先选用。查锡拉绷阿所保知县非司务应升之项,核与奏定章程不符,应令另核奏明请奖。理藩院候补笔帖式拟保补缺后遇缺即补主事并加同知衔麟岱,请仍俟补笔帖式后,免补主事,作为本院候补员外郎,遇缺即补。同知衔理藩院笔帖式拟保遇缺即补主事瑞森,请免补主事,作为本院候补员外郎,遇缺即补。该二员所请均系越级保升,核与奏定章程不符,应令另核奏明请奖。六品军功文童拟保选用从九品并加六品衔张鉴,请免选本班,以县丞分省尽先补用,并加提举衔;文童拟保从九品胡清绶,请免补本班,以县丞分省补用。均属坐衔不符,应令查明声覆具奏核办等因。议奏,奉旨:依议,钦此。恭录咨行前来。当即分饬各该员遵照。

　　兹查前于攻克逆堡案内拟保主事麟岱、瑞森,选用从九品张鉴等三员,现经吏部核准。第该员等复于青海肃清案内出力,自未便没其微劳,拟请仍照原保给奖,以示鼓励;胡清绶于西宁肃清案内亦经吏部议准以典史分省补用,其青海出力之案,拟请仍照原保免补本班,以县丞分省补用;锡拉绷阿所请知县既非应升,拟改请在任以抚民同知遇缺即选;刘世琳现已捐升同知,拟改请交部从优议叙。

　　又,吏部咨查之攻克逆堡案内留甘补用主簿喻振声,请免补本班,以县丞仍留原省补用。该员履历内尚未声叙留甘补用之案系何年月日奉旨,应令查明覆奏,再行核办。兹据该员禀称:列保时正在前敌,无由得知,致与前保底衔未符。拟请更正以蓝翎选缺后补用州判不论双单月选用主簿喻振声,请免选本班,以州判分省归候补班尽先补用,以昭核实。合无仰恳天恩,照拟奖叙，出自鸿施。除饬取喻振声另造履历咨部外，所有遵照部咨声覆改奖缘由，谨会同甘肃提督臣董福祥恭折具陈，伏乞皇上圣鉴训示。再，此折系臣联魁主稿。合并声明。谨奏。光绪二十四年闰三月二十四日。

（朱批：）吏部议奏。[1]

光绪二十四年四月十六日，奉朱批：吏部议奏。钦此。[2]

○六○　请奖励补用道严金清片

光绪二十四年闰三月二十四日（1898 年 5 月 14 日）

臣董福祥、臣陶模、臣奎顺跪奏：再，湘军营务处补用道严金清前经由陕西巡抚臣魏光焘派往带队，由水硖出口，尾追窜匪，深资得力。随后臣福祥、臣奎顺又饬该员复往青海柴达木一带，会同捕擒逆目邢蔓仓等，著有微劳，前会奏湘军出力人员，自应由抚臣魏光焘专案请奖。惟该员严金清，臣福祥、臣奎顺会饬复往办理，均能妥协，自应由臣等吁恳天恩，可否以道员记名请旨简放，并请赏加二品顶戴，出自逾格鸿施。谨合词附片具陈，伏乞圣鉴训示。再，此件系臣奎顺主稿，合并声明。谨奏。

（朱批：）另有旨。[3]

---

①　台北故宫博物院藏：军机及宫中档，文献编号：408003152。

②　中国第一历史档案馆藏：录副奏折，档案编号：03-5360-062。

③　台北故宫博物院藏：军机及宫中档，文献编号：408003152-0-A。此奏片之具奏日期疑未确，因军机录副查无下落，无从核校，待考。

○六一　奏报甘肃光绪二十四年三月雨水、粮价折

光绪二十四年四月初三日（1898 年 5 月 22 日）

头品顶戴陕甘总督臣陶模跪奏，为恭报甘肃省光绪二十四年三月份粮价、雨泽情形，恭折仰祈圣鉴事。

窃照本年二月份粮价并得沾雪泽情形，业经具折奏报在案。兹查本年三月份，兰州等八府六直隶州属具报得沾雨泽，自一二寸至二三寸不等，间有未经得雨之处。正值禾苗出土之际，地土颇形干燥，只望甘霖渥沛，庶于农田有裨。

至通省粮价，或与上月相同，或较上月稍有增减，据藩司曾鉌详请具奏前来。

臣覆核无异。理合恭折具奏，并缮粮价清单，恭呈御览，伏乞皇上圣鉴。谨奏。光绪二十四年四月初三日。

（朱批：）知道了。①

光绪二十四年四月二十七日，奉朱批：知道了。钦此。②

○六二　呈甘肃光绪二十四年三月粮价清单

光绪二十四年四月初三日（1898 年 5 月 22 日）

谨将甘肃各属光绪二十四年三月份米粮时估价值，缮具清单，

---

① 台北故宫博物院藏：军机及宫中档，文献编号：408003164。
② 中国第一历史档案馆藏：录副奏折，档案编号：03-6971-032。

恭呈御览。

计开：

兰州府属：价有昂有落

粟米每京石价银九钱六分九厘至三两九钱一分一厘，较上月贱一钱一分七厘。小麦每京石价银八钱四分至三两二钱二分一厘，较上月贵八分一厘。豌豆每京石价银九钱六分九厘至三两二钱二分一厘，较上月贵二钱。青稞每京石价银一两二钱四厘至三两一钱六厘，较上月贵五钱。

巩昌府属：价有昂有平

粟米每京石价银一两二钱八分九厘至二两六钱六分一厘，与上月相同。小麦每京石价银一两七分一厘至一两八钱八分二厘，较上月贵八分六厘。豌豆每京石价银九钱八分七厘至一两八钱五分九厘，较上月贵一钱一分八厘。青稞每京石价银一两一分四厘至一两四钱二分二厘，较上月贵八分七厘。

平凉府属：价昂

粟米每京石价银一两三钱九分三厘至一两七钱五分，较上月贵七分。小麦每京石价银一两五分八厘至一两四钱，较上月贵一钱一分七厘。豌豆每京石价银八钱三分二厘至一两三钱九厘，较上月贵九分六厘。糜子每京石价银八钱三分九厘至八钱四分，较上月贵二分七厘。

庆阳府属：价平

粟米每京石价银五钱五厘至八钱八分，与上月相同。小麦每京石价银六钱二分七厘至一两三钱四分，与上月相同。豌豆每京石价银四钱四分一厘至一两七钱八分二厘，与上月相同。糜子每京石价银二钱九分四厘至四钱四分，与上月相同。

甘州府属：价有平有落

粟米每京石价银八钱四分七厘至一两五分，较上月贱三分九厘。小麦每京石价银七钱三厘至八钱二分六厘，与上月相同。豌豆每京石价银七钱三厘至一两四钱二分八厘，较上月贱七分六厘。青稞每京石价银四钱七分九厘至一两一分二厘。较上月贱一分四厘。

凉州府属：价平

粟米每京石价银八钱四分至二两六钱九分四厘，与上月相同。小麦每京石价银六钱七分二厘至二两二分二厘，与上月相同。豌豆每京石价银六钱七分二厘至二两二分二厘，与上月相同。青稞每京石价银五钱四分六厘至一两五钱三分九厘，与上月相同。

宁夏府属：价平

粟米每京石价银七钱一分一厘至一两一钱二分，与上月相同。小麦每京石价银七钱二分八厘至一两二钱三厘，与上月相同。豌豆每京石价银七钱一分八厘至一两四钱，与上月相同。糜子每京石价银三钱二分二厘至八钱四分八厘，与上月相同。

西宁府属：价昂

粟米每京石价银一两七钱一分八厘至五两九钱八分四厘，较上月贵二分四厘。小麦每京石价银一两九钱四厘至二两七钱二分，较上月贵一钱六分。豌豆每京石价银一两七钱九分二厘至二两七钱一分，较上月贵而钱三分一厘。青稞每京石价银一两六钱八分至二两五钱六分，较上月贵一钱六分。

秦州直隶州并所属：价有昂有平有落

粟米每京石价银一两三钱三分五厘至三两一钱七分七厘，较上月贵二分七厘。小麦每京石价银八钱五厘至二两二钱九分五厘,与上月相同。豌豆每京石价银八钱五厘至一两八钱一分二厘,较上月贱三分六厘。糜子每京石价银七钱二分四厘至一两五钱八分八厘,较上月贵一分三厘。

阶州直隶州并所属:价有昂有平

粟米每京石价银二两三钱五分五厘至三两五钱,较上月贵一钱二分七厘。小麦每京石价银二两二钱二分七厘至二两八钱三分九厘,较上月贵一钱三厘。豌豆每京石价银二两四钱五厘至二两六钱二分五厘,与上月相同。糜子每京石价银一两七钱四分六厘,较上月贵七分六厘。

泾州直隶州并所属:价昂

粟米每京石价银五钱一分二厘至一两七分二厘,较上月贵一钱二分一厘。小麦每京石价银四钱七分九厘至一两二分六厘,较上月贵一钱八分六厘。豌豆每京石价银四钱五分八厘至八钱八分一厘,较上月贵四分一厘。糜子每京石价银三钱三分六厘至六钱一分,较上月贵九分八厘。

固原直隶州并所属:价平

粟米每京石价九钱九分七厘至一两七钱七分五厘,与上月相同。小麦每京石价银一两五分至一两五钱二厘,与上月相同。豌豆每京石价银一两五分至一两六钱三分九厘,与上月相同。糜子每京石价银九钱二厘,与上月相同。

肃州直隶州并所属:价平

粟米每京石价银一两八厘至一两五分,与上月相同。小麦每京石价银八钱六厘至九钱二分四厘,与上月相同。豌豆每京石价银九钱二分四厘至一两二钱四分三厘,与上月相同。青稞每京石价银五钱四分六厘至六钱九分七厘,与上月相同。

安西直隶州并所属：价平

粟米每京石价银一两五分至一两三钱七分二厘，与上月相同。小麦每京石价银一两九分八厘至一两二钱，与上月相同。豌豆每京石价银一两二钱八分至二两八分，与上月相同。青稞每京石价银九钱九分三厘至一两四钱，与上月相同。

（朱批：）览。①

○六三　请以何庆衍补授安西直隶州知州折

光绪二十四年四月初三日(1898 年 5 月 22 日)

头品顶戴陕甘总督臣陶模跪奏，为拣员请补要缺直隶州知州，以裨地方，恭折仰祈圣鉴事。

窃据甘肃藩、臬两司会详称：安西直隶州知州董麟病故，所遗系冲、繁、难三项边要缺，业经扣留截缺，例应由外拣选。查定例，安西直隶州知州系边远要缺，应于对品人员内拣选调补。又，直隶州题调要缺，或调或补，例准酌量具题。该省如有记名分发人员，应先尽酌量请补，内有非正途出身者，统归候补，酌量补用等语。今安西直隶州一缺，边关屏蔽，西路咽喉，地方紧要，政务殷繁，非干练肆应之才，不足以资治理。本省对品简缺知州一员，与此缺人地不宜，未便迁就改调。

该司等在于各项候补人员内逐加遴选，查有并非正途出身之记名分发直隶州知州何庆衍，年四十岁，湖南道州人，由难荫生给予六品顶戴，引见以主事即补，加捐员外郎衔。光绪七年，补授兵

---

① 中国第一历史档案馆藏：清单，档案编号：03-6971-033。

部职方司主事,兼车驾司行走。十年,经堂官保送记名分发,以直隶州知州用,签掣甘肃,于二十一年二月十九日到省,系曾任京官保送以应升之外官候补,例不甄别,现署肃州直隶州。该司等查该员何庆衍,年力富强,讲求吏治,在甘三年,边情渐熟,以之请补安西直隶州知州,实堪胜任,人地亦极相宜。会详请奏前来。

臣查何庆衍年壮才明,办事勤慎,拟恳天恩俯念要缺需员,准以分发直隶州知州何庆衍补授安西直隶州知州,实于地方有裨。如蒙俞允,该员系以分发直隶州请补直隶州知州,衔缺相当,毋庸送部引见。再,该员署任内现无参罚案件。谨恭折具陈,伏乞皇上圣鉴训示。谨奏。光绪二十四年四月初三日。

（朱批:）吏部议奏。①

光绪二十四年四月二十七日,奉朱批:吏部议奏。钦此。②

○六四　请以张心镜补授正宁县知县折

光绪二十四年四月初三日(1898年5月22日)

头品顶戴陕甘总督臣陶模跪奏,为拣员请补知县员缺,以裨地方,恭折仰祈圣鉴事。

窃据甘肃藩、臬两司会详称:正宁县知县董维垿病故,业经扣留截缺,自应照例按班请补。查例载:知县病、故、休三项缺出,准其以一缺题补各项候补并进士即用人员,分班相间轮补,各本班到班时,各先用本班先一人,与题补、升调所遗同;以一缺题补本班大

---

①　台北故宫博物院藏:军机及宫中档,文献编号:408003161。

②　中国第一历史档案馆藏:录副奏折,档案编号:03-5360-121。

挑举人等语。甘省病、故、休知县缺出，前此请以雷正鸣调还之先，系以候补知县李瑞征准补伏羌县知县。今正宁县一缺，轮该即用相间到班应先用、即用先之员。查有新海防尽先即用知县张心镜，年四十二岁，江苏青浦县人，由进士即用知县签掣甘肃，光绪十九年四月到省，因缴照逾限，降三级调用，送部引见，奉旨仍发原省，以原官补用；应得降三级调用处分，俟补官日改为降三级留任，钦此。二十一年二月回甘缴照，旋遵新海防例，报捐本班尽先即用，奉文以二十一年六月十八日作为新班到省日期，历署高台、皋兰等县，均无贻误。该司等查该员张心镜，清慎持躬，勤求民隐，以之请补正宁县知县，堪以胜任，与例亦符。会详请奏前来。

臣查该员张心镜，年壮才明，宅心正大，历署各缺，诸臻妥协。合无仰恳天恩，准以该员张心镜补授正宁县知县，实于地方有裨。如蒙俞允，该员以知县请补知县，衔缺相当，毋庸送部引见。再，该员各署任内并无参罚案件。谨恭折具奏，伏乞皇上圣鉴训示。谨奏。光绪二十四年四月初三日。

（朱批:）吏部议奏。[1]

光绪二十四年四月二十七日，奉朱批:吏部议奏。钦此。[2]

〇六五　奏为病尚未痊请开缺调理折

光绪二十四年四月初三日(1898年5月22日)

头品顶戴陕甘总督臣陶模跪奏，为微臣假期已满，病尚未痊，

---

① 台北故宫博物院藏：军机及宫中档，文献编号:408003163。
② 中国第一历史档案馆藏：录副奏折，档案编号:03-5360-120。

恳恩开缺调理，恭折仰祈圣鉴事。

窃臣于光绪二十四年二月十五日奏请续假一月，闰三月初八日差弁赍回原折，奉朱批：着再赏假一月。钦此。叠承恩眷，无任悚惭。际此时艰，理宜勉力销假，借图报称，何敢再事妄渎。惟是微臣犬马之姿日益衰颓，初意入春和暖，诸病可以渐愈。现自三月以来，咳嗽虽有间断，而气喘仍未稍痊，接见僚属，言语稍多，气便上升，喘不可支，加以历年塞外积受风寒，所有腰酸、脚痛等恙，循环叠起，两月之久，未见轻减。

伏念臣知识庸愚，抚躬自省，实不胜封疆之任。前于光绪二十二年十一月初一日恭谢天恩折内，曾附陈下悃，恳另简贤能，以重疆寄，未得仰邀恩允。其时甘省甫就肃清，民心尚未大定，臣不敢固执成见。今时阅二载，仰赖朝廷威福，汉、回业已相安。第一切整军、饬吏、理财、决狱，事务殷烦，若以衰病之躯托言报效，安心卧治，酿祸将来，深恐挽救无及。微臣夙夜思维，事多负疚，不能不据实陈明。合无仰恳天恩，俯念微臣病体衰颓，不胜重任，准其开缺，俾免贻误。容即访求良医，赶紧调治，一俟病痊，当泥首宫门，求赏差使，再图报效。

所有微臣假期已满，病尚未痊，恳恩开缺调理缘由，谨恭折具奏，伏乞皇上圣鉴训示。谨奏。光绪二十四年四月初三日。

（朱批：）着再赏假一个月，毋庸开缺。[①]

光绪二十四年四月二十七日，奉朱批：着再赏假一个月，毋庸开缺。钦此。[②]

----

① 台北故宫博物院藏：军机及宫中档，文献编号：408003162。
② 中国第一历史档案馆藏：录副奏折，档案编号：03-5360-119。

○六六　委令韩廷芝兼署副将篆务片

光绪二十四年四月初三日(1898 年 5 月 22 日)

再，署督标中军副将借补甘肃提标中军参将师玉春现因被控撤任，所遗中军副将印务，查有现署督标左营参将永昌协副将韩廷芝，熟悉营务，办事实心，堪以暂行兼署。除檄饬遵照外，谨附片具奏，伏乞圣鉴。谨奏。

（朱批：）兵部知道。①

光绪二十四年四月二十七日，奉朱批：兵部知道。钦此。②

○六七　饬令副将忠寿即赴本任片

光绪二十四年四月初三日(1898 年 5 月 22 日)

再，新授陕西固原提属潼关协副将忠寿现已由京到省，应即饬赴本任，以专责成。除檄饬遵照外，谨会同陕西提督臣邓增，附片具陈，伏乞圣鉴。谨奏。

（朱批：）兵部知道。③

光绪二十四年四月二十七日，奉朱批：兵部知道。钦此。④

---

① 台北故宫博物院藏：军机及宫中档，文献编号：408003161-0-A。
② 中国第一历史档案馆藏：录副奏片，档案编号：03-5924-154。
③ 台北故宫博物院藏：军机及宫中档，文献编号：408003161-0-B。
④ 中国第一历史档案馆藏：录副奏片，档案编号：03-5924-155。

○六八　奏为变通武科敬抒管见折

光绪二十四年四月二十日（1898年6月8日）

　　头品顶戴陕甘总督臣陶模跪奏，为变通武科，敬抒管见，恭折仰祈圣鉴事。

　　窃臣叠准兵部咨：会议荣禄、高燮曾①等请设武备特科，并黄槐森②改试洋枪各节，备录两次，议覆奏稿，行令各省熟察情形，各抒所见，陆续奏咨等因前来。窃维武科改制系为造就人材起见，创法之始必须预防流弊，审慎出之，部咨所谓汇集众长，权衡一是，洵切当之论也。原奏至为周详，惟取中武生始挑入学堂，及武童生在家自行操演等情，再三详酌，似宜量为变通。

　　臣查西人选兵之制，既建武备学堂以储心腹干城之用，必先由文法学堂学习书数，考有文凭，方能与于此选，故西国之兵，无一人不知书。其将领尤才识过人，素娴韬略。我之大弊，在文武分途，无论甲科行伍，大都目不识丁，专恃幕友，弊端百出。今议改制，而

----

　　① 高燮曾（1841—1917），名楠忠，号理臣，湖北孝昌人。咸丰八年（1858），中式举人。同治十三年（1874），中式进士，改庶吉士。光绪二年（1876），散馆，授翰林院编修。十一年（1885），授山西学政。十六年（1890），任河南道监察御史。十八年（1892），任掌广西道监察御史，办理稽察西仓事务。二十年（1894），充巡城御史。次年，授吏科给事中。二十二年（1896），转巡城给事中。同年，任兵科掌印给事中。二十四年（1898），擢内阁侍读学士。二十五年（1899），补顺天府府丞。民国六年（1917），病卒。

　　② 黄槐森（1829—1902），字作銮，号植亭，广东香山人。咸丰十一年（1861），中式举人。同治元年（1862），中式进士，改庶吉士，授编修。后历任山东道御史、刑科给事中。光绪二年（1876），补直隶大顺广道，旋丁内艰，回籍终制。服满起复后，补四川川北道，转云南迤东道。十六年（1890），升贵州按察使。护理贵州巡抚。十八年（1892），调补广西布政使。同年，护理广西巡抚。二十一年（1895），擢云南巡抚。二十二年（1896），调补广西巡抚。二十七年（1901），开缺回籍。二十八年（1902），病卒。

童试之初不问读书识字与否，只重枪炮，则游勇匪徒皆得徼幸于一试，其弊当更有甚于未改制之先者。进身之始，既未能正本清源，俟取中武生后，方令入学堂肄习格致、地舆、兵法之学，是犹未经学步而欲其驰也。臣以为宜仿西人文法学堂之意，民间子弟愿应武试者，报由州县官查明身家清白、质性驯良者，先行局试，必须文理粗通，方许送入学堂，作为学生，则初基端正，庶免莠民混入。此原奏之宜变通者一也。

时局益艰，日后文事亦将更张，势必倍难于旧制，如武试仍由学臣考试，恐材力不能兼顾。既设学堂，所有总、分教习等员学问较专，久于其任，品评优劣，不敢大违公论；日课、月试，每季、每岁累次合考，以屡列上等者为优，较之仅凭一日之短长者当更可信。至于水陆武事，判然不同，西人皆分门专习。今我议改法，但统言之曰武生，不分别水陆两途，是只以枪炮弋取衣顶，上与下皆不知储为何军之材，所取安能适用？

臣窃以为水军、陆军当于童时分途肄习，沿江、沿海诸省兼设水师学堂。其水军学生由华洋教习督练天文、海道、御风、布阵、鱼雷、汽机诸法，阅若干年，奏派提镇大员，会同洋教习驾驶练船，游历外洋，亲试各生所学专门之技是否纯熟，详记分数。复由本省督抚试以水军兵法各论，亦详记分数。总核两项分数并优者，作为水军秀才，咨送办理海军大臣或南北洋大臣，再加考试，择其优者为水军举人。其陆军学生入武备学堂，由教习督练马步、枪炮、整散、起伏、测算、遥击、沟垒、工程、绘图、治械各事，阅若干年，奏派司道会同教习，分场校试技艺，详记分数。复由督抚试以陆军兵法各论，亦详记分数。总核内外场分数并优者，作为陆军秀才，咨送兵部或南北洋大臣，再加考试，择其优者为陆军举人。仍钦派大员覆校水军、陆军各举人，最优者作为进士，习之专，择之精，待之荣，庶可得济时之彦。此原奏之宜变通者二也。

西人弁兵之所以精强，不仅在枪炮，而在明于兵法、舆地、各国水陆军制及创械、用械之理，非久居学堂讲习，必不能表里贯通。原奏章程准武童在家自行操演，未经挑入学堂之武生，亦准令回籍自行学习。黄槐森又奏称：由士子购买洋枪，如此是任令犷悍之徒卤莽从事，既无中西名师益友之指授，又无各国新书奇器之观摩，所能勉强习用者，惟枪弹一事，从此假公济私，漫无限制。虽于枪杆刻姓名，比邻具结，州县存案，徒增骚扰而已。况在上者惟求应试人多，在下者人人托名习武，隐济其奸。号称改变武科，于西国善法未得皮毛，转致家家购置火器，先召变法之祸。臣愚以为生童在家操演及自买枪炮二事断不可行，习武者必令入学堂，所用枪炮必由教习委员经管，非在学堂时不得私蓄。此原奏之宜变通者三也。

抑臣更有说者。凡议变法，不得脱去旧日科臼，便多窒碍。今仍拘执旧章，欲处处有武童生应试，以饰观瞻，不得不令自买枪炮，在家操演，委曲迁就，诚属无可如何之事。然值此时艰，更张一政，只期足用，不必贪多，期于得真材，不必假名器以为悦人之具。窃意内而畿辅、外而沿边险要及濒临江海各省，建造武备水师学堂，秀才、举人选于斯，参、游、都、守取于斯，果有十余省得力之学堂，尽足备二十余省之用。创办伊始，不妨暂停一两科，从容学习，将来中选者，即令得官，免因蹭蹬改节。若泥定各省旧有中额，绌于财力，不能尽设学堂，则有自行操演之毙；纵能尽设学堂，而仓猝举行，难得良师教习，终归有名无实。此宜核实酌办，无庸袭前例以徇俗情者也。

至旧日武生、武举，应准投营效力，量材录用。无论新章能否通行，旧例武科应一律停止，以归画一。微臣梼昧之言，是否有当，合无仰恳天恩，饬部核议施行。所有变通武科、敬抒管见缘由，谨会同甘肃学政臣夏启瑜恭折具陈，伏乞皇上圣鉴。谨奏。光绪二十四年四月二十日。

（朱批：）着总理各国事务衙门会同兵部，妥速议奏。[1]

光绪二十四年五月初三日，奉朱批：着总理各国事务衙门会同兵部，妥速议奏。钦此。[2]

【案】荣禄……各节：光绪二十三年十二月二十五日，协办大学士荣禄奏请改革武科考试旧制，曰：

再，武科之设，原期得折冲御侮之才。自火器盛行，弓矢已失其利，习非所用，与文科科举时文、试帖之弊略同，积弱之端，未始不由于此。虽经廷臣屡次条奏，皆以格于成例，难议更张。查应试武童，每县少则百余人，多或数百至千人不等。约而计之，县以二百人为率，合计天下数可三四十万，教练成兵，其利有五：年富力强，无老弱滥竽充数，利一。弓马娴习，教练易成，利二。有志上进，与苟谋衣食者不同，利三。姓名宅里，有籍可稽，无逃亡之弊，利四。有室有家，散则归农，不至流为盗贼，利五。且近在乡里，养兵之费自轻。此尤胜于招募者。

若每省延聘兼通西法、精于操练教习数十人，就地教练，

---

① 台北故宫博物院藏：军机及宫中档，文献编号：408003167。
② 中国第一历史档案馆藏：录副奏折，档案编号：03-5615-053。

一岁之后,可成精兵。定以充役三年,作为武生,选其材武聪颖者,每省设一武备学堂,挑入学习重学、化学、格致、舆地诸学;分炮队、枪队、马队、工程队诸科,限以三年,由各督抚详加考试,凡考列优等者,作为武举人,其名数略参科场旧制,分别大省、中省、小省,各不得逾本省原额十分之五。此为武备特科。其三年一试之武科,暂准照旧举行,但须酌减旧额一半,以期相济为用。试之有效,再将旧制停罢,并将此项特科武举人咨送京师大学堂,限以三年,由兵部奏请钦派王大臣考试,分列优等者,作为武进士。其名数与常年会试中额各得其半,仍恭候廷试,各就本科,验其膂力、技艺,询以方略,以侍卫、守备分用,届时并定各路军营自哨长以上,均须用此项武举人、武进士人员充补,俾得效力行间,以备干城之选。

似此参酌中外兵制,造就人才,其用至广,其效至速。各国闻此举动,或稍戢其炎焉思启之心,于国事实有裨益。应请饬下廷臣详细核议,奏请宸断施行。奴才愚昧之见,是否有当,谨附片具陈。伏乞圣鉴。谨奏。①

【案】高燮曾……请设武备特科光绪二十四年正月初六日,兵科掌印给事中高燮曾奏设武备特科敬陈管见,曰:

兵科掌印给事中臣高燮曾跪奏,为议设武备特科,敬陈管见,恭折仰祈圣鉴事。

窃臣恭读光绪二十三年十二月二十六日上谕:荣禄奏,请设武备特科,参酌中外兵制,造就人才等语。着军机大臣会同兵部议奏。钦此。仰见皇上整军经武、发奋为雄至意,欢忭莫

---

① 中国第一历史档案馆藏:录副奏片,档案编号:03-5922-013。

名。方今外侮交来，猖狂已极，所以不敢轻言战者，非无兵也，无良将也。所以无良将者，求之不得其道、教之不得其方也。

臣不谙军旅，然蒿目时艰，窃欲贡一得之愚，以备刍荛之采。朝廷准设特科，自与寻常武试迥异。若但较量技勇，即成就可观，不过得一兵之用而止。拟请饬下军机大臣等详议章程，始也求之有道，宽其途，严其格，不拘文武，不拘已仕未仕，总以能胜将帅之任为指归。令内外三品以上大员各举所知，悬五事以为之的：一、娴韬略，兼贯中法、西法；二、熟舆地，工测绘；三、练身体，善攀刺；四、习洋枪、洋炮及中国擅长火器。此四者阙一不可。五、精制造，创新械。此则于四者之外别为一格，或专长，或兼长，皆可保荐。其有名实相符者，详具姓名以闻，至京考校合格者，分别给予职官，俾为武备学堂教习，教有成效，准予超擢。由是而教之方可言矣。

京师设武备学堂，遍及于各行省，亦教以上所陈五事，外省两年服满，拔其尤入京师武备学堂，仍令肄习一年，三年学成，请钦派王大臣一体考校，分别等第，以备任使，或充各营教习，或充哨官、营官。其颖异者，令充出使大臣随员，以广闻见，卓著勋勤，乃升统带。似此条理略具，但使王大臣、各疆吏勤勤恳恳，实事求是，勿徇情面，勿尚酬应，日渐月磨，必有名将出乎其间，干城腹心之寄匪异人任，又何惧外侮而不能一雪国耻哉？管窥所及，是否有当，伏乞皇上圣鉴。谨奏。光绪二十四年正月初六日。[①]

【附】光绪二十四年二月二十六日，王大臣奕䜣等奏报议

---

① 中国第一历史档案馆藏：录副奏折，档案编号：03-5615-002。

覆武备特科造就人才等，奏曰：

臣奕䜣等跪奏，为遵旨会议具奏，仰祈圣鉴事。

光绪二十三年十二月二十五日，内阁奉上谕：荣禄奏，请设武备特科，参酌中外兵制，造就人才等语。着军机大臣会同兵部议奏。钦此。光绪二十四年正月初六日，内阁奉上谕：给事中高燮曾奏，请设武备特科一折。着军机大臣会同兵部，归入荣禄奏请参酌中外兵制、特设武科片内，一并议奏。钦此。钦遵先后将原奏二件抄出。

臣等伏查荣禄所奏请设武备特科，分列格致诸学、枪炮诸科，以为之目。旧制之武乡、会试，姑仍其旧。其应特科之人，由武童层递作为武举、武进士，每次限以三年、略取九年大成之意，不必与旧科同岁举行，止须将原有中额之半拨入特科，试之有效，再将旧制全停。自系为转移风俗、造就人材起见。

臣等伏维武科定制，沿自有明。从前火器尚未盛行，即泰西各国亦迥不如今日之精。我朝龙兴远藩，八旗劲旅，骑射绝人，因而武科亦沿用马步箭、刀、弓、石各项技艺，在当日原属致胜之具，今则制造枪炮，考校准头，精益求精，西人谓之药弹世界，弧矢诚不足以威天下，习非所用，与制艺取士流弊正同。改弦更张，自宜首议及此。惟是变法之始，贵乎耳目一新，使天下晓然，知上意之所在，无不踊跃奔走，始足以振作士气，鼓舞人才。举行之年限可稍迟，而中额不宜分半，应用之枪炮必画一，而流弊亦宜豫防。当兹时势多艰，办事务求核实，无取铺张，亦不必有特科名目。臣等谨按照原奏各条，细心绅绎，择其轻而易举、简而可行者，为我皇上缕析陈之。

查武场改试枪炮，系为创举。武童初学，必用教习，多用则经费难筹，且精于操练兼通西法者，一时亦难数觏；少则又苦不敷分布。即使一省之中各就府、厅、直隶州，酌为延聘，而武童各安土著，距所属本府、州、厅，远者或至数百里，平时院、府两试，已苦跋涉之艰，若令就地教练，充役三年，始准作为武生，诚恐资斧不继，阅时过久，转致半途而废。惟是国家功令之设，不过悬的以招。至于储材待售，则视其人之自为，但使明定章程，通行各省立定年限，自某科为始，废马步箭、刀、弓、石不用，所有武场一律改试枪炮，其向应武试者决不至因此辍业，自必购求利器，摩厉以须，犹制科之诗赋、策论、八股，屡易其体，士人无不争自濯磨，所谓利禄之途使然，初不烦官为督责也。

章程既定，届时武童应考，仍由各该省学政按临。考试合格者，照额取中武生，则进取有资，人思自奋矣。取中武生之后，人数较武童为少，而且发轫伊始已有上进之阶。应请即如原奏所拟，由地方官酌量设法，每省筹立武备学堂一区，择武生之材武聪颖者，或年力富强、有志观光、自愿入堂肄业者，酌照省份大小核定人数，按名挑入学习重学、化学、格致、舆地诸学；分马步、炮队、枪队、工程队诸科，派定总、分教习，督同训练。其挑选教习之法，如南北洋、湖北等省，先经设有武备学堂，止须酌添教习员数，他如直隶之新建陆军、江南之自强军，以及各省所练之洋枪、炮队，熟于以上诸法、堪胜教习之任者，自不乏人。拟请无论官弁勇丁，一体就近酌量派充。

其余各省由该督抚筹定款项，自行延聘。学堂功课听总教习按照人数，匀拨教练，官中派员认真稽察。其未经挑入之武生，仍令回籍，自行学习，乡试届期，合一省之武生，无论堂内、堂外，一律由该督抚改试枪炮新章，详加考验。列入优等者，照额取中武举。其内场默写武经，原属具文，且易滋弊窦，应请即行裁去。新武举咨送会试，即将本届新武生挑选，换入学习，嗣后按照科分，挨次轮换。风气一开，互相传习，挽强蹶张者，废然思返，不必仍留旧额之半，亦不患应试乏人矣。各省既设武备学堂，整齐画一，新中武举人数襄然可观。京师首善之区，自应设立武备大学堂，以荟众材而光盛典。惟是大学堂规模较之各省，尤为繁重，一切应订章程、应用器具，亦非仓卒所能集事，且各行省既经遍设学校如林，其八旗、顺天武生或由该管地方官先行设立寻常学堂，或就近往天津学堂学习，均无不可。京师大学堂之设似可稍缓，各省武举亦毋庸再限三年在京肄业。拟请每届武会试之年，先期由各省督抚将此项武举咨送兵部，由部奏请钦派王大臣考试，仍照乡试之例，以枪炮中靶之数为断，择其优者取中武进士，名数与常年中额相同。其殿试两场尚有应行略为变通之处，拟请由兵部奏明，请旨办理。

至给事中高燮曾所奏，专为求将帅之材、备教习之选，先设京师武备学堂，然后遍及各行省。所陈五事，除练身体、习枪炮二条外，余三条皆专门名家所难。倘责令武生、武举等躐等而进，必至有名无实，徒滋繁费。余与荣禄所奏大致略同，应请毋庸置议。

以上各节，臣等悉心核议，参酌中外，择善而从，寓营制于科举之中，阴以兵法部勒之，与泰西豫备兵、留后兵之意相合。各疆臣诚能认真举行，假以岁月，有勇知方之士必有脱颖而出者。即绿营、练勇亦可收互相观摩之益矣。其未尽事宜及应准应驳缘由,折内未及详叙者,另列简明章程十条,开单恭呈御览。

抑臣等更有请者。国朝军政,自提镇以下一切武职,本以行伍为正途,其武举、武进士原不过聊备一格。道光以前姑不具论,即如咸丰、同治以来,荡平粤、捻,在事将帅,满洲如多隆阿、塔齐布,汉人如鲍超、刘松山,皆系行伍出身,蔚为名将。武科所得率多偏裨奔走之材,断不能与文场乡、会相提并论。即欧美各国讲求武备,如英国、德国之水陆军大书院、美国之委士盘大书院,皆情愿入伍之人,始准入堂学习,学成之后,即令分隶各营,充当士卒,并无所谓武科也。

今欲建威销萌,折冲樽俎,宜就各省勇营,认真挑选,厚其赡资,严其功课,腹心干城之寄,在彼不在此。至于武科改制,臣等今日所议已得其大概,宋臣苏轼所谓取士之法,不过如此。不得谓区区一科,遂足尽天下人材也。

所有臣等遵旨会议缘由,谨缮折具陈,伏乞皇上圣鉴。再,此折系军机大臣主稿,会同兵部办理。协办大学士兵部尚书荣禄因系原奏大臣,应行回避,未经列衔。合并声明。谨奏。光绪二十四年二月二十六日。

军机大臣和硕恭亲王臣奕䜣,军机大臣和硕礼亲王臣世铎(假),军机大臣协办大学士户部尚书臣翁同龢,军机大臣刑部尚书臣刚毅,军机大臣工部尚书臣钱应溥(假),军机大臣刑部尚书廖寿恒,兵部左侍郎臣杨颐,兵部右侍郎臣文治,兵部右侍郎臣寿昌。①

---

① 中国第一历史档案馆藏:录副奏折,档案编号:03-9446-015。

【附】同日，恭亲王奕䜣呈报会议武备特科约举十条清单，曰：

谨将臣等会议按照原奏分别准驳缘由，约举十条清单，恭呈御览。

一、事关变法，必须提纲挈领，然后简而易行。傥如原奏所拟就地教练，充役三年，作为武生，则是童试可裁矣。不知变法伊始，其机括全在童试，业经改用枪炮，小试其端得有进步，自不肯改而之他。若裁去童场，经令赴省乡试，所谓就地教练者，究属有名无实，临场报考，必至人数寥寥。

一、心思、耳目专用则灵，况乎科场大典，其所以专心致志、百折不回者，缘非此无以致胜之具也。今既明定章程，改试枪炮，若仍参用旧制，酌分中额之半，必俟试之有效，再将旧制全停，则是新章虽经厘定，旧制不必尽捐；人情狃于守旧，难与图新，必至用枪炮应试者，不敷中额。

一、马步箭、地球、刀、弓、石等项相沿虽久，在今日则为无用。枪炮两项原属武人分内应行学习之事，以此试士，不得谓之特科。其举行年份不可太骤，亦不宜太迟，应请饬下兵部，通行各省立定期限，由地方官出示，晓以改章伊辰，各生童、武举赶紧学习，毋得自误。现在各省业经举行本届岁试，未及改用新章，应请自本届武生录科起，即行照改；乡试自光绪二十六年庚子科为始，会试自光绪二十七年辛丑科为始，童试自下届岁试为始，一律改试枪炮。其本年戊戌科会试，姑仍其旧。

一、改章之后旧制取中之武生、武举，应准其照新章一体应乡、会试，毋令向隅。如仍欲广为招徕，则练营制兵、防营练勇在省城附近驻扎者，不妨准其报名乡试。如距省太远，不准借此告假赶考。

一、武备学堂之设，事极繁难，各省万不能同时建齐，必有先后参差之处。立法之始，必须略予变通。其未经设立武备学堂省份，应先准其改用新章乡试。如有愿附他省学堂学习者，亦听其便，惟应考则必须本籍。

一、近年以来，枪枝炮位名目繁多，日新月异，武场应用之件，必须价值较廉而又坚固耐久者，始可通行无阻。惟是利之所在，弊即因之。如坊间石印书籍，因便于携带，每遇乡、会试年份，购取既众，获利不赀。今武科各场需用枪炮甚夥，久之必有一种窳败恶劣之器，专为武场射利而作，制造不精，手法亦坏，演习既久，授以精品，反不能用。立法之始，宜豫防流弊，应请于小口径快枪、陆路快炮，择其合用者，指定名目，由该衙门奉准官为代购，肄业之武举、生童等缴价给领，并行知各省必须画一，不得任意滥用。

一、私藏火器，例禁綦严。赳赳武夫，尤多犷悍之气。从前叠经臣工奏请改章，部议不准，具有深意。今欲开拓风气，使之学习枪炮，药云弹雨，如取如携，诚宜加意防闲，立法限制。拟请应由各地方官查明辖境之内武举、武生、武童肄业者若干名，并教习姓名、学堂坐落以及枪枝之件数、炮位之有无、枪炮之名目，按件报明该管州县存案。所有枪炮必须存放学堂，酌派教习或学长收管，不准私自携回，似亦慎重之一道。

一、新章既定，武童在家自行操演，武举给咨会试，无庸在京学习。其在各省城武备学堂肄业者，止有武生一项，较之原奏亦属简而易行。惟是办事务求实际，武生虽有籍可稽，胜于召募，究属不及兵勇人数之多。各省建立武备学堂，縻费经营，自非专为武生而设，应请明定章程，武生入堂肄业者，通核人数，不得过十分之四。其余名额留为他项人员肄业之资。

一、武举、武进士既经改定新章，加意教育，得人必较盛于前，诚宜广其登进之途，俾得及时自效。譬之土产，制造既精，必求销路也。荣禄所请各路军营自哨长以上，均用此项武举、武进士充补；高燮曾所请分别等第，以备任使，或充各营教习、哨官、营官，其颖异者令充出使大臣随员，是否可行，抑或略仿其意、另定章程之处，应请饬下该衙门详细核议。

一、事关科举，不厌求详。其考试详细章程及武备学堂规模，有应由部臣厘定者，有应由各省疆臣、学臣筹办者，一切未尽事宜，嗣后随时奏明，请旨办理。①

【附】恭亲王奕䜣等折、片、单，于当日获允行。上谕曰：

光绪二十四年二月二十六日，内阁奉上谕：前据荣禄、高燮曾、胡燏棻先后奏请设武备特科、酌改章程各折片，当经谕令军机大臣会同兵部议奏。兹据该王大臣等分别准驳，详议覆奏，并拟定大概章程，开单呈览。朕详加披阅，尚属切实可行。国家设科，武备与文事并重，原期遴拔真才，以备折冲之用。现在风气日新，虽毋庸另设特科，亦应参酌情形，变通旧制。着照该大臣等所议，各直省武乡试自光绪二十六年庚子科为始，会试自光绪二十七年辛丑科为始，童试自下届为始，一律改试枪炮。其默写武经一场，着即行裁去。所有一切未尽事宜，暨各省应如何设立武备学堂之处，着该衙门随时奏明办理。现在时局艰难，朝廷厘定章程，专务振兴实学，武场改

试枪炮，亦转移风气之一端。嗣后主试王大臣及各省督抚、学政，尤当加意讲求，认真考核，务在作其忠勇，开其智识。平时则严督功课，校试则秉公去取，毋得奉行日久，又成具文，致负作育人材至意。该部即遵谕行。钦此。[①]

〇六九　提标孳生马厂期满遵例考成折

光绪二十四年四月二十日（1898年6月8日）

头品顶戴陕甘总督臣陶模跪奏，为甘肃提标孳生马厂三次三年期满，遵例考成，恭折仰祈圣鉴事。

窃查甘、凉孳生马厂，前于光绪十八年造办考成后，适值二十一年河湟回乱，凉州镇标原牧头、二群马匹先后倒毙，及全行被抢无存，经前督臣杨昌濬随时奏明在案。兹查甘州提标头群马厂，自光绪十八年六月起，扣至二十一年六月，又届三次三年期满，时因军务尚未肃清，未及举办，现已一律平定，自应循例办理，先经臣委员赴厂查验印烙，并令分晰造册去后。兹准署甘肃提督臣张永清咨：将甘标头群马厂孳生儿骒马匹数目并经牧官兵姓名照例声明叙赏，造册咨送核办前来。

臣查定例：孳生马匹，派员经理牧放，不论儿骒马，三年三匹取孳生马驹一匹，此外多孳少孳，应视每厂牧马之多寡，定以孳生分厘之成数。如应取驹百匹者，以十匹为一分、一匹为一厘。若于额取之外多孳生三分以上者，牧长、牧副均以应升之缺即用，牧兵赏

---

① 《光绪宣统两朝上谕档》，第24册，第59页；《德宗景皇帝实录（六）》，卷四百十五，光绪二十四年二月，第439—440页。

银四两。至各员弁等应行议叙及兵丁等给赏之处，如已满三年，仍照例办理。其未满三年者，照历来均齐成案，应请免议等语。

甘州提标原设头群孳马二百四十匹，自光绪十八年六月底止造办考成后，扣至二十一年六月底止，又届三年均齐限满，原设并孳生共大小儿、骒、骟马四百三十三匹，内骟马七十六匹不在取驹之内核算外，其应取驹儿骒马三百五十七匹，内除十六、十七、十八等三年产获儿骒马九十三匹，未至取驹之年，十九年一岁应取驹儿骒马二百六十四匹，按例应孳生儿骒马驹三十匹，二十年一岁旧管应取驹儿骒马二十四匹，二共应取驹儿骒马二百八十八匹，按例应孳生儿骒马驹三十二匹；二十一年一岁旧管应取驹儿骒马二百八十八匹，再加十七年产获应取驹儿骒马二十四匹，二共应取驹儿骒马三百一十二匹，按例应孳生儿骒马驹三十五匹，再加十八年产获儿骒马驹四十五匹，未至取驹之年，俟下届另算外，今查甘提标五营，自十八年七月初一日起至二十一年六月底止，共产获孳生儿骒马驹一百三十四匹，内除依额应孳生儿骒马驹九十七匹外，多孳生儿骒马驹三十七匹，照例合算，系在三分以上。除将应行叙赏弁兵开单咨部分别核办，并前提臣周达武①、李培荣及现署提臣张永清稽查均未满三年，毋庸议叙外，其总理孳马提属大马营游击沈福

---

① 周达武（1813—1894），字梦熊，号渭臣，湖南宁乡人。咸丰四年（1854），以武童从军，因功赏六品顶戴，拔补把总。五年（1855），升千总，赏戴蓝翎。六年（1856），迁守备。七年（1857），补都司。八年（1858），授游击，换花翎。九年（1859），擢参将。十年（1860），充营官，加总兵衔。同年，实授总兵。同治元年（1862），晋提督衔，赏质勇巴图鲁名号。同年，调四川建昌镇总兵，署四川提督。二年（1863），代理四川提督。四年（1865），调补贵州提督。七年（1868），加博奇巴图鲁名号，赏穿黄马褂。十二年（1873），封骑都尉。光绪元年（1875），因病回籍调理。三年（1877），补授甘肃提督。二十年（1894），卒。赠尚书衔。

清，经牧已满三年，应请照例加二级。至牧兵例给赏银，司库建、旷现在无款可支，应请在于兵饷款内动支造报；取获马驹，应俟下届三年期满，再行照例办理。

除送到清册分送户、兵二部外，所有甘州提标头群马厂三次三年期满循例考成缘由，理合恭折具奏，伏乞皇上圣鉴，训示施行。谨奏。光绪二十四年四月二十日。

（朱批：）兵部知道。[①]

光绪二十四年五月初三日，奉朱批：兵部知道。钦此。[②]

○七○　　奏请核销征进各军饷装等款折

光绪二十四年四月二十日（1898年6月8日）

头品顶戴陕甘总督臣陶模跪奏，为造报征进各军饷装脚价银两，请饬部核销，恭折仰祈圣鉴事。

窃查前次河湟军兴，大军云集，运送饷装，所需车骡甚多，脚价必须加增，方期无误，曾将车骡载重斤数并每百里实需加增价值以及守候、回空各给喂养银两数目经臣附片奏请饬部立案，以便造册请销，光绪二十三年十一月二十七日奉朱批：着照所请，该部知道。钦此。当经转行遵照去后。兹据藩司曾鉌将各车局、各州县陆续供过征进各军军装、辎重脚价并守候、回空喂养银两及转运各省协拨饷装脚价，暨添设静宁、安定各局局费、工食等项，造具总、散清册，计自光绪二十一年五月起，至二十二年十二月大军凯撤止，实

---

① 台北故宫博物院藏：军机及宫中档，文献编号：408003165。
② 中国第一历史档案馆藏：录副奏折，档案编号：03-6052-054。

用过银二十八万六千六百七十二两三钱二分一厘二丝，内动用山西藩司解到车价银六万两，河东道解到车价银四万两，本省杂差车价支剩银八万一千二百二十两四钱六分四厘八毫，不敷银一十万五千四百五十一两八钱五分六厘二毫二丝，系在新添军饷项下借动应用，应请拨还，并声明此次造销系征进转运脚价，其前敌应用及赈粮脚银，容俟另案办理等情，详请奏咨前来。

臣覆核该司造齐各项脚价银两，均系实用实销，毫无冒滥，除将清册送部外，相应请旨饬部照册核销。再，此项脚价不敷银两，系在添拨军饷项下借垫应用，应如何筹拨还款，并恳饬部核议遵行。谨恭折具陈，伏乞皇上圣鉴训示。谨奏。光绪二十四年四月二十日。

（朱批：）户部知道。[1]

光绪二十四年五月初三日，奉朱批：户部知道。钦此。[2]

○七一　奏报甘肃光绪二十三 年下忙征收银两数目折

光绪二十四年五月初九日(1898年6月27日)

头品顶戴陕甘总督臣陶模跪奏，为甘肃各属光绪二十三年下忙征收银两数目，恭折仰祈圣鉴事。

窃查甘肃各属光绪二十三年上忙征收银数，业经奏报在案。所有二十三年下忙征收银数，据甘肃布政使曾鉌详称：查甘肃各属

---

① 台北故宫博物院藏：军机及宫中档，文献编号：408003166。
② 中国第一历史档案馆藏：录副奏折，档案编号：03-6146-004。

光绪二十三年额征并秦州等处新垦地丁共银二十八万五千五百五十三两九钱二厘，内除皋兰县等处水冲地亩，已请蠲免，并荒地无从征收，及皋兰县西乡马家湾回民逃亡无着银两外，现垦熟地并宁州等处二十三年上忙续垦升科，共应征银二十一万一千七百二十四两二分九厘六毫。前上忙已完银并收沙泥州判二十一年存留驿站奉文流抵二十三年起存正赋共银一十万三千二百八十八两六钱三分一厘，内已完存留经杂、驿站银四万五百四十二两七钱一厘，已完起运银六万二千五百三十三两六钱四分一厘，杂赋银二百一十二两二钱八分九厘，均经解司造入光绪二十三年秋拨并二十四年春拨册内讫。

未完正杂银一十万八千四百三十五两三钱九分八厘六毫，又上忙后续垦升科地丁起存银一千二百三十四两九分，二共未完银一十万九千六百六十九两四钱八分八厘六毫，内除河州、狄道州、洮州厅等处被兵并固原州禾苗被灾地丁正杂共银一万五千九百二两六钱五分一厘三毫外，止该未完银九万三千七百六十六两八钱三分七厘三毫。今下忙已完银九万二千八百一十四两二钱三分七厘七毫，内已完存留经杂、驿站并存留课程、地税、年例、盘缠、脚价银三万一千五百一十四两一钱八分三厘，已完起运银六万七百九十六两七钱五分六厘七毫，已完杂赋银五百三两二钱九分八厘，均已解司，内造入二十四年春拨册内银一万六千八百一十一两六钱八分四厘，候造入二十四年秋拨册内银四万四千四百八十八两三钱七分七毫。未完银九百五十二两五钱九分九厘六毫，内起运银九百二十二两八钱，存留驿站银二十九两七钱九分九厘六毫。现在严饬催缴，俟报征清完，归入下届带征册内造报，由该司造具总、散各册。详请具奏前来。

臣覆核无异。除将清册咨送户部查核外，所有甘省各属光绪二十三年下忙征收银两数目，理合恭折具陈，伏乞皇上圣鉴。谨奏。光绪二十四年五月初九日。

（朱批：）户部知道。[1]

光绪二十四年五月二十一日，奉朱批：户部知道。钦此。[2]

○七二　奏请改拨甘肃关内外新饷折

光绪二十四年五月初九日（1898 年 6 月 27 日）

头品顶戴陕甘总督臣陶模跪奏，为拟请改拨甘肃关内外新饷银两，以济要需，恭折仰祈圣鉴事。

窃臣准两江督臣刘坤一咨开：准户部咨：续借英、德商款，已将苏州、淞沪等处货厘、鄂岸、皖岸等处盐厘改归税务司赫德代征拨还。所有在前项货厘、盐厘内协甘饷需，以后无款协拨，应请自行奏咨另拨，并黏单内开苏省牙厘、淞沪捐厘两局，每年各协甘肃新饷银六万六千六百六十六两零，又鄂岸盐厘内每年约解银六万余两，皖岸盐厘内每年约解银三万余两各等因。当即饬司查明光绪二十四年份甘肃新饷，江苏省原拨银二十万两，除抵兑陕西省应还英、德洋款已由陕解银六万两并江苏省径解甘库银六万四千一百九十七两八分，共收银一十二万四千一百九十七两八分外，尚欠未解银七万五千八百二两九钱二分。

又，两淮盐运司原拨银二十万两，除抵兑陕西省应还英、德洋

---

① 台北故宫博物院藏：军机及宫中档，文献编号：408003168。
② 中国第一历史档案馆藏：录副奏折，档案编号：03-6259-027。

款已由陕解银三万两并两淮径解甘库银四万两，共收银七万两外，尚欠未解银一十三万两。计江、淮两处应解银二十四年新饷内，共欠银二十万五千八百二两九钱二分。查此项新饷为甘肃关内外各军计口授食之需，部中按年指拨的款，本不容分毫短少，甘肃提督臣董福祥所部甘军东调应需行饷，亦由山西并河东道协甘新饷内划拨银八十万两，除将关内外应提、封储各款银两尽数作抵外，尚不敷银五万余两，遵奉部饬由甘肃司库例存各款内匀拨，已属罗掘为难。今江、淮两处本年新饷又复停解，此后各军饷项不敷支发，实于关内外大局关系甚巨。据藩司曾鉌详请具奏改拨前来。

合无仰恳天恩，俯念甘新饷需紧要，饬部迅将本年江、淮两处欠解银二十万五千八百二两九钱二分，另行改拨的款，解甘备支，以符原数而免缺乏。除咨部外，谨恭折具陈，伏乞皇上圣鉴，训示施行。谨奏。光绪二十四年五月初九日。

（朱批：）户部议奏。[1]

光绪二十四年五月二十一日，奉朱批：户部议奏。钦此。[2]

〇七三　奏闻甘肃光绪二十四年夏禾被旱情形折

光绪二十四年五月初九日（1898 年 6 月 27 日）

头品顶戴陕甘总督臣陶模跪奏，为甘肃本年夏禾被旱大概情形，先行恭折具陈，仰祈圣鉴事。

窃查甘省地方，去冬雪泽甚少。今年自春徂夏，雨泽愆期，虽

---

① 台北故宫博物院藏：军机及宫中档，文献编号：408003169。
② 中国第一历史档案馆藏：录副奏折，档案编号：03-6646-079。

经各属设坛祈祷，间得小雨，多未深透，凡夏禾之种植山原者已形枯萎，水地亦不甚畅茂。四月中、下两旬，各属间有禀报得雨者，农民始补种秋禾，但望续沛甘霖，民食或尚可接济。就甘省全局论，西路甘、凉、肃一带气候较迟，旱象尚浅；东路平、庆、泾、固，南路巩、秦、阶各府州被旱，各有轻重不同；北路宁夏府向赖河渠引水灌田，今河流浅少，未能一律沾溉。至罂粟一物，更不耐旱，山原地亩亦均枯萎。现已饬属迅速查明被灾轻重，俟查报至日，分别核明应否停征钱粮，豁免地税，再行奏请恩施。据藩司曾鉌详请先将夏禾被旱大概情形具奏前来。

理合恭折具陈，伏乞皇上圣鉴训示。谨奏。光绪二十四年五月初九日。

（朱批：）户部知道。[1]

光绪二十四年五月二十一日，奉朱批：户部知道。钦此。[2]

○七四　奏请截留新海防捐及筹饷亲捐片

光绪二十四年五月初九日(1898 年 6 月 27 日)

再，据甘肃藩、臬、司、道详称：窃查前次办理河湟一带善后赈抚事宜，需款本巨，除请拨正帑外，并将甘省光绪二十一、二、三等年新海防捐及筹饷新捐先后请准按年全数截留，提拨济用。无如地广日久，款仍不敷，虽由外设法挪借，勉应急需，而现正清厘报销，亟须弥补还款，司库无可筹措，再四思维，惟有仍请将甘省光绪

---

① 台北故宫博物院藏：军机及宫中档，文献编号：408003170。
② 中国第一历史档案馆藏：录副奏折，档案编号：03-9370-001。

二十四年份新海防捐及筹饷新捐再行截留一年，以资挹注等情，由藩、臬、司、道会详请奏前来。

臣复加查核，委系实在情形。合无仰恳天恩，俯准将前项捐款再行截留一年，俾完账事而便造报。谨附片具陈，伏乞圣鉴训示。谨奏。

（朱批：）着照所请。①

光绪二十四年五月二十一日，奉朱批：着照所请。钦此。②

○七五　恭报甘肃光绪二十四年闰三月雨水、粮价折

光绪二十四年五月十六日（1898 年 7 月 4 日）

头品顶戴陕甘总督臣陶模跪奏，为恭报甘肃省光绪二十四年闰三月份粮价、雨泽情形，恭折仰祈圣鉴事。

窃照本年三月份粮价并得沾雨泽情形，业经具折奏报在案。兹查本年闰三月份，雨水甚缺，农民望泽孔殷。臣督同文武僚属设坛祈祷，虽据兰州等八府六直隶州属先后具报得沾雨泽，自一二寸至二三寸不等，正值禾苗滋长之际，于农田不无裨益。惟各属间有并未得雨及得雨未经深透之处，地土仍形干燥，急盼甘霖叠降，方冀有秋，已将甘省被旱大概情形另折具奏。至通省粮价，或与上月相同，或较上月稍有增减。据藩司曾鉌开单详请具奏前来。

臣覆核无异。理合恭折具陈，并缮粮价清单，恭呈御览，伏乞

---

① 台北故宫博物院藏：军机及宫中档，文献编号：408003168-0-A。

② 中国第一历史档案馆藏：录副奏片，档案编号：03-5603-028。

皇上圣鉴。谨奏。光绪二十四年五月十六日。

（朱批:）知道了。[1]

光绪二十四年六月十一日,奉朱批:知道了。钦此。[2]

○七六　呈甘肃光绪二十四年闰三月粮价清单

光绪二十四年五月十六日(1898 年 7 月 4 日)

谨将甘省各属光绪二十四年闰三月份米粮时估价值,缮具清单,恭呈御览。

计开:

兰州府属:价平

粟米每京石价银九钱六分九厘至三两九钱一分一厘,与上月相同。小麦每京石价银八钱四分至三两二钱二分一厘,与上月相同。豌豆每京石价银九钱六分九厘至三两二钱二分一厘,与上月相同。青稞每京石价银一两二钱四厘至三两一钱六厘,与上月相同。

巩昌府属:价有昂有平

粟米每京石价银一两四钱八厘至二两六钱六分一厘,与上月相同。小麦每京石价银一两七分一厘至二两一钱三分二厘,较上月贵二钱五分。豌豆每京石价银九钱八分七厘至一两一分三厘,较上月贵四分四厘。青稞每京石价银一两一分四厘至一两四钱六分六厘,较上月贵四分四厘。

---

[1]　台北故宫博物院藏:军机及宫中档,文献编号:408003175。
[2]　中国第一历史档案馆藏:录副奏折,档案编号:03-6973-012。

平凉府属：价昂

粟米每京石价银一两六钱四分八厘至一两八钱二分，较上月贵七分。小麦每京石价银一两一钱五分九厘至一两七钱四分二厘，较上月贵三钱四分二厘。豌豆每京石价银一两七分四厘至一两六钱七分，较上月贵三钱六分一厘。穈子每京石价银八钱四分至一两八分，较上月贵二钱四分。

庆阳府属：价有昂有平

粟米每京石价银五钱五厘至一两二分九厘，较上月贵一钱四分九厘。小麦每京石价银六钱二分七厘至一两三钱四分，与上月相同。豌豆每京石价银四钱四分一厘至一两七钱八分二厘，与上月相同。穈子每京石价银二钱九分四厘至五钱七分三厘，较上月贵一钱三分三厘。

甘州府属：价有平有落

粟米每京石价银七钱八分四厘至一两五分，与上月相同。小麦每京石价银七钱三厘至七钱六分三厘，较上月贱六分三厘。豌豆每京石价银七钱三厘至一两四钱二分八厘，与上月相同。青稞每京石价银四钱四分七厘至一两一分二厘，与上月相同。

凉州府属：价有昂有平

粟米每京石价银八钱四分至二两六钱九分四厘，与上月相同。小麦每京石价银六钱七分二厘至二两二钱，较上月贵一钱七分八厘。豌豆每京石价银六钱七分二厘至二两一钱八厘，较上月贵八分六厘。青稞每京石价银五钱四分六厘至一两五钱五分七厘，较上月贵一分八厘。

宁夏府属：价平

粟米每京石价银七钱七厘至一两一钱二分，与上月相同。小麦每京石价银七钱二分一厘至一两二钱三厘，与上月相同。豌豆每京石价银七钱七厘至一两四钱，与上月相同。穈子每京石价银三钱一分五厘至八钱四分八厘，与上月相同。

西宁府属：价有昂有平

粟米每京石价银一两七钱一分八厘至五两九钱八分四厘，与上月相同。小麦每京石价银二两二钱四分至二两七钱八分四厘，较上月贵六分四厘。豌豆每京石价银一两九钱二分五厘至二两七钱二分，较上月贵一分。青稞每京石价银一两七钱八分五厘至二两五钱九分一厘，较上月贵三分一厘。

秦州直隶州并所属：价昂

粟米每京石价银一两三钱二分八厘至三两四钱七分五厘，较上月贵二钱九分八厘。小麦每京石价银七钱六分二厘至二两三钱三厘，较上月贵八厘。豌豆每京石价银七钱六分二厘至二两二分，较上月贵二钱八厘。穈子每京石价银七钱一分八厘至一两七钱三分八厘，较上月贵一钱五分。

阶州直隶州并所属：价有昂有平

粟米每京石价银二两五钱二分至三两七钱一分，较上月贵二钱一分。小麦每京石价银二两三钱五分二厘至三两一分，较上月贵一钱七分一厘。豌豆每京石价银二两五钱三分九厘至二两六钱二分五厘，与上月相同。穈子每京石价银一两七钱四分六厘，与上月相同。

泾州直隶州并所属：价有昂有平

粟米每京石价银五钱一分二厘至一两七分二厘，与上月相同。小麦每京石价银四钱七分九厘至一两二钱二分五厘，较上月贵一钱九分九厘。豌豆每京石价银四钱五分八厘至九钱五分六厘，较上月贵七分五厘。糜子每京石价银三钱三分六厘至六钱一分，与上月相同。

固原直隶州并所属：价平

粟米每京石价九钱九分七厘至一两七钱七分五厘，与上月相同。小麦每京石价银一两一钱八分七厘至一两五钱二厘，与上月相同。豌豆每京石价银一两三钱二厘至一两六钱三分九厘，与上月相同。糜子每京石价银九钱二厘，与上月相同。

肃州直隶州并所属：价平

粟米每京石价银一两八厘至一两五分，与上月相同。小麦每京石价银八钱六厘至九钱二分四厘，与上月相同。豌豆每京石价银九钱二分四厘至一两二钱四分三厘，与上月相同。青稞每京石价银五钱四分六厘至六钱九分七厘，与上月相同。

安西直隶州并所属：价平

粟米每京石价银一两五分至一两三钱七分二厘，与上月相同。小麦每京石价银一两九分八厘至一两二钱，与上月相同。豌豆每京石价银一两二钱八分至二两八分，与上月相同。青稞每京石价银九钱九分三厘至一两四钱，与上月相同。

（朱批：）览。[1]

○七七　代奏新授总兵陈元荨谢恩折

光绪二十四年五月十六日(1898 年 7 月 4 日)

头品顶戴陕甘总督臣陶模跪奏，为据情代奏，叩谢天恩，恭折

---

[1]　中国第一历史档案馆藏：清单，档案编号：03-6973-013。

仰祈圣鉴事。

　　窃据署陕西延榆绥镇总兵新授甘肃肃州镇总兵陈元蕚呈称：元蕚接奉行知内开：光绪二十四年二月二十二日奉上谕：甘肃肃州镇总兵员缺，着陈元蕚补授，钦此。谨即恭设香案，望阙叩头谢恩。伏念元蕚豫章下士，樗栎庸材，权镇边疆，涓埃未报，兹复渥荷殊恩，真除专阃，自天颁命，伏地怀惭！容俟禀商督臣委员接代署篆，即行趋赴阙廷，跪聆圣训。

　　所有感激荣幸下忱，祈据情代奏，叩谢天恩等情前来。理合恭折代陈，伏乞皇上圣鉴。谨奏。光绪二十四年五月十六日。

　　（朱批：）知道了。①

　　光绪二十四年六月十一日，奉朱批：知道了。钦此。②

○七八　审拟余起鸿率众强搬父柩一案折

光绪二十四年五月十六日（1898年7月4日）

　　头品顶戴陕甘总督臣陶模跪奏，为审明已革分省补用知县余起鸿率众强搬父柩、衣物，致刘炳山等乘间窃劫，拒伤余石氏平复，按例分别量减定拟，恭折仰祈圣鉴事。

　　窃查前据署皋兰县知县姚世贞禀称：光绪二十二年七月二十日，据已故原任秦州直隶州余泽春次子余起昌喊控伊嫡长兄余起鸿，因父殁索分家财未遂，雇倩多人，强搬寓所灵柩、衣物，致伊生母张氏、庶母陈氏均被殴伤，维时另有遣散营勇乘间混进，行强劫

―――――――――

①　台北故宫博物院藏：军机及宫中档，文献编号：408003173。
②　中国第一历史档案馆藏：录副奏折，档案编号：03-5926-015。

夺，伊继母亦被殴伤等情，当经姚署令驰往勘验，获犯讯供，起赃给领，禀经臣将余起鸿奏参革职，并行司饬府提审详办，仍令严缉逸犯，务获究报去后。该前府胡孚骏未及讯详卸事，接署府周景曾到任准交。正集讯间，即据皋兰县于八月十八日续获刘新堂一名到案，讯据供认伊与在逃之王明德等一共六人，乘间混进，伊拒伤余石氏，各抢皮箱一口，携至前院，被余起鸿挡住，各将皮箱丢弃逃跑等情不讳。讵该犯于被获之时已经畏罪潜服洋烟，于讯供后移时毒发殒命，验无别故，禀经臣批饬核入正案详办，并经该署府访闻甘肃试用巡检李昕、甘肃试用典史杜汝镳牵涉在内，呈由臣咨部斥革，传同一干人等，由署兰州府知府周景曾讯明，分别议拟，解经甘肃布政使曾鉌、按察使丁体常会同覆审转详前来。

臣复加确核，缘余起鸿籍隶浙江遂安县，寄居湖南善化县；刘炳山、李玉山、王有得、夏得华分隶湖南湘潭、浏阳、善化、四川巴州等州县。余起鸿先在湖南协黔局报捐县丞，后于剿平新疆南路边寇案内出力，保以知县分省补用；刘炳山、李玉山、王有得、夏得华均各小贸营生，先未为匪，与余起鸿俱相认识。余起鸿之父余泽春，前任甘肃秦州直隶州。嫡妻方氏，即余起鸿生母，早故；继妻石氏，妾张氏、陈氏，各生子女。余泽春先因母故丁忧开缺，嗣经服满起复，来甘候补，光绪二十一年在省病故，柩停在寓。二十二年五月间，余起鸿来向余石氏说要搬送父柩回湖南安葬，余石氏等均未应允。余起鸿又向索分家财，余石氏等亦未答应。余起鸿即起意将父柩、衣物强行搬出，暂寄孝义祠内，然后再劝余石氏等偕归湖南，谅必允从。七月十九日，往向孝义祠内寄居素好之甘肃试用典史杜汝镳商借房屋，厝放柩物，杜汝镳当即应允；复往向素好之甘肃试用巡检李昕，托其照料父柩，李昕亦即允诺；又雇不识姓名抬夫十六人，抬送父柩，雇刘炳山、李玉山、王有得、夏得华、魏三五人前往帮忙，雇梁升、曾茂林轿车二辆，往孝义祠运送行李，均约定七月二十日早前来，并未提及强搬情由。

届期各人到齐，只杜汝镰未至。余起鸿带领刘炳山、李玉山、王有得、夏得华、魏三五人走进余石氏房内，余石氏尚未起炕，指令刘炳山拿取板箱一只，李玉山等各拿皮箱一只，令其装上轿车。余起鸿即一面喝令抬夫将父柩用绳络住，套入抬杠。余张氏赶出喊骂，并用鞭杆向余起鸿殴打，余起鸿用手格回，致鞭杆击伤余张氏额颅。余张氏拉住抬杠不放，余起鸿喝令抬夫起行，致棺木撞跌，余陈氏倒地，在地上磕伤右膝。即令李昕随同灵柩照料送赴孝义祠内厝放。是时，李玉山等各将皮箱装车吆走。刘炳山拿出板箱，走至前院，失手落地，将箱碰散，倾出银包。刘炳山见财起意，窃取两包，李玉山等转身进来，瞥见银包，亦各起意窃取。李玉山、魏三各拿两包，王有得、夏得华各拿一包，均各跑走。

又，其时游勇刘新堂、王明德、柳老五、杜兴、白连升、金祥发路过闻闹，探知前情。刘新堂即起意乘间抢些财物，邀允王明德等一齐混进，直至余石氏房内，大家搬抢，经余石氏上前拉夺，被刘新堂用拳殴伤右乳、右臂膊、右胳肘，各劫皮箱一只，刚至前院，余石氏跟追喊拿，余起鸿瞥见挡住，刘新堂等均各弃箱而逃。经余起鸿之弟余起昌报经皋兰县姚署令驰诣勘验，饬差先后拿获余起鸿、刘炳山、李玉山、王有得、夏得华、梁升、曾茂林到案，并两次起获原赃衣箱、银包，给余石氏认领。查拿魏三等逃逸无踪，禀经臣将余起鸿奏参革职，行司饬府，提审详办，该前府胡孚骏未及讯详卸事，该署府周景曾到任，接准移交。正集讯间，旋据皋兰县续获刘新堂一名到案，该犯先自畏罪潜服身带洋烟，讯供后移时毒发殒命，验无别故,禀经臣批饬核入正案详办。李昕、杜汝镳经该署府访闻,呈请咨部斥革。旋即提齐一干,讯供通报,批饬覆鞫。兹据该署府查明,逃犯魏三等屡缉无获,余石氏伤早平复,提犯研讯,分别议拟,解由藩、臬两司覆审转详到臣,经臣覆核无异。

查例载:同居卑幼将引他人强劫己家财物,依各居亲属引强盗、卑幼犯尊长,以凡人论斩。又律载:窃盗赃一百二十两以上,绞监候;一百两,杖一百、流二千里各等语。此案已革分省补用知县余起鸿,因继母余石氏等不允搬柩回南并分给家财,起意雇倩多人,强行搬寄,意欲挟制偕归,即所应雇之人亦未商谋强劫,究与实在将引他人强劫己家财物情形不同。至游勇刘新堂等混入行劫,并拒殴余石氏致伤,实非余起鸿意料所及,亦与盗己家财物他人殴伤之律有间。遍查律例,并无恰合专条,自应酌量减等问拟。

余起鸿除鞭杆回击致伤庶母张氏、磕伤庶母陈氏均止拟徒轻罪不议外,应请于同居卑幼将引他人强劫己家财物,依各居亲属引强盗、卑幼犯尊长以凡人论斩罪上量减一等,拟杖一百、流三千里,系职官,从重发往新疆,充当苦差。刘炳山、李玉山、王有得、夏得华受余起鸿之雇,搬运余起鸿家箱只,既未谋盗在先,自未便照强盗科罪。即窃取板箱内倾出银两,亦与同谋上盗行窃有间。惟所窃银两刘炳山、李玉山已在一百二十两以上,王有得、夏得华已至百两,亦应酌量分别减等问拟。刘炳山、李玉山应请于窃盗赃一百二十两以上绞罪上量减一等,各拟杖一百、流三千里,至配折责安置。王有得、夏得华应请于窃盗赃一百两杖一百、流二千里罪上量减一等,各拟杖一百、徒三年,递籍定地,折责充徒,仍各照例刺字。已革甘肃试用巡检李昕为余起鸿押送父柩,已革甘肃试用典史杜汝镳为余起鸿受寄柩物,虽讯系碍于情面难却,并不知强搬情由,惟先未查明，究属非是，且另有唆人争讼、代作词状之事，业经咨革，请免再议。车夫梁升、曾茂林得受雇价，装运衣箱，讯无别情，均毋庸议。余泽春所遗资财，应饬查明按股均分，以杜后衅。刘新堂乘间行劫伤人，罪应斩候，已于尚未到案之先潜自吞服洋烟，讯供后毒发身死，验讯并无别故，亦毋庸议。受雇抬柩不识姓名十六人，应免查拘。逸犯魏三等饬缉，获日另结。

除全案供招咨部外，所有审明已革分省补用知县余起鸿率众强搬父柩、衣物，致刘炳山等乘间窃劫，拒伤余石氏平复，按例分别减等定拟缘由，理合恭折具陈，伏乞皇上圣鉴训示，饬部核覆施行。谨奏。光绪二十四年五月十六日。

（朱批:）刑部议奏。[1]

光绪二十四年六月十一日，奉朱批:刑部议奏。钦此。[2]

○七九 请以张绳祖调补庄浪协营都司折

光绪二十四年五月十六日（1898年7月4日）

头品顶戴陕甘总督臣陶模跪奏，为拣员调补要缺都司，以裨营伍，恭折仰祈圣鉴事。

窃臣接准部咨:甘肃凉州镇属庄浪协营都司员缺轮用预保，该省预保无人，应以第六轮第六缺拣发人员题补，饬令迅即拣员请补等因。当经转饬遵照去后。兹据署凉州镇总兵刘璞呈称:庄浪协营设处西路冲途，巡防最关紧要，非精明强干、熟悉地方情形之员，

---

① 台北故宫博物院藏:军机及宫中档，文献编号:408003171。

② 中国第一历史档案馆藏:录副奏折，档案编号:03-7371-065。

难期胜任,查有凉州镇属岔口营都司张绳祖,年富才明,诚实可靠。该员前在俄博营都司任内屡次带队侦探贼情,护运军粮,不避艰苦,若以该员调补庄浪协营都司,实于营伍、地方有裨。呈请核办前来。

臣查庄浪协营都司员缺地处冲要,本不在裁减之列,亟需拣员调补,以重操防。该员张绳祖勤干耐劳,于西路营伍、地方情形最为熟悉,以之调补斯缺,实堪胜任。合无仰恳天恩,俯念员缺紧要,准以该员张绳祖调补庄浪协营都司,俾资得力。如蒙俞允,该员以都司调补都司,衔缺相当,毋庸送部引见,仍请饬部换给实授札付,以符定制。至所遗凉州镇属岔口营都司员缺,仍请照章作为第六轮第六缺,由外在于拣发人员内另行拣员请补。

除查取该员履历清册另咨送部外,谨会同署甘肃提督臣张永清合词恭折具陈,伏乞皇上圣鉴训示。谨奏。光绪二十四年五月十六日。

(朱批:)兵部议奏。[①]

光绪二十四年六月十一日,奉朱批:兵部议奏。钦此。[②]

○八○　奏报嘉峪关征收俄税造册报销折

光绪二十四年五月十六日(1898 年 7 月 4 日)

头品顶戴陕甘总督臣陶模跪奏,为嘉峪关征收俄税扣足四结,造册报销,恭折仰祈圣鉴事。

---

①　台北故宫博物院藏:军机及宫中档,文献编号:408003172。

②　中国第一历史档案馆藏:录副奏折,档案编号:03-5926-014。

窃照嘉峪关新设俄国陆路口岸，征收税项，遵照部议扣足四结，专折奏咨一次。兹查光绪二十三年四月初九日止，第四十八结届满，业经先后造册奏咨。今自二十三年四月初十日起至二十四年闰三月初九日第五十二结止，又届四结期满；其第四十九结、五十结、五十一结、五十二结征收税银，已节次分别咨明在案。所有十三次四结内共旧管、新收，除提火耗每两一分二厘外，征收内地正、子税银九百六十八两三钱五分三厘五毫。又，开除提入光绪二十三年满年经费银五百九十七两七钱四分七厘三毫，实储税银三百七十两六钱六厘二毫。据该关监督何福塈造具清册，详请奏咨前来。

臣覆核无异。除册分送总理衙门及部、科查照外，理合恭折具奏，伏乞皇上圣鉴。谨奏。光绪二十四年五月十六日。

（朱批：）该衙门知道。①

光绪二十四年六月十一日，奉朱批：该衙门知道。钦此。②

○八一　请准姚焱等照例建坊片

光绪二十四年五月十六日（1898 年 7 月 4 日）

再，查甘肃前年被兵筹赈，劝募各省义捐，曾经奏明如有捐及千两者，照例请旨建坊，给予乐善好施字样在案。兹据甘肃藩司曾鉌详称：查有陕西泾阳县绅士分部行走郎中姚焱、甘肃候补知县姚五经等，遵父母遗命，曾捐助河州赈银一千两，由陕甘抚臣魏光焘

---

① 台北故宫博物院藏：军机及宫中档，文献编号：408003174。

② 此奉旨日期与内容，据军机处随手登记档查（档案编号：03-0296-2-1224-186）校补。

咨经臣饬司兑收，已归入赈款项下动用。虽据称不敢邀奖，然未便没其好善之忱，详请核奏前来。

臣查姚焱等克承先志，慨捐巨款，赈济灾民，核与建坊之例相符。合无仰恳天恩，俯准姚焱等为其已故父候选道姚德及其母姚吕氏照例在于原籍自行建坊，给与乐善好施字样，以示旌奖而昭激劝。谨附片具陈，伏乞圣鉴训示。谨奏。

（朱批：）着照所请，礼部知道。①

光绪二十四年六月十一日，奉朱批：着照所请，礼部知道。钦此。②

○八二　奏报拣员补署通判等缺片

光绪二十四年五月十六日（1898 年 7 月 4 日）

再，新授平庆泾固化道王会英现已到省，应饬赴新任。西宁府知府燕起烈已奉文准调。新授甘州府知府诚瑞亦已到省，应饬各赴新任。凉庄理事通判舒隆阿病故遗缺，查有试用通判文祺，堪以委署。署灵州知州姚长龄调省遗缺，查有署洮州厅事准补河州知州赵谦，堪以调署。递遗洮州同知员缺，查有宁夏盐捕通判熊振槩，堪以调署。抚彝通判黄绍梓丁忧遗缺，查有候补知县余人驹，堪以委署。署阶州直隶州知州李钟辰撤任遗缺，查有候补直隶州知州符瑞，堪以委署。署狄道州事准调武威县知县杨培之，应饬赴调任。所遗狄道州知州员缺，即以现署武威县候补知县萧承恩署

---

① 台北故宫博物院藏：军机及宫中档，文献编号：408003174-0-A。

② 中国第一历史档案馆藏：录副奏片，档案编号：03-5563-049。

理;萧承恩未到署任以前,委候补知州潘力谋暂行代理。署海城县知县杨廷槐调省遗缺,查有候补知县王树棠,堪以委署。平罗县知县李含菁调省遗缺,查有准调西宁县知县傅维祐,堪以调署。署西宁县事准补宁朔县知县张庭武应饬赴本任,所遗西宁县知县员缺,查有礼县知县罗运甓,堪以调署;所遗礼县知县员缺,查有试用知县余重基,堪以委署。隆德县知县程德音回籍省亲遗缺,查有候补知县易策谦,堪以委署。署清水县知县方傅获回巴燕戎格厅本任,所遗清水县知县员缺,查有候补知县袁范,堪以委署。正宁县知县董维埒病故遗缺,查有候补知县王开甲,堪以委署。据藩、臬两司先后会详前来。

　　除分别檄饬遵照外,谨附片陈明,伏乞圣鉴。谨奏。

　　（朱批:）吏部知道。[①]

　　光绪二十四年六月十一日,奉朱批:吏部知道。钦此。[②]

○八三　奏报拣员委署副将等缺片

光绪二十四年五月十六日(1898 年 7 月 4 日)

　　再,甘肃提属永固协副将朱祥兴请假回籍修墓,所遗副将印务,臣查有甘州城守营参将清辅,勤慎有为,堪以委署。所遗参将员缺,查有留甘尽先补用副将许元荣,年强才裕,堪以委署。除分别给委外,理合附片具奏,伏乞圣鉴,谨奏。

　　（朱批:）兵部知道。[③]

---

①　台北故宫博物院藏:军机及宫中档,文献编号:408003174-0-B。
②　中国第一历史档案馆藏:录副奏片,档案编号:03-5362-044。
③　台北故宫博物院藏:军机及宫中档,文献编号:408003172-0-A。

光绪二十四年六月十一日,奉朱批:兵部知道。钦此。①

〇八四　奏报参将师玉春病故出缺片

光绪二十四年五月十六日(1898 年 7 月 4 日)

再,据兼署督标中军副将韩廷芝呈称:卸署督标中军副将准补甘肃提标中营参将师玉春得患痢疽病证,调治不愈,于光绪二十四年闰三月十六日在省寓病故,委员查验属实,取具承查并嫡亲、医生印、甘各结及该故员原领宁夏镇标左营游击札付,呈赍核办前来。

臣覆查无异,相应奏明请旨开缺。除札付、印、甘各结咨送兵部外,所遗甘肃提标中营参将员缺,甘肃现有应补人员,容俟营汛裁并就绪,再行拣员请补。谨附片具陈,伏乞圣鉴。谨奏。

(朱批:)兵部知道。②

光绪二十四年六月十一日,奉朱批:兵部知道。钦此。③

〇八五　恭报甘肃光绪二十
四年四月雨水、粮价折

光绪二十四年六月初九日(1898 年 7 月 27 日)

头品顶戴陕甘总督臣陶模跪奏,为恭报甘肃省光绪二十四年

---

①　中国第一历史档案馆藏:录副奏片,档案编号:03-5926-017。

②　台北故宫博物院藏:军机及宫中档,文献编号:408003172-0-B。

③　中国第一历史档案馆藏:录副奏片,档案编号:03-5926-016。

四月份粮价、雨泽情形，恭折仰祈圣鉴事。

窃照本年闰三月粮价并得沾雨泽情形，业经具折奏报在案。兹查本年四月份兰州等八府六直隶州属具报得沾雨泽，或一二寸、或三四寸不等。正值禾苗吐穗之际，农田待泽犹殷，间有并未得雨及得雨未经深透之处，夏禾业已受伤，所冀甘霖叠降，得以补种秋禾，借资接济。除饬司查明被旱各属夏灾轻重情形另行奏报外，至通省粮价，或与上月相同，或较上月稍有增减，据藩司曾鉌开折详请具奏前来。

臣覆核无异。理合恭折具陈，并缮粮价清单，恭呈御览，伏乞皇上圣鉴。谨奏。光绪二十四年六月初九日。

（朱批：）知道了。[1]

光绪二十四年七月初六日，奉朱批：知道了。钦此。[2]

○八六　呈甘肃光绪二十四年四月粮价清单

光绪二十四年六月初九日(1898 年 7 月 27 日)

谨将甘肃各属光绪二十四年四月份米粮时估价值，缮具清单，恭呈御览。

计开：

兰州府属：价昂

粟米每京石价银一两五厘至四两五钱八分二厘，较上月贵六钱七分一厘。小麦每京石价银八钱七分五厘至三两六钱九厘，较

---

① 台北故宫博物院藏：军机及宫中档，文献编号：408003179。

② 中国第一历史档案馆藏：录副奏折，档案编号：03-6974-007。

上月贵三钱八分八厘。豌豆每京石价银九钱九分一厘至三两六钱九厘，较上月贵三钱八分八厘。青稞每京石价银一两四钱至三两四钱三分六厘，较上月贵三钱三分。

巩昌府属：价昂

粟米每京石价银一两三钱五分二厘至三两四钱八分三厘，较上月贵八钱二分二厘。小麦每京石价银一两七分一厘至二两六钱一分二厘，较上月贵四钱八分。豌豆每京石价银九钱八分七厘至二两三钱六分三厘，较上月贵四钱六分。青稞每京石价银一两一分四厘至一两四分八分九厘，较上月贵二分三厘。

平凉府属：价昂

粟米每京石价银一两八钱二分至二两二钱四分八厘，较上月贵四钱二分八厘。小麦每京石价银一两四钱至二两五钱六分六厘，较上月贵八钱二分四厘。豌豆每京石价银一两二钱九分四厘至二两五分二厘，较上月贵三钱八分二厘。糜子每京石价银八钱至一两一钱五分六厘，较上月贵七分六厘。

庆阳府属：价有昂有平

粟米每京石价银六钱八分六厘至一两二钱四分四厘，较上月贵二钱一分五厘。小麦每京石价银八钱三分三厘至一两三钱四分，与上月相同。豌豆每京石价银五钱八分八厘至一两七钱八分二厘，与上月相同。糜子每京石价银三钱九分二厘至六钱七分一两，较上月贵九分八厘。

甘州府属：价平

粟米每京石价银七钱八分四厘至一两五分，与上月相同。小麦每京石价银七钱三厘至七钱六分三厘，与上月相同。豌豆每京石价银七钱三厘至一两四钱二分八厘，与上月相同。青稞每京石价银四钱四分七厘至一两一分二厘,与上月相同。

凉州府属:价昂

粟米每京石价银八钱四分至二两九钱一分,较上月贵二厘一分六厘。小麦每京石价银六钱七分二厘至二两五钱四分七厘,较上月贵三钱四分七厘。豌豆每京石价银六钱七分二厘至二两三钱六分五厘,较上月贵二钱五分七厘。青稞每京石价银五钱四分六厘至二两一厘,较上月贵四钱四分四厘。

宁夏府属:价平

粟米每京石价银七钱七厘至一两一钱二分,与上月相同。小麦每京石价银七钱二分一厘至一两二钱三厘,与上月相同。豌豆每京石价银七钱八厘至一两四钱,与上月相同。糜子每京石价银三钱一分二厘至八钱四分八厘,与上月相同。

西宁府属:价平

粟米每京石价银一两七钱一分八厘至五两九钱八分四厘,与上月相同。小麦每京石价银二两三钱四分五厘至二两七钱八分四厘,与上月相同。豌豆每京石价银一两九钱二分五厘至二两七钱二分,与上月相同。青稞每京石价银一两八钱九分至二两五钱九分一厘,与上月相同。

秦州直隶州并所属:价有昂有落

粟米每京石价银一两三钱五分至三两三钱六分,较上月贱一钱一分五厘。小麦每京石价银八钱一分九厘至二两三钱一分,较上月贵七厘。豌豆每京石价银八钱一分九厘至二两三钱一分,较上月贵二钱九分。糜子每京石价银七钱三分二厘至一两八钱五分一厘,较上月贵一钱一分三厘。

阶州直隶州并所属:价有昂有平

粟米每京石价银二两五钱三分三厘至四两二钱,较上月贵四钱九分。小麦每京石价银二两三钱三分五厘至三两四钱三分,较上月贵四钱二分。豌豆每京石价银二两五钱三分九厘至三两八分,较上月贵四钱五分五厘。糜子每京石价银一两七钱四分六厘,与上月相同。

泾州直隶州并所属:价平

粟米每京石价银五钱八厘至一两七分二厘,与上月相同。小麦每京石价银四钱八分二厘至一两二钱二分五厘,与上月相同。豌豆每京石价银四钱二分八厘至九钱五分六厘,与上月相同。糜子每京石价银三钱三分六厘至六钱一分,与上月相同。

固原直隶州并所属:价有昂有平

粟米每京石价银九钱九分七厘至一两七钱七分五厘,与上月相同。小麦每京石价银一两一钱八分七厘至一两六钱八分,较上月贵一钱七分八厘。豌豆每京石价银一两三钱五分四厘至一两六钱八分,较上月贵四分一厘。糜子每京石价银九钱二厘,与上月相同。

肃州直隶州并所属:价有昂有落

粟米每京石价银一两五分至一两一钱三分四厘,较上月贵八分四厘。小麦每京石价银八钱一分二厘至一两一钱三分四厘,较上月贵二钱一分。豌豆每京石价银九钱五分至一两五分,较上月贱一钱九分三厘。青稞每京石价银五钱四分六厘至九钱六分六厘,较上月贵二钱六分九厘。

安西直隶州并所属:价平

粟米每京石价银一两五分至一两三钱七分二厘,与上月相同。小麦每京石价银一两九分八厘至一两二钱,与上月相同。豌豆每

京石价银一两二钱八分至二两八分，与上月相同。青稞每京石价
银九钱九分三厘至一两四钱，与上月相同。

（朱批:）览。①

○八七　奏为力疾销假折

光绪二十四年六月初九日(1898年7月27日)

头品顶戴陕甘总督臣陶模跪奏，为微臣力疾销假，恭折仰祈圣
鉴事。

窃臣前因假期已满，病尚未痊，恳恩开缺调理。本年五月二十
四日差弁赍回原折，奉朱批:着再赏假一个月，毋庸开缺。钦此。
跪聆之下，感悚莫名。臣前在塞外积受风寒，每年咳喘之疾，冬发
春愈。今年交夏以后，气喘仍未稍痊，病体难支，恳恩开缺。原因
封疆重寄，非阘冗之才、衰病之躯所能胜任，乃荷圣恩逾格，优予假
期，闻命自天，汗颜无地。现在时值盛夏，气喘等证叠经设法医治，
较前稍觉轻减，而精神气血一时尚未复元。

今年甘省雨泽愆期，米粮腾贵，各属叠报成灾，前已将大概情
形奏明在案。目下正筹款购运粟、麦，办理平粜，借资民食。臣忝
任封疆，受恩深重，值此时艰，急宜勉强支持，力图报效，稍分朝廷
西顾之忧。傥此后仰托福庇，病体渐次就痊，将来交冬或不致触寒
再发，则犬马之报，自当矢之终身，以期仰答高厚生成于万一。

所有微臣力疾销假缘由，谨缮折具陈，伏乞皇上圣鉴。谨奏。
光绪二十四年六月初九日。

----

① 中国第一历史档案馆藏:清单，档案编号:03-6974-008。

（朱批：）知道了。①

光绪二十四年七月初六日,奉朱批:知道了。钦此。②

○八八　预估甘肃光绪二十五年军饷及满营俸饷折

光绪二十四年六月初九日(1898 年 7 月 27 日)

头品顶戴陕甘总督臣陶模跪奏,为援案预估光绪二十五年份甘肃关内军饷及满营、青海俸饷实需数目,恭折驰陈,仰祈圣鉴事。

窃臣前准部咨:奏拨光绪二十四年份甘肃新饷案内,声明光绪二十五年应需饷项,应于二十四年春间先行详估奏报,以凭核办等因。当经行司遵照去后。兹据甘肃布政使曾鉌详称:遵查甘肃关内应需饷项,自光绪十四年起,每年奉拨银一百一十八万两,嗣经先后议减银二十三万七千八百余两,饬令提存司库,每年仅开支银九十四万余两。

伏念甘省回乱甫平,非有重兵镇慑,不足以消隐患而靖人心,扼要分防,实非旧章马步三十旗足敷分布,且自董福祥一军开拔东上,防地空虚,又经奏准添募马、步队各一旗,而所调之安、宁、靖、洮、镇南步队一旗四哨,自四月起至年底止,腾出饷银三万七百余两,又奉部电饬拨补董军添募五营之饷,而遗出防地仍须由甘添队填扎。是甘省但有增益之防军,并无加添之饷项,左支右绌,竭蹶时形。

---

①　台北故宫博物院藏:军机及宫中档,文献编号:408003176。
②　中国第一历史档案馆藏:录副奏折,档案编号:03-5363-008。

所有二十五年甘肃关内应需军饷,拟请照旧仍拨银一百一十八万两,内有应对存银二十万余两,暨新疆节省提存甘库银一十万两,是否仍须拨归董军专饷,听候户部核饬。其安、宁等一旗四哨腾出之饷,拟请来年免其提拨,俾甘肃旧存、新募各军稍资挹注,冀收士马饱腾之效。此外宁夏、凉州、庄浪、西宁、青海等处俸饷,自光绪十四年起每年奉部专拨银二十二万两。近年以来,满营生齿日繁,原拨饷银时形不足,亦属万难再减,请仍照旧专拨银二十二万两各等情,详请具奏前来。

臣查关内饷项,历年核减,已属不敷支用。且军兴后,防务关紧,酌留营旗未便过事裁汰,贻误边陲。当此筹款艰难之际,亦不敢遽请加拨,惟有吁恳天恩,准将二十五年关内应需饷项、各满营及青海俸饷,饬部照旧,共指拨银一百四十万两,免致亏乏。

除咨部外,所有预估光绪二十五年份甘肃关内实需军饷及满营、青海俸饷各数目缘由,理合恭折具陈,伏乞皇上圣鉴训示遵行。谨奏。光绪二十四年六月初九日。

(朱批:)户部议奏。[1]

光绪二十四年七月初六日,奉朱批:户部议奏。钦此。[2]

○八九　请以符瑞补授阶州直隶州知州折

光绪二十四年六月初九日(1898 年 7 月 27 日)

头品顶戴陕甘总督臣陶模跪奏,为拣员请补直隶州知州员缺,

---

① 台北故宫博物院藏:军机及宫中档,文献编号:408003177。
② 中国第一历史档案馆藏:录副奏折,档案编号:03-6147-020。

以裨地方,恭折仰祈圣鉴事。

　　窃据甘肃藩、臬两司详称:阶州直隶州知州朱宗祥病故遗缺,业经扣留截缺,自应照例按班酌补。查定例:道、府、同知、直隶州缺出,本省留补二次,送部归选一次。如系选缺遇病故所遗,应先尽候补班前酌补一人,次将候补正班酌补一人。又,道、府以至佐杂请补选缺各项候补人员,无论曾任、初任,均令题咨补授,毋庸请署各等语。甘省自停止变通章程后,前次阶州区望濂降调开缺,由本省留补一次。此次朱宗祥病故出缺,尚应留补一次。现无应补遇缺先以次花样人员,自应依病故所遗先尽候补班前酌补。

　　该司等在于是班内逐加察酌,惟查有军功候补班前先补用直隶州知州符瑞,年五十五岁,陕西平利县人,由文童投效甘肃新疆各军营,历保花翎知府衔,以直隶州知州留甘,归军功候补班前先补用,历署新疆库尔喀喇乌苏、喀喇沙尔直隶同知等缺。嗣经丁忧起复,引见领照赴甘,于光绪二十二年八月十九日到省,试看年满甄别留省补用在案。该司等查该员符瑞练达勤明,才堪治剧,以之酌补阶州直隶州知州员缺,与例相符,实堪胜任。会详请奏前来。

　　臣查符瑞年强才裕,勤干有为,合无仰恳天恩,准以该员符瑞补授阶州直隶州知州,实于地方有裨。如蒙俞允,该系以直隶州知州请补直隶州知州,衔缺相当,毋庸送部引见。再,该员前在新疆历署各缺,并无参罚案件。谨恭折具陈,伏乞皇上圣鉴训示。谨奏。光绪二十四年六月初九日。

　　(朱批:)吏部议奏。[①]

---

　　①　台北故宫博物院藏:军机及宫中档,文献编号:408003178。

光绪二十四年七月初六日，奉朱批：吏部议奏。钦此。①

○九○　代奏邓增升授陕西提督陈请陛见折

光绪二十四年六月初九日（1898 年 7 月 27 日）

头品顶戴陕甘总督臣陶模跪奏，为据情代奏，吁恳陛见事。

窃臣接准陕西固原提督臣邓增咨开：窃增一介武夫，知识浅陋。光绪二十二年，由西宁镇总兵蒙恩升授陕西提督，正拟陈请陛见，叩谢天恩，维时湟回西窜，旋奉督队出关追剿之命，幸而玉塞澄清，诸军凯撤。复于是年八月十三日钦奉温旨，着赴陕西提督本任，就近查办海城逸匪。迁延日久，未觐天颜。虽圣德宽广，如天翰浩，而臣心愧悚，无地自容。兹赖皇威远震，余孽尽歼，当武士投戈之时，正臣子恋阙之日。谨沥下情，咨请代奏，吁恳天恩陛见，以遂就瞻等因前来。

查提臣邓增久处边陲，威望素著，整饬营务，并办理地方一切，悉臻妥协。此次吁请入觐，出于至诚，可否仰邀天恩，准其入都陛见，谨候圣裁。理合恭折据情代奏，伏乞皇上圣鉴训示。谨奏。六月初九日。

（朱批：）毋庸来见。②

光绪二十四年七月初六日，奉朱批：毋庸来见。钦此。③

---

①　中国第一历史档案馆藏：录副奏折，档案编号：03-5363-010。

②　台北故宫博物院藏：军机及宫中档，文献编号：408007700。

③　中国第一历史档案馆藏：录副奏折，档案编号：03-5926-054。

○九一　奏报张家骥等期满甄别片

光绪二十四年六月初九日（1898 年 7 月 27 日）

再，查定例：各省捐纳道、府、州、县，凡应行试看人员，以到省之日起，予限一年，期满详加察看，出具切实考语，分别繁简补用。又，道、府、州、县毋论何项劳绩保归候补班次人员，试看一年期满，甄别补用各等语。历经遵办在案。

兹查有甘肃试用知县张家骥，自光绪二十二年十二月初四到省之日起，扣至二十三年十二月初四日，试看一年期满。又，甘肃补用通判张作霖，自光绪二十一年正月二十到省之日起，至是年六月十四日闻讣丁忧止，计连闰在省五个月零二十四日；又自二十三年十一月十三起复回省之日起，连闰扣至二十四年四月十九日止，前后接算，试看一年期满。均例应甄别。又，甘肃补用知县叶祖沆，自光绪八年正月十五作为到省之日起，扣至九年正月十五日，早已试看一年期满，今应补办甄别。由藩、臬两司出具考语，详请具奏前来。

臣查张家骥年强才裕，办事勤慎；张作霖性情朴实，办事谙练；叶祖沆老成练达，办公无误，均堪以原官留省，照例补用。除将各员履历清册送部外，理合附片具陈，伏乞圣鉴。谨奏。

（朱批：）吏部知道。①

光绪二十四年七月初六日，奉朱批：吏部知道。钦此。②

---

① 台北故宫博物院藏：军机及宫中档，文献编号：408003178-0-A。
② 中国第一历史档案馆藏：录副奏片，档案编号：03-5363-011。

○九二 奏请杂差车骡
仍照新章发给片

光绪二十四年六月初九日（1898 年 7 月 27 日）

再,甘肃前办河湟军务,需用车辆,因按旧章给价,雇觅甚难,故议大车每辆百里请加为二两四钱,守候每日六钱;驮骡每头百里加为六钱,守候每日一钱五分,回空各减一半,业经奏奉朱批:着照所请,该部知道。钦此。钦遵已将支用车价银两细数,专案造册请销在案。

兹据藩司曾鉌详称:现在军事虽平,车价迄未减落,缘二十一年之变,毁弃车骡不少,人工、粮料日益昂贵,民力未纾,无资蓄养。目下杂差雇用,皆系外来商车,有时需车稍多,更难雇觅。若仍照旧章给价,鲜有应者,外间既无款赔垫,竭蹶情形,殊难枚举,拟请一应杂差所需车骡,按照前次加价,酌量减少,每三套大车,一辆载重八百斤,每百里减为给银一两八钱;驮骡每头载重二百斤,每百里减为给银四钱五分,守候、回空一概不支,俟办理二三年后,再行察酌情形,详请规复旧章,俾免靡费。至车价一项,原定提用司库停止所车牛夫口粮银一万二千两,百货厘金银一万三千两,每年应先尽此撙节动支造报。如实在不敷,仍请由厘金项下续行提用,作正报销。由甘藩司呈请附奏前来。

臣复加察核,委系实在情形。合无仰恳天恩,俯准甘省一应杂差车骡,按照此次拟减价值支给请销,俟数年后再行规复旧例,以免赔累而示体恤,出自鸿慈。谨附片具陈,伏乞圣鉴训示。谨奏。

（朱批：）着照所请，该部知道。①

光绪二十四年七月初六日，奉朱批：着照所请，该部知道。
钦此。②

○九三　请将冯椿荫即行革职片

光绪二十四年六月初九日(1898年7月27日)

再，蓝翎同知衔甘肃候补知县冯椿荫，行为邪僻，居心险刻，
前署清水县事，声名本属平常，且访闻该员曾诳娶孀妇费赵氏，
压令为妾，致赵氏不甘，先毒其子女，后自服烟，一时连毙三命，
其事甚惨，经臣委查属实。据藩、臬两司详请核办前来。未便稍
涉姑容，相应请旨将蓝翎同知衔甘肃候补知县冯椿荫即行革职，
并拔去翎枝，以示惩儆而肃官方。谨附片具陈，伏乞圣鉴训示。
谨奏。

（朱批：）着照所请，该部知道。③

光绪二十四年七月初六日，奉朱批：着照所请，该部知道。
钦此。④

---

① 台北故宫博物院藏：军机及宫中档，文献编号：408003168-0-B。此片之具奏日
期，原件署"光绪二十四年五月初九日"，而军机录副则以朱批日期"光绪二十四年七月
初六日"为之，未确。查军机处随手登记档（档案编号：03-0297-1-1224-210）朱批陶模
折，据同批主折可断，其具奏日期当为"光绪二十四年六月初九日"。兹据校正。

② 中国第一历史档案馆藏：录副奏片，档案编号：03-6147-011。

③ 台北故宫博物院藏：军机及宫中档，文献编号：408003179-0-A。

④ 中国第一历史档案馆藏：录副奏片，档案编号：03-5363-009。

○九四 董军续添五营饷项请
由豫协甘新饷改解折

光绪二十四年七月十八日(1898年9月3日)

头品顶戴陕甘总督臣陶模跪奏,为奉拨提臣董福祥续添五营饷项,由豫省协甘新饷内就近改解,以期便捷,恭折仰祈圣鉴事。

窃臣准户部咨开:提臣董福祥续添五营饷项,虽系甘肃回队,不能尽责甘省供支,议将甘肃腾出回队饷银三万七百余两、裁兵节饷案内每年节存银四万二千六百余两,一并提解提臣董福祥行营交收,奏奉谕旨:依议。钦此。恭录咨行前来。当即饬司遵照去后。

兹据甘肃布政使曾𬭸详称:遵查董福祥续添五营,调去甘肃回勇步队一旗四哨,自光绪二十四年四月初一日起至年底止,按原领坐饷计算,共应腾出月饷湘平银三万七百一十七两八钱二分,以九六折合库平银二万九千四百八十九两一钱七厘,系有着之款。至甘省裁减二成兵丁节饷案内,原报每年应存银四万二千六百六十两一钱一分,系自二十三年秋季裁减起,除发过春、夏二季及赏发秋季遣饷外,应存无多,不敷指拨之数,二十四年份为期尚早,亦未结提有款,惟五营驻防近畿,需饷孔殷,自不能不先其所急,拟将甘肃裁兵节饷照案先行筹垫一年银四万二千六百六十两一钱一分,连甘省腾出回勇一旗四哨旧饷,共库平银七万二千一百四十九两二钱一分七厘。

查董福祥添募五营,由甘借支过两月行饷,并购办、盘费等项湘平折合库平银三万七千八十七两八钱七分二厘,应照数划扣还款外,实应拨解库平银三万五千六十一两三钱四分五厘。由甘肃至直隶,程途遥远,委解维艰,请由河南应协甘肃本年新饷内照数抵拨改解,较为便捷等情,详请奏咨前来。

臣覆核无异。除咨户部、河南抚臣刘树堂、提臣董福祥查照外,理合恭折具陈,伏乞皇上圣鉴。谨奏。光绪二十四年七月十八日。

(朱批:)户部知道。①

光绪二十四年八月初一日,奉朱批:户部知道。钦此。②

○九五　拟商令张俊校阅宁夏等处营伍折

光绪二十四年七月十八日(1898年9月3日)

头品顶戴陕甘总督臣陶模跪奏,为调署甘肃提臣现已抵省,拟商令校阅宁夏、河州、西宁及陕西提属驻甘防、绿各营旗,借资整顿,恭折具奏,仰祈圣鉴事。

窃臣前接总理各国事务衙门来电,钦奉谕旨:甘肃提督着张俊调署。甘肃回乱初平,张俊到任,着妥为弹压,择要驻扎,毋得专顾一隅等因。钦此。仰见皇上因地择人,慎重边圉,下怀莫名钦感。当即电咨遵照。维时,提臣尚在喀什噶尔提督本任,交卸后,东行入关。臣即咨请顺道将肃州、甘州、凉州各提、镇、协标及防、练各军认真校阅在案。兹张俊于七月初一日行抵省城,臣将屡奉谕旨饬令整顿营务等事面与商酌,提臣亦深以整军经武为当时要图,毅

① 台北故宫博物院藏:军机及宫中档,文献编号:408003180。
② 中国第一历史档案馆藏:录副奏折,档案编号:03-6148-001。

然引为己任,然应如何整顿方能切实有效,非将通省营伍一律阅视,分别优劣,仍属无从着手。

提臣张俊公忠素著,皇上倚畀方殷,臣拟商令提臣再往宁夏、河州、西宁各镇及陕西提属驻甘防、绿各营旗,周历校阅,俟校毕赴任后,应如何整顿,择要驻扎,不至专顾一隅,谨当遵旨拟议,另行会奏。合先恭折具陈,伏乞皇上圣鉴训示。谨奏。光绪二十四年七月十八日。

（朱批:）知道了。①

光绪二十四年八月初一日,奉朱批:知道了。钦此。②

○九六　委令龙恩思署理汉中镇总兵片

光绪二十四年七月十八日(1898年9月3日)

再,署陕西汉中镇总兵龙得胜署事期满,应另委员接署,以资整顿。臣查有统领陕西抚标永胜等旗记名提督龙恩思,朴勤廉谨,勇略兼优,堪以委署。除檄饬遵照外,谨会同陕西巡抚臣魏光焘、陕西固原提督臣邓增合词附片陈明,伏乞圣鉴。谨奏。

（朱批):兵部知道。③

光绪二十四年八月初一日,奉朱批:兵部知道。钦此。④

---

①　台北故宫博物院藏:军机及宫中档,文献编号:408003181。

②　中国第一历史档案馆藏:录副奏折,档案编号:03-5927-001。

③　台北故宫博物院藏:军机及宫中档,文献编号:408003181-0-A。

④　中国第一历史档案馆藏:录副奏片,档案编号:03-5927-003。

○九七　请准提臣张俊回籍省墓片

光绪二十四年七月十八日(1898年9月3日)

再，现准提臣张俊咨称：提督自从戎出塞，迄今二十余年，先人坟墓久缺展省，现奉旨调署甘肃提督，圣恩高厚，自当勉竭愚诚，以图报称，本不敢以一己私情上渎宸听。惟甘肃本桑梓之邦，现既奏令阅视宁夏等处防、绿各营队伍，该处距原籍平远县、寄籍灵州均不甚远，拟恳奏乞天恩赏假一月，便道回籍省墓，稍尽乌私等因前来。

合无仰恳天恩，俯准该提臣赏假一月，便道回籍省墓，俾遂孝思。谨附片具奏，伏乞圣鉴训示。谨奏。

(朱批：)张俊着赏假一个月。①

光绪二十四年八月初一日，奉朱批：张俊着赏假一个月。钦此。②

○九八　奏报甘肃光绪二十
四年五月雨水、粮价折

光绪二十四年八月初一日(1898年9月16日)

头品顶戴陕甘总督臣陶模跪奏，为恭报甘肃省光绪二十四年五月份粮价、雨泽情形，恭折仰祈圣鉴事。

---

① 台北故宫博物院藏：军机及宫中档，文献编号：408003181-0-B。
② 中国第一历史档案馆藏：录副奏片，档案编号：03-5927-002。

窃照本年四月份粮价并雨泽情形,业经奏报在案。兹查五月份兰州等八府六直隶州属具报得沾雨泽,自一二寸至六七寸深透不等。正值大旱后,夏禾多已受伤,补种秋禾,获此沃泽,实于农田大有裨益。惟间有被雹、被水之处,已饬查勘另办。至通省粮价,或与上月相同,或较上月稍有增减。据藩司曾鉌开折详请具奏前来。

臣覆核无异。理合恭折具陈,并缮粮价清单,恭呈御览,伏乞皇上圣鉴。谨奏。光绪二十四年八月初一日。

（朱批:）知道了。①

光绪二十四年八月二十八日,奉朱批:知道了。钦此。②

○九九　呈甘肃光绪二十四年五月粮价清单

光绪二十四年八月初一日(1898年9月16日)

谨将甘省各属光绪二十四年五月份米粮时估价值,缮具清单,恭呈御览。

计开:

兰州府属:价昂

粟米每京石价银一两二分一厘至六两六钱八分四厘,较上月贵二两一钱二厘。小麦每京石价银一两四钱至五两二钱五分九厘,较上月贵一两六钱五分。豌豆每京石价银一两七厘至五两二钱五分九厘,较上月贵一两六钱五分。青稞每京石价银一两四钱

---

① 台北故宫博物院藏:军机及宫中档,文献编号:408003182。
② 中国第一历史档案馆藏:录副奏折,档案编号:03-9370-030。

至四两二钱七分三厘,较上月贵八钱三分七厘。

巩昌府属:价昂

粟米每京石价银一两三钱五分二厘至三两五钱一分二厘,较上月贵二分九厘。小麦每京石价银一两三钱一分五厘至二两七钱五分九厘,较上月贵一钱四分七厘。豌豆每京石价银一两一钱四分至二两五钱二分,较上月贵一钱五分七厘。青稞每京石价银一两一分四厘至一两九钱二分五厘,较上月贵四钱三分六厘。

平凉府属:价有昂有平有落

粟米每京石价银一两八钱二分至二两一钱五分九厘,较上月贱八分九厘。小麦每京石价银一两四钱至二两五钱六分六厘,与上月相同。豌豆每京石价银一两三钱三分至二两五分二厘,与上月相同。糜子每京石价银八钱四分至一两一钱六分九厘,较上月贵一分三厘。

庆阳府属:价有昂有平

粟米每京石价银七钱四分二厘至一两三钱四分四厘,较上月贵一钱。小麦每京石价银一两二分九厘至一两四钱四分,较上月贵一钱。豌豆每京石价银一两九分八厘至一两七钱八分二厘,与上月相同。糜子每京石价银四钱一分七厘至六钱七分六厘,较上月贵五厘。

甘州府属:价昂

粟米每京石价银七钱八分四厘至一两一钱五分五厘,较上月贵一钱五厘。小麦每京石价银七钱三厘至八钱六分一厘,较上月贵九分八厘。豌豆每京石价银七钱三厘至一两五钱一分二厘,较上月贵八分四厘。青稞每京石价银四钱四分七厘至一两九分二厘,较上月贵八分。

凉州府属：价有平有落

粟米每京石价银八钱四分至二两八钱二分，较上月贱九分。小麦每京石价银六钱七分二厘至一两五钱四分七厘，与上月相同。豌豆每京石价银六钱七分二厘至二两一钱七分四厘，较上月贱九分一厘。青稞每京石价银五钱四分六厘至一两九钱一分，较上月贱九分一厘。

宁夏府属：价有昂有平

粟米每京石价银七钱一分五厘至一两一钱二分，与上月相同。小麦每京石价银七钱三分四厘至一两二钱三厘，与上月相同。豌豆每京石价银七钱一分一厘至一两四钱，与上月相同。糜子每京石价银三钱二分九厘至九钱三分二厘，较上月贵八分四厘。

西宁府属：价昂

粟米每京石价银一两七钱一分八厘至六两二钱四分，较上月贵二钱五分六厘。小麦每京石价银二两三钱四分五厘至二两八钱八分，较上月贵九分六厘。豌豆每京石价银一两九钱六分七厘至二两七钱六分八厘，较上月贵四分八厘。青稞每京石价银一两八钱九分至二两七钱三分四厘，较上月贵一钱四分三厘。

秦州直隶州并所属：价昂

粟米每京石价银一两三钱五分至三两三钱八分八厘，较上月贵二分八厘。小麦每京石价银八钱一分九厘至二两五钱四分八厘，较上月贵二钱三分八厘。豌豆每京石价银八钱一分九厘至二两五钱四分八厘，较上月贵二钱三分八厘。糜子每京石价银七钱三分二厘至二两一钱四分五厘，较上月贵二钱九分四厘。

阶州直隶州并所属：价有平有落

粟米每京石价银二两五钱三分三厘至四两二钱，与上月相同。

小麦每京石价银二两三钱三分五厘至三两一分，较上月贱四钱二分。豌豆每京石价银二两三钱四分二厘至三两一分，较上月贱七分。穈子每京石价银一两七钱，较上月贱四分六厘。

泾州直隶州并所属：价昂

粟米每京石价银五钱八厘至一两二钱六分四厘，较上月贵一钱九分二厘。小麦每京石价银四钱八分二厘至一两三钱一厘，较上月贵七分六厘。豌豆每京石价银四钱二分八厘至一两一钱四分八厘，较上月贵一钱九分二厘。穈子每京石价银三钱三分六厘至七钱六分六厘，较上月贵一钱五分六厘。

固原直隶州并所属：价昂

粟米每京石价银一两四钱二分六厘至三两三分八厘，较上月贵一两二钱六分三厘。小麦每京石价银一两四钱二分六厘至二两五钱七分，较上月贵八钱九分三厘。豌豆每京石价银一两四钱二分六厘至二两四钱二分八厘，较上月贵七钱四分八厘。穈子每京石价银一两二钱四分八厘至一两二钱八分四厘，较上月贵三钱八分二厘。

肃州直隶州并所属：价昂

粟米每京石价银一两五分至一两一钱七分六厘，较上月贵四分二厘。小麦每京石价银八钱一分二厘至一两三钱二厘，较上月贵一钱六分八厘。豌豆每京石价银九钱五分至一两一钱五分五厘，较上月贵一钱五厘。青稞每京石价银五钱四分六厘至一两八厘，较上月贵四分二厘。

安西直隶州并所属：价平

粟米每京石价银一两五分至一两三钱七分二厘，与上月相同。小麦每京石价银一两九分八厘至一两二钱，与上月相同。豌豆每京石价银一两二钱八分至二两八分，与上月相同。青稞每京石价银九钱九分三厘至一两四钱，与上月相同。

（朱批：）览。①

一〇〇　奏请免提学堂经费折

光绪二十四年八月初一日(1898年9月16日)

头品顶戴陕甘总督臣陶模跪奏，为甘省州县折征并无浮多，吁恳天恩，免提学堂经费，以示体恤，恭折仰祈圣鉴事。

窃臣前准户部咨：议御史徐士佳②奏请核减地丁折征制钱数目，暨另加带征学堂经费一折，光绪二十四年五月二十一日具奏，奉旨：依议。钦此。并钞录原奏，行令钦遵办理前来。臣查原奏内开：拟令征收地漕，折纳制钱。各省除照上年通行奏案减征民间丁漕钱文及提出归公、凑还洋款不计外，均按现在征收丁漕折纳钱数，每银一两，每米一石，各提出制钱五十文，另款存储，以为学堂经费之用，庶提解之数较少，办理不致为难。惟此系专指业已征收在官者而言，其有因此项名目并借口办公不敷，向民间多索丝毫者，即随时查明奏参，不得徇隐等因。具见部臣特恐以此累民，令由已征在官之钱折款内提取，斟酌审慎，用意良厚，事苟可行，亟应遵办。

---

①　中国第一历史档案馆藏：清单，档案编号：03-6973-035。

②　徐士佳，生卒年不详，江苏江阴人。同治九年(1870)，中式举人。光绪三年(1877)，中式进士，改吏部主事。十二年(1886)，充会试收卷官、军机章京。十七年(1891)，补吏部文选司主事。二十一年(1895)，改吏部验封司员外郎。二十四年(1898)，充会试监试官、考试拔贡监试官、浙江道监察御史、武会试监试官。二十六年(1900)，调督理街道监察御史。次年，转兵科给事中。三十年(1904)，升兵科掌印给事中。宣统元年(1909)，授广东高雷阳道。同年，调补直隶热河道。

无如甘肃边疆瘠苦,与腹地迥不相同,额征并无漕米,地丁为数甚少。各州县间有听民以钱折纳,所收并无浮多,若勉强提取,势必转取于民。诚如部臣所言,贻百姓无穷之累。所以前次奉文加解钱价平余,经臣奏准免办在案。此次提取学堂经费,事同一律。据甘肃藩司具详前来。

仍应仰恳天恩,俯念甘肃州县折征并无浮多,免予提取学堂经费,以示体恤。除开办学堂另行议拟具奏外,谨恭折具陈,伏乞皇上圣鉴训示。谨奏。光绪二十四年八月初一日。

(朱批:)着照所请,户部知道。①

光绪二十四年八月二十八日,奉朱批:着照所请,户部知道。钦此。②

【案】徐士佳……带征学堂经费一折:光绪二十四年四月三十日,浙江道监察御史徐士佳奏请饬下户部行令折征各省地丁,以为开办西学经费之用,曰:

再,现在钦奉上谕,行令各直省自省城以至府、厅、州、县,设立西学大小学堂,以育人才,诚为今日切要之图。但明知切要而犹若迟回者,则以费无所出,实为各省之通病也。臣愚以为莫如即取诸地丁之折征,以目下纹银市价每两一千二百文,若照当年酌增四百文计之,则每年丁银一两折征制钱一千六百文,在官已不至赔累。拟请饬下户部,行令折征各省每两丁银只准折收制钱一千六百文,另加带征百文,名曰学堂经费,

---

① 台北故宫博物院藏:军机及宫中档,文献编号:408003185。
② 中国第一历史档案馆藏:录副奏折,档案编号:03-6260-022。

另行存储,专备开办西学之用。计每丁银一两,共出制钱一千七百文,视以前尚少三百,而子弟可由此增习西学,民情固自乐从,在官亦并不赔累,而西学大小学堂可以借手开办,此一举两得之道也。是否有当,伏乞饬部核议施行。谨奏。①

一〇一　请以张作霖补授抚彝通判折

光绪二十四年八月初一日(1898年9月16日)

头品顶戴陕甘总督臣陶模跪奏,为拣员请补通判员缺,以裨地方,恭折仰祈圣鉴事。

窃据甘肃布政使曾鉎、按察使丁体常会详称:抚彝通判黄绍梓丁忧开缺,业已截缺报部,应即拣员请补。查定例:选缺通判如系丁忧所遗,应将候补班前与候补正班酌量补用,先尽记名分发人员请补。如无人,始准以各项候补酌补等语。今抚彝通判一缺,甘省现无记名分发人员,应以各项候补酌量请补。

该司等在于候补前、正两班人员内逐加遴选,查有候补通判张作霖,年五十七岁,湖南宁乡县人,由俊秀报捐监生,加捐县丞归部选用,因襄办营务,于关陇肃清案内保以通判留甘补用,于光绪二十年请咨赴部引见,二十一年正月二十日到省,旋丁父忧,回籍守制,二十三年十一月十三日起复回省,业经甄别留用在案。该司等查该员张作霖老成敦厚,任事勇往,以之酌补抚彝通判员缺,与例相符,实堪胜任。会详请奏前来。

臣查该员张作霖年强才裕,勤奋耐劳,合无仰恳天恩,俯准以

---

①　中国第一历史档案馆藏:录副奏片,档案编号:03-9459-022。

该员张作霖补授抚彝通判，实于地方有裨。如蒙俞允，该员以通判请补通判，衔缺相当，毋庸送部引见。谨恭折具陈，伏乞皇上圣鉴训示。谨奏。光绪二十四年八月初一日。

（朱批：）吏部议奏。①

光绪二十四年八月二十八日，奉朱批：吏部议奏。钦此。②

一〇二　请将李钟辰即行革职折

光绪二十四年八月初一日(1898 年 9 月 16 日)

头品顶戴陕甘总督臣陶模跪奏，为特参庸劣不职之候补同知直隶州，请旨即行革职，恭折仰祈圣鉴事。

窃查署理阶州直隶州花翎四品顶戴甘肃候补同知直隶州李钟辰，自到任以来，遇事粉饰，去岁该州地方被雹，贫民乏食，禀准赈粮，稽迟不发，收成以歉报丰；词讼案件，听信官亲丁役，颠倒是非，经该管巩秦阶道赵时熙委员查明，咨由藩、臬两司会详核办前来。

臣查李钟辰罔恤民瘼，听断糊涂，实属溺职太甚，除行司撤任外，相应请旨将花翎四品顶戴甘肃候补同知直隶州李钟辰即行革职，并拔去翎枝，以为庸劣不职者戒。谨恭折具陈，伏乞皇上圣鉴训示。谨奏。光绪二十四年八月初一日。

（朱批：）着照所请，该部知道。③

---

① 台北故宫博物院藏：军机及宫中档，文献编号：408003183。
② 中国第一历史档案馆藏：录副奏折，档案编号：03-5927-070。
③ 台北故宫博物院藏：军机及宫中档，文献编号：408003187。

光绪二十四年八月二十八日，奉朱批：着照所请，该部知道。钦此。①

一○三　请以徐占鳌升补永昌协营都司折

光绪二十四年八月初一日（1898年9月16日）

头品顶戴陕甘总督臣陶模跪奏，为拣员升补要缺都司，以裨营伍，恭折仰祈圣鉴事。

窃臣前准部咨：甘肃凉州镇属永昌协营都司员缺，掣定作为第五轮第九缺，轮用应升人员，饬令迅拣请补等因。当经转饬遵照去后。兹据署凉州镇总兵刘璞呈称：永昌协营都司设处西路冲途，巡防、护运，均关紧要，非精明干练之员，难期胜任。查有凉州镇标后营守备徐占鳌，熟悉营伍，诚实可靠，堪以升补斯缺，呈请核办前来。

臣查永昌协营都司员缺，地当冲要，本不在裁并之列，亟应拣员请补，以重操防。该员徐占鳌年强才裕，办事奋勉，于西路营伍、地方情形最为熟悉，以之升补斯缺，洵堪胜任，拟恳天恩，俯念员缺紧要，准以该员徐占鳌升补永昌协营中军都司，俾资得力。如蒙俞允，即行给咨赴部引见，以符定制。

除查取该员履册另咨送部外，所遗凉州镇标后营守备员缺，陕甘现有应补人员，容臣另拣请补。谨会同署甘肃提督臣张永清合词恭折具陈，伏乞皇上圣鉴训示。谨奏。光绪二十四年八月初一日。

---

①　中国第一历史档案馆藏：录副奏折，档案编号：03-5364-143。

（朱批：）兵部议奏。①

光绪二十四年八月二十八日，奉朱批：兵部议奏。钦此。②

一〇四　报销甘肃光绪二十
三年厘捐局卡收支折

光绪二十四年八月初一日（1898 年 9 月 16 日）

头品顶戴陕甘总督臣陶模跪奏，为报销光绪二十三年份甘肃关内厘捐总、分各局卡收支银两数目，恭折仰祈圣鉴事。

窃照光绪二十二年收支百货厘金银两数目，业经奏咨在案。兹据厘金总局司道详称：光绪二十三年正月起至十二月底止，关内各局卡百货厘金收支款目汇为一宗，通共新收并扣获局费减平银二十一万六千三百五十二两五钱五分五厘，以批解藩库为大宗。其次粥厂、车价并厘金、各局卡薪工、局费，总共解支银二十一万六千三百五十二两五钱五分五厘，以出抵入，并无余存。至盐厘、土药、加抽糖厘，另案造报等情，造具总、散清册，详请奏咨前来。

臣覆核无异。除清册送部外，合无仰恳天恩，饬部查照，准将光绪二十三年已支之款照册核销，以清款目。至前奉部饬征收厘金，开支局费章程向不准逾收数十分之一等因。惟甘肃为极边辽阔之地，山径分歧，若非扼要处所设立局卡，不能遏绕越而杜偷漏，是以开支局费不能照一成之数。再，二十三年百货厘金收数，较二

---

① 台北故宫博物院藏：军机及宫中档，文献编号：408003186。

② 中国第一历史档案馆藏：录副奏折，档案编号：03-5927-068。

十二年份尚属有盈。合并声明。

所有甘肃省光绪二十三年份收支百货厘金数目，谨恭折具奏，伏乞皇上圣鉴训示。谨奏。光绪二十四年八月初一日。

（朱批：）户部知道。[1]

光绪二十四年八月二十八日，奉朱批：户部知道。钦此。[2]

一〇五 奏报甘肃各局卡光绪二十三年收支盐厘数目片

光绪二十四年八月初一日（1898 年 9 月 16 日）

再，据甘肃厘金总局司道详称：光绪二十三年正月起至十二月底止，甘肃各局卡收支盐厘款目汇为一案，计新收盐厘共银二万八千一百三十两八钱九分五厘六毫，又扣获支发局费减平银一百六十六两三钱二分。以上新收并减平共银二万八千二百九十七两二钱一分五厘六毫，已解藩库银二万四千八百四两四钱九分五厘六毫，又解藩库支发局费扣获减平银一百六十六两三钱二分，又支发盐卡薪工、局费银三千三百二十六两四钱。

以上共开除银二万八千二百九十七两二钱一分五厘六毫，以出抵入，并无余存。造具收支清册，并将各处产销盐斤收厘章程、易银市估及委员职名均于册内声叙，仍遵照部咨，另造市估细册，一并详请奏咨前来。

臣覆核无异。合无仰恳天恩，饬部准将光绪二十三年各局卡

---

① 台北故宫博物院藏：军机及宫中档，文献编号：408003184。
② 中国第一历史档案馆藏：录副奏折，档案编号：03-6647-074。

已支之款照册核销，以清款目。除将清册送部查核外，谨附片具奏，伏乞圣鉴训示。谨奏。

（朱批：）户部知道。①

光绪二十四年八月二十八日，奉朱批：户部知道。钦此。②

一〇六　奏报甘肃各局卡光绪二十三年收支糖厘数目片

光绪二十四年八月初一日（1898年9月16日）

再，前准户部咨：甘肃省征收红、白蔗糖，于照章完厘外，每斤加抽二成厘金，另款汇存造报等因。当经转行遵办在案。兹据税厘总局司道详称：甘肃省自光绪二十三年正月起至十二月底止，各局卡收获糖厘款目汇为一宗，计新收二成厘银三百七十五两二钱三分三厘，已照数批解藩库，专款存储，听候指拨。造册详请奏咨前来。

臣覆核无异。除饬司仍按年列册报查，并饬各局卡认真经征，实收实报，以裨厘务外，谨附片具陈，伏乞圣鉴，饬部查照。谨奏。

（朱批：）户部知道。③

光绪二十四年八月二十八日，奉朱批：户部知道。钦此。④

---

① 台北故宫博物院藏：军机及宫中档，文献编号：408003184-0-A。
② 中国第一历史档案馆藏：录副奏片，档案编号：03-6647-074。
③ 台北故宫博物院藏：军机及宫中档，文献编号：408003184-0-B。
④ 中国第一历史档案馆藏：录副奏片，档案编号：03-6510-095。

一〇七 奏报甘肃各局卡光绪二十三年征收土药厘银数目片

光绪二十四年八月初一日（1898年9月16日）

再，前准户部咨：甘省征收土药厘金银两，应自光绪十六年起，按年据实造报，不得并入百货厘捐款内开支，以免牵混；并将所收银两专款存储，听候指拨等因。遵办在案。兹据税厘总局司道详称：甘肃省自光绪二十三年正月起至十二月底止，关内各厘局、卡收支土药款目汇为一宗，计新收银一万九千三百九十两四钱三分六厘，业已如数解交藩库，专款存储，听候指拨，造具四柱清册，并声明土药厘金向归百货厘局兼收，应支薪工仍在货厘项下开支。所有二十三年收获土药厘银，已由甘肃藩司照数汇解户部衙门查收等情，详请奏咨前来。

臣查甘省地处边陲，向无洋药到境。本地虽有栽种罂粟，然自用者多，贩运者少，故收厘有限。兹税厘总局将光绪二十三年份所收土药厘银一万九千三百九十两四钱三分六厘如数解交藩库，由甘肃藩司汇解户部衙门查收在案。仍饬司按年列册报查，并饬各局卡认真抽收，以裨厘务外，谨附片具陈，伏乞圣鉴，饬部查照。谨奏。

（朱批：）户部知道。[1]

光绪二十四年八月二十八日，奉朱批：户部知道。钦此。[2]

---

① 台北故宫博物院藏：军机及宫中档，文献编号：408003184-0-C。
② 中国第一历史档案馆藏：录副奏片，档案编号：03-6510-094。

一〇八　请准马相如照例建坊片

光绪二十四年八月初一日(1898 年 9 月 16 日)

再,查甘省被兵,筹赈劝募各省义捐,曾经奏明如有捐及千两者,照例请旨建坊,给予乐善好施字样在案。兹据甘肃布政使曾钵详称:查明陕西省原捐赈银内有陕西延榆绥道马相如前在署按察使任内曾捐银一千两,未便没其好善之忱,请为其故父二品封职马登朝、故母二品命妇殷氏在原籍地方自行建坊,给予乐善好施字样,俾沐旌扬而昭激劝等情,呈请具奏前来。

臣核与定例相符。合无仰恳天恩,俯准马相如为其故父母在于原籍自行建坊,给予乐善好施字样,俾增荣宠而光泉壤。谨附片具陈,伏乞圣鉴训示。谨奏。

(朱批:)着照所请,礼部知道。①

光绪二十四年八月二十八日,奉朱批:着照所请,礼部知道。钦此。②

一〇九　请准蔡金贵照例建坊片

光绪二十四年八月初一日(1898 年 9 月 16 日)

再,查例载:凡捐修城垣、衙署及各公所并军需等项银至千两以上者,请旨建坊,给与急公好义字样,由地方官给银三十两,听本

---

① 台北故宫博物院藏:军机及宫中档,文献编号:408003185-0-A。
② 中国第一历史档案馆藏:录副奏片,档案编号:03-5563-084。

家自行建坊等语。兹据藩司曾鉌转据署清水县知县袁范详称：该县绅士升用都司留直补用守备蔡金贵，自营假归，遵父遗命捐银一千两，请于本邑王家堡、刘家堡、张家川三处各设义学一处，教育童蒙，现已将银转发绅商，承领生息，为各该处延师脩脯之费，由该县取结造册赍司，核明转详前来。

臣查该守备蔡金贵克承先志，慷慨捐资，于本邑设学延师，课人子弟，实属不忘桑梓，高义可风，核其所捐银数，与建坊之例相符，合无仰恳天恩，俯准为清水县绅士升用都司留直补用守备蔡金贵之父已故四品封职蔡一成照例建坊，给与急公好义字样，以昭激劝而资表扬。除册结咨部外，谨会同甘肃学政臣夏启瑜附片具奏，伏乞圣鉴训示。谨奏。

（朱批：）着照所请，礼部知道。①

光绪二十四年八月二十八日，奉朱批：着照所请，礼部知道。钦此。②

一一○　请准吴占胜等员留陕甘补用片

光绪二十四年八月初一日（1898 年 9 月 16 日）

再，臣接准兵部咨开：提督衔遇缺尽先题奏总兵吴占胜、尽先补用参将何玉澄、尽先补用都司姜青云等三员，并未奏明留省，咨请收标，未便率准，应由该督奏明留省后，再行归班序补等因。兹查提督衔遇缺尽先题奏总兵吴占胜、尽先参将何玉澄、尽先都司姜

---

① 台北故宫博物院藏：军机及宫中档，文献编号：408003185-0-B。
② 中国第一历史档案馆藏：录副奏片，档案编号：03-5563-083。

青云等三员，均随征陕甘有年，历著战功，且于边防情形极其熟悉。若以原官原衔留于陕甘补用，实于营务有裨。合无仰恳天恩，俯准将吴占胜等三员一并留于陕甘差遣委用，理合附片具陈，伏乞圣鉴训示。谨奏。

（朱批：）着照所请，兵部知道。①

光绪二十四年八月二十八日，奉朱批：着照所请，兵部知道。钦此。②

一一一　请将革弁陈香庆驱逐回籍片

光绪二十四年八月初一日(1898 年 9 月 16 日)

再，升用都司候补守备陈香庆，前管带庆字营，经臣饬委总兵易顺胜点名遣散，据禀缺额两百余名，并以陈香庆纠众至寓哗闹，复捏写多人姓名诬讦，经臣奏参革职审办，旋奉朱批：着照所请，兵部知道。钦此。当即钦遵转饬审办。兹据署兰州府知府周景曾审明：陈香庆原带庆字步队一营，开赴永昌黄城滩防堵，归总兵易顺胜统辖。平日勇丁本系足额，嗣因调赴北大通剿贼，营勇率多伤亡。北大通收复后，仍回黄城滩驻扎。其时受伤勇丁不能同往，留住北大通养伤。二十二年军务平定，各勇丁纷纷告假，一时未能募齐，而易顺胜奉文猝往点散，仅就在营勇数计算，未将原留北大通养伤勇丁并计，亦未将假勇未补悬额划除，以致禀报该营缺额至二百余名之多，将饷扣缴。迨后养伤勇丁咸来领饷，陈香庆无款赔

---

① 台北故宫博物院藏：军机及宫中档，文献编号：408003186-0-A。
② 中国第一历史档案馆藏：录副奏片，档案编号：03-5927-069。

垫,带领各勇至易顺胜寓中恳求补领,即经易顺胜查明,仍请领按名散发清楚。彼时陈香庆等仅用言争论,尚非纠众哗闹,亦无缺额冒饷情事。至捏写多人姓名,将易顺胜诬讦,实因怀挟前嫌,一时气忿所致,核其诬揭各款,均属无关紧要各等情,由藩、臬两司提审无异,转详核奏前来。

臣查陈香庆虽无缺额冒饷、纠众哗闹各重情,惟察其平日办事巧滑,劣迹多端,此次又捏名诬讦,实属形同无赖,业经奏参革职,仍应驱逐回籍,不准在甘逗遛,以免生事而昭惩儆。理合附片具陈,伏乞圣鉴训示。谨奏。

（朱批:)着照所请。[1]

光绪二十四年八月二十八日,奉朱批:着照所请。钦此。[2]

一一二　拣选常祥等署理甘凉道等缺片

光绪二十四年八月初一日(1898年9月16日)

再,新授甘肃甘凉道白遇道经督练甘军甘肃提督臣董福祥奏请留办营务,奉旨允准。所遗甘凉道员缺紧要,亟应委员署理,以重职守。臣查有甘肃候补道常祥,堪以委署。又,署静宁州知州洪翼调省遗缺,查有中卫县知县卢世堃,堪以调署。递遗中卫县知县员缺,查有皋兰县知县陈昌,堪以调署。所遗皋兰县知县员缺,查有委署狄道州尚未赴任之候补知县萧承恩,堪以调署。其狄道州知州员缺,查有前委代理之候补知州潘力谋,堪以委署。据藩、臬

---

① 台北故宫博物院藏:军机及宫中档,文献编号:408003186-0-B。
② 中国第一历史档案馆藏:录副奏片,档案编号:03-5364-144。

两司会详前来。除分别檄饬遵照外，谨附片陈明，伏乞圣鉴。谨奏。

（朱批：）吏部知道。①

光绪二十四年八月二十八日，奉朱批：吏部知道。钦此。②

一一三　奏报甘肃光绪二十四年夏禾被灾情形折

光绪二十四年八月初二日（1898 年 9 月 17 日）

头品顶戴陕甘总督臣陶模跪奏，为报明甘肃省光绪二十四年各属夏禾被旱、被雹、被水详细情形，谨缮清单，恭折仰祈圣鉴事。

窃查甘肃各属自春徂夏，雨泽愆期，业将夏禾被旱大概情形奏报在案。乃自五月下旬以后，大雨时行，又苦霪潦，先后据阶州、文县、礼县、环县、皋兰县、成县、固原州、碾伯县、宁州、泾州、西固州同、海城县、静宁州、大通县、丹噶尔厅、西宁县、巴燕戎格厅、靖远县、中卫县、永昌县、平远县、金县、安定县、宁灵厅、宁夏县、宁朔县等二十六属禀详申报被旱、被雹、被水及地动倾陷，禾苗、罂粟枯槁，冲没城垣、衙署、仓厫、桥梁，民房多有坍塌，人口、牲畜间有淹毙，恳请蠲缓、抚恤各等情。经臣随时批司飞行该管道、府、州亲诣被灾处所，覆勘受伤轻重分数，将应蠲、应缓钱粮数目据实造册，联衔结报，并令一面筹款将被灾贫民、淹毙人口、坍塌房屋先行赶紧分别抚恤，以免失所。因各属被灾先后不一，地方远近不同，尚未据一律造册结报前来。

---

① 台北故宫博物院藏：军机及宫中档，文献编号：408003183-0-A。

② 中国第一历史档案馆藏：录副奏片，档案编号：03-5927-071。

就情形而论，旱灾以阶、文为最，雹灾以固原、西固为重，水灾以碾伯、丹噶尔、宁灵为大，而巴燕戎格之地动倾陷尤为非常之灾。今夏雨大且久，山溪到处盈溢灌泻，各川汇入黄流，水势汹涌，为数十年所未见。除受旱甚轻，收成尚能中稔，应请毋庸开报外，其受旱虽轻，而夏收极其歉薄，仍饬令统俟秋收如何，再行查办，以重民瘼。至罂粟一物，到处因旱枯槁，或为雨雹所伤，收割较上年不过二三成，间有全无所收者，应一并俟各属查覆结报到齐，秋后分别汇办。据甘肃藩司开具本年各属被旱、被雹、被水详细情形清折，呈请具奏前来。

臣覆核无异。理合缮具清单，恭呈御览，伏乞皇上圣鉴训示。谨奏。光绪二十四年八月初二日。

（朱批：）知道了。被灾处所，着遴派妥员，查勘抚恤，毋任失所。单并发。①

光绪二十四年八月十六日，奉朱批：知道了。被灾处所，着遴派妥员，查勘抚恤，毋任失所。单并发。钦此。②

一一四　呈甘肃光绪二十四年夏禾被灾情形清单
光绪二十四年八月初二日（1898年9月17日）

谨将甘省各属本年夏禾被旱、被雹、被水、地震各情形，缮具详细清单，恭呈御览。

署阶州直隶州李钟辰禀称：去年秋收，本不丰稔；今年二、三

---

①　台北故宫博物院藏：军机及宫中档，文献编号：408003189。
②　中国第一历史档案馆藏：录副奏折，档案编号：03-9370-027。

月，青黄不接，又值久旱，恳请赈恤等情。当经飞饬该管道查实，筹款抚恤。旋据巩秦阶道赵时熙禀覆：四月间，连得透雨，夏禾虽薄，秋田可望收成，现已筹款抚恤。已批饬仍俟秋收如何，再行查办。

文县知县舒翎禀称：本年二、三月间，雨泽愆期，夏禾被旱，贫民无法设措，恳请接济口食等情。当经飞行该管州查实，酌量分赈。旋据署阶州直隶州李钟辰禀覆：分款拨赈，现已得雨，秋成有望。已批令俟秋收如何，再行查办。

礼县知县罗运甓禀称：今春得雨稍迟，苗旱粮贵，东、南、北三乡尚可支持，西乡岳平里贫民借籴无门，转恳赈抚等情。当经札行阶州就近分款带赈。旋据署阶州直隶州李钟辰禀覆：带赈已举，夏收可以接济。已行令本管秦州直隶州转饬，俟秋收如何，再行查办。

署环县知县姬恺臣禀报：三月下半月，亢旱烈风，麦禾、罂粟大半枯萎，四月如获甘霖，晚秋或可补救，民有贫不及待者，捐粮分散，恳将上忙银两停征等情。已批行庆阳府覆勘查办，一面停征，俟查覆至日，汇案核办。

皋兰县知县陈昌详称：三、四月间，天气亢旱，夏禾被旱四五分、七八分不等，罂粟受旱更甚，五月内得雨，补种秋禾，其时旱象已形，市间粮缺价昂，贫民乏食，已呈由公中平籴麦面，借资接济等情。现饬据署兰州府知府周景曾覆勘禀覆：被旱地亩均一律改种杂粮。已批饬俟秋收如何，再行查办。

成县知县李惊禀报：北乡柏家嘴等五处于四月十一日天降冰雹，打伤夏禾，查勘被灾仅止二三分。无力之户，捐给籽粮，补种晚禾等情。当批行该管阶州直隶州覆勘，禀覆无异。已批令仍俟秋收如何，再行查办。

固原直隶州张祥会详报：今春久无透雨，麦禾、罂粟受旱颇甚。今西乡老官湾于四月十五日风雷冰雹，夏禾打伤罄尽，情殊可悯。被灾各户，借给社粮抚恤。本年钱粮，另册详请蠲缓等情。已批饬平庆泾固化道覆勘确查，俟查覆至日，汇案核办。

碾伯县知县宋升平详报：峡外旧城等一十七庄堡于四月十七、二十五、六等日，雷雨冰雹，打伤夏禾六七分不等。又，峡外上川口等六庄堡，亢阳日久，夏禾尽皆黄槁。又详报峡内杏元等一十六庄堡，于五月二十七日大雨倾盆，山水建瓴而下，河水陡涨丈余，冲淌田庐、桥梁。六月初二日，湟河水涨横溢，将平川禾稼漂没，地尽淤泥，受患甚深。被灾各户，捐资并提动粮石，散放口食。本年粮草，概求蠲免等情。已飞饬西宁府覆勘查办，并令筹款再加抚恤，俟查覆至日，汇案核办。

署宁州知州巢凤冈详报：西乡高太、南乡来村等四里于四月二十六、七日，风雷冰雹，打伤麦豆。旋经署庆阳府知府张大镛前往覆勘，被伤地亩三四分不等，例不成灾，令其一律补种秋苗。乏食之家，酌借口粮等情。已批饬仍俟秋收如何，再行查办。

泾州直隶州贾勋详报：本年雨泽愆期，夏禾、罂粟受伤。今南乡辛兴里于四月二十七日天降冰雹，打伤麦豆，被灾重者七八九分，轻者二三分不等，当谕农民赶种晚秋，一面将被灾之户分发社粮赈济等情。已饬平庆泾固化道覆勘查办，俟查覆至日，汇案核办。

署西固州同雷正鸣禀称：地方连年歉收，今春雨泽愆期，粮价过昂，穷民艰于觅食。又据申报：北路接官亭等五处于五月十一日雷雨冰雹，未割田禾概被摧折，打毙牛羊数十只，灾情堪悯。一面筹款散籽，令种晚禾，统祈设法安抚等情。已飞札阶州直隶州覆勘查办，并令借放社粮，分款拨赈，俟查覆至日，汇案核办。

署海城县知县王树棠详称：本年雨泽愆期，直至五月二十三日下雨，已属无及，夏禾收成不过三四分，虽已补种秋禾，地气较寒。又虑早霜难熟等情。当饬该管固原直隶州覆勘，禀覆无异。已批令俟秋收如何，再行查办。

署静宁州知州洪翼禀报：春夏之交，雨泽愆期。五月二十四日，雷雨大作，山水陡发，平地水高二尺，瓮城、角楼、桥梁均有坍塌，冲毁范家庄民房十余间，压毙马驴三头，幸人口、田禾尚未伤损，将被灾之户酌量抚恤等情。已行该管平凉府转饬妥为抚恤，择要筹修在案。

署大通县知县王宝铺详报：自五月二十九日起，大雨五日，山水突涨，近河沙地全行冲没，又冲坏桥梁、堤坝、庙宇、水磨、蝶洞，坍塌城垛、衙署、仓廒、民房极多，请筹款抚恤、补修等情。已批行西宁府覆勘查办，一面筹款办理，俟查覆至日，汇案核办。

署丹噶尔同知黄翰章详报：临城东中河东乡占林、西北乡立达等六庄于六月初一日天降猛雨，山水陡发，各庄桥梁、道路多被水冲，弥漫田禾五十余亩，淌坏民房二百余间，淹毙妇女、幼孩九口，情甚堪悯。被水贫民，绅商捐给钱文糊口；淹毙之家，并给钱掩埋等情。已飞行西宁府覆勘查办，并令筹款再加抚恤，俟查覆至日，汇案核办。

署西宁县知县罗运矕禀报：六月初一、二、三及初八等日，天降大雨，山河陡涨汹涌，田禾、沟渠、民房、桥梁、磨盘或被砂淤石压，或被急溜冲刷，并有压毙人口、牲畜之事，被灾颇重等情。已飞行西宁府覆勘查办，并令赶紧筹款抚恤，俟查覆至日，汇案核办。

署巴燕戎格通判张若金详报：多尔受族三庄于六月初一日起，

时时地动,至初五日,暴雨大作,房屋、田地陆续倾陷,约有数里,番民牲畜惊逃,邻庄幸未伤损,非常灾异,情实堪怜,恳发赈粮、屋费,请免番贡粮石等情。已飞行西宁府覆勘查办,并令赶紧垫款抚恤,俟查覆至日,汇案核办。

靖远县知县储英翰详报:前此夏禾受旱,罂粟更受虫伤,枯萎殆尽,粮价昂贵,民力已形拮据。今北乡三角城于六月初三、四等日,河水暴涨,冲崩垾石,淹伤禾苗等情。已批行兰州府会勘查办,并令赶筹抚恤,俟查覆至日,汇案核办。

中卫县知县卢世堃禀报:近年渠水浅少,夏禾、罂粟受旱歉薄,今于六月初四、五、六等日,河水涨发,汹涌异常,两岸田亩、房屋尽行冲入河内等情。已飞行宁夏府会勘查办,并令筹款抚恤,俟查覆至日,汇案核办。

署永昌县知县郑业启禀报:今春雨泽愆期,禾苗颓败,罂粟枯焦,今西城七下中坝于六月十五日雷雨冰雹,麦禾打伤无存,地冷补种不逮,实已成灾,恳请蠲缓等情。已批行凉州府覆勘查办,俟查覆至日,汇案核办。

平远县知县葛尧钦禀称:夏月得雨,皆仅片刻,春麦受旱无望,旱象已成,若得透雨,只可补种晚荞;贫户乏食,酌借社粮,并劝有力之家量予借贷等情。已札行固原直隶州覆勘查办,俟查覆至日,汇案核办。

署金县知县叶克信详称:自春至夏,雨泽太少,各色夏禾及罂粟或全被旱枯,或收成一二分,幸补种秋禾,已得透雨,可望收成。乏食贫民,随时酌借社粮等情。由兰州府知府周景曾覆勘详报前来。已批饬俟秋收如何,再行查办。

安定县知县陈明德详称:夏禾受旱,收成歉薄,后得透雨,秋禾可望接济。至于罂粟，全是枯萎无收等情。当饬该管巩昌府勘明禀覆，已批令俟秋收如何，再行查办。

宁灵厅同知方仰欧禀报：南乡汉卫堡等五处于六月二十八、九等日，天降大雨，山水猛发，沟埒危若累卵，正在抢护，复于七月初五、六等日，大雨倾盆，沟埒决口二十余丈，淹没田禾三千亩之谱，十分成灾，幸人口逃避无伤，民房仅泡倒数处，赶紧集夫，筑埒疏水，请发赈以济灾黎等情。已飞行宁夏府迅速会勘查办，并令赶紧筹款抚恤，俟查覆至日，汇案核办。

署宁夏县知县杜翙详报，魏信堡地方近因大雨时注，于五月二十七日沟水泛涨，淹没田禾二千五百余亩、房屋二十余间，实已成灾，贫民搭棚容身，情实堪悯。已分别抚恤，钱粮恳请蠲缓等情。已飞行宁夏府迅即覆勘查办，并令筹款抚恤，俟查覆至日汇案核办。

兼理宁朔县知县杜翙详报：玉泉堡地方于五月二十四、二十八、六月十二日等日，叠降暴雨，山水陡发，被淹田禾四五百亩，颗粒无收，情殊可悯。贫民酌予抚恤，钱粮乞请蠲缓等情。已飞行宁夏府覆勘查办，并令筹款妥为抚恤，俟查覆至日，汇案核办。

（朱批：）览。①

一一五　奏报陕甘裁兵节饷折

光绪二十四年八月初二日(1898 年 9 月 17 日)

头品顶戴陕甘总督臣陶模跪奏，为拟裁督标、陕、甘两提标各

---

① 中国第一历史档案馆藏：清单，档案编号：03-9370-028。

后营员弁、兵丁，节省银粮、草束数目，先行具陈，恭折仰祈圣鉴事。

窃臣前奏裁兵节饷、谨拟切实办法折内，声明连官弁一并酌裁，当即移行各提镇，察看所属营汛紧要、偏僻地方情形，迅速核办。臣已先饬督标及兰州城守营，共裁兵二百二十名，以为之倡。截至本年闰三月底止，仍另给遣饷银粮一季，俾别谋生计。复饬再裁督标后营一营弁兵，并与陕、甘两提臣往返函商，亦各拟先裁提标后营弁兵。计督标后营游击一员、守备一员、千总二员、把总四员、经制六员、马步兵一百三十八名；陕西提标后营游击一员、守备一员、千总一员、把总三员、经制五员、马步守兵八十九名；甘肃提标后营都司一员、守备一员、千总一员、把总四员、经制六员、马步兵二百四十八名，拟全行裁除。兵则拟截至本年九月底止，仍另给一季遣饷银粮，官则俟钦奉谕旨允准后，再饬撤回，俾昭慎重。有实缺者，遇有缺出，即按官阶随时还补，拟请不拘班次、轮次。其未还补以前，仍按从前原缺给予半分俸廉，以示体恤。合共督标、陕、甘两提标所裁官兵，每岁约共节省银一万四千一百二十余两、粮料五千四百四十石有零、草四万三百余束。

至陕甘各镇、协均处边要，情形与督、提标不同。提、镇所属分防营汛散处各道、府、厅、州、县并要隘地方，兵丁屡经裁减，现存不及原额十分之三，而防守城垣、稽查贼盗、赌博以及护解人犯、协拿逃匪等事，仍系武营弁兵专责，防营现亦无多，皆系团扎训练，即间有散扎分防，并不能分任绿营弁兵之事。一旦裁除殆尽，汛地顿形空虚，不免宵小、匪徒乘隙为患，且虞勾结滋事。据各提、镇先后咨禀前来。均属实在情形。裁兵原图节饷，而地方所关甚巨，势不能不权其轻重缓急。除督标及陕、甘两提标所裁官兵岁省银粮、草束饬司造册报存外，其余各镇、协并所属分防各营汛，容臣察酌情形，再行次第办理,俾昭妥慎。

是否有当,合将先裁督标、陕、甘两提标各后营弁、兵丁岁省银粮、草束数目缘由,谨会同陕甘提臣邓增、署甘肃提臣张永清合词恭折具陈,伏乞皇上圣鉴训示。谨奏。光绪二十四年八月初一日。

(朱批:)裁兵一事,总宜察酌地方情形,可裁则裁,不可勉强从事,致贻后患。此案着再通盘筹画,据实奏明办理。[①]

光绪二十四年八月十六日,奉朱批:裁兵一事,总宜察酌地方情形,可裁则裁,不可勉强从事,致贻后患。此案着再通盘筹画,据实奏明办理。钦此。[②]

【案】此折于是年八月十七日得批覆。《清实录》:

陕甘总督陶模奏,拟裁督标、陕、甘两提标各后营弁兵丁,每岁节省银粮、草束数目,饬司造册报存。各镇、协所属分防营汛,察酌情形,次第办理,俾昭妥慎。得旨:裁兵一事,总宜查酌地方情形,可裁则裁,不可勉强从事,致贻后患。此案着再通盘筹画,据实奏明办理。[③]

一一六　奏请截留闽关协甘饷银片

光绪二十四年八月初二日(1898年9月17日)

再,臣承准军机大臣字寄:光绪二十四年六月初十日,钦奉谕

---

① 台北故宫博物院藏:军机及宫中档,文献编号:408003188。
② 中国第一历史档案馆藏:录副奏折,档案编号:03-5762-016。
③ 《德宗景皇帝实录(六)》,卷四百二十七,光绪二十四年八月中,第609—610页。

旨:国家讲求武备,非添设海军,筹造兵轮,无以为自强之计,着各将军、督抚遵照单开指拨数目,无论何款,准其移缓就急,如数拨解,不准托词延宕。仍于接奉此旨十日内先行电奏,以慰廑系等因。钦此。臣查钞单内开甘肃五万两。臣维制备船炮,实为目前要图。甘肃虽地瘠款绌,自当竭力筹解,以顾大局。

惟距闽辽远,委解维艰,因与司道熟商,拟由闽关协甘饷内截留银五万两,俾应急需,当即电请总署代奏,并电致福州将军照数留用。兹准该将军覆电,已遵办等因前来。除咨部外,谨附片陈明,伏乞圣鉴。谨奏。

(朱批:)户部知道。①

光绪二十四年八月十六日,奉朱批:户部知道。钦此。②

一一七　奏请奖叙翻译官茂连等员片

光绪二十四年八月初二日(1898 年 9 月 17 日)

再,臣咨准总理各国事务衙门钞发奏定章程,派充翻译官,每届三年,如无贻误,照章给予奖励一次等因。甘肃前因翻译需员,经前督臣杨昌濬、青海大臣奎顺于光绪二十年七月间电请总理衙门拣派同文馆英文副教习同知衔分发洋务省份候补班前先补用知县茂连、法文副教习五品衔户部笔帖式遇缺即补主事阎海明,来甘差遣。该员等于光绪二十年十一月初五日到甘供差起,扣至二十三年十一月,已满三年,勤慎供差,遇有翻译事件,均能悉心办理,

① 台北故宫博物院藏:军机及宫中档,文献编号:408003188-0-A。
② 中国第一历史档案馆藏:录副奏片,档案编号:03-6647-060。

毫无贻误,自应援照总理衙门定章给予奖叙。英文翻译茂连可否免补知县,以直隶州知州分省仍归候补班前先补用,并赏加知府衔;法文翻译阎海明可否免补主事,作为本部员外郎无论满蒙题选咨留,遇缺即补,以示鼓励,出自恩施。

除咨明总理衙门并查取该员等履历送部外,理合附片具奏,伏乞圣鉴训示。谨奏。

(朱批:)着照所请,该衙门知道。[1]

光绪二十四年八月十六日,奉朱批:着照所请,该衙门知道。钦此。[2]

一一八　请饬催江淮协甘饷项片

光绪二十四年八月初二日(1898年9月17日)

再,光绪二十四年江淮协甘新饷,前因该处货厘、盐厘改归税务司代缴,抵还洋款,准两江总督臣刘坤一咨明,以后无款拨济。经臣饬司查明江淮两处协饷,除拨解抵兑外,尚欠解银二十万五千八百二两九钱二分,奏请饬部改拨之款。旋接户部来咨:江苏、两淮承协本年甘饷,应取给于货厘、盐厘者,前奏已悉数筹款补足,自应照旧拨解,以符原案等因。正咨请拨解间,又接两江督臣刘坤一咨开:此次部指拨补各款,其中本省之项,或业经拨作还款,或目前尚难截数;外省之项,亦属允解寥寥,均不能恃为的款。所有江淮协甘饷项,仍请咨部另拨,以归简便而重饷需前来。复经饬司遵

---

①　台北故宫博物院藏:军机及宫中档,文献编号:408003188-0-B。

②　中国第一历史档案馆藏:录副奏片,档案编号:03-5364-091。

照。兹据藩司曾铣详称：查明江苏省经前次截数奏咨改拨后，又续收两次抵拨银六千四百一十三两三钱四分二厘，现准报交号商协同庆、蔚丰厚汇解。苏、沪两厘局闰三月初十日以前解存银一万七千两，容俟解到列收外，计实欠未解银五万二千三百八十九两五钱七分八厘，两淮运司并无续解之款，仍欠解银一十三万两，合计江、淮两处应解光绪二十四年甘肃新饷实共欠银一十八万二千三百八十九两五钱七分八厘，实为甘肃关内外计口授食之需，一经短缺，即不敷分拨，关系匪轻。呈请奏咨另拨前来。

合无仰恳天恩，俯念甘、新饷需紧要，饬部迅将本年江、淮两处欠解银一十八万二千三百八十九两五钱七分八厘，另行改拨的款，解甘备支，以符原数而免匮乏。除咨部外，谨附片具陈，伏乞圣鉴训示。谨奏。

（朱批：）户部知道。①

光绪二十四年八月十六日，奉朱批：户部知道。钦此。②

一一九　奏报甘肃光绪二十四年六月雨水、粮价折

光绪二十四年八月十二日（1898 年 9 月 27 日）

头品顶戴陕甘总督臣陶模跪奏，为恭报甘肃省光绪二十四年六月份粮价、雨泽情形，恭折仰祈圣鉴事。

窃照本年五月份粮价并得雨分寸及受旱情形，业经奏报在案。

---

① 台北故宫博物院藏：军机及宫中档，文献编号：408003188-0-C。
② 中国第一历史档案馆藏：录副奏片，档案编号：03-6647-059。

兹查六月份兰州等八府六直隶州属具报得沾雨泽,自三四寸至八九寸,深透不等。虽夏禾受旱歉收,而现值秋禾滋长之际,获此沃泽,实于农田大有裨益。其间被旱、被雹、被水之处,业已另案专折具奏。至通省粮价,或与上月相同,或较上月稍有增减。据藩司曾鉌具详请奏前来。

臣覆核无异。理合恭折具奏,并缮粮价清单,恭呈御览,伏乞皇太后、皇上圣鉴。谨奏。光绪二十四年八月十二日。

(朱批:)知道了。[①]

光绪二十四年九月初八日,奉朱批:知道了。钦此。[②]

一二〇　呈甘肃光绪二十四年六月粮价清单

光绪二十四年八月十二日(1898 年 9 月 27 日)

谨将甘省各属光绪二十四年六月份米粮时估价值,缮具清单,恭呈御览。

计开:

兰州府属:价落

粟米每京石价银一两五分六厘至五两五钱四分四厘,较上月贱一两一钱四分。小麦每京石价银一两四分二厘至四两八钱七分九厘,较上月贱三钱八分。豌豆每京石价银一两四分二厘至四两七钱六分八厘,较上月贱四钱九分一厘。青稞每京石价银一两六钱八分至四两一钱三厘,较上月贱一钱七分。

---

①　台北故宫博物院藏:军机及宫中档,文献编号:408003194。
②　中国第一历史档案馆藏:录副奏折,档案编号:03-9370-032。

巩昌府属：价有平有落

粟米每京石价银一两四钱九分三厘至三两四钱五分九厘，较上月贱五分三厘。小麦每京石价银一两四钱二分至二两六钱二分一厘，较上月贱一钱三分八厘。豌豆每京石价银一两一钱四分至二两五钱二分，与上月相同。青稞每京石价银一两一分四厘至一两九钱二分五厘，与上月相同。

平凉府属：价有平有落

粟米每京石价银一两六钱四分八厘至二两一钱五分九厘，与上月相同。小麦每京石价银一两四钱七分至二两五钱六分六厘，与上月相同。豌豆每京石价银一两三钱六分五厘至二两五分二厘，与上月相同。糜子每京石价银九钱一分至一两一分六厘，较上月贱一钱五分三厘。

庆阳府属：价平

粟米每京石价银七钱四分二厘至一两三钱四分四厘，与上月相同。小麦每京石价银一两二分九厘至一两四钱四分，与上月相同。豌豆每京石价银一两一钱六厘至一两七钱八分二厘，与上月相同。糜子每京石价银四钱一分七厘至六钱七分六厘，与上月相同。

甘州府属：价平

粟米每京石价银八钱一分九厘至一两一钱五分五厘，与上月相同。小麦每京石价银七钱三厘至八钱六分一厘，与上月相同。豌豆每京石价银七钱三厘至一两五钱一分二厘，与上月相同。青稞每京石价银四钱八分二厘至一两九分二厘，与上月相同。

凉州府属：价落

粟米每京石价银八钱四分至二两七钱九分，较上月贱二分六厘。小麦每京石价银七钱一分四厘至一两五钱一分五厘，较上月贱三分二厘。豌豆每京石价银六钱七分二厘至二两二钱三分五厘，较上月贱三分九厘。青稞每京石价银五钱四分六厘至一两八钱六分三厘，较上月贱四分七厘。

宁夏府属：价有昂有平

粟米每京石价银七钱二分一厘至一两五钱四分，较上月贵四钱二分。小麦每京石价银七钱三分四厘至二两三分，较上月贵八钱二分七厘。豌豆每京石价银七钱七厘至一两四钱，与上月相同。糜子每京石价银三钱一分五厘至一两七分四厘，较上月贵一钱四分二厘。

西宁府属：价有平有落

粟米每京石价银一两七钱一分八厘至六两二钱四分，与上月相同。小麦每京石价银二两三钱四分五厘至二两八钱一分二厘，较上月贱六分八厘。豌豆每京石价银一两九钱六分七厘至二两五钱五分七厘，较上月贱一钱一分一厘。青稞每京石价银一两八钱九分至二两七钱三分四厘，较上月相同。

秦州直隶州并所属：价昂

粟米每京石价银一两三钱五分至三两四钱八分七厘，较上月贵九分九厘。小麦每京石价银八钱一分九厘至二两六钱一分八厘，较上月贵七分。豌豆每京石价银八钱一分九厘至二两六钱一分八厘，较上月贵七分。糜子每京石价银七钱三分二厘至二两一钱四分六厘，较上月贵一厘。

阶州直隶州并所属：价有平有落

粟米每京石价银二两一钱六分七厘至四两二钱，与上月相同。小麦每京石价银一两九钱九分九厘至二两六钱二分五厘，较上月贱三钱八分五厘。豌豆每京石价银二两四分五厘至三两一分，与上月相同。糜子每京石价银一两五钱五分一厘，较上月贱一钱四分九厘。

泾州直隶州并所属：价有昂有落

粟米每京石价银五钱一分二厘至一两四钱一分二厘，较上月贵一钱四分八厘。小麦每京石价银四钱八分至一两一钱六分一厘，较上月贱一钱四分。豌豆每京石价银四钱五分八厘至一两二分五厘，较上月贱二分三厘。糜子每京石价银三钱三分六厘至七钱二分六厘，较上月贱四分。

固原直隶州并所属：价平

粟米每京石价银一两三钱一分六厘至三两三分八厘，与上月相同。小麦每京石价银一两四钱二分六厘至二两五钱七分三厘，与上月相同。豌豆每京石价银一两四钱二分六厘至二两四钱二分八厘，与上月相同。糜子每京石价银一两二钱八分四厘，与上月相同。

肃州直隶州并所属：价有昂有平有落

粟米每京石价银一两五分至一两一钱七分六厘，与上月相同。小麦每京石价银八钱一分二厘至一两四钱七分，较上月贵一钱六分八厘。豌豆每京石价银九钱五分至一两一钱三分四厘，较上月贱二分一厘。青稞每京石价银五钱四分六厘至八钱八分二厘，较上月贱一钱二分六厘。

安西直隶州并所属：价平

粟米每京石价银一两五分至一两三钱七分二厘，与上月相同。小麦每京石价银一两九分八厘至一两二钱，与上月相同。豌豆每京石价银一两二钱八分至二两八分，与上月相同。青稞每京石价银九钱九分三厘至一两四钱，与上月相同。

（朱批:）览。①

一二一　核销赈济难民用过银粮等项折

光绪二十四年八月十二日(1898年9月27日)

头品顶戴陕甘总督臣陶模跪奏,为赈济河湟难民用过银粮等项,开具清单,请旨饬部照案准销,以清款目,恭折仰祈圣鉴事。

窃据甘肃布政使曾鉌、按察使丁体常、兰州道黄云详称:查光绪二十一年河湟变乱,蹂躏一十九属,一面剿抚,一面请款收赈难民,地广创巨,更有一再受祸之处,先后接续,自光绪二十一年闰五月起至二十三年七月,赈务始克停止。现在清厘报销,实属入不敷出。计节次请拨过本省驿站扣留新草变价,十九、二十两年兵饷,制钱易银,甲午科考官路费,二十一、二、三、四等年新海防捐、筹饷新捐,陕西抵解江海关提款,连陕西筹解提督董福祥河狄抚辑经费,并各省官商义捐及河州两次回捐叛产变价,共银八十五万八千一百六十二两六钱九分八厘;请拨过各属仓粮二十万石,实赈过河州、狄道、沙泥、皋兰、洮州、岷州、固原、海城、平远、硝河城、西宁、大通、碾伯、循化、巴燕戎格、丹噶尔、平番、永昌、山丹等十九厅、州、县、州判难民男女大小四十一万六千一百六十四丁口,实用过赈银、房费、牛具、埋葬、毡衣、路费、粮价、运脚、薪工、杂支等项银一百一十五万八千二百一十三两八钱六分九厘,实用过赈粮、籽种粮三十六万六千九百一十二石四斗二升七合五勺,内动用所拨仓

---

①　中国第一历史档案馆藏:清单,档案编号:03-69734-039。

粮仅四万余石，其余惟采买为多，更资助于回捐及羊本、义仓、社仓各种粮石。缘各属仓储只甘、凉较多，其时道梗不能拨运，且一款两用，尚需变价济饷，故不得不采运资助。统计出入，所拨仓粮二十万石，尚余一十五万六千三百八十七石二斗四升，而不敷银三十万五十一两一钱七分，事后将未用之粮在于有粮各属分数划提，按其时市估，照案减二成粜变，得银一十四万一千九百一十二两二钱三分，以之抵补外，实不敷银一十五万八千一百三十八两九钱四分八毫。其房具资费并加赈月份，摊拘例章情形，业经详请奏明在案。事求实济，义属变通。今若比例逐细造册，则凿枘龃龉，处处窒碍。

伏查直隶及晋边，每届赈务报销，均系开具清单，请免造册，历蒙恩准有案。甘肃此次筹赈，于干戈扰攘之中，更非水旱偏灾可比，自应援照办理，以期核实。至不敷银两，因三次续请赈银二十万，仅奉拨到九万两，以致缺欠如此之多。当时需用紧要，不能不设法挪垫，现在筹还甚难，只有再由各属仓粮内请拨十八万石，陆续变价还款。第各属仓粮须俟兵粮供剩，乃能出粜，恐非三四年所能蒇事，而借垫之中有急切不能久待者，惟有将甘肃新海防捐、筹饷新捐，除二十四年业经准截外，再请截留二十五、六两年，俾资弥补。究竟粮价若干、捐款若干，事先难指定数有余、不足，统俟将来清算。如此筹画，诚觉迂缓套搭，然舍此无以为谋，故为此不得已之请。所有出入各款，只有搏节删除，并无虚冒浮滥。该司道等一再悉心勾稽，确系实用实销，开具清单，详请奏销，并据声明此项赈银出入皆系库平，并无减平银两。又，原拨尚余之粮，事后虽经划提粜变，而价银犹未解清，应俟解清后，再将各属粮数价值开折。详咨查核前来。

臣覆加察核，均属实在情形，所用各项皆系实用实销，并无虚冒浮滥。合无仰恳天恩，饬部照案准销，免造细册，并准如拟分款筹还，以归简当而免虚悬。除将清单送部外，理合恭折具陈，伏乞皇太后、皇上圣鉴训示。谨奏。光绪二十四年八月十二日。

（朱批：）户部议奏。[1]

光绪二十四年九月初八日，奉朱批：户部议奏。钦此。[2]

一二二　奏报拟裁同、通员缺折

光绪二十四年八月十二日（1898年9月27日）

头品顶戴陕甘总督臣陶模跪奏，为酌拟裁汰同、通员缺，恭折仰祈圣鉴事。

窃臣钦奉电传：七月十四日上谕：国家设官分职，各有专司，京外大小各官旧制相沿，不无冗滥；各省不办运务之粮道，向无盐场，仅管疏销之盐道。此外如各省同、通、佐贰等官，有专管水利、监捕，并无地方之责者，即着查明裁汰。至各省设立办公局所，名目烦多，无非为位置闲员地步，着各督抚将现有局所中冗员一律裁撤净尽，并将候补、分发、捐纳、劳绩等项人员严加甄别裁汰，限一月办竣覆奏等因。钦此。当经转行迅速遵办。

臣查甘肃省并未设有粮道、盐道各缺，惟有凉州府庄浪茶马同知，现在茶务、马政久成空名，所管经征番贡粮石仅数百石，即所管供支报恩寺喇嘛衣单、口粮并平成、松山两驿，事本无多，且与平番

县同城、古浪县连界，皆可分别归并经理。又，宁夏盐捕通判向无地方之责，从前平、庆、宁、泾四府州盐课归该通判催收汇解。同治初年之乱，盐务废弛，平定后仅惠安堡一处盐务责成该通判经理，该处尚有货厘分局，亦可就近兼办。

以上二缺，均在应行裁汰之列。其裁汰后番粮、盐务一切应如何分别归并，容督同司道妥筹办理，随时咨部立案。此外有无员缺可裁及局所中有无冗员可撤，并候补、分发、捐纳、劳绩等项人员应如何严行甄别裁汰，请宽期督同司道，查明赶办，续行奏报，断不敢推诿因循，空言搪塞，致干咎戾。据藩、臬、司、道会详前来。

相应请旨将凉州庄浪茶马同知、宁夏盐捕通判二缺，先行裁汰。其实缺茶马同知赵人龙、盐捕通判熊振棨二员，并请照例归为裁缺即用，不入班次补用。合并陈明。除咨部外，谨恭折具陈，伏乞皇太后、皇上圣鉴，训示施行。谨奏。光绪二十四年八月十二日。

（朱批：）吏部议奏。[1]

光绪二十四年九月初八日，奉朱批：吏部议奏。钦此。[2]

一二三　请仍以陈昌升补丹噶尔同知折

光绪二十四年八月十二日（1898 年 9 月 27 日）

头品顶戴陕甘总督臣陶模跪奏，为仍请以皋兰县知县陈昌升补丹噶尔同知员缺，以重地方，恭折仰祈圣鉴事。

---

① 台北故宫博物院藏：军机及宫中档，文献编号：408003191-1。
② 中国第一历史档案馆藏：录副奏折，档案编号：03-5365-048。

窃查丹噶尔同知承绪劳绩保升遗缺，前请以皋兰县知县陈昌升补，旋经吏部覆奏：该员陈昌系循例请升之员，该省虽无卓异应升合例之员，按照定例应以各项劳绩应升人员拣选升用，该督折内并未将各项劳绩应升人员声明有无不合例事故，及是否人地不宜，遽请以循例应升皋兰县知县陈昌升补之处，碍难核议。其丹噶尔同知要缺，应令该督在于各项劳绩应升人员内拣选升补，如不合例，或人地不宜，详细声明，再行请补等因。光绪二十四年五月十八日奉旨：依议。钦此。钦遵咨行前来。当经行司遵照去后。

兹据甘肃藩、臬两司会详称：查丹噶尔同知系属要缺，对品之简缺同知人地不宜，未便迁就，改调卓异应升之员皆未引见，回任未能合理，亦无劳绩在任应升之员。惟有仍以循例应升之皋兰县知县陈昌请升。查该员年五十七岁，四川铜梁县进士，由分部主事改就知县。光绪九年八月，选授安化县知县，调补高台县知县，再调皋兰县知县，历俸早满三年，各任内均无参罚案件。该司等查该员陈昌文理优长，矜平躁释，在甘年久，边情熟悉，以之升补丹噶尔同知，实属人地相宜，仍会详请奏前来。

臣查陈昌安详谨饬，悃愊无华，合无仰恳天恩，俯念员缺紧要，仍准以皋兰县知县陈昌升补丹噶尔同知，实于地方有裨。如蒙俞允，俟接准部覆，再行给咨送部引见，以符定制。谨恭折具陈，伏乞皇太后、皇上圣鉴训示。至所遗皋兰县知县系省会首县最要缺，例应扣留外补。合并声明。谨奏。光绪二十四年八月十二日。

（朱批：）吏部议奏。[①]

---

① 台北故宫博物院藏：军机及宫中档，文献编号：408003192。

光绪二十四年九月初八日，奉朱批：吏部议奏。钦此。[①]

一二四 请奖肃清海城出力各员折

光绪二十四年八月十二日（1898年9月27日）

头品顶戴陕甘总督臣陶模跪奏，为查明覆陈，恭折仰祈圣鉴事。

窃光绪二十一年剿平海城逆回在事出力各员，经前督臣杨昌濬开单奏请奖励，是年十二月二十四日奉朱批：该部议奏。单并发。钦此。经部议令查照获匪章程，查明出力之员何员尤为出力，何员其次出力，详晰奏覆，再行核办等因具奏。光绪二十二年四月初二日，奉旨：依议。钦此。钦遵咨行前来。当经转饬遵照去后。嗣据平庆泾固化道查明，分别开折，另拟请奖前来。

臣覆查前次海城回逆滋事，势甚猖獗，稍迟即滋蔓难图，幸赖地方文武各员会督团练，星驰堵击，得以迅速扫平，均属出力较著。兹饬据查明，分别尤为出力、其次出力各员，并经臣酌量删减，仍缮具清单，恭呈御览。合无仰恳天恩，饬部照准给奖，俾昭激劝。

除各该员履历前已咨部，应请毋庸造送外，理合恭折覆陈，伏乞皇太后、皇上圣鉴训示。谨奏。光绪二十四年八月十二日。

（朱批：）该部议奏。单并发。[②]

---

① 中国第一历史档案馆藏：录副奏折，档案编号：03-5365-049。

② 台北故宫博物院藏：军机及宫中档，文献编号：408003193。

光绪二十四年九月初八日，奉朱批：该部议奏。单并发。钦此。①

一二五　呈肃清海城出力各员清单

光绪二十四年八月十二日(1898年9月27日)

谨将遵照部咨查明剿平海城逆回在事各员，分别尤为出力、其次出力，另拟奖叙，仍缮具清单，恭呈御览。

计开：

尤为出力各员：

花翎甘肃候补班前遇缺即补知府袁春江，拟请俟补知府后，以道员遇缺题奏。

花翎道员用甘肃遇缺即补知府尹翊汤，拟请赏加盐运使衔。

花翎甘肃尽先前即补知县补缺后以同知直隶州知州补用前代理海城县胡应奎，拟请免补知县，以直隶州知州仍留原省尽先补用。

拔贡生候选教谕南化行，双月选用训导马崇德，均请以本班不论双单月尽先补用，并请赏加六品衔。

文童陆仲捷，拟请以从九品留甘，归候补班前补用。

其次出力各员：

补用知县俸满打拉池县丞朱世楷，拟请开缺以知县仍留甘肃，归候补班前先补用。

候选县丞前代理固原州吏目陈寅，拟请俟选县丞缺后，以知县

---

① 中国第一历史档案馆藏：录副奏折，档案编号：03-5365-050。

归候补班前补用。

选用州判张耀，拟请俟选本班后，以知县补用。

候选县丞张克宽，拟请俟选县丞缺后，以知县归候补班前补用。

文童高树勋、孙克慎，拟请均以从九品不论双单月选用。

附生蒲蕃昌，拟请以巡检不论双单月选用。

从九品职衔李兰亭，拟请赏给六品翎顶。

翰林院待诏职衔苏灏，拟请赏给六品翎顶。

（朱批：）览。①

一二六　代递平凉知县唐受桐折奏片

光绪二十四年八月十二日(1898年9月27日)

再，叠奉电传谕旨：州县等官条陈事件，应由督抚将原封代递，不准稍有抑格等因。钦此。当经遵办转饬去后。兹据甘肃平凉府平凉县知县唐受桐赍呈折奏一件，请代递前来。理合遵旨将原封附片代陈，伏乞圣鉴。谨奏。

（朱批：）前已有旨，不应奏事人员概不准擅递封章，嗣后毋庸再为呈递。②

光绪二十四年九月初八日，奉朱批：前已有旨，不应奏事人员概不准擅递封章，嗣后毋庸再为呈递。钦此。③

---

① 中国第一历史档案馆藏：清单，档案编号：03-5365-051。

② 台北故宫博物院藏：军机及宫中档，文献编号：408003192-0-A。

③ 中国第一历史档案馆藏：录副奏片，档案编号：03-5735-106。

【案】唐受桐赍呈折奏一件：光绪二十四年八月十一日，平凉县知县唐受桐为变旧政、行新政等情具折曰：

同知衔甘肃平凉县知县臣唐受桐跪奏，为敬陈刍荛之言，恭折仰祈圣鉴事。

窃臣惟天下之政，有因有创，而沿习者不能无弊，去其弊而存其利，则因难；始行者不能无利，图其利而防其弊，则创难。今中国积弱，创行新政，有断断不可畏其难者，然当择要为先，推行有渐，若其纷纭并举，则必废阁转多，臣下非敢故违，势力诚有不逮耳。臣历历思之，惟简易坚缓，庶其可乎？简易者，合数省而办，如机器、中学之类，力以集而易成；坚缓者，期数年而就，如裁官、保甲之类，事以周而少悔。此其大略云耳。推而论之，固无一事不须简易，亦无一事不须坚缓也。

今幸捐除忌讳，不厌尽言。皇上试谕内外臣工分条新政，采简易坚缓之意，悉心会议，合力并行，当办者办，可已者已，必能允洽天心，徐收远效也。夫人情不甚相远，众以为可者，其事则有功；众以为否者，其事则有害。况今民穷财竭，强敌伺便，举事一不善，而悔吝随之，未易可以数动也。外论非谓新政不可行，惟行之欲其渐耳。宋王安石变法，其心非不善也，而以推行无渐，卒于祸国；唐八司马并进，其人非不才也，而以营为太迫，终于害身。皆其虑事轻求功远，睹利而不睹害之故也。臣尝读诸臣之传，悲其良材遇时而不善用，每流涕伤之。殷鉴不远，毋使后世为今日之诸臣伤也。

臣窃忖圣心，念中国衰弱，非赫然奋兴不可。然孰如秦之中世销声匿迹于西陲者二百年而卒有天下，又孰如楚昭、勾践之于强吴也，当其困辱，视今日为何如，卒之勾践灭吴，而楚并兼吴、越，故国家非衰弱之可忧，而富强之难保也。臣愿皇上变旧政，行新政，退旧臣，用新臣，皆以审慎详择处之，则兆民永赖矣。

《书》曰同心同德，又曰其难其慎，刍荛之言，圣人择焉。伏乞皇太后、皇上圣鉴训示。谨奏。光绪二十四年八月十一日。①

一二七　奏报甘肃光绪二十四年春夏情重盗匪照章惩办折

光绪二十四年八月十二日（1898年9月27日）

头品顶戴陕甘总督臣陶模跪奏，为报明甘肃省光绪二十四年春夏二季份情重盗匪照章就地惩办缘由，恭折仰祈圣鉴事。

窃甘省地处边疆，汉、番、回、撒，种类不一，往往勾结为匪，骑马持械抢劫为生，甚至逞凶拒捕，伤毙事主，情势极其凶暴，均应按照刑部通行，随时就地正法，按季汇报。兹查光绪二十四年春夏二季份，据河州、华亭县、静宁州、皋兰县、镇原县等属先后报获盗匪虎七十一、刘玉成、曾胡郎、王四十九、马何加、李康娃、邓世兴、张玉贵、胡喜、曾世荣、王珍、赵第元、陈进财、李应林、刘来子、马福通、李伏受仔、马三十六、马舍木素、董荃得、周桐、田遂娃、邓洸法、崇来保等二十四犯到案，均经批饬该管府州讯供详办。旋据兰州府、平凉府、泾州直隶州先后覆审拟议禀办前来。

查该盗匪虎七十一、刘玉成、曾胡郎、邓世兴、张玉贵、胡喜、曾

---

① 中国第一历史档案馆藏：录副奏折，档案编号：03-5617-014。

世荣、王珍、赵第元、陈进财、马福通、李伏受仔、马三十六、马舍木素、董荃得、周桐、田遂娃十七犯，或结伙持械，连劫杀人，或缚殴事主，搜劫财物，均系情罪重大，法无可逭，经臣批司核覆，实属情真罪当，已先后批饬将该犯虎七十一等分别就地正法，枭首示众，俾昭炯戒。王四十九、马何加、李康娃、李应林、刘来子、邓洮法、崇来保等均讯系被胁勉从，临时畏惧先遁，或事后分赃，或闻拿投首，情节不无可原，除刘来子业已在监病故外，饬令照章分别锁击杆礅，均俟限满察看，另行办理。据甘肃按察使丁体常详请具奏前来。

除仍批饬严缉各案逸盗务获究办外，所有甘肃省光绪二十四年春夏二季份情重盗匪照章就地惩办缘由，谨开具籍贯、案由清单，恭折具陈，伏乞皇太后、皇上圣鉴，饬部查照施行。谨奏。光绪二十四年八月十二日。

（朱批：）刑部知道。单并发。[1]

光绪二十四年九月初八日，奉朱批：刑部知道。单并发。钦此。[2]

一二八　呈甘肃光绪二十四年春夏情重盗匪照章惩办清单

光绪二十四年八月十二日（1898 年 9 月 27 日）

谨将甘肃省光绪二十四年春夏二季份惩办过情重盗匪籍贯、案由，开具简明清单，恭呈御览。

---

[1]　台北故宫博物院藏：军机及宫中档，文献编号：408003190。
[2]　中国第一历史档案馆藏：录副奏折，档案编号：03-7372-022。

春季份：

一、河州凶盗虎七十一、刘玉成、曾胡郎，讯据供称均籍隶河州，因贫起意，纠邀已获之王四十九、马何加、李康娃并在逃之虎中成、郭尕才、刘伏来等一共九人，分持刀枪、矛杆等械，黄夜前往事主马万伏家，撞门入室，杀毙事主马万伏及其女马氏二命，劫去牛、马、羊只等物各等情不讳。禀经臣批饬该管兰州府覆审明确，详经臣批司核覆，委系情真罪当。饬将该犯虎七十一、刘玉成、曾胡郎三犯就地正法，枭首示众，俾昭炯戒。伙盗王四十九、马何加、李康娃讯系被胁勉从，临时畏惧先遁，仅只事后分赃，情节较轻，亦饬照章分别锁系杆礅，并照例刺字，俟限满察看，再行办理；仍令严缉逸盗虎中成等，获日另办。

一、华亭县盗匪邓世兴即邓世心、张玉贵、胡喜、曾世荣、王珍、赵第元、陈进财，讯据供称分隶陕西盩厔、汉中、凤县、宁羌、四川昭化、甘肃秦州等府州县，因贫起意，结伙行劫，并强邀已获之李应林及在监病故之刘来子一共九人，分拿刀、棒等械，连劫苟登礼、朱昌明两家钱、衣等物，捆殴事主男妇多人各等情不讳。禀经臣批饬该管平凉府覆审明确，详经臣批司核覆，委系情真罪当，饬将该犯邓世兴、张玉贵、胡喜、曾世荣、王珍、赵第元、陈进财七犯就地正法，仍将首盗邓世兴、张玉贵枭首示众，俾昭炯戒。获犯李应林、刘来子讯系当时被胁勉从，中途畏惧先遁，事后亦未分赃，情甚可原。除刘来子已据报讯供后在监病故，应毋庸议外，李应林已饬照章锁系杆礅，俟限满察看，再行办理。

夏季份：

一、静宁州凶盗马福通、李伏受仔，讯据供称均籍隶甘肃静宁州，因马福通起意，纠邀李伏受仔并在逃之李汰坪仔一共三人，分持刀、斧，黄夜偕往事主邹邦彦家，叫开铺门，各用刀、斧乱砍，致邹世秀、邹叶氏均先后毙命，并砍伤邹蒙氏平复，搜劫银钱各等情不讳。禀经臣批饬该管平凉府覆审明确，详经臣批司核覆，委系情真罪当，饬将该犯马福通、李伏受仔二犯就地正法，枭首示众，俾昭炯戒。逸犯李汰坪仔饬缉，获日另办。

一、皋兰县盗匪马三十六、马舍木素，讯据供称均系甘肃河州回民，听从在逃之首盗马瞎哥一共三人，分持刀械，行劫过客石财娃身背线、布等物，拒伤事主平复各等情不讳。禀经臣批饬该管兰州府覆审明确，详经臣批司核覆，实系情真罪当，饬将该犯马三十六、马舍木素二犯就地正法，仍将马三十六首级悬杆示众，俾昭炯戒。逸盗马瞎哥饬缉，获日另办。

一、镇原县盗匪董荃得、周桐、田遂娃，讯据供称分隶河南修武、邓州、甘肃镇原等州县，董荃得起意行劫，纠约在逃之李丐并已获之邓洸法、崇来保一共六人，分持刀、棒、铁锤等械，黄夜前往事主陈道元家，撞门入室，捆殴事主，搜劫烟土、衣物多赃各等情不讳。禀经臣批饬该管泾州直隶州覆审明确，详经臣批司核覆，委系情真罪当，饬将该犯董荃得、周桐、田遂娃三犯就地正法，枭首示众，俾昭炯戒。伙盗邓洸法、崇来保讯均被胁同行，旋即畏惧先逃，并邓洸法闻拿投首，情稍可原，亦饬照章分别锁系杆碜，各俟限满察看，再行办理。逸盗李丐饬缉，获日另办。

（朱批：）览。[1]

---

① 中国第一历史档案馆藏：清单，档案编号：03-7372-051。

一二九　委令金恒林署理副将片

光绪二十四年八月十二日(1898 年 9 月 27 日)

再,甘肃西宁镇属镇海协副将杨志胜调省遗缺,查有记名总兵金恒林,夙娴韬略,久历戎行,堪以委署。除檄饬遵照外,谨附片具陈,伏乞圣鉴。谨奏。

（朱批:）兵部知道。①

光绪二十四年九月初八日,奉朱批:兵部知道。钦此。②

一三〇　奏报开除都司何永协员缺片

光绪二十四年八月十二日(1898 年 9 月 27 日)

再,臣准署甘肃提督臣张永清咨开:提属永固协营都司何永协前经请假十月,回籍葬亲,今假满尚未回营。现值整饬营伍之际,自未便悬缺以待,应请开除员缺等情前来。臣覆查无异,详请奏明请旨开去永固协营中军都司何永协员缺,以重营伍。

除查取该员原领札付,俟至日另咨送部外,所遗甘肃提属永固协营中军都司员缺,陕甘现有应补人员,容臣另拣请补。谨附片陈明,伏乞圣鉴。谨奏。

（朱批:）兵部知道。③

---

① 台北故宫博物院藏:军机及宫中档,文献编号:408003192-0-B。
② 中国第一历史档案馆藏:录副奏片,档案编号:03-5928-030。
③ 台北故宫博物院藏:军机及宫中档,文献编号:408003191-0-A。

光绪二十四年九月初八日,奉朱批:兵部知道。钦此。①

一三一　奏报都司白天保病故出缺片

光绪二十四年八月十二日(1898 年 9 月 27 日)

再,臣据署甘肃凉州府平番县知县阮士惠呈报:宁夏镇属兴武营都司白天保于本年四月间请假回籍措资,旋即患病,医调未愈,于七月十八日在籍病故。所有病故日期同原领札付一并呈赍核办等情前来。臣覆查无异,相应请旨开缺。

除札付咨送兵部查销外,所遗甘肃宁夏镇属兴武营都司员缺,陕甘现有应补人员,容臣另拣请补。理合附片陈明,伏乞圣鉴。谨奏。

(朱批:)兵部知道。②

光绪二十四年九月初八日,奉朱批:兵部知道。钦此。③

一三二　奏报甘肃光绪二十
四年七月雨水、粮价折

光绪二十四年八月二十七日(1898 年 10 月 12 日)

头品顶戴陕甘总督臣陶模跪奏,为恭报甘肃省光绪二十四年七月份粮价、雨泽情形,恭折仰祈圣鉴事。

---

① 中国第一历史档案馆藏:录副奏片,档案编号:03-5928-031。
② 台北故宫博物院藏:军机及宫中档,文献编号:408003191-0-B。
③ 中国第一历史档案馆藏:录副奏片,档案编号:03-5928-032。

窃照本年六月份粮价并得沾雨泽情形，业经具折奏报在案。兹查七月份兰州等八府六直隶州属具报得沾雨泽，自三四寸至八九寸不等，正值秋禾结实之际，获此沃泽，实于农田大有裨益。惟各属间有被旱、被雹、被水，容饬查勘，另案汇办。至通省粮价，或与上月相同，或较上月稍有增减。据藩司曾鉌具详请奏前来。

臣覆核无异。理合恭折具奏，并缮粮价清单，恭呈御览，伏乞皇太后、皇上圣鉴。谨奏。光绪二十四年八月二十七日。

（朱批：）知道了。①

光绪二十四年九月二十三日，奉朱批：知道了。钦此。②

一三三　呈甘肃光绪二十四年七月粮价清单

光绪二十四年八月二十七日（1898 年 10 月 12 日）

谨将甘省各属光绪二十四年七月份米粮时估价值，缮具清单，恭呈御览。

计开：

兰州府属：价有平有落

粟米每京石价银一两五分六厘至五两五钱四分四厘，与上月相同。小麦每京石价银九钱四分五厘至四两五钱八分四厘，较上月贱二钱九分五厘。豌豆每京石价银一两四分二厘至四两四钱七分四厘，较上月贱二钱九分四厘。青稞每京石价银一两六钱六分三厘至四两一钱三厘，与上月相同。

---

①　台北故宫博物院藏：军机及宫中档，文献编号：408003200。

②　中国第一历史档案馆藏：录副奏折，档案编号：03-9370-042。

巩昌府属：价有平有落

粟米每京石价银一两四钱九分三厘至三两二钱八分六厘，较上月贱一钱七分三厘。小麦每京石价银一两四钱二分至二两五钱二分，较上月贱一钱一厘。豌豆每京石价银一两一钱四分至二两五钱二分，与上月相同。青稞每京石价银一两一分四厘至一两九钱二分五厘，与上月相同。

平凉府属：价有昂有落

粟米每京石价银一两四钱九分八厘至二两三钱一分，较上月贵一钱五分一厘。小麦每京石价银一两三钱二分至二两一钱一分一厘，较上月贱四钱五分五厘。豌豆每京石价银一两二钱九分五厘至一两八钱七分八厘，较上月贱一钱七分四厘。穈子每京石价银九钱五分三厘至一两二钱六分，较上月贱二钱四分四厘。

庆阳府属：价平

粟米每京石价银七钱四分二厘至一两三钱四分四厘，与上月相同。小麦每京石价银一两一钱二分二厘至一两四钱四分，与上月相同。豌豆每京石价银一两一钱六分至一两七钱八分二厘，与上月相同。穈子每京石价银四钱一分七厘至六钱七分六厘，与上月相同。

甘州府属：价平

粟米每京石价银七钱九分一厘至一两一钱五分五厘，与上月相同。小麦每京石价银七钱三厘至八钱六分一厘，与上月相同。豌豆每京石价银七钱三厘至一两五钱一分二厘，与上月相同。青稞每京石价银四钱五分四厘至一两九分二厘，与上月相同。

凉州府属：价平

粟米每京石价银八钱四分至二两七钱九分四厘，与上月相同。小麦每京石价银七钱一分四厘至二两五钱一分五厘，与上月相同。豌豆每京石价银六钱七分二厘至二两二钱三分五厘，与上月相同。青稞每京石价银五钱四分六厘至一两八钱六分三厘，与上月相同。

宁夏府属：价有昂有平

粟米每京石价银七钱三分五厘至一两九钱六分，较上月贵四钱二分。小麦每京石价银九钱二分四厘至二两三分，与上月相同。豌豆每京石价银七钱三分五厘至一两八钱九分，较上月贵四钱九分。糜子每京石价银一两二钱五厘至一两六钱三分八厘，较上月贵五钱六分四厘。

西宁府属：价有平有落

粟米每京石价银一两七钱一分八厘至六两二钱四分，与上月相同。小麦每京石价银二两二钱四分至二两七钱二分，较上月贱九分二厘。豌豆每京石价银一两九钱五分三厘至二两六钱五分七厘，与上月相同。青稞每京石价银一两七钱八分五厘至二两七钱三分四厘，与上月相同。

秦州直隶州并所属：价有平有落

粟米每京石价银一两三钱五分至三两二钱九分一厘，较上月贱一钱九分六厘。小麦每京石价银八钱一分九厘至二两六钱一分八厘，与上月相同。豌豆每京石价银八钱一分九厘至二两六钱一分八厘，与上月相同。糜子每京石价银七钱三分二厘至二两二分三厘，较上月贱一钱二分三厘。

阶州直隶州并所属：价落

粟米每京石价银二两一钱六分七厘至四两一钱一分九厘，较上月贱八分一厘。小麦每京石价银一两九钱九分九厘至二两五钱七分四厘,较上月贱五分一厘。豌豆每京石价银一两八钱三分八厘至二两六钱七分六厘,较上月贱三钱三分四厘。糜子每京石价银一两四钱二分九厘,较上月贱一钱二分二厘。

泾州直隶州并所属:价平

粟米每京石价银五钱八厘至一两四钱一分二厘,与上月相同。小麦每京石价银四钱八分二厘至一两一钱六分一厘,与上月相同。豌豆每京石价银四钱二分八厘至一两一钱二分五厘,与上月相同。糜子每京石价银三钱三分六厘至七钱二分六厘,与上月相同。

固原直隶州并所属:价平

粟米每京石价银一两四钱二分六厘至三两三分八厘,与上月相同。小麦每京石价银一两四钱二分六厘至二两五钱七分三厘,与上月相同。豌豆每京石价银一两四钱二分六厘至二两四钱二分八厘,与上月相同。糜子每京石价银一两二钱八分四厘,与上月相同。

肃州直隶州并所属:价平

粟米每京石价银一两五分至一两一钱七分六厘,与上月相同。小麦每京石价银八钱一分二厘至一两四钱七分,与上月相同。豌豆每京石价银九钱五分至一两一钱三分四厘,与上月相同。青稞每京石价银五钱四分六厘至八钱八分二厘,与上月相同。

安西直隶州并所属:价平

粟米每京石价银一两五分至一两三钱七分二厘,与上月相同。小麦每京石价银一两九分八厘至一两二钱,与上月相同。豌豆每京石价银一两二钱八分至二两八分,与上月相同。青稞每京石价银九钱九分三厘至一两四钱,与上月相同。

（朱批：）览。①

一三四　查明甘肃光绪二十四年二麦约收分数折

光绪二十四年八月二十七日（1898 年 10 月 12 日）

头品顶戴陕甘总督臣陶模跪奏，为查明甘肃本年二麦约收分数，恭折仰祈圣鉴事。

窃查直省二麦收成分数，例应按年具奏。兹据甘肃布政使曾鉌将光绪二十四年甘肃所属各府厅州县二麦约收分数查明，详报前来。臣复加查核，约收八分者，两当县一处；约收七分者，西和县等二处；约收六分有余者，岷州等十一处；约收六分者，沙泥州判等十一处；约收五分有余者，狄道州等十五处；约收五分者，皋兰县等四十处。

以上八府六直隶州所属通盘牵算，约收五分有余。至各属被旱、被雹、被水之区，业经另案奏报，容俟覆勘会齐，钱粮如何蠲缓，再行照例办理。理合先将甘省本年二麦约收分数，缮折具奏，并缮清单，恭呈御览，伏乞皇太后、皇上圣鉴。谨奏。光绪二十四年八月二十七日。

（朱批：）知道了。②

光绪二十四年九月二十四日，奉朱批：知道了。钦此。③

---

① 中国第一历史档案馆藏：清单，档案编号：03-6975-024。
② 台北故宫博物院藏：军机及宫中档，文献编号：408003197。
③ 中国第一历史档案馆藏：录副奏折，档案编号：03-9370-043。

一三五　呈甘肃光绪二十四年二麦约收分数清单

光绪二十四年八月二十七日(1898 年 10 月 12 日)

谨将甘肃各属光绪二十四年二麦约收分数,缮具清单,恭呈御览。

计开:

约收八分者:两当县。

约收七分者:西和县、抚彝厅。

约收六分有余者:岷州、张掖县、山丹县、武威县、镇番县、平番县、灵州、平罗县、徽县、肃州州同、毛目县丞。

约收六分者:沙泥州判、宁远县、中卫县、花马池州同、西宁县、大通县、秦州、成县、安西州、敦煌县、玉门县。

约收五分有余者:狄道州、陇西县、通渭县、平凉县、安化县、正宁县、东乐县丞、古浪县、循化厅、贵德厅、秦安县、礼县、三岔州判、肃州、高台县。

约收五分者:皋兰县、河州、渭源县、金县、靖远县、红水县丞、伏羌县、安定县、会宁县、陇西县丞、洮州厅、静宁州、隆德县、华亭县、化平厅、庄浪县丞、宁州、合水县、环县、董志原县丞、永昌县、宁夏县、宁朔县、宁灵厅、丹噶尔厅、巴燕戎格厅、碾伯县、清水县、阶州、文县、西固州同、泾州、崇信县、灵台县、镇原县、固原州、海城县、平远县、打拉池县丞、硝河城州判。

(朱批:)览。[1]

---

[1]　中国第一历史档案馆藏:清单,档案编号:03-9370-044。

一三六　请以韩谦补授盐茶营都司折

光绪二十四年八月二十七日(1898年10月12日)

头品顶戴陕甘总督臣陶模跪奏，为拣员请补都司要缺，以裨营伍，恭折仰祈圣鉴事。

窃臣前准兵部咨开：陕西提属盐茶营都司员缺，前以尽先都司丁朝瑞拟补，因限满并未请咨赴部，自应照章开缺，所遗都司员缺系题补第四轮第三缺，轮用预保无人，应过班用第六缺拣发班内人员请补等因。当经移行遵照去后。兹准陕西提臣邓增拣选得留陕拣发补用都司韩谦，营伍练达，材技优长，且在固原有年，该处地方情形尤为熟悉，咨请酌补前来。

臣查盐茶营都司员缺，系不在应行裁并之列，自应照章请补，以实营伍。该员韩谦熟悉营务，办事勤能，以之请补斯缺，洵堪胜任，亦与轮缺章程相符。合无仰恳天恩，俯念员缺紧要，准以该员韩谦补授陕西提属盐茶营都司员缺，以期得力。如蒙俞允，俟接准部覆后，即行给咨送部引见，俾符定制。

除饬取该员历册另咨送部外，谨会同陕西提臣邓增合词恭折具陈，伏乞皇太后、皇上圣鉴训示。谨奏。光绪二十四年八月二十七日。

（朱批：）兵部议奏。①

光绪二十四年九月二十三日，奉朱批：兵部议奏。钦此。②

---

① 台北故宫博物院藏：军机及宫中档，文献编号：408003198。

② 中国第一历史档案馆藏：录副奏折，档案编号：03-5928-068。

一三七　请奖查办海城逸匪员绅折

光绪二十四年八月二十七日（1898年10月12日）

　　头品顶戴陕甘总督臣陶模跪奏，为请将查办甘肃海城一带漏网逸匪在事出力员弁绅民恳恩奖叙，以示鼓励，恭折仰祈圣鉴事。

　　窃臣前于光绪二十三年二月初四日奏报查办海城逸匪折内声明请将在事出力员弁绅民择尤请奖，是年三月初一日奉朱批：准其酌保，毋许冒滥。钦此。当即钦遵咨行去后。兹准陕西提臣邓增咨称：查海城一带逸匪漏网已经两年，东窜西匿，拿办非易，若操之过切，固虑激生变端，倘失之稍宽，尤恐留为民害，拣派文武各员及地方绅民，不动声色，设法购线，共获逸匪百余名，悉数骈诛，地方毫无惊扰，伏莽亦已潜除，实由承办各员不避嫌怨、拿办迅速所致。论大致似与战功有间，论筹办实较打仗尤难，开具各员弁绅衔名清折，请按异常劳绩从优给奖等因前来。

　　臣覆查拟保文武员绅，皆属在事出力较著，实无冒滥，谨开具清单，恳恩俯准照给奖叙，以昭激劝。除各员弁绅履历清册咨送吏、兵各部查核外，理合恭折具陈，伏乞皇太后、皇上圣鉴，训示施行。谨奏。光绪二十四年八月二十七日。

　　（朱批：）该部议奏。单并发。①

　　光绪二十四年九月二十三日，奉朱批：该部议奏。单并发。钦此。②

---

　　① 台北故宫博物院藏：军机及宫中档，文献编号：408003199。
　　② 中国第一历史档案馆藏：录副奏折，档案编号：03-5928-066。

一三八　呈奖叙查办海城逸匪员绅清单

光绪二十四年八月二十七日(1898年10月12日)

谨将前次查办甘肃海城一带漏网逸匪出力文武员绅，开具拟奖衔名清单，恭呈御览。

计开：

记名遇缺简放提督达春巴图鲁郎永清，请赏加头品顶戴。

总兵衔尽先补用副将准补镇羌营游击崔金魁，请免补副将，以总兵记名遇缺简放。

花翎留陕甘补用游击策勇巴图鲁杨占元，请免补游击，以参将仍留原省补用，并赏加副将衔。

蓝翎守备邓振邦，请免补守备，以都司尽先补用。

蓝翎都司衔尽先即补守备姜永朝，请免补守备，以都司留陕甘补用。

花翎在任候选道甘肃固原直隶州知州张祥会，请以道员记名简放。

花翎五品衔补缺后补用直隶州甘肃候补知县前署海城县知县杨廷槐，请俟补缺后以知县在任候补，先换顶戴。

知县用在任候选县丞甘肃灵州吏目何培光，请免选本班，以知县仍留原省补用。

附生张国筠、监生田增文，均请以巡检选用。

（朱批：）览。①

---

① 中国第一历史档案馆藏：清单，档案编号：03-5928-067。

一三九　请以徐光兴补授海城县知县折

光绪二十四年八月二十七日（1898 年 10 月 12 日）

头品顶戴陕甘总督臣陶模跪奏，为拣员请补要缺知县，以裨地方，恭折仰祈圣鉴事。

窃据甘肃藩、臬两司会详称：海城县知县蔡如苏开缺回籍修墓，奉准部覆，业已截缺报部，自应由外请补。查知县应调缺出，现任无合例堪调之员，例准以候补人员酌补。又，曾任实缺应升知县保归候补班者，无论题、调、选缺，均准酌量补用各等语。今海城知县系繁、疲、难三项要缺，该处汉回杂居，风俗浮动，非精明谙练之员不足以资治理，现任简缺人员均与此缺不甚相宜。

该司等在于候补合例人员内逐加遴选，查有曾任实缺应升候补前先知县徐光兴，年五十三岁，湖北汉阳县荫生，在国子监肄业，考取州判。同治七年，选授广西安平土州判，九年五月到任。十一年，奉调来甘差遣。西宁肃清案内，保以知县仍留原省补用；关陇肃清案内，保以开缺仍以知县改留甘肃，归候补班前先补用，俟补缺后再行送部引见。以光绪四年六月初二日作为到省日期，系曾任实缺人员，例不甄别，历署安化县、盐捕通判各缺，均无贻误。该司等查该员徐光兴谙练朴诚，尽心民事，以之请补海城县知县，实堪胜任，人地亦极相宜。会详请奏前来。

臣查该员徐光兴年强才裕，办事稳练，在甘年久，历署各缺，诸臻妥协。合无仰恳天恩，准以徐光兴补授海城县知县，实于地方有裨。如蒙俞允，俟奉准部覆，再行给咨送部引见，以符定例。谨恭折具陈，伏乞皇太后、皇上圣鉴。谨奏。光绪二十四年八月二十七日。

（朱批：）吏部议奏。①

光绪二十四年九月二十四日，奉朱批：吏部议奏。钦此。②

一四〇　请仍以苏重熙升补灵州知州折

光绪二十四年八月二十七日(1898年10月12日)

头品顶戴陕甘总督臣陶模跪奏，为仍请以山丹县知县苏重熙升补灵州知州员缺，以重地方，恭折仰祈圣鉴事。

窃查灵州知州查之屏劳绩保升遗缺，前请以山丹县知县苏重熙升补，旋经吏部覆奏，该员苏重熙卓异未经引见，系循例请升之员，该省虽无卓异应升合例之员，按照定例，应以各项劳绩应升人员拣选升用，该督折内并未将各项劳绩应升人员声明有无不合例事故，及是否人地不宜，遽请以循例应升山丹县知县苏重熙升补之处，碍难核议。其灵州知州要缺，应令该督在于各项劳绩应升人员内拣选升补，如不合例，或人地不宜，详细声明，再行请补等因。光绪二十四年五月十八日奉旨：依议。钦此。钦遵咨行前来。当经行司遵照去后。

兹据甘肃藩、臬两司会详称：遵查灵州知州系属要缺，对品之简缺知州二员皆未到过本任，例不合调，卓异应升之员皆未引见，回任未能合例，亦无劳绩在任应升之员。惟有仍以循例应升之山丹县知县苏重熙请升。查该员年六十七岁，山东淄川县廪生，同治

---

① 台北故宫博物院藏：军机及宫中档，文献编号：408003195。

② 中国第一历史档案馆藏：录副奏折，档案编号：03-9365-134。

三年甲子科举人，考取咸安宫教习，俸满以知县用，签分甘肃，于光绪九年十一月到省。补授两当县知县，十五年十二月到任。十八年，大计卓异保荐，嗣经调补山丹县知县。补行二十一年大计，卓异保荐，历俸早满三年，各任内均无参罚案件。该司等查该员苏重熙经术湛深，抚循有法，在甘年久，于地方情形最为熟悉，以之升补灵州知州，实堪胜任，人地亦极相宜。仍会详请奏前来。

臣查该员苏重熙老成练达，素著循声，合无仰恳天恩，俯念员缺紧要，仍准以山丹县知县苏重熙升补灵州知州，实于地方有裨。如蒙俞允，俟接准部覆，再行给咨送部引见，以符定例。谨恭折具陈，伏乞皇太后、皇上圣鉴训示。至所遗山丹县知县系繁要缺，例应扣留外补。合并声明。谨奏。光绪二十四年八月二十七日。

（朱批：）吏部议奏。[①]

光绪二十四年九月二十四日，奉朱批：吏部议奏。钦此。[②]

一四一　奏请甘省当税减半征收片

光绪二十四年八月二十七日（1898 年 10 月 12 日）

再，甘省典当，本小利薄。从前每座岁征税银五两，今加至五十两，商力实属难支，经臣附片奏请减为二十五两，旋奉朱批：户部知道。钦此。当即钦遵转饬在案。兹准部咨，以加税系通行各省遵办之案，碍难两歧，仍令饬商照数完纳等因。复经行令遵照去后。兹据藩司曾鉌详称：加征当税以助饷需，如果事可勉行，亟应

---

① 台北故宫博物院藏：军机及宫中档，文献编号：408003196。
② 中国第一历史档案馆藏：录副奏折，档案编号：03-9365-135。

遵饬照加。无如甘省地瘠民贫，叠经兵燹，实与他省情形不同，即此减半征税，时越一年，屡次催提，尚多未能完足，商情竭蹶，闭歇堪虞，呈请奏恳天恩，仍准每座每年减为二十五两，以恤商艰等情前来。

臣查各省腴瘠不同，当本亦大小各别。甘肃边陲寒苦，商力艰难，委系实在情形。此次当税减为二十五两，仍较从前额定五两已加五倍之多。合无仰恳天恩，俯准仍照前请减半征收，俾纾商力。谨附片具陈，伏乞圣鉴训示，并请饬部查照。谨奏。

（朱批：）着照所请，户部知道。[①]

光绪二十四年九月二十四日，奉朱批：着照所请，户部知道。钦此。[②]

一四二　奏陈甘省改移各驿道片

光绪二十四年八月二十七日（1898年10月12日）

再，甘肃省城递送北路宁夏一带文报，向由皋兰递经西路平番，由茶马同知所管平城、松山等驿以达中卫，再递宁夏。道路迂远，往往迟误。查由皋兰县迤北水埠河一路，径递较为便捷。现在茶马同知员缺业经奏裁，其所管平城、松山两驿，自应酌量移设。饬据藩、臬两司委员会同各该地方官勘明，议拟详覆：查省城至宁夏驿道，向自皋兰所属之兰泉驿经西路沙井驿、平番属之苦水驿、红城驿、在城驿、庄浪茶马厅属之平城驿、松山驿、红水县丞属之宽

---

① 台北故宫博物院藏：军机及宫中档，文献编号：408003196-0-A。

② 中国第一历史档案馆藏：录副奏片，档案编号：03-6510-102。

沟驿、白墩子驿、三眼井驿，以达中卫县属之营盘驿，共计程五百三十里。今勘明从兰泉驿迤北由水埠河经六墩子，过小黄崖，越一条山，而达中卫，计程四百二十里，所有省城递送宁夏公文，若改由水埠河递送，诚为便捷。惟该处向无驿站，应请酌量移设。

查庄浪厅属之平城驿额马一十三匹、夫六名半，松山驿额马一十三匹、夫六名半，红水属之白墩子驿额马一十八匹、夫九名，宽沟驿额马一十三匹、夫六名半，三眼井驿额马一十三匹、夫六名半，共马七十四、夫三十五名，拟请将平城驿移设水埠河，酌拨马十四匹、夫七名，松山驿移设六墩子，酌拨马一十四匹、夫七名，归皋兰县经管；白墩子驿移设小黄崖，酌拨马一十八匹、夫九名，三眼井驿移设一条山，酌拨马一十八匹、夫九名。查一条山虽系靖远县地界，惟距县城二百二十里，鞭长莫及，而其地与红水犬牙相错，距红水之宽沟城仅九十里，应与小黄崖同归红水县丞经管。其红水之宽沟一驿尚有递送省城、宁夏文报，仍应照旧安设。惟并无别路公文，驿事较简，应酌量裁减，宽沟驿应减为马三匹、夫一名半。平城、松山两驿既裁，其西路与宁夏往来文报，查平番与小黄崖相距一百二十五里，应由平番径递小黄崖，以归简便。小黄崖、一条山因多径递西路来往公文，不能不多拨夫马；皋兰之兰泉驿向来分递东路金家崖、南路摩云驿、西路沙井驿、东北路蔡家河四路公文，今添设正北水埠河一路，原有夫马不敷应用，应拨添兰泉驿马三匹、夫一名半，以昭公允。似此量移变通，仍止用马七十四、夫三十五名，不增费，不绕道，而于递送公文大有裨益。开具改移各驿道里细数清折，呈请具奏前来。

臣覆查无异。除将清折送部查核外，谨附片具陈，伏乞圣鉴，饬部核覆施行。谨奏。

（朱批：）该部议奏。①

光绪二十四年九月二十四日，奉朱批：该部议奏。钦此。②

一四三 奏报周胜友借补静宁营守备片

光绪二十四年八月二十七日（1898年10月12日）

再，臣前准兵部咨开：陕西固原提属静宁营守备员缺系部推之缺，应用尽先人员，行令迅拣请补等因。当经移行遵照去后。兹准陕西提臣邓增咨称：查静宁营守备员缺，设处冲途，操防、护运，最关紧要，非营务谙练之员，不足以资整理。兹拣选得留陕甘尽先都司会宁营千总周胜友，营务晓畅，且本任千总之缺，地接静宁，于该处情形向称熟悉，咨请酌办前来。

臣查静宁营守备员缺，系不在应行裁并之列，应即照章请补，以实营伍。该员周胜友年力正强，办事稳练，以之借补斯缺，洵堪胜任，亦与部章相符。合无仰恳天恩，俯念员缺紧要，准以该员周胜友借补陕西提属静宁营守备员缺，以期得力。如蒙俞允，俟接准部覆后，即行给咨赴部引见，以符定制。

除饬取该员履历清册另咨送部外，谨会同陕西提督臣邓增合词附片具奏，伏乞圣鉴训示。谨奏。

（朱批：）兵部议奏。③

光绪二十四年九月二十三日，奉朱批：兵部议奏。钦此。④

---

① 台北故宫博物院藏：军机及宫中档，文献编号：408003196-0-B。

② 中国第一历史档案馆藏：录副奏片，档案编号：03-7138-096。

③ 台北故宫博物院藏：军机及宫中档，文献编号：408003198-0-A。

④ 中国第一历史档案馆藏：录副奏片，档案编号：03-5928-069。

一四四　奏为遵照部议另核请奖折

光绪二十四年九月初一日(1898年10月15日)

头品顶戴陕甘总督臣陶模、署西宁办事大臣二品顶戴以外任应升之缺升用西宁道臣联魁跪奏，为遵照部议，另核请奖，恭折仰祈圣鉴事。

窃准吏部咨：遵议臣等前保青海一律肃清案内麟岱一员，系补缺后遇缺即补主事理藩院候补笔帖式所请免补主事作为本院候补员外郎遇缺即补，系属层递加保，核与定章不符，应令另核奏明请奖等因。于光绪二十四年六月初二日具奏，奉旨：依议。钦此。恭录知照前来。

臣等伏查麟岱前经派赴青海随剿窜匪，复令安插抚回，往返数月，露宿风餐，倍形艰苦，实属异常出力。当因该员先已保有补缺后主事升阶，是以此案拟请仍俟补笔帖式后免补主事，作为本院候补员外郎遇缺即补。兹奉部驳，自应遵照另核请奖。拟请将该员麟岱免补笔帖式，作为本院候补主事遇缺即补，以示鼓励。合无仰恳天恩，俯准照拟给奖，出自鸿施。

所有另核请奖缘由，谨会同甘肃提督臣董福祥恭折具陈，伏乞皇太后、皇上圣鉴训示。再，此折系臣联魁主稿。合并声明。谨奏。光绪二十四年九月初一日。

(朱批：)吏部议奏。[①]

---

①　台北故宫博物院藏：军机及宫中档，文献编号：408003201。

光绪二十四年九月二十一日，奉朱批：吏部议奏。钦此。①

一四五　奏报裁汰陕省冗缺闲员折

光绪二十四年九月十五日(1898年10月29日)

头品顶戴陕甘总督臣陶模、头品顶戴陕西巡抚臣魏光焘跪奏，为遵旨裁汰陕省冗缺闲员，恭折仰祈圣鉴事。

窃臣光焘本年七月十八日接准电寄钦奉谕旨：各省不办运务之粮道、向无盐场仅管疏销之盐道，均着裁缺，归各藩司、巡守道兼理。此外，如同、通、佐贰等官，有但兼水利、盐捕并无地方之责者，均属闲冗，即着查明裁汰。至各省设立办公局、所，名目烦多，叠经谕令裁并，着各督抚懔遵前旨，将现有各局、所中冗员一律裁撤净尽，并将候补、分发、捐纳、劳绩等项人员严加甄别裁汰等因。钦此。当即钦遵咨商臣模，一面行司遵照筹议详办去后。

伏查陕西督粮、盐法二道，虽无运务、盐场，惟粮道有分守西安、乾、鄜等府州地方之责，盐道亦有分巡凤、邠等府州地方事务，稽查属员，审转案件，均关紧要，粮道更有征放旗营兵粮专责，应请毋庸议裁。其西安清军同知、乾州直隶州州判、华州州判、长安、咸阳、三原、凤翔各县县丞共七员缺，并无地方之责，应请一并裁撤。清军同知所司水利、盐捕等事，应归西安府兼理；制造火药、典守军械等事，应另派员弁经管。其余乾州、华州各州判、长安等县各县丞原办事件，应均责成各该州县兼理；所裁各官廉俸、役食等项，应以奉准裁缺之日一律停支，并饬将关防、印信呈缴送销。其裁缺实

---

① 中国第一历史档案馆藏：录副奏折，档案编号：03-5365-116。

任各员，西安府清军同知闻昌寿、乾州直隶州州判王鸿宾、华州州判崔耀山、长安县县丞秦书绅、咸阳县县丞黄光彩、三原县县丞王健、凤翔县县丞林似锦，应均以裁缺奉文之日作为留省日期，各按本班，不入班次，遇有缺出，先尽补用。如一时无应得之缺，暂予委署；其愿赴部候选者，亦准其不入轮次，遇缺选用，仍咨部听候核覆遵行。

又，查陕省规模素狭，局、所无多，前已叠经裁并，兹复遵将水利、棉桑、纺织各局分别归并农工商局办理，又将制造局裁撤；所留善后、厘税等局，均系事繁责重，实难裁撤。又，陕省官方尚属整饬，间有庸劣不职者，皆已随时参劾。其候补、分发、捐纳、劳绩各项人员，惟有认真考核，仍随时分别办理，以肃吏治。据藩司李有棻、署臬司江汇川会详前来。

臣等覆查无异。往返函商，意见相同。除咨部外，所有遵旨裁汰冗缺缘由，谨合词恭折具陈，伏乞皇太后、皇上圣鉴，训示施行。谨奏。光绪二十四年九月十五日。

（朱批：）均着毋庸裁撤。[1]

光绪二十四年九月二十八日，奉朱批：均着毋庸裁撤。钦此。[2]

一四六　恭报甘肃光绪二十四年八月雨水、粮价折

光绪二十四年十月初二日(1898年11月15日)

头品顶戴陕甘总督臣陶模跪奏，为恭报甘肃省光绪二十四年

---

[1]　台北故宫博物院藏：军机及宫中档，文献编号：408003202。
[2]　中国第一历史档案馆藏：录副奏折，档案编号：03-5365-157。

八月份粮价、雨泽情形，恭折仰祈圣鉴事。

窃照本年七月份粮价并得沾雨泽情形，业经具折奏报在案。兹查八月份兰州等八府六直隶州属具报得沾雨泽，自三四寸至八九寸，深透不等。正值秋禾成熟之际，获此沃泽，实于农田有裨。至通省粮价，或与上月相同，或较上月稍有增减。据藩司曾鉌具详请奏前来。

臣覆核无异。理合恭折具奏，并缮粮价清单，恭呈御览，伏乞皇太后、皇上圣鉴。谨奏。光绪二十四年十月初二日。

（朱批：）知道了。[①]

光绪二十四年十月二十五日，奉朱批：知道了。钦此。[②]

一四七　呈甘肃光绪二十四年八月粮价清单

光绪二十四年十月初二日（1898 年 11 月 15 日）

谨将甘肃各属光绪二十四年八月份米粮时估价值，缮具清单，恭呈御览。

计开：

兰州府属：价平

粟米每京石价银一两三分二厘至五两五钱四分四厘，与上月相同。小麦每京石价银九钱二分四厘至四两五钱八分四厘，与上月相同。豌豆每京石价银一两一分六厘至四两四钱七分四厘，与上月相同。青稞每京石价银一两六钱六分三厘至四两一钱三厘，

---

① 台北故宫博物院藏：军机及宫中档，文献编号：408003205。

② 中国第一历史档案馆藏：录副奏折，档案编号：03-9371-011。

与上月相同。

巩昌府属：价落

粟米每京石价银一两四钱九分三厘至三两一钱五分一厘，较上月贱一钱三分五厘。小麦每京石价银一两二钱六分至二两一钱，较上月贱四钱二分。豌豆每京石价银一两一钱四分至二两三分，较上月贱四钱九分。青稞每京石价银一两一分四厘至一两八钱二分八厘，较上月贱九分七厘。

平凉府属：价有昂有平有落

粟米每京石价银一两四钱九分八厘至二两三钱八分，较上月贵七分。小麦每京石价银一两二钱五分三厘至二两一钱一分一厘，与上月相同。豌豆每京石价银一两四分八厘至一两八钱七分八厘，与上月相同。穈子每京石价银八钱至一两五分，较上月贱二钱一分。

庆阳府属：价有平有落

粟米每京石价银七钱四分二厘至一两三钱四分四厘，与上月相同。小麦每京石价银一两一钱二分二厘至一两四钱四分，与上月相同。豌豆每京石价银一两一钱六分至一两七钱八分二厘，与上月相同。穈子每京石价银四钱一分七厘至六钱六分，较上月贱一分六厘。

甘州府属：价昂

粟米每京石价银七钱九分一厘至一两二钱二分九厘，较上月贵七分四厘。小麦每京石价银七钱三厘至九钱七厘，较上月贵四分六厘。豌豆每京石价银七钱三厘至一两五钱一分九厘，较上月贵七厘。青稞每京石价银四钱五分四厘至一两九分九厘，较上月贵七厘。

凉州府属:价平

粟米每京石价银八钱四分至二两七钱九分四厘,与上月相同。
小麦每京石价银七钱一分四厘至二两五钱一分五厘,与上月相同。
豌豆每京石价银六钱七分二厘至二两二钱三分五厘,与上月相同。
青稞每京石价银五钱四分六厘至一两八钱六分三厘,与上月相同。

宁夏府属:价平

粟米每京石价银七钱三分五厘至一两九钱六分,与上月相同。
小麦每京石价银九钱二分四厘至二两三分,与上月相同。豌豆每
京石价银七钱三分五厘至一两八钱九分,与上月相同。糜子每京
石价银一两二钱五厘至一两六钱三分八厘,与上月相同。

西宁府属:价落

粟米每京石价银一两七钱一分八厘至六两八分,较上月贱一
钱六分。小麦每京石价银二两二钱四分至二两六钱二分四厘,较
上月贱九分六厘。豌豆每京石价银一两九钱五分三厘至二两六钱
六分,较上月贱九分七厘。青稞每京石价银一两七钱八分五厘至
二两四钱七分九厘,较上月贱二钱五分五厘。

秦州直隶州并所属:价有平有落

粟米每京石价银一两三钱七分五厘至三两一钱五分,较上月
贱一钱四分一厘。小麦每京石价银九钱三厘至二两六钱一分八
厘,与上月相同。豌豆每京石价银九钱九分二厘至二两六钱一分
八厘,与上月相同。糜子每京石价银七钱四分一厘至一两九钱六
分二厘,较上月贱六分一厘。

阶州直隶州并所属:价有昂有落

粟米每京石价银一两八钱三分三厘至四两四钱,较上月贵二
钱八分一厘。小麦每京石价银一两六钱六分七厘至二两六钱一

厘,较上月贵二分七厘。豌豆每京石价银一两七钱五分至二两五钱三分三厘,较上月贱一钱四分三厘。糜子每京石价银一两三钱六分一厘,较上月贱六分八厘。

泾州直隶州并所属:价落

粟米每京石价银五钱五厘至一两二钱一分六厘,较上月贱一钱九分六厘。小麦每京石价银四钱八分至一两四分八厘,较上月贱一钱一分三厘。豌豆每京石价银四钱二分五厘至一两四分八厘,较上月贱七分七厘。糜子每京石价银三钱三分六厘至六钱八厘,较上月贱一钱一分八厘。

固原直隶州并所属:价平

粟米每京石价银一两四钱二分六厘至三两三分八厘,与上月相同。小麦每京石价银一两四钱二分六厘至二两五钱七分三厘,与上月相同。豌豆每京石价银一两四钱二分六厘至二两四钱二分八厘,与上月相同。糜子每京石价银一两二钱八分四厘,与上月相同。

肃州直隶州并所属:价平

粟米每京石价银一两五分至一两一钱七分六厘,与上月相同。小麦每京石价银八钱一分二厘至一两四钱七分,与上月相同。豌豆每京石价银九钱五分至一两一钱三分四厘,与上月相同。青稞每京石价银五钱四分六厘至八钱八分二厘,与上月相同。

安西直隶州并所属:价平

粟米每京石价银一两五分至一两三钱七分二厘,与上月相同。小麦每京石价银一两九分八厘至一两二钱,与上月相同。豌豆每京石价银一两二钱八分至二两八分,与上月相同。青稞每京石价银九钱九分三厘至一两四钱,与上月相同。

（朱批:）览。①

一四八　校阅省标各营官兵秋操折

光绪二十四年十月初二日(1898年11月15日)

头品顶戴陕甘总督臣陶模跪奏,为校阅省标各营官兵秋操事竣,恭折仰祈圣鉴事。

窃照陕甘督标并兰州城守营向按春秋二季合队操演,期于有勇知方,以收实效。兹值本年秋操之期,臣于九月十九、二十一等日,督同司道,亲临教场,阅视各营官兵,并在省防、练各旗操演湘军行营阵式,并新练德国操法,队伍整肃,器械鲜明,进止如法,奇正相生;施放连环枪炮,俱皆稳练;比较刀矛,亦殊便捷。所练马队合队操演,马上放枪,以及员弁枪靶,均灵便有准。臣择其技艺出众者,分别奖赏,以示鼓励;仍严饬各营将弁一体认真操练,务期精益求精,以仰副圣主整饬戎行、修明武备至意。

所有臣校阅光绪二十四年省标秋操情形,理合恭折具陈,伏乞皇太后、皇上圣鉴。谨奏。光绪二十四年十月初二日。

（朱批:）知道了。②

光绪二十四年十月二十五日,奉朱批:知道了。钦此。③

---

① 中国第一历史档案馆藏:清单,档案编号:03-6976-036。
② 台北故宫博物院藏:军机及宫中档,文献编号:408003204。
③ 中国第一历史档案馆藏:录副奏折,档案编号:03-5762-037。

一四九　请免裁督、提各标后营官兵折

光绪二十四年十月初二日（1898 年 11 月 15 日）

头品顶戴陕甘总督臣陶模跪奏，为据实覆陈，恭折仰祈圣鉴事。

窃臣于光绪二十四年八月初二日由驿具奏拟裁督标、陕、甘两提标各后营员弁兵丁一折，九月初二日奉到朱批：裁兵一事总宜察酌地方情形，可裁则裁，不可勉强从事，致贻后患。此案着再通盘筹画，据实奏明办理。钦此。仰见皇太后、皇上于裁兵节饷之际，仍寓格外慎重之意，下怀曷胜钦感。

伏思绿营官兵额设已数百年，平日防守城堡，稽查盗贼，护解人犯，协拿逃匪，是其专责，且人皆土著，有事时自卫桑梓，未必尽属无用。值此库储拮据，朝廷屡饬裁兵节饷，臣不敢不再三斟酌，前已于谨拟切实办法详细覆陈折内声请从容办理在案。因迟之又久，拟先将督标、陕、甘两提标各后营员弁兵丁请旨裁汰。今我皇太后、皇上明见万里，洞察下情，着臣再行察酌地方情形，通盘筹画。臣跪诵之下，感激莫名。

窃维陕、甘绿营官兵自同治以来，迭遭寇乱，屡次裁汰，已不及从前额设十分之三，而一切差遣、巡防事未减少，一旦裁除殆尽，汛地顿形空虚，诚不能无所顾虑。该制兵等大率累世充当，视兵粮为恒业，概令别谋生计，必有流离失所者。目今民食益艰，人心浮动，裁之所省无多，不如留之，尚可收尺寸之用。通盘筹画，陕、甘两省原额制兵八万二千余名，现只剩二万四千余名，分营分汛，辖境在数千里之遥，所支粮饷不及客勇之半，即使极力裁减，究于饷需无大裨益，而回、番杂处地方，关系甚大，臣再四踌躇，所有臣前奏拟裁督标、两提标各后营及各提镇现存官兵，合无仰恳天恩，俯念陕、甘两省均处边要，一律免其裁汰。臣当咨行各提镇，转饬各营汛员弁切实整顿，期一兵得一兵之用，庶不致虚縻饷糈，以仰副皇太后、皇上慎重边圉、体恤时艰之至意。

谨会同陕西提臣邓增、署甘肃提臣张永清合词恭折覆陈，伏乞皇太后、皇上圣鉴训示。遵行。谨奏。光绪二十四年十月初二日。

（朱批：）着照所请，该部知道。[1]

光绪二十四年十月二十五日，奉朱批：着照所请，该部知道。钦此。[2]

一五〇　请将候补人员再停分发一年折

光绪二十四年十月初二日（1898 年 11 月 15 日）

头品顶戴陕甘总督臣陶模跪奏，为甘肃候补人员仍行拥挤，拟请再停分发一年，以资疏通，恭折仰祈圣鉴事。

窃臣前以甘肃省候补人员拥挤，奏请将捐纳、劳绩道府以至未入流暂停分发，奉部议覆，自奉旨之日起，准其停止分发甘肃一年，俟一年期满，仍照常验看分发等因。光绪二十三年十二月十九日奉旨：依议。钦此。当经转行遵照去后。

兹据布政使曾鉌、按察使丁体常会详称：甘省停止分发，自奉

---

①　台北故宫博物院藏：军机及宫中档，文献编号：408003203。

②　中国第一历史档案馆藏：录副奏折，档案编号：03-5928-125。

旨之日起，不计闰扣至光绪二十四年十二月十九日停止，一年之限转瞬届满，而候补各员之请补得缺者甚属寥寥，正佐大小各官尚系三百余员，拥挤如旧，差事无多，一经停止限满，必源源而来，则拥挤愈甚，苦累更复不堪，固穷者不可数觐，似于官常、吏治大有妨碍。该司等一再酌核，拟恳仍将捐纳、劳绩道府以至未入流，自光绪二十四年十二月二十日起，再行停止分发一年，以期逐渐疏通。至各项正途签掣人员并曾任实缺应补分发原省人员，仍请照常分发。其有先经指分保留尚未分发到省各员，准其该发他省，免缴离省等项银两，以示体恤，呈请具奏前来。

臣复加查核，委系实在情形。合无仰恳天恩，俯准饬部照请核覆，俟此次停止限满后，由臣察看情形，再行奏明办理。为此恭折具陈，伏乞皇太后、皇上圣鉴训示。谨奏。光绪二十四年十月初二日。

（朱批：）吏部议奏。[①]

光绪二十四年十月二十五日，奉朱批：吏部议奏。钦此。[②]

一五一　请以朱应龙调补肃州镇标中营游击折

光绪二十四年十月初二日(1898年11月15日)

头品顶戴陕甘总督臣陶模跪奏，为拣员调补游击要缺，以裨营伍，恭折仰祈圣鉴事。

窃臣前准兵部咨：肃州镇标中营游击员缺，掣定作为第五轮第

---

① 台北故宫博物院藏：军机及宫中档，文献编号：408003206。
② 中国第一历史档案馆藏：录副奏折，档案编号：03-5366-124。

六缺,轮用拣发人员,应令拣员请补等因。当经移行遵照去后。兹准署甘肃提臣张永清咨称:肃州镇标中营游击员缺,设近边关,为镇属各营领袖,事务较繁,并有经管兵马钱粮总汇之责,非精敏干练、熟悉情形之员,不足以资治理。查有准补肃州镇属靖逆营游击朱应龙,年强才裕,营伍历练。咨请调补前来。

臣查肃州镇标中营游击事繁任重,拣发班内人员无多,详加遴选,皆与此缺不甚相宜,未便迁就请补。查准补肃州镇属靖逆营游击朱应龙,精明稳练,办事慎勤,以之调补,洵堪胜任。虽核与轮章稍有未符,惟人地实在相需,合无仰恳天恩,俯念员缺紧要,准以该员朱应龙调补肃州镇标中营游击员缺,以资得力。如蒙俞允,该员前请补靖逆营游击,尚未赴引,应俟此次调补接准部覆,再行并案给咨送部引见,以符定制。

除查取该员履历清册另咨送部外,所遗肃州镇属靖逆营游击员缺,仍照部章作为第五轮第六缺,在于拣发人员班内另行拣员请补。谨会同署甘肃提臣张永清合词恭折具陈,伏乞皇太后、皇上圣鉴训示。谨奏。光绪二十四年十月初二日。

(朱批:)兵部议奏。[1]

光绪二十四年十月二十五日,奉朱批:兵部议奏。钦此。[2]

一五二　请以黄玉芳补授西凤营守备片

光绪二十四年十月初二日(1898年11月15日)

再,查陕西提属西凤营守备员缺系部推之缺,轮用尽先人员。

---

① 台北故宫博物院藏:军机及宫中档,文献编号:408003207。
② 中国第一历史档案馆藏:录副奏折,档案编号:03-5928-118。

前请以尽先守备提标右营千总雷洪春补授,经部议驳,饬令另拣合例人员请补等因。当经移行遵照去后。兹准陕西固原提督臣邓增另拣得留陕甘尽先补用守备提标中营千总黄玉芳,在陕年久,营伍熟悉,堪以请补。咨请核办前来。

臣查尽先补用守备陕西提标中营千总黄玉芳,年强才裕,办事勤能,以之请补斯缺,洵堪胜任,与例亦符。合无仰恳天恩,俯念员缺紧要,准以该员黄玉芳请补陕西提属西凤营守备员缺,可期得力。如蒙俞允,该员系曾经引见之员,请饬部发给实授札付,以符定制。

除该员履历清册送部外,谨会同陕西提督臣邓增附片具陈,伏乞圣鉴训示。谨奏。

(朱批:)兵部议奏。①

光绪二十四年十月二十五日,奉朱批:兵部议奏。钦此。②

一五三　请以李士贞调补秦州营中军守备片

光绪二十四年十月初二日(1898年11月15日)

再,臣前准兵部咨:陕西固原提属秦州营中军守备员缺系部推之缺,应用尽先人员,饬令拣员请补等因。当经移行遵照去后。兹准陕西固原提督臣邓增咨开:秦州营中军守备有经理兵马钱粮之责,必得精明强干之员,方期胜任。查有提标后营守备李士贞,晓畅戎机,办事精敏,堪以调补。咨请核办前来。

---

① 台北故宫博物院藏:军机及宫中档,文献编号:408003207-0-A。

② 中国第一历史档案馆藏:录副奏片,档案编号:03-5928-119。

臣查该守备李士贞勤敏有为，熟悉营务，曾经两署秦州守备，均无贻误，以之调补，实堪胜任，人地亦极相宜。合无仰恳天恩，俯念员缺紧要，准以该守备李士贞调补秦州营中军守备员缺，以期得力。如蒙俞允，该员以守备调补守备，衔缺相当，毋庸送部引见，仍请饬部换给实授札付，以符定制。

除该员履历清册另咨送部外，所遗提标后营守备员缺，陕甘现有应补人员，仍请作为尽先，由臣另拣请补。谨会同陕西提督臣邓增合词附片具奏，伏乞皇太后、皇上圣鉴训示。谨奏。

（朱批：）兵部议奏。①

光绪二十四年十月二十五日，奉朱批：兵部议奏。钦此。②

一五四　请将王彦清保案递改片

光绪二十四年十月初二日(1898 年 11 月 15 日)

再，前准兵部咨开：拟补甘肃西宁镇属北川营都司王彦清，先经陕甘总督杨昌濬奏请借补陕西下马关营守备，调补甘肃红崖堡守备。嗣于光绪二十三年正月由部拟补甘肃北川营都司，令送部引见，亲赍履历册，声叙于克复狄道州出力案内，经前署陕甘总督穆图善奏，同治十年三月二十八日奉上谕：着免补都司，以游击尽先即补。钦此。又于河州解围案内，经甘肃提督董福祥奏，光绪二十二年十月十五日奉上谕：着免补游击，以参将尽先补用，并加副将衔。钦此。查该员续保游击之案系在借补守备之前，何以借补

---

① 台北故宫博物院藏：军机及宫中档，文献编号：408003207-0-B。
② 中国第一历史档案馆藏：录副奏片，档案编号：03-5928-120。

守备履历内并未声叙，显系有意隐匿，希图取巧，自应照章将续保游击之案注销。其续保参将之案如何递改，应由该督奏明办理等因。当经转饬遵照。

臣查该员王彦清前由尽先都司借补下马关营守备，调补红崖堡守备，系在续保游击之后，自应照依部章，遵将游击注销。其续保参将加副将衔之案，拟恳天恩，俯准递改以游击尽先即补，并加副将衔，饬部更正注册，以实官阶。

除咨部查照外，理合附片具陈，伏乞圣鉴训示。谨奏。

（朱批：）兵部议奏。①

光绪二十四年十月二十五日，奉朱批：兵部议奏。钦此。②

一五五　请由赣、鄂拨解昭信股票银两片

光绪二十四年十月初二日（1898 年 11 月 15 日）

再，前准部咨：具奏续筹卢汉铁路用款，拟划拨各省昭信股票银两一折，光绪二十四年七月二十九日奉旨：依议。钦此。计钞原奏内开：指拨甘肃银十万两，饬令赶紧照数汇解上海通商银行，转交卢汉铁路总公司兑收应用等因。当经转饬遵照去后。

兹据甘肃藩司曾鉌详称：查此项指拨昭信股票银十万两，为数甚巨，汇解不便。查江西、湖北两省尚有应协甘肃光绪二十四年未解新饷，拟请将奉拨股票库平银十万两内，由江西省拨银五万二千两、湖北省拨银四万八千两，就近解交上海通商银行，转交卢汉铁

---

① 台北故宫博物院藏：军机及宫中档，文献编号：408003207-0-C。

② 中国第一历史档案馆藏：录副奏片，档案编号：03-5928-121。

路总公司兑收应用，以期便捷，仍请作抵江西、湖北两省报解新饷，由甘肃收存股票项下提收还款等情，呈请奏咨前来。

除分咨户部、湖广督臣、江西抚臣、卢汉铁路总公司查照外，谨附片具奏，伏乞圣鉴。谨奏。

（朱批：）该衙门知道。[1]

光绪二十四年十月二十五日，奉朱批：该衙门知道。钦此。[2]

一五六　奏报王学伊等期满甄别片

光绪二十四年十月初二日（1898 年 11 月 15 日）

再，查例载：道府以至未入流，凡系应行试看人员，以到省之日起，试看一年，期满甄别补用。又，初任人员保归候补班次，扣足一年，甄别补用各等语。历经遵办在案。兹查有试用直隶州知州王学伊，于光绪二十三年八月二十一日到省，今自到省之日起，连闰扣至二十四年七月二十一日，试看一年期满，例应甄别。又，在任候补知县安化县董志原县丞陈问洤，于光绪二十一年三月十八日到任，先于玉树番案内出力，保以知县在任候补，自光绪二十年二月三十日奉旨，按限计算，应自是年三月二十八日作为知县到省之日起，扣至二十一年三月二十八日，试看一年期满，补行甄别。由甘肃藩、臬两司加考，详请甄别具奏前来。

臣查王学伊年壮才明，志趣向上，堪以原官留省照例补用；陈问洤年强才裕，供职勤能，堪以知县在任候补。除该各员履历清册

---

① 台北故宫博物院藏：军机及宫中档，文献编号：408003206-0-A。

② 中国第一历史档案馆藏：录副奏片，档案编号：03-9659-069。

咨部查照外，理合附片具奏，伏乞圣鉴。谨奏。

（朱批：）吏部知道。①

光绪二十四年十月二十五日，奉朱批：吏部议奏。钦此。②

一五七　奏报拣员委署副将等缺片

光绪二十四年十月初二日（1898 年 11 月 15 日）

再，署理督标左营参将兼署督标中军副将韩廷芝，应饬交卸左营参将事务，改为署理中军副将，并饬准补督标左营参将杨志胜前赴本任，各专责成。又，署理宁夏镇属中卫协副将谭应春署事期满，应行调省，遗缺查有总兵衔留陕甘补用副将督标前营游击孟根和，年强才裕，熟悉营务，堪以委署。所遗督标前营游击员缺，暂饬署理督标后营游击留甘补用参将黎锦春先行兼署。除分饬遵照外，谨附片具奏，伏乞圣鉴。谨奏。

（朱批：）兵部知道。③

光绪二十四年十月二十五日，奉朱批：兵部知道。钦此。④

一五八　奏报开除沈福清等游击等缺片

光绪二十四年十月初二日（1898 年 11 月 15 日）

再，臣接准甘肃提督臣张永清咨开：提属大马营游击沈福清请

---

① 台北故宫博物院藏：军机及宫中档，文献编号：408003206-0-B。

② 中国第一历史档案馆藏：录副奏片，档案编号：03-5366-125。

③ 台北故宫博物院藏：军机及宫中档，文献编号：408003203-0-A。

④ 中国第一历史档案馆藏：录副奏片，档案编号：03-5928-122。

假送柩回籍，南古城堡守备胡培锦请假回籍葬亲。该二员假期久满，尚未回营，现值整顿营伍之际，员缺未便久悬，咨请开除各该员底缺，以重营务等情前来。臣覆核无异。相应奏明，请旨将甘肃提属大马营游击沈福清、南古城堡守备胡培锦各员缺一并开除。

除查取各该员札付另咨送部外，所遗甘肃提属大马营游击、南古城堡守备各员缺，甘肃现有应补人员，容臣另拣请补。理合附片具陈，伏乞圣鉴，训示施行。谨奏。

（朱批：）兵部知道。①

光绪二十四年十月二十五日，奉朱批：兵部知道。钦此。②

一五九　奏报都司毛熙隆病故出缺片

光绪二十四年十月初二日(1898 年 11 月 15 日)

再，据署陕西汉中镇总兵官龙得胜呈称：镇属阳平关营都司毛熙隆得患痢疾，医药罔效，于光绪二十四年七月二十一日因病身故，呈请核办前来。臣覆查无异，相应请旨开缺。所遗阳平关营都司员缺，陕甘现有应补人员，容臣另拣请补。

除该故员原领札付及承查印、甘各结，俟查取至日另咨送部外，谨附片陈明，伏乞圣鉴。谨奏。

（朱批：）兵部知道。③

光绪二十四年十月二十五日，奉朱批：兵部知道。钦此。④

---

① 台北故宫博物院藏：军机及宫中档，文献编号：408003203-0-B。
② 中国第一历史档案馆藏：录副奏片，档案编号：03-5928-123。
③ 台北故宫博物院藏：军机及宫中档，文献编号：408003203-0-C。
④ 中国第一历史档案馆藏：录副奏片，档案编号：03-5928-124。

一六〇　恭报甘肃光绪二十四年九月雨水、粮价折

光绪二十四年十月二十八日（1898 年 12 月 11 日）

头品顶戴陕甘总督臣陶模跪奏，为恭报甘肃省光绪二十四年九月份粮价、雨雪情形，恭折仰祈圣鉴事。

窃照本年八月份粮价并得沾雨泽情形，业经具折奏报在案。兹查九月份兰州等八府六直隶州属具报得沾雨雪，自一寸至二三寸不等。秋禾已收获登场，时交冬令，获此沃泽，土脉含濡，民情极为欣慰。至通省粮价，或与上月相同，或较上月稍有增减。据藩司曾鉌具详请奏前来。

臣覆核无异。理合恭折具奏，并缮粮价清单，恭呈御览，伏乞皇太后、皇上圣鉴。谨奏。光绪二十四年十月二十八日。

（朱批：）知道了。①

光绪二十四年十一月二十一日，奉朱批：知道了。钦此。②

一六一　呈甘肃光绪二十四年九月粮价清单

光绪二十四年十月二十八日（1898 年 12 月 11 日）

谨将甘肃各属光绪二十四年九月份米粮时估价值，缮具清单，恭呈御览。

---

① 台北故宫博物院藏：军机及宫中档，文献编号：408003209。
② 中国第一历史档案馆藏：录副奏折，档案编号：03-9371-034。

计开：

兰州府属：价平

粟米每京石价银一两三分二厘至五两五钱四分四厘，与上月相同。小麦每京石价银九钱二分四厘至四两五钱八分四厘，与上月相同。豌豆每京石价银一两一分七厘至四两四钱七分四厘，与上月相同。青稞每京石价银一两六钱六分三厘至四两一钱三厘，与上月相同。

巩昌府属：价有昂有平有落

粟米每京石价银一两三钱九厘至二两七钱一厘，较上月贱四钱五分。小麦每京石价银一两一钱六分九厘至二两一钱三分，较上月贵三分。豌豆每京石价银一两一钱一分九厘至二两一钱九分一厘，较上月贵一钱六分一厘。青稞每京石价银一两一分四厘至一两八钱二分八厘，与上月相同。

平凉府属：价有平有落

粟米每京石价银一两五钱一分三厘至二两三钱八分，与上月相同。小麦每京石价银一两二钱九分五厘至二两一钱，较上月贱一分一厘。豌豆每京石价银一两四分八厘至一两八钱六分六厘，较上月贱一分二厘。糜子每京石价银八钱一分三厘至一两五分，与上月相同。

庆阳府属：价有平有落

粟米每京石价银七钱四分二厘至一两三钱二分，较上月贱二分四厘。小麦每京石价银九钱二分四厘至一两四钱四分，与上月相同。豌豆每京石价银九钱六分六厘至一两七钱八分二厘，与上月相同。糜子每京石价银四钱一分七厘至六钱六分，与上月相同。

甘州府属：价有昂有落

粟米每京石价银七钱九分一厘至一两二钱九厘,较上月贱二分。小麦每京石价银七钱三厘至八钱六分一厘,较上月贱四分六厘。豌豆每京石价银七钱三厘至一两五钱九分一厘,较上月贵七分二厘。青稞每京石价银四钱五分四厘至八钱八分九厘,较上月贱二钱一分。

凉州府属:价有昂有落

粟米每京石价银八钱四分至三两八分,较上月贵二钱八分六厘。小麦每京石价银七钱一分四厘至二两四钱七厘,较上月贱一钱八厘。豌豆每京石价银六钱七分二厘至二两四钱七厘,较上月贵一钱七分二厘。青稞每京石价银五钱四分六厘至一两七钱三分三厘,较上月贱一钱三分。

宁夏府属:价有平有落

粟米每京石价银七钱五分六厘至一两八钱六分六厘,较上月贱九分四厘。小麦每京石价银九钱二分四厘至二两三分,与上月相同。豌豆每京石价银七钱三分五厘至一两八钱九分,与上月相同。糜子每京石价银一两二钱五厘至一两四钱九分七厘,较上月贱一钱四分一厘。

西宁府属:价落

粟米每京石价银一两七钱一分八厘至六两一分六厘,较上月贱六分四厘。小麦每京石价银二两二钱四分至二两五钱六分,较上月贱六分四厘。豌豆每京石价银一两九钱五分三厘至二两四钱九分六厘,较上月贱六分四厘。青稞每京石价银一两七钱八分五厘至二两四钱,较上月贱七分九厘。

秦州直隶州并所属:价有平有落

粟米每京石价银一两三钱七分五厘至二两八钱二分一厘,较上月贱三钱二分九厘。小麦每京石价银一两一钱五分九厘至二两六钱一分八厘，与上月相同。豌豆每京石价银一两一钱六分五厘至二两六钱一分八厘，与上月相同。糜子每京石价银七钱四分一厘至一两九钱六分二厘，与上月相同。

阶州直隶州并所属：价落

粟米每京石价银一两八钱三分三厘至三两三钱三分七厘，较上月贱一两六分三厘。小麦每京石价银一两六钱六分七厘至二两四钱四厘，较上月贱一钱四分七厘。豌豆每京石价银一两七钱九厘至二两三钱六分三厘，较上月贱一钱七分。糜子每京石价银一两三钱二分九厘，较上月贱三分二厘。

泾州直隶州并所属：价有昂有落

粟米每京石价银四钱九分五厘至一两二钱一分三厘，较上月贱三厘。小麦每京石价银四钱六分八厘至一两二钱八分四厘，较上月贵二钱三分六厘。豌豆每京石价银四钱一分七厘至一两一钱四分六厘，较上月贵九分八厘。糜子每京石价银四钱一分七厘至七钱，较上月贵九分二厘。

固原直隶州并所属：价平

粟米每京石价银一两四钱二分六厘至三两三分八厘，与上月相同。小麦每京石价银一两四钱二分六厘至二两五钱七分三厘，与上月相同。豌豆每京石价银一两四钱二分六厘至二两四钱二分八厘，与上月相同。糜子每京石价银一两二钱八分四厘，与上月相同。

肃州直隶州并所属：价有昂有平

粟米每京石价银一两九分二厘至一两三钱四分四厘，较上月贵一钱六分八厘。小麦每京石价银八钱一分二厘至一两四钱七分，与上月相同。豌豆每京石价银九钱五分至一两二钱六分，较上月贵一钱二分六厘。青稞每京石价银五钱四分六厘至一两五分，较上月贵一钱六分八厘。

安西直隶州并所属：价平

粟米每京石价银一两五分至一两三钱七分二厘，与上月相同。小麦每京石价银一两九分八厘至一两二钱，与上月相同。豌豆每京石价银一两二钱八分至二两八分，与上月相同。青稞每京石价银九钱九分三厘至一两四钱，与上月相同。

（朱批：）览。①

一六二　造报关内外转运新饷脚价等款折

光绪二十四年十月二十八日(1898 年 12 月 11 日)

头品顶戴陕甘总督臣陶模跪奏，为甘肃关内外光绪二十一、二两年份转运新饷脚价等项照案支销，及拨陕甘电报局各项经费银两，恭折仰祈圣鉴事。

窃甘肃关内外每年运解新饷脚价、委员川资、鞘匣等项，遵照部议即由新饷内划提银四万两，另款开支。又，陕甘养电经费并岁修银两，前经奏明请于划提新饷银四万两内，除开支转运脚价等项外，所余银两尽数拨支，奉旨允准，历经遵办。截至二十年底止，业经造册奏咨核销，实存湘平银三万七千八十余两。

二十一、二两年每年仍照前案，由新饷内提银四万两，又收二十一年支发脚价等项照章扣回平余银三百五十余两，二十二年支

---

① 中国第一历史档案馆藏：清单，档案编号：03-6977-028。

发脚价等项扣回平余银二百七十余两，合共管、收实存湘平银一十一万七千七百一十余两，自二十一年正月起至二十二年年底止，由陕西省城并泾州属之瓦云驿接运新饷及搭解各款至兰州省城，复由兰州转运关外应分新饷，及搭解各款至新疆省城脚价及员弁盘费、盐菜、口粮、骡脚并添制鞘匣、纸张、绳索、工价等项，共发过湘平银六万四千六百九十余两；又拨发甘肃电报局二十一、二两年养电经费湘平银三万九千五百八十余两，陕西电报局二十一、二两年养电经费湘平银二千一百三十余两，共发过湘平银四万一千七百二十余两，应咨由督办各省电线事宜大理寺少卿盛宣怀列收，另将支用细数造报请销外，统计开支拨发湘平银一十万六千四百二十余两，实在存湘平银一万一千二百九十余两，另款存储，归入下届开支造报。据甘肃布政使曾钰造具总、散清册，详请具奏前来。

臣覆查无异。合无仰恳天恩，饬部查照核销。除将各册分送户、兵、工三部外，理合恭折具奏，伏乞皇太后、皇上圣鉴训示。谨奏。光绪二十四年十月二十八日。

（朱批:）该部知道。[1]

光绪二十四年十一月二十二日，奉朱批:该部知道。钦此。[2]

一六三　造报河湟军需转运脚价等款折

光绪二十四年十月二十八日(1898 年 12 月 11 日)

头品顶戴陕甘总督臣陶模跪奏，为造报光绪二十一、二两年甘

---

① 台北故宫博物院藏:军机及宫中档，文献编号:408003210。

② 中国第一历史档案馆藏:录副奏折，档案编号:03-6648-027。

肃办理河湟军需转运脚价等项,恳恩饬部核销,恭折仰祈圣鉴事。

窃查光绪二十一、二两年甘肃办理河湟军需造报收支一切正杂各款,前已具奏请销,并于折内声明转运脚价一项,军需与赈务互相牵杂,俟军、赈两事各支运脚数目厘剔清楚,分案办理在案。兹据甘肃布政使曾鉌详称:现在军、赈两项均已分清,除赈抚款项另案造报外,所有军需转运脚价等项银两,自应专案造报,以清款目。

查旧管项下,共存湘平银七万三千二十三两五钱一分五厘七毫四丝。新收新饷案内二十一、二两年关内外饷内应提封存湘平银五十二万一千一百六两二钱二分六厘,新添军饷案内续收仓粮变价库平申湘平银一十六万八千五百五两三钱一分三厘五毫三丝,扣收前敌各军支用额粮作价湘平银三千六百五两二钱八分一厘,转运军粮、军火脚价并采用口袋、包裹、物料扣回平余湘平银四千九百六十四两二钱六分九厘,共收湘平银六十九万八千一百八十一两八分九厘五毫三丝。开除支发各厅、州、县并各粮局转运军粮脚价并采用口袋共湘平银四十二万七千六百六十三两七钱六分,由陕制运军装、军火、脚价、包裹、物料湘平银六万八千二百三十四两二钱九分四厘,由陕押运军装、军火员弁盘费、骡脚湘平银六百八十三两二钱八分,拨支司库支发文职各官廉俸应分二十一、二两年新饷库平申湘平银一十一万五千九百一十六两六钱六分六厘,借拨司库支发供应进征官军及转运各省协拨饷装车骡脚价库平申湘平银一十万九千八百四十五两六钱八分三厘,共请销支发湘平银七十二万二千三百四十三两六钱八分三厘;实存湘平银四万八千八百六十两九钱二分二厘二毫七丝,应归入下届开支具报。造具总、散清册,详请具奏前来。

臣复加查核，委系实用实销，并无浮冒。相应吁恳天恩，俯准核销，以清款目。除清册分送户、兵、工部外，理合恭折具陈，伏乞皇太后、皇上圣鉴训示。谨奏。光绪二十四年十月二十八日。

（朱批：）该部知道。①

光绪二十四年十一月二十二日，奉朱批：该部知道。钦此。②

一六四　奏报甘肃光绪二十四年上忙征收银两数目折

光绪二十四年十月二十八日（1898 年 12 月 11 日）

头品顶戴陕甘总督臣陶模跪奏，为甘肃各属光绪二十四年上忙征收银两数目，恭折仰祈圣鉴事。

窃照甘肃各属光绪二十三年上、下忙征收银数，业经奏报在案。所有二十四年上忙征收银数，据藩司曾銌详称：查甘省光绪二十四年额征地丁起存正杂银二十八万八千七百九十七两五分一厘，连秦州等处新垦地丁银九百七十九两六钱五分六厘，共银二十八万九千七百七十六两七钱七厘，内除皋兰县、沙泥州判、洮州厅、华亭县、平番县、宁夏县、灵州、中卫县、宁灵厅、西固州同等处水冲地亩豁免银五十九两七钱二分五厘九毫，又除皋兰县西乡马家湾回民逃亡无着银三十五两七钱三分一厘，又除各属荒地无从征收银七万三千二百八十五两八钱六分一厘五毫外，实应征正杂银二十一万六千三百九十五两三钱八分八厘六毫。又收渭源县等处光

① 台北故宫博物院藏：军机及宫中档，文献编号：408003208。
② 中国第一历史档案馆藏：录副奏折，档案编号：03-6648-028。

绪二十四年上忙续垦升科起运银一百七十八两七钱九分九厘，二共应征银二十一万六千五百七十四两一钱八分七厘六毫。

今上忙已完银一十一万四千五十二两二钱八分二毫，又收狄道州征到奉文流抵二十四年起存银四千九百五十一两七钱，二共已完银一十一万九千三两九钱八分二毫。统计系在四分以上，内已完存留经杂、驿站银四万四千五百三十七两九钱九分九厘二毫，照数留支。已完起运银七万四千一百七十九两五钱八分一厘，均已解司，内已造入光绪二十二年秋拨册内银三千九百一十三两六钱七分四厘，造入二十四年秋拨册内银一万六千二百四十九两二钱五分九厘，候入二十五年春拨册内银五万四千一百一十六两六钱四分八厘，已完杂赋银二百八十六两四钱亦已解司，内已造入光绪二十四年秋拨册内银三十一两一钱七分九厘，候入二十五年春拨册内银二百五十五两二钱二分一厘。未完地丁正杂银九万七千五百七十两二钱七厘四毫，内未完地丁起运银六万四千九百七十八两七钱五分三厘，未完存留经杂银一万三十五两五钱五分九厘，未完存留驿站银二万一千九百九十四两二钱六厘四毫，未完杂赋银五百六十一两六钱八分九厘，应归下忙案内一并核办。造具总、散清册，详请具奏前来。

臣覆核无异。除将清册咨送户部查核外，所有甘省各属光绪二十四年上忙征收银两数目，理合恭折具奏，伏乞皇太后、皇上圣鉴。谨奏。光绪二十四年十月二十八日。

（朱批：）户部知道。①

———————

①　台北故宫博物院藏：军机及宫中档，文献编号：408003211。

光绪二十四年十一月二十二日，奉朱批：户部知道。钦此。①

一六五　造报马步练军光绪
二十三年支扣饷项折

光绪二十四年十月二十八日(1898年12月11日)

头品顶戴陕甘总督臣陶模跪奏，为造报甘肃关内马步练军光绪二十三年份支扣饷项细数清册，恭折仰祈圣鉴事。

窃前准户部咨开：甘肃省裁勇练兵系属因时制宜，并非承平旧制，所有开支薪水亦非常例动支，嗣后应令专案奏销，以免牵混等因。所有光绪二十二年份练军饷项细数清册，前已奏销在案。兹据甘肃藩司曾鉌详称：遵查甘肃关内马步练军光绪二十三年份薪公、口粮等项，共实支银一十八万三千八百七十六两三钱三分，内扣收过粮价及四二分减平银共二万七千四百三两五钱七分七厘，分别造具细数清单，详请具奏前来。

臣覆核无异。除将册籍分送部、科外，理合恭折具陈，伏乞皇太后、皇上圣鉴，饬部核销施行，谨奏。光绪二十四年十月二十八日。

（朱批：）该部知道。②

光绪二十四年十一月二十二日，奉朱批：该部知道。钦此。③

---

①　中国第一历史档案馆藏：录副奏折，档案编号：03-6261-036。

②　台北故宫博物院藏：军机及宫中档，文献编号：408003213。

③　中国第一历史档案馆藏：录副奏折，档案编号：03-6148-107。

一六六 请以李正鲁调补提标中营参将折

光绪二十四年十月二十八日（1898 年 12 月 11 日）

头品顶戴陕甘总督臣陶模跪奏，为拣员调补参将要缺，以裨营伍，恭折仰祈圣鉴事。

窃臣前准兵部咨：甘肃提标中营参将员缺系题补第二轮第三缺，轮用预保，该省预保无人，应以第六缺拣发人员抵补，行令迅即拣员请补等因。臣查甘肃提标中营参将一缺，为标营领袖，事繁任重，非精敏干练之员，不足以资治理，遵于拣发班内详加遴选，或衔缺未当，或人地不宜，未便迁就请补。

兹查有现署斯缺之准补督标右营参将留陕甘补用总兵李正鲁，夙著战功，熟悉营务，以之调补，洵堪胜任。虽核与轮章稍有未符，惟人地实在相需，合无仰恳天恩，俯念员缺紧要，准以该员李正鲁调补甘肃提标中营参将，以期得力。如蒙俞允，该员前经升补督标右营参将，尚未赴引，应俟此次调补核准后，即行给咨送部引见，以符定制。

除查取该员履历清册另咨送部外，所遗督标右营参将员缺，仍请照依部章，在于拣发班内拣员抵补。谨会同署甘肃提臣张永清合词恭折具陈，伏乞皇太后、皇上圣鉴训示。谨奏。光绪二十四年十月二十八日。

（朱批：）兵部议奏。[1]

光绪二十四年十一月二十二日，奉朱批：兵部议奏。钦此。[2]

---

① 台北故宫博物院藏：军机及宫中档，文献编号：408003212。
② 中国第一历史档案馆藏：录副奏折，档案编号：03-5929-048。

一六七　请将沈勋照等劣员一并革职片

光绪二十四年十月二十八日(1898年12月11日)

再,臣准陕西抚臣魏光焘咨:据西安城守协副将田玉广呈称:协标中军都司沈勋照,不知自爱,饬令清查营厂、牧地,借端勒罚,任意营私,由抚臣先行撤任。又,准陕西提臣邓增咨:据潼关协副将忠寿禀称:另案撤任三要司营守备雷天禄,于所部兵丁应领加米银两,听人作弊,嗣被告发,仍复代为弥缝,实属有乖职守。先后咨请核办前来。

臣查沈勋照贪妄不职,雷天禄庸劣无能,均未便稍事姑容,相应奏明请旨,将蓝翎游击衔西安城守协中军都司沈勋照、花翎尽先补用游击潼关协属三要司营守备雷天禄一并革职,并拔去翎枝,以示惩儆。

至所遗都司、守备各缺,陕甘现有应补人员,容臣分别另拣请补。谨会同陕西抚臣魏光焘、陕西提臣邓增合词附片具陈,伏乞圣鉴训示。谨奏。

(朱批:)另有旨。①

光绪二十四年十一月二十二日,奉朱批:另有旨。钦此。②

【案】此案于是年十一月二十二日得旨允行。上谕档:

光绪二十四年十一月二十二日,内阁奉上谕:陶模奏,特

---

① 台北故宫博物院藏:军机及宫中档,文献编号:408003212-0-A。
② 中国第一历史档案馆藏:录副奏片,档案编号:03-5929-050。

参庸劣武弁等语。蓝翎游击衔西安城守协中军都司沈勋照贪劣不职，花翎尽先补用游击潼关协属三要司营守备雷天禄庸劣无能，均着一并革职，拔去翎枝，并不准投效各路军营，以示惩儆。余着照所议办理，该部知道。钦此。[1]

一六八　代奏提臣张俊奏销假片

光绪二十四年十月二十八日（1898 年 12 月 11 日）

再，调署甘肃提臣张俊前恳由臣代奏请假一月，便道回籍省墓，旋奉朱批：张俊着赏假一个月。钦此。当经转咨遵照去后。时提臣张俊业已出省，前往宁夏一带阅视防、绿营伍。兹准咨称：于校阅后遵旨旋里，展省先茔。现在省墓事竣，假期已满，拟即由固原等处一律校阅回省，应请代奏销假等因前来。理合据情附片代陈，伏乞圣鉴。谨奏。

（朱批：）知道了。[2]

光绪二十四年十一月二十二日，奉朱批：知道了。钦此。[3]

一六九　奏报委令黄云兼署臬司篆务片

光绪二十四年十月二十八日（1898 年 12 月 11 日）

再，西宁办事大臣奎顺现已由省赴任，联魁应即交卸，仍回西宁道本任。新授甘肃布政使丁体常应即赴新任，以专责成。所遗

---

①　《光绪宣统两朝上谕档》，第 24 册，第 578 页。

②　台北故宫博物院藏：军机及宫中档，文献编号：408003213-0-A。

③　中国第一历史档案馆藏：录副奏片，档案编号：03-5929-049。

臬司篆务,应饬兰州道黄云暂行兼署。除分别给委外,谨附片具奏,伏乞圣鉴。谨奏。

（朱批:）知道了。①

光绪二十四年十一月二十二日,奉朱批:知道了。钦此。②

一七〇　奏报委令丁体常经理各军营务片

光绪二十四年十月二十八日（1898 年 12 月 11 日）

再,总理甘肃全省防、练各军营务甘肃布政使曾鉌奉旨升授湖北巡抚,现正交卸起程进京。所遗营务事宜,仍应派委大员认真经理。查有新授布政使丁体常,老成稳慎,堪以派委。除札饬外,理合附片具陈,伏乞圣鉴。谨奏。

（朱批:）知道了。③

光绪二十四年十一月二十二日,奉朱批:知道了。钦此。④

一七一　奏请嘉奖候补知府牛瑗片

光绪二十四年十月二十八日（1898 年 12 月 11 日）

再,据甘肃藩司曾鉌详称:各省捐集甘肃义赈案内,查有籍隶甘肃四川候补知府牛瑗,援助银一千两,照章应请建坊,屡经咨川饬询,据称不敢邀奖,再四恳辞。经川省查明四川劝办甘赈内,有

---

① 台北故宫博物院藏:军机及宫中档,文献编号:408003213-0-B。
② 中国第一历史档案馆藏:录副奏片,档案编号:03-5367-087。
③ 台北故宫博物院藏:军机及宫中档,文献编号:408003213-0-C。
④ 中国第一历史档案馆藏:录副奏片,档案编号:03-5367-089。

三万数千两系牛瑗经手凑集，并不敢请叙，咨由臣行司查明，呈请核办前来。

臣查籍隶甘肃四川候补知府牛瑗，眷怀桑梓，慷慨从心，于甘省义捐劝办三万余两之外，又自捐银一千两，洵属慕义急公。虽据称不敢受奖，未便没其好善之忱，合无仰恳天恩，俯赐传旨嘉奖，以资观感。谨附片具陈。伏乞圣鉴训示。谨奏。

（朱批：）牛瑗着传旨嘉奖。①

光绪二十四年十一月二十二日，奉朱批：牛瑗着传旨嘉奖。钦此。②

一七二　奏报甘肃光绪二十四年秋禾约收分数折

光绪二十四年十一月十九日(1898 年 12 月 31 日)

头品顶戴陕甘总督臣陶模跪奏，为查明甘肃光绪二十四年秋禾约收分数，恭折仰祈圣鉴事。

窃直省秋禾收成分数，例应按年具奏。兹据甘肃布政使曾鉌详称：兰州、巩昌、平凉、庆阳、甘州、凉州、宁夏、西宁八府并秦州、阶州、固原、泾州、肃州、安西六直隶州并所属各厅、州、县、州同、州判、县丞，将光绪二十四年秋禾约收分数开折核奏前来。

臣复加查核，约收八分者，镇番县一处；约收七分者，安定县等九处；约收六分有余者，沙泥州判等十处；约收六分者，金县等七处；约收五分有余者，安化县等十三处；约收五分者，皋兰县等三十

---

① 台北故宫博物院藏：军机及宫中档，文献编号：408003208-0-A。
② 中国第一历史档案馆藏：录副奏片，档案编号：03-5367-088。

二处。以上八府六直隶州所属通盘牵算，约收五分有余。

再，查各属除岷州、洮州厅、循化厅、丹噶尔厅、巴燕戎格厅、西宁县、大通县、红水县丞等八处向不种植秋禾外，其皋兰县等处禾苗有被水、旱、冰雹，均经先后饬令该管道府亲诣查勘，是否不致成灾，容另案汇办。理合恭折具陈，并缮具清单，恭呈御览，伏乞皇太后、皇上圣鉴。谨奏。光绪二十四年十一月十九日。

（朱批：）知道了。[①]

光绪二十四年十二月十四日，奉朱批：知道了。钦此。[②]

一七三　呈甘肃光绪二十四年秋禾约收分数清单

光绪二十四年十一月十九日（1898年12月31日）

谨将甘省各属光绪二十四年秋禾约收分数，缮具清单，恭呈御览。

计开：

约收八分者：镇番县。

约收七分者：安定县、会宁县、通渭县、西和县、隆德县、东乐县丞、武威县、贵德厅、固原州。

约收六分有余者：沙泥州判、陇西县、化平厅、庄浪县丞、张掖县、灵州、平罗县、礼县、徽县、王子庄州同。

约收六分者：金县、伏羌县、静宁州、古浪县、花马池州同、碾伯县、清水县。

---

① 台北故宫博物院藏：军机及宫中档，文献编号：408003214。
② 中国第一历史档案馆藏：录副奏折，档案编号：03-9372-017。

约收五分有余者：安化县、宁州、董志原县丞、山丹县、中卫县、秦州、秦安县、泾州、灵台县、海城县、硝河城州判、肃州、高台县。

约收五分者：皋兰县、河州、狄道州、渭源县、靖远县、宁远县、陇西县丞、平凉县、华亭县、正宁县、合水县、环县、抚彝厅、永昌县、平番县、宁夏县、宁朔县、宁灵厅、两当县、三岔州判、阶州、文县、成县、西固州同、崇信县、镇原县、平远县、打拉池县丞、毛目县丞、安西州、敦煌县、玉门县。

（朱批：）览。①

一七四　请将殉难妇女苏杜氏等旌恤折

光绪二十四年十一月十九日（1898 年 12 月 31 日）

头品顶戴陕甘总督臣陶模跪奏，为查明续报被害殉难妇女，列作第二十三次恳请旌恤，恭折仰祈圣鉴事。

窃查甘肃从前自军兴以来，所有阵亡、伤亡员弁以及被害殉难士庶、妇女，节经分列二十二次，由各前督臣先后汇奏在案。兹据甘肃藩司续行查明甘肃阶州、清水二州县从前被害殉难妇女苏杜氏等三口，造具死事实迹清册，详请具奏前来。

臣查该妇女等或被执而完贞，或临危而全节，均属节烈可嘉，允宜上邀旌恤。除将清册咨送礼部外，合无仰恳天恩，饬部照例给恤，以慰幽魂。谨缮折具陈，伏乞皇太后、皇上圣鉴训示。谨奏。光绪二十四年十一月十九日。

---

①　中国第一历史档案馆藏：清单，档案编号：03-9372-018。

（朱批：）礼部议奏。①

光绪二十四年十二月十四日，奉朱批：礼部议奏。钦此。②

一七五　请以胡弼英署理新城营都司折

光绪二十四年十一月十九日（1898 年 12 月 31 日）

头品顶戴陕甘总督臣陶模跪奏，为拣员请补都司要缺，以裨营伍，恭折仰祈圣鉴事。

窃臣前准兵部咨：凉州镇属新城营都司员缺，掣定作为第五轮第七缺，轮用尽先人员，行令拣员请补等因。当经移行遵照去后。兹准署甘肃提督臣张永清拣选得尽先都司甘肃提属山丹营千总胡弼英，征防著绩，练达营伍，堪以请补。咨请核办前来。

臣查甘肃提属山丹营千总胡弼英，戎行久历，办事勤能，以之请补斯缺，洵堪胜任，亦与轮章相符。合无仰恳天恩，俯念员缺紧要，准以该员胡弼英请补新城营都司，以期得力。如蒙俞允，即行给咨赴部引见，以符定制。

除查取履历清册另咨送部外，谨会同署甘肃提督臣张永清合词恭折具陈，伏乞皇太后、皇上圣鉴训示。谨奏。光绪二十四年十一月十九日。

（朱批：）兵部议奏。③

光绪二十四年十二月十四日，奉朱批：兵部议奏。钦此。④

---

① 台北故宫博物院藏：军机及宫中档，文献编号：408003217。
② 中国第一历史档案馆藏：录副奏折，档案编号：03-5563-121。
③ 台北故宫博物院藏：军机及宫中档，文献编号：408003215。
④ 中国第一历史档案馆藏：录副奏折，档案编号：03-5930-030。

一七六　奏报西宁镇总兵何美玉病故出缺折

光绪二十四年十一月十九日(1898 年 12 月 31 日)

头品顶戴陕甘总督臣陶模跪奏,为边要总兵调赴防所,因病出缺,请旨简放,以重地方,恭折仰祈圣鉴事。

窃臣接准督练甘军甘肃提督臣董福祥咨开:据帮带副中营都司刘有胜申称:管带副中营正任甘肃西宁镇总兵何美玉在营积劳患病,医治罔效,于光绪二十四年十月初二日病故等情。查该员何美玉久经战阵,历保记名提督。光绪二十二年三月,蒙恩简放西宁镇总兵,是年七月到任,二十四年正月奉调来营。兹因积劳病故,深堪悯惜。其身后一切,应饬该帮带妥为照料。所有因病出缺日期,咨请循例奏报等因前来。

臣覆核无异,相应请旨开缺。所遗西宁镇总兵员缺,应恳天恩迅赐简放,以重职守。谨会同署甘肃提督臣张永清合词恭折具奏,伏乞皇太后、皇上圣鉴训示。谨奏。光绪二十四年十一月十九日。

(朱批:)另有旨。①

光绪二十四年十二月十四日,奉朱批:另有旨。钦此。②

【案】此折于是年十二月十四日得旨,清廷命覃修纲补授西宁镇总兵。上谕档:

光绪二十四年十二月十四日,内阁奉上谕:甘肃西宁镇总

---

① 台北故宫博物院藏:军机及宫中档,文献编号:408003219。
② 中国第一历史档案馆藏:录副奏折,档案编号:03-5930-034。

兵员缺,着覃修纲补授。钦此。[①]

一七七　请以汤霖补授碾伯县知县折

光绪二十四年十一月十九日（1898 年 12 月 31 日）

头品顶戴陕甘总督臣陶模跪奏,为拣员请补知县员缺,以裨地方,恭折仰祈圣鉴事。

窃据甘肃藩、臬两司会详称:碾伯县知县宋升平病故,业经扣留截缺,自应照例按班请补。查例载,知县病、故、休三项缺出,准其以一缺题补各项候补并进士即用之员,以一缺题补本班大挑人员等语。甘省病、故、休知县前已用至第三轮即用先知县张心镜准补宁远县知县为止,今碾伯县一缺,应用即用正班。

查有进士即用知县汤霖,年四十四岁,湖北黄梅县人,由进士即用知县签掣甘肃,于光绪十六年十二月到省,因劝办顺直赈捐出力,保加同知衔。二十年四月,闻讣丁忧回籍,旋以服满在部呈请起复。二十二年十二月,缴照回省。二十三年,委署渭源县知县。该司等查该员汤霖笃实勤明,留心吏治,以之请补碾伯县知县,堪以胜任,与例亦符。会详请奏前来。

臣查该员汤霖实心任事,恂恂无华,合无仰恳天恩,准以该员汤霖补授碾伯县知县,实于地方有裨。如蒙俞允,该员以知县请补知县,衔缺相当,毋庸送部引见。再,该员署任内并无参罚案件。谨恭折具奏,伏乞皇太后、皇上圣鉴训示。谨奏。光绪二十四年十一月十九日。

---

① 《光绪宣统两朝上谕档》,第 24 册,第 69 页。

（朱批：）吏部议奏。①

光绪二十四年十二月十四日，奉朱批：吏部议奏。钦此。②

一七八　请以丁启祥补授安远营都司折

光绪二十四年十一月十九日(1898年12月31日)

头品顶戴陕甘总督臣陶模跪奏，为拣员请补都司要缺，以裨营伍，恭折仰祈圣鉴事。

窃前准部咨：甘肃凉州镇属安远营都司员缺，系题补第六轮第二缺，轮用尽先人员，行令拣员请补等因。当经转饬遵照去后。兹据署凉州镇总兵刘璞呈称：拣选得蓝翎尽先都司凉州镇标左营守备丁启祥，才具明敏，营伍谙练，陈请酌补前来。

臣查该员丁启祥年强才裕，办事勤能，且尽先名次在前，以之请补斯缺，洵堪胜任，与例亦符。合无仰恳天恩，俯念员缺紧要，准以该员丁启祥请补安远营都司，俾资得力。如蒙俞允，即行给咨送部引见，以符定制。

除查取该员履历清册另咨送部外，所遗凉州镇标左营守备员缺，甘肃现有应补人员，容臣另拣请补。谨会同甘肃提臣张永清恭折具陈，伏乞皇太后、皇上圣鉴训示。谨奏。光绪二十四年十一月十九日。

（朱批：）兵部议奏。③

---

① 台北故宫博物院藏：军机及宫中档，文献编号：408003216。
② 中国第一历史档案馆藏：录副奏折，档案编号：03-5368-070。
③ 台北故宫博物院藏：军机及宫中档，文献编号：408003218。

光绪二十四年十二月十四日,奉朱批:兵部议奏。钦此。^①

一七九　请将守备张太清即行革职片

光绪二十四年十一月十九日(1898 年 12 月 31 日)

再,臣查署凉州镇属土门堡守备花翎尽先补用都司张太清,于距土门堡不远沙窝地方有行劫雇主财物、拒毙男妇大小一家四命之案,虽经古浪县访闻获犯讯办,而该员事前既毫无防范,事后犹意图讳饰,实属昏庸溺职,未便稍涉宽容。据署凉州镇刘璞呈请奏参前来。

相应请旨将花翎尽先补用都司署凉州镇属土门堡守备张太清即行革职,拔去翎枝,以示惩儆。谨附片具陈,伏乞圣鉴训示。谨奏。

(朱批:)着照所请,兵部知道。^②

光绪二十四年十二月十四日,奉朱批:着照所请,兵部知道。钦此。^③

一八〇　请以张国良补授红水营守备片

光绪二十四年十一月十九日(1898 年 12 月 31 日)

再,臣前准部咨:甘肃凉州镇属红水营守备员缺,系题补第四轮第十缺,轮用捐输人员。该省捐输无人,应作为第五轮第一缺,轮用尽先人员,饬令迅拣请补等因。当经移行遵照去后。兹准署

---

① 中国第一历史档案馆藏:录副奏折,档案编号:03-5930-027。
② 台北故宫博物院藏:军机及宫中档,文献编号:408003218-0-A。
③ 中国第一历史档案馆藏:录副奏片,档案编号:03-5930-031。

甘肃提臣张永清咨称：查有都司衔留甘尽先补用守备张国良，年力精强，营伍熟练，堪以请补。咨请核办前来。

臣查该员张国良年强才裕，办事勤能，以之请补斯缺，洵堪胜任，亦与轮章相符。合无仰恳天恩，俯念员缺紧要，准以该员张国良补授凉州镇属红水营守备，俾资得力。如蒙俞允，即行给咨送部引见，以符定制。

除查取该员履历清册另咨送部外，谨会同署甘肃提臣张永清合词附片具陈，伏乞圣鉴训示。谨奏。

（朱批：）兵部议奏。[1]

光绪二十四年十二月十四日，奉朱批：兵部议奏。钦此。[2]

一八一 奏请胡景桂暂缓北上片

光绪二十四年十一月十九日（1898年12月31日）

再，甘肃宁夏道胡景桂奉旨升授山东按察使，应进京陛见。惟查宁夏渠工水利为民命所关，胡景桂自任宁夏府及升授宁夏道，于所属渠务严加整顿，剔除积弊，百姓深受其惠。现正责令胡景桂督修宁夏、中卫各渠洞，须俟春融方能兴工，非两三月不能葳事。可否仰恳天恩，暂留胡景桂借资熟手，俟渠洞各工办理就绪，再饬令交卸北上之处，出自逾格鸿施。

谨附片具陈，伏乞圣鉴训示。谨奏。

（朱批：）着照所请。[3]

---

① 台北故宫博物院藏：军机及宫中档，文献编号：408003218-0-B。
② 中国第一历史档案馆藏：录副奏片，档案编号：03-5930-028。
③ 台北故宫博物院藏：军机及宫中档，文献编号：408003216-0-A。

光绪二十四年十二月十四日,奉朱批:着照所请。钦此。①

一八二　奏明知府燕起烈尚能胜任片

光绪二十四年十一月十九日(1898 年 12 月 31 日)

再,臣承准军机大臣字寄:光绪二十四年三月十三日奉上谕:甘肃西宁地方回乱初平,安抚事宜,关系紧要,调补西宁府知府燕起烈,着陶模悉心察看,如不能胜任,或人地不宜,即行据实覆奏,毋稍迁就。将此谕令知之。钦此。遵旨寄信前来。

臣查西宁回乱已靖,安抚事宜亦经办理就绪。该府与本管道同驻一城,并有西宁办事大臣总理蒙、番事务,知府能督同厅县与百姓休养生息,即属无忝厥守。调补西宁府知府燕起烈,虽无出群之才,惟心地慈祥,办事谨慎,履任已经数月,臣悉心察看,尚能胜任,人地亦属相宜。谨据实覆陈,伏乞圣鉴,谨奏。

(朱批:)知道了。②

光绪二十四年十二月十四日,奉朱批:知道了。钦此。③

一八三　委令张作霖等署理知县等缺片

光绪二十四年十一月十九日(1898 年 12 月 31 日)

再,请补贵德同知吴人寿现已奉部覆准,应即饬赴新任,以专

---

①　中国第一历史档案馆藏:录副奏片,档案编号:03-5368-071。
②　台北故宫博物院藏:军机及宫中档,文献编号:408003216-0-B。
③　中国第一历史档案馆藏:录副奏片,档案编号:03-5368-072。

责成。循化同知黄森请假遗缺,查有现署贵德同知候补通判张作霖,堪以酌署。碾伯县知县宋升平病故遗缺,查有分缺先补用知县周凤勋,堪以署理。署金县知县叶克信调省遗缺,查有候补知县刘立诚,堪以委署。据藩、臬两司先后会详前来。

除批饬给委外,谨附片陈明,伏乞圣鉴。谨奏。

（朱批：）吏部知道。①

光绪二十四年十二月十四日,奉朱批：吏部知道。钦此。②

一八四　奏报拣员委署总兵等员缺片

光绪二十四年十一月十九日（1898 年 12 月 31 日）

再,署陕西延榆绥镇总兵甘肃肃州镇总兵陈元莩调甘另有差委,遗缺查有前署汉中镇总兵之记名提督龙得胜,凤娴韬略,勇敢有为,堪以委署。又,陕西固原提属西安城守协副将田玉广奉调赴京遗缺,查有副将衔留甘补用参将舒秀松,年力正强,操防勤奋,堪以署理。

除檄行遵照外,谨附片具陈,伏乞圣鉴。谨奏。

（朱批：）兵部知道。③

光绪二十四年十二月十四日,奉朱批：兵部知道。钦此。④

---

① 台北故宫博物院藏：军机及宫中档,文献编号：408003216-0-C。
② 中国第一历史档案馆藏：录副奏片,档案编号：03-5368-073。
③ 台北故宫博物院藏：军机及宫中档,文献编号：408003219-0-A。
④ 中国第一历史档案馆藏：录副奏片,档案编号：03-5930-032。

一八五 请将守备陈克昆开缺片

光绪二十四年十一月十九日（1898 年 12 月 31 日）

再，臣据署陕西延榆绥镇总兵陈元尊呈称：镇标左营守备陈克昆前经请假回籍修墓，今假满尚未回营，现值整饬营伍之际，未便员缺久悬，应请开除等情前来。臣覆查无异，相应奏明请旨开去陈克昆延榆绥镇标左营守备员缺。

除查取该员原领札付至日另咨送部外，所遗延榆绥镇标左营守备员缺，陕甘现有应补人员容臣另拣请补。谨附片陈明。伏乞圣鉴。谨奏。

（朱批：）兵部知道。①

光绪二十四年十二月十四日，奉朱批：兵部知道。钦此。②

一八六 奏闻守备洪茂兰病故开缺片

光绪二十四年十一月十九日（1898 年 12 月 31 日）

再，臣据署标督标中军副将韩廷芝呈称：卸任凉州镇属宁远堡守备洪茂兰在省寓感冒风寒，触发旧伤，医药罔效，于光绪二十四年十月二十七日病故，呈请核办前来。

臣覆查无异。相应奏明请旨开缺。除查取该故员原领守备札付及承查印、甘各结另咨送部外，所遗凉州镇属宁远堡守备员缺，

---

① 台北故宫博物院藏：军机及宫中档，文献编号：408003215-0-A。
② 中国第一历史档案馆藏：录副奏片，档案编号：03-5930-029。

甘肃现有应补人员，容臣另拣请补。谨附片陈明，伏乞圣鉴。
谨奏。

（朱批：）兵部知道。①

光绪二十四年十二月十四日，奉朱批：兵部知道。钦此。②

一八七　具报甘肃光绪二十 四年十月雨水、粮价折

光绪二十四年十一月二十九日（1899年1月10日）

头品顶戴陕甘总督臣陶模跪奏，为具报甘肃光绪二十四年十月份粮价、雪泽情形，恭折仰祈圣鉴事。

窃照本年九月份粮价并得沾雨雪情形，业经具折奏报在案。兹查十月份兰州等八府六直隶州属具报得沾雪泽，自一二寸至三四寸不等。正值冬麦发生之际，获此沃泽，土脉含濡，民情极为欣慰。至通省粮价，或与上月相同，或较上月稍有增减。据藩司丁体常具详请奏前来。

臣覆核无异。理合恭折具奏，并缮粮价清单，恭呈御览，伏乞皇太后、皇上圣鉴。谨奏。光绪二十四年十一月二十九日。

（朱批：）知道了。③

光绪二十四年十二月二十日，奉朱批：知道了。钦此。④

---

① 台北故宫博物院藏：军机及宫中档，文献编号：408003215-0-B。
② 中国第一历史档案馆藏：录副奏片，档案编号：03-5930-033。
③ 台北故宫博物院藏：军机及宫中档，文献编号：408003223。
④ 中国第一历史档案馆藏：录副奏折，档案编号：03-9372-026。

一八八　呈甘肃光绪二十四年十月粮价清单

光绪二十四年十一月二十九日（1899 年 1 月 10 日）

谨将甘省各属光绪二十四年十月份米粮时估价值，缮具清单，恭呈御览。

计开：

兰州府属：价平

粟米每京石价银一两三分二厘至五两五钱四分四厘，与上月相同。小麦每京石价银九钱二分四厘至四两五钱八分四厘，与上月相同。豌豆每京石价银一两一分七厘至四两四钱七分四厘，与上月相同。青稞每京石价银一两六钱六分三厘至四两一钱三厘，与上月相同。

巩昌府属：价有昂有平

粟米每京石价银一两二钱三分一厘至二两七钱九分八厘，较上月贵九分七厘。小麦每京石价银一两九分七厘至二两二钱二分六厘，较上月贵九分六厘。豌豆每京石价银一两九分七厘至二两二钱二分六厘，较上月贵三分五厘。青稞每京石价银一两一分四厘至一两八钱二分八厘，与上月相同。

平凉府属：价昂

粟米每京石价银一两八钱四分二厘至二两四钱一分五厘，较上月贵三分五厘。小麦每京石价银一两二钱九分五厘至二两七钱四分四厘，较上月贵六钱四分四厘。豌豆每京石价银一两四分八厘至二两二钱五厘，较上月贵三钱三分九厘。糜子每京石价银一两一分六厘至一两二钱六分，较上月贵二钱一分。

庆阳府属:价昂

粟米每京石价银七钱四分一厘至一两四钱七分,较上月贵一钱五分。小麦每京石价银一两二钱二分二厘至一两五钱九分六厘,较上月贵一钱五分六厘。豌豆每京石价银一两一钱七分六厘至一两八钱二分五厘,较上月贵四分三厘。糜子每京石价银四钱一分七厘至七钱九分八厘,较上月贵一钱三分八厘。

甘州府属:价平

粟米每京石价银七钱九分一厘至一两二钱九厘,与上月相同。小麦每京石价银七钱至八钱六分一厘,与上月相同。豌豆每京石价银七钱三厘至一两五钱九分一厘,与上月相同。青稞每京石价银四钱五分四厘至八钱八分九厘,与上月相同。

凉州府属:价昂

粟米每京石价银八钱四分至三两三钱八分,较上月贵三钱。小麦每京石价银七钱一分四厘至二两七钱二分三厘,较上月贵三钱一分六厘。豌豆每京石价银六钱七分二厘至二两六钱二分九厘,较上月贵二钱二分二厘。青稞每京石价银五钱四分六厘至一两八钱七分八厘,较上月贵一钱四分五厘。

宁夏府属:价有平有落

粟米每京石价银七钱五分六厘至一两七钱七分三厘,较上月贱九分三厘。小麦每京石价银九钱二分四厘至二两三分,与上月相同。豌豆每京石价银七钱三分五厘至一两八钱九分,与上月相同。糜子每京石价银一两二钱五厘至一两四钱一分二厘,较上月贱一钱八分五厘。

西宁府属:价落

粟米每京石价银一两九钱二分八厘至五两五钱二分,较上月

贱四钱九分六厘。小麦每京石价银二两二钱四分至二两五钱,较
上月贱六分。豌豆每京石价银一两九钱二分五厘至二两二钱八
厘,较上月贱二钱八分八厘。青稞每京石价银一两七钱八分五厘
至二两五分三厘,较上月贱三钱四分七厘。

秦州直隶州并所属:价有昂有落

粟米每京石价银一两三钱七分五厘至三两一钱二分六厘,较
上月贵三钱五厘。小麦每京石价银一两一钱五分九厘至二两六钱
五分六厘,较上月贵三分八厘。豌豆每京石价银一两一钱六分五
厘至二两六钱五分六厘,较上月贵三分八厘。糜子每京石价银七
钱四分一厘至一两八钱一分二厘,较上月贱一钱五分。

阶州直隶州并所属:价落

粟米每京石价银一两六钱四厘至二两八钱七分五厘,较上月
贱四钱六分二厘。小麦每京石价银一两四钱五分八厘至二两二钱
五分,较上月贱二钱四厘。豌豆每京石价银一两五钱九分五厘至
二两三分二厘,较上月贱三钱三分一厘。糜子每京石价银一两二
钱七分六厘,较上月贱五分三厘。

泾州直隶州并所属:价昂

粟米每京石价银四钱九分一厘至一两六钱二分二厘,较上月
贵四钱九厘。小麦每京石价银四钱六分六厘至一两三钱五分二
厘,较上月贵六分八厘。豌豆每京石价银四钱一分四厘至一两二
钱八分四厘,较上月贵一钱三分八厘。糜子每京石价银四钱一分
四厘至八钱一分一厘,较上月贵一钱一分一厘。

固原直隶州并所属:价平

粟米每京石价银一两四钱二分六厘至三两三分八厘,与上月
相同。小麦每京石价银一两四钱二分六厘至二两五钱七分三厘,

与上月相同。豌豆每京石价银一两四钱二分六厘至二两四钱二分八厘，与上月相同。糜子每京石价银一两二钱八分四厘，与上月相同。

肃州直隶州并所属：价有昂有平

粟米每京石价银一两九分二厘至一两四钱七分，较上月贵一钱二分六厘。小麦每京石价银八钱一分二厘至一两六钱三分八厘，较上月贵一钱六分八厘。豌豆每京石价银九钱五分至一两二钱六分，与上月相同。青稞每京石价银五钱四分六厘至一两一钱三分四厘，较上月贵八分四厘。

安西直隶州并所属：价平

粟米每京石价银一两五分至一两三钱七分二厘，与上月相同。小麦每京石价银一两九分八厘至一两二钱，与上月相同。豌豆每京石价银一两二钱八分至二两八分，与上月相同。青稞每京石价银九钱九分三厘至一两四钱，与上月相同。

（朱批：）览。①

一八九　查明甘肃光绪二十四年
被灾并筹办赈抚情形折

光绪二十四年十一月二十九日（1899 年 1 月 10 日）

头品顶戴陕甘总督臣陶模跪奏，为遵旨查明本年甘肃各属被灾地方来春应否接济，俟届时察看情形，分别妥筹办理，恭折覆陈，仰祈圣鉴事。

---

① 中国第一历史档案馆藏：清单，档案编号：03-6978-038。

　　窃臣承准军机大臣字寄：光绪二十四年十月初三日奉上谕：甘肃碾伯、宁州、大通各州县被旱、被水、被雹，经该督查勘抚恤，小民谅可不致失所。惟念来春青黄不接之时，民力未免拮据，着传谕该督体察情形，如有应行接济之处，即查明据实覆奏，务于封印以前到，俟朕于新正降旨加恩。将此谕令知之等因。钦此。仰见圣主轸念民瘼，无微不至，跪诵之下，钦感难名。当即钦遵饬查去后。

　　兹据布政使丁体常详称：查甘省本年春间，雨泽愆期，夏田大半受旱，间有虫伤，既而冰雹、大雨，山河涨发冲决，更有地动倾陷之处。据报夏灾者，有阶州、文县、礼县、环县、皋兰县、成县、固原州、碾伯县、宁州、泾州、西固州同、海城县、静宁州、大通县、丹噶尔厅、西宁县、巴燕戎格厅、靖远县、中卫县、永昌县、平远县、金县、安定县、宁灵厅、宁夏县、宁朔县等二十六属；续报秋灾者，有大通县、巴燕戎格厅、平番县、平罗县、河州、武威县、洮州厅等七属，统由该管道府州覆勘结报，或地亩冲失蠲豁，或成灾分别蠲缓，或薄收但请缓征，现已分晰汇案，另请奏明办理。所有各属被灾贫民，已由各地方官随时饬发社、义仓粮，并捐廉抚恤，尚不致流离失所。至来春应否接济，尚未据被灾各属一律查报。甘省于此等偏灾，向系届时由各地方官察核酌请，或再借社、义粮石，或由外筹款调剂，并未请动正项银粮，自当照案临时酌办等情，详请具奏前来。

　　臣覆查无异。理合恭折覆陈，伏乞皇太后、皇上圣鉴。谨奏。
光绪二十四年十一月二十九日

　　（朱批：）知道了。①

---

　　①　台北故宫博物院藏：军机及宫中档，文献编号：408003222。

光绪二十四年十二月二十日，奉朱批：知道了。钦此。①

一九〇　奏为免扣三成养廉谢恩折

光绪二十四年十一月二十九日（1899年1月10日）

头品顶戴陕甘总督臣陶模跪奏，为叩谢天恩，恭折仰祈圣鉴事。

窃臣接准户部咨开：光绪二十四年十月十九日，奏奉慈禧端佑康颐昭豫庄诚寿恭钦献崇熙皇太后懿旨：户部奏，请将京外文武各员俸廉照案再行接扣一年等语。文武官员所得俸廉，借以养赡身家，若将核扣三成之案视为成例，逐年接扣，实不足以示体恤。该部所请将京官文职四品以上、武职三品以上俸银、外官文职州、县以上、武职参、游以上养廉再行接扣一年之处，着无庸议。钦此。钦遵咨行到甘。伏念臣等或职司民社，或身历戎行，重荷生成，久铭恩于丹悃；虚糜爵禄，常抱愧于素餐。兹乃特奉温纶，全颁厚糈，廉泉让水，胥叨大泽之汪涵；廪粟俸钱，亦系深宫之痌瘝。自天锡祜，率土胪欢。臣等惟有竭尽愚诚，冀酬高厚，统寅寮而拜赐，协恭共勉和衷；体申命以遵行，食禄敢忘敬事。

所有臣等感激下忱，谨率同文武僚属叩谢天恩缘由，理合恭折具奏，伏乞皇太后、皇上圣鉴。谨奏。光绪二十四年十一月二十九日。

（朱批：）知道了。②

---

①　中国第一历史档案馆藏：录副奏折，档案编号：03-5372-027。
②　台北故宫博物院藏：军机及宫中档，文献编号：408003220。

光绪二十四年十二月二十日,奉朱批:知道了。钦此。①

一九一 奏请开缺调理折

光绪二十四年十一月二十九日(1899年1月10日)

头品顶戴陕甘总督臣陶模跪奏,为微臣咳喘复发,兼患怔忡,恳恩开缺调理,恭折仰祈圣鉴事。

窃臣前于光绪二十三年冬季、本年夏间屡以咳喘未痊,奏蒙一再赏假,并着无庸开缺。圣恩高厚,有加无已。臣自顾何人,际此时艰,敢不勉竭驽骀,以图报称。无如一交冬令,即触发旧恙,始咳继喘,冬至节后,气喘弥甚,艰于行动。微臣犬马之齿六十有四,精力就衰,虽设法调治,而边地难得良医,不惟咳喘不能轻减,且又添患怔忡,心神恍惚,夜不成寐。

窃念陕甘地方辽阔,一切察吏、整军、理财、决狱诸大端,事繁任重,关系非轻。微臣既衰病若此,傥不据实陈明,勉强支持,设有贻误,负咎益深。再四思维,惟有仰恳天恩,准臣开缺调理,一俟病痊,仍当泥首宫门,求赏差使,断不敢久耽安逸,自外生成。

所有微臣咳喘复发兼患怔忡,恳请开缺调理缘由,理合恭折具陈,伏乞皇太后、皇上圣鉴训示。谨奏。光绪二十四年十一月二十九日。

(朱批:)着赏假两个月,毋庸开缺。②

光绪二十四年十二月二十日,奉朱批:着赏假两个月,毋庸开

---

① 中国第一历史档案馆藏:录副奏折,档案编号:03-5368-105。
② 台北故宫博物院藏:军机及宫中档,文献编号:408003221。

缺。钦此。①

一九二　勘明甘肃光绪二十四年夏秋被灾情形及应蠲缓银粮折

光绪二十四年十二月初二日(1899 年 1 月 13 日)

头品顶戴陕甘总督臣陶模跪奏，为勘明甘肃各属夏秋禾苗被灾情形，暨应蠲缓银粮、草束各数目，谨缮具清单，恭折仰祈圣鉴事。

窃照甘肃阶州等厅、州、县本年夏禾被旱、被雹、被水详细情形，业经臣开具清单，奏奉朱批：知道了。被灾处所，着派妥员查勘抚恤，毋任失所。单并发。钦此。当即钦遵行司照办去后。兹据布政使丁体常详：据该管道府州先后结称：覆勘得阶州、文县、礼县、环县、成县、宁州、西固州同、海城县、静宁州、大通县、丹噶尔厅、西宁县、平远县、金县、安定县等一十五处夏田被灾，秋禾中稔，均尚不致成灾，钱粮毋庸蠲缓。其皋兰县、固原县、碾伯县、泾州、巴燕戎格厅、靖远县、中卫县、永昌县、宁灵厅、宁夏县、宁朔县等十一属，夏田实已成灾六分至十分不等，钱粮应请照例分别蠲缓；或收成仅及五分，民力拮据，应请缓征；或地亩被冲，应请蠲豁一年，另办垦复。又，自七月下旬以后秋灾期内，据大通县详报：作士图山庄于八月十三日雨后山崩，冲压田地颇多。巴燕戎格厅详报：窝麻宁束台等庄于八月二十一、二等日，山地崩裂，塌陷庄房、田地、粮食等项，均俟覆勘另办。平番县详报：于七月二十一、二等日，大

---

① 中国第一历史档案馆藏：录副奏折，档案编号：03-5368-106。

雨河涨，北乡、南乡秋禾被冲，覆勘成灾六分。平罗县禀报：大雨渠决，南长渠等处秋禾被淹，覆勘成灾十分，均应请分别蠲缓。河州两次禀详：北乡秋收仅及五分，覆勘属实，应请缓征。又，地方甫遭兵燹，绝户颇多，一时实难复额，应请蠲豁一年。武威县详报：黄渠、杂渠秋收较薄，民力拮据，覆勘属实，应请缓征。洮州厅详报：录麻叛产一时无人领垦，覆勘属实，应请蠲豁一年。

计各属夏秋雨灾，共应蠲豁正、耗银二千六百以十二两二钱九分九厘九毫，共应蠲豁正、耗粮七千六百五石四斗二升二合七勺五抄，共应蠲豁草二万七千一百三十九束九分六厘二毫，共应缓征银二百六十九两八钱六分六厘八毫，共应缓征粮四千八百八石五斗七升二合五勺四抄，共应缓征草一万二千九百四十六束三分六厘五毫。其靖远、平罗二县事前已完正、耗共银一百六十九两六钱二分四厘，应请流抵二十五年正赋。汇开清折，呈请奏恳天恩，准予蠲缓、流抵，以纾民力。至各属被灾贫民，随时饬发社、义仓粮，并由各地方官捐廉抚恤，均未请领正款，应请免开细数等情前来。

臣覆核无异。除批司分饬被灾各属随时察看，如来春民力拮据，应行接济，即行禀请筹款抚恤，毋任失所外，理合恭折具奏，并缮具清单，恭呈御览，伏乞皇太后、皇上圣鉴，饬部查照施行。谨奏。光绪二十四年十二月初二日。

（朱批：）另有旨。[1]

光绪二十四年十二月十五日，奉朱批：另有旨。钦此。[2]

---

[1] 台北故宫博物院藏：军机及宫中档，文献编号：408003224。

[2] 中国第一历史档案馆藏：录副奏折，档案编号：03-9372-021。

【案】此折于是年十二月十五日得旨允行。上谕档：

光绪二十四年十二月十五日，内阁奉上谕：陶模奏，甘肃各属本年夏秋禾苗被灾，请蠲缓银粮、草束，开单呈览一折。甘肃各属自遭兵燹后，民困未苏，本年复被雨雹，收成薄歉，若将应征银粮、草束等项照常征收，民力实有未逮，加恩着照所请，所有皋兰县、固原州、碾伯县、泾州、巴燕戎格厅、靖远县、中卫县、永昌县、宁灵厅、宁夏县、宁朔县等十一属应征正、耗银二千六百一十两零、粮七千六百五石零、草二万七千一百束零，均着一律豁免。其应缓征银二百六十九两零、粮四千八百八石零、草一万二千九百束零，均准抵来年正赋，以纾民力。该督即照单开数目，刊刻誊黄，遍行晓谕，务使实惠均沾，毋任吏胥舞弊，用副朝廷轸念民艰至意。余着照所议办理。该部知道。单并发。钦此。①

一九三　呈甘肃光绪二十四年夏秋被灾应蠲缓银粮等项清单

光绪二十四年十二月初二日(1899 年 1 月 13 日)

谨将甘肃各属光绪二十四年夏秋禾苗被灾情形，暨应蠲缓银粮、草束各数目，谨缮具清单，恭呈御览。

计开：

署兰州府知府周景曾、署皋兰县知县萧承恩，会同覆勘过该县夏禾被旱之处，补种秋禾，收成中稔，尚不成灾。惟东北乡、黑石川

---

① 《光绪宣统两朝上谕档》，第 24 册，第 609—610 页。

等处因山高地凉，土脉硗确，秋禾收成较薄，钱粮若仍征收，民力实有未逮，所有各该处应征正粮七百三十一石二斗八升、耗粮一百九石六斗九升二合、草五百四十四束七分，请照五分以下不成灾地亩钱粮题明缓征之例，缓至二十五年麦熟后带征，以纾民力。

平庆泾固化道王会英、固原直隶州知州张祥会，会同覆勘过该州西乡老官湾，于四月十五日风雷冰雹，夏禾打伤罄尽，实已成灾十分共地四顷九十四亩五分，应征正银四两七分六厘、耗银六钱一分一厘，应征正粮二石二斗七升二合五勺、耗粮三斗四升九勺，照例请蠲十分之七，应蠲正银二两八钱五分三厘、耗银四钱二分八厘，应蠲正粮一石五斗九升八勺、耗粮二斗三升八合六勺，其余三分正银一两二钱二分三厘、耗银一钱八分三厘、正粮六斗八升一合七勺、耗粮一斗二合三勺，应请缓作三年带征。被灾各户已由该州借放社粮，不致失所。银粮照请蠲缓，以纾民力。

西宁府知府燕起烈、碾伯县知县宋升平，会同覆勘过该县硖外旧城、硖内杏元等庄堡，被雹、被水，实已成灾十分共计屯地一百五十六顷一十七亩二分五厘，共征仓斗正粮一千三百一十九石九斗一升、耗羡仓斗粮一百九十七石九斗八升六合五勺、七斤麦草三万三千九百四十束五分四厘；共计番地下籽一千九百一十四石四斗四升，应征仓斗番粮一百九十一石四斗四升四合，均请照例蠲免十分之七，应蠲屯正粮九百二十三石九斗三升七合，应蠲耗羡粮一百三十八石五斗九升六勺，应蠲七斤麦草二万三千七百五十八束三分八厘，应蠲番粮一百三十四石一升八勺，其余三分屯正粮三百九十五石九斗七升三合、屯耗粮五十九石三斗九升五合九勺、七斤麦草一万一百八十二束一分六厘、番粮五十七石四斗三升三合二勺，缓作三年带征。其杏元等庄堡被水泡倒民房二百一十六间，由该府县捐廉给发修费，被灾各户亦由该县筹拨粮石，妥为抚恤，尚不致失所。粮草照请蠲缓，以纾民力。

平庆泾固化道王会英、泾州直隶州知州贾勋，会同覆勘过该州南乡辛兴里地方于四月二十七日被雹，打伤麦豆，实已成灾九分地一十顷一十四亩五分，应征正银三十两四钱三分五厘、耗银四两五钱六分五厘，照例请蠲十分之六，应蠲正银一十八两二钱六分一厘，应蠲耗银二两七钱三分九厘，其余四分正银一十二两一钱七分四厘、耗银一两八钱二分六厘，缓作三年带征。成灾八分地五十一顷七十七亩，应征正银一百五十五两三钱一分、耗银二十三两二钱九分七厘，照例请蠲十分之四，应蠲正银六十二两一钱二分四厘，应蠲耗银九两三钱一分九厘，其余六分正银九十三两一钱八分六厘、耗银一十三两九钱七分八厘，缓作三年带征。成灾七分地二十一顷五十八亩，应征正银六十四两七钱四分、耗银九两七钱一分一厘，照例请蠲十分之二，应蠲正银一十二两九钱四分八厘，应蠲耗银一两九钱四分二厘，其余八分正银五十一两七钱九分二厘、耗银七两七钱六分九厘，缓作二年带征。成灾六分地一顷六十五亩，应征正银四两九钱五分、耗银七钱四分三厘，照例请蠲十分之一，应蠲正银四钱九分五厘，应蠲耗银七分四厘，其余九分正银四两四钱五分五厘、耗银六钱六分九厘，缓作二年带征。被灾各户先用社粮散赈，复经捐廉贷助，尚不致失所。银粮照请蠲缓，以纾民力。

西宁府知府燕起烈、署巴燕戎格厅张若金，会同覆勘过该厅多尔受族三庄于六月初一日起，时时地动，至初五日，雹雨大作，房屋、田地陆续倾陷，实为非常灾异。计共摇倒房屋一千四百九十九间、倾陷山地大小七百五十一段、下籽一百一十石。又摇倒寺院二处、僧房三十六间。应征番贡粮七石六斗五合，恳请豁免；摇倒房屋，挖出木料十分之五，已由该府厅捐廉酌给修费，并酌散口粮，不致失所。番贡粮石请先蠲豁一年，以纾民力。地亩能否垦复，俟确切查覆至日，另行核办。

署兰州府知府周景曾、靖远县知县储英翰，会同覆勘过该县先已被旱，复于六月初三、四日，河水暴涨，冲崩埧石，淹伤禾苗，计北乡三角城、老河湾、南乡黑城子、大路子、大羊营、红堡子、烟洞沟、冯家堡、头二寨等处被水、被旱，成灾十分水地一十一顷三十一亩七分，应征连闰正银九两八钱五分九厘、耗羡银一两四钱七分九厘、正粮四十九石七斗九升四合八勺、耗羡粮七石四斗六升九合二勺、草四十一束三分二厘，照例请蠲十分之七，应蠲正银六两九钱一厘、耗银一两三分五厘，应蠲正粮三十四石八斗五升六合四勺、耗粮五石二斗二升八合四勺，应蠲草二十八束九分二厘，其余三分正银二两九钱五分八厘、耗银四钱四分四厘、正粮一十四石九斗三升八合四勺、耗粮二石二斗四升八勺、草一十二束四分，缓作三年带征。成灾九分旱地二百五十顷七十七亩七分七厘，应征连闰正银一百六两七钱五分六厘、耗银一十六两一分三厘、正粮五百三十九石一斗七升二合、耗粮八十石八斗七升五合八勺、草四百五十八束二分九厘，照例请蠲十分之六，应蠲正银六十四两五分四厘、耗银九两六钱八厘，应蠲正粮三百二十三石五斗三合二勺、耗粮四十八石五斗二升五合五勺，应蠲草二百七十四束九分七厘，其余四分正银四十二两七钱二厘、耗银六两四钱五厘、正粮二百一十五石六斗六升八合八勺、耗粮三十二石三斗五升三勺、草一百八十三束三分二厘，缓作三年带征。成灾八分旱地四十八顷九十一亩五分，应征连闰正银二十两八钱二分三厘、耗银三两一钱二分三厘、正粮一百五石一斗六升七合三勺、耗粮一十五石七斗七升五合一勺、草八十九束三分九厘，照例请蠲十分之四，应蠲正银八两三钱二分九厘、耗银一两二钱四分九厘，应蠲正粮四十二石六升六合九勺、耗粮六石三斗一升，应蠲草三十五束七分六厘，其余六分正银一十二两四钱九分四厘、耗银一两八钱七分四厘、正粮六十三石一斗四勺、耗粮九石四斗六升五合一勺、草五十三束六分三厘，缓作三年带征。事前已完正耗银一百五十八两五分三厘，应请流抵二十五年正赋。被灾各户已由该县分别极贫、次贫，动用义粮，并捐廉抚恤，尚不失所。银粮照请分别蠲缓、流抵，以纾民力。

　　宁夏府知府崇俊、署中卫县知县陈昌，会同覆勘过该县今年渠水浅少，夏禾受旱。六月初四、五、六等日，河水涨发，两岸田亩、房屋尽行冲入河内。计西南新墩庄、东南王蔡桥、镇靖堡、永兴堡、石空寺堡、张义堡、义园滩、枣园堡、渠口堡等处，被水冲塌入河，不能垦复共地四十四顷八十二亩九分八厘，应征正银一十两三钱六分二毫七丝四忽、耗银一两五钱五分四厘四丝一忽、正粮四百九十四石三斗七升九合一勺二抄、耗粮七十四石一斗五升六合八勺七抄、草一千三百四十四束八分九厘四毫，请自光绪二十四年起，准予豁除。又，鸣沙洲老五营被旱成灾八分地一千三十亩，应征正银二两三钱四分二厘、耗银三钱五分一厘、正粮一百二十三石六斗、耗粮一十八石五斗四升、草三百九束，照例请蠲十分之四，应蠲正银九钱三分七厘、耗银一钱四分，应蠲正粮四十九石四斗四升、耗粮七石四斗一升六合，应蠲草一百二十三束六分，其余六分正银一两四钱五厘、耗银二钱一分一厘、正粮七十四石一斗六升、耗粮一十一石一斗二升四合、草一百八十五束四分，应请缓作三年带征。成灾五分地一千二百七十八亩四分九厘，应征正银二两九钱七厘、耗银四钱三分六厘、正粮一百五十三石四斗一升八合八勺、耗粮二十三石一升二合八勺、草三百八十三束五分五厘，照例请蠲十分之一，应蠲正银二钱九分七毫、耗银四分三厘六毫，应蠲正粮一十五石三斗四升一合八勺八抄、耗粮二石三斗一合二勺八抄，应蠲草三十八束三分五厘五毫，其余九分正银二两六钱一分六厘三毫、耗银三钱九分二厘四毫、正粮一百三十八石七升六合九勺二抄、耗粮二十石七斗一升一合五勺二抄、草三百四十五束一分九厘五毫，应请缓作二年带征。冲刷民房一百五十三间，已由该县捐廉抚恤，尚不致失所。冲塌田地，银粮请先蠲豁一年，究竟能否垦复，俟确切查覆至日，另行核办。被旱、成灾地亩，银粮照请蠲缓，以纾民力。

凉州府知府庆恕、署永昌县知县郑业启，会同覆勘过该县于六月十五日被雹打伤麦禾，实已成灾八分地一十一顷六十六亩，应征正粮三十四石九斗八升、耗羡粮五石二斗四升七合、小草三百四十九束八分，照例请蠲十分之四，应蠲正粮一十三石九斗九升二合、耗羡粮二石九升八合八勺，应蠲小草一百三十九束九分二厘，其余六分正粮二十石九斗八升八合、耗羡粮三石一斗四升八合二勺、小草二百九束八分八厘，应请缓作三年带征。被灾各户已由该县捐廉赈抚，尚不致失所。粮草照请蠲缓，以纾民力。

宁夏府知府崇俊、宁灵厅同知方仰欧，会同覆勘过该厅南乡汉卫堡等五处，于七月初五、六等日大雨倾盆，沟堤决口二十余丈，计高闸儿、尹家桥、郭家寨等处被水冲刷成沟，不能垦种共地一千九百三十八亩四分七厘，应征正、耗共银一十一两一钱三分八厘九毫，应征正、耗共粮五百九石八斗五合六勺，应征草四百八十束五分九厘八毫，应请豁除。又，周家庙方、郭家寨被水淹坏成灾十分共地八百七十二亩九分九厘，应征地丁正银四两一钱八分、耗羡银六钱二分七厘，应征正粮六十九石四斗五合七勺、耗羡粮一十石四斗一升八勺，应征草一百八十束，照例请蠲十分之七，应蠲正银二两九钱二分六厘、耗羡银四钱三分九厘，应蠲正粮四十八石五斗八升四合、耗羡粮七石二斗八升七合六勺，应蠲草一百二十六束，其余三分正银一两二钱五分四厘、耗羡银一钱八分。[①]

　　宁夏府知府崇俊、署宁朔县知县张庭武，会同覆勘过该县玉泉堡地方，于五月二十四、二十八、六月十二等日叠降暴雨，山水陡发，被水淹泡成灾十分共地四百八十亩五分，应征正银一两五分七厘、耗银一钱五分九厘，应征正粮五十四石四斗四升七勺、耗粮八石一斗六升六合一勺，应征小草一百九十七束，照例请蠲十分之七，应蠲正银七钱四分、耗银一钱一分一厘，应蠲正粮三十八石一斗八合五勺、耗粮五石七斗一升六合三勺，应蠲小草一百三十七束九分，其余三分正银三钱一分七厘、耗银四分八厘、正粮一十六石三斗三升二合二勺、耗粮二石四斗四升九合八勺、小草五十九束一分，应请缓作三年带征。被灾户民已由该县前后任捐廉抚恤，不致失所。银粮照请蠲缓，以纾民力。

　　署平番县知县阮士惠详报：本年七月二十一、二等日，连降大雨，河水陡涨，北乡北八渠、南乡南十渠等处冲漫秋禾田地四百余亩。被灾各户，捐廉酌量赈恤；应征银粮，恳请蠲缓，等情。当经飞行凉州府覆勘查办，并令妥为抚恤。兹据凉州府知府庆恕详覆：会同平番县覆勘得各该渠被水实已成灾六分共地四百二亩五分五厘六毫，应征正银四钱三厘、耗银六分五毫，应征正粮三十八石八合、耗粮五石七斗一合二勺，应征小草九百七十七束三分四厘五毫，照例请蠲十分之一，应蠲正银四分三毫、耗银六厘一毫，应蠲正粮三

---

　　① 以下清单缺页。

石八斗八勺、耗粮五斗七升一勺,应蠲小草九十七束七分三厘五毫,其余九分正银三钱六分二厘七毫、耗银五分四厘四毫、正粮三十四石二斗七合二勺、耗粮五石一斗三升一合一勺、小草八百七十九束六分一厘,应请缓作二年带征。被灾各户已由该府县捐筹抚恤,尚不致失所。银粮照请蠲缓,以纾民力。

署平罗县知县傅维祜禀称:本年七月二十二日,大雨倾盆,渠道决口,南长渠堡、北长渠堡、西永固池堡、下宝闸堡等处低洼,秋禾悉被水淹,夏禾在场,亦多漂流散失,刻难涸复,请蠲缓钱粮,酌予赈恤等情。当经飞行宁夏府覆勘查办,并令酌量筹款赈恤。兹据宁夏府知府崇俊详覆:会同平罗县覆勘得南长渠堡等四处被水,实已成灾十分共地一千九百七亩一分,应征正银一十两六分二厘、耗银一两五钱九厘,应征正粮八十石九升八合二勺、耗粮一十二石一升四合七勺,照例请蠲十分之七,应蠲正银七两四分三厘、耗银一两五分六厘,应蠲正粮五十六石六升八合七勺、耗粮八石四斗一升三勺,其余三分正银三两一分九厘、耗银四钱五分三厘、正粮二十四石二升九合五勺、耗粮三石六斗四合四勺,应请缓作三年带征。事前已完正、耗银一十一两五钱七分一厘,应请流抵二十五年正赋。被灾户口已由该府县捐廉妥为赈抚,尚不致失所。银粮照请分别蠲缓、流抵,以纾民力。

署河州知州杨增新禀称:该州地方以秋粮为大宗,今年夏田受旱,入秋以来雨旸时若,秋成丰稔,并不成灾。惟北乡白塔寺等会夏田受旱较重,秋收仅及五分,民力拮据,应请缓征等情。当经批行兰州府覆勘查办。旋据署兰州府知府周景曾详覆:会同河州覆勘得白塔寺等会收成较薄,民力实在拮据,所有应征民屯正、耗粮六百七石三斗七升九合,请照五分以下不成灾地亩钱粮题明缓征之例,缓至二十五年麦熟后带征,以纾民力。又,该州杨增新详报:该州地方自遭兵燹,绝户颇多,极力招垦,一时实难复额。除被灾地亩外,以一州地方统计,尚有荒地一分九厘二毫二丝,应征连闰民屯地丁正、耗银二千三百四十两四钱一分四厘,应征民屯正、耗粮四千三百九十九石一斗九升六合五勺,惟有据实详请蠲豁等情。当经批行兰州府覆勘查办。兹据署兰州府知府周景曾详覆:会同河州覆勘得该州荒绝地亩实有一分九厘二毫二丝,银粮实属无从征收,恳请蠲豁前来。除批示赶紧设法招垦复额以重丁赋外,所有二十四年现荒银粮,应恳请再行蠲豁一年。

武威县知县杨培之详称:本年夏禾受旱,秋田尚称中稔。惟黄渠、杂渠边地硗确,秋收较薄,民力实形拮据,恳请缓征粮赋等情。当经批行凉州府覆勘查办。兹据凉州府知府庆恕详覆:会同武威县覆勘得黄渠、杂渠各沟坝秋收仅及五分,民力实觉拮据,所有应征正、耗粮二千四十四石二斗七升二勺,请照五分以下不成灾地亩钱粮题明缓征之例,缓至二十五年麦熟后带征,以纾民力。

署洮州厅同知赵谦详称:北乡录麻回民叛产,因山高地瘠,一时无人领垦,所有光绪二十四年应纳上忙连闰地丁银三两一钱九分八厘、耗羡银四钱七分九厘,又下忙折色银一十四两二钱五分三厘、耗羡银二两一钱三分八厘,均无从征收,恳请蠲免等情。当经批行巩昌府覆勘查办。兹据署巩昌府知府胡孚骏详覆:会同洮州厅覆勘得录麻叛产一时实属无人领垦,钱粮应恳蠲豁前来。除批饬赶紧设法招垦复额以重正赋外,所有二十四年现荒银两,应请再行蠲豁一年。

（朱批：）览。①

一九四　奏明张俊五营营制、饷章折

光绪二十四年十二月初二日（1899年1月13日）

头品顶戴陕甘总督臣陶模跪奏，为调署甘肃提督喀什噶尔提督臣张俊遵旨招募五营，编立马步营名，开具岁需饷数，恭折代奏，仰祈圣鉴事。

窃臣接准调署甘肃提督喀什噶尔提督臣张俊咨开：提督奉军机大臣字寄：光绪二十四年十一月十六日奉上谕：现在张俊署理甘肃提督，着陶模每年筹拨银十万两，解交该提督，招募五营，拣派营哨各员，就地认真训练，遇有征调，再行按照行粮发给。将此各谕令知之。钦此。遵旨寄信前来。维时，提督正在固原校阅营伍，随即驰回省城，钦遵办理。拟招募肃军中、左、右、后步队四营、肃军前营马队一营，合符五营之数。按照坐粮章程核算，计马步五营，除闰岁需银一十三万一千二百一十七两二钱四分。此项银两拟请饬司随时拨解，以便散放。如有征调，再照湘军行粮章程核办。所需军装、子药、帐房暨制办旗帜、号衣经费，另案请领奏报外，兹开具营制、饷章数目清折，咨请分别奏咨立案等因前来。

除将清折照钞送部外，谨恭折代奏，伏乞皇太后、皇上圣鉴，饬部立案施行。谨奏。光绪二十四年十二月初二日。

（朱批：）该部知道。②

---

①　中国第一历史档案馆藏：清单，档案编号：03-9372-022。

②　台北故宫博物院藏：军机及宫中档，文献编号：408003225。

光绪二十四年十二月十五日,奉朱批:该部知道。钦此。①

一九五　请将张俊营饷饬部改拨折

光绪二十四年十二月初二日(1899年1月13日)

头品顶戴陕甘总督臣陶模跪奏,为提臣张俊遵旨招募五营,饬筹银十万两,暂于本年未分新饷内借拨,恳恩饬部指拨归款,并以后每年该军应需饷项应请另行改拨,以免贻误,恭折仰祈圣鉴事。

窃臣承准军机大臣字寄:光绪二十四年十月十六日奉上谕:现在张俊署理甘肃提督,着陶模每年筹拨银十万两,解交该提督,招募五营,拣派营哨各员,就地认真训练,遇有征调,再行按照行饷发给。将此各谕令知之。钦此。遵旨寄信前来。臣即钦遵一面恭录转咨该提督遵照办理,一面行司照数筹拨解交去后。

兹据甘肃布政使丁体常详称:遵查甘库历年积储各款,前因办理河湟军需,拨供军饷,早已动用无存。本年新饷应行封储银两,又奉部指拨董福祥甘军,专饷不归甘库经理。至司库常年例存及候拨之款本属无多,而本年一年之内历奉部饬,以划拨甘军专饷银八十万两一款,除将关内外封存各项悉数作抵外,尚有多拨之项,由司库例存款内补发银五万九百余两;又以甘军续添回队五营,不敷行饷由司库裁兵节饷款内指拨银四万二千六百两;又筹拨福建制造兵输经费银五万两。司库极力腾挪,业已搜罗殆尽。近又奉文拨解甘军不敷饷项银八万两,将宁夏两案造销余款以及秋拨册存悉数提用。此外河湟赈需不敷甚巨,亦经奏咨有案,一时尚难弥

---

① 中国第一历史档案馆藏:录副奏折,档案编号:03-6149-018。

补。库藏奇绌，谅在圣明洞鉴之中。惟提臣张俊奉旨招募五营，饬由甘库每年筹拨银十万两，事关练兵要政，无论如何竭蹶，自应钦遵筹拨，以顾要需。而无米之炊，不特每年之十万无可措筹，即目前之十万亦无从挹注。思维再四，惟有暂于司库收存本年各省关解到未分新饷项下，挪垫银十万两，俾资招募。但此项新饷系关内外各军计口授食之需，未便丝毫短欠。所有提臣张俊招募五营由新饷内挪垫银十万两，并以后每年该军应需饷项详请奏咨迅赐指拨的款等情前来。

臣覆核该司所详，委系实在情形。合无仰恳天恩，饬部迅赐指拨归款，并请将提臣张俊以后每年应需饷项另行改拨，以免贻误。除咨部外，理合恭折具陈，伏乞皇太后、皇上圣鉴训示。谨奏。光绪二十四年十二月初二日。

（朱批：）户部速议具奏。片并发。①

光绪二十四年十二月十五日，奉朱批：户部速议具奏。片并发。钦此。②

一九六　奏明张俊军装经费饬部议拨片

光绪二十四年十二月初二日（1899年1月13日）

再，臣钦奉谕旨，饬令提督张俊招募五营，着臣每年筹拨银十万两，解交该提督支用，臣即饬司筹拨。旋据藩司丁体常详称：查明司库实无存款，拟在于本年各省关解到未分新饷项下，

---

① 台北故宫博物院藏：军机及宫中档，文献编号：408003226。
② 中国第一历史档案馆藏：录副奏折，档案编号：03-6149-015。

先行借拨，暂应急需，仍恳饬部指拨解还，经臣另折具奏在案。兹准提督臣张俊咨明，拟招募马步五营，除闰岁需银一十三万一千二百一十七两二钱四分，并声明所需军装、子药、帐房暨制办旗帜、号衣经费，另案请领等因。现亦经臣据情代奏。然核计除借拨之十万两外，每年尚不敷银三万一千二百一十七两二钱四分，遇闰尚须照加。至所需军装、子药、帐房等项，臣拟于甘省库存项下尽所有者，酌量拨给，如尚不敷，及旗帜、号衣皆须该提督自行制办，所需经费虽无定数，均无款支拨。拟恳天恩，饬部归入臣前奏请拨还十万两折内一并议拨，庶免贻误。谨附片具陈，伏乞圣鉴训示。谨奏。

（朱批：）览。①

光绪二十四年十二月十五日，奉朱批：览。钦此。②

一九七　代奏提臣张俊赴京陛见情形片

光绪二十四年十二月初二日（1899 年 1 月 13 日）

再，接准调署甘肃提督臣张俊咨开：承准总理各国事务衙门来电：奉旨：张俊着来京陛见。前谕令招募五营，仍着该提督拣派妥员，招募足额，认真训练。钦此。提督现已遵照前奉上谕，拟募马步五营，编立营名，并开具营制、饷章清折，咨请奏咨在案。兹经拣派营哨各员分起招募，一俟招募足额，即饬驻扎平凉、泾州等处，认真训练，以期上副朝廷整军经武至意。提督定于十一月十九日由

---

① 台北故宫博物院藏：军机及宫中档，文献编号：408003226-0-A。
② 中国第一历史档案馆藏：录副奏片，档案编号：03-6149-016。

甘肃省起程，遵旨赴京陛见。咨请代奏前来。谨附片代奏，伏乞圣鉴。谨奏。

（朱批：）知道了。①

光绪二十四年十二月十五日，奉朱批：知道了。钦此。②

一九八　请以朱焘补授利桥营都司折

光绪二十四年十二月十九日（1899年1月30日）

头品顶戴陕甘总督臣陶模跪奏，为拣员请补都司员缺，以裨营伍，恭折仰祈圣鉴事。

窃臣前准部咨：陕西提属利桥营都司员缺，系题补第四轮第九缺，轮用世职应补人员，迅即拣员请补等因。当经移行遵照去后。兹准陕西提臣邓增咨开：查有骑都尉世职朱焘，到标年久，操防熟悉，人亦明敏，咨请酌补前来。

臣查骑都尉世职朱焘年富力强，操防勤奋，以之请补，洵堪胜任，亦与部章相符。合无仰恳天恩，俯念员缺紧要，准以骑都尉世职朱焘补授陕西提属利桥营都司员缺，以资得力。如蒙俞允，该员现已期满，例应赴引，俟接准部覆后，一并给咨送部引见，以符定制。

除查取履历清册另咨送部外，谨会同陕西提臣邓增合词恭折具陈，伏乞皇太后、皇上圣鉴训示。谨奏。光绪二十四年十二月十九日。

---

① 台北故宫博物院藏：军机及宫中档，文献编号：408003225-0-A。
② 中国第一历史档案馆藏：录副奏片，档案编号：03-6149-017。

（朱批:）兵部议奏。①

光绪二十五年正月十三日,奉朱批:兵部议奏。钦此。②

一九九　奏报文武各员年终密考折

光绪二十四年十二月十九日(1899年1月30日)

头品顶戴陕甘总督臣陶模跪奏,为陕、甘、新疆提、镇、司、道、府等官循例年终密考,谨缮清单,恭折仰祈圣鉴事。

窃照陕、甘、新疆提、镇、司、道、府等官,例应于年终出具切实考语,密行陈奏。现届年终,自应循例办理。查甘肃提、镇、司、道、知府,经臣随时察看,其人材贤否,舆论是非,见闻自较确切。至陕西、新疆文武各官,虽相距稍远,或证诸禀牍,或得自咨询,皆已略知底蕴。

除三省提、镇内有统带防营未经到任以及署事人员例不注考外,谨将实任文武各员出具切实考语,密缮清单,恭呈御览,伏乞皇太后、皇上圣鉴训示。谨奏。光绪二十四年十二月十九日。

（朱批:）知道了。单二件留中。③

光绪二十五年正月十三日,奉朱批:知道了。单二件留中。④钦此。⑤

---

① 台北故宫博物院藏:军机及宫中档,文献编号:408003227。
② 中国第一历史档案馆藏:录副奏折,档案编号:03-5932-013。
③ 台北故宫博物院藏:军机及宫中档,文献编号:408003229。
④ 考语清单查无下落,待考。
⑤ 中国第一历史档案馆藏:录副奏折,档案编号:03-5371-066。

二〇〇　呈陕、甘、新疆提镇年终密考清单

光绪二十四年十二月十九日（1899 年 1 月 30 日）

谨将陕、甘、新疆提督、总兵年终密考，缮具清单，恭呈御览。

计开：

陕西固原提督邓增，沉毅果敢，通达时务，办理一切，悉合机宜，军民信服。

陕西陕安镇总兵姚文广，久任严疆，威信素孚，人无间言。

署陕西河州镇总兵新疆伊犁镇总兵焦大聚，勇敢朴诚，汉回倚重。

署甘肃甘州提督凉州镇总兵张永清，才具开展，办事稳练。

署甘肃西宁镇总兵陕西延榆绥镇总兵罗平安，通敏干练，治军有方。

甘肃肃州镇总兵陈元萼，夙著战功，朴实稳练。

署新疆喀什噶尔提督阿克苏镇总兵张宗本，勇略素优，堪资镇守。

新疆巴里坤镇总兵牛允诚，朴实勇敢，可与有为。[①]

二〇一　请以邹洪胜升补宁夏镇标左营游击折

光绪二十四年十二月十九日（1899 年 1 月 30 日）

头品顶戴陕甘总督臣陶模跪奏，为拣员升补游击员缺，以裨营

---

① 中国第一历史档案馆藏：清单，档案编号：04-01-13-0427-005。

伍，恭折仰祈圣鉴事。

窃臣前准兵部咨：甘肃宁夏镇标左营游击员缺系题补第六轮第九缺，轮用世职，该省并无世职应补人员，即以应升人员题补等因。当经转饬遵照去后。兹据宁夏镇总兵王钺安呈称：查有副将衔尽先游击宁夏镇标后营都司邹洪胜，久历戎行，营伍练达，呈请升补前来。

臣查该都司邹洪胜年力正强，操防勤奋，以之升补，洵堪胜任，人地亦极相宜。合无仰恳天恩，俯念员缺紧要，准以邹洪胜升补宁夏镇标左营游击，可期得力。如蒙俞允，俟接准部覆后，即行给咨送部引见，以符定制。

除饬取该员历册另咨送部外，谨会同署甘肃提臣张永清合词恭折具陈，伏乞皇太后、皇上圣鉴训示。谨奏。光绪二十四年十二月十九日。

（朱批：）兵部议奏。①

光绪二十五年正月十三日，奉朱批：兵部议奏。钦此。②

二〇二　拣员对调金塔协副将等缺折

光绪二十四年十二月十九日(1899 年 1 月 30 日)

头品顶戴陕甘总督臣陶模跪奏，为遵照部咨拣员对调副将各员缺，恭折仰祈圣鉴事。

窃臣先后接准兵部咨开：查借补甘肃宁夏镇属中卫协副将何

---

① 台北故宫博物院藏：军机及宫中档，文献编号：408003228。
② 中国第一历史档案馆藏：录副奏折，档案编号：03-5932-012。

德彪、请补甘肃肃州镇属金塔协副将章凤先，均系籍隶甘肃，例应回避，应令照章在于兼辖省份拣员对调等因。臣查有新疆哈密协副将金兰益，系浙江嘉兴县人。该员朴实耐劳，战功夙著，堪以调补甘肃宁夏镇属中卫协副将。所遗新疆哈密协副将员缺，即以何德彪调补。又查有陕西延榆绥镇属定边协副将郎永清，系河南商丘县人。该员久历戎行，朴诚勇敢，堪以调补甘肃肃州镇属金塔协副将。所遗延榆绥镇定边协副将员缺，即以章凤先调补。均属人地相宜，与例亦符。合无仰恳天恩，俯准将何德彪与金兰益、章凤先与郎永清互相对调。如蒙俞允，俟接准部覆后，再行给咨赴部引见，以符定制。

除查取各该员履历清册另咨送部外，谨会同新疆抚臣饶应祺、署新疆提臣张宗本、陕西抚臣魏光焘、陕西提臣邓增、署甘肃提臣张永清合词恭折具奏，伏乞皇太后、皇上圣鉴训示。谨奏。光绪二十四年十二月十九日。

（朱批：）兵部议奏。[①]

光绪二十五年正月十三日，奉朱批：兵部议奏。钦此。[②]

二〇三　请以易庆安补授平罗营参将折

光绪二十四年十二月十九日（1899 年 1 月 30 日）

头品顶戴陕甘总督臣陶模跪奏，为拣员请补参将要缺，以裨营伍，恭折仰祈圣鉴事。

---

① 台北故宫博物院藏：军机及宫中档，文献编号：408003231。
② 中国第一历史档案馆藏：录副奏折，档案编号：03-5932-011。

窃臣前准部咨：甘肃宁夏镇属平罗营参将员缺系题补第二轮第二缺，轮用尽先人员，行令拣员请补等因。当经转饬拣补去后。兹据宁夏镇总兵王钺安呈称：查有留陕甘尽先补用参将现署平罗营参将易庆安，才具明练，晓畅戎机，堪以请补。呈请核办前来。

臣查该参将易庆安年力正强，夙著战功，现署斯缺，整顿营伍尚属认真，且尽先名次在前，以之请补，洵堪胜任，亦与轮章相符。合无仰恳天恩，俯念员缺紧要，准以易庆安补授宁夏镇属平罗营参将员缺，可期得力。如蒙俞允，俟接准部覆后，即行给咨送部引见，以符定制。

除饬取该员履历清册送部外，谨会同署甘肃提臣张永清恭折具陈，伏乞皇太后、皇上圣鉴训示。谨奏。光绪二十四年十二月十九日。

（朱批：）兵部议奏。[①]

光绪二十五年正月十三日，奉朱批：兵部议奏。钦此。[②]

二〇四　奏报川、楚、陕三省会哨情形折

光绪二十四年十二月十九日（1899 年 1 月 30 日）

头品顶戴陕甘总督臣陶模跪奏，为川、楚、陕三省会哨事竣，边界安谧，循例恭折具陈，仰祈圣鉴事。

窃照川、楚、陕三省边界地方，向派提督、总兵分年会哨，事竣汇奏，历经遵办在案。兹据署汉中镇总兵龙恩思、陕安镇总兵姚文

---

①　台北故宫博物院藏：军机及宫中档，文献编号：408003230。

②　中国第一历史档案馆藏：录副奏折，档案编号：03-5932-008。

广禀称,各因四川省大足县会匪滋事,防范宜严,未克分身亲往汉
中镇,委定远、略阳二营游击前往代会。该定远营游击贺大发于本
年十月初一日在川、陕交界之渔渡坝滚龙坡,与四川川北镇委员太
平营游击徐其中两相见面会哨;署略阳营游击赵谦士于十一月初
一日在陕、甘交界之白马关,与河州镇委员署阶州营游击唐连陛晤
面会哨;陕安镇委代理白土营游击丁添祥于十月初十日在陕、楚交
界之莲花寺,与署湖北郧阳镇总兵樊国泰觌面会哨。

　　又据署河州镇总兵焦大聚呈称:河州地方安抚未久,仍须随时
弹压,未能亲身会哨,委阶州、文县二营游击、都司,就近前往代会。
该署阶州营游击唐连陛于十一月初一日在陕、甘交界之白马关,与
汉中镇委员署略阳营游击赵谦士见面会哨;文县营都司崇喜于是
月二十日在川、甘交界之哈南寨马尾墩,与署四川松潘镇总兵况文
榜见面会哨。并据各该镇声称,各该员等经过各处,匪类潜踪,行
旅、居民极为安谧各情前来。

　　臣查川、楚、陕三省边界犬牙交错,山深箐密,户鲜人稀,奸宄
易于藏匿,盘诘、巡防,最关紧要,自应严饬各该镇总兵督率所属各
营,随时随地认真查察,务使丑类潜消,闾阎安堵,不得因现在地方
无事稍涉疏懈,以期仰副圣主绥靖边圉之至意。

　　所有各镇委员会哨事竣,边界安谧情形,理合恭折具陈,伏乞
皇太后、皇上圣鉴。谨奏。光绪二十四年十二月十九日。

　　(朱批:)知道了。[1]

　　光绪二十五年正月十三日,奉朱批:知道了。钦此。[2]

[1]　台北故宫博物院藏:军机及宫中档,文献编号:408003232。

[2]　中国第一历史档案馆藏:录副奏折,档案编号:03-6034-003。

二〇五　请准丁体常暂缓赴新任片

光绪二十四年十二月十九日(1899年1月30日)

　　再,臣接准吏部咨开:光绪二十四年十一月初八日,内阁钞出初七日奉上谕:甘肃布政使着岑春煊①调补,丁体常着调补广东布政使,均着即赴新任,毋庸来京请训。钦此。当即钦遵转饬遵照。臣查丁体常于十月二十四日到甘肃布政使本任,为时未久,正在清厘司库,交代一切,此时臬司印务系以兰州道黄云奏委兼署,藩司事繁任重,一时乏员接代,丁体常碍难即赴新任。臣拟电商广东督抚臣转饬岑春煊赶紧来甘,丁体常俟岑春煊抵省接印后,再饬迅赴广东藩司新任,俾重公事而免纷更。是否有当,谨附片具陈,伏乞圣鉴训示。谨奏。

　　(朱批:)着照所请。②

　　光绪二十五年正月十三日,奉朱批:着照所请。钦此。③

---

　　①　岑春煊(1861—1933),又名岑春泽,字云阶,号西林,广西西林人。光绪十一年(1885),中式举人,选工部主事。同年,升郎中。十五年(1889),以五品京堂候补。十八年(1892),补光禄寺少卿。同年,转太仆寺少卿。二十年(1894),署大理寺卿。二十四年(1898),简放广东布政使。同年,调甘肃布政使。二十六年(1900),擢陕西巡抚。二十七年(1901),调补山西巡抚。二十八年(1902),补授广东巡抚。同年,署四川总督。二十九年(1903),署两广总督。三十二年(1906),补授云贵总督。三十三年(1907),调补四川总督。同年,拜邮传部尚书,授两广总督。民国元年(1912),主张共和,组建国民公党,任名誉总理。二年(1913),任各省讨袁军大元帅。二次革命失败后,流亡南洋。五年(1916),任护国军都司令、军务院副抚军长。七年(1918),任广东护法军政府主席。八年(1919),通电辞职,隐居上海。二十二年(1933),病逝。有《乐斋漫笔》等行世。

　　②　台北故宫博物院藏:军机及宫中档,文献编号:408003232-0-A。

　　③　中国第一历史档案馆藏:录副奏片,档案编号:03-5371-067。

二〇六　委令张廷楫等署理安肃道等缺片

光绪二十四年十二月十九日（1899年1月30日）

再，安肃道何福堃升授甘肃按察使，应即请旨陛见。所遗安肃道印务，查有二品衔甘肃候补道张廷楫，久历边陲，器识闳远，堪以署理。又，甘肃西宁道联魁升授安徽按察使，亦应请旨陛见。所遗西宁道印务，查西宁府知府燕起烈心地慈祥，办事勤慎，堪以暂行兼护。除分别给委外，谨附片具奏，伏乞圣鉴。谨奏。

（朱批：）吏部知道。①

光绪二十五年正月十三日，奉朱批：吏部知道。钦此。②

二〇七　请将梁东魁开缺留籍养亲片

光绪二十四年十二月十九日（1899年1月30日）

再，臣准两广督臣谭钟麟咨：据署两广督标中军副将黄培松呈：据甘肃西宁镇标后营都司梁东魁禀称：都司籍隶广东肇庆府鹤山县，前于光绪二十二年十月由甘禀蒙给假回籍修墓，现在修墓事竣，本应回甘供职，惟念亲母翁氏年已八旬，老而多病，风烛堪虞，家无次丁，乏人侍奉，都司恋亲情切，不忍远离，请咨甘开缺留籍养亲，以遂乌私等情，咨请照办，并附送该员亲供一纸、原领札付一张前来。相应奏明请旨开去梁东魁甘肃西宁镇标后营都司员缺，以

---

① 台北故宫博物院藏：军机及宫中档，文献编号：408003232-0-B。
② 中国第一历史档案馆藏：录副奏片，档案编号：03-5371-068。

便在籍养亲。

除亲供存查、札付咨缴兵部查销外，所遗西宁镇标后营都司员缺，甘肃现有应补人员，容臣另拣请补。理合附片陈明，伏乞圣鉴。谨奏。

（朱批：）兵部知道。①

光绪二十五年正月十三日，奉朱批：兵部知道。钦此。②

二〇八　奏报副将张世才丁忧开缺片

光绪二十四年十二月十九日（1899 年 1 月 30 日）

再，据护理甘肃肃州镇总兵陕西商州协副将张世才呈称：顷接电寄家信，惊悉生母罗氏于光绪二十四年十一月二十三日在湖北汉阳县原籍病故。副将系属亲子，例应丁忧，呈请委员接署镇印，开去本任商州协副将员缺，以便回籍守制等情前来。除檄饬补授肃州镇总兵陈元礴迅速前赴本任以重职守外，相应请旨开去张世才陕西商州协副将员缺。

除查取原领副将札付至日另咨送部查销外，其所遗陕西商州协副将员缺，陕甘现有合例人员，容臣拣选请补。谨附片陈明，伏乞圣鉴。谨奏。

（朱批：）兵部知道。③

光绪二十五年正月十三日，奉朱批：兵部知道。钦此。④

---

① 台北故宫博物院藏：军机及宫中档，文献编号：408003230-0-A。
② 中国第一历史档案馆藏：录副奏片，档案编号：03-5932-014。
③ 台北故宫博物院藏：军机及宫中档，文献编号：408003230-0-B。
④ 中国第一历史档案馆藏：录副奏片，档案编号：03-5932-010。

二〇九　饬令陈元鄂等即赴新任片

光绪二十四年十二月十九日(1899年1月30日)

再,补授肃州镇总兵陈元鄂现已交卸延榆绥镇署印,新授督标中军副将色本已经到省,调补洮岷协副将韩廷芝业已交卸督标中军副将署印,应即饬令各赴本任,以专责成。除给委外,理合附片具奏,伏乞圣鉴。谨奏。

(朱批:)兵部知道。①

光绪二十五年正月十三日,奉朱批:兵部知道。钦此。②

二一〇　请准韩廷芝暂缓赴部片

光绪二十四年十二月十九日(1899年1月30日)

再,调补陕西洮岷协副将韩廷芝现已交卸督标中军副将署印,应照例给咨赴部引见。惟查洮岷地方汉回错杂,兼辖番境,番民愚而且悍,往往与同类稍有龃龉,即械斗滋事,必得熟悉番情之员随时弹压得宜,方易寝事。韩廷芝往来番地有年,于番情极称熟谙,臣已先饬前赴本任,责令妥为弹压,俾臻静谧。可否仰恳天恩,俯准将调补洮岷协副将韩廷芝暂缓赴部引见,先行饬部发给札付,以重地方之处,出自逾格鸿施。谨附片具陈。伏乞圣鉴训示。谨奏。

(朱批:)着照所请,兵部知道。③

---

① 台北故宫博物院藏:军机及宫中档,文献编号:408003231-0-A。
② 中国第一历史档案馆藏:录副奏片,档案编号:03-5932-007。
③ 台北故宫博物院藏:军机及宫中档,文献编号:408003231-0-B。

光绪二十五年正月十三日，奉朱批：着照所请，兵部知道。
钦此。①

二一一　请准张善补授守备员缺片

光绪二十四年十二月十九日（1899 年 1 月 30 日）

再，臣前准部咨：甘肃肃州镇标中营守备员缺，掣定作为第五
轮第七缺，轮用尽先人员，行令拣员请补等因。兹查有留陕甘尽先
补用守备甘肃提属永固协营千总张善，年强才裕，办事勤能，以之
请补斯缺，洵堪胜任，于例亦符。合无仰恳天恩，俯念员缺紧要，准
以张善补授肃州镇标中营守备，可期得力。如蒙俞允，俟接准部覆
后，即行给咨送部引见，俾符定制。

除饬取该员履历清册另咨送部外，谨会同署甘肃提臣张永清
附片具陈，伏乞圣鉴训示。谨奏。

（朱批：）兵部议奏。②

光绪二十五年正月十三日，奉朱批：兵部议奏。钦此。③

---

① 中国第一历史档案馆藏：录副奏片，档案编号：03-5932-006。
② 台北故宫博物院藏：军机及宫中档，文献编号：408003228-0-A。
③ 中国第一历史档案馆藏：录副奏片，档案编号：03-5932-009。

光绪二十五年（1899）

○○一　奏为御赏福字谢恩折

光绪二十五年正月二十六日（1899年3月7日）

头品顶戴陕甘总督臣陶模跪奏，为恭谢天恩，仰祈圣鉴事。

窃臣赍折差弁回甘，奉到恩赏福字一方，当即恭设香案，望阙叩头谢恩祗领。钦惟皇太后圣略函令，母仪轶古，迓真祥于金辇，锡纯嘏于璇宫。我皇上上禀慈谟，躬崇孝治，受兹介福，聿符瑞鼎之占；临此下民，共享春台之乐。兹以青阳律转，乃蒙丹宸恩颁，荷天语之褒题，荣叨一字；拓皇图而式廓，庆被三边。锡祜自天，感铭无地。臣惟有益持勤慎，勉效涓埃，夙夜从公，矢犬马驰驱之志；雍容鸣盛，诵鸳鸯福禄之诗。

所有微臣感激荣幸下忱，理合恭折叩谢天恩，伏乞皇太后、皇上圣鉴。谨奏。光绪二十五年正月二十六日。

（朱批：）知道了。[①]

---

① 台北故宫博物院藏：军机及宫中档，文献编号：408003233。

光绪二十五年二月二十日，奉朱批：知道了。钦此。[①]

○○二　奏报甘肃光绪二十四年十一月雨水、粮价折

光绪二十五年正月二十六日（1899 年 3 月 7 日）

头品顶戴陕甘总督臣陶模跪奏，为具报甘肃光绪二十四年十一月份粮价、雪泽情形，恭折仰祈圣鉴事。

窃照光绪二十四年十月份粮价并得沾雪泽情形，业经具折奏报在案。兹查十一月份，兰州等八府六直隶州属具报得沾雪泽，自一二寸至四五寸不等，正值冬麦出土之际，获此雪泽，实于农田有裨。至通省粮价，或与上月相同，或较上月稍有增减。据藩司丁体常具详请奏前来。

臣覆查无异。理合恭折具奏，并缮粮价清单，恭呈御览，伏乞皇太后、皇上圣鉴。谨奏。光绪二十五年正月二十六日。

（朱批：）知道了。[②]

光绪二十五年二月二十日，奉朱批：知道了。钦此。[③]

○○三　呈甘肃光绪二十四年十一月粮价清单

光绪二十五年正月二十六日（1899 年 3 月 7 日）

谨将甘肃各属光绪二十四年十一月份米粮时估价值，缮具清

---

① 中国第一历史档案馆藏：录副奏折，档案编号：03-5372-124。
② 台北故宫博物院藏：军机及宫中档，文献编号：408003239。
③ 中国第一历史档案馆藏：录副奏折，档案编号：03-9373-014。

单,恭呈御览。

计开:

兰州府属:价有昂有平有落

粟米每京石价银一两二分九厘至四两七钱二分七厘,较上月贱八钱一分七厘。小麦每京石价银九钱二分四厘至四两七钱二分七厘,较上月贵一钱四分三厘。豌豆每京石价银一两一分六厘至四两六钱二分,较上月贵一钱四分六厘。青稞每京石价银一两六钱六分三厘至四两一钱三厘,与上月相同。

巩昌府属:价有昂有平

粟米每京石价银一两二钱七厘至二两八钱四分一厘,较上月贵四分三厘。小麦每京石价银一两八分二厘至二两二钱二分六厘,与上月相同。豌豆每京石价银一两八分二厘至二两二钱二分六厘,与上月相同。青稞每京石价银一两一分四厘至一两八钱二分八厘,与上月相同。

平凉府属:价有昂有平

粟米每京石价银一两八钱四分二厘至二两四钱五分,较上月贵三分五厘。小麦每京石价银一两二钱九分五厘至二两七钱四分四厘,与上月相同。豌豆每京石价银一两四分八厘至二两二钱四分,较上月贵三分五厘。糜子每京石价银一两一分六厘至一两二钱六分,与上月相同。

庆阳府属:价有昂有平有落

粟米每京石价银七钱四分一厘至一两五钱二分,较上月贵五分。小麦每京石价银一两一钱二分二厘至一两六钱五分八厘,较上月贵六分二厘。豌豆每京石价银一两一钱七分六厘至一两五钱五分一厘,较上月贱二钱七分四厘。糜子每京石价银四钱一分七厘至七钱九分八厘，与上月相同。

甘州府属：价有昂有平

粟米每京石价银七钱九分一厘至一两四钱三分二厘，较上月贵二钱二分三厘。小麦每京石价银七钱至八钱六分一厘，与上月相同。豌豆每京石价银七钱三厘至一两六钱四分六厘，较上月贵五分五厘。青稞每京石价银四钱五分四厘至八钱八分九厘，与上月相同。

凉州府属：价平

粟米每京石价银八钱四分至三两三钱八分，与上月相同。小麦每京石价银七钱一分四厘至二两七钱二分三厘，与上月相同。豌豆每京石价银六钱七分二厘至二两六钱二分九厘，与上月相同。青稞每京石价银五钱四分六厘至一两八钱七分八厘，与上月相同。

宁夏府属：价有平有落

粟米每京石价银七钱五分六厘至一两七钱五分，较上月贱二分三厘。小麦每京石价银九钱二分四厘至二两三分，与上月相同。豌豆每京石价银七钱三分五厘至一两八钱九分，与上月相同。糜子每京石价银一两二钱五厘至一两三钱五分六厘，较上月贱五分六厘。

西宁府属：价有昂有平有落

粟米每京石价银一两九钱二分八厘至五两四钱八分八厘，较上月贱三分二厘。小麦每京石价银二两二钱四分至二两五钱，与上月相同。豌豆每京石价银一两九钱二分五厘至二两一钱四分六厘，较上月贱六分二厘。青稞每京石价银一两七钱八分五厘至二两一钱九厘，较上月贵一钱三分七厘。

秦州直隶州并所属：价有昂有平

粟米每京石价银一两三钱七分六厘至三两五钱四分三厘，较上月贵四钱一分七厘。小麦每京石价银一两一钱四分三厘至二两六钱五分七厘，较上月贵一厘。豌豆每京石价银九钱五分三厘至二两六钱五分七厘，较上月贵一厘。糜子每京石价银七钱四分一厘至一两八钱一分二厘，与上月相同。

阶州直隶州并所属：价有昂有平

粟米每京石价银一两六钱四厘至二两八钱七分九厘，与上月相同。小麦每京石价银一两四钱五分八厘至二两二钱九分七厘，较上月贵四分七厘。豌豆每京石价银一两七钱九厘至二两二钱九分七厘，较上月贵二钱六分五厘。糜子每京石价银一两三钱二分九厘，较上月贵五分三厘。

泾州直隶州并所属：价有昂有落

粟米每京石价银五钱八厘至一两七钱四分五厘，较上月贵一钱二分三厘。小麦每京石价银四钱八分二厘至一两三钱四分八厘，较上月贱四厘。豌豆每京石价银四钱二分八厘至一两三钱九分九厘，较上月贵一钱一分五厘。糜子每京石价银四钱二分八厘至九钱一分，较上月贵九分九厘。

固原直隶州并所属：价平

粟米每京石价银一两四钱二分六厘至三两三分八厘，与上月相同。小麦每京石价银一两四钱二分六厘至二两五钱七分三厘，与上月相同。豌豆每京石价银一两四钱二分六厘至二两四钱二分八厘，与上月相同。糜子每京石价银一两二钱八分四厘，与上月相同。

肃州直隶州并所属：价平

粟米每京石价银一两一钱三分四厘至一两四钱七分，与上月相同。小麦每京石价银八钱一分二厘至一两六钱三分八厘，与上月相同。豌豆每京石价银九钱五分至一两二钱六分，与上月相同。青稞每京石价银五钱四分六厘至一两一钱三分四厘，与上月相同。

安西直隶州并所属：价平

粟米每京石价银一两五分至一两三钱七分二厘，与上月相同。小麦每京石价银一两九分八厘至一两二钱，与上月相同。豌豆每京石价银一两二钱八分至二两八分，与上月相同。青稞每京石价银九钱九分三厘至一两四钱，与上月相同。

（朱批：）览。①

○○四　奏闻办理甘省通商、民教交涉情形折

光绪二十五年正月二十六日（1899 年 3 月 7 日）

兼署宁夏将军副都统臣色普征额、②头品顶戴陕甘总督臣陶模跪奏，为遵旨兼总理各国事务大臣，恭折仰祈圣鉴事。

窃臣等接准吏部咨：光绪二十四年十一月二十二日奉上谕：向来沿海、沿江通商省份，交涉事务本繁，及内地各省亦时有教案应行核办。各直省将军、督抚往往因事隶总理衙门，不免意存诿卸；总理衙门亦以事难悬断，未便径行，以致往还转折，不无延误。嗣

---

① 中国第一历史档案馆藏：清单，档案编号：03-6979-035。
② 色普征额（？—1907），赫舍哩氏，满洲正蓝旗人。咸丰十一年（1861），以军功保蓝翎长、前锋校。同治三年（1864），选副前锋校。七年（1868），保副前锋参领。光绪四年（1878），升委前锋参领。九年（1883），补副前锋参领。十一年（1885），升前锋参领。十七年（1891），加副都统衔。十八年（1892），委署健锐营委翼长。二十年（1894），兼管水操兵丁事务。二十一年（1895），迁宁夏副都统。二十四年（1898），兼署宁夏将军。二十六年（1900），擢宁夏将军。三十三年（1907），卒。

后各直省将军、督抚均着兼总理各国事务大臣,仍随时与总理衙门王大臣和衷商办,以期中外一气相生,遇事悉臻妥洽。钦此。又承准军机大臣字寄:十一月二十六日奉上谕:近来各国交涉事件日益纷繁,昨已谕令各省将军、督抚兼总理各国事务大臣,以便因应。此后遇有交涉细故,应就各该省地方情形,斟酌妥协,即行办理,不得概从延诿。其实在关系重要事件,必须商明总理衙门方能定议者,亦即随时据实电咨,切勿含糊掩饰,以致往还转辗,徒费周章。各该将军、督抚等身膺疆寄,责在治民,自当以守土为重,爱民为先,不得以孟浪为率作兴事之谋,亦不得以推诿为取巧卸过之地。朝廷宵旰忧劳,勤求治理,外省政事,惟疆臣是赖。该大臣等明体达用,虑远防微,必能共体时艰,仰副朝廷为国为民之苦衷也。将此通谕知之。钦此。遵旨寄信前来。仰见皇上因时制宜,权衡至当。复详加诰诫,力杜推延,寓为国为民之意于慎重交涉事务之中,下怀莫名钦感。臣等谨当懔遵两次谕旨办理。

伏查甘省仅嘉峪关设通商口岸一处,交涉事务尚不甚繁。各国教士在各厅、州、县传教,近年日渐增多,间有与百姓口角龃龉,经臣等随时严饬该地方官持平办理,民教尚属相安。至若各国来甘游历之人,行踪靡定,不惮跋涉之苦,无论穷乡僻壤,峻岭崇山,单骑即往。甘省土、番、回、撒,民类庞杂,万一护送稍疏,深虞匪徒劫害。臣等已严饬各地方文武随时设法,多派可靠兵役,接替保护。

去冬,曾有德国游历赫尔德乐行抵番境被番匪诈抢之案,现已勒令地方文武赔赃完结,咨明总理衙门先行销案。此后益当谨遵圣训,虑远防微,遇有交涉细故,即行斟酌妥协办理。其关系重要之件,亦即随时据实电咨总理衙门定议商办,总期事臻妥洽,断不敢推诿延误，上烦宸系。

所有遵旨兼总理各国事务大臣及甘省通商、民教交涉各情形，理合恭折具陈，伏乞皇太后、皇上圣鉴。再，此折由臣模主稿。合并声明。谨奏。光绪二十五年正月二十六日。

（朱批）：知道了。[1]

光绪二十五年二月二十日，奉朱批：知道了。钦此。[2]

○○五　奏陈甘省办理矿务困难折

光绪二十五年正月二十六日(1899年3月7日)

头品顶戴陕甘总督臣陶模跪奏，为甘省办理矿务未能速见成效，胪陈地势、人事之难，拟俟有熟悉矿学之人咨调来甘，再行履勘筹办，恭折仰祈圣鉴事。

窃臣钦奉光绪二十四年十月十七日电传上谕：闻甘省各种矿产甚富，自来未经开采，着陶模拣派委员，认真踏勘，毋令货弃于地，转为外人垂涎，仍将办理情形随时具奏。钦此。钦遵在案。伏查甘省各属旧称产赎金者，若兰州之皋兰、金县，阶州之文县，甘州之洪水营，肃州之金佛寺，自明以前历经开采，数百年来，利孔已罄。国朝乾隆中，安西州属马莲井及敦煌县属沙州营金矿较著，其时有矿丁二千余名，岁收课金三百九十余两。嘉庆以后，得金日微，叠次请减额课，积久至于无课；失业之民，多转徙甘州、祁连山、南乙思、门庆、野马川等处，淘取金沙。道光三年，因矿丁中藏匿匪

---

① 台北故宫博物院藏：军机及宫中档，文献编号：408003240。
② 此朱批日期与内容，据军机处随手登记档（档案编号：03-0300-1-1225-048）校补。

• 2022 •

类，前督臣那彦成①奏明封禁，然塞内穷民仍私往开采。同治时，金苗渐绌，加以兵荒，官私各矿悉归堙废。光绪十年，前督臣谭钟麟议定征收大通县金课每年二十四两，由商民纠资承办，本少利微，动辄亏负。

臣到任之初，以为开自然之利源，舍攻矿外无他术，即委分省候补直隶州知州刘国宗等，携带银粮，往甘州梨园营山内开办金矿，半年之久，以出金极少，不敷经费而罢；同时委试用通判宋之章招集河湟被难汉回约三千余人，作为矿丁，自平番县西北庄浪河上

---

① 那彦成（1764—1833），字绎堂，又字东甫、韶九，号韶允，满洲正白旗人，章佳氏。乾隆五十四年（1789），中式进士，选庶吉士。五十五年（1790），授翰林院编修。五十六年（1791），补侍讲。五十七年（1792），升侍读，入直南书房。同年，补国子监祭酒。五十九年（1794），补詹事府詹事、日讲起居注官。是年，授内阁学士兼礼部侍郎衔。嘉庆元年（1796），充尚书房行走。二年（1797），授崇文门副监督，兼正黄旗蒙古副都统。三年（1798），充军机大臣上行走、工部右侍郎。四年（1799），转户部左、右侍郎，兼镶白旗满洲副都统、翰林院掌院学士。同年，擢工部尚书，授实录馆总裁、镶白旗汉军都统、总管内务府大臣，并赏戴花翎。五年（1800），以纵贼罢职。六年（1801），降翰林院侍讲、少詹事。同年，充顺天乡试副考官。七年（1802），补内阁学士兼礼部侍郎衔、教习庶吉士，兼正蓝旗汉军副都统、正红旗满洲副都统。同年，署广东巡抚。八年（1803），署吏部左侍郎，迁礼部尚书，总理太常寺、鸿胪寺、乐部。九年（1804），擢军机大臣，兼镶黄旗汉军都统。同年，署陕甘总督，调补两广总督。十年（1805），授伊犁领队大臣。十二年（1807），调补喀喇沙尔办事大臣，转西宁办事大臣。十三年（1808），补江南河道副总河，授二等侍卫，加太子少保衔。十四年（1809），调补叶尔羌办事大臣，转喀什噶尔参赞大臣，晋头等侍卫，加兵部侍郎衔。同年，补授陕甘总督。十八年（1813），加都统衔，戴双眼花翎。是年，调补直隶总督。二十一年（1816），丁母忧。二十三年（1818），授翰林院侍讲、侍读。二十四年（1819），补侍读学士，历詹事府詹事、日讲起居注官、仓场侍郎。二十五年（1820），授理藩院尚书，调补吏部尚书、镶黄旗蒙古都统，兼理乐部。道光元年（1821），授翰林院掌院学士、刑部尚书、正蓝旗满洲都统，兼阅兵大臣。同年，充顺天乡试副考官。二年（1822），补授陕甘总督，署理吏部尚书。五年（1825），调补直隶总督。七年（1827），授钦差大臣，晋太子太保。十一年（1831），以误国肇衅褫职。十三年（1833），卒。赠尚书衔，谥文毅。有《那文毅公奏议》、《平番奏议》等行世。

游金羌滩办起，插帐荒沙，四出寻求，数月而金羌滩之金尽；徙帐于西宁县北境凉州南山中求之，又数月而金尽；复徙帐于大通县西北永安营北山中求之。去年累徙至野马川、野牛沟、黑河脑等处，距开办之处千有余里，矿丁忽来忽去，随时增减无定，间有转还金羌滩各处，爬罗旧穴。计其所获，大率优者每人日得生金数分，绌者或兼旬乌有。委员发给衣粮、器械、资本，原议陆续偿还，再定额课，乃办理已及二年，矿丁或仅免冻饿，或不能自赡。所借公款尚无由取偿，更安望征收课金，开广利源。此甘省久办金矿，迄无成效之实情也。

迨十月中，钦奉谕旨，谆谆以认真踏勘为训。复叠准统辖铁路矿务总局大臣咨询情形，均即转行印委各员切实探察。据各印委先后禀覆，有谓自古无矿质者，有谓矿洞已经废弃、深险未能悬揣者，间有边隅产矿之所，或与番民、喇嘛寺院、坟地相接，或为蒙民牧地，风气未开，恃众阻挠，难以理喻。惟肃州及敦煌县之南山一带尚有金沙，倘招商试办，亦须官借工本，一时未能征课。余若安西州、循化厅之铅矿，僻在穷荒，核其运脚成本，较之购自湖北省，尚不合算。镇番县等处煤矿虽旺，而无大宗销路，迥非开平近海之厂可比。采办各商仅供临近居民之用，不能扩为利薮。

臣曩在新疆，屡兴矿役，得不偿失。访求利弊有年，深知外人开矿，必在通轮舶、铁道之处方获大利，故里海之煤油，美利加之金山，富厚甲于天下。我内地金矿以漠河为最，因有半年可通船运耳。甘肃矿地多在万山之中，崎岖鸟道，不能通车，驮负衣粮、器用，脚价倍蓰；机器重大，尤难运致。雪岭相望，寒瘴凝冱，人畜皆易病毙。冬季、春初，冰冻罢工，耗费既巨，程功尤艰。此地势之有以限之也。

卅人旧法，掘井从事，以及泉为至深，仍不过大地之浮面；西国矿学家言，测算地质某层某层至十数重，其矿苗或平夹于两重之间，或如线而斜穿于多重之内，机器凿探，辄数百千丈。我本昧于矿学，差以毫厘，即与矿苗相左，故华人所谓无矿之区，外人率羡为佳矿，彼所指在地质数百千丈之下，固无地非矿，而不可以中土旧法论者也。

夫用旧法搜采，其善者岁养矿丁千计，公中虽无余利，在古人视之，已为大利，无如今所欲求之利，人人期什伯于古，求利既欲争胜于西人，施功安得不参用西法？矿学家测算之术，甘肃士子绝无讲习。至于化学鉴别，更属茫然，故遇五金杂糅之矿，提炼时多烧成废渣、烟气，既乏其才，奚从得利。此人事之有所未能也。

边省开矿之难，大率类此。使不问地势、人事，冒昧兴作，急于见功，粉饰一时，冀以塞责，实非微臣之所忍为。窃维实事求是，要在推求事理之根源。臣愚拟恳圣恩，饬下濒临江海各省，酌设矿务学堂，培植专门之才，再往外洋矿厂中阅历工作，艺成还华，先于运道便利之处开办各矿，由易及难，似迂而捷。俟矿学高才生足资差遣，即行咨调来甘，令将全省山谷川源周遍履勘，通盘测算，何地、何矿，择最善处，购机开采，其事当有把握，庶不以求财者耗财而致富有基矣。

梼昧之见，谨据实胪陈，是否有当，伏乞皇太后、皇上圣鉴训示。谨奏。光绪二十四年正月二十六日。

（朱批：）督办矿务大臣知道。[1]

---

① 台北故宫博物院藏：军机及宫中档，文献编号：408003237。

光绪二十五年二月二十日，奉朱批：督办矿务大臣知道。钦此。①

○○六　请以王少林补授河州镇标城守营都司折

光绪二十五年正月二十六日（1899年3月7日）

头品顶戴陕甘总督臣陶模跪奏，为拣员借补都司要缺，以裨营伍，恭折仰祈圣鉴事。

窃臣前准部咨：陕西河州城守营都司员缺系题补第三轮第八缺，轮用尽先人员，行令拣员请补等因。当经转饬遵照去后。兹据署河州镇总兵焦大聚呈称：查河州城守营都司职司城守，所辖关汛最为辽阔，该处汉、番、回、土错杂其间，弹压、稽查，在在关重，非熟悉边情、明干有为之员，难期胜任。兹拣选得花翎副将衔留陕甘尽先补用参将现署镇标右营游击王少林，晓畅戎机，精明强干，且在甘年久，边情、营伍最为熟悉。呈请借补前来。

臣查参将王少林年壮才明，战功素著，以之借补，洵属人地相宜，亦与部章符合。合无仰恳天恩，俯念员缺紧要，准以该员王少林借补陕西河州镇标城守营都司，以期得力。如蒙俞允，俟奉准部覆后，即行给咨赴部引见，以符定制。

除查取该员履历清册另咨送部外，谨会同陕西固原提臣邓增合词恭折具陈，伏乞皇太后、皇上圣鉴训示。谨奏。光绪二十五年正月二十六日。

---

① 中国第一历史档案馆藏：录副奏折，档案编号：03-9645-010。

（朱批:）兵部议奏。①

光绪二十五年二月二十日,奉朱批:兵部议奏。钦此。②

○○七　遣戍官犯患病成废应否收赎折

光绪二十五年正月二十六日（1899年3月7日）

头品顶戴陕甘总督臣陶模跪奏,为遣戍官犯中途患病成废,委验属实,应否准其收赎,请旨饬部核覆,恭折仰祈圣鉴事。

窃查凉州左翼协领得敦,因管理粮饷不实不尽,经凉州副都统依楞额奏奉谕旨:着革职,永不叙用,发往军台效力赎罪。前由凉州委员夔胜押解到兰,该官犯即以从前在营左腿曾受矛伤,途次感受风寒,伤病举发,禀请拨医调治前来。经臣行司饬县上紧医调务痊起解,嗣因调理稍愈,催令力疾起程,讵行未数站,病复增剧,几濒于危。据管解委员夔胜呈明,仍饬解回省垣,设法医治。

现据报称:医治数月,毫无功效,左腿已拘挛,不能动履。复饬据兼署按察使兰州道黄云檄委署皋兰县知县萧承恩、候补知县史文光前往,会验得已革凉州左翼协领得敦,左腿盘屈,伸缩维艰,起卧需人扶掖,且又现患咳嗽、气逆等证,面目浮肿,年近七十,气血日衰,难期全愈,实系已成废疾,恳请收赎,取具切实甘结,加具印结,由司详请核奏前来。

臣查例载:各省审拟具体案内人犯,果有老小废疾,该督抚察明,取结具题,照律收赎。其到部人犯,有告称年老及在中途成废

① 台北故宫博物院藏:军机及宫中档,文献编号:408003234。
② 中国第一历史档案馆藏:录副奏折,档案编号:03-5932-085。

疾者,查明实系老疾,亦得收赎各等语。今发往军台效力赎罪之已革凉州左翼协领得敦,老病交加,腿已成废,业经委验属实,核与收赎之例相符。惟系官犯,应否准其收赎,应请旨饬部核覆遵行。

除将印、甘各结送部外,理合恭折具陈,伏乞皇太后、皇上圣鉴训示。谨奏。光绪二十五年正月二十六日。

(朱批:)着照所请,兵部知道。[1]

光绪二十五年二月二十日,奉朱批:着照所请,兵部知道。钦此。[2]

【案】依愣额奏奉谕旨……发往军台效力赎罪:光绪二十三年四月十五日,凉州副都统依楞额特参左翼协领得敦等结党妄为,请旨分别革职惩办,曰:

再,记名简放副都统凉州左翼协领得敦,前在成禄、金顺军营,历保今职。嗣因行为谲诈,即经驱逐出营。回凉州后,补授左翼协领,掌右司关防,管理粮饷十有余年,不实不尽,怨讟沸腾。每值副都统到任,该员恐遭察办,巧于逢迎,旋以逢迎者为挟制之事,诸事垄断,罔恤兵艰,屡经控告在案。遇有认真整顿者,则唆使其党捏造蜚语,该员复佯为察禁,以掩其迹。又于汉城各处挑逗失和,自知积恶,广布腹心,密折公文不阅,即私阻遏,致前历任副都统,莫不隐受其害而去。

奴才前在伊犁即闻得敦有结党把持之事。莅任后,时加训饬,若罔闻知。去岁,以回情叵测,筹练洋操,又因满营积弱

---

① 台北故宫博物院藏:军机及宫中档,文献编号:408003236。
② 中国第一历史档案馆藏:录副奏折,档案编号:03-7418-039。

· 2028 ·

之由，非兵力之不精，实各官之好惰，冀借洋操以资振作。该员多方挠阻。今正钦奉谕旨允准，奴才即饬挑选造册，营制胥照楚军。该员复任意抗延。近因察核该员经手十有余年，余平公费，拟为洋操津贴，如无赢余，当另筹办，以济要需。乃触该员之忌，始则索帐不与，继竟结党狂为。奴才正拟参办间，复敢串同骁骑校裕桢、百连、文举人恩光，唆使骁骑校荣秀，捏词诬控，以图挟制。奴才严饬彻察，实究虚坐。该员情急，复约各佐领浼汉城文武求宽免究，朦胧了结，显以公事、旗务，操纵自由。似此贪烕性成，肆行无忌，妒能惑众，不恤兵艰，并经官兵屡控在案，且察有压搁庄浪咨部销册数年之事，未便稍事姑容。相应请旨将花翎记名副都统左翼协领得敦拔去花翎，革职永不叙用；骁骑校裕桢、百连、荣秀等朋比误公，串谋嫉善，应请一并革职。文举恩光行为倾险，遇事生风，应请革去文举。但得敦自恃年老，岁友人多，造谤生非，易惑众听，参处之后，断难安分，诡谋秘计，易滋事端，实于旗务、练军大有关碍，应请发往军台，以示惩儆。

奴才为力除锢习、整顿旗务起见，谨附片具陈，伏乞圣鉴，训示施行。谨奏。光绪二十三年四月十五日。[①]

【附】依楞额之奏于是年六月二十三日得旨允行。上谕档：

光绪二十三年六月二十三日，内阁奉上谕：依楞额奏，特参贪劣不职各员，请旨惩办等语。凉州左翼协领得敦，管理粮饷十有余年，不实不尽，经依楞额查出历年平余公费，拟作为

---

① 中国第一历史档案馆藏：朱批奏折，档案编号：04-01-16-0252-050。

练兵津贴，该员竟敢串同骁骑校裕桢等，捏词诬控，以图挟制，实属贪狡性成，肆行无忌。花翎记名副都统凉州左翼协领得敦着拔去花翎，革职永不叙用，发往军台效力赎罪。骁骑校裕桢、百连、荣秀，朋比误公，着一并革职。文举人恩光，行为倾险，遇事生风，着革去举人，以示惩儆。该衙门知道。钦此。①

【附】光绪二十三年八月二十九日，凉州副都统依楞额奏参得敦等弃印潜逃，沿途拒捕及续查出各种不法情形，曰：

凉州副都统奴才依楞额跪奏，为革员闻风畏罪弃印潜逃，沿途拒捕，及续查出各种不法情形，据实严参，请旨办理，恭折仰祈圣鉴事。

窃奴才于本年七月二十八日准兵部火票递到六月二十三日奉上谕：依楞额奏，特参贪劣不职各员，请旨惩办等语。凉州左翼协领得敦，管理粮饷十有余年，不实不尽，经依楞额查出历年平余公费，拟作为练兵津贴，该员竟敢串同骁骑校裕桢等，捏词诬控，以图挟制，实属贪狡性成，肆行无忌。花翎记名副都统凉州左翼协领得敦着拔去花翎，革职永不叙用，发往军台效力赎罪。骁骑校裕桢、百连、荣秀，朋比误公，着一并革职。文举人恩光，行为倾险，遇事生风，着革去举人，以示惩儆。钦此。钦遵在案。

查此案于七月初五日由凉州电局抄奉前旨，奴才以该革员狡诈多端，当饬理事通判先行看管，并札该革员交卸左翼协领右司关防、镶蓝旗佐领图记事务，俟奉准部文，遵旨办理。讵该革员广通声气，先一日于汉城得见邸抄，次日辰

① 《光绪宣统两朝上谕档》，第23册，第144页。

早，同已革骁骑校百连、已革文举人恩光先弃印，畏罪潜逃。比奴才接奉电局抄到谕旨，随飞饬东路各州县赶紧截拿，并抄稿恭录上谕，飞咨陕甘督臣转饬皋兰县查拿务获，一并解凉州，归案办理。旋据古浪县详称：奉檄后，选派干役，会营将革员等截住，殊该革员等手持洋炮、马刀，意图拒捕，情势凶狠，不敢近身，现已东下，众役跟踪同往，详请核办前来。复经据情咨行督臣严饬查拿解案去后。随传十旗员弁等，查询该革员平日行为，并经管粮饷账目。即据右司呈到凉庄满营已由甘藩司照新湘平提扣减平后，仍折合库平汇解来凉。该革员于商号处照库平领归，复用旗平散发，每百两私扣余平银二两七钱，如系因公，查未详请立案，亦不与开十旗协、佐各员，且一事皆出其手，明知舞弊，莫敢谁何。此私扣余平之实在情形也。

满营马匹动有倒毙，经前任副都统奴才德魁议令每兵每月于发饷时扣存银一钱，以备倘有不虞，采买战马、驼马之用。至光绪十八年，共提存马价银八千余两。该革员仅买马花用银二千余两，下剩之银不知作何开销，各佐领屡索用款细账，一味支吾，后竟概置不理，各员弁等不敢与争，以致人言啧啧，怨讟沸腾。此冒销马价之实在情形也。

凉州满营马价生息，为养赡孤寡津贴、抬炮、抬枪之款，向由凉州府经收，汇解满营支发，按年造册，报部核销。逆回乱后，四乡当商歇闭甚多，无从征收息银，所有大缴本息各银，除以业顶抵至今尚未查收核办外，其已缴存府库者，光绪元年起陆续发商生息，事同创始，息银未得照章，各当商亦开闭不定，当本亦征，致存库之银尚多未发。惟所收息银为数多寡不一，自应照例造报，屡经部文严催，奴才亦屡催造呈核咨，并照催庄浪去后。旋据庄浪送到销册，自光绪十一年起，部文则催自同治八年起，庄浪呈称同治八年起至光绪十年止，已于十八年造请转咨在案。奴才随饬右司详细检查，竟将庄浪销册检出，尘积已久，并未拟稿呈台。该革员一味抵搪，是该革员因本营未经造册，不便专请咨。庄浪销册，牵发己事，恐遭部驳。此私压销册之实在情形也。

至于所管本旗兵丁每名每遇发饷时扣银一钱，不知作何支用。因积军粮并不接济穷兵，听其糜变。十七年、十九年，因粮饷各事，曾经兵丁控告，蔑法营私，莫此为甚。至今潜匿省垣，尚捏造蜚语，冀得迁祸他人。查造言生事，本属凉庄积习。光绪十年钦奉上谕：凉州满营官兵专爱造言生事，此风断不可长各等因。钦此。是其浇风锢习久在圣明洞鉴之中。不意三品大员竟辜恩昧良，一至于此。且奴才以该革员凶狡异常，是以前奏声明料定参处之后断难安分，将该革员发往军台，现抗不到案，潜匿省垣，自为得计，狡诈百出，难保不别滋事端，并闻已革骁骑校百连由省复逃。

除再咨行督臣转饬办理，并一面派员选带官兵前赴省垣一带，会同各该州县先将得敦、恩光严缉务获，一并递解回凉，听候彻底逐款详查，严定实情，奏明办理外，伏恳敕下陕甘督臣、山西、陕西巡抚、顺天府、五城，转饬各州县查明已革骁骑校百连逃匿何处，即行严拿递解来凉，归案一并按律惩办。

所有革员闻风弃印，畏罪潜逃，恃凶拒捕，并续查出不法各情形，恭折具陈，伏祈皇上圣鉴训示。谨奏。光绪二十三年八月二十九日。①

【附】依楞额此奏于是年九月二十五日得旨，清廷饬将得敦等拿获究办。上谕档：

光绪二十三年九月二十五日，内阁奉上谕：凉州副都统依楞额奏，革员畏罪潜逃，请饬严拿一折。凉州左翼协领得敦，前因管理粮饷不实不尽，并串通骁骑校裕桢等捏词诬控，经依楞额奏参革职，永不叙用，发往军台效力赎罪。该革员胆敢与已革举人恩光等，闻风潜逃，隐匿省垣，抗不到案，实属藐法。即着迅速拿获，解回凉州，听候究办。已革骁骑校百连，逃匿无踪，着陕甘总督饬属严拿务获，递解凉州，归案审办。钦此。

○○八　请以张作霖补授巴燕戎格通判折

光绪二十五年正月二十六日(1899 年 3 月 7 日)

头品顶戴陕甘总督臣陶模跪奏，为拣员请补通判要缺，以裨地方，恭折仰祈圣鉴事。

窃据甘肃布政使丁体常、兼署按察使黄云会详称：巴燕戎格通判方传获病故开缺，业已截缺报部，应即拣员请补。查定例：道、府、同知、直隶州、通判、知州，如系题调要缺，无论何项出缺，或调或补，准由该督抚酌量具题。又，道、府、同知、直隶州、通判、知州，如系奉旨命往，或督抚题明留于该省候补，无论应题、应调、应选之缺，酌量才具，择人地相宜者，悉准补用各等语。

今巴燕戎格通判地居边徼，回、番杂处，抚、绥弹压，在在均关

---

① 中国第一历史档案馆藏：朱批奏折，档案编号：04-01-16-0253-067。

紧要，非精明干练、熟悉边情之员，不足以资治理。该司等于对品应调暨知县应升人员内逐加遴选，非现居要缺，即人地未宜。惟查有候补通判张作霖，年五十七岁，湖南宁乡县人，由俊秀报捐监生，加捐县丞归部选用。因襄办营务，于关陇肃清案内保以通判留甘补用。光绪二十年，请咨赴部引见。二十一年正月二十日到省，旋丁父忧，回籍守制。二十三年十一月十三日，起复回省，业经甄别留用在案。前署贵德同知，现署循化同知，措置裕如，均无贻误。藩司丁体常、兼署臬司黄云虽到任均未满三月，惟在臬司、兰州道任内，查得该员张作霖稳练老成，番情熟悉，以之请补巴燕戎格通判，实堪胜任，人地亦极相宜。会详请奏前来。

臣查该员张作霖年健才明，办事勤奋。合无仰恳天恩，俯准以该员张作霖补授巴燕戎格通判，实于地方有裨。如蒙俞允，该员以通判请补通判，衔缺相当，毋庸送部引见。再，该员各署任内并无参罚案件。理合恭折具陈，伏乞皇太后、皇上圣鉴训示。谨奏。光绪二十四年正月二十六日。

（朱批：）吏部议奏。[①]

光绪二十五年二月二十日，奉朱批：吏部议奏。钦此。[②]

〇〇九　请以张绍先借补宁陕营参将折

光绪二十五年正月二十六日(1899 年 3 月 7 日)

头品顶戴陕甘总督臣陶模跪奏，为拣员借补参将要缺，以裨营

---

① 台北故宫博物院藏：军机及宫中档，文献编号：408003235。
② 中国第一历史档案馆藏：录副奏折，档案编号：03-5372-125。

伍,恭折仰祈圣鉴事。

窃臣前准部咨:陕西汉中镇属宁陕营参将员缺系题补第一轮第八缺,应用尽先人员,行令拣员请补等因。臣查宁陕营参将一缺,地处深山,稽查弹压,责任匪轻,非老成勤慎、办事明决之员,不足以资镇抚。查有总兵衔尽先补用副将陕西河州镇标左营中军守备现署肃州镇标中营游击张绍先,年强才裕,供职勤能,前在河湟办理军务,有谋有勇,颇著战功,以之请补斯缺,实于营伍、地方均有裨益,亦与部章相符。合无仰恳天恩,俯念员缺紧要,准以该员张绍先借补宁陕营参将,以期得力。如蒙俞允,俟接准部覆后,即行给咨送部引见,以符定制。

至所遗河州镇标左营守备员缺,陕甘现有应补人员,容臣另拣请补。除饬取该员履历清册另咨送部外,谨会同陕西提臣邓增合词恭折具陈,伏乞皇太后、皇上圣鉴训示。谨奏。光绪二十五年正月二十六日。

（朱批:）兵部议奏。[①]

光绪二十五年二月二十日,奉朱批:兵部议奏。钦此。[②]

○一○　奏请开去洪瑞守备底缺片

光绪二十五年正月二十六日(1899 年 3 月 7 日)

再,臣接准督练甘军甘肃提臣董福祥咨:据管带甘军正前营补用副将陕甘督标前营守备洪瑞禀称:前于光绪二十五年海防肇衅,

---

① 台北故宫博物院藏:军机及宫中档,文献编号:408003238。
② 中国第一历史档案馆藏:录副奏折,档案编号:03-5932-084。

奉调募勇赴京，旋复率队回甘，剿办回匪。兹又带营驻扎直隶防所，一时自难回任，员缺未便久悬，恳请开去督标前营守备底缺，以便在防专心训练等情，咨请核办前来。

臣覆核无异。相应请旨开去洪瑞守备底缺。除仍咨取该员原领札付送部查销外，所遗督标前营守备员缺，陕甘现有应补人员，容臣另拣请补。谨附片具陈，伏乞圣鉴训示。谨奏。

（朱批:)着照所请，兵部知道。[1]

光绪二十五年二月二十日，奉朱批：着照所请，兵部知道。钦此。[2]

〇一一　查明甘地不宜设口岸片

光绪二十五年正月二十六日(1899 年 3 月 7 日)

再，臣承准军机大臣字寄：光绪二十四年十一月十九日奉上谕：前据总理各国事务衙门议覆黄思永条陈请各省广设口岸等语。当于本年六月间谕令各将军、督抚悉心筹度，推广口岸，详定章程，迅速具奏。现在各省多未奏到，着各将军、督抚从速妥筹办法，即行奏明办理。将此各谕令知之等因。钦此。臣查前奉光绪二十四年六月二十三日推广口岸、展拓商埠之旨，当即钦遵行司移道饬属一体查明核办。兹据各属查明，呈由各道汇覆前来。

臣与两司详加察核，甘省地当边徼，所属各厅、州、县实无商贾辐辏之区，虽安肃道所管嘉峪关地方因系通新疆陆路，形势扼要，

---

① 台北故宫博物院藏:军机及宫中档，文献编号:408003238-0-A。
② 中国第一历史档案馆藏:录副奏折，档案编号:03-5932-082。

早经安设口岸，然商务迄不见旺，每岁征收关税寥寥无几，入不敷出，其余再无形势扼要可以推广口岸、展拓商埠之处。理合附片据实覆奏，伏乞圣鉴。谨奏。

（朱批：）该衙门知道。①

光绪二十五年二月二十日，奉朱批：该衙门知道。钦此。②

【案】黄思永条陈请各省广设口岸：光绪二十四年三月二十九日，左中允黄思永奏以口岸关紧敬陈管见，曰：

日讲起居注官左春坊左中允臣黄思永跪奏，为事机迫切，拟请均利止贪，保权弭患，恭折具陈，仰祈圣鉴事。

窃臣维强邻逼处，贪得无厌，由口岸而铁路，由铁路而矿产，寻间抵隙，得步进步，直有拒之不能、应之不给之势。此诚存亡危急之秋也。皇上焦劳于上，臣工愤极于下，盖亦无可如何矣。夫今所谓无可如何者，不自今始。昔也不察，以至今日，今再蹉跎，何堪设想？臣不敢作危词以耸声，亦不敢持高论以沽名，第就通商口岸、铁路、矿产三事言之，各国所注意者此，中国所诲盗者亦此。既不能一概屏绝，终必尽入其彀中，一国启其端，各国踵其后，利不能均，贪必不止，权将尽失，患何忍言？势迫计穷，莫此为甚。若不早为之所，江河日下，将若之何？拟请亟降明诏，迅饬内外大小臣工，从长计议，统三事以定良谋，合群策而衷一是。

以臣愚陋之见，凡在中国可为通商口岸地方，不俟请立

---

① 台北故宫博物院藏：军机及宫中档，文献编号：408003235-0-A。
② 中国第一历史档案馆藏：录副奏片，档案编号：03-6649-044。

租界，先行照会各国一律准其通商，有利均沾，有患共御，照上海租界办法，与各国明定条约，勿任一国专擅于其间，并由国家速设铁路、矿务两大公司，所有中国之路矿两项，统归总公司筹款主持，无论华商、洋商，皆准附股，勿专借一国之债、专附一国之股，亦不允一国自专一省之路、自指一处之矿。股本统由总公司招集，转发各省次第兴办，所得之利，亦皆汇归总公司，按照定章，均平分给，不以一处之路矿计其盈亏，不以一事之兴衰定其作辍。而一切修造、管辖之权，朝廷主之，公司任之，各国不得从而干预之。俟奉谕旨，即请简派廉干大员，详议章程，奏请施行。总之，利可公诸同好，权勿令其旁挠。

皇上恢四海一家之量，体制愈尊；各国沾优柔餍饫之恩，争端自息。苟能行之无弊，大局稍安，事机稍定，然后同心努力，趁此暇日，亟图自强，收之桑榆，未为晚也。否则虎视眈眈，伊于胡底。然公司尤在得人而理，苟不得人，其弊甚大。臣于无可如何之时，作稍纵即逝之虑，建此下策，如蒙圣明采纳，应请敕下廷臣会议，并电饬各省督抚、将军，将臣原奏各节详加核议，并切实保荐堪胜铁路、矿务总公司之总理大员，并所拟之条约、章程、合同，亦请集思广益，公同酌定，以期有利无弊，然后施行，大局幸甚。是否有当，谨恭折具陈，伏乞皇上圣鉴。谨奏。光绪二十四年三月二十九日。[①]

---

① 中国第一历史档案馆藏：录副奏折，档案编号：03-9446-023。

○一二　请准王万清借补守备员缺片

光绪二十五年正月二十六日(1899年3月7日)

　　再,臣准兵部咨:甘肃提属南古城堡守备员缺系题补之缺,轮至第五轮第十缺,应用捐输人员,该省捐输无人,应以第六轮第一缺,轮用尽先人员抵补,行令拣员请补等因。当经移行遵照去后。兹准署甘肃提臣张永清咨称:南古城堡守备员缺设在沿边,蒙、番杂处,巡防、弹压,最关紧要,非老成稳练之员,不足以资整理。兹拣选得现署该营守备之参将衔留陕甘尽先补用游击王万清,才具明干,熟悉边情。咨请借补前来。

　　臣查该员王万清年力正强,操防勤奋,前在西宁、循化等处剿贼,颇著战功,以之借补斯缺,洵堪胜任,亦与部章相符。合无仰恳天恩,俯念员缺紧要,准以该员王万清借补甘肃提属南古城堡守备员缺,以期得力。如蒙俞允,俟接准部覆后,即行给咨赴部引见,俾符定制。

　　除查取该员履历清册另咨送部外,谨会同署甘肃提臣张永清合词附片具奏,伏乞圣鉴训示。谨奏。

　　(朱批:)兵部议奏。[1]

　　光绪二十五年二月二十日,奉朱批:兵部议奏。钦此。[2]

---

①　台北故宫博物院藏:军机及宫中档,文献编号:408003234-0-A。

②　中国第一历史档案馆藏:录副奏片,档案编号:03-5932-083。

○一三　奏报游击彭永清病故开缺片

光绪二十五年正月二十六日(1899年3月7日)

再，臣据督标中军副将和色本呈：据已故西宁镇标左营游击彭永清之子彭得福禀称，伊父彭永清于光绪二十四年三月间因病请假交卸，回省调治，延至十二月二十一日，在省寓病故等情，呈请核办前来。臣覆查无异，相应奏明请旨开缺。

除该故员原领札付并嫡亲承查钤、甘各结送部外，所遗西宁镇标左营游击员缺，陕甘现有应补人员，容臣另拣请补。谨附片陈明，伏乞圣鉴。谨奏。

（朱批：）兵部知道。[1]

光绪二十五年二月二十日，奉朱批：兵部知道。钦此。[2]

○一四　请饬更正方振海保案片

光绪二十五年正月二十六日(1899年3月7日)

再，留陕甘尽先补用参将方振海，前于攻克肃州城垣在事出力，经前督臣左宗棠汇入关陇肃清案内保奏，光绪二年二月初四日奉上谕：千总方镇海着以守备尽先补用。钦此。因前后历保各案俱系振海，此案笔误镇海，呈经臣咨部更正。兹准部覆，查系五品以上人员，未便据咨办理，应仍令奏明再行更正等因前来。

---

[1]　台北故宫博物院藏：军机及宫中档，文献编号：408003234-0-B。

[2]　中国第一历史档案馆藏：录副奏片，档案编号：03-5932-086。

臣查留甘尽先补用参将方振海，实系原保单内笔误为镇海。合无仰恳天恩，俯准饬部更正注册。理合附片具陈，伏乞圣鉴训示。谨奏。

（朱批：）兵部知道。①

光绪二十五年二月二十日，奉朱批：兵部知道。钦此。②

〇一五 恭报甘肃光绪二十四年十二月雨水、粮价折

光绪二十五年二月十三日（1899年3月24日）

头品顶戴陕甘总督臣陶模跪奏，为恭报甘肃光绪二十四年十二月份粮价、雪泽情形，恭折仰祈圣鉴事。

窃照光绪二十四年十一月份粮价并得沾雪泽情形，业经具折恭报在案。兹查十二月份，兰州等八府六直隶州属具报得沾雪泽，自二三寸至四五寸不等。正值隆冬，获此沃泽，土脉含濡，民情欣慰。至通省粮价，或与上月相同，或较上月稍有增减。据藩司丁体常具详请奏前来。

臣覆核无异。理合恭折具奏，并缮粮价清单，恭呈御览，伏乞皇太后、皇上圣鉴。谨奏。光绪二十五年二月十三日。

（朱批：）知道了。③

光绪二十五年三月初四日，奉朱批：知道了。钦此。④

---

① 台北故宫博物院藏：军机及宫中档，文献编号：408003233-0-A。
② 中国第一历史档案馆藏：录副奏片，档案编号：03-5923-081。
③ 台北故宫博物院藏：军机及宫中档，文献编号：408003242。
④ 中国第一历史档案馆藏：录副奏折，档案编号：03-9373-016。

○一六　呈甘肃光绪二十四年十二月粮价清单

光绪二十五年二月十三日(1899 年 3 月 24 日)

谨将甘肃各属光绪二十四年十二月份米粮时估价值，缮具清单，恭呈御览。

计开：

兰州府属：价有昂有平有落

粟米每京石价银一两一钱六分二厘至四两九钱三厘，较上月贵一钱七分六厘。小麦每京石价银九钱八分八厘至四两五钱二分五厘，较上月贱二钱二厘。豌豆每京石价银一两八分一厘至四两五钱二分五厘，较上月贱九分五厘。青稞每京石价银一两六钱八分至四两一钱三厘，与上月相同。

巩昌府属：价有昂有平

粟米每京石价银一两二钱七厘至三两三钱六分七厘，较上月贵五钱二分六厘。小麦每京石价银一两八分二厘至二两五钱二分六厘，较上月贵三钱。豌豆每京石价银一两一分五厘至二两五钱二分六厘，较上月贵三钱。青稞每京石价银九钱八分至一两八钱二分八厘，与上月相同。

平凉府属：价有昂有平有落

粟米每京石价银二两二分二厘至二两四钱五分，与上月相同。小麦每京石价银一两四钱八分至二两四钱九厘，较上月贱三钱三分五厘。豌豆每京石价银一两三钱八分七厘至二两四钱四厘，较上月贵一钱六分四厘。糜子每京石价银一两二钱七厘至一两二钱六分，与上月相同。

庆阳府属：价有昂有平

粟米每京石价银七钱四分一厘至一两七钱六分，较上月贵二钱四分。小麦每京石价银一两一钱二分二厘至一两七钱二分，较上月贵六分二厘。豌豆每京石价银一两一钱九分一厘至一两五钱五分一厘，与上月相同。糜子每京石价银四钱一分七厘至七钱九分八厘，与上月相同。

甘州府属：价有平有落

粟米每京石价银七钱九分一厘至一两四钱三分二厘，与上月相同。小麦每京石价银七钱至八钱六分一厘，与上月相同。豌豆每京石价银七钱三厘至一两三钱九分四厘，较上月贱二钱五分二厘。青稞每京石价银四钱五分四厘至七钱六分三厘，较上月贱一钱二分六厘。

凉州府属：价平

粟米每京石价银八钱四分至三两三钱八分，与上月相同。小麦每京石价银七钱一分四厘至二两七钱二分三厘，与上月相同。豌豆每京石价银六钱七分二厘至二两六钱二分九厘，与上月相同。青稞每京石价银五钱四分六厘至一两八钱七分八厘，与上月相同。

宁夏府属：价有平有落

粟米每京石价银七钱五分六厘至一两七钱五分，与上月相同。小麦每京石价银九钱二分四厘至一两九钱六分，较上月贱七分。豌豆每京石价银七钱三分五厘至一两八钱九分，与上月相同。糜子每京石价银一两二钱五厘至一两三钱二分八厘，较上月贱二分八厘。

西宁府属：价有昂有平

粟米每京石价银一两九钱二分八厘至五两五钱四厘，较上月贵一分六厘。小麦每京石价银二两二钱七分五厘至二两五钱，与上月相同。豌豆每京石价银一两九钱二分五厘至二两三钱五分二厘，较上月贵二钱六厘。青稞每京石价银一两七钱八分五厘至二两一钱二分八厘，较上月贵一分九厘。

秦州直隶州并所属：价昂

粟米每京石价银一两三钱七分六厘至三两八钱六分四厘，较上月贵三钱二分一厘。小麦每京石价银一两一钱四分三厘至三两八钱六分四厘，较上月贵一两二钱七厘。豌豆每京石价银一两一钱六分五厘至三两八钱六分四厘，较上月贵一两二钱七厘。糜子每京石价银七钱四分一厘至二两六钱五分七厘，较上月贵八钱四分五厘。

阶州直隶州并所属：价有昂有平

粟米每京石价银一两六钱四厘至三两一分一厘，较上月贵一钱三分六厘。小麦每京石价银一两四钱五分八厘至二两二钱九分七厘，与上月相同。豌豆每京石价银二两三分一厘至二两二钱九分七厘，与上月相同。糜子每京石价银一两五钱六厘，较上月贵一钱七分七厘。

泾州直隶州并所属：价有昂有落

粟米每京石价银四钱九分五厘至一两六钱八分，较上月贱六分五厘。小麦每京石价银四钱六分八厘至一两四钱，较上月贵五分二厘。豌豆每京石价银四钱一分六厘至一两四钱六分九厘，较上月贵七分。糜子每京石价银四钱一分六厘至一两一钱二分，较上月贵二钱一分。

固原直隶州并所属：价有昂有平

粟米每京石价银一两四钱二分六厘至三两三分八厘，与上月相同。小麦每京石价银一两四钱二分六厘至二两五钱七分三厘，与上月相同。豌豆每京石价银一两四钱二分六厘至二两四钱三分三厘，较上月贵五厘。糜子每京石价银一两二钱八分四厘，与上月相同。

肃州直隶州并所属：价平

粟米每京石价银一两一钱三分四厘至一两四钱七分，与上月相同。小麦每京石价银八钱一分二厘至一两六钱三分八厘，与上月相同。豌豆每京石价银九钱五分至一两二钱六分，与上月相同。青稞每京石价五钱四分六厘至一两一钱三分四厘，与上月相同。

安西直隶州并所属：价平

粟米每京石价银一两五分至一两三钱七分二厘，与上月相同。小麦每京石价银一两九分八厘至一两二钱，与上月相同。豌豆每京石价银一两二钱八分至二两八分，与上月相同。青稞每京石价银九钱九分三厘至一两四钱，与上月相同。

（朱批：）览。[1]

○一七　请以刘至顺调补山丹县知县折

光绪二十五年二月十三日(1899年3月24日)

头品顶戴陕甘总督臣陶模跪奏，为拣员调补要缺知县，以裨地方，恭折仰祈圣鉴事。

窃据甘肃布政使丁体常、兼署按察使黄云会详称：山丹县知县

---

[1]　中国第一历史档案馆藏：清单，档案编号：03-9373-017。

苏重熙准升灵州知州,所遗系冲、繁、疲三项要缺,例应由外调补。查定例,州县应调缺出,俱令于现任人员内拣选调补。又,调补州县以上官员,必历俸三年以上,方准拣选题调各等语。今山丹县知县系应调要缺,地处冲要,政务殷繁,非精明练达之员,不足以资治理。

该司等在于现任知县内逐加遴选,查有秦安县知县刘至顺,年五十六岁,江苏上海县举人,于光绪六年大挑一等,以知县用,签分甘肃,截留回籍,奉文咨取,十年十二月初十到省,历署宁夏、张掖等县。新疆防戍案内保俟补缺后,以直隶州知州用,准补秦安县知县,二十一年二月十七日到任,试署年满,呈请实授。现计历俸已满三年。该司等查该员才长心细,勤求民隐,在甘年久,情形极熟,以之调补山丹县知县,实堪胜任,人地亦极相宜。会详请奏前来。

臣查该员刘至顺年健才明,有为有守。合无仰恳天恩,俯念要缺需员,准以秦安县知县刘至顺调补山丹县知县,实于地方有裨。如蒙俞允,该员以知县调补知县,衔缺相当,毋庸送部引见。再,该员各任内并无参罚案件。谨恭折具陈,伏乞皇太后、皇上圣鉴训示。至所遗秦安县知县系简缺,拟请扣留外补。合并声明。谨奏。光绪二十五年二月十三日。

(朱批:)吏部议奏。[1]

光绪二十五年三月初四日,奉朱批:吏部议奏。钦此。[2]

---

① 台北故宫博物院藏:军机及宫中档,文献编号:408003241。

② 中国第一历史档案馆藏:录副奏折,档案编号:03-5373-030。

○一八　请将副将喻东高即行革职折

光绪二十五年二月十三日（1899年3月24日）

头品顶戴陕甘总督臣陶模跪奏，为特参懈弛营务之管带旗官，请旨革职，以示惩儆，恭折仰祈圣鉴事。

窃臣屡奉谕旨，饬令整顿营伍，以备缓急，前经咨请提臣张俊周历校阅，奏明在案。兹查有驻防中卫县属之宁安堡一带宣威中旗步队管带官花翎总兵衔留甘尽先补用副将喻东高，平日于营务并不实力整顿，经提臣张俊前往点验队伍，复不齐整，老弱颇多。臣即先行撤委，另派员接带整理，令其汰去老弱，募补精壮，以资操防。惟现值讲求武备之际，如该管带喻东高之懈弛营务，一味敷衍，未便稍事宽容，相应请旨将花翎总兵衔留甘尽先补用副将喻东高即行革职，并拔去翎枝，以肃戎政而儆效尤。

至统辖该旗之宁夏镇总兵王钺安，既已失察在前，复不整饬于后，情同故纵，亦难辞咎，应请旨饬部照例议处。

除咨部外，理合恭折具陈，伏乞皇太后、皇上圣鉴，训示施行。谨奏。光绪二十五年二月十三日。

（朱批：）另有旨。[1]

光绪二十五年三月初四日，奉朱批：另有旨。钦此。[2]

【案】此折于是年三月初四日得旨允行。上谕档：

---

[1]　台北故宫博物院藏：军机及宫中档，文献编号：408003244。

[2]　中国第一历史档案馆藏：录副奏折，档案编号：03-5932-127。

光绪二十五年三月初四日,内阁奉上谕:陶模奏,特参懈弛营务之管带官,请旨革职一折。甘肃宣威中旗步队管带官花翎总兵衔留甘尽先补用副将喻东高,平日于营务并不实力整顿,经提臣张俊前往点验队伍,复不齐整,老弱颇多,实属懈弛。喻东高即行革职,并拔去翎枝。统辖该旗宁夏镇总兵王钺安,既已失察在前,复不整饬于后,亦难辞咎。王钺安着交部照例议处,以肃戎政。钦此。①

○一九　请以蒋松林升补镇安营游击折

光绪二十五年二月十三日(1899年3月24日)

头品顶戴陕甘总督臣陶模跪奏,为拣员升补游击员缺,以裨营伍,恭折仰祈圣鉴事。

窃臣准兵部咨:陕安镇属镇安营游击员缺系题补第三轮第九缺,轮用应升人员,应令迅拣请补等因。当经移行遵照去后。兹准陕西固原提臣邓增咨开:查有花翎尽先游击靖远协营中军都司蒋松林,营伍谙练,人亦明敏,堪以升补。咨请核办前来。

臣查该都司蒋松林年强才裕,办事勤能,前于都司初次俸满引见回任,照例应升,以之升补斯缺,洵堪胜任,人地亦极相宜,并与轮章符合。合无仰恳天恩,俯念员缺紧要,准以该员蒋松林升补陕安镇属镇安营游击,可期得力。如蒙俞允,俟接准部覆后,即行给咨送部引见,以符定制。

除饬取该员履历清册另咨送部外,谨会同陕西提臣邓增合词

---

① 《光绪宣统两朝上谕档》,第23册,第70页。

恭折具陈，伏乞皇太后、皇上圣鉴训示。谨奏。光绪二十五年二月十三日。

（朱批：）兵部议奏。①

光绪二十五年三月初四日，奉朱批：兵部议奏。钦此。②

○二○　报明甘肃光绪二十四年秋冬情重盗匪惩办折

光绪二十五年二月十三日（1899 年 3 月 24 日）

头品顶戴陕甘总督臣陶模跪奏，为报明甘肃省光绪二十四年秋冬二季份情重盗匪照章就地惩办缘由，恭折仰祈圣鉴事。

窃查甘肃地处边疆，汉、番、回、撒，种类不一，加以游勇、会匪往往勾结，骑马持械，肆行劫掠，甚至逞凶拒捕，伤毙事主，情势极其凶暴，均属法无可贷，历经查照刑部通行，随时审明，批饬就地正法。其有情尚可原之犯，亦经酌量系带杆礅，按季汇报。兹查光绪二十四年秋冬二季份，据正宁县、皋兰县、河州等属先后报获盗匪徐洪顺、杨春山、唐炳南、唐玉廷、胡占奎、唐长庆、谢兴顺、林寿春、崔尕喜、张江湖、杨仲祥即杨学保才等十一犯到案，均经臣批饬各该管府讯供详办。旋据庆阳府、兰州府先后覆审议拟，禀办前来。

查该盗匪徐洪顺、杨春山、唐玉廷、谢兴顺、林寿春、崔尕喜、张江湖七犯，均系结伙持械，伤毙事主，搜劫财物，情罪重大，法无可贷，经臣批司核覆，实属情真罪当，难稽显戮，已先后批饬将该犯徐

---

①　台北故宫博物院藏：军机及宫中档，文献编号：408003246。

②　中国第一历史档案馆藏：录副奏折，档案编号：03-5932-126。

洪顺等七犯分别就地正法，枭首示众，俾昭炯戒。伙盗唐炳南、杨仲祥已据报明于讯供后在监病故，应毋庸议。至胡占奎、唐长庆，或讯系听纠行劫，临时畏惧落后，或被逼同往，在场并未动手，所犯较轻，情甚可悯，亦饬令照章分别锁系杆礅，照例责惩。据兼署甘肃按察使兰州道黄云详请具奏前来。

除仍批饬严缉各案逸盗务获究办外，所有甘肃省光绪二十四年秋冬二季份情重盗匪照章就地惩办缘由，谨开具籍贯、案由清单，恭折具陈，伏乞皇太后、皇上圣鉴，饬部查照施行。谨奏。光绪二十五年二月十三日。

（朱批：）刑部知道。单并发。[①]

光绪二十五年三月初四日，奉朱批：刑部知道。单并发。钦此。[②]

○二一　呈甘肃光绪二十四年
秋冬办过情重盗匪清单

光绪二十五年二月十三日（1899 年 3 月 24 日）

谨将甘肃省光绪二十四年秋冬二季份惩办过情重盗匪籍贯、案由，开具简明清单，恭呈御览。

秋季份：

一、正宁县凶盗徐洪顺、杨春山、唐玉廷，讯据供称分隶四川大竹、绵州、陕西雒南等州县，前在营当勇，遣散后游手无业。稔知王

---

① 台北故宫博物院藏：军机及宫中档，文献编号：408003243。
② 中国第一历史档案馆藏：录副奏折，档案编号：03-7373-018。

事顺儿家道殷实，就起意纠邀已获之胡占奎、唐长庆并已获在监病故之唐炳南及在逃之袁帽顶等一共十人，分执刀棒、油捻等械，黄夜偕往事主王事顺儿门首，假装过客问路，哄开大门，一齐拥进，殴捆事主男妇多人受伤，搜劫银钱、衣物俵分各等情不讳。禀经臣批饬该管庆阳府覆审明确，详经臣批司核覆，委系情真罪当，法无可贷，饬将该犯徐洪顺、杨春山、唐玉廷三犯就地正法，并将徐洪顺、杨春山枭首示众，俾昭炯戒。除伙盗唐炳南于获案讯供后在监病故应毋庸议外，其胡占奎、唐长庆或讯系听纠行劫，临时畏惧落后，或被逼同往，在场并未动手，情节不无可原，亦饬照章分别锁系杆礅，照例责惩；仍令严缉逸盗袁帽顶等，获日另办。

一、皋兰县凶盗林寿春、崔尕喜，讯据供称均籍隶甘肃河州，曾充营勇，嗣因遣散，到处游荡，适遇在逃未获之徐姓，谈及贫苦，并述大金沟王家有钱，且系孤村，林寿春等遂起意商允强劫，分执洋枪、刀棒等械，一共三人，黄夜同抵事主王木水庄内，踢门入室，殴伤事主，劫得衣服、首饰等物各等情不讳。禀经臣批饬该管兰州府覆审明确，详经臣批司核覆，委系情真罪当，法无可贷，饬将该犯林寿春、崔尕喜二犯就地正法，俾昭炯戒；仍令严缉逸盗徐姓，获日另办。

一、正宁县凶盗谢兴顺，讯据供称籍隶四川射洪县，因伙同在逃之李老五、张老幺、杨老十、王老幺等一共五人，分持刀棒，黑夜齐至事主巩先禄门首，撬开窑门，拥进室内，被事主巩先禄喊捕，即行拒伤身死，劫去钱、衣、烟膏、家具等物，旋复越狱脱逃被获各等情不讳。禀经臣批饬该管庆阳府覆审明确，详经臣批司核覆，委系情真罪当，法无可贷，饬将该犯谢兴顺一犯就地正法，枭首示众，俾昭炯戒；仍令严缉逸盗李老五等，获日另办。

冬季份：

一、河州凶盗张江湖，讯据供称籍隶甘肃河州，回民，因伙同在逃之盗犯马尕有并已获在监病故之杨仲祥即杨学保才，一共三人，分拿刀棒、油捻，黄夜同至事主马伏保家，撞门入室，经事主喊捕，张江湖等即用刀拒戳事主男妇二人，一死一伤，劫去马匹、衣物各等情不讳。禀经臣批饬该管兰州府覆审明确，详经臣批司核覆，委系情真罪当，法无可贷，饬将该犯张江湖一犯就地正法，枭首示众，俾昭炯戒；伙盗杨仲祥即杨学保才于拿获讯供后在监病故，应毋庸议；逸盗马尕有饬缉，获日另办。

（朱批：）览。①

〇二二　请以杨宸谟调补皋兰县知县折

光绪二十五年二月十三日（1899年3月24日）

头品顶戴陕甘总督臣陶模跪奏，为拣员调补首县要缺，以裨地方，恭折仰祈圣鉴事。

窃据甘肃布政使丁体常、兼署按察使黄云会详称：皋兰县知县陈昌奉准升补丹噶尔同知，所遗系省会首邑最要缺，应即拣员调补。查例载：各省首府、首县缺出，于通省正途人员内拣选调补。如实无合例堪调，或人地不宜，始准于折内详细声明，以各项出身人员内遴员调补。又，现任要缺之员，有必须更调者，查系由三项要缺更调四项要缺，及最要之缺更调附省首邑者，委非另有不合事故，即行议准各等语。今皋兰县知县系冲、繁、疲、难附省首邑，地

① 中国第一历史档案馆藏：清单，档案编号：03-7373-019。

方紧要，政务殷繁，非精明干练、肆应闳通之员，不足以资治理。

该司等在于通省现任正途知县内悉心拣核，非年力稍逊，即人地未宜。复于应调人员内逐加遴选，惟查有玉门县知县杨宸谟，年四十八岁，湖北云梦县人，由附监生报捐县丞归部选用，于光绪八年经前督臣谭钟麟札调来甘当差；于关外各军异常出力案内保免选本班以知县归部尽先选用，遵例报捐指分甘肃试用，先行到省；于关内防军案内保加同知衔；又剿办贵德番匪案内，保俟补缺后以直隶州知州补用，请咨赴部，遵新海防例加捐分缺先补用，并免试用。十八年五月十六日引见，奉旨：照例发往。钦此。领照赴甘，是年八月到省，补授通渭县知县，二十年六月到任，遵例捐免试俸、历俸，调补玉门县知县，现调署古浪县知县。二十四年，大计卓异，尚未奉准部覆。该司等查该员才识明敏，振作有为，历任各缺，措置裕如，以之再调皋兰县知县省会要缺，实堪胜任，人地亦极相宜。会详请奏前来。

臣查该员杨宸谟才具闳通，办事勤敏。合无仰恳天恩，俯念首邑要缺治理需人，准以玉门县知县杨宸谟调补皋兰县知县，期于地方有裨。如蒙俞允，该员以知县调补知县，衔缺相当，毋庸送部引见。

再，该员各任内并无参罚案件。谨恭折具陈，伏乞皇太后、皇上圣鉴训示。至所遗玉门县知县系边要缺，俟奉准部覆，再行由外拣员请补。合并声明。谨奏。光绪二十五年二月十三日。

（朱批：）吏部议奏。①

---

① 台北故宫博物院藏：军机及宫中档，文献编号：408003248。

光绪二十五年三月初四日，奉朱批：吏部议奏。钦此。[①]

○二三　酌筹积谷、保甲、团练等事折

光绪二十四年二月十三日(1899年3月24日)

头品顶戴陕甘总督臣陶模跪奏，为遵旨酌筹甘肃积谷、保甲、团练等事，谨就地方情形分别拟议，据实覆陈，恭折仰祈圣鉴事。

窃臣叠奉皇太后、皇上谕旨，令将积谷、保甲、团练各事认真举办，并将筹办情形迅速具奏各因。钦此。遵即转饬各属切实举办在案。伏查甘省社仓积谷，曾于光绪四年量田劝捐，分储乡镇，设立社正副，管理出纳，每年春借秋还，加一取息，变通朱子小饥弛半息、大禳尽蠲之意，小歉则兼行平粜，大歉则更以子粮赈贷之，官司但司条教，并不经手出入。当时原积本有十四万余石，河湟之乱，全省骚动，借出之粮至今未能如期收清，加以去岁夏旱秋潦，偏灾叠见，今春正饬属察看情形，开仓平粜，先求民食无缺乏之虞。若此时续劝积谷，民力实有未及，拟展缓一二年，俟民气稍纾，再行一体劝办。至各属额征粮石历年余存，除变价济饷、济赈外，约尚有粮三十余万石，官储民积，皆所以备不时之需。特甘省幅员辽阔，山路崎岖，转运之艰，其费或较粮价倍蓰耳。

至于保甲一事，举甲首、造户册、诘奸、禁暴、容隐、连坐，成法具在，本已举行，虽边疆民户畸零，不能如腹地之周密，要尚不失守望相助之意，是以前此遣散勇丁百十营旗，皆能平靖无事。平常盗窃案件亦尚不多，近更将明臣王守仁十家牌式告谕再行申诫，各属

---

①　中国第一历史档案馆藏：录副奏折，档案编号：03-5373-026。

实力奉行，以收靖盗安民之效。

惟团练一事，实有未便显然举办之势，盖甘肃各属汉回杂处，累世相仇，无论如何开导，始终莫解。回民赋性强悍，心复多疑，今若通饬汉人团练，不及回人，则回人以为同属子民，官既显判亲疏，彼即益增疑忌，而汉人之无知者图快私愤，不顾大局，必至恃团挑衅，激成变端。倘令回民一律办团，理似持平，而势多窒碍，恐未见团练之益，先受团练之害。此甘省汉回情形与他省不同，只能于保甲一事认真举办，隐寓团练之意于保甲中，不必显言民团，致生枝节也。

总之，天下事有治法无治人，苟得官绅皆贤，何事不可修举，然好官正绅实不多觏，臣惟有督同司道尽心劝勉，随时考校，以仰副朝廷怀保惠鲜之意。所有筹议积谷、保甲、团练各缘由，是否有当，理合恭折覆陈，伏乞皇太后、皇上圣鉴训示。谨奏。光绪二十五年二月十三日。

（朱批：）知道了。仍着督同司道，尽心考校，毋得始勤终怠。[1]

光绪二十五年三月初四日，奉朱批：知道了。仍着督同司道，尽心考校，毋得始勤终怠。钦此。[2]

○二四 请以王开斌署理循化同知折

光绪二十五年二月十三日(1899 年 3 月 24 日)

头品顶戴陕甘总督臣陶模跪奏，为拣员请补要缺同知，以裨地

---

① 台北故宫博物院藏：军机及宫中档，文献编号：408003245。

② 中国第一历史档案馆藏：录副奏折，档案编号：03-6679-010。

方，恭折仰祈圣鉴事。

　　窃据甘肃布政使丁体常、兼署按察使黄云会详称：循化同知黄森病故，所遗系繁、疲、难三项要缺，例应由外拣调。查定例，道、府、同知、直隶州知州、通判、知州，如系题调要缺，无论何项出缺，或调或补，准该督抚酌量具题。又，劳绩保举候补道、府、同知、直隶州知州、通判、知州，甄别堪以繁简补用者，遇题调缺出，毋论曾任、初任，均准酌量补用。又，循化、贵德两厅同知缺出，无论满洲、汉员，但得人地相宜，悉准酌量拣选升调各等语。

　　今循化同知员缺，地居边疆，番、回杂处，抚绥、弹压，最关紧要，非精明干练、熟悉边情之员，不足以资治理。该司等在于应调、应升人员内逐加遴选，非现居要缺，即人地未宜。惟查有劳绩保举候补同知王开斌，年五十五岁，湖南湘乡县人，由监生遵例报捐县丞选用。于广东肃清案内保以知县留江西候补，荡平新疆南北两路案内保以同知改留甘肃补用，请咨赴部验看，分发领照赴甘，光绪九年二月二十日到省，试看年满，甄别留用。筹办协饷案内保加知府衔，嗣经丁忧服满起复，于十八年三月初三日回省，历署庄浪厅同知、西和县知县等缺，均无贻误。该司等查该员王开斌老成稳练，熟悉番情，以之请补循化同知，实堪胜任，人地亦极相宜。会详请奏前来。

　　臣查该员王开斌年强才裕，办事认真。合无仰恳天恩，俯念要缺需员，准以劳绩候补同知王开斌补授循化同知，实于地方有裨。如蒙俞允，该员以同知请补同知，衔缺相当，毋庸送部引见。再，该员各任内并无参罚案件。谨恭折具陈，伏乞皇太后、皇上圣鉴训示。谨奏。光绪二十五年二月十三日。

（朱批：）吏部议奏。①

光绪二十五年三月初四日，奉朱批：吏部议奏。钦此。②

○二五　奏报拣员委署知州等缺片

光绪二十五年二月十三日（1899年3月24日）

再，新授庆阳府知府庆霖、新选大通县知县万钟骙均已到省，应饬各赴新任，以专责成。署阶州直隶州知州符瑞因病请假遗缺，查有候补直隶州知州章鹤年，堪以委署。署玉门县知县准调高台县知县詹廷镛应饬前赴调任，所遗玉门县知县员缺，查有候补知县傅大恺，堪以委署。靖远县知县储英翰调省遗缺，查有候补知县史文光，堪以委署。据藩、臬两司先后会详前来。

除批饬檄委外，理合附片陈明，伏乞圣鉴。谨奏。

（朱批：）吏部知道。③

光绪二十五年三月初四日，奉朱批：吏部知道。钦此。④

○二六　奏报欧阳乐清等期满甄别片

光绪二十五年二月十三日（1899年3月24日）

再，查例载：道府以至未入流，凡系应行试看人员，以到省之日起，试看一年，期满甄别补用。又，初任人员保归候补班次，扣足一

---

① 台北故宫博物院藏：军机及宫中档，文献编号：408003247。
② 中国第一历史档案馆藏：录副奏折，档案编号：03-5373-029。
③ 台北故宫博物院藏：军机及宫中档，文献编号：408003247-0-A。
④ 中国第一历史档案馆藏：录副奏片，档案编号：03-5373-028。

年,甄别补用各等语。历经遵办在案。兹查有留甘尽先补用道欧阳乐清,由实任贵德厅同知俸满卓异开缺,入于即升班内升用,保以道员仍留原省尽先补用。应自光绪二十三年十二月二十八日作为道员到省之日起,连闰扣至二十四年十一月二十八日,试看一年期满,例应甄别。又,遇缺尽先补用道刘兆梅,由甘肃候补知府保以道员仍留原省,遇缺尽先补用。应自光绪二十四年正月初五日作为道员到省之日起,连闰扣至是年十二月初五日,试看一年期满,例应甄别。又,留甘即补直隶州知州萧承恩,由知县补缺后以知州用保以直隶州知州仍留原省补用。应自光绪二十四年正月初五日作为直隶州到省之日起,连闰扣至是年十二月初五日,试看一年期满,例应甄别。又,候补班前知县李锦荣,于光绪二十三年十二月二十六日到省,今自到省之日起,连闰扣至二十四年十一月二十六日,试看一年期满,例应甄别。又,补用知州王秉章,保以知州留甘补用,俟补缺后再行送部引见。应自光绪二十四年正月初五日作为到省之日,连闰扣至是年十二月初五日,试看一年期满,例应甄别。又,补用知州宋之章,由通判保以知州仍留原省补用。应自光绪二十四年正月初五日作为知州到省之日起,连闰扣至是年十二月初五日,试看一年期满,例应甄别。由甘肃藩、臬两司加考,详请甄别具奏前来。

臣查欧阳乐清朴实稳练,有守有为;刘兆梅器局闳远,办事精明,均堪以道员留省照例补用。萧承恩老成练达,器识闳通,堪以直隶州知州留省照例补用。李锦荣年强才裕,谨饬安详,堪以知县留省照例补用。王秉章精明干练,朴实耐劳;宋之章年健才明,供职勤奋,均堪以知州留省照例补用。

除将各员履历清册咨部查照外,理合附片具奏,伏乞圣鉴。

谨奏。

（朱批:）吏部知道。①

光绪二十五年三月初四日,奉朱批:吏部知道。钦此。②

○二七　奏报增补道府功过章程片

光绪二十五年二月十三日（1899年3月24日）

再,臣钦奉迭次谕旨,饬令详定清讼章程,严核官吏功过各等因。当经饬司钦遵办理。查甘省从前清讼事宜,历系遵照前直隶督臣曾国藩所定清理积案功过章程,刊发各属,实力奉行。嗣经督臣杨昌濬重加整饬,凡各属词讼,分别批审,自理起数,列载管、收、除、在册内,按月造报。每月能审结十之六七者,免其查议;能审结十之八九者,予记大功一次;若一月审结不及十分之五者,记大过一次;审结全完及未审结一起者,功过以次递加。倘因未能审结,将控案隐匿不报,或未结捏报已结,冀图蒙混者,一经查出,分别撤参。立法本已严明,现仍照章遵办。

臣又饬据藩、臬两司添拟严核准驳、严禁私押、访拿讼棍、酌定审限、禁佐杂擅受、杜差役需索各条,清源除弊,不外乎此,已行令各属实力办理;并复遵奉谕旨,增补道府功过章程,责成道府认真稽察,每月将所属词讼四柱清册汇送臬司,分别优劣,予以功过。果查有隐匿捏结及以上诸情弊,即据实详请撤参,庶督责皆严,而州县知所奋勉,或可冀图政平讼理,以仰副皇太后、皇上轸念民依

①　台北故宫博物院藏:军机及宫中档,文献编号:408003247-0-B。
②　中国第一历史档案馆藏:录副奏片,档案编号:03-5373-027。

之至意。谨附片具陈，伏乞圣鉴训示。谨奏。

（朱批：）知道了。着即责成道府认真稽察，以恤民依。①

光绪二十五年三月初四日奉朱批：知道了。着即责成道府认真稽察，以恤民依。钦此。②

○二八　奏报提拨银两汇解董部片

光绪二十五年二月十三日（1899 年 3 月 24 日）

再，臣接准户部咨开：甘肃提臣董福祥所部甘军积年不敷饷项，饬在甘肃光绪二十四年秋拨册造听后指拨各款及宁夏满营马队销案内缴还，并振威军销案实存等款内拨给库平银八万两，俟该提臣备具印领，交由号商持投至日即行给发，并令将甘肃挪垫甘军光绪二十二年十月以前不敷银三万六千余两，设法通挪，归还原垫，即由甘省作正开销，以清款项等因。当即转行遵照去后。

兹据甘肃布政使丁体常详称：遵将宁夏满营扣缴减平、平余等项全数提拨，又在光绪二十四年秋拨册造例存各款内动提花红、旗匾二成、茶厘停减节省四分、六分减平以及地丁并候拨兵饷、罂粟、地税等银；又因秋拨册存不敷，动提二十四年续征候入二十五年春拨册报地丁，一共凑提库平银八万两，经号尚协同庆执持该提臣文领呈交前来。即饬司于光绪二十四年十二月二十六日发交该号商，照数承领，汇解交收讫。

至前甘肃总粮台垫发过甘军各营光绪二十二年十月以前不敷

---

① 台北故宫博物院藏：军机及宫中档，文献编号：408003245-0-A。

② 中国第一历史档案馆藏：录副奏片，档案编号：03-7227-021。

饷项湘平折合库平银三万五千二百九十八两四钱六分七厘,经臣于光绪二十四年正月二十六日附片奏准,即由甘肃司库毋论何款内照数拨补还垫,容饬归入拨供甘军军饷项下另款作正开报。合并陈明。

除咨明户部暨提臣董福祥查照外,谨附片具陈,伏乞圣鉴。谨奏。

(朱批:)户部知道。[①]

光绪二十五年三月初四日,奉朱批:户部知道。钦此。[②]

○二九　请以赵荆璞补授都司片

光绪二十五年二月十三日(1899年3月24日)

再,臣接准部咨:甘肃提属永固协营中军都司员缺,作为第六轮第七缺,轮应尽先人员,应令拣员请补等因。当经移行遵照去后。兹准署甘肃提臣张永清咨称:永固都司系协属中军领袖,有经管兵马钱粮之责,非拣选精明勤干之员,不足以资治理。兹查有尽先补用都司后补用游击提标右营守备赵荆璞,营伍谙练,办事安详,堪以请补。咨请核办前来。

臣查该员赵荆璞在甘年久,于该处营伍、地方情形极熟,虽尽先名次在该员之前者尚有陈荣浦、陈又新、杜得润、王生吉、顾福升、陈锡坤、任新春、王忠美、陈鹤林、徐珍、王元,或现居要缺,或告假离营,或人地未宜,杜濡、蔺廷贵、李海源、宋玉已因事撤省察看,

---

① 台北故宫博物院藏:军机及宫中档,文献编号:408003245-0-B。
② 中国第一历史档案馆藏:录副奏片,档案编号:03-6152-012。

均未便迁就请补。惟该员赵荆璞年力正强，操防勤慎，且现在甘标守备任内办理一切，诸臻妥协，以之请补斯缺，实属人地相需，亦与轮缺章程相符。合无仰恳天恩，俯念员缺紧要，准以该员赵荆璞补授永固协营都司员缺，可期得力。如蒙俞允，俟接准部覆后，即行给咨送部引见，以符定制。

除查取履历清册另咨送部，并所遗甘标右营守备员缺，陕甘现有应补人员，容臣另拣请补外，谨会同署甘肃提臣张永清合词附片具奏，伏乞圣鉴训示。谨奏。

（朱批：）兵部议奏。①

光绪二十五年三月初四日，奉朱批：兵部议奏。钦此。②

〇三〇　请以陈正昌补授都司片

光绪二十五年二月十三日(1899 年 3 月 24 日)

再，臣接准部咨：陕西汉中镇属阳平关营都司员缺系题补，轮应捐输，无人应过班用第五轮第一缺尽先人员，行令拣员请补等因。当经转饬遵照去后。兹据署汉中镇总兵龙恩思呈称：该都司设处边关，界连川、陇，弹压、稽查，最关紧要，非得干练之员，难资得力。查有镇标中营俸满守备留陕甘尽先补用都司陈正昌，稳练壮健，营伍娴熟，堪以请补。呈请核办前来。

臣查该员陈正昌年力正强，办事稳慎，以之请补斯缺，洵堪胜任，亦与轮章相符。虽尽先名次在该员之前者尚有杜濡，早已因事

---

①　台北故宫博物院藏：军机及宫中档，文献编号：408003246-0-A。

②　中国第一历史档案馆藏：录副奏片，档案编号：03-5932-125。

撤省察看,陈克昆甫经开缺,均未便迁就请补。拟恳天恩,俯念员缺紧要,准以该员陈正昌补授阳平关营都司,以裨营伍。如蒙俞允,俟接准部覆后,即行给咨送部引见,以符定制。

除饬取该员履历清册另咨送部外,其所遗汉中镇标中营守备员缺,陕甘现有应补人员,容臣另拣请补。谨会同陕西提臣邓增合词附片具陈,伏乞圣鉴训示。谨奏。

(朱批:)兵部议奏。①

光绪二十五年三月初四日,奉朱批:兵部议奏。钦此。②

○三一　请将姚长清开去底缺片

光绪二十五年二月十三日(1899年3月24日)

再,准陕西固原提督臣邓增咨开:提标左营守备姚长清,前曾请假回籍修墓,因假期将满尚未修竣,复又被水冲刷,以致仍形坍塌,从新修理需日颇多,现值整顿营务,不敢久旷职守,恳请开去守备底缺,以便将祖墓宽期修好,俾尽乌私等情,转咨核办前来。

臣覆核无异,相应请旨开缺。除查取该员原领札付另咨送部外,其所遗陕西固原提标左营守备员缺,陕甘现有应补人员,容臣另拣请补。谨附片具陈,伏乞圣鉴。谨奏。

(朱批:)兵部知道。③

---

①　台北故宫博物院藏:军机及宫中档,文献编号:408003246-0-B。

②　中国第一历史档案馆藏:录副奏片,档案编号:03-5932-124。

③　台北故宫博物院藏:军机及宫中档,文献编号:408003246-0-C。

光绪二十五年三月初四日,奉朱批:兵部知道。钦此。①

○三二　请以英林调补西宁道折

光绪二十五年三月初二日(1899年4月11日)

头品顶戴陕甘总督臣陶模跪奏,为拣员调补边要道缺,以重地方,恭折仰祈圣鉴事。

窃甘肃西宁道升任安徽按察使联魁遗缺,业已奉准部覆由外调补。查西宁地处边徼,蒙、番、回、撒杂处其间,控驭、抚绥,关系甚重,非老成谙练、熟悉群情之员,不足以资镇抚。查同治元年,经前督臣沈兆霖奏准西宁道府二缺,此后但得人地相宜,无论满汉人员,均准酌量调补。惟同时道府二员内必须有满洲、蒙古一人,不得皆用汉员等语。今西宁府燕起烈系汉员,则西宁道缺应于实缺旗员内拣选调补。

臣查陕、甘两省在任道员,并无满洲、蒙古之人,实属无凭拣调。惟查有现任甘肃新疆伊塔兵备道英林,年五十二岁,镶黄旗满洲二甲喇本世管佐领下人,由二品荫生报捐同知。同治六年,投效甘肃军营,克复太子寺案内出力,保免补本班,以知府签掣省份,遇缺尽先前即补;于克复乌鲁木齐、达坂城各案内保免补知府,以道员分省,遇缺尽先题奏;又于新疆南路诸军五次剿平边寇案内保加二品顶戴。光绪十四年八月二十八日,委署伊塔道篆务,嗣经奏补斯缺。

臣查该员英林精明稳练,有守有为,莅任边要业已多年,办理

---

① 中国第一历史档案馆藏:录副奏片,档案编号:03-5932-123。

一切，悉臻妥协。该员前随伊父玉通①在西宁办事大臣任内，于该处情形最为熟谙，若以之调补，实堪胜任。虽以边要调边要，与例本有未符，惟因两省无满、蒙之员，即新疆亦仅该道籍隶满洲，人地又极相需，自与寻常事例不合意涉迁就者不同。合无仰恳天恩，俯准以甘肃新疆伊塔道英林调补甘肃西宁道，以重边圉。

如英林实难准调，查有甘肃候补遇缺题奏道常祥，现年六十八岁，镶红旗蒙古祥禧佐领下人，由翻译生员补授理藩院笔帖式，考补陕甘总督衙门笔帖式，期满以知县保留甘肃，奏补西宁县知县，历因筹饷、击逆、筹防各案内出力，递保以道员仍留甘肃补用。因哈密军务告竣，保准无论应题、应调、应选之缺题补、奏补，于光绪七年十二月二十六日验放到省，前署兰州及巩秦阶道，现署甘凉道，均无参罚案件。

臣查该员常祥老成练达，久历边陲，且曾任西宁县知县，情形尤为熟悉，虽以调补之缺而候补之人与例不符，惟英林而外即候补中亦仅该道籍隶蒙古，人地亦极相宜，可否请旨破格简放，以重地方。

谨会同西宁办事大臣臣奎顺合词恭折具陈，伏乞皇太后、皇上圣鉴训示。谨奏。光绪二十五年三月初二日。

（朱批：）着英林调补。吏部知道。②

---

① 玉通（？—1870），满洲镶黄旗人，苏完呢瓜尔佳氏。道光六年（1826），以闲散补世管佐领。十七年（1837），授印务章京。十九年（1839），升副参领。二十七年（1847），迁参领。二十八年（1848），补印务参领，授新营房营总。咸丰三年（1853），补副都统。同年，授喀拉沙尔办事大臣。六年（1856），调补乌里雅苏台参赞大臣。九年（1859），补科布多参赞大臣。同治元年（1862），充乌什帮办大臣。同年，补授西宁办事大臣。九年（1870），卒。

② 台北故宫博物院藏：军机及宫中档，文献编号：408003249。

光绪二十五年三月十五日,奉朱批:着英林调补。吏部知道。钦此。①

○三三　奏报遵旨筹议甘省练兵情形折

光绪二十五年三月初二日(1899 年 4 月 11 日)

头品顶戴陕甘总督臣陶模跪奏,为遵旨筹议甘省练兵情形,恭折仰祈圣鉴事。

窃臣承准军机大臣字寄:光绪二十五年正月十二日奉上谕:练兵为当今要务,迭经谕令各直省将军、督抚,各就本省饷力,妥定章程,认真办理。该将军、督抚等受恩深重,自当共体时艰,力图振作,迅速举行。现在某省实能筹饷若干,练兵几营,何人统率,未据切实奏到,着各督抚懔遵历次谕旨,通筹妥议,限一月内迅即覆奏。督抚均有提督军务、兼理粮饷之责,提镇为专阃大员,兵事尤责无旁贷。所有此次练兵,有提督省份应责成提督统领通省各营,无提督省份应于各镇中遴选熟谙军事之员总司营务,总以痛除缺额蚀饷为第一要义,然后申明纪律,勤加训练,务期一兵得一兵之用。建威所以销萌,宵小既不至生心,即使地方有事,征调亦可以立应。该督抚仍不时校阅,赏罚严明,以节制之师为缓急之用,用副朝廷讲求武备、谆谆诰诫之意。将此由四百里各谕令知之。钦此。遵旨寄信前来。当即钦遵咨行在案。

臣维今日时局多艰,精练大枝劲旅屯扎一处,实目前急务。然兵不难练,而饷实难筹。甘肃全恃各省协济汇解,稍有愆期,即虞

---

① 中国第一历史档案馆藏:录副奏折,档案编号:03-5373-071。

匮乏。加以甘军东调，每年封存减平等项提拨殆尽，司库愈形拮据，不能再筹加练之费。甘省蒙、番、回、撒，种类不一，往往因细故酿成巨案；各属幅员辽阔，险要颇多，历经各前督臣派拨营旗分驻巡防，为年已久，若欲稍为更动，则该处士民佥以非驻扎营旗，百姓断难安居，联名禀留。各前督臣循照旧辙，营旗数目及驻扎处所，历经按季造册咨部。现在绿营制兵屡裁，原驻防营愈难移动，向本就近归各提镇统领，彼此相隔甚远，既不能调集一处，自未便专归一人统领，转难遥制。臣与司道通筹妥议，亟应就本省现有营旗更番调操，以备缓急。

查甘省现有防、练马步四十余营、旗、哨，合计只一万二千余人，分布数千里之遥，未便一时调集，拟请定章，除查明实在险要处所营旗暂不调动，咨行各提镇就近督饬，认真训练外，先择险要稍次、巡防较松之处所驻马步队，酌调十数营旗来省，驻扎城外校场，由臣亲督训练，严明赏罚，俟训练数月后，营伍整齐，技艺娴熟，即饬前往险要处所填防，换调该处营旗来省，如前教习，更番调练，此往彼来，庶巡防不致疏懈，训练可著成效。凡调省练熟填防后，仍咨行各提镇随时严督，如法操练，不使怠弛。甘省各提镇久历戎行，军事熟谙，臣更当剀切咨会，共体时艰，洁己率属，通饬管带各员，以痛除缺额蚀饷等弊为先，如有犯者，奏参重惩，以期力挽军营积习。

愚昧之见，是否有当，理合恭折覆陈，伏乞皇太后、皇上圣鉴，训示施行。谨奏。光绪二十五年三月初二日。

（朱批：）知道了。即着更番调操，认真训练，毋得稍涉怠弛。[①]

---

① 台北故宫博物院藏：军机及宫中档，文献编号：408003251。

光绪二十五年三月十五日，奉朱批：知道了。即着更番调操，认真训练，毋得稍涉怠弛。钦此。①

○三四　奏报嘉峪关光绪二 十四年收支数目折

光绪二十五年三月初二日(1899年4月11日)

头品顶戴陕甘总督臣陶模跪奏，为嘉峪关光绪二十四年份收支各项银两数目造册报销，恭折仰祈圣鉴事。

窃据嘉峪关监督署理安肃道张廷楫详称：该关于光绪二十三年由江汉关拨到银两收支数目，业经详请奏咨核销在案。今查光绪二十四年份收到江汉关拨借经费银九千两，并二十三年支剩银八百二十七两五钱一分七厘三毫六丝。除支一年各官役薪工银六千九百二十七两九钱六分、驻兰翻译委员薪水银九百三十两，共银七千八百五十七两九钱六分外，实在支剩银一千九百六十九两五钱五分七厘三毫六丝，照旧归入下年开支。又提存自光绪二十一年十月初十日第四十三结起，连闰至二十四年十二月初九日第五十五结止，共十三结，收获进口正、子税银一千九百四十八两五钱八分八厘八毫二丝，实储道库。造具细数清册，详请奏咨前来。

臣覆核无异。除将清册分送总理衙门及部、科外，惟该关洋税难期畅旺，所需经费亟应实力裁减，臣拟请于江汉关每年拨借银九千两内减拨银二千两，从光绪二十五年正月起，每年只拨江汉关银七千两。如实有不敷，再于历年支剩项下提支造报。合并陈明。

---

①　中国第一历史档案馆藏：录副奏折，档案编号：03-5998-024。

谨恭折具奏，伏乞皇太后、皇上圣鉴。谨奏。光绪二十五年三月初二日。

（朱批：）该衙门知道。[①]

光绪二十五年三月十五日，奉朱批：该衙门知道。钦此。[②]

○三五　请准甘肃缓办鼓铸制钱片

光绪二十五年三月初二日（1899 年 4 月 11 日）

再，臣承准军机大臣字寄：光绪二十四年十二月十五日奉上谕：现在京师制钱短少，亟应推广鼓铸，着各督抚一体查照办理。其分两以每文八分为准，将所铸钱样先行呈览，仍将铸造数目按季奏报，以备酌量提解等因。钦此。臣查甘省自咸丰三年设宝巩局开铸当十大钱，因工匠、料物昂贵，旋即停止。光绪十三年，部咨催令筹款办铜，开炉鼓铸，规复制钱，经前督臣谭钟麟将铸钱所需工本太重，亏折必多，实不合算，奏准缓办在案。计自从前停铸以迄今日，已四十余年，甘省并无铜矿可采，必须由外购运，姑毋论铜价之高下若何，而运费之多，工匠之贵，更甚于昔。即使将钱分两减轻，每文以八分为准，约计每铸千钱，仍须二千工本。此中赔贴颇巨，甘省各款提拨殆尽，实无余资可以挹注。由藩司丁体常详恳附奏仍请缓办前来。

臣复加查察，委系实在情形。合无仰恳天恩，俯准暂从缓办，一俟物料、工运各价稍减，再行察酌开铸，以备提解。谨附片具陈，

---

① 台北故宫博物院藏：军机及宫中档，文献编号：408003250。

② 中国第一历史档案馆藏：录副奏折，档案编号：03-6649-068。

伏乞圣鉴。谨奏。

（朱批：）知道了。[1]

光绪二十五年三月十五日，奉朱批：知道了。钦此。[2]

【案】谭钟麟……奏准缓办在案：光绪十三年九月二十八日，陕甘总督谭钟麟以甘省采洋铜铸钱工本太重，具折奏请从缓办理，曰：

头品顶戴陕甘总督臣谭钟麟跪奏，为甘省采洋铜铸钱工本太重，请从缓办，恭折仰祈圣鉴事。

窃臣准户部咨催：各省筹款办铜，开炉鼓铸，规复制钱，并将筹办情形即行奏报等因。当经转行遵照办理。兹据司道详称：甘省鼓铸久废，至咸丰三年设宝巩局，改铸当十大钱，奏拨四川泸州所存滇铜百万斤。当日铜价、运费，现在无案可考，而工匠招自外省，白铅购之陕西，脚价、工资、物料无不昂贵，是以旋即停止。查询陕西现办情形，据称从上海购外洋铜、铅运陕，合计铜、铅脚价、工资，每铸钱一千文，约需银一两，若由陕运甘，每百斤需车价银一两六七钱，是铸钱一千，较陕又增银一钱零，而工匠、物料之价又倍于陕，必须银一两二三钱，始能铸钱一千，亏折太多，甚不合算。详请缓办前来。

臣维鼓铸制钱，必就近有铜可采，方能开办。陕西镇安县二台子地方向有铜矿，咸丰间曾委员开采，因得铜无多，即行封禁。同治十三年，臣在陕藩任内，商人吴姓禀请试办，经臣

① 台北故宫博物院藏：军机及宫中档，文献编号：408003250-0-A。
② 中国第一历史档案馆藏：录副奏片，档案编号：03-9535-019。

批准商采官收，每铜一斤，给银一钱。而该商资本甚微，每岁缴铜仅三四万斤，提净不过八成。迨光绪三年旱灾，粮价、炭价数倍于前，商人无力，亦即罢采。五年，因官钱铺需钱甚急，开炉试铸，铜六铅四，每铸千钱，合计铜、铅、工价需钱一千三百五十余文。若铜、铅采自外洋，恐亏耗更不止此。

查陕南各属产铜之处，不独镇安。臣与抚臣叶伯英函商，必先募精于矿务之人，审察铜苗衰旺，然后招商开采，仍照同治十三年办法，商采官收，只准本地贫民入山供役，以赡其生计。若得铜较多，可济两省之用，即由陕解京，亦甚直捷。倘商本不足，则以官款贷之，旋借旋收，无虞亏累。官董其役，商任其事，民食其力，是亦利用厚生之一道也。

合无仰恳天恩，俯念甘省僻远，购运洋铜、铅铸钱亏折太甚，一俟陕省采铜有效，再行开炉鼓铸，以重圜法。谨缮折覆陈，伏乞皇太后、皇上圣鉴训示。谨奏。光绪十三年九月二十八日。

（朱批:）户部知道。[1]

○三六　恭报甘肃光绪二十五年正月雨水、粮价折

光绪二十五年三月十九日(1899年4月28日)

头品顶戴陕甘总督臣陶模跪奏，为恭报甘肃省光绪二十五年正月份粮价、雪泽情形，恭折仰祈圣鉴事。

---

[1]　中国第一历史档案馆藏:朱批奏折,档案编号:04-01-30-0484-035。

窃照光绪二十四年十二月份粮价并得沾雪泽情形，业经具折奏报在案。兹查本年正月份，兰州等八府六直隶州属具报得沾雪泽，自一二寸至三四寸不等。正值东作将兴之际，获此沃泽，土脉滋润，实于农田有裨。至通省粮价，或与上月相同，或较上月稍有增减。据藩司丁体常具详请奏前来。

臣覆核无异。理合恭折具奏，并缮粮价清单，恭呈御览。伏乞皇太后、皇上圣鉴。谨奏。光绪二十五年三月十九日。

（朱批：）知道了。[1]

光绪二十五年四月初九日，奉朱批：知道了。钦此。[2]

○三七　呈甘肃光绪二十五年正月粮价清单

光绪二十五年三月十九日(1899 年 4 月 28 日)

谨将甘肃各属光绪二十五年正月份米粮时估价值，缮具清单，恭呈御览。

计开：

兰州府属：价昂

粟米每京石价银一两一钱六分二厘至五两八钱三分六厘，较上月贵九钱三分三厘。小麦每京石价银一两七钱六分一厘至五两九钱四分八厘，较上月贵一两四钱二分三厘。豌豆每京石价银一两七钱六分一厘至五两九钱四分八厘，较上月贵一两四钱二分三厘。青稞每京石价银一两六钱八分至四两四钱八分九厘，较上月

---

① 台北故宫博物院藏：军机及宫中档，文献编号：408003251-1。
② 中国第一历史档案馆藏：录副奏折，档案编号：03-6983-023。

贵三钱八分六厘。

巩昌府属:价昂

粟米每京石价银一两二钱七厘至三两六钱三分八厘,较上月贵二钱七分一厘。小麦每京石价银一两八分六厘至三两一钱五分三厘,较上月贵六钱二分七厘。豌豆每京石价银一两一分五厘至二两九钱一分,较上月贵三钱八分四厘。青稞每京石价银九钱八分至二两八分九厘,较上月贵二钱六分一厘。

平凉府属:价有昂有平有落

粟米每京石价银一两九钱四分七厘至二两六钱六分,较上月贵二钱一分。小麦每京石价银一两四钱八分至二两三钱六分二厘,较上月贱四分七厘。豌豆每京石价银一两三钱八分七厘至二两四钱四厘,与上月相同。糜子每京石价银一两九分三厘至一两四钱,较上月贵一钱四分。

庆阳府属:价有昂有平有落

粟米每京石价银八钱二分三厘至一两七钱六分,与上月相同。小麦每京石价银一两一钱二分二厘至一两七钱一分八厘,较上月贱二厘。豌豆每京石价银一两六分二厘至一两八钱二分五厘,较上月贵二钱七分四厘。糜子每京石价银四钱一分七厘至七钱九分八厘,与上月相同。

甘州府属:价有平有落

粟米每京石价银七钱九分一厘至一两四钱三分二厘,与上月相同。小麦每京石价银七钱至八钱六分一厘,与上月相同。豌豆每京石价银七钱三厘至一两三钱九分四厘,与上月相同。青稞每京石价银四钱五分四厘至七钱,较上月贱六分三厘。

凉州府属:价有平有落

粟米每京石价银八钱四分至二两八钱二分六厘,较上月贱五钱五分四厘。小麦每京石价银七钱一分四厘至二两五钱三分八厘,较上月贱一钱八分五厘。豌豆每京石价银六钱七分二厘至二两三钱八分一厘,较上月贱二钱四分八厘。青稞每京石价银五钱四分六厘至一两八钱七分八厘,与上月相同。

宁夏府属:价平

粟米每京石价银九钱二分四厘至一两七钱五分,与上月相同。小麦每京石价银一两二钱九分五厘至一两九钱六分,与上月相同。豌豆每京石价银七钱七分至一两八钱九分,与上月相同。糜子每京石价银一两一钱三分四厘至一两三钱二分八厘,与上月相同。

西宁府:价有昂有平

粟米每京石价银一两九钱二分八厘至五两五钱四厘,与上月相同。小麦每京石价银二两二钱七分五厘至二两六钱八分八厘,较上月贵一钱八分八厘。豌豆每京石价银二两二厘至二两五钱七分六厘,较上月贵二钱二分四厘。青稞每京石价银一两七钱四分三厘至二两三钱五分二厘,较上月贵二钱二分四厘。

秦州直隶州并所属:价平

粟米每京石价银一两三钱七分六厘至三两八钱六分四厘,与上月相同。小麦每京石价银九钱二分八厘至三两八钱六分四厘,与上月相同。豌豆每京石价银九钱三分三厘至三两八钱六分四厘,与上月相同。糜子每京石价银七钱四分一厘至二两六钱五分七厘,与上月相同。

阶州直隶州并所属:价昂

粟米每京石价银一两六钱四厘至三两五钱五分八厘,较上月贵五钱四分七厘。小麦每京石价银一两四钱五分八厘至三两七分九厘,较上月贵七钱八分二厘。豌豆每京石价银二两二钱五厘至二两七钱三分六厘,较上月贵四钱三分九厘。糜子每京石价银一两六钱一厘,较上月贵九分五厘。

泾州直隶州并所属:价平

粟米每京石价银五钱六分至一两六钱八分,与上月相同。小麦每京石价银六钱三分七厘至一两四钱,与上月相同。豌豆每京石价银五钱九分四厘至一两四钱六分九厘,与上月相同。糜子每京石价银四钱五分八厘至一两一钱二分,与上月相同。

固原直隶州并所属:价平

粟米每京石价银一两四钱二分六厘至三两三分八厘,与上月相同。小麦每京石价银一两四钱二分六厘至二两五钱七分三厘,与上月相同。豌豆每京石价银一两四钱二分六厘至二两四钱三分三厘,与上月相同。糜子每京石价银一两二钱八分四厘,与上月相同。

肃州直隶州并所属:价有昂有平

粟米每京石价银一两一钱三分四厘至一两六钱八分,较上月贵二钱一分。小麦每京石价银八钱一分二厘至一两七钱二分二厘,较上月贵八分四厘。豌豆每京石价银九钱五分至一两四钱七分,较上月贵二钱一分。青稞每京石价银五钱四分六厘至一两一钱三分四厘,与上月相同。

安西直隶州并所属:价平

粟米每京石价银一两五分至一两三钱七分二厘,与上月相同。小麦每京石价银一两九分八厘至一两二钱,与上月相同。豌豆每京石价银一两二钱至二两八分,与上月相同。青稞每京石价银九钱九分三厘至一两四钱,与上月相同。

（朱批:）览。①

○三八　奏为恳恩续假调理折

光绪二十五年三月十九日(1899年4月28日)

头品顶戴陕甘总督臣陶模跪奏，为微臣病尚未痊，恳恩续假调理，恭折仰祈圣鉴事。

窃臣前因咳喘复发，兼患怔忡，于光绪二十四年十一月二十九日奏请开缺调理，二十五年正月十五日奉朱批：着赏假两个月，毋庸开缺。钦此。仰见圣恩高厚，宽给假期，钦感莫可言喻。臣当钦遵如期调理就愈，以图报称，自不敢重申前请，孤负生成。惟自入春以来，天气渐暖，咳嗽虽幸轻减，而气喘如故，怔忡之证亦未少瘳。大抵年逾六十，心血日耗。臣虽在假期之内，毋论巨细公事，仍系亲自核办，一时不易复元。惟有仰恳天恩，再续假一个月，俾从此调理痊可，谨当如期销假，断不敢借病久延，上烦宸系。

所有微臣病尚未痊，恳请续假调理缘由，理合恭折具陈，伏乞皇太后、皇上圣鉴训示。谨奏。光绪二十五年三月十九日。

（朱批:）着再赏假一个月。②

光绪二十五年四月初九日，奉朱批：着再赏假一个月。钦此③。

---

① 中国第一历史档案馆藏：清单，档案编号：03-6983-024。
② 台北故宫博物院藏：军机及宫中档，文献编号：408003252。
③ 中国第一历史档案馆藏：录副奏折，档案编号：03-5374-052。

○三九　请以张元溁补授碾伯县知县折

光绪二十五年三月十九日(1899年4月28日)

头品顶戴陕甘总督臣陶模跪奏，为拣员请补知县员缺，以裨地方，恭折仰祈圣鉴事。

窃据甘肃布政使丁体常、兼署按察使黄云会详称：碾伯县知县宋升平病故一缺，前以即用知县汤霖请补，未奉部覆之先，于光绪二十四年十二月二十六日据兰州府转详：该员汤霖于是年十二月十三日报丁母忧。当于二十五年正月十七日详咨开缺扣留在案，自应另行拣员请补。

查定例：州县以上题奏补署，于未经接到题准奏准部文之先，遇有丁忧事故，其员缺仍以从前出缺之日按原班序补等语。碾伯县一缺，宋升平系二十四年八月二十九日病故，以病故本日作为出缺，前补之汤霖系病、故、休项下第三轮即用先之后进士即用正班人员，今仍按原出缺之日，以即用正班之员请补。

查有即用知县张元溁，科分、名次在先，例得请补。该员张元溁年四十九岁，陕西泾阳县人，由进士即用知县签掣甘肃，于光绪二十一年正月三十日到省，现署敦煌县知县。该司等查该员张元溁干练老成，留心民事，以之请补碾伯县知县，实堪胜任，与例亦符。会详请奏前来。

臣查该员张元溁心地慈祥，办事勤谨。合无仰恳天恩，准以该员张元溁补授碾伯县知县，实于地方有裨。如蒙俞允，该员以知县请补知县，衔缺相当，毋庸送部引见。再，该员署任内并无参罚案件。谨恭折具奏，伏乞皇太后、皇上圣鉴训示。谨奏。光绪二十五年三月十九日。

　　(朱批：)吏部议奏。[1]

　　光绪二十五年四月初九日,奉朱批:吏部议奏。钦此。[2]

〇四〇　甘省盗案仍循定章办理折

光绪二十五年三月十九日(1899 年 4 月 28 日)

　　头品顶戴陕甘总督臣陶模跪奏,为甘省盗案拟恳仍循定章,分别办理,俟数年后再请规复旧制,恭折仰祈圣鉴事。

　　窃臣接准部咨:奏奉懿旨:就地正法章程乃一时权宜,并未纂为定例,各省地方官惮于解勘,借图简便,草菅人命,恐所不免。除现有军务省份及实系土匪、马贼、会匪、游勇情节较重者,仍准就地正法外,其余寻常盗案,着一律规复旧制等因。钦此。当经行司转饬照办。臣维就地正法章程,特为严惩强盗而设。甘省遵照办理,为年已久,除实在法无可贷者随时批饬正法外,其余情尚可原,分别拟以军、流、徒、杖,酌予年限,系带杆礅,历经按季开具籍贯、案由简明清单,具奏在案。虽属变通成例,省辗转解勘之烦,而仍核其情节轻重,分别拟办,尚不失定律本意,并非概予骈诛也。

　　甘省回、番杂处,视抢劫为常事,加以游勇、会匪往来勾结,非遵照正法章程讯明后立予处决,实无以靖地方而儆匪党。若辈凶顽成性,若果规复旧制,循例解勘,不特该匪翻供图延,希冀脱罪,且解省解道,长途往返,在在堪虞。臣与司道悉心筹度,有不得不

---

　　[1]　台北故宫博物院藏:军机及宫中档,文献编号:408003254。
　　[2]　中国第一历史档案馆藏:录副奏折,档案编号:03-5374-053。

因地制宜,仍吁请变通者。兹据兼署臬司黄云具详前来。

相应仰恳天恩,俯念甘省情形不同,所有各属盗案仍准照章分别办理,俟数年后盗风稍息,再请规复旧例,是否有当,理合恭折具陈,伏乞皇太后、皇上圣鉴训示。谨奏。光绪二十五年三月十九日。

（朱批:）着照所请,该衙门知道。[①]

光绪二十五年四月初九日,奉朱批:着照所请,该衙门知道。钦此。[②]

○四一　请以周凤勋补授宁远县知县折

光绪二十五年三月十九日(1899 年 4 月 28 日)

头品顶戴陕甘总督臣陶模跪奏,为拣员请补知县员缺,以裨地方,恭折仰祈圣鉴事。

窃据甘肃布政使丁体常、兼署按察使黄云会详称:补还宁远县知县雷正鸣病故,业经扣留截缺,自应照例按班请补。查定例:知县告病、病故、休致三项缺出,准其以一缺题补各项候补并进士即用之员,以一缺题补本班大挑举人。又,银捐分缺先人员,于各项试用并捐纳正班到班,方准插用各等语。甘省病、故、休知县已用至第三轮即用先为止,其次碾伯县缺以即用知县请补,所有宁远县缺轮应大挑到班,大挑先无人,应先插用分缺先之员。

查有新海防分缺先补用知县周凤勋,年四十七岁,湖北咸宁

① 台北故宫博物院藏:军机及宫中档,文献编号:408003253。
② 中国第一历史档案馆藏:录副奏折,档案编号:03-7227-022。

人，由廪生报捐训导，加捐知县，分发甘肃试用，引见领照赴甘，于光绪二十三年九月十六日到省；复遵新海防例，报捐分缺先补用免试用，奉文以二十三年十二月十七日作为新班到省，照章扣满一年，例不甄别，现经委署碾伯县知县。该司等查该员周凤勋勤于听断，稳练朴诚，以之请补宁远县知县，实堪胜任，与例亦符。会详请奏前来。

臣查该员周凤勋志趣向上，办事勤慎。合无仰恳天恩，准以该员周凤勋补授宁远县知县，实于地方有裨。如蒙俞允，该员以知县请补知县，衔缺相当，毋庸送部引见。再，该员署任内并无参罚案件。谨恭折具奏，伏乞皇太后、皇上圣鉴训示。谨奏。光绪二十五年三月十九日。

（朱批：）吏部议奏。①

光绪二十五年四月初九日，奉朱批：吏部议奏。钦此。②

○四二　请以吴鸿才补授桥湾营都司折

光绪二十五年三月十九日（1899 年 4 月 28 日）

头品顶戴陕甘总督臣陶模跪奏，为拣员请补都司要缺，以裨营伍，恭折仰祈圣鉴事。

窃臣前准兵部咨：甘肃肃州镇属桥湾营都司员缺，掣定作为第五轮第六缺，轮用拣发人员，行令拣员请补等因。臣查桥湾营都司员缺设在关外，蒙、番杂处，巡防、护运，均关紧要，非精明干练之

---

① 台北故宫博物院藏：军机及宫中档，文献编号：408003255。
② 中国第一历史档案馆藏：录副奏折，档案编号：03-5374-051。

员,难期胜任。兹拣得留陕甘补用都司现署甘肃凉州镇属土门堡守备吴鸿才,久历边陲,操防勤奋,且在甘有年,于边情、营伍极为熟悉,以之请补斯缺,实属人地相宜,亦与轮缺章程相符。合无仰恳天恩,俯念员缺紧要,准以吴鸿才请补桥湾营都司员缺,可期得力。如蒙俞允,俟接准部覆后,即行给咨送部引见,以符定制。

除查取该员履历清册另咨送部外,谨会同署甘肃提臣张永清合词恭折具陈,伏乞皇太后、皇上圣鉴训示。谨奏。光绪二十五年三月十九日。

（朱批:）兵部议奏。①

光绪二十五年四月初九日,奉朱批:兵部议奏。钦此。②

○四三　请以舒秀松补授督标右营参将折

光绪二十五年三月十九日(1899年4月28日)

头品顶戴陕甘总督臣陶模跪奏,为拣员请补参将要缺,以裨营伍,恭折仰祈圣鉴事。

窃臣接准部咨:陕甘督标右营参将李正鲁调补甘肃提标中军参将,所遗督标右营参将员缺,仍作为题补第二轮第六缺,用拣发人员,饬令迅拣员请补等因。兹拣选得副将衔留陕甘补用参将现署西安城守协副将舒秀松,久历戎行,操防勤慎,堪以请补斯缺,并与例章相符。合无仰恳天恩,俯念员缺紧要,准以该员舒秀松请补陕甘督标右营参将员缺,可期得力。如蒙俞允,俟接准部覆后,即

---

① 台北故宫博物院藏:军机及宫中档,文献编号:408003257。

② 中国第一历史档案馆藏:录副奏折,档案编号:03-5932-180。

行给咨赴部引见，俾符定制。

除饬取该员履历清册另咨送部外，理合恭折具奏，伏乞皇太后、皇上圣鉴训示。谨奏。光绪二十五年三月十九日。

（朱批：）兵部议奏。①

光绪二十五年四月初九日，奉朱批：兵部议奏。钦此。②

○四四　请以首成钱补授中军都司折

光绪二十五年三月十九日（1899 年 4 月 28 日）

头品顶戴陕甘总督臣陶模跪奏，为拣员请补都司员缺，以裨营伍，恭折仰祈圣鉴事。

窃臣接准部咨：陕西固原提属西安城守协标左营中军都司员缺系题补第五轮第二缺，轮用尽先人员，应令拣员请补等因。当经移行遵照去后。兹准陕西固原提督臣邓增咨开：拣选得花翎尽先补用都司提标右营守备首成钱，营务谙练，勇敢有为，堪以请补。咨请核办前来。臣查首成钱虽尽先名次在后，而在前之杜濡、兰廷贵、李海源、宋玉缘事撤任，程鼎、王生吉例应回避本府，周迪升现在带队驻防要隘，张炳炬告假离营，康学义、文辉祥、陈锡坤、任新春、王忠美、徐珍、王元、牟彪、韩忠卿现居要缺；其董胜、陈正昌、田朝明、陈又新、马振麟、尹肇苹，张绍先、陈鹤林、赵荆璞、周衍喜、陈端谊、胡成福、周胜友、李占鳌，均与此缺不甚相宜，未便迁就请补。

该员首成钱年力正强，办事勤慎，且在陕年久，情形熟悉，历署

---

① 台北故宫博物院藏：军机及宫中档，文献编号：408003256。
② 中国第一历史档案馆藏：录副奏折，档案编号：03-5932-176。

游、都各缺,办理一切,诸臻妥协,以之请补斯缺,实属人地相需,亦与轮缺章程相符。合无仰恳天恩,俯念员缺紧要,准以该员首成钱补授西安城守协标左营中军都司员缺,可期得力。如蒙俞允,俟接准部覆后,即行给咨送部引见,以符定制。

除查取该员履历清册另咨送部外,所遗陕西提标右营守备员缺,陕甘现有应补人员,容臣另拣请补。谨会同陕西提臣邓增合词恭折具陈,伏乞皇太后、皇上圣鉴训示。谨奏。光绪二十五年三月十九日。

(朱批:)兵部议奏。[①]

光绪二十五年四月初九日,奉朱批:兵部议奏。钦此。[②]

○四五　奏请更正崔凌云保案片

光绪二十五年三月十九日(1899年4月28日)

再,臣前以甘肃肃州镇标右营千总崔凌云于关外诸军出力案内保以守备补用,误写云凌,咨部更正。旋准部覆:该员系五品以上人员,未便据咨办理,应令奏明再行更正等因。当经转饬遵照去后。兹据护理肃州镇总兵张世才呈称:查千总崔凌云,原保时写作云凌,实系颠倒致误,并无别情。呈请奏明更正前来。

臣覆查无异。合无仰恳天恩,俯准饬部更正注册。除该员履历清册另咨送部外,理合附片具陈,伏乞圣鉴训示。谨奏。

(朱批:)兵部知道。[③]

---

① 台北故宫博物院藏:军机及宫中档,文献编号:408003258。
② 中国第一历史档案馆藏:录副奏折,档案编号:03-5932-183。
③ 台北故宫博物院藏:军机及宫中档,文献编号:408003258-0-A。

光绪二十五年四月初九日，奉朱批：兵部知道。钦此。[1]

○四六　请以习斌补授秦州营守备片

光绪二十五年三月十九日(1899年4月28日)

再，臣接准部咨：陕西固原提属秦州营守备系部推之缺，应用尽先人员。该督请以提标后营守备李士贞调补。查李士贞系题缺守备，今调补应用尽先之推缺，核与轮缺章程不符，奏准仍令另拣请补等因。当经移行遵照去后。兹准陕西固原提臣邓增咨开：另拣得都司衔尽先补用守备同州汛千总习斌，晓畅戎机，办事干练，且在甘有年，于地方、营伍最为熟悉。咨请奏补前来。

臣查秦州营设处甘南，为通川、陕要区，稽查、弹压，最关紧要，非营伍谙练之员不足以资整理。该员习斌年壮才明，熟悉营务，以之请补斯缺，实堪胜任，人地亦极相宜，并与轮章相符。合无仰恳天恩，俯念员缺紧要，准以习斌补授陕西固原提属秦州营守备，以资得力。如蒙俞允，俟接准部覆后，即行给咨送部引见，以符定制。

除饬取该员履历清册另咨送部外，谨会同陕西固原提臣邓增合词附片具陈，伏乞圣鉴训示。谨奏。

（朱批：）兵部议奏。[2]

光绪二十五年四月初九日，奉朱批：兵部议奏。钦此。[3]

---

[1]　中国第一历史档案馆藏：录副奏片，档案编号：03-5932-182。
[2]　台北故宫博物院藏：军机及宫中档，文献编号：408003256-0-A。
[3]　中国第一历史档案馆藏：录副奏片，档案编号：03-5932-181。

○四七　请以徐万银借补留坝营守备片

光绪二十五年三月十九日(1899年4月28日)

再,臣前准部咨:汉中镇属留坝营守备赵桢隆拟补孝义城守营都司,所遗留坝营守备准其扣留,应令迅拣尽先合例人员请补等因。当经转饬遵照去后。兹据署汉中镇总兵官龙恩思呈称:查留坝营守备员缺设处栈道,稽查、防范,最关紧要,非精明干练之员,难以胜任。查有现署留坝营守备留陕甘尽先即补游击徐万银,精明强干,办事老成。呈请借补前来。

臣查该游击徐万银年力正强,操防勤奋,现署斯缺,办理妥洽,以之借补,实属人地相宜。合无仰恳天恩,俯念员缺紧要,准以尽先游击徐万银借补汉中镇属留坝营守备,可期得力。如蒙俞允,俟接准部覆后,即行给咨送部引见,以符定制。

除饬取该员履历清册另咨送部外,谨会同陕西提臣邓增附片具陈,伏乞圣鉴训示。谨奏。

(朱批:)兵部议奏。[1]

光绪二十五年四月初九日,奉朱批:兵部议奏。钦此。[2]

○四八　请以方振海借补梨园营都司片

光绪二十五年三月十九日(1899年4月28日)

再,臣前准兵部咨开:甘肃提属梨园营都司员缺系题补第五轮

---

① 台北故宫博物院藏:军机及宫中档,文献编号:408003256-0-B。
② 中国第一历史档案馆藏:录副奏片,档案编号:03-5932-175。

第十缺,轮用捐输人员。该省捐输无人,应过班以第六轮第一缺尽先人员题补,饬令迅拣请补等因。当经移行遵照去后。兹准署甘肃提臣张永清咨开:查梨园营都司员缺,设处沿边,番、回杂处,弹压、稽查,均关紧要,必得精敏稳慎之员,方足以资治理。兹拣选得留陕甘尽先补用参将方振海,营伍谙练,才具开展,前年带队防堵梨园,甚称得力,于该处地方情形极为熟悉。咨请借补前来。

臣查该参将方振海操防勤奋,熟悉边情,以之借补斯缺,洵堪胜任,亦与轮章相符。合无仰恳天恩,俯念员缺紧要,准以该员方振海借补甘肃提属梨园营都司员缺,以期得力。如蒙俞允,俟接准部覆后,即行给咨赴部引见,以符定制。

除饬取该员履历清册另咨送部外,谨会同署甘肃提臣张永清合词附片具奏,伏乞圣鉴训示。谨奏。

(朱批:)兵部议奏。①

光绪二十五年四月初九日,奉朱批:兵部议奏。钦此。②

○四九　饬令副将张锡光即赴调任片

光绪二十五年三月十九日(1899年4月28日)

再,调补甘肃凉州镇属永昌协副将张锡光,现已交卸洮岷协副将印务,应即饬赴调任,以专责成。除给委外,谨附片陈明,伏乞圣鉴。谨奏。

(朱批:)兵部知道。③

---

① 台北故宫博物院藏:军机及宫中档,文献编号:408003256-0-C。
② 中国第一历史档案馆藏:录副奏片,档案编号:03-5932-177。
③ 台北故宫博物院藏:军机及宫中档,文献编号:408003257-0-A。

光绪二十五年四月初九日,奉朱批:兵部知道。钦此。[1]

○五○　委令罗恒丰署理定边协副将片

光绪二十五年三月十九日（1899 年 4 月 28 日）

再,署陕西延榆绥镇属定边协副将刘钰署事期满,应仍饬回庆阳游击本任。所遗副将篆务,查有副将衔尽先参将黄甫营游击罗恒丰,老成练达,办事勤能,堪以署理。除檄饬遵照外,理合附片具奏,伏乞圣鉴。谨奏。

（朱批:）兵部知道。[2]

光绪二十五年四月初九日,奉朱批:兵部知道。钦此。[3]

○五一　奏报王三捷恤案逾限缘由片

光绪二十五年三月十九日（1899 年 4 月 28 日）

再,前准吏部议覆甘肃第九次请恤案内,永昌县属在籍击贼阵亡文生王三捷等,各照官员伤亡例,先行各议给云骑尉世职,袭次完时,毋庸给予恩骑尉,自奉文之日起予限二年,仍应查明各故生入学年份、履历,报部查核相符,再行准其承袭。傥限内并不咨报,至限外始行查出补报者,应令将因何不依限咨报缘由另行奏明办理等因。当经转行遵办去后。

———————————

① 中国第一历史档案馆藏:录副奏片,档案编号:03-5932-178。
② 台北故宫博物院藏:军机及宫中档,文献编号:408003257-0-B。
③ 中国第一历史档案馆藏:录副奏片,档案编号:03-5932-179。

　　兹据藩司丁体常详称：遵查此案于光绪十九年三月十九日题准，四月初二日行文，加以往返程限，统应扣至光绪二十一年七月二十二日限满。前于限内屡经行催，未据造送。迨至二十三年八月二十七日，据署永昌县知县余重基详称：遵查阵亡附生王三捷，由文童于道光二十二年考取第十九名附生。同治四年，充当团练，御贼殒命，嫡子大鹏早经病故，嫡长孙吉泰年已成丁，例应承袭。声明奉文之初吉泰因兵燹，逃外多年未归，今于二十二年回家，始行造送，以致有逾期限。前司因同案行查之人尚未报齐，暂将清册存案，行令赶速查造，以凭汇办。兹据该县覆称：同案饬查之各生田家丰、毛联奎二名后裔，逃难出外，至今未归；严用中、张联珠、张联星、张钟麟四名，彼时家属同时被难，有无后裔，无从明晰，应俟查实，另案办理。由司先将王三捷履历清册同未能依限咨报缘由，具详请奏前来。

　　臣覆查无异。除清册送部外，理合附片具陈，伏乞圣鉴，饬部核覆施行。谨奏。

　　（朱批：）该部知道。[1]

　　光绪二十五年四月初九日，奉朱批：该部知道。钦此。[2]

○五二　请改给恩寿之母封典片

光绪二十五年三月十九日(1899 年 4 月 28 日)

　　再，据甘肃藩司丁体常详称：各省捐集甘肃义赈案内，有陕西

---

[1]　台北故宫博物院藏：军机及宫中档，文献编号：408003253-0-A。

[2]　中国第一历史档案馆藏：录副奏片，档案编号：03-5932-174。

陕安道升授江西按察使恩寿，[①]前在四川夔州府任内报捐甘赈银一千两，照章应请旨建坊。惟恩寿至性纯笃，昨据牍恳请为移奖生母石氏请二品封典。该司核与筹饷新捐例减银数有盈无绌，且建坊与封典同一答其急公好义之忱，应恳推广办理，以昭激劝等情，详请具奏前来。

臣查前年前甘肃学政臣刘世安报捐赈款，改为其父绍基请给从一品封典，业已仰邀俞允，并奉部覆准在案。今升任江西按察使恩寿捐银助赈，事同一律，可否以例请建坊改为其母石氏给予二品封典，出自鸿慈。除咨部外，谨附片具陈，伏乞圣鉴训示。谨奏。

（朱批：）着照所请，该部知道。[②]

光绪二十五年四月初九日，奉朱批：着照所请，该部知道。钦此。[③]

○五三　请予洪翼遇缺尽先补用片

光绪二十五年三月十九日（1899年4月28日）

再，查定例：官员历任交代无亏缺、迟延者，准该督抚保奏试用

---

① 恩寿，字艺棠，生卒年未详，满洲镶白旗人，索绰罗氏，监生出身。同治元年（1862），中式举人。十三年（1874），中式进士，充兵部行走。光绪九年（1883），补兵部员外郎，充武选司掌印，管理马馆监督。十一年（1885），选顺天武乡试题调官。十二年（1886），授杀虎口监督。十七年（1891），调补四川成都府知府。二十一年（1895），补授四川夔州府知府。二十三年（1897），升陕西陕安道。二十四年（1898），补授江西按察使。二十五年（1899），迁江宁布政使。二十七年（1901），擢漕运总督。同年，调补江苏巡抚。三十年（1904），补江淮巡抚。三十二年（1906），调补山西巡抚。三十三年（1907），补授陕西巡抚。三十四年（1908），兼署西安将军。

② 台北故宫博物院藏：军机及宫中档，文献编号：408003254-0-A。

③ 中国第一历史档案馆藏：录副奏片，档案编号：03-5374-055。

候补人员,准其请至遇缺尽先补用等语。兹查有甘肃试用同知洪翼,自光绪八年起至二十四年止,历署宁灵同知、西宁县知县、静宁州知州。该员于各署任内经手一切仓库正杂、驿站钱粮,均系依限交代清楚,并无亏短、迟延。经各后任接收造报有案,核与保奖之例相符。据甘肃藩司具详前来。

臣覆核无异。合无仰恳天恩,准将试用同知洪翼照例给予遇缺尽先补用,以示鼓励。除咨部查照外,谨附片具陈,伏乞圣鉴,饬部核议施行。谨奏。

(朱批:)吏部议奏。①

光绪二十五年四月初九日,奉朱批:吏部议奏。钦此。②

○五四　奏报裁改营旗另募炮队、土勇折

光绪二十五年四月初四日(1899 年 5 月 13 日)

头品顶戴陕甘总督臣陶模跪奏,为酌量裁改马步营旗,另募炮队、土勇,以重地方而资节省,恭折仰祈圣鉴事。

窃查甘省地处边陲,幅员辽阔,番、回错杂,屡启衅端。自光绪二十二年戡定后,所留队伍无多,以之分驻要隘,弹压巡防,恒虑未能周匝,欲添募则饷无可筹。嗣奉上谕:前因各省绿营、防营不免老弱充数,是以饬令裁汰,不但为节省饷需,亦冀并饷练兵,化弱为强,在此一举。乃近来各处偶有饥民聚众,或土匪滋事,即归咎于兵勇裁汰过多,不敷分布,殊不知州县壮役本为捕盗而设,即使弹

----

① 台北故宫博物院藏:军机及宫中档,文献编号:408003254-0-B。
② 中国第一历史档案馆藏:录副奏片,档案编号:03-5374-054。

压地方,稍资兵力,亦可由各州县自行招募勇丁,按照地方情形,酌定额数多寡。倘瘠苦州县经费不敷,亦可禀明该管上司,筹给津贴各等因。钦此。仰见皇太后、皇上慎重地方、讲求武备之至意,下怀曷胜钦感。

臣维今昔情形略有不同,营旗之裁改增并,必当随时审度,斟酌损益,以求精实而慎防维。经臣饬将督标亲军左旗马队,截至光绪二十四年年底止,全数裁撤;宁夏镇所带甘军副前营步队,亦截至二十四年年底止,改营为旗。现饬将督标左、右两旗马队改并步队一旗,名曰督标亲军中旗步队,容俟改并就绪,再行裁清起止,汇册报部。

西宁本为边要,所属各厅兼管番族,缺皆瘠苦,势不能不酌量分别添设,前已饬西宁镇新练开花劈山炮队一哨,应请从光绪二十五年正月起照章支饷。现又咨请西宁办事大臣添募马队四十骑,并饬西宁所属循化、贵德、丹噶尔、巴燕戎格四厅,每厅各设土勇二十名,责令随时训练,以资震慑,统俟报募齐全,起饷汇报。

饬据藩司查明前项裁改马步营旗省出饷项,以之作抵另募炮队、马队、土勇支饷外,每年计尚节省银九千八百余两。本应悉数提存报拨,惟查关内每年部拨新饷,开支原有各防军薪粮不敷尚巨,应请将此项节省银两仍归防军案内汇总收支报销,借资弥补。据藩司丁体常开折详请具奏前来。

除将清折分送户、兵二部查核外,理合恭折具陈,伏乞皇太后、皇上圣鉴训示,并请饬部立案施行。谨奏。光绪二十五年四月初四日。

(朱批:)知道了。仍着督饬所属,随时训练,实力巡防,毋稍懈弛。余依议。该部知道。①

　　光绪二十五年四月十七日，奉朱批：知道了。仍着督饬所属，随时训练，实力巡防，毋稍懈弛。余依议。该部知道。钦此。②

○五五　请将前保文职员绅酌量改奖折

光绪二十五年四月初四日(1899年5月13日)

　　头品顶戴陕甘总督臣陶模跪奏，为前保查办甘肃海城一带漏网逸匪在事出力文职员绅，拟请仍按武职酌量改奖，以示鼓励而免向隅，恭折仰祈圣鉴事。

　　窃臣前将查办甘肃海城一带漏网逸匪出力员绅开单奏请奖叙，奉朱批：该部议奏。单并发。钦此。旋准兵部议将武职按照寻常劳绩定章，分别改奖，奏奉谕旨允准，开具清单咨会到臣，遵即钦遵咨行在案。兹准吏部咨称：查前经该督奏报，在事出力员绅系于光绪二十三年三月初一日奉朱批准其酌保，今于二十四年九月二十三日，该督始行开单奏奖，核计已逾一年之限，所有请奖各员奏准照章撤销等因前来。

　　臣查海城一役虽系漏网逸匪，当以事隔两年，非东窜西匿，即冒莠为良，拿办稍欠妥慎，势又激成巨祸。幸赖文武员绅不动声色，设法购线，捕获要匪，悉数骈诛，地方毫无惊扰，伏莽亦已潜除。论事虽属寻常，论功实有裨大局，只因各员于事竣后或差委远出，或带队赴防，查取衔名、履历，未免稍有迟延。

---

　　①　台北故宫博物院藏：军机及宫中档，文献编号：408003259。
　　②　中国第一历史档案馆藏：录副奏折，档案编号：03-5763-022。

至武职系同一案奏奖，业经兵部改按寻常劳绩议准，而文职竟令撤销，似觉功同赏异，实无以昭激劝而励将来。咨准陕西提臣邓增，请仍援武职按寻常劳绩核准之案，酌量改奖前来。谨另开具清单，恭呈御览。相应仰恳天恩，俯准照给奖叙，以免向隅。

除咨吏部查照外，理合恭折具陈，伏乞皇太后、皇上圣鉴，训示施行。谨奏。光绪二十五年四月初四日。

（朱批：）吏部议奏。单并发。①

光绪二十五年四月十七日，奉朱批：吏部议奏。单并发。钦此。②

○五六　呈前保文职员绅酌量改奖清单

光绪二十五年四月初四日(1899年5月13日)

谨将前保查办甘肃海城一带漏网逸匪出力文职员绅，援照武职，另按寻常劳绩，开具改奖衔名清单，恭呈御览。

计开：

花翎在任候选道甘肃固原直隶州知州张祥会，改请俟归道班后，赏加二品顶戴。

花翎五品衔补缺后补用直隶州甘肃补用知县前署海城县知县杨廷槐，改请俟归直隶州班后，赏加四品衔。

留甘尽先补用县丞陈必准，请俟补缺后，以知县仍归原省补用。

---

① 台北故宫博物院藏：军机及宫中档，文献编号：408003261。
② 中国第一历史档案馆藏：录副奏折，档案编号：03-5374-078。

知县用在任候选县丞甘肃灵州吏目何培光，改请俟选县丞、知县班后，赏加五品衔。

附生张国钧、田增文，均请以巡检选用。

（朱批：）览。①

○五七　核拟甘肃光绪二十五年秋审各案折

光绪二十五年四月初四日（1899年5月13日）

头品顶戴陕甘总督臣陶模跪奏，为核拟甘肃光绪二十五年新旧秋审人犯李根葆等各案，恭折仰祈圣鉴事。

窃据兼署甘肃按察使兰州道黄云会同布政使丁体常详称：前准部咨，奏准变通章程内开：应入秋审新旧人犯，迅即饬属造具案由清册，送由臬司核明罪犯轻重，分别实、缓，将应勘人犯停止解省，该督即将拟定实、缓清册奏明，咨部覆核，应入情实人犯，请旨即行处决；缓决可矜人犯，照前次变通章程，分别减等、发配等因。奉旨：依议。钦此。钦遵咨行到司。当经移行各道、府、直隶州，通饬所属一体遵办在案。

兹查得光绪二十四年，原办新事秋审情实奉旨已勾之山丹县绞犯寇破连仔、皋兰县斩犯赵八十五即赵飞、安化县斩犯白锁儿三起三名，均经奉文饬令处决讫。又，原办缓决应行查办留养之高台县绞犯马盅秀、灵州绞犯杨泩、隆德县绞犯王增复三起三名，业经奉文饬令枷责，存留养亲讫。又，原办缓决经部奏明奉旨减流之平番县绞犯贾沅汰一起一名，业经奉文饬令造册请牌发配。又，奉准

① 中国第一历史档案馆藏：清单，档案编号：03-5374-079。

部覆应入本年新事秋审人犯内平远县斩犯张五十八一起一名,前已据报病故。

以上八起,计犯八名,除另详请咨并于本年秋审册内开除外,其尚有原办旧事秋审人犯内原拟情实四次奉旨牢固监候之安化县绞犯刘蕾浤,又原办缓决之文县绞犯邢均、化平直隶厅斩犯郑懊发、通渭县绞犯董炭儿、宁州绞犯侯平儿、隆德县绞犯马增幅、中卫县绞犯王终、洮州厅绞犯张代娃仔、平凉县绞犯朱冻至儿、镇原县绞犯王添益、绞犯吴跟娃、伏羌县绞犯彭泗泽、秦州直隶州绞犯曹苏家娃、陇西县绞犯刘腥娃、泾州直隶州绞犯郭蛋儿、隆德县绞犯叶生冀、伏羌县绞犯李幅浺、皋兰县绞犯方三有仔、陇西县绞犯康二儿、隆德县绞犯杨涎潇、宁夏县绞犯郑交其、会宁县绞犯兰冬冬、伏羌县绞犯马遂荃、平罗县绞犯马怀得、安化县绞犯王佐蚁、阶州直隶州绞犯刘耀德、陇西县绞犯张沄来、平凉县绞犯袁苌葆、永昌县绞犯杨月、安化县绞犯高溃庭、平罗县绞犯刘克发、清水县绞犯王三姓葆、秦安县绞犯伏团商户等共三十三起,计犯三十三名,仍应分别实、缓,汇入本年旧事秋审册内办理。

并有已奉部覆应入光绪二十五年新事秋审宁州绞犯李根葆、宁朔县绞犯赵明新、皋兰县绞犯王来娃仔、绞犯孙汶俊、化平直隶厅绞犯贾浺、靖远县绞犯刘未儿、伏羌县绞犯王丑豆、清永县绞犯何奉江、平罗县绞犯雍立本、绞犯徐三儿、阶州直隶州绞犯杨余娃仔即胡仲祥、武威县绞犯张洸湖、皋兰县绞犯李跃腟、静宁州绞犯马芒代仔、西和县绞犯王月萌仔、绞犯张虎娃仔、固原直隶州绞犯马荃居、安定县绞犯苏丑娃、山丹县绞犯陈洛贲、镇原县斩犯祁应兰、化平直隶厅斩犯黑苌年等共二十一起,计犯二十一名。

以上新旧统共五十四起,计犯五十四名,遵照变通章程,人犯停止解勘；照依该犯等情罪，酌拟实、缓，分晰新旧，汇造年贯、案由清册，呈请具奏前来。

臣覆核无异。除赍到册籍咨部核办外，谨缮折由驿驰陈，伏乞皇太后、皇上圣鉴，饬部核覆施行。此外，甘省并无应入朝审人犯。其现入秋审各犯，亦无祖、父、子、孙阵亡应行声叙之案。此案本应循旧具题，因遵照部议变通章程办理，是以改题为奏。合并陈明。谨奏。光绪二十五年四月初四日。

（朱批：）刑部议奏。[1]

光绪二十五年四月十七日，奉朱批：刑部议奏。钦此。[2]

○五八　奏闻筹垫甘饷发交商号情形片

光绪二十五年四月初四日(1899 年 5 月 13 日)

再，臣前准户部咨：提臣董福祥所部甘军应需光绪二十五年行饷，奏拨甘肃腾出所调安宁等旗哨回队全年饷项银四万一千两，甘肃二十五年裁兵节饷银四万二千六百两，饬令按数提前拨解该军行营兑收等因。当经咨行遵照去后。

兹据提臣董福祥以该军饷项缺乏，挪垫维艰，已在京都天成亨商号贷用库平银四万两，请由甘省所拨前项专饷内给发该商领收还款，并据天成亨商号呈交印领前来。臣查前项拨饷，款虽有着，然仍恃各省关解到新饷内源源扣解，一时本难如数。第念该军远驻畿疆，需饷孔急，既由京号借用，甘省自不能不设法筹垫给领归

---

[1]　台北故宫博物院藏：军机及宫中档，文献编号：408003260。

[2]　中国第一历史档案馆藏：录副奏折，档案编号：03-7267-020。

还,已饬司挪凑库平银四万两,于三月二十三日发交天成亨商号领收讫,容俟扣收还款。据藩司丁体常详请附奏前来。

除咨明户部暨提臣董福祥查照外,理合附片具奏,伏乞圣鉴。谨奏。

(朱批:)户部知道。①

光绪二十五年四月十七日,奉朱批:户部知道。钦此。②

〇五九　奏报甘肃光绪二十 五年二月雨水、粮价折

光绪二十五年四月二十六日（1899年6月4日）

头品顶戴陕甘总督臣陶模跪奏,为具报甘肃省光绪二十五年二月份粮价、雨雪情形,恭折仰祈圣鉴事。

窃照本年正月份粮价并得沾雪泽情形,业经具折奏报在案。兹查二月份,兰州等八府六直隶州属具报得沾雨雪,自一二寸至三四寸不等。正值春耕之际,获此沃泽,实于农田有裨。至通省粮价,或与上月相同,或较上月稍有增减。据藩司丁体常具详请奏前来。

臣覆核无异。理合恭折具奏,并缮粮价清单,恭呈御览。伏乞皇太后、皇上圣鉴。谨奏。光绪二十五年四月二十六日。

(朱批:)知道了。③

---

①　台北故宫博物院藏:军机及宫中档,文献编号:408003261-0-A。

②　中国第一历史档案馆藏:录副奏片,档案编号:03-6152-072。

③　台北故宫博物院藏:军机及宫中档,文献编号:408003262。

光绪二十五年五月二十日,奉朱批:知道了。钦此。①

○六○　呈甘肃光绪二十五年二月粮价清单

光绪二十五年四月二十六日(1899 年 6 月 4 日)

谨将甘肃各属光绪二十五年二月份米粮时估价值,缮具清单,恭呈御览。

计开:

兰州府属:价有平有落

粟米每京石价银一两　钱六分二厘至五两一分八厘,较上月贱八钱一分八厘。小麦每京石价银二两一分三厘至四两三钱二厘,较上月贱一两六钱四分六厘。豌豆每京石价银二两一分三厘至四两三钱二厘,较上月贱一两六钱四分六厘。青稞每京石价银二两一钱至四两四钱八分九厘,与上月相同。

巩昌府属:价有平有落

粟米每京石价银一两二钱七厘至三两五钱七分八厘,较上月贱六分。小麦每京石价银一两三分至二两九钱八分二厘,较上月贱一钱七分一厘。豌豆每京石价银一两一分四厘至二两六钱二分四厘,较上月贱二钱八分六厘。青稞每京石价银七钱六分至二两八分九厘,与上月相同。

平凉府属:价有平有落

粟米每京石价银一两八钱五分八厘至二两六钱六分,与上月相同。小麦每京石价银一两四钱八分至二两三钱六分二厘,与上

---

①　中国第一历史档案馆藏:录副奏折,档案编号:03-6984-034。

月相同。豌豆每京石价银一两三钱二分四厘至二两三钱一分，较上月贱九分四厘。糜子每京石价银一两八分至一两四钱，与上月相同。

庆阳府属：价有昂有平

粟米每京石价银七钱九分四厘至一两七钱六分，与上月相同。小麦每京石价银九钱二分六厘至一两七钱二分，较上月贵二厘。豌豆每京石价银一两二分九厘至一两八钱二分五厘，与上月相同。糜子每京石价银三钱三分八厘至七钱九分八厘，与上月相同。

甘州府属：价平

粟米每京石价银八钱一分九厘至一两四钱三分二厘，与上月相同。小麦每京石价银七钱至八钱六分一厘，与上月相同。豌豆每京石价银七钱三厘至一两三钱九分四厘，与上月相同。青稞每京石价银四钱六分八厘至七钱，与上月相同。

凉州府属：价有昂有平

粟米每京石价银八钱四分至二两八钱二分六厘，与上月相同。小麦每京石价银七钱一分四厘至二两五钱三分八厘，与上月相同。豌豆每京石价银六钱七分二厘至二两六钱二分九厘，较上月贵二钱四分八厘。青稞每京石价银五钱四分六厘至一两八钱七分八厘，与上月相同。

宁夏府属：价有昂有平有落

粟米每京石价银七钱七分至一两七钱五分，与上月相同。小麦每京石价银九钱八分至二两五分四厘，较上月贵九分四厘。豌豆每京石价银七钱七分至一两八钱九分，与上月相同。糜子每京石价银一两一钱一分七厘至一两二钱七分一厘，较上月贱五分七厘。

西宁府属：价平

粟米每京石价银一两九钱二分八厘至五两五钱四厘，与上月相同。小麦每京石价银二两一钱至二两六钱八分八厘，与上月相同。豌豆每京石价银一两七钱五分至二两五钱七分六厘，与上月相同。青稞每京石价银一两六钱三分三厘至二两三钱五分二厘，与上月相同。

秦州直隶州并所属：价平

粟米每京石价银一两三钱七分六厘至三两八钱六分四厘，与上月相同。小麦每京石价银九钱二分八厘至三两八钱六分四厘，与上月相同。豌豆每京石价银九钱三分三厘至三两八钱六分四厘，与上月相同。糜子每京石价银七钱四分一厘至二两六钱五分七厘，与上月相同。

阶州直隶州并所属：价有平有落

粟米每京石价银一两六钱四厘至三两四钱四分二厘，较上月贱一钱一分六厘。小麦每京石价银一两四钱五分八厘至三两七分九厘，与上月相同。豌豆每京石价银二两三分二厘至二两七钱三分六厘，与上月相同。糜子每京石价银一两五钱六厘，较上月贱九分五厘。

泾州直隶州并所属：价落

粟米每京石价银五钱六分至一两五钱七分五厘，较上月贱一钱五厘。小麦每京石价银六钱二厘至一两三钱六分五厘，较上月贱三分五厘。豌豆每京石价银五钱七分八厘至一两三钱三分，较上月贱一钱三分九厘。糜子每京石价银四钱四分五厘至九钱八分，较上月贱一钱四分。

固原直隶州并所属：价平

粟米每京石价银一两四钱二分六厘至三两三分八厘,与上月相同。小麦每京石价银一两四钱二分六厘至二两五钱七分三厘,与上月相同。豌豆每京石价银一两四钱二分六厘至二两四钱三分三厘,与上月相同。糜子每京石价银一两二钱八分四厘,与上月相同。

肃州直隶州并所属:价有昂有落

粟米每京石价银一两一钱三分四厘至一两八钱九分,较上月贵二钱一分。小麦每京石价银八钱一分二厘至一两六钱三分八厘,较上月贱八分四厘。豌豆每京石价银九钱五分至一两六钱三分八厘,较上月贵一钱六分八厘。青稞每京石价银五钱四分六厘至一两三钱二厘,较上月贵一钱六分八厘。

安西直隶州并所属:价平

粟米每京石价银一两五分至一两三钱七分二厘,与上月相同。小麦每京石价银一两九分八厘至一两二钱,与上月相同。豌豆每京石价银一两二钱至二两八分,与上月相同。青稞每京石价银九钱九分三厘至一两四钱,与上月相同。

(朱批:)览。[1]

○六一　奏闻甘肃光绪二十四
　　　　年下忙征收银两数目折

光绪二十五年四月二十六日(1899年6月4日)

头品顶戴陕甘总督臣陶模跪奏,为甘肃各属光绪二十四年下

---

[1]　中国第一历史档案馆藏:清单,档案编号:03-6983-024。

忙征收银两数目,恭折仰祈圣鉴事。

　　窃查甘肃各属光绪二十四年上忙征收银数,业经奏报在案。所有二十四年下忙征收银数,据甘肃布政使丁体常详称:查甘肃各属光绪二十四年额征并秦州等处新垦地丁共银二十八万九千七百七十六两七钱七厘,内除皋兰县等处水冲地亩请明豁免并荒地无从征收外,现垦熟地及渭源县等处续垦升科,共应征正杂银二十一万六千五百七十四两一钱八分七厘六毫。前上忙已完银一十一万四千五十二两二钱八分二毫,又收狄道州征到奉文流抵二十四年起存银四千九百五十一两七钱,二共已完银一十一万九千三两九钱八分二毫,内已完存留、经杂、驿站银四万四千五百三十七两九钱九分九厘二毫,照数留支;已完起运银七万四千一百七十九两五钱八分一厘、杂赋银二百八十六两四钱,均经解司造入光绪二十四年秋拨并二十五年春拨册内讫。未完地丁正杂银九万七千五百七十两二钱七厘四毫,又未完上忙后续垦升科并河州招垦绝户地丁、起存正杂银一千四百四十两一钱七分三厘,二共未完银九万九千一十两三钱八分四毫,内除河州、洮州厅、泾州、固原州、平番县、宁夏县、宁朔县、中卫县、宁灵厅等处请准蠲缓地丁银二千三百五十八两七钱三分二厘外,止该未完地丁正杂共银九万六千六百五十一两六钱四分八厘四毫。今下忙已完银九万五千二百一十三两一钱九分五厘八毫,又收河州征到光绪二十一年奉文流抵地丁、起存银五百七十七两五钱二分,二共已完银九万五千七百九十两七钱一分五厘八毫,内已完存留、经杂、驿站并存留、课程、地税、年例、盘缠、脚价银三万二千一百二十六两一钱三分五厘八毫,照数留支;已完起运银六万三千一百五十四两九钱一厘、杂赋银五百九两六钱七分九厘,均已解司,内已造入光绪二十二年秋拨册内银一百七十四两二分,已造入光绪二十五年春拨册内银一万七千九百六十二两四钱九分一厘,候造入光绪二十五年秋拨册内银四万五千五百二十八两六分九厘。未完起运并存留、驿站银八百六十两九钱三分二厘六毫,现在严饬催缴,俟报征清完,归入下届带征册内造报。由该司造具总、散各册,详请具奏前来。

臣覆核无异。除将清册咨送户部查照外,所有甘省各属光绪二十四年下忙征收银两数目,理合恭折具陈,伏乞皇太后、皇上圣鉴。谨奏。光绪二十五年四月二十六日。

(朱批:)户部知道。[1]

光绪二十五年五月二十日,奉朱批:户部知道。钦此。[2]

○六二　奏销甘肃光绪二十三年转运新饷脚价等项银两折

光绪二十五年四月二十六日(1899年6月4日)

头品顶戴陕甘总督臣陶模跪奏,为甘肃关内外光绪二十三年份转运新饷脚价等项照案支销及拨陕甘电报局各项经费银两,恭折仰祈圣鉴事。

窃甘肃关内外每年运解新饷脚价、委员川资、鞘匣等项,遵照部议由新饷内划提银四万两,另款开支。又,陕甘养电经费岁修银两,前经奏明请于划提新饷银四万两内,除开支转运脚价等项外,

---

① 台北故宫博物院藏:军机及宫中档,文献编号:408003263。

② 中国第一历史档案馆藏:录副奏折,档案编号:03-6263-027。

所余银两尽数拨支，奉旨允准，历经遵办。截至二十二年底止，造册奏咨核销，实存湘平银一万一千二百九十余两。二十三年仍照前案，由新饷内提银四万两，又收二十三年支发脚价等项照章扣回平余银二百八十余两，共管、收实存湘平银五万一千五百七十余两，自二十三年正月起至十二月底止，由泾州属之瓦云驿接运新饷至兰州省城，复由兰州转运关外，应分新饷各款至新疆省城脚价及员弁盘费、盐菜、口粮、骡脚并添制鞘匣、纸张、绳索、工价等项，共发过银二万九千二百五十余两。

又，拨发甘肃电报局二十三年养电经费银一万三千八百四十余两，陕西电报局二十三年养电经费银一千二十余两，共发过湘平银一万四千八百七十余两，应咨由督办电线事宜大理寺少卿盛宣怀列收。另将支用细数造报请销外，统计开支拨发湘平银四万四千一百二十余两，实存湘平银七千四百五十两零，另款存储，归入下届开支造报。据甘肃藩司丁体常造具总、散清册，详请具奏前来。

臣覆查无异。相应仰恳天恩，饬部查照核销。除将各册分送户、兵、工三部外，理合恭折具陈，伏乞皇太后、皇上圣鉴训示。谨奏。光绪二十五年四月二十六日。

（朱批）：该部知道。①

光绪二十五年五月二十日，奉朱批：该部知道。钦此。②

---

① 台北故宫博物院藏：军机及宫中档，文献编号：408003265。
② 中国第一历史档案馆藏：录副奏折，档案编号：03-6649-129。

○六三　造报甘肃光绪二十三
年关内防军收支各款折

光绪二十五年四月二十六日（1899 年 6 月 4 日）

　　头品顶戴陕甘总督臣陶模跪奏，为造报光绪二十三年关内防军收支各款，恳恩饬部核销，恭折仰祈圣鉴事。

　　窃查前准部咨：甘肃关内外军饷自光绪十一年起均归甘肃藩司统收分拨，所有关内十一年起至二十二年止收支各款，业经造册具奏核销在案。兹据甘肃布政使丁体常详称：查旧管项下，共存湘平银四万八千八百六十两九钱二分二厘二毫七丝；二十三年应分新饷除拨归司库支发标、练各军，并划司库提存、封储各款另册造销外，计防军饷项实收湘平银五十九万一千五百四十一两零；又收马步各营旗报缴旷银二千六百六十二两零，又收配造药铅、火绳、军装等项采买物料扣回平余银一百八十七两零，又收追缴已革北川营都司周大馥前带土勇缺额银五百七十二两零，又收前洮州同知王南薰呈缴经手未发防勇、番兵口粮银二千六十八两零，又收封存册内拨来四分减平银二十万两，又收新饷封存册内拨来旧防军子药夫口粮银一万三千五百九十三两零，又收司库提拨仓粮变价银一万七千七百一十六两零。通共实收湘平银八十二万八千三百四十三两零。

　　支发湘军武威右军左右二营步队二十二年份新饷银二万三千一百二十四两零，又发甘军副中、右、前三营旗步队二十二年份薪饷银一万一千七百五两零，又发关内防军马步各营旗二十三年份薪饷银七十五万七千二十二两零，又发关内防军马队各营旗三成倒马价银五千九百六十一两零，又发永安、大通二营官兵加给津贴银二千二百二十九两零，又发各台局委员、书吏薪水、口食、护勇口粮银一万一千九百三十三两零，又发总理营务处委员、书识、差弁、马勇薪粮银二千三十四两零，又发火药局配造铅药、火绳、工料、房租银二万一千八百二十二两零，又发机器局修整军装匠工口粮、采办物料银三千一百九十九两零，又发防军报销部饭食银一万八百六两零，又发督练甘军提臣董福祥行饷银八万二千七百三十四两零。通共实支发湘平银九十三万二千五百七十五两零。

实在项下，垫支不敷湘平银五万五千三百七十一两零，内由号商借垫银四万二千三百五十一两零，俟续收仓粮变价随时归还外，其余垫支不敷银一万三千一十九两零，已在各省预解到二十四年份三成新饷项下暂行拨用，应归入下届册内滚接造报。

所有二十三年份关内防军收支各款，造具细数清册，详请具奏前来。臣复加查核，委系实用实销，并无浮冒。相应吁恳天恩，俯准饬部核销，以清款目。

除清册分送户、兵、工部外，理合恭折具陈，伏乞皇太后、皇上圣鉴训示。谨奏。光绪二十五年四月二十六日。

（朱批：）该部知道。[1]

光绪二十五年五月二十日，奉朱批：该部知道。钦此。[2]

○六四　奏报校阅省标官兵春操情形折

光绪二十五年四月二十六日(1899 年 6 月 4 日)

头品顶戴陕甘总督臣陶模跪奏，为校阅省标各营官兵春操事

---

[1]　台北故宫博物院藏：军机及宫中档，文献编号：408003264。

[2]　中国第一历史档案馆藏：录副奏折，档案编号：03-6152-128。

竣,恭折仰祈圣鉴事。

窃查陕甘督标并兰州城守营,向按春秋二季合队操演,期收实效。兹值本年春操之期,臣并将在省及附近旗队一律调集,于三月二十六、二十九、三十等日,督同司道,亲临教场阅视。各营官兵并防、练各旗操练湘军行营阵势,并新练德国操法,队伍整肃,器械鲜明,进止如法,奇正相生;施放连环枪炮,俱皆稳练;比较刀矛,亦殊便捷;马队合队操演,马上放枪以及员弁枪靶,均灵便有准。臣择其技艺出众者,分别奖赏,以示鼓励。仍严饬各营将弁一体认真操练,务期精益求精,期成劲旅,以仰副圣主整饬戎行、修明武备至意。

所有臣校阅光绪二十五年省标春操情形,理合恭折具陈,伏乞皇太后、皇上圣鉴。谨奏。光绪二十五年四月二十六日。

(朱批:)知道了。[1]

光绪二十五年五月二十日,奉朱批:知道了。钦此。[2]

○六五　请以徐有礼借补商州协副将折

光绪二十五年四月二十六日(1899年6月4日)

头品顶戴陕甘总督臣陶模跪奏,为拣员借补副将要缺,以裨营伍,恭折仰祈圣鉴事。

窃臣准兵部咨:陕西商州协副将系题补第二轮第七缺,轮用尽先人员,应令拣员请补等因。查陕西商州协营设处南山,毗连楚

---

① 　台北故宫博物院藏:军机及宫中档,文献编号:408003266。

② 　中国第一历史档案馆藏:录副奏折,档案编号:03-5998-052。

豫，西接汉川，地方最关紧要，非精明干练、夙著战功之员，难期镇抚。臣即在于合例人员内逐加遴选，查有留陕甘记名简放总兵徐有礼，朴实勇敢，威望素著，以之借补斯缺，实堪胜任，亦与部章相符。合无仰恳天恩，俯念员缺紧要，准以记名总兵徐有礼借补商州协副将，以期得力。如蒙俞允，俟接准部覆后，即行给咨赴部引见，以符定制。

除饬取该员履历清册另咨送部外，谨会同陕西抚臣魏光焘、陕西提臣邓增合词恭折具陈，伏乞皇太后、皇上圣鉴训示。谨奏。光绪二十五年四月二十六日。

（朱批：）兵部议奏。[①]

光绪二十五年五月二十日，奉朱批：兵部议奏。钦此。[②]

○六六　奏闻嘉峪关征收俄税造册报销折

光绪二十五年四月二十六日（1899 年 6 月 4 日）

头品顶戴陕甘总督臣陶模跪奏，为嘉峪关征收俄税，扣足四结，造册报销，恭折仰祈圣鉴事。

窃照嘉峪关新设俄国陆路口岸，征收税项，遵照部议，扣足四结，专折奏咨一次。兹查光绪二十四年闰三月初九日止第五十二结届满，业经先后造册奏咨。今自二十四年闰三月初十日起至二十五年三月初九日第五十六结止，又届四结期满。其第五十三结、五十四结、五十五结、五十六结征收税银，已节次分别咨明在案。

---

①　台北故宫博物院藏：军机及宫中档，文献编号：408003267。
②　中国第一历史档案馆藏：录副奏折，档案编号：03-5933-055。

所有十四次四结内共旧管、新收，除提火耗每两一分二厘外，征收内地正、子税银一千三百二十八两四钱七厘四毫，又开除提入光绪二十四年满年经费银一千三十九两五钱六厘三毫二丝，实储税银二百八十八两九钱一厘八丝。据该关监督张廷楣造具清册，详请奏咨前来。

臣覆查无异。除册分送总理衙门及部、科查照外，理合恭折具奏，伏乞皇太后、皇上圣鉴。谨奏。光绪二十五年四月二十六日。

（朱批：）该衙门知道。①

光绪二十五年五月二十日，奉朱批：该衙门知道。钦此。②

○六七　请将军营阵亡、伤故官兵议叙折

光绪二十五年四月二十六日（1899 年 6 月 4 日）

头品顶戴陕甘总督臣陶模跪奏，为查明甘肃军营阵亡、伤故员弁兵丁，造具死事月日、地址清册，列作第二次恳请饬部议恤，恭折仰祈圣鉴事。

窃查甘肃循化撒回滋事，河州、狄道、西宁、碾伯等处回匪相继叛乱，攻城破堡，荼毒生灵，兼又分党四扰各处，营汛、团练随时分路堵剿，所有阵亡、伤故员弁兵丁，前经汇作第一次奏请议恤在案。兹据甘肃布政使丁体常续行查明阵亡、伤故员弁兵丁，计六十六员名，造具死事月日、地址清册，请作为第二次详恳奏恤前来。

臣查该员弁兵丁等或临阵捐躯，或被冻殒命，或在营积劳亡

---

① 台北故宫博物院藏：军机及宫中档，文献编号：408003269。

② 此朱批日期与内容，据军机处随手登记档（档案编号：03-0300-2-1225-136）校补。

故,均属忠义可悯。合无仰恳天恩,饬部照例分别议恤,以彰忠荩而慰幽魂。除尚有未经报到阵亡、伤故员弁以及殉难绅民、妇女人等,容再查明另案具奏,并清册分送吏、礼、兵三部外,谨恭折具陈,伏乞皇太后、皇上圣鉴训示。谨奏。光绪二十五年四月二十六日。

(朱批:)着照所请,该部知道。[①]

光绪二十五年五月二十日,奉朱批:着照所请,该部知道。钦此。[②]

○六八　请将远年官员未完借廉银两豁免折

光绪二十五年四月二十六日(1899年6月4日)

头品顶戴陕甘总督臣陶模跪奏,为甘肃远年官员未完借廉银两,委系无从着追,请旨饬部豁免,以广皇仁而清积案,恭折仰祈圣鉴事。

窃臣前准部咨:汇题光绪二十四年办理二十三年份例办道光二十一年以前各直省文武各官,并咸丰七年以前借支养廉银两已、未完扣数目一案,计开甘肃省上届汇题案内各员未完银两,除豁免外,仍有未完共银一千四百四十九两八钱四厘。前据该督声称甘肃省未扣未完银两,除查有原籍、任所分别着追外,其试用知县王文治等三员未完共银四百一十三两四分八厘,据称各员早不在甘,籍隶何处,甘肃乱后案卷不全,无从查晰等语。臣部查该三员未完前项银两,既系无从着追,应令该督自行奏明

---

① 台北故宫博物院藏:军机及宫中档,文献编号:408003268。
② 中国第一历史档案馆藏:录副奏折,档案编号:03-5933-056。

完结。今届汇题之期，未据该督奏报，仍令该督赶紧奏明完结。至有着各员未完银两，未据咨报完缴，殊属延玩，并令仍照咸丰九年单开之数严追报部，归入下届汇题案内办理等因。当经行司遵办去后。

兹据藩司丁体常详称：遵查前项未完银一千四百四十九两八钱四厘内，系嘉庆十九年试用知县王文治未完银一百七十九两二钱一厘，道光十二年试用通判金崇培未完银二十三两八钱四分七厘，道光十三年降补礼县知县徐作霖未完银二百两。以上三员不知籍隶何处，早已无从着追，奉部行令奏明完结，自应遵照办理。此外，道光六年试用知县方登贤未完银一百五十两，道光十五年丁忧崇信县典史龙嗣兴未完银三十二两八分五厘，平凉县知县林向荣未完银三百五十四两六钱七分一厘，丁忧岷州知州王宠三未完银一百两，丁忧清水县知县马方钰未完银四百两。以上五员，从前部文指明旗籍，历经咨行查追，毫无影响。届计各款皆系五六十年以前之事，岁月久远，人事变迁，亦实无从着追。

查内外官员应追借欠等项，查明家产尽绝无力完缴者，例准题豁。又，查湖北省咸丰六年以前各官未完借廉银，因迭遭兵燹，案卷毁失，无从着追，业经湖广总督于光绪二十年奏准豁免有案。甘肃迭遭兵燹，案卷多毁失不全，即各该员旗籍屡咨不覆，或亦因年久亡故，家产尽绝，无从着追，详请一并奏豁完结等情前来。

臣覆核无异。合无仰恳天恩，俯准将王文治等八员年远无着借廉银一千四百四十九两八钱四厘一并豁免完结，以广皇仁而清积案。除咨部查照外，理合恭折具奏，伏乞皇太后、皇上圣鉴，饬部核豁施行。谨奏。光绪二十五年四月二十六日

（朱批：）着照所请，户部知道。[1]

光绪二十五年五月二十日，奉朱批：着照所请，户部知道。钦此。[2]

○六九　请准朱得胜补授
三要司营守备片

光绪二十五年四月二十六日（1899 年 6 月 4 日）

再，臣接准部咨：陕西固原提属三要司营守备员缺，系题补第二轮第七缺，应用尽先人员，迅令拣员请补等因。当经移行遵照去后。兹准陕西固原提督臣邓增咨开：拣选得蓝翎尽先补用守备秦州营千总朱得胜，营务熟悉，人亦老练。咨请酌补前来。

臣查朱得胜虽尽先名次在后，而在前之赵士林、哈元祥、刘承基、孙兰现居要缺，杨先庚丁母忧，张心广、杨正邦、余绍详、夏鸣谦、张善、章志杰、朱墀清、徐得元、苏正福、王志才、潘得胜、石凤鸣均于此缺不甚相宜，未便迁就请补。该员朱得胜年力正强，操防勤奋，且在陕年久，情形熟悉，以之请补斯缺，实堪胜任，人地亦极相宜，并与轮缺章程相符。合无仰恳天恩，俯念员缺紧要，准以该员朱得胜补授三要司营守备，可期得力。如蒙俞允，俟接准部覆后，即行给咨送部引见，以符定制。

除查取该员履历清册另咨送部外，谨会同陕西提臣邓增合词附片具陈，伏乞圣鉴训示。谨奏。

---

[1]　台北故宫博物院藏：军机及宫中档，文献编号：408003270。

[2]　中国第一历史档案馆藏：录副奏折，档案编号：03-6577-031。

（朱批：）兵部议奏。①

光绪二十五年五月二十日，奉朱批：兵部议奏。钦此。②

○七○　请准方振兴升
补略阳营守备片

光绪二十五年四月二十六日(1899年6月4日)

再，臣前准部咨：陕西汉中镇属略阳营守备签掣第五缺，按照新章应用应升人员，行令迅拣请补等因。当经移行遵照去后。兹准陕西提臣邓增咨称：查有应升之陕安镇属紫阳营千总方振兴，年力精壮，营务熟悉，堪以请补。咨请核办前来。

臣查该千总方振兴年力正强，操防勤奋，前次六年俸满，业经引见回任照例应升之员，以之请补斯缺，不惟与部章相符，且于营伍、地方均有裨益。合无仰恳天恩，俯念员缺紧要，准以该千总方振兴升补略阳营守备员缺，以期得力。如蒙俞允，俟接准部覆后，即行给咨送部引见，以符定制。

除饬取该员履历清册另咨送部外，谨会同陕西提臣邓增附片具陈，伏乞圣鉴训示。谨奏。

（朱批：）兵部议奏。③

光绪二十五年五月二十日，奉朱批：兵部议奏。钦此。④

---

① 台北故宫博物院藏：军机及宫中档，文献编号：408003268-0-A。
② 中国第一历史档案馆藏：录副奏片，档案编号：03-5933-052。
③ 台北故宫博物院藏：军机及宫中档，文献编号：408003268-0-B。
④ 中国第一历史档案馆藏：录副奏折，档案编号：03-5933-057。

○七一　奏闻饬令岑春煊即赴新任片

光绪二十五年四月二十六日（1899 年 6 月 4 日）

再，调补甘肃布政使岑春煊现已到省，应即饬赴新任，以专责成。广东布政使丁体常俟交卸甘肃藩篆后，即令迅赴广东藩司调任。除分别檄饬遵照并咨明广东督抚臣查照外，理合附片具奏，伏乞圣鉴。谨奏。

（朱批：）知道了。①

光绪二十五年五月二十日，奉朱批：知道了。钦此。②

○七二　奏报派委岑春煊经理营务片

光绪二十五年四月二十六日（1899 年 6 月 4 日）

再，总理甘肃全省防、练各军营伍甘肃布政使丁体常，奉旨调补广东布政使，现在交卸起程赴任。所遗营务事宜，仍应派委大员认真经理。查调补甘肃布政使岑春煊器识闳远，熟悉戎机，堪以派委。除札饬外，理合附片具陈，伏乞圣鉴。谨奏。

（朱批：）知道了。③

光绪二十五年五月二十日，奉朱批：知道了。钦此。④

---

① 台北故宫博物院藏：军机及宫中档，文献编号：408003269-0-A。
② 中国第一历史档案馆藏：录副奏片，档案编号：03-5376-024。
③ 台北故宫博物院藏：军机及宫中档，文献编号：408003269-0-B。
④ 中国第一历史档案馆藏：录副奏片，档案编号：03-5376-025。

○七三　请以顾福升补授都司员缺片

光绪二十五年四月二十六日（1899 年 6 月 4 日）

再，臣前准部咨：西宁镇标前营都司缺，掣定作为第五轮第八缺，轮用尽先人员，行令拣员请补等因。臣在于尽先合例人员内逐加拣选，实拣选得留甘尽先补用都司顾福升，久历戎行，操防勤奋，虽尽先名次在前尚有杜濡早已撤任，陈克昆请假开缺回籍，陈正昌业经请补阳平关营都司，宋长升、张炳烜告假离营，陈又新、王生吉现居要缺，文辉祥、马如蛟已保游击，戴君虎、马占彪、程鼎已保参将均应过班，陈荣浦、杜得润与此缺人地不甚相宜，均未便迁就请补。惟该员顾福升现署河州城守营都司，整顿操防，甚属认真。河州与西宁相距不远，该员于该处地方、营伍情形极其熟悉，以之请补斯缺，实堪胜任，亦与轮章相符。合无仰恳天恩，俯念员缺紧要，准以该员顾福升请补西宁镇标前营都司，可期得力。如蒙俞允，俟接准部覆后，即行给咨送部引见，以符定制。

除饬取该员履历清册另咨送部外，谨会同署甘肃提臣张永清附片具陈，伏乞圣鉴训示。谨奏。

（朱批：）兵部议奏。[1]

光绪二十五年五月二十日，奉朱批：兵部议奏。钦此。[2]

---

① 台北故宫博物院院藏：军机及宫中档，文献编号：408003267-0-A。

② 中国第一历史档案馆藏：录副奏片，档案编号：03-5933-051。

○七四　奏报守备黄得福因病出缺片

光绪二十五年四月二十六日(1899年6月4日)

再,臣据宁夏镇总兵王钺安呈称:镇属玉泉营守备黄得福得患中风病证,医药罔效,于光绪二十五年三月初四日在任病故等情,呈报前来。

臣覆查无异。相应奏明请旨开缺。

除饬取该故员原领札付及委员承查印、甘各结另咨送部外,所遗守备员缺,陕甘现有应补人员,臣另拣请补。谨附片具陈,伏乞圣鉴。谨奏。

(朱批:)兵部知道。①

光绪二十五年五月二十日,奉朱批:兵部知道。钦此。②

○七五　请以陈龙书补授利桥营都司片

光绪二十五年四月二十六日(1899年6月4日)

再,臣接准部咨:陕西固原提属利桥营都司员缺,系题补第四轮第九缺,轮用世职人员,今请以骑都尉朱焘补授。查朱焘系甘肃人,发营学习尚未期满赴部引见,请补陕西省都司之缺,与例不符,

---

① 台北故宫博物院藏:军机及宫中档,文献编号:408003278-0-A。此片附于光绪二十五年五月二十二日之主折之后,而军机录副则署"光绪二十五年四月二十六日",且朱批日期为"光绪二十五年五月二十日"。据此,原件目录标注讹误。再据朱批日期查军机处随手登记档,可知此奏片之具奏日当为"光绪二十五年四月二十六日"。兹据校正。

② 中国第一历史档案馆藏:录副奏片,档案编号:03-5933-053。

奏令另拣陕西省期满世职合例人员请补等因。臣查有陕西汉中镇标学习期满骑都尉世职陈龙书，年力富强，从公勤慎，以之请补斯缺，洵堪胜任，亦与例章相符。合无仰恳天恩，俯念员缺紧要，准以另拣陕西期满骑都尉世职陈龙书补授陕西提属利桥营都司员缺，以资得力。如蒙俞允，该员系曾经引见之员，毋庸再行送部，应请饬部发给实授札付，以符定制。

除查取履历清册另咨送部外，谨会同陕西固原提督臣邓增合词附片具奏，伏乞圣鉴训示。谨奏。

（朱批：）兵部议奏。①

光绪二十五年五月二十日，奉朱批：兵部议奏。钦此。②

○七六　奏报和色本等署理总兵等缺片

光绪二十五年四月二十六日（1899 年 6 月 4 日）

再，补授甘肃宁夏镇总兵田玉广，仍留武卫军差遣，一时未能赴任。所遗宁夏镇总兵印务，亟应委员署理，俾专责成。臣查有副都统衔督标中营副将和色本，笃实稳练，有守有为，堪以委署。递遗督标中军副将员缺，查有记名提督督标左营参将杨志胜，久历戎行，才猷卓著，堪以署理。又，署肃州镇属金塔协副将戴福禄署事期满遗缺，查有修墓事竣回省销假之永固协副将朱祥兴，老成练达，堪以署理。

除分别檄饬遵照外，理合附片具奏，伏乞圣鉴。谨奏。

---

①　台北故宫博物院藏：军机及宫中档，文献编号：408003267-0-B。

②　中国第一历史档案馆藏：录副奏片，档案编号：03-5933-054。

（朱批：）兵部知道。①

光绪二十五年五月二十日,奉朱批:兵部知道。钦此。②

○七七　奏报甘凉道白遇道饬赴本任等情片

光绪二十五年四月二十六日(1899年6月4日)

再,新授甘肃甘凉道白遇道现已到省,应即饬赴本任,以专责成。又,甘肃宁夏道胡景桂奉旨升授山东按察使,前经附片奏明暂留督办宁夏中卫渠、河各工,现据报称均已办理就绪,拟即进京陛见。所遗宁夏道员缺,应饬宁夏府知府崇俊就近兼护。

除分别檄饬遵照外,谨附片具奏,伏乞圣鉴。谨奏。

（朱批：）吏部知道。③

光绪二十五年五月二十日,奉朱批:吏部知道。钦此。④

○七八　奏请改拨肃军五营饷需片

光绪二十五年四月二十六日(1899年6月4日)

再,臣前奏提臣张俊招募肃军五营,饬筹银十万两,暂于未分

---

①　台北故宫博物院藏:军机及宫中档,文献编号:408003267-0-C。

②　中国第一历史档案馆藏:录副奏片,档案编号:03-5933-058。

③　台北故宫博物院藏:军机及宫中档,文献编号:408003289-0-A。此片之具奏日期,原件附于408003289-0-A号主折之后,具奏日期为"光绪二十五年七月二十九日",而军机录副则署"光绪二十五年四月二十六日",据朱批日期查光绪二十五年五月二十日军机处随手登记档,内即有此片,据同批折件可知,此片具文日期当为"光绪二十五年四月二十六日"。兹据校正。

④　中国第一历史档案馆藏:录副奏片,档案编号:03-5376-026。

新饷内借拨，恳恩饬部拨还归款，并以后该军应需饷项另行改拨，以免贻误一折；又附奏提臣招募马步五营，岁需饷银十三万一千二百余两，除借拨之十万两外，尚不敷银三万一千二百余两，并该军所需军装、子药、账房及旗帜、号衣不敷经费并恳一并议拨一片，奉朱批：户部速议具奏。片并发。钦此。旋准户部议奏本年奉拨之十万两，据称已由未分新饷项下挪垫。新饷为各军计口授食之需，未便短欠，应即指拨归还。查甘省常年例存及候拨各款，除动用外，实存湘平银七万二千两。又，本年秋拨册存各款银八万八千两，除已拨董军不敷银八万两外，计尚存银八万两，饬令照数提出，作为归还垫用新饷下欠未还银二万两；并另片奏称不敷银三万一千二百余两，及所需军装、旗帜、号衣等项，一俟核明确数，均由司库常年例存各款项下匀挪供支各等语。于光绪二十四年十二月二十一日奉旨：依议。钦此。钦遵钞咨前来。当经行司遵照去后。

兹据甘肃布政使丁体常详称：查甘省前造册报，截至光绪二十二年底止，封储项下实存湘平银七万二千三百九十一两三钱八分九厘，业已归入二十三年报销案内接续造报在案。核计截至二十三年底止，统共实存湘平银九万一千九百七十七两八钱九分四厘，应即遵照部示，尽数提出，归还新饷垫款。尚不敷银八千余两，本应于二十四年秋拨册存款内提还，惟查前拨董军饷银八万两，因秋拨册存不敷提拨，已将是年续征地丁候入二十五年春拨册报银二万余两动用。是二十四年秋拨册内已属无款可提，而肃军借用新饷又未便日久悬宕，此项不敷银八千余两，拟请在于二十四年宁、凉、庄三满营并西宁青海大臣支剩饷项内尽数提还。倘尚有不敷，再于二十五年该满营支剩饷内凑补足数，以符前借新饷湘平银十万两之数。

至此外不敷银三万一千二百余两，及所需制办军装、旗帜、号衣等项经费，现在司库款项奇绌，并无余存，实属无从匀挪。肃军马步五营现已开拔晋京，所有前项不敷银两及军装、旗帜、号衣等项并以后所需行饷，应请由部一并另筹的款，就近供支，以资饱腾而免缺乏各等情，详请奏咨前来。

臣复加查核，委系实在情形。合无仰恳天恩，饬部一并另行改拨。除咨明户部暨提臣张俊查照外，理合附片具奏，伏乞圣鉴训示。谨奏。

（朱批：）户部知道。[①]

光绪二十五年五月二十日，奉朱批：户部知道。钦此。[②]

○七九　奏报拣员署理同知等缺片

光绪二十五年四月二十六日（1899 年 6 月 4 日）

再，贵德同知吴人寿因病请假遗缺，查有请补循化同知王开斌，堪以委署。署肃州直隶州知州何庆衍调省遗缺，查有试用直隶州知州王学伊，堪以委署。平凉县知县张时熙调省遗缺，查有华亭县知县杨鼎新，堪以调署；所遗华亭县知县员缺，查有镇番县知县钱广恩，堪以调署；递遗镇番县知县员缺，查有准调玉门县知县现署古浪县事杨宸谟，堪以调署；递遗古浪县知县员缺，查有候补知州宋之章，堪以委署。署秦安县知县杜绍勋调省遗缺，查有候补知县黄焘，堪以委署。固原直隶州知州张祥会撤任遗缺，查有现署皋

---

① 台北故宫博物院藏：军机及宫中档，文献编号：408003265-0-A。

② 中国第一历史档案馆藏：录副奏折，档案编号：03-6152-127。

兰县事即补直隶州知州萧承恩，堪以调署；所遗皋兰县知县员缺，查有宁朔县知县张庭武，堪以调署；递遗宁朔县知县员缺，查有教习知县宋运贡，堪以委署；宋令未到任以前，委宁夏县知县杜翱暂行兼摄。署宁远县知县朱远缮调省遗缺，查有候补知县林寿钧，堪以委署。署平番县事准补永昌县知县阮士惠饬赴本任，所遗平番县知县员缺，查有候补知县杨廷槐，堪以委署。新选隆德县知县潘龄皋现已到省，应即饬赴本任。署中卫县事准升丹噶尔同知陈昌调省，所遗中卫县知县员缺，查有候补知县王树楠，堪以委署。据藩、臬两司先后会详前来。

除批饬给委外，理合附片陈明，伏乞圣鉴。谨奏。

（朱批：）吏部知道。[①]

光绪二十五年五月二十日，奉朱批：吏部知道。钦此。[②]

○八○　奏报甘肃光绪二十五年三月雨水、粮价折

光绪二十五年五月二十二日（1899 年 6 月 29 日）

头品顶戴陕甘总督臣陶模跪奏，为恭报甘肃省光绪二十五年三月份粮价、雨泽情形，恭折仰祈圣鉴事。

窃照本年二月份粮价并得沾雨雪情形，业经具折奏报在案。兹查三月份，兰州等八府六直隶州属具报得沾雨泽，自一二寸至三四寸不等。正值禾苗出土之际，获此沃泽，土脉滋润，实于农田有

---

① 台北故宫博物院藏：军机及宫中档，文献编号：408003263-0-A。

② 中国第一历史档案馆藏：录副奏片，档案编号：03-5376-023。

禅。至通省粮价，或与上月相同，或较上月稍有增减。据藩司丁体常具详请奏前来。

臣覆核无异。理合恭折具奏，并缮粮价清单，恭呈御览，伏乞皇太后、皇上圣鉴。谨奏。光绪二十五年五月二十二日。

（朱批：）知道了。①

光绪二十五年六月十一日，奉朱批：知道了。钦此。②

○八一　呈甘肃光绪二十五年三月粮价清单

光绪二十五年五月二十二日(1899 年 6 月 29 日)

谨将甘肃各属光绪二十五年三月份米粮时估价值，缮具清单，恭呈御览。

计开：

兰州府属：价落

粟米每京石价银一两一钱六分二厘至四两四钱四分，较上月贱五钱七分八厘。小麦每京石价银二两一分三厘至三两九钱六分，较上月贱三钱四分二厘。豌豆每京石价银二两一分三厘至四两八分，较上月贱二钱二分二厘。青稞每京石价银二两一钱至三两六钱，较上月贱八钱八分九厘。

巩昌府属：价有平有落

粟米每京石价银一两二钱七厘至三两四钱三厘，较上月贱一钱七分五厘。小麦每京石价银一两三分至二两五钱八分二厘，较

---

① 台北故宫博物院藏：军机及宫中档，文献编号：408003278。
② 中国第一历史档案馆藏：录副奏折，档案编号：03-6985-013。

上月贱四钱。豌豆每京石价银八钱七分五厘至二两四钱六分四厘,较上月贱一钱六分。青稞每京石价银七钱六分至二两八分九厘,与上月相同。

平凉府属:价平

粟米每京石价银一两八钱五分八厘至二两六钱六分,与上月相同。小麦每京石价银一两四钱八分至二两三钱六分二厘,与上月相同。豌豆每京石价银一两三钱二分四厘至二两三钱一分,与上月相同。糜子每京石价银一两八分至一两四钱,与上月相同。

庆阳府属:价平

粟米每京石价银七钱九分四厘至一两七钱六分,与上月相同。小麦每京石价银九钱二分六厘至一两七钱二分,与上月相同。豌豆每京石价银一两二分九厘至一两八钱二分五厘,与上月相同。糜子每京石价银三钱三分八厘至七钱九分八厘,与上月相同。

甘州府属:价平

粟米每京石价银八钱一分九厘至一两四钱三分二厘,与上月相同。小麦每京石价银七钱三厘至八钱六分一厘,与上月相同。豌豆每京石价银七钱三厘至一两三钱九分四厘,与上月相同。青稞每京石价银四钱六分八厘至七钱,与上月相同。

凉州府属:价平

粟米每京石价银九钱二分四厘至二两八钱二分六厘,与上月相同。小麦每京石价银七钱三分五厘至二两五钱三分八厘,与上月相同。豌豆每京石价银七钱五分六厘至二两六钱二分九厘,与上月相同。青稞每京石价银五钱六分至一两八钱七分八厘,与上月相同。

宁夏府属：价有平有落

粟米每京石价银七钱七分至一两七钱五分，与上月相同。小麦每京石价银九钱八分至二两三分，较上月贱二分四厘。豌豆每京石价银七钱七分至一两八钱九分，与上月相同。糜子每京石价银八钱三分二厘至一两二钱二分四厘，较上月贱四分七厘。

西宁府属：价有昂有平

粟米每京石价银一两九钱二分八厘至五两五钱三分六厘，较上月贵三分二厘。小麦每京石价银二两一钱至二两六钱八分八厘，与上月相同。豌豆每京石价银一两五钱九分三厘至二两五钱七分六厘，与上月相同。青稞每京石价银一两四钱五分三厘至二两三钱五分二厘，与上月相同。

秦州直隶州并所属：价平

粟米每京石价银一两三钱九厘至三两八钱六分四厘，与上月相同。小麦每京石价银七钱八分八厘至三两八钱六分四厘，与上月相同。豌豆每京石价银七钱九分三厘至三两八钱六分四厘，与上月相同。糜子每京石价银五钱九分八厘至二两六钱五分七厘，与上月相同。

阶州直隶州并所属：价有平有落

粟米每京石价银一两六钱四厘至三两四钱四分一厘，较上月贱一厘。小麦每京石价银一两四钱五分八厘至三两七分九厘，与上月相同。豌豆每京石价银一两八钱六分七厘至二两七钱三分六厘，与上月相同。糜子每京石价银一两四钱一分六厘，较上月贱九分。

泾州直隶州并所属：价昂

粟米每京石价银五钱五分七厘至一两五钱九分八厘,较上月贵二分三厘。小麦每京石价银五钱七分五厘至一两三钱八分五厘,较上月贵二分。豌豆每京石价银五钱五分九厘至一两三钱四分九厘,较上月贵一分九厘。糜子每京石价银四钱四分五厘至九钱九分四厘,较上月贵一分四厘。

固原直隶州并所属:价有昂有落

粟米每京石价银一两四钱二分六厘至二两八钱一分七厘,较上月贱二钱二分一厘。小麦每京石价银一两四钱二分六厘至二两四钱五分五厘,较上月贱一钱一分八厘。豌豆每京石价银一两四钱二分六厘至二两五钱八分,较上月贵一钱四分七厘。糜子每京石价银一两二钱九厘,较上月贱七分五厘。

肃州直隶州并所属:价平

粟米每京石价银一两一钱三分四厘至一两八钱九分,与上月相同。小麦每京石价银八钱一分二厘至一两六钱三分八厘,与上月相同。豌豆每京石价银九钱五分至一两六钱三分八厘,与上月相同。青稞每京石价银五钱四分六厘至一两三钱二厘,与上月相同。

安西直隶州并所属:价平

粟米每京石价银一两五分至一两三钱七分二厘,与上月相同。小麦每京石价银一两九分八厘至一两二钱,与上月相同。豌豆每京石价银一两二钱至二两八分,与上月相同。青稞每京石价银九钱九分三厘至一两四钱,与上月相同。

(朱批:)览。[①]

---

① 中国第一历史档案馆藏:清单,档案编号:03-6985-014。

○八二　奏为假期已满力疾销假折

光绪二十五年五月二十二日(1899 年 6 月 29 日)

头品顶戴陕甘总督臣陶模跪奏，为微臣假期已满，病稍轻减，力疾销假，恭折仰祈圣鉴事。

窃臣于光绪二十五年二月十九日奏恳天恩，续假调理，五月初七日奉朱批：着再赏假一个月。钦此。鸿慈逾格，感激莫名。臣年逾六十，精力本衰，向患咳嗽、气喘诸证，入冬触寒即发，直至春夏天气和暖，始能渐次就愈。不期近年较昔增剧，兼患怔忡，现虽时届盛夏，仍未全愈。伏念微臣渥荷圣恩，畀以封疆重任，当此时艰孔亟，理应竭力从公，勉图报称，何敢以微躯宿恙，屡渎宸聪。现拟一面设法调治，一面照常办理公事，不敢稍形疏懈，以仰副朝廷慎重边陲至意。

所有微臣病稍轻减，力疾销假缘由，理合恭折具陈，伏乞皇太后、皇上圣鉴训示。谨奏。光绪二十五年五月二十二日

（朱批：）知道了。[1]

光绪二十五年六月十一日，奉朱批：知道了。钦此。[2]

○八三　奏请奖叙解清甘肃新饷各员折

光绪二十五年五月二十二日(1899 年 6 月 29 日)

头品顶戴陕甘总督臣陶模跪奏，为各省关筹拨光绪二十三年

---

[1]　台北故宫博物院藏：军机及宫中档，文献编号：408003272。
[2]　中国第一历史档案馆藏：录副奏折，档案编号：03-5377-026。

甘肃新饷,依限扫数解清,请将出力各员照案奖叙,恭折仰祈圣鉴事。

窃臣前准部咨:钦奉谕旨:甘肃关内外饷银关系紧要,经户部分别饷数,请饬依限报解,着该将军、督抚等严饬各该司道,按照部拨数目,扫数筹解。如能依限解清,即由陕甘总督奏请奖叙等因。钦此。历经钦遵办理在案。兹查光绪二十三年甘肃新饷,户部照拨四百八十万两,各省俱已扫数完解。臣维甘肃关内外所需饷项,皆系计口授食,协拨稍有逾期,军食即难充足。各省关司道竭力代筹,源源解济,关内外得免匮乏,实属宏济艰难,亟应照章请奖,以酬劳绩。经臣分咨各省,查取应叙职名前来。合无仰恳天恩,俯照成案奖叙,以示鼓励。

查直隶总督前福州将军裕禄、两江总督刘坤一、湖广总督张之洞、刑部尚书前江苏巡抚赵舒翘、前署江苏巡抚现任四川总督奎俊、山西巡抚胡聘之、陕西巡抚魏光焘、前江西巡抚现任江苏巡抚德寿、安徽巡抚邓华熙、前河南巡抚现任浙江巡抚刘树堂等,公忠体国、畛域无分。臣忝任边圻,幸赖饷项无缺,得以稍免愆尤,不敢不上达宸聪,应如何从优议叙之处,臣未敢擅拟,伏候圣裁。

至各司道等请奖职名,谨缮清单,恭呈御览,伏乞皇太后、皇上圣鉴训示。再,四川省协拨甘肃关内外光绪二十三年新饷,业经悉数解清,所有应叙职名未准送到,请俟咨催查取至日,附片请奖。合并陈明。谨奏。光绪二十五年五月二十二日。

（朱批:）户部议奏。单并发。[1]

---

[1] 台北故宫博物院藏:军机及宫中档,文献编号:408003273。

光绪二十五年六月十一日，奉朱批：户部议奏。单并发。[①]
钦此。[②]

○八四　奏报筹还昭信股票本息银两折

光绪二十五年五月二十二日（1899 年 6 月 29 日）

头品顶戴陕甘总督臣陶模跪奏，为报明甘肃官绅商民缴借昭信股票银数，另筹备还本息银两，并请补发股票，恭折仰祈圣鉴事。

窃查甘肃劝借昭信股票银两，前将筹办大概情形恭折具奏在案。计自设局开办起，截至本年三月底止，文武大小各官共缴借银十万两，各属绅商士民共缴银十二万二千五百两，除官员缴银业已准作报效移奖，奉部颁发章程，应另核办，毋庸给票外，其给票绅商士民散在各属，认借数目多寡不同，缴银迟速不一，起息日期难归一律，拟请照依部章，即以光绪二十五年二月为初年付息之期。凡于二十四年内缴齐者，各按缴银之日起，截至是年年底止，由各属遵照定期给息，裁回初年息票一方块；若系二十五年始行缴齐者，则应俟二十六年二月再行算付，以后按年分别付息，挨次裁回。至筹还此项股票，统计二十年本息约需银二十一万四千两，经部指拨之三成养廉现有银三万六千一百余两，勉敷初二、三、四、五、六等年还息之用。此外所短尚多，甘库异常支绌，的款实无从筹。

查光绪十四年甘肃筹借河南赈银三十万两，旋复转拨各省办赈，除节年拨还动用外，尚欠银十五万六千六百六十六两六钱六分

---

①　此清单查无下落，待考。
②　中国第一历史档案馆藏：录副奏折，档案编号：03-6649-152。

・2128・

七厘。原议分四年归还，今已逾十年，尚未还清，拟请以此项借款收作陆续应付昭信股票本息之用，计连三成养廉及收还借赈各银可得十九万二千七百余两，仍不敷银二万余两，数不甚巨，届时再由甘省设法筹补。至奉部颁发绅商士民换领股票九百十张，计十万两，尚不敷股票二万二千五百两之数，应请由部按一百两一张，照数补发。据藩司丁体常先将各属绅商士民缴借银两总数并报效各官衔名、银数，分别开具清折，详请奏咨前来。

臣覆核无异。相应请旨饬下河南、山东、山西、陕西四省，将前欠甘肃借拨赈款银两仍分年悉数解还，并恳饬部迅速补发股票，以便换给而昭信守。

除清折咨部外，所有甘肃官绅商民缴借昭信股票银数，另筹备还本息银两，并请补发股票各缘由，理合恭折具陈，伏乞皇太后、皇上圣鉴训示。谨奏。光绪二十五年五月二十二日。

（朱批：）户部知道。[1]

光绪二十五年六月十一日，奉朱批：户部知道。钦此。[2]

○八五　奏报孳生马厂二次期满考成折

光绪二十五年五月二十二日（1899年6月29日）

头品顶戴陕甘总督臣陶模跪奏，为甘肃提标二群孳生马厂二次三年期满，循例考成，恭折仰祈圣鉴事。

窃查甘提二群孳生马厂，前于光绪二十年造办考成后，扣至二

---

①　台北故宫博物院藏：军机及宫中档，文献编号：408003275。

②　中国第一历史档案馆藏：录副奏折，档案编号：03-6577-035。

十三年十月底止，又届二次三年期满，自应循例办理。先经臣委员赴厂查验印烙，并令分晰造册去后。兹准署甘肃提督臣张永清将甘标二群马厂孳生儿骒马匹数目并经牧官兵姓名，照例声明恤赏，造册咨送核办前来。

臣查定例：孳生马匹，派员经理牧放，不论儿骒马，三年三匹取孳生马驹一匹，此外多孳少孳，应视每厂牧马之多寡，定以孳生分厘之成数。如应取驹百匹者，以十匹马为一分，一匹为一厘；若于额取之外多孳生一厘以至一分者，牧副纪录二次，牧兵赏银一两。至各员弁等应行议叙及兵丁等应行给赏之处，如已满三年，仍照例办理；其未满三年者，照历来均齐成案，应请免议等语。甘州提标原设二群孳马二百四十匹，自光绪二十年造办考成后，扣至二十三年十月底止，又届三年均齐限满，原设并孳生共大小儿骒马三百三十匹，内除十八、十九、二十等三年产获儿骒马驹九十匹未至取驹之年，二十一年一岁应取驹儿骒马二百四十匹，按例应孳生马驹二十七匹；二十二年一岁旧管应取驹儿骒马二百四十匹，再加十八年产获应取驹儿骒马十三匹，二共应取驹儿骒马二百五十三匹，按例应孳生马驹二十八匹；二十三年一岁旧管应取驹儿骒马二百五十三匹，再加十九年产获应取驹儿骒马三十五匹，二共应取驹儿骒马二百八十八匹，按例应孳生马驹三十二匹，再加二十二年产获儿骒马驹四十二匹，未至取驹之年，俟下届另算外，今查甘州提标五营，自二十年十一月初一日起至二十三年十月底止，共产获孳生马驹一百一匹，内除依额应孳生马驹八十七匹外，多孳生马驹一十四匹，照例合算，系在一分以上。

除将应行叙赏弁兵开单另算，咨部分别核办，总理孳马甘肃提属大马营游击沈福清、接管总理之署游击陈锡坤、朱万荣、陈星沅及经牧甘标前营把总祁峰、接牧之右营把总李吉贵，均未满三年，毋庸议叙外，其署甘肃提臣张永清稽查已满三年，应请照例加一级。至牧兵例给赏银，司库建旷现在无款可支，应请于兵饷款内动用造报。取获马驹，应俟下届三年期满，再行照例办理。

除送到清册分送户、兵二部查照外，理合将甘提标二群马厂二次三年期满循例考成缘由，恭折具奏，伏乞皇太后、皇上圣鉴，训示施行。谨奏。光绪二十五年五月二十二日。

（朱批：）兵部知道。[1]

光绪二十五年六月十一日，奉朱批：兵部知道。钦此。[2]

〇八六　请以清辅补授西安城守协副将折

光绪二十五年五月二十二日（1899年6月29日）

头品顶戴陕甘总督臣陶模跪奏，为拣员请补副将要缺，以裨营伍，恭折仰祈圣鉴事。

窃臣接准部咨：陕西西安城守协副将员缺系题补第二轮第三缺，轮用预保。该省预保无人，应遇班用第六缺拣发人员，迅即拣员请补等因。臣查西安城守协副将员缺，设立省会，事务殷繁，非精明干练之员，不足以资展布。兹查有补用副将甘州城守营参将清辅，朴实稳练，有守有为，以之请补斯缺，实属人地相需，亦与轮缺章程相符。合无仰恳天恩，俯念员缺紧要，准以该员清辅补授西安城守协副将，可期得力。如蒙俞允，俟接准部覆后，即行给咨送

---

① 台北故宫博物院藏：军机及宫中档，文献编号：408003271。
② 中国第一历史档案馆藏：录副奏折，档案编号：03-5373-030。

部引见，以符定制。

除查取该员履历清册另咨送部外，所遗甘州城守营参将员缺，陕甘现有应补人员，容臣另拣请补。谨会同陕西抚臣魏光焘、陕西提臣邓增合词恭折具陈，伏乞皇太后、皇上圣鉴训示。谨奏。光绪二十五年五月二十二日。

（朱批：）兵部议奏。①

光绪二十五年六月十一日，奉朱批：兵部议奏。钦此。②

○八七　仍恳饬销赈济河湟难民银粮折

光绪二十五年五月二十二日（1899年6月29日）

头品顶戴陕甘总督臣陶模跪奏，为报销赈济河湟难民用过银粮案内奉部行查各款，据实覆陈，仍恳饬部核销，俾清款目，恭折仰祈圣鉴事。

窃臣准户部咨：议奏甘肃河湟被兵，支放各属赈银、房费、牛具、埋葬、毡衣、路费、粮价、运脚、薪工、杂支一案，除准销外，应行查银二十七万九百六十四两一钱一分一厘，内牛具费银、聚埋冢费系照何项成案办理，运粮脚价是否实在时价，散过青海蒙、番茶、布、炒面、衣裤等银并无细数，大通县等处赈银按例定支数浮多，饬令逐一查明，奏咨声覆，再行查核等因。当经行司遵照去后。

兹据藩司丁体常详称：遵查牛具费银、聚埋冢费，例内本无明文。甘肃省被水冲毙牲畜向系每户给银五钱，前次河湟军兴，牛具

---

① 台北故宫博物院藏：军机及宫中档，文献编号：408003277。
② 中国第一历史档案馆藏：录副奏折，档案编号：03-5933-092。

掳尽，较仅止冲毙耕牛者其情更惨，田地荒芜，非牛具无以为垦，是以每户连牛与具共酌给银七钱，其实当时牛价甚贵，物值尤昂，断非七钱银所能置备，不过按户给银，令其朋凑共买，通力合作，始克黾勉耕种。甘肃省淹毙人口埋葬银每大口二两，小口一两。今兵燹之余，横尸遍野，形骸尚具者，各掩一抔；其断体零肢尸骸不全者，广开坑井，聚埋丛冢，每冢尸骸或二三百具，或百数十具不等；就一冢而论，费固不少，若按口以计，所省实多。至赈粮运脚，均系实在时价，比之军粮运脚，有减无增。此次运送军粮，每大车载重八百斤，百里给脚价银二两四钱，已经兵部核准；赈粮每大车载仓斗粮四石，约重八百斤，百里止给脚价银二两，缘赈粮之用较军粮为稍缓，是以竭力撙节，实未多开分毫。其青海两次赈款内之茶、布，为数有限，乃所以赡王、贝子者，炒面之用犹赈粮也。其余衣裤、路费、折赈等事，均与内地相同，谨另开具细数清单，送部查核。大通等处赈银系因采运不继，兼行折赈之法，大口月赈粮一斗五升，折银五钱；小口月赈粮七升五合，折银二钱五分。盖当时粮价每石三两有余，若必须运粮给赈，再加脚价，则所费更巨，是折赈较粮赈只有节省，实无浮多。采粮已照时价准销，此项折给之赈，似未便转以例价相绳。以上行查各款银二十七万九百六十四两一钱一分一厘，理合切实声覆，呈请奏咨前来。

臣覆核无异。合无仰恳天恩，俯准饬部仍照原单核销，以清款目。再，前奏不敷银一十五万八千余两，声明当时设法挪垫，亟须筹还，请仍由各属仓储内拨粮十八万石，陆续变价归款，应俟各属粜变解价后，再一并清算造报。合并陈明。

除所开散过青海蒙、番难民茶、布、炒面等银细数清单送部查核外，理合恭折具陈，伏乞皇太后、皇上圣鉴训示。谨奏。光绪二十五年五月二十二日。

（朱批：）着照所请，该部知道。①

光绪二十五年六月十一日，奉朱批：着照所请，该部知道。钦此。②

○八八　请将前保出力文员照单奖叙折

光绪二十五年五月二十二日（1899年6月29日）

头品顶戴陕甘总督臣陶模跪奏，为前次剿平海城逆回案内在事出力文职员绅仍请照单奖叙，免其撤销，以示鼓励，恭折具陈，仰祈圣鉴事。

窃光绪二十一年剿平甘肃海城逆回在事出力各员，经前督臣杨昌濬开单奏请奖励，旋经部驳议，令查照获匪章程，查明出力之员何员尤为出力，何员其次出力，详晰奏覆，再行核办等因。具奏奉旨：依议。钦此。钦遵咨会到臣。遵即钦遵转饬查明，分别开单，仍恳天恩，照准给奖，复经部议以逾限撤销，奏奉谕旨咨行前来。

臣维前次海城逆回滋事，势甚猖獗，稍迟即滋蔓难图，全赖地方文武各员会督团练，星驰堵击，得以迅速荡平，论事虽属一隅，论功实关全局。武职早经兵部议给奖叙，文职既已驳令分别尤为、其次出力，似与请保武职不无功同赏异之殊。若再因逾限一律撤销，似无以昭激劝而励将来。且查文职与武职系同时开单请奖，不过

---

① 台北故宫博物院藏：军机及宫中档，文献编号：408003279。

② 中国第一历史档案馆藏：录副奏折，档案编号：03-5604-055。

文职部驳奏覆稍迟，核与实在开保逾限者情形有间，谨仍开具清单，恭呈御览。合无仰恳天恩，俯准照给奖叙，以免向隅。

除咨吏部查照外，理合恭折具奏，伏乞皇太后、皇上圣鉴训示。谨奏。光绪二十五年五月二十二日。

（朱批：）吏部议奏。单并发。[①]

光绪二十五年六月十一日，奉朱批：吏部议奏。单并发。[②]钦此。[③]

○八九　请准康顺年补授靖逆营游击折

光绪二十五年五月二十二日（1899年6月29日）

头品顶戴陕甘总督臣陶模跪奏，为拣员请补游击要缺，以裨营伍，恭折仰祈圣鉴事。

窃甘肃肃州镇属靖逆营游击朱应龙，经臣奏请调补肃州镇标中营游击，遗缺拟请仍归拣发班内人员拣员请补，均奉部覆准在案。臣查靖逆营游击员缺，设处关外冲途，巡防、护运，均关紧要，非精明强干之员，弗克胜任。随在于拣发班补用人员内逐加遴选，查有留甘补用游击康顺年，年力正健，朴实耐劳，以之请补斯缺，实属人地相宜，亦与部章符合。合无仰恳天恩，俯念要缺需员，准以该员康顺年补授肃州镇属靖逆营游击员缺，俾期得力。如蒙俞允，俟接准部覆后，即行给咨送部引见，以符定制。

---

① 台北故宫博物院藏：军机及宫中档，文献编号：408003274。

② 此清单查无下落，待考。

③ 此朱批日期与内容，据军机处随手登记档（档案编号：03-0300-2-1225-156）校补。

除查取该员履历清册另咨送部外,谨会同署甘肃提臣张永清合词恭折具陈,伏乞皇太后、皇上圣鉴训示。谨奏。光绪二十五年五月二十二日。

(朱批:)兵部议奏。①

光绪二十五年六月十一日,奉朱批:兵部议奏。钦此。②

○九○　请准哈辉武补授固原提标左营守备片

光绪二十五年五月二十二日(1899 年 6 月 29 日)

再,臣接准部咨:陕西固原提标左营守备员缺系题补第二轮第九缺,轮用世职应补人员,行令拣员请补等因。臣查有陕西固原提标期满云骑尉世职哈辉武,年力强壮,差操勤奋,以之请补斯缺,洵堪胜任,亦与例章相符。合无仰恳天恩,俯念员缺紧要,准以期满云骑尉世职哈辉武补授陕西固原提标左营守备员缺,以期得力。如蒙俞允,该员系曾经引见之员,毋庸再行送部,应请饬部发给实授札付,以符定制。

除查取该员履历清册另咨送部外,谨会同陕西固原提臣邓增合词附片具奏,伏乞圣鉴训示。谨奏。

(朱批:)兵部议奏。③

光绪二十五年六月十一日,奉朱批:兵部议奏。钦此。④

---

① 台北故宫博物院藏:军机及宫中档,文献编号:408003276。
② 中国第一历史档案馆藏:录副奏折,档案编号:03-5933-093。
③ 台北故宫博物院藏:军机及宫中档,文献编号:408003276-0-A。
④ 中国第一历史档案馆藏:录副奏片,档案编号:03-5933-088。

○九一　请准江德禧补授督标左营守备片

光绪二十五年五月二十二日（1899 年 6 月 29 日）

再,臣前准部咨:陕甘督标左营守备员缺系题补第四轮第七缺,轮用尽先人员,行令迅拣请补等因。兹拣选得留甘尽先游击江德禧,戎行久历,朴实耐劳,堪以借补,并与轮章相符。合无仰恳天恩,俯念员缺紧要,准以该员江德禧借补督标左营守备员缺,可期得力。如蒙俞允,俟接准部覆后,即行给咨赴部引见,以符定制。

除饬取该员履历清册另咨送部外,理合附片具陈,伏乞圣鉴训示。谨奏。

（朱批:）兵部议奏。①

光绪二十五年六月十一日,奉朱批:兵部议奏。钦此。②

○九二　请准章凤先署理永固协副将片

光绪二十五年五月二十二日（1899 年 6 月 29 日）

再,署甘肃提属永固协副将清辅,应饬回甘州城守营参将本任。所遗永固协副将员缺,查有调补陕西定边协副将章凤先,明干有为,熟悉边情,堪以委令署理。除分别檄饬遵照外,理合附片具奏,伏乞圣鉴。谨奏。

（朱批:）兵部知道。③

---

①　台北故宫博物院藏:军机及宫中档,文献编号:408003276-0-B。

②　中国第一历史档案馆藏:录副奏片,档案编号:03-5933-090。

③　台北故宫博物院藏:军机及宫中档,文献编号:408003276-0-C。

光绪二十五年六月十一日,奉朱批:兵部知道。钦此。[①]

○九三　奏请分别奖励立功配勇片

光绪二十五年五月二十二日(1899年6月29日)

再,甘肃前因河湟等处逆回变乱,势甚狉狂,省城及各州县城防戒严,经前督臣杨昌濬将皋兰县、平番县、西宁县、碾伯县、岷州、狄道州等属在配军、流人犯,随时拨营充勇,责其自效,饬据各该州县造册送部。嗣河州、大通两州县亦援案将在配军、流人犯详请一并拨充营勇各在案。臣查此次拨充营勇之皋兰等属在配军、流人犯胡老即胡宝懃等一百八十二名,或防守堵御,或前敌截击,尚能戴罪图功。现既军务平靖,似应奏恳天恩,一律酌奖,以示朝廷法外施仁。惟其中有在营阵亡、病故、脱逃及事竣由营遣回配所,仍安分守法,情形之不同,请奖自亦宜稍为区别。

行据臬司核议,以各充勇配犯在营病故本无可给奖,拟请仍照在配病故之例,由司分案详咨完结;在营脱逃亦有逃在出力之后,其先立功似不可没,拟请仍照在配脱逃之例,由司分案详缉,俟拿获后,准仍发往原配安置,免其逃罪。犯既充勇,该配所地方官无从管束,应免揭参。至由营遣回配所,仍安分守法者,先已随营效力,不无微劳,事后仍回配所,又安分守法,拟请援同治年间配勇免罪成案,恳恩免罪释回,以示矜恤。惟打仗阵亡,其情尤为可悯,似应按兵勇阵亡之例减半予恤,以示区别而慰幽魂各等情,并将各犯勇犯事原案分别病故、脱逃、阵亡及事竣后遣回配所仍安分守法,

① 中国第一历史档案馆藏:录副奏片,档案编号:03-5933-091。

汇造清册,详请奏咨前来。

臣覆核无异。合无仰恳天恩,俯准分别办理给奖,并请饬部核覆施行。除清册送部外,谨附片具陈,伏乞圣鉴训示。谨奏。

(朱批:)该部议奏。①

光绪二十五年六月十一日,奉朱批:该部议奏。钦此。②

○九四　奏报守备盛如升病故出缺片

光绪二十五年五月二十二日(1899年6月29日)

再,准署甘肃提督臣张永清咨称:署永固协属硖口营都司凉州镇属大靖营守备盛如升,旧病复发,调治未愈,于光绪二十五年四月十九日在署任病故等因。咨请核办前来。

臣覆查无异,相应奏明请旨开缺。除查取该故员原领札付及承查印、甘各结另咨送部外,所遗凉州镇属大靖营守备员缺,甘省现有应补人员,容臣另拣请补。谨附片具陈,伏乞圣鉴。谨奏。

(朱批:)兵部知道。③

光绪二十五年六月十一日,奉朱批:兵部知道。钦此。④

---

① 台北故宫博物院藏:军机及宫中档,文献编号:408003271-0-A。此片之具奏日期,原件目录署"光绪二十五年四月二十六日",而军机录副则以朱批日期"光绪二十五年六月十一日"为之,均未确。查军机处随手登记档(档案编号:03-0300-2-1225-156)朱批陶模折一栏,即有此片。据同批折件,此片具奏日期应为"光绪二十五年五月二十二日"。兹据校正。

② 中国第一历史档案馆藏:录副奏片,档案编号:03-6034-072。

③ 台北故宫博物院藏:军机及宫中档,文献编号:408003269-0-C。

④ 中国第一历史档案馆藏:录副奏片,档案编号:03-5933-089。

○九五 请准崔金魁等暂缓引见片

光绪二十五年五月二十二日(1899 年 6 月 29 日)

再，借补甘肃凉州镇属镇羌营游击崔金魁、调补肃州镇标中营游击朱应龙、准补肃州镇标右营游击金造，奉部调取引见，本应遵照给咨赴部。惟查崔金魁管带武毅左旗马队，朱应龙管带督标新操枪队，金造管带志强旗步队，各有驻扎要地。该员等平时操防均属勤奋，现奉旨整顿营伍之际，一切训练事宜必须加紧督饬，未便遽易生手。合无仰恳天恩，俯准将游击崔金魁、朱应龙、金造三员一并暂缓赴部引见，先行饬部发给署札，以重营伍之处，出自逾格鸿施。谨附片具陈，伏乞圣鉴训示。谨奏。

(朱批:)着照所请，兵部知道。[1]

光绪二十五年六月十一日，奉朱批：着照所请，兵部知道。钦此。[2]

---

[1] 台北故宫博物院藏：军机及宫中档，文献编号：408003269-0-D。此片之具奏日期，原件目录署"光绪二十五年四月二十六日"，而军机录副则以朱批日期即"光绪二十五年六月十一日"为之，均未确。查军机处随手登记档(档案编号：03-0300-2-1225-156)朱批陶模折一栏，即有此片。据同批折件，此片具奏日期应为"光绪二十五年五月二十二日"。兹据校正。

[2] 中国第一历史档案馆藏：录副奏片，档案编号：03-5933-094。

○九六　预估甘肃光绪二十六年
军饷及满营、青海俸饷折

光绪二十五年六月十一日（1899年7月18日）

头品顶戴陕甘总督臣陶模跪奏，为援案预估光绪二十六年份甘肃关内军饷及各满营、青海俸饷实需数目，恭折驰陈，仰祈圣鉴事。

窃臣前准部咨：奏拨光绪二十五年甘肃新饷案内，声明光绪二十六年应需饷项应于二十五年六月以前先行奏请估拨等因。当经行司遵照去后。兹据甘肃布政使岑春煊详称：遵查甘肃关内应需饷项，自光绪十四年起，每年奉拨银一百一十八万两，嗣经先后议减银二十三万七千八百余两，饬令提存司库，每年仅开支银九十四万余两。迨东海用兵暨二十一、二两年办理本省军务，遂将历年封储各款先后饬提，支用罄尽。

至二十四年起应提银两并应扣四分减平，合关外提存之款，共湘平折合库平银七十四万九千余两，奉部示尽数抵拨董军专饷，饬由山西、河东道两处协甘新饷内总拨库平银八十万两，径解董营交收，以致甘肃关内应摊实饷每年又亏银约五万两，虽已饬由司库例存款内提收应用，目前尚无的款可指。此外，董军所调安宁等旗回队每岁腾出饷银四万一千两，甘省裁兵节饷银四万二千六百两，并奉部饬拨解董军行饷，而甘肃二十三、四两年防军饷项，收支两抵，不敷尚巨。本年虽将防军马步营旗酌量裁改，省出饷项，以之作抵另募炮队、马队、土勇饷糈，每年计尚节省银九千八百余两，然以前项亏短并计，仍属挹注无几，左支右绌，竭蹶时形。值此时局多艰，万不敢续请加拨。惟甘省库款早已空虚，所有防、练马步各营旗既须调防换操，勤加训练，以备不虞，自未便再行裁汰，则饷项断难核减。

所有光绪二十六年甘肃关内应需新饷，拟请照旧仍拨银一百十八万两。此外宁夏、凉州、庄浪、西宁、青海等处俸饷，亦自光绪十四年起每年奉部专拨银二十二万两。今年以来，满营生齿日繁，原拨饷银时虞不足，委属万难再减，并请仍照旧专拨银二十二万两各等情，详请具奏前来。

臣查甘肃关内饷项，历年核减及提存减平各款，悉数专拨董军，甘库毫无存留，每年仅恃此为计口授食之需，万一解济逾期，即不免匮乏，而营旗实已较前减少，防地辽阔，关系匪轻，现又奏准循环调练，自未便再行裁汰，贻误边陲。再四思维，惟有吁恳天恩，准将二十六年甘肃关内军饷饬部照旧指拨银一百一十八万两，各满营及青海俸饷亦照旧指拨银二十二万两，合共指拨银一百四十万两，以资军用而免匮乏。

除咨部外，所有援案预估甘肃关内光绪二十六年份实需军饷及各满营、青海俸饷各数目缘由，谨恭折具陈，伏乞皇太后、皇上圣鉴，训示遵行。谨奏。光绪二十五年六月十一日。

（朱批：）户部议奏。[1]

光绪二十五年六月二十四日，奉朱批：户部议奏。钦此。[2]

---

①　台北故宫博物院藏：军机及宫中档，文献编号：408003280。
②　中国第一历史档案馆藏：录副奏折，档案编号：03-6153-030。

○九七　奏报甘肃光绪二十五年四月雨水、粮价折

光绪二十五年七月二十日（1899 年 8 月 25 日）

头品顶戴陕甘总督臣陶模跪奏，为恭报甘肃省光绪二十五年四月份粮价、雨泽情形，恭折仰祈圣鉴事。

窃照本年三月份粮价并得沾雨泽情形，业经具折奏报在案。兹查四月份兰州等八府六直隶州属具报得沾雨泽，自一二寸至三四寸不等。正值禾苗滋长之际，获此沃泽，土脉滋润，实于农田有裨。至通省粮价，或与上月相同，或较上月稍有增减。据藩司岑春煊开单具详请奏前来。

臣覆核无异。理合恭折具奏，并缮粮价清单，恭呈御览，伏乞皇太后、皇上圣鉴。谨奏。光绪二十五年七月二十日。

（朱批：）知道了。[1]

光绪二十五年八月十二日，奉朱批：知道了。钦此。[2]

○九八　呈甘肃光绪二十五年四月粮价清单

光绪二十五年七月二十日（1899 年 8 月 25 日）

谨将甘肃各属光绪二十五年四月份米粮时估价值，缮具清单，恭呈御览。

---

① 台北故宫博物院藏：军机及宫中档，文献编号：408003282。
② 中国第一历史档案馆藏：录副奏折，档案编号：03-6987-017。

计开:

兰州府属:价有昂有平

粟米每京石价银一两一钱六分二厘至四两六钱二分,较上月贵一钱八分。小麦每京石价银二两一分一厘至四两一钱五分八厘,较上月贵一钱九分八厘。豌豆每京石价银二两一分一厘至四两八分,与上月相同。青稞每京石价银二两一钱至三两六钱九分六厘,较上月贵九分六厘。

巩昌府属:价有平有落

粟米每京石价银一两二钱七厘至三两三钱九分五厘,较上月贱八厘。小麦每京石价银一两九厘至二两四钱二分五厘,较上月贱一钱五分七厘。豌豆每京石价银八钱七分五厘至二两四钱二分五厘,较上月贱三分九厘。青稞每京石价银七钱六分至二两八分九厘,与上月相同。

平凉府属:价平

粟米每京石价银一两八钱五分八厘至二两六钱六分,与上月相同。小麦每京石价银一两四钱八分至二两三钱六分二厘,与上月相同。豌豆每京石价银一两三钱二分四厘至二两三钱一分,与上月相同。糜子每京石价银一两八分至一两四钱,与上月相同。

庆阳府属:价有平有落

粟米每京石价银七钱九分四厘至一两七钱六分,与上月相同。小麦每京石价银九钱二分六厘至一两七钱二分,与上月相同。豌豆每京石价银一两二分九厘至一两六钱二分四厘,较上月贱二钱一厘。糜子每京石价银三钱三分八厘至七钱九分八厘,与上月相同。

甘州府属：价平

粟米每京石价银八钱一分九厘至一两四钱三分二厘，与上月相同。小麦每京石价银七钱三厘至八钱六分一厘，与上月相同。豌豆每京石价银七钱三厘至一两三钱九分四厘，与上月相同。青稞每京石价银四钱六分八厘至七钱，与上月相同。

凉州府属：价昂

粟米每京石价银一两一钱七分六厘至四两二钱九分八厘，较上月贵一两四钱七分二厘。小麦每京石价银八钱四分至三两四分五厘，较上月贵五钱七厘。豌豆每京石价银一两五钱一分二厘至二两八钱六分五厘，较上月贵二钱三分六厘。青稞每京石价银八钱八分二厘至二两一钱四分九厘，较上月贵二钱七分一厘。

宁夏府属：价平

粟米每京石价银七钱七分至一两七钱五分，与上月相同。小麦每京石价银九钱八分至二两三分，与上月相同。豌豆每京石价银七钱三分五厘至一两八钱九分，与上月相同。糜子每京石价银七钱四分三厘至一两二钱二分四厘，与上月相同。

西宁府属：价平

粟米每京石价银一两九钱二分八厘至五两五钱三分六厘，与上月相同。小麦每京石价银二两一钱至二两六钱八分八厘，与上月相同。豌豆每京石价银一两五钱七分五厘至二两五钱七分六厘，与上月相同。青稞每京石价银一两三钱六分五厘至二两三钱五分二厘，与上月相同。

秦州直隶州并所属：价平

粟米每京石价银一两三钱九厘至三两八钱六分四厘，与上月相同。小麦每京石价银七钱八分八厘至三两八钱六分四厘，与上月相同。豌豆每京石价银七钱九分三厘至三两八钱六分四厘，与上月相同。糜子每京石价银五钱九分八厘至二两六钱五分七厘，与上月相同。

阶州直隶州并所属：价有昂有平

粟米每京石价银一两六钱四厘至三两五钱三分一厘，较上月贵九分。小麦每京石价银一两四钱五分八厘至三两七分九厘，与上月相同。豌豆每京石价银一两八钱六分七厘至二两七钱三分六厘，与上月相同。糜子每京石价银一两四钱一分六厘，与上月相同。

泾州直隶州并所属：价昂

粟米每京石价银五钱五分七厘至一两八钱九分，较上月贵二钱九分二厘。小麦每京石价银五钱七分五厘至一两七钱八分五厘，较上月贵四钱。豌豆每京石价银五钱五分九厘至一两四钱七分，较上月贵一钱二分一厘。糜子每京石价银四钱四分五厘至一两一钱九分，较上月贵一钱九分六厘。

固原直隶州并所属：价有平有落

粟米每京石价银一两四钱二分六厘至二两七钱四分八厘，较上月贱六分九厘。小麦每京石价银一两四钱二分六厘至二两三钱九分六厘，较上月贱五分九厘。豌豆每京石价银一两四钱二分六厘至二两五钱四分六厘，较上月贱三分四厘。糜子每京石价银一两二钱九厘，与上月相同。

肃州直隶州并所属：价平

粟米每京石价银一两一钱三分四厘至一两八钱九分，与上月相同。小麦每京石价银八钱一分二厘至一两六钱三分八厘，与上月相同。豌豆每京石价银九钱五分至一两六钱三分八厘，与上月相同。青稞每京石价银五钱四分六厘至一两三钱二厘,与上月相同。

安西直隶州并所属:价平

粟米每京石价银一两五分至一两三钱七分二厘,与上月相同。小麦每京石价银一两九分八厘至一两二钱,与上月相同。豌豆每京石价银一两二钱至二两八分,与上月相同。青稞每京石价银九钱九分三厘至一两四钱,与上月相同。

（朱批:）览。[1]

○九九　请以王树楠补授中卫县知县折

光绪二十五年七月二十日（1899 年 8 月 25 日）

头品顶戴陕甘总督臣陶模跪奏,为拣员请补知县要缺,以裨地方,恭折仰祈圣鉴事。

窃据甘肃布政使岑春煊、兼署按察使黄云会详称:中卫县知县卢世堃大计参劾,遗缺业经详咨截缺,自应照例拣选请补。查定例:知县应调缺出,如现任无合例堪调之员,准以候补人员酌补。又,曾任实缺知县革职开复归俟候补班者,无论题、调、选缺,均准酌量补用各等语。今中卫县知县系冲、繁、疲三项调要缺,界连蒙古,政务纷繁,非精明谙练之员,不足以资治理,现任简缺人员均与此缺不甚相宜。

本司等在于候补人员内逐加遴选,查有曾任实缺开复同知衔

---

① 中国第一历史档案馆藏:清单,档案编号:03-6987-018。

留甘补用知县王树楠，[①]年四十一岁，直隶新城县进士，由主事报捐知县，选授四川青神县知县，调补铜梁县知县，因案革职开缺，委解甘肃军火，派往西宁前敌效力，于攻克北大通十大回庄案内保准开复原官原衔，并免缴捐复银两，留于甘肃补用，引见领照赴甘，于光绪二十四年正月初八日到省，系曾任知县人员，例不甄别。现经委署中卫县知县，并无贻误。藩司岑春煊到任未及三月，例不加考。兼署臬司换黄云查该员王树楠精明练达，实心任事，以之请补中卫县知县，实堪胜任，与例亦符。会详请奏前来。

臣查该员王树楠才具干练，办事实心。合无仰恳天恩，准以该员王树楠补授中卫县知县，实于地方有裨。如蒙俞允，该员以知县请补知县，衔缺相当，毋庸送部引见。再，该员署任内并无参罚案件。谨恭折具奏，伏乞皇太后、皇上圣鉴训示。谨奏。光绪二十五年七月二十日。

（朱批：）吏部议奏。[②]

光绪二十五年八月十二日，奉朱批：吏部议奏。钦此。[③]

---

①　王树楠（1851—1936），字晋卿，号陶庐，直隶新城人，优贡生。光绪二年（1876），中式举人。十二年（1886），中式进士，充户部广西司行走，报捐知县。十三年（1887），补四川青神县知县。十四年（1888），充四川乡试同考官。同年，兼理眉州直隶州知州。十五年（1889），署四川彭山县知县。十六年（1890），署资阳县知县。十九年（1893），署新津县知县，调署富顺县知县。二十年（1894），调补铜梁县知县。同年，因案革职。二十一年（1895），调两江委办防务洋务文案。二十三年（1897），开复原官，留甘肃补用。二十五年（1899），保直隶州知州。同年，补授中卫县知县。二十九年（1903），保以道员发往甘肃即补，并交军机处存记。三十年（1904），升补甘肃平庆泾固化道。同年，署巩秦阶道。三十一年（1905），署理兰州道。三十二年（1906），迁甘肃新疆布政使，修纂《新疆图志》，参撰《清史稿》。民国二十五年（1936），卒。精通经史，著述宏富。

②　台北故宫博物院藏：军机及宫中档，文献编号：408003283。

③　中国第一历史档案馆藏：录副奏折，档案编号：03-5379-078。

一〇〇 请以米万荣借补肃州镇标左营游击折

光绪二十五年七月二十日（1899 年 8 月 25 日）

头品顶戴陕甘总督臣陶模跪奏，为拣员请补要缺游击，以裨营伍，恭折仰祈圣鉴事。

窃臣前准部咨：甘肃肃州镇标左营游击员缺系题补第六轮第七缺，轮用尽先人员，行令拣员请补等因。臣即于各营尽先人员内逐加拣选，查有总兵衔留陕甘尽先补用副将西宁镇标前营守备米万荣，久历戎行，朴实勇敢，且曾在关内外迭著战绩。肃州为西北咽喉要地，该员于该处营伍情形尚称熟谙，以之借补斯缺，实属人地相宜，亦与轮章班次相合。合无仰恳天恩，俯念员缺紧要，准以尽先补用副将米万荣借补肃州镇标左营游击员缺，以期得力。如蒙俞允，俟接准部覆后，即行给咨送部引见，以符定制。

除饬取该员履历清册另咨送部外，所遗西宁镇标前营守备员缺，甘省现有应补人员，容臣另拣请补。谨会同署甘肃提臣张永清合词恭折具陈，伏乞皇太后、皇上圣鉴训示。谨奏。光绪二十五年七月二十日。

（朱批：）兵部议奏。[1]

光绪二十五年八月十二日，奉朱批：兵部议奏。钦此。[2]

---

[1] 台北故宫博物院藏：军机及宫中档，文献编号：408003284。

[2] 中国第一历史档案馆藏：录副奏折，档案编号：03-5934-020。

一〇一　报明甘肃光绪二十
五年被灾大概情形折

光绪二十五年七月二十日(1899年8月25日)

头品顶戴陕甘总督臣陶模跪奏,为报明甘肃省光绪二十五年各属被雹、被水大概情形,恭折具陈,仰祈圣鉴事。

窃查甘肃各属自春徂夏,雨泽及时,收成可期中稔。惟间有禀报被雹、被水之区,当即饬司移行该管道、府、直隶州确查妥办。兹据藩司岑春煊将各属被灾大概情形开折,详请先行具奏前来。

臣查兰州府属之金县、平凉府属之隆德县、秦州直隶州属之秦安县、巩昌府属之安定县各地方,均于本年四、五等月先后被雹,所伤田禾无多,已令补种杂粮,统俟秋收如何,再行查明汇办。惟平庆泾固化道属之固原直隶州南关于五月初五日大雨冰雹,平地水深数尺,冲倒房屋一百五十六间,西南乡、阎家堡等二十九庄同日被雹,打伤禾苗殆尽;州府属之狄道州西、北、南等乡于五月初五日被雹,打伤夏禾轻重不一;平凉府属之华亭县所管殿底下等九庄于五月初五日急雨冰雹,打伤夏禾七、八、九、十分不等;平庆泾固化道属之化平厅所管化临、香水、圣谕、北面等四里于五月初五日被雹,打伤禾苗四、五、六、七分不等;兰州府属之渭源县南乡、郭家湾等处于五月十九日陡降冰雹,打伤夏禾;巩秦阶道属之洮州厅东乡、占武、陈马、四旗于五月二十一日大雨冰雹,打伤禾苗三、四、五分不等;甘州府属之张掖县逼近黑河马子堡等处,于五月二十七、八、九等日大雨水涨,河溜夺向东徙,沿河田地被水冲塌长约十里零、宽约三里零、地约五十六七顷。

以上七厅、州、县被灾较重，均经饬令该管道、府、州确切覆勘，先督同各该地方官查明被灾贫户，酌发社粮，以资糊口；一面赶紧借给籽种，劝谕农民乘时补种杂粮，以冀秋收，借资补救而免失所。钱粮应照章停征，所有冲倒房屋，查明间数，照例给予银两，及时修盖，俾资栖止；水冲田地，查明能否修复，钱粮应如何分别蠲缓，统俟各属结报齐全，再行汇核办理外，合先将甘省本年夏禾被雹、被水大概情形，恭折具奏，伏乞皇太后、皇上圣鉴训示。谨奏。光绪二十五年七月二十日。

（朱批：）知道了。所有被灾地方即着饬属妥为抚恤，应否蠲缓钱粮，汇案奏明办理。[1]

光绪二十五年八月十二日，奉朱批：知道了。所有被灾地方即着饬属妥为抚恤，应否蠲缓钱粮，汇案奏明办理。钦此。[2]

一〇二　奏报甘肃光绪二十 五年五月雨水、粮价折

光绪二十五年七月二十日（1899 年 8 月 25 日）

头品顶戴陕甘总督臣陶模跪奏，为具报甘肃省光绪二十五年五月份粮价、雨泽情形，恭折仰祈圣鉴事。

窃照本年四月份粮价并雨泽情形，业经奏报在案。兹查五月份兰州等八府六直隶州属具报得沾雨泽，自一二寸至四五寸深透不等。正值夏禾结实之际，获此沃泽，土脉滋润，实于农田大有裨

---

① 台北故宫博物院藏：军机及宫中档，文献编号：408003281。
② 中国第一历史档案馆藏：录副奏折，档案编号：03-7107-045。

益。惟间有被雹被水之处，已饬查勘另办。至通省粮价，或与上月相同，或较上月稍有增减。据藩司岑春煊开折详请具奏前来。

臣覆核无异。理合恭折具陈，并缮粮价清单，恭呈御览，伏乞皇太后、皇上圣鉴。谨奏。光绪二十五年七月二十日。

（朱批：）知道了。[1]

光绪二十五年八月十二日，奉朱批：知道了。钦此。[2]

一〇三　呈甘肃光绪二十五年五月粮价清单

光绪二十五年七月二十日（1899 年 8 月 25 日）

谨将甘肃各属光绪二十五年五月份米粮时估价值，缮具清单，恭呈御览。

计开：

兰州府属：价平

粟米每京石价银一两一钱六分二厘至四两六钱二分，与上月相同。小麦每京石价银二两三厘至四两一钱五分八厘，与上月相同。豌豆每京石价银二两三厘至四两八分，与上月相同。青稞每京石价银一两六钱八分至三两六钱九分六厘，与上月相同。

巩昌府属：价有平有落

粟米每京石价银一两二钱七厘至三两三钱九分五厘，与上月相同。小麦每京石价银一两九厘至二两四钱二分五厘，与上月相同。豌豆每京石价银八钱七分五厘至二两四钱二分五厘，与上月

---

①　台北故宫博物院藏：军机及宫中档，文献编号：408003282。

②　中国第一历史档案馆藏：录副奏折，档案编号：03-6987-019。

相同。青稞每京石价银七钱六分至一两九钱一分五厘，较上月贱一钱七分四厘。

平凉府属：价有昂、有平、有落

粟米每京石价银一两七钱九分八厘至二两七钱一分，较上月贵五分。小麦每京石价银一两三钱四分八厘至二两三钱一分，较上月贱五分二厘。豌豆每京石价银一两四钱三分五厘至二两三钱一分，与上月相同。糜子每京石价银一两四分二厘至一两四钱，与上月相同。

庆阳府属：价平

粟米每京石价银七钱九分四厘至一两七钱六分，与上月相同。小麦每京石价银九钱二分六厘至一两七钱二分，与上月相同。豌豆每京石价银一两二分九厘至一两六钱二分四厘，与上月相同。糜子每京石价银三钱三分八厘至七钱九分八厘，与上月相同。

甘州府属：价平

粟米每京石价银七钱七分七厘至一两四钱三分二厘，与上月相同。小麦每京石价银七钱三厘至八钱六分一厘，与上月相同。豌豆每京石价银七钱三厘至一两三钱九分四厘，与上月相同。青稞每京石价银四钱四分七厘至七钱，与上月相同。

凉州府属：价昂

粟米每京石价银一两一钱七分六厘至四两三钱三分一厘，较上月贵三分三厘。小麦每京石价银八钱四分至三两五钱三分七厘，较上月贵四钱九分二厘。豌豆每京石价银一两二钱六分至三两六分八厘，较上月贵二钱三厘。青稞每京石价银七钱三分五厘至二两五钱二分七厘，较上月贵三钱七分八厘。

宁夏府属：价有平有落

粟米每京石价银七钱七分至一两七钱五分，与上月相同。小麦每京石价银九钱八分至一两九钱六分，较上月贱七分。豌豆每京石价银六钱九分三厘至一两八钱九分，与上月相同。糜子每京石价银七钱六厘至一两二钱二分四厘，与上月相同。

西宁府属：价有昂有平

粟米每京石价银一两九钱二分八厘至五两五钱三分六厘，与上月相同。小麦每京石价银一两九钱二分五厘至二两九钱一分二厘，较上月贵二钱二分四厘。豌豆每京石价银一两六钱一分九厘至二两八钱，较上月贵二钱二分四厘。青稞每京石价银一两三钱九分至二两五钱七分六厘，较上月贵二钱二分四厘。

秦州直隶州并所属：价平

粟米每京石价银一两二分九厘至三两八钱六分四厘，与上月相同。小麦每京石价银七钱八分八厘至三两八钱六分四厘，与上月相同。豌豆每京石价银七钱九分三厘至三两八钱六分四厘，与上月相同。糜子每京石价银五钱九分八厘至二两六钱五分七厘，与上月相同。

阶州直隶州并所属：价有平有落

粟米每京石价银一两六钱四厘至三两五钱三分一厘，与上月相同。小麦每京石价银一两四钱五分八厘至二两七钱三分九厘，较上月贱三钱四分。豌豆每京石价银一两七钱九分三厘至二两六钱一分七厘，较上月贱一钱一分九厘。糜子每京石价银一两三钱九分四厘，较上月贱二分二厘。

泾州直隶州并所属：价落

粟米每京石价银五钱五厘至一两七钱八分四厘，较上月贱一钱六厘。小麦每京石价银五钱五厘至一两五钱五厘，较上月贱二钱八分。豌豆每京石价银四钱二分七厘至一两四钱三分六厘,较上月贱三分四厘。穈子每京石价银四钱三分一厘至九钱七分九厘,较上月贱二钱一分一厘。

固原直隶州并所属:价平

粟米每京石价银一两四钱二分六厘至二两七钱四分八厘,与上月相同。小麦每京石价银一两四钱二分六厘至二两三钱九分六厘,与上月相同。豌豆每京石价银一两四钱二分六厘至二两五钱四分六厘,与上月相同。穈子每京石价银一两二钱九厘,与上月相同。

肃州直隶州并所属:价昂

粟米每京石价银一两一钱三分四厘至二两一分六厘,较上月贵一钱二分六厘。小麦每京石价银八钱一分二厘至一两八钱四分八厘,较上月贵二钱一分。豌豆每京石价银九钱五分至一两七钱二分二厘,较上月贵八分四厘。青稞每京石价银五钱四分六厘至一两四钱二分八厘,较上月贵一钱二分六厘。

安西直隶州并所属:价平

粟米每京石价银一两五分至一两三钱七分二厘,与上月相同。小麦每京石价银一两九分八厘至一两二钱,与上月相同。豌豆每京石价银一两二钱至二两八分,与上月相同。青稞每京石价银九钱九分三厘至一两四钱,与上月相同。

（朱批:）览。[1]

---

① 中国第一历史档案馆藏:清单,档案编号:03-6987-020。

一〇四　奏报核销甘肃光绪二十四年厘局收支银数折

光绪二十五年七月二十日(1899年8月25日)

头品顶戴陕甘总督臣陶模跪奏,为报销光绪二十四年份甘肃关内厘捐总、分各局卡收支银两数目,恭折仰祈圣鉴事。

窃照光绪二十三年收支百货厘金银两数目,业经奏咨在案。兹据厘金总局司道详称:光绪二十四年正月起连闰至十二月底止,关内各局卡百货厘金收支款目汇为一宗,通共新收并扣获局费减平银二十一万六千五百七十五两五钱二分七厘四毫,以批解藩库为大宗。其次粥厂、车价并厘金各局卡薪工、局费总共解支银二十一万六千五百七十五两五钱二分七厘四毫,以出抵入,并无余存。至盐厘、土药、加抽糖厘,另案造报等情,造具总、散清册,详请奏咨前来。

臣覆核无异。除将清册另咨送部外,合无仰恳天恩,饬部查照,准将光绪二十四年已支之款照册核销,以清款目。至前奉部饬征收厘金,开支局费章程向不准逾收数十分之一等因。惟甘肃为极边辽阔之地,山径纷歧,若非扼要处所设立局卡,不能遏绕越而杜偷漏,是以开支局费不能照一成之数。合并声明。

所有甘肃省光绪二十四年份收支百货厘金数目,谨恭折具奏,伏乞皇太后、皇上圣鉴训示。谨奏。光绪二十四年七月二十日。

(朱批:)户部知道。[1]

---

[1]　台北故宫博物院藏:军机及宫中档,文献编号:408003286。

光绪二十五年八月十二日，奉朱批：户部知道。钦此。①

一○五　请以黄国琦补授秦安县知县折

光绪二十五年七月二十日（1899年8月25日）

头品顶戴陕甘总督臣陶模跪奏，为拣员请补知县员缺，以裨地方，恭折仰祈圣鉴事。

窃据甘肃藩、臬两司会详称：秦安县知县刘至顺准调山丹县知县，所遗秦安县简缺知县业经扣留截缺，自应照例按班请补。查例载：知县升、调、遗缺出，准其以一缺题补各项候补并进士即用人员，以一缺题补各项委用人员，以一缺题补各项试用人员。甘省升、调、遗知县一项，已用至第二轮第一相间之候补知县姚钧准署西和县知县止。今此一缺，轮应委用到班，委用先、委用均无人，次应试用之议叙到班，议叙先、议叙亦均无人，次应各项候补进士即用相间到班，上次系用候补，此次应间即用，仍先用即用先之人。

查有银捐即用尽先知县黄国琦，年四十五岁，系广西宣化县人，由进士即用知县签掣甘肃，光绪十七年五月到省。嗣遵新例捐即用本班先补用，奉文以二十一年六月十八日作为新班到省，委署通渭县知县，尚无贻误。藩司岑春煊到任未及三月，例不加考。兼署臬司黄云查该员黄国琦年富才明，谨饬安详，以之请补秦安县知县，实堪胜任，与例亦符。会详请奏前来。

臣查该员黄国琦，年强才裕，办事慎勤。合无仰恳天恩，准以

---

① 中国第一历史档案馆藏：录副奏折，档案编号：03-6511-073。

该员黄国琦补授秦安县知县，实于地方有裨。如蒙俞允，该员以知县请补知县，衔缺相当，毋庸送部引见。再，该员属任内并无参罚案件。谨恭折具奏，伏乞皇太后、皇上圣鉴训示。谨奏。光绪二十五年七月二十日。

（朱批：）吏部议奏。①

光绪二十五年八月十二日，奉朱批：吏部议奏。钦此。②

一〇六　请以姬恺臣调补玉门县知县折

光绪二十五年七月二十日（1899 年 8 月 25 日）

头品顶戴陕甘总督臣陶模跪奏，为拣员调补要缺知县，以裨地方，恭折仰祈圣鉴事。

窃据甘肃布政使岑春煊、兼署按察使黄云会详称：玉门县知县杨宸谟准调皋兰县知县，所遗系冲、繁二项边远要缺，例应由外拣调。查定例：州县应调缺出，俱令于现任人员内拣选调补。又，调补州县以上官员，必历俸三年以上，方准拣选题调各等语。今玉门县知县一缺，地当冲要，政务殷繁，非精明干练之员，不足以资治理。

该司等在于现任简缺知县内逐加遴选，查有金县知县姬恺臣，年五十九岁，系河南南阳人，由监生投效军营，历保以州判俟补缺后以知县用，遵例报捐过班，赴部引见，领照赴甘，于光绪十六年十一月到省，准补金县知县，十九年三月到任。二十三年，调署环

---

① 台北故宫博物院藏：军机及宫中档，文献编号：408003288。
② 中国第一历史档案馆藏：录副奏折，档案编号：03-5379-079。

县知县。历俸已满三年,任内并无参罚案件。藩司岑春煊到任未及三月,例不加考。兼署臬司黄云查该员姬恺臣慷慨任事,不辞劳瘁,以之调补玉门县知县,实堪胜任,人地亦极相宜。会详请奏前来。

臣查该员姬恺臣年强才裕,办事勤能。合无仰恳天恩,俯念要缺需员,准以金县知县姬恺臣调补玉门县知县,实于地方有裨。如蒙俞允,该员以知县调补知县,衔缺相当,毋庸送部引见。谨恭折具陈,伏乞皇太后、皇上圣鉴训示。至所遗金县知县系简缺,甘省现有应补人员,应请扣留外补。合并声明。谨奏。光绪二十五年七月二十日。

（朱批:）吏部议奏。①

光绪二十五年八月十二日,奉朱批:吏部议奏。钦此。②

一〇七 奏报臬司何福堃饬赴新任片

光绪二十五年七月二十日(1899 年 8 月 25 日)

再,新授甘肃按察使何福堃现已陛见回省,应即饬赴新任,以专责成。除檄饬遵照外,理合附片陈明。伏乞圣鉴。谨奏。

（朱批:）知道了。③

光绪二十五年八月十二日,奉朱批:吏部议奏。钦此。④

---

① 台北故宫博物院藏:军机及宫中档,文献编号:408003285。
② 中国第一历史档案馆藏:录副奏折,档案编号:03-5379-072。
③ 台北故宫博物院藏:军机及宫中档,文献编号:408003285-0-A。
④ 中国第一历史档案馆藏:录副奏片,档案编号:03-5379-077。

一〇八　奏报志崇等各赴新任片

光绪二十五年七月二十日(1899年8月25日)

再，新授甘肃宁夏道志崇、①安肃道和尔赓额②均已先后到省，应各饬赴新任，以专责成。除分别檄饬遵照外，谨附片具陈，伏乞圣鉴。谨奏。

(朱批：)知道了。③

---

① 志崇(1855—?)，镶黄旗满洲德昌佐领下人，系原任固伦额驸一等诚嘉勇毅公御前大臣景寿之子，一品荫生。光绪十年(1884)，以文职签分工部员外郎学习行走，期满奏留。十五年(1889)，保郎中，遵例报捐花翎。同年，丁父忧。十七年(1891)，服满起复，补授营缮司郎中。十八年(1892)，授木仓监督。二十二年(1896)，充督催所掌印。翌年，京察一等，以道府用。同年，保道员，并加三品衔。二十四年(1898)，补授甘肃宁夏道，二十五年到任。二十八年(1902)，因办理教案出力，经陕甘总督崧蕃奏保，加二品顶戴。三十三年(1907)，经陕甘总督升允保荐卓越。宣统三年(1911)，赴部引见，以应升之缺升用。

② 和尔赓额(1851—?)，字允修，满洲镶白旗人，翻译生员。同治五年(1866)，捐花翎。十三年(1874)，捐监生，指分户部，充誊录官。光绪元年(1875)，捐笔帖式。三年(1877)，选户部井田科笔帖式。四年(1878)，补户部宝泉局东厂大使。五年(1879)，捐五品顶戴。七年(1881)，保户部主事。十年(1884)，署军机章京。十二年(1886)，补军机章京。十四年(1888)，保以理事同知、通判用。十五年(1889)，授方略馆协修官，保户部员外郎。十六年(1890)，任户部福建司掌印，署湖广司印钥，保户部郎中。十七年(1891)，署户部四川司印钥。同年，升户部郎中。十八年(1892)，掌浙江司印钥。二十年(1894)，授方略馆收掌官，加三品衔。二十一年(1895)，充军机处北档房总办。次年，任南档房帮办、方略馆纂修官。二十三年(1897)，保以道府用。二十四年(1898)，署户部福建司印钥。同年，放甘肃安肃道。三十年(1904)，报捐二品顶戴。三十一年(1905)，赴新疆会查案件，旋署新疆镇迪道兼按察使衔，再署新疆布政使。同年，调补四川按察使。三十四年(1908)，署四川布政使。宣统二年(1910)，迁河南提法使。

③ 台北故宫博物院藏：军机及宫中档，文献编号：408003285-0-B。

光绪二十五年八月十二日,奉朱批:知道了。钦此。①

一〇九　奏报拣员署理通判等员缺片

光绪二十五年七月二十日(1899年8月25日)

　　再,秦州直隶州知州张珩引见回省,应即饬回本任,以专责成。署巴燕戎格通判本任徽县知县张若金因病请假遗缺,查有候补知县邬绪棣,堪以署理。署循化同知张作霖撤任遗缺,查有候补知州程敏达,堪以署理。署安西直隶州知州廖振乔病故遗缺,查有另补同知叶克信,堪以署理;叶克信未到任以前,应饬现署敦煌县知县张元濂就近兼护。署正宁县知县王开甲病故遗缺,查有即用知县万庆昌,堪以署理。山丹县知县准升灵州知州苏重熙因病请假,所遗山丹县知县员缺,查有请调山丹县秦安县知县刘至顺,应饬先行赴任。署海城县知县王树棠调省遗缺,查有署盐捕通判准补海城县知县徐光兴,应饬赴新任;所遗盐捕通判员缺,查有候补同知花金绶,堪以署理。署渭源县知县汤霖丁忧遗缺,查有候补知县姚五经,堪以署理。署丹噶尔同知黄翰章调省遗缺,查有灵台县知县王尧儒,堪以调署;所遗灵台县知县员缺,查有成县知县李鸷,堪以调署;递遗成县知县员缺,查有候补知县萧庆祥,堪以署理。署徽县知县赵鋐调省遗缺,查有平凉县知县唐受桐,堪以署理。据藩、臬两司先后会详前来。

　　除分别批饬给委外,理合附片陈明,伏乞圣鉴。谨奏。

（朱批：）吏部知道。①

光绪二十五年八月十二日，奉朱批：吏部知道。钦此。②

一一〇　奏闻军营酌量添购军火片

光绪二十五年七月二十日（1899年8月25日）

再，近年军营利器以新出各种后膛炮火为最，惟价值昂贵，限于经费，平时操演仍用前膛枪。甘省各营旗旧发枪械，运用已久，大都损坏，而军装局所存无多，不敷拨换。臣与司道商酌，必须酌量添购。适闻陕西抚臣魏光焘委员往沪购办军火，当即电托魏光焘转饬该委员代甘省购买前膛来福步枪二千杆、马枪一千杆，并枪用铜火帽三百万颗，共合价库平银一万五千一百两，拟俟运解到甘，核明水陆脚价，一并报请作正开销。据藩司岑春煊详请附奏前来。

除咨总理衙门、户、兵、工部及陕西抚臣查照外，理合附片陈明，伏乞圣鉴，饬部立案。谨奏。

（朱批：）该衙门知道。③

光绪二十五年八月十二日，奉朱批：该衙门知道。钦此。④

---

①　台北故宫博物院藏：军机及宫中档，文献编号：408003285-0-C。

②　中国第一历史档案馆藏：录副奏片，档案编号：03-5379-073。

③　台北故宫博物院藏：军机及宫中档，文献编号：408003270-0-C。此片之具奏日期，原件目录署"光绪二十五年四月二十六日"，而军机录副则署为"光绪二十五年七月二十日"，两相悬殊。查是年八月十二日军机处随手登记档（档案编号：03-0301-1-1225-214），据同规折件可知，此片具奏日期应为"光绪二十五年七月二十日"。兹据校正。

④　中国第一历史档案馆藏：录副奏片，档案编号：03-6153-092。

一一一　奏报甘肃各局卡光绪二十四年收支土药厘金片

光绪二十五年七月二十日（1899年8月25日）

再，前准户部咨：甘省征收土药厘金银两，应自光绪十六年起按年据实造报，不得并入百货厘捐款内开支，以免牵混，并将所收银两专款存储，听候指拨等因。遵办在案。兹据厘金总局司道详称：甘肃省自光绪二十四年正月起连闰至十二月底止，关内各厘局卡收支土药款目汇为一宗，计新收银一万四千五百六十三两二钱五分五厘，业已如数解交藩库，专款存储，听候指拨。造具四柱清册，并声明土药厘金向归百货厘局兼收，应支薪工仍在货厘项下开支。所有二十四年收获土药厘银，已由甘肃藩司照数委解户部衙门查收等情，详请奏咨前来。

臣查甘省地处边陲，向无洋药到境，本地虽有栽种罂粟，然自用者多，贩运者少，向本收厘有限，兼以去岁春夏缺雨，烟苗多被虫蚀，收成歉薄，由是土货愈昂，而脚价又重，外省客商贩稀少，故收数较二十三年微有短绌。至所收银两，业经厘金总局如数解交藩库，由甘肃藩司委解户部衙门查收在案。

除将清册另咨送部，仍饬各局卡认真抽收以裨厘务外，谨附片具陈，伏乞圣鉴，饬部查照。谨奏。

（朱批：）户部知道。①

---

① 台北故宫博物院藏：军机及宫中档，文献编号：408003270-0-A。此片之具奏日期，原件目录署"光绪二十五年四月二十六日"，而军机录副则署为"光绪二十五年七月二十日"，两相悬殊。查是年八月十二日军机处随手登记档（档案编号：（转下页）

光绪二十五年八月十二日,奉朱批:户部知道。钦此。①

一一二　奏报甘肃各局卡光绪二十四年征收糖厘银数片

光绪二十五年七月二十日(1899年8月25日)

再,前准户部咨:甘肃省征收红、白蔗糖,于照章完厘外,每斤加抽二成厘金,另款汇存造报等因。当经转行遵办在案。兹据厘金总局司道详称:甘肃省光绪二十四年正月起连闰至十二月底止,各局卡收获糖厘款目汇为一宗,计新收二成厘银三百六十九两八钱一分六厘,已照数批解藩库,专款存储,听候指拨。造具清册,详请奏咨前来。

臣覆核无异。除将清册另咨送部并饬司局仍按年列册报查,并令各局卡认真经征,实收实报,以裨厘务外,谨附片具陈,伏乞圣鉴,饬部查照。谨奏。

(朱批:)户部知道。②

光绪二十五年八月十二日,奉朱批:户部知道。钦此。③

(接上页)03-0301-1-1225-214),据同批折件可知,此片具奏日期应为"光绪二十五年七月二十日"。兹据校正。

　　①　中国第一历史档案馆藏:录副奏片,档案编号:03-6511-075。

　　②　台北故宫博物院藏:军机及宫中档,文献编号:408003270-0-B。此片之具奏日期,原件目录署"光绪二十五年四月二十六日",而军机录副则署为"光绪二十五年七月二十九日",两相悬殊。查是年八月十二日军机处随手登记档(档案编号:03-0301-1-1225-214),据同批折件可知,此片具奏日期应为"光绪二十五年七月二十日"。兹据校正。

　　③　中国第一历史档案馆藏:录副奏片,档案编号:03-6511-074。

一一三 奏报甘肃各局卡光绪二十四年盐厘收支数目片

光绪二十五年七月二十日（1899年8月25日）

再，据甘肃厘金总局司道详称：光绪二十四年正月起连闰至十二月底止，甘肃各局卡收支盐厘款目汇为一宗，计新收盐厘共银二万八千四百三十八两六钱一分三厘，又扣获支发局费减平银二百一十六两二钱一分六厘。以上新收并减平共银二万八千六百五十四两八钱二分九厘，已解藩库银二万四千八百三十五两一分三厘，又解藩库支发局费扣获减平银二百一十六两二钱一分六厘，又支发盐厘局卡薪工、局费银三千六百三两六钱。以上开除共银二万八千六百五十四两八钱二分九厘，以出抵入，并无余存，造具收支清册，并将各处产销盐斤收厘章程易银市估及委员职名均于册内声叙，仍遵照部咨另造市估细册，一并详请奏咨前来。

臣覆核无异。合无仰恳天恩，饬部准将光绪二十四年各局卡已支之款照册核销，以清款目。除将清册送部查核外，谨附片具奏，伏乞圣鉴训示。谨奏。

（朱批：）户部知道。[1]

光绪二十五年八月十二日，奉朱批：户部知道。钦此。[2]

---

① 台北故宫博物院藏：军机及宫中档，文献编号：408003286-0-A。此片之具奏日期，主折署"光绪二十五年七月二十日"，而军机录副则署"光绪二十五年七月二十九日"，查光绪二十五年八月十二日军机处随手登记档（档案编号：03-0301-1-1225-214），据同批折件可知此片具奏日期当为"光绪二十五年七月二十日"。兹据校正。

② 中国第一历史档案馆藏：录副奏片，档案编号：03-6472-046。

一一四　盘查甘省藩库实无盈余片

光绪二十五年七月二十日（1899 年 8 月 25 日）

再，臣承准军机大臣字寄：光绪二十五年五月二十六日钦奉谕旨：四川、甘肃、陕西、山西等省各藩库，除本省开支暨额解京、协各饷外，库储是否尚有盈余，着查明具奏等因。钦此。当即行司遵照去后。兹据甘肃布政使岑春煊详称：甘肃地处边疆，素称荒瘠，本省岁入各款开支尚属不敷，每年全恃请拨各省协饷源源接济，方免匮乏，故甘省并无外解京、协各饷。即有指定解部土药、税厘等款，为数无多，皆应随时提拨。现计一切支项，时虞不足，实无盈余各等情，详请附奏前来。

臣复加查核，委系实在情形。谨附片覆陈，伏乞圣鉴。谨奏。

（朱批：）知道了。①

光绪二十五年八月十二日，奉朱批：知道了。钦此。②

一一五　奏请饬催川省补解饷项片

光绪二十五年七月二十日（1899 年 8 月 25 日）

再，四川省指拨光绪二十二年份甘肃新饷银九十八万两，内除先后六次解收银九十二万两，尚欠银六万两，叠经咨部转催筹解，迄今已逾三年，任催罔应。惟思此项银两系甘肃关内外各军计口

---

① 台北故宫博物院藏：军机及宫中档，文献编号：408003281-0-A。
② 中国第一历史档案馆藏：录副奏片，档案编号：03-6153-091。

授食之需,亏欠太久,势难再缓。甘库历年存款叠奉饬提,搜罗罄尽,实属无可腾挪。合无仰恳天恩,俯准饬部严催川省迅速补解,以济饷需。据甘藩司详请奏咨前来。

除咨明户部查照外,谨附片具陈,伏乞圣鉴,训示遵行。谨奏。(朱批:)着户部饬催补解。①

光绪二十五年八月十二日,奉朱批:着户部饬催补解。钦此。②

一一六 请开去张绍先游击底缺片

光绪二十五年七月二十日(1899年8月25日)

再,臣据总兵衔尽先补用副将卸署肃州镇标中营游击河州镇标左营守备张绍先禀称:于光绪二十五年五月十一日在署肃州镇标中营游击任内,接奉行知内开:光绪二十五年四月十二日奉上谕:张绍先着送部引见。钦此。遵将肃州镇标中营游击事务交卸清楚,由肃起程到省。除另文呈请给咨外,惟前在剿办河湟回匪立解河州、大通各城团案内出力已保总兵衔尽先副将,自应将原补河州镇标左营守备底缺开除,以便归副将班内序补,禀请核办前来。

臣覆查无异。合无仰恳天恩,俯准将张绍先原补河州镇标左营守备底缺开除,归副将班内序补。所遗守备员缺,陕甘现有应补人员,容臣另拣请补。谨附片具陈,伏乞圣鉴训示。谨奏。

(朱批:)兵部知道。③

---

① 台北故宫博物院藏:军机及宫中档,文献编号:408003281-0-B。

② 中国第一历史档案馆藏:录副奏片,档案编号:03-6153-093。

③ 台北故宫博物院藏:军机及宫中档,文献编号:408003284-0-A。

光绪二十五年八月十二日,奉朱批:兵部知道。钦此。①

一一七　奏请更正祁西源等保案衔名片

光绪二十五年七月二十日(1899年8月25日)

再,臣前次奏保甘肃关内外及青海一律肃清出力各员,补送履历到部,经部核覆祁西源履历内系廪生,原保单内系岁贡生;祁应元、陈光德履历内系廪生,原保单内系岁贡生;刘象乾履历内系刘象谦,张漪清履历内系章漪清,均属官阶、坐衔、姓名不符,奏令查明覆奏,再行核办等因。咨会到臣。经臣转行饬查去后。兹据甘肃布政使岑春煊查明详覆:祁西源实系廪生,原保单内误为岁贡生;祁应元、刘象谦原保单内误为象乾;章漪清原保单内误为张漪清,均系当时笔误,嗣于履历册内更正,造赍送部,漏未声明。至陈光德本系岁贡生,前赍履历册内缮作廪生,实系错误,现已另造履历,呈请送部等情前来。

臣查祁西源、陈光德原保内均请以训导不论双单月选用,刘象谦、章漪清原保均请以主簿不论双单月选用,兹已饬据查明,祁西源等官阶、坐衔、姓名实系一时缮错,并无别项情弊。

臣覆核无异。合无仰恳天恩,俯准饬部更正,仍照原奏议给奖叙,俾昭激劝。

除陈光德另造履历清册咨送吏部查照外,谨附片具陈,伏乞圣鉴训示。谨奏。

---

① 　中国第一历史档案馆藏:录副奏片,档案编号:03-5934-021。

（朱批:）吏部议奏。①

光绪二十五年八月十二日,奉朱批:吏部议奏。钦此。②

一一八 奏报张晖旸等期满甄别片

光绪二十五年七月二十日(1899年8月25日)

再,查例载:道府以至未入流,凡系应行试看人员,以到省之日起,严行考察,一年期满,甄别补用等语。历经遵办在案。兹查有候补知府张晖旸,由同知保以知府仍留原省补用,应自光绪二十四年正月初五日作为知府到省之日起,连闰扣至十二月初五日,试看一年期满,例应甄别。又,试用通判钟文海于光绪二十四年正月二十六日到省,自到省之日起,连闰扣至十二月二十六日,试看一年期满,例应甄别。又,试用直隶州知州封启云于光绪二十四年四月初四日到省,自到省之日起,扣至二十五年四月初四日,试看一年期满,例应甄别。又,补用直隶州知州余承曾由知县保以直隶州知州仍留原省即补,应自光绪二十四年正月初五日作为直隶州到省之日起,连闰扣至十二月初五日,试看一年期满,例应甄别。又,候补知县奚铭敬于光绪二十四年四月初四日到省,自到省之日起,扣至二十五年四月初四日,试看一年期满,例应甄别。由甘肃藩、臬两司出考,详请甄别具奏前来。

臣查张晖旸老成练达,办事慎勤,堪以知府留省照例补用;钟文海年例正强,供差稳慎,堪以通判留省照例补用;封启云年壮才

---

① 台北故宫博物院藏:军机及宫中档,文献编号:408003283-0-A。
② 中国第一历史档案馆藏:录副奏片,档案编号:03-5379-074。

明,留心吏治;余承曾历任繁要,才具稳练,均堪以直隶州知州留省照例补用;奚铭敬安详谨饬,才有可为,堪以知县留省补用。

除将各员履历清册咨部查照外,理合附片具陈,伏乞圣鉴。谨奏。

(朱批:)吏部知道。①

光绪二十五年八月十二日,奉朱批:吏部知道。钦此。②

一一九　请奖励平乱出力文武员绅折

光绪二十五年七月二十九日(1899年9月3日)

头品顶戴陕甘总督臣陶模跪奏,为海城县回匪聚众谋反,现已派兵剿办完竣,地方如常安谧,请将在事出力文武员绅恳恩奖励,以昭激劝,恭折驰陈,仰祈圣鉴事。

窃查甘肃固原州所属海城县地方,汉民少而回民多,回民强悍,性又反覆无常,素称难治。光绪二十一年,忽有戕官劫狱之变,经官军剿抚,事定后以当时逆匪未尽伏诛,恐其漏网,复萌故志,故奏请搜缉余匪一百余名,悉行正法惩办,不可谓不严。讵本年六月十七日晚,有回民冯老八、马三水,聚集匪党一百余人,头裹白布包巾,手执白布旗号,分持火枪、刀矛,从该县属大沟门、邹家堡焚杀起手,希图大举。经海城县徐光兴、盐茶营都司杨振清、景字前旗管带吕登科一面会带兵役前往捕拿,一面禀由陕西固原提臣邓增转电到兰。臣即电覆提臣迅速加派队伍,前往剿办。正值夏麦收

----

① 台北故宫博物院藏:军机及宫中档,文献编号:408003283-0-B。
② 中国第一历史档案馆藏:录副奏片,档案编号:03-5379-076。

获之际，工作游民在彼觅食者众，勿任裹胁滋蔓，致难收拾，复飞饬附近各属地方文武，一律派队堵拿。

其时该逆匪等已将邹家堡墙攻破，抢掠银物，焚毁房屋，伤毙邹家数人，出由萧家湾、八兑坪、殷家坪、草厂等处，沿途焚杀，几成燎原之势。提臣派练军步队帮带洪隆廷、练军马队哨弁马观成，各率所部兵勇，驰往会剿；并饬郎永清率所部达春右旗马队，由北路马厂一带拦头迎击；派练军马队帮带朱柳林，率所部继之；再调驻防静宁之景字左旗马队陈正魁，率所部驰往策应。旋据吕登科报称：十八日，率所部景字前旗步队，会同盐茶营及县役、绅民李文道等，由关桥堡一带前进。十九日，行抵麻家坪，遇贼。贼即开枪抵拒，我军亦枪炮环击，哨弁赖鸿章奋勇上前，阵斩贼目一名。贼势不支，退奔山上。乘势追杀，枪毙悍贼数名，夺获旗、械、马匹多件。天已昏黑，收队驻扎，哨弁赖鸿章身受矛伤，勇丁带枪伤者二名。是夜，贼忽偷遁。次日，郎永清率所部遇贼于双河堡，即督队急进。贼亦列阵接仗。郎永清生擒两贼，枪毙多名，夺获马匹、刀矛多件。时值洪隆廷、马观成、朱柳林、陈正魁、吕登科等各队齐至，贼即披靡败走。我军分途跟追，至司瓦沟等处，不复见贼，而沿途抛弃贼械、马匹甚多，知已纷纷散匿。

查该匪等多系海城本籍，即有籍隶他属者，亦寄寓海城，为年已久。该处山深地僻，最易潜藏，若不搜拿严惩，净绝根株，恐兵退复出，仍复扰害地方。臣与提臣往返电商，令该处公正回绅作为眼线，随同弁勇四处查缉；复悬立重赏，指名捆献，庶真犯得以骈诛，良回不致波及。旋据各旗管带及地方文武选派兵役，协同回绅，先后报获伪元帅冯老八即冯百潮、伪坐帅马三水等首从共四十余名，电嘱提臣饬委固原直隶州会营审讯。据逆首冯老八供：海城县回民，自封为元帅。马三水供：固原州回民，自封为坐帅。均认同谋造反，纠约党类，发给白布包巾、白布旗号，分携火枪、刀矛，先从素有仇隙之邹文典家破堡焚杀劫抢起手，一面裹胁人众，再图大举，不料由萧家湾等处一带劫杀后裹胁无多，遇官兵两次打仗失利，同党渐渐抛弃械物，各自逃散，伊等看大事难成，也就跑了。逆伙田文富等均供认听从谋反，沿途放火、杀人、劫抢后，与官兵打仗不利，大家都各逃散是实各等供。

据此，提臣电商，臣以该逆首冯老八、马三水起意谋反，结党焚杀，实属罪大恶极，应即凌迟；田文富等随从谋反焚杀，亦属法不容诛，应即正法。均就近在固原地方，随时处决，一并传首枭示，以快人心而寒贼胆，经提臣先后照办电覆在案。谨将处决首从各犯姓名、年岁、籍贯开具清单，恭呈御览。其余除被胁勉从、业经解散，应请免究外，至有名在逃各犯田百连等，仍饬设法严缉，务获另办，总期不留余孽，以奠边氓。现在地方尚属安堵，堪以上慰宸系。

臣查此次海城逆回滋事，变起仓卒，一日夜焚杀数村庄，势若燎原，幸赖提臣筹调迅速，悉协机宜，各将士踊跃赴功，不数日间元恶授首，余党骈诛，不致蹂躏蔓延，办理实属勤奋。提臣邓增官职较崇，臣未敢擅拟，其应如何奖叙之处，伏候圣裁。其余出力文武员绅，亦经提臣开折，注明实在劳绩，请保官阶，咨送到臣。经臣覆核，委无冒滥，理合照缮清单，恭呈御览，仰恳天恩，俯准给奖，以示鼓励。

除咨部外，谨会同陕西固原提督臣邓增合词恭折具奏，伏乞皇太后、皇上圣鉴，训示施行。谨奏。光绪二十五年七月二十九日。

（朱批：）览奏已悉。办理尚为妥速。邓增着传旨嘉奖。其余

所请奖叙，着该部议奏。单二件并发。^①

光绪二十五年八月十二日，奉朱批：览奏已悉。办理尚为妥速。邓增着传旨嘉奖。其余所请奖叙，着该部议奏。单二件并发。^② 钦此。^③

一二〇　审拟逆伦重犯李急详一案折

光绪二十五年七月二十九日（1899年9月3日）

头品顶戴陕甘总督臣陶模跪奏，为审明逆伦重犯，按律拟办，恭折仰祈圣鉴事。

窃据西和县知县姚钧详报验讯民人李急详因疯刃伤伊父李起魁身死一案，臣以案关逆伦，当即批司饬据该县将犯医痊，连人证、卷宗亲身一并解省发府，督同审办。兹据署兰州知府周景曾督同该县姚钧审明议拟，详由兼署甘肃按察使兰州道黄云解勘前来。

臣亲提覆鞫，缘李急详籍隶西和县，务农度日；已死李起魁系李急详亲父。李急详平素侍奉李起魁，并无过犯。光绪二十四年间，李急详因感风寒，郁热未退，忽成疯迷病证，时发时愈，发时不省人事，经李起魁延医调治无效。因其并不滋事，央恳邻人李鱼盛、乡约李月桂，并令伊妻李邵氏及李急详之子李进子容隐，未经报官锁锢。二十五年三月十四日下午李急详与李起魁并李邵氏在房闲坐，忽觉心头烦躁，一时疯病复发，即持桌放菜刀出院跳舞。

---

① 台北故宫博物院藏：军机及宫中档，文献编号：408003288。

② 此折军机录副与清单二件均查无下落，待考。

③ 此朱批日期与内容，据军机处随手登记档（档案编号：03-0301-1-1225-214）校补。

李起魁赶出，拦阻喝禁，被李急详用菜刀戳划其脐肚、左后胁、左乳，致伤倒地。经李邵氏随后赶出瞥见，喊同邻人李鱼盛，趋至上前，将李急详按住，夺下菜刀，用绳捆缚。维时李进子正在庄外磨房磨面，经李邵氏遣人唤回查看，李起魁当即因伤殒命。投约报经该县姚令验讯，该犯目瞪神呆，语无伦次。饬医诊视，患疯属实，即经该县通详。因案情重大，批司饬据该县姚令将犯医痊，连人证、卷宗亲身押解到省，发府督同审办。兹据兰州府督同姚令审拟，由司详解到臣。随提犯亲鞫，据供前情不讳。严诘该犯李急详，实系疯发无知，用菜刀戳划其父李起魁，致伤身死，并无起衅别故及装点、捏饰情弊。质之乡约、尸属、邻证，供俱相符，案无遁饰。

查律载：子殴杀父者，凌迟处死。又例载：子殴杀父之案，无论是否因疯，悉照本律问拟。若距省在三百里以外，即在省垣恭请王命，即行正法，仍将首级解回犯事地方枭示。又，疯病之人亲属、邻佑人等容隐不报，以致疯病之人杀人者，照知人谋害他人不即首报律，杖一百各等语。

此案李急详因疯病复发，持刀跳舞，经其父李起魁拦阻喝禁，辄用菜刀将李起魁戳划致伤身死，虽讯系疯发无知，究属行同枭獍，自应按律问拟。李急详合依子殴杀父之案，无论是否因疯，悉照本律定拟；子殴杀父者，凌迟处死律，拟凌迟处死。查该县距省在三百里以外，臣于审明后恭请王命，派委兼署臬司黄云、署臣标中军副将杨志胜，将该犯李急详绑赴市曹，凌迟处死，仍将首级解回犯事地方枭示，以昭炯戒。邻证李鱼盛虽讯系救阻不及，惟与乡约李月桂明知李急详染患疯病，辄因李起魁央恳，并不报官锁锢，致酿逆案，亦应按律问拟。李鱼盛、李月桂均合依疯病之人亲属、邻佑容隐不报，以致杀人者，照知人谋害他人不即首报律，拟各杖一百,折责发落;李月桂仍革役。李起魁于伊子患疯并不报官,亦干例议,业已身死,应与迫于夫命及祖命之尸妻李邵氏、尸孙李进子均毋庸议。无干省释,尸棺饬埋,凶器菜刀案结销毁。

除供招随折咨部外,所有审明逆伦重犯按律拟办缘由,理合恭折具奏,伏乞皇太后、皇上圣鉴,饬部查照施行。谨奏。光绪二十五年七月二十九日。

(朱批:)刑部知道。[1]

光绪二十五年八月十二日,奉朱批:刑部知道。钦此。[2]

一二一 查阅营伍拟请援案展缓折

光绪二十五年七月二十九日(1899年9月3日)

头品顶戴陕甘总督臣陶模跪奏,为查阅营伍,拟请援案展缓,恭折仰祈圣鉴事。

窃臣前奉上谕:本年轮应查阅营伍,甘肃即派陶模认真查阅等因。钦此。伏查练兵为目今第一要政,甘肃营伍,叠奉谕旨饬令认真整顿,经臣随时咨行各提镇于绿营及所部防、练各军切实督练,并经臣奏明随时更番调操在案。钦奉前因,亟应依期查阅。惟时臣正因病请假,嗣虽奏请销假,而病体尚未复元,本拟稍加调理即启程出巡,适洮州、循化等处番众频与西国教士龃龉,随时查办,尚未完结;近有海城县回众聚众谋反,业经会同陕西固原提臣邓增派队剿办,现虽事定,而甘省迭经回乱,民情如惊弓之鸟,往往因谣言

---

① 台北故宫博物院藏:军机及宫中档,文献编号:408003289。

② 中国第一历史档案馆藏:录副奏折,档案编号:03-7320-023。

风传便起衅端。各属回族错居,有宜立即派队镇压者,有不宜遽行派队者。微臣驻扎省城,可随时与文武商酌,相机办理。若一经出省,各府州县距省城数百里、千余里不等,未能随处通电,恐有贻误;藩、臬两司到任未久,诸事时须面商。臣检查旧案,前督臣左宗棠、谭钟麟均有奏请暂缓巡阅之案。

所有微臣此次查阅营伍,拟援案恳请展缓办理。除仍咨行各提镇将所部各营旗切实整饬,并由臣随时更番调操外,所有本年查阅营伍,拟请援案展缓缘由,理合恭折具陈,伏乞皇太后、皇上圣鉴,训示施行。谨奏。光绪二十五年七月二十九日。

(朱批:)着照所请,兵部知道。[①]

光绪二十五年八月十二日,奉朱批:着照所请,兵部知道。钦此。[②]

一二二　恭报甘肃光绪二十五年六月雨水、粮价折

光绪二十五年八月二十九日(1899年10月3日)

头品顶戴陕甘总督臣陶模跪奏,为恭报甘肃省光绪二十五年六月粮价、雨泽情形,恭折仰祈圣鉴事。

窃照本年五月份粮价并得沾雨泽情形,业经具折奏报在案。兹查六月份兰州等八府六直隶州属具报得沾雨泽,自一二寸至三四寸不等,正值秋禾滋长之际,获此沃泽,实于农田有裨。其间有

---

①　台北故宫博物院藏:军机及宫中档,文献编号:408003290。

②　中国第一历史档案馆藏:录副奏折,档案编号:03-6034-082。

被雹、被水之处，业已另案专折具奏。现又据各属续报被雹、被旱情形，轻重不一，容查明附奏。至通省粮价，或与上月相同，或较上月稍有增减。据藩司岑春煊具详请奏前来。

臣覆核无异。理合恭折具奏，并缮粮价清单，恭呈御览，伏乞皇太后、皇上圣鉴。谨奏。光绪二十五年八月二十九日。

（朱批：）知道了。[1]

光绪二十五年九月二十二日，奉朱批：知道了。钦此。[2]

一二三　呈甘肃光绪二十五年六月粮价清单

光绪二十五年八月二十九日(1899年10月3日)

谨将甘肃各属光绪二十五年六月份米粮时估价值，缮具清单，恭呈御览。

计开：

兰州府属：价平

粟米每京石价银一两一钱六分二厘至四两六钱二分，与上月相同。小麦每京石价银一两九钱一分七厘至四两一钱五分八厘，与上月相同。豌豆每京石价银一两九钱一分七厘至四两八分，与上月相同。青稞每京石价银一两六钱四分四厘至三两六钱九分六厘，与上月相同。

巩昌府属：价落

粟米每京石价银一两二钱七厘至三两一钱三分六厘，较上月

贱二钱五分九厘。小麦每京石价银九钱六分五厘至一两九钱一分五厘，较上月贱五钱一分。豌豆每京石价银九钱八分至一两九钱一分五厘，较上月贱五钱一分。青稞每京石价银七钱六分至一两七钱四分一厘，较上月贱一钱七分四厘。

平凉府属：价有平有落

粟米每京石价银一两七钱九分八厘至二两七钱一分，与上月相同。小麦每京石价银一两三钱四分八厘至二两一钱，较上月贱二钱一分。豌豆每京石价银一两四钱三分五厘至二两一钱，较上月贱二钱一分。糜子每京石价银一两四分二厘至一两一钱九分，较上月贱二钱一分。

庆阳府属：价有平有落

粟米每京石价银七钱九分四厘至一两七钱二分九厘，较上月贱三分一厘。小麦每京石价银九钱二分六厘至一两五钱五分八厘，较上月贱一钱六分二厘。豌豆每京石价银一两二分九厘至一两六钱二分四厘，与上月相同。糜子每京石价银三钱三分八厘至七钱九分八厘，与上月相同。

甘州府属：价有平有落

粟米每京石价银七钱七分七厘至一两四钱三分二厘，与上月相同。小麦每京石价银七钱三厘至八钱一分九厘，较上月贱四分二厘。豌豆每京石价银七钱三厘至一两三钱九分四厘，与上月相同。青稞每京石价银四钱四分七厘至七钱，与上月相同。

凉州府属：价落

粟米每京石价银一两九分二厘至四两二厘，较上月贱三钱二分九厘。小麦每京石价银八钱四分至三两四钱五分六厘，较上月贱八分一厘。豌豆每京石价银一两一钱七分六厘至二两八钱七分四厘,较上月贱一钱九分四厘。青稞每京石价银六钱三分至二两一钱八分三厘,较上月贱三钱四分四厘。

宁夏府属:价平

粟米每京石价银七钱一分四厘至一两七钱五分,与上月相同。小麦每京石价银九钱六分六厘至一两九钱六分,与上月相同。豌豆每京石价银六钱三分至一两八钱九分,与上月相同。糜子每京石价银六钱二分二厘至一两二钱二分四厘,与上月相同。

西宁府属:价平

粟米每京石价银一两九钱二分八厘至五两五钱三分六厘,与上月相同。小麦每京石价银一两九钱二分五厘至二两九钱一分二厘,与上月相同。豌豆每京石价银一两五钱四分九厘至二两八钱,与上月相同。青稞每京石价银一两二钱六分至二两五钱七分六厘,与上月相同。

秦州直隶州并所属:价平

粟米每京石价银一两二分九厘至三两八钱六分四厘,与上月相同。小麦每京石价银七钱八分八厘至三两八钱六分四厘,与上月相同。豌豆每京石价银七钱九分三厘至三两八钱六分四厘,与上月相同。糜子每京石价银五钱九分八厘至二两六钱五分七厘,与上月相同。

阶州直隶州并所属:价有昂有落

粟米每京石价银一两六钱四厘至三两六钱二分五厘,较上月贵九分四厘。小麦每京石价银一两四钱五分八厘至二两一钱二分五厘,较上月贱六钱一分四厘。豌豆每京石价银一两五钱九分三厘至二两四钱三分七厘,较上月贱一钱八分。糜子每京石价银一两三钱七分二厘,较上月贱二分二厘。

泾州直隶州并所属：价有平有落

粟米每京石价银五钱一厘至一两七钱八分四厘，与上月相同。小麦每京石价银五钱一厘至一两一钱五分五厘，较上月贱三钱五分。豌豆每京石价银四钱二分四厘至一两一钱一分七厘，较上月贱三钱一分九厘。糜子每京石价银四钱二分七厘至九钱七分九厘，与上月相同。

固原直隶州并所属：价平

粟米每京石价银一两四钱二分六厘至二两七钱四分八厘，与上月相同。小麦每京石价银一两四钱二分六厘至二两三钱九分六厘，与上月相同。豌豆每京石价银一两四钱二分六厘至二两五钱四分六厘，与上月相同。糜子每京石价银一两二钱九厘，与上月相同。

肃州直隶州并所属：价有昂有落

粟米每京石价银一两一钱三分四厘至一两九钱七分四厘，较上月贱四分二厘。小麦每京石价银八钱一分二厘至一两八钱九分，较上月贵四分二厘。豌豆每京石价银九钱五分至一两六钱八分，较上月贱四分二厘。青稞每京石价银五钱四分六厘至一两五钱五分四厘，较上月贵一钱二分六厘。

安西直隶州并所属：价平

粟米每京石价银一两五分至一两三钱七分二厘，与上月相同。小麦每京石价银一两九分八厘至一两二钱，与上月相同。豌豆每京石价银一两二钱至二两八分，与上月相同。青稞每京石价银九钱九分三厘至一两四钱，与上月相同。

（朱批：）览。[①]

---

① 中国第一历史档案馆藏：清单，档案编号：03-6988-039。

一二四　请以符瑞补授肃州直隶州知州折

光绪二十五年八月二十九日(1899 年 10 月 3 日)

头品顶戴陕甘总督臣陶模跪奏，为拣员请补要缺直隶州知州，以裨地方，恭折仰祈圣鉴事。

窃据甘肃藩、臬两司会详称：肃州直隶州知州廖振乔病故，所遗系冲、繁、疲三项调要缺，业经详咨截缺，自应拣选请补。查定例：直隶州知州如系题调要缺，无论何项出缺，或调或补，均准酌量具题补用等语。今肃州直隶州一缺，地处边要，政务冲繁，非精勤练达之员，不足以资治理。对品简缺之员甫经到任，例不合调。

本司等在于候补人员内逐加遴选，查有候补班前先补用直隶州知州符瑞，现年五十六岁，系陕西平利县人，由文童投效甘肃、新疆各军营，历保花翎知府衔直隶州知州，留甘归军功候补班前先补用，历署新疆库尔喀喇乌苏、喀喇沙尔同知等缺。丁忧起复，引见来甘，于光绪二十二年八月到省，年满甄别留用在案。委署阶州直隶州，尚无贻误。臬司何福堃到任未及三月，例不加考。藩司岑春煊查该员符瑞老成谙练，才具明敏，以之请补肃州直隶州知州，实堪胜任，与例亦符。会详请奏前来。

臣查该员符瑞年健才明，办事勤干。合无仰恳天恩，准以该员符瑞补授肃州直隶州知州，实于地方有裨。如蒙俞允，该员以直隶州知州请补直隶州知州，衔缺相当，毋庸送部引见。再，该员署任内并无参罚案件。谨恭折具奏，伏乞皇太后、皇上圣鉴训示。谨奏。光绪二十五年八月二十九日。

（朱批：）吏部议奏。①

光绪二十五年九月二十二日，奉朱批：吏部议奏。钦此。②

一二五　奏报总兵刘璞丁忧请旨简放折

光绪二十五年八月二十九日(1899年10月3日)

头品顶戴陕甘总督臣陶模跪奏，为总兵报丁母忧，循例开缺回籍守制，请旨迅赐简放，以重地方，恭折仰祈圣鉴事。

窃臣据署甘肃凉州镇总兵陕西河州镇总兵刘璞呈称：本年八月初五日接到电信，惊悉继母龚氏于本年六月二十三日在陕西洵阳县原籍病故，总兵即于是日在署任成服，呈请委员接署凉州镇总兵篆务，开去河州镇总兵员缺，以便回籍守制等情前来。

臣查该总兵既经报丁母忧，例应开缺回籍守制。其所遗现署凉州镇总兵员缺，除由臣委员前往接署，以便该总兵交卸回籍，另片附奏外，所有河州镇总兵员缺，相应请旨迅赐简放，以重职守。谨会同陕西提督臣邓增、署甘肃提督臣张永清合词恭折具奏，伏乞皇太后、皇上圣鉴，训示施行。谨奏。光绪二十五年八月二十九日。

（朱批：）另有旨。③

光绪二十五年九月二十二日，奉朱批：另有旨。钦此。④

---

① 台北故宫博物院藏：军机及宫中档，文献编号：408003294。
② 中国第一历史档案馆藏：录副奏折，档案编号：03-5380-116。
③ 台北故宫博物院藏：军机及宫中档，文献编号：408003291。
④ 中国第一历史档案馆藏：录副奏折，档案编号：03-5934-110。

【案】是年九月二十二日，清廷令何秉鳌补授河州镇总兵。
上谕档：

光绪二十五年九月二十二日，内阁奉上谕：陕西河州镇总兵员缺，着何秉鳌补授。钦此。[①]

一二六　请赐洮州寺名并给喇嘛口粮折

光绪二十五年八月二十九日（1899年10月3日）

头品顶戴陕甘总督臣陶模跪奏，为已故棍噶札拉参呼图克图嘉穆巴图多普在洮州垂弼胜地方建立新寺，恳恩赏赐寺名，并援案拟请赏给喇嘛口粮，以广皇仁，恭折仰祈圣鉴事。

窃据甘肃布政使岑春煊呈：据署洮州厅同知熊振棨详：据厅属垂弼胜德庆寺僧众体娃谷、马仓等禀称：已故棍噶札拉参呼图克图嘉穆巴图多普，于光绪十年十月间禀蒙西藏达赖喇嘛指在洮州垂弼胜地方建立庙宇，恭诵皇经，跪祝皇太后、皇上圣寿，十一年八月内动工兴修，先后荷蒙恩赏银七千两，谨已祗领在案。所有建造经堂、僧舍计一千一百三十九间，现已一律告成，僧众集五百余名，朝夕跪诵，保皇图于永固，祝圣寿之无疆。惟是寺名未请御赐，无以昭尊崇；僧众未领口粮，无以资养赡，仰乞转详，奏恳天恩，赏给寺名，并求按名支给口粮，以便专心虔诵，报答皇恩各等情。

经该司以建寺至一千余间、集僧至五百余名，核与请赐寺名、准给口粮之例相符，并拟请以五百名为定额。查西宁府各寺院喇嘛岁支口粮，多寡未能一律，兹拟酌中定议，每名请支粮一石二斗，

---

① 《光绪宣统两朝上谕档》，第5册，第280页。

合共岁需仓斗下色粮六百石，即由洮州厅征收番粮项下尽数开支，不敷另行指拨，按年造报请销。详请具奏前来。

臣覆核无异。合无仰恳天恩，赏赐寺名，给予口粮，俾广皇仁而示荣宠。理合恭折具陈，伏乞皇太后、皇上圣鉴训示，并乞饬下理藩院核议施行。谨奏。光绪二十五年八月二十九日。

（朱批：）该衙门议奏。①

光绪二十五年九月二十二日，奉朱批：该衙门议奏。钦此。②

一二七　报明甘肃光绪二十五年春夏情重盗匪惩办折

光绪二十五年八月二十九日（1899 年 10 月 3 日）

头品顶戴陕甘总督臣陶模跪奏，为报明甘肃省光绪二十五年春夏二季份情重盗匪照章就地惩办缘由，恭折仰祈圣鉴事。

窃查甘肃地处边疆，汉、番、回、撒，种类不一，加以游勇、会匪往往勾结，骑马持械，肆行劫掠，甚至逞凶拒捕，伤毙事主，情势极其凶暴，均属法无可贷，历经查照刑部通行，随时审明，批饬就地正法。其有情尚可原之犯，亦经酌量系带杆礅，按季汇报。

兹查光绪二十五年春夏二季份，据平番县、灵州、循化厅等属先后报获盗匪马五十二、马勒木赞、马勒核木、韩由士夫、马老七、任复沅、黄友福、刘升、邻群、更登等十犯到案，均经臣批饬各该管府讯供详办。旋据凉州府、宁夏府、西宁府先后覆审议拟，禀办

① 台北故宫博物院藏：军机及宫中档，文献编号：408003292。

② 此奉旨日期与内容，据军机处随手登记档（档案编号：03-0301-1-1225-254）校补。

前来。

　　查该盗匪马五十二、马勒木赞、任复沅、黄有福、郐群、更登六犯,均系结伙持械,伤毙事主,搜劫财物,情罪重大,法无可贷。经臣批司核覆,实属情真罪当,难稽显戮,已先后批饬将该犯马五十二等六犯分别就地正法,枭首示众,俾昭炯戒。伙盗马勒核木、韩由士夫、马老七、刘升,或讯系听纠行劫,临时别故不行;或本系在外把风,闻喊先遁,均事后分受赃物,情节较轻。除刘升业已在监病故,应毋庸议外,余均饬令照章分别锁系杆礅,俟限满再行查看详办。据甘肃按察使何福堃呈请具奏前来。

　　除批饬仍行严缉各案逸盗务获究办外,所有甘肃省光绪二十五年春夏二季份情重盗匪照章就地惩办缘由,谨开具籍贯、案由清单,恭折具陈,伏乞皇太后、皇上圣鉴,饬部查照施行。谨奏。光绪二十五年八月二十九日。

　　（朱批:）刑部知道。单并发。[1]

　　光绪二十五年九月二十二日,奉朱批:刑部知道。单并发。钦此。[2]

一二八　呈甘肃光绪二十五年春
夏惩办过情重盗匪清单

光绪二十五年八月二十九日(1899 年 10 月 3 日)

谨将甘肃省光绪二十五年春夏二季份惩办过情重盗匪籍贯、

---

①　台北故宫博物院藏:军机及宫中档,文献编号:408003293。

②　中国第一历史档案馆藏:录副奏折,档案编号:03-7374-006。

案由，开具简明清单，恭呈御览。

春季份：

一、平番县凶盗马五十二、马勒木赞，讯据供称分隶甘肃巴燕戎格、循化等厅撒回，向均游荡无业。马五十二等稔知晁维汉家道殷实，起意纠同已获之马勒核木、韩由士夫、马老七并在逃之韩五十五、冶勒木赞、放一果、恰辜拜一共九人，分持刀矛等械，偕往事主晁维汉家，撞门入室，捆缚事主晁维英等，吓禁声张，搜劫衣物、首饰、骡马等物，得赃俵分各等情不讳。禀经臣批饬该管凉州府覆审明确，详经臣批司核覆，委系情真罪当，法无可贷，饬将该犯马五十二、马勒木赞二犯就地正法，枭首示众，俾昭炯戒。马勒核木、韩由士夫、马老七讯系听从行劫，临时别故不行，事后分受赃物，情节不无可原，亦饬照章分别锁系杆礅；仍令严缉逸盗韩五十五等，获日另办。

一、灵州凶盗任复沅、黄友福，讯据供称分隶河南汝州、宝丰等州县，来灵州地方佣工。因与在逃素识之徐士林相遇，各道贫难。徐士林探悉事主尚亨家道殷实，住居偏僻，起意强劫，得赃分用，任复沅等允从。复纠邀刘升、陈壮一共五人，分拿刀械、油捻，黄夜同往，撞门入室，劫得衣物、首饰，拒殴事主、雇工两人受伤各等情不讳。禀经臣批饬该管宁夏府覆审明确，详经臣批司核覆，委系情真罪当，法无可贷，饬将该犯任复沅、黄友福二犯就地正法，俾昭炯戒。伙犯刘升讯系在外把风，闻喊先逃，事后分受赃物，情节较轻，业已在监病故，应毋庸议；仍令严缉逸盗徐士林等，获日另办。

夏季份：

一、循化厅凶盗邨群、更登，讯据供称均籍隶甘肃巴燕戎格厅番民，平日游荡为生，因听从在逃之完的一共三人，分持刀、棍等械,在途行强,用刀、棍、石块打伤过客马邦子身死,劫去银两、衣物、马匹俵分各等情不讳。禀经臣批饬该管西宁府覆审明确,详经臣批司核覆,委系情真罪当,法无可贷,饬将该犯郃群、更登二犯就地正法,枭首示众,俾昭炯戒;仍令严缉逸盗完的,获日另办。

（朱批:）览。[①]

一二九　请将道员承绪以同知降补折

光绪二十五年八月二十九日(1899年10月3日)

头品顶戴陕甘总督臣陶模跪奏,为循例甄别道员,请旨降补,恭折仰祈圣鉴事。

窃甘肃补用道承绪,由尽先补用知府实缺丹噶尔同知任内,因防守城池出力,于西宁全境肃清案内保奏,请以道员在任候选,经部议覆,改为开去底缺,免补知府,以道员补用。旋遵章到省,现计一年期满。据藩、臬两司详送验看甄别前来。

查定例:道府以至未入流,毋论何项劳绩保归候补班人员,如有才具未能胜任、尚堪造就者,应分别改补、降补等语。今臣查看得该员承绪,才具中平,实难胜监司之任。惟尚堪造就,前在丹噶尔同知任内办事尚无贻误,自应照例降补。相应请旨将保举甘肃补用道承绪仍改以同知留于甘肃补用,并恳饬部查照。谨恭折具陈,伏乞皇太后、皇上圣鉴训示。谨奏。光绪二十五年八月二十九日。

（朱批:）着照所请,吏部知道。[②]

---

① 中国第一历史档案馆藏:清单,档案编号:03-7374-007。
② 台北故宫博物院藏:军机及宫中档,文献编号:408003295。

光绪二十五年九月二十二日,奉朱批:着照所请,吏部知道。钦此。①

一三〇　奏报韩景亮窃名送匾请降片

光绪二十五年八月二十九日(1899年10月3日)

再,甘肃在籍候选知县韩景亮,前因修理省城军装局,经前藩司曾鉌派赴番地,采购料木。旋访闻该员冒臣衔名,刊书匾额,用鼓乐送往番寺。臣颇疑有派累之事,委员密查,据称番地民人崇信僧目,该员送匾之意,实图料木易于采办,不致受其欺骗,尚无别项情弊,禀覆前来。

臣查该员韩景亮窃名送匾,虽用意尚属因公,惟不先事禀明,究属谬妄,相应请旨将在籍候选知县韩景亮降以从九品仍归部选用,以示惩儆。谨附片陈明。伏乞圣鉴训示。谨奏。

(朱批:)着照所请,吏部知道。②

光绪二十五年九月二十二日,奉朱批:着照所请,吏部知道。钦此。③

一三一　奏请议叙解清协饷各员片

光绪二十五年八月二十九日(1899年10月3日)

再,各省关解清光绪二十三年协甘新饷,前经奏请照章给奖折

---

① 中国第一历史档案馆藏:录副奏折,档案编号:03-5380-117。
② 台北故宫博物院藏:军机及宫中档,文献编号:408003295-0-A。
③ 中国第一历史档案馆藏:录副奏片,档案编号:03-5380-119。

内声明四川省应叙职名未准送到,俟查取至日再附片请奖在案。兹准四川督臣奎俊咨送应叙司道职名前来。臣查四川省协筹甘肃光绪二十三年新饷,为数甚巨,既已扫数解清,亟应照章请奖,以酬劳绩。前四川督臣现任江苏巡抚鹿传霖应如何从优议叙,臣未敢擅拟,伏候圣裁。至四川布政使升任河南巡抚臣裕长、①前署四川布政使按察使文光,均请交部从优议叙。四川盐茶道张元普请俟升缺后,赏给头品顶戴,以示鼓励。

除咨明吏、户部查照外,理合附片具陈,伏乞圣鉴训示,饬部核奖施行。谨奏。

(朱批:)鹿传霖着交部从优议叙,余着照所议办理。②

光绪二十五年九月二十二日奉朱批:鹿传霖着交部从优议叙,余着照所议办理。钦此。③

---

① 裕长(?—1900),字寿泉,满洲正白旗人,监生。咸丰八年(1858),捐纳汉本房笔帖式。同治元年(1862),选铸印司主事职衔,保升军机章京。四年(1865),补满档房堂主事。五年(1866),充玉牒馆纂修。同年,补仪制司员外郎。七年(1868),记名以御史用,掌仪制司印钥,加鸿胪寺少卿衔。八年(1869),保以道府用。翌年,补仪制司郎中,放天津府知府。十年(1871),调补大名府知府。十二年(1873),晋盐运使衔。光绪五年(1879),授承德府知府。九年(1883),升天津河间兵备道。十年(1884),授奉天府府尹。十五年(1889),补授直隶布政使。二十年(1894),丁生母忧,回旗守制。二十三年(1897),补授四川布政使,转直隶布政使。二十四年(1898),补甘肃布政使,调补江宁布政使。同年,擢河南巡抚。二十五年(1899),兼署盛京将军、河东河道总督。二十六年(1900),补授湖北巡抚。同年,卒于任。

② 台北故宫博物院藏:军机及宫中档,文献编号:408003293-0-A。

③ 中国第一历史档案馆藏:录副奏片,档案编号:03-5380-118。

一三二　奏报筹补董部饷项片

光绪二十五年八月二十九日(1899 年 10 月 3 日)

再,光绪二十五年七月准户部咨:提臣董福祥覆陈报销案内不敷库平银一万三千余两,前经奏准于甘肃省存储杂款内设法筹补,兹拟由山西省应协甘肃本年新饷内划拨库平银一万三千两,派员解赴该军行营交纳,作为晋省解甘之款,并由陕甘总督饬司于本年奏拨册造存储罂粟、地税、青海王公缺旷俸饷银内照数提出,抵作晋省解到新饷列收等因。当经转饬遵照去后。

兹据甘肃布政使岑春煊详称:现已遵由春拨册存罂粟、地税项下提拨库平银八千二百八两三钱六分一厘六毫二丝,青海王公缺旷俸饷项下提拨库平银四千七百九十一两六钱三分八厘三毫八丝,二共提拨库平银一万三千两,于七月二十九日作为筹补提臣董福祥报销不敷饷项开支,仍抵作山西省解到二十五年第三批新饷列收,存候摊拨。详请奏咨前来。

臣覆核无异。除咨明户部、山西抚臣暨提臣董福祥查照外,理合附片具陈,伏乞圣鉴。谨奏。

(朱批:)户部知道。[1]

光绪二十五年九月二十二日奉朱批:户部知道。钦此。[2]

---

① 台北故宫博物院藏:军机及宫中档,文献编号:408003293-0-B。

② 中国第一历史档案馆藏:录副奏片,档案编号:03-6154-023。

一三三　奏报兑解清楚董部饷银片

光绪二十五年八月二十九日(1899年10月3日)

再,臣前准户部咨:提臣董福祥所部甘军现改武卫后军,应需光绪二十五年行饷,奏拨甘肃腾出所调安宁等旗哨回队全年饷项银四万一千两,甘肃二十五年裁兵截饷银四万二千六百两,共银八万三千六百两,前经饬司挪凑兑拨库平银四万两,已于光绪二十五年四月初四日附片奏明在案。兹准提臣董福祥以所余库平银四万三千六百两,本应静候搭解,惟相去过远,诚恐缓不济急,且该军已由商号挪用实多,备具印领,交由商号协同庆执持请领。咨请饬司兑交商号承领清款,并据该商号呈交印领前来。

臣查前项拨饷,原奉部拨共银八万三千六百两,除先已挪凑兑拨银四万两外,尚余库平银四万三千六百两,经臣饬司设法提前兑拨,于本年七月二十三日发交协同庆商号领收,计已悉数兑解清楚。据藩司岑春煊详请覆奏前来。

除咨明户部暨提臣董福祥查照外,理合附片具奏,伏乞圣鉴。谨奏。

(朱批:)户部知道。[1]

光绪二十五年九月二十二日奉朱批:户部知道。钦此。[2]

---

[1]　台北故宫博物院藏:军机及宫中档,文献编号:408003293-0-C。

[2]　中国第一历史档案馆藏:录副奏片,档案编号:03-6154-022。

一三四　奏报永明等署理总兵等缺片

光绪二十五年八月二十九日（1899 年 10 月 3 日）

再，署甘肃凉州镇总兵正任河州镇总兵刘璞报丁母忧，开缺回籍守制，经臣另折具奏在案。所遗凉州镇总兵署篆，仍应委员署理，俾专责成。臣查有凉州镇属庄浪协副将永明，熟悉营务，办事公平，堪以接署。递遗庄浪协副将员缺，查有调补宁夏镇属中卫协副将金兰益，久历戎行，办事奋勉，堪以调署。

除檄饬遵照外，理合附片陈明，伏乞圣鉴。谨奏。

（朱批：）兵部知道。①

光绪二十五年九月二十二日，奉朱批：兵部知道。钦此。②

一三五　奏报都司周宇龙病故开缺片

光绪二十五年八月二十九日（1899 年 10 月 3 日）

再，臣准署甘肃提臣张永清咨称：署甘肃提标前营游击之肃州镇属高台营都司周宇龙患病，调治未愈，于光绪二十五年七月初一日在署任病故，咨请核办前来。

臣覆核无异。相应奏明请旨开缺。除查取该员原领都司札付及委员承查印、甘各结至日另咨送部外，所遗高台营都司员缺，甘省现有应补人员，容臣另拣请补。理合附片具陈，伏乞圣鉴训示。谨奏。

---

① 台北故宫博物院藏：军机及宫中档，文献编号：408003291-0-A。
② 中国第一历史档案馆藏：录副奏片，档案编号：03-5934-111。

（朱批:）兵部知道。①

光绪二十五年九月二十二日,奉朱批:兵部知道。钦此。②

一三六 奏报饬属勘办各地灾情片

光绪二十五年八月二十九日(1899 年 10 月 3 日)

再,本年甘肃金县等属夏禾被雹、被水,业将大概情形专折奏报在案。嗣据巴燕戎格厅报明东乡丁家湾、西乡下湾、北乡哈尔洞等庄,西宁县报明东、北二乡甘雷堡等处,大通县报明祁家堡等处,于七月初八、九等日,被雹打伤秋禾,轻重不一;皋兰县报明东、南两乡水车园等处,八月初六日被雹打伤秋禾七八分不等;白马关州判及环县各报明本年五六月间仅得微雨,入伏后亢旱尤甚,秋禾枯槁,被灾较重各等情。经臣随时行司飞饬各该管府州确切查勘,分别照章停征,筹款抚恤,毋使失所;一面将成灾分数及蠲缓钱粮,据实联衔造册结报,应俟各属造报齐全,再行汇核办理。据藩司岑春煊详请附奏前来。

谨先行附片具陈,伏乞圣鉴训示。谨奏。

（朱批:）知道了。即着饬属确切查勘,分别抚恤,毋使灾黎失所。③

光绪二十五年九月二十二日,奉朱批:知道了。即着饬属确切查勘,分别抚恤,毋使灾黎失所。钦此。④

---

① 台北故宫博物院藏:军机及宫中档,文献编号:408003291-0-B。
② 中国第一历史档案馆藏:录副奏片,档案编号:03-5934-112。
③ 台北故宫博物院藏:军机及宫中档,文献编号:408003292-0-A。
④ 中国第一历史档案馆藏:录副奏片,档案编号:03-7107-061。

一三七　奏闻哨官钟桂亭自戕情形片

光绪二十五年八月二十九日(1899年10月3日)

再,本年七月二十九日,据总理营务处甘肃藩司岑春煊禀称:驻扎刘家峡之镇南后旗哨官游击钟桂亭被该处绅民孔宪兆等控告扰害地方各款,应行传讯。臣当即将该哨官撤交查办。该司先委营务委员候补知县黄家模讯明,所控各情只一二事属实,余均无确据。该司以所讯未能切实,改派署皋兰县知县张庭武、即用知县朱远缙,再行详审。乃未及三日,该游击在营务处亲兵棚内,用刀自刎咽喉身死。臣据报饬据臬司委员候补同知洪冀、候补直隶州余承曾相验,自戕属实,填贽格、结在案。

臣查该哨官钟桂亭,被人在营务处岑藩司衙门控告,例应撤交委审,乃未及详办,辄在该营务处亲兵棚内自行刎毙,是否该哨官畏罪情急自刎,希图抵赖,承审委员有无抑勒、逼迫情事,自不能不详细研审,以昭慎重。

除饬藩司岑春煊将原告人证、卷宗及看守弁兵移送臬司何福堃亲提研讯确情,另行议拟奏办外,理合先行附片具陈,伏乞圣鉴。谨奏。

(朱批:)此案即着督饬臬司亲提研讯,务得确情,详晰核奏,毋稍瞻徇。①

光绪二十五年九月二十二日,奉朱批:此案即着督饬臬司亲提

---

①　台北故宫博物院藏:军机及宫中档,文献编号:408003292-0-B。

研讯，务得确情，详晰核奏，毋稍瞻徇。钦此。①

一三八　恭报甘肃光绪二十
五年七月雨水、粮价折

光绪二十五年九月二十六日（1899 年 10 月 30 日）

头品顶戴陕甘总督臣陶模跪奏，为恭报甘肃省光绪二十五年七月份粮价、雨泽情形，恭折仰祈圣鉴事。

窃照本年六月份粮价并得沾雨泽情形，业经具折奏报在案。兹查七月份兰州等八府六直隶州属具报得沾雨泽，自一二寸至三四寸不等。正值秋禾结实之际，获此沃泽，实于农田大有裨益。其各属续报被雹、被旱情形，已另案附奏。至通省粮价，或与上月相同，或较上月稍有增减。据藩司岑春煊具详请奏前来。

臣覆核无异。理合恭折具奏，并缮粮价清单，恭呈御览，伏乞皇太后、皇上圣鉴。谨奏。光绪二十五年九月二十六日。

（朱批：）知道了。②

光绪二十五年十月二十三日，奉朱批：知道了。钦此。③

一三九　呈甘肃光绪二十五年七月粮价清单

光绪二十五年九月二十六日（1899 年 10 月 30 日）

谨将甘肃各属光绪二十五年七月份米粮时估价值，缮具清单，

---

① 中国第一历史档案馆藏：录副奏片，档案编号：03-7320-040。
② 台北故宫博物院藏：军机及宫中档，文献编号：408003298。
③ 中国第一历史档案馆藏：录副奏折，档案编号：03-6989-027。

恭呈御览。

计开：

兰州府属：价有昂有落

粟米每京石价银一两一钱六分二厘至四两八钱六分三厘，较上月贵二钱四分三厘。小麦每京石价银一两八钱五分二厘至三两七钱五分，较上月贱四钱八厘。豌豆每京石价银一两六钱六分六厘至三两七钱五分，较上月贱三钱三分。青稞每京石价银一两四钱一分八厘至二两九钱一分六厘，较上月贱七钱八分。

巩昌府属：价有昂有平

粟米每京石价银一两二钱七厘至三两一钱三分六厘，与上月相同。小麦每京石价银九钱四分七厘至二两七厘，较上月贵九分二厘。豌豆每京石价银九钱八分至二两七厘，较上月贵九分二厘。青稞每京石价银七钱六分至一两七钱四分一厘，与上月相同。

平凉府属：价有昂有平有落

粟米每京石价银一两八钱五分八厘至二两五钱九分，较上月贱一钱二分。小麦每京石价银一两四钱八分二厘至二两一钱，与上月相同。豌豆每京石价银一两四钱八分至二两一钱，与上月相同。糜子每京石价银一两一钱九分至一两二钱七厘，较上月贵一分七厘。

庆阳府属：价平

粟米每京石价银七钱九分四厘至一两七钱二分九厘，与上月相同。小麦每京石价银九钱二分六厘至一两五钱五分八厘，与上月相同。豌豆每京石价银一两二分九厘至一两六钱二分四厘，与上月相同。糜子每京石价银三钱三分八厘至七钱九分八厘，与上月相同。

甘州府属：价平

粟米每京石价银七钱七分七厘至一两四钱三分二厘，与上月相同。小麦每京石价银七钱三厘至八钱一分九厘，与上月相同。豌豆每京石价银七钱三厘至一两三钱九分四厘，与上月相同。青稞每京石价银四钱四分七厘至七钱，与上月相同。

凉州府属：价落

粟米每京石价银一两九分二厘至三两九钱一分二厘，较上月贱九分。小麦每京石价银八钱四分至二两六钱八厘，较上月贱八钱四分八厘。豌豆每京石价银一两一钱七分六厘至二两四分九厘，较上月贱八钱二分五厘。青稞每京石价银六钱三分至一两四钱九分，较上月贱六钱九分三厘。

宁夏府属：价平

粟米每京石价银六钱五分一厘至一两七钱五分，与上月相同。小麦每京石价银八钱八分二厘至一两九钱六分，与上月相同。豌豆每京石价银五钱四分六厘至一两八钱九分，与上月相同。糜子每京石价银五钱三分二厘至一两二钱二分四厘，与上月相同。

西宁府属：价有平有落

粟米每京石价银一两九钱二分八厘至五两五钱三分六厘，与上月相同。小麦每京石价银一两六钱九分八厘至二两八钱五分六厘，较上月贱五分六厘。豌豆每京石价银一两三钱六分五厘至二两七分四厘，较上月贱五分六厘。青稞每京石价银一两八分二厘至二两五钱二分，较上月贱五分六厘。

秦州直隶州并所属：价有昂有平

粟米每京石价银一两一钱一分九厘至三两九钱七厘，较上月贵四分三厘。小麦每京石价银八钱七分八厘至三两八钱六分四厘,与上月相同。豌豆每京石价银八钱八分三厘至三两八钱六分四厘,与上月相同。糜子每京石价银六钱八分七厘至二两六钱五分七厘,与上月相同。

阶州直隶州并所属:价有昂有平有落

粟米每京石价银一两六钱四厘至三两六钱二分五厘,与上月相同。小麦每京石价银一两四钱五分八厘至二两二钱六分二厘,较上月贵一钱三分七厘。豌豆每京石价银二两五分二厘至二两二钱五分,较上月贱一钱八分七厘。糜子每京石价银一两五钱八分三厘,较上月贵二钱一分一厘。

泾州直隶州并所属:价有昂有落

粟米每京石价银五钱六分至一两七钱四分七厘,较上月贱三分七厘。小麦每京石价银六钱四厘至一两四钱五分,较上月贵二钱五分。豌豆每京石价银五钱七分七厘至一两四钱五分,较上月贵二钱八分八厘。糜子每京石价银五钱三分九厘至九钱六分,较上月贱一分九厘。

固原直隶州并所属:价平

粟米每京石价银一两四钱二分六厘至二两七钱三分一厘,较上月贱一分七厘。小麦每京石价银一两四钱二分六厘至二两三钱三分七厘,较上月贱五分九厘。豌豆每京石价银一两四钱二分六厘至二两五钱一分二厘,较上月贱三分四厘。糜子每京石价银一两二钱九厘,与上月相同。

肃州直隶州并所属:价有平有落

粟米每京石价银一两一钱三分四厘至一两九钱七分四厘,与上月相同。小麦每京石价银八钱一分二厘至一两六钱三分八厘,较上月贱二钱五分二厘。豌豆每京石价银九钱五分至一两三钱八分六厘,较上月贱二钱九分四厘。青稞每京石价银五钱四分六厘至一两二钱六分,较上月贱二钱九分四厘。

安西直隶州并所属:价昂

粟米每京石价银九钱二分至一两八钱八分,较上月贵五钱八厘。小麦每京石价银一两九分八厘至一两六钱,较上月贵四钱。豌豆每京石价银一两一钱二分至二两一钱六分,较上月贵八分。青稞每京石价银九钱九分三厘至一两五钱二分,较上月贵一钱二分。

（朱批:）览。①

一四〇 奏为三年任满吁请陛见折

光绪二十五年九月二十六日(1899 年 10 月 30 日)

头品顶戴陕甘总督臣陶模跪奏,为微臣三年任满,吁请陛见,仰祈圣鉴事。

窃臣自光绪二十二年十月蒙恩补授陕甘总督,受命以来,竭其驽骀之力,不敢以愚陋自安,仰赖朝廷威福,边境敉平,瞻念宫门,实无刻不萦寤寐。计臣自光绪十七年获睹天颜,亲承训诲,及今已逾八载。蒲柳之姿,须发皆霜,已非旧质。惟此犬马恋主之忱,常宛转于中而不能自已。兹值皇太后勤劳宵旰,垂念时艰,皇上圣体违和,深宫摄养,薄海臣庶,靡不馨香顶祝,以冀圣恭康复,上慰慈怀。微臣远隔西陲,未亲颜色,吁苍穹而默祷,依丹阙以神驰。窃维视膳问安,子职之所宜循,亦臣道之所必尽。合无仰恳天恩,准

---

① 中国第一历史档案馆藏:清单,档案编号:03-6989-028。

臣入都展觐，俾得躬聆慈训，面受宸谟，葵藿私衷，不胜翘企。

所有微臣期届述职，恭请陛见缘由，谨缮折具陈，伏乞皇太后、皇上圣鉴训示。谨奏。光绪二十五年九月二十六日。

（朱批：）着来见。①

光绪二十五年十月二十三日，奉朱批：着来见。钦此。②

一四一　奏报甘肃光绪二十五年二麦约收分数折

光绪二十五年九月二十六日（1899 年 10 月 30 日）

头品顶戴陕甘总督臣陶模跪奏，为查明甘省本年二麦约收分数，恭折仰祈圣鉴事。

窃查直省二麦收成分数，例应按年具奏。兹据甘肃布政使岑春煊将光绪二十五年甘肃所属各府、厅、州、县二麦约收分数查明，详报前来。

臣复加查核，约收九分者，秦安县一处；约收八分者，山丹县等三处；约收七分有余者，金县等四处；约收七分者，伏羌县等十处；约收六分有余者，沙泥州判等十七处；约收六分者，永昌县等六处；约收五分有余者，河州等十六处；约收五分者，皋兰县等二十三处。以上八府六直隶州所属通盘牵算，约收六分有余。

至各属被雹、被水之区，业经另案奏报，容俟覆勘汇齐，钱粮如何蠲缓，再行照例办理。理合先将甘省本年二麦约收分数缮折具

① 台北故宫博物院藏：军机及宫中档，文献编号：408003297。
② 中国第一历史档案馆藏：录副奏折，档案编号：03-5381-102。

奏,并缮清单,恭呈御览,伏乞皇太后、皇上圣鉴。谨奏。光绪二十五年九月二十六日。

（朱批:）知道了。[①]

光绪二十五年十月二十三日,奉朱批:知道了。钦此。[②]

一四二　呈甘肃光绪二十五年二麦约收分数清单

光绪二十五年九月二十六日（1899年10月30日）

谨将甘肃各属光绪二十五年二麦约收分数,缮具清单,恭呈御览。

计开:

约收九分者:秦安县。

约收八分者:山丹县、秦州、两当县。

约收七分有余者:金县、靖远县、东乐县丞、武威县。

约收七分者:伏羌县、会宁县、通渭县、平凉县、静宁州、抚彝厅、张掖县、碾伯县、清水县、文县。

约收六分有余者:沙泥州判、陇西县、宁远县、安定县、西和县、隆德县、平番县、宁夏县、宁朔县、灵州、中卫县、西宁县、礼县、阶州、成县、肃州、王子庄州同。

约收六分者:永昌县、镇番县、古浪县、大通县、徽县、三岔州判。

---

① 台北故宫博物院藏:军机及宫中档,文献编号:408003299。
② 中国第一历史档案馆藏:录副奏折,档案编号:03-6729-078。

约收五分有余者：河州、狄道州、渭源县、华亭县、安化县、正宁县、平罗县、循化厅、贵德厅、泾州、崇信县、固原州、高台县、毛目县丞、安西州、敦煌县。

约收五分者：皋兰县、红水县丞、岷州、陇西县丞、洮州厅、化平厅、庄浪县丞、宁州、合水县、环县、董志原县丞、宁灵厅、花马池州同、丹噶尔厅、巴燕戎格厅、西固州同、灵台县、镇原县、海城县、平远县、打拉池县丞、硝河城州判、玉门县。

（朱批：）览。[1]

一四三　校阅省标及近省马步各旗队秋操折

光绪二十五年九月二十六日（1899 年 10 月 30 日）

头品顶戴陕甘总督臣陶模跪奏，为校阅省标各营官兵及近省马步各旗队秋操事竣，恭折仰祈圣鉴事。

窃查陕甘督标并兰州城守营及在省并附近马步各旗队，平时由臣分期调操，循环校阅，仍按春秋二季合队操演，期于有勇知方，俾收实效。兹值本年秋操之期，臣先行檄调附近马步各旗队一律晋省，连在省防、绿各营一并合操。臣于九月初六、初八、初九、初十、十一等日，督同司道亲临教场阅视，各营官兵并防、练各旗操演湘军行营阵式及新练德国操法，队伍整肃，器械鲜明，进止如法，奇正相生；施放连环枪炮，亦皆稳练；比较刀矛，亦殊便捷；马队合队操演，马上放枪以及员弁枪靶均灵便有准。臣择其技艺出众者，分别奖赏，以示鼓励。其技艺平常，枪靶不中，仍分别酌量惩处，勒限

---

① 中国第一历史档案馆藏：清单，档案编号：03-6729-079。

练习，另期再阅，总期精益求精，冀成劲旅，以仰副圣主整饬戎行、修明武备至意。

所有臣校阅光绪二十五年省标及近省马步各旗队秋操情形，理合恭折具陈，伏乞皇太后、皇上圣鉴。谨奏。光绪二十五年九月二十六日。

（朱批:）知道了。①

光绪二十五年十月二十三日，奉朱批:知道了。钦此。②

一四四　代奏署凉州镇总兵永明谢恩折

光绪二十五年九月二十六日（1899 年 10 月 30 日）

头品顶戴陕甘总督臣陶模跪奏，为据情代奏，叩谢天恩，恭折仰祈圣鉴事。

窃臣据署甘肃凉州镇总兵庄浪协副将永明呈称:奉委署理凉州镇总兵员缺，即将庄浪协副将事务交代清楚，束装起程，于光绪二十五年九月初二日驰抵凉州，准前署总兵刘璞委中军游击王梓材赍送钦颁道字四十二号凉州总兵官银印一颗，并王命、旗牌、文案、卷宗等项前来。遵即恭设香案，望阙叩头谢恩，即于是日祗领任事。

俯念永明一介庸愚，满洲世仆，前此历受国恩，愧涓埃之未报；兹复委权镇篆，实悚惧之滋深。查凉州为西路重镇，地当冲要，隘口纷歧，巡缉、操防，在在均关紧要，惟有勉竭愚诚，力图整饬，随时

---

① 台北故宫博物院藏:军机及宫中档，文献编号:408003300。
② 中国第一历史档案馆藏:录副奏折，档案编号:03-6034-114。

随事禀商督臣，妥为办理，万不敢以暂时权篆稍涉因循，以冀仰答高厚鸿慈于万一。

所有接署凉州镇印日期并感激下忱，呈请代奏，叩谢天恩前来。理合恭折代奏，伏乞皇太后、皇上圣鉴。谨奏。光绪二十五年九月二十六日。

（朱批：）知道了。①

光绪二十五年十月二十三日，奉朱批：知道了。钦此。②

一四五　请将候补知府蒋本艾等裁汰片

光绪二十五年九月二十六日（1899 年 10 月 30 日）

再，臣接准部咨：钦奉上谕：据张之洞称，查明历年奉差不销、久假不归、潜行离省回籍者，咨明吏部，不准再行到省等语。着各该督抚一体查明办理，以杜冗滥而清仕途等因。当即钦遵行司遵照查办。兹据甘肃藩司岑春煊、臬司何福堃查明，候补知府蒋本艾、候补前先直隶州知州萧延庆、候补同知张铭鉴、候补知县刘沛霖、另补知县高心伯、候补知县周书、候补前先知县唐传柄、孝廉方正知县李南炳、候补先前知县杨星炳、大挑知县王璠、候补前先知县陈鸿章、分缺先用县丞王炳南、候补主簿胡文英、试用主簿林鹄年、分缺先用巡检胡瑞霖、试用巡检胡臣斌、俸满候升照磨习体刚等正、佐一十七员，或私自回籍，或回籍措资、修墓、省亲，或告病回籍，并有因事潜踪不知去向者，既均久未回省，应请一并裁汰，不准

---

① 台北故宫博物院藏：军机及宫中档，文献编号：408003301。

② 中国第一历史档案馆藏：录副奏折，档案编号：03-5934-177。

再来甘肃候补，以期疏通而杜冗滥。会详请奏前来。

臣覆核无异。除在省候补各员由臣督同司道随时考察，如有庸劣不职，自当据实奏参，不敢稍涉优容外，谨附片具陈，伏乞圣鉴训示。谨奏。

（朱批：）吏部知道。①

光绪二十五年十月二十三日，奉朱批：吏部知道。钦此。②

一四六　请嘉奖总兵马安良等片

光绪二十五年九月二十六日（1899 年 10 月 30 日）

再，臣前将剿办甘肃海城县回匪完竣情形业经专折奏报，并声明逃匪田百连等设法严缉务获另办在案。臣查甘肃回民最多，良莠不齐。此次在逃各犯内，惟田百连、田文魁、田五斤子极凶悍诡诈，窃恐潜匿他处，复萌故志，经臣悬立重赏，通饬各属文武于回民聚集之区密访查拿。九月初三日，据带队驻防河州记名总兵马安良禀报，海城县逃匪田百连等闻有潜匿河境、复图煽诱滋事之谣，当即派令帮带补用守备马忠孝，带领回勇，会同地方文武、兵役，购线密缉。田百连等知事已露，复行逃跑。马安良饬令弁勇分路跟追。八月三十日，马忠孝带勇追至狄道所属之白岘子山上，适与贼遇，该处四无居民，山路险峻，马忠孝督勇进擒。该贼等倚山抗拒，拾石乱掷，连伤勇丁数人。马忠孝开枪抵拿，该匪田百连等均中枪跌崖，田文魁、田五斤子当即殒命，田百连伤尚未死。马忠孝割取

① 台北故宫博物院藏：军机及宫中档，文献编号：408003301-0-A。
② 中国第一历史档案馆藏：录副奏片，档案编号：03-5381-103。

田文魁等首级二颗，同田百连一并押解到省。

臣亲提田百连，讯据供称：前在海城县，听从冯老八等谋反，沿途放火、杀人、劫抢后，与官兵打仗失利逃散，伊与田文魁、田五斤子逃至河州地方，隐匿姓名，在彼煽诱，事尚未成，官兵缉拿严紧，伊与田文魁等商允逃往张家川，另作计较。八月三十日，行至白岘子山上，官兵追来，伊等一齐抗拒，拾石乱掷，连伤勇丁数人，官兵开枪对击，伊与田文魁等俱中枪跌崖，田文魁等身死，官兵割取首级同伊一并解省各等情，直认不讳。窃查田百连等为此次海城漏网逆匪，胆敢潜逃他处，阴图勾结，并敢拒伤捕勇，狂悖凶横，实属罪无可逭。查验田百连枪伤颇重，未便稽迟，致逃显戮。臣即按照军法，饬令凌迟处死，同田文魁等首级一并枭示，以昭炯戒。

臣查花翎尽先补用守备马忠孝，奋勇拿贼，悉数就擒，实属有裨大局。拟恳天恩，准其免补守备以都司尽先补用，并请赏加参将衔，以资激劝。至记名简放总兵马安良，前于河湟平定蒙恩赏穿黄马褂，嗣经臣奏准留该总兵带队驻扎河州，钤束回众，地方极其安谧。此次逃匪潜匿该处，复图煽诱滋事，该总兵选派弁勇，即时追获，解省伏诛，实属消患无形，厥功尤伟，拟恳传旨嘉奖，以示优异。

除受伤捕勇由臣查明分别重赏外，谨附片具陈，伏乞圣鉴训示。谨奏。

（朱批：）马安良着传旨嘉奖，余着兵部议奏。[1]

光绪二十五年十月二十三日，奉朱批：马安良着传旨嘉奖，余着兵部议奏。钦此。[2]

---

[1]　台北故宫博物院藏：军机及宫中档，文献编号：408003301-0-B。

[2]　此朱批日期与内容，据军机处随手登记档（档案编号：03-0301-2-1225-184）校补。

一四七　奏报长庆等署理副将等员缺片

光绪二十五年九月二十六日（1899年10月30日）

再，署延绥镇属定边协副将黄甫营游击罗恒丰据报病故，除将病故日期另片奏报外，所遗定边协副将员缺，亟应委员接署，俾专责成。臣查有延绥镇属波罗营参将长庆，心地明白，稳练有为，堪以署理。递遗波罗营参将员缺，查有延绥镇标城守营都司瑞祥，朴实稳练，操防得力，堪以署理。除分饬遵照外，理合附片具陈，伏乞圣鉴。谨奏。

（朱批：）兵部知道。[①]

光绪二十五年十月二十三日，奉朱批：兵部知道。钦此。[②]

一四八　奏报都司朱桐因病恳请开缺片

光绪二十五年九月二十六日（1899年10月30日）

再，臣接准陕西固原提督臣邓增咨：据提属泾州营都司朱桐禀称：都司近因年老多疾，本年七月间复患疮证，迭经医治，迄未就痊。现值整顿营伍之际，不敢以病躯致滋贻误，恳请开缺回籍调理等情，经提臣查验属实，咨请核办前来。

臣覆查无异，相应奏明请旨开缺。除查取该员原领札付另咨送部外，其所遗陕西固原提属泾州营都司员缺，陕甘现有应补人

---

① 台北故宫博物院藏：军机及宫中档，文献编号：408003300-0-A。
② 中国第一历史档案馆藏：录副奏片，档案编号：03-5934-178。

员，容臣另拣请补。谨附片具陈，伏乞圣鉴。谨奏。

（朱批：）兵部知道。①

光绪二十五年十月二十三日，奉朱批：兵部知道。钦此。②

一四九　恭报甘肃光绪二十 五年八月雨水、粮价折

光绪二十五年十一月初四日（1899 年 12 月 6 日）

头品顶戴陕甘总督臣陶模跪奏，为恭报甘肃省光绪二十五年八月份粮价、雨泽情形，恭折仰祈圣鉴事。

窃照本年七月份粮价并得沾雨泽情形，业经具折奏报在案。兹查八月份兰州等八府六直隶州属具报得沾雨泽，自二三寸至四五寸不等，亦有仅得微雨，秋禾不无伤损，并有旱久又被霜摧殒者，容查明另行附奏。至通省粮价，或与上月相同，或较上月稍有增减。据藩司岑春煊具详前来。

臣覆核无异。理合恭折具奏，并缮粮价清单，恭呈御览，伏乞皇太后、皇上圣鉴。谨奏。光绪二十五年十一月初四日。

（朱批：）知道了。③

光绪二十五年十一月二十八日，奉朱批：知道了。钦此。④

---

① 台北故宫博物院藏：军机及宫中档，文献编号：408003300-0-B。

② 中国第一历史档案馆藏：录副奏片，档案编号：03-5934-179。

③ 台北故宫博物院藏：军机及宫中档，文献编号：408003302。

④ 中国第一历史档案馆藏：录副奏折，档案编号：03-6990-040。

一五〇　呈甘肃光绪二十五年八月粮价清单

光绪二十五年十一月初四日(1899 年 12 月 6 日)

谨将甘肃各属光绪二十五年八月份米粮时估价值,缮具清单,恭呈御览。

计开：

兰州府属：价有昂有平

粟米每京石价银一两一钱六分二厘至五两八钱三分六厘,较上月贵九钱七分三厘。小麦每京石价银一两八钱三厘至三两七钱五分,与上月相同。豌豆每京石价银一两六钱一分四厘至三两七钱五分,与上月相同。青稞每京石价银一两四钱二分四厘至三两四钱四厘,较上月贵四钱八分八厘。

巩昌府属：价有昂有平有落

粟米每京石价银一两二钱七厘至三两一分一厘,较上月贱一钱二分五厘。小麦每京石价银九钱四分七厘至二两一钱三分二厘,较上月贵一钱二分五厘。豌豆每京石价银九钱八分至二两一钱三分二厘,较上月贵一钱二分五厘。青稞每京石价银七钱六分至一两七钱四分一厘,与上月相同。

平凉府属：价有昂有落

粟米每京石价银二两九分七厘至二两八钱六厘,较上月贵二钱一分六厘。小麦每京石价银一两六钱一分七厘至二两三分,较上月贱七分。豌豆每京石价银一两五钱四分二厘至一两八钱九分,较上月贱二钱一分。糜子每京石价银一两一钱九分至一两二钱七分一厘,较上月贵六分四厘。

庆阳府属：价有昂有落

粟米每京石价银七钱九分四厘至一两五钱九分一厘，较上月贱一钱三分八厘。小麦每京石价银九钱二分六厘至一两六钱四分三厘，较上月贵八分五厘。豌豆每京石价银一两二分九厘至一两七钱七厘，较上月贵八分三厘。糜子每京石价银三钱三分八厘至八钱九厘，较上月贵一分一厘。

甘州府属：价平

粟米每京石价银七钱四分九厘至一两四钱三分二厘，与上月相同。小麦每京石价银七钱三厘至八钱一分九厘，与上月相同。豌豆每京石价银七钱三厘至一两三钱九分四厘，与上月相同。青稞每京石价银四钱四分至七钱，与上月相同。

凉州府属：价有昂有落

粟米每京石价银一两九分二厘至三两三钱五分九厘，较上月贱五钱五分三厘。小麦每京石价银七钱九分八厘至二两七钱二分九厘，较上月贵一钱二分一厘。豌豆每京石价银一两一钱七分六厘至二两三钱一分，较上月贵二钱六分一厘。青稞每京石价银六钱三分至一两六钱八分，较上月贵一钱九分。

宁夏府属：价有平有落

粟米每京石价银六钱三分七厘至一两七钱五分，与上月相同。小麦每京石价银八钱八分二厘至一两九钱六分，与上月相同。豌豆每京石价银六钱三分七厘至一两八钱九分，与上月相同。糜子每京石价银四钱五分五厘至一两一钱五分九厘，较上月贱六分五厘。

西宁府属：价有昂有平有落

粟米每京石价银一两九钱二分八厘至五两五钱三分六厘，与上月相同。小麦每京石价银一两五钱七分五厘至二两五钱二分，较上月贱三钱三分六厘。豌豆每京石价银一两三钱六分五厘至二两一钱一分二厘，较上月贵三分八厘。青稞每京石价银一两五分至二两一钱，较上月贱四钱二分。

秦州直隶州并所属：价有昂有落

粟米每京石价银一两一钱一分九厘至三两九钱六分八厘，较上月贵六分一厘。小麦每京石价银八钱七分八厘至三两四钱一厘，较上月贱四钱六分三厘。豌豆每京石价银八钱八分三厘至三两四钱一厘，较上月贱四钱六分三厘。糜子每京石价银六钱八分七厘至二两六钱一分六厘，较上月贱四分一厘。

阶州直隶州并所属：价有昂有平有落

粟米每京石价银二两一钱八分七厘至三两五钱六分四厘，较上月贱六分一厘。小麦每京石价银二两四分一厘至二两六钱一分，较上月贵三钱四分八厘。豌豆每京石价银二两一钱四分八厘至二两四钱八分，较上月贵二钱三分。糜子每京石价银一两五钱八分三厘，与上月相同。

泾州直隶州并所属：价有昂有平

粟米每京石价银五钱六分至一两七钱八分二厘，较上月贵三分五厘。小麦每京石价银五钱八分七厘至一两五钱八厘，较上月贵一分三厘。豌豆每京石价银五钱四分三厘至一两五钱七分八厘，较上月贵一钱七分三厘。糜子每京石价银五钱三厘至九钱六分，与上月相同。

固原直隶州并所属：价平

粟米每京石价银一两四钱二分六厘至二两七钱三分一厘，与上月相同。小麦每京石价银一两四钱二分六厘至二两三钱三分七

厘,与上月相同。豌豆每京石价银一两四钱二分六厘至二两五钱
一分二厘,与上月相同。穈子每京石价银一两二钱九厘,与上月
相同。

肃州直隶州并所属:价有平有落

粟米每京石价银一两一钱三分四厘至一两九钱七分四厘,与
上月相同。小麦每京石价银八钱一分二厘至一两三钱四分四厘,
较上月贱二钱九分四厘。豌豆每京石价银九钱五分至一两一钱七
分六厘,较上月贱二钱一分。青稞每京石价银五钱四分六厘至一
两九分二厘,较上月贱一钱六分八厘。

安西直隶州并所属:价平

粟米每京石价银九钱二分至一两八钱八分,与上月相同。小
麦每京石价银一两九分八厘至一两六钱,与上月相同。豌豆每京
石价银一两一钱二分至二两一钱六分,与上月相同。青稞每京石
价银九钱九分三厘至一两五钱二分,与上月相同。

(朱批:)览。①

一五一 请以何训忠补授西宁镇标左营游击折

光绪二十五年十一月初四日(1899年12月6日)

头品顶戴陕甘总督臣陶模跪奏,为拣员请补要缺游击,以裨营
伍,恭折仰祈圣鉴事。

窃臣前准部咨:西宁镇标左营游击彭永清病故,遗缺系题补第
七轮第三缺,轮用预保,该省预保无人,应以第六缺拣发人员题补,

---

① 中国第一历史档案馆藏:清单,档案编号:03-6990-041。

应令迅拣请补等因。当经转饬遵照去后。兹据署西宁镇总兵罗平安呈称：遵即在于各营合例人员内逐加拣选,查有现署贵德营游击留陕甘拣发补用游击何训忠,老成历练,晓畅戎机,堪以请补。呈请核办前来。

臣查该员何训忠久历戎行,操防勤奋,以之请补斯缺,实堪胜任,亦与轮缺章程相符。合无仰恳天恩,俯准以该员何训忠补授西宁镇标左营游击员缺,以期得力。如蒙俞允,俟接准部覆后,即行给咨赴部引见,以符定制。

除饬取该员履历清册送部外,谨会同署甘肃提督臣张永清恭折具陈,伏乞皇太后、皇上圣鉴训示。谨奏。光绪二十五年十一月初四日。

（朱批：）兵部议奏。①

光绪二十五年十一月二十八日,奉朱批：兵部议奏。钦此。②

一五二　请以段彦彪补授定边协营中军都司折

光绪二十五年十一月初四日（1899 年 12 月 6 日）

头品顶戴陕甘总督臣陶模跪奏,为拣员请补都司要缺,以裨营伍,恭折仰祈圣鉴事。

窃臣前准兵部咨开：拟补陕西延榆绥镇属定边协营中军都司李正安,因限满未经赴部,应照章开缺。所遗定边协营中军都司系题补第五轮第三缺,轮用预保无人,应过班用第六轮拣发班人员请

---

①　台北故宫博物院藏：军机及宫中档,文献编号：408003303。

②　中国第一历史档案馆藏：录副奏折,档案编号：03-5935-084。

补等因。当经转移遵照去后。兹准陕西固原提督臣邓增拣选得拣
发补用都司固原城守营守备段彦彪，年力精壮，营务熟悉，堪以请
补。咨请核办前来。

臣查固原城守营守备段彦彪，年壮才明，操防勤奋，以之请补
斯缺，洵堪胜任，亦与轮章相符。合无仰恳天恩，俯念员缺紧要，准
以该员段彦彪请补定边协营都司，以期得力。如蒙俞允，俟接准部
覆，即行给咨送部引见，以符定制。

除查取该员历册另咨送部外，谨会同陕西提臣邓增恭折具陈，
伏乞皇太后、皇上圣鉴训示。谨奏。光绪二十五年十一月初四日。

（朱批：）兵部议奏。[1]

光绪二十五年十一月二十八日，奉朱批：兵部议奏。钦此。[2]

一五三　奏闻甘肃光绪二十五
年上忙征收银两数目折

光绪二十五年十一月初四日(1899 年 12 月 6 日)

头品顶戴陕甘总督臣陶模跪奏，为甘肃各属光绪二十五年上
忙征收银两数目，恭折仰祈圣鉴事。

窃照甘肃各属光绪二十四年上下忙征收银数，业经奏报在案。
所有二十五年上忙征收银数，据藩司岑春煊详称：查甘省光绪二十
五年额征地丁、起存正杂银二十八万四千五百九十二两一钱四分
九厘，连秦州等处新垦地丁银九百六十一两七钱五分三厘，共银二

---

[1]　台北故宫博物院藏：军机及宫中档，文献编号：408003304。

[2]　中国第一历史档案馆藏：录副奏折，档案编号：03-5935-077。

十八万五千五百五十三两九钱二厘,内除皋兰县、沙泥州判、洮州厅、华亭县、平番县、宁夏县、灵州、中卫县、宁灵厅、西固州同等处水冲地亩豁免银七十九两一钱四分三厘五毫,又除皋兰县西乡马家湾回民逃亡无着银三十五两二分四厘,又除各属无从征收银七万七百四两一钱八分一厘九毫外,现垦熟地应征银二十一万四千七百三十五两五钱五分二厘六毫,内除洮州厅北乡录麻回地荒芜无从征收银一十七两三钱一分八厘外,止该应征银二十一万四千七百一十八两二钱三分四厘六毫,又收打拉池县丞续垦升科银一两二钱三分五厘,二共应征银二十一万四千七百一十九两四钱六分九厘六毫。

今上忙已完银一十一万五千五十八两五钱七分九厘,统计系在四分以上,内已完存留、经杂、驿站银四万二千一百四十九两五钱二分二厘,照数留支已完起运银七万二千六百四十九两六钱七分九厘,内已解银七万一千三百三十五两二钱九分二厘,内已造入二十五年秋拨册内银一万三千三百九两一钱一分八厘,候入二十六年春拨册内银五万八千二十六两一钱七分四厘,未解银一千三百一十四两三钱八分七厘。

已完杂赋银二百五十九两三钱七分八厘,均已解司,内已造入二十五年秋拨册内银一百一十六两七钱一分,候入二十六年春拨册内银一百四十二两六钱六分八厘,未完地丁正杂银九万九千六百六十两八钱九分六毫,内未完地丁、起运银六万七千三十四两二钱八分九厘,未完存留、经杂银一万三百三十一两九钱九分五厘,未完存留、驿站银二万一千七百四十两六钱三分五厘六毫,未完杂赋银五百五十三两九钱七分一厘,应归入下忙案内一并核办。其未解起运银两系已故前署正宁县知县王开甲迟延短解,已于交代案内详揭初参职名,一面勒限该家属赶紧清解,此案册内请免重复开揭。造具总、散清册,详请具奏前来。

臣覆核无异。除将清册咨送户部查核外,所有甘省各属光绪二十五年上忙征收银两数目,理合恭折具奏,伏乞皇太后、皇上圣鉴。谨奏。光绪二十五年十一月初四日。

(朱批:)户部知道。①

光绪二十五年十一月二十八日,奉朱批:户部知道。钦此。②

一五四　查明阵亡、伤故人
员第三次恳恩议恤折

光绪二十五年十一月初四日(1899年12月6日)

头品顶戴陕甘总督臣陶模跪奏,为查明甘肃各属节次御贼阵亡、伤故民勇以及殉难、被害绅民、妇孺人等,造具花名、籍贯、死事年月日期、地址清册,请列作第三次恳恩饬部议恤,恭折仰祈圣鉴事。

窃查光绪二十一年甘肃循化撒回滋事,河湟一带回匪相继叛乱,肆行杀掠,官军各路堵剿,所有阵亡、伤故官兵业经查明汇册,先后分作两次奏准议恤,并于折内声明尚有未经报到阵亡伤故弁勇以及殉难绅民、妇孺人等,容再查明另案具奏在案。兹据甘肃布政使岑春煊查明,各属阵亡、伤故并殉难、遇害民勇、绅民、妇孺人等,共计一万一千八百四十名口,造具花名、籍贯、死事年月日期、

---

① 台北故宫博物院藏:军机及宫中档,文献编号:408003305。
② 中国第一历史档案馆藏:录副奏折,档案编号:03-6264-064。

地址清册，请作为第三次详恳奏恤前来。

臣查各属民勇及绅民、妇孺人等，或随同官军击贼阵亡，或因公遇害，或被执不屈，或惧辱自戕，均属忠节可嘉。合无仰恳天恩，俯准饬部照例分别旌恤，以彰忠荩而慰幽魂。

除尚有未经报到民勇以及殉难绅民、妇孺人等，容再查明另案具奏，并将清册分送吏、户、礼、兵四部外，谨恭折具奏，伏乞皇太后、皇上圣鉴训示。谨奏。光绪二十五年十一月初四日。

（朱批：）该部议奏。①

光绪二十五年十一月二十八日，奉朱批：该部议奏。钦此。②

一五五　请将前保文职饬部议给奖叙折

光绪二十五年十一月初四日(1899 年 12 月 6 日)

头品顶戴陕甘总督臣陶模跪奏，为前保剿办海城县回匪在事出力武员，现准兵部议奖，文职业经吏部驳回，仍恳天恩，俯准饬部议给奖叙，俾昭激劝，恭折仰祈圣鉴事。

窃臣前因甘肃海城县回匪聚众谋反，当已派兵剿办完竣，地方安谧，谨将在事出力文武员绅开单奏请奖叙，奉朱批：览奏已悉。办理尚为妥速，邓增着传旨嘉奖，其余所请奖叙，着该部议奏。单二件并发。钦此。钦遵在案。除武职业经兵部议给奖叙遵照行知外，其文职奉吏部驳回，饬令将出力各员分别劳绩等次及拟保员数先行奏明立案，再行请奖等因。

---

①　台北故宫博物院藏：军机及宫中档，文献编号：408003307。

②　中国第一历史档案馆藏：录副奏折，档案编号：03-5935-080。

臣查海城县此次回匪聚众谋反，事起仓卒，当经文武员绅各率弁勇、兵民，合力追剿，继以搜捕擒献，首要悉就骈诛，不致蔓延为害，功亦非细，前于单内请奖各员之下注明劳绩，拟保官阶，亦略分等第。虽未先行奏明立案，只缘事竣旋即请奖，合计请奖文职四员，武职九员，委系毫无冒滥。武职既经兵部核给奖叙，而文职事属一律。合无仰恳天恩，俯准饬部一并议给奖叙，俾昭激劝而免向隅。

除咨吏部外，谨恭折具陈，伏乞皇太后、皇上圣鉴训示。谨奏。光绪二十五年十一月初四日。

（朱批：）吏部议奏。①

光绪二十五年十一月二十八日，奉朱批：吏部议奏。钦此。②

一五六　奏报拣员署理知州等缺片

光绪二十五年十一月初四日(1899 年 12 月 6 日)

再，署狄道州知州潘力谋调省遗缺，查有候补知州王秉章，堪以委署；署金县知县刘立诚调省遗缺，查有准升丹噶尔同知陈昌，堪以署理；宁灵同知方仰欧调省遗缺，查有试用同知洪翼，堪以署理；会宁县知县恩端撤任遗缺，查有候补知县李支芳，堪以署理；两当县知县苏保国请假遗缺，查有安化县知县孟滢，堪以调署；递遗安化县知县员缺，查有候补知县潘远曜，堪以署理；静宁州知州李笃庆撤任遗缺，查有教职试用知县王长，堪以署理。据甘肃藩、臬

---

① 台北故宫博物院藏：军机及宫中档，文献编号：408003306。

② 此朱批日期与内容，据军机处随手登记档（档案编号：03-0301-2-1225-319）校补。

两司会详前来。除分别檄饬遵照外，理合附片陈明，伏乞圣鉴。
谨奏。

（朱批：）吏部知道。①

光绪二十五年十一月二十八日，奉朱批：吏部知道。钦此。②

一五七　奏闻张廷楫等期满甄别片

光绪二十五年十一月初四日（1899年12月6日）

再，查例载：道府以至未入流，凡系应行试看人员，以到省之日
起，试看一年期满，甄别补用等语。历经遵办在案。兹查有劳绩保
留甘肃尽先补用道张廷楫，于光绪二十四年四月初三日到省，今自
到省之日起扣至二十五年四月初三日，试看一年期满，例应甄别。
又，尽先补用知县曹燿崐于光绪二十四年六月二十七日到省，今自
到省之日起扣至二十五年六月二十七日，试看一年期满，例应甄
别。由甘肃藩、臬两司加考，详请甄别具奏前来。

臣查张廷楫器识闳远，熟悉边情，堪以道员留省补用；曹燿崐
年壮才明，办事勤慎，堪以知县留省补用。除将各该员履历清册咨
部查照外，理合附片具陈，伏乞圣鉴。谨奏。

（朱批：）吏部知道。③

光绪二十五年十一月二十八日，奉朱批：吏部知道。钦此。④

---

① 台北故宫博物院藏：军机及宫中档，文献编号：408003306-0-A。
② 中国第一历史档案馆藏：录副奏片，档案编号：03-5382-144。
③ 台北故宫博物院藏：军机及宫中档，文献编号：408003306-0-B。
④ 中国第一历史档案馆藏：录副奏片，档案编号：03-5382-145。

一五八　奏报各属查勘被灾分数情形片

光绪二十五年十一月初四日(1899 年 12 月 6 日)

再，本年甘肃金县等属夏禾被雹、被水，并巴燕戎格厅等属秋禾被雹、被旱各大概情形，业经先后具折奏报在案。兹据合水县报明东乡东华池地方于七月二十八日猛被肃霜，秋禾受伤；阶州报明外纳、边寨等里久未落雨，秋禾已形亢旱，又于八月初八日复降冰雹，禾穗多半损折；平凉县报明东北乡合芦等里于八月初九日被雹打伤秋禾，灾伤颇重；安化县报明四乡、荔原等里屯所种秋禾始终未得透雨，忽于八月二十四、二十六等日又被严霜肃杀，晚禾颗粒无收；西固州同报明阖属秋禾久未得雨，多已枯槁无收；文县报明入秋以来，雨泽愆期，半山、平川各地秋禾多已枯槁殆尽各等情。经臣随时行司飞饬各该管道、府、州，确切查勘，分别照章停征，筹款抚恤，毋使失所；一面将成灾分数及蠲缓钱粮据实联衔造册结报，应俟各属造报齐全，再行一并汇核办理。据藩司岑春煊详请覆奏前来。谨附片具陈，伏乞圣鉴训示。谨奏。

（朱批：）知道了。即着饬属确切查勘，分别停征、蠲缓，一面筹款抚恤，毋令失所。[1]

光绪二十五年十一月二十八日，奉朱批：知道了。即着饬属确切查勘，分别停征、蠲缓，一面筹款抚恤，毋令失所。钦此。[2]

---

[1]　台北故宫博物院藏：军机及宫中档，文献编号：408003305-0-A。

[2]　中国第一历史档案馆藏：录副奏片，档案编号：03-7107-080。

一五九　奏报游击罗恒丰病故开缺片

光绪二十五年十一月初四日（1899 年 12 月 6 日）

再，臣据署延榆绥镇总兵龙得胜呈称：署定边协副将黄甫营正任游击罗恒丰得患气冲之证，医治罔效，于光绪二十五年七月二十一日在署任病故，经委员查取原领札付及嫡亲、医生承查印、甘各结，一并呈请核办前来。

臣覆查无异，相应请旨开缺。除札付、印、甘各结咨送兵部外，所遗黄甫营游击员缺，陕甘现有应补人员，容臣另拣请补。理合附片陈明，伏乞圣鉴。谨奏。

（朱批：）兵部知道。①

光绪二十五年十一月二十八日，奉朱批：兵部知道。钦此。②

一六〇　请以宋得元借补守备员缺片

光绪二十五年十一月初四日（1899 年 12 月 6 日）

再，臣前准兵部咨：甘肃凉州镇标左营守备丁启祥，准其补授安远营都司。所遗凉州镇标左营守备员缺，系题补第六轮第二缺，轮用尽先人员，行令拣员请补等因。当经转饬遵照去后。旋据署凉州镇总兵刘璞详称：拣选得花翎尽先补用都司凉州镇属蔡旗堡千总宋得元，营务谙练，老成可靠。恳请借补前来。

---

① 台北故宫博物院藏：军机及宫中档，文献编号：408003307-0-A。
② 中国第一历史档案馆藏：录副奏片，档案编号：03-5935-086。

臣查该员宋得元久历戎行，老成稳练，以之借补斯缺，实堪胜任，亦与轮章相符。合无仰恳天恩，俯念员缺紧要，准以该员宋得元借补凉州镇标左营守备员缺，可期得力。如蒙俞允，俟接准部覆后，即行给咨送部引见，以符定制。

除查取该员履历清册另咨送部外，谨会同署甘肃提督臣张永清附片具陈，伏乞圣鉴训示。谨奏。

（朱批：）兵部议奏。①

光绪二十五年十一月二十八日，奉朱批：兵部议奏。钦此。②

一六一　请以胡培补授守备员缺片

光绪二十五年十一月初四日(1899 年 12 月 6 日)

再，臣前准兵部咨：陕西延榆绥镇标左营守备系题补第二轮第八缺，轮用尽先人员，行令拣员请补等因。当经转饬遵照去后。兹据署延榆绥镇总兵龙得胜呈称：拣选得花翎都司衔尽先即补守备葭州汛千总胡培，熟悉营务，勤慎操防，恳请酌补前来。

臣查该员胡培久历戎行，操防勤慎，且尽先名次在前，以之请补斯缺，洵堪胜任，与例亦符。合无仰恳天恩，俯念员缺紧要，准以该员胡培补授延榆绥镇标左营守备，俾资得力。如蒙俞允，该员系曾经引见之员，应请饬部发给实授札付，以符定制。

除查取该员履历清册另咨送部外，谨会同陕西固原提督臣邓增合词附片具陈，伏乞圣鉴训示。谨奏。

---

① 台北故宫博物院藏：军机及宫中档，文献编号：408003304-0-A。
② 中国第一历史档案馆藏：录副奏片，档案编号：03-5935-081。

（朱批：）兵部议奏。①

光绪二十五年十一月二十八日，奉朱批：兵部议奏。钦此。②

一六二　请以章应炯升补守备员缺片

光绪二十五年十一月初四日(1899年12月6日)

再，臣前准兵部咨：甘肃宁夏镇标前营守备员缺，系题补第五轮第九缺，轮用应升人员，应令拣员请补等因。臣随在于俸满应升人员内拣选得卓异应升现署大靖营守备凉州镇标后营千总章应炯，年壮才明，办事勤奋，以之请补斯缺，实堪胜任，亦与轮章相符。合无仰恳天恩，俯念员缺紧要，准以卓异千总章应炯升补甘肃宁夏镇标前营守备员缺，俾资得力。如蒙俞允，该员系已经引见回任候升之员，毋庸再行送部，应请饬部发给实授札付，以符定制。

除查取该员履历清册另咨送部外，谨会同署甘肃提督臣张永清合词附片具陈，伏乞圣鉴训示。谨奏。

（朱批：）兵部议奏。③

光绪二十五年十一月二十八日，奉朱批：兵部议奏。钦此。④

---

① 台北故宫博物院藏：军机及宫中档，文献编号：408003304-0-B。
② 中国第一历史档案馆藏：录副奏片，档案编号：03-5935-079。
③ 台北故宫博物院藏：军机及宫中档，文献编号：408003304-0-C。
④ 中国第一历史档案馆藏：录副奏片，档案编号：03-5935-078。

一六三　请将守备任新春与黄玉芳对调片

光绪二十五年十一月初四日(1899年12月6日)

再,臣接准陕西提臣邓增咨称:查得提属盩厔营守备任新春,人地不甚相宜,请与提属西凤营守备黄玉芳互相对调。咨请核办前来。臣查陕西提属盩厔营守备任新春既属人地不宜,应请调补西凤营守备。所遗盩厔营守备员缺,即以西凤营守备黄玉芳调补,庶人地各得其宜,于营伍方有裨益。合无仰恳天恩,俯准以盩厔营守备任新春与西凤营守备黄玉芳相互调补,以期得力。如蒙俞允,俟接准部覆后,即行给咨送部引见,以符定制。

除查取该员等履历清册另咨送部外,谨会同陕西提臣邓增合词附片具陈,伏乞圣鉴训示。谨奏。

(朱批:)兵部议奏。①

光绪二十五年十一月二十八日,奉朱批:兵部议奏。钦此。②

一六四　奏报李临湘委署副将员缺片

光绪二十五年十一月初四日(1899年12月6日)

再,河州镇属洮岷协副将韩廷芝经臣调省另有差委,所遗副将员缺,查有补用总兵正任巩昌营游击李临湘,久历戎行,操防勤奋,

---

① 台北故宫博物院藏:军机及宫中档,文献编号:408003303-0-A。
② 中国第一历史档案馆藏:录副奏片,档案编号:03-5935-083。

堪以委署。除檄饬遵照外，理合附片具奏，伏乞圣鉴。谨奏。

（朱批：）兵部知道。①

光绪二十五年十一月二十八日，奉朱批：兵部知道。钦此。②

一六五　请准杨培源升补岔口营都司片

光绪二十五年十一月初四日（1899年12月6日）

再，臣前准兵部咨开：甘肃凉州镇属岔口营都司张绳祖调补庄浪协营都司，所遗岔口营都司员缺系题补之缺，仍作为第六轮第六缺，轮用拣发人员，应令拣员请补等因。臣随在于拣发补用都司人员内考验得留陕甘拣发补用都司宁夏镇标左营千总杨培源，年力富强，操防勤奋，以之请补斯缺，实堪胜任，亦与轮章相符。合无仰恳天恩，俯念员缺紧要，准以该员杨培源补授岔口营都司员缺，可期得力。如蒙俞允，俟接准部覆后，即行给咨送部引见，以符定制。

除查取该员履历清册另咨送部外，谨会同署甘肃提臣张永清附片具陈，伏乞圣鉴训示。谨奏。

（朱批：）兵部议奏。③

光绪二十五年十一月二十八日，奉朱批：兵部议奏。钦此。④

---

① 台北故宫博物院藏：军机及宫中档，文献编号：408003303-0-B。
② 中国第一历史档案馆藏：录副奏片，档案编号：03-5935-082。
③ 台北故宫博物院藏：军机及宫中档，文献编号：408003303-0-C。
④ 中国第一历史档案馆藏：录副奏片，档案编号：03-5935-085。

一六六 恭报甘肃光绪二十
五年九月雨水、粮价折

光绪二十五年十一月二十四日(1899 年 12 月 26 日)

头品顶戴陕甘总督臣陶模跪奏,为恭报甘肃省光绪二十五年九月份粮价、雨雪情形,恭折仰祈圣鉴事。

窃照本年八月份粮价并得沾雨泽情形,业经具折奏报在案。兹查九月份兰州等八府六直隶州属具报得沾雨雪,自一二寸至三四寸不等。秋禾已收获登场,时交冬令,土脉含濡,民情极为欣慰。至通省粮价,或与上月相同,或较上月稍有增减。据藩司岑春煊具详请奏前来。

臣覆核无异。理合恭折具奏,并缮粮价清单,恭呈御览,伏乞皇太后、皇上圣鉴。谨奏。光绪二十五年十一月二十四日。

(朱批:)知道了。[1]

光绪二十五年十二月二十一日,奉朱批:知道了。钦此。[2]

一六七 呈甘肃光绪二十五年九月粮价清单

光绪二十五年十一月二十四日(1899 年 12 月 26 日)

谨将甘肃各属光绪二十五年九月份米粮时估价值,缮具清单,恭呈御览。

---

[1] 台北故宫博物院藏:军机及宫中档,文献编号:408003308。
[2] 中国第一历史档案馆藏:录副奏折,档案编号:03-6991-030。

计开：

兰州府属：价有平有落

粟米每京石价银一两一钱六分二厘至四两六钱，较上月贱一两八钱三厘。小麦每京石价银一两八钱三厘至三两七钱五分，与上月相同。豌豆每京石价银一两六钱一分四厘至三两七钱五分，与上月相同。青稞每京石价银一两四钱二分四厘至二两九钱一分六厘，较上月贵四钱八分八厘。

巩昌府属：价有平有落

粟米每京石价银一两一钱一分四厘至二两九钱三分四厘，较上月贱七分七厘。小麦每京石价银九钱四分七厘至二两七分八厘，较上月贱五分四厘。豌豆每京石价银九钱四分五厘至二两七分八厘，较上月贱五分四厘。青稞每京石价银七钱六分至一两七钱四分一厘，与上月相同。

平凉府属：价有昂有平有落

粟米每京石价银二两九分七厘至二两三钱八分，较上月贱四钱二分六厘。小麦每京石价银一两七钱六分四厘至二两三分，与上月相同。豌豆每京石价银一两五钱一分一厘至一两九钱二分三厘，较上月贵三分三厘。糜子每京石价银一两一钱九分至一两二钱七分一厘，与上月相同。

庆阳府属：价昂

粟米每京石价银九钱七厘至一两六钱四分，较上月贵四分九厘。小麦每京石价银一两三钱二厘至一两六钱八分，较上月贵三分七厘。豌豆每京石价银一两一钱七分六厘至一两八钱五分二厘，较上月贵一钱四分五厘。糜子每京石价银六钱五分二厘至九钱五分九厘，较上月贵一钱五分。

甘州府属:价平

粟米每京石价银七钱四分九厘至一两四钱三分二厘,与上月相同。小麦每京石价银七钱三厘至八钱一分九厘,与上月相同。豌豆每京石价银七钱三厘至一两三钱九分四厘,与上月相同。青稞每京石价银四钱四分至七钱,与上月相同。

凉州府属:价落

粟米每京石价银一两九分二厘至三两一钱五分九厘,较上月贱二钱。小麦每京石价银七钱九分八厘至二两五钱六分七厘,较上月贱一钱六分二厘。豌豆每京石价银一两一钱七分六厘至二两一钱七分二厘,较上月贱一钱三分八厘。青稞每京石价银六钱三分至一两五钱七分九厘,较上月贱一钱一厘。

宁夏府属:价平

粟米每京石价银六钱四分四厘至一两七钱五分,与上月相同。小麦每京石价银七钱八分四厘至一两九钱六分,与上月相同。豌豆每京石价银五钱四分六厘至一两八钱九分,与上月相同。糜子每京石价银四钱四分八厘至一两一钱五分九厘,与上月相同。

西宁府属:价有平有落

粟米每京石价银一两九钱二分八厘至五两五钱三分六厘,与上月相同。小麦每京石价银一两五钱七分五厘至二两三钱一分,较上月贱二钱一分。豌豆每京石价银一两三钱三分五厘至二两一钱一分二厘,与上月相同。青稞每京石价银一两五分至一两九钱二分五厘,较上月贱一钱七分五厘。

秦州直隶州并所属:价有平有落

粟米每京石价银一两一钱一分九厘至三两六钱,较上月贱三钱六分八厘。小麦每京石价银九钱七厘至三两四钱一厘,与上月相同。豌豆每京石价银九钱七厘至三两四钱一厘，与上月相同。糜子每京石价银六钱八分七厘至二两六钱一分六厘，与上月相同。

阶州直隶州并所属：价有昂有平

粟米每京石价银二两一钱八分七厘至三两八钱一分九厘，较上月贵二钱五分五厘。小麦每京石价银二两四分一厘至二两六钱一分，与上月相同。豌豆每京石价银二两一钱四分八厘至二两四钱八分，与上月相同。糜子每京石价银一两五钱八分三厘，与上月相同。

泾州直隶州并所属：价平

粟米每京石价银五钱四分一厘至一两七钱八分二厘，与上月相同。小麦每京石价银五钱七分四厘至一两五钱八厘，与上月相同。豌豆每京石价银五钱三分一厘至一两五钱七分八厘，与上月相同。糜子每京石价银四钱八分九厘至九钱六分，与上月相同。

固原直隶州并所属：价有平有落

粟米每京石价银一两四钱二分六厘至二两七钱三分一厘，与上月相同。小麦每京石价银一两四钱二分六厘至二两一钱六分一厘，较上月贱一钱七分六厘。豌豆每京石价银一两四钱二分六厘至二两一钱四分一厘，较上月贱三钱七分一厘。糜子每京石价银一两二钱九厘，与上月相同。

肃州直隶州并所属：价有昂有落

粟米每京石价银一两一钱三分四厘至一两八钱九分，较上月贱八分四厘。小麦每京石价银八钱一分二厘至一两五钱一分二厘，较上月贵一钱六分八厘。豌豆每京石价银九钱五分至一两三钱四分四厘，较上月贵一钱六分八厘。青稞每京石价银五钱四分六厘至一两一钱三分四厘，较上月贵四分二厘。

安西直隶州并所属：价平

粟米每京石价银九钱二分至一两八钱八分，与上月相同。小麦每京石价银一两九分八厘至一两六钱，与上月相同。豌豆每京石价银一两一钱二分至二两一钱六分，与上月相同。青稞每京石价银九钱九分至一两五钱二分，与上月相同。

（朱批：）览。①

一六八　造报甘肃光绪二十四年防军收支各款折

光绪二十五年十一月二十四日(1899 年 12 月 26 日)

头品顶戴陕甘总督臣陶模跪奏，为造报光绪二十四年关内防军收支各款，恳恩饬部核销，并请将借垫不敷银两筹拨清还，恭折仰祈圣鉴事。

窃查前准部咨：甘肃关内外军饷自光绪十一年起，均归甘肃藩司统收分拨，所有关内十一年起至二十三年止收支各款，业经造册具奏核销在案。兹据甘肃布政使岑春煊详称：查旧管项下，垫支不敷湘平银五万五千三百七十余两。二十四年应分新饷，除拨归司库支发标、练各军并补发二十二年份新饷及划司库提存封储各款另册造销外，计关内防军实收湘平银五十九万一千五百四十一两零，又收湖北补解二十二年新饷短平银一十九两八钱零，又收封存册内拨来旧防军子药夫本年连闰口粮湘平银一万四千七百四十五两零，又收防军马步各营旗报缴旷银二千二百四十余两，又收制办

---

①　中国第一历史档案馆藏：清单，档案编号：03-6991-031。

旗衣、配造铅药、火绳、军装等项采买物料扣回平余银一百八十余两，又收湖北补解二十二年新饷短平应扣四分减平银三两三钱零，又收司库提拨仓粮变价银四万二千三百五十余两。通共实收湘平银六十五万一千九十七两零。

支发关内防军马步各营、旗、哨、队二十四年份薪粮银六十三万三千五百三十八两零，又支发关内防军步队各营旗子药夫口粮银一万四千七百四十三两零，又支发关内添募督标亲军中、前二旗马步弁勇小口粮料草钱合湘平银八百九十八两零，又支发关内防军马队各营旗三成倒马例价银四千八百一十一两零，又支发各局所委员、书吏薪水、公费银四千二百八十余两，又支发各局护勇口粮银一千一百八两零，又支发总理营务处委员、书识、差弁、马勇薪粮银二千四百二十六两零，又支发制办军装、旗衣、配造铅药、火绳工料、房租银二万八百五十两零，又支发军装局并归并、制造机器、修整军装匠工口粮、采办物料银三千五百四十余两，又支发防军报销部饭食银五千七百一十五两零，又支发循、河、西、碾军务阵伤亡故官弁兵丁恤赏银四千三两零，又支发督练甘军提臣董福祥饷项银三万七百一十七两零，又补发二十三年报销垫用不敷银五万五千三百七十一两零。通共实支发湘平银七十八万二千一十六两零。

实在项下，垫支不敷湘平银一十三万九百一十两零。先由各省关预解到光绪二十五年未分三成新饷项下通挪借用银一十万两，又由号商借垫银三万九百一十八两零。第前项借垫银两为数甚巨，如通挪预解三成新饷虽属公款，究系关内外各军计口授食之资，万难久借，若非请拨的款，深恐供应不继，饥哗堪虞。即借用商款，亦应立待清还。相应将二十四年份关内防军收支各款造具细数清册,详请具奏核销,并请将不敷借垫银两一并恳恩饬部筹拨清款等情前来。

臣复加查核,所有支款委系实用实销,并无浮冒;借垫各款,亦难日久悬宕。相应吁恳天恩,俯准饬部核销,并将不敷借垫银两一并指拨的款,以便清还而维时局。除清册分送户、兵、工部、理藩院外,理合恭折具陈,伏乞皇太后、皇上圣鉴训示。谨奏。光绪二十五年十一月二十四日。

(朱批:)该部议奏。[1]

光绪二十五年十二月二十一日,奉朱批:该部议奏。钦此。[2]

一六九　奏报光绪二十四年转
饷脚价及电报局经费折

光绪二十五年十一月二十四日(1899 年 12 月 26 日)

头品顶戴陕甘总督臣陶模跪奏,为甘肃关内外光绪二十四年份转运新饷脚价等项照案支销,及拨陕甘电报局各项经费银两,恭折仰祈圣鉴事。

窃甘肃关内外每年运解新饷脚价、委员川资、鞘匣等项,遵照部议,由新饷内划提银四万两,另款开支。又,陕甘养电经费、岁修银两,前经奏明请于划提新饷银四万两内,除开支转运脚价等项外,所余银两尽数拨支,奉旨允准,历经遵办。截至二十三年底止,造册奏咨核销,实存湘平银七千四百五十两零。二十四年仍照前

---

① 台北故宫博物院藏:军机及宫中档,文献编号:408003310。
② 中国第一历史档案馆藏:录副奏片,档案编号:03-6155-032。

案由新饷内提银四万两，又收二十四年支发脚价等项照章扣回平余银二百四十余两，共管、收实存湘平银四万七千六百九十余两。自二十四年正月起至十二月底止，由泾州属之瓦云驿接运新饷至兰州省城，复由兰州转运关外应分新饷各款。至新疆省城脚价及员弁盘费、盐菜、口粮、骡脚，并添制鞘匣、纸张、绳索、工价等项，共发过银二万五千一百五十余两，又拨发甘肃电报局二十四年养电经费银一万二千六百四十余两，陕西电报局二十四年养电经费银一千一百一十余两，共发过湘平银一万三千七百五十余两，应咨由督办电线事宜铁路总公司大臣盛宣怀照数列收，另将支用细数造报请销外，统计开支拨发湘平银三万八千九百一十余两，实存湘平银八千七百八十余两另款存储，归入下届开支造报。据甘肃藩司岑春煊造具总、散清册，详请具奏前来。

臣覆查无异。相应恳天恩，饬部查照核销。除将各册分送户、兵、工部外，理合恭折具陈，伏乞皇太后、皇上圣鉴训示。谨奏。光绪二十五年十一月二十四日。

（朱批：）该部知道。①

光绪二十五年十二月二十一日，奉朱批：该部知道。钦此。②

一七〇　请将解清协饷出力各员照案奖叙折

光绪二十五年十一月二十四日（1899年12月26日）

头品顶戴陕甘总督臣陶模跪奏，为各省关筹拨光绪二十四年甘

---

①　台北故宫博物院藏：军机及宫中档，文献编号：408003309。

②　中国第一历史档案馆藏：录副奏折，档案编号：03-6651-083。

肃新饷，依限扫数解清，请将出力各员照案奖叙，恭折仰祈圣鉴事。

窃臣前准部咨：钦奉谕旨：甘肃关内外饷银关系紧要，经户部分别饷数，请饬依限报解。着该将军、督抚等严饬各该司道，按照部拨数目，扫数筹解，如能依限解清，即由陕甘总督奏请奖叙等因。钦此。历经钦遵办理在案。兹查光绪二十四年甘肃新饷，户部照拨四百八十万两，各省俱已扫数完解。臣维甘肃关内外所需饷项，皆系计口授食，协拨稍有逾期，军食即虞匮乏，幸赖各省关司道源源接济，方资饱腾，亟应照章请奖，以酬劳绩。经臣分咨各省查取应叙职名前来。合无仰恳天恩，附照成案奖叙，以示鼓励。

至前福州将军现任直隶总督裕禄、前福州将军现任盛京将军增祺、①两江总督刘坤一、湖广总督张之洞、陕西巡抚魏光焘、前署江苏巡抚现任四川总督奎俊、前江西、江苏巡抚现任广东巡抚德寿、前山西巡抚胡聘之、江西巡抚松寿、②安徽巡抚邓华熙、前河南

---

①　增祺(1851—1919)，字瑞堂，满洲镶白旗人，伊拉里氏。同治初年，充直隶包头军营前锋。七年(1868)，署绥远城防营骁骑校。九年(1870)，补镶白正蓝旗满洲骁骑校。十二年(1873)，升镶黄正白旗满洲御。同年，署密云驻防满洲佐领。光绪五年(1879)，补副前锋章京。十二年(1886)，授镶黄旗满洲佐领。翌年，总理黑龙江齐字营文案。十四年(1888)，充东三省练兵行营总办文案。十五年(1889)，迁镶黄正白满蒙二旗协领，加副都统衔。是年，署营务翼长。十六年(1890)，授齐齐哈尔副都统。十七年(1891)，督理绥化厅清丈事务。十九年(1893)，督理巴彦苏苏清丈事务。二十年(1894)，护理黑龙江将军。次年，会办黑龙江开荒事件，帮办黑龙江镇边军事宜。二十三年(1897)，擢福州将军。二十四年(1898)，授船政大臣。同年，兼署闽浙总督。二十五年(1899)，调补盛京将军。次年，补江宁将军(未赴任)。二十九年(1903)，承修永陵工程。三十三年(1907)，调宁夏将军。是年，授正黄旗蒙古都统。三十四年(1908)，补授广州将军。宣统二年(1910)，兼署两广总督。次年，补正白旗蒙古都统，充弼德院顾问大臣，旋去职。民国八年(1919)，卒。谥简悫。

②　松寿(1849—1911)，字鹤龄，佟佳氏，满洲正白旗人。同治初，捐纳笔帖式。五年(1866)，充工部笔帖式。七年(1868)，捐户部员外郎。光绪元年(1875)，保(转下页)

巡抚现任浙江巡抚刘树堂等，督筹无误，实属公忠体国，畛域不分。臣忝列边圻，幸赖饷项无缺，得以少免愆尤，不敢不上达宸聪，应如何从优议叙之处，臣未敢擅拟，伏候圣裁。

至各司道等请奖职名，谨缮清单，恭呈御览，伏乞皇太后、皇上圣鉴训示。谨奏。光绪二十五年十一月二十四日。

（朱批：）户部议奏。单并发。①

光绪二十五年十二月二十一日，奉朱批：户部议奏。单并发。钦此。②

一七一　呈光绪二十四年各省
关协饷解清请奖清单

光绪二十五年十一月二十四日(1899年12月26日)

谨将解清光绪二十四年甘肃新饷应叙各省司道职名，分别拟奖，缮具清单，恭呈御览。

(接上页)郎中。四年(1878)，授汉档房总办，加四品衔。七年(1881)，授火药局总办。八年(1882)，升工部郎中、制造库掌印。九年(1883)，充清档房帮办、屯田司掌印。同年，充总理衙门章京。十年(1884)，授虞衡司掌印、琉璃窑监督。十六年(1890)，放陕西督粮道，晋二品衔。二十年(1894)，兼署陕西按察使。二十一年(1895)，署陕西布政使。同年，调补山东按察使。二十二年(1896)，补江西按察使。是年，迁江宁布政使。二十四年(1898)，擢江西巡抚。二十六年(1900)，调补江苏巡抚。二十七年(1901)，补河南巡抚。二十八年(1902)，调工部左侍郎，署热河都统。同年，授正蓝旗蒙古副都统。二十九年(1903)，授热河都统，加尚书衔。三十一年(1905)，授兵部尚书。次年，调工部尚书，兼署兵部尚书，转镶蓝旗蒙古都统。三十三年(1907)，调补闽浙总督，兼闽海关税务监督、船政大臣。同年，兼署福州将军。宣统元年(1909)，会办福建盐政。三年(1911)，卒于任。赠太子少保，谥忠节。

① 台北故宫博物院藏：军机及宫中档，文献编号：408003312。
② 中国第一历史档案馆藏：录副奏折，档案编号：03-5383-090。

计开：

前安徽布政使现任湖北巡抚于荫霖、前署湖南布政使现任云南布政使李经羲、花翎二品顶戴江西布政使张绍华、花翎二品顶戴四川川东道总办官运局夏时，均拟请赏加头品顶戴。

前署湖南布政使粮储道但湘良，拟请俟升缺后，赏加头品顶戴。

前山西布政使现任湖南巡抚俞廉三、前四川布政使现任河南巡抚裕长、前陕西布政使张汝梅、前陕西布政使李有棻、前河南布政使额勒精额、前署山西布政使升任湖南布政使锡良、前署山西布政使升任河南布政使景星、江苏布政使聂缉椝、前江西布政使翁曾桂、前湖北布政使升任安徽巡抚王之春、前署四川布政使升任新疆布政使文光、前兼署湖北布政使汉黄德道岑春蓂、前署湖北盐法武昌道安襄郧荆道朱其煊、湖北盐法武昌道孟继埙、前署湖南盐法长宝道补用道刘选青、前山西河东道升任长芦盐运使杨宗濂、前护山西河东道蒲州府知府曾树椿，均拟请旨交部从优议叙。

前湖南布政使现任山西布政使何枢，拟请赏加随带二级。

两淮盐运使江人镜，拟请赏加随带二级。

二品衔署四川按察使盐茶道张元普，拟请赏给三代一品封典。

前署湖南盐法长宝道补用道黄炳离，拟请赏给正二品封典。

（朱批：）览。[1]

---

①　中国第一历史档案馆藏：清单，档案编号：03-5383-091。

一七二 奏为恳恩赏假一月以资调理折

光绪二十五年十一月二十四日（1899 年 12 月 26 日）

头品顶戴陕甘总督臣陶模跪奏，为微臣喘疾大发，兼患咯血，仰恳天恩，赏假一月，以资调理，恭折仰祈圣鉴事。

窃臣旧在西陲，肺、胃伤于寒气，每届冬令，必发咳嗽、气喘之证，曾经叠次请假调理在案。初只视为宿疾，不甚委顿，近来体气渐衰，每发弥重。今年十月中起，多痰多咳，尚可竭力支撑。乃交十一月后，偶或见风，咳喘愈甚，僚属接见，皆在内室，语言略多则气促不能成声。十五日，强起见客，头晕脚软，咳喘不止。十六日，口吐鲜血十余次，连日医治，痰中犹带血丝。臣素无血证，遽增此疾，益觉心神恍惚，困惫难支。

臣前吁请陛见，蒙恩俞允，并有谕旨令魏光焘来甘接署。闻命之余，实深欣幸。正拟清厘一切，俟魏光焘抵任后，束装北上。今电探魏光焘陛辞出都，绕抵陕境，到甘尚需时日。臣病势增剧，深恐有误要公，再四思维，只得仰恳天恩，俯准赏假一月，俾得赶紧调理；一面由臣电催魏光焘迅速来甘接署。臣病势稍轻，届期即当销假起程，入觐天颜，借伸孺慕。臣在假期内，日行公事，暂委藩司岑春煊代拆代行；紧要事件，仍由臣力疾经理，断不敢稍有贻误。

所有微臣喘疾大发，兼患咯血，请假调理缘由，谨恭折具陈，伏乞皇太后、皇上圣鉴训示。谨奏。光绪二十五年十一月二十四日。

（朱批：）着赏假一个月。[1]

---

[1] 台北故宫博物院藏：军机及宫中档，文献编号：408003311。

光绪二十五年十二月二十一日，奉朱批：着赏假一个月。钦此。[①]

一七三　请以沈瑚等补授守备员缺折

光绪二十五年十一月二十四日(1899年12月26日)

头品顶戴陕甘总督臣陶模跪奏，为拣员请补守备各缺，以实营伍，恭折仰祈圣鉴事。

窃臣前准部咨：甘肃宁夏镇标左营守备系题补第五轮第六缺，陕甘督标前营守备系题补第六轮第六缺，陕西河州镇标左营守备系题补第三轮第六轮，均轮用拣发人员，先后行令迅拣请补等因。臣随在于归拣发班补用守备人员内，拣选得留陕甘拣发补用守备迪化城守协左旗左哨把总沈瑚，年强才裕，堪以请补宁夏镇标左营守备员缺；留陕甘补缺后补用都司拣发补用守备新疆抚标右营千总王大兴，操防勤奋，堪以请补督标前营守备员缺；拣发补用守备督标左营千总陈政才，年壮才优，堪以请补河州镇标左营守备员缺。均与轮缺章程相符。合无仰恳天恩，俯准以沈瑚补授甘肃宁夏镇标左营守备员缺，王大兴补授陕甘督标前营守备员缺，陈政才补授陕西河州镇标左营守备员缺，以实营伍而重操防。如蒙俞允，俟接准部覆后，即行给咨送部引见，以符定制。

除查取该员等履历清册另咨送部外，谨会同陕西固原提臣邓增、署甘肃提臣张永清合词恭折具奏，伏乞皇太后、皇上圣鉴训示。谨奏。光绪二十五年十一月二十四日。

---

①　中国第一历史档案馆藏：录副奏折，档案编号：03-5383-087。

（朱批：）兵部议奏。①

光绪二十五年十二月二十一日，奉朱批：兵部议奏。钦此。②

一七四　请以谈得魁借补守备员缺片

光绪二十五年十一月二十四日（1899 年 12 月 26 日）

再，臣接准部咨：甘肃西宁镇标前营守备员缺系题补第六轮第八缺，轮用尽先人员，应令迅拣请补等因。臣随在于尽先人员内拣选得留陕甘尽先补用都司河州城守营千总谈得魁，年力正强，操防勤奋，以之借补斯缺，实堪胜任，亦与例章相符。合无仰恳天恩，俯念员缺紧要，准以该员谈得魁借补西宁镇标前营守备，以期得力。如蒙俞允，俟接准部覆后，即行给咨送部引见，以符定制。

除饬取该员履历清册另咨送部外，谨会同署甘肃提臣张永清附片具陈，伏乞圣鉴训示。谨奏。

（朱批：）兵部议奏。③

光绪二十五年十二月二十一日，奉朱批：兵部议奏。钦此。④

一七五　请将柴典汉等留陕甘补用片

光绪二十五年十一月二十四日（1899 年 12 月 26 日）

再，武员在营出力，材堪任使，自应随时奏明，分别改留，以备

① 台北故宫博物院藏：军机及宫中档，文献编号：408003313。
② 中国第一历史档案馆藏：录副奏折，档案编号：03-5936-052。
③ 台北故宫博物院藏：军机及宫中档，文献编号：408003313-0-A。
④ 中国第一历史档案馆藏：录副奏片，档案编号：03-5936-055。

差遣。兹查有记名遇缺简放提督柴典汉、副将衔尽先补用参将谭巍生，又准兵部咨开尽先都司熊德慎、廖升如等二员，并未奏明留省，咨请收标，未便率准，应令奏明留省后，再行归班序补等因。臣查柴典汉、谭巍生、熊德慎、廖升如等四员，均随征陕甘有年，历著战功，且于边防情形最为熟悉，若以原官原衔留于陕甘按班序补，实于营务有益。兹据署督标中军副将杨志胜先后呈请具奏前来。

合无仰恳天恩，俯准将柴典汉等四员一并留于陕甘差遣委用，除熊德慎、廖升如履历清册前已送部，此次应请毋庸造送，柴典汉、谭巍生二员历册俟查取至日另咨送部外，理合附片具陈，伏乞圣鉴训示。谨奏。

（朱批：）着照所请，兵部知道。①

光绪二十五年十二月二十一日，奉朱批：着照所请，兵部知道。钦此。②

一七六　请以胡立成补授大靖营守备片

光绪二十五年十一月二十四日(1899年12月26日)

再，臣准兵部咨：甘肃凉州镇属大靖营守备系题补第六轮第七缺，轮用尽先人员，应令迅拣请补等因。臣随在于尽先守备人员内逐一拣选，查有留陕甘尽先补用守备胡立成，虽尽先名次在后，惟该员本北洋武备学堂学生，臣在新疆巡抚任内咨调出关，历在迪化、阿克苏等处教习新操。嗣随队入关，于攻克北大通十大回庄时

---

① 台北故宫博物院藏：军机及宫中档，文献编号：408003313-0-B。
② 中国第一历史档案馆藏：录副奏片，档案编号：03-5936-054。

颇为得力。军务平定后，委带格林炮队，兼充教习。该员素娴德国枪炮之法，粗知测量、算术，教练兵勇，实力讲求，现值推广洋操，实为甘省不可少之员，以之请补一缺，于边陲营伍不无裨益。该员年壮才明，办事勤奋，且班次本系尽先，业经奏留注册，即甘省营伍情形亦极熟悉，请补斯缺，实堪胜任，于例亦符。合无仰恳天恩，俯念员缺紧要，准以胡立成补授大靖营守备缺，俾资得力。如蒙俞允，俟接准部覆后，即行给咨赴部引见，以符定制。

除查取该员履历清册另咨送部外，谨会同署甘肃提臣张永清合词附片具陈，伏乞圣鉴训示。谨奏。

（朱批：）兵部议奏。[1]

光绪二十五年十二月二十一日，奉朱批：兵部议奏。钦此。[2]

一七七　请准建坊奖励总兵李乾善举片

光绪二十五年十一月二十四日（1899 年 12 月 26 日）

再，据甘肃布政使岑春煊详称：兰州府属狄道州旧系临洮府狄道县。前明嘉靖中，兵部员外郎杨继盛以言事谪为狄道县典史，与诸生讲学，捐俸建道统祠，祀古圣贤，狄道士民感念杨继盛之德政，醵金立庙，名曰忠愍祠与道统祠，并归地方官绅岁时致祭，数百年不衰。经回乱后，两祠皆毁于兵火。狄道州绅士总兵李乾捐银一千四百余两，重建道统、忠愍两祠，并修理文庙殿墙、火药局、河堤等工，于去年三月起至本年九月底止一律完竣，凡十阅月之久。该

---

① 台北故宫博物院藏：军机及宫中档，文献编号：408003313-0-C。
② 中国第一历史档案馆藏：录副奏片，档案编号：03-5936-053。

总兵往来亲督，劳苦不辞，呈请核奖，以励善举等情，由地方绅士禀由该管道、府、州核转前来。

臣查例载：士民人等捐修桥、路各工银至千两以上者，请旨建坊，给与乐善好施字样等语。该总兵李乾慨捐巨款，修理地方祠庙、药局、河堤等工，出力、出资，始终不倦，洵属见义勇为，有裨风化，核其捐银与请旨建坊之例相符。合无仰恳天恩，俯准建坊，给与乐善好施字样，以昭激劝。除册结分送礼、工二部查核外，谨附片具陈。伏乞圣鉴训示。谨奏。

（朱批：）着照所请，礼部知道。①

光绪二十五年十二月二十一日，奉朱批：着照所请，礼部知道。钦此。②

一七八　请将两淮缓解甘饷改拨的款片

光绪二十五年十一月二十四日（1899 年 12 月 26 日）

再，准两江总督臣刘坤一咨：据两淮盐运使江人镜③详：两淮每年应协甘肃新饷银二十万两，皆由鄂、湘、西、皖四岸分成摊解，

---

① 台北故宫博物院藏：军机及宫中档，文献编号：408003309-0-A。
② 中国第一历史档案馆藏：录副奏片，档案编号：03-7433-065。
③ 江人镜（1823—1900），字云彦，号蓉舫，安徽婺源人，附贡生。道光二十九年（1849），中式举人。三十年（1850），充镶白旗汉教习。咸丰五年（1855），选内阁中书。十年（1860），补军机章京，历方略馆协修、方略馆纂修。同治六年（1867），授侍读，加四品衔。次年，赏戴花翎，晋三品衔。九年（1870），放山西蒲州府知府。十年（1871），护理河东道。十一年（1872），调补山西太原府知府。光绪元年（1875），署冀宁道。二年（1876），升山西河东道，加二品衔。三年（1877），署山西按察使、山西布政使。十一年（1885），调补湖北盐法道。十六年（1890），迁两淮盐运使。二十年（1894），晋头品顶戴。二十六年（1900），卒于江都。有《知白斋诗钞》等行世。

自将鄂、皖两岸盐厘改归税务司代征抵债后，该两岸摊解各款均无所出，所有应解光绪二十五年甘饷，已解过银九万两，尚欠银一十一万两，实在无可筹垫，惟有缓俟拨补款项提解到司，再行陆续转解，咨甘查照等因。当即转行去后。兹据甘肃布政使岑春煊详：查光绪二十五年份甘肃新饷，奉部指拨两淮运司协解二十万两，除已收解到第一批银四万两，又准报解第二批尚未到甘银五万两外，尚欠银一十一万两。此项新饷为甘肃关内外各军计口授食之需，不容丝毫亏短。甘库例存各款叠奉部饬提拨，早已搜罗罄尽，而关内防军饷项自光绪二十三年以后各年均有不敷，现已积成巨欠。是甘肃刻下待饷尤属至急，若将两淮本年应解新饷银一十一万两又复缓解，则关内外各军饷需亏短更巨，哗溃堪虞，实与边陲大局颇有关碍，应请改由别省指拨的款，迅速解甘，以符原数而济急需。详请奏咨前来。

臣覆核无异。所有两淮缓解甘肃本年新饷银一十一万两，合无仰恳天恩，俯赐饬部改拨的款，以顾边疆而免匮乏。除咨明户部及两江督臣刘坤一查照外，理合附片具陈，伏乞圣鉴训示。谨奏。

（朱批：）户部议奏。[1]

光绪二十五年十二月二十一日，奉朱批：户部议奏。钦此。[2]

一七九 奏报拣员委署西宁道等缺片

光绪二十五年十一月二十四日(1899年12月26日)

再，调补甘肃西宁道英林现由新疆抵甘，拟即请咨引见。所遗

---

① 台北故宫博物院藏：军机及宫中档，文献编号：408003309-0-B。
② 中国第一历史档案馆藏：录副奏片，档案编号：03-6472-077。

西宁道印务,查有甘肃候补道欧阳乐清,堪以委署。署兰州府事巩昌府知府周景曾请咨赴部引见,所遗兰州府知府员缺,查有凉州府知府庆恕,堪以调署;递遗凉州府知府员缺,查有西宁府知府燕起烈,堪以调署;所遗西宁府知府员缺,查有候补知府张大镛,堪以委署;并令在省宁灵同知方仰欧先往代理凉州府印务,以便庆恕交卸,迅赴兰州府调任。据甘肃藩、臬两司会详前来。

除批司檄饬并由臣给委外,理合附片陈明,伏乞圣鉴。谨奏。

(朱批:)吏部知道。[①]

光绪二十五年十二月二十一日,奉朱批:吏部知道。钦此。[②]

一八〇　奏报周景曾等期满甄别片

光绪二十五年十一月二十四日(1899 年 12 月 26 日)

再,查例载:道府以至未入流,凡系应行试看人员,以到省之日起,试看一年期满,甄别补用等语。历经遵办在案。兹查有在任候补道巩昌府知府周景曾,于光绪二十四年十一月初一日作为道员到省,今自到省之日起扣至二十五年十一月初一日,试看一年期满,例应甄别。又,在任候补同知盐捕通判熊振槃,于光绪二十四年十一月初一日作为同知到省,今自到省之日起扣至二十五年十一月初一日,试看一年期满,例应甄别。由甘肃藩、臬两司加考,详请甄别具奏前来。

臣查周景曾器识闳深,才猷练达,堪以道员在任候补;熊振槃

---

①　台北故宫博物院藏:军机及宫中档,文献编号:408003310-0-A。

②　中国第一历史档案馆藏:录副奏片,档案编号:03-5383-088。

年强才裕,办事勤能,堪以同知在任候补。除各该员履历清册咨部
查照外,理合附片具陈,伏乞圣鉴。谨奏。

（朱批:）吏部知道。①

光绪二十五年十二月二十一日,奉朱批:吏部知道。钦此。②

一八一　查明光绪二十五年甘肃
　　　被灾地方来春应行接济折

光绪二十五年十一月二十五日(1899年12月27日)

头品顶戴陕甘总督臣陶模跪奏,为遵旨查明本年甘肃各属被
灾地方来春应行接济,俟届时妥筹办理,恭折覆陈,仰祈圣鉴事。

窃臣承准军机大臣字寄:光绪二十五年十月初三日奉上谕:甘
肃兰州、固原各府州属被雹,甘州府属被水,灾情较重,业经谕令该
督派员认真查勘,妥筹抚恤,即着迅速办理,并将来春应否接济之
处一并查明,于封印前奏到。此外,该省有无被灾地方应行调济、
抚恤之处,着该督一并查奏,候旨施恩。将此谕令知之等因。钦
此。仰见圣主轸念民瘼,无微不至,跪诵之下,钦感难名。当即钦
遵饬查去后。

兹据布政使岑春煊详称:查甘省本年雨泽愆期,禾苗大半受
旱,并有雨雹、大水,天降黑霜。据报夏灾者,有金县、隆德县、秦安
县、固原州、狄道州、安定县、华亭县、化平厅、渭源县、洮州厅、张掖
县等一十一属;续报秋灾者,有巴燕戎格厅、西宁县、大通县、白马

---

① 台北故宫博物院藏:军机及宫中档,文献编号:408003310-0-B。
② 中国第一历史档案馆藏:录副奏片,档案编号:03-5383-089。

关州判、环县、皋兰县、合水县、阶州、平凉县、安化县、西固州同、文县等一十二属。统由该管道府州覆勘结报，或地亩冲失蠲豁，或成灾分别蠲缓，或薄收但请缓征，或尚不致成灾。现拟分晰汇案，另请奏明办理。

所有被灾各属贫民，先已由各该地方官随时饬发社、义仓粮，并捐廉抚恤，年内尚不致失所。惟是连岁灾歉，本年灾情尤甚，民间大半穷困，明春青黄不接，实非接济不可。甘省于此等偏灾，向系届时由各地方官察核酌请，或再借社、义粮石，或由外筹款调剂，并未请动正项银粮，自当照案临时妥酌办理等情，详请具奏前来。

臣覆查无异。理合恭折覆陈，伏乞皇太后、皇上圣鉴。谨奏。光绪二十五年十一月二十五日。

（朱批：）知道了。[1]

光绪二十五年十二月初九日，奉朱批：知道了。钦此。[2]

一八二　奏报甘肃光绪二十五年秋禾约收分数折

光绪二十五年十一月二十五日（1899 年 12 月 27 日）

头品顶戴陕甘总督臣陶模跪奏，为查明甘肃光绪二十五年秋禾约收分数，恭折仰祈圣鉴事。

窃查直省秋禾收成分数，例应按年具奏。兹据甘肃布政使岑春煊将兰州、巩昌、平凉、庆阳、甘州、凉州、宁夏、西宁八府并秦州、

---

① 台北故宫博物院藏：军机及宫中档，文献编号：408003314。
② 中国第一历史档案馆藏：录副奏折，档案编号：03-7107-084。

• 2246 •

阶州、固原、泾州、肃州、安西六直隶州并所属各厅、州、县、州同、州判、县丞光绪二十五年秋禾约收分数查明,开折详报前来。

臣复加查核,约收七分者,碾伯县一处;约收六分有余者,通渭县等十一处;约收六分者,金县等七处;约收五分有余者,沙泥州判等二十三处;约收五分者,皋兰县等三十处。以上八府六直隶州所属,通盘牵算,约收五分有余。

再,查各属除红水县丞、岷州、洮州厅、循化厅、丹噶尔厅、巴燕戎格厅、西宁县、大通县等八处向不种植秋禾外,其皋兰县等处禾苗有被雹、被旱、被霜,均经先后饬令该管道、府、州亲诣查勘,是否不致成灾,容另案汇办。理合恭折具陈,并缮具清单,恭呈御览,伏乞皇太后、皇上圣鉴。谨奏。光绪二十五年十一月二十五日。

(朱批:)知道了。[1]

光绪二十五年十二月初九日,奉朱批:知道了。钦此。[2]

一八三　呈甘肃光绪二十五年秋禾约收分数清单

光绪二十五年十一月二十五日(1899年12月27日)

谨将甘肃各属光绪二十五年秋禾约收分数,缮具清单,恭呈御览。

计开:

约收七分者:碾伯县。

---

① 台北故宫博物院藏:军机及宫中档,文献编号:408003315。

② 中国第一历史档案馆藏:录副奏折,档案编号:03-6729-099。

约收六分有余者:通渭县、化平厅、张掖县、山丹县、镇番县、宁夏县、宁朔县、平罗县、清水县、平远县、安西州。

约收六分者:金县、西和县、隆德县、抚彝厅、东乐县丞、武威县、平番县。

约收五分有余者:沙泥州判、陇西县、宁远县、安定县、陇西县丞、宁州、正宁县、董志原县丞、永昌县、古浪县、灵州、中卫县、秦州、秦安县、徽县、成县、固原州、海城县、肃州、王子庄州同、高台县、敦煌县、玉门县。

约收五分者:皋兰县、河州、狄道州、渭源县、靖远县、伏羌县、会宁县、平凉县、静宁县、华亭县、庄浪县丞、安化县、合水县、环县、宁灵厅、花马池州同、贵德厅、礼县、两当县、三岔州判、阶州、文县、西固州同、泾州、崇信县、灵台县、镇原县、硝河城州判、打拉池县丞、毛目县丞。

(朱批:)览。①

一八四　奏报副都统依楞额病故出缺折

光绪二十五年十一月二十五日(1899 年 12 月 27 日)

头品顶戴陕甘总督臣陶模跪奏,为凉州副都统因病出缺,请旨迅赐简放,以重职守,并代递遗折,仰祈圣鉴事。

窃准护理凉州副都统全安呈:转据该故副都统依楞额亲子益德遣丁呈报,伊故父进京陛见,奉旨仍回本任,途间患病,触发旧伤,于十一月初十日回署,医治罔效,自知不起,口授遗折,令子缮

---

① 　中国第一历史档案馆藏:清单,档案编号:03-6729-100。

呈，转请代递，即于十二日身故等情，呈请转报前来。

臣查故副都统臣依楞额，由黑龙江齐齐哈尔城镶红旗双喜佐领下余丁投效河南军营。同治三年，随僧格林沁营队，击破楚北麻城、襄阳、汉口等处逆贼，裹创力战，奋勇异常。嗣随原任直隶提督刘铭传诸军，转战于豫、楚、燕、齐之郊，叠著战功。复带队出关，随征乌里雅苏台、塔尔巴哈台等处回匪。光绪十九年，派带神机营、火器营马步各队，防堵山海关、喜峰口等处，历经黑龙江正黄旗佐领、锡伯营领队大臣、额鲁特领队大臣，皆著声绩。二十二年，简授凉州副都统，履任三年，整饬旗务，辑和军民，地方倚以为重。兹因陛见回任，沿途感受风寒，旧伤举发，遽尔溘逝，悼惜实深。闻其身后萧条，有同寒素，平日恤兵爱士，清廉自持，可以想见。

除将该故副都统依楞额一生战绩详晰查明请赐恤外，所遗凉州副都统员缺紧要，相应请旨迅赐简放，以重职守。所有该副都统遗折，臣谨代为呈递。理合会同兼署宁夏将军臣色普征额恭折驰奏，伏乞皇太后、皇上圣鉴。谨奏。光绪二十五年十一月二十五日。

（朱批：）另有旨。[1]

光绪二十六年十二月初九日，奉朱批：另有旨。钦此。[2]

【案】此折于是年十二月初九日得旨。上谕档：

光绪二十五年十二月初九日，内阁奉上谕：陶模奏，副都统因病出缺一折。凉州副都统依楞额，于咸丰年间投效军营，

---

[1] 台北故宫博物院藏：军机及宫中档，文献编号：408003316。
[2] 中国第一历史档案馆藏：录副奏折，档案编号：03-5936-012。

旋随僧格林沁剿贼，叠著战功，补授领队大臣，升任副都统，整顿旗务，克称厥职。兹闻溘逝，轸惜殊深。加恩着照副都统例赐恤。任内一切处分，悉予开复。应得恤典，该衙门察例具奏。钦此。①

【案】该副都统遗折：光绪二十五年十一月初十日，凉州副都统依楞额口授遗折，曰：

甘肃凉州副都统奴才依楞额跪奏，为叩谢天恩，谨递遗折，仰祈圣鉴事。

窃奴才于本年五月二十二日到京，叩请圣安，仰蒙召见，得遂就瞻之愿，弥殷依恋之忱。六月初二日请训，奉旨：着回凉州副都统本任。钦此。钦遵。七月二十四日假满请安，复蒙召见，沐天恩之高厚，聆圣训之周详。陛辞后，遵即由京起程，途中感受风寒，触发旧伤，到处医治服药。十一月初十日到凉州副都统本署，尚未接印，证候增加，势将不起。犬马恋主之忱，莫名恳切。

伏念奴才满洲世仆，毫无知识，由余丁于咸丰年间投效军营，洊保副都统。光绪二十二年，蒙恩简授斯缺。三年任满述职，沐恩仍回本任。方期驽骀自策，勉效涓埃。奴才年齿未衰，自揣尚能荷戈执殳，为国家效力。岂意受恩深重，福薄灾生，旧伤触发，医治无效，分与圣朝从此长辞，湛恩未报，愿矢来生。

奴才伏愿我皇太后保乂圣躬，伏愿我皇上孝事慈闱，亲贤远佞，内修外攘，固人心于亿载，迓天麻于万年。奴才虽陨首九泉，亦且瞑目地下。伏枕哀鸣，言无伦次；伏乞皇太后、皇上

①《光绪宣统两朝上谕档》，第25册，第375页。

圣鉴。谨奏。光绪二十五年十一月初十日。[①]

一八五　奏报甘肃光绪二十
五年十月雨水、粮价折

光绪二十五年十二月十九日(1900年1月19日)

头品顶戴陕甘总督臣陶模跪奏，为具报甘肃光绪二十五年十月份粮价、雪泽情形，恭折仰祈圣鉴事。

窃照本年九月份粮价并得沾雨雪情形，业经具折奏报在案。兹查十月份兰州等八府六直隶州属具报得沾雪泽，自一二寸至二三寸不等，间有未得雨雪者，民情均尚安谧。至通省粮价，或与上月相同，或较上月稍有增减。据藩司岑春煊具详请奏前来。

臣覆核无异。理合恭折具奏，并缮粮价清单，恭呈御览，伏乞皇太后、皇上圣鉴。谨奏。光绪二十五年十二月十九日。

（朱批：）知道了。[②]

光绪二十六年正月十二日，奉朱批：知道了。钦此。[③]

一八六　呈甘肃光绪二十
五年十月粮价清单

光绪二十五年十二月十九日(1900年1月19日)

谨将甘肃各属光绪二十五年十月份米粮时估价值，缮具清单，

---

① 中国第一历史档案馆藏：录副奏折，档案编号：03-5935-016。
② 台北故宫博物院藏：军机及宫中档，文献编号：408003317。
③ 中国第一历史档案馆藏：录副奏折，档案编号：03-6992-013。

恭呈御览。

计开：

兰州府属：价有平有落

粟米每京石价银一两一钱六分二厘至四两一分二厘，较上月贱五钱八分八厘。小麦每京石价银一两五钱七分一厘至三两七钱五分，与上月相同。豌豆每京石价银一两五钱七分一厘至三两七钱五分，与上月相同。青稞每京石价银一两四钱二分四厘至二两九钱一分六厘，与上月相同。

巩昌府属：价有平有落

粟米每京石价银一两一钱二分二厘至二两八钱三分六厘，较上月贱九分八厘。小麦每京石价银九钱五分二厘至一两九钱一分五厘，较上月贱一钱六分三厘。豌豆每京石价银九钱四分五厘至一两九钱一分五厘，较上月贱一钱六分三厘。青稞每京石价银七钱六分至一两七钱四分一厘，与上月相同。

平凉府属：价有昂有平

粟米每京石价银二两九分七厘至二两四钱六分七厘，较上月贵八分七厘。小麦每京石价银一两六钱三分八厘至二两六分六厘，较上月贵三分六厘。豌豆每京石价银一两五钱五分六厘至一两九钱二分三厘，与上月相同。糜子每京石价银一两一钱九分至一两二钱七分一厘，与上月相同。

庆阳府属：价昂

粟米每京石价银九钱八分八厘至二两三钱五分六厘，较上月贵七钱一分六厘。小麦每京石价银一两二钱八分一厘至二两三钱二分七厘，较上月贵六钱四分七厘。豌豆每京石价银一两一钱七分六厘至二两三钱九分一厘，较上月贵五钱三分九厘。糜子每京石价银七钱四厘至一两二钱五分九厘，较上月贵三钱。

甘州府属：价平

粟米每京石价银七钱四分九厘至一两四钱三分二厘，与上月相同。小麦每京石价银七钱三厘至八钱一分九厘，与上月相同。豌豆每京石价银七钱三厘至一两三钱九分四厘，与上月相同。青稞每京石价银四钱四分至七钱，与上月相同。

凉州府属：价平

粟米每京石价银一两九分二厘至三两一钱五分九厘，与上月相同。小麦每京石价银七钱九分八厘至二两五钱六分七厘，与上月相同。豌豆每京石价银一两一钱七分六厘至二两一钱七分二厘，与上月相同。青稞每京石价银六钱三分至一两五钱七分九厘，与上月相同。

宁夏府属：价有昂有平

粟米每京石价银六钱四分三厘至一两九钱六分，较上月贵二钱一分。小麦每京石价银八钱一分二厘至二两一钱，较上月贵一钱四分。豌豆每京石价银五钱二分五厘至一两八钱九分，与上月相同。糜子每京石价银四钱六分二厘至一两一钱五分九厘，与上月相同。

西宁府属：价平

粟米每京石价银一两九钱二分八厘至五两五钱三分六厘，与上月相同。小麦每京石价银一两五钱七分五厘至二两三钱一分，与上月相同。豌豆每京石价银一两四钱八分八厘至二两一钱一分二厘，与上月相同。青稞每京石价银一两五分至一两九钱二分五厘，与上月相同。

秦州直隶州并所属：价有昂有平

粟米每京石价银一两一钱一分九厘至四两二钱三分六厘,较上月贵六钱三分六厘。小麦每京石价银九钱七厘至三两四钱一厘,与上月相同。豌豆每京石价银九钱七厘至三两四钱一厘,与上月相同。穈子每京石价银六钱八分七厘至二两六钱一分六厘,与上月相同。

阶州直隶州并所属：价有昂有平

粟米每京石价银二两四钱七分九厘至三两八钱一分九厘,与上月相同。小麦每京石价银二两三钱三分四厘至二两六钱一分,与上月相同。豌豆每京石价银二两二钱九分至二两四钱八分,与上月相同。穈子每京石价银一两七钱一分五厘,较上月贵一钱三分二厘。

泾州直隶州并所属：价平

粟米每京石价银五钱六分至一两七钱八分二厘,与上月相同。小麦每京石价银五钱七分四厘至一两五钱八厘,与上月相同。豌豆每京石价银五钱三分一厘至一两五钱七分八厘,与上月相同。穈子每京石价银四钱八分九厘至九钱六分,与上月相同。

固原直隶州并所属：价平

粟米每京石价银一两四钱二分六厘至二两七钱三分一厘,与上月相同。小麦每京石价银一两四钱至二两一钱六分一厘,与上月相同。豌豆每京石价银一两四钱二分六厘至二两一钱四分一厘,与上月相同。穈子每京石价银一两二钱九厘,与上月相同。

肃州直隶州并所属：价平

粟米每京石价银一两一钱三分四厘至一两八钱九分,与上月相同。小麦每京石价银八钱一分二厘至一两五钱一分二厘,与上月相同。豌豆每京石价银九钱五分至一两三钱四分四厘,与上月相同。青稞每京石价银五钱四分六厘至一两一钱三分四厘,与上月相同。

安西直隶州并所属:价平

粟米每京石价银九钱二分至一两八钱八分,与上月相同。小麦每京石价银一两九分八厘至一两六钱,与上月相同。豌豆每京石价银一两一钱二分至二两一钱六分,与上月相同。青稞每京石价银九钱九分至一两五钱二分,与上月相同。

(朱批:)览。[1]

一八七　请将治和等开缺、降补、勒休折

光绪二十五年十二月十九日(1900年1月19日)

头品顶戴陕甘总督臣陶模跪奏,为甄别营员,请旨分别开缺、降补、勒休,恭折仰祈圣鉴事。

窃臣钦奉叠次谕旨,饬令整顿营伍。臣于实缺武员及管带营旗各官内随时认真访察,不敢稍涉迁就,贻误边陲。兹查有肃州镇属安西协副将治和,情性乖张,措施不当,久任边要,实非所宜;宁夏镇标右营游击黄兆熊,久病未愈,难期振作;凉州镇属镇羌营游击管带武毅左旗马队崔金魁,办事刻薄,所部士卒多有怨言;汉中镇属西乡营都司谢荣陞,人地不宜,并有讼案牵涉。均未便曲予宽容,相应请旨将西乡营都司谢荣陞开去都司员缺,以守备降补;花翎尽先副将镇羌营游击崔金魁,除撤去管带外,开去镇羌营游击员缺,以都司留甘降补;宁夏镇标右营游击黄兆熊以原品休致;安西

———

[1]　中国第一历史档案馆藏:清单,档案编号:03-6992-014。

协副将治和开缺送部引见,以肃戎行而资整顿。

谨恭折具陈,伏乞皇太后、皇上圣鉴训示。再,所遗副将、游击、都司各员缺,陕甘现有应补人员,容臣另拣请补。合并声明。谨奏。光绪二十五年十二月十九日。

(朱批:)另有旨。[1]

光绪二十六年正月十二日,奉朱批:另有旨。钦此。[2]

【案】此奏于光绪二十六年正月十二日得旨允行。上谕档:

光绪二十六年正月十二日,内阁奉上谕:陶模奏,甄别营员,请分别惩处一折。甘肃安西协副将治和,情性乖张,措施不当,着开缺送部引见。宁夏镇标右营游击黄兆熊,久病未愈,难期振作,着原品休致。镇羌营游击管带武毅左旗马队崔金魁,办事刻薄,所部士卒多有怨言,着撤去管带,开缺以都司留甘降补。西乡营都司谢荣陞,人地不宜,并有讼案牵涉,着开缺以守备降补。余着照所议办理。该部知道。钦此。[3]

一八八　造报甘肃练军支扣饷项细数折

光绪二十五年十二月十九日(1900年1月19日)

头品顶戴陕甘总督臣陶模跪奏,为造报甘肃关内练军支扣饷项细数清册,恭折仰祈圣鉴事。

---

① 台北故宫博物院藏:军机及宫中档,文献编号:408003319。
② 中国第一历史档案馆藏:录副奏折,档案编号:03-5938-031。
③ 《光绪宣统两朝上谕档》,第26册,第18页。

窃准部咨：甘肃省裁勇练兵系属因时制宜，并非承平旧制，所有开支薪水亦非常例动支，嗣后应令专案奏销，以免牵混等因。历经遵办在案。兹据甘肃布政使岑春煊详称：光绪二十四年份，甘肃关内马步练军薪公、口粮等项，共实支银一十九万九千二百二十四两二钱二分，内扣收过粮价及四、二分减平银共三万一千六百八十两八钱八分九厘，分别造具奏销细数清册，详请具奏前来。

臣覆核无异。除将清册咨送部、科外，谨恭折具陈，伏乞皇太后、皇上圣鉴，饬部核销施行。谨奏。光绪二十五年十二月十九日。

（朱批：）该部知道。[①]

光绪二十六年正月十二日，奉朱批：该部知道。钦此。[②]

一八九　密陈文武各员年终考语折

光绪二十五年十二月十九日(1900 年 1 月 19 日)

头品顶戴陕甘总督臣陶模跪奏，为陕、甘、新疆提、镇、司、道、府等官循例年终密考，谨缮清单，恭折仰祈圣鉴事。

窃照陕、甘、新疆提、镇、司、道、府等官，例应于年终出具切实考语，密行陈奏，自应循例办理。查甘肃提、镇、司、道、知府，臣莅任已逾三年，随时察看，其人材贤否，舆论是否，见闻自较确切。至陕西、新疆文武各员，虽相距稍远，或证诸禀牍，或得自咨询，皆已略知底蕴。除三省提镇内有统带防营未经到任以及署事人员例不

---

① 台北故宫博物院藏：军机及宫中档，文献编号：408003318。
② 中国第一历史档案馆藏：录副奏折，档案编号：03-6156-014。

注考外,谨将实任文武各员出具切实考语,密缮清单,恭呈御览,伏乞皇太后、皇上圣鉴训示。谨奏。光绪二十五年十二月十九日。

(朱批:)知道了。单二件留中。①

光绪二十六年正月十二日,奉朱批:知道了。单二件②留中。钦此。③

一九〇　呈陕、甘、新疆司、道、府年终考语清单

光绪二十五年十二月十九日(1900年1月19日)

谨将陕、甘、新疆司、道、知府年终密考,缮具清单,恭呈御览。

计开:

护理陕西巡抚正任陕西布政使端方,见事透彻,办事爽快,通达时务,而仍恪守准绳,不愧远大之器。

署陕西布政使正任督粮道升允,质直好义,诚朴不欺,遇事敢言,独见其大。

署陕西按察使正任潼商道李绍芬,明敏精详,于清讼、团练诸务尚属认真。

署陕西督粮道正任西安府知府童兆蓉,老成稳练,办事精详,任实缺知府二十余年,资劳最深,民情爱戴。

陕西盐法道江汇川,心地慈祥,循规蹈矩。

陕西陕安道高赓恩,笃实勤恳,有守有为。

① 台北故宫博物院藏:军机及宫中档,文献编号:408003322。
② 此清单查无下落,待考。
③ 中国第一历史档案馆藏:录副奏折,档案编号:03-5938-030。

署陕西西安府正任同州府知府胡湘林，练达勤能，条理不紊。

署陕西汉中府正任凤翔府知府傅世炜，朴实详审，勤求治理。

陕西兴安府知府张筜，持躬刚正，办事和平，于属员贤否尤能劝诫兼施，毫不假借。

陕西延安府知府刘本植，才具明敏，历练较深。

陕西榆林府知府光昭，朴实详明，足资表率。

甘肃布政使岑春煊，性情果敢，操守谨严，因求治太急，办理间有过分处，尚能受人规劝，事无贻误。

甘肃按察使何福堃，心地慈祥，措施稳慎。

甘肃兰州道黄云，宽厚和平，才识练达。

甘肃巩秦阶道赵时熙，才识稳练，供职勤能。

甘肃平庆泾固化道王会英，年老耳聋，怠于理事，信任家人，颇招物议。

甘肃甘凉道白遇道，朴实深稳，才足有为。

甘肃安肃道和尔赓额，安静有守，事无废弛。

甘肃宁夏道志崇，庄敬笃实，和以莅众。

署甘肃巩昌府兰州府知府胡孚骏，循分供职，事无贻误。

署甘肃兰州府凉州府知府庆恕，勤干有为，操履严谨。

甘州府知府诚瑞，才具开展，供职慎勤。

庆阳府知府庆霖，才具明敏，办事恳至。

平凉府知府瑞寿，勉力从公，事无贻误。

西宁府知府燕起烈，宅心和厚，察吏精详。

宁夏府知府崇俊，安详谨饬，办事勤能。

署新疆布政使镇迪道兼按察使潘效苏，勤以率属，和以处众，足称边才。

护理新疆镇迪道兼按察使迪化府知府朱冕荣,持躬端谨,处事安详。

署新疆伊塔道伊犁府知府黄丙焜,才具开展,办事勤能。

新疆喀什噶尔道黄光达,宅心长厚,供职慎勤。

新疆阿克苏道江遇璞,老成达练,劳瘁不辞。①

一九一　请以张时熙补授秦安县知县折

光绪二十五年十二月十九日(1900年1月19日)

头品顶戴陕甘总督臣陶模跪奏,为拣员请补要缺知县,以裨地方,恭折仰祈圣鉴事。

窃据甘肃藩、臬两司会详称:秦安县知县一缺,前请以即用尽先知县黄国琦补授。嗣奉部咨:该省升、调、遗知县一项,上次用至大挑后候补止。今此一缺,各项委用先均无人,应用委用正班之人。查部册内尚有委用知县张时熙一员,如无事故,例应按部请补等因。自应遵照办理。

查该员张时熙,年五十一岁,湖北黄陂县人,由大童投效甘肃军营,历保花翎同知衔,以知县留甘归候补班前补用。光绪九年六月到省,准补平远县知县。丁忧起复,领照回省,于关内外及青海一律肃清案内,保以原官归委用班补用,奉文以二十四年十一月初一日作为委用班到省日期,例不甄别;历署镇原、平凉等县知县,均无贻误。本司等查该员张时熙才具明敏,办事勤能,以之更补秦安县知县,实堪胜任,与例亦符。会详请奏前来。

---

① 中国第一历史档案馆藏:清单,档案编号:04-01-13-0427-013。

臣查该员张时熙年强才裕，办事慎勤。合无仰恳天恩，准以该员张时熙更补秦安县知县，实于地方有裨。如蒙俞允，该员以知县请补知县，衔缺相当，毋庸送部引见；仍俟试署年满，如果称职，另请实授。该员署任内并无参罚案件。谨恭折具奏，伏乞皇太后、皇上圣鉴训示。谨奏。光绪二十五年十二月十九日。

（朱批：）吏部议奏。①

光绪二十六年正月十二日，奉朱批：吏部议奏。钦此。②

一九二　请以许元荣借补参将折

光绪二十五年十二月十九日（1900年1月19日）

头品顶戴陕甘总督臣陶模跪奏，为拣员借补要缺参将，以裨营伍，恭折仰祈圣鉴事。

窃臣接准部咨：甘肃甘州城守营参将员缺，按照新章系部推第一轮第一缺，应用尽先人员，行令迅拣请补等因。臣查甘州城守营参将一缺，设处西路，最关紧要，非谙练营伍、熟悉地方情形之员，难期胜任。随在于尽先人员内逐加遴选，查有记名简放总兵留甘尽先补用副将现署肃州镇标中营游击许元荣，年强才裕，熟悉戎机，在甘年久，历署参、游各缺，整顿操防，诸臻妥善，于地方营伍情形最为熟悉，以之借补斯缺，实堪胜任，亦与轮章相符。合无仰恳天恩，俯念员缺紧要，准以该员许元荣借补甘州城守营参将员缺，以期得力。如蒙俞允，俟接准部覆后，即行给咨送部引见，以符定制。

---

① 台北故宫博物院藏：军机及宫中档，文献编号：408003324。
② 中国第一历史档案馆藏：录副奏折，档案编号：03-5386-037。

除饬取该员履历清册送部外，谨会同署甘肃提督臣张永清合词恭折具陈，伏乞皇太后、皇上圣鉴训示。谨奏。光绪二十五年十二月十九日。

（朱批：）兵部议奏。①

光绪二十六年正月十二日，奉朱批：兵部议奏。钦此。②

一九三　勘明甘肃光绪二十五年夏秋灾情及蠲缓银粮、草束折

光绪二十五年十二月十九日（1900年1月19日）

头品顶戴陕甘总督臣陶模跪奏，为勘明甘肃各属夏秋禾苗被灾情形，暨应蠲缓银粮、草束各数目，谨缮清单，恭折仰祈圣鉴事。

窃照甘肃金县等厅、州、县、州同、州判各地方，本年夏秋禾苗被雹、被水、被旱、被霜情形，经臣节次具奏，并声明俟各该管道、府、州勘覆结报，再行汇办在案。兹据布政使岑春煊详称：本年甘肃地方自夏四、五、六月以迄秋八月，先则冰雹、大水，山河冲决；既而日久不雨，旋降严霜，灾伤轻重不一。先后据金县、隆德县、秦安县、固原州、狄道州、安定县、华亭县、化平厅、渭源县、洮州厅、巴燕戎格厅、张掖县、西宁县、大通县、白马关州判、环县、皋兰县、合水县、阶州、平凉县、安化县、西固州同、文县等二十三处具报奏明。续据董志原县丞禀报，秋成歉薄，民情困苦。并据河州、贵德厅、碾伯县、中卫县、安西州等五处以荒绝无征，空受追比等情，恳请蠲缓

---

① 台北故宫博物院藏：军机及宫中档，文献编号：408003320。

② 中国第一历史档案馆藏：录副奏折，档案编号：03-5938-035。

前来，亦应附案声请。

统计灾案二十九属先后转据该管道、府、州结称，覆勘得金县、隆德、秦安、狄道、安定、化平、渭源等厅、州、县均不致成灾，钱粮毋庸蠲缓，及张掖县水冲地亩不能垦复，已专案详请题豁，并白马关、环县、合水、阶州、平凉、安化、西固、文县、董志原等州、县、州同、州判、县丞各处，灾象较迟，覆勘未定，应请另行续办外，其余固原、华亭、洮州、巴燕戎格、西宁、大通、皋兰、河州、贵德、碾伯、中卫、安西等厅、州、县，或成灾五分至十分不等，钱粮应请照例分别蠲缓；或民情困苦拮据，应请缓征、递缓；或荒绝实在无征，或民欠空受追比，应请豁免。共应蠲豁正、耗银二千二百九十二两四钱九分二厘七毫，应蠲豁正、耗仓斗粮八千六百六十六石二斗一升八合四勺，应蠲豁草九万五千七百六束二分二厘三毫，应缓征正、耗银一百五十五两三钱三分八厘七毫，应缓征正、耗仓斗粮四千二十石三斗四升九合，应缓征草四万八千七十六束三分六厘九毫，应豁免社粮籽种市斗粮一千六百六十九石九斗九升三合五勺。汇开清折，呈请奏恳天恩，准予蠲缓豁免，以纾民力。

至冲坏房屋，被灾贫民，随时由各属饬发社粮，捐助廉俸，并由司筹款委员先后赈抚，年内不致失所。均未动用正款，应请免开细数。惟是地方连岁灾歉，本年受旱甚重，入冬以来，雪泽尤少，民无盖藏，人心惶惧，明年青黄不接，实非赈济不可，容届时妥筹调剂，另详办理等情，详请具奏前来。

臣覆核无异。除批司分饬被灾各属随时察看，如来春民力拮据，应行接济，即行禀请筹款抚恤，毋任失所外，所有本年各属夏秋禾苗被灾，应行蠲缓银粮、草束各数目，理合恭折具奏，并缮具清单，恭呈御览，伏乞皇太后、皇上圣鉴，饬部查照施行。谨奏。光绪二十五年十二月十九日。

（朱批：）另有旨。①

光绪二十六年正月十二日，奉朱批：另有旨。钦此。②

【案】此折于光绪二十六年正月十二日得旨允行。上谕档：

光绪二十六年正月十二日，内阁奉上谕：陶模奏，甘肃各属上年夏秋禾苗被灾，请蠲缓银粮、草束，开单呈览一折。甘肃各属禾苗上年被雹、被水、被旱、被霜，收成歉薄，若将应征银粮、草束等项照常征收，民力实有未逮，加恩着照所请。所有固原、华亭、洮州、巴燕戎格、西宁、大通、皋兰、河州、贵德、碾伯、中卫、安西等厅、州、县应征正、耗银二千二百九十两零、粮八千六百六十石零，均着一律蠲免。其余银一百五十两零、粮四千二十石零、草四万八千七十束零，均着一律缓征，以纾民力。余着照所议办理。该督即照单开数目，刊刻誊黄，遍行晓谕，务使实惠均沾，毋任吏胥舞弊，用副轸念民艰至意。该部知道。单并发。钦此。③

一九四　呈甘肃光绪二十五年夏
秋被灾蠲缓银粮、草束清单

光绪二十五年十二月十九日（1900 年 1 月 19 日）

谨将甘肃省各属光绪二十五年夏秋禾苗被灾情形，暨应蠲缓

---

① 台北故宫博物院藏：军机及宫中档，文献编号：408003325。
② 中国第一历史档案馆藏：录副奏折，档案编号：03-6266-007。
③ 《光绪宣统两朝上谕档》，第 26 册，第 18 页。

银粮、草束各数目，缮具清单，恭呈御览。

计开：

固原直隶州知州张祥会详报：西南乡闫家堡等二十九庄，于五月初五日被雹等情。当经飞饬该管道覆勘详办。旋据该管平庆泾固化道王会英覆勘得灾伤共地四百四十一顷三十一亩，禾苗打伤殆尽，幸节令尚早，已一律赶种秋粮；灾户已酌量抚恤，不致失所；钱粮先行停征，秋后查勘收成，再行请办，兹请蠲缓等情。当经飞行该管府覆勘详办。兹据该管平凉府知府瑞寿结称：覆勘得殿底下等九庄被灾共地七十八顷三十二亩，共应征正银一百三十二两一钱九分二厘六毫、耗银一十九两八钱二分八厘八毫、正粮二十八石六斗九合四勺、耗粮四石二斗九升一合四勺。内成灾十分地二十四顷七十六亩，应征正银四十四两三钱七分八厘、耗银六两六钱五分六厘七毫，照例请蠲十分之七，应蠲正银三十一两六分五厘，应蠲耗银四两六钱五分九厘七毫；其余三分正银一十三两三钱一分三厘、耗银一两九钱九分七厘，缓作三年带征。成灾九分地三十九顷八十一亩，应征正银七十一两三钱五分一厘、耗银一十两七钱二厘六毫，照例请蠲十分之六，应蠲正银四十二两八钱一分，应蠲耗银六两四钱二分一厘五毫；其余四分正银二十八两五钱四分一厘、耗银四两二钱八分一厘一毫，缓作三年带征。成灾八分地八顷一十二亩，应征正银一十四两五钱五分四厘、耗银二两一钱八分三厘一毫，照例请蠲十分之四，应蠲正银五两八钱二分二厘，应蠲耗银八钱七分三厘三毫；其余六分正银八两七钱三分二厘、耗银一两三钱九厘八毫，缓作三年带征。成灾七分地五顷六十三亩，应征正银一两九钱九厘六毫、耗银二钱八分六厘四毫、正粮二十八石六斗九合四勺、耗粮四石二斗九升一合四勺，照例请蠲十分之二，应蠲正银三钱八分一厘九毫，应蠲耗银五分七厘三毫，应蠲正粮五石七斗二升一合九勺，应蠲耗粮八斗五升八合三勺；其余八分正银一两五钱二分七厘七毫、耗银二钱二分九厘一毫、正粮二十二石八斗八升七合五勺、耗粮三石四斗三升三合一勺，缓作二年带征。其被灾各户，先已赈发社粮，不致失所。应如拟蠲缓，以纾民力。

署洮州同知熊振檠详报：东乡占、武、陈、马四旗于五月二十一日大雨冰雹，打伤田禾，应纳额粮祈请缓征等情。当经飞行该管府覆勘详办。旋据署巩昌府知府胡孚骏结称：覆勘得占、武、陈、马等旗被雹三、四、五分不等，收成尚有五分，不致成灾。惟被灾各户情形拮据，钱粮若仍征收，民力实有未逮。所有占、武、陈、马四旗应征正、耗额粮一百三十五石八斗四升三合八勺，请照五分以下不成灾地亩钱粮题明缓征之例，缓至二十六年麦熟后带征。应请如拟缓征，以纾民力。

又据该厅详报：北乡录麻回民叛产，除已领垦外，尚有光绪二十五年上下忙地丁起存银七两七钱八分六厘、耗羡银一两一钱六分八厘，均皆无从征收，恳请蠲免等情。当经批行该管府覆勘详办。兹据署巩昌府知府胡孚骏结称：覆勘录麻叛产，山高地瘠，一时实难全垦，未征钱粮应请蠲豁。除批饬赶紧设法招垦复额，毋任久荒外，所有前项无征银两，应请蠲豁，以免虚悬。

署巴燕戎格通判邬绪隶详报：东乡丁家湾、西乡下湾、北乡哈尔洞各庄，于七月初八、初九等日被雹打伤田禾，检踏情形颇重。被灾户口，请款赈济等情。当经飞行该管府覆勘详办。兹据西宁府知府燕起烈结称：覆勘得东、西、北三乡丁家湾等五十三庄，共计被灾旱地大小七千四百七十五段，应纳番垦仓斗粮一百七石九斗九勺。内成灾九分地内应征番粮五十八石三斗八升五合九勺，照例请蠲十分之六,应蠲番粮三十五石三升一合五勺;其余四分番粮二十三石三斗五升四合四勺,缓作三年带征。成灾八分地内应征番粮二十七石六合,照例请蠲十分之四,应蠲番粮一十石八斗二合四勺;其余六分番粮一十六石二斗三合六勺,缓作三年带征。成灾六分地内应征番粮二十二石五斗九合,照例请蠲十分之一,应蠲番粮二石二斗五升九勺;其余九分番粮二十石二斗五升八合一勺,缓作二年带征。其被灾贫民业经另行请款,妥为抚恤,不致失所。应请如拟蠲缓,以纾民力。

署西宁县职衔罗运鏖详报:东、北二乡甘雷堡等处于七月初八、九等日,被雹打伤各色禾稼,秋成无望等情。当经飞行该管府覆勘详办。兹据西宁府知府燕起烈结称:覆勘得甘雷堡等二十二庄堡一十二滩被雹成灾,确有六分,共屯科地三百三十八顷五十四亩九厘二毫,应征正项粮一千一百六十七石六斗四升七合,耗羡粮一百七十五石一斗四升七合一勺,七斤草三万六千九百九十八束八分;番旱地六百七十三段,共下籽一百一十四石三斗五升,应征仓斗番粮一十一石四斗三升五合,均照例请蠲十分之一,应蠲屯科正粮一百一十六石七斗六升四合七勺、耗粮一十七石五斗一升四合七勺、草三千六百九十九束八分八厘,应蠲番粮一石一斗四升三合五勺;其余九分屯科正粮一千五十石八斗八升二合三勺、耗粮一百五十七石六斗三升二合四勺,草三万三千二百九十八束九分二厘、番粮一十石二斗九升一合五勺,缓作二年带征。被灾各户已经请动社粮,妥为抚恤,不致失所。应请如拟蠲缓,以纾民力。

又据该县详报:县属前遭兵灾甚重,逃亡、叛绝各产,连年竭力招垦,仅及三分之一,尚有二十四年份荒绝正、耗屯粮二千六百二十七石一斗五升二合一勺、荒地草七万七百五十六束七厘,又荒绝番贡粮一百九十七石一斗二升一合，实属无从征收，恳请蠲免等情。当经批行西宁府覆查属实，转请照蠲前来。除严饬赶紧设法招垦，毋任久荒外，所有前项荒地无征粮草，应请如拟蠲豁，以免虚悬。

　　大通县知县万钟骇详报：祁家堡各处于七月初八、九等日被雹，打伤田禾，轻重不等，秋成无望，应请赈抚等情。当经飞行该管府覆勘详办。兹据西宁府知府燕起烈结称：覆勘得祁家堡等十三处被灾，共屯科地五十三顷六十二亩七分，应征正粮二百二十八石二斗二合、耗粮三十四石二斗三升三勺、七斤草六千六百一十七束八分六厘；番贡下籽地二千六十五石三斗五升，应征番贡粮八百六十石五斗七升一合。内成灾十分屯科地一十八顷九十四亩九分，应征正粮一百一十八石死斗三升一合、耗粮一十七石七斗六升四合七勺、草三千四百三十五束八厘，照例请蠲十分之七，应蠲正粮八十二石九斗一合七勺、耗粮一十二石四斗三升五合三勺、草二千四百四束五分六厘；其余三分正粮三十五石五斗二升九合三勺、耗粮五石三斗二升九合四勺、草一千三十束五分二厘，缓作三年带征。成灾九分番贡地下籽七百六十二石，应征番粮三百四石八斗，照例请蠲十分之六，应蠲番粮一百八十二石八斗八升；其余四分番粮一百二十一石九斗二升，缓作三年带征。成灾八分屯科地二十七顷一亩七分，应征正粮七十一石四斗七升五勺、耗粮一十石七斗二升六勺、草二千七十二束六分五厘，照例请蠲十分之四，应蠲正粮二十八石五斗八升八合二勺、耗粮四石二斗八升八合二勺、草八百二十九束六厘；其余六分正粮四十二石八斗八升二合三勺、耗粮六石四斗三升二合四勺、草一千二百四十三束五分九厘，缓作三年带征。成灾七分番贡地下籽五十石，应征番粮二十五石，照例请蠲十分之二，应蠲番粮五石；其余八分番粮二十石，缓作二年带征。成灾六分番贡地下籽一千二百五十三石三斗五升，应征番粮五百三十石七斗七升一合，照例请蠲十分之一，应蠲番粮五十三石七升七合一勺；其余九分番粮四百七十七石六斗九升三合九勺，缓作二年带征。成灾五分屯科地七顷六十六亩一分，应征正粮三十八石三斗五勺、耗粮五石七斗四升五合、草一千一百一十束一分三厘，照例请蠲十分之一，应蠲正粮三石八斗三升、耗粮五斗七升四合五勺、草一百一十一束一厘。其余九分正粮三十四石四斗七升五勺、耗粮五石一斗七升五勺、草九百九十九束一分二厘，缓作二年带征。所有被灾各户贫民，已经筹款妥为抚恤，不致失所。应请如拟蠲缓，以纾民力。

署皋兰县知县张庭武禀报：东、南两乡水车园等处于八月初六日被雹，打伤秋禾等情。当经批饬该管府覆勘详办。兹据属兰州府知府周景曾结称：覆勘得水车园等一十八村庄地亩，实已成灾八分共地四千五百三十八亩八分八厘，应征正项粮一百三十石八斗六升九合、耗羡粮一十九石六斗三升三勺，随征草九十七束四分八厘二毫，照例请蠲十分之四，应蠲正粮五十二石三斗四升七合六勺，应蠲耗粮七石八斗五升二合一勺，应蠲草三十八束九分九厘三毫。其余六分正粮七十八石五斗二升一合四勺、耗粮一十一石七斗七升八合二勺、草五十八束四分八厘九毫，分作三年带征。其被灾各户，已经筹款抚恤，不致失所。应请如拟蠲缓，以纾民力。

又据该县详报：东北乡黑石川等四十一村庄附近灾区收成歉薄，所有带征二十四年份缓征正、耗粮八百四十石九斗七升二合、草五百四十四束七分，民情困苦，实属带征不起，恳请递缓。复经批饬覆勘查办。兹据该府结称：覆勘得黑石川等村庄收成确系歉薄,二十四年旧缓之粮未能带征,拟恳递缓至二十六年麦熟后,再行带征。应请如拟递缓,以纾民力。

署河州知州杨增新详报:州属自遭兵灾,汉民死亡实甚,南乡一带绝户尤多,地亩大半荒芜。虽极力招垦,一时实难复额。所有二十五年份缺额民屯地丁正银一千九百五两六钱七厘、耗银二百八十五两八钱四分一厘、正粮三千八百二十五石三斗八升八合三勺、耗粮五百七十三石八斗八合二勺,惟有据实详请蠲豁等情。当经批行该管府覆勘详办。兹据署兰州府知府周景曾详称:覆勘得该州荒绝地亩,银粮实属无从征收,恳请蠲豁前来。除严饬赶紧设法招垦,毋任再荒外,所有前项无征银粮,应请如拟蠲豁,以免虚悬。

署贵德厅王开斌详报:厅属康、杨、李三屯叛产地亩,业已安插垦种,惟二十四年未完额粮一十九石八斗五升,该垦户等安插未久,诸形拮据,实属无力完纳,恳请蠲免等情。当经行知西宁府查得系属实在情形,除批令将本年额粮认真催征外,所有前项旧欠粮石,应请蠲免,以纾民力。

署碾伯县知县周凤勋禀报:碾邑兵灾蹂躏,加以连年灾祲,民力实多艰难。所有碾外旧城、碾内杏元等庄堡二十四年灾缓屯正粮三百九十五石九斗七升三合、耗粮五十九石三斗九升五合九勺、七斤麦草一万一百八十二束一分六厘、番粮五十七石四斗三升三合二勺,系自二十五年起分作三年带征之项,现实带征不起,恳请递缓等情。当经批行该管府查实详办。兹据西宁府知府燕起烈详称:该县灾缓粮石,实属带征不起,请递缓至二十六年起仍作三年带征。应请如拟递缓,以纾民力。

又据该县详称:兵灾后逃亡、叛绝各产,四处招徕,一时乏人领垦,尚有二十四年份屯正粮六百九十四石八斗一升四合一勺、屯耗粮一百四石二斗二升二合一勺、七斤麦草一万七千八百六十六束六分五厘,无从征收,恳请蠲免等情。当经批行西宁府查覆属实,转请照蠲前来。除严饬赶紧设法招垦、毋任再荒外,所有前项无征粮草,应请如拟蠲豁,以免虚悬。

署中衙县知县王树楠详称:县属本年岁收歉薄,秋禾经霜被冻,民力拮据。查恩曹庄光绪二十二年被灾缓征钱粮,除已征外,尚有民欠未完正、耗银二两七分八厘,正、耗粮一百九石七斗五合,草二百三十八束五分;又鸣沙洲堡光绪二十四年被灾缓征钱粮,民欠未完正、耗银三两八钱八分三厘,正、耗粮二百四石八斗六升,草四百四十五束三分五厘,实属无力完纳,请递缓至二十六、七两年秋后带征等情。当经批行宁夏府查覆属实。应请如拟递缓,以纾民力。

署安西直隶州廖振乔详称:州属历年民欠未还社谷市斗粮九百四十一石三斗二升六合五勺,又欠官捐籽种市斗粮七百二十八石六斗六升七合,年年以欠抵借,弥缝掩饰,及至催收之时,小民空受追比,实系无穷之累,据实恳请蠲免等情。当经饬知安肃道查得系属实在情形。除令该州另筹积谷外,应请一并豁免,以祛积累。

（朱批:）览。[1]

一九五　奏报川、楚、陕三省会哨情形折

光绪二十五年十二月十九日（1900年1月19日）

头品顶戴陕甘总督臣陶模跪奏,为川、楚、陕三省会哨事竣,边

---

① 中国第一历史档案馆藏:清单,档案编号:03-6266-008。

界安谧，循例恭折具陈，仰祈圣鉴事。

窃照川、楚、陕三省连界地方，向派提督、总兵分年会哨，事竣汇奏，历经遵办在案。兹据署汉中镇总兵龙恩思、陕安镇总兵姚文广禀称：各因地方紧要，未克分身亲往；汉中镇委定远、略阳二营游击前往代会，该定远营游击贺大发于本年十月初一日在川、楚、陕交界之渔渡坝滚龙坡，与四川重庆镇总兵初发祥见面会哨；署略阳营游击赵谦士于十一月初一日在陕、甘交界之白马关，与河州镇委员署阶州营游击唐连陞晤面会哨；陕安镇署白土营游击丁添祥于十月初十日在陕、楚交界之莲花寺，与署河北郧阳镇总兵樊国泰觌面会哨。又据署河州镇总兵焦大聚呈称：河州地方关重，未能亲往会哨，委阶州营游击就近前往代会，该署阶州营游击唐连陞于十一月初一日在陕、甘交界之白马关，与汉中镇委员署略阳营游击赵谦士见面会哨。并据各镇声称，各该员等经过各处，匪类潜踪，行旅、居民极为安谧各等情前来。

臣查川、楚、陕三省边界，犬牙相错，山深箐密，户鲜人稀，奸宄易于藏匿，盘诘、巡防，最关紧要，自应严饬各该镇总兵督率所属各营，随时随地认真查察，务使丑类潜消，闾阎安堵，不得因现在地方无事稍涉疏懈，以期仰副圣主绥靖边圉之至意。

所有各镇委员会哨事竣，边界安谧情形，理合恭折具陈，伏乞皇太后、皇上圣鉴。谨奏。光绪二十五年十二月十九日。

（朱批：）知道了。①

光绪二十六年正月十二日，奉朱批：知道了。钦此。②

---

① 台北故宫博物院藏：军机及宫中档，文献编号：408003323。
② 中国第一历史档案馆藏：录副奏折，档案编号：03-6035-002。

一九六 审拟钟桂亭被控后自刎身死一案折

光绪二十五年十二月十九日（1900年1月19日）

头品顶戴陕甘总督臣陶模跪奏，为游击被控后自刎身死，审明定拟，恭折具陈，仰祈圣鉴事。

窃臣前因镇南后旗哨官游击钟桂亭被绅民孔宪兆等在总理营务处甘肃藩司岑春煊衙门控告扰害各款，禀经臣撤委发审后，该哨官钟桂亭在营务处亲兵棚内自刎咽喉身死，饬据臬司委验属实，并饬将原告人证、卷宗及看守弁兵亲提，研讯确情，另行拟办各缘由，附片具奏，奉朱批：此案即着督饬臬司亲提研讯，务得确情，详晰覆奏，毋稍瞻徇等因。钦遵转饬去后。兹据臬司何福堃亲提，审明定拟，具详前来。

臣覆加确核，缘已死钟桂亭籍隶湖南湘乡县，投营效力，历保甘肃补用游击，委充镇南后旗左哨哨长。光绪二十三年，钟桂亭奉派哨驻防刘家峡一带，向章防营所需柴草于驻扎处所采购，由头目派令村民供运，每草一斤，发价三文，每柴一斤，发价二文。钟桂亭先尚照章给发，后则渐渐拖欠，积至欠价二百余串。光绪二十四年不记月日，有民人张永莲因供草缺乏，与已革散勇韩鸿烈口角，被韩鸿烈取其旧车轴一根，负至营中劈烧，村民由是忿恨。

张永莲等商之本村头目孔宪兆之子附贡生孔庆恺，捏写其父孔宪兆之名，同张永莲等具禀，赴营务处岑藩司衙门控告，添砌纵勇图占民地、擅砍树株、奸淫、赌博各事，经营务处岑藩司禀经臣撤交查办，先委营务委员候补知县黄家模，讯据钟桂亭供认，所欠柴草价值及勇丁韩鸿烈因口角将民人张永莲旧车轴一根劈烧各情属实，其余所控图占等事坚不承认。藩司岑春煊改委署皋兰县知县张庭武、即用知县朱远缙，迭提研究，钟桂亭仍供如前。经藩司派令哨弁白生荣督同亲兵王来福等，将钟桂亭看管在亲兵棚内，听候详办。不料钟桂亭乘间自用剃刀刎伤咽喉身死，报经臣饬臬司何福堃委验无异。兹据臬司何福堃审明前情，钟桂亭实只未发柴草各价，及劈烧民人车轴一根属实，其余纵勇图占民地、擅砍树株、奸淫、赌博各事，皆系附贡生孔庆恺等平空添砌。钟桂亭在管自刎，看守弁兵实系疏于防范，承审委员亦无抑勒、逼迫各情事，应即拟结。

臣查钟桂亭充当哨长，驻防该处，购用村民柴草，欠价不发，希图骗赖。部勇韩鸿烈强取张永莲车轴劈烧，并不责惩赔还，迹近扰累，本有应得之罪，既已自刎身死，应请免议。所欠柴草价钱，并请免追。孔庆恺、张永莲等虽所控各款不尽属实，第已讯明钟桂亭欠价及其部勇强取车轴劈烧两事无罔，应照律免坐。惟孔庆恺不应捏写其父孔宪兆之名出头控告，究有不是，应革去附贡生，以示惩儆。白生荣、王来福奉派看管，并不小心防范，致钟桂亭乘间自刎毙命，究属疏忽，应照律分别革责。藩司岑春煊兼总理营务处，所控驻防哨长扰累各款系其应管之事，迭饬委员研审，意求得实，既无抑勒逼迫，均请免议。已死钟桂亭尸棺饬交亲属具领归葬，凶刀销毁。是否允协，除咨部外，理合将审明游击被控，自刎身死，分别定拟缘由，恭折具奏，伏乞皇太后、皇上圣鉴，训示施行。谨奏。光绪二十五年十二月十九日。

（朱批：）刑部议奏。[1]

---

[1]　台北故宫博物院藏：军机及宫中档，文献编号：408003321。

光绪二十六年正月十二日,奉朱批:刑部议奏。钦此。①

一九七　奏报韩廷芝委署副将员缺片

光绪二十五年十二月十九日(1900年1月19日)

再,升补陕西西安城守协副将清辅现已接准部覆,应先饬赴本任。又,署宁夏镇属中卫协副将孟根和署事年满遗缺,查有河州镇属洮岷协副将韩廷芝,老成练达,熟悉边情,堪以委命署理。除分别檄饬遵照外,理合附片具奏,伏乞圣鉴。谨奏。

(朱批:)兵部知道。②

光绪二十六年正月十二日,奉朱批:兵部知道。钦此。③

一九八　请准章志杰补授守备员缺片

光绪二十五年十二月十九日(1900年1月19日)

再,臣接准部咨:陕西汉中镇属定远营分防瓦石坪汛守备系题补第三轮第二缺,轮用尽先人员,行令迅拣请补等因。臣随在于尽先人员内逐加拣选,查有留陕尽先补用守备补缺后尽先游击章志杰,堪以请补。虽尽先名次在该员之前者尚有杨正邦、余绍详、张高亮、夏鸣谦,均未在标,胡培已请补延绥镇标左营守备,赵士林与此缺人地不宜,均未便迁就请补。惟该员章志杰久历戎行,操防勤

---

①　中国第一历史档案馆藏:录副奏折,档案编号:03-5938-039。

②　台北故宫博物院藏:军机及宫中档,文献编号:408003321-0-A。

③　中国第一历史档案馆藏:录副奏片,档案编号:03-5938-042。

奋,以之请补斯缺,实堪胜任,亦与轮章相符。合无仰恳天恩,俯准以该员章志杰补授瓦石坪汛守备员缺,以期得力。如蒙俞允,俟接准部覆后,即行给咨赴部引见,以符定制。除饬取该员履历清册送部查核外,谨会同陕西提督臣邓增合词附片具陈,伏乞圣鉴训示。谨奏。

(朱批:)兵部议奏。[①]

光绪二十六年正月十二日,奉朱批:兵部议奏。钦此。[②]

一九九　请准王生吉补授都司员缺片

光绪二十五年十二月十九日(1900年1月19日)

再,臣接准部咨:陕西固原提属泾州营都司系题补第五轮第七缺,轮用尽先人员,应令迅拣请补等因。臣随于尽先都司人员内逐加拣选,实拣选得留陕甘尽先补用都司陕西提属隆德营守备王生吉,年强才裕,操防勤奋,堪以请补。虽尽先名次在前尚有杜濡、康学义、董胜、文辉祥、韩荣、田朝明、陈又新、张炳烜、尹肇华等九员,均与此缺人地不甚相宜,未便迁就请补。惟该员王生吉久历戎行,且在守备任内整顿营伍,悉臻妥善。隆德相距泾州不远,于该处地方情形最为熟悉,以之请补斯缺,实堪胜任,亦与轮章相符。合无仰恳天恩,俯念员缺紧要,准以该员王生吉补授泾州营都司,可期得力。如蒙俞允,俟接准部覆后,即行给咨送部引见,以符定制。除饬取该员履历清册另咨送部外,谨会同陕西提督臣邓增,合

---

①　台北故宫博物院藏:军机及宫中档,文献编号:408003321-0-B。

②　中国第一历史档案馆藏:录副奏片,档案编号:03-5938-041。

词附片具奏,伏乞圣鉴训示。谨奏。

（朱批:）兵部议奏。①

光绪二十六年正月十二日,奉朱批:兵部议奏。钦此。②

二〇〇 奏报拣员对调守备员缺片

光绪二十五年十二月十九日(1900年1月19日)

再,臣前准兵部咨开:陕西固原提标左营守备员缺,准以期满云骑尉世职哈辉武补授,惟查是缺守备驻扎固原州,该员系固原州人,例应回避,应令拣员对调等因。臣正拟拣员奏请对调间,适接护理陕西抚臣端方③来咨,以准补陕西抚标中营守备期满武进士张兆庆,因系本府渭南县人,例应回避,抚标三营均驻扎省城,无可对调,请由臣拣员调补前来。

臣查陕西固原左营守备哈辉武,系固原州人,应请调补陕西抚标中营守备;所遗陕西固原提标左营守备员缺,即以张兆庆调补,

---

① 台北故宫博物院藏:军机及宫中档,文献编号:408003321-0-C。

② 中国第一历史档案馆藏:录副奏片,档案编号:03-5938-040。

③ 端方(1861—1911),字午樵、午桥、悟樵,托和洛氏,满洲正白旗人,出身荫生。光绪八年(1882),中式举人。十五年(1889),捐纳工部员外郎,历充会典馆协修官、纂修官、帮总纂官。十七年(1891),授张家口监督。十九年(1893),升工部郎中。同年,任管理节慎库监督。二十四年(1898),放直隶霸昌道。是年,补授陕西按察使。二十五年(1899),迁陕西布政使。是年,护理陕西巡抚。二十六年(1900),调补河南布政使。二十七年(1901),护理陕西巡抚。同年,擢湖北巡抚。二十八年(1902),兼署湖广总督。三十年(1904),兼署江苏巡抚。同年,署理两江总督。三十一年(1905),补授湖南巡抚,出洋考察宪政。同年,拜闽浙总督。三十二年(1906),调补两江总督。三十四年(1908),兼管两淮盐政。宣统元年(1909),补授直隶总督,兼理长芦盐政。三年(1911),充督办粤汉川汉铁路大臣,兼署四川总督。同年,因军队哗变被杀。赠太子少保,谥忠敏。有《端忠敏公奏稿》、《欧美政治要义》等行世。

均属隔府隔营，与例相符。合无仰恳天恩，俯准以哈辉武、张兆庆二员互相对调。如蒙俞允，查该员等均系引见录用之员，应请饬部一并发给札付，以符定制。谨会同护理陕西巡抚臣端方、陕西提督臣邓增合词附片具奏，伏乞圣鉴训示。谨奏。

（朱批：）兵部议奏。①

光绪二十六年正月十二日，奉朱批：兵部议奏。钦此。②

二〇一　请准吕永福借补守备员缺片

光绪二十五年十二月十九日(1900 年 1 月 19 日)

再，臣接准部咨：甘肃宁夏镇属同心城营守备系部推之缺，应用尽先人员，既据声明扣留，应令迅拣请补等因。臣随于尽先合例人员内拣选得留甘尽先补用都司吕永福，年壮才敏，夙著战功，以之借补斯缺，实堪胜任，亦与轮章相符。合无仰恳天恩，俯念员缺紧要，准以该员吕永福借补同心城营守备，可期得力。如蒙俞允，俟接准部覆后，即行给咨送部引见，以符定制。除饬取该员履历清册另咨送部外，谨会同署甘肃提督臣张永清合词附片具奏，伏乞圣鉴训示。谨奏。

（朱批：）兵部议奏。③

光绪二十六年正月十二日，奉朱批：兵部议奏。钦此。④

---

① 台北故宫博物院藏：军机及宫中档，文献编号：408003320-0-A。
② 中国第一历史档案馆藏：录副奏片，档案编号：03-5938-038。
③ 台北故宫博物院藏：军机及宫中档，文献编号：408003320-0-B。
④ 中国第一历史档案馆藏：录副奏片，档案编号：03-5938-037。

二〇二　请准邓先源借补守备员缺片

光绪二十五年十二月十九日(1900 年 1 月 19 日)

再,臣前准部咨:汉中镇标中营守备员缺系题补第二轮第十缺,轮用捐输无人应过班用第三轮第一缺尽先人员,应令迅拣请补等因。当经转饬遵照去后。兹据署汉中镇标总兵龙恩思呈称:拣选得花翎留陕尽先补用游击邓先源,年力富强,办事勤慎,堪以借补。呈请核办前来。

臣查花翎留陕尽先补用游击邓先源,戎行久历,办事勤能,以之借补斯缺,实堪胜任,亦与轮章相符。合无仰恳天恩,俯准以该员邓先源借补汉中镇标中营守备员缺,可期得力。如蒙俞允,俟接准部覆后,即行给咨赴部引见,以符定制。除饬取该员履历清册另咨送部外,谨会同陕西固原提督臣邓增合词附片具奏,伏乞圣鉴训示。谨奏。

(朱批:)兵部议奏。[1]

光绪二十六年正月十二日,奉朱批:兵部议奏。钦此。[2]

二〇三　奏闻都司刘殿甲病故出缺片

光绪二十五年十二月十九日(1900 年 1 月 19 日)

再,臣据署宁夏镇总兵和色本呈称:署镇属横城营都司陕甘督

---

[1]　台北故宫博物院藏:军机及宫中档,文献编号:408003320-0-C。

[2]　中国第一历史档案馆藏:录副奏片,档案编号:03-5938-036。

标中营都司刘殿甲，因旧患血证复发，医治罔效，于光绪二十五年十月二十九日在署任病故，委员查验属实，取具承查钤结，呈请核办前来。臣覆核无异，相应奏明请旨开缺。除委员承查钤结咨送兵部外，所遗督标中营都司员缺，陕甘现有应补人员，容臣另拣请补。理合附片具陈，伏乞圣鉴。谨奏。

（朱批：）兵部知道。①

光绪二十六年正月十二日，奉朱批：兵部知道。钦此。②

二〇四　请将守备毛志镜即行革职片

光绪二十五年十二月十九日（1900年1月19日）

再，臣查花翎尽先补用都司署宁夏镇属玉泉营守备镇标右营千总毛志镜，自接署守备以来，于营务毫无整顿，所行不端，被民控告，实属有玷官箴，据署宁夏镇总兵和色本呈请撤委奏参前来。相应请旨将花翎尽先补用都司署宁夏镇属玉泉营守备镇标右营千总毛志镜即行革职，并拔去翎枝，以示惩儆。谨附片具陈，伏乞圣鉴训示。谨奏。

（朱批：）着照所请，兵部知道。③

光绪二十六年正月十二日，奉朱批：着照所请，兵部知道。钦此。④

---

① 台北故宫博物院藏：军机及宫中档，文献编号：408003319-0-A。
② 中国第一历史档案馆藏：录副奏片，档案编号：03-5938-034。
③ 台北故宫博物院藏：军机及宫中档，文献编号：408003319-0-B。
④ 中国第一历史档案馆藏：录副奏片，档案编号：03-5938-032。

二〇五　请将守备康达开去底缺片

光绪二十五年十二月十九日(1900年1月19日)

再,臣据记名总兵管带志强旗马队宁夏镇属广武营守备康达禀称:该员现蒙递保总兵记名简放,应请将原补宁夏镇属广武营守备底缺开除,以便归总兵班序补等情前来。臣覆核无异。合无仰恳天恩,俯准将康达原补宁夏镇属广武营守备底缺开除,归总兵班序补。所遗守备员缺,陕甘现有应补人员,容臣另拣请补。理合附片陈明。伏乞圣鉴训示。谨奏。

(朱批:)着照所请,兵部知道。①

光绪二十六年正月十二日,奉朱批:着照所请,兵部知道。钦此。②

二〇六　奏报交卸陕甘督篆日期折

光绪二十五年十二月二十六日(1900年1月26日)

头品顶戴陕甘总督臣陶模跪奏,为恭报微臣交卸日期,并恳俟病体略痊,即行起程,恭折具奏,仰祈圣鉴事。

窃臣前以三年任满吁请陛见,奏奉朱批:着来见。旋又钦奉上谕:前据陶模陈请陛见,已有旨准其来京。着魏光焘驰赴甘肃,接署陕甘总督。陶模着俟魏光焘接署后,再行来京。钦此。跪诵之

---

① 台北故宫博物院藏:军机及宫中档,文献编号:408003319-0-C。
② 中国第一历史档案馆藏:录副奏片,档案编号:03-5938-033。

余，实深欣幸。喜天颜之得觐，俾孺慕以稍伸。乃不意十月中，咳喘复发，日甚一日。至十一月中旬，增患咯血，其势颇剧。当即奏恳天恩，赏假一月，并一面电催魏光焘迅速来甘接署督篆在案。

兹魏光焘已于十二月二十三日抵省，臣饬委署理兰州府知府庆恕、署理督标中军副将杨志胜，谨将陕甘总督兼管甘肃巡抚银关防及王命旗牌、文卷等件赍送署督臣魏光焘接收，于二月十四日任事。臣即于是日交卸。臣病现正赶紧调治，血证虽幸停止，而咳喘仍未稍瘳，拟俟调理就痊，即行起程北上，俾遂就瞻之愿。

所有微臣交卸日期并恳俟病体略痊即行起程缘由，谨恭折具奏，伏乞皇太后、皇上圣鉴训示。谨奏。

（朱批：）知道了。着即上紧医痊，迅速来京，毋稍延缓。①

光绪二十六年正月十七日，奉朱批：知道了。着即上紧医痊，迅速来京，毋稍延缓。钦此。②

---

① 台北故宫博物院藏：军机及宫中档，文献编号：408003326。
② 中国第一历史档案馆藏：录副奏折，档案编号：03-5386-056。

光绪二十六年(1900)

○○一 奏为恩赏福字谢恩折

光绪二十六年正月二十六日(1900年2月25日)

头品顶戴陕甘总督臣陶模跪奏,为恭谢天恩,仰祈圣鉴事。

窃臣赍折差弁回甘,捧到恩赏福字一方,当即恭设香案,望阙叩头,谢恩祗领。钦惟皇太后金镜调元,璇宫布治,瑞霭常依于禁御,慈云广被于垓埏。我皇上仰禀母仪,聿昭皇极,量同山海,弥增九省之图;德遍黔黎,咸上三多之祝。兹以龙跸肇纪,乃蒙凤藻摛毫。睹纠缦之云章,退陬相度;荷褒荣于天语,薄植何堪。一字高悬,三边式廓。臣惟有益持勤慎,勉效驰驱。叨雨露于熙朝,愧无涓埃之报;履星霜于远道,更□咫尺之威。

所有微臣感激下忱,谨恭折叩谢天恩,伏乞皇太后、皇上圣鉴。再,臣已交卸陕甘督篆,料理北上,此折借用督臣印信。理合声明。谨奏。正月二十六日。

光绪二十六年二月十六日,奉朱批:知道了。钦此。①

---

① 中国第一历史档案馆藏:录副奏折,档案编号:03-5387-051。

○○二　奏报交卸印务起程进京日期折

光绪二十六年二月十五日（1900 年 3 月 15 日）

头品顶戴陕甘总督臣陶模跪奏，为恭报微臣起程日期，仰祈圣鉴事。

窃臣遵旨陛见，于光绪二十五年十二月二十四日交卸陕甘总督印务，恳俟病痊即行起程情形，恭折具奏在案。钦奉朱批：知道了。着即上紧医痊，迅速来京，毋稍延缓。钦此。跪聆之下，感悚莫名。窃臣咳喘旧疾，入冬必发，而此次较上数年尤甚，立春后，仍未稍瘥。现届惊蛰节气，咳嗽并减，而喘痊如故，偶有言动，即气促难支，两足麻木，艰于步履。医者谓：上热下寒，不敢遽投补剂，急切尚难见效。惟臣交卸督篆，淹留日久，寸衷益形焦灼。因念由此东行，天气渐暖，或于病体稍宜。现于二月十五日束装起程，沿途访求医药，冀可速痊，俾得早觐天颜，借遂就瞻之愿。

所有微臣起程日期，理合恭折具奏，伏乞皇太后、皇上圣鉴。再，此折仍借用陕甘总督关防。合并声明。谨奏。二月十五日。

光绪二十六年三月十八日，奉朱批：知道了。钦此。[①]

○○三　奏请赏假一月调理折

光绪二十六年三月二十二日（1900 年 4 月 21 日）

头品顶戴陕甘总督臣陶模跪奏，为微臣行抵陕西省，病体难

[①]　中国第一历史档案馆藏：录副奏折，档案编号：03-5388-090。

支，恳恩赏假调理，恭折仰祈圣鉴事。

窃臣于光绪二十六年二月十五日具折恭报起程日期，即于是月力疾东行。维时气喘旧恙未愈，而咳嗽略轻。乃一经劳动，咳嗽复发，气并上升，出兰州省城至金家崖驿，头晕眼花，咳嗽不已，留住一日。十七日，至甘草店，值大风迎面，气喘尤甚，复留住四日，方克长行，仍未能按站遄征，日行四五十里。

三月十四日，始抵陕西省城，旧病有加无减。每日披衣下床，气喘不止，两腿麻木，艰于步履。晤见护理陕西抚臣端方暨司道各官，均推荐医生，嘱调治。无如微臣血气大衰，难求速效。医家咸谓必须休息数旬，徐投药饵，或能就痊。惟有仰恳天恩，赏假一月，俾得赶紧调理，一俟宿病稍瘳，即当迅速就道，借纾恋阙之忧。

所有微臣行抵陕省，病体难支，吁请赏假调理缘由，理合恭折具陈，伏乞皇太后、皇上圣鉴训示。再，此次拜折借用陕西巡抚关防。合并声明。谨奏。三月二十二日。

光绪二十六年四月初六日，奉朱批：着赏假一个月。钦此。[1]

○○四　奏报病体未痊陈请开缺折

光绪二十六年五月初六日（1900 年 6 月 2 日）

头品顶戴陕甘总督臣陶模跪奏，为微臣假期已满，病仍未痊，恳恩开缺调理，恭折仰祈圣鉴事。

窃臣于光绪二十六年三月二十二日在陕西省城旅次，奏请赏假一月，差弁赍回原折，奉朱批：着赏假一个月。钦此。沐隆恩之

---

[1]　中国第一历史档案馆藏：录副奏折，档案编号：03-5389-021。

叠沛，弥感激以难名。理宜懔遵前奉谕旨，上紧医治，迅速进京。私冀时令渐暖，旧恙渐退，即可力疾就道。不意微臣精力顿衰，出于意表。自去冬咯血后，元气大伤，虽广延名医，多方调治，或补或泻，均未见效。屡服中和之剂，仍敷衍而无济于病，以致入夜不得平卧，自黎明至辰、巳二时，气喘殊甚，每日只午后精神略爽，尚能言动。

　　窃思居官办事，全恃平旦之气，庶可振作一切。如臣之衰惫，甚至午前未能起身，奚堪复膺重任？现在假期已满，气喘如旧，左足跟疼痛，艰于步履。若再三请假，职守久旷，愈滋罪戾。合无仰恳天恩，俯念微臣病几成废，准其开去陕甘总督之缺，俾得从容调理，冀可渐痊。微臣渥荷厚恩，值此时艰，何敢自耽安逸。一俟痊愈，当即泥首宫门，求赏差使，再图报称。

　　所有微臣假期已满，病仍未痊，恳恩开缺调理缘由，恭折具陈，伏乞皇太后、皇上圣鉴训示。再，此折借用陕西巡抚关防。合并声明。谨奏。五月初六日。

　　光绪二十六年五月二十一日，奉朱批：着再赏假一个月，毋庸开缺。钦此。[①]

○○五　奏为重任难胜恳请收回成命折

光绪二十六年闰八月初十日(1900 年 10 月 3 日)

　　头品顶戴调补两广总督臣陶模跪奏，为恭谢天恩，沥陈微臣旧疾未痊、材力不胜情形，吁恳鸿慈收回成命，恭折仰祈圣鉴事。

---

　　①　中国第一历史档案馆藏：录副奏折，档案编号：03-5389-189。

窃臣恭阅电钞：本年闰八月初三日，奉上谕：陶模着调补两广总督。钦此。跪聆之下，感悚莫名。当即恭设香案，望阙叩头谢恩。伏念臣忝任西陲，愧无建树。自去腊迄今，痰嗽咯血，气喘心跳，两腿麻木等症，循环迭发，是以屡次奏请赏假，并恳恩开去陕甘总督实缺。孱躯负国，凤抱疚心。乃渥荷圣恩，曲予矜宥，非惟不加谴责，又复调补岩疆。沐逾格之生成，益抚衷而感泣。

际此时艰日棘，自宜力图报称，稍效涓埃。惟两广地大物博，政务殷繁，加以逼处海滨，习俗强悍，中外交涉，烦于他省，非有精明强干之员，不足以资治理。如臣衰病日增，气喘咳血等旧恙，经久未愈，烦剧之区，奚堪卧病，倘有贻误，弥补无从。再四思维，合无仰恳圣恩，俯念微臣久病衰朽，不胜重任，收回成命，另简贤能，有裨海疆，实非浅鲜。臣当力疾迎指北上，再行面奏下情。

所有微臣恭谢天恩，沥陈旧疾未痊、材力不胜，吁恳收回成命缘由，恭折具陈，伏祈皇太后、皇上圣鉴训示。再，此折借用陕西巡抚关防拜发。合并声明。谨奏。闰八月初十日。①

光绪二十六年闰八月十六日，奉朱批：两广地方紧要，毋庸固辞，着俟驻跸西安后召见。钦此。②

○○六　奏报到粤接印任事日期折

光绪二十六年十二月二十一日（1901年2月9日）

头品顶戴两广总督臣陶模跪奏，为恭报微臣接印日期，叩谢天

---

① 此折因军机录副日期脱落，此具奏日期据同批陕西巡抚端方折（档案编号：03-5391-077）校补。

② 中国第一历史档案馆藏：录副奏折，档案编号：03-5391-077。

恩,仰祈圣鉴事。

　　窃臣蒙恩调补两广总督,当即具陈恭谢天恩,并于蒲州及西安行宫瞻觐天颜,备聆圣训,指示周详,莫名钦感。陛辞后,由湖北、江西度岭而南。十二月十九日,行抵广州省城。二十一日,准广东巡抚兼署两广总督臣德寿委广州府知府施典章、①署督标中军副将斌成,将两广总督关防、盐政印信及王命旗牌、文卷移送前来。当即恭设香案,望阙叩头,祗领任事。

　　伏查两广本南服名区,近来民生日益凋瘵,加以交涉事繁,人心浮动,吏治、兵政及一切关系地方要政,均鲜起色。微臣愚昧,深惧不克胜任,惟有恪遵皇太后、皇上圣训,以识拔人才、筹饷练兵为要务,崇奖廉能,攘除贪猾,先正己而后正人,培民俗以扶国脉,冀仰答高厚生成于万一。遇有要政,仍与抚臣等熟筹审处,断不敢卤莽从事,致有贻误。

　　所有微臣到任日期并感激下忱,敬缮折叩谢天恩,伏乞皇太后、皇上圣鉴。再,臣经过湖北、江西等处,夏秋雨水甚少,入冬后屡得小雨,地土滋润,广东迤北诸州县亦然,民情均尚安谧。臣所患咳喘诸症,较前稍觉轻减。合并陈明。谨奏。光绪二十六年十二月二十一日。

---

　　① 施典章(1857—?),四川泸州人,附生。光绪元年(1875),中式举人。二年(1876),中式进士,选庶吉士。三年(1877),以主事用签分户部。次年,告假。十二年(1886),补户部湖广司主事,历户部河南司帮主稿、广东司帮主稿,升户部山西司员外郎。十四年(1888),充户部陕西司主稿、北档房总办、则例馆提调、捐纳房帮办。同年,升补户部山东司郎中。十五年(1889),放陕西榆林府知府,加三品衔。十九年(1893),丁忧。二十三年(1897),调补广东琼州府知府。二十五年(1899),补授广东广州府知府。三十一年(1905),充川汉铁路总公司驻上海经理。有《户部陕西司奏稿》等行世。

（朱批:）知道了。①

光绪二十七年二月初九日,奉朱批:知道了。钦此。②

【案】光绪二十六年十二月二十一日,陶模致电清廷曰:"陶模十九日到粤,二十一日接印,除具折谢恩外,敬请代奏。陶模。个。"③是日,署两广总督广东巡抚德寿亦致电清廷曰:"陶模于本月十九日到粤,二十一日接印。德寿即于是日交卸兼署督篆。除另行题奏外,谨电请代奏。德寿叩。印。"

○○七　奏报甄别教、杂各官劾不及数折

光绪二十六年十二月二十一日（1901年2月9日）

头品顶戴两广总督臣陶模、头品顶戴广东巡抚臣德寿跪奏,为甄别教、杂各官,劾不及数,恭折仰祈圣鉴事。

窃照定例,教职、杂职年终汇咨甄别,不及百之二三,令该督抚等专折具奏等因。伏查广东省教职一百八十二员,每年应劾四员,佐杂三百八员,每年应劾六员。本年教职均属循分供职,并无应劾之员。佐杂参劾署东安县西山司巡检事试用未入流杨正衡、花县狮岭司巡检定锡龄二员,核计参劾教、杂,均未足额,此外现无应行甄别之员。据藩司丁体常会同臬司吴引孙,④详请具奏前来。

---

① 台北故宫博物院藏:军机及宫中档,文献编号:408003355。

② 中国第一历史档案馆藏:录副奏折,档案编号:03-5400-060。

③ 中国第一历史档案馆藏:电报档·光绪朝,档案编号:2-02-12-026-0190。

④ 吴引孙(1851—1921),字福茨,江苏仪征人。同治十二年(1873),拔贡,充七品小京官刑部浙江司行走。光绪四年(1878),捐额外主事。五年(1879),中式举(转下页)

臣等覆查无异。除督率司道转饬该管府州厅再行严密查察，如有年老、庸劣应劾之员，随时据实办理，另行咨部外，所有光绪二十六年份广东省甄别教、杂各官劾不及数缘由，臣等谨合词恭折具奏，伏乞皇太后、皇上圣鉴。谨奏。光绪二十六年十二月二十一日。

（朱批：）吏部知道。[1]

光绪二十七年三月二十日，奉朱批：吏部知道。钦此。[2]

（接上页）人，取军机章京兼总办秋审处。七年（1881），补刑部候补主事。九年（1883），调刑部湖广司主事。同年，升刑部贵州司员外郎。十二年（1886），充军机处帮领班章京。十四年（1888），放浙江宁绍台道。十六年（1890），兼办宁镇海防营务处，并总理镇海南北岸炮台事务。二十二年（1896），署浙江按察使。二十五年（1899），授广东按察使。二十八年（1902），迁甘肃新疆布政使。同年，调任总理广东省城武备学堂事宜、督办巡警事宜，兼署广东按察使。二十九年（1903），署广东布政使。三十年（1904），总理新疆全省营务处。三十一年（1905），署理新疆巡抚。三十三年（1907），补安徽布政使，调福建布政使，转湖南布政使。宣统二年（1910），授浙江布政使。民国十年（1921），卒于籍。

　　① 中国第一历史档案馆藏：朱批奏折，档案编号：04-01-12-0599-038。
　　② 中国第一历史档案馆藏：录副奏折，档案编号：03-5403-038。

光绪二十七年(1901)

○○一 报解粤海关第四批京饷折

光绪二十七年正月十九日(1901年3月9日)

　　头品顶戴两广总督臣陶模跪奏,为粤海关报解第四批京饷等款银两,前赴陕西藩库投纳,听候提用,恭折仰祈圣鉴事。

　　窃照光绪二十六年份京饷,户部奏拨粤海关洋税银十万两,新增盈余银六万两,又东北边防经费拨粤海关六成洋税银十二万两,又加拨银二万四千两,又筹备饷需拨粤海关四成洋税银十二万两、六成洋税银二十万两,又加放俸饷于粤海关四成洋税每结提银六千两,又另款加复俸饷每年粤海关应解银四万两,又造办处米艇银三万两,内务府广储司公用每年拨粤海关税银三十万两,业经三次报解在案。

　　兹筹解光绪二十六年份第四批部库京饷银二万五千两,另加平银三百七十五两、饭银七百二十五两,共银二万六千一百两;又,部库关税新增盈余银一万五千两,另加平银二百二十五两、饭银四百三十五两,共银一万五千六百六十两;又,东北边防经费原拨银三万两,加拨银六千两;又,筹备饷需四成洋税银三万两、六成洋税银五万两；又，加放俸饷四成洋税银六千两；又，光绪二十四年份另款加复俸饷银一万两；又，光绪二十六年造办处米艇银三万两，另加平银四百五十两；又，新增归公加平银七百五十两；又，冬季广储司公用银七万五千两，另加平银一千一百二十五两；又，新增归公加平银一千八百七十五两、抬费用项银六百两，共银七万八千六百两，内除还怡和银号第十一期洋款本息银四万六百六十两外，实应解银三万七千九百四十两。统共银二十四万二千九百两，由广东布政使丁体常遴委试用通判陈应元等领赍文批，于光绪二十六年十一月十七日，由海道起程，先将前项银两由粤交志成信等银号汇至汉口装鞘，再由该委员管解赴陕西藩库投纳，听候提用，已由前兼署督臣咨明沿途各省妥为拨护，迅速前进，并咨军机处、户部、内务府查照，未及会奏，移交到臣。谨会同粤海关监督臣庄山①恭折具陈，伏乞皇太后、皇上圣鉴。谨奏。光绪二十七年正月十九日。

（朱批：）该衙门知道。②

光绪二十七年二月二十六日，奉朱批：该衙门知道。钦此。③

---

①　庄山（1837—1908），即周庄山，内务府正白旗汉军俊秀。咸丰三年（1853），先捐监生，再捐笔帖式。六年（1856），袭云骑尉。十年（1860），充武备院笔帖式。同治五年（1866），捐纳贡生。九年（1870），委署武备院主事。次年，捐内务府员外郎。光绪五年（1879），加护军参领衔。七年（1881），补掌仪司员外郎，赏戴花翎。次年，转广储司茶库员外郎。十年（1884），加二品顶戴。十一年（1885），调营造司员外郎。次年，授佐领、乐部署丞，兼理雍和宫事务。十四年（1888），补江南织造。十六年（1890），调佐领。二十年（1894），迁都虞司郎中、广储司银库郎中。次年，兼署骁骑参领。二十二年（1896），署内务府坐办堂郎中。二十四年（1898），调补粤海关监督。二十六年（1900），任奉宸苑卿。二十八年（1902），擢镶白旗汉军副都统、总管内务府大臣，加侍郎衔。次年，署理藩院左侍郎。三十四年（1908），卒。

②　台北故宫博物院藏：军机及宫中档，文献编号：408003357。

③　中国第一历史档案馆藏：录副奏折，档案编号：03-6655-055。

○○二　奏报汇解光绪二十七年首批京饷折

光绪二十七年正月十九日(1901年3月9日)

　　头品顶戴两广总督臣陶模、头品顶戴广东巡抚臣德寿跪奏，为报明汇解饷银赴京日期，恭折仰祈圣鉴事。

　　窃光绪二十六年十二月二十四日，准两江总督臣刘坤一电开：递准行在：户部奏，准于明年所拨各省京饷尽先提银一百万两，限正月底到京，计拨广东十万两，即行解沪汇京等因。当经转行遵照。兹据广东布政使丁体常、两广盐运使国钧①先后详称：查各省京饷向由户部豫行奏拨，现在广东省光绪二十七年份京饷尚未奉到部拨文行，兹奉电饬，在于光绪二十七年所拨京饷尽先提银十万两，汇沪解京，以应急需，自应遵照办理。

　　现拟将前项奉拨京饷十万两，由藩库筹银五万两，由运库筹银五万两，所有藩库应解银五万两拟作为光绪二十七年地丁京饷二万两、厘金京饷三万两，列作第一批起解。惟目前甫届春初，地丁、厘金均未征收有款，只可先向商号借垫，随后催收归还。其应由运库筹拨银五万两，拟将上年商号缴回运库原解光绪二十六年第二批盐课、京饷银四万五千两，尽数批解，再在二十六年份盐课项下支银五千两，凑足银五万两，均定于光绪二十七年正月十九日将前

---

　　① 国钧，生卒年不详，满洲正红旗监生。咸丰七年(1857)，充刑部笔帖式。同治四年(1865)，升刑部奉天司主事。次年，转堂主事。六年(1867)，补刑部奉天司员外郎。八年(1869)，授刑部直隶司郎中。十二年(1873)，放直隶承德府知府。次年，兼护热河道篆务。光绪元年(1875)，加盐运使衔。三年(1877)，任承德府知府。次年，补大名府知府。十七年(1891)，署太原府知府。二十四年(1898)，迁两广盐运使。

项京饷共银十万两，发交商号新泰厚等号，汇解江海关道衙门投纳，限于正月二十六日解到，由江海关道转解进京等情，详请奏咨前来。

臣等覆核无异。除分咨外，谨合词缮折具陈，伏乞皇太后、皇上圣鉴。谨奏。光绪二十七年正月十九日。

（朱批：）户部知道。[①]

光绪二十七年二月二十六日，奉朱批：户部知道。钦此。[②]

○○三　奏报设立北海洋务局片

光绪二十七年正月十九日（1901年3月9日）

再，广东廉州府属北海地方，初开通商口岸之时，洋务事宜系由各前督臣派员兼办，近年该口商务日盛，交涉渐繁，加以内地贫民由该口出洋谋生者日见其众，弹压、稽查，尤关紧要，若仍派员兼办，不足以专责成，叠由该府县禀经前督臣李鸿章核饬设立洋务局，委员专办该口交涉事件及稽查华民出洋事宜，于光绪二十六年六月初一日开局，月支薪水、经费等银四百一十七两八钱。兹据广东海防善后局司道详请奏咨立案前来。

臣覆查无异。除咨部外，谨会同广东巡抚臣德寿附片具陈，伏乞圣鉴，敕部立案。谨奏。

（朱批：）该衙门知道。[③]

---

① 台北故宫博物院藏：军机及宫中档，文献编号：408003356。

② 中国第一历史档案馆藏：录副奏折，档案编号：03-6161-059。

③ 台北故宫博物院藏：军机及宫中档，文献编号：408003356-0-A。

光绪二十七年二月二十六日，奉朱批：该衙门知道。钦此。①

○○四　奏闻香山、增城产米限数出洋片

光绪二十七年正月十九日（1901年3月9日）

再，广东商民蕃衍，土产米谷不敷民食，每赖安南、暹罗洋米接济，而香山、增城所产丝苗、银粘等米，质细价昂，民间购食较少，转以运出外洋，销售于旧金山等埠之殷富华商，以贵易贱，以少易多，故粤米出洋相沿已久。前署督臣李鸿章于光绪二十六年三月间奏明，准商领照承运，每石抽缴出口经费洋银一圆，仍照前督臣张之洞奏定之案，每年以五十万石为额，商民咸以为便。适于六月间奉谕旨，禁止贩米出洋，当经钦遵办理在案。

兹据广东海防兼善后局司道详称：现在百货通商，一切照旧，安南、暹罗之米时有进口。此项丝苗、银粘细米，似应循案准商领照承运出口，以济外洋各埠华商旅食，每石照旧抽收经费洋银一圆，由九龙、拱北两关带收，即以一半留备积谷，一半充济饷需，仍以五十万石为限。此项细米向以春夏所产为多，并请迅饬九、拱两关税务司遵办，以杜偷漏。如遇荒歉，仍随时禁止停运，于民食、军储两有裨益等情，详请具奏前来。

臣等伏查广东香山、增城所产上色细米，向系由商领照，承运出洋，售与各埠华商。该司道等所请系为便商利民兼裕饷需起见，似应准其援案办理。除饬九龙、拱北两税务司妥为稽查抽缴具报，每年仍以五十万石为限，遇有荒歉，随时禁止停运外，谨合词附片

---

① 　中国第一历史档案馆藏：录副奏片，档案编号：03-5401-099。

陈明，伏乞圣鉴。谨奏。

　　（朱批：）该衙门知道。[1]

　　光绪二十七年二月二十六日，奉朱批：该衙门知道。钦此。[2]

○○五　奏报甘美棠调补感恩县知县折

光绪二十七年正月二十日（1901年3月10日）

　　头品顶戴两广总督臣陶模、头品顶戴广东巡抚臣德寿跪奏，为拣员调补烟瘴要缺县令，恭折仰祈圣鉴事。

　　窃照感恩县知县徐政自光绪二十三年十一月十六日到任起，连闰计至二十六年九月十六日，实历烟瘴边俸三年期满，例应撤回内地验看，分别升补。所遗感恩县知县缺，应归九月份截缺办理，系烟瘴外调要缺，毋庸签掣。查定例：广东感恩县水土最为恶毒，遇有缺出，应于内地属员内拣选熟悉风土、廉能之员调补。

　　兹于通省应调人员内逐加遴选，查有从化县知县甘美棠，现年五十八岁，广西梧州府容县人，由贡生应同治三年甲子科并补行辛酉科本省乡试，中式第十七名举人，光绪二十五年己丑科会试，大挑一等引见，奉旨：以知县用。钦此。遵例捐指广东，是年六月二十七日到省，题署茂名县知县，于光绪二十二年四月二十日到任，试署一年期满，调补今职，申请实授。二十四年，奉文覆准。任内并无积案及承缉未获盗案已起降调、革职、参限处分。其经征光绪二十四年钱粮未完，查系实欠在民，并非征存未解。因公处分，例

---

　　①　台北故宫博物院藏：军机及宫中档，文献编号：408003357-0-A。

　　②　中国第一历史档案馆藏：录副奏片，档案编号：03-6680-016。

免核计。该员奋勉耐劳，任事明爽，以之调补感恩县知县，实于烟瘴要缺有裨，与例亦属相符。据藩、臬两司会详前来。

合无仰恳天恩，俯准以从化县知县甘美棠调补感恩县知县缺。如蒙俞允，该员系现任知县调补知县，衔缺相当，毋庸送部引见。除咨部外，臣等遵照行在军机处奏准通行改题为奏，谨会同缮折具陈，伏乞皇太后、皇上圣鉴训示。

再，所遗从化县知县系选缺，粤东省现有应补人员，应请扣留在外，俟接准部覆，选员请补。又，粤东省补缺例限九十日，此缺系归光绪二十六年九月份截缺，应以是月底起限办理，今在限内请补，并无迟逾。合并陈明。谨奏。光绪二十七年正月二十日。

（朱批：）吏部议奏。[1]

光绪二十七年三月二十一日，奉朱批：吏部议奏。钦此。[2]

○○六　请以张光铣借署布库大使折

光绪二十七年正月二十日（1901 年 3 月 10 日）

头品顶戴两广总督臣陶模、头品顶戴广东巡抚臣德寿跪奏，为借署布库大使，恭折仰祈圣鉴事。

窃照布政司广丰库大使宋寿嵩丁本生母忧遗缺，当以大挑本班尽先补用知县邓景临题补。兹邓景临已调还原班，更补龙川县知县，所有布政司广丰库大使一缺，应按原班另行拣补。兹会选有大挑试用知县张光铣，现年五十七岁，河南南阳府内乡县增生，应

---

[1]　中国第一历史档案馆藏：朱批奏折，档案编号：04-01-12-0600-014。

[2]　中国第一历史档案馆藏：录副奏折，档案编号：03-5403-050。

光绪元年乙亥恩科本省乡试,中式第九十七名举人。己丑科会试,大挑一等,经吏部带领引见,奉旨:以知县用。钦此。签掣广东,计在应行截留回籍之列,由吏部给照衹领回籍。嗣因探亲措资来粤,适已咨取到班,于光绪二十一年十一月十八日就近缴照到省。二十三年,甄别堪膺民社。该员才优识卓,事理详明,堪以借署布政司广丰库大使缺,与例亦属相符。据藩、臬两司会详前来。

相应请旨,准以大挑试用知县张光铣借署布政司广丰库大使缺,俟试署期满,如果称职,另请实授。如蒙俞允,该员系大挑试用知县借署布库大使,毋庸送部引见。

除咨部外,臣等谨遵照行在军机处奏准通行改题为奏缘由,合词恭折具陈,伏乞皇太后、皇上圣鉴训示。再,粤东省补缺例限九十日,惟更补员缺并无开缺截缺日期可扣,请免核计。合并陈明。谨奏。光绪二十七年正月二十日。

（朱批:）吏部知道。[①]

光绪二十七年三月二十一日,奉朱批:吏部知道。钦此。[②]

○○七　请以傅肇敏升补陵水县知县折

光绪二十七年正月二十日(1901 年 3 月 10 日)

头品顶戴两广总督臣陶模、头品顶戴广东巡抚臣德寿跪奏,为拣员升补烟瘴要缺县令,恭折仰祈圣鉴事。

窃照陵水县知县郭继昌自光绪二十三年十月二十八日到任

---

① 中国第一历史档案馆藏:朱批奏折,档案编号:04-01-12-0600-015。
② 中国第一历史档案馆藏:录副奏折,档案编号:03-5403-048。

起,连闰计至二十六年闰八月二十八日,实历烟瘴边俸三年期满,例应撤回内地验看,分别升补。所遗陵水县知县缺,应归闰八月份截缺办理,系烟瘴外调要缺,毋庸签掣。查定例:广东陵水县水土最为恶毒,遇有缺出,应于内地属员内拣选熟悉风土、廉能之员调补。又,烟瘴地方州县以上官员准其不扣年限,升调兼行,并毋庸拘定先尽卓异之员请升各等因。

兹会选有按察司经历傅肇敏,现年五十一岁,直隶永平府临榆县人,由吏员于同治十三年随办牛庄海关中外交涉事件,二年期满,奏保以巡检归部即选。光绪二年六月十三日,奉旨:着照所请,该部知道。钦此。是年又随办牛庄关外交涉事件,又届二年期满,奏保六品衔。四年七月二十六日,奉旨:着照所请,该部知道。钦此。十三年,遵郑工例报捐按察司经历遇缺先选用,在部投供。十四年,轮选到班,回避本籍,改归双月回避即用。十五年,捐输奉赈,奏请奖叙,赏戴蓝翎。是年十二月,选授今职。十七年正月初六日到任,试俸三年期满,咨销试俸,奉准部覆在案。二十一年,大计保荐卓异。二十三年,俸满保荐。二十四年三月十八日,奉部覆准以应升之缺升用。该员才具稳妥,办事勤能,以之升补陵水县知县,洵堪胜任,与例亦属相符。据藩、臬两司会详前来。

合无仰恳天恩,俯准以按察司经历傅肇敏升补陵水县知县缺。如蒙俞允,俟部覆到日,照例给咨送部引见。除咨部外,臣等遵照行在军机处奏准通行改题为奏,谨会同缮折具陈,伏乞皇太后、皇上圣鉴训示。

再,所遗按察司经历系选缺,粤东省现有应补人员,请扣留在外,俟接准部覆,选员请补。又,该员任内并无参罚案件,粤东补缺例限九十日。此缺系光绪二十六年闰八月份之缺,应以是月底起限办理，今在限内请补，并无迟逾。合并陈明。谨奏。光绪二十七年正月二十日。

（朱批：）吏部议奏。①

光绪二十七年三月二十一日，奉朱批：吏部议奏。钦此。②

○○八 奏报知县方怡试用期满甄别片

光绪二十七年正月二十日(1901 年 3 月 10 日)

再，前准部咨：无论何项出身人员，凡系补缺应行具题者，试用期满，由该督抚详加甄别具奏等因。历经遵办在案。兹查优贡试用知县方怡，江苏阳湖县优贡，朝考以知县用。光绪十九年癸巳恩科，中式本省乡试副榜，遵例呈请分发。复遵新海防例，报捐指省广东，光绪二十四年六月二十日到省，试用已满二年，例应甄别。据广东布政使丁体常会同广东按察使吴引孙详加察看，具详请奏前来。

臣等复加察核，该员方怡明体达见，品学兼优，堪膺民社。除咨部外，谨附片具陈，伏乞圣鉴。谨奏。

光绪二十七年三月二十一日，奉朱批：吏部知道。钦此。③

○○九 奏报知县黄凤祺试用期满甄别片

光绪二十七年正月二十日(1901 年 3 月 10 日)

再，前准部咨：无论何项出身人员，凡系补缺应行具题者，试用

---

① 中国第一历史档案馆藏：朱批奏折，档案编号：04-01-12-0600-013。

② 中国第一历史档案馆藏：录副奏折，档案编号：03-5403-053。

③ 中国第一历史档案馆藏：录副奏片，档案编号：03-5403-049。

期满,由该督抚详加甄别专折具奏等因。历经遵办在案。兹查大挑试用知县黄凤祺,广西藤县优增生,应光绪二十五年乙丑恩科本省乡试,中式第十七名举人。二十四年戊戌科大挑一等,以知县用。复挑河工试用,遵新海防例,捐离河工,改指广东补用,名在截留之列,给照回籍听候咨取。二十五年,因游幕外出,道经粤东,知咨取到班,就近于是年九月十二日缴照,到省试用,已满一年,例应甄别。据藩、臬两司详加察看,具详请奏前来。

臣等覆加察核,该员黄凤祺年富力强,稳慎老练,堪膺民社。除咨部外,谨会同附片具陈,伏乞圣鉴。谨奏。

光绪二十七年三月二十一日,奉朱批:吏部知道。钦此。①

○一○　奏报知府金焀等试用期满甄别片

光绪二十七年正月二十日(1901年3月10日)

再,查保举、捐纳、候补、试用知府、同知、通判、知州、知县,到省一年期满,例应考察甄别具奏。历经遵办在案。兹查有候补知府金焀,精明练达,勤求吏治;新海防试用同知汪大钧,明敏干练,勤能素著;新海防试用通判李元枚,才识敏练,办事精详;新海防试用通判陈相忠,年力富强,趋公勤谨;新海防试用知州王世钊,举止安详,黾勉从公;候补知县陆继昌,才识明达,事理详明;新海防试用知县姚光祥,心地笃实,才识老成;新海防试用知县洪定宣,识见明通,心思缜密。均经详加考察,分别照章面试,堪以各按本班序补,据藩、臬两司具详前来。除将各该员详细履历开单咨明吏部

---

①　中国第一历史档案馆藏:录副奏片,档案编号:03-5403-051。

外，臣等谨附片具陈，伏乞圣鉴。谨奏。

光绪二十七年三月二十一日，奉朱批：吏部知道。钦此。①

○一一　奏报筹解首批京饷汇沪解京折

光绪二十七年正月二十五日(1901年3月15日)

头品顶戴两广总督臣陶模、头品顶戴广东巡抚臣德寿跪奏，为遵电先行筹解京饷银两，汇沪解京，恭折具陈，仰祈圣鉴事。

窃准两江督臣刘坤一电开：沪道转庆亲王效电：行在户部奏准，于明年所拨京饷尽先提银一百万两，内广东先提十万两等因。当即转行筹解。兹据广东布政使丁体常详称：查广东应拨光绪二十七年京饷尚未接到部文，兹奉电饬，应即在藩、运两库各提银五万两，其运库应解五万两，由运司另行详办。所有藩库应解五万两，作为光绪二十七年第一批地丁京饷二万两、厘金京饷三万两，但目前地丁、厘金均未征收有款，只得先向号商借垫，随后征收归还。现将前项京饷五万两发交商号新奉厚等，汇解江海关道投纳，限于光绪二十七年正月二十六日解到江海关道，转汇进京等情，详请具奏前来。

臣等覆查无异。除分别咨行外，谨合词恭折具陈，伏乞皇太后、皇上圣鉴。谨奏。光绪二十七年正月二十五日。

（朱批：）户部知道。②

光绪二十七年三月二十一日，奉朱批：户部知道。钦此。③

---

① 中国第一历史档案馆藏：录副奏片，档案编号：03-5403-052。

② 中国第一历史档案馆藏：朱批奏折，档案编号：04-01-35-1056-009。

③ 中国第一历史档案馆藏：录副奏折，档案编号：03-6655-078。

○一二　奏报广东光绪二十六年秋季委署员缺折

光绪二十七年二月二十一日(1901年4月9日)

头品顶戴两广总督臣陶模、头品顶戴广东巡抚臣德寿跪奏，为光绪二十六年秋季份广东省委署直隶州同知、知州、知县各缺，遵照章程，恭折具陈，仰祈圣鉴事。

窃照各省州县无论奏调、委署、代理，钦奉上谕：着每届三个月汇奏一次等因。钦此。钦遵在案。兹据广东布政使丁体常详称：光绪二十六年秋季份，出有钦州直隶州知州关广槐禀求交卸，遗缺以候补知府卢蔚猷署理。又，署赤溪直隶同知陈图署事期满，遗缺以补用同知陈寿椿署理。又，电白县知县李滋然调帘，遗缺以香山县知县蒋鸣庆调署。递遗香山县知县缺，以新兴县知县刘盛芳调署。又，署陆丰县知县罗祖翼署事期满，遗缺以补用知县程璟光署理。又，署恩平县知县戴式藩署事期满，遗缺以候补通判胡永昌署理。又，西宁县知县李玮堂丁忧，遗缺以候补知县彭骢孙署理。又，龙门县知县林钺调省，遗缺以教职知县谢裕棠署理。又，署清远县知县刘曾枚请假就医，遗缺以先用知县董元度署理。又，署开建县知县徐书祥署事期满，遗缺以教习知县刘宗潮署理。又，调署电白县知县蒋鸣庆留省清算交代，遗缺以试用通判蔡继昌署理。又，花县知县祝抢望撤省，遗缺以候补知县葛肇兰署理。又，遂溪县知县崔广浣调省，遗缺以候补知县邹翼清署理。又，始兴县知县陈文墺调省，遗缺以题升崖州知州倪思铎署理。又，茂名县知县樊淙丁忧，遗缺以候补知县祺威署理。又，饶平县知县张经年调省，遗缺以候补知县何斌署理。又，署崖州知州钟元棣署事期满，遗缺以试用知县姚绍书署理。又，阳山县知县林济病故，遗缺以试用知县蒋泽署理。所有光绪二十六年秋季份委署直隶州同知、知州、知县各缺，详请具奏等情前来。

臣等覆查无异。理合恭折具陈，伏乞皇太后、皇上圣鉴。谨奏。光绪二十七年二月二十一日。

（朱批：）吏部知道。①

光绪二十七年五月初二日，奉朱批：吏部知道。钦此。②

○一三　筹解光绪二十七年第二批京饷折

光绪二十七年二月二十一日(1901年4月9日)

头品顶戴两广总督臣陶模、头品顶戴广东巡抚臣德寿跪奏，为筹解光绪二十七年广东奉拨京饷银两，恭折具陈，仰祈圣鉴事。

窃照光绪二十七年京饷未接部文之先，承准庆亲王效电：广东先提银十万两，汇京投纳等因。当经饬司在藩库先提银五万两，作为第一批地丁京饷二万两、厘金京饷三万两，发交商号，汇至江海关道，转汇进京，另由运库提银五万两，一并汇解，恭折奏报在案。兹据布政使丁体常详称：再筹地丁京饷三万两、太平关常税三万两，同筹备饷需等款共银二十万两，作为第二批，仍照上年办法，交商汇至汉口，遴委候补知州王世钊等赍领汇单、文批，于光绪二十七年三月初六日起程赴汉，提取纹银，禀明驻汉转运局，装鞘编号，

① 中国第一历史档案馆藏：朱批奏折，档案编号：04-01-12-0601-012。
② 中国第一历史档案馆藏：录副奏折，档案编号：03-5406-004。

代黏印花,仍由粤省委员解赴陕西行在户部投纳等情,详请具奏前来。

臣等覆核无异。除分咨查照外,所有广东起解第二批京饷银两缘由,谨合词恭折具奏,伏乞皇太后、皇上圣鉴。谨奏。光绪二十七年二月二十一日。

(朱批:)户部知道。①

光绪二十七年五月初二日,奉朱批:户部知道。钦此。②

○一四　奏闻遵旨筹议变通政治折

光绪二十七年二月二十一日(1901年4月9日)

头品顶戴两广总督臣陶模跪奏,为变通政治,宜务本原,遵旨筹议,仰祈圣鉴事。

钦奉光绪二十六年十二月初十日上谕:着军机大臣、大学士、六部九卿、出使各国大臣、各省督抚就现在情形,参酌中西政要,各抒所见,详悉条议以闻等因。钦此。仰见我皇上惩前毖后、力图自强之意,跪诵之下,愧奋涕零。伏念臣知识庸愚,忝膺疆寄,职分所在,负咎已多,更何足妄参大计。前以兴学校为养人材之先务,汰内监乃正君德之大端,经臣两次专折具陈。惟是不废科举不能广开学堂,不改制度不能尽裁内监,明知敷陈梗概不足规画全模,然而去故取新,造端宏大,踌躇审顾,实亦未易轻言。近奉电谕,着各疆臣迅速议奏,益见我皇上宵旰焦劳,求言谆切,岂敢缄默以蹈迟

---

① 中国第一历史档案馆藏:朱批奏折,档案编号:04-01-35-1056-031。

② 中国第一历史档案馆藏:录副奏折,档案编号:03-6655-115。

延观望之愆？恭绎谕旨，意在戒天下以自私自利，而归要于强国利民。

窃维强国利民之政不止一端，自私自利之弊已非一日，当兴当革，悉数难终。惟能握乎本原，则末流因之俱治。本原何在？窃谓在于朝廷也。必朝廷实能爱国爱民，乃能以爱国爱民责百官；必朝廷先无自私自利，乃能以不自私不自利望天下。在皇上本有爱国爱民之意，然而德不下究者，法未立故也。皇上初无自私自利之心，然而迹有近似者，政未善故也。然则转移之道固有在矣，谨为我皇太后、皇上条析陈之。

一曰除雍蔽。合上下而为一，国情本通也。中有雍蔽之者而情暧矣，善通民情者，在立法以去其雍蔽而已。堂廉过远，隔阂太多，上下所以日疏也。大臣之情不能尽通于皇上，何况小臣？僚属之情不能尽通于长官，何况百姓？拟请定平易之法，一切体制务从简便，皇上日亲大臣而渐及小臣，且由小臣而渐亲百姓，则闾阎疾苦无不上达。此所谓除雍蔽者一也。

国朝设官多沿明制，积渐既久，浸失本意，于是防弊之官多于治事之官，察吏之官多于亲民之官。一官兼数职者有之，一职设数官者有之，升迁既无一定，兵、刑、钱、谷罕能兼长，废弛阻滞，弊端百出。拟请定分职任事之法，京外闲署悉行裁省，学、商、农、矿等部皆专门要政，即一时未能增设，亦应责成六部分司其事。各衙门曹司升转不出本部，其外省及各州县亦当变通旧制，斟酌损益，务使内外大小各官皆专官久任，文牍不烦，事无牵制，则人人知责任所在，一无旁贷，不能不讲求练习，而颟顸画诺、扞格不行之弊悉除。此所谓除雍弊者又一也。

有阻官与民而使不通，且阻官与官而使不通者，胥吏是也。胥吏之害，人人知之，究其根株，实在六部成案山积，轻重准驳曾无定比，吏得上下其手以为奸，而外省书吏亦得依附朋比，以便牟利之计。今若变通官制，堂司各官皆用其所习，已不致为所蒙蔽，更请饬令部臣编定则例，凡烦苛细碎之法悉行删汰，务使简要易行，一切旧案不准援引。任是官者，既人人知识分所当为，即非任是官者亦了然，于重轻准驳之自有一定则，书吏无从舞文弄法，但供钞写之役足矣。则例既定，部吏无权，而外省大小衙署之书吏亦因之而无权，吏治常肃，民生愈安。此所谓除壅蔽者又一也。

至于议院之制，中国诚未易举行，然议院议政而行政之权仍在政府，交相为用，两不相侵，而政府得由议员以周知民间之好恶，最为除壅蔽良法。或谓中国民智未开，骤难创立。窃考泰西选举议员，本有限制，民智未开，限可从严；民智渐开，限亦渐宽，自无众论纷淆之弊。谕旨所谓取外国之长补中国之短者，议院亦其一端也。此数者，法立弊除，上下之间壅蔽悉去，四万万人情联力合，富强诸政可次第行矣。

二曰去畛域。界限之与畛域似同而实异，界限不可无，无则相混；畛域不可有，有则相妨。同为中国之民，轩轾相形则必争；同任中国之事，彼此不顾则致败。中国积习，几于无事无畛域，言其大者，部臣、疆臣为皇上办事，通力合作，始能有成。乃臣近观数十年来，部臣、疆臣以私事相干者固不得知，而于公事转以不通音问为高。疆臣之贤者，苦心擘画，极意经营，既无人为之维持调护，其不贤者营私自便，又或固执己见，不能通达世情。政府诸臣虽明知之，而不一言，绝无古名臣交相儆戒之风。且事之当否，先时既未豫商，则其后之推诿搁置，在所必至。拟请皇上严申诰诫，令内外诸臣有善相劝，有过相规，成败是非，毋得膜视，一切政事互相妥筹，斟酌情理，务使可行。部臣与疆臣不分畛域，而后此省与他省乃不分畛域，统筹全局以利国家。此内外之畛域宜去也。

满汉分职之制，八旗驻防之兵，在圣清定鼎之初，为此权宜铃制之法，良非得已。今已二百余年，汉人世受国恩，满人已无二致，而犹沿此制而不改，无论其病国也，示天下以不广亦甚矣。旗兵羸弱情形，早在圣明洞鉴，今库帑支绌如此，若再因仍旧制，虚耗巨款，实属难乎为继。既为世仆，亦当体念时艰，自图生计。拟请将京营八旗暨各省驻防，挑选精壮，使习东西洋兵法者，统带教习之，俾成劲旅，内则巩卫京师，外则分防边要，均不使久驻一处。别选其年少勤敏者，使入各种学堂，分习士、农、工、商各业，以为谋生之路。其余酌量分年裁汰，使得从容他谋，不致以骤裁失业，有负朝廷轸恤之意。至于满汉各缺，形迹未化，亦恐害事，应请饬下王公大臣筹议，酌量变通，非微臣所敢擅拟。要使天下知朝廷之大公无我，则感戴悦服者益深，八旗子弟既不坐食，自无废材，而国家岁省饷项且数百万，为益尤大。此满汉之畛域宜去也。

中国之俗，贵士而贱农、工、商，夫农、工、商之与士执业不同，所以利国家者则一。臣以为士无定名，农能善种植者，工能精制造者，商能广贸易者，皆可名之为士。其专为士者，于三者当通知大意，而又讲求政治之学、名物之理，以道助农、工、商而使之益善，是以四民当并重而不当偏重。拟请明降谕旨，以此意风示天下，令广设社会，以精其业，其中杰出者，锡以民爵，使与官齿，则农、工、商竞相奋励，而为士者亦不敢以空疏无具，虚冒儒名。此贵贱之畛域宜去也。

古之时兵农合一，文武不分，今既迥判两途，于是口不言兵者，懦弱日甚；目不知书者，粗鄙亦日甚。且合办一事，各存意见，窒碍尤多。外国之制，文武虽各有学堂，而武员必先学文法，文士亦皆讲求武备。拟请参仿其法，更定制度，务宜文武两途互相为用。文能略知武事，临时无畏葸张皇；而武员能识书史，通晓道理，自无卤莽灭裂之患。此文武之畛域宜去也。

此数者之畛域去，则事事之畛域无不因之而俱化，天下如一家，中国如一人，治平之效可操券致也。

三曰务远大。孔子曰：人无远虑，必有近忧。又曰：见小利则大事不成。臣尝反覆斯言，窃以为为政之要尽于此矣。今如捐输，开例已数十年，官场嗜利之风成为习尚，各弃本业以为官，更各弃本业以为官之亲友、仆役，务本者日少，逐末者日多，其害盖至今而大著。且岁入不过一二百万，计其侵渔剥削何止此数？得不偿失，未有甚于此者。官俸之薄，万万不给，而又扣其廉俸，贤者已难自爱，不肖者日肆其贪，害仍自国家受之。他若铁路、船、矿诸务，皆富国要政，然而创行之始，亏折必多，西人恒多方保护，甚至国家担补其息。今中国于此等商务未闻有保护、补息之法，乃招商获利，则责以报效；漠矿畅旺，则提其余利。在计臣筹款不得已而为此，然而阻碍商务，其损多矣。拟请永停捐纳，即衔、封、贡、监亦皆停止，创设民爵，以为鼓励农、工、商之具；厚加官禄，务令足用。其一切兴利之事，广劝商人，集股开办，官不干预其事，但任保护之责，有厚利无庸报效，凡从前为小失大之弊，一概捐除。但使官吏清廉，即是藏富于民之道，而工商踊跃，百利皆兴，物产日多，则国家之课税自旺。此行政之当务远大也。

取民之财，治民之事，此古今中外立国之通义。用民财以为之兴利除害，虽多取不为虐，况于少取？不为之兴利除害，而但取其财，纵少取不为恩，况于多取？今中国之民穷困甚矣，而国用日繁，皇上纵以爱民为心，计臣不能不以筹款为急。虽国家款项无一非用之民事，然积弊未去，善政未行，实惠之及民者鲜，而进出款目，平时既未宣布，民但见其取财而不知其所用，不免因疑而生怨。日以筹款之事责之穷困疑怨之民，臣窃危之。今既欲变更法制，则兴利除害之政自必实力举行。更请皇上诰诫群臣，俾人人知取民财、治民事之义。仿照各国，将每年进出款项列为详表，颁示天下；其外省所解内务府经费应改户部统收，而岁拨款若干万为皇宫费用，一律列入表内宣示，使咸知朝廷之无私。臣闻法之败于德也，赔兵费至二百兆镑，未五年而偿毕，惟其民多素丰，上下相信，是以争贷于国。我中国诚能力求自强，十年之后，民力渐裕，民信益孚，则商借民债自易为力。至于裁去厘金、变通课税诸事，皆目前要务。然必取民之大义既明，始可议取民之制之善不善。此理财之宜务远大也。

武备不修，无以立国。外国之经营水陆军，为时或百年、数十年，用款皆以亿万万计，甫能有此规模。中国习于故常，不知远略，即如北洋海军经费，仅千数百万而举国震骇，咎其糜帑，不知外国极大铁舰一艘，有值价百万镑者。区区之数，曾何足云。今中国既贫且弱，而欲大举练兵，与之角胜，不特无此人材，亦万万无此物力。窃谓举行新政，兵事只可缓言。惟水陆将材亟应储备，拟请选王公大臣子弟及民间聪壮少年，分年赴各国学堂学习兵法；停止武科，令各省广设水师武备学堂，使人肄习。

至地方除盗诘奸之事，应有专司。查东西各国之制，缉捕侦察，巡警任之；战守防御，兵将任之，截然不紊，各善其事。考警察即保甲、团练之意，但其章程细密，法立令行，视保甲、团练远胜。拟请详译其法，于都会城镇仿照设立，俟有端绪，不特绿营固可全裁，即营勇亦当大减，各省只须酌留数营，以资镇慑。宿将习气甚重，狃故忌新，可用者少，宜悉罢归，厚予俸赐，酬其前劳。其各营将弁悉用学已卒业之武备学生及曾在外国学习者，使此后学堂生徒皆知学成之有用。十年之后，物力渐充，将材亦次第成就，然后整军讲武，事可不劳而集。若不惩前事，竭蹶经营，徒糜有用之财，适贻外人之笑，甚无谓也。此治兵之宜务远大也。

凡若此者，务持大计，不贪近功。究其所成，必有出寻常万万者。如其沾沾目前，欲图小效，愈求富强，愈成贫弱，一利未见，百害俱生矣。

以上三大弊端，因于自私自利，害至于病国病民。溯其弊之所自，或在近今，或在往昔，甚有在千百年前者。当中国全盛之时，元气尚足，外患不侵，病伏于隐微而不觉。今者环球各国角智竞能，彼有而我无，人同而吾异，因循苟且，将无以自立于五洲。然而积习既深，来源甚远，一旦改革，岂易言。非朝廷以身作则，克己胜私，则虽日言变通，无由获变通之效。伏愿我皇太后、皇上念祖宗创业之艰难，悯亿兆民生之昏垫，以日本为前事之师，以印度、波兰、越南、缅甸作覆车之鉴，速定国是，以奠危基，天下幸甚，万世幸甚！

臣受恩深重，衰疾侵寻，愿于未尽之年得睹太平之日，敢附责难于君之义，冀效愚者千虑之忱。敬献刍荛，以备采择。至于条款、节目，头绪繁多，非兼通中西、源流毕贯者，不能条分缕析，微臣愚陋，不敢轻议。

所有遵旨筹议变通政治缘由，是否有当，伏乞皇太后、皇上圣鉴训示。谨奏。光绪二十七年二月二十一日。[①]

【案】钦奉光绪二十六年十二月初十日上谕：此上谕载于

---

① 《陶模奏议遗稿补证》，商务印书馆，2015年，第590—595页。

上谕档与《清实录》：

光绪二十六年十二月初十日，内阁奉上谕：世有万古不易之常经，无一成不变之治法。穷变通久，见于《大易》；损益可知，著于《论语》。盖不易者三纲五常，昭然如日星之照世；而可变者令甲令乙，不妨如琴瑟之改弦。伊古以来，代有兴革，即我朝列祖列宗，因时立制，屡有异同。入关以后，已殊沈阳之时。嘉庆、道光以来，岂尽雍正、乾隆之旧。大抵法积则敝，法敝则更，要归于强国利民而已。自播迁以来，皇太后宵旰焦劳，朕尤痛自刻责，深念近数十年积习相仍，因循粉饰，以致成此大衅。现正议和，一切政事，尤须切实整顿，以期渐图富强。懿训以为取外国之长，乃可补中国之短；惩前事之失，乃可作后事之师。自丁戊以还，伪辩纵横，妄分新旧，康逆之祸，殆更甚于红拳，迄今海外逋逃，尚以富有、贵为等票诱人谋逆，更借保皇保种之妖言，为离间宫庭之计。殊不知康逆之谈新法，乃乱法也，非变法也。该逆等乘朕躬不豫，潜谋不轨，朕吁恳皇太后训政，乃拯朕于濒危，而锄奸于一旦，实则翦除乱逆。皇太后何尝不许更新损益科条，朕何尝概行除旧，执中以御，择善而从，母子一心，臣民共见。

今者恭承慈命，壹意振兴，严禁新旧之名，浑融中外之迹。我中国之弱，在于习气太深，文法太密，庸俗之吏多，豪杰之士少。文法者庸人借为藏身之固，而胥吏倚为牟利之符。公事以文牍相往来而毫无实际，人才以资格相限制而日见消磨。误国家者，在一私字；困天下者，在一例字。至近之学西法者，语言文字、制造机械而已，此西艺之皮毛，而非西政之本源也。居上宽，临下简，言必信，行必果，我往圣之遗训，即西人富强之始基。中国不此之务，徒学其一言一话一技一能，而佐以瞻徇情面、自利身家之积习，舍其本源而不学，学其皮毛而又不精，天下安得富强耶？总之，法令不更，锢习不破，欲求振作，当议更张。着军机大臣、大学士、六部九卿、出使各国大臣、各省督抚各就现在情形，参酌中西政要，举凡朝章国故、吏治民生、学校科举、军政财政，当因当革，当省当并，或取诸人，或求诸己，如何而国势始兴，如何而人才始出，如何而度支始裕，如何而武备始修，各举所知，各抒所见，通限两个月，详悉条议以闻，再由朕上禀慈谟，斟酌尽善，切实施行。自西幸太原，下诏求言，封章屡见。而今之言者，率有两途，一则袭报馆之文章，一则拘书生之成见，更相笑亦更相非，两圈于偏私不化，睹其利未睹其害，一归于窒碍难行。新进讲富强，往往自迷本始；迂儒谈正学，又往往不达事情。尔中外臣工当鉴斯二者，酌中发论，通变达权，务极精详，以备甄择。

惟是有治法尤贵有治人，苟得其人，敝法无难于补救；苟失其人，徒法不能以自行。流俗之人，己有百短，遂不愿人有一长，以拘牵文义为认真，以奉行故事为合例，举宜兴宜革之事，皆坐废于无形之中；而旅进旅退之员，遂酿成此不治之病。欲去此弊，其本在于公尔忘私，其究归于实事求是，又改弦更张以后，所当简任贤能，上下交儆者也。朕与皇太后久蓄于中，事穷则变，安危强弱，全系于斯。倘再蹈因循敷衍之故辙，空言塞责，省事偷安，宪典具存，朕不能宥！将此通谕知之。钦此。[1]

_____

[1] 《光绪宣统两朝上谕档》，第26册，第460—462页；《德宗景皇帝实录（七）》，卷四百七十六，光绪二十六年十二月上，第273—275页。此折之具奏日期，《陶（转下页）

○一五　委任安荫甲等署理知县等缺片

光绪二十七年二月二十一日(1901年4月9日)

再，博罗县知县陈宗凤因案撤任，所遗博罗县知县篆务，查有高要县知县安荫甲，持躬谨恪，历事精勤，堪以调署。又，阳江直隶同知田明曜，才识谙练，勤敏任劳，堪以调署赤溪直隶同知；所遗阳江直隶同知，即以准补赤溪直隶同知沈鸿寿调署。该员安荫甲、田明曜各任内并无盗劫已起四参之案。据藩、臬两司会详前来。除檄饬遵照外，臣等谨循例附片具陈，伏乞圣鉴。谨奏。

（朱批:)吏部知道。[①]

光绪二十七年五月初二日，奉朱批：吏部知道。钦此。[②]

○一六　委任关广槐等署理知州等缺片

光绪二十七年二月二十一日(1901年4月9日)

再，署南雄州知州黄儒荃署事期满，所遗南雄州知州篆务，查有卸嘉应州知州关广槐，才堪治剧，处事精详，堪以调署。又，署龙门县知县谢裕棠奏参改教，所遗龙门县知县篆务，查有卸安定县知县张宜，老成练达，振作有为，堪以调署。又，曲江县知县李久波奏

（接上页)勤肃公奏议遗稿》署"光绪二十七年四月初六日"，而查阅军机处随手登记档（档案编号：03-0308-2-1227-118)，此折朱批日期为"光绪二十七年五月初二日"，据同日朱批折件，其具奏日期均为"光绪二十七年二月二十一日"，与底本相异殊甚。底本讹误，兹据校正。

　① 中国第一历史档案馆藏：朱批奏片，档案编号：04-01-13-0435-094。
　② 中国第一历史档案馆藏：录副奏片，档案编号：03-5406-006。

参开缺另补,所遗曲江县知县篆务,查有卸电白县知县李滋然,才猷卓越,操守谨严,堪以调署。该员关广槐、张宜、李滋然各任内并无盗劫已起四参之案。据藩、臬两司会详前来。除檄饬遵照外,臣等谨合词循例附片具陈,伏乞圣鉴。谨奏。

（朱批:）吏部知道。①

光绪二十七年五月初二日,奉朱批:吏部知道。钦此。②

○一七 参追故令罗栋材家属完缴银谷片

光绪二十七年二月二十一日(1901 年 4 月 9 日)

再,据广东布政使丁体常详称:查有已故前任吴川县知县罗栋材缴存正杂款银六百五十余两、盘缺谷二千余石,迭经严催,未据完解,请奏参勒限严追前来。相应请旨将已故前任吴川县知县罗栋材革职,勒限该故员家属四个月内将征存正杂款银及盘缺谷石分别照数完解。倘逾限不解,或解不足数,再行查明从严参办。所有参追已故知县征存银两及盘缺谷石延不完解缘由,谨合词附片具陈,伏乞圣鉴。谨奏。

光绪二十七年五月初二日,奉朱批:着照所请,该部知道。钦此。③

---

① 中国第一历史档案馆藏:朱批奏片,档案编号:04-01-13-0435-095。

② 中国第一历史档案馆藏:录副奏片,档案编号:03-5406-007。

③ 中国第一历史档案馆藏:录副奏片,档案编号:03-6580-033。

○一八　奏报按乡惩盗请宽民力折

光绪二十七年二月二十八日(1901 年 4 月 16 日)

头品顶戴两广总督臣陶模跪奏，为广东盗风甚炽，经责成各州县同时带勇，按乡查办，并陈粤省支绌情形，请宽民力以清盗源，恭折仰祈圣鉴事。

窃广东素称多盗，近年日益加厉，广、惠、肇、罗、高、廉各属抢劫之案，几于无日无之，伤毙事主，掳人勒诈，层见迭出。水路抢劫尤甚，其始仅抢重载货船，渐次劫及客渡，近则轮船亦时被劫掠，甚或将搭客、船户拘禁一处，即驾所抢之轮，驶劫别轮。其有盗中渠魁、党羽较多者，公然刊戳列名，打单勒索，名曰"行水"。明目张胆，毫无顾忌。而三合会、哥老会等匪类又复参错其间，以致富商避迹，行旅戒途，小民不能安居，外人借为口实。若不痛加惩办，必致酿成巨患。广东额设水陆提镇、绿营、防勇不为少，而盗匪猖獗至此，固由各营员弁专尚酬应，不知振作。惟其中亦有为难之处，盖缉捕盗匪与战守军务情事不同，盗匪行劫多不在本乡，踪迹诡异，甚且窜入洋界，莫能究诘。

至其分居村落，聚则为盗，散则为民，或有绅士为之庇护，往往此拿彼窜，勇退盗归。营勇不能常驻一处，每致力无可施，而地方官事权不一，更易误事。兹臣酌定章程，责成州县同时并举，派拨就近营汛弁勇，随同州县，按乡查办，按族勒交。派出弁勇均归州县节制，拿获著匪，许其讯明就地惩办，以重事权；并令清查保甲，以别良莠，选觅线工，以穷踪迹。但能将著名匪首拿获过半，则其余附和胁从之徒必将敛迹避罪，悔过自新，盗风或可稍戢。仍先以三个月为限，该文武等如有不知愧奋、废弛如前者，即当从严参劾；
倘能叠获渠魁，办有实效，亦当仰恳天恩，准臣分别异常、寻常劳
绩，择尤保奖，以昭惩劝。

抑臣更有请者，自来盗贼起于饥寒，广东素称繁富，何以如是
多盗？臣细加参考，从前所以繁富者，并非土产沃饶、民务耕织，只
以其时各省未尽通商，领海首开互市，得以独享其利。其出洋贸
易、挟资归来者，动累数十百万，是以富甲他省。近则各省辟有商
埠，出口、进口之货，无烦取道广东，操奇计赢之辈不能独擅其长，
而贸易外洋者，虑故土不能安居，相率长往不归，是所称繁富业已
实去名存，而内外筹款诸臣仍视广东为繁富之区，征调之饷、兴作
之费、协助之款、灾赈之需，无不取给广东。

在督抚臣因素有繁富之名，不能不罗掘以应，于是盐课之外有
加价焉，厘金之外有台炮经费焉。近更出于不得已，取有干例禁之
规费，美其名以归之于公，总其数而承之以商，曰大小闱姓，曰缉捕
经费。殚力搜罗，多多益善，何暇计所从来。上以是求，下以是应，
交征之习，视为固然，不知商人所缴之巨饷，无非细民所积之锱铢，
日竭脂膏，以供朘削，生路既穷，自必群趋为盗。倘不探其本源，稍
加培护，日取不养不教之民以诛之，不独有伤天地之和，且恐法令
有时扞格，隐患不可胜言。

当此时局多艰，需饷孔亟，已开之利、额解之款，臣何敢骤议更
张。惟民生凋敝之苦，不得不缕晰上陈。可否仰恳恩施，敕下部
臣，嗣后遇有额外筹拨之款，务念广东库帑空虚，商民财力已竭，不
再轻易加拨，俾粤民得以休息。苟安分营生者日多，则犯法为盗者
日少，庶留元气，以遏乱萌。

所有责成州县按乡办盗并请宽民力以清盗源缘由，除俟三个

月后察看有无成效、分别举劾外,谨会同广东巡抚臣德寿恭折具奏,伏乞皇太后、皇上圣鉴。谨奏。光绪二十七年二月二十八日。

(朱批:)着照所请,督属认真查办,分别劝惩,以清盗源。[①]

光绪二十七年四月初五日,奉朱批:着照所请,督属认真查办,分别劝惩,以清盗源。钦此。[②]

○一九　奏请遣散内监以光圣治折

光绪二十七年二月二十八日(1901 年 4 月 16 日)

头品顶戴两广总督臣陶模跪奏,为请除数千年之弊政,以光圣治,谨陈管见,仰乞圣鉴事。

窃维国家兴衰系乎主德,自古人君未有亲君子而不致治者,未有亲小人而不致乱者,治乱之几不可不察也。夫以人民之众、事几之繁,远而外国,近而宫廷,悉待治于一人之身。位则至尊,而事实至难。诚知其难,虽日进正直明智之士讨论于前,犹惧未足以应万几,而乃以小人间之,则天下之不危者几何? 盖小人者,岂必皆大奸大恶,但使不读经史,不识道理,惟伺人主之喜怒为向背,则朝夕侍侧,即足以损君德于无形。夫廷臣虽有不肖,人主无由而近之,其得以常近人主者,惟宦官而已。人主与宦官日近,必与贤士大夫日疏。德之不明,过之不闻,内外之相隔,上下之不通,莫不由此。是以宦臣干政之祸,史不绝书。至其有关君德者,其几甚微,而为害尤烈也。

---

① 台北故宫博物院藏:军机及宫中档,文献编号:408003360。
② 中国第一历史档案馆藏:录副奏折,档案编号:03-7377-001。

我朝家法严明，二百余年，从未有内监预闻政事，至治之盛，往古所无。然臣谓除弊当如除莠，留其芽蘖，终恐发生，不若绝其根株，永无滋长。在皇上春秋鼎盛，圣德日新，岂至习于近侍。而为亿万世计，似有应烦圣虑者。伏思前代之用宦官，盖由妃嫔众多之故。我皇上后宫减少，左右使令，本有宫女。至内廷各项差使，悉可改用士人，均不必定须内监。今者乘兴西幸，扈从内监，其数尚多。臣愚以为宜及此时大加裁汰，酌留忠谨者二三十人，余悉遣散。回銮之后，请旨饬下王公大臣公同筹议，定宫府一体之制，永不再选充内监，则是数千年相沿之弊政，至我皇太后、皇上而始除，非唯一时之盛事，实亦千古之美谈。

方今外侮纷乘，事机危迫，诚如圣谕，欲求振作，当议更张。惟兴革之事本非一端，中外臣工当以陆续上陈。微臣之意，窃谓事有似细微而实重要者，宦官是也。此等弊政若不早除，何以为变法自强之本。且环球各大国均无内监，独中国尚仍旧习，彼中人之士，恒相讥议。若改此制，则风声所播，外国倾心，于樽俎折冲之事不无关系。

臣备职外臣，不应妄言内政，惟是受恩深重，未报涓埃，冀效愚忱，以仰裨圣治于万一，伏乞皇太后、皇上圣鉴训示。谨奏。光绪二十七年二月二十八日。①

光绪二十七年四月初五日，见面带上，未发下。②

---

① 《陶模奏议遗稿补证》，第588—589页。
② 此奉旨日期与内容，据军机处随手登记档（档案编号：03-0308-2-1227-092）校补。

○二○　奏报本年解还英、德洋款情形折

光绪二十七年二月二十八日(1901 年 4 月 16 日)

头品顶戴两广总督臣陶模跪奏，为报解广东省本年二月应还洋款数目，恭折仰祈圣鉴事。

案准户部咨：应还英、德本息，每年指拨广东省盐斤加价银五万两、加放俸饷银五万两、闱捐银二十四万两、地丁等项银三十八万两，每年匀分二、五、八、冬四个月解赴江海关道交纳等因。兹据广东布政使丁体常、两广盐运使国钧、善后局司道先后详称：本年二月份应解前项银两，现经设法挪凑，并令各号商借垫足数，作为盐斤加价银一万二千五百两、加放俸饷银一万二千五百两、闱捐银六万两、地丁等项银九万五千两，共银一十八万两，定于初九、十三等日，由号商大德恒等汇解江海关道兑收，备还英、德之款。至加拨佛郎镑价不敷银两，原拨留用商包厘饷已成无着，经户部覆准，自本年起，改由粤海关库筹解，抵作还清华款，腾出应解藩库及善后局兵勇饷项等情，详请奏咨前来。

臣覆核无异。除咨部查照外，谨会同广东巡抚臣德寿恭折具陈，伏乞皇太后、皇上圣鉴。谨奏。光绪二十七年二月二十八日。

(朱批:)户部知道。[1]

光绪二十七年四月初五日，奉朱批：户部知道。钦此。[2]

---

① 台北故宫博物院藏：军机及宫中档，文献编号：408003359。
② 中国第一历史档案馆藏：录副奏折，档案编号：03-6696-034。

○二一　奏报筹解光绪二十七年第二批京饷折

光绪二十七年二月二十八日（1901年4月16日）

头品顶戴两广总督臣陶模、头品顶戴广东巡抚臣德寿跪奏，为报明筹解第二批京饷赴陕委员起程日期，恭折仰祈圣鉴事。

窃照光绪二十七年份京饷，奉拨广东地丁银十万两、厘金十万两、太平关常税银五万两。又，太平关常税奉拨内务府经费银十万两，东北边防经费原拨、添拨共银九万六千两。又，应解筹备饷需银二十万两，加放俸饷。除拨还俄、英、法、德借款外，尚应解京银十万两、固本饷银十二万两、旗兵加饷银十万两，另款加复俸饷银七千八百两，自应遵照分批起解，已于本年正月十九日在藩库地丁京饷项内筹银二万两，厘金京饷内筹银三万两，共银五万两，列作第一批，交商汇解上海道，转汇赴京，业经奏报在案。

兹再行筹解地丁京饷银三万两、太平关税京饷银三万两、筹备饷需银五万两、东北边防经费银三万两、加放俸饷银四万两、固本兵饷银二万两，共银二十万两，作为第二批，仍照上年办法，交商汇至汉口，委员领赍汇单、文批，至汉提取足纹，禀明驻汉转运总局，装鞘、编号、代粘印花，仍由粤省委员解赴陕西行在户部投纳，饬委候补知州王世钊等，于三月初六日起程。据广东布政使丁体常详请奏咨前来。

臣等覆核无异。除分咨外，谨会同缮折具陈，伏乞皇太后、皇上圣鉴。谨奏。光绪二十七年二月二十八日。

（朱批：）户部知道。①

光绪二十七年四月初五日，奉朱批：户部知道。钦此。②

○二二 闽厂快舰粤省无力领用片

光绪二十七年二月二十八日(1901年4月16日)

再，闽厂新造快舰两号，经闽浙总督臣许应骙③奏奉谕旨，改拨粤省遣用，所需工料银五十万两，即由粤筹款协助，准军机大臣遵旨钞折，寄信前来。臣等伏查粤省自广甲、广乙、广丙三轮被毁之后，因度支告匮，迄未置备大号兵轮。今闽省拟将所造快舰两号拨归粤省应用，苟能设法勉筹，何敢稍存推诿？惟粤省入款以厘金为大宗，地丁、盐课次之，闱捐、台炮经费又次之。出款以京、协各饷及归还洋款为大宗，兵勇粮饷次之，廉俸、杂支又次之。自西江

---

① 台北故宫博物院藏：军机及宫中档，文献编号：408003358。

② 中国第一历史档案馆藏：录副奏折，档案编号：03-6655-084。

③ 许应骙(1830—1903)，字昌德，号筠庵，广东番禺人。道光二十九年(1849)，中式举人。三十年(1850)，中式进士，改庶吉士，授翰林院检讨。同治元年(1862)，与撰《文宗显皇帝实录》，后历任翰林院侍讲、詹事府左右庶子，署国子监祭酒。十一年(1872)，充日讲起居注官。十三年(1874)，任武会试副考官。光绪元年(1875)，授福建乡试正考官。二年(1876)，放甘肃学政。四年(1878)，升内阁学士兼礼部侍郎衔。五年(1879)，补兵部左侍郎。六年(1880)，授会试副总裁、殿试续卷官。八年(1882)，调户部左侍郎，兼管三库事务。同年，充浙江乡试正考官。九年(1883)，兼吏部右侍郎。十年(1884)，转吏部左侍郎，署兵部左侍郎。十一年(1885)，任顺天府学政。十五年(1889)，充顺天乡试副考官。十六年(1890)，任武会试正考官。十七年(1891)，补仓场侍郎。二十一年(1895)，擢都察院左都御史。二十二年(1896)，授工部尚书。二十三年(1897)，授总理各国事务衙门大臣、礼部尚书。同年，兼署左都御史。二十四年(1898)，授会典馆副总裁。是年，调补闽浙总督。二十六年(1900)，参与东南互保。二十八年(1902)，被劾褫职。二十九年(1903)，病卒。有《谕折汇存》等行世。

通商以后，税单盛行，厘金大为减色，收支已属不敷。前协办大学士刚毅①来粤筹饷，几于搜括一空，所筹之一百六十万两，大都虚悬无着，及从前通融外销之项，部臣以之指拨汇丰镑价。上年司局照新筹之项尽力提存，仅得银八十万两。臣德寿因镑价要需，业经指拨，未敢延缓，勉向商富认息订借银八十万两，凑足汇还，当经沥陈支绌情形，奏请减拨在案。

善后局向来外销之项，实均无可裁节，又加以上年新招之勇二十余营，虽有前督臣李鸿章奏开之缉捕经费数十万两，以之弥补外销各项及新增勇饷，不敷甚巨。现又接准户部咨覆，指拨镑价一百六十万两，不准减少。上年息借商款，至今未能筹还；解、支各款，相逼而来，正不知如何揩拄。此项闽省请拨快舰工料银五十万两，委实无从筹措，且拨归粤省之后，每年油、煤、火药、薪粮等项，两舰约需四五万金，更属难于支应，拟请仍由闽省另行设法，或改拨别省遣用。据藩、运两司，善后、厘务各局详请奏咨前来。

臣等熟筹覆核，委系实在情形。除咨覆闽浙督臣知照外，谨合词附片具陈，伏乞圣鉴。谨奏。

----

① 刚毅（1837—1900），字子良，满洲镶蓝旗生员。同治初，充刑部笔帖式。五年（1866），补刑部主事。八年（1869），升刑部员外郎。光绪五年（1879），升郎中。六年（1880），补广东惠潮嘉道。次年，迁江西按察使。八年（1882），调直隶按察使。同年，升广东布政使，转云南布政使。十一年（1885），擢山西巡抚。十四年（1888），调补江苏巡抚。十八年（1892），调广东巡抚。二十年（1894），任军机大臣，礼部左、右侍郎，署礼部右侍郎，兼方略馆总裁。次年，任户部右侍郎，兼管钱法堂事务。是年，充满洲翻译副考官。二十二年（1896），授工部尚书，兼崇文门监督、会典馆正总裁。二十三年（1897），调刑部尚书。次年，补正红旗蒙古都统、兵部尚书，升协办大学士、经筵讲官。同年，充翻译阅卷官。二十五年（1899），任内大臣。二十六年（1900），随慈禧西巡，卒于途。

（朱批：）着即咨商许应骙，妥筹办理。①

光绪二十七年四月初五日，奉朱批：着即咨商许应骙，妥筹办理。钦此。②

【案】闽浙总督……寄信前来：光绪二十六年十月二十八日，闽浙总督许应骙为厂造快舰改拨广东遣用，奏请即由广东筹款协助，曰：

闽浙总督兼管船政臣许应骙跪奏，为厂造快舰两号将次告成，拟请改拨邻省遣用，即由该省筹款协助，以清积欠而免镠辖，恭折仰祈圣鉴事。

窃查厂造快舰两号，原限三年告成，曲计明年二月已届限满，试洋在即，所需经费及积欠洋员料价，除闽海关力能筹拨外，约共短银四十六万两。经署福州将军臣善联于本年三月间具奏，请将快舰拨归北洋遣用，此项短款四十六万两，即由北洋协助，奉旨：依议。由部咨行钦遵在案。臣接管船政后，通盘筹算，如善联所称短银四十六万两，系按闽海关应解船政经费四成项下年解二十四万两，又截留南北洋海防经费年拨十四万两，全数解足而言。奈本年税收奇绌，前项经费关解多不足额，积欠渐增，且洋匠十名，三年限满，回国川资以及酬赏等项，未计在内。臣综核至少亦须筹银五十万两，始能蒇事。顾兹巨款，无术取偿，惟日向洋员展缓。转瞬两舰告成，又将何辞以对？若无款项清还，深恐别生枝节，肆意要求，愈久则

① 台北故宫博物院藏：军机及宫中档，文献编号：408003360-0-A。
② 中国第一历史档案馆藏：录副奏片，档案编号：03-7123-042。

愈难消纳。绸缪未雨，焦急万分。闽中瘠苦甲于他省，自筹办防务以来，腾挪兵饷，罗掘已穷，而舰告成，苦无养船经费，搁置则锈朽堪虞，糜费滋甚。目下时局艰难，北洋协款已成无着，而船工迫不及待，万难再事缓延。再四思维，惟有将快舰两号改拨邻省遣用，所短之工料五十万两，即由筹款协助，庶可以期迅速而解倒悬。

伏查各省需船，北洋之外，莫如南洋，其次广东。现北洋海天、海圻等舰概已南下，南洋供亿浩繁，恐无余力。粤省素称富庶，设筹较易，即就本年新抽海防缉捕经费一款，便可移缓就急，将来养船之费似亦不难，且该省滨海，风气早开，居民多业洋务，驾驶自不乏人。认费不及一船料价之半而得两船之用，于海防不无裨益。合无仰恳天恩，饬下广东督、抚臣，迅即如数协筹，无论何项，先尽挪拨，从速解济。两舰告成，即由该省派员验收，拨归遣用，庶船工得款，隐患借以潜消；该省得船巡防，足资拱卫。是否有当，理合将快舰将次告成，拟请改拨邻省遣用，即由筹款协助各缘由，恭折具陈，伏乞皇太后、皇上圣鉴，训示施行。谨奏。光绪二十六年十月二十八日。

光绪二十六年十二月十二日，奉朱批：另有旨。钦此。①

【附】许应骙之奏于是年十二月得允行，清廷饬令陶模等迅筹协款，如数拨解，以济急需。廷寄曰：

军机大臣字寄：闽浙总督许，两广总督陶，广东巡抚德：光

① 中国第一历史档案馆藏：朱批奏折，档案编号：04-01-01-1043-003；中国第一历史档案馆藏：录副奏折，档案编号：03-6654-021。

绪二十六年十二月十二日,奉上谕:许应骙奏,厂造快舰将成,拟请改拨邻省遣用,请饬筹款协助一折。据称闽厂制造快舰两号将次告成,原系拨归北洋遣用,现在北洋协款无着,拟请将快舰改拨粤省,以备海防之用,所需工料银五十万两,即由该省筹款协助,以应要需等语。此项经费关系紧要,快舰尤为广东所必需,着陶模、德寿迅筹的款,如数拨解,俟两舰告成,即由该省派员验收领用。原折着钞给陶模、德寿阅看。将此各谕令知之。钦此。遵旨寄信前来。[①]

【案】臣德寿……奏请减拨在案:光绪二十六年九月十四日,署两广总督德寿为新筹专款未能如数,镑价期迫,息借凑还,以昭大信,奏报万难照款存储情形,曰:

头品顶戴兼署两广总督广东巡抚奴才德寿跪奏,为拟劝绅富捐输,援照两江章程办理,并请酌留数成,以备缓急,恭折具陈,仰祈圣鉴事。

窃照光绪二十六年七月初九日,承准军机大臣字寄:奉上谕:御史刘家模奏,请劝捐助饷一折。着各督抚遴选公正绅者,设法劝办。有能倡捐巨资者,奏请破格优奖。其余按照海防捐例,分别奖叙,并须妥定章程,严防弊窦等因。钦此。钦遵恭录转行筹办去后。兹据广东海防善后局司道详称:查历年开办海防捐务并各省赈捐,已成弩末之势。今若不稍示区别,恐无以昭激劝而广招徕。

正拟核定捐章,闻两江督臣刘坤一奏准,照新海防例减

_____

① 中国第一历史档案馆藏:电寄谕旨档,档案编号:1-01-12-026-0382;《光绪宣统两朝上谕档》,第26册,第463页;《德宗景皇帝实录(七)》,卷四百七十六,光绪二十六年十二月上,第276页。

一成,五品以下按三成实银核收,四品以上按四成实银核收,州县遇缺先班次,仍与道府以下各官一律以八成实银上兑;衔、封、贡、监按照三成核奖。当经电询江宁藩司,所覆相符。粤省事同一律,拟请援照办理。惟查虚衔封典,各省现办赈捐,名为三成,实则跌价招徕,所收尚不及半。若仍实收三成,势必无人捐缴,自应按照例银再减一成,以二成实银上兑,以示公溥。已由司局刊备三联实收,钤盖印信,广为劝办。如有倡捐巨资者,遵旨奏请破格优奖。所收捐项,当另款存储,听候拨用,详请奏咨立案等情前来。奴才伏查粤省饷源日绌,需款日增,既拟设法劝捐,自应援照两江章程变通办理。且查自本年五月以来,办理防务,修葺台垒,添募勇营,购造器械,以及筹解京津军饷,拨还各国洋款,无不仰体时艰,力任其难,司局各库一洗而空。此项捐输倘将来办有成效,应请酌留数成,以备本省缓急之用,庶于饷需、地方均有裨益。

除咨部查照外,所有拟劝绅富捐输,援照两江章程办理,并请酌留数成备用缘由,谨恭折具奏,伏祈皇太后、皇上圣鉴训示。再,广东巡抚系奴才本任,毋庸会衔。合并陈明。谨奏。光绪二十六年九月十四日。

光绪二十六年十二月二十日,奉朱批:着照所请,该部知道。钦此。①

---

① 台北故宫博物院院藏:军机及宫中档,文献编号:408003339;中国第一历史档案馆藏:录副奏折,档案编号:03-6538-067。

○二三　奏报广东变通捐输章程片

光绪二十七年二月二十八日（1901 年 4 月 16 日）

再，广东省遵旨劝办绅富捐输，经前兼署督臣德寿于光绪二十六年九月奏明，援照两江章程办理在案。兹据办理绅富捐输司道等以粤省绅民大都聚族而居，无不建设宗祠，置备祭产。其族大产多之户经费尚充裕，若令出其余资捐助公款，俾合族同被恩荣，则捐输可期踊跃。拟请将捐章量为变通，凡捐银一千两以上者，准予奏请建坊；五千两以上者，请旨特赏匾额，庶巨族、富绅知所观感，于捐务不无裨益等情，会详请奏前来。

臣查近来捐案重叠，势成弩末，若不因地制宜，劝办殊无把握。该司道等所请变通捐章，只系宠锡光荣，于实官铨补章程并无关碍。可否仰恳天恩，俯准变通办理，以广招徕而裕饷需，谨会同广东抚臣德寿附片陈明，伏乞圣鉴。谨奏。

（朱批：）着照所请。[1]

光绪二十七年四月初五日，奉朱批：着照所请。钦此。[2]

○二四　奏报粤海关摊还英、德洋款情形片

光绪二十七年二月二十八日（1901 年 4 月 16 日）

再，准户部咨：应还英、德本息，由各海关洋税、洋药税厘项下

---

① 台北故宫博物院藏：军机及宫中档，文献编号：408003358-0-A。
② 中国第一历史档案馆藏：录副奏片，档案编号：03-6539-016。

摊派粤海关五十二万两,每年匀分二、五、八、冬四个月解交等因。
迭经遵办在案。兹准粤海关监督庄山咨称:准户部札开:英、德借
款佛郎镑价昂贵,原拨银数不敷,照案酌量加拨。本年二月期,应
解英、德还款银十三万两,又加拨四分之一银三万二千五百两,合
共银十六万二千五百两,备文发交西商志成信、协成乾银号,汇解
江海关道投纳等因前来。

除咨呈军机处、户部查照外,谨会同粤海关监督臣庄山附片陈
明,伏乞皇上圣鉴。谨奏。

(朱批:)户部知道。①

光绪二十七年四月初五日,奉朱批:户部知道。钦此。②

〇二五　请将劣员叶大遒等分别惩处折

光绪二十七年四月初六日(1901年5月23日)

头品顶戴两广总督臣陶模跪奏,为甄别庸劣不职文员,请旨分
别惩处,以肃吏治,恭折仰祈圣鉴事。

窃广东吏治不修由来已久,去冬抚臣德寿分别举劾,稍资整顿。
臣续有所闻,亦既访察确实,不能不胪列上陈。兹查有雷琼兵备道
叶大遒,③嗜好渐深,怠于理事,昼眠夜起,属吏罕见其面。即选道

---

① 台北故宫博物院藏:军机及宫中档,文献编号:408003360-0-B。

② 中国第一历史档案馆藏:录副奏片,档案编号:03-6696-035。

③ 叶大遒(1845—1907),字敷恭,号铎人,福建闽县人,廪生。同治四年(1865),
中式举人。光绪六年(1880),中式进士,改庶吉士。九年(1883),授翰林院编修。十一
年(1885),充武英殿协修官,调国史馆协修官。十四年(1888),补武英殿纂修官。十九
年(1893),迁武英殿总纂官。次年,大考三等,保以道府用,加五品顶戴。二十一年
(1895),任国史馆纂修官。翌年,充武英殿提调官。二十三年(1897),授广东(转下页)

广东候补知府卢秉政，①才具平庸，作事苟且，前任惠州知府，被参革职，旋经开复，仍署惠州府，考试不公，士论哗然。南海县知县杨镇荣，阅历太浅，办事轻率，难胜繁要之任。同知衔四会县知县张经年，貌若勤能，品行卑鄙。四品衔试用通判署电白县知县蔡继昌，信任劣幕，声名平常。同知衔候补知县曾瑞琪，②性情巧滑，工于牟利，前署琼山县任内声名甚劣。均难稍事姑容，拟合请旨，将雷琼兵备道叶大遒、即选道广东候补知府卢秉政，均勒令休致。南海县知县杨镇荣，开缺另补；同知衔四会县知县张经年，开去同知衔四会县缺；四品衔试用通判蔡继昌，撤销四品衔试用通判，均以府经历县丞归部选用。同知衔候补知县曾瑞琪，即行革职，以肃吏治。

至所属各员贤否不一，一时未能周知，容臣随时查看、续行具陈外，所有甄别庸劣不职文员各缘由，恭折具奏，伏乞皇太后、皇上圣鉴训示。谨奏。光绪二十七年四月初六日拜发。

（朱批：）另有旨。③

（接上页）高廉钦道员。二十六年（1900），调补广东雷琼兵备道。二十七年（1901），经陶模奏参，勒令休致。三十三年（1907），卒。

①　卢秉政（1846—？），字燮堂、实堂，四川巴县人，附生。同治三年（1864），中式举人 。四年（1865），中式进士，签分刑部。同年，告假回籍。六年（1867），保员外郎。七年（1868），丁母忧。十年（1871），到部学习。十二年（1873），学习期满，奏补刑部员外郎。十三年（1874），丁父忧，回籍终制。光绪三年（1877），赴刑部候补。六年（1880），补刑部四川司员外郎。同年，转刑部奉天司员外郎。八年（1882），充顺天乡试同考官。十四年（1888），保记名以道府用。同年，升刑部河南司郎中。十五年（1889），放广东广州府遗缺知府。十六年（1890），调广东惠州府知府。十七年（1891），保以道员。十九年（1893），充内帘监试。二十一年（1895），被参革职。二十五年（1899），署广东惠州府知府。二十七年（1901），经陶模奏参，勒令休致。

②　《清实录》作"曾瑞祺"。

③　台北故宫博物院藏：军机及宫中档，文献编号：408003362。

光绪二十七年五月十四日，奉朱批：另有旨。钦此。①

【案】卢秉政……被参革职，旋经开复：光绪二十四年七月十六日，两广总督谭钟麟联衔广东巡抚许振祎，以已革知府卢秉政捐银二万两，奏请将其开复官阶，曰：

太子少保头品顶戴两广总督臣谭钟麟、头品顶戴广东巡抚臣许振祎跪奏，为革员报效巨款，助购军械，恳请特恩奖叙，恭折仰祈圣鉴事。

窃照户部通行：议覆两江总督刘坤一条陈筹饷事宜，如有官绅捐银至一万两以上者，准专折奏请特恩奖叙等因。奉旨：依议。钦此。钦遵在案。本年五月，广西梧州郁林土匪滋事，危急万分，臣等当派署高州镇潘瀛，总统方准、莫善积等营，分道兼程前进，仰托天威，一鼓剿平。维时美商运有快枪、军火，需价十余万两，而善后局正值绌乏，适有已革惠州府知府即选道卢秉政呈称：当此军事火急，筹款维艰，革员身受国恩，愿报销银二万两，以资接济，不敢仰邀议叙等情。

臣等查卢秉政，四川巴县人，同治乙酉科进士，由刑部郎中京察一等记名道府，奉旨补授钦州府知府。嗣捐顺直赈款，经直隶督臣李鸿章奏奉朱批：以道员即选。钦此。光绪二十一年，前广东抚臣马丕瑶奏参革职。臣等详查，该革员人才可用，原参并无实据。兹报效巨款，核与捐银一万两以上准专折请叙章程相符。前安徽宁池太广道恭镗捐豫赈银一万两，经河南抚臣倪文蔚奏请奖叙，蒙特恩仍以道员选用；前广东高廉道陆心

---

① 中国第一历史档案馆藏：录副奏折，档案编号：03-5406-110。

源捐东赈银一万两,经山东抚臣张曜奏蒙特恩,开复原官,交吏部带领引见;又,前四川富顺县知县捐助军饷,经直隶督臣王文韶奏蒙特恩,开复原官,留省补用。今卢秉政捐银二万两,较恭镗等捐数加倍,虽据称不敢仰邀议叙,似未便没其报效之忱。

合无仰恳天恩,准将前广东惠州府知府即选道卢秉政开复原官升阶,仍留原省补用,以昭激劝,出自逾格鸿慈。臣等谨合词恭折具陈,伏乞皇上圣鉴训示。谨奏。光绪二十四年七月十六日。

光绪二十四年八月初六日,奉朱批:着照所请,该部知道。钦此。①

○二六　参劾庸劣武员刘邦盛等折

光绪二十七年四月初六日(1901 年 5 月 23 日)

头品顶戴两广总督臣陶模跪奏,为特参庸劣不职武员,请旨分别惩处,以肃营务,恭折仰祈圣鉴事。

窃两粤为滨海要区,军政尤关紧要。臣到任以来,悉心察访,粤西路途较远,一时未能周知,粤东武职中职分较崇者已略得梗概。兹查有北海镇总兵刘邦盛,②嗜好甚深,办事颟顸,去年惠州

---

① 中国第一历史档案馆藏:朱批奏折,档案编号:04-01-01-1027-011;中国第一历史档案馆藏:录副奏折,档案编号:03-5364-046。

② 刘邦盛(1838—1901),安徽合肥人,武童。同治元年(1862),充树字营哨长。旋因打仗出力,保两江补用参将,加副将衔、果勇巴图鲁名号。光绪五年(1879),晋总兵衔。七年(1881),补广东增城营参将。八年(1882),迁广东督标中军副将。十一年(1885),调补广东惠州协副将。二十二年(1896),擢广东北海镇水陆总兵。二十七年(1901),被参开缺,送部引见。同年六月,行抵湖南,因病身故。

会匪作乱,该镇带队防剿,措置无方,几坏大局。旋回本任,不知整顿营务,所属把总滋事,檄令查办,多方庇护,实难胜专阃之任。肇庆协副将斌成,才具平庸,办事竭蹶,难胜海疆副将之任。赤溪协副将张邦福,①阘茸嗜利,在署南韶连镇任内声名尤劣。顺德协副将刘盛濯,庸懦无能,缉捕废弛。新会营参将武永泰,貌似勤干,专工酬应。均未便稍事姑容。拟合请旨,将北海镇总兵刘邦盛、肇庆协副将斌成均开缺,送部引见;赤溪协副将张邦福、顺德协副将刘盛濯,均即革职;新会营参将武永泰开去参将缺,以都司归部选用,以肃营务。如蒙俞允,所遗北海镇总兵员缺,请旨简放,以重职守。

其副将、参将各缺,广东现有应补人员,请由外拣补。其粤西各营及东省各营员弁随时察看,再行具奏外,所有特参庸劣不职武员各缘由,恭折具奏,伏乞皇太后、皇上圣鉴训示。谨奏。光绪二十七年四月初六日。

(朱批:)另有旨。②

光绪二十七年五月十四日,奉朱批:另有旨。钦此。③

---

① 张邦福(1829—?),安徽合肥人。同治元年(1862),充淮军树字正营什长。三年(1864),保把总,赏戴蓝翎。五年(1866),保尽先守备。七年(1868),保都司,换花翎。九年(1870),保游击,晋参将衔。十二年(1873),加伯奇巴图鲁名号。十三年(1874),保参将,管带武毅右军前营,晋副将衔。光绪十年(1884),随张树声赴广东差委。十二年(1886),委署广东碣石镇标中军游击。十四年(1888),署广东督标前营参将。同年,补广西全州营参将。十五年(1889),署广东琼州镇标中军游击,调署广东潮州镇标左营游击。十六年(1890),加总兵衔。十七年(1891),补广西抚标中军参将,管带鱼珠炮台全字营。十八年(1892),调补抚标中军参将。二十年(1894),保广东水师提标尽先副将。二十一年(1895),署广东北海镇总兵官。是年,赴部引见。二十二年(1896),补授赤溪协副将。二十三年(1897),迁广东外海水师赤溪协副将。二十七年(1901),被参革职。二十九年(1903),递回原籍,严加管束。

② 台北故宫博物院藏:军机及宫中档,文献编号:408003361。

③ 中国第一历史档案馆藏:录副奏折,档案编号:03-5951-015。

【案】陶模特参庸劣不职文武员弁两折，均于是年五月得允行。上谕档：

光绪二十七年五月十四日，内阁奉上谕：陶模奏，特参庸劣不职文武官员各一折。广东雷琼兵备道叶大遒，嗜好甚深，怠于理事；候补知府卢秉政，才具平庸，作事苟且，均着勒令休致。南海县知县杨镇荣，阅历太浅，办事轻率，着开缺另补。同知衔四会县知县张经年，貌若勤能，品行卑鄙；四品衔试用通判署电白县知县蔡继昌，信任劣幕，声名平常，均着撤销加衔，以府经历县丞归部选用。候补知县曾瑞祺，性情巧滑，工于牟利，着即行革职。北海镇总兵刘邦盛，办事颟顸，措置无方；肇庆协副将斌成，才具平庸，办事竭蹶，均着开缺送部引见。赤溪协副将张邦福，阘茸嗜利，声名尤劣；顺德协副将刘盛濯，庸懦无能，缉捕废弛，均着即行革职。新会营参将武永泰，貌似勤干，专工应酬，着开去参将缺，以都司归部选用，以肃吏治而饬戎政。余着照所议办理，该部知道。钦此。[1]

○二七　奏报广东光绪二十六年上半年厘金收解数目折

光绪二十七年四月初六日(1901年5月23日)

头品顶戴两广总督臣陶模、头品顶戴广东巡抚臣德寿跪奏，为

---

[1] 《光绪宣统两朝上谕档》，第27册，第105页；《德宗景皇帝实录（七）》，卷四百八十三，光绪二十七年五月，第379—380页。

广东省光绪二十六年上半年收解厘金数目，开单具陈，仰祈圣鉴事。

窃照广东省厘金收解各数目，向系半年奏报一次。兹查光绪二十六年正月初一日起至五月底止，各厂、关共收货厘洋银六十九万三千二百七十三两三钱八分四厘九毫五丝，又收盐厘洋银三万六千五百七十两四钱七分一厘。据广东布政使丁体常会同厘务局司道，造册详请奏咨前来。

臣等覆核无异。除册咨送户部外，谨缮清单，恭呈御览，至盐厘一项，改归运司按引抽收，是以清单内不列各厂名目，伏乞皇太后、皇上圣鉴，敕部查照施行。谨奏。光绪二十七年四月初六日。

（朱批：）户部知道。单并发。[①]

光绪二十七年五月十四日，奉朱批：户部知道。单并发。钦此。[②]

〇二八　呈广东光绪二十六年上
半年收解货厘等款清单

光绪二十七年四月初六日（1901 年 5 月 23 日）

谨将广东省光绪二十六年正月初一日起至五月底止收解货厘并繁盛、海口补抽货厘暨盐厘各数目，分晰开单，恭呈御览。

货厘入款：

一、收北江韶州厂行厘洋银一万四千二百五十一两九钱四分

---

① 台北故宫博物院藏：军机及宫中档，文献编号：408003364。

② 中国第一历史档案馆藏：录副奏折，档案编号：03-6513-032。

五厘一毫。

一、收北江芦包厂行厘洋银三万五千五百二十九两一钱一分七厘，又带抽坐厘洋银一万六千七百二十一两六钱八分四厘，共收洋银五万二千二百五十两八钱一厘。

一、收西北江河口马口厂行厘洋银五万四千七百七十四两三钱三分一厘，又带抽佛山埠厘洋银五千四百二十三两三钱八分一厘，共收洋银六万一百九十七两七钱一分二厘。

一、收西江都城厂行厘洋银四千八百八十五两七钱七分六厘，又带抽埠厘洋银七千二百三十二两八钱四分六厘，共收洋银一万二千一百一十八两六钱二分二厘。

一、收西江后沥厂行厘洋银三万三千七百三十九两四钱七分九厘，又带抽坐粮洋银四千一百三十二两六分三厘，共收洋银三万七千八百七十一两五钱四分二厘。

一、收西江四会厂行厘洋银九千九百七十三两四钱八分，又带抽坐粮洋银五千四百八十六两九钱二分九厘，共收洋银一万五千四百六十两四钱九厘。

一、收东江石龙厂行厘洋银三万八千九百一十五两七钱三分七厘六毫五丝。

一、收东江白沙厂三钱二分七厘六毫，又带抽坐粮洋银二万五千六十二两三钱二分七厘六毫，又带抽坐粮洋银六千四百五十一两五钱六厘，共收洋银三万一千五百一十三两八钱三分三厘六毫。

一、收高州水东厂行厘洋银四百四十七两四钱二分一厘。

一、收雷州赤坜等厂行厘洋银五百三两九厘。

一、收各厂茶厘洋银八千二百九两八钱二分八厘。

一、收各厂土药厘金洋银三万七百五十三两三千四分七厘。

一、收各厂加抽烟厘洋银二万一千四百六十七两七钱八分八厘。

一、收各厂加抽酒厘洋银一万二千九百一十四两三钱二分二毫。

以上烟酒两项系加抽两倍，嗣又续加一倍厘银收数。至原抽厘银，仍归并百货厘内。合注明。以上共收货厘洋银三十三万九千二百一十八两五钱一分一厘一毫五丝。

一、收省城补抽货厘洋银四万五千五百七十七两八钱八分六厘八毫。

一、收省河补抽货厘洋银一十万七千八百九十四两二钱五分二厘。

一、收九龙、拱北两关补抽货厘洋银八万九千六百八两五钱八分六厘。

一、收九龙、拱北两关茶厘洋银一千一百八十六两五分三厘。查该税司按西历月结造报，自光绪二十六年正月初二日起至六月初四日止，即一百五十八结第二月至一百五十九结第三月，共收百货厘金九万一千五百两三钱九分八厘。现解银九万七百九十四两六钱三分九厘，余俟陆续解到，再行核收具报。合注明。

一、收佛山补抽货厘洋银一万九千三百二十三两八钱七分七厘。

一、收江门补抽货厘洋银一万九千八百一十一两三钱一分九厘。

一、收陈村补抽货厘洋银五千九百五十八两二钱四分三厘。

以上共收补抽货厘洋银二十八万九千三百六十两二钱一分六厘八毫。

一、收商捐土丝、土茶厘费洋银六万四千六百九十四两六钱五分七厘。此项商捐土丝、土茶厘费向归外销，尽数拨解善后局，充支本省海防经费。光绪二十五年九月筹饷案内奏明提解藩库，听候部拨。合注明。

通共收货厘并补抽货厘，又丝、茶厘费洋银六十九万三千二百七十三两三钱八分四厘九毫五丝。又，光绪二十五年下半年十二月底止，册报尚存货厘并补抽货厘，又丝、茶厘费洋银六万八千三百七十四两三钱一分九厘一毫三丝。

货厘出款：

一、解广东藩库厘金项下奉拨京饷洋银九万两，又九二易换纹银补水洋银七千八百二十六两八分五厘，共解洋银九万七千八百二十六两八分五厘。

一、解广东藩库厘金项下奉拨加放俸饷洋银三万两，又九二易换纹银补水洋银二千六百八两六钱九分五厘，共解洋银三万二千六百八两六钱九分五厘。

一、解广东藩库厘金项下奉拨东北边防经费洋银五万两，又九二易换纹银补水洋银四千三百四十七两八钱二分五厘，共解洋银五万四千三百四十七两八钱二分五厘。

一、解广东藩库厘金项下奉拨铁路经费洋银二万两。

一、解广东藩库厘金项下奉拨黔省协饷洋银一万两，又九二易换纹银补水洋银八百六十九两五钱六分五厘，共解洋银一万八百六十九两五钱六分五厘。

一、解广东藩库厘金项下奉拨广西省协饷洋银三万两，内二万两拨还俄、法、英、德借款，随解九二易换纹银补水洋银一千七百三十九两一钱三分，又一四汇费洋银二百八十两，共解洋银三万二千一十九两一钱三分。

一、解广东藩库厘金项下奉拨本省庚子年兵饷洋银四万两，又九二易换纹银补水洋银三千四百七十八两二钱六分，共解洋银四万三千四百七十八两二钱六分。

一、解广东藩库转给委员领解京饷六万两，应给西商汇费洋银一千八百两，委员盘费洋银六百两；又解东北边防经费五万两，应给西商汇费洋银一千五百两，委员盘费洋银五百两；又解铁路经费二万两，应给西商汇费洋银六百两，委员盘费洋银二百两；又解加放俸饷二万两，拨还俄、法、英、德借款，应给一四汇费洋银二百八十两，共解洋银五千四百八十两。

一、解广东藩库光绪二十五年七月起至二十六年五月止各厂所收土药厘金洋银四万一千九百九十八两五钱八分九厘。

一、解广东藩库各厂所收加抽烟酒厘金洋银三万四千三百六十八两四钱一分三厘。

一、解广东藩库商捐土丝、土茶厘费洋银七万一千六百二十三两一钱六分四厘。

一、解广东藩库厘金项下奉提光绪二十五年十二月起至二十六年三月止计四个月加增比较洋银七万一千一百三十三两三钱三分二厘。此项加增比较系于光绪二十五年九月筹饷案内，核定每年加增银二十一万九千四百两，按月匀解候拨。惟定章以后，虽经竭力整顿，各厂收数仍无起色，有加增之名，无加增之实。按月所解前项银两，系在所收厘金内照案提拨。合注明。

一、拨给盐厘项下收解西征军饷、改拨筹备饷需九二易换纹银补水洋银三千一百七十一两七钱五分六厘。

一、支拱北关税务司添建厂卡工料洋银一千六百四十九两八钱八厘。

一、支广东同文馆添设俄东学堂，自光绪二十六年二月起至六月止五个月，每月脩金经费银七百两，共支洋银三千五百两。

一、解广东善后总局支用本省海防善后各经费洋银一十五万三千三百二十两四钱一分三厘五毫。

以上共支拨洋银六十七万九千三百九十五两三分五厘五毫，除收抵支外，实存洋银八万三千二百五十二两六钱六分八厘五毫八丝。

盐厘入款：

一、收两广盐运司库解缴北柜埠盐厘洋银三万三百二十五两四钱七分七厘。

一、收两广盐运司库解缴中柜埠盐厘洋银三千三百二十八两三钱二分五厘。

一、收两广盐运司库解缴东柜埠洋银二千九百一十六两六钱六分九厘。

以上共收洋银三万六千五百七十两四钱七分一厘。此项盐厘系由两广盐运司于上半年陆续拨解光绪二十五年十一月起至二十六年五月止各埠收数，历遵部文，照两淮盐厘格式造报。至额引包斤数目，应由运司奏销案内分晰开报。理合声明。

盐厘出款：

一、解广东藩库拨解西征军饷改拨筹备饷需洋银三万六千五百七十两四钱七分一厘。查此项筹备饷需，应以纹银起解。所收盐厘均系洋银，应易换纹银补水银两，现由货厘项下拨给，已于货厘出款开列。合注明。

以上共支拨洋银三万六千五百七十两四钱七分一厘，除收抵支外，实存无项。合并声明。

（朱批：）览。①

○二九　奏为喘嗽咯血乞赏假调理折

光绪二十七年四月初六日(1901 年 5 月 23 日)

头品顶戴两广总督臣陶模跪奏，为微臣喘恙未痊，痰中近又带血，恳恩赏假调理，恭折仰祈圣鉴事。

窃臣精力就衰，数年来，频患喘嗽及咯血等症，渥蒙朝廷逾格恩施，调任两广，离苦寒之地，就温暖之区，本与微臣贱体相宜，初意一至东南，诸病即可霍然。乃履任以后，仅晚间咳嗽稍轻，而行动气喘，依然如旧，盖两广政事繁剧，洋务辕辕又倍于曩时，微臣人地生疏，益行劳瘁，中心忧愤，药饵无功。接见寅僚，言语稍多，即上升呼吸喘促。近日吐痰较多，间又带血。医家谓肺质久伤，非静养不能渐愈。再四思维，合无仰恳天恩，赏假一月，得以从容调治，冀可渐瘳。假期以内一切紧要公事，仍当躬亲料理，不敢自耽安逸，致有贻误。俟喘嗽稍减，即当力疾销假。

所有微臣喘恙未痊，痰中近又带血，恳恩赏假调理缘由，谨恭折具陈，伏乞皇太后、皇上圣鉴。谨奏。光绪二十七年四月初六日。

（朱批：）着赏假一个月。②

光绪二十七年五月十四日，奉朱批：着赏假一个月。钦此。③

---

① 中国第一历史档案馆藏：清单，档案编号：03-6513-033。
② 台北故宫博物院藏：军机及宫中档，文献编号：408003363。
③ 中国第一历史档案馆藏：录副奏折，档案编号：03-5406-111。

○三○　造报黄江厂第十四次征税数目折

光绪二十七年四月初六日(1901 年 5 月 23 日)

头品顶戴两广总督臣陶模跪奏,为黄江厂第十四次征收税银数目,恭折具陈,仰祈圣鉴事。

案照广东肇庆府黄江税厂,无闰之年应征正税银一万二千八百六十八两六钱九分五厘,院司养廉银三百八十六两六钱一厘,羡余银一万五千九百六十七两六钱九分六厘,加征盈余银二万两、桥羡银一万两,共额解银五万九千二百四十两九钱九分二厘。所有光绪二十五年五月以前征收数目,业经前督臣奏报在案。

兹据广东藩司丁体常会同善后局司道详称:光绪二十五年五月二十二日起至二十六年五月二十一日止,第十四次无闰一年期满,该厂征收银一十二万四千六百四十九两六钱一分三厘,又由罗定桂税项下划还该厂税银九千七百一十八两四钱六分八厘,共征银一十三万四千三百六十八两八分一厘,内除支销厂用不及一成银一万一千七十六两二钱二分,实解司库四项正额暨院司养廉银五万九千二百四十两九钱九分二厘,又解善后局额外节省防费银六万四千五十两八钱六分九厘。共解缴司局银一十二万三千二百九十一两八钱六分一厘,又桥羡加征盈余项下解足一万二千两,照案归入并计,共溢解银七万六千五十两八钱六分九厘。再,罗定桂税划还该厂正税项下,向不提一成厂用,造具收支清册,详请奏咨前来。

臣覆核无异。除册咨部外,谨会同广东巡抚臣德寿缮折具陈。

再,办理黄江厂务委员,每年征收溢额,例应请奖,本届并非一员经理,毋庸议奖。合并声明。伏乞皇太后、皇上圣鉴训示。谨奏。光绪二十七年四月初六日。

(朱批:)户部知道。[1]

光绪二十七年五月十四日,奉朱批:户部知道。钦此。[2]

○三一　奏闻筹解盐课京饷等款情形折

光绪二十七年四月初六日(1901年5月23日)

头品顶戴两广总督臣陶模跪奏,为报解盐课京饷等款银数、日期,恭折仰祈圣鉴事。

案照光绪二十七年份奉拨广东盐课京饷银二十万两,又拨内务府经费盐课银五万两。兹于二十六年份盐课项内筹解京饷银五万两,随解一五加平饭食银一千五百两,又内务府经费银二万两,随解平余、抬费等银六百六十两,作为本年第一批京饷及内务府经费,又搭解光绪二十六年第二批京饷一五加平饭食银一千五百两,内务府经费银九千两,随解平余、抬费等银三百三十两。统共银八万二千九百九十两,饬委候补盐运司经历叶基琳等管解,于本年三月二十日起程,由商号大德恒等以现银运至汉口,再由汉口转运总局装鞘,粘贴印花、封条,备齐车辆,添拨兵队,随同委员护解赴陕西行在军机处投纳。据两广盐运使国钧详请奏咨前来。

---

① 台北故宫博物院藏:军机及宫中档,文献编号:408003365。

② 中国第一历史档案馆藏:录副奏折,档案编号:03-6513-034。

臣覆核无异。除分咨查照外，谨会同广东巡抚臣德寿恭折具陈，伏乞皇太后、皇上圣鉴。谨奏。光绪二十七年四月初六日。

（朱批：）该衙门知道。[1]

光绪二十七年五月十四日，奉朱批：该衙门知道。钦此。[2]

○三二　奏报藩运两司汇解俄、法借款片

光绪二十七年四月初六日（1901 年 5 月 23 日）

再，准户部咨：应还俄、法借款，每年指拨广东盐斤加价银五万两，加放俸饷银五万两，闱捐银二十四万两，地丁等项银二十四万两，各按六成之数，于三月内解交等因。兹据广东布政使丁体常、两广盐运使国钧、善后局司道先后详称：本年三月份应解前项银两，现经设法挪凑，并令各号商借垫足数，作为盐斤加价银三万两、加放俸饷银三万两、闱捐银十四万四千两、地丁等项银十四万四千两，共银三十四万八千两，于二月二十六及三月初一等日，先后交号商源丰润等汇解江海关道兑收，备还俄、法之款，详请奏咨前来。

臣覆核无异。除咨部查照外，谨会同广东巡抚臣德寿附片具陈，伏乞圣鉴。谨奏。

（朱批：）户部知道。[3]

光绪二十七年五月十四日，奉朱批：户部知道。钦此。[4]

---

① 台北故宫博物院藏：军机及宫中档，文献编号：408003366。
② 中国第一历史档案馆藏：录副奏折，档案编号：03-6474-032。
③ 台北故宫博物院藏：军机及宫中档，文献编号：408003366-0-B。
④ 中国第一历史档案馆藏：录副奏片，档案编号：03-6696-056。

○三三　奏闻粤海关汇解俄、法借款片

光绪二十七年四月初六日（1901年5月23日）

再，准户部咨：应还俄、法本息，由各海关洋税、洋药税厘项下摊派粤海关三十六万两，每年匀分三、九两月解交等因。迭经遵解在案。咨准粤海关监督庄山咨称：准户部札开：俄、法借款佛郎镑价昂贵，原拨银数不敷，照案酌量加拨本年三月期内应解俄、法还款银二十一万六千两，又加拨银两内之六成银五万四千两，合共银二十七万两，先后备文发交西商志成信、协成乾银号汇解江海关道衙门投纳等因前来。

除咨呈行在军机处及户部查照外，谨会同粤海关监督臣庄山附片陈明，伏乞圣鉴。谨奏。

（朱批：）户部知道。[1]

光绪二十七年五月十四日，奉朱批：户部知道。钦此。[2]

○三四　请以马进祥署理潮州镇篆片

光绪二十七年四月初六日（1901年5月23日）

再，据署广东潮州镇总兵事崖州协副将王世明因病禀求交卸给假医调等由前来。所遗潮州镇总兵篆务，查有记名总兵马进祥，堪以署理。除檄饬遵照外，谨附片陈明，伏乞圣鉴。谨奏。

---

[1]　台北故宫博物院藏：军机及宫中档，文献编号：408003366-0-A。

[2]　中国第一历史档案馆藏：录副奏片，档案编号：03-6696-055。

（朱批：）知道了。①

光绪二十七年五月十四日,奉朱批:知道了。钦此。②

○三五　奏报裁、提各款不能如数筹足折

光绪二十七年四月二十八日（1901 年 6 月 14 日）

头品顶戴两广总督臣陶模、头品顶戴广东巡抚臣德寿跪奏,为广东裁、提各款奉拨指抵镑价,实难如数提存,预为陈请改拨,以免衍期失信,恭折仰祈圣鉴事。

窃光绪二十六年四月准户部咨:将刚毅前在广东所筹裁、提各项银一百六十万两指拨归还汇丰镑价,当因刚毅所筹各款均无实在着落,司局提存不及一半,而镑价期限已迫。臣德寿不得已,向商富息借,凑足汇解,并沥情奏陈,声明刚毅所筹之款万难照数筹足,每年只能尽力提存银八十万两,听候拨用,当奉朱批:户部知道。钦此。本年二月十九日,准行在户部咨:以本年应提银两务照原奏提存足数,专备本部拨还汇丰各洋款本息之用。明知广东用款繁巨,提存本属为难,无如洋款攸关,该省如不能应解,他省更无从筹拨。现在和局将成,赔款必巨,将来该省摊还洋债尚不免续有加增,其以前备还洋债各款何能轻易减免等因。

臣等伏查刚毅原筹之款,系厘金加增比较及加增台炮经费银四十四万九千四百两,又外销之商捐土丝、土茶、厘费及茶膏、牙饷、节省厂用等银四十万七百二十两,又善后局节省银四十万三百

---

① 台北故宫博物院藏:军机及宫中档,文献编号:408003365-0-A。

② 中国第一历史档案馆藏:录副奏片,档案编号:03-5406-112。

两,又运库节省外销银十二万二百两,盐务各差缺酌提盈余银八万四千三百两,又督、抚、藩司各衙门酌提公费银五万三千六百两,各府县报效银十万两,统计共得洋银一百六十万八千五百二十两。在刚毅只以一己私见,极力搜括,以见其筹饷之多,而未计及所筹之项是否实可提储。刚毅回京之后,即以所筹之款指抵镑价,以虚有其名之项而作实不可缓之用,不知厘金自西江通商以后,洋单畅行,正厘尚难足额,虽有加增之名,并无加增之实,有历次奏报销册可凭,何能以虚加之数指作实提之款。

至外销、节省各项,亦皆实有支销,万无可省。刚毅原谓厘金该归商包之后,可以通融挹注。今则商办包厘,已因亏饷中止,更何从得此余款以资弥补。督、抚、藩司秩分较崇,办公即有支绌,总应照数提存,若地方府县及盐务差缺,薪俸本薄,全赖盈余,借资周转,提解过多,公用不足,谨慎者力不能应,不过拖欠延宕;不肖者催提过急,则取此偿彼,更将缘以为奸。是以前督臣李鸿章、臣德寿一再奏请分别减免、规复,实皆出于万不得已之苦衷。回忆上年镑价届期之时,提款数未及半,经理度支之员束手无策,万一商富无可通融,必将贻误期限,失信外人。即举广东阖省管理遍加惩处,而大局已误,何裨于事。兴言及此,犹切悚惶。

今部臣仍令将本年之款照数提存。臣等与司道细心筹画,通盘核计,当时所谓加增者,既未见增;当时所谓节省者,均未能省,上年息借商款,至今尚未还清。前奏所云每年酌提一半,已属万分为难,若令照数提存,实在无从着手。且现奉电传谕旨,以新定赔款饬令各省分认筹还,纵使别有可筹,亦应归入新议赔款办理,不能挪抵此项。与其临时贻误,不若及早陈明。明知各省度支同一竭蹶,粤省所减之银,户部又须另筹指拨。惟查武卫新军,现经遣散,腾出之饷,似可拨还汇丰镑价。粤省应提裁节盈余一项,应请仍照臣德寿原奏,每年勉力提存银八十万两,听候拨用。据广东布政、盐运两司会同善后、厘务各局,详请具奏前来。

臣等复加察核,委系实在情形。所有奉拨指抵镑价实难如数提存、预请改拨缘由,谨合词恭折具奏,伏乞皇太后、皇上圣鉴训示。谨奏。光绪二十七年四月二十八日。

(朱批:)户部知道。[①]

光绪二十七年六月初五日,奉朱批:户部知道。钦此。[②]

〇三六　奏闻商人包办厘金亏欠勒赔折

光绪二十七年四月二十八日(1901年6月14日)

头品顶戴两广总督臣陶模、头品顶戴广东巡抚臣德寿跪奏,为商包厘金,亏欠巨饷,拟勒限承办各商及督办、提调各员分成赔缴,以重饷需,恭折仰祈圣鉴事。

窃查广东厘金前于光绪二十五年冬间,经刚毅奏请招商承办。旋据商首岑敬舆、麦英俊、伍培章、黄健光四人情愿承包,每年认缴饷银四百万两,并据该商等于五月间禀请派委天津镇总兵黄金福、[③]翰林院编修黎荣翰为督办,又于七月间禀请派委广东试用知县姚光耀,驻厂总办提调商厘总局事务,均经饬准照办。后因亏饷

---

① 台北故宫博物院藏:军机及宫中档,文献编号:408003367。

② 中国第一历史档案馆藏:录副奏折,档案编号:03-6696-061。

③ 黄金福(1843—1908),广东潮阳人。同治元年(1862),以军功赏戴六品蓝翎。四年(1865),保把总。七年(1868),保千总、守备,换花翎。次年,保升游击。十三年(1874),加阿克敦巴图鲁名号,并加副将衔。光绪元年(1875),保参将。四年(1878),保升副将,晋总兵衔。五年(1879),调赴广东水师提标中营。十年(1884),保(转下页)

甚巨，流弊滋多，经臣德寿于光绪二十六年九月间奏请，将该商等撤退，仍改归官办在案。自光绪二十六年六月初一该商包办之日起至九月二十六撤退之日止，连闰计四个月零二十六日，核应认缴饷银一百六十二万二千二百二十二两二钱二分二厘。该商等陆续呈缴及拨抵共银一百一十八万五千二百四十七两六钱九分五厘七毫，共欠缴银四十三万六千九百七十四两五钱二分六厘三毫。经臣等先后檄饬勒追，迄今未清缴。

伏查广东厘金自西江通商以后，洋单畅行，抽收实有为难，包商本属非计，当时刚毅之固执更张，该商等之冒昧承揽，实皆黄金福为之迎合播弄。黄金福为潮州巨富，素善经商，向与各商联络，故该商等请委黄金福督办之时，有宣德达情惟黄镇是赖之语。后又为试用知县姚光耀所惑，谓会计全省厘费四百万两，绰绰有余，如或办理不前，惟彼是问。该商等深信其言，于是请改官督商办，派委姚令提调总局事务。姚令到局之后，事权独揽，物议繁兴，是该商等之亏欠饷银，固由于不审利害，轻率承认，亦未始非受人愚惑，为所拖累。现在亏欠饷银至四十三万六千余两之多，各商承认包厘，其中赢绌不同，固应分别追缴。惟黄金福家本巨富，先既从中联合，经该商等请派为督办，自应责令分赔。试用知县姚光耀提调一切事务，亦应分认赔缴。编修黎荣翰帮同料理，较之黄金福、姚光耀责任稍轻，惟既曾在局督办，亦难置身事外。

臣等公同商酌，拟将该商等欠缴饷银四十三万六千余两，责令

（接上页）总兵。十二年（1886），借补广东水师参将。十五年（1889），署广州协副将。二十年（1894），补广东南韶连镇总兵。二十八年（1902），调补贵州安义总兵。三十二年（1906），署广东潮州镇总兵、直隶天津镇总兵。三十四年（1908），病故。

承办各商赔缴五成，黄金福赔缴三成，姚光耀赔缴一成半，黎荣翰赔缴半成，勒限两个月，照数缴清，限满缴不及数，即由臣等奏参严追，以重饷需而惩玩抗。是否有当，伏候训示遵行。

所有臣等查明商包厘金亏欠饷银，拟责令承办各商及督办、提调各员分成赔缴缘由，谨合词恭折具奏，伏乞皇太后、皇上圣鉴。谨奏。光绪二十七年四月二十八日。

（朱批：）着照所请，该部知道。①

光绪二十七年六月初五日，奉朱批：着照所请，该部知道。钦此。②

【案】德寿……仍改归官办在案：光绪二十六年九月二十二日，广东巡抚德寿以商包厘金办无成效，奏报收回官办，以裕饷源，曰：

头品顶戴署两广总督广东巡抚奴才德寿跪奏，为广东商包厘金欠饷甚巨，日久并无成效，收回官办，以裕饷源，恭折仰祈圣鉴事。

窃照广东厘金一款，经前协办大学士刚毅来粤会议，改为招商承办，每年认缴银四百万两。嗣经议定章程，限于领谕后三个月内，缴足预饷一百万两，作为试办三个月之饷，于第三个月内即分六期，匀缴三十三万三千余两，为第四个月预缴之饷，以后按期提前一月先缴，不准逾期。饬令该商首岑敬舆等遵照试办，当经恭折具奏，并声明万一商情为难，事关通省饷

---

① 台北故宫博物院藏：军机及宫中档，文献编号：408003369。
② 中国第一历史档案馆藏：录副奏折，档案编号：03-6163-022。

项，如有变通更易之处，再行妥筹办理，随时奏闻在案。

兹据布政使丁体常会同厘务总局司道详称：该商首岑敬舆等试办三月期满后，仅据先后缴到现银五十万两，并备具期票二十万两，共成七十万两，其余三十万两，请展限一月。当经批饬依限缴足。迨四月初四日展限届满，迭次严催，又据将先缴之期票二十万两凑足现银，其余三十万两，仍请以期票作抵，又经批准照办，无非体恤商艰、力为维持起见。及批示后，展转月余，再四督催，始据禀请定期六月初一日接饷开办，所欠预饷三十万两，又复迁延日久，仅缴现银六万两，尚欠二十四万。旋由该商首禀请候补知县姚光耀办理商厘总局，并备具启荣号期单呈缴，定分五期上兑，并由姚光耀与该商首等酌议变通章程，改坐为行，委员分驻各厂督抽，即经批行司局督催妥议。嗣因各行商情不洽，纷纷具控。一面随时开导，一面严追饷项。现计开办已届五月，前后仅缴到现银九十三万二千余两，不惟应缴试办三月之预饷一百万两未能清缴，且月饷积压至五十余万两。至提前之饷，更无论矣。其办理毫无成效，流弊甚多，已可概见。应将该商首岑敬舆等即行撤退，收回官办，仍由司局遴委妥员，认真稽征，并严定章程，竭力挽回，借图补救等情，详请奏咨前来。

奴才伏查厘金为饷源大宗，京、协各饷及本省度支无不取给于此。该商首果能将每年所任四百万两筹缴足数，洵可裕饷惠商，有裨大局。今办理数月，章程屡易变更，虽已曲为迁就，而应缴饷项竟至催缴不前，积欠甚巨。此由该商首承办之始，未能通盘筹画，商情既不齐一，所举又非其人，遂致讦讼纷纭，万难起色。若不赶紧收回，不但四百万之岁饷成效难期，恐本省固有之厘金已成无着，官商交困，挽救更难，贻误要公，诚非浅鲜，自应迅令撤退，仍归官办，以重饷源。惟粤省厘务自此次更张后，元气已亏，其盈绌情形，尤可资以考镜，每年能否收至四百万之数，实无把握，应由该司道等督饬委员，严杜中饱，涓滴归公，但能稽核加严，庶于筹饷较有实际。

除仍饬严追该商首岑敬舆等清缴欠饷及咨军机处、户部查照外，所有广东商包厘金办无成效、收回官办缘由，谨恭折具陈，伏乞皇太后、皇上圣鉴训示。再，两广总督系奴才兼署，毋庸会衔。合并陈明。谨奏。光绪二十六年九月二十二日。[①]

光绪二十六年十二月三十日，奉朱批：户部知道。钦此。[②]

○三七　奏闻粤海关汇解筹备饷银折

光绪二十七年四月二十八日（1901年6月14日）

头品顶戴两广总督臣陶模跪奏，为报解粤海关应解筹备饷需银两，汇沪转行解京应用，恭折具陈，仰祈圣鉴事。

窃本年四月初六日准户部微电：京师需款甚急，各该省、关即在本年应解筹备饷需项下，按原拨数目先提一半，刻日解沪，由沪道设法汇京等因。查上年户部奏拨筹备饷需案内，每年拨粤海关四成洋税银十二万两、六成洋税银二十万两，历经按照四季分解在

① 中国第一历史档案馆藏：朱批奏折，档案编号：04-01-35-0578-055。

② 中国第一历史档案馆藏：朱批奏折，档案编号：04-01-35-0578-055；中国第一历史档案馆藏：录副奏折，档案编号：03-6512-097。

案。兹光绪二十七年春、夏两季应解四成洋税银共六万两、六成洋税银共十万两，二共银十六万两，竭力设法筹足，备具文批，发交西商志成信、协成乾银号，汇解上海江海关道衙门投纳，转行解京应。

除咨户部查照外，理合会同粤海关监督臣庄山恭折具陈，伏乞皇太后、皇上圣鉴。谨奏。光绪二十七年四月二十八日。

（朱批：）户部知道。①

光绪二十七年六月初五日，奉朱批：户部知道。钦此。②

○三八　请将剿匪员绅准照原折给奖折

光绪二十七年四月二十八日(1901年6月14日)

头品顶戴两广总督臣陶模、头品顶戴广东巡抚臣德寿跪奏，为剿办惠州会匪在事出力文武员绅恳恩仍照原请给奖，邀免删减，以资鼓励，恭折仰祈圣鉴事。

窃照光绪二十六年闰八月间，广东惠州会匪起事，剿办获胜，先经臣德寿于九月十四日奏报，声明择尤优奖，奉朱批：准其择尤酌保，毋许冒滥等因。钦此。嗣因各营剿捕，一律肃清，又经臣德寿开具出力文武员绅，分别异常、寻常劳绩，奏请给奖，奉朱批：该部议奏等因。钦此。兹准兵部咨称：奏定章程，军功异常劳绩，准保免补、免选本班，其余劳绩概不准保。又，拿获著名巨盗，准酌保升阶、升衔各等语。剿办惠州会匪各员，虽较拿获巨盗为优，究与军营战功有间。今该督随折保奖及单开各员至四十余名之多，且

---

① 台北故宫博物院藏：军机及宫中档，文献编号：408003370。
② 中国第一历史档案馆藏：录副奏折，档案编号：03-6063-024。

多照异常劳绩请奖，未免太无限制。若率行议准，殊非综核名实之道；若改照寻常给奖，又恐无以激励戎行，拟令该督核实删减，并注明尤为出力、其次出力，分别劳绩，俟覆奏到日，再行核议等因前来。

臣等伏查逆首孙汶上年在惠州招集各路会匪，大举起事，厚集资财，购运外洋军火，据归善县之三洲田为巢穴，先扰逼近租界之沙湾墟，意在挑启外衅，易于决裂，与唐才常等勾结长江、两湖会匪作乱情形，如同一辙。其时和平、河源、海丰等县伏匪尽起，遍地皆贼，惠州府县城池危在旦夕，各军初次接仗，颇挫锐气。该匪戕弁掳官，焚劫村舍，豕突狼奔之势，即省城重地亦谣言四起，岌岌堪虞。各国兵舰环集，屡以派兵助剿为言，越俎代谋，几难劝阻。臣德寿当时不得不激励各军，许以从优奏奖。幸地方文武印委、团绅、练勇踊跃用命，力保危城。吴祥达、莫善积率领各军，血肉相薄，奋勇力战，先后大小接仗凡十余次，直至三多祝一战，阵斩逆匪头目多名，并毙悍匪五六百人，精锐渐除，贼势披靡，乘胜克复三多祝、黄沙洋等处，而和平、海丰等县同时报捷，三洲田匪巢又经竭力攻毁，各匪进无所据，退无所归，官军分投猛击，再接再厉，始将大股各匪次第荡平。

匪类如此猖狂，战功如此奋勇，傥照寻常给奖，诚有如部臣所谓恐无以激励戎行。且查惠州匪类初起之日，正长江一带会匪逆谋败露之时，其同谋不轨，蓄志深远，情迹显然；又值乘舆西巡，海内鼎沸，傥扑灭稍稽时日，因内乱而召外侮，不特广东一省可危，即东南大局亦何堪设想。当时两江总督臣刘坤一、两湖督臣张之洞、闽浙督臣许应骙均以匪势浩大，屡次电问盛宣怀，并以股数众多，上达天听，仰蒙电旨垂询。是惠匪鸱张、军务紧要情形，既烦朝廷南顾之忧，尤为各省疆臣所共悉。肃清以后，水陆提督查明实在出力员弁，列折请奖者三百余人，均系身临前敌，核与章程相符。臣德寿以人数过多，一再删减，仅保文武员绅八十二人；其请照异常劳绩给奖者只四十余人，实系毫无冒滥。

臣模上年十二月到任，匪事已平，稽诸案牍，证以人言，知当日匪势之猖獗、军情之危险，实非寻常可比。幸未扰及租界，失守城池两月肃清，不致贻外人口实，其所保全者尤大。至副将衔游击用广东补用都司吴祥达，骁勇善战，绅民至今同声称许，原保以副将尽先补用，似属稍优，然该员原有副将升衔，照衔奖官，尚非漫无限制。臣模上年召见时，曾蒙皇太后、皇上圣训，破格用人等因。吴祥达秉性忠诚，谋勇兼裕，实为管将中不可多得之员。其余文武员绅拟请免补、免选者，仅只四十余人，请照寻常给奖者三十余人，臣模逐一覆核，均属在事尤为出力，碍难删减，应请仍照原折给奖，上以体朝廷破格用人之意，下以励戎行效命之忱。且广东远控越南，近连港、澳，新增九龙、广州湾各租界，会、盗易于窜匿，事变不可胜防，设令侦缉稍疏，外人便生诘难，而欲营务之整饬，捕务之认真，非信赏必罚无以鼓励军心。合无仰恳天恩，俯准敕下兵部，将剿办惠匪出力人员查照原请给奖，邀免删减，原单分别异常、寻常劳绩逐段注明，亦请免其再行声叙。

至吏部应行核议人员尚未准咨，并恳敕下一并照拟奖叙，以彰劳勚而励将来。倘蒙俯念时艰，特旨俞允，出自圣主逾格鸿施，非臣等所敢擅请。除催取各员履历送部外，谨合词恭折具奏，伏乞皇太后、皇上圣鉴训示。再，此折系臣模主稿。合并声明。谨奏。光绪二十七年四月二十八日。

（朱批：）着照所请，该部知道。①

光绪二十七年六月初五日，朱批：着照所请，该部知道。钦此。②

【案】经臣德寿于九月十四日奏报，声明择尤优奖：光绪二十六年九月十四日，广东巡抚德寿奏报剿办广东会党情形，曰：

头品顶戴兼署两广总督广东巡抚奴才德寿跪奏，为广东惠州会匪被外匪勾结起事，派营剿办获胜，并仍饬搜捕余匪情形，恭折具陈，仰祈圣鉴事。

窃照惠州会匪肆扰，钦奉电旨垂询，经奴才将康、孙各逆勾结土匪起事及咨饬水陆各军剿办情形，于闰八月十八日先行电奏。二十三日钦奉电旨：此起土匪仍着督饬何长清等各营，合力痛剿，迅速扑灭，毋任蔓延。钦此。钦遵严督剿办。嗣据该文武先后禀报：屡次接仗获胜，大股匪类业已扑灭等情。经奴才于九月初七日电奏，十一日钦奉电旨：惠州土匪办理尚未迅速，仍着严饬搜捕，毋留余孽。钦此。又经恭录转行，并严催各营钦遵办理在案。兹将该土匪勾结起事及调营防剿详细情形，谨缕晰陈之。

查广东惠州府属民情强悍，聚众拜会，械斗抢掳，习为故常。近海之归善、海丰等县，尤多洋盗、盐枭，以故啸聚甚易，动辄滋事。即归善一属，十余年来，稔山会匪黄亚春、烟墩黄

① 台北故宫博物院藏：军机及宫中档，文献编号：408003368。
② 此朱批日期与内容，据军机处随手登记档（档案编号：03-0305-2-1226-380）校补。

狂成，拒敌官军，抢劫墟市，屡经派营剿散，迄未尽绝根株。

本年闰八月初间，奴才访闻归善县属三洲田地方，有孙、康逆党勾结土匪起事，并在外洋私运军火至隐僻海汊，转入内地。当以逆党主谋意图大举，实非寻常土匪可比。且查三洲田地方山深林密，路径纡回，南抵新安，紧逼九龙租界，西北与东莞县接壤，北通府、县二城，均可窜出东江，直达省会。东与海丰毗连，亦系会匪出没之处。非多派营勇，面面顾到，难期迅速扑灭。爰咨水师提督何长清，抽拨新、旧靖勇及各台炮勇，共足一千五百余人，先由新安之深圳墟向北兜截，直捣三洲老巢，防扰租界，复派大小兵轮在洋面游弋，断其接济；西北一路，派介勇一营驻扎归善、东莞交界要隘；又派总兵黄金福所统信勇一营、提督刁经明所带广安水军一营，分扼东江水陆，防窜江面；东路为海丰、陆丰二县，原派都司吴祥达带哲勇左营驻扎，即饬回顾归善，并移潮州信勇一营填扎海丰，三面兜截，而以惠州府、归善二城为进兵之路。陆路提督邓万林原统哲字中、左、右三营，练兵正、副两营，广毅军一营，分赴惠州十属，办理缉捕。在归善者，仅哲勇练兵数哨，一闻匪警，各属震动，不能抽回。奴才先派补用副将莫善积管带喜勇一营，由省驰往会办，一面咨令邓万林添募一营，名曰立捷军；又派北海镇总兵刘邦盛另募一营，名曰静字营，均由府城直攻巢穴。莫善积喜勇于闰八月初十日驰抵归善，维时匪党未齐，猝闻兵到，遂定于十二日竖旗起事，先以数百人猛扑新安、沙湾墟，欲扰租界。幸何长清靖勇已抵深圳，乃回攻横冈，进踞龙冈。喜、哲各勇连次接战，互有胜负，凶焰益张，警报日至。

奴才以总兵黄金福所统信勇已拨两营分驻东西两路，因令再带一营，由府城进剿；并令记名总兵陈维熊带熊、勇两营继进，以壮声援。此奴才添调营勇、分投防剿之情形也。逆首孙汶伏处香港，暗施诡计，而三洲田匪巢则以郑士良、刘运滦等充伪军师，蔡景幅、陈亚怡等充伪先锋，何崇飘、黄盲幅、黄耀廷等充伪元帅，黄扬充伪副元帅，旗帜伪书大秦国及日、月等悖逆字样。各匪头缠红巾，身穿白布镶红号褂，甫于闰八月初八、九日聚集，既踞龙冈，四出焚抢，附胁日众。总兵刘邦盛新募靖勇成军，惠州府知府沈传义募土勇二百名，委归善县县丞杜凤梧管带。二十二日，会同喜、哲各军，齐赴前敌，行至距城十余里之平潭地方，贼队麇至。莫善积奋勇当先，阵斩伪先锋蔡亚生、陈亚幅等，毙匪数十名，正期得手，讵附近匪乡纠约千余人，各带快抢、牌刀，齐来助匪，分路包抄。我军被困，阵亡勇丁数十人，县丞杜凤梧被掳，府、县两城同时戒严。幸是日都司吴祥达带哲字左营由海丰来，邓万林所招立捷新军亦同时抵惠，横沥、森柏洞团练适又诱获伪副元帅黄扬，讯明正法，兵气稍振。连日匪窜附城之梁化雷公岭，意图直出东江。各军力扼其前，不得上窜。此闰八月二十六日以前归善匪势猖獗之情形也。

匪既不得窜出江面，乃折而向东，欲与海丰、陆丰股匪联为一气。三多祝者，归善著名匪乡，与海丰交界之要隘也。先派哲勇、练兵，预防勾结。二十六日，匪攻三多祝相近之黄沙洋，管带练兵营副将朱意腾竭力救援，吴祥达亦由间道赶到，而匪已进踞三多祝。

二十七日黎明，吴祥达率哲字左营及哲字中、右营各哨并立捷军，三路进剿，莫善积率喜字营勇援应。匪亦分路拒敌。

自辰刻战之日昃，枪炮齐施，匪不少却。吴祥达持枪血薄，当场杀毙伪军师刘运溇，伪元帅何崇飘、杨发等多名，匪势渐觉披靡。遂挥众掩杀，毙匪五六百名，夺获旗帜、马匹、枪炮无算，救拔县丞杜凤梧及被掳妇孺数百人，乘胜克复三多祝、黄沙洋两处；查验阵斩匪尸，内有一具系服外洋衣裤，询之生擒各匪，均指为伪军师郑士良，未知是否确实。同日，何长清率队进攻三洲田，覆其巢穴，搜获枪枝、红巾等件，余党溃散。此闰八月二十七日剿办归善会匪获胜之实在情形也。

当归善匪势鸱张之日，海丰县大嶂山聚匪数千，河源、和平两县亦有匪千余人、数百人不等，同时扑城，意欲乘我惶遽之际，逞彼狡谋。幸海丰先派信勇填扎，又调署碣石镇总兵莫善喜率队剿匪，遂闻风溃散。河源、和平两属先派参将石玉山，带广毅军策应。闰八月二十五日夜，匪攻河源县城，经知县唐镜沅竭力抵御，匪退黄沙砖瓦窑。二十七日黎明，石玉山带队掩至，纵火围攻，斩馘百余，焚毙无算。和平本驻广毅军勇一哨，匪首曾金养率众焚烧南门城楼，营勇、兵团齐出力战，阵斩匪首曾金养，生擒数十名，匪始溃散。此又惠州各属会匪响应、各勇营先后获胜之实在情形也。

奴才伏查逆首孙汶以漏网余凶，游魂海外，乃敢潜回香港，勾结惠州会匪，潜谋不轨；军火购自外洋，煽诱遍及各属，竖旗叛逆，先扰逼近租界之沙湾墟，意在挑起中外衅端，从中取事。其凶险诡谲，实与康、梁逆党勾结长江、两湖会匪同时作乱情形遥遥相应。虽官军乘其未定，先已兜截，使各路之匪不能联合一气，归善之匪不能窜越一步，然犹豕突狼奔，横厉无比，枪杀弁勇，掳捉印官；各路会匪仍敢同时并举，云集响应，罪大恶极，无以逾此。幸仰仗朝廷威福，将士用命，旬日之间，群凶授首，胁从逐渐解散，地方转危为安，城池、租界均未扰及，不致贻外人口实，尤为始料所不及。其伪军师、伪元帅等半已伏诛，而首逆孙汶与同谋之康、梁各党初则伏匿港、澳，继闻窜迹外洋，前已照会香港、澳门各洋官，密拿惩办。即不能克期就网，当亦不敢潜回。惟是惠州各属本多匪乡，散则为民，聚则为匪。此次当会匪猖獗之时，竟敢竖旗助战，甘心从逆，尤为狂悖。现在大股匪徒虽已拿散，仍当懔遵电旨，严饬搜捕，已分咨水师提督何长清、陆路提督邓万林，督率营勇，分赴各乡，挨村清查，如有当时助匪之犯，擒获严办，毋留余孽，务使根蒂悉除，以仰副圣主绥靖海疆之至意。

至此次出力员弁冲锋陷阵，擒斩渠魁，实有微劳足录，且于外衅方张之日力除内患，其裨益大局尤非浅鲜，可否俟事竣后由奴才查明，择尤奏请优奖，以示鼓励，出自鸿慈。除分咨军机处、吏、兵、刑三部查照及俟各属匪乡肃清另行奏报外，所有惠州会匪勾结滋事、剿办获胜情形，理合缮折具陈，伏乞皇太后、皇上圣鉴训示。再，广东巡抚系奴才本任，毋庸会衔。合并陈明。谨奏。光绪二十六年九月十四日。

光绪二十六年十二月三十日，奉朱批：知道了。即着严饬该提督等将余匪搜捕净尽后，准其择尤酌保，毋许冒滥。[①]

【案】又经臣德寿开具……奏请给奖：光绪二十六年十二月初一日，广东巡抚德寿以剿办会党出力奏请奖叙，曰：

头品顶戴兼署两广总督广东巡抚奴才德寿跪奏，为恭报

---

① 台北故宫博物院藏：军机及宫中档，文献编号：408003340。

广东惠州会匪经各营剿捕一律肃清，并将在事出力员弁吁恳天恩，俯准奖励，恭折仰祈圣鉴事。

窃照孙逆党羽勾结惠州会匪，购运军火，在归善县属三洲田地方竖旗起事，戕弁掳官，焚掠村舍，官军在三多祝剿办大获全胜各情形，先经奴才于九月十四日专折奏报，并声明在事出力员弁择尤奏请优奖在案。查归善股匪，闰八月二十七日在三多祝溃败后，吴祥达等分兵穷追，各有斩获。其凶悍死党犹敢窜攻三多祝迤东之平政墟，欲扰海丰。吴祥达等合队驰至，匪复狂奔。九月初五日，追至黄埔地方，相逼甚近，匪众数百列队抗拒。我军分路包抄，四面掩杀，擒斩逾半，夺获枪械、马匹、衣帜无算。余匪遂零星纷散，其南走者渐众，于滨海之巽寮，又谋围攻平海所城。水师提督何长清得信后，飞饬副将张邦福督带靖勇、炮勇，于九月初八日乘船驶往，匪又闻风惊溃，旋复聚集赤岸地方，列炮固守。张邦福掩至猛扑，炮伤勇丁五人，我军奋不顾身，联队并进，当将匪巢攻破，擒斩多人，起出枪刀、子药多件，乘胜焚击匪船七艘。其凫水得生者，寥寥无几。归善县三洲田股匪至是始全数荡平。

奴才以惠属会匪历年滋事，总未大加惩创，股匪虽已剿除，首要尚未全获。当时竖旗助匪各乡，尤应趁此兵威，彻底清办，即经咨请陆路提督邓万林亲督大军，驻扎稔山等处，水师提督何长清督军，在新安、东莞、归善三县沿海一带，署碣石镇总兵莫善喜率勇，在海丰、归善两县交界一带，分路查办。博罗、河源、和平等县先后分拨广毅军熊勇、静勇前往，四出侦捕。凡山海险阻之区以及著名匪乡，逐处搜查，务使匪徒无从托足。邓万林各军会同署归善县知县郑业崇，自九月十四日起,周历稔山、范和、盐灶背及附近数十里之火烧寮、礤背村、龟洲、蟹洲、仙姑庙、碛背、船澳、鹤嘴、黄埠,大洲之十八寮、巨寮、东坑窝、长排、担水坑、尾山等乡,搜获一二名、十数名、四五十名不等。综计先后获匪薛老三语等三百余名,并在范和乡拿获历年庇匪纵斗之候选训导杨开第一名。何长清在三县沿海各乡先后获匪廖观秀等二百余名,莫善喜会同署海丰县知县刘能,在海丰县属先后获匪吴亚亨等五十余名,并起获大小会票多张。其河源等县亦由静勇、广毅军先后搜获要匪郑国材等十数名。均由该府县随时讯明,分别惩办。杨开第一面咨革,一面讯明正法。其为首纠众情罪较重者,由奴才饬令凌迟处死,以昭炯戒。兹据提督邓万林、何长清等咨报一律肃清,并将在事出力员弁、团绅开单请奖前来。

奴才伏查此次惠匪起事,实系逆犯孙汶等为首,纠结死党,在香港租界设立同义兴松柏公司,购备洋枪、铅药、马匹、干粮、旗帜、号衣,招集各路会匪,付给资本银三十万元,分投布置,约期大举。据线工探报及各匪生供,均相符合。其逆谋倚三洲田为老巢,据三多祝为形胜,先扰逼近租界之沙湾墟,意在挑起外衅,使我顾此失彼,俾大股匪类窜出东江,直达省会。其时,和平、河源、海丰各县伏匪闻风响应。省城居东江下游,匪踪一日可到,其势更为炭炭。虽调营四路迅速堵截,不能逞其远大之谋,而凶焰鸱张,四出冲突,兵团初次接仗,精锐颇有伤亡。其伪军师郑士良、刘运溇等攻据三多祝、黄沙洋,焚毁民房至九百余间,杀掠男妇数百人,府县城池危在旦夕。嗣获三多祝败匪,犹称议窜海丰,上扰潮州、嘉应。是其能谋善战,狡诈凶残,更非寻常土匪可比。幸该地方文武、印

委及团绅、练勇同心协力，战守兼筹；复得营官莫善积力支于
各营未到之前，吴祥达力战于匪势已成之后，各营将士奋勇杀
贼，死伤相枕，锐气不挠。三多祝一战，阵斩伪军师刘运溁，伪
元帅何崇飘、杨发等多名，匪势始渐披靡，而河源、和平、海丰
等处又同时报捷，遂将大股匪类次第荡平，实非始念所及。其
逃窜余匪，复经水陆勇营竭力搜除，不遗余力。统计先后禀办
搜获匪类五百数十名，即在逃匪首伪副元帅薛老三语、黄班
有、伪八千岁郑国材及蔡班带、黄番鬼、廖庆发、廖观秀、吴亚
亨等罪大恶极之犯，均已一律骈除，不使幸逃法网。此皆仰赖
我圣主天威震叠，勇营、团练无不踊跃用命，是以未及两月，全
境肃清。

　　奴才事后思维，实为惶悚。惟首逆孙汶等遁迹外洋，行踪
诡秘，一时仍难弋获。至调往剿匪之何长清所带靖勇，莫善积
所带喜勇、静勇，黄金福所带信勇，刁经明所带广安水军，现已
陆续调回。奴才仍虑惠属各县匪乡太多，海港分歧，难保不散
而复聚，痛定思痛，不得不派驻重兵，随时清查，以免后患。已
饬总兵刘永福统带福军四营，填扎稔山、范和、盐灶背等处，会
同提督邓万林认真筹办。被匪扰害各乡，先饬该府县筹款振
抚，并由善后局拨银三千两，解往散放；督同绅士，招集安置，
俾免失所。所有统帅各军亲督攻剿、有胆有识、颇合机宜之头
品顶戴广东陆路提督振勇巴图鲁邓万林，官职较崇，应如何优
加奖赏之处，出自特恩，非奴才所敢擅拟。其尤为出力之管带
哲字左营副将衔游击用补用都司吴祥达，拟请免补都司、参、
游，以副将尽先补用，并请赏加勇号。统带喜字、静字等营补
用副将莫善积，拟请免补副将，以总兵记名简放，并请赏加勇

号。管带广毅军中营副将衔水师提标候补参将济勇巴图鲁石玉山，拟请免补参将，以副将仍留本标尽先补用，并加总兵衔。盐运使衔军机处记名道惠州府知府沈传义，拟请仍交军机处存记，遇有道员缺出，开列在前，请旨简放，俟归道员班加二品衔。总理营务处盐运使衔尽先补用道广东候补知府秦炳直，拟请免补知府，以道员仍留广东尽先补用，并加二品顶戴，送部引见。其余文武员绅或冲锋陷阵，不避艰危；或督队穷搜，擒获首要，均属异常出力，经奴才督同司局按名覆核，力加删减，尚无冒滥。

谨缮具文武团绅各员弁清单，恭呈御览。合无仰恳天恩，俯准如请给奖，以彰劳勚而励戎行。其千总以下出力人员，照章咨部核办；阵亡哨弁副将衔尽先补用参将任福年、花翎游击衔补用都司严宝泰、候补千总黄新曙三员，力战捐躯，殊堪悯恻，相应请旨敕部从优议恤。兵勇团丁，查明分别恤赏。

除将起出大小会票并择要摘录各匪口供咨送军机处查照，及饬取各员弁履历送部查核外，所有剿捕惠州会匪一律肃清，并酌拟保奖缘由，理合恭折具陈，伏乞皇太后、皇上圣鉴训示。再，广东巡抚系奴才本任，毋庸会衔。合并陈明。光绪二十六年十二月初一日。

朱批：览奏已悉。邓万林着交部从优议叙，余着该部议奏。单并发。①

---

① 台北故宫博物院藏：军机及宫中档，文献编号：408003347。

○三九　奏报汇解克萨镑款本息片

光绪二十七年四月二十八日（1901 年 6 月 14 日）

再，准行在户部咨：光绪二十七年上半年，克萨镑款应还本息银甚巨，限期已迫，惟有将铁路经费应解部库之款酌量挪用，庶可无误。铁路经费内有广东五万两，应由该省于本年五月初三日以前汇解江海关兑收，以为归还克萨款本息之用等因。当经转行遵照。兹将应解光绪二十七年份铁路经费银五万两照数备足，于本年四月二十三日发交商号源丰润等领汇，限于五月初三日以前解至江海关道衙门投纳。据广东布政使丁体常详请奏咨前来。

臣等覆查无异。除咨部外，谨附片具陈，伏乞圣鉴训示。谨奏。（朱批：）户部知道。①

光绪二十七年六月初五日，奉朱批：户部知道。钦此。②

○四○　奏报剿办边境游匪片

光绪二十七年四月二十八日（1901 年 6 月 14 日）

再，据办理钦廉边防候补道潘培楷③先后电禀：钦防边界十万

---

① 台北故宫博物院藏：军机及宫中档，文献编号：408003369-0-B。
② 中国第一历史档案馆藏：录副奏片，档案编号：03-6696-062。
③ 潘培楷（1842—1911），广西平乐人，监生。同治初年，报捐贵州试用县丞。六年（1867），赏戴蓝翎。十年（1871），保贵州即补县丞。十三年（1874），捐贵州同知。光绪二年（1876），改捐广东试用。十年（1884），随苏元春出关，总理营务，赏戴花翎。次年，保广东补用知府。十八年（1892），办理广东钦廉边防。二十二年（1896），捐二品顶戴。二十四年（1898），保道员。二十五年（1899），署广东高廉道。翌年，加诚（转下页）

大山地面有游匪窜扰，扼要分踞，劫杀掳捉，道路几至不通。钦、廉一带会匪甚多，深虑勾结为患等情。臣等当查十万大山系在钦州、防城交界之处，与广西上思厅接壤。该处乱山丛杂，游匪最易潜聚。除饬潘道调集边防各营上紧剿捕，并饬钦、廉各属暨上思厅严密防堵，查缉境内会匪，毋任勾结蔓延为患，一面咨会督办广西边防提督苏元春①一体派营防剿外，所有钦防边境十万大山地面有游匪窜扰，已饬潘道调营剿捕情形，谨合词附片陈明，伏乞圣鉴。谨奏。

（朱批：）着会督苏元春、潘培楷，合力兜剿，迅速扑灭，毋留余孽。②

光绪二十七年六月初五日，奉朱批：着会督苏元春、潘培楷，合力兜剿，迅速扑灭，毋留余孽。钦此。③

（接上页）勇巴图鲁名号。二十七年（1901），晋布政使衔。二十八年（1902），经山东巡抚张人骏奏调，赴山东差委。旋丁母忧，仍留广东候补。二十九年（1903），统带绥远军赴南宁剿匪。宣统三年（1911），积劳病故。

①　苏元春（1844—1908），字子熙、子溪，广西永安州人，武童、廪膳生。同治二年（1863），充精毅营哨长。三年（1864），管带中军。四年（1865），加游击衔。五年（1866），晋总兵衔。六年（1867），加健勇巴图鲁，换锐勇巴图鲁名号。八年（1869），升提督衔，赏换法什尚阿巴图鲁名号。九年（1870），封云骑尉。光绪十年（1884），署广西提督，封骑都尉。十一年（1885），督办广西军务，实授广西提督，加三等轻车都尉，再换额尔德蒙额巴图鲁名号。十六年（1890），晋太子少保。二十年（1894），升二等轻车都尉。二十七年（1901），调补湖北提督。二十八年（1902），兼署广西提督，旋补广西提督。三十年（1904），因案被参，免其死，发往新疆效力赎罪。三十四年（1908），卒于迪化。宣统元年（1909），开复官衔。

②　台北故宫博物院藏：军机及宫中档，文献编号：408003368-0-A。

③　此朱批日期与内容，据军机处随手登记档（档案编号：03-0308-2-1227-151）校补。

○四一　奏报外海水师人员暂缓引见片

光绪二十七年四月二十八日（1901 年 6 月 14 日）

再，改用外海水师人员试验一年期满，例应保题送部引见。兹准广东水师提督何长清①先后咨称：改用广东外海水师尽先副将陈良杰，②于光绪二十三年正月二十日到营，现署水师提标左营游击事务；又，改用外海水师尽先参将石玉山，于光绪二十四年十二月初三日到营，现带广毅军勇，办理惠州东江余匪；又，改用外海水师尽先都司黄麟瑞，于光绪九年十二月初一日到营，现署香山协左营都司事务。各该员业已试验一年期满，水师均尚熟悉，例应考

---

① 何长清（1843—1909），字榆庭，广东香山人。咸丰十一年（1861），中乡试武举。同治二年（1863），中式武进士。同年，以守备用。同治十一年（1872），保游击，戴花翎。光绪三年（1877），署前山营都司。七年（1881），补水师提标右营游击。九年（1883），署平海营参将，赴虎门炮台委带勇营。十年（1884），升海门营参将。十七年（1891），迁大鹏协副将，署北海镇总兵。同年，调补湖北郧阳镇总兵。二十二年（1896），擢广东水师提督。三十年（1904），因案褫职，旋经奏保，开复原衔，署北海镇总兵。次年，丁母艰，回籍终制。宣统元年（1909），卒于籍。

② 陈良杰（1848—?），浙江镇海人。同治三年（1864），投效铭军，充勇目，旋保把总、千总。六年（1867），保守备。九年（1870），保都司。十一年（1872），任江南轮船局各兵轮船枪炮总教习，戴蓝翎。十三年（1874），补江阴江防南北岸及虎门等各炮台总教习。光绪七年（1881），兼理炮台事务。十年（1884），勘地绘图、建筑炮台，以功加游击衔。十二年（1886），保升游击。十四年（1888），管理河海三营轮扒各船事务，办琼州海口秀英炮台工程。十七年（1891），署广东海口营参将，委带琼州右营事务，赏戴花翎。十九年（1893），授两广总督标中营中军都司，并保参将。二十一年（1895），署海口营参将、崖州协副将。翌年，保副将。二十六年（1900），署广东水师提标左营游击。次年，保以总兵记名简放。二十八年（1902），补广东顺德协副将，署广东香山协副将，兼管秀英炮台事务。同年，署广东高州镇水陆总兵。三十二年（1906），署广东增城营参将。

验,给咨送部。惟或署员缺,或带营勇,正资得力,未便遽易生手,咨请核办等情前来。

臣覆核无异。合无仰恳天恩,俯准副将陈良杰、参将石玉山、都司黄麟瑞,均暂缓送部,敕部先行注册序补,俟补缺时,并案给咨赴部引见,出自逾格鸿施。理合附片具陈,伏乞圣鉴训示。谨奏。

(朱批:)着照所请,兵部知道。[①]

光绪二十七年六月初五日,奉朱批:着照所请,兵部知道。钦此。[②]

○四二　奏报查明广东筹解京饷被劫情形片

光绪二十七年四月二十八日(1901 年 6 月 14 日)

再,光绪二十六年第二批盐课京饷内搭解一成银圆六千五百七十两,运至天津,被洋兵、拳匪劫去,前据两广盐运使详经臣德寿咨明行在户部,请免予赔缴在案。兹准覆称:本部查例载:凡护解饷鞘,管解官不申请防护、不经由大路以致有失者,所失饷鞘着落管解官全赔。若解官已请防护,又系经由大路而饷鞘被失者,所失饷鞘地方文员分赔十分之五,签差不慎之大员分赔十分之三,管解官分赔十分之二等语。若猝遭兵燹,中途被劫,例内既无明文,亦无办过似此成案,咨请免予赔缴,碍难率准,应令查明有无捏报情弊,自行奏明办理等因。当经行司遵照去后。

兹据两广盐运使国钧详称:伏查上年第二批京饷及内务府经

---

① 台北故宫博物院藏:军机及宫中档,文献编号:408003368-0-C。

② 中国第一历史档案馆藏:录副奏片,档案编号:03-5952-012。

费等项共计纹银五万五千八百三十两外，应搭一成银圆六千五百七十两，原交通商银行及源丰润等号汇兑，该银行等将搭解一成粤铸龙纹银元装箱，交开平公司之广平轮船载运，于上年五月二十日驶抵天津，随即提银上岸，正拟转解进京，适值洋兵、拳匪麕集，致被劫去，实系猝遇兵燹，变出非常，力难防护，并无捏报情弊，详请具奏，免予赔缴等情前来。

臣覆核无异。除咨明户部外，谨会同广东巡抚臣德寿附片具陈，伏乞圣鉴训示。谨奏。

（朱批：）户部知道。①

光绪二十七年六月初五日，奉朱批：户部知道。钦此。②

○四三　奏报汇解南河工程盐课银两片

光绪二十七年四月二十八日（1901 年 6 月 14 日）

再，广东省每年应解南河工程一万两，光绪二十二年起，因凑还洋款，不能解足。兹二十七年份，据两广盐运使国钧就盐课项下先筹银三千两，于四月初九日兑交商号义善源，汇解漕运总督衙门投纳。详请奏咨前来。除分咨外，谨附片陈明，伏祈圣鉴。谨奏。

（朱批：）户部知道。③

---

①　台北故宫博物院藏：军机及宫中档，文献编号：408003369-0-A。

②　此朱批日期与内容，据军机处随手登记档（档案编号：03-0308-2-1227-151）校补。

③　台北故宫博物院藏：军机及宫中档，文献编号：408003368-0-B。

光绪二十七年六月初五日,奉朱批:户部知道。钦此。①

○四四　造报修建炮台各项费用片

光绪二十七年四月二十八日(1901年6月14日)

再,广东省修建炮台、炮篷各项工程,所有光绪二十六年闰八月以前支用银数,先经列册奏咨在案。兹查光绪二十六年九月起至十二月底止,修理炮台、兵房、营房、炮具各工程并铺板等项,共用银九千九百余两。其营盘地租一款,向在外销项下筹给。前年刚毅来粤筹饷,经将内外销款目和盘托出,所有支过前项修费自当汇同造报。据广东善后局司道照章详请奏咨立案前来。

臣等覆查无异。除册送部外,谨附片具陈,伏乞圣鉴,敕部立案。谨奏。

(朱批:)该部知道。②

光绪二十八年六月初五日,奉朱批:该部知道。钦此。③

○四五　奏报都司谢云龙禀请开缺片

光绪二十七年四月二十八日(1901年6月14日)

再,据署广东北海镇中军游击事镇标右营都司谢云龙禀称:现年七十岁,籍隶韶州府曲江县,于道光二十九年投营,随赴江西防

---

① 中国第一历史档案馆藏:录副奏片,档案编号:03-6474-036。

② 台北故宫博物院藏:军机及宫中档,文献编号:408003370-0-B。

③ 中国第一历史档案馆藏:录副奏片,档案编号:03-6163-023。

堵,转战金陵、丹阳、无锡等处,递保蓝翎守备。回粤后,准补惠州协右营守备,军政卓异,升补今职。前在金陵打仗被伤左眼、左足,奏明准免骑射。现因旧伤复发,视物不明,步履蹇滞,且有九旬老母无人侍奉,请交卸游击署篆,开除都司底缺,回籍调理、养亲等情。先经饬据署北海镇总兵马进祥派委署北海镇右营都司李先璧验明属实,取具亲供、医生甘结,加具验结呈缴,并准广东陆路提督邓万林①咨会核办前来。

查定例:巡阅营伍之年,武职员弁如有告病乞休,即勒令休致等语。光绪二十七年轮值巡阅营伍之年,都司谢云龙因旧伤复发,禀请开缺回籍调理,既经验属实,自应照例休致。相应请旨将广东北海镇右营都司谢云龙开缺,勒令休致。

除委员接署游击篆务并饬取原领都司札付送部查销外,其所遗北海镇右营都司缺系陆路题补之缺,俟部覆到日,容臣另行拣员试署。理合会同广东陆路提督臣邓万林附片具陈,伏乞圣鉴,饬部核覆。谨奏。

(朱批:)着照所请,兵部知道。②

光绪二十七年六月初五日,奉朱批:着照所请,兵部知道。钦此。③

---

① 邓万林(1836—?),湖南长沙人,振勇巴图鲁。咸丰初年,以武童投效军营。十一年(1861),保加参将、副将衔。同治元年(1862),晋总兵衔。五年(1866),升提督衔。九年(1870),署理湖南镇筸镇总兵。十三年(1874),署理湖北郧阳镇总兵。光绪八年(1882),补授广东碣石镇总兵。十二年(1886),兼署闽粤南澳镇总兵。二十六年(1900),擢广东陆路提督。

② 台北故宫博物院藏:军机及宫中档,文献编号:408003370-0-A。

③ 中国第一历史档案馆藏:录副奏片,档案编号:03-5952-013。

○四六　奏闻候补职官被劫病故片

光绪二十七年四月二十八日（1901 年 6 月 14 日）

再，本年二月十五日，据广东厘务局文案委员候补同知刘德心报称：伊家住城内旗街进士里，于本月十二夜被匪拥入抢劫，并枪伤该同知之戚文炳左肱及该同知右手腕等情。查进士里在省城归德门内，系满洲驻防地面。臣等当即会同广州将军臣宗室寿荫[①]将该管协、佐领、营、县分别摘顶，勒限严缉。旋据先后拿获本案盗匪张亚、荣国英二名，发交缉捕局审讯，兹据报称该同知刘德心因伤病故。

除再勒限协、佐领、营、县严拿供开伙盗悉获，提同现获匪犯质讯究办，限满获不及半照例参处外，所有候补职官在省城满洲驻防地面被劫因伤逾月病故缘由，据广东臬司会同藩司详请具奏前来。谨会同广州将军宗室寿荫合词附片陈明，伏乞圣鉴。谨奏。

（朱批：）该部知道。[②]

光绪二十七年六月初五日，奉朱批：该部知道。钦此。[③]

---

　　① 寿荫(1835—1915)，字午卿，满洲正红旗人，爱新觉罗氏。同治九年(1870)，充笔帖式。光绪三年(1877)，署理主事。七年(1881)，授副理事官。八年(1882)，升理事官。同年，调补张家口监督。十四年(1888)，升太仆寺卿。十七年(1891)，调补太常寺卿。十九年(1893)，补兵部右侍郎。同年，迁吏部左侍郎。二十年(1894)，补授盛京兵部侍郎。二十一年(1895)，擢热河都统。二十四年(1898)，调补广州将军。民国四年(1915)，卒。

　　② 台北故宫博物院藏：军机及宫中档，文献编号：408003370-0-C。

　　③ 中国第一历史档案馆藏：录副奏片，档案编号：03-7377-049。

○四七　请奖会办梧、郁等处会匪出力员绅折

光绪二十七年五月二十九日（1901 年 7 月 14 日）

开缺另候简用广西巡抚臣黄槐森、头品顶戴两广总督臣陶模、太子少保督办广西边防广西提督臣苏元春跪奏，为奏明会办梧、郁、浔各属土、会匪，光复兴业、陆川、北流、容县四城，并解郁林、博白州县城围，捣穴擒渠，在事尤为出力各员弁、团练，缮列清单，吁恳天恩，俯准奖叙，以资鼓励，恭折仰祈圣鉴事。

窃照光绪二十四年五月间，郁林匪首李立亭聚党拜会，竖旗滋事，各属土匪亦各纠党乘机响应，势甚猖獗。叠据各属电禀：容县、北流、陆川、兴业四县先后失城，博白、郁林被围，经臣槐森飞饬浔、梧两府就近拨勇先往，一面调拨南宁、龙州、怀集各属防勇，并派柳防一营、容防一营、卫队两哨，星夜驰援；以候补知府张棠荫率亲兵一哨会办剿捕，左江镇莫善喜①亦派镇标两哨同往，前督臣谭钟麟由广东飞调十营分援各属，以高州镇潘瀛②率虎勇一营为总统。

---

① 莫善喜（1827—1905），广东茂名人。初投效军营，充勇目。同治七年（1868），保都司。九年（1870），保游击，加效勇巴图鲁名号。光绪二年（1876），补授万州营游击，加副将衔。五年（1879），保参将，晋副将。十年（1884），署广东清远营游击。十一年（1885），经张之洞以性情残暴奏参革职。十六年（1890），开复原官。二十二年（1896），补授广西右江镇总兵。二十六年（1900），兼署广东碣石镇总兵。二十八年（1902），署广东琼州镇总兵。三十年（1904），署理广东陆路提督。三十一年（1905），因病出缺。

② 潘瀛（1838—1914），号云洲，安徽六安人。初以军功积保副将，赏戴花翎。同治七年（1868），保总兵，旋经张树声奏调赴粤差遣。光绪十年（1884），署广东海门营参将。十一年（1885），保提督，加优勇巴图鲁名号。十五年（1889），署龙门协副将。十七年（1891），署高州镇总兵。二十一年（1895），换噶尔萨尔图鲁名号。二十二年（1896），补南澳镇总兵。同年，署广东水师提督。二十八年（1902），署北海镇总兵。（转下页）

臣元春先令李锦文、刘荣瑂于边防抽拨先锋四百名，驰由贵县进剿；续派分统边营柳庆镇总兵马盛治、①副将陈桂林、游击黄守忠，各带兵勇，继往接应。所有西省派出各军，经臣槐森饬令悉归马盛治节制，以一事权。各军冒暑遄征，分驰奋击，叠据报先后将四城克复，力解郁林、博白州县城围，乘胜攻破匪巢百余处，会同查获匪目二百余名，阵斩、生擒不可胜计，而首要稽诛，地方未能肃清。臣槐森奏蒙亲往督办，沿途相机办理，剿抚兼施，或严勒营弁，或鼓励乡团，密授机宜，总以获歼首要为务。行抵梧州，随饬办理容县团防委员钱锡宣，将阴谋勾匪革绅甘沛棠即甘睦，设法诱杀。梧州广利墟匪首黄季山、浔州鹏化山匪首张老鸡、三贵县龙山匪首黄双龙等，经该印、委各员先后擒获、格毙，各路声气始相联络。臣槐森驰抵郁林，会晤总兵马盛治等，筹商拟订剿抚事宜及团保章程八条，刊发各属遵办。维时，博白渠匪则有刘龙骨木及已革侍卫秦永年等，兴业则有赵大寿、谢三妹等，北流、陆川则有戴大、王四、苏角六等，容县则有田福志及其子田大等，皆著名首要，叠报歼除，地方粗

（接上页）二十九年(1903)，兼署广西左江镇总兵。三十年(1904)，权宪兵学堂事务。三十三年(1907)，署北海镇总兵。三十四年(1908)，擢广东韶连镇总兵。是年，调补湖北宜昌镇总兵。宣统三年(1911)，以老告退。民国三年(1914)，卒于籍。

　　①　马盛治(1844—1902)，字仲平，广西永安人，武童出身。同治元年(1862)，在籍襄办团练。同年，投效总统援黔各军席宝田军营，以功加六品顶戴。七年(1868)，保把总，戴蓝翎。八年(1869)，保千总，加守备衔。同年，保守备，换花翎。九年(1870)，保都司，晋游击衔、壮勇巴图鲁名号。翌年，保参将，加副将衔，晋哈丰阿巴图鲁名号。十一年(1872)，赏穿黄马褂。光绪二年(1876)，保总兵，加提督衔，帮办湖南毅新全军防务。四年(1878)，率师驻防宝庆、郴州。十年(1884)，统带右路熙字全军随苏元春驻扎越南太原、新街等处。十二年(1886)，统领熙字四营。十三年(1887)，补广西柳庆镇总兵。二十年(1894)，赏双眼花翎。次年，会议办理中越界务。二十五年(1899)，署广西提督，加头品顶戴。二十八年(1902)，调广西左江镇总兵，移师南宁。同年，卒于阵。谥武烈。

安,民渐复业。臣等往复电商,随将各军酌量抽拨,陆续回防。郁林匪首李立亭逃窜广东防城县地方,经派弁跟踪拿获,解回正法,由臣元春奏报在案。

伏思此次匪起仓猝,破城戕官,势焰尤炽,幸赖圣主福威,各军用命,数旬之内,悉行荡平。所有一切剿抚详细情形,臣等曾于是年十二月初二日会同具折,由驿驰陈,将劳绩尤著各员随折拟请奖叙,并声明尚有前敌、后路在事出力人员,仍俟臣等逐一查明,再当汇案分别异常、寻常劳绩保奏,奉朱批:该部议奏。钦此。旋经部议核准具奏,奉旨:依议。钦此。恭录咨行,钦遵在案。臣随饬各军统带及该地方道府等,将在事出力员弁、团练查明劳绩昭著者,核实开送,以凭汇请奖叙。嗣据陆续开列前来,适值北方多事,宵旰忧勤,未敢以奖叙微劳遽行渎请。臣槐森交卸在即,据东军边营各统带以郁林匪案系臣槐森亲往督办,值此清除东、西积匪之际,应由臣槐森核实奏奖,以昭激励,由臣模、臣元春咨商办理。

臣查各处开列人数较多,逐加细核,将出力稍次者删而又删,谨择尤为出力员绅缮列清单,恭呈御览。合无仰恳天恩,俯准给奖,以策后效。其拟保千总以下各弁,另行开单,并将各员弁履历咨部查照外,谨合词恭折具陈,伏乞皇太后、皇上圣鉴训示。再,此折系臣槐森主稿。合并陈明。谨奏。五月二十九日。

光绪二十七年七月二十二日,奉朱批:该部议奏。单并发。钦此。[①]

---

① 台北故宫博物院藏:军机及宫中档,文献编号:143017。

○四八　呈会办梧、郁等处会匪出力员绅清单

光绪二十七年五月二十九日（1901 年 7 月 14 日）

谨将广东、广西并边防各军及地方团练会剿郁林等处土、会匪，克复兴业、陆川、北流、容县四城，力解郁林、博白州县城围，扫荡巢穴，擒斩首要，并歼除浔、梧两府属响应渠匪在事尤为出力文武员弁、团绅，查明实在劳绩，拟请奖叙，逐一缮列清单，恭呈御览。

计开：

记名简放总兵洪广成，留粤尽先补用副将周金顺，花翎总兵衔两广督标补用副将刚安巴图鲁黄云高，广西尽先补用副将锐勇巴图鲁黄忠立，副将衔两广督标尽先补用参将李渭培，总兵衔补用副将刘仁贵，广西花翎尽先补用游击黎瑞春、樊前玉，已革游击谢洲，游击衔补用都司符庆，花翎游击衔尽先补用都司文上贵、关成茂、何福安，花翎尽先补用都司陈之灿，蓝翎补用都司尽先补用守备宋尚杰、何天祥，安徽试用道席汇湘，知府衔分省补用同知何宸章，不论双单月选用通判鲍殿昌，浔州府知府张祖祺，盐运使衔补用知府谭国恩，补用知府路在衡，指分江苏试用县丞方朝安、姜鹏，广西试用县丞方丹阳，指分江苏试用府经历苏庆龄，广东试用府经历顾国璠、吴徵麒，广西补用府经历周琦。

查以上各员于郁林土、会匪骤起，或由边关兼程赴援，或由广东星夜驰至，或由浔、梧就近拨队先到，首尾截击，连战皆胜，解围复城，擒斩最多，功绩卓著。洪广成拟请赏给巴图鲁勇号；周金顺拟请俟补副将后，以总兵交军机处记名，请旨简放；黄云高、黄忠立均拟请以总兵交军机处记名，请旨简放，黄云高并请赏加提督衔；

李渭培拟请以副将归广东外海水师尽先补用；刘仁贵拟请以总兵交军机处记名，请旨简放；黎瑞春、樊前玉均拟请免补游击，以参将仍留广西尽先补用，并加副将衔；谢洲拟请开复原官；符庆、文上贵、关成茂、何福安均拟请免补都司，以游击尽先补用，并加副将衔；陈之灿拟请以游击尽先补用，并加参将衔；宋尚杰、何天祥均拟请免补都、守，以游击尽先补用；席汇湘拟请以道员归候补班补用；何宸章拟请以知府分省补用；鲍殷昌拟请以知州分省补用；张祖祺拟请以道员在任候补，并加三品衔；谭国恩拟请俟补缺后，以道员遇缺提奏；路在衡拟请俟补缺后，以道员用，并加三品衔；方朝安、姜鹏、方丹阳、苏庆龄、顾国璠、吴徽麒、周琦均拟请以知县仍留原省补用。

花翎尽先补用参将张得贵、赖武邦，蓝翎补用都司尽先补用守备陈天宋，都司衔尽先补用守备覃佑启，广东顺德协期满武举尽先拔补千总朱栋材，连阳营右哨头司把总补用千总陈和，北海镇尽先拔补把总周道鉴、刘时祥，补用守备广西抚标左营左哨千总张鼎元，蓝翎尽先拔补千总区一谖，蓝翎尽先拔补把总胡志春，尽先拔补千总黄大胜、万福祥，尽先补用都司韦卓承，尽先拔补千总蔡河宗，三品衔广西试用道尹恭保，前署郁林直隶州事嗣报丁忧开缺百色直隶厅同知顾思仁，试用知府濮贤恒、沈世培，指分广西试用同知钱锡宝，试用同知宋安枢、王赓虞、庄蕴宽、刘锡珍，同知衔补用知县周易，直隶州用补用知县萧佐廷，试用州同覃致身、傅沛然，从九品林桐，分省试用同知金湛霖，选用府经历裴豫，选用州判林永元，尽先选用训导马广业。

查以上各员，督勇先后驰至，冲锋陷阵，叠克北流、容县等城，并歼除阴谋结党革绅甘沛棠即甘睦、匪首田福志等，捣平巢穴多处，尤为勇敢得力。张得贵、赖武邦均拟请免补参将，以副将尽先补用；陈天宋、覃佑启均请免补都、守，以游击尽先补用，并请赏换花翎；朱栋材、陈和、周道鉴、刘时祥均拟请免补千、把总，以守备补用，并加都司衔；张鼎元拟请免补守备，以都司在任尽先补用，并加游击衔；区一谖、胡志春均拟请免补千总、把总，以守备尽先补用，并请赏换花翎；黄大胜、万福祥均拟请免补千总，以守备尽先补用，并加都司衔；韦卓承拟请以游击尽先补用，并加参将衔；蔡河宗拟请以守备尽先补用，并请赏戴蓝翎；尹恭保拟请仍以道员遇缺即补；顾思仁拟请俟服阕后，以知府仍留广西补用，并加三品衔；濮贤恒拟请以知府归候补班补用，并加三品衔；沈世培拟请以道员用；钱锡宝请免补同知，以知府仍留原省补用；宋安枢、王赓虞、庄蕴宽、刘锡珍均拟请以知府补用；周易拟请以直隶州知州补用，并加四品衔；萧佐廷拟请俟补缺后，免补直隶州，在任以知府补用；覃致身、傅沛然均拟请以知州补用；林桐拟请以县丞补用；金湛霖拟请以同知分省前先补用；裘豫、林永元均请以知县不论双单月，归部选用；马广业拟请免选本班，以知县归部选用。

两广督标尽先补用游击陈才业，花翎尽先补用都司刘从旺、麻家发、潘重九，广西尽先补用都司李春发、程树慆，广东补用都司黎象贤，两江督标尽先补用都司张有才，都司衔尽先补用守备罗人典、许超元，蓝翎都司衔补用守备黄祥凤，蓝翎尽先补用守备郭锡畴，守备衔尽先拔补千总韦舒泰、牟昌隆、周维新，候补守备提标中营左哨千总杨广昭，广东陆路提标中营左哨二司外委补把总后拔补千总王紫衍，尽先外委升用把总冯水，拔补把总潘继周、温水清、许永胜，尽先拔补千总陈灼刚、温全隆、陈灼元，候补千总钟镇昌、黄经芳，广东补用知州李宗道，二品荫生刘时刚，分省试用州同苏承忠、马云庆,指分广西试用州同梁骏猷,指分江苏试用州同曾寿周,指分广东试用州同顾视本,知州用候选州同翟谥,广东试用县丞潘钟岳,试用直隶州州判范云梯,前先补用同知直隶州试用知州王鸿诰,同知衔嗣报丁忧开缺藤县知县文明钦,丁忧在籍广东即用知县张存谐,同知衔调补临桂县知县禄坤,在任补用同知直隶州灵州县知县高忠藩,分省试用直隶州州同谭学裴,试用知县罗环,试用直隶州州判覃宝珦,郁林直隶州州判胡绍瑗,补用知县陈模、柳篯、彭言孝、欧阳鐅,盐提举衔试用通判马觐颜,四品衔补用同知直隶州另补知县王仁钟,博白县教谕秦恩述,试用府经历陈礼章,试用县丞华照,分省试用县丞李培壎,浙江试用县丞陈湘鸿,盐大使职衔马祺,指分广西试用州判张元溥,补用县主簿大黄江巡检邓寿龄,分发直隶试用从九品李训。

查以上各员,冲锋捣穴,不避艰险,力擒匪首刘龙骨木,并获暗助谋逆已革侍卫秦永年等正法,战功屡著,异常出力。陈才业拟请以参将尽先补用,并加副将衔;刘从旺、麻家发、潘重九、李春发、程树憷、黎象贤均拟请以游击尽先补用,并加参将衔;张有才拟请以游击留粤尽先补用;罗人典、许超元均拟请以都司补用,并加游击衔;黄祥凤、郭锡畴均拟请以都司补用,并请赏换花翎;韦舒泰、牟昌隆均拟请以守备留粤补用,并加都司衔;周维新拟请免补千总,以守备尽先补用,并加都司衔;杨广昭拟请免补守备,以都司在任候补;王紫衍、冯水、潘继周、温水清、许永胜均拟请免补千、把总,以守备尽先补用;陈灼刚、温全隆、陈灼元、钟镇昌、黄经芳均拟请免补千总,以守备尽先补用;李宗道拟请以直隶州知州仍留原省补用;刘时刚拟请以直隶州知州分省补用;苏承忠、马云庆均拟请以知州仍分省补用;梁骏猷、曾寿周、顾视本均拟请以知州仍留原省补用；翟谧拟请以知州分省补用；潘钟岳、范云梯均拟请以知县仍留原省补用；王鸿诰拟请仍以知州归候补班补用；文明钦、张存谐均拟请俟服阕得缺后，以同知直隶州补用，并加四品衔；禄坤拟请在任以应升之缺升补后，以知府用；高忠藩拟请俟补同知直隶州后，以直隶州知州分省补用；罗环拟请以知州用；覃宝珩、胡绍瑗均拟请以知县补用，并加同知衔；陈模拟请以同知直隶州补用；柳镁、彭言孝均拟请以知州补用；欧阳鏊拟请以同知补用；马觐颜拟请以知州补用，并加四品衔；王仁钟拟请免补知县，以同知直隶州用；秦恩述拟请以知县分省补用；陈礼章、华照均拟请免补本班，以知县补用；李培壎拟请以知县仍分省补用；陈湘鸿拟请以知县仍留原省补用；马祺拟请以盐大使分省补用；张元溥拟请以知县仍留原省补用；邓寿龄拟请以县丞在任候补；李训拟请以县丞仍归原省补用。

尽先补用参将吴高亮，花翎补用游击萧金彪，广东补用游击尽先补用都司王殿光、苏廷光、黄辅成，副将衔补千总后递补守备、都司、游击冯光贤，补用都司梁福英、王占魁、周成，梧州协左营中军都司郭绍泰，都司衔广东大鹏协左营遇缺即补千总方国桢，广东水师提标中营候补千总方明扬，五品顶戴补用卫千总潘宗璧，尽先千总拔补把总马汉，拔补千总戴承先、杨佩瑛、黄晋昌，广东清远营右哨二司把总补用千总刘定章，尽先拔补把总升用千总赖来、冯树福、黄兰，新会营尽先补用千总升用守备陈瑞兴，肇庆协尽先拔补把总冼常，高州镇尽先拔补千总黄九成，存记千总尽先拔补把总邓美廷，承袭云骑尉李毓林，都司衔武举周廷琛，三品衔道员用太平府知府何燿章，道员用镇安府知府严震，三品衔道员用桂林府知府孙钦晃，试用知府胡传钊，补用知府魏玠，分省补用同知区赞森，分发试用通判冯骏，同知衔马平县知县丁桓光，补用通判吴靖，分省试用州同马云阊,试用知县彭光辅,补用知县冯镜芳、李本铭,选用县丞向瑶台、潘宗儒、蒋裕光、何朝柱,广东试用巡检苏元涛,尽先选用巡检张希良、潘兆玑,蓝翎分省补用巡检陈翰文、马云锦,不论双单月选用从九品邓芝游,尽先选用典史杨文炳,廪生周以崧,试用从九品高世权、梁汝成。

查以上各员,或调遣随营,或分守要隘,出奇制胜,屡有斩擒;或竭力筹运军需,或截获浔、梧响应股匪,勤劳昭著,谋勇兼全,均属异常出力。吴高亮拟请以副将留粤补用;萧金彪拟请以参将补用;王殿光、苏廷光、黄辅成均拟请以游击仍留原省补用;冯光贤拟请免其递补,仍以游击留粤补用;梁福英、王占魁、周成均拟请以游击补用;郭绍泰拟请以游击在任候补;方国桢、方明扬均拟请以守备用;潘宗璧、马汉均拟请以守备补用;戴承先、杨佩瑛、黄晋昌均拟请以守备补用;刘定章、赖来、冯树福、黄兰、陈瑞兴、冼常、黄九成、邓美廷均拟请以守备补用;李毓林拟请以都司补用;周廷琛拟请赏戴蓝翎;何燿章拟请开缺,以道员前先补用;严震、孙钦晃均拟请归道班后,加二品衔;胡传钊、魏玠均拟请加三品衔;区赞森拟请俟补同知缺后,以知府补用;冯骏拟请以知州分发补用;丁桓光拟请以同知直隶州在任候补;吴靖拟请以知州补用;马云阊拟请以知州分省补用;彭光辅、李本铭、冯镜芳均拟请俟补缺后,以同知直隶州用;向瑶台拟请仍以县丞分省前先补用;潘宗儒、蒋裕光、何朝柱均拟请俟选缺后,以知县用;苏元涛拟请以县丞仍留原省补用;张希良、潘兆玑、陈翰文、马云锦、邓芝游、杨文炳、周以崧均拟请以县丞分省补用;高世权、梁汝成均拟请以县丞仍留原省补用。

蓝翎尽先补用守备余双和、陈锡庆、李贞才,补用守备邓世朝、郑开润、彭树棠、李正芳、李记勇,都司尽先补用守备蓝廷楷、董道义、张泽锦，补用守备吴凤友、蒋良廷、何国贤、赵登润，营用守备温东升，五品军功领催多祺，蓝翎尽先拔补千总杜启祥，广东水师提标中营补用千总苏廷琛，五品蓝翎尽先拔补千总唐兴钺，补用千总李椿发，拣选知县冯希京、冯溥光、许炳燿、苏绍图、梁宗瑶、程道元，同知衔补用知县郁家珍，湖南大挑知县黄玉年，试用通判陈嵩澧，指分江苏试用通判钱宗翰，试用县丞胡立森，指分广西试用府经历何玙，候补县丞陈鸣谊，试用府经历李文莱、陈时策，试用从九品全国梁，试用州吏目万国安，大挑教职文德伟，四班统选教职魏宗弼，举人萧崇治，候选直隶州州判谭福勋、唐廷升，丁忧在籍福建封宁县知县庞桂廷，廪生马光裕、林熙廷、林懋基，附生钟泰阶、刘象枢。

　　查以上各员，带勇督团，分道进剿，攻克红泥、白石等处坚巢，擒斩匪首赵大寿、谢三妹等多名，相机接应，不遗余力。余双和、陈锡庆、李贞才、邓世朝、郑开润、彭树棠、李正芳、李记勇、蓝廷楷、董道义、张泽锦、吴凤友、蒋良廷、何国贤、赵登润、温东升均拟请以都司补用；多祺拟请免补骁骑校，以防御尽先即补；杜启祥拟请以守备补用；苏廷琛拟请以守备仍归水师提标补用；唐兴钺、李椿发均拟请以守备补用；冯希京拟请以知县归部选用；冯溥光、许炳燿、苏绍图、梁宗瑶、程道元均拟请以知县分省补用；郁家珍、黄玉年均拟请俟补缺后，以同知直隶州用；陈嵩澧、钱宗翰均拟请俟补缺后，以知州用；胡立森、何玙、陈鸣谊、李文莱、陈时策均拟请俟补缺后，以知县用；全国梁拟请以县丞补用；万国安拟请以州判补用；文德伟、魏宗弼、萧崇治、谭福勋、唐廷升均拟请以知县不论双单月归部选用；庞桂廷拟请俟服阕补缺后，以同知直隶州补用；马光裕、林熙廷、林懋基均拟请以训导不论双单月归部选用；钟泰阶、刘象枢均拟请以巡检分省补用。

蓝翎游击衔两广督标尽先补用守备杨鸿飞,都司衔补用守备尽先拔补千总刘天瑞,补用守备欧阳才、温长发,梧州协右营守备周德光,补用千总李安邦,尽先补用千总李可怀,桂平城守汛千总陈汉宗,藤县城守汛千总刘廷勋,梧州协三合汛千总白定标,尽先拔补千总罗德聚、韦世金、莫华道、陈瑞新,承袭云骑尉莫玉书、黄日成、张鹏瑞,补用千总尽先拔补把总廖正元、陈品荣、马培、蒋万勋、徐拔廷、封裕,吏部主事刘明华,广东尽先补用巡检黎炳燊,候选典史潘培恩,广西试用巡检熊斌,廪贡生萧荣康,拔贡生甘永佳,指分湖南试用府经历封辛礽,指分福建试用盐大使何炳德,指分云南试用县丞张德开,候选教谕蒋乃谐、陈国琦、蒋武瑾,候选训导冯炳光、韦廷辅,蓝翎知州衔云南补用州同朱锡熙,遇缺选用盐大使刘庠,大挑教职伍义章,拣选知县梁雅彝,选用训导李沛祥,电报学生汪庆兆。

查以上各员,扼堵截击,屡歼渠匪,或督率戈船接护粮饷、军需,或分带勇团搜捕容、北等属余党,勇往得力,不辞劳瘁。杨鸿飞、刘天瑞、欧阳才、温长发均拟请以都司仍留原标补用;周德光拟请以都司在任候补;李安邦、李可怀、陈汉宗、刘廷勋、白定标、罗德聚、韦世金、莫华道、陈瑞新均拟请以守备补用;莫玉书、黄日成、张鹏瑞均拟请赏都司衔;廖正元、陈品荣、马培、蒋万勋、徐拔廷、封裕均拟请免补千、把总,以守备补用;刘明华拟请加四品衔;黎炳燊拟请以县丞仍留原省补用;潘培恩拟请仍以典史分省补用;熊斌拟请仍以巡检补用;萧荣康拟请以教谕归部选用;甘永佳拟请以直隶州州判分省补用;封辛礽、何炳德、张德开均拟请俟补缺后,以知县用;蒋乃谐、陈国琦、蒋武瑾、冯炳光、韦廷辅均拟请以本班遇缺先选用；朱锡熙拟请俟补缺后，以知州升用；刘庠拟请加盐提举衔；伍义章、梁雅彝、李沛祥均拟请赏五品顶戴；汪庆兆拟请以巡检不论双单月归部选用。

（朱批：）览。[①]

○四九　奏报粤海关汇解第一批京饷折

光绪二十七年六月初一日(1901 年 7 月 16 日)

头品顶戴两广总督臣陶模跪奏，为报解粤海关第一批京饷等款银数、日期，恭折仰祈圣鉴事。

窃照光绪二十七年份京饷，户部奏拨粤海关洋税银十万两，新增盈余银六万两；又东北边防经费拨粤海关六成洋税银十二万两，又加拨银二万四千两，又加放俸饷于粤海关四成洋税每结提银六千两，又另款加复俸饷每年粤海关应解银四万两，又内务府广储司公用每年拨粤海关税银三十万两。以上各款均应速解。

兹筹解光绪二十七年份第一批京饷银二万五千两，另加平银三百七十五两、饭银七百二十五两，又新增盈余银一万五千两，另加平银二百二十五两、饭银四百三十五两，又东北边防经费银三万两，又加拨银六千两，又加放俸饷银六千两，又光绪二十四年份另款加复俸饷银一万两，又光绪二十七年春季份广储司公用银七万五千两，另加平银一千一百二十五两，新增归公加平银一千八百七十五两，抬费用项银六百两，共银一十七万三千三百六十两，饬由西商志成信、协成乾两号先行垫解，由广东布政使丁体常遴委试用

---

① 　台北故宫博物院藏：军机及宫中档，文献编号：143017-0-A。

知县赵德垣等领赏汇单、文批,于光绪二十七年四月二十七日起程进京,支取银两,前赴户部、内务府分别交纳。

除分咨查照外,谨会同粤海关监督臣庄山缮折具陈,伏乞皇太后、皇上圣鉴。谨奏。光绪二十七年六月初一日。

(朱批:)该衙门知道。[1]

光绪二十七年七月十七日,奉朱批:该衙门知道。钦此。[2]

○五○　奏报汇解英、德洋款折

光绪二十七年六月初一日(1901年7月16日)

头品顶戴两广总督臣陶模跪奏,为报解广东省本年五月应还洋款数目,恭折仰祈圣鉴事。

案准户部咨:应还英、德本息,每年指拨广东省盐斤加价银五万两,加放俸饷银五万两,闱捐银二十四万两,地丁等项银三十八万两,每年匀分二、五、八、冬四个月,解赴江海关道交纳等因。兹据广东布政使丁体常、两广盐运使国钧、善后局司道先后详称:本年五月份应解前项银两,现经设法挪凑,并令各号商借垫足数,作为盐斤加价银一万二千五百两,加放俸饷银一万二千五百两,闱捐银六万两,地丁等项银九万五千两,共银一十八万两,定于五月十三日由号商大德恒等汇解江海关道兑收,备还英、德之款。详请奏咨前来。

臣覆核无异。除咨部查照外,谨会同广东巡抚臣德寿恭折具

---

①　台北故宫博物院藏:军机及宫中档,文献编号:408003372。

②　台北故宫博物院藏:军机及宫中档,文献编号:142911。

陈，伏乞皇太后、皇上圣鉴。谨奏。光绪二十七年六月初一日。

（朱批：）户部知道。[1]

光绪二十七年七月十七日，奉朱批：户部知道。钦此。[2]

○五一　奏报广东汇解第三批京饷折

光绪二十七年六月初一日（1901 年 7 月 16 日）

头品顶戴两广总督臣陶模、头品顶戴广东巡抚臣德寿跪奏，为交商汇解奉提筹备饷需银数、日期，恭折具陈，仰祈圣鉴事。

窃准行在户部电开：京师需款甚急，各省关即将本年应解筹备饷需下，按原拨数目先提一半，刻日解沪，由沪道设法汇京等因。当经转行遵照。查广东省奉拨光绪二十七年份筹备饷需银二十万两，除已解银五万两外，尚未解银一十五万两。兹应按照原拨之数先提一半十万两，作为第三批起解，本应遵照解沪转解，惟粤省现有商号源丰润等均能设法汇京，自可交其汇兑，无庸由沪转解，以省周折而期妥速。现于光绪二十七年四月二十六日在藩库各款内筹支银一十万两，作为应解本年筹备饷需，发交该商等汇京，定限五月底赴户部衙门投纳。据广东布政使丁体常详请奏咨前来。

臣等覆核无异。除分咨外，谨合词缮折具陈，伏乞皇太后、皇上圣鉴。谨奏。光绪二十七年六月初一日。

（朱批：）户部知道。[3]

---

①　台北故宫博物院藏：军机及宫中档，文献编号：408003374。

②　台北故宫博物院藏：军机及宫中档，文献编号：142910。

③　台北故宫博物院藏：军机及宫中档，文献编号：408003371。

光绪二十七年七月十七日，奉朱批：户部知道。钦此。[1]

○五二　奏报广东裁营节饷折

光绪二十七年六月初一日（1901年7月16日）

头品顶戴两广总督臣陶模、头品顶戴广东巡抚臣德寿跪奏，为广东饷需日绌，陆续酌裁营勇，以资节省，恭折仰祈圣鉴事。

窃广东盗风素炽，惟赖多设营勇，借资防卫。北方事起，海防吃紧，前督臣李鸿章及臣德寿先后增募各营，以资防剿。八月间，惠州土匪窃发，赖以无虞。惠匪剿平之后，余孽仍窜伏附近港澳，时存窥伺。其内地及水面抢劫之案，亦日有所闻。臣模抵任后，整顿轮船、扒船，分段巡缉，饬派营勇，按乡清办，原有各营分布尚虑不敷，何能骤议裁减。无如广东饷款入不敷出，上年冬间因凑解拨还镑价银一百六十万两，司库、善后局罗掘一空，各营勇饷竟至无从支发，几有哗溃之虞。现经臣等沥陈实在情形，奏请将镑款改拨。其刚毅所筹之一百六十万两，饬部减提一半，即使仰荷天恩，俯允所请，通盘核计，仍属万分拮据。若不将各营量加裁汰，设竟无饷可支，隐忧不堪设想。

臣等悉心商酌，于万难裁汰之中设法抽裁，计陆续裁去水师提督何长清所统靖勇、炮勇一千名，署高州镇马维骐[2]所统介勇、虎

①　台北故宫博物院藏：军机及宫中档，文献编号：142905。

②　马维骐（1845—1910），云南阿迷州（今开远县）人，博多欢巴图鲁。咸丰九年（1859），充蓝翎千总。同年，补开化镇右营右哨千总。同治七年（1868），统管团防。十三年（1874），加都司衔。光绪二年（1876），晋副将衔。五年（1879），补广南营右哨千总。九年（1883），率军抗法。十年（1884），升腾跃右营中军守备。十一年（1885），（转下页）

勇各一营,都司莫善积所统静勇一营,知州张宏运所带缉捕行营水勇一百名,总兵陈维熊所统熊勇二百名,总兵黄金福所统信勇三营。统计陆续裁汰营勇四千三百名,庶月饷稍资节省,俾得通挪周转。裁存各营择要通融匀布,其水师扒船实在不敷分布之处,尚拟量为增设,以期互相接应。此次裁减各营实系出于万不得已,裁节之后,勇饷是否足敷支应,尚须随时查看办理。

除将各营裁勇停饷日期及节省饷银数目开单咨部查照外,所有因饷需支绌酌裁营勇缘由,谨合词恭折具陈,伏乞皇太后、皇上圣鉴。谨奏。光绪二十七年六月初一日。

(朱批:)该部知道。[①]

光绪二十七年七月十七日,奉朱批:该部知道。钦此。[②]

○五三　奏报绅士捐资给匾奖励片

光绪二十七年六月初一日(1901 年 7 月 16 日)

再,广东省劝办绅富捐输,前经臣等奏请变通章程,凡捐银五千两者,准请旨特赏匾额一方,钦奉朱批:着照所请。钦此。钦遵转行在案。兹据督办绅富赈捐善后局司道详称:据劝办绅富捐输

(接上页)迁昭通镇左营游击。十三年(1887),授督标右营游击。十四年(1888),转督标左营游击。十六年(1890),升提督衔。十七年(1891),署云南普洱镇总兵。十八年(1892),调署临元镇总兵。二十一年(1895),署昭通镇总兵。二十四年(1898),补授广东潮州镇总兵。二十五年(1899),署高州镇总兵。二十八年(1902),署广东陆路提督。同年,擢四川提督,任续备全军翼长,兼统备前军。三十四年(1908),授巡防全军翼长。宣统二年(1910),卒于任。谥军肃。

   ① 台北故宫博物院藏:军机及宫中档,文献编号:408003373。

   ② 台北故宫博物院藏:军机及宫中档,文献编号:142908。

委员请补钦州直隶州知州李家焯劝据顺德县绅士花翎候选治中苏
铭璋、五品衔候选教谕苏泰、花翎五品衔候选教谕苏乃成、同知衔
候选知县苏士光、花翎三品衔候选直隶州知州苏豫等，仰承亲志，
捐银五千两，请赏给该绅等苏姓合族祠堂匾额一方；又捐银五千
两，请赏给该绅等故夫从一品封职候选郎中副贡生苏文震祠堂匾
额一方。共捐银一万两，请给匾额两方，核与奏定章程相符。合无
仰恳天恩，俯准特赏匾额两方，以示鼓励而昭激劝。

除咨移部、科查照外，谨合词附片陈明，伏乞圣鉴。谨奏。

（朱批：）着照所请，该部知道。[1]

光绪二十七年七月十七日，奉朱批：着照所请，该部知道。
钦此。[2]

○五四　请将孝妇孙江氏予以旌表片

光绪二十七年六月初一日(1901 年 7 月 16 日)

再，据广州府虎门同知王朝瀚、永安县知县姚庭辉、临高县知
县吴志道禀称：已故孝妇孙江氏现年二十六岁，系浙江钱塘县监生
孙士颐之妻。孙士颐随父已故广东补用知县孙应霖来粤，江氏年
十九，归孙士颐为妻。时翁已故，事姑克尽妇职，先意承志，能得亲
心。本年三月间，姑患时疫，此病百无一愈。江氏亲侍床蓐，夜深
焚香祷天，愿以身代，刲臂和药以进，姑病遂转危为安，而江氏即夕
染病不起。职等与江氏夫族系属同乡，且兼亲戚，见闻既确，不敢

---

① 台北故宫博物院藏：军机及宫中档，文献编号：408003374-0-A。

② 台北故宫博物院藏：军机及宫中档，文献编号：142918。

雍于上闻。伏见孝子孝妇刲臂疗亲，均蒙请旨旌表。今孙江氏刲臂疗姑，较之刲臂疗亲者，尤足风世。孙江氏之夫孙士颐随宦寄寓广东，故乡并无近支亲族堪以举报，联名出结，禀恳具奏前来。

臣等伏查随宦寄寓节孝妇女，例准由同乡州县以上实缺官员出结，禀请旌表。本年并准行在礼部行知：节孝妇女请旌，应准改题为奏。今浙江已故孝妇孙江氏刲臂疗姑，洵属孝义可风。既据该同乡实缺同知王朝瀚等联名加结禀请，合无仰恳天恩，俯准旌表，以励孝行而阐幽光。除将册结咨移部、科查考外，谨合词附片具陈，伏乞圣鉴。谨奏。

（朱批：）着照所请，礼部知道。[①]

光绪二十七年七月十七日，奉朱批：着照所请，礼部知道。钦此。[②]

○五五　请将孙国乾等留于广东补用片

光绪二十七年六月初一日（1901 年 7 月 16 日）

再，记名提督孙国乾、[③]记名提督吴贵年来粤有年，委带水陆营勇，均能讲求捕务，勤奋供差。升用总兵尽先补用副将姚秀芳，

---

① 台北故宫博物院藏：军机及宫中档，文献编号：408003371-0-A。
② 台北故宫博物院藏：军机及宫中档，文献编号：142916。
③ 孙国乾（1843—?），广东揭阳人。同治元年（1862），补把总。三年（1864），捐纳都司。五年（1866），升参将。八年（1869），迁副将，加安勇巴图鲁名号。十三年（1874），保总兵。光绪六年（1880），保记名提督。十四年（1888），补授塔城城守中营都司。二十五年（1899），管带广东西江上游广安水军，会办广东高州石城县团练。二十七年（1901），统带广东东江水师。三十二年（1906），署广东潮州镇总兵。翌年，署闽粤南澳镇总兵。宣统元年（1909），署潮州镇总兵。

素著战功,熟悉营务。补用游击刘飞龙、广西拣发守备周德光,熟悉外海水师情形,均系可用之材。合无仰恳天恩,准将记名提督孙国乾、记名提督吴贵年留于广东差遣,总兵用补用副将姚秀芳、补用游击刘飞龙、广西拣发守备周德光,均留于广东,按班补用,刘飞龙、周德光并改发外海水师标营效力,以资任使。

除饬取各该员履历咨部外,相应附片陈明,伏乞圣鉴训示。谨奏。

(朱批:)着照所请,兵部知道。[①]

光绪二十七年七月十七日,奉朱批:着照所请,兵部知道。钦此。[②]

○五六　请准李先义等署理镇、协片

光绪二十七年六月初一日（1901 年 7 月 16 日）

再,广东北海镇总兵刘邦盛嗜好甚深,办事颟顸,经臣奏请开缺,送部引见,应饬先行交卸。所遗总兵篆务,查有提督衔记名总兵广州协副将李先义,[③]堪以署理。李先义所遗广州协副将事务,查有统带安勇记名提督郑润材,[④]堪以署理。

---

① 台北故宫博物院藏:军机及宫中档,文献编号:408003371-0-B。

② 台北故宫博物院藏:军机及宫中档,文献编号:142915。

③ 李先义(1838—?),安徽合肥人,行伍出身。咸丰九年(1859),以军功保以把总尽先拔补。同治三年(1864),保千总、守备。四年(1865),保都司,加确勇巴图鲁名号。六年(1867),保升游击,并加副将衔。七年(1868),保参将、副将,晋总兵衔。十一年(1872),保记名总兵。光绪十二年(1886),署三江协副将。十四年(1888),补广州协副将。同年,署琼州镇总兵。十七年(1891),署广东北海镇水陆总兵,升提督衔。

④ 郑润材(1845—1904),广东三水人。同治六年(1867),补广东潮州镇中营守备。九年(1870),以军功加副将衔。光绪十三年(1887),补广东南韶连镇标(转下页)

除分檄饬遵外,谨附片具奏,伏乞圣鉴。谨奏。

(朱批:)兵部知道。①

光绪二十七年七月十七日,奉朱批:兵部知道。钦此。②

○五七　奏报斥革守备、千总等员片

光绪二十七年六月初一日(1901年7月16日)

再,广西怀集营守备张毓松于光绪二十五年正月准补到任,因与该营千总、外委等争收地租,合营不服,千总张文汉等带同兵丁远赴梧州协衙门控告,抗不办事,经前督臣谭钟麟将张文汉等撤退,并调张毓松来东察看。嗣督臣李鸿章莅粤,以张毓松年力精壮,于二十六年六月檄饬回任。讵复与同城儒学教官伍登员挟嫌,恃强殴击。十二月间,饬令卸事,盘查公款,亏欠银二百一十八两零,实属性情乖谬,屡戒不悛,未便稍事姑容。相应请旨,将广西怀集营守备张毓松即行革职,勒令将欠款如数清缴。其逞刁挟制、擅离汛守之怀集营千总张文汉、存城外委陆广辉、洽水汛外委张炽林,亦应一并斥革,以肃营伍。所遗怀集营守备系部推之缺,应照章听候部选。

除饬取张毓松札付送部查销外,谨附片陈明,伏乞圣鉴训示。谨奏。

(朱批:)着照所请,该部知道。③

中军游击。二十一年(1895),署广州协副将。次年,统带安勇军。二十四年(1898),补授罗定协副将。二十七年(1901),迁广东北海镇水陆总兵,兼署顺德协副将。二十九年(1903),署左江镇总兵。同年,回北海镇总兵本任。三十年(1904),自尽身亡。

①　台北故宫博物院藏:军机及宫中档,文献编号:408003372-0-B。
②　台北故宫博物院藏:军机及宫中档,文献编号:142914。
③　台北故宫博物院藏:军机及宫中档,文献编号:408003373-0-B。

光绪二十七年七月十七日，奉朱批：着照所请，该部知道。钦此。①

○五八　奏报粤海关汇解英、德本息片

光绪二十七年六月初一日（1901年7月16日）

再，准户部咨：应还英、德本息，由各海关洋税、洋药、税厘项下摊派粤海关五十二万两，每年匀分二、五、八、冬四个月解交等因。迭经遵解在案。兹准粤海关监督庄山咨称：准户部札开：英、德借款佛郎镑价昂贵，原拨银数不敷，照案酌量加拨本年五月期应解英、德还款银十三万两，又加拨四分之一银三万二千五百两，合共银十六万二千五百两，备文发交西商志成信、协成乾银号汇解江海关道投纳等因前来。

除咨呈军机处及咨户部查照外，谨会同粤海关监督臣庄山附片陈明，伏乞圣鉴。谨奏。

（朱批：）户部知道。②

光绪二十七年七月十七日，奉朱批：户部知道。钦此。③

○五九　请将吕凤仪等留省补用片

光绪二十七年六月初一日（1901年7月16日）

再，广东试用盐大使吕凤仪，广西举人，遵新海防例报捐盐大

---

① 台北故宫博物院藏：军机及宫中档，文献编号：142917。
② 台北故宫博物院藏：军机及宫中档，文献编号：408003373-0-A。
③ 台北故宫博物院藏：军机及宫中档，文献编号：142906。

使,指分广东,于光绪二十四年七月十八日到省。又,试用盐大使多寿,正黄旗满洲巴彦布佐领下人,由例贡生报捐笔帖式。光绪二十一年十二月,补授工部都水司笔帖式。复遵新海防例报捐盐大使,指分广东,光绪二十五年九月初十日到省。又,试用盐大使郭祖葆,江苏副贡,遵新海防例报捐盐大使,指分广东,光绪二十六年三月初十日到省。均已试用一年期满,例应甄别。据两广盐运使国钧会同广东布政使丁体常具详前来。

臣查吕凤仪年壮才明,多寿年力富强,郭祖葆办事奋勉,均堪以本班留省,照章补用。除咨部外,谨附片具陈,伏乞圣鉴。谨奏。

（朱批：）吏部知道。①

光绪二十七年七月十七日,奉朱批：吏部知道。钦此。②

○六○　请将张璧封开复原官片

光绪二十七年六月初一日（1901 年 7 月 16 日）

再,前督臣李鸿章任内,据广西梧州府属苍梧、容、藤、岑溪等县绅士湖南试用知县梁廷枢等,以前任梧州府知府张璧封被参冤抑,禀求奏请开复,当经前督臣李鸿章檄饬广西藩、臬二司确切查覆。兹据广西藩、臬二司以伏查前梧州府知府张璧封系于光绪二十四年梧、郁会匪肇衅案内被劾,经湖南巡抚俞廉三③查覆,以因

---

① 台北故宫博物院藏：军机及宫中档,文献编号：408003372-0-A。

② 台北故宫博物院藏：军机及宫中档,文献编号：142913。

③ 俞廉三(1841—1912),字廙轩、廙仙,浙江山阴人,监生。同治初年,任山西候补县丞。八年(1869),补山西候补知县。十三年(1874),调山西武乡县知县。光绪四年(1878),授山西代州直隶州知州。九年(1883),升山西宁武府知府。十一年(1885),署山西河东道。次年,署山西太原府知府。十三年(1887),补授山西太原府（转下页）

循玩寇、坐误事机，奉旨革职。自应以该员前次办匪有无贻误为断。查二十四年五月郁林会匪起事，容县逆首甘沛棠外托团练，内通匪党，接济军火，攻陷县城，旋以收复为名，肆其劫掠之计。张守先派防营哨弁王占魁、李安邦豫为防制，复密饬委办容县剿抚事宜补用知县钱锡宝，将甘沛棠密拿伏诛，攻破巢穴，歼除党羽，容县始克一律肃清，商民齐声称快，当时即经广西抚臣黄槐森电奏。嗣奉谕旨，以有人奏，广西土匪滋事，由于容县团首甘沛棠勾结会匪、攻陷县城，饬令拿办，又经抚臣黄槐森将张璧封派员密拿惩办情形奏覆在案。其苍、藤交界会匪头目黄杏山、孔宪模等亦系张璧封先后饬属拿办。是张璧封当日办理并无贻误，确有案卷可稽。其平日居官，亦能讲求吏治，在港西多年，历委差缺，均能称职，被参委系冤抑等，情详覆前来。

臣查张璧封于光绪二十四年密派委员拿办容县逆首甘沛棠，地方赖以安静，商民至今称道，并有奏案可稽。是当时办理尚无贻误，地方绅士于该员被参之后为之申诉，舆情爱戴，于此可见。现在剿办郁匪出力各员已由广西抚臣开列奏奖，该员密诛匪首，转挂吏议，未免向隅。既据署广西布政使张廷燎、①兼署按察司广敏会

（接上页）知府。十五年（1889），署山西冀宁道。十七年（1891），署山西按察使、山西布政使。二十年（1894），调补湖南按察使。二十二年（1896），迁山西布政使。二十四年（1898），调湖南布政使。同年，擢湖南巡抚，兼湖南学政。二十八年（1902），调山西巡抚。三十三年（1907），授修订法律大臣，协理开办资政院事务。宣统元年（1909），调补仓场侍郎。民国元年（1912），卒于津。谥敏僖。

　　① 张廷燎（1846—1924），河南舞阳人，拔贡生。同治十二年（1873），中式举人。翌年，中式进士，改庶吉士。光绪二年（1876），散馆，授编修。同年，任国史馆协修。五年（1879），充顺天乡试同考官。十年（1884），补陕西道监察御史。次年，转掌广西道监察御史。十三年（1887），任巡城御史。十四年（1888），升礼科给事中。十八年（1892），授工科掌印给事中。次年，放云南迤西道。二十年（1894），加二品衔。二十四年（1898），（转下页）

详请奏前来，合无仰恳天恩，俯准将已革花翎二品顶戴三品衔道员用梧州府知府张璧封开复原官翎衔，仍留广西补用之处，出自逾格鸿慈。

所有知府被参冤抑请旨开复缘由，谨会同广西巡抚臣黄槐森附片陈明，伏乞圣鉴。谨奏。

（朱批：）着照所请，吏部知道。①

光绪二十七年七月十七日，奉朱批：着照所请，吏部知道。钦此。②

【案】嗣奉谕旨，以有人奏……饬令拿办：光绪二十三年七月十九日，清廷饬令湖南巡抚陈宝箴将广西两次土匪之案一并确切查明，据实参奏。廷寄曰：

军机大臣字寄：湖南巡抚陈：光绪二十三年七月十九日，奉上谕：都察院代奏，广西举人李文诏等公呈一折。据原呈内称：广西土匪滋事，势尚蔓延，虽稍有擒获，皆团练之力。官军退缩不前，捏报战功。现在匪首啸聚多人，将图四窜。梧州知府张璧封怠玩废弛，绅耆请兵，置之不理。迨容城失陷，绅耆等径行电请督抚派兵，该府又电禀贼发无多，求缓进兵。苍梧长行乡新利墟一带土、会各匪纷起，该府若罔闻知。梧州为西商交涉之地，恐外人乘机酿乱，牵动大局，请饬严办等语。着

（接上页）迁广西按察使。翌年，署广西布政使。二十七年（1901），调补浙江布政使。二十九年（1903），调广西布政使。次年，转云南布政使。同年，再调广西布政使。宣统元年（1909），授洛潼铁路公司驻汴总理。是年，辞职。民国十三年（1924），卒于籍。

　① 台北故宫博物院藏：军机及宫中档，文献编号：408003372-0-C。
　② 台北故宫博物院藏：军机及宫中档，文献编号：142907。

陈宝箴归入前次交查广西土匪案内，一并确查，据实参奏，毋
稍徇隐。原呈着钞给阅看。将此由五百里谕令知之。钦此。
遵旨寄信前来。①

【案】张璧封……商民至今称道，并有奏案可稽：关于张璧
封其人，广西巡抚史念祖奏请以之请补梧州府知府之折可资
参考：

头品顶戴广西巡抚臣史念祖跪奏，为请补知府，恭折仰祈
圣鉴事。

窃照梧州府知府刘桂文，于光绪二十三年九月十六日在
任病故，应归九月三十日截缺。所遗员缺系内地腹俸选缺，业
经声请扣留外补。是月并无缺项相同，毋庸掣签，应即遴员请
补。查定例：各省道、府、同知、直隶州知州系奉旨命往及督抚
题明留于该省候补并著有劳绩经该督抚保奏，奉旨尽先补用、
遇缺即补者，均无论应题、应调、应选之缺，俱令该督抚酌量才
具，择其人地相宜，悉准先尽酌量补用。又，道、府、同知、直隶
州知州、通判，酌量以候补人员请补时，该省如有截取、记名、
分发人员，应先尽酌量请补。又，定例：各省道、府、同知、直隶
州知州、通判、知州，如系选缺，遇告病、病故、休致所遗，应先
尽候补班前酌补一人，次将候补正班酌补一人等因。

广西选缺病故、休致知府一项，上次用至候补知府张祖祺
奏补浔州府知府缺止，今此一缺系第三轮第二次，留缺应归外
补。该府为三江总汇、两粤要区，非精明干练之员弗克胜任。

---

① 《光绪宣统两朝上谕档》，第24册，第344页；《德宗景皇帝实录（六）》，卷四百
二十四，光绪二十四年七月中，第565—566页。

现无新海防遇缺先、旧海防、新海防及郑工遇缺先、遇缺及记名、分发、正途出身并郑工、海防各例银捐候补班先人员，应用劳绩候补班前先之员请补。

查有候补班前先补用知府张璧封，现年五十六岁，广东广州府顺德县人，由附监生挑取同治庚午科顺天乡试誊录，签分国史馆，癸酉科顺天乡试中式举人，遵例报捐内阁中书，分发行走，充国史馆校对官。因国史馆承办画一臣工列传告成保奏，光绪五年十二月初九日奉旨：着赏加五品衔。钦此。六年二月，补授内阁中书，免试俸、历俸。八月二十九日进单，奉朱笔圈出，记名外用。钦此。十月，由记名同知指分广西，归候补班补用。嗣因方略馆承办军机汉档告成议叙，列为一等加一级记录三次。复因恭校穆宗毅皇帝本纪告成保奏，七年七月十四日奉旨：着以知府仍留原省，归候补班前先补用。钦此。十月十三日，闻讣丁父忧，回籍守制，于十年正月十三日服阕，入都。四月初十日，蒙钦派王大臣验放，覆奏堪以照例发往。十一日，奉旨：依议。钦此。二十一日，领照出京，七月十五日到省，业经甄别留省补用在案。十二年三月二十一日，接奉行知，因前在国使馆承办画一臣工列传告成议叙列为一等加一级记录三次，七月，委署思恩府事，八月到任。十四年十二月，交卸回省。在思恩府任内因剿办所属古零土匪蓝妙滒案内出力，保奏俟补知府后，以道员用。十五年八月初一日，经吏部核准覆奏，奉旨：依议。钦此。十六年，遵顺直赈捐例，报捐花翎。十七年三月，委署太平府事，四月到任。复因边防出力保奏，请加三品衔。十八年三月十八日，经吏部核准覆奏，奉旨：依议。钦此。七月，卸署太平府事，回省。因前在太平府任内办理蚕桑保奏，俟补知府离任归道员班后，加二品顶戴。十八年十一月十四日，经吏部核准覆奏，奉旨：依议。钦此。十九年正月，奏补泗城府知府，尚未奉准部覆，旋丁母忧，请咨回籍守制。二十一年六月二十三日，服阕起复，由本籍请咨仍赴广西原省补用。光绪二十一年八月，领咨起程，十月初八日到省，委署思恩府事，二十一年十一月二十七日到任，本年三月，卸事回省。

查该员精敏安详，才识坚定，前署思恩、太平等府，皆能实心任事，治理裕如，足资表率。以之请补梧州府知府，实属人地相宜，与例亦符。据藩、臬两司会详前来。

相应仰恳天恩，俯准以该员张璧封补授梧州府知府，俾收得人之效。该员系保举以知府仍留原省归候补班前先补用之员，今请补缺，衔缺相当，毋庸核计参罚，亦毋庸送部引见。合并陈明。谨会同两广总督臣谭钟麟恭折具奏，伏乞皇上圣鉴，饬部核覆。谨奏。光绪二十三年十月二十六日。

光绪二十三年十一月三十日，奉朱批：吏部议奏。钦此。[1]

〇六一　请更正何国忠惠州保案官衔片

光绪二十七年六月初一日（1901 年 7 月 16 日）

再，上年广东惠州会匪肃清，经臣德寿将在事出力各员开单奏

---

[1]　中国第一历史档案馆藏：朱批奏折，档案编号：04-01-12-0582-063；中国第一历史档案馆藏：录副奏折，档案编号：03-5352-121。

奖,内有补用守备何国忠拟请俟补守备后以都司尽先补用,奉朱批:该部议奏。单并发等因。钦此。钦遵转行在案。兹准水师提督何长清咨称:何国忠前在贵州军营,于攻拔兴义府新城及全黔底定案内保奏,光绪元年正月十六日奉上谕:何国忠着免补守备,以都司尽先补用。钦此。前折误开守备,咨请更正、改奖前来。

臣等覆查无异。合无仰恳天恩,俯准将尽先都司何国忠改奖俟补都司后,以游击尽先补用,出自逾格鸿施。除取履历咨部外,谨合词附片陈明,伏乞圣鉴训示。谨奏。

(朱批:)兵部议奏。[1]

光绪二十七年七月十七日,奉朱批:兵部议奏。钦此。[2]

○六二　请准龚心湛就近起复补用片

光绪二十七年六月初一日(1901年7月16日)

再,三品衔广东候补班前补用知府龚心湛,由监生报捐县丞,两次随同出洋,递保知府,分发广东补用,光绪二十四年九月二十六日到省。二十五年正月初十日,闻讣丁生母忧,到籍守制,奉调来粤,委办洋务、营务事宜,经臣德寿以该员办理洋务、营务识力坚定,办事精详,夙夜在公,悉臻妥协,于二十六年十二月初一日附片保奏,请俟服阕后,以道员仍留原省补用,并送部引见。奉朱批:龚心湛着送部引见等因。钦此。兹该员自二十五年正月初十日闻丁生母忧起,扣至二十七年四月初十日止,不计闰二十七个月服阕,

---

① 台北故宫博物院藏:军机及宫中档,文献编号:408003374-0-B。

② 台北故宫博物院藏:军机及宫中档,文献编号:142919。

例应起复。由藩司详请奏咨前来。

查该员龚心湛，清勤干练，洞达政体，本应查照原案送部引见。惟粤省自上年北方开衅之后，交涉案件纷繁，皆该员一手经理。现又开办清查匪乡，调度督率，尤为得力。合无仰恳天恩，俯准该员就近起复，作为回省补用，俟诸物就绪，再行送部引见，出自鸿慈。除咨明吏部饬将供结分咨查照外，臣等谨附片具陈，伏乞圣鉴训示。谨奏。

光绪二十七年七月十七日，奉朱批：着照所请，吏部知道。钦此。[①]

【案】德寿……于二十六年十二月初一日附片保奏：光绪二十六年十二月初一日，广东巡抚德寿奏请龚心湛等送部引见，曰：

再，光绪二十六年闰八月初二日奉上谕：现在时局阽危，需才孔亟，如有才猷卓越，克济时艰，无论官阶大小，出具切实考语，迅速保荐，以备录用等因。钦此。钦遵在案。奴才伏查粤省当南洋之冲，洋务则各国会集，营务则边海兼防。本年津沽肇衅，沿海戒严，各处不逞之徒捏造谣言，借端滋闹，拆毁教堂、抢劫教民之案层见迭出，外人已有进兵之意。经奴才力与周旋，允为妥办，始免决裂。乃交涉正棘，惠匪骤起，各国复欲派兵助剿，幸仗朝廷威福，匪股立时荡平，不致贻人口实。设办理稍有拘延，则内乱外侮沓至纷乘，东南大局何堪设想。奴才督同司道等尽力维持，勉支危局，而当时运筹决策，非有通

权达变之员,不足以资襄赞。奴才既不能没其微劳,亦何敢私为己有,谨遵以人事君之旨,据实胪陈,以示奖异而策将来。

一为丁忧三品衔广东前先补用知府龚心湛。该员曾随同出使外洋,于交涉事宜极为考究。光绪二十四年到省,经前督臣谭钟麟委办洋务事宜。嗣于二十五年正月闻讣丁生母忧回籍,前督臣谭钟麟以该员办理洋务深资臂助,复调来粤。前督臣李鸿章到任,与奴才兼署督篆,仍行留办,并委兼办缉捕总局兼营务处各差,识力坚定,办事精详,夙夜在公,悉臻妥协,实为洋务、营务中出色人员。拟请服阕后以道员仍留原省补用,并请送部引见,出自恩施。

一为花翎知府用候选同知已革江西德安县知县朱士林。该员前在江西历任首要,尽心民事,舆情爱戴,经奴才于苏抚任内奏奉朱批,准其调遣。本年四月开复,经奏明随带来粤,并请送部引见,量予录用。八月十五日恭奉朱批:朱士林着送部引见。钦此。正拟咨送间,适因匪势猖獗,留办营务。该员心精力果,才足济时,当为随同襄办助剿,叠获胜仗;克复三多祝、黄沙洋等处,实为在事异常出力,拟请开复原官升阶,以知府留于广东补用,仍遵旨送部引见,恭候钦定。

以上两员,于奴才委办事件,丝毫不肯苟且,傥蒙天恩擢用,定能感奋图报,有裨时艰。奴才为激励人才起见,除履历咨部外,是否有当,谨附片具奏,伏乞圣鉴训示。谨奏。

(朱批:)龚心湛、朱士林均着送部引见。①

---

① 台北故宫博物院藏:军机及宫中档,文献编号:408003347-0-A。

〇六三　奏报筹解第三
批京饷银两折

光绪二十七年六月二十一日（1901年8月5日）

头品顶戴两广总督臣陶模、头品顶戴广东巡抚臣德寿跪奏，为筹解光绪二十七年广东奉拨京饷银两，恭折具陈，仰祈圣鉴事。

窃照光绪二十七年京饷案内，奉拨广东地丁银十万两、厘金银十万两、太平关常税五万两等因。当经饬司先后提拨地丁银五万两、厘金五万两、太平关常税三万两，分作第一、二批汇解赴京，及委员至汉口装鞘，解赴行在户部投纳各在案。兹据布政使丁体常详称：奉准部行提地丁、厘金、盐课京饷项下共银十万两，自应由藩、运两库各半提解，除运库应解五万两由运司另行详办外，所有藩库应解五万两，应作为地丁二万两、厘金三万两，又太平关常税二万两，共银七万两，于光绪二十七年六月初九日照数支出，连文批发交商号源丰润、义善源、大德恒、通商银行汇兑至京，定限七月二十五日赴户部投纳等情，详请具奏前来。

臣等覆核无异。除核给文批交该号商赍解并分咨查照外，谨合词恭折具陈，伏乞皇太后、皇上圣鉴。再，太平关常税原拨京饷五万两，现计已如数解清。合并陈明。谨奏。光绪二十七年六月二十一日。

（朱批：）户部知道。①

---

①　中国第一历史档案馆藏：朱批奏折，档案编号：04-01-35-1057-023。

光绪二十七年八月二十一日,奉朱批：户部知道。钦此。[1]

○六四　请以蒋希曾署
理长乐县知县折

光绪二十七年六月二十一日(1901年8月5日)

头品顶戴两广总督臣陶模、头品顶戴广东巡抚臣德寿跪奏,为选员试署知县,恭折仰祈圣鉴事。

窃照长乐县知县童立喆参革开缺,查定例知县奏参革职,应以军功候补人员酌量请补。兹会选有军功候补知县蒋希曾,年六十二岁,浙江杭州府钱塘县监生,由选用县丞投效军营,关陇肃清案内奏准俟选缺后以知县用。复于荡平新疆南北两路案内奏准奉旨赏戴花翎,遵例报捐县丞,分发广东试用。复捐免补县丞本班,以知县仍留广东补用,光绪六年十月十五日到省。八年,甄别堪膺民社。该员老成练达,实力详明,以之署理长乐县知县,洵堪胜任,与例亦属相符。据藩、臬两司会详前来。

相应请旨准以军功候补知县蒋希曾署理长乐县知县缺,仍俟试署期满,如果称职,另请实授。如蒙俞允,该员系军功候补知县请署知县,衔缺相当,毋庸送部引见。

除咨部外,臣等遵照行在军机处奏准通行,改题为奏。谨合词恭折具陈,伏乞皇太后、皇上圣鉴训示。再,粤东省补缺例限九十日,此案于光绪二十七年三月十六日接准部咨,应以是月底起限办理。在限内选员请补,并无迟逾。合并陈明。谨奏。光绪二十七

---

[1]　台北故宫博物院藏：军机及宫中档,文献编号：143945。

年六月二十一日。

（朱批：）吏部议奏。[①]

光绪二十七年八月二十一日,奉朱批:吏部议奏。钦此。[②]

〇六五　奏报粤海关筹备赏银情形折

光绪二十七年七月十一日(1901年8月24日)

头品顶戴两广总督臣陶模跪奏,为粤海关筹备京师王公、百官、兵丁等恩赏银两,发商汇至江海关转汇解京投纳,恭折具陈,仰祈圣鉴事。

窃准部咨:遵旨筹拨京师王公、百官、兵丁等恩赏银一百万两,内拨粤海关原拨光绪二十七年份洋税盈余银十六万两内提解银六万两,查此款银两例分四季批解,除本年春季银两业经批差解员赴部投纳,兹于夏秋两季应解京饷及新增盈余银两内如数筹备前项奉拨银六万两,发交西商志成信、协成乾银号,汇至江海关转汇解京投纳。

除咨部查照外,谨会同粤海关监督臣庄山恭折具陈,伏乞皇太后、皇上圣鉴。谨奏。光绪二十七年七月十一日。

（朱批：）户部知道。[③]

光绪二十七年八月十四日,奉朱批:户部知道。钦此。[④]

---

① 中国第一历史档案馆藏:朱批奏折,档案编号:04-01-12-0605-020。
② 台北故宫博物院藏:军机及宫中档,文献编号:143949。
③ 台北故宫博物院藏:军机及宫中档,文献编号:408003376。
④ 台北故宫博物院藏:军机及宫中档,文献编号:143706。

○六六　筹解广东光绪二十七年三月至五月固本兵饷折

光绪二十七年七月十一日（1901年8月24日）

头品顶戴两广总督臣陶模、头品顶戴广东巡抚臣德寿跪奏，为筹解广东省光绪二十七年三月至五月固本兵饷银数，交商汇京起程日期，恭折仰祈圣鉴事。

窃准直隶督臣咨：准行在户部咨：提调处案呈：据直隶总督奏，练军饷项向领部款，现已欠发数月，请饬行各省将应解固本京饷查明上年七月以后至年底欠解若干，本年应解若干，一体严催赶筹大批，径解江海关道代收，迅速汇解来直。附片一件。光绪二十七年二月二十四日奉朱批：户部知道。钦此。由内阁钞出咨行等因前来。

查固本兵饷，广东省每月应解银一万两。光绪二十六年份连闰共应解十三万两，业经分批解京及解陕西投纳清楚，并无蒂欠，已于本年二月二十一日列册咨送户部查照。至本年应解银十二万两，已解银二万两，于三月初六日派委候补知州王世钊等领汇汉口提银装鞘，解赴陕西行在户部投纳在案。兹于司库各款内再筹银三万两，作为光绪二十七年三月至五月固本兵饷，定于五月二十九日发交商号义善源领汇至京，赴直隶督臣行辕投纳，毋庸由沪转解，以省周折而应要需。据广东布政使丁体常详请奏咨前来。

臣等覆核无异。除分咨外，谨会同缮折具陈，伏乞皇太后、皇上圣鉴。谨奏。光绪二十七年七月十一日。

（朱批:）户部知道。^①

光绪二十七年八月十四日,奉朱批:户部知道。钦此。^②

○六七　奏为恳恩再赏续假调理折

光绪二十七年七月十一日(1901 年 8 月 24 日)

头品顶戴两广总督臣陶模跪奏,为假期届满,微臣病仍未痊,拟恳天恩,再赏续假调理,恭折仰祈圣鉴事。

窃臣前因气喘未愈,痰中带血,奏恳赏假调理,于六月二十六日差弁赍回原折,奉朱批:赏假一个月。钦此。天恩优渥,感戴靡涯。臣于发折之后即延医加意调治,近来气喘仍未就痊,每日晨起最甚,午间稍好。接见僚属,均在此时。臣又素喜访问地方情形,接见之时谈论必久,当时精神荟萃,似亦尚可支持。迨客退之后,气渐上壅,喘促难舒,即觉异常委顿,是以见臣者谓臣精神尚不甚衰,而不知臣退后之疲惫情形也。痰中带血之症,稍一劳顿,即易触发。

广东天气温暖,于微臣体气虽似相宜,无如蒲柳之姿,衰颓已甚,药石之力收效维艰。当此国家多事,正臣子致身效力之时,何敢顾恋微躯,遽求开缺？惟是两广政务殷繁,责任重大,臣以病躯承乏,深恐贻误封疆。抚衷自省,负疚良多。惟有仰恳天恩,再准赏假两月,俾得从容调治,冀可渐次清减,即当力疾从公。傥蒙垂念地方紧要,另简贤员,俾臣得以静心调理,庶留犬马未尽之年,再

---

① 台北故宫博物院藏:军机及宫中档,文献编号:408003378。

② 台北故宫博物院藏:军机及宫中档,文献编号:143704。

图异日涓埃之报，则尤出自高厚鸿慈。不胜战栗屏营待命之至。

臣发折以后，假期以内遇有紧要公事，仍当躬亲料理，不敢自耽安逸，致有遗误。所有微臣喘恙未痊，恳恩续假调理缘由，谨恭折具陈，伏乞皇太后、皇上圣鉴。谨奏。光绪二十七年七月十一日。

（朱批：）着再赏假两个月。[①]

光绪二十七年八月十四日，奉朱批：着再赏假两个月。钦此。[②]

○六八　代奏新授总兵郑润材谢恩折

光绪二十七年七月十一日(1901年8月24日)

头品顶戴两广总督臣陶模跪奏，为据情代奏，叩谢天恩，吁恳陛见，恭折仰祈圣鉴事。

窃据新授北海镇总兵署广州协副将记名提督郑润材呈称：接奉行知：准兵部咨：光绪二十七年五月十五日奉上谕：广东北海镇总兵员缺，着郑润材补授。钦此。当即恭设香案，望阙叩头谢恩。俯念润材粤东武夫，于同治初年以军功投效，转战两粤，剿灭江闽窜匪，递保副将留粤补用，借补南韶连镇中军游击，接统安勇各营，荐保以提督记名简放，现署广州协城守副将，涓埃未报，兢惕方深。兹复仰荷恩纶，优加简擢，跪聆之下，感悚莫名。俯念北海地滨海洋，新开商埠，总兵职司专阃，任重事繁，自维樗昧，深惧弗胜，惟有

---

① 台北故宫博物院藏：军机及宫中档，文献编号：408003375。
② 台北故宫博物院藏：军机及宫中档，文献编号：143702。

呈请代奏，叩谢天恩，吁恳陛见，俾得跪聆圣训，一切有所遵循等情到臣。理合据情代奏，伏乞皇太后、皇上圣鉴训示。谨奏。光绪二十七年七月十一日。

（朱批：）毋庸来见。①

光绪二十七年八月十四日，奉朱批：毋庸来见。钦此。②

○六九　奏闻张士元署理南韶连镇篆片

光绪二十七年七月十一日（1901 年 8 月 24 日）

再，署广东南韶连镇总兵事黄冈协副将梁鸿盛应饬交卸，所遗原署南韶连镇总兵印务，查有新授高州镇总兵张士元③现已到省，堪以署理。除檄饬遵照外，谨附片陈明，伏祈圣鉴。谨奏。

（朱批：）知道了。④

光绪二十七年八月十四日，奉朱批：知道了。钦此。⑤

---

①　台北故宫博物院藏：军机及宫中档，文献编号：408003377。

②　台北故宫博物院藏：军机及宫中档，文献编号：143703。

③　张士元（1840—1902），安徽亳州人。咸丰六年（1856），投效袁甲三军营。七年（1857），保把总，赏戴蓝翎。同治元年（1862），保都司，升游击，晋参将，换花翎。二年（1863），保副将。次年，加总兵衔。五年（1866），赏给三代一品封典、健勇巴图鲁名号。七年（1868），保总兵，晋提督衔。十一年（1872），保以提督遇缺尽先简放。光绪十七年（1891），以提督奏留于两江补用，嗣统带良字营驻安徽。二十一年（1895），赴奉天，委办总理营务事宜，统领奉军靖边马步等营。二十三年（1897），因病回籍，随袁世凯督办军务处办理营务处。次年，交荣禄差委，分统武卫中军。二十五年（1899），因案革职。同年，补授广东高州镇总兵。二十六年（1900），赴河南省城就医。二十七年（1901），署广东南韶连镇总兵。二十八年（1902），卒于任。

④　台北故宫博物院藏：军机及宫中档，文献编号：408003377-0-A。

⑤　台北故宫博物院藏：军机及宫中档，文献编号：143705。

○七○　请准总兵郑润材暂缓陛见片

光绪二十七年七月十一日(1901年8月24日)

再，新授北海镇总兵郑润材先经臣委署广州协副将，并统带安勇各营。广州盗风最甚，现正查办清乡，该镇缉捕素称得力，未便遽易生手。合无仰恳天恩，俯准将该镇暂留署任，从缓陛见。谨会同广东巡抚臣德寿附片陈明，伏乞圣鉴训示。谨奏。

(朱批：)知道了。①

光绪二十七年八月十四日，奉朱批：知道了。钦此。②

○七一　奏报汇解奉提京饷银数片

光绪二十七年七月十一日(1901年8月24日)

再，准行在户部咨：遵旨筹拨京师王公、百官、兵丁等恩赏银两一折，单开本年京饷，广东省原拨地丁银十万两、盐课银二十万两、厘金十万两，前提解银十万两，此次拟提解银十万两等因。当经转行遵照去后。兹据两广盐运使国钧详称：查前项奉提京饷银十万两，应由藩、运两库各半筹解，计运库应解银五万两，兹拟在省河光绪二十七年份饷项内支出银五万两，作为广东运库应解光绪二十七年份京饷，定于七月初三日发交商号源丰润、大德恒、蔚长厚、协成乾、志成信、新泰厚等号汇解，赴江海关道衙门投纳，转汇进京等

---

① 台北故宫博物院藏：军机及宫中档，文献编号：408003377-0-B。

② 台北故宫博物院藏：军机及宫中档，文献编号：143707。

情，详请奏咨前来。

臣等覆核无异。除咨部外，谨合词附片具陈，伏乞圣鉴。
谨奏。

（朱批：）户部知道。①

光绪二十七年八月十四日，奉朱批：户部知道。钦此。②

○七二　请以裴景福调补南海县知县折

光绪二十七年七月二十四日（1901年9月6日）

头品顶戴两广总督臣陶模、头品顶戴广东巡抚臣德寿跪奏，为
省会首邑要缺需员，恳恩俯准拣员调补，以资治理，恭折仰祈圣
鉴事。

窃照南海县知县杨镇荣病故开缺，所遗南海县知县系冲、繁、
疲、难最要缺，例应在外拣员题补。查南海县为省会首邑，政务殷
繁，时有发审要案及交涉洋务，非精明干练、才识俱优之员，不足以
资治理。

臣等与藩、臬两司于通省正途应补、应升、应调各员内逐加遴
选，兹查有潮阳县知县裴景福，年四十六岁，安徽颍州府霍丘县人，
由举人中式光绪丙戌科进士，以主事用，签分户部湖广司行走。丁
母忧，服满起复到部，呈请改归进士知县原班选用，遵例捐指浙江，
改指广东，复加捐遇缺先补用，十九年二月到省。准补陆丰县知
县，二十一年九月初三日到任；调署番禺县知县，二十二年正月二

---

① 台北故宫博物院藏：军机及宫中档，文献编号：408003378-0-A。
② 台北故宫博物院藏：军机及宫中档，文献编号：143729。

十四日到署；调补潮阳县知县，二十五年四月二十三日到任；调署南海县知县，二十六年三月二十三日到署。该员通变适用，心精力果，任内并无承审案件及承缉盗案已起降调、革职、参限，前在陆丰县任内虽有经征未完光绪二十一年钱粮，查系实欠在民，并非征存未解。因公处分，例免核计。以之调补南海县知县，洵堪胜任。惟南海县系属题缺，今请调补，与例稍有未符，而人地实在相需，且遵照行在军机处奏准通行改题为奏新章，例得据实陈明，专折奏请。据藩、臬两司会详前来。

合无仰恳天恩，俯念省会首邑员缺紧要，准以该员裴景福调补南海县知县，实于要缺有裨。如蒙俞允，该员系现任知县请调知县，衔缺相当，毋庸送部引见。臣等谨合词恭折具陈，伏乞皇太后、皇上圣鉴训示。再，所遗潮阳县知县系外调要缺，粤省现有应调、应补人员，应请扣留在外，俟接准部覆，选员请补。又，该员裴景福系再调之员，参罚案由另造清册送部。合并陈明。谨奏。光绪二十七年七月二十四日。

（朱批：）吏部议奏。[1]

光绪二十七年十月初五日，奉朱批：吏部议奏。钦此。[2]

○七三　请以吕道象调补番禺县知县折

光绪二十七年七月二十四日（1901 年 9 月 6 日）

头品顶戴两广总督臣陶模、头品顶戴广东巡抚臣德寿跪奏，为

---

① 　中国第一历史档案馆藏：朱批奏折，档案编号：04-01-12-0606-020。
② 　台北故宫博物院藏：军机及宫中档，文献编号：144684。

拣员调补省会首邑要缺知县，以资治理，恭折仰祈圣鉴事。

窃照番禺县知县刘秉奎病故开缺，所遗番禺县知县系冲、繁、疲、难最要缺，例应在外拣员题补。查番禺县为省会首邑，政务殷繁，时有发审要案，且华洋杂处，事多交涉，必须听断明敏，尤贵操纵得宜，非精明干练、才识俱优之员，不足以胜烦剧。

臣等与藩、臬两司于通省现任各员内逐加遴选，兹查有长宁知县吕道象，年四十一岁，江西德化县人，由附生中式光绪乙酉科本省乡试第十九名举人。己丑科会试，中式第一百八十五名贡士。庚寅，补应殿试三甲第一百三名进士，朝考二等第十四名，引见以主事用，签分户部福建司行走，六月十二日到部。学习期满，二十年八月初九日，奉旨仍留部补用，呈请截取。遵新海防例报捐改归进士知县本班先选用。光绪二十二年二月，选授广东惠州府长宁县知县。三月初三日引见，奉旨：着补授广东惠州府长宁县知县。钦此。是月二十日，领凭起程，五月二十九日到省，八月初七日到任。调署三水县知县，二十五年二月十七日到署，历俸已满三年。该员才猷卓越，勤干有为，任内并无承审案件及承缉盗案已起降调、革职、参限，虽有经征未完光绪二十三、四等年钱粮，查系实欠在民，并非征存未解，因公处分，例免核计。以之调补番禺县知县，洵堪胜任。查番禺县系属题缺，今请调补，与例稍有未符。惟番禺县缺最为紧要，人地实在相需，且遵照行在军机处奏准通行改题为奏新章，例得据实陈明，专折奏请。据藩、臬两司会详前来。

合无仰恳天恩，俯念省会首邑员缺紧要，准以该员吕道象调补番禺县知县，实于地方有裨。如蒙俞允，该员系现任知县请调知县，衔缺相当，毋庸送部引见。所遗长宁县知县系选缺，粤省现有应补人员，应请扣留在外，俟接准部覆，选员请补。臣等谨合词恭

折具奏，伏乞皇太后、皇上圣鉴训示。再，该员参罚案件另造清册
送部。合并声明。谨奏。光绪二十七年七月二十四日。

（朱批：）吏部奏议。[1]

光绪二十七年十月初五日，奉朱批：吏部议奏。钦此。[2]

○七四　奏报广东光绪二十六年冬季委署员缺折

光绪二十七年七月二十四日(1901 年 9 月 6 日)

头品顶戴两广总督臣陶模、头品顶戴广东巡抚臣德寿跪奏，为
光绪二十六年冬季份广东省委署直隶州同知、知县各缺，遵照章
程，恭折具陈，仰祈圣鉴事。

窃照各省州县无论奏调、委署、代理，钦奉上谕：着每届三个月
汇奏一次等因。钦此。钦遵在案。兹据广东布政使丁体常详称：
光绪二十六年冬季份，出有署遂溪县知县邹翼清，因病请假，未能
赴任，遗缺以试用知县周瑞璋署理。又，署惠来县知县乌尔兴额署
事期满，遗缺以分缺先用知县成守正署理。又，会同县知县方朝燊
请假就医，遗缺以候补知县宋恒坊署理。又，长乐县知县童立喆调
省，遗缺以即用知县姚钟璜署理。又，佛冈直隶同知蒋茂璧因病请
假，遗缺以试用同知赵从苐署理。又，署归善县知县郑业崇署事期
满，遗缺以准补陆丰县知县左学易署理。又，署丰顺县知县魏绍唐
署事期满，遗缺以三水县知县林兆镛调署。又，感恩县知县徐政烟
瘴俸满，遗缺以教习知县杨昭秾署理。又，署连州直隶州知州李家

---

① 中国第一历史档案馆藏：朱批奏折，档案编号：04-01-12-0606-018。
② 台北故宫博物院藏：军机及宫中档，文献编号：144686。

焯调省办理缉捕事件，遗缺以候补直隶州知州陈倧万署理。又，署化州知州冯灼孝署事期满，遗缺以署定安县知县张式恭调署。递遗定安县知县缺，以孝廉方正分发知县姚广誉署理。所有二十六年冬季份委署直隶州同知、知县各缺，详请具奏等情前来。

臣等覆查无异。理合恭折具奏，伏乞皇太后、皇上圣鉴。谨奏。光绪二十七年七月二十四日。

（朱批：）吏部知道。[1]

光绪二十七年十月初五日，朱批：吏部知道。钦此。[2]

○七五　奏明广东光绪二十六年七月题补知县员缺折

光绪二十七年八月初五日(1901年9月17日)

头品顶戴两广总督臣陶模、头品顶戴广东巡抚臣德寿跪奏，为广东省光绪二十六年七月前后题补知县各员缺，补办改题为奏，恭折仰祈圣鉴事。

窃准吏部咨：上年自兵燹以后，各省题补各件多有未经议结，现在清厘积案，查广东昌化等县知县，该抚题请以龙门县知县林铖等调补、请补各案揭帖均已到部，迄今并未奉旨交议，应令查明，分别补办改题为奏等因。兹查得光绪二十五年十一月份，出有河源县知县缺，题请以新海防遇缺先知县李汉青补授；又，二十六年正月份出有兴宁县知县缺，题请以进士即用知县王克鼎补授；又，三

---

① 中国第一历史档案馆藏：朱批奏折，档案编号：04-01-12-0606-019。

② 台北故宫博物院藏：军机及宫中档，文献编号：144685。

月份出有昌化县知县缺，题请以龙门县知县林铖调补；又，四月份出有清远县知县缺，题请以军功候补班前先补用知县钱祖荫署理；又，仁化县知县缺，题请以新海防分缺先用知县成守正补授；又，吴川县知县缺，题请以大挑试用知县王麒兆署理。均经臣德寿查明，与例相符，出具考语，并详细声叙缘由，具题调补、请补在案。嗣因日久未准部覆，业将各缺列册，咨请核覆亦在案。

兹准部咨前因，所有新海防遇缺先补用知县李汉青请补河源县知县、进士即用知县王克鼎请补兴宁县知县、龙门县知县林铖请调补昌化县知县、军功候补班前先补用知县钱祖荫请署清远县知县、新海防分缺先用知县成守正请补仁化县知县、大挑试用知县王麒兆请署理吴川县知县各缺，相应请旨敕部查照揭帖，分别核覆办理。该员等请补知县各缺均属衔缺相当，毋庸送部引见。

除咨部外，臣等遵照部行查明补办改题为奏缘由，谨合词恭折具陈，伏乞皇太后、皇上圣鉴训示。谨奏。光绪二十七年八月初五日。

（朱批：）吏部议奏。[①]

光绪二十七年十月初六日，奉朱批：吏部议奏。钦此。[②]

○七六　请以葛长春补授阳山县知县折

光绪二十七年八月初五日（1901 年 9 月 17 日）

头品顶戴两广总督臣陶模、头品顶戴广东巡抚臣德寿跪奏，为

---

①　中国第一历史档案馆藏：朱批奏折，档案编号：04-01-12-0607-005。
②　台北故宫博物院藏：军机及宫中档，文献编号：144730。

选员请补知县,恭折仰祈圣鉴事。

窃照阳山县知县林济于光绪二十六年七月二十九日在任病故,所遗阳山县知县系选缺,粤省现有应补人员,应请扣留外补,先经臣德寿专折具奏,请以新海防缺间用知县杨本楫补授,尚未接准部覆。兹据报该员杨本楫于光绪二十七年四月十三日在万州署任闻讣丁母忧开缺,所有阳山县知县一缺,应照例以从前林济病故开缺日期,仍按原班另行选员请补。

兹会选有原班正途出身新海防分缺间用知县葛长春,年四十二岁,江西南昌府武宁县人,祖籍顺天宛平县,由优贡生于光绪十二年考取八旗汉教习。十五年二月二十一日,传补镶黄旗官学汉教,三年期满引见,奉旨:以知县用。钦此。遵照新章呈请分发,签掣广东,十八年十月十七日到省。二十年,甄别堪膺民社。复遵新海防例加捐分缺间补用,免试用。吏部过班知照系二十二年十月二十日行文,计十二月初四日接到序补,并无在粤游幕,业于到省案内声明缴结在案。该员持躬谨慎,吏事明晰,以之补授阳山县知县,洵堪胜任,与例亦属相符。据藩、臬两司会详前来。相应请旨准以新海防分缺间用知县葛长春补授阳山县知县缺,如蒙俞允,该员系新海防分缺间用知县请补知县,衔缺相当,毋庸送部引见。

除咨部外,臣等遵照行在军机处奏准通行改题为奏。谨合词恭折具陈,伏乞皇太后、皇上圣鉴训示。再,粤东省补缺例限九十日,该员杨本楫丁忧之案系于光绪二十七年五月初九日禀报到司,应以是日起限办理,今在限内选员请补,并无迟逾。合并陈明。谨奏。光绪二十七年八月初五日。

（朱批：）吏部议奏。①

光绪二十七年十月初六日，奉朱批：吏部议奏。钦此。②

○七七　奏报汇解广东光绪二十七年京饷折

光绪二十七年八月初五日（1901年9月17日）

头品顶戴两广总督臣陶模、头品顶戴广东巡抚臣德寿跪奏，为汇解奉提光绪二十七年广东地丁、厘金京饷银两，恭折具陈，仰祈圣鉴事。

窃照光绪二十七年京饷案内，奉拨广东地丁银十万两、厘金银十万两等因。当经饬司先后提拨地丁银七万两、厘金六万两，分批汇解赴京，及委员至汉口装鞘，解赴行在户部投纳各在案。兹据布政使丁体常详称：奉准直隶督臣元电：转递行在户部来电：京师各国使馆所占民房议定给价，在本年京饷内拨广东四万两，速解沪、京。自应速行筹解。拟在本年地丁京饷支银三万两、厘金京饷支银一万两，共支银四万两，于光绪二十七年七月二十六日照数支出，连文批发交商号协同庆汇兑至京，定限八月二十日前赴直隶督臣行辕投纳，毋庸由沪转解，以期迅速等情，详请具奏前来。

臣等覆核无异。除分咨查照外，谨合词恭折具陈，伏乞皇太后、皇上圣鉴。再，地丁项下奉拨京饷十万两，现计已如数解清。合并陈明。谨奏。光绪二十七年八月初五日。

（朱批：）户部知道。③

---

① 中国第一历史档案馆藏：朱批奏折，档案编号：04-01-12-0607-007。
② 台北故宫博物院藏：军机及宫中档，文献编号：144733。
③ 中国第一历史档案馆藏：朱批奏折，档案编号：04-01-35-1057-044。

光绪二十七年十月初六日,奉朱批:户部知道。钦此。[①]

○七八　请以惠昌调补潮州府知府折

光绪二十七年八月初五日(1901年9月17日)

头品顶戴两广总督臣陶模、头品顶戴广东巡抚臣德寿跪奏,为拣员调补海疆要缺知府,恭折再行奏恳圣恩,俯准调补,以资治理事。

窃照接准部咨:钦奉上谕:广东潮州府知府员缺紧要,着该省督抚于通省知府内拣员调补,所遗员缺着王嘉禾补授。钦此。咨行钦遵查照。经臣德寿会同前督臣李鸿章查得通省知府,非现居要缺,即人地未宜,奏请以高州府知府惠昌调补在案。嗣准部覆,以潮州府知府系应行比照省会首府拣员调补之缺,折内并未将该省现任知府内有无正途出身、合例堪调之员详细声叙,碍难核议,应令详细声明请调到部,再行核办等因。臣等率同藩、臬二司于通省现任知府内逐加遴选,现虽有正途出身、合例调补之琼州府知府刘尚伦一员,而于潮州府属人地未宜,此外并无正途堪调人员。

惟查有高州府知府惠昌,系镶红旗满洲忠山佐领下人,由笔帖式历次保升,奉旨记名以道府用。光绪二十二年三月十九日奉上谕,补授广东高州府知府,是年八月二十四日到任。该员才猷卓越,智虑精详,以之调补潮州府知府,人地实在相需。合再专折奏恳天恩,俯念海疆员缺紧要,准仍以高州府知府惠昌调补潮州府知府,俾资治理。

[①]　台北故宫博物院藏:军机及宫中档,文献编号:144731。

如蒙俞允，该员系由实任知府遵旨拣调知府，毋庸送部引见及核计参罚。所遗高州府知府缺，遵旨即以王嘉禾补授。臣等谨恭折具陈，伏乞皇太后、皇上圣鉴训示。谨奏。光绪二十七年八月初五日。

（朱批：）着照所请，吏部知道。①

光绪二十七年十月初六日，奉朱批：着照所请，吏部知道。钦此。②

○七九　报解广东光绪二十七年八月应还洋款折

光绪二十七年八月二十四日（1901年10月6日）

头品顶戴两广总督臣陶模跪奏，为报解广东省本年八月应还洋款数目，恭折仰祈圣鉴事。

案准户部咨：应还英、德本息，每年指拨广东省盐斤加价银五万两，加放俸饷银五万两，闱捐银二十四万两，地丁等项银三十八万两，每年匀分二、五、八、冬四个月，解赴江海关道交纳等因。兹据广东布政使丁体常、两广盐运使国钧、善后局司道先后详称：本年八月份应解前项银两，现经设法挪凑，作为盐斤加价银一万二千五百两，加放俸饷银一万二千五百两，闱捐银六万两，地丁等项银九万五千两，共银一十八万两，定于八月初九、十三等日由商号蔚泰厚等汇解江海关道兑收，备还英、德之款，详请奏咨前来。

臣覆核无异。除咨部查照外，谨会同广东巡抚臣德寿，恭折具

---

①　中国第一历史档案馆藏：朱批奏折，档案编号：04-01-12-0607-006。
②　台北故宫博物院藏：军机及宫中档，文献编号：144734。

陈,伏乞皇太后、皇上圣鉴。谨奏。光绪二十七年八月二十四日。

（朱批:）户部知道。①

光绪二十七年九月二十六日,奉朱批:户部知道。钦此。②

○八○ 筹解光绪二十七年第二批京饷折

光绪二十七年八月二十四日(1901年10月6日)

头品顶戴两广总督臣陶模跪奏,为粤海关筹解第二批京饷等银,汇解江海关道投纳,恭折仰祈圣鉴事。

窃照光绪二十七年份京饷,户部奏拨粤海关洋税银十万两,新增盈余银六万两,又东北边防经费拨粤海关六成洋税银十二万两,又加拨东北边防经费银二万四千两,又加放俸饷于粤海关四成洋税每结提银六千两,又另款加复俸饷每年粤海关应解银四万两,又内务府广储司公用每年拨粤海关税银三十万两。嗣准部电,六月以后应解各款向系汇兑,由水路起运者,即暂交上海道存储。

兹筹解光绪二十七年份第二批京饷银二万五千两,另加平银三百七十五两、饭银七百二十五两,共银二万六千一百两,内扣除解过筹拨京师王公、百官、兵丁等恩赏银一万五千两,实解银一万一千一百两。又,新增盈余银一万五千两,另加平银二百二十五两、饭银四百三十五两,共银一万五千六百六十两,内扣除解过筹拨京师王公、百官、兵丁等恩赏银一万五千两,实解银六百六十两。又,东北边防经费原拨银三万两,加拨银六千两,又加放俸饷银六

---

① 台北故宫博物院藏:军机及宫中档,文献编号:408003380。

② 台北故宫博物院藏:军机及宫中档,文献编号:144492。

千两，又光绪二十四年份另款加复俸饷银一万两，又光绪二十七年夏季份广储司公用银七万五千两，另加平银一千一百二十五两，新增归公加平银一千八百七十五两，抬费用项银六百两，共银七万八千六百两。内除还怡和银号第十二期本息共银三万九千一十七两五钱外，实解银三万九千五百八十二两五钱。统共银一十万三千三百四十二两五钱，备具文批，于光绪二十七年六月二十八日由西商志成信、协成乾银号汇解江海关道投纳。

除分咨查照外，谨会同粤海关监督臣庄山缮折具陈，伏乞皇太后、皇上圣鉴训示。谨奏。光绪二十七年八月二十四日。

（朱批：）户部知道。[①]

光绪二十七年九月二十六日，奉朱批：户部知道。钦此。[②]

○八一　奏报剿平钦、防边界十万大山游匪折

光绪二十七年八月二十四日（1901 年 10 月 6 日）

头品顶戴两广总督臣陶模、头品顶戴广东巡抚臣德寿跪奏，为剿平钦、防边界十万大山游匪，并歼毙匪首，恭折仰祈圣鉴事。

窃本年四月间，据办理钦廉边防二品顶戴记名遇缺简放道潘培楷电禀：钦、防边界十万大山地面有游匪梁文廷等，纠众踞扰，道路不通。当经电饬潘培楷及该处地方文武上紧剿捕，并咨会督办广西边防提督苏元春一体派营防剿，附片奏陈在案。旋因十万大山界连东西两省，兼与越南接壤，山路崎岖，匪党恃险负隅，既虑此

---

① 台北故宫博物院藏：军机及宫中档，文献编号：408003379。
② 台北故宫博物院藏：军机及宫中档，文献编号：144488。

攻彼窜,支蔓难图,更恐窜入越南,致生边衅,又经电饬培楷亲诣该山,督率各营分投进剿,并饬钦州、防城及广西上思州文武各官严密防堵。叠据潘培楷电禀,督同边防前营管带宋尚杰,帮带许永胜、何天祥分路进攻,在逃兵隘、八角山等处与匪接仗多次,先后斩获二百数十名,我军亦略有损伤。

五月初九日,匪势不支,盘踞山顶,抵死拒敌。该道恐相持过久,匪党乘虚逃窜,当悬重赏激励弁勇,经帮带许永胜、何天祥等冒险直上,力破匪巢,始将匪首梁文廷、伪军师陈其先一并轰毙,并毙匪党一百五十余名,生擒三十余名,就军前讯明正法,并于匪首梁文廷尸身起获红湖绉伪牌一片、伪示一张、伪信一纸,所书皆悖逆语句;又获飘布、会簿等件。余匪夺路窜至钦州之广隆新墟,经潘培楷督营追捕,并由署钦州直隶州知州卢蔚猷会督营团围剿,复又擒斩五十余名,胁从悉经解散,匪踪净尽,地方安谧如常。

臣等伏查此次游匪梁文廷等窜踞钦、防边界之十万大山,地陷匪众,又与越南接壤,既恐煽惑内地会匪,更虑扰及越界,致酿衅端。经潘培楷亲自督营围剿,不及一月,铲除匪迹,歼厥渠魁,不致酿成大患,办理尚属迅速。所有在事出力员弁,合无仰恳天恩,俯准归入边防五年汇奖案内,分别异常、寻常劳绩,择尤请奖。至办理钦廉边防二品顶戴记名遇缺简放道潘培楷,已于上年拿获广西匪首李立亭,及捐助陕西义赈案内两次奏保,均奉旨交军机处存记。此次剿平十万大山游匪,该道亲冒枪炮,临阵督率,实属懋著勤劳,应酌核量加擢用,以昭激励,出自逾格天恩,臣等不敢擅拟。

所有剿平十万大山游匪并歼毙匪首缘由,谨合词恭折具陈,伏乞皇太后、皇上圣鉴。谨奏。光绪二十七年八月二十四日。

（朱批：）潘培楷着仍交军机处存记，余依议。①

光绪二十七年九月二十六日，奉朱批：潘培楷着仍交军机处存记，余依议。钦此。②

○八二　奏请奖励龚心湛等员片

光绪二十七年八月二十四日（1901 年 10 月 6 日）

再，广东剿办惠州会匪肃清案内请保文武员绅，先经兵部咨令删减，经臣等覆奏请将吏、兵两部应行核减人员一并仍照原拟给奖等因。光绪二十七年七月二十日，差弁赍回原折，奉朱批：着照所请，该部知道。钦此。钦遵在案。查原案尚有另片专保襄办洋务、营务尤为出力之三品衔候补知府龚心湛、知府用候选同知前江西德安县知县朱士林，先奉批旨送部引见。

该二员前案所请奖叙不在原奏折单之内，朱士林业经两次明保，本年四月由臣德寿给咨送部引见，吏部仍以原衔带引，奉旨开复以同知留于广东补用。现在全案仰蒙俯念时艰，特旨俞允，文武员绅无不同深感戴。复查去夏北方肇衅，人心惶惑，粤省教案叠出，各国恫喝要求，势甚岌岌，正当棘手之时，又值惠匪骤发，逼近租界，各国屡以助剿为言，越俎代谋，几难劝阻，幸赖天威远播，一鼓荡平，内患既泯，外侮潜戢，一隅安堵，全局不挠，实非始愿所及。该二员襄办洋务、营务事件，夙夜在公，血诚共矢，运筹决策，动合机宜，尤为始终勤奋。

---

① 台北故宫博物院藏：军机及宫中档，文献编号：408003381。
② 台北故宫博物院藏：军机及宫中档，文献编号：144487。

臣等仰维圣谕破格用人至意，不敢不再伸前请，而朝廷有劳必录，似应与全案出力人员同邀懋赏。所有原保龚心湛以道员、朱士林以知府均留广东补用之处，合无吁恳天恩，俯如所请，一并照拟给奖，出自高厚鸿施。臣等为激励人才起见，谨合词附片具陈，伏乞圣鉴训示。谨奏。

（朱批：）着照所请，吏部知道。①

光绪二十七年九月二十六日，奉朱批：着照所请，吏部知道。钦此。②

○八三　请将举人尹邦宪饬革片

光绪二十七年八月二十四日(1901 年 10 月 6 日)

再，广东械斗之风最甚，固由民情刁悍，亦缘不肖绅士倚恃功名，从中抗庇族众，有恃不恐，必须严惩一二，庶足以儆刁风。兹查广州府增城县属白湖村尹姓，平时倚恃族中大挑尽先教职举人尹邦宪之势，欺压邻村，远近侧目。本年四月间，因细故与麦村械斗，伤毙多命，经增城县知县丁塘带营前往查禁，尹邦宪并不弹压族众止斗，复敢纵令族人捆捉营勇，负固不服，经臣等派营查办，始将私筑炮台拆毁，彼此止斗；勒令捆交族中凶匪，尹邦宪仍复买人顶凶，希冀搪塞了事。是该举人倚势横行，怙恶不悛，实无可恕，若不斥革押追，不足以儆恶俗而遏乱萌。

查该举人系由廪生应光绪元年乙亥恩科本省乡试，中式第四

---

① 台北故宫博物院藏：军机及宫中档，文献编号：408003381-0-A。
② 台北故宫博物院藏：军机及宫中档，文献编号：144482。

十八名举人；十五年乙丑大挑二等，以教职候选；二十三年十月，在广东海防捐输局报捐本班尽先选用。合无仰恳天恩，俯准将尽先选用大挑教职举人尹邦宪斥革，以便饬县押追凶匪，照例究办。谨合词附片陈明，伏乞圣鉴训示。谨奏。

（朱批：）着照所请，该部知道。①

光绪二十七年九月二十六日，奉朱批：着照所请，该部知道。钦此。②

○八四　奏报汇解奉拨银两片

光绪二十七年八月二十四日(1901 年 10 月 6 日)

再，准全权大臣李鸿章转准户部电称：各国使馆所占民房，议定给价三十五万，拟在各省关本年应解京饷内拨粤海关二万两，照数汇沪，由沪道设法汇京，以便分别付给等因。查前项奉拨银两，亟应迅速筹解。兹由粤海关本年应解京饷内照数提出银二万两，备具文批，发交西商志成信、协成乾银号汇解江海关道投纳。

除咨部查照外，谨会同粤海关监督臣庄山附片具陈，伏乞圣鉴。谨奏。

（朱批：）户部知道。③

光绪二十七年九月二十六日，奉朱批：户部知道。钦此。④

---

① 台北故宫博物院藏：军机及宫中档，文献编号：408003381-0-B。
② 台北故宫博物院藏：军机及宫中档，文献编号：144491。
③ 台北故宫博物院藏：军机及宫中档，文献编号：408003379-0-A。
④ 台北故宫博物院藏：军机及宫中档，文献编号：144489。

中国近代人物文集丛书

陶 模 集 辑 笺

（五）

杜宏春　辑注

中 华 书 局

○八五　奏报汇解奉拨教案赔款片

光绪二十七年八月二十四日（1901 年 10 月 6 日）

再，准户部电称：教案赔款，指拨粤海关税银十万两，在本年京饷内再提粤海关银二万两，速解沪道汇京等因。查前项奉拨银十万两，系在九、拱两关洋药税厘项下提拨，业经粤海关于六月间如数解赴江海关道投纳。兹在本年应解部库京饷内提出银二万两，备具文批，发交西商志成信、协成乾银号汇解江海关道投纳。

除咨部查照外，理合附片具陈，伏乞圣鉴。谨奏。

（朱批：）户部知道。①

光绪二十七年九月二十六日，奉朱批：户部知道。钦此。②

○八六　奏报贾世兴接
办官运局事务片

光绪二十七年八月二十四日（1901 年 10 月 6 日）

再，总办潮桥官运局务委员候补知府黄恩焕另有差委，所遗官运局事务，查有候补知县贾世兴，朴实勤能，堪以派委接办。据两广盐运使国钧详请奏咨前来。除批饬遵照并咨部查照外，谨附片具陈，伏乞圣鉴。谨奏。

---

① 台北故宫博物院藏：军机及宫中档，文献编号：408003379-0-B。
② 台北故宫博物院藏：军机及宫中档，文献编号：144493。

（朱批：）知道了。①

光绪二十七年九月二十六日，奉朱批：知道了。钦此。②

○八七　奏闻汇解抵补淞沪货厘片

光绪二十七年八月二十四日（1901 年 10 月 6 日）

再，淞沪货厘内拨广东减平银十万两，当税银六万两，先经筹拨银六万两，交商汇解金陵支应局投纳，业已奏咨在案。现在减平、当税两项续收无多，本省司局各库异常窘绌，财用之乏为向来所未有，兹又奉准两江督臣电催速解，大局攸关，惟于万难设法之中竭力筹拨，以济要需。兹定于七月二十三日措集银三万两，兑交商号源丰润、义善源两号，汇解金陵支应局投纳，作为广东省奉拨光绪二十六年份抵补淞沪货厘之项。下余未解银两及二十五年尾欠，容俟库项稍可周转，再行续解。据广东布政使丁体常详请奏咨前来。

臣等覆核无异。除分咨查照外，谨附片具陈，伏乞圣鉴。谨奏。

（朱批：）户部知道。③

光绪二十七年九月二十六日，奉朱批：户部知道。钦此。④

---

① 台北故宫博物院藏：军机及宫中档，文献编号：408003380-0-A。

② 台北故宫博物院藏：军机及宫中档，文献编号：144490。

③ 台北故宫博物院藏：军机及宫中档，文献编号：408003380-0-B。

④ 台北故宫博物院藏：军机及宫中档，文献编号：144494。

○八八　奏报广东光绪二十七年春季委署员缺折

光绪二十七年九月初十日（1901 年 10 月 21 日）

头品顶戴两广总督臣陶模、头品顶戴广东巡抚臣德寿跪奏，为光绪二十七年春季份广东省委署直隶州同知、知县各缺，遵照章程，恭折具陈，仰祈圣鉴事。

窃照各省州县无论奏调、委署、代理，钦奉上谕：着每届三个月汇奏一次等因。钦此。钦遵在案。兹据广东布政使丁体常详称：光绪二十七年春季份出有署潮阳县知县刘秉奎患病，禀求交卸，遗缺以试用知县谢师元署理；又，署南雄直隶州知州黄儒荃署事期满，遗缺以嘉应州知州关广槐调署；又，署龙门县知县谢裕棠撤任，遗缺以定安县知县张宜调署；又，曲江县知县李九波丁忧，遗缺以电白县知县李滋然调署；又，署嘉应直隶州知州周经槐署事期满，遗缺以候补知府李庆荣署理；又，陵水县知县郭继昌俸满撤回内地验看，遗缺以候补班尽先补用知县王春霖署理；又，署龙川县知县王克鼎饬先赴兴宁县知县任，遗缺以优贡知县王会中署理；又，博罗县知县陈宗凤因案撤任，遗缺以高要县知县安荫甲调署；又，电白县知县蔡吉昌调省，遗缺以候补知县乌尔兴额署理；又，高要县知县安荫甲调署博罗县知县，遗缺以候补知县傅汝梅署理；又，署仁化县知县清安署事期满，遗缺以优贡知县陈廷蔚署理；又，署长宁县知县贾世兴禀求交卸，遗缺以烟瘴俸满知县李有益署理；又，阳江直隶同知田明曜调署赤溪同知，遗缺即以准补赤溪直隶同知沈鸿寿调署。所有光绪二十七年春季份委署直隶州同知、知县各缺，详请具奏等情前来。

臣等覆查无异。理合恭折具陈，伏乞皇太后、皇上圣鉴。谨奏。光绪二十七年九月初十日。

（朱批：）吏部知道。①

光绪二十七年十一月初三日，奉朱批：吏部知道。钦此。②

○八九　请以陈永辉补授定安县知县折

光绪二十七年九月初十日（1901年10月21日）

头品顶戴两广总督臣陶模、头品顶戴广东巡抚臣德寿跪奏，为选员请补知县，恭折仰祈圣鉴事。

窃照卸定安县知县张宜于光绪二十七年三月初六日在省寓病故，业经咨报吏部，声明所遗定安县知县系选缺，粤省现有应补人员，请扣留外补。此案于六月二十九日申报到司，应勒归三月截缺办理。是月份病、故、休知县一项只此一缺，毋庸签掣。查《郑工新例铨补章程》内开：道、府、同知、直隶州知州、通判、知州、知县升调所遗及告病、病故、休致留补选缺，除坐补原缺、裁缺即用、回避即用、新选、新补、留省另补人员不计外，无论何项到班，仍以五缺计算，先用郑工新班遇缺先二人、海防新班先一人，无人用郑工遇缺先人员抵补。至第四缺海防即、海防先分班轮用一人。第一轮用海防即人员，第二轮用海防先人员。海防先无人，仍用海防即人员；海防即无人，用旧例银捐遇缺先人员。如无人，用旧例银捐遇缺人员；再无人过班，即接用各项轮用班次一人，以五缺为一周。

---

① 中国第一历史档案馆藏：朱批奏折，档案编号：04-01-12-0608-004。
② 台北故宫博物院藏：录副奏折，档案编号：145333。

此次新例报捐人员,惟知县一项郑工新班遇缺先人员遇轮补、升调所遗及告病、病故、休致之缺到班时,于各本班中先用正途出身及曾任知县、曾任实缺应升知县者二人,再用各本班中各项出身者一人。如正途出身及曾任知县实缺应升知县无人,即用各项出身之人,其旧例人员再捐过入新例者,应归新例人员内一律补用。又准部咨:《新海防例铨补章程》内开:所有此次遵照新海防例报捐人员,应仍照郑工事例跟接次数、卯数,分别掣签,按班铨补各等因。查前出阳山县知县缺,已用新海防分缺间一正途曾任出身知县葛长春补。今定安县知县缺,应用一郑工及新海防遇缺先人员。查郑工遇缺先无人,应用新海防遇缺先人员。查遇缺先班,并无正途及曾任出身人员,应以各项出身之员请补。

兹会选有新海防遇缺先补用知县陈永辉,年三十岁,湖南宝庆府新宁县监生,遵新海防例报捐知县,指分广东试用。光绪二十三年十月二十八日,蒙钦派大臣验看,堪以分发,十一月十四日引见,奉旨:着照例发往。钦此。二十日,由吏部给发执照,告假回籍修墓,完竣由籍领咨起程,于二十四年八月初二日到省。二十五年,甄别堪以本班序补。复遵新海防例,加捐遇缺先补用免试用。吏部过班知照系二十六年正月二十日行文,计三月初四日接到序补,并无在粤游幕,业于到省案内声明缴结在案。该员年壮才明,办事稳练,以之补授定安县知县,洵堪胜任,与例亦属相符。据藩、臬两司会详前来。

相应请旨准以新海防遇缺先补用知县陈永辉补授定安县知县缺,如蒙俞允,该员系新海防遇缺先补用知县请补知县,衔缺相当,毋庸送部引见。

除咨部外,臣等遵照行在军机处奏准通行改题为奏,谨合词恭折具陈，伏乞皇太后、皇上圣鉴训示。再，粤东省补缺例限九十日。此案于光绪二十七年六月二十九日申报到司，应以是日起限办理。今在限内选员请补，并无迟逾。合并陈明。谨奏。光绪二十七年九月初十日。

（朱批：）吏部议奏。①

光绪二十七年十一月初三日，奉朱批：吏部议奏。钦此。②

〇九〇　奏报广东光绪二十五年经征未完职名折

光绪二十七年九月初十日（1901年10月21日）

头品顶戴两广总督臣陶模、头品顶戴广东巡抚臣德寿跪奏，为查明广东省光绪二十五年份奏销征收钱粮银米未完一分以上各员，先行开单具奏，仰祈圣鉴事。

窃准部咨：地丁、盐课各奏销有关处分者，一面具题，一面开单专折奏报。又准部咨原奏内开：钱粮奏销，将具题之限作为奏报未完分数之限等因。转行遵照在案。兹据广东布政使丁体常将光绪二十五年份地丁奏销查明经、督征地丁、银米未完一分以上各员，开单具详请奏前来。

臣等覆核无异。除咨部外，谨合词缮折具陈，并缮清单，恭呈御览，伏乞皇太后、皇上圣鉴，敕部核覆施行。再，此项奏销系属寻常年例之案，前准部咨，俟回銮后，再行照常办理，免扣例限等因。现回銮在即，自应照常造报，免扣例限。合并陈明。谨奏。光绪二

① 中国第一历史档案馆藏：朱批奏折，档案编号：04-01-12-0608-011。
② 台北故宫博物院藏：录副奏折，档案编号：145335。

十七年九月初十日。

（朱批：）该部议奏。单并发。[1]

光绪二十七年十一月初三日，奉朱批：该部议奏。单并发。钦此。[2]

○九一　呈广东光绪二十五
年经征未完各员清单

光绪二十七年九月初十日（1901 年 10 月 21 日）

谨将广东省光绪二十五年份奏销各属征收银米未完一分以上各员，缮具简明清单，恭呈御览。

计开：

番禺县经征前署县事调补潮阳县知县裴景福，未完一分三厘五毫七丝六忽。

东莞县接征现任知县刘德恒，未完一分三厘五毫七丝四忽。

新会县经征前署县事准补陆丰县知县左学易，未完一分四厘五毫一丝七忽。

香山县经征前任知县蒋鸣庆，未完一分二厘零四丝二忽。

龙门县经征前任知县林钺，未完一分九厘五毫三丝五忽。

清远县经征参革前任知县魏学恒，未完一分四厘一毫六丝四忽。

曲江县接征前署县事教习知县郝秀楠，未完一分八厘五毫五

---

① 中国第一历史档案馆藏：朱批奏折，档案编号：04-01-35-0120-049。
② 台北故宫博物院藏：军机及宫中档，文献编号：145332。

丝五忽。

乳源县经征现任知县冯端,未完一分一厘三毫五丝五忽。

翁源县经征现任知县刘永椿,未完一分六厘六毫二丝七忽。

归善县经征现署县事军功候补知县郑业崇,未完一分九厘三毫四丝八忽。

陆丰县接征前署县事试用知县罗祖翼,未完一分二厘八毫二丝七忽。

海阳县经征前署县事惠来县知县池伯炜,未完一分三厘五毫零五忽。

潮阳县经征前署县事试用知县张广权,未完一分七厘零一丝五忽。

揭阳县经征现任知县李树声,未完一分八厘八毫零九忽。

惠来县经征前署县事试用知县陶祖培,未完一分二厘七毫七丝九忽。

饶平县经征前任知县黄恩,未完一分七厘四毫三丝九忽。

澄海县经征前署县事丁忧即用知县许克家,未完一分七厘九毫八丝六忽。

大埔县经征前署县事参革军功候补知县何维桓,未完一分一厘二毫零二忽。

高要县经征前署县事准补新宁县知县冯如衡,未完一分四厘五毫零一忽。

高明县接征现任知县李道南,未完一分八厘一毫四丝六忽。

四会县接征前署县事试用知县毕昌言,未完一分四厘二毫一丝一忽。

新兴县经征前任知县刘盛芳,未完一分零六毫六丝八忽。

德庆州经征现任知州程锦文，未完一分六厘八毫五丝。

封川县经征现任知县钟德瑞，未完一分零八毫七丝七忽。

鹤山县经征前任知县调补新会县知县杨介康，未完一分二厘六毫三丝三忽。

化州经征病故前任知州向东森，未完一分六厘九毫三丝一忽。

石城县经征前任知县降补县丞李瑞杰，未完一分八厘零四丝九忽。

徐闻县接征现任知县何炳修，未完一分八厘一毫二丝一忽。

崖州经征前署州事补用知县李洪毓，未完一分八厘四毫四丝七忽。

文昌县接征现署县事灵山县知县阮萃恩，未完一分零九毫八丝三忽。

佛冈同知经征前任同知李达章，未完一分三厘五毫六丝一忽。

东安县经征前署县事准补和平县知县郭寿鋆，未完一分一厘六毫三丝八忽。

西宁县经征前任知县续经丁忧李玮堂，未完一分零五毫零六忽。

阳山县经征前任知县续经病故林济，未完一分六厘二毫七丝六忽。

南雄州经征前任知州惠登甲，未完一分四厘四毫三丝六忽。

始兴县经征前署县事试用知县鲍鸿图，未完一分六厘四毫九丝六忽。

兴宁县接征前署县事试用知县李汝璠，未完一分五厘零九丝。

新宁县接征前署县事教习试用知县王其恒，未完二分零三毫二丝七忽。

仁化县经征勒休前任知县张际唐，未完二分五厘八毫一丝一忽。

海丰县经征前任知县王全纲，未完二分九厘八毫七丝二忽。

陆丰县经征前署县事试用知县蒋星熙，未完二分三厘二毫六丝三忽。

龙川县经征前任知县钱溯灏，未完二分七厘一毫九丝六忽。

长宁县接征前署县事候补知县蔡简梁，未完二分六厘六毫一丝二忽。

普宁县经征现任知县敖式楣，未完二分五厘三毫四丝四忽。

丰顺县经征前署县事试用同知刘钰德，未完二分零七毫四丝四忽。

阳春县经征前署县事候补班尽先补用知县谭作霖，未完二分四厘二毫五丝五忽。

恩平县经征前署县事三水县知县林兆镛，未完二分零五毫五丝七忽。

德庆州接征前署州事候补知县沈毓岱，未完二分一厘八毫九丝五忽。

万州经征前任知州赵梦奇，未完二分四厘八毫五丝二忽。

定安县经征前任知县张宜，未完二分零一毫七丝。

感恩县经征现任知县徐政，未完二分二厘一毫八丝二忽。

罗定州经征前署州事记名直隶州知州李象辰，未完二分八厘七毫七丝三忽。

嘉应州经征前任知州关广槐，未完二分零四毫四丝五忽。

乐昌县经征现任知县刘镇寰，未完三分三厘三毫零五忽。

河源县经征病故前任知县茹庆铨，未完三分七厘九毫八丝九忽。

永安县经征前署县事候补知县邹翼清，未完三分一厘九毫八丝七忽。

连平州经征前署州事教习知县柴廷淦，未完三分一厘三毫七丝四忽。

合浦县经征现任知县邓倬堂，未完三分九厘三毫五丝一忽。

昌化县经征前任知县李有益，未完三分二厘零九丝二忽。

镇平县经征前任知县续经病故朱怀新，未完三分七厘九毫七丝五忽。

长乐县经征现任知县童立喆，未完三分零一毫一丝七忽。

博罗县经征前署县事试用知县葛肇兰，未完四分四厘二毫三丝一忽。

和平县经征前署县事试用知县俞煐，未完五分五厘九毫九丝。

广州府经、督征前署府事试用知府陈望曾，未完一分三厘二毫六丝八忽。

韶州府经、督征前署府事琼州府调补广州府知府施典章，未完一分八厘九毫三丝。

潮州府经、督征前任知府李士彬，未完一分六厘九毫七丝六忽。

肇庆府经、督征前署府事雷州府知府郅馨，未完一分七厘三毫八丝八忽。

高州府经、督征前任知府惠昌，未完一分零八毫二丝一忽。

雷州府经、督征前署府事肇庆府知府文康，未完一分四厘零七丝六忽。

罗定州经、督征前署州事记名直隶州知州李象辰，未完一分一厘一丝五忽。

连州经、督征前任知州秦福和，未完一分六厘二毫七丝六忽。

廉州府经、督征前任知府刘齐浔，未完二分四厘九毫八丝三忽。

南雄州经、督征前任知州惠登甲，未完二分三厘四毫一丝六忽。

嘉应州经、督征前任知州关广槐，未完二分六厘三毫三丝一忽。

惠州府经、督征前任知府陈维，未完三分二厘九毫零三忽。

（朱批：）览。①

○九二　奏报奉拨京饷已如数解清折

光绪二十七年九月初十日(1901 年 10 月 21 日)

头品顶戴两广总督臣陶模、头品顶戴广东巡抚臣德寿跪奏，为筹解光绪二十七年广东奉拨京饷银两，恭折具陈，仰祈圣鉴事。

窃照光绪二十七年京饷案内，奉拨广东厘金银十万两等因。当经饬司先后提拨厘金银七万两，分别汇解北京户部及直隶督臣李鸿章投纳各在案。兹据布政使丁体常详称：在厘金项下再提银三万两，于光绪二十七年八月二十九日照数支出，连文批发交商号源丰润等汇兑赴京，定限九月二十九日赴户部投纳，并声明广东省本年奉拨厘金京饷十万两，现已如数解清等情，详请具奏前来。

除分咨查照外，谨合词恭折具陈，伏乞皇太后、皇上圣鉴。谨

---

①　台北故宫博物院藏：军机及宫中档，文献编号：145332-0-A。

奏。光绪二十七年九月初十日。

（朱批：）户部知道。[1]

光绪二十七年十一月初三日，奉朱批：户部知道。钦此。[2]

○九三　奏报汇解东北边防经费等款折

光绪二十七年九月十五日（1901 年 10 月 26 日）

头品顶戴两广总督臣陶模、头品顶戴广东巡抚臣德寿跪奏，为报明汇解东北边防经费等款银两、起程日期，恭折仰祈圣鉴事。

窃光绪二十七年八月十五日准行在户部电开：接户部电：现在地面收回，用项更多，京城现银极少，必须豫为筹拨，一届封河，即难解运，即将该省关应解京饷等项提前起解，设法运京备用等因。当经转行遵照。查司库应解光绪二十七年份京饷，先于本年正月十九日第一次筹解地丁京饷银二万两、厘金京饷三万两，共银五万两，交商解沪汇京投纳；又于三月初六日第二次筹解地丁京饷银三万两、太平关常税京饷三万两，筹备饷需五万两，东北边防经费三万两，固本饷二万两，加放俸饷四万两，共银二十万两，委员候补知州王世钊等解赴投纳；又于四月十三日第三次筹解筹备饷需银十万两，又于五月二十九日第四次筹备固本饷三万两，又于六月初九日第五次筹解地丁京饷二万两、厘金京饷三万两、太平关常税京饷二万两，共银七万两；又于七月二十六日第六次筹解地丁京饷三万两、厘金京饷一万两，先后交商汇解投纳，均经奏明在案。

---

[1]　中国第一历史档案馆藏：朱批奏折，档案编号：04-01-35-1057-059。
[2]　台北故宫博物院藏：军机及宫中档，文献编号：145331。

兹在本年厘金京饷支银三万两,东北经费支银六万六千两,加放俸饷支银三万两,旗兵加饷支银五万两,共银一十七万六千两,拟仍由商号汇兑,以期妥速,于光绪二十七年八月二十九日照数支出,连文批一并发交商号源丰润等汇兑至京,定限九月二十九日前赴北京户部投纳。再,厘金项下奉拨本年京饷银十万两、东北边防经费银九万六千两,均已如数解清。据广东布政使丁体常详请奏咨前来。

臣等覆核无异。除分咨外,谨会同缮折具陈,伏乞皇太后、皇上圣鉴。谨奏。光绪二十七年九月十五日。

(朱批:)户部知道。①

光绪二十七年十月十五日,奉朱批:户部知道。钦此。②

○九四　奏报筹解光绪二十七年固本兵饷折

光绪二十七年九月十五日(1901 年 10 月 26 日)

头品顶戴两广总督臣陶模、头品顶戴广东巡抚臣德寿跪奏,为筹解固本兵饷银,交商汇京起程日期,恭折仰祈圣鉴事。

窃照广东省光绪二十七年份应解固本饷银十二万两,已于本年三月初六日筹银二万两,五月二十九日再筹银三万两,先后委员交商汇京,业经奏报在案。兹在于司库各款内再筹银三万两,作为光绪二十七年六月至八月固本兵饷,定于八月二十六日仍照前案交商号义善源领汇至京,赴直隶督臣行辕投纳,毋庸由沪转解,以省周折而应要需。据广东布政使丁体常详请奏咨前来。

---

① 台北故宫博物院藏:军机及宫中档,文献编号:408003382。
② 台北故宫博物院藏:军机及宫中档,文献编号:144849。

臣等覆核无异。除分咨外，谨会同缮折具陈，伏乞皇太后、皇上圣鉴。谨奏。光绪二十七年九月十五日。

（朱批：）户部知道。①

光绪二十七年十月十五日，奉朱批：户部知道。钦此。②

○九五　奏报剿办会党并获首犯折

光绪二十七年九月十五日（1901年10月26日）

头品顶戴两广总督臣陶模、头品顶戴广东巡抚臣德寿跪奏，为兴宁会匪揭竿起事，攻扑县城，现已派营剿灭，并获匪首，恭折仰祈圣鉴事。

窃嘉应州兴宁县地方于本年八月初间，据该署县冯如衡禀称：有会匪在乡潜相勾结聚众，意图滋事，当经电饬广毅军营管带参将石玉山派拨哨勇，由和平驰赴剿办。广毅军尚未抵境，即据该署县及嘉应州电禀，匪党已于八月十一日竖旗起事，焚毁教堂，攻扑县城。又经电饬副将吴祥达、参将石玉山亲自带勇前往援剿，并电请军机处奏奉谕旨，饬令督率派出各营迅速剿办，钦遵转行遵照在案。兹据惠潮嘉道朱恩绂、③署嘉应直隶州李庆荣、署兴宁县冯如衡先后电禀，均称匪首陈廷山于七月间在兴宁县罗冈地方潜相勾结拜会，冯令因匪众兵单，禀请派勇防剿，并会商署兴宁都司郭绍

---

① 台北故宫博物院藏：军机及宫中档，文献编号：408003382-2。

② 台北故宫博物院藏：军机及宫中档，文献编号：144853。

③ 朱恩绂，生卒年未详，湖南长沙人。廪生，后报捐贡生。光绪二十年（1894），充水操内学堂办事官，保刑部候补郎中。二十一年（1895），以道员发往四川补用。二十五年（1899），经两广总督谭钟麟等奏调赴广东办理洋务。二十六年（1900），署理广东惠潮嘉道。三十二年（1906），署高雷阳道。宣统元年（1909），署安徽皖南镇总兵。

泰督率绅团,添募土勇,相机剿办。

八月十一日,匪徒已竖旗起事,聚众数千,焚毁德国教堂二座,攻扑县城。其时城中仅新募土勇二百名及原驻该县信勇数十人。郭绍泰、冯如衡督同绅民,登城固守,枪毙匪徒数十人,匪势渐怯,随即开城痛击,又擒斩匪党一百数十人,匪始溃败退走。嗣闻匪窜嘉应州境,郭绍泰带领土勇、信勇跟追,署嘉应州候补知府李庆荣亦带勇堵截,在龙虎墟地方彼此会合围剿,毙匪四百余人,并获伪军师陈良山,伪先锋邓轮山,伪分统李鹰山、廖松梅等及江、广、福三省伪元帅令旗一枝,并各种令旗、悖逆伪示等件。讯悉匪首陈廷山已率余匪奔窜平远县境,郭绍泰即率勇会同李庆荣带勇跟踪追剿,副将吴祥达亦带勇到境,会合剿捕;平远县辛元爀亲督勇团堵击,歼毙匪党二百余名,将匪首陈廷山围获,并获党羽多名。其余胁从陆续解散,教士、教民均未被害;所毁教堂现已商酌修整等情。

据此,臣等伏查兴宁地方毗连福建、江西两省,又密迩汕头,教堂林立。兴宁县城驻兵无多,以数千之匪猛力攻扑,若非守御坚定,必至为其所乘。县城一失,匪势即张。近年两粤会匪潜伏甚多,孙汶等党羽时匿港澳,日夕窥伺,一闻有事,必将响应,设令匪势燎原,四窜纷扰,患将不可胜言。臣等闻报之余,日深焦虑,所幸仰赖天威,剿办迅速,不致酿成大患。所有在事出力员弁,可否仰恳天恩,俯准分别异常、寻常劳绩,择尤保奖,以示鼓励。

所有剿灭兴宁会匪情形,除电请军机处代奏外,谨合词恭折具陈,伏乞皇太后、皇上圣鉴训示。谨奏。光绪二十七年九月十五日。

（朱批:）准其择尤保奖,毋许冒滥。①

----

①　台北故宫博物院藏:军机及宫中档,文献编号:408003382-1。

光绪二十七年十月十五日,奉朱批:准其择尤保奖,毋许冒滥。钦此。[①]

○九六　奏报汇解应还英、德本息银两片

光绪二十七年九月十五日(1901年10月26日)

再,准户部咨:应还英、德本息,由各海关洋税、洋药税厘项下摊派粤海关五十二万两,每年匀分二、五、八、冬四个月解交等因。迭经遵解在案。兹准粤海关监督庄山咨称:准户部札开:英、德借款佛郎镑价昂贵,原拨银数不敷,照案酌量加拨本年八月期应解英、德还款银十三万两,又加拨四分之一银三万二千五百两,合共银十六万二千五百两,备文发交西商志成信、协成乾银号,汇解江海关道投纳等因前来。

除咨户部查照外,谨会同粤海关监督臣庄山附片陈明,伏乞圣鉴。谨奏。

(朱批:)户部知道。[②]

光绪二十七年十月十五日,奉朱批:户部知道。钦此。[③]

○九七　奏闻汇解河工经费银数片

光绪二十七年九月十五日(1901年10月26日)

再,广东省每年应解河工经费银一万两,光绪二十二年起因凑

---

① 台北故宫博物院藏:军机及宫中档,文献编号:144842。
② 台北故宫博物院藏:军机及宫中档,文献编号:408003382-1-A。
③ 台北故宫博物院藏:军机及宫中档,文献编号:144850。

还洋款，不能按年解足。本年经费业于四月内解过银三千两，兹又在盐课项下筹银二千两，于九月初九日兑交商号蔚长厚，汇解漕运总督衙门投纳。据两广盐运使国钧详请奏咨前来。除分咨外，谨附片陈明，伏祈圣鉴。谨奏。

（朱批：）户部知道。[1]

光绪二十七年十月十五日，奉朱批：户部知道。钦此。[2]

○九八　请以何赓鸿补授招收场大使片

光绪二十七年九月十五日(1901年10月26日)

再，招收场大使施官绂丁忧遗缺，核计轮补章程，系丁忧病故一项第二次留缺，粤省现有应补人员，应请扣留外补，咨部查照在案。兹据两广盐运使国钧会同广东布政使丁体常详称：查有旧海防先补用盐大使何赓鸿，年四十五岁，浙江绍兴府余姚县人，由监生遵新海防例在台湾捐输局报捐盐大使，指省分发广东试用。光绪十二年七月初十日，蒙钦派王大臣验放覆奏，奉旨：着照例发往。钦此。是月二十日，由吏部给发执照起程，于光绪十二年九月初六日到省。复遵海防例，加捐海防新班先补用免试用。光绪十三年六月二十三日，奉准吏部过班知照，文末填光绪十三年五月二十日发行，应以是日起按照限减半计算，至十三年七月初五日接到部文作为新班到省日期。十八年八月初十日，闻讣丁本生继母忧，回籍治丧，服满起复，于二十年二月初九日回省。是年十月十三日，奉

---

[1]　台北故宫博物院藏：军机及宫中档，文献编号：408003382-1-B。

[2]　台北故宫博物院藏：军机及宫中档，文献编号：144855。

准吏部文行，准其起复。查该员何赓鸿年力强盛，差委亦勤，堪以补授招收场大使缺，与例亦属相符。惟系捐纳之员，仍令试俸三年等情，详请具奏前来。

臣查该员何赓鸿年力正强，办事勤慎，以之补授招收场大使，与例相符。惟系捐纳之员，仍令试俸三年，再请实授。除咨部查照外，谨会同广东巡抚臣德寿附片具陈，伏乞圣鉴，敕部议覆施行。谨奏。

（朱批：）吏部议奏。①

光绪二十七年十月十五日，奉朱批：吏部议奏。钦此。②

○九九　请将陈大猷等贪员革职片

光绪二十七年九月十五日(1901 年 10 月 26 日)

再，据护理雷琼道秦炳直、③琼州府知府刘尚伦禀，以岭门抚黎分局委员知县用补用县丞陈大猷、哨弁蓝翎尽先千总易鸿宾互相禀揭，经该道府等传讯明确，陈大猷、易鸿宾均实有罔利营私、贪劣不职情事，陈大猷并有短缺勇额、侵蚀粮饷供认实据，现已潜回

---

① 台北故宫博物院藏：军机及宫中档，文献编号：408003382-1-C。
② 台北故宫博物院藏：军机及宫中档，文献编号：144854。
③ 秦炳直(1845—?)，字子质，湖南湘潭人，附生。光绪元年(1875)，中式举人。四年(1878)，捐纳内阁中书。五年(1879)，充内阁行走，选内阁撰文。十五年(1889)，保侍读，补方略馆校对。同年，截取同知。十九年(1893)，委署侍读。翌年，以截取同知分发福建，嗣保知府。二十二年(1896)，署福建福州府知府，加盐运使衔。二十六年(1900)，保道员。二十七年(1901)，护理雷琼道。二十八年(1902)，署广东高廉钦道，加二品顶戴。二十九年(1903)，署广东惠潮嘉道。三十一年(1905)，补授广东廉钦道。三十二年(1906)，迁江西按察使。三十三年(1907)，署理广东水陆提督，晋头品顶戴。同年，补授广东陆路提督。次年，法国赠授宝星。宣统三年(1911)，进京陛见。

湖南原籍，禀请奏咨斥革，归案究办，并咨会湖南巡抚饬行该员原籍湘乡县，将陈大猷提案押解来粤，以凭追究等情。

臣等复核无异。合无仰恳天恩，俯准将五品衔知县广东遇缺补用县丞陈大猷、蓝翎尽先拔补千总易鸿宾一并革职，以凭提案分别究办。除咨部并咨湖南巡抚提解外，谨合词附片陈明，伏乞圣鉴训示。谨奏。

（朱批：）着照所请，该部知道。①

光绪二十七年十月十五日，奉朱批：着照所请，该部知道。钦此。②

一〇〇　请以王春霖补授惠来县知县折

光绪二十七年九月二十一日(1901 年 11 月 1 日)

头品顶戴两广总督臣陶模、头品顶戴广东巡抚臣德寿跪奏，为选员请补知县，恭折仰祈圣鉴事。

窃照卸惠来县知县池伯炜于光绪二十七年六月十二日在省寓病故，业经咨报吏部，声明所遗惠来县知县缺，粤省现有应补人员，请扣留外补。此案于六月二十六日申报到司，应归六月份截缺办理。是月份病、故、休知县一项，只此一缺，毋庸签掣。

查定例：知县告病、病故、休致三项缺出，系应归月选者，将一缺题补各项候补并进士即用人员，以一缺题补本班大挑举人，如各项候补并进士即用无人，仍专用大挑举人。又，各省升、调所遗及

---

① 台北故宫博物院藏：军机及宫中档，文献编号：408003382-0-A。
② 台北故宫博物院藏：军机及宫中档，文献编号：144851。

告病、病故、休致选缺知县遇轮补候补本班先到班时,于各本班中先用进士、举人、恩、拔、副、岁、优贡生正途出身,及曾任实缺知县、曾任京外实缺应升知县者二人,再用本班中各项出身一人。如本班中正途出身及曾任人员适遇无人或不合例,即虚积过班,于本班中用各项出身之人。又准部咨:《郑工新例铨补章程》内开:道、府、同知、直隶州知州、通判、知州、知县升调所遗及告病、病故、休致留补选缺,除坐补原缺、裁缺即用、回避即用、新选、新补、留省另补人员不计外,无论何项到班,仍以五缺计算,先用郑工新班遇缺先二人、海防新班先一人,无人用郑工新班遇缺先人员抵补。至第四缺海防即、海防先分班轮用一人。第一轮用海防即人员,第二轮用海防先人员。海防先无人,仍用海防即人员;海防即无人,用旧例银捐遇缺先人员。如无人,用旧例银捐遇缺人员;再无人过班,即接用各项轮用班次一人,以五缺为一周。新例报捐各项本班尽先补用人员,于各本班轮补到班时,第一次用郑工本班先一人,第二次用海防本班先一人,第三次用郑工本班先一人,第四次用海防本班先一人。郑工无人,用海防人员;海防无人,用郑工人员。至第五次用旧例银捐本班先一人,如无人用常捐本先,再无人用旧例本班先,如又无人,始用劳绩本班先之人。又准部咨:《新海防例铨补章程》内开:所有此次遵照新海防例报捐人员,自应仍照郑工事例跟接次数、卯数,分别掣签,按班铨补各等因。

前出吴川县知县缺,已用进士即用本班先知县罗栋材补;大埔县知县缺,已用进士即用知县范宗莹补;博罗县知县缺,已用大挑班报捐本班尽先补用知县陈宗凤补;仁化县知县缺,已用新海防分缺先补用知县成守正补;吴川县知县缺,已用大挑试用知县王麒兆补;阳山县知县缺,已用新海防分缺间用知县葛长春补;定安县知县缺,已用二郑工及新海防遇缺先知县陈永辉补。今惠来县知县缺,轮用海防先、海防即,旧例银捐遇缺先、银捐遇缺,均无人,过班接用各项系候补班前到班。查候补班前一项,上次河源县知县缺,已用二正途及曾任知县茹庆铨补。

今惠来县知县缺,轮用郑工及新海防例各项候补报捐尽先人员请补。兹会选有候补班报捐本班尽先补用知县王春霖,年五十六岁,湖南衡阳县人,由附贡生遵海防例报捐县丞选用,投效广东琼州军营,剿办黎匪出力,保请俟得缺后以知县前先补用,保案未经奏准之先赴京,遵郑工例报捐仍以县丞不论双单月指分广东试用。光绪十五年,由吏部给发执照,祗领起程,十一月十二日到省,旋经奏准俟补缺后,以知县前先补用。是年十二月二十日,经吏部核议覆奏,本日奉旨:依议。钦此。十七年,遵新海防例捐免补县丞本班,以知县仍留原省,归候补班前先补用,请咨赴京。十七年七月十四日,由吏部带领引见。本日奉旨:依议。钦此。二十日,经吏部给发执照,祗领起程,于八月二十四日到省,并无在粤游幕,业经缴结详咨在案。该员年健才裕,励精图维,以之补授惠来县知县,洵堪胜任,与例亦属相符。据藩、臬两司会详前来。

相应请旨以候补班报捐本班尽先补用知县王春霖补授惠来县知县缺。如蒙俞允,该员系候补班报捐本班尽先补用知县请补知县,衔缺相当,毋庸送部引见。除咨部外,臣等谨遵照奉准通行改题为奏缘由,合词恭折具陈,伏乞皇太后、皇上圣鉴训示。再,粤东省补缺例限九十日。此缺系归光绪二十七年六月份截缺,应以是月底起限办理。今在限内选员请补,并无迟逾。合并陈明。谨奏。光绪二十七年九月二十一日。

（朱批）：吏部议奏。①

光绪二十七年十二月初一日,奉朱批:吏部议奏。钦此。②

一〇一　奏报程锦文等调署知州员缺片

光绪二十七年九月二十二日(1901年11月2日)

再,署钦州直隶州知州卢蔚猷署事期满,所遗钦州直隶州知州篆务,查有德庆州知州程锦文,练达有为,勤求治理,堪以调署。递遗德庆州知州篆务,查有顺德县知县王崧,精明干练,任事实心,堪以调署。该员程锦文、王崧各任内并无盗劫已起四参之案。据藩、臬两司会详前来。除檄饬遵照外,臣等谨循例附片具陈,伏乞圣鉴。谨奏。

（朱批:)吏部知道。③

光绪二十七年十二月初一日,奉朱批:吏部知道。钦此。④

一〇二　奏闻照案动支乡试经费片

光绪二十七年九月二十二日(1901年11月2日)

再,广东每届乡试,文场应用经费及文举人旗匾、酒席、会试水手等项银两,向于地丁项内支银一千六百两;其余不敷之银,均在司库征收各属田、房税科羡余银内支给。本年举行庚子恩、正两科

---

① 台北故宫博物院藏:军机及宫中档,文献编号:408003383。
② 台北故宫博物院藏:军机及宫中档,文献编号:146233。
③ 台北故宫博物院藏:军机及宫中档,文献编号:408003383-0-A。
④ 台北故宫博物院藏:军机及宫中档,文献编号:146235。

文乡试，需用经费等银，应请照案动支。据藩司丁体常具详请奏前来。除饬俟事竣将支过各项细数分别列册报销并分咨外，谨附片陈明，伏乞圣鉴。谨奏。

（朱批：）该部知道。[1]

光绪二十七年十二月初一日，奉朱批：该部知道。钦此。[2]

一〇三　请准沈守廉开缺修墓片

光绪二十七年九月二十二日(1901年11月2日)

再，卸广东惠潮嘉道沈守廉，[3]于光绪二十六年九月奏派解送方物，前赴行在进呈，事毕电禀请假一月，回籍省墓。迨到籍后，省视各先茔，均因年久坍塌，请开缺修理，详由浙江抚臣移咨核办等因。当经饬据藩、臬两司查明，沈守廉前在广东惠潮嘉道任内并无经手未完事件，请准其开缺修墓等情前来。臣等查现任官员，例准开缺修墓，相应请旨俯准开缺，俾遂孝思。所遗广东惠潮嘉道缺，并恳迅赐简放，以重职守。

除分咨吏部及浙江抚臣查照外，理合附片具陈，伏乞圣鉴训

---

① 台北故宫博物院藏：军机及宫中档，文献编号：408003383-0-B。

② 台北故宫博物院藏：军机及宫中档，文献编号：146234。

③ 沈守廉，生卒年未详，字絜斋，浙江海盐人，监生。同治元年(1862)，选主事。二年(1863)，丁母忧，回籍终制。四年(1865)，签分刑部行走。十三年(1874)，补工部屯田司主事。光绪元年(1875)，保员外郎。五年(1879)，保郎中，赏戴花翎。同年，署工部宝源局监督。同年，授工部虞衡司郎中，充工部屯田司主稿。七年(1881)，授工部木仓监督。同年，保以道员，加按察使衔。九年(1883)，放四川永宁道。十二年(1886)，署四川盐茶道。十六年(1890)，补河南分巡河陕汝道。二十四年(1898)，补授山东兖沂曹济道。同年，调补广东惠潮嘉道。二十七年(1901)，开缺回籍修墓。三十三年(1907)，经湖广总督赵尔巽奏赴湖北差委。宣统元年(1909)，坐补广东惠潮嘉道。

示。谨奏。

（朱批：）着照所请，吏部知道。[①]

光绪二十七年十二月初一日，奉朱批：着照所请，吏部知道。钦此。[②]

一〇四 奏报粤海关报解第三批京饷折

光绪二十七年十月初三日（1901 年 11 月 13 日）

头品顶戴两广总督臣陶模跪奏，为粤海关报解第三批京饷等银，汇解江海关道投纳，恭折仰祈圣鉴事。

窃照光绪二十七年份京饷，户部奏拨粤海关洋税银十万两，新增盈余银六万两，又东北边防经费拨粤海关六成洋税银十二万两，又加拨银二万四千两，又筹备饷需拨粤海关四成洋税银十二万两、六成洋税银二十万两，又加放俸饷于粤海关四成洋税每结提银六千两，又另款加复俸饷每年粤海关应解银四万两，又内务府广储司公用每年拨粤海关税银三十万两。

兹筹解光绪二十七年份第三批部库京饷银二万五千两，另加平银三百七十五两、饭银七百二十五两，共银二万六千一百两，内除扣解过京师王公、百官、兵丁等恩赏银一万五千两，实解银一万一千一百两；又，部库关税新增盈余银一万五千两，另加平银二百二十五两、饭银四百三十五两，共银一万五千六百六十两，内除扣解过京师王公、百官、兵丁等恩赏银一万五千两，实解银六百六十

---

① 台北故宫博物院藏：军机及宫中档，文献编号：408003383-0-C。
② 台北故宫博物院藏：军机及宫中档，文献编号：146236。

两；又，东北边防经费原拨银三万两，加拨银六千两，又筹备饷需四成洋税银三万两、六成洋税银五万两，又加放俸饷四成洋税银六千两，又光绪二十四年份另款加复俸饷银一万两，又光绪二十七年秋春季份广储司公用银七万五千两，另加平银一千一百二十五两，又新增归公加平银一千八百七十五两，抬费用项银六百两，共银七万八千六百两。统共银二十二万二千三百六十两，遵照部电备具文批，于光绪二十七年八月二十四日由西商志成信、协成乾银号汇解江海关道投纳。

除分咨查照外，谨会同粤海关监督臣庄山缮折具陈，伏乞皇太后、皇上圣鉴。谨奏。光绪二十七年十月初三日。

（朱批：）该衙门知道。①

光绪二十七年十一月初三日，奉朱批：该衙门知道。钦此。②

一〇五　奏报广东光绪二十六年秋冬收解厘金折

光绪二十七年十月初三日（1901 年 11 月 13 日）

头品顶戴两广总督臣陶模、头品顶戴广东巡抚臣德寿跪奏，为广东省光绪二十六年下半年收解厘金数目，开单具陈，仰祈圣鉴事。

窃照广东省厘金收解各数目，向系半年奏报一次。兹查光绪二十六年六月以后改由商办，嗣因办无成效，旋于九月底撤退，连闰计五个月，所有收支数目，应由另案造报，现将下半年十月收回

---

① 台北故宫博物院藏：军机及宫中档，文献编号：408003385。
② 台北故宫博物院藏：军机及宫中档，文献编号：145337。

官办起至十二月底止,各厂、关共收货厘洋银四十八万三千六百八十二两七钱一分三厘二毫,又收盐厘洋银四万二千五百一十三两二钱一分八厘。据广东布政使丁体常会同厘务局司道,造册详请奏咨前来。

臣等覆核无异。除册咨送户部外,谨缮清单,恭呈御览。至盐厘一项,改归运司按引抽收,是以清单内不列各厂名目,伏乞皇太后、皇上圣鉴,敕部查照施行。谨奏。光绪二十七年十月初三日。

（朱批:）户部知道。单并发。[①]

光绪二十七年十一月初三日,奉朱批:户部知道。单并发。钦此。[②]

一○六　呈广东光绪二十六年秋冬收解厘金清单

光绪二十七年十月初三日(1901年11月13日)

谨将广东省光绪二十六年十月收回官办起至十二月底止收解货厘,并繁盛海口补抽货厘暨盐厘各数目,分晰开单,恭呈御览。

货厘入款:

一、收北江韶州厂行厘洋银一万一千九百四十七两五钱四分七厘。

一、收北江芦包厂行厘洋银二万六千三百六十六两四钱一分

---

① 台北故宫博物院藏:军机及宫中档,文献编号:408003387。
② 台北故宫博物院藏:军机及宫中档,文献编号:145334。

九厘二毫,又带抽坐厘洋银一万二百四十七两五钱一分四厘,共收洋银三万六千六百一十三两九钱三分三厘二毫。

一、收西北江河口马口厂行厘洋银二万九千四百八十二两五钱四分八厘,又带抽佛山埠厘洋银四千七百六十九两四钱八分七厘,共收洋银三万四千二百五十二两三分五厘。

一、收西江都城厂行厘洋银六千四百四十六两六钱一分七厘,又带抽埠厘洋银四千二百七十七两五钱六分七厘,共收洋银一万七百二十四两一钱八分四厘。

一、收西江后沥厂行厘洋银二万三千四百六十两一钱二分五厘,又带抽坐厘洋银二千三百七十三两四钱三分一厘,共收洋银二万五千八百三十三两五钱五分六厘。

一、收西江四会厂行厘洋银四千三百五十九两五钱一分一厘四毫,又带抽坐厘洋银二千八十一两一钱二分七厘,共收洋银六千四百四十两六钱三分八厘四毫。

一、收东江石龙厂行厘洋银二万六千七百二十六两一分。

一、收东江白沙厂行厘洋银一万九百二十两五钱八分九厘八毫,又带抽坐厘洋银二千八百二十九两九钱一分三厘,共收洋银一万三千七百五十两五钱二厘八毫。

一、收高州水东厂行厘洋银七百八两四钱八分四厘。

一、收各厂茶厘洋银一千三百一十两五钱四分二厘。

一、收各厂土药厘金洋银八千八百七十六两四钱五分九厘。

一、收各厂加抽烟厘洋银八千一百一十四两六钱六分三厘。

一、收各厂加抽酒厘洋银四千七百三十七两八钱四分九厘(以上烟、酒两项系加抽两倍,嗣又续加一倍厘银收数。至原抽厘银,仍归并百货厘内。合注明)。

一、收各厂加抽三成土药厘金洋银八千五百四十七两六钱四分二厘（此项三成土药厘银系奉部文于二十六年加抽，另款存储。合注明）。

以上共收货厘洋银一十九万八千五百八十四两四分五厘四毫。

一、收省城补抽货厘洋银二万七千七百八十二两二钱四分三厘八毫。

一、收省河补抽货厘洋银三万三千二百八十五两四钱六分三厘。

一、收九龙、拱北两关补抽货厘洋银一十二万七千八百八十八两七钱三分三厘。

一、收九龙、拱北两关茶厘洋银一千七百一十一两二钱六分七厘（查该税司按西历月结造报，自光绪二十六年六月初五日起至二十七年正月初十日止，即一百六十结第一月至一百六十二结第二月，共收百货厘银一十二万六千四百三十五两七钱三分二厘，现收银数有上存未解尾数在内。合注明）。

一、收九龙、拱北两关带抽火水油厘洋银三万四千二百七十五两四钱二分九厘。

一、收佛山补抽货厘洋银六千二百七十八两一钱二分一厘。

一、收江门补抽货厘洋银三千七百九十两五钱二分。

一、收陈村补抽货厘洋银五千八百五十三两二钱八分五厘。

以上共收补抽货厘洋银二十四万六十五两六分一厘八毫。

一、收商捐土丝、土茶厘费洋银四万五千三十三两六钱六厘（此项商捐土丝、土茶厘费，向归外销，尽数拨解善后局，充支本省海防经费。光绪二十五年九月筹饷案内奏明，提解藩库，听候部拨。合注明）。

通共收货厘并补抽货厘，又丝、茶厘费洋银四十八万三千六百八十二两七钱一分三厘二毫，又光绪二十六年五月底止册报尚存货厘，并补抽货厘又丝、茶厘费洋银八万二千二百五十二两六钱六分八厘五毫八丝。

货厘出款：

一、解广东藩库厘金项下奉拨京饷洋银一万两，又九二易换纹银补水洋银八百六十九两五钱六分五厘，共解洋银一万八百六十九两五钱六分五厘。

一、解广东藩库厘金项下奉拨加放俸饷洋银一万两，又九二易换纹银补水洋银八百六十九两五钱六分五厘，拨还俄、法、英、德借款，随解一四汇费洋银一百四十两，共解洋银一万一千九两五钱六分五厘。

一、解广东藩库厘金项下奉拨贵州省协饷洋银一万六千两，又九二易换纹银补水洋银一千三百九十一两三钱四厘，共解洋银一万七千三百九十一两三钱四厘。

一、解广东藩库厘金项下奉拨本省庚子年兵饷洋银四万两，又九二易换纹银补水洋银三千四百七十八两二钱六分，共解洋银四万三千四百七十八两二钱六分。

一、解广东藩库转给委员领解京饷四万两，应给西商汇费洋银一千二百两，委员盘费洋银四百两，共解洋银一千六百两。

一、解广东藩库大炉饷洋银一千三百五十九两二分五厘，又九二易换纹银补水洋银一百一十八两一钱七分六厘，共解洋银一千四百七十七两二钱一厘。

一、解两广盐运司库土炉饷洋银三百一十二两七钱，又九二易换纹银补水洋银二十七两一钱九分一厘，共解洋银三百三十九两八钱九分一厘。

一、解广东藩库三成土药厘金洋银五千一百七十四两四钱九分八厘。

一、解广东藩库丝、茶厘费洋银七千七百四十两八钱五分。

一、拨给盐厘项下收解西征军饷改拨筹备饷需九二易换纹银补水洋银三千六百九十六两八钱。

一、支拱北关税务司修卡工料洋银四百八十两。

一、支缉私广福轮船修造工料洋银九千七百一十九两五钱八分五厘六毫。

一、支提饷各轮船修葺工料洋银五百四十四两八钱五分（查粤省东、西、北三江港汊纷歧，盗贼出没，缉私提饷，均用轮船，以免疏虞。所需修造等费向在外销丝、茶项下开支，现丝、茶厘费业经提存候拨，此项银两自应作正开销。合注明）。

一、支广东同文馆添设俄东学堂，自光绪二十六年七月至十二月连闰七个月，又二十七年正月份共八个月，每月脩金经费银七百两，共支洋银五千六百两。

一、解广东善后总局支用本省海防善后各经费洋银三十五万九千二百八十九两五分七厘三毫。

以上共支拨洋银四十七万八千四百一十一两四钱二分六厘九毫，除收抵支外，实存洋银八万七千五百二十三两九钱五分四厘八毫八丝。

盐厘入款：

一、收两广盐运司库解缴北柜埠盐厘洋银三万一千七百六十四两五钱二分八厘。

一、收两广盐运司库解缴中柜埠盐厘洋银二千六百六十五两三钱五分五厘。

一、收两广盐运司库解缴东柜埠盐厘洋银二千八十三两三钱三分五厘。

一、收两广盐运司库解缴平柜埠盐厘洋银六千两。

以上共收洋银四万二千五百一十三两二钱一分八厘（此项盐厘系由两广盐运司于下半年陆续拨解光绪二十六年六月起至十月止北柜、中柜、东柜各埠收数，又二十五年下半年并二十六年上半年平柜埠收数，历遵部文照两淮盐厘格式造报。至额引包斤数目，应由运司奏销案内分晰开报。理合声明）。

盐厘出款：

一、解广东藩库拨解西征军饷改拨筹备饷需洋银四万二千五百一十三两二钱一分八厘（查此项筹备饷需应以纹银起解，所收盐厘均系洋银，应易换纹银补水银两，现由货厘项下拨给，已于货厘出款开列。合注明）。

以上共支拨洋银四万二千五百一十三两二钱一分八厘，除收抵支外，实存无项。合并声明。

（朱批：）览。[1]

一〇七　奏为病势加剧恳恩开去实缺折

光绪二十七年十月初三日（1901 年 11 月 13 日）

头品顶戴两广总督臣陶模跪奏，为沥陈微臣气喘咯血，病势加

---

[1]　台北故宫博物院藏：军机及宫中档，文献编号：145334-0-A。

剧,恳恩开去实缺,另简贤员,免误疆寄,恭折仰祈圣鉴事。

　　窃臣于光绪二十七年七月十一日奏请续假两月,九月二十六日奉到朱批:着再赏假两个月。钦此。累蒙圣恩眷注,无任悚惭。计自拜折以后,朔望庙香,均未亲诣行礼;延见属员,多在内室。觅医多方调治,原冀渐就轻减,无如旧病甚深,肺中血管有淤塞处,不能多容清气,以致痰喘愈甚,呼吸短促。九月以来,屡经咯血,饮食锐减,精神恍惚,僚属禀商要公,不能以时晤见;强勉批阅案牍,辄觉心烦头晕,夜不成寐;四肢委顿,稍动则喘咳不止。遍服中、西各药,毫不见功。医者谓心劳过度,未易速痊。

　　窃念微臣材识平庸,躐跻非分,受恩深重,报称无由。际此时艰,本何敢遽言引退。惟两广政务殷繁,察吏整军,不容稍有疏忽。近当颁行新政,尤须奋勉图功,况濒海要区,各国交涉之事日烦,微臣衰病惭弛,负疚良深,倘再迁延恋栈,贻误大局,厥罪尤重。再四思维,只得仰恳天恩,俯念地方紧要,开去微臣两广总督实缺,简放贤能之员,俾及时整顿,有裨海疆洵非浅鲜。微臣暂释重负,静心调摄一年半载,或可仰赖慈庇,渐臻康复。一俟病痊,当即泥首宫门,求赏差使,再图报效。

　　所有沥陈微臣气喘咯血,病势加剧,吁恳天恩,开去实缺,另简贤员,免误疆寄缘由,理合恭折具陈,伏乞皇太后、皇上圣鉴,训示施行。再,臣署寻常公事暂委藩司代拆代行,仍嘱随时禀商抚臣,以免贻误。合并陈明。谨奏。光绪二十七年十月初三日。

　　(朱批:)着再赏假两个月,毋庸开缺。[1]

---

　　[1]　台北故宫博物院藏:军机及宫中档,文献编号:408003386。

光绪二十七年十一月初三日,奉朱批:着再赏假两个月,毋庸开缺。钦此。[①]

一〇八　奏报汇解应还俄、法借款盐厘等项银两片

光绪二十七年十月初三日(1901年11月13日)

再,准户部咨:应还俄、法借款,每年指拨广东盐斤加价银五万两,加放俸饷银五万两,闱捐银二十四万两,地丁等项银二十四万两,各按四成之数于九月内解交等因。兹据广东布政使丁体常、两广盐运使国钧、善后局司道先后详称:本年九月份应解前项银两,现经设法挪凑,作为盐斤加价银二万两,加放俸饷银二万两,闱捐银九万六千两,地丁等项银九万六千两,共银二十三万两,于九月初六、十三等日先后兑交号商源丰润等,汇解江海关道兑收,备还俄、法之款,详请奏咨前来。

臣覆核无异。除咨部查照外,谨会同广东巡抚臣德寿附片具陈,伏乞圣鉴。谨奏。

(朱批:)户部知道。[②]

光绪二十七年十一月初三日,奉朱批:户部知道。钦此。[③]

---

① 台北故宫博物院藏:军机及宫中档,文献编号:145340。
② 台北故宫博物院藏:军机及宫中档,文献编号:408003385-0-A。
③ 台北故宫博物院藏:军机及宫中档,文献编号:145342。

一〇九　奏报汇解应还俄、法借款洋税等项银两片

光绪二十七年十月初三日（1901年11月13日）

再，准户部咨：应还俄、法本息，由各海关洋税、洋药、税厘项下，摊派粤海关三十六万两，每年匀分三、九两月解交等因。迭经遵解在案。兹准粤海关监督庄山咨称：准户部札开：俄、法借款佛郎镑价昂贵，原拨银数不敷，照案酌量加拨本年九月期内应解俄、法还款银一十四万四千两，又加拨四成银三万六千两，合共银一十八万两，先后备文发交西商志成信、协成乾银号，汇解江海关道衙门投纳等因前来。

除咨户部查照外，谨会同粤海关监督臣庄山附片陈明，伏乞圣鉴。谨奏。

（朱批：）户部知道。[1]

光绪二十七年十一月初三日，奉朱批：户部知道。钦此。[2]

一一〇　奏报广东光绪二十七年覆查保甲情形折

光绪二十七年十月二十八日（1901年12月8日）

头品顶戴两广总督臣陶模、头品顶戴广东巡抚臣德寿跪奏，为本年覆查保甲完竣，据实上陈，仰祈圣鉴事。

---

[1]　台北故宫博物院藏：军机及宫中档，文献编号：408003385-0-B。
[2]　台北故宫博物院藏：军机及宫中档，文献编号：145339。

窃各属编查保甲，向于秋收后责成该管道、府、州亲往认真抽查，督抚于岁底汇奏一次，历经遵照办理。嗣于光绪十三年二月十九日奉上谕：着各直省督抚严饬所属，将保甲事宜认真办理，不得仅以造册申报敷衍塞责，用副朝廷戢暴安良之意。将此通谕知之等因。钦此。又于光绪二十四年复迭奉谕旨：切实筹办团练，实力举行保甲，并奉皇太后懿旨，饬将积谷、保甲、团练实力奉行，认真兴办各等因。钦此。均经通饬各属钦遵办理在案。兹届光绪二十七年秋收后查办之期，经该管道、府、州亲往各属抽查保甲，造具册结，由藩、臬两司会详请奏前来。

臣等查粤东地处海滨，港汊纷歧，加以五方杂处，良莠不齐，盗风之炽甲于天下。保甲、团练，相辅而行，各属团练尚多得力。水陆各要隘及近省各海口均分拨轮、扒各船，派调兵勇，按段驻扎，联络梭巡，保甲尤宜认真。臣等仍当严饬地方官绅员弁实力稽查，认真经理，以期盗戢民安，仰副朝廷绥靖海疆之至意。

所有覆查保甲完竣缘由，谨恭折具奏，伏乞皇太后、皇上圣鉴。谨奏。光绪二十七年十月二十八日。

（朱批：）知道了。[①]

光绪二十八年正月初九日，奉朱批：知道了。钦此。[②]

一一一　委令刘镇寰署理归善县知县片

光绪二十七年十月二十八日(1901 年 12 月 8 日)

再，署归善县知县左学昌期满遗缺，查有乐昌县知县刘镇寰，

---

① 台北故宫博物院藏：军机及宫中档，文献编号：408003388。

② 中国第一历史档案馆藏：录副奏折，档案编号：03-5518-039。

和平稳练,治功卓著,堪以调署。该员任内并无盗劫已起四参之案。据藩、臬两司会详前来。除檄遵外,臣等谨附片具陈,伏乞圣鉴。谨奏。

光绪二十八年正月初九日,奉朱批:吏部知道。钦此。①

一一二　报解广东光绪二十七年京饷等款折

光绪二十七年十一月初六日(1901年12月16日)

头品顶戴两广总督臣陶模跪奏,为报解盐课京饷等款银数、日期,恭折仰祈圣鉴事。

案准行在军机处来电内开:庆亲王、户部电称:部库支绌,现向汇丰银行借银二十万。大学士李鸿章借银八万,仅敷十月份旗、绿饷之用。务望将应解京饷赶紧于十月内一律汇解到京,万勿迟误等因。当经转行遵照。兹据两广盐运使国钧详称:本年奉拨京饷盐课银二十万两,已解过十五万五千两,又拨内务府经费盐课银五万两,已解过四万两,均经奏报在案。兹复在盐课项下筹解京饷银四万五千两,随解一五加平银一千三百五十两。又,内务府经费银一万两,随解平余、抬费等银三百三十两,统共银五万六千六百八十两,于十月十三日发交商号源丰润等汇解进京,分别投纳。所有本年奉拨盐课京饷、内务府经费,均已解清等情,详请奏咨前来。

臣覆核无异。除分咨查照外,谨会同广东巡抚臣德寿恭折具陈,伏乞皇太后、皇上圣鉴。谨奏。

---

① 中国第一历史档案馆藏:录副奏片,档案编号:03-5398-118。

（朱批：）该衙门知道。①

光绪二十七年十二月初一日，奉朱批：该衙门知道。钦此。②

一一三　查覆广西学政刘家模劣迹情形折

光绪二十七年十一月初六日（1901 年 12 月 16 日）

头品顶戴两广总督臣陶模跪奏，为奉旨饬查广西学臣劣迹，先已访闻委查明确，据实覆陈，仰祈圣鉴事。

窃光绪二十七年十一月初一日，承准军机大臣字寄：光绪二十七年九月十六日奉上谕：有人奏，广西学政刘家模考试梧州之时，座船满载私盐，经委员查验，起出五千余石之多。该学政不知自愧，又复诈开失单，以巡船打劫为辞，请督臣追贼，陶模置之不理等语。学政职司文衡，宜如何洁身自爱，若如所奏，实属贪鄙。着陶模按照所参各节，确切查明，据实具奏，毋稍徇隐。原片着钞给阅看。将此谕令知之。钦此。遵旨寄信前来等因。并钞寄原片一件到臣。承准此，伏查广西学政御史刘家模上年到任之时，沿途需索夫马，曾准前河南巡抚臣于荫霖③咨会各省有案。抵任之后，按临

---

① 台北故宫博物院藏：军机及宫中档，文献编号：408003390。

② 台北故宫博物院藏：军机及宫中档，文献编号：146238。

③ 于荫霖（1838—1904），字次棠、樾亭，吉林伯都讷厅人。咸丰八年（1858），取乡试举人。九年（1859），中式进士，改庶吉士。同治元年（1862），授翰林院编修，选武英殿协修。六年（1867），补国史馆协修。九年（1870），升武英殿纂修。十年（1871），充会试同考官。十三年（1874），授国史馆纂修。光绪元年（1875），迁武英殿总纂、实录馆纂修。二年（1876），任武英殿提调、文渊阁校理。六年（1880），补右赞善、左赞善、左中允。八年（1882），放湖北荆宜施道。十一年（1885），升广东按察使。十二年（1886），迁云南布政使。同年，丁母忧，回籍终制。十六年（1890），补福建台湾布政使。二十一年（1895），调署安徽布政使。二十四年（1898），调补云南布政使。是年，擢湖北（转下页）

平乐、梧州、郁林、浔州等处，闻其关防甚不严肃，录取文武生童，多由贿托；棚规、供应等项，格外勒索加增。西省官绅来东，无不道其劣迹，声名狼藉不堪。

臣当即札饬广西藩、臬二司派员密查。旋据广西布政使张曾㪚、①兼署广西按察使桂平梧盐法道广敏详称：派委妥员，分路确查得该学政按临平乐，向章应得棚规银八百两，该学政向平乐县加索银一千二百两，平乐县未允致送；复向平乐府面索银一千两，平乐府以其言之再三，情不可却，除照送银八百两外，府、县复各送银一百两；供应一切，多用银五十余两。按临梧州，于应得棚规外，加索银三百两，供应一切，多用银一百余两。按临郁林，于应得棚规外，加索银六十六两；供应一切，多用银二百二十余两；并因争索供应，派承差捆捉办考司事，司事避匿，遂将备办供应各物掳去。按临浔州，办考署平南县知县试用同知庄蕴宽迎谒之时，即以前考各属颇有谣言，宜顾惜声名为劝，向送棚规一千八百五十一两，该学政向商加足一千九百两，庄蕴宽应允照送；供应一切，多用银二百

（接上页）巡抚。二十七年（1901），调河南巡抚。二十八年（1902），转湖北巡抚，旋调广西巡抚。同年开缺，假居南阳。三十年（1904），卒。有《悚斋文集》、《悚斋日记》、《悚斋奏议》、《悚斋诗存》等行世。

① 张曾㪚（1852—1920），字小帆、抑仲、润生，直隶南皮人，监生出身。同治六年（1867），中式举人。七年（1868），中式进士，选庶吉士。十三年（1874），授翰林院编修。光绪三年（1877），充会试同考官，历任文渊阁校理、国史馆纂修、功臣馆纂修。十一年（1885），放湖南长沙府知府。同年，署永顺府知府。十二年（1886），调永顺府知府。十六年（1890），调补广东肇庆府知府。十九年（1893），授广州府知府。二十年（1894），升福建盐法道。翌年，授福建按察使。二十五年（1899），调补四川按察使。同年，迁福建布政使。二十六年（1900），调湖南布政使。同年，转广西布政使。二十八年（1902），补四川布政使。二十九年（1903），擢山西巡抚。三十一年（1905），署湖南巡抚。是年，调补浙江巡抚。三十三年（1907），补授江苏巡抚，调补山西巡抚。民国九年（1920），卒于籍。

余两；复因船户贩卖私盐被获，加索津贴银一百六十两。其余经过地方州县，应备夫役、船价，均较从前各任加多百余两、数十两不等。道经容县，并有借口纤夫迟缓，拘禁办差家人，随令船户群殴致伤情事。至关防不严一节，虽人言啧啧，而无实据可指。惟该学政点名之后，即入内堂，未能亲自检察等情。

臣接据该司等详覆之后，因喘恙复发，未及具奏，适奉谕旨饬查。臣查原参该学政居乡及在京各节，虽均无可查考，其考试关防是否严密，有无贿托，亦无实据可指，自不能以传闻之词为断。惟所至之处增索棚规及供应一切，或数百金、数十金不等，均据委员查访确实。该学政因闻臣饬司委员密查，是以有请裁减棚规之奏，以为掩饰地步。其船户在北流地面贩运私盐，被桂平县属大湟江缉私厂拿获盐三十万斤。该学政谓有衣物寄放在船，电请查追，并开具失单，发交桂平县查阅。单开失去绸缎等项，价值不赀，且系妇女衣料居多。诚如原参所云，一时传为笑柄。该学政嗜好甚深，所用亲友亦多不能检束。学臣为一省师表，似此贪劣，洵属有玷官箴，应如何惩儆以肃官方，伏候圣裁。

除船户刘贤尚等贩运私盐被大湟江缉私厂拿获一案，已发广州府讯明，照例议拟，咨部核办外，所有臣奉旨饬查学臣劣迹，谨将先已访闻委查实在情形，恭折具奏，伏乞皇太后、皇上圣鉴训示。谨奏。光绪二十七年十一月初六日。

（朱批：）另有旨。①

光绪二十七年十二月初一日，奉朱批：另有旨。钦此。②

---

① 台北故宫博物院藏：军机及宫中档，文献编号：408003391。
② 台北故宫博物院藏：军机及宫中档，文献编号：146237。

【案】有人奏，广西学政……置之不理：光绪二十七年九月初九日，山东道监察御史黄曾源以广西学政刘家模考试梧州肆意妄为等情，附片纠参曰：

再，风闻广西学政刘家模考试梧州之时，座船满载私盐，缉私局委员以其偷漏过多，禀请查验。该学政不知自愧，反将委员大加申斥，遂至当场起出私盐五千余石之多。该学政意图反噬，又复诈开失单，以巡船打劫为辞，请督臣追赃究办，督臣陶模置之不理。迄今粤省官场佥以学政漏私、御史索诈，传为笑柄。广西离京稍远，其他劣迹虽未周知，即此一端，则其操守平常，已可概见。且闻该学政素行不端，居乡包揽词讼，与差役猫鼠同眠，合县之人置之不齿。洎至观政铨曹，涉司台谏，惟是孳孳为利，假公济私，人皆去之若浼。去岁拳匪恣行焚杀之时，该学政竟至奏令拳众挨拿奸细，是欲败坏国家法度，以遂其睚眦报复之私，至今言者寒心，闻者切齿。此其贪污奸险，实属衣冠败类，玷辱班行，应请旨一并罢斥，以端风化而儆官邪。

臣为惩贪除佞起见，谨附片纠参，是否有当，伏乞圣鉴训示施行。谨奏。①

【案】该学政……有请裁减棚规之奏：光绪二十七年七月初三日，广西学政刘家模奏请裁革棚规积弊，曰：

山东道监察御史广西学政臣刘家模跪奏，为请裁革棚规，严清积弊，以正学校而端士习，恭折仰祈圣鉴事。

窃臣奉命视学粤西，仰维时局艰难，銮舆未复，虽东南行

---

① 台北故宫博物院藏：军机及宫中档，文献编号：144304。

省尚称完善之区，惟士习人心，在在宜为维系，此固学臣之专责也。曩时臣部院当差，未熟谙外官局面。迨今正月出省，按试平、梧、郁、浔四府州，始知各州县考试供差，倍形竭蹶，而流弊皆由此生，士风即由此坏。当此国家锐意更新之始，欲振兴学校，不得不彻将积弊为我皇太后、皇上缕悉陈之。

粤西为山水所占，地瘠民贫，州县多办公不敷。其供应学差，向有定章。自遭土匪后，节次递减，时至今日，虽减之愈少，而出之愈难。谨查成案，通省岁科分计二十四棚，州县摊送棚规，连书役办公、幕友修金、随棚火食，约合洋银三万两。在地大物博省份，取数未足为多，矫激或伤政体。而粤西边徼瘠区，物力实有难给。又，此外如过境供应，或送酒食，或变而折价，每处虽不过数十金，而往还只此数州县，亦实苦于繁费。州县以常年摊办两考，地丁平余不足弥补，每于考试私鬻案首，名为帮贴考费。若学政不照案取进，辄致造言要挟，遇事掣肘，其于抡才大典何在？夫以至清要之差而受此至不洁之物，固觉上辱君命，亦且下愧士林。更有大滞碍者，如新生红案银，每名三两六钱，向归巡捕、书差、家人，公账合岁科文武进额牵算，共不下七八千金。此项当总覆日，由各学教官取之新生，汇齐后，始将试卷送进点名，向多迟至日夕，不得入场，仅以默写圣谕数行完卷。此于考试成何事体。

臣前恭读上谕，谓坏天下者在一私字。臣谨按私之为害最烈，粤西土匪不靖，皆由士子不知务正，往往恃一青衿，在乡间充团总，号邑绅，鱼肉村愚，每激之使入会拜盟结党起事。各属详文褫革络绎勿绝，皆营私之念误之。苟为学政者不思清源正本以提倡于前，恐膺司铎者更将琐鄙卑污以效尤于后，又何以整饬士习而固结民心？况近日时事多误于粉饰，既使州县远例致送，又令其循例出结，矛楯情形，何逃于圣明洞鉴。

臣现甫试过四属岁考回省，事缘经过，始知其难，又不敢操之太急，致于公事窒碍。相应奏明，请旨饬下广西抚臣，会同两广督臣，行令各州县将供应学政岁科考试内外棚规，并过境一切陋规，和盘托出，切实裁汰，或酌定每考经费，借资办公，严禁一切名目。向日随棚幕丁、书吏均应裁并，以节虚糜。学政养廉本优，颇可自赡，其应领本职京俸，可否就近在司库备文支领？至红案银一项，查与教官印结颇有牵涉，请俟奉旨后，并详查臣衙门，凡有应行厘剔各事，宜由臣咨会督抚臣，妥筹办理，不得稍狃积习。自棚规裁汰后，彼此免于交私，各府、州、县考试如仍漫不经心，取送案首，有文理不通者，应由学政查取考官职名，会同督抚臣参办。学政如或关防不严，另有招摇情事，应责成提调府州随场稽查，禀由督抚臣指实严参。似此积弊可除，士风可振，亦或于地方吏治稍有裨益。

臣为目击时艰、力求振作起见，是否有当，谨恭折沥陈，伏乞皇太后、皇上圣鉴，训示施行。再，臣现按试桂林，俟岁考完竣，再将考试情形奏报。合并陈明。谨奏。光绪二十七年七月初三日。

（朱批：）着丁振铎体察情形，妥定章程，奏明办理。[①]

【案】此奏于是年十二月初一日得旨，饬将学政刘家模革职示惩：

光绪二十七年十二月初一日，内阁奉上谕：两广总督陶模

---

① 台北故宫博物院藏：军机及宫中档，文献编号：408008087。

奏,遵旨饬查广西学臣劣迹,据实覆陈一折。前据御史黄曾源奏,广西学政刘家模贪鄙各节,当交陶模查办。兹据覆称,该学政嗜好甚深,关防不严,罔知检束。所至之处,增索棚规、供应,并任听船户满载私盐,被缉私厂拿获,该学政谓有衣物寄放在船,电请查追,一时传为笑柄等语。学政为一省师表,当如何洁清自矢,恪守官箴?似此贪劣昭著,实属辜恩负职。御史刘家模着即行革职,以示惩儆。钦此。[①]

一一四 请将世职停支世俸片

光绪二十七年十一月初六日(1901 年 12 月 16 日)

再,准行在户部咨:据闽浙总督奏,停给世职支领世俸、衔俸一片,光绪二十七年六月二十二日奉朱批:该部知道。钦此。查该督奏请停给世职支领世俸、衔俸,系因帑藏奇绌,酌量裁节,以资挹注。相应抄录原奏咨行,凡有此项支款,均酌量仿照,一体奏明办理等因。当经转行遵照。

查粤省每年应支世职全俸、半俸、衔俸,共银三万五千余两。近年库储支绌,筹给已极艰难,现在奉拨之款日多,而帑藏益形匮乏,竭蹶之情,不堪言状。闽省应发世俸既已奏准停支,并奉户部咨行酌量照办,自应遵照办理,俾得稍资挹注。拟请自光绪二十七年冬季起,将各世职全俸、半俸、衔俸一律停支,俟库款稍充,再行规复。其各世职如有充当差使,准其全支差所薪水。如有补署员缺,准其分别支食本缺全、半俸银,以示体恤。据广东布政使丁体

① 《光绪宣统两朝上谕档》,第 27 册,第 250 页。

常详请具奏前来。

臣等覆核无异。除咨部查照外，谨附片具陈，伏乞圣鉴。谨奏。

（朱批：）该部知道。①

光绪二十七年十二月初一日，奉朱批：该部知道。钦此。②

一一五 委解广东光绪二十七年内务府经费折

光绪二十七年十一月二十八日(1902年1月7日)

头品顶戴两广总督臣陶模、头品顶戴广东巡抚臣德寿跪奏，为报解内务府经费银两，恭折仰祈圣鉴事。

窃准户部咨：光绪二十七年内务府经费，指拨广东太平关常税银十万两，又厘金下添拨另筹银二万两各等因。均经转饬遵照筹解。兹据广东布政使丁体常以现在时届冬令，亟应清解，而司局各库因提还汇丰镑款，搜括一空，无可腾挪，现向商号订借银一十二万三千九百六十两，作为应解本年太平关常税奉拨内务府经费银十万两，随解加平、抬费银三千三百两，厘金添拨另筹内务府经费银二万两，随解加平、抬费银六百六十两，定于光绪二十七年十一月二十三日，连文批一并发交商号源丰润等，领汇至京，限十二月十六日解赴内务府投纳。所有本年应解内务府经费银两，业已如数解清。详请奏咨前来。

臣等覆核无异。除分咨外，谨合词恭折具陈，伏乞皇太后、皇

---

① 台北故宫博物院藏：军机及宫中档，文献编号：408003390-0-A。
② 台北故宫博物院藏：军机及宫中档，文献编号：146239。

上圣鉴。谨奏。光绪二十七年十一月二十八日。

（朱批：）该衙门知道。[1]

光绪二十八年正月二十三日,奉朱批：该衙门知道。钦此。[2]

一一六　奏闻广东奉拨镑价凑解为难折

光绪二十七年十二月初四日(1902 年 1 月 13 日)

头品顶戴两广总督臣陶模、头品顶戴广东巡抚臣德寿跪奏,为奉拨镑价本年已借款凑解,沥陈为难情形,并将原筹各款分别能否照提,开具清单,陈请饬部照此提拨,恭折仰祈圣鉴事。

窃光绪二十四年冬间刚毅来粤筹款,责令司道以虚悬无着及万难裁节之款凑成一百六十万两,撼拾搪塞,即奉户部于上年指拨抵解镑价。其时臣德寿因款经指拨,不能失信外人,当饬司局息借洋商银两,勉强凑解,并将难于筹解情形具奏。嗣奉户部议覆,饬仍照数提解。又经臣等会衔沥陈情形,奏恳免解一半。旋准部咨,以本年下半年应还前项镑款,舍粤省之一百六十万两,实在无从另筹,即使从前奏明加增、节省各项,难以按年提存足数。粤省地大物博,素称富庶,仍可设法筹补,无论如何为难,务将本年应提银两严饬司道设法提存足数,以备凑还汇丰洋款等因。细绎部臣之意,亦明知刚毅所筹之款本属虚悬,粤省断难按年照拨,只以镑价期迫款巨,本年改拨为难,是以仍令筹解。

臣等当与司道熟商,当此和议将成,百用孔亟,部中正在为难,

---

①　台北故宫博物院藏：军机及宫中档,文献编号：408003392。

②　中国第一历史档案馆藏：录副奏折,档案编号：03-6656-015。

无论如何必须将本年指拨之款设法筹拨。至以后按照刚毅原筹之款，何项可以照提，何项实在无着，亦即查明确数，开单呈候奏咨，庶部臣了然于此项裁节之数，实在只有若干，则以后可以量入为用，不至时以无米之炊相责。现据该司道等向洋商息借洋银八十万两，并将各司局款项挪移银八十万两，共凑足银一百六十万两，补足纹水、汇费，于九月二十日交商号源丰润等，汇解上海道库兑收，并将刚毅原筹之款查明何款可以照提，何款实系无着，何款必须核减，开具清单，呈请查核前来。

臣等复加查核，内如厘金新加比较一项，当时所加比较并非各厂实能收足此数，只就原额酌量加增，初未计及将来是否实能收足，乃竟以虚加之额作为实增之银，遽行列入拨款。当此洋单充溢，各厂厘收日形短绌，虽经臣等督同司道实力整顿，责令各委员认真稽抽，就本年正月至六月收数核计，每年只能加收银三万两，实已竭尽心力，尚系厘金畅旺年份，方能有此收数，较之刚毅原提新加比较二十一万九千余两，实短银十八万九千余两。又，善后局节省银四十万零三百余两，盐务节省银十二万两，内如轮船、薪粮等项三十一万五千余两，皆系万不能省之款，业已次第照旧开支，提项即成无着，所省实只二十万两有奇。又如府县以下各官报效经费差缺，果有赢余，自应力图报效。其有实在不敷办公者，若不量予减免，必致亏挪正项，或且另行搜括。现经臣等悉心核议，格外从严，凡苟可敷衍开支者，均不准借口减免；其实在不敷办公者，量予酌减。共计减提银三万余两，仍提缴银一十五万四千余两。

以上通盘核计，每年实只可提储裁节银九十二万二百两，谨缮具简明清单，恭呈御览，并另开详细清单咨送军机处、户部查核。合无仰恳天恩，俯念广东财力竭蹶，饬下户部以后即照此次奏定数目提拨。至纹水、汇费约需银十余万两,尚需另行筹拨。其上年息借洋款未经还清尾数及本年借款,由臣等另行设法,陆续筹还。

所有息借洋款凑还本年镑价及沥陈为难情形,请将提、储各款饬部按照此次定数提解缘由,谨联衔恭折具奏,伏乞皇太后、皇上圣鉴训示。谨奏。光绪二十七年十二月初四日。

(朱批:)户部知道。单并发。①

光绪二十八年正月初八日,奉朱批:户部知道。单②并发。钦此。③

一一七　查明广东各营朋扣马匹等款折

光绪二十七年十二月初四日(1902年1月13日)

头品顶戴两广总督臣陶模跪奏,为请定岁底奏报,以肃马政,改题为奏事。

窃照广东省各标、镇、协、营官兵朋扣马匹、赔桩、皮脏银两,例应岁底造册奏销。查光绪十三年份各营官兵朋扣马匹等项,先据广东布政使将抚标等营造册详报,经前督臣李鸿章于光绪二十六年二月恭疏具题,声明督标各营划出另行核办在案。嗣准部覆,行令赶紧造报核销等因。兹据广东布政使丁体常详称:准督标中、左、右、前、后营,肇庆水师营,水师提标中、左、右、前、后营,陆路提标中、左、右、前、后营,顺德协左、右营,赤溪协左营,增城左、右营,三江协左、右营,连阳营,清远左、右营,南韶连镇标中、左、右营,佛

①　台北故宫博物院藏:军机及宫中档,文献编号:408003396。
②　此清单查无下落,待考。
③　中国第一历史档案馆藏:录副奏折,档案编号:03-6697-006。

冈营，惠州协左、右营，永安营，和平营，平海营，潮州镇标中、左、右营，黄冈协左、右营，潮阳营，潮州城守营，平镇营，饶平营，兴宁营，惠来营，肇庆协左、右营，四会营，那扶营，高州镇标左、右营，硇洲营，化石营，雷州左、右营，徐闻营，海安营，廉州营，钦州营，龙门协左、右营，罗定协左、右营，琼州镇标左、右营，海口营，崖州协儋州营，万州营，将应造光绪十三年份官兵朋扣马匹、赔桩、皮脏银两册籍，先后造送请销，合计共应扣有马朋银一万三千四百七两三钱八厘。

各营遇有倒缺马匹，于此项内动支买补。现计光绪十三年份补造各营共额报倒马一百一十五匹，已准报倒马四十四匹，按照例价买补，计动支朋银七百九十二两。再，额内报倒马四十四匹，均骑操已满三年，并无赔桩银两；又，倒马每匹遵照扣除皮脏银五钱，共扣皮脏银二十二两，通共实在存剩朋扣、皮脏银一万二千六百一十五两三钱八厘，计少倒马七十一匹，节省银一千二百七十八两，已汇在存剩朋扣等银之内。其各营报倒马四十四匹，按照例价买补，共应银七百九十二两，遵照奉行新例，每百两扣平银六两，共计扣存银四十七两五钱二分，业经汇款收存，候入季册报拨各营，按照时价买补。共实用银七百九十二两，节省银，无。

所有光绪十三年份续到各营朋扣马匹等项，理合造具总、细各册，详请补奏请销。再，查此案朋马奏销册籍，例应依限造送，惟广东省前办军务十余年之久，各营奉调官兵出师外省，马匹起止日期、支食俸廉等项册籍，扣除造报，往返行查，有需时日，以致造册稽迟，实属迟延有因。又，前项朋扣等银，因奉拨是年俸饷，尚未收足，应俟催收有款，再行扣存候拨。合并声明。等由前来。

臣覆核无异。除册送部查核外，谨会同广东巡抚臣德寿、广东水师提督臣何长清、陆路提督臣邓万林合词恭折具奏，伏乞皇太后、皇上圣鉴，敕部核覆施行。谨奏。光绪二十七年十二月初四日。

（朱批：）兵部知道。①

光绪二十八年正月初九日，奉朱批：兵部知道。钦此。②

一一八　奏请奖叙历年防剿出力员弁折

光绪二十七年十二月初四日（1902年1月13日）

头品顶戴两广总督臣陶模、头品顶戴广东巡抚臣德寿跪奏，为钦廉边防五年届满，并剿平十万大山匪徒及历年剿办钦、灵等处会匪出力员弁，汇案奏请奖叙，恭折仰祈圣鉴事。

窃广东钦廉边防，前经部议自光绪十二年七月十四日起，扣满五年，将在防出力人员照章褒奖一次。上届于光绪二十二年七月限满，经前督臣谭钟麟将在事文武各员开单，奏蒙准予分别奖叙在案。计自光绪二十二年七月十四日起，扣至光绪二十七年七月十四日，又届五年期满。伏查钦、廉界连法越，近年交涉之事日益繁难，游勇、会匪，伺隙思逞，防范稍有不周，不独内地受其扰害，边衅尤属堪虞，赖督办边防二品顶戴记名遇缺简放道潘培楷，督饬在防文武，相机因应，加意巡防。五年以来，幸均安谧，外交亦无间言。本年四月间，匪首梁文廷在十万大山纠众起事。该山界连两省，道路崎岖，匪党恃险负隅，攻剿不易，更虑窜扰越南，致为外人口实。

---

① 台北故宫博物院藏：军机及宫中档，文献编号：408003398。
② 中国第一历史档案馆藏：录副奏折，档案编号：03-6164-007。

经潘道亲率各营员弁冒险进攻，并饬附近地方官绅严密防堵，得以破毁巢穴，歼厥渠魁，经臣等专折奏陈请将出力员弁汇入边防案内请奖。

又，光绪二十四年四月剿办灵山三凝会匪黎履芳，二十五年七月剿办钦州会匪萧多指六、黄思乾等，当时各匪肇乱，聚众均在数百人以上，巨炮、快枪，无一不备，与官军对垒接仗，匪焰方张，燎原可虑，幸赖该文武等奋勇力战，消患未萌，均经各前督臣饬将在事异常出力员弁归入边防案内奖叙。

前据潘道开单呈请奏奖，当因请奖员数较多，又经饬令潘道大加删减，毋得稍涉冒滥。兹据潘培楷将请奖员弁核实删汰，并声称此次五年边防期满，又有剿办十万大山会匪等案，所保武员四十一名、文员六十八名，合之虽不为少，若逐案分计，为数实属无多，实已无可再删等情。

臣等伏查本届五年边防期满，又有剿办会匪梁文廷、黎履芳、萧多指六、黄思乾等各案，先后在事出力员弁，诚如该道所禀，合计虽不为少，分计尚不过多。当此时局方艰，若不优加激励，无以鼓励人才。合无仰恳天恩，俯念边防紧要，准将在事出力员弁分别异常、寻常劳绩，饬部照单奖叙。

至督办钦廉边防二品顶戴记名遇缺简放道潘培楷，已于上年拿获广西匪首李立亭及捐助陕西义赈案内两次奏保，均奉旨交军机处存记，前于剿平十万大山案内声明该道懋著勤劳，应如何量予擢用，出自天恩，仍应听候圣裁，量予施恩，臣等不敢擅拟。

除饬取各员弁履历咨部查核，并将千总以下各员照章咨部核奖外，所有钦廉边防五年期满及剿平十万大山并钦、灵等匪出力员弁汇案恳恩奖叙缘由，谨开具清单，合词恭折具陈，伏乞皇太后、皇上圣鉴训示。谨奏。光绪二十七年十二月初四日。

（朱批：）潘培楷着交部从优议叙，余着该部议奏。单并发。①

光绪二十八年正月初八日，奉朱批：潘培楷着交部从优议叙，余着该部议奏。单并发。钦此。②

一一九　呈奖叙历年防剿出力员弁清单

光绪二十七年十二月初四日（1902年1月13日）

谨将办理钦廉边防尤为出力各员弁酌拟请奖励，缮具清单，恭呈御览。

计开：

记名总兵冯绍珠，拟请以提督记名，请旨简放。

二品顶戴广西候补班遇缺前先即补道冯相荣、四品顶戴补用知府钦州直隶州知州李受彤，均请交部从优议叙。

三品衔补用道分省候补班前补用知府冯相华，拟请免补本班，以道员分省补用。

四品衔分省补用直隶州知州蔡其铭，拟请免补本班，以知府分省补用。

四品衔广西前先补用直隶州知州沈宝光，拟请免补本班，以知府仍留原省补用。

补用游击尽先补用都司王殿光，拟请免补都司，以游击留于两广督标尽先补用。

---

① 台北故宫博物院藏：军机及宫中档，文献编号：408003395。

② 此朱批日期与内容，据军机处随手登记档（档案编号：03-0312-1-1228-007）校补。

三品衔补用道广西候补知府都启模，拟请赏给三品封典。

三品衔广东候补知府吴景萱、广东候补知府陈武纯，均拟请俟补缺后，以道员补用。

四品衔广东补用直隶州知州署防城县知县陈文堉、广东尽先补用同知饶继志，均拟请俟补缺后，以知府补用。

四品衔广东补用知州何亮采、广东尽先补用知州张卿云，均拟请俟补缺后，以直隶州知州仍留广东补用。

五品顶戴指发江苏试用县丞蔡超，拟请免补本班，以知县补用。

降补县丞陈嵩寿，拟请俟补缺后，以知县补用。

文童陆慎修、文童黄畅，均拟请以巡检不论双单月尽先选用。

以上十八员，督率弁勇防守边要地方，捕获盗匪，严杜窜越，均属异常出力。理合登明。

（朱批：）览。①

一二〇 报解广东光绪二十七年十一月应还洋款折

光绪二十七年十二月初四日(1902年1月13日)

头品顶戴两广总督臣陶模跪奏，为报解广东省本年十一月应还洋款数目，恭折仰祈圣鉴事。

案准户部咨：应还英、德本息，每年指拨广东省盐斤加价银五万两，加放俸饷银五万两，闱捐银二十四万两，地丁等项银三

---

① 中国第一历史档案馆藏：清单，档案编号：03-5893-135。

十八万两，每年匀分二、五、八、冬四个月，解赴江海关道交纳等因。兹据广东布政使丁体常、两广盐运使国钧、善后局司道先后详称：本年十一月份应解前项银两，现经设法挪凑，作为盐斤加价银一万二千五百两，加放俸饷银一万二千五百两，闱捐银六万两，地丁等项银九万五千两，共银一十八万两，定于十一月初九、十三等日，由商号蔚泰厚等汇解江海关道兑收，备还英、德之款。详请奏咨前来。

臣覆核无异。除咨部外，谨会同广东巡抚臣德寿恭折具陈，伏乞皇太后、皇上圣鉴。谨奏。光绪二十七年十二月初四日。

（朱批：）户部知道。①

光绪二十八年正月初八日，奉朱批：户部知道。钦此。②

一二一　奏报各埠额征盐课、引饷数目折

光绪二十七年十二月初四日（1902 年 1 月 13 日）

头品顶戴两广总督臣陶模跪奏，为省河各埠额征盐课、引饷全完数目，改题为奏，恭折仰祈圣鉴事。

窃查粤东课饷统归次年岁底奏销，酌定经征、督征各官年月，核算考成分数造报。兹据两广盐运使国钧详称：光绪二十五年份，额征省河潮桥引饷余费、场课、包税及关桥厂税暨罚赎充饷，计共银六十三万九千三百三十三两五钱九分八厘，内除潮桥所属各埠额征饷银一十二万六千四百一十四两八钱五分四厘，

---

① 台北故宫博物院藏：军机及宫中档，文献编号：408003397。
② 中国第一历史档案馆藏：录副奏折，档案编号：03-6697-005。

业奉奏准展限，应于光绪二十八年九月造报奏销外，计省河各埠额征引饷、场课并潮属应征场课共银五十一万二千九百一十八两七钱四分四厘，又部饭、铜斤、水脚、炉饷、铁税等项银一万四千二百七两三钱五分一厘，统共银五十二万七千一百二十六两零九分五厘，已据各商并各场大使、委员照额全完。所有收支细数并经征、督征各官职名、全完数目，俱已分晰列册声注等情，详请核办前来。

臣查光绪二十五年份省河课饷，系自光绪二十五年十月初一日起至光绪二十六年九月底止，连闰以十三个月为一年，按照实在经征、督征各官，核算考成分数造报，其经征各府、州、县盐课大使、委员，内有经管九月以后一官全完，并二三官各照分数报完，俱已列入册内分晰开报。臣覆加核对，数目相符。除盘查清楚出具印结咨部，并将各册送部查核外，理合恭折具陈，伏乞皇太后、皇上圣鉴，敕部议覆施行。谨奏。光绪二十七年十二月初四日。

（朱批：）户部知道。[1]

光绪二十八年正月初九日，奉朱批：户部知道。钦此。[2]

一二二　奏报粤东盐引督销全完片

光绪二十七年十二月初四日（1902年1月13日）

再，查粤东盐引统归次年岁底奏销，酌定经管、督销各官年

① 台北故宫博物院藏：军机及宫中档，文献编号：408003407。
② 中国第一历史档案馆藏：录副奏折，档案编号：03-6475-001。

月，核算考成，按年造报。兹据两广盐运使国钧详称：光绪二十五年份，广东、广西及湖南郴州、桂阳州，江西南安府、赣州府、宁都州，福建汀州府，贵州黎平、古州各府、州、县，原额销盐引六十万五千八十三道八分六厘零，又余盐改引一十七万六千六百九十五道，又广西省羡余增引三万二千七百三十二道，通共引入八十一万四千五百一十道八分六厘零，内除潮桥所属各埠额销盐引二十万五千三百五十八道八厘零，业奉奏准展限，应于光绪二十八年九月造报奏销。计省河各埠额销引六十万九千一百五十二道七分七厘零。兹据各属照额督销全完，合将各州县全完数目分晰造报。

再，查光绪二十五年份省河盐引，自光绪二十五年十月初一日起至光绪二十六年九月底止，按照实在督销各官，核算考成造报。至广西所属各州县并贵州古州同知各官本届奏销职名，叠催未准移到，均无凭查造入册，应俟催取到日，另行造册咨送查核。又，各埠匀拨引目已于各州县督销盐引项下分晰开报等情，详请核办前来。

臣覆核无异。除册送部查核外，理合附片具奏，伏乞圣鉴，敕部议覆施行。谨奏。

（朱批：）户部知道。[1]

光绪二十八年正月初九日，奉朱批：户部知道。钦此。[2]

---

①　台北故宫博物院藏：军机及宫中档，文献编号：408003407-0-A。

②　中国第一历史档案馆藏：录副奏片，档案编号：03-6475-002。

一二三 奏报汇解筹备饷需银数片

光绪二十七年十二月初四日（1902年1月13日）

再，广东省奉拨光绪二十七年份筹备饷需银二十万两，先于本年三月初六日筹解银五万两，委员投纳；又于四月二十六日筹解银十万两，交商汇解，均经奏报在案。现在时届冬令，各项京饷亟应清解，而司局各库因提还汇丰镑款，搜括一空，实在无可腾挪。兹向商号订借银五万两，作为本年应解筹备饷需，内除扣出银二万五千两，发还商号前垫被劫京饷一成银圆外，尚应解银二万五千两，定于光绪二十七年十一月二十三日，发交商号源丰润等汇兑至京，定限十二月十六日前赴户部衙门投纳。据广东布政使丁体常详请奏咨前来。

臣覆核无异。除分咨外，谨会同广东巡抚臣德寿附片具陈，伏乞圣鉴。谨奏。

（朱批：）户部知道。①

光绪二十八年正月初八日，奉朱批：户部知道。钦此。②

一二四 奏报汇解固本兵饷银数片

光绪二十七年十二月初四日（1902年1月13日）

再，广东省光绪二十七年份应解固本饷银十二万两，已于本年

---

① 台北故宫博物院藏：军机及宫中档，文献编号：408003397-0-A。
② 中国第一历史档案馆藏：录副奏片，档案编号：03-6656-006。

三月初六日筹银二万两,委员解纳;五月二十九日、八月二十六日,先后筹银六万两,交商汇京,均经奏报在案。现在时届冬令,各饷奉催清解,而司局各库因提还汇丰镑款,搜括一空,实在无可腾挪。兹向商号借银四万两,作为光绪二十七年九月至十二月固本兵饷,定于十一月二十三日,仍照前案交商号义善源等领汇至京,赴直隶督臣行辕投纳。据广东布政使丁体常详请奏咨前来。

臣覆核无异。除分咨外,谨会同广东巡抚臣德寿附片具陈,伏乞皇太后、皇上圣鉴。谨奏。

(朱批:)户部知道。[1]

光绪二十八年正月初八日,奉朱批:户部知道。钦此。[2]

一二五　奏报汇解应还英、德本息片

光绪二十七年十二月初四日(1902年1月13日)

再,准户部咨:应还英、德本息,由各海关洋税、洋药税厘项下摊派粤海关五十二万两,每年匀分二、五、八、冬四个月解交等因。迭经遵解在案。兹准粤海关监督庄山咨称:准户部札开:英、德借款佛郎镑价昂贵,原拨银数不敷,照案酌量加拨本年冬月期应解英、德还款银十三万两,又加拨四分之一银三万二千五百两,合共银十六万二千五百两,备文发交西商志成信、协成乾银号,汇解江海关道投纳等因前来。

除咨户部查照外,谨会同粤海关监督臣庄山附片陈明,伏乞圣

---

①　台北故宫博物院藏:军机及宫中档,文献编号:408003397-0-B。
②　中国第一历史档案馆藏:录副奏片,档案编号:03-6164-006。

鉴。谨奏。

（朱批：）户部知道。[1]

光绪二十八年正月初八日，奉朱批：户部知道。钦此。[2]

一二六　奏请择地捐建昭忠祠片

光绪二十七年十二月初四日(1902 年 1 月 13 日)

再，据督办钦廉边防二品顶戴遇缺简放道潘培楷禀称：窃查军兴以来，凡阵亡、殉难及在军营积劳病故各将士，均蒙圣恩准于各省、府、州、县建立昭忠祠，由地方官春秋致祭。钦州素为烟瘴之区，自光绪十二年开设边防以来，迄今十有余年，防营员弁勇丁每年剿匪阵亡、积劳瘴故者，约有数百人之多，前经禀请拨款发交防城县建立昭忠祠，嗣因饷项支绌，筹款维艰，因而中止。现由职道倡捐，并由各营酌量捐集款项，拟在钦州、防城等处择地建立昭忠祠，奉祀历年阵亡、瘴故弁勇，禀恳奏请立案等情。

臣等伏查广东潮阳、琼州等处剿匪殉难、瘴故弁勇，均蒙恩准建立慰忠、昭忠等祠有案。钦廉边防各营死事弁勇，事同一律，合无仰恳天恩，俯准援案择地捐建昭忠祠，由地方官春秋致祭，以慰忠魂而励士气。谨附片具奏，伏乞圣鉴训示。谨奏。

（朱批：）着照所请，该部知道。[3]

光绪二十八年正月初八日，奉朱批：着照所请，该部知道。

---

①　台北故宫博物院藏：军机及宫中档，文献编号：408003397-0-C。

②　中国第一历史档案馆藏：录副奏片，档案编号：03-6697-004。

③　台北故宫博物院藏：军机及宫中档，文献编号：408003395-0-A。

钦此。①

一二七　奏报同文馆诸生期满考试奖励折

光绪二十七年十二月十六日(1902年1月25日)

广州满洲副都统臣兴存、②两广总督臣陶模、广州将军臣宗室寿荫、粤海关监督臣庄山、广州汉军副都统臣春龄③跪奏,为广东同文馆英、俄、东三馆诸生学习均阅三年,照章考试给奖,恭折具奏,仰祈圣鉴事。

窃广东同文馆英文学馆,系于同治三年五月设立。同治六年十月,因各生学有成效,经前署将军庆春会同前两广总督瑞麟等考察,择其文艺堪以造就者,咨送六名到京,经总理各国事务衙门考试,均堪造就,奏准作为翻译生、监生,准其一体乡试,分别派充将军、督抚各衙门翻译官。嗣后该学生等三年学成,即行奏明,分别

---

① 中国第一历史档案馆藏：录副奏片,档案编号:03-5568-001。

② 兴存(？—1911),字鹤昶,汉军镶蓝旗人,翻译生员。同治六年(1867),充骁骑校。九年(1870),补公中佐领。十一年(1872),授印务章京。光绪元年(1875),选副参领。二年(1876),升参领。七年(1881),授印务参领。十一年(1885),擢正红旗汉军副都统。十三年(1887),授广州满洲副都统,兼署汉军副都统。二十四年(1898),护理广州将军。三十一年(1905),署理广州将军。宣统三年(1911),卒。

③ 春龄(1837—1908),又名崇龄,满洲正黄旗人,舒舒觉罗氏,笔帖式出身。同治二年(1863),充领催。三年(1864),选印务笔帖式。七年(1868),保骁骑校。十年(1871),保升印务章京。光绪元年(1875),加四品顶戴。二年(1876),保公中佐领。次年,加三品衔。五年(1879),赏戴花翎。八年(1882),监修定东陵神路内外营房工程并恭备奉安事宜。十一年(1885),升副参领。十四年(1888),晋参领。十六年(1890),补印务参领。十八年(1892),保记名副都统。二十年(1894),迁正黄旗汉军副都统。翌年,补镶红旗满洲副都统。二十二年(1896),调补广州汉军副都统。三十四年(1908),卒。

给予生、监，并派充翻译官。如有精通西语西文、才识出众者，另行送京考试，授以官职等因。嗣于同治十年，经将军长善[①]等查各衙门翻译官有名无实，奏准裁撤，于诸生中择其西语优长者，遇臣等接晤洋人时，令其来署代传言语，年终考核，择尤犒赏，以节糜费。

溯自同治十三年至光绪二十四年，九次三年期满，均经前将军长善、继格、[②]兼理将军两广总督谭钟麟、将军保年[③]等，先后遵照定章奏明办理在案。又，俄、东二馆系于光绪二十三年二月设立，各生均俟三年学有成效，仿照英馆一体考试，经前将军保年等奏准亦在案。查俄、东二馆自光绪二十三年二月起至二十六年二月止，业经三年期满，自应仿照英馆一体考试。时因两馆教习先后请假回国，

① 长善(1829—1889)，字乐初，满洲镶红旗人，他他拉氏，例贡生。道光二十年(1840)，报捐员外郎。二十七年(1847)，选盛京刑部员外郎。咸丰元年(1851)，补京师户部员外郎，充二等侍卫，在大门上行走。五年(1855)，补云南参将。六年(1856)，署抚标右营游击。十年(1860)，加副将衔。十一年(1861)，充总理各国事务衙门行走。同治元年(1862)，补授本旗参领。二年(1863)，升镶黄旗蒙古副都统，兼署正白旗蒙古副都统，署理山海关副都统。四年(1865)，调补山海关副都统。七年(1868)，擢广州将军。光绪十一年(1885)，授正蓝旗蒙古都统。次年，充搜检大臣。十四年(1888)，调补杭州将军。

② 继格，生卒年未详，字续庄，号述堂，满洲正白旗人。咸丰二年(1852)，中式进士，历充户部主事、右庶子、户部员外郎、翰林院侍讲学士。同治二年(1863)，授日讲起居注官，旋补翰林院侍读学士。四年(1865)，补詹事府詹事。五年(1866)，升大理寺卿，迁都察院满右副都御史。七年(1868)，充会试副考官、殿试读卷官。十一年(1872)，调补盛京兵部侍郎。光绪元年(1875)，署盛京刑部侍郎，兼署盛京工部侍郎。四年(1878)，补刑部左侍郎、镶蓝旗蒙古副都统。五年(1879)，授仓场侍郎。九年(1883)，擢热河都统。十年(1884)，补授广州将军。

③ 保年(1849—1898)，字颐庵、颐莽，满洲正黄旗人，伊沙尔氏，鸟枪护军出身。同治八年(1869)，充鸟枪蓝翎长。光绪三年(1877)，补鸟枪护军校。九年(1883)，加空花翎，委鸟枪护军参领。十一年(1885)，授正鸟枪护军参领。十二年(1886)，补火器营掌关防营总。十九年(1893)，授伊犁锡伯营领队大臣。同年，调京口副都统。二十一年(1895)，擢广州将军。二十四年(1898)，卒于任。

以故从缓，拟俟考试英馆，再行一并办理。兹英文学馆自光绪二十四年五月起至本年十月止，又阅三年，俄、东二馆自光绪二十三年二月起至本年十月止，已经四年有奇，除俄、东教习请假回国不计外，两馆俱过三年，均应照章将学成诸生认真考试。当经饬委该馆提调协领刘绍基，会同英文教习申玛士、俄文教习萨泽畿、东文教习长谷川雄太郎，于三馆学生内择其平日好学、能通各习之语言文字者，送名应考，随经开送英馆二十四名、俄馆十二名、东馆二十二名前来。

臣等分期公同面试，三馆诸生均先以汉字题令翻洋文，复以洋字题令译汉文，英馆考取得正白旗满洲童生楷臣、江苏丹徒县童生张树藩、正红旗满洲监贡生联瑞、镶白旗汉军附生谢有鋆、镶黄旗满洲童生扎隆阿、正蓝旗汉军童生倪世熙、正黄旗汉军分部八品笔帖式监生黄恩尧、镶白旗汉军附生贺建寅、广东番禺县文举人潘恩荫、镶黄旗汉军童生王懋煃、正蓝旗汉军童生王师炎、镶白旗汉军童生谢有熊等十二名；俄馆考取得镶红旗汉军附生马朝福、镶白旗满洲补用八品笔帖式翻译生员柏山、镶红旗汉军童生崔宝煌、镶蓝旗汉军童生陈兆霖等四名；东馆考取得正红旗汉军附贡生许国钧、镶蓝旗汉军分发补用七品笔帖式附贡生张天民、正白旗汉军童生冯宝璀、河南罗山县童生马光援、正红旗汉军监贡生许国铭、正黄旗满洲分部八品笔帖式监生煦增、正黄旗汉军分部八品笔帖式监生黄瀚、山东历城县童生周庆慈、镶白旗汉军附贡生贺建声、正红旗汉军童生杨佑、镶红旗汉军童生董长锐等十一名。汉文均属通顺。据三馆教习评阅洋文亦无大谬，俱堪造就。

理合奏明，请将楷臣、扎隆阿、倪世熙、王懋煃、王师炎、谢有熊、崔宝煌、陈兆霖、冯宝璀、杨佑、董长锐各给予翻译生，张树藩、马光援、周庆慈各给予监生，谢有鋆、贺建寅、马朝福系属附生，应

请作为附贡生。其附贡生许国钧、贺建声，监贡生许国铭均请以县
丞用；监贡生联瑞拟请以七品笔帖式用；分部八品笔帖式监生黄恩
尧、煦增、黄瀚，补用八品笔帖式翻译生员柏山，分发补用七品笔帖
式附贡生张天民，均请俟补缺后以主事用。以上二十六名，俱准其
一体乡试。至潘恩荫一名系属举人，拟请以知县用。

此次考取英、俄、东三馆学生二十七名，仍饬在馆学习，不可稍
有疏懈，以期学益深粹。其余未经考取之学生，查其优劣，分别去
留，以示劝惩。

所有同文馆三年期满照章考试三馆肄业诸生，分别酌拟奖励
缘由，是否有当，谨合词恭折具奏，伏乞皇太后、皇上圣鉴，饬部核
议遵行。谨奏。光绪二十七年十二月十六日。

（朱批：）该部议奏。[①]

光绪二十八年正月十九日，奉朱批：该部议奏。钦此。[②]

一二八　奏报广东筹解新定一期赔款折

光绪二十七年十二月十九日(1902 年 1 月 28 日)

头品顶戴两广总督臣陶模、头品顶戴广东巡抚臣德寿跪奏，为
筹解新定赔款第一期银数、日期，恭折具陈，仰祈圣鉴事。

窃准行在户部咨：新定赔款数巨期迫，亟宜合力通筹，分派摊
还等因。当经转行遵照。查新定赔款，广东省奉派银二百万两，前
经江、鄂督抚臣会同奏准减解三成，下余七成，上半年解二成，下半

---

①　中国第一历史档案馆藏：朱批奏折，档案编号：04-01-38-0189-008。

②　中国第一历史档案馆藏：录副奏折，档案编号：03-7211-018。

年解五成。嗣奉准军机处、户部迭次来电：此次赔款应按拨定十成原数，匀作十二次，先期解交沪道，不能核减三成。本年十二月二十二日，即第一次付款之期，应按月分匀赶紧筹解。自应遵照办理。此次派还赔款为数甚巨，本省拟筹各款甫经议办，均未收有现银，而十二月一期为日甚迫，各库早经悉索一空，又无可挹注腾挪，筹垫俱穷，万分焦灼，计惟有先向商号挪借应急，免误要需。

查本省原派银二百万两，匀作十二次，每次应解银一十六万六千六百六十六两，末次解银一十六万六千六百七十四两，以符原拨之数。兹向商号订借银一十六万六千六百六十六两，作为本年十二月第一次应付之款，即交商号源丰润等号汇兑至沪，限于十二月二十日以前解赴江海关道衙门投纳，转交银行，备还赔款。据广东布政使丁体常等详请奏咨前来。

臣等覆核无异。除分咨外，谨会同缮折具陈，伏乞皇太后、皇上圣鉴。谨奏。光绪二十七年十二月十九日。

（朱批：）户部知道。①

光绪二十八年正月二十三日，奉朱批：户部知道。钦此。②

一二九 奏报潮桥官运局经征课饷全完折

光绪二十七年十二月十九日（1902年1月28日）

头品顶戴两广总督臣陶模跪奏，为潮桥官运局经征课饷照额全完，改题为奏，恭折具陈，仰祈圣鉴事。

---

① 台北故宫博物院藏：军机及宫中档，文献编号：408003406。
② 中国第一历史档案馆藏：录副奏折，档案编号：03-6697-018。

窃查粤东课饷，统归次年岁底奏销，酌定经征、督征各官年月，核算考成造报。又，潮桥各埠引饷，于光绪十五年三月间奏明改章设立官运局，委员经理。兹据两广盐运使国钧详称：光绪二十三年份，省河潮桥各埠额征引饷、余费、场课、包税及关、桥、厂税并罚赎充饷等项，共银六十三万九千三百三十三两五钱九分二厘，另抽零截尾溢银六厘，内除省河各埠光绪二十三年份额征引饷、场课并潮属应征场课，共银五十一万二千九百一十八两七钱四分四厘，已于光绪二十四年十二月内照数全完造报。其潮桥各埠光绪二十三年份额征饷银一十二万六千四百一十四两八钱五分四厘，又引饷部饭银一千八百九十六两二钱二分三厘，又均捐铜斤水脚银九百八十七两六钱七分九厘，统共计银一十二万九千二百九十八两七钱五分六厘。兹据官运局委员开报全完数目前来，所有收支细数并经征、接征各官职名、全完数目，俱已分晰列册声注等情，详请核办前来。

臣查光绪二十三年份潮桥引饷，遵照趱限，应自光绪二十五年十月初一日起至光绪二十六年闰八月底止，连闰以十二个月为一年核算考成，所有督征、督辖、经征、接征各官职名、全完数目，俱已据司列入册内分晰开报。其四柱册开管、收、除、在各项数目，臣覆加核对，俱属相符。

除册送部查核外，理合恭折具陈，伏乞皇太后、皇上圣鉴，敕部议覆施行。谨奏。光绪二十七年十二月十九日。

（朱批：）户部知道。[1]

光绪二十八年正月二十三日，奉朱批：户部知道。钦此。[2]

---

① 台北故宫博物院藏：军机及宫中档，文献编号：408003408。
② 中国第一历史档案馆藏：录副奏折，档案编号：03-6418-014。

一三〇　奏报广东光绪二十七年夏季委署州县各缺折

光绪二十七年十二月十九日(1902年1月28日)

头品顶戴两广总督臣陶模、头品顶戴广东巡抚臣德寿跪奏，为光绪二十七年夏季份广东省委署直隶州知州、知县各缺，遵照章程，恭折具陈，仰祈圣鉴事。

窃照各省州县无论奏调、委署、代理，钦奉上谕:着每届三个月汇奏一次等因。钦此。钦遵在案。兹据广东布政使丁体常详称:光绪二十七年夏季份，出有香山县知县刘盛芳署事期满，遗缺以候补知县沈毓岱署理。又，署海丰县知县刘能署事期满，遗缺以候补知县邹翼清署理。又，委署龙川县知县张宜因病缴委，遗缺以截取分发知县李宗膺署理。又，海康县知县朱念祖因事撤任，遗缺以试用知县祥林署理。又，署陆丰县知县程璟光据报丁忧，遗缺以候补通判张士彦署理。又，署罗定直隶州知州杨镇荣因病开缺，遗缺以补用同知陈寿椿署理。又，和平县知县郭寿銮禀求交卸，遗缺以候补同知陈图署理。又，委署长宁县知县李有益据报病故，遗缺以拔贡试用知县戴式藩署理。又，署灵山县知县邓景临署事期满，遗缺以试用知县俞焕署理。又，署兴宁县知县孙祖华因案撤参，遗缺以准补新宁县知县冯如衡署理。又，代理昌化县知县于德松代理期满，遗缺以大挑知县尹沛霖署理。又，署新宁县知县蒋希曾署事期满，遗缺以题补兴宁县知县王克鼎署理。又，署吴川县知县任玉衡署事期满，遗缺以试用通判荣勋署理。又，封川县知县钟德瑞奉行撤任，遗缺以候补知县吴懋勋署理。又，署新安县知县查荣耀署事期满,遗缺以试用知县刘骏声署理。又,合浦县知县邓倬堂调帘,遗缺以连平州知州张卿云代理;所遗连平州知州缺,以候补直隶州知州徐仁杰代理。又,乐昌县知县刘镇寰调帘,遗缺以候补同知黄应昌代理。又,翁源县知县刘永椿调帘,遗缺以候补知县贾培业代理。又,英德县知县吕光琦调帘,遗缺以即用知县阳颐代理。又,大埔县知县范宗莹调帘,遗缺以即用知县陈维伦代理。所有光绪二十七年夏季份委署直隶州知州、知县各缺,详请具奏前来。

臣覆查无异。理合恭折具陈,伏乞皇太后、皇上圣鉴。谨奏。光绪二十七年十二月十九日。

(朱批:)吏部知道。[①]

光绪二十八年三月初三日,奉朱批:吏部知道。钦此。[②]

一三一　奏报甄别教、杂各官劾不及数折

光绪二十七年十二月十九日(1902年1月28日)

头品顶戴两广总督臣陶模、头品顶戴广东巡抚臣德寿跪奏,为甄别教、杂各官,劾不及数,恭折仰祈圣鉴事。

窃照定例,教职、杂职年终汇咨甄别,不及百之二三,令该督抚等专折具奏等因。伏查广东省教职一百八十二员,每年应劾四员;佐杂三百八员,每年应劾六员。本年教职参劾分发委用恩贡就职教谕云逢曙、顺德县训导梁迪修、海康县教谕签升韶州府教授韩河澄、徐闻县教谕钟应勋、遂溪县训导吴龙光、和平县教谕王开瑞、广

---

①　台北故宫博物院藏:军机及宫中档,文献编号:408003413。

②　中国第一历史档案馆藏:录副奏折,档案编号:03-5414-040。

州府教授曾苏，共七员，业已足额；佐杂参劾前署从化县典史事试用巡检方邦铭、连平州忠信里司巡检朱锡荣、兴宁县典史傅克明、潮阳县吉安司巡检任启勋、电白县沙塱司巡检杜恩培，共五员，尚未足额，此外现无应行甄别之员。据藩司丁体常会同臬司吴引孙详请具奏前来。

臣等覆查无异。除督率司道转饬该管府、州、厅再行严密查察，如有应劾之员，随时据实办理，另行咨部外，所有光绪二十七年份广东省甄别佐杂各官劾不及数缘由，臣等谨会同提督广东学政臣文治①合词恭折具陈，伏乞皇太后、皇上圣鉴。谨奏。光绪二十七年十二月十九日。

（朱批：）吏部知道。②

光绪二十八年三月初三日，奉朱批：吏部知道。钦此。③

一三二　请奖叙经收加倍之程先进折

光绪二十七年十二月十九日（1902 年 1 月 28 日）

头品顶戴两广总督臣陶模、头品顶戴广东巡抚臣德寿跪奏，为黄江税厂第十五次征收加倍，请将经收厂税之员照案奖叙，恭折奏

---

①　文治，生卒年未详，字叔平，满洲镶红旗人，费莫氏。同治四年（1865），中式进士，改庶吉士。十年（1871），授翰林院编修。光绪元年（1875），补内詹事府少詹事。十年（1884），升鸿胪寺卿。十一年（1885），充甘肃乡试考官。十三年（1887），补詹事府詹事，授内阁学士。二十年（1894），充福建乡试考官。二十二年（1896），迁兵部右侍郎。二十四年（1898），授会试副考官。二十五年（1899），放浙江学政。二十六年（1900），授广东学政。

②　台北故宫博物院藏：军机及宫中档，文献编号：408003410。

③　中国第一历史档案馆藏：录副奏折，档案编号：03-5414-045。

请圣鉴事。

窃照肇庆府黄江税厂有闰之年应征正税银一万二千八百八十六两六钱九分五厘，院、司养廉银三百八十六两六钱一厘，羡余银一万七千六百六十六两三钱一分一厘，加征盈余银二万两，桥羡银一万两，共额解银六万九百三十九两六钱七厘。

兹据广东藩司丁体常会同善后局司道详称：光绪二十六年五月二十二日起至二十七年五月二十一日止，第十五次有闰一年期满，征收税银十二万九千一百十六两四钱二分五厘，又由罗定桂皮地税项下划还该厂税银六千四百七十八两六钱八分七厘，共征银十三万九千五百九十五两一钱一分二厘。除支销厂用不及一成银一万二千五百二十四两九钱九分外，实解司库银六万九百三十九两六钱七厘，系归额征之数。又解善后局银六万二千一百三十两五钱一分五厘，即属长征之数。又，桥羡及加征盈余项下解足一万二千两，照案归入并计，共溢解银七万四千一百三十两五钱一分五厘，已多于新增六万二千两之数，造具收支清册，详请咨部，并请将该厂委员三品衔候选知府高州府通判程先进照章奏奖。

再，桂皮地税一项，前已改由罗定桂税局委员径解司库兑收，毋庸由厘务局转解。所有本届应划还桂税银六千四百七十八两六钱八分七厘，已由司照数支出，移解善后局查收，划抵该厂正税等情前来。

臣等伏查该厂第十五次征收税银加倍，核与历次奏销请奖之案相符。合无仰恳天恩，俯准将广东三品衔候选知府高州府通判程先进俟补知府后以道员用，以示鼓励。除将清册履历咨部外，谨合词恭折具奏，伏乞皇太后、皇上圣鉴训示。谨奏。光绪二十七年十二月十九日。

（朱批：）着照所请，该部知道。①

光绪二十八年正月二十三日，奉朱批：着照所请，该部知道。钦此。②

一三三 奏闻两广司道等官年终密考折

光绪二十七年十二月十九日(1902年1月28日)

头品顶戴两广总督臣陶模跪奏，为循例将广东、广西两省司、道、府及提、镇各官于年终加具密考，开列清单，恭折奏请圣鉴事。

窃照每届年终，各省督臣例应将所属司、道、府及提、镇各官出具切实考语，密行陈奏。现届年终，自应循例办理。臣自莅任以来，于所属两省司、道、府及提、镇各官随时留心察看，近者于言论考其学识，远者于公牍察其措施，更证以事功，参诸舆论，谨各加具切实考语，密缮清单，恭呈御览，伏乞皇太后、皇上圣鉴。

再，广东惠潮嘉道、雷琼道，广西左江道、右江道、平乐、柳州、思恩、泗城、镇安等府知府及广西提督；广东碣石、琼州、南韶连，广西右江等镇总兵，或已奉升调，或尚未到任，或因案撤参，实缺均未在任，例不加考。合并声明。谨奏。光绪二十七年十二月十九日。

（朱批：）知道了。单四件、③片一件留中。④

光绪二十八年正月二十三日，奉朱批：知道了。单四件、片一

---

① 台北故宫博物院藏：军机及宫中档，文献编号：408003407。
② 中国第一历史档案馆藏：录副奏折，档案编号：03-6513-057。
③ 此清单查无下落，待考。
④ 台北故宫博物院藏：军机及宫中档，文献编号：408003412。

件留中。钦此。①

一三四　奏报督办四川矿务商
务大臣李徵庸病殁折

光绪二十七年十二月十九日(1902年1月28日)

头品顶戴两广总督臣陶模跪奏，为办理矿务、赈捐大臣病殁差次，恭折具报，并代呈遗折，仰祈圣鉴事。

窃据督办四川矿务商务大臣头品顶戴三品卿衔李徵庸家属禀称：伊家主李徵庸于上年遵旨来粤劝办南洋各处赈捐，业经奏报在案。兹于光绪二十七年十二月十三日在广东省城差次病殁，理合具报，并将钦差督办四川矿务大臣关防一颗、先后所奉朱批折片九件并李徵庸遗折一扣，呈请代为分别呈缴前来。

臣查李徵庸由进士改官部曹，选授广东知县，嗣以道员历经两江督臣刘坤一、两湖督臣张之洞奏保人材，送部引见，奉上谕赏给三品卿衔；又因报效大学堂经费银二万两，蒙恩赏给头品顶戴。旋奉钦派办理四川矿务、商务，准其专折奏事。二十六年十月，奉旨派赴南洋一带督办秦晋赈捐，兼办顺直赈捐，督同伊子广东候补道李准，殚力筹劝，计共收集捐款实银一百八十余万，陆续分别报解。李徵庸办事切实，于商民信义相孚，前后劝集山东、江苏、河北等处赈捐，并计不下六七百万，裨益饷项，惠济灾黎，实非浅鲜；并因遵旨筹垫江苏徐海赈捐十万两，山东、江苏工赈银四十万两，两次钦奉上谕传旨嘉奖。此次来粤筹劝，尤为殚厥心力，于差次病殁。该

大臣历年筹集巨饷，颇著勤劳，应否量加恩恤，出自逾格鸿慈。

除将缴到钦差关防一颗、朱批折片九件咨送军机处查核外，谨会同广东巡抚臣德寿恭折具奏，并将李徵庸遗折代为呈进，伏乞皇太后、皇上圣鉴。谨奏。光绪二十七年十二月十九日。

（朱批：）另有旨。[1]

光绪二十八年正月二十五日，奉朱批：另有旨。钦此。[2]

【案】将李徵庸遗折代为呈进：光绪二十七年十二月十二日，督办四川矿务商务大臣李徵庸口授遗折，曰：

头品顶戴三品卿衔督办矿务商务大臣臣李徵庸跪奏，为微臣病势陡增，危在旦夕，伏枕哀鸣，叩谢天恩，仰祈圣鉴事。

窃臣自川省力疾赴粤筹办赈捐，幸捐集赈款一百八十余万两，分别报解，而心力交瘁，病体益不能支，昨已具折吁恳圣恩，开除矿务商务差使。拜折后，连日督饬清理外洋所办衔、封、贡、监各捐，并在事出力各员请奖之案。至十二月初二日，忽感外邪，牵动旧疾，真阳发越，气促神昏，病势更形危笃，当将臣所奉朱批及矿务商务大臣关防封固，呈交两广总督臣陶模恭代进缴。

伏念臣由进士、刑部主事改选广东河源县知县，历任繁要。嗣以道员蒙恩赏给头品顶戴三品卿衔，专充督办四川矿务商务大臣，又奉旨派赴南洋督办赈捐，频叨异数，未答涓埃，犬马余生，尚欲以身报国。惟臣因上年任河源县时，适值大水

---

① 台北故宫博物院藏：军机及宫中档，文献编号：408003409。
② 中国第一历史档案馆藏：录副奏折，档案编号：03-5412-040。

为灾,赈救穷黎,感受潮湿,遂成腿疾。嗣于香山、海阳任内擒捕巨盗,心血益亏,以致旧病时愈时发,今竟沉疴不起,区区微恫,抱憾无穷。瞻望关廷,罔知所措。

臣在粤所办秦晋、顺直赈捐,业已结数分别报解清楚,在事出力各员已核明分别异常、寻常劳绩,咨请直隶、山西、陕西各督抚臣汇案奏奖。其外洋所办三成衔、封、贡、监各项册报迷催,尚未缴齐,已交臣长子广东候补道李准接续清厘。至臣前在川省办理矿务、商务,其光绪二十四年奏定合同二十四条,已咨明外务部及路矿总局有案。

查川省矿产本旺,开办万不可缓。时至今日,门户已开,不能禁外人之要求,但能力守前议,使权自我操,利不外溢,尚可厚民生而裕国计。无论何国何商,果能就我范围,办理得宜,未始非富强基础。

抑臣更有请者,上年拳匪肇衅,宗社震惊,现幸圣驾回銮,人心大定。自强之要,固以求人才、养元气为先务,而尤必辟山海未尽之藏以富财用,讲工商日新之业以塞漏卮。两宫忧勤于上,百尔交儆于下,自足以结民心而培国脉。此皆臣恋主之愚忱,伏维鉴察。

臣病至此,万无生理,伏枕哀鸣,望关叩头口授,臣长子李准恭代缮折,叩谢天恩,伏祈皇太后、皇上圣鉴。谨奏。光绪二十七年十二月十二日。[①]

【案】此奏于光绪二十八年正月二十五日得旨允行:

光绪二十八年正月二十五日,内阁奉上谕:陶模奏,办理

---

① 中国第一历史档案馆藏:录副奏折,档案编号:03-5409-117。

矿务、赈捐大臣病殁差次一折。督办四川矿务头品顶戴三品卿衔李徵庸，前后劝办赈捐，集款甚巨，裨益饷项，惠济灾黎，素著勤劳，前在差次病故，自应量予恩施。李徵庸着照三品卿衔例赐恤。该衙门知道。钦此。[①]

一三五　请开去莫善积都司底缺片

光绪二十七年十二月十九日(1902 年 1 月 28 日)

再，据记名总兵广东南韶连镇右营都司莫善积禀称：都司系广东茂名县人，由武童递保都司，准补南韶连镇右营都司；续保副将，于上年剿办惠州土匪迭获胜仗出力案内，保奏免补副将，以总兵记名简放，并请赏加勇号。光绪二十七年六月初五日奉朱批：着照所请。钦此。并蒙赏给威勇巴图鲁名号。现带喜字营勇查办增城等县乡匪，未能前赴都司本任，恳请开去南韶连镇右营都司缺，以记名总兵仍留两广差等情前来。

查莫善积历年带勇查办匪乡，深资得力。兹请开都司底缺，俾免悬旷，合无仰恳天恩，俯准莫善积开去南韶连镇右营都司底缺，以记名总兵留粤差遣。如蒙俞允，所遗南韶连镇右营都司系陆路部铨之缺，粤省现有尽先人员，请留外补。谨附片具陈，伏乞圣鉴，饬部核覆。谨奏。

(朱批：)着照所请，该部知道。[②]

光绪二十八年正月二十三日，奉朱批：着照所请，该部知道。

---

①　《光绪宣统两朝上谕档》，第 28 册，第 25 页。

②　台北故宫博物院藏：军机及宫中档，文献编号：408003407-0-A。

钦此。[1]

一三六　奏请展缓校阅旗、绿各营片

光绪二十七年十二月十九日（1902 年 1 月 28 日）

再，案准兵部咨：光绪二十七年正月初四日奉上谕：本年轮应查阅营伍之期，广东即派陶模认真查阅等因。钦此。当以广东省校阅营伍向章秋后举行，先经分行旗、绿各营一体遵照在案。乃入秋以后，微臣喘恙渐发，日渐增剧，委顿异常，叠荷圣慈赏假调理，迄今尚未就瘳，所有应阅广东省旗、绿各营，合无仰恳天恩，展缓至光绪二十八年再行认真校阅，以昭慎重。除咨行各营切实操练，并咨部查照外，理合附片具陈，伏乞圣鉴训示。谨奏。

（朱批:）着照所请。[2]

光绪二十八年正月二十三日，奉朱批：着照所请。钦此。[3]

一三七　请将副将高朝谱暂行革职片

光绪二十七年十二月十九日（1902 年 1 月 28 日）

再，准广东陆路提督邓万林咨称：卸带立捷军尽先补用副将高朝谱，被归善县例贡生黄鸣冈呈控羁押无辜，勒诈银两，咨请提究；并据高朝谱禀揭陆路提督邓万林克扣饷银等情，当经檄饬广东营

务处司道提案研讯。

　　兹据该司道等禀称：提集高朝谱及原告例贡生黄鸣冈等质讯，高朝谱于光绪二十六年十月，凭线拿获会匪黄亚茂之父黄鹤楼，押令将其子黄亚茂交案，尚非羁押无辜。其勒诈银两，亦尚讯无确实证据。惟高朝谱所控陆路提督邓万林克扣饷银一事，始则称存有扣饷单帐可凭，既〔继〕则称已由提督邓万林托人向其说和，交还所扣饷银三千余两，扣饷单帐已交经手说和之人收回等语。供词极为狡展。控关营官禀揭本管提督克扣饷银，虚实均应彻究，岂容私自说和了事。相应请旨将广东尽先补用副将高朝谱暂行革职，以便严讯实情，分别究办。谨会同广东巡抚臣德寿附片具陈，伏乞圣鉴训示。谨奏。

　　（朱批：）着照所请，该部知道。[①]

　　光绪二十八年正月二十三日，奉朱批：着照所请，该部知道。钦此。[②]

一三八　奏报刘其光试用期满甄别片

光绪二十七年十二月十九日(1902年1月28日)

　　再，前准部咨：无论何项出身，凡系补缺应行具题者，试用期满，由督抚详加甄别，专折具奏等因。历经遵办在案。兹查大挑试用知县刘其光，福建闽县附生，应光绪十四年戊子科本省乡试，中式第九十九名举人。二十四年戊戌科大挑一等，以知县用，签分广

---

　　①　台北故宫博物院藏：军机及宫中档，文献编号：408003407-0-C。
　　②　中国第一历史档案馆藏：录副奏片，档案编号：03-7419-042。

东。光绪二十六年三月二十七日，到省试用，已满一年，例应甄别。据藩、臬两司详加察看，具详请奏前来。

臣等覆加察核，该员刘其光识见明通，堪膺民社。除将该员履历册送部外，谨会同附片具陈，伏乞圣鉴。谨奏。

（朱批：）吏部知道。[①]

光绪二十八年三月初三日，奉朱批：吏部知道。钦此。[②]

一三九　奏报徐淦等试用期满甄别片

光绪二十七年十二月十九日（1902年1月28日）

再，查候补捐纳试用知县到省一年期满，例应考察甄别具奏，历经遵办在案。兹查有候补知县徐淦，年强识稳；新海防试用知县阎梦觳，朴实无华；新海防试用知县吴祖荫，才识敏练；新海防试用知县俞旦，练达有为；新海防试用知县徐元英，老成干练；新海防试用知县王亘，谨饬勤明，均经详加考察，堪膺民社。据藩、臬两司具详前来。

除将各该员详细履历开单咨明吏部外，臣等谨附片具陈，伏乞圣鉴。谨奏。

（朱批：）吏部知道。[③]

光绪二十八年三月初三日，奉朱批：吏部知道。钦此。[④]

---

① 台北故宫博物院藏：军机及宫中档，文献编号：408003410-0-A。
② 中国第一历史档案馆藏：录副奏片，档案编号：03-5414-046。
③ 台北故宫博物院藏：军机及宫中档，文献编号：408003410-0-B。
④ 中国第一历史档案馆藏：录副奏片，档案编号：03-5414-042。

一四○　奏报何炳修调署文昌县知县片

光绪二十七年十二月十九日(1902年1月28日)

再,文昌县知县刘曾枚调省查办,遗缺查有徐闻县知县何炳修,历事精勤,堪以调署。该员任内并无盗劫已起四参之案。据藩、臬两司会详前来。

除饬遵外,臣等谨附片具陈,伏乞圣鉴。谨奏。

(朱批:)吏部知道。①

光绪二十八年三月初三日,奉朱批:吏部知道。钦此。②

一四一　奏销征收西税、船头银数片

光绪二十七年十二月十九日(1902年1月28日)

再,粤西应征西税银两,例应按年造册奏销。兹据粤西盐法道广敏详称:光绪二十五年份应征西税银四万七千五百一十四两六钱三分八厘、船头银一百零四两,共银四万七千六百一十八两六钱三分八厘,委员在于梧州设卡征收。计自光绪二十五年三月初一日起至二十六年二月底止,一年期满,共征西税银三万二千三百二十两零三钱二分零八毫三丝、船头银八十九两七钱七分九厘九毫三丝,共银三万二千四百一十两零一钱零七毫六丝。又在南宁、永淳、贺县、怀集、昭平五卡自光绪二十六年三月初一日起至二十七

---

① 台北故宫博物院藏:军机及宫中档,文献编号:408003413-0-A。

② 中国第一历史档案馆藏:录副奏片,档案编号:03-5414-053。

年二月底止,均经一年期满,共征弥补二十五年份西税银一万五千一百九十四两三钱一分七厘一毫七丝、船头银一十四两二钱二分零七丝,共银一万五千二百零八两五钱三分七厘二毫四丝,归并梧卡二十五年所征之银合算,统共征西税、船头银四万七千七百零一十八两六钱三分八厘,业已照额全完,遵照奏案,概留梧州厘局拨充军饷,已提拨解过边防各营军饷银四万四千三百九十九两一钱八分一厘四毫一丝一忽五微,应由善后报销总局归入报销案内造报。尚余西税、船头银三千二百一十九两四钱五分六厘五毫八丝八忽五微,俟梧局委员禀报拨充银数,再行分晰造报等情,详请核办前来。

臣复加查核,数目相符。除册送部查核外,理合附片具奏,伏乞圣鉴,敕部核覆施行。谨奏。

(朱批:)户部知道。[1]

光绪二十八年正月二十三日,奉朱批:户部知道。钦此。[2]

一四二　奏报粤东盐引督销全完片

光绪二十七年十二月十九日(1902年1月28日)

再,查粤东盐引统归次年岁底奏销,酌定经管、督销各官年月,核算考成,按年造报。又,潮桥各埠引饷于光绪十五年三月间奏明改章设立官运局,委员经理。兹据两广盐运使国钧详称:光绪二十三年份,广东、广西及湖南郴州、桂阳州,江西南安府、赣州府、宁都

---

① 台北故宫博物院藏:军机及宫中档,文献编号:408003408-0-A。

② 中国第一历史档案馆藏:录副奏片,档案编号:03-6513-058。

州,福建汀州府,贵州黎平、古州各府、州、县,原额销盐引六十万五千八十三道六分六厘零,又余盐改引一十七万六千六百九十五道,广西省羡余增引三万二千七百三十二道,通共引八十一万四千五百一十道八分六厘零,内省河改网各埠共额销盐引六十万九千一百五十二道七分七厘零,已于光绪二十四年十二月内照数全完,造报在案。尚有潮桥各埠额销光绪二十三年份盐引二十万五千三百五十八道零八厘七毫九丝九忽六微九纤五沙零三埃五渺四漠,兹据该局委员开报各属督销全完前来。合将各州县全完数目分晰造报。

再,光绪二十三年份潮桥盐引遵照展限,应自光绪二十五年十月初一日起至光绪二十六年闰八月底止,连闰以十二个月为一年,按照实在督销各官核算考成。又,本届奏销各州县职名系缴到册籍造报。合并声明等情,详请核办前来。

臣覆核无异。除册送部查核外,理合附片具奏,伏乞圣鉴,敕部议覆施行。谨奏。

(朱批:)户部知道。[1]

光绪二十八年正月二十三日,奉朱批:户部知道。钦此。[2]

一四三　奏报动拨库款备还赔款片

光绪二十七年十二月十九日(1902年1月28日)

再,准行在户部咨:新定赔款数巨期迫,亟应合力通筹分派摊

---

①　台北故宫博物院藏:军机及宫中档,文献编号:408003408-0-B。

②　中国第一历史档案馆藏:录副奏片,档案编号:03-6475-011。

还一折内开:应令各省关将应解部库西征洋款改为加放俸饷一款,抵闽京饷改为加放俸饷一款,京官津贴改为加复俸饷一款,旗兵加饷一款,加增边防经费一款,有漕省份解部漕折一款,以上约共银三百余万两,全数提出,留还赔款等因。又准户部来电:前奏腾出各款,如加放俸饷、加复俸饷、旗兵加饷、旧案漕折、新增边防经费等项,各该省向有应解数目,宜按应解之数匀分十二次,先将第一次银数于十二月二十日以前汇沪,以后均按月先期解沪,勿误还期等因,当经转行遵照。

　　查广东省每年应解西征洋款改为加放俸饷,除留还四国洋款外,尚应解部银一十万两。又,京官津贴改为加复俸饷七千八百两,旗兵加饷一十万两,新增东北边防经费一万六千两,以上每年共银二十二万三千八百两,匀分十二次,每次应解银一万八千六百五十两。今于光绪二十七年加放俸饷项内拨银一万八千六百五十两,作为本年十二月第一次应解银数,于十二月初六日发商号协同庆等汇沪,限于十二月二十日以前解赴江海关道衙门投纳,转交银行,备还赔款。据广东布政使丁体常详请奏咨前来。

　　臣等覆核无异。除分咨外,谨合词附片具陈,伏乞圣鉴。谨奏。

　　(朱批:)户部知道。[1]

　　光绪二十八年正月二十三日,奉朱批:户部知道。钦此。[2]

---

① 台北故宫博物院藏:军机及宫中档,文献编号:408003406-0-A。

② 中国第一历史档案馆藏:录副奏片,档案编号:03-6697-019。

一四四　请以方朝杰调署饶平县知县片

光绪二十七年十二月十九日(1902年1月28日)

再,署饶平县知县何斌期满遗缺,查有准补四会县知县方朝杰,办事精勤,堪以调署。该员任内并无盗劫已起四参之案。据藩、臬两司会详前来。

除饬遵外,臣等谨附片具陈,伏乞圣鉴。谨奏。

光绪二十八年正月二十三日,奉朱批:吏部知道。钦此。①

一四五　勒追知县童立喆征存米谷片

光绪二十七年十二月十九日(1902年1月28日)

再,据广东布政使丁体常、督粮道周开铭②会详称:查有前任

---

① 中国第一历史档案馆藏：录副奏片,档案编号:03-5412-008。

② 周开铭(1839—1907),湖南益阳人,廪生。同治元年(1862),中本省乡试举人。四年(1865),中式贡士,改庶吉士。七年(1868),散馆,授翰林院编修。八年(1869),充国史馆协修。九年(1870),补国史馆纂修。十二年(1873),保御史。光绪二年(1876),选武英殿协修。三年(1877),升国史馆总纂、功臣馆纂修、实录馆协修。同年,充会试同考官。四年(1878),授实录馆总校。同年,补授江南道监察御史,署理山东道监察御史,以功保知府,转掌四川道监察御史。是年,充甘肃乡试副考官。六年(1880),署吏科掌印给事中。七年(1881),选贵州思南府知府,次年三月到任,即调署黎平府知府。同年,赴思南府知府本任。九年(1883),调署黎平府知府。十年(1884),以功赏假盐运使衔,充文闱内监试。同年,再赴思南府知府本任。十二年(1886),再调黎平府知府。十四年(1888),调署都匀府知府。十五年(1889),调铜仁府知府。同年,闻讣丁亲母忧,开缺回籍。十八年(1892),服满起复。十九年(1893),经吏部带领引见,补授广东潮州遗缺知府。同年,补琼州府知府。二十年(1894),调补潮州府知府。二十一年(1895),补授广州府知府。二十四年(1898),署广东督粮道。二十七年(1901),迁广东督粮道。三十三年(1907),因病出缺。

长乐县另案参革知县童立喆,征存米五百六十余石,短交谷六百九
十余石,迭经严催,未据完解,请奏参勒限严追前来。相应请旨饬
将前任长乐县另案参革知县童立喆,勒限四个月内将征存米谷照
数完解,倘逾限不解,或解不足数,再行查明从严参办。所有勒追
知县征存米谷延不完解缘由,谨合词附片具陈,伏乞圣鉴。谨奏。

　　光绪二十八年正月二十三日,奉朱批:着照所请,该部知道。
钦此。[①]

一四六　委令信勤等署理道篆片

光绪二十七年十二月十九日(1902年1月28日)

　　再,雷琼道缺,查有现任高廉钦道信勤,[②]持躬循谨,练达有
为,堪以调署。所遗高廉钦道篆务,查有现护雷琼道事补用道候补
知府秦炳直,老成持重,抚驭勤能,堪以署理;未到雷琼道任以前,
即着琼州府知府刘尚伦暂行兼护。

---

　　① 中国第一历史档案馆藏:录副奏片,档案编号:03-6321-005。

　　② 信勤(1869—?),字怀民,满洲镶黄旗人,钮祜禄氏,三品荫生出身。光绪十四
年(1888),选候补主事。十五年(1889),签分兵部,以主事补用。十六年(1890),署捷
报处值班章京。同年,于奉天赈捐案内请奖,赏戴蓝翎。十七年(1891),因遵办海军事
宜出力保员外郎。十八年(1892),在顺天直隶赈捐案内请奖,赏换花翎,充武选司帮掌
印。同年,因承办军报出力保郎中。二十年(1894),补职方司满洲员外郎。二十一年
(1895),选司务厅掌印,奏派马馆监督。二十二年(1896),咨调虎神营,充文案委翼长。
二十三年(1897),京察一等,以道府用。是年,调补武库司掌印。二十四年(1898),升
军驾司郎中。二十五年(1899),补授广东雷琼遗缺道,加二品衔。二十六年(1900),赴
高廉钦道任。二十七年(1901),调署雷琼道篆务。二十九年(1903),迁广东盐运使。
三十一年(1905),调补浙江盐运使。三十二年(1906),擢浙江布政使。三十三年
(1907),护理浙江巡抚。三十四年(1908),授督办垦务大臣,兼署绥远城将军。宣统元
年(1909),兼署归化城副都统。民国年间,病卒。

除分檄饬遵外，臣等谨合词附片具陈，伏乞圣鉴。谨奏。

光绪二十八年正月二十三日，奉朱批：吏部知道。钦此。①

---

① 中国第一历史档案馆藏：录副奏片，档案编号：03-5412-022。

光绪二十八年(1902)

○○一　奏报续借修理旗营兵房银数等情折

光绪二十八年正月二十五日(1902年3月4日)

满洲副都统臣兴存、头品顶戴两广总督臣陶模、广州将军臣宗室寿荫、头品顶戴广东巡抚臣德寿、汉军副都统臣春龄跪奏,为照案续借修理广州旗营兵房银数及借拨旗库存款,恭折具陈,仰祈圣鉴事。

窃前因广州旗营衙署、兵房日久坍塌,经臣德寿等会同奏请借款兴修,分限扣还,先由藩库借银四万两,声明尚需银三万四千八百两,俟体察情形再行核办,奉朱批:着照所请,户部知道。钦此。当经转行遵照。旋据协领等官查明应修兵房九千三百五十间,共需银七万四千八百两,分作八年在于兵饷项内照数扣还,于二十六年十二月内由广东藩库解过银四万两,业经动工兴修,尚需银三万四千八百两,请饬司续行筹借,经臣陶模饬行司道设法筹措详办去后。兹据广东布政使丁体常会同督粮道周开铭,遵将所请续借银三万四千八百两于藩库筹足,移解八旗右司兑收,仍照案分限八年在旗营兵饷项内扣还归款等情,详请具奏前来。

臣等覆查无异。至借给各官修理衙署银一万四千三百二十两，前经奏明援照光绪十五年成案，由旗库筹款，已在旗库喂马用剩项下借银六千两，筹备军装项下借银四千两，赏还马价项下借银四千三百二十两，共借支银一万四千三百二十两，照章亦分作八年，于各官俸银内扣还。合并声明。除咨部查照外，谨合词恭折具陈，伏乞皇太后、皇上圣鉴。谨奏。光绪二十八年正月二十五日。

（朱批：）户部知道。①

光绪二十八年二月初九日，奉朱批：户部知道。钦此。②

○○二　奏报筹解新定赔款第二次银两折

光绪二十八年正月二十五日(1902年3月4日)

头品顶戴两广总督臣陶模、头品顶戴广东巡抚臣德寿跪奏，为筹解新定赔款第一年第二次银数、日期，恭折具陈，仰祈圣鉴事。

窃准行在户部咨：新定赔款数巨期迫，亟宜合力通筹，分派摊还等因。当经转行遵照。查新定赔款，广东省奉派银二百万两，前经江、鄂督抚臣会同奏准减解三成。嗣奉准军机处、户部迭次来电：此次赔款应按拨定十成原数，匀作十二次，先期解交沪道，不能核减三成等因。自应遵照办理。

查本省原派银二百万两，匀作十二次，每次应解银一十六万六千六百六十六两，末次解银一十六万六千六百七十四两，以符原拨之数，业于光绪二十七年十二月间先向商号挪借银一十六万六千

---

① 台北故宫博物院藏：军机及宫中档，文献编号：408003417。
② 中国第一历史档案馆藏：录副奏折，档案编号：03-6164-048。

六百六十六两,交商号源丰润等汇解江海关道衙门投纳,作为本省起解二十七年十二月第一次匀还新定赔款之数,奏咨在案。现在本省拟筹各款甫经议办,均未收有现银,而此项新定赔款奉行按月匀解,数巨期迫,各库早经悉索已尽,无可腾挪,惟有照案向商号挪借应急,以免贻误。兹再向商号订借银一十六万六千六百六十六两,作为光绪二十八年正月份第二次应付之款,即交商号源丰润等汇兑至沪,限于正月二十日以前解赴江海关道衙门投纳,转交银行,备还赔款。据广东布政使丁体常等详请奏咨前来。

臣等覆核无异。除分咨外,谨会同缮折具陈,伏乞皇太后、皇上圣鉴。再,此项赔款奉行按月匀解,事关大局,无论如何为难,自当按月照数筹解。嗣后按月将起解银数、日期随时咨部查考,仍按半年汇奏一次,以归简易。合并声明。谨奏。光绪二十八年正月二十五日。

（朱批:）户部知道。[1]

光绪二十八年二月初九日,奉朱批:户部知道。钦此。[2]

○○三　奏参两广庸劣不职营员折

光绪二十八年正月二十五日（1902 年 3 月 4 日）

头品顶戴两广总督臣陶模跪奏,为查明庸劣不职各营员,据实纠参,以肃戎行,恭折仰祈圣鉴事。

窃照武营积习,各省皆然,两广尤甚。臣抵任后,随事劝诫,随

---

① 台北故宫博物院藏:军机及宫中档,文献编号:408003415。
② 中国第一历史档案馆藏:录副奏折,档案编号:03-6697-030。

时访查。兹查有广西平乐协副将庄镇藩,办事不公,操守难信;请补广西宾州营参将补用参将文成榜,嗜好甚深,心术巧滑;广西义宁协中军都司庞熙政,年老糊涂,性复贪横;管带福军后营指分广东试用知县刘运文,纵勇滋事,纪律毫无;管驾广东西江巡船尽先补用游击陶梓彰,借案勒诈,几酿事端;广东澄海营左营守备陈子照,办事颟顸,不洽舆情。均未便稍事姑息。相应请旨将广西平乐协副将庄镇藩、请补广西宾州营参将补用参将文成榜、广西义宁协中军都司庞熙政、指分广东试用知县刘运文、尽先补用游击陶梓彰、广东澄海营左营守备陈子照一并革职,以肃戒行。

除将贪劣末弁另行咨革外,谨会同广东巡抚臣德寿、广西巡抚臣丁振铎恭折具奏,伏乞皇太后、皇上圣鉴训示。再,所遗广西平乐协副将等缺,现查两广均有应补人员,应请一并扣留外补。合并声明。谨奏。光绪二十八年正月二十五日。

(朱批:)另有旨。[①]

光绪二十八年二月初九日,奉朱批:另有旨。钦此。[②]

【案】此案于是年二月初九日得旨允行。上谕档:

光绪二十八年二月初九日,内阁奉上谕:陶模奏,特参庸劣不职各营员,请旨惩办一折。广西平乐协副将庄镇藩,办事不公,操守难信;请补广西宾州营参将补用参将文成榜,嗜好甚深,心术巧滑;义宁协中军都司庞熙政,年老糊涂,性复贪横;管带福军后营广东试用知县刘运文,纵勇滋事,纪律毫无;

[①]　台北故宫博物院藏:军机及宫中档,文献编号:408003414。

[②]　中国第一历史档案馆藏:录副奏折,档案编号:03-5953-066。

补用游击陶梓彰,借案勒诈,几酿事端;澄海营左营守备陈子照,办事颟顸,不洽舆情。均着即行革职,以肃戎行。余着照所议办理,该部知道。钦此。①

○○四 奏报粤海关报解第四批京饷折

光绪二十八年正月二十五日(1902 年 3 月 4 日)

头品顶戴两广总督臣陶模跪奏,为粤海关报解第四批京饷等款银两,交商号汇解进京投纳,恭折仰祈圣鉴事。

窃照光绪二十七年份京饷,户部奏拨粤海关洋税银十万两,新增盈余银六万两,又东北边防经费拨粤海关六成洋税银十二万两,又加拨银二万四千两,又筹备饷需拨粤海关四成洋税银十二万两、六成洋税银二十万两,又加放俸饷于粤海关四成洋税每结提银六千两,又另款加复俸饷每年粤海关应解银四万两,又造办处米艇银三万两,内务府广储司公用每年拨粤海关税银三十万两,业经三次报解在案。

兹筹解光绪二十七年份第四批部库京饷银二万五千两,另加平银三百七十五两、饭银七百二十五两;又新增盈余银一万五千两,另加平银二百二十五两、饭银四百三十五两,统共银四万一千七百六十两,内除解过顺直教案赔款银二万两,给还各国使馆所占民房价值银二万两,实解银一千七百六十两。又,东北边防经费原拨银三万两,又筹备饷需四成洋税银三万两、六成洋税银五万两,又加放俸饷四成洋税银六千两,加拨边防经费银六千两,光绪二十

---

① 《光绪宣统两朝上谕档》,第 28 册,第 46 页。

五年份另款加复俸饷银一万两，三款合共银二万二千两，内除解过江海关道凑还赔款光绪二十七年十二月二十二日第一期银七千三百三十三两三钱三分四厘外，实解银一万四千六百六十六两六钱六分六厘。又，光绪二十七年造办处米艇银三万两，另加平银四百五十两；又，新增归公加平银七百五十两，共银三万一千二百两；又，光绪二十七年冬季份广储司公用银七万五千两，另加平银一千一百二十五两；又，新增归公加平银一千八百七十五两、抬费用项银六百两，共银七万八千六百两，内除还怡和银号第十二期洋款本息银三万九千一百一十七两五钱外，实应解银三万九千五百八十二两五钱。统共银一十九万七千二百九两一钱六分六厘，现由关向西商志成信、协成乾银号如数凑借，先行垫解，随后由税收陆续归还，以资周转，并备具文批，发交该两商号汇解进京投纳。

除咨户部、内务府查照外，臣谨会同粤海关监督臣庄山恭折具陈，伏乞皇太后、皇上圣鉴。谨奏。光绪二十八年正月二十五日。

（朱批：）该衙门知道。[1]

光绪二十八年二月初十日，奉朱批：该衙门知道。钦此。[2]

○○五　奏报广东光绪二十七年上半年收解厘金数目折

光绪二十八年正月二十五日（1902 年 3 月 4 日）

头品顶戴两广总督臣陶模、头品顶戴广东巡抚臣德寿跪奏，为

---

[1]　台北故宫博物院藏：军机及宫中档，文献编号：408003419。
[2]　中国第一历史档案馆藏：录副奏折，档案编号：03-6656-034。

广东省光绪二十七年上半年收解厘金数目，开单具陈，仰祈圣鉴事。

窃照广东省厘金收解各数目，向系半年奏报一次。兹查光绪二十七年正月起至六月底止各厂关共收货厘洋银八十一万八千三百一十一两九钱二分一厘九毫，又收盐厘洋银四万七千八百七十八两一钱一分八厘九毫。据广东布政使丁体常会同厘务局司道造册详请奏咨前来。

臣等覆核无异。除册咨送户部外，谨缮清单，恭呈御览。至盐厘一项改归运司按引抽收，是以清单内不列各厂名目。伏乞皇太后、皇上圣鉴，敕部查照施行。谨奏。光绪二十八年正月二十五日。

（朱批:）户部知道。单并发。①

光绪二十八年二月初九日，奉朱批：户部知道。单②并发。钦此。③

○○六　奏为病势难痊恳恩开去实缺折

光绪二十八年正月二十五日(1902年3月4日)

头品顶戴两广总督臣陶模跪奏，为微臣假期又满，病势难痊，恳恩开去实缺，迅简贤员，以重疆寄事。

窃臣于光绪二十七年十月初三日因喘病大发，奏请开缺调理，钦奉朱批：着再赏假两个月，毋庸开缺。钦此。天恩优渥，眷注逾

---

① 台北故宫博物院藏：军机及宫中档，文献编号:408003416。
② 此清单查无下落，待考。
③ 中国第一历史档案馆藏：录副奏折，档案编号:03-6513-064。

恒，微臣自顾何人，虽捐顶糜踵，难报涓埃。惟臣自前次拜折后，寻常日行公事即委藩司代拆代行，并嘱随时禀商抚臣办理，业逾三月。去年叠奉谕旨举行新政，如开学堂、改营制等事，皆因臣抱病，尚未办有端倪。又奉钦派阅兵，至今未能简视。各国领事及使臣过境，恒有交涉事件，辄不能接见面商。种种颓废，均足酿患于无形。微臣具有天良，际此时艰，苟稍可支持，敢不遵旨赶紧调理，勉图报称。初拟入春后病症或可渐瘳，奈自屡次咯血，精神大耗，延医服药，竟无功效。

现届春和，气喘迄未稍减，略有言动，气逆尤甚，缠绵床第，累月不能起身，假期既满，自揣痼疾断难速痊。两广任重事繁，非可卧治，倘仍托名报效，敷衍因循，必至贻误，海疆更难挽救，微臣之罪，百身莫赎矣。再四思维，惟有仰恳天恩，俯念海疆关系紧要，开去微臣两广总督实缺，简放贤员，及时整顿，为大局计，不容稍缓。而微臣托赖朝廷鸿福，开缺后尽心调治，倘能就痊，当再泥首宫门，求赏差使，断不敢苟耽安逸，自外生成。

所有微臣假期又满，病势难痊，恳恩开去实缺，迅简贤员，以重疆寄缘由，理合恭折具陈，伏乞皇太后、皇上圣鉴，训示施行。谨奏。光绪二十八年正月二十五日。

（朱批：）着再赏假两个月，安心调理，毋庸开缺。[1]

光绪二十八年二月初十日，奉朱批：着再赏假两个月，安心调理，毋庸开缺。钦此。[2]

---

①　台北故宫博物院藏：军机及宫中档，文献编号：408003418。

②　中国第一历史档案馆藏：录副奏折，档案编号：03-5413-062。

○○七　奏报试用盐大使
赏那等期满甄别片

光绪二十八年正月二十五日(1902年3月4日)

再，广东试用盐大使赏那，正蓝旗满洲福俊佐领下人，由监生报捐盐大使职衔，充会典馆翻绎官，全书过半议叙以盐大使分省试用，遵新海防例报捐指省广东，光绪二十五年八月十五日到省。又，试用盐大使金镛，直隶肃宁县人，由附监生报捐盐大使职衔，充会典馆汉誊录，全书过半议叙以盐大使分省试用，签掣两广，光绪二十五年十月初六日到省。又，试用盐大使崔永申，京城正白旗汉军存龄佐领下人，驻防广州，由附贡生报捐盐大使职衔，充会典馆汉誊录，全书过半议叙以盐大使分省试用，遵新海防例报捐指省广东，光绪二十五年十二月初一日到省。均已试用二年期满，例应甄别。据两广盐运使国钧会同广东布政使丁体常具详前来。

臣查赏那文理通顺，金镛年壮才明，崔永申年力富强，均堪以本班留省照章补用。除咨部外，谨附片具陈，伏乞圣鉴。谨奏。

（朱批：）吏部知道。①

光绪二十八年二月初九日，奉朱批：吏部知道。钦此。②。

---

① 台北故宫博物院藏：军机及宫中档，文献编号：408003414-0-A。
② 中国第一历史档案馆藏：录副奏片，档案编号：03-5413-057。

○○八　请将知府黎汝谦暂行革职片

光绪二十八年正月二十五日(1902年3月4日)

再，广东平柜盐埠前于光绪初年因招商难得妥人，改派委员经理，每年应解饷厘裁节等款共银四万余两。近年经办委员均以尽征尽解借口，历年递有短欠。现办平柜埠务委员广东候补知府黎汝谦，自光绪二十七年正月接办，已届二年，仅据解拨饷、厘等款银一万八千余两，短解至二万四千有余，为数尤巨，难保非有意侵蚀，当此饷需日绌，若不严行惩创，不足以儆其余。

除将黎汝谦撤差严追，一面派员确查短解实情，并查明从前递年欠饷各员，一律分别追缴外，相应请旨将现办平柜盐埠委员三品衔广东候补知府黎汝谦暂行革职，以便勒限严追，仍俟查明有无别项弊窦，再行奏明分别办理。谨会同广东巡抚臣德寿附片具陈，伏乞圣鉴训示。谨奏。

(朱批:)着照所请，该部知道。①

光绪二十八年二月初九日，奉朱批:着照所请，该部知道。钦此。②

○○九　奏报二次汇解备还赔款银两片

光绪二十八年正月二十五日(1902年3月4日)

再，准行在户部咨:新定赔款数巨期迫，亟宜合力通筹，分派摊

---

① 台北故宫博物院藏:军机及宫中档，文献编号:408003414-0-B。
② 中国第一历史档案馆藏:录副奏片，档案编号:03-6581-009。

还一折内开:应令各省关将应解部库西征洋款改为加放俸饷一款，抵闽京饷改为加放俸饷一款，京官津贴改为加复俸饷一款，旗兵加饷一款，加增边防经费一款，有漕省份解部漕折一款。以上约共银三百余万两，全数提出留还赔款等因。又准户部来电:前奏腾出各款，如加放俸饷、加复俸饷、旗兵加饷、旧案漕折、新增边防经费等项，各该省向有应解数目，宜按应解之数匀分十二次，先将第一次银数于十二月二十日以前汇沪，以后均按月先期解沪，勿误还期等因，当经转行遵照。

查广东省每年应解西征洋款改为加放俸饷，除留还四国洋款外，尚应解部银一十万两;又京官津贴改为加复俸饷七千八百两，旗兵加饷一十万两，新增东北边防经费一万六千两。以上每年共银二十二万三千八百两，匀分十二次，每次应解银一万八千六百五十两，已于上年十二月解过第一次银一万八千六百五十两，赴沪投纳在案。今光绪二十八年正月第二次还期又届，现于二十七年加放俸饷拨银一万一千三百五十两，作为本年正月第一年第二次应解银数，于正月十三日发交商号协同庆等汇沪，限于正月二十日以前解赴江海关道衙门投纳，转交银行，备还赔款。据广东布政使丁体常详请奏咨前来。

臣等覆核无异。除分咨外，谨合词附片具陈。再，此项赔款嗣后均查照部章，按月匀解，拟将解过银数、日期半年汇奏一次。合并声明。伏乞圣鉴。谨奏。

（朱批:）户部知道。①

---

① 台北故宫博物院藏:军机及宫中档，文献编号:408003415-0-A。

光绪二十八年二月初九日，奉朱批：户部知道。钦此。①

○一○　奏报汇解抵补淞沪货厘银两片

光绪二十八年正月二十五日(1902 年 3 月 4 日)

再，准两江总督臣咨：准行在户部咨：本部循案拨补二十七年厘金各款，附片一件，光绪二十七年二月二十五日奉旨：依议。钦此。咨会查照、核明上年指拨银数拨解等因，当经转行遵照。查光绪二十六年份准部拨补淞沪货厘案内，系拨广东减平银十万两，当税银六万两，所有光绪二十七年淞沪厘金，自应查照上年奉拨款目、银数，分别拨解抵补。惟是减平、当税两款现在续收无多，本省司局各库异常窘绌，加以筹拨新定赔款，业已搜索靡遗。惟既准两江总督臣电催速解，大局攸关，只得于万难设措之中竭力筹拨，以济要需。

兹定于十二月二十六日措集银二万两，给交商号源丰润、义善源两号，汇解金陵支应局投纳，作为广东省奉拨光绪二十七年份抵补淞沪货厘之项；下余未解银两及二十五、六等年尾数，容俟库项稍可周转，再行续解。据广东布政使丁体常详请奏咨前来。

臣等覆核无异。除分咨查照外，谨附片具陈，伏乞圣鉴。谨奏。

（朱批：）户部知道。②

---

①　中国第一历史档案馆藏：录副奏片，档案编号：03-6697-031。
②　台北故宫博物院藏：军机及宫中档，文献编号：408003415-0-B。

光绪二十八年二月初九日,奉朱批:户部知道。钦此。①

○一一　奏报征收广东光绪
二十六年上忙钱粮折

光绪二十八年正月二十六日(1902年3月5日)

头品顶戴两广总督臣陶模、头品顶戴广东巡抚臣德寿跪奏,为奏报征收光绪二十六年上忙钱粮银两数目,恭折仰祈圣鉴事。

案准部咨:州县每年应征钱粮银两,除例准留支及实欠在民外,尽数提解司库。下忙限十二月底截清解司银数造册详报督抚,于二十日内专折具奏,将原册送部。又准部咨:更定藩司督催钱粮分数考成,自光绪二十四年起,上忙匀为四分,下忙匀为五分征收,其余归奏销前扫数全完。又,各省上、下两忙钱粮于截止后,上忙限十一月底,下忙限次年五月底,分晰成数报部等因,均经转行遵办在案。

兹据广东布政使丁体常详称:广东省光绪二十六年份应征地丁、杂税、屯丁等项,连闰共银一百一十万三千四百五十七两一钱五分五厘,光绪二十六年正月初一日起至十一月底上忙期满止,各属起解司、道库及存留等项银三十六万八千一百五十五两九钱八分六厘三毫一丝九忽,又额征耗羡银一十七万九千二百九十二两一钱六厘。截至十一月底上忙期满止,各属完解司、道库银五万六千四百三十八两一钱七分六厘七毫三丝九忽。统计额征正、耗二项分数,上忙匀为四分,算计完三分三厘一毫,未

---

① 中国第一历史档案馆藏:录副奏片,档案编号:03-6513-065。

完六厘九毫，除各属厅、州、县应行留支外，均据批解司、道各库。检查各属实征底簿，核算相符。未完之数委系实欠在民，并无捏饰等情，具详前来。

　　臣等覆查无异。除行司严催各属迅将未完银两上紧催征，务于奏销前扫数完解，毋许稍有延欠，并将已、未完数目各册咨送吏、户二部查核外，所有广东省征收光绪二十六年份上忙钱粮数目，谨循例合词恭折具陈，伏乞皇太后、皇上圣鉴。谨奏。光绪二十八年正月二十六日。

　　（朱批：）户部知道。[①]

　　光绪二十八年三月初四日，奉朱批：户部知道。钦此。[②]

○一二　奏请仍以李家焯补
授钦州直隶州知州折

光绪二十八年正月二十六日(1902年3月5日)

　　头品顶戴两广总督臣陶模、头品顶戴广东巡抚臣德寿跪奏，为烟瘴直隶州知州员缺紧要，仍拟以前请之员补授，恭折仰祈圣鉴事。

　　窃查卸钦州直隶州知州李光高病故，遗缺经臣德寿奏请以候补同知直隶州知州李家焯补授。兹于光绪二十七年十月二十日接准吏部咨覆：查该员李家焯保举同知直隶州知州及捐复之案均未赴部引见，按照定例，应俟引见回省后方准补用，所请应毋庸议，应

---

　　①　台北故宫博物院藏：军机及宫中档，文献编号：408003421。
　　②　中国第一历史档案馆藏：录副奏折，档案编号：03-6273-050。

令另行拣选等因。本应遵照办理，惟查该员李家焯前经吏部调取引见，适因委办事件多有未完，自委署连州之后，又值惠州土匪滋事，各属教案叠出，并准鄂省咨请拿办自立会匪，人心惶惶，谣言四起。该员昔年在省统带卓勇，巡防、缉捕，极为得力，经即电调回省，驰往香港、澳门、惠州各处，查探紧要军情，并饬招勇办理顺德、新会清乡事宜。该员未经请咨赴部引见，并非无故宕延，且其拿获自立会匪正龙头朱香楚，因已请补钦州直隶州知州，曾保以知府在任候补，有案可稽。当兹破格用人之际，似应不拘常格，且钦州直隶州知州系冲、繁、难烟瘴要缺，政务殷繁，兼之界邻法越，时有交涉事宜，粤省现任候补合例应调、应升、应补人员，逐加遴选，非现居要缺，即人地未宜，未便稍涉迁就。

该员李家焯明干练达，奋勉有为，于粤省情形极为谙悉，每遇交涉之案，派委会商各国领事，均能力持大体，妥为议结，洵为粤省不可多得之员，以之请补钦州直隶州知州，实于要缺有裨。据藩、臬两司会详前来。

合无仰恳圣恩，俯念烟瘴员缺紧要，准仍以李家焯补授钦州直隶州知州，俾资治理而重地方。如蒙俞允，俟接准部覆，再行并案给咨赴部引见，以符定制。所有烟瘴直隶州知州员缺紧要，仍拟以前请之员补授缘由，臣等谨合词恭折具奏，伏乞皇太后、皇上圣鉴训示。再，粤东省补缺例限九十日，此缺准部驳回另补，系光绪二十七年十月二十日接准部咨，应以是日起限办理。今于二十八年正月十六日详补，除封篆日期例准扣展外，核计系在限内。合并声明。谨奏。光绪二十八年正月二十六日。

（朱批：）吏部议奏。①

光绪二十八年三月初四日，奉朱批：吏部议奏。钦此。②

【案】经臣德寿奏请以候补同知直隶州知州李家焯补授：光绪二十六年十一月二十六日，粤抚德寿奏请以李家焯补授钦州直隶州知州，曰：

头品顶戴兼署两广总督广东巡抚奴才德寿跪奏，为拣员请补烟瘴要缺直隶州知州，恭折仰祈圣鉴事。

窃照卸钦州直隶州知州李光高于光绪二十六年闰八月十二日在省寓病故，遗缺业经汇片奏报，声明所遗钦州直隶州知州系烟瘴外调要缺，容俟选员调补在案。查定例：各省烟瘴员缺俸满，例应撤回内地候升者，遇有缺出，应于现任人员内拣选熟悉风土、能耐烟瘴之员调补；烟瘴地方知县以上官员，准其不扣年限，升调兼行；如以应升人员升用，毋庸拘定先尽卓异之员请升；曾任实缺之候补人员，亦准酌量补用，惟不准以初任、候补人员酌补等因。今钦州直隶州知州系冲、繁、难烟瘴要缺，政务殷繁，且界邻法越，时有交涉事宜，非得精明干练之员，不足以资治理。兹于通省现任合例应调、应升人员内逐加遴选，非现居要缺，即人地未宜，实无堪以升调之员。

查有候补同知直隶州知州李家焯，年五十七岁，湖南长沙县人，由监生遵新海防例报捐知县，指分广东试用，并捐同知

---

① 台北故宫博物院藏：军机及宫中档，文献编号：408003420。
② 中国第一历史档案馆藏：录副奏折，档案编号：03-5414-060。

衔。光绪十七年九月十八日引见，奉旨：着照例准其发往。钦
此。二十日领照起程，十月十八日到省。复遵例加捐分缺先
补用免试用，题补定安县知县，十九年三月十八日到任，十一
月十一日卸事回省，管带巡防卓勇，办理省城缉捕。二十年五
月，丁生母忧，经前督臣李瀚章奏请暂留广东带勇。二十一年
正月十九日奉朱批：着照所请，吏部知道。钦此。二十二年八
月服阕，又经前抚臣许振祎会同前督臣谭钟麟奏请准其就近
起复，作为回省补用，俟补缺后，再行送部引见，二十二年九月
二十二日奉朱批：着照所请，吏部知道。钦此。拿获私铸银圆
人犯案内出力保奏，二十二年十月十九日奉旨：着免补本班，
以同知直隶州留于原省尽先补用。钦此。嗣因御史宋伯鲁奏
参，经湖南抚臣俞廉三查明覆奏，二十五年二月十二日奉朱
批：李家焯着交部议处。钦此。随由部议照"约束不严，应降
一级调用公罪"例，议以降一级调用，系公罪，例应抵销。三月
初一日具奏，奉旨：准其抵销。钦此。因无级纪抵销，于七月
十六日在户部遵例捐复同知直隶州知州降一级调用处分，现
署连州直隶州知州。该员明干练达，奋勉有为，以之补授钦州
直隶州知州，洵于要缺有裨。据藩、臬两司会详前来。

相应请旨，准以候补同知直隶州知州李家焯补授钦州直
隶州知州。如蒙俞允，俟接准部覆，再行给咨送部引见。除咨
部外，谨遵照行在军机处奏准通行，改题为奏，恭折具陈，伏乞
皇太后、皇上圣鉴训示。

再，粤东省补缺例限九十日，此缺系归光绪二十六年闰八
月份截缺，应以是月底起限办理。今在限内选员请补，并无迟
逾。又，两广总督系奴才兼署，毋庸会衔。合并陈明。谨奏。

光绪二十六年十一月二十六日。

光绪二十七年正月十三日,奉朱批:吏部议奏。钦此。①

○一三　奏报广东光绪二十五年征收钱粮比较上三年完欠折

光绪二十八年二月二十日(1902年3月29日)

头品顶戴两广总督臣陶模、头品顶戴广东巡抚臣德寿跪奏,为广东省征收光绪二十五年份钱粮比较上三年完欠分数,恭折仰祈圣鉴事。

案准部咨:各省征收钱粮比较限期,统以年底截数,次年二月造报春拨之时,即将新赋项下额征若干,蠲缓若干,已、未完若干,旧赋项下带征若干、应征若干,比之上三年或多或少,一一注明,另行开单奏报,即以道光五年春拨为始,一律遵办。嗣又准部咨:仍以奏销截数开单具奏比较,更为周匝各等因。转行遵照在案。兹办理光绪二十五年份奏销,除循例奏报外,据广东布政使丁体常将光绪二十五年份征收钱粮比较上三年完欠数目注明入季、解道、留支各数,并查明已征未解一项,于现办二十五年奏销,遵照定例归入未完项下,开列专案咨部,开单请奏前来。

臣等覆核无异。谨合词恭折缮单,敬呈御览,伏乞皇太后、皇上圣鉴,敕部查照施行。谨奏。光绪二十八年二月二十日。

(朱批:)户部知道。单并发。②

---

① 中国第一历史档案馆藏:朱批奏折,档案编号:04-01-12-0598-013;中国第一历史档案馆藏:录副奏折,档案编号:03-99-016。

② 台北故宫博物院藏:军机及宫中档,文献编号:408003424。

光绪二十八年三月二十五日,奉朱批:户部知道。单并发。钦此。①

○一四　呈广东光绪二十五年征收
钱粮比较上三年完欠清单

光绪二十八年二月二十日(1902年3月29日)

谨将广东省光绪二十五年份征收钱粮截至奏销止,比较上三年完欠数目,分晰开单,恭呈御览。

新赋项下:

光绪二十五年份,额征新赋地丁正项共银一百七万七千九百一十六两零。截至奏销止,已完银九十万二千六百三十七两零,内候造入各季册报并除留支给各款共银六十九万九千八百五十两三钱五分五厘四毫一丝四微,完解高廉钦、雷琼二道库充支兵饷银六万九千八十八两六钱一分,各府、厅、州、县留支共银一十三万三千五百七十七两四钱七分,解盐运司民粮、盐课银一百二十一两一钱七分,未完银一十七万五千二百七十八两零,已完八分三厘七毫零,未完一分六厘二毫零。

比较光绪二十二年份,应征银一百一十万八千四百六十二两零,已完八分四厘五毫零,银九十三万七千三百三十七两零;未完一分五厘四毫零,银一十七万一千一百二十五两零。计少完八毫零。

比较光绪二十三年份,应征银一百一十万三千七百六十七两

---

①　中国第一历史档案馆藏:录副奏折,档案编号:03-6273-070。

零,已完八分五厘一毫零,银九十三万九千五百九十两零；未完一分四厘八毫零,银一十六万四千一百七十六两零。计少完一厘三毫零。

比较光绪二十四年份,应征银一百一十三万四千五百二十九两零,已完八分三厘九毫零,银九十五万二千五百三十二两零；未完一分六厘零,银一十八万一千九百九十七两零。计少完二毫零。

旧赋项下：

光绪二十五年,应征光绪二十四年份旧欠银一十八万一千九百九十七两零,截至奏销止,已完银三万三千九百五十七两零,内造入各季册报银三万三千八百八十一两三钱四分三厘四毫九丝七忽,收入减半项下,汇解部库银七十六两二钱七分二厘；未完银一十四万八千三十九两零,已完一分八厘六毫零,未完八分一厘三毫零。

比较光绪二十二年,应征光绪二十一年份旧欠银一十九万八百四十六两零,已完一分八厘五毫零,银三万五千三百六十五两零；未完八分一厘四毫零,银一十五万五千四百八十一两零。计多完银一毫零。

比较光绪二十三年,应征光绪二十二年份旧欠银一十七万一千一百二十五两零,已完一分三厘三毫零,银二万二千八百九十六两零；未完八分六厘六毫零,银一十四万八千二百二十八两零。计多完五厘二毫零。

比较光绪二十四年,应征光绪二十三年份旧欠银一十六万四千一百七十六两零,已完一分三厘一毫零,银二万一千五百七十五两零；未完八分六厘八毫零,银一十四万二千六百一两零。计多完五厘五毫零。

（朱批：）览。①

○一五　奏报广东光绪二十五年
　　　武职实支养廉银两数目折

光绪二十八年二月二十日（1902年3月29日）

头品顶戴两广总督臣陶模、头品顶戴广东巡抚臣德寿跪奏，为广东省光绪二十五年武职各官实支养廉银两，改题为奏，恭折具陈，仰祈圣鉴事。

窃照广东省各标、镇、协、营武职大小正署各官应支养廉银两，向系按年造册题销。兹据广东布政使丁体常详称：光绪二十五年份，通省武职各官共应支养廉银一十二万九千四百二十两，例应在于田房税羡、耗羡、盐课项下动支，已支给银一万九千九百八十二两一钱九分，又应扣停给一成养廉银五百二十两七钱六分，又应扣各官空缺养廉银六千八百五十五两四钱五分，理合分晰造册，详请奏咨等由前来。

经臣等覆核无异。除册分送部、科查核外，谨合词恭折具陈，伏乞皇太后、皇上圣鉴，敕部核覆实行。再，本案尚有督标中营等营未经造册报销，请俟造册到日，另行送部。合并陈明。谨奏。光绪二十八年二月二十日。

（朱批：）户部知道。②

光绪二十八年三月二十五日，奉朱批：户部知道。钦此。③

---

① 中国第一历史档案馆藏：清单，档案编号：03-6273-071。
② 台北故宫博物院藏：军机及宫中档，文献编号：408003423。
③ 中国第一历史档案馆藏：录副奏折，档案编号：03-6164-087。

○一六　盘验广东藩库光绪
二十五年征收完欠折

光绪二十八年二月二十日(1902年3月29日)

头品顶戴两广总督臣陶模、头品顶戴广东巡抚臣德寿跪奏,为盘验广东藩库银数及通省征收钱粮银米完欠各数目,恭折仰祈圣鉴事。

窃照每年奏销时,例应将藩库实存正杂银两及应征银米完欠数目,分晰盘查具奏。兹届光绪二十五年份奏销之期,经臣等督同司道各官赴库盘查,惟藩库正杂钱粮先经大学士刚毅到粤查明历年不敷银八百余万两,业已奏明将光绪二十四年十一月十五以前挪借部、杂等项一律就款开除,以后收支核实造报。所有开除各款除俟办理拨册时另行按款造册报部外,计现在司库应存正项各款银二十万三千四百二十九两零,应存杂项各款共银一十六万八千二百二十七两零,经臣等亲加盘验,委系实存在库,并无亏空及挪新掩旧等弊。其应征地丁、民屯粮米,据布政使丁体常、督粮道周开铭将完欠数目分晰开报前来。

臣等覆查,光绪二十五年份额征地丁等项共银一百七万七千七百九十五两零,未完银一十七万五千二百七十八两零,计完八分以上,未完一分有余。又,额征米石实在应征米三十三万七千五百五十石零内,已完米二十八万三千五百六十一石零,未完米五万三千九百八十石零,计完八分以上,未完一分有余。现经督率藩司、粮道将未完民欠银米勒限征完,如有逾限,即行查参。

除将司库实存银数及各属现年征收已、未完分数造册奏咨外，所有盘验司库银数及光绪二十五年份通省征收钱粮银米完欠数目各缘由，谨循例合词恭折具陈，伏乞皇太后、皇上圣鉴。谨奏。光绪二十八年二月二十日。

（朱批：）户部知道。[1]

光绪二十八年三月二十五日，奉朱批：户部知道。钦此。[2]

〇一七　奏报广东光绪二十五年支过官兵马匹等项数目折

光绪二十八年二月二十日（1902 年 3 月 29 日）

头品顶戴两广总督臣陶模、头品顶戴广东巡抚臣德寿跪奏，为广东通省光绪二十五年份支过官兵马匹、俸饷、粮料、草束数目，改题为奏，恭折具陈，仰祈圣鉴事。

窃照广东省递年支销官兵马匹、钱粮数目，遵照奏准新章，应于九月内造报。兹据广东布政使丁体常详称：光绪二十五年份，广州将军、八旗、督、抚、提、镇、九府、九厅州水陆镇、协、营各官兵马匹、俸饷、粮料、草价，先奉部拨地丁盐课厘金及停给养廉、太平关常税，共银一百二十二万五百五两零，已据完解支给俸饷等银八十八万六千八百六十八两零，尚未完解银三十三万三千六百三十六两零，俟续收有款，再行分别补支补扣。又，前山、三水、大鹏右三营招募新兵，共应支月饷、米折、朋扣、草价等

---

① 台北故宫博物院藏：军机及宫中档，文献编号：408003425。

② 中国第一历史档案馆藏：录副奏折，档案编号：03-6581-033。

银六千一百三十两零，内已支银三千二百六十二两零，尚未支扣银二千八百六十八两零。又，汉军八旗添设无米养育兵，共应支饷银六千六百六十五两零；又，满汉八旗添设余兵，共应支饷银一千二百两。以上二款均已先在司库存留田房税羡项内借支，俟盐、典二商缴到息银，归还原款，作正开销。又，汉军八旗新添设余兵共应支饷银二千四百两，已在旗丁养赡生息应归原本银内动支。又，满汉八旗添设洋操余兵共应支饷银一千二百两，已在典商缴到息银内动支。又，粮米一项通共各旗、标、镇、协、营官兵马匹，满汉八旗病故官兵守节寡妇、旗监人犯口粮，补还融借奉行变价充饷裁汰三成、二成兵丁马匹等项，共应支米四十一万五千五百九十六石零，内有饷折米银五万九千九百三十六两零，已支给银一万六千两，尚未支给银四万三千九百三十六两八钱六分，俟催缴完解，再行补支清款。

再，本案因奉拨地丁等银征解不前，欠发各营粮料、米折银四万余两，以致尚有水师提标等营应造销算册籍尚未据造送，若必待欠项支清再行造报奏销，未免稽延，应请查照上届将欠发各营粮料、米价实数另造细册，专案送部。各营员造册迟延有因，所有迟延职名，应请循旧邀免开送。理合将支过俸饷、粮料、草束等项暨动给款项分晰造册，详请奏销等情前来。

臣等覆核无异。除将各项清册分送部、科查核外，谨遵照通行改题为奏，合词缮折具陈，伏乞皇太后、皇上圣鉴，敕部核覆施行。再，本案奏销原应光绪二十六年九月内具题，适奉部行寻常题本暂缓办理，免扣例限，俟回銮后再行照常办理；续又奉旨除贺本外，均改题为奏各等因，是以造报稍迟，所有例限应请免扣。合并陈明。谨奏。光绪二十八年二月二十日。

（朱批：）该部知道。①

光绪二十八年三月二十五日，奉朱批：该部知道。钦此。②

○一八　奏报广东光绪二十五年催解旧欠钱粮数目折

光绪二十八年二月二十日（1902年3月29日）

头品顶戴两广总督臣陶模、头品顶戴广东巡抚臣德寿跪奏，为查明广东省各年旧欠正杂钱粮光绪二十五年催提征解已、未完数目，恭折仰祈圣鉴事。

窃照各省奏销，应将征收旧欠正杂钱粮数目及未完分数考成专折奏报，现届办理光绪二十五年份奏销之期，除是年应征新赋银米已、未完数目另行具奏外，兹据广东布政使丁体常详称：查自光绪六年起至光绪二十四年止，旧欠地丁、驿传、备支经费，除豁免及续完外，尚应征银一百七十六万六千三百五十七两零，内已完银五万六百一十八两零，未完银一百七十一万五千七百三十九两零。又，光绪九年以前商欠杂税银二千一百三十八两，全未完解；另，从前各州县征存地丁、备支经费共银一十四万四千五百五十六两零，全未完解。又，旧欠未完耗羡银三十三万一千八百二十七两零，内已完银一万七千八百八十五两零，未完银三十一万三千九百四十二两零。另，从前各州县征存耗羡银一万四千九百三十八两零，全未完解。又，自道光三十年起至光绪二十四年止旧欠民米除豁免

---

①　台北故宫博物院藏：军机及宫中档，文献编号：408003426。

②　中国第一历史档案馆藏：录副奏折，档案编号：03-6164-086。

及续完外，尚未完米六十七万三千九百四十二石零，内已完米八千二百三十九石零，未完米六十六万五千七百三石零。另，从前各州县征存米七万九百五十六石零，全未完解。又，自道光二十六年起至光绪二十四年止未完当饷银一十万二千九百三十两，内已完银一万七千一百九十两，尚未完银八万五千七百四十两。又，未完全书未载铁炉饷银八千三百五十七两零，全未完解。又，自咸丰十一年起至于光绪十四年止未完全书附载铁炉饷银四千五百五十二两零，全未完解。又，自光绪八年起至光绪二十四年止未完煤饷银七万五千四百七十八两零，内已完银一千四百八十二两零，尚未完银七万三千九百三十六两零。又，自道光二十四年起至咸丰三年止未完业户借领堤费银一万五千二百一十八两零，全未完解。

以上各属征存未解地丁、备支、耗羡等银业于交代案内参追，其未完米石系由历年各路办理军务就近提支军需，现已严饬领解清款，分别收支。至当饷、炉饷、煤饷、堤费等项已、未完细数，业已另册送部查核等情，请奏前来。

臣等覆核无异。所有光绪二十五年份征收旧赋银米完欠数目，谨循例缮具清单，合词恭折具陈，伏乞皇太后、皇上圣鉴，敕部查照施行。再，此案向系将正赋银米于专折具奏外，另行缮疏，连当饷等款一并具题。现奉通行改题为奏，已将当饷等款于折内一并声明，应请毋庸再行缮折具奏，以免重复而省案牍。合并陈明。谨奏。光绪二十八年二月二十日。

（朱批：）户部知道。单并发。[1]

---

① 台北故宫博物院藏：军机及宫中档，文献编号：408003429。

光绪二十八年三月二十五日，奉朱批：户部知道。单并发。钦此。[①]

○一九　呈广东光绪二十五年
催解旧欠钱粮数目清单

光绪二十八年二月二十日（1902年3月29日）

谨将广东省各年旧欠钱粮银米光绪二十五年催提征解已、未完数目，分晰开单，恭呈御览。

道光三十年份征存在县米一千三百二十三石零，尚未完解。

咸丰元年份征存在县米四千九百二十六石零，尚未完解。

咸丰二年份征存在县米二千二百五十八石零，尚未完解。

咸丰三年份征存在县米一千八十八石零，尚未完解。

咸丰三年份征存在县道光三十年缓征米二百八十三石零，尚未完解。

咸丰四年份征存在县米三千五百一石零，尚未完解。

咸丰四年份带征存县道光三十年缓征米一百六十八石零，尚未完解。

咸丰四年份带征存县咸丰元年缓征米二百九十八石零，尚未完解。

咸丰五年份征存在县米三千三百二十四石零，尚未完解。

咸丰五年份带征存县咸丰元年缓征米一百七石零，尚未完解。

咸丰六年份征存在县米五百六十二石零，尚未完解。

---

① 中国第一历史档案馆藏：录副奏折，档案编号：03-6273-063。

咸丰六年份带征存县咸丰元年缓征米五十六石零，尚未完解。

咸丰六年份带征存县咸丰元年缓征米一百五十四石零，尚未完解。

咸丰七年份征存在县米一千七百三十一石零，尚未完解。

咸丰七年份带征存县咸丰四年缓征米一百九十九石零，尚未完解。

咸丰八年份征存在县米二千二百七十五石零，尚未完解。

咸丰八年份带征存县咸丰四年缓征米一百五十四石零，尚未完解。

咸丰九年份征存在县米二百五十五石零，尚未完解。

咸丰十年份征存在县米八百八十四石零，尚未完解。

咸丰十年份带征存县咸丰六年缓征米一百八十九石零，尚未完解。

咸丰十一年份征存在县米四百一十二石零，尚未完解。

咸丰十一年份带征存县咸丰七年缓征米二百石零，尚未完解。

同治元年份征存在县米一千四十六石零，尚未完解。

同治元年份带征存县咸丰七年缓征米五百五十九石零，尚未完解。

同治二年份征存在县米九百二十三石零，尚未完解。

同治三年份征存在县米三百五十五石零，尚未完解。

同治三年份带征存县咸丰九年缓征米二百六十七石零，尚未完解。

同治四年份征存在县米二百七十六石零，尚未完解。

同治四年份带征存县咸丰九年缓征米三百七十二石零，尚未完解。

同治五年份征存在县地丁及备支共银六十四两零,尚未完解;征存在县米二百七十四石零,尚未完解。

同治六年份征存在县地丁及备支共银五百四十九两零,尚未完解;征存在县耗羡银五百三十二两零,尚未完解;征存在县米二百六十五石零,尚未完解。

同治七年份征存在县地丁及备支共银三千五百两零,尚未完解;征存在县米九十二石零,尚未完解。

同治七年份带征存县同治三年缓征米二十九石零,尚未完解。

同治八年份征存在县地丁及备支共银一千七十二两零,尚未完解;征存在县耗羡银一百八十一两零,尚未完解;征存在县米一千四百三十二石零,尚未完解。

同治九年份征存在县地丁及备支共银七千二百九十九两零,尚未完解;征存在县耗羡银一千二百三十三两零,尚未完解;征存在县米二千八百八石零,尚未完解。

同治九年份带征存县同治四年缓征米一百四十八石零,尚未完解。

同治十年份征存在县地丁及备支共银一千四百四十一两零,尚未完解;征存在县米四千八百六十三石零,尚未完解。

同治十一年份征存在县耗羡银二百一十一两零,尚未完解;征存在州县米一百七十三石零,尚未完解。

同治十二年份征存在州县地丁及备支共银三千五百一十九两零,尚未完解;征存在县耗羡银五百八十九两零,尚未完解;征存在州县米七十二石零,尚未完解。

同治十三份征存在州县地丁及备支共银七千九百四十二两零,尚未完解;征存在州县耗羡银一千二百九十二两零,尚未完解;

征存在州县米五十石零，尚未完解。

光绪元年份征存在州县地丁及备支共银九千二百一两零，尚欠杂税银一百三十三两零，尚未完解；征存在州县耗羡银二千二百九十两零，尚未完解；征存在州县米一百一石零，尚未完解。

光绪二年份征存在州县地丁及备支共银五千九百四十三两零，尚欠杂税银五百二十一两零，尚未完解；征存在州县耗羡银七百二十两零，尚未完解；征存在州县米一百三十石零，尚未完解。

光绪三年份征存在州县地丁及备支共银八百九十九两零，尚欠杂税银三百九十四两零，尚未完解；征存在州县耗羡银一百六十七两零，尚未完解；征存在州县米一千七百四十八石零，尚未完解。

光绪四年份征存在州县地丁及备支共银四千二百七两零，尚欠杂税银五百四十三两零，尚未完解；征存在州县耗羡银七百五十七两零，尚未完解；征存在州县米四千一百一十八石零，尚未完解。

光绪五年份征存在州县地丁及备支共银一万一千四百六十七两零，尚欠杂税银五百四十四两零，尚未完解；征存在州县耗羡银一千九百一十四两零，尚未完解；征存在州县米四千二百二十一石零，尚未完解。

光绪六年份征存在州县地丁及备支共银一万五千四百二十四两零，尚未完解；征存在州县耗羡银二千六百一十七两零，尚未完解；征存在州县米一万一千六十九石零，尚未完解。

光绪七年份征存在州县地丁及备支共银六千二百八两零，尚未完解；征存在州县耗羡银六百六十九两零，尚未完解；征存在州县米四千一百四十五石零，尚未完解。

光绪八年份征存在州县地丁及备支共银一万三百一十六两零，尚未完解；征存在州县耗羡银一千四百六十四两零，尚未完解；

征存在州县米一千九百九十三石零，尚未完解。

光绪九年份征存在州县地丁及备支共银一万七千八百五十五两零，尚未完解；征存在州县耗羡银二千六百四十一两零，尚未完解；征存在州县米四千二百四十石零，尚未完解。

光绪十年份原欠地丁及备支共银一十二万一千三百三十九两零，尚未完解；耗羡银二万五十九两零，全未完解；米三万七千二百三十五石零，全未完解。

光绪十一年份原欠地丁及备支共银一十五万七千一十两零，全未完解；耗羡银二万六千四十二两零，全未完解；米四万四千四百三十石零，全未完解。

光绪十二年份原欠地丁及备支共银一十二万四千五百五十二两零，全未完解；耗羡银二万一千三百六十二两零，全未完解。

光绪十三年份原欠地丁及备支共银一十三万六千一百一十九两零，全未完解；耗羡银二万四千九百七十三两零，全未完解；米四万九千八百石零，全未完解。

光绪十四年份原欠地丁及备支共银一十一万六千二百四十六两零，已完银三百六十四两零，未完银一十一万五千八百八十二两零；耗羡银一万八千六百六十八两零，已完银一百二十七两零，未完银一万八千五百四十一两零；米四万九千二百四十五石零，已完米二十一石零，未完米四万九千二百二十三石零。

光绪十五年份原欠地丁及备支共银一十一万七千七百十二两零，已完银三百二十五两零，未完银一十一万七千四百二十七两零；耗羡银二万四千二百九十五两零，已完银一百九十二两零，未完银二万四千一百三两零；米五万三百七十三石零，已完米二十石零，未完米五万三百五十三石零。

光绪十六年份原欠地丁及备支共银一十二万三千六百三十七两零，已完银四百二十五两零，未完银一十二万三千二百一十二两零；耗羡银二万二千七百七两零，已完银一百八十四两零，未完银二万二千五百二十三两零；米五万二千六百六十六石零，已完米二十二石零，未完米五万二千六百四十四石零。

光绪十七年份原欠地丁及备支共银一十三万一千八百一十一两零，已完银一千一十四两零，未完银一十三万七百九十七两零；耗羡银二万九千九百三十四两零，已完银三百九十九两零，未完银二万九千五百三十五两零；米五万三千六百一十三石零，已完米二十五石零，未完米五万三千五百八十八石零。

光绪十八年份原欠地丁及备支共银一十四万九千一百四十五两零，已完银六百八十五两零，未完银一十四万八千四百六十五两零；耗羡银二万七千八百七十六两零，已完银三百五十二两零，未完银二万七千五百二十四两零；米五万二千二百六十七石零，已完米二百六十七石零，未完米五万二千石零。

光绪十九年份原欠地丁及备支共银一十一万四千七百六十八两零，已完银七百八两九钱零，未完银一十一万四千五百五十九两零；耗羡银一万八千三百四十一两零，已完银一百三十九两零，未完银一万八千二百二两零；米五万一千八百九十八石零，已完米三百一十四石零，未完米五万一千五百八十四石零。

光绪二十年份原欠地丁及备支共银一十二万五千七百三十二两零，已完银一千一百四两零，未完银一十二万四千六百二十八两零；耗羡银二万二百六十六两零，已完银四百一十九两零，未完银一万九千八百四十七两零；米五万五千四百二十六石零，已完米二百二十五石零，未完米五万五千二百一石零。

光绪二十一年份原欠地丁及备支共银一十三万九千二百九十一两零，已完银二千六百四十五两零，未完银一十三万六千六百四十六两零；耗羡银二万五千二百五十四两零，已完银三千八百五十三两零，未完银二万一千五百一两零；米五万三千四百九十三石零，已完米一千二百七十石零，未完米五万二千二百二十三石零。

光绪二十二年份原欠地丁及备支共银一十三万四千六百六十九两零，已完银四千五百八十一两零，未完银一十三万八十八两零；耗羡银二万三千三百二十六两零，已完银三千六百九十二两零，未完银一万九千六百三十四两零；米五万四千二百七十九石零，已完米二百七十二石零，未完米五万四千七石零。

光绪二十三年份原欠地丁及备支共银一十四万四千三十五两零，已完银一万二百一十六两零，未完银一十三万三千八百一十九两零；耗羡银二万八千八百两零，已完银二千三百五十六两零，未完银二万六千四百五十二两零；米四万九千二百三十石零，已完米四百六石零，未完米四万八千八百二十四石零。

光绪二十四年份原欠地丁及备支共银一十八万一千九百九十七两零，已完银二万八千五百四十五两零，未完银一十五万三千四百五十二两零；耗羡银三万五千四百七两零，已完银六千四十三两零，未完银二万九千三百六十四两零；米四万八千五百五十二石零，已完米五千三百九十二石零，未完米四万三千一百六十石零。

（朱批）：览。[1]

---

① 中国第一历史档案馆藏：清单，档案编号：03-6273-064。

○二○　奏报广东光绪二十五年钱粮奏销叙参各官折

光绪二十八年二月二十日(1902年3月29日)

　　头品顶戴两广总督臣陶模、头品顶戴广东巡抚臣德寿跪奏，为广东省光绪二十五年钱粮奏销已、未完分数，叙参各官职名，改题为奏，并缮清单，恭折具陈，仰祈圣鉴事。

　　窃照广东省递年各属额征民屯地丁正杂钱粮及本折米石，定例次年五月内截数，六月内造报。嗣奏准仿照盐务成案扣限，于九月内题咨，历经照办在案。兹据广东布政使丁体常将光绪二十五年份通省额征民屯地丁、驲传及杂税、炉饷、当饷、煤饷、商税、地租并光绪二十四年旧管存剩等项造册详报，又准前任广东学政臣张百熙①将收支学租银两数目造册移送前来。

　　臣等伏查征收及旧管各款，除改征本色米价、盐课另册报销外，实共应征银一百一十六万八千六百六十两零，内新收连旧管

---

　　①　张百熙(1847—1907)，字冶秋，湖南长沙人，监生出身。同治九年(1870)，中式举人。十三年(1874)，中式进士，改庶吉士。光绪二年(1876)，授翰林院编修。五年(1879)，充山东乡试副考官。七年(1881)，简山东学政。十二年(1886)，补国史馆协修官。十四年(1888)，授四川乡试正考官。次年，入直南书房。十六年(1890)，选教习庶吉士。十七年(1891)，补会典馆总纂官。二十一年(1895)，充翰林院侍讲。二十二年(1896)，授翰林院侍读、日讲起居注官。同年，简国子监祭酒。二十三年(1897)，授江西乡试正考官。同年，授广东学政，升补内阁学士兼礼部侍郎衔。二十六年(1900)，迁礼部右侍郎。是年，擢都察院左都御史。二十七年(1901)，补授工部尚书，兼署都察院左都御史。同年，调补刑部尚书、吏部尚书，兼管学大臣、经筵讲官。二十九年(1903)，署礼部尚书。是年，补政务处大臣。三十年(1904)，授会试副考官。翌年，调户部尚书，兼理顺天府府尹事务。三十二年(1906)，补授邮传部尚书。三十三年(1907)，卒于任。谥文达。有《奏议》《退思轩诗集》等行世。

共银九十六万三千八百五十四两零,开除支销银九十五万一千一百九十六两零,实在余剩银一万二千六百五十七两零,未完各项共银二十万四千八百六两零;又额征民屯米三十三万七千五百五十石零,内已完米二十八万三千五百六十一石零,未完米五万三千九百八十八石零。另,地丁随征一六九耗羡银一十七万五千三十三两零,内已完银一十四万四百六十一两零,未完银三万四千五百七十一两零,向系汇同地丁正项统计考成。所有未完一分以上各员,业经遵照部行先行开单奏报。其征收全完及未完各分数,应叙、应参各职名,现已另缮清单,随同黄册,恭呈御览。

至布政司、督粮道库存钱粮,经臣等公同在省司道各官亲临盘察,并无亏空及挪新掩旧情弊,相应出具印结保奏。除将各册籍分送部、科查核外,谨遵照通行改题为奏,并缮清单,合词恭折具陈,伏乞皇太后、皇上圣鉴,饬部核覆施行。

再,本届奏销应于光绪二十六年九月内具题,嗣因奉准部咨寻常题本暂缓送部,候回銮后再行照常办理,免扣例限等因。续又奉行改题为奏,是以造报稍迟,例限应请免扣。合并陈明。谨奏。计恭呈黄册一本。光绪二十八年二月二十日。

(朱批:)该部知道。单并发。[1]

光绪二十八年三月二十五日,奉朱批:该部知道。单并发。钦此。[2]

---

[1] 台北故宫博物院藏:军机及宫中档,文献编号:408003430。
[2] 中国第一历史档案馆藏:录副奏折,档案编号:03-6273-066。

• 2545 •

○二一　呈广东光绪二十五年
钱粮奏销叙参各官清单

光绪二十八年二月二十日(1902年3月29日)

　　谨将广东省光绪二十五年额征地丁正杂钱粮银米已、未完分数及叙参各职名，开列清单，恭呈御览。

　　计开：

　　一、督征、经征、接征正杂钱粮银米全完官：

　　接、督征现任广东巡抚德寿，前署广东布政使雷琼道冯光逎，现任广东布政使丁体常，俱全完不及五十万两。

　　前署广东督粮道高廉钦道叶大遒，全完十万两以上。

　　阳江同知经、督征现任同知田明曜，钦州经、督征前任知州李光高，韶州府经、督征现任知府陈武纯，潮州府接、督征前署府事候补知府熊世池，嘉应州接、督征现署州事候补班尽先补用直隶州知州周经榀，俱全完不及五万两。

　　广州府接、督征现任知府施典章，惠州府接、督征前署府事候补知府卢秉政，俱全完五万两以上。

　　钦州经征前任知州李光高，防城县经征前任知县卢蔚猷，俱全完三百两以上不及一万两。

　　新安县县丞接征现任县丞夏敬延，赤溪同知经征病故前任同知福海，阳江县县丞经征前任县丞阎恩保、接征前署县丞事病故试用县丞贾国珍，俱全完不及三百两。

　　东莞县接征前署县事惠来县知县池伯炜，增城县接征现署县事广宁县知县刘思敏，曲江县接征前署县事试用知县葆椿，河源县接征前代理县事试用通判张士彦，和平县接征现任知县郭寿鏊，连州接征现署州事试用知县龙绍仪，惠来县接征前代理县事试用通判王之臣、现署县事候补知县乌尔兴额，饶平县接征前署县事准补四会县知县张经年，澄海县接征前署县事即用知县曹子昂，大埔县接征前代理县事试用知县郑肇绳、现任知县范宗莹，丰顺县接征现署县事试用知县魏绍唐，广宁县接征现署县事候补班尽先补用知县杨自明，阳春县接征前代理县事孝廉方正知县张励行，阳春县接征前署县事丁忧丰顺县知县邓衍憙，恩平县接征前署县事拔贡知县戴式藩，开建县接征前署县事试用通判徐书祥，化州接征前兼理州事病故吴川县知县罗栋材，灵山县接征现署县事大挑知县邓景临，万州接征现署州事分缺间用知县杨本楫，临高县接征现任知县吴志道，澄迈县接征现任知县林玉铭，会同县接征现任知县方朝檠，赤溪同知接征现署同知事试用同知陈图，始兴县接征前任知县陈文塽，嘉应州接征现署州事候补班尽先补用直隶州知州周经樾，镇平县接征现署县事候补知县曾汝材，俱全完三百两以上不及一万两。

新会县接征前署县事试用知县蒋星熙，海阳县接征现任知县刘兴东，潮阳县接征现任知县裴景福，俱全完一万两以上。

顺德县接征现任知县王崧，全完二万两以上。

南海县接征现任知县杨镇荣，全完三万两以上。

一、经征、接征正杂钱粮银米系在封印日期免计考成官：

阳春县接征代理县事试用通判梁继曾，信宜县经征前任大计纠参知县翟绍愬。

一、督征、经征、接征正杂钱粮银米未完不及一分官：

经、督征前署琼州府韶州府知府陈武纯，接、督征现任知府刘尚伦，南海县经征前署县事试用知县董元度，番禺县接征前任知县刘秉奎，顺德县经征前代理县事候补同知直隶州知州李家焯，花县经征前任知县祝抡望，三水县经征前署县事准补顺德知县王崧、接征现署县事长宁县知县吕道象，增城县经征前任知县丁墉，从化县经征现任知县甘美棠，新宁县经征前署县事试用知县张允武，新安县县丞经征前署县丞事试用布照磨陶复馨，曲江县经征前任知县调补南海县知县杨镇荣，英德县经征现任知县吕光琦，长宁县经征前代理县事试用县丞吴通，高要县接征现任知县安荫甲，高明县经征前署县事高要县知县安荫甲，四会县经征前任知县调补东莞县知县刘德恒，广宁县经征前任知县刘思敏，阳春县接征前署县事病故知县张叙宾，开平县经征现任知县郭占熊，开建县经征前任知县李章铭，茂名县经征丁忧前任知县樊淙，电白县经征前任知县李滋然，信宜县接征前署县事截取同知冯文星，石城县接征前署县事候补知县艾淮，海康县经征前署县事教习知县江士仪、接征现任知县朱念祖，徐闻县经征前署县事即用知县王克鼎，琼山县经征现任知县叶上模，崖州接征署州事候补班尽先补用知县钟元棣，儋州经征前署州事病故吴川县知县罗栋材、接征前署州事分缺间用知县杨本楫、接征前任知州刘传林，乐会县经征现任知县唐盛松，陵水县经征现任知县郭继昌，临高县经征前代理县事试用知县赵承炳，澄迈县经征前代理县事丁忧大挑知县卢芳林，会同县经征前代理县事试用知县李之鼎，文昌县经征前任知县刘曾枚，灵山县经征前署县事拔贡试用知县萧开启，绥猺同知经征现任同知黄晋铭，阳江同知经征现任同知田明曜，东安县接征现任知县朱琨，连州经征前任知州秦福和，始兴县接征前署县事准补博罗县知县陈宗凤，平远县经征现任知县辛元燨，兴宁县经征前任知县蔡光岱。

一、督征、经征、接征正杂钱粮银米未完一分以上官：

经、督征前任广东巡抚调补江苏巡抚鹿传霖，前署布政使按察使魁元，现任广东督粮道周开铭，前署广州府试用知府陈望曾，前署韶州府调补广州府知府施典章，前任潮州府知府李士彬，前署肇庆府雷州府知府郅馨，前任高州府知府惠昌，前署雷州府肇庆府知府文康，前署罗定州记名直隶州知州李象辰，前任连州知州秦福和，番禺县经征前署县事调补潮阳县知县裴景福，东莞县接征现任知县刘德恒，新会县经征前署县事准补陆丰县知县左学易，香山县经征前任知县蒋鸣庆，龙川县经征前任知县林钺，清远县经征参革前任知县魏学恒，曲江县接征前署县事教习知县郝秀楠，乳源县经征现任知县冯端，翁源县经征现任知县刘永椿，归善县经征现署县事军功候补知县郑业崇，陆丰县接征前署县事试用知县罗祖翼，海阳县经征前署县事惠来县知县池伯炜，潮阳县经征前署县事试用知县张广权，揭阳县经征现任知县李树声，惠来县经征前署县事试用知县陶祖培，饶平县经征前任知县黄恩，澄海县经征前署县事丁忧即用知县许克家，大埔县经征前署县事参革知县何维桓，高要县经征前署县事准补新宁县知县冯如衡，高明县接征现任知县李道南，四会县接征前署县事试用知县毕昌言，新兴县经征前任知县刘盛芳，德庆州经征现任知州程锦文，封川县经征现任知县钟德瑞，鹤山县经征前任知县调补新会县知县杨介康，化州经征病故前任知州向东森，石城县经征前任知县降补县丞李瑞杰，徐闻县接征现任知县何炳修，崖州经征前署州事补用知县李洪毓，文昌县接征现署县事灵山县知县阮萃恩，佛冈同知经征前任同知李达璋，东安县经征前署县事准补和平县知县郭寿鋆，西宁县经征前任丁忧知县李瑞堂，阳山县经征前任病故知县林济，南雄州经征前任知州惠登甲，始兴县经征前署县事试用知县鲍鸿图，兴宁县接征前署县事试用知县李汝璠。

一、督征、经征、接征正杂钱粮银米未完二分以上官：

前任廉州府知府刘齐浔，前任南雄州知州惠登甲，前任嘉应州知州关广槐，新宁县接征前署县事教习试用知县王其恒，仁化县经征勒休前任知县张际唐，海丰县经征前任知县王全纲，陆丰县经征前署县事试用知县蒋星熙，龙川县经征前任知县钱溯灏，长宁县接征前署县事候补知县蔡简梁，普宁县经征现任知县敖式樆，丰顺县经征前署县事试用同知刘钰德，阳春县经征前署县事候补班尽先补用知县谭作霖，恩平县经征前署县事三水县知县林兆镛，德庆州接征前署州事候补知县沈毓岱，万州经征前任知州赵梦奇，定安县经征前任知县张宜，感恩县经征现任知县徐政，罗定州经征前署州事记名直隶州知州李象辰，嘉应州经征前任知州关广槐。

一、督征、经征、接征正杂钱粮银米未完三分以上官：

经、督征前任惠州府知府陈维，乐昌县经征现任知县刘镇寰，河源县经征病故前任知县茹庆铨，永安县经征前署县事候补知县邹翼清，连平州经征前署州事教习知县柴廷淦，合浦县经征现任知县邓倬堂，昌化县经征前任知县李有益，镇平县经征前任病故知县朱怀新，长乐县经征现任知县童立喆。

一、经征正杂钱粮银米未完五分以上官：

和平县经征前署县事试用知县俞焕。

一、经征、接征当饷未完各官：

南海县经征前署县事试用知县董元度、接征现任知县杨镇荣，番禺县经征前署县事陆丰县知县裴景福、接征现任知县刘秉奎，东莞县经征前任知县刘秉奎、接征前任知县刘德恒、现署县事惠来县知县池伯炜，香山县经征现任知县蒋鸣庆，新宁县经征前署县事试用知县张允武、接征现署县事教习试用知县王其恒，新安县经征前任知县赵新、接征现署县事试用知县谢师元，英德县经征现任知县吕光琦，翁源县经征现任知县刘永椿，归善县经征现署县事军功候补知县郑业崇，博罗县经征现署县事试用知县葛肇兰，河源县经征病故知县茹庆铨，海丰县经征现任知县王全纲，陆丰县经征前署县事试用知县蒋星熙、接征现署县事试用知县罗祖翼，龙川县经征现任知县钱溯灏，长宁县经征前代理县事试用县丞吴通、接征现署县事候补知县蔡简梁，连平州经征前署州事教习知县柴廷淦、接征现署州事试用知县龙绍仪，永安县经征现署县事候补知县邹翼清，和平县经征现署县事试用知县俞焕，海阳县经征前署县事惠来县知县池伯炜、接征现任知县刘兴东，潮阳县经征前署县事试用知县张广权、接征现任知县裴景福，澄海县经征前署县事即用知县许克家、接征现署县事即用知县曹子昂，揭阳县经征现任知县李树声，普宁县经征现任知县敖式櫵，惠来县经征前署县事试用知县陶祖培、接征前代理县事试用通判王之臣、接征现署县事候补知县乌尔兴额，饶平县经征前任知县黄恩、接征现任知县张经年，大埔县经征前署县事军功候补知县何维桓、接征前代理县事试用知县郑肇绳、接征现任知县范宗莹，丰顺县经征前署县事试用同知刘钰德、接征现署县事试用知县魏绍唐，开平县经征现任知县郭占熊，阳春县经征前署县事候补班尽先补用知县谭作霖、接征前署县事病故新宁县知县张叙宾、前代理县事孝廉方正知县张励行、前署县事丰顺县知县邓衍憙、现代理县事试用通判梁继曾，恩平县经征前署县事三水县知县林兆铺、接征现署县事拔贡试用知县戴式藩，茂名县经征现任知县樊淙，化州经征前任知州向东森、接征兼理县事吴川县知县罗栋材，吴川县经征前署县事候补知县贾培业、接征兼理县事化州知州向东森、前代理县事高州府通判程先进、接征现任知县罗栋材，文昌县经征前任知县刘曾枚、接征现署县事灵山县知县阮萃恩，澄迈县经征前代理县事大挑知县卢芳林、接征现任知县林玉铭，东安县经征前署县事候补知县郭寿鋆、接征现任知县朱琨，西宁县经征现任知县李伟堂，嘉应州经征前任知州关广槐、接任现署州事候补班尽先补用直隶州知州周经樾，兴宁县经征前任知县蔡光岱、接征现署县事试用知县李汝璠，长乐县经征现任知县童立喆，平远县经征现任知县辛元燡，镇平县经征前任知县朱怀新、接征现署县事候补知县曾汝材。

　　一、经征、接征未完煤饷银官：

　　曲江县经征前任知县杨镇荣、接征前署县事教习知县郝秀楠、接征现署县事试用知县葆椿，阳春县经征前署县事候补班尽先补用知县谭作霖、接征前署县事病故新宁县知县张叙宾、接征前代理县事孝廉方正知县张励行、接征前署县事丁忧丰顺县知县邓衍熹、接征现代理县事试用通判梁继曾，恩平县经征前署县事三水县知县林兆镛、接征现署县事拔贡试用知县戴式藩，始兴县经征前署县事试用知县鲍鸿图、接征前署县事大挑尽先知县陈宗凤、接征现任知县陈文墺，兴宁县经征前任知县蔡光岱、接征现署县事试用知县李汝璠。

　　（朱批：）览。[①]

---

　　①　中国第一历史档案馆藏：清单，档案编号：03-6273-067。

○二二　奏报省河各埠额征盐课等项数目折

光绪二十八年二月二十二日（1902年3月31日）

头品顶戴两广总督臣陶模跪奏，为省河各埠额征盐课、引饷全完数目，恭折具陈，仰祈圣鉴事。

窃查粤东课饷统归次年岁底奏销，酌定经征、督征各官年月，核算考成分数造报。兹据两广盐运使国钧详称：光绪二十六年份，额征省河、潮桥引饷、余费、场课、包税及关、桥、厂税暨罚赎充饷并太平浛洸厂军饷、包税、遇闰加征银一百二两四钱九分二厘，统计共银六十三万九千四百三十六两九分，内除潮桥所属各埠额征饷银一十二万六千四百一十四两八钱五分四厘，业奉奏准展限，应于光绪二十九年八月造报奏销外，计省河各埠额征引饷、场课并潮属应征场课共银五十一万三千二百一十一两二钱三分六厘。又部饭、铜斤、水脚、炉饷、铁税等项银一万三千九百七十六两二钱五厘，统共银五十二万六千九百九十七两四钱四分一厘，已据各商并各场大使、委员照额全完。所有收支细数并经征、督征各官职名、全完数目，俱已分晰列册声注等情，详请具奏前来。

臣查光绪二十六年份省河课饷，自光绪二十六年十月初一日起至光绪二十七年九月底止，以十二个月为一年，按照实在经征、督征各官，核算考成分数造报。其经征各府、州、县盐课大使、委员，内有经管九月以后一官全完并二三官各照分数报完，俱已列入册内分晰开报。臣覆加核对，数目相符。除盘查清楚出具印结咨部，并将各册送部查核外，理合恭折具陈，伏乞皇太后、皇上圣鉴，敕部议覆施行。谨奏。光绪二十八年二月二十二日。

（朱批：）户部知道。①

光绪二十八年三月十七日，奉朱批：户部知道。钦此。②

○二三　报解广东光绪二十
八年二月应还洋款折

光绪二十八年二月二十二日（1902年3月31日）

头品顶戴两广总督臣陶模跪奏，为报解广东省本年二月应还洋款数目，恭折仰祈圣鉴事。

案准户部咨：应还英、德本息，每年指拨广东省盐斤加价银五万两，加放俸饷银五万两，闱捐银二十四万两，地丁等项银三十八万两，每年匀分二、五、八、冬四个月，解赴江海关道交纳等因。兹据广东布政使丁体常、两广盐运使国钧、善后局司道先后详称：本年二月份应解前项银两，现经设法挪凑，作为盐斤加价银一万二千五百两，加放俸饷银一万二千五百两，闱捐银六万两，地丁等项银九万五千两，共银一十八万两，定于二月十三日由商号源丰润等汇解江海关道兑收，备还英、德之款，详请奏咨前来。

臣覆核无异。除咨部外，谨会同广东巡抚臣德寿恭折具陈，伏乞皇太后、皇上圣鉴。谨奏。光绪二十八年二月二十二日。

（朱批：）户部知道。③

光绪二十八年三月十七日，奉朱批：户部知道。钦此。④

---

① 台北故宫博物院藏：军机及宫中档，文献编号：408003431。
② 中国第一历史档案馆藏：录副奏折，档案编号：03-6475-025。
③ 台北故宫博物院藏：军机及宫中档，文献编号：408003432。
④ 中国第一历史档案馆藏：录副奏折，档案编号：03-6697-065。

○二四　请赏给法、美二官宝星片

光绪二十八年二月二十二日（1902 年 3 月 31 日）

再，各国派驻通商口岸领事官办理交涉事件，如能和衷，准由疆臣奏请赏给宝星，历办有案。兹查法国驻扎广州口岸正领事官哈德安、美国驻扎广州口岸正领事官默为德于光绪二十五、六年先后到粤，遇有交涉之事，均能和衷商办，拟请按照前总理衙门奏定宝星章程，赏给哈德安、默为德三等第一宝星各一颗，以示优异。如蒙俞允，即由臣照式饬制宝星，并咨请外务部发给执照寄粤，就近送给该领事等祗领。谨附片陈请，伏乞圣鉴训示。谨奏。

（朱批：）着照所请，外务部知道。[①]

光绪二十八年三月十七日，奉朱批：著照所请，外务部知道。钦此。[②]

○二五　绅富捐银请准自行建坊片

光绪二十八年二月二十二日（1902 年 3 月 31 日）

再，广东省劝办绅富捐输，前经奏定章程，凡捐银一千两以上者，准予奏请建坊，钦奉朱批：着照所请。钦此。钦遵转行在案。兹据督办绅富捐输善后总局司道等会详称：据海阳县知县刘兴东详：据在籍主事蔡学渊之母蔡黄氏愿将勤劳积蓄余资捐助纹银一

---

① 台北故宫博物院藏：军机及宫中档，文献编号：408003432-0-A。

② 此朱批日期与内容，据军机处随手登记档（档案编号：03-0312-1-1228-072）校补。

千两，洵属好义急公，核与奏定章程相符。合无仰恳天恩，俯准将海阳县在籍主事蔡学渊之母蔡黄氏给予好义急公字样，在本籍自行建坊，以昭激劝。

除咨部外，谨会同广东巡抚臣德寿附片具奏，伏祈圣鉴训示。谨奏。

（朱批：）着照所请，礼部知道。[①]

光绪二十八年三月十七日，奉朱批：着照所请，礼部知道。钦此。[②]

○二六　请旌表节妇甘萧氏等片

光绪二十八年二月二十二日(1902年3月31日)

再，据署广东省三水县事长宁县知县吕道象、丰顺县知县朱益湛、石城县知县王锡祺、英德县知县吕光琦禀称：节妇甘萧氏现年五十九岁，系江西宜春县监生甘承恩之妻。同治八年，甘承恩病故，萧氏时年二十六岁，侍奉祖姑、翁姑，克尽孝道。遗孤中道殇殂，该氏坚贞不改，现已守节三十四年。又，鄢萧氏现年四十八岁，自幼许字江西吉水县文童鄢祥麟为室。同治十年，鄢祥麟病故，萧氏时年十八岁，矢志守贞，遵制成服，现已守贞三十一年。职等与甘萧氏、鄢萧氏夫族、父族均属同乡，见闻既确，不敢壅于上闻，查其贞节年限，均与请旌之例相符，该氏夫族寄寓广东故乡，并无近支亲族堪以举报，联名出结，禀恳具奏前来。

---

① 台北故宫博物院藏：军机及宫中档，文献编号：408003432-0-B。
② 中国第一历史档案馆藏：录副奏片，档案编号：03-6539-034。

臣等伏查寄居随宦节孝妇女,例准由同乡州县实缺人员出结禀请旌表,上年并准行在礼部行知贞节妇女请旌,应准改题为奏。今江西节妇甘萧氏、贞妇鄢萧氏年例相符,既据该同乡实缺知县吕道象等联名加结禀请,合无仰恳天恩,俯准旌表,以彰贞节而励风俗。除将册结咨移部、科外,谨合词附片具陈,伏乞圣鉴。谨奏。

（朱批:）着照所请,礼部知道。[①]

光绪二十八年三月十七日,奉朱批:着照所请,礼部知道。钦此。[②]

○二七 奏报各州县盐引全完数目片

光绪二十八年二月二十二日(1902 年 3 月 31 日)

再,查粤东盐引,统归次年岁底奏销,酌定经管、督销各官年月,核算考成,按年造报。兹据两广盐运使国钧详称:光绪二十六年份,广东、广西及湖南郴州、桂阳州,江西南安府、赣州府、宁都州,福建汀州府,贵州黎平、古州各府、州、县,原额销盐引六十万五千零八十三道八分八厘零,又余盐改引一十七万六千六百九十五道,又广西省羡余增引三万二千七百三十二道,通共引八十一万四千五百一十道八分六厘零,内除潮桥所属各埠额销盐引二十万五千三百五十八道八厘零,业奉奏准展限,应于光绪二十九年八月造报奏销。计省河各部额销引六十万九千一百五十二道七分七厘零,兹据各属照额督销全完,合将各州县全完数目分晰造报。

———————————

① 台北故宫博物院藏:军机及宫中档,文献编号:408003432-0-C。
② 中国第一历史档案馆藏:录副奏片,档案编号:03-5568-022。

再，查光绪二十六年份省河盐引，自光绪二十六年十月初一日起至光绪二十七年九月底止，按照实在督销各官核算考成造报。至广西所属各州县并贵州古州同知各官本届奏销职名，叠催未准移到，均无凭查造入册，应俟催取到日，另行造册，咨送查核。又，各埠匀拨引目已于各州县督销盐引项下分晰开报等情，详请具奏前来。

臣覆核无异。除将各册送部查核外，理合附片具奏，伏乞圣鉴，敕部议覆施行。谨奏。

（朱批：）户部知道。①

光绪二十八年三月十七日，奉朱批：户部知道。钦此。②

○二八　奏报广西巡抚黄槐森在籍病故折

光绪二十八年二月二十八日（1902年4月6日）

头品顶戴两广总督臣陶模、头品顶戴广东巡抚臣德寿跪奏，为前任广西巡抚黄槐森在籍病故，该家属呈递遗折，循例代奏，仰祈圣鉴事。

窃据前任广西巡抚臣黄槐森之子分省试用同知附贡生黄福元，分部主事附贡生黄庆元、黄昭元、黄正元、黄富元呈称：福元亲父槐森，现年六十五岁，由翰林洊升御史、给事中，放补道员，旋擢臬、藩，历升广西巡抚。光绪二十七年二月十六日，奉旨开缺，另候简用。交卸后，本拟取道广东，航海北上，讵行抵广东，以前年督师

---

① 台北故宫博物院藏：军机及宫中档，文献编号：408003431-0-A。

② 中国第一历史档案馆藏：录副奏片，档案编号：03-6475-026。

梧、郁感受暑瘴，旧病复发，腰痛腿软，迫得回籍调治。入冬以来，日甚一日，于二十八年正月初八日在籍病故。口授遗折，恭缮呈请代进，并据藩司详报前来。

臣等伏查黄槐森品端学粹，居官清勤，前在广西督师剿匪，不辞辛劳，以致感受暑瘴，积疴身故，殊堪悼惜。所有前任广西巡抚黄槐森在籍病故缘由，谨会同恭折具奏，并将封固遗折附入封内进呈，伏乞皇太后、皇上圣鉴。谨奏。光绪二十八年二月二十八日。

（朱批：）知道了。①

光绪二十八年三月二十四日，奉朱批：知道了。钦此。②

〇二九　请以信勤调补雷琼道折

光绪二十八年二月二十八日（1902年4月6日）

头品顶戴两广总督臣陶模、头品顶戴广东巡抚臣德寿跪奏，为海疆道缺紧要，遵旨拣员调补，以资治理，恭折仰祈圣鉴事。

窃臣等于光绪二十七年七月二十一日接准部咨：奉上谕：广东雷琼道员缺紧要，着该督抚于通省道员内拣员调补，所遗员缺着吴永③补授。钦此。伏查雷琼道一缺，管辖两府十六州县，驻扎琼州。该处叠嶂层峦，民黎杂处，且四面环海，直接外洋，抚驭、巡防，

---

① 台北故宫博物院藏：军机及宫中档，文献编号：408003434。
② 中国第一历史档案馆藏：录副奏折，档案编号：03-5415-040。
③ 吴永（1865—1936），字渔川、盘公、盘庵。浙江吴兴人，早年师郭绍先。光绪十四年（1888），充直隶试用知县，以办理洋务出力，调补怀来县知县。二十七年（1901），因扈从有功，得慈禧赏识。三十一年（1905），署广东雷琼道。宣统元年（1909），调补山东兖沂曹济道。民国二年（1913），任山东提法使。二十五年（1936），卒。平生工书法，有《庚子西狩丛谈》存世。

均关紧要，非才职明练、为守兼优之员，不足以资治理。

臣等率同藩、臬两司，于通省道员及正途出身人员内逐加遴选，非现居要缺，即人地未宜。惟查有高廉钦道信勤，年三十三岁，镶黄旗满洲联芳佐领下人。光绪十四年十一月，由三品荫生经旗遵旨带领引见，奉旨赏给主事，分部行走。十五年二月，签分兵部，四月到部。八月，经吏部以前承荫三品荫生带领引见，奉旨：着仍以本部主事补用。十六年七月，充署捷报处值班章京。九月，在奉天赈捐案内请奖，赏戴蓝翎。十七年十一月，因遵办海军事宜出力保奏，作为本部员外郎，无论咨留，遇缺即补。十八年八月，在顺天直隶赈捐案内请奖，赏换花翎。九月，充武选司帮掌印。十二月，因承办军报出力保奏，俟补员外郎后，以本部郎中遇缺即补。二十年六月，奏补职方司满洲员外郎。二十一年五月，充司务厅掌印。是月，奏派马馆监督。二十二年七月，虎神营咨调差遣，八月到营，充文案委翼长。二十三年，京察一等，经吏部带领引见。二月，奉旨记名以道府用。九月，调充武库司掌印。二十四年闰三月，虎神营备操，奉旨赏加一级。十二月，奏补军驾司郎中。二十五年十一月，奉旨补授广东雷琼遗缺道。二十一日，蒙召见一次。十二月，经虎神营王大臣以前在营出力保奏，赏加二品衔，并加一级。是月，呈请吏部给假一月。二十六年正月二十日，呈领文照，因感受风寒，请假一月，于三月初十日起程，十月初四到省缴照。十二月十四日，到高廉钦道任。二十七年十一月，调署雷琼道篆务，十二月二十二日到署任。

该员端谨老成，治事勤奋，以之调补雷琼道，洵堪胜任。合无仰恳天恩，俯准以该员信勤调补雷琼道缺，实于海疆要缺有裨。如蒙俞允，该员系现任道员请调，衔缺相当，毋庸送部引见及核计参罚、历俸年限。

所遗高廉钦道缺，遵旨即以吴永补授。臣等谨合词恭折具陈，伏乞皇太后、皇上圣鉴训示。谨奏。光绪二十八年二月二十八日。

（朱批：）吏部议奏。[①]

光绪二十八年三月二十四日，奉朱批：吏部议奏。钦此。[②]

○三○　奏请移设海疆要缺巡检折

光绪二十八年三月二十八日（1902年5月5日）

头品顶戴两广总督臣陶模、头品顶戴广东巡抚臣德寿跪奏，为移设海疆要缺各巡检，以资巡缉，恭折仰祈圣鉴事。

窃查巡检一官，有缉捕巡查之责。粤省沿海各州县幅员辽阔，往往鞭长莫及。各巡检分司其地，责有专归，于民事较易觉察。所有原设新安县九龙司巡检、吴川县硇洲司巡检、遂溪县湛川司巡检各一员，均系外调要缺。自英、法两国暂租九龙、广州湾为租界，三巡检所辖之地多在租界之内。粤中民俗强悍，会、盗各匪以附近租界地方为逋逃渊薮，防缉尤宜认真。惟今昔形势稍异，从前荒僻之区，今或变为冲途，必须体察情形，变通办理。

臣等督同司道详加察看，查有吴川县之塘㙍、电白县之水东、合浦县之涠洲墩各地方，或地处偏僻，盗匪匿迹；或滨临大海，民教杂居，均与各该县城相距甚远，若非移设专员驻扎，则巡防、弹压难免疏虞，应请将吴川县硇洲司巡检移设该县属之塘㙍地方，名曰塘

---

①　台北故宫博物院藏：军机及宫中档，文献编号：408003433。

②　中国第一历史档案馆藏：录副奏折，档案编号：03-5415-041。

壖司巡检，仍隶吴川县管辖；遂溪县湛川司巡检移设电白县之水东地方，名曰水东司巡检，改隶电白县管辖；新安县九龙司巡检移设合浦县管辖。各缺仍照旧例，定为外调要缺。现任各员仍饬照旧供职，毋庸撤回另补，并饬暂租民房作为公所，俟库项稍裕，再行给款建造衙署。缺内额设俸廉、役食等项，悉仍其旧，随缺开支，亦毋庸另议增减。其九龙等司巡检原辖地方，内有不归租界者，应饬新安等县查明，分别改归连界之巡检、典史管辖，以专责成。由藩、臬两司饬据各府县查明，详请具奏前来。

臣等覆查无异。相应请旨准将吴川县硇洲司等巡检分别移设，以资巡缉。如蒙俞允，并且敕部将吴川县塘壖司等巡检印信分别铸造颁发，用昭信守。除咨明吏、户、礼三部外，臣等谨合词恭折具奏，伏乞皇太后、皇上圣鉴，敕部核覆施行。谨奏。光绪二十八年三月二十八日。

（朱批：）该部议奏。[1]

光绪二十八年五月初二日，奉朱批：该部议奏。钦此。[2]

○三一　奏报广东光绪二十七年秋季委署州县员缺折

光绪二十八年三月二十八日(1902 年 5 月 5 日)

头品顶戴两广总督臣陶模、头品顶戴广东巡抚臣德寿跪奏，为光绪二十七年秋季份广东省委署州县各缺，遵照章程，恭折具陈，

---

[1]　台北故宫博物院藏：军机及宫中档，文献编号：408003443。

[2]　中国第一历史档案馆藏：录副奏折，档案编号：03-6046-040。

仰祈圣鉴事。

　　窃照各省州县无论奏调、委署、代理，钦奉上谕：着每届三个月汇奏一次等因。钦此。钦遵在案。兹据广东布政使丁体常详称：光绪二十七年秋季份，出有东安县知县朱琨丁忧，遗缺以卸万州知州赵梦奇署理。又，增城县知县丁墉因案撤省，遗缺以普宁县知县敖式樾调署；敖式樾所遗普宁县知县缺，以候补知县邓炳春署理。又，署万州知州杨本楫丁忧，遗缺以候补知县蔡简梁署理。所有光绪二十七年秋季份委署州县各缺，详请具奏前来。

　　臣等覆查无异。理合恭折具陈，伏乞皇太后、皇上圣鉴。谨奏。光绪二十八年三月二十八日。

　　（朱批：）吏部知道。[①]

　　光绪二十八年五月初二日，奉朱批：吏部知道。钦此。[②]

○三二　请以林兆镛升补儋州知州折

光绪二十八年三月二十八日(1902 年 5 月 5 日)

　　头品顶戴两广总督臣陶模、头品顶戴广东巡抚臣德寿跪奏，为拣员请升补烟瘴要缺知州，恭折仰祈圣鉴事。

　　窃照准吏部咨缺单内开：烟瘴调要缺广东儋州知州刘传林修墓，光绪二十七年正月十四日奉朱批，应以奉朱批后第五日为行文，按照限减半，计至三月初三日接到文行开缺，于九月十七日接准部咨，已在三月底截缺之后，应勒归三月份截缺办理，系烟瘴外

---

①　台北故宫博物院藏：军机及宫中档，文献编号：408003441。
②　中国第一历史档案馆藏：录副奏折，档案编号：03-5417-004。

调要缺，毋庸签掣。查定例：地近边远、水土恶劣之儋州，令该督抚于内地属员内拣选熟悉风土、廉能之员调补。又，烟瘴地方知县以上官员，准其不扣年限，升调兼行。又，州县以上应升缺出，应令该督抚先将卓异引见回任候升之员先尽升用，不准于折内声称人地未宜，以别项人员请升烟瘴各缺，仍择其能耐烟瘴之员升用，均毋庸拘定先尽、卓异之员请升。又，保题升用人员，其任内如有承审案件、承缉盗案、征解钱粮已起降调、革职参限者，概不准其请升。如因缺繁要，人地实在相需，为地择人者，应令该督抚据实陈明，吏部仍查明其余并无别项不合例事故，亦即议准。此外一切因公处分仍毋庸核计各等因。

今儋州知州刘传林修墓遗缺，经于通省现任内逐加遴选，应调之员于此缺人地未宜。惟于应升人员内查有三水县知县林兆铺，年三十八岁，湖北武昌县人，由附生应光绪己丑恩科本省乡试，中式第四十四名举人。是年赴京，入北城成善水局效力，三年期满，保加同知衔。十九年，遵新海防例报捐知县遇缺先选用，选授今职，二十一年十月初三日到任。该员勤敏任劳，办事稳练，任内亦无承审案件及承缉未获盗案已起降调、革职参限，又无未完钱粮，以之升补儋州知州烟瘴要缺，洵堪胜任，与例亦属相符。据藩、臬两司会详前来。应请旨准以三水县知县林兆铺升补儋州知州缺。如蒙俞允，该员系由知县请升知州，俟部覆到日，照例给咨送部引见。

除咨部外，臣等遵照奉准通行改题为奏缘由，谨合词恭折具陈，伏乞皇太后、皇上圣鉴训示。再，所遗三水县知县缺，粤东省现有应补人员，请扣留在外，俟奉文覆准选员请补。又，粤东省补缺例限九十日，此缺系勒归光绪二十七年三月份之缺，于九月十七日接准部咨，应以是日起限办理。今在限内请补，并无迟逾。合并陈明。谨奏。光绪二十八年三月二十八日。

（朱批：）吏部议奏。①

光绪二十八年五月初二日，奉朱批：吏部议奏。钦此。②。

○三三　报解光绪二十八年首批京饷折

光绪二十八年三月二十八日（1902 年 5 月 5 日）

头品顶戴两广总督臣陶模、头品顶戴广东巡抚臣德寿跪奏，为筹解光绪二十八年第一批地丁京饷银数及委员起程日期，恭折仰祈圣鉴事。

窃照光绪二十八年京饷案内，奉拨广东地丁银十万两。兹据布政使丁体常详称：在于地丁项下筹银三万两，作为第一批起解，仍交殷实商号新泰厚等汇兑赴京，遴委升补陵水县知县傅肇敏等领赍汇单，于光绪二十八年三月十六日起程，航海进京，支取银两，赴部投纳等情，详请具奏前来。

臣等覆核无异。除咨明户部外，谨合词恭折具奏，伏乞皇太后、皇上圣鉴。谨奏。光绪二十八年三月二十八日。

（朱批：）户部知道。③

光绪二十八年五月初二日，奉朱批：户部知道。钦此。④

---

①　台北故宫博物院藏：军机及宫中档，文献编号：408003440。

②　中国第一历史档案馆藏：录副奏折，档案编号：03-5417-007。

③　台北故宫博物院藏：军机及宫中档，文献编号：408003442。

④　中国第一历史档案馆藏：录副奏折，档案编号：03-6656-105。

○三四　　奏报汇解头批厘金京饷片

光绪二十八年三月二十八日(1902年5月5日)

　　再，光绪二十八年京饷案内奉拨广东厘金银一十万两。兹据布政使丁体常会同厘务总局司道详称：在于厘金项下筹银三万两，作为起解第一批厘金京饷，仍交殷实商号新泰厚等汇兑赴京，遴委升补陵水县知县傅肇敏等领赍汇单、文批，于光绪二十八年三月十六日起程，航海进京，支取银两，赴部投纳等情，详请具奏前来。

　　臣等覆核无异。除咨明户部外，谨合词附片具陈，伏乞圣鉴。谨奏。

　　(朱批:)户部知道。①

　　光绪二十八年五月初二日，奉朱批:户部知道。钦此。②

○三五　　奏报知县俞人镜留省学习片

光绪二十八年三月二十八日(1902年5月5日)

　　再，新选茂名县知县俞人镜于光绪二十七年十二月二十一日领凭到省，本应饬赴新任，惟查茂名县系高州府附郭首邑，地方紧要，该员甫经到省，民情未能谙悉，若遽饬赴任，深恐措置失宜，未便稍涉迁就，致有贻误，拟将该员俞人镜暂行留省，委赴发审局学

---

①　台北故宫博物院藏:军机及宫中档，文献编号:408003442-0-A。
②　中国第一历史档案馆藏:录副奏片，档案编号:03-6656-106。

习,俾资历练,俟情形熟悉,再饬赴任。据藩、臬两司会详前来。臣等谨附片陈明,伏乞圣鉴。谨奏。

（朱批:）吏部知道。①

光绪二十八年五月初二日,奉朱批:吏部知道。钦此。②

○三六　勒追知县谢裕棠等欠解银两片

光绪二十八年三月二十八日(1902年5月5日)

再,据广东布政使丁体常详称:查有前署龙门县知县续经奏参改教谢裕棠,征存杂款银八百一十余两;又,前任阳山县已故知县林济,征存杂款银三百二十余两,迭催未据完解,请奏参勒限严追前来。相应请旨将前署龙门县知县续经奏参改教谢裕棠、前任阳山县已故知县林济一并革职,勒限该员及改家属四个月内将征存银两照数完解,倘逾限不解,或解不足数,再行查明,从严参办。

所有勒追知县征存银两延不完解缘由,谨合词附片具陈,伏乞圣鉴。谨奏。

（朱批:）着照所请,该部知道。③

光绪二十八年五月初二日,奉朱批:着照所请,该部知道。钦此。④

---

①　台北故宫博物院藏:军机及宫中档,文献编号:408003440-0-A。

②　中国第一历史档案馆藏:录副奏片,档案编号:03-5417-008。

③　台北故宫博物院藏:军机及宫中档,文献编号:408003440-0-B。

④　中国第一历史档案馆藏:录副奏片,档案编号:03-6581-045。

○三七　奏报同知敬禧丁忧开缺片

光绪二十八年三月二十八日（1902 年 5 月 5 日）

再，据广东布政使丁体常详称：现任潮州府海防同知敬禧，于光绪二十八年正月初四日闻讣丁父忧等情前来。奴才覆查无异。除咨吏部及正黄旗汉军都统查照外，所遗潮州府海防同知缺，按照二留一咨章程，系第二次留缺，应请扣留在外，选员请补。谨遵改题为奏新章，附片具陈，伏乞圣鉴，敕部查照施行。谨奏。

（朱批：）吏部知道。①

光绪二十八年五月初二日，奉朱批：吏部知道。钦此。②

○三八　奏报龚心湛署理广州府知府片

光绪二十八年三月二十八日（1902 年 5 月 5 日）

再，广州府知府施典章撤任，所遗广州府知府篆务，查有候补班尽先补用知府龚心湛，才长识卓，为守兼优，堪以署理。除檄饬遵照外，臣等谨合词附片具陈，伏乞圣鉴。谨奏。

（朱批：）吏部知道。③

光绪二十八年五月初二日，奉朱批：吏部知道。钦此。④

---

① 台北故宫博物院藏：军机及宫中档，文献编号：408003440-0-C。
② 中国第一历史档案馆藏：录副奏片，档案编号：03-5417-009。
③ 台北故宫博物院藏：军机及宫中档，文献编号：408003441-0-A。
④ 中国第一历史档案馆藏：录副奏片，档案编号：03-5417-005。

【案】广州府知府施典章撤任：光绪二十八年二月二十八日，广东巡抚德寿具折奏参广州府知府施典章，曰：

头品顶戴广东巡抚奴才德寿跪奏，为访闻广州府知府署内有婢妾三命自尽情事，谨据实查参，恭折具陈，仰祈圣鉴事。

窃奴才前因访闻广州府知府署内有殴妾致毙并婢女两口自尽情事，当以案关三命，究系因何起衅，舆论纷纭，亟应严密查办，札由藩、臬两司派委候补知府刘清泰确查。据刘清泰查覆禀称：遵即严密访查，闻本年正月初间，广州府施典章因闻家丁沈庆与婢女秋菊、如意有奸，询问二婢，语涉其妾王氏，并查出私将纹银、绸缎赏给沈庆，因而盘问诘责。王氏于正月初八日夜羞忿吞服洋烟，经救吐出，复在厢房乘间自缢。二婢畏罪，亦于初十日早服洋烟身死。惟事涉暧昧，沈庆早已远扬，无从确证等情前来。

奴才查施典章于婢妾与家丁有奸，平时未能觉察，迨查知诘责，王氏等三人先后自尽，又不将该丁沈庆扣留照例治罪，亦不报请缉拿，未免意在隐匿，殊属有玷官箴，难资表率。又查施典章于上年大计列入卓异，尚未准部议覆，奴才不敢因保荐在前稍涉回护。相应请旨即将广州府知府施典章先行开缺，敕部照例议处，并将卓异查销，以肃官常。

除饬拿该丁沈庆务获究办并咨部查照外，所有访闻广州府知府署内有婢妾三命自尽，据实查参缘由，谨会同两广总督臣陶模恭折具奏，伏乞皇太后、皇上圣鉴训示。谨奏。光绪二十八年二月二十八日。

光绪二十八年三月二十四日，奉朱批：着照所请，该部知道。钦此。①

○三九　奏报李章铭等调署知县员缺片

光绪二十八年三月二十八日(1902年5月5日)

再,署定安县知县姚广誉署事期满,所遗定安县知县篆务,查有开建县知县李章铭,才长守谨,勤慎耐劳,堪以调署。又,署阳山县知县蒋泽署事期满,所遗阳山县知县篆务,查有乳源县知县冯端,练达老成,体恤民情,堪以调署。又,署陆丰县知县张士彦署事期满,所遗陆丰县知县篆务,查有新会县知县杨介康,才识稳练,民事尽心,堪以调署。该员李章铭、冯端、杨介康各任内并无盗劫已起四参之案。据藩、臬两司会详前来。除檄饬遵照外,臣等谨合词循例附片具陈,伏乞圣鉴。谨奏。

(朱批:)吏部知道。②

光绪二十八年五月初二日,奉朱批:吏部知道。钦此。③

○四○　奏闻通判冯声万病故出缺片

光绪二十八年三月二十八日(1902年5月5日)

再,现任惠州府海防通判冯声万于光绪二十七年十二月二十六日在任病故。据广东布政使丁体常详请具奏等情前来。奴才覆

---

① 台北故宫博物院藏:军机及宫中档,文献编号:408003436;中国第一历史档案馆藏:录副奏折,档案编号:03-7324-074。
② 台北故宫博物院藏:军机及宫中档,文献编号:408003441-0-B。
③ 中国第一历史档案馆藏:录副奏片,档案编号:03-5417-006。

查无异。除咨吏部及顺天府臣查照外，所遗惠州府通判缺，自奉行二留一咨新章后，系第三次出缺，应归部铨选。理合附片具陈，伏乞圣鉴。谨奏。

（朱批：）吏部知道。①

光绪二十八年五月初二日，奉朱批：吏部知道。钦此。②

○四一　奏报范宗莹调署四会县知县片

光绪二十八年三月二十八日（1902年5月5日）

再，四会县知县黄恩调省差委，遗缺查有大埔县知县范宗莹，明干练达，堪以调署。该员任内并无盗劫已起四参之案。据藩、臬两司会详前来。除饬遵外，臣等谨循例附片具陈，伏祈圣鉴。谨奏。

（朱批：）吏部知道。③

光绪二十八年五月初二日，奉朱批：吏部知道。钦此。④

○四二　奏请监追革县朱念祖片

光绪二十八年三月二十八日（1902年5月5日）

再，据广东布政使丁体常、督粮道周开铭会详称：查有前任海

---

①　台北故宫博物院藏：军机及宫中档，文献编号：408003441-0-C。

②　此朱批日期与内容，据军机处随手登记档（档案编号：03-0312-2-1228-116）校补。

③　台北故宫博物院藏：军机及宫中档，文献编号：408003443-0-A。

④　中国第一历史档案馆藏：录副奏片，档案编号：03-5417-003。

康县知县朱念祖，征存正杂款银五千二百余两，又经劝安徽、江西两省赈捐应征捐项，迭催均未解缴。复经勒限严追，乃逾限日久，置若罔闻。现查该员并未在粤，难保不潜行回籍，若不缉拿查抄，诚恐库款捐项悉成无着，请奏参缉拿，查抄备抵等情前来。

臣等伏查该员朱念祖系江西金谿县人，先经大计案内纠参革职，兹据司道详称该各员于征存正杂款项及经手赈捐迭经勒限严催，延不完解，又复潜行回籍，实属胆玩。相应请旨将已革海康县知县朱念祖缉拿解粤监追，一面饬查该革员资财家产，抄封备抵，以重公款。除分别咨移办理外，谨合词恭折具奏，伏乞圣鉴。谨奏。

（朱批：）另有旨。①

光绪二十八年五月初二日，奉朱批：另有旨。钦此。②

【案】此奏于光绪二十八年五月初二日得旨允行。上谕档：

光绪二十八年五月初二日，内阁奉上谕：陶模等奏，知县亏短库款、捐项，请旨办理等语。已革广东海康县知县朱念祖，征存正杂款项五千二百余两，又经劝赈捐应缴捐项均未解缴，迭经该督等勒限严催，延不完解。又复潜回江西原籍，实属胆玩。朱念祖着即缉拿解粤监追，并着江西巡抚查明该革员原籍资财家产，抄封备抵，以重公款。该部知道。钦此。③

---

① 台北故宫博物院藏：军机及宫中档，文献编号：408003443-0-B。
② 中国第一历史档案馆藏：录副奏片，档案编号：03-6581-046。
③ 《光绪宣统两朝上谕档》，第28册，第123页。

○四三　查明征收钱粮未完一分以上各员折

光绪二十八年三月二十九日(1902年5月6日)

头品顶戴两广总督臣陶模、头品顶戴广东巡抚臣德寿跪奏,为查明广东省光绪二十六年份奏销征收钱粮银米未完一分以上各员,先行开单具奏,仰祈圣鉴事。

窃准部咨:地丁、盐课各奏销有关处分者,一面具题,一面开单专折奏报。又准部咨原奏内开:钱粮奏销,将具题之限作为奏报未完分数之限等因。历经转行遵照在案。兹据广东布政使丁体常将光绪二十六年份地丁奏销查明经、督征地丁银米未完一分以上各员开单,具详请奏前来。

臣等覆核无异。除咨部外,谨合词缮折具陈,并缮清单,恭呈御览,伏祈皇太后、皇上圣鉴,敕部核覆施行。再,本案奏销例应上年九月内造报,嗣因二十五年奏销奉行俟回銮后始行办理,是以迟至本年二月内造报。其二十六年奏销未能越案,当经咨明户部展至本年三月内办理。现据藩司于三月二十三日出详,臣即于三月二十九日具奏,并无迟逾。合并陈明。谨奏。光绪二十八年三月二十九日。

(朱批:)该部议奏。单并发。[1]

光绪二十八年九月十四日,奉朱批:该部议奏。单并发。钦此。[2]

---

① 台北故宫博物院藏:军机及宫中档,文献编号:408003517。
② 台北故宫博物院藏:军机及宫中档,文献编号:149580。

○四四　呈征收钱粮未完一分以上各员清单

光绪二十八年三月二十九日(1902年5月6日)

谨将广东省光绪二十六年份奏销各属征收银米未完一分以上各员，缮具简明清单，恭呈御览。

计开：

东莞县经征前署县事惠来县知县池伯炜，未完一分八厘三毫一丝二忽。

顺德县经征现任知县王崧，未完一分零四毫四丝六忽。

新会县经征前署县事试用知县蒋星熙，未完一分七厘一毫五丝八忽。

三水县经征现署县事长宁县知县吕道象，未完一分九厘二毫四丝四忽。

新宁县经征前署县事教习试用知县王其恒，未完一分五厘四毫七丝。

曲江县经征前署县事试用知县葆椿，未完一分五厘四毫七丝。

曲江县接征现任知县李九波，未完一分零二毫九丝八忽。

乳源县经征现任知县冯端，未完一分二厘九毫一丝。

翁源县经征现任知县刘永椿，未完一分八厘二毫九丝一忽。

英德县经征现任知县吕光琦，未完一分三厘三毫七丝一忽。

博罗县经征前署县事试用知县葛肇兰，未完一分四厘四毫四丝七忽。

海丰县接征现署县事即用知县刘能，未完一分七厘六毫九丝八忽。

龙川县接征前代理县事惠州府经历王明奎,未完一分六厘零二丝二忽。

龙川县接征现署县事题补兴宁县知县王克鼎,未完一分六厘六毫四丝三忽。

长宁县经征前署县事候补知县蔡简梁,未完一分七厘五毫五丝六忽。

海阳县经征现任知县刘兴东,未完一分四厘八毫七丝三忽。

潮阳县经征前任知县裴景福,未完一分一厘零五丝。

惠来县经征前署县事候补知县乌尔兴额,未完一分五厘七毫三丝九忽。

饶平县经征前署县事准补四会县知县张经年,未完一分九厘一毫七丝六忽。

大埔县经征现任知县范宗莹,未完一分二厘五毫七丝七忽。

丰顺县经征前署县事试用知县魏绍唐,未完一分八厘九毫七丝二忽。

四会县接征现署县事饶平县知县黄恩,未完一分四厘六毫二丝四忽。

新兴县经征前任知县刘盛芳,未完一分八厘一毫一丝三忽。

阳春县接征现任知县潜梦熊,未完一分三厘五毫零四忽。

恩平县经征前署县事拔贡知县戴式藩,未完一分五厘零一丝六忽。

开平县经征现任知县郭占熊,未完一分五厘四毫一丝六忽。

德庆州经征前署州事候补知县沈毓岱,未完一分九厘二毫八丝七忽。

封川县经征现任知县钟德瑞,未完一分六厘零零二忽。

鹤山县经征前任知县杨介康，未完一分零六毫八丝七忽。

茂名县经征前任知县樊淙，未完一分二厘五毫六丝四忽。

信宜县接征现任知县叶祥麟，未完一分五厘二毫零九忽。

定安县经征前任知县张宜，未完一分一厘七毫二丝四忽。

昌化县接征现代理县事大挑知县于德松，未完一分七厘一毫四丝七忽。

东安县经征现任知县朱琨，未完一分二厘四毫六丝六忽。

西宁县经征前任知县李炜堂，未完一分五厘二毫九丝三忽。

阳山县经征前任病故知县林济，未完一分七厘零八丝九忽。

镇平县经征前署县事题补防城县知县曾汝材，未完一分一厘六毫零二忽。

兴宁县经征前署县事候补知县李汝璠，未完一分五厘三毫四丝八忽。

乐昌县经征现任知县刘镇寰，未完二分六厘八毫三丝一忽。

仁化县接征现署县事另补知县清安，未完二分七厘二毫七丝三忽。

归善县经征前署县事候补知县郑业崇，未完二分八厘五毫九丝四忽。

陆丰县经征前署县事试用知县罗祖翼，未完二分八厘八毫六丝三忽。

河源县接征现署县事候补知州唐镜沅，未完二分三厘八毫四丝。

永安县接征现任知县姚廷辉，未完二分一厘六毫。

和平县经征现任知县郭寿鋆，未完二分七厘五毫零九忽。

连平州经征前署州事试用知县龙绍仪，未完二分七厘七毫一丝五忽。

揭阳县经征现任知县李树声，未完二分零五毫八丝七忽。

普宁县经征现任知县敖式樵，未完二分四厘八毫九丝。

澄海县经征前署县事即用知县曾子昂，未完二分零一毫五丝
三忽。

高要县经征现任知县安荫甲，未完二分零八毫四丝六忽。

高明县经征现任知县李道南，未完二分七厘七毫九丝七忽。

徐闻县经征现任知县何炳修，未完二分八厘五毫六丝一忽。

昌化县经征前任知县李有益，未完二分三厘九毫八丝六忽。

罗定州经征前署州事候补直隶州知州李象辰，未完二分五厘
四毫零九忽。

始兴县经征前任知县陈文壦，未完二分八厘六毫六丝六忽。

嘉应州经征现署州事候补直隶州知州周经槐，未完二分零九
毫零六忽。

龙门县经征前任知县林钺，未完三分四厘五毫六丝五忽。

合浦县经征现任知县邓倬堂，未完三分三厘八毫三丝八忽。

文昌县经征现署县事灵山县知县阮萃恩，未完三分三厘七毫
八丝五忽。

长乐县经征前任知县童立喆，未完三分三厘零三丝九忽。

感恩县经征前任知县徐政，未完四分四厘二毫二丝一忽。

广州府经、督征现任知府施典章，未完一分二厘零一丝八忽。

潮州府经、督征前署府事候补知府熊世池，未完一分八厘一毫
五丝。

肇庆府经、督征前署府事调补韶州府知府郅馨，未完一分六厘
八毫五丝一忽。

廉州府接、督征现署府事试用知府富纯,未完一分四厘四毫四丝三忽。

罗定州经、督征前署州事候补直隶州知州李象辰,未完一分三厘六毫三丝九忽。

连州接、督征前署州事题补钦州知州李家焯,未完一分三厘二毫二丝一忽。

南雄州接、督征现署州事候补知府黄儒荃,未完一分九厘八毫二丝六忽。

韶州府经、督征前任知府陈武纯,未完二分零六毫一丝八忽。

惠州府经、督征前署府事候补知府卢秉政,未完二分二厘六毫五丝二忽。

嘉应州经、督征现署州事候补直隶州知州周经樬,未完二分一厘三毫八丝。

(朱批:)览。[①]

○四五　报解光绪二十八年
盐课京饷等项经费折

光绪二十八年四月初一日(1902年5月8日)

头品顶戴两广总督臣陶模跪奏,为报解盐课京饷、内务府经费银数、日期,恭折仰祈圣鉴事。

案照光绪二十八年奉拨广东盐课京饷银二十万两,又拨内务府经费盐课银五万两。兹于二十七年份盐课项内筹解京饷银五万

---

① 台北故宫博物院藏:军机及宫中档:文献编号:149580-0-A。

两,随解一五加平饭食银一千五百两;又,内务府经费银二万两,随解平余、抬费等银六百六十两,共银七万二千一百六十两,作为本年第一批京饷及内务府经费,饬委试用知府宗振,督同商号源丰润等汇解,于本年二月二十九日起程,航海进京,分别投纳。据两广盐运使国钧详请奏咨前来。

臣覆核无异。除咨户部、内务府外,谨会同广东巡抚臣德寿恭折具陈,伏乞皇太后、皇上圣鉴。谨奏。光绪二十八年四月初一日。

（朱批:）该衙门知道。[1]

光绪二十八年四月十七日,奉朱批:该衙门知道。钦此。[2]

○四六　奏报起解铜圆及委员职名折

光绪二十八年四月初一日(1902年5月8日)

头品顶戴两广总督臣陶模、头品顶戴广东巡抚臣德寿跪奏,为遵旨起解铜圆及委员职名,恭折仰祈圣鉴事。

窃准户部咨:光绪二十七年十二月二十四日奉上谕:近来各省制钱缺少,不敷周转,前经福建、广东两省铸造铜圆,轮廓精良,通行市肆,民间称便。近日江苏仿照办理,亦极便利,并可杜私铸私销之弊,着沿江、沿海各督抚筹款仿办,即就各该省搭铸通行。至京师制钱,亦应照办。着福建、广东、江苏等省将所铸铜圆赶紧各解数十万圆,投交户部颁发行使,期于利用便民,以维圜法。钦此。

---

①　台北故宫博物院藏:军机及宫中档,文献编号:408003447。

②　中国第一历史档案馆藏:录副奏折,档案编号:03-6475-031。

钦遵恭录咨行到粤。当经转行司局遵照。

　　兹据广东海防善后局司道会同布政使、钱局详称：伏查粤省造铸二等铜圆，业于光绪二十六年冬间将式样分装二盒，详请具奏呈进，并分别咨送在案。兹钦奉上谕：着赶解数十万圆投交户部颁发行使等因。自应钦遵派员赶解二等铜圆六十万个，分六十包，每包一万个，赍赴户部投纳。查有候补知府宗振，堪以派委管解。除将奉部行查各节另文详咨外，理合详请察核奏咨等由前来。

　　臣等覆核无异。除咨明户部外，谨合词恭折具奏，伏乞皇太后、皇上圣鉴，敕部查照施行。谨奏。光绪二十八年四月初一日。

　　（朱批：）户部知道。①

　　光绪二十八年四月十七日，奉朱批：户部知道。钦此。②

○四七　查明剿匪出力文武择尤保奖折

光绪二十八年四月初一日（1902 年 5 月 8 日）

　　头品顶戴两广总督臣陶模、头品顶戴广东巡抚臣德寿跪奏，为查明剿平兴宁扑城会匪出力文武员绅，择尤保奖，恭折仰祈圣鉴事。

　　窃光绪二十七年八月间，兴宁会匪陈廷山等纠众起事，焚毁教堂，攻扑县城，经臣等电饬副将吴祥达、参将石玉山带营驰往会剿，并经兴宁县及城守都司督同绅士，竭力坚拒，追斩伪军师陈良山、伪先锋邓轮山；又经嘉应州、平远县等会营堵击，擒斩匪首陈廷山，

---

　　①　台北故宫博物院藏：军机及宫中档，文献编号：408003445。

　　②　中国第一历史档案馆藏：录副奏折，档案编号：03-9536-063。

会同各营将匪党歼灭,地面肃清,当将办理情形先后具奏,并请将在事文武员弁分别异常、寻常劳绩,择尤保奖。奉旨:准其择尤保奖,毋许冒滥等因。钦此。钦遵转行确查去后。旋据各该文武将在事出力员弁列折请奖,当因所保人数太多,又经札饬署惠潮嘉道朱恩绶确切查明,严加删汰,将实在出力员弁择尤开报。兹据署惠潮嘉道朱恩绶核删禀覆前来。

臣等伏查兴宁地方界连福建、江西两省,又密迩汕头,教堂林立,孙汶党羽潜匿港澳,伺隙思逞,匪势初起,众至数千,若非守御坚定、扑灭迅速,后患正不堪言。现在请奖武员仅止二十三人,文员仅止九人,均系在事出力,当时据各该文武开报有名实,已无可再删。合无仰恳天恩,俯准饬部照给奖叙,以资鼓舞而昭激劝。再,署兴宁县知县冯如衡事前疏于防范,原属咎无可辞,惟临时坚守城池,克歼巨匪,尚足以功抵过,应请毋庸置议。署兴宁营都司郭绍泰,虽同有城守之责,惟到任仅止数日,事前不及布置,仍能力固危城,追斩巨匪,是以一并列单请奖。合并声明。

除饬取履历咨部查核外,谨开具清单,合词恭折具陈,伏乞皇太后、皇上圣鉴训示。谨奏。光绪二十八年四月初一日。

（朱批:）该部议奏。单并发。[1]

光绪二十八年五月初二日,奉朱批:该部议奏。单[2]并发。钦此。[3]

---

① 台北故宫博物院藏:军机及宫中档,文献编号:408003444。

② 此清单查无下落,待考。

③ 此朱批日期与内容,据军机处随手登记档（档案编号:03-0312-2-1228-102）校补。

○四八　奏报粤省捐输拨
　　用无存请免提解折

光绪二十八年四月初一日(1902年5月8日)

头品顶戴两广总督臣陶模、头品顶戴广东巡抚臣德寿跪奏,为粤省第一次至第六次请奖绅富捐输银两业已拨用无存,请免提解,恭折具陈,仰祈圣鉴事。

窃准军机大臣字寄:奉上谕:御史刘家模奏请劝捐助饷一折,着各督抚遴选公正绅耆,设法劝办,有能倡捐巨资者,奏请破格优奖,其余按照海防捐例分别奖叙,并须妥定章程,严防弊窦等因。钦此。当即檄饬司局派委员绅分赴各属,广为劝捐,并奏明俟办有成效,酌留数成,以备本省缓急之用。嗣准部电:各省筹饷新捐均一半留用,一半候拨等因。计自光绪二十六年十月初一日开办起,截至二十七年九月十八日止,共收捐正项洋银七十九万四千八百八十六两二钱,另加一纹水银七万九千四百八十八两六钱二分,业经分作六次列册咨部核奖。

所有收过前项筹饷新捐银两,本应遵照部电一半留支,一半候拨。惟查粤省司局各库近年支绌异常,光绪二十五年间刚毅来粤筹饷,善后局奉提银四十万两,并将本归局内支销之膏饷、茶厘等项提作专款;旋奉指拨二十五年汇丰镑价,当因原提各款多无着落,自二十五年十月起至二十六年九月止,竭力腾挪,仅能提存洋银一十六万两,尚不敷银二十四万两,连纹水、汇费共银二十八万六百一十两。而洋款偿期已迫,大局攸关,不得已向香港汇丰洋行借息凑解,并将以后实难照数提拨情形奏请酌量减免,声明此次订借银两即就绅富捐输,劝集抵补。二十七年又准部咨,以本年应还前项镑款实在无从另筹,令仍照原提之数设法筹补拨解。

其时和议将成,百用孔亟,户部正在为难,未敢再请改拨,仍照上年办法,将二十七年应还汇丰镑价,除提存有着之款十六万两,其余不敷原提银二十四万两,连纹水、汇费共银二十八万六百一十两,又向洋商息借凑解,亦经奏明有案。以上两次共借过洋款银五十六万一千二百二十两,均即在于收存前项捐款银七十九万余两内如数提出,分期归还,曾于捐案电请展限文内咨部查照。计除拨还洋款外,尚余银二十三万三千六百六十六两二钱,另纹水银七万九千四百八十八两六钱二分。因善后局库自筹提专饷以后收款既形短绌,又值频年清乡剿匪,添勇制械,需费不赀,入项锐减,出项骤增,几至不能支拄。前项绅富捐输,除拨还洋债外,余银均已随时动拨无存。据广东善后局会同藩司详请奏咨免予提解。

臣等覆核无异。除咨部查照外,谨合词恭折具奏,伏乞皇太后、皇上圣鉴。谨奏。光绪二十八年四月初一日。

(朱批:)户部知道。[1]

光绪二十八年四月十七日,奉朱批:户部知道。钦此。[2]

【案】刘家模奏请劝捐助饷一折:光绪二十六年六月二十日,御史刘家模请饬各直省劝捐助饷一折,曰:

---

① 台北故宫博物院藏:军机及宫中档,文献编号:408003446。
② 中国第一历史档案馆藏:录副奏折,档案编号:03-6539-040。

山东道监察御史臣刘家模跪奏,为请劝捐助饷,拟由各督抚倡率官绅,就地尽力筹办,以资接济而广来源,恭折仰祈圣鉴事。

窃臣维行军以筹饷为先,当此兵事吃紧之际,尤须欢资腾饱,迅奏肤功。奈近年库款支绌,司农时深仰屋。前于五月二十九等日钦奉皇太后懿旨,特颁内帑数十万,分赏兵团。该军民渥受殊恩,莫不踊跃用命。但思物力有限,军务方长,非厚集来源,难乎为继。各省捐项本成强弩之末,惟此时顺众兴师,人皆满怀义愤,彼族不灭,何以家为。在绅商士民,二百余年,践土食毛,孰无良心激发。顾此时艰孔亟,纵未能捐顶踵以赴国家之急,亦何忍拥资囊而忘君父之忧。况较之前次赔款劝捐,尤为名正而言顺。

查各省殷实富户,所在恒有。办理不得其人,徒滋扰累无益,或以抑勒生怨,或因多寡启争,或致胥役中饱,其弊不可胜防。要在封疆大吏认真提倡,遴选本省公正绅耆,声望服众,又能知地方虚实者,令其设局劝办,为之倡明大义,晓以利害,俾作其御侮同仇之志,而动其毁家纾难之心。其有能倡捐巨资、裨益饷项者,应钦遵五月二十五日上谕,准予破格懋赏,抑或按照海防例从优奖给实官。至涓滴细款,积少成巨,亦非无补,应俟报解确有成数,或各就地方议增学额、中额,以示奖劝。

所有缴捐各户应如何刊发印收张示名榜,尤须妥定章程,严防弊窦。如此众擎共举,巨款可成,似为筹饷当务之急。可否请旨饬下各直省督抚迅即通筹办理,以济要需。臣为维持饷源、协济兵团起见,是否有当,谨恭折具陈,伏乞皇太后、皇上圣鉴训示。谨奏。光绪二十六年六月二十日。[①]

○四九　奏陈汇解应还俄、法借款盐厘等项银两片

光绪二十八年四月初一日（1902年5月8日）

再，准户部咨：应还俄、法借款，每年指拨广东盐斤加价银五万两，加放俸饷银五万两，闱捐银二十四万两，地丁等项银二十四万两，各按六成之数，于三月内解交等因。兹据广东布政使丁体常、两广盐运使国钧、善后局司道先后详称：本年三月份应解前项银两，现经设法挪凑，作为盐斤加价银三万两，加放俸饷银三万两，闱捐银十四万四千两，地丁等项银十四万四千两，共银三十四万八千两，于三月初九、十三等日，先后交号商大德恒等汇解江海关道兑收，备还俄、法之款。详请奏咨前来。

臣覆核无异。除咨部查照外，谨会同广东巡抚臣德寿附片具陈，伏乞圣鉴。谨奏。

（朱批：）户部知道。[②]

光绪二十八年四月十七日，奉朱批：户部知道。钦此。[③]

---

①　中国第一历史档案馆藏：录副奏折，档案编号：03-6157-065。

②　台北故宫博物院藏：军机及宫中档，文献编号：408003446-0-A。

③　中国第一历史档案馆藏：录副奏片，档案编号：03-6697-110。

○五○　奏陈汇解应还俄、法
　　　借款洋税等项银两片

光绪二十八年四月初一日(1902年5月8日)

再，准户部咨：应还俄、法本息由各海关洋税、洋药税厘项下摊派粤海关三十六万两，每年匀分三、九两月解交等因。叠经遵解在案。兹准粤海关监督庄山咨称：准户部札开：俄、法借款佛郎镑价昂贵，原拨银数不敷，照案酌量加拨本年三月期内应解俄、法还款银二十一万六千两，又加拨九万两内之六成银五万四千两，合共银二十七万两，先后备文发交西商志成信、协成乾银号，汇解江海关道衙门投纳等因前来。

除咨户部查照外，谨会同粤海关监督臣庄山附片陈明，伏乞圣鉴。谨奏。

（朱批：）户部知道。[1]

光绪二十八年四月十七日，奉朱批：户部知道。钦此。[2]。

○五一　奏陈汇解应还英、德借款本息银两片

光绪二十八年四月初一日(1902年5月8日)

再，准户部咨：应还英、德本息由各海关洋税、洋药税厘项下摊派粤海关五十二万两，每年匀分二、五、八、冬四个月解交等因。迭

---

① 台北故宫博物院藏：军机及宫中档，文献编号：408003446-0-B。
② 中国第一历史档案馆藏：录副奏片，档案编号：03-6697-111。

经遵解在案。兹准粤海关监督庄山咨称：准户部札开：英、德借款佛郎镑价昂贵，原拨银数不敷，照案酌量加拨本年二月期应解英、德还款银十三万两，又加拨四分之一银三万二千五百两，合共银十六万二千五百两，备文发交西商志成信、协成乾银号，汇解江海关道投纳等因前来。

除咨户部查照外，谨会同粤海关监督臣庄山附片陈明，伏乞圣鉴。谨奏。

（朱批：）户部知道。①

光绪二十八年四月十七日，奉朱批：户部知道。钦此。②

○五二　奏陈汇解东北边防经费银两片

光绪二十八年四月初一日（1902 年 5 月 8 日）

再，光绪二十八年东北边防经费，部拨广东厘金银八万两。兹据广东布政使丁体常在于厘金项下筹银二万两，派委升补陵水县知县傅肇敏等，督同商号新泰厚等于本年三月十六日起程，汇解进京，赴部投纳，详请奏咨前来。

臣等覆核无异。除咨部查照外，谨附片具陈，伏乞圣鉴。谨奏。

（朱批：）户部知道。③

光绪二十八年四月十七日，奉朱批：户部知道。钦此。④

---

①　台北故宫博物院藏：军机及宫中档，文献编号：408003446-0-C。

②　中国第一历史档案馆藏：录副奏片，档案编号：03-6697-112。

③　台北故宫博物院藏：军机及宫中档，文献编号：408003445-0-A。

④　中国第一历史档案馆藏：录副奏片，档案编号：03-6037-108。

○五三　奏陈汇解奉拨筹备饷需银两片

光绪二十八年四月初一日（1902年5月8日）

再，广东省光绪二十八年份应解筹备饷需银二十万两，自应迅速筹解。现在于藩库各款内竭力凑拨银四万两，作为奉拨二十八年第一批起解，仍照案发交商号新泰厚等汇京，派委升补陵水县知县傅肇敏等领赍汇单，于光绪二十八年三月十六日起程，由海道进京支取银两，赴户部衙门投纳。据广东布政使丁体常详请奏咨前来。

臣等覆核无异。除咨户部查照外，谨会同广东巡抚臣德寿合词附片具陈，伏乞圣鉴。谨奏。

（朱批：）户部知道。[1]

光绪二十八年四月十七日，奉朱批：户部知道。钦此。[2]

○五四　请准知县钱锡宝起复片

光绪二十八年四月初一日（1902年5月8日）

再，准补广西怀集县知县钱锡宝，于光绪二十五年十二月在署苍梧县知县任内丁嫡母孙氏忧开缺。上年臣调任两广，檄调该员来署襄理文案事件。该员于光绪二十六年五月遵海防例加捐同知，仍指分广西试用，因光绪二十四年剿平郁林、浔、梧土匪，克复

---

[1]　台北故宫博物院藏：军机及宫中档，文献编号：408003445-0-B。

[2]　中国第一历史档案馆藏：录副奏片，档案编号：03-6581-041。

兴业等城,该员在事异常出力,经前广西抚臣黄槐森会同臣及广西提臣苏元春汇案奏保免补同知,以知府仍留原省补用,奉部核准具奏,光绪二十七年十二月二十五日奉旨:依议。钦此。该员钱锡宝自光绪二十五年十二月十六日闻讣丁忧之日起,不计闰扣至二十八年三月十六日止,二十七个月服满,例应赴部起复,呈请带领引见。

惟臣署案牍纷繁,该员夙夜勤劳,尚能经理无误。现在正当剿办钦、廉会匪,广西游匪之际,军书络绎,正资倚任。合无仰恳天恩,俯准饬下吏部咨会广西抚臣,以接准部文之日作为该员服阕起复以知府到省日期,按班序补,仍俟经手事竣,由臣给咨送部引见。除饬取供结咨部查核外,谨附片具陈,伏乞圣鉴训示。谨奏。

(朱批:)着照所请,吏部知道。[1]

光绪二十八年四月十七日,奉朱批:着照所请,吏部知道。钦此。[2]

○五五 请准周金顺等留粤补用片

光绪二十八年四月初一日(1902年5月8日)

再,广东为南洋首冲,水师人员技艺考究。兹查有广西抚标尽先推补副将周金顺、山东河工副将衔补用游击杜金衢、两江督标候补游击童懋元、游击用尽先都司胡有胜,均来粤有年,愿归广东水师标营效力。又,江南漕标游击用补用都司周华年,曾在粤差遣,

① 台北故宫博物院藏:军机及宫中档,文献编号:408003447-0-A。
② 中国第一历史档案馆藏:录副奏片,档案编号:03-5416-067。

情形熟悉。合无仰恳天恩，俯准副将周金顺，游击杜金衢、童懋元，都司胡有胜、周华年均留广东，各按原保官阶补用，周金顺、杜金衢、童懋元并请改归外海水师，胡有胜改归内河水师，分别收标效力。

除饬取各员履历咨部注册外，理合附片陈请，伏乞圣鉴训示。谨奏。

（朱批：）着照所请，兵部知道。[1]

光绪二十八年四月十七日，奉朱批：着照所请，兵部知道。钦此。[2]。

○五六　奏报潘瀛调署北海镇篆片

光绪二十八年四月初一日（1902年5月8日）

再，署广东琼州镇总兵事南澳镇总兵潘瀛，现已札委募勇进剿南宁等处游、会各匪，应即调署北海镇总兵，俾得就近兼顾，相机调度。其所遗原署琼州镇篆务，即以现署北海镇总兵事广州协副将李先义调署。

除檄饬遵照外，谨附片具陈。伏乞圣鉴。谨奏。

（朱批：）知道了。[3]

光绪二十八年四月十七日，奉朱批：知道了。钦此。[4]

---

① 台北故宫博物院藏：军机及宫中档，文献编号：408003447-0-B。
② 中国第一历史档案馆藏：录副奏片，档案编号：03-5954-026。
③ 台北故宫博物院藏：军机及宫中档，文献编号：408003447-0-C。
④ 此朱批日期与内容，据军机处随手登记档（档案编号：03-0312-2-1228-102）校补。

○五七　奏报三水关征收洋税数目折

光绪二十八年四月初十日（1902年5月17日）

头品顶戴两广总督臣陶模、二品顶戴奉宸苑衔粤海关监督臣庄山跪奏，为三水新关及江门、甘竹滩征收洋税一年期满，恭折仰祈圣鉴事。

窃照三水新关设立通商口岸，于光绪二十三年五月初五日开办，遵照总理各国事务衙门议定章程，江门、甘竹滩同为停泊上下商货之口，按照长江停泊口岸章程，一律办理等因。伏查三水关，江门、甘竹滩二口洋税，光绪二十三年第一百四十七结第三月份起，至二十六年五月初四日第一百五十九结第二月份止，所有按年征收数目业经奏报在案。兹自光绪二十六年五月初五日第一百五十九结第三月份起，至二十七年四月十四日第一百六十三结第三月份止，扣足四结为一年，三水新关共征收银九万二千六百八十七两六钱三分二厘，江门口共征银三万四千六百五十七两六钱二分四厘，甘竹口共征银一万三千二百五十两八钱五分。

除委员、书役、通事人等应需薪水、工食、纸张等费遵照奏定章程给发外，所有三水新关及江门、甘竹滩二口征收洋税各数，谨合词恭折具陈，伏乞皇太后、皇上圣鉴。谨奏。四月初十日。

光绪二十八年五月二十三日，奉朱批：该部知道。钦此。①

---

① 中国第一历史档案馆藏：录副奏折，档案编号：03-6419-035。

○五八　奏报潮州关征收洋税数目折

光绪二十八年四月初十日(1902年5月17日)

头品顶戴两广总督臣陶模、二品顶戴奉宸苑衔粤海关监督臣庄山跪奏,为潮州新关属口征收税课一年期满,恭折具陈,仰祈圣鉴事。

窃潮州新关属口前于光绪二十二年四月间,经前两广督臣谭钟麟会同前监督臣文佩①奏明,撤去包办名目,由该关委员兼管,并选派可靠家人二名,督同口书,妥为经理,业将光绪二十二年八月初三日开办起至二十六年七月初三日止所有按年征收数目恭折奏报在案。兹自光绪二十六年七月初四日起,连闰至二十七年六月初三日止一年期内,计共征银一万三千八百四十六两七钱一分四厘,遵照原奏归入盈余款内奏报;仍饬该委员等随时实力稽征,毋得始勤终惰,以期税课日增。惟商贾多寡无常,税课盈绌不能豫定,嗣后仍照尽征解,以昭核实。

所有潮州新关属口一年期满征收税银数目缘由,除咨户部察照外,谨合词恭折具陈,伏乞皇太后、皇上圣鉴。谨奏。四月初十日。

光绪二十八年五月十六日,奉朱批:户部知道。钦此。②

---

①　文佩,生卒年未详,内务府正白旗人。咸丰十一年(1861),充笔帖式。同治十一年(1872),加副护军参领衔。光绪元年(1875),任堂委署主事。二年(1876),升堂主事。四年(1878),补广储司银库员外郎。五年(1879),晋三院卿衔。七年(1881),调补庆丰司员外郎。九年(1883),升热河副总管。十二年(1886),授会计司郎中。十五年(1889),补广储司银库郎中。同年,授江南织造、都虞司郎中。二十三年(1897),授粤海关监督。

②　中国第一历史档案馆藏:录副奏折,档案编号:03-6419-035。

○五九　奏报广东光绪二十六年
武职实支养廉银两数目折

光绪二十八年四月初十日（1902年5月17日）

头品顶戴两广总督臣陶模、头品顶戴广东巡抚臣德寿跪奏，为广东省光绪二十六年武职各官实支养廉银两，改题为奏，恭折具陈，仰祈圣鉴事。

窃照广东省各标、镇、协、营武职大小正署各官应支养廉银两，向系按年造册题销。兹据广东布政使丁体常详称：光绪二十六年份，通省武职各官共应支养廉银一十二万九千四百二十两，例应在于田房税羡、耗羡、盐课项下动支，已支给银二万四百六两九钱四分二厘，又应扣停给一成养廉银五百七十七两三钱九分七厘，又应扣各官空缺养廉银六千三百七十三两六钱六分一厘，理合分晰造册，详请奏咨等由前来。

经臣等覆核无异。除册分送部、科查核外，谨合词恭折具陈，伏乞皇太后、皇上圣鉴，敕部核覆施行。再，本案尚有督标中营等营未经造册报销，请俟造册到日，另行送部。合并陈明。谨奏。光绪二十八年四月初十日。

（朱批：）该部知道。[1]

光绪二十八年九月十五日，奉朱批：该部知道。钦此。[2]

---

① 台北故宫博物院藏：军机及宫中档，文献编号：408003449。
② 台北故宫博物院藏：军机及宫中档，文献编号：149605。

○六○　奏报广东光绪二十六年
支过官兵马匹等项数目折

光绪二十八年四月初十日(1902年5月17日)

　　头品顶戴两广总督臣陶模、头品顶戴广东巡抚臣德寿跪奏,为广东通省光绪二十六年份支过官兵马匹、俸饷、粮料、草束数目,改题为奏,恭折仰祈圣鉴事。

　　窃照广东省递年支销官兵马匹、钱粮数目,遵照奏准新章,应于九月内造报。兹据广东布政使丁体常详称:光绪二十六年份,广州将军八旗、督、抚、提、镇、九府、九厅州水陆镇、协、营各官兵马匹、俸饷、粮料、草价,先奉部拨地丁、盐课、厘金及停给养廉、太平关常税共银一百三十三万三百七十五两零,已据完解支给俸饷等银九十五万二千一百一十二两零,尚未完解银三十七万八千三百六十三两零,俟续收有款,再行分别补支补扣。

　　又,前山三水大鹏右三营招募新兵,共应支月饷米折、朋扣、草价等银六千六百五十一两零,此项系在各属解到典商息银供支。又,汉军八旗添设无米养育兵,共应支饷银七千二十两零。又,满汉八旗添设余兵,共应支饷银一千三百两。以上二款均先在司库存留田房税羡项内借支,俟盐、典二商缴到息银,归还原款,作正开销。又,汉军八旗新添设余兵,共应支饷银二千六百两,已在旗丁养赡生息应归原本银内动支。又,满汉八旗添设洋操余兵,共应支饷银一千三百两,已在典商缴到息银内动支。又,粮米一项通共各旗、标、镇、协、营官兵马匹,满汉八旗病故官兵守节寡妇、旗监人犯口粮,补还融借奉行变价充饷裁汰三成、二成兵丁马匹等项，共应支米四十三万九千四百六十七石零，内有饷折米银七万四千八百九十二两零，已支给银一万四千五百四十三两零，尚未支给银六万三百四十八两零，俟催征完解，再行补支清款。

再，本案因奉拨地丁等银征解不前，欠发各营粮料、米折银四万余两，以致尚有水师提标等营应造销算册籍尚未据造送。若必待欠项支清再行造报奏销，未免稽延，应请查照上届将欠发各营粮料、米价实数另造细册，专案送部。各营员造册迟延有因，所有迟延职名应请循旧邀免开送。理合将支过俸饷、粮料、草束等项暨动给款项，分晰造册，详请奏销等情前来。

臣等覆核无异。除将各项清册分送部、科查核外，谨遵照通行改题为奏，合词缮折具陈，伏乞皇太后、皇上圣鉴，敕部核覆施行。再，本届奏销例应上年九月内具奏，嗣因二十五年奏销奉行俟回銮后始行办理，是以二十五年奏销延至本年二月内造报。其二十六年奏销未便越案办理，当经咨明户部，展至本年三月内造报。今据藩司于三月二十九日出详，臣即于四月初十日具奏，并无迟逾。合并陈明。谨奏。光绪二十八年四月初十日。

（朱批）：该部知道。[1]

光绪二十八年九月十五日，奉朱批：该部知道。钦此。[2]

---

[1] 台北故宫博物院藏：军机及宫中档，文献编号：408003448。

[2] 台北故宫博物院藏：军机及宫中档，文献编号：149606。

○六一　具奏广东光绪二十六年奏
销钱粮分数并叙参各官折

光绪二十八年四月初十日(1902年5月17日)

头品顶戴两广总督臣陶模、头品顶戴广东巡抚臣德寿跪奏，为广东省光绪二十六年钱粮奏销已、未完分数，叙参各官职名，改题为奏，并缮清单，恭折具陈，仰祈圣鉴事。

窃照广东省递年各属额征民屯地丁正杂钱粮及本折米石，定例次年五月内截数，六月内造报。嗣奏准仿照盐务成案扣限，于九月内题咨，历经照办在案。兹据广东布政使丁体常将光绪二十六年份通省额征民屯地丁、驿传、连闰及杂税、炉饷、当饷、煤饷、商税、地租，并光绪二十四年旧管、存剩等项，造册详报。又准现任广东学政臣文治将收支学租银两数目造册移送前来。

臣等伏查征收及旧管各款，除改征本色米价、盐课另册报销外，实共应征银一百一十八万三百二十三两零，内新收连旧管共银一百万九十六两零。开除支销银九十七万三千七百六十两零，实在余剩银一万三千六百七十八两零，未完各项共银一十九万二千八百八十四两零。又，额征民屯米三十三万七千七百一十四石零，内已完米二十八万六千一百三十一石零，未完米五万一千五百八十三石零。另，地丁随征一六九耗羡银一十七万九千二百九十一两零，内已完银一十四万五千六百四十九两零，未完银三万三千六百四十二两零，向系汇同地丁正项统计考成。所有未完一分以上各员业经遵照部行，先行开单奏报。其征收全完及未完各分数、应叙应参各职名，现已另缮清单，随同黄册，恭呈御览。至布政司、督粮道库存钱粮,经臣等公同在省司道各官亲临盘察,并无亏空及挪新掩旧情弊,相应出具印结保奏。

除将各册籍分送部、科查核外,谨遵照通行改题为奏,并缮清单,合词恭折具陈,伏乞皇太后、皇上圣鉴,饬部核覆施行。再,本届奏销应于光绪二十七年九月内具题,嗣因二十五年奏销改题为奏,并奉行俟回銮后再行办理,是以二十五年奏销延至二十八年二月内始行造报,其二十六年奏销未能越案办理,当经咨明户部拟定,限本年三月内由司出册。兹据藩司于三月二十九日造册详缴到臣,即经覆核,于四月初十日具奏,并无迟逾。合并陈明。谨奏。计恭呈黄册一本。光绪二十八年四月初十日。

(朱批:)该部知道。单、册并发。[①]

光绪二十八年九月十五日,奉朱批:该部知道。单、册并发。钦此。[②]

○六二　呈广东光绪二十六年奏销钱粮分数并叙参各官清单

光绪二十八年四月初十日(1902年5月17日)

谨将广东省光绪二十六年额征地丁正杂钱粮银米已、未完分数及叙参各职名,开列清单,恭呈御览。

计开:

一、督征、经征、接征地丁、屯丁本折正杂钱粮银米全完官:

---

① 台北故宫博物院藏:军机及宫中档,文献编号:408003452。
② 台北故宫博物院藏:军机及宫中档,文献编号:149608。

阳江同知经、督征现任同知田明曜,韶州府经、督征现任知府邸馨,高州府接、督征现任知府王嘉禾,雷州府接、督征现任知府陈武纯,罗定州接、督征前署州事已故南海县知县杨镇荣,钦州经、督征已故前任知州李光高,接、督征前署州事嘉应州知州关广槐,现署州事候补知府卢蔚猷,俱全完不及五万两。

潮州府经、督征调任知府惠昌,肇庆府接、督征现任知府文康,俱全完五万两以上。

万州经、督征现署州事分缺间用知县杨本楫,乐会县经征现任知县唐盛松,绥猺同知经征现任同知黄晋铭,俱全完三百两以上不及一万两。

琼山县经征现任知县叶士模,全完一万两以上。

赤溪同知接征现署同知补用同知陈寿椿,防城县经征前任知县卢蔚猷,阳江县丞经征前署县丞事试用县丞贾国珍,俱全完不及三百两。

花县接征现署县事试用知县葛肇兰,增城县接征已革知县丁墉,龙门县接征现署县事教职知县谢裕棠,清远县接征现署县事分缺先用知县董元度,归善县接征现署县事准补陆丰县知县左学易,陆丰县接征分缺先用知县程璟光,连州接征现任知州张卿云,惠来县接征现署县事分缺先用知县成守正,饶平县接征现署县事候补知县何斌,丰顺县接征现署县事三水县知县林兆镛,恩平县接征现署县事候补通判胡永昌,开建县接征现署县事教习知县刘宗瀚,鹤山县接征现任知县张向辰,茂名县接征现署县事候补知县祺威,电白县接征现署县事试用通判蔡继昌,石城县经征前署县事候补知县艾淮,崖州接征现署州事试用知县姚绍书,陵水县接征现代理县事分缺间用知县李之鼎,会同县接征前代理县事试用知县谢鸿钧、接征现署县事候补知县宋恒坊,定安县经征现署县事试用知县张式恭,佛冈同知接征现署同知事试用同知赵从苐,赤溪同知经征前署同知事截取同知陈图,罗定州接征前署州事已故南海县知县杨镇荣,西宁县接征现署县事候补知县彭聪孙,阳山县接征现署县事试用知县蒋泽,始兴县接征现署县事准升崖州知州倪思铎,长乐县接征现署县事即用知县姚钟璜,钦州接征现署州事候补知府卢蔚猷,防城县接征现署县事新安县知县赵新,阳江县县丞接征现任县丞王建极,俱全完三百两以上不及一万两。

新会县接征现任知县杨介康,澄海县接征现署县事试用通判方政,新兴县接征现署县事澄海县知县王耀曾,石城县接征现任知县王锡祺,俱全完一万两以上。

东莞县接征现任知县刘德恒,潮阳县接征前署县事已故番禺县知县刘秉奎,全完二万两以上。

香山县接征现署县事新兴县知县刘盛芳,全完四万两以上。

南海县接征现署县事潮阳县知县裴景福,全完五万两以上。

一、经征、接征正杂钱粮银米系在封印日期免计考成官:

连州接、督征现署州事候补直隶州知州陈倧万,清远县经征前任知县魏学恒,仁化县经征前任知县张际唐,信宜县经征前署县事题补南澳同知冯文星,连州接征现署州事候补直隶州知州陈倧万。

一、督征、经征、接征正杂钱粮银米未完不及一分官:

惠州府接、督征现任知府沈传义,高州府经、督征前任知府惠昌,雷州府经、督征前署府事肇庆府知府文康,接、督征前署府事试用知府廖子琅,广州府经、督征前任知府刘齐浔,琼州府经、督征现任知府刘尚伦,连州经、督征前任知州秦福和,南雄州经、督征前任知州惠登甲,南海县经征前任已故知县杨镇荣,番禺县经征前任已故知县刘秉奎、接征现署县事准补归善县知县钱溯灏，花县经征前任知县祝抡望，香山县经征前任知县蒋鸣庆，增城县经征前署县事广宁县知县刘思敏，从化县经征现任知县甘美棠，新宁县接征现署县事候补知县蒋希曾，清远县接征前署县事文昌县知县刘曾枚，博罗县接征现任知县陈宗凤，海丰县经征前任知县王全纲，河源县经征前代理县事试用通判张士彦，龙川县经征前任知县钱溯灏，长宁县接征现署县事教职知县贾世兴，永安县经征前署县事候补知县邹翼清，潮阳县接征前代理县事大挑知县程官云，四会县经征前署县事试用知县毕昌言，广宁县经征现署县事候补知县杨自明，阳春县经征前代理县事试用通判梁继曾，德庆州接征现任知州程锦文，开建县经征前署县事试用通判徐书祥，电白县经征前任知县李滋然，化州经征前兼理州事已故吴川县知县罗栋材、接征现署州事候补知县冯灼孝，海康县经征已革知县朱念祖，灵山县经征现署县事大挑尽先知县邓景临，崖州经征前署州事候补班尽先补用知县钟元棣，儋州经征前任知州刘传林、接征现署州事补用知县王之翰，陵水县经征前任知县郭继昌，临高县经征现任知县吴志道，澄迈县经征现任知县林玉铭，会同县经征前任知县方朝槃，感恩县接征现代理县事即用知县李熙，佛冈同知经征前任同知李达璋、接征前署同知事截取同知蒋茂璧，阳江同知经征现任同知田明曜，连州经征前任知州秦福和、接征前署州事题补钦州知州李家焯，南雄州经征前任知州惠登甲、接征现署州事候补知府黄儒荃，平远县经征现任知县辛元燡，镇平县接征现任知县方廷珪，兴宁县接征现署县事截取知县孙祖华，钦州经征已故前任知州李光高、接征前署州事嘉应州知州关广槐，新安县县丞经征现任县丞夏敬延。

　　一、督征、经征、接征正杂钱粮银米未完一分以上官：

经、督征现任广东巡抚德寿，经、督征现任广东布政使丁体常，现任广东督粮道周开铭，广州府经、督征现任知府施典章，潮州府经、督征前署府事候补知府熊世池，肇庆府经、督征前署府事调补韶州府知府郅馨，廉州府接、督征现署府事试用知府富纯，罗定州经、督征前署州事候补直隶州知州李象辰，连州接、督征前署州事题补钦州知州李家焯，南雄州接、督征现署州事候补知府黄儒荃，东莞县经征前署县事惠来县知县池伯炜，顺德县经征现任知县王崧，新会县经征前署县事试用知县蒋星熙，三水县经征现署县事长宁县知县吕道象，新宁县经征前署县事教习知县王其恒，曲江县经征前署县事试用知县葆椿、接征现任知县李九波，乳源县经征现任知县冯端，翁源县经征现任知县刘永椿，英德县经征现任知县吕光琦，博罗县经征前署县事试用知县葛肇兰，海丰县接征现署县事即用知县刘能，龙川县接征前代理县事惠州府经历王明奎、接征现署县事题补兴宁县知县王克鼎，长宁县经征前署县事候补知县蔡简梁，海阳县经征现任知县刘兴东，潮阳县经征前任知县裴景福，惠来县经征前署县事候补知县乌尔兴额，饶平县经征前署县事准补四会县知县张经年，大埔县经征现任知县范宗莹，丰顺县经征前署县事试用知县魏绍唐，四会县接征现署县事饶平县知县黄恩，新兴县经征前任知县刘盛芳，阳春县接征现任知县潜梦熊，恩平县经征前署县事拔贡知县戴式藩，开平县经征现任知县郭占熊，德庆州经征前署州事候补知县沈毓岱，封川县经征现任知县钟德瑞，鹤山县经征前任知县杨介康，茂名县经征前任知县樊淙，信宜县接征现任知县叶祥麟，定安县经征前任知县张宜，昌化县接征现代理县事大挑知县于德松，东安县经征现任知县朱琨，西宁县经征前任知县李玮堂，阳山县经征前任病故知县林济，镇平县经征前署县事题补防城县知县曾汝材，兴宁县经征前署县事候补知县李汝璠。

一、督征、经征、接征正杂钱粮银米未完二分以上官：

韶州府经、督征前任知府陈武纯，惠州府经、督征前署府事候补知府卢秉政，嘉应州经、督征现署州事候补直隶州知州周经橄，乐昌县经征现任知县刘镇寰，仁化县接征现署县事另补知县清安，归善县经征前署县事候补知县郑业崇，陆丰县经征前署县事试用知县罗祖翼，河源县接征现署县事候补知州唐镜沅，永安县接征现任知县姚庭辉，和平县经征现任知县郭寿鋆，连平州经、督征前署州事试用知县龙绍仪，揭阳县经征现任知县李树声，普宁县经征现任知县敖式榿，澄海县经征前署县事即用知县曹子昂，高要县经征现任知县安荫甲，高明县经征现任知县李道南，徐闻县经征现任知县何炳修，昌化县经征前任知县李有益，罗定州经征前署县事候补直隶州知州李象辰，始兴县经征前任知县陈文壤，嘉应州经征现署州事候补直隶州知州周经橄。

一、经征正杂钱粮银米未完三分以上官：

龙门县经征前任知县林钺，合浦县经征现任知县邓倬堂，文昌县经征现署县事灵山县知县阮萃恩，长乐县经征前任知县童立喆。

一、经征正杂钱粮银米未完四分以上官：

感恩县经征已故前任知县徐政。

一、经征、接征当饷未完各官：

南海县经征前任已故知县杨镇荣、接征现署县事潮阳县知县裴景福，番禺县经征前任已故知县刘秉奎、接征现署县事龙川县知县钱溯灏，东莞县经征前署县事惠来县知县池伯炜、接征现任知县刘德恒，新宁县经征前署县事教习知县王其恒、接征现署县事候补知县蒋希曾，新安县经征前署县事试用知县谢师元、接征现署县事候补知县查荣耀，英德县经征现任知县吕光琦，翁源县经征现任知县刘永椿，归善县经征现署县事军功候补知县郑业崇，博罗县经征前署县事试用知县葛肇兰、接征现任知县陈宗凤，河源县经征前代理县事试用通判张士彦、接征现署县事候补知州唐镜沅，海丰县经征前任知县王全纲、接征现署县事即用知县刘能，陆丰县经征前署县事试用知县罗祖翼、接征现署县事试用知县程璟光，龙川县经征前任知县钱溯灏、接征前代理县事惠州府经历王明奎、接征现署县事即用知县王克鼎，连平州经征前署州事试用知县龙绍仪，永安县经征前署县事候补知县邹翼清、接征现任知县姚庭辉，和平县经征现任知县郭寿鋆，海阳县经征现任知县刘兴东，潮阳县经征前任知县裴景福、接征前代理县事大挑知县程官云、接征现署县事已故番禺县知县刘秉奎，澄海县经征前署县事即用知县曹子昂、接征现署县事试用通判方政，揭阳县经征现任知县李树声，普宁县经征现任知县敖式樋，饶平县经征前任知县张经年、接征现署县事候补知县何斌，大埔县经征现任知县范宗莹，丰顺县经征现署县事试用知县魏绍唐，开平县经征现任知县郭占熊，阳春县经征前代理县事试用通判梁继曾、接征现任知县潜梦熊，恩平县经征前署县事拔贡知县戴式藩、接征现署县事候补通判胡永昌，吴川县经征前任病故知县罗栋材、接征前代理县事高州府经历陈鹤龄、接征现任知县叶士模，文昌县经征现署县事灵山县知县阮萃恩，东安县经征现任知县朱琨，嘉应州经征现署州事候补直隶州知州周经槐，兴宁县经征前署县事试用知县李汝璠、接征现署县事截取知县孙祖华，长乐县经征现任知县童立喆，平远县经征现任知县辛元燡，镇平县经征前署县事候补知县曾汝材、接征现任知县方廷珪。

一、经征、接征煤饷未完各官：

曲江县经征试用知县葆椿、接征现任知县李九波，阳春县经征前代理县事试用通判梁继曾、接征现任知县潜梦熊，恩平县经征前署县事拔贡知县戴式藩、接征现署县事候补通判胡永昌，始兴县经征前任知县陈文墺、接征现署县事准升崖州知州倪思铎，兴宁县经征现署县事试用知县李汝璠、接征现署县事截取知县孙祖华。

（朱批：）览。①

○六三　盘验广东藩库银数及
征收钱粮完欠数目折

光绪二十八年四月初十日（1902年5月17日）

头品顶戴两广总督臣陶模、头品顶戴广东巡抚臣德寿跪奏，为盘验广东藩库银数及通省征收钱粮银米完欠各数目，恭折仰祈圣鉴事。

窃照每年奏销时，例应将藩库实存正杂银两及应征银米完欠数目，分晰盘查具奏。兹届光绪二十六年份奏销之期，经臣等督同司道各官赴库盘查，惟藩库正杂钱粮先经大学士刚毅到粤查明历年不敷银八百余万两，业已奏明将光绪二十四年十一月十五日以前挪借部、杂等项一律就款开除，以后收支核实造报。所有开除各款，除俟办理拨册时另行按款造册报部外，计现在司库应存正项各款银二十二万五千九百三十八两零，应存杂项各款共银一十五万八千九十八两零。经臣等亲加盘验，委系实存在库，并无亏空及挪新掩旧等弊。其应征地丁、民屯粮米，据布政使丁体常、督粮道周

---

① 台北故宫博物院藏：军机及宫中档，文献编号：149608-0-A。

开铭将完欠数目分晰开报前来。

臣等覆查光绪二十六年份额征地丁等项，连闰共银一百一十万三千一百三十五两零，内已完银九十三万四千五百三两零，未完银一十六万八千六百三十一两零，计完八分以上，未完一分有余。又，额征米石实在应征米三十三万七千七百一十四石零，内已完米二十八万六千一百三十一石零，未完五万一千五百八十三石零，计完八分以上，未完一分有余。现经督率藩司、粮道，将未完民欠银米勒限征完，如有逾限，即行查参。

除将司库实存银数及各属现年征收已、未完分数造册奏咨外，所有盘验司库银数及光绪二十六年份通省征收钱粮银米完欠数目各缘由，谨循例合词恭折具陈，伏乞皇太后、皇上圣鉴。谨奏。光绪二十八年四月初十日。

（朱批:）户部知道。[1]

光绪二十八年九月十五日，奉朱批:户部知道。钦此。[2]

○六四 奏报广东光绪二十六年征收钱粮比较上三年完欠折

光绪二十八年四月初十日（1902 年 5 月 17 日）

头品顶戴两广总督臣陶模、头品顶戴广东巡抚臣德寿跪奏，为广东省征收光绪二十六年份钱粮比较上三年完欠分数，恭折仰祈圣鉴事。

---

① 台北故宫博物院藏:军机及宫中档,文献编号:408003453。
② 台北故宫博物院藏:军机及宫中档,文献编号:149610。

案准部咨：各省征收钱粮比较限期，统以年底截数，次年二月造报春拨之时，即将新赋项下额征若干、蠲缓若干，已、未完若干，旧赋项下带征若干、应征若干，比之上三年或多或少，一一注明，另行开单奏报，即以道光五年春拨为始，一律遵办。嗣又准部咨：仍以奏销截数开单具奏，比较更为周匝各等因。转行遵照在案。兹办理光绪二十六年份奏销，除循例奏报外，据广东布政使丁体常将光绪二十六年份征收钱粮比较上三年完欠数目，注明入季、解道、留支各数，并查明已征未解一项，于现办二十六年奏销，遵照定例归入未完项下开列专案咨部，开单请奏前来。

臣等覆核无异。谨合词恭折缮单，敬呈御览，伏祈皇太后、皇上圣鉴，敕部查照施行。谨奏。光绪二十八年四月初十日。

（朱批：）户部知道。单并发。[①]

光绪二十八年九月十五日，奉朱批：户部知道。单并发。钦此。[②]

〇六五　呈广东光绪二十六年征收钱粮比较上三年完欠清单

光绪二十八年四月初十日（1902年5月17日）

谨将广东省光绪二十六年份征收钱粮截至奏销止，比较上三年完欠数目，分晰开单，恭呈御览。

新赋项下：

---

① 台北故宫博物院藏：军机及宫中档，文献编号：408003455。
② 台北故宫博物院藏：军机及宫中档，文献编号：149609。

光绪二十六年份，额征新赋地丁正项共银一百一十万三千二百五十六两零。截至奏销止，已完银九十三万四千六百二十四两零，内候造入各季册报并除留支各款共银七十一万一千一十六两三钱二分二厘四忽，完解高廉钦、雷琼二道库充支兵饷银七万九千二百八十两七钱一分一厘，各府、厅、州、县留支共银一十四万四千二百六两五钱七分八厘，解盐运司民粮、盐课银一百二十一两一钱七分，未完银一十六万八千六百三十一两零，已完八分四厘七毫零，未完一分五厘二毫零。

比较光绪二十三年份，应征银一百一十万三千七百六十七两零，已完八分五厘一毫零，银九十三万九千五百九十两零；未完一分四厘八毫零，银一十六万四千一百七十六两零。计少完四毫零。

比较光绪二十四年份，应征银一百一十三万四千五百二十九两零，已完八分三厘九毫零，银九十五万二千五百三十二两零；未完一分六厘零，银一十八万一千九百九十七两零。计多完八毫零。

比较光绪二十五年份，应征银一百七万七千九百一十六两零，已完八分三厘七毫零，银九十万二千六百三十七两零；未完一分六厘二毫零，银一十七万五千二百七十八两零。计多完一厘零。

旧赋项下：

光绪二十六年，应征光绪二十五年份旧欠银一十七万五千二百七十八两零，截至奏销止，已完银五万五千六百二十九两零，内造入各季册报银五万五千五百八十五两四钱八分一厘三毫八丝零四微，收入减平项下汇解部库银四十四两一钱八分，未完银一十一万九千六百四十九两零，已完三分一厘七毫零，未完六分八厘二毫零。

比较光绪二十三年，应征光绪二十二年份旧欠银一十七万一千一百二十五两零,已完一分三厘三毫零,银二万二千八百九十六两零;未完八分六厘六毫零,银一十四万八千二百二十八两零。计多完一分八厘零。

比较光绪二十四年,应征光绪二十三年份旧欠银一十六万四千一百七十六两零,已完一分三厘一毫零,银二万一千五百七十五两零;未完八分六厘八毫零,银一十四万二千六百一两零。计多完一分八厘零。

比较光绪二十五年,应征光绪二十四年份旧欠银一十八万一千九百九十七两零,已完一分八厘六毫零,银三万三千九百五十七两零;未完八分一厘三毫零,银一十四万八千三十九两零。计多完一分三厘零。

(朱批:)览。[①]

○六六　查明广东光绪二十六年旧
　　　欠钱粮催提征解完欠数目折

光绪二十八年四月初十日(1902年5月17日)

头品顶戴两广总督臣陶模、头品顶戴广东巡抚臣德寿跪奏,为查明广东省各年旧欠正杂钱粮光绪二十六年催提征解已、未完数目,恭折仰祈圣鉴事。

窃照各省奏销,应将征收旧欠正杂钱粮数目及未完分数考成专折奏报。现届办理光绪二十六年份奏销之期,除是年应征新赋银米已、未完数目另行具奏外,兹据广东布政使丁体常详称:查自

---

① 台北故宫博物院藏:军机及宫中档,文献编号:149609-0-A。

光绪六年起至光绪二十五年止，旧欠地丁、驿传、备支经费，除豁免及续完外，尚应征银一百八十九万一千一十八两零，内已完银七万四百五十四两零，未完银一百八十二万五百六十四两零。

又，光绪九年以前欠杂税银二千一百三十八两零，全未完解。另，从前各州县征存地丁、备支经费共银一十万四千五百五十七两零，全未完解。又，旧欠耗羡银三十四万八千五百一十三两零，内已完银一万八千二百九两零，尚未完银三十三万三百四两零。另，从前各州县征存未解耗羡银一万四千九百三十八两零，全未完解。又，自道光三十年起至光绪二十五年止，旧欠民米除豁免及续完外，尚未完米七十一万九千六百九十一石零，内已完米四千七百二十石零，未完米七十一万四千九百七十一石零。另，从前各州县征存米七万九百五十六石零，全未完解。又，自道光二十六年起至光绪二十五年止，共未完当饷银一十一万一千二百一十五两零，内已完银二万三千四百一十五两零，尚未完银八万七千八百两。又，未完《全书》未载铁炉饷银八千三百五十七两零，全未完解。又，自咸丰十一年起至光绪十四年止，未完《全书》附载铁炉饷银四千五百五十二两零。又，自道光八年起至光绪二十五年止未完煤饷银七万六千一百七十九两零，内已完银一千四百七十两，尚未完银七万四千七百九两零。又，自道光二十四年起至咸丰三年止，共未完各业户借领堤费银一万五千二百一十八两零，全未完解。

以上各属征存未解地丁、备支、耗羡等银，业于交代案内参追。其未完米石系由历年各县办理军务，就近提支军需，现已严饬领解清款，分别收支。至当饷、炉饷、煤饷、堤费等项已、未完细数，业已另册送部查核等情，请奏前来。

臣等覆核无异。所有光绪二十六年份征收旧赋银米完欠数目,谨循例缮具清单,合词恭折具陈,伏乞皇太后、皇上圣鉴,敕部查照施行。谨奏。光绪二十八年四月初十日。

(朱批:)该部知道。单并发。①

光绪二十八年九月十五日,奉朱批:该部知道。单并发。钦此。②

〇六七　呈广东光绪二十六年旧欠钱粮催提征解完欠数目清单

光绪二十八年四月初十日(1902年5月17日)

谨将广东省各年旧欠钱粮银米光绪二十六年催提征解已、未完数目,分晰开单,恭呈御览。

道光三十年份征存在县米一千三百二十三石零,尚未完解。

咸丰元年份征存在县米四千九百二十六石零,尚未完解。

咸丰二年份征存在县米二千二百五十八石零,尚未完解。

咸丰三年份征存在县米一千八十八石零,尚未完解。

咸丰三年份征存在县道光三十年缓征米二百八十三石零,尚未完解。

咸丰四年份征存在县米三千五百一石零,尚未完解。

咸丰四年份带征存县道光三十年缓征米一百六十八石零,尚未完解。

咸丰四年份带征存县咸丰元年缓征米二百九十八石零,尚未

---

① 台北故宫博物院藏:军机及宫中档,文献编号:408003454。
② 台北故宫博物院藏:军机及宫中档,文献编号:149607。

完解。

咸丰五年份征存在县米三千三百二十四石零，尚未完解。

咸丰五年份带征存县咸丰元年缓征米一百七石零，尚未完解。

咸丰六年份征存在县米五百六十三石零，尚未完解。

咸丰六年份带征存县咸丰元年缓征米五十六石零，尚未完解。

咸丰六年份带征存县咸丰元年缓征米一百五十四石零，尚未完解。

咸丰七年份征存在县米一千七百三十一石零，尚未完解。

咸丰七年份带征存县咸丰四年缓征米一百九十九石零，尚未完解。

咸丰八年份征存在县米二千二百七十五石零，尚未完解。

咸丰八年份带征存县咸丰四年缓征米一百五十四石零，尚未完解。

咸丰九年份征存在县米二百五十五石零，尚未完解。

咸丰十年份征存在县米八百八十四石零，尚未完解。

咸丰十年份带征存县咸丰六年缓征米一百八十九石零，尚未完解。

咸丰十一年份征存在县米四百一十二石零，尚未完解。

咸丰十一年份带征存县咸丰七年缓征米二百石零，尚未完解。

同治元年份征存在县米一千四十六石零，尚未完解。

同治元年份带征存县咸丰七年缓征米五百五十九石零，尚未完解。

同治二年份征存在县米九百二十三石零，尚未完解。

同治三年份征存在县米三百五十五石零，尚未完解。

同治三年份带征存县咸丰九年缓征米二百六十七石零，尚未完解。

同治四年份征存在县米二百七十六石零，尚未完解。

同治四年份带征存县咸丰九年缓征米三百七十二石零，尚未完解。

同治五年份征存在县地丁及备支共银六十四两零，尚未完解；征存在县米二百七十四石零，尚未完解。

同治六年份征存在县地丁及备支共银五百四十九两零，尚未完解；征存在县耗羡银五百三十二两零，尚未完解；征存在县米二百六十五石零，尚未完解。

同治七年份征存在县地丁及备支共银三千五百两零，尚未完解；征存在县米九十二石零，尚未完解。

同治七年份带征存县同治三年缓征米二十九石零，尚未完解。

同治八年份征存在县地丁及备支共银一千七十二两零，尚未完解；征存在县耗羡银一百八十一两零，尚未完解；征存在县米一千四百三十二石零，尚未完解。

同治九年份征存在县地丁及备支共银七千二百九十九两零，尚未完解；征存在县耗羡银一千二百三十三两零，尚未完解；征存在县米二千八百八石零，尚未完解。

同治九年份带征存县同治四年缓征米一百四十八石零，尚未完解。

同治十年份征存在县地丁及备支共银一千四百四十一两零，尚未完解；征存在县米四千八百六十三石零，尚未完解。

同治十一年份征存在县耗羡银二百一十一两零，尚未完解；征存在州县米一百七十三石零，尚未完解。

同治十二年份征存在州县地丁及备支共银三千五百一十九两

零,尚未完解;征存在县耗羡银五百八十九两零,尚未完解;征存在州县米七十二石零,尚未完解。

同治十三年份征存在州县地丁及备支共银七千九百四十二两零,尚未完解;征存在州县耗羡银一千二百九十二两零,尚未完解;征存在州县米五十石零,尚未完解。

光绪元年份征存在州县地丁及备支共银九千二百一两零,商欠杂税银一百三十三两零,尚未完解;征存在州县耗羡银二千二百九十两零,尚未完解;征存在州县米一百一石零,尚未完解。

光绪二年份征存在州县地丁及备支共银五千九百四十三两零,商欠杂税银五百二十一两零,尚未完解;征存在州县耗羡银七百二十两零,尚未完解;征存在州县米一百三十石零,尚未完解。

光绪三年份征存在州县地丁及备支共银八百九十九两零,商欠杂税银三百九十四两零,尚未完解;征存在州县耗羡银一百六十七两零,尚未完解;征存在州县米一千七百四十八石零,尚未完解。

光绪四年份征存在州县地丁及备支共银四千二百七两零,商欠杂税银五百四十三两零,尚未完解;征存在州县耗羡银七百五十七两零,尚未完解;征存在州县米四千一百一十八石零,尚未完解。

光绪五年份征存在州县地丁及备支共银一万一千四百六十七两零,商欠杂税银五百四十四两零,尚未完解;征存在州县耗羡银一千九百一十四两零,尚未完解;征存在州县米四千二百二十一石零,尚未完解。

光绪六年份征存在州县地丁及备支共银一万五千四百二十四两零,尚未完解;征存在州县耗羡银二千六百一十七两零,尚未完解;征存在州县米一万一千六十九石零,尚未完解。

光绪七年份征存在州县地丁及备支共银六千二百八两零,尚未完解；征存在州县耗羡银六百六十九两零，尚未完解；征存在州县米四千一百四十五石零，尚未完解。

　　光绪八年份征存在州县地丁及备支共银一万三百一十六两零，尚未完解；征存在州县耗羡银一千四百六十四两零，尚未完解；征存在州县米一千九百九十三石零，尚未完解。

　　光绪九年份征存在州县地丁及备支共银一万七千八百五十五两零，尚未完解；征存在州县耗羡银二千六百四十一两零，尚未完解；征存在州县米四千二百四十石零，尚未完解。

　　光绪十年份原欠地丁及备支共银一十二万一千三百三十九两零，尚未完解；耗羡银二万五十九两零，尚未完解；米三万七千二百三十五石零，尚未完解。

　　光绪十一年份原欠地丁及备支共银一十五万七千一十两零，尚未完解；耗羡银二万六千四十二两零，尚未完解；米四万四千四百三十石零，尚未完解。

　　光绪十二年份原欠地丁及备支共银一十二万四千五百五十二两零，尚未完解；耗羡银二万一千三百六十二两零，尚未完解；米四万九千五百三十石零，尚未完解。

　　光绪十三年份原欠地丁及备支共银一十三万六千一百一十九两零，尚未完解；耗羡银二万四千九百七十三两零，尚未完解；米四万九千八百石零，尚未完解。

　　光绪十四年份原欠地丁及备支共银一十一万五千八百八十二两零，已完银三百一十一两，未完银一十一万五千五百七十一两零；耗羡银一万八千五百四十一两零，已完银一百三两零，未完银一万八千四百三十八两零；米四万九千二百二十三石零，尚未完解。

光绪十五年份原欠地丁及备支共银一十一万七千四百二十七两零，已完银三百一十一两零，未完银一十一万七千一百一十六两零；耗羡银二万四千一百三两零，已完银一百五两零，未完银二万三千九百九十八两零；米五万三百五十三石零，尚未完解。

光绪十六年份原欠地丁及备支共银一十二万三千二百一十二两零，已完银三百六十九两零，未完银一十二万二千八百四十三两零；耗羡银二万二千五百二十三两零，已完银一百一十五两零，未完银二万二千四百百八两零；米五万二千六百四十四石零，尚未完解。

光绪十七年份原欠地丁及备支共银一十三万七百九十七两零，已完银五百二十四两零，未完银一十三万二百七十三两零；耗羡银二万九千五百三十五两零，已完银九十四两零，未完银二万九千四百四十一两零；米五万三千五百八十八石零，尚未完解。

光绪十八年份原欠地丁及备支共银一十四万八千四百六十五两零，已完银五百七十四两零，未完银一十四万七千八百九十一两零；耗羡银二万七千五百二十四两零，已完银一百五十五两零，未完银二万七千三百六十九两零；米五万二千石零，已完米二十七石零，未完米五万一千九百七十三石零。

光绪十九年份原欠地丁及备支共银一十一万四千五十九两零，已完银四百八十七两零，未完银一十一万三千五百七十二两零；耗羡银一万八千二百二两零，已完银九十一两零，未完银一万八千一百一十一两零；米五万一千五百八十四石零，已完米二百二十五石零，未完米五万一千三百五十九石零。

光绪二十年份原欠地丁及备支共银一十二万四千六百二十八两零，已完银一千一百三十八两，未完银一十二万三千四百九十两零；耗羡银一万九千八百四十七两零，已完银一百七十四两零，未完银一万九千六百七十三两零；米五万五千二百一石零，已完米二百四十七石零，未完米五万四千九百五十四石零。

光绪二十一年份原欠地丁及备支共银一十三万六千六百四十六两零，已完银一千九百八十二两零，未完银一十三万四千六百六十四两零；耗羡银二万一千五百一两零，已完银二百七十七两零，未完银二万一千二百二十四两零；米五万二千二百二十三石零，已完米一百四十八石零，未完米五万二千七十五石零。

光绪二十二年份原欠地丁及备支共银一十三万八十八两零，已完银三千三百六十七两零，未完银一十二万六千七百二十一两零；耗羡银一万九千六百三十四两零，已完银六百三十四两零，未完银一万九千两零；米五万四千七石零，已完米一百四十四石零，未完米五万三千八百六十三石零。

光绪二十三年份原欠地丁及备支共银一十三万三千八百一十九两零，已完银四千三百九十一两零，未完银一十二万九千四百二十八两零；耗羡银二万六千四百五十二两零，已完银一千四百七十八两零，未完银二万四千九百七十四两零；米四万八千八百二十四石零，已完米一千九百九十六石零，未完米四万七千七百二十八石零。

光绪二十四年份原欠地丁及备支共银一十五万三千四百五十二两零，已完银一万二百九十八两零，未完银一十四万三千一百五十四两零；耗羡银二万九千三百六十四两零，已完银六千五百五十七两零，未完银二万二千八百七两零；米四万三千一百六十石零，已完米二百六十四石零，未完米四万二千八百九十六石零。

光绪二十五年份原欠地丁及备支共银一十七万五千二百七十八两零，已完银五万五千六百二十九两零，未完银一十一万九千六百四十九两零；耗羡银三万四千五百七十一两零，已完银一万一千四百四两零，未完银二万三千一百六十七两零；米五万五千四百三十二石零，已完米二千九百八十一石零，未完米五万二千四百五十一石零。

（朱批：）览。①

○六八　请将知县王锡祺等交部议处折

光绪二十八年四月二十五日（1902年6月1日）

头品顶戴两广总督臣陶模、头品顶戴广东巡抚臣德寿跪奏，为特参监狱被劫并团局军械被抢之承缉印、捕各官，请旨交部议处，恭折仰祈圣鉴事。

窃据石城县知县王锡祺禀称：光绪二十八年正月十九日夜三更时候，被匪百余人身穿号衣，突至县署，撞破监门，殴伤禁卒、更夫及管监家丁，打断木笼、锁铐，将监犯蔡愤春等三十一名劫放出狱。该县闻警，督同署典史李庆芬，亲率差勇向前捕拿。该匪等胆敢放枪拒捕，伤勇二名，经差勇奋力喊击，当场格毙匪犯三名，拿获逃犯蔡愤春、余亚晚二名。各匪始退出署，分党劫掠团练局洋枪、枪码等件。同城都司、城守闻警，率兵趋至。各匪纷纷扒城逃逸。该县飞电驻扎安铺介字右营，并传知各乡团练分投追截，于二十及二十一、二等日陆续获回逃犯罗亚晚、李亚居、李亚水、何亚九、李亚幅、符康恩、李亚六、苏帼权、余亚生、苏亚三、蔡亚贤、杨永洪、吴亚生、陈亚普即育隆、廖居清、吴郁洸一十六名，并拿获劫狱首伙匪

---

① 台北故宫博物院藏：军机及宫中档，文献编号：149607-0-A。

犯陈亚进、王亚胜、曹汶卿、谭友太、李亚三、黄亚三、黄亚四七名，起获原赃洋枪二十八杆、枪码二百余颗。又，介勇团练格毙逃犯李亚林、黄才愤二名，割取首级，先后送县。该县查验首级属实，提讯陈亚进，供认与蔡愤春均系拜会头目，其余在监各犯多系会内弟兄，伊与未获匪首洪荒二等意欲竖旗滋事，因人数尚少，是以纠伙劫狱，欲将各犯劫出，帮同行事，顺便劫掠团局枪械不讳。讯之伙匪王亚胜等及逃犯蔡愤春等，各供均属相同。

查蔡愤春本系著匪，前因获案狡不认供，致未禀办；余亚晚、罗亚晚、李亚居、李亚水、何亚九、李亚幅、符康恩、李亚六、苏帼权、余亚生、苏亚三、蔡亚贤、杨永洪、吴亚生、陈亚普即育隆，均先已讯认迭劫拜会、禀请委员覆审拟办之犯，现在各路匪势正炽，势难久稽生变，不得不从权办理，业将以上劫狱匪犯陈亚进等七名、反狱会匪蔡愤春等十六名，先行照章就地正法。其有廖居清一犯系被控命案讯未认供之犯，吴郁洸一犯系吴家绍谋杀胞叔吴廷惠一家六命案内奏明缘坐犯属，请示办理等情。臣等查廖居清、吴郁洸二犯，既系随同反狱，例不论原罪轻重，罪应斩枭。现当匪势正炽，未便久稽，亦即电饬正法。尚有未获逃犯十一名，据禀系讯认抢劫之龙马铃保、房亚三、莫亚良、何康玉、朱亚瀍、莫亚祥、李汶周、李其顺、谭孚子、李亚同及命案被控讯未认供之郑家舜，业与劫狱各匪伙加悬重赏，移行勒缉等情，并据高州府电禀前来。

臣等伏查此案匪首陈亚进等，妄图竖旗滋事，胆敢纠众及听纠劫狱，抢掠团局军械，实属行同叛逆，不法已极。蔡愤春本系会匪头目，与余亚晚及罗亚晚等十五名，并格毙之李亚林等二名，亦皆认讯迭劫拜会之匪犯，暨廖居清、吴郁洸二名，共计二十名，听从反狱，均属罪无可逭，业经该县并臣等电饬与陈亚进等七名先后正法,用昭炯戒,以寒匪胆。至该县印、捕各官,虽于三日内会营督团将被劫逃犯拿获过半,劫狱首伙匪犯亦拿获七名,并格毙三名,尚属奋勉,惟劫匪未获尚多,自应一并参处勒缉。据藩、臬两司转据该管道府揭报前来。

除饬移行勒限严缉劫狱各余匪及未获各逃犯,暨通饬各属一体严缉务获究报,并提讯禁役人等有无松刑故纵情事,分别究办外,相应请旨将石城县知县王锡祺、署石城县典史试用从九品李庆芬交部分别议处。臣等谨合词恭折具陈,伏乞皇太后、皇上圣鉴训示。谨奏。光绪二十八年四月二十五日。

(朱批:)着照所请,该部知道。[①]

光绪二十八年六月初九日,奉朱批:着照所请,该部知道。钦此。[②]

○六九　奏请换铸澄迈县印信折

光绪二十八年四月二十五日(1902年6月1日)

头品顶戴两广总督臣陶模、头品顶戴广东巡抚臣德寿跪奏,为印信字画模糊,请换铸以昭信守,恭折仰祈圣鉴事。

窃照案准部咨:嗣后印信篆文将次漫漶,即令早为陈请换铸,傥有因循迁就不及时请换者,交部议处等因。遵照在案。兹据广东布政使丁体常详称:澄迈县知县林玉铭详:查澄迈县自嘉庆二十三年颁发嘉字一千四百三十一号印信一颗,迄今历年已久,查看篆

---

① 台北故宫博物院藏:军机及宫中档,文献编号:408003457。

② 中国第一历史档案馆藏:录副奏折,档案编号:03-7398-073。

文均已模糊，造具印模册，详请换铸前来。理合详候奏请换铸，以昭信守。其旧印照例俟新印颁到之日镌刻缴字，送部查销等情，连缴印模册到臣。据此，覆查无异。相应奏请换铸澄迈县印信一颗颁给，以昭信守。其旧印俟新印到日，镌刻缴字，另咨送部查销。

除将印模册送部外，臣等谨照新章改题为奏，合词恭折具陈，伏乞皇太后、皇上圣鉴，敕部议覆换铸施行。谨奏。光绪二十八年四月二十五日。

（朱批：）礼部知道。[①]

光绪二十八年六月初九日，奉朱批：礼部知道。钦此。[②]

○七○　奏报道员丁宝铨等分赴新任片

光绪二十八年四月二十五日(1902年6月1日)

再，新授惠潮嘉道丁宝铨[③]现已到省，应即饬赴新任。又，雷琼遗缺道奏补高廉钦道吴永亦已到省，应饬先赴任事，以重职守。除分别檄饬遵照外，臣等谨合词附片具陈，伏乞圣鉴。谨奏。

---

① 台北故宫博物院藏：军机及宫中档，文献编号：408003459。
② 中国第一历史档案馆藏：录副奏折，档案编号：03-5741-048。
③ 丁宝铨（1866—1919），字衡甫，号默存。江苏山阳人。光绪十一年（1885），取生员。十四年（1888），中式举人。十五年（1889），中式进士，选吏部文选司行走，历充督催所掌印、文选司帮掌印、会典馆纂修派办、万寿庆典掌司务厅印、稽勋司主事、考功司员外郎、稽勋司郎中、文选司掌印、则例馆提调、会典绘图处总校、承修东陵工程监督。二十六年（1900），赴行在，补军机章京。二十八年（1902），放广东惠潮嘉兵备道，旋丁母忧，回籍终制。三十一年（1905），升授山西冀宁道。三十二年（1906），补授山西按察使。同年，署理山西布政使。三十四年（1908），迁山西布政使。宣统元年（1909），擢山西巡抚。三年（1911），因案褫职。民国八年（1919），遇刺身亡。追谥恪敏。

（朱批：）知道了。[1]

光绪二十八年六月初九日，奉朱批：知道了。钦此。[2]

〇七一　奏报俞焕续完钱粮应行改议折

光绪二十八年四月二十八日（1902年6月4日）

头品顶戴两广总督臣陶模、头品顶戴广东巡抚臣德寿跪奏，为知县奏销后续完钱粮，应行改议，恭折具奏，仰祈圣鉴事。

窃照前准部咨：具奏筹备饷需折内，所有钱粮奏销令该督抚一面具题，一面先将未完一分以上各员名开单专折奏报；其有具奏后续完者，准其续行奏请归本案开复等因。钦奉谕旨，咨行到粤，当经转行钦遵办理。兹据布政使丁体常详称：广东省光绪二十五年奏销地丁银米案内，原惠州府和平县尚未完地丁充饷银三千二百三两六钱二厘，又未完耗羡银五百四十一两四钱九厘，又未完米三百三十六石一斗八升八合一勺。以本折通融计算，实未完五分五厘九毫九丝，先经将该员俞焕职名分别开单及造册汇案奏参，而开单之案奉部议覆，将该员俞焕照例革职；其造册之案尚未奉准部覆。嗣据该员俞焕于奏销后完解地丁正银一千一百七十一两五钱九分四厘九毫，耗羡银一百九十七两九钱九分九厘二毫，业经完解司库兑收，充支兵饷。

查户部则例内开：各直省经征、督催各官，参后或续报全完，或续完几分，该督抚将应免处分分别题咨，即予减免、开复等因。今

---

① 台北故宫博物院藏：军机及宫中档，文献编号：408003459-0-A。

② 中国第一历史档案馆藏：录副奏片，档案编号：03-5418-042。

该员俞煐续经解过原参未完光绪二十五年份地丁银一千一百七十一两五钱九分四厘九毫,耗羡银一百九十七两九钱九分九厘二毫,应照减免之例及奏定章程办理。查光绪二十五年份钱粮奏销,开报该员俞煐未完五分五厘九毫九丝,今于参后续完一分八厘七毫八丝九忽,实未完三分七厘二毫一忽等情,造册详请具奏改议前来。

臣等覆查无异。除严饬将未完银米赶紧扫数完解外,所有和平县经征钱粮参后续完银两请改议缘由,谨合词恭折具陈,伏乞皇太后、皇上圣鉴,敕部改议施行。谨奏。光绪二十八年四月二十八日。

(朱批:)该部议奏。①

光绪二十八年六月初十日,奉朱批:该部议奏。钦此。②

○七二　奏闻甄别试用期满各员片

光绪二十八年四月二十八日(1902年6月4日)

再,前准部咨:无论何项出身人员,凡系补缺应行具题者试用期满,由该督抚详加甄别具奏等因。历经遵办在案。兹查拔贡报捐本班尽先补用知县杨忠嗣,江西德兴县拔贡,朝考以知县用,指分四川,遵新海防例报捐本班尽先补用,光绪二十五年五月十六日到省,复遵例捐离四川,改指广东,仍归本班尽先补用,二十六年正月二十九日领咨到省。又,拔贡分发知县于祖谦,河南鄢陵县拔

---

①　台北故宫博物院藏:军机及宫中档,文献编号:408003463。
②　中国第一历史档案馆藏:录副奏折,档案编号:03-6274-059。

贡,朝考以知县用,签掣广东,光绪二十五年正月二十七日逾限到省。又,拔贡分发知县赵德垣,直隶永平县拔贡,朝考以知县用,签掣广东,二十五年三月初二日逾限到省。又,拔贡分发知县杜凌云,山西夏县拔贡,朝考以知县用,签掣广东,光绪二十五年五月初一日逾限到省。又,拔贡分发知县向学耿,湖南溆浦县拔贡,朝考以知县用,签掣广东,光绪二十五年七月二十六日逾限到省。均试用已满二年,例应甄别。据藩、臬两司详加察看,具详请奏前来。

臣等复加察核,该员杨忠嗣安详谨饬,办事细心;该员于祖谦老成谙练,留心民事;该员赵德垣稳慎老练,事理详明;该员杜凌云才识优长,趋公勤谨;该员向学耿识见明通,心思缜密,均堪膺民社。除咨部外,谨附片具陈,伏乞圣鉴。谨奏。

(朱批:)吏部知道。[①]

光绪二十八年六月初十日,奉朱批:吏部知道。钦此。[②]

〇七三　保荐俸满经历董萼辉片

光绪二十八年四月二十八日(1902年6月4日)

再,查定例:佐杂人员六年俸满,如果人材出众,著有劳绩,堪膺保荐者,出具考语,保题升用等因。历经遵照办理在案。兹查韶州府经历董萼辉,自光绪十九年十月二十五日到任起,连闰计至二十五年八月二十五日,历俸六年,初次期满,经该管府道保荐到司,由藩、臬两司加考,详请具奏,准其保荐注册升用,并声明该员任内

---

① 台北故宫博物院藏:军机及宫中档,文献编号:408003463-0-A。
② 中国第一历史档案馆藏:录副奏片,档案编号:03-5418-065。

并无记功、计过、参罚案件等情前来。

臣等查该员董萼辉奉职勤慎，堪以保荐。除咨明吏部外，谨照新章改题为奏，附片具陈，伏乞圣鉴，敕部核覆施行。谨奏。

（朱批：）吏部知道。[①]

光绪二十八年六月初十日，奉朱批：吏部知道。钦此。[②]

○七四　奏闻李滋然调署揭阳县知县片

光绪二十八年四月二十八日(1902 年 6 月 4 日)

再，揭阳县知县李树声调省差委，遗缺查有卸电白县知县李滋然，明干练达，堪以调署。该员任内并无盗劫已起四参之案。据藩、臬两司会详前来。除饬遵外，臣等谨附片具陈，伏祈圣鉴。谨奏。

（朱批：）吏部知道。[③]

光绪二十八年六月初十日，奉朱批：吏部知道。钦此。[④]

○七五　奏为恳恩开缺调理折

光绪二十八年五月初四日(1902 年 6 月 9 日)

头品顶戴两广总督臣陶模跪奏，为微臣续假期满，痼疾难瘳，实在不能办事，恳恩开缺调理，速简贤员，免误疆寄，恭折仰祈圣鉴事。

---

① 台北故宫博物院藏：军机及宫中档，文献编号：408003463-0-B。
② 中国第一历史档案馆藏：录副奏片，档案编号：03-5418-055。
③ 台北故宫博物院藏：军机及宫中档，文献编号：408003463-0-C。
④ 中国第一历史档案馆藏：录副奏片，档案编号：03-5418-059。

窃臣于光绪二十八年正月二十五日因假期又满，病势难痊，奏请开缺。旋于二月二十四日钦奉朱批：着再赏假两个月，安心调理，毋庸开缺。钦此。沐恩慈之逾格，弥感悚以难名。值此时局多艰，理宜力疾任事，初拟节交夏令，旧恙或可稍痊，乃病体淹缠，元气久耗，虽广求中西医药，多方调治，毫无功效，饮食甚少，食皆化痰，肺胃大伤，喘嗽不已，痰中时常带血，精神恍惚，夜不成眠，两臂、两腿均麻木不仁，艰于运动，间或扶掖而起，勉强危坐，目中偶见日光，即心烦发热，是以辗转床褥，累月未出卧室。延见寅僚，略谈数语，即气逆不止，似此沉疴，势难速愈。

自去冬叠蒙赏假以来，凡寻常日行公事皆委藩司代拆代行。其洋务交涉及军务要件，概请抚臣德寿主持商办。广东濒海要区，政事繁重，甲于他省；广西游勇、土匪跳梁滋事，总督有辖治两省之权，尤须精明强干，方足负荷艰巨。如臣衰朽，若不退避贤路，仍复托名报效，觍颜恋栈，问心奚安？必至贻误大局，虽治臣以溺职之罪，已叹无及。再四思维，只得迫切陈情，吁恳天恩，俯念海疆重要，非病废之人所能胜任，开去微臣两广总督实缺，简放贤能之员，整顿一切。地方幸甚。微臣得稍释愆尤，冀可悉心医治。倘邀朝廷福庇，病势轻减，即当泥首宫门，求赏差使，再图报效，不敢自外生成。

所有微臣续假期满，痼疾难瘳，实在不能办事，恳恩开缺调理缘由，理合恭折沥陈，伏乞皇太后、皇上圣鉴，训示施行。谨奏。光绪二十八年五月初四日。

（朱批：）另有旨。[1]

---

① 台北故宫博物院藏：军机及宫中档，文献编号：408003466。

光绪二十八年五月二十七日,奉朱批:另有旨。钦此。[1]

【案】此奏于是年五月二十七日得旨允行。上谕档:

光绪二十八年五月二十七日,内阁奉上谕:陶模奏,假期又满,病仍未痊,恳请开缺调理一折。两广总督陶模,着准其开缺。钦此。[2]

翌日,清廷饬令德寿署理两广总督。上谕档:

光绪二十八年五月二十八日,内阁奉上谕:两广总督着德寿署理,岑春煊着调补广东巡抚;山西巡抚着丁振铎调补,王之春着补授广西巡抚。钦此。[3]

○七六　奏报广东光绪二十七年请袭世职折

光绪二十八年五月初四日(1902年6月9日)

头品顶戴两广总督臣陶模跪奏,为汇案请袭世职,恭折仰祈圣鉴事。

案准兵部咨:袭职发标人员,汇案具奏,遵办在案。兹查光绪二十七年,据英德、博罗、新兴、归善、信宜、揭阳、合浦、潮阳、嘉应、陆丰各州县详送承袭云骑尉赖鹤桐、韩廷选、甘会照、朱绍襄、朱贻昌、杨润清、林国恩、秦其炳、萧世恩、连继耀,承袭恩骑尉杨秉忠、卢传扬,请袭发标前来。

---

① 中国第一历史档案馆藏:录副奏折,档案编号:03-5417-126。
② 《光绪宣统两朝上谕档》,第28册,第141页。
③ 《光绪宣统两朝上谕档》,第28册,第141页。

查定例：承袭世职，令嫡长子孙承袭，如无嫡长子孙，许令弟侄应承继者承袭。又，承袭云骑尉，年已及岁，免其送部，令该督抚验看具题，俟题准后就近发标学习。又，云骑尉、恩骑尉有愿改外海水师者，豫先呈明，分派海外水师各营，随同出洋巡哨各等语。今应袭云骑尉赖鹤桐等十员，应袭恩骑尉杨秉忠等二员，请袭职发标，连继耀、卢传扬并请改用外海水师，核与定例相符，均经验明分别发标学习。谨汇缮清单，恭呈御览。

除将各该员亲供、宗图、履历册结咨送部、科外，理合缮折具陈，伏乞皇太后、皇上圣鉴，敕部核覆。谨奏。光绪二十八年五月初四日。

（朱批：）兵部议奏。单并发。[1]

光绪二十八年五月二十七日，奉朱批：兵部议奏。单并发。钦此。[2]

○七七　呈广东光绪二十七年请袭世职清单

光绪二十八年五月初四日(1902年6月9日)

谨将光绪二十七年广东省请袭世职各员案由，汇缮清单，恭呈御览。

一、原任广西贺县县丞赖锦荣，道光三十年带勇赴湖南剿捕李沅发股匪。是年三月二十五日，在永福县属古朵村杀贼阵亡，议给云骑尉世职，袭次完时，给予恩骑尉，世袭罔替。道光三十年十月

---

① 台北故宫博物院藏：军机及宫中档，文献编号：408003467。
② 中国第一历史档案馆藏：录副奏折，档案编号：03-5417-127。

初四日奉旨：依议。钦此。嫡长子赖桂林奉准承袭，病故。兹据英德县知县查明，赖鹤桐系赖桂林嫡长子、阵亡县丞赖锦荣嫡长孙，例应接袭云骑尉世职，未及岁时先已请袭，现年二十八岁，应请发标学习。取具亲供、图结、履历文册，申送验看，声明已故云骑尉赖桂林并未领过袭职敕书，无凭恭缴。经前兼署督臣德寿验得请袭云骑尉赖鹤桐，堪以饬发督标中营学习。

一、题升贵州丹江通判本任安平县知县韩梦琦，咸丰十年在修文县署任，逆首何二统贼围攻县城，五月十七日出城剿贼，力竭阵亡，议给云骑尉世职，袭次完时，给予恩骑尉，世袭罔替。咸丰十年十二月十三日奉旨：依议。钦此。嫡子韩长吉奉准承袭，病故。兹据博罗县知县查明，韩廷选系韩长吉嫡长子、阵亡通判韩梦琦嫡长孙，现年二十七岁，例应接袭云骑尉世职。取具亲供、图结、履历文册，详送验看，声明已故云骑尉韩长吉并未领过袭职敕书，无凭恭缴。经臣验得请袭云骑尉韩廷选，堪以饬发督标中营学习。

一、从九品职衔甘炳行，于同治三年三月二十四日督带乡练，在新兴县属乡村地方与贼打仗阵亡，议给云骑尉世职，袭次完时，给予恩骑尉，世袭罔替。同治七年十月三十日奉旨：依议。钦此。嫡长子甘起龙奉准承袭，病故。兹据新兴县知县查明，甘会照系甘起龙嫡长子、阵亡从九品职衔甘炳行嫡长孙，现年三十六岁，应接袭云骑尉世职。取具亲供、图结、履历文册，申送验看，声明已故云骑尉甘起龙并未请领袭职敕书，无凭恭缴。经臣验得请袭云骑尉甘会照，堪以饬发督标中营学习。

一、原任陆路提标右营外委朱英超，随同前惠州协副将膺保，于咸丰四年四月十四日在潮州府潮阳县属地方与贼打仗阵亡，议给云骑尉世职，袭次完时，给予恩骑尉，世袭罔替。咸丰四年六月二十日奉旨：依议。钦此。嫡长子朱学诗奉准承袭，病故。兹据归善县知县查明，朱绍襄系朱学诗嫡长子、阵亡外委朱英超嫡长孙，现年十八岁，例应接袭云骑尉世职。取具亲供、图结、履历文册，详送验看，声明已故云骑尉朱学诗并未领过袭职敕书，无凭恭缴。经臣验得请袭云骑尉朱绍襄，堪以饬发惠州协左营学习。

一、陆路提标右营外委朱瑞贤，道光三十七年七月内奉调赴高廉等处剿匪。咸丰元年九月初六日，在高州府信宜县属东镇地方与贼打仗阵亡，奏请议恤，钦奉恩旨：给予云骑尉世职，袭次完时，仍给恩骑尉，世袭罔替。钦此。嫡长子朱腾蛟奉准承袭，病故。兹据归善县知县查明，朱贻昌系朱腾蛟嫡长子、阵亡外委朱瑞贤嫡长孙，现年二十六岁，例应接袭云骑尉世职。取具亲供、图结、履历文册，详送验看，声明已故云骑尉朱腾蛟并未请领袭职敕书，无凭恭缴。经臣验得请袭云骑尉朱贻昌，堪以饬发惠州协右营学习。

一、贡生杨挺楠，咸丰十一年因逆匪陈金缸攻陷信宜县城，募勇带练，随同官兵进剿，血战阵亡，议给云骑尉世职，袭次完时，毋庸给予恩骑尉。同治四年十一月初十日奉旨：依议。钦此。嫡长子杨树修奉准承袭，病故。兹据信宜县知县查明，杨润清系杨树修嫡长子、阵亡贡生杨挺楠嫡长孙，现年三十一岁，例应接袭云骑尉世职。取具亲供、图结、履历文册，详送验看，声明已故云骑尉杨树修并未领过袭职敕书，无凭恭缴。经臣验得请袭云骑尉杨润清，堪以饬发高州镇左营学习。

一、奏留新疆升用都司林进福，光绪二十一年十月内，奉派赍折进京，十一月十一日行至甘肃永昌县属地方，突遇回贼，随同官军打仗，力竭阵亡，议给云骑尉世职，袭次完时，给予恩骑尉，世袭罔替。光绪二十二年十二月十六日奉旨：依议。钦此。兹据揭阳县知县查明，林进福阵亡无子，以胞侄林国恩入继为嗣，例应承袭云骑尉世职，未及岁时，先准承袭，现年十七岁，愿投营学习。取具亲供、图结、履历文册，详送验看。经臣验得请袭云骑尉林国恩，堪以饬发潮州镇中营学习。

一、五品蓝翎尽先把总秦烈金，咸丰六年十一月初十日在江宁句容县北门打仗阵亡，议给云骑尉世职，袭次完时，给予恩骑尉，世袭罔替。同治二年五月二十七日奉旨：依议。钦此。秦烈金阵亡无子，以胞弟秦烈堉承袭云骑尉世职，病故，亦无子嗣。兹据合浦县知县查明，秦其炳系阵亡把总秦烈金胞弟秦烈墀之子，入继秦烈金为嗣，昭穆相当，现年二十一岁，例应接袭云骑尉世职。取具亲供、图结、履历文册，申送验看，声明已故云骑尉秦烈堉原领敕书另文申缴。经臣验得请袭云骑尉秦其炳，堪以饬发北海镇左营学习。

一、把总萧良芳，于咸丰四年五月二十五日带领潮勇在山东高唐州城与贼打仗，力竭阵亡，议给云骑尉世职，袭次完时，给予恩骑尉，世袭罔替。咸丰四年闰七月十三日奉旨：依议。钦此。萧良芳无子，以共祖兄弟萧良成次子萧应发为嗣，奉准承袭，病故。兹据潮阳县知县查明，萧世恩系萧应发嫡长子、阵亡把总萧良芳嫡长孙，现年二十八岁，例应接袭云骑尉世职。取具亲供、图结、履历文册，详送验看，声明已故云骑尉萧应发并未领过袭职敕书，无凭恭缴。经臣验得请袭云骑尉萧世恩，堪以饬发潮阳营学习。

一、保奖守备尽先千总连允，同治三年追剿发捻，在湖北应山县萧家店打仗阵亡，议给云骑尉世职，袭次完时，给予恩骑尉，世袭罔替。同治三年十二月初十日奉旨：依议。钦此。兹据潮阳县知县查明，连允无子，以胞侄连继耀入继为嗣，现年二十七岁，例应承袭云骑尉世职。自称生长海滨，熟悉水性，愿改外海水师。取具亲供、图结、履历文册,详送验看。经臣验得请袭云骑尉连继耀,堪以改用外海水师,饬发澄海左营学习。

一、原任四川苍溪县典史杨堂,嘉庆三年因教匪滋事,派委渠县护解军粮,贼众不敌,致被戕害。奏奉恩旨:给予云骑尉世职,袭次完时,给予恩骑尉,世袭罔替。钦此。嫡子杨凤、孙杨承恩奉准承袭云骑尉世职,先后病故。杨承恩亲子杨肇勋先故,无嗣入继,胞侄杨念先奉准承袭恩骑尉世职,病故。兹据嘉应州知州查明,杨秉忠系杨念先嫡长子、被戕典史杨堂嫡元孙,现年二十一岁,例应接袭恩骑尉世职。取具亲供、图结、履历文册,详送验看,声明已故恩骑尉杨念先并未领过敕书,无凭恭缴。经臣验得请袭恩骑尉杨秉忠,堪以饬发潮州镇中营学习。

一、原任碣石镇标右营右哨头司外委卢凤,奉调往台湾剿匪,乾隆五十三年五月在台湾地方与贼打仗阵亡,议给云骑尉世职,袭次完时,给予恩骑尉,世袭罔替。乾隆五十三年十一月二十九日奉旨:依议。钦此。伊子卢国宝、孙卢鸿泰先后承袭云骑尉世职,病故。曾孙卢长早故,未经请袭。兹据陆丰县知县查明,卢传扬系阵亡外委卢凤嫡长元孙,现年二十九岁,例应承袭恩骑尉世职。自称生长海滨,熟习水性,愿改外海水师。取具亲供、图结、履历文册,详送验看,声明已故云骑尉卢鸿泰并未领过袭职敕书,无凭恭缴。经臣验得请袭恩骑尉卢传扬,堪以改用外海水师,饬发碣石镇右营学习。

（朱批:）览。[1]

---

[1]　中国第一历史档案馆藏:清单,档案编号:03-5417-128。

○七八　覆陈盗匪猖獗整顿办理情形折

光绪二十八年五月初四日（1902 年 6 月 9 日）

　　头品顶戴两广总督臣陶模、头品顶戴广东巡抚臣德寿跪奏，为广东盗匪猖獗，奉旨整顿缉捕，将办理实在情形恭折覆陈，仰祈圣鉴事。

　　窃光绪二十八年三月二十三日，准军机大臣字寄：光绪二十八年二月二十七日奉上谕：有人奏，广东盗匪猖獗，请饬严定捕盗章程等语。广东盗风素炽，全在各州县暨水陆管带各员不分畛域，认真缉捕。着陶模、德寿督饬文武各员，实力整顿，如有缉捕不力及推诿贿纵各情弊，即着指名严参，以儆玩泄。至应如何严定章程之处，并着悉心妥筹办理。原片着钞给阅看。将此各谕令知之等因。钦此。

　　臣等伏读之余，不胜惶悚。伏念广东盗风素炽，劫案之多，实为他省所未有。臣模上年抵任后，即与臣德寿悉心商酌，责成各州县会督营勇，同时查办清乡，酌定章程，奏明立案。统计一年以来，所获巨匪如冯黑骨称、李跛潭、刘幅、吴容、崔亚炽、关贵鸿、陆畅、邓东良等，皆著名首要，就获之际，无不同声称快。此外先后获办之匪，计有二千二百余名，为数不可谓不多，然仅省城地面略见严肃，西江河道稍觉安靖，其顺德、香山、新会滨海之区，罗定、新兴、阳春山僻之地及钦、廉一带，匪势仍前猖獗，与钞发原奏所言情形不甚悬远。其间州县庸懦、将弁懈弛之处固所不免，然推原其故，诚如原奏所云赌风愈盛，盗贼愈多，盖粤省民情习于游惰，无论男妇老幼皆思坐获意外之财，不愿劳力谋食，是以赌博之风甲于天下。自将番摊、白鸽票等项招商承饷，美其名曰缉捕经费、小闱姓饷，民间以赌为生者，更恣所欲为，百姓因是倾家，流为盗贼，日益繁滋。且赌馆之设，官绅倚为利薮，赌既与盗为媒，因是绅士之庇盗者有之，弁勇之通盗者有之，虽经遇案严惩，然赌风一日不止，即盗风一日不靖，欲禁盗必先禁赌。无如粤省度支本已入不敷出，前督抚臣始议及抽提赌饷。自刚毅来粤筹提一百六十万两，其中有着之款仅得其半，而部臣必欲责令照数拨解汇丰偿款，不得不于别款挪移垫解。上年又奉派摊新定赔款二百万两，拟办之沙捐、粮捐、房捐、酒甑牌费等项，并计不及百万，而赔款须按月筹解，不得不罗掘以应。本省勇饷全恃赌规为大宗，尚苦不敷支解。司局各库均已搜括一空，以后正不知如何支拄。若创言禁赌，原属正办，惟每年骤失二三百万入款，司度支者必致束手无措，其溃败决裂更不堪设想。

臣等夙夜焦思，明知因赌为饷无异饮鸩止渴，而当此百用孔亟、赔款迫促之时，舍此更无从周转，惟于无可补救之中，姑作暂顾目前计。现钦、廉一带业经派委署高廉钦道秦炳直会同督办钦廉边防记名简放道潘培楷、北海镇总兵潘瀛，分督各营，实力办理，渐臻平静。顺德、香山、新会一带，责成署顺德县请补钦州直隶州知州李家焯会同营县，联合护沙团绅，逐段清厘。肇、罗一带，现委候选知府正任顺德县知县王崧带管往办。一面将前获著匪实在出力员弁择尤保奖，并将缉捕废弛各员从严撤参，以昭惩劝。

至正本清源之计，必须顾惜民财，培养民气，使小民各安生业，庶盗匪不致潜滋。臣模上年沥陈办匪情形折内业已切实声明，特苦喘息未舒，征求更迫，臣等既无裕国之方，复鲜辑民之术，负惭待罪，无任屏营。

所有遵奉谕旨查明广东盗匪猖獗及办理实在情形，谨联衔恭折具陈，伏乞皇太后、皇上圣鉴。谨奏。光绪二十八年五月初四日。

（朱批：）仍着督饬地方文武员弁，认真巡缉，有犯必惩。[1]

光绪二十八年五月二十七日，奉朱批：仍着督饬地方文武员弁，认真巡缉，有犯必惩。钦此。[2]

○七九　奏报潮桥官运局经征课饷折

光绪二十八年五月初四日（1902年6月9日）

头品顶戴两广总督臣陶模跪奏，为潮桥官运局经征课饷照额全完，恭折具陈，仰祈圣鉴事。

窃查粤东课饷统归次年岁底奏销，酌定经征、督征各官年月，核算考成造报。又，潮桥各埠引饷于光绪二十五年三月间奏明改章，设立官运局，委员经理。兹据两广盐运使国钧详称：光绪二十四年份，额征省河潮桥引饷、余费、场课、包税及关、桥、厂税并罚赎充饷暨太平、洺洸厂军饷、包税、遇闰加征银一百二两四钱九分二厘，共银六十三万九千四百三十六两八分四厘，另抽零截尾溢银六厘，内除省河各埠光绪二十四年份额征引饷、场课并潮属应征场课共银五十一万三千二十一两二钱三分六厘，已于光绪二十五年十二月内照数全完，造报在案。其潮桥各埠光绪二十四年份额征引饷银一十二万六千四百一十四两八钱五分四厘，又引饷部饭银一

---

①　台北故宫博物院藏：军机及宫中档，文献编号：408003465。

②　中国第一历史档案馆藏：录副奏折，档案编号：03-7378-079。

千八百九十六两二钱二分三厘,又均捐铜斤水脚银九百八十七两六钱七分九厘,统共计银一十二万九千二百九十八两七钱五分六厘。兹据官运局委员开报全完数目前来。所有收支细数并经征、接征各官职名、全完数目,俱已分晰列入册内。又,本案奏销遵照期限,于光绪二十七年十月底造报,因查册造数目舛错,于十一月初四日发回改造,至二十八年二月二十七日缴覆。除扣往返程途二十六日外,实计改册迟延两个月零二十七日。所有造册舛错、驳改、迟延两个月以上职名,系前总办潮桥官运局委员候补知府黄恩焕相应开报等情,详请具奏前来。

臣查光绪二十四年份潮桥引饷,遵照辖限,应自光绪二十六年九月初一日起,至光绪二十七年七月底止,以十一个月为一年,核算考成。所有督征、督辖、经征、接征各官职名、全完数目,俱已据司列入册内分晰开报。其四柱册开管、收、除、在各项数目,臣复加核对,俱属相符。

除送部查核外,理合恭折具陈,伏乞皇太后、皇上圣鉴,敕部议覆施行。谨奏。光绪二十八年五月初四日。

（朱批:）户部知道。[1]

光绪二十八年五月二十七日,奉朱批:户部知道。钦此。[2]

○八○　奏报筹解京饷等项银两片

光绪二十八年五月初四日(1902年6月9日)

再,光绪二十八年份京饷,户部奏拨粤海关洋税银十万两,新

---

① 台北故宫博物院藏:军机及宫中档,文献编号:408003464。
② 中国第一历史档案馆藏:录副奏折,档案编号:03-6475-044。

增盈余银六万两,又东北边防经费拨粤海关六成洋税银十二万两,又筹备饷需拨粤海关四成洋税银十二万两,六成洋税银二十万两,又内务府广储司公用每年拨粤海关税银三十万两。以上各款均应速解。

　　兹据筹解光绪二十八年份第一批部库京饷银二万五千两,另加平银三百七十五两、饭银七百二十五两,又新增盈余银一万五千两,另加平银二百二十五两、饭银四百三十五两,又东北边防经费银三万两,又筹备饷需四成洋税银三万两、六成洋税银五万两,又光绪二十八年春季份广储司公用银七万五千两,另加平银一千一百二十五两,又新增归公加平银一千八百七十五两,抬费用项银六百两,共银二十三万三百六十两,饬由西商志成信、协成乾两号先行垫解,由广东布政使丁体常遴委试用知府宗振等领赍汇单、文批,于光绪二十八年三月初六日起程进京,支取银两,赴户部、内务府分别交纳。

　　除分咨查照外,谨会同粤海关监督臣庄山附片具陈,伏乞圣鉴。谨奏。

　　(朱批:)该衙门知道。①

　　光绪二十八年五月二十七日,奉朱批:该衙门知道。钦此。②

○八一　奏闻汇解京饷等项银两片

光绪二十八年五月初四日(1902 年 6 月 9 日)

　　再,案照光绪二十八年份京饷,奉拨广东盐课银二十万两,已

---

① 台北故宫博物院藏:军机及宫中档,文献编号:408003464-0-A。

② 中国第一历史档案馆藏:录副奏片,档案编号:03-6165-019。

解五万两；又拨内务府经费盐课银五万两，已解二万两，均经奏报在案。兹复在光绪二十七年份盐课项内筹解京饷银五万两，随解一五加平饭食银一千五百两；内务府经费银一万两，随解平余、抬费等银三百三十两，作为本年第二批京饷及内务府经费，饬委准升陵水县知县傅肇敏等督同商号源丰润等汇解，于本年四月初七日起程，航海进京，分别投纳。据两广盐运使国钧详请具奏前来。

臣覆核无异。除咨户部、内务府外，谨会同广东巡抚臣德寿附片具陈，伏乞圣鉴。谨奏。

（朱批：）该衙门知道。[①]

光绪二十八年五月二十七日，奉朱批：该衙门知道。钦此。[②]

○八二　奏报粤东盐引督销全完片

光绪二十八年五月初四日（1902 年 6 月 9 日）

再，查粤东盐引统归次年岁底奏销，酌定经管、督销各官年月，核算考成，按年造报。又，潮桥各埠引饷于光绪十五年三月间奏明改章，设立官运局，委员经理。兹据两广盐运使国钧详称：光绪二十四年份，广东、广西及湖南郴州、桂阳州，江西南安府、赣州府、宁都州，福建汀州府，贵州黎平、古州各府州县，原额销盐引六十万五千八十三道六分六厘零，又余盐改引一十七万六千六百九十五道，广西省羡余增引三万二千七百三十二道，通共引八十一万四千五百一十道八分六厘零，内省河改纲各埠共额销盐引六十万九千一

---

① 台北故宫博物院藏：军机及宫中档，文献编号：408003464-0-B。

② 中国第一历史档案馆藏：录副奏片，档案编号：03-6475-045。

百五十二道七分七厘零,已于光绪二十五年十二月内照数全完造报在案。

尚有潮桥各埠额销光绪二十四年份盐引二十万五千三百五十八道零八厘七毫九丝九忽六微九纤五沙零三埃五渺四漠,兹据该局委员开报各属督销全完前来。合将各州县全完数目分晰造报。再,光绪二十四年份潮桥盐引,遵照展限,应自光绪二十六年九月初一日起至光绪二十七年七月底止,以十一个月为一年,按照实在督销各官核算考成。又,潮桥引饷系一起奏销造册,迟延职名已于课饷案内开报,本案应请免开,合并声明等情,详请具奏前来。

臣覆核无异。除册送部查核外,理合附片具陈,伏乞圣鉴,敕部议覆施行。谨奏。

(朱批:)户部知道。[①]

光绪二十八年五月二十七日,奉朱批:户部知道。钦此。[②]

○八三　傅建勋堪以外海水师都司尽先补用片

光绪二十八年五月初四日(1902 年 6 月 9 日)

再,副将衔保留广东无论水陆无论题推缺出尽先补用游击傅建勋,因漏保守备一阶,经部递改为参将衔,仍留广东无论水陆题推缺出尽先补用都司,先经改用外海水师。光绪二十三年十二月二十九日到营,出洋试验,计至光绪二十四年十二月二十九日一年

---

① 台北故宫博物院藏:军机及宫中档,文献编号:408003464-0-C。
② 中国第一历史档案馆藏:录副奏片,档案编号:03-6475-046。

期满,经署水师提标中军参将吴瑞桢考验具结,呈由水师提督何长清转送验夺前来。经臣考验得改用外海水师试验期满尽先补用都司傅建勋,年强才裕,枪炮娴熟,曾经获盗,堪以外海水师都司尽先补用。

除给咨送部引见,并先将履历册结咨送部、科查核外,谨会同广东水师提督臣何长清附片具陈,伏乞圣鉴,敕部议覆。谨奏。

(朱批:)兵部知道。[①]

光绪二十八年五月二十七日,奉朱批:兵部知道。钦此。[②]

○八四　请准参将沈棋山等暂缓引见片

光绪二十八年五月初四日(1902年6月9日)

再,改用外海水师人员试验一年期满,例应保题送部引见。兹准广东水师提督何长清先后咨称,改用外海水师尽先参将沈棋山,光绪二十六年四月初五日到营,现带介字营勇;改用外海水师拣发都司何尔晟,光绪二十六年六月初四日到营,现署南澳镇右营游击。该二员均已试验一年期满,水师熟悉,例应考验给咨送部。惟或署员缺,或带营勇,未便遽易生手。咨请核办前来。

臣覆核无异。合无仰恳天恩,俯准敕部将参将沈棋山、都司何尔晟先行注册序补,俟补缺时并案给咨送部引见,出自鸿施。理合

附片具陈，伏乞圣鉴训示。谨奏。

（朱批：）兵部知道。[1]

光绪二十八年五月二十七日，奉朱批：兵部知道。钦此。[2]

○八五　请将广东同文馆各
员循案分别给奖折

光绪二十八年五月初九日（1902 年 6 月 14 日）

两广总督臣陶模、广州将军臣宗室寿荫、广州满洲副都统臣兴存、粤海关监督臣庄山、广州汉军副都统臣春龄跪奏，为广东同文馆又阅三年，请将在馆各员循案分别给奖，恭折具奏，仰祈圣鉴事。

窃广东同文馆自同治三年设立以来，每届三年，在馆各员暨汉文教习、分教习等教有成效，均经奏请奖励在案。英文学馆自光绪二十四年五月起至二十七年十月止又阅三年，俄、东二馆自光绪二十三年二月起至二十七年十月止俱逾三年。臣等曾将三馆学成诸生当堂考试，择其洋文、汉文优长者，取得英馆十二名、俄馆四名、东馆十一名，奏请按等分别给予奖叙在案。查馆中提调、汉文教习、馆长、分教习等均常川在馆，认真教诲，自应按照向章酌情奖叙。

再，查从前只有英文一馆，嗣于光绪二十三年添设俄、东二馆，

---

① 台北故宫博物院藏：军机及宫中档，文献编号：40800344-0-A。此片之具奏日期，原件目录署"光绪二十八年四月初一日"，而军机录副则以"光绪二十八年五月二十七日"为之，两相悬殊。随据朱批日期查军机处随手登记档（档案编号：03-0312-2-1228-141）朱批陶模折，栏内即有此片。据同批折件可知，此片具奏日期当为光绪二十八年五月初四日。兹据校正。

② 中国第一历史档案馆藏：录副奏片，档案编号：03-5955-064。

二十六年又添法文一馆，四馆并立，合计学生现有二百余名，馆数既增，人多数倍，功课自密，事务益繁。馆内各员俱未增加，借资节省。所有四馆功课及华、洋各事均由该员等悉心经理，训诲周详，实属倍著辛勤，异常出力。谨将各该员等拟保清单恭呈御览，可否照给奖叙之处，出自逾格鸿施。

除开具各员履历咨部查照外，谨合词恭折具奏，伏乞皇太后、皇上圣鉴。谨奏。光绪二十八年五月初九日。

（朱批：）该部议奏。单并发。①

光绪二十八年六月十三日，奉朱批：该部议奏。单②并发。钦此。③

○八六　请赏英文馆教习申玛士宝星片

光绪二十八年五月初九日（1902年6月14日）

再，广东同文馆自同治三年设立以来，只有英文一馆，洋文教习亦仅一人，是以历届叙保馆中各员均未附入请奖。今因添设俄、东、法三馆，自应援案择尤奖叙。查英文洋教习申玛士，于光绪十八年进馆，迄今已逾十年，资格最深，尤为出力，似未便没其微劳。合无仰恳天恩，俯准赏给三等第三宝星，以示鼓舞而励将来。除咨外务部查照外，谨附片具陈，伏乞圣鉴。谨奏。

---

① 中国第一历史档案馆藏：朱批奏折，档案编号：04-01-38-0189-030。

② 此清单查无下落，待考。

③ 此朱批日期与内容，据军机处随手登记档（档案编号：03-0312-2-1228-156）校补。

（朱批：）着照所请，外务部知道。①

光绪二十八年六月十三日，奉朱批：着照所请，外务部知道。钦此。②

○八七　许国桢等当差期满请予奖叙片

光绪二十八年五月初九日（1902年6月14日）

再，广东同文馆自同治三年五月设立，所有肄业各生三年学习有成，分别给予翻译生、监生，准其一体乡试，并当差得力，三年期满，著有劳绩，均以府经、县丞为升阶，或应翻译乡试，清文熟悉，点画无讹；或应文乡试，三场完竣，文理平通；未经中式者，均照案给予府经、县丞各等因，奏准在案。

兹查光绪二十四年考取作为附贡生之许国桢，作为翻译生之刘绍鉴、倪世华、王昌圻等四名，均已当差三年。许国桢、刘绍鉴应过辛丑补行庚子恩、正并科文乡试，三场完竣，文理平通；倪世华、王昌圻应过辛丑补行庚子恩、正并科翻译乡试，清文熟悉，点画无讹，均经咨明外务部及吏部在案。且该生等当差克勤，人品亦尚端谨。

臣等公同酌核，许国桢、刘绍鉴、倪世华、王昌圻均请以县丞用。以上各员可否照拟给奖之处，出自逾格鸿施。所有同文馆各生当差三年期满、拟请奖励缘由，谨附片具陈，伏乞圣鉴。谨奏。

---

① 中国第一历史档案馆藏：朱批奏折，档案编号：04-01-38-0189-031。

② 此朱批日期与内容，据军机处随手登记档（档案编号：03-0312-2-1228-156）校补。

（朱批：）着照所请，该部知道。①

光绪二十八年六月十三日，奉朱批：着照所请，该部知道。钦此。②

○八八　奏报广东光绪二十八
年裁兵节饷备还赔款折

光绪二十八年五月二十五日（1902 年 6 月 30 日）

头品顶戴两广总督臣陶模跪奏，为续裁二成制兵，节存色米，变价备还赔款，恭折仰祈圣鉴事。

窃照上年钦奉上谕：各省制兵均限于本年内裁去十之二三等因。钦此。当经咨行钦遵裁去二成，勒限光绪二十八年正月停支饷需，并经通饬各厅、州、县将此次续裁二成制兵节存米石分别扣存，听候核饬，变价提解。嗣以新增赔款数巨期长，又经议将本案裁并二成节存饷米专为凑还洋款之用。查前届二成裁兵节存本色米石，系以光绪二十二年五月份各属上米价值作为准数，饬令各属递年一律按照前价分别变解道库，毋庸再按时价增减，仍照批解司库各款章程，每花银一百两，另补加一纹水，折合纹银上兑，由道收有成数，随时转解司库备还洋款。案经奏咨，各属久已遵办。今续裁二成制兵节存本色米石，事同一律，拟请援照前届成案，饬令各属一律按照前案米价分别变解道库，毋庸另议米价，以规画一；仍

---

① 中国第一历史档案馆藏：朱批奏片，档案编号：04-01-38-0189-032。

② 此朱批日期与内容，据军机处随手登记档（档案编号：03-0312-2-1228-156）校补。

照前案，每花银一百两，另补加一纹水，折合纹银上兑，由道收有成数，随时转解司库，专备凑还新增赔款之用。此外一切匀解章程，悉照前案办理，亦毋庸另议专章。据广东督粮道周开铭会同布政使丁体常详请奏咨立案前来。

臣覆核无异。除咨部外，谨会同广东巡抚臣德寿缮折具陈，伏乞皇太后、皇上圣鉴，敕部立案施行。谨奏。光绪二十八年五月二十五日。

（朱批：）该部知道。[①]

光绪二十八年六月十二日，奉朱批：该部知道。钦此。[②]

〇八九　奏请将陈尚发与郑廷宗对调折

光绪二十八年五月二十五日(1902年6月30日)

头品顶戴两广总督臣陶模跪奏，为调补游击，查案补请，恭折仰祈圣鉴事。

案准兵部咨：广东水师提标右营游击员缺，将尽先游击香山协右营都司郑廷宗拟补，该员系广州府人，是缺游击驻扎广州府，例应回避，行令拣员对调等因。先经前兼署督臣德寿会同广东水师提督何长清详加拣选，查有海安营游击陈尚发，年五十二岁，广东潮州府澄海县人，由勇目剿匪出力，递保守备，升补今职。该员年力正强，营务谙练，堪以调补水师提标右营游击。所遗海安营游击缺，应请即以拟补水师提标右营游击郑廷宗调补，均属隔府别营，

---

①　台北故宫博物院藏：军机及宫中档，文献编号：408003470。
②　中国第一历史档案馆藏：录副奏折，档案编号：03-7212-020。

与例相符,会疏题请,并将履历册送部查核在案。兹准内阁咨称改题为奏,将原本发还,查案补请。如蒙俞允,陈尚发系对品调补,毋庸送部,应请敕部给札赴任。郑廷宗于拟补案内应行引见,俟部覆到日,另行给咨送部。

除再钞履历册送部查核外,理合会同广东水师提督臣何长清缮折具陈,伏乞皇太后、皇上圣鉴,敕部核覆。谨奏。光绪二十八年五月二十五日。

（朱批:）兵部议奏。[1]

光绪二十八年六月十二日,奉朱批:兵部议奏。钦此。[2]

○九○　报解广东光绪二十八年五月应还洋款数目折

光绪二十八年五月二十五日（1902 年 6 月 30 日）

头品顶戴两广总督臣陶模跪奏,为报解广东省本年五月应还洋款数目,恭折仰祈圣鉴事。

案准户部咨:应还英、德本息,每年指拨广东省盐斤加价银五万两,加放俸饷银五万两,闱捐银二十四万两,地丁等项银三十八万两,每年匀分二、五、八、冬四个月,解赴江海关道交纳等因。兹据广东布政使丁体常、两广盐运使国钧、善后局司道先后详称:本年五月份应解前项银两,现经设法挪凑,作为盐斤加价银一万二千五百两,加放俸饷银一万二千五百两,闱捐银六万两,地丁等项银

① 台北故宫博物院藏:军机及宫中档,文献编号:408003468。
② 中国第一历史档案馆藏:录副奏折,档案编号:03-5955-103。

九万五千两,共银一十八万两,定于五月初九、十三等日,由商号源丰润等汇解江海关道兑收,备还英、德之款。详请具奏前来。

臣覆核无异。除咨部外,谨会同广东抚臣德寿恭折具陈,伏乞皇太后、皇上圣鉴。谨奏。光绪二十八年五月二十五日。

(朱批:)户部知道。①

光绪二十八年六月十二日,奉朱批:户部知道。钦此。②

○九一　报解应还英、德本息银两片

光绪二十八年五月二十五日(1902年6月30日)

再,准户部咨:应还英、德本息,由各海关洋税、洋药税厘项下摊派粤海关五十二万两,每年匀分二、五、八、冬四个月解交等因。迭经遵解在案。兹准粤海关监督庄山咨称:准户部札开:英、德借款佛郎镑价昂贵,原拨银数不敷,照案酌量加拨,本年五月期应解英、德还款银十三万两,又加拨四分之一银三万二千五百两,合共银十六万二千五百两,备文发交西商志成信、协成乾银号汇解江海关道投纳等因前来。

除咨户部查照外,谨会同粤海关监督臣庄山附片陈明,伏乞圣鉴。谨奏。

(朱批:)户部知道。③

光绪二十八年六月十二日,奉朱批:户部知道。钦此。④

---

① 台北故宫博物院藏:军机及宫中档,文献编号:408003469。
② 中国第一历史档案馆藏:录副奏折,档案编号:03-6697-167。
③ 台北故宫博物院藏:军机及宫中档,文献编号:408003469-0-A。
④ 中国第一历史档案馆藏:录副奏片,档案编号:03-6697-166。

○九二　汇解指拨广东铁路经费银两片

光绪二十八年五月二十五日（1902年6月30日）

再,准户部咨:光绪二十八年上半年应还克萨镑款本息银两,照案指拨广东铁路经费五万两,届期归还等因。当经转行遵照。兹将应解本年份铁路经费银五万两,照数备足,于本年四月二十六日发交商号源丰润等领汇,限于五月十四日解到江海关道衙门投纳。据广东布政使丁体常详请奏咨前来。

臣等覆核无异。除咨部外,谨附片具陈,伏乞圣鉴训示。谨奏。

（朱批:）户部知道。[①]

光绪二十八年六月十二日,奉朱批:户部知道。钦此。[②]

○九三　汇解南河工程银两片

光绪二十五年五月二十五日（1902年6月30日）

再,广东省每年应解南河工程银一万两,光绪二十二年起,因凑还洋款,不能解足。兹二十八年份,据两广盐运使国钧就盐课项内筹银二千两,于四月二十三日兑交商号大德恒,汇解漕运总督衙门投纳,详请奏咨前来。

除分咨外,谨附片陈明,伏祈圣鉴。谨奏。

---

①　台北故宫博物院藏:军机及宫中档,文献编号:408003469-0-B。

②　中国第一历史档案馆藏:录副奏片,档案编号:03-6697-165。

（朱批:）户部知道。①

光绪二十八年六月十二日,奉朱批:户部知道。钦此。②

○九四　奏报莫善喜调署琼州镇篆片

光绪二十八年五月二十五日(1902 年 6 月 30 日)

再,广东琼州镇总兵篆务先经行委署北海镇总兵事广州协副将李先义调署。兹据李先义禀称,于琼州地方水土不服,应即改委。查有现署碣石镇总兵事广西左江镇总兵莫善喜,堪以调署。递遗碣石镇总兵篆务,即饬补授是缺总兵刘永福迅赴本任,以专责成。除分檄饬遵外,谨附片具陈,伏乞圣鉴。谨奏。

（朱批:）知道了。③

光绪二十八年六月十二日,奉朱批:知道了。钦此。④

○九五　奏报署提督接印视事日期片

光绪二十八年五月二十五日(1902 年 6 月 30 日)

再,广东陆路提督邓万林开缺,奉旨着马维骐补授,当以马维骐尚须奏请陛见,到任需时,经臣电请以广西提督夏毓秀⑤署理。

---

① 台北故宫博物院藏:军机及宫中档,文献编号:408003469-0-C。
② 中国第一历史档案馆藏:录副奏片,档案编号:03-6475-052。
③ 台北故宫博物院藏:军机及宫中档,文献编号:408003468-0-A。
④ 中国第一历史档案馆藏:录副奏片,档案编号:03-5955-104。
⑤ 夏毓秀(1838—1910),字琅溪,云南昆明人。少以义勇著。滇回乱,以堡长从军,充选锋。咸丰七年(1857),选云南城守营额外外委。九年(1859),补城守营右哨头司把总。十年(1860),升守备。同治元年(1862),加都司衔。二年(1863),补(转下页)

旋准军机处电覆：奉旨照准等因。钦此。先经恭录咨会夏毓秀署理广东陆路提督在案。兹准咨报于本年五月十二日接印视事，理合附片陈明，伏乞圣鉴。谨奏。

朱批：知道了。[①]

光绪二十八年六月十二日，奉朱批：知道了。钦此。[②]

○九六　奏报拣员调补都司员缺片

光绪二十八年五月二十五日(1902年6月30日)

再，广西上林营都司萧文元边俸三年期满，题准调回内地，对缺调补，经前督臣谭钟麟查有梧州协中军都司郭绍泰，年三十四岁，山东曹州府朝城县人，由蓝翎侍卫当差期满以都司用，补授今职，光绪二十年十二月初八日到任。该员年壮力强，堪以调补上林营都司。所遗梧州协中军都司员缺，即请以萧文元调补。

又，广西融怀营守备黄菊端边俸五年期满，题准调回内地，对缺调补，经前督臣谭钟麟查有广西抚标左营守备黄钦亮，年五

(接上页)授顺云协左军守备，署理城守营中军守备。同年，署理武定营参将。三年(1864)，署抚标中军参将、云南曲寻副将。四年(1865)，署督标左营游击，晋副将衔。五年(1866)，署督标中军副将。同年，补云南提标右营游击。九年(1870)，升副将。十一年(1872)，加利勇巴图鲁名号，升提督衔。十二年(1873)，署云南提标左营游击。光绪二年(1876)，赴川，统领省标十营。七年(1881)，署四川松潘镇总兵。九年(1883)，实授松潘镇总兵。十八年(1892)，丁忧，回籍终制。二十年(1894)，再莅松潘镇任。二十一年(1895)，署四川提督。二十六年(1900)，加赏头品顶戴。同年，擢贵州提督。二十七年(1901)，补授湖北提督。同年，调补广西提督。二十八年(1902)，兼署广东陆路提督。是年，调补湖北提督。宣统二年(1910)，卒。谥勇恪。

① 台北故宫博物院藏：军机及宫中档，文献编号：408003468-0-B。

② 中国第一历史档案馆藏：录副奏片，档案编号：03-5955-105。

十一岁，广西浔州府桂平县人，由武童剿匪出力递保尽先守备，复于进剿庆远府属苗寨擒获首匪案内出力保准俟补本班后，以都司序补。光绪十八年准补今职，十九年三月十八日接札到任。该员营务熟谙，堪以调补融怀营守备。所遗广西抚标左营守备员缺，即请以黄菊端调补。前督臣谭钟麟于光绪二十四年六月二十八日分疏具题，嗣据提塘查覆，久未收到，复经前督臣李鸿章照案补题在案。兹准内阁咨称改题为奏，将原题本章发还，谨汇案补请。

除另钞履历册送部查核外，理合会同广西巡抚臣丁振铎、署广西提督臣苏元春附片具陈，伏乞圣鉴，敕部核覆。谨奏。

（朱批：）兵部议奏。[①]

光绪二十八年六月十二日，奉朱批：兵部议奏。钦此。[②]

○九七　奏报劝捐筹办武备学堂片

光绪二十八年五月二十五日（1902 年 6 月 30 日）

再，查外国兴盛之故，首在强兵，盖因其国学校普设，人人知忠爱大义，而又激扬蹈厉，养成尚武风气；广设武学，以教将校，有事之日，国民皆兵，而将士足用，是以权力日张，敌国不能侵犯。今中国积弱既久，又当创巨痛深之后，苟非尽更兵制，大变怯懦之民俗，实无以自立于竞争之世。然新法征兵必待小学大兴之日，始克行之，臣等所为请废科举以广开学堂者此也。

---

① 台北故宫博物院藏：军机及宫中档，文献编号：408003468-0-C。
② 中国第一历史档案馆藏：录副奏片，档案编号：03-5418-080。

目前之计，尤以储蓄将材为自强第一要义。各国将校无不先有高等普通学问，又必入学校多年，始得为佐尉；又必入大学校多年，始得为将帅。盖近代兵学至大至精，举凡天文、地理、格化、测算之学，无一不包，无一不当肄习。苟未尝身入学堂，昕夕研究，虽有勇智，无由以成将材，其非卤莽不学之夫所能从事也明矣。是以武备之学实为立国命脉，环球皆然，我中国岂能独异？且以国势而论，中国之重武事，当更甚于外洋。今各省将弁庸劣者无论，即老成宿将亦皆积习甚重，故智自封，并不知兵法为何事，岂足以肩此巨任，为国干城。且营制既改之后，而武备之学仍置而不讲，或讲而未精，平时既无将领以训练，临事又何以应用？

臣等自奉上谕饬令筹建武备学堂，极知此事为重要，当即访延通晓东西兵事之人，商定章程，亟行兴办。惟有不能从速者二端：一则学堂需地甚广。粤省旧有水陆师学堂，尚嫌窄小，离城复远，难于查察，且民人往观者稀，无以发其尚武之气。又四周皆水，不能操练行军队。该学堂水口甚便，自当留为他日整顿海军之用，此时武备学堂必须择地另建。二则学堂正教习须用留学日本士官学校卒业生，方足胜任。前已屡次电商江、鄂督臣调派四人前来，惟该学生等三月间甫由日本回国，一时尚未到粤，迟延之故，实由于此。现已委员寻觅武备学堂基地，并咨江、鄂催令该学生等即日启程，仍一面出示招考，一俟考取足数，教习来粤，即当暂借公所房屋先行开学。

惟武备学堂购地造屋、置办仪器及新式枪炮，用费尤巨，粤省实无款项可拨，只得派员分劝绅商捐助，庶几集有成数，足为开办经费。除俟开学后再将办理情形陈奏外，谨先合词附片具陈，伏乞圣鉴训示。谨奏。

（朱批：）知道了。①

光绪二十八年六月十二日，奉朱批：知道了。钦此。②

○九八　造报炮台、兵房等修费片

光绪二十八年五月二十五日（1902年6月30日）

再，广东省修建炮台、兵房、营房、炮具各工程，所有光绪二十六年以前支用银数，先经列册奏咨在案。兹查光绪二十七年份修理炮台、兵房、药局、炮架、炮具、贡院、神庙、署局、城垣、堤基等项工程，共用银二万四千六百余两，向在外销项下筹给。自光绪二十五年刚毅来粤筹饷，经将内外销款目和盘托出，所有支过前项修费，自当汇同造报。据广东善后局司道照章详请奏咨立案前来。

臣等覆查无异。除册送部外，谨附片具陈，伏乞圣鉴，敕部立案。谨奏。

（朱批：）该部知道。③

光绪二十八年六月十二日，奉朱批：该部知道。钦此。④

---

① 台北故宫博物院藏：军机及宫中档，文献编号：408003470-0-A。
② 中国第一历史档案馆藏：录副奏片，档案编号：03-7212-028。
③ 台北故宫博物院藏：军机及宫中档，文献编号：408003470-0-B。
④ 中国第一历史档案馆藏：录副奏片，档案编号：03-6186-109。

○九九　奏报广东绅士营建
学堂请饬立案鼓励片

光绪二十八年五月二十五日（1902年6月30日）

再，粤省各府、厅、州、县中小蒙养学堂，前经遵旨饬令各该地方官设法筹办。现据各属陆续禀报开办，惟尚未一律开齐，且章程、功课亦未尽合式，自当札催速办，并将办法未妥之处批令修改，不敢因循迁就。广州府中学堂设于省会，为各府中学之模范，现经署广州府龚心湛筹捐经费，择地兴建，约计数月之后当可开学。

至本省绅士所立之学堂，现有时敏学堂，系广州府绅士内阁中书邓家让①等集资所建。该学堂倡始于光绪二十四年，迄今五载，学生均将成就，今年复扩充斋舍，添招学生，规模既属整齐，课程亦复严密。又，潮州府绅士工部主事丘逢甲、②翰林院检讨温仲和③

---

① 邓家让（1870—1936），名滔任，字友先，号恭叔，广东三水人。初受维新思想影响，在广州加入时敏学会，参与变法维新活动，后东渡日本留学，受业梁启超门下。光绪二十四年（1898），出走南洋。二十七年（1901），组建广东农业公司。二十八年（1902），辟建广东港，以运销产品。民国六年（1917），任时敏中学校长，后曾任广东省政府秘书。二十五年（1936），卒于广州。

② 丘逢甲（1864—1912），字仙根、吉甫，号蛰庵、仲阏、华严子，广东蕉岭人。光绪十三年（1887），中式举人。十五年（1889），中式进士，选工部主事。嗣回台湾衡文书院，充主讲。二十一年（1895），任义勇军统领，内渡广东，兴办教育，支持维新。二十九年（1903），任兴民学堂校长、广东教育总会会长、广东咨议局副议长。民国元年（1912），病卒。

③ 温仲和（1849—1904），字慕柳，广东嘉应州人。光绪十五年（1889），中式进士，钦点翰林院庶吉士，散馆授翰林院检讨。二十年（1894），到金山书院讲学，嗣任院长，兼潮州中学堂总教习。三十年（1904），卒。精通经、史、音韵。有《求在我斋集》、《三礼汇纂》等行世。

等在澄海县属之汕头地方，建设岭东同文学堂，业已开课，曾饬令惠潮嘉道丁宝铨查核，据称章程一切甚属妥协。又，广州府绅士翰林院侍读丁仁长、①编修吴道镕②等在省城倡设教忠学堂，以广州府学宫余房为斋舍，业经议定章程，禀准开办，现已招考学生，即日开堂授课。均先后据该绅士等禀请立案前来。

臣等伏查该绅士等营建各该学堂，实心实力，办理有成，均属好义急公，有裨学务。合无仰恳天恩，饬下政务处、礼部立案，以示鼓励。谨附片具陈，伏乞圣鉴训示。谨奏。

（朱批：）政务处、礼部知道。③

光绪二十八年六月十二日，奉朱批：政务处、礼部知道。钦此。④

一〇〇　奏陈考验出洋试验各员片

光绪二十八年五月二十五日（1902年6月30日）

再，广东武进士营用守备陈德元改用外海水师，光绪二十六年

---

①　丁仁长（1861—1926），字伯厚，号潜客，广东番禺人，附生。光绪八年（1882），中式举人。九年（1883），中式进士，改庶吉士。十二年（1886），授翰林院编修。翌年，补国史馆协修官。十七年（1891），充贵州乡试正考官。十九年（1893），授顺天乡试同考官。二十二年（1896），选侍讲。二十三年（1897），升侍读，补日讲起居注官。同年，任教忠学堂监督，兼两广大学堂监督。宣统元年（1909），进京。召见，以母病力辞。民国十五年（1926），卒于籍。有《毛诗传笺义例考证》、《论语衍义》等行世。

②　吴道镕（1852—1936），名国镇，字玉臣，号澹庵，广东番禺人。光绪六年（1880），中式进士，选庶吉士，授编修，后以讲学终其身。辛亥后，闭门著述。民国二十五年（1936），卒于籍。有《澹庵诗存》、《澹庵文存》、《明史乐府》等行世。

③　台北故宫博物院藏：军机及宫中档，文献编号：408003470-0-C。

④　中国第一历史档案馆藏：录副奏片，档案编号：03-7212-027。

三月二十日到水师提标中营,随同出洋试验。计至光绪二十七年三月二十日一年期满。又,承袭云骑尉何若富改发香山协右营学习,自光绪二十四年二月二十日接准部覆,收标出洋试验,计至光绪二十七年二月二十日三年期满。由该管官考验具结,呈由水师提督何长清转送验夺前来。经臣考验得改用外海水师试验期满武进士营用守备陈德元,年力富强,枪炮娴熟;改用外海水师试验期满云骑尉何若富,年力精壮,枪炮娴熟。均经获盗,堪以外海水师补用。

除分别给咨送部引见并先将履历册结咨送部、科查核外,谨会同广东水师提督臣何长清附片具陈,伏乞圣鉴,敕部议覆。谨奏。

（朱批:）兵部知道。[①]

光绪二十八年六月十二日,奉朱批:兵部知道。钦此。[②]

一〇一 奏陈广东大学堂开办情形并附管见折

光绪二十八年五月二十七日(1902年7月2日)

头品顶戴两广总督臣陶模、头品顶戴广东巡抚臣德寿跪奏,为遵旨设立广东省大学堂,谨陈开办情形并附管见,恭折仰祈圣鉴事。

窃臣等前奉谕旨,饬令各省设立大、中、小、蒙学堂,复奉上谕催办,仰见我皇上兴学育才之至意,钦佩莫名。当即钦遵办理,并

---

① 台北故宫博物院藏:军机及宫中档,文献编号:408003470-0-D。
② 中国第一历史档案馆藏:录副奏片,档案编号:03-5955-106。

饬所属一律兴办。窃维教育一事关系重要，取义宏深，况今日设学之意，原为培植人才，开通民智，以与列强竞胜，自宜参照东西各国学制，方足以取彼所长，补我所短。查外国之法，无不由小学、中学以递升大学，惟是时事日棘，在在需材，势难从容以待中、小学堂成材之后方设大学，是以目前办法，固宜广兴小学以树不拔之基，亦不能不先设大学以收速成之效。

臣等于学务平日既未尝究心，此时实不敢造次从事，经于上年冬间电延游学日本之江苏举人吴朓等来粤商办一切，该举人肄业日本高等师范学校，夙究教育理法，筹商两月，始将章程议定，酌仿山东大学堂办法，先设备斋，二年升入正斋，又三年升入专斋，专斋以三年为卒业。当经遴委广东试用道姚文倬为大学堂经理，饬将开办各事逐一筹备。

臣等复督同规画，当以兴办学堂必须有适宜房屋始易管理，且于教课、卫生不致妨害，必求合法，非仿照西式择地另建不可。而当此库藏如洗，财力实有不及，只能就现有书院，酌量改设。粤省各书院率皆屋舍窄小，不合学堂之用，惟有城西广雅书院系湖广督臣张之洞在粤时所创建，虽未合学堂程式，而规模阔大，斋舍甚多，足敷布置，当经定议将该书院改为广东省大学堂，考选学生肄习。惟该书院原有之肄业生不乏才俊，亦未可悉令罢归，适大学堂初年学生未齐，斋舍有余，故暂设校士馆一所，择该肄业生及近年增设西学生之优者数十人入馆肄业，并延教习，教以东文，以为将来游学日本地步。

至大学堂招考学生，议定第一年先招一百六十名作为备斋学生，以后逐年添招八十名，期以五年满四百八十名而止，届时正斋第三年生业已卒业，均可升入专斋，而各府属中学堂必已遍设，此后大学堂中但有专斋,毋庸再设备斋、正斋,以符设立大学堂本意。其补招专斋学生,应于各府中学堂中选取,无须再行招考,是以本年所招学生定以一百六十名为额,已于三月间将投考报名之一千余人分日考试,以年在二十以下、十五以上资质聪俊、文理明顺者为合格,当即选取足额,送入学堂,业于四月二十五日开学,均已按照章程,排日开课。此学堂开办之大略也。

堂中功课,恪遵上谕,以四书五经、纲常大义为主,历代史鉴、中外政治、艺学为辅。复照各国通例,分列伦理、政法、本国文、外国文、历史、地理、数学、格化、博物、图画、乐歌、体操诸门,定为备斋第一年课程。其第二年及正斋功课均系普通之学,大致与初年相仿,惟专斋课程系属高等专门学问,必待正斋卒业之前酌度学生程度方能核定,非此时所能议及。现在课程伦理一门及政法、历史、地理三门均由教习博观约取,提挈纲领,作为讲义,于课堂中讲授,使学生易于领悟。其外国文已于伦敦购取新出之读本文法书授课,格化、博物、图画三门,亦向日本购归图书、仪器、标本等件。惟因访延教习未来,暂由西文教习兼授。其余各门尚能如法教授,惟中学中文各课既与中国教读旧法不同,一时尚难合式,应俟逐渐整顿。学堂教习,除各门专课之外,另设监课教习四人,凡一切堂中规矩,学生起居、稽察、汉文、西文功课等事悉以任之,使学堂得以整肃,而功课不致惰懈。此学堂教课之大略也。

至学堂开办各费,用款甚巨,现已勉强凑拨。其常年经费,本年学生不多,用项尚少,除将广雅书院旧有经费拨抵外,所增尚不甚多。惟第二年以后,即须逐年增加,计至第八年专斋卒业,经费当至十万,是后即永以十万两为常年定额。粤省款项异常支绌,此数实无从豫筹,只可临时再行筹画。又,学堂学生卒业出身业经政务处、礼部议定，应俟专斋学生卒业之后，照章咨送，现惟督饬该总理等实事求是，尽心经理。所定章程或有窒碍难行以及未尽妥协之处，亦应随时修改，不得视为一成不变之法，务期斟酌合宜，以渐臻完善。

惟臣等更有请者。方今东西强国皆以学务为至重，而富强之效亦无不由学校基之。今朝廷屡颁兴学明诏，是已视为维新第一要图，然而各省大学虽多设立，已苦于不能完备；而各府县中、小、蒙养学堂建设者，甚属寥寥，推原其故，一因费绌，一因乏材，而实由于风气之不能大开。窃查外国学校皆以普通、专门分级，普通之注意在于使一国之民尽受教育，人人知尊君爱国之义，而所学之知识、艺能亦足以应世需而谋生计；专门之注意在于使国中学术日有增进，而各事各职无不可得人而理。然专门之学必从普通入手，其注重仍在普通，是以东西律法，凡国民以七八岁至十二三岁为学龄，悉令入于寻常小学，谓之义务教育，不入学有罚。今中国小学既未广开，即便每县各设一二所，衡校人数，入学堂者曾不及万分之一，而欲与东西列强全国皆受教育之民相竞，其何以济？

夫欲开学堂，必先去其阻碍学堂之事。窃谓阻碍学堂者，莫如科举，盖中国以科举取士已千余年，人人视科举为至荣。而学堂创始未久，多不知其可贵，其轻重既已悬殊。科举凭文试士，虽已废去八股，改用经义、策论，然短长优绌之判仍在数日之间，而学堂则自小学以至大学毕业必须十余年之久，功课繁重，刻无稍暇，其难易又复迥异，人孰肯就难而舍易，遗重而取轻。且乡、会及科、岁各试既照旧举行，而学堂学生复有出身之例，将来科目中人日多一日，势且穷于位置；况科举不停，则各地方宾兴、公车等费，不能移助学堂之用，而绅商士庶既视学堂为无足轻重，则捐资劝学之举将藐忽不一应，是以科举与学堂种种窒碍，断无可以并立之理。论者或谓中国学堂未盛，若骤废科举，则士子无进身之阶，且怨而生事，不如俟各学大兴之后再议停废。不知科举一日不废，学堂即一日不能大兴，事机迫切，如再缓缓图效，又不知彼时局势为何状。言念及此，可为寒心。

至于各省士子，当此时势，各有天良，必不至因废科举而妄生怨望，拟请旨饬下政务处、礼部及管学大臣详细筹议，竟将科举停废，以收学堂实效，纵或未能，亦应将乡会中额、各学学额量裁其半，以为学堂学生出身；更请谕告天下，以十年或十五年之后即永远停止科举，如此则士气奋兴，兴学必较易为力。惟民间恐未能深信，或不免观望迁延，故不如竟废科举之直截简易。再，此后学生卒业皆有出身，而从前出洋学生学业成就者不乏其人，既未优加擢用，又未予以出身，似无以取信于天下。以臣等所知，如候选道严复、候选知府伍光建①并皆留学外洋多年，中西兼通，学问深粹，如能加以特恩，赏给进士、翰林等项出身，必能使学堂各生观感奋励，为益似非浅鲜。

臣等为振兴学务起见，谨就愚虑所及，冒昧渎陈。除将大学堂章程及表咨送军机处、政务处、礼部、管学大臣查照，仍俟各属中、小学堂办有端绪再行陈奏外，所有广东大学堂开办情形，谨合词恭

---

① 伍光建（1867—1943），字昭，名光鉴，笔名君朔、于晋，广东新会人。光绪八年（1882），考入天津北洋水师学堂，毕业后奉派赴英国格林威治海军大学深造，后转入伦敦大学。十八年（1892），充任天津水师学堂助教，历任出使日本大使随员、一等参赞、学部二等咨议。宣统元年（1909），获赏文科进士出身，任顾问兼一等参赞。二年（1910），任海军部军法司、军枢司、军学司司长。三年（1911），充中国教育会副会长。民国后，历任财政部参事、顾问、盐务署参事、盐务稽核所英文股股长、国民政府行政院顾问、外交部条约委员会委员等职。

折具陈，并附管见，伏乞皇太后、皇上圣鉴训示。谨奏。光绪二十八年五月二十七日。①

光绪二十八年六月十三日，奉朱批：留中。钦此。②

一〇二　奏参庸劣不职文武各员折

光绪二十八年五月二十七日（1902 年 7 月 2 日）

头品顶戴两广总督臣陶模、头品顶戴广东巡抚臣德寿跪奏，为查明缉捕废弛、玩误地方庸劣不职文武各员，据实纠参，恭折奏请圣鉴事。

窃广东盗风素炽，全赖地方文武讲求捕务，认真缉拿匪徒，或可稍知敛迹。乃不肖官吏或以姑息养奸，或以畏葸误事，并有因匪虽产自境内，抢劫皆在邻封，遂任其潜匿不复顾问者。经臣等随时告诫，其尚知愧励感奋者，固不乏人。至始终不知振作之员，自应择尤奏劾，以昭儆戒。查有连山绥猺同知黄晋铭，办事疏略，难胜边要；阳春县知县潜梦熊，因循玩误，声名平常；新兴县知县刘胜芳，才具平庸，办事竭蹶；署长宁县知县彭家禄，因案扰民，作事乖谬；新会县知县杨介康，迂谨过甚，难膺繁剧；三江协副将调补湖南常德协副将戴恒山，结交匪人，行多巧伪；水师提标后营游击罗晋廷，办事糊涂，擅离职守；阳江营游击郑麟功，嗜好甚深，怠于理事；碣石镇左营游击梁鼎勋，年老重听，难期振作；署肇庆协中军都司顺德协右营守备黄日光，办事疏忽，贻误防务；肇庆协属那扶营守

备赖钦，嗜好甚深，不能理事。

以上各员弁于捕务、吏治、军纪均不知讲求，实属有乖职守。据各该管上司先后揭报前来。理合据实纠参，相应请旨将阳春县知县潜梦熊、署长宁县知县候补知县彭家禄、三江协副将调补湖南常德协副将戴恒山、水师提标后营游击罗晋廷、阳江营游击郑麟功、署肇庆协中军都司顺德协右营守备黄日光、那扶营守备赖钦，一并革职；碣石镇左营游击梁鼎勋以原品休致，连山绥猺同知黄晋铭、新兴县知县刘胜芳、新会县知县杨介康，均请开缺另补，以肃官常而饬捕务。如蒙俞允，所遗阳春、新兴、新会等县知县缺，广东现有应补人员，均请扣留外补。

除再由臣等严行查察，遇有懈弛员弁随时续行奏劾外，所有查明缉捕废弛文武各员据实纠参缘由，谨合词恭折具奏，伏乞皇太后、皇上圣鉴训示。谨奏。光绪二十八年五月二十七日。

（朱批：）另有旨。[①]

光绪二十八年六月十三日，奉朱批：另有旨。钦此。[②]

【案】此奏于是年六月十三日得旨允行。上谕档：

光绪二十八年六月十三日，内阁奉上谕：陶模等奏，特参庸劣不职文武各员，请旨惩处一折。广东阳春县知县潜梦熊，因循玩误，声名平常；署长宁县知县候补知县彭家禄，因案扰民，作事乖谬；三江协副将调补湖南常德协副将戴恒山，结交匪人，行多巧伪；水师提标后营游击罗晋廷，办事糊涂，擅离职

---

① 台北故宫博物院藏：军机及宫中档，文献编号：408003474。

② 中国第一历史档案馆藏：录副奏折，档案编号：03-5418-097。

守；阳江营游击郑麟功，嗜好甚深，怠于理事；署肇庆协中军都司顺德协右营守备黄日光，办事疏忽，贻误防务；那扶营守备赖钦，嗜好甚深，不能理事。均着即行革职。碣石镇左营游击梁鼎勋，年老重听，难期振作，着以原品休致。连山绥猺同知黄晋铭，办事疏略，难胜边要；新兴县知县刘盛芳，才具平庸，办事竭蹶；新会县知县杨介康，迂谨过甚，难膺繁剧。均着开缺另补，以肃官常。余着照所议办理，该部知道。钦此。①

一〇三　查明拿获要匪文武汇案请奖折

光绪二十八年五月二十七日(1902 年 7 月 2 日)

头品顶戴两广总督臣陶模、头品顶戴广东巡抚臣德寿跪奏，为查明历次拿获著名要匪文武员弁，分别异常、寻常出力，汇案请奖，以示鼓励，恭折仰祈圣鉴事。

窃广东盗风素炽，近年三合、哥老等会随处纠结，孙文、康有为党四出，煽诱人心，异形骚动。上年惠州之乱平定后，首要尚多在逃，经臣等酌定捕盗章程，责成营、县按乡清办，当经奏明将办理有无成效各员分别保奖、纠参，以昭惩劝在案。

计自饬办以后，历据拿获惠州倡乱要匪李跛潭、黄耀庭、和尚得、洪亚重等，皆曾充伪元帅、先锋等项头目，及湖南富有票党要匪刘幅、康有为、冯黑骨称、关贵鸿，广州府属要匪陆畅、吴容、刘生翘、阮计、刘亚佳、何受仔、关马仔，肇庆、阳江等处要匪蔡红鼻毛、

---

① 《光绪宣统两朝上谕档》，第 28 册，第 154 页；《德宗景皇帝实录（七）》，卷五百，光绪二十八年六月上，第 617 页。

陈亚敬、琼州要匪冯亚狗、韶州要匪张祥麻、刘叫包、钦州匪首邓东良等，均系著名首要，或显著逆谋，或积惯抢劫，或倚港澳为窟宅，或据山险为窝巢，党羽众多，奸狡百出，剿捕时动皆抗拒对敌，无异临阵，且须谋勇兼施，侦线周密，较之身临前敌、专尚武勇者，尤觉为难。获办之后，绅民罔不称快。其余各营、县获办匪犯共计二千二百余名。又准两湖督臣张之洞咨会，请将上年拿获接济富有票匪饷项要犯邓正湘出力之广州协左营右哨千总冯应琛汇入粤省获匪案内奏奖，均经臣等先后檄饬缉捕、善后各局司道汇核详办。兹据该司道将实在出力员弁分别异常、寻常劳绩，详请汇案奏奖前来。

臣等伏查广东盗匪之多，为他省所未有，上年将以上首要各匪擒获之后，抢劫之案虽不能无，然明目张胆、妄希揭竿以及勒收行水动逾巨万者，已觉渐稀。统计请奖异常出力武职三十八员、文职五员，寻常出力武职二十二员、文职十三员，并计人数虽不为少，然合通省办匪一年之久，斩获首要匪犯二千余名，分案核计，亦尚不为多，且已再四核删，凡出力较次及获匪而非首要者，均已改给外奖。现在请奖员弁实系在事出力，并无冒滥。合无仰恳天恩，俯准饬部照给奖叙，以资鼓励。

除千总以下出力各弁另行咨部核奖，并将缉捕不力文武各员另折奏参惩处外，所有请奖获匪出力员弁，理合分别异常、寻常劳绩，开具清单，恭折具陈，伏乞皇太后、皇上圣鉴训示。谨奏。光绪二十八年五月二十七日。

（朱批：）该部议奏。单并发。①

---

① 台北故宫博物院藏：军机及宫中档，文献编号：408003470。

光绪二十八年六月十三日，奉朱批：该部议奏。单并发。钦此。①

一〇四　呈拿获要匪文武汇案请奖清单

光绪二十八年五月二十七日(1902年7月2日)

谨将历次拿获首要各匪出力文武员弁分别异常、寻常劳绩，开具清单，恭呈御览。

计开：

已保留粤尽先补用参将尽先守备何天祥，请免补参将，以副将尽先补用。

广东水师提标补用守备捐升参将杨洪标，请免补参将，以副将仍留广东原标补用。

试用游击罗笙，请免补游击，以参将仍留广东外海水师尽先补用。

尽先补用游击李家泰，请免补游击，以参将留粤尽先补用。

尽先补用都司朱福全，广东水师提标尽先补用都司杨佐英，均请免补都司，以游击留标尽先补用。

两广督标尽先补用守备魏陆，补用守备李芝，尽先补用守备陆路提标右营左哨千总谢凤毛，都司衔补用守备陈瑞兴，都司衔水师提标尽先补用守备郭瑞祥，均请免补守备，以都司留标尽先补用，李芝并请加游击衔。

广东水师提标拣发守备罗寿崇、张超元，均请以守备本班尽先

---

①　中国第一历史档案馆藏：录副奏折，档案编号：03-5418-099。

补用。

候选守备李得铭，请免选守备，以都司留粤尽先补用。

广州协左营右哨千总冯应琛，请免补守备，以都司尽先补用。

署广州协右营左哨千总都司衔督标期满武进士营用守备吕镇铠，请免补守备，以都司仍留原标尽先补用。

尽先千总江顺达、陈斌、陈芬、罗有勋、罗铭勋、温水清、张宗旺、罗廷选、马友才、李芳春、梁廷献、陈秀斌、廖翰祥、植德培、劳治安，尽先千总大鹏协右营左哨二司把总林珊，尽先千总崖州协水师头司把总梁正辉，尽先千总硇洲营二司把总张兆江，尽先千总借补肇庆协右营二司把总陈锦祥，广州协右营右哨二司把总黄翰华，署理香山协右营把总保升千总何威凤，均请免补千总，以守备留标尽先补用，陈锦祥并请加都司衔。

尽先把总陆乾，请免补千、把总，以守备拨归水师提标尽先补用。

已保广西补用知县候补县丞潘成秀，请免补知县，以直隶州知州仍留原省补用，并加四品衔。

广东补用知县顾永槑，请免补本班，以同知直隶州仍留原省补用。

已保选用州同李光澜，请以州同分省补用，并加五品衔。

县主簿用广东尽先补用巡检黎炳燊，请免补主簿，以县丞仍留原省归候补班补用。

廪贡生吕月槎，请以训导不论双单月选用。

以上武职三十八员、文职五员，均系拿获著名首要各匪，侦探攻击，无异临阵，实系异常出力。

总兵衔两广督标中军副将吉瑞，请赏加提督衔。

留粤尽先补用副将周天意，请赏加总兵衔。

补用副将广东抚标中军参将黄培松，请俟补副将后，以总兵用。

补用游击施光廷，试用游击张桐，均请以游击归外海水师补用。

试用游击新会营右营守备潘灼文，请归游击班后，以本班尽先补用。

两广督标尽先补用都司胡昆山，水师提标补用都司施相廷，均请俟补都司后，以游击尽先补用。

广东水师提标中营尽先都司傅建勋，请俟补缺后，以游击用。

广东钦州营守备何玉顺，请以都司尽先补用。

守备用香山协左营候补千总何大元，请加都司衔。

崖州协效力期满云骑尉世职黎献廷，请以守备尽先补用。

新会营左哨千总何熊飞，顺德协左营右哨千总王雄略，水师提标右营前哨千总姚洪阶，水师提标右营右哨千总何冠英，均请以守备在任尽先补用。

尽先千总邓瑞祥、冯锦荣、傅琼林，新会营左营左哨头司把总何维宗，顺德协左营右哨头司把总邓朝恩，均请俟补千总后，以守备尽先补用。

尽先拔补千总李瑞鸾，请俟补千总后，以守备用，先换顶戴。

知府衔广州府前山海防同知李荣富，请在任以知府候选。

广东试用同知彭光业，请加四品衔。

德庆州知州程锦文，同知衔信宜县知县叶祥麟，均请以直隶州知州在任候补。

同知衔署清远县知县分缺先补用知县董元度，请俟补缺后以直隶州知州补用。

在任候补知县广东顺德县丞许成熙，请加同知衔。

试用县丞周怡暄、王鸿声、舒兆昌，候补府经历县丞宋诚，均请俟补缺后以知县用。

惠州府长宁县岞坪司巡检王道瀛，请以主簿在任候补。

试用从九品李铨，请俟补缺后，以主簿补用。

试用盐经历彭元麿，请加提举衔。

以上武职二十二员、文职十三员，均系随同拿获著名首要各匪在事出力。

（朱批:）览。[①]

一〇五　请开惠登甲本缺以知府补用折

光绪二十八年五月二十七日（1902年7月2日）

头品顶戴两广总督臣陶模、头品顶戴广东巡抚臣德寿跪奏，为直隶州知州请开本缺，过班以知府留省补用，恭折仰祈圣鉴事。

窃据三品衔在任候补知府本任南雄直隶州知州惠登甲禀称：现年六十四岁，甘肃安化县举人，中式丙子科进士，引见奉旨以知县即用，签掣广东，准补饶平县知县，调补海阳县知县，再调番禺县知县，两次大计荐举卓异。二十年，请咨赴京引见，奉旨：着回任，准其每次卓异加一级，仍注册候升。钦此。二十一年正月到番禺县任，是年大计，荐举卓异，题升今职，二十四年三月十九日到任，二十六年二月十一日卸事。前在南雄州任内因劝办湖北赈捐案内

---

① 中国第一历史档案馆藏:清单，档案编号:03-5418-100。

出力保奏以知府在任候补，经吏部核议具奏，于光绪二十七年十二月二十日奉旨：依议。钦此。理合禀恳开去南雄直隶州知州本缺，过班以知府补用，再行请咨赴京引见等情，由藩司核明，详请具奏前来。

臣等查该员惠登甲守洁才裕，莅官清勤。合无仰恳天恩，俯准将该员惠登甲开去南雄直隶州知州本缺，过班以知府留省补用，仍饬该员赴部捐缴离任银两。

除咨部外，臣等谨合词恭折具奏，伏乞皇太后、皇上圣鉴训示。再，所遗南雄直隶州知州系冲、繁、疲三项要缺，粤省现有应补人员，请扣留在外，俟接准部覆，选员调补。合并陈明。谨奏。光绪二十八年五月二十七日。

（朱批：）着照所请，吏部知道。[①]

光绪二十八年七月十六日，奉朱批：着照所请，吏部知道。钦此。[②]

一〇六　奏报广东光绪二十六年海防善后收支折

光绪二十八年五月二十七日（1902年7月2日）

头品顶戴两广总督臣陶模、头品顶戴广东巡抚臣德寿跪奏，为广东省光绪二十六年份海防善后案内收支各款，请旨饬部核销，恭折仰祈圣鉴事。

---

① 台北故宫博物院藏：军机及宫中档，文献编号：408003472。
② 台北故宫博物院藏：军机及宫中档，文献编号：148090。

窃照广东省办理海防善后收支各款，业经造报至光绪二十五年底止在案。兹将二十六年正月初一日起至十二月底止海防善后一切收支银两，逐细稽核，统计本年新收各款银三百七十三万一千八百三十两有奇，拨支同文馆添设法文学堂经费银四千二百二十六两六钱六分七厘，又广州湾案内抚恤法弁家属银五万六千七百二十三两八钱五分六厘二毫六丝，又本局提存节省各款拨还汇丰镑价银一十六万，并开支各项综计十三案，共请销银三百四十五万八千三百七十两有奇，均系查照定章及准销成案办理，以收抵支，尚有盈余银两，归入下届项下开报。据海防善后局司道分晰造册，详请奏咨前来。

臣等覆核无异。除收支清册送部查照外，谨合词缮折具陈，伏乞皇太后、皇上圣鉴，敕部核销施行。谨奏。光绪二十八年五月二十七日。

（朱批：）该部知道。①

光绪二十八年六月十三日，奉朱批：该部知道。钦此。②

一○七　奏报筹解京师大学堂经费片

光绪二十八年五月二十七日(1902年7月2日)

再，准管理大学堂事务大臣咨：筹办大学堂常年经费，业经奏定分派各省筹解，大省每年二万金，中省一万金，小省五千金等因。当经转行遵照。兹据广东善后局司道详称：广东向列中省，照奏定

---

① 台北故宫博物院藏：军机及宫中档，文献编号：408003476。

② 中国第一历史档案馆藏：录副奏折，档案编号：03-6656-136。

章程,每年应解银一万两。粤省库储久空,每年额解洋款及派摊新定赔款并应支饷项,本已入不敷出,挪借无从。惟京师大学堂为培育人才要务,所需经费既钦奉谕旨着各省量力认解,自应先其所急,现由善后局先行筹解银一万两,明年察看情形,如库款稍可支持,仍当力任其难,随时筹解等情,详请奏咨前来。

臣等覆核无异。除分咨外,谨附片具陈,伏乞圣鉴训示。谨奏。

(朱批:)管学大臣知道。①

光绪二十八年六月十三日,奉朱批:管学大臣知道。钦此。②

一〇八　奏委李准充当水师统巡片

光绪二十八年五月二十七日(1902年7月2日)

再,广东省内河及沿海各水师驻巡拖扒船只,向派候补道府一员为水师统巡,以便周历巡视,考察勤惰。前经饬委候补知府李受彤充当。李受彤于上年十二月病故。兹查有丁忧补用道候补知府李准,不避嫌怨,办事认真,堪以派委巡察,以资得力。惟该员系丁忧人员,现在留省充当营务要差,相应附片陈明,伏乞圣鉴。谨奏。

(朱批:)知道了。③

光绪二十八年六月十三日,奉朱批:知道了。钦此。④

---

① 台北故宫博物院藏:军机及宫中档,文献编号:408003476-0-A。
② 中国第一历史档案馆藏:录副奏片,档案编号:03-7212-024。
③ 台北故宫博物院藏:军机及宫中档,文献编号:408003476-0-B。
④ 中国第一历史档案馆藏:录副奏片,档案编号:03-7212-025。

一〇九　请奖道员张煜南等片

光绪二十八年五月二十七日(1902年7月2日)

再，广东省开办大学堂，现虽就原有之广雅书院改设，然预计常年经费正复不支，又须赶办武备学堂，购地庀材，置备器械，在在需款。且武备学生均需按名给发薪费，更非文学堂可比，开办各费及常年经费，需用更繁。广州府为各郡表率，应设中学堂亦应及早开办，以资观感，一切规模均不宜简陋。广东库帑本已入不敷出，自经摊派新旧赔款，罗掘胥穷，以致各项学堂经费实苦无从筹画，不得已派委妥员，分投筹劝。兹据花翎二品顶戴四品卿衔前署槟榔屿副领事广西尽先补用道张煜南①愿报捐广东省武备学堂经费银八万两，花翎二品衔存记简放道周荣曜愿报捐广州府中学堂经费银八万两。

臣等查学堂为国家培植人材要务，与地方别项善举情形似更不同，各省遇有报效巨款，向准专案奏请优奖，如光绪二十六年郎中刘锦藻②捐助陕赈银六万两，蒙恩赏五品京堂候补；二十七年七

---

①　张煜南(1851—1911)，号榕轩。少时因家贫辍学经商，只身漂泊海外。光绪四年(1878)，开办笠旺公司，后合伙开设日里银行、万永昌商号，成为华侨首富。二十八年(1902)，捐资创办武备学堂，赏四品京堂。二十九年(1903)，捐资赈济灾民，创建潮汕铁路。宣统元年(1909)，晋三品京堂，加侍郎衔。三年(1911)，授考察南洋商务大臣。同年，卒。有《海国公余辑录》等存世。

②　刘锦藻(1862—1934)，名安江，字澄如，浙江湖州人。光绪十四年(1888)，中式举人。二十年(1894)，中式进士。二十六年(1900)，捐赈陕西灾民，授五品京堂候补。同年，进呈《皇朝续文献通考》四百卷，赏内阁侍读学士衔。民国十四年(1925)，捐修清东陵。嗣捐建沪杭铁路，任董事兼副理。二十三年(1934)，卒于籍。有《南浔备志》、《坚匏庵诗文钞》等行世。

月花翎二品顶戴广东试用道陈时利捐助顺直善后赈捐银八万两，蒙恩赏以四五品京堂候补。

今张煜南系花翎二品顶戴四品卿衔广西尽先补用道，曾署槟榔屿副领事，现在荷兰日丽等埠总理商务，报捐广东省武备学堂经费银八万两。周荣曜系由海防新班先选用道于光绪十三年在海军衙门报效水操学堂修工，钦奉懿旨以道员即选，并赏加二品衔；十八年又报效海军衙门练军制械等款，钦奉特旨交军械处存记，遇有道员缺请旨简放之员，报捐广州府中学堂经费银八万两。较之刘锦藻、陈时利，或本身官秩较崇，或捐助银数较巨。可否仰恳天恩，俯准将张煜南、周荣曜一并赏给四品京堂候补，以示鼓励而资观感。臣等为裕筹经费、振兴学校起见，是否有当，谨附片陈请，伏乞圣鉴训示。谨奏。

（朱批：）张煜南、周荣曜均着以四品京堂候补。①

光绪二十八年六月十三日，奉朱批：张煜南、周荣曜均着以四品京堂候补。钦此。②

一一〇　请奖叙办理缉捕出力员弁片

光绪二十八年五月二十七日(1902 年 7 月 2 日)

再，广东省历年办理缉捕出力员弁，现已恳恩给予奖叙。其有积劳病故、捕盗捐躯者，自应随案请恤，以彰劳勚。兹查有记名提督陈维熊，前在江、浙、皖、鄂等省屡立战功，洊保今职。光绪二十

---

①　台北故宫博物院藏：军机及宫中档，文献编号：408003476-0-C。
②　中国第一历史档案馆藏：录副奏片，档案编号：03-7212-025。

• 2672 •

六年,奏调来粤,管带营勇,查办广、惠两府匪乡,不辞劳瘁,触犯瘴疠,于光绪二十七年九月初九日在营身故。又,候补副将蔡锦章,历在广东、浙江两省转战立功,上年管带营勇,前赴廉州府属剿办土匪。本年二月初九日,查得灵山县属西牙墟聚集多匪,督队往攻,营勇颇有伤亡。该副将奋勇上前,致被枪伤咽喉,回营后旋即身故。又,署龙门协右营守备拔补左哨千总李国泰,于光绪二十六年十一月二十一日督率师船,至雷州府属之企水港,围捕洋匪朱亚安。该股匪船聚泊港内,抵死抗拒。该守备奋勇前攻,被弹击伤要害,立时阵亡。各弁勇相持数日,始将匪首朱亚安等格毙。又,管驾清远营巡船云骑尉世职陈次桢,于光绪二十五年十二月缉获贼匪周炳等四名,派勇解城讯办。是月十七夜,匪党乘虚攻扑巡船,将陈次桢寻仇戕害。又,帮带绥远军左营升用守备拔补千总卢昆山,光绪二十六年十二月初二日出洋缉匪,经过茅尾海面,陡遇飓风,舟覆淹毙。先后据广东善后、缉捕等局司道等详请奏恤前来。

核其死事情节,均堪悯恻。合无仰恳天恩,俯准敕部将记名提督陈维熊、候补副将蔡锦章、龙门协右营守备李国泰、云骑尉世职陈次桢、升用守备卢昆山等五员,照例分别议恤。除饬取各该员履历送部查核外,谨会同广东巡抚臣德寿附片具陈,伏乞圣鉴训示。谨奏。

（朱批:）着照所请,该部知道。[1]

光绪二十八年六月十三日,奉朱批:着照所请,该部知道。钦此。[2]

---

① 台北故宫博物院藏:军机及宫中档,文献编号:408003470-0-A。

② 中国第一历史档案馆藏:录副奏片,档案编号:03-5418-098。

一一一　请将林有成等开复原官片

光绪二十八年五月二十七日(1902年7月2日)

　　再,奏准留营效力已革游击林有成,管带介勇一营,办理省城东、北两关缉捕,经年以来,迭获要犯二十余名。查该游击于光绪二十一年在广西郁林营参将署任闻父病故,遽将印务札交都司料理,漏夜回籍,经前督臣谭钟麟以取巧钻营,擅离职守,奏参革职。二十六年,管带介勇,拿获会匪史经如出力,经前兼署督臣德寿奏准留营效力,嗣复迭获要犯,实属著有微劳。

　　又,已革碣石镇左营守备徐敬衡,管驾安济轮船,上年十二月随往沙湾缉捕,船被炮伤,该守备一跃登岸,枪毙贼匪,奋往无前。查该守备于光绪二十五年春间,陆丰土匪滋事,前督臣谭钟麟以饬令拨兵防守,饰词推诿,怯无能,奏参革职。现在随同捕匪,不避艰危,实属深知愧奋。

　　查核原参各案,均无赃私重情,自应弃瑕录用,以励戎行。合无仰恳天恩,俯准将留营效力已革花翎两广督标尽先补用游击林有成开复原官、翎枝,仍留原标补用;已革四品顶戴碣石镇左营中军守备徐敬衡开复原衔,用以示鼓励。除饬取各该员履历咨部外,谨会同广东巡抚臣德寿附片陈请,伏乞圣鉴训示。谨奏。

　　(朱批:)着照所请,兵部知道。[①]

　　光绪二十八年六月十三日,奉朱批:着照所请,兵部知道。

---

　　① 台北故宫博物院藏:军机及宫中档,文献编号:408003470-0-B。

钦此。①

一一二　请以谢兰馨补授海防同知折

光绪二十八年六月初五日（1902 年 7 月 9 日）

头品顶戴两广总督臣陶模、头品顶戴广东巡抚臣德寿跪奏，为选员请补同知，恭折仰祈圣鉴事。

窃照现任潮州府海防同知敬禧于光绪二十八年正月初四日闻讣丁父忧，业经附片奏报，声明所遗潮州府海防同知缺，按照二留一咨章程，系第二轮第二次留缺，应请扣留外补。此案于二月十四日移报到司，已在正月底截缺之后，应勒归正月份截缺办理。是月份勒归同知一项，只此一缺，毋庸签掣。查定例：道、府、同知、直隶州知州、通判，遇有丁忧、终养、回避、撤回、参革、降补、改教各项选缺，应先尽记名分发人员请补，不准于折内声叙人地未宜，如记名、分发无人，始准以各项候补、前先候补正班人员酌补。其原系记名简缺人员，分发到省后，只准专以选缺补用，不得兼补题调要缺。其记名、分发各员内如有非正途出身者，无论题、调、选缺，应统归于各项候补人员内一体酌量补用，不得与正途出身各员一律先尽请补各等因。

兹会选有记名分发候补同知谢兰馨，年六十六岁，广州驻防镶白旗汉军下甲喇京城庆宗佐领下人，由翻译生员中式光绪元年乙亥恩科第一名翻译举人。九年，考取内阁汉军中书。十七年七月引见，奉旨：补授内阁汉军中书。钦此。十八年，捐免历俸，保送堪

以外用。是年七月引见，奉旨：着照例记名外用同知。钦此。八月，遵新海防例报捐，指省分发广东补用。是月二十八日，蒙钦派大臣验看，堪以发省补用，引见奉旨：着照例发往广东，以同知补用。钦此。九月二十日，由吏部给发执照起程，行抵天津，闻讣丁父忧，接丁母忧，服阕起复，于光绪二十三年二月三十日回省，应以服满起复禀报回省之日作为同知班到省日期。是年，准吏部咨：准其起复。该员稳慎精详，勤求治理，以之补授潮州府海防同知缺，洵堪胜任，与例亦属相符。据藩、臬两司会详前来。相应请旨准以记名分发候补同知谢兰馨补授潮州府海防同知缺。如蒙俞允，该员系记名分发候补同知请补同知，衔缺相当，毋庸送部引见。

除咨部外，臣等谨照章改题为奏，恭折具陈，伏乞皇太后、皇上圣鉴训示。再，粤东省补缺例限九十日，此缺勒归光绪二十八年正月份之缺，二月十四日移报到司，应以是日起限办理。今在限内选员请补，并无迟逾。合并陈明。谨奏。光绪二十八年六月初五日。

（朱批：）吏部议奏。[①]

光绪二十八年七月十六日，奉朱批：吏部议奏。钦此。[②]

一一三　请以李达璋调补赤溪直隶同知折

光绪二十八年六月初五日（1902年7月9日）

头品顶戴两广总督臣陶模、头品顶戴广东巡抚臣德寿跪奏，为拣员调补要缺同知，恭折仰祈圣鉴事。

---

①　台北故宫博物院藏：军机及宫中档，文献编号：408003480。
②　台北故宫博物院藏：军机及宫中档，文献编号：148094。

窃照准吏部咨：缺单内开题调要缺广东赤溪直隶同知沈鸿寿革职，光绪二十八年正月二十五日奉上谕等因。应以奉上谕后第五日为行文，按照限减半计至三月十四日，作为接到文行开缺，三月二十九日接准部咨，应归三月份截缺办理，系题调要缺，毋庸签掣。查定例：丞倅应调缺出，毋庸计扣历俸年限，准其拣选调补。又，题请调补官员，其任内如有承审案件、承缉盗案、经征钱粮已起降调、革职参限者，概不准其请补各缺。如因缺系繁要，人地实在相需，为地择人者，该督抚据实陈明，吏部仍查明其余并无别项不合例事故，亦即议准。此外一切因公处分，仍毋庸计算各等因。

今赤溪直隶同知系题调要缺，所驻赤溪地方水陆纷歧，土、客杂处，稽查、弹压、巡防、抚绥，在在均关紧要，必得精明干练之员，方克胜任。兹于现任同知合例应调人员内会选得佛冈直隶同知李达璋，年四十八岁，湖南善化县荫附生。光绪七年，恭逢上谕馆考试，八月奉旨：着外用。钦此。照例以通判用。十五年九月，遵章呈请分发。复遵郑工例报捐指省广东，引见奉旨：着照例发往。钦此。当即领照到省。十九年，闻讣丁继母忧，回籍守制。二十年，接丁父忧。六月二十一日奉上谕：吴大澂代递提督李朝斌[①]遗疏并胪列战功一折。伊子广东候补通判李达璋，着以同知补用。钦此。二十年服满，二十三年引见，奉旨：着照例发往。钦此。领照到省，题补今职。二十四年十一月，先赴任事。二十五年十一月初

---

① 李朝斌（1824—1894），字质堂、资堂，湖南善化人，行伍出身。咸丰四年（1854），充水师中营哨官。七年（1857），保参将，管带外江水师新右营。八年（1858），保副将。十一年（1861），保总兵，加固勇巴图鲁名号。同年，补湖北竹山协副将，晋提督衔。同治元年（1862），升浙江处州镇总兵。二年（1863），封云骑尉。同年，署江南提督。三年（1864），擢江南提督。光绪五年（1879），授外海兵轮统领。十二年（1886），因病开缺。二十年（1894），卒。

六日奉文准补到任，毋庸试俸，现调署阳江同知。

该员持躬谨慎，听断明允，任内并无承审积案及承缉盗案已起降调、革职参限。虽有经征未完光绪二十五年及二十六年份钱粮，查系实欠在民，并非征存未解；因公处分，例免核计。以之调补赤溪直隶同知缺，洵堪胜任，与例亦属相符。据藩、臬两司会详前来。

相应请旨，准以佛冈直隶同知李达璋调补赤溪直隶同知缺。如蒙俞允，该员系现任同知请调同知，衔缺相当，毋庸送部引见。所遗佛冈直隶同知缺，粤东省现有应补人员，请扣留在外，俟接准部覆，选员请补。

除咨部外，臣等谨照章改题为奏，合词恭折具陈，伏乞皇太后、皇上圣鉴训示。再，粤东省补缺例限九十日，此缺系归光绪二十八年三月份截缺，应以是月底起限，今在限内选员请补，并无迟逾。合并陈明。谨奏。光绪二十八年六月初五日。

（朱批：）吏部议奏。①

光绪二十八年七月十六日，奉朱批：吏部议奏。钦此②。

【案】光绪二十八年正月二十五日奉上谕：此谕旨上谕档载曰：

光绪二十八年正月二十五日，内阁奉上谕：德寿奏，分别举劾属员一折。广东忠州府知府沈傅义、琼州府知府刘尚伦、临高县知县吴志道，既经该抚查明官声政绩，据实奏保，均着

---

① 台北故宫博物院藏：军机及宫中档，文献编号：408003478。
② 台北故宫博物院藏：军机及宫中档，文献编号：148093。

传旨嘉奖。署阳江直隶厅事赤溪直隶同知沈鸿寿，恃才任性，措置失宜；增城县知县丁墉，贪婪不职，怨声载道；即用知县高焕然，举止轻浮，动招物议；从九品俞鸿，行为谬妄。均着即行革职。文昌县知县刘曾枚，办事草率，人地未宜，着开缺另补。余着照所议办理。该部知道。钦此。[①]

【案】吴大澂……一折：光绪二十五年五月初十日，湖南巡抚吴大澂奏报提督李朝斌病故一折，曰：

头品顶戴湖南巡抚臣吴大澂跪奏，为在籍大员病故，代递遗疏，恭折仰祈圣鉴事。

窃前任江南提督李朝斌，于光绪十二年五月请假回籍就医，兹于二十年四月三十日在善化县本籍病故。据该家属遣丁呈报，并将李朝斌口授遗折呈请代奏前来。

臣查李朝斌于道光年间，由行伍从征广西。咸丰四年，曾国藩调至军前，奇其才，拔为水师哨官，随同克复武昌、汉阳，攻破田家镇，防堵东岸，积功擢至参将。

七年三月，管带外江水师新右营。九月，杨岳斌攻湖口，朝斌奋击于石钟山前，毁贼浮梁铁锁，摩垒而进，诸军继之，贼众尽殪，并克梅家洲伪城。

八年四月，再克九江。胡林翼上其功，保至副将加总兵衔。九月，攻枞阳，偕副将陈金鳌、刘德亮由铜铁洲下夹口，飞桨溯入，拔桩先登，踏平五垒。

十年四月，会攻芜湖，击破对面蠛矶石垒三座、土垒一座。十一年二月，毁神塘河贼卡，焚茯苓洲积聚，破白茅嘴石垒，又

败贼于荻港。五月,会同副将彭楚汉等,击毁无为州城外贼船三十余号,生擒贼目黄在中等四名、悍贼百余名,夺贼船三只、铜炮六尊。杨岳斌汇功奏保,奉旨赏给固勇巴图鲁名号,记名以总兵简放。八月,补湖北竹山协副将。九月,会克铜陵县无为州泥汊口神塘河,进取运漕镇,逆贼突出船数十号,拼死迎拒。朝斌联艓水次,排炮轰击,贼少却,诸将飞桨同进,夺贼船十一号,击沉数十号,贼弃镇遁,分道截杀,淹毙近三千人,获贼粮二千余石、贼马十余匹,炮位、军械无算。捷报上闻,奉旨赏加提督衔。

同治元年正月,升授浙江处州镇总兵。三月,会同曾国荃克铜城闸,攻雍家镇,以次克复巢县、含山、和州三城,裕溪口、西梁山两隘,奉旨交部从优议叙。四月,袭克太平,二十一日,会攻金柱关。朝斌束草为炬,与诸将指麾督战,遂克之,东梁山亦于是夜一战而下。奉旨交军机处记名,遇有提督缺出,请旨简放。

二年五月,统太湖水师赴上海剿贼,道出金陵,会同杨岳斌、彭玉麟攻克九洑洲,特旨赏穿黄马褂。七月,统带师船由海道进吴淞江,直趋太湖,至大钱口,贼卡如林,拉朽摧枯,尽行踏毁。十九日,击贼大缺口,又毁其石垒数座。八月,会攻宝带桥。九月,会攻五龙桥,立破其大营一、土营四。嗣与诸军会于八坼,击破沿途贼营三十余座,生擒伪贵王陈得友,遂与李鸿章规复苏州省城;会同程学启、黄翼升诸军,水陆围攻,贼以城降。朝斌于盘门等处截杀悍贼,解散数千人。奉旨赏云骑尉世职,并交部从优议叙。维时,贼负隅莺脰湖南北两岸,筑石城、土垒各二座,坚壁以拒。十一月,朝斌率师登陴,立破贼垒，乘胜趋莺脰湖，两岸贼巢悉平。

三年二月，克复嘉兴县城，击破新塍四亭子一路贼垒。三月，诏授江南提督。五月，率水师陆队破长兴县属贼垒，歼伪烈王江遂中，进攻湖州府城。七月，会师环击，悍贼死拒，朝斌出奇制胜，薄城力战，克之。奉旨褒嘉"谋勇兼优，所向无前"。当粤匪踞苏之时，游勇、盐枭，啸聚剽掠。朝斌督师搜剿，因苏省表里江海，湖荡分歧，议整江南旧制水师，与曾国藩商订新章，裁旷补额。会巡内外洋面，遂成经制水师。

光绪三年，沈葆桢疏请命总理江南兵轮操练事宜。朝斌受事后，督率将领，讲求船炮利钝，精究机器测量之术。沈葆桢奏"忠勇出于天性，威望足以服人，为近时所罕有"。

五年四月，诏为外海兵轮统领。各省兵轮驶赴吴淞口，由朝斌督率合操，凡连环攻击、迎敌趋避、测量炮准之法，无不精益求精。未几，法人构衅，朝斌与前南洋大臣左宗棠筹议海防守御之策，日夜亲历洋面，布置周密，积受劳伤。

十年五月，旧疾并发，交卸兵轮统领，专率外海内洋水师。

十一年，因巡视洋面，屡遇风潮，触动左膊旧伤，咨由前两江督臣曾国荃据情乞恩开缺调理，荷蒙温旨，赏假三次。

十二年五月，经曾国荃奏请回籍就医，奉旨允准，交卸回籍。因假期内病仍未减，十一月，复经曾国荃奏请开缺，仰蒙俞允。

臣到湘时往视，朝斌精力虽已衰竭，犹以病躯未瘥，不克报效朝廷为憾。臣尝劝其安心调理，讵料劳伤深重，将星遽陨。伏念朝斌以忠勇精诚之士，备折冲御侮之选，身经百战，展转江湖，卒为国家削平大难，卓著殊勋。事定之后，复为江南议设经制水师，统领外海兵轮，讲求西法，不辞劳瘁，有古名将风。

臣籍隶江苏，素知该故提督战功、威望，尤为江南士民所感戴，去思遗泽，至今称道弗衰。光绪十五年正月二十二日，钦奉慈禧端佑康颐昭豫庄诚寿恭钦献皇太后懿旨：各省封疆大吏均为国家倚任之臣，其久历戎行、熟谙韬略者，懋建殊勋，贤劳尤著。前江南提督李朝斌着交部议叙等因。钦此。其忠诚勇略，早在皇太后、皇上洞鉴之中。相应吁恳天恩，俯准将已故前任江南提督李朝斌战功事迹宣付国史馆立传，以彰忠荩。至可否准其于立功省份建立专祠之处，听候恩施，臣未敢擅拟。理合将该故提督臣遗折一件附折呈递，并胪陈战功，恭折具奏，伏乞皇上圣鉴。

再，该故提督臣长子国琛，江苏候补道，已故；次子达璋，二品荫生，分发广东候补通判；次士夔，附生；次璜，候选同知；次佛肩、次㓜应、次训畬，均附生；次功治、功赞、功修、功辅，俱业儒。长孙同寿，一品荫生；次同福、同禄，均监生；次庆麟、庆骙。曾孙镛。合并声明。谨奏。光绪二十五年五月初十日。

光绪二十年六月十一日，奉朱批：另有旨。钦此。[①]

【附】此奏于是年六月十一日得旨允行。上谕档：

光绪二十年六月十一日，内阁奉上谕：吴大澂奏，代递提督遗疏，并胪陈战功一折。前任江南提督李朝斌，于道光年间从征广西，转战湖北、安徽、江南等省，迭克名城，战功

---

① 中国第一历史档案馆藏：朱批奏折，档案编号：04-01-16-0242-029。

卓著，擢授江南提督，整顿水师，训练、操防，均能称职。前因触发旧伤，赏假回籍，兹闻溘逝，悼惜殊深。李朝斌着照提督例赐恤，生平战迹宣付国史馆立传，准其于立功省份建立专祠。伊子广东候补通判李达璋，着以同知补用。该衙门知道。钦此。[1]

一一四　请以刘能补授广东归善县知县折

光绪二十八年六月初五日（1902年7月9日）

头品顶戴两广总督臣陶模、头品顶戴广东巡抚臣德寿跪奏，为选员请补知县，恭折仰祈圣鉴事。

窃准吏部咨：缺单内开沿海调三项要缺广东归善县知县钱溯灏捐离任，文尾坐光绪二十八年正月初五日发行，按照限减半，计至二月十九日限满开缺，于二月二十日接准部咨，应归二月份截缺办理，系外调要缺，毋庸签掣。查定例：州县应调缺出，俱令于现任人员拣选调补。如无合例堪调之员，知县准以例准请补之候补并进士即用人员酌补等因。今归善县知县缺，臣等与藩、臬两司于通省现任知县内逐加遴选，非现居要缺，即人地未宜，实无合例堪以调补之员。惟查有进士即用知县刘能，年四十一岁，四川温江县人，由廪生应光绪十五年己丑恩科本省乡试，中式第一百零四名举人；庚寅恩科会试，中式第一百八十八名贡士；壬辰科补行覆试，殿试三甲第一百五十二名；朝考二等

---

① 《光绪宣统两朝上谕档》，第20册，第360—361页。

第九十七名。光绪十八年五月十四日，由翰林院带领引见，奉旨以知县即用，签掣广东。六月初一日，经吏部给发执照，祗领起程，八月二十八日到省。

该员年力富强，趋公勤谨，以之补授归善县知县缺，洵堪胜任，与例亦属相符。据藩、臬两司会详前来。相应请旨，准以即用知县刘能补授归善县知县缺。如蒙俞允，该员系进士即用知县请补知县，衔缺相当，毋庸送部引见。

除咨部外，臣等谨照章改题为奏，合词恭折具陈，伏乞皇太后、皇上圣鉴训示。再，粤东省补缺例限九十日，此缺系归光绪二十八年二月份截缺，应以是月底起限办理。今在限内选员请补，并无迟逾。合并陈明。谨奏。光绪二十八年六月初五日。

（朱批：）吏部议奏。①

光绪二十八年七月十六日，奉朱批：吏部议奏。钦此。②

一一五　请以沈传义调补广州府知府折

光绪二十八年六月初五日（1902年7月9日）

头品顶戴两广总督臣陶模、头品顶戴广东巡抚臣德寿跪奏，为省会知府员缺紧要，遵旨拣员调补，恭折奏闻，仰祈圣鉴事。

窃于光绪二十八年五月初六日准吏部咨：钦奉上谕：广东广州

---

① 台北故宫博物院藏：军机及宫中档，文献编号：408003479。
② 台北故宫博物院藏：军机及宫中档，文献编号：148089。

府知府员缺紧要，着该督抚于通省知府内拣员调补。所遗员缺着松墀①补授。钦此。查定例：省会知府缺出，应请旨简放，如奉旨于通省知府内拣员调补，应择其人地相宜者，无论缺项是否相同，及历俸已、未满年限，俱准调补。又，首府首县缺出，于通省正途人员内拣选调补，如无合例堪以调补，或人地不宜，始准于折内详细声明，以各项出身内遴选调补各等因。今广东广州府为省会首郡，管辖一十四县，地方辽阔，政务殷繁，时有紧要案件饬发审办，且省城系通商口岸，华洋杂处，抚驭一切，尤须操纵得宜，非熟悉情形、才猷卓著之员，不足以资治理。

臣等与藩、臬两司于通省现任知府内逐加遴选，非现居要地，即人地未宜，查有惠州府知府沈传义，②年五十三岁，顺天府大兴县监生，原籍浙江会稽县，由候选知县投效山东河工出力，保准选缺后以直隶州用。光绪十二年，选授河南嵩县知县，十三年正月到任；调补永城县知县。十五年，蒙奏保循良，奉旨嘉奖。十八年，在永城县任内先后拿获江苏省巨盗，奉文加六级、纪录十三次；复因办郑工杂料劝赈，暨迭次剿办会、土各匪出力，荐保花翎盐运使衔道员用在任候补知府。二十年，蒙保卓异，请咨赴京，由吏部带领

① 松墀（？—1911），光绪中，充工部郎中。二十六年（1900），补张家口监督。二十八年（1902），署高州府知府。三十年（1904），署琼州府知府。三十一年（1905），署连州知州。宣统三年（1911），因病出缺。

② 沈传义（1849—1907），字次端，顺天府大兴县监生，原籍浙江会稽。光绪十二年（1886），选授河南嵩县知县，调补永城县知县。十四年（1888），署理洛阳县知县。十六年（1890），调补永城县知县。十八年（1892），荐保花翎盐运使衔道员用在任候补知府。十九年（1893），署祥符县知县。二十年（1894），补永城县知县。二十四年（1898），调署祥符县知县。二十五年（1899），保知府，升道员。二十七年（1901），加二品衔。三十年（1904），回广州府本任。三十一年（1905），署理惠潮嘉道，兼摄惠州府知府。三十二年（1906），调补琼崖道。三十三年（1907），因病出缺。编有《祥符县志》。

引见，奉上谕：沈传义准卓异加一级，注册回任候升，并以知府照例用。钦此。是年十月回省，饬赴永城县本任。二十二年，知府试用期满甄别，蒙奏请以繁缺知府在任补用；又蒙奏保循良，奉旨嘉奖。二十四年，遵章呈请开去永城县底缺，过班知府班补用。是年十二月二十五日奉上谕：河南永城县知县沈传义，着该抚给咨送部引见。钦此。二十五年二月，蒙给咨赴京。三月十四日，由吏部带领引见。本日奉特旨：沈传义着以知府仍发河南尽先即补，并交军机处存记。钦此。次日蒙召见一次，奉上谕：本日召见之沈传义，着交军机处存记。钦此。十八日，蒙召见一次，旋即领照出京，四月回豫当差。九月二十一日奉上谕：广东惠州府知府员缺，着沈传义补授。钦此。前因黄河抢险出力，蒙汇入安澜案内保准以道员在任候补。二十六年四月十一日到惠州府知府任。旋因剿办会匪肃清案内蒙奏保请仍交军机处存记，遇有道员缺出，开列在前，请旨简放，俟归道员班加二品衔。二十七年六月初五日奉上谕：着照所请。钦此。十二月，复蒙奏保循良。二十八年正月二十六日奉旨嘉奖。钦此。

该员廉明正直，夙协舆情。前在河南历任知县，政声卓著，迭保循良。其治剧理繁，才堪肆应，早在朝廷洞鉴之中。嗣蒙天恩简放惠州府知府，到任以来，悉心整饬，民情爱戴，治效可观。以之调补广州府知府，人地实在相需，与例亦属相符。据藩、臬两司会详请奏前来。合无仰恳天恩，俯准以惠州府知府沈传义调补广州府知府，实于省会要缺有裨。如蒙俞允，所遗惠州府知府员缺，遵旨即以松墀补授。再，该员沈传义系现任知府拣调广州府知府，衔缺相当，毋庸送部引见，亦毋庸核计参罚。合并声明。

所有拣员调补广州府知府缘由，谨合词恭折具奏，伏乞皇太后、皇上圣鉴训示。谨奏。光绪二十八年六月初五日。

（朱批：）吏部议奏。①

光绪二十八年七月十六日，奉朱批：吏部议奏。钦此。②

一一六　奏为奉旨准予开缺谢恩折

光绪二十八年六月十九日（1902年7月23日）

头品顶戴开缺两广总督臣陶模跪奏，为叩谢天恩，仰祈圣鉴事。

窃臣恭阅电传阁钞：光绪二十八年五月二十七日奉上谕：陶模奏假期又满，病仍未痊，恳请开缺调理一折。两广总督臣陶模着准其开缺。钦此。跪聆之下，感激涕零。伏念臣猥荷殊恩，谬膺重寄，虽疆圻之涖历，曾补报之毫无。当兹时局艰难，宫廷宵旰，臣虽愚驽，亦尝思振兴庶务，绥靖地方，以稍尽疆臣责任。无如禀姿素薄，痼疾久撄，屡荷圣慈假以休沐，乃沉疴之增剧，欲黾勉而未能。幸蒙曲予矜全，赐归田里，恩施逾厚，感愧尤深。臣一俟交卸之后，自当息心调治，倘蒙庇荫，夙疾幸痊，即当趋赴阙廷，求赏差使，譬坠露轻尘之末，敢外生成；被高天厚地之恩，再思报称。

所有微臣感激下忱，理合恭折具奏，叩谢天恩，伏乞皇太后、皇上圣鉴。谨奏。光绪二十八年六月十九日。

---

① 台北故宫博物院藏：军机及宫中档，文献编号：408003481。
② 台北故宫博物院藏：军机及宫中档，文献编号：148092。

（朱批：）知道了。①

光绪二十八年七月初六日，奉朱批：知道了。钦此。②

一一七　报解广东光绪二十八 年第二批地丁京饷折

光绪二十八年六月二十一日（1902 年 7 月 25 日）

头品顶戴两广总督臣陶模、头品顶戴广东巡抚臣德寿跪奏，为筹解光绪二十八年第二批地丁京饷银数及委员起程日期，恭折仰祈圣鉴事。

窃照光绪二十八年京饷案内，奉拨广东地丁银十万两，业经筹解三万两作为第一批，委员升补陵水县知县傅肇敏等领解赴部投纳在案。兹据布政使丁体常详称，再向商号新泰厚等订借银三万两，作为第二批起解，仍交该商号等汇兑赴京，遴委候补同知吴贞亮等领赍汇单，于光绪二十八年六月二十六日起程，航海进京，支取银两，赴部投纳等情，详请具奏前来。

臣等覆核无异。除咨明户部外，谨合词恭奏，伏乞皇太后、皇上圣鉴。谨奏。光绪二十八年六月二十一日。

（朱批：）户部知道。③

光绪二十八年七月十七日，奉朱批：户部知道。钦此。④

---

① 台北故宫博物院藏：军机及宫中档，文献编号：408003488。
② 台北故宫博物院藏：军机及宫中档，文献编号：147736。
③ 台北故宫博物院藏：军机及宫中档，文献编号：408003482。
④ 台北故宫博物院藏：军机及宫中档，文献编号：148107。

一一八 请以陆继昌署理文昌县知县折

光绪二十八年六月二十一日(1902年7月25日)

头品顶戴两广总督臣陶模、头品顶戴广东巡抚臣德寿跪奏，为选员试署知县，恭折仰祈圣鉴事。

窃照准吏部咨：缺单内开另文请补广东文昌县知县刘曾枚开缺另补，光绪二十八年正月二十五日奉上谕等因。应以奉上谕后第五日为行文，按照限减半，计至三月十四日作为接到文行开缺，于三月二十九日接准部咨，应归三月份截缺办理。查改教、撤回、降补、回避四项遗缺，定例合为一班，统行计算，如遇同月之缺，仍签掣缺之先后。今文昌县知县开缺另补，遗缺系选缺，是月份选缺知县仅止一缺，毋庸签掣。查吏部则例内开：知县改教、撤回、降补、回避，所遗选缺系进士即用，与候补、分班酌补轮用进士即用，即将进士即用班前与进士即用本班合为一班，由该督抚酌量请补，即积进士即用正班之缺轮用即补，即将候补班前与候补本班合为一班，该督抚酌量请补即积候补正班之缺等因。

前出兴宁县知县回避遗缺，已用进士即用知县王克鼎补。今文昌县知县刘曾枚开缺另补，遗缺按班应轮用候补班前候补正班人员酌补。兹会选有候补知县陆继昌，年四十四岁，江苏太仓州监生，在河南捐备赈银案内报捐贡生，并捐中书科中书，不论双单月分发行走；复遵新海防例改捐县丞，指分江西试用。缘在永定河南上汛漫口合龙案内出力，蒙保奏请以知县仍归原省补用。光绪二十三年三月十五日奉旨：依议。钦此。旋因江西停止分发，改指广东，于光绪二十五年三月二十八日蒙钦派大臣验看，堪以分发。四月十一日引见,奉旨:着照例发往。钦此。是月二十日,经吏部给发执照,祗领起程,七月三十日到省。二十六年,甄别堪膺民社,并未在粤游幕,业于到省案内声明缴结详咨在案。

该员秉志端厚,处正不阿,以之署理文昌县知县缺,洵堪胜任,与例亦属相符。据藩、臬两司会详前来。相应请旨准以候补知县陆继昌署理文昌县知县缺,仍俟试署期满,如果称职,另请实授。如蒙俞允,该员系候补知县请署知县,衔缺相当,毋庸送部引见。

除咨部外,臣等谨照章改题为奏,合词恭折具陈,伏乞皇太后、皇上圣鉴训示。再,粤东省补缺例限九十日,此缺系光绪二十八年三月份之缺,应以是月底起限办理,今在限内选员请补,并无迟逾。合并陈明。谨奏。光绪二十八年六月二十一日。

(朱批:)吏部议奏。[1]

光绪二十八年七月十七日,奉朱批:吏部议奏。钦此。[2]

一一九　报解粤海关赔款银
两、次数汇沪投纳折

光绪二十八年六月二十一日(1902年7月25日)

头品顶戴两广总督臣陶模跪奏,为粤海关新定赔款银两、次数,汇沪投纳,恭折仰祈圣鉴事。

窃照户部奏拨放俸饷,于粤海关四成洋税每结提银六千两,又另款加复俸饷每年粤海关应解银四万两,又东北边防经费加拨粤

---

① 台北故宫博物院藏:军机及宫中档,文献编号:408003484。

② 台北故宫博物院藏:军机及宫中档,文献编号:148108。

海关六成洋税银二万四千两。嗣准部电,饬将前项银两按照应解数目匀分十二次,先将第一次银数于光绪二十七年十二月二十日以前汇沪,以后按月先期解沪。又,关税增收之文,如实照旧核解,即自十月开办起,暂按该关每月收数提出二成解沪,俟核明增收确数,另行分派匀拨。又,此次赔款系还关平,每百两加补水库平银一两六钱四分三厘,所有奉拨前项银两,自应提前赶解。

兹于粤海关应解加放俸饷等款每次银七千三百三十三两三钱三分四厘,补水银一百二十两四钱八分七厘,统计第一次至第六次连补水共银四万四千七百二十二两九钱二分六厘。又,粤、潮、琼、北四关约二成洋税每次银五万两,补水银八百二十一两五钱,统计第一次至第六次连补水共银三十万四千九百二十九两,由关先后分次备具文批,发交西商志成信、协成乾银号,汇解江海关道投纳。

除咨户部查照外,臣谨会同粤海关监督臣庄山恭折具陈,伏乞皇太后、皇上圣鉴。谨奏。光绪二十八年六月二十一日。

(朱批:)户部知道。[1]

光绪二十八年七月十六日,奉朱批:户部知道。钦此。[2]

一二〇　奏报筹拨广东光绪二十八年内务府经费折

光绪二十八年六月二十一日(1902年7月25日)

头品顶戴两广总督臣陶模、头品顶戴广东巡抚臣德寿跪奏,为

---

[1]　台北故宫博物院藏:军机及宫中档,文献编号:408003486。
[2]　台北故宫博物院藏:军机及宫中档,文献编号:147778。

报解内务府经费银两，恭折仰祈圣鉴事。

窃准户部札行：光绪二十八年内务府经费，指拨广东太平关常税银十万两，内以四万四千三百七十七两批解部库归垫，下余五万五千六百二十三两径解内务府应用等因。当经转饬遵照筹解。兹据广东布政使丁体常以现在太平关税银尚未移解到司，先向商号订借银四万两，又加平抬费银一千三百二十两，仍发交商号新泰厚等领汇，派委候补同知吴贞亮等领赍汇单，于本年六月二十六日起程，航海进京，解赴内务府投纳。详请奏咨前来。

臣等覆核无异。除分咨外，谨合词恭折具陈，伏乞皇太后、皇上圣鉴。谨奏。光绪二十八年六月二十一日。

（朱批：）该衙门知道。[1]

光绪二十八年七月十七日，奉朱批：该衙门知道。钦此。[2]

一二一　奏报派还新定赔款第
一年上半年解过银数折

光绪二十八年六月二十一日（1902 年 7 月 25 日）

头品顶戴两广总督臣陶模、头品顶戴广东巡抚臣德寿跪奏，为派还新定赔款第一年上半年解过款目、银数，恭折仰祈圣鉴事。

窃照各省摊还新定赔款，前准户部奏明派拨广东省每年银二百万两，匀分十二次，按月解沪。按照公约每解银一百两，应随补关平银一两六钱四分三厘等因。业经遵照按月解交上海道兑收，

---

①　台北故宫博物院藏：军机及宫中档，文献编号：408003483。
②　台北故宫博物院藏：军机及宫中档，文献编号：148109。

将匀解银数、起解日期咨明,嗣又奏明按半年汇奏一次在案。查自光绪二十七年十二月第一次起至二十八年五月第六次止已满半年,共解过摊还赔款纹银九十九万九千九百九十六两,又解过第三、四、五、六各期应补关平纹银一万零九百五十三两二钱八分八厘,又支给商号汇费洋银一万四千一百五十三两二钱八分八厘,统计支解六期赔款连关平、汇费共银一百零二万五千一百零二两五钱七分六厘,内动支沙捐洋银六万两,房捐洋银二万五千两,按粮捐输洋银一万五千九百二十三两七钱五分五厘,潮商免厘报效洋银二万五千两,烟、酒、茶、糖、土药加厘洋银六千两,新案二成裁兵旷饷纹银九千六百两,停给世职衔俸纹银三万五千两,盐运司库协借纹银一十五万两、洋银二万两,督粮道库协筹洋银三万两,藩库借动新增扣平纹银三万六千六百六十六两。

以上各款,共支银四十一万三千一百八十九两七钱五分五厘,尚不敷银六十一万一千九百一十二两八钱二分一厘,系在司库应解本年京、协饷及一切正杂款内通融挪借,并向商号借垫凑足,以应急需。以上动支各款内,沙捐,房捐,粮捐,潮商报效,烟、酒、土药加厘,节存兵饷、世俸系新筹之款,拟专归赔款支用,为数仅止一十七万余两,尚不及十分之二。其余盐、粮两库协筹之款,均系移缓就急,不能恃以为常。

数月来,竭全省之力,始能将此六期赔款应付清楚,幸免贻误,而各库一空如洗,商借久欠未还,以后为日方长,正不知如何为继。至起解前项赔款及关平银两均应支解纹银,而本省新筹各款,除兵饷、世俸系属纹银外,其余各款俱收洋银,必须补水易纹,方能起解。此时收数无几,以之支解赔款,正项不敷尚多;应补纹水,更属无着。现在解过六次赔款,所需补水银两均在司库通融垫支,应俟将来各款收有成数，再行拨还归款作正开销。至新筹各款除节存兵饷、世俸两款之外，余均暂行试办，能否照收，每年实可得银若干及此外能否另筹，均无实在把握，应俟筹有定数，办有端倪，再行专案奏明立案。据广东藩、运二司，督粮道、善后、厘务局司道详请具奏前来。

臣等覆核无异。除分咨外，谨会同缮折具陈，伏乞皇太后、皇上圣鉴。谨奏。光绪二十八年六月二十一日。

（朱批：）户部知道。①

光绪二十八年七月七日，奉朱批：户部知道。钦此。②

一二二　请将潘培楷留广东补用片

光绪二十八年六月二十一日（1902 年 7 月 25 日）

再，督办钦廉边防布政使衔记名简放道潘培楷，经前任山东抚臣张人骏③奏调赴东差遣，本应即饬遵旨前赴山东，惟因粤西游匪

---

① 台北故宫博物院藏：军机及宫中档，文献编号：408003487。

② 台北故宫博物院藏：军机及宫中档，文献编号：147782。

③ 张人骏（1846—1927），字千里，号安圃，直隶丰润人，监生出身。同治三年（1864），中式举人。七年（1868），中式进士，改庶吉士。十年（1871），授翰林院编修。光绪二年（1876），补国史馆协修。八年（1882），充四川乡试副考官。九年（1883），补湖广道监察御史、江南道监察御史、广西道监察御史。十一年（1885），升户科给事中。十二年（1886），充会试同考官。十五年（1889），补兵科给事中。同年，放广西桂平梧盐法道。十七年（1891），署广西按察使。十八年（1892），加按察使衔，署广西布政使。十九年（1893），署广西按察使。二十年（1894），升补广东按察使。二十一年（1895），迁广东布政使。二十四年（1898），调补山东布政使。二十六年（1900），擢漕运总督。二十七年（1901），补授山东巡抚。二十八年（1902），调补河南巡抚，兼理河工事务。二十九年（1903），调广东巡抚。三十一年（1905），调补山西巡抚。三十二年（1906），（接上页）

正炽,钦、廉与西省处处接壤,防范稍疏,即虑与土匪勾结窜扰,更恐窜入越境,致贻外人口实。潘培楷督办边防日久,近又拿获匪首邓东良,军声益振,防剿镇摄,正资熟手,未便遽行更易。合无仰恳天恩,俯准将布政使衔记名简放道潘培楷仍留广东补用,毋庸饬赴山东。谨合词附片陈请,伏乞圣鉴训示。谨奏。

（朱批:)着照所请。①

光绪二十八年七月七日,奉朱批:着照所请。钦此。②

一二三　请奖粤海关监督庄山片

光绪二十八年六月二十一日（1902 年 7 月 25 日）

再,粤海关监督庄山在任四年,于关税事宜兴利除弊,不遗余力。所有应征正额盈余,除照旧征解足数外,自光绪二十四年份溢征常税银二万九千八百四十一两七分九厘,二十五年份溢征常税银三万五十八两五钱四分四厘,二十六年份溢征常税银三万四百一十四两五分一厘,二十七年份溢征常税银三万八百三十三两六钱四分四厘。计四年中共溢银一十二万一千一百四十七两三钱一分八厘。自二十六年夏间北方多事,路途梗塞,应解京、协各饷改由上海装鞘现银,驰赴湖北、河南等省,委员赍至陕西交纳。其时税绌商稀,库乏征存;西号银项短少,并无现银借垫,均由该监督设

(接上页)再调河南巡抚。三十三年(1907),授两广总督,兼理粤海、太平两关事务。宣统元年(1909),调补两江总督,兼管理两淮盐政。同年,授陆军部尚书、都察院都御史。三年(1911),避居青岛。民国十六年(1927),卒于天津。

①　台北故宫博物院藏:军机及宫中档,文献编号:408003487-0-A。

②　台北故宫博物院藏:军机及宫中档,文献编号:147780。

法腾挪，如期接济。其司榷之勤、任事之勇，实属共见共闻。至于交涉事件，不激不随，均能与前督抚臣及臣等会商妥办。

伏查前任粤海关监督俊启、崇光、海绪、增润、长有等，办理关务出力，历经前督抚臣奏明，渥蒙圣恩优奖，分别以副都统、三院卿候补在案。今该监督庄山值斯时势较前万难，而办理关务事宜，比之历任，尤能措置裕如，实属心细才长，异常出力。查庄山已于光绪二十六年十月二十三日奉旨补授奉宸苑卿，现今任满，应如何奖励之处，出自逾格天恩，臣等不敢擅拟。谨援案附片陈请，伏乞圣鉴。谨奏。

（朱批：）庄山着赏加侍郎衔。[①]

光绪二十八年七月七日，奉朱批：庄山着赏加侍郎衔。钦此。[②]

一二四　奏报动支库款拨还新定赔款片

光绪二十八年六月二十一日（1902年7月25日）

再，广东省拨还新定赔款，前准户部奏明将本省应解部库之西征洋款改为加放俸饷十万两，旗兵加饷十万两，新增东北边防经费一万六千两，京官津贴改为加复俸饷七千八百两，每年共银二十二万三千八百两，匀分十二次，按月解沪，备还赔款，按照公约每百两应补关平银一两六钱四分三厘各等因。业经遵照按月匀解上海道兑收，将匀解银数、起解日期咨明，嗣又奏明按半年汇奏一次在案。

---

① 台北故宫博物院藏：军机及宫中档，文献编号：408003487-0-B。
② 台北故宫博物院藏：军机及宫中档，文献编号：147781。

查光绪二十七年十二月第一次起至二十八年五月第六次止，已满半年，共拨还赔款银一十一万一千九百两，内动支光绪二十七年加放俸饷三万两，旗兵加饷五万两，加复俸饷七千八百两；光绪二十八年加放俸饷二万四千一百两，又解过第三、四、五、六各期应补关平银共银一千二百二十五两六钱七分六厘，内动支奏留充公银六百一十二两八钱三分八厘，田房税羡银三百九十五两一钱四分一厘，通省充公银二百一十七两六钱九分七厘。据广东布政使丁体常详请具奏前来。

臣等覆核无异。除分咨外，谨会同附片具陈，伏乞圣鉴。谨奏。

（朱批：）户部知道。①

光绪二十八年七月七日，奉朱批：户部知道。钦此。②

一二五　奏请开复贾敦忻参案片

光绪二十八年六月二十一日（1902年7月25日）

再，已故前任儋州知州贾敦忻欠解征存正杂款银二千七百余两，米七百九十余石，迭催未据完解，经前抚臣许振祎③会折奏参

---

① 台北故宫博物院藏：军机及宫中档，文献编号：408003487-0-C。

② 台北故宫博物院藏：军机及宫中档，文献编号：147779。

③ 许振祎（?—1899），字仙屏，江西奉新人。道光二十九年（1849），拔贡。咸丰三年（1853），充内阁中书。九年（1859），中式举人。同治二年（1863），中式进士，改翰林院庶吉士。四年（1865），补国史馆协修。八年（1869），充贵州乡试副考官。十年（1871），简陕甘学政。光绪二年（1876），选教习庶吉士。是年，历国史馆纂修、武英殿纂修、起居注协修、功臣馆纂修、本衙门撰文、文渊阁校理。八年（1882），放河南彰卫怀道。十年（1884），署河南按察使。十一年（1885），迁河南按察使，署河南布政使。十二年（1886），调补江宁布政使。十六年（1890），擢河东河道总督。二十一年（1895），调补广东巡抚。二十三年（1897），充广东武乡试正考官。二十五年（1899），卒于任。谥文敏。

勒追，光绪二十四年九月十八日钦奉朱批：着照所请，该部知道。钦此。钦遵转行查照在案。兹据布政使丁体常、督粮道周开铭详称：该故员家属于参追后陆续将欠解银米完解清楚，请将原参革职勒追之案具奏开复等情前来。

臣等覆核无异。相应请旨将已故前任儋州知贾敦忾原参革职之案准予开复。除将细数册咨部查照外，臣等谨合词附片具陈，伏乞圣鉴训示。谨奏。

（朱批：）着照所请，该部知道。①

光绪二十八年七月十七日，奉朱批：着照所请，该部知道。钦此。②

一二六　奏陈汇解筹备饷需银两片

光绪二十八年六月二十一日(1902 年 7 月 25 日)

再，广东省光绪二十八年份应解筹备饷需银二十万两，当经筹银四万两作为第一批，派委升补知县傅肇敏等领解在案。兹向商号新泰厚等订借银四万两，作为二十八年第二批筹备饷需银两，照案仍由该商号等汇京，派委候补同知吴贞亮等领赍汇单，于光绪二十八年六月十六日起程，由海道进京支取银两，赴户部衙门投纳。据广东布政使丁体常详请奏咨前来。

臣等覆核无异。除咨户部查照外，谨会同广东巡抚臣德寿合词附片具陈，伏乞圣鉴。谨奏。

---

① 台北故宫博物院藏：军机及宫中档，文献编号：408003483-0-A。
② 台北故宫博物院藏：军机及宫中档，文献编号：148110。

（朱批：）户部知道。①

光绪二十八年七月十六日，奉朱批：户部知道。钦此。②

一二七　请准钱锡宝送部引见片

光绪二十八年六月二十一日（1902 年 7 月 25 日）

再，广西候补知府钱锡宝前在苍梧县知县署任丁忧回籍，上年臣来粤之时檄调来署，委充文案，本年三月十六日服阕。其时因臣署事务纷繁，襄理需人，附片奏请俟经手事竣再行送部引见。光绪二十八年四月二十九日奉到朱批：着照所请，吏部知道。钦此。钦遵在案。现在臣蒙圣恩准予开缺，交卸在即，该员钱锡宝自应给咨赴部。

臣查钱锡宝才长心细，办事勤敏，在臣署供差年余，朝夕相处，知之有素。可否仰恳天恩，俯准饬部将广西候补知府钱锡宝带领引见之处，出自逾格鸿慈。谨附片陈请，伏乞圣鉴训示。谨奏。

（朱批：）着照所请，吏部知道。③

光绪二十八年七月十六日，奉朱批：着照所请，吏部知道。钦此。④

---

① 台北故宫博物院藏：军机及宫中档，文献编号：408003486-0-A。

② 台北故宫博物院藏：军机及宫中档，文献编号：147783。

③ 台北故宫博物院藏：军机及宫中档，文献编号：408003486-0-B。

④ 台北故宫博物院藏：军机及宫中档，文献编号：147784。

一二八　奏为议加盐价因商力
艰窘暂拟变通办法折

光绪二十八年七月初一日(1902年8月4日)

头品顶戴两广总督臣陶模跪奏,为遵旨议加盐价,并因粤省商力艰窘,暂拟变通办法,恭折仰祈圣鉴事。

窃上年因筹备新定赔款,两江督臣刘坤一奏请将淮盐每斤加价四文,奉旨饬下各省仿照办理,当经转饬两广盐运使国钧督饬官商统筹遵办。无如粤省本无殷实巨商,凡承办各处盐埠,皆由水客集股而成,近年报效海防、派捐赈款,一再搜括,商力已觉难堪,现又令其加价,各商闻之几至涣散,良由粤盐运本素重,而私盐随地可以贩卖,价值悬悬,本已官不敌私,现如按斤加自食户,必更贪贱食私,官销愈形拥滞,是以从前饬议加价,各商曾请按年捐缴防饷十万两,不愿逐斤议加,经前督臣谭钟麟沥情奏明在案。

此次加价系各省一律举办,无论商情如何为难,自不能令其独异。当查有试用知府汪大钧、署盐运司经历候补盐大使毓乾,熟悉盐务情形,素为商家信服,又经派令与各商通盘熟计,委曲筹商,数月以来,各商见赔款实须按月筹解,盐价各省均已照加,于无可为力之余,为变通两全之计,拟就粤省实销盐数,由粤商每斤认缴加价二文。其运销江西、湖南、广西各省所加盐价,均听各省之便,商力能否承认,另由商家禀恳各该督抚酌办,不归广东经收。粤省所加二文,则仍捐自商家,并不取之食户。惟是粤省引饷向本通融拨补,现在加价只能照实销盐数抽收,以近年销数均匀核计,约可收银二十万两,商力实已竭蹶异常等语。由该员等禀由两广盐运使国钧详覆前来。

当查两广额定盐引八十万四千五百道有零，按照每斤加价二文，核计应加钱四十一万九千有零，以制钱一千五百文易纹银一两，计应加价银二十七万九千余两。今该商等照实销盐斤认加，每年不过二十万两，尚短七万九千余两。因查上年奉饬整顿盐务之时，臣查得粤省各场产盐甚多，每有余羡盐斤为船户等夹带盗卖，经臣于上年九月间派委试用知府汪大钧、候补盐大使毓乾试办收买羡盐，发商配销。该员等不辞劳怨，实力收配，涓滴归公，迄今将及一年，计收盈余银七万余两，尚属著有成效。如果始终认真办理，尚可恃为常年有着之款，以之弥补加价不足，亦尚盈绌相抵。

除饬两广盐运司督饬该员等将加价、配羡等事认真经理，随时将款拨解藩司，以抵新定赔款之用外，所有遵奉谕旨议加盐价，并因体恤商艰，变通办理缘由，理合恭折具奏，伏乞皇太后、皇上圣鉴。谨奏。光绪二十八年七月初一日。

（朱批：）户部知道。[1]

光绪二十八年七月十六日，奉朱批：户部知道。钦此。[2]

一二九　奏报广东运司交代收支情形折

光绪二十八年七月初一日（1902年8月4日）

头品顶戴两广总督臣陶模跪奏，为运司交代收支课饷数目，恭折具陈，仰祈圣鉴事。

---

① 台北故宫博物院藏：军机及宫中档，文献编号：408003490。
② 台北故宫博物院藏：军机及宫中档，文献编号：148087。

　　案准部咨：广东运司交代，于定限两个月外展限三个月，造具册结题报。兹据两广盐运使国钧详称：前署盐运使周开铭自光绪二十五年四月初五日到署起，至九月初六日卸事止，任内旧管接收前署盐运使冯光遹①交存银八十万二千一十九两二钱六分六厘二毫二丝五忽六纤六沙四尘，新收银三十七万三千五百八十二两四钱七分八厘一毫六丝六忽，旧管、新收共银一百一十七万五千六百一两七钱四分四厘三毫九丝一忽六纤六沙四尘，开除银五十三万六千五百三十两，实在应存银六十三万九千七十一两七钱四分四厘三毫九丝一忽六纤六沙四尘，内经前司国英②支借解海防经费银一十八万五千两，又支解菩陀峪万年吉地工程银二万两外，尚应存银四十三万四千七十一两七钱四分四厘三毫九丝一忽六纤六沙四尘，均经照数交盘存库，并无亏空、侵挪情弊。所有细数业经依限于光绪二十六年二月初四日造缴等情，详请核办前来。

　　臣查四柱册开管、收、除、在各项，复加核对，数目相符。除将册结并加具印结分送部、科查核外，又本案交代经前署督臣李鸿章于光绪二十六年四月初八日恭疏题报，嗣准内阁汉本堂咨开各省具题本章分别存收发还，改题为奏等因。本案交代自应遵照办理。

----

　　①　冯光遹(1837—1901)，字仲梓，江苏阳湖人，附监生。同治九年(1870)，中式举人。十三年(1874)，中式进士，选庶吉士。光绪元年(1875)，充武英殿协修官。二年(1876)，授翰林院编修官、武英殿纂修官。四年(1878)，授国史馆协修官。八年(1882)，简福建学政。十四年(1888)，充湖北乡试正考官。十六年(1890)，授会试同考官。十七年(1891)，补方略馆协修官、起居注协修官。二十一年(1895)，放广东雷琼道，加二品衔。二十五年(1899)，迁陕西按察使。二十七年(1901)，因病出缺。

　　②　国英(1823—1884)，字鼎臣，满洲镶白旗人，索绰络氏。道光二十年(1840)，中式进士，历官兵部主事、员外郎，直隶口北道员，山西归绥道员，官至内阁中书，迁广东盐运使，广东、江西、浙江按察使等。光绪二年(1876)，建楼五楹，贮藏书籍二万余卷。刻有《共读楼书目》。

合并声明。谨缮折具陈，伏乞皇太后、皇上圣鉴，敕部核覆施行。谨奏。光绪二十八年七月初一日。

（朱批：）户部知道。[①]

光绪二十八年七月十六日，奉朱批：户部知道。钦此。[②]

一三〇　报解广东光绪二十八年第一批固本兵饷折

光绪二十八年七月初一日（1902年8月4日）

头品顶戴两广总督臣陶模、头品顶戴广东巡抚臣德寿跪奏，为报解广东省光绪二十八年第一批固本兵饷银数、起程日期，恭折具奏，仰祈圣鉴事。

窃广东省光绪二十八年份应解固本饷银十二万两，兹筹银四万两，作为光绪二十八年正月至四月第一批固本兵饷，照案发交商号新泰厚等领汇至京，派委候补同知吴贞亮等领赍汇单，于光绪二十八年六月二十六日起程，由海道进京，支取银两，赴户部衙门投纳。据广东布政使丁体常详请奏咨前来。

臣等覆核无异。除咨部查照外，谨合词恭折具陈，伏乞皇太后、皇上圣鉴。谨奏。光绪二十八年七月初一日。

（朱批：）户部知道。[③]

光绪二十八年七月十六日，奉朱批：户部知道。钦此。[④]

---

① 台北故宫博物院藏：军机及宫中档，文献编号：408003492。
② 台北故宫博物院藏：军机及宫中档，文献编号：148088。
③ 台北故宫博物院藏：军机及宫中档，文献编号：408003489。
④ 台北故宫博物院藏：军机及宫中档，文献编号：148079。

一三一　汇奖救护各国轮船出力员弁折

光绪二十八年七月初一日(1902年8月4日)

头品顶戴两广总督臣陶模跪奏，为查明救护各国轮船出力员弁，汇案奏请奖励，恭折仰祈圣鉴事。

案查光绪二十六年十月初三日，英商达利轮船由汕头驶至海丰县属遮浪洋面，遭风触礁，势将沉没。维时帮带喜字左营千总邓步云、管带喜字后营千总莫国瑜、帮带喜字前营千总莫国莹适在附近洋面巡缉，闻报立即会督兵勇，冒险前往，救出英商及工役、搭客三十余人，并捐资将商、客人等送回汕头。又，光绪二十七年三月二十日，英商海门轮船由香港来省，行至零丁洋面，因遭飓风触礁，悬有难旗，瞬将沉没。统带广东省河水师轮船兼带伏波兵轮船总兵衔留粤水师尽先补用参将吕文经适至该处巡缉，立即督率在船文武员弁、水勇，冒险救出英商船主及工役、搭客共二百数十人，并设法将船只保全送回香港。又，光绪二十五年正月二十六日，法商河省轮船由香港开往琼州海口，路经木栏头搁浅，时值风涛汹涌，船身敧侧，势濒于危。海口营参将陈荣辉督率弁勇，不分昼夜，竭力拯援，救出工役、搭客一百三十余名。又，光绪二十六年十二月初二日，法商于爱轮船行至徐闻县属架尾角洋面，适遇巨雾，搁于陷沙，几为礁石所触，又经该参将陈荣辉亲率师船弁勇前往，救出华、洋搭客三十余名。又，光绪二十七年三月初八日，法商河内轮船由香港开往琼州海口，驶至急水门上铜锣沙洋面搁浅，为浪所冲，船身敧侧，瞬将沉没。该参将督饬各师船弁兵前往，救出搭客九十八名。先后据统带喜字营调署广东碣石镇总兵莫善喜、署海

丰县知县刘能、统带广东省河水师轮船兼带伏波兵轮船总兵衔留
粤水师尽先补用参将吕文经、署琼州镇总兵潘瀛、署雷琼道信勤禀
报，并请核给奖叙等情，均经批饬照章覆核。兹据广东海防善后局
司道核明，列册详请奏奖前来。

查前准总理各国事务衙门咨行：嗣后中外船只在海遭风触礁、
瞬将沉没者，文武汛官及外海水师管驾人等果能奋身冒险，救出至
三十人以上，准照异常劳绩奏奖。惟每船每次不得过两三员等因。
历经遵办在案。今帮带喜字左营千总邓步云、管带喜字后营千总
莫国瑜、帮带喜字前营千总莫国莹、统带广东省河水师轮船兼带伏
波兵轮船总兵衔留粤水师尽先补用参将吕文经、帮带伏波兵轮船
同知衔广东候补知县吕调镛、附贡生金保泰等，能于惊涛骇浪之
中、人力难施之际，冒险救出英商轮船商、客人等，均在三十人以
上。至法商河省、于爱、河内等轮船先后三次搁浅，虽与遭风触礁
不同，而情形危急，殆又过之。广东海口营参将陈荣辉、署海口营
守备黄光梅、海口营左哨千总现署儋州营水师中军守备卓云龙等，
先后三次冒险救援，保全商、客至二百数十人之多，洵属异常出力，
核与请奖定章相符。

合无仰恳天恩，俯准将广东水师提标前营尽先千总邓步云免
补千总，以守备仍留原标尽先补用，并加都司衔；咨保尽先千总莫
国瑜免补千总，以守备尽先补用，并加都司衔；尽先千总莫国莹免
补千总，以守备留于两广督标中营尽先补用，并加都司衔；总兵衔
留粤水师尽先补用参将吕文经免补参将，以副将仍留广东外海水
师尽先补用；同知衔广东候补知县吕调镛俟补缺后，以直隶州知州
归候补班补用；附贡生金保泰以主簿不论双单月选用；副将衔广东
海口营参将陈荣辉请以副将在任候补，并加总兵衔；候补守备现署

海口营中军守备黄光梅免补守备，遇有水师都司缺出，尽先升补，并加游击衔；都司衔海口营左哨千总现署儋州营水师中军守备卓云龙免补守备，以都司尽先补用，并加游击衔，以示鼓励，出自鸿施。

除将该员履历册分咨查照及出力稍次人员另行咨奖外，所有查明救护各国轮船出力员弁汇案请奖缘由，理合会同广东巡抚臣德寿合词恭折具陈，伏乞皇太后、皇上圣鉴训示。谨奏。光绪二十八年七月初一日。

（朱批：）着照所请，该部知道。①

光绪二十八年七月十六日，奉朱批：着照所请，该部知道。钦此。②

一三二　请奖广东文报局各员片

光绪二十八年七月初一日（1902年8月4日）

再，广东文报局当差各员，历经遵照部议海军保奖年限章程奏请奖叙在案。光绪十五年十一月间，前督臣李瀚章以上海、香港等处为接递往来文件要津，且洋务繁重，派委分省补用知县包家吉等分驻各该处，经理文报，侦探洋情，以期迅速而昭周密。兹查派驻上海办理文报委员知州衔分省补用知县包家吉、洋文司事指分江苏试用县丞包鼎祺、派驻香港办理文报委员江苏试用知县梁耀曾、洋文司事文童潘宗济，自到局当差以来，历年办理一切往来文报，

① 台北故宫博物院藏：军机及宫中档，文献编号：408003491。
② 台北故宫博物院藏：军机及宫中档，文献编号：148082。

均能慎密妥速，并无贻误，核与海军保奖年限相符。先后据广东海防善后局司道详请照章奏奖前来。

臣等覆查无异。知州衔分省补用知县包家吉，拟请赏加四品顶戴；江苏试用县丞包鼎祺，拟请俟补缺后，以知县仍留原省补用；江苏试用知县梁燿曾，拟请俟补缺后，以同知直隶州仍留原省补用；文童潘宗济，拟请以从九品不论双单月归部选用。合无仰恳天恩，俯准照拟给奖，以示鼓励，出自逾格鸿慈。

除饬取该员等履历清册咨送外务部暨吏部查核外，谨会同广东巡抚臣德寿合词附片具陈，伏乞圣鉴训示。谨奏。

（朱批：）着照所请，该部知道。[①]

光绪二十八年七月十六日，奉朱批：着照所请，该部知道。钦此。[②]

一三三　请将革员胡廷槐开复片

光绪二十八年七月初一日（1902年8月4日）

再，已革高要县举人教习知县胡廷槐，案因南海县民妇周何氏赴县呈控逸犯胡廷谦假冒弁勇，掳捉伊夫周同万及店伴钟亚慎等，锁禁艇内勒赎等情，饬差查起，讯据轮船水手陈明指供，有高要县举人教习知县胡廷槐在艇主持，详经奏参斥革，拘案究办，奉朱批：着照所请。钦此。当经转行钦遵。随据该革员胡廷槐赴县投到，提同陈明及被掳之周同万等质讯，并无在艇主持。惟胡廷谦系伊

---

① 台北故宫博物院藏：军机及宫中档，文献编号：408003491-0-A。
② 台北故宫博物院藏：军机及宫中档，文献编号：148080。

从堂弟,押候勒交。嗣据报该匪胡廷谦逃赴香港,业已病故,运柩回省,经伊族人胡廷玉等出具禀结,并取具确实店铺图章,呈由税务司移县查验属实,其余各逸犯早已远扬,一时骤难弋获。现当清厘积案之际,请将控案先行注销,专归正案缉匪办理。至胡廷槐既经讯无在艇主持情事,并请准将功名开复。据南海县详由广东藩、臬两司核明,详请奏咨前来。

臣伏查此案逸犯胡廷谦既经病故,胡廷槐系伊从堂兄,事前未能约束禁止,本属咎由应得。惟一闻拘案即赴县投质,讯明并无在艇主持情事,似尚可原,相应请旨将已革举人教习知县胡廷槐从宽准予开复。除咨部外,理合附片陈明,伏乞圣鉴。谨奏。

(朱批:)着照所请,该部知道。①

光绪二十八年七月十六日,奉朱批:着照所请,该部知道。钦此。②

一三四 请准汪大钧留粤差遣片

光绪二十八年七月初一日(1902年8月4日)

再,广东省武备学堂经臣等酌定章程,定期开办,业经附片奏明在案。现当开办伊始,招考学生、购制器械及创办一切事宜,必须精明干练之员为之提调,方免贻误。查有指分广东试用知府汪大钧,精细稳练,勤慎耐劳,堪以派充武备学堂提调差使,业经臣等札委充当。惟查该员系由广东试用同知于光绪二十七年四月在顺

---

① 台北故宫博物院藏:军机及宫中档,文献编号:408003491-0-B。
② 台北故宫博物院藏:军机及宫中档,文献编号:148081。

直善后赈捐案内遵新海防例加捐知府仍指分广东试用，业经奉部核准注册，例应赴京引见。现当武备学堂开办之初，需员料理。合无仰恳天恩，俯准将指分广东试用知府汪大钧留于广东差遣，俟武备学堂办有端绪，再行给咨送部引见之处，出自逾格鸿施。谨附片陈请，伏乞圣鉴训示。谨奏。

（朱批：）着照所请，吏部知道。[1]

光绪二十八年七月十六日，奉朱批：着照所请，吏部知道。钦此。[2]

一三五　奏议报解京饷搭解银圆变通办法片

光绪二十八年七月初一日（1902年8月4日）

再，准户部咨：奏催各直省凡报解本年京饷，统行搭解三成银圆，并将应行扣色赢余每次按成合作银圆带解，不得仅以分两相抵等因。当经转行遵照。兹据广东布政使丁体常详称：查广东省奉拨京饷，除留还新旧洋款及应解内务府经费不计外，实应解部库地丁京饷十万两，厘金京饷十万两，太平关税京饷五万两，筹备饷需二十万两，固本饷十二万两，东北边防经费八万两，备荒经费一万二千两，共银六十六万二千两，按三成计算，应搭银圆一十九万八千六百两。若按款分批搭解，数目未免零星，且地丁系收纹银，厘金系收银圆，既须于地丁划出三成改铸银圆，又须于厘金划出七成易纹起解，纹、圆互易，徒多周折。

---

① 台北故宫博物院藏：军机及宫中档，文献编号：408003489-0-A。

② 台北故宫博物院藏：军机及宫中档，文献编号：148085。

查各款京饷出自厘金者共一十九万二千两，正与三成之数约略相等，从前向系支补纹水，易纹起解，将补水银两作正开销，造册报部。现拟将厘金项下奉拨京饷及东北防费、备荒经费三款每年共银一十九万二千两，连补水银两全以银圆起解，其余各款仍解纹银，无庸分款，各按三七搭解，既免分搭之繁琐，又免以纹易圆、以圆易纹之倾耗，而与部定三成之议仍属相符，且本年京饷前于第一批内已解过厘金京饷三万两，东北边防经费二万两，并未搭解银圆，现解第二批又无厘金之款在内，此议如蒙俯准，应请自第三批起遵照办理。理合详请奏明咨部核覆等由前来。除咨户部查照覆核外，谨合词附片具陈，伏乞圣鉴。谨奏。

（朱批：）户部知道。[①]

光绪二十八年七月十六日，奉朱批：户部知道。钦此。[②]

一三六　苏寿彭捐助学堂经费请旨建坊片

光绪二十八年七月初一日（1902年8月4日）

再，士民捐助地方公用善举数在一千两以上者，向准奏请建坊。兹据筹劝大学堂经费委员禀称：据顺德县人都司衔苏寿彭遵其故父四品封职蓝翎同知衔苏德勋，故母四品命妇梁氏、杨氏遗命，捐助广东省学堂经费银一千两，请照章奏请建坊前来。臣等查学堂为培植人材要务，与别项善举情形更属不同，今都司衔苏寿彭遵其故父母遗命，捐助经费银一千两，实属深明大义。合无仰恳天

---

①　台北故宫博物院藏：军机及宫中档，文献编号：408003489-0-B。
②　台北故宫博物院藏：军机及宫中档，文献编号：148086。

恩,俯准建坊,给予急公好义字样,以昭激劝而资观感之处,出自逾格鸿慈。谨合词附片陈请,伏乞圣鉴训示。谨奏。

（朱批:）着照所请,礼部知道。[1]

光绪二十八年七月十六日,奉朱批:着照所请,礼部知道。钦此。[2]

一三七　奏陈筹解奉拨淞沪厘金片

光绪二十八年七月初一日(1902年8月4日)

再,准两江督臣咨:准行在户部咨:本部循案拨补二十七年厘金各款附片一件,光绪二十七年二月二十五日奉旨:依议。钦此。咨会查照,核明上年指拨银数拨解等因。当经转行遵照。查光绪二十六年份,准部拨补淞沪货厘案内系拨广东减平银十万两、当税银六万两,所有光绪二十七年淞沪厘金,自应查照上年奉拨款目、银数,分别拨解抵补。经于二十七年十二月二十六日筹银二万两汇宁投纳,业已奏咨在案。

现在粤省司局各库异常窘绌,所有原拨之减平、当税等项,均因凑还新定赔款,挪用一空,本属力难兼顾。惟准两江总督臣电催速解,大局攸关,不能不竭力设筹。兹于万分为难之中设法挪凑银四万两,定于六月二十三日给交商号源丰润、义善源两号汇解金陵支应局投纳,作为广东省奉拨光绪二十七年份抵补淞沪货厘之项。据广东布政使丁体常详请奏咨前来。

---

① 台北故宫博物院藏:军机及宫中档,文献编号:408003489-0-C。

② 此朱批日期与内容,据军机处随手登记档(档案编号:03-0313-1-1228-188)校补。

臣等覆核无异。除分咨查照外，谨附片具陈，伏乞圣鉴。谨奏。

（朱批：）户部知道。[1]

光绪二十八年七月十六日，奉朱批：户部知道。钦此。[2]

一三八　奏保候补道秦炳直等片

光绪二十八年七月初一日(1902年8月4日)

再，候补道府各员，所以备各省差遣之需，即以储异日监司之选。臣抵粤年余，留心察看，查有卸署高廉钦道二品顶戴盐运使衔候补道秦炳直，办事实心，才识远大，先后委署雷琼及高廉钦道印务，均能整顿吏治，力除积弊；委办钦、廉会匪，歼渠解胁，措置得宜。

三品衔补用道署广州府知府龚心湛，精敏练达，体用兼赅，在臣署办理洋务有年，不激不随，因应得当；今春委署广州府事，于地方事宜实力讲求，百废俱举。

二品衔军机处存记遇缺题奏道李准，力果心精，勇于任事，历充善后、厘务及钱局提调、坐办，兴利除弊，不避嫌怨。前随其父已故三品卿衔督办四川矿务大臣李徵庸劝办顺直、山、陕、江西、湖北各省赈捐，先后筹集之款不下三四百万；上年十二月，闻丁亲父忧，臣前以统巡各江水师需员，将该员奏留委办，凡各营管驾巡缉不力，均随时举发撤换，绝不稍事容隐，戎行为之一肃。

---

①　台北故宫博物院藏：军机及宫中档，文献编号：408003492-0-A。

②　台北故宫博物院藏：军机及宫中档，文献编号：148083。

试用知府现署广州府粮捕通判方怡，学问深粹，职力坚卓，于开办广东省大学堂、武备学堂等事，该员参赞擘画，均能确有见地。

广西候补知府沈赞清，系已故两江总督沈葆桢之孙，在两广督署襄理文案十有余年，才明识练，沉毅有为，于两粤情形极为谙悉，更能究心有用之学。

以上五员皆候补道府中不可多得之才，臣考察既久，不敢壅于上闻。合无仰恳天恩，俯准将二品顶戴盐运使衔广东候补道秦炳直、三品衔补用道现署广州府知府龚心湛、二品衔军机处存记遇缺题奏道李准、试用知府现署广州府粮捕通判方怡、广西候补知府沈赞清饬部带领引见之处，出自逾格鸿施。

再，李准现在丁忧，应俟服满起复，再行给咨送部。合并声明。谨附片陈请，伏乞圣鉴训示。谨奏。

（朱批：）秦炳直等均着送部引见。①

光绪二十八年七月十六日，奉朱批：秦炳直等均着送部引见。钦此。②

一三九　奏报拣员署理总兵篆务片

光绪二十八年七月初一日（1902年8月4日）

再，现署广东高州镇总兵马维骐前奉简放广东陆路提督，现奉谕旨调补四川提督，迅即赴任等因。钦此。当经转移遵照。所有高州镇总兵篆务，应饬实任是缺总兵调署广东南韶连镇总兵张士元迅赴本

---

① 台北故宫博物院藏：军机及宫中档，文献编号：408003490-0-A。

② 台北故宫博物院藏：军机及宫中档，文献编号：148084。

任；张士元所遗原署南韶连镇总兵篆务，查有正任广西梧州协副将江志，堪以署理。除分檄饬遵外，谨附片具陈，伏乞圣鉴。谨奏。

（朱批：）知道了。[1]

光绪二十八年七月十六日，奉朱批：知道了。钦此。[2]

一四〇　奏报广、肇两府被灾分别赈抚折

光绪二十八年七月初二日（1902年8月5日）

头品顶戴两广总督臣陶模、头品顶戴广东巡抚臣德寿跪奏，为霪潦骤涨，冲决基围，广、肇两府属被灾甚重，现已分别赈抚，并拟援例请开赈捐，恭折仰祈圣鉴事。

窃本年入夏以后雨水过多，粤东东、西、北各江水势骤涨，广州、肇庆两府属基围适当其冲，先经委员会同地方文武严加查勘防护。迭据禀报：四会县属之丰乐围，高明县属之大沙围，高要县属之白诸、盘塘、香山、赤塘等围，南海县属之茯洲、良安等围，均于六月十三、十五等日先后被冲决口。其丰乐围毗连三水、高要、四会三县，受灾最重，居民十数万，田庐、牲畜尽被漂没，伤毙人口甚多，尚难查点确数。当即电饬在就近税厘各厂提银数千两，并携带粮米，多雇船只，逐乡拯救、散赈；一面委广东布政司丁体常急筹赈款，亲往灾区查勘抚恤。现据详称：先从被灾较重之丰乐围亲履踏勘，该围分隶高要、三水、四会三县，为西北第一大围。此次在四会县境土名大沙墟尾决口宽三十二丈，深四丈一尺。该处居民一万

---

① 台北故宫博物院藏：军机及宫中档，文献编号：408003490-0-B。
② 台北故宫博物院藏：军机及宫中档，文献编号：148078。

・2714・

余人,淹毙将及百人。其受灾较轻之处,居民亦不下万人,淹毙较少。次及高明县属之大沙围,冲决三十二丈。沿江溯流而上,至高要县属,查勘白诸围冲决二十丈零,盘塘围冲决一十四丈,香山围冲决亦一十四丈,赤塘围冲决一十二丈,泰和榕村围冲决十余丈,回龙沙土冲决十余丈,大陈屋基冲决三十余丈。复查南海县属之芙洲、良安两围,受灾较轻。核与各该印委所报相同,并声明此次灾区既广,赈抚需款甚巨,各处基围冲决,修筑工程尤为浩大,必须援案开办赈捐,以资抱注等情,详请具奏前来。

臣等伏查此次灾区毗连三县,灾民十余万,田庐被毁,困苦颠连,遍野嗷鸿,殊堪悯恻。现虽分别赈抚,惟田遭冲刷,即使涸复补种,恐亦难望收成,为日方长,赈需甚巨。且基围为两府居民田庐保障,亟应赶紧修理。粤省库储奇绌,既不能筹此巨款,民间被灾甚重,财力更匮。近甫劝办亩捐、房捐等项,无一不借资民力,事关民瘼,更不能不力为筹办。再四设法,惟有援照湖北、江西、安徽、福建等省请办赈捐之例,遵照部定新章,准捐封典、虚衔、翎枝、贡、监等项,以五成上兑,所捐之款全归外销,赶将各处冲决基围认真培修,以工代赈,俾灾民十余万得延残喘,以待春耕,胥出自高厚鸿慈。

所有广、肇两府基围决口被灾赈抚及拟开办赈捐情形,臣等谨合词据实具陈,伏祈皇太后、皇上圣鉴训示。谨奏。光绪二十八年七月初二日。

（朱批:）准其开办赈捐,以资抚恤。着即妥为筹办,毋任灾黎失所。[1]

光绪二十八年八月十一日,奉朱批:准其开办赈捐,以资抚恤。

---

[1] 台北故宫博物院藏:军机及宫中档,文献编号:408003494。

着即妥为筹办，毋任灾黎失所。钦此。①

一四一　请将刘兴东等即行革职片

光绪二十八年七月初二日(1902年8月5日)

再，整饬吏治，必须严察牧令。迭饬司道等认真查考，随时密揭。兹查有现任海阳县知县刘兴东，婪罚肥己，性好冶游，于绅民公集筑堤巨款，开销蒙混，舆论沸腾。又，署昌化县事补用知县尹沛霖，苛敛扰民，匿丧迟报。均属有玷官箴，万难姑容。据该管道府揭报，由藩、臬两司详请奏参前来。

相应请旨将现任海阳县知县刘兴东、署昌化县事大挑本班尽先补用知县尹沛霖即行革职，以肃吏治。所遗海阳县知县缺系海疆提调冲、繁、难要缺，应请扣留在外，拣员调补。臣等谨合词附片具陈，伏祈圣鉴训示。谨奏。

（朱批：）着照所请，吏部知道。②

光绪二十八年八月十一日，奉朱批：着照所请，吏部知道。钦此。③

一四二　请准许福赓等留省学习片

光绪二十八年七月初二日(1902年8月5日)

再，新选东安县知县许福赓于光绪二十八年四月十一日领凭

---

① 中国第一历史档案馆藏：录副奏折，档案编号：03-7109-083。
② 台北故宫博物院藏：军机及宫中档，文献编号：408003494-0-A。
③ 台北故宫博物院藏：军机及宫中档，文献编号：148747。

到省,又新选高明县知县李恩荣亦于是年六月初八日领凭到省,本应各饬赴任。惟查东安、高明两县地方均属紧要,该员等甫经到省,民情未能谙悉,若遽饬赴任,深恐置措失宜,未便稍涉迁就,致有贻误。拟将该员许福赓、李恩荣暂行留省,均委赴发审局学习,俾资历练,俟情形熟悉,再饬赴任。据藩、臬两司会详前来。臣等谨附片陈明,伏乞圣鉴。谨奏。

（朱批:）吏部知道。[1]

光绪二十八年八月十一日,奉朱批:吏部知道。钦此。[2]

一四三 奏报电白等县汇案请袭世职折

光绪二十八年七月二十八日(1902年8月31日)

头品顶戴两广总督臣陶模跪奏,为汇案请袭世职,恭折仰祈圣鉴事。

窃准部咨:袭职发标人员,三月汇奏一次。遵办在案。兹光绪二十八年夏季份,据永安县、潮阳县、电白县详送承袭云骑尉张上升、黄祥麟请袭职发标,李德元愿改作文生员应试,声明张上升愿改外海水师前来。查定例:承袭世职,令嫡长子孙承袭,如无嫡长子孙,许令弟侄应承继者承袭。又,承袭云骑尉,有愿改外海水师者豫先呈明,分派外海水师各营,随同出洋巡哨。又,承袭云骑尉,于未经发标学习之前呈请考试者,准以世职顶戴应试,毋庸给予世职俸银各等语。

---

① 台北故宫博物院藏:军机及宫中档,文献编号:408003494-0-B。
② 台北故宫博物院藏:军机及宫中档,文献编号:148731。

今承袭云骑尉张上升、黄祥麟请袭职发标,李德元愿改作文生员应试,张上升愿改用外海水师,均与定例相符,经臣分别验明发标学习,相应汇缮清单,恭呈御览。除将各该员亲供、宗图、履历、册结咨送部、科外,谨缮折具陈,伏乞皇太后、皇上圣鉴,敕部核覆。谨奏。光绪二十八年七月二十八日。

（朱批:）兵部议奏。单并发。①

光绪二十八年八月二十二日,奉朱批:兵部议奏。单并发。钦此。②

一四四　呈广东省汇案请袭世职汇报清单

光绪二十八年七月二十八日（1902年8月31日）

谨将光绪二十八年夏季份广东省请袭世职各员案由,汇缮清单,恭呈御览。

一、卫千总职衔张景仰,嘉庆七年永安县属会匪滋事,派令赴山招抚,被贼戕害,议给云骑尉世职,袭次完时,给予恩骑尉,世袭罔替。嘉庆八年十一月十一日奉旨:依议。钦此。嫡长子张承恩承袭,身故;嫡长孙张世福,目疾残废。兹据永安县知县查明,张上升系被戕千总张景仰嫡长曾孙,现年三十六岁,例应承袭云骑尉世职。自忖生长海滨,熟悉水性,情愿改用外海水师。取具亲供、图结、履历、文册,详送验看,声明请袭云骑尉张承恩并未领过敕书,无凭恭缴。经臣验得请袭云骑尉张上升,堪以改用外海水师,应饬

---

①　台北故宫博物院藏:军机及宫中档,文献编号:408003502。
②　台北故宫博物院藏:军机及宫中档,文献编号:149020。

· 2718 ·

发水师提标中营学习。

一、尽先外委潮州镇中营额外外委黄俊民，于同治四年十月带勇赴嘉应州剿匪，十一月二十一日在白宫市地方打仗阵亡，议给云骑尉世职，袭次完时，给予恩骑尉，世袭罔替。光绪六年十一月初六日具奏，奉旨：依议。钦此。俊民止生一子飞鸾，早故无嗣。兹据潮阳县知县查明黄祥麟系黄俊民胞侄占鳌之次子，入继飞鸾为嗣，即为阵亡外委黄俊民继孙，现年二十四岁，例应承袭云骑尉世职，取具亲供、图结、履历、文册，详送验看。经臣验得请袭云骑尉黄祥麟，堪以饬发潮阳营学习。

一、在籍候选知县附贡生李景新，咸丰元年二月逆匪何名科窜扰高州等处，自备资粮，督勇随同官军剿贼，在茂、电分界地方与贼力战阵亡，议给云骑尉世职，袭次完时，给予恩骑尉，世袭罔替。同治四年十一月初十日奉旨：依议。钦此。嫡长子李绍谦奉准承袭云骑尉世职，改作文生员应试，业经病故。兹据电白县知县查明李绍谦长子祖存亦故无嗣，以次子李祖鹏之子李德元入继兼祧，李德元系李绍谦嫡长孙、阵亡知县李景新嫡曾孙，现年十九岁，例应接袭云骑尉世职。惟素习诗书，不谙骑射，情愿照例以世职顶戴改作文生员应试，毋庸给俸，取具亲供、图结、履历、文册，详请核办，并将已故李绍谦原领袭职敕书恭缴前来。先发广东布政司敬谨收存，遇有便员进京，详请给咨恭缴。合并陈明。

（朱批：）览。[1]

---

① 台北故宫博物院藏：军机及宫中档，文献编号：149020-0-A。

一四五　奏报钦、廉地方现已肃清折

光绪二十八年七月二十八日(1902 年 8 月 31 日)

头品顶戴两广总督臣陶模、头品顶戴广东巡抚臣德寿跪奏，为钦、廉匪首次第就获，地方肃清，恭折仰祈圣鉴事。

窃查钦、廉一带，山多地僻，北接广西，南邻越南。近年匪徒纠众拜会，潜谋不轨，始仅偶肆抢掠，继竟围劫村墟，甚至焚掠巡检衙署，图攻廉州府城。其间头目以翁光佳、邓东良、王振纲三人为渠魁，各有党羽千数百人，不相统属，互为应援。其余不在三匪股中者，亦皆假借声势，掳掠打单，凶焰日张，揭竿思逞。经臣等于上年十二月间檄调二品顶戴候补道秦炳直署理高廉钦道，移驻廉州，会同北海镇本任南澳镇总兵潘瀛、督办钦廉边防遇缺简放道潘培楷，督率营勇，分投剿办，当经奏报在案。

秦炳直等将所统营勇分扎要隘，并选精队作为游徼之师，一面责成地方印委清办团保，使良民不为裹胁，匪徒无可潜踪，遇有大股聚集之匪，联营夹击，先后与匪接仗大小数十次。匪皆持有新式枪械，亡命死斗。弁勇虽时有伤亡，而奋勇追逐。匪徒既无休息之时，更鲜窝顿之所，遂日见穷蹙。秦炳直又定以匪攻匪之策，许匪党拿匪自赎，因是互相猜忌，党羽离心。本年四月间，匪首邓东良在钦州地面就擒，业经附片陈明。旋据先后禀报：六月十六日，拿获匪首王振纲；二十日，拿获匪首翁光佳，皆由匪党内应，营团围攻，冒死力战，始克成擒。统计先后阵斩及拿获匪党不下一千数百名，大股匪徒均已剿平，仍责成地方文武逐乡搜捕余匪。其实系迫胁入会者，并准悔罪自新，不加株累，地方已臻安靖。只以西省游匪尚多,时虞窜越,不得不留营防堵。

此次剿办钦、廉会匪,候补道秦炳直运筹调度,悉合机宜;解胁擒渠,功绩最著。其在事出力人员以及大小将弁、团绅均能勤力同心,不避艰险,迭次苦战,实与身临大敌无异。合无仰恳天恩,俯准分别异常、寻常劳绩,择尤保奖,以昭激劝而资鼓励。

所有钦、廉匪首次第就擒,地方肃清情形,理合联衔恭折具奏,以慰宸廑,伏乞皇太后、皇上圣鉴训示。谨奏。光绪二十八年七月二十八日。

(朱批:)准其择尤酌保,毋许冒滥。[1]

光绪二十八年八月二十二日,奉朱批:准其择尤酌保,毋许冒滥。钦此。[2]

一四六　报解第三批京饷及内务府经费折

光绪二十八年七月二十八日(1902 年 8 月 31 日)

头品顶戴两广总督臣陶模跪奏,为报解第三批盐课京饷及内务府经费委员起程日期,恭折仰祈圣鉴事。

窃照光绪二十八年份京饷,奉拨广东盐课银二十万两,已解十万两;又拨内务府经费盐课银五万两,已解三万两,均经奏报在案。兹复在光绪二十八年份盐课项内筹解京饷银五万两,内务府经费银一万两,共银六万两,内搭解三成银圆一万八千两,加伸水银一千六百二十两;又京饷随解一五加平饭食银一千五百两,内务府经

---

①　台北故宫博物院藏:军机及宫中档,文献编号:408003504。

②　台北故宫博物院藏:军机及宫中档,文献编号:149017。

费随解平余、抬费等银三百三十两，合共纹银四万三千八百三十两，银圆一万九千六百二十两，作为本年第三批京饷及内务府经费，饬委试用知县何煜恒等，督同商号源丰润等汇解，于本年七月十九日起程，航海进京，分别投纳。据两广盐运使国钧详请具奏前来。

臣覆核无异。除咨户部、内务府外，谨会同广东巡抚臣德寿缮折具陈，伏乞皇太后、皇上圣鉴。谨奏。光绪二十八年七月二十八日。

（朱批：）该衙门知道。[①]

光绪二十八年八月二十二日，奉朱批：该衙门知道。钦此。[②]

一四七　请将苏廷光等劣员革职折

光绪二十八年七月二十八日(1902 年 8 月 31 日)

头品顶戴两广总督臣陶模跪奏，为查明贪劣不职武员，据实纠参查办，以肃戎行，恭折仰祈圣鉴事。

窃各省绿营积习深痼，叠奉谕旨严饬整顿。自爱者闻知振作，其专意自肥身家者，仍复罔利营私，肆无忌惮，若不遇案严惩，何足以昭炯戒。查有署万州营游击尽先都司苏廷光，与万州营中军守备陈焕熹互相禀讦，当经札饬雷琼道信勤密查。兹据覆称：署万州营游击苏廷光于更调所属汛弁实有得受陋规情事，皆由万州营右哨二司把总祁定衡说合过付，营兵缺额甚多。万州营中军守备陈

---

① 台北故宫博物院藏：军机及宫中档，文献编号：408003505。
② 台北故宫博物院藏：军机及宫中档，文献编号：149021。

焕熹声名亦属平常，赴郡领饷，加扣册费、纹水，曾被营兵控告有案等情。

似此贪劣员弁，非严惩一二不足以儆其余。除饬提把总祁定衡到省研究过付赃款证据、按例惩办外，相应请旨将署万州营游击尽先都司苏廷光、万州营中军守备陈焕熹、万州营右哨二司把总祁定衡一并革职，归案讯办。谨会同广东巡抚臣德寿、署广东陆路提督臣夏毓秀恭折具陈，伏乞皇太后、皇上圣鉴训示。谨奏。光绪二十八年七月二十八日。

（朱批：）着照所请，兵部知道。[①]

光绪二十八年八月二十二日，奉朱批：着照所请，兵部知道。钦此。[②]

一四八　奏陈钦、廉剿匪事宜仍责成秦炳直会同办理片

光绪二十八年七月二十八日（1902 年 8 月 31 日）

再，钦、廉一带界连广西、南宁、贵县等处，前因游匪充斥该处，土匪勾结窜扰，经臣等檄委署高廉钦道秦炳直督带营勇，会同督办钦廉边防记名简放道潘培楷实力剿办，并饬调署北海镇潘瀛添募两营，饬赴南宁助剿，互相夹击，以免两省匪徒联合为患，当经奏明在案。秦炳直抵任之后，亲驻廉属灵山、合浦两县交界之武利墟，督勇剿办，已会同潘培楷将大股匪徒先后击散，并购线缉获首匪邓

---

① 台北故宫博物院藏：军机及宫中档，文献编号：408003503。
② 台北故宫博物院藏：军机及宫中档，文献编号：149025。

东良等,钦、廉地方渐臻安靖。适雷琼遗缺道吴永行抵东省,查雷琼道系以正任高廉钦道信勤调补;递遗高廉钦道业经奏请以吴永补授,自应檄饬赴任。其剿抚、保甲等事,秦炳直正在办理得手,未便遽行更易,仍责成秦炳直始终其事。此次钦、廉游、土各匪,其党羽多者千余人,少亦百数十人,枪炮均极锋利,动与官军接仗,实与临敌无异。所有在事出力员弁及阵亡弁勇,可否仰恳天恩,俯准事竣分别异常、寻常,择尤奖恤,以资鼓励之处,出自逾格鸿慈。

所有钦、廉剿匪事宜仍责成卸署高廉钦道秦炳直会同办理情形,谨合词附片陈明,伏乞圣鉴训示。谨奏。

（朱批:）知道了。[1]

光绪二十八年八月二十二日,奉朱批:知道了。钦此。[2]

一四九　请准冯绍珠留用两广片

光绪二十八年七月二十八日(1902年8月31日)

再,据督办广东钦廉边防遇缺简放道潘培楷禀称:记名总兵冯绍珠久随提督冯子材,屡立战功,递保今职。该员上年由滇回钦州原籍,因其熟悉情形,派委分统边防绥远军,办理钦属捕务,迭获要匪,卓著勤劳,恳请奏留两广补用等由前来。

伏查该员久历戎行,办事得力。合无仰恳天恩,俯准将记名总兵冯绍珠留于两广差遣补用,以资任使。除饬取履历咨部外,理合附片陈请,伏乞圣鉴。谨奏。

---

　① 台北故宫博物院藏:军机及宫中档,文献编号:408003503-0-A。
　② 此朱批日期与内容,据军机处随手登记档(档案编号:03-0313-1-1228-223)校补。

（朱批：）着照所请，兵部知道。^①

光绪二十八年八月二十二日，奉朱批：着照所请，兵部知道。钦此。^②

一五〇　奏报包鼎祺拟改奖叙片

光绪二十八年七月二十八日（1902年8月31日）

再，广东派驻上海经理文报洋文翻译司事指分江苏试用县丞包鼎祺，前因当差有年，办理一切往来文报，均能慎密妥速，并无贻误，核与保奖年限相符，经臣等于光绪二十八年七月初一日附片奏请奖叙，俟补缺后以知县仍留原省补用在案。兹据该员禀称：因上年劝办顺直善后赈捐出力，现经直隶督臣袁世凯汇案奏保免补本班，以知县仍留江苏归候补班补用等情。臣等查指分江苏试用县丞包鼎祺，既经直隶督臣袁世凯保免补本班以知县仍留江苏归候补班补用，其文报奖叙，拟请改俟候补知县后以同知用，以昭核实而示鼓励，出自逾格鸿慈。

除分咨外务部暨吏部查照外，谨会同广东巡抚臣德寿合词附片具陈，伏乞圣鉴训示。谨奏。

（朱批：）着照所请，该部知道。^③

光绪二十八年八月二十二日，奉朱批：着照所请，该部知道。钦此。^④

---

① 台北故宫博物院藏：军机及宫中档，文献编号：408003503-0-B。
② 台北故宫博物院藏：军机及宫中档，文献编号：149026。
③ 台北故宫博物院藏：军机及宫中档，文献编号：408003503-0-D。
④ 台北故宫博物院藏：军机及宫中档，文献编号：149024。

一五一　请以潘瀛兼署左江总兵片

光绪二十八年七月二十八日(1902 年 8 月 31 日)

再，署广西左江镇总兵马盛治剿匪阵亡，所遗左江镇总兵篆务，查有现署广东北海镇总兵潘瀛督带营勇在南宁一带助剿，堪以就近暂行兼署，俟新任广西抚臣王之春抵任后，再行商酌遴员更调。除檄饬遵照外，谨附片具奏，伏乞圣鉴。谨奏。

(朱批:)知道了。①

光绪二十八年八月二十二日，奉朱批:知道了。钦此。②

一五二　奏销广西应征西税银两片

光绪二十八年七月二十八日(1902 年 8 月 31 日)

再，粤西应征西税银两例应按年造册奏销。兹据广西盐法道广敏详称:光绪二十六年份应征西税银四万七千五百一十四两六钱三分八厘，船头银一百四两，共银四万七千六百一十八两六钱三分八厘。据梧州西税委员册报:自光绪二十六年三月初一日起至二十七年二月底止一年期满，共征二十六年份西税银三万四千一百四十三两六钱六厘八毫五丝，船头银七十四两五钱八分九毫六丝，因未能足额，仍在南宁等卡一律征收，以资弥补。

计自光绪二十七年三月初一日起至二十八年二月底止，共征

---

① 台北故宫博物院藏:军机及宫中档，文献编号:408003503-0-E。
② 台北故宫博物院藏:军机及宫中档，文献编号:149027。

弥补二十六年份西税银一万三千三百七十一两三分一厘一毫五丝，船头银二十九两四钱一分九厘四丝，归并梧卡二十六年所征之银，合算统共征西税船头银四万七千六百一十八两六钱三分八厘，业已照额全完，遵照奏案概留梧州厘局拨充军饷，已提拨解过边防各营军饷银三万七千八百七十七两五钱六分三厘一毫九丝一忽，应由善后报销总局归入报销案内造报。尚余西税船头银九千七百四十一两七分四厘八毫九忽，俟梧局委员禀报拨充银数，再行分晰造报等情，详请具奏前来。

臣复加查核，数目相符。除册送部查核外，理合附片具陈，伏乞圣鉴，敕部核覆施行。谨奏。

（朱批：）户部知道。①

光绪二十八年八月二十二日，奉朱批：户部知道。钦此。②

一五三　奏报汇解河工银两片

光绪二十八年七月二十八日(1902年8月31日)

再，广东省每年应解河工经费银一万两。光绪二十二年起，因凑还洋款，不能解足。本年经费业于四月内解过银二千两，兹又在盐课项下筹银三千两，于七月十九日兑交商号蔚长厚汇解漕运总督衙门投纳。据两广盐运使国钧详请奏咨前来。除分咨外，谨附片陈明，伏乞圣鉴。谨奏。

（朱批：）户部知道。③

---

① 台北故宫博物院藏：军机及宫中档，文献编号：408003505-0-A。

② 台北故宫博物院藏：军机及宫中档，文献编号：149023。

③ 台北故宫博物院藏：军机及宫中档，文献编号：408003505-0-B。

光绪二十八年八月二十二日，奉朱批：户部知道。钦此。①

一五四　奏请核奖宋尚杰等六员片

光绪二十八年七月二十八日(1902年8月31日)

　　再，钦廉边防五年期满，并剿平十万大山等处游匪出力员弁，经臣等汇案开单奏请奖叙，业经兵部分别准驳，核议覆奏，钞单咨会，当经转行遵照在案。兹据督办钦廉边防布政使衔遇缺简放道潘培楷禀称：伏查部行黏单内开：都司宋尚杰、何天祥、黄辅成、董道义、许永胜、吴凤友等六员，此次所请保奖应俟该省将郁林请奖之案声覆到日，再行核议等因。查光绪二十四年剿办郁林会匪一案，出力武员分隶东、西各军，查覆恐尚需时，该都司宋尚杰等六员在营充当管带、帮带等差已历多年，备尝辛苦，叠次剿办会、土各匪，冲锋陷阵，攻克坚巢，擒斩首要，异常出力。若因前案勋劳未经议准奖叙，转令后案停奖以待，劳绩未免虚悬，不足以昭鼓励。禀恳奏请将宋尚杰等六员先照郁林请奖之案递减核奖，俟将来剿平郁林会匪一案出力武员查明覆奏之时，再照升阶呈请更正等情。

　　据此，臣等覆查光绪二十四年剿平郁林会匪一案，前以请奖人数过多，经部议饬确查覆奏，事由广西抚臣主政，因出力之员分隶两省，尚未行查明确。该都司宋尚杰等六员在钦廉边防管带营勇有年，屡次剿办游、土各匪，擒斩首要，异常出力。若因郁林奖案尚未核准，转令后案劳绩虚悬，诚如该道所禀，不足以昭鼓励。相应

---

　　①　台北故宫博物院藏：军机及宫中档，文献编号：149022。

请旨饬部将蓝翎都司用尽先补用守备宋尚杰、何天祥均改照郁林奖案,请免补都、守,以游击留粤尽先补用;都司黄辅成免补都司,以游击留粤尽先补用;蓝翎都司用尽先补用守备董道义、督标尽先补用守备吴凤友,均免补守备,以都司尽先补用;尽先拔补把总许永胜免拔千、把,以守备尽先补用。仍俟剿平郁林会匪保奖出力武员一案查明覆奏时,照升阶声请改奖,以昭激劝而资鼓励,出自逾格鸿慈。

除咨会广西抚臣赶将剿平郁林会匪一案迅速确查覆奏外,谨合词附片陈请,伏乞圣鉴训示。谨奏。

(朱批:)该部议奏。[①]

光绪二十八年八月二十二日,奉朱批:该部议奏。钦此。[②]

一五五　请将都司傅建勋改奖片

光绪二十八年七月二十八日(1902 年 8 月 31 日)

再,广东历次拿获著名要匪出力人员,前经臣等查明,开单请奖,光绪二十八年六月二十九日奉到朱批:该部议奏。单并发。钦此。原单内开广东水师提标中营尽先都司傅建勋,请俟补缺后以游击用。现查都司傅建勋原保各案,经部奏明更正以游击仍留广东,无论水陆题、推缺出,尽先补用,并加副将衔,注册咨行前来。该员既归游击班,未便再保游击。合无仰恳天恩,俯准将该员缉捕出力之案改奖俟补缺后以参将用,俾免向隅。

---

① 台北故宫博物院藏:军机及宫中档,文献编号:408003504-0-A。

② 台北故宫博物院藏:军机及宫中档,文献编号:149018。

除饬取履历咨部外，谨合词附片具陈，伏乞圣鉴，敕部议覆。谨奏。

（朱批：）着照所请，兵部知道。[①]

光绪二十八年八月二十二日，奉朱批：着照所请，兵部知道。钦此。[②]

一五六　特参疏脱秋审人犯各官折

光绪二十八年八月初八日(1902年9月9日)

头品顶戴两广总督臣陶模、头品顶戴广东巡抚臣德寿跪奏，为特参疏脱秋审人犯金差不慎之原解、添解、接递各官，请旨先行降二级留任勒缉，恭折仰祈圣鉴事。

窃据英德县知县吕光琦、署清远县知县董元度先后禀报：英德县秋审人犯龚亚壬、林瑞同二名解省勘明发回。光绪二十八年四月十一日，由前途三水县递到清远县，验明镣铐、木笼，于十二日早金差陈全、李开、朱南、何平，移营拨兵黄德、罗荣寿、廖得祥、林日升，协同英德县长解役赖松、李福、黄升、何亮，押解龚亚壬、林瑞同赴英德县，另金差移营拨兵押解李土苟等犯赴阳山县交替，均由派定接递委员清远县滨江司巡检朱章，督同押解各犯，分坐两船，均系依法管解。

十三日傍晚，船抵英德县属土名连州江口湾泊。是夜三更时候，猝起狂风大雨，波浪汹涌，缆断船覆，兵役、人犯均各落水。委

---

① 台北故宫博物院藏：军机及宫中档，文献编号：408003504-0-B。
② 台北故宫博物院藏：军机及宫中档，文献编号：149019。

员朱章在另押李土苟等犯船内听闻，亲督丁役赶救。解役赖松、李福、黄升、何亮、陈全、朱南，营兵黄德、罗荣寿，船户骆朝和，均先后凫水登岸。李开、何平遇渔船捞救回县。惟人犯龚亚壬、林瑞同及营兵廖得祥、林日升皆无踪迹，查缉打捞无获。旋据报解役何平被淹过久，感受风寒，医治不效，于五月初六日身死。并由营员查覆，兵丁廖得祥遇救回营，旋于五月初八日因病身死，林日升至今尚未回营，不知生死各等情。

臣等伏查该犯龚亚壬系与黄炳孙口角争殴，放枪致伤黄炳孙身死案内审依故杀律，拟斩监候，列入光绪二十七年秋审情实，钦奉停勾，仍列入二十八年秋审解勘；林瑞同系与钟亚照口角争闹，放枪致伤钟亚照身死案内审依故杀律，拟斩监候，二十八年秋审预提解勘。此等重犯宜如何小心护解，乃原解、添解各官及接递委员均未能慎选妥役，先事预防，以致人犯遭风落水。现既查缉打捞无获，自系乘机脱逃，实属疏忽。据藩、臬两司转据该管道府查开职名，会详请参前来。

除严饬该二县添派干役，押同各兵役家属，悬立重赏，上紧打捞，勒缉龚亚壬、林瑞同，务获究办，并查明兵丁林日升是生是死，分别解审禀覆，并饬广州府督同局员，提讯解役人等有无受贿故纵及松放刑具情弊，录取切供，照例拟办外，相应请旨将金差不慎之原解官英德县知县吕光琦、添解官署清远县事新海防分缺先补用知县董元度、接递委员清远县滨江司巡检朱章，照例先行降二级留任，勒限查缉。偙限满无获，再行从严参办。

至武职金差不慎各职名，现尚未据开报，应请另行办理。臣等谨合词恭折具奏，伏乞皇太后、皇上圣鉴训示。谨奏。光绪二十八年八月初八日。

（朱批：）着照所请，该部知道。①

光绪二十八年九月十七日，奉朱批：着照所请，该部知道。钦此。②

一五七　请准藩、臬两司暂缓陛见折

光绪二十八年八月初八日（1902年9月9日）

头品顶戴两广总督臣陶模、头品顶戴广东巡抚臣德寿跪奏，为广东藩、臬两司三年俸满，现值办理要务，需资襄助，吁恳天恩，暂缓陛见，恭折仰祈圣鉴事。

窃于光绪二十四年七月二十六日奉上谕：向来督、抚、藩、臬任满三年，应行奏请陛见。近来往往因有紧要事件，至期不即奏请，嗣后各该督、抚、藩、臬仍着扣定年限，奏请陛见，听候谕旨。钦此。钦遵转行在案。兹查广东布政使丁体常系于光绪二十五年八月初一日到任，广东按察使吴引孙系于光绪二十五年七月二十二日到任，均已任满三年，应行奏请陛见。

臣等伏查两司责任綦重，为全省政治之枢纽。广东地方日形凋敝，库储异常支绌，新增赔款岁需二百万，数巨期迫，关系中外大局，甫经开办粮捐、沙捐、房捐等项，以期稍资补救，而事属创始，既筹裕国，尤恐病民。今夏，西潦骤涨，广州、肇庆两属被灾极重，筹办赈抚，需款甚巨，更为地方刻不容缓之事。该藩司丁体常一手经理，不辞劳瘁，不避嫌怨，实能以民生国计为心。

---

① 台北故宫博物院藏：军机及宫中档，文献编号：408003506。
② 台北故宫博物院藏：军机及宫中档，文献编号：149823。

臬司吴引孙先经臣等会同奏派办理武备学堂，草创经营，规模粗具。本省土匪、会匪迭次蠢动，前经臣等督饬该臬司饬属筹办清乡、缉捕诸事，苦心孤诣，近始渐觉安静。然钦、廉一带与广西犬牙相错，匪徒出没，时形猖獗，虽经剿抚兼施，已报肃清，而西省游勇、会匪蔓延全境，现甫会商广西抚臣王之春分路痛剿。傥匪势穷促，则东省边界稍有疏虞，难免窜扰。诘奸除暴，是臬司专责。吴引孙襄助筹画，深合机宜，尤未便轻易生手。

臣等再四筹商，意见相同。伏维朝廷力图振作，凡事不拘常例，况值时势艰难，地方紧要，臣等更未敢稍执成见，致有贻误。广东布政使丁体常、广东按察使吴引孙，可否仰恳天恩，俯准暂缓陛见，出自高厚鸿慈。

所有广东藩、臬两司三年俸满，吁恩暂缓陛见缘由，谨合词恭折具陈，伏乞皇太后、皇上圣鉴训示。谨奏。光绪二十八年八月初八日。

（朱批：）着照所请。[1]

光绪二十八年九月十七日，奉朱批：着照所请。钦此。[2]

一五八　请以董元度补授龙门县知县折

光绪二十八年八月初八日(1902年9月9日)

头品顶戴两广总督臣陶模、头品顶戴广东巡抚臣德寿跪奏，为选员请补知县，恭折仰祈圣鉴事。

---

①　台北故宫博物院藏：军机及宫中档，文献编号：408003507。
②　台北故宫博物院藏：军机及宫中档，文献编号：149822。

　　窃照准吏部咨：龙门县知县林钺准其调补昌化县知县，文尾系坐光绪二十八年三月初三日行文，按照限减半计算，扣至四月十七日限满开缺，是月十八日接准部咨，应归四月份截缺办理，是月份升、调、遗选缺知县一项只此一缺，毋庸签掣。查吏部则例内开：知县升调所遗，应归部选缺出，以一缺题补各项候补并进士即用人员，以一缺题补各项委用人员，以一缺题补各项使用人员，班内按大挑、议叙、捐纳三项，轮用一班之后，用截取进士知县一人、拔贡知县一人、孝廉方正知县一人；拔贡及孝廉方正用过两班之后，用教习知县一人、优贡知县一人、教职知县一人、截取举人知县一人。

　　广东省佐杂获盗以知县用者，回省后试用一年期满，归于试用班内，俟升调所遗选缺，大挑班之后补用一人。又奉准咨行：升、调遗缺，轮用截取举人之后，先用广东同文馆翻译分发知县一人，次用恩荫、外用、分发知县一人，再用八旗举人分发知县一人。又奉行《郑工新例铨补章程》内开：道、府、同知、直隶州知州、通判、知州、知县升调所遗及告病、病故、休致以及佐贰杂职等官，无论何项所出留补选缺，除坐补原缺、裁缺即用、回避即用、新选、新补、留省另补人员不计外，无论何项到班，仍以五缺计算，先用郑工新班遇缺先二人、海防新班先一人，无人用郑工新班遇缺先人员抵补。至第四缺海防即、海防先分班轮用一人，第一轮用海防即人员，第二轮用海防先人员。海防先无人，仍海防即人员；海防即无人，用旧例银捐遇缺先人员。如无人，用旧例银捐遇缺人员；再无人，过班即接用各项轮用班次一人，以五缺为一周。新例报捐分缺先、分缺间人员，亦应分别酌定，轮用各项时，知县以及佐杂等官，于各项试用并捐纳、正班、到班，均准先用间用到班。应用时先将郑工分缺先、分缺间人员用一次；再到班，再将海防分缺先、分缺间人员用一次。郑工无人，用海防人员；海防无人，用郑工人员；均无人，用旧例银捐分缺先前、分缺间前之人。其旧例减成分缺前先、分缺间人员，仍专俟捐纳、正班到班、郑工、海防分缺先、分缺间；旧例银捐分缺先前、分缺间前无人，方准插用至后补、即用、委用以及各本班先到班，均不准插用新例分缺先、分缺间及旧例分缺先前、分缺间前、分缺先、分缺间之人。

此次新例报捐人员，惟知县一项郑工新班遇缺先、郑工新例分缺先、分缺间、捐纳试用本班尽先、捐纳试用，并候补、委用、议叙、捐输、孝廉方正、报捐本班尽先人员，遇轮补升调所遗及告病、病故、休致之缺，到班时于各本班中先用正途出身及曾任知县、曾任实缺应升知县者二人，再用各本班中各项出身者一人。如正途出身及曾任知县、曾任实缺应升知县无人，即用各项出身之人；外补人员应俟截卯掣签之后，由部开单行文各省，按照限减半计算，以接到过班知照部文后下月所出之缺，一体遵照办理。又奉行《新海防例铨补章程》内开：所有此次遵照新海防例报捐人员，自应仍照郑工事例跟接次数、卯数，分别掣签，按班铨补。又奉行：嗣后各省道府以至未入流等官，轮用郑工遇缺先及新海防遇缺先两项时，无论请补何项所出之缺，均核其截缺月份，以六个月为限；在省加捐班次人员，以该省接到新班过班知照部文在六个月以外之缺，方准请补；领照赴省人员，以到省后在六个月以外所出之缺，方准请补各等因。

前出龙川县知县缺，已用大挑本班尽先补用知县邓景临补。今龙门县知县缺，轮用郑工及新海防遇缺先人员。查新海防遇缺先薛铨忠加捐过班部文系二十七年九月二十日行文，计十一月初四日接到；邹兰生系二十七年十一月二十日行文，计二十八年正月初四日接到；黄培堠系二十八年三月二十日行文，计五月初四日接到，均尚未扣满六个月，不合补用。过班用海防先、海防即，旧例银捐遇缺先、银捐遇缺，均无人，再过班接用各项，系分缺先到班。查分缺先一项升、调、遗选缺，上次四会县知县缺，已用新海防分缺先各项出身张经年插补。现应轮用第一次正途出身、新海防分缺先人员。查名次在前之程璟光已丁忧，应用其次之员插补。兹会选有新海防分缺先用知县董元度，现年四十九岁，系福建福州府闽县人，由举人于光绪十八年赴吏部呈请以知县注册拣选。十九年五月，在福建遵新海防例报捐知县分发指省广东试用。二十年四月二十八日，蒙钦派大臣验看。五月十三日，由吏部带领引见，奉旨：照例发往。钦此。二十一日，经吏部给发执照，祗领起程，于八月初九日限内到省。二十一年，甄别堪以补用，加捐分缺先补用免试用。吏部过班知照系二十四年五月二十日行文，计七月初四日接到序补，并无在粤游幕，业经缴结详咨在案。该员干练精详，办事奋勉，以之补授龙门县知县，洵堪胜任，与例亦属相符。据藩、臬两司会详前来。

相应请奉旨准以新海防分缺先补用知县董元度补授龙门县知县缺。如蒙俞允，该员系新海防分缺先补用知县请补知县，衔缺相当，毋庸送部引见。

除咨部外，臣等遵照新章改题为奏，谨合词恭折具陈，伏乞皇太后、皇上圣鉴训示。再，粤东省补缺例限九十日，此缺系归光绪二十八年四月份截缺，应以是月底起限办理。今在限内选员请补，并无迟逾。合并陈明。谨奏。光绪二十八年八月初八日。

（朱批：）吏部议奏。①

光绪二十八年九月十七日，奉朱批：吏部议奏。钦此。②

一五九 请以傅汝梅补授潮阳县知县折

光绪二十八年八月初八日（1902 年 9 月 9 日）

头品顶戴两广总督臣陶模、头品顶戴广东巡抚臣德寿跪奏，为选员请补知县，恭折仰祈圣鉴事。

窃准吏部咨覆：潮阳县知县裴景福准其调补南海县知县等因。文尾系填光绪二十八年三月二十一日发行，按照限减半计算，扣至五月初五日限满开缺，五月初四日接准部咨，应归五月份截缺办理。此缺系外调要缺，毋庸签掣。查定例：州县应调缺出，俱令于现任人员拣选调补。如无合例堪调之员，知县准以例准请补之候补并进士即用人员酌补等因。今潮阳县知县缺，臣等与藩、臬两司于通省现任应调人员内逐加遴选，非现居要缺，即人地未宜，实无堪以调补之员。

惟查有候补知县傅汝梅，年五十七岁，系江西建昌府南城县人，由拔贡生中式光绪元年乙亥恩科本省乡试举人。六年，考取觉罗官学汉教习。是年，考取汉誊录，分国史馆。九年，癸未科会试中式进士，保和殿覆试一等第五十名，殿试二甲第五十二名，朝考二等第十二名，奉旨：着改为翰林院庶吉士。十二年四月，散馆二等，奉旨：以知县用。钦此。五月初一日，赴部投供。

---

① 台北故宫博物院藏：军机及宫中档，文献编号：408003508。
② 台北故宫博物院藏：军机及宫中档，文献编号：149824。

七月，选授陕西略阳县知县，十三年七月初三日到任。十六年，调署长安县事。十九年，调署临潼县事。是年，调补富平县知县，二十年十二月二十七日到调任。二十一年，大计保荐卓异，二十二年九月卸事。二十三年，因案降调。二十四年九月，蒙于署临潼县任内办赈出力，附片奏保，二十八日奉朱批：傅汝梅着送部引见。钦此。十一月初二日，吏部带领引见，奉旨：傅汝梅着开复原官。钦此。是年十二月，遵例报捐分发指省广东，并加三成归候补班补用。二十年正月二十八日，蒙钦派王大臣验看，堪以分发。二月十四日，经吏部带领引见，奉旨：着照例发往。钦此。是月二十日，由吏部给发执照，祗领起程，于二十五年五月初一日限内到省，并无在粤游幕，业经缴结详咨在案。该员才明识练，办事精详，以之补授潮阳县知县缺，洵堪胜任，与例亦属相符。据藩、臬两司会详前来。

相应请旨准以候补知县傅汝梅补授潮阳县知县缺。如蒙俞允，该员系候补知县请补知县，衔缺相当，毋庸送部引见。除咨部外，臣等谨照章改题为奏，合词恭折具陈，伏乞皇太后、皇上圣鉴训示。

再，粤东省补缺例限九十日，此缺系归光绪二十八年五月份截缺，应以是月底起限办理。今在限内选员请补，并无迟逾。合并陈明。谨奏。光绪二十八年八月初八日。

（朱批：）吏部议奏。①

光绪二十八年九月十七日，奉朱批：吏部议奏。钦此。②

---

①　台北故宫博物院藏：军机及宫中档，文献编号：408003509。

②　台北故宫博物院藏：军机及宫中档，文献编号：149827。

一六〇　奏陈霍式清等期满甄别片

光绪二十八年八月初八日（1902年9月9日）

再，查优贡、议叙、捐纳试用知县到省期满，例应考察甄别具奏，历经遵办在案。兹查有优贡试用知县霍式清励精图治，议叙试用知县薛聪彝饬躬简俭，议叙试用知县陈伯贞老成稳重，试用二年期满。又，新海防试用知县杨印元明练笃诚，试用一年期满。均应甄别，业经详加考察，堪膺民社。据藩、臬两司具详前来。

除将各该员详细履历开单咨明吏部外，臣等谨附片具陈，伏乞圣鉴。谨奏。

（朱批：）吏部知道。①

光绪二十八年九月十七日，奉朱批：吏部知道。钦此。②

一六一　请以恩厚署理肇庆府知府片

光绪二十八年八月初八日（1902年9月9日）

再，肇庆府知府文康病故，所遗肇庆府知府篆务，查有候补知府恩厚，晓畅政体，堪以署理。除檄饬遵照外，臣等谨合词附片具陈，伏乞圣鉴。谨奏。

（朱批：）吏部知道。③

---

① 台北故宫博物院藏：军机及宫中档，文献编号：408003509-0-A。
② 台北故宫博物院藏：军机及宫中档，文献编号：149825。
③ 台北故宫博物院藏：军机及宫中档，文献编号：408003509-0-B。

光绪二十八年九月十七日,奉朱批:吏部知道。钦此。①

一六二　奏报潘培兰试用期满甄别片

光绪二十八年八月初八日(1902 年 9 月 9 日)

再,前准部咨:无论何项出身,凡系补缺应行具题者,试用期满,由督抚详加甄别,专折具奏等因。历经遵办在案。兹查大挑试用知县潘培兰,山西荣河县人,由增生应光绪十七年辛卯科本省乡试,中式第十五名举人。二十四年戊戌科大挑一等,签掣广东,回籍听后咨取,业已咨取,由籍请咨。二十六年七月初六日领咨到省,试用已满一年,例应甄别。据藩、臬两司详加察看,具详请奏前来。

臣等复加察核,该员潘培兰安详稳练,勤求治理,堪膺民社。除将该员履历册送部外,臣等谨附片具陈,伏乞圣鉴。谨奏。

(朱批:)吏部知道。②

光绪二十八年九月十七日,奉朱批:吏部知道。钦此。③

一六三　奏陈进剿广西游匪情形片

光绪二十八年八月初八日(1902 年 9 月 9 日)

再,光绪二十八年六、七月间,叠奉电旨寄谕,以广西游勇、会

---

① 台北故宫博物院藏:军机及宫中档,文献编号:149828。
② 台北故宫博物院藏:军机及宫中档,文献编号:408003508-0-A。
③ 台北故宫博物院藏:军机及宫中档,文献编号:149826。

匪扰害地方，亟应迅速扑灭，并饬各派本省防营出境扼扎，以扼奔窜之路等因。均经钦遵严饬各路勇营赶紧剿办，并将广西现在匪情及略拟办法，会同督臣陶模，先行详细电请军机处代奏。七月十四日奉电旨：陶模、德寿等电奏患匪各属情形，均悉。南宁为居中要地，分路剿办尚合机宜，着照所拟认真办理。王之春①计可抵东，着即会商妥办，督饬各军迅速进剿，务令一律肃清，以安民生而除边患。钦此。钦遵又经转行遵照在案。

查东省前派北海镇总兵潘瀛督带四营，驰赴南宁会剿，颇有斩获。前署左江镇总兵马盛治阵亡后，潘瀛立即派营镇压，匪势不致鸱张，亦尚得力。惟各股匪类蔓延，几及全省，勇到则散，勇去复聚，非以各路勇营分投痛剿，未易奏效。正拟再行加派数营以厚兵力，适新任广西抚臣王之春于七月十六日抵东，随带两营三旗。有此生力之军，东勇似可毋庸再加，会商分路剿办，以南宁为居中策

---

① 王之春（1842—1906），字芍棠、爵棠，号椒生、芍唐居士，湖南清泉人，出身文童。同治元年（1862），投效曾国藩军营，办理文案。二年（1863），投效贵州军营，保从九品。四年（1865），调赴直隶差委。五年（1866），捐县丞，递捐同知，报捐州同。七年（1868），保知州。九年（1870），加知府衔。十年（1871），赴陕西行营办理山、陕前敌军粮。是年，保知府，捐三品衔。光绪元年（1875），调赴两江差遣，统带毅字营，兼办两江营务处。四年（1878），捐道员。五年（1879），赴日本国密探东洋情形。六年（1880），会办两江营务处。八年（1882），晋二品衔。九年（1883），奏调赴粤统带毅春等军十余营。同年，统领毅安等军赴琼州办理防务。十年（1884），捐花翎，署广东雷琼道。同年，补广东督粮道。十一年（1885），派往广西随同邓承修勘办界务。十二年（1886），署广东高廉道，覆勘钦州一带界务，加克勇巴图鲁名号。十四年（1888），升浙江按察使，调补广东按察使。同年，署广东布政使。十六年（1890），迁湖北布政使。十七年（1891），稽查云南运铜，加头品顶戴。二十年（1894），奉派进京随同祝嘏。二十一年（1895），充专使俄国大臣，受佩戴俄国所赠宝星。二十三年（1897），调四川布政使。二十五年（1899），擢山西巡抚，调补安徽巡抚。二十八年（1902），补授广西巡抚。三十二年（1906），卒于里。有《防海纪略》、《国朝柔远记》、《船山公年谱》等行世。

应之地，各节意见均属相同。第用兵以筹饷为先，东省库储虽极支绌，亦不得不移缓就急，当饬司局赶将欠解广西协饷三万两提前清解，另照广东营制筹措两营四个月饷需二万两，及洋枪、抬枪共六百枝，子码共十八万粒，分别解交，以资要用。抚臣王之春即于二十日由省起程赴梧。

除西省一切军情仍应察看缓急，随时会商妥办，并严饬各军分路迅速进剿外，谨会同两广总督臣陶模附片具奏，伏乞圣鉴训示。谨奏。

（朱批：）着严饬各军分路进剿，仍随时察看缓急，会商妥办。[①]

光绪二十八年九月十七日，奉朱批：着严饬各军分路进剿，仍随时察看缓急，会商妥办。钦此。[②]

一六四　请以饶泽春借补粤盈库大使折

光绪二十八年八月初十日(1902年9月11日)

头品顶戴两广总督臣陶模、头品顶戴广东巡抚臣德寿跪奏，为选员借补粤海关粤盈库大使缺，恭折仰祈圣鉴事。

窃准吏部咨：借补粤海关粤盈库大使大挑知县王麒兆，准其署理吴川县知县缺等因。此件文尾系填光绪二十八年三月初三日发行，按照限减半计至四月十七日限满开缺，是月十八日接准部咨，

---

① 台北故宫博物院藏：军机及宫中档，文献编号：408003506-0-A。此奏片主稿者当非陶模。据朱批日期查光绪二十八年九月十七日军机处随手登记档(档案编号：03-0313-1-1228-249)，仅署"朱批陶模、德寿折"，语焉不详。兹据"谨会同两广总督臣陶模"一语，主稿当为广东巡抚德寿。

② 台北故宫博物院藏：军机及宫中档，文献编号：149829。

应归四月份截缺办理,系属孤缺,毋庸签掣。查吏部则例内开:广东粤海关粤盈库大使缺出,如经扣留请补,先尽指项关库大使照例按班补用。如关库大使无人,应照大挑借补布经历、布理问、布库大使之例,以大挑人员借补等因。今粤海关粤盈库大使轮用指项关库大使,无人应以大挑人员借补。

兹会选有大挑本班尽先补用知县饶泽春,现年五十一岁,系江西抚州府临川县人,由附贡生应光绪十五年己丑恩科本省乡试,中式第六十九名举人。二十四年戊戌科会试后,蒙钦派王大臣在内阁挑取一等,闰三月十二日引见,奉旨:以知县用。钦此。签掣广东。因科分名次在后,例应截留回籍候咨;复遵新海防例捐免截留,于二十四年十月初八日蒙吏部给发执照,祗领起程,二十五年正月十九日到省,业经甄别,堪以补用。嗣遵新海防例,加捐本班尽先补用。吏部过班知照系二十七年九月二十日行文,计十一月初四日接到序补。该员才识稳练,年力精强,以之借补粤海关粤盈库大使缺,洵堪胜任,与例亦属相符。据藩、臬两司会详前来。

相应请旨准以大挑本班尽先补用知县饶泽春借补粤海关粤盈库大使缺。如蒙俞允,该员系大挑知县借补关库大使,毋庸送部引见。除咨部外,臣等谨遵章合词恭折具陈,伏乞皇太后、皇上圣鉴训示。

再,粤东省补缺例限九十日,此缺系归光绪二十八年四月份截缺,应以是月底起限办理。今在限内选员请补,并无迟逾。合并陈明。谨奏。光绪二十八年八月初十日。

（朱批:）吏部议奏。[1]

---

① 台北故宫博物院藏:军机及宫中档,文献编号:408003510。

光绪二十八年九月十八日，奉朱批：吏部议奏。钦此。[①]

一六五　请以许培桢补授广州府通判折

光绪二十八年八月初十日(1902年9月11日)

头品顶戴两广总督臣陶模、头品顶戴广东巡抚臣德寿跪奏，为选员请补通判，恭折仰祈圣鉴事。

窃准吏部咨行缺单知照内阁：另行请补广州府通判宗振捐升等因。文尾系填光绪二十八年五月初四日行文，按照限减半计算，扣至六月十九日限满开缺，六月十三日接准部咨，应归六月份截缺办理。是月份通判一项只此一缺，毋庸签掣。查光绪十四年正月十三日奉准咨行《郑工新例铨补章程》内开：道、府、同知、直隶州知州、通判、知州、知县升调所遗及告病、病故、休致以及佐贰杂职等官，无论何项所出留补选缺，除坐补原缺、裁缺即用、回避即用、新选、新补、留省另补人员不计外，无论何项到班，仍以五缺计算，先用郑工新班遇缺先二人、海防新班先一人；无人用郑工新班遇缺先人员抵补。至第四缺海防即、海防先分班轮用一人，第一轮用海防即人员，第二轮用海防先人员。海防先无人，仍用海防即人员；海防即无人，用旧例银捐遇缺先人员。如无人，用旧例银捐遇缺人员；再无人，过班即接用各项轮用班次一人，以五缺为一周。又，光绪十六年正月初四日奉行《新海防例铨补章程》内开：所有此次遵照新海防例报捐人员，应仍照郑工事例跟接次数、卯数，分别掣签，按班铨补各等因。

---

① 台北故宫博物院藏：军机及宫中档，文献编号：149865。

　　查前出广州府通判缺,已用候补通判宗振补;惠州府通判缺,已照章详请归月铨选。今广州府通判缺,应轮用郑工及新海防例遇缺先人员请补。兹会选有新海防遇缺先补用通判许培桢,现年五十一岁,系湖南湘潭县人,由监生遵筹饷例报捐典史,指分广东试用,光绪二年五月十一日到省,复遵新海防例捐升通判,仍分签广东试用。十八年六月二十八日,经钦派大臣验看。六月十六日,经吏部带领引见,奉旨:着照例发往。钦此。是月二十日,由吏部给发执照,祗领起程,八月二十三日到省。复遵新海防例加捐遇缺先补用免试用,吏部过班知照系二十五年正月二十日行文,计三月初四日接到序补,并无在粤游幕,业经缴结详咨在案。

　　该员识达才明,尽心民事,以之补授广州府通判缺,洵堪胜任,与例亦属相符。据藩、臬两司会详前来。相应请旨准以新海防遇缺先补用通判许培桢补授广州府通判缺。如蒙俞允,该员系新海防遇缺先补用通判请补通判,衔缺相当,毋庸送部引见。

　　除咨部外,臣等谨遵照通行新章改题为奏缘由,合词恭折具奏,伏乞皇太后、皇上圣鉴训示。再,粤东省补缺例限九十日,此缺系归光绪二十八年六月份截缺,应以是月底起限办理,今在限内选员请补,并无迟逾。合并陈明。谨奏。光绪二十八年八月初十日。

　　(朱批:)吏部议奏。[1]

　　光绪二十八年九月十八日,奉朱批:吏部议奏。钦此。[2]

---

① 台北故宫博物院藏:军机及宫中档,文献编号:408003512。
② 台北故宫博物院"藏:军机及宫中档,文献编号:149868。

一六六　请以邹翼清补授封川县知县折

光绪二十八年八月初十日(1902年9月11日)

头品顶戴两广总督臣陶模、头品顶戴广东巡抚臣德寿跪奏，为选员请补知县，恭折仰祈圣鉴事。

窃照卸封川县知县钟德瑞于光绪二十八年三月二十一日在省寓病故等由，业经奏报声明。所遗封川县知县系选缺，粤东省现有应补人员，请扣留在外选员请补。此案于四月初十日申报到司，已在三月底截缺之后，应勒归三月份截缺办理。是月告病、病故、休致选缺知县只此一缺，毋庸签掣。查定例：知县告病、病故、休致三项缺出，系应归月选者，以一缺题补各项候补并进士即用之员，以一缺题补本班大挑举人，如各项候补并进士即用无人，仍专用大挑举人。又，各省升调所遗告病、病故、休致选缺知县，遇轮用候补本班先并候补正班到班时，于本班中先用进士、举人、恩、拔、副、岁、优贡生正途出身及曾任实缺知县、曾任京外实缺应升知县者二人，再用本班中各项出身者一人。如本班中正途出身曾任人员适遇无人或不合例，即虚积过班，于本班中用各项出身之人。又，光绪十四年正月十三日奉准咨行《郑工新例铨补章程》内开：道、府、同知、直隶州知州、通判、知州、知县升调所遗及告病、病故、休致以及佐贰杂职等官，无论何项所出留补选缺，除坐补原缺、裁缺即用、回避即用、新选、新补、留省另补人员不计外，无论何项到班，仍以五缺计算，先用郑工新班遇缺先二人、海防新班先一人；无人，用郑工遇缺先人员抵补。至第四缺海防即、海防先分班轮用一人，第一轮用海防即人员，第二轮用海防先人员。海防先无人，仍用海防即人

员;海防即无人,用旧例银捐遇缺先人员。如无人,用旧例银捐遇
缺人员;再无人,过班即接用各项轮用班次一人,以五缺为一周。
又,光绪十六年正月初四日奉准咨行《新海防例铨补章程》内开:所
有此次遵照新海防例报捐人员,自应仍照郑工事例跟接次数、卯
数,分别掣签,按班铨补各等因。

前出惠来县知县缺,已用新海防例候补本班尽先补用知县王
春霖补。今封川县知县缺,轮用郑工及新海防遇缺先人员。查新
海防遇缺先之薛铨忠加捐过班部文系二十七年九月二十日行文,
计十一月初四日接到;邹兰生系二十七年十一月二十日行文,计二
十八年正月初四日接到;黄培埈系二十八年三月二十日行文,计五
月初四日接到,均尚未扣满六个月,不合补用。过班用海防先、海
防即,旧例银捐遇缺先、银捐遇缺,均无人,再过班接用各项系候补
正班到班。查候补正班一项,上次澄迈县知县缺已用一正途及曾
任知县申显曾补,现应轮用二正途及曾任知县人员请补。

兹会选有候补知县邹翼清,年六十岁,系贵州镇远县人,由附
生投效湖南军营,援剿江、皖,于续保青阳解围案内出力,保准以训
导遇缺即选。又克复江西新城弋阳案内出力,保准俟训导选缺后,
以教谕遇缺尽先即选;又收复江西崇仁等城出力,保准免选训导、
教谕,以知县不论双单月即选。同治七年四月二十二日奉旨:依
议。钦此。嗣应同治八年补行己未、辛酉、壬戌科本省乡试,中式
举人。又克复台拱厅城出力保奏,十一年五月二十三日奉上谕:着
以本班分发省份,归候补前补用。钦此。签掣来粤,同治十三年九
月到省。光绪八年,题署遂溪县知县。十一年十月,调补普宁县知
县,尚未部覆,于光绪十二年三月二十日闻讣丁父忧,旋接丁承重
祖父忧,回籍守制,服满起复。光绪十六年十月,在部呈请分发原

省归候补班补用。十一月十二日引见，奉旨：着照例发往。钦此。二十日，领照出京，于十七年正月二十六日到省。并无在粤游幕，业经缴结详咨在案。

该员清勤敏练，才识闳深，以之补授封川县知县，洵堪胜任，与例亦属相符。据藩、臬两司会详前来。相应请旨准以候补知县邹翼清补授封川县知县缺。如蒙俞允，该员系候补知县请补知县，衔缺相当，毋庸送部引见。

除咨部外，臣等谨遵照奉准通行改题为奏缘由，合词恭折具陈，伏乞皇太后、皇上圣鉴训示。再，粤东省补缺例限九十日，此缺系归光绪二十八年三月份截缺，四月初十日申报到司，应以是日起限办理。今在限内选员请补，并无迟逾。合并陈明。谨奏。光绪二十八年八月初十日。

（朱批：）吏部议奏。[1]

光绪二十八年九月十八日，奉朱批：吏部议奏。钦此。[2]

一六七　请以李象辰补授钦州直隶州知州折

光绪二十八年八月初十日(1902 年 9 月 11 日)

头品顶戴两广总督臣陶模、头品顶戴广东巡抚臣德寿跪奏，为拣员请补直隶州知州缺，恭折仰祈圣鉴事。

窃照案据南海县申报：钦州直隶州知州李光高于光绪二十六年闰八月十二日在省寓病故等由，业经题报声明。所遗钦州

---

[1]　台北故宫博物院藏：军机及宫中档，文献编号：408003513。

[2]　台北故宫博物院藏：军机及宫中档，文献编号：149862。

直隶州知州系烟瘴外调要缺，容俟选员另详调补。此案于闰八月二十七日申报到司，应归闰八月份截缺办理，先经详请以候补同知直隶州知州李家焯奏补。嗣于二十八年六月二十三日准吏部咨覆：该员李家焯因案降调，援例捐复，尚未引见，奉旨：即与此缺人地相宜，亦未便遽行请补。所请以李家焯补授钦州直隶州知州之处，碍难议准，仍令另行拣选等因，自应遵照办理。查定例：各省烟瘴员缺俸满，例应撤回内地候升者，遇有缺出，于现任人员内拣选熟悉风土、能耐烟瘴之员题咨调补，不得以候补初任各项人员题咨补用。知县以上官员如遇例应题调要缺及烟瘴地方，俱准升调兼行。直隶州知州提调要缺，或调或补，准由该督抚酌量具题，酌量以候补人员请补时，该省如有截取、记名、分发人员，应先尽酌量请补等因。今钦州直隶州知州系冲、繁、难烟瘴要缺，政务殷繁，且界邻法越，时有交涉事宜，非得精明干练之员，不足以资治理。

　　臣等与藩、臬两司于通省现任合例应调、应升人员内逐加遴选，非现居要缺，即人地未宜，实无堪以升调斯缺之员。惟查有记名分发候补直隶州知州李象辰，现年四十六岁，系河南开封府祥符县人，由监生应光绪乙亥恩科顺天乡试，挑取誊录。中式丙子科本省乡试举人，丁丑科贡士，殿试二甲，奉旨以主事用，签掣兵部，于是年五月二十三日到部，分武选司行走，充实录馆校对官。五年十二月，实录全书庆成奏保，奉上谕：俟学习期满后，以本部主事无论咨留遇缺即补，并加四品衔。钦此。六年四月，学习三年期满。五月初六日，奏留候补。九年，充武选司帮总办司事。十四年五月，充会典馆协修官、则例馆总纂官。十七年十一月，因遵办海军出力奏保，以本班遇缺即补，奉旨：依议。钦此。

十八年七月,奏派管理兵部马馆监督。二十年二月,奏补武库司主事。二十一年十二月,捐免历俸,经本部堂官保送直隶州知州。二十二年二月,由吏部带领引见,奉旨:着交部记名,以直隶州知州用。钦此。是年三月,呈请分发,并报捐指省广东补用。四月十八日,由吏部带领引见,奉旨:着照例发往。钦此。二十日,经吏部给发执照,祗领起程,于二十二年六月初六日限内到省,因会典馆恭修会典全书过半,奏保俟补缺后,以知府补用。二十四年三月二十二日奉旨:着照所请奖叙。钦此。并无在粤游幕,业经缴结详咨在案。

该员才长识卓,尽职勤民,以之补授钦州直隶州知州,洵于要缺有裨,与例亦属相符。据藩、臬两司会详前来。相应请旨准以候补直隶州知州李象辰补授钦州直隶州知州缺。如蒙俞允,该员系记名分发候补直隶州知州请补直隶州知州,衔缺相当,毋庸送部引见。除咨部外,臣等谨照章改题为奏,合词恭折具陈,伏乞皇太后、皇上圣鉴训示。

再,粤东省补缺例限九十日,此缺奉准驳回更补部文系坐二十八年五月十九日行文,案照限减半计算,扣至七月初四日限满,应以是日起限办理。今于八月初五日选员请补,系在限内,并无迟逾。合并陈明。谨奏。光绪二十八年十月初十日。

(朱批:)吏部议奏。①

光绪二十八年九月十八日,奉朱批:吏部议奏。钦此。②

---

①　台北故宫博物院藏:军机及宫中档,文献编号:408003511。

②　台北故宫博物院藏:军机及宫中档,文献编号:149867。

一六八　奏陈广东屯田毋庸查办片

光绪二十八年八月初十日(1902年9月11日)

再,准军机大臣字寄:光绪二十八年五月十四日奉上谕:有人奏,各省卫所屯田请饬清查缴价,以裕国帑一折。着各督抚认真清查,分别妥筹办理等因。钦此。当经饬行钦遵办理。兹据布政使丁体常、督粮道周开铭会详称:查此次奉旨查办屯田缴价,原指漕运省份卫所屯田而言。粤东并非漕运省份,其旧设卫所之屯田于雍正年间归并各州县,征收钱粮汇入地丁奏销造报。此外各属沙坦因争讼不明归官召佃之屯田,亦于咸丰、同治年间陆续变价。光绪十二年又将前项屯田续变二百数十顷,一律升科纳税入额编征。是本省屯田先已变价归民,与有漕省份情事各别,似可毋庸查办等情,详请覆奏前来。

臣等覆查无异。除咨部外查照外,谨合词附片覆陈,伏乞圣鉴。谨奏。

(朱批:)知道了。①

光绪二十八年九月十八日,奉朱批:知道了。钦此。②

【案】光绪二十八年五月十四日奉上谕:此上谕上谕档载曰:

军机大臣字寄:两江、湖广、陕甘、四川、两广、云贵、闽浙

---

① 台北故宫博物院藏:军机及宫中档,文献编号:408003511-0-A。
② 台北故宫博物院藏:军机及宫中档,文献编号:149866。

各总督，江苏、安徽、江西、山东、河南、浙江、湖北、湖南、陕西、新疆、广东、云南各巡抚：光绪二十八年五月十四日奉上谕：有人奏，各直省卫所屯田请饬清查缴价以裕国帑一折。据称近来各省屯田，半系民户顶替，其私售价值，约得民田常价之半。现在卫所既已裁撤，若将屯田一律清查，可得巨款，于筹饷大宗不为无补等语。着各该督抚迅即认真清查，分别妥筹办理，详晰具奏，毋稍延宕。原折着钞给阅看。将此通谕知之。钦此。遵旨寄信前来。①

一六九　奏报缉拿参革知县丁墉片

光绪二十八年八月初十日(1902 年 9 月 11 日)

再，据广东布政使丁体常、督粮道周开铭会详称：查有前任增城县另案参革知县丁墉征存正杂款银一万五千余两、米一百余石，迭催延未解缴。复经勒限严追，乃逾限日久，置若罔闻，难保不无潜行回籍或私自离粤。若不缉拿查抄，诚恐库款无着。相应请旨将前任增城县另案参革知县丁墉严行查缉监追，查抄备抵。傥潜回原籍，即行拿解回粤追缴。

查该员丁墉，籍隶广西桂临县，除咨行缉拿查抄追缴外，谨合词附片具奏，伏乞圣鉴。谨奏。

（朱批：）着照所请，该部知道。②

---

① 《光绪宣统两朝上谕档》，第 28 册，第 130 页；《德宗景皇帝实录（七）》，卷四百九十九，光绪二十八年五月，第 598 页。

② 台北故宫博物院藏：军机及宫中档，文献编号：408003512-0-A。

光绪二十八年九月十八日，奉朱批：着照所请，该部知道。钦此。①

一七〇　奏报邢定三捐助善款请准建坊片

光绪二十八年八月初十日（1902 年 9 月 11 日）

再，士民捐助地方公用善举，数在一千两以上者，向准奏请建坊。兹据布政使丁体常详称：据琼州府文昌县详：文昌县人已故二品封职候选布政使理问邢定三，先于生前遵其故父二品封职邢运瑚暨母二品命妇邢林氏遗命，于光绪七年捐过制钱一千串，充支本邑蔚文书院膏火；又，光绪十七年续捐洋银二千圆，为本邑新进赀礼印金之需，均交蔚文书院绅董收存，生息支用，请照章奏请建坊前来。

臣等查该封职邢定三仰承先志，先后捐助书院膏火等银一千两以上，洵属勇于为善。合无仰恳天恩，俯准建坊，给与乐善好施字样，以昭激劝，出自逾格鸿慈。谨合词附片陈请，伏祈圣鉴训示。谨奏。

（朱批：）着照所请，礼部知道。②

光绪二十八年九月十八日，奉朱批：着照所请，礼部知道。钦此。③

---

① 台北故宫博物院藏：军机及宫中档，文献编号：149864。

② 台北故宫博物院藏：军机及宫中档，文献编号：408003512-0-B。

③ 台北故宫博物院藏：军机及宫中档，文献编号：149863。

一七一　奏为自陈病危情形折

光绪二十八年九月初八日(1902年10月9日)

头品顶戴开缺两广总督臣陶模跪奏，为微臣病已危殆，势将不起，沥陈依恋感激下忱，叩谢天恩，恭折仰祈圣鉴事。

窃臣因病吁蒙天恩，准予开缺，满拟交卸之后回籍静心调理，讵七月二十五、二十六两日，喘恙大作，吐血数瓯，并吐出肺叶一片，勉强支撑，至八月二十日交卸督篆后，病势益甚，连日饮食不进，胃气已绝，自问万无生理。

伏念微臣自词臣改官邑令，叠邀非分，洊列疆圻，待罪新疆、陕甘。前年，更蒙圣恩，量移两粤，事繁责重，本已竭蹶难胜，加以卧病经年，事多丛脞，既荷圣慈不加督责，复蒙矜全逾格，准予归田，高厚之恩，百身莫报。当此商约将定，大局甫平，一切应办事宜，无一不上廑宵旰，而微臣行将就木，神智已昏，诚不敢多所陈列。惟在粤两岁，深知粤东虚有殷富之名，实已民穷财尽，而迫于时势，仍不能不百计筹款，闾阎益困，盗贼日繁，长此不已，后患正多可虑。惓惓愚忱，窃愿朝廷深加之意。

至粤西匪事，近闻势尚猖獗，而夏潦之后，又苦亢晴，晚造若再失收，办理恐更棘手。此臣夙夜疚心而瞑目难忘者也。臣受恩深重，报称未能，伏枕哀鸣，无任依恋，感激之至。

谨口授臣子葆廉恭缮具奏，叩谢天恩。伏乞皇太后、皇上圣鉴。谨奏。光绪二十八年九月初八日。①

---

① 台北故宫博物院藏：军机及宫中档，文献编号：150419。

【案】光绪二十八年九月初十日，两广总督德寿等呈请军机处代奏电曰：

开缺两广总督陶模因病体难支，吁准开缺。七月下旬，咯血数次，病势增剧。八月二十日交卸后，未能回籍，暂迁行馆。九月初七、八等日，又复咯血数瓯，于初九日子刻身故。

陶模在任年余，于两粤应办之事规画不遗余力，虽蒙圣恩，叠次赏假，仍复力疾从公，夙夜匪懈，竟以积劳尽瘁，卸任未及二十日，殁于行馆。临危之际，犹以受恩深重、时事艰难、未能报称为憾。其忠荩实属出于至诚，绅庶寅僚，同深感悼。

除将故督遗折及履历事实另行详细具奏，并饬司将身后事宜妥为料理外，谨先电请代奏。德寿、兴锐。青。①

---

①　中国第一历史档案馆藏：电报档·光绪朝，档案编号：2-04-12-028-0821。

下篇：外交函牍、杂文

○○一　咨覆江景耀撤任请照会俄使拟结由

光绪十九年四月初八日(1893年5月23日)

四月初八日,新疆巡抚陶模文称:光绪十九年正月二十六日,承准大咨,行查乌什同知私拆诺尔米尔匜洋信,被斥怀恨,主使殴打,后将俄商收禁一案,当即飞饬阿克苏道委员密查,并将办理情形咨呈在案。嗣据阿克苏道申称:此案前经俄商控道,当提讯明确,并无乌什同知主殴收押情事等情。本部院犹恐不实,批令录供详覆。兹据阿克苏道详称:案奉宪台批开:俄商诺尔米尔匜与缠民索非争殴一案,既经该道提讯,仰即全录此案口供,并如何断结情形,迅速具详,以凭咨覆等因。奉此,查此案前于光绪十八年十一月十一日,据住温宿州旧城之安集延乡约买卖提敏禀称:接乌什俄商纳尔米子即诺尔米尔匜来信内称:乌什缠商哈生木喝令缠民吐尔的、阿不都拉、索非等将伊衣服扯破乱打,遍身受伤,禀请提案讯办等情。据此,职道当即饬提一干人证到道质讯,内惟阿不都拉未到。讯据索非供:小的与诺尔米尔匜系属亲戚。光绪十八年八月不记日子,小的到阿塔巴依家探看胞姊,其时胞姊外出未归,只有一小女在家看房,忽诺尔米尔匜来阿塔巴依家,就诬小的调戏幼女。小的说,我来看我胞姊,胞姊虽不在家,这小女就是自己侄女一般,有何调戏?彼此因口角,诺尔米尔匜就把小的殴打,小的喊叫。哈生木进房说诺尔米尔匜不应如此行为。随经厅主查知,谕令诺尔米尔匜自行善为调处,勿伤亲戚和好。十一月初五日,诺尔米尔匜同小的在礼寺,出来又彼此口角揪扭,诺尔米尔匜喊同安集延商民多人,把小的扭送到厅。比经厅主把小的责押,并未收押诺尔米尔匹。所供是实。

据缠商哈生木供:光绪十八年八月不记日期,小的出街上,午刻路过阿塔巴依门首,听得房内有人喊叫,随就进去查看,才知道索非被诺尔米尔匹殴打。小的问明情由,当斥诺尔米尔匹:你既与索非亲戚,不应如此行为,真不晓事,当过甚么乡约。小的说了几句公道,诺尔米尔匹心不悦服。随经厅主查知谕令。诺尔米尔匹、索非同在礼拜寺出来,两下口角争吵揪扭,众人劝解不听,诺尔米尔匹喊同数人把索非责押,并未收押诺尔米尔匹。小的合吐尔的们并未打他是实。讯据吐尔的,供亦相同。

据俄商诺尔米尔匹供:索非那日到阿塔巴依家调戏幼女,小的把索非打了一顿受了,哈生木实是欺人太甚。十一月初五日,由礼拜寺出来,索非把小的揪扭殴打,小的有俄帖五百张,也被索非取去等供。

据此,职道当即诘问索非系与你亲戚,常相往来,那日到阿塔巴依家探看,伊姊外出未归,小女在家年幼,何至有调戏情事? 又诘问你既被打,何人见证,伤在何处? 又诘问你既往寺礼拜,何以身带俄帖五百张,且查乌什城商民向来不用俄帖,如拿你俄帖五百张,亦无用处。况并无人见你有俄帖一张。诺尔米尔匹均无词可辩。讯之各干证,与哈生木供均相同。职道当以诺尔米尔匹在乌什充当乡约,本系体面之人,且系俄国派来,应以客礼相待,该缠商哈生木因索非之事,不以好言相劝,辄出言不逊,致使诺尔米尔匹气忿不平,殊属非是,当即饬随谕令[①]诺尔米尔匹既与索非系属亲戚,务须和好,不可挟嫌,仍回乌什善为办理乡约事务等语盼示。

---

① 原文如此。

遂回乌什去讫。

此案诺尔米尔匝与索非口角揪扭，本有其事，然并无打伤痕迹，该厅亦无收押诺尔米尔匝之事。察其情节，只因哈生木出言无状，受不过哈生木之气，以致事多枝节。惟查诺尔米尔匝自充当乌什乡约以来，不特与缠民不甚相投，即与同类安集延众民亦不甚相投，往往有自相矛盾之事。可否仰恳咨请俄国更换乡约，以昭妥善之处，伏候钧裁等情前来。

查此案署乌什同知江景耀虽无收押俄商情事，惟擅拆洋函，致滋口实，究属不合，业经记过一次，且因另案撤任，乃驻喀俄领事听信俄商一面之词，尚复唠渎不休，应请贵衙门照会驻京俄使，务饬该领事，事已查明，应即拟结。除批行，相应咨呈。为此咨呈贵衙门，谨请鉴照施行。[①]

○○二　俄国总督带队回国沿边并无惊扰由

光绪十九年九月二十七日（1893 年 11 月 5 日）

九月二十七日，新疆巡抚陶模文称：光绪十九年七月二十七日，据喀什噶尔李署道宗宾禀称：前准俄领事官照会图尔吉斯坦总督至阿拉依巡边各情，飞禀宪鉴在案。兹据管带布鲁特马队黄旗官蔚森探报：俄国图尔吉斯坦总督随带马队约二百名，于七月初四日抵阿拉依。初五日，阅看兵操。初八日，仍率原队起程回国，沿边并无惊扰等语。合再转报等情，到本部院。据此，查俄督巡边，前经该道禀报来辕，当即咨呈在案。兹据前情，除批覆外，相应咨

呈。为此咨呈贵衙门,谨请鉴照施行。[①]

○○三　光绪十八年俄商出入
卡伦货物开单咨呈由

光绪十九年十月十九日(1893年11月26日)

十月十九日,新疆巡抚陶模文称:前准户部咨粘单内开:光绪七年《中俄改订条约》内载:俄民在伊犁、塔城、喀什及关外之天山南北各城贸易暂不纳税,俟将来商务兴旺,再将免税之例废弃等语。现计俄人于新疆各城贸易已有数年,应由该大臣密查每年出口、进口货物某项究竟有若干,系何价值,逐一登明,按年开单咨送本部及总理衙门备查,庶将来议定税则之日,不至为所欺蒙等因。查光绪十七年份俄商出入卡伦货物价值,业经开单咨送在案。兹将十八年份镇迪、伊塔、阿克苏、喀什噶尔四道申送各单饬承核算,共计俄商进口货物价银一百三十三万六千八百两有奇,出口货物价银五十四万八千二百两有奇。除咨明户部外,相应咨呈。为此咨呈贵衙门,谨请鉴核施行。

●照录清单

头品顶戴甘肃新疆巡抚臣陶,今将镇迪、伊塔、阿克苏、喀什噶尔四道造报光绪十八年份按季估计俄商出入卡伦贩运货物价值,开送清单,呈请鉴核。须至单者。

计开:

镇迪道单报

---

① 台北中研院近代史研究所藏:外交档案,馆藏号:01-17-052-07-022。

春季份俄商贩运入卡各色货物项下：

洋铁桶一千四百五十三斤，共价银一百一十六两二钱四分。

洋铁条一万七千六百七斤，共价银七百四两二钱八分。

十丈洋布一千一百四十八板，共价银三万九千一十八两。

五丈洋布五千五百七十四板，共价银一万三千九百三十五两。

洋蜡十七箱，共价银二百四两。

洋油二千六百五斤，共价银一百五十六两三钱。

五号洋铁箱二口，共价银四两。

大洋铁瓢五百九十四把，共价银一百一十八两八钱。

洋铁盆二百九十二斤，共价银二十三两三钱六分。

胡椒九百九十五斤，共价银三百九十八两。

零杂货三百二十五斤，共价银二百二十七两五钱。

洋火二十箱，共价银七十两。

洋钢一百四十七斤，共价银二十二两五分。

洋铁茶盘二百个，共价银四十八两。

大号铁锅四十六口，共价银九十二两。

中号铁锅三十八口，共价银四十两。

小号铁锅三十七口，共价银三十两四钱。

小洋铁瓢二百五把，共价银一十两二钱五分。

红铜茶壶五十把，共价银六十两。

铁丝六十七斤，共价银二十两一钱。

洋糖五十五斤八两，共价银一十一两二钱。

白蜂蜜三千七十二斤，共价银七百三十七两二钱八分。

白糖五十五斤，共价银十一两。

铜盆三千一百三斤，共价银五百四两七钱二分。

铜丝三十二斤八两,共价银十九两五钱。

以上入卡各色货物,总共价银五万六千五百八十一两九钱八分。

夏季份俄商贩运入卡各色货物项下:

洋纸二百合,共价银三百两。

洋火二百二十一箱,共价银七百七十三两。

洋蜡四十二箱,共价银五百两。

洋铁条二万三千一百八十三斤,共价银九百二十七两三钱。

十丈洋布九千六百一十九板,共价银三万三千六百六十六两五钱。

五丈洋布四千八百一十四板,共价银一万二千二百二十三两七钱五分。

洋铁桶四千三百七十二斤八两,共价银四百四十九两八钱。

大洋铁瓢八百二十五把,共价银一百六十五两。

洋铁盆二百七十五斤,共价银二十二两。

小号洋铁锅一百七十六口,共价银一百四十两零八钱。

洋铁皮三百三十斤,共价银二十三两一钱。

洋杂铁货五千九百七十三斤十二两,共价银一千二百七十八两九钱二分五厘。

小洋铁炒瓢三百七十五把,共价银二千三百六十六两六钱二分五厘。

大号铁锅二十四口,共价银四十八两。

中号铁锅三十一口,共价银三十一两。

小号铁锅二十七口,共价银二十一两六钱。

香牛皮三十张，共价银九十两。

锯皮五十五斤，共价银三十二两。

牛胶三百五十七斤，共价银一百七两二钱五分。

铜盆一千七十二斤半，共价银二百五十七两四钱。

洋糖八百一十五斤，共价银一百六十三两。

洋铁茶壶十个，共价银十二两。

洋棉线一百把，共价银二十四两。

洋绵线四百一十二把，共价银九十八两八钱八分。

洋锁一千七百六十把，共价银一百四十两八钱。

洋巾子一百条，共价银三十两。

毛绳子二百条，共价银二十四两。

玉石一百一十斤，共价银四百四十两。

各色洋布四百三包、洋铁桶四包、大小铁杓六包、铁锅一百七十六口、洋铁盘五包、洋烛二箱、杂货二十一箱包、洋火五十箱、铜盆二包、饭盘一包、洋纸二十四包箱、洋糖二包箱、铁钥二包、线二箱包、绳子二百斤、玉石四蒲桶、铜盘十三蒲桶、铁丝七蒲桶、胶九蒲桶。以上十九项共估价银五万一千三百五十八两。

以上入卡各色货物，总共价银一十万五千五百二十二两七钱三分。

秋季份俄商贩运入卡各色货物项下：

十丈洋布八千三百八十六板，共价银一万八千六百二十四两七钱五分。

五丈洋布四千五板，共价银一万零五百一十两。

洋铁条一千七百五斤，共价银五百一十一两五钱。

洋杂货三千三百六十斤，共价银二千三百五十九两。

洋铁盆九千二百四十七斤，共价银七百三十九两八钱。

洋纸九百九十合，共价银一千四百八十五两。

牛胶一千一百六十四斤八两，共价银三百四十九两五钱。

五寸洋铁箱四百二十二口，共价银一百二十六两六钱。

八寸洋铁箱二十四口，共价银十二两。

二号洋铁箱七十六口，共价银二百六十六两。

洋糖九百五斤，共价银一百八十一两。

洋锁四千一百八十把，共价银三十四两四钱。

洋钢六百六十斤，共价银九十九两。

洋火五百三十三箱，共价银一千三百八十七两五钱。

酥油一百三十七斤八两，共价银十六两五钱。

洋铁茶盘七千六百个，共价银九千一百二十两。

洋杂铁一万一千七百四十斤，共价银四百六十九两六钱。

木碗三百三十个，共价银九两九钱。

羊油一千六百二十斤，共价银九十七两二钱。

洋铁条十一万二千一百三十四斤八两，共价银四千四百八十六两四钱。

铜盆一千四百八十四斤八两，共价银三百五十六两四钱。

中号铁锅八百六十一口，共价银八百七十一两。

大号铁锅三百五口，共价银六百一十两。

小号铁锅一千九百三十七口，共价银一千五百四十九两二钱。

狐腿皮一千斤，共价银五十两。

洋铁钉二千六十二斤八两，共价银三百九两三钱七分五厘。

洋铁桶二万六千五百六十五斤，共价银二千一百二十五两二钱。

  洋蜡一百三十六箱，共价银一千六百三十二两。

  大洋铁炒瓢五千三百八十三把，共价银一千七十六两六钱。

  洋铁炉九个，共价银十八两。

  小洋铁杓七千八百二十五把，共价银三千九百十二两五钱。

  洋棉线一百六十五把，共价银三十九两六钱。

  锯皮五百二十二斤八两，共价银三百四两。

  红铜一百六十五斤，共价银三十三两。

  铜茶壶三百二十四把，共价银三百八十八两八钱。

  铜火锅四十个，共价银八十两。

  铜丝子一百一十斤，共价银六十六两。

  铅八十二斤八两，共价银十四两八钱五分。

  洋铁皮三百三十斤，共价银二十三两一钱。

  铜蜡台三百三十斤，共价银九十九两。

  香牛皮一百二十张，共价银三百六十两。

  各色洋布三十二包、铜盘三包、香牛皮一十二包、饭盆一十八包、铁桶五十四包、铁盆三十三包、杂货七包、大小铁杓四十七包、铅一包、锅八十二包、洋货一十四包、锯五包、钢二包、铁线三包、铜线三包、铜盆七包、洋糖二包、火锅二包、洋铁二百四十八条、烛台三对、洋火二百五十箱、小箱三十五包、洋烛三十八箱、铁钉二十箱、茶壶十九箱、线一箱、杂货六箱、锁钥三箱、空箱二十五个。以上二十九项，共价银一万三百六十一两五钱。

  以上入卡各色货物共价银七万五千二百二十两七钱七分五厘。

冬季份俄商贩运入卡各色货物项下：

十丈染色洋布九百七十三板，共价银三千四百五两五钱。

五丈染色洋布四百八十八板，共价银一千二百一十七两五钱。

洋蜡一箱，共价银十二两。

铜盆七十五斤，共价银六十六两。

洋铁条一万五千六百五十八斤八两，共价银六百二十六两三钱四分。

白蜂蜜四百一十二斤八两，共价银九十九两。

洋油三千六百二斤八两，共价银二百一十六两一钱五分。

洋火二十箱，共价银七十两。

七号洋铁箱十六口，共价银十六两。

洋铁条六百八十七斤八两，共价银二十七两五钱。

中号铁锅四十口，共价银四十两。

小号铁锅二十一口，共价银十六两八钱。

洋铁桶二十七斤八两，共价银二两二钱。

洋杂货四百六十七斤八两，共价银三百二十七两二钱五分。

以上入卡各色货物，总共价银六千一百四十二两二钱四分。

镇迪道单报

春季份俄商贩运出卡各色货物项下：

生老羊皮八千斤，共价银七百二十二两。

羊毛四千六百斤，共价银三百六十八两。

狐皮一百四十张，共价银一百四十两。

累缎六匹，共价银一百二十两。

磁器二百斤，共价银六十六两。

次磠砂一千二百斤，共价银九十六两。

摹本缎一匹，共价银二十两。

线绉三匹，共价银四十六两。

曲绸二匹，共价银十一两。

胭脂五百张，共价银十五两。

衣边五十五把，共价银十六两五钱。

细磁器四百二十斤，共价银二百七十七两二钱。

粗磁器四百二十斤，共价银一百三十八两六钱。

核桃一千五百斤，共价银四十五两。

杏干子四百三十斤，共价银十二两九钱。

以上出卡各色货物，总共价银二千九十二两二钱。

夏季份俄商贩运出卡各色货物项下：

熟老羊皮二百斤，共价银二十八两。

生老羊皮六千七百三十斤，共价银七百六十两。

生羊羔皮三千五百斤，共价银八百七两六钱。

马尾一百斤，共价银十二两。

羊肚子二百个，共价银十二两。

狐皮一十张，共价银十两。

羊毛二千五百斤，共价银二百两。

马皮四十斤，共价银十两。

线绉料七匹，共价银一百一十二两。

摹本缎六匹，共价银一百二十两。

小土布九十匹，共价银一十二两六钱。

粗磁器一千一百斤，共价银三百六十三两。

杂货八十斤,共价银五十六两。

纸花二百对,共价银三十二两。

缠花帽一百顶,共价银一十六两。

以上出卡各色货物,总共价银二千五百五十一两二钱。

秋季份俄商贩运出卡各色货物项下:

生羊羔皮四百五十斤,共价银一百八十两。

羊毛一万三千五百斤,共价银一千八十两。

老羊皮七千五百五十斤,共价银六百五十两。

生羊羔皮四百斤,共价银一百六十两。

驮毛一千斤,共价银一百两。

生老羊皮二千六百斤,共价银三百一十二两。

本地棉线三百斤,共价银九十九两。

以上出卡各色货物,总共价银二千五百八十一两。

冬季份俄商贩运出卡各色货物项下:

老羊皮三千三百斤,共价银三百九十六两。

羊毛三百斤,共价银二十四两。

细磁器八百五十斤,共价银五百六十一两。

粗磁器八百五十斤,共价银二百八十两零五钱。

辣子六百斤,共价银十八两。

杂货二百斤,共价银一百四十两。

羊肚子五百斤,共价银三十两。

以上出卡各色货物,总共价银一千四百四十九两五钱。

伊塔道单报

春季份俄商贩运入卡各色货物项下：

各色洋布七千一百四十七板，共价银三万二千八百七十六两二钱。

南路土布九万五千七百匹，共价银一万七千六百三十两。

格子布一百六十板，共价银一千一百二十两。

格子布二百零七卷，共价银一万七千七百五十八两。

格子布十匹，共价银四十五两。

细杂货八包，共价银三百三十两。

粗杂货四十八箱，共价银二千七百七十八两。

杂货一捆，共价银二十六两。

土布二百四十六卷，共价银三千九百两。

塔尔糖八十四蒲桶，共价银三百五两。

花洋布三卷，共价银一百六十两。

乌塔二千六百三十条，共价银四百一十五两。

鸡子一千只，共价银六十五两。

毛绳二百根，共价银十六两。

假洋蜡十箱，共价银四十六两。

假洋蜡四十五蒲桶，共价银六十七两。

洋蜡三百十六箱，共价银三千二两四钱。

洋纸二十六合，共价银六十一两二钱。

鸡蛋六万一千元，共价银一百五十五两。

清油二千斤，共价银五十五两。

瓜籽八百斤，共价银十一两。

洋线一包，共价银十六两。

铁钉三百二蒲桶,共价银八百六两。

红枣五蒲桶,共价银六两。

洋火一百六十四箱,共价银四百四十两。

搭连布一百五十匹,共价银七十五两。

搭连布二卷,共价银九十两。

格子布十四卷,共价银九千三百八十两。

细杂货八箱,共价银五百五十两。

缠头帽二百顶,共价银五十两。

玻璃四箱,共价银二十七两。

杏干六十三蒲桶,共价银六十三两。

葡萄六十八蒲桶,共价银六十八两。

生熟铁一百六十蒲桶,共价银一百一十两。

杏仁十二蒲桶,共价银三十两。

棒棒烟三箱,共价银四十六两。

点洋灯炭油十二蒲桶,共价银二十四两。

碱一百蒲桶,共价银二十二两。

清油五十蒲桶,共价银四十二两。

清油四千二百斤,共价银一百五十四两。

洋箱子五十八口,共价银六十八两。

洋纸十二蒲桶,共价银四十二两。

破烂铁五十蒲桶,共价银二十五两。

熟铁四百四十蒲桶,共价银六百六十两。

香牛皮二百四十张,共价银六百六十九两。

铁锅八十五蒲桶,共价银一百五十两。

蜂蜜六十七蒲桶,共价银一百七十八两。

蜂蜜九桶，共价银一百二十两。

苜蓿籽二十五蒲桶，共价银二十二两。

石油十二蒲桶，共价银三十两。

毡子一包，共价银十二两。

塔尔糖三十三蒲桶、胡椒一蒲桶，共价银一百四十两。

车套绳索五百根，共价银五十两。

冰糖六蒲桶，共价银二十二两。

杂货一箱四包，共价银一百六十两。

拉扣二百对，共价银二十两。

穿线绳子三蒲桶，共价银十两。

砍头镘五十把，共价银十二两。

斜衣一百四十六件，共价银二百三十四两。

裁绒毯子十条，共价银六十两。

熟牛皮五十七张，共价银一百一十两。

羊化油二十六蒲桶，共价银四十二两。

皮靴子六十双，共价银六十两。

锯皮一捆，共价银七十五两。

木碗一包、洋火五箱，共价银三十两。

各色粗细洋杂货三十六箱，共价银七百九十二两。

洋油一百二十四蒲桶，共价银二百一十四两四钱。

格子布四十九卷、杂货二十四箱，共价银一万三千八百二十六两。

洋铜盆十六蒲桶，共价银一百六十两。

洋铜丝一蒲桶，共价银二十两。

洋铁盘三百二十个，共价银五十四两四钱。

洋铁桶一百八十五蒲桶,共价银四百二十五两五钱。

洋铁盆十蒲桶,共价银二十三两。

小洋铁杓八百六十三个,共价银九十两六钱六分五厘。

洋铁锅二百七十六口,共价银一百三十八两。

洋铁锅撑子六百七个,共价银一百八十二两一钱。

洋铁条三百一十四条,共价银一千一百七十五两五钱。

马七十三匹,共价银一千三百三十五两。

羊一千一百七十二只,共价银二千六百四十九两。

骆驼一只,价银二十两。

牛二条,共价银十四两。

各色洋布十五包、洋蜡四箱、铜线一包、蜂蜜一桶,四项共价银一千四百六十二两五钱。

以上入卡各色货物,总共价银一万六千九百四十一两三钱六分五厘。

夏季份俄商贩运入卡货物项下:

洋布一百七十板、洋布三卷,共价银八百六十两。

格子布一千六十八卷,共价银九万二千一百五十五两。

细杂货十四箱、细杂货三包,共价银一千九百两。

杂货四十七箱,共价银一千七百二十四两。

熟铁二千三百二十八蒲桶,共价银三千五百九十五两。

大小马二百七十六匹,共价银二千三百五十二两。

生铁九十蒲桶,共价银七十两。

大米六十蒲桶,共价银三十两。

铁货十一箱、格子布一百六十一卷,共价银一万七千二百三十五两。

塔尔糖三百九十七蒲桶，共价银一千三百五十一两。

炭油八十七蒲桶，共价银一百九十两。

棒棒糖五蒲桶，共价银一十五两。

香牛皮二百八十二张，共价银七百六十五两。

钱绳子八十九蒲桶，共价银二百五十二两。

冰糖一蒲桶，共价银四十四两。

洋蜡五十箱，共价银五百两。

洋酒二百瓶、洋酒十九箱、洋酒二十蒲桶，共价银八百四十两。

碱二十蒲桶，共价银一十五两。

洋火六百六十箱，共价银一千六百四十五两。

洋胰子六千五百块、洋胰子二十蒲桶、洋胰子二箱，共价银一百九十两。

胡椒五蒲桶，共价银四十三两。

棒棒烟十七箱，共价银二百三十两。

皮靴二百六十双，共价银八百两。

缠头布帽九百顶，共价银二百两。

洋铁钉九十五蒲桶，共价银三百五十七两。

芦席五百页，共价银四十两。

乌塔三百条，共价银四十五两。

葡萄三十蒲桶，共价银三十两。

清油五千五百九十四斤，共价银三百四十两。

熟牛皮二百五十张，共价银四百五十两。

南路土布三百一十七卷一千五百匹，共价银六千二百九十两。

塔尔糖、胡椒共十五蒲桶，共价银八十两。

草药、胰子共三箱,共价银三十两。

鸡蛋一万元,共价银二十五两。

土布一百八十一卷、土布五万二千七百匹,共价银一万三千六百七十两。

格子布四卷、熟铁二十蒲桶、洋火十三箱,共价银四百五十两。

洋铁水桶四百六十蒲桶,共价银一千一百五十两。

铁钉二蒲桶、杂货一箱,共价银五十两。

土碗一千五百个,共价银五十两。

马掌五蒲桶,共价银十五两。

棉纱六十斤、小布帽二百顶,共价银七十五两。

洋纸二十一卷、洋纸一百五十蒲桶,共价银八百六十两。

洋箱子二百七十三口,共价银三百五十两。

鹿茸三十二架,共价银一千九十两。

洋铁盘子八十蒲桶,共价银二百四十两。

洋铁盆子一百五十蒲桶,共价银三百七十两。

香牛皮八十张、乌塔三百条,共价银二百四十两。

洋铁瓢二十蒲桶、洋铁蜡台二十蒲桶,共价银一百二十两。

铁铲二百蒲桶,共价银六百两。

蓝靛五十蒲桶,共价银三百五十两。

洋铁锅七十蒲桶,共价银六十两。

花布一千九百匹,共价银四百两。

搭连布三百八十匹,共价银一百九十两。

各色粗细洋布一万六千六百八十九板,共价银八万一千三百六十九两四钱。

各色花洋巾九百方,共价银四十五两。

各色洋棉线四蒲桶，共价银六十六两。

各色粗细杂货二十四箱，共价银一千二百六十八两。

洋火一百六十五箱，共价银四百九十五两。

洋蜡六箱，共价银六十两。

白洋纸四百五十六合，共价银五百九十二两八钱。

洋糖四蒲桶，共价银十八两四钱。

牛皮胶二十二蒲桶，共价银八十八两。

玉石四蒲桶，共价银一百六十两。

洋铜盆三十九蒲桶，共价银四百九两五钱。

粗细铁丝四蒲桶，共价银三百七十四两。

洋铁锯一百条，共价银七两五钱。

洋铁小刀子四百二十把，共价银五十两四钱。

洋铁锁钥一千一百九十个，共价银八十九两二钱五分。

洋铁盘子二千八十个，共价银三百五十三两六钱。

洋铁桶一百四十蒲桶，共价银三百二十二两。

洋铁锅二百二十五口，共价银一百一十二两五钱。

洋铁盆四十五蒲桶，共价银一百三两五钱。

洋铁锅撑子四蒲桶，共价银八两四钱。

洋钢二蒲桶，共价银四十三两二钱。

洋铁条三百一十三蒲桶，共价银五百两八钱。

粗洋磁盘四百个，共价银四十八两。

小洋匣子六十个，共价银十五两。

木碗子八十个，共价银六两。

毛绳子二百条，共价银十八两。

以上入卡各色货物，总共价银二十四万一千五百四十二两二钱五分。

秋季份俄商贩运入卡各色货物及牲畜项下：

各色粗细洋布一万一千六百八十板,共价银五万二百二十四两。

各色粗细杂洋货五十四箱,共价银二千九百一十两。

格子布七百七十八卷,共价银六万二千八百三十二两。

格子布三百七十九板,共价银一千六百二十八两。

清油九千八百斤,共价银三百八十三两。

清油二百六十蒲桶,共价银二百三十七两。

铁钉子一百四十二蒲桶,共价银四百七十一两。

冰糖四十蒲桶,共价银一百四十四两。

洋纸七百四合,共价银九百五两二钱。

洋纸五卷,共价银七十二两。

洋纸十捆,共价银五十两。

洋胰子六十蒲桶,共价银一百五十九两二钱。

洋胰子五箱,共价银五十五两。

洋胰子一万五千块,共价银三百两。

草药九蒲桶,共价银十八两。

熟铁三千七百七十二蒲桶,共价银五千四百七十三两。

洋铁条二千九百四十五蒲桶,共价银四千一百二十三两。

杂货十箱,共价银三百五两。

杂货一捆,共价银十八两。

细杂货四包,共价银五百两。

洋火一千一百三十五箱,共价银三千九十四两。

棒棒糖六蒲桶,共价银二十四两。

铜茶壶三十蒲桶,共价银三百二十两。

鹿茸八架,共价银一百二十两。

香牛皮一千三百七十七张,共价银三千三百四十八两。

鸡蛋十万六百元,共价银二百一十六两。

鸡蛋十二箱,共价银七十二两。

大毛绳九百五十根,共价银九十五两。

泥金茶壶二十把,共价银八两。

干葡萄二十蒲桶,共价银二十两。

干葡萄二百五十斤,共价银十二两。

芦席一千四百三十五块,共价银一百四十两。

穿线绳五蒲桶,共价银十五两。

黄叶子烟十蒲桶,共价银十五两。

皮靴一卷,共价银五十两。

洋箱子三百四十五口,共价银四百九十三两。

洋酒三十六箱,共价银一千四百四十六两。

桃子二十九箱,共价银八十六两。

水葡萄四箱,共价银十八两。

杏干五百四十蒲桶,共价银五百四十两。

塔尔糖七十五蒲桶,共价银二百六十二两。

洋铁锅二千七百一十六口,共价银一千六百八十九两六钱。

铁锅七百六十蒲桶,共价银一千四十两。

洋蜡二百七十二箱,共价银二千七百二十两。

洋蜡二百蒲桶,共价银一千两。

乌塔三千一百一十六条,共价银四百六十五两。

大米九十蒲桶,共价银四十两。

大米七千九百斤,共价银一百二十四两。

小刀子五百把,共价银二十五两。

棒棒烟十箱,共价银八十二两。

搭连布四十匹,共价银二十两。

南路土布八十卷,共价银一千六百两。

土布六万三千匹,共价银一万二千六百两。

洋布六卷,共价银三百两。

洋布一百四十六板,共价银五百四十五两。

洋布二百六十匹,共价银七百五十两。

青桂皮二板,共价银十六两。

鸡子二千一百一十一只,共价银一百二十两。

拉扣一千一百对,共价银五十五两。

洋炭油二百三十蒲桶,共价银四百六十两。

洋炭油一桶,共价银十二两。

梭梭柴炭二百五十蒲桶,共价银二十两。

白大布四千三十八匹,共价银八百七两六钱。

毡袜子二百双,共价银三十二两。

熟铁器皿四十五蒲桶,共价银一百一十二两。

烟叶子九十五蒲桶,共价银六十六两。

玻璃一箱,共价银八两。

老羊皮袄二百二十七件,共价银二百七十六两。

洋磁器二十七箱,共价银二百八十两。

蜂蜜二十七蒲桶,共价银五十二两。

毡子十条,共价银六两。

碱八百斤,共价银二两。

斧头十个,共价银五两。

马鞍六百副,共价银四百八十两。

皮袜子三百双,共价银一百五十两。

绵斜衣六十件,共价银一百二十两。

洋炉五十二个,共价银一百二两四钱。

粗洋布五卷,共价银二百五十两。

牛胶四十三蒲桶,共价银一百三十八两。

洋铁瓢四百五十把,共价银一百八十两。

褐衫五十件,共价银七十两。

洋铁桶四十五个,共价银十四两。

各色洋棉线二蒲桶,共价银三十三两。

洋糖七箱,共价银九十九两。

狐腿皮一箱,共价银十五两。

洋铜丝二蒲桶,共价银四十二两。

洋红铜茶壶一百五十一个,共价银一百五十一两。

洋红铜火锅四蒲桶,共价银四十二两。

洋铜蜡台十五蒲桶,共价银一百五十七两五钱。

洋铜盆一百六十蒲桶,共价银一千六百八十两。

洋铜十蒲桶,共价银八十两。

洋铁丝十蒲桶,共价银一百两。

洋铁盘五千六百个,共价银九百五十二两。

洋铁勺一万六千一百六十个,共价银一千二百九十二两八钱。

洋铁桶九百十一蒲桶,共价银二千九十五两三钱。

洋铁盆三百蒲桶,共价银六百九十两。

洋铁锁钥一千二百个，共价银九十六两。

洋铁碟子四百个，共价银二十两。

打狼铁夹子二十个，共价银十四两。

洋铁锯条五百条，共价银四十两。

洋钢十六蒲桶，共价银五十七两六钱。

铅五蒲桶，共价银三十两。

洋油二百二十蒲桶，共价银三百九十六两。

木碗子四十个，共价银二两八钱。

果子一百个，共价银一两五钱。

马五百七十四匹，共价银一千七百九十两。

羊一千二百五十九只，共价银一千四百八十二两。

以上入卡各色货物，总共价银一十九万九千三百九十五两五钱。

冬季份俄商贩运入卡货物项下：

格子布六百六十四卷、格子布二十八板，共价银五万二千九百七十四两。

塔尔糖二百八十七蒲桶、塔尔糖四百斤，共价银一千二百四十四两。

叶子烟二百二十蒲桶，共价银三百一十五两。

清油五千七百斤，共价银一百七十一两。

乌塔五千一百三十条，共价银七百六十四两。

羊化油十蒲桶，共价银一十八两。

蜂蜜三蒲桶，共价银八两。

洋纸四十九捆、八十一蒲桶，共价银六百五十四两。

香牛皮一千九百五十张,共价银三千五百二十两。

铁锅三十蒲桶,共价银四十两。

洋火六百七十七箱,共价银一千七百三两。

皮靴子二百双,共价银二百两。

洋炉子七十个,共价银七十两。

铜盘子二十五蒲桶,共价银二百两。

杂货七十四箱,共价银二千二百八十两。

玻璃瓶七箱,共价银七十两。

鸡子六百五十只,共价银三十九两。

葡萄二百六十蒲桶、葡萄四百斤,共价银三百两。

鸡蛋五箱、鸡蛋四千元,共价银三十两。

老羊皮袄一百二十八件,共价银一百三十四两。

鸡子五十只,共价银六两。

洋蜡一百二十二箱,共价银一千二百二十两。

熟铁三百九十蒲桶,共价银五百八十两。

生铁一百一十蒲桶,共价银九十四两。

大麻绳四百根、小麻绳六蒲桶,共价银五十五两。

炭油五蒲桶,共价银一十五两。

南路土布四十卷,共价银八百两。

大小马一百四匹,共价银五百两。

冰鸡六百只,共价银二十四两。

洋铁桶十三蒲桶,共价银二十六两。

羊八十只,共价银一百二十两。

桃皮二十蒲桶,共价银二十四两。

碱六千五百斤,共价银四十二两。

洋酒二箱、洋酒三百瓶，共价银一百八十两。

冰鱼二万二千条，共价银五百六十五两。

大毛绳一百四十根，共价银十四两。

杏干八百九十三蒲桶，共价银八百五十九两。

洋布二十板，共价银八十两。

土布六万四千匹，共价银一万二千八百两。

牛胶四蒲桶，共价银三两。

棒棒烟一箱，共价银十两。

古月五十斤，共价银十二两。

各色粗细洋布七百五十六板，共价银三千八百五十五两六钱。

洋火二十四箱，共价银六百八十四两八钱。

洋蜡十五箱，共价银一百五十七两五钱。

蜂蜜十二蒲桶，共价银二十七两六钱。

牛皮鞋袜三十双，共价银三十六两。

洋铁锅五百四十一口，共价银四百三十二两八钱。

洋铁桶四十九蒲桶，共价银一百二十二两五钱。

洋铁条六百六十八蒲桶，共价银一千二两。

羊油蜡二蒲桶，共价银五两二钱。

洋油二十四蒲桶，共价银二百二十三两二钱。

毛口袋一百一十二条，共价银十六两八钱。

以上入卡各色货物，总共价银八万九千三百二十七两。

伊塔道单报

春季份俄商贩运出卡各色货物项下：

牛皮四千五百七十四张，共价银四千四百七十六两。

椽子一千根，共价银七十两。

磁器六百五十对，共价银二百二十两。

羊毛三百二十一蒲桶，共价银二百三十两。

红枣二十蒲桶，共价银二十两。

南路土布三十六卷，共价银六百五十八两。

土布一千四百匹，共价银二百八两。

羊皮二万三千四百二十张，共价银二千四百三十二两。

核桃一百五十五蒲桶，共价银一百五十五两。

缠头皮靴三包，共价银二百两。

毡帽一千六百一十顶，共价银一千四百二十六两。

马皮五十张，共价银二十五两。

细杂货三十四箱，共价银二千二百四十四两。

杂货一包，共价银二十二两。

药材五箱，共价银六百三十两。

大小牛二十只，共价银一百八两。

格子布六卷，共价银三百八十三两。

鹿皮四百四十张，共价银三百两。

棉花二十三蒲桶，共价银六十八两。

白里绸三十匹，共价银八十两。

各色平绉裁料二十匹，共价银三百七十五两。

干果一百蒲桶，共价银一百两。

葡萄九十蒲桶，共价银九十两。

狐皮一百八十三张，共价银二百二十两。

水獭皮八十张，共价银二百四十两。

白布一卷，共价银二十两。

鹿角一千六百二十三对，共价银七百六十两。

毡子一百条，共价银七十四两。

马尾三十蒲桶，共价银一百八十两。

羊羔皮八百张，共价银六十两。

犁铧二百五十个，共价银六十二两。

香牛皮二十张，共价银五十两。

平果一车，共价银十两。

杂货一包、花椒一包、毡帽六十顶、红糖一箱，共价银一百一十两。

盐磠砂三十蒲桶，共价银二十六两。

牛四十八只，共价银四百二十五两。

以上出卡各色货物，总共价银二万五百七十九两。

夏季份俄商贩运出卡货物项下：

磁器九十五箱，共价银三千七百三十七两。

杂货二十一箱，共价银一千三百四十两。

羊毛六千一百三十六蒲桶，共价银三千八百五十两。

马尾三百五十八蒲桶，共价银一千五百五十二两。

毡子一百二十条，共价银八十一两。

羊羔皮六万七千一百六张，共价银三千九百九十八两。

水獭皮八百八十七张，共价银一千八百九十八两。

核桃十蒲桶、杂货一箱，共价银三十两。

棉花三百斤、棉花五十蒲桶，共价银六百八十五两。

白纺绸四匹，共价银五十两。

香牛皮二十张，共价银五十两。

牛二百四十七条,共价银二千一百五十两。

蓝湖绉四匹,共价银五十两。

天青缎一匹,共价银三十两。

毡帽子一千九百五十顶,共价银六百两。

牛皮六百一十五张,共价银七百九十五两。

药材二箱,共价银四百七十两。

枯鹿角一百对,共价银四十两。

貛皮一千七百二十九张,共价银九百两。

羊二千七百四只,共价银三千三百两。

马四十四匹,共价银二百四十两。

山羊皮三千三百张,共价银四千四百两。

棉花五蒲桶、杏干十六蒲桶,共价银三十两。

磁器十箱、毡帽八百顶、淮绸十五匹、黑扇四百把,共价银六百两。

鹿皮五十张,共价银六十两。

核桃一百一十蒲桶,共价银九十八两。

裁绒毯子五十蒲桶,共价银二百两。

南路土布二千一百匹,共价银四百二十两。

熊皮三张,共价银六两。

杏干子八十蒲桶,共价银八十两。

棉花八十八蒲桶,共价银二百五十三两。

葡萄二百斤、葡萄四十蒲桶,共价银五十两。

毡帽二百顶,杂货、磁器十八箱,共价银七百三十两。

干果三十蒲桶,共价银三十两。

磁器、杂货十八箱,共价银一千三百两。

　　毡帽一千顶,磁器三十八箱,共价银一千二百五两。

　　花椒、洋糖二百斤,共价银二十六两。

　　扇子五百把、湖绉二匹,共价银六十两。

　　杂货四箱、毡帽三百顶,共价银三百两。

　　线绉一箱、杂货一包,共价银七十两。

　　玻璃瓶十八箱,共价银九十五两。

　　山羊毛二百三十四桶,共价银三百四十七两。

　　铜茶壶十三把,共价银十三两。

　　以上出卡各色货物,总共价银三万六千二百十九两。

秋季份俄商贩运出卡各色货物项下:

南路土布二千二十匹,共价银四百二十两。

磁器二十九箱,共价银一千一百两。

羊毛二千八百七十四蒲桶,共价银二千二百五两。

羊皮三万一千一百张,共价银二千九百八十四两。

水獭皮二千九十三张,共价银五千二百三十七两。

生牛皮七十张,共价银七十两。

羊羔皮五千张,共价银二百九十二两。

鹿皮一百三十张,共价银三十三两。

狐皮八十张,共价银六十四两。

香牛皮三十四张,共价银八十五两。

玻璃十五箱,共价银七十五两。

核桃二十八蒲桶,共价银二十六两。

马尾一百二十八蒲桶,共价银二百八十二两。

白湖绉二匹,共价银十二两。

青缎子二匹，共价银二十五两。

瓜子八百斤，共价银三十两。

芝麻二百斤，共价银八两。

棉花一百一十一蒲桶，共价银三百六十三两。

棉花二千二百斤，共价银三百三两。

杂药料四箱，共价银七百六十五两。

药材二十斤，共价银七十两。

铁犁铧一百个，共价银二十五两。

毡子二百七十四条，共价银一百六十八两。

杂货十四箱，共价银六百一十五两。

马鞍二十六副，共价银三十二两。

驼毛八十五蒲桶，共价银六十六两。

白纺绸二匹，共价银二十三两。

白布二百匹，共价银四十两。

官茶二十块，共价银四十六两。

洋布十五匹，共价银五十两。

椽子九百根，共价银一百八两。

树皮二百蒲桶，共价银二十四两。

平果三万个，共价银四十五两。

杂货三包，共价银一百七十两。

洋油十五蒲桶，共价银二十二两。

牛二百四十五只，共价银一千三百八十两。

以上出卡各色货物，总共价银一万七千二百六十二两。

冬季份俄商贩运出卡各色货物项下：

磁器一百五十七箱,共价银五千六百六十两。

红糖二百二十斤,共价银三十八两。

白棉绸二十三匹,共价银一百八两。

杂货三十六箱,共价银一千五百八十六两。

山羊皮一万三千五百六十张,共价银一千八百七十五两。

棉花三千一百四十斤,共价银五百一十四两。

熟水獭皮五百六十张,共价银一千三百三十两。

驼皮三十张,共价银二十两。

玻璃瓶八箱,共价银四十两。

羊毛二百八十蒲桶,共价银二百两。

马皮五十张,共价银二十五两。

洋布五匹,共价银二十两。

花椒一百斤,共价银一十四两。

狐皮一百六十张,共价银一百四十两。

纺绸一十匹,共价银一百两。

红枣二百斤,共价银十六两。

白湖绉二匹,共价银二十三两。

羊羔皮一万七千八百七十七张,共价银一千七百三十四两。

獾皮五百八十八张,共价银三百九十二两。

摹本缎十五匹,共价银三百两。

牛六百七十三条,共价银三千八百五十一两。

马尾十七蒲桶,共价银一百两。

羊化油七十六蒲桶,共价银一百三十三两。

山羊毛四蒲桶,共价银十二两。

缎子五匹,共价银一百二十五两。

毡帽一千四十顶，共价银三百一十五两。

马皮十张，共价银五两。

熊皮七十张，共价银六十两。

芝麻渣一百五十蒲桶，共价银十六两。

狼皮二十张，共价银十六两。

曲绸子五匹，共价银三十两。

香牛皮五十张，共价银一百两。

细药材二十五斤 ，共价银九百七十二两。

毡子七十九条，共价银五十二两。

枯鹿角一百对，共价银六十五两。

生牛皮三百五张，共价银三百二十七两。

以上出卡各色货物，总共价银二万三百一十四两。

阿克苏道单报

春季份俄商贩运入卡各色货物项下：

红洋布十匹，共价银四十八两。

生铁六千三百三十斤，共价银二百二十三两五钱。

洋巾六百六方，共价银九十二两二钱。

洋磁壶八把，共价银八两。

洋火一万四千把，共价银七十两。

洋布一千二百七板，共价银三千二十五两五钱。

白洋布九板，共价银三十一两。

桂子皮七匹，共价银四十六两。

印花洋布五匹，共价银二十二两。

熟铁六千九百七十斤，共价银三百三十六两七钱。

花洋布三十七板，共价银一百三十九两。

洋镜子五十个，共价银十二两。

洋线十包，共价银五两。

蜂糖一千斤，共价银一百五十两。

洋糖一千三百斤，共价银三百一十两。

蜜糖七百斤，共价银五十八两。

洋呢二十丈，共价银六十两。

洋铁桶五十个，共价银一十二两。

洋枪一杆，价银三两。

铁瓢一百块，共价银二十五两。

铁盆二十个，共价银十两。

铁锅二十口，共价银二十五两。

杂色洋布二十八匹，共价银九十二两。

衣袖子三十付，共价银三十两。

绸子一百匹，共价银四百两。

大红毡三十条，共价银一十两五钱。

杂货一袋，共价银四十两。

手枪一杆，价银二两。

小红毡九十条，共价银十五两三钱。

老羊皮货二十件，共价银十两。

熟牛皮三十张，共价银十五两。

熟牛皮条八十根，共价银二两四钱。

缠头花帽子八十顶，共价银十两。

霞衣绸一百匹，共价银一百一十五两。

洋铁三百斤，共价银十八两。

洋钢二百斤，共价银二十五两四钱。

洋铁锅九百斤，共价银五十四两。

洋药材二百斤，共价银五十两。

洋葡萄二百四十斤，共价银十一两。

洋品红四十斤，共价银十一两。

烟叶子六百斤，共价银十八两。

以上入卡各色货物，总共价银五千六百五十一两五钱。

夏季份俄商贩运入卡各色货物项下：

杂色洋布一千六百一十板，共价银六千一百五十四两六钱。

白洋布四百三十五板，共价银一千六百九十七两。

花素洋布一百四十五板，共价银五百五两六钱。

素哈纱缎六十匹，共价银一百四十六两五钱。

洋缎六十九匹，共价银八百两。

霞绒八十匹，共价银一百两。

洋白糖二千二百斤，共价银二百五十五两。

洋钢一千八百斤，共价银二百三两。

生铁一万一千五百斤，共价银三百八十三两五钱。

熟铁一万三百斤，共价银五百九十八两。

花洋标布十匹，共价银一百两。

洋绉六十匹，共价银四百一十两。

洋火十九箱，共价银五十二两。

桂皮布十八匹，共价银一百一十四两。

洋纱四十六板，共价银一百八十四两。

洋品红四十九瓶，共价银十九两八钱。

洋药材二百斤,共价银二十七两。

缠帽八百顶,共价银一百二十两。

花瓣带子三十二条,共价银四十八两。

洋铁二千一百二十斤,共价银一百一十六两四钱。

洋面糕五百五斤,共价银三十二两五钱。

苏木二百五十斤,共价银四十九两五钱。

洋铁钉一百二十斤,共价银十四两八钱。

洋胰子五十斤,共价银三两。

黑蜡一百二十斤,共价银三十七两。

洋锅四百斤,共价银二十四两。

洋铁二十盒,共价银十两。

旧铁九百斤,共价银七十八两。

洋镜子三十九个,共价银五钱五分。

印花手巾五十二条,共价银三两一钱五分。

洋铁盆一百五十只,共价银十五两。

洋铁桶十只,共价银二两五钱。

缝衣机器二架,共价银十七两。

洋蜜七百斤,共价银九十五两。

红洋巾一百二十条,共价银五十两。

洋线四十包,共价银三两六钱。

照镜三十个,共价银三两。

皮袜四十双,共价银十二两。

白洋搭头十个,共价银三两。

羊绒五板,共价银四十五两。

以上入卡各色货物,总共价银一万二千五百三十三两。

秋季份俄商贩运入卡各色货物项下：

各色洋布一千二百九十五板，共价银四千七百九十九两六钱四分。

花洋布八百四十四板，共价银三千一百七十五两。

白蜂蜜二千六百斤，共价银二百七十六两。

药材二百斤，共价银三十六两。

洋火六箱，共价银十八两。

洋火一百把，共价银五两。

霞衣绸五十匹，共价银七十两。

洋笔一百支，共价银二十两。

洋纸四十板，共价银四十八两。

洋腰带五十条，共价银十八两五钱。

羊皮靴四十双，共价银二十两。

花小帽二百顶，共价银五十两。

布枷袢二十六件，共价银二十二两六钱。

生铁二千五百斤，共价银一百四两五钱。

熟铁五千五百斤，共价银二百七十七两。

马鞍十八副，共价银二十两。

洋糖四百斤，共价银五十两。

洋蜡一百五十斤，共价银十八两。

白洋布五百五十六匹，共价银二千八百八两。

洋钢三百五十斤，共价银四十二两。

洋铁锅四百二十二口，共价银二百五十三两二钱。

洋铁瓢二百口，共价银二十两。

洋铁桶一百八十个,共价银七十五两。

洋铁杓四百个,共价银二十两。

洋铁盘一千二百个,共价银一百七十两。

杂货一箱,共价银八十两。

洋手巾十条,共价银一两。

以上入卡各色货物,总共价银一万二千四百九十七两四钱四分。

冬季份俄商贩运入卡各色货物项下:

各色洋布九百四十二板,共价银三千五百四十二两。

桂子布十板,共价银四十五两。

洋货二箱,共价银一百三十两。

洋火十二箱,共价银五十五两。

熟铁二千七百斤,共价银一百八十六两。

生铁五千四百斤,共价银一百九十八两五钱。

洋油一百斤,共价银五两。

铁货二百斤,共价银七两。

雅尔缎七板,共价银五十六两。

哈萨缎九板,共价银五十六两。

蜂蜜七百斤,共价银八十五两。

棉花二百斤,共价银二十两。

洋钢二百斤,共价银二十五两。

铁锁一千一百把,共价银七十两。

蜜糖六百斤,共价银六十一两。

洋纸二十四包,共价银二百两。

以上入卡各色货物，总共价银四千七百四十九两五钱。

阿克苏道单报

春季份俄商贩运出卡各色货物项下：

小土布一万二千二百匹，共价银二千五百八十两。

土皮纸二万六十张，共价银二百八十两。

毛绳九百根，共价银三百五钱。

搭连布九十匹，共价银四十五两。

沙枣一千一百斤，共价银二十九两五钱。

白毡五十条、一千九百斤，共价银一百二十两。

袷袢三十六件，共价银三十六两。

铜器八十四斤，共价银三十四两。

梨果子五千四百个，共价银一十两五钱。

醉烟八百斤，共价银三百二十两。

桃皮子六百斤，共价银二十一两。

钱绳子二斤，共价银二钱。

绿羊皮四十张，共价银四十两。

花土布一百匹，共价银二十两。

棉线二十五斤，共价银四两。

铜壶四十四把，共价银二十五两。

土毛毡一百十斤，共价银三十三两。

白布二千六百九十匹，共价银四百六十一两。

毛毡一百四十斤、毛毡五十铺，共价银十九两二钱。

马搭子七十个、马搭子五十斤，共价银十两。

药材八斤，共价银六两四钱。

生老羊皮一千一百二十斤、生老羊皮四千八百一十张,共价银五百二十七两四钱。

土盐五百斤,共价银二十五两。

各色洋布一百六十板,共价银四百八十两。

官茶一斤八两,共价银二两一钱。

羊皮靴四十八双,共价银二十一两六钱。

红花磁器碗八个,共价银二两四钱。

白矾一千五百五十斤,共价银三十五两。

羊皮一千五百张,共价银一百二十五两。

老羊皮袍二千三百三十件,共价银一千五百三十两。

大碗十五个,共价银十五两。

白大布一千匹,共价银二百四十两。

马尾帚一百个,共价银八两。

杏干子三百斤,共价银四两一钱。

马尾四十个,共价银三两。

芝麻四十斤,共价银二两。

葡萄五百斤,共价银六两。

印花布三百匹,共价银四十两。

羔羊皮二百一十张,共价银一十五两。

棉花四千二百五十斤,共价银四百一十两。

核桃四千六百斤,共价银七十三两。

以上出卡各色货物,总共价银七千五百六十三两九钱。

夏季份俄商贩运出卡各色货物项下:

土布二万八千二百匹,共价银四千三百四十七两七钱。

棉花五千三百五十斤，共价银五百三十五两。

马尾一千六百五只，共价银一百六十五两。

羊皮二千斤，共价银一百八十三两。

生羊羔皮三千五百二十张，共价银三百五十两。

生羊羔皮二十斤，共价银四两。

红毡九十条，共价银六十三两。

老羊皮袄二十件，共价银二十两。

头绳一百斤，共价银二十两。

辣面二百斤，共价银八两。

白毡一千一百十一斤，共价银一百五两四钱五分。

绿羊皮二十张，共价银四十两。

棉线马搭二十斤，共价银五两二钱。

棉线马搭九十个，共价银二十三两。

花铁搭十一个，共价银三两。

醉烟一百斤，共价银四十两。

棉线一百六十斤，共价银八十两。

牛羊皮三百八十张，共价银九百二十四两。

麻绳五十五斤，共价银二两五钱。

土毛毡一百斤，共价银十两。

熟铜器三十斤，共价银十二两。

蓝布七十四匹，共价银十一两。

细白毡一千七百斤，共价银一百七十两。

土矾二千七百斤，共价银七十三两。

粗白毡一千三百斤，共价银六十五两。

磁花碗二百六十对，共价银一百两。

核桃四千五百五十斤,共价银六十八两二钱。

棉柳祥六十七件,共价银六十七两。

沙枣一千一百斤,共价银十二两八钱。

木盘五十个,共价银一两五钱。

缠头小帽二十顶,共价银三两。

搭连布七十匹,共价银三十五两。

皮靴子一百八十四双,共价银九十四两。

调和一百六十斤,共价银二十两。

毯子二条,共价银二两五钱。

花布八匹,共价银一两二钱。

杏干三千七百斤,共价银五十五两五钱。

铜茶壶四十把,共价银三十两。

马尾二包,共价银三十七两。

以上出卡各色货物,总共价银七千七百八十七两五钱五分。

秋季份俄商贩运出卡各色货物项下:

土布二万二千三百五匹,共价银三千三百二十二两八钱。

老羊皮袍褂料一千七百七十一件,共价银一千六百六十两六钱。

老羊皮货二千四百三十斤,共价银七百四十三两。

生羊羔皮九百斤,共价银九十九两。

白布六十匹,共价银一千一百九十二两。

羊毛五万六千五百斤,共价银二千一百二十三两。

白毡一百五十斤,共价银八两。

毛毡五十六斤,共价银四两二钱。

皮靴子六十双，共价银四十两。

羊筋线二百五十斤，共价银二十两。

羊皮五十八张，共价银十一两。

老羊皮一千五斤，共价银一百五十六两一钱。

马尾一百斤，共价银四两。

白矾二百斤，共价银五两。

棉线带十斤，共价银二两五钱。

木盆二十个，共价银三两。

醉烟一百斤，共价银五十两。

核桃五千五百二十斤，共价银三十六两九钱。

红洋布七板，共价银二十五两七钱。

铜壶二十三把，共价银十两。

布枷祥十三件，共价银十一两。

铜器十斤，共价银四两。

粗白毡四千一百三十斤，共价银一百九十四两九钱。

老羊皮褥八千斤，共价银九两六钱。

沙枣八千五十斤，共价银六十两七钱。

毛毡九十斤，共价银八两六钱。

磁器一千二百个，共价银二百四十两。

熟铜器十五斤，共价银四两八钱。

花土布六百六十六匹，共价银七十八两。

杏干一百斤，共价银二两五钱。

土搭连布一百九十匹，共价银一百四十五两。

葡萄二百斤，共价银二两。

洋布四匹，共价银十五两。

棉花二千一百斤,共价银二百七两。

以上出卡各色货物,总共价银一万五百一十三两九钱。

冬季份俄商贩运出卡各色货物项下:

白土布一万一千四百匹,共价银二千二百四十三两五钱。

棉花四千三百斤,共价银四百三十两。

洋火一百把,共价银五两。

沙枣一千九百五十斤,共价银二十三两七钱。

核桃三千五百斤,共价银六十九两。

生铁三百斤,共价银十一两五钱。

老羊皮袍二千五百五十斤,共价银二千二十七两。

羊羔皮袍三十五件,共价银一百五十七两五钱。

熟棉花一千四百斤,共价银二百十五两六钱。

杏干子二百斤,共价银四两五钱。

生皮花一千二百斤,共价银一百六十八两。

羊毛一万一千斤,共价银三百八十五两。

老羊皮二千六百四十五斤,共价银一百九十九两九钱。

生羔皮五百斤,共价银四十两。

土矾四千五百斤,共价银一百三十五两。

梨子三百斤,共价银九两七钱。

白毡子一千五百斤,共价银三十七两五钱。

毛地毡五十斤,共价银十五两。

老鹿角一百斤,共价银十五两。

旧绒毯一百八十块,共价银一百八十两。

皮袄一百件,共价银一百两。

白矾五百斤，共价银十九两。

以上出卡各色货物，总共价银六千四百九十一两四钱。

喀什噶尔道单报

春季份俄商贩运入卡各色货物项下：

各色洋布一万二千四百板，共价银三万一千两。

各色洋纱一千五百板，共价银一千五十两。

各色洋缎三百一十板，共价银四千六百五十两。

各色洋呢一百五十板，共价银三千六百两。

各色坎布九百二十板，共价银三千六百八十两。

各色桂皮布七百四十板，共价银四千四百四十两。

各色哈萨布一千五百四十板，共价银五千三百九十两。

各色哈萨缎九百二十板，共价银三千六百八十两。

各样金丝缎九十匹，共价银一千二百六十两。

各色霞衣绸三千二百匹，共价银三千二百两。

各色回绒一千二百匹，共价银四千八百两。

杜鲁衣绸五千八百对，共价银四千六百四十两。

花夹小帽一万四千二百顶，共价银四千八百四十两。

各色丝辫带五百八十斤，共价银七百五十四两。

各色丝线七百四十斤，共价银一千一百一十两。

各色棉线一千二百五十斤，共价银三百七十五两。

大小羊毛毡五百八十条，共价银二千九百两。

各色染草九千二百五十斤，共价银六百四十七两五钱。

各样洋糖一万九千二百斤，共价银一千七百二十八两。

洋蜡二千四百五十斤，共价银二百八十八两。

　　洋火四百二十箱,共价银一千五十两。

　　洋纸二千二百板,共价银一千五百四十两。

　　洋针二千匣,共价银一千六百两。

　　洋胰子一万九千六百匣,共价银一千九百六十两。

　　洋磁茶壶六百把,共价银二百四十两。

　　洋磁碗三百二十对,共价银四百四十八两。

　　大小照镜九千一百个,共价银二千七百三十两。

　　烟叶一万二千斤,共价银六百两。

　　蜂蜜五千五百斤,共价银八百二十五两。

　　杏干三千五百斤,共价银一百七十五两。

　　黑葡萄五千七百斤,共价银二百十四两。

　　松子六千九百斤,共价银六百九十两。

　　巴达杏七千三百斤,共价银九百四十九两。

　　胡椒三千一百斤,共价银七百七十五两。

　　药材五千六百斤,共价银二百八十两。

　　生熟铁四万九千斤,共价银三千四百三十两。

　　洋铜五千一百斤,共价银五百一十两。

　　大小铁锅一千四百口,共价银三千五百两。

　　铁炒瓢二千三百块,共价银二百三十两。

　　大小洋铁盆二百七十只,共价银四百十四两。

　　大小洋铁盘二千四百五十只,共价银三百六十七两五钱。

　　大小铜盆二百八十只,共价银二百八十两。

　　大小铜盘三千二百六十只,共价银一千六百三十两。

　　铜丝六百三十斤,共价银一百五十七两五钱。

　　铁丝九百五十斤,共价银一百九十两。

铁小刀八千五百把，共价银八百五十两。

铜蜡台三百二十对，共价银一百六十两。

铜铁踏镫二千六百副，共价银七百八十两。

马鞍四百四十副，共价银四百四十两。

马挂口二千七百五十副，共价银一千六百五十两。

鞦辔一千三百副，共价银五百二十两。

香牛皮五百八十张，共价银一千七百四十两。

香羊皮九百四十张，共价银四百七十两。

以上入卡各色货物，总共价银十一万五千四百二十七两五钱。

夏季份俄商贩运入卡各色货物项下：

各色洋布一万四千板，共价银三万五千两。

各色洋缎二百四十板，共价银三千六百两。

各色洋呢二百二十板，共价银五千二百八十两。

各色洋纱八百六十板，共价银六百二两。

各色哈萨缎六百二十板，共价银二千四百八十两。

各色哈萨布四百八十板，共价银一千六百八十两。

各色坎布三百五十板，共价银一千四百两。

各色桂皮布四百五十板，共价银二千七百两。

各色霞衣绸二千二百匹，共价银二千二百两。

各样金丝缎一百一十匹，共价银一千五百四十两。

各色杜鲁衣绸二千四百对，共价银一千九百二十两。

各色回绒一千四百匹，共价银五千六百两。

花夹小帽一万五千六百顶，共价银三千一百二十两。

各色丝辫带四千二百斤，共价银五千四百六十两。

各色丝线六百八十斤,共价银一千二十两。

各色棉线三千二百斤,共价银九百六十两。

各色染草四万三千二百斤,共价银三千二十四两。

各样洋糖二万一千二百斤,共价银一千九百八两。

洋蜡四千斤,共价银四百八十两。

洋火五百二十箱,共价银一千三百两。

洋胰子二万六千匣,共价银二千六百两。

洋磁茶壶一千二百四十把,共价银四百九十六两。

洋磁碗五百六十对,共价银七十八两四钱。

大小照镜三万一千一百个,共价银九千三百三十两。

烟叶五千八百斤,共价银二百九十两。

蜂蜜八千二百五十斤,共价银一千二百三十七两五钱。

姜皮二千八百斤,共价银一百十二两。

胡椒二千五百斤,共价银六百二十五两。

松子一千六百斤,共价银一百六十两。

巴达杏一千六百斤,共价银二百八两。

药材一千七百斤,共价银八十五两。

生熟铁十三万三千五百斤,共价银九千三百四十五两。

洋钢二万七千一百斤,共价银二千七百一十两。

大小铁锅一千三百七十口,共价银三千四百二十五两。

铁炒瓢三千五百块,共价银三百五十两。

大小洋铁盘二千二百个,共价银三百三十两。

大小洋铁盆二百六十个,共价银五十二两。

大小铜盘一千四百个,共价银七百两。

大小铜盆二百八十个,共价银二百八十两。

铁小刀二千一百八十把，共价银二百一十八两。

马鞍八百六十副，共价银八百六十两。

铜铁踏镫一千七百副，共价银五百一十两。

马挂口一千四百副，共价银八百四十两。

羊皮四千三百八十张，共价银四百三十八两。

牛皮三百三十张，共价银三百三十两。

香羊皮六百二十张，共价银三百一十两。

香牛皮六百六十张，共价银七百八十两。

獭皮八十七张，共价银三百九十一两五钱。

以上入卡各色货物，总共价银十一万八千三百六十五两四钱。

秋季份俄商贩运入卡各色货物项下：

各色洋布六千五百板，共价银一万六千二百五十两。

各色哈萨缎一百八十板，共价银七百二十两。

各样金丝缎五十五匹，共价银七百七十两。

各色哈萨布二百一十板，共价银七百三十五两。

各色洋缎八十六板，共价银一千二百九十两。

各色洋呢六十五板，共价银一千五百六十两。

各色桂皮布一百三十板，共价银七百八十两。

各色坎布一百五十板，共价银六百两。

各色洋纱二百四十板，共价银一百六十八两。

各色霞衣绸九百六十匹，共价银九百六十两。

杜鲁衣绸七百六十对，共价银六百八两。

各色回绒五百七十匹，共价银二千二百八十两。

花夹小帽四千八百顶，共价银九百六十两。

各色丝辫带四百五十斤,共价银五百八十两。

各色丝线一百六十斤,共价银二百四十两。

各色棉丝二百二十斤,共价银六十六两。

各样洋糖一千六百斤,共价银一百四十四两。

洋火一千一百四十箱,共价银二千八百五十两。

洋蜡七千二百斤,共价银八百六十四两。

洋纸二千二百板,共价银一千五百四十两。

洋磁碗三百对,共价银四十二两。

洋磁茶壶二百五十把,共价银一百两。

洋钢五千三百斤,共价银五百三十两。

生熟铁十九万八千五百斤,共价银一万三千八百九十五两。

大小铁锅二千四百二十口,共价银六千五十两。

大小铁盘五千九百个,共价银八百八十五两。

大小洋铁盆四百三十个,共价银八百六两。

大小洋铁桶三百五十个,共价银一百五两。

铁斧头一千七百把,共价银三百四十两。

铁炒瓢二千五百块,共价银二百五十两。

铁小刀六千四百把,共价银六百四十两。

大小铜盆一千五百个,共价银一千五百两。

大小铜盘三千一百个,共价银一千五百五十两。

铜蜡台四百二十对,共价银二百一十两。

染草一万五千二百斤,共价银一千六十四两。

烟叶五千三百斤,共价银二百六十五两。

蜂蜜五千三百五十斤,共价银八百二两五钱。

松子一千二百斤,共价银一百二十两。

巴达杏二千七百斤，共价银三百五十一两。

大小照镜一万四千个，共价银四千二百两。

洋胰子六千匣，共价银六百两。

马鞍二百二十副，共价银二百二十两。

马裤口一千六百副，共价银九百六十两。

铜铁踏镫三千五百对，共价银一千五十两。

香羊皮一千二百张，共价银六百两。

香牛皮八百六十张，共价银二千五百八十两。

以上入卡各色货物，总共价银七万二千五百八十两。

冬季份俄商贩运入卡各色货物项下：

各色洋布一万五千六百板，共价银三万九千两。

各色坎布三百八十板，共价银一千五百二十两。

各色桂皮布四百四十板，共价银二千六百四十两。

各色哈萨布八百六十板，共价银三千一十两。

各色哈萨缎六百二十板，共价银二千四百八十两。

各色洋缎二百五十板，共价银三千七百五十两。

各色洋纱五百三十匹，共价银三百七十一两。

各色洋呢二百四十板，共价银五千七百六十两。

各色霞衣绸一千二百匹，共价银一千二百两。

各样金丝缎一百二十匹，共价银一千六百八十两。

杜鲁衣绸一千八百对，共价银一千四百四十两。

各色回绒二千四百匹，共价银九千六百两。

各色洋丝线五百斤，共价银七百五十两。

各色洋棉线七百六十斤，共价银二百二十八两。

各色丝瓣带一千六百斤,共价银二千八十两。

洋蜡四千五百斤,共价银五百四十两。

洋火五百二十箱,共价银一千三百两。

各样洋糖一万七千一百斤,共价银一千五百三十九两。

洋纸三百板,共价银七百五十两。

蜂蜜一万一千二百斤,共价银一千六百八十两。

黑葡萄一万二千四百斤,共价银一千二百四十两。

松子二千三百八十斤,共价银二百三十八两。

巴达杏二千八百斤,共价银三百六十四两。

胡椒二千五百斤,共价银四百五十两。

药材一千四百五十斤,共价银七十二两五钱。

烟叶三万四千斤,共价银一千七百两。

各色染草三万六千五百斤,共价银二千五百五十五两。

生熟铁九万六千八百斤,共价银六千七百七十六两。

大小铁锅一千六百口,共价银四十两。

大小洋铁桶一千二百个,共价银三百六十两。

大小洋铁盆五百四十只,共价银一百八两。

大小洋铁盘三千二百只,共价银四百八十两。

铁炒瓢一千五百块,共价银一百五十两。

大小铜盆一百八十只,共价银一百八十两。

大小铜盘一千八百只,共价银九百两。

铜蜡台一百四十对,共价银七十两。

铜铁踏镫三千一百副,共价银九百三十两。

洋钢二万七千六百斤,共价银二千七百六十两。

马鞍三百八十副,共价银三百八十两。

马褂口三千四百副,共价银二千四十两。

大小照镜一万一千八百个,共价银三千五百四十两。

洋针一万八千匣,共价银九千两。

洋胰子六千五百匣,共价银六百五十两。

洋磁碗二千三百对,共价银三百二十二两。

香牛皮八百四十张,共价银二千五百二十两。

香羊皮一千三百张,共价银六百五十两。

獭皮六十张,共价银二百四十两。

以上入卡各色货物,总共价银一十二万三千九百九十三两五钱。

喀什噶尔道单报

春季份俄商贩运出卡各色货物项下：

各色土布二十一万匹,共价银二万七千三百两。

印花土布一十六万八千匹,共价银一万三千四百四十两。

各色土搭连布六万五千匹,共价银一万三千两。

土布单衣裤一千八百六十套,共价银五百五十八两。

羊皮袍八百四十件,共价银一千三百二十两。

各样皮小帽一千一百顶,共价银一百一十两。

各色和阗绸三百五十匹,共价银二百六十两。

羊毛带二千八百斤,共价银二百八十两。

棉线带一千三百斤,共价银六十六两五钱。

大小皮靴鞋二千五百四十套,共价银二千五百四十两。

毡袜一千二百双,共价银八十六两四钱。

大小毛毡二万二千三百床,共价银七千五百二十两。

大小毛毯二千八百八十床,共价银七千五百二十两。

大小和阗丝毯五百四十床,共价银四千八百六十两。

和阗生丝一万二千斤,共价银一万二千两。

羊毛四万八千五百斤,共价银一千四百五十五两。

羊皮二万一千四百张,共价银二千一百四十两。

牛皮一千五百三十张,共价银一千五百三十两。

棉花五千五百斤,共价银二百七十五两。

白矾九千二百斤,共价银二百七十六两。

杏干三千九百斤,共价银一百九十五两。

药材三千一百斤,共价银一百五十五两。

各色丝线四百七十斤,共价银七百五两。

各色棉线一千二百五十斤,共价银三百七十五两。

羊皮口袋七百八十条,共价银一百五十六两。

棉线口袋二百六十条,共价银六百一十八两。

棉线钱搭二千四百条,共价银一百二十两。

磁碗九百五十对,共价银二百八十五两。

铜茶壶三十六把,共价银十八两。

官茶五百二十封,共价银一千三百五十二两。

以上出卡各色货物,总共价银一十万四千九百九十五两九钱。

夏季份俄商贩运出卡各色货物项下:

各色土布二十八万匹,共价银三万六千四百两。

印花土布二十六万五千匹,共价银二万一千二百两。

各色搭连土布十一万匹,共价银二万二千两。

各色土布棉袍一千八百二十件,共价银九百一十两。

土布单衣裤一千六百套,共价银四百八十两。

羊皮袍一千四百五十件,共价银二千二百七十五两。

棉线带二千一百斤,共价银一百五两。

羊毛带四千三百斤,共价银四百三十两。

皮靴鞋五千六百七十套,共价银五千六百七十两。

大小羊毛毡一万八千八百条,共价银九千四百两。

大小羊毛毯二千七百条,共价银一万八两。

大小和阗丝毯六百五十条,共价银五千八百五十两。

和阗生丝四千五百斤,共价银四千五百两。

各色丝线七百二十斤,共价银一千八十两。

各色棉线二千一百五十斤,共价银六百四十五两。

棉线钱搭二千五百条,共价银一百二十五两。

羊毛口袋二千五百条,共价银四百四十两。

羊毛三万六千六百斤,共价银一千九十八两。

羊皮六千二百张,共价银六百二十两。

牛皮一千三百五十张,共价银一千三百五十两。

白矾三万一千三百斤,共价银九百三十九两。

药材三千二百斤,共价银一百六十两。

官茶四百封,共价银一千四十两。

棉花八千五百斤,共价银四百二十五两。

以上出卡各色货物,总共价银一十二万七千九百四十二两。

秋季份俄商贩运出卡各色货物项下：

各色土布十四万五千匹,共价银一万八千八百五十两。

印花土布九万七千六百匹,共价银七千八百八十两。

各色搭连布二万一千四百匹,共价银四千二百八十两。

各色土布棉袍六百三十件,共价银三百一十五两。

土布单衣裤五百四十套,共价银一百六十二两。

羊皮袍一千八百件,共价银二千七百两。

皮靴鞋二千二百套,共价银二千二百两。

羊毛带三千七百斤,共价银三百七十两。

棉线带九百二十斤,共价银四十六两。

各色棉线三百四十斤,共价银一百二两。

各色丝线一百八十斤,共价银二百七十两。

大小羊毛毡二万一千条,共价银一万五千两。

大小羊毛毯四百三十条,共价银一千七百二十两。

大小和阗丝毯一百三十条,共价银一千一百七十两。

和阗生丝一千三百斤,共价银一千三百两。

生牛皮二百七十张,共价银二百七十两。

生羊皮七百四十张,共价银七十四两。

羊毛四万九千一百斤,共价银一千四百七十三两。

土矾三万八千六百斤,共价银一千一百五十八两。

棉花六千五百斤,共价银三百二十五两。

羊毛口袋一百三十条,共价银二十六两。

棉线钱搭五百二十条,共价银二十六两。

杏干一千五百斤,共价银七十五两。

磁碗四百二十对,共价银一百二十六两。

官茶四百五十封,共价银一千一百七十两。

以上出卡各色货物,总共价银五万六千五百一十六两。

冬季份俄商贩运出卡各色货物项下：

各色土布二十五万二千匹，共价银三万二千七百六十两。

各色搭连土布九万六千匹，共价银一万九千二百两。

印花土布十七万匹，共价银一万三千六百两。

各色土布棉袍三千二百六十件，共价银一千六百三十两。

土布单衣裤二千一百套，共价银六百三十两。

羊皮袍五千一百件，共价银七千六百五十两。

大小皮靴鞋二千一百六十套，共价银二千一百六十两。

羊毛带五千六百斤，共价银五百六十两。

大小毡袜四千三百双，共价银二百一十五两。

羊皮小帽三千二百顶，共价银三百二十两。

棉线带一千八百斤，共价银九十两。

各色棉线九百六十斤，共价银二百八十八两。

各色丝线六百八十斤，共价银一千二十两。

大小毛毡二万一千六百条，共价银一万八百两。

大小毛毯二千五百四十条，共价银一万一百六十两。

大小和阗丝毯二百八十条，共价银二千五百二十两。

和阗生丝五千二百斤，共价银五千二百两。

棉线钱搭一千五百条，共价银七十五两。

羊毛口袋一千二百条，共价银二百四十两。

羊毛十八万七千斤，共价银五千六百一十两。

生羊皮七千二百张，共价银七百二十两。

生牛皮一千九百张，共价银一千九百两。

土矾三万四千斤，共价银一千二十两。

杏干三千二百斤，共价银一百六十两。

磁碗一千九百对,共价银五百七十两。

棉花一万七千八百斤,共价银八百九十两。

官茶一千三百封,共价银三千三百八十两。

以上出卡各色货物,总共价银一十二万三百六十八两。

镇迪道造报光绪十八年份俄商贩运入卡各色货物总共价银二十四万三千四百六十七两七钱二分五厘,出卡各色货物总共价银八千六百七十三两。

伊塔道造报光绪十八年份俄商贩运入卡各色货物总共价银六十二万七千二百六两一钱一分五厘,出卡各色货物总共价银九万四千三百七十四两。

阿克苏道造报光绪十八年份俄商贩运入卡各色货物总共价银三万五千四百三十一两四钱四分,出卡各色货物总共价银三万二千三百五十六两七钱五分。

喀什噶尔道造报光绪十八年份俄商贩运入卡各色货物总共价银四十三万七百五十两九钱,出卡各色货物总共价银四十一万二千八百二十一两九钱。

以上通共俄商入卡货物、牲畜价银一百三十三万六千八百五十七两一钱八分。

以上通共俄商出卡货物、牲畜价银五十四万八千二百二十六两五钱五分。①

---

① 台北中研院近代史研究所藏:外交档案,馆藏号:01-20-035-02-001。

○○四　请照会俄使带兵官须走通商大道由

光绪十九年十二月初八日(1894年1月14日)

十二月初八日,新疆巡抚陶模文称:据署喀什噶尔道李宗宾禀称:职道前准管带布鲁特马队张旗官鸿畴报:驻六尔阿乌俄带兵官毕的里格带领俄兵三名、通事一名、跟丁一名,均携洋炮、马刀,至布伦库尔,口称前赴喀什噶尔,与俄领事会晤等语。当经阻拦,俄兵官决意不依,诚恐龃龉生事,当即放行等因。比经提督军门董以俄兵官辄取私行入卡至喀,毫无顾忌,实属不成事体,当与职道会商,以布伦库尔非通商大道,未便听俄人往来。比饬通商委员曾令广均赴俄领事署,告知请勿出由布伦库尔至六尔阿乌俄票,以符约章。俄领事以须用公文照会为凭,旋经提督军门董咨行职道衙门,转行照会俄领事去后。复准俄领事出给俄商赴六尔阿乌俄票一纸,送道衙门挂号盖印,以为尝试。职道当即备文照会驳还。伏查俄兵官由六尔阿乌私至喀什噶尔,到喀以后并未知会职道衙门,惟出卡之时,经俄领事发给俄票,送职道衙门查验,始悉其所带俄兵、通事、跟丁等名字,当即挂号,送由布伦库尔仍回六尔阿乌。第以后任意往来,实于边防大有妨碍。董军门咨文大意,以非通商大路,宜闭出入,并未将俄领兵官私赴喀什一节指出者,盖仍保全睦谊而免晓渎。兹将承准董军门咨文及职道照会俄领事并驳还俄票文稿二件,暨俄兵官等出卡名单,另缮清折,呈请鉴核等情,到本部院。据此,查帕米尔界务未定,尚在陈兵相持,布伦库尔人非通商大道,而俄兵辄带兵、役、通事由此前来喀什噶尔,与领事会晤,不依中国官员阻挡,迨至出卡,始经领事发给俄票,送道查验。似此往来自便,不特与约章不符,且恐别生事故,应请贵衙门照会驻京俄使,嗣后带兵官不得辄行入卡,即俄商贸易,亦须由通商大道行走,以免轇轕。相应咨呈。为此咨呈贵衙门,谨请鉴照办理,并祈见覆施行。

● 照录粘单

计开:

一件:承准提督军门董咨照会俄领事免出由布伦库尔赴六尔阿乌俄票文稿

为照会事。为照本道于光绪十九年十月初七日,承准提督军门董咨开:为照布伦库尔一带路径崎岖,近年又因山雪消融,各处河水漫延,势甚汹涌。故本年营勇往来,被水冲殁数名。诚恐俄商取道于此,倘有疏虞,致滋轇轕,应请贵道照会俄领事官,饬令该商等以后来喀贸易,往返均由明约路通商卡伦行走,以期稳妥而符约章等因。承准此,相应备文照会。为此照会贵领事,请烦查照办理施行。

一件:照会俄领事驳还赴六尔阿乌文稿

为照会事。案准贵领事送交一千四百九十六号运货执照一纸,内载:俄民托合达库里之子哈伊特买卖提贩运土布、茶壶、马掌、碗、锁等物,共计四驮,由塔什米利克出卡,前赴六尔阿乌售销,请其挂号,以便沿途查验放行等因前来。查由喀赴六尔阿乌,必取道布伦库尔一带经过。查布伦库尔非通商大道,曾承准喀什噶尔提督军门董咨请照会贵领事,谕饬各商民等以后贸易往返,必由通商卡伦行走,以符约章,业经照会在案。兹准送来票照所请挂号之处,碍难照办。相应将原票备文送还贵领事查收施行。

一件：俄兵官及俄兵等出卡名单

俄官毕的里格来喀，由塔什米利克出卡，往六尔阿乌，随带俄兵穆料什根、古鲁格什根、必林洛甫等三名，骑马三匹，驮马三匹，炮三杆，刀三把。又通事一名，塔什干人，苏不的之子阿亦旺，跟丁一名乌买尔，骑马二匹，炮二杆。①

○○五　俄人叶倭吉呢哩奇必勒验票出卡由

光绪十九年十二月十九日（1894年1月25日）

十二月十九日，新疆巡抚陶模文称：据伊犁霍尔果斯通判申称：光绪十九年九月十二日，据尼堪卡伦委员蒋益智禀称：十一日申刻，有俄人叶倭吉呢哩奇必勒偕雇工一人、骑马二匹、驮马一匹，随带蝴蝶二箱、防身短枪一杆、小洋枪一杆，执驻宁远领事官票照，并粘中俄局中字第七十二号、九月初九日所发查验小票一纸到卡，当经卑职盘诘来由，始知即在内地甘肃游历洋人克伯依勒偕其仆勤巴二人。除查照放行外，理合禀请查考等情前来。卑职见之名票不符，恐其不实，未敢当时转报，迨昨查问哈萨缠头有相识克伯依勒者，据云出卡是实，洋人换票更名亦属常事。所有俄国游历洋人克伯依勒偕其仆勤巴二人出境回俄日期，理合具文申报等情，到本部院。据此，除批示外，相应咨呈。为此咨呈贵衙门，谨请鉴照施行。②

---

① 台北中研院近代史研究所藏：外交档案，馆藏号：01-17-052-07-026。

② 台北中研院近代史研究所藏：外交档案，馆藏号：01-17-052-07-029。

○○六　具奏筹议养线等费一折钞呈由

光绪二十年五月十五日(1894年6月18日)

五月十五日,新疆巡抚陶模文称:窃照本部院于光绪二十年三月十六日在新疆省城由驿具奏新疆分设电报,筹议养线等费一折,除俟奉到朱批恭录咨呈外,相应钞稿咨呈。为此咨呈贵衙门,谨请鉴照施行。①

○○七　筹办南疆边防应需经费一折钞呈由

光绪二十年六月二十日(1894年7月22日)

六月二十日,新疆巡抚陶模文称:窃照本部于光绪二十年四月十一日在新疆省城由驿具奏筹办南疆边防,应需转运等项经费,请旨饬部立案一折,除俟奉到朱批恭录咨呈外,相应钞稿咨呈。为此咨呈贵衙门,谨请鉴照施行。

●照录折稿

头品顶戴甘肃新疆巡抚臣陶模②跪奏,为筹办南疆边防,应需转运等项经费,请旨饬部立案,恭折仰祈圣鉴事。

窃喀什噶尔边界,自俄、英肇衅,委员勘查界务、加支行粮各事宜,经臣随时奏明在案。查该处办理防守,需用、转运及一切杂费,款目纷繁。计自光绪十七年冬间,英兵进踞坎巨提,当派马队一

①　台北中研院近代史研究所藏:外交档案,馆藏号:01-09-011-07-014。
②　原作"全衔陶",兹据原折(台北故宫博物院藏:军机及宫中档,文献编号:408002868)校补。

旗，南防塔敦巴什边卡；十八年春，俄兵窥伺帕米尔，复调马队三旗，开赴苏满及布伦库尔等处；另派步队一营，屯扎疏勒州西南之改孜卡，为布伦库尔后劲，并委员经理粮运。嗣闻俄兵拟向色勒库尔进发，加调马队七旗、步队两营，分赴色勒库尔附近各要隘及疏勒州西南之塔什米利克、莎车州西之恰尔伦等处，择要扼扎，预为防范。计转运饷装、粮料、修筑卡堡、抚恤灾黎等款，用银六万余两。又，十七年坎巨提、哪格尔两部因英兵进逼，该酋长率众内窜，委员办理赈抚、资遣，并会立坎巨提新酋，用银四千余两。先后设立素盖提、八扎达拉及伯加什等卡，酌设卡卒、探巡。截止十八年底止，共支薪粮银三千余两。此南疆边防十八年以前用款也。旋因俄复添兵，欲夺色勒库尔等处，添派队伍，分驻各边要，计步队四营、马队七旗、开花炮队一哨，员弁、勇丁、夫役、卡卒共四千二百余员名，月需食粮一千八百余石、料草四十余万斤。驻扎地段，距治城远或千里，近亦数百里，月需运脚银一万余两，其粮局员役薪工月需银一百余两，素盖提等卡月需薪粮银四百余两，均须另支。沿边柴薪稀少，须从远道购运，当饬步队一营每月津贴银四百八十两，马队一旗一百二十两，炮队一哨八十两。至拔队需用运费、差弁侦探边情、安抚穷民、修整局卡，需银若干，应俟确查汇送。此南疆边防十九年用款也。

　　臣维兴师动众，财用加增，现在界务未定，防守碍难稍松。所有十七、八、九等年用过银两并二十年及二十年后应需经费，相应请旨饬部一并立案，并恳恩准汇入各年防军案内请销。谨会同陕甘总督臣杨昌濬恭折具陈，伏乞皇上圣鉴，训示施行。谨奏。[①] 光

---

① 台北中研院近代史研究所藏：外交档案，馆藏号：01-17-053-02-008。

绪二十年四月十一日。①

○○八　咨呈官钱铺历来便于商民由

光绪二十年六月二十日(1894年7月22日)

六月二十日,新疆巡抚陶模文称:窃照前奉贵衙门咨开:光绪二十年正月十七日,准驻京俄使喀希呢照称:据伊犁领事禀称:新疆设有官钱铺,收银出钱以百抽三,收银出钱以百抽六,于中俄商民有累,且妨碍于通商,请饬废其抽六之法,咨请查明声覆等因。当经转饬查覆去后。兹据代理伊犁府知府骆恩绶申称:查伊犁从前行使俄帖,仅可以银易帖,不能执帖取银,除在伊犁买俄商货物而外,其他处商贾一概不能流通,买卖阻滞,商民怨咨,经前色故将军奏设官钱铺,行使制钱定章,以银兑钱,每银一两出钱一千五十文;以钱兑银,每银一两入钱一千八十文,出入均有加数,钱铺司事费用取于加数项下。此伊犁办理钱铺实在情形,数年来民商无累,均皆乐从,各商买卖亦渐有起色。即俄商银钱兑换,亦同一律。该省领事请废以百抽六之法,钱铺未曾有此名目。至称有累商民、妨碍通商等情。查伊犁俄商货物如常行销,而钱铺以银兑钱,以钱兑银,听商等随时取给,尤为称便。又往来交易,市价不二,洵于通商大有裨益,较从前行使俄帖,仅可以银易帖,不能执帖取银,为累商贾,不待言辩等情,到本部院。据此,相应咨呈。为此咨呈贵衙门,谨请鉴核,照覆施行。②

---

① 此具奏日期据原件校补。
② 台北中研院近代史研究所藏:外交档案,馆藏号:01-20-008-08-006。

○○九　分设电报筹议经费一折录批知照由

光绪二十年七月二十五日(1894 年 8 月 25 日)

七月二十五日,新疆巡抚陶模文称:窃照本部院于光绪二十年三月十六日在新疆省城由驿具奏新疆分设电报,筹议养线等费一折,前已钞稿咨呈在案。兹于本年五月十八日准兵部火票递回原折,奉朱批:着照所请,该衙门知道。钦此。除钦遵咨行外,相应恭录咨呈。为此咨呈贵衙门,谨请钦遵鉴照施行。①

○一○　喀什噶尔边务并历年交涉各案由

光绪二十年八月二十一日(1894 年 9 月 20 日)

八月二十一日,新疆巡抚陶模函称:六月下旬,接奉新字八十号函谕,并三、四两月奉到七十八、九号赐函,均已领悉。喀什噶尔边务,谨遵三月十一号电示,密嘱防兵稳扎勿动。六月杪,喀什道禀:俄兵修治阿来岭至伊尔克什坦道路,添兵近千等语。查伊尔克什坦系通商大路,较帕米尔尤为切近,当饬照旧密防,数日内尚无警信。惟俄领事随处寻衅,殊难理喻。十八年冬间,有俄属哈萨克私贩醉烟,殴毙俄卡巡丁。领事谓贩烟系喀什马队旗官黄总兵蔚森包庇,凶犯亦被黄藏匿。报经土尔吉斯坦总督来文诘问,此间再四查察,毫无影响,不得已先将黄旗官记过勒限缉拿。

十七年,有安集延缠民与库车缠民谋财,杀死英吉沙尔缠民母

---

① 台北中研院近代史研究所藏:外交档案,馆藏号:01-09-011-07-024。

子两命,人赃并获。该安集延凶犯住居华境已三十年,领事强指为俄民。经喀什道会同领事审讯,多方辩诘,仍将安集延凶犯交领事自行发落。此案初获时,华官止知为华民,曾用刑讯,领事因此哓哓未已。似此任意刁难,真无术对付也。苏雷满喀勒逐出喀境等案,拟酌偿产价共银三百余两,已于六月十五日将拟办情形咨呈,计邀钧鉴。

英人所指缠目都尔地拉一案,查该缠目于光绪十五年得受杨哈斯班银钱,在赛都拉私筑土堡,又借端科派缠民,经缠民上控,喀什道虑其生事,勒令迁居。现该土堡仍归中属,既英人为之缓颊,已嘱喀什道将伊释归原处,不准再充头目,以免滋事。

俄领事抽收华商票费一案,伊、塔两处商民出境不多,早已私自给费。喀什商民因积压日久,亦愿给费领票,华官无术禁止,置不与闻。至我收俄商票费一节,似乎伊、塔尚可商办,喀什撒领事日思寻衅,实难措手,拟俟许大臣商诸外部,允行后再行试办。

英人马继业赎取英人为奴一案,初报只一百余人。嗣叶城等处为奴者诡称英属,纷纷求请,现饬就初查名册,由喀什道拨款办理。此外诡托英属之人,本无证据,应从缓筹办。盖南疆缠民买外部贫民为奴,相沿已久,只可出示严禁,势难一律赎放,不得不略示限制,以杜葛藤。俄属哈萨克逃入华境,随时送还,已苦纷繁,更有中属哈萨克由塔城逃入迪化等处,恳求内地安插,总缘该管头目不善抚驭之故,已随时咨明将军、副都统,严饬所属妥为抚恤。喀什自筹防以来,添给行粮及转运各费,为款甚巨,粮价在勇饷内划扣,运费应由公中开支。勇丁染瘴病故者甚多,添补无人,必须派员赴兰州等处招募,费亦不赀。边事棘手,迥非内地可比。

模才轻任重,时切悚惶,尚祈训示频颁,俾有遵守是幸。至色勒库尔贡金,系光绪四年该部头目阿布都拉前来莎车,称照承平时例章,岁纳金二十七两七钱,每两折银二两八钱。此后岁以为常。每年赏给该头目羊只、茶叶、布匹,合银三十六两六钱,归入钱粮案内报销,并未专案奏咨。检阅徐松《西域水道记》载色勒库尔贡金,数目相符。此外无案可稽。肃此奉布,敬请钧安。伏祈垂鉴。[①]

○一一　南疆边防应需经费一折录旨知照由

光绪二十年八月二十九日(1894 年 9 月 28 日)

八月二十九日,新疆巡抚陶模文称:窃照本部院于光绪二十年四月十一日在新疆省城由驿具奏筹办南疆边防应需转运等项经费,请旨饬部立案一折,前已钞稿咨呈在案。兹于本年六月十三日准兵部火票递回原折,奉朱批:该部知道。钦此。除钦遵咨行外,相应恭录咨呈。为此咨呈贵衙门,谨请钦遵鉴照施行。[②]

○一二　咨呈防务紧要请饬董福祥回任折稿由

光绪二十年十一月初三日(1894 年 11 月 29 日)

十一月初三日,新疆巡抚陶模文称:窃照本部院于光绪二十年九月初二日在新疆省城由驿具奏边疆紧要,恳恩俟庆典礼成,饬提臣迅即回任一折,除俟奉到朱批恭录另咨外,相应钞稿咨呈。为此咨呈贵衙门,谨请鉴照施行。

---

①　台北中研院近代史研究所藏:外交档案,馆藏号:01-17-043-05-010。

②　台北中研院近代史研究所藏:外交档案,馆藏号:01-17-053-02-014。

●照录折稿

全衔陶奏,[①]为边疆防务紧要,恳恩俟庆典礼成,饬提臣迅即回任,恭折仰祈圣鉴事。

窃喀什噶尔提督董福祥奉旨进京祝嘏,业经奏明在案。查新疆各镇才具、威望,以伊犁镇总兵张俊为优,当以伊犁距喀什噶尔五千余里,未便远调该镇,致误行期,奏请以阿克苏镇总兵黄万鹏署理提篆,数月以来,幸无贻误。惟帕米尔界务未定,又值海疆有事,西陲边务尤为紧要。相应吁恳天恩,俟庆典礼成,饬董福祥即行回任,以资镇守而重边疆,出自鸿慈。谨会同陕甘总督臣杨昌濬恭折具奏,伏乞皇上圣鉴训示。谨奏。[②]

○一三　咨呈遵旨筹拨的饷以济要需折稿由

光绪二十年十一月初三日(1894 年 11 月 29 日)

十一月初三日,新疆巡抚陶模文称:窃照本部院于光绪二十年九月初二日在新疆省城由驿具奏遵旨筹拨的饷以济要需一折,除俟奉到朱批恭录另咨外,相应钞稿咨呈。为此咨呈贵衙门,谨请鉴照施行。

●照录折稿

巡抚陶模谨奏,[③]为遵旨筹拨的饷,以济要需,恭折仰祈圣鉴事。

窃臣准兵部火票递到军机大臣字寄:奉上谕:户部奏,饷需紧

要，请饬各省就地筹款等语。现在倭氛不靖，沿海筹防，募勇练兵，以筹饷为最要。各该省督抚均有理财之责，即着各就地方近日情形，通盘筹画，何费可减，何利可兴，何项可先行提存，何款可暂时挪借，务须分筹的饷，凑支海上用兵之需，一面先行奏咨立案，毋得以空言搪塞。如其军事速平，仍准该省留用，总期宽筹的款，有济时艰，是为至要。将此各谕令知之。钦此。当即钦遵饬据布政使饶应祺详覆，遵于部议提存新疆藩库银两内筹拨二十万两等情。

臣查倭氛不靖，需饷甚急，自应筹拨的款，以资协济。惟新疆远处边陲，运解有稽时日，前项二十万两应由户部于应解新疆协饷省份就近指提，以期迅速。所有遵旨筹饷缘由，谨恭折具奏，伏乞皇上圣鉴，饬部立案施行。谨奏。①

○一四　已革肃州镇柳泰和暂留新疆由

光绪二十年十二月十二日(1895年1月7日)

十二月十二日，新疆巡抚陶模文称：窃照本部院于光绪二十年八月十二日在新疆省城由驿附奏，请将已革记名提督前甘肃肃州镇总兵柳泰和暂留新疆，饬赴沿边一带，再行确勘界址一片，前已钞稿咨呈在案。

兹于本年十月十五日准兵部火票递回原片，奉朱批：着照所请，该衙门知道。钦此。除钦遵咨行外，相应恭录咨呈。为此咨呈贵衙门，谨请钦遵鉴照施行。②

---

① 台北中研院近代史研究所藏：外交档案，馆藏号：01-25-038-02-008。
② 台北中研院近代史研究所藏：外交档案，馆藏号：01-17-053-02-016。

○一五　咨送护送枪械进京交董营折稿由

光绪二十年十二月二十八日(1895年1月23日)

十二月二十八日,新疆巡抚陶模文称:窃照本部院于光绪二十年十月二十四日在新疆省城由驿具奏派拨马队护解枪械进京,交喀什噶尔提督董福祥行营,以资应用而备调遣一折,除俟奉到朱批恭录另咨外,相应钞稿咨呈。为此咨呈贵衙门,谨请鉴照施行。

●照录折稿

全衔陶奏,[①]为派拨马队护解枪械进京,交喀什噶尔提督董福祥行营,以资应用而备调遣,恭折仰祈圣鉴事。

窃臣准喀什噶尔提臣董福祥由京来电:现值倭氛不靖,钦奉谕旨,统带西勇,惟枪械缺乏,无从购买,请由新疆拨发等因。臣查海疆军务正在吃紧,自应通融办理,以顾急需。当于购存项下腾拨毛瑟枪二千杆,每杆配药弹子三百颗,共六十万颗,派委抚标中军左旗马队旗官总兵衔补用参将谢典礼、帮带官补用参将尽先补用游击马明其,雇驼装运,率带该旗马队,由古城取道近边草地,径解进京,呈交董福祥备用;并派补用总兵汤殿恒、推补副将赵达元、候选县丞苏潮,酌给薪粮,帮同护送,分作两起行走,头起业于十月二十四日起程,二起即于二十七日继进。

查新疆抚标中军左旗马队,勇丁精壮,操练有素,抵京后应仍归谢典礼管带,作为董福祥亲兵马队。所派各员均归董福祥调遣,以资得力。药弹子一项,新疆距京甚远,碍难多带,应请旨饬下督

---

① 　原奏为"头品顶戴甘肃新疆巡抚臣陶模跪奏"。

办军务大臣，随时接济，俾免缺乏。一俟军务平靖，前项毛瑟枪杆仍令谢典礼等率队解回新疆，存储备拨。

至各勇丁远道于役，冒雪冲风，饬司援照上年驻防喀什噶尔沿边马步营旗成案，酌给行粮，并拨发六个月现饷，此后由臣汇解董福祥经手支放，容俟汇入新疆防军销案内，按年造报。谨缮清单，恭折具陈，伏乞皇上圣鉴。谨奏。①

○一六　前奏遵旨筹拨的饷一折录旨咨呈由

光绪二十一年正月初九日(1895年2月3日)

正月初九日，新疆巡抚陶模文称：窃照本部院于光绪二十年九月初二日，在新疆省城由驿具奏遵旨筹拨的饷，以济要需一折，前已钞稿咨呈在案。兹于本年十一月初八日，准兵部火票递回原折，奉朱批：户部知道。钦此。除钦遵咨行外，相应恭录咨呈。为此咨呈贵衙门，谨请钦遵鉴照施行。②

○一七　前奉朱批董福祥留京不能赴任由

光绪二十一年正月初九日(1895年2月3日)

正月初九日，新疆巡抚陶模文称：窃照本部院于光绪二十年九月初二日，在新疆省城由驿具奏边疆防务紧要，恳恩俟庆典礼成，饬提臣迅即回任一折，前已钞稿咨呈在案。兹于本年十一月初八

---

① 台北中研院近代史研究所藏：外交档案，馆藏号：01-25-039-02-052。
② 台北中研院近代史研究所藏：外交档案，馆藏号：01-17-053-03-001。

日准兵部火票递回原折,奉朱批:董福祥现在留京带队,不能即时赴任。钦此。钦遵咨行外,相应恭录咨呈。为此咨呈贵衙门,谨请钦遵鉴照施行。①

○一八　具奏派兵拨解董军枪械录旨知照由

光绪二十一年三月十八日(1895年4月12日)

三月十八日,收新疆巡抚陶模文称:窃照本部院于光绪二十年十月二十四日,在新疆省城由驿具奏派拨马队护解枪械进京,交喀什噶尔提督董福祥行营,以资应用而备调遣一折,前已钞录折稿咨呈在案。兹于本年十二月三十日准兵部火票递回原折,奉朱批:该衙门知道。单并发。钦此。除钦遵咨行外,相应恭录咨呈。为此咨呈贵衙门,谨请鉴照施行。②

○一九　俄属回米尔巴乌送交
俄官转解回国管束由

光绪二十一年十一月二十七日(1896年1月11日)

十一月二十七日,新疆巡抚陶模文称:窃照驻吐鲁番俄领事官照称:据俄属安回米尔巴乌监禁哈密数年,请饬释放,并将监禁缘由示覆等情,到本部院。据此,查米尔巴乌系米尔开里木之子,米尔开里木先世系安集延人,其母系喀什噶尔人。米尔开里木生长

---

① 台北中研院近代史研究所藏:外交档案,馆藏号:01-17-053-03-002。
② 台北中研院近代史研究所藏:外交档案,馆藏号:01-25-042-01-006。

喀什噶尔，生子米尔巴乌。从前安集延匪首帕夏牙胡普叛踞南疆，米尔开里木带领米尔巴乌相从助逆，毒害百姓，凶杀多人。华军收复各城，米尔开里木父子复随安集延匪首窥犯边界。光绪十年，潜匿喀什噶尔境内，经受害民人拿获，解经前新疆爵部院刘审明，因情罪重大，一并重办。维时驻喀什噶尔俄领事官声请知照驻京公使，曾经两次咨呈贵衙门照会驻京俄使有案。米尔开里木父子收禁哈密厅监内。光绪十六年三月十六日，米尔开里木病故，经米尔巴乌照料殓埋，具结存卷。该犯父子生长喀什噶尔，犯事在安集延尚未归俄保护之先，自应归中国办理。惟查米尔巴乌前随其父为匪年未二十，一切罪过多系其父米尔开里木所作。米尔开里木在监身死，罪所应得。米尔巴乌情罪稍轻，现已监禁多年，既据俄领事官代恳释放，应饬哈密厅将米尔巴乌解交吐鲁番领事官验收，由吐鲁番厅会同备文送至沿边俄卡官收领，转解回国，交俄官严加管束，永不准再入中国界内，致滋事端。除分咨外，相应咨呈。为此咨呈贵衙门，谨请鉴照施行。[①]

○二○　咨送补用知县茂连等履历清册由

光绪二十四年十月二十二日（1898 年 12 月 5 日）

十月二十二日，陕甘总督陶（模）文称：于光绪二十四年八月初二日由驿附奏甘肃供差翻译委员分省补用知县茂连等已满三年，请援照定章奖叙一片，当经抄稿咨呈，并于折内声明履历查取另送在案。兹于本年九月初二日由驿递回原片，奉朱批：着照所请，该

---

① 台北中研院近代史研究所藏：外交档案，馆藏号：01-17-053-03-020。

衙门知道。钦此。当即钦遵转行去后。旋据同知衔分发洋务省份候补班前先补用知县茂连、五品衔户部笔帖式遇缺即补主事阎海明各造赍履历清册,呈请分送前来。除分咨外,相应咨呈。为此合咨呈贵衙门,谨请鉴照施行。

●照录清册

户部笔帖式候补员外郎阎海明,为造赍年籍、三代、衔姓履历清历,呈祈宪台鉴核,须至册者。

计开:

阎海明,年三十九岁,系正白旗汉军荣堃佐领下人,于同治十二年挑入同文馆肄业。光绪六年,馆中大考,录取一等。七年七月内,蒙总理衙门王大臣奏请以九品翻译官留本衙门当差,奉旨:依议。钦此。十二年,馆中大考,录取一等。十三年六月,蒙总理衙门王大臣奏请以笔帖式遇缺即选,并赏加六品衔。奉旨:依议。钦此。十四年三月,经钦差出使大臣洪奏调出洋供差。十六年,选补户部笔帖式。十七年四月内,因在洋当差三年期满,蒙钦差出使大臣许奏请以主事仍留本部,遇缺即补,俟补主事后,赏加四品衔。奉旨:依议。钦此。二十年八月,经陕甘总督杨咨调到甘,充当翻译差使,三年期满,蒙陕甘总督陶奏请以员外郎无论满蒙题选、咨留,仍本部遇缺即补。奉旨:着照所请,该衙门知道。钦此。等因。均奉行知在案。须至履历者。

三代:曾祖阎忠、祖寿保、父恒山。

知府衔分省尽先前补用直隶州知州茂连,为赍造事。谨请卑职衔名、三代年籍、出身履历,缮具清册,呈祈宪鉴。须至册者。

计开:

茂连,年三十八岁,系驻防广州镶蓝旗满洲京城玉宾佐领下人，由官学生挑取入广州同文馆肄业，因学有成效，于光绪三年六月内蒙广州将军长奏请作为翻译生员。奉旨：依议。钦此。六年八月，奉派充当翻译差使。九年八月内，因当差得力，三年期满，蒙广州将军长奏请以县丞用。奉旨：依议。钦此。十二年八月内，因在同文馆差三年期满，蒙广州将军继奏请赏加六品职衔。奉旨：依议。钦此。十五年九月内，因在同文馆当差又逾三年，蒙广州将军继奏请仍以县丞分省归尽先前补用。奉旨：依议。钦此。十六年，经总理各国事务衙门王大臣咨调进京，同文馆肄业。十八年十二月，馆中大考，录取一等。十九年四月内，蒙总理各国事务王大臣奏请以知县分省仍归尽先前补用，并换同知衔。奉旨：依议。钦此。二十年八月，经陕甘总督杨咨调到甘，充当翻译差使，三年期满，蒙陕甘总督陶奏请以直隶州知州分省仍归候补班前先补用，并赏加知府衔。奉旨：着照所请，该衙门知道。钦此。等因。均奉行知在案。须至履历者。

三代：曾祖温泰、祖台贵、父兴禄。①

〇二一　具奏给奖一片恭录谕旨知照由

光绪二十四年十月二十二日（1898 年 12 月 5 日）

十月二十二日，陕甘总督陶（模）文称：照本督部堂光绪二十四年八月初二日，由驿附奏甘肃供差翻译委员分省补用知县茂连等已满三年，拟请援照定章给予奖叙一片，已抄录片稿咨呈在案。兹于本年九月初二日由驿递回原折，奉朱批：着照所请，该衙门知道。

---

① 台北中研院近代史研究所藏：外交档案，馆藏号：01-30-001-08-001。

钦此。除钦遵咨行外,相应恭录咨呈。为此合咨贵衙门,谨请钦遵查照施行。[①]

○二二 详陈英教士在保安城外传教等情由

光绪二十五年八月二十三日(1899年9月27日)

八月二十三日,陕甘总督陶(模)文称:查前据署甘肃循化同知张作霖、循化营参将谭应春会禀:据署保安营都司钟贤耀禀称:英国教士僖德生夫妇在保安城外租赁民房,居住传教。本年五月二十三日,有麻巴、七庄、狼家三庄番众拥至教士寓所,口称自教士来此挖土取石,惹得天不下雨,泉水干了,牲口、人民、庄稼多不顺利,不如把他驱逐。纷纷扰扰,四面围定。都司闻信,即带弁兵前往,将僖德生夫妇设法引出,幸未受伤。维时,番子愈聚愈多,致将租住房屋门窗打毁,什物亦多被毁、被抢等情到院。当经本督部堂批饬该处文武带同通事、兵役前往弹压查办,并令将僖德生夫妇接住循化厅城,好为劝慰。旋复据该厅、营禀称:番族仍欲聚众往寻教士不依,佥称教士不来保安,我们赔赃服法,若要再来,惟舍我们众命,以死相争等语。查番族悍野好斗,不循礼法,窃恐酿成祸端,复托住省城之英国教士致函,请僖德生进省,多方劝慰,许以毁失各物代为严追,如追不足数,勒令估价赔缴,仍当重治该番众之罪;一面檄饬该厅、营等遵照办理,并令传谕该番目等严行约束,不准滋事。现据该厅、营等报明追缴各物开单前来,查核多不齐全,而僖德生所开毁失房屋、什物值银七千两之数,亦未尽确实。除仍严饬

---

① 台北中研院近代史研究所藏:外交档案,馆藏号:01-30-001-08-002。

该厅、营赶紧查办妥结外，相应先行咨明。为此合咨贵衙门，谨请鉴照施行。

再，僖德生系于光绪二十三年三月由芜湖英国领事官富美基函知监督芜湖新关徽宁池太广道，呈经安徽抚部院给照来甘游历，并无指定保安番地传教之文。传教与游历均应照约保护，惟既与该处番众因事滋闹，案未办结，自应暂缓前往。本督部堂经迭次劝阻，而僖德生仍坚欲往彼，应恳贵衙门照会驻京英公使，迅饬僖德生留住省城，俟案结后再行妥酌办理，俾免衅端，是为至幸。合并声明。①

○二三　长乐县知县童立喆已撤任听候查办由

光绪二十七年正月初七日（1901年2月25日）

正月初七日，两广总督文称：光绪二十六年十一月初八日，准兵部火票递到贵王大臣咨开：光绪二十六年九月二十七日，接准德穆使函称：德国驻汕头领事屡次述及长乐县知县劣迹。本年两广总督李、署总督德先后出示保护教民身家、产业，该县视为具文，并未张贴。复于闰八月初七日，该令又出告示，内多无根之言，唆使民教相仇。另录告示，附送察阅。领事屡次照会，声言该县之非，迄未见覆，请将长乐县知县革职撤任，并竭力设法，使所属各官再无与西人为难、教民受害情事等因前来。

查阅该县所出告示，语多荒谬。现在和局尚无成议，岂容任听摇惑居民，致令别启衅端。除电达外，相应抄录原函，附送告示底，

① 台北中研院近代史研究所藏：外交档案，馆藏号：01-12-223-02-003。

一并咨行贵督,即将长乐县童令撤任查办,以安众心而靖地方,是为至要。仍将办理情形声覆本衙门可也。附抄件等由,到本兼署部堂。承准此,查广东长乐县童立喆,前据驻扎汕头口德国领事以该县擅出告示,令民出教等情,照经檄饬广东藩司会同臬司,即将该县撤任,听候查办,并委员接署在案。承准前因,除行广东藩、臬二司会同照依准咨钞件内事理,查明前长乐县童立喆平日居官如何,前此告示是否确系该县所出,分别核参详办,仍移行惠潮嘉道、嘉应州一体遵照外,相应咨覆。为此咨呈贵王大臣,谨请察照施行。①

○二四　童令已参革大龙田教案分办理由

光绪二十七年二月二十三日(1901年4月11日)

二月二十三日,两广总督陶模电称:效电敬悉。童令已参革,王令、孙令未闻有纵庇指使仇洋仇教之事,孙已因另案劾降。大龙田教堂二十五年被土匪焚毁,去春罗佩芬无涉,李彩文著仇教揭帖,未据领事照会,已遵电分别饬查办理。余文详。模。养。②

○二五　咨报驻琼州英领事官倭纳任事由

光绪二十七年二月二十九日(1901年4月17日)

二月二十九日,两广总督陶(模)文称:现据广东雷琼道叶大遒

---

①　台北中研院近代史研究所藏:外交档案,馆藏号:01-12-171-04-001。
②　台北中研院近代史研究所藏:外交档案,馆藏号:01-12-171-04-003。

申称：光绪二十六年十二月十三日，奉宪台札开：据该道申称：光绪二十六年十月二十九日，接准驻琼州英领事官倭照会：照得本领事官现奉钦差大臣札委管理斯篆，兹定于本月三十日接印视（事），相应照知。为此照会贵道查照，并通行阖属文武一体知照。同日，又准琼州英领事官海照会：照得本署领事官现奉钦差大臣札调上海任事，兹于十月三十日新任正领事官倭到琼接管斯篆，即日将任内一切事宜交代清楚，由新任接管视事，相应照知各等由到道。准此，除札行雷、琼两府知照，并报明抚宪外，理合具文申报察核等由，到本兼署部堂。

据此，除咨行查照外，合就札饬札道即便照章照会新关税务司，查明现任驻琼英国倭领事是何名字，是否真正领事，申覆核办毋违等因。奉此，当经照会税务司查覆去后。兹准阿税务司覆称：查现任驻琼英国领事官名倭纳，是真正领事等由，照覆前来。职道覆查无异，理合具文申覆察核等情，到本部堂。据此，除行广东藩、臬二司移行外，相应咨呈。为此合咨贵衙门，谨请查照施行。[①]

○二六　咨报谕旨钦送张贴由

光绪二十七年三月初五日(1901年4月23日)

三月初五日，两广总督陶模文称：光绪二十七年二月二十一日，承准贵王大臣咨开：案查合约大纲十款，业经奉旨照允画押盖印。该约第十款内载：中国国家务须在各府、厅、州、县将载明下开两端之谕旨张贴两年，俾众周知，永禁军民人等仇视诸国各会，违

---

① 台北中研院近代史研究所藏：外交档案，馆藏号：01-15-015-08-007。

者问死。至开列各犯所定罪名,及杀害凌虐各国人之城镇停止各项考试,亦在此列。中国皇帝务须谕旨一道通行布告,以及各省督抚、文武大吏及有司官,于所属境内皆有保持平安之责,如复肇伤害他国人民之乱,再有违约之行,必须立时弹压惩办,否则该管官员即行革职,永不叙用,亦不得借端开脱,别给奖叙等语。旋于光绪二十六年十二月十三日钦奉上谕两道,业经发抄,嗣因各国使臣坚请更改字句,复经本王大臣据情电奏,奉旨照准,相应恭录咨行贵督,务照此次所录谕旨刊刻誊黄,通饬所属府、厅、州、县,无论大小城镇、村落,遍行张贴两年。两年期内,如有剥落、损失,仍随时补行张贴。事关和议大局,勿稍延误,致贻口实,并将遵办情形先行声覆本王大臣备案,是为切要。录送谕旨二道等因。到本部堂。

承准此,查上年津沽事起,谣诼繁兴,广东各属匪徒因而乘机鼓惑,致有拆抢教堂及教民房屋之事。幸地方官绅弹压、保护认真,各国人民未被戕害、凌虐。各处教案经与各口领事官妥商,业已一律办结。所有赔款,仍责成地方官绅设法措缴。滋事匪徒,亦多缉获,分别惩办,民教现均相安如常。承准前因,除行司刊刻誊黄,饬发遍贴两年,两年期内,如有剥落损失,随时补行张贴外,相应咨覆。为此咨呈贵王大臣,谨请察照施行。[①]

○二七 长乐教案归惠潮嘉道一并议结由

光绪二十七年三月十三日(1901年5月1日)

三月十三日,两广总督陶模文称:光绪二十七年二月二十一

---

① 台北中研院近代史研究所藏:外交档案,馆藏号:01-14-014-01-014。

日，承准贵衙门电开：德使函称，长乐童令虽已撤任，各项劣迹尚未查办拿问。上年十一月间，施领事与潮州道全权委员盐运使分司瑞议订章程五条，内载童令必须撤委参革，永不得膺职任事等因，请电广督照章办理。又，龙川县王克鼎与兴宁县孙祖华于仇洋仇教各衅纵庇指使；大龙田局绅罗佩芬于二十五年间大龙田教堂被毁尤为罪魁，锡塘局绅李彩文著仇教揭帖，此二人尚未治罪。孙祖华因另案撤任，请电广督将王克鼎、罗佩芬、李彩文务必治以应得之罪等语，并抄录章程附送前来。查潮州道委员与领事商办教案，辄加以全权字样，殊属乖谬。所订章程是否禀明尊处批准有案，童令究竟有无劣迹，即希查明，妥核办理。至王克鼎、罗佩芬、李彩文，该使既请治以应得之罪，亦即确查虚实，分别参撤，并电覆余详咨等因，到本部堂。承准此，卷查长乐县属教案经署惠潮嘉道朱道恩缮饬委潮州盐运分司瑞诰，会同省委候补知县俞旦，与驻汕头口德国施领事商结议订五款：一、须将童令功名参革，永不得在中国膺职任事。二、滋事地方各办首要匪徒二名。三、赔款期限，款须在汕交付。四、称赔款平允。五、兴宁、归善、永安未了教案，归惠潮嘉道一并议结。由该道电经前兼署部堂德（寿），以童令劣迹应由道查明详参，滋事首要匪徒严拿审明，分别惩办，总期情真罪当，无论名数多寡，余照所议办理。电覆在案。

童令出示禁教一节，该令力言系教民诬捏，委查亦无实据。饬道照会领事查取原示验明，迄今未据交出。惟地方屡滋事端，自系该令办理不善所致，业经前兼署部堂德（寿）奏参革职，不得再膺职任，似足蔽辜。至运司瑞诰自认全权委员，据称系因领事以须有权方肯与商之故，惟竟书之于约，诚属乖谬。龙川德教各案，先据署理该县王克鼎禀，或系衅启争尝，或系讼因田土、钱债，教民捏控抢掠,希冀赔偿。续接施领事照会,已行道督饬查明,秉公妥办。其兴宁县之大龙田教堂,系于光绪二十五年土匪滋事时被毁,上年春间经印委查明,罗佩芬之子拔贡罗献修曾亲自督众扑救,得免全毁,教中人亦有是说。是罗佩芬尚无主使情事,似属可信。兴宁地方张贴揭帖,领事照会并未声明系李彩文所撰,饬查亦无主名。该县孙祖华业因另案劾降,王、孙两令均未闻有纵庇指使仇洋仇教之事。惟王令前曾被人冒递信函,领事谓其措词亵渎,业经委员候补知县秦广绥查明,确系被人捏名诬罔,禀由前兼署部堂照会领事知照在案。承准前因,除电覆并咨行查照,及行广东惠潮嘉道遵照,督饬查明王令克鼎前在龙川县任内有无庇纵指使仇洋仇教情事;兴宁大龙田德国教堂被毁一案,局绅罗佩芬迭被指控主谋,究竟有无实据;锡塘地方是否兴宁县所属,有无局绅李彩文其人,曾否著有仇教揭帖,务即详晰确查,据实禀覆,以凭核办,毋稍讳饰干咎,暨行广东藩、臬二司移行确查办理外,相应咨呈。为此咨呈贵衙门,谨请察照施行。

●照录粘钞

潮州朱道恩缙来电(光绪二十六年十一月十一日子刻发,酉刻到)

督宪钧鉴:昨因德案未结,饬瑞诰往汕,会同俞令与德领事妥议办理。顷接瑞诰电称:初八申刻到汕,初九礼拜,初十往晤德领事,询其不见俞令之故,对答支离。诰虽迁就再三,仍要挟多端,交出匿名一纸,须在水寨莱洞下拔地方各办首要二名,并索赔款五万元,否则即电达庆邸索赔。诰因其词过谲,恐生意外,只得先将索款开议,力与辩驳,坚称减至三万一千元,必不能少,又经逐款挑拨,勉强减至二万八千元,仍索七二兑始允完案,分两期在汕交付,十一月三十日交一万四千元，十二月三十日交一万四千元，约十一日巳刻先交草约签字。可否照办，仰恳电禀院宪示遵。如蒙恩准，并祈饬局先期汇款，俾得如约交付等语。查长乐德案拖延日久，又多狡猾情形，可否迁就了事，伏乞宪台电示，转饬遵照，实为公便。职道恩缙禀。蒸。子。

覆潮州朱道恩缙电（光绪二十六年十一月十一日发）

蒸电悉。长乐德案偿款如议办理。至滋事首要匪徒，如经查访确实，自应悉数严拿审明，分别惩办。若预定名数，转不能无枉无纵，何以昭炯戒而服人心。饬委员与领事妥议结案。兼督院。文。

潮州朱道恩缙来电（光绪二十六年十一月十三日酉刻发，亥刻到）

督抚宪钧鉴：奉文电谕，当即转饬委员遵照去后。顷据委员电禀：遵与德领事妥商，偿款照办。复思款期过迫，再议推缓，第一期改为十二月十二日，第二期改为明年正月初十日。惟据德领事开来约章五条：第一条，须将童令功名参革，永不得在中国膺职任事。第二条，滋事地方各办匪徒二名。第三条，赔款期限，款须在汕头交付。第四条，称赔款平允。第五条，要将兴宁、归善、永安未了教案，归惠潮嘉道一并议结。当驳以参革童令应候督抚大宪查明核办。其办匪一节，已遵照督抚宪谕议驳。至兴宁等处教案，须请示道宪方能承认。查德领事肆意要挟，情殊叵测，惟经将办匪预定名数议驳，其余各款坚称不能改易，必须照办，方能结案。筹思再四，不与定约，恐生别衅，不得已允与立约等语前来。职道覆查童令立喆出示一节，虽据陆瑞禀称查无实据，然酿此巨案，办理不善，该令咎无可辞。即如署澄海方政、海阳刘兴东，当六月间，各处闹教蜂起,该二县极力严督保护,教堂均得无恙,此其明证也。惟该童令应如何惩处,以杜外人借口之处,自出宪裁。至兴宁等处各案,似应一律了结。并闻德领事不日到郡,拟到时再与商议。是否有当,理合据实禀请宪台察核示遵。职道恩缙禀。元。酉。

覆潮州朱道恩缙电(光绪二十六年十一月十四日发):

元电悉。童令劣迹,应由该道迅速查明,会司详参。滋事首要匪徒,该道并即督催严拿审明,分别惩办,总期情真罪当,无论名数多寡。至兴宁、归善、永安等县教案,该道一律饬委妥议了结。余均照办。兼督。寒。

敬禀者:卑职仰蒙宪恩补授此缺,自到任以来,无时不勤加儆惕,凡遇民教涉讼之案,尤必体念时艰,持平办理,从不敢贻以口实,致启衅端。本年闰八月间,有教民刘道南粘抄无印假告示一纸,来县呈控。查其发端之语,系用照得长乐县五字,其中语无伦次,全非公牍文字,尤非告示体裁,固已一目了然。登即密派妥人四处查访,并未见有此等告示。续又遍问城乡绅士,均无所见,正不解教民刘道南呈粘假告示从何得来。屡次差传,该教民终不到案,以致无从追究。嗣奉本道委员刘从九开煊来县查访禀覆有案,曾不料教民人等仍以假造告示怂恿领事照会宪台,致奉撤任查办。在该教民人等别存意见,设计倾陷,一经查取原示,验明印信,自然水落石出。现虽奉饬撤任,何敢怨尤。惟自奉札之后,属内民教传说纷纭,均谓卑职因假示一案已挂弹章,功名既难保全,断无回任之日。虽道路之口,未足为凭,而传绅缉匪,呼应既属不灵;承稿办公,书差亦多推诿,甚至粮书人等割串征粮,不复报卯,所有经征银两,竟敢侵吞逃匿,以为印官被议解任,明被吞没抗缴,当亦无可如何。既罹无妄之灾,复有穷途之困,立应清理交代,公逋私累,削骨难填，明知廉察废用，上游自有权衡，而困苦情形，不敢不缕陈一二。

果其钞缴伪示，若有印据可凭，确无假冒情事，虽置诸重典，抑亦何说之辞。如无印信可凭，则微员末秩，当此入生出死之时，乞保全于末路。且卑职于闰八月间接有法教士董中和来信一函，内称匪徒私造假告示，请为查察等语。此信留候呈缴。是则法教士既知告示系属假造，德教士转因此事借为口实，此尤理所不解者。至于县属教案，曾据来县呈报者，计二十七起，除曾经引勘及传到讯明者均已分案禀报，其余教士迭次开单所列各案，既无事主呈报，卑职会同委员徐可成分诣各乡，就近传勘，各该教民坚匿不出，以致无从查办。此中虚实及该教士如何意见，当无俟夫卑职渎陈也。肃此具禀。①

○二八　钞咨永贞祥与陈联泰钱债镠辖一案由

光绪二十七年三月十六日（1901年5月4日）

头品顶戴兵部尚书兼都察院右都御史总督两广等处地方军务兼理粮饷陶，为咨呈事。

光绪二十七年三月十四日，据署南海县裴令景福、署番禺县钱令溯灏会禀称：义商永贞祥与陈联泰钱债镠辖一案，先于光绪二十六年四月十七日奉前宪李札县密拘陈联泰店东陈孚即陈枬到案，会讯负欠洋商巨款实情，勒追清理等因。即经差拘。随据陈联泰店东陈亮业投到提讯。据供联泰机器店系伊父陈枬创设，迨后伊

---

① 台北中研院近代史研究所藏：外交档案，馆藏号：01-12-171-04-004。

父另图别业,由伊开张,向无洋人合股。祸因光绪二十四年八月十四日,伊父忽奉番禺县传押,斯时举家惊惶,适有素识之谭翊侨面称,他有交好西人拿云拿、啤地两人在港开永贞祥洋行,现在来省,可代讨情释放。惟西人不能直求大宪,必要领事照会,然西人求领事照会,必要伪认作陈联泰股东,方足动领事之听。伊未谙西文西语,均由谭翊侨代为先容。遂带伊见两西人面,谭翊侨爰撰二万五千元伪合同,强伊签陈联泰三字,伊不敢从。当时啤地谓尔如有思疑,我当立回揭约,亦系二万五千元,交尔收执。将来如有人借伪合同生事,可将我立揭约呈出具,真伪立辨。伊痛父情急,权写陈联泰三字于伪合同之后。嗣伊父蒙发审局讯明恩释。今查拿云拿已回国,啤地亦往外埠,实系谭翊侨借伪合同瞒准领事照会传讯,请照覆领事,速将谭翊侨及拿云拿、啤地等送案讯断。伊父患病,不能付质等供。据此,当饬将啤地所立揭约呈核。据亮业以伪揭约、伪合同前交香港狄近律师存案,兹由该律师照抄,附以印信呈缴前来。

卑职等以陈亮业所供各情历历如绘,且有洋文揭约为据,似系实情,如须着追,应由拿云拿、啤地两人来案指证,以便传同谭翊侨等三面环质,方足以昭折服。随将伪合同、揭约照译华文,禀经前兼署宪以两造从前通同作伪,抵制华官,亟应彼此各予严惩,照覆去后。随奉札行,据义领事文称:陈树被押在光绪二十四年八月十四日,订立合同、揭约在是年六月二十四日,相去两月,安能预知等语。且以中国之案赴港控告,尤为藐玩。饬即覆办理。又提陈亮业覆讯,据供前项伪合同实系二十四年八月内所立,抬填六月内日期,当时因恐在伊父被押后订立合同,若铺屋被封,一经呈出,必干中国究诘,亦是谭翊侨等指使伊等,此次并无到港控告,情愿出结。

伊父已于二十六年闰八月病故。卑职等以本案业已研讯明确，合同、揭约银数相同，彼此互抵，即已清结。拿云拿等既未到案，纵使向陈亮业硬行着追合同之款，而置揭约不顾，陈亮业亦必不服。惟陈亮业串同作伪已无疑义，自应专科作伪之罪，但例无专条，禀请照不应重律，杖八十，折责发落在案。乃义领事既不将拿云拿等送案，专请究追，复经卑职等将陈亮业所开陈联泰店两间封抵，已属格外迁就。乃领事犹以为不足，照请提取陈联泰屡年账簿察悉，并勒县按日垫送领事署汉文案夫马金五元。随于本年三月初二日，调出陈联泰光绪二十四、五、六年账簿三本，由县函知义领事派人来县察看。迨看毕后，由其汉文案崇耀将簿携去，不出一言。嗣奉准义领事文称：账簿种种可疑，有涂改、藏匿等弊。又经卑职等再调陈联泰帐簿三本，送往义领事寓所核对，现概未交回。兹据陈亮业禀请吊验伪合同、揭约，传同谭翊侨等会讯断结，并请将簿发还前来。

伏查义约第十七款内载：义国人民遇有控告华民事件，皆应先禀领事官查明根由，先行劝息，使不成讼。中国民人有赴领事官告义民者，领事官亦应一体调处。间有不能使和者，即由地方官与领事官会同审办，公平讯断。又，二十三款内载：义国民人若有华民欠债不偿，约准地方官认真代为催缴；义人欠债不偿，义国官亦应一体办理，但均不能官为赔偿各等语。今本案应辩论者约有三端：一、被告陈亮业已到，而合同内有名之拿云拿、啤地及知见人谭翊侨未到，如须着追，应将拿云拿等送案，照约会讯公断。二、合同作真，则揭约亦应作真，合同内二万五千元之股东应向陈联泰追偿，则揭约内二万五千元之借款亦应照约向拿云拿等追偿。三、义民与华民交涉案件，条约内并无由地方官垫送义国汉文案夫马金明文，即办理各国交涉案件，亦向无由官垫送夫马之事。兹卑职等既不拘定拿云拿等到案，又不追偿揭约之款，即将陈亮业办罪，并将其联泰店两间查封备抵，不但毫无帮助陈联泰，实系帮助永贞祥。只以两国和好有年，此等钱债案件，义领事既如此坚执，不得不格外通融，用敦睦谊。乃义领事愿望甚奢，不以为然，甚有理应地方官还回永贞祥之语，其汉文案满洲人崇耀屡来县署索取夫马，传语恫喝，言香港义国水师兵官亦将干预此事，似均与条约未符。理合查明全案情形，照录伪合同、揭约，禀请察核，俯赐咨呈总理衙门照会义国驻京大臣，按约持平办理，核明议覆，转饬领事遵照，实为公便等情，到本部堂。

据此，查本案陈联泰店东陈亮业因伊父陈树被押情急，串令洋商拿云拿等冒认伊店股东，伪立合同、揭约，意图抵制官长。据供情形，历历如绘，节经各前部堂暨本部堂照会义国佛领事，并饬县将陈联泰店铺两间查封，吊取账簿，由义领事查核商办。似此办理，实属格外通融。乃义领事不问情理，一味要挟恫喝，未免有意为难。据禀前情，相应钞录全案卷宗咨呈。为此合咨贵衙门，谨请察核，照会义国驻京大臣，持平核办，抑照请各国驻京大臣饬令驻广州口各领事官秉公定断之处，统候裁夺，赐覆施行。须至咨者呈者。计钞呈案卷一本，汉洋文伪合同、揭约各一件。右咨呈钦命总理各国事务衙门。光绪二十七年三月十六日。

●义国永贞祥与陈联泰钱债轇轕全案

谨将义商永贞祥与陈联泰钱债轇轕案领事来文及转行照覆各稿钞录呈阅。

计开：

义国领事来文

为照会事。照得义商永贞祥于光绪二十四年六月二十四日出银二万五千元，交与陈联泰代理正铺及栈生意，仍用陈联泰字号，另枝店一间，用利丰厚字号，经立合同，订明利银均分为据。兹据永贞祥云，已历二年之久，并无分给利银，开列数目送阅。本年三月初十日，该商函致陈联泰，催取利银以及历年数目，迄今未见回信，亦无利银数目交出等语。查陈联泰店开设在太平门外十八甫，一栈在天字马头，枝店利丰厚在河南。所有各店事务均归陈联泰司理。至每年盈溢利银、出入数目，理宜年终核算清楚，业经耽搁两载，何以延宕不交，显有欺诈情弊。恳请贵阁部堂札饬南海、番禺两县传讯实情，勒速清理，不胜感激之至。相应照会贵阁爵部堂查照。顺颂日祺。须至照会者。光绪二十六年四月十三日到。

义国领事来文

为照会事。前接贵阁爵部堂四月十七日来文，以陈联泰负欠义商永贞祥本利巨款已蒙札饬南海、番禺两县将陈联泰密速拘案，讯明办理。兹据永贞祥云，此事耽搁已久，并无清理日期，洋行内亦欠各号银元，目前不能周转，恳请速追陈联泰欠款，以备支拆。为此仍烦札饬地方官赶紧料理清楚，不胜厚望之至。相应照会贵阁爵部堂查照。顺颂日祉。须至照会者。光绪二十六年五月二十七日到。

义国领事来文

为照会事。前接贵阁爵部堂六月初一日来文，言义商永贞祥控追陈联泰负欠本利巨款一案，已札催南海、番禺两县速将陈联泰拘案讯明，勒限清结等由。本领事官均阅悉。兹据永贞祥呈香港臬署六月初三日文书，内云陈联泰控告义商等语。查此案银元交手，订立合同，俱系在省，所有铺栈、枝店亦系分设太平门外、大南门外及河南等处。陈联泰既经被告,竟不听候地方官审办,胆敢潜到香港臬宪衙署,反以诬词捏告,其目无官长,冀令英员扛帮可知。似此行同无赖,实属有心欺骗,若不严加审讯,殊不足以儆将来。为此仍请贵阁爵部堂札饬南海、番禺两县按照义国和约第二十三款所载,速即办理清楚,勿再延迟。相应照会贵阁爵部堂查照。须至照会者。光绪二十六年六月十六日到。

义国领事来文

为照会事。照得本领事官前以陈联泰负欠义商永贞祥银元一节,曾于四月十二、五月二十五、六月十四等日照会前阁爵部堂在案。迭经照覆札催南海、番禺两县,速将陈联泰拘案讯明实情,勒限清结等由。查此案耽搁今已数月,未知该管地方官办法如何。现因接陈联泰延请之状师狄近及希仕廷来信,云及陈联泰拘案之后竟被衙役勒索,并云本领事官袒护义商,语义颇涉怨恨,实属胆大妄为。若不赶紧料理,似于中外政体两失观瞻。为此恳请贵兼署部堂札饬该管地方官从速认真办理,务将案情早日完结,不胜厚望之至。相应照会贵兼署部堂查照。顺颂日祉。须至照会者。光绪二十六年七月十五日到。

义国领事来文

为照会事。照得本领事官于本月初八日晋省,初十、十一等日经与贵兼署部堂面商陈联泰一案。既据陈联泰禀称前与义商永贞祥所订立合同、揭约均属假伪,因为释放伊父出来,嗣与洋务总局龚坐办提及此事,据被告所说之言,自非好人,实为至不好之人;并云合同、揭约俱在香港狄近律师处,返港后又接到贵兼署部堂初七日来文及禀折各件,均经阅悉。本领事官细思此案,复阅前两三月永贞祥所呈之凭据,甚属真切。至陈联泰禀词,颇有不实不尽之处,试观南、番两县禀内详列陈亮业禀称：职父陈树被押是在二十四年八月十四日,陈联泰、拿云拿、啤地订立合同、揭约是在二十四年六月二十四日,前后相隔两月,安能预知此事？且本领事官未给阁爵李前部堂第一次照会之先,曾阅永贞祥所呈陈联泰的笔写来信件,内云此店系拿云拿洋行因伊父被押,衙役将该店衣物、银两抢掠一空,开列失单,通知刻即追赃。至永贞祥因陈联泰函托再三,然后沾手理事,伊父已行释放。是地方官于释放陈树一事认过合同,信以为真。现在永贞祥应得之利益,所立合同,地方官亦应信以为真,方觉公允。再,永贞祥于合同、揭约之外尤另有凭据,如欲察核,容日送上。复思陈联泰与永贞祥为银钱事极小,屡蒙贵兼署部堂札饬南、番两县办理,于心殊觉不安。但陈联泰胆敢在香港控告,并不听候地方官审讯,将来中国遇事皆相效尤,后患最大,曾于本年六月十四日照会阁爵李前部堂,及于七月十三日照会贵兼署部堂各在案。

查陈联泰请律师狄近写信两封给本领事官,语多无礼,甚至言及中国地方官勒索陈联泰,其所以请地方官催结此案者,皆由本领事官似于中外俱失政体。现将原信两封用英文照抄,择信中无礼之语最要紧者译成汉文,均另纸写录。为此恳请贵兼署部堂严行禁止打单诡计。似此棍徒,真不知耻。本领事官现拟函致香港政府,停止讼事,并请贵兼署部堂亦函致香港总督,停止讼事。此并无他故,亦因省港来往人多,遇有交涉事件,皆在香港控告,反使地方官办理无权,不至事多掣肘不止。若不将陈联泰先行监禁,殊不足以警将来。甚望贵兼署部堂治以应得之罪。定伊罪名,厥有数端：商务交易具有二心,签字不认,多行狡诈；潜往香港控告,逃避大清国律例,目无王法可知；贿托状师扛帮,诬指地方官勒索,目无官长可知。以此治罪，谁曰不宜？仍请贵兼署部堂立即吩咐地方官勒限陈联泰清还永贞祥欠款，则案情了结，俾免镣铐，不胜厚望之至。相应照会贵兼署部堂查照。顺颂时祉。须至照会者。光绪二十六年八月二十一日到。

狄近律师来信译成汉文录后

据陈联泰云：因佛领事官帮着义商永贞祥恳请省城各大宪催陈联泰遵从永贞祥所问，故此被地方官烦扰，况且大为勒索。

义国领事来文

为照会事。照得陈联泰负欠永贞祥一案，曾于八月十九日照会贵兼署部堂，迄今已逾一月，未知办法何如？本领事官遇陈联泰难处之事，即使延宕两三月，亦应静候消息。无奈永贞祥不愿静候，只要当得之钱。本领事官劝谕再三，未见永贞祥首肯，因忍受多时，不能久待，或买或卖，在在需钱周转，故定要立刻清还。如贵兼署部堂仍未饬该管地方官勒限清理，本领事官实在无法，惟有禀呈义国外务大臣及驻京钦差。相应照会贵兼署部堂查照，希即照覆。顺颂日祺。须至照会者。光绪二十六年闰八月二十日到。

义国领事来文

为照会事。前接贵兼署部堂闰八月二十四日照会，言陈联泰与义商永贞祥镣铐一案，已行南、番两县，限文到十日内勒传讯办等由，均经阅悉。迄今逾限多时，想案情早经完结，即希定期示知，以便转达该商按照部中数目，自可清收也。相应照会贵兼署部堂查照。顺候时祉。须至照会者。光绪二十六年九月十九日到。

义国领事来文

为照会事。前接贵兼署部堂十月初七日来文，均经阅悉。查此案耽延已久，恐南海、番禺两县有心袒护，故意推辞，未能遵命办理。私揣其意，因陈树已死，陈亮业现在不能清还，其故实属不妥。如此办法，本领事官颇深骇异，甚非合意。且前接闰八月二十四日照会内称，已行南、番两县限文到十日内勒传讯办，是时陈树已死仅后十六日，何以并未声明，迨隔两月之后，始复声明？其中疑团真难破解。此姑无具论。目下陈树死逾两月，坟墓想已工竣，陈亮业亦可清偿。果能如数归还，人人皆知伊父善于教养，不独生者作事无愧，而且死者亦得美名。总之，既为债主，不得以安葬未完借为抵赖。恳请贵兼署部堂饬南海、番禺勒限清理，傥再借辞缓办，惟其是问。再，义商永贞祥屡请速为办结，实在无法，已将此案于前十余日禀详义国驻京钦差、外务大臣、水师提督等署。理合声明。相应照会贵兼署部院查照。顺颂时祉。须至照会者。光绪二十六年十月十七日到。

义国领事来文

为照会事。接贵兼署部堂十二月初八日来文，均经阅悉。查此案陈亮业供词俱多狡诈，以致耽延许久，尚未了结，本领事官心实不安。若仅信陈亮业一人之词，在陈亮业固得逍遥法外，置钱债于不理，恐该商等于心不服，必至控告不休。据陈亮业坚供所立合同系属伪造，但不知出自何人之手，转以询诸陈亮业，恐亦俯首无辞，此为狡诈之明证也。且陈亮业不特狡诈于前，而且狡诈至今。试观伊供，此次并无片纸只字，到香港衙门呈控，此是必然之事。因本领事官为两广领事，所办亦系省城钱债，又何能在香港控告，不问可知。惟是明明见香港臬宪有传永贞祥到案一纸，并嘱永贞祥即行赶紧清理。其供词狡诈者一。合同在省城所定，永贞祥断不能在香港拿伊送官，伊云竟欲拿送。其供词狡诈者二。律师致信本领事官，措词如何，全不知道。洋例凡为律师者，必得原告主意,始能措语于人,万无□□□用。其供词狡诈者三。至于律师信中措词竟云全不知道,则前此所立合同亦是全不知道。此尤为狡诈之极。若如南海、番禺两县禀内必须合同内有名之洋人拿云拿、啤地到案,传同谭翊侨三面环质,方能水落石出。此事可以不必,因前已有合同、揭约,又何责于环质?兹合同已视为伪立,即环质想亦判为不实也。仍请札饬地方官再作彻究追还,并勒限陈亮业将联泰等店屡年数目簿定期周知永贞祥,着人来省察看每年应得利银若干,以便收取,不胜感激之至。相应照会贵兼署部堂查照。顺候时祉。须至照会者。光绪二十六年十二月十四日到。

义国领事来文

为照会事。昨接英国总领事官友函,始悉陈联泰与永贞祥缪辖一案。以律师狄近信中无礼之语,本领事官曾于八月十九日择录译成汉文送阅,原欲开诚布公,贵兼署部堂谅已明晰,似不宜向英总领事官询问一切。若果如此猜疑,嗣后遇有交涉事件,更难办理。不特本领事官有失观瞻,即贵兼署部堂想亦未必见信于人也。相应照会贵兼署部堂查照。顺颂日祺。须至照会者。光绪二十六年十二月二十日到。

义国领事来文

为照覆事。接贵督部堂二月二十七日来文,均经阅悉。旋于二十八日贵督部堂在沙面客店云及饬地方官提取陈联泰等店屡年数目簿放在署内,以便察阅,并云联泰等店业已查封。为此,本领事官函知义商永贞祥,今早该商带同司理行中账务一人经已到省,现在沙面客店居住。本领事官办事公平,亦所深悉。现因事体极大,亦已拣选一人帮同察看。即着本署汉文案满洲人崇耀偕同永贞祥及司理人,以备到来察看。恳请示知几点钟到何处衙门可以察看，并请饬知地方官每日送汉文案夫马金五大元，按日清送。至该夫马金若干，俟结案后即向陈联泰取回可也。相应照覆贵督部堂查照。顺颂日祺。须至照会者。光绪二十七年二月三十日到。

义国领事来文

为照会事。昨接三月初一日来函，知悉一切。本领事官虽不愿意烦扰贵督部堂，然亦不得不告知许多不合理之事，恳请贵督部堂伸冤。前月二十八日，贵督部堂在沙面客店告知本领事及哲总兵，要查封联泰各店。本月初二日，又接南海县来函，内云联泰数目簿业已调齐，放在署内，并约是日三点钟到该县署内察看，当即派本署汉文案偕同永贞祥及司理人暨由哲总兵派来巴参将、都司四员一同亲到县署，适见数目簿不在县署内，系陈亮业自己带来，随将陈联泰二十四、五、六等年进支银簿携回沙面客店，公同校对，内有可疑之事甚多。据永贞祥转述，据陈亮业云，各店系自己生意，年结月结俱不登记等语。本领事官细阅各簿，二十五年正月有进结数，无支结数。可疑者一。是年正月初一日，有"接上存银九十两"字样。可疑者二。二月份又有进总数，无支总数。可疑者三。二十六年正月十三日起，同日进支数本应一人管理，何以两人手笔？可疑者四。是年只有进银部，[①]并无支银部，进支两部最要分明，支数不能登记进数部内，不问可知，何以支数亦登记在进银部？不独机器店每年有几本数目部，即小生意店每年亦有几本数目部。可疑者五。且正月份有支结无进结，而于进总数又不登记。可疑者六。又于三月内有一条笔误，业经挖补，可知核算数目极其清楚，安得自云年结月结俱不登记？可疑者七。数目部原为计算

---

① 部，疑为"簿"之误，本篇后同。

生意盈亏起见，倘真俱不登记，则自己亦不知有无盈亏，且伊父陈枬病故，何以又登记在数目部内，此乃数目部，非记事部也，甚于生意规矩不合。可疑者八。有此八款，贵督部堂亦念及否？查陈联泰店生意不小，独于揭借款项种种登记，生理必至不前，何以至今仍旧开张？似进支数目另有草簿登记，已无疑义。总核三年各部内有许多数目进支各款登记颇觉详细，陈亮业竟云年结月结俱不登记，自相矛盾，欺诈之罪，自不能辞。且查二十五、六等年进支银部边旁并无手汗痕迹，所号簿头墨迹极其光润，但此部系逐日登记，逐日核算，安能历久常新？似非当年原部。现据永贞祥云，闻去年该店江马小轮船及近一二年该店有旧铁不少，俱已售出，何以进支银部均不登记？系多有数目部子藏匿不交，夫复何疑？并据该商云订立合同系在二十四年六月二十四日，似于是年六月以前之数不欲查核，既有可疑，不得不多此一举。果见二十四年正月二十四日进众益公司银四千三百二十两，篇尾结数只写一千二百六十五两一钱六分八厘，是其数目错乱，俱不足凭，涂改等弊，在所不免。总之，此案如今关系颇大，于广东地方官员责任最相干涉。现在地方官帮助陈联泰诓骗之事，理当地方官还回永贞祥应得之钱，言不在多，尚望贵督部堂熟思之。相应照会贵督部堂查照。顺颂日祺。须至照会者。光绪二十七年三月初三日到。

为饬审事。照得本部堂访闻天字马头商人陈联泰有把持市面情事，当经饬据番禺县查获联泰店东陈孚一名，由县饬将该店门前堆放碍路重大机器移放他处，可否即予省释，具禀请示前来。当批所获陈孚尚未由局饬提讯明，未便遽释，候饬提讯，分别禀请释究，仰即遵照缴等因。除印发外，合札提讯到该府，即便会督局员，饬提陈孚到案，讯明有无，把握情事实在，是良是歹，分别禀请释究毋违。一札广州府发审局。光绪二十四年十月初八日。

●番禺县裴景福禀

案奉宪台谕饬，即将天字马头商人陈联泰拿获，交发审局讯究等因。奉此，卑职遵即饬差拿获该店东主陈孚一名，收入候保所听候提讯。随即谕令陈孚将该店门前堆放重大机器迁往别处，以免有碍行人。即据禀覆，已通知铺伴多雇工人，尽将各物搬清等情。覆查属实。正在具禀间，准美国璧前领事官函称：据商人碧地来禀，有差数名径至天字马头商人寓所，声言拿人，乘机掠物甚多，请查覆等由。当经卑职以当日往拿陈联泰时系卑职协同南海县在西关传出该联泰店东陈孚一名，并未派人进店，万无乘机抢掠之事。且现在押候者系中国联泰机器店陈孚，并非美国商人碧地来等由，答覆去后。嗣又准韦领事官照会：现据美商碧地来面禀，陈瑞孚在陈联泰机器店被拿一事，缘该商碧地来系陈联泰股东，故敢渎禀。惟贵县覆函所言查陈孚禀词均无提及失物等语，盖陈孚即陈瑞孚被拿在九月廿九号，即中历八月十四日，而抢掠银两一案则在十月三号，即中历八月十八日，当时陈孚已困囹圄，何由得知？兹据该商覆称：于十月三号即八月十八日被差抢掠银物后，他闻警亲回该店，并着各伴速将机店水镀迁移别处，免碍行路。适其时地保吴勋在旁，并询其知否抢掠一事。据该地保所写供词，系他目击有番禺县差六七名，走进陈联泰店账房内抢掠衣物而去等词。开具失单，乞代转呈，并恳将所拿陈孚即瑞孚一名释放等情。相应照会查照，计粘失单一纸等因到县。

卑职与县差奉谕前往联泰机器店，饬令搬去放置堤岸各铁器物件。当时小的同差役们系在该店门外通知，并没入该店铁门内，店有陆姓司事人出铁门外讲话，答应着人即行搬清，小的与差役们就去了,委没有人进店抢掠情事。到了十九日早七点钟时候,联泰店司事人邀小的到该店楼上。小的见陆姓司事人,又有不识姓名一人,另有一洋人,先在那里逼令小的认十八日县差到店抢掠,要小的写下供词,小的不允,亦没写有目击抢掠的供,其实委没抢掠的事出得结的等供。据此,并据该地保吴勋出具切结。兹又接韦领事以陈孚已将机器遵谕搬迁,倘能网开一面,请准摘释,一再婉为函商前来。除由卑职先行函覆韦领事外,伏查本案既据该地保供明当日协同县差,饬令该店搬去物件,系在该店门外通知,并未进店,委无抢掠情事,亦无写有目击抢掠供词,已据具结,自属可凭。惟查韦领事来函,其本意只在求释陈孚,不过借差役抢掠为词。迨续次函内专为陈孚乞恩,而于抢掠已一字不提。今联泰店陈孚遵将重大机器搬移净尽,不敢有碍行人,此外有无别犯,能否省释,卑职未敢擅请。惟查陈孚年已七旬,现颇患病,领事既为一再婉求,应准释。理合据情禀候宪台察核批示祇遵。肃此具禀,伏乞垂鉴。卑职景福谨禀。光绪二十四年九月二十四日禀。光绪二十四年九月二十九日批:所获陈孚尚未由局饬提讯明,未便遽释,候饬提讯,分别请释究,仰即遵照缴。

广州府周开铭、会办发审局候补知府熊世池禀

现奉宪台札开:访闻天字马头商人陈联泰有把持市面情事,当经饬据番禺县查获联泰店东陈孚一名,由县饬将该店门前堆放碍路重大机器移放他处,可否即予省释,具禀请示前来。当批所获陈孚尚未由局饬提讯明,未便遽释,候饬提讯,分别禀请释究,仰即遵照缴等因。除印发外,合札提讯,札府即便会督局员饬提陈孚到案,讯明有无把持情事,实在是良是歹,分别禀办释究等因。奉此,遵经行提去后。随据番禺县将联泰店东陈孚一名,联泰县卷一宗

申解到府，当即会督局员提讯。据陈孚供：年七十岁，南海县良登乡人，在新□栏开设联泰机器店，后迁往十八甫。光绪十六年分支一栈在南关马头，专造纺丝机器，并不晓造洋枪、轮船等物。店前所置售烂机器系替人修整，暂时安放。前蒙番禺县谕令搬迁，遵即将门口堆放机器全行搬清，现已毫无阻碍。自奉押后，逐日有儿子、工伴到来探问，均称店中生意照常，并未说有被县差抢掠情事。伊向来安分守业，不敢把持市面，如日后查出有把持作歹等情，愿甘治罪等语。并据当堂递其甘结前来。

卑府等伏查本案既经讯明联泰店门口堆放机器业已搬清，陈孚尚无把持情事，县差亦无抢掠，核与县禀相符。陈孚已七旬，老病龙钟，应请准予保释。理合将讯过情形禀覆宪台察核批示祗遵。肃此具禀，伏乞垂鉴。卑府开铭、世池谨禀。光绪二十四年十月二十八日禀。

光绪二十四年十一月初五日批：陈孚既据讯无把持情事，应令取具殷实铺户联同保结，准予开释。如后查有尚不安分，或别生事端，即惟该保铺等是问。仰广东臬司会同藩司即饬查照办理。

为饬遵、咨会事。光绪二十六年四月十三日，据义国驻港佛领事照称：窃照义商永贞祥于光绪二十四年六月二十四日出银二万五千元，交与陈联泰代理正铺及栈生意，仍用陈联泰字号，另枝店一间，用利丰厚字号，经立合同，订明利银均分为据。兹据永贞祥云，已历两年之久，并无分给利银，开列数目送阅。本年三月初十日，该商函致陈联泰催取利银以及历年数目，迄今未见回信，亦无利银数目交出等语。查陈联泰店开设在太平门外十八甫，一栈在天字马头，枝店利丰厚在河南，所有各店事务均归陈联泰司理。至每年盈溢利银、出入数目，理宜年终核算清楚，业经耽搁两载，何以延宕不交,显有欺诈情弊,恳请札饬南海、番禺两县传讯实情,勒速清理等由前来。

查陈联泰店东陈孚经谭前部堂访闻有把持市面情事,饬由番禺县拘获,提发广州府发审局审明,尚无把持实据,禀经批司饬取殷实铺户联环保结,准予开释有案。兹据文称,负欠义商永贞祥本利银两为数甚巨,屡催不理,如果属实,其为狡诈市侩、素非安分可知,何以该府发审局混称并无把持实据?应饬勒拘到案,切实讯追。合就札饬到该县等,即便遵照檄指,会拨干练差役,按址密拘陈联泰店东陈孚到案,会讯负欠洋商巨款实情,勒速清理结报,仍先将遵办情形会禀察核切速。一合札南、番二县钉封。光绪二十六年四月十七日发。

云云讯追。除合札南、番两县遵照云云察核外,合就札饬到该司,即便会同臬司一体转饬遵照毋违。一札广东布政司。光绪二十六年四月十七日发。

云云察核及行广东藩司会同云云遵照外,相应咨会。为此合咨贵部院,请烦查照施行。须至咨者。一咨广东抚院。光绪二十六年四月十七日发。

为照覆事。接贵领事官四月十二日照会,以义商永贞祥控追陈联泰负欠本利巨款,请饬拘追等由。已札南海、番禺两县将陈联泰店东密速拘案,讯明办理。相应照覆贵领事官查照。须至照会者。一照会义国驻港佛领事。光绪二十六年四月十七日发。

为饬催事。光绪二十六年五月二十七日,据义国驻香港佛领事官照称:前接四月十七日来文,以陈联泰负欠义商永贞祥本利巨款,已蒙札饬南海、番禺两县将陈联泰店东密速拘案,讯明办理。兹据永贞祥云,此事耽搁已久,并无清理日期,洋行内亦欠各号银元，目前不能周转，恳请速追陈联泰欠款，以备支拆。为此仍烦札饬地方官赶紧料理清楚等由前来。查此事前据来文，即经密饬该两县将陈联泰店东陈孚拘案讯明，勒速清理，日久未据禀覆。据文前情，合就札催到该县等，即便遵照，先令檄饬事理，迅速会拨干练差役，按址密拘陈联泰店东陈孚获案，会讯负欠洋商巨款实情，勒限清结具报，毋任宕延，仍将遵办情形限文到十日内先行会禀察核。切切。一合札南、番二县。光绪二十六年六月初一日发。

为照覆事。接贵领事官五月二十五日照会，以义商永贞祥控追陈联泰负欠本利巨款一案，仍请饬县赶紧办理等由。已札南海、番禺两县将陈联泰店东陈孚拘案讯明，勒限清结。相应照覆贵领事官查照。须至照会者。一照会义国驻港佛领事。光绪二十六年六月初一日发。

为饬催事。光绪二十六年六月十六日，接义国驻港佛领事官照称：前接六月初一日来文，以义商永贞祥控追陈联泰负欠本利巨款一案，已札催南海、番禺两县速将陈联泰拘案讯明，勒限清结等由。本领事官均经阅悉。兹据永贞祥呈香港臬署六月初三日文书，内云陈联泰控告义商等语。查此案银元交手订立合同，俱系在省，所有铺、栈、枝店亦系分设太平门外、大南门外及河南等处。陈联泰既经被告，竟不听候地方官审办，胆敢潜到香港臬宪衙署，反以诬词捏告，其目无官长，冀令英员扛帮可知。似此行同无赖，实属有心欺骗，若不严加审讯，殊不足以儆将来。为此仍请札饬南海、番禺两县按照义国和约第二十三款所载，速即办理清楚等由前来。查此事即据来文札饬该两县将陈联泰店东陈孚拘案讯明，勒速清理，日久未据禀覆。合就札催到该县等，即便遵照，先令檄饬事理，迅速会拨干练差役，按址密拘陈联泰店东陈孚到案，会讯负欠洋商巨款并到港诬告各实情,勒限清结具报,毋任宕延,仍将遵办情形刻日禀覆察核毋违。一合札南、番二县。光绪二十六年六月十九日发。

为照覆事。接贵领事官六月十四日照会,以义商永贞祥控追陈联泰负欠本利巨款一案,该店东不候官办,潜到香港臬署诬告,意图赖债,仍请饬县迅速办理等由。已札催南海、番禺两县将陈联泰店东陈孚拘案讯明实情,勒限清结。相应照覆贵领事官查照。须至照会者。一照会义国驻港佛领事。光绪二十六年六月十九日发。

为催拘讯追事。光绪二十六年七月十五日,据义国驻港领事照称:前以陈联泰负欠义商永贞祥银元一案,曾于四月十二、五月二十五、六月十四等日照会前阁爵部堂在案。叠经照覆札催南海、番禺两县,速将陈联泰拘案讯明实情,勒限清结等由。查此案耽搁今已数月,未知该管地方官办法如何？现因接陈联泰延请之状师狄近及希仕廷来信,云及陈联泰拘案之后,竟被衙役勒索,并云本领事官袒护义商,语义颇涉怨恨,实属胆大妄为。若不赶紧料理,似于中外政体两失观瞻。为此恳札饬该管地方官从速认真办理,将案早日完结等由前来。查此事节据来文,均经阁爵前部堂李饬行两县速将陈联泰店东陈孚拘案讯明实情,勒令清理,迄今未据一字禀覆,殊属玩延。接文前情,合再札催到该县等,即便遵照前令檄行事理,查明该店东陈孚如已拘到案,立即会讯负欠义商永贞祥巨款及到港控告各实情,分别究结,刻日具报,勿再宕延。至谓陈联泰拘案之后被衙役勒索一节,确查并覆,毋违切速。一合札南、番两县。光绪二十六年七月二十二日发。

为照覆事。接贵领事官七月十三日照会,以义商永贞祥控追陈联泰欠款一案，请饬地方官从速认真办结等由。已札催南海、番禺两县查照办理矣。相应照覆贵领事官查照。须至照会者。一照会义国驻港领事。光绪二十六年七月二十二日发。

南海县裴景福、番禺县钱溆灏禀（光绪二十六年七月二十八日到）

敬禀者：案奉宪台札开：据义国驻港佛领事照称：义商永贞祥于光绪二十四年六月二十四日出银二万五千元，交与陈联泰代理正铺及栈生意，仍用陈联泰字号，另枝店一间，用利丰厚字号，经立合同，订明利银均分为据。兹据永贞祥云，已历两年之久，并无分给利银，开列数目送阅。本年三月初十日，该商函致陈联泰，催取利银以及历年数目，迄今未见回信，亦无利银数目交出等由前来。札县遵照檄指会拨干练差役，按址密拘陈联泰店东陈孚到案，会讯负欠洋商巨款实情，勒速清理结报，仍先将遵办情形会禀察核。并奉藩、臬二司暨本府札同前因各到县。奉此，当即会同饬差密拘，随据联泰店东职员陈亮业自行投到，并据禀称：陈联泰机器店向系伊父陈栉创设，迨后伊父志图别业，由伊开张，仍用联泰招牌在十八甫开张，始终未尝有一外人合股。不料今年三月，忽有意大利国人拿云拿自港来信，追陈联泰生意利益，职即往香港理论，不见该西人之面。祸因光绪二十四年八月十四日，职父陈栉不知何故，奉番禺县传问押留，斯时举家惊惶，适有素与交易相识之开平县人谭翊侨在坐，得知此事，着勿惊慌，据称伊有交好西人，名裴德，即啤地，系美国皇家大医生，又有一名拿云拿，系意大利国人，在港开永贞祥洋行，现寓沙面，如有冤情，可代排解。惟是西人不能直求大宪，必要领事照会，然西人求领事官照会，必要伪认作陈联泰股东，方足动领事之听。职以未习西文，不能与西人言语相通。该谭翊侨一力担承，许一切代为先容。遂带同职到沙面，见两西人面。谭翊侨撰一伪合同，强职签陈联泰三字，职不敢允。当时西人啤地谓职如有思疑，我当立回揭约，亦系二万五千元，交尔收执。将来如有人借该伪合同生事，可将我立揭约呈出具，真伪立辨。职痛父被押情急，故职权写陈联泰三字于伪合同之后。嗣职父蒙发审局讯明恩释。今查拿云拿已回国，啤地亦往外埠，实系谭翊侨借伪合同瞒准领事照会传讯，请速传谭翊侨讯断。职父患病，不能到案等情。提讯供与禀同。当饬将洋人啤地所立之约呈核，而陈亮业以该伪揭约及伪合同前交香港狄近律师存案，不能取回，兹由该律师照抄附各一张，附以印信呈缴前来。卑职伏查陈亮业所供各情，且有洋文揭约为据，似系实情，如果必须着追，应由洋商拿云拿、啤地两人来案指证，以便传同谭翊侨等三面环质，方足以昭折服而分真伪。理合先将陈亮业抄缴洋文伪合同、伪揭约照译华文，列折禀缴宪台察核，俯赐照覆义国佛领事查照，肃此具禀。

批：已据禀照会香港义国佛领事知照，仰广东布政司转饬遵照缴折存，照会稿抄发。光绪二十六年八月初七日发。

谨将陈亮业抄缴伪合同、伪揭约列折呈电

陈联泰，中国人；拿云拿，公司拿云拿拿巴路，意大利国人；啤地，美国人。

为立约事。今陈联泰收到银二万五千元，所有在十八甫及在官码头陈联泰机器生意一半卖与拿云拿公司，利益均沾；陈联泰所住之处铺屋亦批租与拿云拿公司，以十年为期。此约。陈联泰、拿云拿、啤地。知见人：谭翊侨、梁晏田。一千八百九十八年八月十一号，即中国光绪二十四年六月二十四日。

拿云拿公司借银二万五千元，今将省城机器店之一半归与陈联泰，两不计利。一千八百九十八年八月十一号，即中国光绪二十四年六月二十四日。

据南、番两县禀照会香港义国佛领事

为照会事。案接贵领事官节次来文，以陈联泰店负欠义商永贞祥巨款一案，请饬追办，叠经阁爵李前部堂暨本兼署部堂饬县拘讯追结去后。兹据南海、番禺两县将办理本案情形禀覆到本兼署部堂。据此，查据陈亮业所供情形，历历如绘，且有伪合同、揭约存在香港律师处，是从前两造串通，希图抵制华官，已确凿有据。似此通同作伪，不仅不成事体，亦且于两国交涉大为有碍，亟应彼此查明，各予严惩，以昭信实而儆效尤。除禀批发外，相应照抄禀折，照会贵领事官查照施行。顺候时祉。须至照会者。一照会香港义国佛领事。光绪二十六年八月初七日发。

为饬遵、咨会事。光绪二十六年八月二十一日，据驻扎香港义国领事照称：本领事于八月初八日晋省，初十、十一等日业经面陈陈联泰一案。既据陈联泰禀称前与义商永贞祥所订合同、揭约均属假伪，因为释放伊父出来，嗣与洋务总局龚坐办提及此事，据被告所说之言，自非好人，实为至不好之人；并云合同、揭约俱在香港狄近律师处，返港后又接到贵兼署部堂初七日来文及禀折各件，均经阅悉。本领事官细思此案，复阅前两三月永贞祥所呈之凭据，甚属真切。至陈联泰禀词，颇有不实不尽之处，试观南、番两县禀内详列陈亮业禀称：职父陈树被押是在二十四年八月十四日，陈联泰、拿云拿、啤地订立合同、揭约是在二十四年六月二十四日，前后相隔两月，安能预知此事？且本领事官未给阁爵李前部堂第一次照会之先，曾阅永贞祥所呈陈联泰的笔写来信件，内云此店系拿云拿洋行因伊父被押，衙役将该店衣物、银两抢掠一空，开列失单，通知刻即追赃。至永贞祥因陈联泰函托再三,然后沾手理事,伊父已行释放。是地方官于释放陈树一事认过合同,信以为真。现在永贞祥应得之利益,所立合同,地方官亦应信以为真,方觉公允。再,永贞祥于合同、揭约之外尤另有凭据,如欲察核,容日送上。复思陈联泰与永贞祥为银钱事极小,屡蒙贵兼署部堂札饬南、番两县办理,于心殊觉不安。但陈联泰胆敢在香港控告,并不听候地方官审讯,将来中国遇事皆相效尤,后患最大,曾于本年六月十四日照会阁爵李前部堂,及于七月十三日照会贵兼署部堂各在案。查陈联泰请律师狄近写信两封给本领事官,语多无礼,甚至言及中国地方官勒索陈联泰,其所以请地方官催结此案者,皆由本领事官似于中外俱失政体。现将原信两封用英文照抄,择信中无礼之语最要紧者译成汉文,均另纸写录。为此恳请贵兼署部堂严行禁止打单诡计。似此棍徒,真不知耻。本领事官现拟函致香港政府,停止讼事,并请贵兼署部堂亦函致香港总督,停止讼事。此并无他故,亦因省港来往人多,遇有交涉事件,皆在香港控告,反使地方官办理无权,不至事多掣肘不止。若不将陈联泰先行监禁,殊不足以警将来。甚望治以应得之罪。定伊罪名,厥有数端:商务交易具有二心,签字不认,多行狡诈;潜往香港控告,逃避大清国律例,目无王法可知;贿托状师扛帮,诬指地方官勒索,目无官长可知。以此治罪,谁曰不宜? 仍请立即吩咐地方官勒限陈联泰清还永贞祥欠款,则案情了结,俾免缪辙,不胜厚望之至。相应照会贵兼署部堂查照等由前来。

查昨据南、番两县将办理本案情形禀经照会,并批司饬遵在案。兹据文称,陈树被押是在二十四年八月十四日,陈联泰、拿云拿、啤地订立合同、揭约是在二十四年六月二十四日,前后相隔两月，安能预知后有之事等语。是既有月日可稽，虚实自属易查。陈亮业前供伪揭约及伪合同均交存香港狄近律师处，应饬取回呈验，以期水落石出。即便陈亮业所言属实，其串同洋人多端作伪，希图抵制官长，殊属可恶。且以中国之案赴港控告，并任意诬蔑，尤为藐玩，均应查惩，以儆效尤。合就札饬到该县，即便遵照，先令批檄事理，速传陈亮业到案覆讯，分别办理，仍即禀报察核毋违。一合札南、番二县。粘抄一纸。光绪二十六年闰八月初一日发。

云云效尤。除札南、番二县遵照云云察核外，相应咨会。为此合咨抚部院衙门查照施行。一咨广东抚院。光绪二十六年闰八月初一日发。

为照覆事。接贵领事官八月十九日照会，言陈联泰与义商永贞祥锣辕一案，已饬南、番两县传案覆讯，分别办理矣。相应照覆贵领事官查照。顺候时祉。须至照会者。一照会驻扎香港义国佛领事。光绪二十六年闰八月初一日发。

为饬催事。光绪二十八年闰八月二十九日，据驻港义国领事照称：陈联泰负欠永贞祥一案，曾于八月十九日照会，迄今已逾一月，未知办法如何？本领事官遇陈联泰难处之事，即使延宕两三月，亦应静候消息。无奈永贞祥不愿静候，只要当得之钱。经本领事官劝谕再三，未见永贞祥首肯，因忍受多时，不能久待，或买或卖，在在需钱周转，故定要立刻清还。如贵兼署部堂仍未饬该管地方官勒限清理，本领事官实在无法，惟有禀呈义国外务大臣及驻京钦差。相应照会查照，希即照覆等由前来。查前据来文，当以所指陈树被押系在光绪二十四年八月十四日，陈联泰、拿云拿、啤地订立合同、揭约系在是年六月二十四日等语。既有月日可稽，虚实自属易查。陈亮业前供伪揭约及伪合同均交存香港狄近律师处，应饬取回呈验,以期水落石出。即便陈亮业所言属实,其串同洋人多端作伪,希图抵制官长,殊属可恶。且以中国之案赴港控告,并任意诬蔑,尤为藐玩,均应查惩,以儆效尤。业经札县传讯办理,日久未据禀覆。据文前情,合就札催札到该县等,即便遵照,先令批檄事理,勒传陈亮业到案覆讯,限文到十日内传到讯明,分别办理,仍即禀覆,毋再玩延,致滋借口,切速。一合札南、番两县。光绪二十六年闰八月二十四日发。

为照覆事。接贵领事官闰八月十九日照会,言陈联泰与义商永贞祥龃龉一案,今永贞祥久候,需款周转,请饬勒限清理等由。已行南、番两县,限文到十日内勒传讯办矣。相应照覆贵领事官查照。顺候时祉。须至照会者。一照会香港义国佛领事。光绪二十六年闰八月二十四日发。

为饬催事。光绪二十六年六月十九日,据驻港义国领事照称:接闰八月二十四日照会,言陈联泰与义商永贞祥龃龉一案,已行南、番两县,限文到十日内勒传讯办等由,均经阅悉。迄今逾限多时,想案情早经完结,即希定期示知,以便转达该商按照簿中数目收清等由前来。查此事节据来文,均经饬行查办,限传陈亮业覆讯明确,分别办理在案。迄今未据禀覆,殊属玩延。据文前情,合就札催札到该县等即便遵照,先令檄行事理,立即勒传陈亮业到案覆讯,分别办结,刻日禀覆,毋再玩延。切切。一合札南、番二县。光绪二十六年九月二十二日发。

为照覆事。接贵领事官九月十六日照会,以陈联泰与义商永贞祥龃龉一案,迄今逾限多时,想案情早结,希示知,以便转达该商按照簿中数目,自可收清等由。已再严催南海、番禺两县迅速讯明办结。相应照覆贵领事官查照。顺候时祉。须至照会者。一照会义国领事。光绪二十六年九月二十二日发。

南海县裴景福、番禺县钱溯灏禀（光绪二十六年十月初四日到）

敬禀者：案奉宪台札开：据义国驻港佛领事照称：接闰八月二十四日照会，言陈联泰与义商永贞祥缪辖一案，已行南、番两县，限文到十日内勒传讯办等由。均经阅悉。迄今逾限多时，想案情早经完结，即希定期示知，以便转达该商按照簿中数目收清等由前来。查此事节据来文，均经饬行查办，限传陈亮业覆讯明确，分别办理在案。迄今未据禀覆，殊属玩延。据文前情，合就札催札到该县等即便遵照，先令檄行事理，立即勒传陈亮业到案覆讯，分别办结，刻日禀覆等因。奉此，查本案先奉札行，当经饬传，随据联泰店东职员陈亮业以前与西人啤地等彼此合同、揭约均系伪立，前已交香港狄近律师存案，具禀投案，提讯供与禀同，并将该律师照抄伪揭约、合同各一张，附以印信呈缴。即经照译华文，列折禀奉照覆义国佛领事。嗣奉札行，据义国佛领事照称：陈亮业订立合同、揭约有月日可稽，即所言属实，其串同洋人多端作伪，希图抵制官长，均应查惩。饬即速传陈亮业到案覆讯，分别办理等因。又经比差速传，嗣据陈亮业以伊父陈枒于闰八月初八日病故，现甫安葬，呈请俟坟墓工完，赴辕候讯等情具呈，当经批令作速赴讯在案。兹奉前因，除再比差勒限赶传陈亮业到案确讯实情，分别办结，另行禀覆外，合先禀覆宪台察核。肃此具禀。

批：此案迭据香港义国领事来文，节经檄饬传案讯办。据禀前情，候先照知领事查照，仰即遵照。迭行事理，比差勒传陈亮业到案，确讯实情，分别办理结报，毋任借词延宕，致滋口实。缴。光绪二十六年十月初七日发。

据南、番两县禀照会义国佛领事

为照会事。案接贵领事官照会,以陈联泰与义商永贞祥缪辕一案逾限多时,想必结案,希示知,以便转达该商按照簿中数目收清等由,即经札催速办去后。兹据署南海县裴令景福、署番禺县钱令会禀称:遵查本案先奉札行,当经饬传,随据联泰店东职员陈亮业以前与西人啤地等彼此合同、揭约均系伪立,前已交香港狄近律师存案,具禀投案,提讯供与禀同,并将该律师照抄伪揭约、合同各一张,附以印信呈缴。即经照译华文,列折禀奉照覆义国佛领事。嗣奉札行,据义国佛领事照称:陈亮业订立合同、揭约有月日可稽,即所言属实,其串同洋人多端作伪,希图抵制官长,均应查惩。饬即速传陈亮业到案覆讯,分别办理等因。又经比差速传,嗣据陈亮业以伊父陈树于闰八月初八日病故,现甫安葬,呈请俟坟墓工完,赴辕候讯等情具呈,当经批令作速赴讯在案。兹奉前因,除再比差勒限赶传陈亮业到案确讯实情,分别办结,另行禀覆外,合先禀覆察核等由,到本兼署部堂。据此,除批饬勒传陈亮业到案,迅速讯结外,相应照覆贵领事官查照。顺候时祉。须至照会者。一照会香港义国佛领事。光绪二十六年十月初七日发。

切切。一合札南、番两县。光绪二十六年十二月十七日发。

为照覆事。接贵领事官十二月二十四日照会,以义商永贞祥与陈联泰钱债缪辕一案,陈亮业供词俱多狡诈,致耽延未结,仍请札饬地方官再行彻究追还等由前来。查此事迭接贵领事官来文,均经详晰照覆在案。兹接文称前情,已札行南、番二县差传陈亮业到案彻究实情,分别办结具报。相应照覆贵领事官查照。顺候时祉。须至照会者。一照会义国领事。光绪二十六年十二月十七日发。

为照覆事。准前兼署部堂德（寿）移交，本月二十日接贵领事官本月十九日照会，以陈联泰与义商永贞祥谬辖一案，前兼署部堂不宜向英总领事官询问一切等由。卷查此案迭经饬据南海、番禺两县查传陈亮业到案，讯据供称，伊联泰店实无收过义商永贞祥股本银两，所立合同、揭约均是伪造，现存香港律师处。再三究诘，矢口不移。又诘以有无赴香港洋官衙门控告及律师信内所称领事帮助义商，中国地方官勒索陈联泰之语，据陈亮业供称：伊常到港买货，因永贞祥商欲拿伊送官，一时情急，仅将伪合同等件面交律师，托其向永贞祥说情，并无在港控告之事。至律师如何向领事致信，如何措词，全不知道等情。禀请照会总领事官转致香港洋官查明陈亮业有无赴港呈递状词控告情事，以便分别讯究，是以前兼署部堂据情照请英总领事官转致查覆，自系因本案两造各执一词，如果陈亮业所供并未赴香港洋官处呈递状词控告等语查非属实，则此外供词皆不足凭，即可彻底根究，以期水落石出，并非别有猜疑。贵领事官通达事理，一经解明此意，当可释然。至此案实在情形，前接贵领事官本月十四日照会，业经前兼署部堂札行南、番二县差传陈亮业到案彻究，办结具报。相应照覆贵领事官查照。顺颂时祉。须至照会者。一照覆驻香港义国领事。光绪二十六年十二月二十三日发。

为饬遵事。案据义国驻港领事照会，以义商永贞祥与陈联泰钱债谬辖一案，前经饬据该县等会禀以遵传陈亮业到案，讯据供称前将联泰号店股东与义商永贞祥合东系一时误听，假立合同，抬写月日，并无收过永贞祥股本银两及在港控告领事帮助义商情事。请照会义国领事查照，并照请英国总领事转致香港洋官查明陈亮业有无赴港控告等由，当经分别照会去后。嗣据义国领事查请追偿,又经饬办在案。兹据英国总领事覆称:本年五月间,曾接南海县裴令来函,请将香港办理陈亮业案各节查覆,当时本总领事以不便照办,未经应允。今复准贵兼署部堂来文,事同前因。查此事关涉别国官员,本总领事未便参预,如欲悉此案情形,莫若请由香港律师依例在香港衙门查案声覆,较为妥当也等由前来。合就札饬到该县即便查照,勒速理结毋违。一合札南、番两县。光绪二十六年十二月二十五日发。

南海县裴景福、番禺县钱溆灏禀(光绪二十七年二月二十五日到)

敬禀者:案奉宪台札开:案据义国驻港领事照会,以义商永贞祥与陈联泰钱债缪辕一案,屡奉宪台札饬,札县即便查照,勒速清理等因在案。当经卑职等饬令陈亮业赴港向义商限十日内自行清理去后。嗣因逾限日久,复传陈亮业到案,供称到港未能自行清理。卑职等即将陈亮业十八甫暨天字码头陈联泰机器店二间查封。惟查陈联泰店东陈孚之子陈亮业与义商永贞祥伪立合同,意欲抵制华官,本属咎由自取。今陈孚已经身故,其子陈亮业因不能自向义商清理,又将联泰店二间一并查封,似已足以蔽辜,而义领事官仍以收取该店合股利银为词,但洋人拿云拿、啤地与谭翊侨等均未到案环质,从何究断? 若谓义商即以所执合同为据,即应收取利银,而谭翊侨等亦有立回揭单,尚存陈亮业手内,亦应如数交还,陈亮业之母罗氏来案屡渎,似已各执一是。至现封店铺二间,应否出示召变作为清理义商永贞祥伪立合同息银、欠款之处,理合禀候宪台批示祗遵。肃此具禀。

批:禀悉。已据情照会义国领事查照,仰俟照覆饬遵,缴照会稿抄发。光绪廿七年二月廿七日发。

据南、番两县禀照会领事

为照会事。现据署南海县裴令、署番禺县钱令会禀称：迭奉札开：接义国驻港佛领事照会，以义商永贞祥与陈联泰钱债缪辖一案，饬即勒速清理等因。当经卑职等饬令陈亮业赴港向义商限十日内自行清理去后。嗣因逾限日久，复传陈亮业到案，供称到港未能自行清理。卑职等即将陈亮业十八甫暨天字码头陈联泰机器店二间查封云云。理合禀候宪台批示祗遵等情，到本部堂。据此，查此案既经前兼署部堂德（寿）饬据南、番两县讯据陈亮业供称伊联泰店实无收过义商永贞祥股本银两，所立合同系因伊父陈树前此因案被押，一时情急，误信素识之开平县人谭翊侨所言，串嘱美国医生啤地、义商永贞祥洋人拿云拿冒认伊店股东，假立合同，抬填日期，交与洋人收执，希图抵制华官。时由美国人啤地立回拿云拿公司揭约亦系二万五千元，并向伊说将来如有人借伪立合同，可将揭约呈出，真伪立辨等情。查阅陈联泰抄缴伪合同、伪揭约各一纸，均系光绪二十四年六月二十四日，所立银数亦适相同，如果彼此确有批揭情事，断无如此巧合。且一日之中旋批旋揭，声明两不计利，当时即已清结，立此合同、揭约究属何用？其为通同作伪、预谋抵制华官地步，实已确凿无疑。现该县等业将陈联泰店二间一并查封，在陈亮业自贻伊戚，固属毫无足惜，而义商永贞祥亦难辞欺诈之罪。查条约第十七款内载：义国民人遇有控告华民事件，皆应先禀领事官查明根由，先行劝息，使不成讼。中国民人有赴领事官告义民者，领事官亦应一体调处。间有不能使和者，即由地方官与领事官会同审办，公平讯断等语。是此案倘两造不能和息，按约应由地方官会同贵领事传齐一干人证到案，会同质讯，秉公究断。贵国夙号名邦，最重信义，本部堂久深钦仰。且闻贵领事官明达公正,办事和衷,亦所慰佩。用特详晰照会,此事究应如何办理之处,即希见覆,以凭饬办。为此照会。顺颂日祺。须至照会者。一照会义国领事。光绪二十七年二月廿七日发。

为饬遵、咨会事。案照义商永贞祥与陈联泰钱债缪辖一事,前据该南、番县等两县将查封陈联泰店情形禀经照会驻港义领事知照,并抄稿批司饬俟照覆,饬遵在案。兹接义领事文称:接贵督部堂二月二十七日来文,均经阅悉。旋于二十八日贵督部堂在沙面客店云及饬地方官提取陈联泰等店屡年数目簿放在署内,以便察阅,并云联泰等店业已查封。为此,本领事官函知义商永贞祥。今早该商带同司理行中账务一人经已到省,现在沙面客店居住。本领事官办事公平,亦所深悉。现因此事体极大,亦已拣选一人,帮同察看。即着本署汉文案满洲人崇耀偕同永贞祥及司理人,以备到来察看,恳请示知几点钟到何处衙门可以察看,并请饬知地方官每日送汉文案夫马金五大元,按日清送。至该夫马金若干,俟结案后即向陈联泰取回可也。相应照覆贵督部堂查照等由前来。除照覆外,合就札饬到该县即便遵照,立派差委前往陈联泰各店,将光绪二十四年起至现在止各项账簿查取勒交,尽数提缴该县衙门,一面由县径行知照领事派其汉文案崇耀偕同永贞祥及司理人到县察看,秉公核断结报。至来文所称汉文案夫马金一节,并即由县饬令陈联泰致送,均毋违延;仍将遵办情形先行禀覆察核。切速。一札南海县。粘抄覆稿。

云云。除照覆及札饬南海县立派云云察核外,合就札饬到该司,即便转饬遵照毋违。一札广东藩司。

云云察核,暨行广东藩司转饬遵照外,相应咨会。为此合咨贵部院,请烦查照施行。一咨广东抚院。

为照覆事。接贵领事官二月三十日来文，以义商永贞祥及司理人已到省，并派贵署汉文案满洲人崇耀偕同察看陈联泰店屡年数目簿，请示知何时到何处衙门可以察看，并请饬送汉文案夫马金，俟案后即向陈联泰取回等因。业经饬令南海县将陈联泰各店光绪二十四年起至现在止各项账簿查取勒交，提回该县衙门，一俟提到，即由县知照贵领事官衙门派崇文案偕同永贞祥及司理人到县察看，听凭秉公核断办结。至该文案夫马金一节，并即由县饬令陈联泰致送。本案情节极行纠辖，贵领事官办事公平，久深佩服，必可准情酌理，将此案迅速了结，不会稍有偏抑也。为此照覆。顺颂日祺。须至照会者。一照会义国领事。光绪二十七年三月初一日发。

为札饬事。现接驻港义领事文称：昨接三月初一日来函，知悉一切。本领事官虽不愿意烦扰贵督部堂，然亦不得不告知许多不合理之事，请贵督部堂伸冤。前月二十八日，贵督部堂在沙面客店告知本领事及哲总兵，要查封联泰各店。本月初二日，又接南海县来函，内云联泰数目部业已调齐，放在署内，并约是日三点钟到该县署内察看，当即派本署汉文案偕同永贞祥及司理人暨由哲总兵派来巴参将、都司四员一同亲到县署，适见数目部不在县署内，系陈亮业自己带来，随将陈联泰二十四、五、六等年进支银部携回沙面客店，公同校对，内有可疑之事甚多。据永贞祥转述，据陈亮业云，各店系自己生意，年结月结俱不登记等语。本领事官细阅各部，二十五年正月有进结数，无支结数。可疑者一。是年正月初一日，有"接上存银九十两"字样。可疑者二。二月份又有进总数，无支总数。可疑者三。二十六年正月十三日起，同日进支数本应一人管理，何以两人手笔？可疑者四。是年只有进银部，并无支银部,进支两部最要分明,支数不能登记进数部内,不问可知,何以支数亦登记在进银部?不独机器店每年有几本数目部,即小生意店每年亦有几本数目部。可疑者五。且正月份有支结无进结,而于进总数又不登记。可疑者六。又于三月内有一条笔误,业经挖补,可知核算数目极其清楚,安得自云年结月结俱不登记?可疑者七。数目部原为计算生意盈亏起见,倘真俱不登记,则自己亦不知有无盈亏,且伊父陈树病故,何以又登记在数目部内,此乃数目部,非记事部也,甚于生意规矩不合。可疑者八。有此八款,贵督部堂亦念及否?查陈联泰店生意不小,独于揭借款项种种登记,生理必至不前,何以至今仍旧开张?似进支数目另有草簿登记,已无疑义。总核三年各部内有许多数目进支各款登记颇觉详细,陈亮业竟云年结月结俱不登记,自相矛盾,欺诈之罪,自不能辞。且查二十五、六等年进支银部边旁并无手汗痕迹,所号簿头墨迹极其光润,但此部系逐日登记,逐日核算,安能历久常新?似非当年原部。现据永贞祥云,闻去年该店江马小轮船及近一二年该店有旧铁不少,俱已售出,何以进支银部均不登记?系多有数目部子藏匿不交,夫复何疑?并据该商云订立合同系在二十四年八月二十四日,似于是年六月以前之数不欲查核,既有可疑,不得不多此一举。果见二十四年正月二十四日进众益公司银四千三百二十两,篇尾结数只写一千二百六十五两一钱六分八厘,是其数目错乱,俱不足凭,涂改等弊,在所不免。总之,此案如今关系颇大,于广东地方官员责任最相干涉。现在地方官帮助陈联泰诓骗之事,理当地方官还回永贞祥应得之钱。言不在多,尚望贵督部堂熟思之。相应照会贵督部堂查照等由。除函覆外,合抄覆稿札饬札到该县,立即勒令陈联泰将所有进支流水一切数目簿即刻全数交出,由县径送义领事核对。

倘敢匿延及有涂改数目、意图诓骗情事，即行严办不贷。切速。特札。一札南海县。粘抄覆义领事函稿。光绪二十七年三月初四日发。

覆义领事函

径覆者：顷接初三日来文，以陈联泰各数目簿错乱可疑，涂改等弊在所不免等由。查陈联泰如果确有涂改数目、意图诓骗之事，本部堂必饬严办，绝不姑容。现已札饬南海县，勒令将所有数目簿刻日全数交出，以凭核对。至谓地方官帮助陈联泰诓骗一层，乃决无之事，陈联泰近三年所做生意获利若干，永贞祥当有所闻，如能逐细指出，亦可为追查之一助。此覆。顺颂日祺。名另具。三月初三日。

谨将陈亮业钞缴伪合同、伪揭约列折呈电

陈联泰，中国人；拿云拿，公司拿云拿拿巴路，意大利国人；啤地，美国人。

为立约事。今陈联泰收到银二万五千元，所有在十八甫及在官码头陈联泰机器生意一半卖与拿云拿公司，利益均沾；陈联泰所住之处铺屋亦批租与拿云拿公司，以十年为期。此约。陈联泰、拿云拿、啤地。知见人：谭翊侨、梁晏田。一千八百九十八年八月十一号，即中国光绪二十四年六月二十四日。

拿云拿公司借银二万五千元，今将省城机器店之一半归与陈联泰，两不计利。一千八百九十八年八月十一号，即中国光绪二十四年六月二十四日。[①]

---

① 台北中研院近代史研究所藏：外交档案，馆藏号：01-16-114-01-001。

○二九　咨覆王克鼎等仇教情事已饬查办由

光绪二十七年四月十六日(1901年6月2日)

四月十六日,两广总督陶(模)文称:光绪二十七年三月十六日,准兵部火票递到贵衙门咨开:光绪二十七年二月十七日,准德使函称:德国驻汕头领事官向本大臣述及广东省长乐县童知县劣迹一事,曾经函达。嗣准函覆:准两广总督电覆:长乐县童令立即撤任等因。查此事正在延搁间,本大臣屡接该领事报称,始知童令虽已撤任,因各项劣迹并未拿问,且施领事商议日久,复于光绪二十六年十一月初十日与潮州道全权委员潮州盐运分司瑞,议定章程,内载:前任长乐童令立喆必须撤委,参革功名,永不得在中国地方膺职任事等因。其章程恐尚未阅看,另录附送查阅,请电饬两广总督认真照前立章程办理,并将童令治以应得之罪。再,驻汕头德国领事又参龙川县知县王克鼎、兴宁县孙祖华及兴宁县属大龙田局绅罗佩芬、锡塘局绅李彩文四人,因王、孙二令在其属地仇洋仇教各衅,不但纵庇,而且首先指使。局绅罗佩芬于光绪二十五年间,在大龙田德国教堂被毁时,尤为事之首、罪之魁;局绅李彩文著就唆人仇教揭帖一张。情虽如此,而此二人尚未拿问治罪。孙祖华因本任内犯有别项劣迹已经撤任,乃王克鼎并未拿办,应请电饬两广总督,亦将知县王克鼎并局绅罗佩芬、李彩文等三人务须各治以应得之罪,以昭公允等因。本爵查潮州道委员与领事商办教案,辄加全权字样,殊属乖谬。所订章程未经贵督咨报有案,该委员是否先经禀明,并童令有无劣迹,希即查明,妥筹办理。至王克鼎、罗佩芬、李彩文,该使既请治以应得之罪,亦既确查,如果属实,应即分别撤参。除已电达外，相应将德使所送瑞委员与施领事议定章程抄咨查照办理，并将详细情形迅即声覆，以凭核办可也。附抄件等因到本部堂。

承准此，查此案先于本年二月二十一日承准贵衙门来电，即经行道查办，并咨行查照，暨查案照录议结长乐教案来往电报及已革长乐县童立喆诉禀各件，咨覆贵衙门在案。承准前因，除行惠潮嘉道遵照，先令檄行事理，迅即督查王令克鼎前在龙川县任内有无庇纵指使仇洋仇教情事，兴宁大龙田德国讲堂被毁一案，局绅罗佩芬迭被指控主谋，究竟有无实据，锡塘地方是否兴宁所属，有无局绅李彩文其人，曾否著有仇教揭帖，务即详晰确查，克日据实禀覆，以凭核办，毋稍讳饰干咎。及行广东藩、臬二司会同移行确查办理，并由臬司将发去火票照例缴销外，相应咨覆。为此咨呈贵衙门，谨请查照施行。[①]

○三○ 广西马村沙塘教案业已议结由

光绪二十七年四月二十日(1901年6月6日)

四月二十日，两广总督陶模文称：于光绪二十六年十二月二十二日承准贵王大臣电开：法使函称：广西教会司信言，该省郁林州马村教士被窃，沙塘地方教会被劫，数年未结，祈电知严饬将案与教会司和衷办结，希即转饬该地方妥筹办法，速为了结等因。当经饬行妥筹办结去后。兹据广西郁林州褚牧禀称：遵查此案，前于二十四年内准法国司铎黄文称：据沙塘墟天主堂杜司铎禀：五月间，

---

① 台北中研院近代史研究所藏：外交档案，馆藏号：01-12-171-04-006。

因沙塘墟附近地方来土相斗,贼风四起,于五月十九日自行走避,路过马村侧边,被土民截行李一担,查系洗岭村生员陈应均工人陈姓所抢。又,五月二十一日,被匪攻扑沙塘教堂,房屋、什物毁劫一空,查系董超举等抢毁。又,二十二年十一月二十七日夜,被窃贼吴增寿偷去杜司铎马匹、衣物,犯尚未获。又,二十三年九月二十一日,被吴增寿挖窃教民吴永荃牛只、衣物。请照案查拿究办等因。当经卑前署州顾牧思仁查明,是年五月十九、二十一等日,州属地方正在土匪猖獗,扑城戕官,并非来土相斗,曾于闰三月二十二日经卑前州黄牧桂丹知会该司铎暂时移避,不宜轻身出入,自蹈危机。乃杜司铎于匪焰正炽之际,起程旋贵,致被截抢,并毁房失物,实由自延致误。至陈应均并无陈姓工人,董超举等亦属端士,俱在永安团局办理团务,并无抢毁教堂情事。并准贵县拘获窃犯吴增寿一名,提解到州,讯据供认于二十二年十一月偷得教堂马一匹、车毂风柜一架,变卖花用;又于二十三年九月听从在教之吴二邀窃伊兄教民吴永荃家,偷得牛一只、汗衫一件、棉布三条,杀牛卖钱四千七百文,伊分钱九百文,汗衫与布皆是吴二得去;又于二十四年十一月十九日听从吴二纠窃教堂洋枪一枝、青布裹面夹被一张,致被拿获,洋枪、被窝均在吴二处,未曾卖钱俵分等情不讳。马匹、风柜等赃业经黄前州估明赔给。随经禀奉前署臬司瑞批饬,将该犯吴增寿锁带铁杆三年,一面将所窃吴永荃牛只、衣物照数追缴给领。教堂洋枪、被窝各物,据供尚在教民吴二处,应照会该司铎速将吴二交案,讯明着追。其另窃马匹、风柜等赃,业经前州黄牧照赔,应毋庸议。此外,上年五月十九及二十一日所控抢毁教堂、教士什物,彼时正值土匪猖獗,且经前州先期照会,令其暂时迁避,该教士并不遵照,实系自行贻误,未便以指控无据之词再行追究等因。复经卑前署州吴牧征鳌查明，该教士所控之人，如董超举系职员，董盛德、陈应均系生员。陈大浪苟现年八十余岁，其子陈聚齐系廪生，俱现当团绅，实非抢夺教堂之人，禀明洋务总局察核。嗣吴增寿因保调，在保病故，并经吴署牧验明通报。旋准黄司铎函送教民吴二一名到案，提讯该犯，因吴增寿已死，坚不承认伙窃，惟称教士所失洋枪等物及伊兄所失之牛只、布匹等件，伊愿照赔。正在覆讯追缴间，适准黄司铎来文，并派教民陈观到州请领吴二回家，当将教民吴二交陈观估领回。其愿赔赃件亦由吴二具限，自行送交该堂查收，函致黄司铎知照。卑职到任后，奉抚宪黄札饬，光绪二十六年四月二十二日，准法国领事官刚照会一案，札饬确切查明，分别办理。计抄照会内开：前年沙塘墟教堂所造房屋被毁抢一案，又马村人抢杜司铎一案，请派人与教士会商，酌赔妥结等因。复经查明情形，禀覆抚宪，已奉批准照会法领事转饬该司铎知照各在案。

缘奉前因，卑职伏思此案该教堂于二十二年被窃马匹、风柜等赃，已经黄前州估明赔还；二十四年失去洋枪、夹被及二十三年教民吴永荃被窃牛只、衣物，亦据教民吴二具限赔还，且经获犯究办，案已完结。至二十四年五月教士中途遭抢、教堂被匪毁劫，当是时土匪扰乱州属，城池尚难自保，曷能兼护教堂？况游历条约不准前往有土匪省份，是土匪所聚之处，地方官无从保护。游历尚且不可，夫何能安然传教？乃黄前州曾经预先照会暂时迁避，有卷可稽，该教士迁延自误，本属与人无尤。且来文既称来土相斗，又谓盗风四起，兼称被匪攻扑沙塘，毁劫教堂房屋、什物，可见该教士已明知土匪抢劫。惟该处土客先曾械斗，仇怨颇深，教民多系客籍，难保非因此挟嫌借端诬陷。教士漫不加察，误信其说，遂致牵累多人,哓哓争执。董超举等均系土著团绅,并非匪类,委无抢劫情事。若凭无据之词,任听株连,则彼此构衅愈深,万一激成变故,转难收拾。所请酌赔一节,似应毋庸置议,俾土客教民各释前嫌,永敦睦谊。并恳照会转饬该司铎知照,结案施行等由,到本部堂。据此,除禀批发并照会广西龙州法领事查照外,相应咨呈贵王大臣,谨请察照施行。①

○三一　咨报德斐教士在长乐县落水身死由

光绪二十七年四月二十一日(1901年6月7日)

四月二十一日,两广总督陶(模)文称:光绪二十七年四月初一日,据署广东嘉应州知州周经槐禀称:窃卑职访闻有德国教士由长乐县到州失足落水情事,当即饬差确查捞救去后。随于光绪二十七年三月初二日,据卑州属黄堂教堂德国教士瑞霭多函称:有敝友斐教士来游教堂,本日复归长乐,行至铁炉潭渡头,不幸落水,即遣人捞救,惜无踪迹可寻。阁下闻之,专人沿河寻至三河,如此好义深情,谢难笔罄。据浅见,谅仍在上流,未必随波而下,因有数处陂栏相阻故也。恳另专人从上流而捞寻,庶有踪迹。敝教士现亦着人禀报领事,及阁下胜情揄扬不已等情。卑职又复加出花红,添派丁差,前往该处上下两游,认真捞寻。兹据该役等禀称,伊等奉签,遵即随同家丁,雇坐艇只,前往铁炉潭,直下大河,遍处打捞,并着善水者落水泅寻。因山水陡发,数日来迄无踪迹。兹于本月初七日下午,仍在铁炉潭下桥脚,水退后露出尸身一具,查验系斐教士

---

①　台北中研院近代史研究所藏:外交档案,馆藏号:01-12-180-04-003。

尸身，即刻打捞上岸停放。除报知德国教堂外，理合禀报等情。卑职当即约同德国教士瑞霭多亲往看吊。据称该教士尸身发涨，委系失足落水身死，身带衣物亦无遗失等语。随由瑞教士收敛，妥为照料，理合禀报察核等情，到本部堂。据此，除据情照会广东汕头口德国领事查照外，相应咨呈。为此咨呈贵衙门，谨请查照施行。[①]

○三二　咨报办理教务、教案各情由

光绪二十七年四月二十二日(1901年6月8日)

四月二十二日，两广总督陶(模)文称：案于光绪二十六年十二月二十二日承准贵大臣来电内开：法国全权大臣函称：据广西教会司信言：该省现有数案未结，祈电知严饬将案与教会司和衷办结，希即转饬该地方官妥筹办法，速为了结等因，即经分饬迅速妥筹办结去后。兹据署广西柳州府周继仁禀称：遵查卑府所属象州地方，并无焚毁教会房屋及团匪抢劫教民等事，惟教民潘富之呈控廪生赖世隆掳物绚人一案，因教民延不赴案，尚未结报，象州谢牧业经据实禀明在案。除饬该州妥速筹结具报，并将属内教堂、教民随时认真保护，以期相安外，兹奉前因，合将查明象州地方并无法教堂被匪焚劫情事，及卑府督饬办理情形，先行通禀查核，批示饬遵等由，到本部堂。据此，查昨据广西郁林州褚牧兴周将沙塘教士具报被窃、被抢及毁劫教堂办理情形，禀经照会广西龙州法领事查照，

---

① 台北中研院近代史研究所藏：外交档案，馆藏号：01-12-171-04-007。

并咨呈贵王大臣在案。据禀前情,相应咨呈贵王大臣,谨请查照施行。①

○三三 咨报河源县匿名揭帖各情由

光绪二十七年五月初二日(1901年6月17日)

五月初二日,两广总督陶(模)文称:光绪二十七年四月初八日,承准贵王大臣电开:顷接德穆使面称:河源县有匿名揭帖仇害洋人,恐滋事端,希严饬查禁见覆。和议将成,勿因此又生枝节等。查此事先接汕头德国施领事来电,以河源县属有凌庭初遍贴嫉教白帖,唆怂百姓,杀害耶稣教徒,请饬保护拿办。即经电据惠州府沈守传义,以初一晚接载教士函送凌重姑等标贴长红请办,即飞札县营保护,分别拘办,撕毁示禁,并委员驰往会查,并准广东陆路提督邓以据惠州府沈守送阅教士函,已派勇会县弹压查拿,认真保护各等语,先后电经本部堂电覆领事知照在案。承准前因,当经据情先行电覆贵王大臣察核,并再电饬严行查办弹护,勿任稍滋事端去后。兹据惠州府沈守覆称:顷接河源县李令通禀,案已传到生员江汝楫,讯无标贴嫉教长红,出具不敢滋事葦结,交学官管束。查凌挺生、辛姑等均永安人,与教民邓八在籍因土构讼,其抄写小帖或因此起,何人所为,尚难逆料。惟查河源境别无标贴,先已会营弹护。现接德教士戴约翰函:已蒙保护,且传江汝楫取结,请将案注销,现民教相安等语。除仍饬会营委弹护,并饬永安县将凌、邓讼案讯结外,敬闻等情,到本部堂。据此,除再咨行督饬县、营随时查

---

① 台北中研院近代史研究所藏:外交档案,馆藏号:01-12-180-04-004。

防,实力弹压保护,并由府迅饬永安将凌挺生、辛姑等与教民邓八讼案讯结具报,并照会汕头德国施领事查照外,相应咨呈。为此合咨贵王大臣,谨请察照施行。[①]

○三四　咨明拆动海心岗南闸等情由

光绪二十七年五月十八日(1901年7月3日)

五月十八日,两广总督陶模文称:为照粤东为南洋首冲,商轮辐辏,全赖航路宽深,行驶利便,商务始克畅兴。现查省河水道淤塞日甚,有谓系因虎门、黄埔一带所建水闸阻塞,潮流不能冲刷浮沙所致。经饬前粤海关税务司庆丕履勘覆夺。据禀遵往沿河察看,计自虎门进口,其第一靠南岸者乃鱼珠闸,第二乃大铁闸,第三乃大木桥。此三闸均与炮台连,万一遇有军事,适当其冲,为不可少,拟请毋庸拆动。迤西河内有一小岛,名海心岗,岗旁有两闸,北闸已坏,南闸又因塞流水浅,以致岗前积有淤沙,有碍通行船来往。是前途既有三闸可守,此后路南闸留亦无用,徒使险阻,拟请将此闸拆去。如蒙照行,或由税务司招匠估看,议立合同,限日拆卸,想所费无多,伏候示遵等情。

据此,查虎门、黄埔一带建造水闸,原为遇有军务,拦塞敌船进口起见,既据查明前路鱼珠等处三闸有事足资堵截,其后路之迤西河内海心岗旁南北两闸并非要冲,徒于河道有碍,自应如议办理,即由该税务司召匠估看,订立合同,限日拆卸,以畅河流而裨商务。所有拆出之料,即由税务司发交承变,以作拆卸之费,即经分饬办

---

① 台北中研院近代史研究所藏:外交档案,馆藏号:01-12-171-04-009。

理去后。兹据新任粤海关税务司马根报称：召到匠人黄茂记包工估拆，即以拆出之料交该匠变价作抵拆卸公费外，该匠允再缴出洋银四百二十五元。查核尚属公平，准其照办。已于四月初二日开工拆卸，俟一律完竣，再当具报等由前来。

除俟工竣具报另咨，所有匠缴之款亦俟工竣核饬缴局存储拨用外，相应咨明。为此咨呈贵衙门，谨请察照施行。①

○三五 奏报英国展拓香港界址等情由

光绪二十七年五月十八日(1901年7月3日)

五月十八日，两广总督陶模文称：案照英国展拓香港界址，前于光绪二十四年五月间承准贵衙门将租章、地图咨送到粤，经前部堂谭派委前广东补用道王存善，会同香港辅政司骆檄会议勘定在案。惟水界未经详晰声明，英员谓潮涨能到之处皆应归英管辖，以致内港地方亦时见英差足迹，节经阁爵李前部堂暨本部堂照会辩论。兹于光绪二十七年四月十四日，接广州口英国司总领事官照称：新租界水面，英国之权至何处一事，现准香港总督来文内开：本港政府并不以为英权可至流入海湾之河港与流入租界深圳河之河港，但可至各海湾涨潮能到之处，与深圳全河至北岸潮涨能到之处耳。至于流入各海湾、流入租界河之各河港，本港政府甚愿于各该河港口由北岸潮涨能到之处至对岸涨潮能到之处划一界线，为英国权所至之止境等因。本总领事查香港总督文内有深圳全河至北岸一语，自是指租界内之深圳河至陆界相接之处为止，相应照会查

---

① 台北中研院近代史研究所藏：外交档案，馆藏号：01-13-027-09-001。

照,量贵部堂亦以为妥协等由前来。

查新租界水面,英国所租者,系大鹏、深圳两湾及深圳河。其与各该海湾暨深圳河毗连之内港自仍归中国管辖。香港总督谓英权不能至流入海湾之河港,与流入租界内深圳河之河港,尚属公允。惟谓各海湾潮涨能到之处,与深圳全河至北岸潮涨能到之处,为英权所可至,语颇宽泛,易滋误会。嗣后新租界各海湾与华界毗连者,应以沿湾水尽见岸之处为界。其划归租界内之深圳河,则仍照王道所订合约,以北岸为界。所有与大鹏、深洲两湾及租界内之深圳河毗连各河港,俱以口门左右两岸相对直线为界。似此详晰声明,彼此官差人等自可了然,亦免将来别生枝节。除照覆转致外,相应咨呈。为此合咨贵衙门,谨请察照施行。①

〇三六　旅港华民染病者准其回乡调理由

光绪二十七年五月十八日(1901年7月3日)

五月十八日,两广总督陶模文称:现据广东爱育堂、广济医院、广仁善堂、崇正善堂、明善堂、崇本善堂等禀称:窃查香港一埠,所有工商多系内地华民,每遇疾病,恒欲归家,得父母妻儿为之调理,即有不幸,亦可面嘱后事。近日,港地疫气时行,洁净官仁爱为心,恐其传染别处,于省港轮船将行之时极力查搜,遇有精神疲惫、面色青黄之人,辄昇往雪厂医治。华人无识,往往因惊增病,鲜见生还。若遇病亡不准运柩回乡,其骨殖不知销归何所,众心愈为恐怖。查光绪二十四年及二十六年,旅港华民染病,香港总督准其回

---

① 台北中研院近代史研究所藏:外交档案,馆藏号:01-18-095-01-053。

家,万民载德,称颂至今。又闻西人染恙回国,出洋即愈,中西人士,地异情同,业经港地绅商具禀,叩求变通办理。香港总督体察下情,深知华民苦况。惟是此例出自政府,未便擅免。现香港东华医院暨华商会馆绅董迭到敝堂院公议,联乞宪恩,迅赐照会香港总督,转禀政府,俯顺舆情,仁施格外,准照光绪二十四年及二十六年办理,凡有病者,无论是否染疫,任其回乡调理;身故者,亦准运柩回籍,归正首丘,存没沾恩,实为德便等情,到本部堂。据此,除照会英国总领事官转致香港总督办理及咨行外,相应钞稿咨呈。为此合咨贵衙门,谨请察照施行。

●照录粘单

为照会事。现据广东爱育堂、广济医院、广仁善堂、崇正善堂、明善堂、崇本善堂等禀称:窃查香港一埠,所有工商多系内地华民,每遇疾病,恒欲归家,得父母妻儿为之调理,即有不幸,亦可面嘱后事。近日,港地疫气时行,洁净官仁爱为心,恐其传染别处,于省港轮船将行之时极力查搜,遇有精神疲惫、面色青黄之人,辄异往雪厂医治。华人无识,往往因惊增病,鲜见生还。若遇病亡不准运柩回乡,其骨殖不知销归何所,众心愈为恐怖。查光绪二十四年及二十六年,旅港华民染病,香港总督准其回家,万民载德,称颂至今。又闻西人染恙回国,出洋即愈,中西人士,地异情同,业经港地绅商具禀,叩求变通办理。香港总督体察下情,深知华民苦况。惟是此例出自政府,未便擅免。现香港东华医院暨华商会馆绅董迭到敝堂院公议,联乞宪恩,迅赐照会香港总督,转禀政府,俯顺舆情,仁施格外,准照光绪二十四年及二十六年办理,凡有病者,无论是否染疫,任其回乡调理;身故者,亦准运柩回籍,归正首丘,存没沾恩,实为德便等情,到本部堂。据此,查旅港华民承贵国优待保护,良深感佩。近因时疫流行，港官查搜病人，代为医治，尤征仁爱之心，无分畛域。惟中西风土各殊，体质亦异，西人治病之法，未必尽宜于华人，猝遭不测，又不能归骨故乡，以致众情惶惑，殊堪悯恻。应请贵总领事官转致香港总督，迅为电禀贵国政府，准将现例删除，查照光绪二十四年及二十六年办法，凡旅港华民遇有疾病，无论是否染疫，听其回乡调治；在港身故者，并准运柩回籍，以顺舆情而安众心，不胜感荷。为此照会。顺颂日祺。①

○三七　奏报驻琼英领事倭纳兼北海领事由

光绪二十七年五月二十二日（1901年7月7日）

五月二十二日，两广总督陶模文称：现接驻琼英国倭领事照称：现奉驻京大臣札饬兼署北海领事篆务，兹于本年四月十八日接印视事等由前来。查倭领事前于接任驻琼领事篆务时，业经饬据雷琼道查明系名倭纳，是真正领事，并咨行查照在案。接文前由，除分别咨行外，相应咨呈。为此合咨贵衙门，谨请查照施行。②

○三八　法商李三禀开办矿务已照覆不允由

光绪二十七年六月初四日（1901年7月19日）

二十七年六月初四日，两广总督陶（模）文称：光绪二十七年四月初六日，据广州口法国领事照会：据法国李三禀称：广东广州府

---

① 台北中研院近代史研究所藏：外交档案，馆藏号：01-37-001-03-006。
② 台北中研院近代史研究所藏：外交档案，馆藏号：01-15-015-08-008。

增城县属许、郑、李三姓村有矿一区,经与山主许文炳、郑仁山、许望陵、许炳敦、许文春、许干、许毓麟等,按照中法所立和约章程办理,定立合同,承领开办,计禀并合同一纸前来。据此,查所禀及合同,均与中法所立合约章程相符,本领事除将合同存于敝署案内,并将李三之禀呈送本国驻京钦差大臣外,相应照会贵部堂查照。因此矿务本领事不但为中国国家扩开利源,且于该处土人工作亦大有利益起见,希即按照章程,务请准其承领,俾速开办等由前来。除照覆外,相应钞稿咨呈。为此咨呈贵衙门,谨请察核施行。

●照录粘单

照覆法国领事稿

为照覆事。接贵领事官五月初六日照会,以据法商李三禀称:广东广州府增城县属许、郑、李三姓村有矿一区,经与山主许文炳、郑仁山、许望陵、许炳敦、许文春、许干、许毓麟等定立合同,承领开办。查所禀及合同,均与中法所立合约章程相符,希即按照章程,务请准其承领,俾速开办等由。本部堂查北京铁路矿务总局于光绪二十四年《奏定铁路矿务章程》内载:各省开办矿务,无论官商、华洋,均应按照总局章程办理。又,各省绅商有递呈该省地方官请办矿务事宜者,该地方官先查其人,如果公正可靠,家资殷实,其所请办无背定章程,即咨报总局核夺办理,不得率行批准。又,集股以多得华股为主,无论如何兴办,统估全工用款若干,必须先有己资及己集股十分之三以为基础,方准招集洋股,或借用洋款。如一无己资及华股,专集洋股与借洋款者,概不准行。又,凡办矿、路,无论洋股、洋款,其办理一切权柄,总应操自华商。又,有人兴办矿、路,声称己集资本及股份若干者,应先将银款呈明验实,以杜冒混各等语。是各省开办矿务,应由本省官员逐细查验明确,详报北京总局酌核批示，方能作定，不能径向土人私自立定合同，承领开办。

至《中法续议商务专条》内载：议定中国将来在云南、广东开矿时，可先向法国厂商及矿师人员商办。其开矿事宜，仍遵中国本土矿政章程办理等语，系指中国自在该省开矿而言。如果将来有批准开办之矿，自当先向贵国厂商、矿师人员商办。本案并未据土人报明地方官照章办理，且尚不知是否民业，抑系官产，遽由法商与许文炳等私立合同，核与条约及奏定章程均不相符，所请准令承领开办之处，碍难照允。接文前由，除咨呈总理衙门察核外，相应照覆贵领事官查照。顺颂日祉。[1]

○三九　法领要求增城金矿优权照约拒驳由

光绪二十七年六月初四日（1901 年 7 月 19 日）

六月初四日，两广总督陶（模）文称：据广州口法国领事照会，以据法国李三禀称，广东广州府增城属郑、许、李三姓村有矿一区，经与山主许文炳、郑仁山、许望陵、许炳敦、许文春、许干、许毓麟等，按照中法所立和约章程办理，定立合同，承领开办。查所禀及合同均与中法所立合约章程相符，务请准其承领，俾速开办等由。当经本部堂以本案并未据土人报明地方官照章办理，且尚不知是否民业，抑系官产，遽由法商与许文炳等私立合同，核与《中法续议商务专条》及铁路矿务总局奏定章程均不相符，所请准令承领开办之处，碍难照允等语，备文照覆，并钞稿咨呈贵衙门察核，暨札广东

---

① 台北中研院近代史研究所藏：外交档案，馆藏号：01-11-021-01-014。

海防善后总局,饬查增城县所产系何种矿质,现文所称许、郑、李三姓村矿是否民业,抑系官产,许文炳等并未禀官勘明准办,何以遽与法商私立合同,详晰禀核各在案。

兹又接法国领事照称:接贵部堂五月十二日照覆,以增城开金矿,华人矿主与法商李三立合同一事,内开光绪二十四年奏准矿路章程各等因。本领事并非不知此章程二十四〔二〕条系十月初六者,但亦知此章程系驻京本国钦差大臣所未准者。因此二十二条章程内与本国不合,经议过不准。该日子系光绪二十三年五月十三日,其中并广东、广西、云南三省皆言明白。现本领事查明,凡开矿应由承办人与矿师开办,无得以此二十二条章程拦阻。至此章程若无北京乱事,早已销毁,倘合约成后,不日亦要销毁,是以本领事照请贵部堂查照前文,将李三立合同开矿之事转呈贵国政府,因其所禀皆与合约相符。本领事深知贵部堂忠心耿直,为国为民,断能成就本领事所请也。除将此事转达驻京新任坡钦差大臣外,为此照会等由前来。除照覆外,相应钞稿咨呈。为此合咨贵衙门,谨请察核办理,赐覆施行。

● 照录粘单

照覆法国领事稿

为照覆事。接贵领事官五月初六日覆文,言法商李三与华人订立合同,办增城金矿一事。本部堂经阅悉,查《中法续议商务专条》内载:中国将来在云南、广东、广西开矿时,可先向法国厂商及矿师人员商办,其开矿事宜,仍遵中国本土矿政章程办理等语。此案矿主许文炳等并未遵照章程禀官勘明准办,遽与法商私立合同,核与专条不符,碍难照准。前接来文,业经咨呈总理衙门察核在案。至矿政章程,系经铁路矿务总局奏准通行,此间续未奉行更正，自应遵照办理也。除将贵领事官照会再行咨呈总理衙门外，相应照覆。顺颂日祉。[1]

○四○　咨报拟改通商行船约章等情由

光绪二十七年六月十四日（1901年7月29日）

六月十四日，两广总督陶（模）文称：光绪二十七年五月十三日，准广西巡抚部院黄咨开：据署广西布政使张廷燎、厘金局司道梧州关监督广敏详称：窃照关、道奉抚部院发下湖广督部堂张来电内开：亥。密。去年十一月奉个电旨：此次和议拟改通商行船约章，着刘坤一、张之洞、盛宣怀悉心筹议，随时电奏等因。钦此。查变通补救之法，惟熟视彼要索何款，相机抵制，设法保全，总以勿碍我商民生计，勿侵我自主权利为要义，请台端转饬关、道、商局，如无关、道地方，请饬司道各就地方，体察情形，何事为彼所必争，何事为我所必拒，何事可以相抵，何事应行变通，分条筹议，由台端采择核定，飞咨敝处，以备会商。全权大臣两江刘岘帅于议改商局必已议覆代请，将前覆两江之件照抄一份，交邮政局速寄敝处。如无邮局，即用五百里排递。至感。除咨达外，转电达，请即示覆，盼祷。奉宪谕饬，即筹议具详等因。奉此，伏查广西地瘠民贫，局势狭隘，本省之人止知营谋小利，本无商务可言，百货皆由广东客商贩运而来。本地土产除米、谷、油、面、糖、木为大宗外，余皆零星不甚值价之物，亦系东省客人贩运出境，江楚巨商寥寥无几。自梧州开设通商口岸，行用三联报单，准华洋商采买土货出口，又准洋货

---

① 台北中研院近代史研究所藏：外交档案，馆藏号：01-11-021-01-015。

完纳半税,领单运入内地,沿路售销,厂税、厘金因之减绌。然载在约章,奉行已久,难议变更。此次和议,又拟改通商行船约章,若悉勉从所请,难免不碍商民生计,侵我自主权利。兹遵筹议六条,本司、局公同核商,均系就西省情形体察定议,但能防损,即属取益。谨抄录清折,呈请察核,恳赐采择,核定分咨,诚为公便。再,鄂省咨文尚未到桂,如文到日有必须查照核议者,届期再为续议。合并声明。等情,到本部院。据此,相应咨明,请烦查照施行。计抄清折一纸等因,到本部堂。准此,相应咨呈。为此合咨贵大臣,谨请察照施行。

●照录清折

谨就西省地方,体察情形,筹议商务六条,录呈宪鉴。

一、广西土产米谷,不得运出外洋。米谷为民食所关,向例不准运出外洋。如外人议欲更改此条,不宜议准。至洋米入口无禁,而只在口内销售。若由此运至彼口,则须照章与铜钱一律办理,不得在内地随意售卖。

一、洋盐不准运入西省售销。食盐为华商专业,有关西省税课、厘金,如外人欲运洋盐入口,不独内地商户因而失业,且势必援照洋货完税,必致阻坏盐法,侵损课程(税),应照约阻止。

一、洋商在西省采办土货,不得中途销售。三联报单,采办土货出口,已有定章。如外人亦欲照半税单之例准其沿途出卖,则正、半税悉为漏免,其弊甚大,切不可行。

一、西省各地方不宜添开起下货物处所。西省土产货物无多,繁盛之区甚少。若添开起下货物处所,则利悉归洋商,有碍华商生计,且恐沿途任意售销,厘税因之亏损。其梧州商船所雇之驳艇,亦不得用轮船拖往广东,以免恃为护符,任意夹私。洋轮由东到梧州口岸便止，毋议驶入别处。

一、西省内地不宜添设趸栈。洋商趸栈应设在通商口岸，如内地并未通商之处议欲开设，不独侵占内地商人生计，且恐奸猾华商勾结把持，土人少见多怪，易滋事端。

一、西省内河行轮章程不必更张。查华洋各商内河行驶小轮，光绪二十四年已奉有定章。广西河道水浅滩高，小轮难到之处甚多。如外人议将内地河道港汊一并改用民船行驶，流弊滋多，不宜议准。[①]

○四一　法使祈将各案与教会和衷办结由

光绪二十七年六月二十日(1901年8月4日)

六月二十日，两广总督陶(模)文称：光绪二十七年五月二十八日，准兵部火票递到贵王大臣咨开：本年四月二十日，接据咨称：前准电开：法使函称：据广西教会司信言：该省郁林州马村教士被窃，沙塘地方教会被劫，数年未结，祈电饬将各案与教会司信和衷办结等因，当经饬行筹办速结去后。兹据广西郁林州禇牧禀称：此案于光绪二十四年内，准法国司铎黄文称：据沙塘墟杜司铎禀：五月间，因沙塘地方不靖，自行走避，路过马村，被土民截抢行李一担，查系生员陈姓工人所抢；又，五月二十一日被匪攻扑沙塘教堂，毁劫一空，查系董超举等抢毁；又，二十二年十一月二十七日夜，被窃贼吴增寿偷去杜司铎马匹、衣物，犯尚未获；又，二十三年九月二十一日，被吴增寿挖窃教民吴永荃牛只、衣物，请查拿究办。当经卑前

---

① 台北中研院近代史研究所藏：外交档案，馆藏号：01-14-017-01-005。

署州顾牧、卑前州黄牧先期照会该司铎,地方土匪猖獗,不宜轻身出入。乃杜司铎于匪势正炽之际起程,致被截抢并毁房失物,实由自误。至生员陈姓,并无陈姓工人。董超举等亦属端士,并无抢毁教堂情事。旋拘获窃犯吴增寿一名,讯据供认窃物,追缴并照赔给领,禀明洋务总局察核。嗣吴增寿病故,续送教民吴二到案,情愿照赔,自行送交该堂查收。卑职到任后,奉抚宪黄札开:准法国刚领事照会内开:前年沙塘墟教堂房屋毁抢一案,又马村人抢杜司铎一案,请派人与教士商赔妥结。复经查明禀覆,已奉批准照会法领事转行该司铎各在案。卑职伏思此案该教堂被窃马匹等赃,已经黄前州估明赔还,又经获犯究办,案已完结。至教士中途被劫,业经黄前州预先照会,该教士迁延自误,与人无尤,所请酌赔一节,似应毋庸置议,恳照会转饬该司铎知照结案等因,到本部堂。据此,除禀批发并照会广西龙州法领事查照外,相应咨呈察照施行等因前来。本爵大臣查此案已悬三年,迭经法使函催,彼此各执一词,迄未了结,现经贵督据禀照会法领事转饬该法司铎结案,法领事如无异词,固可就此完结。倘仍固执前说,怂动公使再向本爵大臣催办,更恐难于收束。综核各案,事本细微,总以由地方官径向司铎商结为妥。相应再行咨请贵督酌夺妥办,取具法领事允准结案文函,咨覆本爵大臣,以凭照会法使销案可也等因,到本部堂。

承准此,除行广西臬司会同洋务总局转饬遵照准咨事理,设法径向法司铎妥商办结,取具结案文函,禀候咨覆核办,毋得延宕,仍将遵办情形具覆察核外,相应咨覆。为此合咨贵王大臣,谨请察照施行。[1]

---

① 台北中研院近代史研究所藏:外交档案,馆藏号:01-12-180-04-005。

○四二　新租界线改正并译钞合同等情由

光绪二十七年七月初二日(1901 年 8 月 15 日)

七月初二日，两广总督陶(模)文称：光绪二十七年五月二十七日，接广州口黄总领事照称：新租界界线一事，前经迭次文牍往来在案。现又准香港总督来文，将从前王委员存善与骆署辅政司签押之合同照印一纸，较对无讹，请转送两广总督阅看等因。本总领事准此，兹将香港总督送来之英文合同照送。查香港总督之意，系欲将该合同内所有事理逐件照行，以免将来致有误会之处。本总领事前准香港总督来文所请，曾于四月十三日照会贵部堂议论一切在案。香港总督切盼此次所送合同，即以是日照会之言为注解。兹将该照会再抄一纸，附送贵部堂查阅。该文内已将"潮涨能到"一语除去，改为"水尽见岸"字样。缘贵部堂日前来文曾经言明"水尽见岸"与"潮涨能到"意本相同，如用"潮涨能到"，恐彼此或至误会也。至于深圳河界线，现已将"北岸潮涨能到"一语除去，改为"北岸"字样。此"岸"字即以贵部堂五月初七日来文内所论"岸"字为准。经此次彼此论定有案，则从前王委员与骆署辅政司所订合同界线语义一事，贵部堂尽可放心。大约英权所至，一则大鹏、海深湾两处系至岸为止，二则流入大鹏、海深湾及深圳河北边之各河港系至港口为止，三则深圳系之北岸及与租界陆地相接之处为止。为此照会，附送英文合同及照抄改正四月十三日照会各一纸等由前来。查此事前接英总领事四月十三日照会，当以香港总督所言英权可至各海湾潮涨能到之处与深圳全河至北岸潮涨能到之处，语颇宽泛，易滋误会，嗣后新租界各海湾与华界毗连者，应以沿湾水尽见岸之处为界。其划归租界内之深圳河,则仍照王道所订合约,以北岸为界。所有与大鹏、深洲两湾及租界内之深圳河毗连各河港,俱以口门左右两岸相对直线为界,似此详晰声明,彼此官差人等自可了然等语,照覆转致,暨分别咨行,并于本年四月二十五日咨呈贵衙门察照在案。接文前由,除照覆外,相应咨呈。为此合咨贵衙门,谨请察照施行。

●照录合同

译英领事照送香港总督寄来前王委员存善与骆辅政司签立英新租界合同

北界始于大鹏湾,英国东经一百一十四度三十分潮涨能到处,由陆地沿岸直所立桩,接近沙头角,即土各桐芜圩之西,再入内地不远至一窄道,左界潮水平线;右界田地道东立一桩,此道全归英界,任两国人民往来。由此道至桐芜圩斜角处又立一木桩,直至目下涸干之宽河,以河底之中线为界线,河左岸上地方归中国界,河右岸上地方归英界。沿河底之线直至迳口村大道又立一木桩,于该河与大道接壤处,此道全归英界,任两国人民往来。此道上至一崎岖山径,横跨该河,复重跨该河折返。该河水面不拘归英归华,两国人民均可享用。此道经过山峡,约较海平线高五百英尺,为沙头角、深圳村分界之线。此处复立一木桩。此道由山峡起即为英界之界线,归英国管辖,仍准两国人民往来。此道下至山峡右边道左有一水路,达至迳肚村,在山峡之麓。此道跨一水路,较前略大,水由梧桐山流出,约距百码,复跨该水路,右经迳肚村抵深圳河,约距迳肚村一英里之四分一,及至此处,此道归入英界,仍准两国人民往来。由梧桐山流出水路之水,两国农人均可享用。复立木桩于此道尽处,作为界线。深圳河北岸下至深洲湾界线之南河地均归英界，其东、西、南三面界线，均如专约所载，大屿山岛全归界内。大鹏、深洲两湾之水亦归租界之内。光绪二十五年二月初八日，一千八百九十九年三月十九号。王委员存善、骆辅政司押。见证人：蔡毓山、祺威。

抄录改正光绪二十七年四月十三日照会

为照会事。新租界水面，英国之权至处一事，现准香港总督来文内开：本港政府并不以为英权可至流入海湾之河港与流入租界深圳河之河港，但可至各海湾水尽见岸之处，与深圳全河至北岸之处，至于流入各海湾及流入租界深圳河之各河港，本港政府甚愿于各该河港口由此岸水尽见岸之处至对岸水尽见岸之处划一界线，为英国权所至之止境等因，到本总领事。查香港总督文内有"深圳全河至北岸"一语，自是指租界内之深圳河至陆界相接之处为止。相应照会贵部堂查照，量贵部堂亦以为妥协也。为此照会。①

○四三　咨报日商游历到惠开设货仓等情由

光绪二十七年七月初七日(1901 年 8 月 20 日)

七月初七日，两广总督陶(模)文称：案据广东惠州府沈守传义禀称：日本商人妻沼岩彦领有执照，游历到惠，欲在府属归善县城外水东街租屋，用广安洋行字样，开设货仓，求出告示保护，并自拟示稿等情，禀请核示。当以不通商口岸按约向不准外国人开设行栈，日本商人妻沼岩彦借游历执照(至)不通商之归善县地方开行屯货，并自拟示稿，请府出示，实属违背约章，即经据情照会驻港日

---

① 台北中研院近代史研究所藏：外交档案，馆藏号：01-18-095-01-054。

陶模集辑笺

本领事加藤申斥禁止,并饬日本商人等以后往内地买卖货物,必须
按照条约章程办理,并批饬遵照。旋准日本领事覆称:该商妻沼岩
彦系因前往惠州购买土货,故须租借货仓,将购入之货少时屯寄,
并非开设行栈等语。又,经覆以洋商入内地买卖货物,应以运照报
单为凭,不得以游历通商执照作入内地买卖单据。各国商人遵办
已久,中日条约于通商事宜声明按照中国与泰西各国现行章程条
规一律办理。日商妻沼岩彦如往内地购买货物,自应先领海关报
单。若仅持游历通商执照在内地办货,核与各国现行章程条规不
符。该商若照章请领三联单到内地购买货物,无处屯寄,暂赁华店
存放,并不久留,地方官自当妥为保护。倘假货仓为名,张挂行名
招牌,则与开设行栈无殊,碍难准行去后。嗣接该领事来文,仍以
妻沼岩彦暂行租用栈房,非开行栈店铺。贴用广安洋行字样,似未
与订约之意有违,并称已禀请本国政府训示等由。复经照覆辩论
各在案。兹于光绪二十七年五月二十八日接驻港日本领事照称:
日本商广安洋行妻沼岩彦在惠州借租货仓之件,本领事兹据本国
政府之回训,日本臣民在贵国内地当买集土货,便宜租借货仓,其
间不能豫指示日时,故虽用暂时因运搬货物难易,或续行买货等,
租借期间自生长短无论,且在租借期间内如张挂行名,以示租借货
仓系日本人,固无所妨,但运货既了之后,直须撤去货仓无论也。
又,日本人当游历内地携带护照者,不问何处、何时可以购买土货,
但欲将所购买之货轮出外国,免除厘税,则须准规定要三联单而已,
是固应贵部堂所无异言。至租借货仓之事,卑见与贵见所异,只在
准张挂行名否。今闻广安洋行以业务不振之故,既撤回该处货仓,
本领事随亦当无所再重论辩。然至准张挂行名否,事素属条约之
解释,故本领事据本国政府之回训,兹再言明前来主张之趣旨,照

• 2898 •

会查照等由前来。查洋商在内地买卖货物，准其暂租民房屯放，载在条约，固难禁止。惟租借之期漫无限制，则日久年深，势必无从究结。若更许其张挂行名，则与开行设栈何殊？阳以租借货仓为名，阴图包揽渔利，流弊甚大，似不可不预为防范。此次日商妻沼岩彦在惠州所开货仓既经闭歇，自可暂置勿论。惟日本领事既以奉有政府回训为言，将来遇有前项情事，必仍以此借口，各国商人亦难保不相率效尤。究竟应如何办理，相应钞录全案咨呈。为此合咨贵衙门，谨请察核。现值修改商约之际，应否会商全权大臣，将洋商在内地租栈屯货一事与各国驻使订明之处，统祈裁夺见覆施行。

照录全案

惠州府沈传义禀（光绪二十七年三月二十二日到）

敬禀者：光绪二十七年三月十八日，有日本商人妻沼岩彦来卑府署，称说伊孙广安洋行商人，现来归善县城外水东街租屋开设货仓，求出示告示保护，并据呈阅执照及该商人自拟请出示稿。卑府查阅执照，系发给通商游历之件，其自拟示稿声叙开设广安洋行货仓，于惠州府属购买各项货物字样。当答以未奉宪台公文，应候请示办理，婉言辞却。该商云当在惠守候而去。旋据水东街绅商来署禀称：光绪二十五年，有归善匪棍张亚永等，勾串英国人卓士特在水东街租屋，名为买屯货物，暗中开卖彩票，骗银六千余元，经商民等呈控，奉饬拘拿。后又勾串日本人虎之助、一色榴吉二人，先后欲来开行干预，均经查知，控蒙卢前府禀请禁绝查办。现又有日本人妻沼岩彦带同外处民人欲来租屋开行，恐仍系张亚永等勾串而来，乞请禁止等情。卑府查惠州并非通商口岸，按约不准开设行栈。且各国约章所载，洋商如入内地，凡涉买卖之事，均不得以游历通商执照作入内地买卖单据。其卖洋货以税单为凭,买土货以运照为凭。现日本商人妻沼岩彦以游历执照,欲来归善水东街租设广安洋行货仓,均与约章未符。卷查光绪二十五年七月,有张亚永勾串英人卓士特开卖彩票,骗吞巨款,控经饬拘。后又勾串日本人虎之助、一色榴吉索示滋闹,及强行干预,均经卑前署府卢守禀请前宪李中堂照会查办有案。现来之妻沼岩彦是否真正洋商,固勿深考,然惠州本非通商口岸,遽请开栈,既为条约所不准,又为商情所疑惑,自未便违约允行,致滋事端。理合将该日商所呈执照、示稿备录清折,禀宪台察核,伏乞电示祗遵。再,该商人此次不得在惠州开栈,必以暂时租屋存放、必须转运为词,禀请领事照会干求,上烦慈厪。卑府查租房屯货,派人经理,动逾岁月,既有洋行货仓字样,即与开栈无异,可否先请照会日本驻港领事,转饬广安洋行遵守约章之处,伏候钧裁。肃此具禀,伏祈垂鉴。卑府传义谨禀。计呈清折一扣。

批:禀单、抄折均悉。已据情照会日本领事,即将该日人妻沼岩彦申斥,不得借游历执照妄为生事,仰广东布政司会同按察司转饬遵照,仍补禀抚部院,暨候批示缴。禀单、清折及照会领事稿均抄发。

敬再禀者:日本商人妻沼岩彦欲来惠州水东街开设广安洋行货仓一事,经卑府密查实系东莞县民卫干卿凑集股本,请沙面广安洋行出面,该商妻沼岩彦即系广安洋行之人,前数日,卫干卿暗托惠城祥和当司事在水东街租赁房屋,该当商事后方知其开设洋行,现被商民讥怨,未允租给。查得卫干卿原在洋行生理,今来惠州租屋设栈,名为买屯货物,实则发卖三联单票。卑府查自三联单行后,内地厘金递年减色。东江出产土货以水东街为总汇之所,若均买三联票单，则经过关厂查验放行，白沙、绿兰两厘厂十数万之饷从何而来。此卑府所以据约力争也。查中日旧约原不准来内地买货，自马关改约以后，即有通商口岸以外亦准买货之条，虽不载明内地字样，然已漫无限制，时事益艰。人心惊利，商情亦有战守，惠州商民尚称固结，若被开设洋行，利权浸淫外溢，公家何所取益？且地方文武保教不遑，又须护商，更恐多滋事端，似宜峻拒勿纳，庶免官民均受其累。除印禀外，理合附陈宪台察核。肃禀，恭请崇安！伏祈垂鉴。卑府传义谨禀。

惠州府谨将据日本商人妻沼岩彦呈阅游历执照及其自拟示稿照录清折呈请

计开：

游历执照

大日本钦命驻扎香港管理通商事务领事官加藤，为给发护照事。照得《日清通商行船条约》第六款内载：日本臣民准听持照前往中国内地各处游历通商，执照由日本领事官发给，由中国地方官盖印，经过地方如饬交出执照，应随时呈验，无讹放行。所有雇用车船、人夫、牲口，装运行李、货物，不得拦阻。如查无执照，或有不法情事，就近送交领事官惩办，沿途止可拘禁，不可凌虐等因。现据日商妻沼岩彦禀称：欲由广东前赴惠州，请领护照前来。据此，本领事查该人素称妥练，合行发给护照，应请大清各处地方文武员弁验照放行，务须随时保卫，以礼相待；经过关津局卡，幸毋留难拦阻。为此给与护照。须至护照者。右照给妻沼岩彦收执。明治三十四年四月一日、光绪二十七年三月十三日给。大清钦命头品顶戴兵部尚书两广总督部堂陶加印。护照第一号，限一个年缴销。

又，商人妻沼岩彦自拟请出示稿，惠州府衔款为出示晓谕事。今大日本帝国人妻沼岩彦开设广安洋行货仓，在惠州府属购办内地各项货物，通商来往，所至沿途海面保护，尔军民人等知悉，毋得滋扰，给发护照。此据。

为照会事。现据广东惠州府沈守禀称：光绪二十七年三月十八日，有日本商人妻沼岩彦来府署，称说伊系广安洋行商人，现来归善县城外水东街租屋开设货仓，求出告示保护，并据呈阅执照及该商人自拟请出示稿。卑府查阅执照，系发给通商游历之件，其自拟示稿声叙开设广安洋行货仓，于惠州府属购买各项货物字样。当答以未奉宪台公文，应候请示办理，婉言辞却。该商云当在惠守候而去。旋据水东街绅商来署禀称：光绪二十五年，有归善匪棍张亚永等，勾串英国人卓士特在水东街租屋，名为买屯货物，暗中开卖彩票，骗银六千余元，经商民等呈控，奉饬拘拿。后又勾串日本人虎之助、一色榴吉二人，先后欲来开行干预，均经查知，控蒙卢前府禀请禁绝查办。现又有日本人妻沼岩彦带同外处民人欲来租屋开行，恐仍系张亚永等勾串而来，乞请禁止等情。卑府查惠州并非通商口岸，按约不准开设行栈。且各国约章所载，洋商如入内地，凡涉买卖之事，均不得以游历通商执照作入内地买卖单据。其卖洋货以税单为凭，买土货以运照为凭。现日本商人妻沼岩彦以游历执照，欲来归善水东街租设广安洋行货仓，均与约章未符。卷查光绪二十五年七月，有张亚永勾串英人卓士特开卖彩票，骗吞巨款，控经饬拘。后又勾串日本人虎之助、一色榴吉索示滋闹，及强行干预，均经卑前署府卢守禀请前宪李中堂照会查办有案。现来之妻沼岩彦是否真正洋商，固勿深考，然惠州本非通商口岸，遽请开栈，既为条约所不准，又为商情所疑惑，自未便违约允行，致滋事端。理合将该日商所呈执照、示稿备录清折，禀请察核，伏乞电示祗遵等情，到本部堂。据此，查不通商口岸，按约向不准外国人开设行栈。兹日本人妻沼岩彦借游历执照至不通商之归善县地方开行屯货，并自拟示稿，请府出示，实属违背约章。该商如领有海关凭单，到该处买卖货物，为时不久，仅可暂存华商店铺，何得用广安洋行字样自开货仓？前此日本人虎之助为案犯张亚永所使，借称买卖，索府出示，复有一色榴吉出头干预，节据惠州府禀经前阁爵部堂李照会申斥有案。据禀前情，相应照会贵领事官查照，即将妻沼岩彦申斥，禁止设栈，并饬日本商人等以往内地买卖货物，必须按照条约章程办理，不得借游历执照妄为生事，至纫睦谊，并布见覆施行。顺候时祉。须至照会者。计粘抄日商妻沼岩彦自拟请惠州府出示稿一纸。一照会香港日本领事。

驻港日本领事来文（光绪二十七年四月初五日到）

为照覆事。曩系广东沙面在住日商广安洋行妻沼岩彦禀请发给护照，该员带商务往来惠州及附近等处在案。兹三月三十日，接贵部堂发三月二十四日附来文，妻沼岩彦在归善县城外水东街租屋开设货仓，求出告示保护等因。该员前往，现购入土货，故须要租借货仓，是偏经营生意，将购入货少时屯货而已，素非开设行栈。兹本领事翻览清、英两国通商条约十二款：外人当在内地卖买货物时租借货仓库无妨，且地方官对此等条项给与保护亦无论。若有果不然严禁租借货仓，买货于何处屯积？如贵部堂所言，与本领事所见不同，由是禀申本国政府以仰训示外，相应照覆贵部堂查照。顺候时祉。须至照会者。

为照覆事。光绪二十七年四月初五日，接贵领事官四月初三日覆文，以日商妻沼岩彦在归善县城外水东街租屋，用广安洋行字样开设货仓一事，系因该商前往购买土货，故须租借货仓，将购入之货少时屯寄,并非开设行栈等由前来。查洋商入内地买卖货物,应以运照、报单为凭,不得以游历通商执照作入内地买卖单据,各国商人遵办已久,中日条约于通商事宜声明按照中国与泰西各国现行章程条约一律办理。日商妻沼岩彦如往内地购买货物,自应先领海关报单。若仅持游历通商执照在内地办货,核与各国现行章程条规不符。光绪二十五年十月间,有英商天和洋行在肇庆府高要县属白土墟租栈屯货,经三水英国领事官援引中日两国于光绪二十一年三月二十三日所订条约第六款第三条,照请办理,当经谭前部堂以该约内所指洋商准在内地暂租栈房屯寄货物一节,所谓栈房系指该处华商之行栈,可以随租随退,故以暂字声明。若以按月计租之民房为暂,则月展一月,与长租何异,与开行设栈何殊等语,详晰辩论。复由三水英领事官详报英国驻京钦差核明前约意义,洋商在内地买卖货物,只准暂行租用栈房屯寄,不准在内地开设行铺,或买土货,或买洋货,诚恐洋商所雇华人伙计难保无假冒洋商之名,假借洋商之势作弊为非,滋生事端等由,照覆前来。是年十二月,又有日商永田洋行在惠州府属归善县水东街租房屯货,派人经理,迭由贵前领事官照经广东洋务总局,以归善并非通商口岸,照约洋人不能开设行栈。该洋行欲在该处租房屯货,派人经理,实与开行设栈无异,未便准行。该商如在内地办运货物,暂赁华店存放,照约可行,惟不久留及自开店面等语,照覆贵前领事官各在案。兹日商妻沼岩彦若照章请领三联单到内地购买货物,无处屯寄,暂赁华店存放,并不久留,地方官自当妥为保护。倘假货仓为名招牌,则与开设行栈无异,碍难准行。仍希贵领事官转饬该商,务须遵照各洋商公共章程办理为荷。为此照覆。顺颂日祺。须至照会者。一照会驻港日本领事。

为饬遵、咨会事。案据该府、惠州府以日商妻沼岩彦现来惠州水东街租屋屯货，开设行栈，求出示保护，查系违约等情，禀经照会香港日本领事饬遵，并批司饬府遵照去后。兹据香港日本领事四月初三日覆文，以该日商在归善县城外水东街租屋，用广安洋行字样开设货仓，系因该商前往购买土货，故须租借货仓，将购入之货少时屯寄，并非开设行栈等由前来。除照覆外，合就抄稿札饬到该府，即便遵照毋违。计抄发照覆领事文一件。

一、札惠州府

云云等由。除照覆及抄稿札行惠州府遵照外，合就札饬到该司，即便移行遵照毋违。

计抄单：

一、札广东藩司

云云遵照，暨行广东藩司移行外，相应咨会。为此合咨贵部院，请烦查照施行。

计抄单：

一、咨广东抚院

日本领事来文（光绪二十七年四月二十日到）

为照覆事。兹接贵部堂四月十日覆文，系日商妻沼岩彦在归善县城外水东街租屋，用广安洋行字样开设货仓之件。据贵部堂所说，曩光绪二十五年十月间，有英商天和洋行在肇庆府高要县属白土墟租栈屯货，经三水英国领事官援引中日两国于光绪二十一年三月二十三日所订条约第六款第三条，照请办理，当经谭前部堂以该约内所指洋商准在内地暂租栈房屯寄货物一节，所谓栈房系指该处华商之行栈，可以随租随退，故以暂字声明等语，详晰辩论。复由三水英领事官详报英国驻京钦差核明前约意义，洋商在内地买卖货物,只准暂行租用栈房屯寄,不准在内地开设行铺,或买土货,或买洋货等由,照覆前来云云。本领事想明治二十八年四月十七日,即光绪二十一年三月二十三日所订《马关条约》,系日清两国间订约,英国政府之解释,不必拘束日本臣民,且租仓屯货与开设行栈卖买商货不同。至若夫所论暂租二字声明可以华商之行栈随租随退,不准用洋行字号,稍似牵强。这船日商妻沼岩彦暂行租用栈房,素系华人货仓,非开行栈店铺无论也。而于此间假令贴用广安洋行货仓之字样,似没有与订约之意所违。曩日本领事禀请本国政府训示到令再宜有所照覆外,相应照覆贵部堂查照。顺候时祉。须至照会者。

为照覆事。接贵领事官覆文,言日商妻沼岩彦在惠州府归善县城外水东街租屋,用广安洋行字样开设货仓一事,本部堂均阅悉。查洋商在内地暂租民房存放货物,向无张招牌行名之事,前有英商在张家口租栈张挂招牌,经总理衙门以有违条约照会英国驻京大臣饬禁在案。即以近时而论,各国商人领取海关单照赴内地买卖货物,暂赁民房屯寄待运,亦无有张挂行名招牌者。是洋商在内地买卖,不能在暂租存货之民房张挂行名招牌,各国历经照行,日商自当一体遵办。此次妻沼岩彦所租货仓如仅为暂时存货之用,为时不久,并不开设行栈,自可准行。若贴用洋行字样,近自开店面,与各国现在办法不符,碍难允准也。相应照覆贵领事官查照。顺颂日祺。须至照会者。一照会日本领事。[①]

---

① 台北中研院近代史研究所藏:外交档案,馆藏号:01-31-006-07-001。

○四四　呈报上海文报局包鼎祺报捐县丞由

光绪二十七年七月十六日(1901年8月29日)

七月十六日，两广总督陶模文称：为照上海、香港等处为接递往来文件要津，前经派员专驻该处，历久经理无误，所有办理文报委员衔名业经咨呈在案。据派驻上海办理文报委员分省补用知县包家吉以洋文司事监生包鼎祺于光绪二十七年六月初十日，遵顺直善后捐例，在于上海顺直捐局报捐县丞不论双单月分省试用，禀请咨明立案前来。本部堂覆查无异，相应咨呈。为此咨呈贵衙门，谨请查照施行。①

○四五　香港新租界界线合同咨请查照由

光绪二十七年七月二十日(1901年9月2日)

七月二十日，两广总督陶模文称：案照香港新租界界线一事，前因香港总督迭言英权可至各海湾潮涨能到之处与深圳全河至北岸潮涨能到之处，语涉宽泛，易滋误会。节经本部堂往返辩论，嗣后新租界各海湾与华界毗连者，应以沿湾水尽见岸之处为界，其划归租界内之深圳河，则仍照王道所订合约，以北岸为界，所有与大鹏、深洲两湾及租界内之深圳河毗连各河港，俱以口门左右两岸相对直线为界。似此详晰声明，彼此官差人等自可了然各等语，照会广州口英国总领事司格达，转致香港总督查照。旋准英领事照会，

① 台北中研院近代史研究所藏：外交档案，馆藏号：01-09-017-06-001。

以接香港总督覆文,将本年四月十三日照会改正,并将前此王道存善与骆辅政司所订英文合同送请查阅前来。当将送来合同及改正照会各件分别译录咨行查照,暨咨呈贵衙门在案。兹于光绪二十七年六月二十三日,接英总领事照称:新租界界线一事,接六月初十日来文,当经转致香港大臣查照。兹准覆文,请转向声明光绪二十五年二月初八日王委员与骆辅政司在香港所订画押,即五月二十六日附送之字据,应以英文为正等因,照请查核前来。除照覆及咨行外,相应咨呈。为此合咨贵衙门,谨请察照施行。①

○四六 确查前署龙川令仇教各节由

光绪二十七年八月十四日(1901 年 9 月 26 日)

八月十四日,两广总督陶模文称:案于光绪二十七年三月十六日,准兵部火票递到总理衙门咨开:光绪二十七年二月十七日,准德使函称:德国驻汕头领事官向本大臣述及广东省长乐县童知县劣迹一事,曾经函达。嗣准函覆:准两广总督电覆:长乐县童令立即撤任等因。查此事正在延搁间,本大臣屡接该领事称报,始知童令虽已撤任,因各项劣迹并未拿问,且施领事商议日久,复于光绪二十六年十一月初十日,与潮州道全权委员潮州盐运分司瑞议定章程内载:前任长乐童令立喆必须撤委,参革功名,永不得在中国地方膺职任事等因。其章程恐尚未阅看,另录附送查阅,请电饬两广总督认真照前立章程办理,并将童令治以应得之罪。再,驻汕头德国领事又参龙川县知县王克鼎、兴宁县孙祖华及兴宁县属大龙

---

① 台北中研院近代史研究所藏:外交档案,馆藏号:01-18-095-01-055。

田局绅罗佩芬、锡塘局绅李彩文四人，因王、孙二令在其属地仇洋仇教各衅，不但纵庇，而且首先指使。局绅罗佩芬于光绪二十五年间，在大龙田德国教堂被毁时，尤为事之首、罪之魁；局绅李彩文著就唆人仇教揭帖一张。情虽如此，而此二人尚未拿问治罪。孙祖华因本任内犯有别项劣迹，已经撤任，乃王克鼎并未拿办，应请电饬两广总督，亦将知县王克鼎并局绅罗佩芬、李彩文等三人务须各治以应得之罪，以昭公允等因。本爵查潮州道委员与领事商办教案，辄加全权字样，殊属乖谬。所订章程未经贵督咨报有案，该委员是否先经禀明，并童令有无劣迹，希即查明，妥筹办理。至王克鼎、罗佩芬、李彩文等，该使既请治以应得之罪，亦即确查，如果属实，应即分别撤参。除已电达外，相应将德使所送瑞委员与施领事议定章程抄咨查照办理，并将详细情形迅即声覆，以凭核办可也。附抄件等因。并先于光绪二十七年二月二十一日承准总理衙门电同前因，节经饬行确查覆办，并摘叙各案实在情节，照录议结长乐教案往来电报及已革长乐县童令立喆诉禀各件，于光绪二十七年二月二十六、三月二十五等日，先后咨呈总理衙门察照各在案。旋据惠州府沈守传义以确查前署龙川县王令克鼎并无庇纵指使仇洋仇教情事，禀覆前来。复经批饬移核详咨去后。

　　兹据署惠潮嘉道朱恩缙详称：遵查本案先奉宪台札行，当即札饬惠州府详晰确查，据实禀办去后。兹据该府沈守传义禀称：遵查署龙川县知县王令克鼎自到任以来，办理民教控案尚属持平，且敬重各国教士。光绪二十六年七、八月间，正值北方有事，奉文分饬各州县会营保护教堂，迭经卑府函札移行加意防护，民教本属相安，并无仇洋仇教情事。闰八月初五日，龙川县乌泥坑教民谢鸣銮与乡民魏宏程口角，谢鸣銮即诳怂德国教士富修善，谓魏姓仇教，欲闹教堂。适于初七日,该乌泥坑地方迎神建醮,男妇、小孩观看人多,行过教堂门外大路,谢鸣銮妄指迎神之人即系来闹教堂,图实其言。富教士来华未久,情形未悉,信以为真,即由堂内窗中放枪,迎神人等喊止不及,致被枪伤魏宏程、魏观兰、魏开来身死,并伤五岁幼孩魏宏任、魏日凤二名。魏宏程死后,犹手执神牌不放。此系教民谢鸣銮因口角诳怂酿起祸端,王令克鼎时在别乡征粮,闻信立刻赶往弹压解散,即将教堂妥为保护完固,并为点收物件,且请富教士到署暂住,优加敬礼,旋即妥送回省。嗣因魏姓尸亲人等与教民谢鸣銮等滋闹,致有抢掳情事。迭据王令通禀,会营严办,案已奉委秦令广绶并卑府委员高令焕然与教士富修善妥议赔款办结,并议结民教互控另案十起,均系田土、钱债争尝起衅,教民捏控抢掠索赔之案。该县王令克鼎现尚请添大军,严办魏姓,欲治其擅行滋事之罪,并须勒缴赔款。似此始终保护教堂,士民可见,其并无庇纵指使仇洋仇教情事。惟王令前曾被人冒递信函,德领事谓其措词亵渎,案经候补知县秦令广绶查禀,确系被人捏名诬罔,先经卑府据情禀覆在案,应请免其置议。奉饬前因,理合详查禀覆察核等情。据此,职道覆核无异。理合遵批,详请宪台察核,俯赐咨覆总理衙门察照,实为公便等。并接汕头口德国领事文称:王令于民教交讼之案,业经妥议办结,赔款亦已清偿,可不必再为置词等由,先后到本部堂。

　　据此,查德使所称前署龙川县王令克鼎庇纵指使仇洋仇教各节,既经该管道府一再查查,并无其事,且任内各教案均已妥议办结,赔款业经清偿,领事亦有可不必再为置词之言,自应毋庸置议。除分别咨行外,相应咨呈。为此合咨贵部,谨请察照施行。再,德使所称兴宁大龙田局绅罗佩芬于光绪二十五年间大龙田教堂被毁，尤为罪魁，及锡塘局绅李彩文著仇教揭帖各节，迭经饬查，尚未据覆，应俟查禀到日，另文咨达。合并声明。①

○四七　咨送有关路矿案件请烦察照由

光绪二十七年八月十七日(1901年9月29日)

八月十七日，两广总督陶(模)文称：据广东海防善后局司道详称：案奉札开：光绪二十七年四月二十六日，准总理各国事务衙门咨开：京城自上年猝遭兵燹，所有铁路矿务局档案全行遗失，遇有应办事件，无从稽核，相应咨行贵督，将有关铁路、矿务来往奏咨文件以及表谱、合同一律补送，以凭核办，务于文到两个月内迅速咨送本衙门可也等因，到本部堂。准此，合就札饬札局照依准咨事理，速即查明有关铁路、矿务往来奏咨文件以及表谱、合同，一律刻日抄录齐全，详请咨送核办，勿稍违延。切速。又于五月初六日奉广东巡抚部院德案验同前事，仰局会同布政司遵照，将有关铁路、矿务来往奏咨文件及表谱、合同等件，一律抄录，依限补送毋违各等因到局。奉此，并准藩司移局抄录主稿，会同详请咨送前来。查京都矿路总局，系设于光绪二十四年六月。本局近年奉到宪台与户部、总署、矿路总局来往奏咨文件，有关铁路、矿务事实者，共计四十件，另铁路表一本、矿务表一本、路矿章程一本。兹总署以京城上年猝遭兵燹，矿路总局案卷全行遗失，奉饬将有关铁路、矿务来往奏咨文件及表谱补送核办等因。自应遵将本局奉行来往奏咨文件抄录成册，并表谱、章程，详请咨送核办，以期迅速。除将所抄

---

① 台北中研院近代史研究所藏：外交档案，馆藏号：01-12-171-04-010。

案卷摘由列单,备移本藩司核对,司署所奉文件有无现单未抄者,另行由司抄呈,而免挂漏,及详报抚宪外,理合将本局所抄案件汇订成册,并表谱、章程详请察核,俯赐咨送户部、外务部衙门、矿路总局察收等由,同册到本部堂。据此,除将各册及铁矿表谱、章程分别咨送户部、矿路总局察收外,相应咨送。为此合咨贵衙门,请烦察照施行。①

○四八 驻汕英正领事萨调署广州总领事由

光绪二十七年八月二十六日(1901 年 10 月 8 日)

八月二十六日,两广总督陶(模)文称:光绪二十七年七月二十五日,接广州口英国萨署总领事照会:照得本领事接奉驻京大臣札调署广州总领事官,于本月二十一日接印视事。为此照会查照,并希转行所属文武一体知照。同日,又接司总领事照称:现奉札准告假回国,于七月二十一日交卸,由署总领事官萨接管各等由前来。查萨署总领事,本系驻扎汕头英国正领事。除咨行查照外,相应咨明。为此合咨贵部,谨请查照施行。②

○四九 驻潮州正领事官何现接印视事由

光绪二十七年八月二十六日(1901 年 10 月 8 日)

八月二十六日,两广总督陶(模)文称:光绪二十七年七月二十

---

① 台北中研院近代史研究所藏:外交档案,馆藏号:02-03-015-01-007。
② 台北中研院近代史研究所藏:外交档案,馆藏号:01-15-015-08-010。

五日,接驻汕头英国何领事文称:现奉驻京大臣檄饬调补驻汕头办理潮州等处通商事务正领事官,于七月十八日接印视事,理合照会查照,即希札饬所属文武一体知照;并先接萨领事照会,现奉檄饬调署驻扎广州办理通商事务总领事,即于七月十八日卸事赴任,各等由前来。除札惠潮嘉道照会关税务司查明现任驻汕头英国何正领事是何名字,是否真正领事,抑系商人兼充,具覆核办,及札广东布、按二司移行查照外,相应咨明。为此合咨贵部,谨请查照施行。①

○五○　咨报常税归税司管理情形由

光绪二十七年十月十一日(1901 年 11 月 21 日)

十月十一日,两广总督陶等文称:照得光绪二十七年九月十五日,承准大部札开:查各国偿款,本息分年摊还,以各省盐课、盐厘及各关常税暨海关进口货税收足值百抽五作抵,并常关征税事宜改归新关税务司兼办,均经定议。前据总税务司呈送节略,请示常税归税务司开办日期,当经酌开六条,札据总税务司议覆到部,复经咨行户部酌定去后。旋据行在户部覆称:盐课一项不归税务司经理,应由本部详议办法,务期筹拨足数。其关税值百抽五之款,应即照总税务司所拟,定于本年九月二十日作为开办之期。向来免税各物,亦议定值百抽五,均应同日举办。常关征税事宜既改归新关兼理,应与收足值百抽五之新关税同于九月二十日先行试办。至各关界限如何分别,应照全权大臣所议,常关分局在口岸五十里

---

①　台北中研院近代史研究所藏:外交档案,馆藏号:01-15-015-08-011。

以内者,归税务司兼管。将来试办如有窒碍,应准总税务司随时申请酌办等语。当即行知总税务司遵照。现据覆称:查新约画押系七月二十五日,至两月后为九月二十七日,前呈节略内约计之九月二十日,实未满两个月,不能开办。而西历十一月十一日,恰值礼拜一,且适为中历十月初一日,与结算帐目、转报税数等事均形整齐,是以转饬各口税务司,所有货税收足值百抽五,与免税值百抽五均改为十月初一日开办。其常关征税事宜改归新关兼理,亦定于是日试办等因前来。除电达行在户部外,相应抄录总税务司节略、申呈各一件,并咨户部暨札总税务司文各一件,札行该关监督遵照办理可也。

抄件内开:广东之潮海关、北海关、琼州关均派现在该口之税务司兼办。征收常税事宜,由监督派员随同经理等因到关。除会同出示晓谕该地方商民人等遵照,嗣后凡有贩运货物向由常关征税者,自光绪二十七年十月初一日起,一律并归税务司稽征外,相应将开办日期咨呈。为此咨呈贵部,谨请烦查照备案施行。[1]

○五一　梧州等关皆无归新关管理明文由

光绪二十七年十月十三日(1901 年 11 月 23 日)

十月十三日,广东陶电称:全权大臣、户部:梧州厂税系知府所管,拟不在归并之列。前据该抚电禀,当经电请核示。兹据广西张藩司电称:外务部、户部文行常关归税司并办,饬梧关遵照等因。伏查新约葛使原文,常关归新关管理,全权札税司原文谓专指监督

---

① 台北中研院近代史研究所藏:外交档案,馆藏号:01-14-021-02-062。

向征之税，其余别衙门所征者，仍就旧归衙门经理。又，税司初议亦称监督派员襄理，应亦指监督常关。迨后覆文忽谓胶州等关一体并办，方符新约等语，梧州乃在其列，而全权覆札及户部文行，于梧州等关，皆无允许明文。查梧州系知府经征之税，厂事隶藩司，与广州府税厂同，并非监督常关，即所谓别衙门所征者。且梧厂有税额、养廉等项，观税司及与全权所指天津、上海两关有解额发款之语相同。总之，系厂非关，且不归监督，按新约应循旧归别衙门经理。若从总税司之议并办，反与新约不符。总税司既屡言监督，外务部亦只行监督，拟皆以梧厂为监督常关，故合并办，系属错误等情。合再电之裁示。模。文。①

○五二　李家焯保护教士法国给予宝星请转奏由

光绪二十七年十一月初四日（1901 年 12 月 14 日）

十一月初四日，两广总督陶（模）文称：案照光绪二十六年七月十四日，接广州口法国哈领事函称：昨有湖南传教士南怀仁等二名，因被闹教逃出，至广东连州，蒙知州李招护一切，以礼相待，立即移文签差护送至阳山县。又蒙知县林如前护送至清远县刘、三水县吕、海南县裴，沿途平安送回本署。似此该州县等体重邦交，足纫睦宜。本领事与该教士等甚深感佩，相应泐函申谢，请将谢悃饬行转致，以纫邦谊，并请将连州李牧官阶、名字见示等由。当经前兼署部堂德饬行知照，并照覆在案。兹于二十七年九月十七日，接广州口法国哈领事函称：去年连州知州李家焯保护湖南逃乱教

---

① 台北中研院近代史研究所藏：外交档案，馆藏号：01-14-021-02-064。

士南怀仁等二名,派差送回本领事署,经据情请本国政府奏准法国大伯理玺天德,赏给头等光荣宝星一座,经已到粤,着本领事赍送与李家焯领受等由。旋经哈领事将前项宝星赍交本部堂转给前署连州直隶州知州李家焯领收,并译送法总统谕旨一纸,面请咨呈转奏前来。相应粘钞咨呈。为此合咨贵部,谨请察照办理施行。

●照录粘钞

恭译大伯理玺天德谕约:大法国大伯理玺天德准驻扎广东广州领事官哈德安奏,为大清国广东省连州知州李家焯深明义理,慎固邦交,于去年因湖南闹教,有本国教士南怀仁等二名逃乱至连州,幸李家焯在任接待周全,派差沿途保护,平安回至广州。似此翼卫邦交,真堪嘉尚。特备头等光荣宝星一座,着哈德安恭赍,赏给大清国连州知州李家焯领受,并请两广总督咨呈外务部大臣,转奏大清国大皇帝嘉奖,以副朕怀。钦此。[①]

○五三　咨报西洋柏使赴京推广澳门界址由

光绪二十七年十一月十八日(1901年12月28日)

头品顶戴兵部尚书都察院右都御史总督两广等地方军务兼理粮饷陶,为密咨事。

案照西洋国特派办理交涉全权大臣柏使行抵澳门,不日启程前赴北京。昨于光绪二十七年十一月初九日接广州口代理西洋国总领事照会,业经另文咨呈贵部察照。查柏使未来以前,中外各处新闻纸早已遍传,咸谓该使此次来华系为推广澳门界址起见,并有

---

① 台北中研院近代史研究所藏:外交档案,馆藏号:01-14-030-08-008。

索租香山县地之谣，远近人心惶惑滋甚。据旅美华商联名电请力拒，并据广州口法国领事以此事面询，当告以现尚未接明文，倘该使此来仅为勘立澳门旧界，自当斟酌办理，如欲扩充租地，则中国万不能迁就等语。现在柏使业已行抵澳门，不日北上，是中外传言未始无因。近年以来，葡人屡在澳门附近之大小横琴各岛建设兵房，又在关闸外设立路灯，意图蒙混侵占，节经各前部堂援约驳阻，并先后咨呈总理衙门在案。其觊觎内地膏腴，蓄意侵夺，已非一日，徒以中葡条约载有未经定界以前，一切事宜俱照依现时情形勿动，彼此均不得有增减改变之事等语，未敢公然违约，肆行占据。此次乘北事初定之后，遽派全权使臣前来，居心极为叵测。际此时艰孔急，列强环伺，一经迁就，各国必群起效尤，势难遍应，惟有竭力坚持，尚可自立，且环近澳门水陆各地，均属险要之区，香山一县更为膏腴之地，尺寸在所必争。柏使抵京后，如果有所要求，务请贵部设法驳阻，始终坚持，以维大局而杜后患。如彼以会订界址为言，亦当与之订明，按照现时管理之地勘立界址，不得稍有逾越，使彼不能肆其狡谋，他国自无可借口。此事关系重要，必须先事豫筹，以备临时因应。相应备文密咨。为此咨呈贵部，谨请察核施行。右咨呈外务部。光绪二十七年十一月十八日。

●光绪二十七年十二月二十四日，收两广总督陶（模）文称：案照西洋国特派办理交涉全权大臣柏使行抵澳门……为此咨呈贵部，谨请察核施行。[①]

---

① 省略部分同前文。台北中研院近代史研究所藏：外交档案，馆藏号：02-15-008-01-002。

○五四　赔款尽力挪凑已将首期解沪由

光绪二十七年十二月初三日(1902年1月12日)

光绪二十七年十二月初三日,收两广总督陶模电称:外务部鉴:先电悉。赔款数巨期迫,粤东库项支绌,筹拨万分为难。事关大局,已饬司局尽力挪凑,将第一期款依期汇沪。谨覆。模、寿。冬。①

○五五　开造口岸现驻各国领事姓名由

光绪二十七年十二月初十日(1902年1月19日)

十二月初十日,两广总督陶模文称:案查光绪十六年七月二十六日准总理衙门咨开:近来各国在通商口岸派设领事,设立行栈,本衙门无可稽查,咨行饬将各该口岸现驻各国领事姓名并洋商行栈各字号查明咨覆,嗣后仍按季咨送备查等因。迭准粤海关监督转据税务司先后开至光绪二十七年夏季止,咨明查照在案。现准粤海关监督转据马税务司将光绪二十七年秋季份驻广州口岸领事官及兼办事姓名,并洋商行栈各字号查明开送,并声明此外本口并无有领事而无行栈,及有行栈而无领事者。至各洋商行栈字号,系按招牌开录,其或有华商顶冒者,本关不得而知。咨会核办,计粘抄一纸等因,到本部堂。准此,所有广州口现驻各国领事姓名及洋

---

① 台北中研院近代史研究所藏:外交档案,馆藏号:01-14-019-03-024。

商行栈各字号，相应列单咨明。为此咨呈贵部，谨请查照备案施行。[①]

○五六　照录会议通商、行船事宜酌拟条款由

光绪二十七年十二月□日(1902年□月□日)

照录广东司局奉饬会议通商行船应筹抵制各事宜，酌拟条款，开列清折。

计开：

一、内地通商宜有限制也。查中国繁盛之区，大半已开通商口岸，其内地市镇亦未尝不许洋人前往贸易，惟不得设立行栈而已。乃洋人辄称外国之地全行通商，中国则分口岸，内地时怀怏怏。不思外国旅居之民皆归地方官管辖，中国则无辖治外人之权，内地势不能遍设领事，若华洋杂处，诚恐保护难周。且伏莽甚多，设有事故，将来索赔之案益繁，地方官更难措手。倘洋人要求内地通商，似宜允以多开口岸数处，未便将内地不得设立行栈之章全行废弃，稍留余地，俾易防闲。

一、厘金、杂税宜设法保全也。查通商口岸洋货已卖与华商之后，土货未卖与洋商之前，原可征收各项厘捐。惟近日华商每有雇倩无赖洋人出名包揽，假冒洋行招牌，抗不完厘，即杂税经费亦皆无着。所有大宗洋货，如火水、匹头之类，从前每年收厘银十余万者，今则寥寥无几。拟请嗣后凡洋人开设行栈，应由领事官查明确系洋人自备资本，并无华商托名附股，方准张挂洋行招牌，照会税

---

① 台北中研院近代史研究所藏：外交档案，馆藏号：02-08-011-01-002。

务司注册,转移厘、税各局、厂知照。如查有包揽假冒情事,严行分行罚办,以杜弊混而顾饷源。

一、重运走漏,宜严定罚办章程也。查洋商请领半税单照,运货往来,免纳内地厘税,如有用废单重运,或单、货不符,本应扣留充公。惟厘税各卡因虑反噬索赔,尝有先予放行,随后禀报查办。迨至查明确系走漏,而领事辄以当时未经将货扣留,事后难以追罚为辞,办理每多轻纵。拟请严定罚办章程,并声明走漏查有确据,事后仍须罚办,以杜隐漏。又,半税单期限太宽,竟有所指之地可以朝发夕至,仍以六个月为限,亦非核实之道,应由税务司核定程途远近,酌定期限,似于防弊之法较为周密。

一、免税各物宜分别自用、发卖,改定征免章程也。查免税各物,名目繁多,原因其为洋人自用之物,是以免税。至于发卖图利,本应征收,乃亦一体邀免。如洋酒、烟叶之类,每年进口甚多,大都卖与华民。查外洋烟酒税较别货加重,中国独准免税,殊欠平允。拟请将免税各物改定征免章程,除米谷有益民食,进口毋庸纳税,此外凡洋人自用者,仍准照旧免抽。倘系大宗贩运转卖之货,即应估价完税,似于饷项不无小补。

一、洋货、土货宜分别土产、制造,不得因其由洋界运来概作洋货办理也。查洋货运入内地,准完半税,免予重征;土货请领三联单采买,只准贩运出口。如就地销卖,则须议罚。诚虑洋人攘夺华民生计起见,亦以维持厘务。粤省近邻香港,凡内地土货由港转运进口,多作洋货报税,即照洋货办法,请领半税单,以致洋货、土货混杂难辨。拟请嗣后如系洋产或洋人制造之货,方准请领半税单。其内地土货因由洋界转运进口作为洋货报税者,不得请领,以便稽查而杜取巧。

一、内江通商水道洋轮拖带华船特照，应请停发也。查定章：洋轮往来内港，准其拖带船只。惟长江轮船若无海关特照，不准拖带货船，诚以拖轮所带货物，在内港照完厘税，而在通商水道只完税而不完厘，实于厘务大有关碍。今西江通商，梧州、三水各关已发特照，经河口、后沥等厂委员禀请查禁有案。盖西江水道与外海不同，洋商轮船所载货物完属〔厘〕有限，厘税各卡尚有华船所运之货可收。若准其用华船运货，照洋船免厘，非特各卡不能收洋商之厘，且易启华商串同洋商，冒名弊混，厘卡将同虚设。拟请明定章程，凡内江通商水道，洋轮拖带华船，其华船中所载货物无论是否洋商之货，沿途逢关纳税，遇卡抽厘，并请饬令各关一律停发特照，以保厘务。

一、内地渡船生计宜防侵夺也。查洋人运货前往内港，向系雇用民船装载，间有自备划艇，亦仅在通商口岸来往。近年洋轮准入内河，并拖带船只，于是洋人得占内地水脚之利。然内河水浅，小轮载货无多，尚不能尽夺渡船之生计。惟查华渡每有雇用洋轮拖带，并将该渡交洋人代理者。曾有渡船因事控争，洋人自称代理，出头干预，经前督宪以渡船系华民之业，该洋人为之代理，即系雇工，其生意与该洋人无涉，不能干预，严行驳斥。是洋人觊觎渡船生计已露端倪，不可不防其渐。拟请明定章程，洋人雇买内地船只来往内河，只可载运自己货物，毋得揽载客货，庶免内地载运之利尽被鲸吞。

一、洋盐如准进口，亟应豫筹补救以顾醝纲也。查英国善后条约第三款内载：内地食盐不准贩运进口。现闻新约子目内有洋盐准其进口一节，洋盐味淡，华民断不喜食，惟粤省沿海私盐向以港粤为渊薮，程船重运之弊，即系卖与港粤盐行。走私之徒，每于黑夜潜用小船运进省河充销，久为盐务之害。今若明准进口，必用洋船载运，到处行销，埠务何堪设想。必不得已而允其请，应令查照下河程船办法，运盐至省，只准卖与埠商，将来由洋船装载入口之真正洋盐，均应一律照办，不得到处行销，则于盐务尚无大碍。虽法国条约载有不得联行包揽贸易一款，但食盐非别项货物可比，事关醎政，尽可特立专条，以维课饷。[①]

○五七　咨报驻雷琼法署领事白兰到任由

光绪二十七年十二月二十四日（1902年2月2日）

十二月二十四日，两广总督陶模文称：案据护理广东雷琼道秦炳直申称以准法国驻扎雷琼署理领事官白兰照会到任视事日期，业经咨行查照及饬该护道照会新关税务司查照向章办理去后。兹据覆称：遵经照会税务司查覆，现准阿税务司覆称：查现署驻琼法领事官白兰实系法国真正官员，署理雷琼领事官篆务等由，照覆前来。护道覆查无异，理合具文申覆察核等由，到本部堂。据此，除行广东藩、臬二司移行查照外，相应咨明。为此合咨贵部，谨请查照施行。[②]

○五八　覆外务部饬绘地图等情由

光绪二十八年正月二十八日（1902年3月7日）

外务部钧鉴：沁电谨悉，案已钞齐。惟饬绘地图尚未据香山县

---

① 台北中研院近代史研究所藏：外交档案，馆藏号：01-14-017-01-029。
② 台北中研院近代史研究所藏：外交档案，馆藏号：02-08-011-01-008。

缴到，已催迅速绘缴咨送，约二月中旬可到。模。艳。正月二十八日酉刻发。[①]

○五九　粤省河南地方美领事请设专界等情由

光绪二十八年正月二十八日(1902年3月7日)

光绪二十八年正月二十八日，收两广总督陶模文称：案照美、法两国领事拟请于粤省河南地方开设租界一事，前接美领事照称康使来文催理等语，业经婉覆，并抄录来文、覆稿，于本年十二月十七日密咨贵部查照，并以美使倘向贵部提及，务请坚持设法推宕在案。兹于光绪二十七年十二月二十三日接美领事照会，仍以请设专界为言。除照覆外，合再抄录来文、覆稿咨呈。为此密咨贵部，谨请查照。

●照录清折

钞录美国默领事来照会

为照会事。案接贵部堂十二月十五日照会以美国租界一事，本领事官均已阅悉，业经电达美国驻京钦差康大臣知照，即奉电覆，谕开：驻京各国钦差，于租界事均同一心，并无互异等因。而此事情形，贵部堂自已洞悉一切。其德国人已蒙驻京德国钦差准在花埭地界请划为德国专界，其法国人已蒙驻京法国钦差准在河南，即与美国请作租界处连近地段，请划为法国专界。而美国驻京钦差亦欲在河南地段另划为美国专界，何贵部堂于此事仍迟疑不决。如合国混同公界，势必易为相触滋事，无论何人，一遇有事，其咎责

---

①　台北中研院近代史研究所藏：外交档案，馆藏号：02-15-001-01-012。

难决归何国,是与各一专界者,显然相反。盖租界各专,则各界居人自必和好相安,且中国地方有此各专界,商务定益振兴,于地方大有裨益。现闻有人于美国请为租界之河南地段起铺,并急买地,伊等用意显为贵部堂知悉。想美国欲照公值之价承之,乃近日河南所经回禄之地,现纷纷建造铺屋,并买旷地,意欲居奇,以逼美国改用厚价,是其意念与美国之意必不相合,租界之事因此延缓办理,则贵部堂与本领事官均属无益。倘美国当受中国好处缓办,则领之非甚厚恩。现有美商二十五人之多,欲于美国所请租界地段建货仓、住屋等。美商中如火水公司系天下最大、最旺之生意也。本署时常接美国商禀请于该处觅租界地段,而中国无论何处有美国人到,该处即旺,此亦久矣成为古语。现美务在中国南方日益振兴,敬询如此缓办租界之法果合宜否?况美国常以好朋情待中国人,用特照请贵部堂,细想公当如何?待美国如何?再,贵体现尚违和,于心殊多不安。惟竭丹诚,望乘目下天气改常,因而全愈也。为此照会。顺颂日祉。光绪二十七年十二月二十四日到。

覆美国默领事照会

为照覆事。接贵领事官十二月二十三日来文,言河南租界一事,本部堂均经阅悉。查拟设租界,本为振兴商务起见,必须中外官民询谋佥同,庶臻妥洽。若彼此意见参差,徒多窒碍,殊无裨益。驻京各国钦差大臣中如英国钦差大臣,即欲设立公共租界,早经照会外务部,而本省绅民亦皆以设立公共租界为然。贵领事官意见既不相同,自应从缓商议,以免扞格。此事关系重大,无论或设专界,或设公界,均应由外务部体察情形,核示办理,本部堂不能作主。至河南花埭地方早准洋商承租地基,建置栈房,屯储货物,目下如有贵国商人欲在该处设栈屯货,尽可自向业主议租田地,呈请地方官援案办理也。贱恙日前似觉渐有起色，近因天气骤冷，喘咳复增。屡承注问，感谢无既。为此照覆。顺颂日祺。须至照会者。光绪二十七年十二月二十八日发。[①]

○六○　文童黄佑往美国读书发给护照由

光绪二十八年二月初八日（1902 年 3 月 17 日）

二月初八日，两广总督陶（模）文称：案照承准总理衙门咨行：出使美日秘国杨大臣与美国使署律师科士达详酌拟定华人赴美汉洋文护照程式，咨粤照办。嗣后华人往美一体仿照。所拟程式饬由粤海关发给等因。兹有文童黄佑请照前往美国金山埃市朵利埠读书，禀由粤海关验填护照，并无骗拐顶冒情弊，且有殷实铺保具结存案，核与章程相符，准粤海关咨请核咨前来，应准给照前往。除咨覆饬遵，并照章咨行出使美日秘国大臣、驻美金山总领事查照办理外，相应咨呈。为此合咨贵部，谨请察照备案施行。[②]

○六一　咨呈廉县游匪抢掠洋行货船等情由

光绪二十八年二月初八日（1902 年 3 月 17 日）

二月初八日，两广总督陶模文称：现据广东廉州府郭之全禀称：光绪二十七年十二月初五日，奉宪台江电：顷准外务部电开：法使照称：廉州一带，游匪抢掠，情形危发，中国地方官弹压不力，迄

---

① 台北中研院近代史研究所藏：外交档案，馆藏号：02-11-019-19-001。
② 台北中研院近代史研究所藏：外交档案，馆藏号：02-11-020-11-001。

复有抢掳载而葡德洋行货物船只一案；又仲落教民被抢不敢呈控，本国派兵轮二只协助弹压，所费不鲜，倘乱民久延，与通商大有关系等语。查匪徒抢掠，亟应严饬查捕，若久听他国兵轮协助，尤属有碍主权，希速饬查明详细情形，切实弹压保护，并电覆。再，仲落地名系由法文译出，并详查等因。查所称洋行货船被劫，是否张黄江口驳船被贼索银一案，抑另有抢劫货船情事？仲落是何处地方，有无教民被抢？迅即分别查明缉办电覆等因到府。奉此，遵查本年十一月十七日，接北海口法国福领事照称：现据洋行士机剌禀称：本月十二日，接驳船主吴十六信云：小船装载宝行洋纱二十五包，森宝行洋纱十包，船到五利江口，①被贼抢去洋纱八大包，未经查明某号失多少，禀恳照会地方官追究。又据金教士面称：施渡村教民刘耿氏于十一月初七早，被常乐汛兵公局练勇抢去家资、什物，约值铜钱百余千文各等语。照请拿匪追赃，以便转给该洋行、该教民收领等由。是月十九日，又接北海口英国倭领事函称：顷据德商森宝行面称：本月初十日，本行有洋纱十包，附搭吴十六船，运往郁林州售卖。十一日晚，行经合浦县属之白泥塘地方，被贼强抢。十二日，经该船户函报，本行专人前往，查确本行实失洋纱二包等情，函请追赃缉贼。如不能得回原赃，请责成地方官赔还等由各到府。准此，当查五利江口即系白泥塘地方，当经先后飞饬合浦县张令上紧缉追，并将常乐一案妥办去后。旋接福领事照会：据士机剌禀称：业经查明实被抢洋纱三大包，每一大包内即装作四十小包，另三十三小包，总共抢去洋纱一百五十三小包，要赔洋银四百五十九元，方能抵回血本，照请勒令追赔等由。饬据张令禀称：卑

职在乡闻报，已亲往查缉，起出散碎洋纱二百余斤，拿获符正远一名，供认从抢得赃不讳。惟称系与吴十六同伙做船之周绍先等纠邀，容再覆讯究办。续据禀报：洋纱被抢一案，原赃可望全追，即稍有不足，而赃银已有着落。常乐刘耿氏被抢一案，查刘耿氏之同居夫弟刘德著，平日拜会行劫。十一月初七早，饬据兵练凭线拿获，业经讯明正法，并将其财物查封。刘耿氏旋以伊亦失去衣物，告知教士转告领事。兹督同汛弁、团绅，将刘耿氏名下衣物逐一清还。刘耿氏业已悦服，出具墓结完案等情。又经批饬覆提符正远，讯明严办，并缉逸犯各在案。奉电前因，卑府伏查刘耿氏一案，事属细微，既经由县办结，应由卑府照覆法领事销案。至"仲落"二字，当系"常乐"译音之转。其洋纱被抢一事已有端倪，不日亦可办竣，再由张令详细通禀。日前张黄江口驳艇被贼索去洋银二十九元一案，早经办结，与洋纱被抢系属两事。卑府又查廉属山海交错，盗贼滋多。前数年间，地方官稍涉因循，捕务未免废弛，涓涓不塞，流为江河，实已糜烂不堪。欲其即日肃〈清〉，诚非易易。惟迩来北海李镇及张令分往各乡，随获随办，振、介各勇均较前稍微振作，各团绅亦有所获，解经卑府督同委员，随时审明惩办。自九月至今，格毙、生擒以及围捕巡缉者，共计已有数百人，劫案已稀，人心亦较前安定，地方绅士金云事有转机。惟洋面时有盗迹，而师船多已朽坏。卑府两次具禀请添募渔船、水勇，由兵轮带同巡缉，实为目前切要之图。盖窥见法人用心至为深险，动云钦、廉一带与广州湾及越南毗连，须自行设法保护，调派兵轮，多方干预。今又云派兵轮二只，所费不鲜，其意已可想见。如蒙宪恩准募渔船四只，招募水勇，交安澜兵轮兼带，严加责成，则北海一带巡缉较前严密，似可商之法使或北海、广州法领事，婉词致谢，嘱将所派兵轮调回，以免借口索费。愚昧之见,是否有当,伏候训示祇遵。再,电内"载而葡德"四字显系译错。合并声明。除仍会营督属讲求捕务,并切实弹压保护,不敢稍涉疏懈,暨先行电覆外,所有查缉办理情形,理合通禀察核。

并据另禀:本年九月间,接英国倭领事照会:德商森宝行自雇船只运货往郁林售卖,请饬文武保护。当查洋商运洋货入内地,系条约所准行,且盗贼充斥,自应设法防范。当即移营饬县保护,幸获无事。英领事致函称谢。十月十二日,英领事来函,以该行又雇船载货,准十月十六日运往郁林,请饬员弁照前保护。饬据合浦县禀称:遵派差勇于十五日驰抵北海,不见船之所在,询之该行,则货船已于十三日开行,只得沿途跟查护送。卑府函告该领事,该领事置之不答。此次货船被匪抢去洋纱,英领事来函内开:据森宝行面称:前两次蒙地方官妥为保护,此次因货物无多,是以将洋纱十包附搭吴十六之船,未有禀请照会地方官。惟既被劫洋纱二包,应请追赃缉贼,如赃物不能追回,请责成保护不力之地方官赔还等情,已属难以理喻。且卑府访闻士机刺所失洋纱实系广商孔怡记货物,森宝行所失洋纱实系广商同昌货物,皆假冒洋商牌号,怂恿洋官出头,情殊可恶。十一月二十二日,英领事来函,以森宝行被抢洋纱二包,尚余八包,兹再添十包,仍用吴十六船运往郁林,函请保护。当由合浦县派去差勇各二人,而武营中因该船尚无开行日期,派出兵勇尚未到船,随据该县获匪符正远一名,供认从抢去洋纱不讳。惟称系与吴十六同伙做船之周绍先、周绍平起意纠邀,即难保吴十六无知情之弊,当经函致英、法两国领事转饬洋行,查明吴十六船内有无周绍先、周绍平两人,并密查吴十六有无知情之弊,分别追回货物,勿令载运,并扣留送县,讯明办理。该领事等久无覆信,而吴十六自知情虚,捏称地方官所派差勇二十余人,日在船上需索饭食、酒肉,动辄詈骂,不堪其扰,自愿将货起回等情,瞒骗洋行,禀由英领事函请查办。法领事又张大其词,电达驻京法使照会外部,以为地方官弹压不力,总欲干预我剿匪事务,以为将来要挟地步。当此积弱之余,惟有隐忍迁就,断不敢稍行激烈,牵动大局。刻下洋纱被抢一案不日即可办结,然此中委曲情形,不得不为缕析陈之各等由到本部堂。

据此,查本案前准贵部来电,即经饬据廉州道、府、县查明实情,先经电覆贵部在案。据禀前情,除所请添募渔船配勇巡缉一事业经批饬新任高廉钦道秦道炳直察酌办理,其士机剌洋行雇吴十六船载运洋纱在武利江口被抢一案,先据合浦县禀报,亦经批饬办理,现仍拘船户吴十六同伙之周绍先、周绍平到案,提同现获之符正远,研讯彻究,务得实情,按拟惩办,一面赶紧将供党余伙悉获究报外,相应咨呈。为此合咨贵部,谨请察照施行。[①]

○六二　华人请拒葡人推扩澳界等情咨呈由

光绪二十八年二月初八日(1902 年 3 月 17 日)

头品顶戴兵部尚书兼都察院右都御史总督两广等处地方军务兼理粮饷陶,为咨呈事。

现据香山县恭都属绅士附贡韦振藻,恩贡吴家珏,副贡鲍文镳,附贡容其珖,江苏候补知县韦勋廷,河南候补知县吴应奎,广东补用副将杨永清,大挑教谕吴国贤、杨镇洪,封职容汝滔,举人杨应

---

① 台北中研院近代史研究所藏:外交档案,馆藏号:02-26-019-01-022。

麟、容鹏翔，武举吴殿瑛，附生杨应銮、附贡吴振鹏、附生韦兆霖、附贡刘芳英、杨训立，附生吴庆光、韦绍康、郑朝举、张朝绅、容国大、杨起鹗、吴家甫、张振煌、吴乃乾、容联芳，武生杨桂联、陈瑞堂、杨进祺，京职杨文锐，职员杨履祥、吴志韶、容绍端、郑国琛、杨文盛、陈朝宗、林树芳、杨志钊、黄宗祐、郑彦庄、杨玉衡、杨进垣，监生陈维芳、陈大光、徐梆、杨文聪、鲍其荣、杨国瑞、黄继曾、吴家荪、张有鍊、吴华琛等禀：为划界纷传，事关切近，谨将实在情形具呈，察核办理，以弥隐患而保边隅事。

　　窃维履霜之属，寒于坚冰；未雨之鸟，感于漂摇。去月间，港报载称，葡国欲推广界址至香山，并在附近增筑炮垒。近又称葡使布兰羔于十月抵港来中，订划澳门界址等语，以致附近居民互相惶恐。虽属传说，而事关切己，中情焦灼，不得自安缄默，谨筹利害，为仁宪陈之。查澳门自前明嘉靖时经葡人占居，岁输租课。迨至国初，改岁课为地租。至道光季年，并此项银两亦不交纳。国家怀柔天覆，曲示羁縻，于光绪十三年因洋药税厘并惩一案须澳门会办，遂将澳门改归葡国永远居住。其所订条约，经前两广张督宪查奏，有七可虑、五补救之说；于划界一款，筹策尤为备至。缘澳门原以围墙为界，三巴门、水坑门、新开门旧址具在，不能逾越以外，附近村落数十余乡，其最近者，陆路莫如恭都之前山、白石、翠微、北岭等乡，水路则北山乡、南屏乡及湾仔埠、银坑、沙蚝、田环等处，土地广衍，人民蕃盛。今葡人狡然思启，又欲推扩地界，倘遂要求，其患有不胜言者。恭都所属田土不下千余顷，税项甚巨，若归葡辖，彼任意征收，民力益形困惫，其患一。澳门附近水陆岛屿星罗棋布，民间庐墓悉在其中，若归葡辖，或筑马路，或建炮垒，任其平毁，谁复能禁？其患二。盗匪向以澳门为渊薮，通逃、拐骗，案件叠出，然此尚在界内、界外，犹有官法可循。若以附地归其管辖，奸民巧于托庇，四出作奸，势难禁遏，其患三。况澳门为香山县所辖，由陆路可达省城，实为广东海面门户。其附近前山防城及闸卡、石角卡、拉搭石炮台、马骝洲、拱北关厂，扼守最为吃重。葡界其推广，将水陆筹防均行窒碍，以言患害，岂为一隅！夫葡自入澳以来，蓄谋吞并，已非一日。上年已将围墙外旺厦村、龙田村越占，勒收田房租钞，经旺厦绅耆禀诉前两广张督宪委员勘驳有案。现欲推广界外，所求之欲无厌，滋长之患实多。绅等僻处海隅，罔知大计，祸伏积渐，莫释杞忧。所有传说划界事关切近缘由，除禀香山县外，理合具呈，联名叩崇辕，俯赐察核办理，迅赐批示，俾息群疑，以弥隐患而保边隅，实为德便。

又，据美国属檀香山合埠华人何宽等禀：窃商等近阅中西报，有葡人要索香山，欲占据附近澳门各乡之事，志在必得。我外务部王大臣得接照会，未知如何设施。然葡人远在欧洲，来者不易，其国之大不及我两郡之地，其民之众仅得数百万之多，其兵皆窳败而不可用，其人皆骄惰而不能强，战舰数艘，率旧式，致远不能，无足惧也。又，澳中葡兵不及千人，男女统计数仅五千，财力困穷，民气腐败。其所以敢于要求者，盖以我国未能深知彼之虚实，又借我外交纷纭，乘虚恐喝，求之易得，不劳一兵，故明目张胆，悍然而为之耳。若我坚执成见，不为所愚，则彼无所用其术，而我亦赖以安也。葡人未有公使派驻京师，其照会交涉，多借意大利公使转达，缘其国穷困，需饷需俸，不能为力，故驻使之设尚虚其人，不然澳门为香山旧地，交涉最多，岂独于公使而靳之？澳门自香港开后，旧有商务为英所夺，彩票、围姓是其生计，而葡京每年必责以筹饷六十万，转解回国，则葡人之不能用兵，可知其国之弱小既如此，其财之困乏又如彼。吾国虽弱，勉出一战，借振国威，亦匪难也。去年拳祸，开罪八国，连鸡俱飞，未有分地。今一旦而许葡人，则别国借口无厌及我。独不见日人之割台湾乎，旅顺、大连湾、威海卫、胶州湾相继而即亡矣。甲午之役，丧师失地，例得赔偿，故有台湾之割，而俄、英、德、法诸国犹且接踵而起，铜山、洛钟，东西相应。况今日许葡人，远不如日本之割台湾者乎？其继葡人而来者，将何以应之？是则许葡人区区之地祸犹少，而许葡人以启各国之欲者祸更大也。此日之从违，即大局之存亡所系，政府定自有权衡，商等本无庸稍参末议，第身栖异地，默念宗邦之世变，时深剥床及足之虞。旅顺、大连民怨冲天，九龙归英，连坐失业，鉴于往事，怵其将来，未雨绸缪，用敢力陈。所有不欲割归葡人，请速电外务部力拒，以保疆土而安民生，理合具禀察夺施行各等情，到本部堂。据此，查葡人欲索香山县地及欲占据附近澳门各乡，并无明文。惟事关大局，既据各该绅商等以前情具禀前来，相应咨呈。为此合咨贵部，谨请察照。须至咨呈者。右咨呈外务部。光绪二十七年十二月二十五日。

● 光绪二十八年二月初八日，收两广总督陶（模）文称：现据香山县恭都属绅士……为此合咨贵部，谨请察照。[①]

○六三 咨送葡人占据各界图说各案等情由

光绪二十八年二月二十四日（1902 年 4 月 2 日）

头品顶戴兵部尚书兼都察院右都御史总督两广等处地方军务

---

① 省略部分同前文。台北中研院近代史研究所藏：外交档案，馆藏号：02-15-008-01-007。

兼理粮饷陶，为咨呈事。

窃照光绪二十七年十二月十一日，承准贵部蒸电内开：大西洋自道光年间侵占澳门，界址迄未划清。查该处葡人有旧占之界，有新占之界，有图占未得之界，希饬详细绘图贴说，并将从前关系澳门界址各案迅速钞咨本部备核等因。当即饬检档案，详加披阅，择要钞录；一面密札署香山县知县沈毓岱，不动声色，迅速密将葡人在该县所属地方旧占之界、新占之界及图占未得之界，分别查明，详细绘图贴说，刻日呈缴核咨，并先电覆贵部在案。

兹据署香山县知县沈毓岱以遴派亲信，挈同测绘生密往澳门地方，绘具全图，并参以众论，稽以成牍，葡人旧占、新占及图占未得之界均已得其奥窔，绘具图说，禀缴察核转咨前来。并据另禀称：葡人税澳居住，其始不过半岛，原立之三巴门、水坑门、新开门旧址具在，固无所谓水界，更无所谓属地。道光以后，肆其蚕食，渐占渐广，驯至青洲岛、关闸汛亦为所有，而后于关闸近处建设闸门，以分中外之界。其时葡使照会总署，尚未见许。光绪十三年，与订条约，彼愈视为得计，自是关闸以外北山岭一带，又欲作为局外，阻我设立兵房。其于小横琴岛占筑兵房，并欲将大横琴、洋船湾、十字门统归所属，则尤无理取闹，曾奉驳覆有案。日者画界议起，香山人士商于外洋者私电迭至，大率傲其乡人，保全种族，不沦异类，群情汹惧，甚有敛钱立会，以拒洋为名者。书院绅士来县具禀，亦皆忧形于色。粤民轻财敢死，自昔已然，矧逆匪逋臣系其乡里，尚逃法外，万一暗为煽诱，吠影吠声，轻于一发，必致牵连大局。卑职职责在守土，弥切隐忧，当即延见缙绅，告以事在必争，决无弃地弃民之举，浮议始息，而人心究未安定。窃谓葡萄牙海外属国，澳门弹丸之地，兵不满千，以视意大利、法兰西，不逮远甚。法于四明公所一案,南洋督宪折之以公理。意于沙门湾一案,浙江抚宪力拒其恫喝。卒能保全疆土,就我范围,中葡界务正堪比例。然占而已得之地,彼已视为固有,朝廷政尚宽大,或不再加诘责。占而未得之地,万民延颈跂踵,待我举动,伏愿坚持前议,设法挽回,必不使青洲以南、关闸以北再越雷池一步。此外,大小横琴岛、洋船湾、十字门虽皆荒漠、汪洋,亦在权限应争之列。得寸得尺,岂有穷期。我之画界分疆,首宜善后,深恐外务部未熟形势,易为所蒙,拟请详细咨达,庶民气之拂郁、澳葡之骄横,得以上彻枢垣,有所匡正,造福于苍生,弭患于未来者,永无极矣等情,到本部堂。

据此,查葡人税居澳门二百余年,界址迄未划定,自道光以来,逐渐侵占,逼近内地。其于青洲水面及大小横琴岛、洋船湾、十字门等处,或建设灯塔,或盖造兵房,或编列门牌,无非冀图影占,历经各前部堂照会驳斥,均有成案可稽。揆其窥伺之志,为患甚深,徒以国贫力弱,未敢遽逞。此次乘北事初定之后,遽以画界为名,派使请议,用心尤为叵测,中外传言,谅非无因。前此柏使行抵澳门,当经密咨贵部,俟柏使抵京后,如果有所要求,务请设法驳阻,始终坚持,以维大局而杜后患。如彼以会订界址为言,亦当与之订明,按照现时管理之地,勘立界址,不得稍有逾越,使彼不能肆其狡谋,他国自无可借口。嗣据香山县恭都属绅士附贡韦振藻等及美国檀香山合埠华商何宽等具禀,又经咨呈贵部察照各在案。

兹承电示,饬将葡人旧占、新占及图占各界详细绘图贴说,并将从前关系澳门界址各案钞咨,自系为借咨驳拒,以杜狡谋。仰见荩虑周详,绸缪至密,莫名钦佩。现据香山县所缴图说,及另折详纪澳葡占界,考于葡人旧占、新占及图占未得各界,考证均尚详明,堪备驳拒之资,理合汇同钞案,备文密咨。为此咨呈贵部,谨请察照办理施行。计钞呈案卷一本、图说一纸、清折一扣。右咨呈外务部。[①]

○六四　葡人占据各界图说各案备文由

光绪二十八年二月二十四日（1902年4月2日）

光绪二十八年二月二十四日，收两广总督陶文称：窃照光绪二十七年十二月十一日……[②]计钞呈案卷一本、图说一纸、清折一扣。

●照录关系澳门界址各案卷

署澳门总督来文（十四年三月十六日发，三月廿二日到）

为照会事。照得前据本属各员禀称，有前山官员在舵尾山之海滨附近澳官遣往恤养疯人居住之处搭盖篷厂，该厂内驻扎多人，闻系贵国当兵之人等语。本署大臣闻之，殊堪诧异，心甚不安。因查此处所居疯人，向系澳给食济养，历有年所，即该处非疯人亦有恳求愿来归向者。似此情形，显有明征，尚不足为本国管治之证据乎？况贵国官员历来未有思及在此处施管治之权，亦并无管治之实事，则现新搭之厂仅为创始之迹。况值本国与贵国正当固结和好之时，又有助贵国抽收税项之举，则当此际建厂，似非其时，谅贵部堂必以为是。此刻宜于一切事件俱仍旧勿动，此固本署大臣之所应望也。又经饬华政衙门理事官照会贵前山分府，询其搭厂缘由。据贵分府覆称，专为缉捕巡防而靖地方起见等语。本署大臣

---

① 台北中研院近代史研究所藏：外交档案，馆藏号：02-15-008-01-008。

② 省略部分同上条。

阅此覆询,不惬本意,盖该处倘果有贼匪,或一经通报,本国岂有不饬兵缉拿之理!想贵部堂必非以此度本署大臣之心。因现在所获贼匪多名,俱是本国兵丁缉拿,何尝少有借贵国兵丁之力?此即可为显征。至贵属员或有禀称协同本国兵丁缉拿者,殆无其事。是则已上所言,谅贵部堂亦必以为公。兹本署大臣开诚剖白,现时惟愿不欲改变彼此两国原日管治之情形,且更无意强夺人之物,是以求贵部堂亦开诚见覆,所搭此厂究竟于政治有何意见,抑或预为将来查勘该处是谁居守,在此专意借此厂为证据地步?谅贵部堂心固公正,位亦尊崇,恳饬属将此厂除去。如贵部堂不允本署大臣所请,一意以该处久经本国保护及管治之地,而贵国向来未有施管治之权者,今欲指实该处为贵国管治之区,本署大臣不得不预为告知,纵令置此厂于不理,日后无论何时查勘,不得谓本国不理,遂执此语以为本国经认该处为贵国管治之实据,并勿谓本署大臣将来无得置辩。窃思本国与贵国均以和好睦邻为重,想贵部堂亦必同此意,故本署大臣于无论何事,俱欲彼此妥办,以和为贵。因此件系属小事,而该山亦无甚紧要之处,亦不能碍本国管治之主,尤愿妥办可也。惟冀贵部堂准如公平所请,仍希照覆。相应照会贵部堂,请烦查照施行。为此照会。顺候升祺。须至照会者。

澳门总督来文(十四年六月二十五日发,六月二十七日到)

为照会事。照得本大臣未旋澳之时,经护理澳门总督篆务辅政司都于本年三月十六日已有照会贵部堂,内称在舵尾山海滨搭盖巡防之篷厂,请问贵部堂有何意见,希为明说,并称况值本国与贵国现立合约,款内已有明文,其未经定界以前,所有一切事宜俱应按照现时情形勿动之语。兹搭盖此厂,殊堪诧异,不得不预为告知不服各等情。迄今已有三月之久,仍未见覆,似有隐意存焉,是以本大臣分应再询贵部堂照覆。如迁延不覆，或全置不答，在贵部堂亦属无益。因前时经有预告不服之言，则于本国所有之权利毫无所损，届时亦可援为理明也。仍希迅为见覆，足征睦谊。相应照会贵部堂查照。为此照会。顺候升祺。须至照会者。

覆澳门总督文（十四年六月二十八日）

为照覆事。现接贵大臣文开：照得本大臣未旋澳之时云云，足征睦谊等由，本部堂均已阅悉。查此事于三月间接贵前护大臣来文内开，前据本属各员禀称云云，相应照会查照等情。本部堂接阅之余，不胜诧异。其时条约甫定，界址未分，地方官在中国界内搭厂驻兵，澳官辄有预告不服之言，殊属无当。于理意谓贵大臣回澳之后，自有公论，必能消弭无迹，故暂置不覆。兹接来文，仍以此事为言，本部堂不能不剀切详论，预为辨明。查舵尾山在小横琴岛之上，为香山县属地，载在志书，历历可考，何得谓中国未有在此处施管制之权？中国版图之内岛屿林立，悉听渔户、蜑民任便栖止，烟户无多，自不能处处设官分驻，然有屯聚为匪，无不立行搜捕，是即管治之实事。此次附近澳门一带盗贼充斥，经前山同知萧署丞拨勇驻舵尾山缉捕巡防，搭厂住宿，乃地方官应行之事。来文询及所搭此厂究竟于政治有何意见，抑或预为将来查勘该处是谁居住，在此专意借此厂为证据地步等语。查横琴岛为中国辖地，有志乘可考，万国皆知，何须借此厂为证据，殊觉言之过当。来文又称无意强夺人之物，不论何事，俱欲彼此妥办，以和为贵。具见贵大臣明白事体，实深钦佩。夫事不应为而为之，谓之强物；非所有而取之，谓之夺人。稍知自爱者且不为，而为友好之国，讲信修睦者为之乎？横琴一岛，载在中国版图，毫无疑义，如曰该处疯人得澳官给食济养，即有其事，亦不过为寻常善举，何得视此为管治之证据？

现当两国立约之初，凡事必出于公平，庶友好之谊得以历久不渝。
贵前护大臣既称无强夺之意，又以此件系属小事，该山亦无甚紧要
之处，自不应因此小事致启衅隙，惟贵大臣详思之。为此照覆。顺
候时祉。须至照会者。

  澳门总督来文（十四年七月初七日发，七月初九日到）

  为照覆事。照得接贵部堂光绪十四年七月初一日来文，本大
臣均阅悉。查前护理澳督篆务辅政司都于本年三月十六日照会内
所有论及之事理，兹本大臣仍允即如本大臣所言无异。但因在舵
尾山海滨搭盖篷厂，致有本年三月十六日之照会，本大臣仍然预告
不服。惟贵部堂通达事体，既以此件为小事，在本大臣亦以为小。
查光绪十三年十月十七日，经两国已立和好通商条约，其约内第二
款所载有会订界址，再行特立专约等语。须俟立该专约时方可将
此事理明。至于刻下彼此理论，亦属无用也。相应照会贵部堂查
照。为此照会。顺候升祺。须至照会者。

  澳门总督来文（十五年正月二十九日发，二月初三日到）

  为照会事。照得贵国光绪十三年十月十七日在北京与本大西
洋国所立和好通商条约，经奉两国御笔批准，业于光绪十四年三月
十八日互相交换矣。查该合约第二款内订明：其未经定界以前一
切事宜，俱照依现时情形勿动，彼此均不得有增减改变之事等语。
兹因本澳关闸至北山岭中间一带地方向为局外之区，现闻在该处
建有砖屋一间，为巡捕兵丁栖止之所。如此办理，显有违该约第二
款。查该处原有搭盖小屋宇，其外貌并非公廨体制，今建该砖屋，
谅系前山官员饬令所建者，是以不得不备文照知。如果于该处地
方应当设一兵卡以为方便巡缉起见，亦必须两国会商妥协，方可建
造，断非一国或一之官员可能擅主。本大臣现将以此事奏闻本

国朝廷，并照会贵国总理各国事务衙门矣。为此照会贵部堂查照。为此照会。顺候升祺。须至照会者。

覆澳门总督文（十五年二月十七日）

为照覆事。案接贵大臣照会，内称光绪十三年十月十七日在北京云云，断非一国或一国之官员可能擅主等情。本部堂接阅之余，殊深诧异。查澳门本香山县辖，从前租界以围墙为限，有三巴门、水坑尾门、新开门各旧址可考，墙外民田、户籍悉隶香山。前年立约准贵国永居管理澳门，声明未经定界以前，宜俱照依现时情形勿动，彼此均不得有增减改变之事。所谓现时情形者，自系当日租界内而言。其言勿动者，乃指贵国侵占围墙以外、关闸以内所筑之马路、洋房暂免拆卸，望夏各村民田、户籍仍归华属，未经定界以前，彼此均不得有增减改变之事。此条约之本意也。又查同治元年六月初八日，贵前大臣嗫吗唧咃在京议约，照会总理各国事务衙门，自称设立关闸以为界，至关闸以外则有华官把守，关闸以内则系西洋人把守等语。总理衙门不以为然，其事遂寝，卷俱在，昭昭可考。是历任贵前大臣并不敢侵及关闸以外尺寸之地。昨据前山地方官禀报，近日澳官在关闸外设一路灯，正在备文诘问，照请撤去。今接贵大臣来文，竟称关闸至北山岭中间一带地方向为局外之区等情，实属闻所未闻，岂有意违约，故作蒙混之词，以此尝试耶。本部堂忝膺疆寄，莅粤有年，百废俱兴，因循切戒，断不容再有侵越之举。关闸以外应设厂卡，绝不与约内之界务相涉，仍必次第举办，无须过问。至关闸外新设之路灯，并请按照条约作速撤去，以免别滋事端，是为至要。为此照覆。顺候时祉。须至照会者。

澳门总督来文（十五年三月二十六日发，三月三十日到）

为照覆事。照得接贵部堂光绪十五年三月十九日来文，所称关闸至北山岭中间一带地方之事,本大臣均已阅悉,无庸答覆。缘日前之照会,本大臣实以优礼待贵部堂,故特知照耳。因该件本应与贵总理衙门商议办理,今阅来文之词,岂与友国大臣往来当如是耶?殊属闻所未闻也。兹刻即照会贵总理衙门矣。相应照会贵部堂查照。为此照会。顺候升祺。须至照会者。

总理衙门来文(光绪十五年五月二十九日到)

为咨行事。光绪十五年四月初九日,准来文内称:据驻扎澳门西洋施大臣照称:本澳关闸至北山岭中间一带地方向为局外之区,现闻在该处建有砖屋一间,以为巡捕兵丁栖止之所。如此办理,显有违约款等情。除详晰驳覆外,相应抄稿咨请察照核覆等因。查此事本年二月间,本衙门接准该使照会,当经照录函致贵督查办在案。四月二十四日,又准该使照称:据贵督照覆之文钞录送阅,其文词似是嘱饬属员之语等因。本衙门查该使所称关闸至北山岭中间一带地方为局外之区,实为无稽之论。关闸为中外之限,如彼所云,将为逾越之渐,不可不与力辩。现已具文照覆,理足言顺,谅彼亦无可狡执。兹将往来照会各一件钞录咨行贵督查照。又据照称:前山同知去年在舵尾山附近搭盖篷厂,为兵丁栖止之所,现又将篷厂改建砖瓦之屋。如此行为,与和约第二款不合等语。查约内既载明未定界以前彼此均不得有增减改变之事,目前我若先有举动,彼岂不能效尤?舵尾山建屋之事,宜用好言答之,勿令生疑,此后切勿轻动,以昭大信而免争端。再,本衙门照覆大西洋文件向由赫总税司转寄,此次照覆澳门总督文,可由贵处觅便寄去,俾免泄漏可也。须至咨者。

照录大西洋澳门地扪总督施照会

为照会事。照得现因附近澳门关闸建有砖屋一间,以为巡捕兵丁栖止之所，业于本年二月初七日已有照知贵王大臣，亦有照会贵粤总督。今据贵粤总督照覆，即将所覆之文抄录送阅。查阅来文所论澳门事理，实有违于万国公法，本大臣暂且姑置勿论，但本国与贵国交友最久，兹观来文所用字句如此，本大臣心实不服，因其文词似是嘱伤属员之语，并不合中国大臣与本国大臣彼此往来交接之礼也。缘本国居住管理澳门，其成事已有数十年之久，在贵国亦经允认，纵贵粤督之心不愿允从，究不得疑本国管理澳门全岛经有实权。今一旦欲减少本国居住澳门之地，实为妄想。兹本大臣不得不与贵王大臣请详言之。因见贵粤督文内有云所筑马路、洋房暂免拆卸之语。查阅关闸以内向有澳督避暑公署，亦有兵房及东望洋炮台、灯塔等处，原其灯塔之设系在中国海边，为时最先，又筑有炮台两座，望厦村乡则为人民所居，在贵粤督之意岂欲将各处全行毁拆，增此寸地及所毁之物归其管辖耶？溯前明天启二年，荷兰国率兵来澳攻击，尽被本国人拒绝，经有石碑竖立为记，抑欲将此碑亦拆之欤？查前年所立之和约，实指现时地界而言，在贵国各官员与贵粤督亦皆允认。至于水坑尾门现已无存，何以贵粤督在粤多年，向无提及，迄今忽言及此？至定界一节，须俟两国派员会订，贵王大臣亦经知之。惟该约内第二款已有明文，其为定界以前，一切事宜俱照依现时情形勿动，彼此均不得有增减改变之事。则在该处亦不得建此砖屋明矣。是以本大臣有此照会论及，须俟日后两国派员会订定界，另立专约，方得定该处归于何国管辖。惟是该约之文固毋得以贵粤督所解之说为是，亦不得凭约而遽建此砖屋也。况粤省官员亦已早知向来如此办法，因稽查本署案据，所有关闸至北山岭中间一带地方，凡有搭盖篷寮，亦无不与澳官商允，然后搭盖。现在本大臣于管辖该处并未言权之有无，但以此事而论,应归两国会商,方为妥协耳。又查贵粤督来文,不容有再侵越之举一语,或指附近关闸所设路灯而言,不知该路暗黑,屡有贼匪乘夜用枪弹击毙兵丁,事所恒有,是则设此路灯,以照兵卡,实为免此忧患。如果以该处为局外之区,诚于两国均属合宜。今贵粤督得毋以此灯之设遂谓侵越耶?查原日在东望洋建设灯塔,借以救护大小船只,免至触石沉溺者,不知凡几,岂于该灯塔亦欲拆卸欤?且该处设此路灯,可免贼匪藏匿暗处打毙兵丁之事,日前经有此祸,如贵粤督将此路灯撤去,倘日后遇有关碍,在贵粤督亦难辞其咎,忖思贵粤督如此行为,实由忠君爱国之心所致,但不免有太过之处耳!谅贵王大臣同此意见,亦必以为然,是以恳请贵王大臣咨行贵粤督,谓其忠君爱国固属可嘉,但不可逞其忠爱心而不敬于外国之人。举凡外国官员亦莫不尽其本分,惟于办理交涉之事,从无不礼于人也。相应照会贵王大臣,请烦查照施行。为此照会。顺候升祺。须至照会者。

照录覆大西洋施使照会

为照覆事。澳门建屋一事,已于光绪十五年三月二十一日照覆贵大臣在案。四月二十四日,又准照称:前因查粤督照覆贵大臣之文,并无嘱饬属员语气,殆以贵大臣干预关闸之事,故辩论稍觉激切,未能出以和婉,而于彼此往来交接之礼未尝有失,贵大臣当可相谅也。至来文内称本国管理澳门全岛,今一旦欲减少本国居住澳门之地,实为妄想等语。在本爵大臣视之,以为贵大臣不宜轻出此言。缘澳门为香山县之一隅,向来设有关闸于莲花茎,为自县入澳南北之枢纽。自关闸以南至三巴门始入澳境,其关闸以北并非澳地。前年与贵国立约所云未定界以前,一切事宜俱照现时情形勿动,彼此均不得有增减改变之事,系指关闸以南至三巴门一带而言。至关闸以北乃中国独管之地，原不与约内界务相涉，非贵国所应过问也。贵大臣所称关闸至北山岭中间一带地方向为局外之区，此言毫无根据，实为从来所未闻，且以粤督为妄想，措词亦觉失当矣。现在贵国于关闸外添设路灯，虽无侵越之意，未免启人之疑，应即撤去为要。否则粤省官员亦可在关闸内有所作为，未免从此多事矣。总之，两国既经立约一切，贵大臣亦有同心也。为此照覆。须至照会者。

代理海防同知蔡国桢、署前山营都司黎中配禀

敬禀者：窃查前山毗连澳门，以关闸为葡人界限，前山驻官设汛，原所以重交涉而杜越逾。从前葡人租寄澳门不过半岛，向以三巴门、水坑尾围墙为界，故址犹存。迨日久妄生，遂图侵越，毁围墙，设关闸，占我全澳，并及附近之青洲小岛而悉居之，然尚不敢明目张胆侵及于关闸外也。今年正月忽于关闸外添一路灯，且谓由关闸至北山岭一段应为局外之地，蒙我宪台严词诘责，饬令撤去路灯，并札行卑职国桢一体遵照。仰见我宪台防微杜渐，义正词严，外足以御贪肆之谋，内足以振因循之习。卑职国桢职司守界，敢不严固藩篱？因与都司中配认段分防，勤求整顿，于陆路则驻兵设厂，于水界则派弁扎船，务使一步不松，方期寸土无失。乃近来澳门制造英泥公司突于青洲海滩培土，向北填筑，直出海面，正在兴工。查青洲与关闸平列，自葡人占居之后，起造洋房，开设英泥公司，认为澳门附近管理之地。而青洲迤北海面则系前山营水师汛地，都司中配于光绪十三年抵任后，即派拖船一号切近青洲北边水面驻扎，以期堵截。即葡人巡洋小艇向不敢驶过青洲入我水界。日昨澳门华人谣传葡人始欲越关闸占我北岭山一带地方，因我守界甚严，且明奉张督帅回文斥驳，无从下手。现闻督帅将移节鄂

垣,葡人喜出望外,拟改由青洲海面向北筑堤一道,与莲茎平行,直达前山之亚婆石,为渐入渐深之计。卑职等以其所闻,证其所见,未必事出无因。然犹以青洲新筑之堤并未越界,恐彼借口系筑码头,便于泊船,故未向之询诘。不料九月间,澳葡兵头遣小轮船告知该拖船管驾官,不许该船在青洲北边水面湾泊,据该管驾官禀报前来。都司中配遂与卑职国桢详细熟商,一面由都司中配指遣西洋翻译官伯多禄据理直争,不得违约改变,一面谕令该拖船管驾官严守水汛,不准开船擅离。幸仰仗宪台声威,近仍相安无事。惟青洲堤工未竟,若愈筑愈远,势必侵入我界,径及前山。卑职等伏读宪台咨总理衙门文内述及葡人意欲于关闸外逐渐侵占,由莲花茎以西填筑海面,直接前山,蓄谋已久,未敢明露端倪等因。是葡人诡计始萌,已早为宪台远鉴所及。至今日端倪显露,益钦佩先见之明。卑职等再四筹思,若隐忍不言,彼非疑有怯心,即以我为默许;若遽与争竞,彼非以码头借口,即以未曾越界为辞。此中机宜,隐持之与明阻之,缓备之与急推之,似有不容不酌耳。除仍由都司中配密饬该地拖船照旧停泊,相机因应,无激无随外,拟再由卑职国桢调拨原驻澳门之拖船一号,改泊青洲对面之瓦窑村,与都司中配所派拖船互为声势,以示必争之意。如彼见机停筑,潜弭诡谋,彼此不着形迹,固属大幸。如或加工远筑,再逐我师船,是其始终图逐贪谋,并非自我挑衅,至时先当驰禀宪台,一面照会澳葡理事官,执约力争而不稍怯,备兵示武而不开端,并求我宪台指授机宜,俾得妥慎将事,以期无负整顿海防之至意。所有澳葡现筑青洲海滩,会筹预防侵界办法,理合绘图贴说,合词缕禀,仰祈批示饬遵。除禀抚宪暨司道外,谨此肃禀,恭叩钧安,伏乞垂鉴。卑职国桢、都司中配谨禀(十五年十月十四日禀,十月十五日到)。计呈交界地图一纸。

批：此禀接准移交。查核禀内所称葡人遣逐拖船，意图筑堤，渐次侵占，会筹预防办法，尚属设施妥协。惟当时既有遣轮逐船之事，该员等即应飞速禀闻，以凭照会葡人，按约诘责，何得缄默因循，延不具报？所称调拨原驻澳门拖船一号改泊青洲对面瓦窑村，果其扼要相须，应即如禀办理。至另禀请准添勇、租船各节，语涉铺张，毫无实际。试思此五十名水勇，以之御侮，则断然不足。若谓以之巡缉，则该员等各有原带船勇，岂皆虚设耶？且查光绪十三年该处添设水陆弁勇以来，仅据缉获海盗黄仲即黄中等二名解办，此外不但并未续获盗犯，即走私货船，亦从未缉获。近日洋面被劫之案层见迭出，捕务废弛，已可概见。当此库藏匮乏，应力求撙节，所请均毋用议。仰广东海防善后局遵照批饬事理，转饬该员等知照，仍饬随时会督兵役及原带水陆拖、扒各勇丁，昼夜认真梭巡，以期有私必获，有盗必诛，辖境乂安，海疆静谧，毋得稍涉松懈，致干参处。葡人如有侵越骚扰情事，亦即据实飞禀核办，均毋率延贻误。切切！并录报抚部院，仍俟批示。缴图存（十一月十一日发）。

署前营都司黎中配禀

敬禀者：窃都司自承恩委署理前山营都司，抵任以来，于中外交涉之地严密巡守，无时稍懈。因前葡人于关闸外竖设路灯，经都司绘图呈报，蒙宪台照会作速撤去，不容再有侵越之举。殊葡人得寸思尺，力图侵占，欲于关闸外由莲花茎之西填筑海面，直接前山。查澳门租界原以三巴门、永坑尾门围墙为界。同治十三年，葡人将关闸汛防毁拆，改建关闸门洋兵房，故后陆路以关闸为界，水道以青洲湾仔与澳门海中为界。十余年来，葡兵巡查陆路，不越关闸，水师不越青洲。未立约以前，尚且两无侵越，既立约之后，必须彼此共守条章,以敦睦谊。其青洲以北系属中国地方,该处与澳门相接,私盗出没,故都司派拨兵船往来巡缉,驻防该处。讵料葡人违约,竟于青洲之北填筑海面,现约计十数丈之宽,且陆续填筑,伊胡底止,实属立意违约侵占。不惟不将关闸之灯撤去,竟敢于九月十七日将卑营拖船驱逐,声称该处系属葡界,不准停泊等语。都司督率兵船照常驻泊,现在虽不再逐兵船,而填筑侵占,犹复不止。除绘具图说,会同蔡代丞禀请察核外,理合将葡人违约续渐侵占情形,禀请宪台察核。伏念卑营华洋交涉,私盗出没,查卑营额设马步守兵五百零二名,除陆续奉拨过营及奉裁去三成后,只存营兵二百五十七名。又,光绪三年奉拨省河缉捕兵丁八十名,现仅存营兵一百七十七名。又,光绪七、八年间,署都司陈宽原带有香、新外洋缉捕拖、扒共船六号,统巡香山、新会两属洋面,即卑营附近之金斗湾、三灶、野狸环九洲洋及澳门一带,数年来,赖以安靖。自陈署都司故后,此帮船只拨回香山协营巡缉。查协营轮拖、扒船、营船虽属不少,地方辽阔,港叉分歧,尚虑不周。卑营中外交错,地方要冲,附近洋面辽阔,兵单船少,既不足控制葡人,又不足以巡缉奸宄。责有攸归,何敢缄默。务恳将前拨省河兵丁八十名迅拨回营归额,并饬局发款,将关闸汛防速即修复;又恳将都司所带轮拖船三艘,仿照《南番顺五路缉捕章程》,添足一底营,有事则会同剿捕,无事则按界驻防,庶可以资控驭而截私盗,实于大局两有裨益。都司才庸识浅,仰荷陶成,不敢不力图报称。宪台现承简命总制两湖,欢忭之余,倍增依恋。惟有仰恳始终成全,俯纳刍荛,照准饬遵办理,俾都司勉竭丹诚,于地方有裨,即所以仰副高厚于万一耳。肃此具禀,是否有当,伏乞训示祗遵,伏祈垂鉴。都司中配谨禀(十五年十月初十日禀,十九日到)。

批：葡人填筑海滩、驱逐驻泊青洲海面师船两事，昨据该都司会同前山蔡代丞具禀，业经批示在案。现禀所称营属地广兵单，不敷巡缉，请将该营前拨省河缉捕兵丁八十名拨回归额等语。是否可行，应由该局会同督抚标中军广州协核议，详覆饬遵。所请饬局拨款将关闸汛防修复一节，事关紧要，本可照行。惟澳门一区，葡约第二款内载，俟两国派员会订界址，再行另立专约，其未经定界以前，照依现在情形勿动，彼此均不得有增减改变之事等语。现在既未派员会订，则关闸汛防自应暂从缓议，免滋彼族借口，仍俟将来会勘定界之后，再行分别饬遵。至现禀又称恳将所带轮拖船三艘，仿照《南番顺五路缉捕章程》添足一底营等语，查粤省库款支绌，现值无事之秋，正拟将各处防营勇丁分别裁留，以节靡费而备要需，所请未便照准。仰广东海防善后局会同督抚标中军广州协，按照批内指饬情节，刻日核明，分别办理，并饬该都司遵照，仍随时督率营船各弁，认真巡缉，务期有犯必获，有私即拿，毋得稍涉松懈。葡人如有越界侵扰情事，示即会同文员确勘侵占情形，绘图贴说，飞速禀报，以凭按约照会诘责，勿稍玩忽漏泄。切切！此缴。十一月十一日发。

代理前山同知蔡国桢禀

敬禀者：窃卑职前因澳门葡人在青洲迤北海滩筑石填土，意图侵占前山地方，而澳葡兵头又遣小轮船告知前山都司，向派守界拖船不许复在该处湾泊，即经卑职加派澄清水师拖船一只湾泊青洲对岸之瓦窑村，与都司原派之船互为声势，以示必争之意，或者葡人知难而退，免启事端，当经会同署前山营都司黎中配绘图贴说，缕悉通禀宪台鉴核在案。嗣卑职晋省，面奉宪台谕令，为妥慎布置，免其侵占界地，一切准照所禀办理等谕。奉此，仰见我宪台慎固封疆、杜渐防微之至意，钦佩无量。现在葡人所筑堤工仍未停止，惟尚未越过关闸平浅之界，故未与之争论。昨因金斗湾地方有事，经署都司黎中配将原驻青洲守界之拖船一号调往保护，卑职复加派健锐兵轮一号填驻该处，免人疑为退怯。该澳葡兵头见我师船轮流严守，并无松懈，本月十九日遂托拱北关税务司贺璧理前来卑署询问情由，兼争水界，又出示葡人所绘澳门水路地图一纸。卑职详查该图东至九洲洋，南至横琴岛、过路环，西至湾仔、银坑，北至前山城后山脚，周围百余里，皆加以红线，划入葡人界内，谬妄之极。即经逐款按图详细指驳，令该税司了然于胸，俾资转达。查该税司贺璧理调差未久，叠为葡人作说客，前月致信卑职，借设缉私篷厂为名，信末忽称关闸以北应有一处两国无干地段，此与葡人今春在关闸北添设路灯，谓由关闸至北山岭皆为局外之地，其说正相符合。既经卑职援案覆驳。今又传澳门葡兵头之言，争我水界，其意殆欲探明卑职派船守界曾否奉大宪之命而行，现经卑职告以明奉宪谕，不准越界滋事，亦不准以寸土让人。仰借德威所临，谅彼不敢再施诡计。盖外人潜结谋我，必视我之张弛以为进退，非我族类，其心叵测，若不严密布置，恐不足以杜其贪心也。此后，卑职与署都司黎中配所派各船照常湾泊原处，如葡人不再多事，彼此可以相宜；倘复不自量力，故来纠缠，或冒昧派兵逐船，卑职自当相机因应，一面照会该理事官按约据理力与争辩，一面严兵以备，不稍示怯，亦不逞强，届时仍当禀求宪台指授机宜，俾得妥慎从事，总期未经定界之先，不许侵我尺寸之地，亦不背两国和好之条，庶几仰副我宪台慎重边防、羁縻远人之至意。是否有当，谨将与税务司问答节略缮具清折，呈请宪台核夺，伏乞批示饬遵。谨此肃禀，恭叩崇祺，伏惟垂鉴。除禀抚宪鉴核外，卑职国桢谨禀（十五年十一月廿一日禀，廿五日到）。计呈问答节略清折一扣。

批：据禀及节略均悉。办理中外交涉事件，固贵严以防之，尤宜静以俟之，毋迁就，毋张皇，实事求是，庶于地方公事有益。若徒事铺张，不求实际，匪特空言无补，转恐枝节横生，殊非慎重边防之道。现在澳门既未定界，筑堤亦未侵越，何必徒与争辩，致启猜疑？如葡人果有侵越确据，斯时其曲在彼，当确勘侵越实情，绘图贴说，据实具禀，以凭按约照会诘责，切勿轻举妄动，以滋口实，是为至要。仰即遵照，会同营员详慎妥办，毋稍率忽。切切！仍候抚部院批示。缴折存。十二月初三日发。

●代理前山同知蔡国桢禀

敬禀者：窃卑职前因澳门葡人在青洲填海筑堤，并遣驱守界拖船，意图侵我前山地方，当经会同署都司黎中配禀明宪鉴，一面加派师船，严守水界，以示必争之意。葡人知其有备，续于十一月十九日由澳葡水师提督托拱北关税务司贺璧理，携其所绘划界地图，到卑署争辩水界，复经卑职详细指驳，缮录问答节略，禀呈宪台核夺示遵各在案。卑职窃思葡国地小民贫，向恃澳门为供给外府。自中国通商之后，洋货专注香港，而澳门之利源一减。旋因禁卖猪仔，收回闱姓，而澳门之利源再减。近则海道沙淤，大船不能进泊，富商裹足，殷户潜移，而葡人之流寓澳门者又生齿日繁，实有外强中干、岌岌不能自保之势。故于同治初年毁三巴门围墙，越望夏、龙田各村而至关闸，次而青洲，次而潭仔，再次而过路环，居然近占七村，远夺三岛，编户籍收税，借此充官兵之俸饷。光绪十三年，复求总理衙门订立通商条约，内载有未经定界以前，一切照现时情形勿动等语。卑职微揣葡人隐意，欲以此等蒙混之语，暗施其逐渐侵占之谋，盖"现时情形"四字包涵甚广，意尤活动。就立约之时言之,固有从前已定之情形;就后日订界之时言之,又将逐渐侵占之情形仍称为从前已定之情形,其谋亦云诡矣。卑职巡查洋面,知由澳门以南除已占之过路环外,只有老万山一岛孤立外洋,再无可展之地。澳门以东,则淇澳西则企人石,亦皆荒瘠之区,惟有澳门以北首及前山、次及金斗湾一带无非鱼米之乡,即无非葡人觊觎之地。卑职细阅澳葡水师提督送来划界地图,系铜板刻成,先用墨线刻定四围界限,加填红线,以示区别,是其成竹在胸,匪伊朝夕。其界线东至九星洲,南至横琴岛、过路环,西至银坑、拱北湾,北至前山城后山脚,皆认为葡人管理之界。今姑就红线北面论之,现时情形,城内有文武官员衙署,河下有海防辑私及海关税厘各轮拖、兵船,而葡人竟自划为葡界,居然托税务司送图争辩,其违约侵界,业已显然。若不预为严防,诚恐葡人散布地图,谓此线界即系条约内所载"现时情形",上以之蒙蔽我总理衙门,预为后日派员定界根据。且恐定界展缓,葡人又将改易红线,由前山而翠微村而金斗湾,愈占愈远,处处皆内地富庶之乡,届时地方官吏再与争辩,已入彀中,势难挽回,关系非小。卑职再四筹思,彼所恃者"现时情形"一语为混界之权衡,我即借"未经定界"一言为争界关键。新约既云未经定界,是除约内已允之澳门一处外,其余水陆地方在未曾派员会订以前仍是中国地方,并无两洋界址,所谓即以其人之矛而攻其人之盾,彼当无可措词。兹不揣冒昧,就其所送红线地图依式摹绘,又详绎条约本意,注为图说,辩明于后,以揭其违约之实据,而彰其侵界之隐谋。理合附禀驰呈,伏乞宪台鉴核训示。可否仰恳照会澳门西洋大臣,明斥其红线划界之非,并可否仰恳咨明总理衙门,预为派员定界张本,抑或以此图尚非葡官面交,未便由宪台遽然照会,有碍体制,可否批令卑职仍照地方官应办交涉事件之常例，照会澳葡理事官，俟其如何答覆，再行禀报？又何不作公事，亦由卑职将图说托税务司贺璧理转达澳葡水师提督，以示守土职官断不敢以条约未载之水界让人？似办理较有余地。是否之处，统乞宪台核夺批示饬遵。再，目下澳门葡人极贫且弱，注意混占疆界，以扩利源。此时执约争辩，断不至因此失和。卑职谨当增兵守界，时加操练，以彰武备，仍照常与该理事官礼节往来，并严饬弁勇等不准在澳门滋事，免为葡人借口，以期仰副我宪台整顿海防、怀柔远人之至意。除通禀抚宪鉴核，暨善后兼海防局、洋务处存查外，谨此肃禀，伏乞垂鉴。卑职国桢谨禀（光绪十五年十二月初五日到）。计呈摹绘葡人红线地图并说三张。

批：此事昨据该员具禀，当经详晰批示在案。据禀并图说各节，虽系思患预防，惟查此图系由葡人自绘，图内红线又系葡人自加，并非中国官员会同议定，已不能执以为凭。何况图非葡官照会，亦非葡官面交，尤可置诸不论。至称澳葡水师提督托送，系贺税司一面之词，即便实由葡官请托，亦系葡人诡借税司以为尝试，业经该员向贺税司详细指驳，自足破其狡谋，不必臆度张皇，致滋口实。如彼异日果有侵占确据，再行禀请备文诘责。现请照会各节，应无庸议。仰广东海防善后局会同洋务处，转饬遵照前批事理，会同向营员妥筹镇靖，毋轻肇衅。切切！仍候抚部院批示。缴图存。

代理前山同知蔡国桢禀

敬禀者：窃奉宪台批开卑职禀办驳西洋水界，开具问答节略，伏候示遵缘由。奉批：据禀及节略均悉。办理中外交涉事件，固贵严以防之，尤宜静以俟之，毋迁就，毋张皇，实事求是，庶于地方公事有益。若徒事铺张，不求实际，匪特空言无补，转恐枝节横生，殊非慎重边防之道。现在澳门既未定界，筑堤亦未侵越，何必徒与争辩，致启猜疑？如葡人果有侵越确据，斯时其曲在彼，即当确勘侵越实情，绘图贴说，据实具禀，以凭按约照会诘责，切勿轻举妄动，以滋口实，是为至要。等批。奉此，查此案前因澳门葡人在青洲海面培土筑堤，意图侵界，直达前山，并遣驱前山水师守界拖船，不令照常湾泊，当经卑职会同署都司黎中配，酌商加船增防、预为堵截办法，禀奉宪台批准如禀办理在案。此后澳门之西洋水师提督见卑职所派兵船守住水界，其青洲新筑之堤势不能越船而过，遂刊绘红线划界华洋文字地图，托拱北关税司贺璧理来前山卑署面交阅看，力争水界。复经卑职援案指驳，一面抄录问答节略，先行禀明，一面摹绘红线划界地图，按约注说，续禀请示遵亦在案。奉批前因，仰见我宪台于斟酌交涉之中，兼寓慎重边防之意。既教以严防之法，复示以静俟之宜，卑职自当仰体训言，断不敢轻举妄动。惟此次葡人侵越，显有确据，卑职处万难静俟之时，即有万不能不争之势，用敢缕具始末，谨为我宪台详陈之。

葡人但在青洲填海筑堤，未及关闸平线之界，静而俟之可也。今该西洋大臣遣驱我守界拖船，不许在中国界内驻扎，如曰俟之，势必令拖船徙避，弃水界而不守，似未见其可也。葡人但谓青洲以北海面系属葡界，仍听我兵船往来停泊，不过虚词要喝，静而俟之可也。今该水师提督径托税务司贺璧理明以告我，谓青洲以北海面中国不能泊船，如曰俟之，势必弃青洲以北海面，即弃关闸以北水界，即失陆地，显违总理衙门所云"关闸以北系中国独管"之语，似未见其可也。葡人但指九星洲、十字门一带外洋暨澳门湾仔内海以及前山城垣河道均称葡人管理之地，徒托空言，并无实据，静而俟之犹可也。今葡员刊绘地图，以红线划分界址，用洋文注明

"澳门管属"字样，交税务司转交卑职，争我水陆地方，如亦曰俟之，势必弃兵房、水汛于不顾，移衙署、厂卡而他迁，似更未为可也。夫履勘界务，以地图为凭，遵守界限，以划线为凭，此各图之大较也。今绘图划界，发端于西洋水师提督送图争界，居间于税司贺璧理，既不等坊肆之私图，又不比市井之泛论，是此地图与税司无非侵越之确据，彼先举而卑职因之，彼先动而卑职应之，彼既踵门而来告，卑职不能闭门而不纳，且不能缄口而不言，即不敢匿案而不报。此卑职所以力与争辩屡为渎禀者，实处万难之势，非敢无故举动，妄启猜疑，以自蹈开端之咎也。或者谓地图不过一纸空文，税司不过一人虚喝，置之不理，未为非也。不知按以公法，两国有要求之事，此国备文声叙事理，而彼国不答覆争辩者，谓之默许。从前法人保护越南之照会，日本剿办台湾生番之文书，即前车可鉴也。或又谓筑堰尚未越界，驱船亦属虚声，待其事成，未为晚也。不知考以近事，洋人在中国有所创制，先知会华官，而华官并不当时阻止，及至事后诘责，则须赔偿工料。从前俄罗斯索筑炮台之巨款，吴淞口买拆铁路之重费，即前案之师也。盖防患于未萌，绸缪于未雨，古人戒之切矣。卑职愚昧之见，窃以为办理交涉，防范于机先者，犹恐智力之不及；挽回于事后，事无不亏，损之难堪。请即以澳门往事论之，葡人在道光二十五年以前犹按年输纳地租，归官约束。迨后中国多事，遂乘隙而生觊觎，始则毁三巴门围墙，夺我七村之地，继则逐县丞、把总迁出澳门之外。维时地方文武畏张皇之咎，处退让之方，于是一失附近之青洲，再失对海之潭仔，旋失数十里外之过路环。国家赋贡之版图，华民高曾之庐墓，匆然沦入异族，变其教令风俗，未始非俟而不争之故有以召之也。又请以现在之事论之。今年正月，葡人先于关闸外立一路灯，为尝试之计；二月，则备文照会,谓北山岭应作两国兼管地段,为混占之计。九月,又在青洲凿山填海,为强夺之计。至十一月,竟送划界地图,谓前山城河皆归葡官管理,务为必得之计。历时未及一年,由陆而水,由近而远,由微而著,居然欲占我十数里膏腴内地。若仍俟而不争,窃恐有逐我前山文武亦如逐县丞、把总之一日。卑职奉代斯缺,守界是其责成,谨当遵照宪台钧批,实事求是,毋稍涉迁就之心,即不敢不据实禀覆也。虽然凭地图而杜侵越,固有必争之急情,就大局而谋久长,更有预防之隐患。卑职不揣冒昧,妄以管窥蠡测之见,上渎钧聪,伏乞我宪台恕其狂愚,宽其罪责,使卑职得以无所忌避,敢琐屑而竟其言。

复查葡萄牙系西洋极小之国,初尚为西班牙附庸,租寓澳门,服华官约束,托庇于我中国者数百年。迨香港通商后,澳门之商船日减,葡人之利源日微,而英人特资其商贾,周其贫弱,并以与国之计饵葡人,葡得英之默助,遂藐华抗租。适中国多事之秋,不暇顾及,复驱我文武官弁,夺我水陆地方。近年,青洲小岛开造英泥公司,亦英商贷以资本。光绪十三年,又乘我商办洋药之会,复游说其间,竟以协征药税之虚言,得我永管澳门之实益,非英之独厚于葡而薄于华也,盖英实垂涎澳门而欲取之于葡人之手耳。前年立约,总理衙门预有灼见,实具深心。约内载有葡人永不得将澳门让与他国之语,中外周知。第葡人穷极弱极,数年之后,英若索其积债,弱肉强食,亦如法人之取越,英之取缅,日本之取琉球,葡即有守约之心而无拒英之力。现闻澳门大炮台,葡已密典于香港英商,是其明证。卑职在澳门前山已历两年,探访情形,颇为确实。窃谓澳门之害,终在英人,而争界之利,首在葡国。请以今日情形而再论之。陆路则澳门、青洲大小两岛,远及潭仔、过路环两口岸,水陆则澳门湾仔内海，远及九星洲、十字门各外洋，葡皆认为现管之地。今春复造为两国局外地段之说，公然越过关闸，索我北山岭一带地方。冬间，又由拱北关税务司英员贺璧理函询两国无干地段，思为推波助澜之举。果遂其欲，则澳门接壤之前山海道直通之湾仔、横琴各汛地，皆失其险而不能守矣。何也？盖陆路一过关闸，则弥望大野，茫无际涯，而前山孤城又一呼即至，一失海道则华船出入受其禁勒，而西南各岛又均在葡人水界之中。是彼得驰骤之宜，而我受钳制之苦。况英人复从而怂恿之，其祸可立而待也。

卑职再四筹思，惟有借彼红线划界之图而责其违约侵地之故，乘此未经定界之会，施我补苴罅漏之功。在今日虽无定界可凭，尚有定约可守。此中机宜，顺施之，则彼生轻玩之心，而难于就范；逆迫之，则我有操纵之术，而易于成功。此卑职图说所陈约内只言永管澳门，并未言兼管澳门以外地方各节。区区愚见，实为占前一步立论之密计也。夫陆地以关闸为拊背扼吭之隘，守关闸则腹里不忧侵越。然欲使彼听我严关闸之防，必先伸望夏七村之说；水路以中洪为分险交驰之区，定中洪则内外不虞隔阂。然欲使彼从我划中洪之线，必先争独管全海之权，上扬国家之威，下执条约之义，明示以宪台洞悉隐情，绝其无理照会之念，直告以官吏不敢退让，导其就近商订之途。语而言之曰："取法于上，乃得其中。"盖前占一步，正所以留其有余，而待宪台之核定，使彼入我范围于不觉。迨陆路以关闸为定，水界以中洪为定，既无稍损葡人现有之利益，亦与原约相符，兼可早杜英人潜伺之诡谋，得以久安长治。此卑职职司守土，深悉英葡结谋情形，发于忠诚而不敢安于缄默者也。

伏维我宪台防微杜渐，烛远虑深，大局所关，必筹万全而操胜算，用敢详细缕禀，另呈水界利害情形清折一扣。合无仰恳宪台鉴夺,俯赐核准。卑职前禀所呈图说照会澳门西洋大臣按约诘责,占前一步立论,俾卑职得以就近与该理事官和平商办,实于地方、交涉两有裨益。是否之处,仍候批示饬遵。除禀抚宪鉴核,暨洋务局查考外,谨此肃禀,恭叩崇勋,伏祈垂鉴。卑职国桢谨禀。计呈澳门水界利害情形清折一扣(光绪十五年十二月二十八日到)。

澳门水界利害情形清折

谨将葡人侵占澳门湾仔一带内海及九星洲、十字门一带外洋,处处阻碍水道,分别利害情形,应否力争挽回,缮折呈请宪鉴核夺。

谨查葡人从前租寓澳门,系自三巴门、水坑尾围墙起,迤南至水边为止,只有陆界,并无所谓水界。其澳门租界以外之内海外洋,均系香山前山水师营汛,本属中国独管。迨道光季年,中国多事,葡遂抗租侵地,陆路越过望夏七村,以关闸为界;水路亦创为分界之说,而以中洪为界。澳门对峙之湾仔及银坑一带地方,系香山县辖境,一水对渡,同道往来。葡人虽有中洪之说,而愈占愈远,即湾仔一边所泊之船亦指为入其界内,勒令编号纳税。同治年间,经粤省彭镇玉会同葡人在中洪设立浮桩,分清界址,然已失我险要之半矣。光绪十三年,该西洋大臣赴我总理衙门求立条约,于第二款内载有"现时情形勿动"一语,葡人遂借此而施混占疆界之诡谋。定约后,遽时将内海中洪浮桩移置于马溜州浅滩,宣言内海悉归葡属。本年冬,该西洋水师提督又刊送红线划界华洋文字地图,托拱北关税务司贺璧理面交卑职,争辩水界,图内将九星洲、十字门一带外洋暨湾仔前山一带内海皆划入葡人管理之红线界内,指为即是条约所载之现时情形。由此而观,葡人侵界渐推渐广,如彼果得其利,则我永受其害,实于国计民生大有妨碍。谨将实在情形分别利害,缕陈于后。

计开：

一、前山在内，澳门在外，犹省城之于黄埔也。澳门在东，湾仔在西，犹省城之于河南也。中国官船、轮船出入，均从澳门湾仔海中经过，自葡人全占内海之后，凡官轮船出入，亦听稽查。所有船内军械若干、官兵多少、管驾姓名，均要开单报明，复验然后放行，抑或开单先赴葡署请领人情纸，届时照票经过。虽在香港，亦无如此办法，大失国家体制。一旦海疆有事，内外阻塞，转运不通。其害一也。拟请争回全管内海之权，则我能制彼，彼不能制我。否则自关闸平线海面起，由青洲转南至澳门口之内海止，均就海道深处仍以中洪为界。无事则公共往来，不相稽查；有事则各管各界，齐驱并驾。此利之在于官者也。

一、湾仔、银坑至马溜州各地方与澳门对峙，皆系海口重地，驻兵分防，以杜侵越。凡弁兵之举动，须船只以运行。自葡人全占内海之后，船只均听稽查，举动受其钳制，一旦海疆有事，汛地成为孤注，接济必被阻拦。其害二也。拟请挽回海道，外可以分险交驰，内可以接济护。此利之在于兵者也。

一、湾仔一埠向称海口巨镇，沿岸湾泊货船、渔船甚多，故市中生意极旺。自葡人以海道中洪为界之后，靠湾仔一边之海多系浅滩，各船多停泊中洪深处，葡人遂影射混占，悉驱各船泊过澳门，编号收税。其不从者，禁止起落货物，湾仔市面因之败坏。今葡人又占全海，即偶有停泊湾仔一边船只，彼竟遣小火船编查，勒索倍至。且各船一经编入葡管，入口货物必先在澳输税，不能直泊湾仔，湾仔店户又到澳制买，成本既重，无利可图，遂相率徙至澳门。其害三也。拟请挽回海道，凡渔、货各船泊于澳门沿岸者，悉听葡人稽查，华官并不干预。若非停泊澳门岸边，或在海道中洪湾泊，或在湾仔岸边湾泊,均听各船来去自由,不许葡人编查勒索,挽回海道即收回利权。此利之在于民者也。

一、拱北关税厘总厂向设小马溜州,东接省城、香港来路,西当高、廉、雷、琼四府门户,本系扼要之地。惟洋面太阔,岛屿环峙,港路纷歧,货船最易绕越,虽关内设有轮、拖各船,犹不能尽绝走私。今葡人移浮桩于靠近马溜州浅滩之上,潮退即不能行船,夺我厂前洋面,于是我缉私各船明见在彼水界,不便往缉。今年税务司法来格在澳门口外缉私,为葡人掣肘,致奉更调,是其明证。若兵船捕盗,一入彼界,更不能拿。澳门、香港所以向称逋逃渊薮,包庇枭盗,格我法令。其害四也。拟请争回澳门口外九星洲一带洋面,不独缉私捕盗形顺势便,即捍御外患,亦布置自由。此利之在于地方者也。

一、横琴、过路环各岛为大洋入澳门户,九星洲为省城门户,马溜州为高、廉、雷、琼四府门户,前山为香山、顺德各邑门户,周围数百里,群山罗列,众水环回,海有鱼蚝虾蟹之珍,山有果木农田之富。而澳门拔立其间,四方拱抱,诚为偏隅之巨镇、海上之雄区。从前租给葡人,限以半岛,既设三巴门围墙,复设莲花茎关闸,再设拉搭石炮台,陆路防堵,既严且密;犹复于香山内河巡船之外,前山内洋水师分布青洲、银坑、湾仔各水汛,以固海道。其用意深且远矣。光绪十三年立约之后,复奉添设前山水陆船营弁勇,密布于关闸、湾仔、银坑、马溜州、青石角、横琴、过路环各处,无非为中葡未经定界,不能不先守各岛之要所借口,盖彼无分管陆路之权,即无分管海道之权。如此办法,无事则捕盗缉私不形掣肘,有事则驻船转运不受拘牵。此利之在于大局者也。

以上五条专指内外水道而言,所陈利害均属实在情形。合并声明。

酌拟办理澳门水界条陈

谨陈管见，酌拟办理澳门水界三策，开折呈明，伏乞宪台核夺施行。

一、乘机挽回，一劳永逸办法。查青洲以北至前山海道系内地商民船艇必由之路，若为葡人占据，不独民船受其管辖，即官船亦受拘制。现在葡官既有遣派兵轮逐我师船之实据，是无故开兵，在彼既彰明而较著，我即乘机示武，人不得议我欺小而侮弱也。若不认真争辩，则水界既失，陆地亦相随，所关甚大。区以固海口之门户，不意葡人刊布地图，自以红线划为界址，举内海之前山城池外洋之青石角、横琴嘴、过路湾、九星洲各要隘，皆指为葡现管之地，彼岂徒张虚声以要喝乎？实欲占据内外十字门要道，扼我粤东门户，求其所大欲也。万一遂其侵据之谋，目下潭仔、过路环各处葡人已筑炮台，足以内固堂子，日后加筑炮台于青石角、横琴、九星洲各岛，又足以外御四面进攻之途。粤海防忽然生此扞格，海上有事，处处棘手。其害五也。拟请力争外洋海道，虽潭仔、过路环两处葡人以设兵房并未载入条约，且所占之市面不大，仅可作为通商口岸，不必以地方许葡人永居管理。至青石角、横琴两〈岛〉本归华属，更与葡人无涉。卑职愚见，若各岛陆地全归中国管辖，纵葡人欲占外洋海道，自然无①卑职愚见，宜以实事应之，而出其不意。拟请宪台飞调广安水师一营，约舢板三十余号，又调中号兵轮四只，一只驶来前山，分扎内河关闸及湾仔、银坑一带，以示必争；一面加调缉私大轮船四只，分泊九星洲、吉大口外、马溜州、银坑四

---

① 以下有缺失。

处;一面照会澳葡兵头,责其无故开兵,因何逐我久守水界师船缘由,催令速覆,文内声明现已调集兵船填泊旧界,如再以兵逐我,即以兵应;一面咨呈总理衙门,请照会葡使,责其无故开兵之咎,并将乘机挽回办法另折密送总署,以为地步。盖恐总署未悉外间情形,疑其好事喜功,故须详细声明也。伏查澳葡屡存藐视中国官员之心,不略示威,则后事诸难措手。且葡国实处病弱民贫之际,即示以威,断无决裂交兵之虞。乘此机会,力争关闸水界,并挽回湾仔一带中洪河道,则中国官民永受其益。一俟轮船、舢板调到之后,并拟请宪台准先筹拨银二千两,乘势修复关闸营房及拉塔石炮台,并在湾仔、银坑两处新筑炮台各一座,不用洋式,以节靡费,但用石台、土墙,以壮兵威。此四处皆中国独管之地,与澳门并无干涉,亦为海道最要之地,在边防万不可无。愚昧之见,窃揣葡人闻我调兵之信,又见轮船、舢板齐集,必倩英人转圜。即彼狡狯不理,我再令水陆船兵逐日在澳门河界操演,惊走商渡、渔艇,彼欲闭门忍辱,亦不能也。惟调来各船拟请札饬遇事与卑职商酌而行,不可独行己意。盖地方初到,不知情形,非失于急,即失于缓,恐致偾事。似此斟酌因应,其操纵之法可以任我施行,使彼入范围而不觉。此首策也,实全胜之策也。

一、目前救急,釜底抽薪办法。拟请宪台照会澳葡兵头,问其逐我守界师船缘由,催令答覆,一面咨请总理衙门责其无故开兵、违约争地之咎;一面批饬卑职等迅将轮、拖各船调齐,照旧在青洲以北中国水界停泊,相机因应。并请于照会兵头文内叙明青洲以北水面向属中国独管,与澳门毫不相干。前兵船在该处停泊,亦多历年所,请贵大臣不必干预。盖中国与葡人交涉,稍异于各大国。试观去年创设路灯一事,经前督宪张及总理衙门严词斥驳,彼寂然而退，在我既据其直理，则不过为逊词以长其玩心。似此不先示威，专以文字口舌相争，无全胜之操，有易退之势。此中策也，亦可进可退之策也。

一、暂忍弃地，徐图补救办法。此都司拖船已退守内河，健锐轮船业由卑职乘坐进省，均无痕迹，且澄清水师右哨拖船系六日前调赴军械局请领军火，尤可掩人耳目。以后将各船分调他处，作为不知，亦不必再遣师船，遂守关闸水界。但请宪台俯赐将葡人渐侵渐广，得寸入尺情形详细密达总理衙门，请速派员定界，以防深入。届时，再由定界之员与之争论。似此隐忍观变，则目前既无张皇之虞，事后另筹补救之术。此下策，实有退无进之策也。

以上三策均系就事论事，欲以堂堂正正之师声罪致讨，俾崇国体而杜后患。此外，另有一善制秘策，合并附陈。

一、不动声色，不着形迹，以不制为制办法。拟请宪台先行出示晓谕，或以截缉围姓为名，或以缉私捕盗为名，飞调头号轮船两只，驻泊中国之九洲洋一带，又调二号轮船两只，驻泊中国之杧洲一带；又调三号轮船两只，在于内外洋面联络梭巡。一面札饬卑职分遣船勇，水路严守前山河道，陆路严守关闸以北要隘。除外国火船任听来往外，其余中国无论民船、货船，均系查验放行。其由陆路往来澳门者，无论肩挑步担，单手行走，亦均查验放行；一面密谕水路弁兵，凡有船只人货出入澳门者，故为留难；其赴本国他处者，概不查验。似此办法，不过三五日，澳门船货皆空，内乱斯作，有不入我范围乎？特非明正其罪耳。

辩论西洋水界问答节略

谨将卑职与拱北关税务司贺璧理辩论西洋水界问答节略，缮录清折，呈送宪台鉴核。

计开：

十一月十九日问答

拱北关税务司贺璧理来前山卑署,寒暄毕,据贺璧理云:昨日有澳门之西洋水师提督又叫理船厅问我云:现查有贵关上新派轮船一只停泊青洲海面,在我西洋水界之内盘查过往船只,是何缘故? 当答云:本关并无其事,或是前山厅新派轮船,为捕盗起见,亦未可知。该水师提督又云:前山轮船不应泊我面洋水界之内。前山厅蔡君系与贵税司同事,时相过从,即托贵税司代为一询,彼即为捕盗起见,在我水界之内应先与我商量,方合道理。此税司今日特来代询之意也。

卑职云:青洲海面轮船本是前山派去,但在关闸交界一线相平,以北系我中国水界之内,并未驶过青洲,泊在西洋界内,更无查验过往船只之事。

贺璧理云:闻从前并无轮船泊在该处,何以今日忽派此船? 究因何事?

卑职云:青洲海面在中葡未立和约之前即有中国拖船一只停泊关闸以北中国水界之内,多历年所。今年九月,探闻葡人欲将青洲土堤筑长,越过关闸平线,直达前山之阿婆石地方,初犹不信,不料该堤现已筑出海面六七十丈,尚未收工。十月内,澳门西洋大臣忽遣小火船一只,告知中国拖船务要驶开,不许在该处停泊。是彼故违和约,有意侵界。本军民府职司守界,我中国尺寸之地不敢让人,因禀明各大宪加添兵船,在交界水面把守。其轮船尚在拖船之后,贵税司路过该处,一望而知。倘青洲土堤筑至关闸平线交界水面,必令弁兵力为阻止。此我派船加防之意也。

贺璧理云:此事说来阁下已经禀过制台、抚台了?

卑职云：此乃两国交界大事，焉有不先禀明上司而敢擅自调船加防之理？

贺璧理云：制台、抚台之意云何？

卑职云：已奉宪谕严守水陆界限，不准越界滋事，亦不准以中国寸地让人。

贺璧理云：我再请教陆路以关闸为界，已有总理衙门照会为凭，故不必说。请问海面在中国以何处为界？

卑职云：陆路交界原在三巴门、水坑尾、新开门一带，至今围墙犹有存者。今春葡人在关闸外新立路灯一盏，我总理衙门照会西洋大臣内开：关闸以北乃是中国独管之地，与约内界务全不相涉，关闸外路灯一盏请速撤去，免致粤省官员亦在关闸内有所作为等因。是我总理衙门宽宏大度，不许粤官在关闸内有所作为。凡我粤省文武官员，均当遵照办理，不然我直认三巴门为陆路交界之处，方与约内彼此不得有增减改变之意相合。查新约系光绪十三年在我北京订立，声明未经定界以前，一切事宜照现时情形勿动等语。是中葡两国未经定界，具见明文。必俟将来两国定界之后，中国允将某处水面让归葡国管理，至时方有西洋水界。目下该水师提督即说出西洋水界四字，未免太早。

贺璧理云：他有地图一纸，图内红线皆是西洋地界，说是前任两广刘制台官印坤一允许的，交与阁下细看。

卑职细看地图内东自九洲洋，西至马溜洲，南自过路环，北至前山城后山脚，皆为红线所包，东西约二十余里，南北约五十里，而前山寨城亦在红线之内。如果前任刘督宪允时〔准〕前山划归葡界，不应尚有前山文武官员衙署、海关驻防其地。此图线明系葡人任意为之，假名刘督宪以为挟制恐吓地步。

卑职云:两国界线必须两国派员会定,彼此有案为凭,方能遵守。葡人既称前任制台刘大人允许,果能取出刘大人派员分界凭据——中国印信、文书,开明年月日期、节略,由本军民府禀请现任督宪饬查档案,确有其事,我即调开兵船,将前山水界让归葡人,亦无不可。若徒以一国所绘地图红线即云定界,彼即将红线东自虎门绘起,西至企人石为止,亦由他自绘自定,且我亦可另绘一图,自三巴门起加一红线,至海边为止,谓葡人谨管澳门半岛,并无水界,彼允乎不允?

贺璧理云:闻阁下有一照会到西洋理事官处,言澳门内海以中洪为界,请将原稿给我一阅。

卑职遂取原稿交阅。

贺璧理云:所言澳门中洪为界有何凭据?

卑职云:彼谓不以中洪为界,又有何凭据?

贺璧理云:彼言银坑所立浮水桩系光绪元年所定。

卑职云:试问光绪元年定此浮水桩时,葡国一国所定耶?抑会同中国两国所定耶?如取出两国会定凭据,中国亦有案可稽,我断不与之争论。若仍系葡国一国所定,请思水桩不能说话,我一能定一桩在南环,定一桩在青洲,说是同治元年定的,未为不可。总之,两国既经换约,专讲和好,澳门归葡国管理,对面之湾仔、银坑向系中国管理,相隔一水,各不相涉。约内载明未经定界,不能谓水面悉归葡属。试问我湾仔、银坑百姓皆生羽翼,不由水路可以飞至陆地乎?惟有持平一法,以海道中洪为界,适为公道。又查外国向例,凡沿海之地以水面六十里为辖境,六十里以外则为天下公共往来海道,载在公法。今澳门海道甚狭,两国陆地相对峙,即系两国公共之水,不能作为西洋一国水界。或以水面作三股分派,依湾仔、银坑者属华，中间一股为公共往来之路；或华葡各分其半，皆得公法之平，质之天下万国，未必以予言为非。

贺璧理云：该水师提督云：已经换立和约，故托贵税司先为代询，不然我即派兵哄开该轮，彼亦无于我何？

卑职云：若彼说到哄船之话，一切道〔倒〕都不必说。请阁下代为寄语，等他哄哄看。试思他要我拖船泊开，我反加轮船添防，原想他派兵哄船由他开端起衅，我方好乘机做事，愿他速哄为幸。

贺璧理笑云：断不致因此开端，不过如此说笑而已。

卑职云：两国有约，倘彼此有不洽处，应彼此和衷商办，或彼此商办不妥，再请别国调处，方为有约道理。中葡立约始有两年，开口即说哄船话，可见葡人无礼已极。

贺璧理云：一切不必说，请教税司如何回他信？

卑职云：烦阁下费心，只要说中国以关闸为界，关闸平线以北水面皆是中国界内，如何添船泊船，葡国不必过问。更有说者，船只非陆地界牌可比，潮来船尾向北，则离关闸尚远，潮退则船尾向南，则靠关闸切近。总之，我守界之船决不越过关闸平线以南，泊到青洲内海。两国相安无事可也。若葡人必欲我拖船、轮船驶开，不应在该处停泊，请他备文书知会我，看他如何说，我再如何答。贵税司不妨置身事外。

贺璧理云：甚好！我即照此话回他信。今日谈了一天。告辞。

起身揖别而去。

批：据禀及清折均悉。所陈各节均属切要之图。杜渐防微，守土者固应如是。惟查前此贺税司所给该员阅看之图，无论是否葡员绘注，第就其图而论，既非两国官员会订，葡官亦无来文，核与该员引证两国有要求之事，此国备文声叙事理，而彼国并不答覆争辩,谓之默许者,情事迥殊,葡人岂能援以为据?况经该员向贺税司当面指驶,[1]更不得谓之默许。本部堂前批严防、静镇等语,系饬该员照原日水陆界限严密静镇,勿轻举妄动,致滋借口,即系约内声明未经定界以前,照现时情形勿动之意。且彼筑堤尚未及界,该营守界师船亦仍如常,是彼即有图占隐衷,尚无侵占显迹。禀内所谓将来势必徙船移署,未免过虑。复查上年二月接西洋施大臣照称:关闸至北山岭中间一带地方向为局外之区等语,即经张前部堂以澳门本香山县辖境,从前租界以围墙为限,有三巴门、水坑尾门、新开门各旧址可考,墙外民田、户籍悉隶香山。前年立约订明未经定界以前,一切事宜俱照依现时情形勿动。所谓现时情形者,系指当日租界内而言。其言勿动者,乃指贵国侵占围墙以外、关闸以内所筑之马路、洋房暂免拆卸,望夏各村民田、户籍仍归华属等因驳覆,并抄稿咨呈总理衙门查核。旋准咨覆:关闸为中外之限,如彼所云,将为逾越之渐,不可不与力辩。现已具文照会,理足言顺,谅彼亦无可狡执。又称:前山同知去年在舵尾山附近搭盖篷厂,为兵丁栖止之所,现又将篷厂改建砖瓦之屋。如此行为,与和约第二款不合等语。查约内既载明未定界以前,彼此均不得有增减改变之事,目前我若先有举动,彼岂不能效尤?舵尾山建屋之事,宜用好言答之,勿令生疑。此后切勿轻动,以昭大信而免争端。并将照覆驻澳西洋大臣公文递由本部堂衙门,觅便寄去,俾免泄漏等因在案。本部堂因事关慎密,故未咨行。今据该员迭次来禀,特未示及。须知两国交涉、辩论事宜,总以照会为凭。今葡人绘图既非公文送交,自当置之不议。我若以局外贺税司空言遽行诘责,非

---

① 原文如此。

惟彼得借口哓哓，且与总理衙门来文大旨相背。仰仍遵照前令批示事理，会同营员严防静镇，切勿张皇妄动，致启猜疑，是为至要。再，现批所叙总理衙门来文一节，该员务须慎密，勿轻泄漏。切切！仍候抚部院批示。缴折存。

代理前山同知蔡国桢、署前山营都司黎中配禀

敬禀者：窃卑职等于上年十月间，因澳门葡人在青洲地方凿山填海，意图侵入前山界内，而澳葡兵头又遣小火船，告知卑职中配所辖拖船不许在青洲以北中国水界之内照常湾泊，即经卑职国桢加派澄清水师右哨拖船一只湾泊青洲对面之瓦窑村，联络接应；又调派健锐小兵轮一号，凡出巡回来，即湾泊关闸平线以北水界，互为声势，当经绘图贴说，禀奉宪示在案。数月以来，仰仗德威，所有凭界驻守之轮、拖各船，固不敢稍微移徙，即葡人亦不复有异言。其所筑堤工虽经下桩，旋亦停工，不复加筑。窃喜彼此遵照条约，可以相安无事矣。本月十一日，卑职国桢调派澄清水师右哨拖船赴省请领军火去后。不料十八日，据管带健锐轮船把总李长安、管带拖船把总梁华德等禀称：本日午刻，澳门葡人忽驶来中号兵轮船一只、巡河小轮船一只，带同洋兵数十名，径到中国界内，并有四画洋弁两名，率同洋兵，径登我轮、拖各船，勒令该把总等即刻生火起碇，将船远徙。究因何故，该洋弁答称系奉澳门兵头之命，不许中国兵船在青洲一带水面湾泊。该把总等复辩明，此系中国水界，而该洋弁置之不理。又约其俟转禀，卑职等再行移徙，而该洋弁刻不容缓，喝令洋兵，势将用武。该把总等见此情形，恐生事端，因约洋弁放船先去，然后陆续生火起碇，将船驶回附近前山内河亚婆石一带停泊，分别禀报前来。卑职等突出不意，闻报骇然。窃思中葡立约，虽许葡人管理澳门，而两国尚未定，本无所谓界址也。至陆地

以关闸为界者,亦系我总理衙门和平办理之语。故于上年照会内解明条约内第二款所云彼此不得增减改变者,系指关闸以南至三巴门而言。若关闸以北,乃我中国独管之地,不与界务相涉等因,钞行有案,彰彰可考。卑职等分遣驻汛兵船守定关闸相平水面,亦是确切不移,至公且允办法。卑职中配自光绪十三年抵任后,援照向章,即经派令该拖船驻泊青洲以北中国水界之内,多历年所。去年因葡人筑堤侵占,复会同卑职国桢调派轮、拖两船增守水汛,仍严饬管驾各弁,不许越界生事,致滋口实。乃澳门新到西洋兵头不遵条约,突行驱迫,既不以函牍知会,复不容哨弁禀报,其视交涉如儿戏,其视条约为具文,其设谋定计又未必仅以驱逐我船为足愿也。复查关闸以北地,葡人久已垂涎,始于陆地创设路灯,继于海面加筑长堤,旋且绘图画线,指前山城池、河道归其管辖,节经卑职国桢详晰禀明,冀为思患预防之计。今又突然强驱我久守水界师船,逐渐进来,更端尝试,伊于胡底。卑职等屡奉宪谕,办理交涉,固贵严以防之,尤宜静以俟之,凛凛在心,不敢妄动。今师船突被迫逐,该把总等恐生事端,实处不得不退之势。查由关闸水面至前山城河,相距约八里水程,该船由水界退至亚婆石,已退五里之遥。如退而复往,葡人亦必复驱,固虞酿祸。若退而终退,葡人以我为怯,行且派船占扎,则失去前山水路门户。水界既失,陆界相随。是此日逐船之实据,即后日夺地之张本。卑职等职守所在,咎有专归,不得不据实会禀,伏乞我宪台密授机宜,俯赐批示,俾卑职得有遵循,以为因应,大局幸甚,地方幸甚。除禀抚宪鉴核暨禀洋务处查考外,谨此肃禀,恭叩崇祺,伏乞垂鉴。卑职国桢、卑职中配谨禀(十六年三月十九日禀)。

批:据禀已悉。前山守界之轮、拖各船在中水界内停泊已历年所，澳葡兵头何得无故派令轮船、弁兵突入我界，擅逐我船？是否中国守界师船弁勇不谙纪律，致生事端？抑或虚夸侈肆，肇衅启侮？该丞等须切实查明，加意约束为要。除照会澳门西洋总督查问斥责见覆，并另檄饬遵照外，仰即知照，仍候抚部院批示。缴（三月二十八日发）。

代理前山同知蔡国桢禀

敬禀者：窃查澳门葡人于上年八月驱我水界拖船，并在青洲填海筑堤，意图侵入前山，当经卑职因船少兵单，禀请仿照毅勇规程，酌添水勇五十名，租用拖船两只，附配三扒二只，以资防御。旋以库款支绌，未蒙批准，即由卑职饬调驻守澳门洋面拖船一只，移扎瓦窑村汛，为移缓就急、变通挪用之计。数月以来，仰仗宪台声威，得以相安无事。今年三月十一日，适营中火药告竣，卑职抽调瓦窑村汛拖船赴省请领军火去后。不料十八日，澳葡兵头遣来中号兵轮船一只、巡洋小轮船一只，驶入关闸以北中国海面，另有葡国武弁带兵数十名，登我久守水界师船，遽然驱逐，刻不容缓，勒令开去。维时我水界之内仅有前山营署都司派拖船一只、健锐小兵轮一只，未免单薄。该管带各弁极力抗拒，而葡兵恃有军械，势将用武。该弁等恐一交手，酿成巨祸，暂为退守，业经卑职会同前山营署都司黎中配禀报在案。昨奉宪台面谕，兵轮驻防旧界，并候照会诘责。仰见我宪台整顿界务，威令必行，钦佩靡既。卑职职司守界，亲历行间，断不肯示弱以贻羞，亦不敢妄动而召祸。默揣此中机宜，不添船不足以威人，不增兵不足以自固，外示以欲战之势，备之极严；内尽其可之方，撼之不动。此其要惟在预张声势，以杜其不来而已。但区区兵船一两只，即令泊回旧界，反足长其玩心。合无仰恳宪台，赏准酌添水勇五十名，仍租拖船两只，每月大建计饷银二百三十两二钱，拖船价银八十两，均照毅勇旧规请领，以之添泊水界，犄角联络，兵势自雄。惟原设拖船二只，配有三扒二只，由局给船领用。现在关闸一带海面潮水长落，深浅无常，非拖船不足以涉风涛，非三扒不足以图便捷，拟再请宪台准给银二百两，由卑职自行购制坚利三扒二只，附配应用，免致按月领租。此外旗帜、号衣尤宜格外鲜明，以新耳目。卑职为力保水界有备无患起见，决不肯任听兵勇滋事，以启衅端。可否之处，仍候宪台核夺批示遵行。除禀善后总局备查外，谨此具禀，恭叩崇勋，伏乞垂鉴。卑职国桢谨禀（十六年三月廿五日禀，廿七日到）。

批：查前据该员迭次具禀葡人逐船筑堤，意图侵越，请酌添水勇，租雇拖、扒等船，分泊水界，以壮声威等情。当以粤东库藏支绌，现值无事之秋，各处防营勇丁尚须分别裁留，且葡人尚无侵占显迹，该员等各有原带船勇，足资巡缉，所请应无庸议，先后批局饬遵。昨据该代丞会同署都司黎中配具禀：三月十八日，忽有澳门洋弁两名，驾驶中号兵轮一只、巡河小轮一只、带同洋兵数十名，径登该营守界轮、拖各船，勒令远徙等由。又经本部堂照会驻澳西洋大臣查问斥责见覆，并批檄该代丞等调齐各船，饬令照旧仍在青洲中国水界驻防，务须约束勇丁，不得多事各在案，现尚未接西洋大臣照覆。复据禀请酌添水勇五十名，照毅勇章程租用拖船、三扒，添泊水界，以御外侮。查核所禀系为地方紧要起见，姑准照办，仰广东海防善后局刻日核明，如数筹拨，给领具报，并饬该代丞会同都司黎中配认真办理。此项新添水勇、该员等原带各船兵勇务须一律精壮足额，不得抽彼替此，拖、扒各船务须坚固利便，不得以朽坏旧船充数，致有浮冒虚糜。本部堂近在咫尺，耳目较周，仍不时派员前往点验，倘有前项情弊，定即从严撤参。各船弁勇务须随时认真约束，如有擅离防所及挑拨启衅情事，立予严惩不贷；仍饬将募足配船到防各日期具报查考。此缴（四月初二日发）。

覆澳门总督文（十六年廿四日发）

为照覆事。案接贵大臣照覆内称：得接贵部堂光绪十六年三月二十八日来文，内称云云，相应照覆查照等由，本部堂均已阅悉。查中国师船在青洲附近驻防已阅多年，今来文请饬该船管驾勿越亚婆石湾泊，不得不为贵大臣明白剖辩。澳门原系租界，即使中国师船偶尔驶入贴近澳界，贵大臣亦只可照会本部饬属退守原处，方为正办。乃该船政厅始则率禀，继则斥逐，殊为不合。溯查贵国前此租澳系自三巴门、水坑尾围墙起，迤南至水边为止，只有陆界，并无所谓水界。迨至咸丰以后，始渐有欠租越界之举。我中国只以贵国商民在澳生理年久，意存柔远戢邻，置未诘问。光绪十三年订约时，特声明未经定界以前，一切事宜俱照依现时情形勿动，彼此均不得有增减改变。是澳门尚未会订界址，彼此焉得擅动？贵大臣上年忽于关闸外创建路灯，寻就有青洲海面筑堤停工。兹乘逐我师船，又复兴工接筑。如此举动，贵大臣实未恪守约章。除由本部堂严饬该管文武督率师船照旧驻防，不准擅离外，合再照会贵大臣查照，勿稍增减更变，以符和约，并希查明越界逐船之弁兵，分别斥责，足纫睦谊为时祉。须至照会者。

代理前山同知蔡国桢、署前山营都司黎中配禀

敬禀者：卑职等于本年四月初四日奉宪台批开，卑职国桢会同卑职中配禀报澳葡兵头无故逐我久守水界师船，会禀请示，由奉批据禀已悉，前山守界之轮、拖各船在中国水界内停泊已历年所，澳葡兵头何得无故派令轮船、弁兵突入我界，擅逐我船？是否中国守界师船弁勇不谙纪律，致生事端？抑或虚夸侈肆，肇衅启侮？该丞

等须切实查明,加意约束为要。除照会澳门西洋总督查问斥责见覆,并另檄饬遵照外,仰即知照。缴。

同日又奉宪台札开:案据该同知等禀称:本月十八日,据管带健锐轮船把总李长安、管带拖船把总梁华德等禀:本日午刻,澳门葡人忽驶来中号兵轮船一只、巡河小轮船一只,径到中国界内,有四画洋弁两名,率同洋兵,登我轮、拖各船,勒令即刻远徙。把总等向其辩论,洋弁置之不理,势将用武。把总等恐生事端,因暂驶回附近前山内河亚婆石一带停泊等情。卑职等窃思关闸以北乃我中国独管之地,轮、拖各船向在青洲水界之内驻防,严饬管驾各弁不许越界生事,均须照约办理。乃澳门葡人不遵条约,突行驱逐,职司所在,责有专归,不得不据实会禀等情,到本部堂。据此,查关闸以北向归我中国独管,与澳门毫不相干。前山兵船停泊青洲多年,既在中国水界之内,贵国不宜过问。据禀前情,是否由弁勇等口角起衅?惟洋弁、洋兵若因细故违约争地,逐我守界师船,殊属不合。除另行批回及照会西洋大臣查问斥责见覆外,合就札饬到该同知等即便遵照,查明轮、拖各船究因何故被逐,立即调齐,饬令管带各弁,照旧仍在青洲中国水界驻防,务须约束勇丁,并将遵办情形禀覆核夺各等因。奉此,仰见我宪台慎重边防,斟酌交涉,责之以严正,出之以和平,既不许退怯让人,亦不容纵兵滋事。卑职等公同捧读,钦佩曷胜。遵查三月十八日,据报轮、拖两船被逐之时,即经传到各该管带官把总李长安、梁华德两弁,详密询问因何启衅,是否船勇越界滋事?当据该弁等禀称:两船向泊关闸以北海面,离澳门甚远,船未越界,勇未登岸,并未与洋人会面,实无口角启衅之事。卑职等复传差持片明询澳葡理船厅,据云此举系出兵头所命,并不知有何缘故去差。审其词色,微有嫌对之隐。卑职又密委可靠妥弁，详访地方居民，佥称守界轮、拖各船向泊一处，从未滋事。且沿岸蚝田资其保护，来往小艇赖以畅行各等语。奉札前因，一面分饬各弁严加约束，一面由卑职等随时亲往巡查，常川训练，以期仰副我宪台整顿营规、怀柔远人之至意。

至奉饬调齐各船在青洲中国水界驻防一节，卑职国桢昨在省城，因原带兵船过单，不敷分布，拟请照毅勇旧规募水勇五十名，租用拖、扒各船，开折禀由王署藩司转禀宪台核准照章添勇，并面奉钧谕赶紧备办，令各船仍驻旧界。卑职国桢遵奉之下，不敢稍缓，随即禀请善后总局先行借给经费银两，刻日回署备办。现在水勇业经招募足额，拖船亦已租到。惟新造三扒快艇尚未竣工，因与卑职中配会同酌商，必俟船勇配齐，在我先有自固之基，方能往守旧界，不致为彼所乘。盖葡人久欲越过关闸侵我内地。去春奉总理衙门照覆，声明关闸以北系我独管之地。葡人知陆地既有一定界址，不能显占，于是借青洲为根，改由水道进步，逐渐图占前山。去秋遂在青洲筑堤，即驱我守界师船。卑职等测其贪念甚坚，必有力争之一日，节经具禀陈明。此次彰明较著，遣派兵船入我水界，并令各勇持械登船，居然放手做出。且青洲土堤前已停工，兹复加筑，推其横行之意，恐非文字口舌所能转圜。卑职等现奉札查调齐各船，复守旧界，固不敢先发制人，开兵召祸，亦必审己量力，进可御敌，退能守界，乃不取辱而失机。仍拟于到防后照常与葡官礼节往来，以笃邻交而泯后患，断不敢虚夸侈肆，妄启猜疑。然卑职等窃有请者，办理交涉事务，其机固贵严密，其气亦贵潜通。幕役弁兵，防泄漏以误事；手足耳目，虑阂隔而不灵。此次澳葡突逐久守水界之船，未必全无自占地步之说，业蒙宪台诘责，义正词严。微揣彼族覆文，或含混以图敷衍，或架饬以文过举，甚或强词挟制，故唝喝以肆贪谋,皆在意料之中。然其中有不合理之言,仍必蒙宪台斥驳。惟卑职等既拟于调船复守之后照常往晤葡人,则凡彼所援以为借口,及我宪台指驳之要义,卑职皆未深知,窃恐届时应对参差,上下异说,办理固无把握,酬应亦足贻羞。合无仰恳宪台,俯赐将往来照会密饬抄发卑职等阅看,俾得有所遵循,不致冒昧因应。卑职等自当格外慎密,不敢疏漏,以取罪愆。是否之处,仍乞宪台核夺批示遵行。除俟到防后如何情形再行具禀外,专肃禀覆,恭叩崇勋,伏祈垂鉴。卑职国桢、卑职中配谨禀(十六年四月初七日禀,四月初十日到)。

批:查此事昨接西洋大臣照覆:三月十八日并无越界驱逐中国师船之事,不过因中国师船越界湾泊,通知退出等语。核与所禀船未越界、勇未登岸情节不符。总之,关闸以北系归中国独管之地,轮、拖各船在青洲水界之内停泊,历有年所,界限攸分,葡人从无异议,何至平空越逐?该丞等迭禀葡人意图侵界,似皆臆度之词。即就现禀声请俟船勇配齐方能往守旧界二语论之,葡人果欲侵占,岂此五十名水勇所能慑伏?无非故为畏难,以证前事之实。除仍严切驳覆西洋大臣照约办理,并令将越界逐我师船之弁兵分别斥责外,仰即遵照前批事理,督饬轮、拖各船,迅回原泊水界处所,照常严静驻守,随时约束该弁勇等不得轻举肇衅干咎,仍将到防日期具报查核。抄发先后照会各一件、西洋大臣照覆一件,该丞等务宜慎密,勿稍疏漏为要。此缴(十六年五月初四日发)。

二品顶戴广东候补道施在钰禀(十六年五月廿一日发,五月廿二日到)

敬禀者:窃职道于五月初十日奉宪台密札,饬查澳门地界。近据代理前山同知蔡国桢迭次来禀,均称葡人越界滋扰,意图侵越等情，札饬该道驰往该处，督同香山县严密确查，据实详晰禀覆，勿稍率忽饰延等因。计粘抄师领事照会。奉此，职道遵即起程，于十二日抵澳门。查抄单内载：中国巡船向不泊亚婆石之下，前山官故意侵越等语。职道亲督前山县李令征庸等实勘得亚婆石地方上至前山城垣甚近（约二里有奇），下至关闸甚远（约五里有奇），两岸向设营汛、厘卡，沿河皆产蚝税田。而青洲切近关闸之南（不过一里），三巴门远隔青洲之南（约六七里水面），澳门更在三巴门之南（出三巴门方为澳门洋界）。青洲由葡人租与英人，创设红毛泥公司，向北新筑一堤，木桩俱在。关闸以北，并无洋房。即青洲海面亦无西洋兵船。前山各船均泊关闸以北旧处，向为香山县恭、谷两都公局泊船之处，亦为缉捕向来泊船之处。遍访地方绅耆，所说无异，并未稍越。惟查此次所争，因从前只有二船，近来以盗匪出没，经前督宪添派数船，严为缉捕。而葡人穷居其地，惟以窝盗窝娼、包庇赌博闹娼以为利，有巡船在其左近，诸多不便。且自立约以后，葡官又欲苛敛三巴门以内七村居民土租，加抽洋税，致望厦等村居民各备枪械，时与抗拒，所收不过三分之一。近以葡人于夏初以中国哨船泊在亚婆石海面，为葡官揪扭中国哨官衣领，驱逐他处。当时虽为移泊，而地方居民均有不服，前山文武员弁恐致内地居民生变，遂将前山扒船排泊亚婆石海面，一以解居民为仇之意，并以自固汛防，并未有动作。乃葡即张大其词，耸动拱北关税务司贺璧理致电总税务司，转呈总署，谓前山扒船停泊澳门内湾。查澳门并无内湾之名，当询贺税司，系用英文致电，为简字所误。当告以该处是名亚婆石，为前山文武巡防汛地。上年立约时，水陆并未分界，何能不泊师船？况泊船之地是香山县有税蚝田，亦何能相让？请其转告驻澳兵头。该兵头即言：上年条约，彼此不得有增减改变之事。职道与香山县即答言:立约以后,葡官何先将青洲沙地租与英人,且在水中筑立石堤,是葡官先有增改。我中国师船各有汛防,何能禁其不泊?彼犹强争,当经贺税司从中调停,能否请中国师船于亚婆石以下、青洲以上居中停泊?职道等相度地势,仍可兼顾上下汛防,亦无碍香山县沙坦纳税之地,当答以尚可通融,并非作为分界。由贺税司告知葡兵头,即电知其国主。于五月十九日接到贺税司来信,暂照所议办理,嗣后两国公干船只均勿逾越,但此举与将来分界之事无干等语。职道当即作覆去后,并着前山文武依议停泊。因将澳门事饬查理妥缘由,并抄粘与贺税司往来各函、清折一扣、简明地图一纸,注有说帖,理合禀请宪台察核批示,并分别咨照施行外,肃此具禀,恭请崇勋,伏乞垂鉴。职道在钰谨禀。

批:禀、折并绘均悉。查该道与贺税司所议前山师船驻防处所,系属暂时通融办理,应准照行,仰候咨呈总理衙门察照备案,并分别咨行遵照。再,此事现据香山县禀覆,核与该道所禀情节相符,并饬知照。此缴图、折存。

禀呈饬查澳门详细案由

敬再禀者:窃职道督同香山县李令征庸于十五日与拱北关贺税司调理葡人占水界一事。十六日申刻,贺税司来说其始意欲将亚婆石以下之前山汛地海面从中南北划分。职道等当答以亚婆石以下海面均属香山县民有主蚝田,奚能从中让出?中国官即或许之,民间断难依从。现以相距亚婆石四五里之青洲一沙渚早为葡人占据,且租与英国状师建作红毛泥公司,当酌以中国师船本泊在青洲左近,现稍退泊,以俟总署派员定界,再为定夺。该税司说葡兵头业已应允,惟须俟其葡主覆电,于一二日致信职道。今回省后,即见十七日总署来电,言蔡丞之船尚未退出,迟延恐致生事,全以诡辩虚喝为要挟之计。查葡国并无驻京公司，上年立约，即由金总税司代理，现又以赫税司为护符，令踏看澳门水陆情形。葡人历三百余年之久，仍不满千人，陆兵不过二百人，仅有二十文大兵轮一号，近始雇二十余名水勇在船，船亦破败，余有一号三文长小轮船，何能生事？且查三巴门以北、关闸以南望夏等七村乡民万数千人，多有抗拒不纳地租者，新近欲派租界内各押当，每票抽银两。职道向该处何、蔡、鲍各绅说此是立约后增办之事，有违条约，经绅士争辩，与葡官抗论不从，亦即停止。惟查该处近情，葡人从前未立约时，不自移大，尚能相安三百余年之久。上年一立条约，其本国无来船售货之利，尽恃驳虐澳民，窝娼窝赌，保庇盗匪，每年收三十万租税之谱。今年又添闱姓稍旺，是以日渐思逞，借总税司以为要挟。今日贺税司已有信来，据云：现议改泊之处，葡主已有电覆，允照所议，请宪台先为电致总署，此后勿再假以辞色。现当赶即缮禀具详，请即转咨总署。肃此，恭呈钧鉴。

抄呈澳门贺税司往来调理函各件

税司贺璧理来函

敬启者：青洲附近水界泊船一事，在葡国则谓所辖水界北至亚婆石，中国则谓所辖水界南至关闸平线，各执一词，迄无定论，故本税务司秉公调停，拟在亚婆石以南、关闸平线以北酌中分划，彼此公干船只均勿逾越。惟贵道又谓上年春间奉总理衙门明文，指定关闸以北为中国独管之地，现所拟办法易涉牵混，不若改称亚婆石以南，青洲以北等语。当将此事商之驻澳葡督，据云：两国条约言明未经定界以前，俱照现时情形勿动，且定约时葡属水界北至亚婆石，此事可否照办，未敢擅专，容俟电咨本国核夺。且此是目前权宜之举，将来两国派员定界，应自何处划分，不得以今日所拟者为据等因。刻闻贵道适将旋省，一二日内葡国电覆到日，如允照所商，即请李大令会同葡国理船厅前往该处水界勘定，并详请两广督宪照会葡督，声明暂时两国商允办法，即候葡督照覆，俾彼此据有明文。再，中国界内添筑炮台一节，虽属地方应办之事，然该处向无城池可守，亦无外患可防，突然添设，有似攻击葡境，诚恐易启猜疑，不若率由旧章，俟钦派大员定界后再议兴修，并平日演炮、合操诸事，亦请暂且停办，以弭衅隙而保和局可也。肃此，即颂升祺。诸唯朗照不一。名正具。五月十六日。

覆税司贺璧理函

敬覆者：顷接来函，知贵税司已将与本道所议青洲以北、亚婆石以南前山各船适中驻泊各节商由葡督电咨葡国矣。此次并非分界，仍俟两国派员会订。至中国界内炮台，并非新造，前山拨兵数名看守，乃从前为巡缉而设，偶然操演，并非与葡国为难，即葡国时常放炮，我国从未顾问，彼此切勿误会。将来得有葡国回电，仍望寄知为盼。此覆，顺颂日祉！名另具。五月十六日。

税司贺璧理覆函

敬启者：青洲水界泊船一事，今早准驻澳葡督面称：顷接本国电覆，允准暂照所议办理，嗣后两国公干船只均勿逾越，但此举与将来分界之事无干等语。合亟函致贵道，希即转饬该处扒船照议改泊可也。此泐，即颂升祺！名正具。五月十八日。

覆税务司贺璧理函

敬覆者：本月十九日申刻，奉到贵税司十八日来函内称：青洲水界泊船一事，今早准驻澳葡督面称：顷接本国电覆，允准暂照所议办理，嗣后两国公干船只均勿逾越，但此举与将来分界之事无干等语。随于二十日早将尊函回明两广总督宪李，即照遵议，现饬中国水师扒船在亚婆石以下、青洲以上居中停泊，仍可兼顾上下汛防，无碍香山县沙坦税赋，尚堪通融，并非作为分界。至前山文武官弁，即作函饬知矣。专覆，即颂筹安。名另具。五月二十日午刻。

致澳门领事文（十六年六月初六日发）

为照会事。案照前接贵领事官照称：现在前山巡船仍泊青洲附近，请饬令退出越境，赶紧见覆等由。当经本部详晰照覆，并札委施道前往该处确查，禀覆核办。兹据覆称：遵即驰往澳门，督同香山县李令等实勘得亚婆石地方，上至前山城垣约二里，下距关闸一里，距三巴门约六七里；澳门更在三巴门之南。关闸以北向为香山县恭、谷两都公局泊船之处，亦为中国守界、巡缉等船驻泊之所。此次前山师船尚无越界湾泊，惟据贺税司商议，现在两国既未派员勘定界址，可否请中国师船暂在亚婆石以下、青洲以上适中海面停泊，仍俟将来两国委员勘明划定界限，再行分别办理。职道等相度贺税司所云适中处所尚可暂时通融，并声明不分界。当由贺税司告知西洋大臣。随于五月十九日接贺税司来信：西洋大臣已允照办，嗣后两国公干船只均勿逾越，并声明此举与将来分界之事无干等语。职道亦即覆允通融照办，合将勘议缘由禀覆查核等由。前山轮、拖船只驻巡地方，系在香山县恭、谷两都公局泊船之处，并未逾越。现经贺税司调停，该船暂在亚婆石以下、青洲以上适中海面驻泊，声明与将来分界之事无干，姑照议办理。除禀批回外，相应照会贵领事官查照，并希转致贵国驻澳总督大臣知照可也。为此照会。顺候时祉。须至照会者。

西洋领事来文（十六年六月初十日发，六月十一日到）

为照覆事。今于本月初六日接准贵部堂来文内开：札委施道前往澳门勘查前山巡船停泊青洲之事等因。本领事前请巡船退出越境一节，该道抵后，即已办妥矣。足见贵部堂办事高明也。据施道所请，中国师船暂在亚婆石以下、青洲以上海面适中停泊，为免生事之见，是以贵部堂着照所议办理。本领事现遵澳门总督大臣之命，照会贵部堂，澳督亦允准照办。所为敦笃友谊并守邻界要紧之事。查贵部堂与本领事往返照会所论之事，并按和约第二款所载两国未派官员分划地界以前，今以亚婆石起一直线至青洲止，以中间为暂停两国船之处，亦声明两国公干船不得越界，此举与将来定界之事无干等语。因本国将来按和约第二款所载定界之事必然指明扶持本国之权，以亚婆石为界限。再，查贵国贺税务司所请中国师船于亚婆石与青洲海面半路停泊等语，贵部堂照会内称亚婆石以下、青洲以上等语，本领事见施道所言与贺税务司所言大同小异，未免翻译有遮掩错会意之处，是以特请贵部堂指明见覆。现在此案经贵部堂与本国署理全权大臣并本领事公同和衷了结，实为可贺也。为此照覆贵部堂，请烦查照，顺候时祉。须至照会者。

西洋领事来文（十九年十一月初四日发，十一月初五日到）

为照会事。查得澳门关闸与立及山炮台即白山岭炮台当中之地，盖有中国兵房，致本领事官告不服。查从前澳内华人坟墓皆迁葬在此，凡有澳门华人死者，一向埋葬此地。其左近村庄住户向来与澳门相安无事，实系大西洋国家之至愿也。查两国和约以后，此地照旧埋葬澳门华人，不作别用，中国盖此兵房，未经澳门大宪允许，且离关闸未有一枪之远，即五百码，实与和约第二款所载不符。本领事官照本分行事，以此显系有背和约，故此告不服。为此照会贵部堂，请烦查阅可也。顺候时祉。须至照会者。

覆西洋领事文（十九年十一月廿五日发）

为照覆事。案接贵领事官照会内称：澳门关闸与立及山炮台即白山岭炮台当中之地，盖有中国兵房，致本领事官告不服云云，为此照会贵部堂，请烦查阅可也等情前来。本部堂查同治元年六月初八日，贵国驻澳前大臣噎吗嘟吐在京议约，照会总理各国事务衙门，自称设立关闸以为界，至关闸以外则有华官把守，关闸以内则系西洋人把守等语。总理衙门尚且不以为然，其事遂寝，卷俱在，昭昭可考。然则关闸以内之地由西洋把守，议尚未定，关闸以外自应华官把守，不待言矣。是以历任贵国驻澳大臣不侵关闸以外尺寸之地，中国在关闸以外设立厂卡、兵房，并非有背和约，无烦过问。贵领官来文有不服之语，未免言之过当。相应照会贵领事官查照。顺候时祉。须至照会者。

照会澳门总督文

为照会事。现据拱北关税司帛黎申称：现准西洋高大臣面称：马溜洲对面之小横琴一岛，即夹山岛，该岛全地明属西洋管辖，早年西洋官曾设有疯人病院，华官久已知之，且已由西洋官发给采取山水之准单，并收纳公钞。上年十一月内，因华官在该处捕拿罪犯，故特设葡兵巡房看守，以免华官越境缉捕。现应建造长久营房，业已兴工。前立条约时，该岛即与澳门一律同属西洋辖境等语。税务司当时未便与之辩白，即以他辞解之。查中葡交涉曾因该岛附近一带水道致有辩论，现在直认该岛全地统属辖境，税务司闻之，不免诧异。案查光绪十九年十一月初六日，由本关贺前税务司申呈前督部堂李，以澳门西洋新闻纸刊印中葡交界一则云，前驻澳总督疏沙于同治年间与前粤督会商澳门水道等语，请将会商全案钞示。嗣奉光绪二十年正月十六日前督部堂李札覆内开：据申，当经饬承查明，并无前任部堂与澳督疏沙会商水道之案，澳门所刊此件新闻纸自不足凭。至中葡两国上年虽已立约互换,而澳门界址两国尚未派员会同订定,约内载明未经定界以前,一切俱照现时情形勿动,彼此均不得有增减改变之事。现在澳门既未定界,水道自无庸划分,应即按照条约一切均照依现情形勿动,彼此均不得有增减改变,以昭大信等因在案。今西洋驻澳总督在小横琴岛起造长久营房,似于条约不得增减改变一语未能符合,经已电申总税务司核夺等情前来。并据面称大横琴岛内有居民,均由西洋大臣编号,发给门牌各等情前来。查小横琴岛起造营房一事,前据前山同知禀称,经本部堂照会贵大臣即行撤去,未准照覆。现该税司所称两节,本部堂尤为诧异。查澳门未经定界以前,两国均不得有增减改变之事,今贵大臣在华境内建造营房,编列门牌,显违条约,应请饬属将营房即日移撤。其大横琴岛居民亦不能再属贵国查管,并希即行照覆为要。除咨呈总理衙门外,为此照会。顺候时祉。须至照会者。一照会西洋大臣高(光绪二十二年十月十六日发行)。

澳门总督来文

大西洋大臣高照覆事。准贵部堂光绪二十二年十月十六日来文内开:澳门对面之夹山岛,即舵尾山一节等因。本部堂经已阅悉。查该岛久归本国管辖,至于来文所称经已咨呈总理衙门等情,本部堂亦必与总理衙门咨商。今欲贵部堂先悉此事如何办理之处,特将详细情由示知本国驻扎广州府总领事官,饬向贵部堂陈达一切。况本国与贵国所立约章各条,本部堂一向未尝或违,今后遇有交涉事件,仍必谨守条约,俾敦睦谊,惟不得不守该约所享之利益也。为此照覆贵部堂,请烦查照。须至照覆者(光绪二十二年十月二十日到)。

照会澳门总督文

为照会事。光绪二十三年二月初十日，据前山同知李丞、署前山营黎都司会禀称：窃卑职等奉宪台札开：光绪二十二年十二月二十七日，承准总理衙门咨开：光绪二十二年十一月初八日，准贵督咨：据拱北关税司帛黎申称：西洋驻澳总督在小横琴一岛起造长久营房，并大横琴岛居民由西洋大臣编号，发给门牌各等因前来。查澳门界址，虽经中葡两国换约后，迄今尚未派员前往会同勘定，自应遵照约内注明未经定界以前，彼此均不得有增减改变之事，以昭大信。除由本衙门照会葡国高大臣转饬将小横琴岛所建营房即时撤去，并大横琴岛内居民亦不得再属葡管外，相应咨行贵督查照，转饬该处地方官照约驳阻，并将高大臣照会附寄尊处，希即查明，就近转送可也等因，到本部堂。承准此，查此事前据帛税司申呈，即经本部堂按约照会驻澳西洋大臣，饬将营房即日移撤，并声明大横琴岛居民亦不能再属葡国查管在案。后见西洋贾领事官两次面议，领事官言即转致澳督撤去，候总理衙门文行办理。承准前因，除将总理衙门照会西洋大臣公文札发拱北关税务司转交及咨行外，合就檄行。为此札仰该同知、都司即便遵照准咨办理，照约驳阻毋违等因。奉此，卑职、都司遵即会同前往大横琴、小横琴验勘明确。查大横琴村、小横琴西两处自光绪十三年奉派前往同知所部防勇驻扎，而大横琴东北角小土名马尿河民房约二十余家，粗沙湾民房二十余家，瓦岗寨民房二十余家，均系上年编给西洋门牌；小横琴岛东边小地名洋船湾，又名鲭鱼湾，与十字门口相隔一河，仅二里之遥。二十一年腊月，葡人在该村搭盖兵厂，驻扎洋兵，上年又将该处民房四十余家编给西洋门牌，去年复在该村山腰间用砖木建造西洋兵房，现在将次工竣。都司、卑职会同勘验后，传询地保，讵西洋兵自称为葡属地界，拒阻不准。迨卑职、都司会商澳门护督，务请依约办理，初答谓此处兵厂原资保护。卑职、都司以中国地土中国自能保护，无劳逾越，再三辩论。声称仅建山腰兵房一间，俟工竣时将该村兵厂撤去，不复再建。卑职、都司答以既要撤去，自应中止，岂有俟其告竣，然后撤去，不惮烦劳之理？又谓应否撤去，护理不能作主，俟新任澳督接事，应如何妥办，再为酌夺等语。

卑职等伏查葡人此处在小横琴岛建造营房及将大小横琴两处居民编给门牌，显有违约。先以未接总理衙门来文推托，继又以高大臣现不在任为辞，与约章彼此不得更动之语固属有违，与驻省领事官对宫保所言停工候办之词亦不相合。理合将查勘情形据实禀请训示祗遵等由前来。查此事先将本部堂照会贵前高大臣饬将小横琴岛兵房撤去，其大横琴岛居民亦不得再属贵国查管，并将总理衙门公文转送查收。嗣接贵护大臣等新任来文，亦于照覆文内声请查照总理衙门来文办理见覆各在案。据禀前由，该处造屋编牌，不特违约，且与走私甚便，于中国税务亦大有窒碍。护任即系管理该处地方，不能以暂护推诿，务望贵护大臣等即日将兵房、门牌撤除。如不照总理衙门来文办理，中国亦只得派兵前往共守，恐从此滋生事端，有伤睦谊矣。除咨水师提督酌派兵勇一二营，督同前山营都司黎中配前往该处驻扎巡防外，为此照会贵护大臣等查照办理，并希即日见覆。顺候时祉。须至照会者。一照会护理驻澳门西洋大臣辅政司罗、按察使富、参将苏。光绪二十三年二月十八日发行。

澳门总督来文

大西洋护理澳门暨属地总督篆务辅政使司罗、按察使富、参将苏，为照覆事。照得准贵部堂光绪二十三年二月十八日来文内开：

仍请将小横琴岛所建营房即时撤去。又末段载：如不照总理衙门来文办理，中国亦只得派兵前往共守，恐从此滋生事端，有伤睦谊等因。本护理部堂等均已阅悉。查此件乃是交涉事宜，前于本月十五日，本护理部堂等经将澳门总督兼驻中国钦差便宜行事大臣高现已回国，本护理部堂等不能定夺办理照覆在案。查护理部堂等自始至今并未言不照总理衙门来文办理，况本护理钦差大臣澳门辅政使司罗经将贵总理衙门所来之文录奏本国政府，不日必有电谕，一经奉到，定必即行照知，抑或由本国京都径行电覆贵国总理衙门。若于本护理部堂等未将本国电覆照知之先，而贵部堂竟派兵前往，致中西人士由此滋端肇事，则惟贵部堂之责任矣。相应函行照覆贵部堂查照。顺候时祉。须至照会者（光绪二十三年二月二十三日到）。

照覆澳门总督文

为照覆事。现接贵护大臣覆文，言小横琴岛一事。查本部堂上年照会将兵房撤去，高大臣在任并不照办，以总理衙门推托。及文书到后，高大臣尚未去任，仍不停工，亦不撤去，无非推延。今贵护大臣不停工撤去，本部堂已咨水师提督派兵前往守护该岛，乃防守大清国土地，并非与贵国失和也。为此照覆。顺候时祉。须至照会者。一照会护西洋大臣。光绪二十三年二月二十三日发行。

●总理衙门来文（光绪二十三年四月初八日到）

为咨行事。光绪二十三年三月初一日，接准电称：小横琴岛一事，领事顷来署云兵房已停工，请将原有华勇及葡兵定期三月初四日一并撤回，俟两国政府会议定夺。已饬属会同至该岛监视撤兵、停工等语。本月初八日，适接该国护使来文，亦有奏明本国政府，俟奉有谕旨，即行照覆等语。与贵督来电之意尚属相符，相应抄录该护使照会,咨行贵督查照,转饬该处地方官,仍照原约办理,并将照覆该护使照会附寄尊处,希即查阅,就近转送可也。须至咨者。(附钞)

照录大西洋罗使来照会

为照会事。照得参政大臣驻扎中国钦差便宜行事大臣高现已回国,其所遗篆务交与本辅政使司护理,业于本年正月十七日照知在案。至于贵国与本国近因争据小横琴岛致有辩论一事,本护理大臣应将贵国两广总督所为向贵王大臣声告不服。查光绪十三年十月,本国与贵国所立和约内载,其未经派员定界以前,均依现时情形勿动。其意则澳门之属地亦统计在内矣。盖定约之时,所有澳门属地适归本国管辖者,迄今仍应属本国;彼时归中国所辖之地,亦应仍属贵国管理。其余贵国与本国均无确实管辖之地方,则应作为公地,俟两国明定中国南海边界址之际,该公地系应归何国者,自能明晰。至于小横琴岛,向所管辖者,惟本西洋一国而已。缘未经派兵之前,无须设兵驻守。且不惟在该岛建有疯院一间,即鲮鱼湾所有税项曾经本国收取,已历有年所,彼时中国经已默许。至于贼匪由该处潜来者,均是氹仔炮台兵勇前往保护,中国官员永未尝到查。所有贼匪枪伤人民,华官亦无一次救护。惟于光绪十四年三月间,贵国两广总督不顾违背约章,始行派一小营兵勇前往该岛及澳门,一经闻之,即照会贵国两广总督声告不服,并请将该兵营撤去。后未得准如所请,本澳官员因见无关紧要,遂置诸勿论之列。或云该岛并非要地,所驻之兵殊鲜。嗣后仍于西洋所属村庄收取税项,而该处疯人赡养之资,亦由本国给领。况该处虽少设兵勇,无非为免洋药走私起见。是本国甚愿辅助贵国,已无疑义,以故又于光绪十四年六月二十五日照会不服在案,俾将来有所驳辩，以保其所享之权利。迄今已历多年，彼此均无更变。讵料上年十二月初八日，该岛忽设有华兵一营，强抑民，殊殊有乖光绪十三年和约内声明本国所享属地鲮鱼湾村之权利，是以本国于该岛尤应辖守，以便固保利权，故始派兵轮前往驻扎，俾护该处人民免受华兵强抑。既发兵驻守，自应建造兵房，缘澳门官员初时搭盖篷厂，不过驻兵数名，俾地方息事。迨后时遇飓风，将该篷吹倒，故不得不建以坚固兵房一所，以免不测之天时有伤兵勇性命。其在小横琴岛建造兵房者，职是之故也。但前于光绪十四年，本国所设处之方，与上年无少差异，何以贵国粤督前竟默然，今乃以为怪？又将该情形咨报贵总理衙门，于是贵王大臣于上年十二月初二日照会前来。本护理大臣准该文后，因思彼此四百余年交好，深欲免有难办之事，是以前经将本护理大臣只可办理寻常事件，至于来文事理，须俟新任钦差大臣到澳，即行将该文移交核办等情照覆贵王大臣在案。谅贵王大臣自必许允将小横琴岛之件暂行停办，以俟新任核理。再，正在办理间，贵国粤督忽以恐吓之言照会内开：如不将兵勇撤去、兵房拆卸，则派中国兵前往共守。是以特将贵国粤督所为，又向贵王大臣声告不服。况查该件迄今未准贵王大臣照覆，谅必默许，何以贵国粤督所为竟至如此奇异？洵属有违万国公法，尤失和约所载本国应享小横琴岛之权利。至于贵国粤督虽来文以严词恐吓，本护理大臣实度外置之而弗恤。因思贵王大臣敏达公正，友谊肫笃，必知本国兵勇无论居于天下何处，均能为国为土，谅现今必无此举动。况今本国仍助理贵国税项，且保护人民，至今三百余年，安居乐业。至于该岛事宜，本护大臣前经奏明本国政府，一俟奉到谕旨，即行照覆贵王大臣查照。为此照会。顺候时祉。须至照会者。

陶模集辑笺

照会澳门总督文

为照覆事。现据前山海防同知李丞禀称：十月十二日，据驻扎大横兵厂范哨长面禀：西洋人于十月初六日暗雇工匠，在横琴岛地方对照氹仔之处亚婆髻山巅起造小屋，不日而成，旋即登山查勘，形如小搭，高七尺，宽二尺八寸，如瞭望所需者，用火砖砌成，外粉白色。又于亚婆山背后横墙尽头地方，照临洋面之处，大山窝山巅亦如亚婆山所造之形势，下定址基。此则尚未造成，约二尺许，业为阻止。查去岁洋面曾于挨连之小横琴起造兵房，并于大横琴村庄张贴门牌，抽收人税，经蒙照会阻止在案。今复暗雇工匠，速为起造小屋，除一面照会，合将西洋起造情形具禀查核，照会西洋大臣，饬即拆去等由，到本部堂。据此，查澳门未经定界以前，两国均不得有增减改变之事，约章业已注明。上年贵大臣在华境内小横琴起造兵房，并于大横琴村庄张贴门牌等情，业经照会饬属立时将兵房拆去，其大横琴居民不能属贵国查管，嗣接照覆已停工止建在案。今又在大横琴亚婆髻山巅及大山窝山巅起造小屋，实与约章有违。相应照会贵大臣查照，希即饬属立时将该两处小屋拆去，以符约章而敦睦谊。顺候时祉。须至照会者。一照会西洋大臣。光绪二十四年十月二十二日发行。

澳门总督来文

大西洋钦命澳门辅政司护理澳门暨属地总督李，为照覆事。准贵部堂光绪廿四年十月二十二日照会澳门总督文开等因，本署部堂均已阅悉。缘澳督上月已赴暹京，敬赍本国大君主简派其为驻扎中国、日本、暹罗便宜行事全权大臣文凭，躬呈暹王御览，未在澳内，但本署部堂不欲稽延时日，特遵照督宪电谕，迅速照覆。查来文所称前山军民府详报等事，情节甚属支离，又该军民府亦曾将此事照知本澳华政务厅，其中所叙与所禀贵部堂者详略不同，华政务厅欲将此件讲明，已照覆军民府矣。本署部堂亦愿设法理妥，以释军民府之疑。今本署部堂不欲将两照会逐条申辩者，系因悉贵部堂公明洞达，一经将实在情形照覆，定必了然于心，而本国之愿守约章与贵国益笃和好之意亦显明矣。查横琴山巅并未建有小房，即以小房之工程亦未兴造，若军民府从实详禀，则贵部堂断不能以砖灰所砌测量舆地之小垒谓为小房，敬烦照会也。查该垒高不过两米度路，即华尺七尺三寸，底宽不过一米度路丁方，即华尺二尺七寸。至起此垒，乃本国欲绘澳门暨属地全图，遂有京营武官一员出任绘画之事。比绘至横琴之邻村氹仔、过路地舆形势，始起此垒，以作标记而凭测量。是该垒为绘图人之所必需而用以为标记者。贵部堂一经明晰，即可显出本国不违约章，且知此垒为测量不可少之物也。窃念贵部堂通达事理，超越等伦，欲绘氹仔、过路湾形势，若无此垒，何能测量其远近？以贵部堂文内各节较之，足见并无违约。该垒不过以灰沙砌成一小小标记，何能算物，何得为据？

以上各节，今既缕缕详明，仍将前山军民府来文录出，粘呈贵部堂查阅，俾知前所言其情节支离者为不诬也。再，查前山军民府所禀贵部堂各节，内有西洋人在华境暗雇工匠等语。此言实属乌有，因运料起垒乃由华工经理，其于该处招雇别华人帮抬物料，或者有之，但系彰明较著之事，非暗做也。又查该哨长所报业为阻止一语，尤属无据。盖当起垒之初，并未闻有人骇异，比至匠人工作，亦未见有人出而阻止。是军民府所报与照会所称大致虽同，而内中所叙大相纰缪也。在贵部堂因有彼报存之于中，又未详细妥查，疑惑之端，殆由此起，致将本国愿守约章、敦笃和好之意几时没之。

该埕专为测绘标记之用,实无关于约内增减改变等语,不得援以为据也。为此照覆贵部堂,请烦查照。顺候日祉。须至照会者。光绪廿四年十一月初六日到。

计粘单内开

大清知府衔广州前山海防军民府加五级纪录五次李,为照会事。昨据敝营驻扎大横琴兵厂范哨长并地方百姓禀称:贵国于本月初六日,雇有工匠在大横琴地方亚婆山并大窝山二处起造小房,不知究竟是何意见?查去岁贵国于小横琴起建兵房,并大横琴村庄张贴门牌,业经敝国谭制军照会贵国撤退阻止,两国和好在案。今贵国复于大横琴无端起造,查该地本系中华地方,现又民心惶惶,恐滋事端。本军民府有守土之责,未奉上宪之令,碍难擅听贵国无端前往起造,合行照会。为此照会贵国,请烦查照拆退施行,实为公便。须至照会者。右照会大西洋澳门华民政务司梁。光绪二十四年十月十五日照会。

照会西洋大臣来文

为照会事。案照上年十月间,据前山同知李丞以澳门西洋人于大横琴之亚婆髻山并大窝山两处起建小屋,与约章所言未定界以前,不得有增减改变之事未符,禀经照会饬即拆去。嗣接覆称,系以灰沙砌成小埕,为测量绘画小小标记,实无关于约内增减改变等语。是测绘既毕,即当拆去。兹据李丞禀,该埕屡经催拆罔应,近复书写洋字于其上。理合禀请照案照会饬拆等由,到本部堂。据此,查大横琴本在澳门界外,按约西洋人原不应到该处砌埕测绘,然两国交谊素敦,测毕即拆,尚无不可。若将其久留,则本部堂即饬属拆毁矣。相应照会贵大臣查照,即希见覆。顺候时祉。须至照会者。一照会西洋大臣嘉。光绪廿五年九月初九日发行。

澳门总督来文

大西洋驻扎澳门总督嘉，为照覆事。准贵部堂光绪二十五年九月初九日文开：据前山同知李丞禀称，大横琴所砌该垤久留，则本部堂即饬属拆毁等因。本部堂均已阅悉。查该垤无非只为测绘澳门一带地图而设，刻下尚未绘妥，即欲速行藏事，亦有所不能。查自上年十月间，准贵部堂照知，以后不惟前山李丞，即他人亦未有照请拆毁之举，现查该垤上并未有文字，贵部堂不妨委一亲信之人前往勘验，如贵国人欲在该垤只作标记之用，借此以度地方之远近耳，有无书字，何关紧〈要〉？今本部堂特将此实在情形以详告，若贵部堂仍有不慊之处，亦可饬属拆毁，但未免有阻人增广见闻之意也。相应照覆贵部堂查照。顺候升祺。须至照覆者（光绪廿五年九月十五日到）。

照覆西洋大臣文

为照覆事。现接贵大臣本月十四日覆文，以西洋人在大横琴所砌小垤只为测绘澳门一带地图而设，刻下尚未绘妥等由前来。本部堂查砌立该垤已及年余，果为测绘澳门地图，亦当早已藏事。贵大臣既谓尚未绘妥，本部堂特准该垤留至十月底为止，以表睦谊。限满之后，即当饬属拆毁，以免久留滋疑。相应照会贵大臣查照，希即转饬赶紧测绘，勿再迟延自误可也。为此照会。顺颂升祺。须至照会者。一照会西洋大臣。光绪廿五年九月廿四日发行。[①]

---

① 台北中研院近代史研究所藏：外交档案，馆藏号：02-15-008-03-001。

○六五　为鹿坑教堂被毁案咨呈由

光绪二十八年二月二十六日（1902 年 4 月 4 日）

头品顶戴兵部尚书兼都察院右都御史总督两广等处地方军务兼理粮饷陶模，为咨呈事。

案照光绪二十七年十二月二十九日，据德国总教士郭宜坚函称：敝教会设驻花县鹿坑教堂于光绪二十七年十二月二十八日午刻时候，被匪袁亚福即闹福、邱荣光、谢亚斗等多人，胆将教堂焚毁，堂内中西各人银两、服物、家私等件尽付一炬。至袁亚福等如何蓄谋寻害实据，早经敝总教呈明本国领事官在案。但现在领事官因公出省，合将现在危急情形先行报知，务请速派水陆弁兵赶即救护，如迟恐不止此。详细情形，候由领事官照会等由。即经谕饬管带沙面捷字营水师提标试用参将杨洪标派拨船勇，驰往弹压，并将实在情形查覆。

旋据禀称：于十二月二十九日晚行抵花县赤坭，正月初一日即赴渌坑地方救护。查勘被焚毁各情形，计烧去大篷厂一座、书馆、牧师住楼共一所、锯木厂一座、牛寮一间、草堆五个，门头略损，此外教堂并未延烧拆毁。据华人牧师陈英锐等晓称：缘二十四日，有教堂内人谢亚水被该处九界村人谢亚先、[①]谢亚威、谢亚斗、谢官寿等四人围捆殴伤，报知曹洞汛弁释放。二十五日，送县验伤。二十七日，由县饬差缉获谢亚先，押回县署，讵被谢亚先乡人纠伙中途夺回。二十八日打钟时，见谢亚先同不知姓名一人行经教堂门

---

① 　似与后文"谢华先"为同一人。

首。是日十打钟时候，突睹浓烟冲焰，就起火延烧各处，后复见伊党谢官寿到附近村庄伊母舅胡海家内等语。此据华教士陈英锐面述放火之情形也。

卑职督勇到时，见有喜字营驻扎，并闻县、司各官差于二十九日齐至弹压，经已熄火无事，谅不致再启祸端，是以于初二日带勇旋省。惟焚毁一节，查郭总教士函指袁亚福、邱荣光、谢亚斗。而陈英锐面称，谢亚先并不识姓名一人经过教堂门首。似此言词各指，两相径庭，应请饬下覆查等情。又经饬行花县确查本案实情，一面将被控焚毁教堂之袁亚福、邱荣光、谢亚斗、谢亚先、谢官寿等查拘到案，传同华教士陈英锐等环集质讯，分别办理禀覆。嗣据花县祝令抡望禀称：本案先于光绪二十七年十二月二十四日，据县属渌坑教堂盼教士函称：天主教民袁亚福四处诱人，滋生事端，现九界村谢新、谢屋、谢亚三父子竟为所惑，将教民谢亚水私行拷打，关禁勒赎，乞速拿办等情到县。当即会营签差速往吊放拘究去后。又接该教士来函，以谢亚水系被谢华先、谢亚威、谢亚斗、谢官寿等捆绑团殴，幸蒙添派兵差，驰往解释。兹特委华教士陈英锐带同谢亚水赴案，请为验办等情前来。提讯据供为债务起衅，词甚支离，即予验明伤痕，填单附卷。随据承差禀报，以奉签前往狮岭墟地方，已将谢华先一名拘获，讵被天主教内之邱荣光纠同谢亚威、谢亚斗等夺脱等语。正在核办间，于二十八日夜，据渌坑盼教士着教民练曰圉赴县报称，渌坑教堂于是日午牌时候被火烧毁等语。诘以如何起火，则一概不知。

卑职立即轻骑减从，驰诣该处，查勘教堂，内书房并贮木料之棚厂，又教堂围墙外之草堆及养牛棚厂，均已烧毁。其余礼拜堂正屋建造尚未完工，并无烧毁。盼教士业经回省，询据在堂教民陈英锐等,称说系由堂内棚厂起火,墙外草堆、牛厂亦相继起火,堂内棚厂之火并延烧书房。房内一切贵重物件均已搬去,只有台凳粗物烧去无存。并据称情形似是放火。卑职根究原由,则云未见有放火之人。又云邻居妇女言,是日早有生面二人,在教堂门外行过。又云在堂内出去。模糊影响之词,自难凭信。

卑职窃思放火必在黑夜,现起火既在教堂之内,白昼之间,何人阑入?岂不虑人查问?情属可疑,事无确据。当谕该教民等务须访查确实,不可妄控。随至狮岭墟,接见该处局绅,据称传闻是自己失火。兹该总教士郭宜坚竟谓系被匪袁亚福及邱荣光、谢亚斗等多人焚毁,所有堂内中西人银两、服物等件,尽付一炬等情,核与卑职勘讯教民供情不符。但卑职详细访查,邱荣光系嘉应州人,自称为石室天主教传教生,平日甚不安分,今复犯纠众夺犯之事,实属恃符藐法。且袁亚福一犯,亦其从中把持,不令差役带案,尤为胆玩。惟有仰求宪台照会法国领事,转饬天主教士,勒令邱荣光将袁亚福及谢华先、谢亚三等一并带同来县,以便集讯明确,按拟禀办。除仍勒拘并再确查该教堂究竟是否被人放火,抑系自行失火,分别办理外,所有据报教堂焚烧缘由,理合驰禀察核等情。当以花县鹿坑地方德国教堂、书房及篷寮被火焚毁,郭总教士谓系袁亚福、邱荣光、谢亚斗等多人纵火所致,核与杨参将及花县祝令先后询据驻堂教民及附近地方局绅所称情形互异,究竟是否被人放火,抑系自行失火,自非传拘集讯,不能明确。邱荣光、袁亚福、谢亚斗、谢亚先、谢亚三、谢官寿等均系本案牵涉被控之人,自应传案讯明,分别究办等因,批饬遵照,并照会广州口法国领事,转饬教士迅将天主教民邱荣光等一并交案,听候讯办,以昭核实。适准广州口德国领事照会,请将匪首袁亚福、邱荣光、谢亚斗、谢华先、胡海等并各匪拿获，照例惩办前来，即经将先后查办情形照覆查照去后。旋准德、法两国领事照请先将该教堂于光绪二十六年七月间第一次被匪放火焚毁案匪首袁亚福等拿获解办后，再办此第二次之案等由，复经饬行遵照各在案。

兹于光绪二十八年正月二十八日接德国领事来文，以据总教士郭宜坚禀称，花县鹿坑教堂被焚，连所毁中西各人物件，共值洋银二万零一百六十四元，应请饬令花县如数赔偿等由。除驳覆外，相应钞录全案文稿咨呈。为此合咨贵部，谨请察核备案。

再，花县鹿坑德国教堂于光绪二十六年七月间第一次被匪焚毁一案，业经前兼署部堂德饬据葛前署令议偿办结。惟被控匪首袁亚福畏罪投入天主教，日久未据获报，节经饬行设法访拿讯办在案。合并声明。须至咨呈者。计抄呈全案文稿一本并黏单一纸。右咨呈外务部。

附件：照覆德领事文稿

为照覆事。接贵领事官正月二十九日来文，以据郭总教士禀称，花县鹿坑教堂被焚，连所毁中西各人一切物件，共值洋银二万零一百六十四元，应请饬令花县如数赔偿。查此赔款一案，与此第二次教堂被焚缉拿放火各匪之案决不相涉。前此照会经已声明，俟将第一次放火焚毁教堂之匪拿获解办后，再与法国领事官商办。此第二次教堂被焚拿匪之事，故与此赔款一案决不牵涉。虽然现未查明被谁放火，而该教堂被焚是无疑义。因前此该堂被焚之案迄今有两年之久，该县竟无预防，以致酿成祸端，自应唯该县是问等由前来。

本部堂查花县鹿坑教堂于上年十二月二十八日被焚一事，据郭总教士函称，系袁亚福、邱荣光、谢亚斗等多人将教堂焚毁，而参将杨洪标暨花县祝令先后询据教民陈英锐等,则谓是日早十点钟时,见谢亚先并不识姓名一人经过教堂门首,旋睹浓烟冲焰,就起火延烧各处。又云系由堂内棚厂起火,墙外草堆、牛厂亦相继火起各等语。与郭总教士所言迥不相符。该堂被焚,事在白昼,耳目昭彰,如果被人纵火,附近居民岂无闻见?况火由堂内而起,谢亚先仅止经过教堂门首,并未阑入堂内,似不能即指为放火。前据花县查禀,谓据司汛及附近绅民访查,有言该教堂系由焚烧马粪失火者,有言煮饭适起旋风失火者,又有谓该堂教民承办建堂工料,恐新来教士黎威廉盘驳帐目,故特自己放火者。是该堂被焚究竟是否被人放火,抑系自己失火,尚未查究明确,何能遽请索赔?此事现既有贵领事官与法领事官互商妥洽,请将该堂第一次被焚之案妥办后,再派员办理去年被毁之案,自应俟将第一次案犯袁亚福缉获讯办完案,再行彻查此次失火实情,分别妥办。将来如果查明实系该堂自己失火,应由教士自行责令在堂教民赔修,固与地方官无涉。如袁亚福等确有放火实据,自当按例严办,亦无由地方官赔偿之理。至各属教堂,本部堂迭经严饬地方官妥为保护,设有匪徒纠众滋扰,该地方官不能实力弹压,自当量予惩处。惟该堂此次被焚系由堂内失慎,并无匪徒纠众放火实据,势非地方官保护所能及。

郭总教士所请饬令花县赔偿一节,碍难允准。相应照覆贵领事官,即希转致知照为荷。顺颂日祺。须至照会者。德国领事。①

---

① 《清末教案》,中华书局,1998年,第三册,第248—252页。

○六六　英国驻北海博领事照称接任日期由

光绪二十八年二月二十八日(1902年4月6日)

二月二十八日，两广总督陶(模)文称：现接英国驻扎廉州北海博领事照称：本领事现奉札饬调任廉州北海领事篆务，兹于本年正月十二日接印视事，相应照会，请烦查照等由前来。除咨行及札廉州府照会新关税务司查照向章办理，并札广东布、按二司移行外，相应咨明。为此合咨贵部，谨请查照。①

○六七　咨覆德领请聘用德人等因已行查照由

光绪二十八年二月二十八日(1902年4月6日)

二月二十八日，两广总督陶(模)文称：光绪二十八年正月二十四日，承准贵部咨开：光绪二十七年二月二十一日，准德国穆使函称：接据广州德国署领事声称：德国人胡羊利者，在黄埔鱼雷局充当总管，历有年所，现拟岁底辞退回国。按两广总督之意，所开胡姓总管鱼雷局之缺暂行勿庸另补。查该局素属德国人总管，凡所用各料，如雷艇、鱼雷、机器等物，均系由德国购求，倘再聘请外人总管鱼雷局，则将此缺仍补一德国人为妥，本署领事业经照会两广总督，如再拟聘请外国人，则望选一德国人，并提及如果洽意，深愿保举妥实之人。经两广总督照覆，倘嗣后再聘洋人，定将署领事所云记忆在心各等语。本大臣查胡羊利任事多年，与贵国实心擘画，

---

① 台北中研院近代史研究所藏：外交档案，馆藏号：02-08-011-02-017。

不遗余力。该鱼雷局所用各料均属由德国购来,胡羊利开缺后,再选德国人补缺,似属理所当然,应请转饬两广总督照办等因前来。相应咨行贵督查核办理可也等因,到本部堂。

承准此,查上年十一月间,准广州口德国领事函称:黄埔鱼雷局自创设以来,向聘德国人为教习,其中机器等物亦均购自德国。将来倘欲仍用德国人为鱼雷局教习,或别有用德人之处,愿为代劳聘请等由。当经本部堂以各种学堂现在筹议更张,一切规模尚未大定,将来应否聘用外国教习,须待斟酌。倘有奉烦之处,当再奉达等语函覆在案。承准前因,除行广东善后局移行查照外,相应咨呈。为此合咨贵部,谨请察照施行。[①]

○六八　咨报澳门葡使推扩界址等情由

光绪二十八年三月初六日(1902 年 4 月 13 日)

头品顶戴兵部尚书兼都察院右都御史总督两广等处地方军务兼理粮饷陶,为咨呈事。

现据香山县恭都凤池、凤山两书院绅士附贡韦振藻,恩贡吴家珏,大挑河南候补知县吴应奎,副贡鲍文镳,附贡容其珖,大挑江苏候补知县韦勋廷,大挑教谕举人吴国贤,举人杨应麟,举人鲍锟,武举吴殿瑛,廪生韦兆栋,大挑教谕举人杨镇洪,举人容鹏翔,广东补用副将杨永清,廪生郑寿耆,附贡杨训立,附贡吴振鹏,附贡杨履祥,附生曾广浏,附生何公迈,附生杨应銎,附生吴家骊,附生杨超鹗,附贡刘芳英,附贡吴鹏,附生容联芳,附生容国大,附生郑朝举,

---

① 台北中研院近代史研究所藏:外交档案,馆藏号:02-28-001-03-009。

附生韦绍康，附生吴庆光，附生吴乃乾，附生韦兆霖，附生何子诠，附生张振煌，武生陈瑞堂，武生吴家铎，封职容汝滔，附生何澄普，附生张朝绅，附生鲍捷元，附生杨训勤，武生杨桂联，武生杨进祺，京职杨文锐，职员容绍端，职员林树芳，职员吴志韶，职员杨玉衡，职员陈朝宗，职员郑彦庄，监生黄继曾，职员杨文盛，职员杨志钊，职员杨应福，职员郑国琛，职员黄宗祐，监生吴家荪，监生鲍其荣，监生杨国瑞，监生吴华琛，监生柳兆奎，监生陈大光，监生杨学源，监生杨文聪，监生张有铼，监生陈维芳，监生徐郴，监生杨应聪等禀称：为索增租界，逼近堪虞，谨沥情绘具图说，粘呈查核，并恳电奏阻止，以绝觊觎而保海隅事。

窃生等前以葡使索增租界一事，禀请宪台察核在案。现查闻愈确，厝火积薪，有不得不再为渎陈者。溯查道光年间，西洋滋事，攻拉塔石炮台。迨同治十三年，拆毁关闸汛墙，改建绿衣馆，陆路占至关闸，水路占至青洲。其湾仔与澳门海中，葡人自设水浮木号，分中为界，所有地方官兵船只往来，诸多掯阻。不思澳门系属租界，陆路以围墙为限，墙外尺寸难逾，若水路只准其洋船往来，不得援引公法地主有管辖水界之例，以为混占。当时划界草约经前两广张督宪奏驳，有案可据。今越占不已，又复增索香属，在附近谁不寒心？即以形势而论，前山寨在香山县城之南，以一径直达关闸，扼吭拊背，防守綦严。以外如白石、碧岭、吉大、山场、翠微诸乡环绕，烟户稠密，田野广衍，实为县南一都会。澳门之西北为北山、南屏、银坑、湾仔、双石等乡，其地方与蜘洲、坦洲、孖洲、各沙一带毗连，土田千余顷，居民十数万。其官涌内河与澳门海道相通，实为县治往来要路。至如内外十字门、九洲洋、鸡颈头、金星门、大小马溜洲，棋布星罗，防堵在在扼要，均难轻假。

上年葡人所踞，如旺厦村、龙田村及青洲、潭仔、过路湾、环荔枝湾、石澳等处地方，未经批准，居然越占，已属显违公法。今又格外索增，无厌之求，有何底止。若复任其增益，必将族姓祖坟，惨遭平毁；田房租税，抽剥万端，贫者苦被苛求，富者倍加凌逼，转徙流离，景况何堪设想。夫以葡至贫至弱，无端取求，瑕间一开，恐启各国效尤之渐。揆之事势，实有万难恝置者。朝廷子惠黎萌二百余载，湛恩汪涉，虽属瓯脱，不忍弃遗，况澳近省垣，肘腋之防，不容稍缓。明知交涉重务，政府自有权衡，第以剥床及肤，众情危迫，坐视则立致祸衅，约束又无术维持。所有索增租界附近澳门缘由，理合沥情绘具图说，联叩崇辕，并恳电奏阻止，将图咨送外务部查明，以杜外人之觊觎而保海隅以乂安，均感鸿恩于靡既矣。计呈图说等情，到本部堂。据此，相应咨呈。为此合咨贵部，谨请察核办理施行。须至咨者。计呈图说一纸。右咨呈外务部。

光绪二十八年三月初六日，收两广总督文称：现据香山县恭都凤池、凤山两书院绅士……[1]为此合咨贵部，谨请察核办理施行。[2]

○六九　瑞典国照称副领事伯立曼出缺由

光绪二十八年三月初十日(1902 年 4 月 17 日)

三月初十日，两广总督陶模文称：光绪二十八年二月十六日，接广州口瑞典哪喊国署理副领事司照会内开：驻扎广州口岸瑞典哪喊国副领事伯立曼现已因病出缺，所遗之缺由本副领事暂行署

---

[1]　省略部分同前文。

[2]　台北中研院近代史研究所藏：外交档案，馆藏号：02-15-008-02-002。

理，为此照会等由前来。查副领事司邦道前于光绪二十六年间曾署理瑞典哪喊国副领事官，系由商人兼充，前经咨查有案。兹准前因，除由咨及札广东藩、臬二司移行查照外，相应咨呈。为此咨呈贵部，谨请查照施行。①

○七○　医生杨鸣凤之妻、子、弟前往美国等情由

光绪二十八年三月十三日（1902 年 4 月 20 日）

三月十三日，两广总督陶（模）文称：案照承准总理衙门咨行出使美、日、秘国杨大臣与美国使署律师科士达详酌拟定华人赴美汉洋文护照程式，咨粤照办。嗣后华人往美，一体仿照所拟程式，饬由粤海关发给等因。兹有医生杨鸣凤之妻杨陈氏、子杨宝成、弟杨球请照前往，禀由美领事照会粤海关填给护照，准粤海关咨请核咨前来，应准给照前往。除咨覆饬遵并照章咨行出使美、日、秘国大臣、驻美金山总领事查照办理外，相应咨呈。为此合咨贵部，谨请查照备案施行。②

○七一　日本领事照请专管居留地等情由

光绪二十八年三月十九日（1902 年 4 月 26 日）

光绪二十八年三月十九日，收两广总督陶模文称：光绪二十八年三月初二日，接驻香港日本领事照称：夫贵国与卑国者，于东亚

---

①　台北中研院近代史研究所藏：外交档案，馆藏号：02-08-011-02-024。
②　台北中研院近代史研究所藏：外交档案，馆藏号：02-11-020-11-011。

独非同种族而耳。自往古同文物、制度,来往交谊,鉴之历代史籍,考之地理、国势之上,所谓为唇齿辅车之国无论。故和衷协同,互相扶助,共以不可有非维持东亚之大势。而卑国频年专虑强固立国之基础,夙奖励商工业发达,上下举而热心斯业,宜哉。近来卑国诸般业务渐渐就绪,如海外贸易事业大革其面目,累年进步旺盛之域,特于贵国,我通商贸易颇现头角。当此时,举国之舆论所至,热心说贵我通商之急务,朝野赞同,前途颇荷多望。本国政府曩时所获于贵国专管居留地天津、苏州、杭州、沙市、汉口、重庆、福州、厦门等通商重要地,尔来贵我两国商民日进月步,交通频繁,互收获福利不鲜少,盖贵部堂管下两广地方,殊于广东商务者,古来南方一大市场,而百货云集之土,船舶辐辏之港。殷赈热闹,冠南部诸港。加之夙于贵国外国贸易者,粤人为之嚆矢,暨卑国通商口岸所至重关贸易者,亦无非粤人,将亦至粤汉铁路竣成之晓,商势层一层极炽盛,持敏腕锐利,粤人奏起效无论也。兹本国政府早洞察此趋势,准北清地方之例,筹贵我通商上两国民之福音,于省城若其附近之地获一区域,以为我专管居留地,其感最切。本领事兹遵奉外务大臣小村男爵之训令,密担前述本国政府希望之旨趣,禀告贵部堂阁下之荣。顾两帝国之亲睦者,即保护东亚之平和。其所起因有贵我通商贸易之发达,既识者所不疑,为最大要务。贵部堂阁下素博识明敏,垂名声宇内。常念而国家竭忠实交谊,而邻国重信义,这般所禀告密议。贵部堂阁下察时务明晰,容之不吝,亦善料理,素深信不误。如于撰定专管居留地区等暨其他要项,接贵部堂阁下之照覆,而后有所续禀议,敢祈查照,希速给回音是荷等由前来。除照覆外,相应钞稿咨呈。为此合咨贵部,谨请察照。

●照录粘钞

为密覆事。接贵领事官二月二十五日照会，本部堂均经阅悉。贵国与中国唇齿相依，历久和好，迩更遇事扶助，彼此益加亲睦，东亚大局借以维持。贵国自维新以来，凡百政艺日兴月盛，良所倾佩。承示贵国政府之意，拟于省城附近之地获一区域，为贵国专管居留地一节。查前此驻省各国领事，亦曾以开设租界为请，节经本部堂转咨外务部核办。嗣接外务部来电，以粤省商务日增，各国均有请拓租界之意。若立一国专界，他国必请援照办理，诸多窒碍，似以开设公共租界为宜。而驻京各国钦差大臣意见不一，有欲设立专界，有欲设立公界，以致骤难商办。将来如议有头绪，订定办法，当再奉告。贵国与中国睦谊最为敦笃，定当一律办理，即希贵领事官代为转达贵国外务大臣小村男爵是荷。为此照覆。顺颂日祺。须至照会者。①

○七二　为初讯法教士被杀案情咨呈由

光绪二十八年三月二十七日（1902年5月4日）

头品顶戴兵部尚书兼都察院右都御史总督两广等处地方军务兼理粮饷陶，为咨呈事。

窃照法国教士如利诺在始兴县属马市墟被杀，并毙教堂工人叶六明、何金树一案，前据始兴印委电禀，获犯谢唐古，讯认听从方洞教民何贤古老纠邀，伙同何章古老、何利飘、何求生、何文善，谋杀如教士及工人叶六明、何金树三命，并劫得洋银三百两，分用不讳等情，经于本年二月初八日电达贵部在案。嗣于本年二月二十

---

① 台北中研院近代史研究所藏：外交档案，馆藏号：02-11-009-01-001。

三日，据署始兴县陈令柏侯将谢唐古一犯及教民何贤古老、何章古老即利章、何飘古老即利飘、何求生、何文善等五人暨线证苏郁古一并押解来省，当经饬派广东缉捕总局兼营务处提调署广州府知府龚心湛，督同南海县知县裴景福，虚衷研鞫，务得实情，分别按拟禀办，并函请法领事派员观审去后。兹据龚守等将迭次讯供情形禀呈察核前来。

查阅谢唐古所供谋杀情形，历历如绘。至教民五名，据谢唐古供明，何飘古老即利飘一名委系诬扳，业经当堂省释，自无庸议。其何贤古老、何章古老即利章、何求生、何文善等四名，虽据谢唐古指证甚力，而该教民等坚不承认。且观审之法国副领事官及教士亦以案有可疑，须待察访，并谓本案真犯，教士已约略访有踪影等语。案情重大，不厌求详，自应稍宽时日，再行确切访查，以免借口。现准法领事官来函，以谢唐古供词多不切实，苏郁古一名尚未确讯，请再约期会提，研讯确供，并请将教民何贤古老、何章古老即利章、何求生、何文善等四名先行交保，在外候讯。本部堂揆察情形，该教民等既坚不承认，徒事看管亦属无益，只可勉如所请，准将教民何贤古老、何章古老即利章、何求生、何文善等四名暂行交由教士领回，在外候讯，并嘱以将来如有应行查讯之处，必须随传随到，庶案情无所阻隔，较易办理，业准该领事函覆允准照行。

除札饬先将教民何贤古老等四名暂行交由教士领回，在外候讯，一面定期再提苏郁古研讯确供，仍约同法副领事官观审，并严饬始兴县、营再行严密访查本案真凶真犯究系何人，一经查出，立即驰禀核办，俟将来查访情形如何再行随时咨达外，相应钞录禀函各稿咨呈。为此合咨贵部，谨请察照。须至咨呈者。计黏钞禀及法领事来函并覆稿共清折一扣。右咨呈外务部。

●附件一：法领事来函

径启者：如教士一案，所有来省之教民何章古老、何飘古老、何文善、何求生、何贤古老等五名及指证人谢唐古、线人苏郁古等，俱已于初一及初七日经杜副领事官赴缉捕局会讯明确。初一日，据证人谢唐古直认，系诬指何飘古老，已当堂释放在先。其余教民四名，所讯谢唐古各供多有不符，俱属诬指无疑，即应省释。惟据缉捕局承审官尚要查核口供，但不能将无罪教民押候，应请贵部堂饬行先将教民何章古老、何文善、何求生、何贤古老四名交保在外，免受无罪之刑，以昭无枉纵之善政。专此，即请札饬施行。顺候时祉。名另具。三月初九日。

附件二：覆法领事函

径启者：接贵领事官三月初九日来函，以如教士一案经杜副领事官于初一及初七日赴缉捕局会讯明确，初一日，据谢唐古直认系诬指，何飘古老已当堂释放在先，其余教民四名，所讯谢唐古各供多有不符，俱属诬指无疑，即应省释。惟据缉捕局承审官尚要查核口供，但不能将无罪教民押候，应请饬行先将教民何章古老、何文善、何求生、何贤古老四名交保，在外候讯，免受无罪之刑等由，本部堂均经阅悉。查此事昨据龚守禀称：连日督同南海县裴令分提研讯，据谢唐古供认谋杀如教士等情形历历如绘，教民何飘古老一名，据谢唐古认系当时实未在场，是以即行省释。其何章古老、何文善、何求生、何贤古老四名，虽坚不肯认供，而谢唐古指证甚力，再三研鞫，矢口不移等情。查教民何章古老、何文善、何求生、何贤古老等四名，既据谢唐古指证确凿，自应俟查访明确，分别办理，未便遽行交保。该教民等现交候保所看管，未上刑具，并无难为之处，贵领事官尽可放心也。此覆。顺颂日祺。名另具。三月初十日。

　　附件三：法领事来函

　　径启者：如教士一案，昨接贵部堂来函，以龚守禀称谢唐古指证切实，矢口不移，未便交保等因。相应将请交保之故细细再为贵部堂陈之。一则谢唐古既认了诬供何利飘即何飘古老。查谢唐古从前亦供何利飘所做之事十分清楚，到底系假的，所以虽指证该教民四名亦如此，可想亦是假的。一则谢唐古亦认了一次，此四教民亦系诬供的，此时并说有一李姓武官教他如此供。又曾同苏郁古于该武官商量设法，以便同分此花红赏项。一则苏郁古所供有多与谢唐古不同之处，不能细说，请贵部堂查核供词，便知明白。一则询谢唐古以如教士屋内所安置床桌情形及如教士之尸身头向何方及身上所穿戴衣物及枪之长短、支数，所说不符。一则仅供得了教士现取之银三百而已。但本领事官等深知如教士另有银约一百五十元，并不提及，因此数节并不切实，可知谢唐古俱是谎言。且更有谢姓极可靠之族老知见谢唐古于去年十二月初七、八在家，与谢世票先母帮办丧事。此节该委员从前可以查明，至此等要紧证据，尚未查得，该委员实未有认真办理。查平常谋财害命之事，断未有要如此多人者。谢唐古系未奉教的，若欲谋财，串一二教民足矣，何用四人？如教民欲谋财，奉教者已有四人，亦足矣，亦断无另邀一未奉教人之理，诬捏显然。本领事于此案至今未有偏倚。且指证教民，仅谢唐古一口，而教民在家办喜事，则有合村保结，见证确凿。因此数节，教民定未有罪，该教民系由本领事饬教士送案，应请即将教民释放。昨所函请，因防有拦阻之道理，所以仅请交保，亦可随传随到。似此交保，亦不准行，本领事想地方官必欲强教民枉得此罪而后已。再，因苏郁古一名是要紧的，尚未提案确讯，相应再请贵部堂细查前今事理，希即饬行将教民四名交保，以免无辜致久受累，另生枝节。并饬缉捕局约期会提苏郁古研讯确供，是为至要。专此。顺颂时祉。名另具。三月十二日。

附件四：覆法领事函

径覆者：接贵领事官三月十二日来函，以如教士一案谢唐古供词多不切实，且指证教民仅谢唐古一人，而教民在家办喜事，则有合村保结，见证确凿。该教民实未有罪，仍请饬将教民何贤古老等四名先行交保，并饬局约期会提苏郁古研讯确供等由，均经阅悉。本案昨据龚守、裴令将讯供情形禀呈察核，正在核办，接函前由，相应将该守等原禀抄送台阅。至来文所称谢唐古供词不实各节，查阅谢唐古迭次供词，于何利飘一名情节最轻。续据供称，系一时错供，自属可信。何贤古老等四名则该犯指证极为确实，再三研鞫，矢口不移，似难以彼例此。至该犯于初二日所供伊及何贤古老等并未做有此事，并谓李姓武官教供等语。查系当时因杜副领事官所带翻译将谢姓绅耆保禀宣读与听，希冀可以脱卸，是以图翻。如果谢唐古确于上年十二月初七日在谢世票家帮办丧事，岂有讯问多次不早供出之理？该犯所供谋杀情形，多与前后勘验、访查情形暗相吻合。虽于教士屋内安置床桌及如教士尸身方向、身上穿戴衣物各节间有不符，难保非因事在深夜，不暇细辨，或日久记忆不清，似不能即指为虚假。至线人苏郁古所供大致均与谢唐古相同，其中略有参差之处，自当再行根究，以期水落石出。本案果如谢唐古所供，以五人而谋杀三命，凶暴已极。来函谓平常谋财害命之事，断未有用如此多人者，殊不尽然。本部堂念如教士等当日被害极惨，亟欲从速破案，以慰幽魂。现获之谢唐古所供谋杀情形，历历如绘，设非身亲其境，似不能如此确切。而教民何贤古老等虽经当堂指证,坚不承认,本应再饬磨讯,俾成信谳。惟昨据龚守面禀,准杜副领事官声称,本案真犯,教士已约略访有踪影,案情重大,不厌求详,自应稍宽时日,俟察访有无端倪,再行分别核办,以免或有枉纵。至请将教民何贤古老等四名先行交保一节,未始不可。惟将来如有应行查讯之处,必须随传随到,庶案情无所阻隔,较易办理。

贵领事官办事素称和衷,此案当能和商妥办。本部堂现经札饬缉捕总局,先将教民何贤古老等四名暂行交由教士领回,在外候讯,并定期再提苏郁古研讯确供,仍约同杜副领事官到局观审;一面札饬始兴文武,再行严密访查本案真凶真犯究系何人,一经查出,立即驰禀核办,务使真凶伏辜,以彰国法而敦睦谊。各教士、教民亦当详加查访,以助官员耳目之所不及。即请贵领事官谆嘱梅主教,转饬教士等一体协力察访,如果访有端倪,随时报知地方官查办,以免沉冤莫雪。此覆。顺颂日祺。计送抄禀一件。名另具。三月十四日。

附件五:录署广州知府等禀文

窃始兴县马市墟教士如利诺、工人叶六明、何金树等被人杀毙一案,经署始兴县陈令柏侯将线证苏郁古及凶犯谢唐古等押解来省,奉宪台札饬卑府心湛,督同卑职景福,虚衷研讯,务得实情,分别按拟禀办,当经函请法领事官亲临,或派副领事官观审。

旋准于三月初一日派杜副领事官带同翻译到局观审。初一日,第一次堂讯,先提线证苏郁古。讯据供称,始兴坛坑人,平日耕种为业。去年上半年不记月日,入天主教,神父即如利诺。如神父原在方洞居住,何时移住马〈子〉坳,不甚知道。小的因与族人争坟,恐被杀害,于去年十一月二十八日向谢唐古借洋枪一枝防身。

十二月初四日，谢唐古来取洋枪，到小的家内坐谈。小的因葬山无钱使用，向唐古借贷。他说无银，不如同去将如神父杀死，抢他银两，便可分给。小的因说事情重大，不敢去作。谢唐古就嘱小的不可出声。登即别去。不想初七日如神父在马〈子〉坳教堂被杀。次日通邻皆知谢唐古与小的同住坛坑，相隔不远。初十日，在本村塘头撞遇，因问谢唐古不见数日，发了许多财。唐古回说，这几日在碗厂玩耍，并没发财。小的复向碗厂人诘问，据说这几日并未见唐古到过。小的因唐古说过杀如神父发财的话，既出此事，想必系他所作。本年正月十七、八日，有李总爷来村查访此案。李总爷从前曾到过本村办案，是以认识。小的就把谢唐古预备谋杀如教士抢银之语告知。小的又问始兴县出有本案花红二千银，引拿谢唐古到案，便可得花红分用。小的复告知李总爷，必俟墟期方易动手。李总爷于二月初六日始将谢唐古拿获，解至始兴县等供。

复提讯谢唐古，供始兴坛坑人，平日耕种度活。去年十一月二十八日，有同村人苏郁古向小的借取单响洋枪一枝，至十二月初四日七点钟时候，小的到苏郁古家取回，郁古遂同到小的寮内闲话，吸食洋烟。未几有方洞人何贤古亦到寮内，共话穷苦。何贤古约小的同往马子坳，有财可发，当即应允。时苏郁古在旁吸烟，亦听见何贤古说的，遂各散去。到初七早，何贤古又到小的家纠邀同往。五点钟时，同何贤古先到澄江墟何驼背佬店内，见方洞人何求生、何文善、何利章、何利飘四人同在该店食饭。至六点钟食完，小的们六人各持一枪一刀，同行起程。何贤古身穿蓝布短衫，乌背心，手拈洋布遮一把。何求生身穿乌衫，乌背心。何利章三人先行。小的穿现到案之衣服，手拈洋布遮一把。何文善身穿乌衫，没有背心，与何利飘们在后走。至半路，何贤古始向小的称说往马子坳,谋抢如神父银两的话。因何贤古常到如神父处,素知如神父有银两蓄积,故起意邀小的同往。是日下午时候,走到马子坳墟场。何贤古、何求生、何利章三人先买猪肉,后用银八毫,买鸡二只。小的与何文善、何利飘在墟上不知姓名人所开的饭摊等候。何贤古们买了猪肉、鸡只,分先后两帮,走到教堂。何贤古拿鸡,何求生拿猪肉,与何利章三人先进教堂,到如神父房坐立。小的与何文善、何利飘后进教堂,在火夫何金树房坐立,所带枪刀均放在火夫何金树床底。那时,何金树见此枪刀,就向查问。小的们对他说因路途不甚太平,是以带备,以为防身之用。是日将晚时候,小的走进厅上,见如神父面。如神父就向何贤古们问及,他未入教,何以带来。何贤古说现正带他到来入教,随后由何贤古嘱令火夫宰鸡弄饭,小的没有帮手。至晚间七点钟开台食饭,分坐两台。如神父与何贤古、何求生、何利章并姓叶的传教先生同坐一台,小的与何文善、何利飘并火夫何金树同坐一台。在厨房上侧边摆席,席上只有煲鸡汤、煲猪脚、煲猪肉三味。小的们这一台早已食完,如神父那台因另有加菜,与何贤古、何求生猜拳,饮到三更,如神父大醉方进房睡。小的与何文善等均在火夫何金树房内床上横睡。何贤古、何求生、何利章三人扶同如神父进房,复坐谈许久出来,走到火夫住房,说神父业已睡熟,邀小的们各人进房动手。那时火夫亦已睡熟,不知此事。小的们即走进神父房内,见点有洋灯一盏。何贤古先向神父头颅砍了一刀,何求生向神父颈项划了一刀,各人均有下手乱砍,神父登即气绝。神父当进房时,身穿蓝长衫,随后被杀,时见他头上似没戴帽,下身穿着乌裤,脚穿白袜,那时仓猝之际,亦记不甚清。迨杀死神父之后,小的们又随同何贤古、何求生、何利章三人走过叶先生房内,趁叶先生酒醉睡熟,何贤古不知从何下手,砍了一刀，何求生又砍了一刀，登即毙在床上。各人再到如神父房内，何求生撬开床前的小皮箱，劫得洋银三百两。何求生、何贤古、何利章三人，每人分拿百两。劫毕之后，时已四更有多。那时何求生、何贤古二人叫小的与何利章、何文善、何利飘邀同火夫何金树，先由大门逃走。他们二人由后门走，并约在教堂后水圳边等候，一同回去。那时何贤古等告知何金树，你不可慌忙，当带你回方洞，金树迫于无奈，跟着同走。迨走至约二三里路，经过松树路边，何求生恐何金树将此事声扬，即与何贤古二人商量，将何金树杀死灭口。何贤古遂向何金树脑后先砍一刀，何求生、何文善亦帮同下手砍死。时天已渐亮，那何金树年约十六七岁，身穿乌布面衫。那传教叶先生年约二十余岁，身穿蓝长衫。小的们随即跑到顿冈墟口分路，小的即由大夫村回家，何贤古当时向小的告知，应得赃银分后送到驼背佬店内，后由何贤古交银三十元花用，小的系被苏郁古带兵引拿等供。此初一日讯供之情形也。

初二日，复提谢唐古研讯，据供十二月初七日早何贤古到小的家相邀同往澄江墟驼背佬饭店吃饭，委见方洞人何求生、何文善、何利章、何利飘，连小的及何贤古同在那店食饭。止见驼背佬及伙伴二人在店内，小的并未与他说话，他们四人与驼背佬同姓兄弟。至食完饭后，各带枪刀同往马〈子〉坳教堂。当时杀死如神父，委系何贤古先向神父头颅砍了一刀，何求生向神父颈项划了一刀，神父在床翻身倒地，小的向神父右脚腿砍了一刀。杀死之后，何贤古见神父床头有洋枪一杆，何贤古即将那枪放在神父右手边。至何贤古因何将那枪放在神父身边，小的不知，要问何贤古才知。劫毕，小的随到天井，见有洋枪一杆，放在天井边。至初十，小的到驼背佬饭店，见何贤古。那何贤古拉小的到做纸仓内，亲手将银三十元交小的接收。那银系用纸包,内系双单毫子。至昨供如神父尸身有无袜帽,小的当时黑夜忙乱之际,实看不清楚。至现到案的何贤古,缘一二年之前,何贤古往坛坑探望妻父,始与小的认识。本年正月初六、七,何贤古又到坛坑开宝子赌博,小的与他同赌二十几天。回家后,又到过坛坑二次。今何贤古说不认识小的,显系避就。驼背佬系他们兄弟,到案定必庇护他们。小的今已认案,断不敢冤枉别人。较昨供更为详细。

卑府等当将谢唐古所供情罪较轻之何飘古老即何利飘一人先行提同质讯,据供闻得本村耆老说十二月初六日派何万良、何贞步即驼背佬、何利铭三人往马〈子〉坳教堂接如神父回方洞过年说话。小的想真那日实系初七,但小的未有同去,不过听闻族中耆老说的。至何贞步即驼背佬,他有家室在方洞住,现在澄江墟开酒饭店。去年十二月初五日,小的本处教友何利章之弟郎娶亲,小的在他家内帮手宰猪及料理各事。初六日,小的替他担酒肉往离方洞二十余里之铁寨答礼。初七、八两日,亦系在何利章家帮办酒席。初九日,帮他将各物收拾停当,然后回纸厂造纸。至如神父及工人老叶、伙头何金树被杀之事,小的实未同往,亦不知道是村何人所作,谢唐古实系诬扳等供。

卑府等当即着实诘问,复据谢唐古供称,此案实系何贤古、何求生、何文善、何章古与小的五人所作,并没何利飘在内。前一二年,小的在方洞斩竹,与何利飘认识,小的被获,在始兴县初到案审讯时,因心中忙乱,一时随口错说何飘古之名在内,随后亦即照供,其实何飘古老并没有份,所以小的屡次堂供,亦未确指何飘古如何动手砍如神父及如何分银之事。今既蒙再三严诘,此案实系何贤古等与小的五人共作之事。如何贤古等四人上堂,俱敢切实顶他,将小的杀死打死亦照此供，万无丝毫含混，云云。

复提何贤古质讯，据供方洞村人，由祖父拜天主教已多年。去年十二月初六日，柯神父写信，叫方洞何万良、何贞步、何利铭三人往马〈子〉坳，接如神父回方洞过年，实有其事。但小的并未同去。十二月初五、六、七、八等日，均在乡内做泥砖，委没在场杀死如神父情事。而谢唐古则坚供如前。迨刘翻译将谢姓绅耆保禀宣读与听，谢唐古始称伊及何贤古等未做此事，一经驳诘，旋即认回原供。

及初七日，卑府等复提何利章、何文善、何求生等质讯，据供方洞人，均奉天主教。去年十二月初五日，何利章在方洞屋内为其二弟利元娶教堂陈姓女为妻。初六日，又为其四弟利培娶自幼抱养孔山钟姓女为妻。何文善、何求生均在利章家办喜事，至初九日事毕始散，均无到马〈子〉坳教堂同谋杀死如神父抢银情事。其余所供，与何贤古略同。

卑府等查如神父及叶六明、何金树三人，于黑夜之间被杀，又失银三百两，其为图财害命可知。其图财害命之凶犯究是何乡何人，则必以初七日马〈子〉坳教堂有无来人住宿为断。今据线人苏郁古、获犯谢唐古两人所供何贤古等同谋纠抢及初七日夜同住教堂，动手杀害抢银，与中途杀死何金树情形，历历如绘。卑府等三次研讯，平心静气，五听并用，以究其情伪而防其虚捏。乃该犯谢唐古所供，如履其地，如闻其声，如见其形，细微曲折，竟无罅漏可寻。其前后稍参差者，惟诬扳何飘古一名，已据该犯供明，委系诬扳，应将何利飘一名当堂省释，交教士带回教堂安业。

其谢唐古所供动手情形，更有一层可以当堂印证者，即如所供杀死如神父之后，何贤古将床上洋枪一只放在神父右手边，云云。此层研讯两日，始据该犯于不经意时说出。卑府等尚诘以何不早供,据该犯回称,从前未问及此,所以不说。即当堂由杜副领事官签字,派一哨弁至石室教堂,将曾到马〈子〉坳亲见如神父死后形状之何贞步即驼背佬传案讯问。据供神父死后头上似有布帽,脚似有袜。惟记得神父右手边放有洋枪一只,与谢唐古所供不谋而合。即此一层,足见谢唐古供认之不虚。若非身亲其境,安能无心流露至此也。且初二日杜副领事官携有如神父于十二月初四日由南雄汇银三百两银单一纸到堂,与谢唐古供认银数恰合。又闻杨教士言如神父初四、五日亲往金冈柯神父处,取现银三百两,次日即雇二人肩舆回马〈子〉坳,或于此时将银泄漏,为匪人窥探,亦未可知。至初七日,马〈子〉坳教堂实有人到来,已据始兴县传集教堂近邻姚李氏及绅耆赖绍元、易万高、赖云芳等,均供初七日见教堂工人在本墟买酒、猪肉、鸡只等物,在李运裕所开福安店过秤。后查出教堂食簿,初七日亦有添买酒菜之事。而姚李氏住在马〈子〉坳教堂左便斜对门,相离十余步,所供初七日下午在门口看见有方洞教民先后分两次走进教堂,有手拿猪肉者,有手拿洋遮者,并见神父手拿书卷在天井走来走去等语,与谢唐古所供初七日同何贤古、何求生等到马〈子〉坳教堂情事,似相吻合。则是日到教堂之人,即夜间谋杀如神父、叶六明、何金树之人,已无疑义。

　　据何贤古供,去年十二月初六日,由柯神父写信,叫何万良、何贞步、何利铭三人往马〈子〉坳接如神父回方洞过年属实。惟何贞步供称,初七日尚在金冈教堂住宿,初八晚到马〈子〉坳时如神父业已被杀。其方洞人到马〈子〉坳教堂者,是否即初八日之何万良、何贞步、何利铭三人,抑另有何贤古、何求生、何文善等于初七日已先到教堂,尚难悬揣。据何贤古供,十二月初五、六、七、八日,均在乡内作泥砖。据何利章供,十二月初五、六两日,在家为其弟利元、利培娶妻。利培仅十岁左右。何文善、何求生同在利章家帮办喜事，初九日事毕始散，均无到马〈子〉坳谋杀如神父抢银之事。

卑府等查始兴县卷，何利章供先于十一月廿九日送利元到教堂，领过婚配。三十日，带同回家，迨初五日成亲。伊因事在南雄教堂，至晚方回，与何利汉所供是日眼见利章在家办喜事之语已不相符。且何利章供，伊四弟利培年十二岁，其养媳年仅九岁，均属幼稚，并非完姻之时，该县委已斥其饰词巧避。而今年二月二十七日，柯教士在始兴观审，亦力言初六、初七、初八等日何利章在家娶两弟妇，强令注入何利汉供内。现在三次提集质讯，苏郁古、谢唐古二人供认确凿，而法副领事官及教士以尚有可疑，须待察访。

卑府等因案情重大，事关交涉，未敢胶执草率定案，合将三次会讯情形详晰录供，禀覆宪台察核批示祗遵，一面请照会法领事官，并札行始兴县再行细心访查，真凶真犯究是何乡何人，分别核办，务使案情确切，真凶伏辜，方足以彰国法而敦睦谊。除禀抚宪外，肃此具禀，伏乞垂鉴。卑府心湛、卑职景福谨呈。[1]

〇七三　咨报光绪二十七年冬季驻汕领事姓名并洋商行栈字号由

光绪二十八年三月三十日（1902 年 5 月 7 日）

三月三十日，两广总督陶模文称：案查光绪十六年七月二十六日，准总理衙门咨开：近来各国在通商口岸派设领事，设立行栈，本衙门无可稽查，咨行饬将各该口岸现驻各国领事姓名并洋商行栈

---

① 《清末教案》，第三册，第 287—299 页。

各字号查明咨覆,嗣后仍按季咨送备查等因。嗣据惠潮嘉道先后按季开报,咨明察照在案。兹据惠潮嘉道饬据新关委员将光绪二十七年冬季份驻汕各国领事姓名并洋商行栈各字号列折缴道钞缴前来。除批饬嗣后仍按季查明开报外,相应咨呈。为此咨呈贵部,谨请察照备案施行。

●照录粘钞

谨将光绪二十七年冬季驻汕各国领事官姓名并洋商行栈各字号及并无领事、行栈之国录折呈电。

计开:

一、正领事官

大德钦命驻扎汕头管理通商事务署领事官施(名德礼)。

大英钦命驻扎潮州等处办理通商事务正领事官何(名兰田)。

大荷兰钦命驻扎广东潮州等处署领事官何(名兰田),本系英国官。

一、商人兼充领事

大瑞典哪喊国钦命驻扎汕头管理通商事务副领事官福(名嘉),系德商元兴洋行代办。

一、洋商行栈各字号

英商怡和洋行、英商太古洋行、英商德记洋行、德商元兴洋行、英商林炎生福昌洋行、英商刘长意荣福源洋行、德商美最时洋行、英商沈开榜、英商吴廷瑞、英商纪德泰。

一、无驻汕领事之国

法国、俄国、日国、比国、义国、日本国、秘国、丹国、美国、奥国。

一、无行栈之国

法国、美国、俄国、瑞国、丹国、日国、荷国、比国、义国、奥国、日本国、秘国。

一、行驶潮属内地小轮船洋商各字号

英商义利、英商屈士、英商南记。①

○七四　香山绅士禀称海疆要隘不可割让由

光绪二十八年三月三十日(1902年5月7日)

光绪二十八年三月三十日,收两广总督文称:光绪二十八年二月二十九日,据香山县属谷都、桂山、东山书院绅士举人张振德,举人郑藻鸿,举人麦永和,附贡郑维翰,附贡郑钟翰,附生郑应琛,侍卫郑继光,举人郑濂,廪生郑国梁,附贡郑学韶,附生陈朝衮,附生郑乾,附生陈朝蔚,附生柳献功,附生郑启瑞,武生郑云青,武生郑鹰扬,武生张家梁,武生郑云章,职员郑荣阶,职员郑宇洪,附生郑抡魁,附生郑应麒,武生吴其高,武生郑洪清,武生郑龙韬,武生郑显,武生郑炽昌,职员郑凤良,职员黄瞻华,职员郑齐邦,职员郑廷强,职员郑凤昌,职员容砺臣,监生郑秉崑,监生郑家鼎,监生郑凤符,监生郭世藩,监生黄健亭,职员郑宝慧,职员黄兰芬,职员林其昌,职员汪启成,监生郭藻,监生郑祖荫,监生郭庆辉,监生林汝鋆,监生郑家鼎等禀:为无端索地,贻患堪虞,联恳明察电止,以全大局而安民心。

窃以谷都地接县城之南,相距约五十余里,东南与恭都衔接,距澳门四十里有奇,居民数万户,田壤千百顷,向安农业,共沐皇仁。近闻葡使在京索增澳门租界,希图混占,谋虑方深,举人等桑

---

① 台北中研院近代史研究所藏:外交档案,馆藏号:02-08-011-02-036。

梓所关，难安缄默。

溯查前明嘉靖时，葡人已占居澳门。迨道、同年间，被其私毁界墙，擅拆官署，勒收田房租钞，平毁居民庐墓，凡有血气者，莫不疾首痛心。光绪十三年，时以洋药税厘并一案，经前督宪张奏驳，指陈确切，遂缄葡人之口。今又狡然思逞，倘遂其欲，流离转徙，民不聊生。举人等以群情交愤，祸患深虞，数百年践土食毛，卧榻之旁，岂容他人鼾睡。况葡人素性贪酷，庇匪窝赌，贻累在在不堪。若任增益，流毒岂只一隅。更有虑者，恭、谷两都，田禾岁收不少，向贩运江门、陈村等处，转售省垣。若葡人得以自权，必将垄断其利，接济外洋，而民食深忧短绌。两都地广民番，实为海疆要隘，岂肯让诸至贫至弱之葡人！想仁宪志切恫瘝，善弥祸衅，明知刍荛无补，争奈呼吁情殷，迫得联叩崇辕，伏恳电奏力挽，以全大局而安民心，则举人等阖都深感鸿慈于靡既矣等情，到本部堂。据此，相应咨呈。为此合咨贵部，谨请查照办理施行。

咨呈

头品顶戴兵部尚书兼都察院右都御史总督两广等处地方军务兼理粮饷陶，为咨呈事。

光绪二十八年二月二十九日……①为此合咨贵部，谨请查照办理施行。须至咨呈者。右咨呈外务部。光绪二十八年三月初八日。②

---

① 省略部分同前文。

② 台北中研院近代史研究所藏：外交档案，馆藏号：02-15-008-02-004。

○七五　驻汕德施领事照称告假回国等情由

光绪二十八年三月三十日（1902 年 5 月 7 日）

三月三十日，两广总督陶模文称：光绪二十八年三月初一日，接汕头德国施领事照称：本领事官现蒙本国国家给假回国，拟于是日起程，除将本署事务交与古署领事官接办外，相应照会查照等由前来。除行惠潮嘉道照会新关税务司，查明德国现署古领事是何名字，是否真正领事，禀覆核办，及札广东藩、臬二司移行查照外，相应咨呈。为此合咨贵部，谨请察照施行。①

○七六　陈庆昌承办银矿未能依限开办由

光绪二十八年四月十二日（1902 年 5 月 19 日）

四月十二日，两广总督文称：光绪二十八年三月十五日，接驻港兼理义国博领事照称：前据义国商务公司永贞祥之代理人巴度路禀称：广西浔州府贵县天平山银矿一节，曾经前督部堂准给华民陈庆昌、刘荣楼执照，限期十五日内开采，否则交与法国商务公司承办等因。本兼理领事官细加查访，知天平山矿地由陈庆昌、刘荣楼早已售与义国永贞祥公司，于西历一千八百九十八年九月十七号订立合同一纸，是时亦未有开采。因一千八百九十九年内所有论及该矿情事以及合同等件，尽行寄上驻京义钦差处料理。当其时，永贞祥公司又与英国商务公司商量转售。计合同等件寄到北

---

① 台北中研院近代史研究所藏：外交档案，馆藏号：02-08-011-02-035。

京不久,适值拳匪作乱,围攻义钦差衙署,并且纵火焚烧,所以合同等件皆遭毁化,故永贞祥公司终不能取回合同等件,亦不能与英国商务公司交易,则该公司失去银两已不计其数,此诚不幸之事也。至贵国理宜保护义钦差衙署,不应纵容拳匪围攻,以致遗失文件不少。去年该公司经已禀呈驻京义钦差处,恳求向贵国总理衙门代取保单凭据。现在义国政府与贵外务部正相商酌议取保单凭据、停止开采该矿之事。若贵督部堂准给别人承办,则办理其觉不公,务请贵督部堂立即宣示,别人不得开采。因本兼理领事官即将一切缘由电达义钦差处,转致贵国外务部,统俟北京立回保单凭据之后,再行通知。倘贵督部堂仍交别人承办,则义国永贞祥公司如有意外不测之事,定惟贵督部堂是问。为此照会查照等由前来。卷查陈庆昌、刘荣楼等开办广西贵县属之小天平山银矿一事,前于光绪二十五年十一月十七日准广西抚院黄咨开:据广西善后局司道详称:前据广东广州府新兴县人陈庆昌等具禀,自备资本银二十万元,遵章缴照银一千元,领照开采。当经批准,缮给执照,并给示谕。该商陈庆昌等领照后,未能遵照章程依限开炉输课,兹闻私与义国洋商书立合同,故违定章。饬据贵县查禀,该商开办矿务未能得法,所办机器均不合用,久已停办,仅存厂屋数间,工人退散,一切器用卖尽。该商及司事人等均已返东,并无一人在厂。该商与义国私立合同,系在东省外洋所行之事,该县无从觉察。惟其资本已罄,无力再开等情,查商人陈庆昌开办银矿已逾两年,迄无成效,并未交课,既经停止不办,潜回广东,亟应追缴执照,另行招商承办,以杜弊端而顾税课。请饬新兴县勒传该商陈庆昌到案,追取原领开矿执照,送西注销等因。咨经前部堂饬据广东藩司详:据新兴县禀覆:县属并无陈庆昌其人,札内亦将陈庆昌住址开明,无凭追缴等情，咨覆饬遵各在案。是陈庆昌等前此承办之贵县天平山银矿，因未能依限开办，原领开矿执照早经作废追缴，该处银矿自应由官方另行招商承办，以顾税课。陈庆昌等何得混执废照，擅将矿地售与外人。义商永贞祥前此与陈庆昌等订立合同，即使确有其事，亦系私自订立，不能作据。至现文所称该处银矿曾经前督部堂准给陈庆昌、刘荣楼等执照，限十五日内开采，否则归法国商务公司承办等语，遍查并无此案。接文前由，除照覆并咨请广西巡院迅将本案全案抄咨贵部查核备案外，相应咨呈。为此咨呈贵部，谨请查照施行。[①]

○七七 驻汕德领事照称署领事到任日期由

光绪二十八年四月十二日（1902年5月19日）

四月十二日，两广总督陶（模）文称：光绪二十八年三月初十日，接汕头口德国古领事照会：照得本署领事官现奉外务衙门札委，署理汕头领事官篆务。兹于光绪二十八年三月初四日到汕，随于本日接印视事，合就照会查照等由前来。查此事昨接施领事照会，即经札行惠潮嘉道，照会新关税务司查明现署德国古署领事是何名字，是否真正领事，禀覆核办在案。接文前由，除札行惠潮嘉道遵照前札事理查覆核办及咨行外，相应咨呈。为此合咨贵部，谨请查照。[②]

---

① 台北中研院近代史研究所藏：外交档案，馆藏号：01-11-022-01-016。
② 台北中研院近代史研究所藏：外交档案，馆藏号：02-08-011-02-037。

○七八　广州口法领事请
　　假接准照会咨呈由

光绪二十八年四月二十一日（1902年5月28日）

四月二十一日，两广总督陶模文称：光绪二十八年三月二十五日，接广州口法国哈领事照称：照得本领事现届请假之期，业经接奉奏准，拟于本月二十五申刻起程。所遗印信、公件，委杜副领事暂行代理，俟署本任领事祁抵省后，再行交替。相应照会查照，希饬所属一体知照，并接杜副领事照会，即于本月二十五日申刻接印视事各等由前来。查现代理法国领事杜理芳，原系驻扎广州口副领事，前准照会咨行有案。所有该领事名字，自可毋庸行查。接文前由，除咨会粤海关监督查照及咨行外，相应咨呈。为此合咨贵部，谨请查照。①

○七九　咨报义佛领事回港任事由

光绪二十八年四月二十三日（1902年5月30日）

四月二十三日，两广总督陶模文称：光绪二十八年四月初一日，接驻港义国佛领事照称：照得本领事官于光绪二十七年七月请假回国，所有署中公务暂交澳国领事官傅士德兼理，业经照会在案。兹已假满返港，嗣后遇有交涉情事以及公牍等件，均请仍寄本领事署可也。相应照会查照等由前来。除咨行外，相应咨呈。为

---

① 台北中研院近代史研究所藏：外交档案，馆藏号：02-08-011-02-041。

此咨呈贵部，谨请查照施行。①

○八○　广州法国祁领事
照称署篆日期由

光绪二十八年五月初三日（1902 年 6 月 8 日）

五月初三日，两广总督陶（模）文称：光绪二十八年四月初一日，接广州口法国署领事官祁照会：照得本署领事现承简命署理广州领事官篆务，业已抵省，所有印信、公件，准副领事官杜赍送前来。本署领事即于四月初一日接印视事，相应照会查照，希即饬属一体知照等由前来。除咨粤海关监督照会大关税务司照章办理及咨行外，相应咨呈。为此合咨贵部，谨请查照。②

○八一　华商甄启请照前
往美国填发护照由

光绪二十八年五月十四日（1902 年 6 月 19 日）

五月十四日，两广总督陶（模）文称：案照承准总理衙门咨行：出使美、日、秘国杨大臣与美国使署律师科士达详酌拟定华人赴美汉洋文护照程式，咨粤照办。嗣后华人往美，一体仿照所拟程式，饬由粤海关发给等因。兹有商民甄启请照前往，禀由粤海关验填护照，并无骗拐顶冒情弊，且有殷实铺保具结存案，核与章程相符，

---

① 台北中研院近代史研究所藏：外交档案，馆藏号：02-08-011-02-042。
② 台北中研院近代史研究所藏：外交档案，馆藏号：02-08-011-02-049。

准粤海关咨请核咨前来。应准给照前往。除咨覆饬遵并照章咨行出使美、日、秘国大臣、驻美金山总领事查照办理外，相应咨呈。为此合咨贵部，谨请查照备案施行。[①]

○八二 义领误认天平山煤矿给法承办由

光绪二十八年五月十五日（1902 年 6 月 20 日）

五月十五日，两广总督陶模文称：光绪二十八年四月初六日，接驻港义国佛领事照称：准前兼理领事官博移交三月二十一日接贵部堂三月十九日照覆，以天平山银矿一节并无经前督部堂准给陈庆昌、刘荣楼执照，限期十五日内开采，否则交法国商务公司承办等因。查此系由澳国领事署翻译官一时错乱，误将"广西抚部院"作"前督部堂"，恳请贵督部堂立即咨行广西抚部院，勿将天平山银矿交与法商承办。至广西抚部院批准法商承办，亦属错误，因目下访闻实无法国商务公司欲行承办。惟是该矿情事现在义国驻京钦差正与贵国外务部互相商酌，想本领事官与贵督部堂俱无庸经手办理。为此查案详晰照覆，并咨请广西抚院迅将本案全案抄咨贵部察核备案，暨咨呈贵部察照在案。接文前由，除咨广西抚院查照，并请迅即抄录本案全卷咨呈贵部察核办理外，相应咨呈。为此合咨贵部，谨请察照施行。[②]

---

① 台北中研院近代史研究所藏：外交档案，馆藏号：02-11-020-11-021。
② 台北中研院近代史研究所藏：外交档案，馆藏号：01-11-022-01-017。

○八三　查明德驻汕署领事到任日期等情由

光绪二十八年五月十五日(1902年6月20日)

五月十五日,两广总督陶(模)文称:现据署广东惠潮嘉道朱恩缙禀称:光绪二十八年三月初九日,准德国领事官古照会内开:照得本署领事官现奉外务衙门札委,署理汕头领事官篆务,兹于光绪二十八年三月初四日到汕,随于本日接印视事,合就照会等由到道。准此,职等当即照覆,并饬属查照,一面札饬新关委员照会税务司查明德国古领事系何名字,是否真正领事,抑系商人兼充,刻日查覆,以凭转禀去后。现据新关委员试用盐巡检沈庆禀称:遵即照会税务司查明德国古领事名朋阿,原系德国真正领事,并非商人兼充等情,禀覆前来。理合将德国领事到任日期及查覆缘由禀报查核等由,到本部堂。据此,查德国古领事奉委署理汕头领事篆务,前承准贵部来咨,业经札饬惠潮嘉道照会税务司照章办理,并分别咨行在案。据禀前由,除咨行外,相应咨呈。为此咨呈贵部,谨请查照施行。[①]

○八四　英博诺德调任廉州北海领事由

光绪二十八年六月初九日(1902年7月13日)

六月初九日,两广总督陶模文称:现据廉州府郭之全申称:光绪二十八年三月初八日,奉宪台札开:现据英国驻扎廉州北海博领

---

①　台北中研院近代史研究所藏:外交档案,馆藏号:02-08-011-02-058。

事照称:本领事现奉札饬调任廉州北海领事篆务,兹于本年正月十二日接印视事,相应照会,请烦查照等由前来。除咨行外,合就札饬府即便遵旨照会新关税务司查照向章办理毋违等因。奉此,遵即转行所属,并照会北海新关税务司查覆去后。兹准北海新关税务司查明现任北海博领事名诺德,确系真正领事,并非商人兼充,照覆前来。理合具文申覆察核等由,到本部堂。据此,除咨行外,相应咨呈。为此合咨贵部,谨请察照施行。①

○八五　英萨领事授为广州总领事由

光绪二十八年六月初九日(1902 年 7 月 13 日)

　　光绪二十八年六月初九日,两广总督陶(模)文称:光绪二十八年五月初四日,接广州口英国萨署总领事照称:照得本领事现奉本国驻京大臣札开:转奉外务大臣传来谕旨,特授本领事为广州口总领事官。钦此。相应照会查照等由前来。除咨行外,相应咨呈。为此合咨贵部,谨请察照施行。②

○八六　咨报光绪二十八年春季
广州各国领事姓名等情由

光绪二十八年六月初九日(1902 年 7 月 13 日)

　　光绪二十八年六月初九日,两广总督陶(模)文称:案查光绪十

---

　　① 台北中研院近代史研究所藏:外交档案,馆藏号:02-08-011-02-082。
　　② 台北中研院近代史研究所藏:外交档案,馆藏号:02-08-011-02-084。

六年七月二十六日,准总理衙门咨开:近来各国在通商口岸派设领事,设立行栈,本衙门无可稽查,咨行饬将各该口岸现驻各国领事姓名并洋商行栈各字号查明咨覆,嗣后仍按季咨送备查等因。迭准粤海关监督转据税务司先后开至光绪二十七年冬季份止,咨明查照在案。现准粤海关监督转据马税务司将光绪二十八年春季份驻广州口岸各国领事姓名并洋商行栈各字号查明开送,并声明此外本口并无有领事而无行栈及有行栈而无领事者。至各洋商行栈字号系按照招牌开录,其或有华商顶冒者,本关不得而知,咨会核办。计粘抄一纸等因,到本部堂。准此,所有广州口岸现驻各国领事姓名及洋商行栈各字号,相应列单咨明。为此咨呈贵部,谨请察照备案施行。

计开:

英国署总领事官萨允格;

奥国领事官(英国总领事官代办);

西洋国领事官(英国总领事官代办);

法国署领事官祁理恒;

美国领事官默为德;

德国署领事官朗格;

和兰国领事官夏近;

日本国驻香港兼广州领事官上野季三郎;

瑞典、哪喊两国副领事官(系德国商人司邦道兼充);

比国驻香港兼广州领事官芬嘎尔;

美国驻香港兼广州领事官福罗秘车利;

俄国领事官(法国领事官代办)。

英国行栈字号:和记、太古洋行、恶加治、的件洋行、霞拔颠地、法得架、哥批、忌厘佛（即时昌洋行）、怡和洋行（即渣甸洋行）、架吧咃了、架嗹治、马喧治、架华嘎拿、爷士鸭父、乜打（即利昌洋行）、嚛㗎拿、嘀唠文行、钮罗治、河南雪厂、皮麓洋行、罗行、泰和洋行、新旗昌洋行、焙丝局、布好文洋行、城多厘新酒店、届些文洋行、屈臣氏大药房、薛吾、陈南孖路之喇林、啡吵洋行、裕昌洋行、士唛士、宝德电灯公司、利丰公司、陶德洋行、马文治洋行、广利洋行、遮拔华新野、司徒华、亨泰洋行、摩加拿、福利洋行、霍近拿洋行、些刺士洋行、味士甸洋行、麦坚利威路臣公司、华麓洋行、永利洋行、打巴洋行、八爹厘洋行、俾山拿洋行、华昌、遮嗯吡山吡。

　　法国行栈字号：纶泰洋行、宝纶洋行、哗嗹公司、利昌洋行、萨利士洋行（即裕德洋行）、延昌洋行、法记公司。

　　德国行栈字号：瑞记洋行、礼和洋行（即加罗威士）、祥发洋行（即布士兜）、吻者士洋行、鲁麟洋行、元亨洋行、禅臣洋行、兴盛洋行、善信洋行、捷成洋行、祥泰洋行、宝纶机洋行、谦顺洋行、顺全隆洋行、志生洋行（即之生洋行）、顺利洋行。

　　美国行栈字号：顺兴洋行（即啰射士洋行）、顺兴洋行、甸路治洋行、士地分洋行、威理洋行。

　　西洋国行栈字号：昌利公司、罗莎露洋行。

　　日本行栈字号：永田公司、永德洋行。[①]

○八七 为查办德教士在番禺被盗案咨呈由

光绪二十八年六月二十日(1902年7月24日)

头品顶戴兵部尚书兼都察院右都御史总督两广等处地方军务兼理粮饷陶模，为咨覆事。

光绪二十八年六月十一日，承准贵部咨开：光绪二十八年五月二十一日，准德穆使照称：教士殷德敏在番禺县北江河面被盗一案，失物合值洋银一千七百元，经县令交过洋银三百元，失主定欲全行追赔，请电饬完案等因。本部查德国条约第三十三款内载：被盗案件，地方官缉盗起赃，不能赔偿等语。此案自应照约妥为办理，该使所称县令交过洋银三百元，究竟该县与该教士如何商办？缉拿盗赃有无头绪？相应抄录来照，咨行贵督详细查明，迅饬该县捕盗追赃，早日办结，并声覆本部，以凭转覆该使可也。附抄件等因，到本部堂。

承准此，查本案先于光绪二十七年十二月十九日接广州口德国领事函称：是月十七日早，有德国教士殷德敏，由赤坎附搭民船，在花县三步冈近大田陆冈沙蚬地方，被盗贼十六人将该教士衣箱、行李等物劫掠一空，值银多少，现尚未知等情，即经饬行花县缉追。旋据该县以三步冈近大田陆冈沙蚬地方均系番禺县辖境，请饬勘缉，禀经批饬番禺县立即会营选拨干练勇役，悬赏购线，并关移邻封营、县，一体上紧侦缉；并督饬附近乡局绅耆，查明勒交引拿，务将本案赃贼克日悉获究办，给领具报。续准德国领事于本年正月初九、二十四、二月二十四等日，先后催请缉追前来。均节经严催番禺县会营比差关移邻封，并督催附近乡局绅耆赶紧设法，务将本案赃匪悉获究办,给领具报各在案。迄今日久未据获报,来咨所言由县赔赃三百元一节,亦未据该县禀报。

准咨前因,除行番禺县赶紧催缉本案赃贼,务获究报,给领办结;一面查明该县与该教士究系如何商办,现在缉拿赃盗有无头绪,是何情形,据实禀覆核办外,相应录案先行咨覆。为此合资贵部,谨请察照施行。须至咨呈者。右咨呈外务部。[①]

○八八　咨报广州英副领事调署汕头领事由

光绪二十八年六月二十一日(1902年7月25日)

六月二十一日,两广总督陶(模)文称:光绪二十八年五月二十一日,接汕头口英国德领事照称:现奉本国驻京钦差大臣檄饬调驻汕头,办理潮州等处通商事务,即于光绪二十八年五月十六日接印视事,理合照会查照,希即札饬所属文武一体知照。同日,又接英国驻汕头何领事照会,于是日交卸各等由前来。查现署汕头英国领事德为门,系由广州口英国副领事调署,自可毋庸饬查。除咨行外,相应咨呈。为此咨呈贵部,谨请查照施行。[②]

○八九　商民陈廷宾欲往美国贸易备案由

光绪二十八年六月二十一日(1902年7月25日)

光绪二十八年六月二十一日,收两广总督陶模文称:案照承准

---

① 《清末教案》,第三册,第420—421页。
② 台北中研院近代史研究所藏:外交档案,馆藏号:02-08-011-02-089。

总理衙门咨行出使美、日、秘国杨大臣与美国使署律师科士达详酌拟定华人赴美汉洋文护照程式，咨粤照办。嗣后华人往美，一体仿照所拟程式，饬由粤海关发给等因。兹有商民陈宾廷请照前往美国小吕宋埠贸易，禀由粤海关验填护照，并无骗拐顶冒情弊，且有殷实铺保具结存案，核与章程相符，准粤海关咨请核咨前来。除咨覆饬遵并照章咨行出使美、日、秘国大臣、驻美金山总领事查照办理外，相应咨呈。为此合咨贵部，谨请查照备案施行可也。①

〇九〇　粤澳铁路仍乞电商盛大臣咨呈由

光绪二十八年六月二十一日(1902 年 7 月 25 日)

头品顶戴兵部尚书兼都察院右都御史总督两广等处地方军务兼理粮饷陶，为密咨事。

前于光绪二十八年四月二十五日承准贵部来函，录寄葡使开送条款二件、地图一幅，嘱即体察情形，熟权利害轻重，酌筹取与办法，迅速电覆。当将葡使开送各款难允之处于四月二十六日电陈贵部。续奉贵部五月文、敬两电，以澳粤铁路如别无损碍，拟照准，另妥订开办章程等因。又于五月初八、二十七等日，先后电覆在案。兹于六月初二日奉贵部艳电内开：葡愿在澳设关，系给中国利益，本部拟准设关，并许建造铁路，隐相抵换。究竟澳门设关利弊若何，仍恳详筹电覆等因。当即饬据粤海关税务司马根覆称：查葡使谓将澳门改入通商口岸一节，其中利弊非由两国商妥，将条款开列明白，则难以审定。况中国在本疆界内开设通商口岸，自有权管

---

① 台北中研院近代史研究所藏：外交档案，馆藏号：02-13-007-02-061。

辖。如有犯法走私者，可以随时拿办。若照葡国公使所云，则关设彼界，恐无管辖之权。虽华人犯法，亦必经葡官之手，如此漏脱必多。且澳境左右港汊纷歧，即果设关在彼，而现在之厂卡仍不能裁去，因留为验船，以免绕越之弊。如将厂卡尽撤，亦须加设巡缉快船，其费尤甚。更可虑者，别国之船安肯在澳境新关输税于中国？是以揆度情形，税务司鄙见，在澳设关恐无益于中国，为中国计，仍以在自己界内征收税项为妥等语。

查该税务司所论在澳设关之弊，诚属确切不移。本部堂意见与之相同。至粤澳铁路虽无大碍，惟于地方商务究无裨益，且此路将来必与粤汉干路相接，可否允葡人承办及应如何妥订路章之处，仍乞贵部电商督办粤汉铁路盛大臣，详晰筹覆，以期周妥。除先电覆外，合再钞录电稿咨呈。为此合咨贵部，谨请察照施行。计钞呈电稿一纸。右咨呈外务部。光绪二十八年六月二十一日。

●外务部钧鉴：密。艳电谨悉。澳门设关一事，询据粤海关马税务司声称：中国在本疆界内开设通商口岸，自有权管辖。若照葡使所云，则关设彼界，恐无管辖之权。虽华人犯法，亦必经葡官之手，如此漏脱必多。且澳境左右港汊纷歧，即果设关在彼，而现在之厂卡仍不能裁去，庶免绕越之弊。更可虑者，别国之船安肯在澳境新关输税于中国？揆度情形，在澳设关恐无益于中国等语。所见与鄙意见相同。铁路可否允准，仍乞电商盛侍郎察夺。模。鱼。六月初六日酉刻发。①

---

① 台北中研院近代史研究所藏：外交档案，馆藏号：02-15-008-02-007。

◯九一　梅福盛前往美国读书填给护照由

光绪二十八年七月十七日（1902年8月20日）

七月十七日，两广总督陶（模）文称：案照承准总理衙门咨行，出使美、日、秘国杨大臣与美国使署律师科士达详酌拟定华人赴美汉洋文护照程式，咨粤照办，嗣后华人往美，一体仿照所拟程式，饬由粤海关发给等因。兹有学生梅福盛请照前往美国金山埠读书，禀由粤海关验填护照，并无骗拐顶冒情弊，且有殷实铺保具结存案，核与章程相符，准粤海关咨请核咨前来。除咨覆饬遵并照章咨行出使美、日、秘国大臣、驻美金山总领事查照办理外，相应咨呈。为此合咨贵部，谨请查照备案施行。①

◯九二　德商拟开采广西富川县煤矿请核由

光绪二十八年七月十七日（1902年8月20日）

提要：光绪二十八年，粤督文称：德商鲁麟洋行禀称：备足资本，请办广西富川县煤炭坑、小狗母岭煤矿。经外部查明，前据德使来函：华商蔡万乐代时利和公司向狗母岭原主租定矿区，并与鲁麟洋行定立合同，言明煤炭坑、狗母岭两井所出之煤，统归鲁麟洋行售卖。同时又有华人所立宝裕公司亦称租定该矿区，因而生出交涉，经该督查明小狗母地方山主蒋枋、蒋桂曾将该矿批与李梅轩，由李梅轩转批与时利和，并未遵照矿章领照，遽尔开办。同时

---

① 台北中研院近代史研究所藏：外交档案，馆藏号：02-11-020-11-030。

复经山主蒋枋、蒋桂将该矿又批与宝裕公司,遵章领照,亦来开办。经粤督委员讯断,将小狗母山煤矿封禁,两造均不准开挖。其煤炭坑因与小狗母山毗连,该山既已封禁,该坑亦难自存,时利和亦不愿办,经委员判决,由李梅轩退给时利和银一千余两,作为结束小狗母山一案。又令退给租银四百余元,作为结束煤炭坑一案。鲁麟洋行坚称抵押本息共应一万余元,粤督未予承认,因而结案由。

二十八年七月十七日,两广总督陶(模)文称:光绪二十八年六月二十日,接广州口德国领事照称:兹据本国商人鲁麟洋行禀称:该行现备足资本,拟开采广西富川县小狗母岭、煤炭坑煤矿。此举系该行所办,并无华人股份,亦非华商冒名影射,求转请督宪准予开采等情前来。本领事据此查各省矿务,前经外务部拟定新章,颁行在案。今该洋行自备资本,请开小狗母岭煤矿,核与新章亦属相符,况该行拟用新式机器开挖,不集华股,所有一概事情均由该行一手经理,将来办有成效,实于贵国大有裨益,相应照请贵部堂查照新章,准将小狗母岭、煤炭坑煤矿给予鲁麟洋行承办开采。如蒙允准,所有事款悉遵部颁章程办理,并请札行该处地方官,随时保护。如何之处,即希示覆,以便转饬该洋行知照等由前来。

查前此承准贵部咨行奏定矿务章程内载:凡拟开办矿务者,或集华股,或借洋款,均须先行禀明外务部。其禀或自行投到,或由该省州县详请督抚专咨到部,俟奉批准后,方可为准行之据,未奉批准以前,不得开办。又,该处地主原有不从之权,须由原禀之人向其先行说明,商定价银,报明立案,不得私行交易各等语。现德商鲁麟洋行拟开采广西富川县小狗母岭、煤炭坑煤矿,曾否与该处地主商定报明立案,应请广西抚院查覆。至该处煤矿能否准令德商鲁麟洋行承办之处,应由贵部核示办理。除照覆德领事外,相应咨呈。为此合咨贵部，谨请察照核覆施行。①

○九三　商民邓耀前往美国贸易填验护照由

光绪二十八年七月十七日（1902 年 8 月 20 日）

七月十七日，两广总督陶（模）文称：案照承准总理衙门咨行出使美、日、秘国杨大臣与美国使署律师科士达详酌拟定华人赴美汉洋文护照程式，咨粤照办，嗣后华人往美，一体仿照所拟程式，饬由粤海关发给等因。兹有商民邓耀请照前往美国金山埠贸易，禀由粤海关验填护照，并无骗拐顶冒情弊，且有殷实铺保具结存案，核与章程相符，准粤海关咨请核咨前来。除咨覆饬遵并照章咨行出使美、日、秘国大臣、驻美金山总领事查照办理外，相应咨呈。为此合咨贵部，谨请查照备案施行。②

○九四　商民周培等前往美国贸易给照由

光绪二十八年七月十七日（1902 年 8 月 20 日）

七月十七日，两广总督陶（模）文称：案照承准总理衙门咨行出使美、日、秘国杨大臣与美国使署律师科士达详酌拟定华人赴美汉洋文护照程式，咨粤照办，嗣后华人往美一体仿照所拟程式，饬由粤海关发给等因。兹有商民周培、余占请照前往美国金山埠贸易，禀由粤海关验填护照，并无骗拐顶冒情弊，且有殷实铺保具结存

---

① 台北中研院近代史研究所藏：外交档案，馆藏号：01-11-022-01-002。
② 台北中研院近代史研究所藏：外交档案，馆藏号：02-11-020-11-032。

案,核与章程相符,准粤海关咨请核咨前来。除咨覆饬遵并照章咨行出使美、日、秘国大臣、驻美金山总领事查照办理外,相应咨呈。为此合咨贵部,谨请查照备案施行。①

○九五　商民李用前往美国贸易发给护照由

光绪二十八年七月二十四日(1902年8月27日)

光绪二十八年七月二十四日,收两广总督陶(模)文称:承准总理衙门咨行出使美、日、秘国杨大臣与美国使署律师科士达详酌拟定华人赴美汉洋文护照程式,咨粤照办,嗣后华人往美,一体仿照所拟程式,饬由粤海关发给等因。兹有商民李用请照前往美国金山埠贸易,禀由粤海关验填护照,并无骗拐顶冒情弊,且有殷实铺保具结存案,复并照章咨行出使美、日、秘国大臣、驻美金山总领事查照办理外,相应咨呈。为此合咨贵部,谨请查照备案施行。②

○九六　驻广州西洋穆总领事接任日期咨呈由

光绪二十八年七月二十四日(1902年8月27日)

七月二十四日,两广总督陶模文称:光绪二十八年六月十二日,接广州口西洋穆总领事照称:照得本总领事接奉本国外务大臣转奉谕旨,特授为广州总领事官。兹于本月十二日接印视事,为此照会贵部堂查照,并希通行所属一体知照,并接代理西洋萨总领事

---

① 台北中研院近代史研究所藏:外交档案,馆藏号:02-11-020-11-031。
② 台北中研院近代史研究所藏:外交档案,馆藏号:02-13-008-02-050。

照会,于是日交卸各等由前来。除咨会粤海关监督查照,照会大关税务司查照向章办理及咨行外,相应咨呈。为此合咨贵部,谨请查照。[1]

○九七 光绪二十八年春季驻汕头领事姓名并洋商备案由

光绪二十八年七月二十四日(1902年8月27日)

七月二十四日,两广总督陶(模)文称:案查光绪十六年七月二十六日,准总理衙门咨开:近来各国在通商口岸派设领事,设立行栈,本衙门无可稽查,咨行饬将各该口岸现驻各国领事姓名并洋商行栈各字号查明咨覆,嗣后仍按季咨送备查等因。嗣据惠潮嘉道先后按季开报,咨明察照在案。兹据惠潮嘉道饬据新关委员将光绪二十八年春季份驻汕各国领事姓名并洋商行栈各字号列折缴道,钞缴前来。除批饬嗣后仍按季查明开报外,相应咨呈。为此咨呈贵部,谨请查照备案施行。

●照录粘钞

谨将光绪二十八年春季驻汕各国领事官姓名并洋商行栈各字号,及并无领事、行栈之国,开列于后。

一、正领事官

大英钦命驻扎潮州等处办理通商事务正领事官何,名兰田。

大德钦命驻扎汕头管理通商事务署领事官古,名朋阿。

大荷兰钦命驻扎广东潮州等处署领事官何,名兰田。本系英

---

① 台北中研院近代史研究所藏:外交档案,馆藏号:02-08-011-03-012。

国官。

一、商人兼充领事

大瑞典国钦命驻扎汕头管理通商事务副领事官夏，名罗倬，系德商元兴行代办。

大哪喊国，均同上衔名。

一、洋商行栈各字号

英商怡和洋行、英商太古洋行、英商德记洋行、英商林炎生福昌洋行、英商刘长意荣福源洋行、英商沈开榜、英商吴廷瑞、英商纪德泰、德商元兴洋行、德商美最时洋行。

一、无驻汕领事之国

法国、俄国、日国、比国、义国、日本国、秘国、丹国、美国、奥国。

一、无行栈之国

法国、美国、俄国、瑞国、丹国、日国、荷国、比国、义国、奥国、日本国、秘国。

一、行驶潮属内地小轮船洋商各字号

英商义利、英商屈士、英商南记。①

○九八　为德教士因教堂失火案借端婪索咨呈由

光绪二十八年七月二十六日（1902 年 8 月 29 日）

头品顶戴兵部尚书兼都察院右都御史总督两广等处地方军务兼理粮饷陶模，为咨呈事。

---

① 台北中研院近代史研究所藏：外交档案，馆藏号：02-08-011-03-013。

光绪二十八年六月二十八日，承准贵部咨开：光绪二十八年五月二十五日，准德馆葛参赞递节略，称广东花县鹿坑教堂于二十六年七月、二十七年十二月两次烧毁，疑系华人所放。该犯首袁闹福经领事屡请查拿，并未严办，请饬两广总督与领事和衷商办等因。查该参赞所称教堂叠被烧毁，情形究竟若何？如果系华人放火，自宜严缉罪犯，妥速办结。相应抄录节略，咨行贵督，详细查明，饬属与领事妥商了结，并将办理情形迅速声覆，以凭转覆德使可也。附抄件等因，到本部堂。承准此，查广东花县属鹿坑地方德国教堂及教民，第一次于光绪二十六年七月间被匪焚抢，先经前兼署部堂德饬据前署花县知县葛肇兰与德国前领事贾联议结偿银四万一千五百元，作为全案清楚。其滋事匪徒，当经该县拿获钟亚先、练金秀二名，分别讯办。未获各犯，并经悬赏购缉。上年冬间，接德领事文函，谓闹教匪首袁闹福即亚福，前经逃匿，今复私自逃回，诚恐又有仇教之事，请饬查拿。并准广州口法领事照会，以袁亚福系天主教民，被局绅诬捏各等语。当经饬据花县知县祝抢望查明袁亚福系光绪二十六年焚抢鹿坑德教堂教民案内悬红购缉未获之犯，其名由德教士开送，请县购缉，与局绅无干。该犯前因缉拿严紧，欲蒙投鹿坑德国教堂，借作护符，经德国盼教士查系匪徒，不容入教，旋即来省，投入石室天主教堂，欺瞒入教，挟盼教士驱逐之嫌，任意放言，以致法、德两教互相猜忌，不能相安等情。禀经批饬确查拿讯，按例惩办，并照会广州口法领事转饬天主教士将该犯驱逐出教在案。

嗣于光绪二十七年十二月二十九日接德国总教士郭宜坚来函，以该教会鹿坑教堂于十二月二十八日午刻时候被袁亚福、邱荣光、谢亚斗等多人焚毁等情，当经饬派管带沙面捷字营试用参将杨洪标,并札行花县,分别查勘办理具覆。旋据该员等先后禀称:查勘该教堂内书房并贮木料之棚厂,又教堂围墙外之草堆及养牛棚厂,均已烧毁。其余礼拜堂正座建造尚未完工。询据在堂教民陈英锐等,称系由堂内棚厂起火,墙外草堆、牛厂亦相继火起。堂内棚厂之火并延烧书房,房内一切贵重物件均已搬出,只有台凳粗物烧去无存。是日早十点钟时,见谢亚先并不识姓名一人经过教堂门首,旋睹浓烟冲焰,就起火延烧各处等语。核与郭总教士所言迥不相符。查据该管巡检、汛弁及附近绅民访查,有言该教堂系由焚烧马粪失火者,有言煮饭适起旋风失火者,又有谓该堂教民承办建堂工料,恐新来教士黎威廉盘驳帐目,故特自己放火者各等情。节经批檄将本案被控牵涉之邱荣光等传案讯明,分别究办。一面确查该教堂此次被焚是否系由匪徒放火,抑或自行失火,务得实情,禀候核办。

旋准德、法两国领事照请,先将该教堂于光绪二十六年七月间第一次被匪放火烧毁案匪首袁亚福等拿获解办后,再行商请派员办理第二次之案等由,复经饬行遵照办理。

嗣迭据花县具禀,袁亚福一犯恃入天主教为护符,党羽众多,行踪诡秘,骤难弋获。又经迭次严催,上紧设法查缉,务获解办。而德领事忽以据总教士郭宜坚禀称该堂被焚,所毁中西各人物件共值洋银二万零一百六十四元,照请饬令花县如数赔偿。当即驳覆,并抄录全案文稿,咨呈贵部察核备案。袁亚福一犯旋于本年三月间,据花县在省拿获,禀经饬发广州府会督发审局员会同该县提讯,并札委经手议结德教堂第一次被焚案之前署花县葛令肇兰会审按办。

旋据广州府、发审局禀称:提讯袁亚福一犯,坚不认供。惟传到事主胡光耀等，当堂指攻甚力。且前筹教案赔款，该犯确有从中阻挠情事，其非安分，自无疑义。禀请核示办理前来。即经饬将该犯永远监禁，俟将来续获他犯，如供有该犯同谋焚抢教堂、教民之事，即行按拟惩办。续据花县将德教堂第一次被匪焚抢案内有名匪犯钟新福一名获解，复经饬令发审局提同袁亚福质审。旋据禀覆：讯据该犯钟新福供认，伙同钟荣光、钟蒙秀、钟林安四人，徒手抢夺得赃，当日伙抢系各纠各党，与袁亚福并不认识。质之袁亚福，仍不认案，拟请将钟新福一犯改由外结，酌予礛禁十五年，限满察看能否改悔，分别办理等情，并经批准照办在案。此花县鹿坑德教堂两次被焚先后办理之情形也。

查本案鹿坑德教堂第一次于光绪二十六年七月间被焚，早经议偿，作为全案清楚。其滋事匪徒，先经该县获押钟亚先、练金秀二名，现又续获袁亚福、钟新福二名，分别定罪。是第一次之案业已全完，自应查照德、法两国领事原议，派员查明该教堂第二次被焚实情，分别秉公办结。乃德领事之意总欲重办袁亚福，否则即须赔款。查袁亚福一犯，始终不肯认供，无遽置大辟之理。

至赔款一节，查该教堂第一次被焚，确系百姓所为，不得不议赔款。花县地瘠民贫，筹措极其为难，由局设法挪垫，至今尚未能清还。至该教堂第二次被焚，事在白昼，耳目昭彰。如果确系被人纵火，附近居民岂无闻见？郭总教士初次来函，谓系袁亚福、邱荣光、谢亚斗等多人将教堂焚毁。而驻堂教民陈英锐等则谓是早仅见谢华先并不识姓名一人，经过教堂门首，情词大相矛盾。是郭总教士所指袁亚福等焚毁教堂，不过臆度之词。现已事隔半年，迭经访查，该堂并无被人放火实据，其为驻堂教民自己失慎，概可想见。德领事前此屡次来文，均言俟袁亚福获办后，再行商请派员查办第二次之案，自应查照原议办理。然所指袁亚福放火，如果证据确凿，亦只能按例惩办，断不能勒令地方官赔偿，致激众怒而滋他衅。

承准前因，相应咨覆贵部察照，希赐照会德使，转饬该领事，勿听教士借端婪索，仍照原议，派员会同查明该教堂第二次失火实情，彼此和商，秉公办结，盼切施行。须至咨呈者。右咨呈外务部。①

○九九　美领函称赛会总办到粤日期等情由

光绪二十八年八月十九日（1902 年 9 月 20 日）

光绪二十八年八月十九日，收两广总督陶（模）文称：光绪二十八年七月二十日，接广州口美领事函称：接贵部堂七月十三日函询赛会总办巴大臣何时到粤等因，均已阅悉。查巴大臣准于七月二十二日即礼拜一日可抵羊城。闻伊切慕台端，诚欲趋谒，俟到时，本领事官自当先函约期，倘蒙饬知各商家于礼拜二日下午四点钟至五点钟时前来本署晤会巴大臣，不胜感激。再，本国总统改期于一千九百零四年赛会，业已布告，兹谨将该布告纸送呈查阅，附送赛会布告一纸等由前来。

查美国鲁伊城创设赛会一事，前接领事来文，以西历一千九百零三年五月一号起至十月一号止，陈设各处土产、新出什物，俾华商大获利益，请出示布告两广人等知悉。当经本部堂以各国赛会之事向章由驻京大臣将章程送总理衙门核明，咨行转饬办理，自应查照成案，咨请贵部查核办理，未便遽准出示，照覆查照并咨行在

---

① 《清末教案》，第三册，第449—452页。

案。接函前由，除札广东商务局传谕各行商董知照，俟巴大臣到粤，届时前赴美领事署晤商，俾可讲求一切外，相应咨呈。为此合咨贵部，谨请察照施行。①

一〇〇　查覆广州口西洋总领事系真领事由

光绪二十八年八月二十五日（1902 年 9 月 26 日）

八月二十五日，两广总督陶模文称：光绪二十八年七月初七日，准粤海关监督庄咨开：昨准咨查广州口西洋国穆总领事是否商充等因到关，当经照会大关税务司查明见覆。兹接覆称：查西洋国特授广州口总领事官名高士达穆来思，系属真正领事等因前来。相应咨覆查照施行等因。到本部堂。准此，查前接西洋国穆总领事文报任事日期及承准贵部来咨，均经分别咨行查照在案。兹准前因，相应咨呈。为此合咨贵部，谨请查照施行。②

一〇一　咨明光绪二十八年夏季驻汕
　　　　头领事姓名及洋商行栈字号由

光绪二十八年九月初五日（1902 年 10 月 6 日）

九月初五日，两广总督陶模文称：案查光绪十六年七月二十六日，准总理衙门咨开：近来各国在通商口岸派设领事，设立行栈，本衙门无可稽查，咨行饬将各该口岸现驻各国领事姓名并洋商行栈

---

① 台北中研院近代史研究所藏：外交档案，馆藏号：02-20-002-01-027。
② 台北中研院近代史研究所藏：外交档案，馆藏号：02-08-011-03-030。

各字号查明咨覆,嗣后仍按季咨送备查等因。嗣据惠潮嘉道先后按季开报,咨明察照在案。兹据惠潮嘉道饬据新关委员将光绪二十八年夏季份驻汕各国领事姓名并洋商行栈各字号列折缴道,钞缴前来。除批饬嗣后仍按季查明开报外,相应咨呈。为此咨呈贵部,谨请查照备案施行。

●照录粘钞

二品广东惠潮嘉道,谨将光绪二十八年夏季驻汕各国领事官姓名并洋商行栈各字号,及并无领事、行栈之国,录折呈电。

计开:

一、正领事官

大德钦命驻扎汕头管理通商事务署领事官古,名朋阿。

大英钦命驻扎广州副领事官调驻汕头办理潮州等处通商事务署领事官德,名为门。

大荷兰钦命驻扎广东潮州等处署领事官德,名为门。

一、商人兼充领事

大瑞典、大哪喊国钦命驻扎汕头管理通商事务副领事官夏,名罗俾,系德商元兴行代办。

一、洋商行栈各字号

英商怡和洋行、英商太古洋行、英商德记洋行、德商元兴洋行、英商林炎生福昌洋行、英商刘长意荣福源洋行、英商沈开榜、英商吴廷瑞、英商纪德泰。

一、无驻汕领事之国

法国、俄国、日国、比国、义国、日本、秘国、丹国、美国、奥国。

一、无行栈之国

法国、美国、俄国、瑞国、丹国、日国、荷国、比国、义国、奥国、日本、秘国。

一、行驶潮属内地小轮船洋商各字号

英商义利、英商屈士、英商南记。[①]

一〇二 谢效兴等往美国读书验填护照由

光绪二十八年十月初九日（1902年11月8日）

十月初九日，两广总督陶（模）文称：案照承准总理衙门咨行出使美、日、秘国杨大臣与美国使署律师科士达详酌拟定华人赴美汉洋文护照程式，咨粤照办。嗣后华人往美，一体仿照所拟程式，饬由粤海关发给等因。兹有学生谢效兴、刘兆，商民马乐之、邓昌、杨奕、杨成请照前往美国金山埠读书、贸易，禀由粤海关验填护照，并无骗拐顶冒情弊，且有殷实铺保具结存案，核与章程相符。准粤海关咨请核咨前来。

除咨覆饬遵并照章咨行出使美、日、秘国大臣、驻美金山总领事查照办理外，相应咨呈。为此合咨贵部，谨请查照备案施行。[②]

一〇三 梁兰耀往美国教读验填护照由

光绪二十八年十月初九日（1902年11月8日）

十月初九日，两广总督陶（模）文称：案照承准总理衙门咨行出使美、日、秘国杨大臣与美国使署律师科士达详酌拟定华人赴美汉

---

① 台北中研院近代史研究所藏：外交档案，馆藏号：02-08-011-03-035。
② 台北中研院近代史研究所藏：外交档案，馆藏号：02-11-020-12-024。

洋文护照程式,咨粤照办,嗣后华人往美,一体仿照所拟程式,饬由粤海关发给等因。兹有教读生梁兰耀请照前往美国金山埠教读,禀由粤海关验填护照,并无骗拐顶冒情弊,且有殷实铺保具结存案,核与章程相符。准粤海关咨请核咨前来。

除咨覆饬遵并照章咨行出使美、日、秘国大臣、驻美金山总领事查照办理外,相应咨呈。为此合咨贵部,谨请察照备案施行。①

一〇四　咨覆美籍华民具控檀
香山中国领事官案情由

光绪二十八年十月初九日（1902 年 11 月 8 日）

光绪二十八年十月初九日,收两广总督陶模文称:光绪二十八年八月十二日,承准贵部咨开:光绪二十八年七月十五日,准美使康大臣照称:有住檀香山贺挪鲁鲁地方入美籍华人蓝山在美国政府具控中国领事官杨为宾曾函达广东一道台,谓彼系作乱之人,粤省遂将彼尚住华之祖母与彼亲母拘拿监禁,彼母自尽,祖母亦亡,并将许多华人各住华无罪之亲眷使之受苦,均与之离心离德。又据王亮控称:该领事文报粤东抚院,谓王亮亦非善类,广东省官员因嘱县派兵围彼之村,搜获王亮宗谱,向王亮合族祠堂屡屡勒索银两,每次索数百两,祠堂勉强付给,以免毁产监押。如此凶害,累及亲眷伤财各等情。美政府详查属实,甚望中国确按公平仁爱之理以办此事等因前来。

本部查光绪二十七年正月十九日,钦奉谕旨:各省华民出洋谋

---

① 台北中研院近代史研究所藏:外交档案,馆藏号:02-11-020-12-025。

生者甚多，无不眷怀故土，倾心内向。乃孙汶、康、梁诸逆，托为保国之说，设立富有票会，煽惑出洋华民，敛资巨万。若不详切开导，破其诡谋，使知该逆等借词保国，实图谋逆，乘机作乱，诚恐华民受其蛊惑，仍纷纷佽助款项，蔓延日甚，为患实深。着吕海寰、李盛铎、罗丰禄、伍廷芳选派委员，前往各商埠，详查情形，剀切晓谕，务令各华民晓然于该逆等并非真心保国，勿再听其摇惑，轻弃资财，以定人心而弭隐患。钦此。恭绎谕旨，惟在开导出洋华民，俾知去逆效顺，益坚其内向之忱。若如美使所称，檀香山领事杨为宾即杨蔚彬以华人蓝山、王亮等曾经入会，不知遵旨剀切晓谕，乃复知照粤省，系累及其亲族，是使出洋者甘心外向，益坚轻弃故土之思，殊不足以奉宣德意。该省地方官于出洋华民家属借端苛虐，波及无辜，如果实有其事，尤非体恤商民之道。除咨出使伍大臣将该领事先行撤差，秉公确查声覆外，相应抄录来照，咨行贵督，转饬所属不得于出洋华民稍存歧视。即有在洋被惑之徒，亦与其家属无涉，切勿纵容差役扰累闾阎，俾定人心而安民业，并为至要。附抄件等因，到本部堂。

承准此，悉查光绪二十六年五月间，准出使美、日、秘大臣伍咨：据檀香山正领事杨蔚彬、副领事古令辉详称：广东广州府香山县人梁荫南，系首先招致逆犯梁启超来檀，窝留接济，为保皇会协理，并为该逆新中国报馆管库。又，香山县人黄亮系天主教民，捐银最多，为保皇会总理，著名首匪，请饬押各该家属勒交等因。即经阁爵李前部堂饬行香山县将各该犯家属提案，押令交出。旋据香山县禀覆：遵将梁荫南祖母梁卓氏提回看管。其黄亮一名，查系通乡共恶之人，妇孺咸知其名，赴檀香山已三十余年，开一公司，诱卖猪仔，父早故，母邓氏，妻系番女，不知其姓，两子亦番女所生。

光绪十八年曾回籍一次,乡人因其素行不端,革胙出祠,此后遂不还乡。其母黄邓氏亦于二十三年前赴檀香山,家中并无亲属,亦无财产,无可提办等情。光绪二十七年正月间,又据该县以梁荫南之母梁何氏先经畏罪自尽,其祖母梁卓氏亦经在保病故等情申报在案。现美国康使所言蓝山具控各节,核与梁荫南之事近似。其王亮姓名与黄亮译音相同,或即指此两案而言,惟所称被拿情节亦有不符之处。

承准前因,除通饬各属遵照,于出洋华民不得稍存歧视,即有在洋被惑之徒,亦与其家属无涉,切勿纵容差役扰累生事外,相应咨覆。为此合咨贵部,谨请查照施行。①

一○五　新疆南山杂议

《汉书·西域传》:其南山东出金城,与汉南山属焉。又云:自阳关出西域,傍南山西行为南道。盖敦煌以西、于阗以东,古称南山。自汉迄唐,赴西域者,多取道于此,所历有楼兰、且末诸国。隋设鄯善、且末二郡,贞观以后,遂无人烟(辩机《大唐西域记》:元奘自印度还,经沮末,城郭巍然,人烟断绝)。楼兰故迹在今罗布淖尔迤南卡克里克等处(《汉书》:楼兰治扞泥城,更名鄯善,屯田伊循。《隋书》:鄯善郡即古楼兰城,有蒲昌海,领显武、济远二县。《新唐·地志》:阳关至蒲昌海南千里,又西经七屯城,汉伊循城也。又西至石城,即汉楼兰,在蒲昌海南三百里。《水经注》:且末水东注泽,泽在楼兰国北扞泥城。核其形势,在今卡克里克左右无疑),且末则

今于阗县东千余里之卡墙也(《汉书》:鄯善西通且末,七百二十里。《新唐书·西域康国传》:于阗东至折摩驮那国,古且末也,与今卡墙形势相合。卡墙又名策尔满,策尔满之音与且末、折摩均相似。乾隆时纂修《西域图志》,诸官谓且末在敦煌西南之噶斯池,则与《水经注》所言且末水东北经且末国,又东经楼兰之文不合)。《楼兰传》所载户口,倍于车师前后国,主儋粮迎送汉使。其王自请于天子曰:国中伊循城,地肥美,愿汉遣一将屯田积谷。《婼羌传》则云仰鄯善、且末谷,《且末传》则云有蒲陶诸果。《水经注》称:贰师将军索励屯田楼兰,横断注滨河(即且末河下流,当今卡墙河入罗布淖尔处)。大田三年,积粟百万,谓非南山沃土哉?乾隆时办理屯垦,专力于北山苦寒之区,蒲昌以南,莫之顾问。阳关道废,南路各城不能脉络贯通,自酒泉赴于阗、疏勒,迂绕数千里。今年于阗县孙志焄由蒲昌捷径还省,经卡墙、卡克里克诸地,言彼中气候温和,水饶土沃,道树成林,横枝拂车,可耕之地,在在有之。遥望南山,密树阴森。土人云,此中禽兽、材木不可胜取,求之甘、凉,未易多得(具详孙志焄日记)。夫伊西洱库尔,帕米尔葱岭中石田耳,犹足动人歆羡。瞻彼南山,未可视同瓯脱矣。

天下事机之变,有不可思议者。鄂罗斯都波罗的海,越三万里而割我黑龙江;英吉利都伦敦洋,越三万里而攘我缅甸。此岂嘉、乾之时高瞻远瞩之人所能逆料其万一哉!彼族有所谋,如弈然,熟筹必得之机而后发。中属之哈萨克右、中各部,安集延八部之夷,为斜米省、七河省也,皆蓄谋十余年、数十年,乃一举灭之。帕米尔之启戎心,见于使英大臣郭筠仙疏中,亦已有年。往者难追,来者宜防。新疆南山,昆仑之墟(《西域传》:河有两原,一出于阗。《张骞传》:其山多玉石。天子名河所出山曰昆仑。今俗呼于阗山为昆仑者,亦有所本),俄人垂涎甚切,其领事既撰《昆仑金矿说》以上其户部,同时游历人之著为论、考者不一,恐彼国执政之臣随欲置诸脑后而不能。英人肆其东封,尤威逼处之势。南山之阳,有名勒谢尔乌兰达布逊者,往往假田猎为名,潜来居之(见前候补府张启宇图说)。近年经营拉达克,既争西藏之界,复争我叶城南境之卡拉胡鲁木达阪(即洪图之喀喇阔鲁穆,昔有英人被戕于此,英人责言有司不察,自谓喀喇阔鲁穆非我地,不知其即卡拉胡鲁木也。今秋都中来信,此处又将龃龉矣)。机之伏也久,谋之蓄也深矣。凡我南山北麓沃衍之土,与英国之属地仅隔一山,万一轶而北出,则新疆中央腹心之地反属他人,诚不能不深长思也。

弃货于地,既虞召敌。南山金矿不能不问,小举则利微,大举则帑绌,狮子搏兔,亦资全力,创始图功,洵未易言。然中国之患,不在无金而在无人。往者吉林之东海滨,弃为榛莽,何以俄人得之不十年而成重镇? 外蒙古之阿尔泰山,弃诸沙漠,何以俄人割其半即得矿产而成利薮? 今新疆之南山,诿之道远劳费四字弃之可也,只恐日后他人代为辟治,竟获厚利,如《昆仑金矿考》云云,则封疆之臣,不且重负国家乎? 况论者既云绸缪未雨,宜在机先,朝廷之意,杜窥伺重于浚利源,筹之缪之,时不可失。

凡事必求其所以然。治矿之有亏耗,苦于运道之太远,欲利转输,首重屯垦。前所设罗布淖尔抚辑招徕局,仅能辟治中路,辨其土性,中路尚不及西路、南路(中路居共奇河、塔里木河,下流农田需水时,辄被上流截住。西路无此患。极西当布古尔之南,为汉渠梨国地,如东河滩、满加尔等处,土沃人稀,将来如成邑聚,可割隶库车。南路卡克里克引南山雪水为渠,据十七年李委员禀,可垦百万亩)。且局员所辖,纵横各千余里,本有鞭长莫及之虞,似可以中、西两路开设一县，即以都纳里新筑之蒲昌城为县治（现在罗布淖尔西、北各村庄皆有人烟，非天山之北可比。核其户口、田亩，亦胜于精河、塔城数倍），隶于吐鲁番（吐邑为唐高昌国，似可改为高昌直隶州）。徙招徕局于卡克里克，居南路之中，通敦煌、于阗声气，数年后，农工商贾群焉趋之，于阗东鄙卡墙左右亦可依次开辟（卡墙距于阗一千有一十里，时有斗殴之事，官不能问，日后亦当设官。此为隋且末郡肃宁县地，有古名可援），南山矿局，转运有资，于以辟利源而实边防，或官办，或商办，庶几得所借手乎。

骤语人以设官分职，未有不骇然者，骇其经费之巨也。然事之损益，往往相为倚伏，以今之所损与后之所益详为权度，则是损非损，其理昭然。罗布淖尔招徕局每年经费，自数千金至万不等。自十六年春开办以来，阅时四载，虽未征租税，而民已加多，田已加辟。土民至愚，罹者患痘，一家一村，束手坐毙，千余年人烟寥落，职是之故。今传以牛痘之法，咸得享其天年。且日啖牛羊，利生育，不事招徕，二十年后，户口当倍蓰于今。诚于蒲昌城设知县，停止招徕（今年招徕局本未招人），专司借发子种，劝课农桑，事简政清，徐图后效，而以每年数千金或万金者，用之于卡克里克，增费无多，两地皆治。惟屯营费巨，不必增设。原设屯兵之意，欲以兵力代民开渠，夫新招之民非一时麇集，新挖之渠不必同时兴功，似可于罗布淖尔屯营分拨一哨，驻卡克里克，有大工作，则移屯营往助，事毕而还，如此则每年增费不及万金，以五年为期，所损不过三四万，而有四益：杜窥伺，一也；实边徼，二也；便矿务，三也；开捷径，四也（由省经吐鲁番西境入罗布淖尔，经卡克里克至于阗，仅三十九站。由今驿路至于阗六十四站。又，于阗由新路赴安西州，仅三千二百余里，而今驿路至安西州共七千二百余里，相去悬殊矣）。

非然者,必待亡羊而补牢,如布伦库尔之筹防转运,为费不更巨乎?

果于蒲昌城设知县,必辟吐鲁番西南路,于是又有设驿之费。然而不费也。今由蒲昌城赴省,绕道库尔勒,设驿八(曰都纳里底驿,曰哈石敦,曰古斯拉克,曰乌鲁可立,曰英格可立,曰和拉里,曰共奇河,曰克尼尔),距省二十二站。而由省城至吐鲁番之桑树园,凡七驿。又,南至蒲昌城,亦七站(曰苦水井,曰官草湖,曰破城子,曰四马哈尔泉,曰胡桐泉,曰胡桐窝,曰多纳里。只胡桐窝一站无水,尚可设法绕避)。此路距省十四站,较西路近八站(至哈密等处,则倍捷矣),似可裁旧有西路之七站,改设吐鲁番南境六驿(蒲昌城底驿不算,故只六驿)。既节费,又近便,何惮而不为?或谓修路、凿井、造屋之费亦颇不赀,然以一年计之则费,合三五年计之即不费矣(如定议该道,应于春间令托克逊守备及罗布淖尔屯营两头兴工,酌带勇丁,携大车试行,有碍轮处,施以人力。新设六驿,宜令吐鲁番与蒲昌城分辖其半,以均劳逸)。果于卡克里克设招徕局,又当增南路六驿(由蒲昌而南,曰沙衣地里梗,曰阿拉罕,曰徒令拉托底,曰科罗罕,曰莽托克,曰卡克里克,即孙志煃所行车路也)。计驿之改设者十有二,裁汰者七,两数相抵,实仅增五驿。而卡克里克之距省二十八站者,变而为二十站;于阗县之距省六十四站者,变而为三十九站(卡克里克西行八站至卡墙,又西十一站至于阗,皆平坦车路,已由于阗县按站起小屋)。新省每年经费三百余万,移缓就急,未可尽诿诸无米之炊也。

从卡克里克东南行,凡十九站至敦煌,即汉南道也。近卡克里克之二站,曰密阮,曰阿不旦,略有居人。又东南则将来或可推广。又东有白龙堆流沙,非人力所能治。又东抵敦煌西境,颇有可耕之地。小方盘、安南坝等处,在汉唐为龙勒、寿昌县境,屯田遗迹,不一而足。诚得廉能之吏，安集劳来，治沟洫，平道途，通商贾，设邮传，久之自成乐土。十余年后，敦煌、蒲昌之间，阻于流沙者仅七八站耳。凡今日之迂图，皆他日之急务也。①

---

① 王锡祺编录：《小方壶斋舆地丛钞三补编》（上），辽海出版社，2005年，第309—313页。

附　　录

德寿等奏报前督臣身故代递遗折并请恤折

光绪二十八年九月十一日(1902 年 10 月 12 日)

　　头品顶戴署理两广总督臣德寿、调署广东巡抚江西巡抚臣李兴锐①跪奏，为开缺督臣因病身故，谨代递遗折，并胪陈事迹，恳恩优恤，恭折仰祈圣鉴事。

　　窃前任两广总督陶模因病势不支，屡次陈请，荷蒙圣恩，准其开缺。七月二十五、二十六两日，咯血数瓯，并吐出肺叶一片。八月二十八日交卸督篆之后，未能起程回籍，暂迁南关外行馆调养。至九月初七、八等日，呕血大作，饮食不进。兹据该前督家属禀报，

---

　　① 李兴锐(1827—1904)，字勉林，湖南浏阳人，诸生。咸丰初，随曾国藩剿办太平军。十一年(1861)，以军功保直隶州知州，赏五品封典。同治元年(1862)，保以知府补用，赏戴花翎。七年(1868)，保道员。次年，保知府补用。九年(1870)，补直隶大名府知府。光绪元年(1875)，总办上海机器制造局，晋二品顶戴。十五年(1889)，署津海关道。二十一年(1895)，调补山东登莱青道，转天津道。次年，升长芦盐运使。二十二年(1896)，署直隶按察使。次年，补授福建按察使。二十四年(1898)，迁福建布政使。二十五年(1899)，调广西布政使。次年，擢补江西巡抚。二十八年(1902)，调广东巡抚，署两广总督。次年，署闽浙总督。三十年(1904)，署两江总督。旋病卒，谥勤恪。

陶模于九月初九日子时身故，并将遗折呈请代递，业经臣等电请军机处代奏在案。

伏查陶模由庶吉士改官县令，洊列监司，迭蒙特简，历膺疆寄。该故督秉性忠诚，制行坚卓，久在圣明洞鉴之中，中外臣僚，亦凤相推服。臣等曾与共事，知之较深，不敢不撮其生平事迹，据实上闻。

陶模初官甘肃牧令，其时回乱尚未大定，军务方殷，诸事草创，一切兴作以及征调供亿，皆苦心筹画，不烦民力。他如皋兰之清丈、秦州之赈饥，尤为实惠及民，百姓至今感之。一生事业实基于此。官新疆巡抚，行省初设，强邻密迩，措置极难。回部坎巨提酋长为英人所逐，势将占踞，当时议者皆主用兵，陶模以属地固不可坐失，又不宜轻启兵端，独特定见，力排众议，经营年余，卒能另立酋长，安置妥贴，英人遂无异言。帕米尔在新疆西南，地势绵长，英、俄两国垂涎已久。英人主使阿富汗进窥苏满，俄亦增兵向色勒库尔。守边将帅咸有拼与决战之势。陶模审慎持重，相机因应，始得晏然无事。盖西边属地介在两大国之间，为乘机取势者所必争，稍有不慎，动起巨衅。惟陶模洞悉边情，处之最合。

乙未，河湟之乱，奉命署理陕甘总督。入关之际，甘、凉、安、肃等处防营早经东调，地面空虚，西宁悍回由祁连山间道出扰驿路，攻破水泉子等堡，甘、凉提臣标兵败溃，民情大震。陶模所部只有八营旗，与地方文武力筹守隘之策，使回匪无可窥伺，河西四郡得以保全；并预筹军械、粮饷，源源接济，魏光焘、董福祥诸军赖此不乏。迨官军云集西宁、河洲，贼势穷蹙，悍党十余万，由青海出扰安西州。陶模预知其必出此途，调所部新军焦大聚等邀击之于安西州南山中，贼大败挫，首逆奔窜无路，遂入阳关迤西，荒碛无可掳掠，卒以就擒，党众多饿毙山间，关内外同告肃清。遂奉征兵调饷、不遗余力之褒旨,补授陕甘总督。综计陶模在陕甘边境二十余年,和解回汉,联合外交,专以培养抚辑为事。在西湘军,大率左宗棠、刘锦棠旧部,皆能受其驾驭,乐为之用,其才实有大过人者。

光绪二十六年,陶模交卸在陕,奉调任两广总督之旨。该前督因在西陲日久,感患喘疾已深,自以时局方艰,受恩深重,不敢固辞,力疾来粤。时值和议未就,惠州匪乱初平,人心尚未大定。粤素多盗,近则会匪处处勾结。陶模手定清乡章程,实行缉捕之法,是以兴宁匪乱起,势甚为猖獗,而一月之间,即就平定。钦、廉匪徒遍地皆是,陶模与臣德寿会商,力任明干大员,假以事权,卒使匪首先后就诛,余党分别剿抚,良民得以安业。肇、罗所属新兴、阳春、东安一带山深地险,向为匪徒巢窟。陶模严劾缉捕废弛各员,并遣员督营缉办,两月之间,歼获要匪二百余人,地方以靖。此皆成效卓著、共见共闻者也。

海外闽、粤各商,旅居日久,与内地官长情意不通。自会党窜迹,创立名目,结会敛财,受其愚惑者不下数万人,势将酿成大患。陶模派员赴南洋一带,及札新加坡领事切实劝道,晓以大义,词意恳切,各部商民为之感泣。于是闽商举人邱炜萱[①]首输报效,请除党名,经湖广总督臣张之洞奏蒙奖叙,各会因而漫散。其遇事能见

[①] 邱菽园(1874—1941),名炜萱,号菽园,别号绣原、啸虹生,晚年自号星洲寓公。福建海澄人。其父邱笃信经商南洋,成为新加坡巨贾。光绪十年(1884),回海澄原籍,应童子试。二十年(1894),中式举人。次年,进京会试不售,遂无意仕途,以诗会友,创设丽泽、会吟文社,为东南亚华侨文坛领袖。后捐内阁中书衔。二十二年(1896),移居香港,后因其父去世赴新加坡,主持家业。二十四年(1898),创办《天南新报》、《振南日报》,鼓吹维新。次年,与林文庆合创新加坡华人女校。二十六年(1900),迎康有为来新加坡,并任保皇会新加坡分会会长,重金资助康有为。次年,在《天南新报》发表《论康有为》一文,与康决裂。后潜心著作,被尊为"南侨诗宗"。晚年皈依佛门。有《菽园诗集》、《菽园赘谈》、《啸虹生诗钞》等行世。

远大，消患未萌，大率类此。

陶模以时艰正急，首重人材，于一切新政，尤注意于教育，大学堂、武备堂均先后办有头绪。虽病在垂危，尤复手裁函牍，商定规划。

至其生平学行，一以宋儒为宗，而又通达时务，无拘墟迂旧之见。自奉俭约，清德为一时所称。于公家款项，尤不肯稍有糜费。律己甚严，而待人则宽恕；嫉恶甚峻，而爱才若饥渴。

臣德寿共事两年，艰难同济。臣兴锐昔与同官畿辅，亦深佩其廉勤。此次该督虽因病去官，方冀其调治就痊，犹可备朝廷他日任使，不谓交卸仅十九日，竟以积劳尽瘁，赍志以终，士庶官绅，同声悲惜。臣等检阅其奏疏遗稿，忠言谠论，洞达体要，忠爱之忱、深远之识，实有古名臣遗风，尤不能不为国家惜此人也。合无仰恳天恩，俯准从优赐恤，并将该前督事迹宣付国使馆立传，以彰忠荩。

所有开缺督臣病故日期并代递遗折缘由，谨合词恭折具陈，伏乞皇太后、皇上圣鉴。再，陶模长子附生葆莹，早故；次子分部主事葆廉；三子附生葆霖。长孙二品荫生善培，次孙善坚、善均、善膺。合并陈明。谨奏。光绪二十八年九月十一日。

（朱批：）另有旨。①

光绪二十八年十月初三日，奉朱批：另有旨。钦此。②

【案】业经臣等电请军机处代奏在案：光绪二十八年九月

---

① 台北故宫博物院藏：军机及宫中档，文献编号：408003522-0。

② 台北故宫博物院藏：军机及宫中档，文献编号：150400。

初十日,军机处收两广总督德寿等请代奏电曰:

收两广总督、广东巡抚致军机处请代奏电:开缺两广总督陶模因病体难支,吁准开缺。七月下旬,咯血数次,病势增剧。八月二十日交卸后,未能回籍,暂迁行馆。九月初七、八等日,又复咯血数瓯,于初九日子刻身故。陶模在任年余,于两粤应办之事规画不遗余力,虽蒙圣恩,叠次赏假,仍复力疾从公,夙夜匪懈,竟以积劳尽瘁,卸任未及二十日,殁于行馆。临危之际,犹以受恩深重,时事艰难,未能报称为憾。其忠荩实属出于至诚,绅庶寅僚,同深感悼。除将故督遗折及履历事实另行详细具奏,并饬司将身后事宜妥为料理外,谨先电请代奏。德寿、兴锐。青。①

赐恤谕旨

光绪二十八年十月初三日(1902 年 11 月 2 日)

光绪二十八年十月初三日,内阁奉上谕:两广总督陶模秉性忠诚,清勤练达,由庶吉士起家县令,洊历封圻,在陕甘边境二十余年,抚绥培养,吏畏民怀;调任两广总督,办事实心,不辞劳瘁。旋因患病,叠次赏假调理,旋准开缺,方冀医治就痊,长资倚任,兹闻溘逝,轸惜殊深。陶模着加恩追赠太子少保衔,照总督例赐恤。任内一切处分,悉与开复;应得恤典,该衙门查例具奏。灵柩回籍时,沿途地方官妥为照料。伊子主事陶葆廉,着赏给员外郎,长孙荫生

---

① 中国第一历史档案馆藏:电报档·光绪朝,档案编号:2-04-12-028-0821。

陶善培，着赏给主事，用是笃念荩臣至意。钦此。①

御制祭文

光绪二十八年十月初三日(1902 年 11 月 2 日)

　　皇帝谕祭原任两广总督太子少保衔陶模之灵曰：朕惟书勋策府，廿年资柱石之才；总制岩疆，万里重麾幢之寄。期余龄之承眷，忽良牧之告徂，用备彝章，特颁奠醊。尔原任两广总督赠太子少保陶模，克端人范，早励儒修，曾入选于木天，遽出膺夫花县。平居即以天下为任，之官不将家累自随。迨幕画之旁参，遂州符之洊绾。行王阳之畏道，叱驭无惊；酌吴隐之廉泉，处脂不润。猷宣露冕，临洮留遗爱之称；政肃霜毫，戴斗佐祥刑之治。懋旬宣于分陕，重经略于筹边；方帅府之初开，有强邻之要挟。瓯脱纷争之际，申戒用刚；轮台罢戍之时，永言固圉。戢雄心于葱雪，慎诚志于苞桑；当河湟逆节之滋萌，正秦陇师干之晋总。李皋诣垒，能安反侧之心；裴度视师，遂有饱腾之乐。集兵力以寒贼胆，厚饷储以固军心；邀懋赏于肤功，被真除于心简。属当述职，抱痾偶至于滞留；旋值迎銮，奉命不遑于暇逸。际滋中外危疑之日，畀以东南繁富之区，爰资静镇之功，不袭卧治之意；厚培元气，宏奖人才，文章驱鲛鳄之波，廉惠靖鱼龙之气。营平为学，通知四夷；潞国晚年，精练庶务。乞身甫允，冀延余荫于桑榆；讵化俄闻，未遂归思于枌梓。遗章入告，轸悼良深。特晋崇阶，仍延世赏。勤于奉职，夙夜匪懈之忱；肃以正

---

　　① 《光绪宣统两朝上谕档》，第 28 册，第 266 页；中国第一历史档案馆藏：谕旨，档案编号：03-5453-121。

身,始终不渝之节。易名有典,制行无惭。

於戏!文武兼资,正切倚畀于耆硕;忠清没世,遽伤凋谢于老成。抚铜柱而名留,荐雕筵而礼重。尔灵不昧,尚克歆承!①

御制碑文

光绪二十八年十月初三日(1902 年 11 月 2 日)

奉天承运皇帝制曰:朕惟简贤作弼,爰资节钺之勋;考礼酬庸,聿重鼎钟之报。制南邦而尽瘁,历西徼而宣劳。用贲丝言,式光珉质。尔原任两广总督赠太子少保衔陶模,性秉忠诚,才优干济,早登芸馆,遽宰花封。二仆偕行,始下车于银峪;一钱不取,旋移篆于金城。卓行不彰,上州遂领。邠戎故地,崔衍但抚流亡;蒲类古都,韩滉惟持俭约。逮夫灵州被泽,贺兰留纪德之碑;都护旌能,正荚奉增衔之诏。惟监司职专廉察,地重临洮;䌷畿辅政属股繁,秩隆陈皋。洎秦藩之简授,更晋秩之优加。许衣锦以归乡,增光祖兆;俾建旆而开府,用抚伊州。乃当强邻窥伺之年,又际莠匪肆行之日。帕米尔界连葱岭,拔汉帜以纷来;撒拉回势逼兰山,处胡卢而竞恐。惟尔筹边略富,坐镇风高。赵充国通知四夷,驰陈方略;张子房决胜千里,骤固军心。方面勋多,高牙命总。历雪地冰天之苦,旌旆千屯;极马腾士饱之欢,刍粮夹道。保河湟四郡,克用简以歼渠;励吐哈两藩,俾同仇而固圉。顾兹大局,资而老谋。既而力疾迎銮,衔恩度岭。石永以廉率属,州郡风清;吴琛惟德化人,猺獞两泣。务全国体,力筹外海之泉刀;不竭民膏,仍贷邻封之金粟。

---

① 《陶勤肃公奏议遗稿》。

黳措施之允协,竟疾疢之缠绵。方期予假安居,颓龄或驻,讵料沉疴不起,良佐云徂。遗疏上闻,悼怀中挚。归赗重兼金之锡,分荣参亚保之班。既赐奠以饰终,复易名以褒美。奉命驰驱之节,宣力为勤;持躬圭璧之华,佐恭以肃。

於戏! 松楸勿翦,精魂归越水吴山;妇孺咸知,遗泽遍羊城象郡。文镌丰碣,色焕幽台,贻而后昆,钦兹休命!①

已故疆臣公德在民奏请建祠折

光绪二十九年四月二十二日(1903年5月18日)

头品顶戴陕甘总督奴才崧蕃②跪奏,为已故疆臣公德在民,据情吁恳天恩,准建专祠,以顺舆情而隆报飨,恭折仰祈圣鉴事。

窃据甘肃布政使何福堃、按察使黄云详称:调任两广总督原任陕甘督臣陶模在广州行馆病故,已蒙恩优恤、予谥在案。兹据在籍翰林院编修吴钧、绅士苏纯武、罗经权等,以该督臣功德在民,胪列事迹,请建专祠,呈司转详。查陶模浙江秀水县人。同治初年,以庶常改官甘肃文县,为故大学士左宗棠所器重,调任皋兰县。皋邑通省首区,夙号繁剧,举凡清积牍、均田赋、建义塾,一年之中,百废

---

① 《陶勤肃公奏议遗稿》。

② 崧蕃(1837—1905),字锡侯,满洲镶蓝旗人,廪生。咸丰五年(1855),中式乙卯科举人。同治四年(1865),捐吏部候补员外郎。十年(1871),任吏部验封司员外郎。十三年(1874),兼内务府银库员外郎。光绪四年(1878),补吏部考功司郎中。次年,调补四川盐茶道。六年(1880),署四川按察使。十一年(1885),调补湖南按察使。次年,迁四川布政使。十七年(1891),升授贵州巡抚。二十年(1894),署理云贵总督,兼云南巡抚。二十一年(1895),实授云贵总督,兼云南巡抚。二十六年(1900),补授陕甘总督。三十一年(1905),调补闽浙总督,未及赴任,卒。追赠太子少保。有《贵州巡抚任奏稿存簿》存世。

俱举。升任秦州,时州南有藉水、挟吕二沟,水趋城下,湍悍迅激,啮及城隍,负郭田庐,半遭淹没。遂捐筑长堤两道,各三百余丈,障之东流,水患顿息,人呼为陶公堤。此外救秦、陇旱灾,筹恤瘗经费,皆捐廉为之,不以累民。权守甘州,所至抚恤疮痍,周历村堡,虑仆从多则扰民,辄屏肩舆,策马独往,士民见者皆感泣。调牧迪化,适值大乱后,城邑丘墟,田野荒芜,招流亡,给牛种,殷勤劝导,教养兼施,闻而复业者如归市。自是迁宁夏府,署兰州道,权甘肃按察使,勤政爱民,一如为牧令时。光绪乙未,循化撒回肇乱,海城、河狄、西宁各属莠回先后响应,军书旁午,征调纷如,是时陶模抚新疆已五年矣。新疆三面与英、俄接壤,天山南北回族尤多,帕米尔、坎巨提事甫竣,而甘回乱起,新疆岌岌不安。陶模处以镇静,外睦强邻,内消反侧,所节军械协济关内诸军。且虑湟中群贼扰窜河西四郡,急调新军四营旗入关,分扎山丹等处,助甘肃防守,四郡得保全无恙。未几,署陕甘督篆,复调马步八营旗,亲率以行,甫抵甘州,即檄所部各军由扁都口进规北大通营城,连战拔之,并克坚堡十数处,别遣兵邀击贼酋刘四伏等,于安西州南山杀贼过半,歼其巨魁,余党震骇奔溃,窜入砂碛,冻饿死者十余万,关内外一律肃清。于是,拜实授总督之命。陕、甘、新三省汉回丛居,辄以小忿酿大祸。该督臣在任三年,开诚心,布公道,百计调和,汉回翕然悦服。又因时局多艰,饬各营旗习练新操,课士亦改试策论,由湖北、上海购致中西图籍数百种,分储兰山、求古、陇南、河西各书院,俾士子讲求实学。其余开金矿,兴水利,整顿厘务,考察吏治,凡所以为是邦善后计者,无微不至。今者日久论定,阖省士民无不讴思公德,情愿集资在甘肃省建祠奉祀等情,由司详请具奏前来。

　　奴才覆核所禀各节,稽诸案牍,参以舆情,均属实在情形。合无仰恳天恩，俯准于甘肃省为故督臣陶模建立专祠，列入祀典，由地方官春秋致祭，以顺舆情而隆报飨之处，出自逾格鸿慈。谨恭折具陈，伏乞皇太后、皇上圣鉴训示。谨奏。光绪二十九年四月二十二日。

（朱批：）着照所请，该部知道。[①]

五月二十二日，奉朱批：着照所请，该部知道。钦此。[②]

新疆巡抚潘效苏奏请建祠折

光绪三十年三月十八日(1904年5月3日)

甘肃新疆巡抚西林巴图鲁臣潘效苏跪奏，为已故疆臣遗爱在民，据呈吁恳天恩，准在新疆建立专祠，并请将政绩宣付国史馆立传，以顺舆情，恭折仰祈圣鉴事。

窃据署新疆布政使李滋森、署镇迪道兼按察使庆秀详：据迪化府知府潘震详：据新疆在籍绅士总兵徐学功、都司张九龄、举人刘熺、岁贡生严国桢、贡生蒋举清等呈称：已故两广总督升任新疆巡抚臣陶模，光绪六年任迪化州，时值大乱之后，城乡汉回居民不满二千户，又皆各省从军流寓之众，纳户认垦，作辍靡常，人无固志。陶模准《周礼》易田之制而变通之，折正等则，分年升科，由是侨民始稍作久居之计，至今比户乐业，实陶模善后初政有以基之。至招徕商贾，和辑土客汉回军民，迁筑乌鲁木齐满城，重建祠庙、公廨，两年之间，百废俱举，皆大有裨益于地方，边氓蒙福不浅。

---

① 台北故宫博物院藏：军机及宫中档，文献编号：408009467。

② 台北故宫博物院藏：军机及宫中档，文献编号：156777。

十七年，来抚是邦，值英人入坎巨提，俄亦陈兵帕米尔境，各蓄阴谋。时内外议者皆主战，陶模独力排群论，徐以理争，而边衅不开。巴尔鲁克山地方宽广，为塔城屏蔽，俄初借，以十年为期，实有久假不归之意。陶模内请政府，外商伊犁将军，与之往复辩论逾年，乃如约交还，而边要以守。仿效德操新法，远致教习，分遣各营，层递教练，时集教场，统文武各员习学枪法，广购新式利炮，储备不虞，而军政以修。俄商贩货，定约暂不纳税，华商狡黠，求庇假托，弊端百出。陶模以商务渐旺，议收洋税，不果，乃请免通省华税，而商力以纾。

二十一年，甘肃河湟回变。其年九月初四夜，绥来县城内回民托昌等乘间为乱，幸城外民团已先整练，援贼隔绝，得即扑灭。而省垣莠回亦蠢蠢欲动，陶模从容镇定，密擒反侧数人置之法，人心大定。是年冬，迁任陕甘总督。入关，布置后路，节节严防，而后前进。逆酋刘四伏穷蹙出关，就擒于和尔昂，关内外同报肃清，皆陶模筹画布置之力也。他如整顿义塾，教以礼义，不尚虚文，开南北路金、银、铜、铁、煤炭、石油诸矿穴，靡不实力讲求，以期利赖无穷者，不胜枚举。新疆地旷人稀，民生凋敝，休养生息，待理百端，而接壤强邻，种人杂处，华洋交涉，动碍邦交。陶模一意以安边息民为本，卒使中外辑睦，黔黎遂生。凡兹功德之及民，实动闾阎之思慕，惟有恳乞奏准在新疆省城捐建专祠，借隆报飨，并请将政绩宣付国史馆立传，以彰忠荩各等情前来。

臣维故抚臣陶模，忠诚根于至性，学术本乎儒先，内行笃修，不苟言动。其为人也，刚方廉正；其为政也，平易慈祥。先后建言敷陈时政，莫不以忧勤惕厉之怀，而为正本清源之论。服官三十余载，政绩多在甘、新，盖自牧令以至封圻，适值乱离之后、艰危之秋，凡所设施,处处以国计民生为重。宜舆情之爱戴,更历久而不忘,此又臣相随日深、知之最悉者也。兹据士民公呈恳,合无仰恳天恩,俯如所请,准于新疆省城捐建已故两广总督升任新疆巡抚臣陶模专祠,并请将政迹宣付国史馆立传,以顺舆情之处,出自高厚鸿慈。

除咨部查照外,谨会同陕甘总督臣崧蕃,恭折具奏,伏乞皇太后、皇上圣鉴训示。谨奏。光绪三十年三月十八日。

(朱批:)着照所请,该部知道。①

光绪三十年五月初三日,奉朱批:着照所请,该部知道。钦此。②

秦州绅士议捐建专祠吁恳具奏公呈

具公呈:在籍吏部主事苏统武,刑部主事哈锐,内阁中书任承允,光禄寺署正衔附贡生张金鉴,五品职衔张铎,教职梁士俊、周迁善,举人张思永、葛秉堃、黄国珍、蒲作新、吴衍鋈,监生张思忠、李宝珍,生员舒璜、金国栋、蒲自明、王文海,候选从九王祉等,为故升州功在地方,据实胪陈,吁恳转详具奏,准其捐建专祠,以顺舆情而崇报飨事。

窃查故升州原任两广总督陶督宪模,于同治年间由庶吉士散馆,改授甘肃知县,历官府道,所至有声。其治绩尤以秦州为最。初莅州时当光绪元年,兵燹甫息,民困未苏,下车伊始,即剔陋规,

---

① 中国第一历史档案馆藏:朱批奏折,档案编号:04-01-14-0099-041。

② 台北故宫博物院藏:军机及宫中档,文献编号:160394。

定赋额,简徭役,伸士气,振厉奋发,丰采毅然。父老拭目新政,以为数十年未有也。丁丑、戊寅之间,秦、晋大饥,流民转徙至州,日以数百计,故升州怆然忧念,即捐俸筹赈,进绅众开局劝捐,信义所激,输者累万,为蓬寮以资栖托,储药物以疗疾疫,昕宵不遑,道无殣者。复兼以工代赈,州城南有二水,曰藉河,曰吕二沟,涨落无常,旧堤久蛰,每夏秋水至,漂没田园,啮及城隍,十去二三,历任守土之吏无过问者。故升州慨助廉俸,筑藉水堤,五阅月而成。堤高八尺,厚二丈,长三百五十丈,并移赈余钱千八百缗,为吕二沟堤,长约三百有四丈,阅八十余日,工亦竣,堤内外涸出田数百顷,其官荒及无主者,租之于民,以资岁修,至今两堤屹然,城南永无水患。

秦州户口殷繁,嫠妇较多,或苦饥改醮,或簒取涉讼,丧节败名,有伤风化。故升州力为维持,倡捐钱一千数百缗,合公款共三千缗,发商生息,定为恤嫠经费,手订章程十余条,泐石通详,并永令司其事者按季造四柱清册,报各衙门备查,以杜官绅侵挪。近已积存五千缗,开支核实,人知敬节,意美法良,各邑渐有仿行之者。

秦州旧有城四,独东关卑薄,守御较难。故升州作牧时即忧之,以工程浩大未能兴筑而去。光绪二十五年,来督陕甘,乃筹款饬修,雇工以亿计,用银以万计。于时连岁歉收,穷民趋工觅食,踊跃争先,既活饥黎,复蒇大役,东关高垒遂冠诸城。自来谈形胜者,谓关陇据天下上游,而秦州又管钥关陇,菁华所荟萃,亦冲要所必争。况界连蜀道,箐密山深,会匪堪虞,固不独回族之逼处也。故升州既筑坚城,复购外洋新枪数百杆、开花炮数尊,运交秦州,并将装卸磨拭、仿造子药、施放取准诸法,手自订书贻之,俾知练习。虽似不急之需,而利器所在,隐有藜藿不采之威。其处常而能虑变如此。自来循吏尽心民事,只于在官时则然耳。若故升州洊膺疆寄,谋略宏远,区区旧治之利害安危,似无足萦情者。乃寓书士绅,犹谆谆以河堤及恤嫠为言。

至于畴昔所注意而卒观厥成者,则在筑城、购械二事。此岂有私于吾州者。一邑如此,全局可知。他如河湟之变,势且燎原,自故升州入塞督师,而开诚布公,处以镇静,剿抚兼用,迅葳戎功,州境亦获安堵。此犹功在全省,非一隅之烈也。

故升州操守极廉,所至不挈妻孥,服用俭朴,至老不改儒素。爱民勤政,如治家事,请托不行,疆御不畏,卓然无忝于古人。揆诸朝廷褒德酬庸之典、祭法有功则祀之义,洵宜俎豆于不祧。上年九月中,故升州讣电至秦,民间野祭巷哭,不约而同。官绩遗爱如此,绅等目睹,难安缄默,谨合词吁恳,伏祈俯赐察核,详请具奏,准由绅等自行捐资,建立故升州专祠,不支公款,以顺舆情而崇报飨,无任悚切翘企之至。谨呈。右件由州申详司道转详崧督部批,仰候具奏,饬知该州传谕绅民知照。①

赐进士出身诰授光禄大夫赠太子少保头品顶戴兵部尚书都察院右都御史两广总督陶勤肃公墓志铭

湖北汉川县知县仁和陈豪撰文
翰林院编修钱塘杨文莹书
刑部福建司主事仁和王同篆盖

---

① 《陶勤肃公奏议遗稿》。

　　光绪二十八年九月九日，两广总督陶公甫受代，薨于广州行馆，春秋六十有八。遗疏上，得旨：陶模秉性忠诚，清勤练达，由庶吉士起家县令，洊历封圻，在陕甘边境二十余年，抚绥培养，吏畏民怀；调任两广总督，办事实心，不辞劳瘁。兹闻溘逝，轸惜殊深。着加恩追赠太子少保衔，照总督例赐恤。予谥勤肃。海内闻公丧，感喟异口同声。今丧归，其孤驰书乞铭其幽。豪虽不文，谊无敢辞。

　　公姓陶氏，讳模，字方之，一字子方，嘉兴府秀水县人。曾祖增，祖忠，考源，兼祧本生考渊。以公贵，皆赠光禄大夫。曾祖妣杨氏，祖妣宋氏、吴氏，妣杨氏，本生妣高氏，皆赠一品夫人。公举同治丁卯科乡试，明年成进士，入翰林。家寒苦，少有器识，端静凝远，精讨濂洛关闽之学，顾口不言，惟务践履。散馆，授甘肃文县知县。豪时以试事留京师，是夕，公至旅舍，剪镫共榻，从容笑语，谓吏职得勤民，县治僻远，此行六千里，单骑度陇矣。抵任所，贻书言："边鄙号瘠苦，相承陋规尚三千缗。裁禁之，恐后之人无以济，转滋他弊。其地险阻，人从崖壁行，往往颠仆死。子弟多不识字，无能明义理。以之辟治山径，分增乡塾，洗手奉公，无敢负平生。"时湘乡杨太傅抚浙，豪居幕府。一日出示疏稿，特荐公有"学宗宋儒、才德兼全，可大用"之语。

　　调任皋兰，田籍毁于兵火，百弊丛出，莫可究诘。力行清丈，弗惮艰阻，更定赋则，民困益纾。自是擢秦州，移迪化，再迁宁夏府、兰州道，遂陈皋畿疆，旋拜陕藩之命。道出楚北，豪正承乏汉川，城邑濒河，公徒步过访，留一夕。先是吾友施均父赴左文襄戎旃，书来道甘肃大饥，独秦州不请帑，罄所储振贷，为之推服。至是以语，公笑应之曰："秦州之粮，还之秦州，甘肃之粮，还之甘肃，庸足议乎！"明日送别河干，则小舟舣岸，俯首入，接膝对语，此外无所容，觉清献入蜀,尚余琴鹤也。

既领节钺,新疆地苦寒,盛夏积雪,入冬坚冰在须,秉烛治官书,漏三下,恒不辍。帕米尔者,远在葱岭外,俄兵忽侵入,英人亦并坎巨提部落。公筹固防守,持理力争,卒就约。镇抚五载,军民大和。然心力交瘁,病有自来矣。会甘肃循化撒拉回变乱,狄道、河州、西宁各州郡响应。奉旨移权陕甘总督,公率马步八营旗以进,且剿且抚,入塞定议,先保全河西四郡,即以其间攻拔北大通坚堡十数,邀击贼酋刘四伏于安西州南山,多用寡敌众。时关内将悍兵骄,公一以至诚相抚驭,咸受节度。迨内外肃清,捷书驰奏,诏补授陕甘总督,疏辞不许。三省邻边要,文武材用,治政殷繁,汉回多畛域,公持之以平,日与同官推究治理,吏畏其威,民怀其德,圣明日月,固早见于万里之外。

请觐述职途次,奉电旨调任两广总督。适两宫幸秦,力疾迎驾,悲愤交集。召见,涕泗陈病状,不敢坚辞。抵岭南,百废待治,亟于各行省。公靖盗以法,孚民以仁,尝下一纸书于海外,解散党类,贤于用师。公既竭笃棐之忱,忘身徇国,至此病已深。昼接僚属,夜披案牍,犹未敢稍闲,竟积劳而薨。其整躬清约,仕宦逾三十年,未尝携眷属。为学由平实致广大,不立崖异,奋志匡时,殊于迂阔。察吏严而平,每参劾,举其尤不肖者二三人,腾章入告,群吏望风肃然,相率守法戒。政先教养,本末秩然。如请停捐纳、废科举、训旗兵、罢宫监,次第入告,绝无瞻顾意,殆所谓上不负吾君、下不负所学者耶。

公配施夫人,继配王夫人。子三,长葆莹,县学生员,前卒;葆廉,分部主事,恩赏员外郎;葆霖,府学生员。孙四人,善培,荫生,恩赏主事;善坚,国学生;善均、善膺。孙女五人,皆幼。以今年十二月十六日葬公于县之北乡露宇圩。铭曰：

烈烈桓公，惜阴宣勤。子孙复始，无忝前勋。世儒讲学，笔舌
纷纭。耻躬不逮，十驾养新。清恪孤立，文恭勿欺。先正张陈，公
实承之。起自循吏，旄节双持。抱而弗竭，随所设施。掬此腔血，
上报彤墀。既殁犹视，匪以其私。九原难作，涕泗交颐。贞珉纪
实，我无谀词。①

皇清诰授光禄大夫赠太子少保
予谥勤肃两广总督陶公神道碑

赐进士出身光禄大夫兵部尚书湖广总督赵尔巽②撰文

赐进士出身荣禄大夫内阁学士礼部侍郎衔陈宝琛③书丹

---

① 《陶勤肃公奏议遗稿》。

② 赵尔巽（1844—1927），字公镶，号次珊、无补，奉天铁岭人。同治六年（1867），以
监生中顺天乡试举人。十三年（1874），中式进士，改庶吉士。光绪二年（1876），授翰林院
编修。五年（1879），充湖北乡试副考官。九年（1883），补福建道监察御史。十年（1884），
充镶白旗官学管学官，调广东道监察御史。十一年（1885），放贵州贵阳府石阡府知府。
十九年（1893），升贵东道。二十年（1894），调补安徽按察使。二十四年（1898），补陕西按
察使。同年，迁甘肃新疆布政使。二十五年（1899），丁忧，回籍终制。二十八年（1902），调
补山西布政使，署山西巡抚。同年，迁湖南巡抚、湖广总督。三十年（1904），擢户部尚书。
三十一年（1905），授盛京将军，兼管盛京五部事务。三十三年（1907），补授四川总督。宣
统元年（1909），兼署成都将军。三年（1911），授钦差大臣东三省总督，兼管东三省将军事。
民国元年（1912），任奉天都督、保安会会长。三年（1914），充清史馆总裁、清史馆馆长、参
政院参政。六年（1917），任弼德院顾问大臣。十四年（1925），任善后会议会员、临时参政
院议长。十六年（1927），病逝。主纂《清史稿》。

③ 陈宝琛（1948—1935），字伯潜、敬嘉，号弢庵，福建闽县人。同治七年（1868），
中式进士，改庶吉士。九年（1870），授翰林院编修。十二年（1873），充顺天乡试同考
官。光绪元年（1875），迁翰林院侍讲。五年（1879），充甘肃乡试正考官。六（转下页）

　　圣清帝中夏二百六十余祀,疆臣由州县起者康熙朝为特盛,若于清端成龙、陈清端瑸、彭尚书鹏诸公,丰功盛烈,记之国史,奇迹异行,传之稗官。歌咏于文人,流闻于野老者,其治民又为特美,盖自封建废、郡县兴,亲民者莫先令长,欲培厥基而固其本,未有舍民吏而可言治者,且未有不能治民而能辨章军国、乂安方岳者。惟我圣祖,眷重州县,故能拓地数万里,虽以遗臣顽民之思、黜厉强藩之势,卒莫为毫发患者,治本举,民气固,实惟清端诸公有以弼我国家丕丕基,则我陶勤肃公为不朽矣。

　　公讳模,字方之,号子方,浙江秀水生员。曾祖增,祖忠,父源,兼桃本生父渊。三世皆以公贵,赠光禄大夫,妣皆一品夫人。公以同治戊辰成进士,改庶吉士,散馆选甘肃文县,调皋兰,补秦州,移迪化,凡任州县者十年,历擢宁夏府、兰州道,按察直隶,布政陕西,再护巡抚,以筹饷筹振劳累赏头品顶戴,抚新疆,督陕甘,皆五年。督两广,再春而病,病甚得代。光绪二十八年九月九日,薨于广州寄舍。遗疏入,上轸惜,追赠太子少保,谥勤肃。

　　自公卿百执事,下逮学校之英、山林之遗逸,外薄东西海诸国之人士,莫不同声悲叹,为中国惜,为天下惜也。公始仕,顾今翰林

(接上页)年(1880),充武英殿提调官。七年(1881),补翰林院侍讲学士。八年(1882),授江西学政,重修白鹿洞书院。九年(1883),迁内阁学士。十年(1884),以中法战争失利降五级,遂回乡修茸先祖"赐书楼",构筑"沧趣楼"。二十五年(1899),任鳌峰书院山长。三十一年(1905),授福建铁路总办,兼福建高等学堂监督。三十三年(1907),创立全闽师范学堂。宣统元年(1909),奉诏入京,充礼学馆总纂大臣。三年(1911),任溥仪师,赐紫禁城骑马。旋任汉军副都统、弼德院顾问大臣。民国元年(1912),修《德宗景皇帝实录》。六年(1917),任内阁议政大臣。十四年(1925),随溥仪移居天津。二十一年(1932),赴长春,拒受伪职。二十四年(1935),卒于北平。溥仪赐奠酹,赐祭一坛,特谥文忠,晋赠太师,赏给陀罗经被,赏银九千元治丧葬。有《沧趣楼诗集》、《听水斋词》、《沧趣楼文存》等行世。

部曹皆易以汩人才、增习气,因弃不为,而为令曰:"吾以习为民事而已。"之文县,无幕友,公私事一身兼之,清宿狱,获剧盗,禁淫祀,民风丕变。皋兰督部驻所,时急征讨,调发络绎。公抚民供军,两不告苦。甘闱初分,建屋合试,事杂费剧。公无巨细皆自经纪,一丝一粟不以扰民。秦,甘南大州,岁洊饥,民无食而聚州城者数十万,公振贷之,无失所。迪化例以旗成,必用满员,故大学士文襄左公条时宜谓:陕、甘两省知州可任迪化者莫陶某若。汉人任迪化自公始。大乱之后,扫地更为,辑土客,招流亡。边地苦寒,佃者无固志,公准一易再易之制,损亩旧赋什四而征,民安人集。兰州巡道资茶商入以赡其私,直隶臬署,津贴至优,为州县累,盖相沿百十载,公皆蠲之。陕南孝义、宁陕频年告祲,公筹振救必速必厚,筑朝邑河坝以防夺洛,并为丹水纤路以利商贩,省乡闱支差累,奖劝实学,凡利于民者无不举。

新疆故军府开拓百年,汉人无任帅寄者,故太子太保襄勤刘公锦棠始建行省,佩抚绶,以亲老请急而去。朝廷顾西陲二万里,外当俄、英,内卫蒙、番,部族至杂,经画未竟,非公无可畀者。帕米尔为布鲁特牧地,环今疏勒府以西,绵亘至广。坎巨提回部当莎车南,隔水为哪格尔旧保塞属国。庚寅,俄侵帕,英侵坎、哪,朝议大哄,争言用兵,公熟计利害,知战必靡国殄民,条上振抚坎、哪逋民,羁坎酋,为牍告俄、英主费尔干、印度事者与争。壬辰,俄以兵至帕境,筑垒让库尔。英以阿富汗兵至苏满、波孜纳,皆帕境。新疆湘、楚将士愤欲战,前喀什噶尔提督董福祥尤与俄领事忤。公又谓:"属地当争,边要当守,兵衅不可开。"坚忍苦辩,止哗弭隙,卒更立坎酋,令守藩服。俄、英虽相持帕境,无阑入内卡者。缠回积苦汉民重息盘剥,浩罕、阿富汗诸部商于我者,以隶英、俄不税。公奏禁汉民放债，躏华商税，又索俄还塔城之巴尔鲁克山。今敦煌以西至罗布淖尔为汉阳关、盐泽故道，湮废千祀。公以访矿故，令华洋官师由阳关分路而进，测远迩，别夷险，详里至，自是新疆之南，青海、卫、藏之北，得新道路、新山溪、新地名，及各矿以数十百计。公又于罗布淖尔之都纳里筑蒲昌城，其南之卡克里克置屯防局，徙民居之。

其治民吏，劾贪虐，褒廉惠，饬令约束亲从、仆役毋苦缠民，更义塾规制，教多习汉语、汉字，道以孝弟忠信，益恢襄勤之绪，以养以教。东师失利，国威大挫，河湟诸回陆梁，围西宁，陷大通，覆营坞无算，河西四郡电驿皆梗。公部勒南援东戍无虚日，内靖迪化、绥来之乱，得权督部；命置精军哈密、吐鲁番诸隘，固根本，遏窜轶，自以亲军取南道入甘，勉诸回王，固结缠回，严守御。所过整饬标练，激励乡团。时甘、湘诸军蹀血西宁，群贼敛，山南驿道大疏。之任兰州，督令部将潘公效苏诸军，克北大通大庄堡凡十数。公度贼且西窜，急檄诸军扼玉门、安西之南，电新疆设伏罗布淖尔，止朝旨所遣邓增、张俊两军。丙申夏，贼果西就俘，膊顽健，振老弱，置之塔里木河滨，关内外平。甘本至贫，仰供邻馈，河湟之乱，糜财至巨。军事甫定，董福祥、张俊移屯近畿，岁分甘馈八十万，教民、卫民诸政，皆无以举，公太息束手。回汉兵祸皆由习尚殊异，情好不通。公作示教诫，欲为联姻戚，融畛域，泯怨隙，谋久远之安，被谤弗恤也。

广东名富实匮，协拨之多，甲于诸省。蒲博榷捐，民力大竭，盗丐满地。公至，疏陈出款示甲午前增五百万，力实不支，请勿益调发。自是朝野始知广事之困。广西主兵者养痈久，兵盗不辨，积为边患。公合巡抚疏请移之，格不行。葡人久踞澳门，近觊我隙，规索益广，公坚却之。又谓清乡出万不得已，民贫思乱，非杀可止。工厂教养，薄税宽民，庶几可救。最公自州县至督抚，凡交邻、治军、理财，一以民为重。互市六十年，东西诸国情势日异。其所以立国而用兵者，仿佛《周官》、《左氏》；器械、舟车创作之盛，通天绝地，阜用康人，更伏羲、轩辕五千年后无之。士大夫习宋明习，言宋明言，并为一谈。法越战后，急欲一试，往平发、捻、回、苗，诸将存者盛自矜诩，颇窥觊立奇效，朝野多信之。宋、明之季，范文虎、夏贵、刘泽清、陈邦傅之徒挟兵为市，以死汪、文、史、何诸公，而剿民覆国，盖无以为虑者。帕、坎事起，非公坚持，殆不可问。宦寺盛自周汉，因仍莫革，亡中夏正统之朝四，天纲之绝，地柱之折，人理之灭，皆以此。今东西诸国仅突厥有之，国势之下，皆不与齿。公独昌言去之。其他如甲午前言变法，戊戌后言去兵，董福祥不可恃，皆其著者。其终言朝廷实能爱国爱民，乃能以责百官；朝廷先无自私自利，乃能以望天下。公事上接下，一出以诚；律己至严至苦，与之处者无愚智贵贱，久而益服。

今公往矣，时艰之棘至，不可思议。窃谓为督抚者，知重民职，为州县者，知尽民事，师公法公，毋侈外患而忘内虑，毋侈富强而忘教养，康熙之盛、清端诸公之治犹可复也。尔巽藩新疆，备公之属，用敢以所亲炙者为天下告。文辞谫陋，不副万一。公子葆廉屡请，不获辞。公原配施，继配王，皆封一品夫人。子三，葆莹，县学附生，早卒。次即葆廉，附贡生，特赏员外郎。葆霖，附贡生。以光绪二十九年十二月十六日葬本县王江泾西南露字圩。铭曰：

纵稽世纪，横览瀛寰。代生奇杰，国蔚英贤。神州圣裔，岂无明达。功或后天，道存先觉。惟公蹇蹇，忠亮塞渊。才非百里，威镇九边。边尘飞扬，借箸纤筹。绝域通款，异教怀柔。用公之长，

早端揆宅。旋转乾坤，再新日月。峨峨雪山，荒荒炎峤。旌节逶
迟，而公亦老。大球交通，法有异同。饥食渴饮，综归一是。是则
从同，道无两歧。其或异者，一是一非。是非既判，从违斯昭。优
存劣汰，理无可逃。公诚不欺，况告君父。谊洞龟鉴，言倾肺腑。
大道晦盲，吻开光气。公胡不待，见行诸事。立言可师，古云不朽。
矧公訏谟，必行于后。我抱孤怀，天地寂寥。谁欤知者，公魂可招。
系之铭辞，以讯来兹。论世君子，庶几罔遗。[①]

清史馆列传

　　陶模字方之，浙江秀水人。同治七年进士，改庶吉士，散馆授
甘肃文县知县。县在万山中，险而瘠。模俭约自力，革朘削之政，
厘宿狱，剔奸蠹。有剧盗，屡捕不得，模掩得其家人以致之，使求盗
自赎。黜猫神之祀，置义学数十，数月后，声誉大起。

　　十二年，调皋兰县知县。总督左宗棠方捕治乱回，其酋闵殿臣
攻河州急。宗棠征援兵、车马、刍粮，模主之，军行无阙供，而民不
扰。故事，甘肃乡试附陕西。光绪元年，以宗棠议，始分试。自建
试院及毕事，模躬自料量，丝粟不累民。兵后赋籍紊，模巡行原隰，
以算术、步量清士绅隐占，穷民德之。模不畏强御，军中神贰、大官
僚从或恣横为民害，惩艾之弗纵。是年冬，迁秦州直隶州知州，岁
旱饥，流民大集，模为度栖止，设粥厂十余所，出积俸，割公使钱，得
四万余金，不足，贷金益之。饥者皆全。修养济院，广义学，恤嫠
妇。州南藉水啮城堙，模为筑堤三百五十丈，因庳为沼，植芙蕖，蓄

---

　　① 《陶勤肃公奏议遗稿》。

鳞介,取其利,以时缮完,夹堤植树,州人憩焉,目为陶公堤。

五年六月,署甘州府知府,所领厅县供府干,模悉罢之,贷金佐日用。新疆既复,迪化直隶州阙官,宗棠疏言:"乱初定,当得贤牧令抚辑之,遴择陕、甘两省州县吏,无如模者。"遂调补迪化。

六年,翰林院编修廖寿丰疏言:"俄罗斯方争伊犁,当留意边才。模器识宏远,循声久著,请谕宗棠量加超擢,假事权,备他日阃寄。"方回乱迪化,驻防满军无孑遗,汉民百不存一。模到州,抚遗民,来商贾,安置屯户,和辑汉、回军民。居二年,汉民得一千九余户,回民得一千七百余户。其受地而耕者,汉回都一千五百余户,户占地百亩至数百亩,耕者三之一,歉则弃去,丰即卖麦,得金,还入塞上。官方议丈田,模谓经画穷塞,不当拘成格。通《周官》一易再易之义,令民以二亩当一亩,定赋则:上地亩八升,中地五升五合,下三升。征其六,缓其四。宗棠采其议,边民始有久居志。迁筑乌鲁木齐满城,重立祠庙、公廨,以劳加盐运使衔。

七年,擢宁夏府知府,未上。

九年,署兰州府知府,旋擢兰州道。抽厘法行甘肃,总于兰州道,兼管茶榷。模一以恤商为政。

十年,署按察使。

十一年,迁直隶按察使。

十四年,迁陕西布政司,再护陕西巡抚。省南孝义、宁陕二厅及长安县属江口山田瘠,频岁饥。模治政不囿成例,必速必厚。朝邑河西徙,令为之堤障;华麓渠湮潦集,妨驿道,灞淤,夏秋水盛,令为之浚治;丹水流山间,险峻不便商旅,令为之疏凿。

十七年,选甘肃新疆巡抚,以筹饷助赈加头品顶戴。新疆西边,迤北邻俄罗斯,迤南接印度,属英吉利。当葱岭西有地曰帕米尔,乾隆间为我军锋所及,高宗尝勒铭焉。葱岭东南有小部落曰坎巨提,岁纳贡于我。模未至新疆,俄兵侵帕米尔,谋通印度道,英攻破坎巨提,中外方议战,模谓:"将士能勘土匪,未能御强敌;军中资百物,必运自内地,数月乃达,俄、英铁轨皆已至近塞,迟速迥殊。新疆与俄境相接几五千余里,即增兵十倍,不足以为固。俄若以轻兵出齐桑斯克,走布伦托海,犯镇西、哈密,我军即中梗。民穷财匮,不可轻言战。"惟购机炮,扩电线,饬边将为备。羁坎巨提故酋,毋令北走,而抚其流民。与总理各国事务衙门及驻俄、英使臣合力以争,议未定。

十八年,俄兵筑垒让库尔、六尔阿乌,英嗾阿富汗遣兵至苏满、波孜纳,皆帕米尔境也。新疆将吏咸愤激,争请战。模谓:"属地当争,边要当守,新操法当习,兵衅不当开。备豫不虞,毋以小忿启大衅,有罪当独任之。"规画主客攻守形势,忍辱含垢,边地赖以安。五月,奏请废黜坎巨提故酋塞必德艾里,会英人及克什米尔国人立其弟买卖提艾孜木,令镇抚部民,岁纳贡如故事,坎巨提事乃定。而俄兵在帕米尔,意叵测。总理各国事务衙门与俄使议界,卒未得要领。模疏自劾,请罢斥,上不允。廷议将以帕米尔为三国瓯脱,英垂诺,俄犹不可,陈兵相持。边军沿湘军制,大旗宽衣,密行直立。模用通德意志兵法者,练幼兵百余人,课以浅近文字并测算诸法,将徐推之各军;见将佐,必勖以习劳苦、爱枪械,遇敌采地沟制,隐身发枪,冀渐改旧习。

初,俄人借巴尔鲁克山以处所属哈萨克,期十年。山当塔城西北,广袤数百里,有林木、水草,俄人觊久假。模争之,逾年乃如约。俄商至新疆,约不征税,格里格提、克什米尔、拉达克、阿富汗诸部以附于英,从俄例。模谓如是则独困吾民,乃奏请暂免新疆通省厘金。缠回文字、语言不相通,汉民愚之,贷金辄重息,至卖妻鬻子以偿。模戒属吏,宜察其艰苦,禁民毋得贷金。各县旧有义学,吏督缠回子弟入塾,视若应役。模别为规程,令译人教以汉语,俾识字、通大义。南北路诸城,乱定重筑,率循旧制,高楼无隐蔽。模令省城补作兵房十五所,檐卑于堞,使城外不可辨视。壁置空,容发炮。寻筑奇台、古城,亦令如省城制。罗布淖尔,古蒲昌海也。填阕淤涸,荒沙无垠,亘新疆中部。模议辟径敦煌西,选吏士,自阳关、焉耆分道测绘,于是新疆之南,青海、西藏之北,噶斯、乌兰达布逊、阿耨达、托古兹尼蟒依诸大雪山之阴,迂回出入,得新道路、新山溪、新地名及金、铁、煤诸洞,以数十百计。模策采矿以利民,济木萨之铁,喀喇沙尔之铅,达坂城、温宿、拜城之铜,绥来、库尔噶拉乌苏、噶斯山之金,迪化之石油,皆从事察勘,终以道远资绌,工不克举。模规度罗布淖尔北四百余里,筑城名曰蒲昌。南一百四十里卡里克里设局屯防,致无业回民徙居之,渐成村落。其后设置营县,实自模开之。

二十年,日本略朝鲜,朝议决战,师屡败。甘肃提督董福祥先以祝嘏在京师,募兵备战,河湟回族闻乱,思蠢动。

二十一年春,撒拉、河州、西宁、大通诸回先后为乱,西宁回酋刘四伏尤悍。模遣将募兵,援巴燕戎格,与总督杨昌濬合奏,请命董福祥帅师西援。夏平番回亦变,河西诸府东不能通省会,则西乞于新疆。模奏陈回乱日急,部遣诸将罗平安戍哈密,牛允诚守安西、玉门,赵有正屯肃州,而于哈密置东防营务处,以候补道潘效苏护诸将。诸乱回遣其徒出关,煽新疆回部。九月,绥来回发难,县有备,旋定。迪化回亦将变,模诇知反侧子与牙役密相结,选小校可任者,使捕渠魁,杀六人而乱弭。十月,回逼甘州,模遣有正自肃州移屯。上罢杨昌濬,以模署陕甘总督,命疏通饷道,帅师入关剿抚。时董福祥将甘军渡洮,魏光焘将湘军临湟水,模策东路兵大集,回且西窜,乃遣将募兵,分驻天山北。迪化、镇西诸府厅为中权,而天山南塔尔纳沁、图古里克皆近哈密,有歧径通肃州。模戒哈密将吏,缮完防御。漠中僻路有水草处必守,要隘远斥堠;戒肃州镇将诇毛目城、王子庄诸路,如哈密后路。既设备,模率效苏、平安、焦大聚、金兰益,将马步八营旗入关,道噶喇巴尔噶逊,逾腾格里山,绝沙漠,至吐鲁番城。回王玛木特来会,勖以大义。至哈密,岁将暮,校阅各军,令回王沙木胡索特所部缠回与焉。模以有正兵寡,戒毋轻出。有正喜功,出攻察汉俄博、永安二城,皆下。二十二年元夕,薄北大通营,败归。模闻报,令凉州戍军赴援,二月入关,军民得模至,欢迓激奋,群回敛聚山南。

　　模至兰州受事,令效苏督诸将略北大通营,破所领诸寨号十大庄堡者,戮其酋八十余辈,歼三千余人,死溪涧者称是,诸回气夺。会光焘亦定西宁,诸回自水峡口西窜青海。模令效苏等出寨,陈兵玉门迤南诸山径,诚毋纵贼出平地。青海蒙古积弱久,诸王贝勒怵回悍,告急。朝议令光焘、福祥二军逐剿。模以羌中荒邈,必责后路州县具粮刍、车驮,重为民累。且贼行速,追勿能及,当此兵单饷绌,专顾郡县完善地犹虑不足,若宿兵绝漠,内地空虚,为祸滋大,乃奏罢出兵青海议。新疆将吏虑回更西窜,亦告急。朝议令固原提督邓增出青海,喀什噶尔提督张俊防北路。模策贼非至敦煌、玉门掠食不能遽犯新疆,复请罢移军议,而令增屯肃州为声援。光焘与福祥不相能,模奏令光焘将湘军还陕西。四月,贼自青海犯玉门,允诚等击却之。模令玉门军赴安西。五月,贼大至,刘四伏厉其徒,夺路求食。诸将力战,兰益匹马陷陈,大败贼于牛桥,斩数千人,降者亦数千人,冻饿死碛中数万人。刘四伏以千余骑逃走。模令兰益等星夜逐贼,而戒罗布淖尔守将设伏以俟。贼自色尔腾海向罗布淖尔,流沙荒远,道殣过半。七月,四伏至罗布淖尔东南和儿昂,伏发就禽。于是徙降回塔里木河滨,计口授田,令大聚、平安引兵还甘州,搜余孽,关内外悉平。十月,诏褒模征兵筹饷不遗余力,授陕甘总督。

方与日本战而败也,和战议未定。模上疏言:"国强弱视人才,人才不足,和与战均不足恃;即战而胜,亦无益。昔者用人,文自科目,武自营伍,立法未尝不善,久而弊生,仕途日益杂,民生日益困,人才日益不可恃。《易》曰:穷则变,变则通。天下事当变通者非一端,而人才尤急,非惩前毖后、破除拘牵,无以作士气、收实效。"因请整饬国子监,减中额,定小试年限;停捐例,汰冗员,罢宦官,省内务府织造诸费;令尚书、侍郎升迁不出本部司员,分类治事;删弃旧案,破除旗兵积习,禁士大夫食洋烟;分设算学、艺学科目,予水陆军学生举人、进士出身,废武科,变操法,择满汉勋旧子弟游学各国,培植工艺,译诸国政书。末言:"当此危疑震撼之时,泥古者守旧,忧时者谈新,然积习不能不改,而变法亦未敢轻言。诚能发愤自强,合群策群力,急起直追,何事不可为? 若仍缚于成例、淆于浮议,不以全力赴之,虽勉行,十八九亦无济于事。尤愿皇上鉴天灾之屡警,念民困之莫苏,懔内政之宜修,知外患之难弭,励精图治,自朝廷以至百执事,毋始勤而终怠,毋狃目前而忘远虑,上有卧薪尝胆之大臣,下有断齑画粥之志士,贤才争奋,庶政修明,实天下臣民所旦夕仰望者也。"时中外诸臣条奏,多言变法,祛积习,下诸督抚议。模疏陈:"推行宜渐,根本宜急。聚阘茸嗜利之辈以期富强,止于旧法外增一法,不得谓之变法;于积习外增一积习,不得谓之祛积习。欲求富强，当先崇节俭，广教化，恤农商；欲新政治，当先变士习，减中额，汰内外冗官。"别疏申请培水陆军人才，谓宜自幼入校，分别水陆，各习专门，即罢旧例武科。甘肃民多惰，嗜洋烟，平居陵回民。回民顾坚忍，能合群，激过甚，辄生事。模力为亭平，尝劝汉回蠲宿忿，通昏姻，冀以弭祸。福祥既定回乱，将兵入卫，既又召俊募军为之继。福祥所部为甘军，俊所部号肃军，皆责饷于甘肃。模锐欲开矿、制械、广学校，皆坐用不足，束手不能举。督陕甘三年，累疏乞罢斥。

二十六年春，以述职入觐，至陕西，疾作，奏请留治疾。闰八月，调补两广总督。九月，德宗奉慈禧皇太后西幸。模迎蒲州，入见，求罢，不许，乃力疾上官。

二十七年正月，疏请分设蒙学、小学、中学、大学，求品端学粹者为之教习。学生毕业，予生员、举人。诸学堂次第推广，毋一时并举。俟备设，即罢科举。无问自何项出身，非有学堂执照，不得授实官。二月，疏言："宦官干政，史不绝书。至其有关君德者，其几甚微，而为害尤烈。我朝家法严明，二百余年从未有内监预闻政事。然除弊如除莠，留其芽蘖，终恐发生。前代用宦官，盖由妃嫔众多。皇上后宫减少，左右使令本有宫女，内廷差使，悉可改用士人，不必定须内监，臣愚以为宜大加裁汰。"回銮后，下王公大臣筹议，定宫府一体之制，永不再选充内监，非惟一时盛事，实亦千古美谈。别疏言："变通政治，宜务本原。本原在朝廷，必朝廷实能爱国爱民，乃能以爱国爱民责百官，必朝廷先无自私自利，乃能以不自私、不自利望天下。转移之道，一曰除壅蔽，二曰去畛域，三曰务远大。非朝廷以身作则，克己胜私，虽日日言变通，无由获变通之效。"

　　广东故多盗,州县权轻,不能制。模定清乡章程,信赏必罚;练军分屯,许所在州县节制,一岁中,捕斩名盗二千数百人。兴宁民为乱,廉、钦诸属县及防城十万大山,凡裹为盗者,皆次第讨平。肇、罗诸属县新兴、阳春、东安,山深地险,群盗出没。模劾罢纵盗将吏,遣别将捕治,歼其渠二百余人。模以民贫且乱,非杀可止,令府县设勤工厂,囚不至死者,令入厂教养。奏陈治盗,谓清盗源必先宽民力。广东名饶富,取之民者重于他行省。部督筹军饷,任诸国偿资,皆多于他行省,岁不足五百余万,弛摝蒱之禁,供大半。其少半则贷于商,贷于外人。模睹民力已屈,追呼不得,宽诸。欲有所兴革,皆坐中沮。病作,乞罢,迭疏力陈。六月,上允其请,甫交代,九月,卒于广州。

　　遗疏言:"广东虚有富名,民穷财尽,迫于时势,不能不百计筹款,闾阎益困,盗贼日繁,长此不已,后患正多可虑,窃欲朝廷深加之意。广西匪势尚猖獗,夏潦后又苦亢晴,晚稻失收,更为棘手。此尤臣夙夜疚心而瞑目难忘者也。"赠太子少保,谥勤肃。

　　模自为诸生,食贫力学。时平湖优贡生顾广誉、震泽诸生陈寿熊、吴江举人沈曰富,以道义相劝,学宗张履祥、陆陇其,文宗方苞、姚鼐,模皆师事之。及仕,清介,绝干求。大学士阎敬铭、总督杨昌濬皆常论荐,不以告模,模亦不谢也。既贵显,刚厉廉正,而不乐为崖岸,恂恂卑下,省身克己。尝谓:"上官多取于州县,州县必多取于民。"故恤属吏尤挚,不使同官知生日,绝不通馈遗,戒守令以下毋叩头,都守以下毋跪道左,毋自称沐恩。自奉俭约,清德称一时。于公家帑项尤兢兢不肯稍糜,律己甚严,而待人则宽;嫉恶甚峻,而爱才则笃。故其所至,将吏争乐为用,而无敢以私事干者。旋以陕甘总督崧蕃、新疆巡抚潘效苏疏请,先后建祠兰州、迪化。子葆莹,早卒;葆廉,有学行,中外交荐,模卒时,推恩授员外郎,除陆军部郎中,宣统间为弼德院参议;葆霖。孙善培,法部主事。①

———————

① 《陶勤肃公奏议遗稿》。

参考文献

中国第一历史档案馆藏：朱批奏折、朱批奏片、录副奏折、录副奏片。

中国第一历史档案馆藏：谕旨、咨文、单、咨呈、军机处随手登记档。

中国第一历史档案馆藏：户科题本、刑科题本、呈状、禀文。

台北故宫博物院藏：军机及宫中档（含朱批、录副、清单、廷寄）。

台北中研院近代史研究所藏：外交档案。

中国第一历史档案馆编：《乾隆朝上谕档》，广西师范大学出版社，1999。

中国第一历史档案馆编：《嘉庆道光两朝上谕档》，广西师范大学出版社，1998。

中国第一历史档案馆编：《咸丰同治两朝上谕档》，广西师范大学出版社，1998。

中国第一历史档案馆编：《光绪宣统两朝上谕档》，广西师范大学出版社，1996。

中华书局影印：《清实录·仁宗睿皇帝实录》，中华书局，1986。

中华书局影印：《清实录·宣宗成皇帝实录》，中华书局，1986。

中华书局影印：《清实录·文宗显皇帝实录》，中华书局，1986。

中华书局影印：《清实录·穆宗毅皇帝实录》，中华书局，1987。

中华书局影印：《清实录·德宗景皇帝实录》，中华书局，1987。

中国第一历史档案馆编：《光绪朝朱批奏折》，中华书局，1995。

秦国经主编：《清代官员履历档案全编》，华东师范大学出版社，2008。

清高宗敕撰:《清朝文献通考》,浙江古籍出版社,1988。

刘锦藻:《清朝续文献通考》,浙江古籍出版社,1988。

中国第一历史档案馆、福建师大历史系编:《清末教案》,中华书局,1996—1998。

台北中研院近代史研究所编:《教务教案档》,(台北)中研院近代史研究所,1974。

顾廷龙主编:《清代朱卷集成》,(台北)成文出版社,1992。

中央民族大学图书馆藏:《钦定平定陕甘新疆回匪方略》。

王锡祺编录:《小方壶斋舆地丛钞三补编》,辽海出版社,2005。

《左文襄公全集》,上海书店出版社,1986。

沈云龙主编:《曾惠敏公(劼刚)遗集》,(台北)文海出版社,1966。

沈云龙主编,萧荣爵编:《曾忠襄公(国荃)奏议》,(台北)文海出版社,1966。

沈云龙主编,崇实撰:《惕盦年谱》,(台北)文海出版社,1966。

曾国藩:《曾文正公全集》,传忠书局,光绪二年(1876)。

李瀚章编纂,李鸿章校勘:《足本曾文正公全集》,吉林人民出版社,1995。

左宗棠:《左宗棠全集·奏稿》,上海书店,1986。

朱玉泉:《李鸿章全书》,吉林人民出版社,1999。

顾廷龙、戴逸主编:《李鸿章全集》,安徽出版社,2008。

沈云龙主编,鲁一同著:《通甫类稿》,(台北)文海出版社,1996。

沈云龙主编,刘岳昭著:《滇黔奏议》,(台北)文海出版社,1966。

沈云龙主编,岑毓英著:《岑襄勤公遗集》,(台北)文海出版社,1966。

沈云龙主编,唐炯著:《成山老人自订年谱》,(台北)文海出版社,1966。

沈云龙主编,宝鋆等修:《筹办夷务始末(同治朝)》,(台北)文海出版社,1966。

沈云龙主编,黎成礼编:《黎文肃公(培敬)遗书》,(台北)文海出版社,1966。

沈云龙主编,蔡冠洛纂:《清代七百名人传》,(台北)文海出版社,1971。

朱寿朋:《光绪朝东华录》,中华书局,1958 年。

王先谦等:《东华续录(同治朝)》,文澜书局石印本,光绪戊戌年(1898)。

陶模集辑笺

蒋良骐:《东华录》,中华书局,1980。

黄盛陆等标点:《岑毓英奏稿》,广西人民出版社,1989。

贵州大学历史系近代史教研室点校:《平黔纪略》,贵州人民出版社,1988。

王延熙、王树敏:《皇清道咸同光奏议》,(台北)文海出版社,1969。

清史编委会编:《清代人物传稿》,辽宁人民出版社,1990。

戚其章、王如绘编:《晚清教案纪事》,东方出版社,1990。

汪兆镛:《碑传集三编》,(台北)文海出版社,1980。

郭嵩焘:《郭嵩焘日记》,湖南人民出版社,1982。

李慈铭:《越缦堂读书记》,上海书店出版社,2000。

李慈铭:《越缦堂文集》,(台北)文海出版社,1971。

李慈铭:《越缦堂日记》,线装书局,2003。

郭廷以、尹仲容等:《郭嵩焘先生年谱》,(台北)中研院近代史研究所,1971。

翁同龢著,陈义杰整理:《翁同龢日记》,中华书局,1993。

窦宗仪:《李鸿章年(日)谱》,(台北)文海出版社,1977。

吴洪均、吴汝纶:《李肃毅伯(鸿章)奏疏》,(台北)文海出版社,1968。

欧阳辅之:《刘忠诚公(坤一)遗集·书牍》,(台北)文海出版社,1968。

沈云龙主编,许景澄著:《许文肃公(景澄)遗集》,(台北)文海出版社,1966。

金梁:《近世人物志》,(台北)文海出版社,1977。

裘毓麟:《清代轶闻》,(台北)华文书局,1932。

费行简:《近代名人小传》,(台北)文海出版社,1967。

沈桐生:《光绪政要》,(台北)文海出版社,1971。

王树楠:《张文襄公(之洞)全集》,(台北)文海出版社,1970。

来新夏:《近三百年人物年谱知见录》,上海人民出版社,1983。

苏树蕃:《清朝御史题名录》,(台北)文海出版社,1967。

汤志钧:《戊戌变法人物传稿》,中华书局,1982。

李灵年、杨忠:《清人别集总目》,安徽教育出版社,2000。

荣孟源、章伯锋、顾亚:《近代稗海》,四川人民出版社,1989。

邓云生等校点:《左宗棠全集·札件》,岳麓书社,1986。

邸永君:《清代翰林院制度》,社会科学文献出版社,2002。

商衍鎏:《清代科举考试述录》,三联书店,1958。

李世愉:《清代科举制度考辩》,中央广播电视大学出版社,1999。

王德昭:《清代科举制度研究》,中华书局,1984。

赵尔巽等:《清史稿》,中华书局,1976。

王钟翰点校:《清史列传》,中华书局,1987。

中国社会科学院近代史研究所资料室编:《曾国藩未刊往来函稿》,岳麓书社,1986。

曾麟书等撰,王澧华等整理:《曾氏三代家书》,岳麓书社,2002。

王彦威、王亮、王敬立编:《清季外交史料》,书目文献出版社,1987。

李侃等:《中国近代史》,中华书局,2004。

沈云龙主编,谭宝箴等编:《谭文勤公(钟麟)奏稿》,(台北)文海出版社,1966。

湖南左宗棠全集整理组编:《左宗棠未刊奏折》,岳麓书社,1987。

湖南省地方志编纂委员会编:《湖南省志·人物志》,湖南出版社,1992。

丁凤麟、王欣之编:《薛福成选集》,上海人民出版社,1987。

北京大学图书馆编:《北京大学图书馆藏稿本丛书》,天津古籍出版社,1991。

新疆维吾尔自治区档案局等编:《近代新疆蒙古历史档案》,新疆人民出版社,2007。

马大正、吴丰培主编:《清代新疆稀见奏牍汇编(同治、光绪、宣统朝卷)》,新疆人民出版社,1997。